# Rosen

# Rosen

**Enzyklopädie**

Die wichtigsten Wildrosen
und über 4.000 Gartenrosen

Peter Beales, Dr Tommy Cairns, Walter Duncan,
Gwen Fagan, William Grant, Ken Grapes, Peter Harkness,
Kevin Hughes, John Mattock, David Ruston

KÖNEMANN

# Botanica

## Das Abc der Pflanzen
## 10.000 Arten in Text und Bild

*Botanica* ist das universelle Standardwerk für den Gartenliebhaber und Botaniker. Über 10.000 Gattungen und Arten werden in einer übersichtlich gegliederten Charakteristik dargestellt. Reich bebildert mit farbigen Detail- und Großaufnahmen bietet Ihnen dieses Pflanzenalphabet alle Informationen über

- Aufzucht
- Pflege
- Vermehrung
- Verbreitung
- Erscheinungsbild
- Besonderheiten.

Ein ausführliches Glossar sowie ein Register der deutschen Namen und Synonyme gewährleisten den sicheren Zugriff auf Gattungen und Familien.

Originalausgabe 1998

Random House Australia Pty Ltd.

20 Alfred Street, Milsons Point, NSW Australia 2061



Originaltitel: Botanica's Roses. The Encyclopedia of Roses

**Herausgeber** Gordon Cheers

**Vorwort** David Austin

**Einführung** Peter Harkness

**Autoren** Peter Beales
Dr. Dr. Tommy Cairns
Walter Duncan
Gwen Fagan
William A. Grant
Ken Grapes
Peter Harkness
Kevin Hughes
John Mattock
David Ruston
Philip Sutherland
Thomas Williams

**Cheffotograf** James Young



**Übersetzung aus dem Englischen:** Bärbel Baeseler, Marita Eva Döring, Franca Fritz, Werner Horwath, Feryal Kanbay, Heinrich Koop, Martina Köhlhoff, Dr. Angela D. Kuhk, Helga und Klaus Urban (für Gerald Bosch)
**Fachlektorat:** Dr. Otto Bünemann, Claudia Kemptner, Maria Mail-Brandt (für Gerald Bosch)
**Produktionsleitung:** Gerald Bosch
**Redaktion:** Gerald Bosch; Ursula Hennecke, Dr. Wernher Laufer (für Gerald Bosch)
**Satz:** Baeseler & Heck, Börm (für Gerald Bosch)
**Endredaktion:** Andreas Held, Eberbach

Projektleitung: Dorit Esser
Herstellungsleitung: Detlev Schaper
Herstellungsassistenz: Ursula Schümer
Druck und Bindung: Sing Cheong Printing Co., Ltd
Printed in Hong Kong, China
ISBN: 3-8290-1954-8
10 9 8 7 6 5 4 3 2 1



Seiten 2–3: 'Complicata'
Seite 5: 'L. D. Braithwaite'
Seite 7: 'Rosamunde'
Seite 8: 'Leander'
Seiten 10–11: 'Rob Roy'
Seiten 14–15: 'Debut'
Seiten 22–23: 'Pink Bassino'
Seiten 32–33: 'Iceberg' (Syn. 'Schneewittchen')
Seiten 46–47: *Rosa glauca*
Seiten 62–63: 'Albertine'
Seiten 98–99: 'Bantry Bay'
Seiten 136–137: 'Charles Austin'
Seiten 188–189: 'Dorothy Peach'
Seiten 214–215: 'Étoile de Hollande'
Seiten 232–233: 'Frank Naylor'
Seiten 258–259: 'Gwen Swane'
Seiten 290–291: 'Iceberg' (Syn. 'Schneewittchen')
Seiten 318–319: 'Jacqueline du Pré'
Seiten 342–343: 'Linda Thomson'
Seiten 374–375: 'Madame Caroline Testout'
Seiten 426–427: 'Orange Flame'
Seiten 446–447: 'Pat Austin'
Seiten 490–491: 'Red Devil'
Seiten 528–529: 'Shona'
Seiten 582–583: 'The Compass Rose'
Seiten 606–607: 'Vesper'
Seiten 618–619: 'Will Scarlet'

# Die Fachleute

**PETER BEALES** ging nach Schulabschluß bei *LeGrice Roses* in die Lehre. Heute besitzt er eine Baumschule in Norfolk (GB) und leitet die *National Collection of Rosa spec. in the UK*, eine Sammlung britischer Wildrosen. Er stellt regelmäßig in seiner Heimat auf Blumenschauen aus, ist Mitglied des *Institute of Horticulture*, mehrfacher Rosenbuchautor und Träger der Dean-Hole-Medaille.

**DR. OTTO BÜNEMANN**, gebürtiger Hamburger und promovierter Gärtner, arbeitete als Gartenbaujournalist, -lektor und Chefredakteur in München und Stuttgart. 20 Jahre lang war er Leiter des Deutschen Rosariums sowie des Botanischen Gartens Rombergpark in Dortmund. Das Fachlektorat und die Adaptation der deutschen Ausgabe dieses Buches ist größtenteils sein Verdienst. Bekannt wurde Dr. Bünemann als Buchautor, Mitarbeiter bei Rosen- und Gartenzeitschriften sowie durch zahlreiche Vorträge für den *Verein Deutscher Rosenfreunde (VDR)*.

**DR. TOMMY CAIRNS** studierte Chemie an der Universität Glasgow und promovierte in Analytischer Chemie, Biochemie und Toxikologie. Rosen sind sein großes Hobby; er kultiviert über 1000 Rosen, stellt sie international aus und schreibt über ihre Kultur und Geschichte. 1998 wurde er zum Präsidenten der *American Rose Society (ARS)* gewählt.

**WALTER DUNCAN** wuchs in Adelaide (Australien) auf, wo ihn seine Mutter in der Liebe zu Rosen bestärkte. Seit 1977 betreibt er in Clare Valley (Südaustralien) eine große Rosenschule. Duncan, ehemaliger Präsident und Ehrenmitglied der *Rose Society of South Australia*, gewann zwei Auszeichnungen der *Royal Horticultural Society* und gehört dem Beratungsausschuß des *Adelaide International Rose Garden* an.

**GWEN FAGAN** ist eine angesehene Rosenexpertin Südafrikas. Nach zwanzigjähriger Arzttätigkeit spezialisierte sie sich 1969 auf die Wiederherstellung und Gestaltung historischer Landschaften, wofür sie zahlreiche Preise erhielt. Fagan, die an der Universität Kapstadt promovierte, brachte mehrere Artikel zu ihrem Fachthema heraus, hält weltweit bei Rosenkonferenzen Vorträge und gehört zur Prominenz südafrikanischer Rosenfreunde.

**WILLIAM A. GRANT** ist Gartenbuchautor, Fotograf und Dozent, und widmet sich nun im Ruhestand ausschließlich seiner Liebe zum Garten. Nach langjähriger Verbindung mit dem *Santa Cruz Arboretum* der *University of California* wurde Grant zum Vorsitzenden des Fördervereins dieses Parks gewählt. Er begründete die *California Garden History Society*; heute lebt und gärtnert er in Aptos (USA).

**KEN GRAPES** stammt aus Norfolk (England) und diente fast 30 Jahre in der britischen Armee. Seine Liebe zum Gärtnern erbte er von seiner Mutter. Seit 15 Jahren ist er Generalsekretär der *Royal National Rose Society (RNRS)*. Seiner Obhut unterliegt der weltberühmte Rosengarten in St. Albans, wo internationale Prüfungen für neue Rosen durchgeführt werden. 1998 wurde er mit der Dean-Hole-Medaille der RNRS ausgezeichnet.

**PETER HARKNESS** gehört der alten Rosenzüchterfamilie Harkness an, deren Firma er bis 1989 leitete. Zwischen 1980 und 1989 stand er zwei britischen Rosenzüchtervereinigungen vor. Nach fünfjähriger Redakteurstätigkeit bei *The Rose* und anderen Zeitungen der RNRS erhielt Harkness 1996 die Dean-Hole-Medaille; heute arbeitet er als Autor und Dozent. Derzeit sitzt Harkness im Vorstand der RNRS.

**KEVIN HUGHES** ist Rosenfreund seit Kindesbeinen. Während seiner 30jährigen Militärzeit konnte er in verschiedenen Teilen der Welt Gartenerfahrungen sammeln. Nach seiner Pensionierung ließ er sich 1969 in Australien nieder und frönt vor allem seiner Leidenschaft für Alte Gartenrosen. Hughes ist Obmann der *Heritage Rose Society* für den Bezirk Sydney und Mitglied der RNRS und ARS. Auf vielen Reisen war er als Fotograf, Autor und Dozent über Rosen tätig.

**CLAUDIA KEMPTNER** ist gebürtige Augsburgerin, studierte Gartenbau an der FH Weihenstephan und war anschließend vier Jahre lang Leiterin der Freilandabteilung eines privaten Münchner Gartencenters. Zur Zeit ist sie als Gartenberaterin, Kursleiterin von Gartenseminaren und Referentin für den VDR tätig. Bei dem vorliegenden Werk überprüfte die Buchautorin und freie Lektorin die deutsche Übersetzung fachlich.

**MARIA MAIL-BRANDT** aus Kamen ist begeisterte Rosenfreundin und aktives Mitglied im Dortmunder Kreis des VDR. Die gelernte Buchhändlerin hat seit über 20 Jahren eine umfangreiche Sammlung an Rosenliteratur angelegt, darunter viele historische Werke. Für dieses Buch adaptierte sie u.a. die deutschen Synonyme der vorgestellten Rosen sowie die Literaturliste.

**JOHN MATTOCK** zählt zu Großbritanniens führenden Rosenexperten. Er züchtete Rosen kommerziell für sein Familienunternehmen und brachte viele neue Sorten auf den Markt. Mattock gehörte 15 Jahre dem Vorstand der *Royal Horticultural Society (RHS)* an und leitete 12 Jahre das Organisationskomitee der *Chelsea Flower Show*. Für seine Verdienste um den Gartenbau wurde Mattock von der RHS mit derem höchsten Preis , der *Victoria Medal of Honour*, ausgezeichnet. Mattock ist Vizepräsident der RNRS sowie Autor bzw. Ko-Autor mehrerer Bücher über Rosenanbau und -pflege.

**DAVID RUSTON** wandelte die Obstplantage seiner Familie in Renmark (Südaustralien) in einen kommerziellen Rosenpark um, der zugleich zu den weltweit größten Rosensammlungen zählt. Rustons Kenntnisse wurden mit zahlreichen Preise ausgezeichnet, u.a. mit dem *T. A. Stewart Memorial Award* und dem *Australian Rose Award*, die beide von der *National Rose Society of Australia (NRSA)* verliehen werden, sowie mit der Dean-Hole-Medaille der britischen RNRS. Darüber hinaus erhielt er den australischen Orden für Verdienste um den Gartenbau. Der ehemalige Präsident der *Rose Society of Australia* und Gründerpräsident der *Australian Heritage Rose Society of Australia* war zudem Präsident des Weltverbands der Rosengesellschaften, der *World Federation of Rose Societies*. Wenn David Ruston nicht gerade seinen Park *Ruston's Rose Garden* verwaltet, hält er überall auf der Welt Vorträge zu den Themen „Rosen" sowie „Geschichte der Floristik" ab.

# Vorwort

Die Rose ist weltweit die beliebteste und meistkultivierte Gartenblume. Heute findet man in jedem Land Rosen, selbst unter wenig geeigneten Klimabedingungen, was unweigerlich die Frage nach dem Grund für diese Vorliebe aufwirft.

Trotz unterschiedlicher Schönheit der einzelnen Arten und Sorten zählt die Rose in voller Entfaltung seit je her zu den schönsten Blumen überhaupt und ist bekannt für ihren lieblichen Duft. Zudem blüht sie oft ungewöhnlich lange und trägt häufig bis in den Spätherbst Blüten. Rosen sind bemerkenswert anpassungsfähig und gedeihen je nach Sortenwahl unter den verschiedensten Witterungsbedingungen, die fast alle Bereiche von der kalt-gemäßigten Zone bis zu den Subtropen – und teilweise sogar bis zu den Tropen – umfassen.

Bei ihrer Vielfalt in Form und Wuchs, von der kleinsten Zwergrose mit nur 15 cm Höhe bis hin zu riesigen Kletterrosen, die über 12 m hoch wachsen können, ist alles vertreten. Das Laub ist mal glänzend dunkelgrün wie bei den Edelrosen (Teehybriden), mal frisch grün wie bei manchen Kletterrosen oder mattgraugrün wie bei vielen Alba-Rosen. Im Austrieb können einige Sorten gelb sein, andere dunkelrot. Die Blätter bestimmter Rosen sind klein und fast farnartig, während andere Sorten riesige Blätter haben. Schon vor der Blüte begeistert das junge Laub viele Rosenfans.

Rosen gibt es für jeden Zweck und für jeden Platz im Garten, ungeachtet dessen Größe. Sorten von niedrigem, dichtem Wuchs sind für formale Beete oder Einfassungen besonders geeignet, kleine oder große Strauchrosen pflanzt man gern einzeln oder in Rabatten, und kletternde Rosen stehen optimal an Mauern, Spalieren oder Bäumen. Auch für naturbelassene Bereiche, wo der Garten in die Landschaft übergeht, gibt es geeignete Wildarten und Sorten. Manche Rosen dienen aufgrund ihres kriechenden Wuchses als Bodendecker; andere machen sich auf einer Terrasse in Kübeln oder Kästen gut; kleine Topfrosen eignen sich als Zimmerpflanzen. Viele lassen sich in gemischten Rabatten optimal mit anderen Pflanzen kombinieren, oder geben als Einzelblüte oder ganzer Blütenstand in einem Blumenarrangement den künstlerischen Schliff. Darüber hinaus ist die Rose aufgrund ihrer Sortenvielfalt wohl die einzige Pflanze, mit der ein ganzer Garten angelegt werden kann.

Doch den unübertroffenen Ruhm verdankt die Rose der Schönheit ihrer Blüte. Nur wenige Blumen können mit der anhaltenden Pracht der „Königin der Blumen" mithalten, die durch ihre Blüten hervorgerufen wird – einerlei, ob diese so groß wie eine Pfingstrose oder nur so klein wie ein Fingerhut sind. Die Blüten können eine schalenförmige Rosette bilden, becherförmig oder wie ein Nadelkissen kuppelförmig sein. Mit Ausnahme von Blau ist fast jede Farbe vertreten – von leuchtendstem Scharlachrot bis hin zu kräftigstem Gelb –, doch in ihren zarteren Farbtönen dürfte wohl der besondere Charme einer Rose liegen.

Hinzu kommt der wundervolle Duft der Rosen, der ebenso vielfältig ist. Manchmal könnte man meinen, daß die unterschiedlichen Rosensorten beinahe jede Duftnote anbieten – so riechen sie beispielsweise nach Moschus, Tee, Jasmin, Veilchen, Myrrhe, Zitrus oder Apfel. Den lieblichsten Duft verbreiten Alte Rosen, aus denen oft Parfums gewonnen werden.

Die Kulturrose ist das Ergebnis jahrhundertelanger Pflanzenzüchtung – zu Beginn durch einfache Auswahl, später durch bewußte Kreuzung. Wohl keiner anderen Blume haben Pflanzenzüchter soviel Aufmerksamkeit geschenkt, und so entstanden unzählige neue, unterschiedliche Sorten. Angesichts dieser Sortenfülle, der besonderen Vorzüge und Eigenschaften von Rosen wie auch ihrer Beliebtheit mußte endlich ein Buch wie das vorliegende Übersicht und Ordnung schaffen. Die Auswahl der Sorten und deren Beschreibungen stammen von einem Team führender Experten, aber auch die Fotografien sind von höchster Qualität. Ich bin sicher, daß es zu einem wertvollen Nachschlagewerk für Rosenliebhaber, Amateure wie Experten, auf der ganzen Welt wird. In jedem Fall ist es ein wunderschönes Buch, und ich hoffe sehr, daß es noch recht lange auf dem Markt erhältlich sein wird.

DAVID AUSTIN

# Inhalt

# Wie man dieses Buch benutzt

Die ***Rosen-Enzyklopädie*** ist ein übersichtlich gestaltetes, umfassendes Nachschlagewerk, in dem mehrere tausend Rosen detailliert beschrieben sind.

Im **Einleitungsteil** erfolgt eine Einführung in die Welt der Rosen und in die Entwicklung der Rosenzucht. Im Anschluß wird die Einteilung der Rosen nach Rosenklassen, Farbklassen und Blühverhalten erklärt. Hinweise zu wichtigen Themen wie Anlage eines Rosengartens, Auswahl der geeigneten Pflanzen, Pflanzung, Pflege und Schnitt der Rosen finden sich in einem gesonderten Kapitel. Zusammen mit den Zonen-Angaben des Haupttextes ermöglicht eine Karte der europäischen Klimazonen (S. 21) die Einschätzung der Frosthärte der jeweiligen Rosen.

Im **Hauptteil** werden zunächst die wichtigsten Wildrosen, danach über 4.000 Gartenrosen in alphabetischer Reihenfolge vorgestellt. Dabei sind eine Reihe von Rosen unter ihrem englischen Synonym aufgeführt, ihre in Deutschland geläufigen Namen lassen sich anhand von Querverweisen in Hauptteil wie Register problemlos auffinden. Zur besseren Unterscheidung wurden gleichnamige, nacheinander beschriebene Sorten mit den Ziffern I und II numeriert.

Die Systematik der Sortenbeschreibungen mit Überschrift, Text und Nachspann wird durch die Abbildung auf dieser Doppelseite anschaulich erklärt. *Codenamen* bestehen aus einer nur einmal vergebenen, für jede Rose charakteristischen Kombination von 3 Großbuchstaben (meist eine Abkürzung des Züchternamens) mit mehreren Kleinbuchstaben. Sie sind in der Regel von juristischem Interesse. Im Gegensatz zu den „Alten Rosen" wurde auf „Moderne Rosen" nicht speziell verwiesen. Wildrosenhybriden erkennt man an ihrer Bezeichnung. Die im Buch verwendeten *Rosenklassen* werden auf

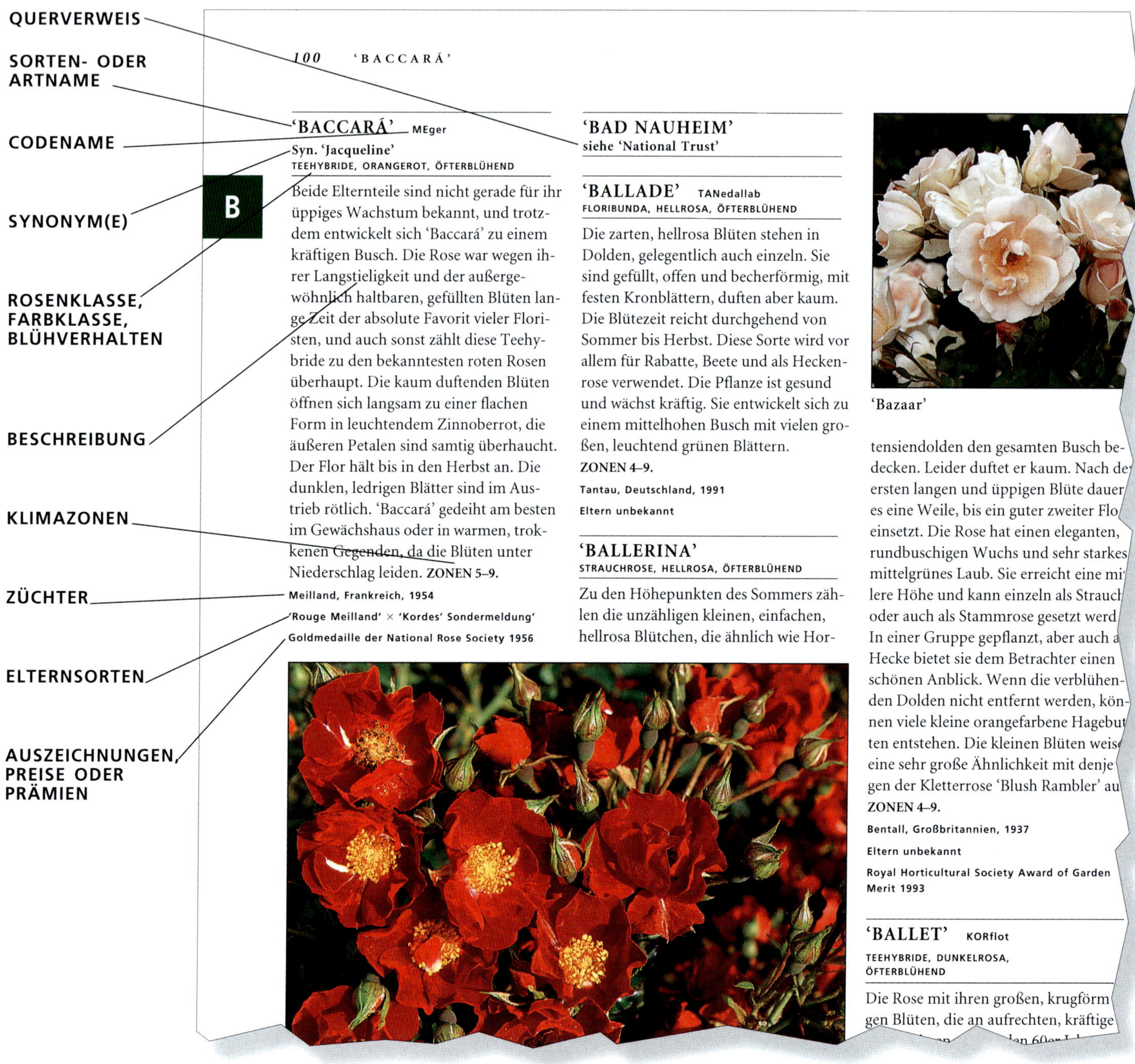

**KOPFZEILE**
*Die linke Kopfzeile enthält den Namen der ersten Sorte, die auf der linken Seite beschrieben ist, die rechte Kopfzeile gibt die letzte Sorte der aufgeschlagenen Doppelseite an.*

**ABBILDUNGEN**
*Farbige Detail- und Großaufnahmen lassen Eigenschaften wie Blütenfärbung, Wuchsform und andere typische Merkmale erkennen.*

**BILDUNTERSCHRIFTEN**
*Jede Abbildung ist mit dem Namen der Sorte versehen, z. T. werden auch Hinweise auf Hagebutten, Laub oder Stacheln gegeben.*

**BESCHREIBUNG**
*Im Kopf jeder Sortenbeschreibung befinden sich Name, Codename, Synonyme, Farb-, Rosenklasse und Blühverhalten, im Nachspann Züchter, Einführungsjahr, Abstammung und Preise. Der Haupttext informiert u. a. über Größe, Duft, Wuchs und Klimazonen.*

**BUCHSTABE AM SEITENRAND**
*Im Hauptteil erleichtern farbige Felder mit dem jeweiligen Anfangsbuchstaben das schnelle Auffinden der gesuchten Rosensorten.*

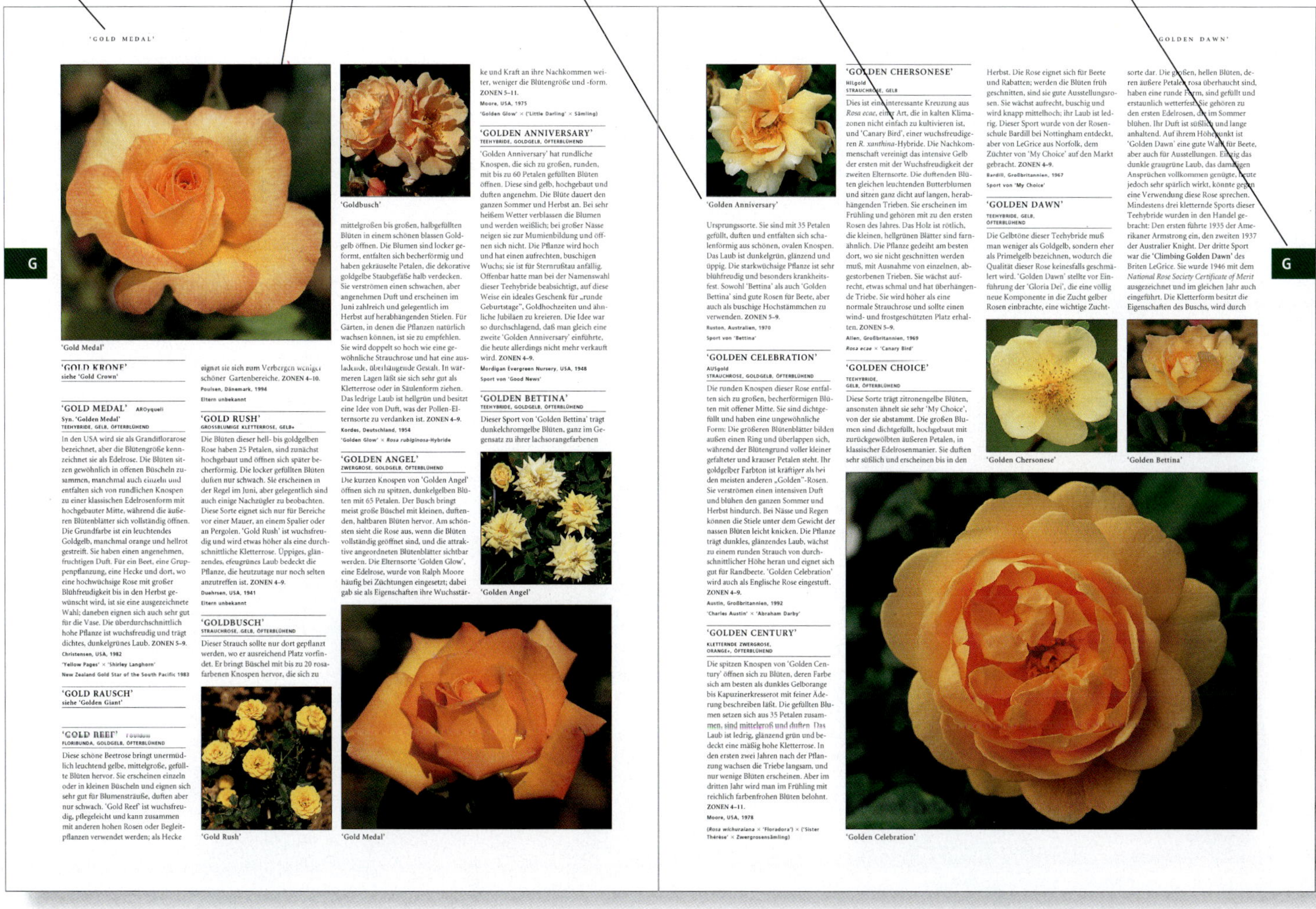

S. 26 näher erläutert. Die *Farbklassen* decken jeweils ein Spektrum dazugehöriger Tönungen oder Schattierungen ab. Sie entsprechen weitgehend dem amerikanischen System: Ein + hinter der Farbe deutet nicht nur auf klare Zwei- und Mehrfarbigkeit der Blüte hin, sondern auch auch feinere, deutlich erkennbare Farbtonmischungen. Ganz selten wurden auch Doppelangaben verwendet. Bei der genaueren Beschreibung im Text sind angesichts so vieler Farbnuancen abweichende Farbbegriffe möglich. Zudem können auch Faktoren wie Bodenqualität, Witterung, Tageszeit und Blütenalter die Farbgebung beeinflussen, so daß abgebildete Rosen farblich anders aussehen können als im Text beschrieben. Das gilt besonders für die Fotos mancher bläulicher und blaßlilafarbener Rosen.

Fehlen die Angaben zu Züchter, Ursprungsland und Erscheinungsjahr, so lagen diese Informationen den Verfassern und Bearbeitern nicht vor. In manchen Fällen wurde das *Einführungsjahr* anstelle des Jahres der Registrierung angegeben, z. B. dann, wenn die Sorte bisher nicht registriert war. Bei den Wildrosen ist im allgemeinen das Jahr notiert, in dem die Art zum ersten Mal in der westlichen Welt bekannt wurde.

Bei den *Elternsorten* wird an erster Stelle die Mutterpflanze genannt, die Vaterpflanze an zweiter Stelle. Wenn über die Herkunft der Sorte nichts bekannt ist oder der Züchter diese nicht preisgibt, ist der Hinweis „Eltern unbekannt" gegeben.

Der **Anhang** enthält eine tabellarische Kurzübersicht über alle aufgeführten Rosen mit den wichtigsten Details – interessant vor allem für Aussteller. Die Kurzporträts einiger Züchter, ein Verzeichnis wichtiger fachrelevanter Begriffe, weiterführende Spezialliteratur sowie ein ausführliches Register mit zahlreichen Querverweisen zu Synonymen und Codenamen runden das Buch ab.

# Einführung

*Peteer harkness*

## 'Magic Carpet'

In diesem Buch dreht sich alles um Rosen. Vor einigen Jahrhunderten kleidete ein persischer Dichter seine Gefühle dieser Blume gegenüber in folgende Worte: *„Im Rosenbeet glühen Mysterien. Ihr Geheimnis ist in der Rose verborgen.“*

Was brachte den Poeten zu diesem Gedanken? War es die Art und Weise, wie Rosen ihren einmaligen Charme aus einem Dornengestrüpp heraus entfalten? Wie aufregend und geheimnisvoll muß für ein Kind die Beobachtung sein, wenn sich eine unscheinbare Rosenknospe zu einer bezaubernden, prall gefüllten Blüte entfaltet. Mit dem Alter hören die Erfahrungen mit solchen Überraschungen nicht auf – ganz gleich, ob es sich nun um die Blüte einer Heckenrose handelt, deren fünf Blütenblätter eine vollkommene Symmetrie bilden, oder um die letzte Neuheit einer Baumschule, die viele anmutig gefaltete Petalen besitzt. Auf diese Weise gelangen wir zu einem weiteren Geheimnis – wie nämlich aus Wildrosen mit fünf einfachen Petalen all jene ausgefallenen Farben, Formen und Größen entstanden, die wir an heutigen Rosen lieben.

## 'New Dawn'

Rosen haben sicherlich keinen hohen Nährwert, dennoch fanden Wissenschaftler heraus, daß die Hagebutten einiger Wildrosen die reichhaltigste und billigste Quelle für Vitamin C sind. So enthalten z. B. 100 Gramm Hagebutten von *Rosa rugosa* 60mal soviel Vitamin C wie die gleiche Menge Äpfel oder Orangen. Zwar wächst diese Rose in Fernost, doch gibt es zum Ausgleich in der heimischen Flora die schmackhaften Früchte der Hundsrose *(R. canina)*. Mancher erinnert sich vielleicht noch, daß man im und nach dem 2. Weltkrieg, als es kaum Südfrüchte gab, Hagebutten in großen Mengen zu Sirup einkochte. Archäologisch belegt ist auch, daß bereits in der Jungsteinzeit und Bronzezeit Hagebutten ein geschätztes Obst im Winter waren. Sie erhöhten auch schon immer den Freizeitwert: So berichtet John Gerard (1545–1612), Hofgärtner und Verfasser des barocken Botanikwerkes *Herball or Generall Historie of Plants*, von Kindern, die aus den Früchten Ketten und Spielzeug bastelten – und garantiert hat jedes Kind irgendwann einmal Hagebuttenkerne als Juckpulver verwendet.

## 'Scented Air'

Die ersten Menschen, die ihre Nahrung sammelten, lebten buchstäblich von der Hand in den Mund. Nachdem sie jedoch seßhaft geworden waren und Ackerbau betrieben, wurde der tägliche Existenzkampf leichter, und mit zunehmendem Wohlstand entstand auch Bedarf für Luxusgüter. Die Wiege der westlichen Kultur stand im Zweistromland, das auf dem Gebiet des heutigen Irak lag. Dort finden wir auf einer Tontafel in sumerischer Keilschrift den ersten geschriebenen Hinweis auf Rosen – offenbar handelte es sich um eine Rezeptur für Rosenwasser. Das damalige Leben war nach heutiger Sicht hart und brutal, dennoch konnten luxuriöse Produkte aus Rosen einige dieser Widrigkeiten mildern. Während der folgenden Jahrhunderte geizten die Herrscher, sofern sie es sich leisten konnten, nicht gerade mit diesen Köstlichkeiten. So soll Kleopatra angeblich Antonius mit einem Meer aus Rosenblüten verführt haben, während Nero Rosenblätter auf seine Gäste herabregnen ließ. Überliefert ist auch eine Bestellung über 30.000 Flaschen Rosenwasser durch den Kalifen von Bagdad.

**LINKS:** ***'Quatre Saisons Blanc Mousseux', eine zart duftende, üppig blühende Moosrose.***

**UNTEN:** ***1998 wurde 'Botanica' eingeführt, deren rosafarbene Blüten lila überhaucht sind.***

Nicht jede Wildrose ist als Duftblume geeignet. Damals wie heute waren manche Rosen mit Duft überladen, andere besaßen wenig oder gar keinen Duft, und bei manchen war er richtig unangenehm.

Rosen, deren Duft nutzbar gemacht werden konnte, wurden intensiv kultiviert, und alles, was man daraus herstellen konnte, warf lukrative Gewinne ab. Aus Damaszener- und Alba-Rosen gewann man beispielsweise die besten Rosenöle. Wahrscheinlich stammt die Herstellungsmethode aus Persien und gelangte von dort nach Indien, Arabien, Bulgarien, Marokko, Rußland, China und in die Türkei. Aufgrund ihres lang anhaltendes Duftes war die 'Apotheker-Rose' besonders wertvoll, da ihre getrockneten Blütenblätter offenbar stärker duften als frische Pflanzenteile; sie wurden für medizinische Zwecke genauso verwendet wie zum Würzen von Speisen. Die Stadt Provins, ca. 60 km von Paris entfernt, lebte ausschließlich vom Rosengeschäft, und der Markt für Duftkissen, kandierte Rosenblätter und Arzneimittel wuchs so stark an, daß an der Hauptstraße um 1600 fast nur Rosengeschäfte standen. Zur Pestzeit nahm der Verkauf zu, da man glaubte, die Rosendüfte vertrieben die Seuche. Provins brauchte keine Nachhilfe in Sachen Werbung: Als Marie-Antoinette einmal hier Quartier bezog, wurde ihr zur Entspannung ein Ruhelager aus Rosen bereitet. Eine ganz andere Entwicklung spielte sich im provençalischen Grasse ab. Hier setzten die Parfumeure ihr ganzes Können ein, um solche Sorten herauszufinden, die sich am besten für Rosenparfums und andere Kosmetika aus Rosen eignen.

## 'Rosy Future'

Bis zu dieser Zeit spielte die Rose in unserer Geschichte eher eine praktische Rolle. Wann aber taucht sie erstmalig als reine Zierrose in einem Garten auf?

Eine Aufzeichnung aus dem Jahre 2350 v. Chr. berichtet über den Sumererkönig Sargon, der fremdartige Zierbäume, Weinreben, Feigenbäume und Rosen in sein Land brachte. 1000 Jahre später führte der Assyrerkönig Tiglat-Pileser, aus

der Bibel bekannt als „Geißel der Israeliten", Rosen erstmalig in seiner Heimat ein. Was als Privileg der Reichen begonnen hatte, wurde bald Mode. In Griechenland wurden Rosen oft in Töpfen gepflanzt, König Midas hingegen zog sie in seinem Exil im Freiland und beeindruckte den Geschichtsschreiber Herodot mit seinem imposanten Rosengarten. In der Folgezeit stieg das Interesse an der Rosenzucht so sehr, daß Theophrast, ein Schüler Platos und Aristoteles', um 300 v. Chr. ein Handbuch zu diesem Thema verfaßte. Darin beschrieb er verschiedene Rosenarten und erteilte Ratschläge. 200 Jahre später vertiefte der Römer Plinius d. Ä. diese Gedanken und veröffentlichte eine Liste mit 13 Rosen, die man wohl als ersten Rosenkatalog der Welt bezeichnen kann. Sein Neffe Plinius d. J., ebenfalls ein großer Rosenliebhaber, ließ sich einen geschmackvollen, gut geplanten Rosengarten mit spiralförmigen Wegen anlegen. Die Römer entwickelten Techniken, um die Blühdauer der Rosen zu verlängern, möglicherweise sogar unter Verwendung eines ausgetüftelten Heizsystems. Wenn es im Winter keine Rosen gab, wurden sie einfach als Schnittrosen aus Nordafrika importiert. Sicherlich waren dies recht robuste Sorten, da die Schiffsreise bis zu sechs Tage dauerte. Alternativ wurden auch kunstvoll aus Holzspänen geschnitzte Rosenblüten aus Ägypten importiert. Die Welt blickte in eine herrliche, rosige Zukunft, bis dann der römischen Zivilisation mit Einsetzen der Völkerwanderung ein jähes Ende bereitet wurde.

*Eine imposante 'The Fairy' als Blickfang.*

## 'Night'

Zwischen dem Fall Roms im Jahre 410 bis zur Krönung Karls des Großen im Jahre 800 wissen wir kaum etwas über die weitere Geschichte der Rose in Europa. Im 6. Jh. soll der König von Frankreich für seine Gemahlin einen Rosengarten in Paris angelegt haben, und mit dem Bau des ersten Klosters auf dem Monte Cassino im Jahre 529 taten sich neue Möglichkeiten auf, Ro-

LINKS: *Hochstammrosen auf der Isola Bella im Lago Maggiore.*

UNTEN LINKS: *'Pierre de Ronsard' (am Rosenbogen) blüht mehrfach von Sommer bis Herbst.*

UNTEN RECHTS: *'Ingrid Bergman', eine hübsche moderne Gartenrose.*

sen dauerhaft zu züchten. In den *Capitulare de villis*, der Landgüterverordnung Karls des Großen, verpflichtete dieser seine Höfe, zahlreiche Pflanzen, vornehmlich Heilpflanzen, anzubauen. Diese Liste enthielt 72 Arten, und sie begann mit den Lilien, sogleich gefolgt von den Rosen. Welche Sorten in den Klöstern, wie zum Beispiel in St. Gallen, kultiviert wurden, können wir nur mutmaßen. Sicherlich kannten die Mönche damals die 'Apotheker-Rose' und 'Alba Maxima'. Während die 'Apotheker-Rose' als Heilpflanze den Magen kräftigt, verdauungsfördernd wirkt und trockenen Husten heilt, lieferte die weiße Rose ein Collyrium (Augenwasser) für entzündete Augen. Im Mittelalter wurde dann viel Symbolik um die Rose gesponnen, und in mittelalterlichen Minnegärten dürften sie nicht gefehlt haben. Sie tauchte im Wappen vieler Königshäuser und Adelsgeschlechter auf und erlangte im englischen Bürgerkrieg der *Weißen und Roten Rose* – jenem Zwist zwischen den Häusern York und Lancaster im 15. Jh. – traurige Berühmtheit. Sie gilt als Sinnbild der Liebe und wurde als solches von unzähligen Minnesängern, Barden und Troubadouren besungen. Auch in der katholischen Kirche fand die Rose schließlich Eingang und wurde als Blume der Jungfrau Maria zugesprochen, die in unzähligen Kunstwerken mit Rosen dargestellt wird (wie zum Beispiel in dem Gemälde *Maria im Rosenhag*). Mit Beginn der Renaissance setzte bei den Menschen nicht nur ein neues Denkbewußtsein ein, sie begannen auch, das in den Rosen schlummernde Potential besser zu nutzen.

## 'Renaissance'

Auf vielen Bildern des 16. Jh. finden wir eine neuartige Rose, die man aufgrund der zahlreichen Blütenblätter leicht erkennen kann. Diese sogenannte Kohlrose ist eine Zentifolie, deren botanischer Name *(R. × centifolia)* „die Hundertblättrige" die mit 100 Petalen dicht gefüllten Blüten meint. Vermutlich stammt sie aus den Niederlanden, aber wie bei vielen Alten Rosen weiß man das nicht genau. Zu dieser Zeit gelangten schon einige wunderschöne Rosen aus Westasien zu uns. Angeblich soll Thomas Cromwell, der Kanzler von Heinrich VIII., eine Kletterrose *(Rosa moschata)* nach England gebracht haben, während auf den Leibarzt desselben Monarchen die 'Autumn Damask' zurückgeht, die – erstmalig in Europa – auch im Herbst Blüten trägt.

Die Farbskala dieser Rose war noch begrenzt – Weiß, Cremefarben und zahlreiche Rosatöne von Zartrosa bis Purpur. Das änderte sich, als um 1600 die „Gelbe Rose aus Asien" auf Umwegen über Afrika und Spanien zu uns kam. Heute als *R. foetida* bekannt, prangt sie in leuchtendem Gelb. Sie brachte als Sport *R. foetida* 'Bicolor', die 'Kapuzinerrose', hervor, deren Blütenblätter innen orange-scharlachrot, außen gelb leuchten. Sicherlich sind das keine Farben, die man leicht in eine bestehende Rosenrabatte integrieren kann, aber damals war das kein Problem, da beide ihre Blütezeit schon im Mai, also lange vor den anderen Rosen, haben. Beide sind seit 1596 in England in Kultur.

## 'Oriental Charm'

Wenn Rosen unterschiedlicher Arten und Sorten zusammengepflanzt werden, können sie sich untereinander kreuzen und Sämlinge hervorbringen, die ganz anders als beide Eltern sind. Alles, was man benötigt, ist ein wachsames Auge, das solche Zufallstreffer entdeckt und die besonders guten Exemplare auswählt. So entstanden bis zum 19. Jh. viele neue Sorten. Manchmal findet auf einer Sorte eine spontane Veränderung in den Erbanlagen (Mutation) statt, das Ergebnis wird dann als „Sport" bezeichnet.

Die Entwicklung der britischen Rosenzucht verlief wesentlich spannender, da viele neue Sorten im Rahmen der Ausdehnung des britischen Empires hinzukamen. Die amerikanischen Kolonien gaben in diesem Punkt wenig her, ihre besten Beiträge waren die reizende *R. virginiana* und – über einen Umweg – die starkwüchsigen Ayrshire-Rambler. Die sensationellen Neuheiten kamen aus dem Osten, insbesondere aus China und Japan. Die heimischen Rosen dieser Länder sind sehr vielseitig: Ihr breites Spektrum an Farben umfaßt auch Karmin und Apricot, die wir im Westen nicht antreffen, und im Wuchs variieren sie von ungestümen Waldkletterrosen bis zur

*R. chinensis var. minima* (siehe 'Rouletii'), die sich auch mit einem Topf auf der Fensterbank bescheidet. Eine dieser Rosen, *R. gigantea*, hat große Blüten mit seidigen Blütenblättern und einen köstlichen Duft, während eine andere, vermutlich eine Hybride, in Farbe und Blüten über Monate ununterbrochen variiert. Chinesische Gärtner kultivierten Rosen über Jahrhunderte, sammelten verbesserte Formen und gaben ihnen wohlklingende Namen wie *Puderquaste* oder *Sieben Schwestern*. Nur sehr zögerlich gelangten Gartenrosen aus China auch in den Westen – zum Teil lag dies sicherlich daran, daß die Chinesen ausländischen Besuchern nur alle zwei, drei Monate den Zutritt zu ihren Gärtnereien erlaubten und dafür noch ein ordentliches Eintrittsgeld verlangten. Oft machten die Rosen erst einen Umweg über Kalkutta, wo sie in den botanischen Gärten gepflanzt und von dort später weiterbefördert wurden. Auf diese Weise gelangten 'Old Blush', 'Hume's Blush Tea-Scented China', 'Parks' Yellow Tea-Scented China', 'Slater's Crimson China', die reizenden Formen von *R. banksiae*, die kletternde *R. multiflora*, die außergewöhnliche *R. roxburghii* und viele andere nach Europa. Japan war Europäern völlig unzugänglich, und erst im 19. Jh. öffnete sich das Land dem Westen, so daß nun auch Sorten wie *R. rugosa*- Formen, 'Crimson Rambler' und die kriechende *R. wichuraiana* mit ihren glänzenden Blättern bei uns bekannt wurden.

## 'Cocktail'

Der Rest der Geschichte ist schnell erzählt – oder wird vielmehr im Hauptteil des Buches deutlich. Nach der vollständigen Erkundung unserer Welt war es Züchtern immer mehr möglich, viele verschiedene Rosen zusammenzubringen und zu verbessern. In diesem Abschnitt der Rosengeschichte spielen daher weniger Europa und Asien, sondern eher solche Gebiete eine Schlüsselrolle, von denen man dies zunächst nicht erwartet hätte – wie z. B. Carolina (USA) oder die Insel Réunion. Die alten Methoden der Zufallszüchtung wurden zwar noch eine Weile beibehalten; ab 1820 begann dann aber in Frankreich die wohlüberlegte, gezielte Züchtung neuer Rosen mit ausgesuchten Elternsorten.

Zu keiner anderen Zeit waren Rosenkataloge mit so vielen seltsamen neuen Klassen gefüllt. Einige – wie z. B. Noisette-, Portland-, Bourbon-, Remontant-, Tee- und Polyantharosen – haben bis heute überlebt, andere Klassen hingegen, wie die China-Hybriden und Pernetianarosen, verschwanden wieder oder gingen in anderen Grup-

RECHTS: *Die Zwergrose 'Dorola' blüht während der Saison ohne Pause.*

UNTEN: *Alle Blüten dieser 'Little Artist' wirken wie von Hand gemalt.*

pen auf. Im 20. Jh. kamen Polyantha-Hybriden auf und verschwanden wieder; Floribundarosen, Teehybriden, Zwergrosen und Beetrosen entwikkelten sich zu ungeahnten Formen. Darüber hinaus gibt es eine große Auswahl an Strauch- und Kletterrosen in jeder Form und Größe. Im Anfangskapitel dieses Buches werden die heute gebräuchlichen Klassifikationen erläutert. Doch letztlich verstehen sich solche Versuche, Rosen systematisch zu erfassen, nur als Empfehlung: Denn jede ist auf ihre Art und Weise einzigartig und sollte stets nur aufgrund ihrer Vorzüge und ihres Aussehens ausgewählt werden. Es wäre falsch, über Alte Rosen die Nase zu rümpfen, weil sie nur einmal blühen, oder Neuheiten aufgrund ihrer grellen Farben zu belächeln. Unsere Hochachtung sollte allen gelten, denn letztlich ist jede einzelne das Werk ihres Züchters und verdient daher unseren Respekt. Im Nachruf für einen kürzlich verstorbenen Freund und Züchterkollegen meinte der Züchter Pat Dickson: *„Wenn er einen neuen Sämling betrachtete, sah er in jedem das Gute und übersah seine schlechten Seiten, so wie er es bei einem Menschen auch tat.“*

## 'Rainbow's End'

Die Überschriften in dieser Einführung sind die Namen von Rosen. 'Magic Carpet' und 'New Dawn' stammen beide aus den Vereinigten Staaten von Amerika. Erstere ist das Ergebnis einer intensiven Züchtungsarbeit, die zweite aber wurde zufällig von einem Baumschulgärtner entdeckt, der für diese Rose den ersten Patentschutz erhielt, der überhaupt für Pflanzen erteilt wurde.

LINKS: ***Bourbonrosen wie diese entstanden vermutlich aus einer Kreuzung von*** **R. chinensis** ***und*** **R. damascena** ***var.*** **semperflorens.**

UNTEN: ***Rosen in einem „Mixed Border" (Mischung eines traditionellen Staudenbeetes mit Gehölzen).***

1997 erhielt sie die Auszeichnung „Weltrose“, die sie sich bis jetzt mit acht anderen Rosen in einer Art „Rosen-Walhalla“ teilt – kein schlechter Start für einen Findling. 'Scented Air' ist eine hübsche Beetrose, und 'Rosy Future' eine Zwergrose mit etwas Duft; beide Sorten kommen aus Großbritannien, wie auch 'Night' – die das Ergebnis eines von vielen vergeblichen Versuchen darstellt, schwarze Rosen zu züchten – und ferner die Teehybride 'Renaissance'. 'Oriental Charm' stammt ungeachtet ihres Namens in Wirklichkeit aus Kalifornien; 'Cocktail' hingegen ist eine Rose aus Südfrankreich. Details und Abbildungen zu diesen Rosen findet man, entsprechend der alphabetischen Reihenfolge, in den jeweiligen Kapiteln.

Zum Schluß der Geschichte über die Rosen kommen wir zu 'Rainbow's End' – eine passende Überschrift, denn sicherlich trifft auf die Rosenzucht ähnliches zu wie auf das Ende eines Regenbogens – man wird nie dort ankommen. Zukünftige Ziele der Zucht können andere Duftnoten und Blütenformen, neue Farbkombinationen, ungewöhnliche Wuchsformen, größerer Blühreichtum oder gesünderes Laub sein. In Australien arbeiten Wissenschaftler beispielsweise an einer echten blauen Rose, im amerikanischen Bundesstaat Texas konzentriert man sich ebenso wie in Deutschland stärker auf die Zucht krankheitsresistenter Hybriden. Man sagt, die Rose sei die Gartenpflanze, die sich am schnellsten entwickelt habe – und so wird es wohl auch in den kommenden Jahren bleiben.

## KLIMAZONEN IN EUROPA

Auf dieser Karte wurde Europa in Zonen eingeteilt, die die möglichen winterlichen Mindesttemperaturen eines Gebietes wiedergeben. Diese Temperaturen bestimmen das Überleben von Wild- und Kulturpflanzen entscheidend. Die Skala reicht von Zone 1 mit subarktischem Klima bis Zone 12, den äquatornahen tropischen Gegenden. Mitteleuropa liegt in den Zonen 6 und 7, mit Ausnahme der alpinen Regionen (Zone 5).

Diese Klimazonen wurden ursprünglich vom US-amerikanischen Landwirtschaftsministerium in Fahrenheitgraden entwickelt, wodurch sich ab- und aufgerundete Celsiusgrade ergeben.

Bei jeder Sortenbeschreibung des Haupttextes sind die jeweiligen Zonen angegeben, so daß auf zumutbare Mindest- wie Höchsttemperaturen geschlossen werden kann. Bei der Übertragung in die Praxis ist jedoch zu bedenken, daß nicht nur die absolute Minimumtemperatur, sondern zugleich auch die Einwirkungsdauer tiefer bzw. hoher Temperaturen, die An- oder Abwesenheit einer schützenden Schneedecke, die Stärke und der Feuchtigkeitsgehalt des Windes sowie der Einfluß der Sonnenstrahlungsintensität während des Frostes, die Bodenart und -feuchtigkeit, die Dauerfrosttiefe und viele andere Streßfaktoren das Überleben wie Gedeihen von Rosen beeinflussen. Darüber hinaus können auch deren Wechselwirkungen untereinander, z. B. Lufttemperatur und Strahlungswärme im Pflanzengewebe, entscheidend sein.

Aus alledem wird deutlich, daß die Zoneneinteilung nur einen vagen, eher theoretischen Anhaltspunkt bieten kann. **Deswegen wird für die Praxis in Mitteleuropa empfohlen:**

Rosen der Zone 3 können überall, auch in rauhen Lagen der Mittelgebirge und der besiedelten Alpengebiete, noch weitgehend ohne Winterschutz gepflanzt werden. Rosen der Zone 4 sind dort besser im Spätherbst anzuhäufeln. Rosen der Zone 5 brauchen nur in den milden Gebieten West- und Süddeutschlands nicht geschützt zu werden, und Rosen der Zone 6 sind auch dort sogar an günstigen Standorten nur mit Winterschutz zu empfehlen. Rosen der Zone 7 und mehr gehören ins Gewächshaus. In weniger milden Gebieten ist dies auch für niedrigere Zonenklassen empfohlen. Bei Kletter- und Strauchrosen ist zu bedenken, daß ein Winterschutz für deren blühfähige Zweige nie so effektiv sein kann wie das Anhäufeln bei Beetrosen, die trotz starken Rückschnittes zur Blüte kommen.

Besondere klimatische Ansprüche oder Empfindlichkeiten einer Sorte sind im Text erwähnt.

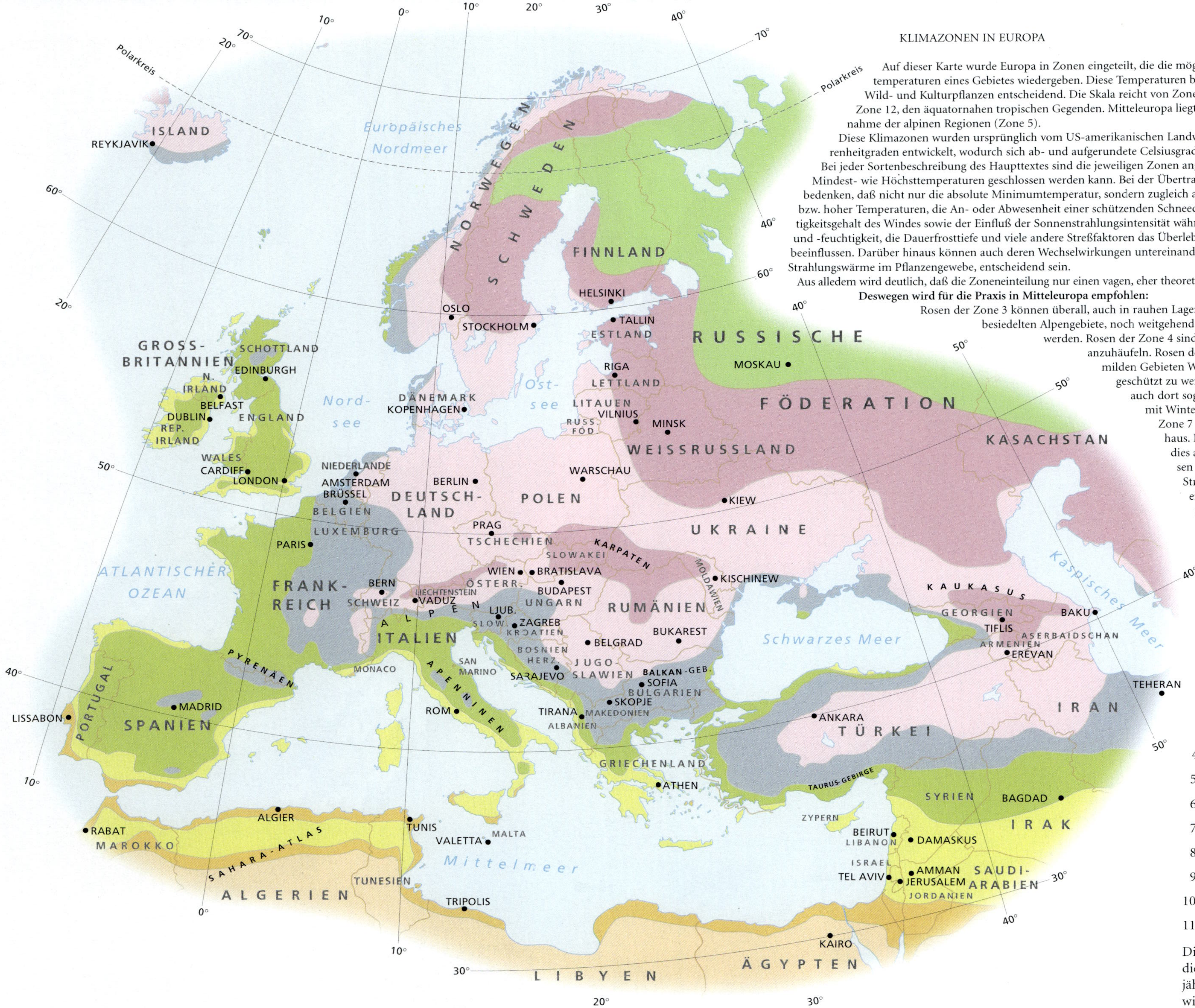


| Zone | °C |
| --- | --- |
| 4 | -34 bis -28 |
| 5 | -28 bis -21 |
| 6 | -21 bis -16 |
| 7 | -16 bis -12 |
| 8 | -12 bis -7 |
| 9 | -7 bis -1 |
| 10 | -1 bis 4 |
| 11 | 4 bis 10 |

Die Klimazonen geben die durchschnittliche jährliche Mindesttemperatur wieder.

# Ursprünge der Rosenzucht

*John Mattock*

## Zur Bedeutung der Rose

Die Rose ist eine einzigartige Pflanze und auf der ganzen Welt als die „Königin der Blumen“ bekannt. Keine andere Blume hat jemals eine solche Popularität erreicht wie die Rose in den letzten 50 Jahren. In gemäßigten Zonen werden Rosen öfter gepflanzt als jede andere Zierpflanze, und als Schnittblumen sind sie immer in Mode.

Schätzungsweise 150 Millionen Pflanzen werden jedes Jahr weltweit von Gartenliebhabern gekauft, und hochentwickelte Züchtungsprogramme haben eine Pflanze hervorgebracht, die den Schnittblumenmarkt auf der ganzen Welt beherrscht; der jährliche Ertrag wird in Tonnen gemessen. Auch für die Parfümindustrie haben die Rosen eine herausragende Bedeutung.

Rosen sind eng mit der Geschichte und Kultur der Menschheit verflochten. Das Rosenmotiv ist in vielen Ländern seit jeher nationales Symbol. Es wurde von unzähligen politischen Parteien verwendet, wie auch von Unternehmen und internationalen Veranstaltungen.

### VOM URSPRUNG DER GARTENROSEN

Wildrosen sind von Natur aus in den meisten Teilen der nördlichen Halbkugel verbreitet. Paläontologen fanden heraus, daß sie aus der Zeit des Tertiär stammen, die vor 70 Millionen Jahren begann. Die Vorfahren der Rosen sind also bereits lange vor der Entwicklung des Menschen entstanden.

#### *Beginn der Rosenzüchtung*

Weit vor Christi Geburt spielte der Handel mit Nutzpflanzen eine wichtige Rolle bei der Ausbreitung der Zivilisation. Durch die Feldzüge Alexanders des Großen und die Expansion des Römischen Reichs wurden viele bis dahin unbekannte Arten in den Nahen Osten und nach Europa eingeführt. Die Hundsrose *(Rosa canina)* zum Beispiel wurde lange Zeit für eine in England heimische Pflanze gehalten, tatsächlich aber wurde sie von den Römern dorthin mitgebracht.

Um 1200 n. Chr. wurden schon vier Gruppen heimischer Rosen kultiviert: Alba-, Gallica-, Damaszener- und Rubiginosa-Rosen.

#### *Moderne Gartenrosen aus Fernost*

Obgleich sich die Kultur von Rosen in europäischen Gärten viele Jahrhunderte lang großer Beliebtheit erfreute, gelang der bedeutendste Schritt nach vorne erst Ende des 18. Jh. mit der Entdekkung von *R. chinensis* in China. Das revolutionär Neue an dieser Rose war ihre Fähigkeit, vom Frühsommer bis zum Spätherbst mehrfach oder andauernd zu blühen.

Der daraus entstandene Begriff „dauerblühend“ wird aber oft allzu wörtlich genommen. 'Parson's Pink China', 'Slater's Crimson China', 'Hume's Blush Tea scented China' und 'Parks' Yellow Tea-scented China'– diese ersten Kultursorten aus China – eröffneten eine neue Perspektive für die Rose, mit einer modernen, klassischen Form, einem echten Karminrot, einer zarten Andeutung zu den frühen Gelben und mit der Fähigkeit zum Nachblühen. Der Ferne Osten wurde der Geburtsort der modernen Gartenrose, der Rest ist Geschichte.

#### *Synthese aus Ost und West*

Die Einführung der Rosen aus dem Fernen Osten fällt ziemlich genau mit dem Aufkommen moderner Züchtungsmethoden zusammen. Obgleich die geschlechtliche Funktion der Blüte, besonders die Funktion von Staubbeuteln und Narbe, im 17. Jh. erkannt worden war, wurde diese Entdeckung in der praktischen Pflanzenzüchtung 200 Jahren lang nicht angewendet. Bis zu dieser Zeit pflegten die ersten Rosenzüchter zwei in voller Blüte stehende unterschiedliche Sorten zusammen in einen Topf zu pflanzen; sie wußten, daß eine realistische Chance bestand, daß diese Pflanzen Sämlinge hervorbringen würden, die Eigenschaften beider Elternteile aufweisen.

Anfang des 19. Jh. begannen Züchter – in erster Linie Amateurzüchter in Frankreich – mit einem gezielteren Züchtungsprogramm, das sehr erfreuliche Ergebnisse brachte. Mit einigem Enthusiasmus folgten diesem Beispiel sehr schnell engagierte Rosenfreunde in aller Welt. Bald war Rosenzüchtung ohne vorherige Planung der Elternsorten undenkbar.

Die entstandene Nachkommenschaft wurde in Gruppen ausgewiesen, die normalerweise nach der Stadt oder dem Land der Entstehung, nach dem Züchter oder, in einigen Fällen, nach einem wohlhabenden Sponsor benannt wurden. Sammelbegriffe wie Bourbon-, Noisette-, Portland- und Remontantrosen wurden mit unterschiedlichem Erfolg ins Leben gerufen. Schließlich wurde der Sammelbegriff „Teehybriden“ für die Kreuzungsprodukte mit Chinarosen geprägt; üblicherweise wird 1867 als das Jahr angegeben, in dem diese großblumigen Rosen erstmals als eigenständige Gruppe anerkannt wurden. Seit dieser Zeit haben sich Teehybriden auf dem Rosenmarkt etabliert.

#### *Die letzten 50 Jahre*

Die Mitte des 20. Jh. repräsentierte ebenfalls eine entscheidende Epoche in der Geschichte der Rose. Hobby- anstelle von reinen Nutzgärten wurden immer beliebter, und das traf mit der Einführung einer neuen Rosensorte zusammen – 'Gloria Dei'. Der Einfluß, den diese Rose auf Gartenliebhaber hatte, ist nur schwer zu schildern, einfach ausgedrückt: Jeder pflanzte sie!

In den letzten zehn Jahren machte man sich viele neue Gedanken, welche Rolle die Rose im Garten spielen soll. Favorisiert werden heute an-

*Die Blumenmalerei war im 19. Jahrhundert sehr beliebt. Dies ist die 'Princess Mary of Cambridge'.*

stelle eintöniger Rosenmonokulturbeete vielmehr gemischte Pflanzungen, in denen Rosen locker zwischen anderen Pflanzen – wie Clematis, Geißblatt, Rittersporn, Lavendel, frühblühenden Tulpen oder Storchschnabel – wachsen.

### ZUR KULTURGESCHICHTE DER ROSE

Wie bei den meisten Pflanzen, die so eng mit der Geschichte der Menschheit verbunden sind, blieb die Rose tief in unserer Kultur und unserem Glauben verwurzelt. Die Römer, die die Rose ursprünglich für medizinische Zwecke kultivierten, gebrauchten sie auch, um ihre üppigen Feste damit zu krönen. Die Griechen betrachteten die Rose als Vervollkommnung der Entwicklung ihrer Kultur.

Im 15. Jh. repräsentierten Rosen die beiden rivalisierenden Königshäuser Englands. Die weiße Rose steht für das Haus York (siehe 'White Rose of York') und die rote Rose für das Haus Lancaster (siehe 'Apotheker-Rose'). Heinrich Tudor, ein Lancaster-Verwandter, besiegelte das Kriegsende durch seine Heirat mit Elisabeth von York und schuf als Heinrich VII. die Tudorrose, die beide Rosen in sich vereinigt und zum königlichen Wappen wurde.

### DIE ROSE IN DER WIRTSCHAFT

Zuerst wurde die Rose wegen ihrer medizinischen Eigenschaften bekannt: Hagebutten enthalten wertvolles Vitamin C. Leider sind die frühen Verwendungsformen von Rosen nirgendwo dokumentiert. Schnittrosen sind eine bedeutende Handelsware, die täglich zu Millionen versandt wird. Ursprünglich war Aalsmeer in Holland das Zentrum dieses Handels, von wo aus praktisch alle Blumenmärkte der Welt beliefert werden konnten. Interkontinentale Transporte haben diesen Handel heutzutage zum großen Teil verdrängt. So werden Rosen beispielsweise in Kenia geschnitten, sortiert und verpackt und 24 Stunden später in Deutschland verkauft. Die wichtigsten Betriebe für Schnittblumen sind in Holland, Dänemark, Israel, Kenia, Simbabwe, USA und Kolumbien.

## Die Einteilung der Rosen

Zur Familie der Rosengewächse (Rosaceae) gehören weltweit zahlreiche Gattungen. Sie schließt viele Zierpflanzen wie Spieren, Fingerkraut und Cotoneaster ein, aber auch eine große Anzahl wertvoller Obstsorten wie Äpfel, Birnen, Pflaumen, Kirschen, Erdbeeren und Quitten.

Die Rosen selbst werden als Gattung *Rosa* bezeichnet. Diese besteht aus ungefähr 140 Arten: 95 davon stammen aus Asien, 18 aus Nordamerika und die verbleibenden aus Europa und Nordafrika. Bemerkenswert ist, daß es auf der südlichen Halbkugel keine heimischen Wildrosenarten gibt.

### KLASSIFIKATIONSSYSTEM

In den letzten Jahren wurde mehrmals versucht, alle Rosensorten in Kategorien einzuordnen. Es gibt vier wichtige Institutionen, die diesen Versuch mit unterschiedlichem Erfolg unternom-

OBEN: *Die Einführung von 'Gloria Dei' 1942 steigerte die Beliebtheit der Rosen gewaltig.*
RECHTS: *'Raubritter', eine großartige Strauchrose, wächst hier als Bodendecker in schöner Harmonie zusammen mit der Ackerwinde.*
UNTEN: *Die grüne Zone kennzeichnet das natürliche Verbreitungsgebiet der Gattung* Rosa.

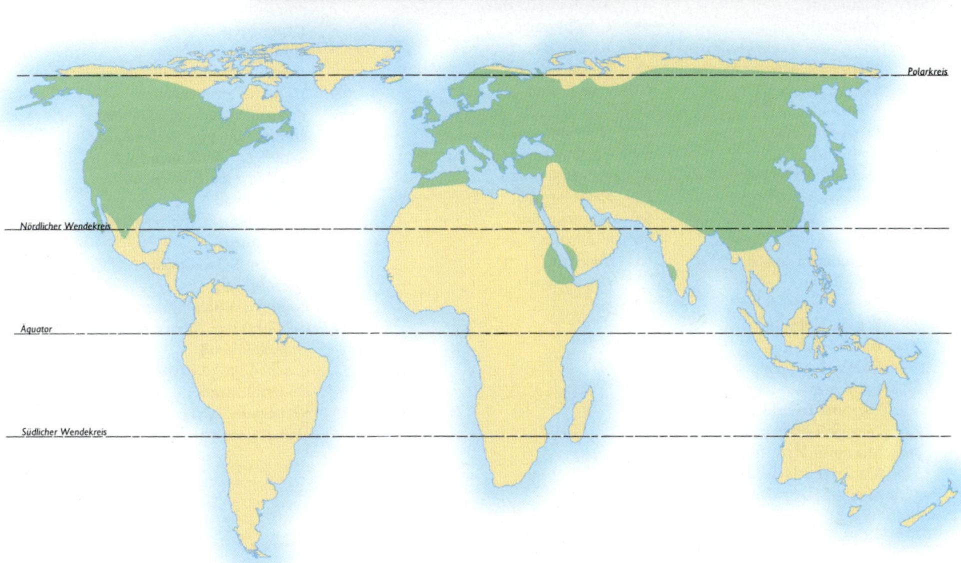

men haben. Wegen der außerordentlich starken Hybridisierung der modernen Rosen bleibt die Grenzziehung zwischen den Klassen notgedrungen schwierig.

Vom **Weltverband der Rosengesellschaften** stammt die umfassendste, ausführlichste und wortreichste Liste. Sie hat jedoch sehr geringe Bedeutung für den praktischen Gebrauch, beispielsweise für Baumschulen, die einen übersichtlichen und informativen Katalog zusammenstellen wollen.

Die ***American Rose Society*** hat ein System zur Klassifikation zusammengestellt, das sich eng an die Anforderungen der angelsächsischen Aussteller und Ausrichter von Rosenausstellungen anlehnt, wobei der botanische Teil leicht mißverständlich ist. Die amerikanische Rosengesellschaft gibt auch *Modern Roses* heraus, eine umfassende Zusammenstellung von Rosennamen.

Der **Verband Britischer Rosenzüchter *(British Association Representing Breeders)*** hat eine Liste des verstorbenen Jack Harkness herausgegeben, die für Züchter sehr bedeutend ist, wahrscheinlich aber bald überarbeitet werden muß. Prof. Dr. Josef Sieber aus Weihenstephan hat sich in Deutschland um dieses Problem bemüht.

Die Mehrheit der Rosenliebhaber wünscht sich in erster Linie gute Pflanzen und hat wenig Verständnis für komplizierte botanische Klassifikationen. Deshalb wurde für dieses Buch eine vereinfachte Version verwendet, die katalogübliche Begriffe mit Vorschlägen aller vier Institutionen zusammenfaßt. Sie soll es den Gartenfreunden erleichtern, sich in der Rosenvielfalt zurechtzufinden.

## IM BUCH VERWENDETE ROSENKLASSEN

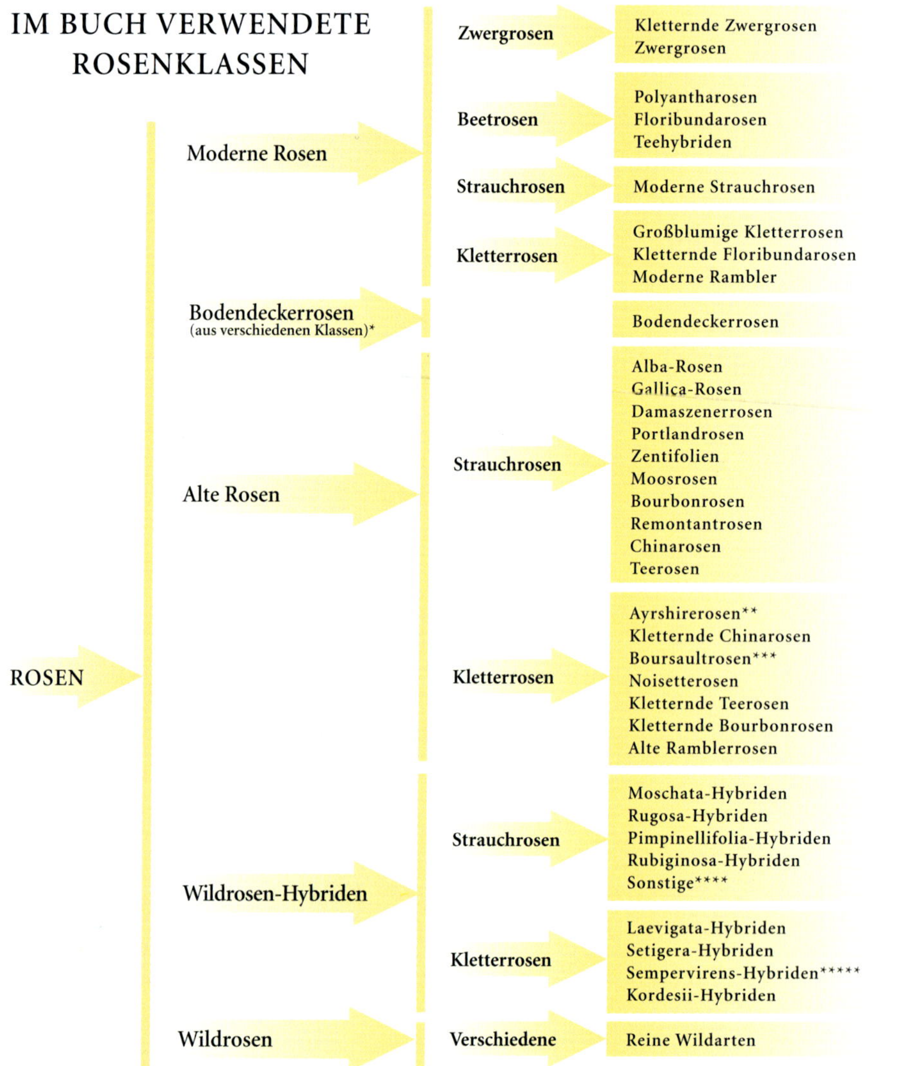


* meist Floribundarosen, auch Kletter- und Strauchrosen ** Arvensis-Hybriden ***Lheritieranea-Hybriden
**** z.B. Moyesii-Hybriden, Macrantha-Hybriden ***** sind zugleich auch sog. „Alte Kletterosen"

### AMERICAN ROSE SOCIETY
***Rosenklassen***

1 Alba-Rosen
2 Ayrshirerosen
3 Bourbonrosen
4 Boursaultrosen
5 Zentifolien
6 Chinarosen
7 Kletternde Bourbonrosen
8 Kletternde Chinarosen
9 Kletternde Floribundarosen
10 Kletternde Grandiflora
11 Kletternde Remontantrosen
12 Kletternde Teehybriden
13 Kletternde Moosrosen
14 Kletternde Zwergrosen
15 Kletternde Polyantharosen
16 Kletternde Teerosen
17 Damaszenerrosen
18 Rubiginosa-Hybriden
19 Floribundarosen
20 Gallica-Rosen
21 Grandiflora-Rosen
22 Alba-Rosen
23 Bracteata-Hybriden
24 Blanda-Hybriden
25 Bourbonrosen
26 China-Hybriden
27 Foetida-Hybriden
28 Hugonis-Hybriden
29 Laevigata-Hybriden
30 Macounii-Hybriden
31 Macrantha-Hybriden
32 Moyesii-Hybriden
33 Moschata-Hybriden
34 Multiflora-Hybriden
35 Nitida-Hybriden
36 Nutkana-Hybriden
37 Remontantrosen
38 Rugosa-Hybriden
39 Sempervirens-Hybriden
40 Setigera-Hybriden
41 Pimpinellifolia-Hybriden
42 Suffulta-Hybriden
43 Teehybriden
44 Kordesii-Hybriden
45 Großblumige Kletterrosen
46 Moosrosen
47 Zwergrosen
48 Sonstige Alte Rosen
49 Noisetterosen
50 Portlandrosen
51 Polyantharosen
52 Ramblerrosen
53 Strauchrosen
54 Wildrosen
55 Teerosen

### WELTVERBAND DER ROSENGESELLSCHAFTEN
***Rosenklassen***

MODERNE ROSEN

1 Moderne Strauchrosen, öfterblühend, großblumig
2 Moderne Strauchrosen, öfterblühend, büschelblütig
3 Öfterblühende Bodendecker
4 Großblumige (Beetrosen) (=Teehybriden)
5 Büschelblütige (Beetrosen) (=Floribundarosen)
6 Büschelblütige Zwergrosen
7 Polyantharosen
8 Zwergrosen
9 Moderne Strauchrosen, einmalblühend, großblumig
10 Moderne Strauchrosen, einmalblühend, büschelblütig
11 Einmalblühende Bodendecker
12 Rambler, öfterblühend
13 Großblumige Kletterrosen, öfterblühend
14 Büschelblütige Kletterrosen, öfterblühend
15 Kletternde Zwergrosen, öfterblühend
16 Rambler, einmalblühend
17 Großblumige Kletterrosen, einmalblühend
18 Büschelblütige Kletterrosen, einmalblühend
19 Kletternde Zwergrosen, einmalblühend

ALTE ROSEN

20 Alba-Rosen
21 Bourbonrosen
22 Boursaultrosen
23 Chinarosen
24 Damaszenerrosen
25 Gallica-Rosen
26 Remontantrosen
27 Moosrosen
28 Portlandrosen
29 Zentifolien
30 Rubiginosa-Hybriden
31 Teerosen
32 Ayrshirerosen
33 Kletternde Bourbonrosen
34 Kletternde Boursaultrosen
35 Kletternde Teerosen
36 Noisetterosen
37 Sempervirens-Hybriden

WILDROSEN

38 Wildrosen, nicht kletternd
39 Wildrosen, kletternd

### VERBAND BRITISCHER ROSENZÜCHTER
***Rosenklassen***

1 Wildrosen und deren Gruppen
2 Chinarosen
3 Noisetterosen
4 Teerosen
5 Teehybriden
6 Floribundarosen
7 Büschelblütige Strauchrosen
8 Zwergrosen
9 Rabattenrosen
10 Kletternde Teehybriden
11 Kletternde Floribundarosen
12 Kletternde Zwergrosen
13 Polyantharosen
14 Kletternde Polyantharose
15 Moschata-Hybriden
16 Wichuraiana-Rambler
17 Wichuraiana-Bodendecker
18 Wichuraiana-Strauchrosen
19 Gallica-Rosen
20 Damaszenerrosen
21 Zentifolien
22 Moosrosen
23 Portlandrosen
24 Bourbonrosen
25 Remontantrosen
26 Englische Rosen
27 Pimpinellifolia-Hybriden
28 Alba-Rosen
29 Rubiginosa-Hybriden
30 Rugosa-Hybriden

## DIE VERSCHIEDENEN GRUPPEN VON WILDROSEN

Die echten Wildarten, oft kurz Wildrosen genannt, werden botanisch in vier Untergattungen eingeteilt. Obwohl diese Einteilung für den Garten von geringem Nutzen ist, ist sie für jeden, der sich für die Entstehung der Gartenrosen interessiert, recht aufschlußreich.

### Hulthemia

Die sehr kleine westasistische Untergattung umfaßt *Rosa persica* (Syn. *Hulthemia persica*) sowie deren Hybride *R.* × *hardii*; beide werden Jack Harkness und anderen Züchtern für modernere Kreuzungen verwendet.

### Hesperhodes

Diese interessante, nur zwei Arten umfassende Gruppe ist im Südwesten der USA heimisch. Sie bringen eine Nachblüte hervor, und die Hagebutten haben eine bemerkenswerte Ähnlichkeit mit Stachelbeeren.

### Platyrhodon

Beheimatet in Südostchina, enthält diese Gruppe *R. roxburghii*, die meist als „Kastanienrose" bezeichnet wird, da ihre Hagebutten an Kastanien erinnern.

### Eurosa

Die meisten Wildrosen gehören zu dieser Untergattung, die selbst wieder in zehn Gruppen unterteilt ist.

**Banksianae** ist eine Gruppe von sechs Kletterrosen-Arten, die in China beheimatet sind. Die beliebteste ist *R. banksiae lutea*, die 'Gelbe Banksiae', ein starkwüchsiger, meist stachelloser Rambler mit Büscheln sehr kleiner, dicht gefüllter Pompon-Blüten. Außerdem ist sie eine der frühestblühenden ersten Rosen.

**Laevigatae** ist eine Gruppe von fünf Arten, heimisch in Südostchina. Eine davon, *R. laevigata*, 'Cherokee Rose', hat sich im Süden der USA so ausgebreitet, daß sie als eingebürgert betrachtet wird.

**Bracteatae** enthält eine kleine Gruppe von drei registrierten Sorten. Die berühmteste ist 'Mermaid', eine fast immergrüne, sehr starkwüchsige Kletterrose mit großen einfachen, hellschwefelgelben Blüten, die eine Nachblüte hervorbringen. *R. bracteata*, aus China, hat sich in den frostfreien Gebieten der USA eingebürgert.

**Pimpinellifoliae** besteht aus 18 Arten. Viele davon sind Gartenrosen. Bekannt ist die leuchtend gelbe Sorte 'Canary Bird', eine Hybride zweier chinesischer Wildarten.

**Gallicanae** bildet das Rückgrat der europäischen Alten Rosen. Es ist eine echte historische Gruppe, die neben den Gallica-Rosen die Zentifolien, Moos- und Damaszenerrosen einschließt.

**Caninae** ist eine weitere Gruppe, die aus Europa stammt. Ihre komplizierte genetische Struktur macht Kreuzungen schwierig. Deshalb gibt es nur wenige Gartenrosen aus ihrer Abstammung.

OBEN: *Die Wildrose* **R. multiflora** *var.* **cathayensis** *mit ihren typischen hellrosa Blüten.*
RECHTS: *'Dupontii' ist eine Alte Rose, vermutlich eine Kreuzung zwischen* **R. gallica** *und* **R. moschata.**

**Carolinae** kommt nur in Nordamerika vor. *R. virginiana* ist wohl ihre bekannteste Art und einer der hübschesten Sträucher im heutigen Garten. Sie wurde bisher nicht zur Züchtung verwendet.

**Cinnamomea** (Syn. Cassiorhodon) ist eine große Gruppe, die viele verschiedene Arten wie *R. moyesii* und *R. rugosa* einschließt. Vor allem mit unterschiedlichen Wuchsformen haben sie zur Entwicklung der Gartenrosen beigetragen.

**Synstylae** waren an der Entwicklung der Polyantha-, Floribunda- und Ramblerrosen beteiligt.

**Chinenses**, beheimatet in China, waren die wichtigste Quelle für das Öfterblühen der modernen Gartenrosen. Sie haben auch viel zur klassischen Blütenform beigetragen, die heute so beliebt ist.

## DIE GRUPPE DER ALTEN ROSEN

Die seit vielen Jahrhunderten bestehenden Alten Rosen stammen ursprünglich von den Wildrosen ab. Dann gab es Veränderungen durch die Züchtung: Reisende und Abenteurer brachten Arten aus aller Welt mit, die sich in der Natur niemals zusammengefunden hätten. Durch den immerwährenden Prozeß von Kreuzung, Auslese und Mutation entstanden viele wunderschöne Rosen.

### Gallica-Rosen

Den größten Einfluß auf diese überwiegend europäische und westasiatische Gruppe hatte *Rosa gallica* mit ihren einfachen rosaroten Blüten. Gallica-Rosen sind nur einmalblühend.

### Damaszenerrosen

Bei diesen wahrscheinlich aus Damaskus stammenden Rosen unterscheidet man zwischen „Sommer-Damaszenerrosen" und „Herbst-Damaszenerrosen"; erstere blühen nur einmal im Sommer blühen und entstanden aus der Kreuzungen von *R. phoenicia* mit Gallica-Rosen. Die Kreuzung von Gallica-Rosen mit *R. moschata* führte zu den sehr ähnlichen „Herbst-Damaszenerrosen".

### Zentifolien (oder Provencerosen)

Diese „hundertblättrigen Rosen" wurden im 17. Jh. von holländischen Züchtern hervorgebracht. Sie blühen meist nur einmal im Sommer.

### Moosrosen

Moosrosen entstanden Mitte des 17. Jh. aus Zentifolien. Sie haben moosartige Auswüchse an den Blütenstielen und Kelchblättern.

### Alba-Rosen

Alba-Rosen, auch bekannt als „Weiße Rosen", sind stattliche, einmalblühende Sträucher. Das Laub hat eine charakteristische graugrüne Farbe.

### Chinarosen

In China und Ostasien entwickelte sich in völliger Abgeschiedenheit eine sehr bedeutende Rosengruppe: Sie blühten mehrmals im Laufe des Sommers und des Herbstes. Im späten 18. und frühen 19. Jh. wurden vier bereits entstandene Kultivare nach Europa gebracht, aus denen letztlich die modernen Gartenrosen hervorgingen.

**Teerosen**
Aus zwei nach Tee duftenden Chinarosen entstand eine ganz neue Klasse öfterblühender Rosen mit wunderschönen, eleganten Blüten, die „Teerosen" genannt wurden. Sie wurden zuerst hauptsächlich in Frankreich kultiviert, da sie wegen ihrer Abstammung von *R. gigantea* etwas frostempfindlich und daher für kältere Gegenden ungeeignet sind.

**Portlandrosen**
Diese Gruppe etwas nachblühender Rosen ist das Ergebnis einer Kreuzung von Gallica-, Damaszener- und Chinarosen sowie Zentifolien; sie wurde nach der Herzogin von Portland benannt.

**Bourbonrosen**
Sie waren die ersten bedingt öfterblühenden Rosen, die aus den Chinarosen hervorgingen. Diese namengebende Kreuzung gelang auf der Île de Bourbon (heute Réunion) im Indischen Ozean.

**Remontantrosen**
Diese Gruppe schon deutlich besser nachblühender Rosen ist das Ergebnis intensiver Züchtung und Auslese, hauptsächlich in Freilandkultur. Remontantrosen ähneln sehr den Bourbonrosen, von denen sie abstammen.

**Pimpinellifolia-Hybriden**
Diese winterharten Hybriden von *R. pimpinellifolia* (Syn. *R. spinosissima*) stammen aus Nordeuropa. Als Beetrosen erfreuten sie sich im 18. Jh. eine Zeit lang großer Beliebtheit. Sie blühen nur einmal im Sommer.

**Rubiginosa-Hybriden**
Von *R. rubiginosa* (Syn. *R. eglanteria*) abstammend, werden sie wegen ihrer kleinen, nach Äpfeln duftenden Fiederblättchen geschätzt. Sie sind nur einmalblühend. Die meisten entstanden seit Ende des 19. Jh.

**Ayrshirerosen**
Diese Gruppe von Ramblerrosen stammt von der heimischen Ackerrose, *R. arvensis*, ab, einer kriechenden Wildrose, die an europäischen Feldrainen zu finden ist. Wahrscheinlich haben sie ihren Ursprung in Schottland, möglicherweise als Kreuzung mit Sempervirens-Rosen.

**Laevigata-Rosen**
Diese kleine Gruppe einmalblühender, halbkletternder Rosen aus China wurde im Süden der USA heimisch. Typisch sind die dunkelgrünen Blätter und die großen, hakenförmigen Stacheln.

**Sempervirens-Rosen**
Diese kleine Gruppe einmalblühender Rambler umfaßt Abkömmlinge von *R. sempervirens*, der „immergrünen Rose". Alle erbten ihre Eigenschaft, das Laub den ganzen Winter zu behalten.

**Boursaultrosen**
Früher meinte man, diese kleine Gruppe von Ramblerrosen – die von einem berühmten französischen Rosengärtner gezüchtet wurde, der ihnen auch den Namen gab – stamme von *R. pendulina* und *R. chinensis* ab. Wegen ihrer fast stachellosen Triebe und ihrer Eigenschaft, nur einmal zu blühen, werden sie von einigen Experten heute *R. blanda* zugerechnet.

LINKS: *Bourbon-Rosen, wie die abgebildete 'Reine Victoria', waren die ersten etwas öfterblühenden Rosen, die von Chinarosen abstammen.*
UNTEN: *'Allotria' (rot) und 'Ivory Fashion' (weiß), zwei hübsche Floribundarosen.*

## DIE GRUPPEN MODERNER GARTENROSEN

Die modernen Gartenrosen entstanden, nachdem Kaufleute und Abenteurer im 18. und 19. Jh. Rosen aus China nach Europa gebracht hatten. Ihr Vorteil wurde sofort erkannt, da sie regelmäßig während des gesamten Sommers blühten, im Gegensatz zu den meisten europäischen Rosen, die nur einen Flor im Frühsommer brachten. Unter modernen Rosen werden bevorzugt Busch- oder Beetrosen in Gärten gepflanzt.

**Teehybriden**
1867 wurde eine neue Sorte mit dem Namen 'La France' durch den französischen Züchter Jean-Baptiste Guillot auf den europäischen Rosenmarkt gebracht. Hierbei handelt es sich um die erste Vertreterin einer langen Reihe von Teehybriden oder Edelrosen, die man auch als Großblumige Rosen bezeichnet. Ihr Hauptmerkmal sind große, gefüllte Blüten, die einzeln – oder in kleinen Büscheln von zwei oder drei Blüten – hervorgebracht werden. Ein weiterer französischer Züchter, Pernet-Ducher, züchtete zu Beginn des 20. Jh. leuchtend gelbe, kupferfarbene und zweifarbige Teehybriden. Mit der Einführung von 'Gloria Dei' (1942) nahm die Beliebtheit der Rosen dann nach Beendigung des 2. Weltkriegs schlagartig zu. 1960 stürmte 'Super Star' mit ihren prächtigen zinnoberroten Blüten die internationale Bühne. Viele Nachkommen jener berühmten Sorte sind seit dieser Zeit auf den Markt gebracht worden.

**Floribundarosen**
Aus der Kreuzung von Teehybriden mit *R. multiflora*, einer Wildrose mit großen Blütendolden, ergab sich ein üppig blühender Busch. Über lange Zeit erfreute sich diese Gruppe vieler Namen: von „Kleinblumigen Polyantharosen" bis zu aktuelleren Bezeichnungen wie „Etwas Größere Floribundarosen". Sie zeigen das gleiche große Farbspektrum wie die Teehybriden.

Je häufiger Teehybriden und Floribundarosen miteinander gekreuzt wurden, desto schwieriger wurde es, zwischen beiden zu unterscheiden. In den USA werden diese ziemlich großblumigen, aber büschelblütigen Sorten oft „Grandiflora-Rosen" genannt.

OBEN: *Die seit langem beliebte Polyantharose 'The Fairy' wurde 1932 eingeführt.*
RECHTS: *'Wedding Day' ist eine sehr hübsche Ramblerrose, die riesige Blütenbüschel hervorbringt.*

**Kompakte, fast zwergige Floribundarosen**
Diese werden zuweilen auch als „Rabattenrosen" oder „Patiorosen", in einigen Baumschulen wohl auch als „Zwerg-Floribundarosen" bezeichnet, obwohl die echten Zwergrosen kleinere Blüten und Blätter haben. Diese Übergangsformen zwischen Floribunda- und Zwergrosen sind für kleinere Gärten wie geschaffen. Sie bringen üppige Büschel schön geformter Blüten hervor. In einigen Ländern werden sie als „Sweetheart-Rosen" verkauft. Sie lassen sich auch gut als Hochstämmchen ziehen.

**Polyantharosen**
'Pâquerette' gilt als die erste Polyantharose; sie wurde 1875 von Jean-Baptiste Guillot eingeführt. Der Name kommt aus dem Griechischen und bedeutet „viele Blüten". Obwohl sie heute wenig gepflanzt werden, haben einige – wie z. B. 'The Fairy' – nie an Beliebtheit verloren. Ihre Gestalt variiert zwischen der einer kleinen Beetrose und einer mittleren Strauchrose.

**Strauchrosen**
Möglicherweise sind diese Rosen etwas größer, stark- oder breitwüchsiger als Beetrosen, weshalb sie sich schwer in einer Gruppe zusammenfassen lassen. Andererseits sind sie deutlich kleiner als Kletterrosen. Ihre Vielfalt an Farben und Düften und ihr geringer Pflegebedarf machten sie sowohl bei Rosenanfängern als auch bei Experten beliebt. Die meisten Alten Rosen und Wildrosen-Hybriden gehören nach Wuchs und Gestalt zu den Strauchrosen. Einmalblühende Strauchrosen nannte man früher auch „Parkrosen".

Die öfterblühenden oder modernen Strauchrosen werden oft in Untergruppen eingeteilt. Moschata-Hybriden sind starkwüchsige Rosen mit attraktiven Blüten. Die sogenannten „Englischen" Rosen wurden von David Austin gezüchtet.

**Rugosa-Hybriden**
Diese attraktiven und großen Strauchrosen stammen von *Rosa rugosa* ab, einer fernöstlichen Art; sie sind beachtenswert wegen ihres „runzligen" Laubes, ihrer Winterhärte und ihrer oft sehr guten Krankheitsfestigkeit.

**Bodendeckerrosen**
Diese neuere Gruppe trägt entscheidend dazu bei, daß Rosen zur Verschönerung ihrer Umgebung verwendet werden. Die Mehrzahl dieser Rosen ist öfterblühend. 'Kent' wurde als die beste Einführung der letzten Jahre eingestuft.

**Zwergrosen**
Die Geschichte der Zwerg- oder Miniaturrosen ist geheimnisvoll. Vor ungefähr 170 Jahren wurde die Zwergform einer Rose beschrieben, die zweifellos eine Miniaturform einer Chinarose war. Um 1850 war sie eine beliebte Topfrose, die aus Samen vermehrt werden konnte, dann jedoch in Vergessenheit geriet.

1917 wurde eine Miniatur-Art in der Schweiz wildwachsend entdeckt. Nach ihrem Entdecker, Colonel Roulet, wurde sie *Rosa rouletii* genannt. Die erste Hybride dieser Rose, 'Peon', wurde 1936 von Jan de Vink gezüchtet. Später kam sie in den USA als 'Tom Thumb' in den Handel und ist immer noch sehr beliebt. Die Zuchtarbeit von Ralph Moore in den USA bewirkte, daß Zwergrosen heute eine eigene Klasse darstellen. Zu seinen Neueinführungen gehören so außerordentliche Ergebnisse wie 'Fairy Moss', 'Dresden Doll' und 'Lemon Delight'.

Kletternde Zwergrosen können das Rückgrat eines kleinen Gartens sein, sie geben ihm Höhe und lassen den Blick nach oben wandern. Einige gute, in Mitteleuropa noch kaum verbreitete Sorten sind 'Laura Ford', 'Nice Day' und 'Warm Welcome'.

**Ramblerrosen**
Mit Einführung von *R. wichuraiana* und *R. multiflora* aus Asien wurde diese Rosengruppe weichtriebiger Kletterrosen mit attraktiv überhängendem Wuchs und meist nur einmaliger, dann aber überwältigend reicher Blüte schnell beliebt. Einige der beliebtesten Sorten wie 'Albertine', 'American Pillar' und 'Dorothy Perkins' sind immer noch erhältlich. Rambler gewinnen heute wieder zunehmend an Interesse.

**Kletterrosen**
Sie sind entweder als steiftriebige großblumige oder büschelblütige Kletterrosen klassifiziert. Üblicherweise werden sie aus Beetrosen gezüchtet, die die auffällige Tendenz haben, kletternde Triebe zu bilden, oder durch Einkreuzung von kletternden Wildarten. Manchmal sind es kletternde Mutationen, dann ist ihrem Namen der Zusatz „Climbing" beigefügt. 'Climbing Mrs Sam McGredy', 'Climbing Ena Harkness' oder 'Climbing Schneewittchen' sind nur drei Beispiele von vielen. Climbing Sports (Mutationen) blühen bei uns oft nur einmal im Sommer. Ihre Wuchskraft ist jedoch gewaltig, und die Qualität der Blüten ist groß.

## Neuere Entwicklungen bei den Modernen Rosen

### VERERBUNG UND ZÜCHTUNG

Bedeutende innovative genetische Fortschritte haben den Züchtern geholfen, bei der Entwick-

OBEN: *Die charakteristischen Blätter, Hagebutten und Blüten der Rugosa-Hybride 'Frau Dagmar Hartopp'.*

LINKS: *Mit dieser bis dahin unbekannten Farbe wurde 'Super Star' im Jahre 1960 sehr beliebt.*

lung neuer Sorten viel genauer und gezielter vorzugehen. Gelegentlich bringt eine Sorte ganz spontan eine neue Farbe oder Wuchsform hervor. Das Ergebnis wird generell „Sport" genannt und durch Mutationen hervorgerufen. Interessanterweise treten bei einigen Sorten solche spontanen Veränderungen in den Erbanlagen häufiger auf als bei anderen.

Es gibt zahlreiche Beispiele für Farbmutationen, doch waren davon viele nicht sehr erfolgreich. Die Chance, daß an einem Strauch ein kletternder Trieb durch Mutation entsteht, ist minimal. Wenn dies aber doch einmal vorkommen sollte, muß der Zweig vegetativ vermehrt werden, üblicherweise durch Okulation. Kletternde Sports sind meist nur einmalblühend.

### BERÜHMTE SORTEN IN DER REINKULTUR

Beim Studium der Geschichte der Gartenrosen ist es interessant, dem Einfluß bestimmter Neueinführungen auf die Züchtung und ihre Ergebnisse nachzuspüren. Anfangs war der Einfluß der Chinarosen, die das Öfterblühen nach Europa brachten, enorm. Ende des 19. Jh. war *Rosa foetida* für die Einführung der Merkmale „Leuchtend gelbe Blütenfarbe" und „Zweifarbigkeit" verantwortlich. Um die Jahrhundertwende boomte die Züchtung von Ramblerrosen durch die Nutzung von *R. lucia* und *R. wichuraiana*, zwei nahe verwandte ostasiatische Wildarten. In der ersten Hälfte des 20. Jh. haben die Züchterfirmen Dickson und McGredy sehr zuverlässige Sämlinge verwendet, um gezielt gewisse Eigenschaften weiterzuvererben. Einer dieser Sämlinge, gezüchtet von Sam McGredys Vater, war an der Entwicklung der ungeheuer beliebten Teehybride 'Gloria Dei' beteiligt.

Von Francis Meilland 1942 gezüchtet, war 'Gloria Dei' eine von einer Handvoll neuer Sorten, die einen enormen Einfluß haben sollten. Doch dauerte es einige Zeit, bis ein erfolgreicher Nachkomme von 'Gloria Dei' gezüchtet war.

Im Jahre 1950 erschien mit 'Kordes' Sondermeldung' die erste zinnoberrote Sorte. Aus dieser Rose und 'Gloria Dei' entstand 1960 'Super Star', eine außerordentlich beliebte, leuchtend zinnoberrote Rose. 12 Jahre später wurde sie von der noch intensiver leuchtenden Tochter 'Alexander' verdrängt. 'Silver Jubilee', 1977 eingeführt, gab den Anstoß für eine ganze Reihe sehr reichblühender Teehybriden und Floribundarosen.

## Form und Duft der Rosen

### PFLANZENFORMEN

Wuchs und Gestalt von Rosen haben eine enorme Spannweite: Auf der einen Seiten gibt es Zwergrosen von wenigen Zentimetern Größe, andererseits aber auch riesige Kletterer, die bis zu 15 m hoch werden. Sie haben aufrechte, überhängende, kletternde, gelegentlich auch kriechende Triebe. Das gewöhnlich abfallende Laub ist wechselständig angeordnet, aus einer ungeraden Zahl von Fiederblättchen zusammengesetzt und erscheint an meist stacheligen oder borstigen Trieben. Die Blüten werden einzeln oder in Dolden von bis zu 100 Blüten hervorgebracht; jede Blüte hat zahlreiche Staubgefäße, Griffel und Blütenblätter (Wildrosen besitzen einfache Blüten mit fünf Blütenblättern). Nach der Blüte wird der Blütenboden fleischig und reift zur Hagebutte, die entweder einige oder viele Samen enthält.

#### Stacheln

Stacheln („Dornen"), ein normalerweise charakteristisches Merkmal der Rosen, können bei einigen Sorten völlig fehlen. Rosen, die von *Rosa pimpinellifolia* und *R. rugosa* abstammen, bilden meist kleine, nadelartige Borsten, während Teehybriden und Floribundarosen flügelartige Stacheln haben, die ziemlich groß sein können.

#### Blätter

Meist haben Gartenrosen fünf Fiederblättchen wie die Teehybriden und Floribundarosen. Sieben Fiederblättchen sind typisch für Rosen mit Abstammung von *R. wichuraiana* und *R. multiflora*, viele Arten aus Asien können 15 Fiederblättchen haben und fast farnartig wirken. Die Blätter von *R. rubiginosa* (Syn. *R. eglanteria*) oder *R. primula* setzen beim Zerreiben einen intensiven Duft nach Äpfeln bzw. Weihrauch frei.

#### Blütenform und Blütengröße

Die Blüten erscheinen einzeln oder in Büscheln. Einfache Blüten haben meist fünf Blütenblätter (Petalen). Gefüllte Formen unterteilt man in halbgefüllt (10–20 Petalen), gefüllt (20–40 Petalen) und dichtgefüllt (über 40 Petalen).

#### Hagebutten

Hagebutten kommen in einer großen Vielfalt von Formen und Größen vor. Sie werden grob in drei Gruppen eingeteilt: Breit-oval, typisch für Rosen mit Abstammung von *R. rugosa*, dann kugelförmig, wie bei der Mehrzahl der Beetrosen, sowie flaschenförmig, eine interessante Form, die bei *R. pendulina*, *R. holodonta* und anderen, meist ostasiatischen Rosen und deren Sorten vorkommt.

### ROSEN UND IHR DUFT

Eine inzwischen allgemein anerkannte Tatsache ist, daß Duftwahrnehmungen sehr subjektiv sind, denn jeder Mensch verfügt nun einmal über ein individuelles Duftempfinden. Im Gegensatz zu Farben gibt es für Düfte nur sehr allgemeine Beschreibungen wie süß, herb, würzig usw. Daher verwendet man meist konkrete Noten aus dem Pflanzen- oder Tierreich wie beispielsweise Apfel-, Flieder- oder Moschusduft.

#### Züchtung

Duft ist ein rezessiver Faktor, der durch Kreuzungen leicht verlorengeht. Neueste Erfolge von Sam McGredy deuten darauf hin, daß dieses Problem teilweise gelöst ist, allerdings nicht ohne Farbeinbußen. Eine seit langem vorherrschende Meinung, daß Duft und Anfälligkeit für Mehltau in Zusammenhang stünden, wurde von Kordes widerlegt: Einige seiner sehr gesunden Teehybriden haben einen wundervollen Duft. Bourbonrosen sind das beste Beispiel für eine ganze Gruppe intensiv duftender Rosen.

### Rosenöl

Das ätherische Öl der Blütenblätter – Rosenöl – ist eine Kostbarkeit. Im Kazanlik-Tal in Bulgarien wird auf über 4000 ha Land *R. damascena* 'Trigintipetala' (siehe 'Kazanlik') angebaut. Die Rosenknospen werden im Mai und Juni zwischen Sonnenaufgang und 10 Uhr morgens geerntet, gerade wenn sie anfangen, Farbe zu zeigen und bevor das ätherische Öl entweicht. Sie werden sofort destilliert. Die benötigte Menge ist unvorstellbar hoch: Über 1 Million Rosenknospen oder 3 Tonnen Blüten werden benötigt, um gerade 1 Liter Rosenöl zu gewinnen.

### Potpourri

Rosenblütenblätter sind außerdem eine gute Basis für Potpourris aus Blütenblättern, die z. B. in Duftkissen enthalten sind. Sie werden während der größten Hitze des Tages gesammelt, in der Sonne getrocknet und dann in luftdichten Behältern aufbewahrt, bis sie verwendet werden. Damaszener- und Gallica-Rosen sind für diesen Zweck sehr beliebt, einige moderne Sorten, wie 'Duftwolke' und 'Paul Shirville', sind ebenfalls geeignet.

## Einige berühmte Rosengärten

Es gibt sehr wenige Gärten, deren Ruf in der Menge und Qualität nur einer einzigen Pflanzengattung begründet liegt. Die Rose jedoch genießt ein so hohes Ansehen, daß in den meisten Ländern der gemäßigten Zonen Rosengärten zu finden sind, deren Besuch sich lohnt. Die folgende Liste nennt einige der bekanntesten Gärten.

**Deutschland:** Das *Europa-Rosarium* in Sangerhausen ist trotz Krieg und „Eisernem Vorhang" jetzt mit etwa 700 Rosensorten und -arten wohl wieder der Welt umfassendste Rosensammlung.

Der *Rosengarten* auf der Insel Mainau im Bodensee erfreut sich eines milden Mikroklimas.

Zweibrücken hat sich seinen Ruf als „Rosenstadt" wegen seiner zwei außergewöhnlich erfolgreichen Rosengärten erworben.

In Dortmund befindet sich das bedeutende *Deutsche Rosarium*. Mit über 3000 Sorten und Arten zeigt es in beispielhafter Vielfalt die gartengestalte-rische Verwendung von Rosen in Gärten und Parkanlagen.

Baden-Baden ist derzeit nicht nur Sitz des *Vereins Deutscher Rosenfreunde (VDR)*, sondern auch Standort eines Rosengartens im Jugendstil sowie eines attraktiven Rosen-Prüfgarten für die *Internationale Rosenneuheitenprüfung*.

**Frankreich:** Paris besitzt zwei berühmte Rosengärten: *Roseraie de l'Haÿ-les-Roses*, der eine große historische Bedeutung hat, und den *Parc de Bagatelle*, wo die französischen Rosenprüfungen stattfinden.

**Großbritannien:** Die *Gardens of the Rose* in St. Albans, dem Sitz der *Royal National Rose Society*, ist Austragungsort der *International Rose Trials*, die wohl die härtesten Bewertungsmaßstäbe auf der ganzen Welt anlegen.

Der *Queen Mary Rose Garden* im Londoner *Regent's Park* in London ist ein gutes Beispiel für Rosen in öffentlichen Anlagen.

Der Garten der *Royal Horticultural Society* in Wisley in der Graftschaft Surrey ist wunderschön gestaltet mit einer umfangreichen Auswahl an Pflanzen, nicht nur Rosen.

In Schottland ist Aberdeen als Rosenstadt bekannt.

**Irland:** Im *St Anne's Rose Garden*, malerisch an der Dubliner Bucht gelegen, werden die *Dublin Rose Trials* durchgeführt.

**Italien:** *Roseto Cavriglia Valdorno*, unweit von Arezzo in der Toskana, im Zentrum der Region des Chianti Classico, ist das private Lebenswerk des angesehenen Chirurgen Prof. Fineschi. Besucher sind nach telefonischer Anmeldung herzlich willkommen.

**Niederlande:** Im *Westbroeckpark Rosarium* in Den Haag, wo viele neue Sorten zeigt werden, wird jedes Jahr die „Goldene Rose von Den Haag" verliehen.

**Österreich:** Das *Rosarium* in Baden bei Wien ist Ort der österreichischen Rosenprüfungen.

**Schweiz:** Vor dem Hintergrund des Genfer Sees ist der *Parc de la Grange* wunderschön gestaltet.

**Spanien:** Der Rosengarten im *Parque de Oeste* in Madrid ist jedes Frühjahr der erste in Europa, der in Blüte steht.

**USA:** Das *American Rose Centre* in Shreveport (US-Bundesstaat Louisiana) stellt nicht nur den Sitz der *American Rose Society*, sondern kann sich auch eines gut gegliederten, modernen Rosengartens rühmen.

Die *Huntington Botanical Gardens* in Kalifornien haben eine große Auswahl Alter Rosen und eine sehr gute botanische Bibliothek.

Die *Brooklyn Botanic Gardens* in New York und die *Hershey Rose Gardens* in Pennsylvania sind nur zwei Beispiele für eine große Anzahl schöner Rosengärten in den USA.

## Die Zukunft der Rose

Wie wird die Rose sich im neuen Jahrtausend entwickeln? Trotz einer unglaublichen Entwicklung in den letzten hundert Jahren bleiben noch manche Wünsche offen. Sie werden sicher bei den Zuchtzielen der Rosenzüchter Berücksichtigung finden.

Eines der ersten Ziele wird möglicherweise die Entwicklung eines großen Rosenstrauchs sein, der üppig mit hochklassigen Blüten bedeckt ist.

Duft und Farbe werden oft von der jeweiligen Mode und somit weitgehend durch Zufall bestimmt. Der meist ziemlich konservative Geschmack des Publikums wird sich durch die bereits angebotene Vielfalt langsam vom Ideal der perfekten Teehybriden lösen und sich sowohl nostalgischen Schönheiten als auch üppigen Ramblern, Kaskadenrosen, dauerblühenden Bodendeckern und vielen anderen Neuentwicklungen öffnen.

**Roseraie de l'Haÿ-les-Roses,** ***einer der beiden berühmten Gärten in Paris, hat auch eine große historische Bedeutung.***

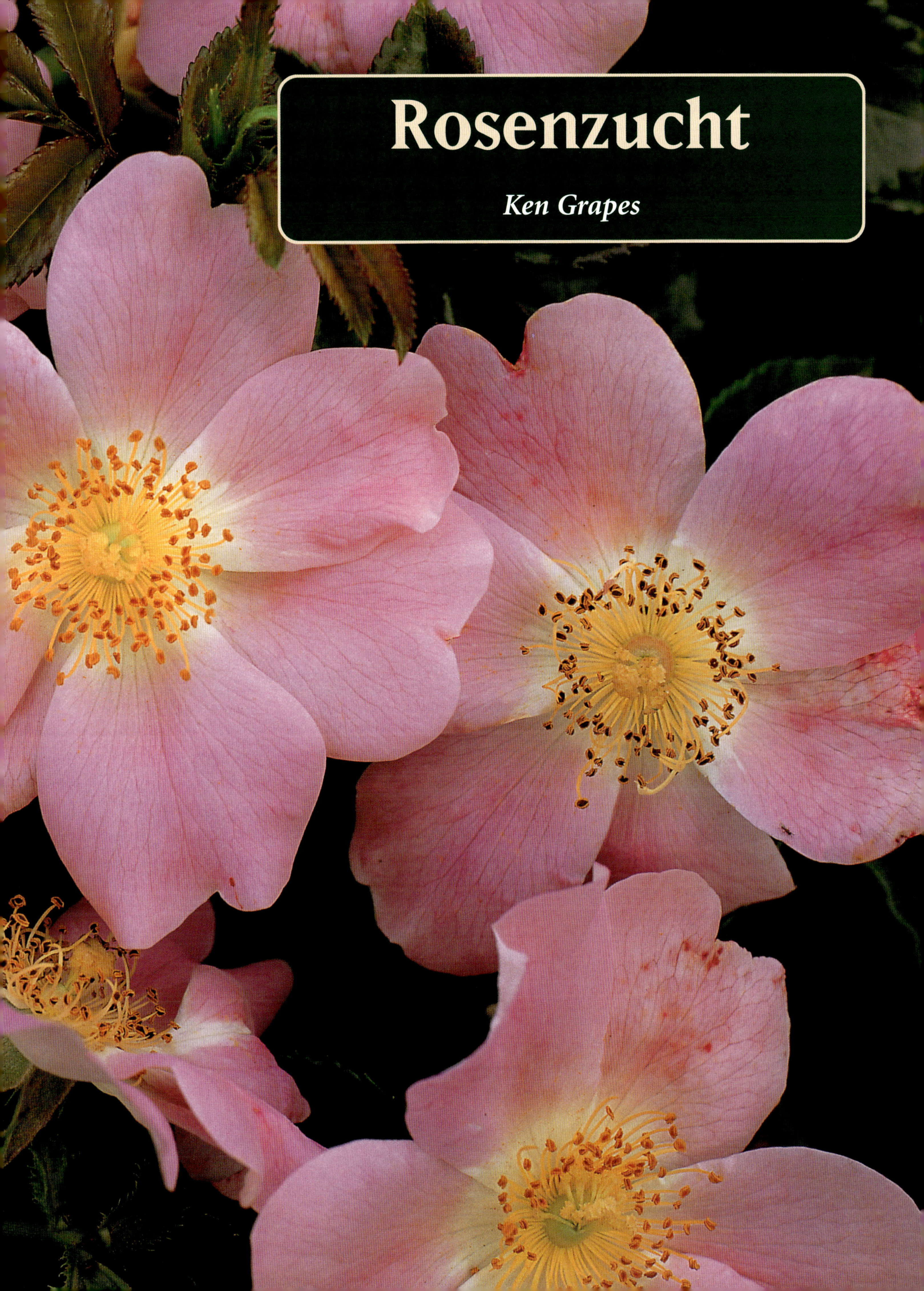

# Rosenzucht

*Ken Grapes*

## Die Rosenzucht – Mythen, Mißverständnise und Vorurteile

Rosen bereiten Freude. Sie haben eine einzigartige Stellung in der Geschichte, in der Wappenkunde und in der Literatur; sie sind das Symbol für Treue und Liebe. Aber nicht nur deshalb gilt die Rose als „Königin der Blumen", sondern vielmehr, weil sie eine hervorragende Gartenpflanze ist.

*Rosen sind leicht zu kultivieren.* Man mag es kaum glauben, wenn man bedenkt, wieviel Tausende von Büchern, Zeitschriften und Beiträgen allein während des letzten Jahrhunderts der Rosenzucht gewidmet wurden. Die Mythen und Vorurteile zu diesem Thema machen einen guten Teil ihrer reichen Geschichte aus. Diese Geschichte zu verstehen, heißt in erster Linie, sich klar zu machen, daß es um die Kultur der Rose keine Geheimnisse gibt.

Obwohl Rosen eine sehr alte Gattung darstellen – die britische Rosengesellschaft, die *Royal National Rose Society (RNRS)*, besitzt einige Versteinerungen von Rosenblättern, von denen angenommen wird, daß sie viele Millionen Jahre alt sind – werden sie als Zierpflanzen in unseren Gärten erst seit dem frühen 19. Jh. verwendet, vor allem seit der Zeit von Königin Viktoria (1837–1901). Die beliebtesten Rosen jener Zeit waren die Remontantrosen. Mit ihrer Beliebtheit wurden gleichzeitig Kulturmaßnahmen notwendig – für das Pflanzen, Düngen, Erziehen und Schneiden. Man war der festen Überzeugung, Rosen benötigten die Aufmerksamkeit einer „Primadonna", wenn sie ihr Bestes geben sollten – sozusagen eine viktorianische Form der heutigen Arbeitsplatzsicherung!

In dieser Zeit wurden die besten Methoden zur Kultur von Remontantrosen gefunden, aber gleichzeitig entstanden auch einige Mythen und Legenden um die Rosenzucht. Wenn man die Geräte und Methoden der viktorianischen Gärtner mit den heutigen vergleicht, gibt es seltsamerweise keine grundlegenden Unterschiede. Aber die Masse der heute kultivierten Rosen unterscheidet sich deutlich von denen des 19. Jh. Dennoch muß man eingestehen, daß in der damaligen Zeit nicht allzu kompliziert vorgegangen wurde. Dean Hole, damaliger Präsident der *Royal National Rose Society (RNRS)*, verfaßte das bedeutende Werk *Book About Roses*, das viele Auflagen erreichte. Ohne die übliche viktorianische Weitschweifigkeit stellte Hole klare und verständliche Regeln für die Rosenzucht auf. Was haben wir seit dieser Zeit falsch gemacht?

Mit der ständig wachsenden Zahl neuer Rosensorten wurden auch neue Techniken entwik-

**The Gardens of the Rose** ***in St. Albans, Sitz der britischen*** **Royal National Rose Society.**

kelt. Um die Jahrtausendwende ist die Rose vermutlich die beliebteste Blume der Welt. Jeder, der sich mit einer „Rosenhacke“ abquält, macht seine eigenen Erfahrungen – immer mit den verschiedenen Anweisungen vor Augen – und macht dabei gedanklich vieles komplizierter, was eigentlich leicht zu erledigen wäre. Daher glaubt jeder, Rosen seien schwierig zu kultivieren und müßten ständig umsorgt werden.

Die verschiedenen Gesellschaften von Rosenliebhabern, die ihre Rosen auf Wettbewerbsausstellungen zeigen wollten, haben wohl auch ihren Beitrag dazu geleistet, daß sich dieses Vorurteil weiter halten konnte – u. a. auch der oben genannte Dean Hole. Obwohl er von Gartengestaltung viel verstand, bevorzugte Hole im Grunde seines Herzens Ausstellungsrosen. Die *RNRS*, deren Präsident er 27 Jahre lang war, widmete einen Großteil ihrer Zeit und ihrer Veröffentlichungen der Kultur von Rosen für derartige Ausstellungen, die noch heute im angelsächsischen Raum sehr verbreitet sind. Die Methoden der Aussteller gelten heute ebenfalls noch – doch für eine gute Gartengestaltung braucht man die anspruchsvollen Kulturmaßnahmen dieser speziellen Interessensgruppe nicht zu übernehmen.

Warum die Rose als Gartenpflanze in der öffentlichen Meinung ein eher negatives Image hat, mag an der konservativen Einstellung vieler Hobbygärtner liegen. Wir lernten das Gärtnern entweder von unseren Eltern oder aus Büchern und Zeitschriften. Nur selten wollte man im Garten experimentieren oder gar überprüfen, ob die veralteten Methoden noch gültig und angebracht sind. Die zahlreichen Versuchsreihen von wissenschaftlichen Institutionen waren alle an den Bedürfnissen gewerblicher Rosenanbauer ausgerichtet; abgesehen von Chemiefirmen, die ständig nach wirksameren Spritz- und Düngemitteln forschen, geschah wenig oder nichts, um auch den Wünschen der Gartenfreunde gerecht zu werden.

Das hat sich in den letzten Jahren geändert. Alle nationalen Rosengesellschaften bemühen sich inzwischen, jeden Aspekt der Rosenkultur in Frage zu stellen. Sie werden dabei von fortschrittlichen Verbraucherverbänden unterstützt, die zu der ständigen Frage „Was wäre, wenn...?“ ermutigen. Die heutigen Versuche betreffen das Pflanzen, Düngen und Schneiden, das Entfernen welker Blüten und die Suche nach einer gesunden Rose sowie Fragen zur Bodenmüdigkeit oder zum Wert des Mulchens.

Diese manchmal über viele Jahre laufenden Rosenprüfungen wurden so lange fortgeführt, bis eindeutige Ergebnisse vorlagen. Die sich daraus ergebenden, aktuellen Erkenntnisse wurden in den folgenden Abschnitten dieses Kapitels mitaufgenommen. Nur in Zweifelsfällen wurden die alten und bewährten Methoden beibehalten und erläutert.

Wer sich an die simplen Richtlinien dieses Kapitels hält, kann dem Beispiel des Dichters Christopher Marlowe aus dem 16. Jh. leicht folgen:

*„Ich werde Dir Rosenbeete schenken*
*und tausend duftende Sträuße.“*

***Schalenförmig:** Einfache, halbgefüllte und gelegentlich gefüllte Blüten, die sich ganz öffnen und fast flach sind.*

***Becherförmig:** Geöffnete, einfache bis gefüllte Blüten mit Petalen, die sich von der Mitte aus zurückbiegen.*

***Hochgebaut:** Halb- bis dichtgefüllte Blüten mit hoher, spitzer Mitte, die fest geschlossen ist.*

***Rosettenförmig:** Dichtgefüllte Blüten mit vielen, leicht übereinanderliegenden Blütenblättern unterschiedlicher Größe.*

***Geviertelte Rosette:** Dicht gefüllte Blüten mit vielen übereinander liegenden Blütenblättern, in Vierteln angeordnet.*

***Pomponförmig:** Kleine, rundliche, dichtgefüllte Blüten mit einer Menge winziger Blütenblätter gefüllt.*

BLÜTENFORMEN DER ROSEN

## DIE ANLAGE EINES ROSENGARTENS

Wer beim Hauskauf gleichzeitig einen alten Garten erwirbt, ist gut beraten, diesen einen Sommer lang zu beobachten, bevor er gravierende Veränderungen vornimmt. Man muß nämlich schon das richtige Gefühl für den Garten bekommen und sich klar machen, welche Pflanzen bei einer Umstrukturierung erhalten bleiben sollen. Darüber hinaus erfährt man, ob sich bestimmte Unkrautpflanzen festgesetzt haben, die man vor einer Neubepflanzung entfernen muß.

Entsprechendes gilt für Gartenbesitzer, die einen völlig neuen Garten anlegen möchten, z. B. Käufer eines Neubaus. Besonders Bäume und Sträucher sind nicht billig und werden besser erst gepflanzt, wenn man den Lichteinfall kennt. In einigen Fällen ist es von Vorteil, einen professionellen Gartengestalter zu beauftragen. In diesem Kapitel sind einige grundsätzliche Regeln aufgestellt, die beachtet werden sollten, bevor Rosen in einen neuen oder umgestalteten Garten gepflanzt werden.

## ROSEN IN DER GARTENPLANUNG

Rosen gibt es in einer erstaunlichen Vielfalt von Formen und Größen, was eine vielseitige Verwendbarkeit im Garten mit sich bringt: Winzige Rosen können als Mittelpunkt gepflanzt werden oder in kleinen Töpfen oder Blumenkästen wachsen; niedrige, breit überhängende Sorten eignen sich für Ampeln und größere Töpfe. Busch- und Strauchrosen bilden hübsche Hekken oder einen Sichtschutz bzw. können in Beete oder Rabatten gepflanzt werden, während Kletterrosen an Spalieren, Pergolen, Pyramiden und Zäunen gezogen werden können; man kann sie sogar in große Bäume wachsen lassen. Und niedrige, ausladend wachsende Sorten sind zum Kaschieren unansehnlicher Plätze, z. B. einer Böschung, nützlich. Rosen passen zu jedem Gartenstil, sei es ein ungezwungener Bauerngarten, eine formale Pflanzung oder ein Innenhof. Zu der großen Formenvielfalt kommen nun noch die Blüten hinzu. Es gibt sie in einer Mannigfaltigkeit von Formen, Farben und – sehr wichtig – Duftnoten.

Rosen sind sehr langlebig; deshalb sollte man ihren Standort mit Bedacht wählen. Jede Rose, der man einmal einen geeigneten Platz gegeben hat, wird über Jahre, vielleicht sogar über Generationen blühen. Von einem berühmten Rosenbusch am Dom von Hildesheim sagt man, daß er über tausend Jahre alt sei.

## ROSEN LIEBEN VIEL LICHT

Der Hauptfaktor, der die Planung eines neuen Rosengartens bestimmt, ist das Sonnenlicht. Alle Pflanzen benötigen Licht für die Photosynthese, bei der Licht bestimmter Wellenlängen in Energie für das Wachstum umgewandelt wird. Rosen gedeihen in vollem Sonnenlicht am besten, aber auch Standorte mit nur vier Stunden Sonne am Tag sind noch vertretbar. An schattigeren Standorten sind sowohl der Wuchs als auch die Blühfreudigkeit der Rosen erheblich eingeschränkt. Kletterrosen können in den lichten Schatten gepflanzt werden, allerdings sollten ihre Blüten bald das Sonnenlicht erreichen.

## EIN ZUGIGER, ABER AUCH EIN ABSOLUT WINDSTILLER STANDORT KANN TÖDLICH SEIN

Rosen sind robuste Pflanzen, die viel ertragen, aber sie gedeihen nicht an zugigen Plätzen, besonders wenn diese recht trocken und ohne Sonne sind. In offenen und ungeschützten Lagen ist

*Abgebildet ist ein gesundes Exemplar der Teehybride 'Silver Jubilee'. Rosen wachsen gut in humusreichem Boden.*

es ratsam, für etwas Windschutz zu sorgen, der entweder aus einem soliden Zaun oder besser aus einer Hecke oder einer Baumreihe besteht. Eine laubabwerfende Hecke ist selbst im Winter, wenn die Blätter abgefallen sind, noch ein guter Windbrecher. Dichte Zäune können bei starkem Wind Turbulenzen verursachen, und zwar an der Seite, die eigentlich geschützt werden soll. Extrem ungeschützte Gärten in ohnehin windarmen Gebieten können den Befall mit Mehltau und Spinnmilben gefährlich stark fördern, besonders bei Hitze.

### WASSER – DIE BEDEUTUNG VON BE- UND ENTWÄSSERUNGSSYSTEMEN

Rosen wurzeln recht tief und brauchen kein dauerndes Wässern. Die Installation einer Bewässerungsanlage zahlt sich trotzdem in einem Garten schnell aus, besonders wenn sparsame Tropfschläuche oder vergrabene „Rohre mit Löchern" verwendet werden, mit einem einfachen, zentralen Kontrollhahn für jeden einzelnen Bereich. In Töpfen ist eine Bewässerung für Rosen unerläßlich. Im Hochsommer müssen sie täglich gegossen werden. Auch hier sind Tropfschläuche empfehlenswert.

Zu viel Wasser, besonders stagnierende Nässe im Boden wird überhaupt nicht vertragen. Wenn der Garten tief liegt oder eine schlechte Entwässerung hat, muß man die Drainage verbessern. Jack Harkness empfahl, im Winter ein Probeloch von etwa 30 cm Tiefe zu graben und es mit Wasser zu füllen. Wenn das Wasser innerhalb von 24 Stunden versickert, ist alles in Ordnung, wenn nicht, ist eine Entwässerung nötig. Manchmal reicht schon das Untermischen von Kies, Sand oder auflockerndem Material in die Erde aus; oft ist aber das Ziehen von Gräben und Verlegen der Installation von Tonrohren oder ähnlichen Drainagesystemen aus Kunststoff notwendig. Letzteres erfordert eine Menge harter Arbeit, und in einem größeren Garten ist es vielleicht der leichteste und wirtschaftlichste Weg, einen kleinen Bagger zu mieten.

### DIE ERDE MUSS TIEF SEIN UND REICH AN ORGANISCHEM MATERIAL

Rosen lieben einen Boden, der tief genug ist, daß die Wurzeln sich gut verankern können. Wo die oberste Schicht über hartem und undurchdringlichem Unterboden liegt, muß die untere Schicht aufgebrochen und gelockert werden, damit die Wurzeln sie durchdringen können. Der Test mit dem Probeloch zeigt, ob das nötig ist.

Rosen ziehen ihre Energie aus dem Sonnenlicht und ihre Nahrung durch die Wurzeln aus der Erde. Ein idealer Boden für Rosen ist reich an organischem Material – verrottete pflanzliche Stoffe oder Humus. Organisches Material wird den Rosen gewöhnlich durch das Einarbeiten von Stallmist, Kompost oder Mulch zugeführt. Solch ein Boden ist locker und krümelig in der Beschaffenheit, hält gut Feuchtigkeit und ist ordentlich durchlüftet. Er fördert die Vermehrung von Regenwürmern und Bakterien zum Nutzen der Pflanzen. Das organisches Material sowie Langzeitdünger müssen von Zeit zu Zeit ergänzt werden.

Die weit verbreitete Meinung, daß Rosen Lehmboden brauchen, damit sie gut gedeihen, ist falsch. Sie gedeihen gut in Lehmboden, da er Feuchtigkeit und Nährstoffe festhalten kann; aber sie gedeihen genauso in fast jedem anderen Boden.

Leichte, sandige Böden sind einfach zu bearbeiten, erfordern aber Aufmerksamkeit, um Rosen erfolgreich zu kultivieren. Sie trocknen leicht aus, und die Nährstoffe versickern zusammen mit dem Wasser schnell im Boden. Diese Probleme kann man lösen, indem man der Erde organische Stoffe zufügt und dicke Schichten Mulchmaterial aufbringt.

### STARK SAURER ODER ALKALISCHER BODEN IST FÜR ROSEN UNGEEIGNET

Der Säure- oder der Kalkgehalt eines Bodens hat direkte Auswirkung auf die Fähigkeit einer Pflanze, Nährstoffe aufzunehmen. Er wird in pH-Werten angegeben, wobei pH 7 neutral ist. Alle Werte unter pH 7 sind sauer, alles darüber ist alkalisch. Rosen wachsen zufriedenstellend unter leicht sauren bis leicht alkalischen Bedingungen. Am besten strebt man einen pH-Wert von 6 bis 6,5 an. Einfache Bodentest-Sets sind in Garten-Centern erhältlich; sie geben Hobbygärtnern eine gute Vorstellung vom pH-Wert ihres Bodens.

Sehr saure Böden können durch die Zugabe von Kalk, am besten Dolomitkalk, verbessert werden. Starker Kalkgehalt des Bodens kann durch Zufügen von Humus/Stallmist oder durch Ammoniumsulfat als Bestandteil von Düngergaben verringert werden.

Einige Wildrosenarten sind auf stark alkalischen, kalkhaltigen Böden heimisch, z. B. auf der Schwäbischen Alb, wo ihre Wurzeln oft in reinem weißem Kalk verankert sind. Es ist ratsam, sich nach geeigneten Arten und Sorten zu erkundigen, wenn Rosen unter solchen Bedingungen gedeihen müssen.

### DAS PERFEKTE „TIMING" DER BLÜHZEITEN IST FÜR DIE GARTENGESTALTUNG EINFACH UNERLÄSSLICH

Vielleicht ist es gut, daß die meisten Alten Rosen, wie die Wildrosen, nur einmal, im Hochsommer, blühen, da Pflanzen, die davor oder danach blühen, als Ergänzung geplant werden können.

Die meisten Modernen Rosen blühen vom Frühsommer bis zum ersten Frost. Für reine Blütenfülle sind Floribunda-, Rambler- und Kletterrosen unschlagbar. Die Begleitpflanzen sollten also gut zur Blüte passen.

### DIE BEDEUTUNG VON FARBE UND DUFT FÜR DIE GESTALTUNG EINES GARTENS

Das Farbspektrum der Alten Rosen reicht von dunklem Purpur über Karminrot und Rosa bis zum Weiß. Moderne Rosen gibt es in jeder Farbe außer Blau – aber wollen wir wirklich blaue Rosen haben?

Intensive Farben wie Rot, Orange oder leuchtendes Gelb werden am besten in einiger Entfernung vom Haus gepflanzt, und die ruhigen Farben wie Weiß und Zartrosa, Purpur und Karmin mehr in der Nähe. Leuchtendes Orange ist mit anderen Rosenfarben kaum verträglich, am ehesten noch mit Gelb. Intensiv duftende Rosen sollte man dorthin pflanzen, wo ihr Duft auch wahrgenommen werden kann, z. B. in der Nähe von Türen und Fenstern, um Innenhöfe und Sitzplätze. Weiße und zartfarbene Blüten haben ihren besonderen Wert, da sie in der Dunkelheit noch zu sehen sind und das Vergnügen eines abendlichen Drinks oder Essens im Freien noch erhöhen.

### FORMALE ODER NATURNAHE GESTALTUNG

Viele Rosenfreunde meinen, Rosen könnten nur in formalen Beeten mit kleinen Wegen und Einfassungen gepflanzt werden. Solche Traditionalisten sind gut beraten, ihre Rosen in Gruppen zu fünf oder sechs von jeder Sorte zu pflanzen und nicht zu viele kleine Beete anzulegen; sie würden nur dem Garten ein unordentliches und unbefriedigendes Aussehen verleihen. Eine einfache Gestaltung mit nur einer Sorte ist oft ausdrucksvoller und kann sehr attraktiv aussehen. Hochstammrosen bringen Abwechslung und Höhe in die Beete, aber es ist wichtig, sie mit besonders niedrigen Beetrosen zu umgeben, um ihre Stämme und Pfähle teilweise zu verdecken.

Wer das Naturhafte liebt, wird feststellen, daß Begleitpflanzen die Freude an einer ungezwungenen Gestaltung unermeßlich steigern können. Besonders Strauchrosen, große wie kleine, eignen sich als Nachbarn in einer vielseitigen Pflanzung mit anderen Sträuchern oder mit Stauden. Ramblerrosen – besonders die neuen, öfterblühenden Sorten – mit schlanken, biegsamen Trieben vermitteln Höhe, Interesse und Eleganz der Gestalt, vor allem an Pyramiden, Säulen, Pergolen und Rosenbögen.

### PFLANZEN, DIE GUT MIT ROSEN HARMONIEREN

In seinem berühmten Gartenbuch *The Art of Planting* stellt Graham Stuart Thomas fest, daß die Farben moderner Rosen sich hauptsächlich im Gelb-Orange-Rot-Bereich des sichtbaren Lichts bewegen, während die meisten Rosen, die vor 1900 gezüchtet wurden, sich im bläulichen Bereich des Spektrums befinden. Die Farben der meisten Wildrosen – mit Ausnahme von *Rosa moyesii*, *R. foetida* und den frühen gelbblühenden Sorten wie 'Canary Bird' – liegen ebenfalls im Blaubereich des Lichts.

Diese Einteilung der Rosen in zwei Farbgruppen erleichtert es, Pflanzen auszuwählen, die mit den Rosen harmonieren. Kupferfarbenes oder gelbliches Laub paßt gut zu modernen Rosen, während graues oder silbriges besser zu Alten Rosen und Wildrosen paßt. Als Regel gilt, daß purpur- oder magentafarbene Pflanzen keine geeigneten Begleiter für moderne Rosen sind, und leuchtend orangerote Blüten neben Alten Rosen und Wildrosen vermieden werden sollten.

Die Zahl anderer Pflanzen, die mit Rosen harmonieren, ist fast grenzenlos. In diese Sparte gehören Clematis, besonders die Hybriden, die im Spätsommer blühen, sowie weniger starkwüchsigen Geißblattpflanzen. Beide sind ausgezeichnete Begleiter für Kletterrosen und Rambler, entweder als Kontrast oder als Ergänzung des Farbschemas. Geißblätter fügen ihren verführerischen Duft dem der duftenden Rosen hinzu und steigern die Wirkung.

Stauden, die man neben Rosen wachsen läßt, können kontrastierende Formen, Texturen und Farben in ein Rosenbeet bringen. An dieser Stelle wäre hochwachsender Fingerhut als bezauberndes Beispiel zu nennen, wenn er sich durch Strauchrosen schiebt, desgleichen Rittersporn oder Eisenhut, die dem Beet zusätzlich Würde und Kontrast verleihen. Graublättrige Pflanzen sind besonders attraktiv und heben die Üppigkeit der Rosenblüten hervor. Die graue Form der Strohblume *(Helichrysum petiolare)* beispielsweise breitet sich unter und zwischen niedrigen Rosen aus und ist eine zuverlässige, attraktive und sogar harmonisierende Stütze für die kreativsten Farbkombinationen, die nicht allzu „bunt" sein sollten. Veilchen, hohe und niedrige Glockenblumen, Frauenmantel und einige niedrige Salomonssiegel passen ebenfalls gut zu Rosen. Storchschnabel kann durch sein Laub elegant und attraktiv sein, selbst wenn er nicht blüht. *Santolina* und *Lavatera* sind ebenfalls hübsche Begleiter für Rosen.

Darüber hinaus gibt es zahlreiche Frühlingsblüher, die schon zu Jahresbeginn Farbe in den Garten bringen, wenn die Rosen noch unbegrünt

RECHTS: ***Zwei verschiedene, miteinander verflochtene Rosen ergeben ein eindrucksvolles Bild.***
UNTEN: ***Zahlreiche andere Pflanzen harmonieren in einer Rabatte gut mit Rosen.***

sind und nicht sehr attraktiv wirken. Nach der Blüte werden diese Begleitpflanzen dann vom üppig sprießenden Rosenlaub verdeckt.

### LAUB UND HAGEBUTTEN VERLÄNGERN DIE SCHÖNE ZEIT

Das Laub der Rosen variiert stark in Farbe und Textur und kann ein attraktives Bild ergeben, selbst bevor die Blüten erscheinen. Die Farben reichen von gelbgrün über blaß graugrün, leuchtend grün bis zu purpurbronze. Einige Rosen, so z. B. die Rugosa-Hybriden, haben eine prächtige Herbstfärbung.

Die meisten Wildrosen bilden Hagebutten in den Farben gelbgrün, orange und rot bis schwarz. Im Spätsommer sollten die letzten Blüten nicht abgeschnitten werden, damit sich Hagebutten entwickeln können, die sich bis in den Winter halten und durch Rauhreif noch „versilbert" werden. Viele Moderne Rosen geben ein „Hagebutten-Schauspiel", das sowohl für den Garten als auch für Vögel attraktiv ist.

### ROSENBEETE SEHEN EINGEFASST AM BESTEN AUS

Sowohl bei formaler als auch bei landschaftlicher Gestaltung ist die Pflege leichter, wenn Rosen und andere Pflanzen über eine Umrandung mit Palisaden, Steinen oder Platten wachsen können. Sind die Rosen von Rasenflächen umgeben, sorgt eine einfache Reihe kleiner Platten entlang des Beetes dafür, daß die Rosen gut hervorgehoben werden. Auch verhindert man Schäden durch das Rasenmähen, das Schneiden der Rasenkanten wird überflüssig.

## Auswahl und Kauf von Rosen

### WELCHE ROSE SOLL MAN NEHMEN

Um zu vermeiden, daß man, bei einer solchen Fülle von Rosensorten, die falsche auswählt, müssen erst ein paar grundlegende Entscheidungen getroffen werden. Welche Art von Pflanzung wird gewünscht, oder bevorzugt man Kletterrosen oder Bodendecker?

Die meisten Rosenvereine führen Prüfungen durch oder veröffentlichen Bewertungen von Rosen. Die *American Rose Society (ARS)* und die *Royal National Rose Society (RNRS)* geben in ihren Publikationen wertneutrale Meinungen ab und stellen Listen zusammen mit besonders guten Rosen für unterschiedliche Standorte. Auch aus dem „Rosenbogen" des Vereins Deutscher Rosenfreunde e.V., Baden-Baden, lassen sich viele Anregungen entnehmen. Die *Royal Horticultural Society (RHS)* in Großbritannien vergibt die Auszeichnung „Award of Garden Merit" an Rosen, die sie selbst geprüft hat und für empfehlenswert hält. Auch die „Anerkannten Deutschen Rosen" (ADR-Rosen) haben einen Härtetest für Gesundheit durchlaufen.

### WIE SIEHT DIE GEWÜNSCHTE ROSE AUSGEWACHSEN AUS?

Zur Beantwortung dieser Frage schaut man sich im Sommer oder Herbst ausgewachsene Exemplare in Parks, Gärten oder Schaugärten von Baumschulen an. Die Farben der Fotos in Katalogen oder Büchern sind nicht immer naturgetreu, und die Beschreibungen können nur den Wuchs und die Größe der Pflanze wiedergeben.

Wenn möglich, überzeugen Sie sich vor Ort, ob die ausgewählten Sorten die richtige Höhe, Größe und Farbe haben und unempfindlich gegen Krankheiten sind. Neben einem Dufttest prüfen Sie, ob Verfärbungen durch Sonne oder Regen auftreten. Wenn die Rose Sie immer noch begeistert, so ist die Wahl schließlich getroffen, und sie kann guten Gewissens erworben werden.

### ROSEN WERDEN AUF DREI UNTERSCHIEDLICHE ARTEN ZUM VERKAUF ANGEBOTEN

Rosen können wurzelnackt, als abgepackte Ware und im Container gekauft werden.

Wurzelnackte Pflanzen wurden während der Winterruhe ausgegraben und versandt. Rosen können so vom späten Herbst bis zum zeitigen Frühjahr gepflanzt werden, vorausgesetzt, der Boden ist frostfrei.

Abgepackte Rosen werden, wie die wurzelnackten, in der Ruhezeit der Pflanzen im Winter verkauft. Die Wurzeln sind eingekürzt, normalerweise mit etwas Erde umgeben und in Plastikfolie verpackt. Die Triebe sind oft in Wachs getaucht, damit sie bis zum Einpflanzen nicht austrocknen. Sie sollten im zeitigen Frühjahr oder Herbst gekauft und gepflanzt werden. Kaufen Sie keine Pflanzen, die trocken oder verkümmert aussehen.

Containerrosen sind in der Baumschule getopft und herangezogen worden. Die beste Zeit für den Kauf dieser Sorten ist das späte Frühjahr und der Sommer, wenn man an den neuen Trieb deutlich erkennen kann, daß die Pflanze gesund und gut gewachsen ist.

**LINKS:** *Die Farben einer Rose können je nach Standort, Boden, Klima und Alter der Blüten variieren.*

**UNTEN:** *Eine gute wurzelnackte Rose sollte mindestens drei starke Triebe, einen kräftigen Wurzelstock und eine Menge Faserwurzeln haben.*

## WO MAN ROSEN KAUFT

Die größte Auswahl findet man in speziellen Rosenschulen. Rosenvereine in den einzelnen Ländern können meist mit Listen von guten Betrieben helfen. In Gartencentern findet man meist ein begrenztes Sortiment, das wurzelverpackt oder in Containern verkauft wird. Container sind teurer als wurzelnackte und abgepackte Rosen, da die Baumschule sie topfen und viele Monate pflegen muß.

## WIE MAN DIE QUALITÄT DER PFLANZEN PRÜFT

Rein äußerlich sollte die ausgewählte Rose frisch und gesund aussehen. Die Wurzeln sollten dick, faserig und in großer Anzahl vorhanden sein. Der Wurzelhals sollte so dick wie ein Daumen sein. Eine gesunde Rose besitzt oberhalb der Veredelungsstelle drei kräftige Triebe. Meiden Sie Pflanzen mit wenigen, kurzen Wurzeln, dünnem Wurzelstock oder Beschädigungen an Wurzeln oder Trieben.

Allerings gibt es auch einige Rosensorten, die nur dünne Triebe hervorbringen. In diesem Fall befragen Sie am besten einen Fachmann.

## WORAN MAN EINE GESUNDE CONTAINERPFLANZE ERKENNT

Rosen im Container sollten ein erkennbares Wachstum zeigen sowie gesund und gut verzweigt sein. Insgesamt ist es ratsam, die Pflanze vorsichtig aus dem Topf zu nehmen und die Wurzeln genauer zu untersuchen. Wenn die Erde zu locker ist und herauszufallen droht, ist der Container noch nicht ausreichend durchwurzelt. In diesem Fall kann die Pflanze zu Hause entweder in ihrem Topf weiterwachsen, oder sie wird ausgetopft und wie eine wurzelnackte Pflanze eingesetzt. Wenn die Wurzeln eng und spiralförmig wachsen und das Substrat aus dem Container verdrängt haben, so ist die Pflanze oft schon überständig und wächst im Garten selten gut an.

## WIE DIE PFLANZE ZU HAUSE BEHANDELT WERDEN SOLLTE

Wenn die Pflanzung einer neuen Sorte innerhalb weniger Tage erfolgt, dann können abgepackte Rosen an einem kühlen, aber frostfreien Platz in ihrer Verpackung bleiben. Wurzelnackte Rosen werden eingeschlagen. Hierunter versteht der Rosenfachmann folgende Maßnahmen: Die Rose wird schräg in ein ausgegrabenes, flaches Loch im Beet gelegt, anschließend werden die Wurzeln bis über den Wurzelhals mit Erde bedeckt. Achten Sie darauf, daß die Etiketten dabei nicht verlorengehen oder verschmutzen.

Da die meisten Rosen im Kühlhaus gelagert werden, sollte man alle wurzelnackten oder abgepackten Pflanzen 12–24 Stunden ganz und gar in kaltes Wasser legen, ehe man sie einschlägt oder pflanzt. Bei Containerpflanzen gilt dies nur im Fall von Ballentrockenheit. Asonsten sollten Containerrosen bis zum Pflanzen an einem kühlen, geschützten Standort aufbewahrt und, wenn nötig, gewässert werden.

*Kletterrosen steigern den Gartenwert. Sie bringen Höhe und Eleganz in den Garten.*

# Wie man Rosen pflanzt

## ZUERST WIRD DER BODEN VORBEREITET

Ein humusreicher und tiefgründiger Boden ist optimal für Rosen. Diesem Ideal sollte der eigene Gartenboden angenähert werden. Bei Verwendung eines unterirdischen Bewässerungssystems ist jetzt die Zeit für die Installation. Tropfsysteme und durchlässige Tonrohre sind am wirksamsten und wirtschaftlichsten.

Für die Anlage eines großen Rosenbeetes ist es empfehlenswert, eine reichliche Schicht abgelagerten Garten- oder Stallmistkompost auf die Erde zu geben und dann mit Hilfe eines motorgetriebenen Gartenkultivators so tief wie möglich in die Erde einzuarbeiten.

Wenn ein bestehendes Rosenbeet neu angelegt wird oder nur einzelne Rosen ersetzt werden, ist die Erde vermutlich „rosenmüde". Die Gründe dafür sind nicht genau bekannt, doch kann man das Problem auf eine der folgenden Arten lösen. Am besten wird das Beet in einen anderen Teil des Gartens verlegt, wo noch keine Rosen gestanden haben. Falls das nicht möglich ist, kann die Erde am alten Standort bis zu einer Tiefe von 40 cm ausgetauscht werden, und zwar mit Gartenerde, die vorher nicht mit Rosen in Berührung gekommen ist.

## PFLANZABSTÄNDE FESTLEGEN

Die Abstände, mit denen Rosen gepflanzt werden sollten, hängen nicht allein davon ab, welcher Gruppe die Rosen angehören, sondern auch von ihrer Wuchskraft und vom Klima. Bei jeder Rose, die als Solitär gepflanzt wird, ist es einfach. Lassen Sie der Pflanze mindestens so viel Platz, wie sie ausgewachsen benötigt.

Die meisten Rosen werden jedoch in Gruppen gepflanzt. Die Abstände sollten, insbesondere bei der Verwendung als Bodendecker oder Hecken, so gewählt werden, daß die Zweigenden sich berühren. Zwergrosen wirken am schönsten mit einem Abstand von 30 cm, kletternde Zwergrosen brauchen 1 m, und die meisten Rambler und Kletterrosen benötigen 2 m Abstand zwischen den Pflanzen. Bei Strauch-, Rambler- und Kletterrosen können aber auch zwei bis drei Pflanzen jeweils im Abstand von 50–60 cm so gesetzt werden, daß sie später optisch eine Solitärpflanze bilden.

Generell gilt, daß die meisten Strauch- und Beetrosen zwei Drittel ihrer späteren Höhe als Abstand bekommen sollten.

Beetrosen lassen sich in drei Gruppen unterteilen: große, mit einem Abstand von 1 m; mittlere, mit einem Abstand von 60–80 cm; und kleine mit einem Abstand von 30–50 cm.

Rosen kommen am besten zur Geltung, wenn sie den Rand eines Beetes oder Weges gerade etwas überwachsen dürfen. Der Abstand zur Einfassung sollte dann die Hälfte der möglichen Höhe betragen. Auf diese Weise kann ein zunächst noch offener Boden mit geeigneten Begleitpflanzen oder mit kleineren Rosen hervorragend verdeckt werden.

### WURZELNACKTE UND ABGEPACKTE BEET- UND STRAUCHROSEN

Die Pflanztechnik ist grundsätzlich für jeden Rosentyp gleich. Wichtig ist, daß die Veredlungsstelle 5 cm unter die Erde gesetzt wird. Zuerst werden alle überlangen Wurzeln auf eine mittlere Länge eingekürzt; anschließend werden alle verletzten Wurzeln und Zweige bis zur Schadstelle weggeschnitten. Gleiches gilt für die Blätter, angetriebene Knospen oder Hagebutten. Nun wird ein Loch gegraben, das groß und tief genug ist, um die Wurzeln ohne Verbiegen unterzubringen. Mit einem quer darübergelegten Stock läßt sich leicht feststellen, ob die Veredlungsstelle tief genug liegt.

Dann wird das Loch mit Pflanzerde gefüllt. Anschließend wird die Erde vorsichtig festgedrückt. Danach wird mit der zuvor ausgehobenen Erde aufgefüllt. Mit einer Kanne ohne Brause wird gut gewässert. Zum Schluß werden die Triebe bis auf etwa 10–20 cm zurückgeschnitten, Zwergrosen noch kürzer. Dadurch wird die Pflanze angeregt, ihre Kraft in die Bildung neuer Wurzeln zu konzentrieren, ohne zuviel oberirdische Triebe versorgen zu müssen.

### KLETTER- UND RAMBLERROSEN

Kletterrosen und Rambler sollten auch auf gleiche Weise wie Beetrosen gepflanzt werden. Bei der Pflanzung an Mauern ist es sehr wichtig, daß mindestens 45 cm Abstand zur Mauer eingehalten werden. Die Wurzeln müssen von der Mauer weggerichtet sein. Man pflanzt sie so, daß sie sich später daran anlehnen können, und bindet sie am Klettergerüst erst fest, nachdem sich der Boden gesetzt hat. Kletterrosen sollten nach dem Pflanzen maximal auf eine Länge von 1 m zurückgeschnitten und kräftig angegossen werden.

### HOCHSTAMMROSEN

Hochstammrosen werden in gleicher Weise wie Beetrosen gepflanzt. Vor der Pflanzung wird ein kräftiger Holzpfahl so weit in die Erde getrieben, daß seine Oberkante gerade bis unter die Krone reicht. Die Rosen werden neben den Pfahl eingesetzt und mit einem Strick befestigt. Der Stamm der Rose sollte mit einem kleinen Stück Jute oder ähnlichem Gewebe umwickelt werden, damit der Strick nicht scheuert. Anschließend werden die Triebe auf ca. 5–10 cm Länge zurückgeschnitten.

### ROSEN IM CONTAINER

Das Pflanzloch sollte etwa 8–10 cm tiefer sein als der Container, in dem die Rose gekauft wurde. Den Plastikcontainer schneidet man am besten mit einem Messer oder der Schere auf und entfernt ihn, ohne den Wurzelballen zu zerstören. Anschließend füllt man etwa 5 cm hoch Pflanzerde in das Loch und setzt den Wurzelballen vorsichtig hinein. Rund um diesen wird weitere Pflanzerde aufgefüllt und sorgfältig festgedrückt. Falls man dabei versäumt, die Wurzeln aus dem Wurzelballen zu lösen, können sie sich nicht ausbreiten und der Pflanze nicht den erforderlichen Halt geben. Darüber hinaus sind sie dann auch nicht in der Lage, genügend Nährstoffe und Wasser aufzunehmen, die sie für ein gesundes Wachstum brauchen. Sollte das Substrat im Topf aus irgendeinem Grund locker sein, schüttelt man es am besten ganz ab und pflanzt die Rose in gleicher Manier, wie wurzelnackte beziehungsweise abgepackte Rosen gesetzt werden.

### DAS PFLANZEN VON ROSEN IN TÖPFEN

Rosen lassen sich auch in Töpfen, Schalen oder Kübeln kultivieren. Die Größe des Pflanzgefäßes sollte entsprechend der Größe der ausgewachsenen Rose gewählt werden. So benötigt beispielsweise eine Kletterrose einen Behälter, der einen Durchmesser von 70 cm aufweist und mindestens 50 cm tief ist. Zuerst füllt man eine Schicht grober Steine oder Kies in den Kübel. Für das Pflanzen der Rose sollte ein Substrat auf der Basis guter Gartenerde verwendet werden. Ein solches Substrat hält Nährstoffe und Feuchtigkeit länger als Kompost, der aus Baumrinde oder Kokosfasern hergestellt wird; weiterhin verhindert das höhere Gewicht, daß der Topf bei starkem Wind umgeweht wird.

### DAS UNTERPFLANZEN VON ROSEN MIT BEGLEITPFLANZEN

Wenn man im Herbst Rosen einpflanzt, sollte man am besten auch die Zwiebelpflanzen gleich mit dazusetzen. Die meisten Begleitpflanzen können später hinzugesetzt werden. Durch diese einfache Maßnahme vermeiden Sie, daß die Wurzeln der Rosen beschädigt werden, was die Bildung von Wildtrieben sehr fördern würde. Narzissen und Tulpen geben ganz hervorragende Begleitpflanzen ab. Viele Zwiebelpflanzen vermehren sich selbständig, wenn sie etwas tiefer gesetzt werden, als allgemein empfohlen wird.

### DIE BEDEUTUNG DES MULCHENS

Mulchen nennt man das Abdecken des Bodens mit organischem Material oder Kunststoff. Mulch speichert Feuchtigkeit und unterdrückt Unkräuter. Klassische Mulchmöglichkeiten sind

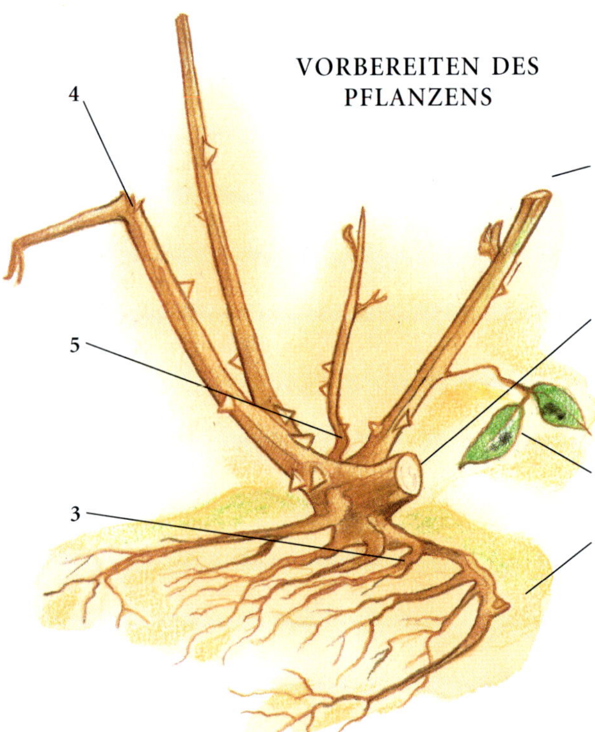


*Vor dem Pflanzen werden alle folgenden Teile weggeschnitten: Teile von Trieben, die bis zum nächsten Auge absterben würden (1), krankheitsbefallene oder verletzte Blätter, Wurzeln oder Triebe (2,3,4), zu dünne Triebe (5), trockene Zapfen am Wurzelhals (6) und sich entwickelnde Wildtriebe (7).*

DAS PFLANZEN EINER WURZELNACKTEN ROSE

*Ein rundes Pflanzloch, wenn sich die Wurzeln in alle Richtungen ausbreiten.*

*Ein fächerförmiges Pflanzloch, wenn die Wurzeln sich nur in eine Richtung ausbreiten.*

verrotteter Stallmist, Baumrinde, Kokosschalen und Gewebe aus Polypropylen. Die britische *Royal National Rose Society (RNRS)* hat letzteres Material getestet und festgestellt, daß es sich besonders gut eignet, neu angepflanzten Rosen zu helfen, sich zu etablieren. Eine ausreichende Mulchschicht ist 8–10 cm dick; bei Grasschnitt ist die Hälfte ausreichend. Dünger wird am besten vor dem Mulchen ausgebracht.

*Tulpen sind ausgezeichnete Begleitpflanzen für Rosenhochstämme.*

## Rosen schneiden und erziehen

Über dieses Thema wurde vermutlich mehr Unsinn verbreitet als über jedes andere gärtnerische Problem. Viel zu lange haben die Anforderungen der Aussteller im Vordergrund gestanden, und für Beetrosen im Garten ist ein so radikaler Rückschnitt einfach nicht erforderlich. Aussteller legen im Gegensatz zum Gärtner Wert auf einzelne, besonders schöne Blüten, um sie auf einer Ausstellung zu zeigen.

Sehr starker Rückschnitt macht intensives Düngen notwendig, um der Rose zu helfen, wieder neu auszutreiben.

Rosenprüfungen haben bewiesen, daß eine Rose um so schöner blüht, je mehr Laub sie trägt. Es empfiehlt sich deshalb, alle nicht blühenden Triebe an der Rose zu belassen.

### BESTE ZEITEN FÜR DEN RÜCKSCHNITT

Gartenrosen werden aus zwei Gründen geschnitten: um eine ansprechende Form und eine üppige Blüte zu erhalten.

Der beste Zeitpunkt, seine Rosen zu schneiden, ist ein sonniger, frostfreier Tag zwischen Januar und März.

Im allgemeinen ist es sinnvoll, hohe Sträucher und Büsche im Spätherbst um etwa ein Drittel ihrer Höhe zu kürzen, um Schnee- oder Windbruch vorzubeugen. Windbruch kann den Stamm aufreißen. Wenn sich der Riß mit Wasser füllt und gefriert, kann die Pflanze absterben.

Kräftige Handschuhe und eine scharfe Rosenschere sind unentbehrliche Werkzeuge für den Rosenschnitt. Eine Astschere und eine Baumsäge sind nützlich, um dicke Triebe zurückzuschneiden und Stümpfe zu entfernen. Für Zwergrosen ist eine gute Schere empfehlenswert.

### RÜCKSCHNITT VON STRAUCH-, ALTEN UND WILDROSEN

Strauchig wachsende Rosen können Sie drei bis fünf Jahre lang fast ohne Rückschnitt wachsen lassen, abgesehen vom Entfernen verwelkter Blüten. Ab und zu kann ein alter Trieb an der Basis entfernt werden, um die Bildung neuer Triebe anzuregen und um zu verhindern, daß die Pflanze zu dicht wird. Mit diesem maßvollen Schnitt schaffen Sie die Grundlage für große und attraktive Sträucher. Man kann Strauchrosen aber auch jedes Jahr so schneiden, als wären sie große Beetrosen. Manche, besonders die neueren Sorten, entwickeln sich, wenn man sie wachsen läßt, zu hübschen niedrigen oder mittelhohen Kletterrosen. Einmalblühende Strauch- und Wildrosen, die alle nur an den Vorjahrestrieben blühen, sollten erst nach der Blüte im Sommer geschnitten werden. Hierbei wird nur altes, vergreistes Holz an der Basis entfernt und der Strauch ausgelichtet, ohne seine natürliche Gestalt zu verändern.

### RÜCKSCHNITT VON BEET- UND ZWERGROSEN

Zuerst wird totes, krankes oder verletztes Holz entfernt. Krankes Holz erkennt man in der Regel an einer Verfärbung im Mark der Zweige. Es wird so weit zurückgeschnitten, bis das Mark weiß ist, selbst wenn dann der gesamte Zweig entfernt werden muß.

Jedes Jahr sollte der jeweils älteste Trieb an der Basis entfernt werden. Das fördert die Verjüngung der Pflanze. Anschließend werden die verbleibenden Triebe auf ca. 15–25 cm eingekürzt. Dünne, verzweigte Triebe sollten noch ein Jahr als Starthilfe für die nächste Saison stehen bleiben. Floribundarosen werden wie Teehybriden behandelt. Bei steil aufrecht wachsenden Beetrosen ist es empfehlenswert, über einem nach außen gerichteten Auge zu schneiden, um einen breiteren Wuchs der Pflanze zu erhalten.

### WIE MAN KLETTER-, RAMBLER- UND BODENDECKERROSEN SCHNEIDET

Bei einer richtig aufgebundenen, öfterblühenden Kletterrose ist das Zurückschneiden eine einfache Angelegenheit. Zuerst wird alles tote, kranke und verletzte Holz entfernt und alle Seitentriebe, egal, welcher Länge, werden auf Stümpfe von 5–

*Mit Planen aus Plastikgewebe erleichtert man neu gepflanzten Rosen das Einwurzeln.*

*Nach der herkömmlichen Schnittmethode wird der Trieb knapp über einem Auge leicht schräg geschnitten.*

*Ein grober Rückschnitt reicht bei Gartenrosen meist aus. Die Stümpfe lassen sich später wegschneiden.*

*Rosen können auch mit der elektrischen Heckenschere geschnitten werden – am besten nur vom Fachmann!*

OBEN: *Damit Kletterrosen und Rambler ein hübsches Bild ergeben, müssen sie fachgerecht gezogen werden.*
LINKS: *Zu dicht oder hoch wuchernd wachsende Pflanzen gewinnen meist, wenn man einen alten Trieb an der Basis entfernt.*

8 cm Länge zurückgeschnitten. Wenn an der Spitze eines Langtriebes nicht gerade eine Blüte steht, wird dieser überhaupt nicht zurückgeschnitten. In solchen Fällen sollten Sie bis zum ersten Seitentrieb zurückschneiden; dieser kann anschließend die Führung übernehmen. Erst wenn der Haupttrieb die für die Rose vorgesehene Höhe erreicht hat, wird die Spitze gekappt.

Alle ein bis zwei Jahre – beziehungsweise wenn ausreichend Triebe (d. h. mehr als drei) vorhanden sind – sollte der älteste Trieb an der Basis entfernt werden. Durch diese Maßnahme wird die Bildung neuer Triebe von der Basis her angeregt. Manchmal empfiehlt es sich, den ältesten Trieb zu belassen und dafür einen jüngeren zu entfernen, der dann mit seinem Neuaustrieb eine bestehende Lücke füllen kann.

Vermeiden Sie es, bei Ramblerrosen die Triebe nach der Blüte sofort abzuschneiden. Infolge dieses Eingriffs müßte die Pflanze nämlich sonst viele neue Triebe für die nachfolgende Saison bilden, was jedoch ein kräftiges Düngen voraussetzt. Grundsätzlich sollte man Rambler wachsen lassen, kleine Seitentriebe auf zwei bis drei verbleibende Augen einkürzen und alte, vergreiste Triebe im Winter oder nach der Blüte möglichst an der Basis entfernen. Ein derartige Auslichtungsschnitt erhält und fördert den natürlichen Wuchstyp.

Bodendeckerrosen brauchen nur wenig oder gar nicht zurückgeschnitten zu werden. Man sorgt nur dafür, daß sie nicht zu üppig wachsen. Ältere Pflanzen kann man radikal verjüngern.

### DAS AUFBINDEN VON KLETTERROSEN UND RAMBLERN

Wichtiger als der Rückschnitt ist bei Kletterrosen und Ramblern das Lenken der Triebe. An Mauern und Zäunen können die neuen Triebe leicht gebogen und angebunden werden. Die Haupttriebe sollten so waagerecht wie möglich, wenigstens fächerförmig angebunden werden. Ist der Platz an der Mauer beengt, z. B. zwischen zwei Fenstern, sollten die Triebe über Kreuz gezogen werden, damit die ganze Fläche bedeckt wird. An Säulen und Bögen können die Triebe spiralförmig gezogen werden. Dadurch fördert man die Bildung vieler Seitentriebe und erreicht ein Optimum an Blütenbildung. Gestatten Sie einer Kletterrose nicht, die Triebe senkrecht in die Höhe zu schicken; das führt nur zu kahlen Stämmen im unteren Bereich.

Wenn Kletterrosen in vollem Laub stehen, bieten sie dem Wind natürlich eine größere Angriffsfläche. Aus diesem Grund ist eine kräftige Stütze nötig. Verzinkter, kunststoffummantelter Draht, durch Ösen an der Wand befestigt, eignet sich für Mauern und feste Flächen ebenso wie Holz- oder Metallspaliere. Bögen und Säulen müssen sehr solide gebaut sein und im Boden fest verankert werden.

Sowohl Kletterrosen als auch Rambler sehen reizvoll aus, wenn sie entlang von dicken Seilen oder Schiffstauen wachsen, die zwischen niedrige Pfosten gespannt sind.

### DER RÜCKSCHNITT VON VERNACHLÄSSIGTEN ROSEN UND ROSENHOCHSTÄMMEN

Als Rosenhochstämme werden Buschrosen bezeichnet, die auf einem langen Stamm stehen. Sie werden jedes Jahr so zurückgeschnitten, daß sich im Sommer eine hübsche Kugel ergibt. Bei einer Kaskadenrose (Rambler auf Hochstamm) sollten alte Triebe nach der Blüte ganz entfernt werden, wenn genügend neue Triebe nachgewachsen sind. Junge Langtriebe sollten Sie nicht zurückschneiden, aber, falls nötig, herunterziehen und mit der Spitze am Stamm festbinden.

Große, vernachlässigte Rosen sollte man stark verjüngen und mindestens auf ein Drittel der Trieblänge zurückschneiden. Altes und krankes Holz wird ganz entfernt, im zeitigen Frühjahr und nochmals im Sommer wird gedüngt.

Bei einer vernachlässigten Hochstammrose empfiehlt es sich, die Triebe der Krone auf etwa 10 cm über der Veredlungsstelle radikal zurückzuschneiden. Bei Kaskadenrosen werden alle alten Triebe an der Basis bis auf maximal sechs möglichst noch junge Triebe entfernt, die dann, wenn sie älter als zwei Jahre sind, noch auf ca. 25 cm zurückgeschnitten werden. Eine Düngung im Frühjahr und eine zweite im Sommer ist ratsam.

Wenn eine vernachlässigte Kletterrose noch blüht, reicht es, sie nur etwas stärker als normal zurückzuschneiden. Handelt es sich jedoch um eine sehr alte Pflanze, die keine Blüten mehr hervorbringt, kann man alle Triebe bis auf ca. 30 cm über der Basis zurückschneiden und hoffen, daß sie neu treibt.

## Regelmäßige Rosenpflege

Damit Rosen im Garten gut gedeihen und schön blühen, brauchen sie Liebe und Pflege. Dazu gehört Düngen, Mulchen und das Entfernen von verwelkten Blüten und Wildtrieben, die sich aus dem Wurzelstock oder dem Hochstamm gebildet haben. Pilzkrankheiten müssen bekämpft werden. Der Rosenzüchter Sam McGredy verglich Krankheiten bei Rosen mit angelaufenem Tafelsilber, das etwas poliert werden muß, damit es glänzt.

### DAS DÜNGEN VON ROSEN

Rosen stecken viel Energie in die Blütenbildung. Deshalb ist es unbedingt erforderlich, sie ausreichend zu düngen. Am einfachsten ist es, einmal im Frühjahr und noch einmal im Sommer einen handelsüblichen Rosendünger zu verwenden. Beim Düngen sollte man genau nach der Beschreibung auf der Packung vorgehen.

### NÄHRSTOFFMÄNGEL UND IHRE BESEITIGUNG

Die meisten Nährstoffmängel erkennt man an den Blättern. Bei regelmäßigem Düngen sollte es eigentlich keine Probleme geben. Die häufigsten Mangelerscheinungen und Gegenmittel sind in der nebenstehenden Tabelle aufgelistet. Die erforderlichen Mengen hängen davon ab, wie stark der Mangel ist. Im Zweifelsfall sollte man die Ge-

genmaßnahmen auf kleinere Gaben mit mehrmonatigen Abständen verteilen.

### AUF JEDEN FALL MULCHEN

Daß durch Mulchen das Nährstoffgleichgewicht gestört und das Düngen erschwert wird, ist nicht korrekt. Der Dünger wird auf die Mulchschicht aufgetragen, durch Regen oder Gießen wird der Dünger durch den Mulch zum darunterliegenden Boden transportiert. Bei Mangel an einem speziellen Nährstoff reicht die Zugabe des fehlenden Mittels auf den Mulch. Da direkt nach dem Mulchen eine Stickstoffestlegung im Mulch erfolgt und somit der Nährstoff für die Pflanzen schwer verfügbar ist, erhöht man anfangs die Stickstoffdüngung um 30%.

### ROSEN BEI LÄNGERER TROCKENHEIT WÄSSERN

Rosen wurzeln tief und brauchen nach dem Einwurzeln nur selten zusätzliches Wasser. Bei längeren Trockenperioden wässert man am besten mit einem Tropfschlauch oder mit durchlässigen Rohren so reichlich, daß sich der Boden *langsam* bis in seine tieferen Schichten vollsaugen kann. Ehe Wasser versickert, muß erst die Wasserkapazität von Schicht zu Schicht gesättigt sein. Dauernde geringe Wassergaben dringen nicht in tiefere Erdschichten vor und fördern die Bildung von Oberflächenwurzeln, die stärker anfällig für Trockenschäden sind. Rosen in Containern, Balkonkästen oder Ampeln müssen mindestens einmal täglich gegossen werden, da die Bodenmenge gering ist.

### REGELMÄSSIGES AUSPUTZEN FÖRDERT DIE BLÜTENBILDUNG

Nach dem Verblühen setzt die Rose Hagebutten an und hört auf, Blütentriebe zu bilden. Deshalb entfernt man verwelkte Blüten. Damit täuscht man die Pflanze und regt sie zu erneuter Blütenbildung an. Das Ausputzen ist eine Form des Sommerschnitts, bei der verwelkte Blüten über dem obersten, voll ausgebildeten fünfteiligen Blatt, also dem obersten kräftigen Auge, abgeschnitten werden. Versuche haben ergeben, daß eine Rose um so besser blüht, je mehr Laub sie trägt. Die Rose bildet dadurch nicht nur schneller, sondern auch mehr neue Blüten. Auch bei Floribundarosen sollte beim Wegschneiden der verwelkten Blüten möglichst viel Laub stehen bleiben. Unschön aussehende Rosen kann man natürlich auch stärker zurückschneiden.

| SYMPTOM | DIAGNOSE | GEGENMITTEL |
|---|---|---|
| Die jungen Blätter sind blaßgrün | Stickstoffmangel | 60 g/m² Hornspäne oder Knochenmehl oder 30 g/m² Ammoniumsulfat, wenn der Boden nicht sehr sauer ist, Kalkammonsalpeter |
| Die Blätter sind klein und an der Unterseite purpurgefärbt | Phosphormangel | 30 g/m² Superphosphat oder 60 g/m² Knochenmehl |
| Purpurne oder braune Ränder an den Blättern und junge Blätter sind unnatürlich rot | Kaliummangel | 30 g/m² Kaliumsulfat |
| Braune Flecken nahe den Blatträndern | Kalziummangel | 30 g/m² Kalziumnitrat, Gips oder mehrmals kohlensaurer Kalk |
| Blasse Flecken in den Blattmitten und totes Zellgewebe nahe der Hauptader | Magnesiummangel | 30 g/m² Bittersalz |
| Gelbe Blätter, nur Adern zunächst noch grün | Eisenmangel | Eisenchelate oder „Sequestrene" anwenden, wie auf der Packung angegeben |

### DER SCHLÜSSEL FÜR GESUNDE ROSEN

Über die Gesundheit von Rosen und das Spritzen ist viel geschrieben und gesprochen worden. Es gibt zwei wichtige Faktoren, die berücksichtigt werden müssen:

Gut gepflegte und versorgte Rosen sind widerstandsfähiger gegen Krankheiten und Schädlinge als schwache, vernachlässigte Exemplare.

Allerdings gibt es auch Sorten, die von Natur aus krankheitsanfällig oder schwach sind. So schwer es dem Rosenfreund in solchen Situationen auch fallen mag: Sinnvollerweise sollte man sich von solchen Sorten trennen. Wenn es sich dabei jedoch um historische oder liebgewordene Raritäten handeln, dann ist muß man nachsichtig sein. Ansonsten lohnt es sich sehr, durch eigene Beobachtungen in Rosarien oder anderen Rosengärten herauszufinden, welche Rosen gesund bleiben und am besten gedeihen.

### DIE WICHTIGSTEN PILZKRANKHEITEN BEI ROSEN

Rosen sind häufig anfällig für drei spezielle Pilzkrankheiten: Sternrußtau, Mehltau und Rosenrost. Die Erreger lassen sich alle relativ leicht bekämpfen, aber am besten sind vorbeugende Maßnahmen. Kaufen Sie im Gartencenter ein gutes Spritzmittel gegen Pilzkrankheiten. Es gibt Kombinationsmittel jeweils gegen Sternrußtau und Mehltau oder gegen Mehltau und Rosenrost. Leider ist kein Fungizid erhältlich, das gegen alle drei Pilzkrankheiten gleichzeitig eingesetzt werden kann.

Ein prophylaktisches Spritzen im Frühjahr, sobald sich genügend Laub gebildet hat, ist empfehlenswert. Dabei sind die Ober- und Unterseiten der Blätter gründlich einzusprühen, ebenso die Zweige. Die Anwendung muß dreimal im Abstand von zwei Wochen wiederholt werden, damit eine gute Langzeitwirkung erreicht wird. Sollte der Pilz danach dennoch auftreten, so muß weiterhin ab und zu gespritzt werden. Geringe Spuren von herbstlichem Pilzbefall sind jedoch kein Anlaß zur Besorgnis; derartige „Mini-Infektionen" brauchen nicht unbedingt bekämpft zu werden.

*Ein Trieb, der beim Ausputzen verwelkter Blüten recht stark zurückschnitten wurde.*

*Die verwelkte Blüte sollte lieber direkt an der Trennschicht zum Stiel abgeschnitten werden.*

*Mehltau läßt sich mit einem geeigneten Spritzmittel aus dem Gartencenter bekämpfen.*

*Gegen Sternrußtau, eine weitere häufige Rosenkrankheit, kann man ebenfalls mit Spritzmitteln vorgehen.*

*Gesunde, richtig gepflegte Rosen widerstehen Krankheiten und Schädlingen besser als kranke und schlecht gepflegte Pflanzen.*

Breitet sich der Pilz in der Wachstumsperiode aus, weil Spritzungen versäumt wurden, sollte baldmöglichst mit je zwei Wiederholungen im Zweiwochen-Abstand gespritzt werden.

Beim Spritzen darf niemals ein Gerät verwendet werden, in dem sich zuvor Unkrautvernichtungsmittel befunden hat. Ganz unabhängig davon, wie gut die Spritzapparatur zuvor auch gereinigt wurde, in der Regel bleiben stets minimale Spuren zurück, die den Rosen Schaden zufügen können.

Für umweltbewußte Gärtner, die lieber auf den Einsatz chemischer Mittel verzichten wollen, ist es besonders wichtig, gesunde, krankheitsfeste Sorten und einen geeigneten Standort auszuwählen. Darüber hinaus sind auch richtige Düngemaßnahmen unerläßlich. Ein Erfolg auf diesem Wege gibt doppelte Befriedigung.

### DIE WICHTIGSTEN SCHÄDLINGE BEI ROSEN

Wenn eine Rose übermäßig von Schädlingen befallen wird, so erscheint in der Regel schon bald ein natürlicher Räuber, der diesen Schädlingen nachstellt; diesen biologischen Prozessen kann man daher getrost ihren Lauf lassen. Derartige Schädlingsvertilger kennt der Gärtner als Nützlinge. In diese Sparte fallen Schwebfliegen, Florfliegen und Marienkäfer sowie deren Larven, aber auch Wespen und Ohrenkneifer. Singvögel zählen ebenfalls mitunter zu den Verbündeten des Rosengärtners; dies gilt besonders für die Nistzeit, wenn die Jungvögel gefüttert werden müssen.

Im folgenden Teil des Kapitels sind die wichtigsten Schädlinge an heimischen Gartenrosen aufgelistet:

**Blattläuse** streift man am besten zwischen Finger und Daumen ab. Unter Umständen kann man die befallenen Pflanzen auch mit einem Insektizid spritzen, sollte aber darauf achten, daß dieses den Nützlingen nicht schadet.

Die **Rosenblattwespe** tritt besonders dort auf, wo Rosen im Schatten wachsen. Spritzen ist meist überflüssig, denn die befallenen, eingerollten Blätter können abgesammelt und vernichtet werden. Den Pflanzen sollte man zusätzlich etwas Dünger geben.

**Raupen**, z. B. des Rosenspanners oder vieler Eulenarten, fressen für gewöhnlich die Blätter kahl und hinterlassen nur ein Blattgerippe. Diese Schadinsekten sind leicht zu bekämpfen, indem man die Raupen frühzeitig absammelt oder mit einem Insektizid spritzt. Bei einer Außentemperatur von 15–25 °C kann auch vorbeugend mit *Bacillus thuringiensis* gespritzt werden, einem Bakterium, das ganz gezielt Spanner- und andere Raupen tötet.

**Spinnmilben** vermehren sich bei heißem, trockenem Wetter enorm. Sie verursachen eine bronzene Verfärbung der Blattoberseiten durch das Aussaugen der Blätter und spinnen die jungen Triebe ein. Eine Erhöhung der Luftfeuchte ist anzustreben. Auch hier gibt es Pflanzenschutzmittel, die nützlingsschonend sind.

**Schaumzikaden**, im Volksmund auch als Kukkucksspeichel bekannt, sind kein ernsthafter Schädling. Hierbei handelt es sich eigentlich nur um schaumartiger „Nester“ dieser Zikadenart. Man kann sie mit einem scharfen Wasserstrahl aus dem Schlauch abwaschen.

### SICHERHEIT BEI CHEMIKALIEN

Beim Gebrauch chemischer Mittel sollte jeder Gärtner unbedingt das Etikett und die Gebrauchsanweisung beachten. Besonders schädliche oder giftige Substanzen müssen einheitlich durch eindeutige Warnhinweise und -symbole (Totenkopf) gekennzeichnet werden. Generell sollte man jeglichen Hautkontakt vermeiden, vor allem bei den noch nicht aufgelösten Mitteln. Nur wenige Spritzer einer unzureichend verdünnten Chemikalie können an den Rosen unbeschreiblichen Schaden anrichten. Wer Freilandrosen spritzt, sollte Kinder und Haustiere fernhalten. Chemikalien sind immer im abschließbaren Giftschrank und fernab von Lebensmitteln aufzubewahren.

### WILDTRIEBE MÜSSEN ENTFERNT WERDEN

Wildtriebe sind unerwünschte Triebe aus dem Wurzelstock, der Unterlage von veredelten Pflanzen. Sie sollten entfernt werden. In der Regel sehen die Blätter von Wildtrieben in Farbe oder Form anders als der Rest der Pflanze aus, denn die Veredelungsunterlage stammt von einer anderen Rose – einer, die wegen ihrer gesunden Wurzeln und deren Wuchskraft ausgewählt wurde. Wenn die Wurzel im Boden freilegt wird, kann man sehen, daß die Wildtriebe von Wurzeln der Unterlage ausgehen. Am besten entfernt man die Wildtriebe, indem man sie abreißt. Dabei sollte man kräftige Handschuhe tragen. Rosen auf eigener Wurzel bringen keine unerwünschten Triebe hervor. Triebe aus der Wurzel stammen dann von der Rose selbst und sind deshalb willkommen. Bei Hochstammrosen bilden sich Wildtriebe manchmal auch am Stamm unterhalb der Veredlungsstelle. Man reißt sie am besten noch jung ab.

### WAS MIT BLINDTRIEBEN GESCHIEHT

Bei Blindtrieben sind die Anlagen für die Blütenbildung auf irgendeine Weise zerstört worden, so daß sich keine Blüten bilden. In älteren Gartenbüchern findet man die Empfehlung, solche Triebe zu entfernen, damit die Pflanze angeregt wird, neue Triebe zu bilden, die dann Blüten produzieren. Entsprechend moderner Erkenntnis, wonach die Pflanze so viel Laub tragen sollte wie möglich, wird heute nur die Spitze eines Blindtriebes entfernt oder unter Umständen überhaupt nicht abgeschnitten.

## Vermehrungsmethoden

### STECKLINGE

Einige Rosensorten lassen sich im Herbst auf relativ einfache Art und Weise aus Steckholz vermehren. Zunächst schneidet man von einem gut ausgereiften Zweig, der sich in den vergangenen fünf bis sechs Monaten gebildet hatte, ein etwa 20 cm langes Stück eines Triebes ab. Von der Spitze des Triebes sollte nur das oberste Blatt weggeschnitten werden, so daß das obere Ende des Triebes noch gut zu erkennen ist. Dann sticht man mit dem Spaten einen Spalt in der Erde, so daß ein keilförmiges Loch von ungefähr 15 cm Tiefe entsteht. Zu empfehlen ist, in dieses Loch etwas Quarzsand einzufüllen. Dann werden die Stecklinge in etwa 10 cm Abstand in diese Rille gesetzt. Die Stecklinge sollten mit einem Plastikschild etikettiert werden. Stecklinge, die

„angehen", bilden neue Triebe und können im darauffolgenden Jahr in ein separates Beet oder einen Topf zur Weiterkultur umgepflanzt werden. Dort verbleiben sie, bis man sie endgültig auspflanzen kann. Zu große Blätter werden beim Stecken halbiert.

### ABSENKER

Bei den meisten Rosen mit biegsamen Trieben kann man Triebe in den Boden „absenken", dort festhaken und so vermehren. Gleich nach der ersten Blüte wird ein Trieb ausgewählt, der lang und biegsam genug ist, um ihn zum Boden hinabzubiegen, so daß er teilweise in der Erde vergraben werden kann. Anschließend schneidet man die Rinde an der Stelle, die eingegraben wird, mehrmals ein. Aus diesem „verletzten" Teil des Triebs entstehen neue Wurzeln. Der Boden wird an dieser Stelle eventuell mit Sand und Kompost etwas verbessert und der eingeschnittene Teil des Triebes in eine flache Mulde gepflanzt, wobei man ihn mit ein oder zwei U-Haken aus verzinktem Draht in der Erde befestigt. Dann wird der Trieb mit guter Erde bedeckt. Bis zum nächsten Frühjahr sollte die neue Pflanze bewurzelt sein und kräftig wachsen. Die neue Rose wird dann von der Mutterpflanze abgetrennt und umgepflanzt.

### SAMEN

Im Herbst werden die reifen Hagebutten, die den Samen enthalten, etwa einen Monat lang in einem Kühlschrank bei normaler Kühlschranktemperatur von 4 °C aufbewahrt. Diese Methode, die der Fachmann als Stratifikation bezeichnet, regt den Samen zur Keimung an. Zur Aussaat wird pro Topf ein Samen eingepflanzt, anschließend werden die Töpfe an einen geschützten Platz gestellt. Nach dem Keimen setzt man die Rosen in größere Töpfe um, bis die Pflanzen die richtige Größe erreicht haben, um schließlich ausgepflanzt zu werden.

### DAS ZÜCHTEN NEUER SORTEN

Bei dieser im Prinzip recht einfachen Angelegenheit wird Pollen von einer männlichen Elternsorte wird auf die Narbe der weiblichen Elternsorte aufgebracht. Üblicherweise werden dazu potentielle bestäubende Insekten ferngehalten, damit garantiert keine zufällige Fremdbestäubung durch sie erfolgt. Die bestäubte Blüte wird markiert. Nachdem die Hagebutte ausgereift ist, werden die Samen in der gleichen Weise ausgesät, wie dies oben beschrieben wurde. Gewerbliche Züchter gewinnen auf diese Art und Weise oft Hunderttausende neuer Sämlinge, aus denen nur die besten Sorten sechs bis acht Jahre lang ausgelesen werden.

### VEREDELN

Gewerblich werden Rosen meist durch Veredlung vermehrt. Zur Vermehrung einzelner neuer Sorten in großer Stückzahl wird ein „Auge" (Blattknospe) der neuen Sorte in einen T-förmigen Rindeneinschnitt unter die Rinde einer Rosenunterlage eingesetzt. Wenn dieses Auge anwächst, wird die Krone der Unterlagenpflanze im Frühjahr knapp über dem Auge weggeschnitten.

## Tips für außergewöhnliche Probleme

### DAS VERPFLANZEN ALTER ROSEN

Grundsätzlich lassen sich alle älteren Rosen verpflanzen, doch lohnt sich der Aufwand oft nur bei seltenen oder wertvollen Sorten. Selbst dann vermehrt man die Pflanze besser durch Stecklinge oder Absenker oder beauftragt eine Rosenschule, neue Pflanzen durch Veredlung zu gewinnen. Die beste Jahreszeit zum Umpflanzen ist der Herbst. Zunächst wird ein neues Pflanzloch gegraben; die Zweige der alten Rose werden um drei Viertel zurückgeschnitten. Dann wird die alte Pflanze mit einer Gabel tief ausgehoben, alle verletzten oder überlangen Wurzeln werden weggeschnitten, und die Rose wird an ihren neuen Platz gesetzt. Dabei sollte man den Boden mit Komposterde verbessern und damit das Loch zuschütten. Die Erde wird festgetreten und die Pflanze angegossen. In der Folgezeit sollte regelmäßig gewässert werden, bis die Rose an ihrem neuen Standort angewachsen ist.

### SCHUTZ VOR REHVERBISS

Der abstoßende Geruch handelsüblicher Abschreckungsmittel für Rehe hält selten lange an. Effektiver ist eine in ca. 1 m Höhe um die Pflanzen gespannte Angelschnur; falls sich die Tiere daran gewöhnt haben und die Schnur überspringen, kann man eine zweite in etwa 2 m Höhe spannen. Die Methode ist verhältnismäßig billig, leicht umzusetzen und zudem nahezu unsichtbar!

LINKS: *Neue Sorten entstehen durch Bestäubung einer Narbe mit Pollen.*
RECHTS: *Bei der Veredlung wird die Rinde der Unterlagenpflanze T-förmig angeschnitten und ein Auge hineingesetzt. Die Schnittstelle wird ober- und unterhalb dicht verbunden.*
UNTEN: *Bei Wildrosen keimen aus den Samen einer Hagebutte Pflanzen mit dem Erbgut beider Eltern. Bei Edelsorten (Hybriden) ist das seltener der Fall.*

# Wildrosen

*Peter Beales*

## ROSA ACICULARIS NIPPONENSIS

**Syn. Nadelrose**
DUNKELROSA

Dieser kleine, dichte Strauch wird bis zu 1 m hoch und hat viele winzige Borsten. Das Laub mit 7–9 Fiederblättchen ist mattgrün mit einfach gesägtem Rand; die kleinen, duftenden, dunkelrosa Blüten erscheinen einzeln im Mai bis Juni. Die roten Hagebutten sind birnenförmig. Diese Rose ist sehr winterhart und im Garten der europäischen und nordamerikanischen *R. acicularis* in vieler Hinsicht überlegen. **ZONEN 4–11.**

Japan, 1894

## ROSA ALPINA

siehe *Rosa pendulina*

## ROSA × ANEMONOIDES

siehe 'Anemonenrose'

*Rosa arvensis*

*Rosa arkansana*

*Rosa acicularis nipponensis*

## ROSA ARKANSANA

**Syn. *R. suffulta*, Arkansas-Rose**
REIN ROSA

Der niedrige Strauch mit grünlichen Trieben wird bis 1 m groß. Er besitzt viele mit dünnen Stacheln bewehrte Triebe, die meist jedes Jahr absterben und durch neue Ausläufer ersetzt werden. Die Blätter bestehen aus 7–11 breit elliptischen, leuchtend grünen Fiederblättchen mit deutlich gesägtem Rand. Im Juni erscheinen kleine, etwa 2,5 cm große Blüten in Dolden, gefolgt von kleinen rundlichen, dunkelorangefarbenen Hagebutten. Sie ist nur von geringem Gartenwert. Manche Autoren halten diese Art und ihr Synonym für zwei verschiedene nordamerikanische Arten.

**ZONEN 4–11.**

Nordamerika, 1896

## ROSA ARVENSIS

**Syn. Feldrose, Ackerrose, Kriechrose**
WEISS

*R. arvensis* ist in Europa beheimatet, mit Ausnahme des kälteren Nordens und des heißeren Mittelmeerraumes kommt sie am natürlichen Waldsaum vor. Zunächst am Boden entlang kriechend, wächst sie in größere Büsche hinein und wird 3 m hoch. Sie ist halbschattenverträglich und gesund. Die cremeweißen, etwa 3 cm großen Blüten mit kurzen, breiten Petalen und sehr auffälligen gelben Staubgefäßen blühen im Juni oft in kleinen Dolden. Die Blüten duften kaum. Die ovalen Hagebutten sind rot und erscheinen inmitten der dunkelgrünen, gesägten Blätter, die meist aus sieben Fiederblättchen bestehen. Zahlreiche hakenförmige Stacheln bedecken die biegsamen, dunkelgrünen Triebe. *R. arvensis* eignet sich gut für den naturbelassenen Garten und deren Zäune. Im frühen 19. Jh. entstand aus ihr die kleine Gruppe der Ayrshire-Rambler wie 'Venusta Pendula', 'Ruga' und 'Splendens' (siehe dort).

**ZONEN 4–10.**

Europa, 1750

*Rosa banksiae normalis*

*Rosa beggeriana*

## ROSA BANKSIAE NORMALIS

WEISS

Von den vier Kulturformen der *Rosa banksiae* soll diese ursprüngliche Wildrose seit 1796 in Schottland in Kultur sein. In mildem Klima oder unter Glas ist diese Ramblerrose sehr wuchsfreudig und wird dort bis zu 9 m groß. Die kleinen, weißen, einfachen Blüten duften und erscheinen in Dolden inmitten hellgrüner Blätter, die aus 3–5 länglichen Fiederblättchen bestehen. Alle vier Formen der *R. banksiae* sind in der Regel immergrün und stachellos. – ***R. banksiae banksiae*** (Syn. 'Banksiae Alba', 'Lady Banksia Snowflake', *R. banksiae alba plena*, 'White Lady Banks') wurde 1807 als locker gefüllte, weiße Kulturform eingeführt. – ***R. banksiae lutea*** (Syn. 'Yellow Lady Banks' RHS Award of Garden Merit) ist die bekannteste Form. Ihre Dolden mit kleinen gefüllten, leuchtend gelben Blüten werden im späten Frühling in großer Fülle hervorgebracht und duften. Sie bedecken diesen wuchsfreudigen, gesunden, dichtwachsenden und stachellosen Rambler völlig. – ***R. banksiae lutescens***, die 1870 eingeführt wurde, ist etwas weniger wuchsfreudig, mit einfachen, schwefelgelben Blüten, hat aber einen intensiveren Duft als ihre Verwandten. – ***R. × fortuniana*** (Syn. *R. banksiae* × *R. laevigata*) wird in milden Klimazonen oft als Unterlage für die Rosenveredlung verwendet. Sie hat größere Blüten, die gefüllt und weiß sind, und ist stark bewehrt. – ***R. cymosa*** hat große Ähnlichkeit mit *R. banksiae normalis*. Sie ist eine seltene Rose mit interessanten, einfachen, weißen Blüten. **ZONEN 4–10.**

China, etwa 1877

*Rosa banksiae lutea*

*Rosa blanda* (Hagebutten)

## ROSA BEGGERIANA

WEISS

Dieser schlanke, hohe Strauch wird bis 2,5 m hoch und ist übersät mit zahlreichen hakenförmigen Stacheln, die paarweise angeordnet sind. Sie hat neun mittelgroße, länglich zugespitzte, gesägte, graugrüne Fiederblättchen. Die einfachen weißen Blüten erscheinen im Juni in kleinen, dichten Büscheln. Sie sind bis zu 2,5 cm breit und duften kaum. Im Herbst werden kleine, runde, purpurrote Hagebutten gebildet.

**ZONEN 4–11.**

Iran, 1868

## ROSA BLANDA

**Syn. Eschenrose, *R. fraxinifolia*, Hudson-Bay-Rose, Labrador-Rose**
ROSA

Dieser frühblühende, oft stachellose Strauch wird 1,5 m hoch. Die einfachen, rosa Blüten von 4–6 cm Durchmesser erscheinen entlang den Trieben, gefolgt von runden oder länglichen Hagebutten.

**ZONEN 4–11.**

Östliches Nordamerika, 1773

## ROSA × BORBONIANA

siehe Bourbonrose

## ROSA BRACTEATA

**Syn. Macartney Rose, Chicksaw Rose**
WEISS

*R. bracteata* ist ein dichter, oft kletternder Strauch. Die langen, graubraunen Triebe sind mit hakenförmigen, oft paarweisen Stacheln übersät. Das wunderschöne Laub mit neun rundlichen Fiederblättchen ist dunkelgrün glänzend und unterseits dicht behaart. Die weißen Blüten mit ihren auffälligen Staubgefäßen sind oft cremefarben überzogen und duften. Im Juni erscheinen sie einzeln

Rosa californica

Rosa bracteata

auf kurzen Seitentrieben, gefolgt von dicken, runden, orangefarbenen Hagebutten. Sie ist immergrün, pflegeleicht, aber für kältere Gebiete nicht geeignet. In den südlichen Teilen der USA wächst sie verwildert. Ihr berühmter Abkömmling 'Mermaid' ist wesentlich frosthärter. **ZONEN 4–11.**

China, 1793

## ROSA BRUNONII

**Syn. Himalaja-Moschusrose, The Himalayan Musk**

WEISS

Dieser wuchsfreudige Rambler besitzt bräunlich-grüne, steife Triebe und starre, hakenförmige Stacheln; er kann 12 m erreichen. Das lange, ovale, hängende Laub ist hell graugrün. Riesige Dolden kleiner, weißer Blüten erscheinen Ende Juni, später gefolgt von ovalen, rotbraunen Hagebutten. Sie ist bedingt winterhart und wurde jahrlang fälschlicherweise als *R. moschata* gehandelt. – ***R. brunonii*** **'La Mortola'** ist eine ausgezeichnete Gartenrose mit längerem, grauerem Laub und größeren Blüten. – ***R. moschata*** **var.** ***nepalensis*** ist eine weitere Form, die oft auch als Synonym von *R. brunonii* angegeben wird. **ZONEN 4–10.**

Himalaja, etwa 1823

## ROSA CALIFORNICA

**Syn. California Wild Rose**

HELLROSA

Dieser wuchsfreudige Strauch erreicht eine Höhe von 3 m und bringt jedes Jahr viele neue Triebe hervor, die, wie das ältere Holz, mit dünnen, hakenförmigen Stacheln bestückt sind. Die weichen, mattgrünen Blätter setzen sich aus 5–7 länglichen Fiederblättchen zusammen und bieten einen dekorativen Hintergrund für die kleinen, hellrosa Blütendolden, die vom Frühsommer über einen langen Zeitraum hinweg erscheinen. Im Herbst folgen dickliche, rote Hagebutten. *R. californica* ist ein recht winterfester Strauch und eignet sich gut für den naturnahen Garten. Die halbgefüllte Sorte 'Plena' ist noch deutlich besser für Gärten geeignet und noch dekorativer. Sie bringt lilarosa Blüten und orangerote Früchte hervor. **ZONEN 3–10.**

Nordamerika, etwa 1878

Rosa brunonii

Rosa californica 'Plena'

## ROSA CANINA

**Syn. Hundsrose, Heckenrose**

HELLROSA

*R. canina* ist eine in Mitteleuropa weit verbreitete, stark verzweigte Heckenrose, die eine Höhe von 2–4 m erreicht. Die stacheligen Triebe sind mit mittelgrünen Blättern besetzt, die aus 5–7 spitz zulaufenden, gesägten Fiederblättchen bestehen. Die kleinen, duftenden Blüten erscheinen Anfang Juni einzeln oder zu dritt und variieren in der Farbe von zartrosa überhauchtem Weiß bis Rosa. Nach der Blüte erscheinen in großer Fülle ovale, leuchtend rote Hagebutten. Sie sind enthalten reichlich Vitamin C und werden gern zu Sirup, Gelee oder Tee verarbeitet. Sie ist nicht gerade eine geeignete Rose für den Garten, ergibt aber eine gute Schmuckhecke. Selektionen dieser Art werden in Europa für die Anzucht als häufigste frostharte Veredlungsunterlage eingesetzt. **ZONEN 3–10.**

Europa, vor 1730

Rosa canina

Rosa brunonii

Rosa brunonii

*Rosa cinnamomea* 'Plena'

*Rosa carolina*

*Rosa carolina* (Hagebutten)

## *ROSA CAROLINA*

**Syn. Carolina-Rose, Weidenrose, Wiesenrose, Sandrose**

REIN ROSA

Dieser dichte, reichlich Ausläufer bildende Strauch von gut mittlerem Wuchs trägt dichte, leicht glänzende, dunkelgrüne Blätter mit fünf meist zugespitzten, elliptischen, gesägten Fiederblättchen. Ab Juni erscheinen unermüdlich einzelne rosa Blüten auf den Trieben, gefolgt von runden, leuchtend roten Hagebutten. – ***R. carolina glandulosa*** wurde 1902 eingeführt. Sie ist identisch mit *R. carolina* bis auf die drüsigen Blattstiele. – ***R. carolina grandiflora*** besitzt größere Blüten und größere Blätter, oft mit sieben Fiederblättchen. – ***R. carolina* 'Plena'** besitzt gefüllte Blüten, wird aber nur 60 cm hoch. – ***R. carolina* 'Alba'** schließlich besitzt weiße Blüten. **ZONEN 4–11.**

Nordamerika, 1826

## *ROSA × CENTIFOLIA*

siehe 'Centifolia' und 'Cabbage Rose'

## *ROSA × CENTIFOLIA BULLATA*

siehe 'Bullata'

## *ROSA × CENTIFOLIA MINOR*

siehe 'Petite de Hollande'

## *ROSA × CENTIFOLIA MUSCOSA*

siehe 'Centifolia Muscosa'

## *ROSA × CENTIFOLIA MUSCOSA ALBA*

siehe 'White Bath'

## *ROSA × CENTIFOLIA* VAR. *PARVIFOLIA*

siehe 'Burgunderrose'

## *ROSA × CENTIFOLIA POMPONIA*

siehe 'Rose de Meaux'

## *ROSA × CENTIFOLIA VARIEGATA*

siehe 'Centifolia Variegata'

## *ROSA CHINENSIS*

**Syn. China-Rose, Bengalrose, *R. chinensis indica***

ROSA/DUNKELROT

Diese jahrelang verschollen geglaubte Rose wurde vor kurzem erst wiederentdeckt. Sie wird 1,2 m bis 2,5 m hoch und ist unregelmäßig mit Stacheln bewehrt. Die mittel- bis dunkelgrünen Blätter bestehen aus 3–5 Fiederblättchen, die ganz

*Rosa cinnamomea*

jung noch rötlich sind. Die Blüten erscheinen einzeln oder in großen, weit auseinanderstehenden Büscheln und variieren in der Farbe von zartrosa bis dunkelrot. Sie dunkeln bei längerer Blüte etwas nach und duften kaum. Nach der Blüte werden kleine, mattrote Hagebutten gebildet. **ZONEN 5–11.**

China, etwa 1759

## *ROSA CHINENSIS* VAR. *SEMPERFLORENS*

siehe 'Slater's Crimson China'

## *ROSA CHINENSIS SERRATIPETALA*

siehe 'Serratipetala'

## *ROSA CHINENSIS VIRIDIFLORA*

siehe 'Green Rose'

## *ROSA CINNAMOMEA*

**Syn. *R. majalis*, Mairose, Zimtrose**

MAUVE

Dieser mittelhohe Strauch, dessen Artname korrekterweise *R. majalis* lauten sollte, wird bis zu 1,8 m hoch. Seine schlanken, bräunlichen Triebe sind mit kurzen Stacheln bewehrt. Die mattgrünen Blätter mit 5–7 Fiederblättchen sind unterseits grau. Im Juni erscheinen einfache, mauverosa Blüten einzeln oder in kleinen Büscheln. Die dunkelroten Hagebutten sind klein, rund und weich. – ***R. cinnamomea* 'Plena'** (Syn. 'Rose de Mai', 'Rose de Plaquer') ist eine seltene Form mit gefüllten Blüten. Laut Graham Thomas ist sie eine der ältesten beschriebenen Rosen. – ***R. majalis* 'Foecundissima'** (Syn. *R. majalis* 'Falcundissima') hat gefüllte, aber hellere Blüten. **ZONEN 4–11.**

Europa, etwa 1600

*Rosa × coryana*

## *ROSA × CORYANA*

**Syn. 'Coryana', *R. macrophylla × R. roxburghii***

DUNKELROSA

Dies ist ein wuchsfreudiger 2 m hoher Strauch mit rötlich-braunen Trieben und helleren, kräftigen Stacheln. Die dunkelgrünen Blätter sind stark geädert, leicht flaumig und bestehen aus bis zu 15 schmalen, ovalen Fiederblättchen. Die einfachen, dunkelrosa Blüten erscheinen im Juni. Dieser Artbastard bildet sehr selten Hagebutten. **ZONEN 4–11.**

Großbritannien, 1926

## *ROSA DAMASCENA TRIGINTIPETALA*

siehe 'Kazanlik'

## *ROSA DAMASCENA VERSICOLOR*

siehe 'York and Lancaster'

## *ROSA DAVIDII*

**Syn. Father David's Rose**

HELLROSA

Dieser gut 3 m hohe, kräftig ausladende Strauch mit steifem Wuchs hat Triebe mit langen, scharfen Stacheln und breiter Basis. Die mittelgrünen Blätter mit 7–9 Fiederblättchen sind oberseits weich und auf der Unterseite behaart. Im Juni erscheinen in kleinen Dolden rein rosafarbene, duftende, 5 cm breite Blüten mit gelben Staubgefäßen. Die Hagebutten hängen in Büscheln herab; sie sind scharlachrot, krugförmig, mit anhaftenden Kelchblättern, nicht sehr groß, aber dekorativ. – ***R. davidii elongata*** hat weniger Blüten, ihr Laub und die Früchte sind jedoch größer. **ZONEN 4–10.**

Tibet, 1908

## *ROSA × DUPONTII*

siehe 'Dupontii'

*Rosa ecae*

*Rosa davidii*

*Rosa foetida persiana*

*Rosa foetida persiana*

## *ROSA ECAE*

DUNKELGELB

*R. ecae* ist ein kleiner, dicht verzweigter, nur 1 m hoher Strauch. Die braunen Triebe sind dicht mit kurzen, dicken, rötlichen Stacheln besetzt. Die dunkelgrünen Blätter bestehen aus 5–9 kleinen, breit-ovalen, weichen Fiederblättchen. Im Juni erscheinen einzeln stehende Blüten von 2 cm Durchmesser in einem leuchtenden Butterblumengelb; sie duften nicht. Die kleinen Hagebutten sind leuchtend rot. Diese Art bevorzugt nährstoffreiche Böden und viel Sonnenlicht; sie ist auch recht winterfest. Sie sollte nur mäßig geschnitten werden und ist auch als Kübelpflanze geeignet. Ihre Hybride ist 'Golden Chersonese'. ZONEN 4–11.

Afghanistan, 1880

## *ROSA EGLANTERIA*

Syn. *R. rubiginosa*, Schottische Zaunrose, Weinrose, Apfelrose

HELLROSA

Dieser wuchsfreudige Strauch wird bis zu 3 m hoch und hat borstige, bräunlichgrüne Triebe, die mit starken, scharfen, hakenförmigen Stacheln bewehrt sind. Das dunkelgrüne Laub mit 5–7 Fiederblättchen duftet intensiv nach Äpfeln, besonders wenn es zerdrückt wird. Die hübschen einfachen, zartrosafarbenen Blüten sind etwa 4 cm groß und duften. Nach der Blüte werden ovale, leicht borstige Hagebutten in sattem Rot mit anhaftenden, trockenen Kelchblättern gebildet. Ein Schnitt reduziert zwar die Blütenpracht, regt aber das Wachstum neuer, junger, aromatisch nach Äpfeln duftender Triebe an. ZONEN 4–10.

Europa, etwa 1594

Royal Horticultural Society Award of Garden Merit

## *ROSA ELEGANTULA* 'PERSETOSA'

Syn. *R. farreri persetosa*, 'The Threepenny Bite Rose'

REIN ROSA

Dieser breit ausladende Strauch wird bis 1,5 m hoch und 3 m breit. Die jungen Triebe sind übersät mit weichen, rötlichbraunen Borsten. Die sehr kleinen, pelzigen Blätter mit 7–9 Fiederblättchen sind dunkelgrün, bronzefarben überzogen und gesägt. Sie haben eine wunderschöne Herbstfärbung. Die Blüten werden nur etwa 2 cm groß, sind sternförmig und lilarosa gefärbt. Die orangefarbenen Hagebutten sind klein, breit elliptisch und herabhängend. ZONEN 4–10.

China, 1900

## *ROSA FEDTSCHENKOANA*

WEISS

Dieser breite, aufrechte, dichte Strauch mit 1,8 m Höhe hat rötlich-grüne Triebe, die mäßig mit langen, dünnen Stacheln bewehrt sind. Er treibt gern Ausläufer, wächst so auf eigener Wurzel und trägt dichte, weiche, längliche Blätter aus 9–15 graugrünen Fiederblättchen. Die weißen Blüten mit goldfarbenen Staubgefäßen erscheinen einzeln oder in kleinen Büscheln in Schüben im Sommer und im Herbst. Ihr Duft ist eher abstoßend. Die kleinen, schlanken, elliptischen, hängenden und borstigen Hagebutten sind orangefarben und sehen zwischen den Blüten im Frühherbst sehr attraktiv aus. ZONEN 4–11.

Zentralasien, etwa 1876

*Rosa foetida*

## *ROSA FILIPES*

WEISS

Diese gewaltige Ramblerrose ist in Gärten selten anzutreffen. *R. filipes* 'Kiftsgate' wurde dagegen seit ihrer Einführung 1938 äußerst beliebt; die Ursprungspflanze wächst und gedeiht immer noch in Kiftsgate Court, Gloucestershire, in Großbritannien. ZONEN 4–11.

China, 1908

## *ROSA FLORIBUNDA*

siehe *Rosa micrantha*

## *ROSA FOETIDA*

Syn. Fuchsrose

REIN GELB

Dieser aufrecht wachsende, 1,5 m hohe Strauch mit dunkelgrünen Trieben, die mahagonibraun überzogen sind, trägt viele lange, dünne, hellgrüne Stacheln, die mit der Zeit braun werden. Das Laub mit 5–9 Fiederblättchen ist leuchtend dunkelgrün, weich und flaumig, die Blattunterseiten sind heller. Die einfachen Blüten erscheinen im Juni meist einzeln an kurzen Trieben. Der unangenehme Duft gab der Rose ihren Namen (*foetidus* bedeutet „stinkend"). – ***R. foetida bicolor*** (Syn. 'Kapuzinerrose', 'Austrian Copper') ist ein bekannter Sport, dessen zweifarbige Petalen oberseits leuchtend, fast glänzend orangerot, unterseits jedoch gelb sind (eingeführt 1596). – ***R. foetida persiana*** (Syn. 'Persian Yellow') hat gefüllte, gelbe Blüten; sie wurde 1835 entdeckt. Beide neigen zu Sternrußtau wie auch viele moderne Rosen, die im späten 19. Jh. von dem französischen Züchter Pernet-Ducher aus ihnen gezüchtet wurden. ZONEN 4–11.

Kleinasien, vor 1596 oder früher

*Rosa elegantula* 'Persetosa'

*Rosa rubiginosa* (Syn. *R. eglanteria*)

*Rosa fedtschenkoana*

*Rosa foetida bicolor*

## ROSA FOLIOLOSA

REIN ROSA

*R. foliolosa* ist ein niedriger Strauch, der bis zu 1,2 m hoch wird und leichte Böden bevorzugt. Er wächst am besten auf eigener Wurzel, und wird vegetativ fast nur über Stecklinge vermehrt. Die mattglänzenden, dunkelgrünen Blätter haben 7–9 längliche Fiederblättchen, die sich weich und pelzig anfühlen. Sie sitzen an drahtigen, grünpurpurfarbenen, stachellosen Trieben. Die etwa 5 cm großen Blüten erscheinen im Juni/Juli meist einzeln in einem dunklen, leuchtenden Kirschrosa an kurzen Trieben mit sehr langen Kelchblättern. Kleine runde, rote Hagebutten werden nur von den ersten Blüten hervorgebracht. Es gibt auch eine weißblütige Form. **ZONEN 4–10.**

USA, 1880

*Rosa glauca*

*Rosa forrestiana*

## ROSA FORRESTIANA

DUNKELROSA

Dieser 1 m hohe Strauch bringt nur wenige, meist einzeln stehende, dunkelrosafarbene Blüten hervor. **ZONEN 4–10.**

Westchina, 1918

## ROSA FRAXINIFOLIA

siehe *Rosa blanda*

## ROSA GALLICA

**Syn. Essigrose, Gallische Rose, Provins-Rose**

DUNKELROSA

Dieser ausläuferbildende Strauch von etwa 1 m Höhe hat stachellose, dunkelgrüne Triebe. Die Blätter sind hellgrün, klein bis mittelgroß, etwas rundlich und bestehen aus nur fünf Fiederblättchen. Die einfachen Blüten duften leicht und erscheinen im Juni. Sie sind 6 cm groß, dunkelrosa und besitzen auffallend schöne gelbe Staubgefäße. Die Hagebutten sind rötlich und matt, krugförmig und aufrecht stehend. Die sehr pflegeleichte Wildrose eignet sich für gemischte Rabatten; sie macht sich aber auch in Gesellschaft von Kräutern, ja sogar in einer Wiese gut. Sie war für die frühe Entwicklung der Rosenzucht von Bedeutung. **ZONEN 5–11.**

Süd- und Mitteleuropa, vor 1759

*Rosa gentiliana*

*Rosa gigantea*

*Rosa gigantea* (Hagebutten)

## ROSA GALLICA OFFICINALIS

siehe 'Apotheker-Rose'

## ROSA GALLICA VARIEGATA 'THORY'

siehe 'Rosa Mundi'

## ROSA GALLICA VERSICOLOR 'LINNAEUS'

siehe 'Rosa Mundi'

## ROSA GENTILIANA

**Syn. *R. multiflora* var. *cathayensis*, *R. polyantha* 'Grandiflora'**

WEISS

Diese wuchsfreudige, 6 m hohe Kletterrose hat dicke, feste Triebe, die dunkelgrün, aber purpurfarben gefleckt und mäßig mit langen Stacheln bewehrt sind. Die 7–9 zähligen Fiederblätter sind groß, glänzend dunkelgrün und anfangs rötlich. Aus kleinen, cremegelben Knospen entfalten sich im Juni große Büschel zartrosafarbener bis rein weißer, einfacher Blüten von 4 cm mit auffälligen, dunkelgelben Staubgefäßen. Sie duften deutlich nach Zitrus. Die orangeroten Hagebutten sind klein und oval. Diese erstklassige Kletterrose ging vermutlich aus *R. multiflora* hervor. **ZONEN 4–11.**

China, etwa 1907

## ROSA GIGANTEA

**Syn. *R.* × *odorata gigantea***

WEISS

*Rosa gigantea* ist eine Ramblerrose von etwa 6 m Höhe. Sie hat lange, überhängende, purpurfarbene, grüne Triebe, die nur mäßig mit hakenförmigen Stacheln bewehrt sind. Die Blätter bestehen aus sieben recht auffällig geäderten, langen, schmalen Fiederblättchen. Die weißen Blüten sind bis zu 10 cm breit, süß duftend und blühen im Juni. Später kommen gelborangefarbene, birnenförmige Hagebutten von 2,5 cm Länge. Diese recht frostanfällige Art ist ein Vorfahre der frühen Teerosen. **ZONEN 4–11.**

Birma und China, vor 1889

*Rosa giraldii*

*Rosa foliolosa* (Hagebutten)

## ROSA GIRALDII

REIN ROSA

Dieser 1,8 m hohe Strauch mit langen, überhängenden Trieben und scharfen, dünnen, meist paarweise angeordneten Stacheln hat breit-ovale, mittelgrüne Blätter aus 7–9 Fiederblättchen. Die einfachen Blüten in weichem Rosa erscheinen im Juni einzeln oder in kleinen Büscheln. Ihnen folgen kleine, leuchtend rote, rundlich-ovale Hagebutten. Die Rose ist recht pflegeleicht, für Gärten aber kaum bedeutend. **ZONEN 4–10.**

China, 1897

## *ROSA GLANDULOSA*
siehe *Rosa maximowicziana*

## *ROSA GLAUCA*
**Syn. *R. rubrifolia*, Rotblättrige Rose, Hechtrose**
REIN ROSA

Diese Rose eignet sich mit ihrem buschigen Wuchs bis zu einer Höhe von 1,8 m sehr gut für Gärten. Die überhängenden, rötlich-purpurfarbenen Triebe sind stachellos. Sie besitzt breit-ovale, stark gesägte Blätter in einem grauen Purpur mit 5–9 Fiederblättchen. Die Blüten erscheinen Anfang Juni in kleinen Büscheln. Sie sind einfach, sternförmig, bis zu 2,5 cm groß, in einem weichen Lilarosa und haben schöne cremegelbe Staubgefäße. Die roten Hagebutten nehmen im Herbst einen kupfrigen Purpurfarbton an. Sie eignet sich ausgezeichnet als Strauch, aber auch als lockere Hecke, wobei der Wuchs gut durch einen regelmäßigen Schnitt erneuert und kontrolliert werden kann. Die jungen Triebe werden gerne für Gestecke genommen. 'Carmenetta' ist eine Kreuzung zwischen *Rosa glauca* und *R. rugosa*, noch wuchsfreudiger und ebenso attraktiv und pflegeleicht.
**ZONEN 4–10.**

Süd- und Mitteleuropa, vor 1820

Royal Horticultural Society Award of Garden Merit

## *ROSA × HARISONII*
siehe 'Harison's Yellow'

*Rosa hugonis*

*Rosa holodonta* (Hagebutten)

## *ROSA HELENAE*
WEISS

Diese wuchsfreudige Ramblerrose wurde 1907 von E. H. Wilson in Zentralchina entdeckt. Sie kann als Kletterer in Bäumen oder an Mauern gute 6 m erreichen. Die dicken, graugrünen Triebe sind stark braun gefleckt und haben zahlreiche feste, hakenförmige Stacheln. Dunkel graugrüne Blätter mit 7–9 Fiederblättchen, im Austrieb noch rötlich, sorgen später für eine schöne Herbstfärbung. Die einfachen, weißen Blüten duften und erscheinen in großen Dolden im Juni. Ihnen folgen hängende, ovale, orangerote Hagebutten. Diese Rose ist zwar nur bedingt frosthart, dafür aber eine der attraktivsten Rambler für nicht zu nasse Böden. Sämlinge (Hybriden) von ihr wurden leider oft als reine Art verkauft. Alle ihre Hybriden haben lange, schlanke Triebe mit Dolden duftender, 2–2,5 cm großer, weißer Blüten, die auffällig gelbe Staubgefäße enthalten. Im Herbst zieren sie herrliche rote, ovale Hagebutten. Sie gedeiht auch in mageren Böden und im Halbschatten. Eine etwas tiefere Pflanzung verhindert einen Totalschaden bei Frost. **ZONEN 5–11.**

China, 1907

## *ROSA HEMISPHAERICA*
**Syn. *R. sulphurea*, Schwefelrose, *R. glaucophylla***
REIN GELB

Diese Art wurde zuerst von Clusius als gefüllt blühende Kulturform entdeckt. Die Wildart *R. hemisphaerica* var. *rapinii* mit nur 5 Petalen wurde erst viel später gefunden und 1933 eingeführt. Der dichte Strauch wird gut 1,5 m hoch. Sein bräunliches Holz ist nur spärlich mit hakenförmigen Stacheln versehen, die zuerst gelblich-grün sind. Die Blätter haben 5–9 grob gesägte, weiche, graugrüne Fiederblättchen. Die gefüllten Blüten bilden bei feuchtem Wetter leicht Mumien. Die Blüten hängen im Juni oft inmitten des Laubes. Diese faszinierende Rose wurde im 17. Jh. gern von holländischen Malern dargestellt. **ZONEN 4–11.**

Westasien, 1625

*Rosa hugonis*

*Rosa helenae*

*Rosa × kochiana*

*Rosa hemisphaerica*

## *ROSA HOLODONTA*
**Syn. *R. moyesii rosea***
HELLROSA

Diese nahe Verwandte von *R. moyesii* bildet weit ausladende Sträucher mit apartem, lockerem Laub. Sie schmückt sich mit kleinen Büscheln hübscher, einfacher Blüten in Hellrosa. Danach entwickeln sich besonders lange, birnenförmige, glänzend orange- bis blutrote Hagebutten mit dauerhaften, tentakelförmigen Blütenkelchen. **ZONEN 4–10.**

Westchina, 1908

## *ROSA HUGONIS*
**Syn. Dukatenrose, Chinesische Goldrose**
REIN GELB

Dieser 2 m hohe, aufrecht wachsende, verzweigte Strauch mit braunen Trieben und vielen scharfen, flachen Stacheln und Borsten hat farnähnliche Blätter mit 7–13 Fiederblättchen. Bereits im Mai erscheinen einfache, leuchtend gelbe Blüten einzeln an den jungen, drahtigen Seitentrieben. Die Petalen der etwa 4 cm großen Blüten sind seidig und zuweilen leicht zerknittert. Im Spätsommer folgen kleine, purpurfarbene Hagebutten. Sie gedeiht auch in mageren Böden und ist recht winterhart. Leider ist sie etwas anfällig für die Valsakrankheit, die das Zweigsterben verursacht. **ZONEN 4–10.**

Etwa 1899

Royal Horticultural Society Award of Garden Merit

## *ROSA INDICA CRUENTA*
siehe 'Sanguinea'

## *ROSA × KOCHIANA*
DUNKELROSA/MAUVE

Diese niedrige, 1 m hohe Rose hat einen steifen, dichten, winkeligen Wuchs mit leuchtend grünen Trieben, die mit wenigen, paarweise stehenden, nadelspitzen Stachelborsten besetzt sind. Die weichen, glänzend grünen Blätter haben 7–9 Fiederblättchen. Die 3 cm großen Blüten sind dunkelrosa bis mauvefarben, enthalten Büschel cremegelber Staubgefäße und erscheinen im Juni. Es folgen kleine, breit birnenförmige, orangerote Hagebutten. *R. × kochiana* ist vermutlich eine Kreuzung aus *R. pimpinellifolia* mit *R. carolina.* Der Strauch eignet sich hervorragend für Gärten, gedeiht leicht in fast allen Böden und besitzt eine wunderschöne Herbstfärbung.
**ZONEN 4–10.**

Nordamerika, 1869

Rosa longicuspis

*Rosa longicuspis*

## ROSA × KORDESII

ROSAROT

*Rosa × kordesii* entstand 1940 durch Wilhelm Kordes aus der Selbstung der triploiden, nahezu sterilen Arthybride 'Max Graf' (*R. rugosa × R. wichuraiana*). Aufgrund der gleichzeitigen spontanen Verdopplung des Chromosomensatzes ist die neue Art sehr fruchtbar. Aus dieser rosaroten, einmalblühenden Ramblerrose, die nicht im Handel ist, sind viele bekannte öfterblühende Strauch-, Kletter- und Bodendeckerrosen hervorgegangen. **ZONEN 4–11.**

Kordes, Deutschland, 1940

## ROSA LAEVIGATA

**Syn. 'The Cherokee Rose'**

WEISS

Diese immergrüne, bis 5 m hohe, wärmeliebende Kletterrose benötigt eine sehr geschützte Lage. Die dunkelgrünen Triebe haben weit auseinanderstehende, breite, hakenförmige, rötliche Stacheln und glänzend dunkelgrüne Blätter, die aus nur drei länglichen Fiederblättchen bestehen. Die duftenden Blüten erscheinen Ende Mai nur für kurze Zeit. Sie sind groß, einfach und haben sehr auffällige gelbe Staubgefäße. Es folgen sehr borstige, oval- bis birnenförmige, orangefarbene Hagebutten, die rasch bräunlich werden. Diese Art verwilderte in einigen südlichen Teilen der USA. – ***R. laevigata* 'Cooperi'** (Syn. 'Cooper's Burmese') hat dunkleres, grünes Holz sowie Laub und ist winterhärter. – ***R. anemonoides* 'Anemonenrose'** und ihr Sport 'Ramona' sind mit dieser Art verwandt, ebenso wie die hübsche, aber zögerlich blühende 'Silver Moon'. **ZONEN 5–10.**

China, 1759

*Rosa laevigata*

## ROSA LONGICUSPIS

WEISS

*R. longicuspis* ist ein wuchsfreudiger, 6 m hoher, fast immergrüner Rambler, der rötliches Holz mit vielen hakenförmigen Stacheln besitzt. Die großen, glänzend dunkelgrünen, 5–7 zähligen Fiederblätter sind länglich, gesägt und im Austrieb rot getönt. Ende Juni erscheinen etwa 5 cm große, weiße Blüten in dichten Rispen, die wachsartig fest sind und leicht nach Bananen duften. Die Hagebutten sind orangerot, klein und oval. Bis vor kurzem wurde vor allem in Großbritannien *R. mulliganii* unter diesem Namen vertrieben, eine ähnliche Art, aber um einiges winterfester. **ZONEN 4–11.**

China, 1915

## ROSA LUCIAE

siehe *Rosa wichuraiana*

## ROSA × MACRANTHA 'MACRANTHA'

HELLROSA/WEISS

Diese locker wachsende Rose besitzt überhängende, dunkelgrüne Triebe, wird 1,2 m hoch und fast doppelt so breit. Sie hat zahlreiche, hakenförmige Stacheln und mattdunkelgrünes, länglich-ovales Laub. Im Juni erscheinen recht große, einfache, duftende Blüten in üppigen, kleinen Büscheln. Sie sind zuerst hellrosa, dann gebrochen weiß und zeigen zahlreiche cremegelbe Staubgefäße. Die Hagebutten sind dunkelrot und rund. Sie ist keine echte Art, vermutlich aber eine nahe Verwandte von *R. gallica*, und ein guter, halbkriechender Strauch, aber etwas mehltauanfällig. **ZONEN 4–11.**

Entdeckt bei La Flèche, Frankreich, 1923

## ROSA MAJALIS

siehe *Rosa cinnamomea*

*Rosa × macrantha* 'Macrantha'

## ROSA MAXIMOWICZIANA

**Syn. *R. glandulosa***
WEISS

Dieser mittelhohe, dicht verzweigte, kletternde Strauch von etwa 2 m Höhe trägt schlanke Triebe mit kleinen, hakenförmigen Stacheln. Die mittelgrünen 5–9 zähligen Fiederblätter sind weich und mattglänzend mit drüsigen Stielen. Die weißen, einfachen Blüten sind 5 cm groß und erscheinen im Juni zusammen in kleinen Dolden. Sie bilden kleine, ovale, rote Hagebutten. – ***R. maximowicziana jackii*** ist fast stachellos und besitzt purpurfarbene Triebe.
**ZONEN 4–10.**

Korea, vor 1880

## ROSA MICRANTHA

**Syn. Rosa floribunda, R. nemerosa**
HELLROSA

Diese Rose bildet kleine Blüten in zartem, hellem Rosa. Häufig wird sie fälschlicherweise als *R. rubiginosa* bezeichnet , mit der sie allerdings auch verwandt ist.
**ZONEN 4–10.**

Mittel- und Südeuropa, Mittelmeer, vor 1800

## ROSA × MICRUGOSA ALBA

**siehe 'Micrugosa Alba'**

## ROSA MOSCHATA

**Syn. Moschus-Rose**
WEISS

*R. moschata* wird als hoher Strauch oder als niedrige Kletterrose bis 3 m hoch mit graugrünem Holz und vereinzelten, braunen, hakenförmigen Stacheln. Die 5–7 zähligen, graugrünen Fiederblätter sind weich, unterseits besonders an den markanten Adern flaumig, und hängen oft herab. Die duftenden, cremeweißen 4 cm großen Blüten haben schöne einzeln stehende Petalen, die sich an heißen Tagen zurückbiegen. Sie erscheinen in großen, lockeren Dolden erst im Juli und bringen dann im Herbst noch eine kleine Nachblüte. *R. moschata* ist Vorfahre vieler Moderner Gartenrosen. Sie galt, bis Graham Stuart Thomas sie 1963 wiederentdeckte, als verloren. Davor wurde lange Zeit *R. brunonii* von Baumschulen irrtümlich als *R. moschata* gehandelt – bis heute leider auch in Deutschland.
– ***R. moschata* 'Plena'** ist eine seltene Form mit gefüllten Blüten und seit etwa 1614 in Kultur. **ZONEN 4–10.**

Himalaja bis Iran und Abessinien

## ROSA MOYESII

ROT

Dieser steife und etwas sparrig wachsende Strauch wird 3 m hoch und hat starke, rötlich-braune Triebe mit zahlreichen dicken Stacheln, die oft paarweise angeordnet sind. Die 7–11 zähligen, graugrünen Fiederblätter sind oval gesägt. Er blüht im Juni in kleinen Büscheln dunkelrosa bis leuchtend dunkelrot mit auffälligen, goldenen Staubgefäßen. Später werden zahlreiche herabhängende, flaschenförmige, leuchtend orangerote Hagebutten gebildet. *R. moyesii* hat mehrere gute moderne Strauchrosen hervorgebracht, darunter 'Eos', 'Geranium', 'Highdownensis' oder 'Sealing Wax'.
– ***R. moyesii fargesii*** ist eine niedrigere Form mit rosa Blüten. **ZONEN 4–10.**

China, etwa 1890

## ROSA MULLIGANII

WEISS

Dieser wuchsfreudige, 5 m hohe, ausgezeichnete Rambler entwickelt lange, dunkelgrüne Triebe mit breiten, starken Stacheln. Die glänzend dunkelgrünen, 5–7 zähligen Fiederblätter sind im Austrieb zunächst rötlich-purpurfarbenen. Die Blüten duften und erscheinen im Juni/Juli in großen Rispen. Die einzelnen Blüten sind für einen Rambler mit 6 cm

*Rosa moyesii* 'Geranium'

*Rosa moschata*

*Rosa moyesii*

*Rosa moyesii*

*Rosa moyesii fargesii*

*Rosa mulliganii*

*Rosa multiflora cathayensis*

*Rosa nitida*

recht groß. Die breit-ovalen, weichen Hagebutten sind orangerot mit anhaftenden Kelchblättern. Diese Rose ist recht winterhart und wurde bis vor kurzem fälschlicherweise als *R. longicuspis* vertrieben. **ZONEN 4–11.**

China, 1917

## *ROSA MULTIFLORA*

WEISS

Der kleine Kletterer, Rambler oder locker überhängende Strauch von dichtem Wuchs mit drahtigen, grünbraunen Trieben ist nur vereinzelt mit dunkel gefärbten Stacheln besetzt. Die Blätter aus 7–9 mittelgrünen Fiederblättchen sind ledrig weich und länglich. Ihre am Blattstiel entlang laufenden Nebenblätter sind deutlich gefranst oder bewimpert, was sich gut vererbt. Im Juni erscheinen unzählige kleine, einfache Blüten in aufrecht stehenden, kegelförmigen Büscheln, die ausgeprägt fruchtig duften. Die Blüten sind in der Regel schneeweiß und bilden kleine, runde, orangefarbene Hagebutten. Diese Art läßt sich leicht durch Samen oder Stecklinge vermehren, daher eignet sie sich gut als Hecke, aber auch als Veredlungsunterlage für büschelblütige Rosen. Von ihr stammen viele gute sommerblühende Rambler ab, beispielsweise 'De la Grifferaie', 'Seven Sisters' oder 'Veilchenblau' – ***R. multiflora* 'Carnea'** wurde 1804 eingeführt und ist eine noch stärkerwüchsige Form mit gefüllten hellrosa, aber schnell zu weiß verblassenden Blüten. – ***R. multiflora* var. *cathayensis*** (Syn. *R. gentiliana*), die erstmals 1902 auftauchte, hat größere, zartrosafarbene Blüten. **ZONEN 4–11.**

Korea und Japan, 1862

## *ROSA MULTIFLORA PLATYPHYLLA*

siehe 'Seven Sisters'

## *ROSA NEMEROSA*

siehe *Rosa micrantha*

*Rosa multiflora carnea*

## *ROSA NITIDA*

REIN ROSA

Dieser schön belaubte, dichte, nur 1 m hohe Strauch besitzt hat Stacheln und Borsten. Er wächst gut auf eigener Wurzel und auch gut als Ausläufer bildender Bodendecker. Die Blätter mit 7–9 kleinen, gesägten, schmalen Fiederblättchen sind glänzend dunkelgrün und unterseits stumpf und flaumig, im Herbst werden sie bräunlich-rot. Die einfachen, seidigen, leuchtend rosafarbenen Blüten werden 5 cm groß und erscheinen Ende Juni. Später zieren kleine, runde, leicht behaarte, leuchtend rote Hagebutten den Strauch, der sich bereitwillig aus den Samen ziehen läßt. – ***R. nitida* 'Corylus'** (*R. nitida* × *R. rugosa*) erfüllt die gleichen Anforderungen wie ihre Eltern, wird aber etwas höher und zeigt eine intensivere Herbstfärbung. **ZONEN 4–11.**

Nordamerika, etwa 1807

## *ROSA NUTKANA*

**Syn. Nutka-Rose**

REIN ROSA

*Rosa multiflora*

*Rosa nitida*

Dieser bis 1,5 m hohe Strauch wächst aufrecht mit schlanken, purpurbraunen Trieben und schmalen, scharfen Stacheln am älteren Holz. Die jungen Triebe sind borstig, die Blätter bestehen aus 5–9 weichen, breit-elliptischen, dunkelgrünen, gesägten Fiederblättchen mit behaarter Unterseite. Die einzelnen einfachen Blüten sind lavendelpurpurfarben mit auffälligen, cremefarbenen Staubgefäßen. Sie sind 6 cm groß und öffnen sich ab Mitte Juni. Später folgen auffallende, plump ovale, leuchtend glasig-rote Hagebutten. *R. nutkana* eignet sich als Strauch für alle Klimazonen. – ***R. nutkana*** **'Cantab'**, 1927 eingeführt, ist die bekannteste Hybride. Sie wächst etwas höher, steifer und blüht Ende Juni üppiger dunkelrosa. – 'Schoener's Nutkana' ist eine weitere Gartenform. **ZONEN 4–11.**

Nordamerika, etwa 1876

## *ROSA OMEIENSIS*

WEISS

Früher als eine eigene Art angesehen, ist sie der *R. sericea* so sehr ähnlich, daß sie dort mitbeschrieben wird. **ZONEN 4–11.**

China, 1901

## *ROSA × PAULII*

siehe 'Paulii'

## *ROSA PENDULINA*

**Syn. *R. alpina*, Alpenheckenrose**

DUNKELROSA/MAUVE

*Rosa roxburghii*

*Rosa pisocarpa*

Dieser aufrechte Strauch erreicht 1,8 m und hat purpurrote, fast stachellose Triebe. Die Blätter mit 7–9 leicht gesägten, länglichen Fiederblättchen sind dunkelgrün mit etwas Purpur. Sie erscheinen Anfang Juni einzeln oder bis zu fünft in kleinen Büscheln in einem dunklen Mauverosa mit auffallend cremegelben Staubgefäßen. Die schlanken, flaschenförmigen Hagebutten sind leuchtend orangerot. Je nach Typ ist das schöne Herbstlaub reich gefärbt. **ZONEN 4–10.**

Europa, 1789

## *ROSA PENDULINA PLENA*

siehe 'Morlettii'

## *ROSA PHOENICIA*

WEISS

Dieser kaum mittelhohe Rambler besitzt schlanke, dunkelgrüne Triebe und ist nur sparsam mit kleinen, hakenförmigen Stacheln bewehrt. Die graugrünen Blätter bestehen aus 5–7 rundlichen, gesägten, flaumigen Fiederblättchen. Die 4 cm großen, weißen Blüten erscheinen in Dolden. Die attraktiven Hagebutten sind klein, rundlich-oval und dunkelrot. Sie ist bedingt winterhart und wird als Vorfahre der Damaszenerrosen angesehen. *R. moschata*, der sie ähnlich ist, ist für den Garten viel wertvoller. **ZONEN 5–10.**

Türkei, etwa 1885

*Rosa roxburghii plena*

*Rosa pendulina*

## *ROSA PIMPINELLIFOLIA*

siehe *Rosa spinosissima*

## *ROSA PISOCARPA*

**Syn. Erbsenfrüchtige Rose**

ROSA

Dieser sommerblühende Strauch trägt lilarosafarbene, 2 cm große Blüte, die in dichten Büscheln an sehr kurzen Trieben mit zierlichem Laub sitzen; später erscheinen runde Hagebutten. **ZONEN 4–10.**

Westliches Nordamerika, etwa 1882

## *ROSA POLYANTHA GRANDIFLORA*

siehe *Rosa gentiliana* und *Rosa multiflora*

## *ROSA POMIFERA*

**Syn. *R. villosa*, Apfelrose**

REIN ROSA

Dieser dichte, 1,8 m hohe Strauch, dessen gültiger Name *R. villosa* lautet, hat graugrünes Holz, zuweilen leicht purpurgefleckt, mit geraden, scharfen Stacheln. Das junge Holz ist rötlich. Er trägt reichlich mattgraugrünes, flaumiges Laub mit 5–9 breit-ovalen, meist gesägten Fiederblättchen. Im Juni erscheinen einzeln oder zu dritt rein rosafarbene, duftende, 5 cm große Schalenblüten. Die borstigen Hagebutten sind rund bis oval, groß und orangerot bis leuchtend rot. 'Duplex' mit halbgefüllten Blüten blüht wesentlich üppiger. **ZONEN 4–11.**

Europa und Asien

## *ROSA PRIMULA*

**Syn. Weihrauchrose**

HELLGELB

Dieser Strauch mit kleinen, wunderbar nach Weihrauch duftenden Blättern erreicht 60–120 cm Höhe. Die dünnen, biegsamen Triebe sind mit vielen roten Stacheln besetzt. Zeitig im Mai erscheint eine Fülle gelblich-weißer Blüten. In Amerika wurde sie lange Zeit irrtümlich als *R. ecae* kultiviert. **ZONEN 4–11.**

Turkestan bis Nordchina, 1910

Royal Horticultural Society Award of Garden Merit

*Rosa primula*

## *ROSA ROXBURGHII*

**Syn. *Rosa roxburghii* 'Plena', Kastanienrose, Burr-Rose**

ROSA/WEISS

Dieser Strauch wird 2 m hoch, wächst winklig, steif und dicht verzweigt wie ein Zierstrauch. Die Rinde seiner lederfarbenen Triebe blättert papier- oder birkenrindenähnlich ab. Sie sind mit kräftigen Stacheln bewehrt, die paarweise dicht unterhalb der Blätter sitzen. Die dekorativen Blätter sind aus 7–15 mittel- bis dunkelgrünen, kleinen, ovalen, deutlich behaarten Fiederblättchen zusammengesetzt. Anfang Juni erscheinen im Laub schöne große, leuchtend rosafarbene, gefüllte Blüten mit auffallenden, cremegelben Staubgefäßen. Die Hagebutten gleichen kleinen Eßkastanien mit ihrer Schale; bei uns fallen sie zur Reife grün ab. Sie wurde 1814 aus dem botanischen Garten Kalkutta nach England eingeführt. – ***R. roxburghii*** **f. *normalis*** ist die erst 1908 entdeckte Wildform mit einfachen, sehr hellrosa bis weißen Schalenblüten.– ***R. roxburghii*** **var. *hirtula*** hat einfache hellrosa Blüten und wurde 1862 in Mitteljapan gefunden.
**ZONEN 4–11.**

China und Japan, 1814/1862/1908

## *ROSA RUBIGINOSA*

siehe *Rosa eglanteria*

*Rosa rugosa* 'Alba'

*Rosa rugosa* (Hagebutten)

*Rosa sempervirens*

*Rosa rugosa*

## ROSA RUBRIFOLIA
siehe *Rosa glauca*

## ROSA × RUGA 'LINDLEY'
siehe 'Ruga'

## ROSA RUGOSA
**Syn. Japanische Rose, Kartoffelrose**
MAUVE/WEISS

Diese Rose bildet einen dichten, reichverzweigten, bis 2 m hohen Strauch. Die rehbraunen Triebe sind mit scharfen Stacheln und Borsten bewehrt. Die Blätter mit 7–9 dunkelgrünen Fiederblättchen sind mattglänzend, breit-oval, gesägt und wirken runzlig. Im Herbst nehmen sie einen sattgelben Farbton an. Die einfachen, etwa 7 cm großen, duftenden Blüten erscheinen einzeln oder zu mehreren und sind leuchtend purpurrot bis purpurrosa mit gelben Staubgefäßen. Sie blühen von Anfang Juni bis zum Herbst. Die großen, runden, leuchtend roten Hagebutten hängen an kurzen Stielen und sind die größte Attraktion dieser Art und einiger ihrer Abkömmlinge. – ***R. rugosa* 'Alba'** ist eine weiße, besonders lohnende Form. – ***R. rugosa* 'Rubra'** besitzt dunkel purpurrote Blüten. – ***R. rugosa kamtchatica*** wurde 1770 eingeführt und ist vermutlich eine Zufallskreuzung von *R. rugosa* mit einer anderen Art. Sie ist weniger grob gestaltet als *R. rugosa*. Ihr Holz ist grünlich gefärbt und hat nicht so viele Stacheln. Das Laub ist weniger runzlig und leuchtend grün. Die Blüten sind einfach und leuchtend rosa. – *R. rugosa* wurde erfolgreich für die Züchtung gesunder und winterharter Sorten verwendet, zum Beispiel 'Roseraie de l'Haÿ', 'Blanc Double de Coubert', 'Dagmar Hartopp' oder 'Moje Hammarberg'.
**ZONEN 3–10.**
China und Japan, vor 1854

## ROSA SEMPERVIRENS
WEISS

Diese wuchsfreudige, kletternde, immergrüne Art wird bis 6 m hoch und hat lange biegsame, kriechende, dunkelgrüne

*Rosa rugosa* 'Rubra'

Triebe mit nur wenigen rötlichen Stacheln. Die Blätter bestehen aus 5–7 langen, zugespitzten, glänzenden Fiederblättchen. Die einfachen, weißen, Blüten sind etwa 4 cm groß, erscheinen im Juni in Rispen und duften. Die ovalen Hagebutten sind leuchtend rot. *Rosa sempervirens* ist Vorfahre vieler guter Ramblerrosen, die auch unter der Bezeichnung „Die Immergrünen" bekannt sind. Auch bei der frühen Entwicklung der Ayrshirerosen war sie neben *Rosa arvensis* wohl mit beteiligt. Sie ist bedingt winterfest, ihre Abkömmlinge scheinen jedoch frosthärter zu sein.
**ZONEN 5–11.**
Mittelmeergebiet und Nordafrika, 1629

*Rosa rugosa kamtchatica*

## ROSA SERAPHINII
siehe *Rosa sicula*

## ROSA SERICEA
WEISS

Diese seltene Rose unterscheidet sich kaum von der besser bekannten Form *R. sericea pteracantha* und besitzt wie diese nur vier Blütenblätter; ihre Stacheln sind jedoch weniger aufsehenerregend.
**ZONEN 4–11.**
Himalaja, China, 1822

*Rosa setipoda*

*Rosa sherardii*

## *ROSA SERICEA PTERACANTHA*

**Syn. *R. omeiensis pteracantha*, Stacheldrahtrose**

WEISS

Dieser 3 m hohe, winklig wachsende Strauch wird im Alter steif und unförmig. Das ältere Holz ist braun mit zahlreichen, rehbraunen Stacheln. Ein Rückschnitt regt die Bildung kräftiger, junger Triebe an. Diese sind purpurfarben und haben auf ganzer Länge viele lange, durchscheinende, kirschrote Stacheln mit breiter Basis, die wie Flügel aussehen. Die kleinen, dunkelgrünen Blätter sind farnähnlich und bestehen aus 7–11 schmalen unterseits haarigen Fiederblättchen. Schon im Mai erscheinen etwa 4 cm große Blüten mit nur vier weißen Petalen. Die kleinen, plumpen Hagebutten sind gelborange. – ***R. sericea chrysocarpa*** hat gelbe Hagebutten. Weitere interessante Hybriden mit *R. hugonis* sind: ***R. × pteragonis*** **f.** ***pteragonis*** mit den Sorten 'Cantabrigiensis' (hellgelb), 'Earldomensis' (kanariengelb) und 'Red Wing' mit sehr schönen Stacheln. **ZONEN 4–10.**

China, 1890

## *ROSA SETIGERA*

**Syn. Präirierose**

DUNKELROSA

*R. setigera* ist ein Strauch von 1,5 m Höhe mit weichem, dunkelgrünen Holz, das nur mäßig mit hakenförmigen Stacheln bewehrt ist. Die Blätter bestehen aus 3–5 langen, breit-ovalen, weichen, gesägten, leuchtend grünen Fiederblättchen. Die hellroten Blüten verblassen mit der Zeit, sind 6,5 cm groß und blühen in kleinen, lockeren Büscheln, aber niemals gleichzeitig in großer Zahl, sondern verteilt über den ganzen Juni bis Juli. Die Hagebutten sind rund und unauffällig grünlich-braun. Diese Rose ist wegen ihres langen Flors und ihrer extremen Winterhärte sowie als Kreuzungspartner von hohem Wert. **ZONEN 4–11.**

Nordamerika, 1810

## *ROSA SETIPODA*

HELLROSA

Dieser kräftige, ausladend wachsende, baumartige Strauch wird 4 m hoch und hat bräunliches altes Holz mit dicken, spitzen Stacheln, das fast 20 cm Durchmesser erreichen kann. Die Blätter bestehen aus 7–9 dunkelgrünen, breit-ovalen und tiefgesägten Fiederblättchen. Die etwa 5 cm großen, duftenden Blüten erscheinen in Büscheln im Juni. Sie sind hellrosa mit dunklerer Mitte und zeigen dicke cremegelbe Staubgefäße mit Pollen im Überfluß. Die Hagebutten machen diese Rose für den Garten erst richtig wertvoll. Sie sind etwa 6 cm lang, plump flaschenförmig, bärtig und leuchtend orangerot, werden aber schnell weich. **ZONEN 4–10.**

China, 1895

## *ROSA SHERARDII*

**Syn. *R. omissa***

DUNKELROSA

Dieser dichte Strauch wird 1,8 m hoch und besteht aus kurzen, winklig verzweigten Trieben mit unregelmäßig angeordneten, hakenförmigen, scharfen Stacheln. Die Blätter werden aus 7–9 bläulich-grünen, breit elliptischen Fiederblättchen gebildet. Die einfachen, leuchtend dunkelroten Blüten erscheinen in kleinen Büscheln Anfang Juni. Es folgen breit-ovale, leuchtend rote Hagebutten. **ZONEN 4–10.**

Europa, 1933

## *ROSA SICULA*

**Syn. R. seraphinii**

DUNKELROSA/WEISS

*R. sicula* und *R. seraphinii* sind zwei sehr ähnliche, aber getrennte Arten. *R. sicula* ist ein niedriger Strauch von 1 m Höhe und treibt reichlich Ausläufer. Die rötlichen Triebe besitzen viele schlanke, scharfe Stacheln. Die Blätter bestehen aus 5–9 kleinen, rundlichen Fiederblättchen und duften leicht aromatisch, wenn sie zerdrückt werden. Die meist einzeln stehenden, einfachen Blüten variieren von rosa bis weiß. Sie sind etwa 2,5 cm groß und erscheinen Anfang Juni. Ihnen folgen sehr kleine, runde bis ovale, rote Hagebutten mit anhaftenden Kelchblättern. Dieser Strauch toleriert sehr magere Böden und ist relativ winterhart. *R. seraphinii* bildet keine Ausläufer, und die Kelchblätter fallen zeitig ab. **ZONEN 4–10.**

Europa und Nordafrika, vor 1894

*Rosa sicula*

## *ROSA SOULIEANA*

WEISS

Unter guten Bedingungen wird dieser Strauch 5 m hoch. Der lockere Wuchs führt zu einem recht breiten Umfang. An den langen, graugrünen, dicht belaubten Trieben sitzen zahlreiche lange, schlanke, scharfe, gelbliche Stacheln. Die Blätter bestehen aus 7–9 breit-elliptischen, scharf gesägten und leicht flaumigen Fiederblättchen. Die einfachen, etwa 4 cm großen Blüten sind weiß, duften und erscheinen im Juni in dichten Dolden entlang den überhängenden Trieben. Es folgt eine Fülle kleiner, runder, orangefarbener Hagebutten. *R. soulieana* gedeiht am besten in wintermildem Klima. **ZONEN 5–10.**

China, 1896

Royal Horticultural Society Award of Garden Merit

## *ROSA SPINOSISSIMA*

**Syn. *R. pimpinellifolia*, Bibernell-Rose, Dünenrose, 'Altaica'**

WEISS

Dieser niedrige, dichte, borstig-stachelige Strauch, dessen gültiger Name *R. pimpinellifolia* lautet, treibt auf eigener Wurzel viele Ausläufer. Die grünlich-braunen Triebe wachsen aufrecht oder nur leicht überhängend. 5–11 stark gesägte, breitovale Fiederblättchen bilden das farnähnliche, dunkelgrüne Laub, das im Herbst rotbraun wird. Im Mai bis Juni werden in großer Fülle einfache, weiße Blüten mit goldbraunen Staubgefäßen hervorgebracht. Die anschließend gebildeten, runden Hagebutten sind mahagonifarben bis schwarz. – ***R. pimpinellifolia altaica***, (Syn. *R. pimpinellifolia* 'Grandiflora'), 1820 aus Westasien eingeführt, wächst höher und besitzt größere Blüten in einem hellen Gelb. Sie ist *R. pimpinellifolia* überlegen, jedoch eignen sich beide Rosen für den Garten. Mit *Rosa spinosissima* (wie sie damals hieß) wurde in viktorianischer Zeit vor allem in Schottland oft gezüchtet; so entstanden viele verschiedenfarbige, niedrige Strauchrosen mit gefüllten oder einfachen Blüten. Zu ihnen gehören 'Mary Queen of Scots' oder 'Single Cherry'; weitere bekannte Sorten sind 'Stanwell Perpetual' oder 'Ormiston Roy'. Mitte des 20. Jh. züchtete Wilhelm Kordes mit Hilfe von *R. pimpinellifolia altaica* einige ausgezeichnete Rosen, die „Frühlings-Sorten", wie z. B. 'Frühlingsgold'. **ZONEN 3–11.**

Europa

***R. pimpinellifolia*** **(Syn.** ***R. spinosissima*****)**

***Rosa spinosissima altaica***

***Rosa pimpinellifolia*** **(Laub)**

***Rosa sericea pteracantha***

*Rosa sweginzowii*

*Rosa sweginzowii* (Hagebutten)

*Rosa tomentosa*

*Rosa virginiana*(Hagebutten)

## ROSA STELLATA MIRIFICA

**Syn. Stachelbeerrose, The Sacramento Rose**
MAUVE

Dieser ungewöhnliche, kaum 1 m hohe Strauch ähnelt eher einer Stachelbeere denn einer Rose. Er ist dicht, locker verzweigt und mit vielen schlanken, spitzen, hellgrünen Stacheln und Borsten versehen. Die Blätter bestehen aus 3–5 graugrünen, breit-ovalen, gesägten Fiederblättchen. Die einfachen, lilarosa Blüten sind 4 cm groß, stehen einzeln und enthalten orangegelbe Staubgefäße. Ihnen folgen runde bis urnenförmige, sehr borstige, rote Hagebutten. Sie ist eine recht winterharte Rose, die sich aber in wärmeren Klimaten wohler fühlt. – *R. stellata* wurde 1829 aus dem Süden der USA eingeführt, bleibt niedrig und hat dunkel purpurfarbene Blüten. **ZONEN 4–10.**

Südwestliches Nordamerika, 1916

## ROSA SULPHUREA

siehe *Rosa hemisphaerica*

## ROSA SWEGINZOWII

REIN ROSA

Dieser aufrechte, bis 5 m hohe Strauch trägt dicke, bräunlich-grüne Triebe mit vielen Borsten und großen, flachen Stacheln. Die Blätter bestehen aus 7–11 ovalen bis länglichen, leuchtend grünen, gesägten Fiederblättchen, die oberseits weich und unterseits flaumig mit einer stacheligen Mittelrippe sind. Die Blüten sind 4 cm groß und erscheinen im Juni einzeln oder zu dritt. Sie sind leuchtend rosa mit cremegelben Staubgefäßen, verblühen aber schnell. Die regelmäßig erscheinenden, prächtigen, großen Hagebutten sind bauchig-flaschenförmig, etwas borstig und leuchtend rot. Dieser schöne Strauch benötigt viel Platz und sollte nicht zurückgeschnitten werden. – *R. sweginzowii* 'Macrocarpa' ist eine ausgezeichnete deutsche Selektion mit größeren, dunkleren Blüten und Hagebutten. **ZONEN 3–10.**

China, 1909

## ROSA TOMENTOSA

**Syn. *R. cuspidata***
HELLROSA

Dieser kräftige, 2,2 m hohe Strauch hat grünlich-graue Triebe und dicke, starke Stacheln. Die 5–7 zähligen Fiederblättchen sind breit-elliptisch, mattgraugrün,

*Rosa webbiana*

*Rosa webbiana* (Hagebutte)

gesägt und leicht pelzig. Die Blüten sind einfach, 4 cm groß und hellrosa. Ihnen folgen mittelgroße, ovale, glänzend rote Hagebutten. *R. tomentosa* eignet sich am ehesten als Heckenrose. **ZONEN 4–10.**

Europa und Kleinasien, vor 1820

## ROSA VILLOSA

siehe *Rosa pomifera*

## ROSA VIRGINIANA

**Syn. *R. lucida*, Virginia-Rose**
REIN ROSA

Dieser aufrecht wachsende, kleine, Ausläufer treibende Strauch wird 1,5 m hoch und bringt zahlreiche rötlich-braune Triebe mit wenigen hakenförmigen, braunen Stacheln hervor; das junge Holz ist oft borstig. Die 7–9 zähligen Fiederblätter sind breit-elliptisch und stark gesägt. Zunächst leuchtend grün werden sie später im Herbst satt rotbraun und gelb. Die leicht duftenden, leuchtend rosa Blüten sind zuweilen dunkler gefleckt, 6,5 cm groß und zeigen viele lange, gelbe Staubgefäße. Sie blühen im Juni einzeln oder in kleinen Büscheln. Die rundlichen Hagebutten sind leuchtend orangerot. – ***R. virginiana* 'Alba'** besitzt weiße Blüten. **ZONEN 3–11.**

Nordamerika, vor 1807

Royal Horticultural Society Award of Garden Merit

## ROSA VIRIDIFLORA

siehe 'Green Rose'

## ROSA WEBBIANA

REIN ROSA

Dieser elegante Strauch erreicht in Höhe und Breite bis zu 1,5 m. Die biegsamen Triebe zeigen im Austrieb ein rötliches Purpur, das sich bald zu Braun verwandelt. Später bilden sie auch lange, scharfe, starke, cremegelbe Stacheln. Die Blätter sind sehr schmal, breit-elliptisch, bläulich-dunkelgrün und bestehen aus 5–9 Fiederblättchen. Sie blüht einzeln oder zu dritt im Juni lilarosa und mittelgroß. Es folgen eng flaschenförmige, mittelgroße, leuchtend scharlachrote Hagebutten. *R. webbiana* ist eine dekorative Rose, die jede Art von Boden und Klima toleriert. **ZONEN 4–11.**

Himalaja und Türkei, 1879

## ROSA WICHURAIANA

**Syn. *R. luciae*, Memorial Rose**
WEISS

Dieser halb immergrüne Rambler, der sich auch als Bodendecker ziehen läßt,

*Rosa woodsii*

*Rosa woodsii*

*Rosa wichuraiana*

*Rosa willmottiae*

*Rosa woodsii fendleri*

*Rosa woodsii fendleri* (Hagebutten)

erreicht in nährstoffreichen Böden eine Höhe von 6 m. Die langen und biegsamen, dunkelgrünen Triebe sind spärlich mit hakenförmigen Stacheln besetzt. Die Pflanze ist hübsch belaubt mit 7–9 glänzend dunkelgrünen Fiederblättern. Im Juni bis Juli erscheinen kegelförmige Büschel einfacher, weißer Blüten, die etwa 4 cm groß sind und duften. Später folgen kleine, rundlich-ovale, dunkelrote Hagebutten. Sie ist eine erstklassige Pflanze für den Garten und bildet dort als Bodendeckerrose kleine undurchdringliche Hügel, klettert aber ebenso gut auch auf Bäume. Ende des 19. Jh. wurde mit *R. wichuraiana* und der ihr nahe verwandten, aber nicht identischen *R. luciae* viel gezüchtet. So entstanden 'Excelsa', 'Dorothy Perkins', 'Albéric Barbier', 'Léontine Gervais', 'New Dawn' oder 'Albertine'. – ***R. wichuraiana poteriifolia*** ist eine kompaktere Wuchsform dieser Art. **ZONEN 3–11.**

China und Japan, 1843

## *ROSA WILLMOTTIAE*

MAUVE

Dieser Strauch wird gut 2 m hoch und ebenso breit. Er bringt lange, dünne, purpurrote Triebe hervor, die oft einen grauen Schimmer haben und mit winzigen Borsten und scharfen Stacheln versehen sind. Die Blätter bestehen aus 3–9 kleinen, graugrünen, stark gesägten, ovalen Fiederblättchen. Im Juni erscheinen entlang der Triebe einfache, purpurrosafarbene, leicht duftende Blüten. Anschließend folgen viele kleine, birnenförmige, orangerote Hagebutten. *Rosa willmottiae* eignet sich sehr gut als reizender Solitärstrauch. **ZONEN 3–11.**

China, 1904

## *ROSA WOODSII*

**Syn. Mountain Rose**

REIN ROSA

Dieser Strauch wird bis zu 1,8 m hoch, ist aber eher unbedeutend – ***R. woodsii fendleri*** wurde 1888 aus Nordamerika eingeführt, ist *Rosa woodsii* in vieler Hinsicht überlegen und wird deshalb öfter verwendet. Sie wächst aufrecht mit zahlreichen, purpurgrauen Trieben und einer Unmenge dünner Stacheln. Die schlanken Blütentriebe haben dagegen nur wenige Stacheln. Die 5–7 Fiederblättchen sind breit-oval, gesägt und gräulich-dunkelgrün. Die recht kleinen Blüten sind lilarosa und erscheinen einzeln bis zu dritt im Juni. Die nachfolgenden Hagebutten haben etwa die Form und Größe einer Kirsche und sind leuchtend rot. Ihr großes Gewicht veranlaßt die starken Triebe, in einer dekorativen Weise überzuhängen. *R. woodsii* eignet sich hervorragend für Hecken oder einen naturbelassenen Garten.

**ZONEN 3–11.**

Nordamerika, 1820

## *ROSA XANTHINA*

**Syn. Manchu-Rose**

REIN GELB

Dieser aufrecht wachsende, gut verzweigte Strauch wird bis zu 3 m hoch und hat geschmeidige, mahagonifarbene Triebe, die mit 7–15 dunkelgrünen Fiederblättchen und zahlreichen Stacheln versehen sind. Diese Kulturrose hat halbgefüllte oder gefüllte, leuchtend gelbe Blüten mit goldbraunen Staubgefäßen. Im Mai wird eine Fülle von Blüten hervorgebracht, Hagebutten sind jedoch selten. – ***R. xanthina spontanea*** ist die später entdeckte Wildform und wird oft mit 'Canary Bird' (vermutlich *R. hugonis* × *R. xanthina*) verwechselt, der bei weitem bekanntesten Rose dieser Gruppe.

**ZONEN 3–11.**

China und Korea, 1906

*Rosa xanthina spontanea*

*Rosa xanthina spontanea*

# A

A

## 'A COUNTRY WOMAN'

TEEHYBRIDE, DUNKELROT, ÖFTERBLÜHEND

'A Country Woman' wurde 1997 in Australien eingeführt. Sie ist nach der *Country Women's Association* benannt, einer australischen Landfrauenvereinigung. Die dunkelroten, dichtgefüllten Blüten erscheinen entweder einzeln oder in kleinen Büscheln. Sie ist eine hochwachsende, kräftige Buschrose mit guter Krankheitsresistenz. Bisher wurde diese Rose nur in Australien vertrieben. **ZONEN 4–9.**

Zary, USA, 1997

'Ingrid Bergman' × 'Olympiad'

## 'A LONGS PÉDONCULES'

ALTE R., MOOSROSE, HELLROSA

Diese Rose trägt ihren Namen zu Recht: Die Blütenstiele (frz. *pédoncule* = Stiel) sind lang und dünn. Die kleinen, bemoosten Knospen öffnen sich zu duftenden, gefüllten, lilarosa Blüten. Die Rose ist starkwüchsig und gedeiht am besten an halbschattigen, naturnahen Standorten. Sie hat reizvolles helles, graugrünes Laub, läßt sich gut auf eigener Wurzel kultivieren und ist resistent gegen die meisten Rosenkrankheiten. Sie bildet einen ordentlichen, aber lockeren Strauch von etwa 1,8 m Höhe. Dem Züchter Robert aus Angers verdanken wir außerdem 'Biarritz' und weitere, heute noch berühmte Rosen wie 'Général Kléber' oder 'Maréchal Davoust'. Leider ist diese Rose nur schwer erhältlich. **ZONEN 5–10.**

Robert, Frankreich, 1854

Eltern unbekannt

## 'AACHENER DOM'

siehe 'Pink Panther'

## 'AALSMEER GOLD'

Syn. 'Bekola'

TEEHYBRIDE, GOLDGELB, ÖFTERBLÜHEND

Die goldgelben, mit 25 Petalen gefüllten Blüten von 'Aalsmeer Gold' erscheinen einzeln oder in kleinen Büscheln. Im Freiland sind die Blütenblätter bei den Knospen außen rötlich überhaucht. Die mittelgroßen, sehr schön geformten Blüten sind hochgebaut und halten lange am Strauch und auch in der Vase. Das üppige, gesunde Laub ist glänzend dunkelgrün, der Wuchs ist buschig, und die Nachblüte erfolgt relativ rasch. **ZONEN 4–9.**

Kordes, Deutschland, 1978

'Berolina' × Sämling

'Aalsmeer Gold'

'A Country Woman'

## 'ABAILLARD'

Syn. 'Abalard', 'Abailard'

ALTE R., GALLICA-ROSE, ROSA+

Diese seltene Gallica-Rose ist eines der wenigen Relikte einer früher sehr viele Sorten umfassenden Gruppe. Typischerweise bildet sie einen niedrigen Strauch, der im Frühsommer mittelgroße, gefüllte Blüten hervorbringt. Die außergewöhnlich aussehenden Knospen sind von spitzen Blättern umgeben. Die Blütenfarbe ist eine reizvolle Marmorierung von Rosa und Dunkelrosa. **ZONEN 4–10.**

Vibert, Frankreich, 1845

Eltern unbekannt

## 'ABBAYE DE CLUNY' MEIbrinpay

TEEHYBRIDE, APRICOT+, ÖFTERBLÜHEND

Die apricotfarbenen Blüten dieser reichblühenden Rose sind duftend und halten ihre Form recht gut. Sie sind öfterblühend. Mit ihrem buschigen Wuchs und dem gesunden, dunkelgrünen Laub eignet sie sich als Beetrose oder auch als Hochstammrose. Eine Vermehrung erfolgt durch Okulation. Diese Rose war zwar bei Neuheitenprüfungen in Europa vielfach erfolgreich, hat aber erstaunlicher Weise nicht die Verbreitung erlangt, die sie verdient. **ZONEN 4–9.**

Meilland, Frankreich, 1996

'Just Joey' × (MEIresif × MEInan)

Monza Goldmedaille 1993, Lyon Goldmedaille 1994, Plus Belle Rose de France 1994, Belfast Goldmedaille 1995

## 'ABBEYFIELD ROSE' COCbrose

TEEHYBRIDE, DUNKELROSA, ÖFTERBLÜHEND

Die Blüten von 'Abbeyfield Rose' sind dunkelrosa bis rosarot, dichtgefüllt und schön geformt mit 35 Blütenblättern. Sie sind leicht duftend und öfterblühend. Mittelgrünes, leicht glänzendes Laub erscheint an einer buschigen, mittelhohen Pflanze, die sich gut als Beetrose oder als wohlproportionierter Hochstamm eignet. Sie ist winterhart und recht krankheitsfest. Eine Vermehrung erfolgt durch Veredlung. **ZONEN 4–9.**

Cocker, Großbritannien, 1985

'Bad Nauheim' × 'Silver Jubilee'

Glasgow Golden Prize 1990, Royal Horticultural Society Award of Garden Merit 1993

'Abbeyfield Rose'

## 'ABBOTSWOOD'

STRAUCHROSE, REIN ROSA

'Abbotswood' hat rosafarbene, gefüllte Blüten. Ihre leicht duftenden Blüten erscheinen im Sommer. Mit ihrem hohen und ausladenden Wuchs eignet sie sich eher für den naturnahen Garten. Sie ist eine gesunde, starkwüchsige Rose, die allgemein durch Stecklinge vermehrt wird. **ZONEN 3–9.**

Hilling, Großbritannien, 1954

Zufallssämling von *Rosa canina* × unbekannte Gartenrose

## 'ABIGAILE' TANelaigib

FLORIBUNDA, ROSA+

Mit ihrem niedrigen, buschigen Wuchs eignet sich 'Abigaile' gut für den kleinen Garten, für Töpfe oder Blumenkästen oder als niedrige Hochstammrose. Sie bringt Büschel kleiner, gefüllter Blüten hervor, in silbrigem Rosa mit karminrosa Spitzen. Sie sind sehr hübsch, aber kaum duftend. **ZONEN 4–9.**

Tantau, Deutschland, 1988

Eltern unbekannt

## 'ABRAHAM DARBY' AUScot

**Syn. 'Abraham', 'Country Darby'**
STRAUCHROSE, ORANGEROSA, ÖFTERBLÜHEND

Die becherförmigen, sehr großen Blüten von 'Abraham Darby' erscheinen in kleinen Büscheln. Sie sind pfirsichrosa bis apricotfarben und haben einen intensiven, ausgeprägten Duft. Das Laub ist dunkelgrün. Der Wuchs ist buschig und leicht ausladend, aber insgesamt hübsch und aufrecht. Die Rose ist recht krankheitsfest, manchmal aber etwas anfällig für Rosenrost. Sie ist öfterblühend und wird gern für Rabatten verwendet. Benannt ist sie nach einem frühen englischen Großindustriellen. **ZONEN 4–9.**

Austin, Großbritannien, 1985

'Aloha' × 'Yellow Cushion'

## 'ACAPULCO' DICblender

TEEHYBRIDE, ROT+, ÖFTERBLÜHEND

Die langen, wunderschön geformten Knospen von 'Acapulco', sind elfenbeingelb mit scharlachroten Spitzen und öffnen sich zu gefüllten Blüten von klassischer Form. Die Blüten erscheinen einzeln oder in kleinen Büscheln und duften leicht. Der Wuchs ist aufrecht, das Laub dunkelgrün und ziemlich krankheitsfest. **ZONEN 4–9.**

Dickson, Großbritannien, 1997

Eltern unbekannt

## 'ACEY DEUCY' SAVathree

ZWERGROSE, ROT, ÖFTERBLÜHEND

Die edelrosenähnlichen Blüten mit etwa 20 Petalen in aufregendem, elektrisierendem Rot erreichen Ausstellungsqualität. Die schwarz überhauchte Rückseite der Blütenblätter läßt die Farbe noch intensiver erscheinen. In kühleren Regionen kann dauert es länger, bis die Pflanze sich eingewöhnt hat. Der Wuchs ist ziemlich kompakt, 30–60 cm hoch, das Laub klein, mittelgrün und leicht glänzend. In wärmeren Klimalagen erscheinen die Blüten meist einzeln und duftenschwach. Meist trägt 'Acey Deucy' eine Blüte pro Trieb, die 3–5 Tage hält. **ZONEN 5–11.**

Saville, USA, 1982

('Yellow Jewel' × 'Tamango') × 'Sheri Anne'

'Abraham Darby'

'Acey Deucy'

'Adam'

## 'ACHIEVEMENT'

RAMBLERROSE, DUNKELROSA

Mit ihren kleinen, rosa Blüten und zierlichen Blättern ähnelt diese Rose der 'Dorothy Perkins', ist aber nicht so starkwüchsig. Sie duftet zwar nicht, ist aber trotzdem eine gute Wahl für Säulen und Pergolen. Das Laub ist panaschiert, so daß sie auch nach dem Blütenflor im Frühsommer noch reizvoll aussieht. **ZONEN 5–11.**

English, Großbritannien, 1925

Sport von 'Dorcas'

## 'ACIDALIE'

ALTE R., BOURBONROSE, WEISS, ETWAS NACHBLÜHEND

'Acidalie' bringt große, schalenförmige Blüten hervor, die etwa 8 cm groß sind. Die Blütenblätter sind zunächst fleischrosa, verblassen dann zu Weiß mit rosa Rand. Die Triebe sind stachelig, durch ihre Länge eignen sie sich aber für Säulen oder Mauern. Sie blüht etwas nach. Heute ist sie kaum noch erhältlich. **ZONEN 5–11.**

Rousseau, Frankreich, 1838

Eltern unbekannt

'Adair Roche'

'Acapulco'

## 'ADAIR ROCHE'

TEEHYBRIDE, ROSA+, ÖFTERBLÜHEND

Die Rückseiten der großen, rosafarbenen, gefüllten Blüten von 'Adair Roche' schimmern silbern. Die Blüten, die aus 30 Petalen bestehen, sind schön geformt und verbreiten in ihrer Umgebung einen leichten Duft. Das Laub dieser Teehybride ist mittelgrün, glänzend und recht gesund; die Blätter erscheinen an einer insgesamt buschig wachsenden Pflanze. Sowohl als Beetrose wie auch als Hochstammrose blüht 'Adair Roche' mehrfach nach. **ZONEN 4–9.**

McGredy, Neuseeland, 1968

'Paddy McGredy' × Sämling von 'Femina'

Belfast Goldmedaille 1971

## 'ADAM'

ALTE R., TEEROSE, REIN ROSA, ETWAS NACHBLÜHEND

Diese Sorte leistete im 19. Jh. einen wesentlichen Beitrag, um den Ruf der Teerosen als neuen Rosenklasse zu etablieren. 'Adam' ist eine gelungene Kreation des Züchters Adam aus dem nordfranzösischen Reims. Sie zählte bis zum Ende des 19. Jh. zu den äußerst beliebten Sorten. Große, rundliche, halbgefüllte Blüten in kupferfarbenem Rosa kommen aus reizvollen Knospen und erscheinen in Büscheln an kurzen Trieben mit hakigen, purpurfarbenen Stacheln. Sie verträgt auch kühleres Klima, ist aber bei feuchtem Wetter anfällig für Mehltau. 'Adam' ist eine Teerose, die wirklich nach Tee duftet, und läßt sich leicht kultivieren. **ZONEN 5–10.**

Adam, Frankreich, 1838

Vermutlich 'Hume's Blush' × 'Rose Edouard'

'Adam Messerich'

## 'ADAM MESSERICH'

ALTE R., BOURBONROSE, ROT, ETWAS NACHBLÜHEND

Diese Rose zählt aufgrund ihrer Krankheitsresistenz, aber wohl auch wegen der üppigen Nachblüte zu den beliebtesten Bourbonrosen. Die rosaroten Blüten sind mittelgroß, halbgefüllt und becherförmig, die Farbe verblaßt bei starker Sonneneinstrahlung kaum. Der Wuchs dieser Alten Gartenrose ist aufrecht und stark, ausgewachsen kann diese Pflanze eine Höhe von 1,5 m und eine Breite von 1,2 m erreichen. Der Duft der Blüten erinnert ein wenig an Himbeeren. Die aufrecht stehenden Triebe und Blüten prädestinieren diese Rose geradezu als ideale Schnittblume. Bei den geöffneten Blüten fallen besonders die Staubgefäße auf – diese Eigenart war in der viktorianischen Zeit überaus geschätzt, weshalb Bourbonrosen auf zeitgenössischen Bildern häufig abgebildet sind. **ZONEN 5–10.**

Lambert, Deutschland, 1920

'Frau Oberhofgärtner Singer' × (Sämling von 'Louise Odier' × 'Louis Philippe')

'Adventure'

'Adélaïde d'Orléans'

## 'ADAM'S SMILE' SAVarend, SAVasmile

MINIATURROSE, DUNKELROSA, ÖFTERBLÜHEND

Diese Sorte bringt eine sensationelle Farbe in unsere Gärten. Wunderschöne Blüten in Edelrosenform mit 23–27 Petalen in leuchtendem Dunkelrosa schmücken diesen aufrechten, kompakten Busch. Meist trägt er kleines, mittelgrünes und leicht glänzendes Laub und ungewöhnliche, charakteristische Stacheln, die graurot und abwärtsweisend sind. 'Adam's Smile' duftet nicht und bildet auch keine Hagebutten. In Regionen mit warmem Klima erscheinen die Blüten meist einzeln, gelegentlich aber auch zu 3–5 auf Blütenzweigen. In kühleren Gegenden kann die Blütenfarbe ein schmutziges Rosa annehmen. Die Pflanze kann während des gesamten Sommers reichlich Schnittblumen liefern. **ZONEN 4–11.**

Saville, USA, 1991

('Golden Meillandina' × 'Sheri Anne') × 'Rainbow's End'

## 'ADÉLAÏDE D'ORLÉANS'

**Syn. 'Léopoldine d'Orléans'**

ALTE R., SEMPERVIRENS-HYBRIDE, WEISS

Die kleinen Knospen dieser anmutigen Ramblerrose sind rosa, bevor sie sich zu fast weißen Blüten mit auffallenden Staubgefäßen öffnen. Die in Büscheln erscheinenden, locker gefüllten Blüten duften leicht und angenehm. Sempervirens-Rosen sind das Zuchtergebnis von Monsieur Jacques, dem Obergärtner auf Schloß Neuilly, das dem späteren König Louis Philippe gehörte. Durch die Abstammung von *Rosa sempervirens* sind sie sehr robust. Im Sommer sind die langen, schlanken Triebe mit ihren rötlichen Stacheln mit Blüten bedeckt – ein herrlicher Anblick an einem Rosenbogen oder einer Pergola. **ZONEN 5–11.**

Jacques, Frankreich, 1826

Eltern unbekannt

Royal Horticultural Society Award of Garden Merit 1993

'Admiral Rodney'

## 'ADÈLE PRÉVOST'

ALTE R., GALLICA-ROSE, HELLROSA

Diese sehr seltene Gallica-Rose ist eine von Hunderten, die der Rosenzüchter Prévost 1830 in seinem Katalog aufführte. Sie bildet einen aufrechten, starkwüchsigen Strauch mit großen, gefüllten Blüten in zartem Rosa mit dunklerer Mitte. Die äußeren Blütenblätter biegen sich zurück, die inneren stehen aufrecht. **ZONEN 4–10.**

Prévost, Frankreich, vor 1830

Eltern unbekannt

## 'ADMIRAL RODNEY'

TEEHYBRIDE, ROSA+, ÖFTERBLÜHEND

Diese Sorte wird wegen ihrer sehr großen Blüten fast ausschließlich für Ausstellungszwecke kultiviert. Ihr Wuchs ist robust, das Laub groß, dunkelgrün und glänzend. 'Admiral Rodney' ist eine buschige Pflanze mit duftenden Blüten von edler Form, rosa mit dunklerer Rückseite, bestehend aus 45 Petalen. Sie ist eine anerkannte Ausstellungsrose. **ZONEN 4–9.**

Trew, Großbritannien, 1973

Eltern unbekannt

## 'ADOLF HORSTMANN'

**Syn. 'Adolph Horstmann'**

TEEHYBRIDE, GELB+, ÖFTERBLÜHEND

Die mittelgroßen, gefüllten, leicht duftenden Blüten in sattem Gelborange besitzen klassische Edelrosenform. Mit ihrem glänzenden Laub, ihrem starken, aufrechten Wuchs und ihrer Fähigkeit, öfter zu blühen, eignet sich 'Adolf Horstmann' gut als Beet- und Hochstammrose. Sie ist gesund und reichblühend. **ZONEN 4–9.**

Kordes, Deutschland, 1971

'Königin der Rosen' × 'Dr A. J. Verhage'

## 'ADVENTURE'

**Syn. 'Aventure'**

TEEHYBRIDE, ORANGEROT, ÖFTERBLÜHEND

Die großen, orangeroten, aus 55 Petalen bestehenden Blüten von 'Adventure' sind hochgebaut und duften leicht. Der Wuchs ist buschig, aufrecht und gesund, das dunkelgrüne Laub ist stark glänzend. Sie eignet sich gut als Beetrose und auch für Ausstellungen. Eine Vermehrung erfolgt durch Okulation. **ZONEN 4–9.**

Croix, Frankreich, 1964

('Corail' × 'Baccará') × Sämling

## 'ÄNNCHEN VON THARAU'

**Syn. 'Annie of Tharau'**

ALTE R., AYRSHIREROSE, WEISS

Diese nach einem alten Volkslied benannte, einmalblühende Rose ist das außergewöhnliche Ergebnis der Kreuzung zweier sehr winterharter Rosen. Die mittelgroßen, gefüllten Blüten sind cremeweiß mit einem Anflug von Gelbrosa. Die äußeren Petalen biegen sich zurück. Die große Blüte erinnert an eine Zentifolie. Die Pflanze ist sehr winterfest Sie wird bis zu 2,5 m hoch und eignet sich sehr gut für einen naturnahen Garten oder den Hintergrund von Rabatten. Die leuchtenden Blüten heben sich gut von dem dunkelgrünen Laub ab. **ZONEN 4–10.**

Geschwind, Österreich-Ungarn, 1886

*Rosa alba* × unbekannte Ayrshirerose

'Africa Star'

'Adolf Horstmann'

A

'Agatha Christie'

'Agathe Incarnata'

'Agnes'

## 'AFRICA STAR'

TEEHYBRIDE, MAUVE, ÖFTERBLÜHEND

Diese Sorte hat sehr große, mauvefarbene Blüten, gefüllt mit 65 Petalen. Der Wuchs ist buschig, das Laub ist kupferfarben und krankheitsfest. 'Africa Star' kann als Beetrose oder Hochstamm kultiviert werden. Die Vermehrung erfolgt durch Okulation. **ZONEN 4–9.**

West, Simbabwe, 1965

Eltern unbekannt

## 'AFTERGLOW'

**Syn. 'Sam Buff'**

TEEHYBRIDE, ORANGE+, ÖFTERBLÜHEND

Diese Teehybride bringt lange, spitze Knospen hervor, die sich zu goldgelben Blüten mit leuchtend orangefarbener Unterseite öffnen. Die leicht duftenden, gefüllten Blüten erscheinen an langen Stielen. Der Wuchs ist buschig, das glänzende Laub bläulich-grün. **ZONEN 4–9.**

LeGrice, Großbritannien, 1938

Sport von 'Mrs Sam McGredy'

## 'AGATHA'

**Syn. *Rosa gallica agatha, R. × francofurtana agatha***

ALTE R., GALLICA-ROSE, HELLROSA

'Agatha' zählt zu den wenigen verbliebenen sog. Agathe-Rosen, einer speziellen Rosenklasse des 18. und 19. Jh.; wie der Name dieser Gruppe entstand, ist nicht bekannt. Die Sorte bildet einen breitwüchsigen, dichten, lockeren Strauch von 1,5 m Höhe mit dunkel grünlichgrauen Trieben. Das Laub ist dunkelgrün, ziemlich stark geädert, groß, gesund und üppig. Die intensiv duftenden, etwa 8 cm großen Blüten erscheinen zahlreich in kleinen Büscheln. Sie entwickeln sich im Hochsommer aus röhrenförmigen Knospen mit federartigen Kelchblättern und bestehen aus vielen hübsch angeordneten dunkelrosa Petalen mit blasserer Rückseite. Diese verblassen oft zu zarterem Rosa, vor allem bei geöffneten Blüten an den äußeren Petalenrändern. **ZONEN 4–10.**

Frankreich, etwa 1800

Vermutlich *Rosa gallica* × *R. pendulina*

## 'AGATHA CHRISTIE' KORmeita

**Syn. 'Ramira'**

GROSSBLUMIGE KLETTERROSE, REIN ROSA, ÖFTERBLÜHEND

Diese Rose trägt große, duftende Blüten in warmem Rosa. Dunkelgrünes, glänzendes Laub sitzt an einer recht gesunden Pflanze, die sich besonders gut für Mauern und Säulen eignet, aber auch als großer Strauch sehr reizvoll ist. Benannt wurde sie nach der weltberühmten englischen Kriminalromanautorin, die der Weltliteratur Charaktere wie Miss Marple und Hercule Poirot geschenkt hat. **ZONEN 4–9.**

Kordes, Deutschland, 1988

Eltern unbekannt

## 'AGATHE INCARNATA'

ALTE R., GALLICA-ROSE, REIN ROSA

Obwohl die Blüten sehr zart aussehen, gehört diese wunderschöne Sorte zu einer der winterhärtesten Rosengruppen. Die blassen, zartrosa Blüten werden reichlich in Büscheln von ansehnlicher Größe hervorgebracht, jede Blüte ist etwa 4 cm groß. In humusreichen Böden werden die Blüten oft noch größer. Im Frühsommer erscheinen die duftenden, aus vielen schmalen Petalen gebildeten flachen Blüten, die oft geviertelt sind mit einem auffälligen knopfartigen Auge. Die sehr dünnen Blütenblätter leiden bei nasser Witterung. Der ziemlich stachelige Strauch erreicht eine Höhe von 1,2 m. Das Laub ist graugrün und weich. **ZONEN 3–9.**

Vor 1811

Unbekannte Gallica-Rose × unbekannte Damaszenerrose

## 'AGE TENDRE'

TEEHYBRIDE, DUNKELROSA, ÖFTERBLÜHEND

'Age Tendre' bringt lange, spitze Knospen hervor, die sich zu großen, gefüllten, hochgebauten Blüten in dunklem Rosa öffnen. Sie duftet kaum, ist aber ofterblühend und krankheitsfest. Diese Teehybride ist eine starkwüchsige Pflanze mit kräftigen Trieben, die sich als Einzelpflanze und Beetrose eignet. Die Vermehrung erfolgt durch Okulation. **ZONEN 4–9.**

Croix, Frankreich, 1966

'Queen Elizabeth' × 'Spartan'

## 'AGÉNA' DELcus

**Syn. 'Agenay'**

TEEHYBRIDE, ORANGEROSA, ÖFTERBLÜHEND

'Agéna' hat lange, spitze Knospen, die sich zu großen, gefüllten, duftenden Blüten öffnen. Die Farbe ist ein Lachsrosa, die Blüten erscheinen einzeln oder in kleinen Büscheln. Sie hat einen buschigen, kräftigen Wuchs mit lederartigem, glänzendem Laub und eignet sich gut als Beetrose. Die Vermehrung erfolgt durch Okulation. **ZONEN 4–9.**

Delbard-Chabert, Frankreich, 1966

'Chic Parisien' × ('Michele Meilland' × 'Mme Joseph Perraud')

## 'AGLAIA'

**Syn. 'Yellow Rambler'**

RAMBLERROSE, HELLGELB

Obwohl bei Fachleuten nicht gerade beliebt, ist 'Aglaia' doch eine der zuverlässigsten Ramblerrosen. Außerdem gilt sie als erste Rose mit gelben Blüten. Bekanntlich fällt *Rosa multiflora*, wenn sie mit anderen gelben Sorten gekreuzt wird, wieder ins Weiß zurück, und so verblaßt bei 'Aglaia' das Gelb während ihrer langen Blütezeit ziemlich schnell. Aber das gesunde Laub, der üppige Flor sowie der intensive Duft sind Grund genug, sie zu kultivieren. Die namengebende Göttin Aglaia wird zusammen mit den Göttinnen Euphrosyne und Thalia von den Griechen als Chariten und von den Römern als Grazien verehrt. Alle drei dienten als Namenspatroninnen neu gezüchteter Rosen. **ZONEN 5–10.**

Schmitt, Frankreich, 1896

*Rosa multiflora* × 'Rêve d'Or'

## 'AGNES'

RUGOSA-HYBRIDE, HELLGELB

In der Rosenzucht gibt es kaum gelbe Rugosa-Hybriden, und unter diesen zählt 'Agnes' zu den erfolgreichsten. Die großen, gefüllten, duftenden Blüten sind bernsteinfarben mit dunklerer Mitte und erscheinen in kleinen Büscheln; die Blätter sind Laub ist hell, glänzend und gerunzelt. 'Agnes' ist ein starkwüchsiger, gesunder Strauch, der in der Regel nur einmal blüht. In warmen Herbstmonaten kann es sogar zu einem zweiten Flor kommen. **ZONEN 3–9.**

Saunders, Kanada, 1922

*Rosa rugosa* × *R. foetida persiana*

'Age Tendre'

'Agéna'

## 'AGNES BERNAUER' KORnauer

TEEHYBRIDE, HELLROSA, ÖFTERBLÜHEND

'Agnes Bernauer' hat hellrosa Blüten und einen leichten Duft. Sie ist sehr reichblühend, hat einen buschigen, gesunden Wuchs und ist eine ideale Beet- und Hochstammrose. Die Sorte wird durch Okulation vermehrt und blüht zuverlässig. **ZONEN 4–9.**

Kordes, Deutschland, 1989

Eltern unbekannt

## 'AGREEMENT'

FLORIBUNDA, ROSA+, ÖFTERBLÜHEND

Die sehr schön geformten Blüten von 'Agreement' mit 30 Petalen erscheinen in Büscheln. Die Blüten sind kräftig dunkel- bis orangerosa, an der Basis goldfarben. Sie erscheinen sowohl einzeln als auch in kleinen Büscheln. Das üppige Laub ist glänzend und leuchtend grün. 'Agreement' blüht zuverlässig, duftet aber kaum. **ZONEN 5–10.**

LeGrice, Großbritannien, 1971

Eltern unbekannt

## 'AGRIPPINA'

siehe 'Cramoisi Supérieur'

## 'AHOI'

FLORIBUNDA, ORANGEROT, ÖFTERBLÜHEND

Dieser niedrige Busch ist sehr reichblühend. Die in Büscheln erscheinenden Blüten in leuchtendem Orangerot sind gefüllt und glockenförmig. Üppiges, gesundes Laub bedeckt die ganze Pflanze. **ZONEN 4–9.**

Tantau, Deutschland, 1964

'Lilli Marleen' × 'Konrad Adenauer-Rose'

## 'AÏCHA'

ALTE R., PIMPINELLIFOLIA-HYBRIDE, GOLDGELB

Ein Vorzug der Pimpinellifolia-Hybriden liegt in ihrer Winterhärte. Bei der Züchtung neuer, für kalte Klimate geeigneter Sorten verwendete daher vor allem Kordes gerne gerade diese Hybriden. Die hier beschriebene 'Aïcha', die vermutlich von der Ähnlichkeit mit der weitaus bekannteren Kordes-Rose 'Frühlingsgold' profitiert hat, besitzt große, dunkelgelbe, intensiv duftende Blüten. Ihr Wuchs ist buschig und stark mit hellgrünem Laub. **ZONEN 4–9.**

Petersen, Dänemark, 1966

'Souvenir de Jacques Verschuren' × 'Guldtop'

'Akebono'

'Ahoi'

'Agreement'

## 'AIMABLE AMIE'

ALTE R., GALLICA-ROSE, DUNKELROSA

Die dunkelroten Petalen in der Blütenmitte sind von noch dunkleren äußeren Blütenblättern umgeben, die sich zurückbiegen. Die schön geformten, dichtgefüllten Blüten ragen über einen Busch hinaus, der bis zu 1,5 m hoch wird und von dunkelgrünem Laub bedeckt wird. 'Aimable Amie', die bereits von der französischen Kaiserin Josephine im Schloßpark von Malmaison kultiviert wurde, duftet äußerst intensiv. **ZONEN 4–10.**

Niederlande, Anfang 19. Jh.

Eltern unbekannt

## 'AIMABLE ROUGE'

Syn. 'Le Triomphe'

ALTE R., GALLICA-ROSE, DUNKELROSA, ETWAS NACHBLÜHEND

'Aimable Rouge' findet sich bereits auf einer Zeichnung des französischen Genremalers Redouté (1759–1840) wieder. Die samtroten Blüten sind violett überlaufen, hell gesäumt mit einem hellen Saum und duften intensiv . Die rundlich und schön geformte Rose besitzt fast gesägte Petalen. Der Busch kann 1,5 m hoch werden und blüht üppig nach. **ZONEN 4–10.**

Godefroy, Großbritannien, vor 1800

Eltern unbekannt

'Agnes Bernauer'

'Aimée Vibert'

'Aïcha'

## 'AIMÉE VIBERT'

Syn. 'Nivea', 'Bouquet de la Mariée'

ALTE R., NOISETTEROSE, WEISS, GUT NACHBLÜHEND

Knospen und Blüten bieten zusammen einen bezaubernden Anblick, und das leuchtende Laub verstärkt die Wirkung dieser reizenden Rose. Die äußeren Blütenblätter sind konkav, die inneren klein und zerzaust. Die Blüten sind mittelgroß und erscheinen in Büscheln, die Knospen haben einen rötlichen Anflug. Der intensive Moschusduft trug mit dazu bei, daß sie die beliebteste der frühen Noisetterosen wurde. Vibert züchtete diese nach seiner Tochter benannte Sorte auf seinen Versuchsfeldern in Longjumeau bei Paris. Es kann bis zu drei Jahre dauern, bis 'Aimée Vibert' erste Blüten hervorbringt. **ZONEN 5–10.**

Vibert, Frankreich, 1828

'Champneys' Pink Cluster' × Hybride von *Rosa sempervirens*

## 'AKEBONO'

TEEHYBRIDE, GELB+, ÖFTERBLÜHEND

'Akebono' ist eine starkwüchsige Pflanze von aufrechtem Wuchs mit dunklem, glänzendem, krankheitsfestem Laub. Die hochgebauten Blüten sind hellgelb mit einem Anflug von Karminrot, leicht duftend und dichtgefüllt mit gut 55 Petalen. Sie ist eine gute Beet- und Ausstellungsrose, ihre Vermehrung erfolgt durch Okulation. **ZONEN 4–9.**

Kawai, Japan, 1964

'Ethel Sanday' × 'Narzisse'

## 'ALAIN'

FLORIBUNDA, ROT, ÖFTERBLÜHEND

'Alain' ist die erste einer ansehnlichen Reihe von Floribundarosen des Züchters

Francis Meilland. Sie ist eine sehr reichblühende Pflanze mittlerer Höhe. Die großen, halbgefüllten Blüten mit ca. 30 Petalen sind leuchtend karminrot, duften leicht und sind öfterblühend. Sie hat dunkelgrünes, glänzendes Laub, ist krankheitsfest und eignet sich gut als Beetrose. Die Teehybride wird hauptsächlich durch Okulieren vermehrt. Benannt wurde sie nach dem Sohn des Züchters. **ZONEN 4–9.**

Meilland, Frankreich, 1948

('Guineé' × 'Skyrocket') × 'Orange Triumph'

Genf Goldmedaille 1948

## 'ALAIN BLANCHARD'

ALTE R., GALLICA-ROSE, MAUVE

Dies ist eine Rose mit ausladendem Wuchs, die in gutem Boden 1,5 m hoch werden kann. Die bronzegetönten dunkelgrünen Triebe haben einige Stacheln. Das Laub ist mittelgrün und deutlich gesägt. Die bis zu 8 cm großen duftenden Blüten sind kaum mehr als einfach und meist in Büscheln angeordnet. Die ersten Blüten erscheinen im Frühsommer, von da an hält der Flor mit Unterbrechungen noch etwa einen Monat an. Die Blütenfarbe ist ein sattes, dunkles Karminrot gesprenkelt mit Purpur und Dunkelrosa. Eine Besonderheit dieser Rose ist ein auffälliges Büschel leuchtend goldfarbener Staubgefäße, die die Blüten sehr attraktiv machen. 'Alain Blanchard' ist ein leicht zu kultivierender Strauch.

**ZONEN 5–10.**

Vibert, Frankreich, 1839

*Rosa centifolia* × *R. gallica*

'Alba Maxima'

'Alain Blanchard' (Blätter)

'Alain Blanchard' (Stacheln)

'Alamein'

## 'ALAMEIN'

FLORIBUNDA, ORANGEROT, ÖFTERBLÜHEND

Diese Floribundarose bringt kontinuierlich etwa 8 cm große, halbgefüllte Blüten mit 10 Petalen hervor, die sich flach öffnen und ihre rote Farbe gut halten. Sie duften leicht und erscheinen in kleinen Büscheln an einem niedrigen, gedrungenen Busch mit recht guter Krankheitsresistenz. **ZONEN 5–11.**

McGredy, Großbritannien, 1963

'Spartan' × 'Queen Elizabeth'

'Alain'

## 'ALBA MAXIMA'

**Syn. *Rosa* × *alba maxima*, 'Jakobitenrose', 'Maxima', 'Great Double White', 'Cheshire Rose'**

ALTE R., ALBA-ROSE, WEISS

Diese äußerst beliebte Alba-Rose bildet einen großen, bis zu 2 m hohen Strauch von lockerem Wuchs. Die cremefarbenen Blüten sind 8–10 cm groß, sie öffnen sich flach mit einer Andeutung von Hellbraun am Rand sowie einem reizenden Duft. Die mit wenigen großen Stacheln besetzten Triebe sind von hellem, graugrünem Laub bedeckt. 'Alba Maxima' blüht im Sommer, ist krankheitsfest und braucht nur wenig geschnitten zu werden. **ZONEN 3–9.**

Vor 1500

Vermutlich *Rosa canina* × *R. gallica*

Royal Horticultural Society Award of Garden Merit 1993

'Alba Meidiland' (II)

## 'ALBA MEIDILAND' (I)

siehe 'White Meidiland'

## 'ALBA MEIDILAND' (II)

MEIflopan

**Syn. 'Alba Meillandécor', 'Alba Sunblaze', 'Meidiland Alba'**

STRAUCHROSE, WEISS, ÖFTERBLÜHEND

'Alba Meidiland' ist eine sehr hübsche Bodendeckerrose. Sie trägt große Büschel kleiner, dicht mit über 40 Petalen gefüllter Blüten, die leider kaum duften. Sie trägt kleines, glänzendes, mittelgrünes Laub und erscheint den ganzen Sommer und Herbst. Die Sorte eignet sich für Böschungen, Rabatten, Töpfe, Blumenkästen sowie als niedrige Trauerstammrose. Sie läßt sich leicht durch Stecklinge oder Okulation vermehren. **ZONEN 4–9.**

Meilland, Frankreich, 1987

*Rosa sempervirens* × 'Martha Carron'

Frankfurt Goldmedaille 1989

## 'ALBA SEMI-PLENA'

**Syn. *Rosa* × *alba nivea*, *R.*× *alba suaveolens***

ALTE R., ALBA-ROSE, WEISS

Die Herkunft der Alba-Rosen ist unbekannt, aber es gibt viele Vermutungen über ihre Abstammung. Mit ihren fast einfachen Blüten und auffälligen Staubgefäßen haben diese größten Alba-Rosen einen süßen Duft und rein weiße Blüten. Reizvolles graugrünes Laub und Hage-

'Albertine'

'Albertine'

'Albertine' (Blätter)

butten im Herbst verlängern ihre Saison. Sie wird auch einfach als 'Semi-Plena' angeboten, wobei die Rosenfachleute über ihren Gartenwert unterschiedlicher Meinung sind. Einige halten sie für zu wenig beachtet, andere halten andere Alba-Rosen für besser. Sie ist eine der Lieblingsrosen des englischen Rosenfachmanns Michael Gibson. Nach Großbritannien gelangte diese Sorte mit dem nach Britannia übersetzenden römischen Heer. Zusammen mit der einfachen weißen Alba-Rose gilt sie als die Weiße Rose von York. **ZONEN 3–4.**

Vor 1600

Vermutlich Sport von 'Alba Maxima'

Royal Horticultural Society Award of Garden Merit 1993

## 'ALBA SUAVEOLENS'

**Syn. 'Suaveolens'**

ALTE R., ALBA-ROSE, WEISS

Um die wahre Identität dieser Sorte ist unter den Experten ein wahrer „Rosenkrieg" entbrannt: Die einen behaupten, 'Alba Suaveolens' sei identisch mit 'Alba Semi-Plena', andere halten dieser Hypothese entgegen, daß der umstrittenen Sorte die Staubgefäße der inneren Petalen fehlten. Einigkeit besteht lediglich in dem Punkt, daß diese schöne Alba-Rose einen süßen Duft besitzt. Im 20. Jh. verwendeten nur eine Handvoll Züchter Alba-Rosen zur Schaffung neuer Sorten; nur der deutsche Züchter Rolf Sievers etablierte die sog. „Blush-Serie", die aus Kreuzungen Alter Rosen bzw. Kordesii-Hybriden entstanden ist. **ZONEN 3–9.**

Vor 1750

Eltern unbekannt

## 'ALBÉRIC BARBIER'

RAMBLERROSE, WEISS

Dieser sehr beliebte einmalblühende Rambler findet vielerlei Verwendung – als Baumkletterer, als Bodendeckerrose, er macht sich aber auch sehr reizvoll als Trauerstamm. Die cremeweißen Blüten, die für einen Vertreter dieser Rosenklasse ziemlich groß sind, besitzen eine gelbe Mitte. Die biegsamen, glänzenden Triebe sind mit Blütenbüscheln besetzt, die vor dem dunkelgrünen Laub wie getupft erscheinen. Die starkwüchsigen, dünnen Triebe lassen sich gut aufbinden, ein Rückschnitt ist nicht erforderlich. Im Frühsommer verbreitet 'Albéric Barbier' einen intensiven Duft nach Äpfeln; die Blüten dieser Sorte erscheinen nicht nur an den Seitentrieben, sondern auch an neuen Trieben. 'Albéric Barbier' gedeiht gut im Schatten und kann bis zu 6 m hoch werden. Die Rosenschule von Barbier in Orléans kreierte insgesamt 23 Kletter- und Ramblerrosen, darunter unter anderem 'Albertine', 'Alexandre Girault' und 'François Juranville', die sich bis zum Ende des 19. Jh. nicht nur in Frankreich sehr großer Beliebtheit erfreuten. **ZONEN 4–10.**

Barbier, Frankreich, 1900

*Rosa wichuraiana* × 'Shirley Hibberd'

Royal Horticultural Society Award of Garden Merit 1993

## 'ALBERICH'

siehe 'Happy'

## 'ALBERTINE'

GROSSBLUMIGE KLETTERROSE, ORANGEROSA

'Albertine' ist eine starkwüchsige Pflanze. Laub und Triebe sind auffallend dunkelgrün, fast purpurfarben. Letztere sind ziemlich weich und müssen ständig aufgebunden werden. Die intensiv duftenden Blüten sind dunkelrosa bis lachsfarben mit einem kupferfarbenen Hauch. Leider erstreckt sich die Blütezeit im Sommer nur über knapp drei Wochen. Die becherförmigen Blüten sind mittelgroß und erscheinen in Büscheln. Das Laub ist anfällig für Mehltau.

**ZONEN 4–9.**

Barbier, Frankreich, 1921

*Rosa wichuraiana* × 'Mrs Arthur Robert Waddell'

Royal Horticultural Society Award of Garden Merit 1993

## 'ALCHYMIST'

**Syn. 'Alchemist', 'Alchymiste'**

STRAUCHROSE, APRICOT+

'Alchymist' ist ein außergewöhnlich starkwüchsiger, aufrechter Strauch mit glänzendem, bronzegetöntem, sehr gesundem Laub. Runde Knospen öffnen sich zu sehr großen, becherförmigen Blüten, die sehr intensiv duften. Die Blütenfarbe ist ein orange getöntes Gelb und wird offiziell als Apricot bezeichnet. Diese Sorte eignet sich gut als hohe Strauchrose, aber auch als Kletterrose.

**ZONEN 3–9.**

Kordes, Deutschland, 1956

'Golden Glow' × *Rosa rubiginosa*-Hybride

## 'ALDO'

FLORIBUNDA, ORANGE+, ÖFTERBLÜHEND

'Aldo' ist eine geheimnisumwitterte Sor-

'Alba Semi-Plena'

'Albéric Barbier'

A

'Alchymist'

'Aldo'

te, da nicht nur ihr Züchter, sondern auch ihr Herkunftsland unbekannt sind. Sie bildet einen niedrigen Busch mit halbgefüllten Blüten in leuchtendem Orange, das rot durchsetzt ist. Die Blüten mit 25 Petalen werden unermüdlich hervorgebracht und halten lange am Strauch, ohne zu verblassen. Sie ist recht krankheitsfest. 'Aldo' ist offenbar nur noch in Australien erhältlich und selbst dort selten. Die kleine Rose eignet sich sehr gut für Beete und Rabatten. **ZONEN 5–10.**

1986

Eltern unbekannt

## 'ALEC'S RED' COCred

TEEHYBRIDE, ROT, ÖFTERBLÜHEND

Die Größe der mit 45 Petalen gefüllten, kirschroten Blüten (das später in ein schmutziges Rot umschlägt) sowie ihr phantastischer Duft machten 'Alec's Red' viele Jahre hindurch außerordentlich erfolgreich. Diese Teehybride ist eine starkwüchsige, buschige Pflanze mit dunkelgrünem Laub, die mehrfach nachblüht. Die ersten Blüten erscheinen bereits sehr früh in der Saison. Ihren Namen erhielt sie nach einem schottischen Rosenexperten, der erst in hohem Alter mit der Zucht begann. 'Alec's Red' ist sein erster großer Erfolg; heute wird diese Rose weltweit gepflanzt. Zum Zeitpunkt ihrer Namensgebung waren die heute üblichen Code-Bezeichnungen unbekannt, und so war diese Teehybridensorte allen Preisrichtern lediglich unter dem Namen 'Alec's Red' bekannt. Sie ergibt eine hervorragende Beetrose bzw. Hochstammrose und wird durch Okulation vermehrt. **ZONEN 4–9.**

Cocker, Großbritannien, 1970

'Duftwolke' × 'Dame de Coeur'

**Edland Duftmedaille 1969, Royal National Rose Society President's International Trophy 1970, Belfast Duftpreis 1972, ADR-Rose 1973**

'Alexander'

## 'ALEXANDER' HARlex

**Syn. 'Alexandra'**

TEEHYBRIDE, ORANGEROT, ÖFTERBLÜHEND

Die leuchtend zinnoberroten, großen, mit 25 Petalen gefüllten Blüten erscheinen in großer Fülle an langen Stielen in Form von kleinen Büscheln. Die gut wüchsige Pflanze ist von sehr gesunden, glänzend dunkelgrünen Laub bedeckt. Harkness gab ihr den Namen seines ehemaligen Kommandeurs aus dem 2. Weltkrieg. **ZONEN 4–9.**

Harkness, Großbritannien, 1972

'Super Star' × ('Ann Elizabeth' × 'Allgold')

Hamburg Goldmedaille 1973, Belfast Goldmedaille 1974, ADR-Rose 1974, James Mason-Medaille der Royal National Rose Society 1987, Royal Horticultural Society Award of Garden Merit 1993

## 'ALEXANDER HILL GRAY'

**Syn. 'Yellow Maman Cochet', 'Yellow Cochet'**

ALTE R., TEEROSE, GOLDGELB, ETWAS NACHBLÜHEND

Diese Rose, die zur Zeit ihrer Einführung ausgesprochen beliebt war, ist heute nur

'Alec's Red'

A

noch bei Spezial-Rosenschulen zu finden. Die großen, gefüllten, hochgebauten Blüten in Goldgelb, das zu Cremeweiß verblaßt, haben eine perfekte Blütenform. Durch den intensiven Teerosenduft und das gesunde Laub eignet sie sich besonders als Solitär im Garten, denn sie braucht wenig Pflege. Die Blüten halten sehr lange. Die Pflanze hat einen aufrechten Wuchs und ausgezeichnetes, hellgrünes Laub, das ausnehmend krankheitsfest ist. Die Familie Dickson in der irischen Grafschaft Down bietet nun schon seit sechs Generationen Rosen an, darunter z. B. 'Shot Silk', 'Grandpa Dickson' oder 'Opa Pötschke'. **ZONEN 4–10.**

Dickson, Großbritannien, 1911

Eltern unbekannt

## 'ALEXANDER MacKENZIE'

**Syn. 'A. MacKenzie'**

STRAUCHROSE, ROT+, ÖFTERBLÜHEND

'Alexander MacKenzie' ist ein starkwüchsiger, aufrechter Strauch mit gelbgrünem, ledrigem, glänzendem Laub und purpurfarbenen Stacheln. Die gefüllten Blüten sind karminrosa und besitzen eine hellere Rückseite. Sie sind mittelgroß, mit 45 Petalen gefüllt und erscheinen in Büscheln zu 6–12 Blüten. Diese öfterblühende Sorte ist recht winterhart und wird entweder durch Okulation oder durch Stecklinge vermehrt.
**ZONEN 3–9.**

Svejda, Kanada, 1985

'Queen Elizabeth' × ('Red Dawn' × 'Suzanne')

'Alexandre Girault'

'Alice Amos'

## 'ALEXANDER VON HUMBOLDT'

KLETTERROSE, ROT, ÖFTERBLÜHEND

'Alexander von Humboldt' ist eine starkwüchsige Kletterrose mit leicht glänzendem Laub und eignet sich für Pergolen oder Zäune. Sie bringt große Büschel leicht duftender Blüten in Scharlach-Karminrot hervor. Die Sorte ist öfterblühend und ziemlich winterhart, außerdem krankheitsfest. Die Vermehrung erfolgt durch Okulation.
**ZONEN 3–9.**

Kordes, Deutschland, 1960

*Rosa kordesii* × 'Cleopatra'

## 'ALEXANDRE GIRAULT'

GROSSBLUMIGE KLETTERROSE, ROSA+

Wer den großartigen Garten der *Roseraie de l'Haÿ* in der Nähe von Paris besucht hat, wird den eindrucksvollen Anblick dieser Rose in Erinnerung behalten haben – 800 Pflanzen an einem gewaltigen Stahlzaun aufgebunden. Das Rosa und Karminrot der Blüten in dieser Massierung ist einmalig auf der Welt. Die großen, gefüllten Blüten an biegsamen Trieben sind geradezu ideal für Pergolen oder Klettergerüste. Sie haben einen intensiven Duft nach Äpfeln. 'Alexandre Girault' blüht im Sommer nur einmal; sie gedeiht auch gut an schattigen Standorten, in nährstoffarmen Böden und benötigt ausreichend Platz.
**ZONEN 5–10.**

Barbier, Frankreich, 1909

*Rosa luciae* × 'Papa Gontier'

'Alexander von Humboldt'

A

## 'ALEXANDRE LAQUEMENT'

**Syn. 'Alexander Laquemont'**
ALTE R., GALLICA-ROSE, MAUVE

Dies ist ein lockerer, ziemlich buschiger Strauch, der etwa 1 m hoch und fast ebenso breit wird und mäßig mit Stacheln besetzt ist. Das mittelgrüne Laub ist recht üppig. Die etwa 5 cm großen, duftenden Blüten erscheinen in Büscheln. Die Petalen sind zufällig angeordnet und bilden bei der vollständig geöffneten Blüte eine flache Schale. Sie sind dunkelrot, purpurn und rosa überhaucht, was sehr reizvoll aussieht; je nach Lichtverhältnissen am Standort können sie aber auch rotgefleckt oder violett-karminrot sein. Aufgrund ihrer Anfälligkeit für Mehltau wurde sie nicht so erfolgreich wie andere Gallica-Rosen. **ZONEN 5–10.**

Frankreich, vor 1899

Eltern unbekannt

'Alida Lovett'

## 'ALFRED COLOMB'

ALTE R., REMONTANTROSE, ROSA+, ÖFTERBLÜHEND

Manche Experten bezeichnen 'Alfred Colomb' als „simple Rose", dennoch blieb sie seit ihrer Einführung immer im Handel erhältlich. Die erdbeer- bis karminroten Blüten sind groß, gefüllt und symmetrisch, sehr ähnlich den Zentifolien. Der Wuchs ist mittelstark bis stark, buschig mit dunkelgrünem Laub. Die Triebe sind grün und dicht mit Stacheln besetzt. Diese Rose blüht später als andere Remontantrosen, sogar bis in den Herbst hinein. 'Alfred Colomb' ist gegenüber Regen unempfindlich und sehr krankheitsbeständig. Remontantrosen erreichten den Höhepunkt ihrer Beliebtheit um 1880, als der Katalog von *William Paul & Sons* 800 Sorten dieser Rosenklasse auflistete. Der französische Züchter Lacharme kreierte aber auch so beliebte Rosen wie 'Boule de Neige', 'Mme Lombard' oder 'Salet'. **ZONEN 5–10.**

Lacharme, Frankreich, 1865

Sämling von 'Général Jacqueminot'

## 'ALFRED DE DALMAS'

**Syn. 'Mousseline'**
ALTE R., MOOSROSE, HELLROSA, ÖFTERBLÜHEND

Diese sehr beliebte Rose ist von niedrigem Wuchs und entwickelt einen dicht verzweigten, ordentlichen Strauch von etwa 1 m Höhe. Sie bildet kräftige, stachellose Triebe, die völlig mit hellbraunen, dichtstehenden weichen Borsten besetzt und mit rundlichen, mittelgrünen Blättern belaubt sind. Junges Laub ist leuchtend grün. Das üppige Moos, das Blütenkelch und Fruchtknoten umgibt, ist anfangs hellgrün und wird braun, wenn sich die Knospe öffnet. Die duftenden, cremeweißen Blüten sind mit kräftigen Silber- bzw. Satinrosatönen überzogen. Sie können bei gutem Boden etwa 10 cm groß werden. Der erste Flor erscheint im Frühsommer und dauert fast ohne Unterbrechung bis zum Herbst. Die wenig mehr als halbgefüllten Blüten zeigen, wenn sie vollständig geöffnet sind, attraktive, goldfarbene Staubgefäße. 'Alfred de Dalmas' ist eine großartige und pflegeleichte Alte Rose, die recht schattenverträglich ist und als Gruppen- oder Kübelpflanze verwendet werden kann. **ZONEN 4–10.**

Laffay, Frankreich, 1855

Eltern unbekannt

'Alfred de Dalmas'

'Alfred Colomb'

## 'ALICE AMOS'

FLORIBUNDA, ROSA+, ÖFTERBLÜHEND

Diese robuste und starkwüchsige Rose entwickelt kräftige Triebe, die mittelgrünes Laub tragen, das recht krankheitsanfällig ist. Die langen, spitzen Knospen öffnen sich zu mittelgroßen Blüten in Kirschrosa mit weißem Auge. Die Blüten duften kaum. 'Alice Amos' ist öfterblühend und als Beetrose gut geeignet. Die Vermehrung erfolgt durch Okulation. **ZONEN 4–9.**

Spek, Niederlande, 1922

'Tip Top' × Sämling

## 'ALIDA LOVETT'

GROSSBLUMIGE KLETTERROSE, HELLROSA

'Alida Lovett' ist ein sehr starkwüchsiger Kletterer, der riesige Büschel leicht duftender, perlmuttrosa Blüten mit schwefelgelbem Grund bildet. Das Laub ist glänzend und gesund. Der Strauch blüht nur einmal, eignet sich für Zäune und Pergolen und gedeiht gut im Halbschatten. 'Alida Lovett' wurde von einem sehr bekannten amerikanischen Züchter kreiert, allerdings von J. T. Lovett aus Little Silver (US-Staat New Jersey) auf den Markt gebracht, der sie nach seiner Frau benannte. Eine Vermehrung erfolgt durch Okulation. **ZONEN 4–9.**

Van Fleet, USA, 1905

'Souvenir du President Carnot' × *Rosa wichuraiana*

## 'ALIKA'

**Syn. *Rosa gallica* 'Grandiflora', 'Rose Pavot'**
ALTE R., GALLICA-ROSE, ROT

Große, halbgefüllte, manchmal auch einfache, rein rote Blüten zeigen attraktive goldfarbene Staubgefäße. Diese äußerst frostharte Sorte wird beinahe 2 m hoch und scheint sich in einem naturnahen Umfeld besonders wohl zu fühlen. Die aus Rußland stammende 'Alika' gelangte 1906 in die USA, wurde dort aber erst im Jahre 1930 exklusiv vermarktet. **ZONEN 3–9.**

USA, 1930

Eltern unbekannt

A

'Allen Chandler' (rechts) an einem Torbogen von Sissinghurst Castle

'Allegro'

'Allgold'

'Alister Stella Gray'

'Alister Clark'

## 'ALISTER CLARK'

POLYANTHAROSE, HELLROSA, ÖFTERBLÜHEND

Diese reizende kleine Rose entstand als Sport an einer Pflanze von 'Marjory Palmer' in Australien. 'Marjory Palmer' hatte die Ramblerrose 'Jersey Beauty' zur Elternsorte, und von dieser hat 'Alister Clark' das große, stark glänzende und üppige Laub geerbt. Der Busch ist durch einen niedrigen, relativ ausladenden Wuchs gekennzeichnet. Die für eine Polyantharose ziemlich großen Blüten erscheinen in Büscheln und haben locker angeordnete äußere Petalen, die eine dichtgefüllte Mitte umgeben. 'Alister Clark' blüht kontinuierlich und ist gesund. Laurie Newman erhielt von der Familie die Erlaubnis, die 1990 eingeführte Rose nach Alister Clark, dem vielleicht bedeutendsten Rosenzüchters Australiens, benennen zu dürfen. **ZONEN 4–10.**

Newman, Australien, 1990

Sport von 'Marjory Palmer'

## 'ALISTER STELLA GRAY'

**Syn. 'Golden Rambler'**

ALTE R., NOISETTEROSE, HELLGELB, ÖFTERBLÜHEND

Bei dieser Rose öffnen sich lange, spitze Knospen zu hellgelben Blüten mit dunkelgelber Mitte. Die wunderschönen, dicken, geviertelten Blüten verblassen mit der Zeit. Die dünnen Triebe tragen wenige Stacheln, das Laub ist gesund und dunkelgrün. Die Sorte braucht einige Zeit, um sich zu einzugewöhnen, bildet dann aber einen starkwüchsigen Strauch, der bis zu 3 m hoch werden kann. Die verwelkten Blüten sollten bei dieser Noisetterose regelmäßig abgeschnitten werden.

**ZONEN 5–10.**

Gray, Großbritannien, 1894

Eltern unbekannt

Royal Horticultural Society Award of Garden Merit 1994

## 'ALL THAT JAZZ' TWOadvance

STRAUCHROSE, ORANGEROSA, ÖFTERBLÜHEND

Die Blütenfarbe dieser Rose ist eine Mischung aus Korallrot und Lachs, die Blüten sind mit 12–15 Petalen halb gefüllt und haben einen ausgeprägten Damaszener-Duft. Die spitzen Knospen öffnen sich zu großen, lockeren, becherförmigen Blüten, die in Gruppen zu 3–5 Blüten erscheinen. Der Wuchs ist aufrecht und buschig, das Laub dunkelgrün, glänzend und krankheitsfest. 'All That Jazz' eignet sich als Einzelpflanze oder Hochstammrose und blüht unermüdlich vom Sommer bis in den späten Herbst. Eine Vermehrung erfolgt durch Okulation.

**ZONEN 4–9.**

Twomey, USA, 1991

'Gitte' × Sämling

All-American Rose Selection 1992

## 'ALLEGRO' MEIarlo

TEEHYBRIDE, ORANGEROT, ÖFTERBLÜHEND

Die Teehybride 'Allegro' ist eine starkwüchsige Pflanze mit glänzendem, ledrigem Laub und buschigem Wuchs. Die schwach duftenden, orangeroten Blüten sind hochgebaut mit 30 Petalen und öffnen sich leicht becherförmig. Diese krankheitsfeste Sorte ist seit 30 Jahren beliebt. Vermehrt wird sie durch Okulation. **ZONEN 4–9.**

Meilland, Frankreich, 1962

('Rouge Meilland' × 'Kordes' Sondermeldung') × 'Soraya'

Den Haag Goldmedaille 1962, Rom Goldmedaille 1962

## 'ALLELUIA' DELatur

**Syn. 'Hallelujah'**

TEEHYBRIDE, ROT+, ÖFTERBLÜHEND

'Alleluia' bringt sehr große, schwere Blüten mit 30 Petalen in samtigem Rot mit silbriger Rückseite hervor. Sie stellt eine gute Ausstellungsrose dar, duftet aber kaum. Diese kräftige, robuste, buschige Pflanze mit dunkelgrünem, glänzendem Laub ist öfterblühend und gut als Beetrose geeignet. Die Vermehrung erfolgt durch Okulation. **ZONEN 4–9.**

Delbard, Frankreich, 1980

(['Impeccable' × 'Papa Meilland'] × ['Gloria di Roma' × 'Impeccable']) × 'Corrida'

## 'ALLEN CHANDLER'

GROSSBLUMIGE KLETTERROSE, ROT, ÖFTERBLÜHEND

Leuchtend karminrote, große, halbgefüllte Blüten, die in Büscheln zu 3–4 erscheinen, entwickeln sich bei dieser Sorte aus spitzen Knospen. Sie sind leicht duftend und werden vom Sommer bis in den Herbst hervorgebracht. 'Allen Chandler' hat einen mäßig starken Wuchs mit dunklem, ledrigem, glänzendem Laub. Sie eignet sich als großer Strauch, für Säulen, selbst für eine Nordwand. 'Allen Chandler' war eine der ersten öfterblühenden Kletterrosen. Sie ist zwar sehr gesund und robust, hat aber wegen ihrer zögerlichen Blüte an Beliebtheit verloren. Die Vermehrung erfolgt durch Okulation. **ZONEN 4–9.**

Chandler, Großbritannien, 1923

'Hugh Dickson' × Sämling

Goldmedaille der National Rose Society 1923

## 'ALLGOLD'

**Syn. 'All Gold'**

FLORIBUNDA, REIN GELB, ÖFTERBLÜHEND

Die in ein dunkles, nicht verblassendes Butterblumengelb getauchten Blüten

'Almost Sunset'

'Altissimo'

sind mittelgroß, mit 15–20 Petalen gefüllt, leicht duftend und erscheinen einzeln oder in großen Büscheln. Sie ist eine buschige Pflanze mit mittelgroßem, blaßgrünem, glänzendem Laub und ergibt eine hübsche Beet- bzw. Hochstammrose. Der Hauptgrund für ihren weltweiten Ruf liegt in ihrer Fähigkeit, gesunde Abkömmlinge hervorzubringen. Sie wird durch Okulieren vermehrt. Die Blüten der Kletterform **'Climbing Allgold'** (Syn. 'Grimpant Allgold', 'Grimpant All Gold'; Gandy, Großbritannien, 1961) sind den Blüten der Buschform überlegen, erscheinen aber nur zögerlich im Sommer.
**ZONEN 4–9.**

LeGrice, Großbritannien, 1956

'Goldilocks' × 'Ellinor LeGrice'

Goldmedaille der National Rose Society 1956

## 'ALLOTRIA' TANal

FLORIBUNDA, ORANGEROT, ÖFTERBLÜHEND

'Allotria' besitzt mittelgroße Blüten in leuchtendem Scharlach-Orange, die in großen Büscheln zusammensitzen. Sie duften leicht und werden vom Sommer bis Herbst hervorgebracht. 'Allotria' ist ein starkwüchsiger, gesunder Busch mit dunkelgrünem, glänzendem Laub, gut geeignet als Beetrose. Sie ist eine von vielen gelben Floribundarosen, die damals gleichzeitig gezüchtet wurden. Die Vermehrung erfolgt durch Okulation.
**ZONEN 4–9.**

Tantau, Deutschland, 1958

'Fanal' × 'Tantaus Triumph'

## 'ALLSPICE' AROall

TEEHYBRIDE, REIN GELB, ÖFTERBLÜHEND

Die Blüten dieser Sorte sind groß, mit 35 Petalen gefüllt und in einem Goldgelb, das zu einem reinen Gelb verblaßt. Sie haben einen intensiven, süßen Duft. Großes, olivgrünes Laub erscheint an einer starkwüchsigen, aufrechten, buschigen Pflanze, die krankheitsfest ist und sich gut als Beetrose und als Einzelpflanze eignet. Sie ist öfterblühend.
**ZONEN 4–9.**

Armstrong, USA, 1977

'Buccaneer' × 'Gloria Dei'

## 'ALMOST SUNSET' TACcolly

TEEHYBRIDE, GELB+, ÖFTERBLÜHEND

Die Petalenoberseiten von 'Almost Sunset' sind rosa und gelb mit gelbem Grund, die Unterseiten sind gelb. Die mittelgroßen Blüten haben eine schöne Form und sind mit 20 Petalen gefüllt. Sie erscheinen in der Regel einzeln pro Trieb und eignen sich gut zum Schnitt. Die Pflanze hat einen mittelhohen Wuchs und dunkles, leicht glänzendes Laub, das frei ist von Krankheiten. Die Nachblüte ist etwas zögerlich. **ZONEN 4–9.**

Jackson und Perkins, USA, 1996

Eltern unbekannt

## 'ALOHA'

GROSSBLUMIGE KLETTERROSE, REIN ROSA, ÖFTERBLÜHEND

Diese weit verbreitete Sorte eignet sich als niedriger Kletterer oder Strauchrose. Große, runde Knospen entwickeln sich zu großen, dicht mit knapp 60 Petalen gefüllten Blüten in Rosa mit dunklerer Rückseite. Die Blüten haben einen ausgeprägten Duft nach Apfelblüten, sind öfterblühend und sehr haltbar. 'Aloha' braucht einige Zeit, um sich zu einzugewöhnen, bildet dann aber selbst an schattigen Standorten einen phantastischen Strauch. **ZONEN 3–9.**

Boerner, USA, 1949

'Mercedes Gallart' × 'New Dawn'

## 'ALOUETTE'

POLYANTHAROSE, ORANGEROSA, ÖFTERBLÜHEND

'Alouette' bildet Büschel kleiner bis mittelgroßer, halbgefüllter Blüten in Lachs-Orange. Die Knospen sind lang und spitz, sie entwickeln sich zu becherförmigen und sehr üppigen flachen Blüten, die leicht duften. Sie ist öfterblühend und eine starkwüchsige, gesunde Pflanze, die ledriges Laub trägt. **ZONEN 4–9.**

Delforge, Frankreich, 1971

'Ambassadeur Baert' × Sämling

## 'ALPINE SUNSET'

TEEHYBRIDE, APRICOT+, ÖFTERBLÜHEND

Diese entzückende Rose zeigt eine schöne Kombination von Pfirsich-, Rosa-, Creme- und Gelbtönen. Die sehr großen, rundlichen, süß duftenden Blüten erscheinen an einer hübschen, kompakten Pflanze auf kräftigen Trieben dicht am Laub. Die Blätter sind hellgrün und glänzend. Sie sind groß genug, um den Busch gut zu bedecken. Sie ist zwar öfterblühend, zwischen dem üppigen ersten Blütenflor und der Nachblüte legt sie aber meist eine Pause ein, um sich zu erholen.
**ZONEN 5–9.**

Cant, Großbritannien, 1974

'Dr A. J. Verhage' × 'Grandpa Dickson'

Royal National Rose Society Trial Ground Certificate 1974, Belfast Certificate of Merit 1976, Den Haag Duftpreis 1976

## 'ALSACE-LORRAINE'

siehe 'Directeur Alphand'

'Alouette'

## 'ALTISSIMO' DELmur

Syn. 'Altus', 'Sublimely Single'

GROSSBLUMIGE KLETTERROSE, ROT, ÖFTERBLÜHEND

Die flach schalenförmigen, leicht duftenden Blüten dieser ausgezeichneten Kletterrose sind ziemlich groß mit etwa 7 Petalen, sie öffnen sich weit und zeigen gelbe Staubgefäße. Die Blütenfarbe ist ein leuchtendes, sattes, tiefes Scharlachrot, das sich zu Karminrot verändert. Die Blüten erscheinen einzeln, meist aber zu mehreren in lockeren Büscheln den ganzen Sommer und Herbst über vor dem Hintergrund großer, dunkler Blätter. Die Pflanze ist starkwüchsig, mit steifen, verzweigten Trieben und erreicht die übliche Höhe einer Kletterrose. Aus diesem Grunde wird diese Sorte von der *Royal National Rose Society* als Kletternde Floribundarose, von der *American Rose Society* als Kletternde Teehybride klassifiziert. Der aus dem Italienischen stammende Name *altissimo*– zu Deutsch „der Höchste" – ist für diese Kletterrose durchaus passend gewählt worden.
**ZONEN 4–9.**

Delbard-Chabert, Frankreich, 1966

'Tenor' × Sämling

Royal Horticultural Society Award of Garden Merit 1993

'Aloha'

'Alpine Sunset'

## 'AMADIS'

**Syn. 'Crimson Boursault', 'Elegans'**

ALTE R., BOURSAULTROSE, DUNKELROT

Von den 50 Boursaultrosen, die es vor 200 Jahren gab, sind nur noch wenige übriggeblieben. Daß 'Amadis' überlebt hat, liegt sicher an ihrem eleganten, aufrechten Wuchs und den großen, becherförmigen, halbgefüllten Blüten in dunklem Karmin und Purpur, die in großen, lange haltenden Büscheln erscheinen. Das junge Holz ist weißlich-grün, das alte rotbraun. Sie hat keine Stacheln, duftet nicht und bringt auch keine Hagebutten hervor. Die tief gesägten Blätter in leuchtendem Grün machen sie recht attraktiv. Sie blüht früh in der Saison am vorjährigen Holz, und im Halbschatten zeigt sie feine Farbschattierungen. Benannt ist sie nach einem Amateurgärtner. **ZONEN 5–10.**

Laffay, Frankreich, 1829

*Rosa pendulina* × unbekannte Rose

## 'AMALIA' MEIcauf

**Syn. 'Fiord'**

TEEHYBRIDE, DUNKELROT/HELLROT

Die hellroten bis roten Blüten dieser Teehybride sind sehr elegant; die urnenförmigen Knospen öffnen sich später zu formschönen Blüten mit hoher Mitte. Sie erscheinen einzeln an langen Stielen und halten sich lange, weshalb 'Amalia' eine gute Schnitt- und Ausstellungsrose abgibt. Diese Teehybride bringt zwar von Sommer bis Herbst unermüdlich Blüten hervor; sie duftet allerdings kaum, was für eine rote Rose sehr bedauerlich ist. Das Laub ist groß und bedeckt den unteren Teil der Pflanze gut. 'Amalia' gedeiht am besten in sonnigen Lagen.

**ZONEN 5–9.**

Meilland, Frankreich, 1986

Eltern unbekannt

'Ambassador'

## 'AMANDA' BEEsian

FLORIBUNDA, REIN GELB, ÖFTERBLÜHEND

Diese Rose mit ihren prächtigen, lebhaft gelben Blüten ist ein Geheimtip für Gärtner, die eindrucksvolle Pflanzungen lieben. Die mittelgroßen Blüten besitzen steife, kleine Petalen, die sich am Rande kräuseln und mit der Zeit einen orangerosa überhauchten Farbton annehmen. Sie verbreiten einen angenehmen, leichten Duft. Der Wuchs dieser Rose ist aufrecht, oft aber etwas steif, und sie ist gut mit kleinem, hellgrünem Laub bedeckt. 'Amanda' eignet sich gut als Beetrose. Zwischen dem Hauptflor im Sommer und einer Nachblüte im Herbst bringt sie vereinzelte Blüten hervor. Sie ist nicht sehr gefragt, vielleicht auch, weil das Unternehmen des Züchters kurz nach ihrer Einführung verkauft wurde.

**ZONEN 4–9.**

Bees, Großbritannien, 1979

'Arthur Bell' × 'Zambra'

Royal National Rose Society Trial Ground Certificate 1979

## 'AMATSU-OTOME'

TEEHYBRIDE, GELB+, ÖFTERBLÜHEND

Diese Rose ist vor allem in Japan beliebt, findet mittlerweile aber auch in anderen Ländern ihre Liebhaber. Unter günstigen Bedingungen ist 'Amatsu-Otome' eine prächtige Rose mit großen, hochgebauten gelben Blüten und orange überlaufenen Rändern. Weiterhin findet man sie oft auf Ausstellungen, weil die Blütenblätter lange ihre Form halten. Sie verbreitet einen leichten Duft. Als Gartenrose ist 'Amatsu-Otome' weit weniger beliebt, denn sie hat einen hohen, etwas staksigen Wuchs, und ihr mittelgrünes, leicht glänzendes Laub ist anfällig für Sternrußtau. Bemerkenswert ist auch die Fülle der wenn auch etwas kleineren Blüten, die vom Sommer bis in den Herbst hinein erscheinen. **ZONEN 5–9.**

Teranishi, Japan, 1960

'Chrysler Imperial' × 'Doreen'

'Amalia'

'Amatsu-Otome'

## 'AMATSU PINK'

TEEHYBRIDE, ROSA+, ÖFTERBLÜHEND

Diese Rose hat rosa Blüten von schöner Edelrosenform. Trotz der schwachen Blütenstiele eignet sie sich gut als Schnittrose, wobei die großen Blüten schwer sind und aufrecht stehen. Wie die Elternpflanze bildet 'Amatsu Pink' einen mittelgroßen Busch mit dicken, kräftigen Trieben. Die Sorte verlangt einen sorgfältigen Rückschnitt – am besten schneidet man die Triebe bis zu einem gut entwickelten Auge an einem kräftigen Zweig zurück. So wird verhindert, daß sie absterben. Die Beliebtheit der Elternsorte 'Amatsu-Otome' hat den Absatz dieses Abkömmlings sicherlich gefördert.

**ZONEN 5–9.**

Teranishi, Japan, 1960

Sport von 'Amatsu-Otome'

## 'AMBASSADOR' MEInuzeten

TEEHYBRIDE, APRICOT+, ÖFTERBLÜHEND

Die Blüten dieser Sorte sind zweifarbig, die Petalaußenseiten sind cremegelb, während die Innenseiten der Blütenblätter farblich in einem kräftigen Apricot gehalten sind. Wenn sich die kegelförmigen Knospen zu mäßig gefüllten, becherförmigen Blüten öffnen, ergibt sich ein reizvoller Kontrast, bis die Farbe nachdunkelt und in einen rötlichen Apricotton übergeht. Die Blüten verbreiten einen leichten Duft. 'Ambassador' besitzt lange Triebe und bringt ihre Blüten vom Sommer bis zum Herbst hervor, eignet sich hervorragend zum Schnitt und für Ausstellungen. Als Beetrose ist sie weniger geeignet. Der Wuchs ist stark mit dunklem Laub, das gelegentlich anfällig für Mehltau ist. Am besten gedeiht sie in warmen Lagen. **ZONEN 5–9.**

Meilland, Frankreich, 1977

Sämling × 'Whisky'

'Amadis'

## 'AMBER NECTAR' MEHamber

FLORIBUNDA, APRICOT+, ÖFTERBLÜHEND

Dicke Knospen öffnen sich zu becherförmigen, recht lockeren, bernsteingelben Blüten, die ihre intensive Farbe gut halten. Im Herbst dunkelt die Farbe zu einem leuchtenden Orangerot nach, sie reagiert damit auf die kürzere Tageszeiten, wie dies auch bei vielen apricotfarbenen Rosen der Fall ist. Die Petalen sind unregelmäßig angeordnet und an den Rändern oft muschelförmig, was ein typisches Merkmal beider Eltern darstellt. Vom Sommer bis in den Herbst erscheinen die großen Blütenbüschel. 'Amber Nectar' bildet eine aufrechte, mittelhohe Pflanze von buschigemWuchs, die mit üppigem, lindgrünem Laub bedeckt ist. Diese Floribundarose ergibt eine hervorragende Beetrose ab.

**ZONEN 4–9.**

Mehring, Großbritannien, 1997

'Alexander' × 'Sweet Magic'

## 'AMBER QUEEN' HARroony

**Syn. 'Prinz Eugen von Savoyen'**

FLORIBUNDA, APRICOT+, ÖFTERBLÜHEND

Die gewaltige Zahl der Auszeichnungen sind ein eindeutiger Hinweis, daß diese Rose ganz besondere Qualitäten haben muß. Ihren hohen Wert als Gartenpflanze verdankt 'Amber Queen' der reinen Bernsteinfarbe, den Büscheln recht großer, schön geformter Blüten, die sehr reich vom Sommer bis in den Herbst erscheinen, dem niedrigen, buschigen Wuchs, der im allgemeinen robusten Gesundheit sowie ihrem süßen Duft. Ein zusätzlicher Pluspunkt ist der reizvolle Kontrast der frischen Blütenfarbe vor dem dunkelgrünen, ledrigen Laub. Der Wuchs ist gleichmäßig und meist mittelhoch. Diese Floribundarose ist eine großartige Beetrose, aber auch als Hochstamm geeignet, und natürlich auch auf Ausstellungen zu bewundern.

**ZONEN 4–9.**

Harkness, Großbritannien, 1984

'Southampton' × 'Taifun'

Royal National Rose Society Certificate of Merit 1983, Lyon Rose du Siècle 1984, Britische Rose des Jahres 1984, Belfast Best Floribunda 1986, Genua Rosa Euroflora 1986, Orléans Rose d'Or 1987, All-American Rose Selection 1988, New Zealand Gold Star 1988, Orléans Grand Prix d'Excellence 1989, Goldene Rose von Den Haag und Den Haag Silbermedaille für Duft 1991, James-Mason-Goldmedaille der Royal National Rose Society 1993, Royal Horticultural Society Award of Garden Merit 1993

## 'AMBOSSFUNKEN'

**Syn. 'Anvil Sparks'**

TEEHYBRIDE, ROT+, ÖFTERBLÜHEND

Viele Gärtner erliegen der Versuchung, diese sehr auffällige Neuheit mit ihren bizarr gefleckten und gesprenkelten Blüten in Gelb, Apricot, Karminrot und Orangerot zu pflanzen. Die Freude ist aber nur von kurzer Dauer, da 'Amboßfunken' ungeachtet ihrer hübschen Blüten eine recht empfindliche Pflanze ist. Die jungen Blüten sind urnenförmig und öffnen sich zu mittelgroßen, becherförmigen, lockeren Blüten mit angenehmem Duft. Sie stehen aufrecht an schlanken, festen Stielen; wenn die Blumen früh geschnitten werden, halten sie sich recht lange in der Vase. Diese Teehybride wird höchstens mittelhoch und hat dunkles Laub, das für Sternrußtau anfällig ist. Die Rose, die am besten in warmem Lagen gedeiht, ist eine Entdeckung des Südafrikaners E. Meyer aus East London, der sie in seinem Garten fand; später gelangte sie in die Hände des deutschen Züchters Kordes, der die Sorte dann auf dem Markt etabliert hat.

**ZONEN 5–9.**

Meyer, Südafrika, 1961

Sport von 'Signora Piero Puricelli'

'Amélia'

## 'AMBRIDGE ROSE' AUSwonder

STRAUCHROSE, APRICOT/ROSA+, ÖFTERBLÜHEND

'Ambridge Rose' ist eine Strauchrose von mäßig hohem Wuchs, die im Sommer und Herbst reichlich Blüten produziert. Diese sind rundlich und mit dicht zusammenstehenden Petalen gefüllt. Die zunächst becherförmigen Blüten erscheinen in kleinen Büscheln, öffnen sich dann zu einer lockeren Rosette und haben einen wahrnehmbaren Duft. Ihre Farbe schlägt von Apricot nach Apricot-Rosa um und wird zu den Rändern hin blasser. Der Wuchs ist niedrig, buschig und aufrecht. Die mittelgroßen Blätter sind dunkelgrün und etwas glänzend. Ihr Name entstand im Zusammenhang mit einer Episode der britischen Rundfunkserie *The Archers*, einem "Dauerbrenner" der BBC, der seit fast schon 50 Jahren die Alltagsschicksale einer Bauernfamilie aus Yorkshire beschreibt. In dieser besagten Episode besucht einer der Darsteller die *Chelsea Flower Show* in London, sieht diese Rose und wird prompt in ein Gespräch mit ihrem Züchter verwickelt.

**ZONEN 4–9.**

Austin, Großbritannien, 1990

'Charles Austin' × Sämling

## 'AMBROSIA'

FLORIBUNDA, ORANGE+, ÖFTERBLÜHEND

Der lebhafte dunkle Bernsteinton der Blüten dieser Floribundarose stellte bei ihrer Einführung eine Weltneuheit dar. Die mittelgroßen Blüten aus 7–10 Petalen erscheinen in kompakten Büscheln und duften leicht. Sie öffnen sich aus spitzen Knospen fast flach, wobei die Petalen sich mit der Zeit zurückbiegen und schmaler werden. Die Blüten erscheinen durchgehend von Sommer bis Herbst. Der Wuchs ist ziemlich stark, aber niedrig und buschig, mit üppigem dunkelgrünem Laub. **ZONEN 4–9.**

Dickson, Großbritannien, 1962

Sämling × 'Shepherd's Delight'

Royal National Rose Society Certificate of Merit, 1962

## 'AMÉLIA'

ALTE R., ALBA-ROSE, REIN ROSA

Für eine Alba-Rose ist 'Amelia' von ziemlich niedrigem Wuchs. Ihr Laub ist graugrün und üppig, und sie hat viele, allerdings kleine Stacheln. Die Blüten sind bis zu 8 cm groß, halbgefüllt bis gefüllt und leuchtend rosa. In geöffnetem

'America'

'Amber Queen'

'Ambrosia'

'Amboßfunken'

Zustand präsentieren sie die goldfarbenen Staubgefäße sehr wirkungsvoll. Sie duften intensiv und erscheinen im Sommer in kleinen Büscheln. Selbst unter schwierigen äußeren Bedingungen zeigt sich 'Amélia' als winterhart. Als undurchdringliche Hecke oder in einem naturnahen Garten gedeiht die Rose besonders gut, wenn das alte Holz nach der Blüte stark zurückgeschnitten wird. Diese recht seltene Sorte kann leicht auch als Damaszenerrose durchgehen.

**ZONEN 4–10.**

Vibert, Frankreich, vor 1823

Eltern unbekannt

## 'AMERICA' JACclam

GROSSBLUMIGE KLETTERROSE, ORANGEROSA, ÖFTERBLÜHEND

Nur wenige Kletterrosen wurden mit dem *All-American Rose Selection Award* ausgezeichnet, und offenbar ist der dauerhafte kommerzielle Erfolg von 'America' der einschlägige Beweis, daß sich die Preisrichter damals nicht geirrt haben. Hochgebaute Knospen öffnen sich zu mittelgroßen bis großen, becherförmigen, gefüllte Blüten, die infolge der einander überlappenden Petalen sehr hübsch wirken. Sie duften gut und erscheinen in lockeren Büscheln in einem warmen Korall-Lachston, der später verblaßt. Der Sommerflor ist üppig, im Herbst erfolgt eine leichte Nachblüte. Der Wuchs ist stark und reich verzweigt, das Laub ist mittelgroß, leicht glänzend und gesund. 'America' wächst niedriger als andere Kletterrosen.

**ZONEN 4–9.**

Warriner, USA, 1976

'Duftwolke' × 'Tradition'

All-American Rose Selection 1976

## 'AMERICAN BEAUTY'

**Syn. 'Mme Ferdinand Jamin'**

ALTE R., REMONTANTROSE, DUNKELROSA

Aus den rundlichen Knospen der 'American Beauty' entwickeln sich große, karminrosa Blüten. Diese bestehen aus 50 Petalen, die becherförmig angeordnet sind. Ein intensiver Duft und lange, kräftige Stiele waren die Hauptgründe für den kommerziellen Erfolg dieser Sorte. Im Spätsommer und im Herbst kann manchmal eine leichte Nachblüte erfolgen. In Lagen mit warmem Klima kann 'American Beauty' erfolgreich als Freilandrose kultiviert werden, sie ist dort aber anfällig für Rosenrost und Sternrußtau. **ZONEN 5–10.**

Lédéchaux, Frankreich, 1875

Eltern unbekannt

'American Home'

'American Pillar'

## 'AMERICAN HERITAGE'

LAMlam
TEEHYBRIDE, GELB+, ÖFTERBLÜHEND

Diese hübsche Rose zeigt verschiedene Formen und Farben, die in jedem Stadium reizvoll wirken. Lange spitze Knospen in Creme und Elfenbein öffnen sich zu großen, gefüllten Blüten, deren breite Petalen eine Farbkomposition aus Elfenbein, Lachs, Rosa und Gelb zeigen. Weit geöffnet präsentieren sie sich schließlich in rosa überhauchtem Hellgelb. 'American Heritage' eignet sich gut als Garten- und Schnittrose, denn die Blüten stehen an langen Stielen, erscheinen den ganzen Sommer und Herbst über und duften leicht. Die robuste Pflanze wächst aufrecht und ist mit dunkelgrünem, ledrigem, leicht mehltauanfälligem Laub bedeckt. **ZONEN 4–9.**

Lammerts, USA, 1965

'Queen Elizabeth' × 'Yellow Perfection'

All-American Rose Selection 1966

## 'AMERICAN HOME'

TEEHYBRIDE, DUNKELROT, ÖFTERBLÜHEND

Diese Sorte wird vor allem wegen ihres Duftes geschätzt. Er ist intensiv, süß und erinnert an Alte Rosen. Die dicken, spitz zulaufenden Knospen öffnen sich zu großen, dunkelroten, becherförmigen Blüten, die mäßig gefüllt sind. Sie erscheinen an langen, kräftigen Trieben, weshalb sie sich gut zum Schnitt eignen. 'American Home' ist eine gute Gartenrose, denn sie blüht zuverlässig und bringt ihre Blüten im Sommer und im Herbst an einer starkwüchsigen, aufrechten, mittelhohen Pflanze hervor. Das in der Regel gesunde Laub ist robust, mittelgrün und ledrig. **ZONEN 4–9.**

Morey, USA, 1960

'Chrysler Imperial' × 'New Yorker'

## 'AMERICAN PILLAR'

RAMBLERROSE, ROSA+

Die karminrosa Blüten dieser Ramblerrose haben ein weißes Auge und goldfarbene Staubgefäße. Die Blüten werden etwa 8 cm groß und treten reichlich in großen Büscheln auf. 'American Pillar' blüht am vorjährigen Holz etwas später als andere Ramblerrosen, mag kein heißes, trockenes Wetter, toleriert aber Halbschatten. Die dicken, starkwüchsigen Triebe können in einer Saison 5 m lang werden und lassen sich leicht ziehen. Das Laub ist ledrig, glänzend und anfällig für Mehltau. Aufrund ihrer Abstammung eignet sich diese Sorte ideal

'Americana'

'American Pillar'

zum Beranken einer Pergola oder Säule, aber sie kann auch leicht einen Baum erklimmen. Momentan erlebt 'American Pillar' ein internationales Comeback. **ZONEN 5–10.**

Van Fleet, USA, 1902

(*Rosa wichuraiana* × *R. setigera*) × rote Remontantrose

## 'AMERICAN PRIDE' JACared

TEEHYBRIDE, DUNKELROT, ÖFTERBLÜHEND

Ovale Knospen an langen Stielen öffnen sich bei der 'American Pride' zu großen, dichtgefüllten, hochgebauten Blüten in samtigem Dunkelrot. An den geöffneten Blüten stehen die einzelnen Petalen in einem aparten Durcheinander. Die Blüten erscheinen in großer Fülle unermüdlich im Sommer und im Herbst. Sie eignen sich ausgezeichnet als Schnittblumen, allerdings weniger im Hochsommer, wenn sich die Blüten gelegentlich verformen. In puncto Duft ist diese Sorte allerdings enttäuschend, ansonsten gibt sie eine prächtige Gartenrose ab. Der Busch ist starkwüchsig und aufrecht, etwas mehr als mittelhoch und hat großes, dunkelgrünes Laub. **ZONEN 4–9.**

Warriner, USA, 1978

Eltern unbekannt

## 'AMERICANA'

TEEHYBRIDE, ROT, ÖFTERBLÜHEND

Diese Rose trägt dicke Knospen in leuchtendem, lebhaftem Rot, die sich zu sehr großen, mit breiten Petalen aber nur mäßig gefüllten, hochgebauten Blüten öffnen. Später biegen sich die Petalen zurück und bilden eine Becherform, die Farbe der Blüte hält sich jedoch. Die Rose blüht während der ganzen Saison über recht üppig. Allerdings verbreitet sie nur einen leichten Duft, der sich jedoch intensivieren kann, wenn man die Blüten kurze Zeit abdeckt: Die Luftfeuchtigkeit in diesem abgeschlossenen Raum erhöht sich kurzfristig, wodurch die Sezernierung der Duftdrüsen auf den Petalen ebenfalls zunimmt – als Folge duftet die Rose stärker. Ihr Wuchs ist stark und aufrecht, ihr Laub mittelgrün und ledrig. **ZONEN 4–9.**

Boerner, USA, 1961

Sämling von 'Poinsettia' × 'New Yorker'

## 'AMÉTHYSTE'

RAMBLERROSE, MAUVE

Diese Rose präsentiert entlang ihrer überhängenden Triebe große, dichte Büschel gefüllter Blüten in Karminviolett. Da dieser Rambler nur einmal im Jahr blüht, eignet er sich am besten für naturnahe Gärten oder als Baumkletterrose; er verträgt übrigens auch geringe Mengen an Schatten. Die Rose erreicht meist eine Höhe von 3,5 m. Das gesunde Laub ist glänzend. Von ihren ersten Kritikern wurde 'Améthyste' als gewöhnlich und nicht handhabbar bewertet, was vielleicht mit der Tatsache zusammenhängt, daß die Blüten manchmal eher stahlblau mit purpurner Schattierung ausfallen. **ZONEN 5–10.**

Nonin, Frankreich, 1911

Sport von 'Non-Plus Ultra'

## 'AMIGA MIA'

STRAUCHROSE, REIN ROSA, ÖFTERBLÜHEND

Diese besonders starkwüchsige, hohe und buschige Strauchrose bringt vom Sommer bis zum Herbst reichlich Blüten in Perlmuttrosa hervor. Dicke, spitz zulaufende Knospen öffnen sich zu anmutigen, mit bis zu 30 Petalen gefüllten, sehr gut duftenden Blüten, die einzeln und in offenen Büscheln erscheinen . Das dunkle, ledrige Laub ist sehr robust und krankheitsfest. Diese Rose gehört zu den vielen Zuchterfolgen des Amerikaners Griffith Buck aus Ames im US-Staat Iowa. Als Zuchtziel hatte sich Buck ins-

'American Heritage'

'American Pride'

'Amoretta'

besondere vorgenommen, winterharte Sorten zu schaffen, die dem nordamerikanischen Winter trotzen. Mit dem Sortennamen '*Amiga mia*', was auf Spanisch „Meine Freundin" bedeutet, ehrte Buck die kalifornische Rosenliebhaberin Dorothy Stemler. **ZONEN 4–9.**

Buck, USA, 1978

'Queen Elizabeth' × 'Prairie Princess'

## 'AMORE'

FLORIBUNDA, REIN ROSA, ÖFTERBLÜHEND

Dieser pflegeleichte kleine Strauch hat schönes dunkelgrünes Laub und rosafarbene Blüten, die mit vielen kleinen Blütenblättern gefüllt sind. Sie sind innen dunkler als außen, was einen hübschen Zweifarbeneffekt ergibt. Die Blüten erscheinen üppig in Büscheln den ganzen Sommer über bis in den Herbst. Der Wuchs ist mittelhoch und etwas ausladend. 'Amore' eignet sich ausgezeichnet für gemischte Rabatten oder als Begleitpflanze zu kleineren Sträuchern und Stauden. Sie duftet nicht. **ZONEN 5–11.**

Riethmuller, Australien, 1957

'Orange Triumph' × 'Spring Song'

## 'AMORETTA' (I)

TEEHYBRIDE, APRICOT+, ÖFTERBLÜHEND

'Amoretta' besitzt Blüten, die mit zahlreichen Petalen in hellem Apricot und Rosa dicht gefüllt sind. Sie stehen für gewöhnlich einzeln vor dem glänzenden, dunkelgrünen Laub. **ZONEN 5–11.**

Kordes, Deutschland, 1997

Eltern unbekannt

## 'AMORETTE' AmoRU

Syn. 'Amoretta' (II), 'Snowdrop'

ZWERGROSE, WEISS, ÖFTERBLÜHEND

Diese Sorte ist eine der vielen Zwergrosen, die der niederländischen Züchter de Ruiter erfolgreich auf den Markt brachte. Die elfenbeinweißen, gefüllten Blüten mit 33–35 zurückgebogenen Petalen erscheinen in großen Büscheln zu 10–15 Einzelblüten. Diese fallen für eine Miniaturrose zwar etwas groß aus, allerdings ist die Gesamtwirkung der großen, dichten Blütenbüschel sehr reizvoll. 'Amorette' zeigt in fast allen Klimazonen einen sehr dichten Wuchs und trägt rötliche Stacheln. Das Laub dieser Pflanze ist mittelgrün, länglich und schmal. **ZONEN 4–11.**

de Ruiter, Niederlande, 1986

'Rosy Jewel' × 'Zorina'

## 'AMOROSA' KORignale

TEEHYBRIDE, WEISS, ÖFTERBLÜHEND

Da sich die Blüten dieser Teehybride bei

'Amorosa'

feuchter Witterung nicht immer vollständig öffnen, wird 'Amorosa' nur in Lagen mit sehr warmem Klima als Gartenrose empfohlen. Unter Glas gezogen ergibt sie jedoch eine hervorragende Schnittrose. Ihre Knospen öffnen sich langsam, die eleganten Blüten halten sich lange in der Vase und verbreiten einen angenehmen Duft. Sie erscheinen durchgängig vom Sommer bis zum Herbst an sehr langen Stielen, die Farbe der festen Petalen ist ein zartes, fast weißes Rosa mit blassen Apricotschattierungen. Ihr Wuchs ist aufrecht, steif und reich belaubt, allerdings ist das Laub etwas brüchig. 'Amorosa' ist mäßig krankheitsfest. **ZONEN 5–10.**

Kordes, Deutschland, 1995

Eltern unbekannt

## 'AMSTERDAM' HAVam

FLORIBUNDA, ORANGEROT, ÖFTERBLÜHEND

'Amsterdam' blüht üppig und ausdauernd den ganzen Sommer über bis in den Herbst. Ihre aus je 12 festen Petalen bestehenden Blüten in lebhaftem, dunklem Orangerot sind mittelgroß bis groß, becherförmig und rundlich; sie werden dicht über dem Laub getragen. Die Floribundarose wächst insgesamt hübsch, buschig und mittelhoch. Das Laub besitzt einen glänzenden, dunklen Mahagoniton, der als natürliches Passepartout für die üppige Blütenfülle dient. Jahreszeitlich bedingt kann es zu einem Mehltaubefall kommen, vor allem wenn im Herbst die Tag- und Nachttemperaturen stark schwanken. **ZONEN 4–9.**

Verschuren, Niederlande, 1972

'Europeana' × 'Parkdirektor Riggers'

Den Haag Goldmedaille 1972

## 'AMY JOHNSON'

GROSSBLUMIGE KLETTERROSE, REIN ROSA, ÖFTERBLÜHEND

'Amy Johnson' ist ein starkwüchsiger Kletterer, der eine Fülle intensiv duftender Blüten an langen Trieben bildet. Der Sommerflor ist eher spärlich, die Nachblüte im kühleren Herbst jedoch reichlich. Dicke Knospen öffnen sich zu großen, dichtgefüllten, becherförmigen Blüten. Das Laub ist runzelig. Alister Clark setzte bei seiner Zucht von Gartenrose die Gene von *Rosa gigantea* ein, weil er Erbanlagen wie Wuchskraft, Gesundheit, Duft und vermehrte Nachblüte kombinieren wollte. Vermutlich handelt es sich bei dem unbekannten Elternteil dieser Rose um eine Gigantea-Hybride, da 'Souvenir de Gustave Prat', die andere Elternpflanze, eine nur mäßig wüchsige Teehybride ist. Die Rose erhielt ihren Namen zu Ehren von Amy Johnson, einer Pionierin der Luftfahrt, die 1930 im Alleingang nach Australien geflogen war. **ZONEN 5–11.**

Clark, Australien, 1931

'Souvenir de Gustave Prat' × unbekannt

## 'AMY ROBSART'

ALTE R., RUBIGINOSA-ROSE, DUNKELROSA

Innerhalb von nur 15 Jahren züchtete Lord Penzance eine Reihe heute noch beliebter Rosen. Obwohl die Zahl ihrer Liebhaber anfangs nur klein war, erreichten sie eine Beliebtheit, die bis heute anhält. 'Amy Robsart' ist ein aparter, hochwachsender Strauch mit großen, halbgefüllten, dunkelrosa Blüten, die reizend aussehen, wenn sie vollständig geöffnet sind; die freiliegenden Staubgefäße steigern diesen schönen Anblick sogar noch. Trotz der elterlichen Gene duftet das gesunde Laub leider nicht. Die Blüten duften hingegen fruchtig und leicht etwas nach Apfel. 'Amy Robsart' eignet sich gut als Hintergrund, denn ihr Wuchs ist ausladend und sparrig, und sie toleriert Schatten. Ihre roten Früchte machen die Sorte zur attraktiven Heckenrose. Sie muß regelmäßig leicht zurückgeschnitten werden. **ZONEN 4–10.**

Penzance, Großbritannien, 1894

*Rosa rubiginosa* × Remontant- oder Bourbonrose

## 'ANABELL' KORbell

Syn. 'Annabelle', 'Kordes' Rose Anabell'

FLORIBUNDA, ORANGE+, ÖFTERBLÜHEND

Die mit zahlreichen Petalen gefüllten Blüten dieser Sorte sind recht groß, öffnen sich becherförmig und erscheinen in lockeren Büscheln; deren Einzelblüten sitzen an kurzen, deutlich erkennbaren Stielen und duften schwach. Die Blütenfarbe ist ein warmes Lachsorange, das zu den Rändern hin dunkler wird. 'Anabell' ist eine gute Beetrose, denn sie blüht reich und ausdauernd vom Sommer bis zum Herbst. Aber auch als Ausstellungsrose konnte diese Sorte Erfolge vorweisen. Ihr Wuchs ist aufrecht und mittelhoch; das reizvolle, glänzende Laub ist zunächst kupfern getönt und verfärbt sich später zu Mittelgrün. **ZONEN 4–9.**

Kordes, Deutschland, 1972

'Zorina' × 'Königin der Rosen'

Royal National Rose Society Trial Ground Certificate 1971

'Amy Johnson'

'Anabell'

A

## 'ANAÏS SÉGALAS'

ALTE R., GALLICA-ROSE, ROSA+

'Anaïs Ségalas' bildet einen 1 m hohen, verzweigten Strauch mit sehr stacheligen, graugrünen Trieben. Das Laub ist hellgrün, rundlich und gut über die ganze Pflanze verteilt. Die Blüten erscheinen in Büscheln und sind etwa 4 cm groß. Alle Petalen sehen so aus, als ob man sie exakt zu einem flachen Polster ausgerichtet hätte, dessen Mitte von einem grünen Auge geziert wird. Die Blütenfarbe ist ein sattes, dunkles Mauverosa, das zu den Rändern hin blasser wird. 'Anaïs Ségalas' ist eine reichblühende, gesunde Rose mit einem intensiven Duft, die auch in mageren Böden gut gedeiht.

**ZONEN 4–10.**

Vibert, Frankreich, oder Parmentier, Belgien, 1837

Vermutlich unbekannte Gallica-Rose × unbekannte Zentifolie

## 'ANASTASIA'

TEEHYBRIDE, WEISS, ÖFTERBLÜHEND

Der Kontrast zwischen dem dunklen, runzeligen Laub und den ausgezeichneten weißen Blumen dieser Teehybride ist auffällig. Dicke, spitz zulaufende Knospen öffnen sich zu großen, runden Blüten, die aus 30 breiten Petalen bestehen und von Sommer und Herbst meist einzeln an kräftigen Trieben erscheinen. Die starkwüchsige, gut belaubte Pflanze ist von mittelhohem bis hohem Wuchs. Die Rose duftet kaum, ihre gut haltbaren Blüten eignen sich jedoch hervorragend zum Schnitt und als Ausstellungsrosen. 'Anastasia' ist eher eine Sorte für trockene Gegenden, da die weißen Blüten bei feuchter Witterung fleckig werden.

**ZONEN 5–9.**

Greff, USA, 1980

'John F. Kennedy' × 'Pascali'

## 'ANDALUSIEN' KORdalu

FLORIBUNDA, ROT, ÖFTERBLÜHEND

Da 'Andalusien' stetig vom Sommer bis zum Herbst blüht, eignet sie sich gut als niedrige Beetrose. Ihr Wuchs ist hübsch, niedrig und buschig. Die Blüten erscheinen in dichten Büscheln, die leicht über dem Laub stehen. Sie öffnen sich aus langen, schlanken Knospen zu locker gefüllten, mittelgroßen Blumen in leuchtendem Scharlach-Karminrot. Voll erblüht sind die Petalen oft ineinander gefaltet, sie duften aber nicht. Das kleine, leuchtend grüne Laub bedeckt die sehr winterharte, starkwüchsige Pflanze reichlich bis zur Basis. **ZONEN 3–9.**

Kordes, Deutschland, 1977

'Paprika' × 'Zorina'

ADR-Rose 1976

'Angel Face'

'Andalusien'

'Anaïs Ségalas'

## 'ANDENKEN AN ALMA DE L'AIGLE'

**Syn. 'Isabella', 'Souvenir d'Alma de l'Aigle'**

STRAUCHROSE, HELLROSA, ÖFTERBLÜHEND

Die Blütenfarbe dieser Rose ist ein feines helles Lachsrosa. Die mittelgroßen bis großen Blüten öffnen sich becherförmig, dichtgefüllt und in herabhängenden Büscheln; sie verströmen einen leichten, angenehmen Duft. Die Pflanze hat einen starken, aufrechten Wuchs mit großen, ziemlich weichen, mittelgrünen Blättern. Obwohl sie eher langsam wächst, kann sie mittelhoch bis hoch werden. Zwischen der Hauptblüte im Sommer und der Nachblüte im Herbst liegt meist eine kleine Blühpause. **ZONEN 4–11.**

Kordes, Deutschland, 1955

Eltern unbekannt

## 'ANDRÉ LEROY D'ANGERS'

ALTE R., REMONTANTROSE, ROT, ÖFTERBLÜHEND

Wie so viele Remontantrosen aus dem 19. Jh. ist auch diese Sorte außerhalb von botanischen Gärten selten zu finden. Der hohe, starkwüchsige Busch mit dunklem Laub liefert große, gefüllte Blüten in Rotviolett, die sehr lange blühen.

**ZONEN 4–10.**

Trouillard, Frankreich, 1866

Eltern unbekannt

## 'ANDREA STELZER' KORfachrit

TEEHYBRIDE, HELLROSA, ÖFTERBLÜHEND

Die hellrosa Blüten dieser Sorte sind groß. Sie sind aus vielen breiten Petalen zusammengesetzt und behalten beim Öffnen ihre hochgebaute Form. Leider duftet die Rose nur wenig. 'Andrea Stelzer' wächst ausgezeichnet als hohe, schmale Hecke. Die perfekten, langstieligen Blüten machen sich aber auch sehr gut in der Vase bzw. als Ausstellungsrosen. Die Pflanze trägt üppiges glänzendes Laub, ist jedoch anfällig für Sternrußtau. Die Namenspatronin Andrea Stelzer wurde 1985 zu *Miss South Africa* und 1988 zu *Miss Germany* gekürt. Demnach lag es auf der Hand, daß diese Rose aus Deutschland stammt und später in Südafrika eingeführt wurde.

**ZONEN 6–11.**

Kordes, Deutschland, 1992

Eltern unbekannt

## 'ANDREWSII'

**Syn. 'Andrew's Rose'**

ALTE R., MOOSROSE, REIN ROSA, ETWAS NACHBLÜHEND

Diese seltene Rose gewann in jüngster Zeit wieder zunehmend an Beliebtheit, denn immerhin gehört sie zu einer einzigartigen Gruppe von Rosen. Die rosafarbenen, halbgefüllten, becherförmigen Blüten sind sehr groß, manchmal mit feiner Äderung gekräuselt und zeigen an der Basis der Staubgefäße einen Anflug von Creme. Diese recht üppig Sorte bildet einen ausgezeichneten Strauch oder eine dichte Hecke, deren Stacheln jeden Eindringling abhalten. Von einigen Autoren wird 'Andrewsii' als gefüllte Form der Bibernell-Rose *(Rosa pimpinellifolia)* beschrieben. Sie blüht im Spätfrühling und bringt im Herbst eine Nachblüte hervor. **ZONEN 4–10.**

1807

Hybride von *Rosa pimpinellifolia*

'Angel Darling'

## 'ANEMONENROSE'

**Syn. *Rosa* × *anemonoides*, 'Anemone', 'Pink Cherokee', *R. laevigata* 'Anemone'**

STRAUCHROSE, HELLROSA, ÖFTERBLÜHEND

Diese außergewöhnlich aussehende Rose besitzt leicht mauve-rosafarbene, seidige und hauchzarte Blüten. Sie sind aus fünf großen, herzförmigen, gleich großen Petalen zusammengesetzt, welche die goldfarbenen Staubgefäße gut zur Geltung bringen. In ihrer Wirkung ähnelt diese Strauchrose eher einer Clematis als einer Anemone. Die Sorte duftet leicht und bringt in wärmeren Gegenden eine leichte Nachblüte hervor. 'Anemonenrose' zählt zu den ersten Gartenrosen, die im Frühjahr zu blühen beginnen, insbesondere, wenn sie an einer warmen Mauer als Kletterrose gezogen wird. Sie verträgt auch etwas schattigere Standorte. Als Strauch hat sie einen steifen, verzweigten Wuchs, wird mittelhoch bis hoch mit dunklem, glänzendem, etwas spärlichem Laub und bräunlichen Trieben.

**ZONEN 5–9.**

Schmidt, Deutschland, 1896

Vermutlich *Rosa laevigata* × unbekannte Teerose

## 'ANGEL DARLING'

ZWERGROSE, MAUVE, ÖFTERBLÜHEND

Diese Rose ist vermutlich die erste lavendelfarbene Zwergrose, die der Amerikaner Ralph Moore im 20. Jh. herausgebracht hat. Der Charme dieser Sorte liegt in ihren reizenden schlichten Blüten mit zehn Petalen. Manche Fachleute halten diese jedoch in Relation zu dem sie umgebenden Laub als für zu groß geraten. Die sich stark abhebenden gelben Staubgefäße einer frischen Blüte sind sehr schön, halten leider aber nur wenige Tage. 'Angel Darling' ist eine hervorragende Zwergrose für Gärten und Ausstellungen. Die starkwüchsige Pflanze blüht ausgesprochen üppig, ihr ledriges Laub ist krankheitsfest. **ZONEN 4–11.**

Moore, USA, 1976

'Little Chief' × 'Angel Face'

## 'ANGEL FACE'

FLORIBUNDA, MAUVE, ÖFTERBLÜHEND

Die Blüten dieser Rose, die in den USA seit 30 Jahren sehr beliebt ist, sind dunkel mauve-lavendelfarben mit rubinrot übergossenen Rändern; sie werden aus 40 hübsch gekräuselten Petalen gebildet.

Die geöffnete Blüte ist zunächst hochgebaut und wird becherförmig, wenn sich die Blütenblätter zurückbiegen, um gelbe Staubgefäße zu freizulegen. Die Blumen duften etwas nach Zitrone und blühen ausdauernd von Sommer bis Herbst. Sie erscheinen manchmal einzeln, manchmal zu mehreren, aber dann in Büscheln. Der Wuchs ist niedrig und rundlich, das Laub ist dunkelgrün, ledrig und mattglänzend. 'Angel Face' ist eine gute Schnitt- und Beetrose, gedeiht jedoch am besten in Lagen mit warmem Klima, wo ihre Farbenpracht erst richtig zur Geltung kommt. **ZONEN 5–9.**

Swim, USA, 1968

('Circus' × 'Lavender Pinocchio') × 'Sterling Silver'

All-American Rose Selection 1969, John Cook-Medaille der American Rose Society 1971

## 'ANGELA' KORday

**Syn. 'Angelica'**

STRAUCHROSE, DUNKELROSA, ÖFTERBLÜHEND

Bei 'Angela' erscheinen mittelgroße, becherförmige, leicht duftende Blüten in Dunkelrosa mit Aufhellungen, besonders zur Blütenmitte hin, an kurzen Stielen dicht über dem dunkelgrünen, leuchtenden Laub. Ihr Gewicht drückt die Zweige nach unten, was zu einem hübschen, lockeren Wuchs führt. Die wüchsige, robuste, buschige, mittelhohe Pflanze paßt gut zu Beeten und gemischten Rabatten, eignet sich aber auch als Heckenrose. **ZONEN 4–9.**

Kordes, Deutschland, 1984

'Yesterday' × 'Peter Frankenfeld'

ADR-Rose 1982

## 'ANGELA RIPPON' OcaRU

**Syn. 'Ocarina'**

ZWERGROSE, REIN ROSA, ÖFTERBLÜHEND

Den intensiv lachsrosafarbenen Blüten dieser Sorte kommen aus reizvollen, urnenförmigen Knospen in großen Büscheln. Manche Züchter verwenden diese Zwergrose aufgrund der großen, dichtgefüllten Blüten, die voll erblüht gekräuselt wirken, gerne als Rabattenrose. Der kompakte Busch wächst in fast jedem Klima stark; er läßt sich auch problemlos in Kübeln oder als Randbepflanzung kultivieren. Sehr zögerlich kommt es zu einer Nachblüte. 'Angela Rippon' stammt wie 'Amorette' von 'Zorina' ab, einer orangeroten Floribundarose, die der amerikanische Züchter Gene Boerner im Jahre 1963 auf den Markt brachte. **ZONEN 4–11.**

de Ruiter, Niederlande, 1977

'Rosy Jewel' × 'Zorina'

'Angela'

## 'ANGELINA'

STRAUCHROSE, ROSA+, ÖFTERBLÜHEND

Diese Strauchrose schmückt sich mit schalenförmigen, aus 12 ziemlich schmalen Petalen bestehenden Blüten, die in breiten Büscheln fast ohne Unterbrechung vom Sommer bis zum Herbst erscheinen. Die rosafarbenen Petalen verblassen zur Mitte hin fast bis zu weiß und ordnen sich reizvoll um die goldfarbenen Staubgefäße. 'Angelina' bildet einen niedrigen, lockeren, rundlichen Strauch und eignet sich gut als Pflanze im Vordergrund einer Rabatte, wo ihr köstlicher Duft besonders gut wahrgenommen werden kann. Sie ist starkwüchsig und trägt ausreichend dunkelgrünes Laub. **ZONEN 4–9.**

Cocker, Großbritannien, 1975

('Super Star' × 'Carine') × ('Cläre Grammerstorf' × 'Frühlingsmorgen')

Belfast Certificate of Merit 1977, Royal National Rose Society Trial Ground Certificate 1975

## 'ANGELIQUE' AnKORi, KORangeli

TEEHYBRIDE, ORANGE+, ÖFTERBLÜHEND

Diese Sorte bringt hübsche, einzelne Blüten hervor, die an langen, festen Stielen sitzen und sich in der Vase zwei Wochen lang halten können. Dicke Knospen öffnen sich zu dichtgefüllten, hochgebauten Blüten von leuchtend dunkeloranger Farbe, die sich kaum verändert. Die äußeren Blütenblätter sind am Rand oft gekräuselt. 'Angelique' blüht reichlich den ganzen Sommer und Herbst über. Sie ist eine recht hohe Pflanze mit üppigem, buschigem, aufrechtem Wuchs und trägt sattgrünes Laub. Sie duftet wenig – dies ist jedoch bei guten Schnittrosen nicht ungewöhnlich, da die Petalen von Schnittblumen generell fest sein müssen, damit sie den Transport besser überstehen können. Bei solchen festen Blütenblättern funktionieren jedoch die Duftdrüsen nur schlecht, weshalb Schnittrosen – im Gegensatz zu vielen Gartenrosen – meist kaum duften. **ZONEN 4–7.**

Kordes, Deutschland, 1980

'Mercedes' × Sämling

## 'ANGELITA' MACangel, MACangeli

**Syn. 'Snowball'**

ZWERGROSE, WEISS, ÖFTERBLÜHEND

Die ausbreitenden Triebe dieser Bodendeckerrose sind von kleinen, cremeweißen, rosettenförmigen und dichtgefüllten Blüten überzogen, die in kurzen Abständen hervorgebracht werden. 'Angelita' besitzt einen wirklich ausladenden Wuchs und ist mit dunkelgrünem, glänzendem Laub bedeckt. Die Blüten erscheinen in Büscheln. Die Zwergrose ist als Trauerstamm oder als Ampelpflanze sehr beliebt, weil die schweren Blütenbüschel elegant herabhängen und die Wirkung der Blütenfülle verstärken. Angeblich soll die Sorte besser sein als ihre Elternpflanze 'Snow Carpet', da 'Angelita' doppelt so viele Blüten hervorbringt. **ZONEN 4–11.**

McGredy, Neuseeland, 1982

'Moana' × 'Snow Carpet'

Gold Star of the South Pacific New Zealand 1982, Gold Award at the International Trial Grounds Dublin 1983

'Anita Charles'

'Angelique'

## 'ANGEL'S BLUSH' MICangel

ZWERGROSE, APRICOT+, ÖFTERBLÜHEND

Die eleganten Knospen dieser Rose öffnen sich zu reizvollen Blüten in verschiedenen Apricottönen, die an den Rändern der Blütenblätter ihre dunkelste Nuancen annehmen. Die Blüten sind mit 12–25 Petalen gefüllt, leicht duftend, erscheinen einzeln an längeren, festen Stielen und halten sowohl am Strauch als auch in der Vase recht lange. Manchmal besitzen sie eine hohe Mitte – ein unerläßliches Kriterium für Ausstellungsrosen; in der Regel jedoch ist die Blütenform eher locker. 'Angel's Blush' wächst aufrecht, mit reizvollem, gesundem Laub und ist eine pflegeleichte Rose. **ZONEN 5–11.**

Williams, USA, 1996

Sämling × ausgewählter Pollen

## 'ANISLEY DICKSON'

siehe 'Dicky'

## 'ANITA'

FLORIBUNDA, ROSA+, ÖFTERBLÜHEND

Insgesamt gibt es zwei Floribundarosen mit diesem Namen; eine frühere Sorte mit rosa-gelben Blüten wurde von Kordes gezüchtet, die hier aufgeführte Sorte stammt hingegen aus Amerika. Keine von beiden war lange im Handel, die erste wird heute nur noch in Indien kultiviert, die zweite Rose überhaupt nicht

'Angela Rippon'

mehr. Ziemlich dicke, spitz zulaufende Knospen öffnen sich mit einer Mischung verschiedener Rosatöne. Die Blüten sind groß und mit über 40 Petalen gefüllt. Sie erscheinen in der Regel in kleinen Büscheln zu 3–7 Blüten und verbreiten einen leichten Teerosenduft. Die Pflanze blüht ausdauernd den Sommer und Herbst hindurch. Sie wird mittelhoch mit großem, glänzendem Laub und großen Stacheln, vor denen man sich beim Zurückschneiden in acht nehmen muß. **ZONEN 4–9.**

Swim und Christensen, USA, 1982

'Rumba' × 'Marmalade'

## 'ANITA CHARLES' MORnita

ZWERGROSE, ORANGEROSA, ÖFTERBLÜHEND

Die Blütenfarbe dieser Zwergrose ist ein außergewöhnlich dunkles, fast bräunliches Korallrot mit hellerer Blütenunterseiten, das in warmen Klimaten verblaßt. Die schönen Blüten besitzen die typische Edelrosenform mit ungefähr 45 Petalen, was sie für Ausstellungen und Blumenarrangements prädestiniert. Sie erscheinen meist einzeln, in kälteren Lagen werden gelegentlich aber auch kleine Büschel von 2–3 Blüten hervorgebracht. Diese Zwergrose wächst ausgesprochen stark und üppig. Ein leicht überhängende Wuchs macht sie als Ampelpflanze interessant. Benannt wurde 'Anita Charles' nach einer berühmten amerikanischen Gospelsängerin. **ZONEN 5–11.**

Moore, USA, 1981

'Golden Glow' × 'Over The Rainbow'

'Anna Ford'

'Anna Livia'

'Ann Endt'

'Anna von Diesbach'

## 'ANN ABERCONWAY'

FLORIBUNDA, APRICOT+, ÖFTERBLÜHEND

Die angenehm duftenden Blüten sind für eine Floribundarose groß und dichtgefüllt. Zunächst hochgebaut, biegen sich ihre Petalen zurück, so daß sie becherförmig werden. Die Blütenfarbe ist anfangs ein gelbliches Apricot, das sich dann mit Rosa durchzieht. Nach einem ausgezeichneten ersten Flor folgt eine geringere Nachbüte im Herbst, mit dann oft satteren und dunkleren Farben. Der Wuchs ist buschig und aufrecht, mittelhoch, mit kräftigen Blütenstielen und mit dunklem, ledrigem Laub, das einen guten Kontrast zu den Blüten darstellt. Ann Aberconway ist die Gattin von Lord Aberconway, dem ehemaligen Präsidenten der britischen *Royal Horticultural Society*. **ZONEN 4–9.**

Mattock, Großbritannien, 1976

'Arthur Bell' × Sämling

## 'ANN ENDT'

RUGOSA-HYBRIDE, DUNKELROT, ÖFTERBLÜHEND

Die Blüten von 'Ann Endt' erscheinen einzeln und zeigen ein Büschel cremefarbener Staubgefäße, das die Blüte aufhellt. Die langen, mit Kelchblättern besetzten Knospen sind ein Erbe von *Rosa foliolosa*. Sie verbreiten einen intensiven Zimtduft. Das Laub ist klein, weich und üppig, die Pflanze blüht ausdauernd. Sie bildet einen sehr reizvollen, kleinen Strauch, der sich für eine Hecke oder Rabatte eignet und auch mit Stauden kombiniert werden kann. Die Neuseeländerin Ann Endt, nach der diese Rose benannt wurde, arbeitete lange Zeit als Gärtnerin und leistete große Erfolge auf dem Gebiet der großflächigen Rosenpflanzungen, wobei sie Rosen mit Stauden, Zwiebelpflanzen und Sträuchern kombinierte. **ZONEN 3–9.**

Nobbs, Neuseeland, 1978

*Rosa rugosa* × *R. foliolosa*

## 'ANNA FORD' HARpiccolo

ZWERGROSE, ORANGE+, ÖFTERBLÜHEND

Die halbgefüllten Blüten dieser Rabattenrose sind dunkelorange mit gelbem Auge. Diese kompakte Sorte ähnelt einer Floribundarose, ihre Blüten, Blätter und Triebe sind aber durchweg etwas kleiner. Die spitzen Knospen öffnen sich zu becherförmigen, zu mehreren an einem Trieb sitzenden Blüten, die mit 10 Petalen gefüllt sind und leicht duften. Die Stacheln sind rötlich-braun. Der Wuchs dieser Rabattenrose ist buschig, und es werden fast kontinuierlich neue Blüten hervorgebracht.
**ZONEN 4–11.**

Harkness, Großbritannien, 1980

'Southampton' × 'Minuetto'

Royal National Rose Society President's International Trophy 1981, Genua Goldmedaille 1987, Glasgow Goldmedaille 1989

## 'ANNA LIVIA' KORmetter

**Syn. 'Trier 2000', 'Sandton Smile'**

FLORIBUNDA, ORANGEROSA, ÖFTERBLÜHEND

Trotz der offiziellen Farbangabe ist von Orange nicht viel zu erkennen, im Prinzip handelt es sich hier um einen reinen, warmen Rosaton. In regelmäßiger Folge erscheinen dichtgefüllte, hochgebaute Blüten in Büscheln vom Sommer bis zum Herbst. Die einzelnen Blüten sind groß und rundlich und sind besonders hübsch zueinander angeordnet. Sie haben einen leichten, frischen Duft. Der Wuchs, buschig und etwas ausladend, ist ausgezeichnet, mittelhoch, und mit üppigem, ledrigem, mittelgrünem Laub. Sie ist eine gute Ausstellungsrose. Anna Livia ist eine Figur aus dem Erfolgsroman *Finnegan's Wake* von James Joyce; ihren Namen erhielt die Rose anläßlich der 1000-Jahr-Feier der irischen Hauptstadt.
**ZONEN 4–9.**

Kordes, Germany, 1985

(Sämling × 'Tornado') × Sämling

Belfast Certificate of Merit 1987, Orléans Goldmedaille 1987, Glasgow Goldmedaille 1991, Royal Horticultural Society Award of Garden Merit 1994

## 'ANNA LOUISA'

FLORIBUNDA, HELLROSA, ÖFTERBLÜHEND

Diese Rose ist manchem älteren Gartenfreund noch als sehr gute, ordentliche rosa Beetrose in Erinnerung: Sie wächst gleichmäßig, etwa mittelhoch oder kaum höher und besitzt reichlich leicht glänzendes, mittelgrünes Laub. Die Blüten sind klein, mit vielen Petalen gefüllt und werden in gut gefüllten Büscheln an festen Stielen in großer Fülle vom Sommer bis zum Herbst hervorgebracht. Anfangs sind sie spitz, öffnen sich dann aber zu einer reizvollen Becherform und verströmen einen angenehmen leichten Duft. Die Blütenfarbe kann man als gleichmäßiges helles Rosa mit einem Hauch von rötlichem Lachs beschreiben.
**ZONEN 4–9.**

de Ruiter, Niederlande, 1967

'Highlight' × 'Valeta'

## 'ANNA OLIVIER'

ALTE R., TEEROSE, ROSA+, ETWAS NACHBLÜHEND

Diese bekannte Gartenrose hat reizende, gekräuselte Petalen in Rosa mit etwas gelblichem Fleischrosa; ihre Färbung verändert sich allmählich zu Lachs mit rosafarbener Rückseite. Die Blüten haben eine schöne Form, sind gefüllt, groß und hochgebaut und blühen häufig nach. Sie hängen an einem starkwüchsigen, verzweigten Busch und verströmen einen feinen Teerosenduft. 'Anna Olivier' ist eine exzellente Schnittrose. Das Laub ist hellgrün und zugespitzt. Sie sollte maßvoll zurückgeschnitten werden.
**ZONEN 5–10.**

Ducher, Frankreich, 1872

Eltern unbekannt

## 'ANNA PAVLOVA'

TEEHYBRIDE, HELLROSA, ÖFTERBLÜHEND

Die Schönheit dieser Rose ist in den prächtig gestalteten Blüten begründet. Diese bestehen aus vielen breiten Petalen in feinstem Hellrosa, die riesige, hochgebaute, rundliche Blumen bilden. Sie besitzen einen außergewöhnlich süßen Duft. Leider kommen diese guten Qualitäten bei 'Anna Pavlova' nicht immer zum Vorschein: Ihr Wuchs ist aufrecht, etwas dürr, und sie besitzt große, glänzende, dunkelgrüne Blätter. Am besten plaziert man die Rose im Garten an einer Stelle, wo sie gut zur Geltung kommt. Sie kann aber auch problemlos für die Vase geschnitten werden, so daß diese schöne, aber leicht sternrußtauanfällige Rose während der Blütezeit im Sommer und im Herbst ihren Duft auch im Haus verbreiten kann. **ZONEN 4–9.**

Beales, Großbritannien, 1981

Eltern unbekannt

## 'ANNA VON DIESBACH'

**Syn. 'Anna de Diesbach', 'Gloire de Paris'**

ALTE R., REMONTANTROSE, DUNKELROSA, ETWAS NACHBLÜHEND

Obwohl gegen Ende des 19. Jh. die Beliebtheit von Remontantrosen zugunsten der neuen Teehybriden abnahm, gibt es noch heute Remontantrosen, und eine der beliebtesten ist 'Anna von Diesbach'. Sie hat lange, spitze, teehybridenähnliche Knospen, die sich zu großen, gefüllten, becherförmigen Blüten öffnen, die rosafarben mit dunklerer Mitte sind; sie können 10 cm groß werden und lange Kelchblätter besitzen, die zugespitzt oder blättrig sind. Der starkwüchsige, hohe Strauch blüht vom Sommer bis zum Herbst. Das Laub ist bläulich-grün, die Triebe sind lang mit kleinen Stacheln.
**ZONEN 5–10.**

Lacharme, Frankreich, 1858

'La Reine' × Sämling

'Anna Louisa'

'Anna Olivier'

'Anna Pavlova'

'Anne Diamond'

## 'ANNA ZINKEISEN' HARquhling

STRAUCHROSE, HELLGELB, ÖFTERBLÜHEND

Im Knospenstadium sind die mittelgroßen Blüten dieser Sorte blaß goldfarben, während sich bei der geöffneten Blüte zahlreiche elfenbeinfarbene, einander überlappende Petalen weit und gleichmäßig rund öffnen, um die zentralen goldfarbenen Staubgefäße zu zeigen. Die Blüten erscheinen in großen, lockeren Büscheln an kräftigen Stielen, ihr Duft ist ziemlich süß und erinnert an frisches Heu. 'Anna Zinkeisen' hat einen breiten, kräftigen Wuchs mit vielen Trieben und wird mittelhoch. Das Laub ist üppig, zugespitzt und hellgrün. Die Rose blüht durchgehend von Sommer bis Herbst. ZONEN 5–10.

Harkness, Großbritannien, 1983

Sämling × 'Frank Naylor'

Diplom von Kopenhagen 1982, Courtrai Silbermedaille 1983, Royal National Rose Society Trial Ground Certificate 1983

## 'ANNE COCKER'

FLORIBUNDA, ORANGEROSA, ÖFTERBLÜHEND

Die Blüte dieser Sorte ist weder orange noch rosa gefärbt, sondern vielmehr leuchtend scharlachrot, weshalb die offizielle Farbbezeichnung recht irreführend ist. Die kleinen bis mittelgroßen, sehr hübschen Blüten erscheinen in lockeren Büscheln. 'Anne Cocker' duftet kaum. Die Blütenstiele sind dick, kräftig und fein bestachelt. Sie macht sich hervorragend in Tischgestecken und Vasen. Da diese Floribundarose etwas später als andere Sorten zu blühen beginnt und bis in den Herbst hinein blüht, wird sie gerne als Ausstellungsrose genommen. Ihr Laub ist üppig und dunkelgrün, ihr Wuchs aufrecht, recht steif und schlank. Ihren Namen erhielt 'Anne Cocker' nach der Ehefrau ihres Züchters. ZONEN 4–9.

Cocker, Großbritannien, 1970

'Highlight' × 'Königin der Rosen'

Royal National Rose Society Certificate of Merit 1969

'Anne de Bretagne'

## 'ANNE DE BRETAGNE'

MEIturaphar

Syn. 'Décor Rose', 'Meilland Décor Rose'

STRAUCHROSE, DUNKELROSA, ÖFTERBLÜHEND

Diese starkwüchsige Rose eignet sich sehr gut für moderne Gartenanlagen und den Landschaftsbau. Die Blüten erscheinen in gut gefüllten Büscheln an festen Stielen und sind recht dicht mit Petalen gefüllt. Sie öffnen sich aus kegelförmigen Knospen zu hübschen, hochgebauten Blumen in sattem dunklem Lachsrosa. Wenn sie sich weiter öffnen, entstehen lockere Becher, und ihre Farbe hellt auf. 'Anne de Bretagne' duftet kaum. Die Blüte erfolgt mehrfach und recht kontinuierlich von Sommer bis Herbst. Der Wuchs ist aufrecht mit reichlichem, leicht glänzendem hellgrünem Laub. Anne, Herzogin der Bretagne, war einzige Erbin dieses Fürstentums. ZONEN 4–10.

Meilland, Frankreich, 1979

('Malcair' × 'Danse des Sylphes') × (['Zambra' × 'Zambra'] × 'Centenaire de Lourdes')

## 'ANNE DIAMOND' LANdia

TEEHYBRIDE, APRICOT+, ÖFTERBLÜHEND

Auf diese Rose träfe sicherlich die amerikanische Klassifizierung „Grandiflora" zu, da 'Anne Diamond' dichtgefüllte Blüten im Stil einer Edelrose in solcher Fülle trägt, wie man es nur von einer Floribundarose erwarten würde. Die urnenförmigen Knospen öffnen sich zunächst zu rosa Blüten, deren Petaleninnenseiten allerdings apricot getönt sind. Die vollständig geöffnete Blüte verblaßt schließlich zu Bernsteingelb. Von Sommer bis Herbst erscheinen die Blüten meist in Gruppen zu 3–4 auf langen Stielen, wodurch sie sich gut als Schnittblumen eignen. 'Anne Diamond' verbreitet einen angenehmen Duft. Die Pflanze wird etwas mehr als mittelhoch, neigt jedoch dazu, sich recht stark zu verzweigen, was bei einer Beetrose nicht sehr erwünscht ist. Das Laub ist dunkelgrün. ZONEN 4–9.

Sealand, Großbritannien, 1988

'Mildred Reynolds' × 'Arthur Bell'

Royal National Rose Society Trial Ground Certificate 1987

'Anne Harkness'

## 'ANNE HARKNESS' HARkaramel

FLORIBUNDA, APRICOT+, ÖFTERBLÜHEND

Diese Floribundarose ist allein schon aufgrund ihrer auffallenden Blütenstände bemerkenswert. Die einzelnen Blüten, die jede für sich eine perfekte Rose darstellen, sind wie zu einem natürlichen Strauß angeordnet. Sie öffnen sich becherförmig mit gewellten Petalenrändern und halten ihre Form lange, bis sie sauber abfallen. Die gefüllten, mittelgroßen apricotfarbenen Blüten werden mit der Zeit leicht gelborange überhaucht. 'Anne Harkness' duftet kaum. Die Pflanze braucht viel Kraft, um Büschel von einer solchen Größe hervorzubringen. Deshalb beginnt die Sorte deutlich später als andere Floribundarosen zu blühen, allerdings blüht sie dann fast kontinuierlich bis in den Herbst hinein durch. 'Anne Harkness' wächst hoch und aufrecht mit entsprechendem mittelgrünem Laub. Sie läßt sich gut mit anderen Pflanzen kombinieren oder als Heckenrose ziehen. Die Rose wurde nach der Nichte des Züchters benannt. ZONEN 4–9.

Harkness, Großbritannien, 1980

'Bobby Dazzler' × Sämling

Royal National Rose Society Trial Ground Certificate 1978, British Association of Rose Breeders Selection 1980

## 'ANNE LETTS'

TEEHYBRIDE, ROSA+, ÖFTERBLÜHEND

Dem englischen Rosenzüchter George Letts wird nachgesagt, daß 'Anne Letts' seine erste und letzte gute Arbeit gewesen sei. 30 breite Petalen, deren Spitzen erst zusammengerollt sind, formen eine Blüte mit sehr hoher Mitte. Die Blütenfarbe läßt sich als klares, blasses Rosa mit etwas Creme an der Blütenblattbasis beschreiben, wodurch sich ein sehr schöner Zweifarbeneffekt ergibt. Ihr Duft ist süß, jedoch nicht intensiv. Diese Teehybride blüht kontinuierlich vom Sommer bis zum Herbst. Aufgrund ihrer dicken Petalen neigen die Blüten allerdings dazu, bei nasser Witterung zu verkleben. Deshalb wird die Sorte heute vom Handel nur in Regionen mit wärmerem Klima angeboten. 'Anne Letts' besitzt einen mittelhohen Wuchs mit vielen Seitentrieben und trägt reichlich große, glänzende, mittelgrüne Blätter. ZONEN 5–9.

Letts, Großbritannien, 1954

'Gloria Dei' × 'Charles Gregory'

'Anne Cocker'

'Anna Zinkeisen'

'Anne Letts'

A

'Anne Morrow Lindbergh'

'Anne-Marie de Montravel'

## 'ANNE-MARIE DE MONTRAVEL'

**Syn. 'Anna-Maria de Montravel'**
POLYANTHAROSE, WEISS, ÖFTERBLÜHEND

Diese Rose gilt als eine der letzten Relikte jener ersten neuartigen Kreuzungen mit Zwergformen von *R. multiflora*, die im 19. Jh. im Raum Lyon durchgeführt wurden. Sie bildet einen dichten, ziemlich ausladenden kleinen Strauch, dessen zahlreiche Triebe mit zugespitzten dunkelgrünen Fiederblättchen geschmückt sind. Die rein weißen Blüten sind klein und ziemlich dicht mit unregelmäßigen Petalen gefüllt, die bei der vollerblühten Rose die Staubgefäße zeigen. Sie duften leicht nach Maiglöckchen und erscheinen im Sommer reichlich in großen Büscheln; im Herbst erfolgt dann eine geringere Nachblüte. **ZONEN 4–9.**

Rambaux, France, 1879

Zwergform von *Rosa multiflora* × 'Mme de Tartas'

## 'ANNE MARIE TRECHSLIN'

MEIfour

**Syn. 'Anne Marie'**
TEEHYBRIDE, DUNKELROSA, ÖFTERBLÜHEND

Diese Rose fällt besonders wegen ihrer hübschen Farbmischung auf – ein dominierendes dunkles Orangerosa mit Apricot, Gelb und Korallrosa. Die dichtgefüllten Blüten erscheinen an festen Trieben, die lang genug für den Schnitt sind. Sie öffnen sich aus urnenförmigen Knospen zu hochgebauten, wenn auch nicht besonders langlebigen Blüten von ansehnlicher Größe. Zum Ausgleich für dieses Manko bringt die Teehybride unermüdlich den ganzen Sommer über bis in den Herbst neue Triebe und Blüten hervor, die einen köstlichen, leicht würzigen Duft verströmen. 'Anne Marie Trechslin' besitzt einen starken, aufrechten, gut verzweigten Wuchs mit ziemlich glatten, rötlichen Trieben. Ihr Laub ist anfangs rötlich getönt, wird aber später dunkelgrün und ist recht ledrig. Anne Marie Trechslin zählt zu den bedeutendsten Rosenmalerinnen des 20. Jh. **ZONEN 4–9.**

Meilland, Frankreich, 1968

'Sutter's Gold' × ('Demain' × 'Gloria Dei')

Monza Goldmedaille für Duft 1968

'Anne's Delight'

## 'ANNE MORROW LINDBERGH' JACyap

**Syn. 'Melinda Gainsford'**
TEEHYBRIDE, ROSA+, ÖFTERBLÜHEND

Charakteristisch für diese Rose ist ihre variable Farbpalette: Bei den sich öffnenden Knospen dominieren Rosatöne, wenn sich die Petalen zurückbiegen, mischen sich Weiß und Gelb dazu. Die Blüten sind groß, dichtgefüllt und hochgebaut und erscheinen normalerweise einzeln an langen Stielen, weshalb sie sich gut zum Schnitt eignen. Sie erscheinen fast durchgängig vom Sommer bis zum Herbst und haben einen angenehmen Duft. Bei 'Anne Morrow Lindbergh' ist alles sehr großzügig gehalten – nicht nur die Blüten sind besonders groß, auch ihr Wuchs ist überdurchschnittlich hoch, und zudem bedeckt sich die aufrechte, starke Rose mit großen, mittelgrünen, leicht glänzenden Blättern. Nach seinem sensationellen Flug über den Atlantik im Jahre 1927 traf der amerikanische Luftfahrtpionier Charles Lindbergh auf einer Mexikoreise erstmals seine spätere Frau Anne Morrow, die Tochter des damaligen dortigen US-Botschafters. Nach ihr wurde diese Rose benannt. **ZONEN 4–9.**

Warriner, USA, 1994

Eltern unbekannt

'Anneka'

## 'ANNE OF GEIERSTEIN'

ALTE R., RUBIGINOSA-HYBRIDE, DUNKELROT

Wie eine Sonnenscheibe im Abendrot hebt sich die mit Staubgefäßen gefüllte Mitte dieser reizenden Rose von dem kleinen weißen Hintergrund ab, umrahmt von dunkelroten Petalen einer halbgefüllten Blüte. Die Rubiginosa-Rose blüht im Sommer, besitzt kräftige Triebe und wird etwa 3 m hoch und knapp 2,5 m breit. Laub und Blüten duften. 'Anne of Geierstein' gedeiht auch auf mageren Böden und ist als Heckenrose oder für einen naturnahen Garten gut geeignet. Sie verträgt Schatten, ist leider etwas sternrußtauanfällig und sollte nur leicht zurückgeschnitten werden. **ZONEN 5–10.**

Penzance, Großbritannien, 1894

*Rosa rubiginosa* × unbekannte Remontant- oder Bourbonrose

## 'ANNE'S DELIGHT'

ZWERGROSE, REIN ROSA, ÖFTERBLÜHEND

Die fluoreszierenden rosa bis dunkelrosafarbenen Blüten von 'Anne's Delight' sind sehr reizvoll. In Lagen mit kühlerem Klima kann die Farbe allerdings schnell verblassen. Hübsche Knospen öffnen sich zu meist einzeln stehenden, edelrosenähnlichen Blüten mit etwa 40 Petalen; diese könne zwar durchaus Ausstellungsqualität besitzen, werden aber nur zögerlich und an recht schwachen Trieben hervorgebracht. Das Laub ist klein, dunkelgrün und glänzend, doch laut Angaben einiger Züchter soll die Zwergrose wie eine Gurkenpflanze wuchern. Die Rose ist anfällig für Mehltau und Sternrußtau. **ZONEN 4–11.**

Williams, USA, 1981

'Little Darling' × 'Over The Rainbow'

'Anne Marie Trechslin'

## 'ANNEKA' HARronver

TEEHYBRIDE, GELB+, ÖFTERBLÜHEND

Ob 'Anneka' nun zu den Teehybriden oder den Floribundarosen zählt, ist Ansichtssache. Denn die Einzelblüten sind ausreichend groß und erscheinen in stattlichen Blütenständen auf länglichen Stielen, die strahlenförmig von einem Mittelpunkt ausgehen und ein lockeres Büschel ergeben. Die Blütenfarbe ist in erster Linie gelb, an den Rändern der Petalen jedoch mit rötlichem Rosa durchzogen. Die Blüten sind gefüllt, hochgebaut und duften angenehm. Sie kommen reichlich vom Sommer bis zum Herbst. Die Pflanze ist sehr starkwüchsig und reich verzweigt, knapp mittelhoch und gut bedeckt mit schönem, leuchtend grünem Laub. 'Anneka' ist eine ausgezeichnete, pflegeleichte Beetrose. **ZONEN 4–9.**

Harkness, Großbritannien, 1990

'Goldbonnet' × 'Silver Jubilee'

Royal National Rose Society Trial Ground Certificate 1985

## 'ANNELIESE ROTHENBERGER'

siehe 'Oregold'

## 'ANNIE VIBERT'

ALTE R., NOISETTEROSE, WEISS+, ETWAS NACHBLÜHEND

Wenn sich die gefüllten, mittelgroßen rosafarbenen Knospen dieser Sorte öffnen, ändert sich die Farbe zu Weiß. Die Blüten erscheinen vom Sommer bis zum Herbst und sind angenehm duftend. Die langen, überhängenden Triebe werden bis zu 3,5 m hoch. Die Noisetterosen entstanden als Kreuzung zwischen *Rosa chinensis* und einer Sorte von *R. moschata*. Ihr Züchter, John Champneys aus South Carolina, überließ Sämlinge seiner Züchtung dem Nachbarn Philippe Noisette, der diese später seinem Bruder nach Paris schickte. Viele meinen, die Noisetterose käme somit aus Frankreich, was aber nicht zutrifft. **ZONEN 5–10.**

Vibert, Frankreich, 1828

Eltern unbekannt

'Annie Vibert'

## 'ANNIE'S SONG'

KLETTERNDE FLORIBUNDA, ORANGEROSA, ÖFTERBLÜHEND

'Annie's Song' ist eine niedrige Kletterrose mit hübschen cremefarbenen Blüten. Ihre äußeren Petalen haben einen kräftigen rosa Rand, die Blütenmitte hingegen ist orangegelb gefärbt. Obwohl die Farbe dieser Sorte stark derjenigen von 'Händel' ähnelt, ist ihr Rosa wesentlich dunkler. Die Blüten haben jeweils 30 feste Petalen und eignen sich gut zum Schnitt. 'Annie's Song' wird 3 m hoch und besitzt reichlich großes, gesundes Laub an stacheligen Trieben. Zum Beranken eines Dreifuß oder einer niedrigen Säule ist sie ideal. **ZONEN 5–10.**

Spriggs, Australien, 1990

'Granada' × 'Kordes' Perfecta'

## 'ANOTHER CHANCE'

TEEHYBRIDE, WEISS, ÖFTERBLÜHEND

Die großen, spitzen Knospen dieser Teehybride 'Another Chance' sind rein weiß und öffnen sich zu dichtgefüllten, leicht duftenden Blüten von Ausstellungsqualität. Der Flor ist üppig, die Blüten halten sich lang am Busch, und die Petalen werden selten fleckig. Der Wuchs ist mittelhoch und buschig mit mattem, dunkelgrünem, krankheitsfestem Laub. **ZONEN 4–10.**

Heyes, Australien, 1994

'Mount Shasta' × 'Saffron'

'Another Chance'

## 'ANTHONY MEILLAND'

MEItalbaz, MEIbaltaz

FLORIBUNDA, GELB, ÖFTERBLÜHEND

Diese Sorte trägt dichtgefüllte Blüten in einem leuchtenden und fröhlichen Gelbton. Meist bestehen die Büschel zwar nur aus wenigen Blüten; da diese allerdings eine für Floribundarose außergewöhnliche Größe besitzen, stehen sie nach dem Öffnen dicht beieinander. Zweifellos ist das ein eindrucksvoller Anblick. Die Petalen sind reizvoll gefaltet und an den Rändern muschelförmig. Sie haben einen angenehmen Duft und blühen fast kontinuierlich vom Sommer bis zum Herbst. 'Anthony Meilland' eignet sich aus diesem Grund sehr gut als Beetrose, wobei der buschige Wuchs und die etwas unter dem Durchschnitt liegende Höhe durchaus Vorteile darstellen. Das Laub ist groß, mittelgrün und leicht glänzend. Benannt wurde diese Sorte nach einem Familienmitglied des Züchters. **ZONEN 5–11.**

Meilland, Frankreich, 1990

'Landora' × MEIlenangal

'Annie's Song'

'Anthony Meilland'

## 'ANTIGONE' GAUti, GAhti

TEEHYBRIDE, GELB+, ÖFTERBLÜHEND

Die Firma Gaujard führte eine berühmte langjährige Tradition fort, als sie 1924 das Unternehmen Pernet-Ducher übernahm, in dem seit etlichen Jahren klassische Edelrosen mit breiten Blättern und hoher Mitte gezüchtet werden. Die vorliegende Rose, die von Jean Gaujards Ehefrau gezüchtet wurde, liefert hierfür ein schönes Beispiel. Die spitzen Knospen an kräftigen Stielen öffnen sich zu großen, dichtgefüllten Blüten. Die Blumen sind gelb, an den Rändern der Petalen orangerot schattiert; dieser Farbton geht bei den geöffneten Blüten dann in ein Pfirsichrosa über. Die gut duftenden Blüten erscheinen an langen Stielen und halten sich als Schnittblumen lange in der Vase. Während der Saison erfolgt stete Nachblüte bis weit in den Herbst hinein. Die Sorte eignet sich gut als Beetrose und für Rabatten, denn sie ist starkwüchsig und trägt schönes, hellgrünes Laub. Dieses ist ziemlich weich, weshalb

'Antigone' sich eher für Regionen mit warmem Klima eignet. Die Vermehrung erfolgt durch Okulation.
ZONEN 5–9.

Gaujard, Frankreich, 1969

'Rose Gaujard' × 'Guitare'

Bagatelle Goldmedaille 1967

### 'ANTIGUA' JACtig

TEEHYBRIDE, APRICOT+, ÖFTERBLÜHEND

Die großen Blüten dieser Sorte zeigen eine interessante Farbkombination. Dikke Knospen öffnen sich in Rosa mit Apricot an der Basis, später mit blassem Karminrot an den Petalenrändern. Sie sind recht dicht mit breiten, ziemlich weichen Petalen gefüllt, doch halten sie ihre hochgebaute Form nicht lange, sondern zeigen bald eine etwas wirre Mitte. Die Blüten duften leicht, erscheinen an langen Stielen und eignen sich gut als Schnittblumen, wenn sie früh genug geschnitten werden. Während der Saison erfolgt eine gute Nachblüte. Die gut verzweigte Pflanze wird mittelhoch und besitzt reichlich ledriges, dunkelgrünes Laub. Obwohl 'Antigua' eine Goldmedaille gewonnen hat, gelang ihr leider nie der ganz große Durchbruch. ZONEN 4–9.

Warriner, USA, 1974

'South Seas' × 'Golden Masterpiece'

Genf Goldmedaille 1972

'Antigone'

'Antike 89'

'Antoine Rivoire'

### 'ANTIKE'

Syn. 'Antique'

FLORIBUNDA, ROT+, ÖFTERBLÜHEND

Auf der Petaleninnnenseite dieser Sorte sind die Blüten in einer Mischung aus rosigem Karminrot mit gelblicher Mitte gefärbt, außen durchweg aber goldgelb. Für eine Floribundarose sind sie recht groß, dichtgefüllt, etwas rundlich und duften kaum. Vom Sommer bis zum Herbst erfolgt ein üppiger Flor. 'Antike' ist eine gut geeignete Beetrose mit gleich mäßigem, mittelhohem Wuchs und besitzt dunkelgrüne, glänzende Blätter.
ZONEN 4–9.

Kordes, Deutschland, 1967

'Honigmond' × 'Circus'

### 'ANTIKE 89' KORdalen

Syn. 'Antique', 'Antique 89'

GROSSBLUMIGE KLETTERROSE, ROSA+, ÖFTERBLÜHEND

Die Blüten dieser Kletterrose sind sehr dichtgefüllt und rundlich; sie besitzen unregelmäßig angeordnete, dicht ineinandergefaltete Petalen. Ihre Grundfarbe ist ein blasses Zartrosa, das besonders an den Blütenblatträndern stark rosarot durchzogen ist. Die nur schwach duftenden Blüten erscheinen vom Sommer bis zum Herbst an steif verzweigten Trieben. 'Antike 89' eignet sich gut für Säulen, Mauern, Zäune und Pergolen. Die Pflanze wächst stark und hat reichliches, kräftiges, ledriges, dunkelgrünes Laub.
ZONEN 4–9.

Kordes, Deutschland, 1988

Eltern unbekannt

### 'ANTIQUE ROSE' MORcara, MORcana

ZWERGROSE, REIN ROSA, ÖFTERBLÜHEND

Spitze Knospen öffnen sich bei 'Antique Rose' zu hübschen, rosafarbenen Blüten im Stil Alter Rosen. Die leicht duftenden Blüten erscheinen einzeln mit hoher Mitte an einem starkwüchsigen, hohen, aufrecht wachsenden Busch. Die Leuchtkraft der Farben läßt insbesondere in Gegenden mit trockenem Klima rasch nach. Das Laub ist dunkelgrün, und die Stacheln sind braun. ZONEN 4–11.

Moore, USA, 1980

'Baccara' × 'Little Chief'

### 'ANTIQUE SILK' KORampa

Syn. 'Champagner'

TEEHYBRIDE, WEISS, ÖFTERBLÜHEND

'Antique Silk' bildet eine Ausnahme von der Regel, daß Schnittrosen nicht duften, denn sie verströmt einen angenehmen Mandelduft. Die Knospen sind zunächst dicht aufgerollt und öffnen sich dann zu sternförmigen, hochgebauten Blüten, die aus mehreren Lagen zugespitzer Petalen bestehen. Diese sind sehr fest und halten aus diesem Grund sowohl am Strauch als auch in der Vase relativ lange. Das Weiß der Blüten ist creme- und elfenbeinfarben überhaucht, was einen seidigen Effekt hervorruft. 'Antique Silk' bringt ihre Blüten unermüdlich vom Sommer bis zum Herbst hervor. Diese erscheinen an aufrechten, pflegeleichten Trieben, die so gut wie keine Stacheln aufweisen. 'Antique Silk' ist nicht nur eine gute Schnitt-

'Antonia Ridge'

blume, sondern in Regionen mit warmem Klima auch eine hervorragende Gartenrose. Ihr Wuchs ist aufrecht und buschig, das Laub ist mittelgrün.
ZONEN 4–9.

Kordes, Deutschland, 1982

Sämling von 'Annabelle' × Sämling

### 'ANTOINE RIVOIRE'

TEEHYBRIDE, HELLROSA, ÖFTERBLÜHEND

Diese alte Teehybride wurde jahrelang auch gern als Schnittrose verwendet. Die Blütenfarbe ist eine hübsche Mischung aus zartem, cremigem Gelb, das rosig überhaucht ist. Aufgrund ihrer recht flachen Blüten ähnelt 'Antoine Rivoire' dem Aussehen nach einer Kamelie. Die zahlreichen Petalen sind so fest, daß sich die Blütenform sogar in warmem Klima einige Tage hält. Sie duftet nur leicht. Trotz des kräftigen, aufrechtes Wuchses bringt die Teehybride nur wenige Triebe hervor, und die Zahl der Blüten zwischen Sommer- und Herbstflor fällt ebenfalls recht gering aus. Das bronzefarbene, große, ledrige Laub erkrankt leicht an Sternrußtau. Der Namensgeber Antoine Rivoire war Vorsitzender eines Lyoner Züchterverbandes. ZONEN 4–7.

Pernet-Ducher, Frankreich, 1895

'Dr Grill' × 'Lady Mary Fitzwilliam'

### 'ANTONIA D'ORMOIS'

Syn. 'Antonine d'Ormois'

ALTE R., GALLICA-ROSE, HELLROSA

'Antonia d'Ormois' ist ein recht hoher, allerdings gut verzweigter Strauch, der mit knapp unter 2 m Höhe größer als die meisten Gallica-Rosen wird. Die Triebe sind nur schwach mit Stacheln besetzt. Das Laub ist üppig, treibt zunächst hellgrün aus und färbt sich später dunkelgrün. Die Blüten haben eine hübsche Form und können etwa 6 cm groß werden, die vollständig geöffneten Blumen sind polsterförmig. Bei starker Sonneneinstrahlung verblaßt die zartrosa Farbe der Blüten fast schon zu Weiß. Sie blüht etwas zögerlich im späteren Hochsommer, verströmt zum Ausgleich aber einen süßen Duft. Diese weniger bekannte Sorte kompensiert ihre geringe Blühfreude durch Qualität, guten Duft und Gesundheit. ZONEN 4–10.

Vibert, Frankreich, 1835

Eltern unbekannt

### 'ANTONIA RIDGE' MEIparadon

TEEHYBRIDE, ROT, ÖFTERBLÜHEND

Die großen, dichtgefüllten, satt dunkelroten Blüten dieser Rose erscheinen ein-

'Antique Rose'

'Antique Silk'

zeln oder zu mehreren an langen, aufrechten Stielen und öffnen sich mit hoher Mitte. Sie duften nur schwach, was bei einer roten Rose eine Enttäuschung ist; im Garten sieht 'Antonia Ridge' allerdings sehr reizvoll aus und blüht dort fortlaufend von Sommer bis Herbst. Die mittelhohe Pflanze besitzt einen aufrechten, buschigen Wuchs und recht großes mittelgrünes Laub. Antonia Ridge ist die Verfasserin der Firmengeschichte des Hauses Meilland. In Fachkreisen ist Marie-Louise Meilland, die Züchterin dieser Sorte, auch als Marie-Louise Paolino bekannt. ZONEN 4–9.

Paolino, Frankreich, 1976

('Chrysler Imperial' × 'Karl Herbst') × Sämling

### 'ANUSCHKA' PAYable

Syn. 'Anushcar', 'Anusheh'

FLORIBUNDA, ROT+, ÖFTERBLÜHEND

Diese Moderne Rose trägt große, kompakte Büschel dichtgefüllter, mittelgroßer, rosettenförmiger Blüten. Die Petalen sind innen erdbeerrot und außen hellgelb, was eine hübsche Farbkombination ergibt, wenn sich die Knospen öffnen. Beim weiteren Erblühen verfärben sich die Blumen erneut, ihr hübsches Erscheinungsbild wird hierdurch jedoch nicht beeinträchtigt. Sie duften leicht und blühen von Sommer bis Herbst. Die Pflanze wächst aufrecht buschig, mittelhoch und hat glänzendes, mittelgrünes

A

Laub. Archie Payne, der diese gute Beet- und kurze Schnittrose kreierte, war ein begeisterter Amateurzüchter, der einen guten Blick für Rosen hatte. Er verstarb im Dezember 1997. **ZONEN 4–9.**

Payne, Großbritannien, 1993

'Len Turner' × Sämling

Royal National Rose Society Trial Ground Certificate 1990

## 'ANYTIME'

ZWERGROSE, ORANGEROSA, ÖFTERBLÜHEND

'Anytime' ist das klassische Beispiel einer Zwergrose mit 5 Petalen. Die Blüten in leuchtendem Orangerosa besitzen ein purpurfarbenes Auge und goldgelbe Staubgefäße, wodurch ein hübscher Kontrast entsteht. Betont wird dieses noch dadurch, daß die Blumen insgesamt wie mit einem Rauchschleier überzogen sind. Die Blüten erscheinen meist zu 5–10 in Büscheln an kräftigen, geraden Stengeln. Die starkwüchsige Pflanze ist krankheitsfest und steht nahezu dauernd in Blüte. Da 'Anytime' leicht Hagebutten bildet, wurde sie Elternsorte von 'Kaikoura' und 'Wanaka', zweier weiterer großartiger Zwergrosen des Neuseeländers Sam McGredy. **ZONEN 4–11.**

McGredy, Neuseeland, 1973

'New Penny' × 'Elizabeth of Glamis'

## 'APART'

RUGOSA-HYBRIDE, MAUVE+, ÖFTERBLÜHEND

In den letzten Jahren wurden viele ausgezeichnete Rugosa-Hybriden gezüchtet. Die hier beschriebene 'Apart' zeichnet sich durch besondere Robustheit aus und ist daher eine interessante Sorte für kältere Lagen. Ihre mittelgroßen, locker gefüllten, duftenden Blüten mit gekräuselten Petalen sind in einem Rosaton gefärbt, der ins Mauve übergeht; sie erscheinen während der gesamten Saison. Im Herbst werden zahlreiche tomatenförmige Hagebutten gebildet. Die gesunde, sehr winterharte Pflanze wird gut mittelhoch und besitzt einen rundlichen, buschigen Wuchs, wie er für Rugosa-Hybriden typisch ist. **ZONEN 3–7.**

Uhl, Deutschland, 1981

Eltern unbekannt

'Apple Blossom'

'Apollo'

'Apogée'

## 'APFELBLÜTE'

BODENDECKERROSE, WEISS, ÖFTERBLÜHEND

In den letzten Jahren wurden so viele Bodendeckerrosen in den Handel gebracht, daß es schwierig ist, sie zu unterscheiden. Diese Rose wird etwa halb so breit wie hoch, liegt also zwischen einer Strauchrose und einer echten flachwachsenden Rose. Sie bringt hübsche Büschel von 5–20 einfachen Blüten hervor, die sich weit öffnen und die Staubgefäße zeigen. Die Blüten sind zunächst zart rosa, verblassen aber schnell zu Weiß. Sie erscheinen an leicht überhängenden Zweigen dicht über dem Laub und duften kaum. Die Gesamtwirkung ist wegen der großen Blütenfülle und der sich vor dem glänzenden, leuchtend grünen Laub abhebenden Blüten spektakulär. Sie blüht bis in den Herbst hinein. **ZONEN 4–9.**

Noack, Deutschland, 1991

Eltern unbekannt

ADR-Rose 1991

## 'APOGÉE' DELbaf, DELbal, DELbat

TEEHYBRIDE, ORANGE+, ÖFTERBLÜHEND

'Apogée' ist für Gärten deshalb interessant, weil ihre Blüten während der Saison dauernd die Farbe verändern. Der kupferne Grundton kann sich mal mit zarten Pfirsichnuancen oder mal mit leuchtendem Gelb vermischen. Die intensivsten Farben ergeben sich jedoch bei kühler Witterung. Die Blüten öffnen sich aus dicken Knospen, sind groß und dichtgefüllt und werden becherförmig, sobald sich die Petalen zurückbiegen. Sie erscheinen reichlich und haben einen leichten Duft. Die Blüte dauert bis zum Herbst, weshalb sich 'Apogée' gut als Schnittrose eignet. Der Wuchs ist aufrecht und gut mittelhoch, das Laub ist bronzefarben und glänzend. **ZONEN 4–9.**

Delbard, Frankreich, 1966

('Queen Elizabeth' × 'Provence') × (Sämling von 'Sultane' × 'Mme Joseph Perraud')

'Apotheker-Rose'

'Anuschka'

'Antonia d'Ormois'

'Anytime'

## 'APOLLO' ARMolo

TEEHYBRIDE, REIN GELB, ÖFTERBLÜHEND

Die hellgelben Blüten dieser Sorte öffnen sich dichtgefüllt aus langen, spitz zulaufenden Knospen, haben einen angenehmen Duft und halten sich gut in der Vase. Ihr Wuchs ist buschig und aufrecht, das ledrige Laub allerdings anfällig für Sternrußtau. Ungeachtet der sehr hohen Auszeichnung als *All-American Rose Selection* erzielte 'Apollo' bei einer anderen Bewertung durch die *American Rose Society* eine eher unterdurchschnittliche Gesamtnote. **ZONEN 4–9.**

Armstrong, USA, 1971

'High Time' × 'Imperial Gold'

All-American Rose Selection 1972

## 'APOTHEKER-ROSE'

Syn. *Rosa gallica officinalis*, 'Rote Rose von Lancaster', 'Rose of Provins', 'Red Rose of Lancaster'

ALTE R., GALLICA-ROSE, DUNKELROSA

Diese Gallica-Rose ist vermutlich die älteste Sorte, die in Europa kultiviert wurde. Sie wurde seit jeher für medizinische Zwecke verwendet. Die halbgefüllten Blüten mit 4 Reihen Petalen variieren farblich von leuchtend Karminrot bis Purpur und besitzen auffallende Staubgefäße. Die sich verzweigenden Triebe tragen wenige Stacheln, und das dunkelgrüne Laub ist sehr reizvoll. Die Sorte blüht später als ihre Abkömmlinge und ist ausgesprochen krankheitsfest. In den Hagebutten bilden sich zahlreiche Samen, weshalb sie sich selbst gut aussät. Die 'Apotheker-Rose' duftet intensiv; früher wurde sie medizinisch genutzt, heute nutzt man nur noch ihre Petalen für hervorragende Potpourris. **ZONEN 4–10.**

Vor 1300

Eltern unbekannt

## 'APPLE BLOSSOM'

RAMBLERROSE, HELLROSA

Luther Burbank war ein berühmter Züchter von Obst- und Zierbäumen und anderen Pflanzen. 'Apple Blossom' ist die einzige seiner Rosenzüchtungen, die auch heute noch weltweit zu finden ist. Die starken Triebe tragen im Sommer riesige, kompakte Büschel rosaweißer Blüten mit gekräuselten Petalen. Der Rambler eignet sich hervorragend für den Bewuchs von Pergolen und Bäumen. Die biegsamen Triebe sind von dunkelgrünem, gesundem Laub bedeckt und tragen nur wenige Stacheln. **ZONEN 5–10.**

Burbank, USA, 1932

'Dawson' × *Rosa multiflora*

## 'APPLEJACK'

STRAUCHROSE, ROSA+, ÖFTERBLÜHEND

'Applejack' ist eine sehr vielseitige Rose, die sich gleichermaßen sowohl in warmem wie in kaltem Klima wohlfühlt. Spitze Knospen öffnen sich zu lockeren, fast flachen Blüten mit etwa 10 zerknittert aussehenden rosafarbenen, etwas

'Apricot Nectar'

'Apricot Silk'

rötlich überhauchten Petalen. Sie erscheinen reichlich im Sommer, später folgen vereinzelte Blüten, die sich von dem üppigen, ledrigen Laub abheben. Der frische Apfelduft wird dieser außerordentlich winterharten Strauchrose wohl ihren Namen verliehen haben. 'Applejack' wächst stark und ungleichmäßig mit überhängenden Trieben. Sie eignet sich deshalb als großer Strauch für einen Naturgarten, kann an einem Spalier aber auch als Kletterrose gehalten werden. **ZONEN 3–9.**

Buck, USA, 1973

'Goldbusch' × ('Josef Rothmund' × *Rosa laxa* 'Retzius')

## 'APPRECIATION'

TEEHYBRIDE, ROT, ÖFTERBLÜHEND

'Appreciation' hat von ihrer Elternsorte 'Queen Elizabeth' den robusten, aufrechten Wuchs geerbt und bringt ihre hellroten, dunkelkarminrot schattierten Blüten an langen Stielen einzeln oder in lockeren Büscheln hervor. Die gefüllten, recht großen Blüten öffnen sich zunächst mit hoher Mitte und werden becherförmig, wenn sich die Petalen später zurückbiegen. Sie duften leicht und blühen von Sommer bis in den Herbst hinein. Die starkwüchsige Pflanze wird von glänzendem Laub fast vollständig eingehüllt.

**ZONEN 4–9.**

Gregory, Großbritannien, 1971

'Queen Elizabeth' × Sämling

## 'APRICOT DELIGHT'

TEEHYBRIDE, APRICOT+, ÖFTERBLÜHEND

'Apricot Delight' ist ein niedriger, gedrungener Busch, dessen große, gefüllte Blüten die Farbe reifer Aprikosen besitzen. Das Laub ist groß, dunkelgrün, gesund und bildet einen schönen Kontrast zu den Blüten. Die Teehybride blüht etwas zögerlich und mit längeren Pausen, duftet dafür jedoch sehr intensiv. Die Knospenform ist in allen Phasen der Entwicklung sehr ansehnlich, weshalb gerade Knospen gute Schnittblumen ergeben. Im Herbst wird 'Apricot Delight' leicht von Mehltau befallen.

**ZONEN 4–10.**

Delbard, Frankreich, 1978

Eltern unbekannt

## 'APRICOT GEM'

FLORIBUNDA, APRICOT+, ÖFTERBLÜHEND

Diese niedrigwachsende Rose wurde bei ihrer Einführung nicht registriert und bisher auch nur in geringen Stückzahlen vermehrt. Die kräftigen, gefüllten, apricotfarbenen Blüten erscheinen in Büscheln, die den ganzen Busch auf reizvolle Weise bedecken. Die Floribundarose wird auch im ausgewachsenen Zustand nicht sehr hoch und eignet sich daher gut für Rabatten und als Randbepflanzung. 'Apricot Gem' ist etwas empfindlich und braucht während der gesamten Saison viel Pflege. Idealerweise wächst diese Sorte in warmem, trockenem Klima; andererseits bringen ihre Blüten in feucht-kalten Lagen die intensivsten Farben hervor. **ZONEN 5–9.**

Delbard und Chabert, Frankreich, 1978

Eltern unbekannt

## 'APRICOT NECTAR'

FLORIBUNDA, APRICOT+, ÖFTERBLÜHEND

Das Reizvolle an dieser Floribundarose ist der goldfarbene Apricotton mit einem leichten Hauch von Rosa, aber auch ihre becherförmigen Blüten und ihre gute Schnittblumenqualität sind weitere Pluspunkte. Besonders lange halten die Blumen in der Vase, wenn man sie in relativ frühem Stadium schneidet, da sich die Petalen dann sehr langsam öffnen. Die Blüten sind dichtgefüllt, recht groß und stehen vor allem in Gegenden mit warmem Klima in dichten Büscheln. 'Apricot Nectar' duftet angenehm fruchtig und blüht den ganzen Sommer und Herbst über unermüdlich nach. Ihr Wuchs ist buschig und ausreichend stark, die Pflanze bedeckt sich mit mittelgrünem Laub. 'Apricot Nectar' ist eine recht gute Gartenrose, die aber in feuchtkalten Lagen nur mäßig gedeiht.

'Apricot Delight'

**ZONEN 4–9.**

Boerner, USA, 1965

Sämling × 'Spartan'

Royal National Rose Society Certificate of Merit 1965, All-American Rose Selection 1966

## 'APRICOT PARFAIT'

siehe 'Evelyn'

## 'APRICOT QUEEN'

TEEHYBRIDE, APRICOT+, ÖFTERBLÜHEND

'Apricot Queen' trägt schlanke Knospen mit elegant gerollten Petalen, die sich zu dichtgefüllten, runden, duftenden Blüten in Apricot mit lachsrosa Schattierungen öffnen. Die Rose scheint vom Sommer bis in den Herbst unermüdlich neue Blüten zu produzieren. Schwache Blütenstiele und ein kärgliches Laub sind ihre zwei Schwachpunkte. Trotzdem ist 'Apricot Queen' eine hübsche Gartenrose, die vor allem in Gegenden mit warmem Klima vorzüglich gedeiht.

**ZONEN 5–9.**

Howard, USA, 1940

'Mrs J. D. Eisele' × 'Los Angeles'

All-American Rose Selection 1941

## 'APRICOT SILK'

TEEHYBRIDE, APRICOT+, ÖFTERBLÜHEND

Die Schönheit dieser Rose liegt in ihrer Farbe, einer Mischung aus Orange und Orangerot. Die langen Knospen öffnen sich zu dichtgefüllten, hochgebauten Blüten, die an Seidenblumen erinnern. Allerdings halten sich diese weder am Busch noch in der Vase sehr lange, und zudem duften sie nur schwach. 'Apricot Silk' wächst aufrecht und knapp mittelhoch, das dunkelgrüne Laub bedeckt den Busch nur dürftig, weshalb er etwas kahl wirkt. Dieses schlechte Erscheinungsbild wird bei zusätzlichem Sternrußtau noch verschlimmert, da die Rose dann weiteres Laub verliert. Da dieser Blattverlust darüber hinaus zu einer geringeren Photosyntheseleistung – was wiederum dazu führt, daß weniger Energiereserven gebildet werden –, wird auch die Blühfreudigkeit dieser Teehybride beeinträchtigt.

**ZONEN 4–9.**

Gregory, Großbritannien, 1965

Sämling × 'Souvenir de Jacques Verschuren'

## 'APRICOT SUMMER' KORpapiro

FLORIBUNDA/ZWERGROSE, APRICOT+, ÖFTERBLÜHEND

Manche Baumschulen führen diese Sorte als Zwergrose, da nicht nur ihr Wuchs, sondern auch ihre Blüten, ihre Triebe und ihr Laub recht winzig ausfallen. 'Apricot Summer' bringt Büschel mit vielen kleinen, rosettenförmigen Blüten in eher blassem Lachsrosa hervor, die allerdings kaum merklich duften. Der Sommer- wie auch der Herbstflor sind üppig, die Rose blüht schier unermüdlich. Das Laub ist sehr klein und zugespitzt, dunkelgrün, glänzend und erscheint an zahlreichen kräftigen Trieben. Rabattenrosen werden meist an Stellen mit wenig Platz gepflanzt, z. B. in Steingärten oder Kübeln, und gerade als Kübelpflanze erzielt diese Rose ihre beste Wirkung. 'Apricot Summer' wird in der Regel aus Stecklingen vermehrt.

**ZONEN 4–9.**

Kordes, Deutschland, 1995

Eltern unbekannt

'Apricot Gem'

## 'APRICOT SUNBLAZE' SAVamark

**Syn. 'Apricot Meillandina', 'Mark One', 'Mark I'**

ZWERGROSE, ORANGEROT, ÖFTERBLÜHEND

Die leuchtend orangeroten Blüten haben 45 Petalen und sind zunächst becherförmig, öffnen sich aber schnell zu einer flachen Form. Das dunkle Orange ist sehr klimabeständig und verblaßt nur sehr selten. Die Blüten können einzeln erscheinen, in kühleren Lagen sind aber auch Büschel von bis zu zehn Stück nicht ungewöhnlich. Sie duften würzig nach Apfel. **ZONEN 5–11.**

Saville, USA, 1982

'Sheri Anne' × 'Glenfiddich'

## 'APRIL HAMER'

TEEHYBRIDE, ROSA+, ÖFTERBLÜHEND

Diese Sorte eignet sich hervorragend für den Garten, aber auch als Schnittrose für Ausstellungen. Die recht hellrosafarbenen Blüten sind mit 40 Petalen gefüllt, deren Ränder dunkelrosa überhaucht sind, und duften intensiv. Vor dem üppigen dunkelgrünen Laub heben sich die blassen Blüten sehr gut ab. 'April Hamer' hat einen aufrechten, kräftigen und gesunden Wuchs und bringt während der gesamten Saison hochwertige Blüten hervor. **ZONEN 6–11.**

Bell, Australien, 1983

'Mount Shasta' × 'Primaballerina'

## 'AQUARIUS' ARMaq

TEEHYBRIDE, ROSA+, ÖFTERBLÜHEND

Diese Rose besitzt mittelgroße, hochgebaute Blüten mit recht breiten Petalen, die einzeln oder in kleineren Gruppen erscheinen. Ihr Farbe ist eine Mischung aus rötlichem Lachsrosa und Creme, die dann verblaßt, wenn sich die Blüten öffnen. Diese sind lange haltbar; wenn sie frühzeitig vom Strauch entfernt werden, halten sie auch lange in der Vase. 'Aquarius' duftet kaum, remontiert aber gut. Der Wuchs dieser Teehybride ist hoch und kräftig, ihr Laub derb und ledrig. **ZONEN 4–9.**

Armstrong, USA, 1971

('Charlotte Armstrong' × 'Contrast') × ('Fandango' × ['World's End' × 'Floradora'])

Genf Goldmedaille 1970, All-American Rose Selection 1971

## 'ARABIAN NIGHTS'

FLORIBUNDA, ORANGEROSA, ÖFTERBLÜHEND

Als diese Rose 1963 auf den Markt kam, hatten die Fachleute einige Mühen, die neuartige Blütenfarbe treffend zu beschreiben – einige sprachen von „Orange mit Lachstönen“, andere von einem „leuchtenden Scharlach, das sich zu Karmin verändert.“ Im Prinzip trifft beides zu, da die Farbreflexion von Intensität und Einfallswinkel des Sonnenlichts abhängt. Die recht großen, becherförmigen, gefüllten Blüten duften nicht und stehen meist in Büscheln zu 3–5 aufrecht auf kräftigen Stielen. Jeweils ein Sommer- und ein Herbstflor fallen gut aus, dazwischen blüht die Rose nur vereinzelt nach. Der Wuchs ist buschig und aufrecht; leider ist das reichliche, dunkelgrüne Laub von 'Arabian Nights' etwas anfällig für Mehltau.
**ZONEN 4–9.**

McGredy, Großbritannien, 1963

'Spartan' × 'Beauté'

'April Hamer'

'Aquarius'

## 'ARAMIS'

FLORIBUNDA, DUNKELROT, ÖFTERBLÜHEND

Die halbgefüllten, kaum duftenden Blüten, die für eine Floribundarose recht groß sind, erscheinen meist zu 7–8 in Büscheln und öffnen sich becherförmig. Ihre Petalen erstrahlen in einem warmen Scharlachkarmin und wirken immer attraktiv. Da die Blütenblätter vor dem Verwelken sauber abfallen, eignet sich 'Aramis' gut als Beetrose, die die ganze Saison hindurch blüht. Ihr Wuchs ist stark, etwa mittelhoch, dicht und sehr buschig, das Laub glänzend und dunkelgrün. **ZONEN 4–9.**

Laperrière, Frankreich, 1964

'Bel Ami' × ('Java' × 'Alain')

## 'ARC ANGEL' FRYyorst

TEEHYBRIDE, ORANGE+, ÖFTERBLÜHEND

Die klassisch geformten Blüten dieser wohl besten Teehybride des britischen Züchters Gareth Fryer sind elegant, mit hoher Mitte, mit breiten Petalen gefüllt und duften schwach. Die kupfer-orangefarbenen Knospen öffnen sich zu Blüten in kupfrigem Gelb, das in blassem Lachs geädert ist. Die Blühdauer erstreckt sich vom Sommer bis in den Herbst. 'Arc Angel' wächst buschig und kräftig und besitzt dunkelgrünes Laub. **ZONEN 4–9.**

Fryer, Großbritannien, 1996

Eltern unbekannt

'Arabian Nights'

'Archiduc Joseph' (II)

'Archiduc Charles'

'Aramis'

## 'ARCHIDUC CHARLES'

**Syn. 'Prince Charles', 'Archduke Charles'**

ALTE R., CHINA-ROSE, ROT+, ETWAS NACHBLÜHEND

'Archiduc Charles' verändert ähnlich wie die etwas bekanntere Chinarose 'Mutabilis' ihre Farbe je nach Betrachtung und ähnelt daher nach Auffassung eines Rosenexperten einem Chamäleon: Die äußeren karminroten Petalen mit ihrer rosa Mitte nehmen einen satten Karminton an, während bei intensivem Sonnenlicht alles nach Rot umschlägt. Die gefüllten, becherförmigen Blüten haben große äußere Petalen, die kleinere Blütenblätter in Blaßrosa und Weiß umhüllen; sie halten lange und duften nach Banane. 'Archiduc Charles' ist kaum bestachelt und wird nicht ganz 2 m hoch, sie wächst hübsch und aufrecht, die Nachblüte ist allerdings gering. Man sollte die Pflanze regelmäßig zurückschneiden, um sie in Form zu halten.
**ZONEN 5–10.**

Laffay, Frankreich, vor 1837

Sämling von *Rosa chinensis* 'Parson's Pink'

## 'ARCHIDUC JOSEPH' (I)

**siehe 'Monsieur Tillier'**

## 'ARCHIDUC JOSEPH' (II)

ALTE R., TEEROSE, ROSA+, ETWAS NACHBLÜHEND

Bezüglich der exakten Namensgebung dieser Sorte herrscht unter Fachleuten eine gewisse Uneinigkeit: So wird sie – nach Auffassung mancher Experten völlig zu Unrecht – auch als 'Monsieur Tillier' bezeichnet; beide Teerosen ähneln einander aber auch sehr. Die dunkelrosafarbenen Knospen öffnen sich zu etwas helleren Blüten, die sich später kupfrig mit kräftigen rosa Schattierungen verfärben. Die etwas schwachen Triebe mit glänzendem Laub können die großen geviertelten Blüten kaum aufrecht halten. Bei feuchtem Klima werden die Petalen purpurorange, bei trockenem, heißem Wetter rosafarben. Die Triebe sind bräunlich-rot mit dunklem, fahlgrünem Laub. **ZONEN 7–8.**

Nabonnand, Frankreich, 1892

Sämling von 'Mme Lombard'

'Arianna'

'Archiduchesse Elisabeth d'Autriche'

'Ardoisée de Lyon'

## 'ARCHIDUCHESSE ELISABETH D'AUTRICHE'

**Syn. 'Archiduchesse Elizabeth d'Autriche'**

ALTE R., REMONTANTROSE, REIN ROSA, ETWAS NACHBLÜHEND

Die sehr großen, gefüllten Blüten dieser Sorte öffnen sich flach. Ihre Petalen erinnern an Atlasseide, sie sind rosa mit hellerer Rückseite. Die Sorte ist starkwüchsig, besitzt nahezu keine Stacheln und wird 1 m hoch. Im Hochsommer blüht die Rose recht üppig und gelegentlich etwas nach. Ein starker Rückschnitt hilft, sie in Form zu halten. Benannt wurde sie nach der Erzherzogin Elisabeth, einer Tochter von Kaiser Franz-Josef von Österreich-Ungarn. **ZONEN 5–10.**

Moreau et Robert, Frankreich, 1881

Eltern unbekannt

## 'ARCTIC SUNRISE' BARarcsun

ZWERGROSE, WEISS, ÖFTERBLÜHEND

Diese aus der bodendeckenden Zwergrose 'Snow Carpet' gezüchtete Sorte besitzt denselben charakteristischen, sich ausbreitenden Wuchs. Kleine, weiße, gefüllte Blüten mit 30 Petalen erscheinen gewöhnlich in großen Büscheln zu 40–60 Blüten. Das kleine grüne Laub ist gesund. Diese Sorte duftet nicht und setzt keine Hagebutten an.
**ZONEN 4–11.**

Barrett, Großbritannien, 1991

'Snow Carpet' × 'Tranquility'

## 'ARDOISÉE DE LYON'

ALTE R., REMONTANTROSE, MAUVE, ETWAS NACHBLÜHEND

Die großen, gefüllten und geviertelten Blüten dieser Rose öffnen sich in leuchtendem Rot, das in Violett übergeht, wenn die Blüte ihr gekräuseltes Inneres zeigt. Im Sonnenlicht erscheinen die Blüten in sattem Kirschrot mit bläulicher Schattierung. Sie sitzen auf kräftigen Stielen, erscheinen an einem Strauch von gut 1 m Höhe und 1 m Breite und verströmen einen süßen, intensiven Duft. Ihr Charme wird von den langen Hagebutten, die im Herbst gebildet werden, noch unterstrichen. Das Laub ist dunkel graugrün und ziemlich derb mit braunen Stacheln. Wie so viele Remontantrosen ist 'Ardoisée de Lyon' anfällig für Mehltau und Rosenrost. **ZONEN 5–10.**

Damaizin, Frankreich, 1858

Eltern unbekannt

## 'ARDS BEAUTY' DICjoy

FLORIBUNDA, REIN GELB, ÖFTERBLÜHEND

Die gefüllten Blüten sind klein bis mittelgroß und erscheinen in Büscheln dicht über dem Laub an einer hübschen, niedrigen, buschigen Pflanze. Die festen Petalen bilden eine offene Becherform und bringen die kanariengelbe Farbe gut zur Geltung. Sie verströmen einen angenehmen Duft. Bei sehr heißem Wetter können sich in den Blüten unansehnliche

'Arethusa'

grüne Augen entwickeln. Das Laub ist üppig, glänzend und satt grün. Der Name dieser Rose bezieht sich auf einen Distrikt der nordirischen Grafschaft Down, in dem sich Sitz der Züchterfirma Dickson befindet. **ZONEN 4–9.**

Dickson, Großbritannien, 1986

('Eurorose' × 'Whisky') × 'Bright Smile'

Royal National Rose Society President's International Trophy 1983, Belfast Certificate of Merit 1988, Glasgow Certificate of Merit 1990

## 'ARDS ROVER'

ALTE R., REMONTANTROSE, DUNKELROT

'Ards Rover' hat große, kugelige Blüten in samtigem Karminrot mit festen Petalen, die sich zu einer etwas krausen Form entfalten. Der dünne und spärlich kletternde Wuchs beeinträchtigt ihren Wert jedoch nicht, denn rote Kletterrosen waren immer schon recht selten, und diese hier duftet intensiv. 'Ards Rover' besitzt viele Merkmale einer Teehybride und eignet sich gut zum Schnitt. Sie braucht lange, um sich zu aufzubauen, wächst dann aber stark und schnell; sie braucht dann kaum zurückgeschnitten zu werden, nur totes Holz muß man entfernen. Die Remontantrose verträgt keine volle Mittagssonne und gedeiht gut an einem schattigen Standort. Sie blüht den ganzen Sommer über. **ZONEN 4–10.**

Dickson, Großbritannien, 1898

Eltern unbekannt

## 'ARETHUSA'

ALTE R., CHINA-ROSE, GELB+, ETWAS NACHBLÜHEND

Dieser niedrige Busch wird von Sommer bis Herbst von dicken Blütenbüscheln in Apricotgelb überzogen. Trotz des schlaksigen Aussehens ist 'Arethusa' eine wertvolle Pflanze in der Rabatte, sofern sie von Stauden gesäumt wird. Das glänzende Laub ist etwas spärlich, aber gesund. Die englische Rosenfirma *William Paul and Sons* kreierte eine große Anzahl von Sorten, u. a. 'Hebe's Lip' und 'Magna Charta'. In der Nähe der antiken sizilianischen Stadt Syrakus floß die Quelle Arethusa, in welcher der griechischen Mythologie zufolge eine gleichnamige Wassernymphe wohnte. **ZONEN 5–10.**

Paul, Großbritannien, 1903

Eltern unbekannt

'Arielle Dombasle'

## 'ARIANNA' MEIdali

TEEHYBRIDE, ROSA+, ÖFTERBLÜHEND

Diese Teehybride eignet sich mehr für Lagen mit wärmerem Klima; ihre großen, hochgebauten Blüten können dort gut für eine Hecke oder ein großes Beet verwendet werden, denn 'Arianna' blüht sehr reichlich. Die mit etwa 35 Petalen gefüllten, leicht duftenden Blüten prangen hauptsächlich in Rosa, das von einem weichen, korallroten Lachston durchzogen ist. Mit ihren langen Stielen eignen sich die Blumen gut für die Vase. Die Blüten erfolgen regelmäßig den ganzen Sommer und Herbst über, und gerade der letzte Flor fällt besonders schön aus. 'Arianna' ist von starkem, offenem, mittelhohem und ausbreitendem Wuchs und besitzt reichlich dunkles und ledriges Laub. **ZONEN 5–9.**

Meilland, Frankreich, 1968

'Charlotte Armstrong' × ('Gloria Dei' × 'Michèle Meilland')

Bagatelle Goldmedaille 1965, Rom Goldmedaille 1965, Den Haag Goldmedaille 1965

## 'ARIELLE DOMBASLE'

**Syn. 'Arielle Dombasie'**

GROSSBLUMIGE KLETTERROSE, ORANGE+, ÖFTERBLÜHEND

Diese Rose ist weder besonders neu noch sonderlich auffällig, sondern stellt vielmehr eine wirkungsvolle und leicht zu ziehende Kletterrose für den durchschnittlichen Garten dar, wo sie sich gut zum Beranken von Mauern, Zäunen und Säulen eignet. Die mittelgroßen, leicht duftenden Blüten sind gefüllt, stehen zu mehreren in Büscheln und öffnen sich weit. Ihre Farbe ist ein leuchtendes, warmes Orange, das oft nach Scharlach umschlägt. Nach und nach kommt ein rötliches Rosa dazu, allerdings harmonieren die Farben von Knospen und geöffneten Blüten gut miteinander. 'Arielle Dombasle' blüht von Sommer bis Herbst. Das Laub des großblumigen Climbers ist reichlich, runzlig und dunkelgrün.
**ZONEN 4–9.**

Meilland, Frankreich, 1991

Eltern unbekannt

'Ards Rover'

## 'ARISTIDE BRIAND'

RAMBLERROSE, MAUVE

Dieser Rambler hat Blüten in bläulichem Rosa, das zu hellem Mauverosa bis Weiß verblaßt. Die großen Büschel erscheinen an dünnen Trieben mit glänzendem, gesundem Laub. Die Rose war früher sehr beliebt, wurde aber aufgrund der Ähnlichkeit mit der robusteren, anpassungsfähigeren 'Veilchenblau' zunehmend seltener. Der französische Politiker Aristide Briand engagierte sich stark für den Völkerbund, die Vorläuferorganisation der Vereinten Nationen, und wurde für seine Bemühungen um den Weltfrieden 1926 mit dem Nobelpreis ausgezeichnet.
**ZONEN 5–10.**

Penny, Frankreich, 1928

'Yseult Guillot' × Sämling

## 'ARISTOBULE'

ALTE R., MOOSROSE, DUNKELROSA

Bei dieser Sorte erscheinen geviertelte, karminpurpurne Blüten mit einem Anflug von reinem Purpur in der Mitte; zum Rand hin sind die Petalen etwas blasser. 'Aristobule' besitzt viele Stacheln und bräunliches Laub; sie kann 1,5 m hoch werden. Leider ist die Sorte nicht mehr im Handel. **ZONEN 5–10.**

Foulard, Frankreich, 1849

Eltern unbekannt

## 'ARIZONA' WEIrina

Syn. 'Tocade'

TEEHYBRIDE, ORANGE+, ÖFTERBLÜHEND

Wie bei vielen Rosen in Lachsorange hängt auch die Farbe dieser Sorte vom Standort ab. Grundton ist ein kupfriges Orange, die Petalen sind am Rand leicht lachsrot gesäumt und an der Basis gelb gefärbt. Die mittelgroßen, dichtgefüllten Blüten mit formschöner hoher Mitte sitzen auf langen Stielen und öffnen sich aus urnenförmigen Knospen. Sie duften süßlich. Die hochwüchsige Teehybride blüht reichlich während der gesamten Saison. 'Arizona' wächst stark und aufrecht mit festem, dunkelgrünem Laub. Manchmal leidet sie unter Pilzbefall.
**ZONEN 4–9.**

Weeks, USA, 1975

(['Fred Howard' × 'Golden Scepter'] × 'Golden Rapture') × (['Fred Howard' × 'Golden Scepter'] × 'Golden Rapture')

All-American Rose Selection 1975

## 'ARIZONA SUNSET'

ZWERGROSE, GELB+, ÖFTERBLÜHEND

Sowohl die leuchtende Farbkombination als auch die Form der Blüten von 'Arizona Sunset' sorgten dafür, daß die britische und amerikanische Fachpresse in einen wahren Begeisterungstaumel verfiel. Die hellgelben, orange überzogenen Blüten kommen einzeln oder in Büscheln zu 8 oder mehr Einzelblüten. Das kleine, mittelgrüne und leicht glänzende Laub ist leider anfällig für Krankheiten, vor allem für Mehltau und Sternrußtau (in kühlerem Klima). Die farbenprächtigen Sonnenuntergänge in den Wüsten Arizonas waren sicherlich an der Namensgebung beteiligt. **ZONEN 4–11.**

Jolly, USA, 1985

'Orange Sweetheart' × 'Zinger'

'Armada'

## 'ARMADA' HARuseful

Syn. 'Trinity Fair'

STRAUCHROSE, ROSA, ÖFTERBLÜHEND

Dieser mäßig hohe Strauch ist ideal für eine *Mixed Border*, kleine Gruppe oder Hecke. Die mittelgroßen, mit etwa 20 Petalen gefüllten, becherförmigen Blüten in sattem Dunkelrosa erscheinen regelmäßig in großen Büscheln an kräftigen Stielen; sie duften angenehm. Die starkwüchsige, reich verzweigte Pflanze besitzt glänzend grünes, gesundes, winterhartes Laub. 'Armada' erhielt ihren Namen im Rahmen einer Initiative des *National Trust* (einer britischen Stiftung, die nationale Denkmäler schützt) zur Erhaltung von Buckland Abbey, dem ehemaligen Wohnsitz von Sir Francis Drake, der wiederum England 1588 vor dem Einfall der spanischen Armada bewahrte.
**ZONEN 3–9.**

Harkness, Großbritannien, 1988

'New Dawn' × 'Silver Jubilee'

Kopenhagen Diplom 1988, Courtrai Silbermedaille 1988, ADR-Rose 1993, Den Haag Goldmedaille 1994

## 'ARNOLD'

Syn. 'Arnoldiana', 'The Arnold Rose'

RUGOSA-HYBRIDE, ROT, ETWAS NACHBLÜHEND

Diese Sorte ist vielleicht mehr von botanischem als von gärtnerischem Interesse. Ihr Wuchs ist stark, aufrecht und recht hoch; im Juni und gelegentlich auch später bringt sie kleine bis mittelgroße Blüten hervor, die aus wenigen, leicht zerknitterten Petalen gebildet werden und leicht duften. Der Strauch ähnelt in bezug auf Wuchs, Laub und Winterhärte seiner Elternpflanze *Rosa rugosa.*
**ZONEN 3–9.**

Dawson, USA, 1893

*Rosa rugosa* × 'Général Jacqueminot'

## 'ARRILLAGA'

ALTE R., REMONTANTROSE, HELLROSA, ETWAS NACHBLÜHEND

Große rosa Knospen öffnen sich zu sehr großen, mit 50 Petalen gefüllten Blüten, die intensiv duften. Der Strauch kann bis zu 3 m hoch werden und trägt kräftiges, grünes, gesundes Laub. Auf den Sommerflor folgt im Herbst eine merklich schwächere Nachblüte. 'Arrillaga' gehört zu den letzten Remontantrosen, die auf den Markt kamen; sie wurde von Pater

'Arizona'

'Arthur de Sansal'

'Arthur Bell'

Georg Schoener (1864–1941) gezüchtet, der vor dem 2. Weltkrieg in Oregon und Kalifornien wirkte. Bekannt wurde er durch seine Züchtung 'Schoener´s Nutkana'. **ZONEN 5–10.**

Schoener, USA, 1929

Sämling × 'Frau Karl Druschki'

## 'ARTHUR BELL'

FLORIBUNDA, REIN GELB, ÖFTERBLÜHEND

Die Blüten dieser ausgezeichneten Beetrose erscheinen in unterschiedlichen Gelbtönen: Die leuchtend gelben, spitzen Knospen öffnen sich zu etwas blasseren, becherförmigen Blüten aus etwa 20 festen, witterungsbeständigen Petalen, die sich später fast schlüsselblumengelb verfärben. Die süß duftenden Blüten erscheinen in Büscheln an aufrechten, kräftigen Stielen über dem Laub; der Busch ist starkwüchsig, trägt hübsches, glänzendes, leuchtend grünes Laub und blüht mehrmals den Sommer und Herbst über. Die Blüten halten lange und eignen sich deshalb auch gut als Schnittblumen und Ausstellungsrosen. *Bell's* ist eine bekannte Scotch-Marke, und Sam McGredy erinnert sich, daß er für diese Rose mit mehreren Kisten Whisky belohnt wurde. **'Climbing Arthur Bell'** (Pearce, Großbritannien, 1978) bringt viele Blüten hervor, die genauso reizend sind wie die Blumen der Buschform, im Sommer erfolgt eine vereinzelte Nachblüte. Die Pflanze ist starkwüchsig mit steifen Trieben, die man am besten an einer hohen, kräftigen Mauer waagerecht oder fächerförmig hochbindet.
**ZONEN 4–9.**

McGredy, Großbritannien, 1965

'Cläre Grammerstorf' × 'Piccadilly'

Royal National Rose Society Certificate of Merit 1964, Belfast Duftpreis 1967, Royal Horticultural Society Award of Garden Merit 1993

## 'ARTHUR DE SANSAL'

ALTE R., PORTLANDROSE, MAUVE, ETWAS NACHBLÜHEND

'Arthur de Sansal' ist ein niedriger, fast spindeldürrer Strauch bis 1 m Höhe mit dunklen, ziemlich stacheligen Trieben und sehr dunkelgrünem Laub. Vom Hochsommer bis zum Herbst erscheinen die Blüten in großen, kompakten Büscheln. Diese sind 5 cm groß, dicht mit Reihen kleiner Petalen gefüllt, die vollständig geöffnete Blüte wirkt flach. Die intensiv duftenden Blüten sind dunkel bräunlichrot und verändern sich zu einem etwas trüben Purpur. In jüngster Zeit erkrankt diese Portlandrose in stärkerem Maße als früher an Rosenrost und Mehltau; diejenigen Gartenfreunde, die dieses Manko nicht stört (oder die die Krankheiten auf geeignete Weise bekämpfen) werden an 'Arthur de Sansal' sicherlich sehr viel Freude haben.
**ZONEN 4–10.**

Cochet, Frankreich, 1855

Sämling von 'Géant des Bateilles'

A

## 'ARTHUR HILLIER'

STRAUCHROSE, DUNKELROSA, ETWAS NACHBLÜHEND

Arthur Hillier war der Begründer des *Hillier Arboretum* im englischen Winchester, einer der berühmtesten Pflanzensammlungen der Welt. 'Arthur Hillier', eine Kreuzung zweier Wildrosen aus dem Himalaja, besitzt einfache, karminrosa Blüten, die aus 5 Petalen bestehen. Die 6 cm großen Blumen kommen in Büscheln an langen, überhängenden Trieben mit reizvollem, farnartigem Laub und duften leicht. Dieser große Strauch, der sich für Parks oder Naturgärten eignet, blüht etwas nach. ZONEN 3–9.

Hillier, Großbritannien, 1961

*Rosa macrophylla* × *R. moyesii*

## 'ARTISTIC'

FLORIBUNDA, ORANGE+, ÖFTERBLÜHEND

Der Brite Edward LeGrice züchtete mehrere Sorten in den ungewöhnlichen Farbtönen Purpur, Fliederfarben und Braun. 'Artistic', die zur Farbklasse der braunen Rosen zählt, entstand aufgrund vermehrter Nachfrage von Floristen, die genau diesen Farbton wünschten. Spitze Knospen öffnen sich zu mittelgroßen, aus etwa 12 festen Petalen bestehenden, bräunlich-orangen Blüten, deren Farbe später in ein rötliches Lachs umschlägt; sie stehen in kleinen Büscheln auf drahtigen Trieben, halten ihre Form lange und duften scharf. Vom Sommer bis in den Herbst hinein blüht die Floribundarose nach. 'Artistic', die recht kleine Blätter besitzt, gilt nicht als besonders gute Gartenrose; aufgrund der ergiebigen Nachblüte muß man sie aber als gute Quelle für frische Schnittblumen aus dem eigenen Garten ansehen. ZONEN 4–9.

LeGrice, Großbritannien, 1971

Eltern unbekannt

## 'ARTISTRY' JACirst

TEEHYBRIDE, ORANGE+, ÖFTERBLÜHEND

Die dicken Knospen dieser Rose öffnen sich zu recht großen, aus 30 Petalen bestehenden, lange haltbaren Blüten in rötlichem Korallorange; sie erscheinen meist einzeln, manchmal in Büscheln und werden becherförmig, sobald sich die Petalen zurückbiegen. Die Blumen erscheinen in schöner Folge den ganzen Sommer und Herbst über. 'Artistry' duftet leicht und eignet sich gut als Schnitt- oder Beetrose bzw. für Rabatten. Die Pflanze ist starkwüchsig mit aufrechtem, schön verzweigtem Wuchs, wird gut mittelhoch und hat mittelgrünes, gesundes Laub. ZONEN 4–9.

Zary, USA, 1996

Eltern unbekannt

All-American Rose Selection 1997

## 'ARTURO TOSCANINI'

siehe 'Elegy'

## 'ARUBA' SPEcawijk

TEEHYBRIDE, ROT, ÖFTERBLÜHEND

'Aruba' läßt sich als ausgezeichnete Schnittrose sowohl unter Glas als auch im Freiland züchten. Sie bringt fortlaufend langstielige, eher kleine, sehr schön geformte Blüten in leuchtendem Rot hervor. Knospen, die unmittelbar vor dem Öffnen der dicht gerollten Petalen geschnitten werden, halten besonders lange in der Vase, aber auch die voll erblühten Blumen verblassen kaum. Ihr Wuchs ist untersetzt, und das gesunde Laub ist satt grün und reichlich. Die Rose besitzt nur wenig Stacheln. ZONEN 5–11.

Kordes, Deutschland, 1995

Sport von 'Calibra'

'Artistic'

'Artistry'

'Arthur Hillier'

'Aschermittwoch'

'Aruba'

## 'ASCHERMITTWOCH'

Syn. 'Ash Wednesday'

GROSSBLUMIGE KLETTERROSE, RUBIGINOSA-HYBRIDE, WEISS+

Die Abstammung von 'Aschermittwoch' ist umstritten, weil ihr Laub nicht so duftet, wie man es von einer Rubiginosa-Hybride erwarten würde. Die großen, gräulich-weißen Blüten sind dunkelgrau, lila und hellbraun schattiert und dicht mit Petalen gefüllt, die so übereinandergefaltet sind, daß sie wie geviertelt wirken. Im Sommer erscheinen sie reichlich in Büscheln und duften kaum. Die aufrechte, ziemlich steife Kletterrose wächst kräftig und erreicht gut mittlere Höhe. Das Laub ist üppig, robust und gesund. ZONEN 4–9.

Kordes, Deutschland, 1955

Wahrscheinlich ein Sämling von *Rosa rubiginosa* × 'Ballet'

## 'ASCOT'

FLORIBUNDA, APRICOT+, ÖFTERBLÜHEND

Die großen, mit etwa 20 breiten Petalen gefüllten Blüten dieser Rose öffnen sich ähnlich wie bei einer Kamelie, fallen für eine Floribundarose allerdings ziemlich groß aus. Die leicht duftenden Blüten, die in einem hübschen Rosa gefärbt und meist lachsrosa überhaucht sind, nehmen bei Hitze gerne einen Apricotton an; sie erscheinen in Büscheln an einer ziemlich niedrigen Pflanze und blühen wiederholt vom Sommer bis zum Herbst nach. 'Ascot' eignet sich im Garten gut als Beetrose und für den Vordergrund einer Rabatte, ist aber auch als Ansteckrose verwendbar, da ihre festen Blütenblätter die Form lange halten. Die robuste, niedrige und buschige Pflanze besitzt großes, hellgrünes Laub, das etwas anfällig für Mehltau ist. ZONEN 4–9.

Dickson, Großbritannien, 1962

'Brownie' × Sämling

'Aspen'

## 'ASPEN' POUlurt

Syn. 'Gold Magic Carpet', 'Gwent', 'Sun Cover'

STRAUCHROSE, REIN GELB, ÖFTERBLÜHEND

Diese Rose wird oft als Bodendeckerrose angeboten, sie wächst doppelt so breit wie hoch, wird insgesamt aber nicht sehr groß. Ihre halbgefüllten, becherförmigen, kleinen bis mittelgroßen Blüten wirken in den verschiedenen Gelbtönen sehr angenehm. Sie erscheinen den ganzen Sommer und Herbst über in hübschen Büscheln dicht über dem dunkel glänzenden Laub und duften leicht. Die gut wüchsige Strauchrose treibt an der Basis immer wieder neu aus. In Gegenden mit häufigem Sternrußtaubefall sollte 'Aspen' unbedingt gespritzt werden. ZONEN 4–9.

Olesen, Dänemark, 1992

Eltern unbekannt

## 'ASSEMBLAGE DES BEAUTÉS'

Syn. 'Assemblage de Beauté', 'Rouge Eblouissante'

ALTE R., GALLICA-ROSE, DUNKELROT+

'Assemblage des Beautés' wächst als aufrechter, kaum bestachelter, gut 1,2 m hoher Strauch mit dunkelgrünem, bronzegetöntem Holz und saftig grünem Laub. Lediglich im Juni bildet die Gallica-Rose an reichverzweigten graugrünen Trieben eine Fülle von intensiv duftenden Blüten, deren mittelgroße Knospen sich zu flachen, gefüllten, mittelgroßen, karminscharlach bis purpur gefärbten Blumen von bis zu 6,5 cm Durchmesser öffnen. Die Blüten besitzen ein grünes „Knopfauge", das von den inneren der zahlreichen Petalen gebildet, indem sie sich zu einem kleinen grünen Knopf nach innen rollen. 'Assemblage des Beautés' macht sich hervorragend als einzeln gepflanzte Rose, kommt aber auch in einem *Mixed Border* oder in der Vase gut zur Geltung. ZONEN 5–10.

Delange, Frankreich, 1823

Eltern unbekannt

## 'ASSINIBOINE'

STRAUCHROSE, DUNKELROSAROT, ETWAS NACHBLÜHEND

'Assiniboine', die nach einem Park in Kanada benannt wurde, gehört zu jenen zahlreichen winterharten Sorte, die speziell für die harten Fröste des kanadischen Winters gezüchtet wurden. Vor allem im Sommer erscheinen die purpurroten, halbgefüllten, leicht duftenden Blüten in Büscheln zu 2–5 auf schwachen Stielen; die Nachblüte fällt spärlich aus. Sie duften leicht. Die Strauchrose wächst dicht, geht aber etwas in die Breite. 'Assiniboine' ist sehr gesund und kann auf der eigenen Wurzel vermehrt werden. **ZONEN 3–9.**

Marshall, Kanada, 1962

'Donald Prior' × *Rosa arkansana*

## 'ASSO DI CUORI' KORred

**Syn. 'Ace of Hearts', 'Toque Rouge'**
TEEHYBRIDE, DUNKELROT, ÖFTERBLÜHEND

Die Teehybride eignet sich gut für den Schnittblumenhandel, da die festen Petalen die Blüten viele Tage lang in Form halten und die einzeln stehenden Blumen lange Stiele haben. Die Knospen in dunklem Karminrot öffnen sich langsam zu dichtgefüllten Blüten, die die hochgebaute, symmetrische Form und die runde Konturen klassischer Teehybriden besitzen. Voll erblüht, leuchtet die Blume in sattem Karminscharlach. Die Nachblüte ist gut. Die Sorte bildet einen aufrechten, starkwüchsigen Busch mit dunkelgrünem, glänzendem Laub. Bedauerlicherweise besitzt 'Asso di Cuori' nicht jenen auffälligen Duft, der für rote Rosen einfach charakteristisch ist.
**ZONEN 4–9.**

Kordes, Deutschland, 1981

'Gloria Dei' × 'Blanche Mallerin'

Plus Belle Rose de France 1956

## 'ASTA VON PARPAT'

ALTE R., RAMBLERROSE, MAUVE

Dieser Rambler bringt Büschel mittelgroßer Blüten in einem Purpur hervor, das sich bei voller Sonne zu Mauvekarmin verändert. Die gekräuselten, gestielten Blumen sind gefüllt und erscheinen im Sommer an den langen Vorjahrestrieben. Dieser starkwüchsige Strauch besitzt dunkles, blaugrünes Laub. 'Asta von Parpat' gehört zu einer Reihe von Rosen, die der K.u.K.-Gartenbaumeister Rudolf Geschwind unter Verwendung von Wildrosen gezüchtet hat; erwartungsgemäß erbten diese Sorten dann auch den kräftigen, gesunden Wuchs ihrer Elternpflanzen. Geschwind kreierte darüber hinaus einige heute noch beliebte Strauchrosen, wie z. B. 'Gruß an Teplitz' und 'Zigeunerknabe'. **ZONEN 5–10.**

Geschwind, Österreich-Ungarn, 1909

Hybride von *Rosa multiflora*

'Assemblage des Beautés'

## 'ASTRA' BENstar

**Syn. 'Little Star Rose', 'Soroptimist International'**
ZWERGROSE, ROSA, ÖFTERBLÜHEND

'Astra' besitzt sternförmige, duftende, blaßrosa- und elfenbeinfarbene Blüten mit über 40 Petalen. Manchmal öffnen sie sich nicht richtig und fallen einfach vom Busch. Das große, dunkle, glänzende Laub bedeckt eine aufrecht wachsende, stachellose Pflanze, die sehr winklig wächst, in die Breite geht und sich stark verzweigt, wodurch die Anzahl der Blütenbüschel zunimmt. 'Astra' ist nicht winterhart, einzelne Triebe können absterben. Darüber hinaus erkrankt sie oft an Mehltau und muß daher während ihrer Wachstumsphase besonders gepflegt werden. **ZONEN 6–11.**

Benardella, USA, 1995

'Party Girl' × 'Rosie'

## 'ASTRA DESMOND'

**Syn. 'White Flight'**
RAMBLERROSE, GELB+

'Astra Desmond' wurde unter dem Namen einer englischen Opernsängerin eingeführt, geriet aber unter diesem Synonym in Vergessenheit, bis sie von Peter Beales wiederentdeckt wurde. Kleine, halbgefüllte Blüten in gebrochenem Weiß bis Creme mit gelben Staubgefäßen bedecken die langen Triebe in großartigen kompakten Büscheln. Die starkwüchsige, gesunde Rose blüht im Sommer und eignet sich ideal zum Beranken einer Säule. Ihr Duft erinnert an Orangenblüten. **ZONEN 5–10.**

Vermutlich Sämling von 'White Mrs Flight'

## 'ASTRÉE'

TEEHYBRIDE, ROSA+, ÖFTERBLÜHEND

Der Rosenexperte Cairns fand in einer Übersicht über die Nachkommen von 'Gloria Dei' (Syn. 'Peace') heraus, daß diese Rose als Mutterpflanze bis 1995 allein 192 in den Handel eingeführte Sorten hervorgebracht hat. Zu diesen zählt auch 'Astrée', die sich durch große Blüten von klassischer Form auszeichnet. Die Knospen in dunklem Lachsorange öffnen sich zu dichtgefüllten, orange- und lachsrosafarbenen Blüten, die ein wenig duften. Die Teehybride blüht wiederholt den Sommer und Herbst hindurch. Ihr Wuchs ist ziemlich dicht. 'Astrée' ist eine hübsche Beetrose mit schönem Laub, aber auch eine haltbare Schnittrose. **ZONEN 4–9.**

Croix, Frankreich, 1956

'Gloria Dei' × 'Blanche Mallerin'

Plus Belle Rose de France 1956

'Asta von Parpart'

'Astrée'

'Athena'

'Atlantis'

## 'ASTRID LINDGREN'

**Syn. 'Dream Sequence'**
STRAUCHROSE, HELLROSA, ÖFTERBLÜHEND

'Astrid Lindgren', die nach der bekannten schwedischen Kinderbuchautorin benannt wurde, bringt gefüllte, becherförmige Blüten in reinem gleichmäßigen Rosa hervor, die in großen Büscheln sitzen und schwach duften. Ihr Flor erscheint im Sommer und hält sich mehrere Wochen bis in den Herbst. 'Astrid Lindgren' eignet sich gut als Einzelpflanze, zur Einfassung von Beeten oder als Hecke; als Schnittrose paßt sie eher in einen kleinen Strauß. Sie wächst stark und aufrecht, reich verzweigt und wird gut mittelhoch. **ZONEN 4–9.**

Poulsen, Dänemark, 1991

Eltern unbekannt

Lyon 1. Preis

## 'ASTRID SPÄTH'

**siehe 'Frau Astrid Späth'**

## 'ATHENA' rühKOR

TEEHYBRIDE, WEISS+, ÖFTERBLÜHEND

In vielerlei Hinsicht erfüllt 'Athena' die Anforderungen an eine gute Schnittrose: Viele Blütenstiele besitzen lediglich eine einzige dicke Knospe trägt, die sich zu einer schön geformten, hochgebauten, strahlend weißen, zart rosa gerandeten Blüte mit über 30 Petalen öffnet. Die Teehybride wächst buschig und wird nur mittelhoch, hat jedoch üppiges, mittelgrünes Laub, das außerdem zart duftet.
**ZONEN 4–9.**

Kordes, Deutschland, 1984

Sämling × 'Helmut Schmidt'

## 'ATLANTIC STAR' FRYworld

FLORIBUNDA, ORANGEROSA, ÖFTERBLÜHEND

Der Reiz dieser Rose liegt in ihrer Farbe, einem leuchtenden, in der Blütenmitte intensiven Lachsorange, das an den Rändern zu Lachs-Korallrosa verblaßt. Die mit etwa 20 breiten Petalen gefüllten Blüten erscheinen in großen Büscheln und haben einen angenehmen, leichten Duft. Diese gute Beetrose blüht kontinuierlich den Sommer über bis in den Herbst, wächst aufrecht, stark und mittelhoch; 'Atlantic Star', die nach dem U-Boot-Krieg im Atlantik (1941–1945) benannte wurde, besitzt dichtes, dunkelgrünes Laub. **ZONEN 4–9.**

Fryer, Großbritannien, 1993

Eltern unbekannt

## 'ATLANTIS'

FLORIBUNDA, MAUVE, ÖFTERBLÜHEND

Die purpur-fliederfarbenen Blüten dieser Floribundarose verblassen bei der geöffneten Blüte zu einem einfachen Fliederton; sie besitzen leuchtend gelbe Staubgefäße, was vor allem dann sehr schön aussieht, wenn mehrere Blüten in Büscheln vor dem dunkelglänzenden Laub zusammenstehen. 'Atlantis' blüht fortlaufend von Sommer bis Herbst auf einem gut mittelhohen Strauch; sie duftet kaum. Benannt wurde sie nach dem sagenumwobenen Atlantis, da die gelben Staubgefäße vor dem „blauen" Hintergrund der Petalen den Züchter an die Lichter des im Meer versinkenden Erdteils erinnerten; wie man auch hier sieht, sehen die „blauen" Blüten auf Fotos leider meist rosa aus. **ZONEN 5–9.**

Harkness, Großbritannien, 1970

'Orangeade' × 'Lilac Charm'

Rom Goldmedaille 1969

'Auckland Metro'

'Audie Murphy'

## 'ATOLL'
siehe 'Clarita'

## 'AUCKLAND METRO' MACbucpal
**Syn. 'Métro', 'Precious Michelle'**
TEEHYBRIDE, WEISS+, ÖFTERBLÜHEND

Die Blüten dieser Sorte bestehen aus vielen übereinanderliegenden Petalen, wodurch 'Auckland Metro' wie eine Kamelienblüte aussieht. Ihre cremig zartrosa bis weißen Blüten duften angenehm und stehen oft in großen, langstieligen Büscheln, weshalb die Teehybride eine hervorragende Schnittblume ergibt. 'Auckland Metro' blüht gut nach, allerdings tritt zwischen dem üppigen ersten Flor und dem zweiten meist eine Pause ein. Diese gute Beetrose ist kräftig, buschig, knapp mittelhoch und gut mit dunklen, glänzenden Blättern belaubt. Am besten gedeiht sie in wärmerem Klima.
**ZONEN 5–9.**

McGredy, Neuseeland, 1988

'Heckenzauber' × (Sämling × 'Ferry Porsche')

## 'AUDIE MURPHY'
TEEHYBRIDE, ROT, ÖFTERBLÜHEND

Mitte des 20. Jh. verlangte der amerikanische Rosenmarkt Teehybrid-Sorten, die relativ schnell nachblühten, auch wenn die einzelnen Blüten nur sehr klein ausfielen; aus dieser Zeit stammt 'Audie Murphie'. Sie bringt an den Spitzen langer Stiele weit geöffnete, auffällige Blüten in samtigem Karminrot hervor, die oft in Gruppen zu 3–4 stehen und würzig duften. Der nächste Flor folgt rasch. Die

'August Seebauer'

'Augustine Guinoisseau'

sehr starkwüchsige Rose wächst hoch und kräftig; sie ist mit dunklem, im Austrieb bronzefarbenen Laub bedeckt und gedeiht am besten in wärmerem Klima. „Namenspatron" war der amerikanische Filmstar Audie Murphy. **ZONEN 5–9.**

Lammerts, USA, 1957

'Charlotte Armstrong' × 'Grande Duchesse Charlotte'

Portland Goldmedaille 1957

## 'AUDREY HEPBURN' TWOadore
TEEHYBRIDE, HELLROSA, ÖFTERBLÜHEND

Die Teehybride wurde zur Erinnerung an die bekannte amerikanische Schauspielerin Audrey Hepburn benannt, die als Gartenliebhaberin selbst eine besondere Vorliebe für Rosen besaß. Das hübsche Zartrosa mit einem Hauch von Rosarot auf der Petalenrückseite wirkt sehr feminin. Die gefüllten, angenehm fruchtig duftenden Blüten öffnen sich mit hoher Mitte und werden im Alter zunehmend runder. Sie blühen recht regelmäßig während der gesamten Saison. 'Audrey Hepburn' ist eine gute Schnitt- und Beetrose, die mittelhoch, buschig und aufrecht wächst und saftiges, dunkelgrünes Laub besitzt. **ZONEN 4–9.**

Twomey, USA, 1992

'Evening Star' × Sämling

## 'AUGUST SEEBAUER'
**Syn. 'The Queen Mother'**
FLORIBUNDA, DUNKELROSA, ÖFTERBLÜHEND

Einige Jahre nach dem 2. Weltkrieg gelangte diese Rose nach England, wo ihre gefüllten, hochgebauten und duftenden Blüten großes Aufsehen erregte. Nachdem Ernest Morse, der damalige britische Handelsagent für Kordes-Rosen, die Sorte aus Deutschland erhalten hatte, schlug er den Namen 'The Queen Mother' vor; die britischen Behörden fanden es jedoch schlichtweg unmöglich, daß ein Mitglied des Königshauses bei der

'Auguste Gervais'

Namensgebung an zweiter Stelle genannt werden sollte. Hellrosa Knospen öffnen sich bei 'August Seebauer' zu dunkelrosa Blüten; die Rose blüht ausgezeichnet nach und wächst aufrecht, buschig und mittelhoch. Ihr glänzendes Laub ist leider anfällig für Mehltau. **ZONEN 4–9.**

Kordes, Deutschland, 1944

'Break o' Day' × 'Else Poulsen'

Royal National Rose Society Trial Ground Certificate 1951

## 'AUGUSTE GERVAIS'
RAMBLERROSE, APRICOT+

Diese starkwüchsige Sorte besitzt lange, biegsame Triebe, die sich leicht über eine Pergola oder einen offenen Zaun ziehen lassen. Auch als Kaskadenrose auf Hochstamm ist sie gut geeignet. Die angenehm duftenden Blüten sind mäßig gefüllt und öffnen sich zu großen, lockeren Blumen. Während die Knospen noch kupfrig-gelb und lachsfarben sind, prangen die Petalen der voll geöffneten in gebrochenem Weiß. Der Sommerflor fällt recht üppig aus, allerdings erfolgt keine Nachblüte. Die zahlreichen kleinen, glänzenden Blätter werden gelegentlich von Mehltau befallen. **ZONEN 4–9.**

Barbier, Frankreich, 1918

*Rosa wichuraiana* × 'Le Progrès'

## 'AUGUSTE RENOIR' MEItoifar
TEEHYBRIDE, ROSA, ÖFTERBLÜHEND

'Auguste Renoir' ist zwar eine Moderne Gartenrose, sieht jedoch äußerlich eher wie eine altmodische Sorte aus, da ihre großen, dichtgefüllten Blüten, die sich geviertelt öffnen, starke Ähnlichkeit mit einer Remontantrose besitzen. Die Blüten sind in einem warmen Rosarot gefärbt, duften intensiv und erscheinen meist einzeln auf einem Stiel. Die Teehybride blüht den ganzen Sommer und Herbst über. Ihr Wuchs ist mittelhoch und buschig, ihr Laub reichlich und leicht glänzend. Möglicherweise wurde diese Rose nach dem berühmten Impressionisten Auguste Renoir (1841–1919) benannt, weil er angeblich immer dann Blütenblätter von Rosen als Farbmuster für Hauttöne verwendet hat, wenn ihm mal kein Modell zur Verfügung stand.
**ZONEN 4–9.**

Meilland, Frankreich, 1993

('Versailles' × 'Edenrose 85') × 'Kimono'

## 'AUGUSTINE GUINOISSEAU'
**Syn. 'Mademoiselle Augustine Guinoisseau', 'White La France'**
TEEHYBRIDE, WEISS+, ÖFTERBLÜHEND

Im Jahre 1867 galt 'La France', die Elternsorte dieser Teehybride, als bedeutender Wendepunkt in der Geschichte der Rosenzucht, aus heutiger Sicht muß man sie rückblickend als erste Teehybride einstufen. Ihr Ruhm war so groß, daß jeder ihrer Sports automatisch besonders beachtet wurde. Mit Ausnahme der Farbe ähnelt 'Augustine Guinoisseau' ihrer Elternpflanze in allen Punkten, ihre Blüten sind nicht völlig weiß, sondern zartrosa überlaufen und nicht ganz so dicht gefüllt. In Hinsicht auf die Aspekte Duft, Wuchs und Nachblühverhalten sind beide Rosen nahezu identisch.
**ZONEN 4–9.**

Guinoisseau, Frankreich, 1889

Sport von 'La France'

## 'AUNTY DORA'
FLORIBUNDA, MAUVE, ÖFTERBLÜHEND

Der Farbton dieser Sorte liegt irgendwo zwischen Magenta und Rosa; die mittelgroßen, mit 12 Petalen nur leicht gefüllten Blüten erscheinen relativ früh in der Saison, öffnen sich nur zögerlich und präsentieren dann ihre Staubgefäße. Die Blumen verströmen einen zarten, angenehmen Duft. Die Floribundarose blüht öfter nach, ihr Wuchs ist knapp mittelhoch. 'Aunty Dora' ist eine gute Beetrose, wird aber auch immer wieder gerne als Schnittblume verschenkt.
**ZONEN 4–9.**

Deamer, Großbritannien, 1970

'Dearest' × 'Lilac Charm'

## 'AURIA MEILLANDINA'
**Syn. 'Auria Sunblaze', 'Savaje'**
ZWERGROSE, DUNKELGELB, ÖFTERBLÜHEND

Die Zwergrosen der „Meillandina-Serie" des französischen Züchters Meilland (die bei angelsächsischen Rosenexperten unter der Bezeichnung „Sunblaze-Serie" geführt werden) kamen zunächst in Frankreich auf den Markt und waren primär

'Aunty Dora'

'Auria Meillandina'

'Australia Felix'

als kleine Topfpflanzen für helle Wohnungen und Büroräume gedacht; sie sind meist zu klein für den Garten, machen sich aber recht gut auf der Terrasse oder im Balkonkasten. 'Auria Meillandina' besitzt schön geformte Knospen, die sich zu leuchtend gelben Blüten mit 25–40 Petalen öffnen, die an den Rändern rot überhaucht sind. Sie halten sich lange an der Pflanze und verblassen kaum. Die Nachblüte erfolgt rasch. Ihr Laub ist blaßgrün und leicht glänzend. **ZONEN 5–10.**

Meilland, Frankreich, 1990

'Ferris Wheel' × 'Rainbow's End'

## 'AUSTIN'S COTTAGE ROSE'

siehe 'Cottage Rose'

## 'AUSTRALIA FELIX'

TEEHYBRIDE, ROSA+, ÖFTERBLÜHEND

Bei dieser Sorte öffnen sich die Blüten aus kleinen, rundlichen Knospen. Sie sind mäßig gefüllt, becherförmig, silbrigrosa gefärbt mit einem Hauch von Lavendel und verbreiten einen angenehmen Duft. Neue Blüten folgen rasch nach. Der Wuchs ist für eine Teehybride mittelhoch, recht stark und buschig; 'Australia Felix' besitzt dunkelglänzendes Laub. **ZONEN 4–9.**

Clark, Australien, 1919

Sämling von 'Jersey Beauty'

## 'AUSTRALIAN BICENTENNIAL'

**Syn. 'The Australian Bicentennial Rose'**

TEEHYBRIDE, DUNKELROSA, ÖFTERBLÜHEND

Der Name dieser Rose soll an das 200-jährige Jubiläum jener ersten britischen Siedlung erinnern, die im Jahre 1788 auf dem australischen Kontinent gegründet wurde und aus der das heutige Sydney hervorging. Die Teehybride wurde von einem australischen Amateurzüchter gezüchtet, der allerdings nicht aus Sydney, sondern aus Melbourne stammt. Die intensiv duftenden Blüten dieser Sorte sind recht gut mit kräftigen Petalen in sattem Dunkelrosa gefüllt, das sich gelegentlich rosarot verfärbt. Die Blumen erscheinen während vom Sommer bis in den Herbst hinein und stehen dicht über dem dunkelgrünen Laub an einer mittelhohen Pflanze. Allem Anschein nach ist 'Australian Bicentennial' bisher nur in ihrem Herkunftsland verbreitet. **ZONEN 5–9.**

Bell, Australien, 1988

Eltern unbekannt

'Australian Bicentennial'

## 'AUSTRALIAN CENTRE GOLD'

ZWERGROSE, GELB, ÖFTERBLÜHEND

Über die Herkunft dieser in den USA gezüchteten Rose ist wenig bekannt. Ihre hübschen, mit 30 Petalen gefüllten Blüten öffnen sich flach in sattem Gelb, das bei kühlem Wetter zu Creme verblaßt. Die sehr gesunde und reichblühende Zwergrose wächst hoch und buschig. **ZONEN 4–9.**

USA, 1986

Eltern unbekannt

## 'AUSTRALIAN GOLD' KORmat

**Syn. 'Mona Lisa'**

FLORIBUNDA, APRICOT+, ÖFTERBLÜHEND

Dicke Knospen in Gelb und Rot öffnen sich in einer hübschen Mischung aus Apricotorange und Pfirsichrosa. Die Blütenmitte bildet eine Spirale, die bestehen bleibt, wenn sich die äußeren Petalen zurückrollen. Die schwach duftenden Blüten erscheinen während der Saison in Büscheln zu fünft an schlanken, festen Stielen. Die Petalen fallen sauber ab. Die buschige Pflanze erreicht mittlere Höhe und hat reichlich dunkelgrünes, ledriges Laub. **ZONEN 4–9.**

Kordes, Deutschland, 1980

Eltern unbekannt

## 'AUSTRIAN COPPER'

siehe *Rosa foetida bicolor*

## 'AUTUMN'

TEEHYBRIDE, ORANGE+, ETWAS NACHBLÜHEND

Zur Zeit der Einführung dieser Sorte gab es kaum gute orangefarbene Rosen; 'Autumn' bildete eine Ausnahme und hat bis heute überlebt. Die Farbe der dichtgefüllten, lieblich duftenden Blüten ist eine Mischung aus Apricot und Gold mit einem Hauch von Rosarot an den Petalenspitzen. Die inneren Petalen bleiben dicht gedrängt, während sich die äußeren zurückrollen. 'Autumn' bildet einen aufrechten, kräftigen Busch von gut mittlerer Höhe, der große, dunkle Blätter und kräftige Stiele trägt. Im Herbst erfolgt eine leichte Nachblüte. **ZONEN 4–9.**

Coddington, USA, 1928

'Sensation' × 'Souvenir de Claudius Pernet'

'Australian Centre Gold'

## 'AUTUMN DAMASK'

**Syn. 'Quatre Saisons', 'Herbst-Damaszener-Rose', 'Rose von Kastilien', 'Four Seasons Rose', *Rosa damascena semperflorens***

ALTE R., DAMASZENERROSE, ROSA, ETWAS NACHBLÜHEND

Die Rose besitzt eine große Anzahl von Synonymen – die hier aufgezählten Beispiele sind nur eine Auswahl –, so daß sie sich insgesamt nur sehr schwer exakt beschreiben läßt. Die rosafarbenen Knospen öffnen sich zu aufgebauschten Petalen, die in einer knittrigen Schicht um die etwas dunklerer Mitte sitzen. Gelblich-grünes, gezähntes Laub bedeckt eine spärliche Pflanze von auseinanderfallendem Wuchs. Unter günstigen Bedingungen ist die Rose von intensiv duftenden Blüten übersät. Sie blüht im Frühsommer und erneut im Herbst; auch verträgt sie keinen Schatten. Die duftenden Blüten dieser Sorte eignen sich sehr gut für Potpourris. **ZONEN 4–10.**

Wahrscheinlich Naher Osten, vor 1633

Wahrscheinlich *Rosa gallica* × *R. moschata* oder *R. abyssinica*

## 'AUTUMN DELIGHT'

STRAUCHROSE, MOSCHATA-HYBRIDE, WEISS, ÖFTERBLÜHEND

Die Knospen von 'Autumn Delight' sind spitz und apricotgelb, sie öffnen sich zu einfachen Blüten in sehr zartem Cremegelb mit wunderschönen roten Staubgefäßen. Sie halten recht lang und behalten ihre Farbe gut, nur bei heißem Wetter verblassen die Blüten schnell zu Weiß. Im Herbst wirken sie besonders schön, stände von 30–50 Einzelblüten an kräftigen Trieben. Der große Strauch trägt dunkelgrünes, ledriges, krankheitsfestes Laub und sehr wenig Stacheln. 'Autumn Delight' ist eine gute Beetrose, eignet sich aber auch für Rabatten, Hecken und Gruppenpflanzungen mit Stauden. **ZONEN 3–9.**

Bentall, Großbritannien, 1933

Eltern unbekannt

'Australian Gold'

'Autumn Damask'

## 'AUTUMN KISS' WALkiss

ZWERGROSE, ROSA, ÖFTERBLÜHEND

Diese buschige Pflanze bedeckt sich mit kleinen bis mittelgroßen lachsrosa Blüten, die mit 15–25 Petalen gefüllt sind. Sie erscheinen in kleinen Büscheln und duften leicht. 'Autumn Kiss' wächst aufrecht mit kleinem, dunkelgrünem Laub. **ZONEN 4–11.**

Walsh, Australien, 1994

'Ginger Meggs' × 'Avandel'

## 'AUTUMN MAGIC' FOUtum

ZWERGROSE, ORANGE+, ÖFTERBLÜHEND

Die Blüten von 'Autumn Magic' strahlen in leuchtendem Goldorange, ihre Petalen sind schwach rot gesäumt und rückseitig gelb gefärbt. Die mit etwa 35 Petalen gefüllten, meist einzeln erscheinenden Blüten haben aparte, sehr lange, gefiederte Kelchblätter und besitzen Ausstellungsqualität. Sie duften nicht, und im Herbst werden auch keine Hagebutten gebildet. Der Wuchs dieser hübschen Zwergrose ist dicht und mittelhoch. **ZONEN 4–11.**

Jacobs, USA, 1987

'Confetti' × 'Anita Charles'

'Australia's Olympic Gold Rose'

'Autumn Kiss'

'Autumn Delight'

A

## 'AUTUMN SUNBLAZE' MEIferjac

ZWERGROSE, ORANGEROT, ÖFTERBLÜHEND

Die leuchtend orangeroten Blüten dieser Zwergrose sind klein und mit 15–25 Petalen halb gefüllt. Sie erscheinen in kleinen Büscheln an kräftigen, geraden Stielen. 'Autumn Sunblaze' wächst buschig und erreicht mittlere Höhe, ihr Laub ist dunkelgrün und mattglänzend. In kühleren Gebieten ist die Pflanze anfällig für Mehltau und Sternrußtau. Diese Zwergrose gehört ebenfalls zur bekannten „Meillandina-Serie" aus dem Hause Meilland. **ZONEN 5–11.**

Meilland, Frankreich, 1996

('Bonfire Night' × 'MEInirut') × 'Orange Jewel'

## 'AUTUMN SUNLIGHT'

GROSSBLUMIGE KLETTERROSE, ORANGEROT, ÖFTERBLÜHEND

Die mittelgroßen, rundlichen, recht gefüllten Blüten erscheinen den ganzen Sommer und Herbst hindurch in großen Büscheln an kräftigen Stielen; sie duften angenehm. Ihr blasses Zinnoberrot wirkt langweilig und wird erst durch das richtige Sonnenlicht in ein wunderschönes leuchtendes Orange verwandelt. Für eine Kletterrose erreicht 'Autumn Sunlight' nur eine mäßige Höhe, sie wächst ausladend, verzweigt sich reich und läßt sich leicht an Zäunen, Mauern, Säulen oder Pergolen ziehen. Das Laub ist üppig, glänzend und leuchtend grün.
**ZONEN 4–9.**

Gregory, Großbritannien, 1965

'Danse du Feu' × 'Climbing Goldilocks'

## 'AUTUMN SUNSET'

STRAUCHROSE, APRICOT+, ÖFTERBLÜHEND

Die Rose unterscheidet sich von ihrer Elternsorte vor allem durch die Färbung: Während man bei 'Autumn Sunset' ein Apricot mit Orange- und Dunkelgelbschattierungen findet, erscheinen die Blüten von 'Westerland' in dunklerem Orange und sind rötlich überhaucht. Die duftenden, etwa mittelgroßen, lockeren Blüten wirken etwas zerzaust und erscheinen in Büscheln an kräftigen Stielen. Die Strauchrose wächst kräftig, aufrecht und breit verzweigt, sie kann aber auch zu einer dichten Hecke geschnitten werden. Die Blütezeit dauert von Sommer bis Herbst; das Laub ist groß, dunkelgrün, sehr üppig und recht gesund.
**ZONEN 4–9.**

Lowe, USA, 1986

Sport von 'Westerland'

## 'AVALANCHE ROSE' DELaval

FLORIBUNDA, ROT, ÖFTERBLÜHEND

Die mittelgroßen, aus etwa 25 hübsch angeordneten Petalen bestehenden Blüten in einer Mischung aus Karmin und Johannisbeerrot erscheinen zu 5–15 in Büscheln. Sie halten lange und duften leicht. Dem ersten überreichen Flor folgen weitere Nachblüten bis zum Herbst. Ihr Wuchs ist kräftig und buschig; die Rose wird etwa mittelhoch und hat dichtes, hübsches, leicht glänzendes Laub.
**ZONEN 4–9.**

Delbard, Frankreich, 1986

[('Français' × 'Josef Guy') × Sämling von 'Sultane'] × ('Alain' × 'Étoile de Hollande')

'Autumn Sunlight'

'Avalanche Rose'

'Autumn Sunset'

'Ave Maria'

## 'AVANDEL' MORvandel

ZWERGROSE, GELB+, ÖFTERBLÜHEND

Die langen, spitzen, eleganten Knospen öffnen sich zu wunderschönen, becherförmigen, mit 25 Petalen gefüllten Blüten in einem rosagelben Pfirsichton, die kräftig und fruchtig duften. Eindeutige Pluspunkte dieser Sorte sind Farbe und Qualität der Blüten, obgleich deren Anzahl insgesamt gering ist. Das Laub dieser aufrechten, buschigen Pflanze ist ledrig, klein und dunkelgrün. 'Avandel' ist eine von vielen prämierten Zwergrosen, bei deren Züchtung die Floribundarose 'Little Darling' als Elternsorte eingesetzt wurde. **ZONEN 5–11.**

Moore, USA, 1977

'Little Darling' × 'New Penny'

American Rose Society Award of Excellence 1978

## 'AVE MARIA' KORav

Syn. 'Sunburnt Country'

TEEHYBRIDE, ORANGEROSA, ÖFTERBLÜHEND

'Ave Maria' beeindruckt als sehr farbintensive Rose. Die eleganten, dunkel lachsorangefarbenen Knospen öffnen sich zu hübschen, hochgebauten Blüten mit breiten Petalen in Lachsorange mit dunkleren lachsroten Schattierungen. Die Teehybride duftet angenehm und ergibt eine gute Schnittrose, weil ihre Blüten meist einzeln auf langen Stielen sitzen und die festen Petalen der Blume Halt geben; darüber hinaus vertragen die Blüten nasse Witterung gut. Im Herbst erfolgt ein zweiter Flor. 'Ave Maria' wächst kräftig und aufrecht und besitzt viel dunkelgrünes Laub.
**ZONEN 4–9.**

Kordes, Deutschland, 1981

'Uwe Seeler' × 'Sonia'

## 'AVIATEUR BLÉRIOT'

ALTE R., RAMBLERROSE, GELB+

Dieser beliebte Rambler hat Knospen in kupfrigem Orange; sie öffnen sich zu

'Avandel'

'Aviateur Blériot'

'Aviateur Blériot' (Laub)

großen Blüten in einem Safrangelb und Gold, das zu Creme verblaßt. Große Büschel intensiv duftender Blüten bedecken die kräftigen Triebe. Das Laub ist leuchtend grün, glänzend und bronzegetönt. 'Aviateur Blériot' ist eine ansehnliche Pflanze und macht sich besonders als Kaskadenrose auf Hochstamm hervorragend. Benannt ist sie nach dem Franzosen Louis Blériot, der als erster den Ärmelkanal überflog. **ZONEN 4–10.**

Fauque, Frankreich, 1910

*Rosa wichuraiana* × 'William Allen Richardson'

## 'AVIGNON'

FLORIBUNDA, GELB, ÖFTERBLÜHEND

Diese kaum verbreitete Rose besitzt recht dichtgefüllte, leicht duftende Blüten in einem heiteren Gelb, die in lockeren Büscheln an einer Pflanze mit dunklem Laub erscheinen und kleinen Edelrosen ähneln. Vorteile bei der Verwendung als Schnittrose sind die fast stachellosen Triebe und die lange Haltbarkeit der Blüten, nachteilig wirkt sich lediglich aus, daß diese mitunter von jungen Trieben verdeckt werden. Die Nachblüte erfolgt rasch und hält bis zum Herbst an. Der Wuchs ist kräftig und aufrecht. Die Sorte erhielt ihren Namen anläßlich des Beginns der Städtepartnerschaft zwischen Avignon und Colchester, wo sich der Firmensitz des Züchters befindet.
**ZONEN 5–11.**

Cants of Colchester Ltd, Großbritannien, 1974

'Zambra' × 'Allgold'

## 'AVOCET' HARpluto

FLORIBUNDA, ORANGE+, ÖFTERBLÜHEND

Die Leuchtintensität in der Färbung junger Blüten dieser Sorte ist besonders auffällig. Unzählige Knospen, die auf recht steifen Stengel sitzen, öffnen sich zu orangefarbenen Blüten, deren hübsch gewellte Petalen kupfern-zinnoberrot ge-

A

säumt sind und später zu Orangerosa verblassen. Die Blüten erscheinen kontinuierlich bis in den Herbst hinein und halten sich dank der festen Petalen auch bei schlechtem Wetter gut. Leider duften sie kaum. Der Wuchs ist niedrig und geht in die Breite, das dunkle, glänzende Laub wirkt in einem Beet oder in einer Hecke schon vor Blühbeginn reizvoll.
**ZONEN 4–9.**

Harkness, Großbritannien, 1984

'Dame of Sark' × Sämling

Courtrai Silbermedaille 1981, Royal National Rose Society Trial Ground Certificate 1981

## 'AVON'

TEEHYBRIDE, DUNKELROT, ÖFTERBLÜHEND

Der Vorzug dieser dunkelroten Rose besteht darin, daß sie sogar in wärmerem Klima ihre Farbe gut hält, wo Rottöne häufig in Purpur umschlagen. Die Blüten erscheinen an langen Stielen, sind zunächst elegant hochgebaut und in diesem Stadium gute Schnittblumen. An der Pflanze entwickeln sie sich zu großen, recht locker geformten Blüten, die einen wundervollen Duft verströmen. Diese erscheinen den ganzen Sommer und Herbst über. Der Wuchs ist aufrecht und knapp über mittelhoch, weshalb 'Avon' gut für Hecken oder große Beete geeignet ist. Ihr üppiges Laub ist ledrig und mittelgrün. Am besten gedeiht die Teehybride offenbar in warmem, trockenem Klima, in kühleren Gebieten ist sie leider recht anfällig für Mehltau.
**ZONEN 5–9.**

Morey, USA, 1961

'Nocturne' × 'Chrysler Imperial'

## 'AWAKENING'

**Syn. 'Probuzini'**

GROSSBLUMIGE KLETTERROSE, HELLROSA, ÖFTERBLÜHEND

Die Rose stammt von Stecklingen einer Sorte ab, die der Brite Dick Balfour, ehemaliger Präsident der *Royal National Rose Society*, 1988 aus der damaligen CSSR mitbrachte und in England vermehren ließ. Die Sorte wurde 1990 unter dem Namen 'Awakening' wiedereingeführt. Mit ihrer krausen, dicht mit Petalen gefüllten Mitte sieht sie sehr reizvoll aus. Genau wie ihre Elternsorte zeichnet sich 'Awakening' durch süßen Duft, lange Blühzeit, gute Winterhärte und schönes Laub aus.
**ZONEN 3–9.**

Blatna, Tschechoslowakei, 1935

Sport von 'New Dawn'

'Avon'

'Aztec'

## 'AWARENESS' FRYbingo

TEEHYBRIDE, ROSA, ÖFTERBLÜHEND

Ungeachtet aller düsteren Prophezeiungen, wonach das genetische Potential der Teehybriden erschöpft sei, werden immer wieder neue schöne Sorten gezüchtet. 'Awareness' besitzt duftende, leuchtend rosa Blüten mit klassischer hoher Mitte, die einzeln oder auch zu mehreren an steifen, aufrechten Stengeln erscheinen. Die Blüte erfolgt kontinuierlich vom Sommer bis in den Herbst hinein. Der starkwüchsige Busch hat hübsches Laub und erreicht mittlere Höhe. 'Awareness' ist eine gute Beet- und Schnittrose. **ZONEN 4–9.**

Fryer, Großbritannien, 1997

Eltern unbekannt

## 'AYRSHIRE QUEEN'

ALTE R., AYRSHIREROSE, DUNKELROT

Obwohl behauptet wird, diese Sorte gäbe es nicht mehr, führen einzelne Rosenschulen sie noch im Sortiment. Die dunklen, purpurkarminroten, halbgefüllten Blüten erscheinen im Sommer. 'Ayrshire Queen' ist winterhart, gedeiht auch in nährstoffarmen Böden und liebt etwas Schatten. Die dünnen Triebe lassen sich leicht ziehen und brauchen nur dann zurückgeschnitten zu werden, wenn sie zu stark wuchern. In kühleren Gebieten wird die Ayrshirerose auch als Bodendecker gepflanzt. **ZONEN 4–10.**

Rivers, Großbritannien, 1835

'Blush Ayrshire' × 'Tuscany'

## 'AZTEC'

TEEHYBRIDE, ORANGEROT, ÖFTERBLÜHEND

Das auffälligste Merkmal dieser Rose ist ihre Blütenfarbe, ein reines, helles Scharlach-Zinnoberrot, das vor allem deshalb eine Besonderheit darstellt, weil sich die zinnoberrote Farbkomponente ohne jede Spur von Purpur hält – ein Manko, das 'Kordes' Sondermeldung' und viele andere orangeroten Sorten immer noch aufweisen. Feste, breite Petalen bilden eine hochgebaute Blüte von wundervoller Symmetrie, die leicht duftet. 'Aztec' blüht mehrfach nach, allerdings fällt der Flor nicht sonderlich üppig aus. Manchmal stehen mehrere perfekte Blüten in Form eines kleinen Kandelabers zusammen, doch oft sind sie für die Stengel viel zu schwer. Der Busch wächst einseitig, niedrig, und ausladend; er trägt wenig dunkles, wächsernes Laub und bildet nur unzureichend neue Triebe.
**ZONEN 4–9.**

Swim, USA, 1957

'Charlotte Armstrong' × Sämling

'Awakening'

'Avignon'

'Avocet'

## AZULABRIA'

siehe 'Bluenette'

## 'AZURE SEA' AROlala

TEEHYBRIDE, MAUVE, ÖFTERBLÜHEND

Die Teehybride besitzt mittelgroße, lavendel-mauvefarbene Blüten, deren Petalen blaß rubinrot gesäumt und außen dunkel gefärbt sind; bei warmer Witterung verblassen die Farben jedoch rasch. Die zunächst gut gefüllten, hochgebauten, leicht duftenden Blüten kommen an recht langen Stielen und eignen sich daher gut zum Schnitt. 'Azure Sea' blüht mehrfach nach, allerdings können Mehltau und Sternrußtau zu Blattverlust führen. Die Sorte wächst aufrecht und buschig, erreicht eine mittlere Höhe und trägt großes, dunkles Laub.
**ZONEN 5–9.**

Christensen, USA, 1983

('Angel Face' × 'First Prize') × 'Lady X'

# B

B

## 'BABE'

POLYANTHAROSE, ROSA+, ÖFTERBLÜHEND

Sehr niedrige Polyantharose, die sich gut für Einfassungsrabatten eignet. Die kleinen, blaßrosa Blüten stehen zu 5–15 in Büscheln zusammen und heben sich gut vom mittelgrünen Laub ab. Die Pflanze ist krankheitsresistent, blüht aber nur mäßig gut nach. Die schönste Wirkung erzielt man durch dichte Pflanzung. Die Sorte hat nur wenig Stacheln.

ZONEN 5–9.

Hazelwood, Australien, 1935

Eltern unbekannt

## 'BABY ALBERIC'

POLYANTHAROSE, HELLGELB, ÖFTERBLÜHEND

Die spitzen Knospen erscheinen gelb und verblassen zu fast cremeweiß, wenn sich die kleinen, gekräuselten Petalen entfalten. Die Rose verströmt einen angenehmen, leichten Duft. Die lange Blütezeit dauert bis in den Herbst, wobei der erste Flor besonders üppig ist. Der Wuchs ist kräftig, breit und niedrig. Ähnlich wie auch die Ramblerrose *Rosa wichuraiana*, von der 'Baby Alberic' abstammt, ist sie sehr gesund und hat eine lange Lebensdauer. Sie wurde in England eingeführt, als kleine Buschrosen gerade aus der Mode kamen; sie konnte sich dort deshalb nie richtig durchsetzen.

ZONEN 4–9.

Chaplin, Großbritannien, 1932

Sämling von 'Alberic Barbier'

'Baby Alberic'

## 'BABY BACCARÁ' MEIbyba

ZWERGROSE, ROT, ÖFTERBLÜHEND

Dies ist eine der ersten Zwergrosen. Sie wurde im selben Jahr wie die bekannte 'Starina' vorgestellt, um Rosenliebhaber mit dieser neuen Rosenklasse vertraut zu machen. Die kleinen Blüten, meist nur eine pro Stiel, sind orangerot. Die Sorte wurde nach der berühmten 'Baccará' benannt, einer großblumigen Rose, die 1954 auch von Meilland eingeführt wurde; offensichtlich sollte 'Baby Baccará' von deren Ruhm profitieren. Diese Zwergrose ist jedoch fast in Vergessenheit geraten, weil das Hauptinteresse bei dieser Rosenklasse meist auf interessanteren Farben und großblumigeren Formen liegt. Die Rose duftet leicht und besitzt ein schönes, dunkelgrünes Laub.

ZONEN 5–11.

Meilland, Frankreich, 1965

'Callisto' × 'Perla de Alcañada'

'Babe'

'Baby Bettina'

## 'BABY BETSY McCALL'

ZWERGROSE, HELLROSA, ÖFTERBLÜHEND

'Baby Betsy McCall' gehört zu den klassischen Miniaturrosen der 60er Jahre des 20. Jh., bei denen vor allem die Blütengröße im Vordergrund steht. Die kompakte Pflanze (20–25 cm) hat sehr kleine becherförmige, hellrosa Blüten (20 Petalen). Teilweise wird sie auch als Mikro-Miniatur bezeichnet. Ihre Beliebtheit ist fast auf der ganzen Welt ungebrochen. 'Baby Betsy McCall' wird vielfach für Blumen-Arrangements verwendet.

ZONEN 4–11.

Morey, USA, 1960

'Cécile Brunner' × 'Rosy Jewel'

## 'BABY BETTINA' MEIdacinu

ZWERGROSE, HELLROT, ÖFTERBLÜHEND

Diese Zwergrose ist eng verwandt mit 'Baby Baccará'. Sie hat elegante, eiförmige Knospen, die sich später zu großen, zinnoberroten Blüten entwickeln. Von unten sind die 15–20 Blütenblätter karminrot. An starken Trieben erscheinen drei bis fünf kleine, schwach duftende Blüten in Dolden. Der Busch wächst kräftig und hat mattes Laub. Diese von Marie-Louisette Meilland eingeführte Rose gehört zu den vielen Zwergrosen aus dem Hause Meilland, bei denen als ein Elternteil die weiße Miniaturrose 'Perla de Alcañada' verwendet wurde. Diese wurde 1945 von Pedro Dot in Spanien gezüchtet. ZONEN 4–11.

Meilland, Frankreich, 1977

'Callisto' × 'Perla de Alcañada'

'Baby Baccará'

'Baby Betsy McCall'

## 'BABY BIO'

ZWERGROSE, GOLDGELB, ÖFTERBLÜHEND

Die im Vergleich zur Pflanze sehr großen, leuchtend gelben Blüten in üppigen Büscheln sind sehr wirkungsvoll. Die leicht duftenden Blüten besitzen viele rundliche Kronblätter. Die Blütezeit reicht vom Sommer bis in den Herbst. Die Sorte eignet sich gut für Rabatten, Gruppen oder als niedrige Einfassung. Der Wuchs ist kräftig und buschig. Diese Rose wurde von einem Hobbygärtner in England gezüchtet. Benannt wurde sie nach einem Düngemittel.

ZONEN 5–9.

Smith, Großbritannien, 1977

'Golden Treasure' × Sämling

Royal National Rose Society Certificate of Merit 1976, Rom Goldmedaille 1976

## 'BABY BLANKET' KORfullwind

**Syn. 'Sommermorgen', 'Oxfordshire', 'Summer Morning'**

BODENDECKERROSE, HELLROSA, ÖFTERBLÜHEND

Drei Goldmedaillen unterstreichen die besondere Qualität dieser Rose. An den vielen Trieben zeigen sich unzählige große Blütendolden vom Sommer bis in den Herbst. Die becherförmigen Blüten sind klein bis mittelgroß, gefüllt, in Rosatönen mit goldenen Staubgefäßen und leichtem Duft. Die Blütenblätter sind am Rand gekräuselt. Die langen Triebe wachsen in alle Richtungen. Das gesun-

'Baby Eclipse'

'Baby Blanket'

de, dichte Laub besteht aus kleinen, dunkelgrünen, glänzenden Blättern. 'Baby Blanket' ist eine Rose, die sich hervorragend für den Vordergrund einer Rabatte eignet. In Großbritannien wird diese Sorte unter dem Synonym 'Oxfordshire' gehandelt. **ZONEN 4–9.**

Kordes, Deutschland, 1991

'Surrey' × Sämling

Courtrai Goldmedaille, Monza Goldmedaille, Royal National Rose Society Goldmedaille 1993

## 'BABY CÉCILE BRUNNER'

MORcebru

ZWERGROSE, HELLROSA, ÖFTERBLÜHEND

Abgesehen vom Größenunterschied entspricht diese Zwergrose der äußerst beliebten 'Cécile Brunner'. Ihre kleinen, rosafarbenen Blüten stehen in riesigen, lockeren Dolden an langen Stielen, die von dem aufrecht wachsenden Busch herabhängen. 'Baby Cécile Brunner', die über ein relativ kleinblättriges Laub verfügt, kann mit Fug und Recht als klassische Miniaturrose bezeichnet werden. Besonders an warmen Tagen verströmt sie einen leichten Duft. Diese Zwergrose sieht wunderhübsch in Hängekörben oder Schalen aus. 'Baby Cécile Brunner' möchte am liebsten wie die Mutterpflanze in die Höhe klettern!

**ZONEN 4–11.**

Moore, USA, 1981

'Climbing Cécile Brunner' × 'Fairy Princess'

## 'BABY DARLING'

ZWERGROSE, APRICOT+, ÖFTERBLÜHEND

Diese Sorte zeichnet sich durch elegant geformte Knospen in den Farbtönen Apricot und Rosa aus. Diese öffnen sich zu wunderschönen großen, gefüllten Blüten mit 20 Petalen. Die haltbaren Blüten besitzen eine interessante Farbgebung und eignen sich deshalb hervorragend für Ausstellungen. Die Sorte wird von Experten meist der Klasse der Zwergrosen (bis 30 cm Höhe) zugeordnet. 'Baby Darling' ist ein weiteres gutes Beispiel für die klassische Miniaturrose, die in den frühen 60er Jahren des 20. Jh. auf den Markt kam. Der amerikanische Züchter Ralph Moore verwendete die Gelbtöne der Sorte 'Little Darling' recht häufig, um viele seiner prämierten Zwergrosen zu züchten. Diese Sorte wird auch heute noch kultiviert. Ihre kletternde Form **'Climbing Baby Darling'** (Trauger, USA, 1972) entwickelt Triebe, die eine Länge von 1,8 m erreichen können. Die Blüten kommen in hübschen kleinen Dolden aus beinahe jeder Blattachsel der horizontal wachsenden Zweige. Bei dieser Kletterform ist der Busch besonders breitwüchsig, weshalb er Jahr für Jahr kräftig zurückgeschnitten werden muß.

**ZONEN 4–11.**

Moore, USA, 1964

'Little Darling' × 'Magic Wand'

'Baby Bio'

'Climbing Baby Darling'

'Baby Darling'

## 'BABY ECLIPSE' MORecli

ZWERGROSE, HELLGELB, ÖFTERBLÜHEND

Da der amerikanische Züchter Moore als Elternteil dieser Zwergrose eine *Rosa wichuraiana* verwendete, gelang ihm bei den meisten seiner Zwergrosen eine schnellere Bewurzelung der Steckhölzer. Das führte im Großanbau zur Verdrängung von Okulation oder Veredlung durch die Stecklingsvermehrung. Eine Elternsorte ist übrigens eine berühmte Rose, aus der 'Queen Elizabeth' hervorging. Aus kleinen Knospen entwickeln sich hellgelbe, elegante Blütchen. Der robuste Busch wächst sehr kräftig und breit. Kritiker meinen, daß diese Pflanze mehr Energie auf ihr Wachstum als auf die Blüte verwendet.

**ZONEN 4–11.**

Moore, USA, 1984

*Rosa wichuraiana* × 'Floradora'

American Rose Society Award of Excellence 1984

B

'Baby Katie'

'Baby Faurax'

'Baby Jayne'

## 'BABY FAURAX'

POLYANTHAROSE, MAUVE, ÖFTERBLÜHEND

Die Farbe wird vielfach als die größte Annäherung an Blau, manchmal auch als Violett beschrieben. Die rosettenförmigen Blüten sind klein und stehen in engen Büscheln zusammen, die groß wirken, weil 'Baby Faurax' so niedrig und kompakt wie eine Zwergrose wächst. An warmen Tagen duftet sie leicht. Die Rose blüht vom Sommer bis in den Herbst. Die kleinblättrigen, stumpfen Blätter weisen u a. auf eine *Rosa multiflora* als Elternpflanze hin. Unter diesen Rosen gibt es eine Reihe violettfarbener Vertreter. 'Baby Faurax' ist eine ungewöhnliche Rose, die wenig Platz braucht und sich für Züchtungen eignet.
**ZONEN 4–9.**

Lille, Frankreich, 1924

Eltern unbekannt

## 'BABY GOLD STAR'

**Syn. 'Estrellita de Oro'**

ZWERGROSE, GOLDGELB, ÖFTERBLÜHEND

Diese Sorte ist ein gutes Beispiel für die Pionierarbeit von Pedro Dot. Durch Kreuzung von 'Rouletii', Vorfahr vieler Miniaturrosen, mit der Teehybride 'Eduardo Toda' entstand eine Zwergrose mit nur 14 goldgelben Blütenblättern. Das war ein großer Schritt in der Entwicklung der Zwergrosen und bewies, daß ihre Gene auch auf großblumige Rosen

'Baby Maskerade'

übertragbar sind. Die Blüten dieser Sorte sind halbgefüllt, der Wuchs ist klein und kompakt. **ZONEN 5–11.**

Dot, Spanien, 1940

'Eduardo Toda' × 'Rouletii'

## 'BABY GRAND' POUlit

ZWERGROSE, REIN ROSA, ÖFTERBLÜHEND

Die rein rosa Blütenbüschel erscheinen vom Sommer bis zum Herbst. Jede Blüte besteht aus 25–40 Petalen. Die haltbaren Blüten bilden eine flache Vierfachrosette und erinnern sehr an Alte Rosen. Sie duften leicht nach Apfel. Das Laub ist kleinblättrig, matt und mittelgrün. Die niedrige, sehr gesunde Pflanze wächst kompakt und rundlich. Diese Sorte mit dem Charme historischer Rosen wirkt besonders attraktiv in einer Pflanzschale.
**ZONEN 5–10.**

Poulsen, Dänemark, 1994

'Egeskov' × Sämling

## 'BABY JAYNE'

**Syn. 'Fairy Hedge', 'Pixie Hedge'**

KLETTERNDE ZWERGROSE, REIN ROSA, ÖFTERBLÜHEND

Die kleinen, rosa Blütchen (mit 45 Petalen) dieser kletternden Miniaturrose erscheinen in Büscheln. Die Pflanze wird etwa 1–1,2 m hoch und hat kleinblättriges, glänzendes Laub. Diese Sorte ist ein gutes Beispiel für die frühen Züchtungen von Ralph Moore, die als Vorreiter der heutigen kletternden Miniaturen gelten.

Die Verwendung von 'Zee', einer kletternden Zwergrose, die von 'Tom Thumb' abstammt und nie vermarktet wurde, stellte sicher, daß die meisten Kreuzungen zu kletternden Miniaturrosen führten. **ZONEN 4–11.**

Moore, USA, 1957

'Violette' × 'Zee'

## 'BABY KATIE'

ZWERGROSE, ROSA+, ÖFTERBLÜHEND

Diese Sorte bildet eiförmige Knospen an einer robusten, buschigen Pflanze, die sich zu kleinen Blüten in wunderschönem Pastell, von Creme bis Rosa, entfalten. Die teehybridähnlichen Blüten haben 28 Kronblätter und sind gut für Ausstellungen geeignet – eine beliebte Rose für den Hobbygärtner, mit allen positiven Eigenschaften der Zwergrosen. Unter unterschiedlichen klimatischen Bedingungen kommt es zu erheblichen Farbabweichungen. Das Laub ist mattgrün und bildet einen wunderschönen Kontrast zu den Blüten. 'Baby Katie' gehört zu den vielen sehr erfolgreichen Sämlingen, die von Harm Saville mit 'Sheri Anne' als Muttersorte gezüchtet wurden. **ZONEN 4–11.**

Saville, USA, 1978

'Sheri Anne' × 'Watercolor'

## 'BABY LOVE' SCRIvluv

ZWERGROSE, GOLDGELB, ÖFTERBLÜHEND

Eine wunderschöne Zwergrose mit üppiger, langer Blütezeit. Sie bringt becherförmige, butterblumengelbe Blüten hervor. Diese sind klein, schwach duftend und haben jeweils fünf Petalen, die dicht über dem niedrigen, rundlichen Busch stehen. Das kleinblättrige Laub ist mittelgrün. Die Blüten halten nur wenige Tage.
**ZONEN 4–11.**

Scrivens, Großbritannien, 1992

'Sweet Magic' × Sämling

Royal National Rose Society and Torridge Award 1993

## 'BABY MASKERADE' TANba; TANbakede

**Syn. 'Baby Masquerade', 'Baby Carnaval', 'Baby Carnival', 'Baby Maskarade', 'Baby Mascarade'**

ZWERGROSE, ROT+, ÖFTERBLÜHEND

'Baby Maskerade' ist eine bezaubernde Zwergrose, wie sie für diesen Rosenklasse in der Mitte des 20. Jh. charakteristisch war. Die Blüten öffnen sich goldgelb und gehen in ein leuchtendes Orangerot über. Die kleinen Blüten haben je etwa 25 Blütenblätter. Die zarten Blüten verströmen einen fruchtigen Duft. Der niedrige Busch erreicht eine Höhe von etwa 20 cm. Das Laub ist ledrig. Die klassische 'Tom Thumb' als Elternteil, eine 1936 von Vink in Holland gezüchtete Rose, macht die züchterische Entwicklung dieser Sorte deutlich.
**ZONEN 4–11.**

Tantau, Deutschland, 1956

'Tom Thumb' × 'Maskerade'

'Baby Gold Star'

'Baby Love'

'Ballerina' (Hagebutten)

## 'BABY PINOCCHIO'

ZWERGROSE, ROSA+, ÖFTERBLÜHEND

Zarte, lachsrosa Blüten entwickeln sich aus eiförmigen Knospen an einem kleinen, kompakten und kräftigen Busch. Die Blütenfarbe verändert sich langsam zu einem dunkleren Rosa oder Hellrot. Das Laub ist kleinblättrig, glänzend und ledrig; leider ist die Pflanze recht anfällig für Mehltau und Sternrußtau. Diese Sorte hat mit der Einführung farbenfroherer Zwergrosen an Beliebtheit verloren. **ZONEN 4–11.**

Moore, USA, 1967

'Golden Wave' × 'Little Buckaroo'

## 'BABY TAUSENDSCHÖN'

siehe 'Echo'

## 'BACCARÁ' MEger

**Syn. 'Jacqueline'**

TEEHYBRIDE, ORANGEROT, ÖFTERBLÜHEND

Beide Elternteile sind nicht gerade für üppiges Wachstum bekannt, und trotzdem entwickelt sich 'Baccará' zu einem kräftigen Busch. Die Rose war wegen ihrer Langstieligkeit und der außergewöhnlich haltbaren, gefüllten Blüten lange Zeit der absolute Favorit vieler Floristen. Die Blüten öffnen sich langsam zu einer flachen Form in leuchtendem Zinnoberrot mit samtenen dunklen Schatten auf den äußeren Blättern. Die duftlose Blüte dauert bis in den Herbst. Die dunklen, ledrigen Blätter sind im Austrieb rötlich. Die Rose gedeiht am besten im Gewächshaus oder in warmen, trockenen Gegenden, da die Blüten unter Niederschlag leiden. **ZONEN 5–9.**

Meilland, Frankreich, 1954

'Rouge Meilland' × 'Kordes' Sondermeldung'

## 'BAD NAUHEIM'

siehe 'National Trust'

## 'BALLADE' TANedallab

FLORIBUNDA, HELLROSA, ÖFTERBLÜHEND

Die zarten, hellrosa Blüten stehen in Dolden, gelegentlich auch einzeln. Sie sind gefüllt, offen und becherförmig, mit festen Kronblättern, duften aber kaum. Die Blütezeit reicht durchgehend von Sommer bis Herbst. Diese Sorte wird vor allem für Rabatte, Beete und als Heckenrose verwendet. Die Pflanze ist gesund und wächst kräftig. Sie entwickelt sich zu einem mittelhohen Busch mit vielen großen, leuchtend grünen Blättern. **ZONEN 4–9.**

Tantau, Deutschland, 1991

Eltern unbekannt

'Ballerina'

## 'BALLERINA'

STRAUCHROSE, HELLROSA, ÖFTERBLÜHEND

Zu den Höhepunkten des Sommers zählen die unzähligen kleinen, einfachen, hellrosa Blütchen, die ähnlich wie Hortensiendolden den gesamten Busch bedecken. Leider duftet er kaum. Nach der ersten langen und üppigen Blüte dauert es eine Weile, bis ein guter zweiter Flor einsetzt. Die Rose hat einen eleganten, rundbuschigen Wuchs und sehr starkes, mittelgrünes Laub. Sie erreicht eine mittlere Höhe und kann einzeln als Strauch oder auch als Stammrose gesetzt werden. In einer Gruppe gepflanzt, aber auch als Hecke bietet sie dem Betrachter einen schönen Anblick. Wenn die verblühenden Dolden nicht entfernt werden, können viele kleine orangefarbene Hagebutten entstehen. Die kleinen Blüten weisen eine sehr große Ähnlichkeit mit denjenigen der Kletterrose 'Blush Rambler' auf. **ZONEN 4–9.**

Bentall, Großbritannien, 1937

Eltern unbekannt

Royal Horticultural Society Award of Garden Merit 1993

## 'BALLET' KORflot

TEEHYBRIDE, DUNKELROSA, ÖFTERBLÜHEND

Die Rose mit ihren großen, krugförmigen Blüten, die an aufrechten, kräftigen Stielen sitzen, war in den 60er Jahren des 20. Jh. besonders beliebt, als es nur wenige andere Sorten mit 50 Petalen gab, denen Regen nichts anhaben konnte. Die leuchtenden, dunkelrosa Blüten erscheinen den ganzen Sommer und Herbst hindurch; sie verströmen einen schwachen Duft. Die kräftige Pflanze erreicht eine mittlere Höhe und hat helle, graugrüne Blätter. Mit zunehmendem Verzicht auf Chemikalien im Garten wurde 'Ballet' immer häufiger von Sternrußtau befallen. Ihr Sport **'Climbing Ballet'** (Kordes, Deutschland, 1962) ist eine kräftige Kletterrose, ideal zum Beranken hoher Mauern, die nachmittags von der Sonne beschienen werden. **ZONEN 4–9.**

Kordes, Deutschland, 1958

'Florex' × 'Karl Herbst'

Royal National Rose Society Trial Ground Certificate 1956

'Baccará'

## 'BALTIMORE BELLE'

**Syn. 'Belle de Baltimore'**

ALTE R., SETIGERA-HYBRIDE, HELLROSA

Diese spätblühende Alte Rose trägt große Büschel mit rundlichen Knospen, die sich zu mittelgroßen, einwärts gewölbten Blüten entwickeln. Jede Blüte besteht aus Dutzenden kleiner Petalen in zartestem Rosa. Die Pflanze hat ihren kräftigen Wuchs von *Rosa setigera* geerbt, der einzigen Kletterrose, die auf dem nordamerikanischen Kontinent heimisch ist; sie ist jedoch nicht besonders winterhart. Die Pflanze ist robust und hat mittelgrünes Laub. 'Baltimore Belle' eignet sich gut für Pergolen und Plätze, an denen sie sich leicht ausbreiten kann. **ZONEN 4–9.**

Feast, USA, 1843

*Rosa setigera* × evtl. *R. noisette* oder *R. gallica*

## 'BAMBOLA'

**Syn. 'Bambula'**

FLORIBUNDA, LACHSROSA, ÖFTERBLÜHEND

Diese Varietät wurde in England von den Wheatcrofts vorgestellt, zu einer Zeit, als sich die Mitglieder dieser Züchterfamilie zerstritten hatten. Der Streit war bald beigelegt, dennoch erhielt die Rose niemals die Aufmerksamkeit, die ihr eigentlich gebührt. Diese reichblühende Sorte trägt Dolden mit vielen großen gefüllten Blüten, die sich weit öffnen und dan in wunderschönen Lachs- und Orangetönen erstrahlen. Diese Floribundarose duftet leicht. Sie eignet sich als Rabattenpflanze und blüht vom Sommer bis in den Herbst. Die Pflanze wächst recht kräftig, bleibt aber mittelgroß. Sie besitzt sehr üppiges, leuchtend grünes und glänzendes Laub. Bambola ist der Name eines Volkstanzes aus dem US-Bundesstaat Louisiana, der zu den Klängen einer Trommel aufgeführt wird; ob der Tanz auf afrikanische Sklaven oder französischsprachige Cajouns zurückgeht, ist ungewiß. Möglicherweise waren es die wild im Wind tanzenden Blüten dieser Rose, die den Züchter zu der exotischen Namensgebung inspirierten. **ZONEN 4–9.**

Tantau, Deutschland, 1970

'Schweizer Gruß' × 'Ahoi'

'Bambola'

'Ballet'

'Climbing Ballet'

B

'Baron Girod de l'Ain'

'Barby'

'Banzai '83'

## 'BANTRY BAY'

GROSSBLUMIGE KLETTERROSE, REIN ROSA ÖFTERBLÜHEND

Diese Rose ist sowohl im Sommer als auch im Herbst attraktiv. Die locker gefüllten, becherförmigen Blüten stehen in Büscheln und erscheinen in einem warmen, intensiven Rosa. Die Staubgefäße sind deutlich zu erkennen. Ein schwacher Duft ist gut wahrnehmbar. Das dunkelgrüne Laub ist üppig. Diese recht gesunde, verzweigte Sorte zeichnet sich durch mäßiges Wachstum und gute Krankheitsresistenz, besonders aber durch ihre Unanfälligkeit gegenüber Regen aus. **ZONEN 4–9.**

McGredy, Großbritannien, 1967

'New Dawn' × 'Korona'

Royal National Rose Society Certificate of Merit 1967, Belfast Certificate of Merit 1970

## 'BANZAI '83' MEIzalitaf

Syn. 'Spectra'

GROSSBLUMIGE KLETTERROSE, GELB+, ÖFTERBLÜHEND

Diese kaum bekannte Rose ist eine echte Attraktion. Die schlanken Knospen erscheinen gelb mit einem Hauch von Rosa; die voll entwickelten, kaum duftenden Blüten zeigen sich nach und nach in vielen Orange- und Goldtönen sowie etwas hellem Karminrot. Die Blüten sind groß, locker und gefüllt. Die Blütezeit reicht von Sommer bis Herbst. Diese eher starr aufrecht wachsende Pflanze wirkt besonders gut vor Hecken oder Mauern oder an einem Klettergerüst. Das dunkelgrüne Laub ist glänzend. Die Sorte entwickelt sich am schönsten in warmen, mittelhohen Lagen. **ZONEN 4–9.**

Meilland, Frankreich, 1983

Eltern unbekannt

ADR-Rose 1985

## 'BARBARA BUSH' JACbush

TEEHYBRIDE, ROSA+, ÖFTERBLÜHEND

Die eleganten, spitzen Knospen dieser hübschen Gartenrose entwickeln sich langsam zu großen, gefüllten, aber eher flachen Blüten. Die Farbtöne reichen von Elfenbeinweiß bis Lachsrosa. Von Sommer bis Herbst erscheinen die schwach duftenden Blüten an langen Stielen, die sich gut zum Schnitt eignen. Die Pflanze wächst kräftig und wird recht hoch. Das Laub ist mittelgrün, jedoch etwas anfällig für Mehltau. Ihren Namen erhielt die Rose zu Ehren der Ehefrau von George Bush, einem ehemaligen Präsidenten der USA. **ZONEN 4–9.**

Warriner, USA, 1991

'Pristine' × 'Antigua'

## 'BARBY' KORaby

TEEHYBRIDE, REIN ROSA, ÖFTERBLÜHEND

Die rundlichen, rosaroten Knospen an langen Stielen öffnen sich langsam zu sehr großen Blüten, deren äußere Petalen sich nach unten wölben. An der Innenseite erscheinen die Blütenblätter in einem warmen Rosaton, die Außenseite weist attraktive rosarote Adern auf silbrigem Hintergrund auf. Eine ideale Beetrose, weil die Blüten auch schlechtem Wetter trotzen. Die lange Lebensdauer der Blüten macht sie zudem zu einer guten Schnittrose. Duft ist kaum vorhanden. Die Blütezeit reicht bis in den Herbst. Die gesunde Pflanze wird mittelhoch. Das Laub ist im Austrieb rötlich und wird später dunkelgrün und ledrig. **ZONEN 4–9.**

Kordes, Deutschland, 1995

'Holsteinperle' × Sämling

## 'BARKAROLE'

siehe 'Taboo'

## 'BARON DE BONSTETTEN'

ALTE R., REMONTANTROSE, ETWAS NACHBLÜHEND, DUNKELROT

Diese Rose gehört zu den elegantesten ihrer Klasse; ein robuster, kompakter Busch mit samtigen, flachen, stark duftenden Blüten an kräftigen Stielen. Die Blütezeit liegt im Sommer. Die glänzenden, dichtgefüllten Blüten (80 Petalen) verändern sich von Karminrot zu dunklem Purpur; Sonne oder Schatten bestimmen die Farbtiefe. Die Zweige weisen zahlreiche Stacheln auf. Das Laub ist ledrig-rauh. Diese Rose eignet sich nicht für heiße Regionen, da die Blütenblätter leicht in der Sonne verbrennen. Ihren Namen verdankt sie einem Schweizer Rosenliebhaber. **ZONEN 5–10.**

Liabaud, Frankreich, 1871

'Général Jacqueminot' × 'Géant des Batailles'

## 'BARON DE WASSENAER'

ALTE R., MOOSROSE, DUNKELROSA

Eine der wenigen Moosrosen, die sich als Kletterrose eignet. Sie bildet einen kräftigen, bis zu 2,5 m hohen Strauch mit dunklen, bestachelten Stielen und dunkelgrünen, rauhen Blättern. Die Blüten entwickeln sich im Hochsommer aus rundlichen, mäßig bemoosten Knospen. Das Laub ist dunkelgrün, fast bräunlich. Die voll geöffneten Blüten erreichen einen Durchmesser von 8 cm. Sie haben viele Blütenblätter, die zuerst leuchtend rot erscheinen, sich aber bald zu einem intensiven Pink verfärben. Die Blüten sind leicht becherförmig und stehen in Büscheln. 'Baron de Wassenaer' ist eine sehr beliebte Moosrose, die wenig Rückschnitt erfordert und auch auf magerem Boden gedeiht. Es kann zu einer zweiten, schwachen Blüte im Herbst kommen. **ZONEN 5–10.**

Verdier, Frankreich, 1854

Eltern unbekannt

## 'BARON GIROD DE L'AIN'

Syn. 'Baron Giraud de l'Ain', 'Princesse Christine von Salm'

ALTE R., REMONTANTROSE, ROT+, ÖFTERBLÜHEND

Die Petalen dieser aparten Rose wirken wie mit der Zackenscheere beschnitten. Die roten, becherförmigen Blüten haben einen unregelmäßigen weißen Rand und duften süßlich. Die kompakten Blüten zeigen ein echtes Karminrot. Die grünen, ledrigen Blätter sind breit und rundlich. Die Pflanze bildet steife grüne Triebe mit einigen Stacheln. Sie blüht den ganzen Sommer. In heißen Sommern ist Sternrußtau ein Problem. **ZONEN 5–10.**

Reverchon, Frankreich, 1897

Sport von 'Eugene Fürst'

'Baron de Wassenaer'

'Bantry Bay'

B

'Baronne Henriette de Snoy'

'Baronne Prévost'

'Baroness Rothschild'

## 'BARON J. B. GONELLA'

**Syn. 'Baron G. B. Gonella', 'Baron J. G. Gonella'**

ALTE R., BOURBONROSE, ROSA+, ETWAS NACHBLÜHEND

Die rundlichen, becherförmigen Blüten sind dichtgefüllt, mit einem Durchmesser von 8 cm, leuchtend rosa und zeigen eine gekräuselte Mitte. Die großen, weichen Blütenblätter haben fliederfarbene Schattierungen. Eine seltene, hochwachsende Bourbonrose mit starken Trieben. Der Duft ist leicht, die Blüte erscheint nur im Sommer. Die grüne Rinde ist mit roten Stacheln bedeckt. **ZONEN 5–6.**

Guillot sen., Frankreich, 1859

Sämling von 'Louise Odier'

## 'BARON MEILLANDINA'

**siehe 'Sunblaze Baron'**

## 'BARONESS ROTHSCHILD'

**Syn. 'Baronne Adolph de Rothschild'**

ALTE R., REMONTANTROSE, HELLROSA, ETWAS NACHBLÜHEND

Diese wunderschöne Schnittrose macht ihrem Namen alle Ehre. Die sehr großen Knospen öffnen sich zu zartrosa Blüten mit silbrigen Rändern. Meist erscheint pro Stiel eine gefüllte, becherförmige Blüte. Der Busch wächst aufrecht und ist winterhart. Die hellgrünen Zweige sind bestachelt, das Laub ist graugrün. Die Blütezeit liegt im Sommer und im Herbst. **ZONEN 5–10.**

Pernet, Frankreich, 1868

Sport von 'Souvenir de la Reine d'Angleterre'

## 'BARONNE EDMOND DE ROTHSCHILD' MEIgriso

**Syn. 'Baroness E. de Rothschild', 'Baronne de Rothschild'**

TEEHYBRIDE, ROT+, ÖFTERBLÜHEND

Mehrfarbige Rosen wirken leicht grell, diese jedoch hat eine sehr feine Farbabstimmung. Die breiten Blütenblätter enthüllen ein Rubinrot, das allmählich in blaustichiges Rosa übergeht; von außen sind die Blütenblätter fast weiß mit leichtem Rotschimmer. Die Blüten sind sehr groß, gefüllt und krugförmig. Sie erscheinen manchmal in Büscheln und blühen gut nach. Die Pflanze wird recht hoch. Das üppige Laub ist bronzefarben und ledrig, jedoch etwas sternrußtauanfällig. **ZONEN 4–9.**

Meilland, Frankreich, 1969

('Baccará' × 'Crimson King') × 'Gloria Dei'

Lyon Goldmedaille 1968, Monza Duftpreis 1968, Rom Goldmedaille 1968, Belfast Duftpreis 1991

## 'BARONNE HENRIETTE DE SNOY'

**Syn. 'Baroness Henrietta Snoy'**

ALTE R., TEEROSE, ROSA+

An einem schönen sonnigen Standort kann diese Sorte sehr wirkungsvoll sein. Die pfirsichfarbenen, rosettenförmigen, großen Blütenblätter werden nach innen dunkler. Die Blüten haben eine hohe Mitte mit grünem Auge. Das Laub ist bronzefarben. Wie so viele Teerosen wächst der Busch nicht besonders attraktiv; man sollte ihn so pflanzen, daß die Blüten gut zur Geltung kommen. **ZONEN 7–11.**

Bernaix, Frankreich, 1897

'Gloire de Dijon' × 'Mme Lombard'

## 'BARONNE PRÉVOST'

ALTE R., REMONTANTROSE, REIN ROSA, ETWAS NACHBLÜHEND

Diese frühe Remontantrose hat die typische Form Alter Rosen. Große, kugelige Knospen öffnen sich zu gefüllten, flachen geviertelten Rosetten in reinem Rosa, das langsam verblaßt. Die steifen, gedrungenen Triebe haben rote Stacheln. Der robuste, kompakte Strauch mit gutem Laub blüht im Sommer einmal reich, gelegentlich noch einmal im Herbst. Die Sorte bevorzugt einen sonnigen Standort und nährstoffreichen Boden. Dies ist die älteste Sorte ihrer Klasse, die heute noch im Handel ist. **ZONEN 5–10.**

Desprez, Frankreich, 1842

Eltern unbekannt

Royal Horticultural Society Award of Garden Merit 1993

## 'BAROQUE' HARbaroque

BODENDECKERROSE, MAUVE, ÖFTERBLÜHEND

'Baroque' hat eine einzigartige Ausstrahlung. Die spitzen Knospen öffnen sich zu becherförmigen Blüten mit je 15 Kronblättern; die goldfarbenen Staubgefäße bilden dann einen schönen Kontrast zu den überraschend bläulichrosa Petalen. Die Blüten erscheinen kurz über dem Laub in kleinen Büscheln, wodurch die aparte Erscheinung dieser Rose noch gesteigert. Diese Wirkung wird außerdem durch die purpurgetönten Blätter besonders betont. 'Baroque' verbreitet einen angenehm herben Duft. Die Blütezeit reicht vom Sommer bis in den Herbst. Dieser Bodendecker ist von mittlerer Höhe, breitet sich gut aus und ist darüber hinaus ideal für Rabatten oder große Kübel geeignet. **ZONEN 4–9.**

Harkness, Großbritannien, 1995

Gezüchtet aus *Rosa rubiginosa*, *R. bracteata* und *R. californica*

## 'BASILDON BOND' HARjosine

TEEHYBRIDE, APRICOT+, ÖFTERBLÜHEND

Diese Rose demonstriert die ausgefallenen Ideen mancher Rosenzüchter beim Ausdenken von Sortennamen: Sie wurde nämlich nach einem allerdings nur in Großbritannien bekannten und beliebten Schreibpapier benannt. Die intensiv leuchtenden, apricotfarbenen Blüten bilden einen schönen Kontrast zu den blauroten Stielen und dem dunklen, glänzenden Laub. Die mittelgroßen Blüten haben viele kurze, gewellte Kronblätter. Aus den spitzen, dunkelorangefarbenen Knospen entwickeln sich große, becherförmige Blüten, die den Garten mit frischem, fruchtigen Duft erfüllen. Die Rose blüht von Sommer bis Herbst. Vom Habitus her wächst 'Basildon Bond' buschig und aufrecht. Sie eignet sich für eine Rabatte, aber auch als kleine Gruppe. Gesundheit und Frosthärte sind besser als bei vielen apricotfarbenen Rosen; sie ist nicht regenanfällig. **ZONEN 5–9.**

Harkness, Großbritannien, 1980

('Sabine' × 'Circus') × ('Yellow Cushion' × 'Glory of Ceylon')

Belfast Goldmedaille 1982

'Basildon Bond'

'Baronne Edmond de Rothschild'

## 'BASSINO' KORmixal

**Syn. 'Suffolk'**

BODENDECKERROSE, ROT, ÖFTERBLÜHEND

Eine flach und breit, aber nicht sehr stark wachsende Pflanze. Sie zählt eher zu den Bodendecker- als zu den Strauchrosen. Die einfachen, krugförmigen Blüten sind leuchtend scharlachrot und bilden einen lebhaften Kontrast zu den gelben Staubgefäßen. Die vielen kleinen Blüten stehen in großen Büscheln dicht über dem dunklen, glänzenden Laub, so daß ein wunderschöner Gesamteindruck entsteht. Mit der Zeit verblassen die Farben etwas, der Rotton bleibt aber erhalten. Die Blütezeit reicht vom Sommer bis in den Herbst. Leider ist die Sorte sehr anfällig für Sternrußtau. Duft ist kaum vorhanden. In England ist sie unter dem Namen 'Suffolk' bekannt. **ZONEN 4–9.**

Kordes, Deutschland, 1988

('Sea Foam' × 'Rote Max Graf') × Sämling

Royal National Rose Society Trial Ground Certificate 1990

## 'BASYE'S BLUEBERRY'

STRAUCHROSE, REIN ROSA, ÖFTERBLÜHEND

Eine der vielen Züchtungen von Basye mit mittelgroßen Blüten und nur sieben Kronblättern, die in kleinen Büscheln wenig über das Laub hinausragen. Meist entwickeln sich die Büschel an den Enden der Zweige; die Blütezeit dauert fast den ganzen Sommer. Die Blüten sind lila-rosa mit auffälligen gelben Staubgefäßen. Der Duft ist süßlich. Die Pflanze wächst hoch und aufrecht mit mittelgrünen, rundlichen Blättern. Die Zweige sind fast unbestachelt – wie die meisten Sorten, die von 'Commander Gillette' abstammen. Der Name bezieht sich auf das Wachstum, das dem eines Blaubeerstrauchs ähnelt, besonders im Herbst, wenn Zweige und Blätter ihre Farbe verändern. Da die Pflanze sehr resistent und unbestachelt ist, ist sie für Züchtungen ideal. **ZONEN 4–9.**

Basye, USA, 1982

'Commander Gillette' × ('Commander Gillette' × [*Rosa virginiana alba* × 'Betty Morse'])

'Bassino'

'Bayadère'

'Bazaar'

## 'BASYE'S PURPLE ROSE'

STRAUCHROSE, MAUVE, ÖFTERBLÜHEND

Der Texaner Robert Basye hat lange versucht, Hybriden aus bis dahin kaum verwendeten Wildarten und Modernen Gartenrosen zu züchten. Unter seinen beachtenswerten Kreuzungen gehört diese zu den wenigen, die kommerziell angebaut werden. Eine aufrecht wachsende Sorte, die einen etwas unordentlichen, dichten, mittelhohen Strauch mit stacheligen Zweigen und ziemlich rauhem Laub bildet. Die Blätter sind im Austrieb leuchtend grün und werden dann langsam rotviolett. Vor diesem Hintergrund erscheinen große, einfache, zarte Blüten in dunklem rötlichen Purpur mit breiten, geschwungenen Petalen und auffälligen rotgoldenen Staubgefäßen. Die Blüten sitzen in kleinen Büscheln an kurzen Stielen dicht über dem Laub. Sie blühen unentwegt bis zum Herbst, duften aber kaum. Die Rose ist eher etwas für Kenner als für Hobbygärtner. Da sich die Sorte durch Ausläufer vermehrt, eignet sie sich auch für größere Flächen. **ZONEN 4–9.**

Basye, USA, 1968

*Rosa rugosa* × *R. foliolosa*

## 'BAXTER BEAUTY'

ALTE R., KLETTERNDE TEEROSE, APRICOT+, ÖFTERBLÜHEND

Der australische Züchter Alister Clark spezialisierte sich auf Sorten, die sich besonders in warmen Zonen durch eine lange Blütezeit auszeichnen. Er züchtete viele Rosen, die heute noch in Australien angebaut werden. Hier handelt es sich um eine *Rosa gigantea*-Hybride, deren Blütenfarbe von Hellgelb bis Schwefelgelb mit einem Hauch Lachsrosa variiert. Die Pflanze kann eine Höhe von 4,5 m erreichen. Die halbgefüllten Blüten erscheinen über einen langen Zeitraum. Die Sorte ist frostempfindlich. **ZONEN 7–11.**

Clark, Australien, 1938

Sport von 'Lorraine Lee, Climbing'

## 'BAYADÈRE'

TEEHYBRIDE, APRICOT+, ÖFTERBLÜHEND

Diese Sorte zeichnet sich durch große Blüten mit über 50 Kronblättern aus, die anfangs eine sehr hohe Mitte haben und sich dann zurückwölben und fast eine Vierfachrosette bilden. Ihre Mischfarben reichen von Lachsorange bis Rosa mit gelbem Ansatz und deutlich sichtbaren Adern. Ein leichter Duft ist vorhanden. Die Blüten erscheinen im Sommer und

'Baxter Beauty'

'Beauté'

im Herbst, allerdings nicht sehr üppig. Trotzdem ist sie eine schöne Gartenrose, die sich zum Schnitt und für Gruppenpflanzungen eignet. Der mittelgroße Busch entwickelt lange Zweige und hat dunkles, bronzefarbenes Laub. Die Pflanze ist relativ winterhart, gedeiht aber am besten in warmen Zonen. Benannt wurde die Rose möglicherweise nach den gleichnamigen indischen Tempeltänzerinnen (Bajaderen, engl. *bayaderes*). **ZONEN 5–9.**

Mallerin, Frankreich, 1954

'RMS Queen Mary' × Sämling

National Rose Society Goldmedaille 1954

## 'BAZAAR'

FLORIBUNDA, HELLROSA, ÖFTERBLÜHEND

'Bazaar' ist eine Mutation der kirschroten Floribundarose 'Vogue'. Die wohlgeformten rosa Blüten stehen in gleichmäßig verteilten Büscheln. Die Blüten mit hoher Mitte haben 25 Petalen. Sie duften stark. Das Laub des hübschen Busches ist dunkelgrün. Die Blütenmenge ist durchschnittlich, die Sorte remontiert nur mäßig. Es handelt sich aber um eine brauchbare Rabattenrose. Außerhalb Australiens ist sie wenig bekannt. **ZONEN 4–9.**

Australien, 1966

Sport von 'Vogue'

## 'BEAU NARCISSE'

ALTE R., GALLICA-ROSE, PURPURROT

Heutzutage findet man diese Rose nur noch in wenigen Privatsammlungen oder botanischen Gärten. Die kleinen, gefüllten Blüten sind purpurrot und violett gestreift; die Unterseite der Kronblätter ist blasser. Die duftenden Blüten haben ein grünes Auge. Das hellgrüne Laub ist dicht. Der Busch wird etwa 1,2 m hoch und ebenso breit. Die Blüte erscheint nur im Sommer. Benannt wurde die Sorte nach der griechischen Sagenfigur Narkissos, der in eine Blume verwandelt wurde, als er sein Spiegelbild in einem Teich bewunderte. **ZONEN 5–10.**

**Miellez, Frankreich, 1850**

**Eltern unbekannt**

## 'BEAUTÉ'

**TEEHYBRIDE, APRICOT+, ÖFTERBLÜHEND**

Heutzutage wird diese Rose nicht mehr viel angepflanzt, in der Mitte des 20. Jh. war sie jedoch wegen des schönen Apricotgelbs und der rötlichen Schattierungen sehr beliebt. Die langen Knospen öffnen sich zu eleganten Blüten mit hoher Mitte. Die locker stehenden Petalen wölben sich bald nach außen, wodurch sich eine becherförmige Form bildet und die schöne Farbgebung so gut zur Wirkung kommt. Die Blüte dauert vom Sommer bis in den Herbst. Die leicht duftenden Blüten stehen einzeln oder zu dritt. Der Wuchs ist relativ niedrig, sich unregelmäßig ausbreitend. Das intensiv grüne Laub ist großblättrig, aber nicht üppig. Nach einigen Jahren verkahlt der Busch stark und muß dann kräftig zurückgeschnitten werden. **ZONEN 5–9.**

**Mallerin, Frankreich, 1953**

**'Madame Joseph Perraud' × Sämling**

**Royal National Rose Society Certificate of Merit 1954**

## 'BEAUTIFUL BRITAIN' DICfire

**FLORIBUNDA, ORANGEROT, ÖFTERBLÜHEND**

Die becherförmigen, mittelgroßen Blüten erscheinen in ungleichmäßigen Büscheln. Sie entwickeln sich aus kugeligen Knospen. Die Blüten sind mit 20 Petalen gut gefüllt und fallen im Alter sehr ordentlich im Ganzen ab. Sie besitzen die Farbe nicht ganz reifer Tomaten. Die Sorte ist nicht anfällig gegen Regen und blüht reichlich von Sommer bis Herbst. Sie duftet nur schwach. Die relativ niedrig bleibende Pflanze wächst aufrecht mit mittelgrünem, spärlichem Laub, was ihren Wert als Beetrose mindert. Da 'Beautiful Britain' sich gut als Ansteckrose eignet, wird sie gerne geplanzt. Benannt wurde die Floribundarose anläßlich einer landesweiten Initiative, Großbritannien sauber zu halten.

**ZONEN 4–9.**

**Dickson, Großbritannien, 1983**

**'Red Planet' × 'Eurorose'**

**Britische Rose des Jahres 1983, Belfast Certificate of Merit 1985**

'Beautiful Britain'

'Beauty Secret'

## 'BEAUTY OF ROSEMAWR'

**ALTE R., TEEROSE, ROSA+, ÖFTERBLÜHEND**

Aufrechte, große, gefüllte Blüten mit überlappenden Kronblättern und erhöhter Mitte mit karminroten und weißen Adern zeichnen diese Rose aus. Man nimmt an, daß sie aus der Kreuzung einer China- und einer Teerose hervorging. Der Busch wächst aufrecht (1,2 m × 60 cm), trägt insgesamt aber nur wenig Laub. Die Rose blüht den ganzen Sommer hindurch und gedeiht gut auf magerem Boden und in der Sonne. Außerordentlich hübsch macht sich 'Beauty of Rosemawr' in Kübeln oder in einem Staudenbeet. **ZONEN 7–10.**

**Van Fleet, USA, 1903**

**Eltern unbekannt**

## 'BEAUTY SECRET'

**ZWERGROSE, ROT, ÖFTERBLÜHEND**

'Beauty Secret' ist die klassische Zwergrose der 60er Jahre des 20. Jh. Die intensiv roten Blüten haben eine hohe Mitte und spitz zulaufende Petalen. Meist stehen 4–10 Blüten in einem Büschel an kräftigen, aufrechten Stielen. Die Pflanze wächst kräftig und buschig; ihre haltbaren Blüten verändern ihre Farbe kaum. Diese Sorte erfreute sich enormer Beliebtheit und wurde im Jahre 1975, als die *American Rose Society* erstmalig Rosen prämierte, sofort von diesem Verband ausgezeichnet.

**ZONEN 4–11.**

**Moore, USA, 1965**

**'Little Darling' × 'Magic Wand'**

**American Rose Society Award of Excellence 1975**

## 'BEGONIA'

**TEEHYBRIDE, ROSA+, ÖFTERBLÜHEND**

Diese Sorte zeichnet sich durch sehr große Blüten in einem besonders intensiven Korallrosa an meist langen, einzelnen Stielen aus. Die Kronblätter sind hübsch gekräuselt und ähneln vollerblüht den Blüten von Begonien. Die mittelhohe Pflanze hat dunkelgrünes Laub. Die Blütenbildung ist mäßig bis schlecht, und die Sorte ist mehltauanfällig. Wenn 'Begonia' dann aber blüht, ist sie ein besonderer Blickfang. Die Rose wurde von einer Baumschule in Australien eingeführt, ist aber in anderen Teilen der Welt so gut wie überhaupt nicht bekannt.

**ZONEN 5–9.**

**Gregory, Großbritannien,**

**Eltern unbekannt**

'Begonia'

'Beauty of Rosemawr'

## 'BEHOLD' SAVahold

**ZWERGROSE, REIN GELB, ÖFTERBLÜHEND**

Die langen, urnenförmigen Knospen entwickeln sich zu leuchtend gelben Blüten mit hellerer Unterseite. Die attraktive Farbe verändert sich selbst bei starker Sonneneinstrahlung nicht. Die gefüllten Blüten bestehen aus etwa 15–25 Petalen, sie stehen einzeln oder in eleganten Büscheln an langen, aufrechten Stielen. Die haltbare Blüte ist hoch gebaut. Der kräftige, aufrecht wachsende Busch ist kompakt und zeichnet sich durch stumpfes, mittelgrünes Laub aus. Diese Sorte ist sehr anspruchslos, aber etwas mehltauanfällig. Sie wurde unmittelbar nach ihrem Erscheinen auf der Nationalen Englischen Zwergrosenschau 1997 von der *Royal National Rose Society* mit einem Preis ausgezeichnet. 'Behold' sollte eigentlich in keinem Garten fehlen.

**ZONEN 5–11.**

**Saville, USA, 1996**

**('Golden Meillandina' × 'Sheri Anne') × 'Heideröslein Nozomi'**

'Bel Ange'

## 'BEL ANGE'

**Syn. 'Rosa Stern', 'Bella Epoca', 'Belle Ange', 'Belle Epoque'**

**TEEHYBRIDE, REIN ROSA, ÖFTERBLÜHEND**

Die kräftige Pflanze wächst steif aufrecht, bildet aber reichlich dunkelgrünes Laub. Aus dunkelroten Knospen entwickeln sich Blüten in zwei Farbtönen – innen sind die Petalen lachsrosa und auf der Außenseite dunkler, karminrot bis rosa. Die Blüten dieser Teehybride sind gefüllt und öffnen sich langsam; sie haben eine hohe Mitte und eignen sich gut für Ausstellungen. 'Bel Ange' duftet sehr stark. Die Blütezeit dauert vom Sommer bis in den Herbst. Die Pflanze erreicht eine mittlere Höhe. 'Bel Ange' eignet sich ideal als Beet- und Schnittrose. In Deutschland wird sie meist unter dem Namen 'Rosa Stern' gehandelt.

**ZONEN 4–9.**

**Lens, Belgien, 1962**

**('Kordes' Sondermeldung' × 'Papillon Rose') × ('Charlotte Armstrong' × 'Floradora')**

**Courtrai Goldmedaille 1965**

'Belinda' (II)

'Bella Minijet'

'Bella Rosa'

'Belle Amour'

## 'BELAMI' KORhanbu

**Syn. 'Woods of Windsor'**

TEEHYBRIDE, ORANGEROSA, ÖFTERBLÜHEND

Diese Rose überzeugt durch ihre Vielzahl von Blüten. Die Knospen sind dunkelrosa, sie öffnen sich zu Blüten mit breiten Petalen in denen Creme, helles Apricot und sanfte Rosatöne harmonisch zusammenwirken. Zum Rand hin werden die Blütenblätter dunkler. Die formschönen, schwach duftenden Blüten bleiben hochgebaut, so daß sie sich ideal zum Schnitt eignen. Die Blütezeit reicht vom Sommer bis in den Herbst. Die Pflanze wächst kräftig aufrecht, sie wirkt trotz ihrer Höhe anmutig und buschig. Sie eignet sich gut als Gruppenpflanzung im Beet oder als Rabatte. Die Blätter sind anfangs bronzefarben und verfärben sich im Laufe der allmählich dunkelgrün. ZONEN 4–9.

Kordes, Deutschland, 1985

('Prominent' × 'Carina') × 'Emily Post'

Dublin Goldmedaille 1983

## 'BELINDA' (I)

STRAUCHROSE, REIN ROSA, ÖFTERBLÜHEND

Die halbgefüllten Blüten besitzen einen sehr warmen Rosaton mit etwas Weiß im unteren Petalenbereich, wodurch sie aus der Ferne besonders zart wirken. Die einzelnen Blüten mit ihren gekräuselten Petalen sind recht klein; sie stehen aber sehr dicht gedrängt in großen, kegelförmigen Büscheln. Der ersten Blüte folgt eine gute Nachblüte. Der Duft ist nur mäßig. Die kräftige Pflanze erreicht eine ansehnliche Höhe, wenn sie nicht durch Rückschnitt kleingehalten wird. Sie eignet sich als Heckenbepflanzung, kann aber sogar eine Säule begrünen. Die Blätter sind dunkelgrün. Die Rose wurde von Ann Bentall gezüchtet, die sie zu Ehren ihrer Tochter benannte. Im Jahr darauf stellte Ann Bentall die sehr erfolgreiche 'Ballerina' vor, weshalb 'Belinda' (II) dann in den folgenden Jahren bedauerlicherweise ins Abseits geriet.
ZONEN 4–9.

Bentall, Großbritannien, 1936

Eltern unbekannt

## 'BELINDA' (II) TANbeedee

STRAUCHROSE, ORANGE+, ÖFTERBLÜHEND

Diese Treibhausrose, die lange marktführend war, eignet sich nur in warmen Zonen für den Garten. Aus schmalen Knospen entstehen Blüten in kleinen Büscheln, die ein warmes Gelborange mit einem Hauch Kupfer aufweisen. Sie sind gefüllt und von mittlerer Größe. Die Blüten duften nur mäßig stark. Die Blütezeit dieser Strauchrose dauert vom Sommer bis in den Herbst. Wie für die meisten Treibhausrosen typisch, erscheinen die Blüten an aufrechten, langen Stielen und halten ihre Form auch lange in der Vase. Die kräftige Pflanze wächst buschig aufrecht mit stark glänzendem Laub. ZONEN 5–9.

Tantau, Deutschland, 1971

Sämling × 'Zorina'

## 'BELINDAS ROSE'

**Syn. 'Belinda's Dream'**

STRAUCHROSE, REIN ROSA, ÖFTERBLÜHEND

Diese Sorte ist vielleicht wegweisend für die modernen Rosen der Zukunft. Sie hat den kräftigen Wuchs einer Strauchrose, die Blütengröße einer Teehybride und die Blütenvielzahl einer Floribundarose. Obwohl die Blüten an kurzen Stielen erscheinen, sind sie sehr groß, mit etwa 40 Petalen gut gefüllt und formschön. Die äußeren Petalen wölben sich zurück, so daß die hohe Mitte gut zur Geltung kommt. Die Blüten haben einen hübschen Hellrosaton und verströmen einen fruchtigen Duft. Der kräftige, aufrecht wachsende Busch wird mittelhoch bis hoch, bleibt dabei aber noch kompakt. Das blaugrüne, üppige Laub ist außerordentlich krankheistfest.
ZONEN 4–9.

Basye, USA, 1988

'Tiffany' × 'Jersey Beauty'

## 'BELLA DONNA'

ALTE R., DAMASZENERROSE, HELLROSA

Die dunkelrosafarbenen, rundlichen Knospen dieser Damaszenerrose entwickeln sich zu recht flachen, kraus gefüllten, hellrosafarbenen Blüten mit gelbem Auge. Die großen, üppigen Büschel bedecken das grüne Laub und verströmen einen intensiven Duft. Am besten pflanzt man diese Sorte als Zierstrauch zwischen andere Rosen. 'Bella Donna' ist kaum anfällig gegenüber Krankheiten. Häufig kommt es zu Verwechslungen mit zwei Rosen gleichen Namens, einer Alba-Rose und einer Floribundarose.
ZONEN 5–10.

Vor 1848

Eltern unbekannt

## 'BELLA MINIJET' MEIlarac

ZWERGROSE, GELB+, ÖFTERBLÜHEND

Die Blüten dieser Zwergrose sind pfirsichfarben und verblassen kaum. Jede Blüte hat 50 Petalen bei einem Durchmesser von nur 25 mm. Das Laub ist kleinblättrig, mittelgrün und leicht glänzend. Die Pflanze hat einen buschigen Wuchs. Diese Zwergrose ist sehr blühfreudig und blüht fast ohne Unterbrechungen. 'Bella Minijet' eignet sich hervorragend zur Topfpflanzung.
ZONEN 5–10.

Meilland, Frankreich, 1992

Eltern unbekannt

## 'BELLA ROSA' KORwonder

**Syn. 'Toynbee Hall'**

FLORIBUNDA, REIN ROSA, DAUERBLÜHEND

'Bella Rosa' ist eine ideale, niedrige Beetrose mit Blüten in warmem, sehr gleichmäßigem Rosa. Die Blüten stehen in vollen Büscheln an kurzen Stielen. Die rundlichen Knospen öffnen sich zu Blüten mit etwa 35 sich überlappenden Kronblättern, die sich allmählich weiter öffnen und dann die Staubgefäße erkennen lassen. Die Blüte dauert vom Sommer bis in den Herbst. Ein leichter Duft ist vorhanden. Die Pflanze hat einen niedrigen, ausgebreiteten Wuchs und volles Laub mit kleinen, glänzenden Blättern. ZONEN 4–9.

Kordes, Deutschland, 1982

Sämling × 'Träumerei'

Kopenhagen Goldmedaille 1982, Baden-Baden Goldmedaille 1983

## 'BELLARD'

**Syn. 'Bellart', 'Bellert'**

ALTE R., ALBA-ROSE, HELLROSA

Diese weniger bekannte Alba-Rose blüht dichtgefüllt mit geviertelten Rosetten und einem grünen Auge. Die zartrosa Blüten erscheinen über frisch grünem Laub mit spitzen Blättern. Die Pflanze erreicht eine Höhe von etwa 1,2 m. Der stark bestachelte Strauch trägt typische Alba-Blätter; andere Eigenschaften deuten aber auch auf eine Gallica-Rose unter den Vorfahren hin. Der Duft ist sehr intensiv. ZONEN 4–10.

Vor 1842

Eltern unbekannt

## 'BELLE AMOUR'

ALTE R., ALBA-ROSE, HELLROSA

Diese Alba-Rose wächst als mittelhoher, buschiger Strauch von etwa 1,5 m Höhe mit stacheligen Zweigen. Das Laub ist mittel- bis dunkelgrün, gesägt und rauh. Die dichtgefüllten Blüten sind kissenförmig und stehen in kleinen Büscheln, die in großer Anzahl im Frühsommer erscheinen. Sie haben ein leuchtendes Rosa, fast Lachs, mit ab und zu einem helleren Kronblatt. Der stark würzige Duft erinnert an Myrrhe. Im Herbst schmücken sich die stacheligen Zweige mit dekorativen, ovalen, orangefarbenen Hagebutten. Diese anspruchslose Strauchrose, die selbst auf ganz magerem Boden wächst, wurde 1940 von der Engländerin Nancy Lindsay in einem Kloster in der Normandie entdeckt. Der englische Rosenfachmann Peter Beales zählt 'Belle Amour' zu den Damaszenerrosen.
ZONEN 4–10.

*Rosa alba* × *R. damascena*

'Belle Blonde'

'Belle de Crécy'

'Belle Isis'

## 'BELLE BLONDE' MEnap
TEEHYBRIDE, GELB, ÖFTERBLÜHEND

Der Name ist sehr treffend, denn 'Belle Blonde' hat wunderschöne Blüten mit 24 großen Petalen in leuchtendem, nicht verblassendem Gelb. Die zurückgebogenen Blütenblätter geben den Blick auf die dunklere, goldgelbe Mitte frei. Der Duft ist gut, und die Blüte dauert vom Sommer bis in den Herbst. Die Rose wird kaum mittelhoch, hat nur wenig Laub und ist anfällig für Sternrußtau; sogar in trockenen Sommern gedeiht diese Sorte nicht besonders. **ZONEN 5–9.**

Meilland, Frankreich, 1955

'Gloria Dei' × 'Lorraine'

## 'BELLE DE CRÉCY'
**Syn. 'Le Météore'**
ALTE R., GALLICA-ROSE, MAUVE

Diese Rose hat große kirschrote und purpurfarbene Petalen, die in heißem Wetter lavendelgrau oder violett werden. Die gefüllten, flachen Blüten zeigen ein kleines Auge und duften intensiv. Die Blüte fällt üppig aus, der Strauch hingegen, der weiche, grün gefleckte, braune Zweige und wenig Stacheln besitzt, wächst etwas kümmerlich. Die dunkelgrünen Blätter sind blaugrau überzogen und etwas rauh. Diese Rose wurde wahrscheinlich nach dem französischen Ort Crécy-en-Brie benannt, dem Sitz der Zuchtanlagen der Familie Roeser. **ZONEN 4–10.**

Roeser, Frankreich, vor 1836

Eltern unbekannt

Royal Horticultural Society Award of Garden Merit 1993

## 'BELLE DE SÉGUR'
**Syn. 'Joséphine de Beauharnais'**
ALTE R., ALBA-ROSE, HELLROSA

Diese Sorte ist nur noch in wenigen Sammlungen anzutreffen. Die weichen, rosafarbenen Blüten mit helleren Rändern sind gefüllt und becherförmig. Die Pflanze wächst kräftig und aufrecht mit dunklem Laub und wenig Stacheln. Der französische Züchter Vibert hat 600 Hybriden gezüchtet, zu deren berühmtesten Vertretern Sorten wie 'Jeanne d'Arc' und 'La Ville de Bruxelles' zählen. **ZONEN 4–10.**

Vibert, Frankreich, vor 1848

Eltern unbekannt

## 'BELLE DES JARDINS'
ALTE R., GALLICA-ROSE, MAUVE+

Die purpur- und karminrot panaschierten Petalen tragen weiße Streifen. Die Blüten sind gefüllt und samtig. Sie verströmen einen starken Duft. Die Blütezeit liegt im Hochsommer. Der Strauch mit seinen stacheligen dunklen Blättern erreicht eine Höhe von 1,5 m und bildet kräftige Triebe. Weitere beliebte Guillot-Hybriden sind 'Etoile de Lyon' und 'Comtesse du Cayla'. Guillot zählt zu den wenigen noch bestehenden Rosenbaumschulen in Lyon. Diese Rose wird oft mit ähnlichen Sorten verwechselt und unter anderen Namen angeboten. **ZONEN 4–10.**

Guillot, Frankreich, 1872

'Village Maid' × Sämling

## 'BELLE D'ORLÉANS'
GROSSBLUMIGE KLETTERROSE, ORANGEROT, ÖFTERBLÜHEND

Mit der Einführung von 'Kordes' Sondermeldung' im Jahre 1951 wurde das Farbpigment Pelargonidin, ein Anthocyan, das die ziegelrote Färbung von Geranien bewirkt, auch für Rosenzüchter aktuell. Wenn man bedenkt, wie lange es dauert, neue Sämlinge auszuwählen und dann zu vermehren, kann man sich vorstellen, daß Marcel Robichon sofort von diesem Mittel Gebrauch machte; er konnte seine Neuzüchtung bereits nach sieben Jahren auf den Markt bringen. Die Rose ist orangerot mit recht großen, gefüllten Blüten, die in Büscheln stehen und – außer bei Regen – ihre Farbe gut halten. Duft ist nur wenig vorhanden. Die Blütezeit dauert vom Sommer bis in den Herbst. Die Pflanze ist kräftig, mit glänzendem Laub. Sie eignet sich gut für Mauern, Zäune und Gerüste – überall dort, wo eine mittelhohe Kletterrose gewünscht ist. Mallerins Rose 'Danse des Sylphes' mit ähnlicher Farbgebung erschien im folgenden Jahr, wodurch jene Sorte an Bedeutung verlor. **ZONEN 5–9.**

Robichon, Frankreich, 1958

Sämling × 'Kordes' Sondermeldung'

'Belle des Jardins'

## 'BELLE EPOQUE' FRYaboo
TEEHYBRIDE, ORANGE+, ÖFTERBLÜHEND

Auffällig an der großen Blüte ist der zweifarbige Effekt. Die Innenseite der Petalen erscheint in einem Goldbronze, während die Außenseite dunkler ist – der Züchter spricht von „Nektarinenbronze". Sie hat lange Knospen und die hohe Mitte der klassischen großblumigen Rose. Die duftenden Blüten erscheinen vom Sommer bis zum Herbst an einem kräftigen, gesunden, mittelhohen, voll belaubten Busch. Diese Rose eignet sich in der Rabatte, als Hochstamm und zum Schnitt. Der Name erinnert an jene idyllische Epoche in Frankreich vor dem 1. Weltkrieg. **ZONEN 4–9.**

Fryer, Großbritannien, 1994

'Remember Me' × 'Helmut Schmidt'

Royal National Rose Society Trial Ground Certificate 1995

## 'BELLE ISIS'
ALTE R., GALLICA-ROSE, HELLROSA

Ein kleiner Strauch (1,2 m) mit graugrünem, gezähntem Laub. Die dicken Knospen zeigen karminrote Streifen, und die gefüllten, geviertelten Blüten haben nach außen gewölbte Petalenmit weißer Basis. Der starke Duft erinnert an Myrrhe. Die Rose, die für den kleinen Garten ideal ist, wird vielfach in Blumenarrangements verwendet. Der gesunde Strauch ist stachelig. Die außergewöhnliche Schönheit dieser Rose zeigt sich auch in der verwandten 'Constanze Spry', einer der beliebtesten Züchtungen von David Austin. **ZONEN 4–10.**

Parmentier, Belgien, 1845

wahrscheinlich eine Hybride von *Rosa gallica* × *R.* × *centifolia*

## 'BELLE LYONNAISE'
ALTE R., KLETTERNDE TEEROSE, HELLGELB, ÖFTERBLÜHEND

Obwohl als Teerose eingestuft, gibt es genügend Anhaltspunkte in Blüten und Wuchs, um sie mit einer Noisetterose zu verwechseln. Die großen, gefüllten, geviertelten Rosetten erscheinen in einem blassen Gelb, das zu Weiß ausbleicht – manchmal mit einem Hauch Lachs. An eine Säule gepflanzt, blüht sie vom Sommer bis in den Herbst. Das attraktive

'Belle Epoque'

'Belle d'Orléans'

B

B

Laub und der süßliche Duft bilden sich am besten an einem sonnigen, warmen Platz aus. **ZONEN 7–10.**

Levet, Frankreich, 1870

Sämling von 'Gloire de Dijon'

## 'BELLE OF BERLIN' TANireb

**Syn. 'Schöne Berlinerin'**

TEEHYBRIDE, REIN ROSA, ÖFTERBLÜHEND

Wenn sich die schlanken Knospen öffnen, wird der Kontrast zwischen hellrosa Außen- und dunklerer Innenseite der Kronblätter deutlich. Der Effekt kommt besonders gut unter Kunstlicht zur Wirkung, weshalb diese Rose auch gern zum Schnitt verwendet wird. Die gefüllten Blüten mit hoher Mitte halten lange. Sie sitzen an langen, festen Stielen. Die Blütezeit dauert bis in den Herbst. Der Duft ist gut. Die Pflanze wächst aufrecht und kräftig; sie erreicht eine gut mittlere Höhe. Diese Rose wird zur Zeit nur in Australien angeboten. **ZONEN 5–9.**

Tantau, Deutschland, 1994

Eltern unbekannt

## 'BELLE POITEVINE'

STRAUCHROSE, RUGOSA-HYBRIDE, REIN ROSA, ÖFTERBLÜHEND

Die Vorfahren dieser Rose sind zwar unbekannt, Blüte, Wuchs und Laub lassen aber auf eine Rugosa-Hybride schließen. Lange, spitze Knospen öffnen sich zu fast flachen, recht großen Blüten mit leicht gekräuselten Kronblättern. Die duftenden Blüten in kühl-blassem Magentarosa mit cremegelben Staubgefäßen erscheinen von Sommer bis Herbst. Die Pflanze wird groß und strauchartig, der Habitus ist steifer und das Laub rauher als bei wilden Rugosa-Rosen. Manchmal bilden sich dunkelrote Hagebutten. Der Name erinnert an das Poitou, eine französische Region, wo sich im 19. Jh. Bruants Rosenschule befand. **ZONEN 3–9.**

Bruant, Frankreich, 1894

Eltern unbekannt

Royal Horticultural Society Award of Garden Merit 1993

## 'BELLE PORTUGAISE'

**Syn. 'Belle of Portugal'**

GROSSBLUMIGE KLETTERROSE, ROSA-GIGANTEA-HYBRIDE, HELLROSA

Diese sehr robuste Rose wächst in Teilen Kaliforniens fast wild. In anderen Regionen Nordamerikas ist sie aufgrund ihrer Frostempfindlichkeit – bedingt durch die *R. gigantea* -Abstammung – nicht anzutreffen. Sie wird wegen ihrer schönen, schlanken Knospen, ihrer seidigen Kronblätter und ihres feinen Dufts oft für eine kletternde Teerose gehalten. Die herabhängenden Blüten haben blasse Lachs-, Pfirsich- und Cremeschattierungen. Mit nach außen gewölbten Rändern öffnen sie sich locker und weit. Die eleganten, olivgrünen Blätter sind anfällig gegen Mehltau, besonders zu Zeiten des stärksten Wachstumsschubes. Die Rose blüht nur einmal, unter optimalen Bedingungen an einer hohen Mauer oder einem Zaun jedoch sehr üppig. **ZONEN 6–10.**

'Belle Story'

'Belle sans Flatterie'

'Belle Poitevine'

Cayeux, Portugal, 1903

*Rosa gigantea* × 'Reine Marie Henriette'

## 'BELLE SANS FLATTERIE'

ALTE R., GALLICA-ROSE, MAUVE+, ETWAS NACHBLÜHEND

Die Gallica-Rose war eine im 19. Jh. in Frankreich sehr beliebte Sorte, die heute aber außerhalb Europas kaum bekannt ist. Die gefüllten, mittelgroßen, geviertelten Rosetten stehen in Büscheln. Das Lilarosa der Petalränder wird zur Mitte hin zunehmend dunkler. Die äußeren Kronblätter wölben sich nach unten. Im Spätsommer erfolgt eine leichte Nachblüte. Die Rose duftet kaum und wächst zu einem 1,2 m hohen Strauch mit dunklem Laub heran. Kaiserin Josephine, die Gattin von Napoleon III., kultivierte diese Sorte im Schloßpark von Malmaison. **ZONEN 5–10.**

Godefroy, Niederlande, vor 1806

Eltern unbekannt

## 'BELLE STORY' AUSelle, AUSspry

**Syn. 'Bienenweide'**

STRAUCHROSE, HELLROSA

Die großen Blüten stehen in kleinen Büscheln; sie erinnern an Pfingstrosen, mit Blütenblättern, die sich teilweise zur Mitte und teilweise nach außen wölben und rotgoldene Staubgefäße erkennen lassen. Die dichtgefüllten Blüten sind rosa, zu den Spitzen hin heller. Die Rose duftet und blüht im Sommer. Das dunkle, glänzende Laub ist kleinblättrig und spärlich. Dieser kräftige, mittelhohe Strauch benötigt einen guten, durchlässigen Boden. Die Sorte gehört zu den Englischen Rosen. **ZONEN 4–9.**

Austin, Großbritannien, 1984

('Chaucer' × 'Parade') × ('The Prioress' × 'Schneewittchen')

## 'BELLE VICHYSOISE'

**Syn. 'Cornélie'**

ALTE R., NOISETTEROSE, HELLROSA, ÖFTERBLÜHEND

Der berühmte Züchter Lévèque sah bei einem Besuch in Vichy diese ihm unbekannte Kletterrose; er brachte einen Steckling zu seinem Züchterkollegen Verdier, der sie vermehrte, identifizierte und schließlich in den Handel brachte. Büschel von 20–50 kleinen hellrosa Blüten sitzen auf langen kräftigen Zweigen. 'Belle Vichysoise' liebt die Sonne. Die bis 4,5 m langen Triebe wirken am besten an einer Säule. Wie die meisten Noisetterosen blüht sie vom Sommer bis in den Herbst. **ZONEN 7–10.**

'Belle of Berlin'

Lévêque, Frankreich, 1895

Eltern unbekannt

## 'BELLE VIRGINIE'

**Syn. 'Dauphine'**

ALTE R., GALLICA-ROSE, MAUVE+

Diese Rose wird weltweit nur noch in zwei Sammlungen geführt. Die karminroten Knospen öffnen sich zu duftenden, lilavioletten Blüten. Die Pflanze wächst buschig aufrecht. **ZONEN 4–11.**

Frankreich, vor 1826

Eltern unbekannt

## 'BELLONA' KORilona

FLORIBUNDA, REIN GELB, ÖFTERBLÜHEND

'Bellona' ist in erster Linie eine Treibhausrose, die lediglich in warmen Regionen im Garten gedeiht. Ihre Blüten sind wunderschön geformt. Die festen Petalen gewährleisten eine gute Haltbarkeit. Die Blüten sind gefüllt, mit hoher Mitte, in auffällig leuchtendem Gelb. Sie sind für eine Floribundarose recht groß. Duft ist wenig vorhanden. Die Blüte dauert bis in den Herbst an. Die kräftige Pflanze wächst aufrecht und hat reichlich leuchtend grünes Laub. Der Name spielt auf eine Kriegsgöttin der Römer an, deren Ankunft der Mythologie nach durch goldene Trompeten angekündigt wurde. **ZONEN 5–9.**

Kordes, Deutschland, 1976

'Mabella' × 'Minigold'

## 'BELVEDERE'

**Syn. 'Princesse Marie'**

ALTE R., SEMPERVIRENS-HYBRIDE, REIN ROSA

Diese alte Gartenrose, eine Sempervirens-Hybride, trägt großen Bündel gefüllter rosa Blüten in riesigen Rispen. Die flachen Blüten sind von dunkelgrünem, duftenden Laub umgeben. Die biegsamen Zweige besitzen wenig Stacheln, weshalb sich diese Rose gut zum Beranken von Mauern, Pergolen und Gebäuden eignet. 'Belvedere' kann mühelos bis zu 4,5 m hoch werden und einen Baum emporklimmen. Die Rose gedeiht am besten auf nährstoffreichen Böden, sollte dann aber nicht dem direkten Sonnenlicht ausgesetzt sein. In warmen Klimaten behält sie ihr Laub auch im Winter. Jacques, Schloßgärtner im Chateau Neuilly des französischen Bürgerkönigs Louis Philippe, hat die meisten Sempervirens-Hybriden gezüchtet. Da es heute drei Rosensorten mit dem Namen 'Belvedere' gibt, wird die hier beschriebene Sorte in Deutschland meist als 'Princesse Marie' gehandelt. **ZONEN 4–10.**

Jacques, Frankreich, 1829

Eltern unbekannt

'Bengali'

## 'BEN-HUR'

TEEHYBRIDE, ROT, ÖFTERBLÜHEND

Ein weiteres Beispiel für eine Sorte, die in den USA als Grandiflora, überall sonst auf der Welt aber als großblumige Teehybride eingestuft wird. Die großen Blüten stehen einzeln oder in Büscheln und entwickeln sich aus langen, spitzen Knospen. Sie sind locker gefüllt mit hoher Mitte. Die Außenseite der Blütenblätter ist fuchsrot mit Karmin getönt, die Innenseite karminrot. Die Blüten verbreiten in ihrer Umgebung einen leichten Duft; aufgrund der festen Petalen halten sie dann recht lange. 'Ben-Hur' ist eine gute Rose zum Schnitt und für den Garten, die mit Unterbrechungen von Sommer bis Herbst blüht. Die kräftige Pflanze wächst recht kompakt und erreicht eine mittlere Höhe. Die Premiere des Monumentalfilmes *Ben Hur* im Jahre1960 fiel zufällig mit der Einführung dieser Teehybride zusammen. **ZONEN 4–9.**

Lammerts, USA, 1960

'Charlotte Armstrong' × ('Charlotte Armstrong' × 'Floradora')

'Bengale Rouge'

## 'BENDIGOLD'

FLORIBUNDA, ORANGEROT, ÖFTERBLÜHEND

Die rötlichen Knospen dieser australischen Floribundarose sind durch eine kugelige Form gekennzeichnet; später dann öffnen sie sich zu recht dichtgefüllten Blüten in einem lebhaften Goldton mit orangefarbenen Glanzlichtern. Die Blüten sind für eine büschelblütige Rose groß und erscheinen ohne Unterbrechung vom Sommer bis in den Herbst. Sie verströmen einen strengen, aber nicht unangenehmen Duft. Die kräftige, mittelhohe Pflanze wächst aufrecht und besitzt weiche Zweige. Das dichte Laub ist im Austrieb bronzefarben, verfärbt sich später dunkelgrün. Diese Rose wurde von ihrem australischen Züchter nach seiner Heimatstadt Bendigo (Staat Victoria) benannt, die durch den Goldrausch im Jahre 1851 Berühmtheit erlangte. **ZONEN 4–9.**

Murley, Australien, 1979

'Rumba' × 'Redgold'

'Bendigold'

## 'BENGALE ROUGE'

ALTE R., CHINAROSE, ROT, ÖFTERBLÜHEND

Ähnlich wie Floribundarosen blüht auch diese Rose reichlich über einen langen Zeitraum; sie gehört zu den neuesten Züchtungen der Chinarosen. Die eiförmigen Knospen sind durch ein leuchtendes Karminrot charakterisiert und öffnen sich zu gefüllten, großen, roten Blüten mit 35 Petalen. Das üppige Laub wächst großblättrig und dunkelgrün. Die Pflanze wird größer als die meisten Chinarosen, bevorzugt einen warmen Standort und ist außerordentlich krankheitsresistent. Mehrere Rosen führen in ihrem Namen die indischen Wortbestandteile *Bengale* oder *Bengali*; meist handelt es sich dabei um Sorten, die einen warmen Standort bevorzugen und von sehr robuster Gesundheit sind. **ZONEN 7–10.**

Gaujard, Frankreich, 1955

'Gruß an Teplitz' × Sämling

'Bellona'

'Ben-Hur'

## 'BENGALI' KORal

FLORIBUNDA, ORANGEROT, ÖFTERBLÜHEND

Wenn sich die dicken Knospen entfalten, prangen die Kronblätter dieser Floribundarose in kräftigem Goldorange mit orangeroten Adern. Die Blüten sind von mittlerer Größe, sie sind gut gefüllt und sitzen in kleinen, offenen Büscheln an festen Zweigen. Charakteristisch ist ihre hohe Mitte, und sie verströmen einen leichten Duft. Diese Merkmale prädestinieren 'Bengali' geradezu ideal, als apar-

'Benson & Hedges Gold'

'Bennett's Seedling'

ter Knopflochschmuck oder für kleine Tischgestecke verwendet zu werden. Die Blütezeit dieser Rose dauert vom Sommer bis in den Herbst. 'Bengali' gilt in Fachkreisen als eine gute Beetrose mit kräftigem, breitem Wuchs, die relativ niedrig bleibt. Die Blätter sind im Austrieb rötlich, mit zunehmendem Alter werden sie dann leuchtend grün und glänzend. **ZONEN 4–9.**

Kordes, Deutschland, 1966

'Dacapo' × Sämling

## 'BENITA' DICquarrel

FLORIBUNDA, GOLDGELB, ÖFTERBLÜHEND

Die goldgelben Blütenblätter dieser Sorte haben einen gekräuselten Rand. Aus urnenförmigen Knospen entwickeln sich dichtgefüllte, recht große, krugförmige große, schalenförmige Blüten, die an starren Trieben in großen, weit auseinander stehenden Büscheln sitzen. 'Benita' eignet sich gut als Knopflochschmuck und für kleine Blumenarrangements. Sie hat einen leichten Duft, und die Blüte dauert vom Sommer bis in den Herbst. Die Rose wächst unregelmäßig, erreicht aber meist eine mittlere Höhe. Das Laub ist mittelgrün.

**ZONEN 4–9.**

Dickson, Großbritannien, 1995

('Korresia' × 'Bright Smile') × Sämling

Royal National Rose Society Trial Ground Certificate 1990, Dublin Goldmedaille 1992, Great Britain Breeders' Choice 1995

## 'BENJAMIN FRANKLIN'

TEEHYBRIDE, HELLROSA, ÖFTERBLÜHEND

Aus dicken Knospen entwickeln sich längliche, dichtgefüllte Blüten in Hellrosa, die mit Goldapricot überzogen sind. Die becherförmigen, leicht duftenden Blüten haben eine hohe Mitte und sitzen an langen Stielen. Die Blütezeit ist lang. Der Wuchs ist aufrecht. Die mittelhohe Pflanze produziert üppiges, dunkles, lederiges Laub, das im Austrieb rötlich ist. Sie wurde nach dem amerikanischen Präsidenten Benjamin Franklin benannt und ist kaum noch im Handel erhältlich.

**ZONEN 4–9.**

Von Abrams, USA, 1969

Eltern unbekannt

## 'BENNETT'S SEEDLING'

Syn. 'Thoresbyana'

ALTE R., AYRSHIRE-RAMBLERROSE, WEISS

Diese Rose wurde 1835 vom Gärtner des Earl Manvers in der englischen Ortschaft Thoresby in einer Hecke entdeckt. Sie ähnelt einer gefüllten Form von *Rosa arvensis*. Die rein weißen Blüten an großen Dolden verströmen einen leichten Duft und erscheinen einmal im Sommer. Die Pflanze kann eine Höhe von 6 m erreichen und eignet sich als Ramblerrose oder Bodendecker. Sie gedeiht in der Sonne und im Halbschatten.

**ZONEN 5–11.**

Bennett, Großbritannien, etwa 1840

wahrscheinlich ein Sämling von *Rosa arvensis*

'Benvenuto'

## 'BENSON & HEDGES GOLD'

MACgem

TEEHYBRIDE, GELB+, ÖFTERBLÜHEND

Eine erfolgreiche Beetrose mit großen, dichtgefüllten Blüten. Die Blüten haben eine hohe Mitte, die sich bald in hübscher Unordnung auflöst. Sie erscheinen dunkelgoldgelb, mit Rotorange überhaucht. Der Duft ist gut. Die üppige Blüte erneuert sich laufend von Sommer bis in den Herbst. Die kräftige Pflanze hat ein buschiges Wachstum und erreicht eine mittlere Höhe. Die Blätter sind rauh. Die Pflanze gedeiht am besten in kühleren Lagen – in heißer Sonne verblassen die Farben. Benannt wurde die Rose nach einer Zigarettenmarke, wodurch ihr heutiger Verkaufsumsatz wesentlich eingeschränkt wurde; die Zeiten, in denen Tabak ein positives Image hatte, sind einfach vorbei.

**ZONEN 5–9.**

McGredy, Neuseeland, 1978

'Yellow Pages' × ('Arthur Bell' × 'Cynthia Brooke')

Royal National Rose Society Trial Ground Certificate 1976, New Zealand Gold Star of the South Pacific 1978

## 'BENVENUTO' MEIelpa

GROSSBLUMIGE KLETTERROSE, ROT, ÖFTERBLÜHEND

Diese Gartenrose trägt Büschel mit vielen dunkelkirschroten Knospen, aus denen sich Blüten mit hellem Fleck an der Basis der Kronblätter entwickeln. Die gelben Staubgefäße sind deutlich sichtbar. Die vollständig entfaltete Blüte ist karminrot. Die halbgefüllten Blüten öffnen sich recht flach. Sie haben eine mittlere Größe und duften leicht. Die Büschel entstehen in Abständen vom Sommer bis in den Herbst. Die kräftige, bestachelte Pflanze wächst aufrecht mit einigen hängenden Zweigen und entwickelt reichlich dunkelgrünes, glänzendes Laub. Als Kletterpflanze erreicht diese Rose nur eine mittlere Höhe und eignet sich deshalb am besten zum Beranken kleinerer Mauern, Zäune oder Säulen.

**ZONEN 4–9.**

Meilland, Frankreich, 1967

('Alain' × 'Guinee') × 'Cocktail'

ADR-Rose 1972

## 'BÉRÉNICE'

ALTE R., GALLICA, ROT+

Die karminroten Blüten dieser Alten Gartenrose verblassen zu Magenta mit dunklen Adern, unter starker Sonneneinstrahlung nehmen sie sogar einen Mauveton an. Die Blüten sind leicht geviertelt, kugelförmig und öffnen sich flach. Der robuste und breitwachsende Busch ist mit rauhem, mittelgrünem Laub bedeckt. Der Duft ist intensiv, und im Herbst kommt es zu einem reichen Hagebuttenansatz. Die Sorte ist im Handel kaum zu finden. Sie wurde nach einer Tragödie des großen französischen Schriftstellers Jean Racine (1639–1699) benannt. **ZONEN 4–10.**

Vibert, Frankreich, 1818

Eltern unbekannt

## 'BERKELEY BEAUTY' MORberk

ZWERGROSE, MAUVE+, ÖFTERBLÜHEND

Die Blüten sind durch eine auffällige Farbkombination aus Lavendelrosa mit Weiß gekennzeichnet. Die Blütchen werden als relativ großblumig eingestuft; sie sitzen einzeln. Die Pflanze erreicht eine mittlere Höhe und entwickelt üppiges, leicht glänzendes Laub. Die Farbe der Stacheln reicht von Grün bis Braun. Benannt wurde diese Miniaturrose nach der Stadt Berkeley, dem Sitz der Universität von Kalifornien.

**ZONEN 4–11.**

Moore, USA, 1988

'Pink Petticoat' × 'Make Believe'

## 'BERLIN'

STRAUCHROSE, ORANGE+, ÖFTERBLÜHEND

Kordes züchtete viele Strauchrosen für Parkanlagen und benannte sie nach deutschen Städten. Wie es sich für eine Parkrose gehört, handelt es sich um einen kräftigen, gesunden Strauch mit auf-

'Berlin'

'Berkeley Beauty'

'Benita'

'Betsy Ross'

'Bernstein-Rose'

rechtem, buschigem Wuchs, dicken, ledrigen Blättern und zahlreichen Stacheln. Die schalenförmigen Blüten mit wenigen Petalen prangen anfangs in einem intensiven Orange-Scharlachrot und sind an der Basis gelb getönt. Später wellen sich die Ränder, verlieren an Leuchtkraft und werden kirschrot. Die Farbwirkung der großen Büschel ist beachtlich. Die Blütezeit erstreckt sich bis in den Herbst. Obwohl sie eher einer großen Floribundarose ähnelt, wird diese Sorte, die nur wenig duftet, von einigen Rosenexperten auch als Moschata-Hybride eingestuft.
**ZONEN 4–9.**

Kordes, Deutschland, 1949

'Eva' × 'Gloria Dei'

Royal National Rose Society Trial Ground Certificate 1950

## 'BERMUDA KATHLEEN'

STRAUCHROSE, ROT, ÖFTERBLÜHEND

Diese Strauchrose wurde von der *Bermuda Rose Society* wiederentdeckt. 'Bermuda Kathleen' hat sich durch Stecklinge, die in der Mitte des 20. Jh. aus einem alten Garten entnommen wurden, auf der Inselgruppe verbreitet. Die relativ kleinen, einfachen Blüten sitzen in lockeren Dolden an dünnen Stielen. Die zartrosa Blüten öffnen sich schalenförmig und werden allmählich dann dunkler und flacher. Auf den Bermudas blüht diese Rose das ganze Jahr über, wobei sie erstaunlicherweise trotzdem kleine orangefarbene Hagebutten entwickelt. Die Sorte wächst aufrecht und erreicht eine mittlere Höhe; sie kann auch größer werden, wenn sie als Kletterrose an einer Mauer gehalten wird. Die Blättchen sind mittelgrün, spitz und glänzend. **ZONEN 5–9.**

Horsfield, Bermuda, 1993

Wahrscheinlich ein Sämling von 'Mutabilis'

## 'BERNHARD DÄNEKE ROSE'

siehe 'Showbiz'

## 'BERNINA'

FLORIBUNDA, WEISS, ÖFTERBLÜHEND

Diese Floribundarose wird erstaunlicherweise nur von einer Baumschule in ihrem Herkunftsland, den Niederlanden, sowie von zwei Baumschulen im Westen Australiens angeboten. 'Bernina' ist eine niedrigbleibende Sorte mit weißen Blüten, die wie Kopien großblumiger Rosen wirken. Sie sind dichtgefüllt mit hoher Mitte, die äußeren Kronblätter wölben sich zurück und rollen sich unter Bildung einer Spitze ein. Die schwach duftenden Blüten erscheinen vom Sommer bis in den Herbst. Die Pflanze wächst kompakt, besitzt hellgrünes Laub und eignet sich als Beetrose sowie für kleinere Arrangements.
**ZONEN 4–9.**

de Ruiter, Niederlande, 1979

Eltern unbekannt

## 'BERNSTEIN-ROSE' TANeitbar

**Syn. 'Amaroela'**

FLORIBUNDA, GOLDGELB, ÖFTERBLÜHEND

Ihre dicken Knospen sind rot überhaucht, die mittelgroßen, leicht duftenden Blüten jedoch sind gelb bis bernsteingelb. Die zahlreichen Petalen stehen eng beisammen, wobei sich die inneren nach innen und die äußeren nach außen wölben – ähnlich wie bei den Alten Gartenrosen. Die Blütezeit erstreckt sich bis in den Herbst; schlechtes Wetter macht dieser Sorte jedoch nichts aus. Die robuste Beetrose eignet sich auch gut für Rabatten. Die niedrig wüchsige 'Bernstein-Rose' bleibt recht niedrig und besitzt dunkelgrüne, jedoch eher schmale Blätter.
**ZONEN 4–9.**

Tantau, Deutschland, 1987

Eltern unbekannt

## 'BEROLINA'

siehe 'Selfridges'

## 'BERT MULLEY'

**Syn. 'Edna Walling'**

POLYANTHA-STRAUCHROSE, REIN ROSA, ÖFTERBLÜHEND

Diese Strauchrose erreicht eine Höhe von bis zu 1,5 m hoch und wird genauso breit; dabei produziert sie Büschel mit 5–20 rosa-lila Blüten. Die Blüte verläuft üppig und erstreckt sich über viele Monate. Das Laub besteht aus sehr vielen kleinen, grünen Blättchen. Die Pflanze ist erstaunlich krankheitsresistent. 'Bert Mulley' eignet sich hervorragend für eine Hecke und in einer Gruppe.
**ZONEN 4–9.**

Vor 1990

Eltern unbekannt

## 'BERYL BACH' HARtesia

TEEHYBRIDE, GELB+, ÖFTERBLÜHEND

Diese Sorte produziert eine riesige Fülle großer, spitzer Blüten mit vielen Kronblättern, wie es für eine großblumige Rose typisch ist. Die Blüten sind anfangs hellgelb; wenn sich die Kronblätter entfalten, erscheinen sie in einer zufälligen Mischung aus cremigem Rosa und blassem Karminrot. Sie verströmen einen angenehmen Duft. Für eine so großblumige Garten- und Schnittrose mit so großen Blüten ist die bis in den Herbst andauernde Blüte sehr gut. Durch Regen werden die Blüten mit ihren weichen Kronblättern zerstört. Der Wuchs ist aufrecht, die Pflanze wird recht hoch, mit reichlich mattem Laub. Sie wächst dichter und strauchartiger als die meisten Rosen ihrer Klasse. **ZONEN 4–9.**

Harkness, Großbritannien, 1985

'Korresia' × 'Silver Jubilee'

## 'BEST WISHES' CHEsnut

**Syn. 'Climbing Curiosity'**

GROSSBLUMIGE KLETTERROSE, ROT+, ÖFTERBLÜHEND

Elternsorte dieser Kletterrose war die großblumige 'Curiosity', die Alec Cocker 1971 in Aberdeen vorstellte – sie zählt zu den wenigen Sorten mit panaschierten Blättern. Die hier beschriebene niedrige, buschige Rose, ein Sport von 'Cleopatra', trägt scharlachrot und gelb gefüllte Blüten; ihr panaschiertes, grün-weißes Laub ist anfangs rosa überhaucht. 'Curiosity' gedeiht allerdings eher kümmerlich, weil das Laub sehr wahrscheinlich wegen des reduzierten Chlorophyllgehalts nicht genügend Nährstoffe bilden kann. Die Pflanze wächst jedoch aufrecht und erreicht eine mittlere Höhe.
**ZONEN 4–9.**

Chessum, Großbritannien, 1996

Sport von 'Curiosity'

'Betsy McCall'

## 'BETSY McCALL'

FLORIBUNDA, LACHSORANGE, ÖFTERBLÜHEND

Gene Boerner züchtete die wunderschöne lachsfarbene 'Fashion', die Vatersorte dieser Rose. Doch leider wächst sie nur kümmerlich. Wahrscheinlich gedachte er, mit einem kräftigeren Sämling als Muttersorte auch eine robustere Pflanze zu züchten. Das Ergebnis dieser Kreuzung ist eine Rose mit großen Büscheln großer, gefüllter lachsrosafarbener Blüten, mit eleganter Form und edlem Duft, die den Sommer und Herbst hindurch immer wieder blüht. Die Pflanze wächst buschig breit und hat nur wenige große, mattgrüne Blätter. Leider wächst sie kaum besser als 'Fashion' und ist außerdem anfällig für Rost und Sternrußtau.
**ZONEN 4–9.**

Boerner, USA, 1956

Sämling × 'Fashion'

## 'BETSY ROSS' DELup

**Syn. 'La Passionata'**

TEEHYBRIDE, DUNKELROT, ÖFTERBLÜHEND

Die Blütenfarbe ist dunkelkarminrot, fast scharlachrot. Die großen, gefüllten Blüten haben anfangs eine hohe Mitte und erhalten ihre gleichmäßige Form, wenn sich die Petalen zurückwölben. Für eine Rose dieser Farbgebung ist der Duft sehr schwach. Sie blüht von Sommer bis Herbst. Die mittelhohe Pflanze hat einen aufrechten Wuchs und eher spärliches, ledriges Laub. Sie bevorzugt warme Regionen. Diese Teehybride erhielt ihren Namen zu Ehren einer heldenhaften Revolutionärin: Betsy Ross entwarf 1777 im amerikanischen Unabhängigkeitskrieg die Flagge *Stars and Stripes* – selbstverständlich noch nicht mit allen 50 Sternen! **ZONEN 5–9.**

Delbard, Frankreich, 1969

('Gloire de Rome' × 'La Vaudoise') × 'Divine'

'Bert Mulley'

'Betty Harkness'

## 'BETTINA' MEpal

TEEHYBRIDE, ORANGE, ÖFTERBLÜHEND

Unter den vielen Rosen, die von Francis Meilland gezüchtet wurden, zählt diese zu den auffälligsten. Die seltene Farbgebung ist bemerkenswert: rotorangefarbene Knospen entwickeln sich zu Blüten in warmen Pfirsich- und Cremetönen mit stark betonten rötlichen Adern. Bei kaltem Wetter schlagen die Pfirsich- und Cremetöne an der Basis in intensives Orange um. Ein leichter Duft ist vorhanden, und die Blüte dauert bis in den Herbst. Da die Blüten lange halten und an langen Stielen sitzen, sind sie ideal zum Schnitt. Als Gartenrose ist sie weniger geeignet, da der Wuchs unregelmäßig ist, neue Triebe kaum ausgebildet werden und eine Anfälligkeit gegenüber Mehltau und Sternrußtau besteht. Das Laub ist im Austrieb rötlich, später grün, ledrig und recht kümmerlich. **'Climbing Bettina'** (MEIpalsar; Syn. 'Grimpant Bettina'; Meilland, Frankreich, 1958) ist empfindlich gegenüber späten Frösten, durch die der Austrieb zurückfriert. Die Pflanze benötigt viel Platz, um sich voll zu entwickeln. Die Zweige werden nach wenigen Monaten steif und müssen deshalb rechtzeitig in Form gebracht werden. ZONEN 5–9.

Meilland, Frankreich, 1953

'Gloria Dei' × ('Madame Joseph Perraud' × 'Demain')

Royal National Rose Society Trial Ground Certificate 1953

## 'BETTY HARKNESS' HARette

FLORIBUNDA, ORANGE+, ÖFTERBLÜHEND

Die Blüten sind für eine büschelblütige Rose recht groß und innerhalb der Büschel gleichmäßig verteilt, so daß sie eine intensive Farbfläche bilden. Die Knospen öffnen sich zu aufrechten, schalenförmigen und dichtgefüllten Blüten in einem dunklen Orange, das mit Kupfer überzogen ist. Der süßliche Duft ist ungewöhnlich für Sorten mit dieser Farbgebung. Nach einer üppigen ersten Blüte kommt es zu einer guten Nachblüte bis in den Herbst. Die buschige Pflanze wächst kräftig und erreicht eine mittlere Höhe; glänzendes, dunkelgrünes Laub ist reichlich vorhanden. Jack Harkness liebte diese gesunde Rose und benannte sie nach seiner Frau. ZONEN 4–9.

Harkness, Großbritannien, 1998

Eltern unbekannt

Courtrai Goldmedaille 1997, Paris Silbermedaille 1997

## 'BETTY PRIOR'

FLORIBUNDA, REIN ROSA, ÖFTERBLÜHEND

Ein erstaunlicher Vertreter der Vorfahren der büschelblütigen Rosen, die damals als Polyantha-Hybriden bezeichnet wurden. Die Sorte entwickelt große Dolden mittelgroßer Blüten mit fünf Kronblättern, die sich flach öffnen. Die Blüten haben einen intensiven Rosaton, der auf der Innenseite heller ist und zur Basis weißlich wird. Die Blüten erscheinen unablässig den ganzen Sommer und Herbst über und säubern sich gut im Verblühen.

'Bettina'

Die aufrecht wachsende Pflanze erreicht eine mittlere Höhe. Das üppige Laub ist gesund und mattgrün. 'Betty Prior' ist eine robuste Garten- und Parkrose mit einer langen Lebensdauer und guter Winterhärte, allerdings duftet sie überhaupt nicht. Im Gegensatz zu vielen ähnlichen Sorten dieser Zeit, die längst nicht mehr erhältlich sind, wird diese wertvolle Rose auch heute noch häufig und gerne im Garten gepflanzt.

ZONEN 4–9.

Prior, Großbritannien, 1935

'Kirsten Poulsen' × Sämling

National Rose Society Goldmedaille 1933

## 'BETTY UPRICHARD'

TEEHYBRIDE, APRICOT+, ÖFTERBLÜHEND

Apricot war in den 20er Jahren des 20. Jh. eine ganz neue Farbrichtung bei Rosen. Ein Gärtner beschrieb diese neue Rosenfärbung als „leuchtend glutvoll und bis dahin unerreicht". Heute würde man diese Farbklasse eher zu den Rosatönen zählen; sie ist Lachsrosa mit einem Hauch Kupfer auf der Innenseite der Kronblätter und etwas Karminrot auf der Außenseite, wodurch eine reizvolle zweifarbige Wirkung erzielt wird. Aus schlanken Knospen entwickeln sich Blüten mit hoher Mitte, deren äußere Kronblätter sich langsam nach außen wölben. Die Rose hat nur etwa 20 breite Petalen, die eine wunderbar elegante, duftende Blüte bilden. Die Blütezeit dauert vom Sommer bis in den Herbst. Die Pflanze wächst aufrecht, erreicht eine mittlere Höhe und hat ledrige, mittelgrüne Blätter. Diese Rose erhielt ihren Namen nach einer mit der Familie Dickson gut befreundeten Dame, die in der Grafschaft Down in Nordirland lebte und eine begeisterte Jägerin war.

ZONEN 4–9.

Dickson, Großbritannien, 1922

Eltern unbekannt

National Rose Society Goldmedaille 1921

## 'BEVERLY HILLS' DELmator

Syn. 'Malicorne'

TEEHYBRIDE, ORANGE+, ÖFTERBLÜHEND

Bei 'Beverly Hills' handelt es sich um eine Gartenrose mit besonders haltbaren, orangeroten Blüten, die wohlgeformt sind und in Büscheln stehen. Sie wächst hoch und ist relativ krankheitsfest. Die Blütenfülle ist enorm, leider haben die Blüten jedoch keinen Duft. Das üppige Laub ist dunkelgrün, großblättrig und bedeckt die Pflanze sehr gut. 'Beverly Hills ' ist ideal für speziell für Beete, die in warmen, leuchtenden Farben strahlen sollen. ZONEN 5–9.

Delbard, Frankreich, 1986

('Zambra' × 'Orange Sensation') × ('Zambra' × ['Orange Triumph' × 'Floradora'])

'Betty Prior'

'Beverly Hills'

'Betty Uprichard'

B

## 'BEWITCHED'

TEEHYBRIDE, REIN ROSA, ÖFTERBLÜHEND

Diese von 'Queen Elizabeth' abstammende Rose ist auch nach über 30 Jahren in warmen Regionen sehr beliebt. Die Blüten sind groß, gefüllt, in einem gleichmäßigen Phlox-Rosa und behalten ihre Farbe selbst unter starker Sonneneinstrahlung. Sie öffnen sich weit mit hoher Mitte und zeigen eine gleichmäßige Form, wenn sich die Kronblätter nach außen wölben. In ihrer Umgebung verbreiten sie einen süßen Duft. Die langen Stiele prädestinieren 'Bewitched' zur exzellenten Schnitt- wie auch Gartenrose. Sie blüht vom Sommer bis zum Herbst. Die Pflanze wächst kräftig aufrecht und wird relativ hoch; das Laub ist großblättrig und apfelgrün. Diese Rose gedeiht am besten in warmen Zonen, da die weichen Petalen bei feuchtem Wetter leicht fleckig werden. **ZONEN 4–9.**

Lammerts, USA, 1967

'Queen Elizabeth' × 'Tawny Gold'

All-American Rose Selection 1967, Portland Goldmedaille 1967

## 'BIANCO' COCblanco

ZWERGROSE, WEISS, ÖFTERBLÜHEND

Diese rein weiße Miniaturrose wurde in Aberdeen vom selben Züchter eingeführt, der auch die preisgekrönte' Silver Jubilee' vorstellte. Sie hat halbgefüllte Blüten mit etwa 35 Petalen. Duft ist nicht vorhanden. Die Blütchen sitzen meist einzeln oder in kleinen Büscheln an einem kompakten Busch. **ZONEN 4–9.**

Cocker, Großbritannien, 1983

'Minuetto' × 'Jack Frost'

## 'BIBI MAIZOON' AUSdimindo

**Syn. 'Bibi Mezoon'**

STRAUCHROSE, DUNKELROSA, ÖFTERBLÜHEND

Die becherförmigen Blüten dieser dichtgefüllten Sorte sind dunkelrosa, wobei die Farbe bei den inneren Kronblättern nach unten noch intensiver wird. Aus kugeligen Knospen entwickeln sich Blüten mit niedriger Mitte, die viele geviertelte und gefaltete Kronblätter zeigen. Guter Duft ist vorhanden. Die Sorte wächst langsam, aber der Wuchs ist buschig und kann eine mittlere Höhe erreichen. Die bogenförmigen Zweige haben große, dunkle Blätter, die recht krankheitsanfällig sind. Diese Sorte gehört zu den Englischen Rosen. **ZONEN 4–9.**

Austin, Großbritannien, 1989

'The Reeve' × 'Chaucer'

## 'BICOLETTE'

TEEHYBRIDE, ROT+, ÖFTERBLÜHEND

Gelbliche Knospen öffnen sich zu mittelgroßen Blüten mit hoher Mitte, bei denen die purpurrote Farbe der inneren Kronblätter in starkem Kontrast zu den safrangelben Außenseiten stehen. Die dichtgefüllten Blüten sitzen einzeln und haben fast keinen Duft. In der Vase halten sie lange, wenn sie jung geschnitten werden. Sie ist eine gute Gartenrose, besonders für feuchtere Regionen, da schlechtes Wetter keinen Einfluß auf die Blüte hat. Die Blütenblätter fallen sauber ab. Die Blütezeit dauert vom Sommer bis in den Herbst. Die gut verzweigte, buschige Pflanze wird relativ hoch und hat ledriges, dunkelgrünes, glänzendes Laub. **ZONEN 4–9.**

Tschanz, Schweiz, 1980

'Queen Elizabeth' × 'Baronne Edmond de Rothschild'

'Bewitched'

'Big Ben'

'Big John'

## 'BIDDULPH GRANGE' FRYdarkeye

**Syn. 'Rosentanz'**

STRAUCHROSE, ROT+, ÖFTERBLÜHEND

Obwohl die genaue Abstammung unbekannt ist, lassen die Büschel mit den vielen Blütchen auf eine Verwandtschaft mit der Polyantha-Strauchrose 'Ballerina' schließen. Sie entwickelt viele große Blütenzweige mit konischen Knospen, die sich zu kleinen, samtigen, leuchtend roten einfachen Blüten mit weißer Mitte und goldenen Staubgefäßen entfalten. Die Blüten erscheinen eng an der Pflanze und werden langsam dunkler. Nach der Blüte fallen sie sauber ab. Die Blütezeit dauert vom Sommer bis in den Herbst. Duft ist wenig vorhanden. Die Pflanze wächst dicht, kompakt und entwickelt viele dunkle, glänzende Blätter. Diese Sorte ist für alle Wetterlagen geeignet und ist u. a. eine gute Wahl für eine Rabatte. **ZONEN 4–9.**

Fryer, Großbritannien, 1988

Eltern unbekannt

Rom Goldmedaille 1988, Preis von Belfast 1991, Glasgow Goldmedaille 1991

## 'BIENENWEIDE'

**siehe 'Belle Story'**

## 'BIG BEN'

TEEHYBRIDE, DUNKELROT, ÖFTERBLÜHEND

Diese hochwachsende Rose hat große Blüten in dunklem Karmin-Scharlachrot mit hoher Mitte. Die Blüten sind gefüllt und erscheinen über einen langen Zeitraum vom Sommer bis in den Herbst; sie sind allerdings hitzeempfindlich. Ihr Züchter Douglas Gandy hatte sich zum Ziel gesetzt, die am stärksten duftenden roten Rosen zu kreuzen. Als Nachteile der Elternsorten muß man die nickenden Stiele der 'Ena Harkness' erwähnen und die wesentlich dunklere 'Charles Mallerin' fällt durch ihren sehr kümmerlichen Wuchs auf. Das Ergebnis 'Big Ben', eine Rose, die noch heute in Kanada und teilweise in den USA gepfanzt wird, hat zwar einen kräftigeren Wuchs, aber nicht den Duft der Eltern geerbt. Benannt wurde die Rose nach jenem weltbekannten Glockenturm in London. **ZONEN 4–9.**

Gandy, Großbritannien, 1964

'Ena Harkness' × 'Charles Mallerin'

'Bill Slim'

## 'BIG JOHN'

ZWERGROSE, ROT/WEISS, ÖFTERBLÜHEND

Die Blütchen haben ein sattes Dunkelrot und sind an der Basis der Petalen weiß. Das Laub ist kleinblättrig. Die Blüten bestehen aus 40 oder mehr Ptealen und haben eine großblumige, edle Form. Die Farbe bleibt unter den meisten klimatischen Bedingungen erhalten. Die aufrecht wachsende, große Pflanze hat bronzefarbenes, glänzendes Laub. Leider ist sie etwas blühfaul. **ZONEN 4–11.**

Williams, USA, 1979

'Starburst' × 'Over the Rainbow'

## 'BIJOU D'OR' TANledolg

**Syn. 'Goldjuwel', 'Golden Jewel'**

ZWERGROSE, GOLDGELB, ÖFTERBLÜHEND

In den letzten Jahren erschienen immer mehr Zwergrosen für den Garten, und viele Züchter wählen Sämlinge speziell für diesen Markt aus. Derartige Sorten müssen einen kräftigen Wuchs haben und viele neue Triebe ausbilden, um einen buschigen Wuchs zu gewährleisten. Außerdem sollen sie über einen langen Zeitraum üppig blühen und gut belaubt sein. Diese niedrige Sorte, die alle Kriterien erfüllt, ist ideal für einen Kübel oder ein kleines Beet. Sie entwickelt Büschel mit goldgelben, gefüllten Blüten, die zunächst an Edelrosen erinnern und allmählich becherförmig werden. Leichter Duft ist vorhanden. Die Blüten erscheinen dauernd vom Sommer bis in den Herbst. **ZONEN 4–9.**

Tantau, Deutschland, 1995

Eltern unbekannt

## 'BILL SLIM' HARquito

FLORIBUNDA, LACHSROT, ÖFTERBLÜHEND

Die Blüten sitzen manchmal einzeln, überwiegend jedoch in Büscheln an kräftigen, aufrechten Stielen. Die einzelnen gefüllten Blüten sind für eine Floribundarose sehr groß. Sie haben eine regelmäßige, rundliche Form in einem gleichmäßigen Lachsrot, das an reife Tomaten erinnert. Diese Farbe wird zwar mit der Zeit heller, der Ton bleibt aber erhalten. Ein leichter Duft ist vorhanden. Die Blüten, die auch schlechtem Wetter trotzen, erscheinen vom Sommer bis in den Herbst. Sie sitzen dicht über dem üppigen Laub. Die Blätter haben ein intensives Grün und glänzen. Die buschige

Pflanze wird mittelhoch. Benannt wurde die Rose nach dem britischen Offizier Bill Slim, unter dessen Kommando Harkness im II. Weltkrieg in Birma diente. **ZONEN 4–9.**

**Harkness, Großbritannien, 1989**

**(['Highlight' × 'Königin der Rosen'] × Sämling) × 'Silver Jubilee'**

**Royal National Rose Society Certificate of Merit 1985**

## 'BILL TEMPLE'

TEEHYBRIDE, WEISS+, ÖFTERBLÜHEND

Eine gute Gartenrose, deren feste Kronblätter vermuten lassen, daß sie sich auch für Ausstellungen eignen würde; sie entwickelt zwar bemerkenswerte Blüten, die aber von sehr unterschiedlicher Qualität sind. Die cremeweißen Blüten haben eine hohe Mitte und eine sehr symmetrische Form, bevor sie sich flach und gleichmäßig öffnen. Etwas Duft ist vorhanden. Schlechtes Wetter kann der Blüte, die vom Sommer bis zum Herbst reicht, nichts anhaben. Die knapp mittelhohe Pflanze wächst aufrecht und hat dunkles Laub, das einen guten Kontrast zum Cremeweiß bildet. Die Sorte wurde nach einem Freund des Züchters benannt. **ZONEN 4–9.**

**Harkness, Großbritannien, 1975**

**'Crimson Halo' × 'Piccadilly'**

## 'BILL WARRINER' JACsur

FLORIBUNDA, LACHSORANGE, ÖFTERBLÜHEND

'Sun Flare' und 'Impatient', die beide von Bill Warriner gezüchtet wurden, erhielten die begehrte Auszeichnung *All-American Rose Selection.* Es ist deshalb nicht verwunderlich, daß sein Schüler Keith Zary einen Sämling beider Sorten nach ihm benannte. Die Sorte hat ein breites Farbspektrum von Lachs, Orange bis Korallrot und produziert eine Fülle von Blüten in gut verteilten großen Büscheln. Die Blüten sind für eine Edelrose recht groß. Sie haben die gleichmäßige Form kleinerer Floribundarosen und werden becherförmig, wenn sich die Kronblätter zurückwölben. Sie verströmen einen leichten Duft und erscheinen ununterbrochen bis in den Herbst. Die Pflanze entwickelt viele Triebe, erreicht eine mittlere Höhe und wächst aufrecht. Bill Warriner hat in 25 Jahren über 150 Sorten gezüchtet. **ZONEN 4–9.**

**Zary, USA, 1996**

**'Sun Flare' × 'Impatient'**

## 'BILLARD ET BARRÉ'

ALTE R., KLETTERNDE TEEROSE, REIN GELB, ÖFTERBLÜHEND

'Billard et Barré' hat in den letzten Jahren in milden Klimalagen wieder an Beliebtheit gewonnen. Die Sorte wird wegen ihrer Farbe und ihres Wuchses oft als Noisette eingestuft. Diese gefüllte Rose ist goldgelb und glänzend. Die Triebe des robusten und aufrechten Busches mit langen, glänzenden Blättern sind kräftig. Der Duft ist süßlich. Die lange Blütezeit reicht bis in den Herbst. Die Rose eignet sich zum Beranken einer Säule oder Pergola, kann aber auch als Strauch (1,8 m)

'Billy Boiler'

gehalten werden. Sie erfordert einen leichten Rückschnitt. **ZONEN 7–11.**

**Pernet-Ducher, Frankreich, 1898**

**'Mlle Alice Furon' × 'Duchesse d'Auerstädt'**

## 'BILLY BOILER'

GROSSBLUMIGE KLETTERROSE, ROT, ETWAS NACHBLÜHEND

Eine recht kräftige Kletterrose in leuchtendem Rot mit nur 10 oder 12 festen Kronblättern. Die Farbe und der starke Duft sind die herausragenden Eigenschaften dieser Sorte. 'Billy Boiler' wird etwa × m hoch und hat schönes, grünes Laub, das allerdings im Herbst unter Mehltau leiden kann. Die Sorte überzeugt besonders im Frühjahr, etwa an einer Säule oder an einem Zaun. Im späten Herbst kann es zu einer leichten Nachblüte kommen. **ZONEN 5–9.**

**Clark, Australien, 1927**

**'Oskar Kordell' × unbekannt**

## 'BING CROSBY'

TEEHYBRIDE, ORANGEROT, ÖFTERBLÜHEND

Diese Rose zeigt ein intensives dunkles Orange oder lebhaftes Rot, abhängig von Jahreszeit und Licht. Die Blüten sitzen meist einzeln, sind dichtgefüllt mit breiten Kronblättern und entwickeln sich aus kugeligen Knospen. Die Blüten haben eine hohe Mitte und werden becherförmig, wenn sich die Petalen zurückwölben. Sie halten lange und haben einen leichten, würzigen Duft, so daß sie sich gut zum Schnitt eignen. Von Sommer bis Herbst wechseln sich Wachstum und Blütezeit ab, wobei die späte Blüte am schönsten ist. Diese ideale Beetrose wächst hoch und aufrecht und breitet sich langsam aus. Die Blätter sind im Austrieb faltig und rötlich, später werden sie dann ledrig und färben sich oliv. Der bekannte Sänger starb 1977, lange bevor die Rose die begehrte Auszeichnung der *All-American Rose Selection* erwarb. 'Bing Crosby' entwickelt sich am besten in warmen Regionen. **ZONEN 4–9.**

**Weeks, USA, 1981**

**Sämling × 'First Prize'**

**All-American Rose Selection 1981**

## 'BINGO MEIDILAND'

siehe 'Carefree Delight'

## 'BIRMINGHAM POST'

FLORIBUNDA, ROSA, ÖFTERBLÜHEND

Diese Sorte ist rosa mit dunkleren Schattierungen auf der Unterseite. Die großen,

'Bing Crosby'

'Birmingham Post'

'Birthday Present'

dichtgefüllten Blüten erreichen fast die Ausmaße von Edelrosen, stehen aber in dicken Büscheln. Die Blütezeit dauert bis in den Herbst. Die Pflanze wächst kräftig, wird recht hoch und hat reichlich mittelgrünes, ledriges Laub. Trotz ihrer guten Eigenschaften hat sich diese Sorte nie recht als Gartenrose durchsetzen können. Taufpatin dieser Floribundasorte war eine renommierte Tageszeitung aus der großen Industriemetropole im Herzen Englands. **ZONEN 4–9.**

**Watkins Roses, Großbritannien, 1968**

**'Queen Elizabeth' × 'Wendy Cussons'**

## 'BIRTHDAY PRESENT'

KLETTERNDE TEEHYBRIDE, DUNKELROT, ETWAS NACHBLÜHEND

Douglas Toogood aus Melbourne fand diesen Sämling zufällig an seinem Geburtstag – deshalb der Name. 'Birthday Present' ist eine kräftige Kletterrose mit sehr vielen, dunkelroten, stark duftenden gefüllten Blüten mit 20 oder mehr Petalen. Die Pflanze erreicht etwa 4 m Höhe. In einigen Jahren blüht sie mehrmals, dann wieder nur einmal. Diese Sorte gehört zu den besten australischen roten Kletterrosen. Sie hat dunkles, ledriges Laub und ist krankheitsfest. Eine ideale Wahl für eine Mauer oder Säule; sie ist sogar kräftig genug, einen Rosenbogen zu beranken. **ZONEN 5–9.**

**Toogood, Australien, 1950**

**'Guinée' × 'Rouge Mallerin'**

'Bill Temple'

## 'BISCHOFSSTADT PADERBORN'

**Syn. 'Paderborn', 'Fire Pillar'**

STRAUCHROSE, ORANGEROT, ÖFTERBLÜHEND

Das englische Synonym 'Fire Pillar' (Flammensäule) beschreibt diese Sorte sehr treffend, da die großen Blüten in einem feurigen Scharlachrotorange mit hellgelber Basis zu prangen scheinen. Die Blüten haben nur wenige Kronblätter, so daß die goldfarbenen Staubgefäße gut sichtbar sind und so das Herz der schalenförmigen Blüten noch betonen. Die Blüten sind sehr haltbar und erscheinen mit guter Regelmäßigkeit vom Sommer bis zum Herbst. Der Strauch wird etwa mittelhoch. Diese Rose eignet sich gut für Parkanlagen und Hecken, da sie kräftig genug und gut buschig wächst. Das Laub ist dunkelgrün und glänzend; mitt-

'Black Ice'

'Black Beauty'

lerweile ist die Sorte gegen Sternrußtau anfällig geworden. An einer Säule kann diese Sorte auch als kleine Kletterrose gezogen werden. Benannt wurde sie nach einem westfälischen Bischofssitz.

**ZONEN 4–9.**

Kordes, Deutschland, 1964

'Korona' × 'Spartan'

ADR-Rose 1968

## 'BISHOP DARLINGTON'

STRAUCHROSE, MOSCHATA-HYBRIDE, APRICOT+, ÖFTERBLÜHEND

Die langen, spitzen Knospen sind korallrosa und öffnen sich zu pfirsich- und cremefarbenen Blüten mit gelber Basis. Sie verbreiten einen angenehmen Duft. Die Blüten sind halbgefüllt und lassen bald die goldfarbenen Staubgefäße erkennen, die manchmal von einem eingerollten, einzelnen Blütenblatt etwas verdeckt werden. Die Blüten wirken auch noch aus der Ferne; sie eignen sich – auch wegen ihrer langen Blütezeit – gut als Hintergrundstrauch in einer gemischten Staudenrabatte. Die Pflanze kann auch als Climber erzogen werden. Eine sehr große Strauchrose mit aufrechtem Wuchs und grünem, bronzestichigem Laub.

**ZONEN 4–9.**

Thomas, USA, 1926

'Aviateur Blériot' × 'Moonlight'

## 'BIT O' SPRING'

ZWERGROSE, ROSA+, ÖFTERBLÜHEND

'Bit O' Spring' hat lange, spitze Knospen, die sich zu mattrosa Petalen mit hellgelber Außenseite entwickeln. Die einzeln

'Black Boy'

stehenden Blüten besitzen etwa 45 Petalen und meist die typische Edelrosenform. Sie haben eine interessante Farbgebung, die sich auch gut hält, wenn die Pflanze mittags im Halbschatten steht. Die Blüte ist ausgesprochen üppig und remontiert gut. Die Pflanze wächst aufrecht und bildet reichlich dunkelgrünes, mattes Laub sowie bräunliche Stacheln. Leider ist diese Sorte recht anfällig gegen Mehltau und Sternrußtau.

**ZONEN 4–11.**

Williams, USA, 1980

'Tom Brown' × 'Golden Angel'

## 'BIT O' SUNSHINE'

Syn. 'Little Bit o' Sunshine'

ZWERGROSE, GOLDGELB, ÖFTERBLÜHEND

'Bit O' Sunshine' ist eine weitere klassische Zwergrose, die der Amerikaner Ralph Moore auf den Markt brachte. Die Blüten in einem leuchtenden Butterblumengelb haben 18–20 Petalen. Die Pflanze wächst aufrecht, niedrig und buschig und wird etwa 30–35 cm hoch. Sie ist kräftig und gesund. Zur Vorbeugung sollte allerdings gegen Mehltau gespritzt werden. **ZONEN 4–11.**

Moore, USA, 1956

'Copper Glow' × 'Zee'

## 'BLACK BEAUTY'

TEEHYBRIDE, DUNKELROT, ÖFTERBLÜHEND

Über 24 Rosen werden als Schwarz beschrieben, obwohl diese Aussage auf keine Sorte zutrifft, da Schwarz als Pigment in keiner Rose existiert. Diese Sorte erscheint im Knospenstadium fast schwarz

'Bishop Darlington'

und entwickelt sich dann zu einem dunklen Karmin- bis Scharlachrot, wobei die Außenseite der Kronblätter ein samtiges, sehr dunkles Rot hat. Die becherförmigen Blüten sind gefüllt, die Kronblätter relativ kurz, und die Mitte wirkt etwas ungeordnet. Leider hat die Sorte wenig Duft. Die Blüte reicht vom Sommer bis in den Herbst, es sei denn, sie wurde durch Mehltau angegriffen. Die Pflanze wächst sehr ungleichmäßig, wobei die Blüten an langen Stielen sitzen. Das Laub ist mittelgrün. Zwar ist dies keine ideale Gartenrose für kalte Regionen, aber eine schöne Schnittrose, da die Farbe an den wenigen Blüten so ausgefallen ist.

**ZONEN 5–9.**

Delbard, Frankreich, 1973

('Gloire de Rome' × 'Impeccable') × 'Papa Meilland'

## 'BLACK BOY'

Syn. 'Blackboy'

GROSSBLUMIGE KLETTERROSE, DUNKELROT

Eine in Australien beliebte Kletterrose, die viel durch Stecklinge vermehrt wurde. Sie ist nicht so dunkel wie der Name vermuten läßt; die Kronblätter sind dunkelkarminrot mit heller Außenseite und verblassen etwas. Sie sitzen in Büscheln, die durch ihr Gewicht nach unten hängen. Die Blüten sind groß, gefüllt und duften süßlich. Die Kronblätter wirken wie zufällig angeordnet. Da sich viele Blüten gleichzeitig öffnen, ist sie eine wirkungsvolle Kletterpflanze für den Garten. Nach der ersten üppigen Blüte im Sommer kommt es nur selten zu einer reichen Nachblüte. Das Laub ist hellolivgrün. Unter gleichem Namen ist auch eine deutsche Moosrose bekannt.

**ZONEN 5–9.**

Clark, Australien, 1919

'Etoile de France' × 'Bardou Job' (oder umgekehrt)

'Bit o' Sunshine'

## 'BLACK GARNET'

TEEHYBRIDE, DUNKELROT, ÖFTERBLÜHEND

Die dicken, eiförmigen Knospen sind von einem satten Dunkelrot; diese Farbe hat auch die Außenseite der Kronblätter, wenn sich die Blüten entfalten. Die Blüten stehen einzeln oder zu dritt und sind besonders dicht gefüllt. Durch die Vielzahl der Kronblätter wirken die Blüten charmant ungeordnet. Die Blüten halten lange, haben aber nicht den intensiven Duft, den man von einer dunkelroten Rose erwartet. Die Blütezeit reicht vom Sommer bis in den Herbst. Die Pflanze wächst aufrecht und mittelhoch mit graugrünem Laub.

**ZONEN 5–9.**

Weeks, USA, 1980

'Mister Lincoln' × 'Mexicana'

## 'BLACK ICE'

FLORIBUNDA, DUNKELROT, ÖFTERBLÜHEND

Die Knospen wirken tatsächlich schwarz. Die Blüten stehen in Büscheln und haben ein sehr dunkles Scharlachrot. Duft ist kaum vorhanden. Die Blüten sind gefüllt und für eine büschelblütige Rose recht groß. An jeder Rose erscheinen zahlreiche Blüten vom Sommer bis zum Herbst. Die kräftige Pflanze bleibt niedrig, wächst kompakt und hat glänzendes, dunkelgrünes Laub. Die dunklen Blüten und das dunkle Laub der Pflanze verbreiten Friedhofsatmosphäre, vor allem dann, wenn sie auch noch von Mehltau befallen ist. Die Rose wird eher als ausgefallene Kuriosität angepflanzt als aufgrund irgendwelcher besonderer Rosenqualitäten. **ZONEN 5–9.**

Gandy, Großbritannien, 1971

('Schneewitchen' × 'Europeana') × 'Megiddo'

## 'BLACK JACK' MINkco

ZWERGROSE, DUNKELROT, ÖFTERBLÜHEND

Diese Rose zeichnet sich durch sehr dunkelrote Blüten mit goldfarbenen Staubgefäßen aus. Die großblumige Form mit über 40 Kronblättern wirkt perfekt. Leider entwickelt die Sorte nur wenige Blüten. 'Black Jack' ist etwas anfällig gegenüber Mehltau und Sternrußtau; zudem verblaßt die Farbe, besonders bei starker Sonneneinstrahlung; die Kronblätter können dann verbrennen. Die Pflanze wächst hoch und aufrecht und hat dunkelgrünes, kleinblättriges Laub.

**ZONEN 4–11.**

Williams, USA, 1983

'Tom Brown' × 'Over the Rainbow'

'Black Jade'

'Black Prince'

## 'BLACK JADE' BENblack

ZWERGROSE, DUNKELROT, ÖFTERBLÜHEND

Diese Zwergrose ist fast schwarz. Die kräftige, aufrecht wachsende Pflanze trägt an starken, geraden Zweigen Büschel mit 5–10 Blüten. Haben sich die Blüten ganz geöffnet, sind die goldgelben Staubgefäße zu erkennen, die mit dem dunklen Rot der Kronblätter kontrastieren. Im Garten blüht 'Black Jade' mit kurzen Unterbrechungen recht lange. Die Blüten dieser Sorten fallen so dunkel aus, daß Aussteller auf Rosenausstellungen oft zusätzliche Lichtquellen verwenden müssen, damit die Preisjury die Blütenform genau erkennen kann. Das stark glänzende Laub schützt die Blüte offenbar auf natürliche Weise vor Mehltau und anderen Krankheiten.

**ZONEN 4–11.**

Benardella, USA, 1985

'Sheri Anne' × 'Laguna'

American Rose Society Award of Excellence 1985

## 'BLACK MAGIC'

GROSSBLUMIGE KLETTERROSE, DUNKELROT, ETWAS NACHBLÜHEND

'Black Magic' hat das satte Dunkelrot und den intensiven Duft ihrer Elternpflanze 'Guinée' geerbt. Die Blüten sind gefüllt und erscheinen in großer Anzahl, die Rose blüht aber insgesamt nur wenig nach. Die Pflanze erreicht eine Höhe von etwa × m und eignet sich zum Beranken von Säulen und Klettergerüsten. Wächst sie in Fensternähe, läßt sich ihr Duft auch im Zimmer genießen. Das Laub ist üppig und gesund. 'Black Magic' besäße sicherlich mehr Anhänger, wenn sie über eine längere Blütezeit verfügen würde.

**ZONEN 4–9.**

Hamilton, Australien, 1953

Sämling von 'Guinée'

## 'BLACK PRINCE'

ALTE R., REMONTANTROSE, DUNKELROT ÖFTERBLÜHEND

Diese Rose hat gefüllte, becherförmige, dunkel karminrote Blüten, die besonders im Schatten schwarz wirken. Der etwa 1,5 m hohe, stachelige Busch ist mehltauanfällig. Die Pflanze kann einen starken Rückschnitt vertragen. Früher gab es etwa 3000 Remontantrosen-Sorten, von denen viele mit Erscheinen der Teehybriden verschwunden sind. Laffay hat diese Rosenklasse bereits 1837 eingeführt.

**ZONEN 5–10.**

Paul, Großbritannien, 1866

Sämling von 'Pierre Notting'

'Blanc Double de Coubert'

## 'BLACK VELVET'

TEEHYBRIDE, DUNKELROT, ÖFTERBLÜHEND

Diese Rose stammt zwar ursprünglich aus den USA, wird heute aber nur noch in Australien angeboten, wo sie ideale Wachstumsbedingungen vorfindet. Die Blüten prangen in sattem Burgunderrot mit dunklen Schatten, so daß eine samtige Wirkung entsteht. Meist sitzen die Blumen einzeln, und die dicken, eiförmigen Knospen öffnen sich zu großen, halbgefüllten Blüten mit angenehmem Duft. Ihre anfängliche hohe Mitte wird schon bald becherförmig. Die Blüte dauert vom Sommer bis zum Herbst. Die recht kräftige Pflanze wächst aufrecht und erreicht eine mittlere Höhe. Das Laub ist dunkelgrün und ledrig.

**ZONEN 5–9.**

Morey, USA, 1960

'New Yorker' × 'Rouge Meilland'

## 'BLAIRII NO. 1'

ALTE R., CHINAROSE, REIN ROSA, ETWAS NACHBLÜHEND

Blair züchtete drei Rosen gleichen Namens, die sich nur unterschiedliche Ziffern unterscheiden. Nummer 1 und 3 haben sich im Vergleich zu Nummer 2 aber nie recht durchgesetzt. Die großen, halbgefüllten, becherförmigen Blüten von 'Blairii No. 1' sind leuchtend rosa, manchmal mit Rot überzogen. Der Wuchs ist breit mit langen Trieben. Die Blüte ist nicht üppig, aber es kommt zu einer leichten Nachblüte im Spätsommer. Die Sorte ist nicht so winterhart wie 'Blairii No. 2' und wird wegen ihrer Form auch als Bourbonrose eingestuft. Sie ist mehltauanfällig. **ZONEN 5–10.**

Blair, 1844

wahrscheinlich *Rosa chinensis* × 'Tuscany'

## 'BLAIRII NO. 2'

ALTE R., CHINAROSE, HELLROSA

Die großen, flachen, Blüten sind am Rand rosa und werden zur Mitte dunkler, sie sind becherförmig und stark gefüllt. Die anfangs mahagonifarbenen Triebe hängen bogenförmig über. Der stark stachelige Strauch kann 4,5 m hoch werden und Mauern, Zäune oder Pergolen beranken. Die Blüte erscheint im Frühsommer. Ein Rückschnitt der Pflanze ist nur selten erforderlich.

**ZONEN 5–10.**

Blair, 1845

wahrscheinlich *Rosa chinensis* × 'Tuscany'

Royal Horticultural Society Award of Garden Merit 1993

## 'BLANC DE VIBERT'

Syn. 'Blanche de Vibert'

ALTE R., PORTLANDROSE, WEISS, ÖFTERBLÜHEND

Sicherlich besäße diese Portlandrose eine große Fangemeinde, wenn sie besser bekannt wäre. Denn die großen, dichtgefüllten, flachen Blüten erscheinen zunächst in einem zarten Zitronengelb, später verblassen sie schnell zu einem milchigen Weiß. Die mittelgroßen, Blüten sind becherförmig und besitzen eine gekräuselte Mitte, sie sitzen aufrecht an kräftigen Zweigen. Das zarte, hellgrüne Laub ist ein möglicher Anhaltspunkt, der darauf hindeutet, daß diese Sorte mit einer Gallica-Rose verwandt ist. 'Blanc de Vibert' bevorzugt einen schattigen, nährstoffreichen Standort. Dort kann diese Sorte eine Höhe von 1 m erreichen und dabei auch genauso breit werden; 'Blanc de Vibert' eignet sich aber auch hervorragend zur Bepflanzung eines Kübels. Darüber hinaus verträgt die 'Blanc de Vibert' auch längere Feuchtigkeitsperioden, jedoch nur bis zu einem gewissen Punkt, von dem an die Knospen zu faulen beginnen und anschließend abfallen.

**ZONEN 4–10.**

Vibert, Frankreich, 1847

Eltern unbekannt

'Black Magic'

'Black Velvet'

## 'BLANC DOUBLE DE COUBERT'

STRAUCHROSE, RUGOSA-HYBRIDE, WEISS ÖFTERBLÜHEND

Dieser Strauch ähnelt vom Laub und von den feinen Stacheln her so sehr einer *Rosa rugosa*, daß die Aussage des Züchters, 'Sombreuil' wäre ein Elternteil, bezweifelt wurde, obwohl die Sorte offener als die wilde *R. rugosa* wächst. Sie trägt Büschel mit großen Blüten aus faltigen Kronblättern in reinem Weiß – es sei denn, Regen befleckt und zerstört die weichen Petalen. Die halbgefüllten Blüten öffnen sich flach an unterschiedlich langen Trieben und verströmen sogar nachts einen betörenden Duft. Die Blütezeit dauert vom Sommer bis in den Herbst. Wenn es überhaupt zur Hagebuttenbildung kommt, sind diese leuchtend scharlachrot. Das Laub ist dunkel, ledrig und runzelig. Die Pflanze wächst kräftig und erreicht dabei eine mittlere Höhe. Der Namensteil *Coubert* bezieht sich auf den Ort, in dem der Züchter lebte. **ZONEN 3–9.**

Cochet-Cochet, Frankreich, 1892

Wahrscheinlich *Rosa rugosa* × 'Sombreuil' oder *R. rugosa alba* × *R. rugosa alba*

Royal Horticultural Society Award of Garden Merit 1993

'Blairii No. 2'

B

## 'BLANCHE DE BELGIQUE'

**Syn. 'Blanche Superbe'**

ALTE R., ALBA-ROSE, WEISS

Diese seltene Alba-Rose mit einem Duft nach weißen Hyazinthen besitzt große, gefüllte, lockere Blüten zu fünft in kleinen Büscheln. Sie ist anspruchsvoll und nicht sehr blühwillig. 'Blanche de belgique' blüht nur im Juni. Ihr Wuchs ist aufrecht (1,5 m). Die Triebe sind mit Stacheln besetzt, das Laub besitzt das typische Graugrün der Alba-Rosen. Bedauernswerterweise wird diese Sorte nur selten im Handel angeboten.

**ZONEN 4–10.**

Vibert, Frankreich, 1848

*Rosa-alba*-Hybride

## 'BLANCHE LAFITTE'

**Syn. 'Mlle Blanche Lafitte'**

ALTE R., BOURBONROSE, WEISS+, ETWAS NACHBLÜHEND

Die vielen mittelgroßen, gefüllten Blüten stehen in Büscheln. Ihre Kronblätter sind weiß, mit einem fleischfarbenen Puderton überzogen. Weiße Bourbonrose sind selten, und auch diese Sorte ist heute schwer zu finden. Der französische Züchter Pradel, der vor allem durch 'Maréchal Niel' (1864) Berühmtheit erlangte, züchtete insgesamt 162 Sorten.

**ZONEN 5–10.**

Pradel, Frankreich, 1851

Eltern unbekannt

## 'BLANCHE MOREAU'

ALTE R., MOOSROSE, WEISS

Obwohl diese Sorte von einer Damaszenerose abstammt, ist der Wuchs eher untypisch. Die Knospen sind stark und dunkel bemoost. Die Sorte ist die beste weiße Moosrose überhaupt. Die dichtgefüllten, duftenden Blüten haben ein reines Weiß mit rosa Mitte und stehen in Büscheln. Die Blüten sind von reichlich dunkelgrünen Blättern umgeben, und die Triebe sind stachelig. Der Strauch wird etwa 1,5 m hoch. Die Blütezeit liegt im Hochsommer. Die Blüte ist regenempfindlich, der Strauch braucht bei Trockenheit aber viel Wasser. Mehltau kann bei ungünstigen Bedingungen ein Problem werden. **ZONEN 5–10.**

Moreau-Robert, Frankreich, 1880

'Comtesse de Murinais' × 'Perpetual White Moss'

## 'BLANCHEFLEUR'

ALTE R., ZENTIFOLIE, WEISS

Diese Sorte, die wahrscheinlich von einer Gallica-Rose abstammt, bildet einen kräftigen Busch (1,5 m × 1,5 m) mit leicht überhängenden Zweigen. Die Triebe sind stachelig, mit vielen graugrünen Blättern. Die milchigweißen Blüten sind in der Mitte deutlich, aber zart überhaucht. Sie stehen in kleinen Büscheln und entwickeln sich aus rötlichen Knospen. Die Blüten sind duftend, dichtgefüllt und oft geviertelt. Voll aufgeblüht,

'Blessings'

wölben sich die äußeren Kronblätter zurück und bilden dann eine reizvolle, fast kugelig wirkende Hülle. Die Blütezeit dieser schönen Sorte für ein Rosen- oder Zierstrauchbeet liegt im Frühsommer.

**ZONEN 4–10.**

Vibert, Frankreich, 1835

Eltern unbekannt

## 'BLAZE'

GROSSBLUMIGE KLETTERROSE, ROT, ÖFTERBLÜHEND

'Blaze' mit ihren scharlachroten Blüten ist besonders in den USA sehr beliebt. Die Blüten sitzen in großen Büscheln an kräftigen Trieben. Sie sind gefüllt und becherförmig. Die anspruchslose Pflanze mit weichen Trieben, die sich gut zum Beranken größerer Flächen eignet, duftet angenehm. Das üppige Laub ist mittelgrün und meist gesund, es kann aber zu Mehltaubefall kommen. 'Blaze' soll angeblich eine zweite Blüte im Herbst bringen. Sicher gilt dies für '**Blaze Superior**' (syn. 'Demokracie') von J. Böhm 1935, die der 'Blaze' sehr ähnelt, jedoch reicher und länger blüht. Diese Sorte kommt in Deutschland häufiger vor.

**ZONEN 4–9.**

Kallay, USA, 1932

'Paul's Scarlet Climber' × 'Gruß an Teplitz'

## 'BLAZE SUPERIOR'

**siehe 'Demokracie'**

## 'BLESSINGS'

TEEHYBRIDE, LACHSROSA, ÖFTERBLÜHEND

Diese Rose hat eiförmige, lachsfarbene Knospen, von denen meist mehrere zusammen an hohen, steifen aufrechten Trieben sitzen. Sie öffnen sich zu recht großen, gefüllten, becherförmigen Blüten in fleischigem Lachsrosa. Da viele Blüten gleichzeitig erscheinen, ist 'Blessings' eine ideale Beetrose. Sie eignet sich auch gut zum Schnitt. Niederschlag kann ihr kaum etwas anhaben. Die Blütezeit dauert vom Sommer bis in den Herbst. 'Blessings' verströmt einen angenehmen Duft. Die Pflanze wächst aufrecht und wird recht hoch mit üppigem, großblättrigem, dunklem Laub.

**ZONEN 4–9.**

Gregory, Großbritannien, 1968

'Queen Elizabeth' × Sämling

Royal National Rose Society Certificate of Merit 1968, Baden-Baden Goldmedaille 1971, Royal Horticultural Society Award of Garden Merit 1993

'Blanche Lafitte'

'Blaze'

'Blanchefleur'

'Bloomer Girl'

'Bloomfield Abundance'

## 'BLEU MAGENTA'

ALTE R., RAMBLERROSE, MAUVE-VIOLETT

Graham Stuart Thomas erhielt diese Rose vom Roseraie de l'Haÿ, dem berühmten Garten bei Paris. Er war sich aber über ihre Abstammung nicht sicher. Die anfangs violett bis kirschroten Blüten verblassen hellviolett, sind gefüllt und haben oft weiße Streifen. Die Farbe ist aber abhängig von der Sonneneinstrahlung, sie reicht von Dunkel-, Karminrot über Violett bis zu Kirschrot. Gelbe Staubfäden betonen die ungewöhnliche Farbe noch. Von allen blaustichigen Ramblern hat diese Sorte die größten Blüten. Sie sitzen an dünnen, stachellosen Trieben. Das Laub ist dunkel und glänzend. **ZONEN 6–10.**

Um 1900

Eltern unbekannt

Royal Horticultural Society Award of Garden Merit 1994

## 'BLIZZARD' JACdrive

ZWERGROSE, WEISS, ÖFTERBLÜHEND

Diese wunderschöne Rose hat rein weiße Blüten an einem niedrigen, kompakten Busch. Die Blüten sind mit 25–40 Petalen gefüllt. Das Laub ist zart, dunkelgrün und glänzend. Man hat den Eindruck, als würden die Blüten die gesamte Pflanze einhüllen. Die Büschel halten mehrere Wochen; sie verblühen sauber und entwickeln sich im Abstand von jeweils 4–5 Wochen. 'Blizzard' ist eine der wenigen Zwergrosen von Bill Warriner, der eher für seine vielen Floribunda-Züchtungen bekannt ist. **ZONEN 4–11.**

Warriner, USA, 1991

'Petticoat' × 'Orange Honey'

## 'BLOOMER GIRL' TINgirl

ZWERGROSE, LACHSROSA, ÖFTERBLÜHEND

Weiche, lachs- bis rosafarbene Blüten sitzen an einzelnen Stielen an einer buschigen, aufrechten Pflanze. Die Blüten haben etwa 35 Kronblätter, öffnen sich schnell, duften leicht und sind formschön. Teilweise sind die Blüten für Ausstellungen geeignet. Diese Sorte wurde von einer der wenigen australischen Züchterinnen erzielt. Der Versuch, die großblumige 'Futura' als Elternteil zu verwenden, hat sich gelohnt, wie die vielen preisgekrönten Varietäten zeigen. **ZONEN 4–11.**

Bennett, USA, 1983

'Futura' × 'Pink Petticoat'

## 'BLOOMFIELD ABUNDANCE'

**Syn. 'Spray Cécile Brunner'**

POLYANTHAROSE, HELLROSA, ÖFTERBLÜHEND

Zu den unverwechselbaren Eigenschaften dieser Rose gehören die langen, bartartigen Kelchblätter, die zwischen den kleinen, hellrosa Blüten herunterhängen. Bis auf die Kelchblätter ähnelt sie sehr 'Cécile Brunner', auch sie hat winzige, längliche Knospen, aus denen sich gefüllte rosa Rosetten entwickeln. Die leicht duftenden Blüten erscheinen bis in den Herbst. Die Pflanze wächst aufrecht, hoch und überhängend, mit dünnen bräunlichen Zweigen und sparsamer Belaubung. Man ist sich nicht sicher, ob die Rose korrekt bezeichnet wird oder im Handel durch 'Spray Cécile Brunner' (einem Sport von 'Cécile Brunner') ersetzt wurde. **'White Bloomfield Abundance'** ist ein weißer Sport.
**ZONEN 4–9.**

Thomas, USA, 1920

'Sylvia' × 'Dorothy Page-Roberts' oder Sport von 'Cécile Brunner'

## 'BLOOMFIELD COURAGE'

RAMBLERROSE, ROT+, ETWAS NACHBLÜHEND

Von den 41 Bloomfield-Rosen, die von George C. Thomas gezüchtet wurden, gehören diese zu den drei heute noch beliebten Sorten. Er nannte sie nach seinem Landsitz in Bloomfield (Pennsylvania). Kleine, einfache, samtigrote Blüten mit weißer Mitte und auffallenden Staubfäden bedecken das Laub vollständig. Die offenen Büschel bestehen aus mehr als 20 Blüten, deren Farbe nicht immer mit anderen harmoniert. Die kaum bestachelten Triebe lassen sich leicht anbinden, aber die Pflanze braucht viel Platz. Sie kann gut Bäume oder Bögen beranken. Eine herbstliche Nachblüte ist möglich. Sie blüht am alten Holz und bildet Hagebutten. **ZONEN 5–11.**

Thomas, USA, 1925

*Rosa wichuraiana* × 'Crimson Rambler'

'Bloomfield Dainty'

'Bloomin' Easy'

## 'BLOOMFIELD DAINTY'

STRAUCHROSE, GOLDGELB

Spitze, orangefarbene Knospen entwickeln sich zu fünfblättrigen, schalenförmigen Blüten in leuchtendem Gelb, die bald hellgelb verblassen und dann zu den Kronblattspitzen hin rosa überhaucht sind. Die Blüte hat einen angenehmen, moschata-artigen Duft und erscheint im Sommer, gelegentlich auch bis in den Herbst. Ihr englischer Name (*dainty*) spielt auf die besonders zarten Blüten an. Sie sitzen etwas verloren an den robusten Zweigen. Die Pflanze wird recht breit, sparrig und hoch und bildet einen etwas unordentlich wirkenden Strauch. Das Laub setzt sich aus vielen grünglänzenden Blättern zusammen. Aufgrund der biegsamen, überhängenden Zweige läßt sich diese Sorte auch als Kletterer für einen niedrigen Zaun oder eine Säule verwenden. Sie bevorzugt warmes Klima.
**ZONEN 5–9.**

Thomas, USA, 1924

'Danaë' × 'Madame Edouard Herriot'

## 'BLOOMIN' EASY' AROtrusim

**Syn. 'Blooming Easy'**

STRAUCHROSE, ROT, ÖFTERBLÜHEND

Aus den Knospen entwickeln sich offene, becherförmige Blüten mit etwa 25 Kronblättern in leuchtendem, klarem Rot. Die Blüten sind mittelgroß und sitzen meist einzeln. Sie verströmen einen leichten Duft und erscheinen vom Sommer bis in den Herbst. Der mittelhohe Strauch wächst aufrecht und buschig. Das Laub ist großblättrig und grün glänzend. Im Herbst erscheinen leuchtend orangefarbene Hagebutten. Der Name der Rose weist auf die vom Züchter empfohlene Verwendung hin, sie ist ideal für Parkanlagen oder laienhafte Hobbygärtner, die eine gesunde, anspruchslose Pflanze wünschen, die auch einen schlechten Rückschnitt verträgt. Es handelt sich also um eine eher praktische als besonders schöne Rose. **ZONEN 4–9.**

Christensen, USA, 1988

'Trumpeter' × 'Simplicity'

'Bloomfield Courage'

'Blue Bajou'

'Blossomtime'

## 'BLOSSOMTIME'

GROSSBLUMIGE KLETTERROSE, REIN ROSA, ÖFTERBLÜHEND

Die relativ großen Blüten sind dichtgefüllt und erscheinen in zwei zarten Rosatönen. Die eiförmigen Knospen sind dunkelrosa – wenn sie sich öffnen, wird das hellere Rosa der inneren Petalen sichtbar. Die Blüten haben eine hohe Mitte, sie duften vorzüglich, und erscheinen in gleichmäßig verteilten Büscheln vom Sommer bis in den Herbst. Die Sorte kann ganz nach Wunsch niedrig- oder hochwachsend gehalten werden, zum Beispiel auch als mittelhohe Säulenrose. Sie paßt sich jeder Erziehungsform an und entwickelt stets eine ausreichende Menge glänzender, bronzegrüner Blätter.
**ZONEN 4–9.**

O'Neal, USA, 1951

'New Dawn' × Sämling

## 'BLUE BAJOU' KORkultop

**Syn. 'Blue Bayou', 'Blue-Bijou'**

FLORIBUNDA, MAUVE+, ÖFTERBLÜHEND

Zwar existieren viele Rosen mit dem Namenzusatz „blau", dennoch hat es bis heute noch keine wirklich blaue Sorte gegeben. Allerdings versucht man, das notwendige Pigment Delphinidin von einer anderen Blume, vielleicht einer Petunie, in die Rose zu übertragen. Bis dahin muß man sich mit den vielen Mauve- und Violetttönen zufriedengeben, die in warmen Regionen oder unter Glas oft blauähnlich wirken. Kordes hat mehrere solcher Sorten vorgestellt, einschließlich dieser neuen duftenden büschelblütigen Rose mit dichtgefüllten, silbrig fliederfarbenen, rundlichen Blüten. Die Kronblätter sind kurz. Wenn sich die äußeren Blätter nach außen wölben, erhalten die inneren lange ihre hohe Mitte, bis sie sich becherförmig öffnen. Die ungewöhnliche Farbe bildet einen schönen Kontrast zum glänzenden, dunkelgrünen Laub. Diese Sorte eignet sich gut als Beetrose, als Kübelpflanze und zum Schnitt. 'Blue Bajou' entwickelt ihre Blüten manchmal einzeln, meistens aber zu mehreren vom Sommer ununterbrochen bis in den Herbst. Die kräftige, buschige Pflanze bleibt relativ niedrig. **ZONEN 4–9.**

Kordes, Deutschland, 1993

Eltern unbekannt

'Climbing Blue Moon'

'Blue Diamond'

## 'BLUE BOY'

STRAUCHROSE, MAUVE

'Blue Boy' erscheint in sehr dunklem Purpurviolett. Die gefüllten Blüten sind relativ groß und haben eine hohe Mitte, bevor sie sich in eine verwirrende Menge von Petalen auflösen. 'Blue Boy' blüht allerdings nur im Juni. Die kräftige, mittelhohe Pflanze wächst aufrecht, aber unregelmäßig. Die recht hellen Blätter sind mattglänzend und etwas mehltauanfällig. Diese Rose ist so interessant, weil der Züchter eine rosa Moosrose aus dem Jahre 1877 mit einer seiner eigenen Züchtungen, der zinnoberroten 'Kordes' Sondermeldung' (1951) kreuzte und dann dieses erstaunliche Ergebnis erhielt. 'Blue Boy' wurde ursprünglich als Moosrose klassifiziert. Sie wird vor allem wegen ihrer ausgefallenen Erscheinung und botanischen Besonderheit gepflanzt. **ZONEN 4–9.**

Kordes, Deutschland, 1958

'Louis Gimard' × 'Kordes' Sondermeldung'

## 'BLUE DIAMOND'

TEEHYBRIDE, MAUVE, ÖFTERBLÜHEND

Anfangs sitzen die Blüten meist einzeln und ähneln einer großblumigen Rose, die spätere Blüte erscheint jedoch in großen Büscheln. Die Blüten sind intensiv lavendel- bis malvenfarben, dichtgefüllt und becherförmig. Die ersten Blüten halten lange, die nachfolgenden kleineren Blüten öffnen sich recht schnell. Duft ist kaum vorhanden. Die recht niedrige Pflanze wächst buschig und gut verzweigt. Die Zweige sind rötlich. Das dunkle, bronzefarbene Laub ist etwas anfällig gegenüber Sternrußtau. Diese Rose eignet sich zum gelegentlichen Schnitt. **ZONEN 4–9.**

Lens, Belgien, 1963

'Purpurine' × ('Purpurine' × 'Royal Tan')

## 'BLUE MOON' TANnacht

Syn. 'Mainzer Fastnacht', 'Blue Monday', 'Sissi'

TEEHYBRIDE, MAUVE, ÖFTERBLÜHEND

Hier handelt es sich zu Recht um die erfolgreichste „blaue" Rose in einem sehr blaustichigen Lavendel. Die Blüten sind groß und dichtgefüllt, mit hoher Mitte

'Blue Boy'

'Blue Nile'

und sehr symmetrischer Form. Sie halten lange. Wenn sie sich becherförmig öffnen, werden die Staubfäden sichtbar. Meist sitzen die Blüten einzeln an langen Stielen, wodurch sie sich gut zum Schnitt eignen. Sie haben einen süßlichen Duft und erscheinen vom Sommer bis in den Herbst. Die Pflanze wächst kräftig, entwickelt aber nur wenig neue Triebe. Das dunkelgrüne Laub ist recht spärlich. Die Pflanze ist mäßig gesund und übersteht auch Krankheiten wie Mehltau und Sternrußtau; sie ist aber nicht sehr frosthart. Tantau wurde überredet, die deutsche Bezeichnung 'Mainzer Fastnacht' in 'Sissi' zu ändern, da viele Ausländer Probleme mit der Aussprache hatten; da aber 'Sissi' im Englischen „Schwächling" heißt, wurde sie dort 'Blue Moon' genannt. ***'Climbing Blue Moon'*** (Syn. 'Sissi, Climbing'; Mungia, USA, 1981) ist eine kräftige, relativ hochwachsende Kletterrose. Sie bevorzugt einen geschützten Standort und braucht viel Sonnenlicht, um eine gute Blüte zu produzieren; sie gedeiht am besten in warmen Gebieten. **ZONEN 4–9.**

Tantau, Deutschland, 1965

Sämling × 'Sterling Silver'

ADR-Rose 1964, Rom Goldmedaille 1964, National Rose Society Certificate of Merit 1964

## 'BLUENETTE' RUIblun

Syn. 'Azulabria', 'Blue Peter'

ZWERGROSE, MAUVE+, ÖFTERBLÜHEND

Dunkelviolette, mauvefarbene Blüten mit gelben Staubfäden sind immer ein Blickfang. Diese Zwergrose kann man am ehesten als „blau" bezeichnen. Die Blüten haben 20 Petalen und halten mehrere Wochen. Diese Sorte wird von Floristen wegen der Blütenfarbe und wegen des hellgrünen, leicht glänzenden Laubes geliebt. Der Busch ist kompakt und wird 30–50 cm hoch. **ZONEN 5–11.**

de Ruiter, Niederlande, 1983

'Little Flirt' × Sämling

## 'BLUE NILE' DELnible

Syn. 'Nil Bleu'

TEEHYBRIDE, MAUVE, ÖFTERBLÜHEND

Eine auffällige Blüte mit großen, breiten, festen Blütenblättern. Aus dicklichen, zugespitzten Knospen, die meist einzeln sitzen, entwickeln sich gut geformte gefüllte Blüten an langen Stielen. Der bläuliche Lavendelton wird durch einen Hauch Magenta und die etwas dunkleren Adern noch betont. Die Blüten duften stark, erscheinen vom Sommer bis in den Herbst und eignen sich zum Schnitt. Die Pflanze wächst kräftig, aufrecht und breit. Sie wird relativ hoch und bedeckt sich mit reichlich großen, olivgrünen Blättern. Die Rose bevorzugt warmes Klima. **ZONEN 4–9.**

Delbard, Frankreich, 1976

('Holstein' × 'Bayadère') × ('Prelude' × 'Saint-Exupery')

Bagatelle Goldmedaille

'Blue Moon'

'Blumenwunder'

'Bluesette'

## 'BLUE PARFUM' TANfifum, TANfifume, TANtifum

**Syn. 'Violette Parfum', 'Blue Perfume'**

TEEHYBRIDE, MAUVE+, ÖFTERBLÜHEND

Die Elternpflanzen dieser Sorte sind wie bei vielen Tantau-Rosen nicht bekannt, man kann aber vermuten, daß die Herkunft ähnlich der von 'Blue Moon' ist. Es handelt sich hier um eine kompaktere, nicht sehr hoch werdende Pflanze, die weniger kräftig aber stark belaubt ist. Die Blüten sind groß, gefüllt und elegant. Die Farbe verändert sich im Laufe der Saison leicht – von Flieder, Mauve, Hellviolett bis Rötlich. 'Blue Parfum' gehört zu denjenigen Teehybrid-Sorten, die als erste im Frühjahr blühen, und nach einem guten ersten Flor erscheinen zahlreiche Blüten bis in den Herbst. Diese besitzen einen ausgezeichneten Duft und eignen sich hervorragend zum Schnitt. Die Pflanze hat einen buschigen Wuchs und glänzendes, dunkelgrünes Laub.
**ZONEN 4–9.**

Tantau, Deutschland, 1977

Eltern unbekannt

## 'BLUE RIVER' KORsicht

TEEHYBRIDE, MAUVE+, ÖFTERBLÜHEND

Die Blüten sitzen einzeln, teilweise auch zu mehreren zusammen. Die kugeligen Knospen entwickeln sich zu wunderschönen fliederfarbenen Blüten, deren Petalen zum Rand hin wie zufällig mit dunklem Magentarosa überzogen sind. Auf diese Weise ergibt sich ein für eine lilafarbene Rose besonders intensiver Farbeffekt. Die duftenden Blüten sind gut gefüllt und eignen sich vor allem dann zum Schnitt, wenn man die Anzahl der Knospen rechtzeitig reduziert. Die Blüte hält bis in den Herbst hinein an. Die mittelhohe Pflanze wächst kräftig und aufrecht. Das dichte Laub ist dunkelgrün. 'Blue River' gedeiht am besten in wärmeren, sonnigen Lagen.
**ZONEN 5–9.**

Kordes, Deutschland, 1984

'Mainzer Fastnacht' × 'Zorina'

Baden-Baden Goldmedaille

## 'BLUESETTE' LENmau

FLORIBUNDA, MAUVE, ÖFTERBLÜHEND

Diese ungewöhnliche Sorte entwickelt kleine, fliederfarbene Blüten mit bis zu 50 Petalen, die in sehr unterschiedlich großen Büscheln sitzen. Wenn die Blüten ganz geöffnet sind, liegen die Petalen fast flach in einer Ebene. Ihr Rand läuft zur Mitte spitz zu – ein reizvoller Anblick. Ihr Duft ist aber gering. Die Blütezeit dauert bis in den Herbst. Die Rose eignet sich gut als Schnittblume, insbesondere in kleinen Blumen-Arrangements. Die Pflanze bleibt niedrig und wächst aufrecht buschig. Stacheln und Laub sind dunkel. Wie bei fast allen sogenannten „blauen" Rosen, wirkt die Farbe auf Fotografien eher rosastichig.
**ZONEN 4–9.**

Lens, Belgien, 1984

'Little Angel' × ('Westmauve' × 'Blue Diamond')

## 'BLUMENSCHMIDT'

ALTE R., TEEROSE, GELB+, ÖFTERBLÜHEND

Diese Sorte, die sich früher außerordentlicher Beliebtheit erfreute, ist heute nur schwer zu finden. 'Blumenschmidt' ist eine etwas empfindliche Teerose und mag am liebsten einen warmen, sonnigen Standort. Die Blüten haben eine primelgelbe Mitte und rosafarbene äußere Petalen. Sie werden sehr groß, sind gefüllt und weisen ein grünes Auge auf. 'Blumenschmidt' ist niedriger, kompakter Busch, der von glänzendem, gesundem Laub bedeckt ist.
**ZONEN 7–10.**

Schmidt, Deutschland, 1906

Sport von 'Mlle Franziska Krüger'

'Bluenette'

## 'BLUMENWUNDER'

STRAUCHROSE, DUNKELROSA, ÖFTERBLÜHEND

Die lockeren, mit 20–25 Petalen halbgefüllten Blüten erscheinen in einem leuchtenden, sehr kräftigen Rosa. Die Blüten verfügen über einen Durchmesser von 8 cm und sitzen in kleinen, manchmal auch großen Büscheln an einer buschigen Pflanze. Nach einer reichen ersten Blüte im Frühsommer kommt es zu einer guten Nachblüte. 'Blumenwunder' duftet allerdings nicht. Diese kräftige Strauchrose aus dem Hause des schleswig-holsteinischen Züchter Kordes erkrankt äußerst selten und eignet sich hervorragend zum Anlegen von Hecken, die nicht so dicht wachsen. macht sich sich aber auch gut in einem großzügig angelegten Bauerngarten.
**ZONEN 4–9.**

Kordes, Deutschland, 1994

Eltern unbekannt

## 'BLUSH BOURSAULT'

**Syn. 'Calypso', 'Florida', 'Rose de l'Isle'**

ALTE R., BOURSAULTROSE, ROSA+

Die stark gefüllten, kugelförmigen Blüten erscheinen fleckig rosarot und besitzen eine fleischrote Mitte. Sie hängen von langen, gebogenen, fast stachellosen Trieben herab. Obwohl die Blüten sehr zart sind, machen sie sich hervorragend als Schnittblumen. Nasse Witterung setzt diesem Rosentyp allerdings stark zu. Die dunkelgrünen, ovalen Blätter sind an den Spitzen gesägt. 'Blush Boursault' gedeiht am besten an einer Mauern oder an einem Zaun. Der französische Botaniker Henri Boursault, nach dem diese Klasse der Alten Gartenrosen benannt ist, züchtete ab 1817 eine Vielzahl von Kletterrosen. **ZONEN 5–11.**

Vor 1838

Vielleicht eine Chinarose × *Rosa pendulina* oder *R. blanda*

'Blue River'

B

## 'BLUSH DAMASK'

**Syn. 'Blush Gallica'**

ALTE R., DAMASZENERROSE, HELLROSA

Der dichte, breite und gut verzweigte Strauch erreicht eine Höhe von 1,8 m. Ein Gallica-Einfluß ist unverkennbar. Die Zweige sind graugrün mit kurzen Stacheln. Die dunkelgrüne Belaubung ist dicht. Im Frühsommer bedecken zahllose duftende, gefüllte Blüten den Strauch. Voll erblüht erreichen sie einen Durchmesser von 5 cm. Die Mitte der Blüte ist rosa-mauve; die äußeren Blütenblätter sind milchigweiß. Ein pflegeleichter Strauch, der viel Platz benötigt, aber selbst auf sehr trockenem, nährstoffarmem Boden wächst.

**ZONEN 5–11.**

Eltern unbekannt

## 'BLUSH HIP'

ALTE R., ALBA-ROSE, HELLROSA

Für viele Rosenliebhaber ist dies die beste Alba-Sorte. Die Blütenform ist klassisch, und die Blüten duften stark. 'Blush Hip' sieht 'Maiden's Blush' sehr ähnlich, wird aber höher. Aus leuchtend hellroten Knospen entwickeln sich gefüllte Blüten in zartem Rosa mit knopfförmiger Mitte und grünem Auge. Die Blütezeit liegt im Frühsommer, eine Nachblüte gibt es nicht. Die Blätter sind rauh und gezähnt. **ZONEN 5–11.**

Vor 1846

Eltern unbekannt

## 'BLUSH NOISETTE'

ALTE R., NOISETTEROSE, WEISS, ÖFTERBLÜHEND

Dies war die erste Noisetterose im Handel; sie ist auch heute noch sehr beliebt. Sie gehört zu den amerikanischen Noisettezüchtungen aus North Carolina. Die dunkelrosa Knospen bilden locker gefüllte, zarte, rosa Blüten mit einem intensiven, nelkenähnlichen Duft. Man sieht sie oft an Säulen oder als Hecke. Die gesunde Rose wächst kräftig und blüht bis in den Herbst. Sie verträgt etwas Schatten. Der französische Blumenmaler Pierre-Joseph Redouté (1759–1840) hat sie als *Rosa noisettiana* für die Nachwelt erhalten. **ZONEN 7–10.**

Noisette, USA, circa 1814

Sämling von 'Champney's Pink Cluster'

## 'BLUSH RAMBLER'

RAMBLERROSE, HELLROSA

Diese kräftige Sorte ist fast stachellos und hat hellgrüne Blätter. Die kleinen, becherförmigen, hellrosa Blüten sitzen in Büscheln. Wie die ihrer Mutterpflanze 'The Garland', einer frühen Moschata-Multiflora-Kreuzung, duften sie nur schwach. Der andere Elternteil, 'Crimson Rambler', war sehr berühmt und machte gegen Ende des 19. Jh. die Klasse der Ramblerrosen sehr populär. Leider litt die Sorte unter Mehltaubefall, so daß sie von den vielen späteren Züchtungen verdrängt wurde. **ZONEN 4–9.**

Cant, Großbritannien, 1903

'Crimson Rambler' × 'The Garland'

'Blush Damask'

'Blush Noisette'

'Bob Hope'

'Bob Woolley'

## 'BLUSHING LUCY'

GROSSBLUMIGE KLETTERROSE, HELLROSA, ETWAS NACHBLÜHEND

Diese Rose wird nur noch in Großbritannien und Neuseeland gepflanzt; vielleicht hätte sie sich international durchsetzen können, wäre ihre Einführung nicht mit dem Ausbruch des 2. Weltkriegs zusammengefallen. Die Sorte hat elegante Zweige mit großen Büscheln hellrosa, halbgefüllter Blüten mit weißer Mitte und gutem Duft. 'Blushing Lucy' blüht recht spät, hat aber eine sporadische Nachblüte bis in den Herbst. Die Sorte läßt auf die Verwandtschaft mit *Rosa wichuraiana* schließen – auch sie blüht in großen Dolden, hat kräftiges, glänzendes Laub und wird relativ hoch. 'Blushing Lucy' gedeiht am besten an einem sonnigen Standort. Ihren Namen erhielt sie in Anlehnung an eine Romanfigur des bekannten englischen Schriftstellers William Wordsworth, der von 1770 bis 1850 gelebt hat.

**ZONEN 4–9.**

Williams, Großbritannien, 1938

Eltern unbekannt

## 'BOB HOPE'

TEEHYBRIDE, ROT, ÖFTERBLÜHEND

Aus kugeligen, zugespitzten Knospen entwickeln sich ziemlich große Blüten mit hoher Mitte und breiten Petalen. Die leicht duftenden Blüten in einem leuchtenden Kirschrot erscheinen vom Sommer bis in den Herbst; oft ist die Blüte im Hochsommer allerdings etwas spärlich, und die Blüten sind klein. Die Pflanze wächst aufrecht, wird relativ hoch und hat dunkelgrüne, ledrige Blätter. Der namensgebende Hollywood-Schauspieler Bob Hope wurde 1903 in England geboren, lebte lange in den USA und wurde 1998 von Königin Elizabeth in den Adelsstand erhoben.

**ZONEN 4–9.**

Kordes, Deutschland, 1966

'Friedrich Schwartz' × 'Kordes' Perfecta'

## 'BOB WOOLLEY'

TEEHYBRIDE, APRICOT+, ÖFTERBLÜHEND

Diese Rose wurde wegen ihrer langen Haltbarkeit und ihrer besonders großen Blüten schon immer gern zum Schnitt und für Ausstellungen verwendet. Die riesigen Blüten haben eine hohe Mitte mit bis zu 60 breiten Petalen, deren Innenseiten pfirsichrosa sind, während ihre Außenseiten in einem Zitronengelb gehalten sind. Ein leichter Duft ist vorhanden. Die Blüte dauert vom Sommer bis in den Herbst, allerdings kann man bei Blüten dieser Größe keine sehr üppige Anzahl erwarten. Das Laub ist mattgrün. Die Sorte wurde nach einem Rosenliebhaber in Yorkshire benannt. Sie gedeiht aber am besten an Standorten mit weniger Niederschlag als in ihrer nordenglischen Heimat.

**ZONEN 4–9.**

Sanday, Großbritannien, 1970

'Gavotte' × 'Spek's Yellow'

'Blush Rambler'

'Blush Rambler'

## 'BOBBIE JAMES'

RAMBLERROSE, WEISS

Diese Rose hat halbgefüllte, kleine, flach schalenförmige Blüten mit cremeweißen Petalen und leuchtend gelben Staubfäden. Die großen Rispen sitzen an langen, eleganten, gut bewehrten Trieben. Das hellgrüne Laub besteht aus sehr vielen glänzenden Blättern mit kupferfarbenen Rändern. Diese Rose benötigt wegen ihres enormen Wuchses viel Platz und guten Halt – beispielsweise durch einen Baum. Die Blüte erscheint zwar nur im Sommer, aber dann in besonders großer Fülle und mit intensivem Duft. 'Bobbie James' wurde vom englischen Rosenspezialisten Graham Stuart Thomas vorgestellt, der die Rose nach einem berühmten englischen Gartenexperten benannte. Ihre Beliebtheit ist seit der Einführung 1960 ungebrochen.

**ZONEN 5–10.**

Sunningdale Nurseries, Großbritannien, 1960

Eltern unbekannt

Royal Horticultural Society Award of Garden Merit 1993

## 'BOBBY CHARLTON'

TEEHYBRIDE, ROSA+, ÖFTERBLÜHEND

Durch die sehr großen, dichtgefüllten, einzeln stehenden Blüten ist dies eine der besten Schau-Rosen. Ihre Blütenblätter sind dunkelrosa mit silbriger Außenseite. Leider kann 'Bobby Charlton' Regen nicht gut vertragen. Will man Blüten für Ausstellungen erhalten, müssen sie deshalb in niederschlagsreichen Gegenden gut geschützt werden. In wärmeren, trockeneren Zonen wäre sie eine gute Gartenrose, wenn die Blüte im Spätsommer und Herbst etwas reichlicher ausfiele. Die Sorte hat einen stark würzigen Duft. Die mittelhohe Pflanze wächst buschig aufrecht, wird aber manchmal etwas langbeinig und unten kahl. Benannt wurde die Rose nach dem Fußballspieler, der 106 Länderspiele für England bestritt. **ZONEN 4–9.**

Fryer, Großbritannien, 1974

'Königliche Hoheit' × 'Prima Ballerina'

Baden-Baden Goldmedaille 1976, Portland Goldmedaille 1980

## 'BOBBY DAZZLER'

Syn. 'Rosella'

FLORIBUNDA, APRICOT+, ÖFTERBLÜHEND

'Bobby Dazzler' ist eine reichblühende Rose, deren Blüten anfangs apricotfarben und später mit Orangerosa überhaucht sind. Die leicht duftenden Blüten sind dichtgefüllt. An der voll geöffneten Blüte wölben sich einige äußere Petalen nach unten während die Mitte lange erhalten bleibt, so daß sich diese attraktive Sorte gut zum Schnitt eignet. Die mittelgroßen Blüten sitzen manchmal einzeln, meistens aber in Büscheln. Die Blütezeit reicht mit kurzen Unterbrechungen vom Sommer bis in den Herbst. Die Pflanze erreicht eine mittlere Höhe; der Wuchs ist buschig und recht breit. Das mattgrüne Laub wird gelegentlich von Mehltau befallen. **ZONEN 4–9.**

Harkness, Großbritannien, 1973

('Vera Dalton' × 'Highlight') × ('Ann Elizabeth' × 'Circus')

New Zealand Certificate of Merit 1974

'Bobby Dazzler'

'Bon Silène'

## 'BON SILÈNE'

ALTE R., TEEROSE, DUNKELROSA, ÖFTERBLÜHEND

Diese äußerst elegante alte Rose zeichnet sich durch wohlgeformte Knospen und gefüllte, becherförmige Blüten aus, die auf ihren Innenseiten ein schönes Dunkelrosa zeigen, während ihre Außenseiten karminrosa getönt sind. In ihrer Umgebung verbreiten sie einen angenehm fruchtigen Duft. Die Blätter sind länglich und ledrig. Die wüchsige 'Bon Silène' kann eine Höhe von 1,5 m erreichen. Sie besitzt nur wenig Stacheln und bildet große Hagebutten. Die haltbaren Blüten geben gute Schnittblumen ab. Weil diese Teerose, die sehr wärmeliebend ist, etwas Zeit benötigt, um sich voll zu entwickeln, wurde sie in der Vergangenheit vielfach

'Bonfire'(I)

unterschätzt. So hat man diese Sorte auf amerikanischen Friedhöfen gefunden, wo sie völlig gesund und ohne Pflege mehr als 100 Jahre überdauerte. Ihr Züchter Alexandre Hardy war Leiter der imposanten Parkanlagen des *Palais du Luxembourg* im Herzen der französischen Hauptstadt. **ZONEN 5–10.**

Hardy, Frankreich, vor 1837

Eltern unbekannt

## 'BON SILÈNE BLANC'

Syn. 'White Bon Silène'

ALTE R., TEEROSE, HELLGELB, ÖFTERBLÜHEND

'Bon Silène Blanc' ist heute nur noch in wenigen botanischen Gärten zu finden. Es handelt sich um eine „weiße" Form von 'Bon Silène' mit großen hellgelben Blüten, die zu Weiß verblassen. **ZONEN 5–10.**

Morat, Frankreich, 1885

Eltern unbekannt

## 'BONFIRE' (I)

RAMBLERROSE, ROT

Die kirschroten, gefüllten Blüten dieser Ramblerrose sitzen in Rispen von 20–25

'Bobbie James'

an langen Vorjahrestrieben. Im Gegensatz zu den meisten Ramblerrosen galt sie zunächst als resistent gegen Mehltau. Heute ist sie seltener geworden. **ZONEN 5–10.**

Turbat, Frankreich, 1928

'Crimson Rambler' × *Rosa wichuraiana*

'Bobby Charlton'

B

'Bonfire Night'

'Bonnie Hamilton'

## 'BONFIRE NIGHT'

**Syn. 'Bonfire' (II)**

FLORIBUNDA, ROT+, ÖFTERBLÜHEND

Ein Beet mit mehreren Rosen dieser Sorte ist besonders im Hochsommer ein unvergeßlicher Anblick. Die großen, halbgefüllten Blüten mit gewellten Petalen öffnen sich zu einer lebendigen Mischung aus verschiedenen Gelbtönen mit zum Teil scharlachroten Überzügen. Die Blüten sitzen in gleichmäßig verteilten Büscheln vor einem Hintergrund aus dunklem Laub und geben so ein außerordentlich harmonisches Bild ab. Sie verströmen einen angenehmen, leichten Duft und erscheinen bei jedem Wetter vom Sommer bis zum Herbst. Die mittelhohe Pflanze wächst kräftig, aufrecht und gleichmäßig. Der Züchter benannte die Rose in Anlehnung an die Feierlichkeiten, die in England am 5. November *(Guy Fawkes' Day)* stattfinden; an diesem Tag wurde im Jahre 1605 verhindert, daß der englische König und das Parlament von England in die Luft gesprengt wurden. **ZONEN 4–9.**

McGredy, Großbritannien, 1971

'Tiki' × 'Variety Club'

Royal National Rose Society Trial Ground Certificate 1969

## 'BONICA' MEIdomonac

**Syn. 'Bonica 82', 'Demon', 'Bonica Meidiland'**

STRAUCHROSE, REIN ROSA, ÖFTERBLÜHEND

Diese herrliche Rose sollte in keinem Garten fehlen. Etliche Büschel aus rosa Blüten sitzen in unterschiedlich hohen Ebenen über der breit wachsenden, mittelhohen Pflanze und bedecken sie fast vollständig. Das üppige, intensiv grüne Laub ist schon ein hübscher Anblick, noch bevor die Blüte einsetzt, die dann bis zum ersten Frost unentwegt anhält. Die gefüllten Blüten haben kleine Petalen, sind becherförmig und duften leicht. Als Einzelpflanze, als Gruppe oder als niedrige Hecke gepflanzt ist 'Bonica' einfach ideal und auch für denjenigen geeignet, der meint, er hätte kein Glück mit Rosen. Diese Sorte ist sehr robust, gesund und pflegeleicht. Der Name 'Bonica 82' wurde vergeben, um diese Rose von einer früheren 'Bonica' desselben Züchters zu unterscheiden. **ZONEN 4–9.**

Meilland, Frankreich, 1981

Wahrscheinlich (*Rosa sempervirens* × 'Mlle Marthe Carron') × 'Picasso'

ADR-Rose 1982, Belfast Certificate of Merit 1983, All-American Rose Selection 1987, Royal Horticultural Society Award of Garden Merit 1993

## 'BONN'

STRAUCHROSE, ORANGEROT, ÖFTERBLÜHEND

Diese Rose wird wegen ihres kräftigen, gesunden Wuchses und der großen Blütenmenge oft in Parkanlagen verwendet, obwohl manche Gartenliebhaber meinen, diese Qualitäten wiegen einen gewissen Mangel an Charme nicht auf. Sie hat fast keinen Duft. Die orangeroten, mittelgroßen Blüten sitzen in kleinen Büscheln an den Enden langer, starker Triebe. Die Blüten sind halbgefüllt, locker geformt und verblassen zu hellem Magenta. Die Pflanze wird höher und breiter als die meisten Strauchrosen. Das Laub ist hellgrün und glänzend. Die Sorte ist öfterblühend; bei ihrer Einführung im Jahre 1950 wurde sie unter anderem wegen dieser Qualität gerühmt. Durch das gewachsene Sortenangebot haben sich seitdem auch die geschmacklichen Ansprüche verändert, so daß diese Sorte heute nicht mehr so beliebt ist. **ZONEN 4–9.**

Kordes, Deutschland, 1950

'Hamburg' × 'Kordes' Sondermeldung'

Royal National Rose Society Certificate of Merit 1950

## 'BONNIE HAMILTON'

FLORIBUNDA, ORANGEROT, ÖFTERBLÜHEND

Diese Sorte hat keine besonderen Qualitäten, die sie von ähnlichen Rosen unterscheiden könnte, weshalb sie wenig gepflanzt wird. Sie trägt mittelgroße, gefüllte Blüten in einem nicht zu grellen Zinnoberrot. Die Form ist sehr ordentlich, mit hoher Mitte, die auch erhalten bleibt, wenn die äußeren Petalen sich zurückwölben. Eine Rose, die sich gut als Knopflochschmuck und wegen ihrer Blütenfülle auch als Beetrose eignet, obwohl sie kaum duftet. Die reiche Blüte dauert vom Sommer bis in den Herbst. Die relativ niedrige Pflanze hat einen buschigen Wuchs und dunkelgrünes Laub. 'Bonnie Hamilton' wurde nach einer sehr alten Stadt in Schottland benannt. **ZONEN 4–9.**

Cocker, Großbritannien, 1976

'Anne Cocker' × 'Allgold'

## 'BONNY'

ZWERGROSE, REIN ROSA, ÖFTERBLÜHEND

Die kleinen Blüten von 'Bonny' haben ein dunkles Rosa mit einer helleren Außenseite. Die kugelförmigen Blütchen sind gut gefüllt (mit über 20 Petalen). Die Rose blüht üppig während der Sommermonate. Die einzelnen Blüten, die 'Zwergkönig' ähnlich sehen, halten sehr lange. Der Wuchs ist sehr niedrig mit kleinen, faltigen Blättchen. Die Blüten haben nur wenig Duft. **ZONEN 5–11.**

Kordes, Deutschland, 1974

'Zorina' × Sämling

'Bonica'

## 'BONSOIR' DICbo

TEEHYBRIDE, REIN ROSA, ÖFTERBLÜHEND

'Bonsoir' ist eine in bezug auf Größe und Symmetrie perfekte großblumige Rose, deren Petalen von der hohen Mitte aus leicht nach außen einrollen. Bei sonnigen und warmen Wetterbedingungen erscheinen die breiten Petalen in Hellrosa, die inneren sind pfirsichrosa; dann kann diese Schönheit auf Ausstellungen kaum überboten werden. Die Rose wurde von einem Züchter aus Nordirland eingeführt, einer Gegend, in der sehr viel Niederschlag fällt und wo gerade diese Sorte sehr schnell Mumien bildet. 'Bonsoir' hat einen angenehmen, starken Duft, ist öfterblühend und erreicht eine mittlere Höhe. Die Blätter sind groß und dunkelgrün. **ZONEN 5–9.**

Dickson, Großbritannien, 1968

Eltern unbekannt

Royal National Rose Society Certificate of Merit 1966

## 'BORDER KING'

**Syn. 'Roi des Bordures'**

FLORIBUNDA, ROT, ÖFTERBLÜHEND

In einigen Büchern wird diese Sorte als Polyantharose eingestuft, sie gehört aber eigentlich zu den büschelblütigen Rosen, den Floribundarosen. Sie hat kleine leuchtend erdbeerrote Blüten, die in gut verteilten großen Büscheln sitzen, halbgefüllt sind und vom Sommer in den Herbst hinein in großer Anzahl erschei-

'Bonsoir'

'Bonn'

'Borderer'

'Born Free'

nen. 'Border King' duftet kaum. Die kräftige, recht niedrig bleibende Pflanze wächst buschig und entwickelt reichlich dunkelgrünes, glänzendes gesundes Laub. Dank ihrer guten Eigenschaften ist diese Rose vielfach als Beetrose verwendet worden; zur Zeit ist sie offenbar nicht mehr im Handel erhältlich.
**ZONEN 4–9.**

de Ruiter, Niederlande, 1952

Eltern unbekannt

## 'BORDER QUEEN'

**Syn. 'Reine des Bordures'**

FLORIBUNDA, ORANGEROT, ÖFTERBLÜHEND

Die Blüten von 'Border Queen' sind lachsrot mit einem Hauch Orange, eine Farbgebung, die zur Zeit der Einführung dieser Sorte bei büschelblütigen Rosen etwas ganz Besonderes war. Aus kleinen, dicklichen Knospen öffnet sich eine Vielzahl von Blüten, die in großen, gleichmäßigen Büscheln sitzen. Die einzelne Blüte hat nur wenig mehr Petalen als eine Wildrose, sie öffnen sich weit und lassen ein helles Auge an der Basis erkennen. Die geöffneten Petalen bleiben leicht gewellt. Die offenen Blüten sind etwas becherförmig und lassen die rotgoldenen Staubfäden erkennen, duften aber nur wenig. Die üppige Blütezeit reicht vom Sommer bis in den Herbst. 'Border Queen' ist eine sehr beliebte Beetrose mit starkem, aufrechtem Wuchs und dunkelgrünem, überwiegend gesundem Laub, das aber manchmal von Mehltau befallen werden kann. **ZONEN 4–9.**

de Ruiter, Niederlande, 1951

Eltern unbekannt

Royal National Rose Society Goldmedaille 1950

## 'BORDERER'

POLYANTHAROSE, ROSA+, ÖFTERBLÜHEND

Dies ist eine der ersten Züchtungen des Australiers Alister Clark. Die lockeren, intensiv rosafarbenen Blüten sind schalenförmig und lassen die Staubfäden erkennen. Die Blüten erscheinen ununterbrochen die ganze Saison über. Die klein und schmal bleibende Sorte entwickelt sich zu einem dichten Busch, der sich gut als Heckenpflanzung eignet. Sie ist auch ideal als informelle Einfassung eines Rosenbeets. Clark hatte sich zum Ziel gesetzt, gesunde und starke Pflanzen zu züchten, die in wärmeren Regionen das ganze Jahr über blühen sollten. 'Borderer' war in diesem Sinne eine Pionierleistung. **ZONEN 5–9.**

Clark, Australien, 1918

'Jersey Beauty' × Sämling

## 'BORDURE ROSE' DELbara

**Syn. 'Roslyne', 'Strawberry Ice'**

FLORIBUNDA, ROSA+, ÖFTERBLÜHEND

Die Schönheit dieser Rose liegt in ihrer ungewöhnlichen Farbgebung; die cremefarbenen Petalen sind rosa gerändert, als wären sie in Erdbeersauce getaucht. Unter naßkalten Bedingungen verlieren sie meist ihre Leuchtkraft. An gleichmäßig verteilten Büscheln sitzen viele, große Blüten, die locker gefüllt sind und sich becherförmig öffnen, aber nicht duften. Der Anblick im Garten ist aber ein ganz besonderer, und trotz kurzer Blütenstiele ist die Rose für Ausstellungen geeignet. Die Blütezeit dauert bis in den Herbst. Die kompakte, mittelhohe Pflanze hat dichtes, dunkelgrünes, ledriges Laub und ist recht gesund. Diese Rose wird sowohl dem englischen Züchter Bees als auch dem Franzosen Delbard zugeschrieben. Bees stellte sie 1975 als 'Strawberry Ice' vor und Delbard 1986 als 'Bordure Rose'. 1974 erhielt sie eine Goldmedaille in der spanischen Landeshauptstadt Madrid.
**ZONEN 4–9.**

Delbard, Frankreich, 1975

(['Goldilocks' × 'Virgo'] × ['Orange Triumph' × 'Yvonne Rabier']) × 'Fashion'

Baden-Baden Goldmedaille 1973, Madrid Goldmedaille 1974

## 'BORN FREE'

ZWERGROSE, ORANGEROT, ÖFTERBLÜHEND

Diese Rose hat lange, zugespitzte Knospen, die in großer Zahl an der aufrechten, buschigen Pflanze erscheinen und sich zu einer großen Blütenmenge in leuchtendem Orangerot entwickeln. Die kleinen Blütchen sind gefüllt (20 Petalen) und zeigen ihre hübschen gelbe Staubfäden lange. Das Laub ist dunkelgrün. Die Blütezeit hat nur kurze Unterbrechungen. Die Blüten sind lange haltbar. Leider ist die Sorte nicht ganz winterhart. **ZONEN 5–11.**

Moore, USA, 1978

'Red Pinocchio' × 'Little Chief'

'Border King'

'Border Queen'

'Bordure Rose'

## 'BOTANICA' TOMboy

FLORIBUNDA, HELLROSA, ÖFTERBLÜHEND

'Botanica' bildet eine Vielzahl rosa- bis fliederfarbener Blüten, die in großen Büscheln sitzen und einen intensiven fruchtigen Duft verströmen. Das Laub ist gesund, matt und mittelgrün. Die Pflanze ist besonders kräftig, krankeitsresistent und hat einen etwas ausbreitenden Wuchs. Sie kann bis 1,2 m hoch und etwa 1 m breit werden. Der australische Züchter George Thomson empfand die Blüten der meisten Floribundarosen als zu groß, und er experimentierte daher mit vielen Sorten, um diesen – in seinen Augen – Makel aus der Welt zu schaffen. Bei dieser Kreuzung gingen seine Vorstellungen tatsächlich in Erfüllung. 'Botanica' wurde nach dem Titel einer sehr erfolgreichen Enzyklopädie für Gartenpflanzen benannt, die 1997 in Australien erschienen ist. Das vorliegende Rosenbuch wurde beim selben Verlag in der gleichen Reihe wie *„Botanica"* veröffentlicht. **ZONEN 5–9.**

Thomson, Australien, 1997

'Avandel' × 'Madam President'

'Bougainville'

## 'BOTZARIS'

ALTE R., DAMASZENERROSE, CREMEWEISS

Diese Rose besitzt cremeweiße, rosé gefüllte, flache Blüten, die geviertelt sind und sich aus rötlichen Knospen mit langen Petalen entwickeln. Die Blüten sitzen meist in Büscheln und duften stark. Trotz der vielen Blütenblätter ist ein Damaszener-Auge zu erkennen. Die Blütezeit liegt im Sommer. Das dunkelgrüne Laub ist stachelig. 'Botzaris' ist ein niedriger, kompakter Strauch (1,2 m), der sich gut für eine Hecke eignet, jedoch auch einen hervorragenden Blickfang in einem Landschaftsgarten abgibt. Bei etwas Pflege wird man besonders bei gutem Wetter mit einer wunderschönen Blüte belohnt. Wie so viele gefüllte weiße Sorten ist auch diese Damaszenerrose gegenüber Regen recht empfindlich. **ZONEN 5–10.**

Robert, 1856

Eltern unbekannt

## 'BOUGAINVILLE'

ALTE R., NOISETTEROSE, ROSA+

Wie viele Noisetterosen sieht diese Sorte am besten an frei stehenden Klettergerüsten aus. Aus den roten Knospen entwickeln sich rosa Blüten, deren Ränder fliederfarben überzogen sind und später verblassen. Die starkgefüllten, becherförmigen Blüten sind von mittlerer Größe. Das schmale, glänzende Laub wirkt netzartig fein. Benannt wurde die Rose nach dem französischen Admiral Bougainville (1729–1811), nach dem nicht nur eine Insel der Solomon-Inselgruppe, sondern auch jene berühmte, üppige tropische Kletterpflanze benannt wurde. **ZONEN 7–11.**

Cochet, Frankreich, 1822

Eltern unbekannt

'Boule de Neige'

## 'BOULE DE NANTEUIL'

siehe 'Comte Boula de Nanteuil'

## 'BOULE DE NEIGE'

Syn. 'Snowball'

ALTE R., BOURBONROSE, WEISS, ETWAS NACHBLÜHEND

Beim Öffnen sind die Knospen dieser Sorte rosa gestreift; bei ihrem Anblick wird sogleich ersichtlich, warum Alte Rosen so häufig Gegenstand von Gemälden sind. Die makellos weißen Blüten sind gefüllt und kompakt. Die kleinen, dichtgedrängten Petalen wölben sich nach außen und bilden einen Ball. Die Blüten sind hängend. An günstigen Standorten kommt es garantiert zu einer Nachblüte. Das dunkle, glänzende Laub ist ledrig; die Pflanze ist leicht bestachelt. 'Boule de Neige' ist immer dann eine gute Wahl, wenn man eine Rabatte oder eine Hecke anlegen möchte. Sobald die Rose verblüht ist, sollte man sie am besten vorsichtig zurückschneiden. Die Sorte hat sich zudem als Kübelpflanze bewährt und kann auch schattige Standorte sehr gut vertragen. **ZONEN 5–10.**

Lacharmé, Frankreich, 1867

'Mlle Blanche Lafitte' × 'Sappho'

## 'BOUQUET DE VÉNUS'

ALTE ROSE, DUNKELROSA

Diese seltene Alte Gartenrose besitzt große, halbgefüllte, geviertelte Blüten in Kirschrot. Sie bildet einen ansehnlichen Busch mit mittelgrünem Laub und duftet nur schwach. Aufgrund der kirschroten Farbe kann man vermuten, daß es sich hier um Sorte handelt, die von einer Gallica-Rose abstammt. **ZONEN 5–10.**

Vor 1814

Eltern unbekannt

## 'BOUQUET D'OR'

ALTE R., NOISETTEROSE, GELB+, ÖFTERBLÜHEND

An starken Trieben erscheinen bis zum Herbst pastellgelbe, kupfer-lachsfarbene Blüten. Sie haben eine perfekte Form, sind gefüllt, geviertelt und duften stark. Die Rose wird vielfach als Verbesserung von 'Gloire de Dijon' angesehen. Die Blüte wirkt im halbgeöffneten Zustand am schönsten. Das Laub ist dunkelgrün.

'Botanica'

'Bouquet d'Or'

Die Pflanze liebt einen sonnigen Standort, eignet sich am besten für große Gärten und ist sehr krankheitsresistent. **ZONEN 7–11.**

Ducher, Frankreich, 1872

'Gloire de Dijon' × Sämling

## 'BOURBON QUEEN'

siehe 'Queen of Bourbons'

## BOURBONROSE

Syn. *Rosa* × ***borboniana***

ALTE R., BOURBONROSE

Diese Bezeichnung steht für eine ganze Gruppe von Hybriden, die wahrscheinlich aus einer Kreuzung von *Rosa chinensis* und *R. damascena semperflorens* entstanden sind. Die Blüten sind gefüllt oder halbgefüllt in Rot, Rosa oder Purpur. Voll geöffnet haben sie einen Durchmesser von bis zu 8 cm. Sie sitzen einzeln, manchmal auch in kleinen Büscheln. Einige Sorten sind öfterblühend. **ZONEN 5–11.**

1817

*Rosa chinensis* × *R. damascena semperflorens*

## 'BOURGOGNE'

STRAUCHROSE, ROT

*Rosa pendulina* ist eine purpurrosafarbene Wildart, die in niedrigen Lagen einiger europäischer Vorgebirge wächst und wenig für Züchtungen verwendet wurde. 'Bourgogne' ist ein durchaus interessanter Abkömmling mit relativ großen einfachen, rosafarbenen Blütentellern, die sehr zahlreich im Sommer erscheinen. Im Herbst folgen dann lange, scharlachrote Hagebutten, die in zahlreichen Büscheln hängend den gesamten Strauch zieren. In der Sonne leuchten sie wie Feuer. Der Wuchs dieser Pflanze ist breit und buschig mit vielen zarten Zweigen, die sich unter dem Gewicht der Früchte und Blätter bogenförmig zu Boden neigen. Die Blätter sind recht dunkel und schmal; sie bestehen aus sieben Fiederblättchen. **ZONEN 4–9.**

'Boys' Brigade'

Ilsink, Niederlande, 1983

Abkömmling von *Rosa pendulina*

## 'BOW BELLS' AUSbells

STRAUCHROSE, DUNKELROSA, ÖFTERBLÜHEND

Diese Sorte, die auch als Englische Rose klassifiziert wird, trägt große Büschel mit dunkelrosa Blüten fast wie eine kräftige, büschelblütige Floribundarose. Die mittelgroßen Blüten haben bis zu 25 Petalen, wodurch die Blüten wie eine Artischocke aussehen, bevor sie sich becherförmig öffnen. Die duftenden Blüten erscheinen vom Sommer bis zum Herbst. Die Sorte eignet sich gut für gemischte Rabatten; sie erreicht eine mittlere Höhe und Breite und hat einen aufrechten, buschigen Wuchs. Das mittelgrüne Laub ist leicht glänzend. **ZONEN 4–9.**

Austin, Großbritannien, 1991

Sämling × 'Graham Thomas'

'Bouquet de Vénus'

'Bow Bells'

'Brandenburg'

## 'BOY O BOY' DICuniform

STRAUCHROSE, ROT, ÖFTERBLÜHEND

Eine niedrige, ungleichmäßig wachsende Pflanze mit vielen kleinen Trieben. Die becherförmigen Blütchen mit fünf Petalen sind leuchtend rot; ein guter Kontrast zu den goldenen Staubfäden. Sie sitzen in Büscheln und entwickeln sich aus kleinen, spitzen Knospen. Sie duftet nur wenig, hat aber üppige Blüten. Die buschige, gesunde Pflanze breitet sich mit vielen schmalen, hellgrünen Blättern zu einer dichten Bodendecke aus. **ZONEN 4–9.**

Dickson, Großbritannien, 1996

'Little Prince' × 'Eyeopener'

Royal National Rose Society Trial Ground Certificate 1994

## 'BOYS' BRIGADE' COCdinkum

ZWERGROSE, ROT, ÖFTERBLÜHEND

Leuchtend karminrote Blütchen mit 5 Petalen bedecken die Pflanze. Die Blüten haben ein helleres Auge mit dunkelgelben Staubfäden. Meist sitzen sie in großen Büscheln an kräftigen, aufrechten Zweigen. **ZONEN 4–11.**

Cocker, Großbritannien, 1983

('Minuetto' × 'Saint Alban') × ('Little Flirt' × 'Marlena')

Royal National Rose Society Trial Ground Certificate 1983

## 'BRADLEY CRAIG' MACstewar

Syn. 'Bradley Graig'

FLORIBUNDA, ORANGEROT, ÖFTERBLÜHEND

Mit ihrem gleichmäßigen Wuchs und einer reichlichen Blüte, die vom Sommer bis zum Herbst reicht, besitzt 'Bradley Craig' ähnlich gute Eigenschaften. Die schwach duftenden Blüten sind scharlachrot, mittelgroß und haben 25 Petalen mit gewelltem Rand. Die goldenen Staubfäden sind sichtbar. Die Pflanze wächst buschig und entwickelt mittelgrünes, glänzendes Laub. **ZONEN 4–9.**

McGredy, New Zealand, 1986

'Tojo' × 'Montana'

## 'BRANDENBURG'

TEEHYBRIDE, ORANGEROT, ÖFTERBLÜHEND

Die Teehybride 'Brandenburg' erfüllt alle Erwartungen, die man an eine großblumige Rose stellen mag – sie besitzt eine hohe Mitte mit ausgewogenen Proportionen und eine symmetrische Anordnung der Petalen. Allerdings duftet sie nur mäßig. Die Blüten in dunklem Lachsrot sitzen an langen Stielen und haben breite, feste Petalen. Unter allen Witterungsverhältnissen blüht die 'Brandenburg' sporadisch vom Sommer bis in den Herbst; am schönsten blüht sie jedoch in warmen Regionen. Die Blätter sind groß und mittelgrün, im Austrieb rötlich. Der Wuchs ist aufrecht. Die Pflanze wird relativ hoch.

**ZONEN 4–9.**

McGredy, Großbritannien, 1965

('Spartan' × 'Prima Ballerina') × 'Karl Herbst'

## 'BRANDY' AROcad

TEEHYBRIDE, APRICOT+, ÖFTERBLÜHEND

Als 'Brandy' ihre hohe Auszeichnung in den USA erhielt, war wohl besonders die Farbe ausschlaggebend; aber auch die Form der jungen Blüten mit hoher Mitte ist sehr elegant. Sie haben 20 oder mehr Petalen. Die geöffneten, großen Blüten sind locker und lassen schnell die leuchtenden, goldfarbenen Staubfäden erkennen. Sie verströmen einen sehr fruchtigen Duft und blühen vom Sommer bis in den Herbst, so daß sich diese Rose trotz der schnell verblühenden Blüten gut für eine Rabatte oder eine Hecke eignet. Die Sorte ist etwas anfällig für Sternrußtau, und obwohl sie kühlere Zonen bevorzugt, ist sie doch nicht ganz frosthart. Der Wuchs ist hoch und aufrecht. Die grünen, glänzenden Blätter von passender Größe stehen in dichter Fülle.

'Brasilia'

**ZONEN 5–9.**

Swim und Christensen, USA, 1981

'First Prize' × 'Dr A. J. Verhage'

All-American Rose Selection 1982

## 'BRASILIA'

TEEHYBRIDE, ROT+, ÖFTERBLÜHEND

Mit 'Piccadilly' hatte Sam McGredy bereits eine wunderschöne zweifarbige Rose gezüchtet, die kaum zu verbessern war. 'Brasilia' stammt von dieser Sorte ab; McGredy war vor allem von dem jungen, blutroten Laub fasziniert. Die Rose hat mittelgroße, gut gefüllte Blüten in Scharlachrot und Gelb. Die jungen Blüten besitzen eine hohe Mitte. Die Petalen stehen locker, sind fest und wenig regenanfällig. Die Blüte dauert bis in den Herbst; Duft ist nur wenig vorhanden. 'Brasilia' eignet sich als Beetrose, aber nur dort, wo es nicht zu Sternrußtaubefall kommt. Der Wuchs ist aufrecht und hoch. Das glänzende Laub ist anfangs rot, später sattgrün. Die Sorte wird wohl nur noch in Ungarn vermehrt.

'Brandy'

'Breath of Life'

'Breathless'

**ZONEN 4–9.**

McGredy, Großbritannien, 1968

'Kordes' Perfecta' × 'Piccadilly'

## 'BRASS BAND' JACcofl

FLORIBUNDA, APRICOT+, ÖFTERBLÜHEND

Diese Sorte trägt Büschel mit dichtgefüllten Blüten, die sich aus dicklichen, orangegelben Knospen entwickeln. Die mittelgroßen bis großen Blüten sind rundlich. Sie öffnen sich in den unterschiedlichsten Fruchtfarben – von Melone, Pfirsich, Papaya bis zu Apricot. Hinzu kommt ein fruchtiger Duft. Die Blüten erscheinen vom Sommer bis zum Herbst und sind besonders schön bei kaltem Wetter; dann sind die Apricottöne am intensivsten. Die Blüten bilden einen schönen Kontrast zu den großen, leuchtend grünen Blättern. Deshalb eignet sich die Sorte gut als Beetrose. Die Pflanze erreicht eine mittlere Höhe und hat einen aufrechten, buschigen Wuchs.

**ZONEN 4–9.**

Christensen, USA, 1993

'Gold Badge' × Sämling

All-American Rose Selection 1995

## 'BRASS RING' DICgrow

Syn. 'Peek-a-Boo'

ZWERGROSE, ORANGE+, ÖFTERBLÜHEND

Eine Vielzahl kupfer-orangefarbener Blüten an einem rundlichen Busch ist das Kennzeichen dieser Sorte. Die orangefarbenen Blüten verblassen zu Rosa, wodurch sich eine schöne Farbkombination im Garten ergibt. Die Blüten haben nur 20 Petalen und sind am schönsten, wenn sie ganz geöffnet sind. Der Busch besitzt viele kurze Triebe, die leicht überhängen. Die Pflanze erreicht im Vergleich zu den traditionellen, kompakten Zwergbuschrosen eine beachtliche Höhe. Sie eignet sich besonders gut für Kübel.

'Bredon'

**ZONEN 5–11.**

Dickson, Großbritannien, 1981

'Memento' × 'Heideröslein Nozomi'

Royal National Rose Society Certificate of Merit 1981, Belfast Certificate of Merit 1983

## 'BRAVE HEART' HORbondsmile

FLORIBUNDA, REIN ROSA, ÖFTERBLÜHEND

Diese Rose von Heather Horner, die gemeinsam mit ihrem Mann und ihrem Sohn schon zahlreiche Rosen gezüchtet hat, besitzt lockere, recht große, gefüllte Blüten, die zu dritt bis fünft kleine Büschel bilden. Die geöffneten Blüten haben eine hohe Mitte. Sie sind lachsrosa mit mäßigem Duft und eignen sich gut zum Schnitt oder als Gruppe in einer Rabatte. Die Blüten erscheinen vom Sommer bis zum Herbst. Die Pflanze wächst buschig aufrecht, erreicht eine mittlere Höhe und hat große, leicht glänzende, mittelgrüne Blätter. Die Rose erinnert an die verstorbene Joanne Gillespie und den nach ihr benannten Hilfsfond zur Krebsbekämpfung. *Brave Heart* war der Titel ihres ersten Buches.

**ZONEN 4–9.**

Horner, Großbritannien, 1996

('Prominent' × 'Southampton') × 'Bright Smile'

## 'BREATH OF LIFE' HARquanne

GROSSBLUMIGE KLETTERROSE, APRICOT+, ÖFTERBLÜHEND

Dieser Climber hat die schöne Farbe von Aprikosen, die mit der Zeit zu apricotrosa verblasst. Die relativ großen Blüten sind gefüllt und entwickeln sich wie büschelblütige Rosen mit anfangs hoher Mitte, die später becherförmig werden; die Petalen sind gewellt. Eine sehr gute Rose für Blumenarrangements, da die Blüten lange halten und sich die Blütenfarbe nicht verändert. Am Busch sollte man die abgeblühten Blüten entfernen, um die Nachblüte zu fördern. Die Blütezeit reicht vom Sommer bis in den Herbst; ein angenehmer Duft ist vorhanden. Der Wuchs ist steif und aufrecht, die Pflanze erreicht eine mittlere Höhe. Soll die Pflanze seitwärts erzogen werden, so muß dies geschehen, solange die

Triebe noch biegsam sind. Das Laub ist mittelgrün. Den Namen dieser Rose erdachte sich das *Royal College of Midwives*, eine britische Hebammenschule. **ZONEN 4–9.**

Harkness, Großbritannien, 1982

'Red Dandy' × 'Alexander'

Japan Certificate of Merit 1983, New Zealand Certificate of Merit 1985

## 'BREATHLESS' JACchry

TEEHYBRIDE, DUNKELROSA, ÖFTERBLÜHEND

Diese Rose wurde erst nach dem Tod ihres Züchters vorgestellt, was nicht ungewöhnlich ist, da es mitunter zehn Jahre dauern kann, bis eine neue Sorte auf dem Markt erscheint. Aus eleganten, spitzen Knospen entwickeln sich wohlgeformte, gefüllte Blüten, die anfangs eine hohe Mitte aufweisen, dann aber rundlich werden, wenn sich die Petalen entfalten. Die Blüten haben ein dunkles Rosa und sitzen meist einzeln. Sie eignen sich daher gut für den Schnitt, aber auch als Beetrosen. 'Breathless' duftet leicht. Die Blütezeit reicht vom Sommer bis in den Herbst. Die mittelhohe Pflanze wächst aufrecht und besitzt große, mittelgrüne Blätter, die im Austrieb violettrot sind. **ZONEN 4–9.**

Warriner, USA, 1994

Sämling × 'Chrysler Imperial'

## 'BREDON' AUSbred

STRAUCHROSE, APRICOT+, ÖFTERBLÜHEND

Die jungen Blüten von 'Bredon' erscheinen in einem zarten cremigen Rosa mit leichten Apricotschattierungen. Voll geöffnet, dominieren die Apricottöne, die langsam verblassen. Die mittelgroßen Blüten sind wohlgeformt; die vielen Petalen liegen ineinander gefaltet. Ihre Blütezeit dauert vom Sommer bis in den Herbst. Der Duft ist fruchtig. Die Pflanze wächst wie eine buschige büschelblütige Rose und eignet sich für Rabatten, am besten mit niedrigeren Pflanzen im Vordergrund, weil die Zweige recht lang und überhängend sind. Im Winter muß ein Rückschnitt erfolgen, damit die Pflanze nicht unansehlich wird. Die großen Blätter sind mittelgrün. Diese Sorte wird auch als Englische Rose bezeichnet. Bredon ist eine sehr schöne Gegend im Westen von England. **ZONEN 4–9.**

Austin, Großbritannien, 1984

'Wife of Bath' × 'Lilian Austin'

## 'BREEZE HILL'

GROSSBLUMIGE KLETTERROSE, APRICOT+

Diese Sorte wächst wie ein Rambler mit vielen biegsamen Zweigen, besitzt aber die relativ großen Blüten und die matten, rundlichen Blätter einer Kletterrose. Die Herkunft wurde vielfach angezweifelt und statt dessen 'Dr. van Fleet' als Elternpflanze vorgeschlagen. Die Blüten, die meist in Büscheln zu dritt oder mehr sitzen, sind bis zur Mitte gefüllt und öffnen sich flach, wobei die cremigen Pastelltöne und Apricotschattierungen, die zu Creme verblassen, sichbar werden. Die Blüte, der auch schlechtes Wetter wenig anhaben kann, erfolgt im Sommer, nur sehr gelegentlich kommt es zu einer Nachblüte. Ein leichter Duft nach Apfel ist vorhanden. Die Pflanze wächst anfangs nur mäßig, entwickelt sich dann aber zu einer relativ hohen Kletterrose. Sie kann geschnitten und als großer, überhängender Strauch erzogen werden. Das kleinblättrige Laub ist üppig und gesund. 'Breeze Hill' wurde nach dem Haus des Rosenliebhabers Dr. J. Horace McFarland in Pennsylvania benannt. **ZONEN 4–9.**

Van Fleet, USA, 1926

*Rosa wichuraiana* × 'Beauté de Lyon'

'Brass Ring'

'Brenda'

'Breeze Hill'

## 'BRENDA'

ALTE R., RUBIGINOSA-HYBRIDE, HELLROSA

Im Frühjahr erscheinen die pfirsichblüten- bis rosafarbenen, einzelnen Blüten an starken Zweigen. Die schönsten Farben bilden sich im Halbschatten aus. Der kräftige Strauch ist im Herbst mit Hagebutten bedeckt. Lord Penzance, ein englischer Richter, züchtete mehrere Hybriden mit *Rosa rubiginosa* als Sämling. Für die Farbe und Blütengröße benutzte er öfterblühende Hybriden und Bourbonrosen. Ziel war es, duftende Sorten zu züchten, aber 'Brenda' erreichte nie die Beliebtheit anderer Hybriden des gleichen Züchters. **ZONEN 5–11.**

Penzance, Großbritannien, 1894

Eltern unbekannt

## 'BRENDA COLVIN'

Syn. *Rosa filipes* 'Brenda Colvin'

RAMBLERROSE, FILIPES-HYBRIDE, HELLROSA

Wenn ein Garten ausreichend Platz bietet, ist 'Brenda Colvin' die Ramblerrose der Wahl: Denn immerhin kann diese Sorte mehrere Meter hoch werden und dabei eine gesamte Pergola bedecken beziehungsweise einen mittelhohen Baum erklimmen. Die kleinen Blüten haben bis zu 12 Petalen; sie öffnen sich hellrosa, verblassen fast weiß, werden schnell becherförmig und duften zart. Die goldenen Staubfäden sind gut zu erkennen. Die großen Blütenrispen sitzen an zarten Stielen, die sich unter dem Gewicht neigen. Die Blütezeit liegt Ende Juni und dauert etwa drei bis vier Wochen; in der Regel erscheinen die zahlreichen Blüten wesentlich später als bei anderen Kletterrosen. Die sehr langen, gebogenen Triebe besitzen große Stacheln und zahlreiche große, glänzende, oftmals faltige Blätter,

'Bridal Pink'

'Bright Beauty'

die sehr gesund sind. Im Herbst erscheinen kleine orangefarbene Hagebutten. **ZONEN 4–9.**

Colvin, Großbritannien, 1970

Sämling von *Rosa filipes* 'Kiftsgate'

## 'BRENNENDE LIEBE'

siehe 'Burning Love'

## 'BRIDAL PINK' JACbri

FLORIBUNDA, ROSA+, ÖFTERBLÜHEND

Wie der Name schon andeutet, wird diese Floribundarose des amerikanischen Züchters Gene Boerner gerne in Hochzeitssträuße und andere Festbuketts eingearbeitet. Die Blüten entwickeln sich aus eleganten, spitzen Knospen. Sie sind dichtgefüllt, groß, mit hoher Mitte. Ihre Form ist perfekt, und sie halten lange. Die Blüten sind hellrosa mit cremefarbenen Schattierungen und gutem Duft. In warmen Gebieten und sonnigen Lagen entwickeln sich die Blüten am schönsten. Die Pflanze eignet sich nicht nur zum Schnitt, sondern auch als Beetrose. Die Blüte dauert bis in den Herbst; kalte Witterung verträgt sie schlecht. 'Bridal Pink' wächst aufrecht, erreicht eine mittlere Höhe und wird von ledrigem, dunkelgrünem Laub bedeckt. **ZONEN 5–9.**

Boerner, USA, 1967

Sämling von 'Summertime' × Sämling von 'Spartan'

## 'BRIDAL WHITE' JACwhy

Syn. 'Tricia'

FLORIBUNDA, WEISS, ÖFTERBLÜHEND

Diese Sorte ähnelt sehr der Elternpflanze; sie ist die erste der über 150 Sorten von Bill Warriner, obwohl nicht ganz sicher ist, ob er diese Rose selbst entdeckt hat. Zu Beginn der 70er Jahre des 20. Jh. wurde sie in 'Tricia' umbenannt und kurz danach wieder in 'Bridal White'. Sie wird vor allem für den Blumenhandel angebaut und hat im Garten nie die Beliebtheit ihrer rosafarbenen Verwandten erreicht, was beweist, daß sich rosafarbene Rosen generell besser verkaufen als weiße. Die Blüten sind gefüllter als die der Elternpflanze und öffnen sich weit mit wie zufällig angeordneten Petalen. Wegen der langen Haltbarkeit eignen sie sich gut zum Schnitt. Im Garten benötigt diese Sorte ein sehr mildes Klima. **ZONEN 5–9.**

Warriner, USA, 1970

Sport von 'Bridal Pink'

## 'BRIDE' FRYyearn

TEEHYBRIDE, HELLROSA, ÖFTERBLÜHEND

Vielfach wird angenommen, daß der Name dieser Rose auf ihre Verwendung in Hochzeitssträußen hinweisen soll, tatsächlich wurde die Sorte aber nach einem alten Dorf auf der Isle of Man benannt. Die Blüten sind sehr groß und wohlgeformt, sie haben eine hohe Mitte und breite Petalen, die sich langsam zurückwölben; sie halten sich am Busch und auch in der Vase sehr lange. Die Blüte dauert vom Sommer bis in den Herbst, und ungeachtet der Witterung bleiben die zarten Rosatöne unverändert. Der Busch erreicht eine mittlere Höhe und wächst buschig kompakt. Das Laub ist dunkelgrün, im Austrieb rotviolett. Die zarte Blütenfarbe bildet einen schönen Kontrast zu den jungen Blättern. **ZONEN 4–9.**

Fryer, Großbritannien, 1995

Eltern unbekannt

'Bride's Dream'

## 'BRIDE'S DREAM' ROYroyness

Syn. 'Märchenkönigin', 'Fairy Tale Queen'

TEEHYBRIDE, HELLROSA, ÖFTERBLÜHEND

Dies ist eine der schönsten zartrosa Sorten. Sie stammt von 'Königliche Hoheit' ab und besitzt den gleichen warmen Rosaton; die Knospen sind aber wesentlich länger, der Wuchs höher, und diese Rose ist nicht mehltauanfällig. Die besonders langen, eleganten Knopsen entwickeln sich zu großen, gefüllten Blüten mit 30 Petalen und hoher Mitte; sie duften schwach. Die Blüte ist sehr reich, durch die langen Stiele eignet sich diese Rose gut zum Schnitt. Das dunkelgrüne Laub steht dicht. Der Busch wird für eine Rabatte zu hoch, er ist aber gut für den Beethintergrund. **ZONEN 4–9.**

Kordes, Deutschland, 1985

'Königliche Hoheit' × Sämling

## 'BRIGADOON' JACpal

TEEHYBRIDE, ROSA+, ÖFTERBLÜHEND

Diese Rose ist vor allem wegen der Blütenfarbe beliebt. Es handelt sich dabei um Schattierungen in Rosa, Creme und Erdbeerrot, wobei die dunkleren Töne besonders an den Petalenspitzen erscheinen. Wenn sich die Knospen öffnen, sind die etwa 40 eng beieinander sitzenden Petalen zu sehen. Sie wölben sich nach außen und zeigen eine spiralförmige Mitte, die sich langsam auflöst. Die würzig duftenden Blüten erscheinen vom Sommer bis in den Herbst. Eine Rose, die sich auch für Ausstellungen eignet, obwohl die Stiele oft etwas kurz sind. Die Pflanze wächst hoch und buschig mit vielen dunkelgrünen, glänzenden Blättern. Die Sorte ist nicht ganz frosthart. **ZONEN 5–9.**

Warriner, USA, 1991

Sämling × 'Pristine'

All-American Rose Selection 1992

'Bride'

## 'BRIGHT BEAUTY'

TEEHYBRIDE, ORANGEROT, ÖFTERBLÜHEND

Rosenzüchter verschicken ihre neuen Sämlinge zum Ausprobieren in die unterschiedlichsten Klimagebiete. Diese französische Rose wurde seit ihrer Einführung fast ausschließlich in Australien angebaut, sie ist offenbar für warme Regionen geeignet. Die leicht duftenden Blüten sind groß und gefüllt in einem etwas gedämpften, hellen Scharlachrot. Die breiten Kronblätter sind fest und öffnen sich selbst bei heißem Wetter nur sehr langsam. Die Blüten erscheinen vom Sommer bis zum Herbst und lassen sich gut schneiden. 'Bright Beauty' erreicht eine mittlere Höhe und ist mit großen, glänzenden Blättern bedeckt. **ZONEN 5–9.**

Delbard, Frankreich, 1986

Eltern unbekannt

## 'BRIGHT FIRE' PEAxi

Syn. 'Brightfire'

GROSSBLUMIGE KLETTERROSE, DUNKELROT, ÖFTERBLÜHEND

Die Blüten von 'Bright Fire' sind stärker gefüllt als die der rein zinnoberroten 'Alexander'. Sie sind mittelgroß und haben eine hohe Mitte; sie werden kugeliger, sobald die Petalen sich zurückwölben, und duften kaum. Die Blütezeit ist sehr lang. Die kräftige Pflanze verfügt über lange steife Triebe. Da 'Bright Fire' relativ hoch wächst, benötigt sie einen guten Halt wie beispielsweise eine Mauer, einen Zaun oder einen hohen Pfeiler. Das Laub ist großblättrig und ledrig. **ZONEN 4–9.**

Pearce, Großbritannien, 1996

'Parkdirektor Riggers' × 'Guinée'

## 'BRIGHT MELODY'

STRAUCHROSE, ROT, ÖFTERBLÜHEND

Die Farbe liegt zwischen dunklem Rosa und hellem Rot. Meist sitzen bis zu 10 Blüten in einem Büschel. Sie entwickeln sich aus dicken Knospen zu recht großen, schalenförmigen Blüten mit etwa 30 faltigen Petalen, die leicht duften. Die Blütezeit reicht vom Sommer bis in den Herbst. Die Pflanze ist anspruchslos und wächst zu einem mittelgroßen, aufrechten, buschigen Strauch mit dunkelolivem, ledrigem Laub. Im Handel ist sie kaum erhältlich. **ZONEN 4–9.**

Buck, USA, 1984

'Carefree Beauty' × ('Herz As' × 'Cuthbert Grant')

'Bright Smile'

'Brilliant Meillandina'

## 'BRIGHT SMILE' DICdance

FLORIBUNDA, REIN GELB, ÖFTERBLÜHEND

Die schlanken Knospen entwickeln sich zu recht großen, halbgefüllten leuchtend gelben Blüten mit deutlich sichtbaren Staubfäden. Ein angenehmer Duft ist vorhanden, und die Pflanze blüht vom Sommer bis zum Herbst. Der Wuchs ist ordentlich, buschig und breit. Die relativ niedrige Floribundarose besitzt reichlich glänzendes und hübsches Laub. Gelegentlich werden die jungen Triebe von Mehltaupilzen befallen.

**ZONEN 4–9.**

Dickson, Großbritannien, 1981

'Eurorose' × Sämling

British Association of Rose Breeders Selection 1980, Preis von Belfast 1982, Glasgow Silbermedaille 1989

## 'BRILLIANT MEILLANDINA'

ZWERGROSE, ORANGE, ÖFTERBLÜHEND

Diese Rose hat feste, gewellte, halbgefüllte Blüten mit 15 Petalen. Voll erblüht sind sie orangerot mit einem Durchmesser von 35 mm. Sie sitzen zu 3–20 in Büscheln und duften nicht. Die kurzen, dikken Triebe und das grüne Laub sind sehr gesund. Diese Sorte eignet sich für Töpfe, als Terrassenbepflanzung und Hochstammrose. Besonders in heißen Monaten muß auf Spinnmilben geachtet werden. Deswegen müssen auch die Blattunterseiten regelmäßig besprüht werden. Trockenes Mulchmaterial sollte nicht verwendet werden, weil dadurch die zerstörerische Aktivität dieser Spinnentiere verstärkt wird. Diese Pflanze ergänzt jede ausgewogene Rosensammlung hervorragend.

**ZONEN 5–10.**

Meilland, Frankreich, 1975

'Parador' × ('Baby Bettina' × 'Duchess of Windsor')

## 'BRISBANE BLUSH' PALock

TEEHYBRIDE, ROT+, ÖFTERBLÜHEND

'Brisbane Blush' trägt kirschrote Blüten mit silbrigcremefarbener Basis. Die gefüllten Blüten mit 25–40 Petalen sitzen in kleinen Büscheln. Der gute Duft dieser australischen Teehybride stammt von der Elternsorte 'Prima Ballerina'. Das Laub ist mittelgrün, leicht glänzend und gesund. Die Pflanze wächst aufrecht. Die Blüten erscheinen ziemlich schnell hintereinander in der Saison.

**ZONEN 4–9.**

Long, Australien, 1993

('Golden Slippers' × 'Lavendula') × 'Prima Ballerina'

'Brisbane Blush'

## 'BRITANNIA'

POLYANTHAROSE, ROT+, ÖFTERBLÜHEND

Die Blüten dieser kleinen Pflanze erscheinen in einem hellen Karminrot mit einem weißlichen Auge an der Petalenbasis. Sie haben nur fünf Petalen, meist sitzen aber etwa 40 Blüten zusammen, so daß der Anblick überwältigend ist, sie duften aber kaum. Die Blüte dauert vom Sommer bis in den Herbst, wodurch sich diese Sorte gut im Garten für eine niedrige Hecke oder zum Füllen kleiner Flächen eignet. Die Blätter sind ledrig, leicht glänzend und schmal. Der niedrige Busch wächst kompakt.

**ZONEN 4–9.**

Burbage, Großbritannien, 1929

'Coral Cluster' × 'Eblouissant'

## 'BROADWAY' BURway

TEEHYBRIDE, GELB+, ÖFTERBLÜHEND

Die Farbe von 'Broadway' wird in vielen Katalogen als ein „in Gold getauchtes Orange " beschrieben. Zu den Rändern hin sind die Petalen rötlichrosa, wobei sich die Farben bei Sonne noch vertiefen und ausbreiten. Die Blüten sind dichtgefüllt und recht groß; sie öffnen sich mit hoher Mitte und halten ihre regelmäßige Form, auch wenn die Petalen sich nach außen wölben. Ein intensiver, würziger Duft ist vorhanden. Die Blütezeit reicht vom Sommer bis in den Herbst, wobei die Blütenqualität im Hochsommer am geringsten ist. Die Pflanze wird mittelhoch und wächst buschig aufrecht. Die dunkelgrünen Blätter glänzen. 'Broadway' ist eine gute Beet- und Schnittrose, deren Farbänderungen auch in der Vase zu beobachten sind. Die Pflanze ist nicht ganz frosthart. **ZONEN 5–9.**

Anthony Perry, USA, 1985

('First Prize' × 'Gold Glow') × 'Sutter's Gold'

All-American Rose Selection 1986

'Broadway'

## 'BRONZE MASTERPIECE'

Syn. 'Bronce Masterpiece'

TEEHYBRIDE, APRICOT+, ÖFTERBLÜHEND

Die schönsten Blüten erscheinen zu Saisonbeginn, wenn das Bronzeorange am intensivsten ist. Aus den gelbbräunlichen Knospen entwickeln sich dichtgefüllte Blüten mit hoher Mitte, deren Farbe zu Orangegelb verblasst, wenn sich die Petalen nach außen wölben. Sie halten bei kaltem Wetter ihre Form und eignen sich für Ausstellungen. Der Duft ist intensiv fruchtig. Sie blühen vom Sommer bis zum Herbst, sofern sie nicht von Pilzen befallen werden. Die mittelhohe Pflanze wächst aufrecht und hat ledriges, glänzendes, dunkelgrünes Laub. Sie wird fast nur noch in warmen Gegenden angebaut. **ZONEN 5–9.**

Boerner, USA, 1960

'Golden Masterpiece' × 'Kate Smith'

Geneva Goldmedaille 1958

## 'BROTHER CADFAEL' AUSglobe

STRAUCHROSE, REIN ROSA, ÖFTERBLÜHEND

Bei dieser Sorte ist die tiefe Becherform, die an Pfingstrosen erinnert, beachtenswert. Die dunkelrosa Blüten sind dichtgefüllt, haben sehr dicke Petalen und duften gut. Die Pflanze entwickelt sich zu einem robusten, aufrechten Busch mittlerer Höhe mit großen, dunklen Blättern. Sie zählt zu den Englischen Rosen. 'Brother Cadfael' erhielt ihren Namen nach einem mittelalterlichen Mönch mit detektivischem Gespür, den Kriminalromanautorin Ellis Peters erfunden hat. **ZONEN 4–9.**

Austin, Großbritannien, 1990

'Charles Austin' × Sämling

## 'BROWN VELVET' MACcultra

Syn. 'Colorbreak'

FLORIBUNDA, ROSTROT, ÖFTERBLÜHEND

Sam McGredy hat die Rosenwelt hier mit einem Ton zwischen Orangerot und Braun überrascht. In kälteren Regionen überwiegen die Braun-, in wärmeren Zonen die Orangetöne. Aus dichten Büscheln rundlicher Knospen entwickeln sich gefüllte, geviertelte Blüten. Die Petalen wölben sich nach außen und lassen die goldfarbenen Staubfäden erkennen. Die mittelgroßen, leicht duftenden Blüten erscheinen vom Sommer bis zum Herbst. Der mittelhohe Busch wächst aufrecht mit glänzendem, dunkelgrünem Laub. **ZONEN 4–9.**

McGredy, Neuseeland, 1982

'Mary Sumner' × 'Kapai'

Gold Star of the South Pacific, Neuseeland 1979

'Brother Cadfael'

'Brown Velvet'

'Bronze Masterpiece'

B

## 'BROWNIE'

FLORIBUNDA,
ROSTROT, ÖFTERBLÜHEND

Gene Boerner züchtete in den Jahren nach dem 2. Weltkrieg einige außergewöhnliche Rosen wie 'Lavender Pinocchio', die von 'Grey Pearl' abstammt. Aus der Kreuzung dieser Sorten entstand 'Brownie'. Sie hat hellbraune Knopsen, die sich zu becherförmigen, schokoladenbraunen Blüten mit Goldschattierungen an der Basis und roten Petalenrändern entwickeln. Kupfer- und Cremetöne werden sichtbar, wenn sich die dichtgefüllten Blüten fast flach öffnen. Die Blüten sitzen in gleichmäßig verteilten Büscheln und erscheinen nur sporadisch vom Sommer bis in den Herbst. Die mittelhohe Pflanze wächst aufrecht und hat ledriges Laub.
**ZONEN 4–9.**

Boerner, USA, 1959

Sämling von 'Lavender Pinocchio' × 'Grey Pearl'

## 'BUCCANEER'

TEEHYBRIDE, GELB,
ÖFTERBLÜHEND

In den USA wird diese Sorte als Grandiflora eingestuft. Sie hat lange, zugespitzte Knospen in offenen Büscheln, die sich zu becherförmigen, recht lockeren Blüten in leuchtendem Gelb entwickeln. Sie sitzen an steifen Trieben und verströmen einen angenehmen Duft. Die Blüten haben etwa 25 Petalen. Im Garten sind sie unübersehbar. Sie kommen auch mit schlechtem Wetter zurecht und erscheinen vom Sommer bis zum Herbst. Der Wuchs ist erheblich höher als bei den meisten Teehybriden. Die Sorte kann fast wie eine Kletterrose einen Pfeiler oder einen Zaun begrünen. Die kräftige Pflanze ist meist sehr gesund; sie wächst aufrecht, bildet lange Triebe aus und entwickelt üppiges, dunkelgrünes Laub.
**ZONEN 4–9.**

Swim, USA, 1952

'Geheimrat Duisberg' × ('Max Krause' × 'Captain Thomas')

Genf Goldmedaille 1952, Royal National Rose Society Trial Ground Certificate 1955

## 'BUCKS FIZZ'

siehe 'Gavnø'

## 'BUFF BEAUTY'

STRAUCHROSE, MOSCHATA-HYBRIDE, APRICOT+,
ÖFTERBLÜHEND

'Buff Beauty' ist eine Rose mit rundlichem Wuchses und üppigem dunklem, glänzendem Laub. Im Sommer und im Herbst erscheinen die Rispen mit apricotfarbenen Blüten, die vor dem dunklen Laub besonders gut zur Wirkung kommen. Die zahlreichen Petalen öffnen sich weit mit dichter Mitte wie eine Puderquaste. Außer Apricot weisen die Blüten auch ein weiches, mattes Gelb auf, sie verströmen einen angenehmen Duft und trotzen auch schlechtem Wetter. Die relativ hohe, gesunde Pflanze eignet sich gut für eine Rabatte oder vor einer niedrigen Mauer. **ZONEN 4–9.**

Bentall, Großbritannien, 1939

'William Allen Richardson' × unbekannt

Royal Horticultural Society Award of Garden Merit 1993

'Brownie'

'Buff Beauty'

'Buisman's Triumph'

'Bullata'

## 'BUFFALO GAL' UHLwe

Syn. 'Foxi', 'Foxi Pavement', 'Foxy Pavement'

STRAUCHROSE, DUNKELROSA, ÖFTERBLÜHEND

Die Farbe dieser Rose ist lavendelrosa. Die mittelgroßen Blüten besitzen fünf faltige Petalen und öffnen sich flach. Sie haben einen intensiven, würzigen Duft und erscheinen den ganzen Sommer und Herbst über. Die für eine Strauchrose recht klein bleibende Pflanze besitzt viele Eigenschaften der Rugosa-Hybriden wie einen rundlichen Wuchs, borstig-stachelige Zweige sowie faltiges, ledriges, gesundes Laub. Als die Rose in den USA eingeführt wurde, wollte man dort nicht das Synonym 'Foxi' verwenden, sondern entschied sich für diesen typisch amerikanischen „Wildwestnamen".
**ZONEN 4–9.**

Uhl, Deutschland, 1989

Eltern unbekannt

## 'BUISMAN'S TRIUMPH'

FLORIBUNDA,
REIN ROSA, ÖFTERBLÜHEND

Diese Rose trägt eine Vielzahl großer Büschel mit bis zu 20 relativ großen Blüten, die sich aus schlanken Knospen entwickeln, halbgefüllt, becherförmig und relativ locker sind. Die Farbe liegt zwischen Rosa und Karminrot, je älter die Blüten sind, desto blasser erscheinen sie. Ein leichter Duft ist vorhanden. Obwohl diese Sorte nur noch wenig gepflanzt wird, war sie früher doch als Hecke oder Gruppe sehr beliebt, denn die relativ hoch werdende Pflanze wächst kräftig, hat einen buschigen Wuchs, ist frosthart und weist üppiges dunkelgrünes Laub auf, das im Austrieb rötlich ist. In warmen Regionen kann diese Sorte als Strauchrose behandelt werden.
**ZONEN 4–9.**

Buisman, Niederlande, 1952

'Käthe Duvigneau' × 'Tantaus Triumph'

'Buccaneer'

'Bulls Red'

## 'BULLATA'

Syn. 'Lettuce-leaved Rose', ***Rosa* × *centifolia bullata***, 'Rose à Feuilles de Laitue'

Alte R., ZENTIFOLIE, REIN ROSA

Diese Rose bildet einen lockeren Busch von 1,5 m Höhe und fast gleicher Breite. Die langen Zweige sind überhängend, dunkelgrün und dicht mit rötlichen Stacheln besetzt. Das Laub ist recht eigenartig: Jedes leuchtend grüne Blatt ist groß und faltig wie bei einem Salatkopf. Im Juni erscheinen die stark duftenden Blüten aus engen, rundlichen Knospen. Sie sitzen in kleinen Büscheln. Die voll geöffneten Blüten in intensivem, leuchtendem Rosa bestehen aus vielen eng zusammenstehenden Petalen. Sie vertragen keinen Regen und können bei andauernder Nässe schon in der Knospe faulen; trotzdem ist dies eine faszinierende Rose. Sie ist abgesehen vom Laub identisch mit 'Centifolia', aus der sie ein Sport ist oder sich vor langer Zeit ausgesät hat.
**ZONEN 5–10.**

Vor 1815

Eltern unbekannt

## 'BULLS RED' MACrero

TEEHYBRIDE, ROT, ÖFTERBLÜHEND

Diese Rose ist vor allem wegen ihrer Haltbarkeit als Schnittblume beliebt. Sie trägt meist einzelne Blüten mit großen, breiten Petalen, die sich aus dicken Knospen entwickeln. Die gefüllten Blüten mit hoher Mitte erscheinen in einem dunklen Rot. Leider haben Sie nicht den Duft, den man von einer roten Rose erwartet. Die reich und gut nachblühende Sorte wächst aufrecht, ist kräftig und wird recht hoch. Das Laub ist dunkelgrün. **ZONEN 4–9.**

McGredy, Neuseeland, 1977

'Sympathie' × 'Irish Rover'

## 'BURBANK'

Syn. 'Santa Rosa'

Alte R., TEEROSE , REIN ROSA, ÖFTERBLÜHEND

Der bekannte kalifornische Züchter Luther Burbank aus Santa Rosa stellte zu Beginn des 20. Jh. eine Reihe von Rosen vor, von denen heute nur noch wenige im Handel sind. Für Verwirrung sorgte von Anfang an die Namensgebung, da 'Santa Rosa' oft als 'Burbank' verkauft wird. 'Burbank' hat leuchtend rosa gefüllte Blüten, die allmählich verblassen. Die etwa 8 cm grossen Blüten sitzen an kräftigen Stielen und ragen über das glänzende Laub hinaus. Die Sorte benötigt einen sonnigen Standort, um ihre Schönheit voll zu entwickeln. Burbank war ein umstrittener Rosenzüchter, der sehr viel Werbung in eigener Sache betrieb und seine Ware per Post versandte. ZONEN 7–11.

Burbank, USA, 1900

Abstammung von 'Hermosa' × 'Bon Silène'

Goldmedaille der Weltausstellung St. Louis 1904

## 'BURGUND 81'

siehe 'Loving Memory'

## 'BURGUNDERROSE'

**Syn. *Rosa burgundica, R. centifolia* var. *parvifolia*, 'Burgundy Rose', 'Pompon de Bourgogne'**

ALTE R., ZENTIFOLIE, ROSA+

'Burgunderrose' ist eine Sorte mit langer, nicht ganz eindeutiger Geschichte. Sie wird unter einer Vielzahl von Namen geführt. Die kleinen, dunkelrosa Blüten sind mit Purpur überhaucht, haben eine helle Mitte und duften etwas. Durch das dunkle, graugrüne Laub und bei nur wenigen Stacheln eignet sich diese Sorte besonders gut als dichter, niedriger Busch sowie als Kübelpflanze. **ZONEN 4–10.**

Frankreich, circa 1664

Eltern unbekannt

## 'BURMA STAR'

FLORIBUNDA, APRICOT+, ÖFTERBLÜHEND

Die Farbe läßt sich am besten als gelb mit einem leichten Hauch von zartem Orange beschreiben, eine gleichmäßige Färbung, die in den großen, becherförmigen Blüten gut zur Geltung kommt. Die angenehm duftenden Blüten sitzen gelegentlich einzeln, meist aber in langstieligen Büscheln und blühen bis zum Herbst. Die Sorte wächst kräftig und aufrecht, eher schmal, wodurch sie sich recht gut als Heckenpflanze, aber auch in einer gemischten Rabatte eignet. Das Laub ist sehr dunkel, glänzend und besonders gesund.
ZONEN 4–9.

Cocker, Großbritannien, 1974

'Arthur Bell' × 'Manx Queen'

Belfast Certificate of Merit 1976

## 'BURNABY'

**Syn. 'Gold Heart', 'Golden Heart'**

TEEHYBRIDE, HELLGELB, ÖFTERBLÜHEND

Mit über 50 Petalen und hoher Mitte sind die großen ballförmigen Blüten sehr ausdrucksstark. Da auch unvollständige Blüten erscheinen, zählt diese Sorte nicht zu den besten Ausstellungssorten, wächst

'Burgunderrose'

'Burnaby'

aber kräftig und blüht reichlich. Die Blütezeit reicht, von kurzen Unterbrechungen abgesehen, bis in den Herbst. Die leicht duftenden Blüten sind primelgelb und verblassen zu Creme. Die Pflanze wird mittelhoch, wächst buschig und hat recht wenig dunkelgrünes Laub, das sternrußtauanfällig ist.
ZONEN 4–9.

Eddie, Kanada, 1954

'Phyllis Gold' × 'President Herbert Hoover'

Goldmedaille der National Rose Society 1954, Portland Goldmedaille 1957

## 'BURNING LOVE'

**Syn. 'Brennende Liebe', 'Amour Ardent'**

TEEHYBRIDE, ROT, ÖFTERBLÜHEND

Eine kräftige Pflanze mit 3–5 duftenden Blüten in kleinen, zahlreichen Büscheln. Die gefüllten Blüten von mittlerer Größe haben eine hohe Mitte, bevor sich die Petalen zurückwölben und dann eine lockere Form bilden. Die Blütenfarbe ist ein leuchtendes Scharlachrot. Die Rose ist zwar heute im Handel nicht mehr erhältlich, war aber für viele Parkanlagen und Gärten beliebt – nicht zuletzt wegen ihres buschigen Wuchses und ihrer dunklen, glänzenden Blätter.
ZONEN 4–9.

Tantau, Deutschland, 1956

'Fanal' × 'Crimson Glory'

Baden-Baden Goldmedaille 1954

## 'BUTTERSCOTCH' JACtan

GROSSBLUMIGE KLETTERROSE, ORANGE+, ETWAS NACHBLÜHEND

Aus kugeligen Knospen entwickeln sich recht große, dichtgefüllte Blüten in loser Becherform. Sie sind hellorange und beige überhaucht. Die erste, reichliche Blüte ist im Sommer, später kommt es noch zu einer guten Nachblüte. Die Pflanze wächst kräftig und entwickelt lange Triebe, die gut an Zäunen, Mauern

'By Appointment'

'Burning Love'

'Buttons 'n' Bows'

'Burma Star'

und Pergolen gezogen werden können. 'Butterscotch' hat reichlich halbglänzende, mittelgroße Blätter. **ZONEN 4–9.**

Warriner, USA, 1986

('Buccaneer' × 'Zorina') × 'Royal Sunset'

## 'BUTTONS' DICmickey

ZWERGROSE, ROSA+, ÖFTERBLÜHEND

Aus urnenförmigen Knospen entwicklen sich lachsrosafarbene, besonders anmutige Blüten, die in Büscheln sitzen. Das dunkelgrüne Laub bildet einen idealen Hintergrund für die Blüten, die sich auch in der Vase gut halten. Die mittelhohe, buschige Pflanze ist relativ gesund und robust. **ZONEN 4–11.**

Dickson, Großbritannien, 1987

('Liverpool Echo' × 'Woman's Own') × 'Memento'

## 'BUTTONS 'N' BOWS'

**Syn. 'Felicity II', 'Teeney-Weeny'**

ZWERGROSE, DUNKELROSA, ÖFTERBLÜHEND

Gefüllte Blüten in Rosatönen zeichnen diesen kompakten, aufrecht wachsenden Busch aus. Sie sitzen meist einzeln oder in kleinen Büscheln und verbreiten einen fruchtigen Duft. Die becherförmigen Blüten haben eine hohe Mitte, deren Petalen sich langsam zurückwölben. 'Buttons 'n' Bows' ist weltweit beliebt. Sie

blüht mit nur kurzen Unterbrechungen in fast allen Regionen.
ZONEN 4–11.

Poulsen, Dänemark, 1981

'Mini-Poul' × 'Harriet Poulsen'

## 'BY APPOINTMENT' HARvolute

FLORIBUNDA, APRICOT+, ÖFTERBLÜHEND

'By Appointment' ist eine Floribundarose in cremigem Apricot, das anfänglich sehr blaß ist und dann die zarten Pastelltöne vieler Alter Rosen zeigt. Die gefüllten Blüten sitzen am Ende aufrechter Stiele sehr eng zusammen. 'By Appointment' bietet sowohl auf Ausstellungen als auch in der Vase einen atemberaubenden Anblick. Die Blütezeit beginnt im Juli und reicht bis in den Herbst, wobei die erste Blüte reichlich und von besonders guter Qualität ist. Die Pflanze wächst aufrecht, ist schmal und erreicht eine mittlere Höhe. Die sehr dunklen Blätter können zum Saisonende hin gelegentlich von Mehltau befallen werden. Der Name der Rose soll an das 150jährige Bestehen der *Royal Warrant Holders' Association*, der Vereinigung britischer Hoflieferanten, erinnern.
ZONEN 4–9.

Harkness, Großbritannien, 1990

'Anne Harkness' × 'Letchworth Garden City'

C

C

'Caid'

'Cabbage Rose'

'Cadillac'

## 'CABBAGE ROSE'

**Syn. Kohlrose, *Rosa* × *centifolia*, 'Centifolia', 'Provence Rose'**

ALTE R., ZENTIFOLIE, REIN ROSA

'Rose der Maler' heißt diese wunderbar duftende Zentifolie in Frankreich, und tatsächlich findet man sie nicht nur in vielen niederländischen Stilleben, sondern auch in den Blumenaquarellen Redoutés wieder. Im Juni erscheinen die rein rosafarbenen, dichtgefüllten Blüten einzeln oder in Büscheln. Die sogenannte „hundertblättrige" Blüte hängt vom Gewicht der vielen überlappenden Petalen oft leicht herab. 'Cabbage Rose' trägt rauhe, graugrüne Blätter und gedeiht in voller Sonne am besten. Sie wird bis zu 1,8 m hoch und ist hinsichtlich des Bodens nicht sehr wählerisch, verträgt aber während der Blüte keine nasse Witterung. Einzeln gezogene Exemplare benötigen unbedingt eine Stütze. Gleich nach der Blüte beziehungsweise im Spätwinter ist unter Umständen ein Auslichtungsschnitt erforderlich.

**ZONEN 4–9.**

Niederlande, etwa 1596

Eltern unbekannt

## 'CADILLAC' KORveril

TEEHYBRIDE, ORANGEROSA, ÖFTERBLÜHEND

Diese Sorte eignet sich hervorragend als Schnittrose. 'Cadillac' bringt immer wieder mittelgroße, lachsfarbene Blüten hervor. Die langen, spitzen Knospen öffnen sich langsam zu recht stark gefüllten Blüten, die ihre Farbe behalten. Diese sitzen einzeln oder in Büscheln an sehr langen Stielen, bleiben in der Vase lange frisch und kommen auch unter Kunstlicht gut zur Geltung. Die Teehybride wird in großen Mengen in Gewächshäusern gezogen. **ZONEN 5–11.**

Kordes, Deutschland, 1991

Eltern unbekannt

## 'CAFÉ'

FLORIBUNDA, ROSTFARBEN, ÖFTERBLÜHEND

Die Reaktionen auf diese Neuheit waren anfangs höchst unterschiedlich. Ein Kritiker glaubte, den Farbton von Milchkaffee wiederzuerkennen, während ein anderer die Hoffnung bekundete, niemals einen Kaffee in dieser Farbe trinken zu müssen. Sind die Wetterbedingungen kühl, so fällt die Capuccino-Tönung angenehm auf; ein schmutziges Rehbraun ist eher die Folge von heißem, trockenem Klima. Die gefüllten, in Büscheln angeordneten Blüten hängen jedoch manchmal leicht herab und duften zart. Die Knospen gehen schalenförmig auf und haben locker angeordnete Petalen. Wenn man die Blüten jung schneidet, halten sie sich lange in der Vase. Die Floribundarose ist schwachwüchsig und benötigt recht viel Pflege. 'Café' ist von einem steifen und buschigen Wuchs und trägt olivgrüne Blätter. **ZONEN 4–9.**

Kordes, Deutschland, 1956

('Golden Glow' × *Rosa kordesii*) × 'Lavender Pinocchio'

## 'CAFÉ OLÉ' MORolé

ZWERGROSE, ROSTFARBEN, ÖFTERBLÜHEND

Spitze Knospen öffnen sich mit gut 40–50 Petalen zu becherförmigen Blüten, die einzeln oder in Büscheln zu je 4–5 erscheinen, einen würzigen Duft verströmen und gut nachblühen. Die Blätter von 'Café Olé' sind mittelgroß bis groß, mattglänzend und mittelgrün. Die Pflanze ist wuchsfreudig und hat hakenförmige, nach unten gerichtete Stacheln. 'Café Olé' bringt im Herbst orangefarbene Hagebutten hervor, die man zur Aussaat verwenden kann.

**ZONEN 4–10.**

Moore, USA, 1990

Sport von 'Winter Magic'

## 'CAID' DELsirp

POLYANTHAROSE, ORANGE+, ÖFTERBLÜHEND

Diese ursprünglich aus Belgien stammende Zwergpolyantharose taucht heute nur noch auf der anderen Seite des Globus in ein paar Katalogen australischer Rosenschulen auf. Ihre dicken Knospen entwickeln sich zu recht gut gefüllten, mittelgroßen Blüten in lebhaftem Orange. Diese sitzen in auffälligen Büscheln an kurzen Stielen, duften zart und vertragen auch auch schlechtes Wetter ganz gut. Die Blütezeit beginnt relativ spät und setzt sich bis zum Herbst hindurch nur sporadisch fort. 'Caid' eignet sich sehr gut für Einfassungen oder kleine Flächen im Garten. Ihr Wuchs ist kurz und buschig, ihre Blätter fallen meist mittelgrün und ledrig aus.

**ZONEN 4–9.**

Delforge, Belgien, 1971

'Orangeade' × Sämling

## 'CAIRNGORM'

FLORIBUNDA, ORANGE+, ÖFTERBLÜHEND

Beim ersten Öffnen verheißen die großen Büschel der Knospen eine satte Mischung aus Orangerot und Gold. Dieser Glanz verblaßt jedoch, denn die stark gefüllten Blüten nehmen mit der Zeit einen weniger schönen Mischton aus Lachs, Rosarot und Gelb an. Die geöffneten, rundlichen Blüten duften zart. Diese pflegeleichte Pflanze ist starkwüchsig, von aufrechtem Wuchs und wird gut mittelhoch. Sie ist als Beetrose, Schnittblume sowie für Hecken verwendbar und blüht unermüdlich bis zum Herbst. Ihr Laub ist reichlich, gesund und glänzend dunkelgrün. **ZONEN 4–9.**

Cocker, Großbritannien, 1973

'Anne Cocker' × 'Arthur Bell'

Royal National Rose Society Trial Ground Certificate 1971

## 'CAJUN SPICE'

TEEHYBRIDE, ORANGEROT, ÖFTERBLÜHEND

Diese Neuheit aus den USA bringt dichtgefüllte, mittelgroße bis große Blüten an langen Stielen hervor. Ihre Färbung ist eine lebhafte Mischung aus Orangerot und Orangegelb. Die Blüten verströmen einen würzigen Duft und sitzen bis in den Herbst hinein an einer überdurchschnittlich hohen Pflanze. 'Cajun Spice' ist ein schnellwüchsiger, aufrechter, verzweigter Strauch, der sich gut als rankender Bewuchs für Hecken, Mauern und Zäune eignet, wo eine Kletterrose einfach zu groß würde; gut macht sich 'Cajun Spice' aber auch im hinteren Bereich einer Rabatte. Ihr Name erinnert möglichweise an die scharfen Gewürze (engl. *spice*) der Cajun-Küche im Mississippi-Delta Louisianas.

**ZONEN 5–9.**

McMillan, USA, 1996

Eltern unbekannt

## 'CAL POLY' MORpoly

ZWERGROSE, REIN GELB, ÖFTERBLÜHEND

Diese Sorte eignet sich hervorragend für den Garten, da sie die ganze Saison über in Blüte steht. Die rein gelben Blüten halten sich nicht nur farblich sehr lange, selbst in der größten Sommerhitze verblassen sie nicht. Die mit etwa 15–25 Petalen halb gefüllten Blüten treten in kleinen Büscheln auf und duften leicht. Das mittelgrüne, mattglänzende Laub ist vereinzelt bestachelt. Die Rose ist von einem aufrechten und buschigen Wuchs, wird mittelgroß und ist leicht zu ziehen. 'Cal Poly' ist unempfindlich gegenüber Schadinsekten und Pilzkrankheiten. Benannt wurde sie zu Ehren der *California Polytechnic*, einer berühmten kalifornischen Lehranstalt für Gartenbau.

**ZONEN 4–11.**

Moore, USA, 1991

('Little Darling' × 'Yellow Magic') × 'Gold Badge'

American Rose Society Award of Excellence 1992

'Café'

'Calgold'

'Camaieux Fimbriata'

## 'CALDWELL PINK'

POLYANTHAROSE, REIN ROSA, ÖFTERBLÜHEND

Diese Rose wurde in dem texanischen Ort Caldwell gefunden und unter einem Kunstnamen erneut in den Handel gebracht. 'Caldwell Pink' trägt große Büschel mit kleinen, gefüllten, rosavioletten Blüten ohne jeden Duft, deren schmale Petalen sich ordentlich überlappen. In der Mitte steht ein kleines Knopfauge, das von einwärts gebogenen Blütenblättern gebildet wird. Sie blüht fortdauernd bis zum Herbst und hat einen blattreichen Wuchs mit schmalen, dekorativen Blättchen. Die anmutige Rose wird mittelhoch, paßt gut in Rabatten und läßt sich gut zur Heckenbildung verwenden. **ZONEN 4–9.**

Eltern unbekannt

## 'CALGOLD'

ZWERGROSE, GOLDGELB, ÖFTERBLÜHEND

'Calgold' besitzt spitze Knospen, die sich zu goldgelben Blüten mit hoher Mitte öffnen. Die Blüten mit einem zarten Duft sind klein und weisen knapp 25 Petalen auf. Sie halten sich gut, öffnen sich bei Hitze jedoch oft becherförmig und verlieren dann ihre klassische großblütige Form. Die Pflanze hat kleine, mattglänzende Blätter und einen buschigen Wuchs. 'Calgold' wird nicht besonders groß, ist aber leicht zu ziehen und blüht üppig. **ZONEN 4–11.**

Moore, USA, 1977

'Golden Glow' × 'Peachy White'

## 'CALOCARPA'

RUGOSA-HYBRIDE, REIN ROSA, ÖFTERBLÜHEND

Diese Rose trägt dichte Büschel großer, einfacher Blüten, welche die ganze Saison hindurch erscheinen. Sie haben knittrige Petalen in den verschiedensten Farben, die von lebhaftem Rot über sattes Rosarot bis hin zu violettstichigem Scharlachrot reichen und wunderbar mit den goldenen Staubgefäßen kontrastieren. Die offenbar geographisch bedingten Färbungsunterschiede lassen vermuten, daß 'Calocarpa' entweder ein klimaabhängiges „Mutabilis-Gen" besitzt oder hier mehrere Sorten vorliegen. Die mittelhohe Rose hat schlanke, bewehrte Triebe und großes, rauhes, mittelgrünes Laub, das zudem gekräuselt ist. Besonders reizvoll wirken im Herbst die hängenden Büschel runder scharlachroter Hagebutten. **ZONEN 4–9.**

Bruant, Frankreich, vor 1891

Vermutlich *Rosa rugosa* × unbekannte Chinarose

'Camélia Rose'

## 'CAMAIEUX'

ALTE R., GALLICA-ROSE, MAUVE

'Camaieux' trägt im Sommer locker gefüllte Blüten mit einem süßlichen Duft. Die Basis der Petalen ist magentarot und geht mit der Zeit in einen zarten Flieder- oder gar Purpurton über. Jedes Blütenblatt ist stark gesprenkelt, so daß ein dekorativer zweifarbiger Effekt auftritt. Die Pflanze ist starkwüchsig, wird etwa 1 m hoch, trägt graugrüne Blätter und vereinzelte Stacheln. 'Camaieux' paßt gut in kleine Gärten und kann auf eigener Wurzel stehen. Sie eignet sich für Kübel, als Solitär oder für eine Hecke.

**ZONEN 4–9.**

Vibert, Frankreich

Eltern unbekannt

## 'CAMAIEUX FIMBRIATA'

ALTE R., GALLICA-ROSE, MAUVE

Dieser Sport, der zu den schönsten Gallica-Rosen zählt, wurde in der neuseeländischen Rosenschule *Bell's Roses*, die sich in Auckland befindet, in einer Beetreihe mit Camaieux-Rosen entdeckt. Die Blüten sind nicht gestreift und halbgefüllt wie bei der Elternsorte, sondern purpurrot marmoriert und mit vielen kleinen Petalen dicht gefüllt, so daß in der Mitte ein Knopfauge entsteht. Der Marmorierungseffekt ist höchst dekorativ. Wie alle Gallica-Rosen blüht auch 'Camaieux Fimbriata' nur im Juni. Die Pflanze bleibt niedrig und trägt zahlreiche matte, dunkelgrüne Blätter. Vereinzelt kann Mehltau auftreten. 'Camaieux', die im vorigen Abschnitt erläutert wurde, ist wahrscheinlich die einzige Gallica-Rose, die jemals einen Sport auf der Südhalbkugel hervorgebracht hat.

**ZONEN 5–9.**

Bell's Roses, Neuseeland, 1980

Sport von 'Camaieux'

'Camaieux'

## 'CAMARA' DELcama

TEEHYBRIDE, ORANGEROT, ÖFTERBLÜHEND

In wärmeren Klimazonen bringt diese Teehybride einzelne Blüten von außergewöhnlicher Schönheit hervor. Die rundlichen Knospen öffnen sich zu schwach duftenden, großen gefüllten Blüten mit hoher Mitte, die ihre Form behalten, während sich die Petalen zurückbiegen. Die Blüten sind leuchtend rot, orange und zinnoberrot. Diejenigen Petalenränder, die der Sonne am stärksten ausgesetzt werden, verfärben sich dunkelrot. Der Flor dauert bis in den Herbst hinein. 'Camara' ist hervorragend als Schnitt- und Gartenblume geeignet, da sie rasch wächst und ihre Gestalt dabei etwas ausladend wird. Die Blätter können Temperaturschwankungen nicht sonderlich gut vertragen und müssen in der Regel gegen Mehltau gespritzt werden.

**ZONEN 5–9.**

Delbard, Frankreich, 1978

(['Chic Parisien' × 'Super Star'] × ['Gloire de Rome' × 'Impeccable']) × ('Super Star' × 'Samourai')

## 'CAMBRIDGESHIRE' KORhaugen

**Syn. 'Carpet of Color'**

STRAUCHROSE/BODENDECKERROSE, ROT+, ÖFTERBLÜHEND

'Cambridgeshire', die in Fachkreisen als erste mehrfarbige Bodendeckerrose gilt, trägt Büschel vieler spitzer Knospen, die sich zu kleinen halbgefüllten Blüten öffnen. Diese besitzen keinen nennenswerten Duft und geben beim Öffnen den Blick auf eine Mischung aus Gold, Rosa, Kirschrot und Scharlachrot frei. Die Petalen bilden eine Becherform. Die Blüten stehen dicht zusammengedrängt in Büscheln, welche den Strauch reichlich bedecken – ein Anblick von umfassender Schönheit. 'Cambridgeshire' blüht den ganzen Sommer und Herbst hindurch, allerdings mit einigen Ruhephasen, während derer die Pflanze regeneriert. Der Wuchs ist ausladend, aber sehr dicht, so daß sich diese Bodendeckerrose auch für kleinere Flächen eignet. Ihre Blätter sind dunkelgrün und glänzend.

**ZONEN 4–9.**

Kordes, Deutschland, 1994

Eltern unbekannt

## 'CAMÉLIA ROSE'

**Syn. 'Camellia Rose'**

ALTE R., CHINAROSE, HELLROSA, ETWAS NACHBLÜHEND

Da diese Chinarose sehr einer Kamelie ähnelt, gibt sie eine hübsche Pflanze für den Hintergrund von Rabatten ab. Die Blüten dieser auch als Noisetterose bezeichneten Sorte sind leuchtend rosarot, mittelgroß, becherförmig und gefüllt; ihre Petalen sind gelegentlich weiß gestreift. Vereinzelt hängen die Blumen vor dem glänzendem Laub etwas herab. Die Rose gedeiht gut an halbschattigen, aber warmen Standorten. Insgesamt gibt noch vier weitere gleichnamige Rosen.

**ZONEN 7–10.**

Prévost, etwa 1830

Eltern unbekannt

## 'CAMELOT'

TEEHYBRIDE, ORANGEROSA, ÖFTERBLÜHEND

Die dichtgefüllten, gut mittelgroßen Blüten stehen in Büscheln oder einzeln, ihre jungen, korall- oder lachsroten Petalen wirken zunächst dunkel, bleichen später jedoch aus. Die würzig duftenden Blüten haben eine hohe Mitte, bevor sie sich nach und nach becherförmig entfalten; sie erscheinen den ganzen Sommer und Herbst hindurch und kontrastieren gut zum dunklen, ledrigen Laub. Ihre langen Blütenstiele prädestinieren 'Camelot' ideal zum Schnitt; die Teehybride macht sich aber auch im Garten ganz gut.

**ZONEN 4–9.**

Swim und Weeks, USA, 1964

'Circus' × 'Queen Elizabeth'

All-American Rose Selection 1965

'Calocarpa'

'Camelot'

C

C

## 'CAMEO'

POLYANTHAROSE, ORANGEROSA, ÖFTERBLÜHEND

Diese Sorte zählt zu den zahlreichen Sports von Polyantharosen, die zwischen dem 1. und 2.Weltkrieg außerordentlich beliebt waren. 'Cameo' trägt dichtgedrängte Büschel kleiner, rosettenförmiger und halbgefüllter Blüten, die einen sehr schönen Farbeffekt aufweisen – eine eigentümliche Mischung aus Lachs, Korallrosa und Orange. Je nach Jahreszeit – und der damit hochwahrscheinlich verbundenen, veränderten Sonnenintensität – durchlaufen alle Blüten einer 'Cameo' irgendwann einmal die gesamte Farbpalette. Die schwach duftende Polyantharose ist zudem ein wenig anfällig für Mehltau, weshalb sie heute wahrscheinlich von krankheitsfesteren Sorten aus dem Rennen geworfen wurde. 'Cameo' ist eine buschige und aufrechte, aber kurze und sehr kompakte Pflanze; sie trägt kleine Blätter, die einen hellen Graugrünton aufweisen.
**ZONEN 4–9.**

de Ruiter, Niederlande, 1932

Sport von 'Orléans Rose'

## 'CAMILLE PISSARO'

siehe 'Rainbow Nation'

## 'CAMP DAVID'

TEEHYBRIDE, DUNKELROT, ÖFTERBLÜHEND

Diese aus Deutschland stammende Rose wird nur in Australien gehandelt, wo sie von sieben Rosenschulen angeboten wird. Sie ist bestens an die heiße Sonne Australiens angepaßt, die ansonsten die Petalen vieler roter Rosen verblassen läßt. Die Blüten öffnen sich mit hoher Mitte und behalten aufgrund der festen Blütenblätter lange ihre Form. Die dichtgefüllten, sehr dunkelroten Blüten erscheinen einzeln und eignen sich bestens für Blumensträuße. Sie duften angenehm, blühen bis zum Herbst und überstehen auch nasses Wetter gut. Die mit üppigem Laub versehene Pflanze wächst steif, aber reich verzweigt und wird knapp mittelhoch. **ZONEN 5–9.**

Tantau, Deutschland, 1984

Eltern unbekannt

## 'CAMPHILL GLORY' HARkreme

TEEHYBRIDE, ROSA+, ÖFTERBLÜHEND

Diese kühl wirkende Rose besitzt dicke Knospen, die sich zu großen, rötlich-pastellfarbenen Blüten mit einem Hauch von Rosarot öffnen. Die Blüten sitzen einzeln oder in Büscheln mit bis zu drei Blüten an langen Stielen. Sie öffnen sich zu einer hochgebauten Form, die auch im späteren Stadium erhalten bleibt. Die Blumen duften zart, halten sich recht lange und erneuern sich gut. Ungeachtet ihrer blassen Farbe verträgt 'Camphill Glory' auch schlechtes Wetter hervorragend. Die Pflanze macht sich gut in einem Beet oder in einer Hecke und bringt Blüten von Ausstellungsqualität hervor. Sie ist wuchsfreudig, wird knapp über mittelhoch, mit offenem Wuchs, rötlichen Stielen und mattgrünem Laub.
**ZONEN 4–9.**

Harkness, Großbritannien

'Elizabeth Harkness' × 'Kordes' Perfecta'

Royal National Rose Society Trial Ground Certificate 1981, Courtrai Certificate of Merit 1983

'Can-Can'

'Cameo'

'Camphill Glory'

'Camp David'

'Canary Bird'

'Canary'

## 'CAN-CAN' LEGlow

TEEHYBRIDE, ORANGE+, ÖFTERBLÜHEND

Diese reichblühende Rose wirkt ein wenig verspielt wie eine Tänzerin, was ihr möglicherweise ihren Namen (*Can-Can* war ein anstößiger Tanz, der Ende des 19. Jh. in Paris aufkam) eingebracht hat. Die Blüten erscheinen einzeln oder in Büscheln und sind mit 25 Petalen gefüllt. Während sich die äußeren Blütenblätter zurückwölben, bilden die restlichen eine dichte hohe Mitte, die der Blüte eine schöne Form verleiht. 'Can-Can' blüht den ganzen Sommer und Herbst hindurch in einem dunklen Orangerotton, der zuletzt am unteren Teil der Blüte golden überhaucht wirkt. Die Rosen duften süßlich, putzen sich gut und eignen sich gut für Beete. Die Pflanze wächst gemächlich und ausladend zu einer knapp durchschnittlichen Höhe und ist reichlich mit großen, dunkelgrünen, mattglänzenden Blättern bedeckt.
**ZONEN 4–9.**

LeGrice, Großbritannien, 1982

'Just Joey' × ('Superior' × 'Mischief')

Royal National Rose Society Trial Ground Certificate 1981

## 'CANARY' TANcary

TEEHYBRIDE, GELB+, ÖFTERBLÜHEND

Die konischen Knospen von 'Canary' sind orange und öffnen sich zu großen, gefüllten Blüten von schwefelgelber Tönung. Sobald sich die Blütenblätter dann becherförmig auszubreiten beginnen, sind sie an den Rändern rötlich überhaucht. In diesem Stadium bieten sie den schönsten Anblick. Die Teehybride kann Blüten von Ausstellungsqualität hervorzubringen; diese duften angenehm und erscheinen bis in den Herbst, auch wenn die Nachblüte nur etwas zögerlich erfolgt. Als Gartenrose ist 'Canary' gesund, wuchsfreudig mit durchschnittlicher Größe und derben, olivgrünen Blättern; das junge Laub ist im Austrieb rötlich gefärbt. **ZONEN 4–9.**

Tantau, Deutschland, 1976

Eltern unbekannt

## 'CANARY BIRD'

Syn. *Rosa xanthina* 'Canary Bird'

STRAUCHROSE, GOLDGELB

An einem günstigen Standort wirkt diese Rose einfach atemberaubend. Sie benötigt allerdings viel Platz, um schon im Mai ihre hängenden Girlanden einzelner, leuchtend gelber Blüten ausbreiten zu können. Die kleinen Blüten sitzen auf kurzen Stielen dicht oberhalb der bräunlich-roten Triebe und sind von hellgrünen, farnartigen Blättchen umgeben. Sie öffnen sich schalenförmig und verströmen einen angenehmen Duft. Gelegentlich tritt gegen Ende der Saison noch einmal eine spärlich Nachblüte auf. Ein Rückschnitt zerstört nicht nur die natürliche Anmut der Pflanze, sondern führt auch oft zum Absterben durch die Valsa-Krankheit; hier ist lediglich ein vorsichtiges Zurückschneiden querwachsender und abgestorbener Triebe angebracht. Sie zählt ansonsten zu den gesündesten Rosen, doch können eiskalte Winde im Frühjahr die zarten Knospen schädigen. Die Eltern sind wahrscheinlich zwei Wildarten aus China. **ZONEN 4–9.**

Gefunden in England, nach 1907

Vermutlich *Rosa hugonsis* × *R. xanthina*

Royal Horticultural Society Award of Garden Merit 1993

## 'CANDELLA' MACspeego

Syn. 'Eternally Yours'

TEEHYBRIDE, ROT+, ÖFTERBLÜHEND

Die Blüten dieser Sorte sind bräunlich-scharlachrot mit weißen Petalenrückseiten. Sie sitzen kandelaberartig am Trieb, wobei jede einzelne einen eigenen, recht langen Blütenstiel besitzt. Die spitz zulaufenden Knospen öffnen sich zu recht locker geformten, zuweilen etwas herabhängenden, mit etwa 20 Petalen gefüllten Blüten mittlerer Größe. Sie duften zart. Die wuchsfreudige Sorte von gut durchschnittlicher Größe macht sich ausgezeichnet in Beeten und Rabatten, auch wenn sie manchmal etwas dünn wirkt. Sie ist winterhart und bis auf leichte Mehltauanfälligkeit auch gesund; ihr Laub ist groß, dunkelgrün und glänzend. **ZONEN 4–9.**

**McGredy, Neuseeland, 1990**

**'Howard Morrison' × 'Esmeralda'**

## 'CANDEUR LYONNAISE'

**ALTE R., REMONTANTROSE, HELLGELB, ETWAS NACHBLÜHEND**

Diese seltene Rose entstand zu Beginn des 1. Weltkrieges, bevor viele der französischen Rosenzüchter gefallen waren. Die weißen Blüten mit einem Hauch von Gelb haben lange, spitz zulaufende Knospen. Die Blüten sind gefüllt, groß und noch dekorativer als die der Elternpflanze. 'Candeur Lyonnaise' blüht im Juni, bei einer leichten Nachblüte. Sie ist bewehrt und trägt große mittelgrüne Blätter. Der winterharte, wuchsfreudige Strauch macht sich hervorragend in einer Hecke, denn die aufrechten Triebe können eine Höhe von 1,2 m erreichen. **ZONEN 5–9.**

**Croibier, Frankreich, 1914**

**Sämling von 'Schneekönigin'**

## 'CANDLELIGHT' AROwedye

**TEEHYBRIDE, GOLDGELB, ÖFTERBLÜHEND**

Die dicken Knospen sitzen einzeln am Stiel und öffnen sich zu goldgelben Blüten, die später zu Hellgelb verblassen und rosa gerändert sind. Bei großer Wärme fallen die Farben etwas dunkler aus. Die inneren Petalen sind leicht zu einer Art Spirale aufgerollt. Je weiter sich die Blüte öffnet, desto krauser wird ihre Mitte. 'Candlelight' duftet angenehm und blüht bis in den Herbst hinein. In milden, warmen Lagen macht sich diese Rose gut in Rabatten oder als Schnittrose. Sie weist einen aufrechten, verzweigten Wuchs auf und ist reichlich mit großen, mattglänzenden Blättern versehen. **ZONEN 5–9.**

**Swim und Christensen, USA, 1982**

**'Shirley Laugharn' × ('Bewitched' × 'King's Ransom')**

'Candy Sunblaze'

'Candy Rose'

## 'CANDY CANE'

**KLETTERNDE ZWERGROSE, ROSA+, ÖFTERBLÜHEND**

'Candy Cane' weist ungewöhnlich attraktive, mit 13 Petalen halb gefüllte Blüten auf, die eindrucksvoll dunkelrosa und weiß gestreift sind. Normalerweise treten die Blüten in lockeren Büscheln zu je 15–20 auf, die eine ähnlich gebogene Form wie eine Zuckerstange annehmen – in diese Richtung zielt offensichtlich auch der Name (*Candy Cane* = „Zuckerstange"). Die Kletterrose kann in warmen Klimazonen 1,2–2,4 m Höhe erreichen. Sie ist pflegeleicht und krankheitsfest, blüht vom Frühjahr bis in den Herbst hinein und gibt eine schöne Hintergrundpflanze ab; sehr effektvoll macht sie sich auch vor einer Gartenmauer. Bei feuchtem Wetter wird 'Candy Cane' anfällig für Sternrußtau. Auch nach 40 Jahren, seitdem diese Sorte in den Hamdel gekommen ist, erfreut sie sich immer noch großer Beliebtheit. **ZONEN 5–11.**

**Moore, USA, 1958**

**Sämling × 'Zee'**

## 'CANDY FLO'

**TEEHYBRIDE, APRICOT+, ÖFTERBLÜHEND**

Die Blüten von 'Candy Flo' zeigen eine reizvolle Mischung aus einem wunderbaren Rosarot mit einem Stich ins bräunlich Apricotfarbene. Die Knospen sind lang und spitz. Die schönen gefüllten Blüten halten ihre Farbe am besten bei kühler Witterung; in der Sonnenglut hingegen verblassen die Farben. Die blühwillige Pflanze wächst niedrig, aber doch recht ausladend und ist mit mattglänzenden, grünen Blättern bedeckt. Aufgrund ihrer attraktiven Färbung eignet sich 'Candy Flo' hervorragend als Schnittrose. **ZONEN 5–11.**

**LeGrice, Großbritannien, 1973**

**Eltern unbekannt**

'Candy Flo'

'Candela'

'Candlelight'

'Candy Stripe'

## 'CANDY ROSE' MEIranovi

**STRAUCHROSE, ROT, ÖFTERBLÜHEND**

Diese Pflanze bringt große Büschel recht kleiner rosafarbener Blüten mit 10 Petalen hervor, die weiße Augen und rosarote Petalenrückseiten aufweisen. Die Blüten öffnen sich becherförmig und verströmen einen schwachen Duft. 'Candy Rose' blüht unermüdlich vom Juni bis in den Herbst hinein. Die steifwüchsige Strauchrose wird durchschnittlich hoch und breit; sie bildet viele überhängende Triebe. Sie eignet sich hervorragend für die Landschaftsgärtnerei, z. B. in großen Beeten oder als Hecke in einem öffentlichen Park, aber auch als Einzelpflanze oder in einem Mixed Border. Sie ist reichlich mit glänzend grünem Laub bedeckt, das rötlich austreibt. **ZONEN 4–9.**

**Meilland, Frankreich, 1983**

**(*Rosa sempervirens* × 'Mlle Marthe Carron') × (['Lilli Marleen' × 'Irish Wonder'] × ['Orange Sweetheart' × 'Frühlingsmorgen'])**

## 'CANDY STRIPE'

**TEEHYBRIDE, ROSA+, ÖFTERBLÜHEND**

Diese Teehybride liefert wunderbare Schnittblumen. Dicke Knospen öffnen sich zu riesigen, schwer duftenden Blüten mit 60 Petalen, die zu den größten zählen, die es bei Rosen überhaupt gibt. Die Blüten sind rosa gepudert, aber rötlich gestreift bzw. gemasert, gehen becherförmig auf und halten sich recht lange. 'Candy Stripe' steht die ganze Saison hindurch in Blüte und wächst rasch und dicht verzweigt zu etwas überdurchschnittlicher Höhe. Sie ist reichlich mit großen, ledrig dunkelgrünen Blättern bedeckt. **ZONEN 4–9.**

**McCummings, USA, 1963**

**Sport von 'Pink Peace'**

## 'CANDY SUNBLAZE' MEIdanclar

**Syn. 'Romantique Meillandina'**

**ZWERGROSE, DUNKELROSA, ÖFTERBLÜHEND**

Die mittelgroßen, intensiv rosa Blüten sind mit über 20 Petalen gefüllt und duften zart. Ihr Laub ist mittelgroß, dunkelgrün und glänzend. 'Candy Sunblaze' wächst aufrecht und wird ziemlich groß. Die zur wärmeliebenden „Meillandina-Serie" zählende Rose wurde speziell für die Landschaftsgärtnerei gezogen. Sie sorgt durch einen reichen Flor und schnelle Nachblüte für dauerhafte Blütenpracht, die den Busch das ganze Jahr hindurch schmückt. **ZONEN 5–11.**

**Meilland, Frankreich, 1991**

**Sport von 'Lady Meillandia'**

'Cannes Festival'

'Canterbury'

## 'CANNES FESTIVAL'

TEEHYBRIDE, GELB+, ÖFTERBLÜHEND

Die Blüten dieser Sorte sind gelb und bernsteinfarben, wobei die jüngeren Blüten lang und schlank sind. Sie setzen sich aus etwa 35 Petalen zusammen, die langsam ihre Mitte freigeben und schließlich eine becherförmige Gestalt annehmen. Die zart duftende Blütenpracht bleibt den ganzen Sommer und Herbst hindurch erhalten. Auch wenn 'Cannes Festival' nicht mehr im Handel ist, zählte sie jahrelang zu den beliebtesten Gartenrosen für Beete und Rabatten. Sie gedeiht in trockeneren Gegenden besser, da die Petalen unter Regen leiden. Die wuchsfreudige, aufrechte Pflanze wird mittelhoch und ist dunkelgrün belaubt. Aus dem Hause Meilland stammt eine weitere 'Cannes Festival' (1983), in diesem Fall eine apricotfarbene großblumige Sorte. **ZONEN 5–9.**

Meilland, Frankreich, 1951

'Gloria Dei' × 'Prinses Beatrix'

National Rose Society Certificate of Merit 1951

## 'CANTABRIGIENSIS'

**Syn. 'The Cambridge Rose'**

STRAUCHROSE, HELLGELB

Bereits im Mai schmücken Hunderte von blaßgelben Blüten diese Rose; sie sitzen einzeln an kurzen Stielen dicht oberhalb der kleinen farnartig belaubten Triebe, öffnen sich becherförmig und duften angenehm. Die Rose blüht gewöhnlich nicht nach. Im Herbst erscheinen kleine runde, orangerote Hagebutten, die allerdings oft im Laub versteckt

'Capitaine John Ingram'

sind. Die Haupttriebe wachsen gerade, aufrecht, sind stark bewehrt und biegen sich mit der Zeit unter dem Gewicht der Seitentriebe und Blätter. 'Cantabrigiensis' wächst am besten in einem naturnahen Garten, wo ihr reichlich Platz zur Verfügung steht. **ZONEN 4–9.**

Botanischer Garten Cambridge, Großbritannien, 1931

Vermutlich *Rosa hugonis* × *R. sericea hookeri*

Royal Horticultural Society Cory Cup 1931, Royal Horticultural Society Award of Garden Merit 1994

## 'CANTERBURY' AUSbury

STRAUCHROSE, REIN ROSA, ETWAS NACHBLÜHEND

Die großen rosaroten Blüten dieser Rose könnten als einfach gelten, da sie nur etwa 8 Petalen aufweisen; weit geöffnet wirken sie allerdings mit ihren seidig glänzenden, goldenen Staubgefäßen äußerst attraktiv. Sie verströmen einen angenehmen Duft und blühen die Saison hindurch in unregelmäßigen Abständen nach. 'Canterbury' ist nicht besonders wuchsfreudig, bleibt niedrig, ausladend und trägt dunkelgrünes Laub. Am besten gedeiht sie an einem offenen, sonnigen Standort auf fruchtbarem Boden. **ZONEN 4–9.**

Austin, Großbritannien, 1969

('Monique' × 'Constanze Spry') × Sämling

## 'CAPE COD' POUlfan

**Syn. 'Johannesburg Garden Club'**

STRAUCHROSE, HELLROSA, ÖFTERBLÜHEND

'Cape Cod' bildet einen aparten Strauch mit großen Blütentrauben oder mittelgroßen Einzelblüten. Diese sind von einem angenehmen Hellrosa und erinnern bei einem Windstoß an Schmetterlinge, die über einer blattreichen, ausladenden Pflanze gaukeln. 'Cape Cod' duftet nicht. blüht dafür jedoch in ungewöhnlicher Fülle den ganzen Sommer und Herbst hindurch. Der breitwüchsige Strauch hat hübsches mattglänzendes Laub und eignet sich auch als Kübelpflanze. **ZONEN 4–9.**

Olesen, Dänemark, 1991

Eltern unbekannt

## 'CAPITAINE BASROGER'

ALTE R., MOOSROSE, ROT+

Auch wenn die großen, dichtgefüllten Knospen kaum bemoost sind, wirkt 'Capitaine Basroger' durch das schöne Rot und die dichtgefüllten Blüten äußerst attraktiv. Die nur im Juni erscheinenden Blüten, die in großen Büscheln an der Pflanze sitzen, sind 8 cm groß und verströmen einen starken Duft. Die Blüten an der Spitze der Büschel öffnen sich zeitig vor den übrigen Knospen und sitzen dann sehr dekorativ inmitten eines Kranzes ungeöffneter Knospen. Die Petalen können sich leicht zurückbiegen, und ihr karminroter Ton kann – je nach Einfall des Sonnenlichts – zu einem Purpur verblassen. Die Moosrose besitzt einige beachtlich lange Stacheln. Sie erreicht eine Höhe von knapp 2,5 m und kann als kleine Kletterpflanze gezogen werden. **ZONEN 4–9.**

Moreau-Robert, Frankreich, 1890

Eltern unbekannt

## 'CAPITAINE JOHN INGRAM'

ALTE R., MOOSROSE, MAUVE

Diese Rose zeigt bei gutem Wetter ihre intensivsten Farben. Die Knospen verströmen einen harzigen Duft und sind reichlich mit rötlichem, klebrigem und dunkelgrünem Moos bedeckt. Sie öffnen sich zu pomponförmigen, flachen Blüten, deren Farbe von einem dunklen Purpur über ein samtiges Karminrot bis hin zu einem eher rötlichen Purpur reichen kann. Im Spätsommer kommt es dann evtl. erneut zu einer Nachblüte. Die aufwärts gebogenen Blüten haben in der Mitte ein Knopfauge. Der wuchsfreudige, dichte Strauch besitzt an den Stielen zahlreiche kleine Stacheln sowie viele kleine Borsten; sein Laub ist üppig und dunkelgrün. Auf nährstoffreichen Böden erreicht er mit etwa 1,5 m gut mittlere Höhe und macht sich daher gut in einer Hecke. **ZONEN 4–9.**

Laffay, Frankreich, 1854

Eltern unbekannt

'Cantabrigiensis'

## 'CAPRI'

FLORIBUNDA, ORANGEROSA, ÖFTERBLÜHEND

Dieser reichblühende Rosenbusch trägt kleine Büschel relativ großer Blüten. Diese gehen aus kegelförmigen Knospen hervor und haben eine hochgebaute, mit etwa 35 Petalen gefüllte Mitte, die sich jedoch schon bald becherförmig ausbreitet. Die Färbung der Petalen ist eine hübsche Kombination aus verschiedenen Korallrosatönen, die jeweils oben dunkler und unten heller schattiert sind. Der Flor duftet zart und hält mehr oder weniger den ganzen Sommer und Herbst hindurch an. 'Capri' ist wuchsfreudig, wird mittelhoch und hat glänzende, leuchtend grüne, ledrige Blätter. Sie eignet sich für Beete und Rabatten, ist jedoch im Handel offenbar nicht mehr erhältlich. **ZONEN 4–9.**

Fisher, USA, 1956

'Fashion' × 'Floradora'

## 'CAPRICE'

**Syn. 'Lady Eve Price'**

TEEHYBRIDE, ROSA +, ÖFTERBLÜHEND

Vor 50 Jahren war es die neuartige Farbtönung, die dieser Rose zum Erfolg verhalf. Heute wird 'Caprice' lediglich bei zwei Rosenschulen in Frankreich und Israel geführt. Die Blüten, die nur selten

'Capri'

'Capitaine Basroger'

'Captain Christy' (Laub)

einzeln, meist zu dritt oder zu mehreren an einem Trieb sitzen, sind auf den Petaleninnenseiten leuchtend karminrosa bis karminrot mit einem rosafarbenen, zarten Cremegelb auf den Außenseiten. Dicke Knospen entfalten sich zu ziemlich großen, halbgefüllten, zart duftenden Blüten mit offener Mitte. Der Flor ist sowohl im Sommer als auch im Herbst sehr reich, wobei dann zwischen den Blühphasen einzelne Blüten gebildet werden. Schlechtes Wetter überstehen sie gut, jedoch kann an der Pflanze Sternrußtau auftreten. 'Caprice' ist eine farbenprächtige, wuchsfreudige, verzweigt wachsende Beetrose, die knapp mittelhoch wird. Sie ist dicht mit glänzendem dunkelgrünem Laub bedeckt; ihr junges Laub ist leicht kupferfarben. **ZONEN 4–9.**

Meilland, Frankreich, 1948

'Gloria Dei' × 'Fantastique'

## 'CAPRIOLE'

FLORIBUNDA, REIN ROSA, ÖFTERBLÜHEND

Diese Sorte bildet einen Flor mit großen Dolden von bis zu 40 Blüten aus. Kirschrote Knospen öffnen sich zu großen, halbgefüllten Blüten in lebhaftem, reinem Rosa mit schön hervorstehenden, goldenen Staubgefäßen. Die Blüten behalten ihre Farbe in jeder Wetterlage und erscheinen fortlaufend bis in den Herbst, wobei sie den Garten mit ihrem süßen Duft erfüllen. 'Capriole' macht sich gut in Beeten und Rabatten, läßt sich aber auch zu einer niedrigen Hecke verwenden. Die wuchsfreudige Pflanze bleibt kompakt, buschig und niedrig. Sie ist reichlich mit dunkelgrünen, mattglänzenden Blättern bedeckt. **ZONEN 4–9.**

Tantau, Deutschland, 1956

'Schweizer Gruß' × 'Fanal'

## 'CAPTAIN CHRISTY'

TEEHYBRIDE, HELLROSA, ÖFTERBLÜHEND

Die zu den ältesten, heute noch im Handel erhältlichen Teehybriden zählende Sorte ist wegen ihrer wunderbaren Blütenpracht sehr beliebt, weitere Pluspunkte sind ihre Wuchsfreudigkeit und lang andauernde Blüte. Die großen Blüten sind hellrosarot, dicht gefüllt und zunächst becherförmig, später ziemlich flach, wobei entzückende, etwas verwischte Mittelpunkte freigegeben werden. Am Petalenansatz ist die Farbe etwas dunkler. Wärmeres Wetter wirkt sich günstig auf die Entwicklung der Blüten aus; bei Regen öffnen sich die Knospen mitunter nicht und bilden dann Mumien. Die Rose duftet nicht sehr aus-

'Captain Christy'

geprägt. Sie wird gut mittelhoch und trägt üppiges, mahonienähnliches Laub. Für eine historische Gartenanlage wäre sie ein gutes Beispiel für eine erfolgreiche frühe Teehybride. Sie ist leicht zu ziehen und blüht im Sommer, gefolgt von einer zuverlässigen Nachblüte im Herbst. Dazwischen kommt es zur Ausbildung einzelner Blüten. **'Climbing Captain Christy'** (Ducher, Frankreich, 1881) weist das gleiche Blühverhalten wie die Elternpflanze auf und ist nur bedingt öfterblühend. Beim kletternden Sport sehen die formlosen Blütenblätter sehr dekorativ aus. Auch die attraktive Äderung der Petalen ist hier leichter wahrzunehmen. Für eine Kletterpflanze wächst sie zügig zu einer leicht überdurchschnittlichen Größe heran. Der Climber ist reichlich mit Laub bedeckt und profitiert von einem Standort in warmer, sonniger Lage, beispielsweise vor einer Mauer, wo sich die wuchsfreudige Pflanze gut ausbreiten kann. Da die schweren Blüten oft an langen Blütenstielen sitzen, bindet man sie am besten an. **ZONEN 4–9.**

Lacharmé, Frankreich, 1873

'Victor Verdier' × 'Safrano'

## 'CAPTAIN HARRY STEBBINGS'

TEEHYBRIDE, DUNKELROSA, ÖFTERBLÜHEND

Diese Sorte, die man überwiegend im Westen der USA und in Kanada zieht, trägt große, spitz zulaufende Knospen, die sich zu ziemlich großen dunkelrosaroten Blüten öffnen. Ihre über 40 festen Petalen und die hohe Mitte verleihen den Blumen Ausstellungscharakter. Sie verströmen einen angenehm fruchtigen Duft und blühen bis in den Herbst hinein. 'Captain Harry Stebbings' zeichnet sich durch einen aufrechten Wuchs aus, wird mittelhoch und besitzt reichlich großes, ledriges Laub. Der amerikanische Züchter aus Santa Rosa in Kalifornien gab der Rose seinen eigenen Namen – möglicherweise, um aller Welt kundzutun, welches Vertrauen er in sie hegte. **ZONEN 4–9.**

Stebbings, USA, 1980

Sämling von unbekanntem Sport

## 'CAPTAIN SAMUEL HOLLAND'

STRAUCHROSE, ROT, ÖFTERBLÜHEND

Durch gezieltes Beschneiden läßt sich diese Sorte als großer Strauch ziehen. Alternativ können die langen Triebe auch zum Bekleiden einer Säule dienen. Die dunkel magentaroten, meist flachen Blüten haben etwa 25 Petalen und eine Mitte, die an eine Kamelienblüte erinnert; sie erscheinen einzeln oder in Büscheln bis zu 10 und duften zart, 'Captain Samuel Holland' blüht fortlaufend während der gesamten Saison; sie ist wuchsfreudig und besitzt lange, überhängende Zweigemit reichlich glänzend mittelgrünen Blättern. 'Captain Samuel Holland' wurde vom kanadischen Landwirtschaftsministerium speziell als winterharte Sorte entwickelt. **ZONEN 3–9.**

Ogilvie, Kanada, 1992

(*Rosa kordesii* × ['Red Dawn' × 'Suzanne']) × (*R. kordesii* × ['Red Dawn' × 'Suzanne'])

## 'CAPTAIN THOMAS'

GROSSBLUMIGE KLETTERROSE, WEISS, ÖFTERBLÜHEND

Diese dekorative und ungewöhnliche Rose trägt Büschel langer, spitzer Knospen, die sich zu einfachen Blüten mit fünf Petalen öffnen und eine knapp überdurchschnittliche Größe erreichen. Sie sind zitronengelb und verblassen an den gewellten Petalenrändern zu Creme. Beim Öffnen geben sie den Blick auf hervorstehende dunkle Staubgefäße frei und duften zart. Auch wenn die Sorte öfterblühend ist, erfolgt die Nachblüte nur sporadisch im Spätsommer nach der ersten frühen Blühperiode. Die Pflanze ist wuchsfreudig und hat glänzende grüne Blätter. Sie läßt sich als großer Strauch ziehen, macht sich aber auch gut zum Beranken einer Säule. in der Rosenzucht ist 'Captain Thomas' zudem eine ergiebige Elternpflanze gelber Rosen, aus der u. a. die bekannte Sorte 'Golden Showers' hervorging. Sie trägt den Namen ihres kalifornischen Züchters und wurde von seiner Rosenschule auf dem internationalen Markt eingeführt. **ZONEN 4–9.**

Thomas, USA, 1935

'Bloomfield Completeness' × 'Attraction'

## 'CAPTAIN WATKINS'

FLORIBUNDA, REIN ROSA, ÖFTERBLÜHEND

Bei dieser Sorte handelt es sich um eine niedrige Rose mit kompaktem Wuchs. Sie bringt kleine und große Büschel ziemlich eckig wirkender, rosaroter Blüten hervor. Sie ist zwar sehr krankheitsfest, aber die Blütenproduktion ist bei relativ langen Blühpausen eher mäßig. Mittelgrünes Laub ist bei 'Captain Watkins' nur spärlich vorhanden.

**ZONEN 5–11.**

Hazelwood Brothers, Australien, 1960

Eltern unbekannt

'Captain Watkins'

'Caprice'

'Capriole'

## 'CARA MIA'

**Syn. 'Maja Mauser', 'Dearest One', 'Natacha', 'Danina'**

TEEHYBRIDE, ROT, ÖFTERBLÜHEND

Die runden Knospen dieser Sorte öffnen sich zu großen, roten, gefüllten Blüten, die einen angenehmen Duft verbreiten. Sie erscheinen die ganzen Sommermonate hindurch. Der Kontrast der Blüten zu den dunkelgrünen, einigermaßen krankheitsfesten Blättern ist einfach wunderschön. 'Cara Mia' ist wuchsfreudig, wächst aufrecht und wird gerne als Beetrose verwendet. Diese Teehybride wird meist durch Okulation vermehrt. **ZONEN 4–9.**

McDaniel, USA, 1969

Eltern unbekannt

## 'CARABELLA'

FLORIBUNDA, GELB+, ÖFTERBLÜHEND

Die spitzen, apricotfarbenen Knospen dieser Rose entwickeln sich zu cremefarbenen Blüten, die an den Blütenrändern rosa gesäumt sind und einen angenehmen Duft verbreiten. Die einfachen Blüten erscheinen in Büscheln. Nach einer ersten Blühphase kommt es zu einem erneuten Flor, der den ganzen Sommer und Herbst hindurch für eine kontinuierliche Blütenpracht sorgt. Die buschige Pflanze ist nicht sehr wuchsfreudig; 'Carabella' hat hellgrünes, glänzendes und gesundes Laub. Ihre Vermehrung kann durch Okulation erfolgen.

**ZONEN 4–9.**

Riethmüller, Australien, 1960

'Gartendirektor Otto Linne' × Sämling

'Cara Mia'

## 'CARDINAL HUME' HARregale

STRAUCHROSE, MAUVE+, ÖFTERBLÜHEND

Diese äußerst beliebte und gern gepflanzte Strauchrose trägt große Büschel herrlicher großer, becherförmiger Blüten in einem bräunlichen Purpur. Der Flor hält die ganze Saison hindurch an. Die Blumen duften stark moschusartig. Das dunkle Laub macht sich sehr gut im Zusammenspiel mit der Blütenfarbe; leider ist es etwas anfällig für Sternrußtau. Ihr Wuchs ist langsam und eher ausladend. Die reizvolle Rabattenrose 'Cardinal Hume' besitzt einen recht verworrenen Stammbaum und kennzeichnet u. a. mit 'International Herald Tribune' den Beginn eines neuen Rosentyps, der aus *Rosa californica* gezogen wurde. **ZONEN 4–9.**

Harkness, Großbritannien, 1984

([Sämling × {'Orange Sensation' × 'Allgold'}] × *Rosa californica plena*) × 'Frank Naylor'

Royal National Rose Society Certificate of Merit 1984, Courtrai Certificate of Merit 1986

## 'CARDINAL RICHELIEU'

**Syn. 'Cardinal de Richelieu', 'Rose van Sian'**

ALTE R., GALLICA-ROSE, MAUVE

Diese Sorte zählt zu den reichblühendsten Gallica-Rosen und besitzt zu Recht einen guten Ruf. Die Blüten, die aus kugelförmigen Knospen hervorgehen, sitzen in kleinen Büscheln auf Stielen und sind lange haltbar; ihr intensives Dunkelrot, geht allerdings schnell in ein Königspurpur über. Mit zunehmendem Alter verblassen die Blüten zu Ziegelgrau. Die mittleren Petalen sind leicht einwärts gebogen und zeigen eine hellere Tönung an ihrer Rückseite. 'Cardinal Richelieu' ist ein mittelgroßer Strauch von etwa 1,2 m Höhe. Er ist wächst buschig und sollte nach der Blüte kräftig zurückgeschnitten werden. Die Stiele sind glänzend und dunkelgrün; sie tragen nur wenige oder überhaupt keine Stacheln. Die Blätter sind üppig, mattglänzend und dunkelgrün. Kardinal Richelieu (1558–1642) war der einflußreiche Berater von Ludwig XIII. **ZONEN 4–9.**

Parmentier, Belgien, vor 1847

Eltern unbekannt

Royal Horticultural Society Award of Garden Merit 1993

'Cardinal Song'

'Cardinal Richelieu'

'Carabella'

## 'CARDINAL SONG' MEImouslin

**Syn. 'Jacques Prévert'**

TEEHYBRIDE, ROT, ÖFTERBLÜHEND

Die sehr großen Blüten dieser Rose haben etwa 40 Petalen und sitzen teils einzeln, teils in Büscheln auf Stielen. Sie öffnen sich zu einer flachen Form und verströmen einen zarten Duft. Der Flor ist den ganzen Sommer und Herbst hindurch zu bestaunen. Im Garten eignet sich 'Cardinal Song' gut für Beete und Rabatten, sie hält sich aber auch lange in der Vase. Die buschige Pflanze ist mittelgroß und wächst aufrecht mit großen, glänzend dunkelgrünen Blättern.

**ZONEN 5–9.**

Meilland, Frankreich, 1992

'Olympiad' × ('Michel Lis Le Jardinier' × 'Red Lady')

Lyon Goldmedaille 1993

## 'CAREFREE BEAUTY' BUCbi

**Syn. 'Audace'**

STRAUCHROSE, REIN ROSA, ÖFTERBLÜHEND

Diese sehr beliebte Strauchrose bringt kleine Büschel spitzer Knospen hervor. Diese öffnen sich zu intensiv rosaroten Blüten, die zumeist einzeln an einem Stiel sitzen, etwa 11 cm groß werden und mit 10–20 Petalen locker gefüllt sind. Sie verströmen einen angenehmen Duft. Nach einem ersten Flor folgen noch weitere Nachblüten. Das Laub ist glatt, olivgrün und recht gesund. Die Pflanze bildet einen aufrechten Strauch, der stets mit Blüten bedeckt ist und sich ausbreitet. Er läßt sich als pflegeleichte Hecke ziehen, gibt aber auch eine schöne Einzelpflanzen ab. Orangerote Hagebutten sorgen im Herbst und bis den beginnenden Winter hinein für einen schönen Anblick. Diese Rosensorte ist relativ winterhart und läßt sich durch Okulation vermehren. **ZONEN 4–9.**

Buck, USA, 1977

Sämling × 'Prairie Princess'

'Carefree Beauty'

'Cardinal Hume'

'Carefree Delight'

## 'CAREFREE DELIGHT' MEIpotal

**Syn. 'Bingo Meidiland', 'Bingo Meillandécor'**

STRAUCHROSE, ROSA+, ÖFTERBLÜHEND

Die von Alain Meilland gezogene 'Carefree Delight' gibt ein überwältigendes Bild ab, wenn man sie flächig anpflanzt. Die Rosensträucher sind wie mit einem Schleier rosafarbener Blumen überzogen, der die ganze Saison hindurch anhält. Die relativ kleinen Blüten sind becherförmig und halbgefüllt. Sie haben einen winzigen Stich ins Cremefarbene und sitzen in Büscheln von bis zu 15. Die äußerst gesunde Strauchrose ist wuchsfreudig mit ausladendem und verzweigtem Wuchs. Die anmutig überhängenden Triebe sind während der Wachstumsphase mit glänzend grünen Blättern versehen, die selbst im Winter noch hübsch anzusehen sind. Die schönen Hagebutten, die den Blüten folgen, locken oftmals Amseln und andere Vögel in den Garten. **ZONEN 4–10.**

Meilland, Frankreich, 1993

'Gitte' × Sämling

Paris Goldmedaille 1992, Den Haag Goldmedaille 1992, ADR-Rose 1994, All-American Rose Selection 1996

## 'CAREFREE WONDER' MEIpitac

**Syn. 'Dynastie', 'Carefully Wonder'**
STRAUCHROSE, ROSA+, ÖFTERBLÜHEND

Diese öfterblühende Strauchrose trägt eine Vielzahl kleiner Büschel mit gefüllten Blüten, so daß sie ununterbrochen mit einem Meer rosafarbener Blumen bedeckt ist. Die wundervollen, mit 25 Petalen gefüllten Blüten sind von mittlerer Größe, haben eine hellere Rückseite und verströmen einen zarten Duft. Das dichte Laub ist leuchtend grün und recht krankheitsfest. 'Carefree Wonder' bildet einen ziemlich kompakten, buschigen Strauch mit rötlichen Stacheln und produziert im Herbst sehr viele Hagebutten. Die Sorte eignet sich als Einzelpflanze oder für eine Hecke, fällt jedoch erst bei einer gruppenweisen Pflanzung richtig ins Auge. **ZONEN 3–9.**

Meilland, Frankreich, 1978

('Prairie Princess' × 'Nirvana') × ('Eyepaint' × 'Rustica')

All-American Rose Selection 1991

## 'CARELESS LOVE'

TEEHYBRIDE, ROSA+, ÖFTERBLÜHEND

Bei diesem Sport handelt es sich um eine wuchsfreudige Pflanze, die reichlich mit großen, ledrigen Blättern bedeckt ist. Die dunkelrosafarbenen Blüten besitzen jeweils etwa 25 Petalen, sind weiß gestreift oder gepunktet und verströmen einen angenehmen Duft. Gerade aufgrund der großen, wohlgeformten Blüten macht sich die Sorte sehr gut in Beeten oder Rabatten. 'Careless Love' ist außerdem äußerst krankheitsfest. **ZONEN 4–9.**

Conklin, USA, 1955

Sport von 'Red Radiance'

## 'CARELESS MOMENT'

ZWERGROSE, ROSA+, ÖFTERBLÜHEND

Die Knospen dieser Rose sind lang und spitz. Sie öffnen sich zu Blüten mit der klassischen hohen Mitte, sitzen einzeln

'Careless Moment'

'Carefree Wonder'

'Carla'

oder gelegentlich in kleinen Büscheln und blühen die gesamte Saison hindurch. Bei warmem Wetter verbreiten sie einen zarten Duft. Die Pflanze hat eine buschige und ausladende Wuchsform und ist mit kleinen, hübschen, dunkelgrünen Blättern bedeckt, die recht gesund sind. Die Sorte ist leicht zu pflegen und zeichent sich durch eine Fülle außergewöhnlicher Knospen sowie durch Blüten von herausragender Qualität aus. **ZONEN 5–11.**

Williams, USA, 1977

'Little Darling' × 'Over the Rainbow'

## 'CARIBBEAN' KORbirac

TEEHYBRIDE, APRICOT+, ÖFTERBLÜHEND

Die großen, in Büscheln kommenden Blüten dieser Sorte haben zwischen 25 und 40 apricot-orangefarbene Petalen mit leichtem Gelbton. Die großen, dunkelgrünen, mattglänzenden Blätter ergeben zusammen mit den Blüten eine durchaus interessante Farbkombination. Jedes neue Blatt weist eine deutliche rote Äderung in der Blattmitte und am Blattrand auf. Die mit zahlreichen Stacheln ausgestattete Teehybride wird mittelhoch und ist ausgesprochen krankheitsfest. 'Caribbean' eignet sich als Beetrose oder als Solitär in Staudenrabatten. **ZONEN 4–9.**

Kordes, Deutschland, 1992

'Mercedes' × ('New Dawn' × Sämling)

All-American Rose Selection 1994

## 'CARIBIA'

**siehe 'Harry Wheatcroft'**

## 'CARINA' MEIchim

TEEHYBRIDE, REIN ROSA, ÖFTERBLÜHEND

Die großen, gefüllten Blüten dieser Rose sind mit etwa 40 Petalen gefüllt, die eine schöne, wohlgeformte Blüte mit hoher

'Carnaval'

'Carina'

'Carnaval'

Mitte bilden. Diese ist rein rosafarben und duftet. 'Carina' blüht den ganzen Sommer und Herbst hindurch. Das krankheitsfeste Laub ist dunkelgrün und ledrig. Es wächst an einer aufrechten Pflanze mittlerer Größe, die sich gut als Beet- oder Ausstellungsrose eignet; man kann sie aber auch oft in Blumenläden als Schnittblume kaufen. **ZONEN 4–9.**

Meilland, Frankreich, 1963

'Message' × ('Rouge Meilland' × 'Kordes' Sondermeldung')

ADR-Rose 1966

## 'CARLA'

TEEHYBRIDE, ORANGEROSA, ÖFTERBLÜHEND

Diese ausgezeichnete Ausstellungsrose hat sehr großen Blüten mit knapp 25 Petalen in einem attraktiven Lachsrosa. Sie duften angenehm, und der Flor hält den ganzen Sommer und Herbst über an. Einen schönen Hintergrund bildet das dunkelgrüne Laub. Die wuchsfreudige, relativ krankheitsfeste Rose eignet sich für Beete und wird in der Regel durch Okulation vermehrt. **ZONEN 4–9.**

de Ruiter, Niederlande, 1963

'Queen Elizabeth' × 'The Optimist'

## 'CARMEN'

STRAUCHROSE, RUGOSA-HYBRIDE, ROT

'Carmen' ist eine gute Heckenrose; sie bringt im Juni große, einfache, scharlachrote Blüten mit zistrosenähnlich strukturierten Petalen und gelben Staubgefäßen hervor, die einzeln an den Blütenstielen sitzen und einen schwachen Duft verströmen. Die gesunden, dunkelgrünen, faltigen Blätter bedecken eine Pflanze, die noch einmal im Herbst vereinzelte Blüten trägt. Die Vermehrung erfolgt durch Stecklinge oder Okulation. **ZONEN 4–9.**

Lambert, Deutschland, 1907

*Rosa rugosa rosea* × 'Princesse de Béarn'

## 'CARNAVAL' KORfrilla

**Syn. 'Carnival', 'Clip Rose'**
FLORIBUNDA, ROT+, ÖFTERBLÜHEND

Diese Beet- und Rabattenrose hat weiße, rot geränderte Blüten vor dunkelgrünem, mattglänzendem Laub. Die mit etwa 40 Petalen gefüllten Blüten duften kaum und erscheinen die ganze Saison hindurch. Die Pflanze ist buschig und einigermaßen krankheitsfest. **ZONEN 4–9.**

Kordes, Deutschland, 1987

Sämling × ('Die Krone' × 'Simona')

'Carol Ann'

'Carnival Parade'

'Carol-Jean'

'Carol-Joy'

## 'CARNIVAL PARADE'

ZWERGROSE, GELB+, ÖFTERBLÜHEND

'Carnival Parade' hat sehr stark gefüllte, goldgelbe Blüten, die am Petalenrand rot abgesetzt sind. Sie setzen sich aus 45 Petalen zusammen, haben eine hohe Mitte und eignen sich für Ausstellungen. Die Pflanze mit dem buschigen, aufrechten Wuchs ist das ganze Jahr über sehr reichblühend, bei einer raschen Nachblüte und hat breite, feste, glänzende Blätter. Dazwischen sitzen die kleinen Blüten jeweils einzeln an den Blütenstielen. **ZONEN 5–11.**

Williams, USA, 1978

'Starburst' × 'Over the Rainbow'

## 'CAROL' (I)

TEEHYBRIDE, ROSA+, ÖFTERBLÜHEND

Die wohlgeformten Blüten mit etwa 45 Petalen besitzen einen hübschen Rosaton wie Alpenveilchen mit apricotfarbener Mitte und verbreiten einen zarten Duft. Den ganzen Sommer und Herbst hindurch liefert 'Carol' zuverlässig schöne Blüten in farbenprächtigen Büscheln an einem eher kleinen Busch. Die Blütenstiele sind fast stachellos. Die Teehybride ist relativ krankheitsfest und eignet sich als Beetrose, aber auch für die Schnittblumenproduktion im Gewächshaus. **ZONEN 4–9.**

Herholdt, Südafrika, 1964

'Queen Elizabeth' × 'Confidence'

## 'CAROL' (II)

Syn. 'Carol Amling', 'Garnette Carol', 'Garnette Pink'

FLORIBUNDA, REIN ROSA, ÖFTERBLÜHEND

Die Gruppe der Garnette-Rosen wurde überwiegend für die Schnittblumenproduktion und nicht für den Garten gezüchtet. Diese Sorte bringt den ganzen Sommer und Herbst hindurch Dolden sehr kleiner, gefüllter, rosaroter Blüten mit helleren Rändern hervor. Diese sitzen an einem einigermaßen aufrechten Busch. 'Carol Amling' ist krankheitsfest und läßt sich durch Okulation oder aus Stecklingen vermehren. **ZONEN 4–9.**

Amling und Beltran, USA, 1953

Sport von 'Garnette'

## 'CAROL ANN'

POLYANTHAROSE, ORANGEROSA, ÖFTERBLÜHEND

Diese Zwergrose verkörpert sozusagen eine ganze Reihe von Sorten, deren Blütenfarben ein großes Farbspektrum umfassen. Die Nuancen reichen von Lachs zu dunklem Rosa oder zu leuchtendem Scharlachrot. 'Carol Ann' trägt lachsorangefarbene Blüten, die klein und mit 35–45 Petalen sehr dicht gefüllt sind. Diese erscheinen in großen Büscheln den ganzen Sommer hindurch. Sie wächst zu einem nur sehr niedrigen Busch heran und findet überwiegend als Topfpflanze oder Sorte für Einfassungen von Beeten Verwendung. Im Herbst ist 'Carol Ann' anfällig für Mehltau. Sie läßt sich durch Okulation oder aus Stecklingen ziehen. **ZONEN 3–9.**

Kluis, Niederlande, 1940

Sport von 'Marianne Kluis Superior'

## 'CAROL-JEAN'

Syn. 'Indian Meillandina'

ZWERGROSE, DUNKELROSA, ÖFTERBLÜHEND

Die Blüten dieser aufrechten, buschigen Sorte sind dunkelrosarot und mit etwa 25 Petalen gefüllt. Sie treten in Büscheln auf, die oftmals schwer am Stiel lasten und bei offener Blüte herabhängen. Die wuchsfreudige Rose blüht zuverlässig in den meisten wärmeren Klimazonen, behält ihre Farbe und sorgt für einen leuchtenden Farbfleck im Garten. **ZONEN 5–11.**

Moore, USA, 1977

'Rosenmärchen' × 'Little Chief'

## 'CAROL-JOY'

TEEHYBRIDE, ROT, ÖFTERBLÜHEND

'Carol-Joy' ist eine relativ starkwüchsige Pflanze mit blutroten, wohlgeformten, aus 45 Petalen zusammengesetzten Blüten. Sie sind groß, haben gelegentlich auch Ausstellungsqualität und verströmen einen starken Duft. Das gesunde Laub ist dunkelgrün und glänzend; junge Blätter besitzen einen Purpurton. Die Teehybride blüht schwächer als ihre Elternpflanzen; auch die Nachblüte erfolgt nur zögerlich. **ZONEN 5–9.**

Allender, Australien, 1991

'Alec's Red' × 'Camp David'

## 'CAROLINE MARNIESSE'

ALTE R., NOISETTEROSE, WEISS, ETWAS NACHBLÜHEND

Diese relativ seltene Noisetterose, die oft mit 'Félicité et Perpétue' verwechselt wird, hat kleine, kugelförmige Blüten in Fleischrosa, die sich bei offener Blüte weiß verfärben. Die Dolden blühen in warmen Klimagebieten von Mitte Juni bis in den Herbst. Die stark kletternde Sorte mit etwa 5 cm breiten Blüten geben ein sehr hübsches Bild ab. **ZONEN 7–10.**

Roeser, Frankreich, 1848

Eltern unbekannt

## 'CARROT TOP' POUltop

ZWERGROSE, ORANGE+, ÖFTERBLÜHEND

Das leuchtende Orange dieser Rose bildet in jedem Garten einen Blickfang. Die wohlgeformten Knospen behalten ihre Leuchtkraft vom Anfang bis zum Ende der Blühperiode. Sie sitzen an einem mit dunkelgrünem Laub bedeckten, rundlichen Busch. Die Zwergrose ist sehr ordentlich, läßt sich leicht ziehen und ist nicht allzu anfällig für Krankheiten. Die Blüten haben eine hohe Mitte, wodurch sie trotz ihrer nur 20–25 Petalen ausstellungstauglich sind. 'Carrot Top' blüht beinahe ganzjährig, wobei die Blüten einen zarten Duft verströmen. **ZONEN 4–11.**

Olesen, Dänemark, 1994

Floribunda-Sämling × Zwergrosen-Sämling

C

'Carrot Top'

## 'CARROUSEL'

TEEHYBRIDE, ROT, ÖFTERBLÜHEND

Die wuchsfreudige Pflanze eignet sich für die Gestaltung von Beeten. Sie bringt den Sommer und Herbst hindurch mit 20 roten Petalen halb gefüllte Blüten hervor, die angenehm duften. Die wuchsfreudige und aufrechte Pflanze ist mit dunkelgrünen, ledrigen, glänzenden und gesunden Blättern bedeckt. **ZONEN 4–9.**

Duehrsen, USA, 1950

Sämling × 'Margy'

Portland Goldmedaille 1955, Goldmedaille der American Rose Society 1956

## 'CARY GRANT' MEImainger

**Syn. 'Bushveld Dawn'**

TEEHYBRIDE, ORANGE+, ETWAS NACHBLÜHEND

Die großen, mit 35–40 Petalen gefüllten, lebhaft orange, leuchtend gelborange bis scharlachorange gefärbten, wohlgeformten Blüten besitzen Ausstellungsqualität und verbreiten einen schweren, würzigen Duft; sie erscheinen im Sommer und blühen im Herbst vereinzelt nach. Das dunkelgrüne, krankheitsfeste Laub bildet einen hübschen Kontrast für die leuchtenden Blüten. Die Teehybride eignet sich für Beete und als Einzelpflanze. **ZONEN 4–9.**

Meilland, Frankreich, 1987

('Pharaoh' × 'Königin der Rosen') × (['Zambra' × 'Suspense'] × 'King's Ransom')

## 'CASA BLANCA'

GROSSBLUMIGE KLETTERROSE, WEISS, ÖFTERBLÜHEND

Die weißen, halbgefüllten, mittelgroßen Blüten duften zart. Sie sitzen in kleinen Büscheln an den Stielen. Das dunkelgrüne, glänzende Laub bedeckt die wuchsfreudige, sehr gesunde Rose auf sehr anmutige Weise. 'Casa Blanca' ist eine sehr gesunde Pflanze; sie blüht den ganzen Sommer und gelegentlich auch bis weit in den Herbst hinein. **ZONEN 4–9.**

Sima, USA, 1968

'New Dawn' × 'Fashion'

## 'CASANOVA'

TEEHYBRIDE, HELLGELB, ÖFTERBLÜHEND

Mit ihren großen, hochgebauten Blüten steht diese Teehybride stellvertretend für alle folgenden Sorten, die Sam McGredy züchtete und somit eine langjährige Familientradition fortführte. Die strohgelben, duftenden Blüten sind mit 40 Petalen dicht gefüllt und sitzen an einer gesunden Pflanze, die besonders unter Rosenausstellern sehr beliebt ist. 'Casanova' eignet sich auch als Beetrose. Ihr Name ehrt jenen weltberühmten Venezianer, der schlechthin als das Sinnbild des Lebemanns und Frauenhelds gilt. **ZONEN 4–9.**

McGredy, Neuseeland, 1964

'Queen Elizabeth' × 'Kordes' Perfecta'

'Casque d'Or' (unten; daneben 'Swany'als Größenvergleich)

'Cascabel'

## 'CASCABEL'

FLORIBUNDA, ROT+, ÖFTERBLÜHEND

Diese wuchsfreudige Pflanze mit kompakter Gestalt gibt eine gute Beetrose ab. Die flachen, mit 45–50 Petalen gefüllten Blüten öffnen sich aus kugelförmigen Knospen. Die Blüten sind rot mit einer perlmuttartigen Unterseite, die sich mit zunehmenden Alter karminrot verfärbt. 'Cascabel' duftet kaum, blüht zum Ausgleich jedoch durchgängig während des gesamten Sommers. Das Laub dieser Floribundarose ist glänzend dunkelgrün und ziemlich krankheitsfest. **ZONEN 4–9.**

Dot, Spanien, 1957

'Méphisto' × 'Perla de Alcañada'

## 'CASINO' MACca

**Syn. 'Gerbe d'Or'**

GROSSBLUMIGE KLETTERROSE, HELLGELB, ÖFTERBLÜHEND

Diese Sorte zählt wohl zu Recht zu den schönsten gelbblühenden Kletterrosen. Die gelben, gefüllten und geviertelten Blüten sind wohlgeformt und duften. Sie behalten die große, klassische Form und erscheinen bis zu fünfmal im Jahr. Werden verwelkte Blüten nicht ausgeputzt, so bilden sich später große, runde, sehr

'Carrousel'

'Casa Blanca'

'Casino'

dekorative Hagebutten. 'Casino' macht sich auch gut als Schnittblume. Sie trägt dunkelgrünes, gesundes Laub und bevorzugt ein warmes Klima; an einer sonnigen Mauer bringt diese Klettersorte beispielsweise besonders reichlich Blüten hervor. Leider wurde ihr bisher nicht jene Beachtung zuteil, die ihr im Grunde genommen gebührt. **ZONEN 5–9.**

McGredy, Neuseeland, 1963

'Coral Dawn' × 'Buccaneer'

Goldmedaille der National Rose Society 1963

## 'CASQUE D'OR' DELcasor

TEEHYBRIDE, REIN GELB, ÖFTERBLÜHEND

Dieser aufrechte, wuchsfreudige Busch trägt den ganzen Sommer über mittelgroße, becherförmige Blüten mit 30 gelben Petalen, die kaum duften. Seine Blätter sind mittelgrün. 'Casque d'Or' eignet sich für Beete, läßt sich aber auch als Hochstamm ziehen. Die Vermehrung erfolgt durch Okulation. **ZONEN 4–9.**

Delbard, Frankreich, 1979

('Zambra' × 'Jean de la Lune') × ('Michèle Meilland' × 'Tahiti')

## 'CASSANDRA'

TEEHYBRIDE, ROT, ETWAS NACHBLÜHEND

Die großen, duftenden Blüten von 'Cassandra' sind kirschrot, hochgebaut und mit 30–35 Petalen gefüllt. Der Flor ist unterdurchschnittlich mit einer zögerlichen Nachblüte. Das üppige Laub dieser Teehybride ist groß, hellgrün und leicht gezackt. Von ihren Qualitäten her kann sich 'Cassandra' allerdings nicht an ihren berühmten Elternsorten messen, die fast überall auf der Welt im Handel sind. **ZONEN 5–9.**

Dorieux, Frankreich, 1966

('Karl Herbst' × 'Ena Harkness') × ('Christian Dior' × 'Gloria Dei')

## 'CASSANDRE' MEIdenji

GROSSBLUMIGE KLETTERROSE, ROT, ÖFTERBLÜHEND

'Cassandre', die fast durchweg in Gegenden mit warmem Klima gepflanzt wird, macht sich hervorragend als Kaskadenrose, doch bildet sie auch einen ansehnlichen Bewuchs von Wänden oder Zäunen. Die becherförmigen, rundlichen, duftenden Blüten sind mittelgroß, setzen sich aus 25 Petalen zusammen und erscheinen im Sommer und Herbst in Büscheln. Deutlich sichtbar sind die hellgelben Staubgefäße. Die leuchtend roten Blüten verfärben sich mit dem Alter zu einem satten Karminrot. Sie heben sich wunderbar vom glänzend dunkelgrünen Laub ab, das eine wuchsfreudige, mittelhohe Pflanze bedeckt. **ZONEN 5–9.**

**Meilland, Frankreich, 1989**

**Eltern unbekannt**

## 'CASTLE OF MEY' COClucid

**FLORIBUNDA, ORANGE+, ÖFTERBLÜHEND**

Diese mittelgroße Pflanze mit buschigem Wuchs trägt im Sommer kleine Büschel halbgefüllter Blüten mit 15–20 goldorangefarbenen oder apricotfarbenen Petalen, die nur schwach duften. Ihre glänzenden Blätter sind recht krankheitsfest. Benannt wurde diese Beet- und Rabattenrose nach der Residenz der Mutter von Königin Elizabeth II. in Nordschottland. Die Rose läßt sich durch Okulation vermehren. **ZONEN 4–9.**

**Cocker, Großbritannien, 1992**

**'Anne Cocker' × ('Yellow Pages' × 'Silver Jubilee')**

## 'CATERPILLAR' POUlcat

**Syn. 'Charming Bells', Kiki Rose', 'Pink Drift'**

**ZWERGROSE, HELLROSA**

Diese niedrige, gesunde Zwergrose ist von ausladendem Wuchs und somit ein guter Bodendecker. Im Sommer bringt sie kleine, gefüllte, hellrosafarbene Blüten hervor, die in mittelgroßen bis großen Büscheln an der Pflanze sitzen, aber nur wenig duften. Das Laub ist klein, dunkelgrün und glänzend. 'Caterpillar' läßt sich leicht aus Stecklingen oder durch Okulation vermehren. Diese Zwergrose stammt aus der sog. „Bells-Serie"; sie wurde jedoch innerhalb kürzester Zeit von öfterblühenden Formen abgelöst. **ZONEN 4–9.**

**Olesen, Dänemark, 1985**

**'Temple Bells' × Sämling**

'Cathedral'

'Caterpillar'

'Cassandre'

## 'CATHEDRAL'

**Syn. 'Coventry Cathedral', 'Houston'**

**FLORIBUNDA, APRICOT+, ÖFTERBLÜHEND**

Diese reichblühende Floribundarose mit lachsfarbenen, apricot getönten Blüten ist gesund und winterhart; sie erhielt ihren Namen anläßlich des Wiederaufbaus und der Neuweihe der im 2. Weltkrieg zerstörten Kathedrale von Coventry. Die großen, zart duftenden Blüten sitzen in kleinen Büscheln an einer buschigen Pflanze mit glänzend olivgrünem Laub. Die Vermehrung erfolgt durch Okulation. **ZONEN 4–9.**

**McGredy, Neuseeland, 1975**

**'Little Darling' × ('Goldilocks' × 'Irish Mist')**

**Neuseeland Goldmedaille 1974, Portland Goldmedaille 1974, All-American Rose Selection 1976**

## 'CATHEDRAL SPLENDOUR'

**HARbell**

**Syn. 'Westminster Cathedral'**

**FLORIBUNDA, ORANGEROSA, ÖFTERBLÜHEND**

Diese Sorte wurde nach der *Westminster Cathedral* benannt, um aus ihrem Verkaufserlös Mittel zur Erhaltung des Bauwerks zu erzielen. Sie trägt süßlich duftende, lachsfarbene, halbgefüllte Blüten an langen Stielen, die während der gesamten Saison blühen. Das Laub ist sehr gesund, glänzend und mittelgrün. Diese gute Beetrose eignet sich auch für den Schnitt. Die Vermehrung erfolgt durch Okulation. **ZONEN 4–9.**

**Harkness, Großbritannien, 1995**

**Eltern unbekannt**

## 'CATHERINE DE WÜRTEMBERG'

**Syn. 'Catherine von Wurtemberg'**

**ALTE R., MOOSROSE, HELLROSA**

Diese sehr seltene Rose besitzt bemooste Knospen, die sich zu zart duftenden Blüten mit krauser Mitte öffnen. Diese sind stark gefüllt, rundlich und werden bald flach. Der wuchsfreudige, schlanke, aufrechte Busch ist schwach bewehrt und kann 1,8 m Höhe erreichen. Das junge Laub ist rot und spitz zulaufend. **ZONEN 4–9.**

**Robert, Frankreich, 1843**

**Eltern unbekannt**

'Catherine Guillot'

'Catherine McAuley'

'Catherine Deneuve'

## 'CATHERINE DENEUVE'

**MEIpraserpi**

**TEEHYBRIDE, ORANGEROSA, ÖFTERBLÜHEND**

'Catherine Deneuve' bildet einen starken, ausladenden Busch mit ausgeprägtem, großem, mittelgrünem, glanzlosem und gesundem Laub. Die langen, spitz zulaufenden Knospen sitzen meist einzeln an den Stielen und entfalten sich recht schnell zu dunkelkorallrosa Blüten mit 20 Petalen. Sie duften und behalten ihre Farbe gut. Die Sorte blüht reich und zügig nach. **ZONEN 5–9.**

**Meilland, Frankreich, 1981**

**Eltern unbekannt**

**Rom Goldmedaille 1979**

## 'CATHERINE GUILLOT'

**Syn. 'Michel Bonnet'**

**ALTE R., BOURBONROSE, DUNKELROSA, ETWAS NACHBLÜHEND**

Die karminrosa Blüten sind geviertelt, gefüllt und sehr groß; ihre glatten purpurfarbenen Petalen bilden einen hübschen Becher. Die wuchsfreudige Pflanze erreicht gut 1,8 m Höhe und blüht üppig den ganzen Sommer hindurch. Die Blätter sind dekorativ, purpurfarben und lang. Diese wunderschöne Schnittrose verströmt einen intensiven Duft. **ZONEN 5–9.**

**Guillot, Frankreich, 1860**

**Sämling von 'Louise Odier'**

'Catherine Deneuve'

## 'CATHERINE McAULEY'

**JACibras**

**FLORIBUNDA, REIN GELB, ÖFTERBLÜHEND**

Catherine McAuley war eine reiche irische Erbin, die den nordamerikanischen Schwesternorden *Sisters of Mercy* mitbegründete. Diese Floribundarose ist intensiv goldgelb und duftet zart. Die wohlgeformte Knospen, die in Büscheln zu 4–5 auftreten, bilden eine hohe Mitte aus und halten sich gut in der Vase. Die reichblühende Pflanze hat eine zügige Nachblüte und eignet sich als Beet- oder Heckenrose. **ZONEN 5–10.**

**Jackson und Perkins, USA, 1993**

**Eltern unbekannt**

'Cavalcade'

'Catherine Mermet'

## 'CATHERINE MERMET'

ALTE R., TEEROSE, HELLROSA, ETWAS NACHBLÜHEND

Diese Rose weist wohlgeformte Knospen mit hoher Mitte auf, die sich zu duftenden, fleischfarbenen Blüten mit lilafarbenen Rändern öffnen. Die großen, kugelförmigen, leicht herabhängenden Blüten treten vom Frühjahr bis in den Spätherbst immer wieder auf und wirken an den langen Blütenstielen äußerst dekorativ. Am schönsten sind sie direkt nach dem Öffnen. Diese wertvolle Schnittblume liebt warmes Wetter, verträgt aber keinen Regen. **ZONEN 7–10.**

Guillot, Frankreich, 1869

Eltern unbekannt

## 'CATHERINE SEYTON'

ALTE R., RUBIGINOSA-HYBRIDE, HELLROSA

'Catherine Seyton', eine der weniger bekannten Rubiginosa-Sorten, wurde nach einer Figur aus dem Roman *The Abbot* des britischen Schriftstellers Sir Walter Scott (1771–1832) benannt. Die großen, einfachen und hellrosafarbenen Blüten sind mit dekorativen gelben Staubgefäßen geschmückt. Diese Alte Rose bildet einen wuchsfreudigen, gut mit Stacheln besetzten Busch, der 2,5 m Höhe erreichen kann und orangerote Hagebutten bildet. Sowohl die Blüten als auch die Blätter duften – insbesondere an heißen Sommertagen oder abends nach einem warmen Regenschauer.

**ZONEN 5–9.**

Penzance, Großbritannien, 1984

Eltern unbekannt

## 'CAVALCADE'

FLORIBUNDA, ROT+, ÖFTERBLÜHEND

Diese Sorte eignet sich als Beetrose und wird wegen der hübschen Blüten geschätzt, die man jedoch ständig ausputzen muß. Die runden bis ovalen Knospen öffnen sich zu Blüten in einem Ochsenblut- und Gelbton, der im Sonnenlicht scharlachkarminrot und silbrigrosafarben erscheint. Die mittelgroßen, mit 30 Petalen gefüllten Blüten verströmen einen starken Duft nach Äpfeln und erscheinen in kleinen Büscheln. Die gesunden, glänzenden und dunkelgrünen Blätter bedecken eine wuchsfreudige, buschige Pflanze. **ZONEN 4–9.**

Verschuren-Pechtold, Niederlande, 1950

Eltern unbekannt

'Cécile Brunner'

'Cécile Brunner'

## 'CÉCILE BRUNNER'

**Syn. 'Malteser Rose', 'Cécile Brünner', 'Mme Cécile Brunner', 'Mlle Cécile Brunner', 'Mignon', 'Sweetheart Rose'**

POLYANTHAROSE, HELLROSA, ÖFTERBLÜHEND

Diese historische Sorte, die auch zu den Alten Gartenrosen oder Chinarosen gerechnet wird, hat ihren Ursprung nachweislich in Asien, wobei allerdings die Meinungen auseinandergehen, ob sie von einer *Rosa multiflora* oder einer *R. chinensis* abstammt. Die nahezu stachellose Pflanze bringt wiederholt große, sehr lockere Büschel sehr kleiner, perfekt geformter rosafarbener Blüten hervor. Die langen, spitzen Knospen öffnen sich zu zwergförmigen, gefüllten Blüten in einem silbrigen Rosaton und sitzen auf hellroten Stielen. Sie duften süßlich und leicht würzig. Die Pflanze bildet einen kleinen Busch mit spärlichen, aber gesunden, hellgrünen Blättern mit 3–5 Blattfiedern. Der niedrige Busch eignet sich gut für kleine Gärten oder Beete. Seine andauernder Flor verhalfen ihm zu großer Beliebtheit. Benannt wurde die Sorte nach der Tochter Ulrich Brunners, eines renommierten Rosengärtners aus Lausanne. Eine Vermehrung kann durch Stecklinge beziehungsweise Okulation erfolgen. **'Climbing Cécile Brunner'** (Syn. 'Climbing Cécile Brünner', 'Climbing Mme Cécile Brunner', 'Climbing Mlle Cécile Brunner', 'Climbing Mignon', 'Climbing Sweetheart Rose'; Hosp, USA, 1894) ist sehr wuchsfreudig und übertrifft die Ursprungssorte noch. Dieser Sport kann eine phantastische Höhe erreichen. Er trägt große Büschel sehr kleiner, perfekt geformter, rosafarbener Blüten, die gelegentlich an den Flor von Chinarosen erinnern. Auch sie blüht vereinzelt noch lange bis in den Herbst hinein. Gelegentlich wird sie mit 'Bloomfield Abundance' verwechselt, weil sie nahezu gleiche Blüten und einen ähnlichen Habitus hat.

**ZONEN 4–9.**

Ducher, Frankreich, 1881

Eltern umstritten

Royal Horticultural Society Award of Garden Merit 1994

## 'CÉCILE LENS' LENcil

ZWERGROSE, REIN ROSA, ÖFTERBLÜHEND

Die schönen Knospen und die hellrosafarbenen Blüten werden oft denen einer anderen Zwergrose, 'First Love', gegenübergestellt. Die kleinen, mit 20–25 Petalen halbgefüllten Blüten öffnen sich recht schnell und wirken im halbgeöffneten Zustand am schönsten. Die kleinen Blütenbüschel setzen sich aus 3–5 Einzelblüten zusammen.

**ZONEN 5–10.**

Lens, Belgien, 1980

Eltern unbekannt

'Climbing Cécile Brunner'

'Climbing Cécile Brunner'

'Céleste'

'Centenary'

## 'CEE DEE MOSS' MORceedee, MORcd

STRAUCHROSE, ROSA+, ÖFTERBLÜHEND

Diese Rose trägt Büschel mit zart duftenden, gestreiften Blüten, die nach einer ersten Blühperiode erneut erscheinen. Die rosafarbenen Blüten sind mit 15–25 Petalen halb gefüllt und mittelgroß. Unterseits sind sie heller und weisen gelegentlich einen weißen Streifen auf. Sie wächst buschig, leicht ausladend und trägt hellgrünes, recht gesundes Laub. 'Cee Dee Moss' wurde von dem Amateurzüchter Ralph Moore gezogen, der dabei herausfand, daß die gestreifte Musterung bei Rosen vererbbar ist. ZONEN 4–9.

Moore, USA, 1990

'Carolyn Dean' × Sämling

## 'CELEBRITY'

TEEHYBRIDE, GOLDGELB, ÖFTERBLÜHEND

Die großen, goldgelben Blüten dieser Rose verblassen nach dem Aufblühen leicht. Sie sind wohlgeformt, hochgebaut und duften fruchtig. Die hochwertigen Blüten sitzen jeweils einzeln am Stiel und eignen sich für Ausstellungen. Die Sorte ist den ganzen Sommer hindurch reichblühend. Die aufrechte, buschige und krankheitsfeste Pflanze trägt dunkelgrünes Laub. ZONEN 4–9.

Weeks, USA, 1989

('Sunbennet' × 'Mister Lincoln') × 'Yellow Yo Yo'

## 'CÉLESTE'

Syn. 'Celestial'

ALTE R., ALBA-ROSE, HELLROSA

Die Knospen von 'Céleste' sind so attraktiv, daß sie oftmals Gegenstand der Darstellung von Künstlern wie Redouté oder Alfred Parsons, Illustrator von *The Genus Rosa*, geworden sind. Die geöffnete Blüte ist halbgefüllt und silbrigrosa. Sie hebt sich hübsch von dem Grauton des Laubes im Frühsommer ab. Die Petalen sind in fünf Kreisen angeordnet und verströmen im Juni einen starken Duft. Diese Alte Rose gedeiht nahezu überall im Garten, selbst im Halbschatten und auf nährstoffarmen Böden. Der dichte, aufrechte Busch erreicht eine Höhe von 1,8 m und sollte nicht zu stark beschnitten werden. Insgesamt gibt es drei Rosen mit dem gleichen Namen. ZONEN 5–9.

'Celsiana'

Vor 1848

Eltern unbekannt

Royal Horticultural Society Award of Garden Merit 1993

## 'CÉLINA'

ALTE R., MOOSROSE, MAUVE

Sie ist zwar nicht die gesündeste unter den Moosrosen, aber dennoch interessant. Sie wird 1,2 m hoch und hat grünlich-rote Stiele, die reichlich mit mittel- bis dunkelgrünem, grob gesägtem Laub bedeckt sind. Die duftenden Blüten sind nur halb gefüllt, aber mit einem Durchmesser von fast 10 cm recht groß und erscheinen in Büscheln. Die goldgelben Staubgefäße tragen noch zusätzlich zur Schönheit der Pflanze bei. Sie ist sehr anfällig für Mehltau und damit verständlicherweise nicht immer die erste Wahl unter den Moosrosen. ZONEN 4–9.

Hardy, Frankreich, 1855

Eltern unbekannt

## 'CÉLINE DELBARD' DELceli, DELcélit, DELcet

FLORIBUNDA, ORANGE+, ÖFTERBLÜHEND

Diese Sorte trägt kleine Büschel großer, becherförmiger Blüten, die sich aus etwa 24 Petalen mit silbrigen Unterseiten zusammensetzen. Sie duften nur wenig, aber dafür es gibt den ganzen Sommer hindurch mehrere Nachblüten. Das Laub der nur schwach wachsenden Pflanze ist gesund. ZONEN 4–9.

Delbard-Chabert, Frankreich, 1986

Sämling × ('Milrose' × 'Legion d'Honneur')

Monza Goldmedaille

'Céline Delbard'

## 'CÉLINE FORESTIER'

Syn. 'Liesis', 'Lusiades'

ALTE R., NOISETTEROSE, HELLGELB, ETWAS NACHBLÜHEND

Diese Rose trägt Büschel hellgelber Blüten, die in der Mitte etwas dunkler sind und aus dekorativen Knospen hervorgehen. Die geviertelten Blüten haben ein grünes Knopfauge und duften würzig. Die vollreifen Blüten sind wunderbar und zeigen sich den ganzen Sommer. Die Triebe sind stachelig und mit dunkelgrünen, glänzenden Blättern versehen. An einem warmen Fleck kommen sie besonders gut zur Geltung. ZONEN 7–10.

Trouillard, Frankreich, 1842

Noisetterose × *Rosa odorata*

Royal Horticultural Society Award of Garden Merit 1993

## 'CELSIANA'

ALTE R., DAMASZENERROSE, HELLROSA

'Celsiana' hat hellrosafarbene, halbgefüllte, große Blüten, die in für Damaszenerrosen so typischen Büscheln an kurzen Blütenstielen sitzen. Die leicht herabhängenden Blüten kommen im Halbschatten gut zur Geltung und duften stark moschusartig. Die Petalen der wetterfesten Blüten nehmen kurz vor dem Öffnen einen zarten, rötlich überhauchten Ton an. Diese Rose wächst recht dicht und problemlos auf unterschiedlichen Böden. Das graugrüne Laub ist glatt; die Blattstiele sind mit kleinen Stacheln versehen. In Redoutés Buch wird sie fälschlicherweise als 'Incarnata Maxima' bezeichnet. Der holländische Maler Van Huysum stellte sie häufig in Blumenstilleben dar. ZONEN 4–9.

Vor 1750

Eltern unbekannt

## 'CENTENAIRE DE LOURDES'

DELge

Syn. 'Centennaire de Lourdes', 'Mrs Jones'

STRAUCHROSE, REIN ROSA, ÖFTERBLÜHEND

Diese französische Sorte ist eine außergewöhnliche und in Europa sehr beliebte Rose. Vom Weltrosenkongreß wurde sie 1994 zu den zehn besten Rosen der Welt gewählt. Sie ist eine besonders wuchsfreudige und reichblühende, büschelblütige Strauchrose mit großen, klassischen, rosafarbenen Blüten, die in Büscheln erscheinen. Sie blüht die ganze Saison ungewöhnlich reich, duftet aber kaum. Die 15 Petalen sind anfangs kugelförmig nach innen gewölbt, bevor sie die Staubgefäße freigeben. Sie wächst buschig, wird 1–1,5 m hoch und trägt gesunde, große mittelgrüne Blätter. Sie eignet sich als Solitär, in Gruppen, als Hecke, für Beete, aber auch als Hochstamm. Die birnenförmigen Hagebutten werden in Deutschland nur in sehr warmen Sommern orangefarben und halten sich dann bis in den Winter hinein. Ein frühes Abschneiden verblühter Blumen fördert dagegen die Nachblüte. **'Centenaire de Lourdes Rouge'** (DELflora) ist eine rotblumige Mutation. ZONEN 4–9.

Delbard-Chabert, Frankreich, 1958

('Frau Druschki' × Sämling) × Sämling

## 'CENTENARY' KORreldas

FLORIBUNDA, REIN ROSA, ÖFTERBLÜHEND

Diese Rose trägt wunderbar glänzende, dunkelgrüne Blätter mit wohlgeformten Büschel rosaroter, halbgefüllter, mittelgroßer, fast duftloser Blüten. Sie ist recht gesund und eignet sich gut für Beete, Rabatten oder, aufgrund des gedrungenen Wuchses, auch gut als Hochstammrose. 'Centenary' erhielt ihren Namen anläßlich der Hundertjahrfeier einer der größten britischen Rosenschulen. ZONEN 4–9.

Kordes, Deutschland, 1997

Eltern unbekannt

Royal National Rose Society Trial Ground Certificate 1995

'Céline Forestier'

'Cécile Lens'

C

## 'CENTIFOLIA'

**Syn. *Rosa* × *centifolia***
ALTE R., ZENTIFOLIE, REIN ROSA

'Centifolia' wird oft als Rosenart aufgeführt, was jedoch nicht zutrifft: Dem britischen Botaniker Hurst zufolge handelt es sich hier um ein Aggregat aus *Rosa gallica*, *R. phoenicia*, *R. moschata* und *R. canina*. Diese Strauchrose kann auf nährstoffreichen Böden eine Höhe von 1,8 m erreichen und bringt lange, starke Triebe mit zahlreichen rötlichen Stacheln hervor. Ihre graugrünen Blätter wirken recht grob. Die Mitte Juni erscheinenden Blüten sitzen in kleinen Büscheln und öffnen sich aus dichten fedrigen Knospen. Die Blüten sind dicht gefüllt, eher flach und leuchtend rosa gefärbt; ihr Duft ist stark und köstlich. Zeitweilig wurden Zentifolien auch zur Rosenölgewinnung genutzt. ZONEN 4–9.

Vor 1596

Eltern unbekannt

## 'CENTIFOLIA MUSCOSA'

**Syn. *Rosa* × *centifolia muscosa***
ALTE R., MOOSROSE, REIN ROSA

Diese Rose ähnelt 'Communis' so stark, daß man beide gelegentlich verwechselt. Der überhängende Strauch erreicht eine Höhe von 1,8 m und hat viele rötliche Stacheln sowie kleine Borsten, die an zartes Moos erinnern. Die groben Blätter sind hellgraugrün. Die wunderbar duftenden Blüten sind dunkelrosa, dicht gefüllt, manchmal geviertelt und öffnen sich flach aus dicken bemoosten Knospen; sie erscheinen im Juni. ZONEN 4–9.

Vor 1696

Vermutlich ein Sport von 'Centifolia'

## 'CENTIFOLIA VARIEGATA'

**Syn. *Rosa* × *centifolia variegata*, 'Belle des Jardins', 'Belle Villageois', 'Cottage Maid', 'Dometille Beccard', 'La Rubanee'**
ALTE R., ZENTIFOLIE, ROSA+

Diese hübschen Rose unbekannter Herkunft trägt zahlreiche, recht unterschiedliche Namen, so daß man sie ggf. im Katalog unter all ihren Synonymen suchen muß. Ihre cremefarbenen und blaß lilarosa gestreiften Blüten verströmen einen wunderbaren Duft. Ob die Blüten einzeln oder in Büscheln auftreten – sie bildeten seit alters her Vorlagen für Künstler und Maler. Der robuste Strauch hat dunkelgrünes, grob gezähntes Laub, Stacheln und große Hagebutten. Er blüht reichlich den ganzen Sommer hindurch, ist regenempfindlich und macht sich gut in einer Hecke. ZONEN 4–9.

Vibert, Frankreich, 1845

Eltern unbekannt

'Centifolia Variegata'

'Centurion'

'Century Two'

'Cerise Bouquet'

'Cerys Ann'

## 'CENTRAL PARK' POUlpyg

STRAUCHROSE/BODENDECKERROSE, APRICOT+, ÖFTERBLÜHEND

Diese niedrige Pflanze wächst doppelt so breit wie hoch, so daß sie vom Habitus her eher kissenförmig als kriechend wirkt. Als Bodendeckerrose eignet sich 'Central Park' im Garten für Rabatten, als Umsäumung für Gartenwege und läßt sich an Böschungen, als niedrige Gruppe oder Hecke ziehen. Die Blüten sind in zartem, warmem Pfirsichton gefärbt, der zum Blüteninnern dunkler wird. Die Blüten sind klein bis mittelgroß, rundlich und locker gefüllt. Sie treten im Sommer und Herbst reichlich in dichten Büscheln auf. 'Central Park' ist ein kompakter, niedriger Busch, der in gemäßigtem Klima etwas über 1 m Breite erreicht. Das reichlich vorhandene, kleine Laub ist leuchtend grün und glänzend. ZONEN 4–9.

Olesen, Dänemark, 1995

Eltern unbekannt

## 'CENTURION'

FLORIBUNDA, DUNKELROT, ÖFTERBLÜHEND

'Centurion' ist eine Rose mit leuchtend scharlach- bis blutroten, duftenden Blüten. Diese sind mittelgroß, mit 30 Petalen gefüllt und werden in kleinen Büscheln die ganze Saison hindurch gebildet; die Nachblüte ist ebenfalls sehr rege. Die Pflanze ist krankheitsfest mit buschigem Wuchs und trägt dunkelgrünes, glänzendes Laub. Sie ist eine gute Beetrose und erhielt ihren Namen anläßlich des hundertjährigen Bestehens von Mattocks Zuchtbetrieb *John Mattock Roses*. ZONEN 4–9.

Mattock, Großbritannien, 1975

'Irish Wonder' × Sämling

## 'CENTURY TWO'

TEEHYBRIDE, REIN ROSA, ÖFTERBLÜHEND

Die langen, spitzen Knospen dieser Teehybride öffnen sich zu großen, becherförmigen, gefüllten Blüten in Rosa, die stark duften. Die mittelgroße Pflanze mit mittelgrünen, ledrigen Blättern ist eine gute Beetrose, die sich gut durch Okulation vermehren läßt.
ZONEN 4–9.

Armstrong, USA, 1971

'Charlotte Armstrong' × 'Duet'

## 'CERISE BOUQUET'

STRAUCHROSE, DUNKELROSA

Dieser sehr reichblühende Strauch bringt einen außergewöhnlichen Flor mittelgroßer, halbgefüllter Blüten hervor, die im Juni an sehr starken, leicht überhängenden Zweigen sitzen. Sie sind leuchtend kirschrot und verströmen einen zarten Duft. Der wuchsfreudige Busch ist reichlich mit hellgrünem Laub bedeckt. 'Cerise Bouquet' eignet sich ideal für große Hecken, macht sich aber auch gut als Einzelpflanze. Die Vermehrung dieser Strauchrose, die von recht interessanten Eltern abstammt, erfolgt durch Okulation oder durch Stecklinge.
ZONEN 4–9.

Tantau, Deutschland, 1958

*Rosa multibracteata* × 'Crimson Glory'

Royal Horticultural Society Award of Garden Merit 1993

## 'CERYS ANN' GUEscan

TEEHYBRIDE, GELB+, ÖFTERBLÜHEND

Die Blüten dieser Sorte haben mit ihrer hohen Mitte und der symmetrischen Anordnung der zahlreichen Petalen die klassische Edelrosenform. Die Blüten sind goldgelb und an den Spitzen ihrer Petalen andeutungsweise rot überlaufen. In großer Zahl erscheinen sie im Sommer und Herbst und verströmen einen angenehmen, zarten Duft. 'Cerys Ann' eignet sich für Beete, Rabatten oder Hecken. Die Teehybride wächst etwas ungleichmäßig, buschig, wird knapp mittelhoch und trägt glänzend dunkelgrünes Laub. Sie erhielt ihren Namen zum Gedenken an die Enkelin des Rosenzüchters, die im Alter von fünf Jahren unter tragischen Umständen ums Leben kam.
ZONEN 4–9.

Guest, Großbritannien, 1997

'Fulton Mackay' × 'Freedom'

Royal National Rose Society Torridge Award und Trial Ground Certificate 1994

C

'Champagne Cocktail'

## 'CÉSONIE'

ALTE R., MOOSROSE, DUNKELROSA

Diese seltene, kompakte Moosrose trägt nur einmal im Jahr, nämlich Anfang Juni, gefüllte rosafarbene Blüten. Diese sind groß, duftend und mit vielen Petalen gefüllt. 'Césonie' ist in manchen Landstrichen schwierig zu finden, da die Sorte selten gezogen wird.**ZONEN 4–9.**

Robert und Moreau, Frankreich, 1859

Eltern unbekannt

## 'CHABLIS'

TEEHYBRIDE, WEISS, ÖFTERBLÜHEND

Die großen Blüten dieser Ausstellungsrose sind mit 40 cremeweißen Petalen dicht gefüllt und duften. Der aufrechte Busch trägt große mattglänzende, gesunde Blätter. Offenbar war der Züchter ein Liebhaber des gleichnamigen französischen Weißweins. **ZONEN 4–9.**

Weeks, USA, 1983

Sämling × 'Louisiana'

## 'CHAMPAGNE'

TEEHYBRIDE, GELB+, ÖFTERBLÜHEND

'Champagne' hat glänzende gelbe, apricot getönte Blüten. Die spitzen Knospen öffnen sich zu großen, ovalen, angenehm duftenden Blüten mit 30 Petalen und einer hohen Mitte. Nach einem ersten Flor erfolgt kontinuierlich die Nachblüte. Die Pflanze hat dunkelgrünes, ledriges und krankheitsfestes Laub. Sie wächst aufrecht, buschig und eignet sich gut für Beete und Ausstellungen. **ZONEN 4–9.**

Lindquist, USA, 1961

'Charlotte Armstrong' × 'Duquesa de Peñaranda'

## 'CHAMPAGNE COCKTAIL'

HORflash

FLORIBUNDA, GELB+, ÖFTERBLÜHEND

'Champagne Cocktail' besitzt nicht nur wohlgeformte Blüten und einen großartigen Duft, sondern ist auch noch sehr gesund. Die hellgelben, mittelgroßen Blüten sind stark rosa gesprenkelt und gemustert und setzen sich aus 20 unterseits gelben Petalen zusammen. Die Nachblüte erfolgt zuverlässig. Die Pflanze wächst buschig mit glänzend mittelgrünem Laub und eignet sich als Beet- oder Hochstammrose. **ZONEN 4–9.**

Horner, Großbritannien, 1983

'Old Master' × 'Southampton'

Royal National Rose Society Torridge Award und Trial Ground Certificate 1982, Belfast Certificate of Merit 1985, Glasgow Goldmedaille 1990

## 'CHAMPAGNER'

siehe 'Antique Silk'

'Champagne'

## 'CHAMPAGNERPERLE' KORopti

Syn. 'Champagne Pearl'

FLORIBUNDA, APRICOT+, ÖFTERBLÜHEND

Große, dichte Büschel aus becherförmigen Blüten in warmem Apricot bedecken einen mittelgroßen Busch und behalten lange ihre Form. 'Champagnerperle' eignet sich gut als Schnittblume, ist eine bewährte Ausstellungsrose, verströmt aber nur einen zarten Duft. Diese Floribundarose ist wuchsfreudig mit kompaktem Wuchs und verfügt über interessantes, panaschiertes Laub. **ZONEN 4–10.**

Kordes, Deutschland, 1994

Eltern unbekannt

'Champs-Elysées'

'Champion'

'Champneys' Pink Cluster'

## 'CHAMPION'

TEEHYBRIDE, GELB+,
ÖFTERBLÜHEND

Die mit 55 Petalen dicht gefüllten, sehr großen und hochgebauten Blüten prädestinieren 'Champion' zur Ausstellungsrose. Die Blüten sind cremegelb getönt und dazu rosa und rot überhaucht. Sie duften stark und entfalten sich in mehreren Blühphasen bis in den Herbst hinein. Die Teehybride wird von großen, hellgrünen Blättern bedeckt.
**ZONEN 4–9.**

Fryer, Großbritannien, 1976

'Grandpa Dickson' × 'Whisky'

## 'CHAMPION OF THE WORLD'

Syn. 'Mrs DeGraw', 'Mrs de Graw'

ALTE R., REMONTANTROSE, REIN ROSA,
ETWAS NACHBLÜHEND

Diese Remontantrose, die zum Einwurzeln etwas mehr Zeit benötigt, bildet einen wuchsfreudigen Strauch, der auch gerne klettert. Die rosarotfarbenen Blüten sind gefüllt, groß und duften. Die Pflanze trägt kleine, hellgrüne Blätter und hellbraune Stacheln. 'Champion of the World' erreicht eine Höhe von über 1,2 m und macht sich gut als Kübelpflanze. **ZONEN 5–9.**

Woodhouse, Großbritannien, 1984

'Hermosa' × 'Magna Charta'

## 'CHAMPLAIN'

STRAUCHROSE, DUNKELROT, ÖFTERBLÜHEND

Diese öfterblühende Strauchrose ist wuchsfreudig und sehr gesund mit buschigem Wuchs. Sie wurde für das rauhe Klima Nordamerikas gezogen und verträgt daher auch besonders kalte Winter. Ihre dunkelroten, mit 30 Petalen gefüllten Blüten sind groß, zart duftend und sitzen reichlich an einer kompakten Pflanze. Die Blätter sind eher klein und satt gelbgrün. 'Champlain' läßt sich am besten durch Stecklinge oder Okulation vermehren. **ZONEN 3–9.**

Svelda, Kanada, 1982

(*Rosa kordesii* × Sämling) × ('Red Dawn' × 'Suzanne')

## 'CHAMPNEYS' PINK CLUSTER'

Syn. 'Champneys' Rose', 'Champneyana'

ALTE R., NOISETTEROSE, HELLROSA,
ÖFTERBLÜHEND

Die hübschen Knospen in einem dunklen Rosaton öffnen sich zu kleinen, gefüllten Blüten, die in Büscheln an purpurfarbenen Stielen sitzen. Die stark duftenden Blumen erscheinen wiederholt zwischen Frühjahr und Herbst. Das Laub ist hellgrün. 'Champneys' Pink Cluster' gilt als die erste Noisetterose und stammt angeblich aus dem US-Staat South Carolina. Wie alle Rosen dieser

'Champion of the World'

Klasse gedeiht sie am besten in voller Sonne bei guter Luftzirkulation. An einer Säule kann sie 3 m Höhe erreichen. 1986 wurde die Sorte zu Ehren ihrer Heimatstadt inoffiziell in 'The Charleston Rose' umbenannt. **ZONEN 7–10.**

Champneys, USA, etwa 1811

Vermutlich 'Old Blush' × *R. moschata*

## 'CHAMPS-ELYSÉES' MEIcarl, MEIcari

TEEHYBRIDE, DUNKELROT, ÖFTERBLÜHEND

Diese Rose hat hübsche, becherförmige, mit 35 Petalen gefüllte Blüten in dunklem Karminrot. Sie duften zart und blühen gut nach. Die Pflanze ist wuchsfreudig mit buschiger und kompakter Gestalt und trägt dunkelgrünes Laub. 'Champs-Elysées' ist recht krankheitsfest, macht sich gut in Beeten und Rabatten, läßt sich aber auch als Hochstamm ziehen. Der kletternde Sport **'Climbing Champs-Elysées'** (MEIcarlsar, 1969) hat ganz ähnliche Eigenschaften, ist aber heutzutage schwer erhältlich. **ZONEN 4–9.**

Meilland, Frankreich, 1957

'Monique' × 'Happiness'

Madrid Goldmedaille 1957

## 'CHANELLE'

FLORIBUNDA, ORANGEROSA, ÖFTERBLÜHEND

Die großen, aus 20 Petalen bestehenden, pfirsichfarbenen oder hellrosa Blüten sind locker gefüllt und mitunter rosarot schattiert. Die sehr gesunde Pflanze blüht mehrfach und trägt ihre Blüten in duftenden Büscheln an einem mittelgroßen Busch, der von glänzendem, dunkelgrünem Laub bedeckt ist. **ZONEN 4–9.**

McGredy, Neuseeland, 1959

'Ma Perkins' × ('Fashion' × 'Mrs William Sprott')

National Rose Society Certificate of Merit 1958, Madrid Goldmedaille 1959

## 'CHAPEAU DE NAPOLÉON'

siehe 'Crested Moss'

## 'CHAPLIN'S PINK CLIMBER'

GROSSBLUMIGE KLETTERROSE,
REIN ROSA

Aufgrund der leicht überhängenden Wuchsform sollte man diesen Climber besser als Ramblerrose klassifizieren. Diese Rose trägt Büschel großer Blüten in leuchtendem Rosa mit goldenen Staubgefäßen. Die Blüten sind mit 25 Petalen halb gefüllt, blühen aber nur im Juni und duften wenig. Die wuchsfreudige Pflanze ist reichlich mit mittelgrünem Laub versehen. **ZONEN 4–9.**

Chaplin, Großbritannien, 1928

'Paul's Scarlet Climber' × 'American Pillar'

Goldmedaille der National Rose Society 1928

## 'CHAPLIN'S PINK COMPANION'

GROSSBLUMIGE KLETTERROSE,
HELLROSA

Als diese Sorte 1961 auf den Markt kam, galt sie als öfterblühend, was leider jedoch nicht stimmt. 'Chaplin's Pink Companion' ist auf jeden Fall ein gutes Beispiel für eine ältere, reichblühende, großblumige Ramblerrose. Die Blüten sind silbrigrosa, mittelgroß und mit 22 Petalen gefüllt. Sie sitzen lediglich den Juni über in duftenden Büscheln an einer wuchsfreudigen, rankenden Pflanze, deren Laub sehr gesund und glänzend grün ist. **ZONEN 4–9.**

Chaplin, Großbritannien, 1961

'Chaplin's Pink Climber' × 'Opera'

## 'CHARISMA' JELroganor

Syn. 'Surprise Party'

FLORIBUNDA, ROT+, ETWAS NACHBLÜHEND

Die zart duftenden, mittelgroßen mit 40 Petalen gefüllten Blüten dieser Rose sind scharlachrot und gelb gefärbt. Sie sitzen in kleinen Büscheln zu 3–5 an den Stielen und entfalten sich überwiegend im Sommer; im Herbst kommt es noch einmal zu einer Nachblüte. Die buschige und aufrechte Pflanze macht sich gut als Beetrose, läßt sich aber auch als Hochstamm ziehen. **ZONEN 4–9.**

Jelly, USA, 1977

'Gemini' × 'Zorina'

Portland Goldmedaille 1977, All-American Rose Selection 1978

'Chanelle'

'Chaplin's Pink Climber'

'Chaplin's Pink Climber'

'Charisma'

## 'CHARLES ALBANEL'

STRAUCHROSE, RUGOSA-HYBRIDE, ROT, ÖFTERBLÜHEND

'Charles Albanel' wurde von einer kanadischen Züchterin entwickelt, die eine winterharte Pflanze kreieren wollte. Das faltige, grasgrüne und ledrige Laub ist auch sehr krankheitsfest. Die Blüten sind rot und mit 20 Petalen gefüllt. Sie duften angenehm und erscheinen nach einem ersten Flor erneut. Diese Sorte gibt einen hübschen Bodendecker ab und ist häufig in öffentlichen Gärten und Parks zu finden. Auch ohne Blüten ist sie mit ihren dekorativen Blättern sehr ansehnlich. **ZONEN 3–9.**

Svejda, Kanada, 1982

'Souvenir de Philemon Cochet' × Sämling

## 'CHARLES AUSTIN' AUSles, AUSfather

STRAUCHROSE, APRICOT+

Die nach dem Vater des Züchters benannte Rose trägt große, dichtgefüllte Blüten mit bis zu 70 apricotfarbenen Petalen, die eine Nuance von Rosa aufweisen und im Alter verblassen. Obwohl sie als nicht öfterblühend gilt, kann es zu einer gelegentlichen Nachblüte im Herbst kommen. Die Blüten erscheinen einzeln oder zu bis zu 7 in Büscheln. Die Petalen sind wie bei einem kleinen Windrad angeordnet und verströmen einen starken, fruchtigen Duft. Am besten eignet sich diese Pflanze für Gruppen, Rabatten oder als rankender Bewuchs einer Säule. Diese Englische Rose ist wuchsfreudig mit aufrechter Gestalt und sollte – laut Empfehlung des Züchters – Ende März bis etwa auf die Hälfte zurückgeschnitten werden. **'Yellow Charles Austin'** (1981) ist ein gelbblütiger Sport mit sonst ähnlichen Eigenschaften. **ZONEN 4–9.**

Austin, Großbritannien, 1973

'Aloha' × 'Chaucer'

## 'CHARLES DE GAULLE' MEIlanein

**Syn. 'Katherine Mansfield'**

TEEHYBRIDE, MAUVE+, ÖFTERBLÜHEND

Diese mittelgroße Teehybride mit den großen, wohlgeformten und gefüllten Blüten in einem warmen Lilaton zählt mit zu den schönsten mauvefarbenen, großblumigen Rosen; allerdings verträgt sie kein feuchtes Wetter. Die Blüten duften sehr stark – ein Merkmal der meisten „blauen" Rosen –, setzen sich aus 40 becherförmig angeordneten Petalen zusammen und sitzen jeweils einzeln auf Stielen. 'Charles de Gaulle' eignet sich für Beete und Rabatten, ist aber etwas anfällig für Sternrußtau. Benannt wurde sie nach dem berühmten französischen Staatsmann Charles de Gaulle (1890–1970). **ZONEN 4–9.**

Meilland, Frankreich, 1974

('Mainzer Fastnacht' × 'Prelude') × ('Kordes' Sondermeldung' × 'Caprice')

Belfast Duftpreis 1978

## 'CHARLES DE LAPISSE'

TEEHYBRIDE, HELLROSA, ÖFTERBLÜHEND

In der Vergangenheit sind schon zahlreiche hellrosafarbene Sports der berühmten 'Mme Caroline Testout' erschienen, wobei 'Admiral Dewey' aus dem Jahre 1899 den vielleicht größten Bekanntheitsgrad erreichte. 'Charles de Lapisse' hingegen entstand erst später und ist offenbar nicht mehr im Handel. Sie hat von ihrer Elternsorte die Winterhärte, den Blütenreichtum und die großen, kugelförmigen, gefüllten Blüten geerbt; nur die Blüten sind etwas heller. 'Charles de Lapisse' eignet sich für Beete und Rabatten und blüht bis in den Herbst. **ZONEN 4–9.**

Laroulandie, Frankreich, 1910

Sport von 'Mme Caroline Testout'

'Charles de Lapisse'

'Charles Austin'

'Charles de Gaulle'

## 'CHARLES DE MILLS'

**Syn. 'Charles Mills', 'Charles Wills', 'Bizarre Triomphant'**

ALTE R., GALLICA-ROSE, MAUVE

'Charles de Mills', die größte Vertreterin der Gallica-Rosen, wird auf Fotografien oft als die„perfekte Alte Gartenrose" dargestellt. Im Juni öffnen sich Knospen mit abgeflachter Spitze zu bis 8 cm großen Blüten, die aus unzähligen Petalen bestehen, erst becherförmig und später dann flache kissenförmig sind. Das intensiv leuchtende Purpurrot ihrer schmal weiß gesäumten Blüten ist da und dort zart scharlachrot gepunktet. Die samtartigen Petalen duften nur schwach. Die hängenden Triebe des aufrechten, schwach bewehrten Busches sind dunkelgrün belaubt und erreichen bis zu 1,8 m Höhe. Wie alle Gallica-Rosen wächst 'Charles de Mills' kräftig auf eigener Wurzel, selten auch wild. **ZONEN 4–9.**

Niederlande, vor 1700

Eltern unbekannt

Royal Horticultural Society Award of Garden Merit 1993

## 'CHARLES GATER'

ALTE R., REMONTANTROSE, ROT, ETWAS NACHBLÜHEND

Diese Rose hat rote, mit 40 Petalen gefüllte, kugelförmige Blüten, die besonders groß sind und ihre Farbe gut behalten. Die recht bekannte Ausstellungsrose nimmt unter künstlicher Beleuchtung einen bräunlichen Scharlachton an. Die heute selten gewordene 'Charles Gater' wurde nach einem Mitarbeiter in George Pauls Rosenschule benannt, der sich gegen Ende des 19. Jh. einen Namen als Züchter von Topfrosen machte. Aus dieser in der englischen Stadt Cheshunt (nördlich von London) ansässigen Rosenschule stammt auch die berühmte 'Paul's Lemon Pillar'. **ZONEN 5–9.**

George Paul und Sohn, Großbritannien 1893

Eltern unbekannt

## 'CHARLES LAWSON'

ALTE R., BOURBONROSE, DUNKELROSA

Während der kurzen Blühphase in der Sommermitte bringt dieser wuchsfreudige Strauch große, oft hängende, duftende, dunkelrosafarbene Blüten hervor, die auf der Petalenrückseite dunkler und geädert sind. Zieht man die Pflanze als Kletterrose, so kann sie knapp 2,5 m hoch werden. Ihr hübsches Laub ist groß, und sie besitzt hakenförmige Stacheln. Als Einzelpflanze muß 'Charles Lawson' durch eine Säule oder einen Zaun gestützt werden. **ZONEN 5–9.**

Lawson, Großbritannien, 1853

Eltern unbekannt

'Charles de Mills'

'Charles Lefèbvre'

'Charles Mallerin'

'Charles Lawson'

## 'CHARLES LEFÈBRE'

**Syn. 'Paul Jamain', 'Marguerite Brassac'**

ALTE R., REMONTANTROSE, DUNKELROT, ETWAS NACHBLÜHEND

Diese Rose hat leuchtend scharlachrote, in der Mitte purpurfarbene, große, becherförmige, hochgebaute Blüten, die mit fast 70 Petalen gefüllt sind und aufrecht auf kräftigen Stielen sitzen. Die zur Zeit ihrer Einführung sehr beliebte Sorte wurde von Graham Thomas aufgrund ihrer auffälligen scharlachroten Farbe als Wendepunkt in der Rosenzucht bezeichnet. Die wuchsfreudige, hohe Rose besitzt eine glatte Rinde mit einigen Stacheln; sie verträgt Regen ganz gut und sollte zuweilen nur leicht zurückgeschnitten werden. **ZONEN 5–9.**

Lacharmé, Frankreich, 1861

'Général Jacqueminot' × 'Victor Verdier'

## 'CHARLES MALLERIN'

TEEHYBRIDE, DUNKELROT, ÖFTERBLÜHEND

Die langen und spitzen, eleganten Knospen entwickeln sich zu großen, flachen und mit 40 samtigen, dunkelscharlachroten Petalen gefüllten Blüten. Die Pflanze wächst nur schwach und unregelmäßig. Ihr Laub ist ledrig und krankheitsanfällig, ihr Duft jedoch unvergeßlich. Benannt wurde die Teehybride, die sich ihrerzeit gut verkaufte, zu Ehren von Francis Meillands Lehrmeister, einem erfolgreichen Amateurzüchter. Als Elternpflanze brachte 'Charles Mallerin' u. a. Sorten wie 'Papa Meilland', 'Mister Lincoln' und 'Oklahama' hervor. **ZONEN 4–9.**

Meilland, Frankreich, 1951

('Rome Glory' × 'Congo') × 'Tassin'

'Charles Rennie Mackintosh'

'Charleston'

## 'CHARLES RENNIE MACKINTOSH' AUSren

**Syn. 'Rosarium Glücksburg', 'Glücksburg'**

STRAUCHROSE, ROSA+, ÖFTERBLÜHEND

Die becherförmigen, lilapurpurnen Blüten verfärben sich im Alter zu reinem Lila und öffnen sich noch weiter. Sie haben eine klassische Edelrosenform, sind leicht gekräuselt, stark duftend und erscheinen wiederholt den Sommer über. 'Charles Rennie Mackintosh' bildet einen Strauch mit vielen dünnen, drahtigen, aber zähen Trieben und zahlreichen spitzen Stacheln. Er ist mit vielen dunkelgrünen Blättern bedeckt. Ihre Blütenfarbe läßt sich gut mit anderen Farben kombinieren. Die Sorte, die nach dem berühmten englischen Architekten und Designer benannt wurde, gehört zu den sog. Englischen Rosen. **ZONEN 4–9.**

Austin, Großbritannien, 1988

('Chaucer' × 'Conrad F. Meyer') × 'Mary Rose'

## 'CHARLESTON' MEIridge

FLORIBUNDA, GELB+, ÖFTERBLÜHEND

Die an die Elternsorte 'Maskerade' erinnernde Rose wächst zu einer eher kompakten Pflanze mit höherwertigeren Blüten heran. 'Charleston' trägt Büschel gelber, rot überhauchter Blüten, die im Sonnenlicht mit zunehmendem Alter eine rote Farbe annehmen. Jede Blüte trägt etwa 20 Petalen und duftet zart. Die Floribundarose ist mit dunkelgrünem Laub bedeckt und gesund. Allerdings muß man Verwelktes ausputzen, wenn man die Nachblüte fördern will. **ZONEN 4–9.**

Meilland, Frankreich, 1963

'Maskerade' × ('Radar' × 'Caprice')

'Charlie's Aunt'

'Charlotte' (II)

## 'CHARLIE'S AUNT'
TEEHYBRIDE, ROSA+, ÖFTERBLÜHEND

Die äußerst großen, cremefarbenen Blüten sind deutlich karminrot überhaucht und duften angenehm. Die Anzahl ihrer Petalen (65) wie auch ihre klassisch hohe Mitte prädestinieren die Teehybride als Ausstellungsrose. Die wuchsfreudige Pflanze mit dem dunkelgrünen, gesunden Laub wird durch Okulation vermehrt. ZONEN 4–9.

McGredy, Neuseeland, 1965

'Golden Masterpiece' × 'Karl Herbst'

## 'CHARLOTTE' (I)
TEEHYBRIDE, ORANGEROSA, ÖFTERBLÜHEND

Diese Sorte hat lange, spitze Knospen, die sich zu hochgebauten, lachsrosa- und korallrosafarbenen, duftenden Blüten öffnen. Die wuchsfreudige, gesunde Pflanze besitzt glänzend grüne Blätter und blüht ausdauernd. Die Vermehrung erfolgt durch Okulation. ZONEN 4–9.

Duehrsen, USA, 1941

'Joanna Hill' × 'Golden Dawn'

## 'CHARLOTTE' (II) AUSpoly
Syn. 'Elgin Festival'
STRAUCHROSE, HELLGELB, ÖFTERBLÜHEND

Unverkennbar ist bei dieser Sorte der Einfluß der Elternpflanze 'Graham Thomas'. Die wunderbar duftenden Blüten sind allerdings heller gelb gefärbt und becherförmig – im Spätsommer krümmen sich die Petalen sogar noch stärker ein. 'Charlotte' (II) bildet einen buschigen, gesunden und reich verzweigten Strauch, der einen ersten anhaltenden Flor in der Sommermitte hervorbringt; die Nachblüte bis in den Herbst hinein fällt nur sporadisch aus. Die Strauchrose eignet sich sowohl als Solitär wie auch als Hochstamm und zählt zu den sogenannten Englischen Rosen des Briten David Austin. Ihr Synonym 'Elgin Festival' verdankt die Strauchrose einem Rosenfest, das in der südafrikanischen Kleinstadt, etwa eine Stunde Autofahrt von der Metropole Kapstadt entfernt, Jahr für Jahr abgehalten wird.
ZONEN 4–9.

Austin, Großbritannien, 1993

Sämling × 'Graham Thomas'

'Charlotte Rampling'

## 'CHARLOTTE ARMSTRONG'
TEEHYBRIDE, DUNKELROSA, ÖFTERBLÜHEND

Die großen, spitz zulaufenden Knospen entwickeln sich zu dunkelrosafarbenen, mit 35 Petalen gefüllten Blüten. Sie sind wohlgeformt und duften. Das Laub der wuchsfreudigen und kompakten Pflanze ist dunkelgrün und ledrig. ZONEN 4–9.

Lammerts, USA, 1940

'Soeur Thérèse' × 'Crimson Glory'

All-American Rose Selection 1941, David Fuerstenberg Preis der American Rose Society 1941, John Cook Medaille der American Rose Society 1941, Portland Goldmedaille 1941, Gertrude M. Hubbard Goldmedaille der American Rose Society 1945, Goldmedaille der National Rose Society 1950

## 'CHARLOTTE RAMPLING'
MEIhirvin
Syn. 'Thomas Barton'
TEEHYBRIDE, ROT, ÖFTERBLÜHEND

Die großen, angenehm duftenden Blüten in auffälligem Weinrot heben sich von dem dunklen Laub ab, das den aufrechten, wiederholt blühenden Busch bedeckt. Aufgrund der außergewöhnlichen Farbe ist 'Charlotte Rampling', die nach einem berühmten Filmstar benannt ist, als Beetrose geeignet, aber auch auch als Hochstamm sieht sie gut aus. Eine Vermehrung erfolgt durch Okulation.
ZONEN 4–9.

Meilland, Frankreich, 1988

Eltern unbekannt

Monza Goldmedaille 1987, Glasgow Duftpreis 1995

## 'CHARMIAN' AUSmian
STRAUCHROSE, REIN ROSA, ÖFTERBLÜHEND

Diese reichblühende, leicht überhängende Strauchrose wird oft als Englische Rose bezeichnet. Sie trägt große, rosettenförmige, rein rosafarbene und stark duftende Blüten, die beim Öffnen zunächst flach sind und sich später etwas stärker runden. Das mittelgrüne Laub ist mattglänzend und krankheitsfest. Aufgrund der üppigen, ausladenden und

'Charmian'

C

'Château de Chenonceaux'

'Châtelaine'

'Chattem Centennial'

überhängenden Wuchsform eignet sich 'Charmian' für Gruppenpflanzungen in einer Rabatte, kann aber auch als halbkletternde Rose an niedrigen Zäunen oder Wänden gezogen werden. Die schweren Blüten drücken die Zweige oft fast auf den Boden hinab. **ZONEN 4–9.**

Austin, Großbritannien, 1982

Sämling × 'Lilian Austin'

## 'CHASIN' RAINBOWS'

SAVachase

**Syn. 'Chasing Rainbows'**

ZWERGROSE, ROT+, ÖFTERBLÜHEND

Diese Rose eignet sich gut als kleine, sehr schön leuchtende Einfassung für ein Beet mit roten und gelben Rosen. Die winzigen Knospen öffnen sich zu gelben, rot überhauchten Blüten, die eine etwas unordentliche Form, leuchtend rote Petalenaußenseiten sowie eine gelbe Blütenmitte haben. Sie sind weder zum Schnitt geeignet, noch verströmen sie jeglichen Duft; dennoch eignet sich der ordentliche, dichte Strauch mit seinen zahlreichen, stets nachwachsenden Blüten gut für den Garten bzw. als Topf- oder Kübelpflanze in Innenhöfen. **ZONEN 5–11.**

Saville, USA, 1990

'Zorina' × 'Rainbow's End'

## 'CHÂTEAU DE CHENONCEAUX'

TEEHYBRIDE, REIN ROSA, ÖFTERBLÜHEND

'Château de Chenonceaux' eignet sich mit ihren typischen großen, rosafarbenen Blüten als einzeln stehende Pflanze oder für Strauchrabatten. Die aus 45 Petalen bestehenden Blüten duften allerdings nur wenig. Die Teehybride, nach einem der vielen Loire-Schlösser benannt, ist hochwüchsig, besitzt große Blätter und steht nach einem ersten Flor noch mehrmals in Blüte. Die Vermehrung ist leicht und erfolgt durch Okulation. **ZONEN 4–9.**

Gaujard, Frankreich, 1973

'Americana' × 'Queen Elizabeth'

## 'CHÂTEAU DE CLOS VOUGEOT'

TEEHYBRIDE, DUNKELROT, ÖFTERBLÜHEND

Ihre sehr dunklen und samtig roten Blüten verbreiten den schweren Duft von Damaszenerrosen. Sie sind groß, mit 75 Petalen gefüllt und sitzen an einem leicht wuchernden, ausladenden Busch inmitten dunkelgrüner, ledriger Blätter. 'Château de Clos Vougeot' ist von jeher beliebt und wird auch heute noch von Kennern gezogen. Benannt wurde sie nach einem berühmten Weingut im Bordelaise. **'Climbing Château de Clos Vougeot'** (Morse, Großbritannien, 1920) ist ein kletternder Sport. Dieser Sport von 1920 wird heute noch gezogen und ist gelegentlich in alten Gärten zu finden. Am besten kommt die Sorte an einer sonnigen Mauer zur Geltung. **ZONEN 4–9.**

Pernet-Ducher, Frankreich, 1908

Eltern unbekannt

'Château de Clos Vougeot'

## 'CHÂTELAINE'

FLORIBUNDA, ORANGEROSA, ÖFTERBLÜHEND

Die großen, korallrosafarbenen Blüten sind mit einem Lachston überzogen, mit 30 Petalen locker gefüllt und verströmen einen angenehmen Duft. Sie erscheinen in kleinen Büscheln, wobei sie sich sehr schön von den glänzend kupferfarbenen Blättern abheben. Die Pflanze ist wuchsfreudig und einigermaßen krankheitsfest. **ZONEN 4–9.**

Lens, Belgien, 1957

('Gloria Dei' × Sämling) × 'Fashion'

## 'CHATTEM CENTENNIAL'

ZWERGROSE, ORANGEROT, ÖFTERBLÜHEND

Eiförmige Knospen öffnen sich zu herrlichen, orangefarbenen und roten Blüten, die ihre edle Form lange halten. Die an kühles Klima angepaßte Rose wird oft aufgrund ihrer klaren Farben mit 'Starina' verglichen; doch ist sie erheblich wuchsfreudiger als diese und steht nahezu immer in Blüte. 'Chattem Centennial' wächst aufrecht bei mittlerer Höhe und bringt einzelne Blüten oder Blütenbüschel hervor. Diese Zwergrose ist recht pflegeleicht und so gut wie kaum anfällig für Krankheiten und Insektenbefall. **ZONEN 4–11.**

Jolly, USA, 1979

'Orange Sensation' × 'Zinger'

## 'CHAUCER' AUScer, AUScon

STRAUCHROSE, REIN ROSA, ÖFTERBLÜHEND

Diese Austin-Sorte ist mittlerweile etwas aus der Mode gekommen, obwohl sie immer noch sehr gut in einen kleinen Garten paßt. Sie trägt kleine Büschel becherförmiger, dunkelrosafarbener Blüten, die an den Ecken verblassen und den Blick auf die schönen Staubgefäße freimachen. Sie verströmen einen intensiven, an Myrrhe erinnernden Duft, der nicht unbedingt jedem zusagt. Da die Elternsorte 'Constanze Spry' nicht zu den öfterblühenden Sorten zählt, verblüfft dieses Merkmal bei der von ihr abstammenden 'Chaucer'. Das Laub dieser Sorte ist glanzlos und mittelgrün; die Stiele sind ähnlich wie bei einer Gallica-Rose mit roten Stacheln bedeckt. Sie ist mittelgroß mit buschigem und aufrechtem Wuchs, aber anfällig für Mehltau. 'Chaucer' eignet sich für Rosenrabatten oder als Einzelpflanze. Sie wird seit 1970 vielfach erfolgreich für Kreuzungen verwendet und zählt ebenfalls zu den Englischen Rosen. **ZONEN 4–9.**

Austin, Großbritannien, 1970

Sämling × 'Constanze Spry'

## 'CHEERIO'

**siehe 'Playboy'**

## 'CHELSEA BELLE' TALchelsea

ZWERGROSE, ROT, ÖFTERBLÜHEND

Diese Rose führte neue Farben in die Welt der Zwergrosen ein. Die Blüten sind kirschrot mit weißem Grund und weißlichen Petalenunterseiten. Die hochgebauten Blüten sitzen entweder einzeln oder gelegentlich in Büscheln zu 6–8 an starken, grundständigen Trieben. Das Laub ist klein, mittelgrün und mattglänzend. Die Pflanze ist wuchsfreudig mit kompaktem, aufrechtem und dichtem Wuchs. Allerdings ist sie ziemlich anfällig für Mehltau. Die Zwergrose – nach Pete und Kay Taylors Lieblingscockerspaniel benannt – wurde auf der *Royal National All Miniature Rose Show* als beste Rose dieser Veranstaltung prämiert. Im Jahre 1993 erhielt sie zusätzlich den *International Ralph Moore Award.* **ZONEN 4–11.**

Taylor, USA, 1987

'Azure Sea' × 'Party Girl'

## 'CHÉNÉDOLÉ'

ALTE R., CHINAROSE, ORANGEROT

Diese Sorte zählt zu jenen geheimnisvollen Alten Rosen, die schwierig einzustufen sind, da Stiele, Wuchsform, Laub

'Chaucer'

'Cherub'

'Cherry Meidiland'

und Knospen Ähnlichkeiten mit entsprechenden Merkmalen von Gallica-Rosen aufweisen, während Farbe und Form eher auf eine Chinarose verweisen. 'Chénédolé' blüht nur einmal im Juni; sie trägt einfache runde Knospen, die oftmals in Büscheln zu 2–3 mit federförmigen, glänzenden Kelchblättern angeordnet sind. Sie öffnen sich nach und nach zu großen, flachen, geviertelten, hellzinnoberroten Blüten mit duftenden, seidigen Petalen. Die Blätter sind dunkelgrün und derb, die Triebe mit kleinen, hakenförmigen Stacheln versehen. Hochwachsende Triebe hängen leicht über und sollten dann unbedingt abgestützt werden. **ZONEN 4–11.**

Thierry, Frankreich, vor 1841

Eltern unbekannt

## 'CHERISH' JACsal

FLORIBUNDA, ORANGEROSA, ÖFTERBLÜHEND

'Cherish' zählt zu einer Reihe dichter, leicht ausladend wachsender Rosen. Kurze, flache Knospen öffnen sich zu zart duftenden, korallrosafarbenen Blüten mit 30 Petalen. Als gute Schnittblumen halten sie sich lange in der Vase. Das Laub ist dunkelgrün, gesund und sitzt an einer kompakten Pflanze, die ein wenig Platz benötigt und sich durch Okulation vermehren läßt. **ZONEN 4–9.**

Warriner, USA, 1980

'Bridal Pink' × 'Matador'

All-American Rose Selection 1980

## 'CHERRY BRANDY' TANryrandy

TEEHYBRIDE, ORANGE+, ÖFTERBLÜHEND

Die großen, orangefarbenen, mit 30 Petalen gefüllten Blüten besitzen eine gute hochgebaute Form, duften und sitzen in

'Cherub'

Büscheln zu 3–7 auf Stielen; sie sind an den äußeren Petalen mit einen feinen Hauch von Rosa überzogen. Den ganzen Sommer und Herbst hindurch erscheinen die prächtigen Blumen umgeben von dunkelgrünem, ledrigem Laub, das hierzu schön kontrastiert. 'Cherry Brandy' ist eine wuchsfreudige Pflanze mit ausladendem, aber aufrechtem Wuchs und eignet sich gut für Beete. **ZONEN 4–9.**

Tantau, Deutschland, 1985

Eltern unbekannt

Royal National Rose Society Trial Ground Certificate 1986, Belfast Goldmedaille 1989

## 'CHERRY MEIDILAND'

MEIrumour

**Syn. 'Cherry Meillandecor'**

STRAUCHROSE, ROT+, ÖFTERBLÜHEND

'Cherry Meidiland' wirkt in jedem Garten wie ein leuchtender Farbfleck. Die Rose trägt einfache, rote Blüten mit weißer Mitte und goldgelben Staubgefäßen. Die Petalen sind an den Rändern leicht gewellt. Der große, ausladende Strauch bedeckt sich mit üppigen, glänzend dunkelgrünen Blättern und ist den ganzen Sommer hindurch mit schönen Blüten besetzt. Im Garten verträgt 'Cherry Meidiland' auch nährstoffärmere Böden und ist ziemlich gesund. Sie läßt sich in Gruppen oder als Hecke, aber auch als Einzelpflanze setzen. Putzt man verwelkte Blüten nicht aus, so entwickeln sie sich zu hübschen Hagebutten, die auch im Winter für ein wenig Farbe sorgen. **ZONEN 5–9.**

Meilland, Frankreich, 1994

Eltern unbekannt

Genf Goldmedaille 1994

'Cherry-Vanilla'

## 'CHERRY SUNBLAZE' MEIbekarb

ZWERGROSE, ROT, ÖFTERBLÜHEND

Die einfarbig roten Blüten von 'Cherry Sunblaze' sind mit 15–25 Petalen einigermaßen gut gefüllt. Die eher kleinen Blüten sitzen vorwiegend in kleinen Büscheln an der Pflanze und duften kaum. Das hübsche Laub ist glänzend und mittel- bis dunkelgrün. Genau wie andere Sorten der „Meillandina-Reihe" – bzw. „Sunblaze-Reihe" im angelsächsischen Raum – wurde 'Cherry Sunblaze' ebenfalls gezielt als mittelgroßer Busch mit aufrechtem und dichtem Habitus gezüchtet. Dieses Merkmal macht die Rose so gut für die Landschaftsgärtnerei geeignet. **ZONEN 5–11.**

Meilland, Frankreich, 1993

Sport von 'Sweet Symphony'

## 'CHERRY-VANILLA' ARMilla

TEEHYBRIDE, ROSA+, ÖFTERBLÜHEND

Diese große und reichblühende Sorte mit rosafarbenen Blüten und einer cremefarbener Mitte ist wegen ihrer hochgebauten Blüten recht bekannt. Die duftenden, gefüllten Blüten, die oft in Büscheln stehen, heben sich gut von dem dunkelgrünen, ledrigen Laub ab. Aufgrund ihres kompakten Wuchses ist 'Cherry-Vanilla' besonders für die Vorderseite von Rabatten geeignet. **ZONEN 4–9.**

Armstrong, USA, 1973

'Buccaneer' × 'El Capitan'

## 'CHERUB'

RAMBLERROSE, ROSA+

Diese von Alister Clark gezüchtete australische Ramblerrose bringt im Juni reichlich lachsrosa, halbgefüllte und becherförmige Blüten hervor, die von sattgrünen, glänzenden und faltigen Blättern umgeben sind. Aufrund der sich stark entwickelnden Triebe eignet sich 'Cherub' hervorragend als rankender Bewuchs von Pergolen oder Mauern. **ZONEN 6–10.**

Clark, Australia, 1923

Sämling von 'Claire Jacquier'

'Cherish'

'Cherry Brandy'

C

## 'CHESHIRE LIFE'

TEEHYBRIDE, ORANGEROT, ÖFTERBLÜHEND

Die großen, zinnoberroten Blüten dieser Rose sind urnenförmig, mit 35 Petalen gefüllt und duften zart; manche Blüten erreichen einen Durchmesser von 13 cm. Das Laub ist dunkelgrün, ledrig und krankheitsfest. Im Garten eignet sich die Sorte für Beete und wird wegen ihrer prächtigen Blüten, die bis in den Herbst hinein erscheinen, sehr geschätzt. **ZONEN 4–9.**

Fryer, Großbritannien, 1972

'Primaballerina' × 'Princess Michiko'

## 'CHEVY CHASE'

RAMBLERROSE, DUNKELROT

'Chevy Chase', nach einem amerikanischen Komiker benannt, besitzt kleine, dichtgefüllte, dunkel scharlachrote Blüten. Sie sitzen in großen Büscheln an wuchsfreudigen, steifen Trieben, die in einer Saison 4 m Länge erreichen können. Schon die kugeligen, hellgrünen Knospen sind sehr reizvoll; in voller Blüte aber bietet dieser Rambler ein aufsehenerregendes Bild. Das Laub ist hellgraugrün, faltig und dicht. Die Triebe sind mit hakenförmigen Stacheln versehen; vergreiste Zweige sollte man ganz entfernen. Sie blüht nur im Juni, die Blüte ist dafür sehr lange haltbar. Bei großer Hitze können die dunkelroten Blüten zu Schwarz verbrennen. Leider ist die Pflanze anfällig für Sternrußtau. **ZONEN 5–9.**

Hansen, USA, 19×9

*Rosa soulieana* × 'Eblouissant'

Dr. W. Van Fleet Medaille 1941

## 'CHIANTI'

STRAUCHROSE, MAUVE+, ÖFTERBLÜHEND

'Chianti', eine der ersten Englischen Rosen von David Austin, ist eine Kreuzung zwischen einer modernen Floribundarose und einer alten Gallica-Rose. Die großen, bräunlich-purpurfarbenen, rosettenförmigen und halbgefüllten Blüten duften stark wie Alte Rosen, blühen nur im Sommer und sitzen dann in kleinen rundlichen Büscheln an einer wuchsfreudigen Pflanze. 'Chianti' ist eine sehr gesunde Rose mit dunkelgrünem, glänzendem Laub. Als Einzelpflanze oder auch in einer Strauchrabatte benötigt sie viel Platz. **ZONEN 4–9.**

Austin, Großbritannien, 1967

'Dusky Maiden' × 'Tuscany'

'Chica'

'Cheshire Life'

## 'CHIC'

FLORIBUNDA, ROSA+, ÖFTERBLÜHEND

Die becherförmigen Blüten dieser Rose sind mittelgroß und mit etwa 70 Petalen äußerst dicht gefüllt. Sie sind in kleinen Büscheln angeordnet und duften zart. 'Chic' wächst rasch, ist buschig verzweigt und bildet stets neue Blüten nach. Sie eignet sich als Beetrose; da die Floribundarose nur noch selten kultiviert wird, betrachten sie manche Experten bereits als ausgestorben. **ZONEN 4–9.**

Boerner, USA, 1953

Sämling von 'Rosenmärchen' × 'Fashion'

## 'CHICA'

TEEHYBRIDE, HELLROSA, ÖFTERBLÜHEND

'Chica' eignet sich hervorragend als Schnittrose und hält sich lange in der Vase. Die hellrosa Blüten sind eher klein, mit mehreren Petalenkränzen dicht gefüllt und sitzen an langen geraden Stielen mit wenigen Stacheln. Auch im Garten zeigt die blühwillige 'Chica' über lange Zeit hinweg ihre äußerst hübschen Blüten. Das dunkelgrüne Laub ist breit, dicht und krankheitsfest. **ZONEN 5–11.**

Kordes, Deutschland, 1996

Eltern unbekannt

## 'CHICAGO PEACE' JOHnago

TEEHYBRIDE, ROSA+, ÖFTERBLÜHEND

Dieser Sport von 'Gloria Dei' trägt wohlgeformte, zart duftende Blüten mit einer rosafarbenen Tönung, die an Phlox erinnert und innen kanariengelb abgesetzt sind. Im Sommer kommt es zu einer wunderbaren Blütenpracht bei zuverlässiger Nachblüte im Herbst. Die Pflanze erinnert in vielerlei Hinsicht an die Ursprungssorte, nur die Blüten sind in der Farbgebung noch intensiver. Sie ist eine der zahlreichen Mutationen von 'Gloria Dei', die alle etwa zur gleichen Zeit herauskamen, wobei diese spezielle Form von einem Züchter aus Chicago entdeckt wurde. Der kletternde Sport **'Climbing Chicago Peace'** blüht nur sehr zögerlich. **ZONEN 4–9.**

Johnston, USA, 1962

Sport von 'Gloria Dei'

Portland Goldmedaille 1962

## 'CHICK-A-DEE' MORchick

ZWERGROSE, REIN ROSA, ÖFTERBLÜHEND

Die spitzen Blüten öffnen sich zu rein rosafarbenen, zart duftenden Blüten, die vereinzelt gestreift sind. Die mit 40–50

'Chic'

'Chianti'

'Chevy Chase'

Petalen gefüllten Blüten erscheinen einzeln oder zu 3–9 in Büscheln. Aufgrund ihrer hohen Mitte sind sie auch für Ausstellungen geeignet. Die Stacheln sind klein, hakenförmig abwärts gebogen und bräunlich. 'Chick-A-Dee' wächst kompakt und rund, bleibt dabei aber niedrig. **ZONEN 4–11.**

Moore, USA, 1990

'Mignon' × ('Dortmund' × ['Fairy Moss' × {'Little Darling' × 'Ferdinand Pichard'}])

## 'CHILD'S PLAY' SAVachild

ZWERGROSE, WEISS, ÖFTERBLÜHEND

Diese Zwergrose zählt zu den wenigen Sorten, die eine Auszeichnung der *All American Rose Selection* erhielten. Die entzückenden weißen, mit 20 Petalen gefüllten Blüten sind wunderbar mit einem zarten Rosa umrahmt. Sie erscheinen einzeln oder zu 3–6 in kleinen Büscheln. Ihre ausgezeichneten hochgebauten Blüten an kurzen Stielen, umgeben von recht kleinen Blättern, machen 'Child's Play' durchaus zu einer guten Ausstellungsrose. Die Pflanze ist wuchsfreudig und buschig, bleibt jedoch niedrig. Sie ist sehr blühwillig und eignet sich im Garten daher gut zum Einfassen von Gartenwegen oder Rabatten.

**ZONEN 4–11.**

Saville, USA, 1991

('Yellow Jewel' × 'Tamango') × 'Party Girl'

All-American Rose Selection 1993, American Rose Society Award of Excellence 1993

## 'CHIMO' INTercher

STRAUCHROSE, ROT, ÖFTERBLÜHEND

Diese niedrige, ausladende Rose trägt kleine, zart duftende Blüten, die beim

'Chimo'

'China Doll'

'Chinatown'

Öffnen zunächst rot sind und sich später dunkelrot verfärben. Sie sind becherförmig, bestehen aus nur fünf gewellten Petalen mit einer farbenprächtigen Reihe goldgelber Staubgefäße und erscheinen wiederholt den ganzen Sommer hindurch. Die Pflanze ist von mittelgrünem Laub bedeckt, das einen ansehnlichen Kontrast zu den roten Blüten bildet.

**ZONEN 5–9.**

Ilsink, Niederlande, 1992

Sämling von 'Kordes' Rose Immensee'

## 'CHINA DOLL'

POLYANTHAROSE, REIN ROSA, ÖFTERBLÜHEND

Diese früher einmal sehr beliebte, stachellose und reichblühende Sorte mit kurzem, kompakten, aufrechtem Wuchs findet auch heute noch ihre Fangemeinde. Die becherförmigen, zart duftenden, rosafarbenen Blüten sind innen gelb. Büschelförmig heben sie sich von den ledrigen, gefiederten Blättern ab, die sich zumeist aus 5 Fiederblättchen zusammensetzen. Die recht gesunde 'China Doll' ist für niedrige Rabatten gut geeignet und läßt sich durch Okulation oder aus Stecklingen vermehren; sie steht beinahe andauernd in Blüte. **'Climbing China Doll'** (Syn. 'Weeping China Doll'; Weeks, USA, 1977) ist ein kletternder und äußerst wuchsfreudiger Sport. Das Merkmal für Mehrfachblüte ist allerdings nicht sehr ausgeprägt. Die Kletterrose eignet sich gut als rankender Bewuchs für Pergolen oder als überhängender Hochstamm. **ZONEN 4–9.**

Lammerts, USA, 1946

'Mrs Dudley Fulton' × 'Tom Thumb'

## 'CHINATOWN'

Syn. 'Ville de Chine'

FLORIBUNDA, GOLDGELB, ÖFTERBLÜHEND

'Chinatown' ist eine besonders wuchsfreudige Pflanze, die eher eine Strauchrose als – wie in den meisten Katalogen

'Climbing China Doll'

'Chicago Peace'

'Climbing Chicago Peace'

'Chicago Peace'

beschrieben – eine Floribundarose ist. Sie wächst höher, wenn man sie anbindet. Ihre langen, starken Triebe sind mit üppigem, mittelgrünem Laub bedeckt und tragen gelbe und rosafarbene Blüten. Die stark nach Pfirsich duftende Rose bringt einzelne Blüten oder auch Blütenbüschel hervor und steht bis in den Herbst hinein in Blüte. Die sehr krankheitsfeste und pflegeleichte Sorte, die ab und zu leicht zurückgeschnitten werden muß, macht sich hervorragend als Solitär oder Hecke.

**ZONEN 3–9.**

Poulsen, Dänemark, 1963

'Columbine' × 'Cläre Grammerstorf'

Goldmedaille der Royal National Rose Society 1962, Royal Horticultural Society Award of Garden Merit 1993

## 'CHIQUITA' MORkita

ZWERGROSE, DUNKELROT, ÖFTERBLÜHEND

Die Blüten von 'Chiquita' sind leuchtend dunkelrot. Die Blüten sind mit 20 flach angeordneten Petalen halb gefüllt und sitzen einzeln am Stiel. Sie verbreiten einen zarten Duft, der besonders in warmen Lagen zur Geltung kommt. Ihre schillernde Leuchtkraft erbte die Zwergrose von ihrer berühmten Elternsorte 'Anytime'. 'Chiquita' hat einen aufrechten und dichten Wuchs mit kleinen, glanzlosen, mittelgrünen Blättern und kurzen braunen, hakenförmigen Stacheln. Hagebutten werden kaum gebildet. **ZONEN 4–11.**

Moore, USA, 1998

'Anytime' × 'Happy Hour'

'Choo-Choo Centennial'

'Chivalry'

'Chloris'

## 'CHIVALRY' MACpow

**Syn. 'Rittertum'**
TEEHYBRIDE, ROT+, ÖFTERBLÜHEND

Die großen, gefüllten Blüten dieser Rose bestehen aus 35 leicht einwärts gebogenen roten, unterseits gelblichen Petalen und duften schwach. Mit ihren dunkelgrünen, glänzenden Blättern ist 'Chivalry' für Beete und Rabatten gleichermaßen geeignet. Die Teehybride ist von mäßig kräftigem Wachstum und recht krankheitsfest. Die Vermehrung erfolgt durch Okulation. ZONEN 4–9.

McGredy, Neuseeland, 1977

'Peer Gynt' × 'Brasilia'

## 'CHLORIS'

**Syn. 'Rosée du Matin'**
ALTE R., ALBA-ROSE, HELLROSA

'Chloris' ist eine sehr alte Sorte mit dunkelgrünen Blättern und nur vereinzelten Stacheln, die eine Höhe von 2 m erreicht. Die Blüten erinnern stark an diejenigen von 'Celeste'. Die gefüllten, geviertelten Blüten bilden aufgrund der zahlreichen zurückgebogene Petalen oft Knopfaugen aus. Ihre zartrosa Tönung bildet einen hübschen Kontrast zu den dunklen Blättern. ZONEN 5–9.

Vor 1848

Eltern unbekannt

## 'CHOO-CHOO CENTENNIAL'

ZWERGROSE, HELLROSA, ÖFTERBLÜHEND

Die eleganten, ovalen Knospen dieser Rose öffnen sich zu üppigen, aus 70 Petalen bestehenden Blüten in zartem Rosa, deren Unterseiten elfenbeinfarben sind. Sie sind in Büscheln zu je 3–5 angeordnet und duften sehr zart. Der Flor dauert mehrere Wochen an. Oft heißt es, daß ihre Blüten der Form nach Alten Gartenrosen ähnlich sähen. In heißem

'Christine Wright'

Klima verblaßt der Farbton erst beim Abblühen. Die Pflanze ist zwar klein, trägt aber die ganze Saison hindurch reichlich Blüten. 'Choo-Choo Centennial' ist einer von vielen Abkömmlingen der klassischen Elternpflanze 'Golden Meillandina'. ZONEN 4–11.

Jolly, USA, 1980

'Golden Meillandina' × 'Grand Opera'

## 'CHORUS' MEIjulito, MEIjalita

FLORIBUNDA, ORANGEROT, ÖFTERBLÜHEND

Diese äußerst reichblühende Sorte trägt gesunde, dunkelgrüne und glänzende Blätter, die von mittelgroßen Büscheln mit leuchtend zinnoberroten, gefüllten Blüten gekrönt sind. Jede Blüte setzt sich aus 35 Petalen zusammen und strömt einen zarten fruchtigen Duft aus. 'Chorus' bildet einen leuchtenden Farbfleck im Garten und eignet sich für flächige Pflanzungen und Rosenbeete, läßt sich aber recht gut als Hochstamm ziehen. Die Floribundarose ist sehr resistent gegen Pilze und Insekten. Die Vermehrung erfolgt durch Okulation. **'Climbing Chorus'** ist eine Mutation dieser Sorte, die sich als kletternder Bewuchs für Mauern und Pergolen eignet.
ZONEN 4–9.

Paolino, Frankreich, 1977

'Tamango' × ('Sarabande' × 'Zambra')

ADR-Rose 1977

## 'CHRISTIAN DIOR' MEIlie

TEEHYBRIDE, ROT, ÖFTERBLÜHEND

Diese nach dem Pariser Modedesigner benannte Rose besitzt große, wohlgeformte, leuchtend scharlachrote, gefüllte Blüten mit etwas hellerer Unterseite, einer leicht spitzen Form und hoher Mitte mit 55 Petalen; zuweilen öffnen sich die Knospen aber auch becherförmig. 'Christian Dior' ist eine überaus reichblühende Rose, und in den wärmeren Monaten geschieht dies sogar mehrfach hintereinander. Die buschige Pflanze mit glänzend grünem, ledrigen Blättern eignet sich als Hochstamm, Beet- oder Rabattenrose. Aufgrund ihrer langen Stiele macht sie sich auch gut als Schnittrose. Wenn man ein Mittel gegen Mehltau einsetzt, ist sie recht krankheitsfest. **'Climbing Christian Dior'** (Chang, 1966) ist ein sehr populärer Sport dieser großblumigen Rose.
ZONEN 4–9.

Meilland, Frankreich, 1958

('Kordes' Sondermeldung' × 'Rouge Meilland'') × ('Gloria Dei' × 'Rouge Meilland')

Genf Goldmedaille 1958, All-American Rose Selection 1962

## 'CHRISTINE, CLIMBING'

GROSSBLUMIGE KLETTERROSE, GOLDGELB

Bei dieser Rose handelt es sich um einen kletternden Sport von 'Christine', einer besonders beliebten Teerose aus der Zeit des 2. Weltkriegs. 'Christine, Climbing' trägt im Juni relativ kleine, wohlgeformte, leuchtend goldgelbe Blüten, die einen wunderschönen Duft verbreiten. Das dunkelgrüne, glänzende Laub dieser wuchsfreudigen Pflanze ist sehr hübsch anzusehen. Die Vermehrung erfolgt durch Okulation.
ZONEN 4–9.

Willink, Großbritannien, 1936

Sport von 'Christine'

## 'CHRISTINE WRIGHT'

GROSSBLUMIGE KLETTERROSE, ROSA+, ÖFTERBLÜHEND

Diese Kletterrose trägt sehr große Blüten in freundlichen Rosatönen an langen, herabhängenden Stielen. Die Blüten treten meist in Büscheln auf und zeigen sich schon früh im Juni, wenn kaum schon andere Rosen blühen. Ihr Duft ist angenehm moschusartig. Die urnenförmigen Knospen öffnen sich zu becherförmigen Blüten mit je 20 überlappenden Petalen und hervorstehenden gelben Staubgefäßen. Obwohl auch im Herbst gelegentlich einige Blüten auftreten, sollte man Verblühtes nicht entfernen, weil sich im Anschluß außerordentlich schöne Hagebutten bilden. Im Garten ist 'Christine Wright' bestens als rankender Bewuchs für Mauern, Zäune und Pergolen oder

'Chorus'

'Christian Dior'

C

'Chromatella'

niedrige Bäume geeignet. Die Pflanze bringt zahlreiche neue Basistriebe hervor, so daß man nach dem Abblühen das alte Holz ruhig entfernen kann. Kontrolliert man das Wachstum nicht, so erreicht sie mit Leichtigkeit die doppelte Höhe einer Kletterrose.
**ZONEN 4–9.**

Hoopes Brothers und Thomas, USA, 1909

(*Rosa wichuraiana* × unbekannte Teerose) × 'Mme Caroline Testout'

## 'CHRISTOPH COLUMBUS'

MEInronsse, MEIronsse

**Syn. 'Christoph Colomb', 'Columbas', 'Cristobal Colon', 'Cristoforo Colombo', 'Flamboyance'**

TEEHYBRIDE, ORANGE+, ÖFTERBLÜHEND

Die großen, kupferfarbenen Blüten dieser Rose sind wohlgeformt, mit 25–40 Petalen dicht gefüllt und erscheinen einzelnstehend. Nach einem ersten Flor blüht die Pflanze wiederholt den ganzen Sommer und Herbst hindurch und verströmt einen leichten Duft. Die stark bewehrte Pflanze trägt dunkelgrüne, mattglänzende, recht gesunde Blätter. 'Christoph Columbus' ist von aufrechtem Wuchs und eignet sich somit gut für Rosenbeete oder Rabatten.
**ZONEN 4–9.**

Meilland, Frankreich, 1991

MEIgurani × ('Ambassador' × MEInaregi)

## 'CHRISTOPHER' COCopher

TEEHYBRIDE, ROT, ÖFTERBLÜHEND

Die leuchtend roten, wohlgeformten Blüten dieser Sorte sind gefüllt und treten nach einem ersten Flor wiederholt auf. Die Pflanze wächst aufrecht und besitzt dunkelgrüne, glänzende Blätter. Sie gibt eine gute Beetrose ab und gilt als recht krankheitsfest.
**ZONEN 4–9.**

Cocker, Großbritannien, 1993

'Anne Cocker' × 'Bad Nauheim'

## 'CHRISTOPHER COLUMBUS'

POUlstripe

FLORIBUNDA, ROSA+, ÖFTERBLÜHEND

Diese Floribundarose ist verhältnismäßig klein und könnte daher als Rabattenrose klassifiziert werden. Sie trägt mittelgroße bis große Büschel kleiner, becherförmiger, gefüllter Blüten, die nur schwachen, aber angenehmen Duft ausströmen. Sie sind rosafarben getönt mit leuchtend scharlachroten Streifen und blühen den ganzen Sommer hindurch. Im Herbst blüht 'Christopher Columbus' mit großer Zuverlässigkeit nach. Das Laub der

'Chrysler Imperial'

Pflanze ist klein, dunkelgrün und gesund. **ZONEN 4–9.**

Poulsen, Dänemark, 1992

Eltern unbekannt

Royal National Rose Society Trial Ground Certificate 1994

## 'CHROMATELLA'

**Syn. 'Cloth of Gold'**

ALTE R., NOISETTEROSE, HELLGELB, ETWAS NACHBLÜHEND

'Chromatella' bildet im Frühjahr Einzelblüten und im Herbst Blütenbüschel. Die cremefarbenen Blüten mit schwefelgelben Mittelpunkten sind kugelförmig und mit zahlreichen festen Petalen dicht gefüllt. Die wuchsfreudige Kletterrose liebt einen sonnigen Standort und kann 3,5 m hoch werden, braucht aber längere Zeit, um sich aufzubauen. Viele bezeichnen diese Rose schwierig zu handhaben, geduldige Gärtner werden jedoch mit einer wunderbaren Blütenpracht vom späten Frühjahr bis zum Herbst belohnt. Die häufig auch als 'Cloth of Gold' gehandelte Pflanze wirkt ein wenig schütter und ist krankheitsanfällig; daher empfiehlt sich nur ein leichter Rückschnitt. Königin Victoria von England trug diese Rose, als sie den *Crystal Palace* anläßlich der Weltausstellung im Jahre 1847 eröffnete. **ZONEN 7–10.**

Coquereau, Frankreich, 1843

Sämling von 'Lamarque'

## 'CHRYSLER IMPERIAL'

TEEHYBRIDE, DUNKELROT, ÖFTERBLÜHEND

'Chrysler Imperial' ist eine kompakte, wuchsfreudige Pflanze mit dunkelgrünen, mattglänzenden Blättern, die ihre Erscheinung noch besser zur Geltung bringen. Sie trägt lange, spitze Knospen, die sich zu großen, dichtgefüllten, wohlgeformten Blüten mit 45 samtigen, intensiv scharlachroten Petalen öffnen; diese werden mit der Zeit blau. Die Blü-

'Christoph Columbus'

ten verströmen einen angenehmen Duft und treten in wiederholten Blühperioden auf. Die Sorte eignet sich sehr gut für Beete, läßt sich aber auch als Hochstamm ziehen. 'Chrysler Imperial' wird in Lagen mit kälterem Wetter leicht von Mehltau befallen. **'Climbing Chrysler Imperial'** (Syn. 'Gpt Chrysler Imperial';

'Cicely Lascelles'

'Church Mouse'

'Circus'

Begonia, USA, 1957) ist ein Sport mit besonders hochwertigen Blüten, trägt diese aber lediglich im Juni.
**ZONEN 4–9.**

Lammerts, USA, 1952

'Charlotte Armstrong' × 'Mirandy'

Portland Goldmedaille 1951, All-American Rose Selection 1953, Gamble-Duftpreis 1965

## 'CHURCH MOUSE' FOUmouse

ZWERGROSE, ROSTFARBEN, ÖFTERBLÜHEND

Die Blüten sind ungewöhnlich gelblichbraun, an der Basis aber gelb getönt; im Alter nehmen sie dann einen zarten Mischton aus Flieder und Braun an. Urnenförmige Knospen öffnen sich zu lokker angeordneten Blüten, die meist einzeln oder in kleinen Büscheln zu 3–4 an den Stielen sitzen und beim Öffnen ausgeprägt süßlich duften. Die nicht winterharte Rose sollte in kühleren Klimazonen nicht gepflanzt werden.
**ZONEN 6–11.**

Jacobs, USA, 1989

'Angel Face' × 'Plum Duffy'

## 'CICELY LASCELLES'

GROSSBLUMIGE KLETTERROSE, ORANGEROSA, ÖFTERBLÜHEND

Diese roséfarbene, halbgefüllte Sorte erreicht eine beträchtliche Höhe und eignet sich beispielsweise für eine Veranda oder als Pyramide am hinteren Rand eines Rosenbeetes. Das Laub der wuchsfreudigen Pflanze ist mittelgrün und gesund. **ZONEN 5–9.**

Clark, Australien, 1937

Eltern unbekannt

## 'CIDER CUP' DICIalida

ZWERGROSE, ORANGE+, ÖFTERBLÜHEND

Diese Rose wird von Blüten in einem dunklen, leuchtenden Apricot bedeckt. Oft wird 'Cider Cup' zu den schönsten Zwergrosen dieser Farbgruppierung gezählt, da sie die ganze Saison ein Vilezahl von Blüten hervorbringt, denen schlechtes Wetter nichts anhaben kann. Diese wachsen einzeln oder in kleinen Büscheln an der buschigen Pflanze. Aufgrund der Blütengröße zählen einige Züchter 'Cider Cup' zu den Rabattenrosen. Desungeachtet ist die Sorte besonders in Großbritannien als Ausstellungsrose außerordentlich beliebt. Als sie 1990 auf einer Rosenshow in Ohio (USA) vorgestellt wurde, gewann sie sogleich eine Auszeichnung. **ZONEN 4–11.**

Dickson, Großbritannien, 1987

'Memento' × ('Liverpool Echo' × 'Woman's Own')

'Cinderella'

## 'CINDERELLA'

ZWERGROSE, WEISS, ÖFTERBLÜHEND

Am besten kann man die Blütenfarbe von 'Cinderella' als seidig glänzend und weiß mit einem Stich ins Fleischfarbene beschreiben. Die winzigen Blüten mit jeweils 55 Petalen und ein ebenso zierliches Laub weisen sich als klassische Miniaturrose aus. Die Pflanze ist offenbar die ganze Saison hindurch von Blüten nur so übersät, die zumeist in großen Büscheln auftreten. Eingeführt wurde 'Cinderella' 1953 durch Jan de Vink, einen niederländischen Vorreiter auf dem Gebiet der Zwergrosenzucht. In der Gegenwart erfreut sie sich vor allem Fans von Blumengestecken größter Beliebtheit. In Gegenden mit kühlerem Klima kommt der frische Farbton der Blüten besonders gut zur Geltung.
**ZONEN 4–11.**

de Vink, Niederlande, 1953

'Cécile Brunner' × 'Tom Thumb'

## 'CIRCUS'

FLORIBUNDA, GELB+, ÖFTERBLÜHEND

Diese extrem reichblühende Rose besitzt gelbe Blüten, die in rosa, lachsfarben und scharlachrot gesprenkelt sind. Die großen, mit etwa 50 Petalen äußerst dichtgefüllten Blüten mit hoher Mitte entwikkeln sich aus urnenförmigen Knospen, wachsen in großen Büscheln und verströmen den würzigen Duft von Teerosen. Die Blätter an dem wuchsfreudigen, mittelgroßen Busch sind mattglänzend, ledrig und einigermaßen krankheitsfest.

Diese öfterblühende schöne Beetrose ist immer noch recht beliebt. **'Climbing Circus'** (House, USA, 1961) ist ein wuchsfreudiger Sport von 'Circus' und blüht nur im Juni/Juli, doch sind auch im Herbst gelegentlich ein paar Blüten zu sehen. Er eignet sich als Bewuchs für Mauern oder Säulen. **ZONEN 4–9.**

Swim, USA, 1956

'Fandango' × 'Rosenmärchen'

Genf Goldmedaille 1955, Goldmedaille der Royal National Rose Society 1955, All-American Rose Selection 1956

## 'CITY GIRL' HARzorba

GROSSBLUMIGE KLETTERROSE, ROSA+, ÖFTERBLÜHEND

Diese Kletterrose ist durch eine aufsehenerregende Blütenpracht leuchtend korallrosafarbener, mittelgroßer, gefüllter Blüten gekennzeichnet, die bekanntermaßen bis weit in den Herbst anhält. Die später auftretenden Blüten sind jedoch eher lachsfarben getönt. Das dunkelgrüne, glänzende Laub macht diese Rose sehr geeignet für Wände, Pergolen und Zäune; aber auch als Einzelpflanze läßt sie sich gut ziehen. Den Namen 'City Girl' erhielt dieser Climber anläßlich des hundertjährigen Bestehens der *City of London School for Girls*. Die Vermehrung erfolgt durch Okulation.
**ZONEN 4–9.**

Harkness, Großbritannien, 1994

'Armada' × 'Compassion'

Genf Silbermedaille 1995, Glasgow Silbermedaille 1995

## 'CITY OF AUCKLAND' MACtane

TEEHYBRIDE, ORANGE+ ÖFTERBLÜHEND

Diese reichblühende Sorte wird in erster Linie aufgrund ihres ausgeprägten Dufts kultiviert. Große, gefüllte Blüten in verschiedenen Orangeschattierungen stehen vor mittelgrünen, mattglänzenden Blättern. Nach dem Flor erfolgen wiederholte Nachblüten. Die krankheitsfeste Teehybride wächst buschig.
**ZONEN 4–9.**

McGredy, Neuseeland, 1981

'Benson & Hedges Gold' × 'Whisky'

'Climbing Chrysler Imperial'

'City of Auckland'

'City of Belfast'

## 'CITY OF BELFAST' MACci

FLORIBUNDA, ORANGEROT, ÖFTERBLÜHEND

Diese außergewöhnliche Rose weist große Büschel dekorativer Blüten auf, deren Farbpalette von leuchtendem Orange über Blutrot bis hin zu Scharlachrot reicht. Sie duften nur wenig, dafür ist die Pflanze aber im wahrsten Sinne des Wortes öfterblühend. Der Busch selbst ist von leicht ausladendem Wuchs und trägt gesunde, glänzend grüne Blätter. 'City of Belfast' ist sehr beliebt und wird gern als Hochstamm oder Beetrose eingesetzt. **ZONEN 4–9.**

McGredy, Großbritannien, 1968

'Irish Wonder' × ('Circus' × 'Korona')

Neuseeland Goldmedaille 1967, Royal National Rose Society President's International Trophy 1967, Belfast Goldmedaille 1970, Den Haag Goldmedaille 1976

## 'CITY OF BENALLA'

TEEHYBRIDE, ORANGEROT, ÖFTERBLÜHEND

Die 45 karminroten, innen korallroten Petalen füllen die großen Blüten so dicht, daß eine hohe Mitte entsteht; die äußeren Petalen verblassen im Alter. Die Blüten, die sich aus spitz zulaufenden, kugelförmigen Knospen öffnen, sitzen einzeln auf Stielen und duften leicht. 'City of Benalla' ist ein wuchsfreudiger Busch, der eine beträchtliche Höhe erreicht. Er trägt braune Stacheln und dichtes, glänzendes, dunkelgrünes Laub. **ZONEN 4–9.**

Dawson, Australien, 1983

'My Choice' × 'Extravaganza'

## 'CITY OF BIRMINGHAM'

KORholst

Syn. 'Holstein 87', 'Kordes' Rose Holstein', 'Esprit', 'Petite Marquis'

STRAUCHROSE, DUNKELROT, ÖFTERBLÜHEND

Diese äußerst gesunde und wuchsfreudige Strauchrose erreicht eine mittlere Höhe. Sie trägt mattglänzende Blätter, die den ganzen Sommer und Herbst hindurch von großen Büscheln halbgefüllter Blüten bedeckt sind. Jede dunkelscharlachrote Blüte weist etwa 12 Petalen auf und verströmt einen zarten Duft. Während der hier aufgelistete Erstname eine Hommage an die zweitgrößte Stadt Großbritanniens ist, bezieht sich das deutsche Synonym 'Holstein 87' auf jenen Teil des Bundeslandes Schleswig-Holstein, in dem auch der Züchter lebt. **ZONEN 4–9.**

Kordes, Deutschland, 1987

Sämling × 'Chorus'

'City of Hereford'

'City of Benalla'

'City of Goulburn'

## 'CITY OF BRADFORD'

HARrotang

FLORIBUNDA, ORANGEROT, ÖFTERBLÜHEND

Die orangeroten, halbgefüllten, kleinen bis mittelgroßen Blüten bestehen aus 15 leicht gewellten Petalen und sind becherförmig. In den wärmeren Monaten heben sich die in großen Büscheln erscheinenden Blumen sehr schön vom glänzenden, dunkelgrünen Laub ab. Die mittelgroße, wuchsfreudige Pflanze wird gern als Beetrose oder Hochstamm verwendet. **ZONEN 4–9.**

Harkness, Großbritannien, 1986

('Manx Queen' × 'Whisky') × (['Highlight' × 'Königin der Rosen'] × ['Parkdirektor Riggers' × 'Piccadilly'])

Dublin Certificate of Merit 1984, Courtrai Silbermedaille 1988, Belfast Certificate of Merit 1988

## 'CITY OF GOULBURN'

TEEHYBRIDE, GELB+, ÖFTERBLÜHEND

Die Blüten wachsen einzeln oder in Büscheln an langen Stielen. Der Flor verläuft reichlich und langanhaltend. Die Tönung der Blüten ist eine Mischung aus Gelb, Kupfer und Gold. Sie öffnen sich aus wohlgeformten Knospen und sind ideale Schnittblumen. Der mittelgroße bis große Busch hat einen sehr aufrechten Wuchs und trägt dichte grüne, gesunde Blätter. **ZONEN 5–11.**

Swane's Nursery, Australien, 1995

Eltern unbekannt



## 'CITY OF HEREFORD'

TEEHYBRIDE, REIN ROSA, ÖFTERBLÜHEND

Die großen, spitz zulaufenden, dichtgefüllten, karminrosa Blüten mit hoher Mitte verströmen einen starken Duft und besitzen große Anziehungskraft. 'City of Hereford' blüht den ganzen Sommer über immer wieder nach. Ihr dunkelgrünes, üppiges Laub prädestiniert sie geradezu als Beetrose. **ZONEN 4–9.**

LeGrice, Großbritannien, 1967

'Wellworth' × 'Spartan'

Belfast Duftpreis 1969

'City of Birmingham'

'City of Bradford'

## 'CITY OF LEEDS'

FLORIBUNDA, ORANGEROSA, ÖFTERBLÜHEND

Mittelgroße bis große, flach becherförmige, mit fast 20 Petalen doppelt gefüllte Blüten in dunklem Lachsrosa erscheinen in Büscheln vom Juni bis zum Herbst. Die wohlgeformten Blumen duften zart. Dunkelgrünes, gesundes Laub bildet einen exzellenten Hintergrund für die große Blütenfülle. 'City of Leeds' wurde nach einer Blumenausstellung in der gleichnamigen Stadt benannt.
**ZONEN 4–9.**

McGredy, Großbritannien, 1966

'Irish Wonder' × ('Spartan' × 'Schweizer Gruß')

Goldmedaille der Royal National Rose Society 1965, Belfast Certificate of Merit 1968

## 'CITY OF LONDON' HARukfore

FLORIBUNDA, HELLROSA, ÖFTERBLÜHEND

'City of London' erhielt ihren Namen anläßlich der 800-Jahrfeier der britischen Hauptstadt. Ihre becherförmigen, gefüllten, zartrosa Blüten verblassen jedoch mit der Zeit zu einem zarten Rosé; sie sind groß und werden mit der Zeit flacher. Immer wieder bildet die Floribundarose kleine Blütenbüschel. Schwach bewehrte Stiele werden durch dunkelgrünes Laub bedeckt. Der wuchsfreudige, gesunde und rundliche Busch wächst höher, wenn man ihn anbindet, und läßt sich sogar als kleine Kletterrose ziehen.
**ZONEN 4–9.**

Harkness, Großbritannien, 1958

'New Dawn' × 'Rosika'

LeRoeulx Goldmedaille 1985, Belfast Goldmedaille 1990, Neuseeland Duftpreis 1992, Den Haag Goldmedaille 1993, Royal Horticultural Society Award of Garden Merit 1993

## 'CITY OF NEWCASTLE BICENTENNIAL' JACopper

TEEHYBRIDE, ROT, ÖFTERBLÜHEND

Diese Rose erhielt ihren Namen anläßlich der 200-Jahrfeier der australischen Stadt Newcastle. Ihre wohlgeformten, scharlachroten Blüten mit mindestens 40 Petalen haben Ausstellungscharakter und duften sehr stark. Die reichblühende Pflanze ist hochwüchsig, robust und trägt gesunde dunkelgrüne Blätter.
**ZONEN 5–11.**

Jackson und Perkins, USA, 1997

Eltern unbekannt

## 'CITY OF PRETORIA' KORseubel

FLORIBUNDA, APRICOT+, ÖFTERBLÜHEND

Diese Strauchrose trägt große Büschel halbgefüllter Blüten, die mit ihrer leuchtend apricotfarbenen Tönung während der ganzen Saison jeden Garten zum Leuchten bringen; doch auch in einer Wohnung sieht ein Strauß halbgeöffneter Blüten einfach wunderbar aus. Die langen, wohlgeformten Knospen öffnen sich zu zart duftenden Blüten mit cremefarbener Unterseite. Floristen bevorzugen diese Sorte, da sie sich gut hält. Die attraktive Beetrose ist wuchsfreudig, von der Form her rundlich und wird mittelhoch. **ZONEN 4–10.**

Kordes, Deutschland, vor 1988

Eltern unbekannt

## 'CITY OF WANGARATTA'

TEEHYBRIDE, ROT, ÖFTERBLÜHEND

Diese Sorte wurde nach einer australischen Kleinstadt in der Provinz Victoria benannt und ist auch nur in Australien erhältlich. Die Blüten weisen jeweils 45 Petalen auf. Die Blumen erscheinen einzeln oder in Büscheln und gehen aus spitz zulaufenden, relativ kleinen Knospen hervor. Eine Nachblüte erfolgt nur zögernd. Die Pflanze ist kurz, stämmig und duftet schwach. Die mattglänzenden Blätter sind sehr gesund. **ZONEN 5–9.**

Dawson, Australien, 1985

Eltern unbekannt

'City of Leeds'

'City of London'

'City of York'

'City of Newcastle Bicentennial'

'City of Wangaratta'

## 'CITY OF WARWICK' AROfuto

TEEHYBRIDE, ROSTFARBEN, ÖFTERBLÜHEND

'City of Warwick' erhielt ihren Namen ebenfalls nach einer australischen Stadt in der Provinz Queensland, die nicht nur für ihre Rosen, sondern auch für ihre Rodeoveranstaltungen berühmt ist. Die leuchtend roten Blüten haben 30 Petalen und eine hohe Mitte, sind wohlgeformt und blühen nur langsam auf. Das mattglänzende mittelgrüne Laub ist groß; aufgrund der langen Blütenstiele ergibt die Teehybride eine gute Schnittrose. Die Nachblüte erfolgt eher zögerlich. Viele der australischen bzw. in den USA speziell für Australien gezüchtete Rosen sind allerdings oft in anderen Ländern nicht erhältlich. **ZONEN 5–10.**

Christensen, USA, 1995

Eltern unbekannt

'City of Warwick'

## 'CITY OF WORCESTER'

TEEHYBRIDE, ROT, ÖFTERBLÜHEND

Diese öfterblühende Sorte mit sehr großen, wohlgeformten Blüten besitzt eine Farbpalette von zartem Hellrot bis zu einem kräftigen Mittelrot. Die Blüten duften und setzen sich aus etwa 35 Petalen mit hoher Mitte zusammen. Das Laub ist glanzlos und mittelgrün. Strenggenommen wurde 'City of Worcester' als reine Ausstellungsrose gezüchtet, die sich nicht allein aufgrund des kümmerlichen Wuchses nur bedingt für den Garten eignet. Offiziell gilt die Teehybride als verschollen; wer jedoch das Glück haben sollte, ein Exemplar wiederzuentdecken, sollte es inbedingt durch Okulation vermehren. **ZONEN 4–9.**

Scrivens, Großbritannien, 1983

'Red Planet' × ('Ena Harkness' × 'Duftwolke')

'City of Worcester'

## 'CITY OF YORK'

**Syn. 'Direktor Benschop'**

GROSSBLUMIGE KLETTERROSE, WEISS

Diese wuchsfreudige Pflanze eignet sich als Bewuchs für Pergolen, Zäune und sogar für Mauern, denn aufgrund ihrer Wuchsform ähnelt sie eher einer Rambler- denn einer Kletterrose. Sie ist mit ledrigen, dunkelgrün glänzenden Blättern bedeckt. Große Büschel mit bis zu 15 duftenden, cremefarbenen Blüten werden ausschließlich im Juni hervorgebracht. Diese sind groß, leicht becherförmig und bestehen aus etwa 15 Petalen mit freistehenden Staubgefäßen. Benannt wurde 'City of York' nach einer Stadt im US-Bundestaat Pennsylvania.
**ZONEN 4–9.**

Tantau, Deutschland, 1945

'Professor Gnau' × 'Dorothy Perkins'

American Rose Society National Gold Medal Certificate 1950

## 'CLAIR MATIN' MEImont

**Syn. 'Grimpant Clair Matin'**

GROSSBLUMIGE KLETTERROSE, REIN ROSA, ÖFTERBLÜHEND

Die sehr hübschen, mittelgroßen, rosa Blüten besitzen eine zarte, hellere Mitte; sie sind mit flach schalenförmig angeordneten 15 Petalen halb gefüllt. Sobald sich die spitz zulaufenden Knospen ganz geöffnet haben, geben sie den Blick auf wunderschöne, goldene Staubgefäße frei. Die ledrigen dunkelgrünen Blätter sind mit riesigen, rundlichen Büscheln aus etwa 40 Einzelblüten verziert. Die Pflanze bringt auch vereinzelte Hagebutten hervor. 'Clair Matin' blüht nahezu ununterbrochenen vom Sommer bis zum

C

'Clair Matin'

Herbst; sie gehört zu den reichblühendsten Rosensorten überhaupt. Ihr lebhafter, reichverzweigter Wuchs prädestiniert sie zum Beranken von Mauern und Pergolen. Leider ist sie etwas anfällig für Mehltau und Sternrußtau.
**ZONEN 4–9.**

**Meilland, Frankreich, 1960**

**'Fashion' × (['Kordes' Sondermeldung' × 'Orange Triumph'] × 'Phyllis Bide')**

**Bagatelle Goldmedaille 1960**

## 'CLAIRE JACQUIER'

**Syn. 'Mlle Claire Jacquier'**
**ALTE R., NOISETTEROSE, HELLGELB**

Die halbgefüllten, zahlreichen Blüten, die an den Zweigenden sitzen, weisen einen bräunlich-gelben Farbton auf, verblassen jedoch in der Sonne. 'Claire Jacquier', die sehr rasch und üppig wuchert, mag es gar nicht, eingeengt zu werden, sondern wächst lieber frei und ungebunden an Klettergerüsten empor und in Bäume hinein. Die Noisettrose blüht nur einmalig im Juni. Die biegsamen Triebe sind mit großen, spitz zulaufenden, dunkelgrünen Blättern bedeckt. 'Claire Jacquier' ist eine robuste, gesunde Pflanze, die schattige Standorte verträgt und einen süßlichen Duft verbreitet.
**ZONEN 7–9.**

**Bernaix, Frankreich, 1888**

**Vermutlich *Rosa multiflora* × Teerose**

'Claire Jacquier'

## 'CLAIRE ROSE' AUSlight

**STRAUCHROSE, REIN ROSA, ÖFTERBLÜHEND**

Aufgrund ihrer herausragenden Schönheit könnte man diese Moderne Strauchrose auch als Englische Rose bezeichnen. Die großen Blütenbüschel, die in mehreren Blühphasen gebildet werden, sind von altmodischer Form. Dabei öffnen sich die becherförmigen Knospen zu flachen, leicht einwärts gebogenen Rosetten mit zahlreichen Petalen; ihre Tönung ist ein zartes Rosarot, das mit der Zeit nahezu weiß wird und immer noch hübsch aussieht. Die Blumen duften angenehm. Die Pflanze ist dicht, mittelgroß und von aufrechtem Wuchs. Die Zweige sind ein wenig ausladend und üppig mit hellgrünen Blättern bedeckt. Diese Sorte mag heißes, trockenes Klima und wird durch Regen in Mitleidenschaft gezogen. Ansonsten ist sie wunderbar in Rabatten zu verwenden; als Solitär wirkt sie eher etwas verloren. 'Claire Rose' ist mit ihren exquisiten, langstieligen Blüten auch eine gute Schnittblume. David Austin benannte sie nach seiner Tochter Claire Calvert. **ZONEN 4–9.**

'Claire Rose'

**Austin, Großbritannien, 1990**

**'Charles Austin' × (Sämling × 'Schneewittchen')**

'Claude Monet'

'Clarita'

### 'CLARET CUP'

ZWERGROSE, ROT+, ÖFTERBLÜHEND

Diese reichblühende, duftende Zwergrose eignet sich hervorragend für Töpfe und Kübel. Sie trägt kleine dunkelrote Blüten mit einem weißen Auge, die sich wiederum aus büschelförmig stehenden, runden Knospen öffnen. 'Claret Cup' ist ein wuchsfreudiger, aber dichter Busch, der von ledrigen, dunkelgrünen Blättern bedeckt ist. **ZONEN 4–9.**

Riethmuller, Australien, 1962

'Spring Song' × 'Eutin'

### 'CLARISSA' HARprocrustes

ZWERGROSE, APRICOT+, ÖFTERBLÜHEND

Die Blüten dieser Sorte sind von einem satten Gelbapricot und zeichnen sich durch eine klassische großblumige Form aus. Sie besitzen jeweils 45 Petalen und treten für gewöhnlich in großen Büscheln auf. Ihr Laub ist dunkel und glänzend. 'Clarissa' macht sich sehr gut als Schnittrose und hält in der Vase bis zu einer Woche lang. **ZONEN 4–11.**

Harkness, Großbritannien, 1983

'Southampton' × 'Minuetto'

Neuseeland Gold Star des Pazifik 1982, Preis von Genf 1982, Royal National Rose Society Trial Ground Certificate 1981, Tokio Certificate of Merit 1983

'Cleo'

### 'CLARITA' MEIbyster

Syn. 'Atoll'

TEEHYBRIDE, ORANGEROT, ÖFTERBLÜHEND

Das eher glanzlose, dunkelgrüne Laub wird wiederholt während des Sommers mit großen, zinnoberroten Blüten bedeckt. Diese sind mit bis zu 35 Petalen gefüllt, besitzen eine hohe Mitte und duften zart. Die in Deutschland als 'Atoll' bekannte Sorte ist eine wuchsfreudige, aufrechte, einigermaßen gesunde Strauchrose , die sich gut in Rosenbeeten oder gemischten Rabatten macht. **ZONEN 4–9.**

Meilland, Frankreich, 1971

'Super Star' × ('Zambra' × 'Romantica')

Lyon Goldmedaille 1971, Genf Goldmedaille 1971

### 'CLASS ACT' JACare

Syn. 'First Class', 'White Magic'

FLORIBUNDA, WEISS, ÖFTERBLÜHEND

Die cremefarbenen Blüten erscheinen in Büscheln zu 3–6 und verströmen einen zarten fruchtigen Duft. Sie sind mittelgroß, halbgefüllt und weisen jeweils 25 flach und locker angeordnete Petalen auf. Während des mehrfach erfolgenden Sommerflors wirkt der Kontrast zwischen der farbigen Blütenpracht und den dunkelgrünen, mattglänzenden Blätter sehr hübsch. Die aufrechte Pflanze erreicht mittlere Höhe und besitzt lange Stacheln. Die nützliche, beliebte Sorte für Beete und Rabatten ergibt auch einen guten Hochstamm. **ZONEN 4–9.**

Warriner, USA, 1988

'Sun Flare' × Sämling

All-American Rose Selection 1989, Portland Goldmedaille 1989, Neuseeland Goldmedaille 1990

### 'CLASSIC SUNBLAZE' MEIpinjid

Syn. 'Duke Meillandina' (I), 'Duc Meillandina'

ZWERGROSE, REIN ROSA, ÖFTERBLÜHEND

Die Blüten sind rein rosafarben und erscheinen an der Pflanze einzeln oder in kleinen Büscheln. Wie alle Rosen der „Meillandina"- oder „Sunblaze-Serie" ist 'Classic Sunblaze' leicht zu ziehen. Diese gut haltbare Schnittblume verströmt einen nur schwachen Duft. **ZONEN 4–11.**

Meilland, Frankreich, 1985

Sport von 'Pink Meillandina'

### 'CLASSIC TOUCH'

TEEHYBRIDE, HELLROSA, ÖFTERBLÜHEND

Sie bildet einen großen, aufrechten Busch, der sich recht gut für Ausstellungen eignet. Die großen, zart duftenden Blüten sind hellrosa und dicht mit etwa 45 Petalen gefüllt. Sie treten in den gesamten wärmeren Monaten entweder einzeln oder in kleinen Büscheln auf. Die Blätter sind groß, mittelgrün, mattglänzend und von guter Gesundheit. Im Garten eignet sich 'Classic Touch' als Beetrose oder für gemischte Rabatten. **ZONEN 4–9.**

Hefner, USA, 1991

Sport von 'Touch of Class'

### 'CLAUDE MONET' JACdesa

TEEHYBRIDE, ROT+, ÖFTERBLÜHEND

Karminrote Knospen öffnen sich zu farbenprächtigen Blüten mit einer leuchtenden Mischung aus Rot, Gelb und Weiß auf orangerosafarbenem Grund, wobei die Petalen beidseitig unregelmäßig gefleckt, gepunktet oder gestreift sind. Sie sind hochgebaut, von mittlerer Größe und öffnen sich locker becherförmig, wobei bräunlich-gelbe Staubgefäße zum Vorschein kommen. Gelegentlich wird die Rose zu den Floribundarosen gezählt. Im Garten eignet sich die Sorte für Beete und Rabatten sowie für die Vase und trägt den ganzen Sommer und Herbst hindurch reichlich Blüten. Ihr Duft ist zart und fruchtig. Die Pflanze ist wuchsfreudig, erreicht eine knapp überdurchschnittliche Höhe und trägt mittelgrünes Laub. Ihr Namensgeber, der berühmte französische Maler und Gartenliebhaber, lebte von 1840–1926. **ZONEN 5–9.**

Jackson und Perkins, USA, 1992

Eltern unbekannt

'Claret Cup'

### 'CLAUS GROTH'

Syn. 'Klaus Groth'

STRAUCHROSE, PIMPINELLIFOLIA-HYBRIDE, ORANGE+

Der gültige Name dieser wuchsfreudigen Rose ist 'Klaus Groth', benannt nach dem gleichnamigen norddeutschen Dichter. Sie blüht früh im Juni und bringt dekorative, lachsorangefarbene Blüten hervor, die apricotgelb schattiert sind; diese sind gefüllt und stark duftend. Jede Blüte entwickelt sich zu einer großen Hagebutte. Die Blätter sind dunkelgrün und sitzen an einer buschigen Pflanze, die für große Rabatten geeignet ist, aber auch als einzeln stehender Busch gezogen werden kann. 'Klaus Groth' läßt sich durch Okulation oder aus Stecklingen ziehen. **ZONEN 4–9.**

Tantau, Deutschland, 1951

'RMS Queen Mary' × Pimpinellifolia-Hybride

### 'CLEO' BEEbop

TEEHYBRIDE, HELLROSA, ÖFTERBLÜHEND

Diese aufsehenerregende, buschige Rose wird wegen ihrer großen, hellrosafarbenen Blüten mit hoher Mitte sehr geschätzt. Jede Blüte besitzt 40 Petalen und verströmt einen zarten Duft. Im Sommer heben sich die Blumen einzeln oder in paarig angeordneten Büscheln kontinuierlich und wunderbar vor einem Hintergrund aus hellgrünen, mattglänzenden Blätter ab. Beim Okulieren sollte man sich vor den zahlreichen roten Stacheln in acht nehmen. 'Cleo' eignet sich als Beetrose, könnte aber auch durchaus auf Ausstellungen vorgestellt werden. **ZONEN 4–9.**

Bees, Großbritannien, 1981

'Kordes' Perfecta' × 'Primaballerina'

### 'CLIFFS OF DOVER' POUlemb

STRAUCHROSE, WEISS, ÖFTERBLÜHEND

Die kleinen, einzeln oder in Büscheln dicht oberhalb der Blätter wachsenden Blüten dieser Strauchrose sind weiß. Sie öffnen sich flach schalenförmig und weisen gelbe Staubgefäße auf. Gelegentlich sind sie unter den Blättern verborgen. Im Garten eignet sich 'Cliffs of Dover' speziell für solche Stellen, wo ein ausladender Strauch mit dichtem Wuchs benötigt wird. Dieser blüht den ganzen Sommer und Herbst hindurch; leider duftet er

'Class Act'

'Cockadoo'

kaum. Die wuchsfreudige Pflanze wird knapp überdurchschnittlich hoch und ist mit kleinem, glänzendem, dunkelgrünem Laub bedeckt. 'Cliffs of Dover' zählt zu jenen pflegeleichten Sorten, die auf eigener Wurzel angeboten werden und sich leicht vermehren lassen. **ZONEN 4–9.**

**Olesen, Dänemark, 1995**

**Eltern unbekannt**

## 'CLIMBING CURIOSITY'

**siehe 'Best Wishes'**

## 'CLIMENTINA'

**TEEHYBRIDE, REIN ROSA, ÖFTERBLÜHEND**

Diese Sorte eignet sich für Rosenbeete oder als Ausstellungsrose. Sie ist eine buschige Pflanze, recht gesund und trägt große, rosarote Blüten mit zartem Duft. **ZONEN 4–9.**

**Klimenko, Rußland, 1955**

**'Kordes' Sondermeldung' × 'Gloria Dei'**

## 'CLIO'

**ALTE R., REMONTANTROSE, ZARTROSA, ETWAS NACHBLÜHEND**

Die Blüten dieser Remontantrosen sind fleischfarben, stark gefüllt, rundlich und erscheinen in Büscheln. Das silbrige Rosa der Blumen und der süßliche Duft steigern noch die Attraktivität. Die anmutig herabhängenden Triebe erreichen 1,2 m Länge und sind mit intensiv grünem, ledrigem Laub sowie zahlreichen Stacheln bedeckt. Die Rose blüht im Juni recht lange, verträgt allerdings überhaupt keinen Regen und bildet bei nassem Wetter sehr oft Mumien. Man sollte die Büsche generell nur leicht zurückzuschneiden. **ZONEN 5–9**

**William Paul und Sohn, Großbritannien, 1894**

**Eltern unbekannt**

## 'CLIVIA' KORtag

**TEEHYBRIDE, ORANGE+, ÖFTERBLÜHEND**

Runde Knospen öffnen sich zu großen, dichtgefüllten Blüten mit etwa 30 lachsorangeroten Petalen. Die Blüten mit hoher Mitte verströmen einen angenehmen Duft und sind gute Ausstellungsrosen. 'Clivia' ist eine aufrechte, buschige Pflanze, die mit mattgrünen Blättern und braunen Stacheln bedeckt ist. **ZONEN 4–9.**

**Kordes, Deutschland, 1985**

**'Mercedes' × ('Sonia' × 'Uwe Seeler')**

## 'CLOS FLEURI BLANC' DELblan

**Syn. 'Snowy Summit'**

**FLORIBUNDA, WEISS, ÖFTERBLÜHEND**

'Clos Fleuri Blanc' trägt große weiße Blü-

'Clos Vougeot'

ten, die mit fast 40 Petalen dicht gefüllt sind. Neue Blumen sprießen stets nach und heben sich vor dem leuchtend grünen Laub gut ab. Den Blütenreichtum der Pflanze kann man durch das regelmäßige Entfernen verblühter Blätter zusätzlich erhöhen. **ZONEN 4–9.**

**Delbard und Chabert, Frankreich, 1988**

**('Milrose' × 'Legion d'Honneur') × 'Candeur'**

## 'CLOS VOUGEOT' DELific

**Syn. 'Red Prolific', 'Rouge Prolific'**

**FLORIBUNDA, ROT, ÖFTERBLÜHEND**

Diese reichblühende Pflanze trägt mittelgroße, gefüllte rote Blüten, die jeweils mit 25 Petalen gefüllt sind und in Büscheln erscheinen. 'Clos Vougeot' ist von buschigem Wuchs, hat leuchtend grüne Blätter und eignet sich als Beetrose. In den wärmeren Monaten steht sie fortlaufend in Blüte, doch leider duftet sie kaum. Die Sorte sollte man übrigens nicht mit 'Chateau de Clos Vougeot' verwechseln, einer stark duftenden großblumigen Rose, die seit 1908 im Handel ist. **ZONEN 4–9.**

**Delbard-Chabert, Frankreich, 1983**

**('Alain' × 'Charles Mallerin') × ('Lafayette' × 'Walko')**

## 'CLOTILDE SOUPERT'

**POLYANTHAROSE, WEISS, ÖFTERBLÜHEND**

Bei dieser niedrig wachsenden Sorte handelt es sich um einen Vorläufer der modernen Floribunda- und Rabattenrosen. 'Clotilde Soupert' wird schon sehr lange kultiviert, findet sich heute aber immer noch in zahlreichen Katalogen. Die großen, perlweißen Blüten sind stark gefüllt und zur Mitte hin zart rosa getönt. Die Blüten treten in großen duftenden Büscheln inmitten weicher, sattgrüner Blätter auf, die recht gesund sind. **ZONEN 4–9.**

**Soupert und Notting, Luxemburg, 1890**

**'Mignonette' × 'Mme Damaizin'**

'Clos Fleuri Blanc'

## 'CLYTEMNESTRA'

**STRAUCHROSE, MOSCHATA-HYBRIDE, ORANGEROSA, ÖFTERBLÜHEND**

Die kupferfarbenen Knospen dieser Rose entfalten sich zu kleinen Blüten von interessanter, weicher Farbe. Sie sind zunächst dunkellachsfarben, verblassen aber mit der Zeit zu lohfarben. Die Staubblätter wirken gekräuselt bzw. verknittert. Den ganzen Sommer hindurch stehen diese Blüten in Büscheln inmitten des ledrigen, dunklen Laubs. Die Pflanze ist von ausladendem Wuchs, so daß man sie auch gut freistehend innerhalb einer Gruppe pflanzen kann. 'Clytemnestra' ist eine typische Moschata-Hybride aus dem Hause Pemberton. **ZONEN 4–9.**

**Pemberton, Großbritannien, 1915**

**'Trier' × 'Liberty'**

**Goldmedaille der National Rose Society 1914**

## 'COALITE FLAME'

**TEEHYBRIDE, ORANGEROT, ÖFTERBLÜHEND**

Die Teehybride trägt sehr große und mit bis zu 60 Petalen gefüllte orangerote Blüten. Die aufrecht wachsende Pflanze ist wuchsfreudig und mit dunkelgrünen, glanzlosen Blättern bedeckt. Im Sommer ziert den Busch eine Fülle duftender Blüten. 'Coalite Flame' eignet sich sehr schön für Beete, kann aber auch gruppenweise in Rabatten gesetzt werden. **ZONEN 4–9.**

**Dickson, Großbritannien, 1974**

**'Duftwolke' × 'Red Planet'**

## 'COCKADOO' COCaquil

**Syn. 'Cock A Doo'**

**ZWERGROSE, ROT, ÖFTERBLÜHEND**

'Cockadoo' zählt zu den schönsten kleinwüchsigen Rosen. Sie ist von buschigem, dichtem Wuchs und weist dunkelgrüne, glänzende und gesunde Blätter auf. Die Blüten besitzen zahlreiche Petalen und sind von einem reinen, lebhaft leuchtenden Rot. Vollständig geöffnete Blüten besitzen meist einen Durchmesser von gut 6 cm ; somit sind sie weder zu klein, um optisch im Garten unterzugehen, noch – gemessen an der Größe des Busches – zu groß. Die Pflanze eignet sich hervorragend als Rabattenrose oder Halbstamm, läßt sich aber auch gut als Einfassung oder Topfpflanze ziehen. **ZONEN 5–9.**

**Cocker, Großbritannien, 1984**

**Eltern unbekannt**

'Climentina'

'Clivia'

'Coalite Flame'

C

## 'COCKTAIL' MEImick

STRAUCHROSE, ROT+, ÖFTERBLÜHEND

'Cocktail' zählt zu den leuchtendsten Rosen am Markt. Obwohl die Elternpflanzen stark gefüllte oder halbgefüllte Blüten aufweisen, besitzt diese Sorte Blüten mit nur 5 Petalen, die aber immerhin stark leuchten. Sie öffnen sich aus spitz zulaufenden Knospen, sind von einem leuchtenden Geranienrot und haben ein leuchtendes primelgelbes Auge. Die Blüten erscheinen in großen Büscheln während der ganzen Saison und verbreiten einen zarten würzigen Duft. Die wuchsfreudige und starkwüchsige Rose ist von glänzenden, ledrigen Blättern bedeckt. Man kann sie als Hochstamm einsetzen, in eine Strauchrabatte pflanzen oder als kleine Kletterrose an Säulen bzw. als Kaskadenrose ziehen. 'Cocktail' wirkt wegen der ungewöhnlich intensiven Farbgebung und der Mannigfaltigkeit der Blüten besonders aufsehenerregend. Somit eignet sie sich perfekt zur Belebung eines eher tristen Teils des Gartens. Ein weiterer Vorteil besteht darin, daß sie auch minderwertigere Böden verträgt. **ZONEN 4–9.**

Meilland, Frankreich, 1957

('Kordes' Sondermeldung' × 'Orange Triumph') × 'Phyllis Bide'

'Colchester Beauty'

## 'COCKTAIL '90'

TEEHYBRIDE, GELB+, ÖFTERBLÜHEND

Dieser kleine Rosenbusch eignet sich perfekt zum Schnitt, da er große, halbgefüllte Blüten in einem besonders klaren und satten Gelbton hervorbringt. Diese weisen etwa nur 20 Petalen auf, sind aber trotzdem von erstaunlicher Festigkeit. Die Knospen öffnen sich nur sehr langsam; am schönsten wirkt 'Cocktail 90' in halbgeöffnetem Zustand. Freilandblüten wachsen meist an kurzen Stielen und laufen an den Petalenrändern oft in zartem Apricot an; daher eignet sie sich weitaus besser für die Kultur unter Glas. **ZONEN 5–9.**

Meilland, Frankreich, 1986

Eltern unbekannt

## 'COCO'

FLORIBUNDA, GELB+, ÖFTERBLÜHEND

Die goldgelben bis orangerosafarbenen Blüten dieser Rose sind groß, gefüllt und duften stark. Jede Blüte weist etwa 20–25 Petalen auf. Die Blätter sind glänzend, leuchtend grün und sitzen an einem wuchsfreudigen und üppig wuchernden Busch. Die Vermehrung erfolgt am besten durch Okulation. **ZONEN 4–9.**

Fryer, Großbritannien, 1975

'Pernille Poulsen' × 'Redgold'

'Cognac'

'Colibri'

'Cocorico'

'Cocktail'

## 'COCORICO' MEIlano

FLORIBUNDA, ORANGEROT, ÖFTERBLÜHEND

'Cocorico', eine der ältesten roten Floribundarosen, eignet sich hervorragend für Beete in großen Gärten und Parkanlagen. Die Knospen in leuchtendem Geranienrot öffnen sich zu großen, fast einfachen Blüten mit 8 Petalen. Der wuchsfreudige, aufrechte Busch bringt zahlreiche Blüten in kleinen und großen Büscheln hervor. Nach dem Ausputzen erfolgt sehr bald eine Nachblüte. Andernfalls werden – wie bei den meisten einfachen Rosen – reichlich Hagebutten gebildet. Das mattglänzende, üppige Laub prangt in leuchtendem Grün. Obwohl sie bereits seit fast 50 Jahren im Handel ist, hat 'Cocorico' nichts von ihrer guten Beetrosenqualität eingebüßt. Das lautmalerische französische *cocorico* entspricht dem deutschen Hahnenschrei „Kikeriki". **ZONEN 5–9.**

Meilland, Frankreich, 1951

'Alain' × 'Orange Triumph'

Genf Goldmedaille 1951, Goldmedaille der National Rose Society 1951

## 'COCORICO 1989' MEIlasso

**Syn. 'Birthday Girl'**

FLORIBUNDA, ROSA+, ÖFTERBLÜHEND

Es ist schon überraschend, daß diese Sorte im Handel nicht häufiger erhältlich ist, obwohl sie im Laufe eines Jahres fünf Goldmedaillen erhielt. Vielleicht ist es darauf zurückzuführen, daß die Firma Meilland die unglückliche Angewohnheit hat, an mehrere Rosen gleiche Namen zu vergeben. Weitere Beispiele sind 'Cocktail', 'Colibri', 'Rouge Meilland' oder 'Mascotte'. 'Cocorico 1989' ist eine hervorragende Beetrose und hat wohlgeformte, halbgefüllte und duftende Blüten mit 15 Petalen in einer Mischung aus einem zarten Korallrosa mit einer cremefarbenen Unterseite; die Petaleninnenseite ist von einem cremefarbenen Lachston. Die Blütenproduktion ist reichlich und eine Nachblüte erfolgt rasch. Die Blätter sind glänzend, leuchtend grün und zahlreich vorhanden. Der eigentliche Busch ist kompakt, von mittlerer Höhe und relativ krankheitsfest. 'Cocorico 1989' gibt eine erstklassige Rose für Beete ab, eignet sich aber auch als Hochstamm. **ZONEN 5–9.**

Meilland, Frankreich, 1989

Eltern unbekannt

Bagatelle Goldmedaille 1989, Monza Goldmedaille 1989, Rom Goldmedaille 1989, Saverne Goldmedaille 1989, Baden-Baden Goldmedaille 1990, Belfast Goldmedaille 1991, Glasgow Certificate of Merit 1996

## 'COGNAC'

FLORIBUNDA, APRICOT+, ÖFTERBLÜHEND

Diese Sorte wird wegen ihrer hübschen apricotfarbenen Blüten mit dunkleren Unterseiten geschätzt. Sie sind groß, gefüllt und weisen dunkelbernsteinfarbene Staubgefäße auf; allerdings duften sie nur wenig. Die Blätter sind glänzend dunkelolivgrün. Der gut verzweigte Busch wird mittelhoch und ist im Sommer von kleinen Blütenbüscheln bedeckt. 'Cognac' ist eine gute Beetrose, läßt sich aber auch als Hochstamm ziehen. **ZONEN 4–9.**

Tantau, Deutschland, 1956

'Alpine Glow' × 'Mrs Pierre S. duPont'

## 'COLCHESTER BEAUTY'

CANsend

FLORIBUNDA, DUNKELROSA, ÖFTERBLÜHEND

Die bonbonrosafarbenen, halbgefüllten Blüten von 'Colchester Beauty' duften stark. Sie sind mittelgroß und erscheinen zumeist einzeln. Im Sommer zieren sie eine buschige, stark bewehrte Rose von mittlerer Höhe und heben sich dekorativ vom dunkelgrünen, mattglänzenden Laub ab. Die Sorte ist beliebt für Rosenbeete und als Hochstamm. **ZONEN 4–9.**

Pawsey, Großbritannien, 1989

'English Miss' × Sämling

## 'COLIBRI' MEImal

**Syn. 'Colibre'**

ZWERGROSE, ORANGE+, ÖFTERBLÜHEND

Diese Zwergrose stammt vom selben Züchter wie die weltberühmte 'Gloria Dei'. Die ovalen Knospen öffnen sich zu gelborangefarbenen, stark gefüllten Blüten, die in den meisten Klimazonen farbbeständig sind. Die Blüten sind klein und treten in kleinen Büscheln auf; sie verströmen einen nur zarten Duft. Die glänzenden Blätter geben einen hübschen

Hintergrund für die lebhaft getönten Blüten ab. Es verwundert also nicht, daß sie als klassische Zwergrose des 20 Jh. 1962 in den Niederlanden die höchste Auszeichnung dieses Landes erhielt. Heute ist sie nicht mehr so verbreitet. **ZONEN 4–11.**

**Meilland, Frankreich, 1956**

**'Goldilocks' × 'Perla de Montserrat'**

**Goldene Rose von Den Haag 1962**

## 'COLIBRI 79' MEIdanover

**Syn. 'Colibre 80'**

**ZWERGROSE, ORANGE+, ÖFTERBLÜHEND**

Bei dieser Rose handelt es sich um eine verbesserte Version von 'Colibri' und um einen Schwestersämling aus derselben Züchtung. Sie weist dieselbe Gelb-Orange-Farbkombination auf, die schon 1958 ins Auge fiel, ist aber reichblühender. Die Blüten verfärben sich mit der Zeit an den Blatträndern zu einem goldenen Orangeton mit leuchtend gelber Mitte. Dies macht 'Colibri 79' als Gartenrose so anziehend. **ZONEN 4–11.**

**Meilland, Frankreich, 1973**

**Eltern unbekannt**

## 'COLIN'S SALMON'

**TEEHYBRIDE, ROSA+, ÖFTERBLÜHEND**

Dieser Sport erschien erstmals in einer Anpflanzung von 'Rosa Stern' auf *Brundrett's Rose Farm* in Australien. Abgesehen von der satten Lachsfarbe besitzt 'Colin's Salmon' in der Tat alle Merkmale von 'Rosa Stern'. Die dicken, ovalen Knospen öffnen sich nach und nach zu einer großen, wohlgeformten und mit 35 Petalen gefüllten Blüte, die einen angenehmen Duft verbreitet. Die Teehybride ist eine lange haltbare Schnittrose; ihr Laub ist reichlich, dunkelgrün, glanzlos und gesund. **ZONEN 5–9.**

**Brundrett und Söhne, Australien, 1970**

**Sport von 'Rosa Stern'**

**Belfast Goldmedaille 1981**

## 'COLLEGIATE 110' DICknowall

**FLORIBUNDA, REIN GELB, ÖFTERBLÜHEND**

Anläßlich der 100-Jahrfeier einer Mädchenschule in Pietermaritzburg (Südafrika) kamen ehemalige Schülerinnen auf die Idee, eine neue gelbe Rose nach ihrer Schule benennen zu lassen. Da im Sommer in diesem Teil Afrikas ein besonders schwül-heißes Klima herrscht, das dieser

'Colin's Salmon'

Rose jedoch nichts anzuhaben vermag, war der Name in der Tat eine gute Wahl. Die halbgefüllten, gelben Blüten erscheinen das ganze Jahr über in großen Büscheln an einem hübschen Busch von mittlerer Höhe. 'Collegiate 110' eignet sich gut für große Freilandpflanzungen, aber auch für Kübel oder kleine, geschützte Ecken im Garten. **ZONEN 5–12.**

**Dickson, Großbritannien, vor 1989**

**Eltern unbekannt**

## 'COLLEGIATE PRIDE'

**TEEHYBRIDE, ROT, ÖFTERBLÜHEND**

Die Blätter von 'Collegiate Pride' sind klein, mittelgrün, ledrig und matt; ihr Holz ist dunkel mit einigen wenigen Stacheln. Die mit 55 Petalen stark gefüllten, dunkelroten Blüten sitzen meist einzeln am Stiel und verbreiten einen angenehmen Duft. Sie sind zwar klein, können aber doch Ausstellungsnorm erreichen. Benannt wurde die Teehybride nach der *St. Michael's Collegiate School*, einer in Australien berühmten Schule. **ZONEN 5–9.**

**Bell, Australien, 1958**

**'Melvina' × 'Red Planet'**

## 'COLONIA'

**siehe 'Exploit'**

## 'COLOR MAGIC' JACmag

**TEEHYBRIDE, ROSA+, ÖFTERBLÜHEND**

Wenn die langen, apricotfarbenen Knospen im Sommer aufgehen, wechseln sie von einem Elfenbeinton in ein sattes Dunkelrosa über. Die großen, mit 25 Petalen gefüllten Blüten sind nahezu flach. 'Color Magic' blüht wiederholt in der

'Color Magic'

'Colour Wonder'

'Columbia'

Saison und verströmt dabei einen zarten Duft. Aufgrund ihrer langen Stiele ist die Sorte bestens als Schnittblume geeignet. 'Color Magic' wird hoch und trägt dunkelgrünes, sehr gesundes Laub. Sie eignet sich für Rosenbeete oder gemischte Rabatten. **ZONEN 4–9.**

**Warriner, USA, 1978**

**Sämling × 'Spellbinder'**

**All-American Rose Selection 1978**

## 'COLORAMA' MEIrigalu

**Syn. 'Dr. R. Maag', 'Colourama'**

**TEEHYBRIDE, ROT+, ÖFTERBLÜHEND**

Diese Rose trägt den ganzen Sommer hindurch duftende Blüten an einer wuchsfreudigen, aufrechten und buschigen Pflanze. Die großen, gefüllten, becherförmigen Blüten sind rot mit gelben Petalenaußenseiten und entwickeln sich aus ovalen Knospen. Die Pflanze hat stark glänzende, grüne Blätter und eignet sich als Beetrose oder für gemischte Rabatten. Die Vermehrung erfolgt durch Okulation. **ZONEN 4–9.**

**Meilland, Frankreich, 1968**

**'Suspense' × 'Confidence'**

## 'COLOUR WONDER' KORbico

**Syn. 'Königin der Rosen', 'Queen of Roses', 'Reine des Roses'**

**TEEHYBRIDE, ORANGE+, ÖFTERBLÜHEND**

Die großen, korallfarbenen, gefüllten Blüten haben cremefarbene Unterseiten und setzen sich aus bis zu 50 Petalen zusammen. Sie entwickeln sich im Frühsommer bis zum Herbst immer wieder neu aus ovalen Knospen und duften schwach. Ebenfalls bemerkenswert sind die zahlreichen dicken Stacheln und das glänzende bronzefarbene Laub, das diesen wuchsfreudigen, aufrechten Busch bedeckt. 'Königin der Rosen', wie sie in Deutschland genannt wird, stammt von zwei der bekanntesten Rosen des 20. Jh. ab und diente selbst auch schon als Elternpflanze. **ZONEN 4–9.**

**Kordes, Deutschland, 1964**

**'Kordes' Perfecta' × 'Super Star'**

**ADR-Rose 1964, Belfast Goldmedaille 1966**

## 'COLUMBIA'

**TEEHYBRIDE, REIN ROSA, ÖFTERBLÜHEND**

Die leuchtenden, großen und stark gefüllten Blüten dieser Sorte setzen sich aus etwa 65 Petalen zusammen und verströmen einen intensiven Duft. Im Juni gehen diese Blüten aus langen, spitzen Knospen hervor und zieren eine äußerst beliebte, dunkelgrün belaubte Rose. Darüber hinaus spielt 'Columbia' auch in der Geschichte der Rosenzucht als berühmte Elternpflanze eine bedeutende Rolle. **ZONEN 4–9.**

**Hill, USA, 1916**

**'Ophelia' × 'Mrs George Shawyer'**

**Gertrude M. Hubbard Goldmedaille der American Rose Society 1919, Portland Goldmedaille 1919**

'Colorama'

'Commandant Beaurepaire'

'Comanche'

'Columbine'

'Columbus'

'Columbus Queen'

## 'COLUMBINE'

**Syn. 'Colombine'**

FLORIBUNDA, GELB+, ÖFTERBLÜHEND

Die offenen Büschel stark duftender, cremegelber Blüten dieser Sorte sind wohlgeformt und heben sich wunderbar von den glänzenden, dunkelgrünen Blättern ab. Der wuchsfreudige Busch trägt in den wärmeren Monaten wiederholt Blüten. Im Garten eignet sich 'Columbine' gut für Rosenbeete. **ZONEN 4–9.**

Poulsen, Dänemark, 1956

'Danish Gold' × 'Frensham'

## 'COLUMBUS' WEKuz

FLORIBUNDA, DUNKELROSA, ÖFTERBLÜHEND

Gefüllten Blüten in einem dunklen Rosaton gehen aus ovalen, spitzen Knospen hervor und behalten ihre Farbe gut, auch wenn sie mit der Zeit ein wenig verblassen. Sie duften allerdings kaum. Die 30 Petalen sind hübsch angeordnet und ergeben Blüten mit perfekter, klassisch hoher Mitte. Den ganzen Sommer über bringt 'Columbus' viele große Blüten hervor, die einzeln oder in Büscheln zu 3–5 auftreten und die recht eintönigen, mittelgrünen und großen Blätter etwas beleben. Die Pflanze wächst buschig, wird mittelhoch und eignet sich für gemischte Rabatten oder Rosenbeete. Die braunrosa Stacheln sind leicht hakenförmig und behindern daher oft die Okulation. **ZONEN 4–9.**

Carruth, USA, 1990

Sämling × 'Bridal Pink'

## 'COLUMBUS QUEEN'

TEEHYBRIDE, ROSA+, ÖFTERBLÜHEND

Die zart duftenden, mit 30 Petalen gefüllten Blüten sind hellrosa, werden jedoch zum Blütengrund hin dunkler und sind hochgebaut bis becherförmig. Den ganzen Sommer über zeigt sich eine großartige Blütenpracht, da immer neue Blüten aus ovalen Knospen hervorsprießen. Diese aufrechte, wuchsfreudige Strauchrose ist gut mit dunkelgrünen, ledrigen Blättern ausgestattet. Sie sollte durch Okulation vermehrt werden. **ZONEN 4–9.**

Armstrong, USA, 1962

'La Jolla' × Sämling

Genf Goldmedaille 1961

## 'COMANCHE'

TEEHYBRIDE, ORANGEROT, ÖFTERBLÜHEND

Die langen, spitzen Knospen dieser Rose entwickeln sich zu großen, gefüllten orangeroten Blüten. Sie haben eine hohe Mitte und verströmen einen zarten Duft. Die aufrechte Pflanze mit den dunkelgrünen, ledrigen Blättern ist den ganzen Sommer und Herbst hindurch mit wunderbaren Blüten bedeckt. 'Comanche' wächst recht schnell und läßt sich durch Okulation vermehren. Im Garten kann man sie als Hochstamm einsetzen, sie macht sich aber genauso gut als Beetrose. **ZONEN 4–9.**

Swim und Weeks, USA, 1968

'Spartan' × 'Carrousel' × 'Rouge Meilland'

All-American Rose Selection 1969

## 'COMMAND PERFORMANCE'

TEEHYBRIDE, ORANGEROT, ÖFTERBLÜHEND

Die mittelgroßen, hochgebauten und orangeroten Blüten von 'Command Performance' gehen aus ovalen Knospen hervor und verströmen einen angenehmen Duft. Sie sitzen an einem wuchsfreudigen, hochwüchsigen Busch mit dunkelgrünen, ledrigen Blättern. 'Command Performance' war früher eine beliebte Sorte, die sich gut für Rosenbeete eignet. **ZONEN 4–9.**

Lindquist, USA, 1970

'Super Star' × 'Hawaii'

All-American Rose Selection 1971

## 'COMMANDANT BEAUREPAIRE'

**Syn. 'Panachée d'Angers'**

ALTE R., BOURBONROSE, ROSA+, ETWAS NACHBLÜHEND

Die aufrechten, becherförmigen, rosa Blüten sind purpurviolett und marmorweiß gestreift und verströmen einen starken Duft. Der Flor im Juni ist sehr üppig, aber nur gelegentlich erfolgt im Herbst noch einmal eine leichte Nachblüte. Die Blätter sind hellgrün, lang und spitz zulaufend. Ferner weist die Pflanze stachelige Triebe auf, die nach der Blütezeit ausgedünnt werden müssen. 'Commandant Beaurepaire' gedeiht am besten in kühlem Wetter an einem halbschattigen Standort, wo der Strauch eine Höhe von 1,5 m erreichen kann. Daher ist er auch für Hecken geeignet. **ZONEN 5–9.**

Moreau-Robert, Frankreich, 1879

Abstammung unbekannt, vielleicht Sämling einer Remontantrose

## 'COMMUNIS'

**Syn. 'Common Moss', 'Mousseau Ancien', 'Old Pink Moss', 'Pink Moss'**

ALTE R., MOOSROSE, ROSA+

Diese Rose zählt zu den besten Moosrosen. Sie weist einen buschigen, dichten und aufrechten Wuchs mit einer Höhe bis zu 1,2 m auf und hat schön bemooste dunkelgrüne Stiele. Die Blätter sind von einem üppigen Mittelgrün und grob gesägt. Die Blüten, die sich gegen Mitte Juni zeigen, gehen zunächst recht langsam aus moosigen Knospen hervor, werden später aber immerhin 8 cm groß und hängen oft etwas über. Sie sind von einem konstanten und satten Rosa, duften herrlich und intensiv, sind dichtgefüllt, geviertelt und haben oft ein Knopfauge. **ZONEN 5–9.**

Frankreich, vor 1700

Verbesserte Form von *'Rosa × centifolia* 'Muscosa'

Royal Horticultural Society Award of Garden Merit 1993

## 'COMPASSION'

**Syn. 'Belle de Londres'**

GROSSBLUMIGE KLETTERROSE, ORANGEROSA, ÖFTERBLÜHEND

Diese Sorte zählt zu den zeitlosen Lieblingen der Rosenzucht und ist schon mit

'Command Performance'

'Communis'

'Complicata'

'Complicata' (Hagebutten)

vielen Auszeichnungen geehrt worden. Die Kombination einer hochwertigen Blüte auf kurzen Stiel mit einem wunderbar süßen Duft an einer dicht und dunkelgrün belaubten Pflanze, die die Höhe eines großen Strauches erreicht, macht sie in jedem Garten zu einer gefragten Sorte. 'Compassion' eignet sich aber auch gut zum Beranken eines Zaunes, einer Mauer oder einer Pergola. Den ganzen Sommer und Herbst hindurch blüht die Kletterrose in dichter Folge. Sie trägt große lachsrosa bis apricotfarbene Blüten, die mit etwa 35 Petalen gefüllt sind. Sie sitzen einzeln oder in Büscheln zu dritt inmitten großer, dunkelgrüner und ledriger Blätter. Die Sorte hat einen buschigen, verzweigten Wuchs und ist besonders krankheitsfest.
**ZONEN 4–9.**

Harkness, Großbritannien, 1973

'White Cockade' × 'Primaballerina'

Baden-Baden Goldmedaille 1975, Genf Goldmedaille 1975, Orléans Goldmedaille 1979, Duftmedaille der Royal National Rose Society 1973, ADR-Rose 1976, Royal Horticultural Society Award of Garden Merit 1993

## 'COMPLICATA'

**Syn. 'Ariana d'Algier', *R. gallica* 'Coplicata'**

ALTE R., GALLICA-ROSE, ROSA+

Dieser breite, dichte und wuchsfreudige Strauch mit elegant überhängenden Trieben kann eine Höhe von 1,8 m oder mehr erreichen. Er weist starke, graugrüne, teilweise bewehrte Triebe auf, die über und über mit großen, gesunden Blättern bedeckt sind. Die 6–10 cm großen Blüten erscheinen nur im Juni und verströmen einen schwachen Duft. Die 5 Petalen sind von einem leuchtend klaren Rosa mit heller Mitte. Ein Büschel hübscher cremegelber Staubgefäße ist eine weitere Verschönerung. Diese alte Gallica-Rose ist ein herausragender Solitärstrauch, aber auch als natürliche Hecke verwendbar. Sie ist äußerst gesund, recht winterhart und wächst zudem auch auf relativ unergiebigen Böden.
**ZONEN 5–9.**

Eltern unbekannt, vermutlich *Rosa canina* oder *R. macrantha*

'Comtesse Cécile de Chabrillant'

'Compassion'

## 'COMTE BOULA DE NANTEUIL'

**Syn. 'Boule de Nanteuil', 'Comte de Nanteuil' (II)**

ALTE R., GALLICA-ROSE, MAUVE

Die großen, mit zahlreichen Petalen gefüllten, flachen, geviertelten, purpurscharlachroten Blüten schimmern leicht silbrig und haben eine scharlachrote Mitte. Damaszenerduft und eine geringe Gesamtgröße machen sie zu einer guten Kübelpflanze. Sie verträgt Halbschatten, blüht aber nur im Juni. **ZONEN 4–9.**

Roeser, Frankreich, 1834

Eltern unbekannt

## 'COMTE DE CHAMBORD'

ALTE R., PORTLANDROSE, ROSA+, ETWAS NACHBLÜHEND

Dieser steife, bis 1,2 m hohe Strauch besitzt starke, graugrüne Triebe mit zahlreichen rötlichen Stacheln und Dornen. Die hellen, graugrünen Blätter sind gesägt und feinflaumig behaart. Die Blüten sitzen einzeln oder in kleinen Büscheln an den kurzen Stielen und erscheinen im Juni reichlich, danach in etwas geringerer Zahl noch bis zum Herbst. Kurz vor dem Öffnen besitzen die Blüten bereits eine wunderbar hohe Mitte mit eingerollten Petalen; sie entfalten sich zunächst becherförmig, werden dann flach und oft geviertelt; vollgeöffnet sind sie bis zu 8 cm groß. Die köstlich duftenden Blüten sind intensiv rosa mit einem Stich ins Lila- und Fliederfarbene. **ZONEN 5–9.**

Robert und Moreau, Frankreich, 1863

Vermutlich 'Baronne Prévost' × 'Duchess of Portland'

Royal Horticultural Society Award of Garden Merit 1993

## 'COMTE DE NANTEUIL' (I)

ALTE R., REMONTANTROSE, ROSA+, ETWAS NACHBLÜHEND

Die wuchsfreudige Strauchrose hat große, becherförmige, gefüllte, rosa Blüten mit dunkleren Rändern und grüner Mitte. Oft wird sie mit 'Comte Boula de Nanteuil' verwechselt. **ZONEN 5–11.**

Quetier, Frankreich, 1852

Eltern unbekannt

## 'COMTESSE CÉCILE DE CHABRILLANT'

ALTE R., REMONTANTROSE, ROSA+, ETWAS NACHBLÜHEND

Diese seltene Rose trägt duftende, recht haltbare seidig rosarote, unterseits silbrigen Blüten; diese sind mit muschelförmigen Petalen gefüllt, kugelförmig und mittelgroß. Die hohen Langtriebe tragen ledrige, dunkelgrüne Blätter und winzige Stacheln. **ZONEN 5–9.**

Marest, Frankreich, 1856

Sämling von 'Jules Margottin'

## 'COMTESSE DE LACÉPÈDE'

ALTE R., GALLICA-ROSE, HELLROSA

Diese zarte Rose hat silbern überhauchte Petalen, die in der Mitte in Rosa übergehen. Die gefüllten, großen, becherförmigen Blüten erscheinen nur im Juni.
**ZONEN 5–10.**

1840

Vermutlich Gallica-Rose × Chinarose

## 'COMTESSE DE MURINAIS'

ALTE R., MOOSROSE, WEISS

Die Blätter sind leuchtend grün und etwas runzelig. Die Knospen haben ein fein strukturiertes Moos und sind dicht mit kleinen Borsten bedeckt. Die angenehm duftenden Blüten sind rein weiß und mit einem zarten, rötlichen Hauch überzogen. **ZONEN 5–9.**

Vibert, Frankreich, 1843

Eltern unbekannt

'Comtesse de Murinais'

'Comte Boula de Nanteuil'

C

## 'COMTESSE DE ROCQUIGNY'

ALTE R., BOURBONROSE, WEISS

Die mittelgroßen, kugelförmigen und dichtgefüllten Blüten von 'Comtesse de Rocquigny' sind weiß, jedoch oft zart lachsrosa überhaucht. Allem Anschein nach kann man diese Rose nicht mehr kaufen; höchstwahrscheinlich ist sie auch für immer verloren. **ZONEN 5–10.**

Vaurin, Frankreich, 1874

Eltern unbekannt

## 'COMTESSE DU CAŸLA'

ALTE R., CHINAROSE, ORANGE+, ÖFTERBLÜHEND

Viele halten diese Rose für die herausragendste aller Chinarosen. An purpurnen, leicht herabhängenden Stielen sitzen große, locker becherförmige und flache Blüten in orangestichigem Karminrot mit gelben Petalenunterseiten; ihr starker Duft erinnert an Edelwicken oder Tee. Die Blüte dauert die gesamte Saison über an. 'Comtesse du Caÿla' fühlt sich an einem warmen, sonnenbeschienenen, wintermilden Standort am wohlsten. Im Schatten wird der kompakte, etwa 1 m breite Busch mit den dünnen Stielen und dem glänzenden bronzegrünen Laub wohl eher etwas mager wirken. Aufgrund der prachtvollen Erscheinung und beständigen Blüte sollte diese Rose in ein Beet mit mehrjährigen Rosenstauden gesetzt werden, wo sie hervorragend zur Geltung kommt. **ZONEN 7–11.**

Guillot, Frankreich, 1902

(Sämling von 'Rival de Paestum' × 'Mme Falcot') × 'Mme Falcot'

## 'COMTESSE RISA DU PARC'

Syn. 'Comtesse Riza du Parc'
ALTE R., TEEROSE, ROSA+, ÖFTERBLÜHEND

Diese apricotrosafarbene Rose ist wegen der beeindruckenden, fast kupfergelben und leicht becherförmigen Blüten schon oft als „metallene Rose" bezeichnet worden. Ihre großen, kugelförmigen Blüten stehen für gewöhnlich einzeln auf langen Stielen. 'Comtesse Risa du Parc' ist wuchsfreudig, wächst aber eher offen; sie besitzt rötliche, mit hakenförmigen Stacheln versehene Triebe und gesunde Blätter. Die Sorte ist öfter-, aber nicht sehr reichblühend und braucht einen warmen, wintermilden Standort. **ZONEN 7–11.**

Schwartz, Frankreich, 1876

Sämling von 'Comtesse de Labarthe'

'Comtesse de Rocquigny'

'Comtesse Vandal'

'Comtesse du Caÿla'

'Comtesse Risa du Parc'

## 'COMTESSE VANDAL'

Syn. 'Comtesse Vandale', 'Countess Vandal'
TEEHYBRIDE, ROSA+, ÖFTERBLÜHEND

In den 30er Jahren des 20. Jh. war diese Sorte außerordentlich beliebt. Den ganzen Sommer hindurch trägt sie schlanke Knospen, aus denen große, gefüllte, lachsfarbene Blüten mit sehr angenehmem Duft und kupferfarbenen Petalenunterseiten entstehen. Die 30 Petalen bilden eine hohe Mitte. Die Blätter sind ledrig und sitzen an einer Pflanze mit aufrechtem Wuchs. Ein kletternder Sport, **'Climbing Comtesse Vandal'** (Syn. 'Climbing Comtesse Vandale', 'Climbing Countess Vandal', 'Grimpant Comtesse Vandal'; Jackson und Perkins, USA, 1936) eignet sich als rankender Bewuchs für Wände und Pergolen. Sie blüht zwar nur im Juni, zum Ausgleich sind die Blüten aber von hoher Qualität. **ZONEN 4–9.**

Leenders, Niederlande, 1932

('Ophelia' × 'Mrs Aaron Ward') × 'Souvenir de Claudius Pernet'

Bagatelle Goldmedaille 1931, National Rose Society Trial Ground Certificate

## 'CONCERTINO' MEIbinosor

FLORIBUNDA, ORANGEROT, ÖFTERBLÜHEND

Die locker flachen bis becherförmigen, gefüllten Blüten dieser Rose sind leuchtend kirschrot und zeigen sich wiederholt in der Saison. Jede Blüte hat 20 Petalen und verströmt einen zarten Duft.

'Concertino'

'Concerto'

Im Garten ist 'Concertino' beliebt für Rosenbeete oder Rabatten. Die dunkelgrünen Blätter der aufrechten, buschigen Pflanze machen sich schön im Kontrast zu den beachtlich großen Blütenbüscheln, die in der Farbe nicht verblassen. **ZONEN 4–9.**

Meilland, Frankreich, 1976

(['Fidélio' × 'Fidélio'] × ['Zambra' × 'Zambra']) × 'Marlena'

## 'CONCERTO'

FLORIBUNDA, ROT, ÖFTERBLÜHEND

Leuchtend rote Blüten gehen aus ovalen, spitzen Knospen hervor. Die vollständig geöffneten Blüten sind locker becherförmig und mit knapp 15 Petalen halb gefüllt. Sie stehen in Büscheln von ansehnlicher Größe über den dunklen Blättern, behalten ihre Farbe gut und verströmen einen zarten Duft. **ZONEN 4–9.**

Meilland, Frankreich, 1935

'Alain' × 'Floradora'

National Rose Society President's International Trophy 1953

## 'CONDESA DE SÁSTAGO'

TEEHYBRIDE, ROSA+, ÖFTERBLÜHEND

Rötlich-orangefarbene, duftende Blüten mit gelben Petalenunterseiten öffnen sich aus ovalen Knospen. Die großen Blüten sind mit 55 Petalen dicht gefüllt; diese ergeben zusammen eine becherförmige Blütenform. Die nicht vollkommen gesunde Pflanze ist wuchsfreudig, hoch und reichlich mit glänzend dunkelgrünen Blättern versehen. **'Climbing Condesa de Sástago'** (Vestal, USA, 1936) eignet sich auch als rankender Bewuchs einer Mauer bis in eine Höhe von 4 m. **ZONEN 4–9.**

Dot, Spanien, 1932

('Souvenir de Claudius Pernet' × 'Maréchal Foch') × 'Margaret McGredy'

Rom Goldmedaille 1933, National Rose Society Trial Ground Certificate

## 'CONDITORUM'

**Syn. 'Hungarian Rose', *Rosa gallica conditorum*, 'Tidbit Rose'**

ALTE R., GALLICA-ROSE, DUNKELROT

Diese Pflanze mit einem buschigen und einigermaßen dichten Wuchs erreicht eine Höhe von 1 m. 'Conditorum' weist dunkelgrüne, leicht bewehrte Triebe auf; das reichlich vorhandene Laub ist graugrün und ein wenig rauh. Die stark duftenden Blüten sitzen in Büscheln aufrecht an den Blütenstielen; sie sind erst kirsch-, dann schon bald purpurrot gefärbt und haben leuchtend gelbe Staubgefäße. Die einzelne Blüte hat in vollständig geöffnetem Zustand einen Durchmesser von 8 cm. Die Rose blüht nur im Juni. **ZONEN 5–9.**

1629

Eltern unbekannt

## 'CONFETTI' AROjechs

FLORIBUNDA, ROT+, ÖFTERBLÜHEND

Diese Rose schätzt man wegen der klassisch geformten, goldgelben Blüten, die den köstlichen Duft von Teerosen verströmen. Die Blüten entwickeln sich aus ovalen Knospen, sind mit knapp 25 Petalen gefüllt und treten zu 3–7 in Büscheln auf. Beim Öffnen geht die Färbung allmählich in ein Orangerot über. Den ganzen Sommer über ist diese buschige, mittelgroße Rose mit Blüten bedeckt, die sich wunderbar von dem mittelgrünen Laub abheben. 'Confetti' ist eine gute, gesunde Beetrose. Die Triebe und Blütenstiele sind mit Stacheln versehen, die hakenförmig nach unten weisen. **ZONEN 4–9.**

Swim und Christensen, USA, 1980

'Jack O'Lantern' × 'Zorina'

'Confetti'

'Confidence'

## 'CONFIDENCE'

TEEHYBRIDE, ROSA+, ÖFTERBLÜHEND

Die großen, gefüllten Blüten sind von einem seidigen Perlmuttrosa mit etwas Gelb an der Petalenbasis. Die ovalen Knospen öffnen sich zu Blüten mit 40 Petalen, hoher Mitte und angenehmem Duft. Den ganzen Sommer über trägt diese aufrechte, buschige und großblumige Rose Blüten inmitten von dunkelgrünem, ledrigem Laub. 'Confidence' ist eine relativ gesunde Rose und zugleich die erste erfolgreiche Züchtung, die aus der außerordentlich beliebten Sorte 'Gloria Dei' hervorging. Sie gedeiht aber im Gegensatz zu dieser besser in heißem, trockenen Klima und mag weder nasses Wetter noch starken Schnitt. **ZONEN 4–9.**

Meilland, Frankreich, 1951

'Gloria Dei' × 'Michèle Meilland'

Bagatelle Goldmedaille 1951

'Condesa de Sástago'

'Conditorum'

'Conqueror's Gold'

## 'CONGRATULATIONS' KORlift

**Syn. 'Sylvia', 'Kordes' Rose Sylvia'**

TEEHYBRIDE, ROSA+, ÖFTERBLÜHEND

Die in Deutschland gezüchtete und hier 'Sylvia' genannte Rose bereichert jede Sammlung Moderner Rosen. Die Pflanze mit dem aufrecht buschigen Wuchs und den großen, dunkelgrünen, gesunden Blättern trägt perfekt geformte, intensiv rosafarbene Blüten einzeln oder in kleinen Büscheln. Jede Blüte erwächst aus langen, spitzen Knospen, ist urnenförmig, mit einer hohen Mitte und mit 40 Petalen dicht gefüllt. Die Blumen duften angenehm. 'Congratulations' ist eine gute Sorte für Gruppen, Beete und Rabatten. Dank ihrer langen, aufrechten Stiele eignet sich die Sorte auch sehr gut als Schnittrose. Das Entfernen der Seitenknospen regt die Pflanze zur Bildung noch größerer Blüten an. **ZONEN 4–9.**

Kordes, Deutschland, 1979

'Carina' × Sämling

ADR-Rose 1977, British Association of Rose Breeders Selection 1977

'Congratulations'

## 'CONQUEROR'S GOLD'

HARtwiz

**Syn. 'Donauwalzer'**

FLORIBUNDA, GELB+, ÖFTERBLÜHEND

Diese mittelgroße Strauchrose besitzt mattglänzende, dunkelgrüne Blätter, von denen sich die kleinen Büschel mit bis zu 7 gelben Blüten den Sommer über wunderbar abheben. Die Petalen der mittelgroßen Blüten sind orangerot gerändert. **ZONEN 4–9.**

Harkness, Großbritannien, 1986

'Amy Brown' × 'Judy Garland'

Courtrai Certificate of Merit 1986, Belfast Goldmedaille 1988

'Conservation'

## 'CONRAD FERDINAND MEYER'

STRAUCHROSE, RUGOSA-HYBRIDE, HELLROSA, ÖFTERBLÜHEND

'Conrad Ferdinand Meyer' könnte schon als halbkletternde Sorte klassifiziert werden. Diese ungezähmte, üppig wuchernde und ausladend wachsende Rose ist an ihren Trieben mit zahlreichen großen und kleinen Stacheln versehen. Sie wächst gut an Säulen, Pfosten und Pfeilern, bildet aber auch ohne viel Schnitt einen bis 3 m hohen Solitärstrauch, der oft unten verkahlt. Die sehr früh erscheinenden, reichlichen Blüten sind mit becherförmige Petalen in weichem, silbrigem Rosa locker gefüllt; sie verbreiten einen köstlichen und starken Duft. Mit jedem Flor verbessert sich die Qualität der Blüten, nur der Herbstflor blüht sehr unzuverlässig. 'Conrad Ferdinand Meyer' kann durch Okulation oder Stecklinge vermehrt werden. Das rauhe, ledrige Laub ist mitunter anfällig für Rosenrost. Der Name dieser Strauchrose erinnert an den bekannten Schweizer Schriftseller und Dichter C. F. Meyer (1825–1898). **ZONEN 4–9.**

Müller, Deutschland, 1839

('Gloire de Dijon' × 'Duc de Rohan') × *Rosa rugosa* 'Germanica'

## 'CONSERVATION' COCdimple

ZWERGROSE, ROSA+, ÖFTERBLÜHEND

Die mit knapp 20 Petalen nur halb gefüllten Blüten sind eher lachsrot bzw. lachsorange als rosa gefärbt; sie halten aber recht lange. Meist sitzen sie in Büscheln, die sich als kleine Farbhügel vom glänzend grünen Laub abheben. Beim Öffnen entlassen sie einen zarten Duft, der aber schnell verfliegt. Die dichte, buschig wachsende, gesunde Rose erhielt ihren Namen anläßlich des 50jährigen Bestehens des *World Wildlife Fund (WWF)*. **ZONEN 4–11.**

James Cocker und Söhne, Großbritannien, 1986

(['Sabine' × 'Circus'] × 'Maxi') × 'Minuetto'

Dublin Goldmedaille 1986, Glasgow Certificate of Merit 1990

## 'CONSTANCE'

TEEHYBRIDE, REIN GELB, ÖFTERBLÜHEND

Die gefüllten Blüten mit hoher Mitte zeigen einen hübschen Gelbton, der sich mit der Zeit zu Goldgelb verändert. Während der verschiedenen Blühphasen im Sommer duften sie zart. Die Beetrose wächst buschig und trägt reichlich grünes, glänzendes Laub. **ZONEN 4–9.**

Pernet-Ducher, Frankreich, 1915

'Rayon d'Or' × Sämling

Bagatelle Goldmedaille 1916

'Constanze Spry'

## 'CONSTANCE FINN' HAReden

FLORIBUNDA, HELLROSA, ÖFTERBLÜHEND

Diese neue wuchsfreudige Rose bildet lange Seitentriebe mit riesigen Blütendolden aus. Die Petalen der rosaroten bis zart rosafarbenen Blüten sind unterseits karminrot. 'Constance Finn' ist öfterblühend und verströmt einen angenehmen Duft. Bei geringfügigem Rückschnitt macht sie sich gut als Beetrose, Solitär oder Strauch in einer gemischten Rabatte. **ZONEN 4–9.**

Harkness, Großbritannien, 1997

Eltern unbekannt

## 'CONSTANZE SPRY'

**Syn. 'Constance Spry'**

STRAUCHROSE, HELLROSA

Diese Rose ist die Ausgangsform all jener modernen Strauchrosen, die als „Englische Rosen" bezeichnet werden. Hierzu gehören freilich auch diejenigen mit roter Farbe, die aus der 'Chianti'-/'Tuscany'-Linie stammen. Eigentlich ist 'Constanze Spry' für jeden ambitionierten Rosenfreund ein „Muß" – denn die üppig wuchernde Strauchrose wirkt mit den leuchtend rosafarbenen, becherförmigen und stark gefüllten Blüten einfach unwiderstehlich. Die einzeln stehenden Blüten des Sommerflors halten sich lange und duften angenehm nach Myrrhe – ein Kuriosum, was bereits an viele ihrer Nachkommen weitergegeben wurde. Die Pflanze ist reichlich mit großen, dunkelgrünen und sehr winterharten Blättern bedeckt, die recht krankheitsfest sind. Constanze Spry' eignet sich für die gruppenweise Pflanzung hinter einer gemischten Rabatte, läßt sich aber aufgrund ihres ausladenden Wuchses ebensogut als Kletterrose an einer Mauer oder als Solitärstrauch ziehen. Benannt wurde sie nach einer bekannten Floristin aus der Mitte des 20. Jh. **ZONEN 4–9.**

Austin, Großbritannien, 1961

'Belle Isis' × 'Dainty Maid'

Royal Horticultural Society Award of Garden Merit 1993

## 'CONTRAST'

TEEHYBRIDE, ROSA+, ÖFTERBLÜHEND

Die Blütenblätter dieser wenig bekannten Rose sind oberseits porzellanrosa und bronze gefärbt, auf der Unterseite hingegen weiß und bronzefarben. Die dichtgefüllten, stark duftenden Blüten haben eng nebeneinanderstehende Petalen und eine hohe Mitte. Den ganzen Sommer über blüht 'Contrast' üppig nach. Sie wächst sehr dicht und rasch, ihr Laub ist glänzend und ledrig. Die Sorte eignet sich als Beetrose, gibt aber auch einen hübschen Hochstamm ab. **ZONEN 4–9.**

Howard und Smith, USA, 1937

Sämling × 'Talisman'

## 'COOPER'S BURMESE'

**Syn. 'Gigantea Cooperi', *Rosa* × *cooperi***

ALTE R., KLETTERNDE LAEVIGATA-ROSE, WEISS

Diese schöne Rose gedeiht am besten in warmem Klima, wo sie große, schalenförmige, einfache, cremefarbene Blüten mit hervorstehenden Staubgefäßen trägt,

'Conrad Ferdinand Meyer'

'Constanze Spry' als Spalier gezogen, kombiniert mit Fingerhutstauden

die einen atemberaubenden Duft verbreiten. Im Sommer treten die Blüten reichlich auf, die Pflanze ist aber nicht öfterblühend. Die Zartheit der Blüten steht scheinbar im Kontrast zu ihrem robusten Erscheinungsbild, wie z. B. den verzweigten, stark bewehrten Stielen und der dreifachen Größe einer Kletterrose. Die Blätter sind groß und grün; sie geben einen hübschen Hintergrund für die blassen, seidig wirkenden Blüten ab. In Gebieten mit kälterem Klima sollte man die Rose aufgrund ihrer Frostempfindlichkeit nur an sehr geschützten Orten halten, z. B. in einem windgeschützten Atrium. Roland Cooper, Kurator der *Royal Botanic Gardens* in Edinburgh, brachte den Samen aus Birma mit.
**ZONEN 6–9.**

Cooper, Großbritannien, 1927

Vermutlich *Rosa laevigata* × *R. gigantea*

## 'COPACABANA'

GROSSBLUMIGE KLETTERROSE, ORANGEROT, ÖFTERBLÜHEND

'Copacabana' hat ihre intensives Orangerot mit dunkelrot gesäumten Petalen von der leuchtend getönten 'Coup de Foudre' geerbt. Die mit 40 Petalen gefüllten Blüten sind groß und kugelförmig; sie treten einzeln oder in Büscheln an langen Stielen auf und duften angenehm. Nach einem sehr üppigen Flor im Juni folgt zuverlässig eine recht gute Nachblüte, wobei diese Blüten an kräftigeren Stielen sitzen. Das reichlich vorhandene Laub ist glänzend dunkelgrün und äußerst gesund. 'Copacabana' eignet sich gut als rankender Bewuchs von Säulen und Pyramiden, da sie niemals zu groß wird. Sie besitzt zahlreiche Stacheln.
**ZONEN 5–9.**

Dorieux, Frankreich, 1966

'Coup de Foudre' × Sämling

Royal National Rose Society Trial Ground Certificate 1968

## 'COPENHAGEN'

**Syn. 'København', 'Kopenhagen'**

GROSSBLUMIGE KLETTERROSE, ROT, ÖFTERBLÜHEND

Diese öfterblühende Rose trägt große, purpurscharlachrote, mit 20 Petalen halb gefüllte und wohlgeformte Blüten. Obwohl 'Copenhagen' mitunter recht kräftig wächst, sollte man sie besser zu den niedrigen Kletterrosen stellen, die sich ideal für Säulen oder kleine Spaliere eignen. Die Blätter sind dunkelgrün mit einem Stich ins Kupferfarbene und äußerst krankheitsfest. 'Copenhagen' war wohl die erste moderne öfterblühende Kletterrose. Heute gibt es wuchsfreudigere Sorten, die jedoch leider selten die gleiche Blütenqualität aufweisen.
**ZONEN 4–9.**

Poulsen, Dänemark, 1964

Sämling × 'Ena Harkness'

National Rose Society Certificate of Merit 1963

## 'COPPÉLIA'

TEEHYBRIDE, ORANGE+, ÖFTERBLÜHEND

Die Blüten sind mittelgroß, becherförmig und mit bis zu 25 Petalen gefüllt. Sie sind leuchtend rosa mit einen Stich ins Orange und duften zart. Die Blätter sind mittelgrün und mattglänzend. Der Busch ist hochwüchsig, ausladend und reichblühend. **'Coppélia 76'** ist wiederum eine typisch Meillandsche Doppelbenennung. Der Züchter wollte die alte 'Coppélia' in verbesserter Neuauflage herausbringen und machte dabei aus einer Teehybride eine Floribundarose – im Wuchs etwas niedriger, in Form und Farbe ähnlich, aber mit etwas mehr Orange (Meilland, 1976).
**ZONEN 5–9.**

Meilland, Frankreich, 1952

'Gloria Dei' × 'Europa'

## 'COPPER GEM'

TEEHYBRIDE, APRICOT+, ÖFTERBLÜHEND

Die Blüten sind wohlgeformt, haben im Frühstadium eine hohe Mitte und sind mit 30–35 Petalen ziemlich dicht gefüllt. Die Blätter sind klein, deutlich bronzepurpurfarben im Austrieb und mattglänzend; die Blüten heben sich vor diesem Hintergrund wunderbar ab. 'Copper Gem' wächst nicht sehr stark und hat eine sehr buschige Gestalt. Blüte und Nachblüte erfolgen recht zügig. Unglücklicherweise ist die Sorte sehr anfällig für Sternrußtau, was in beschränktem Maße auch für Mehltau gilt. Sie ist gut als Kübelpflanze geeignet – beispielsweise in einem Kupferkessel – und sieht auch in der Vase hübsch aus, zumal sie sehr haltbar ist. **ZONEN 5–9.**

Cocker und Söhne, Großbritannien, 1983

Eltern unbekannt

## 'COPPER POT' DICpe

FLORIBUNDA, ORANGE+, ÖFTERBLÜHEND

'Copper Pot' wirkt als Beetrose recht groß. Sie trägt große, gelborangefarbene, mit 15 Petalen halb gefüllte Blüten, deren Unterseiten dunkler werden. Die duftenden Blüten treten in mehreren Phasen auf und erscheinen in Büscheln vor glänzend bronzefarbenem Laub. Die Vermehrung erfolgt durch Okulation.
**ZONEN 4–9.**

Dickson, Großbritannien, 1968

Sämling × 'Golden Scepter'

Royal National Rose Society Trial Ground Certificate 1968

## 'COPPER SUNSET' SAVacop

ZWERGROSE, ORANGE+, ÖFTERBLÜHEND

Lange, spitze Knospen öffnen sich zu kupfer-orangefarbenen, leicht rot überhauchten Blüten mit roter Rückseite; sie stehen einzeln oder in Büscheln, duften zart und sind mit 20 Petalen halb gefüllt. Gelegentlich entwickeln sie eine hohe Mitte, doch öffnen sie sich zu rasch, um die Form halten zu können. Trotzdem ist 'Copper Sunset' vollständig geöffnet am attraktivsten, denn jetzt zeigen sich die goldenen Staubgefäße, die sich schön vom Kupferorange der Blüte abheben. Die Farbnuancen reichen von feurigem Orange bis hin zu leuchtendem Gelb; der Farbton erinnert an poliertes Kupfer. In feucht-kühlen Klima kommt es zu Mumienbildung. Die Pflanze ist mittelgroß, wächst jedoch winkelig, wenn man sie nicht zurückschneidet. **ZONEN 4–11.**

Saville, USA, 1988

'Acey Deucy' × 'Rainbow's End'

## 'COQUETTE DES ALPES'

ALTE R., BOURBONROSE, WEISS, ETWAS NACHBLÜHEND

Die weißen, becherförmigen, halbgefüllten Blüten dieser Rose sind mit rosa überhauchten Petalen gefüllt, sitzen in Büscheln zusammen und duften angenehm. Die Pflanze bildet einen wuchsfreudigen, winterharten Busch mit hübschem, unempfindlichen Laub.
**ZONEN 5–10.**

Lacharme, Frankreich, 1867

'Mlle Blanche Lafitte' × 'Sappho'

## 'COQUETTE DES BLANCHES'

ALTE R., BOURBONROSE, WEISS, ETWAS NACHBLÜHEND

Die gefüllten, mittelgroßen, weißen Blüten schimmern schwach rosa; sie öffnen becherförmig, werden aber mit dem Alter etwas flacher. Der üppige Flor zeigt sich in Büscheln, die anmutig an langen Stielen sitzen und etwas duften. 'Coquette des Blanches' ist ein aufrechter, gut wüchsiger Strauch mit symmetrischer Verzweigung, der 1,5 m Höhe erreicht. Er ist mit eleganten Blättern bedeckt und leicht mit Stacheln bewehrt. Einige Rosenfachleute bezweifeln die vom Züchter angegebenen Elternsorten.
**ZONEN 5–10.**

Lacharme, Frankreich, 1871

'Mlle Blanche Lafitte' × 'Sappho'

## 'CORA MARIE' KORlimit

**Syn. 'Dallas' (II)**

TEEHYBRIDE, ROT, ÖFTERBLÜHEND

Diese ideale rote Floristenrose trägt wunderschön spitz geformte Knospen an langen dünnen Stielen, die sich zu perfekt geformten Blüten mit festen Petalen öffnen. Sie halten sich gut als Schnittblume und verströmen einen süßen Duft. Die samtigen roten Blüten verlieren ihren Glanz in der Sonne nicht und dunkeln auch im Alter nicht nach. Die Teehybride ist wuchsfreudig und erreicht eine beträchtliche Höhe, so daß neue Langtriebe eventuell gestützt werden müssen. Diese beliebte Strauchrose eignet sich auch für den Garten und ist nur wenig anfällig für Krankheiten. 'Cora Marie' stammt aus dem Hause Kordes, das sich schon seit 1887 auf dem Gebiet der Rosenzucht einen international bekannten Namen gemacht hat. **ZONEN 5–11.**

Kordes, Deutschland, 1986

'Ankori' × Sämling

## 'CORAL CLUSTER'

POLYANTHAROSE, ORANGEROSA, ÖFTERBLÜHEND

'Coral Cluster' ist das typische Beispiel einer öfterblühenden Polyantharose mit pomponförmigen Blüten, wie sie vor Einführung der Floribundarosen beliebt waren. Diese Rosenklasse war bekannt für das Auftreten zahlreicher Sports, die wiederum etliche neue Farbtöne hervorbrachten – von einem blassen Rosa bis hin zu Purpurrot. 'Coral Cluster' trägt kleine, korallrosafarbene, gefüllte Blüten inmitten blaßgrünen Laubes. Die Sorte wird leider ab Sommermitte relativ oft von Mehltau befallen. Die Rose läßt sich recht leicht durch Stecklinge oder durch Okulation vermehren.
**ZONEN 4–9.**

Murrell, Großbritannien, 1920

Sport von 'Orléans Rose'

Goldmedaille der National Rose Society 1921

'Coral Cluster'

'Copenhagen'

'Copper Pot'

C

C

## 'CORAL DAWN'

GROSSBLUMIGE KLETTERROSE, REIN ROSA, ÖFTERBLÜHEND

Diese wuchsfreudige Kletterrose hat wunderschöne rosarote, gefüllte Blüten, die im Sommer aus ovalen Knospen hervorgehen. Die offenen, großen, wohlgeformten Blüten setzen sich aus 35 becherförmig arrangierten Petalen zusammen; sie duften stark und sitzen in kleinen Büscheln inmitten gesunder, ledriger Blätter. Nach einem ersten Flor bildet die Pflanze den ganzen Sommer und Herbst hindurch immer wieder neue Blüten. Sie wächst kräftig, leicht überhängend, mit steifen, verzweigten Trieben und bildet einen anmutigen rankenden Bewuchs für niedrige Zäune, Wände oder Säulen. **ZONEN 4–9.**

Boerner, USA, 1952

(Sämling von 'New Dawn' × gelbe Teehybride) × orangerote Polyantharose

## 'CORAL SATIN'

GROSSBLUMIGE KLETTERROSE, ORANGEROSA, ÖFTERBLÜHEND

Die großen, gefüllten, korallrosa Blüten entstehen aus ovalen Knospen und zeigen sich in mehreren Phasen den ganzen Sommer hindurch. Die Blüte ist mit 25 Petalen gefüllt, die zu einer hohen Mitte angeordnet sind. Sie ist eine schwachwüchsige Kletterrose, duftet stark und ist reichlich mit großen, gesunden, ledrigen Blättern bedeckt. **ZONEN 4–9.**

Zombory, USA, 1960

'New Dawn' × 'Fashion'

## 'CORAL SPIRE' KORkragor

TEEHYBRIDE, REIN ROSA, ÖFTERBLÜHEND

Die Blüten dieser hochwüchsigen, aufrechten Rose gehen aus spitzen Knospen hervor und entwickeln die typische Teehybridenform mit dichter, stark gefüllter Mitte und zurückgebogenen äußeren Petalen, die in verschiedenen Korralltönen gefärbt sind. Sie sitzen hoch oben an den langen Trieben und erscheinen den ganzen Sommer hindurch immer wieder aufs neue. Der hochwüchsige Busch liefert reichlich Schnittblumen, die sich in der Vase recht lange halten. 'Coral Spire' ist eine gute Ausstellungsrose, die aber nicht duftet. Sie ist äußerst wuchsfreudig und krankheitsfest; in Kombination mit anderen Staudenpflanzen wie blauem *Ceanothus*, Rittersporn, Eisenhut oder hohen, blauen Salbei-Arten macht sich 'Coral Spire' außerordentlich gut. **ZONEN 4–10.**

Kordes, Deutschland, 1994

Elternsorten unbekannt

'Coral Satin'

'Cornelia'

'Cordon Bleu'

'Cordelia'

'Cordula'

## 'CORAL TREASURE'

ZWERGROSE, ORANGE+, ÖFTERBLÜHEND

Diese Rose hat eiförmige Knospen, aus denen korallorangefarbene gefüllte Blüten hervorgehen. Sie heben sich gut von den glänzend grünen Blättern ab. Diese oft als schnellwüchsig, aber kurzstielig bezeichnete Rose gedeiht am besten in wärmeren Klimazonen, da feuchtes Wetter den Befall mit Sternrußtau begünstigt. Die Blüten können Ausstellungsqualität erreichen, da sie eine schöne Farbkomposition mit entsprechender Leuchtkraft aufweisen. Stiele mit 5–12 Blüten sind nicht selten und werden auf grundständigen Trieben gebildet. Die Pflanze ist sehr hochwüchsig. **ZONEN 5–11.**

Moore, USA, 1971

Sämling × 'Little Buckaroo'

## 'CORALIE'

ALTE R., DAMASZENERROSE, HELLROSA

Dieser relativ stark bewehrte Strauch – eine weniger bekannte, aber doch sehr schöne Damaszenerrose – erreicht eine Höhe von 1,2 m und trägt üppiges, dunkel graugrünes Laub. Er treibt im Juni reichlich Blüten, die duften, dichtgefüllt und becherförmig sind. Nach dem vollständigen Öffnen werden die Blüten in einem weichen Reinrosa rosettenförmig; diese Farbe verblaßt bei intensivem Sonnenlicht an den äußeren Petalenrändern zu hellerem Rosa und einem schwachen Rot. **ZONEN 5–9.**

Vor 1848

Eltern unbekannt

## 'CORALIN'

Syn. 'Carolin', 'Carolyn', 'Karolyn'

ZWERGROSE, ORANGEROT, ÖFTERBLÜHEND

'Coralin' trägt korallrote Blüten mit jeweils 40 Petalen an einer niedrigen, kompakten Pflanze. Die Elternpflanze setzte Francis Meilland schon erfolgreich zur Zucht der preisgekrönten Sorte 'Colibri' ein. Diese Rose zählte zu den ersten modernen Zwergrosen; sie ist zwar heute nicht mehr im Handel, wird jedoch noch in vielen Ländern durch Austausch von Stecklingen vor dem Aussterben bewahrt. **ZONEN 5–9.**

Dot, Spanien, 1955

'Méphisto' × 'Perla de Alcañada'

## 'CORDELIA'

TEEHYBRIDE, APRICOT+, ÖFTERBLÜHEND

Die großen, spitzen, mit 20 Petalen gefüllten Blüten der hochwüchsigen Topfpflanze sind zunächst pfirsichfarben getönt und dunkeln dann etwas nach. Im Garten gibt 'Cordelia' eine gute Beetrose mit herrlichen, dunkelgrünen Blättern ab. Sie blüht reichlich den ganzen Sommer hindurch und duftet angenehm. **ZONEN 4–9.**

LeGrice, Großbritannien, 1975

Eltern unbekannt

## 'CORDON BLEU' HARubasil

TEEHYBRIDE, APRICOT+, ÖFTERBLÜHEND

Die spitz zulaufenden Knospen entwickeln sich zu mittelgroßen, gefüllten Blüten, die für gewöhnlich einzeln oder in kleinen Büscheln erscheinen. Jede Blüte besitzt etwa 20 apricotfarbene Petalen mit rosafarbenen Unterseiten, die später einen dunklen Apricotton annehmen. 'Cordon Bleu' blüht den ganzen Sommer hindurch, wobei ein angenehm fruchtiger Duft von den Blüten ausgeht. Die aufrechte, mittelgroße Strauchrose mit dunkelgrünen, glänzenden Blättern macht sich gut als Hochstamm oder in Beeten. Bei der Okulation sollte man unbedingt auf die rötlichen, abwärts gebogenen Stacheln achten. **ZONEN 4–9.**

Harkness, Großbritannien 1992

'Basildon Bond' × 'Silver Jubilee'

Royal National Rose Society Trial Ground Certificate 1986

## 'CORDULA' KORtri

FLORIBUNDA, ORANGEROT, ÖFTERBLÜHEND

Die großen Büschel orangeroter, mittelgroßer und gefüllter Blüten entwickeln sich jeweils aus kugelförmigen Knospen und duften zart. Sie zeigen sich wiederholt den ganzen Sommer hindurch und heben sich schön vom bronzegetönten, dunkelgrünen ledrigen Laub ab. Die Pflanze ist recht klein mit buschigem Wuchs und läßt sich durch Okulation vermehren. 'Cordula' ist eine gute Wahl für ein Rosenbeet, wächst aber auch als Hochstamm. **ZONEN 4–9.**

Kordes, Deutschland, 1972

'Europeana' × 'Marlena'

## 'CORNELIA'

STRAUCHROSE, MOSCHATA-HYBRIDE, ROSA+, ÖFTERBLÜHEND

Bei dieser von Reverend Joseph Pemberton aus Essex gezogenen Sorte, die seit ihrer Einführung im Jahre 1925 sehr beliebt ist, handelt es sich vermutlich um einen Sämling aus 'Aglaia'. Die Färbung ihrer Blüten reicht von einem blassen Apricot-Kupferton bis hin zu Lachsrosa oder einem gelb überhauchten Himbeerton, wobei der Blütengrund zumeist

orangefarben ist. Die Blüten sind klein, sehr stark gefüllt, rosettenförmig und sitzen in großen, hängenden Büscheln an der Pflanze. Der von ihnen ausgehende Duft ist deutlich moschusartig. 'Cornelia' ist eine herausragende, starkwüchsige Strauchrose, die fortlaufend bis in den Herbst hinein blüht. Sie ist von aufregender Schönheit wenn sie sich beispielsweise von einer niedrigen Wand oder Veranda herabrankt oder um eine Säule herumwindet. Die Pflanze trägt keine Stacheln; die Blätter sind glänzend dunkelgrün und bronzefarben getönt. 'Cornelia' bevorzugt einen sonnigen und windgeschützten Standort. Zur Vermehrung empfiehlt sich die Entnahme von Stecklingen oder Veredlungsaugen.
**ZONEN 4–9.**

Pemberton, Großbritannien, 1925

Eltern unbekannt

Royal Horticultural Society Award of Garden Merit 1993

## 'CORNSILK' SAVasilk

ZWERGROSE, HELLGELB, ÖFTERBLÜHEND

Schöne pastellgelbe Blüten sind das Kennzeichen dieser preisgekrönten Rose. Die Blüten sind mit 40 Petalen gefüllt und von hoher Ausstellungsqualität. 'Cornsilk' ist eine wuchsfreudige Rose mit kleinem, mattglänzendem, gesundem Laub. Je nach Klima kann die Farbe der Blüten recht drastisch in einen wesentlich blasseren Farbton umschlagen, z. B. bei starker Sommerhitze. Trotz zögerlicher Nachblüte ist 'Cornsilk' eine ausgezeichnete Zwergrose für den Garten. **ZONEN 4–10.**

Saville, USA, 1982

'Golden Meillandina' × 'Sheri Anne'

American Rose Society Award of Excellence 1983

## 'CORONADO'

TEEHYBRIDE, ROT+, ÖFTERBLÜHEND

Aus langen, spitzen Knospen öffnen sich die großen roten Blüten dieser zweifarbigen Rose. Sie sind mit etwa 40 unterseits gelben Petalen gefüllt, haben eine hohe Mitte und verströmen einen mittelstarken Duft. 'Coronado' ist eine wuchsfreudige, öfterblühende, gute Beetrose und trägt dunkelgrüne, glänzende Blätter. Sie

'Coronation Gold'

läßt sich durch Okulation vermehren.
**ZONEN 4–9.**

Abrams, USA, 1961

('Multnomah' × 'Gloria Dei') × ('Multnomah' × 'Gloria Dei')

## 'CORONATION GOLD'

Syn. 'Maja Oetker'

FLORIBUNDA, APRICOT+, ÖFTERBLÜHEND

Büschel goldgelber Blüten, die Apricot getönt sind, wachsen an aufrechten Stielen und ergeben ein schönes leuchtendes Bild. Die mit etwa 25 Petalen gefüllten Blüten sind für eine Floribundarose groß und locker. Sie entfalten sich aus kugelförmigen Knospen zu rundlichen Blüten mit hoher Mitte, die becherförmig werdenm bevor dann die Petalen abfallen. Sie verströmen einen zarten Duft, vertragen auch etwas schlechtes Wetter und blühen den ganzen Sommer und Herbst hindurch. Im Garten macht sich diese Rose hervorragend als Heckenpflanze, Beetrose oder läßt sich in einer Rabatte verwenden. Die Pflanze ist wuchsfreudig, von hübschem, aufrechtem Wuchs, wird kaum mittelhoch und ist reichlich mit leuchtend grünen, glänzenden Blättern bedeckt. Diese Rose erinnert an das Silberjubiläum des Krönungstages von Königin Elizabeth II. von England. Demnach wäre wohl 'Coronation Silver' ein durchaus passenderer Name gewesen.
**ZONEN 4–9.**

Cocker, Großbritannien, 1978

('Sabine' × 'Circus') × ('Anne Cocker' × 'Arthur Bell')

'Corvette'

'Corso'

'Cornsilk'

## 'CORONET'

FLORIBUNDA, DUNKELROT, ÖFTERBLÜHEND

Die Büschel großer, mit nur 17 Petalen halb gefüllter Blüten dieser Floribundarose sind dunkelpurpurrot. Wiederholte Blühphasen in den Sommermonaten sorgen für eine ausgedehnte Blütenpracht, die sich reizvoll von dem dunkelgrünen, glänzenden Laub abhebt. Die Pflanze ist wuchsfreudig und aufrecht, duftet aber kaum. Die Vermehrung erfolgt durch Okulation.
**ZONEN 4–9.**

de Ruiter, Niederlande, 1957

'Kordes' Sondermeldung' × 'Red Wonder'

## 'CORRIE' KORproha

TEEHYBRIDE, DUNKELROSA, ÖFTERBLÜHEND

Diese Gewächshausrose eignet sich als Gartenrose nur für warme Klimagebiete. Die Knospen sind oval und öffnen sich zu eher kleinen, wohlgeformten Blüten in einem dunklen Rosaton mit 35–40 Petalen. Der Strauch ist krankheitsfest und mit mittelgrünen, mattglänzenden Blättern bedeckt. Da es schnell zur Nachblüte kommt, ist sie sehr reichblühend. 'Corrie' ist eine hervorragende Schnittblume, denn die Blüten halten sich außergewöhnlich lange und behalten auch ihre Farbe gut. **ZONEN 5–9.**

Kordes, Deutschland, 1992

Eltern unbekannt

## 'CORSO'

TEEHYBRIDE, ORANGE+, ÖFTERBLÜHEND

Die wuchsfreudige, aufrechte Sorte wäre – wenn weniger anfällig für Mehltau – eine gute kommerzielle Schnittrose. Im Garten bildet 'Corso' hübsche kupferorangefarbene, mit 30 Petalen gefüllte Blüten, die eine klassische Form besitzen, mit 11 cm Durchmesser recht groß sind und an langen Stielen sitzen. Sie erscheinen in mehreren Floren und verströmen einen zarten Duft. Die Blätter sind dunkelgrün und glänzend.
**ZONEN 4–9.**

Cocker, Großbritannien, 1976

'Anne Cocker' × 'Dr A. J. Verhage'

## 'CORVETTE' KORveco

TEEHYBRIDE, ORANGEROT, ÖFTERBLÜHEND

Diese Teehybride mit den hübschen, gefüllten, roten Blüten wurde für die Schnittblumenproduktion unter Glas gezüchtet. Sie ist überaus pflegeleicht und blühfreudig. Die schwach bewehrten Stiele sind lang und stabil, so daß die großen Blüten bei Wind nicht leicht brechen. Sie sind nur schwach bewehrt. In klimatisch günstigen Lagen lohnt es durchaus, diese recht gesunde Pflanze versuchsweise im Garten zu pflanzen.
**ZONEN 5–10.**

Kordes, Deutschland, 1997

Eltern unbekannt

'Corrie'

C

'Cosimo Ridolfi'

'Cottage Rose'

'Corylus'

## 'CORYLUS'

STRAUCHROSE, RUGOSA-NITIDA-HYBRIDE, REIN ROSA, ÖFTERBLÜHEND

Diese buschige Pflanze gibt auch dann einen schönen Strauch ab, wenn sie nicht in Blüte steht. Den ganzen Sommer über trägt sie immer wieder aufs neue einen Flor aus rein rosafarbenen, schalenförmigen, duftenden Blüten mit leuchtend goldgelben Staubgefäßen. Sie erscheinen einzeln oder jeweils zu viert in kleinen Büscheln. Putzt man verwelkte Blüten nicht aus, so entwickeln sich im Spätherbst runde, mittelgroße, leuchtend scharlachrote Hagebutten. Das Laub ist dunkelgrün, mittelgroß und rugosa-ähnlich. Das Herbstlaub hat einen prächtigen Bronzeton. 'Corylus' ist leicht zu ziehen und bildet eine aufrechte, ausladende Pflanze, die gut als Solitär oder in Strauchrabatten zur Geltung kommt. Eine Vermehrung mit Stecklingen ist möglich. **ZONEN 4–9.**

Le Rougetel, Großbritannien, 1988

*Rosa nitida* × *R. rugosa rubra*

## 'COSETTE' HARquillypond

**Syn. 'Blue Carpet'**

FLORIBUNDA, REIN ROSA, ÖFTERBLÜHEND

Diese niedrige, breitwüchsige Pflanze ist eine ideale Rabattenrose und eignet sich gut für kleine Beete, Rabatten, Kübel oder als kurzer Hochstamm. Sie trägt kleine rosafarbene Blüten, die mit etwa 60 krausen Petalen stark gefüllt sind und zart duften. Sie erscheinen die ganze Saison über in Büscheln, umgeben von kleinen, mittelgrünen, glanzlosen Blättern an Trieben, die dunkle Stacheln tragen. Die Vermehrung erfolgt durch Okulation oder aus Stecklingen. **ZONEN 4–9.**

Harkness, Großbritannien, 1983

Sämling × 'Esther's Baby'

## 'COSIMO RIDOLFI'

ALTE R., GALLICA-ROSE, MAUVE

Die hübsche, aber seltene Rose mit ihrem rundbuschigen, kompakten Wuchs erreicht selten mehr als 1 m Höhe. Die Stiele sind graugrün und tragen nur wenige Stacheln. Das sattgrüne Laub hat einen grauen Überzug. Die mittelgroßen Blüten gehen aus festen runden Knospen hervor. Sie sind stark gefüllt und zumeist sehr symmetrisch schalenförmig mit einem zentralen Knopfauge. Die Färbung ist violett bis kirschrot und wirkt bei heißem Wetter oft schon blau. Die Blumen duften sehr angenehm. Benannt wurde sie nach einem italienischen Agronom (1794–1865). **ZONEN 5–9.**

Vibert, Frankreich, 1842

Eltern unbekannt

## 'COSMIC' BRIcos

ZWERGROSE, ORANGE+, ÖFTERBLÜHEND

Die langen, spitzen Knospen öffnen sich langsam und bilden hell- bis mitteloranfarbene Blüten mit einer hellgelben Rückseite; in heißeren Klimazonen intensiviert sich die Farbe zu einem Orangerot. Die mit 25–40 Petalen gefüllten Blüten duften nur zart. Sie sitzen meistens einzeln oder in kleinen Büscheln an starken, geraden Stielen und haben die klassische Ausstellungsform mit einer

'Cosette'

hohen Mitte. Die Blätter sind groß, mittelgrün und mattglänzend. Die wuchsfreudige und aufrechte Pflanze ist leider anfällig für Mehltau. 'Cosmic' stammt von einem Amateurrosenzüchter. **ZONEN 5–11.**

Bridges, USA, 1997

'Suzy' × Sämling

## 'COTTAGE GARDEN' HARyamber

ZWERGROSE, ORANGE+, ÖFTERBLÜHEND

Bei dieser Rose aus dem Hause Harkness sind die Blüten satt orangefarben, und die Zahl der Petalen liegt je nach Klima zwischen 25 und 40. Die Blüten sind groß genug, um 'Cottage Garden' als Rabattenrose zu klassifizieren. In warmen Klimazonen bringt die Pflanze andauernd Blüten in sehr großen Büscheln hervor, die den gesamten Busch bedeken. Durch ihren aufrechten Wuchs eignet sich die Rose auch als Kübelpflanze für den Innenhof. 'Cottage Garden' hat ihre Gesundheit und die glänzenden Blätter von der Floribundarose 'Amber Queen' geerbt. **ZONEN 4–11.**

Harkness, Großbritannien, 1992

'Clarissa' × 'Amber Queen'

Glasgow Certificate of Merit 1994

## 'COTTAGE ROSE' AUSglisten

**Syn. 'Austin's Cottage Rose'**

STRAUCHROSE, REIN ROSA, ÖFTERBLÜHEND

Die auch als Englische Rose bezeichnete Pflanze ist eine gute Strauchrose für kleine Gärten. Die Blüten leuchten in einem warmen Rosa, sind flach becherförmig mit einer geviertelten Rosette und erscheinen bis in den Herbst hinein. Schon bald nach dem ersten Flor kommen die nächsten Knospen. 'Cottage Rose' ist eine zierliche, kleine, buschige Pflanze, die sich für kleine Beete oder Kübel eignet, aber nur wenig duftet. Sie läßt sich aus Stecklingen ziehen und ist jedem Gärtner zu empfehlen, der eine moderne Rose mit den Eigenschaften einer Alten Gartenrose sucht. **ZONEN 4–9.**

Austin, Großbritannien, 1991

'Wife of Bath' × 'Mary Rose'

## 'COTTONTAIL' TINtail

ZWERGROSE, WEISS, ÖFTERBLÜHEND

Ungewöhnlich flaumige weiße Blüten mit einem zarten Duft treten büschelförmig an dieser niedrigwüchsigen Rose auf. Die gesamte Saison über treibt sie reichlich Blüten und blüht auch ohne Ausputzen zügig nach. Die südkalifornische Amateurzüchterin Leslie Strawn besaß wohl eine gehörige Portion Humor, als sie 'Cottontail' ausgerechnet nach jenen Kaninchen benannte, die ihre Zwergrosen Tag für Tag heimgesucht hatten. Offensichtlich mögen „Mümmelmänner" ebenfalls Rosen – wenn auch wohl auf andere Art und Weise! **ZONEN 4–11.**

Strawn, USA, 1983

'Pink Petticoat' × 'Pink Petticoat'

## 'COUNTESS OF STRADBROKE'

GROSSBLUMIGE KLETTERROSE, DUNKELROT, ÖFTERBLÜHEND

Diese reichblühende, dunkel purpurrote Kletterrose eignet gut sich als Mauerbewuchs. Die Blüten scheinen geradezu vor Farbe zu sprühen und sind groß, kugelförmig und wohlgeformt. Sie gehen aus korallroten Knospen hervor und verströmen einen starken Duft. Den ganzen Sommer über treten sie wiederholt inmitten intensiv grüner, faltiger Blätter auf, die eine wuchsfreudige Pflanze bedecken. **ZONEN 5–9.**

Clark, Australien, 1928

'Walter C. Clark' × Sämling

## 'COUNTRY DANCER'

STRAUCHROSE, DUNKELROSA, ÖFTERBLÜHEND

Diese aufrechte, kleine Strauchrose produziert während der gesamten Saison fortlaufend große, rosarote, gefüllte Blüten. Die Blätter dieser Strauchrose sind groß, dunkelgrün und glänzend. 'Country Dancer' eignet sich für gemischte Rabatten oder als Topfpflanze. Die Pflanze ist recht wuchsfreudig und duftet zudem angenehm zart. **ZONEN 4–9.**

Buck, USA, 1973

'Prairie Princess' × 'Johannes Boettner'

'Cottontail'

'Countess of Stradbroke'

'Country Dancer'

'Coupe d'Hébé'

## 'COUNTRY JOY' MORcojo
ZWERGROSE, ROSA+, ÖFTERBLÜHEND

Dieser Rose schuf Ralph Moore bei seinen Versuchen, 'Yellow Jewel' als Elternpflanze zur Übertragung jener Gene heranzuziehen, die für den gelben Blütenfarbton verantwortlich sind. Die kleinen hellrosa und gelben Blüten weisen 40 Petalen auf und duften zart. Das ebenfalls kleine Laub ist mattglänzend, mittelgrün und krankheitsfest. **ZONEN 4–11.**

Moore, USA, 1984

'Rosenmärchen' × 'Yellow Jewel'

## 'COUNTRY LADY' HARtsam
TEEHYBRIDE, ORANGE+, ÖFTERBLÜHEND

Die mittelgroßen Blüten wirken an dieser hochwüchsigen, wuchsfreudigen Pflanze wie verbrannt. Sie sind von einem ins Rötliche gehenden Lachsrosa, wobei die Petalenunterseiten hell scharlachrot überzogen sind; sie verblassen erst zu Lachsorange, dann zu Rosa. Sie blühen recht kontinuierlich bis in den Herbst hinein und erscheinen einzeln oder in kleinen Büscheln. Jede würzig duftende Blüte ist anfangs urnenförmig bis spitz zulaufend und besitzt etwa 25 locker angeordnete Petalen. Ohne Ausputzen entstehen schließlich im Herbst attraktive ovale Hagebutten. Die Teehybride besitzt reichlich mittelgrünes, gesundes Laub und rötliche, abwärts gebogene Stacheln. Ihren Namen erhielt 'Country Lady' zu Ehren der *Country Gentlemen's Association*, einem englischen Privatclub. **ZONEN 4–9.**

Harkness, Großbritannien, 1987

'Alexander' × 'Bright Smile'

Genf Certificate of Merit 1985, Royal National Rose Society Trial Ground Certificate 1986

## 'COUNTRY LIVING' AUScountry
STRAUCHROSE, HELLROSA, ÖFTERBLÜHEND

Diese auch als Englische Rose bezeichnete Sorte bildet den ganzen Sommer und Herbst über wiederholt perfekt geformte, mittelgroße und zarte Blüten. Zuweilen besitzen die rosettenartigen, rötlichen bis fleischfarbenen Blüten ein grünes Auge. Sie verblassen später zu einem sehr hellen Rosa, duften aber angenehm. 'Country Living' ist eine kleinblättrige, dichtbuschige Sorte, die man daher eher als Buschrose denn als Strauchrose definieren sollte. Sie eignet sich für den Rand eines Rosenbeetes oder macht sich auch im Kübel gut. Da manche Triebe zuweilen absterben, entsteht der Eindruck, die Rose sei nicht winterhart. Dies stellt aber kein Problem dar, da die Pflanze schnell neue Triebe an der Unterseite ausbildet, besonders wenn man sie im Spätherbst angehäufelt hat. Benannt wurde 'Country Living' nach einem britischen Magazin für rustikalen Lifestyle.
**ZONEN 4–9.**

Austin, Großbritannien 1991

'Wife of Bath' × 'Graham Thomas'

## 'COUNTRYWOMAN'
TEEHYBRIDE, REIN GELB, ÖFTERBLÜHEND

Die großblumige Rose hat kugelförmige Knospen, die sich zu zitronengelben, flachen, gefüllten Blüten öffnen. Diese sitzen an einer buschigen Pflanze mit ledrigen Blättern und duften angenehm. Die Teehybride eignet sich gut für Rosenbeete und läßt sich durch Okulation vermehren. **ZONEN 5–9.**

Dawson, Australien,1978

Sämling × 'Gloria Dei'

'Courtoisie'

## 'COUP DE FOUDRE'
FLORIBUNDA, ORANGEROT, ÖFTERBLÜHEND

Mittelgroße, becherförmige, leuchtend rote Blüten entfalten sich den ganzen Sommer hindurch aus wohlgeformten Knospen, verströmen jedoch einen nur schwachen Duft. 'Coup de Foudre' ist eine wuchsfreudige Rose, die sich gut für Beete eignet und ledrige, glänzend bronzefarbene Blätter trägt.
**ZONEN 4–9.**

Hémeray-Aubert, Frankreich, 1956

('Gloria Dei × 'Kordes' Sondermeldung') × 'Oiseau de Feu'

## 'COUPE D'HÉBÉ'
ALTE R., BOURBONROSE, DUNKELROSA

Frankophone Rosenkenner können bei diesem Namen zu Recht vermuten, daß die stark und schwer duftenden Blüten becherförmig sind (*coupe* bedeutet „Becher"). Diese sind dunkelrosa, stark gefüllt und tragen wellig gefaltete Petalen mit einer wachsartigen Textur. 'Coupe d'Hébé' blüht nur in der ersten Hälfte der Saison üppig. Die schweren Blumen hängen dann auf anmutige Weise herab und halten sich auch gut in der Vase. Der wuchsfreudige und aufrechte Strauch liebt halbschattige Standorte und kann auch um eine Säule herum gezogen werden, wenn man ihn nicht schneidet. Er verträgt nährstoffarme Böden und trägt ein hübsches, hellgrünes und glänzendes Laub, das leider jedoch anfällig für Mehltau ist. **ZONEN 5–10.**

Laffay, Frankreich, 1840

Bourbon-Hybride × Chinarosen-Hybride

## 'COURTOISIE' DELcourt
FLORIBUNDA, ORANGE+, ÖFTERBLÜHEND

Die großen, gefüllten, orangefarbenen Blüten haben gelb getönte Unterseiten. Sie erscheinen während der ganzen Saison wiederholt in kleinen Büscheln und duften angenehm. 'Courtoisie' ist eine buschige Beetrose und trägt mittelgrüne Blätter. **ZONEN 5–9.**

Delbard-Chabert, Frankreich, 1984

'Avalanche Rose' × Sämling von 'Fashion'

'Coup de Foudre'

'Country Living'

'Country Joy'

'Countrywoman'

C

'Courvoisier'

'Cream Delight'

## 'COURTSHIP'

TEEHYBRIDE, REIN ROSA, ÖFTERBLÜHEND

Diese öfterblühende Sorte trägt große, gefüllte und hochgebaute bis becherförmige Blüten. Sie besitzen 30 kirschrosarote Petalen mit helleren Unterseiten und gehen aus kegelförmigen Knospen hervor. Die Blüten erscheinen den ganzen Sommer über und duften kaum. 'Courtship' ist eine wuchsfreudige, buschige Pflanze mit dunkelgrünen Blättern und im Garten gut für Beete geeignet. **ZONEN 4–9.**

Shepherd, USA, 1955

'Mme Henri Guillot' × 'Gloria Dei'

## 'COURVOISIER' MACsee

FLORIBUNDA, GOLDGELB, ÖFTERBLÜHEND

Die goldgelben und gefüllten Blüten dieser Floribundarose sind groß, mit 50 Petalen gefüllt, duften stark und erscheinen in dekorativen Büscheln den ganzen Sommer hindurch. 'Courvoisier' ist eine aufrechte, hübsche Beetrose mit glänzend dunkelgrünen Blättern.
**ZONEN 5–9.**

McGredy, Neuseeland, 1970

'Elizabeth of Glamis' × 'Casanova'

Royal National Rose Society Trial Ground Certificate 1969

## 'CRAMOISI PICOTÉ'

ALTE R., GALLICA-ROSE, ROT+

Diese Gallica-Rose von steifem, aufrechtem Wuchs erreicht eine mittlere Höhe von 1,2 m und besitzt dunkelgrüne Langtriebe mit nur vereinzelten Stacheln. Die kleinen Blätter sind dunkelgrün und derb, ihre Blüten sitzen in dichten Büscheln. Sie sind pomponförmig, dunkelrosa und an den Petalenrändern rötlich gefärbt. Die muntere, leuchtend schöne Gallica-Rose blüht im Juni und duftet schwach. 'Cramoisi Picoté' eignet sich hervorragend für gemischte Rabatten oder auch als Topfpflanze.
**ZONEN 5–9.**

Vibert, Frankreich, 1834

Eltern unbekannt

## 'CRAMOISI SUPÉRIEUR'

**Syn. 'Agrippina', 'Lady Brisbane'**

ALTE R., CHINAROSE, ROT, ETWAS NACHBLÜHEND

Die kleinen, halbgefüllten Blüten dieser Chinarose besitzen Becherform und sind von einem klaren und beständigen Rot; manchmal weisen sie auch eine weiße Äderung auf. Sie erscheinen in Büscheln das ganze Jahr hindurch in mehreren Phasen und verströmen einen himbeerartigen Duft. Der nicht ganz 2 m hohe Strauch ist mit kleinem Laub eher spärlich bedeckt. Durch regelmäßigen Rückschnitt kann man sowohl ein buschiges Wachstum als auch eine anhaltende Blüte fördern. Die Rose eignet sich sehr gut für Rabatten oder als Kübelpflanze. **'Climbing Cramoisi Supérieur'** (Couturier, 1885) kann, wenn man sie richtig zieht, durchaus eine Höhe von 4,5 m erreichen. *Cramoisi* bedeutet im Französischen „purpurrot" oder „scharlachrot".
**ZONEN 6–11.**

Coquereau, Frankreich, 1832

Sämling von 'Salter's Crimson China'

'Cramoisi Supérieur'

## 'CRAZY QUILT' MORtrip

ZWERGROSE, ROT+, ÖFTERBLÜHEND

'Crazy Quilt' ist nur eine von vielen gestreiften Zwergrosen des Amerikaners Ralph Moore. Die Blüten mit etwa 25 Petalen sind rot und haben cremefarbene Streifen am Rand. Sie sitzen in kleinen Büscheln an einer sehr kompakten Pflanze. Voll erblüht verblassen die Blüten, was den gesamten Farbeffekt allerdings noch eher verbessert.
**ZONEN 4–11.**

Moore, USA, 1980

'Little Darling' × Zwergrosensämling

## 'CREAM DELIGHT' DUGcream, SUNcredal

**Syn. 'Darling'**

TEEHYBRIDE, HELLROSA, ÖFTERBLÜHEND

Dieser Sport der sehr beliebten und erfolgreichen Schnittblumensorte 'Sonia' wird in größerem Umfang als Treibhausrose gezogen, kann aber auch in heißen, trockenen Klimagebieten ausgezeichnet als Gartensorte gepflanzt werden. Die Blüten dieser Teehybride sind hellrosa und bilden einen reizvollen Kontrast zu den dunkelgrünen Blättern.
**ZONEN 4–9.**

Schuurman, Neuseeland, 1983

Sport von 'Sonia'

## 'CREAM GOLD'

ZWERGROSE, REIN GELB, ÖFTERBLÜHEND

Die langen, spitzen Knospen dieser Rose öffnen sich zu eleganten Blüten mit hoher Mitte, die je nach Klima hellgelb bis reingelb werden; zuweilen erscheinen sie auch eher weiß als gelb. Die Blüten dieses niedrig bleibenden Busches haben knapp 40 Petalen und duften zumeist, eine Eigenschaft, die ebenfalls vom Klima abhängt. **ZONEN 5–11.**

Moore, USA, 1978

'Golden Glow' × Sämling

## 'CREAM PUFF'

ZWERGROSE, ROSA+, ÖFTERBLÜHEND

Die großen, cremefarbenen Blüten von 'Cream Puff' sind rosa überhaucht. Sie besitzen 20 Petalen und wirken vollständig geöffnet am schönsten, weil dann die leuchtend gelben Staubgefäße sichtbar werden. Die Blütenbüschel bestehen aus je 3–5 Einzelblüten pro Stiel und sitzen an einem ausladenden Busch mit recht großem Laub. All diese Eigenschaften bewegen manche Experten dazu, diese Zwergrose auch als hervorragende Rabattenrose einzustufen.
**ZONEN 4–11.**

Bennett, USA, 1981

'Little Darling' × 'Elfinesque'

'Cream Delight'

'Courtship'

'Crépuscule'

## 'CRÉPUSCULE'

ALTE R., NOISETTEROSE, APRICOT+, ÖFTERBLÜHEND

In wärmerem Klima verdient kaum eine andere Rose eher die Bezeichnung „Kletterrose". Vom Frühjahrsanfang bis zum ersten Frost blüht sie mit großem Blütenreichtum und anmutiger Schönheit. Die apricotgelben Blüten entwickeln sich aus perfekt geformten Knospen zu Büscheln mit seidigen Petalen. Die jungen Blätter weisen einen Bronzestich auf, der später zu einem Hellgrün verblaßt. 'Crépuscule' ist nur schwach bewehrt und gedeiht offensichtlich im Halbschatten ebenso gut wie in der Sonne. Der süßliche Duft ist ein weiteres Qualitätsmerkmal dieser wärmeliebenden Pflanze, die sich besonders gut als rankender Bewuchs von Pergolen oder Zäunen eignet. **ZONEN 6–11.**

Dubreuil, Frankreich, 1904

Eltern unbekannt

## 'CRESSIDA' AUScress

STRAUCHROSE, APRICOT+, ETWAS NACHBLÜHEND

Diese stark und aufrecht wachsende Sorte zählt zu den höchsten Englischen Rosen von David Austin. Sie ist von großen, hellgrünen, derben Blättern bedeckt. Die

'Cressida'

Pflanze trägt kleine Büschel sehr großer, stark gefüllter und becherförmiger Blüten, die einen starken Myrrheduft verströmen. Diese sind apricotrosa in der Mitte, gehen an den Rändern in ein Hellrosa über und weisen apricotfarbene Petalenunterseiten auf. 'Cressida' benötigt sehr viel Platz als Solitär, paßt aber auch gut in eine Strauchrabatte oder läßt sich vor einer Mauer ziehen. Bei richtiger Behandlung kann sie durchaus zweimal pro Saison blühen. **ZONEN 4–9.**

Austin, Großbritannien, 1983

'Conrad Ferdinand Meyer' × 'Chaucer'

'Cream Puff'

## 'CRESTED JEWEL'

ALTE R., MOOSROSE, REIN ROSA

Der Kalifornier Ralph Moore hat viel mit Moosrosen experimentiert, wobei er mit 'Crested Jewel' sein bislang erfolgreichstes Resultat erzielte. Die langen, bemoosten Knospen dieser guten Kübelpflanze öffnen sich zu leuchtend rosafarbenen Blüten an einem etwa 1 m hohen Busch.

'Crested Moss'

Die Blüten sind halbgefüllt mit hoher Mitte und duften zart; das Laub ist rauh und ledrig. **ZONEN 5–11.**

Moore, USA, 1971

'Little Darling' × 'Crested Moss'

## 'CRESTED MOSS'

Syn. 'Chapeau de Napoléon', 'Cristata'
ALTE R., MOOSROSE, REIN ROSA

Im Grunde genommen handelt es sich hier nicht um eine echte Moosrose, da die Pflanze mit Ausnahme jener dreispitzförmigen Stelle an den Blütenkelchen wenig oder überhaupt nicht bemoost ist. (Dieser „Dreispitz" oder „Napoleonshut" ist wohl auch für das französische Synonym verantwortlich.) Der offene Strauch ist von eckigem Wuchs, wird 1,5 m hoch und fast ebenso breit; er trägt nur wenige, graugrüne, stark gezackte Blätter. Die Triebe sind leicht mit sehr spitzen Stacheln bewehrt. Die Blüten ähneln stark denjenigen der 'Centifolia'; in dieser Gruppe gehört sie auch. Diese äußerst gesunde und pflegeleichte Strauchrose wird meistens unter ihrer anderen gängigen Bezeichnung 'Cristata' aufgeführt. **ZONEN 4–9.**

Fribourg, Schweiz, vor 1820

Wahrscheinlich Sämling oder Mutation von *Rosa × centifolia*

Royal Horticultural Society Award of Garden Merit 1993

'Crested Moss'

## 'CRICKET' AROket

ZWERGROSE, ORANGE+, ÖFTERBLÜHEND

'Cricket' hat rötlich orangefarbene Blüten, die sich hellorangefarben öffnen und an einem kompakten, nahezu vollständig gesunden Busch mit ledrigen Blättern sitzen. Sie ist wegen ihrer reichen Blüte und dem geringen Pflegebedarf sehr beliebt. Da die Vaterpflanze eine dunkelgelbe, büschelblütige Rose ist, hätte man vielleicht einen ähnlichen Farbeffekt erwarten können. Statt dessen hat 'Cricket' von dieser nur die großartige Blütenform und -substanz geerbt. Sie wurde 1989 bei einer Zwergrosenausstellung in Südkalifornien zur *Queen of Show* gewählt. **ZONEN 4–11.**

Christensen, USA, 1978

'Anytime' × 'Katherine Locker'

'Cricket'

## 'CRICRI' MEIcri

Syn. 'Cri-Cri', 'Gavolda'
ZWERGROSE, ORANGE+, ÖFTERBLÜHEND

'Cricri' hat kleine kugelförmige Knospen, die zu kleinen, voll geöffneten und stark gefüllten Blüten in Karminrosa aufgehen und in Büscheln erscheinen. Die klassische Zwergrose züchtete Francis Meilland, kurz bevor er so frühzeitig verstarb. Die Elternpflanze 'Perla de Alcañada' besitzt dunkelrosafarbene Blüten. In wärmeren Gebieten wurden die Blüten von 'Cricri' auch bereits als lachsgetönte, korallrosafarbene Blüten beschrieben. Die Blumen halten sich lange am Busch wie auch in der Vase. Die Pflanze ist kleinwüchsig und buschig. **ZONEN 4–11.**

Meilland, Frankreich, 1958

('Alain' × 'Kordes' Sondermeldung') × 'Perla de Alcañada'

## 'CRIMSON CASCADE'

FRYclimbdown

GROSSBLUMIGE KLETTERROSE, DUNKELROT, ÖFTERBLÜHEND

Die leuchtend pupurroten Blüten von 'Crimson Cascade' sitzen in kleinen Büscheln an den Enden steifer, verzweigter Stiele. Die zart duftenden Blüten sind becherförmig, gefüllt und erscheinen wiederholt bis in den Herbst hinein. Die wuchsfreudige Pflanze mit glänzenden Blättern eignet sich zur Bepflanzung einer Säule oder einer Wand. Die Vermehrung kann auch durch Stecklinge erfolgen. **ZONEN 4–9.**

Fryer, Großbritannien, 1991

Eltern unbekannt

## 'CRIMSON CONQUEST'

Syn. 'Climbing Red-Letter Day'
GROSSBLUMIGE KLETTERROSE, DUNKELROT

Diese Kletterrose ist im Grunde genommen eine etwas langsamer wachsende Ramblerrose, die sich für Pergolen und als Kaskadenrose eignet. Ihr Laub ist salbeigrün und bildet einen interessanten Kontrast zu den kleinen, samtig scharlachpurpurroten, halbgefüllten Blüten.

'Cricket'

'Crested Jewel'

Diese sitzen in großen Büscheln an einer wuchsfreudigen und ausladenden Pflanze und verströmen einen zarten Duft. **ZONEN 4–9.**

**Chaplin Brothers, Großbritannien, 1931**

**Sport von 'Red-Letter Day'**

## 'CRIMSON DESCANT'

**GROSSBLUMIGE KLETTERROSE, ROT, ÖFTERBLÜHEND**

Die für Säulen und Wände geeignete Sorte 'Crimson Descant' ist eine wuchsfreudige Pflanze mit dunkelgrünen Blättern und großen, gefüllten, purpurroten Blüten, die sich aus etwa 30 Petalen zusammensetzen. Die Blumen, die wiederholt den ganzen Sommer über gebildet werden, verströmen einen zarten Duft. **ZONEN 4–9.**

**Cant, Großbritannien, 1972**

**'Dortmund' × 'Etendard'**

## 'CRIMSON GLOBE'

**Syn. 'Dr Rocques'**

**ALTE R., MOOSROSE, DUNKELROT**

Diese einst sehr beliebte Moosrose besitzt riesige Knospen, die sich im Sommer zu ebenfalls großen, kugelförmigen, dunkelpurpurroten Blüten öffnen und verführerisch duften. Der wuchsfreudige Busch wird 1,2 m hoch und eignet sich gut für Beete. Leider ist er anfällig für Mehltau und bildet bei nassem Wetter zudem Mumien. 'Crimson Globe' muß nur leicht geschnitten werden. **ZONEN 5–11.**

**Paul, Großbritannien, 1890**

**Eltern unbekannt**

## 'CRIMSON GLORY'

**TEEHYBRIDE, DUNKELROT, ÖFTERBLÜHEND**

Die großen, samtig dunkelpurpurroten Blüten dieser Teehybride öffnen sich aus langen, spitzen Knospen. Diese wahrlich öfterblühende Rose steht den ganzen Sommer und Herbst hindurch in Blüte. Dabei verbreiten sie einen ungewöhnlich starken, an Damaszenerrosen erinnernden Duft. Die mit 30 Petalen locker gefüllten Blüten haben die Form eines rundlichen Bechers. Der wuchsfreudige und ausladend überhängende Busch trägt dunkelgrüne, ledrige Blätter und zahlreiche Stacheln. 1941 entdeckte der britische Züchter Millar **'Climbing Crimson Glory'** in Südafrika. Sie gleicht der Elternpflanze stark, blüht jedoch nur im Sommer und ist von steifem, verzweigtem Wuchs. Sie wächst am besten sonnengeschützt an einer kühlen Wand oder Pergola. **ZONEN 4–9.**

**Kordes, Deutschland, 1935**

**'Cathrine Kordes' Sämling × 'W. E. Chaplin'**

**Goldmedaille der National Rose Society 1936, James Alexander Gamble-Duftpreis 1961**

'Crimson Glory'

## 'CRIMSON MOSS'

**Syn. 'Tinwell Moss'**

**ALTE R., MOOSROSE, DUNKELROT**

Die Knospen sind stark bemoost, die purpurroten, stark gefüllten Blüten werden bei Nässe aber oft zu Mumien. Der Name dieser Sorte wurde informell auch für andere Moosrosen benutzt, was zu einiger Verwirrung bezüglich dieser Gruppe geführt hat. **ZONEN 4–10.**

**Lee, Großbritannien, vor 1846**

**Eltern unbekannt**

'Cricri'

## 'CRIMSON RAMBLER'

**Syn. 'Shi Tz-mei', 'Soukara-Ibara', 'The Engineer's Rose', 'Turner's Crimson Rambler'**

**RAMBLERROSE, ROT**

Bei dieser Sorte handelt es sich um die erste rote Kletterrose, die aus Fernost nach Europa gelangte. Sie trägt gefüllte, leuchtend purpurrote und unregelmäßig geformte Blüten, die zu einem bläulichen Farbton verblassen und in großen pyramidenförmigen Rispen auftreten, die aber leider nicht duften. Das für Mehltau anfällige Laub ist hellgrün und ledrig; es bedeckt einen wuchsfreudigen Busch, der 6 m Höhe erreichen kann. Der briti-

C

'Crimson Glory'

'Crimson Descant'

sche Ingenieur Robert Smith sah sie in einem japanischen Garten und sandte sie an Freunde in Edinburgh. So erhielt die Rose den Beinamen 'Die Ingenieurrose', und sie wurde unter dieser Bezeichnung 1893 durch Charles Turner erworben. Die Verkaufszahlen der Sorte waren enorm; sie erreichte eine so große Beliebtheit, daß sogar Königin Victoria zu Turners Firmensitz in Slough reiste, um die Rose vor Ort zu betrachten. Heute ist 'Crimson Rambler' längst von gesünderen Ramblerrosen abgelöst worden.
**ZONEN 5–11.**

**Aus Japan, 1878, Turner, Großbritannien, 1893**

**Eltern unbekannt, vermutlich Sport oder Hybride von *Rosa multiflora* var. *cathayensis***

'Crystal Palace'

## 'CRIMSON ROSETTE'

FLORIBUNDA, DUNKELROT, ÖFTERBLÜHEND

Büschel kleiner, gefüllter und dunkelpurpurroter Blüten gehen aus kleinen, ovalen Knospen hervor und schmücken diese Sorte den ganzen Sommer hindurch. Die Blüte setzt sich aus 30 Petalen zusammen, duftet aber nur zart. 'Crimson Rosette' gibt aufgrund ihrer fast zwergigen, buschigen Wuchsform eine gute Beetrose ab. Sie ist mit dunkelgrünen, ledrigen Blättern bedeckt.
**ZONEN 4–9.**

**Krebs, USA, 1948**

**Eltern unbekannt**

## 'CRIMSON SHOWER'

RAMBLERROSE, ROT

Die kleinen, scharlachpurpurroten Blüten dieser Rose sitzen in großen, dichten Büscheln an einer sehr wuchsfreudigen, aber lockeren Pflanze. Sie sind mit 20 Petalen gefüllt und bilden rosettenförmige Blüten, die zart duften. Die Sorte ist zwar nicht öfterblühend, doch setzt der erste Flor erst Anfang Juli ein und hält bis September an, wodurch ein falscher Eindruck entsteht. Die weichen, kriechenden Triebe der Rose prädestinieren sie für Pergolen und Säulen; besonders gut macht sich die Pflanze als Kaskadenrose

'Crimson Rosette'

'Crumble Bar'

auf Hochstamm. 'Crimson Shower' ist für diese Rosenart bemerkenswert krankheitsfest und läßt sich aus Stecklingen ziehen. Das zartgrüne Laub setzt sich aus vielen kleinen Blättchen zusammen. **ZONEN 4–9.**

**Norman, Großbritannien, 1951**

**Sämling von 'Excelsa'**

**National Rose Society Trial Ground Certificate 1951, Royal Horticultural Society Award of Garden Merit 1993**

## 'CRIMSON WAVE' MEIperator

**Syn. 'Imperator'**
FLORIBUNDA, ROT, ÖFTERBLÜHEND

Die großen Blütenbüschel dieser wuchsfreudigen und aufrechten Sorte sind von einem kirschrot getönten Kardinalsrot. Sie sind groß, gefüllt, duften zart nach Apfel und blühen wiederholt den ganzen Sommer über. Das Laub ist mattglänzend und dunkelgrün. **ZONEN 4–9.**

**Meilland, Frankreich, 1971**

**'Zambra' × ('Sarabande' × ['Goldilocks' × 'Fashion'])**

## 'CRISTATA'

siehe 'Crested Moss'

## 'CRITÉRION'

TEEHYBRIDE, DUNKELROSA, ÖFTERBLÜHEND

Diese als Beetrose geeignete, öfterblühende Sorte trägt große, gefüllte rosarote Blüten, die sehr stark duften und wohlgeformt sind. 'Critérion' ist eine wuchsfreudige Pflanze mit dunkelgrünen Blättern. **ZONEN 4–9.**

**de Ruiter, Niederlande, 1966**

**('Kordes' Sondermeldung' × 'Signal Red') × 'Gloria Dei'**

## 'CRUMBLE BAR'

FLORIBUNDA, GOLDGELB, ÖFTERBLÜHEND

Ted Treloar von der Firma *Portland*

'Crimson Wave'

prüfte eine Reihe unbenannter, von Edward LeGrice eingesandter Sämlinge. Am meisten eingenommen war er von der braunorangefarbenen Tönung der hier beschriebenen Rose, und so erhielt Treloar die Erlaubnis, sie herauszugeben. Er wollte sie zunächst 'Violet Crumble' nennen, weil ihre Farbe dem Auge der Veilchensorte 'Crumble Bar' täuschend ähnlich sah. Aus rechtlichen Gründen entschied er sich dann aber für 'Crumble Bar'. Die Pflanze ist niedrig, ausladend, schwach bewehrt und reich mit mattglänzenden, mittelgrünen Blättern bedeckt. Dicke ovale Knospen öffnen sich zu nur schwach duftenden Blüten, die mit 50–60 Petalen stark gefüllt und in gleicher Manier wie 'Café' offen geviertelt sind. Im Frühjahr verfärben sie sich oft zu einem unschönen Strohgelb. Die Farbe entwickelt sich in warmem Wetter am besten, doch ist die Blühwilligkeit eher gering, und die Nachblüte erfolgt nur zögerlich. Mit ihrem ausladenden Wuchs gibt 'Crumble Bar' einen ungewöhnlichen Hochstamm ab. Leider ist sie nur in Australien erhältlich.
**ZONEN 5–9.**

**LeGrice, Großbritannien, 1982**

**Eltern unbekannt**

## 'CRYSTAL PALACE' POUlrek

**Syn. 'Cristel Palace'**
ZWERGROSE, APRICOT+, ÖFTERBLÜHEND

Die wegen ihrer hübschen, hellpfirsichfarbenen Blüten sehr geschätzte Rose blüht wiederholt den ganzen Sommer und Herbst hindurch. 'Crystal Palace' ist eine buschige Pflanze, die sogar eine Höhe von 60 cm erreicht. Die glänzenden, mittelgrünen Blätter geben einen wunderbaren Hintergrund für die mittelgroßen, gefüllten, becherförmigen Blüten ab, die zart duften.
**ZONEN 5–9.**

**Olesen, Dänemark, 1995**

**Eltern unbekannt**

## 'CRYSTALLINE' ARObipy

**Syn. 'Valerie Swane'**
TEEHYBRIDE, WEISS, ÖFTERBLÜHEND

Die als Ausstellungsrose recht beliebte 'Crystalline' trägt große weiße Blüten, deren 35 Petalen dicht angeordnet sind und eine hohe Mitte bilden. Sie duften würzig und sitzen einzeln an starken, aufrechten Stielen und erscheinen laufend die gesamten wärmeren Monate hindurch. Werden verwelkte Blüten nicht ausgeputzt, so bilden sich große, kugelförmige und orangefarbene Hage-

'Crimson Shower'

butten, die diese hochwüchsige und buschige Pflanze bis in den Winter hinein schmücken. Die Blätter sind mittelgroß und mattglänzend. Beim Umgang mit der Pflanze sollte man sich vor den hellgrünen Stacheln in acht nehmen.
**ZONEN 4–9.**

Christensen und Carruth, USA, 1987

'Bridal Pink' × ('Blue Nile' × ['Ivory Tower' × 'Angel Face'])

## 'CUBANA'

siehe 'Joybells'

## 'CUDDLES'

ZWERGROSE, ORANGEROSA, ÖFTERBLÜHEND

Diese wärmeliebende Rose hat eiförmige Knospen, die sich zu dunklen korallrosafarbenen Blüten öffnen. Sie sind dicht mit 55 Petalen gefüllt und duften zart. Durch die rege Nachblüte kommt es immer wieder zu einem reichen Flor von Einzelblüten und Blütenbüscheln. Die Sorte gehört zu den wenigen Zwergrosen, die von einer Floribundarose abstammen. **ZONEN 4–11.**

Schwartz, USA, 1978

'Zorina' × Sämling

American Rose Society Award of Excellence 1979

## 'CUISSE DE NYMPHE EMUÉ'

**Syn. 'Incarnata', 'Belle Therese', 'La Royale', 'La Séduisante', 'La Virginale', 'Maiden's Blush'**

ALTE R., ALBA-ROSE, REIN ROSA

Diese Rose zählt zu den ältesten Rosensorten in Europa, und ihre Geschichte ist geradezu überladen mit Synonymen. Die frühesten Formen gehen vermutlich auf das 15. Jh. zurück. Der französische Name läßt sich als „Fessel einer leidenschaftlichen Nymphe" übersetzen, was die prüden viktorianischen Rosenliebhaber sofort dazu bewogen hat, ihr eine Reihe neuer Namen zu verleihen. Die

'Cymbaline'

'Crystalline'

'Cupid'

Sorte trägt charakteristische, dicke Blüten in intensivem Rosa, die beim Öffnen ihre volle Schönheit entwickeln. Die Petalen wölben sich im Alter zurück und verblassen an den Rändern. Die kräftigen, überhängenden Triebe sind mit blaugrauen Blättern bedeckt.
**ZONEN 4–10.**

Eltern unbekannt

## 'CUPCAKE' SPIcup

ZWERGROSE, REIN ROSA, ÖFTERBLÜHEND

Diese Rose gehört heute immer noch zu den bestverkauften Sorten in den USA. Die klaren rosafarbenen, mit 60 Petalen dicht gefüllten Blüten haben die klassische hohe Mitte, die für moderne großblumige Rosen so charakteristisch ist. Die kleinen Büscheln bestehen aus 1–5 Einzelblüten, duften aber leider nicht. Das Laub ist dunkelgrün, glänzend und in ziemlich gesund. Sie ist eine der wenigen Zwergrosen, die von einem Amateurzüchter hervorgebracht und mit dem *American Rose Society Award of Excellence* ausgezeichnet wurde.
**ZONEN 4–11.**

Spies, USA, 1981

'Gene Boerner' × ('Gay Princess' × 'Yellow Jewel')

American Rose Society Award of Excellence 1983

## 'CUPID'

GROSSBLUMIGE KLETTERROSE, HELLROSA

Die nur im Sommer auftretenden, äußerst großen, becherförmigen Blüten dieser Sorte sprühen vor Farbe. Die Blüten prangen in einer hellrosa Pfirsichtönung mit prachtvoll goldenen Staubgefäßen. Sie sitzen einzeln an steifen, gebogenen Stielen umgeben von großem Laub. Werden die Blüten nicht ausgeputzt, so entwickeln sie sich zu großen, hübschen

'Cupcake'

'Curiosity'

'Cuddles'

Hagebutten, die der Pflanze im Herbst und Winter noch Farbe verleihen. Mit seinem kräftigen, aufrechten Wuchs eignet sich 'Cupid' hervorragend zur Bepflanzung von Säulen.
**ZONEN 4–9.**

Cant, Großbritannien, 1915

Eltern unbekannt

## 'CURIOSITY' COCty

TEEHYBRIDE, ROT+, ÖFTERBLÜHEND

Das Besondere an dieser Rose sind wohl ihre panaschierten Blätter. Denn das ältere Laub ist glänzend, dunkelgrün und dabei weiß gescheckt, wodurch es sich sehr hübsch von den rubinroten jüngeren Blättern abhebt. Die wohlgeformten, großen, runden bis becherförmigen Blüten wirken nicht sehr ausgefallen, sind aber oben purpurrot und unten gelb. Sie erscheinen bis in den Herbst hinein und verströmen einen zarten Duft.
**ZONEN 4–9.**

Cocker, Großbritannien, 1971

Sport von 'Cleopatra'

## 'CURIOSITY, CLIMBING'

siehe 'Best Wishes'

## 'CUTHBERT GRANT'

STRAUCHROSE, DUNKELROT, ÖFTERBLÜHEND

Diese buschige Pflanze blüht periodisch und trägt während des ganzen Sommers dunkelpurpurfarbene, halbgefüllte, große, becherförmige Blüten. Sie gehen aus ovalen Knospen hervor und duften zart. Die aufrechte Pflanze ist wuchsfreudig und reichlich mit glänzend grünen Blättern bedeckt. Sie läßt sich auch aus Stecklingen vermehren. **ZONEN 4–9.**

Marshall, Kanada, 1967

('Crimson Glory' × 'Assiniboine') × 'Assiniboine'

## 'CYMBALINE' AUSlean

**Syn. 'Cymbelene', 'Cymbeline'**

STRAUCHROSE, HELLROSA, ÖFTERBLÜHEND

Ihr Züchter definiert die ungewöhnliche Farbe als „graurosa", aber die Tönung kann beinahe aschenfarben wirken. Die Blüten sind groß, mit 35 Petalen gefüllt und duften nach Myrrhe. 'Cymbaline' ist eine elegante, öfterblühende Rose mit überhängendem, zuweilen auch ausladendem Wuchs, der die Blüten voll zur Wirkung bringt. **ZONEN 4–9.**

Austin, Großbritannien, 1982

Sämling × 'Lilian Austin'

D

'Dagmar Späth'

'Daily Sketch'

'Daily Mail Scented Rose'

## 'DAGMAR HASTRUP'

siehe 'Frau Dagmar Hartopp'

## 'DAGMAR SPÄTH'

**Syn. 'Blanc Lafayette', 'White Lafayette'**
FLORIBUNDA, WEISS, ÖFTERBLÜHEND

Diese Beetrose bringt weiße, halbgefüllte Blüten von Ausstellungsqualität hervor, die rosa überhaucht sind und später zu einem reinen Weiß verblassen. Die sehr großen Blüten sitzen in Büscheln zusammen, erscheinen von Sommer bis zum Herbst und duften schwach. Dichtes, üppig grünes, glänzendes Laub bedeckt eine buschige Pflanze. **ZONEN 4–9.**

Wirtz und Eicke, Deutschland, 1936

Sport von 'Lafayette'

## 'D'AGUESSEAU'

ALTE R., GALLICA-ROSE, ROT

Diese aufrechte, wuchsfreudige Rose mit kräftigen Trieben ist schwach bewehrt und kann eine Höhe von 1,5 m erreichen. Dichtes dunkelgrünes Laub bedeckt die Pflanze. Die angenehm duftenden Blüten sitzen in dichten Büscheln zusammen und entfalten sich aus dicken, dunkelroten Knospen. Sie setzen sich aus zahlreichen lebhaft kirschrot getönten Petalen mit heller Unterseite zusammen, die schalenförmige, geviertelte Blüten mit festem Auge bilden. Die Farbe verändert sich beim Verblühen nicht. Die Blüten erscheinen im Juni. **ZONEN 4–10.**

Vibert, Frankreich, 1837

Eltern unbekannt

## 'DAILY MAIL SCENTED ROSE'

TEEHYBRIDE, ROT+, ÖFTERBLÜHEND

Als die Teehybride 1927 eingeführt wurde, erklärte man sie zur Rose mit dem besten Duft. Sie trägt karminrote Blüten, die einen Hauch Kastanienbraun und Zinnoberrot aufweisen und unterseits dunkelkarminrot gefärbt sind. Die intensiv duftenden Blüten erscheinen den ganzen Sommer und Herbst hindurch. Die wuchsfreudige Pflanze trägt dunkelgrünes Laub. **ZONEN 4–9.**

Archer, Großbritannien, 1927

'Château de Clos Vougeot' × 'Kitchener of Khartoum'

## 'DAILY SKETCH' MACai

FLORIBUNDA, ROSA+, ÖFTERBLÜHEND

'Daily Sketch' hat große Blüten in Silberrosa mit dunkelrosafarbenem Rand. Sie sind mit 45 Petalen gefüllt, duften und erscheinen in Büscheln vom Sommer bis zum Herbst. Die schöne Beetrose trägt dunkles Laub. **ZONEN 4–9.**

McGredy, Großbritannien, 1961

'Ma Perkins' × 'Grand Gala'

Goldmedaille der National Rose Society 1960

## 'DAINTY BESS'

TEEHYBRIDE, HELLROSA, ÖFTERBLÜHEND

'Dainty Bess' hat man als die lieblichste Rose, die je gezüchtet wurde, beschrieben. Sie bringt große, einfache Blüten mit nur fünf Petalen hervor; diese sind zartrosa gefärbt und tragen sehr ausgeprägte kastanienbraune Staubgefäße, die der Rose zusätzliche Schönheit verleihen. Die duftenden Blüten zieren den ganzen Sommer und Herbst hindurch eine wuchsfreudige, aufrechte Pflanze mit dunkelgrünem, ledrigem Laub. **'Climbing Dainty Bess'** (van Barneveld, USA, 1935) blüht im Sommer und kann sehr gut an Mauern gezogen werden. **ZONEN 4–9.**

Archer, Großbritannien, 1925

'Ophelia' × 'Kitchener of Khartoum'

'D'Aguesseau'

'Dainty Bess'

## 'DAINTY DINAH' COCamond

ZWERGROSE, ORANGEROSA, ÖFTERBLÜHEND

Rein lachsrosafarbene, mit 20 Petalen halb gefüllte Blüten mit einem würzigen Duft bedecken diesen kompakten, dichtwüchsigen Busch. Beim Verblühen nehmen sie einen hübschen Orangerot-Ton an. Die Blüten sind wohlgeformt, entfalten sich in warmem Klima jedoch viel zu rasch. Die Rose ist selbstreinigend – sie läßt die Petalen fallen und bringt sofort neue Blüten hervor. 'Dainty Dinah' eignet sich hervorragend für Rabatten. **ZONEN 5–11.**

Cocker, Großbritannien, 1981

'Anne Cocker' × 'Wee Man'

## 'DAINTY MAID'

FLORIBUNDA, ROSA+, ÖFTERBLÜHEND

'Dainty Maid' hat silbrig-rosafarbene, einfache Blüten, die unterseits karminrot

'Dairy Maid'

'Dallas'(I)

gefärbt sind. Sie entfalten sich aus spitzen Knospen, duften ein wenig und erscheinen in Büscheln. Die aufrechte, dichtbuschige, kompakte Pflanze trägt dunkles, ledriges Laub. **ZONEN 4–9.**

LeGrice, Großbritannien, 1940

'D. T. Poulsen' × Sämling

Portland Goldmedaille 1941, National Rose Society Trial Ground Certificate

## 'DAIRY MAID'

FLORIBUNDA, HELLGELB, ÖFTERBLÜHEND

Gelbe, karminrot gesprenkelte Knospen öffnen sich zu einfachen, großen, gelben Blüten, die zu Weiß verblassen und bis zum Herbst in Büscheln erscheinen. Die aufrechte Pflanze trägt glänzendes Laub. **ZONEN 4–9.**

LeGrice, Großbritannien, 1957

('Poulsen's Pink' × 'Ellinor LeGrice') × 'Mrs Pierre S. duPont'

National Rose Society Certificate of Merit 1957

## 'DALE FARM'

FLORIBUNDA, ORANGEROT, ÖFTERBLÜHEND

Diese große Rose bildet Büschel gefüllter, duftender, leuchtend zinnoberroter Blüten, die während der ganzen Saison erscheinen. 'Dale Farm' ist eine gute Beetrose mit dunkelgrünem Laub und starkem Wuchs und wird mittelhoch. **ZONEN 4–9.**

Smith, Großbritannien, 1973

Eltern unbekannt

## 'DALLAS' (I)

TEEHYBRIDE, ROT+, ÖFTERBLÜHEND

Diese Sorte hat große, karminrote Blüten, die am Blütengrund primelgelb sind. Die nur schwach duftenden Blüten sind mit 40 Petalen gefüllt und erscheinen unermüdlich bis in den Herbst. Die umfangreiche, wuchsfreudige Pflanze trägt dunkelgrünes, glänzendes Laub und eignet sich sehr gut für Beete. **ZONEN 4–9.**

Hunter, USA, 1963

Sport von 'Gloria Dei'

## 'DALLAS' (II)

siehe 'Cora Marie'

'Dale Farm'

## 'DAME BLANCHE'

RAMBLERROSE/BODENDECKERROSE, WEISS

Obwohl man sie heute nur noch selten antrifft, war 'Dame Blanche' eine sehr beliebte weiße Ramblerrose, die auch als Bodendeckerrose gepflanzt wurde. Die grünlich weißen Blüten tragen eine Krone aus gelben Staubgefäßen. Nur einmal im Jahr, im Spätfrühling, bringt sie Blüten hervor. Die ausladend wachsenden Triebe können problemlos an einer Stütze hochgezogen werden. **ZONEN 4–11.**

Turbat, Frankreich, 1923

Eltern unbekannt

D

'Dame Prudence'

'Dame de Coeur'

## 'DAME DE COEUR'

**Syn. 'Herz-Dame', 'Dama di Cuori', 'Queen of Hearts'**

TEEHYBRIDE, ROT, ÖFTERBLÜHEND

Diese Sorte hat sehr große, kirschrote, gefüllte Blüten, die recht intensiv duften und unermüdlich den ganzen Sommer und Herbst erscheinen. Die aufrechte Pflanze ist wuchsfreudig und trägt glänzend dunkelgrünes Laub. Diese in der Rosenzucht sehr bedeutungsvolle Sorte ist eine zuverlässige Beetpflanze. **ZONEN 4–9.**

Lens, Belgien, 1958

'Gloria Dei' × 'Kordes' Sondermeldung'

National Rose Society Trial Ground Certificate 1958

## 'DAME EDITH HELEN'

TEEHYBRIDE, REIN ROSA, ÖFTERBLÜHEND

Die sehr großen, leuchtend rosafarbenen, gefüllten Blüten von 'Dame Edith Helen' verbreiten intensiven Duft. Auf ihren langen, kräftigen Stielen zieren sie die Pflanzen den ganzen Sommer und Herbst hindurch mit ihrer Pracht. Die Teehybride eignet sich sehr gut für Beete, aber auch für die Vase. Sie ist wuchsfreudig, buschig und trägt ledriges Laub, ist im Handel jedoch selten geworden. **ZONEN 4–9.**

Dickson, Großbritannien, 1926

Eltern unbekannt

Goldmedaille der National Rose Society 1926

## 'DAME OF SARK'

FLORIBUNDA, ORANGE+, ÖFTERBLÜHEND

Die großen, gefüllten Blüten dieser Rose sind orangefarben, rötlich überhaucht und unterseits gelb getönt. Sie duften schwach und sind mit 30 Petalen gefüllt. Die buschige Pflanze mit dem dunklen Laub ist eine gute Sorte für Beete und auch als Hochstammrose sehr zuverlässig. **ZONEN 4–9.**

Harkness, Großbritannien, 1976

('Pink Parfait' × 'Maskerade') × 'Tablers' Choice'

Royal National Rose Society Trial Ground Certificate 1976, British Association of Rose Breeders Breeder's Choice 1976, Courtrai Silbermedaille 1978

## 'DAME PRUDENCE'

STRAUCHROSE, HELLROSA

Diese auch als Englische Rose bezeichnete Sorte war bei Züchtern nie sonderlich beliebt, wird immer aber noch gerne kultiviert. Die angenehmen duftenden, gefüllten Blüten sind zart rosa, unterseits heller und mit 65 Petalen gefüllt. Dieser Strauch mit etwas lockerem, herabhängendem Wuchs kränkelt gelegentlich und wirkt gut als Solitär. **ZONEN 4–9.**

Austin, Großbritannien, 1969

'Ivory Fashion' × ('Constanze Spry' × 'Ma Perkins')

## 'DAME WENDY' CANson

FLORIBUNDA, REIN ROSA, ÖFTERBLÜHEND

Die mittelgroßen, gefüllten Blüten sind von einem klaren Rosa und duften zart. Sie erscheinen von Sommer bis zum Herbst auf einer mäßig wuchsfreudigen, etwas ausladenden Pflanze. Der Busch trägt glänzend dunkelgrünes, robustes Laub und eignet sich sehr gut als Beet- oder Hochstammrose. **ZONEN 4–9.**

Cants, Großbritannien, 1991

'English Miss' × 'Memento'

Royal National Rose Society Trial Ground Certificate 1990

'Dame of Sark'

'Dame Wendy'

## 'DANAË'

STRAUCHROSE, MOSCHATA-HYBRIDE, HELLGELB, ÖFTERBLÜHEND

Die mittelgroßen, gefüllten Blüten dieser Sorte sind dunkeldottergelb, verblassen später zu Weiß und erscheinen in Büscheln. Sie duften schwach, erscheinen aber unermüdlich den ganzen Sommer und Herbst hindurch. 'Danaë' ist ein robuster, mittelhoher Strauch mit üppig grünem, leuchtendem Laub, der sich sehr gut für Gruppen oder Strauchbeete eignet. **ZONEN 4–9.**

Pemberton, Großbritannien, 1913

'Trier' × 'Gloire de Chédane-Guinoiseau'

## 'DANCE OF JOY'

FLORIBUNDA, ROT, ÖFTERBLÜHEND

Diese frühe Floribundarose bringt große, gefüllte Blüten in lebhaftem Scharlachkarminrot hervor. Sie duften und zieren eine wuchsfreudige Pflanze mit dunkelgrünem Laub. **ZONEN 5–9.**

Sauvageot, Frankreich, 1931

'Paul's Scarlet Climber' × Sämling

Bagatelle Goldmedaille 1931

## 'DANIEL LACOMBE'

RAMBLERROSE, GELB+

Diese Rose ist als Elternsorte der erfolgreichen Ramblerrose 'Tausendschön' noch in guter Erinnerung, heute jedoch nur noch in wenigen europäischen botanischen Sammlungen zu finden. Die blaßgelben, dichten Blüten sind schalenförmig und mittelgroß; das Gelb ist mit Rosa vermischt. Obwohl die Pflanze wuchsfreudig ist, zeigt sie keine ausreichende Winterhärte. **ZONEN 5–10.**

Allard, 1885

'Général Jacqueminot' × *Rosa multiflora*

'Danse des Sylphes'

## 'DANSE DES SYLPHES' MALcair

Syn. 'Grimpant Danse de Sylphes'

GROSSBLUMIGE KLETTERROSE, ORANGEROT, ÖFTERBLÜHEND

Diese wuchsfreudige Kletterrose bringt Blüten hervor, die von einem üppigen Geranienrot sind. Sie sind rundlich, mittelgroß, duften schwach und sitzen in großen Büscheln. Die robuste Pflanze trägt glänzend dunkelgrünes Laub auf den aufrechten Trieben und sieht an Mauern und Säulen sehr dekorativ aus. **ZONEN 4–9.**

Mallerin, Frankreich, 1959

'Dance du Feu' × ('Gloria Dei' × 'Kordes' Sondermeldung')

## 'DANSE DU FEU'

siehe 'Spectacular'

## 'DAPHNE'

ALTE R., GALLICA-ROSE, REIN ROSA

'Daphne', eine seltene Gallica-Rose, trägt mittelgroße, rosettenförmige Blüten, die üppig fliederrosafarben sind. Jede Blüte hat ein kleines Auge aus gelben Staubgefäßen. Die Farben sind in halbschattigen Lagen ausgeprägter, und die Blüten verströmen einen intensiven Duft. Den etwa 1,25 m hohen, breitwüchsigen Strauch zieren graugrünes, geriffeltes Laub und borstige Hagebutten. Daphne war eine Nymphe, in die sich der griechische Gott Apoll verliebt hatte; von ihm in die Enge getrieben, wurde sie auf ihr Flehen hin in einen Lorbeerbaum verwandelt, der dem Apoll seitdem heilig war. **ZONEN 4–10.**

Vibert, Frankreich, 1819

Eltern unbekannt

'Dapple Dawn'

'Dance of Joy'

## 'DAPPLE DAWN' AUSapple

Syn. 'English Dawn'

STRAUCHROSE, HELLROSA, ÖFTERBLÜHEND

Die wahrscheinlich blühfreudigste Englische Rose bringt große, einfache Blüten in herrlichem Rosa hervor. Sie verströmen einen schwachen Duft, erscheinen aber in großen Büscheln, die den ganzen Sommer und Herbst gebildet werden. **ZONEN 4–9.**

Austin, Großbritannien, 1983

Sport von 'Red Coat'

## 'DARLING FLAME' MEIiucca

Syn. 'Minuetto', 'Minuette'

ZWERGROSE ORANGEROT, ÖFTERBLÜHEND

Die Blüten dieser Rose sind mandarin- bis zinnoberrot getönt mit attraktiven gelben Staubbeuteln. Sie sind mit 25 Petalen gefüllt, klein und duften nur schwach. Die recht wuchsfreudige Pflanze trägt glänzend dunkelgrünes Laub. Sie wird häufig in Rabatten gepflanzt und auch in Töpfen kultiviert. Diese Zwergrose zählt zu den wenigen ihrer Art, die auch als Hochstämmchen gezogen werden können. Die Blüten sitzen meist in Büscheln, die den ganzen Busch bedekken. **ZONEN 5–11.**

Meilland, Frankreich, 1971

('Rimosa' × 'Josephine Wheatcroft') × 'Zambra'

## 'DAVID THOMPSON'

STRAUCHROSE, RUGOSA-HYBRIDE, ROT, ÖFTERBLÜHEND

Die gefüllten Blüten mit 25 roten Petalen und gelben Staubgefäßen entfalten sich aus ovalen Knospen und verströmen einen sehr intensiven Duft. Die ganze Saison über bedecken sie einen aufrechten, winterharten Strauch, der faltige Blätter besitzt. **ZONEN 4–9.**

Svejda, Kanada, 1979

('Schneezwerg' × 'Frau Dagmar Hartopp') × Sämling

'Darling Flame'

## 'DAVID WHITFIELD' GANa

FLORIBUNDA, REIN ROSA, ÖFTERBLÜHEND

Mit ihren großen, gefüllten Blüten, die in offenen Büscheln zusammensitzen, eignet sich diese Sorte besonders gut für Beete. Die schwach duftenden Blüten sind dunkelrosa und erscheinen unermüdlich den ganzen Sommer und Herbst. Der Strauch wird mittelgroß und trägt große, dunkelgrüne Blätter; er wurde nach einem bekannten britischen Entertainer benannt. **ZONEN 4–9.**

Gandy, Großbritannien, 1991

Sämling von 'Kerryman'

## 'DAWN CHORUS' DICquaser

TEEHYBRIDE, ORANGE+, ÖFTERBLÜHEND

Mittelgroße, klassisch geformte Blüten in einem dunklen Orange erscheinen besonders üppig auf kurzen Stielen und zieren diese buschige Rose; sie duften schwach. Der Flor dauert den ganzen Sommer und Herbst über an. Die Pflanze trägt dichtes, rötliches Laub und eignet sich sehr gut für Beete oder als Hochstammrose. **ZONEN 4–9.**

Dickson, Großbritannien, 1993

'Wishing' × 'Peer Gynt'

Dublin Goldmedaille 1993, Rose des Jahres 1993, Glasgow Certificate of Merit 1995

'Dawson's Delight'

'Day Light'

## 'DAWSON'

**Syn. 'The Dawson Rose'**
RAMBLERROSE, REIN ROSA

Der Züchter dieser Rose versuchte, Winterfestigkeit in Ramblerrosen einzukreuzen, und diese hier war sein größter Erfolg. 'Dawson' ist die erste Multiflorarose, die Jack Dawson vom *Arnold Arboretum* in den USA züchtete. Die kleinen, duftenden, leuchtend rosafarbenen Blüten bilden Rispen, die auf kräftigen, bis zu 8 m langen Trieben zusammensitzen, erscheinen jedoch nur einmal im Jahr. Diese Rose ist frosthart und nimmt Vernachlässigung nicht übel. Sie sieht besonders gut aus, wenn sie Bäume oder Steinsäulen emporklettern kann. In den letzten Jahrzehnten wurde sie allerdings von anderen Rosen mit schönerer Farbe und größerer Blühfreudigkeit verdrängt. ZONEN 4–11.

Dawson, USA, 1888

'Général Jacqueminot' × *Rosa multiflora*

## 'DAWSON'S DELIGHT'

TEEHYBRIDE, DUNKELROSA, ÖFTERBLÜHEND

Der kräftige, robuste, wärmeliebende Busch trägt große, glänzend dunkelgrüne Blätter, die sehr krankheitsfest sind. Die großen Blüten können einen Durchmesser bis zu 12 cm erreichen und sind mit 40–50 Petalen dicht gefüllt. Die Blumen sind sowohl an der Pflanze als auch in der Vase sehr haltbar. Ihre Farbe ist ein kräftiges Dunkelrosa mit einem Hauch von Korallrot, und sie duften angenehm. ZONEN 5–11.

Dawson, Australien, 1978

Eltern unbekannt

## 'DAY LIGHT' INTerlight

**Syn. 'Daylight'**
FLORIBUNDA, APRICOT+, ÖFTERBLÜHEND

Die großen Büschel mit apricotgelben Blüten sind gefüllt und bedecken diese Beetrose den ganzen Sommer hindurch. Die Pflanze eignet sich für gemischte Strauchrabatten oder für flächige Pflanzungen. Ihre Blätter sind ganz dunkelgrün und recht robust.
ZONEN 4–9.

Ilsink, Niederlande, 1991

Eltern unbekannt

Belfast Goldmedaille 1992

## 'DAYBREAK'

**Syn. 'Day Break'**
STRAUCHROSE, REIN GELB, ÖFTERBLÜHEND

'Daybreak' bringt Büschel mit goldgelben Blüten hervor, die später hellgelb werden und dunkelgoldgelbe Staubgefäße tragen. Sie sind einfach bis halbgefüllt, verströmen einen strengen Moschusduft und erscheinen bis in den Herbst. Der wohlgeformte Strauch trägt dunkelgrünes Laub, das im Austrieb schokoladenbraun ist. Besonders als Einzelpflanze eignet sich 'Daybreak' hervorragend. Die Rose kann auch durch Stecklinge vermehrt werden.
ZONEN 4–9.

Pemberton, Großbritannien, 1918

'Trier' × 'Liberty'

'Daydream'

## 'DAYDREAM'

KLETTERROSE, HELLROSA

Diese kletternde Sorte hat große, halbgefüllte Blüten. Sie sind hellrosa bis fast weiß und duften schwach. 'Daydream' trägt glänzend grünes Laub. Die üppig blühende Rose eignet sich gut für Spaliere, Säulen oder Pergolen. Sie ist heute nur noch in australischen Rosenschulen erhältlich. ZONEN 5–10.

Clark, Australien, 1925

Eltern unbekannt

## 'DAZZLER' KELdaz

ZWERGROSE, GELB+, ÖFTERBLÜHEND

Die Blüten von 'Dazzler' sind hellgelb, unterseits blasser und am Rand hellrot gefärbt. Sie sind mittelgroß, sitzen in der Regel einzeln auf den Stielen und duften schwach. Die Blumen besitzen eine außergewöhnlich attraktive Farbe; dennoch kommen sie nicht an die Schönheit der Elternsorten heran. Die aufrechte Pflanze trägt gesundes Laub, ihre Blüten bleiben lange an dem Busch, verblassen aber sehr schnell zu schmutzigem Gelb.
ZONEN 5–11.

Kelly, USA, 1997

'Rainbow's End' × 'Kristin'

## 'DE CANDOLLE'

RAMBLERROSE, HELLROSA

Diese sehr seltene Rose entstand in der Blütezeit von Ramblerrosen vor und nach dem 1. Weltkrieg. Die Blüten sind rot, mittelgroß und gefüllt. Angeblich kommt sie nur noch im Rosarium Sangerhausen vor, der wohl weltweit reichhaltigsten Rosensammlung.
ZONEN 4–11.

Robichon, Frankreich, 1913

Eltern unbekannt

## 'DE LA GRIFFERAIE'

RAMBLERROSE, DUNKELROSA

Manchmal trifft man diese Ramblerrose wild wachsend in Ruinen oder auf alten Friedhöfen an. Sie bildet zahlreiche Wurzelschößlinge, wodurch sich die Verwilderung erklären läßt. Die Büschel sind voller dichtgefüllter Blüten, die magentakirschrot sind und in der Sonne zu Rosa verblassen. Sie sind nicht besonders wohlgeformt, besitzen aber Duft. Der etwa 2 m hohe Strauch trägt lange, herabhängende dunkle Triebe, die kaum Stacheln haben. 'De La Grifferaie' wird weitgehend als Wurzelstock verwendet und ist für Gärten in der Regel nicht von Bedeutung. ZONEN 4–11.

Vibert, Frankreich, 1845

Vermutlich *Rosa multiflora* × unbekannte Gallica- oder Damaszenerrose

## 'DE LA MAÎTRE-ÉCOLE'

**Syn. 'Rose du Maître d'École'**
ALTE R., GALLICA-ROSE, MAUVE

Diese Rose wurde nach einem Dorf in der Nähe von Angers in Frankreich benannt und trug jahrelange den falschen Namen 'Rose du Maître d'École'. Hierbei handelt es sich um einen etwas schlaffen, dichten Strauch, der bis zu 1 m hoch und breit werden kann. Seine Triebe hängen herab, sind dunkelgräulich bis grün und unbewehrt. Das Laub ist dunkelgrün und sehr üppig. Die intensiv duftenden Blüten haben einen Durchmesser von 10 cm. Sie sind dichtgefüllt und fast immer geviertelt mit einem kleinen grünen Auge, das von gefalteten Petalen umgeben ist. Die Blüten sind dunkelrosa mit silbrigem Glanz und Schattierungen in Mauve und zartem Purpurrot gefärbt. Für einige Wochen im Hochsommer bereichert 'De La Maître-École' mit ihren Blüten den Garten.
ZONEN 5–11.

Coquereau, Frankreich, 1831

Eltern unbekannt

Royal Horticultural Society Award of Garden Merit 1993

## 'DE MEAUX'

**Syn. 'Rose de Meaux', *Rosa centifolia pomponia***
ALTE R., ZENTIFOLIE, REIN ROSA

'De Meaux' ist eine der kleinsten Zentifolien überhaupt, denn sie wird selten höher als 1 m und bildet eliche graugrüne Triebe mit zahlreichen Stacheln. Die etwas grünlichgrauen Blätter sind klein, fest und rauh. Die kleinen, gefüllten, duftenden Blüten erinnern an krause, leuchtend rosafarbene Pompons. Sie erscheinen in großen Büscheln und zeigen sich im Frühsommer von ihrer besten Seite. Diese Rose eignet sich gut für niedrige Hecken und Gruppenpflanzungen, kann aber auch als Bodendeckerrose oder Kübelpflanze verwendet werden. Eine weiße Form dieser Sorte ist normalerweise unter dem Namen 'White de Meaux' erhältlich.
ZONEN 5–11.

Sweet, Großbritannien, vor 1789

Eltern unbekannt

## 'DEAREST'

FLORIBUNDA, ROSA+, ÖFTERBLÜHEND

'Dearest', eine außergewöhnlich beliebte Sorte, bringt lachsrosafarbene gefüllte

'Deb's Delight'

'Dearest'

Blüten mit goldgelben Staubgefäßen hervor. Sie blühen bis in den Herbst, sind wohlgeformt und duften. Die Pflanze wächst buschig und wird etwa mittelhoch. Sie trägt dunkles, glänzendes Laub und bevorzugt sonnige Standorte. Die Sorte eignet sich für Beete, läßt sich aber auch als Hochstammrose kultivieren. **'Climbing Dearest'** (Ruston, Australien, 1970) ist wuchsfreudig und blüht in der Regel nur im Sommer, nur gelegentlich erscheinen auch im Herbst einige Blüten. **ZONEN 4–9.**

Dickson, Großbritannien, 1960

Sämling × 'Spartan'

Goldmedaille der National Rose Society 1961

## 'DEBBIE THOMAS'

TEEHYBRIDE, ROT+, ÖFTERBLÜHEND

Die großen Blüten in Ausstellungsqualität sind mit 30 Petalen gefüllt. Die zweifarbig roten, haltbaren Blüten wurden im Juli 1996 auf der *Hampton Court Rose Show* mit großem Erfolg in Großbritannien eingeführt, wo diese von einem Amateurzüchter kreierte Rose zur Zeit auch nur noch vereinzelt erhältlich ist. **ZONEN 4–9.**

Thomas, Großbritannien, 1992

'City of Gloucester' × 'My Joy'

## 'DEB'S DELIGHT' LEGsweet

FLORIBUNDA, ROSA+, ÖFTERBLÜHEND

Diese niedrige, buschige Sorte eignet sich für kleine Rabatten und Kübel besonders gut, läßt sich aber auch als Hochstammrose ziehen. Ihre silbrig-lachsrosafarbenen, mit 35 Petalen gefüllten Blüten duften und erscheinen überaus reich den ganzen Sommer und Herbst. 'Deb's Delight' trägt mittelgrünes, mattglänzendes

'Débutante'

Laub und kann durch Okulation oder Stecklinge vermehrt werden. **ZONEN 4–9.**

LeGrice, Großbritannien, 1983

'Tip Top' × Sämling

Royal National Rose Society Trial Ground Certificate 1978

## 'DÉBUT' MEIbarke

**Syn. 'Sweet Symphony', 'Douce Symphonie'**

ZWERGROSE, ROT+, ÖFTERBLÜHEND

Die Blüten dieser Rose sind leuchtend karminrot mit einer Mischung von Creme bis Gelb am Grund der Petalen. Später werden sie kirschrot mit weißem Petalengrund, wodurch der Busch ein prächtiges, wechselndes Farbenspiel bietet. Die großen, gefüllten Blumen sitzen einzeln auf den Stielen und sind hochgebaut wie Ausstellungsrosen. Das mattglänzende, robuste Laub vervollständigt den Gesamteindruck. 'Début' braucht einige Zeit zum Einwurzeln, aber es ist durchaus lohnenswert, auf die auffallenden, herrlichen Blüten zu warten. Die Sorte gehört zu den wenigen Zwergrosen, die den sehr bedeutenden amerikanischen Preis der *All-American Rose Selection* erhalten haben.
**ZONEN 4–11.**

Mouchotte, Frankreich, 1988

'Coppélia' × 'Magic Carrousel'

All-American Rose Selection 1989

## 'DEBUTANTE'

RAMBLERROSE, HELLROSA

Rosafarbene Blüten auf kurzen Stielen zieren die langen Triebe dieser Wichuraiana-Hybride, allerdings verblassen die Blütenbüschel in der Sonne jedoch sehr rasch. Sie verströmen einen herrlichen Apfelduft. Ihr robustes, glänzend dunkelgrünes Laub ist nicht anfällig für Mehltau, und sie ist auch kräftiger als ihre berühmtere Verwandte 'Dorothy Perkins'. Die Rose läßt sich einfach kultivieren und kann bis zu 4,5 m hoch werden; das hängt jedoch davon ab, wie sie geschnitten und gezogen wird.
**ZONEN 4–11.**

Walsh, USA, 1902

'Baroness Rothschild' × *Rosa wichuraiana*

'Declic'

## 'DECLIC'

STRAUCHROSE, MAUVE+

'Declic' ist eine hervorragende Strauchrose mit halbgefüllten Blüten, die sich schalenförmig öffnen und sehr schöne, goldgelbe Staubgefäße in der Mitte zeigen. Die etwas krausen, blassen Petalen sind zum Rand hin zart rosa und unterseits viel intensiver getönt. Im Sommer zieren die Blüten, die einen schwachen Duft verströmen, einen schön belaubten Strauch; dieser macht sich hervorragend in einer gemischten Rabatte, und zwar am besten dort, wo man den herrlichen Duft genießen kann. **ZONEN 4–11.**

Croix, Frankreich, 1988

Eltern unbekannt

Baden-Baden Goldmedaille 1987, Bagatelle Duftpreis 1987

## 'DÉCOR ARLEQUIN'

**Syn. 'Meillanddécor Arlequin'**

STRAUCHROSE, APRICOT+

Die aufrechte Pflanze wird sehr hoch und trägt dichtes, hellgrünes, mattglänzendes und gesundes Laub. Die mit 15 Petalen halb gefüllten, schwach duftenden Blüten sind apricotgelb mit rosa Tönung; sie erscheinen sehr üppig im Frühjahr, während Sommer- und Herbstflor recht spärlich ausfallen. Obwohl sie als Strauchrose eingestuft wird, könnte man 'Décor Arlequin' auch als Kletterrose bezeichnen; sie wird oft an Säulen oder Pyramiden gezogen. **ZONEN 4–11.**

Meilland, Frankreich, 1975

Eltern unbekannt

'Décor Arlequin'

'Début'

D

## 'DEE BENNETT' SAVadee

ZWERGROSE, ORANGE+, ÖFTERBLÜHEND

Gefüllte, lebhaft orangerote Blüten mit hochgebauter Mitte sind charakteristische Merkmale dieser Rose. Sie sitzen meist einzeln auf Stielen bzw. in sehr kleinen Büscheln zusammen und sind sehr haltbar. In warmen Lagen verströmen sie einen fruchtigen Duft. Die mittelgroße Pflanze ist wuchsfreudig und trägt dunkelgrünes, mattglänzendes Laub. Die Rose erhielt ihren Namen zu Ehren der berühmten amerikanischen Zwergrosenzüchterin Dee Bennett, die allerdings in Australien geboren wurde. **ZONEN 4–11.**

Saville, USA, 1988

'Zorina' × ('Sheri Anne' × ['Yellow Jewel' × 'Tamango'])

American Rose Society Award of Excellence 1989

## 'DEEP SECRET'

Syn. 'Mildred Scheel'

TEEHYBRIDE, DUNKELROT, ÖFTERBLÜHEND

Die kräftig dunkelkarminroten, samtartigen Blüten dieser Sorte sind groß, duften intensiv und sind mit 40 Petalen gefüllt. Die Blühfreudigkeit hält den ganzen Sommer und Herbst über an. Die Pflanze hat eine aufrechte Gestalt, wird mittelhoch und trägt glänzend dunkelgrünes, relativ gesundes Laub. Sie eignet sich sehr gut für Beete, aber auch für die Vase. **ZONEN 4–9.**

Tantau, Deutschland, 1977

Eltern unbekannt

ADR-Rose 1978

'Delicious'

## 'DEEP VELVET'

ZWERGROSE, DUNKELROT, ÖFTERBLÜHEND

Urnenförmige, dunkelrote Blüten mit 30 Petalen zieren diese wuchsfreudige, robuste Pflanze. Sie sind hochgebaut und besitzen Ausstellungsqualität. Gewöhnlich sitzen sie einzeln oder zu 2–3 Blüten in kleinen Büscheln zusammen. Bei großer Hitze öffnen sie sich sehr rasch vollständig. 'Deep Velvet' trägt zartes, dekorativ mittelgrünes Laub, ist aber anfällig für Mehltau. Sie ist ziemlich blühfaul, doch eignen sich die herrlich geformten Blüten auf den sehr langen Stielen gut als Schnittblumen, besonders für Sträusse. **ZONEN 5–11.**

Jolly, USA, 1981

('Grand Opera' × 'Jimmy Greaves') × 'Baby Katie'

## 'DELAMBRE'

ALTE R., PORTLANDROSE, DUNKELROSA, ETWAS NACHBLÜHEND

Portlandrosen wie 'Delambre' wurden schon immer für ihre leuchtend scharlachroten Blüten gerühmt. Die dichtgefüllten, geviertelten Blüten sind zunächst karminrot bis dunkelrosarot und verblassen zu einem Fliederrosa. Die Blumen erscheinen unermüdlich in zahlreichen Büscheln den Sommer und Herbst hindurch und duften sehr intensiv. Der aufrechte, kompakte Strauch trägt robustes Laub und ist wenig bewehrt. Auch gegen Saisonende, wenn Herbstlaub und Hagebutten die Pflanze zieren, ist sie noch sehr ansehnlich. Besonders gut kommt sie in einem Kübel zur Geltung. Die Firma *Moreau-Robert* im französischen Angers brachte zahlreiche herausragende Sorten hervor, von denen einige seit ihrer Züchtung stets in Katalogen geführt werden. **ZONEN 4–11.**

Moreau und Robert, Frankreich, 1863

Eltern unbekannt

'Delambre'

'Delicado'

'Deep Velvet'

## 'DELICADO'

TEEHYBRIDE, ORANGEROSA, ÖFTERBLÜHEND

'Delicado' hat perlmuttrosafarbene Blüten, die pfirsichfarben überhaucht sind und schwach duften. Sie sind sehr groß und erscheinen ununterbrochen den ganzen Sommer und Herbst hindurch. Diese Sorte besitzt Ausstellungsqualitäten, eignet sich aber auch sehr gut für Beete. Die durchschnittlich hohe Pflanze trägt mittelgrünes Laub. **ZONEN 4–9.**

Lowe, Großbritannien, 1954

Eltern unbekannt

## 'DELICATA'

STRAUCHROSE, RUGOSA-HYBRIDE, HELLROSA, ÖFTERBLÜHEND

Die fliederrosafarbenen, mit 10 Petalen halb gefüllten, schwach duftenden Blüten blühen fleißig den ganzen Sommer und Herbst über. 'Delicata' zählt zu den niedrigen Rugosa-Hybriden und trägt dunkelgrünes, faltiges Laub. **ZONEN 4–9.**

Cooling, Großbritannien, 1898

Eltern unbekannt

## 'DELICIA'

siehe 'Elegant Beauty'

## 'DELICIOUS'

ZWERGROSE, REIN ROSA, ÖFTERBLÜHEND

Dies Zwergrose mit dem schmeichelhaften Namen trägt kleine, rosafarbene Blüten, die sich aus eleganten ovalen Knospen entfalten und einen aufrechten Busch zieren. Die mit 30–40 Petalen gefüllten Blüten haben einen intensiven Duft. Das Laub ist mittelgrün und mattglänzend. **ZONEN 5–11.**

Walsh, Australien, 1995

'Avandel' × ([Sämling × 'Friesia'] × Sämling)

## 'DELILLE'

ALTE R., MOOSROSE, WEISS

Die Knospen von 'Delille' sind stark bemoost und öffnen sich zu weißen Blüten, die rötlich-mauvefarben überhaucht sind. Sie sind halbgefüllt und erscheinen im Juni, nur gelegentlich gibt es später weitere Blüten. Moosrosen sind Abkömmlinge der Zentifolie, und Stengel, Kelchblätter sowie manchmal auch Laubblätter besitzen kleine Drüsen, die ätherische Duftöle enthalten; oft haben sie auch bewehrte Stiele. 'Delille' ist heute ziemlich selten. **ZONEN 4–11.**

Robert, Frankreich, 1852

Eltern unbekannt

## 'DELLA BALFOUR' HARblend

GROSSBLUMIGE KLETTERROSE, APRICOT+, ÖFTERBLÜHEND

Diese Kletterrose bringt große, pfirsichprimelgelbfarbene Blüten hervor, die einen sehr angenehmen Zitronenduft verströmen. Sie haben große, feste Petalen und bedecken eine robuste Pflanze mit üppigen, großen, dunkelgrünen Blättern. Diese Sorte sieht an Mauern und Säulen sehr gut aus; sie wurde nach der Ehefrau eines sehr bekannten Rosenliebhabers benannt. **ZONEN 4–9.**

Harkness, Großbritannien, 1994

'Rosemary Harkness' × 'Elina'

Orléans Certificate of Merit 1997

'Deep Secret'

'Delicata'

## 'DEMOKRACIE'

**Syn. 'Blaze Superior', 'Blaze Improved', 'New Blaze'**

GROSSBLUMIGE KLETTERROSE, DUNKELROT, ÖFTERBLÜHEND

Als 'Blaze' gezüchtet wurde, sollte der Ruf, daß sie eine öfterblühende 'Paul's Scarlet' sei, sie berühmt machen; leider erfüllte sie diese Erwartungen nicht. Seitdem gab es noch verschiedene andere Versuche, aber diese Sorte kam dem ursprünglichem Vorhaben wohl am nächsten. 'Demokracie' bildet große Büschel mit intensiv roten Blüten, die wohlgeformt sind und im Sommer und Herbst an den Seitentrieben erscheinen. Sie sind halbgefüllt, duften aber kaum. Diese wuchsfreudige Pflanze eignet sich für Mauern, Pergolen und Säulen.

**ZONEN 4–9.**

Böhm, Tschechoslowakei, 1935

Eltern unbekannt

## 'DENISE GREY' MEIxetal

**Syn. 'Make-Up', 'Caprice'**

STRAUCHROSE, HELLROSA

'Denise Grey' ist ein blühfreudiger Strauch mit großen Büscheln von mittelgroßen, zart hellrosafarbenen Blüten. Sie sind halbgefüllt, schalenförmig und erfreuen durch zahlreiche dunkle Staubgefäße in der Blütenmitte. Die recht gesunde Pflanze wird mittelhoch, ist robust und trägt große, glänzend grüne Blätter. Besonders in gemischten Rabatten kommt dieser Sommerblüher sehr gut zur Geltung. **ZONEN 5–9.**

Meilland, Frankreich, 1988

Eltern unbekannt

Bagatelle Goldmedaille 1992, Frankfurt Goldmedaille 1992

## 'DENTELLE DE BRUXELLES'

STRAUCHROSE, HELLROSA, ETWAS NACHBLÜHEND

'Dentelle de Bruxelles' ist ein großer Strauch, der meistens breiter als hoch wird. Im Frühling bringt sie zahlreiche blaßrosafarbene Blüten in kleinen und großen Büscheln hervor; gelegentlich gibt es eine Nachblüte. Das mittelgrüne Laub ist sehr üppig. Diese Sorte eignet sich sehr gut für große Gärten und Parks, wo ihre hellrosafarbenen Blüten aus großer Entfernung besonders eindrucksvoll wirken. Auch bildet sie schöne, hohe Hecken und ist recht krankheitsfest. Außerhalb von Europa ist die Rose weitgehend unbekannt. **ZONEN 4–11.**

Lens, Belgien, 1988

Eltern unbekannt

'Denise Grey'

'Desert Charm'

## 'DENTELLE DE MALINES'

**Syn. 'Lens Pink'**

STRAUCHROSE, REIN ROSA

Dieser Strauch mit seinen hübschen rosafarbenen Blüten erinnert an eine Moschata-Hybride, blüht aber nur im Sommer, und die Blüten duften nur schwach. Er wird mittelhoch bis hoch und sieht mit seinem dunkelgrünen Laub am eindrucksvollsten aus, wenn er gruppenweise in großen Rabatten gepflanzt wird.

**ZONEN 4–9.**

Lens, Belgien, 1986

Eltern unbekannt

## 'DENVER'S DREAM' SAVaden

ZWERGROSE, ORANGE+, ÖFTERBLÜHEND

Die Blüten dieser Rose sind leuchtend orange und unterseits rot gefärbt. Die mit 15–25 Petalen gefüllten Blüten duften nicht. Sie sitzen einzeln auf den Stielen und zieren einen aufrechten Busch mit mittel- bis dunkelgrünem, mattglänzendem Laub. Diese ausgezeichnete Gartenrose bringt mit unzähligen auffallenden kupferorangefarbenen Blüten den Garten zum Leuchten. Die große Pflanze ist wuchsfreudig und üppig, benötigt keine besondere Pflege und ist außerordentlich winterhart. Ihren Namen erhielt sie anläßlich der Frühjahrsversammlung der *American Rose Society* in Denver (USA). **ZONEN 4–11.**

Saville, USA, 1995

'Gingersnap' × 'Klima'

## 'DESCHAMPS'

**Syn. 'Longworth Rambler'**

ALTE R., NOISETTEROSE, ROT, ETWAS NACHBLÜHEND

Diese Rose trägt große, becherförmige, kirschrote Blüten, die zu Rosa verblassen. Die blühfreudige Sorte bringt im Herbst erneut Blüten hervor und duftet schwach. Ihre Knospen und etwas wirr angeordneten Blüten sind sehr dekorativ. Die mittelgroße Pflanze hat wie alle Noisetterosen immergrünes Laub, benötigt einen warmen, sonnigen Standort und wächst bevorzugt an Pergolen oder Mauern. Sie verträgt Halbschatten recht gut.

**ZONEN 6–11.**

Deschamps, Frankreich, 1877

Eltern unbekannt

'Dentelle de Malines'

'Demokracie'

'Dentelle de Bruxelles'

## 'DESERT CHARM'

ZWERGROSE, DUNKELROT, ÖFTERBLÜHEND

Auffallend rote Blüten, hochgebaut und in Edelrosenform, sind die Merkmale dieser Rose. Die Blüten sind groß, wetterfest und duften schwach. Die Pflanze hat eine kompakte, dichtwüchsige Gestalt und wird mittelhoch. Ihr Laub ist dunkel, ledrig und gesund. Sie ist jedoch schwer zu kultivieren, und es dauert einige Jahre, bis sie sich eingelebt hat; Winterschutz ist unbedingt notwendig. Eine der besten Eigenschaften von 'Desert Charm' ist, daß ihre glühende Farbe sonnenbeständig ist und sogar in den heißesten Gebieten nicht verblaßt.

**ZONEN 5–11.**

Moore, USA, 1973

'Baccará' × 'Magic Wand'

## 'DESERT PEACE' MEInomad

TEEHYBRIDE, GELB+, ÖFTERBLÜHEND

Die mittelgroßen, gelben, etwas rötlich überhauchten, mit 25 Petalen gefüllten Blüten erscheinen den ganzen Sommer und Herbst hindurch einzeln auf langen, kräftigen Stielen. Die schwach duftenden, aber dekorativen Blüten eignen sich sehr gut für Arrangements. 'Desert Peace' hat eine hohe, aufrechte Gestalt und trägt glänzend dunkelgrünes Laub. Sie ist eine gute Rose für Beete. **ZONEN 4–9.**

Meilland, Frankreich, 1992

('Sonia' × 'Rumba') × ('Piccadilly' × 'Chicago Peace')

'Diablotin'

'Diamond Jubilee'

'Deuil de Paul Fontaine'

## 'DESPREZ À FLEURS JAUNES'

siehe 'Jaune Desprez'

## 'DEUIL DE PAUL FONTAINE'

**Syn. 'Paul de Fontaine'**

ALTE R., MOOSROSE, MAUVE, ETWAS NACHBLÜHEND

Diese Rose ist leider recht anfällig für Mehltau, bringt aber bei entsprechenden Maßnahmen die herrlichsten Blüten hervor. Der Strauch wird nur 1 m hoch, ist buschig und von schöner Gestalt, jedoch stark bewehrt. Das Laub ist im Austrieb rot, wird später dunkelgrün und ist für eine Moosrose ziemlich weich. Dichtes, fein strukturiertes, dunkelgrünes Moos überzieht die Knospen. Die duftenden Blüten weisen ein sehr dunkles Rot auf, das ungewöhnlich schokoladenfarben überzogen ist. Zunächst becherförmig, nehmen sie dann aber eher Schalenform an und sehen wie kleine Kissen aus. Wird Verblühtes regelmäßig entfernt, so bringt die Rose bis zum Herbst einige weitere Blüten hervor. **ZONEN 4–11.**

Fontaine, Frankreich, 1873

Eltern unbekannt

## 'DEVONIENSIS'

**Syn. 'Magnolia Rose', 'Victoria'**

ALTE R., TEEROSE, WEISS, ETWAS NACHBLÜHEND

Diese Strauchrose wäre ausgestorben, hätte man nicht einen kletternden Sport von ihr entdeckt. 'Climbing Devoniensis' ist inzwischen viel beliebter als die Strauchform. Beide Formen blühen üppig und recht früh. Ihre Knospen sind rot getönt und öffnen sich zu sehr großen weißen Blüten mit gelber Mitte. Die inneren Petalen sind kraus, und die Blüten duften stark nach Teerosen oder Zitrone; sie erscheinen vom Frühling bis zum Herbst. Leuchtend dunkelgrünes Laub bedeckt die langen Triebe, die nur schwach bewehrt sind. **ZONEN 6–11.**

Foster, Großbritannien, 1838

'Smith's Yellow China' × 'Parks' Yellow Tea-scented China'

## 'DIABLOTIN' DELpo

**Syn. 'Little Devil'**

FLORIBUNDA, ROT, ÖFTERBLÜHEND

Diese Sorte hat leuchtend rote, mit 17 Petalen halb gefüllte Blüten, die in kleinen Büscheln erscheinen. Sie duften nur schwach und erscheinen sehr zahlreich die ganze Saison hindurch an einer dichtbuschigen Pflanze; diese ist leider nur in Frankreich erhältlich. **ZONEN 4–9.**

'Devoniensis'

Delbard-Chabert, Frankreich, 1961

'Orléans Rose' × 'Fashion'

## 'DIADEM' TANmeda

**Syn. 'Diadeem'**

FLORIBUNDA, REIN ROSA, ÖFTERBLÜHEND

Diese relativ niedrige Busch trägt langstielige Büschel mit runden, rein rosafarbenen Blüten. Sie haben einen schwachen Duft, und das Laub ist dunkelgrün. 'Diadem' sieht im vorderen Bereich eines Beetes oder einer Rabatte, wo sie den ganzen Sommer und Herbst ihre Blüten hervorbringt, sehr wirkungsvoll aus. Die ziemlich robuste hohe Pflanze muß im März stark zurückgeschnitten werden. **ZONEN 4–9.**

Tantau, Deutschland, 1986

Eltern unbekannt

Durbanville Goldmedaille 1990, Belfast Certificate of Merit 1994, Glasgow Certificate of Merit 1995

## 'DIAMANT' KOReb

FLORIBUNDA, ORANGEROT, ÖFTERBLÜHEND

'Diamant' besitzt Knospen, die sich zu schwach duftenden, leuchtend orangeroten, mit 40 Petalen gefüllten Blüten entfalten. Sie sitzen zu 3–7 in Büscheln zusammen und erscheinen den ganzen Sommer und Herbst. Das dunkle, glänzende Laub bedeckt eine wuchsfreudige, aufrechte Pflanze, die eine sehr schöne Beetrose ist. **ZONEN 4–9.**

Kordes, Deutschland, 1962

Eltern unbekannt

## 'DIAMOND JUBILEE'

TEEHYBRIDE, HELLGELB, ÖFTERBLÜHEND

Diese Sorte hat lohgelbe, mit 30 Petalen gefüllte, becherförmige Blüten. Sie duften sehr intensiv und werden unaufhörlich den ganzen Sommer und Herbst über gebildet. 'Diamond Jubilee' hat eine kompakte, aufrechte Gestalt und trägt ledriges Laub. Für Beete eignet sie sich besonders gut. **ZONEN 4–9.**

Boerner, USA, 1947

'Maréchal Niel' × 'Feu Pernet-Ducher'

All-American Rose Selection 1948, Royal National Rose Society Trial Ground Certificate 1952

## 'DIANA' TANdinadi

FLORIBUNDA, REIN GELB, ÖFTERBLÜHEND

Runde Knospen öffnen sich zu runden, gefüllten, rein gelben Blüten, die nur schwach duften und von Sommer bis Herbst gebildet werden. Diese Sorte ist mittelhoch, wächst aufrecht und trägt glänzend mittelgrünes Laub. Sie eignet sich gut für Beete und kann auch als Hochstammrose kultiviert werden. **ZONEN 4–9.**

Tantau, Deutschland, 1977

Eltern unbekannt

## 'DIANE'

TEEHYBRIDE, GELB+, ÖFTERBLÜHEND

Die gelben Blüten dieser Rose sind in der Mitte dunkler getönt und duften schwach. Sie sind groß, wohlgeformt und blühen den ganzen Sommer und Herbst hindurch. 'Diane' ist eine hochwüchsige, wuchsfreudige Pflanze, die sich sehr gut als Beetrose eignet. **ZONEN 5–9.**

Gaujard, Frankreich, 1958

'Gloria Dei' × (Sämling × 'Opera')

'Diana'

'Diamant'

'Diane'

'Dicky'

## 'DIAPASON' DELpoc

TEEHYBRIDE, REIN ROSA, ÖFTERBLÜHEND

Die rundlichen, mit 40 Petalen gefüllten, duftenden Blüten dieser Sorte sind von einem zarten Porzellanrosa und erscheinen unermüdlich den ganzen Sommer und Herbst. Die schöne Beetpflanze ist wuchsfreudig, buschig und trägt bronzegrünes Laub. **ZONEN 5–9.**

Delbard-Chabert, Frankreich, 1966

'Chic Parisien' × ('Sultane' Sämling × 'Mme Joseph Perraud')

## 'DICK KOSTER'

POLYANTHAROSE, DUNKELROSA, ÖFTERBLÜHEND

Dieser Sport von 'Anneke Koster', eine von vielen Koster-Rosen, trägt üppige Büschel mit becherförmigen, dunkelrosafarbenen Blüten. Die Rose ist niedrig, hat eine dichtbuschige Gestalt, wird oft für Topfkulturen verwendet und bildet verschiedenfarbige Sports. Ihr Laub hat typische Polyantharosenmerkmale: Es ist hellgrün und im Herbst anfällig für Mehltau. Die Vermehrung erfolgt durch Okulation oder Stecklinge. **ZONEN 5–9.**

Koster, Niederlande, 1929

Sport von 'Anneke Koster'

## 'DICKSON'S FLAME'

FLORIBUNDA, ORANGEROT, ÖFTERBLÜHEND

Diese Rose bringt mittelgroße, scharlachrot geflammte Blüten hervor, die einen schwachen Duft verströmen. Sie sind mit 20 Petalen gefüllt und wunderschön geformt. Die Blüten erscheinen üppig in Büscheln den ganzen Sommer und Herbst hindurch. 'Dickson's Flame' ist eine wuchsfreudige, verzweigte Pflanze, die eine mittlere Höhe erreicht und mittelgrünes Laub trägt.
**ZONEN 4–9.**

Dickson, Großbritannien, 1958

Sämling von 'Kordes' Sondermeldung' × 'Nymph'

National Rose Society President's International Trophy 1958

## 'DICKY' DICkimono

**Syn. 'Münchner Kindl', 'Anisley Dickson'**

FLORIBUNDA, ORANGEROSA, ÖFTERBLÜHEND

Diese außergewöhnlich üppig blühende Floribundarose hat lange, spitze Knospen, die sich zu rötlich lachsrosafarbenen Blüten mit hellerer Unterseite entfalten. Sie duften schwach, sind mit 35 Petalen gefüllt und sitzen zu 5–10 Einzelblüten in Büscheln auf goldroten Stielen. 'Dikky' ist eine buschige Sorte, die mittelhoch wird und glänzend grünes Laub trägt. **ZONEN 4–9.**

Dickson, Großbritannien, 1983

'Cathedral' × 'Memento'

Royal National Rose Society President's International Trophy 1984, Belfast Certificate of Merit 1985, Royal Horticultural Society Award of Garden Merit 1993

'Dickson's Flame'

'Diapason'

'Dirigent'

'Diorama'

## 'DIE WELT' DIEkor

**Syn. 'The World'**

TEEHYBRIDE, ORANGE+, ÖFTERBLÜHEND

Große, perfekt geformte Blüten mit schwachem Duft zeigen eine schöne Farbkombination aus Orange, Rot und Gelb und zieren die ganze Saison über einen sehr hohen Busch. Sie sind mit 25 Petalen gefüllt und hochgebaut, was diese Sorte zu einer beliebten Ausstellungsrose gemacht hat. Ihr glänzendes Laub erkrankt im Herbst oft an Mehltau. **ZONEN 4–9.**

Kordes, Deutschland, 1976

Sämling × 'Peer Gynt'

## 'DIETER WEDEL'

siehe 'Leslie's Dream'

## 'DIMPLES'

FLORIBUNDA, HELLGELB, ÖFTERBLÜHEND

Die in Büscheln stehenden, halbgefüllten, kanariengelben Blüten verblassen zu Elfenbeinweiß, duften schwach und erscheinen unermüdlich die ganze Saison hindurch. Die sehr robuste, aufrechte Pflanze mit glänzendem Laub ist eine sehr gute Beetrose. **ZONEN 4–9.**

LeGrice, Großbritannien, 1968

Eltern unbekannt

## 'DIORAMA'

TEEHYBRIDE, GELB+, ÖFTERBLÜHEND

Die ununterbrochen blühenden, großen, apricotgelben Blüten sind hochgebaut, öffnen sich locker schalenförmig und duften sehr intensiv. 'Diorama' ist eine robuste, hochwüchsige Pflanze mit großen, mittelgrünen, mattglänzenden Blättern. **ZONEN 4–9.**

deRuiter, Niederlande, 1965

'Gloria Dei' × 'Beauté'

Royal National Rose Society Trial Ground Certificate 1965

'Dimples'

'Dr A. J. Verhage'

## 'DIRECTEUR ALPHAND'

**Syn. 'Alsace-Lorraine'**

ALTE R., REMONTANTROSE, MAUVE

Die schwarzpurpurfarbenen Blüten sind gefüllt, groß und zeichnen sich durch samtig bräunliche sowie leuchtend feuerrote Petalen aus. Sie sind becherförmig und verströmen einen intensiven Duft. Der Busch bringt trägt Triebe mit dunkelgrünem Laub. **ZONEN 5–11.**

Duval, Frankreich, 1879

Eltern unbekannt

## 'DIREKTOR BENSCHOP'

siehe 'City of York'

## 'DIRIGENT'

**Syn. 'The Conductor'**

STRAUCHROSE, ROT, ÖFTERBLÜHEND

Blutrote, halbgefüllte, schwach duftende Blüten erscheinen in Büscheln, die oft aus bis zu 30 Einzelblüten bestehen. 'Dirigent' ist eine wuchsfreudige Pflanze mit robustem, ledrigem, gesundem Laub. **ZONEN 4–9.**

Tantau, Deutschland, 1956

'Fanal' × 'Karl Weinhausen'

ADR-Rose 1956

## 'DISCO DANCER' DICinfra

FLORIBUNDA, ORANGEROT, ÖFTERBLÜHEND

Dieser Busch trägt Zweige mit orangescharlachroten, becherförmigen, gefüllten Blüten, die unermüdlich während der gesamten Saison erscheinen und schwach duften. Die dichte, runde Pflanze ist üppig mit glänzend grünem Laub bedeckt ist. **ZONEN 4–9.**

Dickson, Großbritannien, 1984

'Cathedral' × 'Memento'

Den Haag Goldmedaille 1982, Royal National Rose Society Trial Ground Certificate 1982, Belfast Cetificate of Merit 1985

## 'DISTANT DRUMS'

STRAUCHROSE, MAUVE, ÖFTERBLÜHEND

Die purpurrosa Blüten sind mit 40 einander überlappenden Petalen gefüllt, die in kleineren Büscheln zusammensitzen und von Sommer bis Herbst erscheinen. Sie verströmen einen intensiven Myrrheduft. 'Distant Drums' ist eine wuchsfreudige Pflanze mit aufrechter Gestalt und ledrigem, dunkelgrünem Laub. Sie eignet sich gut für Beete und kann auch als Einzelstrauch gepflanzt werden. **ZONEN 4–9.**

Buck, USA, 1984

'September Song' × 'The Yeoman'

## 'DR A. J. VERHAGE'

**Syn. 'Golden Wave'**

TEEHYBRIDE, GOLDGELB, ÖFTERBLÜHEND

Diese berühmte Teehybride hat das prächtige Altgold ihrer Blüten von der Elternsorte 'Tawny Gold', ihre kräftige Form hingegen von 'Baccará' geerbt. Der niedrige Busch bringt eine große Zahl von lieblichen Knospen hervor, die, vollständig geöffnet, ihre bernsteinfarbenen Staubgefäße zeigen. Die intensiv duftenden Blüten setzen sich aus je 25 gewellten Petalen zusammen. 'Dr A. J. Verhage' ist heute noch eine beliebte Schnittrose, die jedoch nicht wie andere neue gelbe Sorten weltweit vertrieben wird. Das dunkle Laub ist anfällig für Mehltau. **ZONEN 5–11.**

Verbeek, Niederlande, 1963.

'Tawny Gold' × ('Baccará' × Sämling)

Royal National Rose Society Trial Ground Certificate 1960

'Disco Dancer'

D

'Die Welt'

## 'DOCTOR DICK' COCbaden

Syn. 'Dr Dick'
TEEHYBRIDE, ORANGEROSA, ÖFTERBLÜHEND

Die besonders großen, korallorangefarbenen Blüten sind mit 40 Petalen dicht gefüllt und duften schwach. Sie erscheinen unermüdlich die ganze Saison. Die aufrechte Pflanze mit mattgrünem Laub eignet sich aber auch sehr gut für Beete. Sie wurde nach einem bekannten schottischen Chirurgen und begeisterten Rosenfreund benannt. **ZONEN 4–9.**

Cocker, Großbritannien, 1986

'Duftwolke' × 'Corso'

Belfast Certificate of Merit 1987

D

## 'DR. ECKENER'

STRAUCHROSE, RUGOSA-HYBRIDE, ROSA+, ÖFTERBLÜHEND

'Dr. Eckener' ist ein hoher, wuchsfreudiger Strauch mit großen, derben Blättern, die denen der *Rosa rugosa* ähneln, und ist mit großen Stacheln besetzt. Die gelben Blüten sind kupfrig überhaucht und verblassen zu zartem Rosa. Die großen, becherförmigen, halbgefüllten Blüten bedecken die Pflanze vom Sommer bis in den Herbst hinein. 1924 überquerte der deutsche Luftfahrtpionier Dr. Hugo Eckener, ein Mitarbeiter Graf Zeppelins, erstmals mit einem „Zeppelin" den Atlantik. **ZONEN 4–11.**

Berger, Deutschland, 1930

'Golden Emblem' × unbekannte Rugosa-Hybride

## 'DR EDWARD DEACON'

TEEHYBRIDE, ORANGE+, ÖFTERBLÜHEND

Die gefüllten, rundlichen, lachsorange- bis garnelenrosafarbenen Blüten dieser ersten kupferlachsfarbenen Edelrose duften stark und zieren einen mittelhohen, wuchsfreudigen Busch mit dichtem Laub, das etwas anfällig für Mehltau ist. Diese Teehybride wird auch heute noch gerne in Beete gepflanzt. **ZONEN 5–11.**

Morse, Großbritannien, 1926

'Mme Edouard Herriot' × 'Gladys Holland'

'Dr Edward Deacon'

'Dr Harry Upshall'

'Dr Huey'

'Dr Jackson'

## 'DOCTOR GRILL'

ALTE R., TEEROSE, ORANGEROSA, ETWAS NACHBLÜHEND

Diese Rose zeigt einen Fülle auffallender Farben, wenn die spitzen Knospen sich zu rosafarbenen, leicht geviertelten Blüten mit verschiedenen Kupferschattierungen öffnen. Die Blüten erscheinen zahlreich während einer sehr langen Blütezeit und sind auch in der Vase sehr haltbar. Die etwa 1 m hohe, verzweigte Pflanze eignet sich gut für Kübel. Sie benötigt einen warmen, sonnigen Standort mit milden Wintern und war eine gute Mutterpflanze für verschiedene andere Rosen. Ihren Namen erhielt sie zu Ehren eines begeisterten Gärtners. **ZONEN 7–11.**

Bonnaire, Frankreich, 1886

'Ophirie' × 'Souvenir de Victor Hugo'

## 'DR HARRY UPSHALL'

STRAUCHROSE, ROSA+

*Rosa foetida persiana* wurde von Pernet-Ducher eingesetzt, um 'Soleil d'Or' zu züchten. Die daraus entstandenen sogenannten Pernetiana-Rosen, also gelbe Teehybriden, werden zur Zucht aller modernen, leuchtend gelben, kräftig orangefarbenen, strahlend roten und zweifarbigen Rosen verwendet. *Rosa foetida persiana* wurde seitdem wegen ihrer Sterilität selten eingesetzt, wohl aber beispielsweise bei 'Dr Harry Upshall', was diese Rose so interessant macht. Die mittel- großen, duftenden Blüten sind zweifarbig rosa und mit 30–40 Petalen gefüllt. Das kleine, mattglänzende, mittelgrüne Laub bedeckt eine buschige, ausladende Pflanze. **ZONEN 5–11.**

Fleming, USA, 1993

'Liverpool Echo' × *Rosa foetida persiana*

## 'DR HUEY'

Syn. 'Shafter'
GROSSBLUMIGE KLETTERROSE, DUNKELROT

Die extrem starkwüchsige, dunkelfarbige Kletterrose wird bereits sehr früh im Jahr von unzähligen, 5 cm breiten, mit 10–15 Petalen halb gefüllten Blüten bedeckt. Sie erscheinen nur einmal im Jahr, aber sie duften herrlich und sorgen – wenn auch nur sehr kurze Zeit – für großes Aufsehen. 'Dr Huey' wird in warmen Gebieten als Pfropfunterlage eingesetzt und wächst dann dort in vielen Gärten; sie kommt besonders gut zur Geltung, wenn sie z. B. an einem alten Baum emporwächst und ihre Blüten kaskadenartig herabfallen. **ZONEN 4–11.**

Thomas, USA, 1920

'Ethel' × 'Gruß an Teplitz'

Goldmedaille der American Rose Society, Gertrude M. Hubbard Goldmedaille 1924

'Dr John Snow'

## 'DR J. H. NICHOLAS'

GROSSBLUMIGE KLETTERROSE, REIN ROSA, ÖFTERBLÜHEND

Die niedrige Kletterrose mit runden, rosa, dichtgefüllten Blüten, die einzeln und in Büscheln zusammensitzen, hat ihren Duft und die Blütenfarbe von der berühmten Remontantrose 'Georg Arends' geerbt. Das Laub ist dunkel und ledrig, die Blühfreude recht groß. 'Dr J. H. Nicholas' eignet sich sehr gut für Säulen oder Pyramiden und wird in der Regel bis zu 2,5 m hoch.
**ZONEN 5–11.**

Nicholas, USA, 1940

'Charles P. Kilham' × 'Georg Arends'

## 'DR JACKSON' AUSdoctor

STRAUCHROSE, ROT, ÖFTERBLÜHEND

Diese Englische Rose trägt einfache, scharlachrote Blüten mit fünf Petalen, die in der Mitte eine Krone von goldgelben Staubgefäßen zeigen. Sie sitzen einzeln oder in kleinen Büscheln zusammen. Die Rose duftet zwar nicht, ist jedoch sehr blühfreudig. Die mittelhohe Pflanze wächst ausladend, ist mit mittelgrünem Laub bedeckt und schwach bewehrt. Sie ergibt einen geeigneten Strauch für Landschaftsgärten, besonders wenn sie etwas geschnitten wird.
**ZONEN 4–11.**

Austin, Großbritannien, 1987

Eltern unbekannt

## 'DR JOHN SNOW'

TEEHYBRIDE, WEISS, ÖFTERBLÜHEND

Bei dem Namen 'Dr John Snow' ist es nicht sehr verwunderlich, daß diese Sorte weiße Blüten trägt. (Das englische Wort *snow* bedeutet „Schnee".) Die cremefarbenen, mit 40 Petalen gefüllten Blüten duften angenehm und sind sehr

'Dr W. Van Fleet'

haltbar. Das Laub dieser sehr blühfreudigen Teehybride ist hellgrün und sehr krankheitsfest. **ZONEN 5–11.**

Gandy, Großbritannien, 1979

'Helen Traubel' × Sämling

## 'DR McALPINE' PEAfirst

Syn. 'Seafirst'

FLORIBUNDA, DUNKELROSA, ÖFTERBLÜHEND

Diese niedrige, buschige Rose trägt dunkelrosafarbene, mit 30 Petalen gefüllte, formschöne Blüten, die in kleinen Büscheln sitzen, besonders intensiv duften und unermüdlich blühen. Das dunkle Laub setzt sich sehr schön von den Blüten ab und ist recht gesund. **ZONEN 5–11.**

Pearce, Großbritannien, 1983

Eltern unbekannt

## 'DR. R. MAAG'

siehe 'Colorama'

## 'DR SCHIWAGO'

siehe 'Wendy Cussions'

## 'DR W. VAN FLEET'

GROSSBLUMIGE KLETTERROSE, HELLROSA

Diese Rose hat spitze Knospen, die sich zu großen, gefüllten, locker krausen Blüten mit schönen Staubgefäßen entfalten. Sie sind zartrosa, werden später fast weiß und duften. Die wuchsfreudige Kletterrose erreicht eine Höhe von über 6 m und trägt robustes, glänzend dunkelgrünes Laub, das an der vollerblühten Pflanze sehr gut aussieht. **ZONEN 4–11.**

'Dr McAlpine'

Van Fleet, USA, 1910

(*Rosa wichuraiana* × 'Safrano') × 'Souvenir du Président Carnot'

## 'DOLCE VITA' DELdal

Syn. 'Niagara Pride'

TEEHYBRIDE, ORANGEROSA, ÖFTERBLÜHEND

'Dolce Vita' bildet sehr große, lachsfarbene, mit 35 Petalen gefüllte, hochgebaute Blüten, die vom Juni bis zum Herbst erscheinen und nur schwach duften. Diese gute Ausstellungsrose ist wuchsfreudig und besitzt eine aufrechte Gestalt. **ZONEN 5–9.**

'Dolce Vita'

Delbard, Frankreich, 1971

'Voeux de Bonheur' × ('Chic Parisien' × ('Michèle Meilland' × 'Mme Joseph Perraud')

## 'DOLLY'

Syn. 'Springs 75'

FLORIBUNDA, ORANGEROSA, ÖFTERBLÜHEND

Diese sehr üppig blühende Sorte trägt Büschel mit 3–5 dunkelrosafarbenen, mittelgroßen Blüten, die mit 20 Petalen halb gefüllt sind. Sie erscheinen ohne Unterbrechung den ganzen Sommer und Herbst hindurch, duften aber nur ganz schwach. Das dunkle, glänzende Laub schmückt eine buschige Pflanze, die sich sehr gut für Beete, aber auch als Hochstammrose eignet. **ZONEN 4–9.**

Poulsen, Dänemark, 1975

('Nordia' × 'Queen Elizabeth') × (Sämling × 'Mischief')

Baden-Baden Goldmedaille 1973, ADR-Rose 1987

'Dolly Parton'

'Don Marshall'

## 'DOLLY PARTON'

TEEHYBRIDE, ORANGEROT, ÖFTERBLÜHEND

Diese Rose bildet große, leuchtend orangerote, mit 35 Petalen gefüllte Blüten, die den ganzen Sommer und Herbst erscheinen und sehr stark duften. Die mittelhohe, aufrechte Pflanze trägt mattglänzend grünes Laub. **ZONEN 4–9.**

Winchel, USA, 1984

'Duftwolke'' × 'Oklahoma'

## 'DOMSTADT FULDA' KORtanken

**Syn. 'Domstadt Fuida', 'Cathedral City'**

FLORIBUNDA, DUNKELROT, ÖFTERBLÜHEND

Der Busch fällt mit seinen zahlreichen dunkelroten Blütenbüscheln ins Auge, die einen schönen Kontrast zum glänzenden, dunklen, ledrigen Laub bilden. Die urnenförmig bis spitzen, gefüllten Blüten haben eine sehr schöne Form und blühen den ganzen Sommer hindurch. **ZONEN 4–9.**

Kordes, Deutschland, 1994

Eltern unbekannt

## 'DON JUAN'

GROSSBLUMIGE KLETTERROSE, DUNKELROT, ÖFTERBLÜHEND

Die großen, mit 35 Petalen gut gefüllten Blüten dieser Kletterrose sind samtig rot und erscheinen unermüdlich bis in den Herbst. Sie haben einen sehr intensiven Duft. 'Don Juan' wird mäßig hoch und ist dicht bedeckt mit glänzend dunkelgrünem, ledrigem Laub. **ZONEN 4–9.**

Malandrone, USA, 1958

Sämling von 'New Dawn' × 'New Yorker'

## 'DON MARSHALL' MORblack

ZWERGROSE, DUNKELROT, ÖFTERBLÜHEND

Die roten, mit 35 Petalen gefüllten Blüten sind unterseits rot-schwärzlich getönt, besitzen die typische Edelrosenform und duften schwach. Kleine, mattdunkelgrüne Blätter bedecken eine ausladend wachsende Zwergrose. Leider werden die Blüten in heißen Gegenden leicht versengt, während sie in kaltem Klima oft Mumien bilden; darüber hinaus ist die Pflanze recht anfällig für Mehltau. **ZONEN 4–10.**

Moore, USA, 1982

'Baccará' × 'Little Chief'

## 'DONALD PRIOR'

TEEHYBRIDE, ROT, ÖFTERBLÜHEND

Die Teehybride hat leuchtend scharlachrote, karminrot überhauchte, halbgefüllte Blüten mit schwachem Duft. Die großen Blütenbüschel sind sehr auffällig und erscheinen den ganzen Sommer und Herbst. Die mittelhohe Beetrose hat eine buschige Gestalt und trägt dunkles, ledriges, recht gesundes Laub. **ZONEN 4–9.**

'Donau'

'Domstadt Fulda'

Prior, Großbritannien, 1938

Sämling × 'D. T. Poulsen'

National Rose Society Certificate of Merit 1936

## 'DONAU'

GROSSBLUMIGE KLETTERROSE, MAUVE

Die halbgefüllten, mauvefarbenen Blüten öffnen sich schalenförmig, sitzen in kleinen Büscheln zusammen und blühen im Sommer. Die Blumen sind in der Mitte fast weiß und zeigen einige kleine Staubgefäße. Mit ihrem hübschen, glänzend grünen Laub, das auch ohne Flor attraktiv ist, eignet sich die Kletterrose sehr gut für Mauern, Pergolen und Säulen. **ZONEN 4–9.**

Praskac, Österreich-Ungarn, 1913

Eltern unbekannt

## 'DONAUWALZER'

siehe 'Conqueror's Gold'

## 'DONCASTERI'

**Syn. *Rosa macrophylla doncasterii***

STRAUCHROSE, DUNKELROSA

'Doncasteri' bringt einfache, dunkelrosafarbene Blüten mit fünf Petalen hervor, die im Herbst große, flaschenförmige Hagebutten bilden. Das Laub ist purpurgrün und bedeckt pflaumenfarbene Stiele einer großen Pflanze mit überhängenden Trieben. Der Strauch eignet sich für große Rabatten, aber auch als Einzelpflanze. Die Vermehrung erfolgt durch Okulation oder Stecklinge. **ZONEN 4–9.**

Hurst, Großbritannien, 1930

Sämling von *Rosa macrophylla*

## 'DONNA MARIE'

**Syn. 'Donna Maria'**

ALTE R., SEMPERVIRENS-HYBRIDE, WEISS

Erstaunlicherweise wurde die immergrüne Wildrose *Rosa sempervirens* trotz ihrer Robustheit und Wuchsfreudigkeit nur selten für Kreuzungen eingesetzt. Die Hybride 'Donna Marie' besitzt rein weiße, dichtgefüllte Blüten, die am Grund gelblich gefärbt sind. Die Blüten erscheinen in zahlreichen Büscheln auf bis zu 2 m langen, kaum bewehrten Trieben. Nach dem Juniflor kommt es nur gelegentlich zu einer Nachblüte. Das hellgrüne Laub und der niedrige Wuchs machen diese Sorte zur idealen Pflanze für kleinere Gärten. **ZONEN 4–11.**

Vibert, Frankreich, 1830

Hybride von *Rosa sempervirens*

## 'DORIS DOWNES'

GROSSBLUMIGE KLETTERROSE, ROSA+

Diese wuchsfreudige Kletterrose hat recht große, halbgefüllte, becherförmige, rosafarbene Blüten, die rot überhaucht sind. Sie duften sehr stark und erschei-

'Donald Prior'

Don Juan'

'Dorothy Dennison'

'Dorothy Dennison'

nen vom Juni bis zum Frühsommer. Die Pflanze trägt robustes Laub und kommt am besten an einer Mauer oder Pergola zur Geltung. **ZONEN 6–10.**

Clark, Australien, 1932

Eltern unbekannt

## 'DORIS TYSTERMAN'

**Syn. 'Doris Tijsterman'**
TEEHYBRIDE, ORANGE+, ÖFTERBLÜHEND

Dieser Busch trägt große, gefüllte mandarinfarbene bis goldgelbe, mit 30 Petalen gefüllte Blüten. Sie erscheinen den ganzen Sommer und Herbst und duften nur schwach. Die Pflanze ist von aufrechter Gestalt, hat robustes, glänzendes Laub und eignet sich hervorragend für Beete. **ZONEN 4–9.**

Wisbech Plant Co, Großbritannien, 1975

'Peer Gynt' × Sämling

## 'DORNRÖSCHEN' HACicularis

**Syn. 'Sleeping Beauty'**
STRAUCHROSE, ROSA+, ÖFTERBLÜHEND

Wohlgeformte Blüten in Lachs bis Dunkelrosa mit gelben Petalenrückseiten bedecken diesen Strauch von Sommer bis zum Herbst. Sie sind gefüllt, duften und sitzen in großen Büscheln zusammen. Die Rose macht sich als Einzelpflanze oder in kleinen Gruppen auf Rabatten besonders gut. Die Elternsorte 'Pikes Peak' ist eine Acicularis-Hybride. **ZONEN 4–9.**

Kordes, Deutschland, 1960

'Pikes Peak' × 'Ballet'

## 'DOROLA' MACshana

**Syn. 'Benson & Hedges Special', 'Parkay'**
ZWERGROSE, GOLDGELB, ÖFTERBLÜHEND

Goldgelbe Blüten, mit 25 Petalen halb gefüllt, schmücken diesen wuchsfreudigen Busch. Er wächst wie eine Floribundarose mit zahlreichen Büscheln voller Blüten, die sogar unter heißer Sonne nicht verblassen. Sobald sich die Blüten öffnen, verströmen sie einen intensiven Duft. Das Laub ist mattglänzend und mittelgrün. Der Busch benötigt nur ein Minimum an Pflege und ist recht krankheitsfest. **ZONEN 4–11.**

McGredy, Neuseeland, 1982

'Minuetto' × 'Mabella'

Royal National Rose Society Certificate of Merit 1980

'Doris Tysterman'

## 'DOROTHY DENNISON'

RAMBLERROSE, HELLROSA

Als 'Dorothy Perkins' im Jahre 1901 in den USA eingeführt wurde, sorgte sie für großes Aufsehen, und die Rosenliebhaber erwarteten weitere Sorten in gleicher Qualität. So dauerte es nicht lange, und zahlreiche Sports kamen auf den Markt; 'White Dorothy' und 'Lady Godiva' waren die erfolgreichsten unter ihnen. 'Dorothy Dennison' mit ihren hellrosafarbenen Blüten konnte leider nicht mit den anderen Rosen mithalten und ist heute fast verschwunden. **ZONEN 4–11.**

Dennison, USA, 1909

Sport von 'Dorothy Perkins'

'Dorothy Perkins'

'Dorothy Perkins'

## 'DOROTHY PEACH'

TEEHYBRIDE, GELB+, ÖFTERBLÜHEND

'Dorothy Peach' bringt große, mit 35 Petalen gefüllte Blüten in einem Goldgelb hervor, das rosa überhaucht ist. Sie erscheinen unermüdlich den ganzen Sommer und Herbst. Die Blüten sind hochgebaut, wohlgeformt und haben einen angenehmen Duft. Die wuchsfreudige, buschige Sorte trägt dunkles, glänzendes Laub und eignet sich gut für Beete. **ZONEN 4–9.**

Robinson, Großbritannien, 1957

'Lydia' × 'Gloria Dei'

Goldmedaille der National Rose Society 1959

## 'DOROTHY PERKINS'

RAMBLERROSE, HELLROSA

Diese Rose war gleich vom ersten Moment an sehr beliebt, zumal sie in den meisten Klimazonen gut gedeiht. Relativ spät im Sommer trägt 'Dorothy Perkins' etwa einen Monat lang zahlreiche rosa Blüten. Diese sind klein, duften, haben krause Petalen und sitzen in großen Blütenbüscheln auf dem Strauch; dessen glänzend dunkelgrünes Laub hebt die Schönheit der Blüten zusätzlich hervor. Die biegsamen Triebe sind mit hakenförmig gebogenen Stacheln besetzt und können leicht gezogen werden. Die Rose wurde nach der Enkelin des Gründers der Rosenschule *Jackson & Perkins* benannt. Da dieser Rambler sehr anfällig für Mehltau ist, kreierte der deutsche Züchter Hetzel die mehltaufreie Hybride 'Super Dorothy', die sehr ähnlich blüht. **ZONEN 4–11.**

Miller, USA, 1901

'Madame Gabriel Luizet' × *Rosa wichuraiana*

'Doris Downes'

'Dorothy Peach'

'Dorola'

## 'DOROTHY WHEATCROFT'

TEEHYBRIDE, ROT, ÖFTERBLÜHEND

Diese fast öfterblühende Strauchrose eignet sich für Rabatten, aber auch als dekorative Einzelpflanze. Sie hat rote, mit knapp 20 Petalen halb gefüllte, dunkel schattierte Blüten und duftet nur ganz schwach. 'Dorothy Wheatcroft' ist eine kräftige, aufrecht wachsende Pflanze mit leuchtend grünem Laub. **ZONEN 4–9.**

Tantau, Deutschland, 1960

Eltern unbekannt

Goldmedaille der National Rose Society 1960

## 'DORTMUND'

GROSSBLUMIGE KLETTERROSE, ROT, ÖFTERBLÜHEND

Die großen, einfachen, offenen Blüten haben 5–8 Petalen und sind scharlachrot mit weißem Auge (das auf der Abbildung fehlt). Sie duften kaum und sitzen in Büscheln zusammen. Vom Juni bis zum Herbst erscheinen sie unermüdlich an einer wuchsfreudigen Pflanze mit glänzend dunkelgrünem Laub, das gewellt und deutlich gesägt ist. Die Wuchsgestalt ist steif aufrecht, aber die Pflanze benötigt einen Schnitt, um als Strauch kultiviert zu werden. Verblühtes muß regelmäßig entfernt werden. Benannt wurde sie nach der nordrheinwestfälischen Großstadt, in deren Westfalenpark sich das Deutsche Rosarium befindet.
**ZONEN 4–9.**

Kordes, Deutschland, 1955

Sämling × *Rosa kordesii*

ADR-Rose 1954, Portland Goldmedaille 1971

## 'DOUBLE CHARM' HARango

Syn. 'G. P. & J. Baker'

FLORIBUNDA, GELB+, ÖFTERBLÜHEND

Die dekorativen Blüten sind sehr dicht gefüllt und duften nicht. Ihre Farbe ist eine Mischung aus Rot, Orange und Gelb. Die 80 Petalen sind so eng gepackt, daß sie sich kräuseln und etwas wirr oder unförmig wirken; sie sitzen in großen Büscheln zusammen und zieren einen niedrigen, stämmigen Busch, der von dichtem, glänzend dunkelgrünem, gesundem Laub bedeckt wird.
**ZONEN 5–11.**

Harkness, Großbritannien, 1984

'Bobby Dazzler' × (Sämling × 'Marion Harkness')

'Dorothy Wheatcroft'

'Double Joy'

'Double Delight'

'Dortmund'

## 'DOUBLE DELIGHT' ANDeli

TEEHYBRIDE, ROT+, ÖFTERBLÜHEND

Diese besonders buschige Sorte bringt große, gefüllte, hochgebaute Blüten hervor, die einzigartig und recht populär sind. Sie sind zunächst cremeweiß, später erdbeerrot und verströmen einen stark würzigen Duft. Diese exzellente Beetrose blüht vom Frühling bis zum Herbst, ist aber leider recht anfällig für Krankheiten. 'Double Delight' besitzt eine aufrechte und ausladende Gestalt. Die Blüten von **'Climbing Double Delight'** (AROclidd; Syn. 'Grimpant Double Delight'; Christensen, USA, 1982) haben die gleiche Farbe wie die buschige Sorte, erscheinen aber nur im Sommer. Sie gedeiht sehr gut an Mauern.
**ZONEN 4–9.**

Swim und Ellis, USA, 1977

'Granada' × 'Garden Party'

Baden-Baden Goldmedaille 1976, Rom Goldmedaille 1976, All-American Rose Selection 1977, Belfast Duftpreis 1980, James Alexander Gamble-Duftmedaille 1986

## 'DOUBLE JOY'

ZWERGROSE, ORANGEROSA, ÖFTERBLÜHEND

Diese Rose hat elegante, lange, spitze Knospen, die sich zu duftenden, gefüllten, rosafarbenen Blüten entfalten. Ihre Farbe ist sogar in den heißesten Lagen beständig. Die Blätter sind klein und haben eine matte, dekorative Struktur. Üppige Büschel mit 5–12 Blüten zieren einen pflegeleichten und kaum krankheitsanfälligen Busch, sind aber auch ein Kleinod für jeden Garten. **ZONEN 5–11.**

Moore, USA, 1979

'Little Darling' × 'New Penny'

'Double Delight'

'Double Charm'

'Douceur Normande'

## 'DOUBLE TREAT' MORtreat

ZWERGROSE, GELB+, ÖFTERBLÜHEND

Diese Blüten sind gefüllt und weisen eine prachtvolle Farbkombination auf – leuchtend rot mit orangegelben Streifen. Sie sitzen meist zu 3–5 Einzelblüten in kleinen Büscheln zusammen und duften schwach. Kleine, mittelgrüne, mattglänzende Blätter bedecken einen mittelhohen Busch, der aufrecht, verzweigt, jedoch nicht sehr wuchsfreudig ist. Die Blühfreudigkeit ist nicht groß, aber ihre sehr interessante Farbe und ihre bemoosten Knospen sehen doch entzückend aus. Leider kann die Farbe rasch zu einem stumpfen Gelb verblassen.
**ZONEN 5–11.**

Moore, USA, 1986

('Arizona' × ['Fairy Moss' × 'Fairy Moss']) × ('Little Darling' × 'Ferdinand Pichard')

## 'DOUBLE WHITE'

**Syn. 'Double White Burnet', 'Elegans', *Rosa spinosissima***

ALTE R., PIMPINELLIFOLIA-ROSE, WEISS

Mit der Bezeichnung dieser Pimpinellifolia-Rose gibt es einige Probleme, da ihr Name auch für die Beschreibung von anderen Pflanzen, besonders von 'Alba Maxima', verwendet wird. Die gefüllten, manchmal auch halbgefüllten, weißen Blüten sind locker becherförmig und verströmen einen Duft, der stark an Maiglöckchen erinnert. Sie erscheinen in Spätfrühling und sind nicht regenfest. Der Busch kann bis 1,2 m hoch werden und bildet schwarzrote Hagebutten. Vermehrt werden kann er gut durch Wurzelschößlinge, und er ist ein guter Bodendecker. 'Double White' sieht, mit schönem Herbstlaub bedeckt, auch als Hecke sehr dekorativ aus.
**ZONEN 4–11.**

Vor 1800

Eltern unbekannt

'Dream'

'Dove'

'Douceur Normande'

## 'DOUCEUR NORMANDE'

MEIpopul

**Syn. 'Stadt Hildesheim', 'Coral Meidiland', 'Goose Fair', 'Sandton City'**

STRAUCHROSE, REIN ROSA, ÖFTERBLÜHEND

Diese im Landschaftsgartenbau verwendete Rose wird gerne für Kreuzungen verwendet, um neue winterharte Sorten zu züchten. Sie ist sehr wuchsfreudig und kann 2 × 4 m groß werden. 'Douceur Normande' bildet eine dichte, stachelige Schutzhecke, die sich – entlang von Mittelstreifen von Autostraßen sowie an Böschungen gepflanzt – als sehr nützlich erweist. Die einfachen Blüten sind korall- rosa und erscheinen in Büscheln. Die recht gesunde Pflanze bringt sehr lange Zeit immer wieder Blüten hervor, und es werden auch Hagebutten gebildet. Sie ist besonders im Frühling ein wunderbarer Anblick und bleibt es ebenfalls bis weit in den Herbst hinein. Wächst sie einmal sehr hoch, so kann sie im Winter zurückgeschnitten werden. Die Rose blüht dann trotzdem im Frühling sehr üppig. **ZONEN 4–9.**

Meilland, Frankreich, 1993

Hybride von *Rosa wichuraiana*

## 'DOVE' AUSdove

**Syn. 'Dovedale'**

STRAUCHROSE, HELLROSA, ÖFTERBLÜHEND

'Dove' ist eine entzückende kleine, sogenannte Englische Rose mit ganz hellrosafarbenen Blüten, die einen niedrigen, stämmigen Busch zieren. Sie duften schwach und sind als Knospen auffallend anmutig. Sie entfalten sich zu großen Blüten von 10 cm Durchmesser, die aus 40 Petalen bestehen. Die Blühfreudigkeit ist sehr groß, und die Blüten erscheinen auf dünnen, festen Stielen nahezu ohne Unterbrechung. Durch ihre ausladende Gestalt ist sie eine ausgezeichnete Beetpflanze, sie läßt sich aber auch als Hochstamm kultivieren. Die kleinen, robusten Blätter sind mattglänzend, dunkelgrün und bilden einen herrlichen Hintergrund für die zarten Blüten, die sogar in extremer Hitze für ein herrliches Schauspiel sorgen. **ZONEN 4–9.**

Austin, Großbritannien, 1984

'Wife of Bath' × Sämling von 'Schneewittchen'

## 'DREAM'

TEEHYBRIDE, HELLROSA, ÖFTERBLÜHEND

Diese Kordes-Rose wird weltweit im Gewächshaus für den Blütenhandel kultiviert. Die Knospen öffnen sich sehr langsam und zeigen zarteste Rosatöne, die hellapricot- und lachsfarben überhaucht sind. Die mittelgroßen Blüten mit zahlreichen Petalen sind als Schnittblumen außergewöhnlich haltbar und erscheinen überaus üppig. Das glänzend dunkelgrüne Laub ist sehr krankheitsfest. Zahlreiche sehr gute Sports stammen von dieser Teehybride ab. **ZONEN 5–11.**

Kordes, Deutschland, 1979

Eltern unbekannt

## 'DREAM GIRL'

**Syn. 'Dreamgirl'**

GROSSBLUMIGE KLETTERROSE, ROSA+, ÖFTERBLÜHEND

Diese Sorte hat lachsrosafarbene Blüten, die mit Apricot überzogen sind. Sie sind bis zu 10 cm groß, mit etwa 60 Petalen dicht gefüllt und duften sehr intensiv. Die Blüten erscheinen sehr häufig an einer etwa 3 m hohen Pflanze, die glänzend grünes Laub trägt. 'Dream Girl' eignet sich für Pyramiden oder Säulen. Da es nicht viele Kletterrosen in dieser Farbkombination gibt, stellt sie eine gute Ergänzung für den Garten dar. Leider ist sie außerhalb der USA kaum bekannt. **ZONEN 4–11.**

Jacobus, USA, 1944

'Dr W. Van Fleet' × 'Senora Gari'

Royal Horticultural Society Award of Garden Merit 1993

'Dream Time'

## 'DREAM LOVER' RENlover

ZWERGROSE, HELLROSA, ÖFTERBLÜHEND

Die gefüllten, hellrosafarbenen Blüten von 'Dream Lover' sind mit 25–40 Petalen gefüllt und bei einem Durchmesser von 3,5 cm mittelgroß. Sie erscheinen fast ohne Unterbrechung meist einzeln auf den Stielen und verströmen einen schwachen Himbeerduft. Das glänzend mittelgrüne Laub ist gesund und bedeckt eine aufrechte Pflanze mit buschiger Gestalt. **ZONEN 5–10.**

Rennie, Kanada, 1995

'Pink Sheri' × 'Innocent Blush'

## 'DREAM TIME'

**Syn. 'Dreamtime'**

TEEHYBRIDE, REIN ROSA, ÖFTERBLÜHEND

'Dream Time' hat zwei wohlgeformte Elternsorten und trägt rosafarbene, bis zu 13 cm große Blüten, die mit 40 Petalen gefüllt. Sie sind klassisch hochgebaut, und ihr Duft ist sehr intensiv. Das herrliche dunkelgrüne Laub und den kräftigen Wuchs von 'Primaballerina' hat diese Beetrose leider nicht geerbt. Sie ist nur mäßig wuchsfreudig und trägt hellgrünes Laub. **ZONEN 5–11.**

Bees, Großbritannien, 1977

'Kordes' Perfecta' × 'Primaballerina'

## 'DREAMER' SAVadream

ZWERGROSE, REIN ROSA, ÖFTERBLÜHEND

Spitze, ovale Knospen öffnen sich zu rosafarbenen, becherförmigen, mit 20 Petalen gefüllten Blüten. Diese sitzen einzeln oder zu 3–5 in kleinen Büscheln zusammen, duften aber nicht. Das Laub ist mattglänzend dunkelgrün und bedeckt einen aufrechten, kompakten, runden Busch. Die Pflanze scheint ununterbrochen in Blüte zu stehen und ist sehr wuchsfreudig. Die schön gefärbten Blüten haben Ausstellungsqualität, öffnen sich bei heißem Wetter jedoch viel zu schnell. Besäße diese Rose nur 6–10 Petalen pro Blüte mehr, dann wäre sie ein Knüller! 'Dreamer' eignet sich sehr gut für Topfkulturen, sie kann manchmal anfällig für Mehltau sein. **ZONEN 4–11.**

Saville, USA, 1992

'Baby Katie' × 'Shocking Blue'

## 'DREAMGLO'

ZWERGROSE, ROT+, ÖFTERBLÜHEND

Die Blüten von 'Dreamglo', die sich aus langen, spitzen Knospen entfalten, sind silbrig-weiß und johannisbeerrot umrandet – eine Farbe, die später dominiert. Sie haben fast 50 Petalen, die eine klassische Edelrosenform bilden, duften aber nur schwach. Die Blüten sind sehr klein mit einem Durchmesser von unter 2,5 cm und werden von ebenfalls kleinen, dunkelgrünen Blättern umrahmt. Die Farbe der Blüten wirkt sehr anziehend und sorgt sowohl im Garten als auch bei Ausstellungen für Aufmerksamkeit. Aufgrund der großen Zahl an Blütenblättern können die Blüten sogar an heißen Tagen ihre Form lange bewahren. **ZONEN 4–11.**

Williams, USA, 1978

'Little Darling' × 'Little Chief'

## 'DREAMING PARADE'

ZWERGROSE, LACHSROSA, ÖFTERBLÜHEND

Poulsens Rosenschule in Dänemark hat eine Reihe mit zwölf Zwergrosen entwikkelt, deren Bezeichnungen den Namensteil „Parade" enthalten. Man nannte die Serie „Rosa Nova", um sie von ähnlichen Rosen anderer Züchter zu unterscheiden, wie auch Meilland in Frankreich seine Miniaturrosen 'Meillandina' oder 'Sunblaze' nannte. Die Vertreter dieser „Rosa Nova-Reihe" sind sehr niedrig, buschig und eignen sich für Topfkulturen. Die winzigen, schalenförmigen lachsrosa Blüten entfalten sich aus wohl-

'Dreaming Parade'

'Dreamglo'

'Dresden'

'Dresden Doll'

'Drummer Boy'

'Duc de Fitzjames'

geformten Knospen und sind mit über 25 Petalen gefüllt. Sie erscheinen unermüdlich einzeln oder in kleinen Büscheln und halten lange an der Pflanze. **ZONEN 4–9.**

Poulsen, Dänemark, 1992

Eltern unbekannt

## 'DREAMING SPIRES'

GROSSBLUMIGE KLETTERROSE, GOLDGELB, ÖFTERBLÜHEND

Bei zwei sehr gelben Elternsorten, von denen eine auch noch so wuchskräftig ist, so daß sie fast als Kletterrose gelten könnte, verwundert es kaum, daß 'Dreaming Spires' eine echte Kletterrose mit großen goldgelben Blüten ist. Sie duften sehr intensiv, sind wohlgeformt und mit gut 25 Petalen gefüllt. Die 8 cm großen Blüten erscheinen unermüdlich vor dem dunkelgrünen Laub, das einen guten Kontrast bildet. Die von Kirchtürmen (engl. *spires*) geprägte romantische Silhouette der nahegelegenen Universitätsstadt Oxford inspirierte John Mattock bei der Benennung dieser Rose. **ZONEN 4–11.**

Mattock, Großbritannien, 1973

'Buccaneer' × 'Arthur Bell'

Belfast Goldmedaille 1977

## 'DRESDEN'

**Syn. 'Mathé Altéry'**

TEEHYBRIDE, WEISS, ÖFTERBLÜHEND

Ovale Knospen öffnen sich zu 13 cm großen, hochgebauten, wohlgeformten und mit 60 hellrosa Petalen gefüllten Blüten, die intensiv duften, aufgrund der Vielzahl der Blütenblätter bei kühlem, feuchtem Wetter jedoch leicht Mumien bilden. Im Hochsommer entwickeln sich die Blumen allerdings herrlich, während die Blüten vieler anderer Sorten gerade dann durch die Sonnenglut versengt werden. 'Dresden' ist eine extrem wuchsfreudige, aufrechte Pflanze mit gesundem, ledrig dunkelgrünem Laub. **ZONEN 5–11.**

Robichon, Frankreich, 1961

'Ophelia' × 'Catherine Kordes'

## 'DRESDEN DOLL'

ZWERGROSE, HELLROSA, ÖFTERBLÜHEND

Die becherförmigen, kleinen, mit nur 18 Petalen halb gefüllten Blüten sind von einem zarten, aber herrlich verschwaschenem Rosa und duften mäßig intensiv. Voll entfaltet sind dann die äußerst dekorativen goldgelben Staubgefäße sichtbar. Der kompakte Busch trägt zahlreiche Blütenbüschel, die zwar sehr schön geformt, aber für eine Zwergrose zu groß sind. 'Dresden Doll' gehört zur zweiten Generation öfterblühender Miniatur-Moosrosen, die von 'Fairy Moss' abstammt. **ZONEN 4–11.**

Moore, USA, 1975

'Fairy Moss' × Moosrosen-Sämling

'Duc de Cambridge'

## 'DRUMMER BOY' HARvacity

FLORIBUNDA, DUNKELROT, ÖFTERBLÜHEND

Da im Stammbaum von 'Drummer Boy' drei niedrige Sorten auftauchen, ist es nicht verwunderlich, daß sie ebenfalls niedrig wächst. Die mit 15 Petalen halb gefüllten, becherförmigen Blüten haben eine lebhafte, kräftige scharlachrote Farbe. Sie sitzen in kleinen Büscheln zusammen und verströmen einen würzigen Duft. Wird Verblühtes nicht entfernt, entwickeln sich kleine, ovale grünliche Hagebutten, die einen schönen Kontrast zu den Blumen der Nachblüte bilden. Der Busch trägt mittelgrünes, mattglänzendes Laub, purpurrote Stacheln und kommt in großen Gruppen gepflanzt noch am besten zur Geltung. **ZONEN 5–11.**

Harkness, Großbritannien, 1987

('Wee Man' × ['Southampton' × 'Minuetto']) × 'Red Sprite'

Dublin Certificate of Merit 1986, Royal National Rose Society Trial Ground Certificate 1987, Baden ÖRP 1990, Glasgow Silbermedaille 1990

## 'DUBLIN BAY' MACdub

GROSSBLUMIGE KLETTERROSE, ROT, ÖFTERBLÜHEND

In einigen Teilen der Welt, wie z. B. Australien und Neuseeland, gilt 'Dublin Bay' als eine der besten Kletterrosen, die heute erhältlich sind. Sie besitzt ovale Knospen, die sich zu wohlgeformten, intensiv leuchtend roten, duftenden Blüten entfalten, die einzeln oder in Büscheln erscheinen. Die Blühfreudigkeit dieser Rose ist bemerkenswert: Kaum beginnen die ersten Blüten zu verblühen, so erscheinen schon die nächsten. 'Dublin Bay' trägt glänzend dunkelgrünes, gesundes Laub. **ZONEN 4–11.**

McGredy, Neuseeland, 1975

'Bantry Bay' × 'Altissimo'

Royal Horticultural Society Award of Garden Merit 1993

## 'DUC DE CAMBRIDGE'

**Syn. 'Duchesse de Cambridge'**

ALTE R., DAMASZENERROSE, MAUVE

Obwohl die bewehrten Triebe dieser Sorte ein wenig bedrohlich wirken, sind ihre Blüten doch sehr eindrucksvoll, wenn sie erscheinen. Die Damaszenerrose besitzt dunkelpurpurfarbene Petalen, die dichtgefüllte, große Blüten formen. 'Duc de Cambridge' ist wahrscheinlich die dunkelste Damaszenerrose überhaupt. Der Busch hat eine ausladende Gestalt und kann bis zu 1,8 m hoch werden, wenn er nicht geschnitten wird. Schneidet man nach dem Sommerflor, so entwickelt sich die Rose im Folgejahr besser. Das dunkle Laub ist im Austrieb rötlich. **ZONEN 4–11.**

Vor 1848

Eltern unbekannt

## 'DUC DE FITZJAMES'

ALTE R., GALLICA-ROSE, DUNKELROT/DUNKELROSA

Die Gallica-Rose wird manchmal auch als Zentifolie eingestuft. Der dichte, wuchsfreudige, aufrechte Strauch ist bewehrt, kann bis zu 1,8 m hoch werden und trägt große, üppig graugrüne Blätter. Die stark duftenden Blüten in leuchtendem, beständigem Dunkelrosa sind auf den Petalenunterseiten heller; sie kommen im Hochsommer in großen Büscheln, sind gefüllt und bis zu 10 cm groß. Sie entfalten sich aus runden Knospen, sind zunächst hochgebaut, im vollständig geöffneten Zustand dann geviertelt und becherförmig mit grünlicher Mitte. Benannt wurde die Rose nach Herzog Edouard de Fitzjames (1776–1836), einem Anhänger des Königshauses der Bourbonen. **ZONEN 4–11.**

Vor 1837

Eltern unbekannt

'Dublin Bay'

'Dreaming Spires'

## 'DUC DE GUICHE'

**Syn. 'Senat Romain', 'Senateur Romain'**
ALTE R., GALLICA-ROSE, MAUVE

Der dichte, ziemlich ausladende Strauch wird etwa 1,2 m hoch und bildet gut verzweigte, dunkelgrüne Triebe. Die üppig grünen Blätter sind rundlich-oval und fast glänzend. Die Blüten entfalten sich aus federartigen Knospen, sind etwa 8 cm breit, dichtgefüllt und schalenförmig mit einem auffallend grünen Auge. Die Blüten sind magentarot bis purpurkarmin mit einem gelegentlichen violetten Hauch, leicht geädert und duften sehr intensiv. Die äußeren Petalen öffnen sich beim Verblühen vollständig, während die inneren bei heißem Wetter sich zu einem dunklen Purpur verändern. Im Frankreich des 19. Jh. stammten viele Diplomaten oder Politiker aus der Familie de Guiche. **ZONEN 4–11.**

**Frankreich, vor 1810**

**Eltern unbekannt**

## 'DUC DE SUSSEX'

ALTE R., DAMASZENERROSE, HELLROSA

Die inneren Petalen der großen, gefüllten, schwach duftenden, cremeweiß-rosa Blüten stehen aufrecht, während sich die äußeren beim Verblühen vollständig öffnen, so daß die Blüten eher zerzaust aussehen. Diese Pflanze wird 1,2 m hoch und ist heute nur noch in einigen Sammlungen wie im Rosarium Sangerhausen zu finden. **ZONEN 4–11.**

**Roseraie de l'Haÿ, Frankreich, 1856**

**Eltern unbekannt**

## 'DUC DE VALMY'

ALTE R., GALLICA-ROSE, MAUVE

Die großen, mit unzähligen Petalen dicht gefüllten, becherförmigen Blüten in hellem Purpur weisen eine sehr interessante Marmorierung auf, die durch die purpurfarbene Äderung entsteht.
**ZONEN 4–11.**

**Eltern unbekannt**

'Duc de Guiche'

D

'Duchess of Portland'

'Duchess of Wellington'

'Duchesse d'Angoulême'

## 'DUCHER'

**Syn. 'Bengale Ducher'**

ALTE R., CHINAROSE, WEISS, ETWAS NACHBLÜHEND

Die weißen, 10 cm großen, schalenförmigen Blüten dieser kniehohen Pflanze erscheinen einzeln oder in Büscheln. Ihre äußeren Petalen sind groß, während sich die kleineren inneren zusammenlegen. Die Blüten sitzen auf kurzen Stielen und neigen die Köpfe. Die schlanken Zweige sind weich und mit zahlreichen langen, roten Stacheln besetzt, die Blätter hellgrün und glänzend. Sie ist eine gute Topfpflanze. Der Franzose Jean-Claude Ducher (1820–1874) war ein hochgeschätzter Züchter in Lyon. **ZONEN 7–11.**

Ducher, Frankreich, 1869

Eltern unbekannt

## 'DUCHESS OF PORTLAND'

**Syn. 'Duchesse de Portland', 'Portland Rose', *Rosa paestana*, *R. portlandica*, 'Scarlet Four Seasons'**

ALTE R., PORTLANDROSE, ROT, ETWAS NACHBLÜHEND

Mit dieser Rose wurde die Klasse der Portlandrosen, auch als „Öfterblühende Damaszenerrosen" bekannt, eingeführt. Die duftenden Blüten erscheinen vom Hochsommer bis zum Spätherbst. Sie sind groß, halbgefüllt und becherförmig; ihre Farbe ist ein dunkles Rosa, das sich manchmal leuchtend scharlachrot verändert, während die gelben Staubgefäße mit auffallenden Staubbeuteln dazu einen schönen Kontrast bilden. Gelegentlich auftretende weiße Streifen weisen auf die Verwandtschaft mit Chinarosen hin. Der niedrige, kompakte Strauch eignet sich gut für Beete, Hecken oder auch für Topfkulturen. Die Pflanze trägt ovale hellgrüne Blätter und zahlreiche hakenförmig gebogene Stacheln. Wird Verblühtes entfernt, behält die Rose ihr attraktives Aussehen. **ZONEN 4–10.**

Vor 1800

Vermutlich eine rote Chinarose ('Slater's Crimson China'?) × 'Quatre Saison' (Syn. *Rosa damascena* 'Semperflorens')

## 'DUCHESS OF WELLINGTON'

TEEHYBRIDE, HELLGELB, ÖFTERBLÜHEND

Lange, elegante Knospen öffnen sich relativ rasch zu zart ledergelben, duftenden Blüten mit etwa 15 Petalen, die dann ihre Staubgefäße zeigen. Die Stiele sind lang und kräftig. Große, ledrige Blätter bedecken eine mäßig wuchsfreudige, buschige Pflanze, die allerdings heute kaum noch im Handel ist. **ZONEN 5–10.**

Dickson, Großbritannien, 1909

Eltern unbekannt

## 'DUCHESS OF YORK'

siehe 'Sunseeker'

'Duchesse d'Auerstädt'

## 'DUCHESSE D'ANGOULÊME'

**Syn. 'Duc d'Angoulême', 'Wax Rose'**

ALTE R., GALLICA-ROSE, HELLROSA

Dieser kleine, überhängende Strauch wird etwa 1 m hoch. Die Triebe sind besonders grün und unverzweigt, das hell- bis mittelgrüne Laub ist von hervorragender Qualität. Die spitzen Knospen sitzen in kleinen Büscheln zusammen und öffnen sich im Hochsommer zu Blüten, die gut halbgefüllt sind und auf sehr schwachen Stielen sitzen. Jede von ihnen hat einen Durchmesser von 9 cm, duftet intensiv und behält die leuchtende, rosarote Farbe, die dann etwas dunkler wird. Manchmal wirken die Blüten wie durchscheinend, was ihnen eine besondere Schönheit verleiht. **ZONEN 5–10.**

Vibert, Frankreich, 1821

Eltern unbekannt

## 'DUCHESSE D'AUERSTÄDT'

**Syn. 'Madame la Duchesse d'Auerstädt'**

ALTE R., NOISETTEROSE, GELB, ETWAS NACHBLÜHEND

Aus dicklichen, spitzen, gelben Knospen öffnen sich zu runden, dichtgefüllten, 12 cm großen Blüten. Die goldgelben Petalen sind geviertelt und die Blütenmitte weist eine Spur von Apricot auf. Die Blüten sitzen einzeln oder zu Dritt auf kräftigen Stielen. Die gesunde Pflanze kann bis zu 6 m hoch werden und gedeiht in der Sonne am besten. Die wuchernden, verzweigten Zweige sind schwach bewehrt und werden von schönen, dunklen, gesägten Blättern mit ledriger Struktur bedeckt. Der Flor dauert von Juni bis zum Herbst. **ZONEN 7–11.**

Bernaix, Frankreich, 1887

Sport von 'Rêve d'Or'

## 'DUCHESSE DE BERRY'

**Syn. 'Duchesse de Berri'**

ALTE R., GALLICA-ROSE, ROSA+

Diese hohe, wuchsfreudige Gallica-Rose hat keine Stacheln. Die fast rosettenförmigen Blüten mit gewellten, rosafarbenen Petalen sind halbgefüllt. Sie sind groß, schalenförmig, fliederrosafarben mit mauvekarminroten Streifen und verströmen einen intensiven Duft. Die Herzogin von Berry war die Frau des jüngsten Sohnes des Grafen von Artois, dem Bruder von Ludwig XVI., welcher 1824 als Karl X. selbst König wurde. Die Herzogin war in zahlreiche Komplotte verwickelt, die ihrem Sohn auf den Thron verhelfen sollten, jedoch fehlschlugen. **ZONEN 4–11.**

Vibert, Frankreich, 1820

Eltern unbekannt

## 'DUCHESSE DE BRABANT'

**Syn. 'Comtesse de Labarthe', 'Comtesse Ouwaroff', 'Countess Bertha', 'The Shell Rose'**

ALTE R., TEEROSE, HELLROSA, ETWAS NACHBLÜHEND

Der wuchsfreudige, ausladende Busch bringt vom Juni bis zum Herbst eine Fülle von Blüten hervor. Diese sind groß, zartrosa, dichtgefüllt, becherförmig und erinnern an Tulpen. Die lieblichen Knospen öffnen sich zu Blüten mit 45 aufrechten Petalen, die lachsrosa überhaucht sind. Der langsam wachsende Busch trägt spitze, hellgrüne Blätter, die im Frühjahr anfällig für Mehltau sind. Er kann eine Höhe bis zu 1,2 m erreichen und kommt am besten zur Geltung, wenn er in Dreiergruppen gepflanzt wird. Der amerikanische Präsident Theodore Roosevelt trug diese Rose stets im Knopfloch, wodurch sie große Popularität erlangte. Sie eignet sich auch sehr gut für die Vase. **'Climbing Duchesse de Brabant'** besitzt alle Eigenschaften ihrer Elternsorte, benötigt aber einen warmen Standort. **ZONEN 5–11.**

Bernède, Frankreich, 1857

Eltern unbekannt

## 'DUCHESSE DE BUCCLEUGH'

ALTE R., GALLICA-ROSE, ROT+

Diese spätblühende Gallica-Rose hat gefüllte, becherförmige, große Blüten, deren Farbe sehr ungewöhnlich ist und je

'Duchesse de Brabant'

'Duchesse de Buccleugh'

'Duftrausch'

nach Wetter, Boden und Licht von Rosa über Lavendel bis zu kräftigem Karminrot variieren kann. Der dunkle Rand verblaßt, und die schalenförmigen, geviertelten Blüten haben ein grünes Auge. Der wuchsfreudige Busch trägt graugrünes Laub, aber kaum Stacheln. **ZONEN 4–10.**

**Vibert, Frankreich, 1837**

**Eltern unbekannt**

## 'DUCHESSE DE CAMBACÉRÈS'

**Syn. 'Madame de Cambacérès'**

**ALTE R., REMONTANTROSE, MAUVE+, ETWAS NACHBLÜHEND**

Vor den dunklen, stark gezähnten Blättern erscheinen die großen, becherförmigen, wohlgeformten, gefüllten Blüten in Fliederrosa; sie stehen gelegentlich in Büscheln, meistens jedoch einzeln. Die inneren Petalen sehen recht unordentlich aus. Sommer- und Herbstflor sind überaus reich, und die Blüten verströmen einen sehr intensiven Duft. Diese wuchsfreudige, aber locker aufgebaute Pflanze hat eine weiche Rinde und zahlreiche leicht hakenförmig gebogene Stacheln. Nach der Blüte werden schmale Hagebutten gebildet. Die früher sehr beliebte Rose kommt heute nur noch in wenigen Rosengärten wie z. B. im Rosarium Sangerhausen vor. **ZONEN 5–11.**

**Fontaine, Frankreich, 1854**

**Eltern unbekannt**

## 'DUCHESSE DE GRAMMONT'

**ALTE R., NOISETTEROSE, WEISS, ETWAS NACHBLÜHEND**

Die kleinen, gefüllten, fleischfarbenen und angenehm duftenden Blüten dieser Noisetterose sitzen in Büscheln auf bis zu 1,8 m langen Trieben und erscheinen in großer Zahl ab Juni bis zum Spätsommer. **ZONEN 7–11.**

**Etwa 1825**

**Eltern unbekannt**

'Duchesse de Montebello'

## 'DUCHESSE DE MONTEBELLO'

**ALTE R., GALLICA-ROSE, ROSA**

Die perlmuttrosa Blüten sind gefüllt, geviertelt, mittelgroß und verströmen einen süßlichen Duft. Sie verblassen in der Sonne zu hellem Fleischrosa, ihre inneren Petalen sind um eine grünes Auge angeordnet. Der kompakte, aufrechte Busch mit graugrünem Laub und langen Zweigen wird 1,5 m hoch. Die Pflanze gedeiht auch auf nährstoffarmen Böden und sollte genug Platz haben, um sich auszubreiten. Ein sensibler Schnitt kann die Form des Busches verschönern. **ZONEN 4–10.**

**Laffay, Frankreich, 1824–25**

**Unbekannte Gallica-Rose × unbekannte Chinarose**

## 'DUCHESSE DE ROHAN'

**Syn. 'Duc de Rohan'**

**ALTE R., REMONTANTROSE, ROSA+**

Diese Rose wird etwa 1,5 m hoch; sie hat eine ziemlich derbe Gestalt und dunkelgrünes, üppiges Laub. Die ersten Blüten, die im Hochsommer erscheinen, sind sehr groß, wenn sie sich vollständig schalenförmig öffnen. Die zahlreichen Petalen sind sehr dicht gepackt. Gelegentlich erfolgt eine Nachblüte. Die stark duftenden Blumen haben einen warmen Rosaton, der beim Verblühen etwas verblaßt. 'Duchesse de Rohan' gedeiht auch noch auf nährstoffarmen Böden und dankt zusätzliche Stallmistgaben mit einer hervorragenden Blüte. **ZONEN 4–11.**

**Frankreich, vor 1848**

**Eltern unbekannt**

## 'DUCHESSE DE VERNEUIL'

**ALTE R., MOOSROSE, ROSA+**

Der aufrechte Strauch, eine der besten

'Duet'

Moosrosen, ist reich verzweigt, kräftig, recht gesund und wird bis zu 1,5 m hoch. Die dicken Triebe sind mäßig bewehrt und dicht bemoost. Die mittelgrünen Blätter sind grob gesägt. Die gefüllten, stark duftenden Blüten entfalten sich im Hochsommer aus dicht bemoosten Knospen und können bis zu 9 cm groß werden. Sie sind leuchtend rosa und erhalten durch den Schimmer der helleren Unterseiten einiger Petalen beim Öffnen einen zarten Glanz.

**ZONEN 4–10.**

**Portemer, Frankreich, 1856**

**Eltern unbekannt**

## 'DUET'

**TEEHYBRIDE, REIN ROSA, ÖFTERBLÜHEND**

'Duet' bringt ovale, wohlgeformte Knospen hervor, die sich zu hochgebauten, bis zu 10 cm großen, gefüllten Blüten entfalten. Diese sind oben hellrosa und dunkelrosa auf der Petalenunterseite. Sie sind mit 30 Petalen gefüllt und erscheinen zu 3–5 Einzelblüten in Büscheln. Die schwach duftenden Blüten bedecken den Busch vollständig. In wärmeren Ländern kann er bis sechs Mal im Jahr aufblühen. Die Pflanze ist wuchsfreudig, aufrecht und trägt ledriges Laub, das recht krankheitsfest ist. **ZONEN 5–11.**

**Swim, USA, 1960**

**'Fandango' × 'Roundelay'**

**Baden-Baden Goldmedaille 1959, National Rose Society Trial Ground Certifcate 1960, All-American Rose Selection 1961**

## 'DUFTGOLD'

**siehe 'Fragrant Gold'**

## 'DUFTRAUSCH' TANschaubud

**Syn. 'Olde Fragrance', 'Senteur Royale'**

**TEEHYBRIDE, REIN ROSA, ÖFTERBLÜHEND**

Prächtige, dunkle, mit über 40 Petalen gefüllte, mauverosa Schalenblüten verbreiten den typischen Damaszenerduft. Der gesunde, aufrechte Busch trägt mattglänzendes, grünes Laub. **ZONEN 5–11.**

**Tantau, Deutschland, 1986**

**Eltern unbekannt**

'Duet'

## 'DUFTWOLKE'

**siehe 'Fragrant Cloud'**

## 'DUFTZAUBER 84'

**siehe 'Royal William'**

## 'DUKE MEILLANDINA' (I)

**siehe 'Classic Sunblaze'**

## 'DUKE MEILLANDINA' (II)

**siehe 'Duke Sunblaze'**



## 'DUKE OF EDINBURGH'

**Syn. 'Prince Wasiltschikoff'**

**ALTE R., REMONTANTROSE, DUNKELROT, ETWAS NACHBLÜHEND**

Diese Remontantrose benötigt außerordentlich viel Pflege, und ihre Blüten vertragen Regenwetter überhaupt nicht. Die dunkelkarminroten, großen Blüten sind dunkelrot geädert, halbgefüllt, wohlgeformt, duften und gedeihen am besten im lichten Halbschatten. Der aufrechte Strauch erreicht eine Höhe von 60 cm und wird auch genauso breit. Er trägt üppiges Laub und bevorzugt nährstoffreiche Böden. *Duke of Edinburgh* ist der Titel von Prinz Philip, dem Ehemann der englischen Königin Elizabeth II. **ZONEN 5–11.**

**Paul, Großbritannien, 1868**

**'Général Jacqueminot' × Sämling**

'Duke of Edinburgh'

'Dupontii'

'Duke of Windsor'

## 'DUKE OF WELLINGTON'

**Syn. 'Duc de Wellington'**

ALTE R., REMONTANTROSE, DUNKELROT, ETWAS NACHBLÜHEND

Die großen, wohlgeformten, hochgebauten Blüten sind dunkelkarminrot und haben eine samtige Struktur. Sie sind gefüllt, becherförmig, duften intensiv und erscheinen vom Juni bis zum Herbst. Das dunkle Laub bedeckt dicke, kräftige, aufrechte, bewehrte Triebe und bildet einen sehr hübschen Hintergrund für die Blüten. Da diese in der Sonne schnell verbrennen, sollte die Pflanze einen Platz im Halbschatten bekommen. Der Herzog von Wellington wurde durch die Schlacht von Waterloo (1815) berühmt, in der die Armeen der Briten, Russen und Preußen gemeinsam die Truppen Napoleons I. besiegten. **ZONEN 5–11.**

Granger, Großbritannien, 1864

'Lord Macaulay' × unbekannt

## 'DUKE OF WINDSOR'

**Syn. 'Herzog von Windsor'**

TEEHYBRIDE, ORANGE+, ÖFTERBLÜHEND

'Duke of Windsor' bringt schillernd orangefarbene Blüten hervor, die eine

'Duke Sunblaze'

aufrechte, sehr wuchsfreudige, stark bewehrte Pflanze mit herrlichen großen, glänzend dunkelgrünen Blättern zieren. Die Triebe sind zwar sehr kräftig, das Laub ist mittlerweile jedoch anfällig für Mehltau geworden. Die wenigen Blüten verströmen einen sehr intensiven Duft, was für eine Rose mit dieser Farbe ungewöhnlich ist. Sie sind wohlgeformt und mit 25 Petalen locker gefüllt.
**ZONEN 4–9.**

Tantau, Deutschland, 1969

Eltern unbekannt

Edland Duftpreis 1968, ADR-Rose 1970

## 'DUKE OF YORK'

ALTE R., CHINAROSE, ROSA+, ETWAS NACHBLÜHEND

Chinarosen sind in der Regel recht niedrige, buschige Pflanzen, die sich gut für kleine Gärten in warmen Gebieten eignen. Die gefüllten, großen, rosafarbenen Blüten dieser Sorte sind gelegentlich karminrot überhaucht. Ihre Blütenfarbe ist sehr variabel, und die geviertelten Blüten erscheinen über einen ziemlich langen Zeitraum. Die niedrigen, verzweigten Triebe sind dunkel und von glänzend-grünem Laub bedeckt. 'Duke of York' eignet sich auch als Topf- oder Kübelpflanze. Nur wenig Chinarosen sind so robust und bringen zwischen Frühjahr und Spätherbst so dekorative, duftende Blüten hervor wie die hier beschriebene Sorte. *Duke of York* ist der traditionelle Titel des zweitgeborenen englischen Prinzen. **ZONEN 6–11.**

Paul, Großbritannien, 1894

Eltern unbekannt

## 'DUKE SUNBLAZE' MEIpinjid

**Syn. 'Duke Meillandina' (II)**

ZWERGROSE, REIN ROSA, ÖFTERBLÜHEND

Diese Sorte ist eine niedrige Zwergrose mit hellgrünem, mattglänzendem Laub und hübschen Knospen, die sich zu kleinen Blüten von nur 2,5 cm Durchmesser entfalten und mit 25–50 Petalen gefüllt sind – je kühler das Wetter, desto größer die Zahl der Petalen. Die Blüten sind sehr haltbar, bonbonrosa gefärbt und erscheinen unermüdlich. 'Duke Sunblaze' ist eine wunderschöne kleine Pflanze für Höfe oder Kleingärten. **ZONEN 5–11.**

Meilland, Frankreich, 1996

Eltern unbekannt

'Dundee Rambler'

## 'DUNDEE RAMBLER'

ALTE R., AYRSHIREROSE, WEISS

Diese winterharte, robuste, kletternde Gartenrose kann bis zu 6 m hoch werden. Die kleinen, gefüllten, milchweißen Blüten erscheinen in großen Büscheln. Sie sind rosa überhaucht, duften und setzen sich aus zahlreichen, dichtgepackten Petalen zusammen. 'Dundee Rambler' trägt große Stacheln; aufgrund des dichten Wuchs ist sie eine geeignete Sorte für naturnahe Gärten. Das Bild einer Rose, die an einer Pergola oder Säule emporrankt, kann durch einen vorsichtigen Schnitt, verschönert werden.
**ZONEN 5–10.**

Martin, Großbritannien, 1837

*Rosa arvensis* × unbekannte Noisetterose

## 'DUPLEX'

**Syn. *R. villosa duplex*, 'Apfelrose', *Rosa pomifera duplex*, 'Wolley-Dod's Rose'**

STRAUCHROSE, VILLOSA-HYBRIDE, REIN ROSA

Diese Rose, die 1900 in einem englischen Pfarrgarten entdeckt wurde, ist eine gefüllte Form von *Rosa pomifera*. Diese ist bekannt für ihre rauen grauen Blätter sowie die sehr großen, apfelförmigen Früchte, die borstig sind und im Herbst leuchtend rot werden. Die Blüten sind rein rosa, halbgefüllt und gut mittelgroß, das Laub ist flaumbedeckt und graugrün. Die kräftige, ausladende Pflanze wird bis 3 m hoch und 2 m breit und eignet sich als schöner Solitärstrauch für den hinteren Bereich einer Rabatte. **ZONEN 4–11.**

Vibert, Frankreich, vor 1838

*Rosa pomifera* × unbekannte Gartenrose

## 'DUPONTII'

**Syn. *Rosa* × *dupontii*, 'Dupont Rose', 'Snow-Bush Rose'**

ALTE R., WEISS, ETWAS NACHBLÜHEND

Rosa Knospen entfalten sich zu rötlich überhauchten schneeweißen Blüten, die im Juni auf überhängenden, vorjährigen Langtrieben erscheinen. Überlappende Petalen umsäumen die auffallenden, goldgelben Staubgefäße. Die haltbaren, intensiv nach Banane duftenden Blüten eignen sich hervorragend für die Vase. Graugüne Blätter bedecken die schwach bewehrten, ausladend hängenden Triebe, und im Herbst werden rote Hagebutten gebildet. Der wuchsfreudige, robuste Strauch bevorzugt Sonnenplätze. Dupont war der Gründer des berühmten Parks *Jardins de Luxembourg* in Paris.
**ZONEN 4–11.**

Vor 1817

Eltern unbekannt

'Duplex'

'Dusty Rose'

'Dutch Gold'

## 'DUPUY JAMAIN'

ALTE R., REMONTANTROSE, ROT, ETWAS NACHBLÜHEND

Diese einst sehr populäre Rose weist eine sehr eigenartige Farbkombination auf – von Rot über Kirschrosa bis zu Kirschrot. Die großen, mit 30 Petalen gefüllten, wohlgeformten Blüten erscheinen üppig von Sommer bis zum Herbst, wobei sie in der kühleren Jahreszeit am schönsten sind, da sie in heißer Sonne schnell verbrennen. Die ausladenden, steifen, kräftigen Triebe werden bis zu 1,5 m lang und tragen einige Stacheln sowie graugrünes Laub. Diese Rose fühlt sich noch auf nährstoffarmen Böden sehr wohl und sollte geschnitten werden, damit sie ihre schöne Form behält. Dupuy Jamain, der 1888 in Paris starb, war ein sehr anerkannter und geschätzter Rosenzüchter. **ZONEN 5–11.**

Jamain, Frankreich, 1868

Eltern unbekannt

## 'DUSKY MAIDEN'

FLORIBUNDA, DUNKELROT, ÖFTERBLÜHEND

Sie hat dunkelscharlachkarminrote Blüten mit leuchtend goldgelben Staubgefäßen in der Mitte. Die einfachen Blüten werden etwa 8 cm groß, sitzen in Büscheln zusammen und verströmen einen starken Duft. Das dunkelgrüne Laub schmückt einen wuchsfreudigen Busch, der sich für niedrige Rabatten oder Hekken sehr gut eignet.
**ZONEN 5–11.**

LeGrice, Großbritannien, 1947

('Daily Mail Scented Rose' × 'Étoile de Hollande') × 'Else Poulsen'

Goldmedaille der National Rose Society 1948

## 'DÜSTERLOHE'

RAMBLERROSE, DUNKELROSA

Wenn diese Rose im Hochsommer in voller Blüte steht, ist sie ein herrlicher Anblick. Auf unzähligen ausladenden Trieben sitzen halbgefüllte, duftende, rosa Blüten; diese sind rundlich, werden aber beim Verblühen schalenförmig und verfärben sich zu Fliederrosa. Die inneren Petalen umsäumen dekorative gelbe Staubgefäße. Der wuchsfreudige Busch, der bis zu 2,5 m hoch werden kann, hat bewehrte Triebe und läßt sich auch als Kletterrose kultivieren. Im Herbst erscheinen schließlich rundliche, orangefarbene Hagebutten, die den Busch den ganzen Winter über schmücken. 'Düsterlohe' wurde von Wilhelm Kordes II. (1891–1976) gezüchtet, dem Leiter der berühmten Rosenschule. Sie ist eine seiner vielen Rosen, die weltweit Ruhm erlangten. **ZONEN 6–11.**

Kordes, Deutschland, 1931

'Dance of Joy' × 'Daisy Hill'

## 'DUSTY ROSE'

ZWERGROSE, MAUVE, ÖFTERBLÜHEND

Die purpurroten, gefüllten Blüten dieser Zwergrose besitzen eine hohe Mitte und verströmen einen wunderbaren würzigen Duft; die herausragende Qualität dieser Blüten prädestiniert 'Dusty Rose' zur Ausstellungsrose. Die kleinen, dunkelgrünen Blätter sind recht gesund. Der niedrige Busch bringt zahlreiche Blüten hervor, die rosa überpudert aussehen. Die Sorte muß unbedingt vor Frost geschützt sind. **ZONEN 6–11.**

Morey, USA, 1974

'Amy Vanderbilt' × 'Cécile Brunner'

## 'DUTCH GOLD'

TEEHYBRIDE, REIN GELB, ÖFTERBLÜHEND

Diese Teehybride, die in Großbritannien gezüchtet wurde und zwei sehr berühmte Rosen als Eltern besitzt, bringt intensiv goldgelbe, mit 30–35 Petalen gefüllte Blüten hervor. Sie werden 15 cm groß und haben einen angenehmen Duft. Der Wuchs ist kräftig und robust, die Blühfreudigkeit recht groß. Die Blüten sind wetterfest und verblassen weder an der Pflanze noch in der Vase. Das Laub ist glänzend dunkelgrün.
**ZONEN 5–11.**

Wisbech Plant Company, Großbritannien, 1978

'Peer Gynt' × 'Whisky'

Den Haag Goldmedaille

## 'DYNAMITE' JACsat

Syn. 'High Flyer'

GROSSBLUMIGE KLETTERROSE, DUNKELROT, ÖFTERBLÜHEND

Dunkelrote, 10 cm große Blüten mit 40 Petalen sitzen in kleinen Büscheln, duften schwach und erscheinen im Juni sehr üppig. Später läßt die Blühfreudigkeit etwas nach. Das herrliche Laub ist dicht, glänzend dunkelgrün und ziert eine hohe, aufrechte, ausladende Pflanze, die recht gesund ist. **ZONEN 4–10.**

Warriner, USA, 1992

Sämling × 'Sympathie'

## 'DYNASTIE'

siehe 'Carefree Wonder'

'Dupuy Jamain'

'Düsterlohe'

'Dupontii'

D

# E

## 'EARL OF ELDON'

**Syn. 'Lord Eldon'**

ALTE R., NOISETTEROSE, ORANGE+

Eine kräftige Kletterrose für sonnige Standorte. Die gelben Knospen öffnen sich zu dichtgefüllten, schalenförmigen Blüten von mittlerer Größe, die sich in Gold, Kupfer oder Orange mit kräftig rosapurpurnem Schimmer zeigen. Während der langen Sommerblüte verströmen sie einen starken Duft. Die Sorte ist leider nicht mehr im Handel. **ZONEN 5–9.**

Eldon-Copin, Großbritannien, 1872

Eltern unbekannt

## 'EARTH SONG'

TEEHYBRIDE, DUNKELROSA, ÖFTERBLÜHEND

An der Universität von Iowa hat Griffith Buck zahlreiche frostharte Sorten gezüchtet, die selbst den nordamerikanischen Wintern gewachsen sind. 'Earth Song' besitzt lange urnenförmige bis fast spitze Knospen, die sich zu leuchtend purpur- bis rosaroten Blüten mit 25 Petalen entfalten. Die becherförmigen, etwa 10 cm großen, gefüllten Blüten duften angenehm. Die aufrecht buschig wachsende Pflanze hat glänzendes, dunkelgrünes, ledriges, gesundes Laub. Außerhalb der USA ist sie noch wenig verbreitet, aber für extrem kalte Standorte ist sie besonders wertvoll. **ZONEN 3–9.**

Buck, USA, 1975

'Music Maker' × 'Prairie Star'

'Easter Morning'

'Easlea's Golden Rambler'

'Earthquake'

## 'EARTHQUAKE' MORquake

ZWERGROSE, ROT+, ÖFTERBLÜHEND

Die Sorte überzieht den Busch mit üppiger, rotgelb gestreifter Blütenpracht mit gelber Außenseite. Die kleinen, duftlosen Blüten bestehen aus etwa 40 Petalen. Diese Zwergrose liebt zwar warme Standorte, sie gedeiht jedoch schöner im leichten Halbschatten, wo sich die wunderbare Blütenfarbe besser hält. Auch die gestreifte Zeichnung kommt hier besser zur Geltung und bildet in jedem Garten einen wahren Blickfang. Die Sorte benötigt Winterschutz. Sie wurde nach einem Erdbeben benannt, das die kalifornische Stadt Coalinga unweit von Moores *Sequoia Nursery* in Visalia erschütterte. **'Climbing Earthquake'** (MORshock) wurde 1990 von Moore eingeführt. Ihre langen überhängenden Triebe bilden in den Blattachseln jeweils kleine Büschel von 3–5 Blüten. Vor einer Mauer oder einem Zaun bietet der erste Flor im Frühling ein sensationelles Farbenschauspiel, ihre Nachblüte fällt etwas geringer aus. **ZONEN 6–11.**

Moore, USA, 1983

'Golden Angel' × Sämling

'Echo'

'Éclair'

'Eclipse'

## 'EASLEA'S GOLDEN RAMBLER'

**Syn. 'Golden Rambler'**

GROSSBLUMIGE KLETTERROSE, GELB+/REIN GELB

Die Sorte zählt zu den spätere Züchtungen unter den Ramblerrosen, die meist zu Beginn des 20. Jh. entstanden sind. Sie ist trotz ihres Namens mehr eine Kletterrose als ein Rambler. Die 10 cm großen, intensiv goldgelben Blüten mit einem Hauch von Rot stehen meist in kleinen Büscheln zusammen. Sie sind mit 35 Petalen locker gefüllt und duften stark. An heißen Standorten verblaßt die gelbe Farbe rasch. Die Sorte blüht nur einmal, dafür aber reichlich. Die kräftige Pflanze mit steifen Trieben und ledrigem, satt olivgrünem Laub wird 3–4 m hoch. Wegen des wunderbaren Kontrastes sollte man sie in einen Baum mit purpurfarbenem Laub wachsen lassen. Sie läßt sich auch leicht an einem Spalier oder Rosenbogen ziehen. **ZONEN 4–9.**

Easlea, Großbritannien, 1932

Eltern unbekannt

Goldmedaille der National Rose Society 1932

## 'EASTER MORNING'

**Syn. 'Easter Morn'**

ZWERGROSE, WEISSLICH, ÖFTERBLÜHEND

Die elfenbeinweißen Blüten mit 60–70 Petalen sind langlebig und duften. Das ledrige Laub zeigt eine glänzend dunkelgrüne Färbung. Die dichtbuschig wachsende, kräftige Pflanze breitet sich gern aus. Sie eignet sich hervorragend für Rabatten, für die Fensterbank und erfreut sich auch nach 40 Jahren noch einer weltweit großen Beliebtheit. **ZONEN 5–11.**

Moore, USA, 1960

'Golden Glow' × 'Zee'

## 'EASY GOING' HARflow

FLORIBUNDA, REIN GELB, ÖFTERBLÜHEND

Die Blüten zeigen sich in leuchtendem, freundlichem Gelb mit goldbronzenem Schimmer. Sie sind groß, offen und becherförmig und befinden sich dicht über dem Laub, ohne von diesem verdeckt zu werden. Sie bilden steife, gut verteilte, farbenprächtige Büschel. Von den gewellten Petalen geht ein angenehmer Duft aus. Nach dem reichen ersten Flor erscheinen bis in den Herbst hinein weitere Blüten. Die kräftige, buschige Pflanze wird mittelhoch und besitzt zahlreiche glänzende, dunkelgrüne Blätter. Die Sorte eignet sich gut für Beete oder Gruppenpflanzungen, auch für Ausstellungen, und läßt sich als Hochstamm ziehen. **ZONEN 4–9.**

Harkness, Großbritannien, 1998

Sport von 'Fellowship'

Dublin Goldmedaille 1996, Monza Silbermedaille 1997, Royal National Rose Society Trial Ground Certificate 1998

## 'ECHO'

**Syn. 'Baby Tausendschön'**

ALTE R., MULTIFLORA-HYBRIDE, ROSA+, ÖFTERBLÜHEND

Diese Mutation der bekannten Ramblerrose 'Tausendschön' bevorzugt einen halbschattigen Standort. Sie trägt zahlreiche große, halbgefüllte, becherförmige Blüten in Weiß bis Dunkelrosa. Die äußeren, welligen Petalen bilden eine Schalenform. Die großen Dolden bedecken die kräftigen, geraden, bis zu 1 m hohen Triebe eines kompakten Busches, der glänzendes Laub trägt. Die Sorte ist besonders in windgeschützten Lagen für Mehltau anfällig. Sie besitzt keine Stacheln, Verblühtes sollte immer sofort entfernt werden. Die Sorte ist für Kübel und Beete geeignet und liefert Schnittblumen, die sich lange halten. **ZONEN 4–9.**

Lambert, Deutschland, 1914

Sport von 'Tausendschön'

## 'ECLAIR'

**Syn. 'Gartendirektor Lauche'**

ALTE R., REMONTANTROSE, DUNKELROT, ETWAS NACHBLÜHEND

Die außergewöhnliche Remontantrose mit starkem Duft besitzt gefaltete, samtige äußere Petalen, die eine geviertelte Mitte umgeben. Die schön geformten, dunkelroten Blüten mit einem schwarzen Hauch öffnen sich zu einem großen, flachen Kreis von intensiver Farbe. Die kräftige Pflanze blüht vom Sommer bis zum Herbst, sie besitzt wenig Laub, aber zahlreiche Stacheln. Regelmäßige Wasser- und Düngergaben fördern die Blüte. 'Eclair' ist eine gute Schnittblume. Dem französischen Züchter Lacharme aus Lyon verdanken wir zahlreiche Rosen, darunter die beachtenswerten 'Salet' und 'Victor Verdier'. **ZONEN 4–9.**

Lacharme, Frankreich, 1838

'Général Jacqueminot' × Sämling

'Eddie's Jewel'

'Eden Rose'

## 'ECLIPSE'

TEEHYBRIDE, HELLGELB, ÖFTERBLÜHEND

Anhand der zahlreichen Auszeichnungen zeigt sich, daß 'Eclipse' in den 30er Jahren des 20. Jh. als Maßstab für gelbe Rosen galt. Sie hat lange, elegante, spitze Knospen, die kadmiumgelb mit einem Hauch von Altgold sind; die länglichen, schmalen Kelchblätter faszinieren die Floristen. Ihre stark duftenden, gefüllten Blüten zählen 25 Petalen und öffnen sich locker. Die stark und buschig wachsende Pflanze besitzt dunkles, ledriges Laub und ist vorzüglich als Beetrose geeignet. ZONEN 5–9.

Nicolas, USA, 1935

'Joanna Hill' × 'Federico Casas'

Portland Goldmedaille 1936, Rom Goldmedaille 1935, Bagatelle Goldmedaille 1936, American Rose Society David Fuerstenberg Prize 1938

## 'EDDIE'S CRIMSON'

STRAUCHROSE, MOYESII-HYBRIDE, ROT

Diese Sorte weist mehr Ähnlichkeit mit *Rosa moyesii* als mit der einfachen Floribundarose 'Donald Prior' auf. Die roten, halbgefüllten Blüten werden 10 cm groß. Die prachtvollen, großen, rundlichen Hagebutten halten sich lange am Strauch der wuchsfreudigen Rose, die kühle Regionen bevorzugt. Sie wird bis zu 3 m hoch, ist jedoch im unteren Bereich relativ kahl. An wärmeren Standorten können an den Trieben Rindenschäden auftreten, da das kleine, farnartige Laub nur spärlich vorhanden ist. ZONEN 4–9.

Eddie, Kanada, 1956

'Donald Prior' × *Rosa moyesii*-Hybride

## 'EDDIE'S JEWEL'

STRAUCHROSE, MOYESII-HYBRIDE, ROT, ETWAS NACHBLÜHEND

Feuerrote Blüten und rote Stacheln verleihen der Sorte in voller Blüte vor blauem Himmel eine aufsehenerregende Wirkung. Die kräftige, gut nachblühende Pflanze wird bis zu 2,5 m hoch, bildet jedoch nur wenige Hagebutten. An heißen Standorten treten mitunter Verbrennungen auf. ZONEN 4–9.

Eddie, Canada, 1962

'Donald Prior' × *Rosa moyesii*-Hybride

## 'EDELWEISS'

siehe 'Snowline'

## 'EDEN ROSE'

TEEHYBRIDE, DUNKELROSA, ÖFTERBLÜHEND

Diese Sorte sollte nicht mit der auch von Meilland gezüchteten Kletterrose 'Pierre de Ronsard' verwechselt werden, die in Deutschland auch als 'Eden Rose 85' sehr bekannt ist. Die Sorte trägt eiförmige Knospen, die sich zu leuchtend purpurroten Blüten mit 60 Petalen öffnen. Sie sind becherförmig, 10 cm groß, duftend sowie farb- und formbeständig. Die kräftige, aufrechte Pflanze besitzt relativ gesundes, glänzend dunkelgrünes Laub. ZONEN 4–9.

Meilland, Frankreich, 1950

'Gloria Dei' × 'Signora'

Goldmedaille der National Rose Society 1950

## 'EDEN ROSE 85'

siehe 'Pierre de Ronsard'

## 'EDITH BELLENDEN'

ALTE R., RUBIGINOSA-HYBRIDE, ROSA

Gegen Ende Juni verwöhnt die Sorte mit einer herrlich üppigen Blüte. Schon die einfachen, zartrosafarbenen Blüten duften gut; doch dieser Duft wird von dem der Blätter noch übertroffen. Den Elternsorten getreu zeigt sich hier eine gesunde, winterharte, kräftige Pflanze, die einen kargen, halbschattigen Standort und einen leichten Schnitt gut verträgt. Ihre Winterfestigkeit und der Duft machen sie für hohe Hecken ideal geeignet. ZONEN 4–9.

Penzance, Großbritannien, 1895

*Rosa foetida* × *R. rubiginosa*

## 'EDITH CLARK'

TEEHYBRIDE, ROT, ÖFTERBLÜHEND

Die nach der Frau des Züchters benannte Sorte zählt zu den wenigen zwergwüchsigen Teehybriden von Alister Clark. Die gefüllten, rundlichen, karminroten Blüten duften zart und erscheinen vom Sommer bis zum Herbst. Die Sorte trägt reichlich grünes Laub. ZONEN 5–9.

Clark, Australien, 1928

'Mme Abel Chatenay' × Sämling

'Edith Clark'

## 'EDITH HOLDEN' CHEwlegacy

Syn. 'Edwardian Lady', 'The Edwardian Lady'

FLORIBUNDA, ROSTROT, ÖFTERBLÜHEND

Die aufrecht wachsende Sorte bietet ein einzigartiges Farbenspiel: Bei kühler Witterung zeigen sich die jungen Blüten in Rostrot bis Goldbraun mit gelber Mitte, während die Rückseiten der Kronblätter blaß bleiben. Später spielen sie ins Graue und Rehbraune. Die halbgefüllten, urnenförmigen, zart duftenden Blüten mit 15 Petalen werden an langen Trieben in Büscheln von 10–20 Blüten getragen, die üppig und ununterbrochen erscheinen. In warmen Gegenden wird sie bis zu 3 m hoch und rankt gut an Säulen und kleinen Pyramiden. Die kräftige Pflanze gedeiht auch als freistehende Strauchrose. Das reichliche, rein grüne, glänzende Laub ist großblättrig und gesund. ZONEN 4–9.

Warner, Großbritannien, 1988

'Belinda' × ('Elizabeth of Glamis' × ['Galway Bay' × 'Sutter's Gold'])

## 'EDITOR McFARLAND'

TEEHYBRIDE, REIN ROSA, ÖFTERBLÜHEND

Die Sorte wurde nach dem Herausgeber des *American Rose Annual*, Dr. Horace McFarland benannt, unter dessen Führung die Mitgliederzahl der American Rose Society raschen Zuwachs verzeichnen konnte. 'Editor McFarland' trägt stark duftende, intensiv rosa Blüten mit 30 Petalen, die zur Basis hin ins Goldene spielen. Die schön geformten Knospen öffnen sich zu haltbaren, dichtgefüllten Blüten. Die Sorte blüht gut nach und ist recht krankheitsfest. Die kletternde Mutation dieser Sorte ist eine hervorragende, starkwüchsige Pflanze.

ZONEN 5–9.

Mallerin, Frankreich, 1931

'Pharisaer' × 'Lallita'

E

'Editor McFarland'

'Edith Holden'

'Eddie's Crimson'

E

## 'EDITOR STEWART'

TEEHYBRIDE, ROT, ÖFTERBLÜHEND

Diese besonders langtriebige Sorte trägt intensiv kirschrote, halbgefüllte große Blüten mit goldenen Staubgefäßen. Nach einem üppigen Flor im Frühling blüht sie im Sommer und Herbst nach. Das Laub wechselt von der anfänglichen Bronzefarbe zu Dunkelgrün. Die Sorte, die auch als kurztriebige Kletterrose bezeichnet wird, läßt sich gut an einem Dreifuß oder einer Säule ziehen. Einzeln stehend bildet sie einen sehr großen, freistehenden Strauch. Mit dieser Teehybride wurde der Herausgeber des *Australian Rose Annual* geehrt. **ZONEN 5–9.**

Clark, Australien, 1939

Eltern unbekannt

## 'EDNA MARIE' MORed

ZWERGROSE, HELLROSA, ÖFTERBLÜHEND

Die zartrosa Blüten, die an der Basis ins Zartgelbe spielen und später fast weiß werden, erscheinen einzeln oder in kleinen Büscheln und duften schwach. Das kleine, hellgrüne Blattwerk mit braunen Stacheln paßt gut zur kompakten Pflanze, die aufrecht und buschig wächst. Sie eignet sich für niedrige Einfassungen oder als Hecke. **ZONEN 5–11.**

Moore, USA, 1988

'Rosenmärchen' × 'Peachy White'

## 'EGLANTYNE' AUSmak

Syn. 'Eglantyne Jebb'

STRAUCHROSE, HELLROSA, ÖFTERBLÜHEND

Die mittelhohe, stark buschige und gesunde Sorte zählt zu den besten unter den neueren Züchtungen David Austins. Die großen, rosettenförmigen Blüten bestehen aus zahlreichen, stark duftenden zartrosa Petalen, die sich zu einer schönen Form zusammenfügen und sich von dem reizvollen grünen Laub abheben. Die Blüten zeichnen sich sowohl am Strauch als auch in der Vase durch lange Haltbarkeit aus. 'Eglantyne' ist besonders für Gruppenpflanzungen wertvoll. Sie wird auch zu den Englischen Rosen gezählt. **ZONEN 4–9.**

Austin, Großbritannien, 1994

Eltern unbekannt

## 'EGOLI' KORamaget

TEEHYBRIDE, GOLDGELB, ÖFTERBLÜHEND

Benannt wurde die wunderschöne, goldfarbene Sorte nach einer bekannten Fernseh-Serie, die in der Goldstadt Johannesburg spielt. An jedem Stiel entwickeln sich drei Knospen, die sich zu dichtgefüllten Blüten mit spitzer Mitte und zahlreichen Reihen von krausen, gelappten Blütenblättern öffnen, so daß die Rose in ihrer Blütenfülle an eine Floribundarose erinnert. Durch das Entfernen der Seitenknospen lassen sich größere Einzelblüten ziehen. Als Schnittblume ist sie lange haltbar, sie duftet aber nur schwach. Dieser mittelgroße bis hohe, gesunde und wuchsfreudige Strauch zeichnet sich durch sehr hübsches, großes, dunkelgrünes Laub aus. **ZONEN 5–11.**

Kordes, Deutschland, 1995

Eltern unbekannt

'Edna Marie'

'Eglantyne'

'Editor Stewart'

'Eiffelturm'

## 'EIFFELTURM'

Syn. 'Eiffel Tower', 'Tour Eiffel'

TEEHYBRIDE, REIN ROSA, ÖFTERBLÜHEND

Die Sorte eignet sich wunderbar für trokkene, heiße Lagen und trägt äußerst lange, urnenförmige Knospen, aus denen rein rosafarbene, hochgebaute, gefüllte Blüten mit 35 Petalen entstehen. Sie sind 8–13 cm groß, duften stark und ergeben in rascher Folge einen üppigen Flor. Die Pflanze bewährt sich wegen ihrer Neigung zur Mumienbildung nicht an naßkalten Standorten. In warmen Gegenden zählt sie dagegen zu den besten Sorten. Die äußerst wuchsfreudige, aufrechte Pflanze trägt mattglänzendes, ledriges Laub. Bei großer Hitze kann es zu Verbrennungen am Neuaustrieb kommen. **ZONEN 4–9.**

Armstrong, USA, 1963

'First Love' × Sämling

Genf Goldmedaille 1963, Rom Goldmedaille 1963

## 'EKSTASE'

TEEHYBRIDE, DUNKELROT, ÖFTERBLÜHEND

'Ekstase' ist eine gute und vielversprechende dunkelrote Sorte. Die langen, eleganten Knospen öffnen sich zu Blüten mit 40 Petalen von herrlicher Beschaffenheit. Sowohl am Busch als auch als Schnittblume sind sie hervorragend. Die Pflanze blüht üppig und fortlaufend. Zudem verströmt sie einen starken Duft, was für eine treibhaustaugliche Sorte ungewöhnlich ist. Die hohe, aufrechte Pflanze trägt großes, dunkelgrünes, gesundes Laub und besitzt äußerst lange Stiele. **ZONEN 5–9.**

Kordes, Deutschland, 1994

Eltern unbekannt

'El Capitan'

'Ekstase'

## 'EL CAPITAN'

TEEHYBRIDE, ROT, ÖFTERBLÜHEND

Diese Teehybride, die in den Vereinigten Staaten allerdings zu den Grandifloraroseen gerechnet wird, trägt krankheitsfestes, glänzendes, dunkles Laub. An dem wuchsfreudigen, aufrechten Busch erscheint einzeln oder in Büscheln eine üppige, tief kirschrote Blütenpracht. Die wohlgeformten Knospen öffnen sich schnell zu 10 cm großen, hochgebauten, gefüllten Blüten, die aus 30 Petalen bestehen. 'El Capitan' verbreitet in ihrer Umgebung entgegen ihrem Namen (das spanische *el capitan* bedeutet "Hauptmann", "Kapitän") keinen männlich-herben, sondern einen eher zarten Duft. Als eine sehr reichblühende rote Rosen, die zudem als erste rote Sorte den Frühlingsflor einläutet, ist sie eine wertvolle Beetrose. Die Blüten machen sich hervorragend in einem romantisch verspielten Brautstrauß.

**ZONEN 4–9.**

Swim, USA, 1959

'Charlotte Armstrong' × 'Floradora'

Portland Goldmedaille 1959

## 'ELECTRON'

Syn. 'Elektron', 'Mullard Jubilee'

TEEHYBRIDE, DUNKELROSA, ÖFTERBLÜHEND

Die vielen Auszeichnungen dieser vorzüglichen Gartenrose sind ein sichtbares Zeichen ihrer Qualität. Die dichtgefüllten Blüten in dunklem Rosarot besitzen 30 stark duftende Petalen. Sie zeigen eine vollkommene, klassische, wunderschöne Form und öffnen sich langsam. Der mittelgroße Busch trägt bis zum Boden hin das prachtvolle Blattwerk des Elternparts

'Primaballerina'. Das Holz ist stachelig, die Blüte schön und farbbeständig, die Blühfreudigkeit allerdings nur durchschnittlich. **ZONEN 4–9.**

McGredy, Großbritannien, 1970

'Paddy McGredy' × 'Primaballerina'

Goldmedaille der Royal National Rose Society 1969, Den Haag Goldmedaille 1970, Belfast Goldmedaille 1972, Portland Goldmedaille 1973, All-American Rose Selection 1973

## 'ELEGANCE' (I)

GROSSBLUMIGE KLETTERROSE, REIN GELB, ÖFTERBLÜHEND

Dies ist eine gute Kletterrose mit dunkelgrünem, glänzendem Laub und großen, rein gelben Blüten, die zu den Rändern hin besonders bei Hitze stark verblassen. Die gefüllten Blüten mit 40–50 Petalen sind für eine Kletterrose groß. Ihr Nachblüte ist nur schwach. Für die Bepflanzung von Säulen, Pyramiden, Spalieren und Zäunen ist sie ideal. 'Elegance' ist wuchsfreudig, krankheitsfest und gut belaubt. **ZONEN 4–9.**

Brownell, USA, 1937

'Glenn Dale' × ('Mary Wallace' × 'Miss Lolita Armour')

## 'ELÉGANCE' (II)

TEEHYBRIDE, ROSA+

'Elégance' ist eine schöne Beetrose mit großen, duftenden, rosakupferfarbenen

'Elégance' (II)

Blüten, die aus rundlichen Knospen erscheinen. Das dunkelgrüne, ledrige Laub bietet den leuchtenden, gefüllten Blüten einen guten Hintergrund. Den Wuchs dieser Teehybride kann man nur als eher schwach bezeichnen. **ZONEN 5–9.**

Buyl, Belgien, 1955

Eltern unbekannt

'Elfin Charm'

## 'ELEGANT BEAUTY' KORgatum

**Syn. 'Kordes' Rose Delicia', 'Delicia'**

TEEHYBRIDE, HELLGELB, ÖFTERBLÜHEND

Ihrem Namen entsprechend trägt die Sorte an langen Stielen längliche, wunderschöne Blüten mit 20 Petalen. In ihrem sehr zarten Gelb schimmert ein Hauch von Rosa. Da sich die Blüten langsam öffnen, eignet sie sich trotz der geringen Zahl an Petalen gut als Schnittblume. Die aufrecht buschig wachsende Pflanze besitzt großes, mattgrünes Laub und einen eleganten Charakter. **ZONEN 5–9.**

Kordes, Deutschland, 1982

'Mabella' × Sämling

## 'ELEGY' MEIlucre

**Syn. 'Arturo Toscanini'**

TEEHYBRIDE, ORANGEROT, ÖFTERBLÜHEND

Die im halbgeöffneten Zustand atemberaubend schöne Sorte zeigt leuchtend

'Elegant Beauty'

zinnoberrote Blüten, wobei jedes Blütenblatt an den Rändern eine Spur von Dunkelrot aufweist. Die Farbe stammt von 'Kordes' Sondermeldung', der ersten zinnoberroten Sorte. Die zart duftenden, gefüllten Blüten mit 30 Petalen werden 10 cm groß und zeichnen sich durch lange Haltbarkeit aus. Auch in voller Blüte sind sie sehr reizvoll. Der kleine, kräftige Busch mit dunkelgrünem, mattglänzendem Laub blüht nicht sehr üppig, dafür aber besonders schön. Das in Deutschland handelsübliche Synonym ehrt den berühmten italienischen Dirigenten Arturo Toscanini (1867–1957). **ZONEN 5–9.**

Meilland, Frankreich, 1971

(['Rouge Meilland' × 'Kordes' Sondermeldung'] × 'Sutter's Gold') × (['Rouge Meilland' × 'Kordes' Sondermeldung'] × 'Suspense')

'Elegy'

## 'ELFIN CHARM'

ZWERGROSE, ROSA+, ÖFTERBLÜHEND

Die kurzen Knospen entfalten sich zu kleinen Blüten in einem Rosa, das dem Farbton von Phloxblüten ähnelt. In ihrer Umgebung verbreiten sie einen angenehmen Duft. 'Elfin Charm' wirkt mit ihren großen Büscheln auf angenehme Weise ein wenig altmodisch. Der größte Vorzug dieser Sorte ist ihr früher und großartiger erster Flor, der den Busch mit reizvollen Blüten übersät. Der hübscher Wuchs dieser gut mittelhohen Zwergrose empfiehlt sich besonders für kleinere Gärten und Beete. **ZONEN 5–11.**

Moore, USA, 1974

(*Rosa wichuraiana* × 'Floradora') × 'Fiesta Gold'

## 'ELFINGLO'

ZWERGROSE, MAUVE, ÖFTERBLÜHEND

Die eiförmigen Knospen öffnen sich zu gefüllten, rötlich purpurfarbenen Blüten mit 25–40 Petalen. Die schönen, becherförmigen bis flachen Blüten, die selbst für eine Zwergrose äußerst klein sind, erscheinen für gewöhnlich in kleinen Büscheln. Die Üppigkeit und Haltbarkeit dieser Zwergrose kann man mit Fug und Recht als außergewöhnlich bezeichnen. Bedauerlicherweise ist die Sorte sehr anfällig für Spinnmilben. **ZONEN 5–11.**

Williams, USA, 1977

'Little Chief' × 'Little Chief'

'Electron'

'Elfinglo'

'Elizabeth of Glamis'

'Elina'

'Eliza'

## 'ELIE BEAUVILLAIN'

ALTE R., KLETTERNDE TEEROSE, REIN ROSA, ÖFTERBLÜHEND

Duft, Blütenform, Wuchskraft, Nachblüte und Gesundheit sind die Eigenschaften, die kletternde Teerosen und auch diese Sorte auf warmen Standorten auszeichnen. Die großen, gefüllten kupferrosa Blüten mit silbrigem Hauch bestehen aus etwas ungeordneten Petalen und erscheinen vom späten Frühling bis zum Herbst. Die wuchsfreudige Pflanze berankt eine Pergola oder einen Rosenbogen bereits nach wenigen Sommern. Die stacheligen Triebe tragen großes, hellgrünes Laub. Sie läßt sich leicht aus Stecklingen ziehen. **ZONEN 5–9.**

Beauvillain, Frankreich, 1887

'Gloire de Dijon' × 'Ophirie'

## 'ELINA' DICjana

**Syn. 'Peaudouce'**

TEEHYBRIDE, HELLGELB, ÖFTERBLÜHEND

Die großen, wunderbar geformten, intensiv cremegelben Blüten heben sich vor dem ausgezeichneten, dichten, glänzend dunkelgrünen Laub dieses starkwüchsigen Busches hervorragend ab. Die Blüten, die oft 15 cm groß werden, besitzen 35 zart duftende Petalen. Von der Knospe bis zur vollen Blüte bilden sie einen reizvollen Anblick. 'Elina' hält sich besonders gut als Schnittblume. Der erste Flor erscheint relativ spät, so daß sich mit 'Elina' die Frühlingsblüte etwas verlängern läßt. Sie verwöhnt mit mehrfach reichem Blütenflor.

**ZONEN 4–9.**

Dickson, Großbritannien, 1983

'Nana Mouskouri' × 'Lolita'

ADR-Rose 1987, Neuseeland Goldmedaille 1987, Glasgow Silbermedaille 1991, Royal Horticultural Society Award of Garden Merit 1993, James Mason Goldmedaille 1994

## 'ELISA BOELLE'

**Syn. 'Élise Boëlle'**

ALTE R., REMONTANTROSE, WEISS, ETWAS NACHBLÜHEND

Nur wenige Rosen können mit der perfekten Form dieser mittelgroßen, becherförmigen, weißen bis zartrosa Sorte konkurrieren. Die runden, stark duftenden Blüten besitzen in der Mitte einwärts gebogene Petalen. Die kräftigen, langen, schlanken Triebe tragen gelegentlich nikkende Blüten. Die Sorte bevorzugt kühlere Sommer und blüht im Herbst nach. Der kompakte Busch wächst am besten auf eigener Wurzel und läßt sich durch regelmäßiges Entfernen von Verblühtem in Form halten.

**ZONEN 5–9.**

Guillot, Frankreich, 1869

'M. Recamier' × unbekannte Sorte

'Eliza Dorothy'

## 'ELIZA' KORlis

TEEHYBRIDE, REIN ROSA, ÖFTERBLÜHEND

Diese neue Schnittrose wächst an einem gesunden, großen Busch mit dickem, dunkelgrünem Laub. Die mittelgroßen, klaren, dunkelrosa Blüten erscheinen einzeln und in Büscheln. Sie öffnen sich sowohl am Busch als auch in der Vase langsam und halten sich bemerkenswert lange. Die 40 Petalen verblassen im Laufe der Blüte leicht an den Rändern. Sie duften kaum. Die reiche Blüte setzt sich durch schnellen, starken Neuaustrieb aus der Basis sehr gut fort. Die langen Triebe besitzen wenig Stacheln. **ZONEN 5–9.**

Kordes, Deutschland, 1996

Eltern unbekannt

## 'ELIZA DOROTHY'

TEEHYBRIDE, GELB, ÖFTERBLÜHEND

Die Sorte zeigt sich als gute Gartenrose mit wohlgeformten Knospen, die sich zu mais- bis sattgelben Blüten entwickeln. Sie verströmen einen starken Duft, bleiben lange Zeit reizvoll und halten gut ihre Form. Die maisgelbe Farbe erinnert an die der Elternsorte 'Marjorie Atherton'. Sie blüht überdurchschnittlich reich und die Nachblüte folgt rasch. Die Pflanze bietet den Blüten mit ihrem sattgrünen, glänzenden Laub einen guten Hintergrund und besitzt einen mittelstarken, ausladenden Wuchs.

**ZONEN 5–9.**

Allender, Australien, 1984

'Marjorie Atherton' × 'Red Devil'

## 'ELIZABETH ARDEN'

TEEHYBRIDE, WEISSLICH, ÖFTERBLÜHEND

Aus den dicken Knospen dieser Sorte, die nach einer bekannten Kosmetikerin (1884–1966) benannt ist, entstehen mittlere bis große, formschöne runde Blüten mit zahlreichen Petalen. Ihr weißer Farbton zeigt cremefarbene Schattierungen und an der Basis findet sich ein Hauch von Zitronengelb. Früher zählte sie aufgrund des süßen Duftes und des mehrfach reichen Flor von Sommer bis Herbst zu den beliebtesten hellen Sorten für Beet- und Rabattenpflanzungen. Die Blüten sind für Ausstellungen etwas zu klein, ergeben aber wertvolle Schnittblumen. Wuchs und Höhe sind mäßig, das graugrüne Laub mutet heutzutage fast etwas spärlich an. Mitunter tritt Mehltau auf. **ZONEN 5–9.**

Prince, Großbritannien, 1929

'Edith Part' × 'Mrs Herbert Stevens'

Goldmedaille der National Rose Society 1929

## 'ELIZABETH HARKNESS'

TEEHYBRIDE, HELLGELB, ÖFTERBLÜHEND

Die feine Sorte, die in Form und Zartheit an 'Ophelia' und 'Michèle Meilland' erinnert, zeigt 30 wohlgeformte Petalen, die von hellelfenbein- bis hautfarben variieren, häufig mit gelben und rosa Tönen vermischt. Die Farbe unterscheidet sich von sämtlichen anderen Sorten, wechselt je nach Jahreszeit und Witterung und ist in jedem Stadium schön. Der mehrfache reiche, stark duftende Flor erscheint an einer aufrecht und buschig wachsenden Pflanze mit dunklem, vollem Laub. Der Name der Rose ist sozusagen ein Geschenk des Ehepaars Harkness an seine Tochter, als diese ihren 21. Geburtstag feierte.

**ZONEN 4–9.**

Harkness, Großbritannien, 1969

'Red Dandy' × 'Piccadilly'

Royal National Rose Society Certificate of Merit 1969

## 'ELIZABETH OF GLAMIS'

MACel

**Syn. 'Elisabeth', 'Irish Beauty'**

FLORIBUNDA, ORANGEROSA, ÖFTERBLÜHEND

Die Sorte wurde nach Queen Elizabeth und deren Stammsitz Glamis Castle in Schottland benannt. Die vorzügliche Floribundarose trägt üppiges, dunkelgrünes Laub an einem mittelgroßen Busch, und treibt immer wieder eine schnelle Nachblüte. Die wohlgeformten Knospen zeigen in geöffnetem Zustand Staubgefäße und 35 Petalen in leuchtendem Lachsorange. Viele Blüten über dichtem Laub bedecken die wertvolle Beetrose. **ZONEN 5–9.**

McGredy, Großbritannien, 1964

'Spartan' × 'Highlight'

National Rose Society President's International Trophy 1963

'Elizabeth Harkness'

'Elmshorn'

## 'ELIZABETH TAYLOR'

TEEHYBRIDE, DUNKELROSA, ÖFTERBLÜHEND

Diese Ausstellungsrose besitzt hochgebaute, mit 35 Petalen gefüllte, tief rosafarbene Blüten. Die großen Einzelblüten sind auch voll erblüht noch von hervorragender Beschaffenheit. Die aufrechte, gesunde Pflanze mit großem, dunklem und mattglänzendem Laub ist eine schöne Pflanze für den Hintergrund. **ZONEN 4–9.**

Weddle, USA, 1985

'First Prize' × 'Swarthmore'

## 'ELLEN' AUScup

STRAUCHROSE, APRICOT+, ÖFTERBLÜHEND

'Ellen', die auch zu den Englische Rosen zählt, trägt viele intensiv, aber zart apricotfarbene Blüten, die ins Bräunliche spielen. Die wunderbar becherförmigen Knospen öffnen sich an kurzen Stielen zu lockeren geviertelten Blüten mit starkem Duft. An kühlen Standorten besitzen sie 40 Petalen, bei sommerlicher Hitze sind es weniger. Nach dem reichlichen ersten Flor im Frühling blüht die Sorte etwas spärlicher im Sommer und erneut üppiger im Herbst. Die Pflanze zeigt große, rauhe Blätter, zahlreiche Stacheln und wächst buschig oder auch etwas staksig mit langen Trieben, die über kürzere hinausragen. **ZONEN 4–9.**

Austin, Großbritannien, 1984

'Charles Austin' × Sämling

## 'ELLEN POULSEN'

POLYANTHAROSE, REIN ROSA, ÖFTERBLÜHEND

Die stark buschige Sorte von geringer bis mittlerer Höhe besitzt dichtes, eng übereinander sitzendes, glänzendes Laub. Gefüllte, duftende, leuchtend kirschrosa Blüten öffnen sich in engen Dolden zu einem andauernden Flor. Die großen Blüten zeigen eine schöne Form, die sich gut hält. Die recht mehltaufeste Sorte verträgt einen kräftigen, wie auch einen leichten Schnitt, je nach gewünschter Form des Busches. Sie ist gut als Beetrose oder für niedrige Hecken zu verwenden. **ZONEN 4–9.**

Poulsen, Dänemark, 1911

'Mme Norbert Levavasseur' × 'Dorothy Perkins'

## 'ELLEN WILLMOTT'

TEEHYBRIDE, GELB+, ÖFTERBLÜHEND

In den 30er Jahren des 20. Jh. hat Archer einige ausgezeichnete Teehybriden gezüchtet, und diese Sorte zählt zu seinen besten. Sie ist nach einer englischen Rosenbuchautorin benannt; diese Dame ist auch durch ihre Gärten in Südostengland und Südfrankreich bekannt, die zeitweilig von bis zu 65 Gärtnern gepflegt wurden. Die zartrosa Blüten der Rose spielen leicht ins Gelbe und zeigen weinrote Staubgefäße. Der kräftige, gesunde Busch trägt gutes, dunkelgrünes, ledriges Laub. **ZONEN 4–9.**

Archer, Großbritannien, 1936

'Dainty Bess' × 'Lady Hillingdon'

'Ellen'

## 'ELLINOR LEGRICE'

TEEHYBRIDE, REIN GELB, ÖFTERBLÜHEND

Die kräftige, aufrecht wachsende Sorte trägt reichlich dunkelgrünes, glänzendes Laub. Die gefüllten, großen Blüten in klarem, nicht verblassendem Gelb verströmen einen fruchtigen Duft und erscheinen sehr zahlreich. Die bewehrten Stiele sterben mitunter ab, dennoch gilt die Sorte als eine wertvolle Beetrose. **ZONEN 4–9.**

LeGrice, Großbritannien, 1949

'Mrs Beatty' × 'Yellowcrest'

National Rose Society Trial Ground Certificate 1947

## 'ELMHURST'

TEEHYBRIDE, ROSA+, ÖFTERBLÜHEND

Das Kreuzen zweier wohlgeformter Sorten hat eine Rose hervorgebracht, deren hochgebaute, rosa Blüten einen goldenen Schimmer haben und mit 35 Petalen gut gefüllt sind. Sie duften angenehm, blühen aber nur zögerlich nach. Der aufrechte, mittelhohe Busch trägt rein grünes Laub. **ZONEN 5–9.**

Perry, USA, 1985

'Granada' × 'Helmut Schmidt'

## 'ELMSHORN'

STRAUCHROSE, DUNKELROSA, ÖFTERBLÜHEND

Diese Sorte zählt zu den wuchsfreudigsten und besonders reichblühenden Strauchrosen. Die kleinen, becherförmigen, gefüllten und wohlgeformten Blüten werden in großen, wohlproportionierten Dolden gebildet und duften zart. Der Herbstflor, der an langen, überhängenden Trieben entsteht, besitzt eine intensivere Farbe. Bei sehr guter Gesundheit zeigt sich das glänzende Laub hellgrün, üppig und gewellt. Die öfterblühende Sorte eignet sich für Einzel- und Gruppenpflanzungen, die auf Rasenflächen einen dauerhaften Farbtupfer bilden. Eine größere Verbreitung wäre dieser hohen Sorte durchaus zu wünschen. **ZONEN 4–9.**

Kordes, Deutschland, 1951

'Hamburg' × 'Verdun'

ADR-Rose 1950, National Rose Society Certificate of Merit 1950

'Ellen Willmott'

## 'ELSE POULSEN'

Syn. 'Joan Anderson'

FLORIBUNDA, REIN ROSA, ÖFTERBLÜHEND

Diese Sorte zählt zu den frühesten Floribunda-Züchtungen des Dänen Poulsen, der die Möglichkeiten dieser Rosenklasse für die Gartennutzung erkannt hat. Die kräftige, buschige Pflanze zeigt im Austrieb glänzendes, dunkelbronzefarbenes Laub. Die leuchtend rosa Blüten mit zehn Petalen und guten Staubgefäßen erscheinen in Büscheln von etwa 3–12 Stück. Die einfachen, anmutigen Blüten sind 5 cm groß und verströmen einen zarten Duft. Die Sorte macht sich gut in einem gemischten Staudenbeet, wo die zarte Farbe und der fortdauernde Flor sehr reizvoll sind. Sie paßt gut zu Pflanzen mit silbrigem Blattwerk im sonnigen Beet, verträgt aber auch etwas Halbschatten. Mitunter tritt etwas Mehltau auf. **ZONEN 4–9.**

Poulsen, Dänemark, 1924

'Orleáns Rose' × 'Opa Pötschke'

'Elysium'

## 'ELVESHÖRN' KORbotaf

STRAUCHROSE, REIN ROSA, ÖFTERBLÜHEND

Diese wunderbare, kleine Strauchrose mit gesundem, dunkelgrünem, mattglänzendem Laub ist von mittlerem, ausladendem Wuchs. Die regenfesten Blüten zählen 35 Petalen und erscheinen in gut verteilten, länglichen Rispen. Ihr Kirschrosa hält sich sehr gut. An den äußerst üppigen Frühlingsflor schließt sich eine Nachblüte vom Sommer bis in den Herbst hinein an. Die Sorte eignet sich für Beete oder als farbenfrohe, niedrige Hecke. **ZONEN 4–9.**

Kordes, Deutschland, 1985

'The Fairy' × Sämling

## 'ELYSIUM' KORumelst

FLORIBUNDA, REIN ROSA, ÖFTERBLÜHEND

Die spitzen Knospen dieser Sorte öffnen sich zu gefüllten, lachsrosa Blüten mit 35 Petalen und einem schönen Büschel von Staubgefäßen. In allen Phasen ihrer Entwicklung und auch bei Kunstlicht bieten die angenehm duftenden Blüten einen reizvollen Anblick. Die reichblühende, wuchsfreudige, hohe Sorte trägt glänzendes, krankheitsfestes Laub. 'Elysium' eignet sich hervorragend als Beetrose. **ZONEN 5–9.**

Kordes, Deutschland, 1961

Eltern unbekannt

National Rose Society Certificate of Merit 1961

## 'EMANUEL' AUSuel

Syn. 'Emmanuelle'

STRAUCHROSE, APRICOT+, ÖFTERBLÜHEND

Die stark gefüllte Sorte besitzt 100 oder mehr Petalen, die sich zu einer flachen Rosette entfalten und kleine Büschel bil-

'Ellinor LeGrice'

'Ellen Poulsen'

den. Wie bei zahlreichen Austin-Rosen variiert die Farbe: Bei kühler Witterung überwiegt der Apricotton, während bei Sommerhitze eher Rosa mit einem Schimmer von Apricot an der Blütenbasis dominiert. Die großen, intensiv duftenden Blüten bilden in jedem Stadium einen reizvollen Anblick. Der mittelhohe, buschig wachsende, ausladende Strauch trägt kleines, mittelgrünes, mattglänzendes und äußerst dichtes Laub. Er läßt sich vorteilhaft in Gruppen mit Stauden kombinieren und ist für kleine wie für große Gärten wertvoll. 'Emanuel', eine Englische Rose, läßt sich gut als Hochstamm ziehen. Benannt wurde sie nach dem Designer, der das Brautkleid von Lady Di entworfen hat. **ZONEN 4–9.**

Austin, Großbritannien, 1985

('Chaucer' × 'Parade') × (Sämling × 'Schneewittchen')

'Emanuel'

## 'EMBASSY'

TEEHYBRIDE, ROSA+, ÖFTERBLÜHEND

Die wohlgeformten, zart goldenen Blüten zeigen an den Rändern eine karminrote Marmorierung. Sie duften stark, blühen aber etwas zögerlich nach. Die mittelhohe Pflanze besitzt glänzendes, üppiges und gesundes Laub. In kühleren Zonen ist die Sorte eine lohnende Wettbewerbsrose und eine gute Beetrose. **ZONEN 4–9.**

Sanday, Großbritannien, 1967

'Gavotte' × ('Kordes' Magenta' × 'Golden Scepter')

## 'EMBER' SAVember

ZWERGROSE, ORANGEROT, ÖFTERBLÜHEND

Das Öffnen der kleinen Knospen zu orangeroten Blüten mit 15–20 Petalen ist ein schöner Anblick. Die Stiele tragen jeweils duftlose Einzelblüten. Die Sorte wird mittelhoch, wächst aufrecht, dichtbuschig und besitzt kleines, mattglänzendes Laub. Der anhaltende Flor liefert leuchtende orangerote Blüten, die sich schön in der Vase machen. 'Ember' läßt sich auch gut als Kübelpflanze ziehen. **ZONEN 5–11.**

Saville, USA, 1994

'Copper Sunset' × ('Zorina' × 'Baby Katie')

'Embassy'

'Embers'

## 'EMBERS'

FLORIBUNDA, ROT, ÖFTERBLÜHEND

Das englische Wort für rotglühende Kohlen hat dieser scharlachroten Sorte ihren Namen verliehen. Die relativ großen Blüten mit 25 Petalen erscheinen in Büscheln an kräftigen Stielen. Die rundlichen Knospen öffnen sich zu hochgebauten, würzig duftenden, becherförmigen Blüten. Sie erscheinen von Sommer bis Herbst. Der kompakte Busch wächst kräftig auf mittlere Höhe heran und besitzt dunkelgrünes, mattglänzendes Laub. Für Beete, Hecken und Rabatten ist die Sorte gut geeignet, allerdings scheint sie kaum noch im Handel zu sein. **ZONEN 5–9.**

Swim, USA, 1953

'Mina Kordes' × 'Floradora'

'Emily'

## 'EMILY' AUSburton

STRAUCHROSE, HELLROSA, ÖFTERBLÜHEND

'Emily' ist eine bezaubernde kleine Rose mit zartrosa Blüten, die zunächst becherförmig und später rosettenförmig sind. Beim Öffnen zeigen sich kleine, stark duftende Petalen, die nach außen hin verblassen. Der kleine, aufrechte Strauch blüht üppig. Die einzigartige Form macht sie als Schnittblume äußerst wertvoll. Sie ist eine ideale Rose für kleine Gärten, benötigt aber besondere Pflege. Sie wird auch zu den Englischen Rosen gezählt. **ZONEN 4–9.**

Austin, Großbritannien, 1992

'The Prioress' × 'Mary Rose'

'Emily Louise'

'Emily Gray'

## 'EMILY GRAY'

GROSSBLUMIGE KLETTERROSE, GOLDGELB

Diese schöne gelbe Ramblerrose trägt dunkelgoldene Blüten mit bräunlichen Schattierungen und gelben Staubgefäßen. Sie zeichnen sich durch 25 Blütenblätter aus und stehen in Büscheln zusammen. Die Nachblüte verläuft ziemlich zögerlich. Die äußerst wuchsfreudige 'Emily Gray' mit biegsamen Trieben zählt zu den gesundesten gelben Kletterrosen und zeigt glänzendes, dunkles, bronzefarbenes Laub. Diese kletternde Sorte aus dem Hause des britischen Züchters Williams eignet sich hervorragend für Pergolen und Bögen, macht sich aber auch ganz gut als rankende Rose an einem Baumstamm. **ZONEN 4–9.**

Williams, Großbritannien, 1918

'Jersey Beauty' × 'Comtesse du Cayla'

Goldmedaille der National Rose Society 1916

## 'EMILY LOUISE' HARwilla

ZWERGROSE, INTENSIV GELB, ÖFTERBLÜHEND

An der sehr kleinen Pflanze mit dunkelgrünem, glänzendem Laub erscheint ein üppiger Flor von kleinen, einfachen Blüten mit fünf Petalen in großen und auch kleinen Büscheln. Die locker angeordneten Blütenblätter bilden einen Stern, in dessen Mitte zahlreiche orangefarbene Staubgefäße leuchten. Die Blüten erscheinen an einem aufrecht wachsenden Busch, was ihnen zusätzlichen Charme verleiht. **ZONEN 4–9.**

Harkness, Großbritannien, 1990

'Judy Garland' × 'Anna Ford'

Royal National Rose Society Certificate of Merit 1988, Rom Certificate of Merit 1989, Neuseeland Certificate of Merit 1990, Glasgow Silbermedaille 1993

## 'EMINENCE' GAXence

TEEHYBRIDE, MAUVE, ÖFTERBLÜHEND

Der robuste, mittelkräftige Busch besitzt hellgrünes, ledriges Laub. Die großen, gefüllten, dunkellavendelfarbenen Blüten zählen 40 Petalen. Sie duften stark und sind meist wohlgeformt und anmutig. Bei naßkalter Witterung neigen sie zur Mumienbildung und nehmen einen unansehnlichen grauen Mauveton an. Am Busch wie in der Vase sind sie sehr haltbar. Die Sorte entwickelt sich am besten an einem warmen, trockenen Standort. **ZONEN 5–9.**

Gaujard, Frankreich, 1962

'Gloria Dei' × ('Viola' × Sämling)

## 'EMMIE GRAY'

ALTE R., CHINAROSE (TEEROSE), ROT, ÖFTERBLÜHEND

Das dauerhafte Klima der Tropen eignet sich hervorragend für Tee- und Chinarosen wie diese durchblühende Sorte. 'Emmie Gray' zeichnet sich durch rosafarbene Knospen mit blattartigen Blütenblättern aus, die sich zu einfachen, intensiv rosafarbenen bis rötlichen Blüten öffnen, die zur Mitte hin dunkler werden. Die intensiv gelben Staubgefäße bilden hierzu einen herrlichen Kontrast. Die wuchsfreudige, aufrechte Pflanze mit feingesägtem, glänzendem Laub trägt nach der Blüte reichlich Hagebutten. Während der Nacht sind die Blüten verschlossen. Diese alte Sorte wurde nach der Lehrerin Emmie Gray benannt, die über 30 Jahre lang an einer High School auf den Bermudas tätig war. **ZONEN 6–9.**

Eltern unbekannt

## 'EMOTION'

Syn. 'Souvenir d'Aline Fontaine'

ALTE R., BOURBONROSE, ROSA+, ETWAS NACHBLÜHEND

Im 19. Jh. wurden zwei Rosen dieses Namens in Frankreich eingeführt, die hier aufgeführte 'Emotion' stellte der Lyoner Züchter Guillot vor, während die zweite von seinem Landsmann Fontaine im Jahre 1879 herausgebracht wurde. Die gefüllten blaßrosa Blüten dieser Bourbonrose verbreiten in ihrer Umgebung einen zarten Duft; ihr Laub ist blaßgrün. Diese Alte Gartenrose beansprucht eine sorgfältige Pflege. **ZONEN 4–9.**

Guillot, Frankreich, 1862

Eltern unbekannt

'Ena Harkness'

'Empress Michiko'

'Emmie Gray'

## 'EMPEREUR DU MAROC'

Syn. 'Emperor of Morocco'

ALTE R., REMONTANTROSE, ROT, ETWAS NACHBLÜHEND

Diese nach wie vor beliebte Sorte besitzt gefüllte, purpurfarbene Blüten mit karminroten Schattierungen. Sie zählen 40 Petalen und bilden Büschel von 5–10 Blüten. Die intensiv duftenden Blüten zeigen sich klein, kompakt und kraus, sie nehmen nach dem Höhepunkt der Blüte eine fast schwarze Farbe an. Der niedrige, kompakte, bewehrte Busch mit spärlichem Laub ist für intensive Pflege dankbar. Ein rigoroser Schnitt steigert die Blühfreude. 'Empereur du Maroc' ist aufgrund ihrer Farbe und ihres Duftes wunderbar für kleine Gärten und Beete geeignet. Sie ist aber anfällig für Mehltau und zeigt bei zu starker Sonne Verbrennungen an den Blüten. **ZONEN 4–9.**

Guinoisseau, Frankreich, 1858

'Géant des Batailles' × Sämling

## 'EMPRESS JOSÉPHINE'

Syn. 'Impératrice Josephine', 'Souvenir de l'Impératrice Josephine', 'Francofurtana'

ALTE R., GALLICA-ROSE, REIN ROSA

Die Herkunft der Sorte ist leider ungewiß. Mit ihr wird die erste Gemahlin von Napoleon I. geehrt. Die großen, halbgefüllten, dunkelrosa marmorierten Blüten wirken locker, sie blühen im Juni. Die gewellten, wuscheligen Petalen wirken fast durchscheinend. Trotz des schwachen Duftes ist die Sorte eine wertvolle Schnittrose. Der wuchernde, gut verzweigte Strauch wird bis zu 1,5 m hoch und trägt rauhe, stark geäderte, graugrüne Blätter, einige Stacheln und große Hagebutten. Er mag es schattig und muß bei Bedarf gestützt werden. **ZONEN 3–9.**

Descemet, Frankreich, vor 1815

*Rosa gallica* × *R. majalis* oder *R. pendulina*

Royal Horticultural Society Award of Garden Merit 1993

'Ena Baxter'

'Eminence'

'Empress Joséphine'

'Emotion'

## 'EMPRESS MICHIKO' DICnifty

TEEHYBRIDE, HELLROSA, ÖFTERBLÜHEND

Die nach einer japanischen Kaiserin benannte Sorte bietet ein wunderschönes Pastellfarbenspiel in Rosa, Creme und zartem Apricot. Die Knospen besitzen eine hohe Mitte, die äußeren Blütenblätter sind anmutig spitz. Die Knospen halten gut und öffnen sich zu Blüten von hervorragender Beschaffenheit. Die blühwillige Sorte wächst zu mittlerer Höhe heran und trägt dunkelgrünes, gesundes Laub. **ZONEN 4–9.**

Dickson, Großbritannien, 1992

'Silver Jubilee' × ('Bright Smile' × 'Peer Gynt')

Royal National Rose Society Trial Ground Certificate 1987, Glasgow Certificate of Merit 1994

## 'ENA BAXTER' COCbonne

TEEHYBRIDE, REIN ROSA, ÖFTERBLÜHEND

Üppig erscheinen die wohlgeformten, lachsrosa Blüten dieser Sorte. Sie stehen in kleinen, gut verteilten Büscheln, die sich schön vor dem dunklen Laub abheben. Das reichlich vorhandene, dichte Blattwerk glänzt schwach grün und ist krankheitsfest. Die duftende Rose hat sich für Hecken, Rabatten und Beete bewährt. **ZONEN 4–9.**

Cocker & Son, Großbritannien, 1990

Sämling × 'Silver Jubilee'

Royal National Rose Society Trial Ground Certificate 1987, Glasgow Goldmedaille 1994

## 'ENA HARKNESS'

TEEHYBRIDE, DUNKELROT, ÖFTERBLÜHEND

Die von Norman gezüchtete und von Harkness eingeführte Sorte wurde nach einer berühmten Floristin benannt. Sie ist für kühlere Gegenden bestimmt, in denen die Blüten beste Ausstellungsqualität erreichen. In der Mitte des 20. Jh. war die farbenreine, dunkelkarminrote Sorte mit dem köstlichen Damaszenerduft der Elternsorte 'Crimson Glory' in vielen englischen Gärten zu finden. Die eher zarten Blütenstiele und das spärliche, ledrige Laub minderten ihre Beliebtheit. Der Wuchs dieser recht gesunden Teehybride ist mittelkräftig und aufrecht. Nach einem üppigen Frühjahrsflor blüht er relativ gut nach. **ZONEN 4–9.**

Norman, Großbritannien, 1946

'Crimson Glory' × 'Southport'

Goldmedaille der National Rose Society 1945, National Rose Society Clay Cup for Fragrance 1945, Portland Goldmedaille 1955

## 'ENCHANTRESS'

ALTE R., TEEROSE, WEISS, ETWAS NACHBLÜHEND

Die Sorte wird leicht mit einer gleichnamigen Teehybride verwechselt. Die mittelgroßen Blüten zeigen sich rund und gefüllt. Ihre zarten, cremeweißen Petalen mit ockergelber Mitte sind an den Rändern gefaltet. Die duftenden Blüten stehen in Dolden, erscheinen vom Sommer bis zum Herbst, halten sich lange und bevorzugen eine sonnige, warme Lage. Der buschige Strauch erreicht eine Höhe von 1,5 m und verlangt einen mäßigen Schnitt. Er eignet sich als Solitär für Gärten und Parkanlagen. **ZONEN 5–9.**

Paul, Großbritannien, 1896

Eltern unbekannt

## 'ENFANT DE FRANCE'

ALTE R., REMONTANTROSE, HELLROSA, ETWAS NACHBLÜHEND



Diese Remontantrose, die noch kurz vor der Neueinführung der Teehybriden entstanden ist, hat sich über viele Jahre hindurch bewährt. Sie trägt lockere, rosaweiße, duftende Blüten, die gefüllt, manchmal geviertelt und silbrigrosa überhaucht sind. Die samtige Beschaffenheit der Blütenblätter verleiht ihr zusätzlichen Charme. Der aufrechte, kräftige Busch mit reichlichem Laub ist auch für karge Böden geeignet. **ZONEN 4–9.**

Lartay, Frankreich, 1860

Eltern unbekannt

## 'ENGLISH ELEGANCE' AUSleaf

STRAUCHROSE, ROSA+, ÖFTERBLÜHEND

Die Blüten dieser Sorte, die auch zu den Englischen Rosen zählt, zeigen eine ungewöhnliche Zusammenstellung von Rosa, Kupfer- und Lachsfarben. Die großen, wenig duftenden Blüten bestehen aus locker angeordneten inneren Petalen, die von einem Ring hellerer Blütenblätter umgeben sind. Sie erscheinen reichlich mit guter Nachblüte, insbesondere bei kühler Herbstwitterung, die die Farben deutlicher verstärkt. Das hellgrüne Laub ist krankheitsfest, die Blattabstände sind gering. Die große, ausladend wachsende Rose läßt sich gut am Spalier ziehen. Sie ist auch kräftig genug, um ohne Stütze einen breiten, überhängenden Strauch zu bilden oder als kleine Kletterrose gezogen zu werden.
**ZONEN 4–9.**

Austin, Großbritannien, 1986

Eltern unbekannt

## 'ENGLISH GARDEN' AUSbuff

**Syn. 'Schloss Glücksburg'**

STRAUCHROSE, APRICOT+, ÖFTERBLÜHEND

Der Wuchs dieser kleinen, aufrechten Sorte, die reichlich blaßgrünes Laub trägt, erinnert eher an den einer Teehybride. Die Blüten nehmen unterschiedliche Farben an, leuchten an heißen Standorten intensiver und wechseln von Zartgelb über Ockergelb bis zu blassem Apricot. Die flachen Blüte zeigen viele kleine Blütenblätter und häufig eine geviertelte Mitte; sie halten sich wunderbar

'English Garden'

'Erfurt'

'English Holiday'

'English Elegance'

lange in der Vase. Diese Sorte zählt auch zu den Englischen Rosen, läßt sich harmonisch in Rabatten integrieren und erfreut sich einer zunehmenden Beliebtheit. **ZONEN 4–9.**

Austin, Großbritannien, 1986

('Lilian Austin' × Sämling) × ('Schneewittchen' × 'Wife of Bath')

## 'ENGLISH HOLIDAY'

FLORIBUNDA, GELB+, ÖFTERBLÜHEND

Diese Floribundarose trägt große, duftende, gefüllte Blüten mit 30 Petalen in anmutigem, lachsfarben überlaufenem Gelb. Der flachwüchsige Busch besitzt großes, glänzendes, gesundes Laub. Diese Sorte eignet sich gut als Beetrose.
**ZONEN 4–9.**

Harkness, Großbritannien, 1977

'Bobby Dazzler' × 'Gold Bonnet'

Royal National Rose Society Trial Ground Certificate 1976

## 'ENGLISH MISS'

FLORIBUNDA, HELLROSA, ÖFTERBLÜHEND

In Anbetracht der beiden ausgezeichneten rosafarbenen Floribundarosen als Elternsorten erstaunt es nicht, daß die Sorte mit zarten, klaren, hellrosafarbenen Blüten aufwartet. Aus herrlichen Knospen öffnen sich die stark gefüllten, großen, flachen Blüten mit mehr als 60 Petalen, die in gut proportionierten Büscheln stehen. Sie erfüllen den ganzen Garten mit ihrem intensiven Duft. Das sehr dunkelgrüne bis purpurfarbene Laub bildet einen schönen Hintergrund. Der beliebte, dicht verzweigte Busch neigt selten zu Krankheiten.
**ZONEN 4–9.**

Cant, Großbritannien, 1978

'Dearest' × 'The Optimist'

Royal National Rose Society Trial Ground Certificate 1977, British Association of Rose Breeders Selection 1978

'Ernest H. Morse'

'Eos'

## 'EOS'

STRAUCHROSE, MOYESII-HYBRIDE, ROT+

Der bis 2 m hohe, kahle Strauch trägt kleines, farnartiges Laub. Die eiförmigen Knospen öffnen sich zu halbgefüllten, becherförmigen, mittelgroßen Blüten in Sonnenaufgangsrot mit weißer Mitte. Sie erscheinen zu mehreren an einem Stiel, duften schwach und sind nicht nachblühend. 'Eos' scheint nur in kühlen Lagen Hagebutten auszubilden, was um so bedauerlicher ist, da die langen, bauchigen Hagebutten der *Rosa moyesii* ihr einen besonderen Reiz verleihen. **ZONEN 4–9.**

Ruys, Niederlande, 1950

*Rosa moyesii* × 'Magnifica'

## 'ERFURT'

STRAUCHROSE, ROSA+, ÖFTERBLÜHEND

Die leicht überhängende, breitbuschig wachsende Sorte trägt sehr hübsches, gesundes, ledriges, ins satt Bronzefarbene spielendes Laub. Trotz der zahlreichen, mittelgroßen, runden Hagebutten, die nach dem ersten Flor erscheinen und farblich bald von Grün zu Orangerot wechseln, blüht die Sorte fortlaufend nach. Entfernt man die welken Blüten, so blüht sie noch rascher nach. Aus attraktiv aufgerollten Knospen entwickeln sich rosa Schalenblüten, deren Staubgefäße auf cremefarbenem bis hellgelbem Grund der fünf Petalen getragen werden. Die Früchte, die sich monatelang am Busch halten und offenbar von Vögeln verschmäht werden, eignen sich gut zu dekorativen Zwecken. **ZONEN 4–9.**

Kordes, Deutschland, 1939

Eva' × 'Réveil Dijonnais'

## 'ERINNERUNG AN BROD'

**siehe 'Souvenir de Brod'**

## 'ERNEST H. MORSE'

TEEHYBRIDE, ROT, ÖFTERBLÜHEND

Die Sorte wurde in Deutschland gezüchtet und nach dem Züchter benannt, der sie in England eingeführt hat. Die puterroten, wohlgeformten Blüten zählen 30 Petalen und werden bis zu 10 cm groß. Sie verströmen einen starken Duft, sind auch in voller Blüte von intensiver Farbe und blühen üppig nach. Die mittelhohe Pflanze trägt gutes, ledriges, krankheits-

'Ernest's Blue'

'Erotika'

festes Laub. Auch 30 Jahre nach ihrer Einführung erfreut sich die Sorte aufgrund ihrer Farbe, ihres Duftes und ihrer Zuverlässigkeit großer Beliebtheit.
**ZONEN 4–9.**

Kordes, Deutschland, 1964

Eltern unbekannt

Goldmedaille der Royal National Rose Society 1965

## 'ERNEST'S BLUE'

TEEHYBRIDE, MAUVE, ÖFTERBLÜHEND

Ihr silbrigblauer Mauveton verleiht dieser Sorte eine besondere Note. Die sich langsam öffnenden Knospen verströmen einen starken Duft, halten sich lange in der Vase und lassen sich wunderbar mit anderen Blumen kombinieren. Diese robuste Teehybride wächst mittelhoch und bringt reichlich gesundes Laub hervor.
**ZONEN 5–9.**

Eltern unbekannt

## 'EROTIKA'

Syn. 'Eroica', 'Eroika', 'Erotica'

TEEHYBRIDE, DUNKELROT, ÖFTERBLÜHEND

Diese wunderbare dunkelrote Rose betört mit ihrem intensiven Duft. Wohlgeformte Knospen entwickeln sich zu großen Blüten mit 35 festen Blütenblättern, die leicht samtig glänzen. Die stattliche Teehybride wächst aufrecht und kräftig, und sie bedeckt sich mit dunkelgrünem, krankheitsfestem Laub. Ihre dunkelrote Farbe, ihre Duftintensität, aber auch ihre Kraft und Blütenfülle sind Merkmale, die der 'Erotika' in Deutschland große Beliebtheit eingebracht haben. Diese Sorte hätte daher durchaus weltweit eine stärkere Anerkennung verdient.
**ZONEN 4–9.**

Tantau, Deutschland, 1968

Eltern unbekannt

ADR-Rose 1969

'English Miss'

## 'ESCAPADE' HARpade

FLORIBUNDA, MAUVE, ÖFTERBLÜHEND

Die sanft duftenden, halbgefüllten, zart magentarosa Blüten der 'Escapade' besitzen 12 Petalen, gelbe Staubgefäße und eine beinah weiße Mitte. Sie sind in großen Büscheln gruppiert, die sich wunderbar gegen das dichte, gesunde, glänzend hellgrüne Laub abheben. Die Blüte ist reichlich, wenngleich die Blüten an heißen Standorten schnell verblassen und verblühen. Der strauchige Wuchs prädestiniert diese Floribundarose als ideale Hecke; die anmutigen, einfachen Schalenblüten fügen sich aber auch recht gut in ein Staudenbeet ein.
**ZONEN 4–9.**

Harkness, Großbritannien, 1967

'Pink Parfait' × 'Baby Faurax'

Baden-Baden Goldmedaille 1968, Belfast Goldmedaille 1968, Kopenhagen Erster Preis 1970, ADR-Rose 1973, Royal Horticultural Society Award of Garden Merit 1994

'Escapade'

'Eskimo'

'Essex'

'Espéranza'

## 'ESKIMO' KORcilmo

Syn. 'Escimo'
TEEHYBRIDE, WEISS, ÖFTERBLÜHEND

Diese hervorragende Schnittblume besitzt mittelgroße Blüten, die sich sehr langsam öffnen und sich sowohl am Busch als auch in der Vase lange halten. Sie stehen einzeln oder in Büscheln. Die wenig duftende Sorte blüht gut und angemessen über alle Jahreszeiten verteilt. Unter Glas läßt sie sich nahezu bis zur Vollkommenheit ziehen, sie ist aber auch für wärmere Gartenlagen gut geeignet. **ZONEN 5–9.**

Kordes, Deutschland, 1991

Eltern unbekannt

## 'ESME EUVRARD' KORelgas

TEEHYBRIDE, HELLROSA, ÖFTERBLÜHEND

Von der berühmten Elternsorte hat 'Esme Euvrard' die wohlgeformten, langen, spitzen Knospen geerbt, die so gern geschnitten werden. Sie entfalten ihre kräftigen Blütenblätter langsam zu einer symmetrischen, zartrosafarbenen Blüte von hoher Qualität. Die beliebte Austellungsrose duftet nur schwach. Im Garten wächst der Strauch auf mittlere Höhe heran und eignet sich gut für Beete. **ZONEN 4–10.**

Kordes, Deutschland, 1992

'Märchenkönigin'-Hybride

## 'ESMERALDA'

siehe 'Keepsake'

## 'ESPECIALLY FOR YOU'

FRYworthy
TEEHYBRIDE, GELB, ÖFTERBLÜHEND

Die neue, stark duftende Sorte trägt leuchtend mimosengelbe, mit 25 Petalen gefüllte Blüten. Sie sind groß, wohlgeformt und stehen einzeln oder auch in kleinen Büscheln. Das dunkelgrüne Laub ist krankheitsfest. Die blühfreudige, sehr gut nachblühende Sorte eignet sich besonders für Beete und Rabatten. **ZONEN 4–9.**

Fryer, Großbritannien, 1996

Sämling × 'Johnnie Walker'

'Esther'

'Estima'

## 'ESPÉRANZA'

FLORIBUNDA, ROT, ÖFTERBLÜHEND

Diese hohe Floribunda kann auch als Strauchrose eingesetzt werden. Die aufrechte, wuchsfreudige Pflanze trägt üppiges, dunkelbronzefarbenes, ledriges und krankheitsfestes Laub. Die gefüllten, leuchtend roten Blüten erscheinen in großen Büscheln, die die Pflanze vollständig bedecken. Die Sorte eignet sich daher insbesondere als Beetrose, wenn größere einfarbige Flächen gewünscht werden. Wenn welke Blüten nicht regelmäßig entfernt werden, wächst eine Vielzahl von runden, roten Hagebutten heran, die mit der Nachblüte angenehm harmonieren. **ZONEN 4–9.**

Delforge, Frankreich, 1966

'Donald Prior' × 'Reverence'

Baden-Baden Goldmedaille 1968, Den Haag Goldmedaille 1968

## 'ESSEX' POUlnoz

Syn. 'Pink Cover', 'Aquitaine'
BODENDECKERROSE, REIN ROSA, ÖFTERBLÜHEND

Die etwa 60 cm hohe Sorte breitet sich auf 1,5 m aus. Vor dem dunkelgrünen Blattwerk erscheinen kleine, einfache, intensiv dunkelrosa Blüten in üppiger Zahl. Die Nachblüte der krankheitsfesten Pflanze ist fortlaufend, insbesondere wenn die welken Blüten entfernt werden. **ZONEN 4–9.**

Poulsen, Dänemark, 1988

Eltern unbekannt

Royal National Rose Society Certificate of Merit 1987, Dublin Goldmedaille 1987, Glasgow Certificate of Merit 1995

## 'ESTHER'

Syn. 'Duchesse d'Oldenbourg', 'Grande Esther'
ALTE R., GALLICA-ROSE, ROSA+

Die locker gefüllten, mittelgroßen rosafarbenen Blüten sind manchmal purpur- oder karminrot gestreift. Die gelben Staubgefäße werden oft von den wuschelig krausen Petalen verdeckt. Ein starker Duft lenkt im Garten die Aufmerksamkeit auf diese Rose, die allerdings im Handel nicht mehr erhältlich ist. **ZONEN 4–9.**

Vibert, Frankreich, 1845

Eltern unbekannt

## 'ESTHER GELDENHUYS'

KORskipei
TEEHYBRIDE, ORANGEROSA, ÖFTERBLÜHEND

Nach einem Test zeigte sich der südafrikanische Züchter Ludwig Taschner von dieser Kordes-Rose stark beeindruckt. Nur zögerlich erhielt Taschner die Erlaubnis, die Sorte in Südafrika einzuführen und benannte sie nach der Präsidentin der dortigen Rosengesellschaft. Die Sorte wird sowohl im Freiland als auch unter Glas als Schnittrose gezogen. Die langen Knospen öffnen sich zu großen, gefüllten Blüten mit 30 Petalen, die in der Form an eine Muschel erinnern. Die zart korallenrosa Blüten duften leicht und erscheinen in üppiger Anzahl. Der hohe Busch ist gut verzweigt und trägt glänzendes, purpurfarbenes bis rein grünes Laub mit gelbbraunen Stacheln. Die langen Stiele und die Farbe, die auch bei Kunstlicht angenehm wirkt, machen diese gute Garten- und Beetrose auch für die Vase wertvoll. **ZONEN 5–9.**

Kordes, Deutschland, 1985

Sämling × Sämling

## 'ESTHER OFARIM'

siehe 'Matador'

## 'ESTIMA'

ZWERGROSE, ORANGE+

Diese kleine, buschige Sorte besitzt rein grünes, mattglänzendes, gesundes Laub. Die kleinen, stark gefüllten Blüten zeigen sich in Dunkelorange mit einem leichten Lachston. Die eiförmigen Knospen öffnen sich zu flachen Blüten mit dichtste-

'Especially For You'

'Etain'

'Etude'

henden Petalen. Als Schnittblumen halten sie lange. Mittlerweile haben allerdings modernere Sorten 'Estima' abgelöst. **ZONEN 5–9.**

de Ruiter, Niederlande, 1986

Eltern unbekannt

## 'ETAIN'

RAMBLERROSE, ORANGEROSA

Die Sorte eignet sich gut für das Beranken kleiner Bäume oder Rosenbögen. Sie trägt lachsrosa Dolden, die im Juni blühen und leicht duften. Das glänzende Laub verleiht ihr zusätzlichen Charme. In milderen Zonen ist sie immergrün, so daß die Pflanze das ganze Jahr hindurch attraktiv bleibt und einen guten Hintergrund für ein Staudenbeet bildet. Die dünnen, biegsamen, bewehrten Triebe lassen sich leicht lenken. Die pflegeleichte, gesunde Sorte wurde 1953 durch den englischen Züchter Cant eingeführt und hätte durchaus eine größere Verbreitung verdient. **ZONEN 4–9.**

Cant, Großbritannien, 1953

Eltern unbekannt

## 'ETERNA' DELic

TEEHYBRIDE, HELLROSA, ÖFTERBLÜHEND

Trotz ihrer fünf großartigen Vorfahren, hat 'Eterna' bis jetzt nicht deren Leistung erreicht. Die attraktiven, länglichen Knospen öffnen sich zu wohlgeformten, gefüllten, hell lachsrosafarbenen Blüten mit 30–35 Petalen. Sie duften zart. Als Schnittrose hat die recht blühfreudige Sorte jedoch an Beliebtheit eingebüßt, obwohl sie sich ungeschnitten am Busch als auch in der Vase gut hält. Aber die wuchsfreudige, aufrechte Pflanze ist anfällig gegenüber Mehltau.

**ZONEN 5–9.**

Delbard-Chabert, Frankreich, 1978

(['Michèle Meilland' × 'Carla'] × ['Dr. Albert Schweitzer' × 'Super Star']) × ('Queen Elizabeth' × '*R.* × *centifolia*')

'Eterna'

## 'ETHEL'

RAMBLERROSE, HELLROSA

In einem Katalog aus dem Jahre 1912 werden der Sorte herrliche, halbgefüllte Blüten in zartrosa Schattierungen zugeschrieben. 1998 soll sie gefüllte, mauverosafarbene Blüten besitzen, so daß es doch recht fraglich ist, ob damit zur Zeit die richtige Sorte im Handel angeboten wird. Die Züchtung Turners blühte üppig in großen Dolden und war für ihr zartgrünes Laub und den kräftigen Wuchs bekannt. Die damals beschriebene und die heutige Sorte eignen sich auf jeden Fall gut zum Beranken von Pergolen, Zäunen und größeren Rosenbögen. Sie wird doppelt so groß wie durchschnittliche Kletterrosen und kann auch ausgezeichnet als Trauerhochstamm gezogen werden. Sie blüht nur im Juni.

**ZONEN 4–9.**

Turner, Großbritannien, 1912

Sämling von 'Dorothy Perkins'

## 'ETHEL AUSTIN' FRYmestin

FLORIBUNDA, DUNKELROSA, ÖFTERBLÜHEND

Aus den zwei bekannten und reichblühenden Elternsorten ist eine dauerblühende Floribunda mit jeweils 20 Petalen gefüllten, dunkelrosa Blüten entstanden, die in angenehm duftenden Büscheln zusammenstehen. Die Pflanze wächst aufrecht und trägt großes, grünes Laub, das recht gesund ist. **ZONEN 4–9.**

Fryer, Großbritannien, 1984

'Pink Parfait' × 'Redgold'

## 'ETHEL DAWSON'

TEEHYBRIDE, ROT, ÖFTERBLÜHEND

George Dawson hat einige sehr gute, langstielige, krankheitsfeste Sorten mit glänzendem Laub auf den Markt gebracht, zu denen auch diese nach seiner Frau benannte Sorte zählt. Die mittelgroßen, wohlgeformten, roten Blüten

'Ethel Dawson'

mit weißer Mitte öffnen sich langsam und sind äußerst farbbeständig. Sie duften angenehm und blühen gut nach. Die kräftige Pflanze besitzt dunkelgrünes Laub. **ZONEN 6–9.**

Dawson, Australien, vor 1978

Eltern unbekannt

## 'ETNA'

ALTE R., MOOSROSE, DUNKELROT

Die glutrote Farbe dieser Sorte stand hier zweifelsohne bei der Namensgebung Pate. Die bemoosten, dunkelpurpurnen Knospen blühen zu leuchtend karminroten, stark gefüllten, duftenden Blüten auf. Die festen Petalen lassen vor den rauhen, gesägten Blättern schöne Farbtupfer entstehen. Die bemoosten Kelchblätter umfassen die roten Knospen vollständig, in voller Blüte enthüllen sie dann dichtstehende Blütenblätter.

**ZONEN 4–9.**

Laffay, Frankreich, 1845

Eltern unbekannt

## 'ETOILE DE HOLLANDE'

TEEHYBRIDE, ROT, ÖFTERBLÜHEND

Diese Teehybride erfreut sich schon seit etwa 80 Jahren großer Anerkennung und wird immer noch kultiviert. Die leuchtend roten, mit 30–35 Petalen relativ gefüllten Blüten erscheinen zunächst becherförmig und öffnen sich dann zu großen Blüten. Der sehr intensive Duft erinnert an Damaszenerrosen. Die mittelkräftige, offene Pflanze besitzt eher weiches, rein grünes, nicht allzu üppiges Laub. Zahlreiche neue rote Sorten wurden inzwischen eingeführt und sind wieder vom Markt verschwunden; diese Sorte aber ist immer noch vertreten. Ihre Farbe, die samtige Beschaffenheit und ihr intensiver Duft machen sie bei Rosenreunden so außerordentlich beliebt.

**ZONEN 4–9.**

Verschuren, Niederlande, 1919

'General MacArthur' × 'Hadley'

## 'ETOILE DE LYON'

ALTE R., TEEROSE, REIN GELB, ÖFTERBLÜHEND

Eine blühfreudigere Rose als diese Sorte ist kaum denkbar. Vom zeitigen Frühjahr bis zum Winter verströmt die gesunde Sorte ihren kräftigen Teerosenduft. Obwohl die äußeren Petalen gelegentlich wenig attraktiv sind, überzeugen die safrangelben Blütenblätter der offenen Blüte alle Zweifler. Die rundlichen, gefüllten Blüten, die an dünnen Trieben gebildet werden, hängen oft schwer herab. Die wuchsfreudige Sorte wächst auf eigener Wurzel, läßt sich leicht vermehren und gedeiht in Schatten oder Sonne, in heißen und kalten Gegenden gleichermaßen. Sie zählt zu den zahlreichen Rosen, die nach dem berühmten Rosenzentrum des 19. Jh. benannt wurden. Sie ist pflegeleicht und relativ krankheitsfest.

**ZONEN 6–9.**

Guillot, Frankreich, 1881

Sämling von 'Madame Charles'

## 'ETUDE'

GROSSBLUMIGE KLETTERROSE, DUNKELROSA, ÖFTERBLÜHEND

Die relativ klein bleibende Kletterrose, die gern an einer Säule oder einer Pyramide wächst, besitzt dunkelgrünes, üppiges und gesundes Laub. Die dunkelrosa-

'Etoile de Lyon'

'Etoile de Hollande'

E

roten, halbgefüllten Blüten öffnen sich bei jeder Witterung. Sie stehen einzeln oder in Büscheln, duften stark und verwöhnen mit einem anhaltenden Flor. Obwohl die äußerst zuverlässige Sorte keine aufsehenerregenden Blüten besitzt, so ist der üppige Flor doch überzeugend. Wenn die welken Blüten nicht entfernt werden, wachsen zahlreiche große, runde Hagebutten heran, die reizend mit der Nachblüte harmonieren. **ZONEN 4–9.**

Gregory, Großbritannien, 1965

'Danse du Feu' × 'New Dawn'

National Rose Society Certificate of Merit 1964

## 'EUGÈNE DE BEAUHARNAIS'

**Syn. 'Prince Eugène'**

ALTE R., CHINAROSE, MAUVE, ETWAS NACHBLÜHEND

„Sie nickt wie Zeus, anmutig und majestätisch". So zitiert der Rosenautor Brent Dickerson aus einer frühen Beschreibung dieser Sorte. Die kleine, buschige, aufrechte Pflanze bildet von Sommer bis Herbst becherförmige, gefüllte Blüten. Je nach Standort, in der Sonne oder im Schatten, sind die Petalen intensiv karminrot bis dunkelrot gefärbt und an den Rändern leicht zurückgebogen. Der blühfreudige Strauch ist stark bewehrt und trägt kleines, graugrünes Laub mit purpurfarbenem Rand. Leider ist er anfällig für Mehltau. Prinz Eugen (1781–1824) war Bruder der Kaiserin Josephine, die den Park von Malmaison anlegen ließ. **ZONEN 4–9.**

Hardy, Frankreich, 1838

Eltern unbekannt

## 'EUGÈNE FÜRST'

**Syn. 'General Korolkow'**

ALTE R., REMONTANTROSE, DUNKELROT, ETWAS NACHBLÜHEND

Der aufrechte, große und wuchsfreudige Strauch wird wegen seiner leuchtenden Farbe und guten Gesundheit weltweit kultiviert. Von Frühling bis Herbst bildet er Blüten, wobei der Herbstflor oft noch schöner als die Frühjahrsblüte ausfällt. Die duftenden, karmin- bis purpurroten Blüten sind gefüllt, rundlich und groß. Von der Seite betrachtet, sehen sie wie kleine Becher aus. Der bis zu 1,5 m hohe Busch trägt attraktive Blätter, die leider anfällig für Mehltau sind. Aus dieser Sorte sind 'Reveil Dijonnais' und 'Baron Girod de l'Ain' hervorgegangen.
**ZONEN 4–9.**

Soupert und Notting, Frankreich, 1875

'Baron de Bonstetten' × Sämling

'Euphrosyne'

'Eugène Fürst'

'Europa'

'Europeana'

'Eurorose'

## 'EUGÈNE VERDIER'

ALTE R., MOOSROSE, DUNKELROSA

Diese Sorte sollte nicht mit einer gleichnamigen Teehybride verwechselt werden (Guillot, 1863). Verdiers Züchtung verlangt beste äußere Bedingungen, damit hervorragende Eigenschaften zum Tragen kommen. Die wohlgeformten, karmin- bis hellroten Blüten sind gefüllt und werden zur Mitte hin dunkler. In voller Blüte zeigt sich die Mitte eher wuschelig. Die Knospen sind bemoost, die äußeren Petalen zurückgebogen. Die wuchsfreudige, buschige Pflanze schätzt einen mäßigen Schnitt und reagiert gut auf Düngegaben und nährstoffreichen Boden. Die duftenden Blüten ergeben herrliche Schnittblumen. **ZONEN 4–9.**

Verdier, Frankreich, 1872

Eltern unbekannt

## 'EUGÈNIE GUINOISEAU'

**Syn. 'Eugènie Guinoisseau'**

ALTE R., MOOSROSE, ROT

Obwohl Moosrosen meistens nicht sehr hoch werden, kann diese Sorte sogar als Kletterrose verwendet werden. Die wuchsfreudige, aufrechte Pflanze erreicht eine Höhe von mehr als 2 m und benötigt ein Gerüst. Aus bemoosten, dicken Knospen entstehen gefüllte, kirschrote bis violett-purpurfarbene Blüten, die von kleinen weißen Streifen durchzogen sind. An einem sonnigen Standort wird die Farbe der großen, flachen Blüten zarter. Die borstigen Stiele sind mit reizvollen, gesägten, dunklen Blättern bedeckt. Im Herbst bilden lange, schmale Hagebutten den letzten Reiz eines Rosenjahres. **ZONEN 4–9.**

Guinoisseau, Frankreich, 1864

Eltern unbekannt

*R. persica*, Elternsorte von 'Euphrates'

## 'EUPHORIA' INTereup

BODENDECKERROSE, GELB+, ÖFTERBLÜHEND

Aus spitzen Knospen entstehen weite, schalenförmige, mittelgroße, einfache Blüten in lockeren Büscheln. Jedes gelbe Blütenblatt ist von einem deutlichen orangeroten Rand eingefaßt, der im Laufe der Blütezeit von orangelachsfarben bis lachsrosa wechselt. Der leuchtende und angenehme Eindruck wird von zartem Duft begleitet. Die Blüten sprießen von Sommer bis Herbst an einer kräftigen, ausladenden Pflanze, die etwa fünf Mal breiter als hoch wird. Das rein grüne Laub erscheint üppig und glänzend. Die Sorte bildet eine reizende Ergänzung im vorderen Bereich einer Rabatte und ist gut als Bodendecker einzusetzen. Die genauen Elternsorten sind nicht bekannt, von einer Abstammung von *Rosa persica* wird aber ausgegangen.
**ZONEN 4–9.**

Ilsink, Niederlande, 1996

Eltern unbekannt

British Association of Rose Breeders, Breeders' Choice 1998

## 'EUPHRATES' HARunique

STRAUCHROSE, ROSA+

Diese einzigartige, kleine Rose trägt einfache, zart duftende, lachsrosa Blüten mit einem dunkelrosa Auge. Sie besitzen fünf Petalen und erscheinen in Büscheln an zweijährigem Holz, die Blüte erfolgt im Frühjahr. In voller Blüte erinnert die Pflanze eher an eine Zistrose als an eine Rose; sie hält sich gut in der Vase. 'Euphrates' trägt kleines, länglich schmales,

'Eurostar'

blaßgrünes Laub, ist schwachwüchsig und bevorzugt heiße, trockene Standorte und leichte Böden (siehe auch 'Tigris'). **ZONEN 4–9.**

Harkness, Großbritannien, 1986

*Rosa persica* × 'Fairy Changeling'

## 'EUPHROSYNE'

**Syn. 'Pink Rambler'**

RAMBLERROSE, REIN ROSA

Die Sorte verlangt einen schattigen Standort. Die leuchtend karminroten Knospen erscheinen in Büscheln und öffnen sich zu dunkelrosafarbenen, gefüllten, kleinen, flachen Blüten. Sie wechseln von Sattrosa über Rosa zu Blaßrosa und verströmen einen starken Teerosenduft. Der wuchsfreudige Kletterer eignet sich für Rosenbögen oder Säulen, trägt hellgrünes Laub an biegsamen Trieben und braucht fast keinen Schnitt. Die Sorte benötigt mindestens drei Jahre zum Aufbau und zählte in den Gartenentwürfen von Gertrude Jekyll zu den bevorzugten Pflanzen. Schmitt benannte insgesamt drei seiner heute auf dem Markt angebotenen Ramblerrosen nach Göttinnen der griechischen Mythologie, nämlich 'Euphrosyne', 'Aglaia' und 'Thalia'. **ZONEN 4–9.**

Schmitt, Frankreich, 1895

*Rosa multiflora* × 'Mignonette'

## 'EUROPA' KORtexung

**Syn. 'Fleurop'**

TEEHYBRIDE, REIN ROSA, ÖFTERBLÜHEND

Die mittelkräftig wachsende, nahezu krankheitsfeste Schnittrose bildet während der äußerst langen Blühzeit kleine, sehr schön geformte, rosarote Blüten, die einzeln und in Büscheln stehen. Die Knospen öffnen sich langsam zu stark gefüllten Blüten mit guter Haltbarkeit, aber kaum vorhandenem Duft. Das rasche Welken der Blüten macht sie für den Garten wenig geeignet. **ZONEN 5–9.**

Kordes, Deutschland, 1976

Eltern unbekannt

## 'EUROPEANA'

FLORIBUNDA, DUNKELROT, ÖFTERBLÜHEND

Die gefüllten, dunkelkarminroten, rosettenförmigen Blüten werden 8 cm groß und stehen in großen Büscheln von bis zu 30 zart duftenden Einzelblüten. Sie sind gut verteilt und haben Ausstellungsqualität. Die äußerst blühfreudige, kräftige Sorte trägt großes, üppiges, grünbronzefarbenes Laub, das dem purpurroten Austrieb nachfolgt. In Mitteleuropa tritt Mehltau auf, in Nordeuropa weniger. Bei starkem Wind knicken die schweren Dolden bisweilen um. **ZONEN 4–9.**

de Ruiter, Niederlande, 1963

'Ruth Leuwerik' × 'Rosemary Rose'

Den Haag Goldmedaille 1962, All-American Rose Selection 1968, Portland Goldmedaille 1970

## 'EUROROSE'

FLORIBUNDA, GELB+, ÖFTERBLÜHEND

Diese ungewöhnlichen Blüten sind ockergelb mit einem Hauch von Rot, was sie fast goldbraun erscheinen läßt. Die wohlgeformten Knospen öffnen sich, wie bei der Elternsorte 'Redgold', schon bald zu gefüllten Blüten mit 25 Petalen und hübscher Form. Die Sorte blüht rasch nach. Der kleine bis mittelhohe Busch trägt mit Ausnahme von gelegentlichem Mehltaubefall gesundes Laub. Die ausgefallene Farbe dieser guten Beetrose macht sie auch für herbstliche Blumensträuße interessant. **ZONEN 4–9.**

Dickson, Großbritannien, 1973

'Zorina' × 'Redgold'

## 'EUROSTAR' POUlreb

FLORIBUNDA, REIN GELB, ÖFTERBLÜHEND

Die Sorte bringt große Blüten hervor, die einzeln und in Büscheln an einer aufrechten Pflanze mit glänzendem, dunkelgrünem Laub erscheinen. Die goldgelben Blüten setzen sich aus zahlreichen Petalen zusammen, haben eine dunklere Mitte und eine rundliche, becherförmige, altmodische Form. Der duftende Flor

'Eutin'

'Eva'

'Evelyn'

wirkt von nah und fern attraktiv und hält lange an. Eine gute Krankheitsfestigkeit und schnelle Nachblüte macht sie für Beete und auch für Rabatten besonders wertvoll. ZONEN 4–9.

Olesen/Poulsen, Dänemark, 1994

Eltern unbekannt

## 'EUTIN'

Syn. 'Hoosier Glory'

FLORIBUNDA, DUNKELROT, ÖFTERBLÜHEND

Die frühe Floribundarose ist bekannt für ihre riesigen Blütenköpfe aus gefüllten, zart duftenden, kleinen, dunkelkarminroten Blüten, die aus rundlich dicken, spitzen Knospen entstehen. Der Frühlingsflor bringt Dolden mit 50 und mehr Blüten hervor, die 'Eutin' von der Elternsorte 'Eva' übernommen hat. Die wuchsfreudige, gut nachblühende Pflanze ist üppig mit glänzendem, dunklem, ledrigem und gesundem Laub bedeckt. 'Eutin' ist gut als Hecke und für Beete geeignet oder auch im Staudenbeet gern gesehen. ZONEN 4–9.

Kordes, Deutschland, 1940

'Eva' × 'Solarium'

## 'EVA'

STRAUCHROSE, ROT+, ÖFTERBLÜHEND

'Eva' ist eine großartige Strauchrose, die früher oft für größere Anlagen verwendet wurde und trägt riesige Rispen mit 75 und mehr Blüten. Die halbgefüllten, karminroten Blüten besitzen eine hübsche, weiße Mitte. Die Sorte blüht fortwährend, wenn die welken Blüten regelmäßig entfernt werden, sonst bilden sich

'Evangeline'

in großen Büscheln schöne, ungewöhnlich rosarote Hagebutten, die sich gut zu dekorativen Zwecken eignen. Der wuchsfreudige, robuste Strauch trägt reichlich großes, krankheitsfestes Laub. Er macht sich ausgezeichnet zwischen blühenden Gehölzen oder als Hintergrund in Rabatten mit Stauden und Zwiebelpflanzen. ZONEN 4–9.

Kordes, Deutschland, 1933

'Robin Hood' × 'J. C. Thornton'

## 'EVANGELINE'

RAMBLERROSE, ROSA+

Die Sorte, die zu Ehren eines beliebten Versepos des Amerikaners Henry Wadsworth Longfellow (1808–1882) benannt wurde, trägt einfache, leicht rosa marmorierte Blüten. Sie erscheinen in Büscheln an langen Stielen wie pyramidenartige Apfelblüten. Die großen gelben Staubbeutel bilden an den 5 cm großen Blüten, die einen süßen Duft verströmen, einen Blickfang. Die kräftige Ramblerrose erreicht eine Höhe von 4,5 m und trägt dunkles, ledriges Laub. Sie hat hakenförmige Stacheln und bildet reichlich kleine, attraktive Hagebutten. Sie ist gut zum Beranken von Bäumen geeignet, bei einer Pergola ist ein regelmäßiger Schnitt sinnvoll. Selbst an schattigen Standorten erbringt die Sorte gute Leistungen. Zwischen 1901 und 1920 hat Walsh in Woods Hole (US-Bundesstaat Massachusetts) einige recht erfolgreiche Ramblerrosen gezüchtet.
ZONEN 4–9.

Walsh, USA, 1906

*Rosa wichuraiana* × 'Crimson Rambler'

## 'EVELYN' AUSsaucer

Syn. 'Apricot Parfait'

STRAUCHROSE, APRICOT+, ÖFTERBLÜHEND

Die Sorte, die auch zu den Englischen Rosen zählt, erhielt ihre Farbe von 'Tamora', der kräftige Wuchs geht auf 'Graham Thomas' zurück. Die riesigen, mit mehr als 40 Petalen stark gefüllten Blüten öffnen sich in voller Blüte von einer Schalenform zu einer Rosette und verströmen einen köstlichen Duft. Ihre Farbe wechselt bei heißen Temperaturen von sattem Apricot mit gelber Mitte zu deutlicherem Rosa; ein Farbenspiel, das sie von 'Gloire de Dijon' geerbt hat. Der kräftige, aufrechte, mittelhoch wachsende Strauch blüht fortdauernd und üppig. Die renommierte britische Kosmetikfirma Crabtree and Evelyn wirbt mit dieser Rose für ihre Produkte. ZONEN 4–9.

Austin, Großbritannien, 1992

'Graham Thomas' × 'Tamora'

'Evelyn Fison'

## 'EVELYN FISON' MACev

Syn. 'Irish Wonder'

FLORIBUNDA, ROT, ÖFTERBLÜHEND

Der kompakte, robuste Busch besitzt reichlich glänzendes, dunkelgrünes, gesundes Laub. Die zart duftenden, 8 cm großen Blüten erscheinen einzeln oder in gut verteilten Büscheln von bis zu 20 Blüten. Die wohlgeformten Knospen öffnen sich zu haltbaren, halbgefüllten Blüten von guter Festigkeit. Ihre scharlachrote Farbe verblaßt weder bei großer Hitze noch bei Kälte. Die eher stachelige Pflanze hat ihre Auszeichnung durchaus verdient und ist trotz modernerer Konkurrenz auch heute noch weit verbreitet.
ZONEN 4–9.

McGredy, Großbritannien, 1962

'Moulin Rouge' × 'Korona'

Goldmedaille der National Rose Society 1963

## 'EVENING STAR' JACven

FLORIBUNDA, WEISS, ÖFTERBLÜHEND

Diese kleine, anmutige Sorte ist aus der wunderbaren 'Saratoga' entstanden, die eine Andeutung von Creme zeigt. Es erscheinen duftende, weiße Blüten mit hellgelber Mitte. Sie sind gefüllt, groß, wohlgeformt und hochgebaut. Der auf-

'Everest Double Fragrance'

'Evensong'

'Excellenz von Schubert'

'Excelsa'

rechte, wuchsfreudige Busch besitzt üppiges, ledriges, dunkelgrünes Laub. Die Sorte blüht sehr gut nach und ist recht krankheitsfest. **ZONEN 6–9.**

Warriner, USA, 1974

'White Masterpiece' × 'Saratoga'

Belfast Goldmedaille und Duftpreis 1977, Portland Goldmedaille 1977

## 'EVENSONG'

TEEHYBRIDE, ORANGEROSA, ÖFTERBLÜHEND

Die reizvollen rosa Blüten spielen ins Lachsrosa. Sie öffnen sich recht rasch zu 13 cm großen, gefüllten Blüten mit 25 Petalen. Sie zeigen sich relativ blühfreudig, wenngleich die Ruhephasen zwischen den Blütezeiten oft ausgedehnt sind. Der mäßig wuchsfreudige Busch trägt krankheitsfestes, dunkelgrünes Laub. **ZONEN 4–9.**

Arnot, Großbritannien, 1963

'Ena Harkness' × 'Sutter's Gold'

National Rose Society Certificate of Merit 1963

## 'EVEREST'

ALTE R., REMONTANTROSE, WEISS

Die weißlich-cremefarbenen Blüten besitzen eine grünliche bis zitronengelbe Mitte. An dem ausladenden Strauch erscheinen riesige, duftende, mit 25 Petalen gefüllte Blüten, die in Büscheln gruppiert sind. Die 1 m hohe Sorte, die den ganzen Sommer über Blüten hervorbringt, eignet sich gut als Hecke auf kargem Boden. Benannt nach dem höchsten Berg der Welt, finden doch die Blüten an feuchtnassem Wetter keinen Gefallen. Walter Easlea und Söhne aus Essex, England, haben den Rosenmarkt um zahlreiche erfolgreiche Züchtungen bereichert, darunter auch die ausgezeichnete 'Easlea's Golden Rambler'. **ZONEN 5–9.**

Easlea, Großbritannien, 1927

'Candeur Lyonnaise' × 'Mme Caristie Martel'

Goldmedaille der National Rose Society 1927

'Exploit'

## 'EVEREST DOUBLE FRAGRANCE'

FLORIBUNDA, HELLROSA, ÖFTERBLÜHEND

Das deutlich marmorierte, dunkelgrüne Laub bietet einen ausgezeichneten Hintergrund für die hellrosafarbenen Blüten, die in Büscheln von 3–7 Blüten erscheinen. Die Knospen sind spitz und länglich. Die geöffneten, stark duftenden Blüten besitzen attraktive Staubgefäße. Die krankheitsfeste, öfterblühende Sorte eignet sich besonders für Beete oder Heckenpflanzungen. **ZONEN 4–9.**

Beales, Großbritannien, 1980

'Dearest' × 'Elizabeth of Glamis'

## 'EXCELLENZ VON SCHUBERT'

POLYANTHAROSE, DUNKELROSA, ÖFTERBLÜHEND

Die gefüllten, karminroten bis rosa Blüten zeigen eine lila Schattierung und erscheinen in riesigen Büscheln an langen, überhängenden Trieben. Der kräftige Busch besitzt dunkelgrünes Laub. Nicht entfernte, welke Blüten lassen kleine, runde Hagebutten in großen Büscheln heranwachsen, die den üppigen Herbstblütenzweigen zusätzlichen Reiz verleihen. Der Frühlingsflor bildet sich relativ spät. Als großer Strauch ist die Sorte sehr wertvoll und kann in Gruppen oder als hohe Hecke gesetzt werden. **ZONEN 4–9.**

Lambert, Deutschland, 1909

'Mme Norbert Levavasseur' × 'Frau Karl Druschki'

## 'EXCELSA'

Syn. 'Rote Dorothy Perkins'

RAMBLERROSE, ROT

Die leuchtend hellroten, gefüllten, becherförmigen Blüten mit weißer Mitte erscheinen an großen, unregelmäßigen Büscheln, die oft überhängen. Die Farbe variiert je nachdem, ob der Standort sonnig oder schattig ist. Die biegsamen, bestachelten Triebe lassen sich gut an einer Pergola ziehen und sind mit Stacheln bedeckt. Um Mehltaubefall vorzubeugen, sollte ein luftiger Standort gewählt werden. Die verbesserte Sorte 'Super Excelsa' (Hetzel, 1986) wurde ADR-Rose 1991 und ist inzwischen weit verbreitet. **ZONEN 6–9.**

Walsh, USA, 1909

Goldmedaille der American Rose Society 1914

## 'EXCITING'

Syn. 'Roter Stern', 'Queen of Bermuda'

TEEHYBRIDE, ROT, ÖFTERBLÜHEND

Ihre Beliebtheit verdient diese Schnittrose vor allem den beachtenswert engen, spitzen, roten Knospen, die an langen, kräftigen Stielen erscheinen. Sie entfalten sich zu halbgefüllten, mittelgroßen, eher mattroten Blüten, die nicht duften, aber lange halten. Der hohe, kräftige und gesunde Strauch ist die ganze Saison mit Blüten bedeckt. **ZONEN 4–10.**

Meilland, Frankreich, 1958

'Rouge Meilland' × 'Kordes' Sondermeldung'

## 'EXOTIC'

siehe 'Sunset Celebration'

## 'EXPLOIT' MEIlider

Syn. 'Colonia', 'All In One', 'Grimpant Exploit'

GROSSBLUMIGE KLETTERROSE, DUNKELROSA/ROT

Im Frühling lenkt die wuchsfreudige Sorte mit einem üppigen Flor von gefüllten, dunkelrosa bis roten Blüten mit 20 Petalen alle Aufmerksamkeit auf sich. Nach dem ersten Flor ist die Nachblüte zögerlich. Die Pflanze trägt kleines, rein grünes, gesundes Laub und eignet sich gut für das Beranken von Säulen und Zäunen. **ZONEN 4–9.**

Meilland, Frankreich, 1985

'Fugue' × 'Iskra'

## 'EYECATCHER'

FLORIBUNDA, ROSA+

Das Rosa der mittelgroßen, gefüllten, duftenden Blüten ist apricotfarben überhaucht; die Ptealen rückseitig silbrig-rosafarben. An der gedrungenen Pflanze fügt sich das blaßgrüne, glänzende Laub Ton in Ton zu den Blüten. **ZONEN 4–9.**

Cant, Großbritannien, 1976

'Arthur Bell' × 'Pernille Poulsen'

## 'EYEOPENER' INTerop

Syn. 'Erica', 'Eye Opener', 'Tapis Rouge'

STRAUCHROSE, ROT, ÖFTERBLÜHEND

Die weiße Mitte der Elternsorten findet sich auch bei diese Rose in den einfachen, intensiv roten Blüten mit goldenen Staubgefäßen wieder. Sie stehen in kleinen und großen Büscheln an einer großen, überhängenden Pflanze, die eher breit als hoch ist. Spät in der Blütezeit tragen Langtriebe Hunderte von Blüten an langen Stielen und zahlreichen Seitentrieben. Das Laub wächst reichlich, ist klein und dunkelgrün. Bis auf Sternrußtau in feuchten Lagen ist die Sorte recht krankheitsfest. **ZONEN 4–9.**

Ilsink, Niederlande, 1987

(Sämling × 'Eyepaint') × (Sämling × 'Dortmund')

Royal National Rose Society Certificate of Merit 1986, Belfast Preis 1989

## 'EYEPAINT' MACeye

Syn. 'Eye Paint', 'Tapis Persan'

FLORIBUNDA, ROT+, ÖFTERBLÜHEND

Die weißen Strähnen in den leuchtend roten, einfachen Blüten mit 5–6 Petalen, weißer Mitte und goldenen Staubgefäßen muten fast wie handgemalt an. Die mittelgroßen Blüten stehen in kleinen und großen Büscheln. Die kräftige Sorte mit gesundem, üppigem, glänzendem Blattwerk eignet sich gut für Beete und Hecken. Sie kann in Gruppenpflanzungen und sogar als kurze Säulenrose Verwendung finden. **ZONEN 4–9.**

McGredy, Neuseeland, 1975

Sämling × 'Picasso'

Royal National Rose Society Trial Ground Certificate 1973, Baden-Baden Goldmedaille 1974, Belfast Goldmedaille 1978

'Eyepaint'

'Eyecatcher'

'Eyeopener'

F

'F. J. Grootendorst'

'Fair Bianca'

'Fair Dinkum'

## 'F. J. GROOTENDORST'

**Syn. 'Nelkenrose', 'Grootendorst', 'Grootendorst Red'**

STRAUCHROSE, RUGOSA-HYBRIDE, ROT, ÖFTERBLÜHEND

Die Rose bildet einen stacheligen, hoch wachsenden Strauch mit großen, runzeligen Rugosa-Blättern. Die kleinen Blüten sind gefüllt, sitzen in Büscheln von bis zu 20 Stück und duften leicht; die Ränder der leuchtend karminroten Petalen sind wie Nelkenblüten gesägt. 'F. J. Grootendorst' gehört zusammen mit den ähnlichen Sorten 'Pink Grootendoorst' und 'Grootendoorst Supreme' zu den sog. „Nelkenrosen". Alle drei legen nach dem ersten Flor Blühpausen ein und sind für undurchdringliche Hecken geeignet. **ZONEN 3–9.**

de Goey, Deutschland, 1918

*Rosa rugosa* 'Rubra' × vermutlich 'Mme Norbert Levavasseur'

## 'FABIOLA'

siehe 'Queen Fabiola'

## 'FABVIER'

**Syn. 'Général Fabvier'**

ALTE R., CHINAROSE, ROT, ETWAS NACHBLÜHEND

Die karmin-scharlachroten halbgefüllten Blüten sitzen einzeln oder in Büscheln. Sie sind schalenförmig, mittelgroß und haben herzförmige Petalen mit weißen Streifen und weißer Mitte. Auffallend gelbe Staubfäden erhöhen noch den Reiz dieser duftenden, etwas nachblühenden Alten Rose, die sich auch für die Vase eignet. Das frische Laub ist bronzefarben überhaucht. Die Blüten sitzen an kräftigen Trieben am bis 1,2 m hoch werdenden Strauch. Die alten Triebe sind stark bewehrt. Die wetterfeste Rose wurde nach einem berühmten französischen General benannt. **ZONEN 4–9.**

Laffay, Frankreich, 1832

Eltern unbekannt

## 'FAIR BIANCA' AUSca

STRAUCHROSE, WEISS, ÖFTERBLÜHEND

'Fair Bianca', die erste weiße Rose des Briten David Austin, gehört zu den Englischen Rosen. Sie hat wunderschöne, mittelgroße, flache Blüten, die dichte, geviertelte Rosetten bilden. Die mit 60 Petalen gefüllten Blüten erscheinen in Büscheln und variieren in der Farbe: Bei Wärme ist die Mitte kräftig rosa, im Herbst eher pastellfarben. Die Rose verströmt einen starken Duft und blüht ununterbrochen. Die aufrecht wachsende Pflanze wird mittelhoch. Sie wirkt besonders gut in einem „Mixed Border", wenn drei, fünf oder sieben Pflanzen nebeneinandergesetzt werden. **ZONEN 4–9.**

Austin, Großbritannien, 1982

Abstammung von 'Belle Isis'

'Fairy Dancers'

## 'FAIR DINKUM' TINdink

ZWERGROSE, ROSA+, ÖFTERBLÜHEND

Die Blüten von 'Fair Dinkum' sind zartrosa gefärbt und werden zum Rand der Petalen dunkler; die Petalenaußenseite ist weiß und die Mitte cremefarben. Für eine Zwergrose sind die leicht duftenden Blüten sehr groß. Der aufrecht wachsende Busch besitzt mattglänzendes, dunkelgrünes Laub. Der Flor erneuert sich schnell, die Pflanze ist krankheitsresistent und besitzt sehr wenig Stacheln. Dee Bennett gibt ihren Rosen oft Namen, die einen Bezug zur Kultur und Sprache Australiens aufweisen. **ZONEN 4–11.**

Bennett, USA, 1983

Sämling × 'Coral Treasure'

## 'FAIR PLAY' INTerfair

STRAUCHROSE, MAUVE, ÖFTERBLÜHEND

'Fair Play' erinnert leicht an die Harkness-Strauchrose 'Yesterday', wächst aber wesentlich breiter. Die duftenden, mit ca. 20 Petalen halbgefüllten, hellroten, in der Mitte hellvioletten Blüten sitzen in großen Büscheln. Das kleinblättrige Laub ist dunkelgrün. Die Pflanze blüht vom Sommer bis in den Herbst. Sie kann als hoher Bodendecker gut für Böschungen verwendet werden. **ZONEN 4–9.**

Ilsink, Niederlande, 1977

'Yesterday' × Sämling

## 'FAIRHOPE' TALfairhope

ZWERGROSE, HELLGELB, ÖFTERBLÜHEND

Aus spitzen Knospen entwickeln sich Blüten in einem weichen, zarten Gelbton. Die formschönen Blütchen mit nur 15–30 Petalen sind sehr langlebig. Sie haben eine hohe Mitte und sitzen meist einzeln, ab und zu auch in kleinen Büscheln und duften nur leicht. Die langen, geraden Stiele sind mit dunkelgrünem Laub bedeckt. Die Pflanze ist frostempfindlich. Benannt wurde 'Fairhope' nach einer Kleinstadt im US-Bundesstaat Alabama. **ZONEN 5–11.**

Taylor, USA, 1989

'Azure Sea' × Sämling

'Fairlane'

## 'FAIRLANE'

ZWERGROSE, HELLGELB, ÖFTERBLÜHEND

'Fairlane' hat urnenförmige Blüten mit 20 Petalen in fast reinem Weiß, das teilweise von Rosa und Gelb überhaucht ist. Die Blütchen sitzen einzeln, in kälteren Regionen jedoch in kleinen Büscheln. Nur bei Wärme ist ein leichter Duft zu entdecken. Das Laub ist mittelgrün und glänzend, die Blättchen sind gesägt und die Stacheln zurückgebogen. Die dicht wachsende, buschige Sorte blüht nicht üppig, Form und Farbe dieser Zwergrose lassen den Betrachter jedoch über dieses Manko gerne hinwegsehen. Oft werden die Blüten mit zartem Porzellan oder einer zierlichen Gemme verglichen. Die Pflanze ist recht empfindlich und wird in feuchtem Klima oft von Sternrußtau befallen. **ZONEN 5–11.**

Schwartz, USA, 1980

'Charlie McCarthy' × Sämling

## 'FAIRY CHANGELING'

HARnumerous

POLYANTHAROSE, REIN ROSA, ÖFTERBLÜHEND

Jack Harkness verwendete 'The Fairy' zur Züchtung zahlreicher kompakter Polyantharosen wie beispielsweise 'Fairy Crystal', 'Fairy Damsel','Fairy Maid', 'Fairy Like', 'Fairyland' und 'Fairy Snow'. All diese Sorten sind recht gesund, haben kleinblättriges, dichtes Laub und bilden Büschel mit pomponförmigen Blüten. Die Knospen von 'Fairy Changeling' entfalten sich zu gefüllten, becherförmigen, magentarosafarbenen Blüten mit 22 Petalen, die an ältere Polyantharosen erinnern. Die Pflanze wächst breiter als hoch, erreicht etwa Kniehöhe und kann als Bodendecker dienen. **ZONEN 4–9.**

Harkness, Großbritannien, 1981

'The Fairy' × 'Yesterday'

Tokio Certificate of Merit 1981

## 'FAIRY DAMSEL' HARneatly

POLYANTHAROSE, DUNKELROT, ÖFTERBLÜHEND

Diese Sorte hat ähnlich wie ihre Verwandte 'Fairy Changeling' gefüllte, dun-

'Fairy Changeling'

'Fairy Moss'

'Fairy Tale'

kelrote Blüten mit 25 Petalen. Der niedrige, breitwachsende Busch entwickelt reichlich Laub und ist krankheitsfrei. Die Blüten erscheinen die ganze Saison über. Diese Rose eignet sich gut als Bodendekker, für eine niedrige Hecke oder als Randbepflanzung für höher wachsende Sorten. **ZONEN 4–9.**

Harkness, Großbritannien, 1981

'The Fairy' × 'Yesterday'

Silbermedaille IGA München 1983

## 'FAIRY DANCERS'

TEEHYBRIDE, APRICOT+, ÖFTERBLÜHEND

Der niedrige, sich ausbreitende Busch weist große Stacheln auf und bildet wenig Laub aus. Die mittelgroßen, duftenden Blüten sitzen einzeln oder in kleinen Büscheln. Sie erscheinen in einem wunderschönen zarten Apricot und zeichnen sich durch eine recht elegante, gleichmäßige Form aus. Der Abstand zwischen den Blütezeiten ist recht lang. Die Pflanze ist aber recht gesund, und die Blüten eignen sich gut zum Schnitt. Die weiche Farbgebung kommt unter Kunstlicht besonders zur Geltung.
**ZONEN 5–9.**

Cocker & Sons, Großbritannien, 1969

'Wendy Cussons' × 'Diamond Jubilee'

## 'FAIRY MOSS'

ZWERGROSE, REIN ROSA, ÖFTERBLÜHEND

Die Knospen von 'Fairy Moss' sind leicht bemoost. Aus ihnen entwickeln sich sehr schnell halbgefüllte Blütchen in reinem Rosa. Der kräftige kleine Busch ist mit hellgrünem Laub bedeckt. Trotz recht spärlicher Bemoosung ist handelt es sich hier eindeutig um eine Moosrose.
**ZONEN 4–11.**

Moore, USA, 1969

('Rosenmärchen' × 'William Lobb') × 'New Penny'

## 'FAIRY PRINCE' HARnougette

POLYANTHAROSE, ROT, ÖFTERBLÜHEND

Diese Harkness-Rose ist ebenfalls mit 'Fairy Changeling' und 'Fairy Damsel' verwandt. Sie hat geranienrote, gefüllte, becherförmige Blüten mit 25 Petalen, die in Büscheln sitzen und den Busch bedekken. Die Pflanze wächst breit und bleibt niedrig, so daß sie auch als Bodendecker verwendet werden kann. Sie blüht ohne Unterbrechungen die ganze Saison über.
**ZONEN 4–9.**

Harkness, Großbritannien, 1981

'The Fairy' × 'Yesterday'

Erster Preis von Kopenhagen 1980

## 'FAIRY PRINCESS'

Syn. 'Lilibet'

FLORIBUNDA, HELLROSA, ÖFTERBLÜHEND

Diese Sorte bleibt ebenfalls niedrig und kompakt. Sie trägt kleine bis mittelgroße Büschel mit perfekt geformten Knospen. Aus ihnen entwickeln sich halbgefüllte, zartrosa Blüten mit 25 Petalen. Das Laub ist glänzend und krankheitsfrei. Der Blütenflor erscheint mit nur sehr kurzen Unterbrechnungen. 'Fairy Princess' eignet sich gut für Beete, aber auch zum Schnitt, weil die zarte Farbe besonders gut unter künstlicher Beleuchtung wirkt.
**ZONEN 4–9.**

Lindquist, USA, 1953

'Floradora' × 'Rosenmärchen'

All-American Rose Selection 1954

## 'FAIRY SNOW' HARlittle

POLYANTHAROSE, WEISS, ÖFTERBLÜHEND

'Fairy Snow' ist eine niedrige Pflanze mit becherförmigen, kleinen Blüten von 20–25 Petalen, die sich flach öffnen. Der breitwachsende Busch kann als weißer Farbtupfer in eine Rabatte vor höher wachsende Pflanzen gesetzt werden. Diese Polyantharose ist recht krankheitsfest, ihr Flor fällt üppig aus und wiederholt sich rasch. Die einzelnen Blüten halten lange. **ZONEN 4–9.**

Harkness, Großbritannien, 1979

'The Fairy' × 'Yesterday'

## 'FAIRY TALE'

ZWERGROSE, HELLROSA, ÖFTERBLÜHEND

Die ovalen Knospen entfalten sich zu kleinen rosafarbenen Blüten, die zu einem zarten Pink verblassen. Die gefüllten Blütchen duften leicht. Die Pflanze wächst kräftig aufrecht und besitzt glänzendes, dunkelgrünes Laub. 'Fairy Tale' ist leider nicht mehr im Handel.
**ZONEN 5–11.**

Thompson, USA, 1960

'The Fairy' × 'Goldilocks'

## 'FAIRYLAND' HARlayalong

POLYANTHAROSE, HELLROSA, ÖFTERBLÜHEND

'Fairyland' ist eine der bekannten kleinen Polyantharosen. Sie ähnelt in Farbe und Wuchs stark 'The Fairy', wächst buschig breit und bildet viele zarte Triebe. Sie ist allerdings nicht sehr kräftig. Aus dicken kleinen Knospen entwickeln sich hellrosa, gefüllte, becherförmige Blüten mit 25 Petalen. Sie durften stark und blühen die ganze Saison. Das glänzende Laub ist recht krankheitsfest.
**ZONEN 4–9.**

Harkness, Großbritannien, 1980

'The Fairy' × 'Yesterday'

Royal National Rose Society Trial Ground Certificate 1978, Baden-Baden Silbermedaille 1980, Neuseeland Silbermedaille 1982

## 'FALKLAND'

ALTE R., PIMPINELLIFOLIA-HYBRIDE, WEISS

Pimpinellifolia-Hybriden sind sehr robuste Sorten. Die gefüllten, duftenden Blüten von 'Falkland' sitzen in Büscheln an niedrigen Trieben; ihre zartrosa Petalen verblassen zu Weiß. Der im Mai bis Juni einsetzende Frühjahrsflor hält einige Wochen an. Der bestachelte, aufrecht wachsende Strauch wird 1 m hoch und breit; er besitzt kleine, graue Blätter. Im Herbst bringt 'Falkland' reichlich kastanienbraune Hagebutten hervor. Diese außerordentlich gesunde Sorte eignet sich auf eigener Wurzel zum Anlegen einer Hecke, da sie gerne Ausläufer bildet, sie ist aber auch eine gute Kübelpflanze. Benannt wurde sie nach Viscount Lucius Falkland (1610–1643), einem englischen Staatsmann. **ZONEN 4–9.**

*Rosa pimpinellifolia*-Hybride

'Fairyland'

'Falkland'

'Fairy Princess'

F

## 'FANCY PRINCESS'

**Syn. 'Otohime'**
TEEHYBRIDE, DUNKELROSA, ÖFTERBLÜHEND

'Fancy Princess' ist eine kräftige Pflanze mit dunkelgrünem, glänzendem Laub. An dem mittelhohen Busch erscheinen die ganze Saison über gefüllte, dunkelrosa Blüten, die sehr farbbeständig sind. Die Pflanze ist recht gesund. **ZONEN 5–9.**

Keisei, Japan, 1977

Eltern unbekannt

## 'FANDANGO'

TEEHYBRIDE, ORANGEROT, ETWAS NACHBLÜHEND

Die leuchtend orangeroten bis korallroten Blüten verblaßen leicht heißem Klima, weshalb sich 'Fandango' besser für kühlere Lagen eignet. Die hübsch geformten Knospen öffnen sich bei Hitze sehr schnell. Die duftenden Blüten bestehen aus 20 Petalen. Der kräftige Busch wächst aufrecht und hat glänzendes, ledriges Laub. **ZONEN 4–9.**

Swim, USA, 1950

'Charlotte Armstrong' × Sämling

National Rose Society Trial Ground Certificate 1952

## 'FANNY BIAS'

**Syn. 'Duchesse de Reggio', 'Fanny Parissot'**
ALTE R., GALLICA-ROSE, REIN ROSA

Diese Rose wird oft mit 'Gloire de France' verwechselt. Die duftenden, pastellfarbigen Blüten haben eine rosa Mitte. Sie sind etwa 8 cm groß und gefüllt. Die Petalen erinnern an Seidenpapier. **ZONEN 4–9.**

Descemet, Frankreich, vor 1811

Eltern unbekannt

## 'FANTASIA' (I) KORfan

**Syn. 'Fantázia'**
FLORIBUNDA, ROSA+, ÖFTERBLÜHEND

Bei dieser Sorte, die mal als büschelblütige, mal als großblumige Rose beschrieben wird, handelt es sich wohl um eine Kreuzung zwischen beiden. Die Kordes-Rose trägt fliederfarbene, gefüllte Blüten mit wesentlich blasserer Mitte, die sich aus ovalen Knospen kugelförmig entwikkeln. Mit zunehmendem Alter werden sie urnenförmig, und die Petalen wölben sich zurück. In warmem Wetter ist der Duft sehr gut. 'Fantasia' gehört zu den schnellwachsenden Beetrosen mit ledrigem, glänzendem Laub.
**ZONEN 5–9.**

Kordes, Deutschland, 1977

'Silver Star' × 'Tradition'

## 'FANTASIA' (II)

TEEHYBRIDE, REIN GELB, ÖFTERBLÜHEND

'Fantasia' und 'Eclipse' sind die beiden herausragenden Gartenrosen der 40er Jahre. Sie haben lange, zugespitzte Knospen in leuchtendem Gelb, aus denen gefüllte, reingelbe Blüten mit 30–35 Petalen entstehen. Diese sind mittelgroß und lassen, wenn voll aufgeblüht, die Staubfäden erkennen. Die Blüten sitzen an langen Stielen. Der Blütenflor ist gut. Die Sorte gehört zu denjenigen gelben Rosen mit dem stärksten Duft. Sie gilt vielfach als ausgestorben, obwohl man sie noch in zahlreichen australischen Gärten als Beetrose findet. Das Laub dieser Dickson-Rose ist hell- bis mittelgrün.
**ZONEN 4–9.**

Dickson, Großbritannien, 1943

Sämling × 'Lord Lonsdale'

National Rose Society Certificate of Merit 1949

'Fascination'

'Fantin-Latour'

'Fantasia' (I)

'Fantasia' (II)

'Fancy Princess'

## 'FANTIN-LATOUR'

ALTE R., ZENTIFOLIE, HELLROSA

Die prachtvollen zartrosa Blüten erscheinen im Juni; sie können einen Durchmesser von bis zu 8 cm erreichen. Anfänglich sind sie becherförmig, dann jedoch wölben sich die äußeren Petalen zurück und lassen die Mitte erkennen, die aus dicht beieinander sitzenden kleineren Blütenblättern besteht. Der Duft ist einfach atemberaubend, und Stacheln besitzt die Zentifolie kaum. Der Strauch wird etwa 1,2 m hoch. Ohne Rückschnitt kann er auch 3 m hoch werden. Wenn nach der Blüte geschnitten wird, werden im Folgejahr mehr Blüten gebildet. Warmes, trockenes Wetter kann diese Rose gut vertragen, sie wird dann allerdings nicht so groß wie unter kälteren Bedingungen und ist etwas mehltauanfällig. Henri Fantin-Latour (1836–1904) war ein französischer Maler, der besonders durch seine Stilleben und Blütenbilder, die vielfach Alte Rosen als Motiv besaßen, berühmt wurde.
**ZONEN 4–9.**

Eltern unbekannt

Royal Horticultural Society Award of Garden Merit 1993

'Fandango'

## 'FASCINATION' JACoyel

TEEHYBRIDE, ORANGEROSA, ÖFTERBLÜHEND

'Fascination' ist eine stark gefüllte Rose mit 60 orangerosa Petalen. Die kugeligen Knospen öffnen sich zu großen Blüten mit hoher Mitte, die einzeln an aufrechten Stielen sitzen. Duft ist kaum vorhanden. Das leicht glänzende Laub ist sehr großblättrig. 1976 wurde die Teehybride aufgrund ihrer Größe, ihrer ungewöhnlichen Farbe und des üppigen Laubs in Neuseeland mit einer Goldmedaille ausgezeichnet. **ZONEN 4–9.**

Warriner , USA, 1982

Sämling × 'Spellbinder'

Neuseeland Goldmedaille 1976

## 'FASHION'

FLORIBUNDA, ROSA+, ÖFTERBLÜHEND

Allein schon die vielen Auszeichnungen zeigen, daß diese Rose eine Besonderheit darstellt. Die von Eugene Boerner, einem

der weltweit bekanntesten Rosenzüchter, erzielte Sorte zeigt eine bis dahin unbekannte Rosenfarbe. Die Knospen erscheinen in einem intensiven Pfirsich-Korallrot und öffnen sich zu Blüten mit 25 Petalen in einem leuchtenden Pfirsichrosa. Den sehr starken Duft verdankt die Floribundarose ihrer Elternpflanze 'Crimson Glory'. Die Blüten erscheinen in Büscheln an einer buschig wachsenden Pflanze. Das Laub ist leicht anfällig für Mehltau und Rosenrost. In den 50er und 60er Jahren des 20. Jh. wurde 'Fashion' besonders oft als Beetrose und Rabattenpflanze verwendet. Diese Sorte ist zudem auch als üppig blühender Kletterrosen-Sport erhältlich.
**ZONEN 4–9.**

Boerner, USA, 1949

'Rosenmärchen' × 'Crimson Glory'

Goldmedaille der National Rose Society 1948, Bagatelle Goldmedaille 1949, Portland Goldmedaille 1949, All-American Rose Selection 1950, David Fuerstenberg Prize 1950, Goldmedaille der American Rose Society 1954

## 'FASHION FLAME'

ZWERGROSE, ORANGEROSA, ÖFTERBLÜHEND

Korallrote orangefarbene Blütchen entwickeln sich aus zugespitzten, ovalen Knospen. Sie besitzen etwa 35 Petalen und eine hohe Mitte. In kalten Gegenden können die Blüten größer werden. Vielfach wird diese Sorte als eine generell zu große geratene Zwergrose betrachtet. Die leuchtende Farbe hält sich auch bei heißem Wetter. 'Fashion Flame' ist eine kräftige, sehr blühfreudige Pflanze, die eher breit als hoch wächst. Leider ist sie anfällig für Mehltau und Läuse.
**ZONEN 5–11.**

Moore, USA, 1977

'Little Darling' × 'Fire Princess'

'Felicia'

'Félicité Bohain'

'Faust'

## 'FAUST'

Syn. 'Dr Faust'

FLORIBUNDA, GELB+, ÖFTERBLÜHEND

'Faust' ist die erste zweifarbige Rose, die von 'Maskerade' abstammt. Sie hat gefüllte Blüten mit 25 Petalen, die wie bei der Mutterpflanze in großen Büscheln sitzen. Zuerst erscheinen die duftenden Blüten gelb mit etwas Rotorange an den äußeren Petalen, das sich später in ein stumpfes Rotorange verfärbt. Sie ist extrem lange haltbar. Hier läßt sich der Einfluß von *Rosa chinensis* 'Mutabalis' erkennen, bei der ebenfalls die Farbe langsam dunkler wird. Der Flor ist üppig. Das dunkle, glänzende Laub und vor allem die Blattstiele werden leicht von Mehltau befallen. **ZONEN 4–9.**

Kordes, Deutschland, 1957

'Maskerade' × 'Golden Scepter'

National Rose Society President's International Trophy 1956

## 'FEE'

Syn. 'Pink Pearl'

TEEHYBRIDE, HELLROSA, ÖFTERBLÜHEND

'Fee' ist eine besonders hohe und kräftig wachsende Pflanze, deren Blüten rasch aufeinanderfolgen. Aus den spitzen Knospen entwickeln sich große, wohlgeformte Blüten mit 40–50 Petalen, die an langen, zarten Stielen sitzen. Die Knospen eignen sich für den Schnitt, weil sie sich langsam öffnen und dann sehr lange halten. Ein starker Rückschnitt im Winter ist erforderlich, da die Pflanze sonst leicht „kopflastig" wird und unter Winterstürmen leidet. Im Herbst kann es zu Mehltaubefall kommen. **ZONEN 4–9.**

Kordes, Deutschland

Sport von 'Sylvia'

## 'FELICIA'

STRAUCHROSE, MOSCHATA-HYBRIDE, ROSA+, ÖFTERBLÜHEND

Als Erbteil der Elternrose 'Ophelia' besitzt 'Felicia' stark duftende Blüten in zartem Rosa und Creme, die beinahe zu Weiß verblassen. Der Flor Anfang Juni fällt sehr üppig aus und wird später eher spärlich; bei der Herbstnachblüte werden dann besonders intensiv gefärbte, haltbare Blüten an riesigen Rispen gebildet. Die stark wachsende Pflanze ist krankheitsfest und weist sich durch üppiges Laub aus. Bei leichtem Schnitt eignet sie sich als freistehender Strauch; wenn 'Felicia' im Winter stark zurückgeschnitten wird, entwickelt sie sich im Folgejahr zu einem mittelhohen, buschigen Strauch.
**ZONEN 4–9.**

Pemberton, Großbritannien, 1928

'Trier' × 'Ophelia'

National Rose Society Certificate of Merit 1927, Royal Horticultural Society Award of Garden Merit 1993

'Félicité Parmentier'

'Fashion Flame'

'Fashion'

'Fashion'

## 'FÉLICITÉ BOHAIN'

Syn. 'Félicité Bohan'

ALTE R., MOOSROSE, DUNKELROSA

Diese Sorte hat fleischfarbene Blüten, die langsam verblassen. Das Auge wird oft von faltigen Blütenblättchen verdeckt. Die kleinen, dichtgefüllten Blüten sind geviertelt, und die Petalen wölben sich im Alter zurück. Die Hauptblütezeit liegt im Juni. Der etwa 1,2 m hohe Strauch hat leuchtend grünes, kleinblättriges Laub, das anfangs bemoost ist.
**ZONEN 4–9.**

Vor 1866

Eltern unbekannt

## 'FÉLICITÉ PARMENTIER'

ALTE R., ALBA-ROSE, HELLROSA

Die dicken Knospen zeigen eine Spur Gelb, bevor sie sich zu creme rosafarbenen Blüten mit weißen Rändern entwickeln, die bei Hitze fast weiß werden. Die Alba-Rose ergibt eine Schnittrose. Wenn sich wähend der ersten Blüte im Frühsommer die gefüllten, süßlich duftenden Blüten flach öffnen, wölben sich die Petalen nach außen. 'Félicité Parmentier' ist eine kompakte, robuste, ausladend wachsende Rose, die etwa 1,2 m Höhe erreicht. Die Stengel sind mäßig bestachelt, und das helle, graugrüne Laub erscheint üppig. Eine Rose für kleine Gärten und Kübel. Sie bevorzugt Halbschatten und gedeiht sogar auf kargem Boden. Der intensive Duft und die große Widerstandsfähigkeit gegen Krankheiten stellen zusätzliche Pluspunkte dieser Sorte dar. **ZONEN 4–9.**

Vor 1834

Eltern unbekannt

Royal Horticultural Society Award of Garden Merit 1993

'Femina'

'Felicity Kendal'

'Ferdinand Pichard'

## 'FÉLICITÉ ET PERPÉTUE'

**Syn. 'Félicité-Perpétue'**
ALTE R., SEMPERVIRENS-HYBRIDE, WEISS

Nach der Geburt seiner Zwillingstöchter gab der Züchter dieser Rose ihren Namen. Robustheit und Krankheitsfestigkeit machen sie zu einer der bekanntesten Ramblerrosen. Die sehr stark gefüllten, flachen perfekt symmetrischen Rosettenblüten sind erst blaßrosa, werden während des Juniflors rasch weiß und riechen leicht nach Primeln. Sie kommen in Büscheln und bedecken die schlanken, hellgrünen Triebe, die mit langen, roten Stacheln bewehrt sind; als Bodendecker wächst die Rose zu pyramidenähnlichen Hügeln aus. Sie fühlt sich bei jeder Witterung wohl, Beschnitt mag sie jedoch nicht. **ZONEN 4–9.**

Jacques, Frankreich, 1828

*Rosa sempervirens* × Noisette

Royal Horticultural Society Award of Garden Merit 1993

## 'FELICITY KENDAL' LANken

TEEHYBRIDE, ORANGEROSA, ÖFTERBLÜHEND

Diese Rose besitzt leicht duftende, gefüllte Blüten in Lachsorange mit 35 großen, hübsch geformten Petalen. Ihr Laub ist dunkelgrün und erscheint üppig, ist aber etwas mehltauanfällig. Der Busch wird mittelhoch. Die Blüten halten lange im Garten wie auch in der Vase. **ZONEN 4–9.**

Sealand Nurseries, Großbritannien, 1985

'Duftwolke' × 'Mildred Reynolds'

'Félicité et Perpétue'

## 'FELLEMBERG'

**Syn. 'Fellenberg', 'La Belle Marseillaise'**
ALTE R., NOISETTEROSE, ROT, ÖFTERBLÜHEND

Diese Sorte zeichnet sich durch erstaunliche Farbveränderungen während der langen Blüte aus: Leuchtendes Karmesinrot kann sich bis zu Kirschrot verwandeln. Die gefüllten, becherförmigen und duftenden Blüten bestehen aus 35 Petalen. Sie erscheinen in Büscheln an kräftigen Stielen. Meist sitzen 3–4 Blüten an den Enden neuer Triebe. 'Fellemberg' läßt sich leicht durch Stecklinge vermehren, breitet sich aus und wird auf gutem Boden bis zu 2 m hoch. Diese Rose mit ihren kleinen roten Stacheln und dunkelgrünem Laub eignet sich gut zum Beranken von Säulen und Pfeilern.
**ZONEN 4–9.**

Fellemberg, Frankreich, 1835

Eltern unbekannt

## 'FELLOWSHIP'

**siehe 'Livin' Easy'**

## 'FEMINA'

TEEHYBRIDE, ORANGEROSA, ÖFTERBLÜHEND

'Femina' ist eine stark wachsende Rose mit ledrigem und gesundem Laub. Aus langen, spitzen Knospen entwickeln sich große, wohlgeformte Blüten in klarem Lachsrosa mit gelber Basis. Der Blütenflor ist beachtlich, und die Blüten halten sich lange in der Vase. Die Teehybride ist eine kräftige, aufrecht wachsende Pflanze, die sich auch gut als Beetrose eignet.
**ZONEN 4–9.**

Gaujard, Frankreich, 1963

'Ferdinand Arles' × 'Mignonne'

## 'FENNICA'

**siehe 'Invincible'**

## 'FERDINAND PICHARD'

ALTE R., REMONTANTROSE , ROT+, ETWAS NACHBLÜHEND

Diese Sorte ist eine der letzten Remontantrosen, die auf den Markt kamen. Sie hat gestreifte, becherförmige Blüten. Die 25 scharlachroten, mit klarem Rosa gestreiften Petalen verfärben sich langsam zu einem zarten Purpur. Die Blüten können einen Durchmesser von 10 cm erreichen. Diese Pflanze, die gut sonnenverträglich ist – wobei Hitze die Blüten beschädigen kann –, ergibt einen kräftigen, hoch aufrecht wachsenden Busch, der sich gut für einen kleinen Garten eignet; durch kräftigen Rückschnitt erreicht man einen doppelt so großen Flor. Das Laub ist weich und hellgrün. Bei guter Düngung und regelmäßigem Ausputzen macht sich 'Ferdinand Pichard' hervorragend als Heckenpflanze.
**ZONEN 4–9.**

Tanne, Frankreich, 1921

Eltern unbekannt

Royal Horticultural Society Award of Garden Merit 1993

## 'FERDY' KEItoli

**Syn. 'Ferdi'**
STRAUCHROSE/BODENDECKERROSE, DUNKELROSA

Dies war eine der ersten Bodendeckerrosen mit breitem Habitus. An langen, bogenförmigen Trieben sitzt das mittelgrüne, besonders krankheitsfeste Laub. Die Blüten entwickeln sich eng an den vorjährigen Trieben, weshalb die Pflanze auch nicht im Winter zurückgeschnitten werden sollte. Die gefüllten, kleinen Blüten sind intensiv rosa, bestehen aus 20 Petalen und sitzen in Büscheln. Anfang Juni wirkt der Strauch, als wäre er vollkommen mit Blüten bedeckt. Leider verblassen die Blüten zu einem schmutzigen Rosa, und der zweite Flor fällt sehr spärlich aus. Aufgrund der bogenförmig wachsenden Triebe eignet sich 'Ferdy' auch gut als Kaskadenrose. Nach wenigen Jahren hängen die Triebe bis zum Boden und bilden dann zur Blüte einen wunderschönen Anblick.
**ZONEN 4–9.**

Suzuki, Japan, 1984

Kletternder Sämling × Sämling von'Petite Folie'

'Ferdy'

## 'FERIA'

TEEHYBRIDE, ORANGEROSA, ÖFTERBLÜHEND

Es überrascht nicht, daß diese Sorte die gleiche Zweifarbigkeit besitzt wie die drei Rosen, von der sie abstammt. Die 35 Petalen sind innen intensiv korallrot und außen rosa. Die stark duftenden Blüten sind gefüllt und kugelig; später öffnen sie sich zu wohlgeformten Blüten. Die Pflanze besitzt ledrige, mittelgrüne Blätter. Laub- und Blütenproduktion sind sehr üppig. Die Rose eignet sich gut zum Schnitt, zumal die Farbgebung besonders gut bei Kunstlicht zur Wirkung kommt.
**ZONEN 4–9.**

Meilland, Frankreich, 1968

('Grand Gala' × 'Premier Bal') × 'Love Song'

## 'FERLINE' LAPdarle

TEEHYBRIDE, ROT, ÖFTERBLÜHEND

Aus spitzen Knospen entwickeln sich im Sommer rote, gefüllte Blüten, die gut mit dem mittelgrünen Laub harmonieren. 'Ferline' ist eine Buschrose, die sich auch für Rosenbeete eignet.
**ZONEN 5–9.**

Lapièrre, Frankreich, 1984

Eltern unbekannt

## 'FERRY PORSCHE'

TEEHYBRIDE, ROT, ÖFTERBLÜHEND

'Ferry Porsche' ist eine der besten karminroten Rosen für den Garten. Sie bildet sehr lange Triebe an einem großen, kräftigen, aufrecht wachsenden Busch. Die Knospen sind lang und spitz; sie öffnen sich langsam zu gefüllten Blüten mit 30–35 Petalen. Die zart duftenden Blüten haben eine hohe Mitte, sind haltbar und erscheinen einzeln. Diese Sorte, die im Herbst etwas mehltauanfällig ist, eignet sich besonders gut zum Schnitt, weil die Blüten auch in der Vase lange halten.
**ZONEN 4–9.**

Kordes, Deutschland, 1971

'Super Star' × 'Americana'

## 'FERVID'

FLORIBUNDA, ORANGEROT, ÖFTERBLÜHEND

'Fervid' ist eine kräftig aufrecht wachsende und gesunde, büschelblütige Rose mit sehr vielen und großen dunkelgrünen Blättern. Die fast einfachen Blüten mit nur 7 gewellten Petalen sind intensiv orange-scharlachrot. Sie erreichen einen Durchmesser von 8 cm und stehen in lockeren Büscheln. Die Farbe verblaßt nicht, und die Blüten halten lange. Bei mäßigem Rückschnitt gibt sie eine gute Strauchrose ab. Sie kann aber auch in Gruppen als Hecke oder in einer Rabatte gepflanzt werden. 'Fervid' gehört zu den wenigen roten Rosen, die auch auf reinem Sandboden gedeihen können.
**ZONEN 4–9.**

LeGrice, Großbritannien, 1960

'Pimpernell' × 'Korona'

National Rose Society Trial Ground Certificate 1961

## 'FESTIVAL' KORdialo

ZWERGROSE, ROT+, ÖFTERBLÜHEND

'Festival' entwickelt große Büschel halbgefüllter Blüten in Karminrot, deren Petalenunterseite silbrig weiß ist. Die Blüten bedecken das üppige Laub des kompakten Busches – ein Markenzeichen von Kordes. Die Blütchen erscheinen in großer Anzahl mit nur kurzen Unterbrechungen die ganze Saison. Ihre Farbe verblaßt in der Mitte zu Gold- und Silbertönen. Es handelt sich um eine typische Kordes-Rose, die niedrig bleibt, rundlich und kompakt wächst und sehr gutes Laub besitzt.
**ZONEN 4–11.**

Kordes, Deutschland, 1993

'Regensberg' × Sämling

Royal National Rose Society Trial Ground Certificate 1994, Britische Rose des Jahres 1994, Royal National Rose Society Rose Day Award 1998

## 'FEU PERNET-DUCHER'

TEEHYBRIDE, REIN GELB, ÖFTERBLÜHEND

Diese Teehybride ist von großer Bedeutung, weil sie eine Elternpflanze der sehr beliebten 'Diamond Jubilee' ist, einer großblumigen Rose. Sie erhielt ihren Namen zum 60jährigen Bestehen der Rosenschule *Jackon & Perkins*. Die sehr großen, gefüllten, offenen Blüten von 'Feu Pernet-Ducher' erscheinen in intensivem Creme mit pastell- oder apricotfarbener Mitte. Sie besitzen einen fruchtigen Duft und erinnern an Alte Rosen. Ähnlich wie 'Diamond Jubilee' wächst 'Feu Pernet-Ducher' aufrecht, erreicht allerdings insgesamt eine größere Höhe. Diese sehr blühwillige Pflanze ist weitgehend krankheitsfest. **ZONEN 4–9.**

Mallerin, Frankreich, 1935

'Julien Potin' × 'Margaret McGredy'

Portland Goldmedaille 1936

F

'Fervid'

'Ferry Porsche'

'Feria'

'Ferline'

'Feu Pernet-Ducher'

## 'FEUERBALL'

Syn. 'Feverball'
TEEHYBRIDE, ROT, ÖFTERBLÜHEND

Die rundlichen bis eiförmigen Knospen dieser Tantau-Teehybride öffnen sich zu großen, leuchtend roten, locker gefüllten, rundlichen Blüten von guter Form mit 25–30 Petalen. Sie erscheinen einzeln oder zu dritt in kleinen Büscheln. Das Laub dieser Rose ist glänzend und gesund, ihr Wuchs kräftig und buschig. **ZONEN 5–9.**

Tantau, Deutschland 1965

Eltern unbekannt

F

'Feuerwerk'

## 'FEUERWERK'

Syn. 'Feu d'Artifice', 'Fireworks', 'Magneet'
STRAUCHROSE, ORANGE+

Diese wunderschöne Strauchrose trägt Büschel mit leuchtend orangeroten, mittelgroßen Blüten, die sich im Hochsommer aus spitzen Knospen entwickeln. Sie sind halbgefüllt und flach mit einer Vielzahl goldfarbener Staubfäden. 'Feuerwerk' wächst aufrecht und buschig. Der ganze Strauch ist mit glänzendem, grünem Laub bedeckt. Fälschlicherweise gilt diese Sorte teilweise als ausgestorben. **ZONEN 5–9.**

Tantau, Deutschland, 1962

Eltern unbekannt

## 'FEUERZAUBER' KORfeu

Syn. 'Fire Magic', 'Magic de Feu'
TEEHYBRIDE, ORANGEROT, ÖFTERBLÜHEND

'Feuerzauber' besitzt große, leuchtend orangerote Blüten mit etwas hellerer Unterseite. Sie sind mit 30 Petalen gefüllt, haben eine hohe Mitte und blühen schnell zu haltbaren, farbbeständigen Blüten auf. Das Laub ist dunkel, glänzend und krankheitsfrei. Die Blüten erscheinen die ganze Saison über. Trotz der Abstammung von der stark duftenden 'Duftwolke' besitzt diese Sorte kaum Duft. Sie ist aber für Beete oder Rabatten als Farbtupfer sehr geeignet. **ZONEN 4–9.**

Kordes, Deutschland, 1973

'Duftwolke' × Sämling

'Fidelio'

## 'FIDELIO' MEIchest

Syn. 'Fidélio'
FLORIBUNDA, ORANGEROT, ÖFTERBLÜHEND

Diese ausgezeichnete Floribundarose trägt leuchtend rote Blüten, deren äußere Petalen ähnlich dunkel schattiert sind wie diejenigen der Elternpflanze 'Fire King'. Wohlgeformte Knospen öffnen sich sehr langsam zu mit 35 Petalen gefüllten, gut haltbaren Blüten; halbgeöffnet sind sie besonders schön. Der kräftige Busch wächst ausladend; die Farbe des Laubes ändert sich langsam von Bronzegrün zu Grün. Der gesamte Busch wird von Blüten bedeckt. Daher ist 'Fidelio' als Beet- oder Rabattenrose nahezu unschlagbar; doch macht sie sich auch gut als Hochstamm. **ZONEN 4–9.**

Meilland, Frankreich, 1964

('Radar' × 'Caprice') × 'Fire King'

## 'FIESTA'

TEEHYBRIDE, ROT+, ÖFTERBLÜHEND

'Fiesta' besitzt duftende, gefüllte und sehr große Blüten (10–13 cm). Die Farbgebung ist ungewöhnlich, da das leuchtende Zinnoberrot mit Cremeadern überzogen ist und auf diese Weise wie gestreift wirkt. Die Teehybride ist schwer erhältlich, da sie nicht sehr robust ist. 'Fiesta' wächst mittelhoch und buschig mit glänzendem, dunkelgrünem Laub. **ZONEN 5–9.**

Hansen, USA, 1940

Sport von 'The Queen Alexandra Rose'

## 'FIESTA GOLD'

ZWERGROSE, GELB+, ÖFTERBLÜHEND

'Fiesta Gold' hat wunderschöne lange, spitze Knospen, die sich zu gefüllten, be-

'Feuerball'

'Feuerzauber'

'Figurine'

'Fiesta'

cherförmigen, gelborangefarbenen Blüten entwickeln, die leider jedoch schnell an Leuchtkraft und Farbintensität verlieren. Im Halbschatten hält die Farbe etwas länger. Die Blüten duften etwas, vertragen aber keine Nässe; sie werden dann fleckig und fallen ab. Die Sorte wächst kräftig und hat kleinblättriges, glänzendes und ledriges Laub. **ZONEN 5–11.**

**Moore, USA, 1970**

**'Golden Glow' × 'Magic Wand'**

## 'FIESTA RUBY'

**ZWERGROSE, ROT, ÖFTERBLÜHEND**

Die roten, kaum duftenden Blütchen sind gefüllt, mittelgroß, haben eine hohe Mitte vor dunkelgrünem Laub. Die Farbe übersteht selbst sehr heiße Sommertage und kalte Nächte. Falls sie dennoch verblaßt, so nehmen die rundlichen Blütchen einen leichten Purpurton an; sie bestehen aus 35–45 Petalen und öffnen sich nur langsam. Besonders schön sind die klassisch geformten Knospen. 'Fiesta Ruby' wächst kompakt, kräftig und ist robust. **ZONEN 4–11.**

**Moore, USA, 1977**

**'Red Pinocchio' × 'Little Chief'**

## 'FIGURINE' BENfig

**ZWERGROSE, WEISS, ÖFTERBLÜHEND**

Diese wunderschöne Rose zeichnet sich durch elfenbeinweiße Blüten aus, die rosa überhaucht sind. Sie entwickeln sich an einer mittelhohen, aufrecht wachsenden, dichtbelaubten Pflanze. In tropischen Gebieten weisen die Blüten einen vollständigen Hellrosaton auf. 'Figurine' besitzt besonders elegante Knospen und klassisch geformte Blüten. Die Blütchen bestehen zwar nur aus 15–25 Petalen, bilden aber dennoch eine ausgezeichnete Form. In der Regel sitzen sie einzeln. Die langen Stiele prädestinieren die Sorte hervorragend zum Schnitt; die Zwergrose wird daher in Südafrika in Gewächshäusern angebaut und von dort als Schnittrose in die ganze Welt geliefert. Bei ihrer Einführung brillierte 'Figurine' sogleich, indem sie auf einer reinen Zwergrosenshow der *Royal National Rose Society* eine Auszeichnung gewann. **ZONEN 4–11.**

**Benardella, USA, 1991**

**'Golden Meillandina' × 'Laguna'**

**American Rose Society Award of Excellence 1992**

'Finale'

## 'FIMBRIATA'

**Syn. 'Diantheflora', 'Dianthiflora', 'Phoebe's Frilled Pink'**

**STRAUCHROSE, RUGOSA-HYBRIDE, HELLROSA, ÖFTERBLÜHEND**

Diese ganz außergewöhnliche kleine Rose hat ihre hellrosa Blüten von 'Mme Alfred Carrière' und ihre großen, derben Blätter von *Rosa rugosa* geerbt. Die Blüten sind klein und wie bei einer Nelke gezackt, sie duften sehr stark und erscheinen unermüdlich. 'Fimbriata' eignet sich auch für kleine Sträuße. Im Garten paßt sie gut zu anderen Blumen. Obwohl die Rose schon seit über 100 Jahren im Handel ist, hat sie gerade in letzter Zeit an Beliebtheit gewonnen. Aufgrund ihrer Robustheit und Gesundheit wächst sie gut als Solitär, als Gruppe oder im Beet mit Stauden.

**ZONEN 4–9.**

**Morlet, Frankreich, 1891**

***Rosa rugosa* × 'Mme Alfred Carrière'**

## 'FINALE' KORam

**Syn. 'Ami des Jardins'**

**FLORIBUNDA, ORANGE+, ÖFTERBLÜHEND**

'Finale' gehört zu den sehr frühen, niedrig wachsenden Floribundarosen. Die lachsorangefarbenen, mit 20 Petalen gefüllten großen Blüten wirken mit einer Größe von 9 cm fast schon zu groß für

'Fiesta Ruby'

den Busch. Pflanzen dieser Sorte sollte man nicht weiter als 45 cm voneinander entfernt auspflanzen, um so eine größtmögliche Wirkung zu erzielen. Zusammen mit dem hellgrünen Laub bilden die Blüten dann einen sehr intensiven Farbtupfer in einem niedrigen Beet.

**ZONEN 4–9.**

**Kordes, Deutschland, 1964**

**'Nordlicht' × 'Meteor'**

## 'FINANCIAL TIMES CENTENARY' AUSfin

**STRAUCHROSE, DUNKELROSA**

Diese Sorte, die ihren Namen anläßlich des 100jährigen Bestehens der *Financial Times* erhielt, besitzt den intensiven Duft

'Firecracker'

'Financial Times Centenary'

Alter Rosen. Die kugeligen Blüten sind groß und sehr tief, sie erinnern an alte Zentifolien. Die Petalen wölben sich nach innen und umschließen die Mitte. Die Pflanze wächst mäßig stark und aufrecht, in wärmeren Lagen enttäuscht allerdings die Blütenfülle. 'Financial Times Centenary' ist etwas frostempfindlich, obwohl sie in kälteren Regionen wesentlich üppiger wächst. Die Sorte zählt zu den Englischen Rosen. **ZONEN 4–9.**

Austin, Großbritannien, 1989

Sämling × Sämling

## 'FIONA' MEIbeluxen

STRAUCHROSE, DUNKELROT, ÖFTERBLÜHEND

'Fiona', eine Rose für alle Jahreszeiten, hat dunkelrote, gefüllte, eher kleine Blüten, die in lockeren Rispen sitzen. Die Blüten bestehen aus 20 Petalen und verströmen einen leichten Duft. Das Laub ist kleinblättrig, dunkel, leicht glänzend und ziemlich gesund. Die Pflanze wird breiter als hoch. Wenn Verblühtes nicht entfernt wird, entstehen große, runde Hagebutten, die bis zum Ende des Winters halten, falls sie nicht zuvor gepflückt und zu Dekorationen verarbeitet werden. Blüten und Hagebutten erscheinen teilweise gleichzeitig, wodurch eine besonders aparte Wirkung erzielt wird. **ZONEN 4–9.**

Meilland, Frankreich, 1979

'Sea Foam' × 'Picasso'

## 'FIRE FESTIVAL'

ZWERGROSE, GELB+

Diese Zwergrose ist eine gute Wahl für den Vordergrund einer Rabatte oder für eine Kübelbepflanzung. 'Fire Festival' besitzt dichtgefüllte, hellgelbe Blüten, die zu einem sehr hellen Rosa verblassen.

'Fiona'

Aus spitzen Knospen entwickeln sich kugelige bis urnenförmige Blüten mit vielen Petalen. Die Blütenblätter am Rand verblassen zuerst, so daß ältere Blüten eine gelbe Mitte zeigen. Das Laub ist mittelgrün. **ZONEN 4–11.**

de Ruiter, Niederlande, 1992

Eltern unbekannt

## 'FIRE KING' MEIkans

FLORIBUNDA, ORANGEROT, ÖFTERBLÜHEND

'Fire King' hat ihre leuchtend scharlachrote, besonders gut haltbare Farbe von der Elternpflanze 'Moulin Rouge' geerbt. Die Sorte wächst sehr kräftig, aufrecht und buschig. Sie bildet unermüdlich große, rundliche Büschel mit gefüllten Blüten, die 50–60 Petalen aufweisen. Aus wohlgeformten Knospen entwickeln sich 6 cm große Blüten, die gut verteilt sitzen und sich für Ausstellungen eignen. Die Sorte ist krankheitsfest. Sie ist eine gute Beet- oder Rabattenrose mit dunklem, ledrigem Laub und recht zahlreichen Stacheln. **ZONEN 4–9.**

Meilland, Frankreich, 1958

'Moulin Rouge' × 'Fashion'

All-American Rose Selection 1960

## 'FIRE PRINCESS'

ZWERGROSE, ORANGEROT, ÖFTERBLÜHEND

Die kleinen, dichtgefüllten Blüten von 'Fire Princess' fallen durch ihr leuchtendes Orangerot vor dem kleinblättrigen, glänzend grünen Laub auf. Die zahlreichen Blüten sitzen meist einzeln oder in kleinen Büscheln. Bei 'Fire Princess' handelt es sich um eine stark wachsende Rose, die selbst in sehr kalten Gebieten problemlos wächst. Die Blüten scheinen für eine Miniaturrose fast zu groß zu sein; wächst die Rose jedoch in einem Kübel, so entwickeln sich meist kleinere Blüten. Diese Sorte wurde für die Züchtung vieler berühmter Zwergrosen verwendet. **ZONEN 4–11.**

Moore, USA, 1969

'Baccarà' × 'Eleanor'

'Fire Festival'

## 'FIRECRACKER'

FLORIBUNDA, ROT, ÖFTERBLÜHEND

Die Farbe von 'Firecracker' ist sehr ungewöhnlich: Zuerst erscheinen die Blüten intensiv orange mit rosa Basis und gehen dann allmählich in Rosa über, während die Petalen im unteren Bereich gelb sind und die gelben Staubfäden gut erkennen lassen. Die Blüten erreichen einen Durchmesser von 10 cm, sind mit 12–15 Petalen nur halbgefüllt und duften. Sie sitzen in kleinen bis mittelgroßen Büscheln. Das gesunde Laub der buschigen, nicht sehr stark wachsenden Pflanze ist ledrig und hellgrün. Die Floribundarose blüht die ganze Saison über. **ZONEN 4–9.**

Boerner, USA, 1956

Sämling von 'Rosenmärchen' × Sämling von 'Numa Fay'

National Rose Society Certificate of Merit 1955

## 'FIREFLY' MACfrabra

ZWERGROSE, ORANGE+, ÖFTERBLÜHEND

Diese Sorte wurde vielfach als eine der schönsten Gartenrosen gelobt. Kleine Blütchen mit vielen Petalen bedecken den kräftigen, kompakten Busch. Die Blüten sind offen am schönsten und bilden einen hübschen Farbtupfer im Garten. Die Pflanze ist erstaunlich resistent gegen Krankheiten und wird auch kaum von Ungeziefer befallen. Die Blüten entwickeln sich sehr rasch, so daß die Blüte fast die ganze Saison über andauert. **ZONEN 4–11.**

McGredy, Neuseeland, 1985

'Mary Sumner' × 'Ko's Yellow'

'Firefly'

'Fire Princess'

'First Edition'

## 'FIREWORKS' SAVafire

ZWERGROSE, ROT+, ÖFTERBLÜHEND

Die leuchtend orangegelben Blüten mit der hohen Mitte wie bei großblumigen Rosen sitzen einzeln oder in kleinen Büscheln. Die intensive feurige Farbe der Blüten wirkt gut über dem glänzend grünen Laub. Die Pflanze braucht etwas Zeit, um sich zu entwickeln, und ihre gute Form bleibt nur erhalten, wenn die Triebe regelmäßig zurückgeschnitten werden. Die Blütchen mit ihrer ungewöhnlichen Farbe werden gern für Blumenarrangements verwendet. **ZONEN 4–11.**

Saville, USA, 1991

('Golden Meillandina' × 'Sheri Anne') × 'Rainbow's End'

## 'FIRST EDITION' DELtep

**Syn. 'Arnaud Delbard'**

FLORIBUNDA, ORANGEROSA, ÖFTERBLÜHEND

Die auffallend gefärbten Blüten in einem leuchtenden Korallrot mit Orange-Schattierungen sind mittelgroß – durchschnittlich mißt eine Blüte etwa 6 cm im Durchmesser – und mit über 25 Petalen locker gefüllt. Die Blüten dieser Floribundarose entwickeln sich aus gut geformten, spitzen Knospen. Das Laub ist glänzend hellgrün und stellt einen schönen Farbkontrast zu der leuchtenden orangerosa Blütenfarbe dar. 'First Edition' ist eine recht gesunde Pflanze, sie wächst aufrecht und blüht sehr üppig. Diese Sorte erfreut sich besonders in den Vereinigten Staaten sehr großer Popularität und hat ihre Auszeichnungen zu recht verdient. **ZONEN 5–9.**

Delbard, Frankreich, 1976

('Zambra' × ['Orléans Rose' × 'Goldilocks']) × ('Orange Triumph'-Sämling × 'Floradora')

All-American Rose Selection 1977

## 'FIRST FEDERAL GOLD'

TEEHYBRIDE, GOLDGELB, ÖFTERBLÜHEND

'First Federal Gold' besitzt hellgelbe, wohlgeformte Blüten mit 50 oder mehr Petalen. Die großen, duftenden Blüten der Teehybride besitzen eine hohe Mitte. Sie sitzen einzeln oder in kleinen Büscheln und halten gut ihre Form. Deshalb eignen sie sich besonders für den Schnitt. Das Laub des kräftigen, aufrecht wachsenden Busches ist glänzend, ledrig und erkrankt so gut wie nie. **ZONEN 4–9.**

Boerner, USA, 1967

'Golden Masterpiece' Sämling × 'Golden Masterpiece' Sämling

## 'FIRST KISS' JACling

FLORIBUNDA, ROSA+, ÖFTERBLÜHEND

'First Kiss' gehört zu den neueren büschelblütigen Rosen (Floribundarosen). Diese Sorte bildet kleine Büschel mit 25 Petalen von rosafarbenen, gefüllten, duftenden Blüten, die an der Basis gelb getönt sind. Der Busch hat mittelgrünes Laub, das bis zum Boden reicht. Die dichtbuschige Pflanze eignet sich gut als Beetrose und ist so gut wie völlig frei von Krankheiten. **ZONEN 4–9.**

Warriner, USA, 1991

'Sun Flare' × 'Simplicity'

## 'FIRST LADY'

TEEHYBRIDE, DUNKELROSA, ÖFTERBLÜHEND

'First Lady' wurde 1961 zu Ehren von Jacqueline Kennedy benannt, der Frau des damaligen amerikanischen Präsidenten John F. Kennedy, der 1963 in Dallas ermordet wurde. Die Teehybride bildet einen niedrigen, gesunden Busch und entwickelt mit 20 Petalen halb gefüllte Blüten in einem reinen Rosa. Die schön geformten Blüten fallen mit einer Größe von 8–11 cm recht groß aus, allerdings verbreiten sie nur schwachen Duft. Das ledrige, dunkelgrüne Laub bedeckt diesen mittelgroßen, aufrecht wachsenden Busch. Die Blüten, die fortlaufend während der gesamten Saison erscheinen, eignen sich auch gut zum Schnitt, weil ihre Farben unter künstlichem Licht gut zur Geltung kommen. Ihr Züchter, der Amerikaner Herbert Swim, war in den 50er und 60er Jahren des 20. Jh. eine Koryphäe unter den Rosenzüchtern. **ZONEN 4–9.**

Swim, USA, 1961

'First Love' × 'Roundelay'

F

'First Kiss'

'First Federal Gold'

'First Lady'

## 'FIRST LIGHT' DEVrudi

STRAUCHROSE, HELLROSA, ÖFTERBLÜHEND

Diese Sorte trägt einfache, leuchtend rosa Blüten mit je 5 großen Petalen, die eine Vielzahl von Staubfäden umgeben. 'First Light' verfügt über gesundes, mittelgrünes Laub. **ZONEN 5–9.**

Marciel, USA, 1998

'Bonica' × 'Ballerina'

All-American Rose Selection 1998

## 'FIRST LOVE'

Syn. 'Premier Amour'

TEEHYBRIDE, HELLROSA, OFTERBLUHEND

'First Love' ist vor allem wegen ihrer eleganten, wunderschön geformten hellrosafarbenen Knospen beliebt, die stellenweise auch mit einem dunkleren Ton schattiert sind. Diese Knospen gelten als Vorbild für viele neuere Züchtungen. Die langen, spitzen Knospen entwickeln sich zu halbgefüllten, leicht duftenden Blüten mit 20–30 Petalen. Das Laub ist kleinblättrig, ledrig und hellgrün. Diese Rose gehört zu den ersten, die im Juni ihre Blüten zeigt und mit nur kurzen Unterbrechungen den ganzen Sommer über blüht, in warmen Regionen bis zu sechsmal. Die Stiele sind kurz, aber die Blüten erscheinen in so großer Anzahl, daß sie den Busch vollständig bedecken. Leider treiben ältere Pflanzen keine Jungtriebe aus der Basis; sie werden deshalb holzig und unansehnlich, die Blütenfülle wird dadurch jedoch nicht beeinträchtigt. Die wenig bestachelte Pflanze gedeiht am besten in kühleren Gebieten. **ZONEN 4–9.**

Swim, USA, 1951

'Charlotte Armstrong' × 'Show Girl'

National Rose Society Certificate of Merit 1952

## 'FIRST PRIZE'

TEEHYBRIDE, ROSA+, ÖFTERBLÜHEND

'First Prize' unterscheidet sich wesentlich von 'First Love': Sie bildet sehr große, dicke Knospen aus, die sich zu großen, gefüllten Blüten mit hoher Mitte in einem Rosaton entwickeln, der zur Basis hin in Creme übergeht. Die Farbe verblaßt besonders schnell an heißen Tagen, die auf taureiche Nächte folgen. Die Sorte verströmt einen guten Duft. Passend zur Blütengröße sind auch die ledrigen Blätter sehr groß. Das Laub ist fast krankheitsfest, kann aber im Herbst von Mehltau befallen werden. Der Wuchs ist kräftig und aufrecht, die starken Triebe sind mit großen Stacheln bewehrt. **ZONEN 5–9.**

Boerner, USA, 1970

Sämling von 'Enchantment' × Sämling von 'Golden Masterpiece'

All-American Rose Selection 1970, Gertrude M. Hubbard-Goldmedaille der American Rose Society 1971

'First Love'

'First Light'

'Fisher & Holmes'

'First Prize'

## 'FISHER & HOLMES'

Syn. 'Fisher Holmes'

ALTE R., REMONTANTROSE , DUNKELROT, ETWAS NACHBLÜHEND

Aus langen, spitzen Knospen entwickeln sich die samtigen, scharlachroten Blüten, die tief karminrot überzogen sind. Die mit 30 Petalen gefüllten Blüten sind groß, becherförmig und sitzen an langen, kräftigen Stielen. Der 1 m hohe Busch wächst aufrecht und kräftig; wird er niedrig gehalten, so erhält man eine noch größere Blütenfülle während der langen Blühsaison. Der Herbstflor fällt sogar noch schöner aus als derjenige im Sommer, obwohl die Pflanze anfällig gegenüber Mehltau und Sternrußtau ist. 'Fisher & Holmes' gedeiht auch gut in einem Kübel. **ZONEN 4–9.**

Verdier, Frankreich, 1865

Sämling von 'Maurice Bernardin'

'Fisherman's Friend'

## 'FISHERMAN'S FRIEND'

AUSchild

Syn. 'Fisherman'

STRAUCHROSE, DUNKELROT, ÖFTERBLÜHEND

'Fisherman's Friend', die nach den bekannten „Rachenputzer-Halspastillen“ benannt ist, wird auch als Englische Rose bezeichnet. Die hochwachsende Sorte mit enormen Stacheln und sehr kräftigen Trieben trägt die wohl formschönsten und größten Blüten ihrer Klasse. Große Knospen öffnen sich zu becherförmigen, später offenen Rosetten. Die Blüten besitzen 60 oder mehr Petalen, zeigen eine krause Mitte und erscheinen in einem tiefen Karminrot, das sich violett verfärbt. In kühlem Wetter erreichen die dann besonders schönen Blüten eine Größe von 18 cm. 'Fisherman's Friend' ist etwas mehltau- und sternrußtauanfällig, verdient aber aufgrund ihrer großen, dunklen Blüten einen festen Platz im Garten. Die Blüte ist im Juni besonders reichlich, wenn die langen Triebe horizontal an einem Zaun oder einem anderen Halt gezogen werden. Die Pflanze bevorzugt wärmere, trockene Regionen. **ZONEN 4–9.**

Austin, Großbritannien, 1987

'Lilian Austin' × 'The Squire'

## 'FIVE-COLORED ROSE'

Syn. 'Fortune's Five-Colored Rose'

ALTE R., TEEROSE, WEISS, ETWAS NACHBLÜHEND

1844 entdeckte der berühmte englische Botaniker Robert Fortune diese Rose in China; Fortune war es übrigens auch, der zahlreiche andere bedeutende Rosen in den Westen brachte. Die Knospen von 'Five-Colored Rose' sind pastellweiß und öffnen sich zu kleinen, becherförmigen, halbgefüllten weißen Blüten mit roten Streifen oder Punkten. Einige der Blumen sind auch vollständig rosa oder rot. Der offen wachsende Strauch wird etwa 1,8 m hoch und hat hellgrünes, kleinblättriges Laub, stachelige Blütenstiele, hakenförmige Stacheln und orangegelbe Hagebutten. In Gegenden mit wärmerem Klima blüht die Sorte ohne Pausen. **ZONEN 5–9.**

Fortune, Großbritannien, 1844

Eltern unbekannt

## 'FLAIR'

TEEHYBRIDE, ORANGEROSA, ÖFTERBLÜHEND

'Flair' gehört zu den zahlreichen Nachkommen von 'Ophelia'. Mitte des 20. Jh. war sie eine reine Gewächshausrose. Die wohlgeformten Knospen erscheinen in einem ungewöhnlichen zarten Korallrot, das mit Lachs schattiert ist. Es gibt nur wenige Rosen dieser Farbgebung. Die Blüten sind mit 35 Petalen gefüllt, haben eine hohe Mitte und erreichen einen Durchmesser von 10 cm. Sie sitzen einzeln oder in kleinen Büscheln. Die Pflanze wächst mäßig kräftig, hat mittelgrünes Laub und blüht die ganze Saison über. Diese Rose eignet sich für Beete, aber auch als Schnittrose, zumal die Farben besonders wirkungsvoll unter künstlichem Licht sind. **ZONEN 4–9.**

Verschuren-Pechtold, Niederlande, 1951

'Lady Sylvia' × Sämling

## 'FLAME MEILLANDINA'

MEltralur

Syn. 'Flame Sunblaze'

ZWERGROSE, ROT, ÖFTERBLÜHEND

Die wohlgeformten Knospen dieser nur kaum bestachelten Rose öffnen sich zu dichtgefüllten, flachen, roten Blüten mit 25–40 Petalen und jeweils einem weißen Fleck an der Basis. Ohne zu verblassen, halten sie sich lange am Busch. Die vielen Blüten erscheinen rasch nacheinander. 'Flame Meillandina' wächst als Kübelpflanze sehr buschig. Ihre Blätter sind zahlreich, mittelgroß und mattglänzend; junge Triebe besitzen anfangs eine rote Spitze, die sich im Alter grün verfärbt. **ZONEN 4–11.**

Meilland, Frankreich, 1987

Sport von 'Prince Meillandina'

## 'FLAMENCO'

FLORIBUNDA, HELLROSA, ÖFTERBLÜHEND

Diese Sorte hat leuchtende, lachsrosa, gefüllte Blüten von etwa 10 cm Durchmesser, also recht groß für eine Floribundarose. 'Flamenco' wächst kräftig und entwickelt viel dunkelgrünes Laub. Die Pflanze ist gesund und eignet sich auch gut zum Schnitt. **ZONEN 4–9.**

McGredy, Großbritannien, 1960

'Tantaus Triumph' × 'Spartan'

## 'FLAMING BEAUTY'

TEEHYBRIDE, ROT+, ÖFTERBLÜHEND

'Flaming Beauty' ist eine sehr spärlich wachsende Pflanze, die wenige, mit 35 Petalen gefüllte, wohlgeformte, große Blüten mit hoher Mitte ausbildet, die nur leicht duften. Das Laub dieser Teehybride ist mattgrün und ihr Wuchs buschig. Erstaunlich ist es allerdings schon, daß eine Pflanze, die sich so schlecht entwickelt, von sehr kräftig wachsenden Elternpflanzen abstammen soll. Die Rose eignet sich für Ausstellungen, aber nicht für den Garten. **ZONEN 5–9.**

Winchell, USA, 1978

'First Prize' × 'Piccadilly'

'Flamenco'

'Flaming Sunset'

'Flame Meillandina'

## 'FLAMING PEACE' MACbo

Syn. 'Kronenbourg'

TEEHYBRIDE, ROT+, ÖFTERBLÜHEND

'Flaming Peace', die in Deutschland 'Kronenbourg' heißt, besitzt alle guten Eigenschaften ihrer Elternpflanze 'Gloria Dei'. Nur ihre Blüten öffnen sich in einem dumpfen Rot mit Violettschattierungen, die Unterseite der Petalen ist jedoch gelb, wodurch die Blüten lebhafter wirken. Diese sind wohlgeformt und auch voll aufgeblüht sehr schön, weil die kräftigen Petalen sehr gleichmäßig angeordnet sind. 'Flaming Peace' wächst hoch, besitzt kräftiges glänzendes Laub, das fast krankheitsfrei ist, und blüht recht lange. **ZONEN 4–9.**

McGredy, Großbritannien, 1966

Sport von 'Gloria Dei'

'Flamingo'

'Flaming Peace'

## 'FLAMING SUNSET'

TEEHYBRIDE, ORANGE+, ÖFTERBLÜHEND

Die dunkelorangen, gekräuselten Blüten verblassen zu Rosa und bilden einen interessanten Kontrast zu den hellbronzefarbenen Blättern. Aus spitzen Knospen entwickeln sich die Blüten mit bis zu 40 Petalen, die hellere Unterseiten besitzen. 'Flaming Sunset' wächst relativ kräftig. **ZONEN 5–9.**

Eddie, Kanada, 1948

Sport von 'McGredy's Sunset'

National Rose Society Certificate of Merit 1949

## 'FLAMINGO' KORflüg

Syn. 'Margaret Thatcher', 'Porcelain', 'Veronica', 'Veronika'

TEEHYBRIDE, HELLROSA, ÖFTERBLÜHEND

'Flamingo' ist eine bekannte Gewächshaus- und Gartenrose mit großen, langen und spitzen Knospen, aus denen sich wohlgeformte, mit 25 fleischigen Petalen gefüllte Blüten mit hoher Mitte entwickeln. Sie sitzen meist einzeln an dicken, sehr stacheligen Trieben, duften leicht und halten auch in der Vase lange. Ihr Laub ist stumpf und mittelgrün, der Wuchs dieser Rose aufrecht und kräftig. Die Blüten entstehen sehr schnell nacheinander, so daß fast ständig ein Blütenflor zu sehen ist. Im Herbst wird die Teehybride oftmals von Mehltau befallen. **ZONEN 4–9.**

Kordes, Deutschland, 1979

Sämling × 'Lady Like'

'Flamingo'

## 'FLAMMENTANZ' KORflata

Syn. 'Flame Dance'

GROSSBLUMIGE KLETTERROSE, ROT

Diese Sorte zeichnet sich durch sehr große, gefüllte karminrote Blüten mit hoher Mitte aus, die in Büscheln sitzen und stark duften. Das Laub ist dunkel und ledrig, die Pflanze besonders kräftig. Es gibt nur einen Blütenflor. 'Flammentanz' ist sehr frosthart und am schönsten in voller Blüte, besonders dann, wenn die Pflanze ausreichend Platz hat, sich voll zu entwickeln. **ZONEN 4–9.**

Kordes, Deutschland, 1955

*Rosa rubiginosa*-Hybride × *R. kordesii*

ADR-Rose 1952

'Flashlight'

'Fleur Cowles'

'Flora' (I)

## 'FLASHLIGHT'

FLORIBUNDA, ORANGEROT, ÖFTERBLÜHEND

Die orange-scharlachroten Blüten von 'Flashlight' zeigen einen bräunlichen Unterton, der von 'Vesper' stammt. Die gefüllten, duftenden Blüten besitzen 30 Petalen, erreichen einen Durchmesser von 10 cm und lassen leuchtende, goldfarbene Staubfäden erkennen. Das Laub der hohen Pflanze ist großblättrig und im Austrieb bronzefarben. Der Flor erneuert sich relativ rasch. Diese krankheitsfreie Sorte fällt wie die meisten Rosen des britischen Züchters Edward LeGrice ein bißchen extravagant aus. ZONEN 4–9.

LeGrice, Großbritannien, 1974

'Vesper' × Sämling

## 'FLEUR COWLES'

FLORIBUNDA, HELLGELB, ÖFTERBLÜHEND

Die etwa 8 cm großen, würzig duftenden Blüten von 'Fleur Cowles' erscheinen hellgelb mit cremefarbener Mitte und 35 Petalen. Das Laub des kompakten Busches ist dunkel und glänzend. Die feine Farbgebung der Blüten paßt sehr gut zu anderen pastellfarbenen Rosen wie 'Julia's Rose', 'Apricot Nectar', 'Champagner' und 'Cubana'; sie wirken besonders gut unter künstlichem Licht. Die Rose ist bei Blumenhändlern sehr beliebt und wurde deshalb auch nach einem bekannten englischen Floristen benannt. ZONEN 5–9.

Gregory, Großbritannien, 1972

'Pink Parfait' × Sämling

## 'FLORA' (I)

TEEHYBRIDE, ORANGEROSA, ÖFTERBLÜHEND

Die hier vorgestellte 'Flora' ist eine moderne Gartenrose, die gut 100 Jahre später als das gleichnamige Original gezüchtet wurde (s. u.). Der Busch wächst aufrecht und kräftig. Die Rose ist besonders wegen ihres sehr starken Duftes und der großen gefüllten Blüten beliebt. Die rosafarbenen Blüten sind oft lachsfarben überhaucht und zeigen eine Vielzahl goldgelber Staubfäden. ZONEN 5–9.

Maarse, Niederlande 1957

'Kordes' Sondermeldung' × 'Charlotte Armstrong'

## 'FLORA' (II)

Syn. 'Flore'

ALTE R., SEMPERVIRENS-HYBRIDE, MAUVE

Der Name dieser nur im Juni blühenden Sempervirens-Hybride erinnert an die römische Göttin der Pflanzenwelt. Die Pflanze erreicht eine Höhe von 3,5 m und eine Breite von 2,5 m; wenn sie nicht beschnitten wird, kann sie als Rambler verwendet werden. Die fliederrosa Blüten mit dunkler Mitte sind gefüllt, klein und becherförmig. Sie öffnen sich flach und wirken dann, als wären sie vollständig mit Petalen gefüllt. 'Flora' (II) ist eine duftende, reichlich blühende Rose, die sich ausgezeichnet für eine Pergola, zum Überwuchern alter Schuppen oder zum Beranken von Bäumen eignet. Die rötlichen Triebe sollten leicht zurückgeschnitten werden. Die Pflanze hat

'Floradora'

dunkelgrüne, spitze Blätter. Sie gedeiht auch auf kargem Boden; in heißen Lagen sollte sie einen Platz in lichtem Schatten erhalten. ZONEN 4–9.

Jacques, Frankreich, circa 1830

*Rosa sempervirens*-Hybride

## 'FLORADORA'

FLORIBUNDA, ORANGEROT, ÖFTERBLÜHEND

'Floradora' gehörte zu den ersten lachsorangefarbenen Sorten, von denen die leuchtenden Farben von 'Super Star' und 'Duftwolke' stammen. Diese Rose zeigt kugelige Knospen, aus denen sich mit 25 Petalen gefüllte Blüten entwickeln, bei denen sich die inneren Blütenblätter zur Mitte wölben. Die leicht duftenden Blüten sitzen in Büscheln von 3–12. Der Busch mit ledrigem, glänzendem Laub wächst aufrecht und ist krankheitsresistent. Diese Sorte erinnert wenig an die dichtgefüllte *Rosa roxburghii* mit ihrem farnartigen Laub. Die Farbe von 'Floradora' wirkt heute im Vergleich zu den neueren Züchtungen eher dumpf: Historisch gesehen handelt es sich aber um eine sehr wichtige Sorte, die häufig zur Züchtung verwendet wurde. Die Blüten werden im Alter etwas unansehnlich, was auch bei manchen Nachkommen zu beobachten ist. ZONEN 4–9.

Tantau, Deutschland, 1944

'Baby Chateau' × *Rosa roxburghii*

All-American Rose Selection 1945

## 'FLORENCE'

TEEHYBRIDE, HELLROSA, ÖFTERBLÜHEND

'Florence' ist eine exzellente Gewächshausrose, die eine Fülle von kleinen bis mittelgroßen Blüten in sehr zartem Rosa hervorbringt. Die vielen, dicht beieinander sitzenden Petalen öffnen sich nur langsam. Die Knospen sind gut für den Transport und die Kühlung geeignet; die Blüten halten sich lange. Das üppige Laub ist kleinblättrig und krankheitsfrei. Im Garten müssen die Seitenknospen entfernt werden, damit man relativ große Blüten erhält. ZONEN 5–9.

Kordes, Deutschland, 1987

Sport von 'Europa'

## 'FLORENCE MARY MORSE'

FLORIBUNDA, ROT, ÖFTERBLÜHEND

Diese aus Deutschland stammende Sorte wurde nach der Gattin des Inhabers der englischen Firma *Henry Morse & Sons* benannt. Diese ausgezeichnete rote Rose eignet sich sich gut für Beete und Rabatten. Die hochwachsende Pflanze mit fast krankheitsfreiem Laub trägt leuchtend rote Blüten vom Frühsommer bis zum Spätherbst. Die mit 15 Petalen halb gefüllten Blüten erreichen einen Durchmesser von 8 cm und sitzen in großen Büscheln. Sie halten lange, aber die Petalen fallen nicht ab; ein Fehler, der von 'Baby Chateau' vererbt wurde. Bei geringem Rückschnitt kann sie als Strauch gezogen werden. Andernfalls bleibt sie eine üppig blühende büschelblütige Rose. Wenn Verblühtes nicht entfernt wird, erscheinen zwischen den späten Blüten leuchtend rote Hagebutten. ZONEN 5–9.

Kordes, Deutschland, 1951

'Baby Chateau' × 'Magnifica'

National Rose Society Certificate of Merit 1950

## 'FLORIAN'

siehe 'Tender Night'

## 'FLOWER CARPET' NOAtraum

Syn. 'Heidetraum', 'Blooming Carpet', 'Emera', 'Emera Pavement', 'Pink Flower Carpet'

STRAUCHROSE, DUNKELROSA, ÖFTERBLÜHEND

Der Einführung von 'Flower Carpet' wurde in vielen Ländern große Beachtung gezollt, da es von dieser Sorte hieß, sie blühe angeblich 10 Monate lang ohne Unterbrechung und bedecke als Strauch die Erde so vollständig, daß kein Unkraut aufkommen könne. Diese Aussagen sind jedoch übertrieben. Bedingt durch einen Rambler als Elternpflanze, blüht diese Sorte geringfügig später als die meisten anderen. 'Flower Carpet' ist jedoch ein ausgezeichneter Bodendecker, der dunkelrosafarbene, kugelige Blüten mit 15 Petalen von guter Substanz bildet; diese sitzen in Büscheln von 10–25. Ein leichter Duft ist vorhanden. Besonders üppig ist der erste Flor im Juni, doch folgen bald weitere Blüten. Falls die Pflanze

'Florence Mary Morse'

'Flower Carpet'

'Flying Doctor'

zu stark verholzt, kann sie alle paar Jahre im Winter stark zurückgeschnitten werden; danach wächst sie wieder kräftiger, ohne daß die Blütenfülle stark beeinträchtigt wird. **ZONEN 4–9.**

Noack, Deutschland, 1989

'Kordes Rose Immensee' × 'Amanda'

ADR-Rose 1990, Glasgow Goldmedaille 1993, Royal Horticultural Society Award of Garden Merit 1993

## 'FLOWER POWER' KORpon

**Syn. 'Ponderosa'**
FLORIBUNDA, ORANGEROT, ÖFTERBLÜHEND

'Flower Power', deren Kleinwüchsigkeit von 'Marlena' abstammt, hat kugelige Knospen und orangerote, gefüllte, becherförmige, mittelgroße Blüten auf sehr kurzen Stielen. Der kompakte Busch ist stark bestachelt. Das üppige, ledrige Laub steht sehr dicht und bildet einen guten Kontrast zu den Blüten. Die Sorte eignet sich als niedrige Heckenpflanze oder im Vordergrund eines Rosenbeetes oder als Gruppe. **ZONEN 4–9.**

Kordes, Deutschland, 1970

Sämling × 'Marlena'

ADR-Rose 1994

## 'FLUTTERBYE' WEKplasol

STRAUCHROSE, GELB+

'Flutterbye' ist eine außergewöhnliche Rose mit einfachen Blüten in intensivem Gelb, das nach und nach Rosa- und Goldtöne annimmt. Die Blütenmitte ist rot; alle Farben zusammen verleihen der Sorte ihre Einzigartigkeit. Das Laub ist sattgrün und genauso üppig wie bei der Elternpflanze 'Playboy'; die Blätter beider Sorten glänzen sehr stark. 'Flutterbye' wächst hoch und kann als Strauch oder als kleine Kletterrose an Säulen und Gittern verwendet werden. Diese Sorte, die noch recht unbekannt ist, gewinnt zunehmend an Beliebtheit. **ZONEN 5–9.**

Carruth, USA, 1996

'Playboy' × Sämling von *Rosa soulieana*

## 'FLYING COLORS' SAVapaint

ZWERGROSE, ROT+, ÖFTERBLÜHEND

Die rotgelben Blütchen weisen eine hübsche Farbkombination auf, die langsam zu Rosa und Weiß verblaßt. Die Blüten sind halbgefüllt und klein; sie duften leicht und wirken besonders gut vor dem kleinblättrigen, mittelgrünen, etwas glänzenden Laub. Der Busch wächst aufrecht und kompakt. Diese Rose wird auch als „Mikro-Miniatur bezeichnet. Sie hat zwei außergewöhnliche Eigenschaften: den großen Blütenflor, der die ganze Saison über zu sehen ist, und die Robustheit der gesamten Pflanze. Die Blüten sind am schönsten, wenn sie voll entfaltet sind. **ZONEN 5–11.**

Saville, USA, 1982

('Yellow Jewel' × 'Tamango') × 'Sheri Anne'

## 'FLYING DOCTOR'

**Syn. 'Flambo'**
TEEHYBRIDE, ORANGEROT, ÖFTERBLÜHEND

'Flying Doctor' bildet wohlgeformte Blüten in leuchtendem Orangerot an einem besonders gesunden, mittelhohen Busch. Die Knospen öffnen sich langsam und halten ihre Farbe gut. Blüten entstehen ständig neu, so daß sich diese Rose gut als Schnittsorte sowohl unter Glas als auch im Garten eignet. In der Vase hält sie sich sehr lange, und die Farbe bleibt unverändert, bis die Petalen abfallen. Das üppige Laub ist großblättrig und dunkelgrün. **ZONEN 4–9.**

Kordes, Deutschland, 1990

Eltern unbekannt

## 'FOLIACÉE'

**Syn. 'Caroline de Berry'**
ALTE R., ZENTIFOLIE, REIN ROSA

Die Amerikanerin Ethelyn Keays schreibt in ihrem Buch *Old Roses*, daß diese Sorte besonders lange und fedrige Kelchblätter besitzt, welche die Pflanze auf ähnliche Weise zieren wie Spitzenbänder einen altmodischen Schutenhut. Die Blütenfarbe ist ein helles Rosa, das fliederfarben verblaßt. Die sehr großen, locker gefüllten Blüten sind kugelförmig, haben ein Auge und eine hübsche, ungeordnete Mitte. 'Foliacée' wirkt wesentlich empfindlicher als sie tatsächlich ist. Der nach Alten Rosen duftende Flor ist im Juni sehr üppig. Der wenig stachelige Busch wächst kompakt, hat hellgrüne Blätter und erreicht eine Höhe von 1,2–1,5 m. **ZONEN 4–9.**

Descemet, Frankreich, 1810

Eltern unbekannt

'Folklore'

## 'FOLIES-BERGÈRE'

TEEHYBRIDE, GELB+, ÖFTERBLÜHEND

'Folies-Bergère' besitzt große, gefüllte Blüten in intensiv leuchtenden Gelb- und Kupfertönen, die langsam verblassen. Die Blüten verströmen einen starken Duft. Das ledrige, helle Laub ist kräftig und gesund. Mit ihrem kräftigen, aufrechten Wuchs eignet sich diese Rose gut für Gruppen oder Beete. **ZONEN 5–9.**

Gaujard, Frankreich, 1948

'Souvenir de Claudius Pernet' × Sämling

## 'FOLKLORE' KORlore

TEEHYBRIDE, ORANGE+, ÖFTERBLÜHEND

'Folklore' wächst besonders kräftig und erreicht mit Trieben von 1 m Länge beinahe die Ausmaße einer Kletterrose. Die duftenden Blüten sind groß und wohlgeformt mit 45–50 fleischigen Petalen, so daß sie sich gut für Ausstellungen eignen. Sie halten ihre Form erstaunlich lange und erscheinen in einem leuchtenden Lachsorange. Das Laub ist sehr großblättrig, gesund und glänzend. Aufgrund ihrer Höhe sollte diese Sorte im Hintergrund einer Rabatte stehen. Ein Sport dieser Teehybride ist 'Delores', die cremefarbene Blüten besitzt. **ZONEN 4–9.**

Kordes, Deutschland, 1977

'Duftwolke' × Sämling

'Flying Colors'

## 'FOLKSINGER'

STRAUCHROSE, GELB+, ÖFTERBLÜHEND

Diese büschelblütige Strauchrose mit gelben Blüten, die dunkel apricot-pfirsichfarben überhaucht sind, hat duftende, große Blüten, die mit 25 Petalen gefüllt sind und in kleinen Büscheln sitzen. Das Laub ist dunkelrot, ledrig glänzend und besonders krankheitsfest. Die Pflanze wächst buschig und blüht ständig nach. **ZONEN 3–9.**

Buck, USA, 1985

'Carefree Beauty' × 'Friesia'

## 'FONTAINE' oder 'FONTÄNE'

siehe 'Fountain'

## 'FOREVER YOUNG' BRIyoung

ZWERGROSE, ROSA+, ÖFTERBLÜHEND

Kleine, spitze Knospen in zartem Rosa und Weiß entwickeln sich zu rosa Blüten mit perfekter hoher Mitte. Die leicht duftenden, mit 25–40 gefüllten Blüten sitzen einzeln. Die auffallende Farbgebung wird bei starkem Sonnenlicht noch intensiviert. Das Laub des niedrigen, kompakten und rundlichen Busches, der nur etwa 35 cm hoch wird, ist dunkelgrün und leicht glänzend. 'Forever Young' ist robust, krankheitsfrei und vor allem für Beete geeignet. **ZONEN 5–10.**

Bridges, USA, 1997

'Trickster' × ungenannter Pollenspender

'Flower Power'

## 'FORNARINA'

ALTE R., GALLICA-ROSE, ROSA+

Diese Rose hat mittelgroße, gefüllte und becherförmige Blüten in einem intensiven Rosa mit tieferen Schattierungen zur Mitte hin. Sie sind marmorartig mit gebrochen weißen Tupfen verziert. Der kompakte Busch erreicht eine Höhe von 1,2 m. 'Fornarina' wurde oft mit zwei älteren Rosen verwechselt: 'Belle Flore' mit ähnlicher Marmorierung sowie einer Vétillard-Rose aus dem Jahre 1826, die purpurfarbene Blüten trägt. **ZONEN 4–9.**

Vermutlich Vibert, Frankreich, um 1841

Eltern unbekannt

F

## 'FORTUNE COOKIE' SAVacook

ZWERGROSE, APRICOT+, ÖFTERBLÜHEND

Die eleganten Knospen öffnen sich zu Blüten in Apricot mit cremefarbener Außenseite. Die gefüllten Blüten bestehen aus 15–25 Petalen und sitzen einzeln oder in kleinen Büscheln; sie duften nicht. Das leicht glänzende, mittelgrüne Laub ziert einen aufrecht wachsenden, kompakten Busch, der robust und krankheitsresistent ist. Diese Zwergrose eignet sich durch den rundlichen Wuchs gut zur Bepflanzung eines Kübels. **ZONEN 5–11.**

Saville, USA, 1995

'Baby Katie' × 'Mazurka'

'Fornarina'

## 'FORTUNE TELLER' JACheir

TEEHYBRIDE, MAUVE, ÖFTERBLÜHEND

Diese neue Sorte ist ein interessanter Vertreter der dunkelmauve- bis purpurfarbenen Rosen. Ihre großen (bis 13 cm), mit meist einzeln sitzenden 40 Petalen gefüllten Blüten duften sehr stark. Der hohe, sich ausbreitende Busch hat wenig Stacheln, dafür jedoch reichlich dunkelgrünes, leicht glänzendes Laub. Der Flor ist üppig, und neue Blüten entstehen sehr schnell. **ZONEN 4–9.**

Warriner und Zary, USA, 1995

Sämling × 'Heirloom'

## 'FORTUNE'S DOUBLE YELLOW'

**Syn. 'Beauty of Glazenwood', 'Gold of Ophir', *Rosa × odorata pseudindica*, 'San Rafael Rose'**

ALTE R., TEEROSE, GELB+, ETWAS NACHBLÜHEND

Die einfach zu kultivierende Sorte wurde vom englischen Botaniker Robert Fortune (1812–1880) im Garten eines wohlhabenden Chinesen entdeckt. Die kurzen, kugeligen Knospen öffnen sich zu bernstein- bis apricotgelben, halbgefüllten Blüten an kurzen Stielen; mit zunehmendem Alter wölben sich die äußeren Petalen zurück. Auf der Unterseite der Petalen ist ein leichter Rothauch erkennbar. Die duftenden Blüten halten lange als Schnittblumen, und die langen, biegsamen Triebe eignen sich gut zum Beranken von Pergolen oder Bäumen. Die Triebe weisen braune, gekrümmte Stacheln und gesägte Blätter auf. **ZONEN 5–9.**

Fortune, Großbritannien, 1845

Eltern unbekannt

## 'FORTUNIANA'

**Syn. 'Double Cherokee', 'Fortuneana', *Rosa × fortuniana***

ALTE R., RAMBLERROSE, WEISS

Diese Sorte sieht man im Süden oft an kleinen Gebäuden, Bögen oder Bäumen. Sie gehört wohl zu den gesundesten Rosen, die heutzutage im Handel sind. Die kleinen, gefüllten, cremigweißen Blüten, die manchmal hellrosa Ränder aufweisen, duften nach Veilchen und sitzen meist einzeln an kurzen, stacheligen Stielchen. Die Triebe sind lang und weich; sie benötigen eine Stütze. Das glänzende Laub und nur wenige Stacheln machen diese Pflanze selbst außerhalb der Blütezeit attraktiv. Im Juni an der richtigen Stelle gepflanzt und sogar auf kargem Boden, erscheint an gut entwickelten Pflanzen ein Blütenflor aus Hunderten von Blüten. **ZONEN 6–7.**

Fortune, Großbritannien, 1845

*Rosa banksiae* × *R. laevigata*

'Fortune's Double Yellow'

'Climbing Forty-niner'

## 'FORTY-NINER'

TEEHYBRIDE, ROT+, ÖFTERBLÜHEND

Diese Teehybride weist ungewöhnliche Farben auf, die denen ihrer Elternpflanze 'Contrast' ähneln: Die Blüten sind rot mit leichtem Purpurton und unterseits strohgelb. Ähnliches findet man nur noch bei 'Kronenbourg', einem Sport der 'Gloria Dei'. Die langen, spitzen Knospen öffnen sich rasch zu recht großen mit 30 Petalen gefüllten Blüten, die zu einem schmutzigen Kirsch- oder Pflaumenrot verblassen. Das glänzende Laub ist anfällig gegen Sternrußtau und Mehltau. Die insgesamt etwas kränkelnde Sorte wird heute kaum noch angebaut. Ihre beiden Goldmedaillen erhielt sie wohl primär aufgrund der ungewöhnlichen Farben. Benannt wurde 'Forty-niner' nach jenen Amerikanern, die 1849 im Goldrausch nach Kalifornien aufgebrochen waren. Die roten, unterseits orangegelben Blüten der **'Climbing Forty-niner'** (Moffet, 1952) erscheinen im Frühjahr in großer Anzahl; diese Pflanze ist krankheitsfest und eignet sich gut zum Beranken einer Säule, einer Pyramide oder eines Zaunes. **ZONEN 4–9.**

Armstrong, USA, 1949

'Contrast' × 'Charlotte Armstrong'

Portland Goldmedaille 1947, All-American Rose Selection 1949, National Rose Society Trial Ground Certificate 1949

## 'FOUNTAIN'

**Syn. 'Fontäne', 'Fontaine', 'Red Prince'**

TEEHYBRIDE, ROT, ÖFTERBLÜHEND

'Fountain' erhielt zwei Auszeichnungen in einem einzigen Jahr, allerdings scheint sie die in sie gesetzten Erwartungen doch nicht ganz zu erfüllen. In Deutschland ist sie noch erhältlich, da es sich um eine gute, leuchtend samtig dunkelrote Rose mit strauchartigem Habitus handelt, die reichlich große, gefüllte, becherförmige und farbbeständige Blüten mit 35 Petalen hervorbringt. Das große, dunkelgrüne Laub ist glänzend und krankheitsresistent. Die Pflanze eignet sich gut als Gruppen- oder Beetrose. **ZONEN 4–9.**

Tantau, Deutschland, 1970

Eltern unbekannt

Royal National Rose Society President's International Trophy 1971, ADR-Rose 1971

## 'FOUNTAIN SQUARE' JACmur

TEEHYBRIDE, WEISS, ÖFTERBLÜHEND

Mit dem Unterschied, daß ihre Blüten weiß und nicht hellrosa sind, ähnelt 'Fountain Square' der Elternpflanze 'Pristine' recht stark. Der Busch wächst hoch und bildet reichlich großblättriges, dunkelgrünes und gesundes Laub. Die Triebe sind sehr lang und kräftig. Aus großen, langen Knospen entwickeln sich große Blüten mit 30 sehr fleischigen Petalen. Sie öffnen sich schnell, so daß der halbgeöffnete Zustand, in dem sie am schönsten sind, nur kurze Zeit zu bewundern ist. Die Blütenproduktion ist recht langsam. 'Fountain Square' eignet sich besonders für kühlere Regionen, in denen sich die Blüten langsamer öffnen. **ZONEN 5–9.**

Humenick, USA, 1986

Sport von 'Pristine'

## 'FOXI'
**siehe 'Buffalo Gal'**

## 'FOXY LADY' AROshrim
ZWERGROSE, ORANGEROSA, ÖFTERBLÜHEND

Die ovalen Knospen enthüllen spitze, gefüllte, mittelgroße Blüten in Orangerosa mit blasseren Petalen in der Mitte. Die Blütenblätter überlappen sich. Das Laub ist im Vergleich zur Blütengröße relativ klein. Diese Sorte gilt als absolute Schönheit, blüht aber eher spärlich. In warmen Gebieten ist 'Foxy Lady' auch lachs- und cremefarben. **ZONEN 5–11.**

Christensen, USA, 1980

'Gingersnap' × 'Magic Carrousel'

## 'FRAGRANCE'
TEEHYBRIDE, DUNKELROSA, ÖFTERBLÜHEND

In den USA wurde 'Charlotte Armstrong' häufiger als jede andere Sorte zur Zucht verwendet; die langen, spitzen Knospen und der Duft sind bei vielen amerikanischen Züchtungen wie 'Eiffel Tower', 'First Love' und 'First Lady' anzutreffen. Die Blüten von 'Fragrance' zeigen ein tiefes Karminrot, sie sind gefüllt, haben eine hohe Mitte und duften besonders stark. Das Laub ist im Austrieb bronzefarben und wird später grün. Die Pflanze wächst hoch und kompakt; sie gilt als gesund. **ZONEN 4–9.**

Lammerts, USA, 1965

'Charlotte Armstrong' × 'Merry Widow'

'Fragrant Delight'

## 'FRAGRANT CLOUD' TANellis
**Syn. 'Duftwolke', 'Nuage Parfumé'**
TEEHYBRIDE, ORANGEROT, ÖFTERBLÜHEND

Mit ihren sehr stark duftenden Blüten, die man von einer Rose mit einer Elternpflanze wie 'Primaballerina' durchaus erwarten kann, gehört 'Duftwolke' zu den beliebtesten Sorten des 20. Jh. Die Blüten haben ein ungewöhnliches Korall- bis Geranienrot, sind mit 30 Petalen gefüllt und wohlgeformt. Die Farbe ist klar und verblaßt aber oft zu einem schmutzigen Rot. Neue Blüten entstehen in sehr kurzen Abständen. Das großblättrige Laub in sattem, glänzendem Dunkelgrün wird gelegentlich von Mehltau befallen, bei feuchtem Wetter evtl. auch von Sternrußtau. Die Pflanze ist nicht ganz frosthart. Der kräftige Busch eignet sich für Beete und Rabatten. **ZONEN 4–9.**

Tantau, Deutschland, 1967

Sämling × 'Primaballerina'

ADR-Rose 1964, National Rose Society President's International Trophy 1964, Portland Goldmedaille 1966, James Alexander Gamble-Rosenduftpreis 1970, „Weltrose" 1981

## 'FRAGRANT DELIGHT'
FLORIBUNDA, ORANGEROSA, ÖFTERBLÜHEND

'Fragrant Delight' ist eine besonders gute büschelblütige Rose für kühlere Gegenden, in denen sich das Lachsorange der relativ großen, mit 22 Petalen gefüllten Blüten länger hält. In heißen Zonen verblassen die Farben im Sommer schnell, im Frühjahr und Herbst halten sie auch hier länger. Ihr starker Duft wurde offenbar von 'Whisky' vererbt. Ihr Laub ist glänzend, anfangs rötlich und bis auf einen leichten, saisonbedingten Mehltaubefall gesund. **ZONEN 4–9.**

Wisbech Plant Company, Großbritannien, 1978

'Chanelle' × 'Whisky'

Edland Fragrance Award 1976, James Mason Goldmedaille 1988

'Foxy Lady'

'Fragrant Cloud'

'Fragrant Dream'

'Fountain Square

## 'FRAGRANT DREAM' DICodour
TEEHYBRIDE, APRICOT+, ÖFTERBLÜHEND

Die Elternpflanzen dieser Sorte zeigen ähnlich schöne Apricotorangetöne wie 'Fragrant Dream'. Die Büten sind mit 20 Petalen gefüllt und duften stark. Das Laub besteht aus großen, mittelgrünen Blättern an einer aufrecht wachsenden, buschigen und gesunden Pflanze. Die Blütezeit reicht vom Sommer bis in den Herbst. **ZONEN 4–9.**

Dickson, Großbritannien, 1989

('Eurorose' × 'Taifun') × 'Bonfire'

Belfast Duftpreis 1991

## 'FRAGRANT GOLD' TANduft
**Syn. 'Duftgold'**
TEEHYBRIDE, GOLDGELB, ÖFTERBLÜHEND

Die halbgefüllten, großen Blüten dieser Teehybride prangen in dunklem Apricot und erscheinen vor grünglänzenden Laub; sie verbreiten leichten Duft. 'Fragrant Gold' wächst aufrecht, blüht allerdings nur recht langsam. Die sehr haltbaren Blüten verblassen jedoch in direktem Sonnenlicht. Die in Deutschland als 'Duftgold' bekannte Sorte ist besonders gesund. **ZONEN 5–9.**

Tantau, Deutschland, 1982

Eltern unbekannt

Belfast Duftpreis 1984

'Fragrant Hour'

## 'FRAGRANT HOUR'
TEEHYBRIDE, ORANGEROSA, ÖFTERBLÜHEND

'Fragrant Hour' hat mit 35 Petalen gefüllte Blüten in einem ungewöhnlichen Farbton, der zwischen Pfirsich, Apricot und Rosa liegt. Die Blüten öffnen sich schnell, halten lange und duften stark. Sie sitzen an langen Stielen. Das üppige hellgrüne Laub ist kaum krankheitsanfällig, aber die Blütenproduktion erfolgt etwas langsam. Diese Sorte eignet sich recht gut für eine Rabatte. **ZONEN 4–9.**

McGredy, Neuseeland, 1973

'Arthur Bell' × ('Spartan' × 'Grand Gala')

Belfast Goldmedaille und Duftpreis 1975

'Fragrant Plum'

'Fragrant Plum'

'Fragrant Surprise'

## 'FRAGRANT PLUM' AROplumi

TEEHYBRIDE, MAUVE, ÖFTERBLÜHEND

'Fragrant Plum' entwickelt sich zu einem aufrechten, sehr stark wachsenden Busch mit Dolden, deren einzelne Blütenstiele lang genug für den Schnitt sind. Die zahlreichen, süßlich duftenden Blüten sind gefüllt, haben eine hohe Mitte und halten sich lange sowohl am Busch als auch in der Vase, ohne wesentlich Farbe zu verlieren. Der frische Austrieb kann an heißen Tagen verbrennen, was auch für einige andere Rosen wie 'Paradise', 'First Love', 'Josephine Bruce' und 'Thäis' gilt. **ZONEN 5–9.**

Christensen, USA, 1990

'Shocking Blue' × ('Blue Nile' × 'Ivory Tower')

## 'FRAGRANT SURPRISE'

HARverag

Syn. 'Samaritan'

TEEHYBRIDE, APRICOT+, ÖFTERBLÜHEND

Diese relativ neue Rose von Harkness weist den gleichen fruchtigen Duft und den intensiven Goldton ihrer Elternpflanze 'Dr A. J. Verhage' auf. Die rötlichen Knospen öffnen sich zu geviertelten Blüten mit 45 Petalen in einem satten Apricotrosa. Die Blüten stehen einzeln oder in kleinen Büscheln. Der Flor ist üppig, wobei die schönste Blüte im Frühsommer und Herbst erscheint; die Blüten im Hochsommer öffnen sich zu schnell, und der hübsche Apricotton verblaßt dann leicht. Die gute, gesunde Beetrose besitzt mittelgrünes, leicht glänzendes Laub und breite Stacheln; sie wächst mittelhoch und buschig. Mitunter erkrankt sie an Mehltau. **ZONEN 4–9.**

Harkness, Großbritannien, 1991

'Silver Jubilee' × 'Dr A. J. Verhage'

Orléans Rose d'Or 1990, Baden-Baden Silbermedaille 1992

## 'FRANÇAIS'

FLORIBUNDA, ORANGEROSA, ÖFTERBLÜHEND

'Français' gehört zu den weniger bekannten Rosen, die von 'Orange Triumph', einer der ersten Floribundarosen, und der einfachen roten 'Holstein' abstammt. Die halbgefüllten Blüten erscheinen in leuchtendem Rosa, überhaucht mit Orange, und sitzen in Büscheln. Der Wuchs ist kräftig und breit. Die Pflanze ist ziemlich krankheitsfest, und die Blüten erscheinen über einen langen Zeitraum. **ZONEN 4–9.**

Mallerin, Frankreich, 1951

'Holstein' × 'Orange Triumph'

## 'FRANCE INTER' DELkri

TEEHYBRIDE, ROT, ÖFTERBLÜHEND

Mit 'Rome Glory' als Elternpflanze und 'Dame Edith Helen' als Großelternpflanze überrascht es nicht, daß 'France Inter' sehr große, mit 45 Petalen gefüllte magentarote Blüten aufweist. Die Knospen sind ebenfalls groß. Etwas Duft ist vorhanden; die Blütenproduktion ist gering, aber die einzelnen Blüten halten besonders lange. **ZONEN 5–9.**

Delbard, Frankreich, 1969

('Rome Glory' × 'La Vaudoise') × 'Divine'

## 'FRANCES PHOEBE'

Syn. 'Francis Phoebe'

TEEHYBRIDE, WEISS, ÖFTERBLÜHEND

Edward LeGrice versandte die Rose versuchsweise an die Rosenschule *Treloar Roses* in Australien; Ted Treloar war von der stark gefüllten, weißen und wohlgeformten Blüte sehr beeindruckt und bat um die Genehmigung, die Rose nach seiner Mutter zu benennen. Die langen Knospen entwickeln sich allmählich zu Blüten mit 50 Petalen an kurzen bis mittellangen Trieben von bester Ausstellungsqualität. Der relativ hochwüchsige Busch ist krankheitsfest. Der Flor fällt imposant aus. **ZONEN 4–9.**

LeGrice, Großbritannien, 1979

Eltern unbekannt

## 'FRANCESCA'

STRAUCHROSE, APRICOT+, ÖFTERBLÜHEND

Der zarte Apricotton von 'Francesca' stammt von der sehr frühen großblumi-

'Frances Phoebe'

'Français'

'France Inter'

'Francis E. Lester'

gen 'Mme Joseph Perrand', ihr breiter Wuchs hingegen von der Moschata-Hybride 'Danaë'. Die leicht duftenden, fast einfachen Blüten sitzen in langen Büscheln an einem hohen und breiten Busch mit gesundem, weichem, grünem Laub. Im Frühling erscheint der größte Flor, anschließend blüht die Rose unermüdlich weiter bis in den Herbst. 'Francesca' ist eine besonders gute Strauchrose, die gut in einer gemischten Rabatte mit Blüten ähnlicher Farbgebung paßt. In wärmeren Regionen behält sie wie viele Noisette-Rosen im Winter ihr Laub. **ZONEN 4–9.**

Pemberton, Großbritannien, 1922

'Danaë' × 'Mme Joseph Perrand'

## 'FRANCINE AUSTIN' AUSram

STRAUCHROSE, WEISS, ÖFTERBLÜHEND

'Francine Austin', die nach der Tochter des Züchters benannt wurde, ist ein kleiner, breitwachsender Strauch mit reichlich Laub. Die leicht duftenden, weißen, pomponförmig gefüllten Blüten sitzen an besonders langen, überhängenden Trieben. Die sehr hellgrünen Blättchen sind lang, schmal und sitzen weit auseinander. 'Francine Austin' scheint in kühleren Lagen wesentlich kompakter und buschiger zu wachsen als in wärmeren, wo die horizontalen Triebe leicht unter zu starker Sonneneinstrahlung leiden. Diese Sorte eignet sich gut zum Schnitt für große, überhängende Arrangements. **ZONEN 4–9.**

Austin, Großbritannien, 1988

'Alister Stella Gray' × 'Ballerina'

Glasgow Certificate 1990

## 'FRANCIS DUBREUIL'

**Syn. 'François Dubreuil'**

ALTE R., TEEROSE, DUNKELROT, ETWAS NACHBLÜHEND

'Francis Dubreuil' ist eine der dunkelsten Rosen überhaupt; sie benötigt Halbschatten, damit ihre zarten, blutroten Petalen nicht durch zu starke Sonneneinstrahlung verbrennen. Die langen, spitzen Knospen öffnen sich zu großen, gefüllten und becherförmigen Blüten, die wie Samt aussehen. Die fleischigen, pfingstrosenähnlichen Petalen werden leicht durch Regen zerstört. Der aufrechte, etwa 1 m hoch werdende, etwas schmächtige Strauch eignet sich gut für einen Kübel. Die leicht stachelige Pflanze sollte so plaziert werden, daß man ihren lieblichen Duft während der langen Blühperiode genießen kann. Der Großvater von Francis Meilland hieß Francis Dubreuil und war Schneider in Lyon, bevor er mit der Rosenzucht begann. **ZONEN 4–9.**

Dubreuil, Frankreich, 1894

Eltern unbekannt

## 'FRANCIS E. LESTER'

RAMBLERROSE, WEISS

'Francis E. Lester' ist eine sehr stark wachsende Kletterrose, die eine Höhe von 4–5 m erreicht und stachelige, weiche Triebe hat. Die ersten Blüten erscheinen recht spät in großen Büscheln von bis zu 60 Blüten. Sie sind weiß und zart rosa überhaucht, einfach, 5 cm im Durchmesser und wirken wie große helle Apfelblüten. Die großen Hagebutten halten sich den ganzen Winter hindurch, da sie von Vögeln offenbar nicht gefressen werden. Eine Nachblüte ist nur selten. 'Francis E. Lester' selbst ist eine ausgezeichnete Ramblerrose, die auch Bäume erklimmt, so daß die langen Triebe von oben herabhängen; aber auch an Rosenbögen oder Pergolen läßt sie sich ziehen. **ZONEN 4–9.**

Lester Rose Gardens, USA, 1946

'Kathleen' × Sämling

'Francine Austin'

## 'FRANÇOIS COPPÉE'

ALTE R., REMONTANTROSE , DUNKELROT, ETWAS NACHBLÜHEND

Die langen, duftenden Knospen ähneln stark einer großblumigen Rose; sie sitzen aufrecht an langen, starren Trieben. Diese Sorte blüht sehr reich über einen langen Zeitraum. Die kräftige, aufrecht wachsende Pflanze ist mit karminroten, großen gefüllten Blüten bedeckt. In warmen Gegenden sollte sie im Halbschatten stehen, da die Petalen bei direkter Sonneneinstrahlung verbrennen können. Die aufrechten Triebe erreichen eine Länge von 1,5 m; die Blätter sind dunkelgrün und mit vielen kurzen, geraden Stacheln bewehrt. **ZONEN 4–9.**

Lédéchaux, Frankreich, 1895

Sämling von 'Victor Verdier'

## 'FRANÇOIS FOUCARD'

RAMBLERROSE, REIN GELB

Diese heute rechte seltene Sorte aus der großen Familie der Barbier-Rambler war sehr beliebt zu einer Zeit, als nur wenige Rosen dieser Farbgebung erhältlich waren. Die mittelgroßen, haltbaren zitronengelben Blüten sind halbgefüllt und sitzen in Büscheln. Ihr intensives Gelb verblaßt zu Cremeweiß. Sie sitzen an langen, kräftigen Trieben und duften stark. Die Jahrestriebe erreichen innerhalb einer Saison 3,5 m Länge. Abgesehen von der Blüte im Juni und einer leichten Nachblüte im Herbst ist das glänzende, gesunde Laub sehr zierend. **ZONEN 4–9.**

Barbier, Frankreich, 1900

*Rosa wichuraiana* × 'L'Idéal'

## 'FRANÇOIS GUILLOT'

RAMBLERROSE, WEISS

Die leicht gelben Knopsen öffnen sich zu milchigweißen, rosa überhauchten, gefüllten Blüten. Sie sind recht groß, duftend, halten lang und sitzen in Büscheln. Dieser Rambler, der sich gut für einen Bogen oder eine Pergola eignet, erreicht eine Höhe von 5 m. Das Laub ist hellgrün und glänzend. Die Rose ist relativ gesund und sollte nach der Sommerblüte leicht ausgelichtet werden. **ZONEN 4–9.**

Barbier, Frankreich, 1907

*Rosa wichuraiana* × 'Mme Laurette Messimy'

## 'FRANÇOIS JURANVILLE'

RAMBLERROSE, ORANGEROSA

Die leuchtend lachsrosa Blüten haben zur Mitte hin ein tieferes Rosa mit gelber Basis. Sie erscheinen in Büscheln über eine lange Zeit im Juni, sind geviertelt, schalenförmig und verströmen einen Apfelduft. Die gut eingewurzelte Pflanze kann letzten Endes eine Höhe von 8 m erreichen. 'François Juranville' besitzt aufrechte, sehr kräftige, schwach bewehrte Triebe mit glänzenden, dunklen, bronzefarben gesäumten Blättern. Am wohlsten fühlt sich diese Rose, wenn sie einen Baum erklimmen kann; sie wird aber auch als Bodendecker verwendet. **ZONEN 4–9.**

Barbier, Frankreich, 1906

*Rosa wichuraiana* × 'Mme Laurette Messimy'

Royal Horticultural Society Award of Garden Merit 1993

'Francesca'

'Francis Dubreuil'

F

## 'FRANK NAYLOR'

STRAUCHROSE, ROT+, ÖFTERBLÜHEND

Diese hochwachsende Strauchrose mit kleinblättrigem, rotüberhauchtem Laub und kleinen einfachen, dunkelroten Blüten mit deutlichem gelbem Auge duftet moschusartig und blüht die ganze Saison hindurch. Ihren Namen erhielt die Rose nach einem Vorsitzenden der *Royal National Rose Society*. **ZONEN 4–9.**

Harkness, Großbritannien, 1977

(['Orange Sensation' × 'Allgold'] × [('Little Lady' × 'Lilac Charm') × ('Mainzer Fastnacht' × 'Magenta')]) × ([('Cläre Grammerstorf' × 'Frühlingsmorgen') × ('Little Lady' × 'Lilac Charm')] × [('Mainzer Fastnacht' × 'Magenta') × ('Cläre Grammerstorf' × 'Frühlingsmorgen')])

Royal National Rose Society Trial Ground Certificate 1976

## 'FRANKFURT'

siehe 'Splendens' (II)

## 'FRANKLIN ENGELMANN'

FLORIBUNDA, DUNKELROT, ÖFTERBLÜHEND

Die dunkelroten, mit 35 Petalen gefüllten, haltbaren Blüten erscheinen in Büscheln. Das üppige Laub ist anfangs bronzerot und bedeckt die gesamte Pflanze. Der kräftige Busch gilt als besonders gesund. **ZONEN 4–9.**

Dickson, Großbritannien, 1970

'Heidelberg' × ('Detroiter' × Sämling)

## 'FRAU ASTRID SPÄTH'

**Syn. 'Astrid Späth', 'Direktör Rikala'**

FLORIBUNDA, DUNKELROSA, ÖFTERBLÜHEND

Diese immer noch sehr beliebte Rose bleibt wie 'Joseph Guy' recht klein, besitzt gutes, dunkelglänzendes Laub und Blüten, die in Büscheln sitzen. Die zahlreichen Blüten erscheinen in einem klaren Karminrot. Die recht gesunde und frostharte Sorte wurde oft in niedrigen Beeten gepflanzt, heute meist in vielen großen Parks und Gärten **ZONEN 4–9.**

Späth, Deutschland, 1930

Sport von 'Joseph Guy'

## 'FRAU DAGMAR HARTOPP'

**Syn. 'Dagmar Hastrup', 'Dagmar Hartopp', 'Fru Dagmar Hastrupp'**

STRAUCHROSE, RUGOSA-HYBRIDE, REIN ROSA, ÖFTERBLÜHEND

Diese ausgezeichnete Strauchrose bringt während der gesamten Saison hindurch bis zum Spätherbst zahlreiche große, einzelne, schalenförmige Blüten mit 5 Petalen in einem klaren, silbrigen Rosa hervor. Die Blumen setzen sich gut von dem gesunden, sattgrünen, derben Rugosa-Laub ab. Die gut verzweigte kompakte Pflanze bleibt mit 80 cm Höhe relativ niedrig. Im Herbst erscheinen leuchtend rote, kugelige Hagebutten, die sich gut für Weihnachts- und Adventsschmuck eignen. 'Frau Dagmar Hartopp' bildet Ausläufer. Die Sorte eignet sich gut als Bodendecker, als niedrige Hecke, als Gruppe im Naturgarten oder in einem Strauchbeet, besonders wenn im Herbst Blüten und Hagebutten gleichzeitig erscheinen. Diese Rose mit ihrer wunderschönen Farbe ist auf der ganzen Welt außerordentlich beliebt.

**ZONEN 3–9.**

Hastrup, Dänemark, 1914

Eltern unbekannt

Royal Horticultural Society Award of Garden Merit 1993

'Frank Naylor'

'Frau Dagmar Hartopp'

'Frau Dagmar Hartopp'

'Franklin Engelmann'

'Fred Edmunds'

## 'FRAU FRANZISKA KRÜGER'

siehe 'Mlle Franziska Krüger'

## 'FRAU KARL DRUSCHKI'

**Syn. 'Schneekönigin', 'F. K. Druschki', 'Reine des Neiges', 'Snow Queen', 'White American Beauty'**

ALTE R., REMONTANTROSE, WEISS, ETWAS NACHBLÜHEND

Für viele Rosenliebhaber ist 'Frau Karl Druschki' die beste weiße Sorte überhaupt – sowohl im Garten als auch in der Vase. Die einzelnen weißen, becherförmigen Blüten sind mit 35 Petalen gefüllt, lassen aber die Staubfäden ein wenig erkennen. Sie blüht im Sommer mit einer kräftigen Nachblüte im Herbst. Die Blüten können keine Nässe vertragen. Der bis 1,8 m hohe robuste Strauch hat schönes Laub und gefährlich große Stacheln; er bringt im Spätherbst zahlreiche kugelige, rote Hagebutten hervor. Allerdings muß der Strauch gut zurückgeschnitten werden. Karl Druschki war Vorsitzender des Vereins deutscher Rosenfreunde. **'Climbing Frau Karl Druschki'** ist identisch mit der Elternpflanze – lediglich die Blüten sind etwas kleiner; diese Sorte wird bis zu 4,5 m hoch, und ihr vergreistes Holz muß jährlich entfernt werden. **ZONEN 4–9.**

Lambert, Deutschland, 1901

'Merveille de Lyon' × 'Mme Caroline Testout'

'Frau Karl Druschki'

## 'FRÄULEIN OCTAVIA HESSE'

RAMBLERROSE, HELLGELB

Diese Rose ähnelt 'Albéric Barbier' sehr, aber sie hat einen auffallend fruchtigen Duft und ist deutlich anfälliger für Sternrußtau als jene. Ihre Blüten sind gelblichweiß mit dunklerer Mitte, halbgefüllt, becherförmig und erscheinen meist in Büscheln. Die Blütezeit erstreckt sich fast über den ganzen Juni. Die Pflanze erreicht eine Höhe von 4 m, wächst aufrecht und hat drahtige Triebe mit dunkelgrünen Blättern. Sie gedeiht auch auf kargem Boden. Zur Zeit der sehr reichen Blüte ist das Laub noch gesund. **ZONEN 4–9.**

Hesse, Deutschland, 1910

*Rosa wichuraiana* × 'Kaiserin Auguste Viktoria'

## 'FRED EDMUNDS'

**Syn. 'L'Arlésienne'**

TEEHYBRIDE, ORANGE+, ÖFTERBLÜHEND

Meilland benannte diese Rose nach einem bekannten amerikanischen Baumschulbesitzer. Die Sorte hat lange, spitze Knospen, die sich etwas zu schnell zu gefüllten Blüten von 13 cm Durchmesser mit 25 Petalen entwickeln. Sie erscheinen in einem lebhaften Orange, einem Farbton, der bei der Einführung dieser Rose im Jahre 1943 einzigartig war. Die Blüten duften sehr stark. Das schöne Laub an der mittelhohen, buschigen Pflanze ist besonders glänzend. Die Sorte hat ihre beiden Goldmedaillen auf jeden Fall verdient und scheint in einigen Ländern wieder an Beliebtheit zuzunehmen. In Deutschland ist die Teehybride eher unter dem Synonym 'L'Arlésienne' bekannt – möglicherweise eine Anspielung auf ein gleichnamiges Gemälde des Malers Van Gogh, dessen Bilder ähnlich lebhafte Farbtöne aufwiesen. **ZONEN 4–9.**

Meilland, Frankreich, 1943

'Duquesa de Peñaranda' × 'Marie-Claire'

Portland Goldmedaille 1942, All-American Rose Selection 1944

## 'FRED GIBSON'

TEEHYBRIDE, APRICOT+, ÖFTERBLÜHEND

'Fred Gibson' wurde nach einem der bekanntesten und erfolgreichsten Amateur-Aussteller der *Royal National Rose Society* benannt. Diese Rose ist natürlich eine Ausstellungssorte mit mais-apricotfarbenen Blüten und sehr hoher Mitte. Die gefüllten Blüten haben 30 feste Petalen und duften leicht; sie öffnen sich sehr langsam und eignen sich gut für den Schnitt. Das dunkelgrüne Laub ist gesund. Die Pflanze ist robust und wird mittelhoch. **ZONEN 4–9.**

Sanday, Großbritannien, 1968.

'Gavotte' × 'Buccaneer'

Royal National Rose Society Trial Ground Certificate 1968

## 'FRED HOWARD'

TEEHYBRIDE, GELB+, ÖFTERBLÜHEND

Diese herausragende Gartenrose wird besonders hoch und bringt die ganze Saison über sehr langstielige Blüten hervor. Die Knospen sind lang und spitz, und die gefüllten Blüten besitzen 55 Petalen mit hoher Mitte. Sie öffnen sich flach in einem lieblichen Schweinchenrosa. Das Laub ist anfangs bronzefarben, später hellgrün. Junges Grün kann unter zu starker Sonneneinstrahlung leiden. 'Fred Howard' eignet sich wegen der langen Stiele, ungewöhnlichen Farbe und langen Haltbarkeit gut zum Schnitt. **ZONEN 4–9.**

Howard, USA, 1952

'Pearl Harbor' × Sämling

National Rose Society Trial Ground Certificate 1950, All-American Rose Selection 1952

## 'FRED LOADS'

FLORIBUNDA, ORANGEROT, ÖFTERBLÜHEND

Von der Elternpflanze 'Dorothy Wheatcroft' stammt die Robustheit dieser Rose. Sie bildet enorme Büschel mit einfachen, 8 cm großen Blüten an den Enden besonders langer Triebe, die reichlich mit glänzendem Laub bedeckt sind. Wird sie stark im Winter zurückgeschnitten, so erscheinen enorm große Blütenbüschel, die auf Ausstellungen preisverdächtig sind. Einzige Konkurrentin bezüglich

'Freedom'

derartig großer Büschel ist 'Sally Holmes'. Als Hecke gepflanzt, erhält man einen undurchdringlichen Schutz. Sie eignet sich auch als Farbfleck im Hintergrund einer gemischten Rabatte zusammen mit Stauden wie Fackellilien, Goldruten und sogar Sonnenblumen. **ZONEN 4–9.**

Loads, Großbritannien, 1967

'Dorothy Wheatcroft' × 'Orange Sensation'

Goldmedaille der National Rose Society 1967, Royal Horticultural Society Award of Garden Merit 1993

## 'FRÉDÉRIC MISTRAL' MEItebros

Syn. 'The Children's Rose'

TEEHYBRIDE, HELLROSA, ÖFTERBLÜHEND

Diese köstlich duftende Teehybride, die schon mehrfach für ihren Duft ausgezeichnet wurde, erfüllt die Erwartungen vieler Gärtner, denn auch die Form ihrer Blüten ist perfekt. Diese sind dichtgefüllt, urnenförmig und besitzen eine hohe Mitte. 'Frédéric Mistral' ist in mittelgrünes Laub gehüllt und gibt eine hervorragende Beetrose ab. Benannt wurde sie nach einem berühmten Dichter der Provence. **ZONEN 5–9.**

Meilland, Frankreich, 1996

('Perfume Delight' × 'Primaballerina') × MEIzeli

Baden-Baden Duftpreis 1993, LeRoeulx und Monza Duftpreise 1994, Belfast Duftpreis 1996

'Fred Loads'

'Freegold'

'Fred Gibson'

'Fred Howard'

## 'FREEDOM' DICjem

TEEHYBRIDE, REIN GELB, ÖFTERBLÜHEND

'Freedom' zeigt wohlgeformte, duftende und große Blüten, die mit 35 Petalen gut gefüllt sind. Ihre Farbe ist ein sattes Chromgelb, das wahrscheinlich von der Elternpflanze 'Bright Smile' stammt. Das Laub ist mittelgrün und glänzend. Die Blüten erscheinen in großer Menge in nur kurzen Abständen. Diese Rose ist besonders in England für Hecken und Beete sehr beliebt. **ZONEN 4–9.**

Dickson, Großbritannien, 1984

('Eurorose' × 'Taifun') × 'Bright Smile'

Goldmedaille der Royal National Rose Society 1983, Glasgow Certificate of Merit 1989, Royal Horticultural Society Award of Garden Merit 1993, James Mason Award 1977

## 'FREEGOLD' MACfreego

Syn. 'Free Gold', 'Penelope Keith'

ZWERGROSE, GOLDGELB, ÖFTERBLÜHEND

'Freegold' hat kleine goldgelbe, edelrosenähnlich duftende Blüten mit 20 Petalen, die außen goldfarben sind. An einem sonnigen Standort bringt die Zwergrose, die eine gute Topf- oder Kübelpflanze ist, reichlich Blüten hervor. **ZONEN 5–11.**

McGredy, Neuseeland, 1983

'Seaspray' × 'Dorola'

'Frédéric Mistral'

## 'FREIHERR VON MARSCHALL'

ALTE R., TEEROSE, ROT, ETWAS NACHBLÜHEND

Diese sehr stark duftende Teerose blüht bei warmer Witterung über einen langen Zeitraum hinweg. Ihre spitzen Knospen öffnen sich zu dunkelkarminroten, gefüllten Blüten, die im Schatten auch blutrot sein können und bläulich verblassen. Der blühfreudige, kräftige Strauch besitzt zartes Laub, das in rötlich überhaucht ist. Der deutsche Züchter Peter Lambert leitete zu Beginn des 20. Jh. eine bedeutende Baumschule in Trier, wo er so ausgezeichnete Rosensorten wie

'French Lace'

'Frenzy'

'French Lace'

'Frensham'

'Aglaia', 'Frau Karl Druschki' und 'Trier' züchtete, die auch heute noch beliebt sind. **ZONEN 4–9.**

Lambert, Deutschland, 1903

'Princesse Alice de Monaco' × 'Rose d'Evian'

## 'FREISINGER MORGENRÖTE'

KORmarter

**Syn. 'Morgenröte', 'Sunrise'**

GROSSBLUMIGE STRAUCHROSE, ORANGE+, ÖFTERBLÜHEND

Relativ früh in der Saison erscheinen viele einfache fünfpetalige Blüten in Rotorange. Die hochwachsende Pflanze besitzt kleinblättriges, dunkles Laub. Der Wuchs ist recht offen. Es kommt zu einer leichten Nachblüte.

**ZONEN 4–9.**

Kordes, Deutschland, 1988

Sämling × 'Lichtkönigin Lucia'

## 'FRENCH LACE' JAClace

FLORIBUNDA, WEISS, ÖFTERBLÜHEND

'French Lace', eine Sorte mit der gleichen anmutigen Form wie ihre Elternpflanzen, ist eine hübsche kleine Rose in sehr pastellzarten Tönen von Elfenbein, Creme und einem leichten Hauch von Apricot. Die Blüten sind mit 30 Petalen locker gefüllt und erscheinen meist einzeln oder in kleinen Büscheln. Sie duften kaum, was bei der Elternsorte 'Dr A. J. Verhage' überrascht. Das Laub ist kleinblättrig und dunkel an der buschigen Pflanze von mittlerer Höhe. Diese Rose eignet sich gut für eine niedrige Hecke oder ein Beet. Trotz des geringen Wuchses ist sie sehr blühwillig. Die Sorte ist besonders in Australien, Neuseeland und in den USA beliebt. Sie läßt sich gut für kleine Blumenarrangements in sehr zarten Farben verwenden. **ZONEN 4–9.**

Warriner, USA, 1980

'Dr A. J. Verhage' × 'Bridal Pink'

All-American Rose Selection 1982, Portland Goldmedaille 1982

## 'FRENCH PERFUME' KElbian

TEEHYBRIDE, GELB+, ÖFTERBLÜHEND

'French Perfume' gehört zu den ausgezeichneten Rosen des Züchters Suzuki. Außerhalb Japans sind wenig japanische Rosen erhältlich, was recht bedauerlich ist, weil dort eine Reihe exzellenter Sorten entstanden sind. Die gelbgetönten Blüten dieser Rose sind hellrosa überhaucht mit rosaroter und gelber Basis. Sie sind mit 30 Petalen recht dicht gefüllt, sitzen meist einzeln und duften stark. Unterseits sind die Sepalen leicht bestachelt – eine ungewöhnliche Eigenschaft bei Modernen Rosen. Das großblättrige Laub ist anfangs purpurrot, später mittelgrün und bedeckt eine hohe, breit ausladende Pflanze.

**ZONEN 5–9.**

Suzuki, Japan, 1993

('Todoroki' × 'Montana') × Sämling

## 'FRENSHAM'

FLORIBUNDA, DUNKELROT, ÖFTERBLÜHEND

Diese ausgezeichnete Rose setzte über 30 Jahre lang den Maßstabfür alle roten, büschelblütigen Sorten. Die mittelgroßen, dunkelscharlachroten Blüten sind mit 15 Petalen halb gefüllt und sitzen in großen Büscheln. Ihr Wuchs ist kräftig und breit. Ungeachtet der Elternrose 'Crimson Glory' duftet sie kaum. 'Frensham' eignet sich gut für Beete und Hekken, hat aber aufgrund ihrer Anfälligkeit für Mehltau an jungen Trieben und ihrer vielen Stacheln an Popularität verloren. Heute besteht erneut eine große Nachfrage nach dieser Sorte, die in den 40er und 50er Jahren des 20. Jh. zu den ersten außerordentlich erfolgreichen roten Floribundarosen zählte.

**ZONEN 4–9.**

Norman, Großbritannien, 1946

Wahrscheinlich 'Miss Edith Cavell' × 'Edgar Andrew'

Goldmedaille der National Rose Society 1949

## 'FRENZY' MEIhigor

**Syn. 'Prince Igor'**

FLORIBUNDA, ROT+, ÖFTERBLÜHEND

Die atemberaubende Farbe ergibt sich aus der Kombination aller Farben der Elternpflanzen. Die niedrige Rose besitzt Blüten in leuchtendem Kapuzinerkressenrot, die auf der Petalenunterseite lebhaft apricotgelb gefärbt sind. Aus wohlgeformten Knospen entwickeln sich mit 25 Petalen halb gefüllte, 5 cm große Blüten mit fruchtigem Duft, die einzeln oder in kleinen Büscheln sitzen. Das mattdunkelgrüne Laub bildet einen schönen Hintergrund für die Blumen. 'Frenzy' macht sich hervorragend in einer niedrigen Hecke oder einem Beet, wirkt aber kombiniert mit Hagebutten und Herbstlaub auch gut in der Vase. **ZONEN 4–9.**

Meilland, Frankreich, 1970

('Sarabande' × 'Dany Robin)' × 'Zambra'

## 'FRESH PINK'

ZWERGROSE, HELLROSA, ÖFTERBLÜHEND

'Fresh Pink' zeichnet sich durch zarte, ovale Knospen aus, die sich zu hellrosa Blütchen mit lachsfarbenen Spitzen öffnen. Die Blüten sind mit 25 Petalen gefüllt, becherförmig und erscheinen meist in riesigen Büscheln zu mehr als 20 Einzelblüten. Sie duften zart und wirken gut vor dem ledrigen, glänzenden Laub. Der Busch putzt sich gut und zeichnet sich durch seine Anspruchslosigkeit aus. Wie es der Name vermuten läßt, entfalten sich die Blüten in einem sehr munteren Rosa (engl. *fresh pink*), das in jedem Gar-

'Friedrich Heyer'

'Frolic'

ten gut aussieht. Die Vaterpflanze spielt eine wichtige Rolle in der von Moore etablierten Zwergrosenzucht. **ZONEN 4–11.**

Moore, USA, 1964

(*Rosa wichuraiana* × 'Floradora') × 'Little Buckaroo'

## 'FREUDE' DeKORat

Syn. 'Decorat'
TEEHYBRIDE, ORANGEROT, ÖFTERBLÜHEND

'Freude' ist eine besonders stark wachsende Rose mit duftenden, zinnoberrot überzogenen, goldfarbenen Blüten mit goldfarbener Petalenunterseite. Die sehr großen Blüten sind besonders wohlgeformt. Die Teehybride blüht sehr reichlich und die Blüten sitzen weit auseinander. Die Sorte eignet sich für den Schnitt. Diese Rose, die nur im Hintergrund eines Rosenbeetes gepflanzt werden sollte, ist recht gesund. **ZONEN 4–9.**

Kordes, Deutschland, 1975

'Duftwolke' × 'Peer Gynt'

ADR-Rose 1975

## 'FRIEDRICH HEYER'

STRAUCHROSE, ORANGE+, ÖFTERBLÜHEND

Dieser große, sich ausbreitende Strauch bringt viele leuchtend orange-scharlachrote, halbgefüllte Blüten hervor. Das Laub ist dunkelgrün, leicht glänzend und krankheitsfrei. Die Blüte fällt besonders reich im Frühling aus, im Sommer mäßig und im Herbst dann wieder recht gut. Wird 'Friedrich Heyer' etwas zurückgeschnitten, so erhält man eine mittelgroße Pflanze; sie kann wie eine Floribundarose stark beschnitten werden und trotzdem ihren Platz in einem Beet oder einer Rabatte verdienen. **ZONEN 4–9.**

Tantau, Deutschland, 1956

Eltern unbekannt

National Rose Society Certificate of Merit 1957

## 'FRIEND FOR LIFE' COCnanne

FLORIBUNDA, ROSA+, ÖFTERBLÜHEND

Die Blüten sitzen in großen Büscheln, sind mittelgroß, mit 10–14 festen Petalen halb gefüllt, blühen in einem klaren Rosa und halten lange. Diese gesunde Sorte eignet sich gut für ein Beet oder als Einfassung für höhere Rosen. **ZONEN 4–9.**

Cocker, Großbritannien, 1994

(Sämling × 'Anne Cocker') × 'Silver Jubilee'

Glasgow Goldmedaille 1997

## 'FRIENDSHIP' LINrick

TEEHYBRIDE, DUNKELROSA, ÖFTERBLÜHEND

Diese Teehybride wächst kräftig aufrecht und bildet reichlich großblättriges, ledri-

'Frisco'

ges, dunkelgrünes Laub. Die besonders intensiv duftenden Blüten sitzen an langen Stielen und zeigen ein ungewöhnlich dunkles Rosa mit Korallrosa. Sie sind mit knapp 30 Petalen gefüllt und öffnen sich groß und flach. Der reiche Flor erstreckt sich über die gesamte Saison. Die Blüten halten sowohl am Busch als auch in der Vase lange. Bei Kunstlicht kommt die Farbe sehr gut zur Geltung. Die Pflanze ist gesund. **ZONEN 4–9.**

Lindquist, USA, 1978

'Duftwolke' × 'Maria Callas'

## 'FRIESIA'

siehe 'Sunsprite'

## 'FRILLY DILLY' (I) MURfri

FLORIBUNDA, DUNKELROSA, ÖFTERBLÜHEND

Die Blüten dieser Rose sind in hellem Magentarosa gefärbt und sitzen in kleinen Büscheln. Sie duften schwach und haben eine ungewöhnliche Form; trotz ihrer 80–90 Petalen wirken sie verhältnismäßig lang und dünn. Mit ihren übereinanderliegenden Blütenblättern erinnern sie fast an Dahlienblüten. 'Frilly Dilly' benötigt viel Wärme, damit sich die Blüten voll entfalten; sie ist also nur für warme Lagen geeignet. Der Flor verläuft gut, und die Farbe bleibt selbst bei starker Sonneneinstrahlung erhalten. Der aufrecht wachsende Busch besitzt großblättriges, mittelgrünes Laub und braune Stacheln. **ZONEN 6–11.**

Murray, Neuseeland, 1986

'Red Lion' × 'Magenta'

## 'FRILLY DILLY' (II)

ZWERGROSE, HELLROSA, ÖFTERBLÜHEND

Die Zwergrose besitzt denselben Namen wie die oben beschriebene Floribundarose. Ihre zartrosafarbenen, gefüllten Blüten und das kleinblättrige Laub zieren

'Frilly Dilly' (II)

eine Pflanze, die sich gut für Kübel oder kleine Gärten eignet. **ZONEN 5–9.**

Cocker, Großbritannien, 1986

Eltern unbekannt

## 'FRISCO' KORflapei

Syn. 'Pamela'
FLORIBUNDA, REIN GELB, ÖFTERBLÜHEND

'Frisco' ist eine sehr beliebte Gewächshausrose für den Schnitt, kann aber in warmen Gebieten auch gut als farbenprächtige Beetrose verwendet werden. Die Blüten erscheinen in einem satten Gelb, das bei Wärme noch intensiver wird. Der Busch ist klein und kompakt, und die Blüten werden in großer Fülle über einen sehr langen Zeitraum gebildet. Die Knospen haben eine ausgezeichnete Festigkeit, sind mit 30–40 Petalen gefüllt, und entwickeln sich langsam zu wohlgeformten Blüten mit wenig Duft. Die reichlich vorhandenen, mittelgroßen Blätter sind dunkelgrün. Bei Nässe kann es zu Sternrußtaubefall kommen. Diese Rose gehört zu den blühwilligsten Sorten. Besonders in der Vase halten die Blüten sehr lange. **ZONEN 4–9.**

Kordes, Deutschland, 1986

('Mabella' × 'Mini Gold') × ('Banzai' × 'Champagner')

## 'FRITZ NOBIS'

STRAUCHROSE, RUBIGINOSA-HYBRIDE, ROSA+

Diese Sorte gehört zu den formvollendetsten einmalblühenden Rosen überhaupt; bei ihr scheint jedes Blatt, jedes Petal und jede Blüte genau am richtigen Platz zu sitzen. Sie entwickelt bogenförmige Triebe, die mit reichlich ledrigen, graugrünen Blättern bedeckt sind. Im Sommer erscheint ein Meer von Blüten an diesem besonders schönen Strauch. Die jungen Blüten wirken wie verkleinerte großblumige Rosen, bevor sie sich becherförmig öffnen. Sie sind locker gefüllt, mittelgroß und sitzen in Büscheln von bis zu 20. Ihre Farbe ist ein zauberhaftes Hellrosa mit etwas Lachs, auch Creme- und Gelbtöne sind zu finden. Ein angenehmer Duft ist vorhanden, aber leider kommt es nach der überschwenglichen Blüte im Juni zu keiner Nachblüte. 'Fritz Nobis' ist eine wundervolle Rose, um als Solitär in ein Strauchbeet oder eine gemischte Rabatte gepflanzt zu werden. Die erstaunlich gesunde, winterharte Sorte braucht fast doppelt so viel Platz wie eine durchschnittliche Strauchrose. **ZONEN 4–9.**

Kordes, Deutschland, 1940

'Joanna Hill' × 'Magnifica'

Royal Horticultural Society Award of Garden Merit 1993

## 'FROHSINN'

siehe 'Joyfulness'

## 'FROLIC'

FLORIBUNDA, REIN ROSA, ÖFTERBLÜHEND

Trotz ihres Alters ist 'Frolic' noch immer eine gute büschelblütige Rose, überall dort, wo ein sehr intensiver, leuchtender violetter Rosaton gewünscht ist. Ihre Blüten sind mittelgroß, gefüllt, haben 20–25 Petalen und duften leicht. Die zahlreichen Blüten sitzen in kleinen und großen, gut verteilten Büscheln. Der kräftige Busch hat hellgrünes, mattes Laub. Diese Sorte eignet sich besonders gut für Beete und Rabatten. Mit dieser Farbgebung gibt es nur recht wenige Floribundarosen. **ZONEN 5–9.**

Swim, USA, 1953

'World's Fair' × 'Rosenmärchen'

## 'FRONTIER TWIRL'

STRAUCHROSE, ROSA+, ÖFTERBLÜHEND

Diese interessante Sorte hat ihre Eigenschaften von einer Strauchrose und einer beliebten englischen Edelrose geerbt. Die Blüten sind gefüllt und sitzen einzeln

'Fritz Nobis'

'Friendship'

oder zu mehreren zusammen. Die Farben reichen von einem warmen Rosaton bis zu Gelbschattierungen an der Petalenbasis. Die äußeren Petalen wölben sich nach unten, während die übrigen eine hübsche Mitte bilden, bis sie sich schließlich auch öffnen und eine flache Schale bilden. Ein angenehmer Duft ist vorhanden. Da die Blütezeit bis in den Herbst reicht, eignet sich diese Sorte gut für eine Rabatte. Der Strauch wächst aufrecht, wird aber nicht sehr hoch, hat ledriges, bronzegrünes Laub und ist winterhart. ZONEN 4–9.

Buck, USA, 1984

'Sevilliana' × 'Just Joey'

F

## 'FROSTY'

ZWERGROSE, WEISS, ÖFTERBLÜHEND

Diese weiße Zwergrose ist das Ergebnis einer „Inzucht". Jeweils 3–10 Blüten mit 45 Petalen stehen in kleinen Büscheln zusammen. Sie duften intensiv nach Jelängerjelieber. Die Blütchen erscheinen in Grauweiß mit deutlichem Auge. Die sehr blühwillige, pflegeleichte und gesunde Pflanze ist ideal für Topf oder Kübel, von dem die langen Blütentriebe herabhängen können. ZONEN 4–11.

Moore, USA, 1953

(*Rosa wichuraiana* × Sämling) × (*R. wichuraiana* × Sämling)

## 'FRÜHLINGSANFANG'

Syn. 'Spring's Beginning'

STRAUCHROSE, PIMPINELLIFOLIA-HYBRIDE, WEISS

Diese Sorte bringt große, fast weiße, einfache Blüten hervor, die sich flach schalenförmig öffnen und cremegelbe Staubfäden erkennen lassen. Die Blüten erscheinen oft schon im Mai; dann sind die bogenförmigen Triebe mit den stark duftenden Blüten überladen. Zwar erfolgt keine Nachblüte, doch im Herbst entwickeln sich dunkelbraune Hagebutten. Die sehr hohe Pflanze benötigt azußergewöhnlich viel Platz. Ihre Blätter sind dunkelgrün, gesund und nehmen eine hübsche Herbstfärbung an. ZONEN 4–9.

Kordes, Deutschland, 1950

'Joanna Hill' × *Rosa pimpinellifolia altaica*

## 'FRÜHLINGSDUFT'

Syn. 'Spring Fragrance'

STRAUCHROSE, PIMPINELLIFOLIA-HYBRIDE, ROSA+

Der deutsche Züchter Wilhelm Kordes kreuzte für diese Sorte – wie bei der zuvor beschriebenen – die großblumige 'Joanna Hill' mit einer robusten Bibernell-Rose aus Zentralasien. Das Ergebnis ist erneut eine erstaunlich große und kräftige Pflanze. Sie trägt dichtgefüllte, große Blüten in einem hellen Gelb- bis Cremeton, der rosa überhaucht ist. Die zahlreichen Blüten sitzen in kleinen Büscheln und öffnen sich becherförmig mit krauser, lockerer Mitte. Natürlich duftet diese Sorte stark. Leider erscheinen die Blüten nur im Frühsommer mit wenigen Nachzüglern im Herbst. Der Wuchs ist wesentlich kräftiger als bei den meisten anderen Strauchrosen, und das reichliche Laub ist großblättrig. ZONEN 4–9.

Kordes, Deutschland, 1949

'Joanna Hill' × *Rosa pimpinellifolia altaica*

'Frühlingsanfang'

## 'FRÜHLINGSGOLD'

Syn. 'Spring Gold'

STRAUCHROSE, PIMPINELLIFOLIA-HYBRIDE, REIN GELB

'Frühlingsgold' kann man in vielen Parks und Gärten an ihrem offenen, baumartigen Wuchs und den großen, gelben, kaum halbgefüllten Blüten entlang der bogenförmigen Triebe erkennen. Die frisch duftenden Blüten öffen sich schalenförmig und lassen den Blick frei auf schwefelgelbe Staubfäden. Sie gehören zu den ersten Rosen, die bereits im Mai zu sehen sind, blüht aber nur leicht nach. Diese ausgezeichnete Sorte nimmt viel Platz ein. Ausgeblühte und sich kreuzende Triebe sollten entfernt werden, andernfalls ist über viele Jahre kein Schnitt erforderlich, da die Blüten an alten Seitentrieben entstehen. Um die Blütenpracht möglichst nicht zu verlieren, kann man nach der Blüte den Strauch auslichten, oder muß ihn nach ca. 10 Jahren radikal verjüngen. Die jungen Triebe sind mit rotgoldenen Stacheln behaart, die sehr hübsch im Sonnenlicht wirken. Die Pflanze wird etwa doppelt so hoch und breit wie eine normale Strauchrose und hat hellgrüne, runzelige Blätter. Im Herbst bilden sich kugelige, schwarzviolette Hagebutten aus. ZONEN 4–9.

Kordes, Deutschland, 1937

'Joanna Hill' × *Rosa pimpinellifolia hispida*

Royal Horticultural Society Award of Garden Merit 1993

'Frosty'

'Frühlingsduft'

'Frühlingsgold'

'Frühlingszauber'

## 'FRÜHLINGSMORGEN'

Syn. 'Spring Morning'

STRAUCHROSE, PIMPINELLIFOLIA-HYBRIDE, ROSA+

Diese Sorte besitzt nicht das starke Wachstum der meisten Vertreter der „Frühlings"-Serie, weshalb sie vielleicht häufiger in Gärten als in Parks zu sehen ist. Die Blüten sind groß, einfach, mit zart primelgelber Mitte und hell kirschrosafarbenen Rändern. In den weit geöffneten Blumen sehen die bräunlichen Staubfäden besonders hübsch aus. Der Duft ist angenehm, und nach der Hauptblüte im Frühsommer kommt es zu einer leichten Nachblüte im Spätsommer. Die Pflanze bildet einen ziemlich offenen, langtriebigen Strauch mit reichlich graugrünem Laub. Die recht großen Hagebutten sind bräunlich. ZONEN 4–9.

Kordes, Deutschland, 1941

('E. G. Hill' × 'Cathrine Kordes') × *Rosa pimpinellifolia altaica*

'Frühlingsmorgen'

## 'FRÜHLINGSSCHNEE'

STRAUCHROSE, PIMPINELLIFOLIA-HYBRIDE, WEISS

'Frühlingsschnee' trägt Büschel mit bis zu 10 mittelgroßen Blüten, die nicht ganz schneeweiß, sondern eher etwas elfenbein- oder cremefarben sind. Die Blüten sind nicht einfach gefüllt (wie manchmal in der Literatur angegeben wird), sondern leicht gefüllt. Sie duften angenehm, haben eine schöne Form und öffnen sich mit ungeordnet wirkenden Petalen und freiliegenden rötlichgoldenen Staubfäden. Die Sorte blüht nur Ende Mai. Da es sich hier um einen weniger stark wachsenden Vertreter der „Frühlings-Serie"handelt, eignet sich diese Sorte besser für den Garten. Die Pflanze wird etwas größer als normale Strauchrosen und besitzt runzeliges, ledriges Laub, das gesund und winterhart ist. ZONEN 4–9.

Kordes, Deutschland, 1954

'Golden Glow' × *Rosa pimpinellifolia altaica*

## 'FRÜHLINGSZAUBER'

STRAUCHROSE, PIMPINELLIFOLIA-HYBRIDE, REIN ROSA

Diese Strauchrose ähnelt 'Frühlingsmorgen', was nicht weiter überrascht, da beide dieselben Eltern besitzen. Der Unterschied liegt in der Anzahl und Färbung der Petalen und in der Wuchsform der Pflanze. 'Frühlingszauber' hat halbgefüllte, auffällig große, schalenförmige Blüten, die sich weit öffnen und intensiv kirschrote Petalenränder mit weißgelber Mitte erkennen lassen. Sie erscheinen in großer Menge nur im Mai und sitzen in Büscheln von 10 Blüten. Ein leichter Duft ist vorhanden. Die Pflanze wächst allzu offen, aufrecht und wird deutlich größer als eine normale Strauchrose. Manche dieser „Frühlings-Sorten" sind inzwischen schwer erhältlich. **ZONEN 4–9.**

Kordes, Deutschland, 1942

('E. G. Hill' × 'Cathrine Kordes') × *Rosa pimpinellifolia altaica*

## 'FRUITÉ' MEIfructoz

**Syn. 'Fruitee'**

FLORIBUNDA, ORANGE+, ÖFTERBLÜHEND

'Fruité' ist eine hervorragende Beetrose, die wie mit Blütenbüscheln übersät wirkt. Ihre Blüten sind halbgefüllt und öffnen sich becherförmig in Tönen, die von Apricot, Gelb und Lachs bis Orangerot reichen. Sie duften leicht und erscheinen zunächst in sehr großer Menge; den ganzen Sommer und Herbst hindurch entwickeln sich dann immer wieder neue Blüten, die auch schlechtem Wetter standhalten. Diese Sorte eignet sich gut für den Schnitt oder für Ausstellungen. Der ebenmäßige Wuchs erreicht mittlere Höhe. Die Pflanze ist mit glänzendem, grünem und gesundem Laub gut bedeckt. **ZONEN 4–9.**

Meilland, Frankreich, 1985

Eltern unbekannt

Belfast Goldmedaille 1987

'Fuchsia Meidiland'

## 'FUCHSIA MEIDILAND' MEIpelta

**Syn. 'Cyclamen Meillandécor', 'Fuchsia Meillandécor'**

STRAUCHROSE, DUNKELROSA, ÖFTERBLÜHEND

Diese Sorte eignet sich ganz besonders für große Anlagen. 'Fuchsia Meidiland' blüht sehr üppig mit Blüten aus etwa 12 Petalen, die in großen Büscheln stehen. Die becherförmigen, mittelgroßen Blüten in einem intensiven Rosaton erscheinen zahlreich vom Sommer bis in den Herbst; sie duften allerdings wenig. Der Wuchs ist niedrig und breit, so daß die Strauchrose manchmal auch als Bodendecker angesehen wird, obwohl sie die Ansprüche an eine derartige Pflanze nur teilweise erfüllt. Die reichlich vorhandenen Blätter sind glänzend hellgrün und mittelgroß. **ZONEN 4–9.**

Meilland, Frankreich, 1991

'Bordurella' × 'Clair Matin'

## 'FUGUE' MEItam

GROSSBLUMIGE KLETTERROSE, DUNKELROT, ÖFTERBLÜHEND

'Fugue' wäre sicherlich eine sehr gefragte dunkelrote Kletterrose, wenn sie einen schönen Duft besäße – doch leider duftet sie nur wenig. Büschel rundlicher Knospen öffnen sich zu scharlachroten Blüten mit etwa 30 festen Petalen und halten sich gut in der Vase. Sie sind becherförmig und werden flach, bevor die Petalen abfallen. Schlechtes Wetter kann ihnen nichts anhaben. Im Sommer ist der Flor sehr üppig, und in Abständen werden dann neue Blüten bis zum Herbst gebildet. Die Pflanze wächst kräftig zu mittlerer Höhe heran und eignet sich gut zum Beranken von Wänden, Zäunen und Säulen. Allerdings sollte sie nicht vor trockene Mauern gepflanzt werden, da es dort zu Mehltaubefall kommen kann. 'Fugue' besitzt reichliches, ledriges, dunkelgrünes Laub. **ZONEN 4–9.**

Meilland, Frankreich, 1958

'Alain' × 'Guinée'

Madrid Goldmedaille 1958

'Fugue'

## 'FULGURANTE'

TEEHYBRIDE, ROT

Obwohl wenig über 'Fulgurante' bekannt ist, wird sie aufgrund ihrer wunderschönen urnenförmigen, samtroten Blüten geschätzt. Diese Teerose ist eine dunkelrote, recht gut geformte Beetrose, die sich auch zum Schnitt eignet. **ZONEN 5–9.**

Eltern unbekannt

'Fulgurante'

'Fruité'

## 'FULTON MACKAY' COCdana

**Syn. 'Maribel', 'Senteur des Iles'**

TEEHYBRIDE, GELB+, ÖFTERBLÜHEND

Die Schönheit dieser Rose liegt in der herausragenden Qualität ihrer Blüten. Aus langen Knospen entwickeln sich klassisch geformte, großblumige Blüten mit hoher Mitte, die von breiten, nach außen gewölbten Petalen umgeben sind. Sie erscheinen in einem satten Apricotgelb mit rosa Adern, wobei die äußeren Petalen rötliche, lachsfarbene Töne haben. Die Blüten duften angenehm würzig, und nach dem ersten überschwenglichen Blütenflor erscheinen weitere Blüten bis in den Herbst. Sie ist eine gleichgute Schnitt-, Beet- und Gruppenrose. Bei schlechter Witterung ist sie sternrußtauanfällig, aber robust genug, diesen Befall zu überstehen. Die Pflanze wächst buschig aufrecht und entwickelt reichlich glänzendes, mittelgrünes Laub. **ZONEN 4–9.**

Cocker & Son, Großbritannien, 1989

'Silver Jubilee' × 'Jana'

Royal National Rose Society Trial Ground Certificate 1984, Glasgow Goldmedaille 1992

## 'FUTURA' KORoketto

FLORIBUNDA, MAUVE, ÖFTERBLÜHEND

Der südafrikanische Züchter Ludwig Taschner führte seine eigene Rosenklassifizierung ein, um einige Sorten besser verkaufen zu können. Dazu gehörten auch seine sog. *Flora Teas*, die ihren Namen erhielten, weil sie die besten Eigenschaften von Tee- und Floribundarosen vereinen. Aus dichtgedrängten Knospen entwickeln sich sternförmige Blüten in ansprechendem Lavendelrosa; diese Sternform ergibt sich aus sehr spitzen Petalen, die in mehrere Ebenen übereinanderliegen. Die Blüten ergeben sehr haltbare Schnittblumen und duften leicht nach Mandel. Die Blütezeit dauert an bis in den Herbst. Die Pflanze wächst aufrecht, wird mittelhoch und verfügt über mittelgrünes, leicht glänzendes Laub. Allerdings kann man sie nur in Südafrika kaufen. **ZONEN 5–9.**

Kordes, Deutschland, 1994

Sport von 'Champagner'

'Fyvie Castle'

## 'FYVIE CASTLE' COCbamber

**Syn. 'Amberlight', 'Cocker's Amber'**

TEEHYBRIDE, ROSA+, ÖFTERBLÜHEND

Diese Teehybride kann besonders große Blüten entwickeln, die sich gut für Ausstellungen eignen, insgesamt blüht sie aber so reichlich, daß sie eine gute Beetrose ergibt. Die rundlichen, dichtgefüllten Blüten mit hoher Mitte präsentieren sich in einer harmonischen Kombination aus hellem Apricot, Bernstein und Rosa. Sie duften angenehm und erscheinen unermüdlich bis in den Herbst. Die relativ niedrige, kompakte Pflanze besitzt großblättriges, mittelgrünes, gesundes Laub. 'Fyvie Castle' kommt auch mit schlechtem Wetter gut zurecht. Die Sorte wurde nach einer schottischen Burganlage benannt, die sich im Besitz des *National Trust* befindet. **ZONEN 4–9.**

Cocker & Sons, Großbritannien, 1985

('Landora' × ['Sabine' × 'Dr A. J. Verhage']) × 'Silver Jubilee'

New Zealand Gold Star of the South Pacific 1985, Silberteller von Baden-Baden 1985

## 'FRÜHLINGSZAUBER'

STRAUCHROSE, PIMPINELLIFOLIA-HYBRIDE, REIN ROSA

Diese Strauchrose ähnelt 'Frühlingsmorgen', was nicht weiter überrascht, da beide dieselben Eltern besitzen. Der Unterschied liegt in der Anzahl und Färbung der Petalen und in der Wuchsform der Pflanze. 'Frühlingszauber' hat halbgefüllte, auffällig große, schalenförmige Blüten, die sich weit öffnen und intensiv kirschrote Petalenränder mit weißgelber Mitte erkennen lassen. Sie erscheinen in großer Menge nur im Mai und sitzen in Büscheln von 10 Blüten. Ein leichter Duft ist vorhanden. Die Pflanze wächst allzu offen, aufrecht und wird deutlich größer als eine normale Strauchrose. Manche dieser „Frühlings-Sorten" sind inzwischen schwer erhältlich. **ZONEN 4–9.**

Kordes, Deutschland, 1942

('E. G. Hill' × 'Cathrine Kordes') × *Rosa pimpinellifolia altaica*

## 'FRUITÉ' MEIfructoz

Syn. 'Fruitee'

FLORIBUNDA, ORANGE+, ÖFTERBLÜHEND

'Fruité' ist eine hervorragende Beetrose, die wie mit Blütenbüscheln übersät wirkt. Ihre Blüten sind halbgefüllt und öffnen sich becherförmig in Tönen, die von Apricot, Gelb und Lachs bis Orangerot reichen. Sie duften leicht und erscheinen zunächst in sehr großer Menge; den ganzen Sommer und Herbst hindurch entwickeln sich dann immer wieder neue Blüten, die auch schlechtem Wetter standhalten. Diese Sorte eignet sich gut für den Schnitt oder für Ausstellungen. Der ebenmäßige Wuchs erreicht mittlere Höhe. Die Pflanze ist mit glänzendem, grünem und gesundem Laub gut bedeckt. **ZONEN 4–9.**

Meilland, Frankreich, 1985

Eltern unbekannt

Belfast Goldmedaille 1987

'Fuchsia Meidiland'

'Fugue'

## 'FUCHSIA MEIDILAND' MEIpelta

Syn. 'Cyclamen Meillandécor', 'Fuchsia Meillandécor'

STRAUCHROSE, DUNKELROSA, ÖFTERBLÜHEND

Diese Sorte eignet sich ganz besonders für große Anlagen. 'Fuchsia Meidiland' blüht sehr üppig mit Blüten aus etwa 12 Petalen, die in großen Büscheln stehen. Die becherförmigen, mittelgroßen Blüten in einem intensiven Rosaton erscheinen zahlreich vom Sommer bis in den Herbst; sie duften allerdings wenig. Der Wuchs ist niedrig und breit, so daß die Strauchrose manchmal auch als Bodendecker angesehen wird, obwohl sie die Ansprüche an eine derartige Pflanze nur teilweise erfüllt. Die reichlich vorhandenen Blätter sind glänzend hellgrün und mittelgroß. **ZONEN 4–9.**

Meilland, Frankreich, 1991

'Bordurella' × 'Clair Matin'

## 'FUGUE' MEItam

GROSSBLUMIGE KLETTERROSE, DUNKELROT, ÖFTERBLÜHEND

'Fugue' wäre sicherlich eine sehr gefragte dunkelrote Kletterrose, wenn sie einen schönen Duft besäße – doch leider duftet sie nur wenig. Büschel rundlicher Knospen öffnen sich zu scharlachroten Blüten mit etwa 30 festen Petalen und halten sich gut in der Vase. Sie sind becherförmig und werden flach, bevor die Petalen abfallen. Schlechtes Wetter kann ihnen nichts anhaben. Im Sommer ist der Flor sehr üppig, und in Abständen werden dann neue Blüten bis zum Herbst gebildet. Die Pflanze wächst kräftig zu mittlerer Höhe heran und eignet sich gut zum Beranken von Wänden, Zäunen und Säulen. Allerdings sollte sie nicht vor trockene Mauern gepflanzt werden, da es dort zu Mehltaubefall kommen kann. 'Fugue' besitzt reichliches, ledriges, dunkelgrünes Laub. **ZONEN 4–9.**

Meilland, Frankreich, 1958

'Alain' × 'Guinée'

Madrid Goldmedaille 1958

## 'FULGURANTE'

TEEHYBRIDE, ROT

Obwohl wenig über 'Fulgurante' bekannt ist, wird sie aufgrund ihrer wunderschönen urnenförmigen, samtroten Blüten geschätzt. Diese Teerose ist eine dunkelrote, recht gut geformte Beetrose, die sich auch zum Schnitt eignet. **ZONEN 5–9.**

Eltern unbekannt

'Fulgurante'

'Fruité'

## 'FULTON MACKAY' COCdana

Syn. 'Maribel', 'Senteur des Iles'

TEEHYBRIDE, GELB+, ÖFTERBLÜHEND

Die Schönheit dieser Rose liegt in der herausragenden Qualität ihrer Blüten. Aus langen Knospen entwickeln sich klassisch geformte, großblumige Blüten mit hoher Mitte, die von breiten, nach außen gewölbten Petalen umgeben sind. Sie erscheinen in einem satten Apricotgelb mit rosa Adern, wobei die äußeren Petalen rötliche, lachsfarbene Töne haben. Die Blüten duften angenehm würzig, und nach dem ersten überschwenglichen Blütenflor erscheinen weitere Blü ten bis in den Herbst. Sie ist eine gleichgute Schnitt-, Beet- und Gruppenrose. Bei schlechter Witterung ist sie sternrußtauanfällig, aber robust genug, diesen Befall zu überstehen. Die Pflanze wächst buschig aufrecht und entwickelt reichlich glänzendes, mittelgrünes Laub. **ZONEN 4–9.**

Cocker & Son, Großbritannien, 1989

'Silver Jubilee' × 'Jana'

Royal National Rose Society Trial Ground Certificate 1984, Glasgow Goldmedaille 1992

## 'FUTURA' KORoketto

FLORIBUNDA, MAUVE, ÖFTERBLÜHEND

Der südafrikanische Züchter Ludwig Taschner führte seine eigene Rosenklassifizierung ein, um einige Sorten besser verkaufen zu können. Dazu gehörten auch seine sog. *Flora Teas*, die ihren Namen erhielten, weil sie die besten Eigenschaften von Tee- und Floribundarosen vereinen. Aus dichtgedrängten Knospen entwickeln sich sternförmige Blüten in ansprechendem Lavendelrosa; diese Sternform ergibt sich aus sehr spitzen Petalen, die in mehrere Ebenen übereinanderliegen. Die Blüten ergeben sehr haltbare Schnittblumen und duften leicht nach Mandel. Die Blütezeit dauert an bis in den Herbst. Die Pflanze wächst aufrecht, wird mittelhoch und verfügt über mittelgrünes, leicht glänzendes Laub. Allerdings kann man sie nur in Südafrika kaufen. **ZONEN 5–9.**

Kordes, Deutschland, 1994

Sport von 'Champagner'

'Fyvie Castle'

## 'FYVIE CASTLE' COCbamber

Syn. 'Amberlight', 'Cocker's Amber'

TEEHYBRIDE, ROSA+, ÖFTERBLÜHEND

Diese Teehybride kann besonders große Blüten entwickeln, die sich gut für Ausstellungen eignen, insgesamt blüht sie aber so reichlich, daß sie eine gute Beetrose ergibt. Die rundlichen, dichtgefüllten Blüten mit hoher Mitte präsentieren sich in einer harmonischen Kombination aus hellem Apricot, Bernstein und Rosa. Sie duften angenehm und erscheinen unermüdlich bis in den Herbst. Die relativ niedrige, kompakte Pflanze besitzt großblättriges, mittelgrünes, gesundes Laub. 'Fyvie Castle' kommt auch mit schlechtem Wetter gut zurecht. Die Sorte wurde nach einer schottischen Burganlage benannt, die sich im Besitz des *National Trust* befindet. **ZONEN 4–9.**

Cocker & Sons, Großbritannien, 1985

('Landora' × ['Sabine' × 'Dr A. J. Verhage']) × 'Silver Jubilee'

New Zealand Gold Star of the South Pacific 1985, Silberteller von Baden-Baden 1985

F

# G

'Gabriella'

'Gabriella'

'Galia'

## 'GABRIELLE NOYELLE'

**Syn. 'Gabriel Noyelle'**

ALTE R., MOOSROSE, APRICOT+, ETWAS NACHBLÜHEND

Wenn die kleinen, wohlgeformten, ovalen Knospen dieser Sorte sich voll entfalten, werden gefüllte lachsorangefarbene Blüten mit gelbem Grund sichtbar. Die becherförmigen Blumen verströmen einen starken Duft. Das Laub ist dunkelgrün und ledrig. Es bedeckt eine aufrechte, buschige Pflanze, die bis zu 1,2 m hoch wird. Diese beliebte Moosrose blüht später als die meisten anderen und bringt im Herbst gelegentlich weitere Blüten hervor. **ZONEN 4–9.**

Buatois, Frankreich, 1933

'Salet' × 'Souvenir de Mme Kreuger'

## 'GABRIELLA' BERgme

**Syn. 'Gabrielle'**

FLORIBUNDA, ROT, ÖFTERBLÜHEND

Diese rote Rose wurde von einem schwedischen Gärtner als Sport der berühmten Schnittrosensorte 'Mercedes' entdeckt. Sie bringt den ganzen Sommer und Herbst unermüdlich Blüten hervor, die auf kurzen, festen, fast stachellosen Stielen sitzen. Seitenknospen sollten entfernt werden, um einen reichen Flor zu erhalten. Die Blüten öffnen sich mit überlappenden Petalen in Rundform. Sie sind haltbar und haben einen schwachen Duft. Außer in warmen Klimazonen ist die Kultur von 'Gabriella' im Garten wenig erfolgreich. Aber im Gewächshaus lohnt sich die Mühe. Der Busch wird gut mittelhoch und trägt olivgrünes, lederartiges Laub. **ZONEN 5–9.**

Berggren, Schweden, 1977

Sport von 'Mercedes'

## 'GAIL BORDEN'

TEEHYBRIDE, ROSA+, ÖFTERBLÜHEND

Diese Rose ist bekannt für die gleichbleibende Qualität ihrer Blüten. Sie sind groß, mit breiten Petalen dichtgefüllt und entfalten sich aus runden Knospen zu gleichfalls runden Blüten in symmetrischer Form. Die Blütenblätter bilden eine schöne konische Mitte. Die Farbe ist ein warmer Lachston auf den Petaleninnenseiten, außen sind sie eher gelblichcremefarben. Die Blütenfarbe verblaßt beim Verblühen. Die Blüten duften schwach süßlich und blühen unaufhörlich bis in den Herbst. Sie erscheinen einzeln oder in Büscheln zu 3–5 Blüten und sind wetterfest. Die Rose eignet sich sehr gut für einfarbige Beete. Sie ist zu einer Sammlerrose geworden, da sie nur noch bei drei Züchtern erhältlich ist. Der Busch wird mittelhoch und hat eine etwas ausladende Gestalt. Er trägt dunkelgrünes, ledriges Laub. **ZONEN 4–9.**

Kordes, Deutschland, 1957

'Mevrouw H. A. Verschuren' × 'Viktoria Adelheid'

Goldmedaille der National Rose Society 1957

'Gail Borden'

## 'GALAXY' MORgal

ZWERGROSE, DUNKELROT, ÖFTERBLÜHEND

Die langen, spitzen Knospen dieser Rose entfalten sich zu samtig roten, gefüllten Blüten, die sich aus 25 Petalen zusammensetzen. Die kleinen, nicht duftenden Blumen haben die typische Form einer Edelrose und erscheinen einzeln oder in kleinen Büscheln zu 5–10 Blüten. Die lebhaft rot gefärbten Blütenblätter bilden einen hübschen Kontrast zu den schweren, goldgelben Staubgefäßen – eine auffallende Kombination, die bei kühlem Wetter aber eher unattraktiv wirkt. Sie braucht Wärme, um sich von ihrer besten Seite zu zeigen. Dieser öfterblühende Busch eignet sich gut als Einfassung, da er während der Blühperiode fortwährend für Farbtupfer sorgt. Die Pflanze trägt kleine Blätter und etwas nach unten gebogene Stacheln. Sie ist wuchsfreudig und hat eine aufrechte Gestalt.

**ZONEN 4–11.**

Moore, USA, 1980

'Fairy Moss' × 'Fairy Princess'

## 'GALIA' MEItinirol

TEEHYBRIDE, ORANGEROT, ÖFTERBLÜHEND

Die leuchtende Farbe dieser Sorte läßt sich am besten als glänzendes Zinnoberrot beschreiben. Die großen Blüten mit 40 Petalen entfalten sich becherförmig aus rundlichen Knospen. Gewöhnlich sitzen die Blumen einzeln auf langen Stielen und eignen sich daher hervorragend als Schnittblumen; sie erscheinen sehr zahlreich. Leider duften sie nicht. Die Blühfreudigkeit hält den ganzen Sommer und Herbst an. Die Pflanze ist wuchsfreudig, wird mittelhoch und trägt dichtes, mattdunkelgrünes Laub.

**ZONEN 4–9.**

Meilland, Frankreich, 1977

MEIretni × 'Elegy'

## 'GALWAY BAY' MACba

GROSSBLUMIGE KLETTERROSE, ORANGEROSA, ÖFTERBLÜHEND

Die angegebene Grundfarbe dieser Sorte ist irreführend, denn das Rosa ist eigentlich ein üppiges, dunkles Kirschrosa, das bis zum Verblühen nicht verblaßt und Spuren von Orange aufweist. Sie ist eine wuchsfreudige Kletterrose, die im Sommer zahlreiche Blütenbüschel hervorbringt und im Spätsommer und Herbst erneut blüht. Die Blüten sind mittelgroß, dichtgefüllt und becherförmig, wenn sie sich vollständig öffnen; die Blütenblätter überlappen dekorativ. Sie verströmen einen angenehmen, schwachen Duft. Die Pflanze wächst straff und wird mittelhoch. Am besten kommt sie an einer Mauer, einer Säule oder einem Zaun zur Geltung. Die oval geformten Blätter sind dunkelgrün, dicht und in der Regel sehr robust. Die namensgebende Bucht von Galway liegt an der Westküste Irlands.

**ZONEN 4–9.**

McGredy, Großbritannien, 1966

'Heidelberg' × 'Queen Elizabeth'

## 'GARDEN CHARM'

FLORIBUNDA, ROT, ÖFTERBLÜHEND

'Garden Charm' ist eine niedrige, kompakte Floribundarose mit dichtem, leicht glänzend dunkelgrünem Laub. Die leuchtend roten Blüten erscheinen in kleinen bis mittelgroßen Büscheln und sind besonders langlebig. Die Knospen sind wohlgeformt und entfalten sich zu halbgefüllten Blüten mit 20 Petalen; sie blühen unermüdlich. 'Garden Charm' ist ein sehr robuster Busch, ideal für Beete und Rabatten sowie für niedrige Hecken. Leider duftet sie nicht. **ZONEN 5–9.**

Kordes, Deutschland, 1965

Eltern unbekannt

'Galia'

'Galaxy'

'Garden Charm'

'Garnette'

## 'GARDEN PARTY'

TEEHYBRIDE, WEISS, ÖFTERBLÜHEND

Beide Elternsorten dieser Rose belohnten Züchter mit zahlreichen Nachkommen, wie 'Garden Party' beweist. Ihre Blüten sind schön geformt und entwickeln sich von urnenförmigen Knospen zu großen, dichtgefüllten Blumen mit zartem und anmutigem Aussehen. Die langen Petalen bilden eine hohe Mitte und bekommen eine hübsche wellige Form, wenn sie sich breit schalenförmig öffnen. Die Farbe ist Elfenbeinweiß, das in ein cremefarbenes Gelb mit einem Hauch von Rosa übergeht. Dieser kühle Farbton wirkt zwischen anderen leuchtenden Rosen – sowohl in der Vase als auch im Garten – sehr dezent. Der erste Flor ist für eine so große Rose sehr üppig, und die Blühfreudigkeit hält bis in den Herbst an. Der Duft ist schwach, aber sehr angenehm. Die Pflanze wächst buschig und wird mittelhoch; ihr dichtes Laub ist dunkel. **ZONEN 4–9.**

Swim, USA, 1959

'Charlotte Armstrong' × 'Gloria Dei'

Bagatelle Goldmedaille 1959, All-American Rose Selection 1960

## 'GARDENIA'

RAMBLERROSE, WEISS

Die spitzen gelben Knospen der 'Gardenia' entfalten sich zu cremeweißen Blüten mit hellgelber Mitte. Die großen, dichten, becherförmigen Blumen erscheinen in kleinen Büscheln auf kurzen, kräftigen Stielen. Die Blütezeit dauert relativ lang. Die etwas wirren und duftenden Blüten bleiben gelb, wenn sie im Schatten stehen. Die Blätter sind klein, dunkel und glänzend. Die bis zu 6 m hohe Rose sorgt für Aufsehen, wenn sie an einem Bogen, einer Pergola oder auch an einem Baum wächst. Aus der gleichen Rosenschule stammt auch 'Jersey Beauty'. **ZONEN 7–10.**

Manda, USA, 1899

*Rosa wichuraiana* × 'Perle des Jardins'

## 'GARNETTE'

Syn. 'Garnet', 'Garnette Red', 'Red Garnette'

FLORIBUNDA, DUNKELROT, ÖFTERBLÜHEND

Obwohl 'Garnette' weltweit zu den beliebtesten Schnittrosen zählt, ist es nicht empfehlenswert, diese Sorte mit den zierlichen, schönen granatroten Blütenbüscheln im Garten zu kultivieren. Die Zweige wachsen nicht sehr schön, die Stiele erreichen nicht die erforderliche Länge, und oft ruiniert Mehltau die Pflanze. Für den Blumenhandel unter Glas kultiviert, werden bald becherförmige Blüten sichtbar, deren kräftige Petalen schön überlappende Reihen bilden und für eine perfekte Form sowie lange Zeit für Farbtupfer sorgen. Neue Blüten folgen schnell nach, ihr Duft ist jedoch sehr schwach. Im Gewächshaus wird sie hoch, bleibt aber im Garten wesentlich niedriger. Das Laub ist im Austrieb rötlich und wird später dunkelgrün. **ZONEN 4–9.**

Tantau, Deutschland, 1951

('Rosenelfe' × 'Eva') × 'Heros'

## 'GARTENARCHITEKT GÜNTHER SCHULZE'

siehe 'The Pilgrim'

## 'GARTENDIREKTOR LAUCHE'

siehe 'Eclair'

## 'GARTENDIREKTOR OTTO LINNE'

STRAUCHROSE, DUNKELROSA, ÖFTERBLÜHEND

Diese Rose ist mit fast allen Vorzügen ausgestattet. Sie ist wuchsfreudig, robust und einfach zu kultivieren. Sie trägt dekoratives Laub, blüht sehr üppig und hat eine Gestalt, die sogar den anspruchsvollsten Gärtner zufriedenstellt. Leider fehlt ihr nur der Duft, was für eine Sorte mit dem Charme einer Alten Rose von Nachteil ist. Die mittelgroßen Blüten sind dunkelrosa mit etwas Gelb am Grund und pomponförmig mit vielen kleinen Blütenblättern. Sie sitzen in großen Büscheln bis zu 30 Blüten zusammen und erscheinen mit kurzen Ruhephasen den ganzen Sommer und Herbst über. Die Sorte eignet sich sehr gut für jeden Garten, erreicht eine überdurchschnittliche Höhe und trägt viele kleine, hellgrüne Blätter. **ZONEN 4–9.**

Lambert, Deutschland, 1934

'Robin Hood' × 'Rudolph Kluis'

'Garden Party'

## 'GARTENZAUBER' KORnacho

Syn. 'Gartenzauber 84'

FLORIBUNDA, ROT, ÖFTERBLÜHEND

Diese buschige Sorte bringt leuchtend rote Blüten hervor und wird gerne in öffentlichen Parks gepflanzt. Die Blumen sind dunkelrot und erscheinen einzeln, gelegentlich auch in kleinen Büscheln. Sie entfalten sich von rundlichen Knospen zu sehr großen Blüten mit mehr als 30 Petalen, die beim Öffnen hochgebaut sind; später, wenn sie sich nach außen rollen, werden die Blüten becherförmig und erlauben einen flüchtigen Blick auf die goldgelben Staubgefäße in der Mitte. Sie verströmen einen Wildrosenduft, sind wetterfest und blühen unermüdlich den ganzen Sommer und Herbst. Diese Eigenschaften machen 'Gartenzauber' zu einer ausgezeichneten Beet-, und guten Schnittrose. Sie wächst mittelhoch, hat eine aufrechte, buschige, reich verzweigte Gestalt und bringt zahlreiche Triebe hervor. Das dekorative Laub ist dunkelgrün und etwas glänzend. **ZONEN 4–9.**

Kordes, Deutschland, 1984

(Sämling × 'Tornado') × 'Chorus'

## 'GARY LINEKER' PEArobin

FLORIBUNDA, ORANGE+, ÖFTERBLÜHEND

Diese fröhliche Rose bringt leuchtend orange-zinnoberrote Blüten mit gelben Augen hervor, die in Büscheln auf langen Stielen zusammensitzen. Sie sind breit becherförmig, mittelgroß, halbgefüllt und verströmen einen zarten Duft. Geschnitten eignen sie sich sehr gut für kleine Blumensträuße. Im Garten sorgt diese Sorte als gute Beetrose für den nötigen Farbtupfer. In kleinen Randbeeten fallt ihre Neigung zu ungleichmäßigem Wachstum kaum auf. Sie übersteht schlechtes Wetter gut und blüht unaufhörlich den ganzen Sommer und Herbst. Die Pflanze wird mittelhoch und hat eine aufrechte, etwas ausladende Gestalt. Das dichte Laub ist glänzend mittelgrün. 'Gary Lineker' wurde nach einem berühmten britischen Fußballspieler benannt. **ZONEN 4–9.**

Pearce, Großbritannien, 1991

Eltern unbekannt

Glasgow Certificate of Merit 1994

## 'GAVNØ' POUlgav

Syn. 'Bucks Fizz'

FLORIBUNDA, ORANGE+, ÖFTERBLÜHEND

Die Blüten zeichnen sich durch einen freundlichen Orangeton aus und sitzen in unterschiedlich großen Büscheln zusammen. Sie haben eine Edelrosenform und sind etwa mittelgroß. Die 20 breiten Petalen sind zunächst hochgebaut, später nimmt die Blüte dann Becherform an. 'Gavnø' duftet insgesamt nur schwach, und die Blüten erscheinen den ganzen Sommer und Herbst. Trotz ihrer skandinavischen Herkunft ist die Sorte nicht frostbeständig und sollte einen vor kalten Winden geschützten Platz bekommen. Die Pflanze wächst aufrecht und wird mittelhoch. Die kleinen, dunkelgrünen Blätter sind im Austrieb rötlich. Das Synonym bezieht sich übrigens auf eine britische Popgruppe, die allerdings außerhalb Großbritanniens nur Insidern bekannt ist. **ZONEN 5–9.**

Olesen, Dänemark, 1988

Sämling × 'Mary Sumner'

Royal National Rose Society Trial Ground Certificate 1987

'Gavnø'

'Galway Bay'

G

## 'GAVOTTE'

TEEHYBRIDE, ROSA+, ÖFTERBLÜHEND

'Gavotte' bringt besonders dichtgefüllte, klassisch hochgebaute Blüten hervor. Die Blütenblätter entfalten sich langsam und symmetrisch zu einer Rose mit Ausstellungsqualität. Als Gartenrose weist sie leider eine Reihe von Nachteilen auf: Die breiten Petalen öffnen sich bei Regen nicht, die Wuchsform ist unattraktiv, und sie ist anfällig für Rostpilze sowie Sternrußtau. Die Blüten sind dunkelrosa mit silbriger Unterseite und erscheinen in Anbetracht ihrer Größe zahlreich und fast unermüdlich bis in den Herbst. Die Pflanze ist wuchsfreudig, wird mittelhoch und hat eine etwas ausladende Gestalt. Sie trägt große, leicht glänzende, dunkelgrüne Blätter.
**ZONEN 4–9.**

Sanday, Großbritannien, 1963

'Ethel Sanday' × 'Lady Sylvia'

National Rose Society Certificate of Merit 1962

## 'GAY DEBUTANTE'

TEEHYBRIDE, ROSA+, ÖFTERBLÜHEND

Es gab mindestens 18 Sports von 'Gloria Dei', der erste war 1954 'Dorothy Goodwin', der (vorläufig) letzte 'Julie Anne Ashmore' im Jahre 1985, aber nur wenige konnten sich als Kultursorten für den Handel durchsetzen. Zu den wenigen Ausnahmen zählen 'Chicago Peace' und 'Flaming Peace' (auch als 'Kronenbourg' bekannt). 'Gay Debutante' unterscheidet sich von der Ursprungssorte durch die Blüten, die nicht hellgelb sind, sondern rosa mit gelbem Grund. Ansonsten hat sie ähnliche Eigenschaften wie 'Gloria Dei'. Ihre Blüten sind sehr groß, haben mehr als 40 Petalen, die sich zu einer entzückenden Becherform entfalten. Die Blumen sind sehr haltbar, sowohl ungeschnitten als auch in der Vase, und erscheinen den ganzen Sommer und Herbst. Die Pflanze ist wuchsfreudig, wächst aufrecht und trägt große, ledrige, glänzende Blätter. **ZONEN 4–9.**

Curtis, USA, 1960

Sport von 'Gloria Dei'

## 'GAY PRINCESS'

FLORIBUNDA, HELLROSA, ÖFTERBLÜHEND

Obwohl die Eltern von 'Gay Princess' Floribundarosen sind und ihre Blüten in Büscheln wie auch einzeln erscheinen, haben sie doch eher das Aussehen einer Edelrose. Etwas plumpe Knospen entfalten sich zu großen, gefüllten, becherförmigen Blüten, die hellrosafarben sind. Sie verströmen einen angenehmen Duft. Sie bewahren ihre Form lange und eignen sich sowohl für den Garten als auch für die Vase. Die Blühfreudigkeit hält den ganzen Sommer und Herbst über an. Die Pflanze wird kaum mittelhoch und hat eine aufrechte, buschige Gestalt. Ihr glänzendes Laub ist gewöhnlich sehr robust, sollte aber gelegentlich auf Sternrußtau untersucht werden. Trotz der hohen Auszeichnung wird diese Rose heute anscheinend nur noch von zwei amerikanischen Züchtern für den Fachhandel angeboten. **ZONEN 5–9.**

Boerner, USA, 1967

'Spartan' × 'The Farmer's Wife'

All-American Rose Selection 1967

'Gay Debutante'

'Gay Princess'

'Gavotte'

'Geisha'

## 'GAY VISTA'

STRAUCHROSE, HELLROSA, ÖFTERBLÜHEND

Diese Sorte bringt an einer kräftigen Pflanze auffallend große Blütenbüschel hervor. Die mittelgroßen Einzelblüten sind einfach und entwickeln sich aus spitzen Knospen. Sie sind am Rand rosa bis dunkelrosa und cremeweiß in der Mitte. In einem Büschel können bis zu 50 Einzelblüten zusammensitzen. Die Büschel erscheinen bis in den Herbst. Die Sorte eignet sich für Einfassungen, als Einzelrose oder für Hecken. Die Pflanze ist wuchsfreudig und hat eine hängende Gestalt. In warmen Klimazonen, wo sie am häufigsten kultiviert wird, erreicht sie etwa Schulterhöhe. Ihr Laub ist derb grün. **ZONEN 4–9.**

Riethmuller, Australien, 1957

Eltern unbekannt

## 'GÉANT DES BATAILLES'

**Syn. 'Giant of Battles'**

ALTE R., REMONTANTROSE, ROT

Diese Rose war Ende des 19. Jh. außerordentlich beliebt. Die runden, dicken Knospen öffnen sich zu dicht mit 85 Petalen gefüllten Blüten. Die flachen, dunkelkarminroten Blüten werden beim

'Gay Vista'

'Géant des Batailles'

Verblühen kastanienbraun; die inneren Blütenblätter sind zusammengefaltet. Die Blüten erscheinen in Gruppen auf kräftigen Stielen am Ende der Triebe. Die Pflanze ist mäßig wuchsfreudig, aufrecht, bleibt aber niedrig. Sie trägt dunkelgrüne, gesägte Blätter, an den Trieben einige Stacheln und ist anfällig für Mehltau und Sternrußtau.
**ZONEN 5–9.**

Nérard, Frankreich, 1846

Hybride von 'Gloire des Rosomanes'

## 'GEE GEE' BENgee

ZWERGROSE, HELLGELB, ÖFTERBLÜHEND

Diese strauchige Zwergrose wird fast 1 m hoch und bildet zahlreiche Blütentriebe, die den Busch den ganzen Sommer und Herbst mit cremegelben Blüten bedekken. Obwohl sie klein sind, besitzen die Blumen eine perfekte Ausstellungsform, duften schwach und eignen sich gut zum Schnitt. Ihre Farbe wird im Herbst intensiver, wenn die Blüten von zartem Apricot überhaucht werden; in dieser Jahreszeit zeigt sich der Strauch von seiner besten Seite. Zusammengepflanzt mit 'Golden Meillandina' bietet sie das ganze Jahr über einen schönen Anblick.
**ZONEN 5–11.**

Benadella, USA, 1987

'Golden Meillandina' × 'Patricia'

## 'GEISHA'

**Syn. 'Pink Elizabeth Arden'**

FLORIBUNDA, REIN ROSA, ÖFTERBLÜHEND

Diese Floribundarose bringt zahlreiche Büschel mit bis zu 20 spitzen Knospen hervor, die sich zu sehr großen, halbgefüllten Blüten von reinem Rosa öffnen, das sich deutlich von den dunklen Staub-

'Geisha'

'Gem'

'Général Jacqueminot'

gefäßen abhebt. Sie verströmen einen schwachen Duft und erscheinen unermüdlich den ganzen Sommer bis in den Herbst hinein; sie öffnen sich bei jedem Wetter. Die Pflanze wächst gleichmäßig und buschig zu einer mittleren Höhe. Das dichte dunkelgrüne, glänzende Laub untermalt den reichen Flor wirkungsvoll und ist sehr gesund.
**ZONEN 4–9.**

Tantau, Deutschland, 1964

Eltern unbekannt

ADR-Rose 1965

## 'GELBE DAGMAR HASTRUP'

siehe 'Topaz Jewel'

## 'GEM'

TEEHYBRIDE, REIN ROSA, ÖFTERBLÜHEND

Der Züchter hatte zweifellos die Hoffnung, die edle Form, die Schönheit und den scharlachroten Farbton von 'Ena Harkness' mit dem üppigen Flor, der Robustheit und den kräftigen Stielen der hellrosafarbenen 'Madame Butterfly' sowie den beiden Arten gemeinsamen atemberaubenden Duft kombinieren zu können. Das Ergebnis dieser Züchtung erfüllte jedoch nicht unbedingt die hohen Erwartungen: Eine halbgefüllte Blüte von mäßiger Größe in einem feinen Dunkelrosa, die sich anfangs hochgebaut zu einer Becherform entfaltet. Ihr Duft ist angenehm, und die Blüten erscheinen den ganzen Sommer und Herbst an einer wuchsfreudigen, aufrechten Pflanze mit mattem, mittelgrünem Laub.
**ZONEN 4–9.**

Walker, Australien, 1960

'Ena Harkness' × 'Madame Butterfly'

## 'GENE BOERNER'

FLORIBUNDA, REIN ROSA, ÖFTERBLÜHEND

Die rosafarbenen Blüten haben für eine Floribundarose eine außergewöhnliche Größe und Qualität. Sie entfalten sich von rundlichen Knospen zu dunkelrosafarbenen Blüten mit symmetrischer Mitte, die ihre Form behalten, während die äußeren Blütenblätter sich langsam nach hinten rollen. Tiefer in den Blüten kann man dunklere Rosatöne erkennen. Diese Sorte eignet sich gut als Schnittblume, aber auch für den Garten, obwohl die Blüten sich beim Verblühen nicht putzen. Dennoch sorgt sie den ganzen Sommer und Herbst hindurch für einen großartigen Anblick. Die Pflanze ist wuchsfreudig, hat eine aufrechte, schlanke Gestalt und wird überdurchschnittlich hoch. Sie trägt mittelgrünes, glänzendes und robustes Laub. Eugene Boerner (1893–1966) war aufgrund seiner Beiträge zu dieser Rosenklasse unter dem Spitznamen „Papa Floribunda" bekannt und arbeitete für die Rosenschule *Jackson & Perkins*. **ZONEN 4–9.**

Boerner, USA, 1968

'Ginger' × ('Ma Perkins' × 'Garnette Supreme')

All-American Rose Selection 1969

## 'GÉNÉRAL GALLIÉNI'

ALTE R., TEEROSE, ROT+

Der frische Teerosenduft dieser Sorte ist besonders an warmen Tagen wahrzunehmen, wenn sich die zerzausten, kupferroten Blüten öffnen. Die becherförmigen Blumen verändern ihre Farbe abhängig vom Wetter und von einem eher schattigen oder sonnigen Standort. Die Farbpalette während der langen Blütezeit reicht von Apricot und Rosa über Gelb bis zu Blutrot und Kastanienbraun. Die Blüten dieser Sorte eignen sich gut zum Schnitt. Der wuchsfreudige Strauch trägt dunkelgrünes Laub und hakenförmig gebogene, rote Stacheln. An sonnigen und warmen Stellen zeigt er sich von seiner besten Seite. Benannt wurde die Rose nach dem Gouverneur des damals noch französischen Madagaskar. **ZONEN 7–9.**

Nabonnand, Frankreich, 1899

'Souvenir de Thérèse Levet' × 'Reine Emma des Pays-Bas'

## 'GÉNÉRAL JACQUEMINOT'

**Syn. 'General Jack', 'Jack Rose', 'La Brilliante', 'Mrs Cleveland Richard Smith', 'Triomphe d'Amiens'**

ALTE R., REMONTANTROSE, ROT, ETWAS NACHBLÜHEND

Mindestens 500 Sämlinge und bis zu 60 Sports dieser preisgekrönten Remontantrose werden in der Literatur erwähnt. Die Spuren der meisten heutigen roten Rosen lassen sich bis zu dieser Alten Rose verfolgen. Scharlachkarminrote Knospen entfalten sich zu enormen, dunkelroten Blüten, die auf langen, kräftigen Stielen sitzen. Die duftenden, samtartigen, gefüllten Blumen besitzen 25 Petalen, von denen die äußeren dicht stehen und gelegentlich weiße Streifen aufweisen. Die Blüten erscheinen vom Sommer bis zum Herbst; sie mögen keine direkte Sonneneinwirkung. Das Laub ist rot überhaucht und bedeckt eine buschige Pflanze, deren kräftige Triebe bewehrt sind; es ist anfällig für Mehltau und Rostpilze. **ZONEN 5–9.**

Roussel, Frankreich, 1853

Sämling von 'Gloire des Rosomanes'

Erster Preis der Ausstellung in Versailles 1854

'Général Galliéni'

## 'GÉNÉRAL KLÉBER'

ALTE R., MOOSROSE, REIN ROSA

Diese in jeder Beziehung hervorragende Moosrose bringt nur einmal im Jahr, im Juni, Blüten hervor. Sie sind gefüllt, wohlgeformt und bis zu 10 cm groß. Die Blüten sitzen in kleinen Büscheln zusammen und sind zart silbrig-rosa gefärbt. Trotz der blassen Farbe vertragen sie Nässe gut und verströmen einen wunderbaren Duft. Auf nährstoffreichen Böden wird die Rose bis zu 1,5 m hoch. Sowohl das leuchtend grüne Laub, die zahlreichen Knospen als auch die Blütenstiele sind mit weichem, hellgrünem Moos dicht überzogen. Die Triebe sind ebenfalls bemoost und tragen wenig Stacheln. Général Kléber kämpfte während des Ägyptenfeldzuges in der Armee Napoleons. **ZONEN 4–9.**

Robert, Frankreich, 1856

Eltern unbekannt

## 'GENERAL MACARTHUR, CLIMBING'

GROSSBLUMIGE KLETTERROSE, DUNKELROSA, ETWAS NACHBLÜHEND

Die Blüten dieses Sports einer Teehybride sind rosarot, recht groß und mit breiten Blütenblättern dicht gefüllt. Sie öffnen sich becherförmig und behalten ihre Form, bis sie sich selbst reinigen. Sie verströmen einen wunderbaren Damaszenerrosenduft. Obwohl der Hauptflor im Sommer erfolgt, blühen auch im Herbst einige Blüten nach. Die Pflanze ist wuchsfreudig und hat reich verzweigte Triebe, die doppelt so lang wie bei einer durchschnittlichen Kletterrose werden können. Sie trägt üppiges, ledriges, dunkles Laub und kommt an einer hohen Mauer, einem hohen Zaun oder an einer Pergola am besten zur Geltung. **ZONEN 4–9.**

Dickson, Großbritannien, 1923

Sport von 'General MacArthur'

## 'GÉNÉRAL SCHABLIKINE'

ALTE R., TEEROSE, ORANGEROSA, ETWAS NACHBLÜHEND

Diese Rose trägt dicke kräftig purpurrosa Knospen, die sich zu kupfernrosafarbenen, duftenden Blüten entfalten. Diese sind gefüllt, schalenförmig und geviertelt. Die äußeren Petalen rollen sich von den blasseren inneren weg. Gelegentlich etwas nickend, sitzen die Blüten auf kräftigen Stielen und bevorzugen die Sonne. Der 1 m hohe Busch hat pflaumenfarbige Triebe, die mit mittelgroßen, blaugrünen Blättern bedeckt sind; unter den Blattstielen sitzen winzige Stacheln. Die Rose benötigt einen nur schwachen Schnitt und ein regelmäßiges Entfernen verwelkter Blüten. Die widerstandsfähige Pflanze eignet sich gut für den Garten. Die Familie Nabonnand züchtete in ihrer Rosenschule an der Riviera von 1872–1924 eine Vielzahl von Rosen. **ZONEN 6–9.**

Nabonnand, Frankreich, 1878

Eltern unbekannt

'Général Kléber'

'Général Schablikine'

'Général Schablikine'

'General Washington'

## 'GENERAL TESTARD'

Syn. 'General Tetard'

RAMBLERROSE, ROT+

Diese Rose trägt kleine, halbgefüllte rote Blüten mit weißer Mitte, die in Büscheln zusammensitzen. Sie ähneln denen ihrer helleren, ungefüllten Elternsorte und sind ausgezeichnete Schnittblumen. Durch ihre verzweigte Form eignet sich die Pflanze besonders für Pergolen oder Zäune. **ZONEN 6–9.**

Pajotin-Chédane, Frankreich, 1918

Sport von 'American Pillar'

## 'GENERAL WASHINGTON'

ALTE R., REMONTANTROSE, DUNKELROT

Die gefüllten, dunkelkarminroten Blüten dieser Rose weisen eine erstaunlich hohe Zahl an Blütenblättern auf: 150 Petalen pro Blume! Die duftenden Blüten werden bräunlich, wenn sie vollständig geöffnet sind, zeigen sich aber im Herbst von ihrer besten Seite; die Rose hat einen gemäßigten Wuchs. Ihr Züchter Theopile Granger beschäftigte sich mehr als 30 Jahre lang mit Remontantrosen. **ZONEN 5–9.**

Granger, USA, 1861

Sport von 'Triomphe de l'Exposition'

## 'GENTLE MAID' HARvilac

ZWERGROSE, MAUVE

Diese niedrigwachsende Pflanze bringt Büschel mit etwa acht spitzen Knospen hervor, die sich zu Blüten voller Überraschung entfalten: Sie sind rosa mit einem Fliederton und haben 50–60 krause Blütenblätter. Sie öffnen sich zu kleinen bis mittelgroßen Rosetten, in denen die Blütenblätter lagenweise dicht übereinandersitzen. Die Blüten erscheinen bis in den Herbst und überstehen auch schlechtes Wetter, duften jedoch kaum. Besonders für Einfassungen, als Kübelpflanze oder an einem kleinräumigen Standort ist diese Rose ein ungewöhnlicher Blickfang. Sie ist niedrig, wächst ausladend und dicht mit schmalen dunkelgrünen Blättern. **ZONEN 4–9.**

Harkness, Großbritannien, 1988

('Mainzer Fastnacht' × ['Lilac Charm' × 'Sterling Silver']) × ([Sämling × (Sämling × *Rosa californica*)] × [Sämling × 'Mozart'])

Baden-Baden Silbermedaille 1992

'Gentle Touch'

## 'GENTLE TOUCH' DIClulu

ZWERGROSE, HELLROSA, ÖFTERBLÜHEND

Die hellrosafarbenen, mit etwa 20 Petalen gefüllten Blüten sind klein, urnenförmig und schön geformt. Die Blüten erscheinen in Büscheln, solange es warm ist. Die Sorte eignet sich besonders gut für kleine Gärten, wirkt aber auch als Kübelpflanze sehr dekorativ. Die Blüten verströmen einen schwachen Duft. Im Vergleich zu den Blüten ist das mittelgrüne, leicht glänzende Laub recht klein. **ZONEN 4–11.**

Dickson, Großbritannien, 1986

('Liverpool Echo' × 'Woman's Own') × 'Memento'

Britische Rose des Jahres 1986, Royal Horticultural Society Award of Garden Merit 1993

## 'GEOFF HAMILTON' AUSham

STRAUCHROSE, HELLROSA, ÖFTERBLÜHEND

Liebhaber von altmodischen Rosenformen, bei denen die Blütenblätter sich zusammenquetschen oder sich lieblich kräuseln, werden viel Freude an den großen, geviertelten Blüten dieser Sorte haben. Sie entfalten sich von rundlichen Knospen zu becherförmigen, rosafarbenen Blumen. Später biegen sich die äußeren Petalen um und verblassen zu Weiß. Die duftenden Blüten erscheinen bis in den Herbst. Bei warmer Witterung fühlt sich die Rose am wohlsten, denn durch Regen und Wind biegen sich die Triebe allmählich nach unten. Sie paßt sehr gut in gemischte Rabatten, da sie etwas üppiger wächst als andere Strauchrosen. Die Blätter sind länglich, matt und hellgrün. **ZONEN 4–9.**

Austin, Großbritannien, 1997

Eltern unbekannt

## 'GEORDIE' HORkorblush

Syn. 'Geordie Lad'

TEEHYBRIDE, ROSTFARBEN, ÖFTERBLÜHEND

Die Blüten von 'Geordie' haben etwas von der Farbe der 'Champagne Cocktail' mitbekommen, die mahagonirot mit gelbem Grund auf der Petaleninnenseite und heller rot auf deren Außenseite ist. Sie sitzen manchmal einzeln, manchmal auch in Büscheln zusammen und öffnen sich von rundlichen Knospen zu gefüllten Blüten mittlerer Größe; vollständig geöffnet sind sie schließlich becherförmig. Sie verströmen einen angenehmen fruchtigen Duft und erscheinen den ganzen Sommer und Herbst über. Die Pflanze wird mittelhoch und aufrecht; sie trägt mattes, mittelgrünes Laub. Die Sorte eignet sich sehr gut für den Garten und die Vase. **ZONEN 4–9.**

Horner, Großbritannien, 1990

'Prominent' × ('Champagne Cocktail' × 'Alpine Sunset')

'Georges Vibert'

'Georgette'

## 'GEORG ARENDS'

Syn. 'Fortune Besson', 'George Arends', 'Rose Besson'

ALTE R., REMONTANTROSE, REIN ROSA, ETWAS NACHBLÜHEND

Diese Sorte hat große Knospen, die sich zu sehr großen, etwas wirren, hochgebauten Blüten in Rosa und Flieder öffnen. Sie sitzen einzeln auf aufrechten Stielen und erscheinen vom Hochsommer bis zum Herbst. Die Blütenblätter rollen sich zurück, wodurch die Blüte wie eine Zentifolie aussieht. Am besten wirken die Blüten bei kühler Witterung oder im Schatten und sind ausgezeichnete Schnittblumen. Dieser 1,5 m hohe Strauch hat große, blaugrüne Blätter und sehr wenig Stacheln. Nach dem ersten Flor geschnitten, blüht er gut nach. 'Georg Arends' fühlt sich auf nährstoffarmen Böden sehr wohl und bildet hohe Hecken. Er ist jedoch anfällig für Mehltau. Hinner änderte den Originalnamen 'Fortune Besson' persönlich in den heute gebräuchlichen Namen. **ZONEN 6–9.**

Hinner, Deutschland, 1910

'Frau Karl Druschki' × 'La France'

## 'GEORGE DICKSON'

TEEHYBRIDE, ROT, ÖFTERBLÜHEND

Nach dem Gründer der immer noch existierenden Rosenzuchtfirma benannt, erfreute sich 'George Dickson' großer Beliebtheit, als sie in den Handel gelangte. Die 12 cm großen, perfekt geformten, duftenden Blüten sind rot, die Blütenunterseiten zusätzlich dunkelrot geädert. Das Laub ist mattgrün. **ZONEN 5–9.**

Dickson, Großbritannien, 1912

Eltern unbekannt

Goldmedaille der National Rose Society 1911

'Georges Vibert'

'Geraldine'

## 'GEORGES VIBERT'

ALTE R., GALLICA-ROSE, ROT+

Diese gestreifte Rose wirkt sowohl im Garten als auch in einer Vase äußerst elegant. Die kleinen, kompakten Knospen entfalten sich zu angenehm duftenden, locker gefüllten Blüten, die blaßrosa Streifen aufweisen. Wenn die Blütenblätter sich vollständig öffnen, gewähren sie den Blick auf eine Blütenmitte mit goldgelben Staubgefäßen. Die gekräuselten und geviertelten Blüten verändern je nach Wetter- und Lichtverhältnissen ihre Farbe; manchmal nehmen sie ein helles Purpurrot an. Der 1,2 m hohe Strauch wächst dicht und aufrecht. Er trägt zahlreiche kleine, dunkelgrüne Blätter und bewehrte Triebe. Diese einmalblühende Rose ist für einen kleinen Garten oder eine Hecke bestens geeignet. **ZONEN 4–9.**

Robert, Frankreich, 1853

Eltern unbekannt

## 'GEORGETTE'

ZWERGROSE, REIN ROSA/DUNKELROSA, ÖFTERBLÜHEND

Die ovalen Knospen dieser Rose öffnen sich zu rein rosafarbenen Blüten mit dunklen Adern auf den 30 Petalen. Sie sitzen einzeln und verströmen einen schwachen Duft. Die Pflanze ist dicht beblättert und von aufrechtem, dichten Wuchs. Diese reichblühende Rose eignet sich sehr gut als Schnittblume, da die Blüten in der Vase sehr haltbar sind. Im Garten verändert sich die Farbe von dunklem Fuchsienrosa zu einem blassen Rosa. Die dunklere Äderung verleiht den Blüten ein interessantes Aussehen. **ZONEN 4–11.**

Bennett, USA, 1981

'Electron' × 'Little Chief'

ADR-Rose 1993

'Georg Arends'

## 'GERALDINE' PEAhaze

FLORIBUNDA, ORANGE+, ÖFTERBLÜHEND

Die Blüten dieser Floribundarose sind von einem ungewöhnlichen Orangeton, unter praller Sonne verblassen sie jedoch allmählich. Rundliche Knospen, die in Büscheln zusammensitzen, öffnen sich zu gefüllten Blüten von mittlerer Größe. Die mittleren Petalen sind dicht gekräuselt; sie rollen sich erst später nach außen und bilden dann eine Becherform. Wenn man die Blüten früh genug schneidet, eignen sie sich hervorragend für kleine Blumenarrangements. Diese Sorte eignet sich außerordentlich für Beete oder Rabatten. Die Blumen verströmen einen schwachen Duft und erscheinen in großer Zahl den ganzen Sommer und Herbst über. Von ihrer Gestalt her ist 'Geraldine' aufrecht mit einigen sich ausbreitenden Trieben. Sie erreicht knapp mittlere Höhe und ist von hellgrünem, leicht glänzendem Laub bedeckt. Der Züchter Colin Pearce aus der südenglischen Grafschaft Devon taufte sie auf den Namen seiner Ehefrau. **ZONEN 4–9.**

Pearce, Großbritannien, 1984

Sämling × Sämling

'Geranium'

'Geranium Red'

'Gerdo'

## 'GERANIUM'

**Syn. *Rosa moyesii*, 'Geranium'**
STRAUCHROSE, MOYESII-HYBRIDE, ROT

Es gibt viele Formen von *Rosa moyesii*, und diese hier eignet sich vortrefflich für den Garten. Sie wächst etwas gedrungener als andere Moyesii-Hybriden. Die kleinen bis mittelgroßen, einfachen Blüten sind leuchtend geranienrot mit cremefarbenen Staubgefäßen. Im Sommer erscheinen sie zahlreich, blühen jedoch nicht nach und duften sehr schwach. Im Herbst sorgen leuchtend dunkelorangerote Hagebutten für ein eindrucksvolles Schauspiel. Sie sind etwas größer und glatter als die Blüten der Wildform. Diese Rose macht sich gut in einer gemischten Rabatte und benötigt einen Standort, wo sie natürlich wachsen kann, da sie beinahe doppelt so hoch wie eine normale Strauchrose wird und herabhängende Triebe hat. Sie trägt zierliche, ziemlich hellgrüne Blätter.

**ZONEN 4–9.**

Royal Horticultural Society, Großbritannien, 1938

Sorte von *Rosa moyesii*

Royal Horticultural Society Award of Garden Merit 1993

## 'GERANIUM RED'

FLORIBUNDA, ORANGEROT, ÖFTERBLÜHEND

Die Blüten von 'Geranium Red' sitzen einzeln oder in Büscheln zusammen. Sie sind groß, zunächst rundlich, werden dann schalenförmig. Die Blumen besitzen so viele Blütenblätter, daß ihre krause, geviertelte Form, vollständig geöffnet, wie eine Zentifolie wirkt. Die Farbe ist ein tiefes und leuchtendes Orangerot. Die Blüten verströmen einen würzigen, geranienartigen Duft und erscheinen beinahe unaufhörlich den ganzen Sommer und Herbst. 'Geranium Red' eignet sich sehr gut für kleine Blumensträuße, aber auch für Gruppenpflanzungen in Rabatten. Sie wird mittelhoch, bleibt buschig und trägt mattglänzende, dunkelolivgrüne Blätter, die im Austrieb rötlich sind. **ZONEN 4–9.**

Boerner, USA, 1947

'Crimson Glory' × Sämling

## 'GERBE ROSE'

GROSSBLUMIGE KLETTERROSE, HELLROSA, ETWAS NACHBLÜHEND

Diese entzückende Sorte bringt zahlreiche Büschel mit bis zu zehn rosafarbenen Blüten hervor. Diese sind dichtgefüllt, mittelgroß bis groß und öffnen sich becherförmig mit krausen, gefalteten Petalen, die einen Blick auf die im Innern der Blüte liegenden, gelben Staubgefäße erlauben. Ihr Duft ähnelt dem der Pfingstrose und ist besonders am Abend wahrzunehmen. Der Hauptflor ist im Frühsommer, später erscheinen einzelne, weitere Blüten. Die Sorte ist weniger wuchsfreudig als die meisten anderen Ramblerrosen und kann sehr gut an einer Säule oder Mauer (nicht aber in Südlage) oder als einzelne Pflanze gezogen werden. Sie hat glattes, rötliches Holz und dunkelgrünes, robustes Laub.

**ZONEN 4–9.**

Fauque, Frankreich, 1904

*Rosa wichuraiana* × 'Baroness Rothschild'

'Gerbe Rose'

## 'GERDO'

FLORIBUNDA, APRICOT+, ÖFTERBLÜHEND

Da sie sehr haltbar ist, wird diese Schnittrose in riesigen Mengen unter Glas kultiviert. Die rundlichen Knospen öffnen sich langsam zu Blüten von einem einzigartigen zarten Aprikosen-Rehbraun. Sie sitzen einzeln oder zu mehreren auf einem Stiel und sind am Rand etwas kraus. Bei Abendlicht, wenn die Farbe besonders leuchtet, sieht die Rose entzückend aus. Grundständige Triebe bilden oft kandelaberähnliche Blütenstände mit seitlichen Trieben, die lang genug für den Schnitt sind. Die Blüten duften nicht. Die Pflanze ist ein niedriger Busch mit glänzend dunkelgrünem Laub und anfällig für Sternrußtau. Im Garten verblüht 'Gerdo' in der Sommerhitze leider sehr rasch. **ZONEN 5–9.**

Kordes, Deutschland, 1991

Sport von 'Mercedes'

## 'GERMANIA-AFRICANA'

KORtechna
TEEHYBRIDE, ORANGE+, ÖFTERBLÜHEND

Auf einem 1992 von der *South African-German Cultural Association* organisierten Festival wurde diese herrliche Rose vorgestellt. Die wohlgeformten Blüten spiegeln die üppigen, warmen Farben eines afrikanischen Sonnenuntergangs wieder. Sie sind apricotgelb überhaucht und auf der Unterseite sowie an den Petalenrändern orange gefärbt. Ein starker Duft trägt zum weiteren Zauber dieser Rose bei. Die Pflanze wird mittelhoch und eignet sich für Beetbepflanzungen, da sie ständig neue Blütentriebe hervorbringt. Die Blüten von 'Germanica-Africana' sind ausgezeichnete Schnittblumen von Ausstellungsqualität; es gibt sie allerdings nur in Südafrika. **ZONEN 4–10.**

Kordes, Deutschland, 1992

Eltern unbekannt

## 'GERMISTON GOLD' KORtake

TEEHYBRIDE, GOLDGELB, ÖFTERBLÜHEND

Die spitzen, urnenförmigen Knospen dieser Sorte erscheinen manchmal einzeln, manchmal zu dritt in Büscheln auf langen Stielen. Sie öffnen sich zu großen, goldgelben Blüten mit 30 oder mehr breiten Petalen, die am Rand gewellt sind. Ihr Duft ist würzig, und ihre Farbe sowie die Form zeigen sogar in warmen Gebieten gute Haltbarkeit. Neue Blüten folgen schnell nach. Da die mittelhohe Pflanze schön, gleichmäßig und reich verzweigt wächst, eignet sie sich gut für einfarbige Beete. Leider sind die Blüten nicht selbstreinigend. Das Laub ist mittelgrün. Germiston in Transvaal ist Sitz einer großen südafrikanischen Goldmine; die Rose erhielt ihren Namen zur Hundertjahrfeier dieser Stadt.

**ZONEN 4–9.**

Kordes, Deutschland, 1986

Sämling × Sämling

## 'GERTRUDE JEKYLL' AUSbord

STRAUCHROSE, REIN ROSA, ÖFTERBLÜHEND

Die großen, dichtgefüllten Blüten von 'Gertrude Jekyll' entfalten sich ähnlich wie die der Alten Rosen, und der Vergleich wird durch ihren süßen Duft und die üppige, dunkelrosa Farbe noch bekräftigt. Sie blüht vom Sommer bis in

'Gertrude Jekyll'

'Gertrude Jekyll'

'Geschwind's Orden'

den Herbst und ist eine der besten „Englischen Rosen" für gemischte Beete und Rabatten. Zusammen mit 'Jacqueline du Pré' gepflanzt, zeigt diese Rose besonders große Wirkung. In kühleren Gegenden ist die Pflanze wuchsfreudig, wird mittelhoch und hat eine etwas ungleichmäßige, schlanke Gestalt. In warmen Gegenden wird sie deutlich höher und könnte fast als Kletterrose kultiviert werden. Die Sorte trägt dichtes, graugrünes Laub. Miss Gertrude Jekyll (1843–1932) hat durch ihre Bücher und praktischen Arbeiten die Gartenarchitektur, besonders bei Pflanzungen nach Farbthemen, stark beeinflußt. **ZONEN 4–9.**

Austin, Großbritannien, 1986

'Wife of Bath' × 'Comte de Chambord'

Royal Horticultural Society Award of Garden Merit 1994

## 'GERTRUDE RAFFEL'

FLORIBUNDA, DUNKELROSA, ÖFTERBLÜHEND

Diese Rose trägt große Büschel von halbgefüllten, formschönen Blüten. Sie sind mittelgroß, rosafarben, verströmen einen schwachen Duft und blühen den ganzen Sommer und Herbst über. Die Pflanze ist wuchsfreudig, buschig und dicht mit dunkelgrünem Laub beblättert. 'Gertrude Raffel', benannt nach einem Familienmitglied des kalifornischen Züchters, war nicht sehr verbreitet und ist wohl auch nicht mehr im Handel.
**ZONEN 4–9.**

Raffel, USA, 1956

Eltern unbekannt

## 'GESCHWINDS NORDLANDROSE'

**Syn. 'Geschwind's Northern Rose'**

RAMBLERROSE, REIN ROSA

Diese Ramblerrose war das Ergebnis langjähriger Versuche von Geschwind, frostharte Sorten zu züchten. Sie ist die erste aus einer Reihe von langblühenden Strauch- oder Kletterrosen. Im Frühsommer erscheinen zahlreiche hellrosafarbene, dichtgefüllte, haltbare Blüten, die in Büscheln auf weinähnlichen Trieben zusammensitzen. Die robuste Pflanze sieht am besten in naturnahen Gärten oder zwischen anderen großen Sträuchern aus. Gelegentlich bringt sie im Herbst einen zweiten Flor. Sie ist bewehrt, und ihre Blüten duften nicht.
**ZONEN 2–9.**

Geschwind, Österreich-Ungarn, 1884

Eltern unbekannt

'Gidget'

## 'GESCHWINDS ORDEN'

**Syn. 'Decoration de Geschwind'**

RAMBLERROSE, RUGOSA-HYBRIDE, MAUVE

Durch das Interesse an winterharten Rosen gewinnen die Züchtungen von Geschwind wieder an Beliebtheit. Diese Sorte gehört zu seiner frostharten Serie. Die sehr robuste, krankheitsfeste Rose ist ein Gewinn für jeden Garten, besonders in trockenen Gegenden mit strengen Wintern. Die purpurvioletten, gefüllten Blüten haben einen weißen Rand und sitzen in mittelgroßen Büscheln zusammen. Die Pflanze wird nicht ganz 3 m hoch; leider duften ihre Blüten nicht. Das faltige, stumpfe Laub erinnert an die *R. rugosa*-Herkunft; der robuste Busch ist bewehrt. **ZONEN 4–9.**

Geschwind, Österreich-Ungarn, 1886

*Rosa rugosa* × 'De la Grifferaie'

## 'GESCHWINDS SCHÖNSTE'

**Syn. 'Geschwind's Most Beautiful'**

RAMBLERROSE, DUNKELROT

Das Einzige, was dieser Rose fehlt, ist der Duft. Ansonsten ist sie bemerkenswert mit ihren intensiv dunkelroten Blüten von mittlerer Größe, die gefüllt und schalenförmig sind und in Büscheln zusammensitzen; ihr Rot verblaßt nicht. Der ausladende Strauch wird 3 m hoch und ist im Juni übersät mit einer Fülle von Blüten. Er kann an einem Zaun gezogen werden oder man läßt ihn natürlich wachsen. Geschwind gehörte zu den wenigen Züchtern, die *Rosa setigera* für Zuchtzwecke einsetzten. Von ihr hat diese Sorte ihr robustes, glänzendes Laub sowie das späte Erscheinen der Blüten.
**ZONEN 4–9.**

Geschwind, Österreich-Ungarn, 1900

Wahrscheinlich eine *Rosa setigera*-Hybride

## 'GHISLAINE DE FÉLIGONDE'

RAMBLERROSE, HELLGELB, ÖFTERBLÜHEND

Diese wunderhübsche Rose hat kleine, transparent zartgelbe, duftende Blüten mit einem orangefarbenen Anstrich, der später zu gelblich getönter, zarter Fleischfarbe verblaßt. Sie sitzen in Rispen von 10–20 Blüten zusammen und können ein Farbspiel von Gelb zu Rosa, Orange oder Lachs entwickeln. Der Strauch ist mäßig wuchsfreudig, wird bis zu 2,4 m hoch und trägt wenig Stacheln aber schönes hellgrünes Laub und dekorative rote Früchte. Als Strauch- oder Kletterrose kultiviert, fühlt er sich auf jedem Boden sowie im Halbschatten oder in der Sonne wohl. Ein britischer Autor schrieb einmal, daß diese Sorte „die lieblichste aller öfterblühenden Ramblerrosen" sei. Sie bringt im Juni eine Fülle von Blüten und läßt weitere bis in den Herbst folgen, wenn man den Fruchtansatz verhindert. **ZONEN 6–9.**

Turbat, Frankreich, 1916

'Goldfinch' × Sämling

## 'GIDGET'

ZWERGROSE, ORANGEROSA, ÖFTERBLÜHEND

Die spitzen Knospen dieser Sorte entfalten sich zu Blüten, deren Farbe, abhängig vom Klima, von Korallrosa bis Korallrot variieren kann. Die kleinen Blumen sind dekorativ und duften schwach. Sie zieren einen wuchsfreudigen Busch mit kleinen, mittelgrünen Blättern. Diese pflegeleichte Sorte blüht üppig. **ZONEN 4–11.**

Moore, USA, 1975

*Rosa wichuraiana* × 'Floradora'

## 'GIGGLES' KINgig

ZWERGROSE, REIN ROSA, ÖFTERBLÜHEND

Die Blüten dieser Rose sind für eine Zwergrose recht groß, hochgebaut und sitzen gewöhnlich einzeln, manchmal auch in kleinen Büscheln zusammen. Ihre Farbe ist eine hübsche Kombination von Rosatönen – dunkler auf der Außenseite der etwa 20 Petalen, später zu Cremerosa verblassend. Sie duften schwach. Die Pflanze ist wuchsfreudig, wird überdurchschnittlich hoch und trägt mattes, mittelgrünes Laub.
**ZONEN 5–9.**

King, USA, 1987

'Vera Dalton' × 'Rose Window'

## 'GILBERT BÉCAUD' MEIridorio

TEEHYBRIDE, GELB+, ÖFTERBLÜHEND

Die gelben Außenseiten der dicken, kegelförmigen Knospen dieser Sorte lassen bereits gelbfarbene Blüten erahnen. Vollständig geöffnet tritt eine wunderbare Farbmischung aus Orange und Kupfer mit Gelb – alles zart blaßrot geädert – zum Vorschein. Die großen, gefüllten Blüten sind hochgebaut und wohlgeformt; sie haben einen schwachen Duft. Für die Vase schneidet man sie früh. Die Pflanze hat eine aufrechte, buschige Wuchsform und eignet sich gut für Beete. Sie trägt dekoratives, mattgrünes Laub, das im Austrieb bronzefarben ist.
**ZONEN 5–9.**

Meilland, Frankreich, 1979

('Gloria Dei' × 'Mrs John Laing') × 'Bettina'

## 'GILDA' (I)

RAMBLERROSE, DUNKELROT/MAUVE

Diese Rose hat dichtgefüllte, mittelgroße, gestreifte Blüten, die, wenn sie verblühen, eine Kombination von Rot und Violett aufweisen und schließlich mauvegrau werden. Direkte Sonneneinwirkung läßt das Rot der geöffneten Blüten verblassen. 'Gilda' ist ein kletternder Strauch mit aufrechtem Wuchs. Im Juni sind die langen Triebe voller Blüten, die aber nicht duften. Diese Sorte gehört zu den zahlreichen winterharten Sorten des K.u.K-Züchters Geschwind.
**ZONEN 4–9.**

Geschwind, Österreich-Ungarn, 1887

Eltern unbekannt

'Gilda' (I)

'Gertrude Raffel'

'Gilbert Bécaud'

## 'GILDA' (II) PEAhigh

**Syn. 'Daily Telegraph', 'The Daily Telegraph'**

FLORIBUNDA, HELLROSA, ÖFTERBLÜHEND

Die Blüten dieser Rose haben ein sehr zartes, blasses Perlmuttrosa. Sie sind hübsch geformt und hochgebaut, bevor sie sich becherförmig entfalten. Die mittelgroßen, halbgefüllten Blüten sitzen zu mehreren in Büscheln zusammen. Ihr Duft ist angenehm, und sie blühen den ganzen Sommer und Herbst über. Die Rose eignet sich gut für die Vase und den Garten, obwohl sie eine etwas ausladende Wuchsform hat. Eine vorsorgliche Behandlung gegen Pilzkrankheiten kann sich als nützlich erweisen. Die Pflanze ist breitbuschig, das ledrige Laub mittelgrün. Ihr Zweitname geht auf die britische Zeitung *The Daily Telegraph* zurück, die jahrelang das sommerliche britische Rosenfestival unterstützt hat. **ZONEN 4–9.**

Pearce, Großbritannien, 1988

Sämling × Sämling

Belfast Certificate of Merit 1990

## 'GINA' (I)

FLORIBUNDA, DUNKELROT, ÖFTERBLÜHEND

Trotz des Elternteils 'Kordes' Sondermeldung' hat diese Rose dunkelkarminrote, samtige Blüten mit sechs Petalen, die zu mehreren in Büscheln auf ausladenden Trieben sitzen. Sie blüht üppig und unermüdlich den ganzen Sommer und Herbst über, da eine einfache Rose doch schneller neue Blüten treibt als eine dichtgefüllte. Deshalb ist sie für den Garten geeignet, obwohl sie nur ganz schwach duftet. 'Gina' ist wuchsfreudig, hat eine aufrechte Gestalt und trägt glänzendes Laub. **ZONEN 4–9.**

Kriloff, Frankreich, 1960

'Alain' × 'Kordes' Sondermeldung'

## 'GINA' (II) KORgiral, KORspenon

**Syn. 'Gina 1988'**

FLORIBUNDA, DUNKELROT, ÖFTERBLÜHEND

Obwohl man die Gleichbenennung von Rosen bei der Registrierung zu verhindern versucht, gibt es dagegen keine Handhabe. Daher wird diese Kordes-Rose manchmal zusammen mit dem Datum genannt, um sie von Kriloffs 'Gina' zu unterscheiden. 'Gina 1988' ist also eine aufrechte, gut mittelhohe Pflanze. Sie trägt Büschel mit kleinen bis mittelgroßen, blutroten Blüten auf kräftigen Stielen. Die dichtgefüllten Blüten sind wohlgeformt und behalten die Form lange, bevor sie sich schließlich vollständig öffnen und die etwas unordentliche Mitte freigeben. Wegen ihrer Langlebigkeit und ihrer Eigenschaft, nicht zu verblassen, wird diese Rose vorzugsweise im Gewächshaus angebaut und weniger im Garten gepflanzt. Sie duftet kaum und trägt dunkelgrünes Laub.
**ZONEN 5–9.**

Kordes, Deutschland, 1987

Eltern unbekannt

'Gina' (II)

'Gina Lollobrigida'

'Ginger Meggs'

'Ginger'

'Ginger Rogers'

## 'GINA LOLLOBRIGIDA'

MEIlivar

**Syn. 'Children's Rose', 'The Children's Rose'**

TEEHYBRIDE, GOLDGELB, ÖFTERBLÜHEND

Die Blüten dieser Rose sind von einem intensiven, nicht verblassenden Goldgelb und mit breiten, kräftigen Blütenblättern dicht gefüllt. Sie öffnen sich wie Zentifolien und sorgen im Garten für ein verwegenes Schauspiel leuchtender Farben. Sie ergeben haltbare Schnittblumen; bei nasser Witterung bilden sie Mumien. Die Sorte eignet sich eher für Rabatten als für Beete, da sie höher wird als der Durchschnitt. Die Blüten sitzen auf den langen, steifen Trieben wie Lutscher am Stiel. Diese unvorteilhafte Wuchsform kann durch niedrige Stauden im Vordergrund kaschiert werden. Die Blüten duften schwach und erscheinen recht zahlreich den ganzen Sommer und Herbst in Anbetracht ihrer Größe. Die Blätter sind groß und üppig dunkelgrün. Mit dem Verkauf von 'Gina Lollobrigida' wird eine britische Kinderhilfsorganisation unterstützt. **ZONEN 4–9.**

Meilland, Frankreich, 1990

MEIdragelac × MEIkinosi

## 'GINGER'

FLORIBUNDA, ORANGEROT, ÖFTERBLÜHEND

Diese Rose ist von einem reizvollen rötlichen Orange, einer lebhaften Signalfarbe. Rundliche Knospen entfalten sich zu großen, gefüllten Blüten, die sich becherförmig öffnen und ihren Farbton bei jedem Wetter halten. Sie sitzen in ziemlich ungleichmäßigen Büscheln zusammen und erscheinen den ganzen Sommer und Herbst hindurch. Wie es bei so leuchtend gefärbten Rosen meist der Fall ist, duften die Blüten nur schwach. Die Sorte eignet sich als Schnittblume für kleine Sträuße und als Ansteckrose; aber sie ist auch eine gute Wahl für eine niedrige Hecke. Obwohl wuchsfreudig, bleibt sie doch eher niedrig und hat eine kompakte Gestalt. Sie trägt dekoratives, glänzend dunkelgrünes Laub. **ZONEN 4–9.**

Boerner, USA, 1962

Sämling von 'Garnette' × 'Spartan'

## 'GINGER MEGGS'

FLORIBUNDA, ORANGE+, ÖFTERBLÜHEND

Um diese Rose zu sehen, muß man wahrscheinlich nach Australien reisen, wo Brundretts, einer der bekanntesten Züchter des Landes, sie heute weltweit als einzige Rosenschule anbietet. Ihre Farbe ist fast karottenrot, und die großen Blüten haben beinahe die Qualität von Edelrosen. Sie erscheinen manchmal einzeln, aber meistens in Büscheln und sind in jeder Entwicklungsphase reizvoll – von den hochgebauten jungen Blüten bis zu den becherförmigen, voll entfalteten Blumen. Sie duften nur schwach. Diese Rose eignet sich gut für Beete oder als Schnittrose, da sie im Sommer überaus reich blüht. Sie wird mittelhoch, ist reich verzweigt und dichtbelaubt. **ZONEN 4–9.**

Tantau, Deutschland, 1962

Eltern unbekannt

## 'GINGER ROGERS'

**Syn. 'Salmon Charm'**

TEEHYBRIDE, ORANGEROSA, ÖFTERBLÜHEND

Diese Rose ist von einem warmen und hübschen, rötlichen Lachston, der zum Blütenrand hin dunkler wird. Die Blüten tragen 25 breite Petalen und entwickeln sich von eng zusammengerollten, rundlichen Knospen zu hochgebauten Blüten, bevor sie sich becherförmig öffnen und eine lockere Form mit ungleichmäßigem Umriß bekommen. Sie verströmen einen nur schwachen Duft und blühen den ganzen Sommer und Herbst hindurch. 'Ginger Rogers' wird hauptsächlich als Beetpflanze verwendet. Sie ist wuchsfreudig und von aufrechter, gut mittelhoher Gestalt. Das matte Laub ist hell bis mittelgrün. Die Sorte erhielt ihren Namen 1969 zu Ehren der bekannten Schauspielerin und Tänzerin.
**ZONEN 4–9.**

McGredy, Großbritannien, 1969

'Super Star' × 'Miss Ireland'

Royal National Rose Society Trial Ground Certificate 1968

## 'GINGER TODDLER' PEAvesta

FLORIBUNDA, ORANGE+, ÖFTERBLÜHEND

„Toddler-Rosen" sind eine neue Gruppe von Beetrosen mit dichtem Wuchs von niedriger bis mittlerer Höhe und gefüllten, mittelgroßen Blüten. Wird der Busch regelmäßig geschnitten, so erscheinen die Blüten unermüdlich. 'Ginger Toddler', die von der Rosenschule Ludwig im südafikanischen Pretoria eingeführt wurde, bringt wohlgeformte, dunkelorangefarbene Blüten hervor. Für großflächige Pflanzungen eignet sie sich sehr gut, kann aber auch einzeln mit Begleitpflanzen sowie für Hecken oder als Einfassung verwendet werden.
**ZONEN 5–11.**

Pearce, Großbritannien, 1996

Eltern unbekannt

## 'GINGERBREAD MAN' POUlxas

ZWERGROSE, APRICOT+, ÖFTERBLÜHEND

Die dekorativen apricot-bernsteinfarbenen Blüten verleihen dem Busch eine Farbigkeit, die in Regionen mit kühlem Klima am intensivsten ist. Die mittelgroßen Blüten sitzen in der Regel in Büscheln auf kräftigen, aufrechten Stielen. Sie duften eindeutig nach Obst. Wenn die Blütenbüschel vollständig geöffnet sind, zeigt sich der aufrechte, kompakte Busch von seiner besten Seite und ist wie von einer farbigen Decke überzogen. 'Gingerbread Man' – zu deutsch etwa "Honigkuchenmann" – zeichnet sich durch seine gute Gesundheit aus und macht sich recht gut als Kübelpflanze. ZONEN 4–11.

Olesen, Dänemark, 1995

Sämling × 'Texas'

## 'GINGERNUT' COCcrazy

ZWERGROSE, ROSTFARBEN, ÖFTERBLÜHEND

Die Farben dieser Rose sind in der Tat ungewöhnlich: Die Außenseiten der Blütenblätter sind rötlich-orange, während die Innenseiten bronze-orangefarben leuchten, mit orangerosa Anstrich zu den Spitzen hin. Die Blüten, obwohl recht klein, tragen mehr als 40 Petalen, die Reihe um Reihe angeordnet sind und so die wunderschönen Farbtöne zur Geltung bringen. Sie sitzen zu mehreren in gut verteilten Büscheln, die unermüdlich den ganzen Sommer und Herbst hindurch erscheinen. Sie sind wetterfest und duften schwach würzig. 'Gingernut' ist eine interessante Rose für kleine Flächen oder Gefäße. Die Pflanze ist kompakt, reich verzweigt und sehr niedrig. Sie trägt glänzendes, mittelgrünes Laub. ZONEN 4–9.

Cocker, Großbritannien, 1989

('Sabine' × 'Circus') × 'Minuetto'

## 'GINGERSNAP'

Syn. 'Apricot Prince', 'Prince Abricot'

FLORIBUNDA, ORANGE+, ÖFTERBLÜHEND

Die Form der geöffneten Blüten ist sehr reizvoll. Lange, urnenförmige Knospen entfalten sich zu großen, dichtgefüllten Blüten mit breiten Blütenblättern, die sich überlappen und sich vollständig geöffnet dann auch kräuseln. Die Farbe ist ein lebhafter, dunkler Mandarinenton, der zum Petalenrand hin orangerot wird. Die Blüten verströmen einen fruchtigen Duft und erscheinen unermüdlich den ganzen Sommer und Herbst hindurch. Diese Floribundarose eignet sich für Beete und Rabatten. Da die Blüten auf langen Stielen sitzen, wird sie auch sehr gerne für die Vase verwendet. Die Pflanze wächst aufrecht und hat eine buschige Gestalt von mittlerer Höhe oder etwas darüber. Sie trägt dichtes dunkelgrünes, glänzendes Laub und entwickelt sich in warmen Lagen am besten. ZONEN 4–9.

Delbard-Chabert, Frankreich, 1978

('Zambra' × ['Orange Triumph' × 'Floradora']) × ('Jean de la Lune' × ['Spartan' × 'Mandrina'])

## 'GIPSY BOY'

Syn. 'Zigeunerknabe'

ALTE R., BOURBONROSE, DUNKELROT

Diese Bourbonrose stand fast ein Jahrhundert lang ganz oben auf der Liste der beliebtesten Rosen. Die violettpurpurfarbenen Blüten sind mittelgroß, halbgefüllt, schalenförmig, mit auffallend goldgelben Staubgefäßen in der Mitte, die von zitronengelben Staubbeuteln umrahmt werden. Sie verströmen einen zarten Duft. Üppiges, dunkelgrünes Laub bedeckt die überhängenden Triebe einer sehr gesunden Pflanze, die als große Strauchrose oder Kletterrose kultiviert werden kann. Sie eignet sich aber auch als dekorative Hecke, da sie Stacheln und orangeroten Hagebutten trägt. Neue Triebe wachsen aus der Basis nach. ZONEN 4–9.

Lambert, Deutschland, 1909

Hybride von 'Russelliana' (?)

## 'GISELDIS'

Syn. 'Griseldis'

ALTE R., BOURBONROSE, REIN ROSA

Die großen, gefüllten, schalenförmigen Blüten dieser recht frostharten Rose erscheinen in Büscheln auf langen Trieben, verbreiten aber keinen Duft. 'Giseldis' erreicht eine Höhe von 3 m, sie trägt robustes, leuchtend grünes Laub und auch Stacheln, weshalb sie nicht unbedingt am Wegrand gepflanzt werden sollte. ZONEN 3–9.

Geschwind, Österreich-Ungarn, 1895

Hybride von *Rosa canina*

'Gingersnap'

## 'GITTA GRUMMER'

siehe 'Uwe Seeler'

## 'GITTE' KORita

Syn. 'Peach Melba'

TEEHYBRIDE, APRICOT+, ÖFTERBLÜHEND

In wärmeren Regionen öffnen sich die langen, spitzen Knospen zu Blüten in warmen Kupfer- und Apricottönen; diese sind an den Spitzen orangerot, zur Blütenmitte hin hellgelb und rosa gefärbt. Die aus über 30 kräftigen Petalen bestehenden, sehr großen, symmetrischen Blüten sitzen auf kräftigen Stielen und duften angenehm. Die Pflanze wird mittelhoch, ist buschig und reich verzweigt; das dunkle Laub ist leicht glänzend. Sie ist nicht für kalte Lagen geeignet. ZONEN 4–9.

Kordes, Deutschland, 1978

('Duftwolke' × 'Peer Gynt') × (['Dr A. J. Verhage' × 'Königin der Rosen'] × 'Zorina')

'Gipsy Boy'

'Gitte'

'Gitte'

G

'Gladsome'

'Givenchy'

'Gladsome'

## 'GIVENCHY' AROdousna

**Syn. 'Paris Pink'**

TEEHYBRIDE, ROT+, ÖFTERBLÜHEND

Die Farbe dieser Rose variiert in Abhängigkeit von der Lichtintensität. Normalerweise ist sie im Garten rosa mit hellrosafarbener Rückseite. Aber Kombinationen von Orange, Gelb und Rot kommen ebenso vor wie ein Himbeerrot am Blütenrand, wie es auch bei ihrer Vatersorte 'Double Delight' beobachtet wird. Die hochgebauten Blüten tragen etwa 30 Petalen, die für eine gute Ausstellungsrose ausreichen; zu diesem Zweck müssen überschüssige Seitenknospen entfernt werden. 'Givenchy' – benannt nach einem Pariser Parfumhersteller – verströmt einen wunderbaren Duft. Die Blühfreudigkeit hält den ganzen Sommer und Herbst an, weshalb diese Sorte sich hervorragend für den Garten eignet. Sie wird mittelhoch, hat eine buschige Gestalt und trägt dunkelgrünes Laub. **ZONEN 4–9.**

Christensen, USA, 1986

'Gingersnap' × 'Double Delight'

## 'GLAD TIDINGS' TANtide

**Syn. 'Lübecker Rotspon', 'Peter Wessel'**

FLORIBUNDA, DUNKELROT, ÖFTERBLÜHEND

Diese Sorte trägt auffällige Büschel samtiger, dunkelkarminroter Blüten auf kräftigen, aufrechten Stielen. Die mittelgroßen Blüten haben etwa 20 krause Petalen und öffnen sich zu schönen, becherförmigen Rosetten, die dekorativen Staubgefäße zeigen. Sie duften zwar nur schwach, erscheinen aber unermüdlich den ganzen Sommer und Herbst. Sie sind äußerst widerstandsfähig gegen Nässe. Diese Sorte eignet sich gut für Ausstellungen und für die Vase, da die

'Glastonbury'

Blüten sehr langlebig sind; sie ist aber auch eine ausgezeichnete Gartenrose, sollte jedoch vorsorglich gegen Sternrußtau behandelt werden. Die Pflanze wächst aufrecht, buschig und wird kaum mittelhoch. Sie trägt glänzend dunkelgrünes Laub. **ZONEN 4–9.**

Tantau, Deutschland, 1989

Sämling × Sämling

Royal National Rose Society Trial Ground Certificate 1988, Britische Rose des Jahres 1989, Durbanville Goldmedaille 1991

## 'GLADSOME'

RAMBLERROSE, REIN ROSA

Diese entzückende Ramblerrose trägt große Rispen leuchtend rosafarbener, einfacher Blüten, die zusammen mit dem üppigen, mittelgrünen Laub sehr dekorativ aussehen. Jede Blüte hat ein helles Auge mit goldgelben Staubgefäßen, die Petalen sind also am Grunde beinahe weiß. 'Gladsome' ist eine empfehlenswerte Sorte, um unschöne Mauern oder Zäune zu kaschieren; sie kann auch an einer Säule gezogen werden. **ZONEN 5–9.**

Clark, Australien, 1937

Eltern unbekannt

## 'GLAMIS CASTLE' AUSlevel

STRAUCHROSE, WEISS, ÖFTERBLÜHEND

Die Blüten von 'Glamis Castle' sitzen in kleinen Büscheln zusammen. Sie sind sehr groß und haben 40 oder mehr Petalen. Sie öffnen sich flach becherförmig, wobei die spitzen Petalenränder sichtbar werden und sehr reizvoll wirken. Die Grundfarbe ist Cremeweiß, mit einer hautfarben überhauchten Blütenmitte. Die Blüten duften streng nach Myrrhe und sind regenfest. Sie erscheinen unermüdlich den ganzen Sommer und Herbst hindurch – alles Eigenschaften, die diese Sorte zu einer guten Gartenrose für ein gemischte Rabatte machen. Die Pflanze wird mittelhoch und ist ein dünnzweigiger, aber reichblühender Strauch. Die Blätter sind etwas glänzend und mittelgrün, aber recht anfällig für Mehltau. Diese Rose wurde nach dem schottischen Familiensitz der Bowes Lyon benannt, wo auch Mitglieder des englischen Königshauses geboren wurden und einen Teil ihrer Kindheit verbrachten. **ZONEN 4–9.**

Austin, Großbritannien, 1992

'Graham Thomas' × 'Mary Rose'

## 'GLASTONBURY'

STRAUCHROSE, ROT+, ÖFTERBLÜHEND

Obwohl relativ neu, ist diese Rose nur bei wenigen Züchtern erhältlich. Sie wird von David Austin nicht mehr angeboten, da nachfolgende Sorten eindeutig besser sind. Die Sorte bringt runde Knospen hervor, die manchmal einzeln, manchmal bis zu fünf Blüten in Büscheln zusammensitzen. Sie entfalten sich zu gefüllten, dunkelkarminroten bis dunkelpurpurfarbenen Blüten. Sie können bis zu 50 Petalen besitzen, wodurch die Blumen sehr schwer werden, bei Regen zur Mumienbildung neigen und sich nicht öffnen; auch kann der Stiel unter dem zusätzlichen Gewicht durch Nässe abknicken. Sie duften streng und blühen gut nach. Die Pflanze hat eine offene, ziemlich ausladende Wuchsform, wird knapp mittelhoch und trägt spärliches, mittelgrünes Laub. **ZONEN 4–9.**

Austin, Großbritannien, 1981

'The Knight' × Sämling

## 'GLENARA'

TEEHYBRIDE, DUNKELROSA, ÖFTERBLÜHEND

Nach dem Tod des Züchters wurde diese von ihm gezüchtete Rose durch die *National Rose Society of Victoria* eingeführt und nach Clarks Haus benannt. Die Pflanze bringt Blütenstiele von 60 cm Länge hervor, die große, halbgefüllte, dunkelrosa Blüten tragen. Die Blütenblätter rollen sich nach außen und gewähren dadurch einen Blick auf die dekorativen goldgelben Staubgefäße. Die Blüten duften nur schwach und erscheinen unermüdlich den ganzen Sommer und Herbst über. Im Garten entwickelt sich die Rose zu einem hohen Busch, kann aber auch an einer stabilen Stütze gezogen werden und säulenförmig wachsen. 'Glenara' ist wuchsfreudig, hat eine buschige, aufrechte Gestalt und trägt große, ledrige Blätter. **ZONEN 5–9.**

Clark, Australien, 1951

Eltern unbekannt

'Glad Tidings'

'Glamis Castle'

'Glenshane'

'Glenara'

## 'GLENDORA' KORhuba

Syn. 'Glendore'
TEEHYBRIDE, APRICOT+, ÖFTERBLÜHEND

Die Blüten dieser Rose erscheinen einzeln oder in Büscheln. Die honigfarbenen, spitzen Knospen entfalten sich zu hochgebauten Blüten, die aus etwa 30 breiten Petalen bestehen. Die geöffneten Blumen sind blaßcreme bis hautfarben und werden zur Mitte hin dunkler. Beim Öffnen rollen sich die Blütenblätter am Rand zurück, wodurch die Blüten eine lockere, etwas unordentliche Form bekommen; sie ist sehr farbbeständig und reinigt sich selbst. Ihr kräftiger Duft ist süßlich und lang anhaltend. Der erste Flor ist überaus reich, aber den ganzen Sommer und Herbst erscheinen weitere Blüten. Daher ist sie eine gefragte Rose für Beete oder für Gruppenpflanzungen. 'Glendora' ist wuchsfreudig, von durchschnittlicher Höhe und hat eine aufrechte Gestalt. Sie trägt mittelgrünes, etwas glänzendes Laub. **ZONEN 4–9.**

Huber/Kordes, Deutschland, 1995

'Harmonie' × unbekannt

## 'GLENFIDDICH'

FLORIBUNDA, GOLDGELB, ÖFTERBLÜHEND

Die wirkliche Farbe dieser Rose ist ein helles Bernsteingelb, ein klarer und sanfter Ton wie ihn die offensichtlich namensgebende Lieblingswhiskymarke Cockers ebenfalls aufweist. Die Blüten bestehen aus 25 großen Petalen, sind lokker gefüllt und recht groß für eine Floribundarose. Sie sitzen einzeln oder zu mehreren in weiten Büscheln auf kräftigen Stielen und bilden einen schönen Kontrast zu den glänzend dunkelgrünen Blättern. Die Blühfreudigkeit ist lang anhaltend, die Blüten scheinen jedoch in kühleren Regionen größer und edler zu sein; heiße Sonne läßt sie zu Hellgelb verblassen. Sie verströmen einen angenehmen, süßlichen Duft. Die Rose eignet sich gut für Hecken, Beete oder Gruppenpflanzungen, aber auch für die Vase. Die Pflanze ist wuchsfreudig, wird durchschnittlich hoch und hat eine aufrechte Gestalt. **ZONEN 4–9.**

Cocker, Großbritannien, 1976

'Arthur Bell' × ('Sabine' × 'Circus')

## 'GLENGARRY'

FLORIBUNDA, ORANGEROT, ÖFTERBLÜHEND

Diese Rose hat etwas von der leuchtenden Farbe der 'Evelyn Fison' und von der Größe der 'Dr. Schiwago' geerbt. Entstanden ist eine Sorte mit Blüten von einem reinen und gleichmäßigen Zinnoberrot, die wie mittelgroße Edelrosen in Büscheln zusammensitzen. Bei kühlem Wetter fühlt sie sich wohl, aber leider sind die Blütenhälse nicht kräftig genug und knicken bei starkem Wind um. Der Duft ist nur schwach. An einer windgeschützten Stelle zeigt sie sich während der Blühperiode im Sommer und Herbst von ihrer besten Seite; die Blüten eignen sich gut für kleinere Sträuße. Die robuste Pflanze trägt hell- bis mittelgrünes, leicht glänzendes Laub. **ZONEN 4–9.**

Cocker, Großbritannien, 1969

'Evelyn Fison' × 'Dr. Schiwago'

Royal National Rose Society Certificate of Merit 1968

'Glenfiddich'

## 'GLENN DALE'

Syn. 'Glendale'
GROSSBLUMIGE KLETTERROSE, HELLGELB

Diese liebliche Rose bringt Blüten hervor, die in Büscheln bis zu 20 Blüten zusammensitzen und im Juni ihren Höhepunkt erreichen. Die Blumen sind groß und mit 40 Petalen dichtgefüllt. Rundliche Knospen entfalten sich zu cremeweißen Blüten, die, vollständig geöffnet, weiß werden und eine etwas lockerkrause Mitte aufweisen. Sie sind schwach duftend und blühen im Herbst nicht nach. Die Pflanze ist wuchsfreudig, wird 3 m hoch und kommt an einem Zaun oder in Säulenform gezogen am besten zur Geltung. Das Laub ist dunkelgrün und ledrig. Die Ortschaft Glenn Dale im US-Staat Maryland ist der Wohnort des Züchters. **ZONEN 4–9.**

Van Fleet, USA, 1927

Wahrscheinlich *Rosa wichuraiana* × 'Isabella Sprunt'

Portland Goldmedaille 1920

## 'GLENSHANE' DICvood

BODENDECKERROSE, ROT, ÖFTERBLÜHEND

'Glenshane' ist die erste aus einer Reihe von Bodendeckerrosen, die von Dickson gezüchtet und als „Irische Glen-Kollektion" verkauft wurden. Diese Rosen verdanken ihren Namen der landschaftlichen Schönheit der Grafschaft Ulster. Sie trägt kleine rosettenförmige Blüten, die in großen Kegeldolden zu 35 Stück zusammensitzen. Sie sind leuchtend rot, halbgefüllt und verströmen einen schwachen Duft. Sie sind wetterfest und blühen unermüdlich den ganzen Sommer hindurch bis zum Spätherbst. Diese Sorte eignet sich sehr gut für die Vorderseite einer Rabatte oder zur Bodenbedeckung eine anspruchslose Fläche. In kühleren Lagen wird die ausladende Pflanze etwa kniehoch, in warmen Gegenden kann sie Hüfthöhe erreichen, wird aber nur halb so hoch wie breit.
**ZONEN 4–9.**

Dickson, Großbritannien, 1997

Sämling × 'Star Child'

Royal National Rose Society Trial Ground Certificate 1995, British Association of Rose Breeders' Choice 1998

'Glendora'

'Glengarry'

'Gloire de Dijon'

'Gloire de Chédane-Guinoisseau'

## 'GLETSCHER'

FLORIBUNDA, MAUVE, ÖFTERBLÜHEND

Die rundlichen Knospen öffnen sich zu gefüllten, hochgebauten Blüten von einem klaren blassen Flieder. Sie sind sehr groß, duften süßlich und sitzen an den Enden anmutig herabhängender Triebe. Mit einigen Unterbrechungen erscheinen zahlreiche Blüten den ganzen Sommer und Herbst hindurch. Die Pflanze sollte etwas geschnitten werden. Sie läßt sich auch als Strauch oder Beetrose kultivieren. 'Gletscher' ist wuchsfreudig, aufrecht, buschig und trägt glänzendes Laub. Ihr Name bezieht sich auf den kühlen, bläulichen Farbton. **ZONEN 4–9.**

Kordes, Deutschland, 1955

Sämling × 'Lavender Pinocchio'

## 'GLOIRE DE BRUXELLES'

Syn. 'Gloire de l'Exposition de Bruxelles'

ALTE R., REMONTANTROSE, MAUVE, ETWAS NACHBLÜHEND

Diese Rose bringt große, mauvefarbene, stark duftende Blüten, die in der Mitte etwas zerzaust wirken. Die Petalen sind am Grund leuchtend rot und bilden gefüllte, schalenförmige Blüten in Rosettenform. Der Flor erfolgt im Sommer, wobei im Herbst einige weitere Blüten erscheinen. Die Pflanze ist wuchsfreudig, aufrecht und wird 1,2 m hoch, muß aber gestützt werden, da sie im Alter leicht auseinanderfällt. Das Laub ist derb, aber anfällig für Mehltau. **ZONEN 5–9.**

Soupert und Notting, Frankreich, 1889

'Souvenir de William Wood' × 'Lord Macaulay'

## 'GLOIRE DE CHÉDANE-GUINOISSEAU'

ALTE R., REMONTANTROSE, ROT

Die Blüten dieser Rose sind leuchtend karminrot, gefüllt und blühen gelegentlich nach. Sie sind becherförmig, sehr groß und setzen sich aus mehr als 40 Petalen zusammen. Der hohe Busch ist kräftig, aufrecht und bewehrt. Er trägt dunkelgrünes Laub und kräftige Blütenstiele. Ursprünglich wurde die Rose für Topfkulturen und Ausstellungen empfohlen. Sie ist für Liebhaber immer noch erhältlich, wenn auch nicht so häufig wie die Elternsorte 'Gloire de Ducher'. **ZONEN 5–9.**

Chédane-Pajotin, Frankreich, 1907

'Gloire de Ducher' × Sämling

'Gletscher'

## 'GLOIRE DE DIJON'

Syn. 'Old Glory'

ALTE R., KLETTERNDE TEEROSE, ORANGEROSA, ETWAS NACHBLÜHEND

Diese wunderschöne kletternde Teerose zählt zu den beliebtesten Rosen der Welt. Dicke, plumpe Knospen entfalten sich zu großen, üppig hautrosafarbenen Blüten, die rund, dichtgefüllt, kraus und geviertelt sind. Die mittleren Petalen sind apricotfarbig, die äußeren verblassen in der Sonne rasch. Ihr Duft ist sehr angenehm. Die wuchsfreudige Kletterpflanze eignet sich gut für Mauern oder Säulen. Die rötlichen Triebe sind mit hakenförmig gebogenen Stacheln besetzt und sollten herabgebogen werden, damit sich Seitentriebe bilden können und mehr Blüten gebildet werden. Diese erscheinen von Sommer bis zum ersten Frost, mögen aber keine Nässe. **ZONEN 5–9.**

Jacotot, Frankreich, 1853

'Souvenir de la Malmaison' × 'Desprez à Fleurs Jaunes'

Erster Preis der Gartenausstellung Dijon 1852, Paris Goldmedaille 1853, Royal Horticultural Society Award of Garden Merit 1993

## 'GLOIRE DE DUCHER'

Syn. 'Germania'

ALTE R., REMONTANTROSE, DUNKELROT, ETWAS NACHBLÜHEND

David Austin, der Schöpfer der Englischen Rosen, lobte diese Sorte besonders wegen ihrer Blütenpracht. Die üppigen, dunkelroten Blüten erreichen einen Durchmesser von etwa 10 cm, sind gefüllt und in der Mitte kastanienbraun. Die gekräuselten Blütenblätter drängen und falten sich dicht um ein Auge herum zusammen. Die Blüten erscheinen im Sommer, doch die schönsten Exemplare sind im Herbst zu sehen, sofern einige nachblühen. Die herabhängenden, kräftigen, leicht rötlichen Triebe werden über 2 m lang und sind mit zahlreichen hakenförmigen Stacheln besetzt. Die schlanke Wuchsform der Pflanze kommt am besten an einer Mauer oder Säule zur Geltung; ein waagerechtes Festbinden der Triebe erhöht die Blühfreudigkeit. Sie ist anfällig für Mehltau. **ZONEN 5–9.**

Ducher, Frankreich, 1865

Eltern unbekannt

'Gloire de Ducher'

## 'GLOIRE DE FRANCE'

Syn. 'Glory of France'

ALTE R., GALLICA-ROSE, HELLROSA

Diese Gallica-Rose verändert je nach Sonne oder Schatten ihre Blütenfarbe und scheint eine Zentifolien-Hybride zu sein. Die gefüllten, ungleichmäßig geviertelten, rosafarbenen Blüten sind in der Mitte kirschrot. Ihr rosafarbener Blütenrand verblaßt zu Hellpurpur. Die kräftig ausladenden und überhängenden Triebe bilden ein Dickicht, das im Frühsommer mit Blüten übersät ist. Die Pflanze trägt weiches, graugrünes Laub. **ZONEN 4–9.**

Bizard, Frankreich, 1828

Eltern unbekannt

## 'GLOIRE DE GUILAN'

ALTE R., DAMASZENERROSE, ROSA

Die mittelgroßen, duftenden Blüten, die zunächst becherförmig sind, werden später flacher und geviertelt; ihre Blütezeit ist nur im Juni. Die Blumen sind von einem üppigen, klaren Rosa und setzen sich aus zurückgekrümmten Petalen zusammen. Der hohe, aber auch ausladende Strauch kann ungeschnitten und bei guten äußeren Bedingungen bis zu 1,8 m hoch sowie fast genauso breit werden. Er trägt zahlreiche kleine, hakenförmige Stacheln und mittelgrünes, fein strukturiertes Laub. Diese blühfreudige Sorte benötigt ausreichend Platz und toleriert nährstoffarme Böden. **ZONEN 5–9.**

Eingeführt von Hilling, Großbritannien, 1949

Eltern unbekannt

## 'GLOIRE DES JARDINS'

Syn. 'La Gloire des Jardins'

ALTE R., GALLICA-ROSE, MAUVE

Die goldgelben Staubgefäße dieser Rose fallen auf den dunkelkarmin bis purpurroten Blüten besonders auf. Anfang Juni

'Gloire de France'

'Gloire de Guilan'

bringt 'Gloire des Jardins' gefüllte, becherförmige Blüten, die nach innen rollende Blütenblätter mit silbriger Unterseite besitzen. Die buschige, kompakte Pflanze ist mittelhoch und trägt dichtes, dunkelgrünes Laub. **ZONEN 4–9.**

Descement, Frankreich, vor 1815

Eltern unbekannt

## 'GLOIRE DES MOUSSEUX'

**Syn. 'Gloire des Mousseuses', 'Madame Alboni'**

ALTE R., MOOSROSE, REIN ROSA

Die Knospen und Blütenkelche dieser Rose sind mit hellgrünem Moos dicht überzogen. Die Blüten sind etwa 10 cm groß und setzen sich aus zahlreichen rosafarbenen Petalen zusammen, die vollständig geöffnet kissenartig wirken. Beim Verblühen verblassen die Blumen fast zu einem hauchzarten Rosa. Der stattliche Strauch wird 1,8 m hoch und ist von kräftiger Wuchsform. Das üppige Laub ist hell- bis mittelgrün. **ZONEN 4–9.**

Laffay, Frankreich, 1852

Eltern unbekannt

## 'GLOIRE DES POLYANTHA'

POLYANTHAROSE, REIN ROSA, ÖFTERBLÜHEND

Diese frühe Polyantharose trägt Rispen mit bis zu 80 kleinen gefüllten Blüten, die sich aus kegelförmigen Knospen entwickeln, dabei jedoch kaum wahrnehmbar duften Sie werden in der Regel als leuchtend rosa beschrieben, enthalten aber reichlich Karminrot, was besonders vor einem hellen Hintergrund auffällt. Die Mitte eines jeden Blütenblattes ist meist dunkelrosa oder rot gestreift. Die Blüte hält bis in den Herbst an. Diese Sorte ist nicht sehr gefragt, da sie anfällig für Mehltau ist. Die Pflanze wird mittelhoch, trägt zahlreiche stumpfe, fein gezähnte Blätter wie ihr Vorfahr, die Wildrose *Rosa multiflora*. **ZONEN 4–9.**

Guillot, Frankreich, 1887

Sämling von 'Mignonette'

## 'GLOIRE DES ROSOMANES'

**Syn. 'Jupiter's Lightning', 'Ragged Robin', 'Red Robin'**

ALTE R., CHINAROSE, ROT, ETWAS NACHBLÜHEND

Diese Chinarose, eine der frosthärtesten Rosen, die je aus Chinarosen gezüchtet wurden, wird von einigen Rosenzüchtern den Bourbonrosen zugeordnet. Die

'Gloire de Guilan' (Hagebutten)

Blütezeit dauert vom Frühling bis zum Herbst und beginnt mit zierlichen, spitzen Knospen, die sich zu kastanienbraunen oder karminroten, weiß gestreiften Blüten entwickeln. Die offenen, kaum halbgefüllten, sehr großen, breit becherförmigen Blüten sitzen in Büscheln zusammen und werden bei heißem Wetter purpurfarben. Diese Rose diente für viele andere Sorten als Elternsorte und wird häufig als Pfropfunterlage verwendet. 'Gloire des Rosomanes' ist ein wuchsfreudiger, aufrechter Busch von 1,5 m Höhe, dessen lange Triebe mit Stacheln besetzt sind. Die Pflanze gedeiht noch gut auf nährstoffarmem Boden und bildet zahlreiche orangefarbene Hagebutten. **ZONEN 7–9.**

Vibert, Frankreich, 1825

Eltern unbekannt

## 'GLOIRE D'UN ENFANT D'HIRAM'

ALTE R., REMONTANTROSE, ROT, ETWAS NACHBLÜHEND

Die Rose wurde von einer französischen Freimaurerloge eingeführt und nach dem Architekten des ersten jüdischen Tempels in Jerusalem benannt. Den leuchtend roten Knospen folgen gefüllte, duftende, üppige Blüten, deren Farbton Zinnoberrot, Rot oder Karminrot variiert und beim Verblühen in ein samtiges Violett übergeht. Die wuchsfreudige, aufrechte Pflanze kann über 2 m hoch werden macht sich gut vor Mauern oder Zäunen. Sie ist mit schönem, graugrünem Laub spärlich bedeckt und hat wenig Stacheln. Im Herbst werden große Hagebutten gebildet. **ZONEN 5–9.**

Vilin, Frankreich, 1899

Sämling von 'Ulrich Brunner Fils'

## 'GLOIRE LYONNAISE'

ALTE R., REMONTANTROSE, WEISS, ETWAS NACHBLÜHEND

Die Blüten dieser Rose sind becherförmig, cremeweiß und mit zahlreichen feinen Petalen sehr dicht gefüllt. Die sehr großen, duftenden Blüten sind etwas flach; im Schatten werden sie chromgelb. Der blühfreudige Strauch trägt dunkelgrünes, ledriges Laub, einige Stacheln und ist sehr krankheitsfest. Er sollte leicht geschnitten werden. **ZONEN 5–9.**

Guillot, Frankreich, 1885

'Baroness Rothschild' × 'Mme Falcot'

## 'GLORIA DEI'

siehe 'Peace'

'Gloire des Rosomanes'

'Gloire des Mousseux' (Moos)

'Gloire des Mousseux'

'Gloire Lyonnaise'

G

## 'GLORIA MUNDI'

POLYANTHAROSE, ORANGEROT, ÖFTERBLÜHEND

Vor dem 2. Weltkrieg wurde diese Rose als orangefarbene Sorte geführt. Orangetöne waren ein wichtiger Durchbruch in der Farbgebung; der Farbstoff Pelargonidin, der normalerweise nur in Geranien vorkommt, wurde nun auch in der Rosenzucht genutzt. Die ersten derart behandelten Rosen waren 'Gloria Mundi' und 'Paul Crampel', beide Mutationen von 'Superb'. Obwohl nicht 'Gloria Mundi', sondern erst 'Kordes' Sondermeldung' (1950) dieses Zuchtmerkmal weitergeben sollten, wurde diese holländische Sorte dennoch sehr populär. Die kleinen gefüllten, rosettenförmigen Blüten sitzen in Büscheln zusammen und erscheinen unermüdlich den ganzen Sommer und Herbst über. Früher wurden sie überall für Hecken und Beete in öffentlichen Parks und Gärten verwendet. Einige Triebe schlugen in die Elternform zurück und wiesen eine weniger attraktive Kombination von Scharlach- und Magentarot auf; aus diesem Grunde verloren manche Polyantharosen in der Folgezeit sehr an Beliebtheit. **ZONEN 4–9.**

de Ruiter, Niederlande, 1929

Sport von 'Superb'



## 'GLORIANA 97' CHEwpope

KLETTERNDE ZWERGROSE, MAUVE, ÖFTERBLÜHEND

Die gefüllten, mittelgroßen Blüten dieser Rose tragen je 15–25 mauve-rosafarbene Petalen mit dunkelfliederfarbener Unterseite. Sie sitzen in der Regel in kleinen Büscheln inmitten von mattglänzendem, mittelgrünem Laub und verströmen einen schwachen Duft. 'Gloriana 97' ist eine hohe Kletternde Zwergrose, die zu den neuesten Sorten aus dem Zuchtprogramm des Züchters Warner zählt. **ZONEN 5–11.**

Warner, Großbritannien, 1997

Eltern unbekannt

## 'GLORY BE' SAVabe

ZWERGROSE, GOLDGELB, ÖFTERBLÜHEND

Die wohlgeformten Blüten dieser Sorte sind leuchtend goldgelb und haben bis zu 25 Petalen. Sie sind für eine Zwergrose recht klein, sitzen gewöhnlich auf einem Stiel und duften kaum. 'Glory Be' eignet sich gut für Kübel oder kleine Flächen, aber auch für Ausstellungen. Sie hat eine aufrechte, buschige Gestalt und trägt kleine, etwas glänzende, dunkelgrüne Blätter. **ZONEN 5–9.**

Saville, USA, 1995

'Party Girl' × 'Sonnenkind'

'Gloriana 97'

'Goethe'

'Gloriana 97'

'Gold Badge'

## 'GLORY OF EDZELL'

Syn. 'Glory of Edsell'

ALTE R., PIMPINELLIFOLIA-HYBRIDE, HELLROSA

Dies ist eine der im Frühjahr als erste blühenden Rosen. Sie bringt klar rosafarbene, einfache Blüten mit weißer Mitte hervor, die sich schalenförmig entfalten und große, dekorative Staubgefäße enthüllen. Der 1,8 m hohe Strauch fühlt sich im Halbschatten wohl. Zahlreiche kleine, farnartige Blätter bedecken die aufrechten, bewehrten Triebe. Die Pflanze eignet sich gut für einen naturnahen Garten oder Hecken. Wie andere Pimpinellifolia-Hybriden blüht auch 'Glory of Edzell' nur von Mai bis Juni. **ZONEN 5–9.**

Vor 1900

Eltern unbekannt

## 'GLOWING'

TEEHYBRIDE, BLASSGELB, ÖFTERBLÜHEND

Diese sehr hoch und aufrecht wachsende Rose bringt lange, elegante, spitze Blüten in einem zarten Maisgelb, das auf den äußeren Blütenblättern manchmal etwas rosa überhaucht ist. Die dichtgefüllten Blüten haben 35 Petalen, von denen die in der Mitte etwas gekräuselt sind. Sie verströmen einen schwachen Duft. Die Pflanze trägt dichtes, matt mittelgrünes Laub und ist krankheitsfest; sie eignet sich gut als hohe Hecke. **ZONEN 5–9.**

LeGrice, Großbritannien, 1986

Eltern unbekannt

## 'GLOWING AMBER' MANglow

ZWERGROSE, ROT+, ÖFTERBLÜHEND

Die Blüten dieser Sorte sind scharlachrot mit dunkelgelber Unterseite und leuchtend gelber Mitte. Sie sind gefüllt, setzen sich aus 26–40 Petalen zusammen und

'Glory of Edzell'

'Glowing'

sind elegant hochgebaut, was sie zu einer qualifizierten Ausstellungsrose macht. Die kleinen Blüten entfalten sich langsam und enthüllen einen interessanten scharlachroten und gelben Farbton, der nicht verblaßt. Sie sitzen einzeln auf langen Stielen und wirken zusammen mit den kleinen, dunkelgrünen Blättern sehr attraktiv. 'Glowing Amber' ist ein üppiger, reichblühender Busch, der einfach zu kultivieren ist. **ZONEN 5–10.**

Mander, Kanada, 1996

'June Laver' × 'Rubies 'n' Pearls'

## 'GLÜCKSBURG'

siehe 'Charles Rennie Mackintosh'

## 'GOETHE'

ALTE R., MOOSROSE, MAUVE+

Dies ist ein hoher, stark wuchernder Busch, wie man es bei einer Hybride solch ungewöhnlicher Eltern auch erwarten kann. Wie bei der hier beschriebenen 'Goethe' wurde *Rosa multiflora* oft zur Züchtung von Ramblerrosen eingesetzt. Die Pflanze ist stark bewehrt, die Knospen sind dicht von braunem Moos überzogen. Die einfachen Blüten in dunklem Magentarot bis Rosa verfügen über gelbe Staubgefäße und blühen nur einmal im Frühsommer. **ZONEN 5–9.**

Lambert, Deutschland, 1911

*Rosa multiflora* × unbestimmte Moosrose

## 'GOLD BADGE' MEIgronuri

Syn. 'Gold Bunny', 'Rimosa 79'

FLORIBUNDA, GELB, ÖFTERBLÜHEND

Diese gelbe Rose ist in warmen Gebieten sehr beliebt und wird aufgrund ihrer klaren, nicht verblassenden Farbe, ihres an genehmen Duftes sowie der reichen und dauerhaften Blüte sehr geschätzt. Die kegelförmigen Knospen entfalten sich zu zitronengelben, dichten Blüten, deren Petalen sich wellenförmig ineinander verknäulen. Die Blumen haben eine klassische Edelrosenform und sind voll entfaltet ziemlich groß. Sie sind haltbar und eignen sich gut für die Vase, aber auch für Beete und Hecken. Obwohl die Blüten wetterfest sind, scheinen sie in kühleren Lagen zu verblassen und sind anfällig für Sternrußtau und Rostpilze. Die Pflanze ist wuchsfreudig, wird aber kaum mittelhoch. Sie trägt dichtes, glänzend dunkelgrünes Laub. **'Climbing Gold Badge'** (MEIgro-nurisar; Syn. 'Climbing Gold Bunny', 'Climbing Rimosa'; Meilland, Frankreich, 1991) ist ein Sport von 'Gold Badge'. Dieser Sport gewann 1991 in Baden-Baden und Saverne jeweils eine Goldmedaille. **ZONEN 4–9.**

**Paolino, Frankreich, 1978**

**'Rusticana' × ('Charleston' × 'Allgold')**

'Gold Fever'

'Gold Crown'

'Gold Badge'

## 'GOLD COIN'

**ZWERGROSE, GOLDGELB, ÖFTERBLÜHEND**

Leuchtend butterblumengelbe Blüten sind ein Kennzeichen dieses Klassikers. Die duftenden Blumen sind für eine typische Zwergrose recht groß, wohlgeformt und sitzen in großen Büscheln zusammen. Geöffnet sorgen sie den ganzen Sommer und Herbst hindurch für eine wahre Farbexplosion, sogar in warmen Gegenden. 'Gold Coin' wird häufig in Rabatten gepflanzt, ist nicht winterhart und muß daher bei Schneefall geschützt werden. Am besten kommt sie im Herbst zur Geltung, wenn sie am Ende der Vegetationszeit noch für ein wenig Farbe sorgt. **ZONEN 5–11.**

**Moore, USA, 1967**

**'Golden Glow' × 'Magic Wand'**

## 'GOLD COUNTRY' SEAgold

**ZWERGROSE, GELB, ÖFTERBLÜHEND**

Die hübschen, rein gelben Blüten dieser Rose sitzen einzeln an einem schönen, dichten Busch mit hellgrünem, leicht glänzendem Laub. Sie haben zwar eine großartige Farbe, aber die Blüten sind für eine Zwergrose reichlich groß. Sie sind gefüllt, besitzen mehr als 20 Petalen und duften sehr intensiv. Die Sorte verträgt keine Hitze, aber im Halbschatten behalten die Blüten ihre Farbe und verblassen kaum. Sie ist eines der vielen Züchtungsergebnisse des bekannten irischen Gartenjournalisten Sean McCann. **ZONEN 5–11.**

**McCann, Irland, 1987**

**'Golden Meillandina' × ('Golden Meillandina' × 'Casino')**

## 'GOLD CROWN'

**Syn. 'Goldkrone', 'Gold Krone', 'Corona de Oro', 'Couronne d'Or'**

**TEEHYBRIDE, DUNKELGELB, ÖFTERBLÜHEND**

35 große, kräftige Petalen formen erstaunlich große Blüten, die sehr hochgebaut sind. Sie sitzen manchmal einzeln, manchmal zu dritt auf schlanken, dicken Stielen und sehen fast wie Lutscher aus. 'Gold Crown' ist eine ideale Ausstellungsrose, obwohl einige der Blüten eine offene Mitte zeigen. Der erste Flor fällt gelegentlich mit dem Frost und kalten Winden im Frühling zusammen. In Anbetracht der Blütengröße ist die Nachblüte im Sommer und Herbst noch recht üppig, sie duftet aber nur schwach. Obwohl die Pflanze nicht sehr anmutig wirkt, eignet sie sich gut für Gruppenpflanzungen in Beeten. Sie ist wuchsfreudig, wird hoch und trägt derbes, dunkles, leicht glänzendes Laub, das gelegentlich von Mehltau befallen wird.

**ZONEN 5–9.**

**Kordes, Deutschland, 1960**

**'Gloria Dei' × 'Spek's Yellow'**

**Royal National Rose Society Certificate of Merit 1960**

'Gold Coin'

## 'GOLD FEVER' MORfever

**ZWERGROSE, REIN GELB, ÖFTERBLÜHEND**

Diese Rose trägt elegante, spitze Knospen, die sich langsam zu rein gelben Blüten öffnen, die später zu einem helleren Gelbton verblassen. Sie sind becherförmig, haben 40–50 Petalen und verströmen einen würzigen Duft. Die Blüten sitzen gewöhnlich einzeln auf den Stielen, aber im Juni werden gelegentlich Blütenbüschel gebildet. Sie verblassen in der Hitze kaum. Die Blätter sind mittelgroß, etwas glänzend und haben schmale Stacheln. Die Pflanze ist wuchsfreudig, dicht und besitzt eine aufrechte Gestalt; sie macht sich sehr gut in einem Kübel.

**ZONEN 4–11.**

**Moore, USA, 1990**

**'Sheri Anne' × 'Gold Badge'**

'Gold Glow'

## 'GOLD GLOW'

**TEEHYBRIDE, GOLDGELB, ÖFTERBLÜHEND**

Die Blüten dieser Teehybride können tatsächlich jeweils bis zu 120 Blütenblätter in einem leuchtenden Gelb tragen. Sie entfalten sich ähnlich wie gefüllte Dahlien, sind am Rand gekräuselt und können bei sehr heißem Wetter etwas verblassen. Die großen Blumen sitzen auf einzelnen Stielen, sind lange haltbar und duften allerdings nur schwach. 'Gold Glow' ist recht wuchsfreudig, hat eine aufrechte Gestalt und trägt dunkles, glänzend ledriges Laub.

**ZONEN 5–9.**

**Perry/ Conklin, USA, 1959**

**'Fred Howard' × 'Sutter's Gold'**

'Gold Medal'

## 'GOLD KRONE'
siehe 'Gold Crown'

## 'GOLD MEDAL' AROyqueli
Syn. 'Golden Medal'
TEEHYBRIDE, GELB, ÖFTERBLÜHEND

In den USA wird sie als Grandiflorarose bezeichnet, aber die Blütengröße kennzeichnet sie als Edelrose. Die Blüten sitzen gewöhnlich in offenen Büscheln zusammen, manchmal auch einzeln und entfalten sich von rundlichen Knospen zu einer klassischen Edelrosenform mit hochgebauter Mitte, während die äußeren Blütenblätter sich vollständig öffnen. Die Grundfarbe ist ein leuchtendes Goldgelb, manchmal orange und hellrot gestreift. Sie haben einen angenehmen, fruchtigen Duft. Für ein Beet, eine Gruppenpflanzung, eine Hecke und dort, wo eine hochwüchsige Rose mit großer Blühfreudigkeit bis in den Herbst gewünscht wird, ist sie eine ausgezeichnete Wahl; daneben eignen sich auch sehr gut für die Vase. Die überdurchschnittlich hohe Pflanze ist wuchsfreudig und trägt dichtes, dunkelgrünes Laub. **ZONEN 5–9.**

Christensen, USA, 1982

'Yellow Pages' × 'Shirley Langhorn'

New Zealand Gold Star of the South Pacific 1983

## 'GOLD RAUSCH'
siehe 'Golden Giant'

## 'GOLD REEF' POUldom
FLORIBUNDA, GOLDGELB, ÖFTERBLÜHEND

Diese schöne Beetrose bringt unermüdlich leuchtend gelbe, mittelgroße, gefüllte Blüten hervor. Sie erscheinen einzeln oder in kleinen Büscheln und eignen sich sehr gut für Blumensträuße, duften aber nur schwach. 'Gold Reef' ist wuchsfreudig, pflegeleicht und kann zusammen mit anderen hohen Rosen oder Begleitpflanzen verwendet werden; als Hecke eignet sie sich zum Verbergen weniger schöner Gartenbereiche. **ZONEN 4–10.**

Poulsen, Dänemark, 1994

Eltern unbekannt

## 'GOLD RUSH'
GROSSBLUMIGE KLETTERROSE, GELB+

Die Blüten dieser hell- bis goldgelben Rose haben 25 Petalen, sind zunächst hochgebaut und öffnen sich später becherförmig. Die locker gefüllten Blüten duften nur schwach. Sie erscheinen in der Regel im Juni, aber gelegentlich sind auch einige Nachzügler zu beobachten. Diese Sorte eignet sich nur für Bereiche vor einer Mauer, an einem Spalier oder an Pergolen. 'Gold Rush' ist wuchsfreudig und wird etwas höher als eine durchschnittliche Kletterrose. Üppiges, glänzendes, efeugrünes Laub bedeckt die Pflanze, die heutzutage nur noch selten anzutreffen ist. **ZONEN 4–9.**

Duehrsen, USA, 1941

Eltern unbekannt

## 'GOLDBUSCH'
STRAUCHROSE, GELB, ÖFTERBLÜHEND

Dieser Strauch sollte nur dort gepflanzt werden, wo er ausreichend Platz vorfindet. Er bringt Büschel mit bis zu 20 rosafarbenen Knospen hervor, die sich zu

'Gold Rush'

'Goldbusch'

mittelgroßen bis großen, halbgefüllten Blüten in einem schönen blassen Goldgelb öffnen. Die Blumen sind locker geformt, entfalten sich becherförmig und haben gekräuselte Petalen, die dekorative goldgelbe Staubgefäße halb verdecken. Sie verströmen einen schwachen, aber angenehmen Duft und erscheinen im Juni zahlreich und gelegentlich im Herbst auf herabhängenden Stielen. Für Gärten, in denen die Pflanzen natürlich wachsen können, ist sie zu empfehlen. Sie wird doppelt so hoch wie eine gewöhnliche Strauchrose und hat eine ausladende, überhängende Gestalt. In wärmeren Lagen läßt sie sich sehr gut als Kletterrose oder in Säulenform ziehen. Das ledrige Laub ist hellgrün und besitzt eine Idee von Duft, was der Pollen-Elternsorte zu verdanken ist. **ZONEN 4–9.**

Kordes, Deutschland, 1954

'Golden Glow' × *Rosa rubiginosa*-Hybride

## 'GOLDEN ANGEL'
ZWERGROSE, GOLDGELB, ÖFTERBLÜHEND

Die kurzen Knospen von 'Golden Angel' öffnen sich zu spitzen, dunkelgelben Blüten mit 65 Petalen. Der Busch bringt meist große Büschel mit kleinen, duftenden, haltbaren Blüten hervor. Am schönsten sieht die Rose aus, wenn die Blüten vollständig geöffnet sind, und die attraktive angeordneten Blütenblätter sichtbar werden. Die Elternsorte 'Golden Glow', eine Edelrose, wurde von Ralph Moore häufig bei Züchtungen eingesetzt; dabei gab sie als Eigenschaften ihre Wuchsstärke und Kraft an ihre Nachkommen weiter, weniger die Blütengröße und -form. **ZONEN 5–11.**

Moore, USA, 1975

'Golden Glow' × ('Little Darling' × Sämling)

## 'GOLDEN ANNIVERSARY'
TEEHYBRIDE, GOLDGELB, ÖFTERBLÜHEND

'Golden Anniversary' hat rundliche Knospen, die sich zu großen, runden, mit bis zu 60 Petalen gefüllten Blüten öffnen. Diese sind gelb, hochgebaut und duften angenehm. Die Blüte dauert den ganzen Sommer und Herbst an. Bei sehr heißem Wetter verblassen die Blumen und werden weißlich; bei großer Nässe neigen sie zur Mumienbildung und öffnen sich nicht. Die Pflanze wird hoch und hat einen aufrechten, buschigen Wuchs; sie ist für Sternrußtau anfällig. Offenbar hatte man bei der Namenswahl dieser Teehybride beabsichtigt, auf diese Weise ein ideales Geschenk für „runde Geburtstage", Goldhochzeiten und ähnliche Jubiläen zu kreieren. Die Idee war so durchschlagend, daß man gleich eine zweite 'Golden Anniversary' einführte, die heute allerdings nicht mehr verkauft wird. **ZONEN 4–9.**

Mordigan Evergreen Nursery, USA, 1948

Sport von 'Good News'

## 'GOLDEN BETTINA'
TEEHYBRIDE, GOLDGELB, ÖFTERBLÜHEND

Dieser Sport von 'Golden Bettina' trägt dunkelchromgelbe Blüten, ganz im Gegensatz zu ihrer lachsorangefarbenen

'Golden Angel'

'Gold Medal'

'Golden Anniversary'

Ursprungssorte. Sie sind mit 35 Petalen gefüllt, duften und entfalten sich schalenförmig aus schönen, ovalen Knospen. Das Laub ist dunkelgrün, glänzend und üppig. Die starkwüchsige Pflanze ist sehr blühfreudig und besonders krankheitsfest. Sowohl 'Bettina' als auch 'Golden Bettina' sind gute Rosen für Beete, aber auch als buschige Hochstämmchen zu verwenden. ZONEN 5–9.

Ruston, Australien, 1970

Sport von 'Bettina'

## 'GOLDEN CELEBRATION'

AUSgold
STRAUCHROSE, GOLDGELB, ÖFTERBLÜHEND

Die runden Knospen dieser Rose entfalten sich zu großen, becherförmigen Blüten mit offener Mitte. Sie sind dichtgefüllt und haben eine ungewöhnliche Form: Die größeren Blütenblätter bilden außen einen Ring und überlappen sich, während der Blütengrund voller kleiner gefalteter und krauser Petalen steht. Ihr goldgelber Farbton ist kräftiger als bei den meisten anderen „Golden"-Rosen. Sie verströmen einen intensiven Duft und blühen den ganzen Sommer und Herbst hindurch. Bei Nässe und Regen können die Stiele unter dem Gewicht der nassen Blüten leicht knicken. Die Pflanze trägt dunkles, glänzendes Laub, wächst zu einem runden Strauch von durchschnittlicher Höhe heran und eignet sich gut für Randbeete. 'Golden Celebration' wird auch als Englische Rose eingestuft. ZONEN 4–9.

Austin, Großbritannien, 1992

'Charles Austin' × 'Abraham Darby'

## 'GOLDEN CENTURY'

KLETTERNDE ZWERGROSE,
ORANGE+, ÖFTERBLÜHEND

Die spitzen Knospen von 'Golden Century' öffnen sich zu Blüten, deren Farbe sich am besten als dunkles Gelborange bis Kapuzinerkresserot mit feiner Äderung beschreiben läßt. Die gefüllten Blumen setzen sich aus 35 Petalen zusammen, sind mittelgroß und duften. Das Laub ist ledrig, glänzend grün und bedeckt eine mäßig hohe Kletterrose. In den ersten zwei Jahren nach der Pflanzung wachsen die Triebe langsam, und nur wenige Blüten erscheinen. Aber im dritten Jahr wird man im Frühling mit reichlich farbenfrohen Blüten belohnt. ZONEN 4–11.

Moore, USA, 1978

(*Rosa wichuraiana* × 'Floradora') × ('Sister Thérèse' × Zwergrosensämling)

## 'GOLDEN CHERSONESE'

HILgold
STRAUCHROSE, GELB

Dies ist eine interessante Kreuzung aus *Rosa ecae*, einer Art, die in kalten Klimazonen nicht einfach zu kultivieren ist, und 'Canary Bird', einer wuchsfreudigeren *R. xanthina*-Hybride. Die Nachkommenschaft vereinigt das intensive Gelb der ersten mit der Wuchsfreudigkeit der zweiten Elternsorte. Die duftenden Blüten gleichen leuchtenden Butterblumen und sitzen ganz dicht auf langen, herabhängenden Trieben. Sie erscheinen im Frühling und gehören mit zu den ersten Rosen des Jahres. Das Holz ist rötlich, die kleinen, hellgrünen Blätter sind farnähnlich. Die Pflanze gedeiht am besten dort, wo sie nicht geschnitten werden muß, mit Ausnahme von einzelnen, abgestorbenen Trieben. Sie wächst aufrecht, etwas schmal und hat überhängende Triebe. Sie wird höher als eine normale Strauchrose und sollte einen wind- und frostgeschützten Platz erhalten. ZONEN 5–9.

Allen, Großbritannien, 1969

*Rosa ecae* × 'Canary Bird'

## 'GOLDEN CHOICE'

TEEHYBRIDE,
GELB, ÖFTERBLÜHEND

Diese Sorte trägt zitronengelbe Blüten, ansonsten ähnelt sie sehr 'My Choice', von der sie abstammt. Die großen Blumen sind dichtgefüllt, hochgebaut mit zurückgewölbten äußeren Petalen, in klassischer Edelrosenmanier. Sie duften sehr süßlich und erscheinen bis in den Herbst. Die Rose eignet sich für Beete und Rabatten; werden die Blüten früh geschnitten, sind sie gute Ausstellungsrosen. Sie wächst aufrecht, buschig und wird knapp mittelhoch; ihr Laub ist ledrig. Dieser Sport wurde von der Rosenschule Bardill bei Nottingham entdeckt, aber von LeGrice aus Norfolk, dem Züchter von 'My Choice' auf den Markt gebracht. ZONEN 4–9.

Bardill, Großbritannien, 1967

Sport von 'My Choice'

## 'GOLDEN DAWN'

TEEHYBRIDE, GELB,
ÖFTERBLÜHEND

Die Gelbtöne dieser Teehybride muß man weniger als Goldgelb, sondern eher als Primelgelb bezeichnen, wodurch die Qualität dieser Rose keinesfalls geschmälert wird. 'Golden Dawn' stellte vor Einführung der 'Gloria Dei', die eine völlig neue Komponente in die Zucht gelber Rosen einbrachte, eine wichtige Zuchtsorte dar. Die großen, hellen Blüten, deren äußere Petalen rosa überhaucht sind, haben eine runde Form, sind gefüllt und erstaunlich wetterfest. Sie gehören zu den ersten Edelrosen, die im Sommer blühen. Ihr Duft ist süßlich und lange anhaltend. Auf ihrem Höhepunkt ist 'Golden Dawn' eine gute Wahl für Beete, aber auch für Ausstellungen. Einzig das dunkle graugrüne Laub, das damaligen Ansprüchen vollkommen genügte, heute jedoch sehr spärlich wirkt, könnte gegen eine Verwendung diese Rose sprechen. Mindestens drei kletternde Sports dieser Teehybride wurden in den Handel gebracht: Den ersten führte 1935 der Amerikaner Armstrong ein, den zweiten 1937 der Australier Knight. Der dritte Sport war die **'Climbing Golden Dawn'** des Briten LeGrice. Sie wurde 1946 mit dem *National Rose Society Certificate of Merit* ausgezeichnet und im gleichen Jahr auch eingeführt. Die Kletterform besitzt die Eigenschaften des Buschs, wird durch-

'Golden Chersonese'

'Golden Bettina'

'Golden Celebration'

schnittlich groß und bringt den ganzen Sommer viele und im Herbst noch einige Blüten hervor, doch bei weitem nicht so viele wie die Buschform. **ZONEN 4–9.**

Grant, Australien, 1929

'Elegante' × 'Ethel Somerset'

## 'GOLDEN DAYS' RUgolda, RUggolda

TEEHYBRIDE, GOLDGELB, ÖFTERBLÜHEND

Diese Rose bringt große Blüten klassischer Form hervor. Sie haben 35 breite Petalen und sitzen gewöhnlich einzeln auf einem Stiel. Sie sind hochgebaut, und die Blütenblätter rollen sich so ein, daß ihre Spitzen um die Blüte herum einen Stern bilden. Ihre leuchtend gelbe Farbe kann etwas verblassen und später am Rand rosa überhaucht sein. Sie duften angenehm, und blühen unermüdlich bis zum Herbst. Die buschige Pflanze wird mittelhoch und trägt dichtes ledriges Laub. Der Züchter de Ruiter sah diese Rose speziell als Geschenk für Goldhochzeiten vor. **ZONEN 4–9.**

De Ruiter, Niederlande, 1980

'Peer Gynt' × Sämling

## 'GOLDEN DELIGHT'

FLORIBUNDA, GELB, ÖFTERBLÜHEND

'Golden Delight' besitzt eine kompakte Wuchsform und bleibt recht niedrig. Die freundlich gelben Blüten tragen fast 60 Petalen und sitzen in dichten Büscheln zusammen. Vollständig geöffnet haben sie eher eine Becherform. Die Blütenblätter sind so gegeneinander gefaltet, daß die Staubgefäße durchblitzen können. Die Blüten verströmen einen süßen Duft; sie erscheinen zahlreich den ganzen Sommer über und auch noch im Herbst. Auf einem fruchtbaren Boden und bei guten Wachstumsbedingungen ist diese Sorte eine hervorragende Beetrose. Sie ist von schöner Gestalt und trägt dekoratives, glänzend dunkelgrünes Laub. **ZONEN 4–9.**

LeGrice, Großbritannien, 1956

'Goldilocks' × 'Ellinor LeGrice'

## 'GOLDEN FLEECE'

Syn. 'Toison d'Or'

FLORIBUNDA, GELB, ÖFTERBLÜHEND

Gene Boerner setzte zwei seiner eigenen Züchtungen als Eltern für diese Rose ein. Sie ist blaß hautfarben bis gelb gefärbt und in der Blütenmitte dunkler. Die Blüten sind groß, tragen fast 40 wellenförmige Petalen und erscheinen in großen Büscheln auf festen Stielen. Sie duften angenehm fruchtig und erscheinen unermüdlich den ganzen Sommer und auch im Herbst, fühlen sich aber bei lang anhaltender Nässe nicht wohl. Im Garten macht sich die Rose im Beet, in der Rabatte oder als Hecke sehr gut, ist aber heute kaum noch bei einem Züchter erhältlich. 'Golden Fleece' ist eine recht wuchsfreudige Floribundarose; sie besitzt eine buschige, aufrechte Gestalt und ist von üppigem, ledrigem, dunkelgrünem Laub bedeckt.

**ZONEN 4–9.**

Boerner, USA, 1955

'Diamond Jubilee' × 'Yellow Sweetheart'

Bagatelle Goldmedaille 1955, National Rose Society Certificate of Merit 1955

'Golden Fleece'

'Golden Delight'

'Golden Friendship'

'Golden Days'

## 'GOLDEN FRIENDSHIP'

HARtellody

TEEHYBRIDE, GELB, ÖFTERBLÜHEND

Die Farbe dieser Teehybride ist ein warmes blasses Gelb, das zur Blütenspitze hin cremerosa überhaucht ist. Die Blüten entfalten sich aus eleganten, langen Knospen und sind sehr hochgebaut. Die Blüte ist relativ groß und besteht dabei erstaunlicherweise aus nur 25 Petalen, die jedoch recht breit und fest sind. Diese Rose, die ihr britischer Züchter Harkness zunächst nur als Schnittrose geplant hatte, eignet sich auch sehr gut für den Garten. Die Blüten verströmen einen wunderbaren Duft und erscheinen den ganzen Sommer und Herbst über. Die aufrecht wachsende 'Golden Friendship' ist von buschiger Gestalt und wird von dunkelgrünen Blättern eingehüllt. Die Sorte wurde in Australien speziell für die Mitglieder der Studentinnenverbindung *Beta Sigma Phi* eingeführt.

**ZONEN 4–9.**

Harkness, Großbritannien, 1982

'Basildon Bond' × 'Anne Harkness'

'Golden Giant'

'Golden Gardens'

## 'GOLDEN GARDENS' MORgogard

ZWERGROSE, GELB, ÖFTERBLÜHEND

Die ovalen Knospen dieser lieblichen Miniaturrose entfalten sich zu leuchtenden, rein gelben Blüten mit hellerer Unterseite. Die kleinen, dekorativen Blumen sind gefüllt, becherförmig und besitzen fast 30 Petalen. Gewöhnlich sitzen sie in kleinen Büscheln zu 3–5 Blüten zusammen. Diese besonders blühfreudige Rose wächst eher wie eine Kletterrose denn als Beetrose, so daß sie im Garten als kleiner Strauch oder aber als niedrige Zwergkletterrose zur Geltung kommt. Die meisten Eigenschaften der elterlichen Floribundarosen wurden auch an 'Golden Gardens' weitergegeben.

**ZONEN 5–11.**

Moore, USA, 1989

('Little Darling' × 'Yellow Magic') × 'Gold Badge'

## 'GOLDEN GIANT' KORbi

Syn. 'Goldrausch', 'Gold Rausch', 'Fièvre d'Or'

TEEHYBRIDE, GOLDGELB, ÖFTERBLÜHEND

Die Blüten dieser Sorte sind mit 45 breiten Blütenblättern groß und hochgebaut. Sie sitzen nicht selten zu fünf Blüten in einer schweren Dolde. Der Züchter betrachtete diese Rose als eine Floribunda, und in dieser Klasse wäre sie tatsächlich riesig, wie der englische Name andeutet. (*Giant* bedeutet nämlich "Riese".) Die Blüten sind von einem üppigen leuchtenden Gelb, das zum Rand hin heller wird und Äderchen aufweist. Ihr Duft ist angenehm, und die Blühfreudigkeit hält bis in den Herbst an. Werden überschüssige Seitenknospen entfernt, so erreichen die Blüten Ausstellungsqualität und sind auch gut zum Schnitt geeignet. Im Garten kommt die Pflanze am besten in einer Rabatte hinter anderen Pflanzen zur Geltung, da sie recht hoch wächst und unten leicht verkahlt. Die matt mittelgrünen Blätter sind anfällig für Mehltau. **ZONEN 4–9.**

Kordes, Deutschland, 1961

('Condesa de Sástago' × 'Walter Bentley') × 'Buccaneer'

Goldmedaille der National Rose Society 1960

## 'GOLDEN GIRL' MEIvirgi

TEEHYBRIDE, GELB, ÖFTERBLÜHEND

Sie trägt leuchtend gelbe Blüten auf sehr langen Stielen, manchmal einzeln, manchmal zu mehreren in einem Büschel. Die Blüten sind dichtgefüllt, wohlgeformt, hochgebaut und öffnen sich schließlich becherförmig. Bei kühlerem Wetter halten sie ihre Farbe, intensives Sonnenlicht läßt die Farbe zu Creme oder Weiß verblassen. Die Blühfreudigkeit ist nicht besonders groß, aber die Blüten erscheinen dennoch bis zum Herbst. Sie verströmen einen schwachen Duft und eignen sich gut für die Vase, da sie haltbar sind. 'Golden Girl' paßt aber auch gut in Einfassungen. Sie ist wuchsfreudig, hat eine aufrechte Gestalt und trägt ledriges, hellgrünes Laub, das gelegentlich an Mehltau oder Sternrußtau erkrankt. **ZONEN 4–9.**

Meilland, Frankreich, 1959

('Joanna Hill' × 'Eclipse') × 'Michèle Meilland'

## 'GOLDEN GLOVES'

FLORIBUNDA, GOLDGELB, ÖFTERBLÜHEND

Die Blüten dieser Rose erscheinen in kleinen Büscheln. Sie sind gefüllt und haben ziemlich kleine Blütenblätter. Zunächst sind sie in der Mitte recht fest gefaltet wie kleine Edelrosenblüten, werden aber später becherförmig und enthüllen die Staubgefäße. Sie verströmen einen wunderbaren Duft und erscheinen bis in den Herbst. Die Pflanze ist buschig und trägt leuchtend grünes Laub. Sie scheint nur in Westaustralien im Fachhandel erhältlich zu sein, obwohl die Sorte aus Kalifornien stammt. Der Name geht auf den Boxsport zurück, dort ist der *Golden Gloves Award* eine hohe Auszeichnung. **ZONEN 4–9.**

Bear Creek, USA, 1991

('Korresia' × 'Katherine Loker') × 'Gingersnap'

## 'GOLDEN HALO' SAVahalo

ZWERGROSE, GELB, ÖFTERBLÜHEND

Diese preisgekrönte Rose hat ovale Knospen, die sich zu gelben Blüten mit 25 Petalen entfalten; die äußeren sind rot überhaucht, wenn sie sich nach hinten biegen. Die Blüten haben die Ausstellungsform einer Edelrose und duften nur ganz schwach. Die Pflanze wächst besonders aufrecht und breitet sich nicht aus. Sie ist leicht kultivierbar und pflegeleicht. Das Laub ist glänzend dunkelgrün und sehr krankheitsfest. Die Farbe sorgte für große Aufregung, als die Rose zum erstenmal präsentiert wurde, da gute gelbe Zwergrosen ziemlich selten sind. Der rote Hauch auf den äußeren Blütenblät-

'Golden Harvest'

tern wirkt besonders apart. Trotz der geringen Petalenzahl nahm 'Golden Halo' weltweit an vielen Ausstellungen teil. **ZONEN 4–11.**

Saville, USA, 1991

'Arthur Bell' × 'Rainbow's End'

American Rose Society Award of Excellence 1991

## 'GOLDEN HANDSHAKE'

CHEwsunford

KLETTERNDE ZWERGROSE, GOLDGELB, ÖFTERBLÜHEND

Die Blüten von 'Golden Handshake' sind, wie man es erwarten würde, von einem klaren Gelb und bestehen aus etwa 20 Petalen. Die zierlichen Blumen sitzen in kleinen Büscheln zusammen, haben eine gute Form und duften schwach. Die Pflanze ist von hoher, aufrechter Gestalt. **ZONEN 5–11.**

Warner, Großbritannien, 1996

'Pam Ayres' × 'Laura Ford'

## 'GOLDEN HARVEST'

TEEHYBRIDE, GOLDGELB, ÖFTERBLÜHEND

Die urnenförmigen Knospen dieser Sorte entfalten sich zu großen, hochgebauten Blüten mit 35 breiten Petalen. Die Blumen behalten lange die Form und öffnen sich selbst bei heißem Wetter nur langsam, obwohl die Farbe dann verblaßt und zum Blütenrand hin cremeweiß wird. Sie duften ganz schwach und erscheinen unermüdlich bis zum Herbst. Die Rose eignet sich sehr gut für Beete und Rabatten, aber auch für die Vase. 'Golden Harvest' ist wuchsfreudig, wird ziemlich hoch und hat eine buschige Gestalt. Sie trägt glänzendes, lederartig strukturiertes Laub, das im Austrieb rötlich ist. **ZONEN 4–9.**

Mallerin, Frankreich, 1943

'McGredy's Ivory' × Sämling

## 'GOLDEN HOLSTEIN' KORtikel

Syn. 'Surprise'

FLORIBUNDA, GOLDGELB, ÖFTERBLÜHEND

Dies ist eine liebliche und ungewöhnliche Rose mit leuchtend goldgelben, fast einfachen Blüten, die aus nur zwölf ziemlich kleinen, welligen Petalen bestehen. Sie entfalten sich aus spitzen Knospen schalenförmig und stellen ihre dekorativen Staubgefäße zur Schau. Die Blumen sitzen dicht zusammengedrängt oben auf den Stielen und verströmen einen schwachen Duft. Sie erscheinen zahlreich und sind schlechtwetterfest, verblassen aber unter der heißen Sonne. Diese Rose eignet sich ausgezeichnet für gemischte Rabatten, wird aber gelegent-

'Golden Masterpiece'

'Golden Holstein'

'Golden Girl'

lich von Mehltau befallen. Die Pflanze ist wuchsfreudig, von aufrechter Gestalt und durchschnittlicher Höhe. Sie trägt dunkelgrünes, glänzendes Laub. **ZONEN 4–9.**

Kordes, Deutschland, 1989

Eltern unbekannt

## 'GOLDEN JUBILEE' COCagold

TEEHYBRIDE, GELB, ÖFTERBLÜHEND

Diese feine, wohl proportionierte Rose hat dichtgefüllte Blüten mit über 30 Petalen. Die Blüten sitzen in der Regel einzeln, manchmal auch zu dritt aufrecht auf geraden Stielen. Sie sind hochgebaut, und werden groß und symmetrisch, wenn die Blütenblätter sich vollständig öffnen. Die Farbe ist ein reiner Gelbton mit einem Hauch von Pink. Die Rose eignet sich gut für die Vase und den Garten, wenn sie in eine Rabatte gepflanzt wird. Die Blüten duften nur schwach und erscheinen den ganzen Sommer und Herbst hindurch; allerdings gibt es nach einem üppigen ersten Flor eine Blühpause. Die Pflanze ist wuchsfreudig, hat eine aufrechte, schlanke Gestalt und trägt große, mittelgrüne Blätter, die jahreszeitlich bedingt an Mehltau erkranken können. **ZONEN 4–9.**

Cocker, Großbritannien, 1981

'Peer Gynt' × 'Gay Gordons'

## 'GOLDEN MASTERPIECE'

TEEHYBRIDE, GELB, ÖFTERBLÜHEND

Die 30 Petalen dieser zitronengelben Rose sind lang und breit; sie entfalten sich sehr schön bei gutem Wetter, können aber bei Nässe Mumien bilden und verfallen. Bei Sonnenschein öffnet sich die Blütenmitte weit, und die Farbe kann verblassen. In der Regel sind die Blüten, wenn sie sich aus langen, spitzen Knospen entwickeln, elegant hochgebaut und duften ein wenig. Vor Jahren war sie eine sehr gefragte Rose für den Garten. Sie ist wuchsfreudig, wächst aufrecht, ist aber etwas anfällig für Sternrußtau. **ZONEN 4–9.**

Boerner, USA, 1954

'Mandalay' × 'Spek's Yellow'

National Rose Society Certificate of Merit 1954

## 'GOLDEN MEDAILLON'

siehe 'Limelight'

## 'GOLDEN MEILLANDINA'

siehe 'Rise 'n' Shine'

## 'GOLDEN MOMENTS'

FRYtranquil

TEEHYBRIDE, GOLDGELB, ÖFTERBLÜHEND

Die Farbe dieser Rose gleicht einem goldenen Bernstein – ein warmer und feiner Farbton mit einem Hauch von rötlichem Rosa am Blütenrand. Die dichtgefüllten Blüten sitzen auf langen Stielen und sind zunächst in der Mitte eng gefaltet, während die äußeren Blütenblätter sich vollständig öffnen. Sie vertragen Wind und Nässe gut und haben einen angenehmen Duft. Die buschige, wuchsfreudige Pflanze wird mittelhoch und trägt mittel- bis dunkelgrünes Laub. **ZONEN 4–9.**

Fryer, Großbritannien, 1991

Eltern unbekannt

1. Preis von Den Haag 1990, Rom Bronzemedaille 1992, Belfast Certificate of Merit 1993

G

'Golden Slippers'

'Golden Ophelia'

'Golden Scepter'

'Golden Showers'

## 'GOLDEN OPHELIA'

TEEHYBRIDE, GELB, ÖFTERBLÜHEND

Die hübsche Form von 'Ophelia' hat Maßstäbe für dekorative, mittelgroße Edelrosen gesetzt. Solche Rosen bewahren ihre hochgebaute Mitte, während die äußeren Blütenblätter sich vollständig zu einer runden Blüte von wunderschöner Symmetrie öffnen. 'Golden Ophelia' scheint darin perfekt, obwohl ihre Blüten etwas kleiner und kürzer sind, als die der Elternsorte. Die Blütenmitte ist gelb, verblaßt aber zu den äußeren Blütenblättern hin zu Weiß. Sie duften nur schwach und erscheinen unermüdlich den ganzen Sommer und Herbst. Sie ist eine beliebte Rose für die Vase, aber auch für das Knopfloch geeignet. Die Pflanze ist schlankwüchsig, wird mittelhoch und trägt glänzendes Laub, das sie eher mäßig als üppig bedeckt. ZONEN 4–9.

Cant, Großbritannien, 1918

Vermutlich 'Ophelia' × 'Mrs Aaron Ward'

Goldmedaille der National Rose Society 1918

## 'GOLDEN SCEPTER'

Syn. 'Spek's Yellow'

TEEHYBRIDE, GOLDGELB, ÖFTERBLÜHEND

Die Leuchtkraft der üppig goldgelben Farbe und die Farbbeständigkeit bei heißestem Wetter scheinen Rosenliebhaber gegen die Fehler dieser Teehybride blind zu machen. Ihr Wuchs ist unförmig, die Blüten mit 35 Petalen erscheinen in breiten Büscheln auf Stielen, die nicht kräftig genug sind, um sie alle zu tragen. Trotzdem wurde die Sorte wegen ihres üppigen Flors, der allgemeinen Robustheit und vor allem wegen der unglaublichen gelben Farbe zu einer der beliebtesten Rosen in der Mitte des 20. Jh. Sie wurde gerne in Beete und Rabatten gepflanzt und als Schnittblumen verwendet. Der Duft ist schwach, die Blühfreudigkeit hält bis zum Herbst an. Die Pflanze ist wuchsfreudig, wird bei schlankem Wuchs hoch und trägt glänzend ledriges Laub. **'Climbing Golden Scepter'** (Syn. 'Climbing Spek's Yellow; Walters, USA, 1956) ist ein Sport von 'Golden Scepter'. Die Nachteile der Buschform sind bei der kletternden Rose weniger dramatisch, denn die schweren, herabhängenden Blütenbüschel befinden sich immer im Blickpunkt des Betrachters. Die wuchsfreudige Pflanze wird doppelt so hoch wie eine normale Kletterrose und ist daher schwer zu bändigen. Außerdem werden die Triebe schnell sehr steif, so daß die Rose früh, solange das Holz noch biegsam ist, angebunden werden sollte. Eine hohe Mauer ist der beste Platz für diese Rose, da sie eine kräftige Stütze benötigt. Die Triebe müssen seitlich gezogen werden, sonst verkahlt die Pflanze unten sehr schnell. Blüten und Blätter sehen genauso aus wie die der Buschform, aber nach dem Hauptflor im Juni bringt die Kletterform normalerweise keine Blüten mehr hervor. ZONEN 4–9.

Verschuren-Pechtold, Niederlande, 1950

'Geheimrat Duisberg' × Sämling

National Rose Society Trial Ground Certificate 1947

## 'GOLDEN SHOWERS'

GROSSBLUMIGE KLETTERROSE, GELB, ÖFTERBLÜHEND

Zunächst einmal sollen die Vorteile dieser Kletterrose aufgezählt werden: Sie verfügt über elegante Knospen, die sich weit zu entzückenden, halbgefüllten Blüten mit süßlichem Duft öffnen und nach dem Verblühen sauber abfallen; als weitere Pluspunkte sind die unermüdliche Blühfreudigkeit bis zum Spätherbst und das hübsche glänzende Laub zu nennen. 'Golden Showers' gibt eine sehr gute Schnittblume ab; sie läßt sich relativ problemlos kultivieren und verträgt sogar einen schlechten Schnitt. Zu den geringfügigen Nachteilen dieser mittelhohen Sorte zählen das Verblassen der Farbe nach der Blüte sowie eine gewisse Anfälligkeit für Mehltau. Unterm Strich betrachtet, zählt diese vielseitige Kletterrose auch zur heutigen Zeit noch zu den besten ihrer Art. ZONEN 4–9.

Lammerts, USA, 1956

'Charlotte Armstrong' × 'Captain Thomas'

All-American Rose Selection 1957, Portland Goldmedaille 1957, Royal Horticultural Society Award of Garden Merit 1993

## 'GOLDEN SLIPPERS'

Syn. 'Orange Slippers'

FLORIBUNDA, GELB+, ÖFTERBLÜHEND

Diese Rose ist heute recht selten geworden, jedoch noch zur Generation unserer Eltern und Großeltern zierte sie mit ihren leuchtenden Blüten die Gärten auf der ganzen Welt. Sie sind im Innern orange geflammt, auf der Außenseite blaß goldgelb gefärbt, und vollständig geöffnet wird die wundervolle Farbmischung sichtbar. Die Blüten sind halbgefüllt, zunächst becherförmig, entfalten sich dann zu einer Schalenform. Die kleinen Blütenblätter werden schmäler und verblassen, bevor sie abfallen. Die Blüten duften angenehm, aber weil diese Floribundarose niedrig bleibt, erreicht uns häufig der Duft nicht. Nach einem reichen ersten Flor werden im Sommer und Herbst weitere Blüten gebildet. Diese Sorte eignet sich als Kübelpflanze oder für eine kleine Fläche im Garten. Heute würde man sich eher für eine dichtbelaubte Sorte entscheiden, da die glänzenden Blätter von 'Golden Slippers' für unseren zeitgenössischen Geschmack etwas zu spärlich wirken. ZONEN 4–9.

Von Abrams, USA, 1961

'Goldilocks' × Sämling

Portland Goldmedaille 1960, All-American Rose Selection 1962

## 'GOLDEN STATE'

TEEHYBRIDE, GOLDGELB, ÖFTERBLÜHEND

Vor mehr als 60 Jahren wurde diese Sorte nach dem "Spitznamen" für den US-Bundesstaat Kalifornien benannt; dort und in Westaustralien ist sie auch heute noch erhältlich. Die Blüten sind nicht golden, wie man dem Namen nach glauben mag, sondern zunächst zitronengelb und leicht braungelb, später werden sie dann etwas dunkler. Sie sitzen manchmal zu mehreren, manchmal einzeln auf kräftigen Stielen. Die urnenförmigen jungen Blüten entfalten sich zu becherförmigen Rosen voller krauser Petalen und verströmen einen scharfen, fruchtigen Duft. Die Blüte dauert den ganzen Sommer und Herbst an. Unter jenen Edelrosen aus der Zeit vor dem 2. Weltkrieg zählt diese Sorte immer noch zu den eindrucksvollsten. 'Golden State' ist von dunkelgrünem, ledrigem und robustem Laub bedeckt. ZONEN 5–9.

Meilland, Frankreich, 1937

'Souvenir de Claudius Pernet' × ('Charles P. Kilham' × Sämling)

Bagatelle Goldmedaille 1937, Portland Goldmedaille 1937

## 'GOLDEN SURPRISE'

FLORIBUNDA, GOLDGELB, ÖFTERBLÜHEND

Von der Floribundarose 'Woburn Abbey' stammen zwei gute Sports ab, die beide in Australien entdeckt wurden: 'Woburn Gold', die 1970 von Robinson gefunden wurde, sowie 'Golden Surprise', die Hamilton im gleichen Jahr entdeckte. 'Woburn Gold' ist der Ursprungssorte sehr ähnlich, während 'Golden Surprise' eine niedrigere Rose ist. Die Blüten sind goldgelb und erscheinen in kleinen und großen Büscheln. Sie verblassen beim Verblühen zu einer unschönen Farbe und bleiben hartnäckig an der Pflanze sitzen. 'Golden Surprise' kann leichter an Mehltau erkranken, washalb 'Woburn Gold' als der eindeutig bessere der beiden Sports gilt.
ZONEN 5–9.

Hamilton, Australien, 1970

Sport von 'Woburn Abbey'

'Golden Surprise'

'Golden Wings'

## 'GOLDEN TIMES' KORtime

FLORIBUNDA, GELB, ÖFTERBLÜHEND

Diese Sorte gedeiht nur in warmen Klimazonen und kann deshalb sonst nur unter Glas für den Blumenhandel kultiviert werden. Die rundlichen Knospen sind mit über 40 Petalen dicht gepackt, öffnen sich zu mittelgroßen, regelmäßig geformten Blüten mit einem gleichmäßigem Gelbton. Diese werden überaus reich hervorgebracht, manchmal in Büscheln, manchmal einzeln und duften. Bis zum Herbst folgen die Blüten schnell nach, was für eine gute Schnittrose ausschlaggebend ist. Die Pflanze ist wuchsfreudig, wird knapp mittelhoch und hat eine buschige Gestalt. Sie trägt mittelgroße, leicht glänzende, dunkelgrüne Blätter. ZONEN 4–9.

Kordes, Deutschland, 1976

'Mabella' × 'Minigold'

## 'GOLDEN VISION'

GROSSBLUMIGE KLETTERROSE, GIGANTEA-HYBRIDE, GELB

Keine der Elternsorten dieser Rose ist besonders winterhart, so daß der Nachwuchs ein warmes Klima wie im Ursprungsland Australien benötigt, wo sie auch noch erhältlich ist. Sie bildet stark herabhängende Triebe mit halbgefüllten Blüten, die zunächst gelb sind, später aber weiß werden. Sie sind wunderschön geformt, haben feine Blütenblätter, die sich am Rand fast schalenförmig öffnen, während die mittleren für ein Wirrwarr sorgen. Die Blüten duften recht angenehm, blühen aber nur einmal üppig Anfang Juni. Die Blätter sind im Austrieb kupferfarben.
ZONEN 6–10.

Clark, Australien, 1922

'Maréchal Niel' × *Rosa gigantea*

## 'GOLDEN WEDDING' AROkris

FLORIBUNDA, GOLDGELB, ÖFTERBLÜHEND

Diese Rose bringt ihre schwach duftenden Blüten gewöhnlich in kleinen Büscheln, manchmal aber auch einzeln auf kräftigen Stielen hervor. Sie haben einen frechen, freundlichen Gelbton, sind dichtgefüllt und von einer hervorragenden Form; die mittleren Petalen bleiben zusammen, während die äußeren sich vollständig öffnen und eine Blüte von klassischer Symmetrie formen. Obwohl sie eine Floribundarose ist, sind die Blüten so groß wie bei vielen Edelrosen. Die Blüte dauert den ganzen Sommer und Herbst. 'Golden Wedding' eignet sich ausgezeichnet für die Vase, für den Garten und macht sich in Gruppen sehr gut. Das mittelgrüne Laub ist glänzend und dicht. Die Pflanze ist wuchsfreudig und hat eine mittelhohe, dichte Gestalt.
ZONEN 4–9.

Christensen, USA, 1992

'Souvenir de H. A. Verschuren' × Sämling

'Golden Wings'

## 'GOLDEN WINGS'

STRAUCHROSE, PIMPINELLIFOLIA-HYBRIDE, HELLGELB, ÖFTERBLÜHEND

'Golden Wings' bringt große blaßgelbe, zur Mitte goldgelbe Blüten mit nur fünf Petalen hervor, die sich schalenförmig öffnen und dunkle Staubgefäße zeigen. Sie sehen zart aus, sind aber sehr widerstandsfähig gegen Wind und Regen. Die selbstreinigenden Blüten hinterlassen reizvolle Kelchblattsterne mit großen Staubfäden. Wird Verblühtes regelmäßig entfernt, so erscheinen mehr Blüten, die schwach, aber angenehm duften. Diese robuste Rose ist besonders für eine gemischte Rabatte, aber auch als Einzelstrauch zu empfehlen. Der wuchsfreudige Strauch von mittlerer Höhe ist bewehrt und trägt hellgrünes Laub.
ZONEN 4–9.

Shepherd, USA, 1956

'Soeur Therese' × (*Rosa pimpinellifolia altaica* × 'Ormiston Roy')

Goldmedaille der American Rose Society 1958, Royal Horticultural Society Award of Garden Merit 1993

## 'GOLDEN YEARS' HARween

FLORIBUNDA, GELB, ÖFTERBLÜHEND

Die Blüten von 'Golden Years' öffnen sich mit kompakter Mitte, doch wenn sich die 40 dicht gedrängten Petalen becherförmig voll entfalten, sehen sie wie Alte Rosen aus. Sie sitzen in kleinen Büscheln zusammen und sorgen für ein tolles Farbenspiel – ein üppiges Goldgelb, das bronzefarben überhaucht ist. Der Duft ist fruchtig, und die Blüten erscheinen zahlreich. Sie sind recht wetterfest, aber Mehltau kann gelegentlich zum Problem werden. Die Pflanze ist wuchsfreudig mit einer schönen, aufrechten Gestalt, wird kaum mittelhoch und trägt dunkelgrüne, spitze Blätter. ZONEN 4–9.

Harkness, Großbritannien, 1990

'Landora' × 'Amber Queen'

Hradec Goldene Rose 1989, Orléans Goldmedaille 1990

'Goldener Olymp'

## 'GOLDENER OLYMP'

KORschnuppe

Syn. 'Olympic Gold'

GROSSBLUMIGE KLETTERROSE, GOLDGELB, ÖFTERBLÜHEND

Diese Rose bringt einen überaus reichen ersten Flor hervor. Mehrere große Blüten sitzen zusammen auf herabhängenden Stielen und sind zunächst dunkelgelb, werden aber später bronzegelb und verblassen etwas, wenn sie sich zu großen flach becherförmigen Rosen entfalten. Sie verströmen einen schwachen Duft und erscheinen vom Sommer bis in den Herbst, dann aber nicht mehr so zahlreich. Die Pflanze macht sich gut als einzelner Strauch, niedrige Kletterrose und in Säulenform an einem Zaun, Pfosten oder auch an einem mittelgroßen Rosenbogen. Sie wächst steif und aufrecht bis 2,5 m hoch und trägt große, dunkelgrüne, etwas glänzende Blätter. ZONEN 4–9.

Kordes, Deutschland, 1984

Sämling × 'Goldstern'

'Golden Years'

## 'GOLDENER SOMMER 83'

FLORIBUNDA, GELB, ÖFTERBLÜHEND

Die jungen Blüten sind leuchtend goldgelb und verblassen beim Verblühen zu reinem Gelb. Rundliche Knospen öffnen sich zu wohlgeformten, großen, dichtgefüllten Blüten mit schöner Mitte. Bis zu zehn Blüten erscheinen in Büscheln und duften aber nur schwach. Die Blüte dauert den ganzen Sommer und Herbst an. Die Rose eignet sich gut für Beete oder Gruppenpflanzungen. Die Pflanze wird kaum mittelhoch und hat eine buschige, ausladende Gestalt. Sie ist in der Regel robust und trägt sehr dichtes Laub, das matt dunkelgrün ist. ZONEN 5–9.

Noack, Deutschland, 1983

Eltern unbekannt

ADR-Rose 1985

G

'Golden Wedding'

'Goldener Sommer 83'

'Goldener Sommer 83'

## 'GOLDFÄCHER'

siehe 'Minilights'

## 'GOLDFINCH'

RAMBLERROSE, HELLGELB

Obwohl sie im Hochsommer nur kurz blüht, ist diese Rose außerordentlich beliebt. Ihre zurückhaltende Farbe macht einen Teil ihres Charmes aus. Die kleinen, ovalen, dicken Knospen sind dunkelgelb gefärbt und entfalten sich zu ebenfalls kleinen, halbgefüllten Blüten, die in Büscheln zusammensitzen. Zerzauste Blütenblätter umrahmen zahlreiche Staubgefäße. Die Blumen verströmen einen schwachen, fruchtigen Duft nach Orangen oder Bananen. In der Sonne verblassen sie rasch, daher sollte die Rose einen eher halbschattigen Standort bekommen. Die langen Triebe lassen sich problemlos an einer Säule oder Pergola ziehen. In einer naturbelassenen Umgebung kann die Pflanze als ausladender Strauch ohne viel Schnitt natürlich wachsen. Sie trägt glänzende, spitze Blätter und hakenförmig gebogene Stacheln. **ZONEN 7–9.**

Paul, Großbritannien, 1907

'Hélène' × Sämling

## 'GOLDILOCKS'

Syn. 'Goldie Locks'

FLORIBUNDA, GELB, ÖFTERBLÜHEND

Der hübsche niedrige Wuchs und die goldgelben, nach dem Öffnen verblassenden, schwach duftenden Blüten, die sich dicht in das Laub einbetten, ließen 'Goldilocks' für mehrere Jahre zu einer beliebten Gartenpflanze werden; der erste Flor ist üppig, im Sommer und Herbst blüht die Rose mehrfach nach. Sie trägt kleine, glänzende Blätter, die gelegentlich an Sternrußtau erkranken. **ZONEN 4–9.**

Boerner, USA, 1945

Sämling × 'Doubloons'

American Rose Society John-Cook-Medaille 1947, National Rose Society Certificate of Merit 1948

## 'GOLDINA' CANdide

Syn. 'Goldstar' (I), 'Disque d'Or', 'Gold Star' (I), 'Golden Star', 'Point de Jours'

TEEHYBRIDE, GOLDGELB, ÖFTERBLÜHEND

Urnenförmige Knospen von 'Goldstar' öffnen sich zu leuchtend gelben Blüten mit hoher Mitte, während die äußeren Petalen am Rand cremefarben aussehen, wenn sie sich voll entfalten. Die Blumen sind mittelgroß bis groß und erscheinen auf aufrechten Stielen einzeln oder in kleinen Büscheln. Sie sind dichtgefüllt und haben einen schwachen, aber angenehmen Duft. Die Pflanze bringt den ganzen Sommer und Herbst Blüten hervor und eignet sich für Beete oder Rabatten. Da ihre Blüten ganz oben sitzen, wäre es ratsam, vor dieser eine etwas niedrigere Sorte zu pflanzen. Sie ist wuchsfreudig, hat eine dichte, buschige Gestalt und trägt matt olivgrünes Laub. **ZONEN 4–9.**

Cant, Großbritannien, 1984

'Yellow Pages' × 'Dr A. J. Verhage'

Den Haag Goldmedaille 1984, Belfast Certificate of Merit 1986

'Goldfinch'

'Goldilocks'

'Goldmarie 82'

'Goldy'

## 'GOLDJUWEL'

siehe 'Bijou d'Or'

## 'GOLDKRONE'

siehe 'Gold Crown'

## 'GOLDMARIE 82' KORfalt

Syn. 'Goldmarie', 'Goldmarie 84'

FLORIBUNDA, GOLDGELB, ÖFTERBLÜHEND

Es gab früher schon eine 'Goldmarie' vom gleichen Züchter aus dem Jahr 1958, aber der Name wurde im Register gelöscht, wodurch er für eine neue Sorte frei war. Tatsächlich ist aber die alte Version immer noch erhältlich, was oft zu Verwirrungen führt. Die neuere Form hat sehr ähnliche Eigenschaften, trägt große Büschel mit goldgelben Blüten auf kräftigen, aufrechten Stielen. Die Blüten sind groß, dichtgefüllt, haben hübsch gewellte Petalen und weisen auf der Außenseite eine rosarote Zeichnung auf. Die köstlich duftenden Blüten erscheinen in großer Zahl den ganzen Sommer und Herbst über. Die Rose hat eine starkwüchsige, buschige Gestalt und trägt glänzend mittelgrünes Laub. **ZONEN 4–9.**

Kordes, Deutschland, 1984

(['Arthur Bell' × 'Zorina'] × ['Honeymoon' × 'Dr A. J. Verhage']) × (Sämling × 'Korresia')

## 'GOLDRAUSCH'

siehe 'Golden Giant'

## 'GOLDSTERN' TANtern

Syn. 'Goldstar' (II), 'Gold Star' (II)

GROSSBLUMIGE KLETTERROSE, GELB, ÖFTERBLÜHEND

Die jungen Blüten dieser Strauch- oder Kletterrose sind rundlich geformt und werden später groß und gefüllt; sie sind von einem klaren dunklen Goldgelb und entfalten sich schalenförmig. Sie erscheinen häufig in Büscheln, manchmal auch einzeln bis in den Herbst und duften mäßig. Die Pflanze ist eine schöne Ergänzung für Randbeete. Da sie bis 3 m hoch wird, kann sie als Kletterrose an Mauern, Zäunen und Säulen kultiviert werden, wegen ihrer guten Verzweigung aber auch als Solitärstrauch. Sie ist wuchsfreudig und trägt dichtes Laub, das ledrig und glänzend dunkelgrün ist. **ZONEN 4–9.**

Tantau, Deutschland, 1966

Eltern unbekannt

'Goldtopas'

'Golestan'

## 'GOLDTOPAS' KORgo, KORtossgo

Syn. 'Gold Topaz', 'Goldtopaz'

FLORIBUNDA, GELB, ÖFTERBLÜHEND

Diese Rose zeigt eine sehr attraktive Mischung aus Bernstein, Gelbbraun und Gelb, die man zunächst nicht vermutet, da die Knospen apricotfarbig sind. Diese entfalten sich zu großen, gefüllten Blüten von Becherform, die manchmal einzeln, manchmal im Büschel von bis zu zehn Blüten auf einem Stiel sitzen, was zur Entstehung von unattraktiven, viel zu dichtgedrängten Blütendolden führt. Wenn die Blütenblätter sich voll entfalten, haben sie wellenförmige Ränder. Ein strenger Duft ist wahrnehmbar. Die buschige Pflanze eignet sich für Beete und Rabatten, wo niedrige Sorten erwünscht sind. Das dichte, recht gesunde Laub ist dunkelgrün und stark glänzend. **ZONEN 4–9.**

Kordes, Deutschland, 1963

'Doctor Faust' × 'Circus'

ADR-Rose 1963

## 'GOLDY' KORbeen

TEEHYBRIDE, GOLDGELB, ÖFTERBLÜHEND

Diese sehr niedrige Rose trägt dichtgefüllte, stark duftende Blüten mit bis zu 60 intensiv gelben Petalen und sorgt über eine langen Zeitraum für eine Blütenpracht. Leider erscheinen auch zahlreiche mißgebildete Blüten; wenn sich diese jedoch korrekt öffnen, sind sie besonders attraktiv. Sie sitzen auf kurzen Stielen, so daß sie für die Vase nicht geeignet sind. Die Blätter sind von einem stumpfen Grün und können für Sternrußtau anfällig sein. **ZONEN 5–9.**

Kordes, Deutschland, 1981

Sämling von 'Berolina'

## 'GOLESTAN' MEIsadina

TEEHYBRIDE, ORANGEROT, ÖFTERBLÜHEND

Diese dekorative Rose hat mittelgroße Blüten mit klassisch hochgebauter Mitte. Schlanke Knospen öffnen sich zu gefüllten Blüten von einem lebhaften Zinnoberrot. Sie duften nur schwach, blühen aber den ganzen Sommer und Herbst hindurch. Früh geschnitten eignen sie sich gut für die Vase. Sie wächst aufrecht, ungleichmäßig, verzweigt und trägt dunkel glänzendes Laub, ist jedoch anfällig für Pilzerkrankungen. **ZONEN 4–9.**

Meilland, Frankreich, 1975

('Tropicana ' × 'Tropicana') × ([Sämling × 'Rouge Meilland'] × 'Kordes' Sondermeldung')

## 'GOLIATH'

TEEHYBRIDE, ORANGE+, ÖFTERBLÜHEND

Die langen, breiten Blütenblätter bilden eine hochgebaute Mitte und sind kräftig, was die Blüte dazu befähigt, die wunderbare symmetrische Form lange Zeit zu bewahren. Die Farbe ist Lachsrosa mit Lachsorange, aber der Duft ist nur schwach. Im Laufe der Blühsaison werden verhältnismäßig wenig Blüten gebildet. 'Goliath' ist eindeutig eine Ausstellungsrose; sie wird überdurchschnittlich hoch, hat eine offene, ausladende Gestalt und trägt mattgrünes Laub.

**ZONEN 4–9.**

Wheatcroft, Großbritannien, etwa um 1970

Eltern unbekannt

## 'GOOD AS GOLD' CHEwsunbeam

KLETTERNDE ZWERGROSE, GOLDGELB, ÖFTERBLÜHEND

Die goldgelben Blüten dieser Rose sind mit etwa 25 Petalen mäßig gefüllt. Wie bei den meisten Nachkommen des Pollenspenders 'Laura Ford' sind die Blüten groß und erscheinen in Büscheln. Sie sind in der Mitte dunkler goldgelb und besitzen einen süßen Duft. Das gesunde Laub ist zart glänzend, hellgrün und etwas bewehrt. Die Pflanze benötigt einige Jahre, bis sie gut eingewurzelt ist. Sie eignet sich für Säulen oder schmale Mauern. **ZONEN 5–11.**

Warner, Großbritannien, 1994

'Anne Harkness' × 'Laura Ford'

Royal National Rose Society Trial Ground Certificate 1993, British Association of Rose Breeders Selection 1995, Royal National Rose Society Rose Day Award 1998

## 'GORDON'S COLLEGE'

COCjabby

FLORIBUNDA, ORANGEROSA, ÖFTERBLÜHEND

Die großen, angenehm duftenden Blüten dieser Rose sitzen auf kräftigen Stielen. Sie sind üppig rötlich lachsfarben, dichtgefüllt, wohlgeformt mit hochgebauter Mitte und behalten lange ihre attraktive Form bei. Im ersten Flor werden sie sehr üppig gebildet und erscheinen weiterhin zahlreich den ganzen Sommer und Herbst hindurch. Diese Rose eignet sich für Beete oder Gruppen in einer Rabatte. Das dichte Laub, das im Austrieb schwärzlich ist, wird später rötlich-grün. Die wuchsfreudige Pflanze ist kompakt und wird mittelhoch. Benannt wurde sie nach einem College in Aberdeen, das von Robert Gordon (1668–1731) gegründet wurde. **ZONEN 4–9.**

Cocker, Großbritannien, 1993

'Abbeyfield Rose' × 'Roddy McMillan'

Royal National Rose Society Trial Ground Certificate 1989, Glasgow Silbermedaille 1995, Royal National Rose Society Rose Day Award 1998

## 'GOURMET PHEASANT'

BODENDECKER, ROT, ÖFTERBLÜHEND

Diese Rose gehört zu üppigen Bodendeckerrosen, die sich etwa siebenmal mehr ausbreiten als sie in die Höhe zu wachsen. Die Blüten weisen eine Farbkombination von üppigem Rot mit dunklem Kirschrosa auf. Sie sind halbgefüllt und zeigen goldgelbe Staubgefäße. Die Blumen sitzen in schweren Büscheln auf herabhängenden Trieben, die sich unter dem Gewicht der Blüten und des Laubs auf den Boden legen. Sie duften schwach und erscheinen bis in den Herbst. Die Rose paßt zu Böschungen, Mauern und eignet sich gut überall dort, wo ein schnellwüchsiger Bodendecker erforderlich ist. Sie trägt leuchtend grünes, glänzendes Laub. **ZONEN 4–9.**

USA, 1995

Eltern unbekannt

## 'GOURMET POPCORN' WEOpop

**Syn. 'Summer Snow'**

ZWERGROSE, WEISS, ÖFTERBLÜHEND

'Gourmet Popcorn' bildet einen wuchsfreudigen, kompakten Busch, der polsterartig wächst. Die rein weißen, halbgefüllten, kurzstieligen Blüten mit ihren kontrastreichen goldgelben Staubgefäßen sitzen in Büscheln zu 30–60 auf der Pflanze und wirken wie ein bunter Wasserfall; dabei verbreiten sie einen schwachen Duft nach Honig. Die Blüte erstreckt sich über den ganzen Sommer und Herbst. Die Zwergrose besitzt dunkelgrünes, krankheitsfestes Laub; sie eignet sich nicht nur für flächige Pflanzungen, sondern kann auzch hervorragend in Kübel, Hängeampeln oder Körbe gepflanzt werden. **ZONEN 4–9.**

Desamero, USA, 1986

Sport von 'Popcorn'

Royal National Rose Society Trial Ground Certificate 1995

## 'GOYA'

FLORIBUNDA, WEISS, ÖFTERBLÜHEND

Diese Rose wurde nach dem spanischen Maler Goya benannt. Sie trägt große, mit über 30 Petalen gefüllte Blüten, die eine schöne, hochgebaute Form besitzen und in der Mitte cremefarben überhaucht sind; sie duften schwach. Das üppige, gesunde Laub ist dunkelgrün, leicht glänzend und bedeckt einen hohen, aufrechten Busch. Die langen, spitzen Knospen, die einzeln oder in kleinen Büscheln auf langen Stielen sitzen, öffnen sich zu Blüten, die in Abständen neu erscheinen. Eine gute Rose für die Vase.

**ZONEN 5–9.**

Bees Ltd., Großbritannien, 1976

'Mildred Reynolds' × 'Arthur Bell'

'Goya'

## 'GRACE ABOUNDING'

FLORIBUNDA, WEISS, ÖFTERBLÜHEND

Die offenen, schalenförmigen Blüten dieser Rose erscheinen in einer Reihe von hellen Farbtönen: Weiß, Creme oder sogar Rosa. Sie kommen in großen Büscheln, sind halbgefüllt, von mittlerer Größe und so ideal geformt, daß sie sich für Ausstellungen genauso gut eignen wie für den Garten. Sie duften schwach. Die Pflanze ist wuchsfreudig, hat eine strauchähnliche Form von mittlerer Höhe und trägt dichtes hellgrünes, leicht glänzendes Laub. **ZONEN 4–9.**

Harkness, Großbritannien, 1968

'Pink Parfait' × 'Penelope'

Royal National Rose Society Trial Ground Certificate 1970

## 'GRACE DARLING'

ALTE R., TEEROSE, WEISSLICH

Grace Darling (1815–1842) gelangte über Nacht zu Ruhm und Ehren, als sie gemeinsam mit ihrem Vater einer vor der englischen Küste mit ihrem Schiff in Seenot geratenen Mannschaft das Leben rettete. Die nach ihr benannte Teerose bildet einen kompakten Busch, der von graugrünen Blättern bedeckt ist. 'Grace Darling' trägt große, cremeweiß getönte rosafarbene Blüten, die im Spätfrühling und gelegentlich auch im Herbst erscheinen. Die becherförmigen, runden Blüten sind durch pfirsichrosafarbene Blütenblätter gekennzeichnet und verbreiten einen angenehmen Duft. Diese Alte Gartenrose benötigt unbedingt ein etwas wärmeres Klima.

**ZONEN 6–9.**

Bennett, Großbritannien, 1884

Eltern unbekannt

'Grace Abounding'

'Gourmet Pheasant'

'Good As Gold'

'Gräfin Sonja'

'Grand Hotel'

'Grace de Monaco'

'Graham Thomas'

## 'GRACE DE MONACO' MEImit

TEEHYBRIDE, HELLROSA, ÖFTERBLÜHEND

Diese Rose spiegelt die damalige Beliebtheit von Grace Kelly wieder, die ihre Filmkarriere aufgab und Prinzessin von Monaco wurde. 'Grace de Monaco' war ein Hochzeitsgeschenk des Züchters an die frischgebackene Fürstin. Diese Sorte hat prächtige Blüten, groß, dichtgefüllt, von rundlicher Form und intensiv duftend. Die Farbe ist ein klares Rosa, ein freundlicher, warmer, gleichmäßiger Ton. Die großen Blütenblätter sind weich und leiden daher bei Regenwetter. Die Blüten erscheinen zahlreich den ganzen Sommer und Herbst hindurch. Die Rose eignet sich besonders für trockenere Gegenden und ist eine gute Schnittblume. Sie ist starkwüchsig, wird mehr als mittelhoch und hat lange, verzweigte Triebe, die sich manchmal unter dem Gewicht der schweren Blüten herabneigen. Die Pflanze ist dicht bedeckt mit großen, ledrigen Blättern.
**ZONEN 4–9.**

Meilland, Frankreich, 1956

'Gloria Dei' × 'Michèle Meilland'

## 'GRACELAND' JACel

TEEHYBRIDE, GELB, ÖFTERBLÜHEND

Die langstieligen Blüten sind recht groß, dichtgefüllt und regelmäßig geformt; die äußeren Blütenblätter sind am Rand gewellt und symmetrisch um eine schöne Mitte angeordnet. Wenn die Blütenblätter sich voll entfalten, werden die Blüten locker becherförmig. Sie haben einen freundlichen Gelbton, der später zum Blütenrand hin heller wird. Die Blüten erscheinen zahlreich, duften aber leider nicht. Die für Garten und Vase geeignete Rose wird überdurchschnittlich hoch und hat glattes, dunkelgrünes Laub. Benannt wurde sie nach dem Anwesen des Rockidols Elvis Presley in Memphis (US-Staat Tennessee).
**ZONEN 4–9.**

Warriner, USA, 1989

'Mabella' × Sämling

Den Haag Goldmedaille 1988

## 'GRACILIS'

ALTE R., BOURSAULTROSE, ROT

Boursaultrosen waren in Frankreich zu Beginn unseres Jahrhunderts sehr beliebt; etwa 50 Sorten waren bekannt. Fast alle von ihnen sind inzwischen verschwunden. Die halbgefüllten Blüten in Kirschrot mit einem Hauch von Flieder sind becherförmig, wenn sie sich öffnen, werden aber später schalenförmig. Sie erscheinen im Frühsommer und bevorzugen halbschattige Standorte. Das dunkelgrüne Laub bedeckt kräftige Zweige und die weichen Stiele tragen große, lange Stacheln.
**ZONEN 6–9.**

Wood, Großbritannien, 1830

Eltern unbekannt

## 'GRÄFIN SONJA' KORfeimot

Syn. 'Countess Sonja'

TEEHYBRIDE, ROSA+, ÖFTERBLÜHEND

Dies ist eine entzückende zweifarbige Rose mit vielen Rosarotnuancen: Die langen Knospen sind kirschrot, und wenn sie sich öffnen, gewähren sie einen Blick auf die inneren Blütenblätter, die silbrig rosa mit dunkelkirschrotem Rand schimmern – ein feiner, aber lebhafter Kontrast. Die mittelgroßen Blüten erscheinen gewöhnlich einzeln und sind schön geformt mit hochgebauter Mitte. Sie eignen sich gut als Schnittblumen, da sie feste Blütenblätter haben und die Form behalten. Sie duften schwach nach Wildrosen. Die Blüten erscheinen unermüdlich den ganzen Sommer und Herbst. 'Gräfin Sonja' ist wuchsfreudig, reich verzweigt und wird mittelhoch. Sie trägt leuchtend dunkelgrünes Laub.
**ZONEN 4–9.**

Kordes, Deutschland, 1994

Eltern unbekannt

## 'GRAHAM THOMAS' AUSmas

Syn. 'English Yellow', 'Graham Stuart Thomas'

STRAUCHROSE, GOLDGELB, ÖFTERBLÜHEND

Als diese Strauchrose eingeführt wurde, war sie etwas völlig Neues, denn sie war die erste gelbe Rose, die in Form und in Anordnung der Blütenblätter den winterharten Alten Rosen des vergangenen Jahrhunderts ähnelte, deren Farben auf Rot, Purpur, Rosa und hellen Farbtöne beschränkt waren. 'Graham Thomas' ist von einem klaren, aber zarten Gelb, das in der Mitte der becherförmigen Blüten dunkler ist. Trotz ihrer Größe und Füllung werden sie in überaus großer Zahl gebildet. Sie sitzen auf langen herabhängenden Stielen, die unter ihrem Gewicht schon einmal knicken. Sie verströmen einen sehr angenehmen Duft und erscheinen unermüdlich bis zum Herbst. Sie ist ein prachtvoller Einzelstrauch für den Garten, läßt sich aber auch als Hochstammrose kultivieren. In kühleren Gebieten wird sie nur mittelhoch, in wärmeren Gegenden jedoch kann sie so stark ausladend werden, daß sie fast wie eine Kletterrose an einer Hausmauer, einer Säule oder an einem Zaun emporwachsen kann. **ZONEN 4–9.**

Austin, Großbritannien, 1983

'Charles Austin' × ('Schneewittchen' × Sämling)

Royal Horticultural Society Award of Garden Merit 1993

## 'GRANADA'

Syn. 'Donatella'

TEEHYBRIDE, ROT+, ÖFTERBLÜHEND

Die Blüten von 'Granada' sitzen manchmal einzeln, aber oft zu mehreren in breiten Büscheln zusammen und ähneln, obwohl als Edelrose bezeichnet, übergroßen Floribundarosen. Sie haben etwa 25 Petalen, die in der Mitte hochgebaut sind, sich dann voll entfalten, so daß die Blüten locker becherförmig werden. Die Blüten sind eine Mischung von Rosa, Orangerot und Hellgelb. Nach einem üppigen ersten Flor erscheinen den ganzen Sommer und Herbst hindurch weitere Blüten; sie duften würzig. Diese nicht winterharte Rose wird fast doppelt so hoch wie der Durchschnitt und hat eine wuchsfreudige, aufrechte Gestalt. Ihre faltigen, dunkelgrünen Blätter sind von ledriger Struktur und können an Mehltau erkranken. **ZONEN 5–9.**

Lindquist, USA, 1963

'Tiffany' × 'Cavalcade'

All-American Rose Selection 1964, Gamble Duftpreis 1968

## 'GRAND HOTEL' MACtel

Syn. 'Grandhotel'

GROSSBLUMIGE KLETTERROSE, ROT, ÖFTERBLÜHEND

Diese Sorte wächst üppig, blüht aber auch nach dem ersten Flor unermüdlich neu bis in den Herbst weiter. Die großen Blüten sind gefüllt, sitzen in Büscheln zusammen und entfalten sich gut locker becherförmig. Sie sind wetterfest, haben aber nur einen schwachen Duft. Die Rose hat feste, verzweigte Triebe, die sich problemlos an einer Mauer oder einem Zaun hochziehen lassen. Sie benötigt ausreichend Luftzufuhr, wo Mehltau und Sternrußtau sie gefährden. Daher ist ein freistehendes Spalier mit guter Stütze am besten für die Kultur geeignet. Die Pflanze wird mittelhoch, kann aber durch einen Schnitt leicht niedriger gehalten werden. Sie trägt recht gesundes, dichtes dunkelgrünes Laub. **ZONEN 4–9.**

McGredy, Großbritannien, 1972

'Brilliant' × 'Heidelberg'

ADR-Rose 1977

## 'GRAND MASTERPIECE' JACpie

TEEHYBRIDE, ROT, ÖFTERBLÜHEND

Die Vorzüge dieser leuchtend roten Sorte sind die üppige Blüte, die auch nach dem ersten Flor den ganzen Sommer und Herbst hindurch für Aufsehen sorgt, sowie ihre Qualität als Schnittrose, da die mittelgroßen bis großen Blüten auf sehr langen Stielen sitzen. Sie sind dichtgefüllt und entfalten sich von schönen langen, schlanken Knospen zu wohlgeformten Blüten mit hoher Mitte, während die Blütenblätter sich langsam becherförmig öffnen. Sie sind sehr haltbar, da sie feste Blütenblätter haben, die aber nicht duften. Die Pflanze ist wuchsfreudig und hat eine überdurchschnittlich hohe, aufrechte Gestalt; ihr Laub ist mittelgrün.
**ZONEN 4–9.**

Warriner, USA, 1978

Sämling × 'Tonight'

## 'GRAND NORD' DELgrord

Syn. 'Great Nord', 'Great North'

TEEHYBRIDE, WEISS, ÖFTERBLÜHEND

Eine ausgewachsene Pflanze dieser Sorte kann in warmen Regionen bis zu 3 m hoch und ebenso breit werden und mehr als 100 Blüten tragen, die sich bestens als

'Grand Siècle'

Schnittrosen eignen. Elegante spitze Knospen öffnen sich zu hochgebauten, gefüllten, weißen Blüten, die etwas duften. Sie entfalten sich langsam und bewahren lange ihre schöne symmetrische Form. Bei ausgewachsenen Pflanzen erscheinen die Blüten unermüdlich den ganzen Sommer und Herbst über. Im Garten kommt 'Grand Nord' am besten im hinteren Bereich von Rabatten zur Geltung. Sie ist wuchsfreudig und bringt zahlreiche kurze Blütentriebe hervor, die zusammen mit dem dichten, dunklen Laub sehr eindrucksvoll wirken. **ZONEN 4–9.**

Delbard-Chabert, Frankreich, 1975

(['Queen Elizabeth' × 'Provence'] × ['Virgo' × 'Carina']) × (['Voeux de Bonheur' × 'Virgo'] × ['Virgo' × 'Gloria Dei'])

Paris Goldmedaille 1970, Rom Goldmedaille 1973

## 'GRAND SIÉCLE' DELegran

**Syn. 'Great Century'**

TEEHYBRIDE, ROSA+, ÖFTERBLÜHEND

Feminin, elegant und schön sind die Attribute, die Delbard-Chabert seiner Lieblingsrose zuschrieb. Die großen Blüten bestehen aus mehr als 30 Petalen in klassischer Edelrosentradition. Sie bekommen eine anmutige und symmetrische Form, wenn sie sich langsam vollständig öffnen. Die Farbe ist eine feine Mischung aus Creme und Rosa. Die Blüten duften frisch nach Himbeeren, Apfel und Rosen. 'Grand Siécle' eignet sich gut für die Vase und den Garten. Ihre Blüten erscheinen einzeln oder in breiten Büscheln den ganzen Sommer und Herbst hindurch. Die wuchsfreudige Pflanze wird mittelhoch und hat eine reich verzweigte Gestalt. Sie trägt, große, mittel- bis dunkelgrüne Blätter. **ZONEN 4–9.**

Delbard-Chabert, Frankreich, 1987

(['Queen Elizabeth' × 'Provence'] × ['Michèle Meilland' × 'Bayadère']) × (['Voeux de Bonheur' × MEImet] × ['Gloria Dei' × 'Dr Débat'])

Bagatelle Goldmedaille

## 'GRANDMA'S PINK' MORbouquet

STRAUCHROSE, ROSA, ÖFTERBLÜHEND

Ralph Moore brachte während seiner langjährigen Tätigkeit viele neuartige Rosen auf den Markt. Die Blüten dieser Sorte erinnern an die altmodischer Strauchrosen und blühen immer wieder. Die Blumen sind rein rosa und sehr dicht gefüllt. Sie sind mittelgroß, sitzen in Büscheln zusammen und duften kaum. Die mittelhohe Sorte eignet sich gut für Beete und Rabatten, läßt sich aber auch in einem großen Kübel kultivieren; sie ist auch eine gute Schnittrose. Die Pflanze

'Grand Nord'

wird etwas höher als eine typische Floribundarose, hat eine aufrechte, buschige Gestalt und trägt mattes, mittelgrünes Laub. **ZONEN 4–9.**

Moore, USA, 1991

'Shakespeare Festival' × 'Marchioness of Londonderry'

## 'GRANDMASTER'

**Syn. 'Grand Master'**

STRAUCHROSE, APRICOT+, ÖFTERBLÜHEND

Schon der Züchter stellte fest, daß diese Sorten, nicht überall gut gedeiht. Die sehr großen Blüten sind aprikosenfarbig, lederfarben und orange überhaucht. Sie sind halbgefüllt und öffnen sich schalenförmig mit einer lockeren Anordnung gewellter Petalen. Die Blütenbüschel sind sehr groß und können aus bis zu 50 Einzelblüten bestehen. Sie haben einen angenehmen Duft und erscheinen fleißig den ganzen Sommer und Herbst. Die Sorte wird für Gruppen, Hecken, aber auch als Einzelpflanze empfohlen. Neuere Sorten mit ähnlicher Farbe und besserer Beschaffenheit haben inzwischen ihren Platz eingenommen. Die Pflanze wächst aufrecht, ziemlich sparrig und wird knapp mittelhoch. Das hellgrüne Laub kann für Sternrußtau anfällig sein. **ZONEN 5–9.**

Kordes, Deutschland, 1954

'Sangerhausen' × 'Sunmist'

Goldmedaille der National Rose Society 1952

## 'GRAND'MÈRE JENNY'

**Syn. 'Grem'**

TEEHYBRIDE, GELB+, ÖFTERBLÜHEND

Diese Tochterrose der 'Gloria Dei' hat wunderschöne Blüten in zarten Farbtönen – ein helles Gelb als Grundfarbe, das auf den äußeren Petalen rosa überhaucht ist und zur Mitte hin pfirsichgelb wird. Die Blüten erscheinen einzeln oder zu wenigen auf einem Stiel. Die spitzen Knospen entfalten sich zu dichtgefüllten Blüten mit langen Blütenblättern, die in der Mitte einen wohlgeformten Kegel bilden, bevor sie sich bald vollständig öffnen und schließlich selbst reinigen. Die Sorte ist sehr reichblühend, duftet süß und ist recht wetterfest. Ihre Anfälligkeit für Sternrußtau hat ihre Beliebtheit allerdings stark gemindert. Die Pflanze ist mäßig wuchsfreudig, hat eine aufrechte Gestalt und trägt schöne dunkle Blättern. François Meilland benannte diese Rose nach seiner Großmutter, die ihn psychisch und moralisch stets unterstützte. **'Climbing Grand'mère Jenny'** (Syn. 'Gremsar', 1958) ist ein Sport von 'Grand'mère Jenny'. Ihre Blüten erschei-

nen vereinzelt, aber die Pflanze ist kräftig und wuchsfreudig, daher wächst sie am besten vor einer hohen Mauer, einem hohen Zaun oder an einer Pergola. **ZONEN 5–9.**

Meilland, Frankreich, 1950

'Gloria Dei' × 'Signora'

Goldmedaille der National Rose Society 1950, Rom Goldmedaille 1955

## 'GRANDPA DICKSON'

siehe 'Irish Gold'

## 'GRANNY'

siehe 'My Granny'

## 'GRANNY'S BONNET' JACflare

FLORIBUNDA, ROSA+

Die Blüten dieser Rose sind dunkelrosa, mit blassem Zitronengelb bis Weiß auf der Unterseite. Wenn sie sich entfalten, zeigen sie die Farbe der Unterseite zuerst, der ein Dunkelrosa folgt, das beim vollständigen Öffnen ebenso wie die goldgelben Staubgefäße sichtbar wird. Die attraktiven Blüten erscheinen in Büscheln und sehen wie „gemalt" aus. Das Laub ist dunkelgrün, etwas glänzend und bedeckt diese niedrige bis mittelhohe Pflanze. 'Granny's Bonnet' ist eine ausgezeichnete Rose für Beete oder niedrige Rabatten; dabei ergänzt sie sich hervorragend mit Zwiebelblumen und einjährigen Pflanzen. **ZONEN 5–9.**

Jackson & Perkins, USA, 1996

Eltern unbekannt

## 'GREAT MAIDEN'S BLUSH'

ALTE R., ALBA-ROSE, HELLROSA

Die zart fleischrosafarbenen, gefüllten Blüten dieses großen Strauchs mit herabhängenden Zweigen verströmen einen feinen Duft. Das Laub ist, wie bei Alba-Rosen üblich, graugrün. Eine weitere registrierte 'Small Maiden's Blush' entstand wahrscheinlich 1797 in Kew Gardens. Diese Rosen neigen allgemein zur Bildung von Sports; daneben ist auch noch eine farbintensivere Version mit dem Namen 'Cuisse de Nymphe Emué' bekannt. Thripse und Nässe können sehr schaden; dennoch ist sie eine zauberhafte Rose. **ZONEN 5–9.**

Etwa um 1400

Eltern unbekannt



## 'GREAT NEWS'

FLORIBUNDA, MAUVE, ÖFTERBLÜHEND

Die Blüten sind so groß und mit 35 Petalen so dicht gefüllt, daß der Züchter sie als eine Edelrose bezeichnete. Sie sind dunkelpflaumen-purpurfarben mit einem silbrigen Ton auf der Außenseite der Petalen, die sich reizvoll wellen und kräuseln, wenn sie sich voll entfalten. Der Duft ist angenehm, und die Blüten erscheinen den ganzen Sommer und Herbst hindurch. Die Pflanze ist recht wuchsfreudig und eignet sich für Beete und Rabatten; die Höhe kann durch die ungleichmäßige Gestalt unterschiedlich sein. Sie trägt große olivgrüne Blätter. **ZONEN 4–9.**

LeGrice, Großbritannien, 1973

'Rose Gaujard' × 'City of Hereford'

'Great News'

'Great Maiden's Blush'

'Grand'mère Jenny'

## 'GREAT VENTURE'

TEEHYBRIDE, GELB+, ÖFTERBLÜHEND

Die aufrechte Pflanze ist sehr kräftig und trägt zahlreiche, große, dunkelgrüne Blätter von lederartiger Struktur, die recht krankheitsfest sind. Die langen Knospen öffnen sich langsam zu großen, duftenden, mit 30 Petalen gefüllten Blüten. Die Farbe ist ein üppiges, dunkelrosa überhauchtes Apricotgelb. Mit den langen Stielen und dem dichten Laub ist sie eine gute Schnittrose. ZONEN 5–9.

Dawson, Australien, 1970

'Daily Sketch' × 'Suspense'

## 'GREAT WESTERN'

ALTE R., BOURBONROSE, MAUVE

Diese duftende Rose bringt runde, dicke Knospen hervor, die so zahlreich erscheinen, daß man einige entfernen sollte, um das Aufblühen zu erleichtern. Die gefüllten, runden Blüten sind abwechselnd dunkelrot, magenta-karminrot oder purpur-kastanienbraun. Sie blühen im Frühsommer in Büscheln zu 10–15 Blüten und entfalten sich am besten im Halbschatten. Die wuchsfreudige Pflanze wird bis zu 1,8 m hoch, hat verzweigte Stiele und Triebe, die voller Stacheln sind. Auf nährstoffarmem Böden gedeiht sie erstaunlich gut. ZONEN 5–9.

Laffay, Frankreich, 1840

Eltern unbekannt



## 'GREEN DIAMOND'

ZWERGROSE, ROSA, ÖFTERBLÜHEND

Die spitzen Knospen von 'Green Diamond' enthüllen beim Öffnen staubig rosafarbene Blüten, die beim Verblühen zu einem sanften Grün übergehen. Die Blüten sind becherförmig, gefüllt und sehr klein. Die mittelgrünen Blätter sind winzig, ledrig und bedecken die dichte Pflanze vollständig. 'Green Diamond' eignet sich besonders gut für Topfkulturen. ZONEN 5–11.

Moore, USA, 1975

Polyantha-Sämling × 'Sheri Anne'

## 'GREEN FIRE'

FLORIBUNDA, GOLDGELB, ÖFTERBLÜHEND

Dolden mit kleinen, schönen Knospen öffnen sich zu mittelgroßen, schalenförmigen, leuchtend gelben, schwach duftenden Blüten mit auffallenden Staubgefäßen. Die Pflanze ist sehr blühfreudig und eignet sich gut für Beete und Rabatten. Sie wächst aufrecht, hat eine dichte, buschige Gestalt und wird nicht ganz mittelhoch. Sie trägt kleine, hellgrüne Blätter, die anfällig für Sternrußtau sind. ZONEN 5–9.

Swim, USA, 1958

'Goldilocks' × Sämling

National Rose Society Trial Ground Certificate 1958

## 'GREEN ICE'

ZWERGROSE, WEISS, ÖFTERBLÜHEND

Weiße spitze Knospen öffnen sich zu weiß bis zart grünen Blüten. Diese kleinen, gefüllten Blumen werden von dekorativen, kleinen, glänzenden Blättern umrahmt. Ihre große Blütenbüschel sind beim Öffnen weiß mit einem Hauch von Rosa und weisen später einen schönen Grünton auf. Die Pflanze hat einen ausladenden, überhängenden Wuchs und eignet sich hervorragend für hängende Körbe. ZONEN 5–11.

Moore, USA, 1971

(*Rosa wichuraiana* × 'Floradora') × 'Jet Trail'

'Great Western'

'Green Ice'

'Great Venture'

## 'GREEN ROSE'

Syn. 'Grüne Rose', ***Rosa chinensis viridiflora*, *R. viridiflora*, 'Rosa Monstrosa'**

ALTE R., CHINAROSE, GRÜN, ETWAS NACHBLÜHEND

Diese Rose bildet anstelle von Petalen grüne Kelchblätter aus. Die kleinen Knospen öffnen sich zu gefüllten, blattähnlichen Kelchblättern, deren Spitzen bronzefarben sind. 'Green Rose' blüht lange und sehr üppig. Sie ist eine aufrechte, 1 m hohe und krankheitsfeste Pflanze, die einfach zu kultivieren ist und sich auch auf nährstoffarmen Böden wohlfühlt. Es werden keine Früchte gebildet. ZONEN 7–9.

Vor 1833

Wahrscheinlich ein Sport von 'Old Blush'

## 'GREEN SNAKE' LENwich, LENwiga

**Syn. 'Serpent Vert'**

BODENDECKERROSE, WEISS

'Green Snake', eine niederliegende Pflanze, trägt eine große Anzahl von kleinen, einfachen, weißen Blüten. Die Blütenbüschel können aus bis zu 25 schwach duftenden Blüten bestehen, die auf kurzen Stielen sitzen. Diese Rose ist das Kreuzungsergebnis einer europäischen Rose (*Rosa arvensis*) mit einer orientalischen Art (*R. wichuraiana*). Sie blüht im Sommer nur für kurze Zeit und ist nicht weit verbreitet. Diese niedrige Pflanze breitet sich sehr stark aus; ihre Blätter sind klein und löffelartig. ZONEN 4–9.

Lens, Belgien, 1987

*Rosa arvensis* × *R. wichuraiana*

## 'GREENALLS GLORY' KIRmac

FLORIBUNDA, ROSA+, ÖFTERBLÜHEND

Die Blüten dieser Sorte haben einen sehr hübschen Farbton: Silberweiß mit einem blassen Rotrosa in der Mitte. Sie verströmen einen schwachen Duft und sind im Vergleich zum Umfang der Pflanze recht groß. Die Blüten sitzen in sehr dichten Büscheln zusammen und erscheinen unermüdlich bis in den Herbst. Die sich gerade öffnenden Blüten besitzen eine schön gefaltete Mitte, beim weiteren Aufblühen klappen sie immer weiter auf und werden schließlich beinahe schalenförmig; dadurch entsteht ein schöner Farbeindruck. Sie eignet sich für Beete, wo niedrigwachsende Pflanzen benötigt werden, für den vorderen Bereich einer Rabatte, aber auch als Kübelpflanze; außerdem ist sie eine ausgezeichnete Ansteckrose. Die Pflanze bleibt sehr niedrig, ist aber wuchsfreudig und ausladend. Das dichte Laub ist glänzend mittelgrün. ZONEN 4–9.

Kirkham, Großbritannien, 1989

Sport von 'Regensberg'

'Green Rose'

'Greensleeves'

## 'GREENMANTLE'

ALTE R., RUBIGINOSA-HYBRIDE, ROT+

Diese Sorte zählt zu den weniger bekannten Hybriden des Züchters Penzance, die er Ende des 19. Jh. hervorbrachte. Er unternahm auch Kreuzungsversuche zwischen *Rosa rubiginosa* und Remontantrosen wie auch Bourbonrosen, um besonders robuste Rosen zu erhalten. Die dunkelroten Knospen öffnen sich zu klar rosafarbenen, manchmal rosaroten Blüten mit weißem Auge. Die gekräuselten Petalen von 5 cm Größe umrahmen goldgelbe Staubgefäße. Die Rose blüht nur einmal im Sommer. Sie ist eine wuchsfreudige, robuste Pflanze, die eine undurchdringliche Barriere bildet, wenn sie als Hecke gepflanzt wird. 'Greenmantle' hat scharfe Stacheln und duftende Blätter. Sie paßt gut in Landschaftsgärten und benötigt viel Platz. Die leuchtend roten, langlebigen Hagebutten werden im Herbst zu einem Blickfang. ZONEN 4–9.

Penzance, Großbritannien, 1895

Hybride von *Rosa rubiginosa* (Syn. *R. eglanteria*)

## 'GREENSLEEVES' HARlenten

FLORIBUNDA, GRÜN, ÖFTERBLÜHEND

Diese Rose wird hauptsächlich wegen ihrer hervorragenden Eignung als Schnittblume kultiviert. Erfolgt der Schnitt, sobald die rosafarbenen Knospen sich öffnen, behalten die Blüten lange ihre Form und sorgen mit ihrer wunderschönen hellgrünen Farbe für ein reizvolles Farbenspiel. In der Vase nehmen die nur schwach duftenden Blüten eine Schalenform mit gekräuselten Blütenblättern an, im Garten werden sie dagegen fleckig und verblassen etwas. Sie sitzen in Büscheln auf hohen, aufrechten Stielen zusammen und erscheinen den ganzen Sommer und Herbst über. 'Greensleeves' wird gut mittelhoch und trägt ledriges Laub, das zwar fest aussieht, aber anfällig für Sternrußtau ist. ZONEN 4–9.

Harkness, Großbritannien, 1980

('Rudolph Timm' × 'Arthur Bell') × (['Pascali' × 'Elizabeth of Glamis'] × ['Sabine' × 'Violette Dot'])

Baden-Baden Spezialpreis 1979, Rom Certificate of Merit 1979

## 'GREY DAWN'

FLORIBUNDA, MAUVE, ÖFTERBLÜHEND

Die großen Blüten mit über 40 Petalen erscheinen in Büscheln, was die relativ kleine Pflanze sehr viel Kraft kostet. Die Blütenfarbe ist ein graues Rosa mit etwas Pfirsichgelb auf der Petalenunterseite. Die Blüten sind fest, hochgebaut und öffnen sich später ganz weit. Sie erscheinen im Sommer und Herbst in größeren Abständen und besitzen einen schwachen Duft. Die Pflanze bleibt niedrig, hat eine buschige Gestalt und glänzend dunkelgrünes Laub. **ZONEN 5–9.**

LeGrice, Großbritannien, 1975

'Brownie' × 'News'

## 'GROOTENDORST SUPREME'

RUGOSA-HYBRIDE, DUNKELROT, ÖFTERBLÜHEND

Diese besonders robuste Sorte trägt Büschel mit vielen kleinen, granatroten Blüten. Sie sind dichtgefüllt mit schön gesägten Blütenblättern – wie Nelken – und verströmen einen schwachen Duft. Am besten eignet sich die Rose für Rabatten, wo robuste und pflegeleichte Pflanzen erwünscht sind. Sie kann auch gepflanzt werden, um schöne Schnittrosen zu erhalten, da die zierlichen Blüten haltbar sind und in kleinen Sträußen sehr gut aussehen. Die Pflanze wächst schlank aufrecht, ist stark bewehrt und wird für eine Strauchrose recht hoch. Sie trägt hübsche kleine, ledrige Blätter, die aber den dürren, stacheligen Strauch nicht vollständig bedecken. **ZONEN 4–9.**

Grootendorst, Niederlande, 1936

Sport von 'F. J. Grootendorst'

## 'GROS CHOUX D'HOLLANDE'

ALTE R., BOURBONROSE, HELLROSA

Der Name der Rose bedeutet nichts anderes als „Großer Kohl aus Holland", obwohl die Blüten weder groß sind noch wie ein Kohlkopf aussehen. Sie duften sehr gut, sind gefüllt, becherförmig und von einem zarten Rosa. Der nur mäßig blühwillige Strauch ist extrem wuchsfreudig und kann große Flächen bedecken; dabei erreicht er eine Höhe von bis

'Griseldis'

'Grootendorst Supreme'

'Gros Provins Panaché'

zu 2 m. **ZONEN 5–9.**

Eltern unbekannt

## 'GROS PROVINS PANACHÉ'

ALTE R., GALLICA-ROSE, MAUVE

Dieser 1,5 m hohe Strauch blüht nur einmal Anfang Juni und trägt große, gefüllte, stark duftende Blüten. Die purpur bis rosafarbenen Blütenblätter sind weiß überhaucht, wodurch diese Sorte zu den schönsten „gestreiften" Rosen überhaupt zählt. Sie ist krankheitsfest und sieht in einem gemischten Beet oder in einem naturnahen Garten am besten aus. **ZONEN 4–9.**

Fontaine, Frankreich, vor 1855

Wahrscheinlich eine Gallica × Chinensis-Hybride

## 'GROUSE 2000' KORteilhab

STRAUCHROSE, HELLROSA, ÖFTERBLÜHEND

Die alte 'Grouse' (Kordes, Deutschland, 1982) wurde zuerst in Deutschland als 'Immensee' eingeführt. 1998 wurde dann eine andere Rose, die ihr in vielerlei Hinsicht ähnlich ist, nur in Großbritannien auf den Markt gebracht. 'Grouse 2000' hat kleine, einfache, schalenförmige, duftende Blüten, die zart rötlich-weiß sind und auffällige gelbe Staubgefäße zur Schau stellen. Während des ersten Flors ist die Pflanze vollkommen mit Blüten bedeckt, die weiter bis in den Herbst erscheinen. Ihre Ausmaße entsprechen einer durchschnittlichen, leicht ausladenden Strauchrose mit dekorativ glänzendem Laub. **ZONEN 4–9.**

Kordes, Deutschland, 1998

Eltern unbekannt

## 'GRUSS AN AACHEN'

**Syn. 'Salut d'Aix la Chapelle'**

FLORIBUNDA, HELLROSA, ÖFTERBLÜHEND

Diese Rose trägt als eine der ältesten Floribundarosen große Büschel mit mittelgroßen bis großen Blüten, die als Knospe blaßorangerot gefärbt sind, sich später zu einem Perlmuttrosa und Creme entfalten. Bevor sie becherförmig werden, sind sie in der Mitte wohlgeformt mit

'Gros Choux d'Hollande'

'Gruss an Aachen'

'Gruss an Berlin'

vielen Blütenblättern, die sich ganz entzückend umeinanderlegen. Ihr Duft ist angenehm. Das ledrige, recht gesunde Laub ist üppig dunkelgrün. Der Name ist eine Hommage an die Heimatstadt des Züchters. **ZONEN 4–9.**

Geduldig, Deutschland, 1909

Frau Karl Druschki' × 'Franz Deegen'

## 'GRUSS AN BERLIN'

**Syn. 'Greetings'**

TEEHYBRIDE, ROT, ÖFTERBLÜHEND

Die rundlichen Knospen dieser Rose entwickeln sich zu festen Blüten. Sie sind hochgebaut und setzen sich aus 40 rein roten Petalen zusammen. Sie besitzen keinen Duft, was für eine rote Rose enttäuschend ist. Die Pflanze ist wuchsfreudig, hat eine buschige, aufrechte Gestalt und trägt glänzend dunkelgrünes Laub. **ZONEN 4–9.**

Kordes, Deutschland, 1963

Eltern unbekannt

## 'GRUSS AN COBURG'

TEEHYBRIDE, APRICOT+, ETWAS NACHBLÜHEND

Rundliche Knospen öffnen sich zu gleichfalls runden, locker gefüllten Blüten. Die jungen Blüten zeigen eine lebhafte Farbmischung von Apricot mit Kupferrosa auf den Blütenunterseiten. Sie sind mittelgroß, sitzen manchmal nickend auf ihren Stielen und erscheinen im Sommer üppig, später nur noch vereinzelt. Sie verströmen einen starken Duft. Diese alte Edelrose ist recht wuchsfreudig, hat eine verzweigte Gestalt und wird überdurchschnittlich hoch. Ihr Laub ist im Austrieb bronzegrün, später dunkelgrün. **ZONEN 4–9.**

Felberg- Leclerc, Deutschland, 1927

'Gruss an Teplitz'

'Alice Kaempff' × 'Souvenir de Claudius Pernet'

## 'GRUSS AN FREUNDORF'

RAMBLERROSE, DUNKELROT

Diese Rose wurde neuerdings wiedereingeführt. Die wuchsfreudige Ramblerrose trägt leuchtend grünes Laub, das krankheitsfest ist. Die einfachen karminroten Blüten mit weißer Mitte haben einen starken Duft. Sie erscheinen in großen Rispen und sorgen sechs Wochen lang für eine wunderbare Vorstellung. Im Herbst erscheinen kleine, ovale, leuchtend rote Hagebutten, die der Pflanze einen besonderen Charme verleihen. **ZONEN 3–10.**

Praskac, Tschechoslowakei, 1913

Hybride von *Rosa wichuraiana* × 'Crimson Rambler'

## 'GRUSS AN HEIDELBERG'

siehe 'Heidelberg'

## 'GRUSS AN TEPLITZ'

**Syn. 'Virginia R. Coxe'**

ALTE R., BOURBONROSE, ROT, ETWAS NACHBLÜHEND

Spitze Knospen entfalten sich zu leuchtend roten, gefüllten Blüten, die später nachdunkeln und auffällige Staubgefäße besitzen. Die becherförmigen, lieblich durftenden Blumen erscheinen in lockeren Büscheln, blühen lange und verändern bei strahlender Sonne ihre Farbe. Gepflanzt wird sie als Kletter- oder Strauchrose und läßt sich einfach ziehen. Das etwas krankheitsanfällige, im Austrieb purpurfarbene Laub wird später grün. Die Sorte wurde nach der Heimatstadt des Züchters benannt. **ZONEN 5–9.**

Geschwind, Österreich-Ungarn, 1897

(['Sir Joseph Paxton' × 'Fellemberg'] × 'Papa Gontier') × 'Gloire des Rosomanes'

'Guitare'

'Guillaume Gillemot'

## 'GRUSS AN ZABERN'

RAMBLERROSE, WEISS

Die weißen, duftenden, halbgefüllten Blüten dieser Sorte zeigen geöffnet gelbe Staubgefäße; sie erscheinen früh, meist Anfang Juni, sind mittelgroß und sitzen in flachen Rispen zusammen. Die Rose wird 3 m hoch und kann problemlos als Kletterrose gezogen werden, da die Triebe dünn und biegsam sind. An einer Pergola oder einem Bogen kommt sie wunderbar zur Geltung. Sie ist robust, recht krankheitsfest und trägt kleine Stacheln.

ZONEN 7–9.

Lambert, Deutschland, 1904

'Euphrosine' × 'Madame Ocker Ferencz'

## 'GUIDING SPIRIT' HARwolave

ZWERGROSE, DUNKELROSA, ÖFTERBLÜHEND

Da die Blüten zu mehreren in kurzstieligen Büscheln erscheinen, sitzen sie dicht über dem Laub. Sie sind dunkelrosa und gehen später in Rosarot über. Die etwa 20 kleinen, schmalen Petalen sind, wenn sie sich entfalten, ordentlich um die goldgelben Staubgefäße angeordnet. Die Blüten duften schwach und blühen den ganzen Sommer und Herbst hindurch. Diese niedrige, kompakte Zwergrose eignet sich am besten für Einfassungen oder für Kübel. 'Guiding Spirit' trägt kleine, etwas glänzende, dunkelgrüne Blätter.

ZONEN 4–9.

Harkness, Großbritannien, 1989

([{'Mainzer Fastnacht' × 'Lilac Charm'} × 'Sterling Silver'] × [Sämling × (Sämling × *Rosa californica*)]) × 'Little Prince'

Courtrai Certificate of Merit 1989

'Guinée'

## 'GUILLAUME GILLEMOT'

ALTE R., REMONTANTROSE, ROT

Diese Rose trägt kirschrote Blüten, die zart silbrig überhaucht sind und im Sommer dunkler werden. Die runden, sehr großen Blüten zieren einen dichten Busch und erscheinen gelegentlich auch im Herbst. Die Sorte ist heute nur noch in botanischen Gärten zu sehen.

ZONEN 5–9.

Schwartz, Frankreich, 1880

Sämling von 'Madame Charles Wood'

## 'GUINÉE'

GROSSBLUMIGE KLETTERROSE, DUNKELROT, ETWAS NACHBLÜHEND

Die intensiv dunklen Blüten dieser Kletterrose sind anfänglich samtig, entfalten sich dann später zu recht großen, dichtgefüllten, becher- bis schalenförmigen Blumen mit goldgelben Staubgefäßen, die halb verdeckt sind. Sie haben an warmen Tagen einen angenehmen Duft. Am wohlsten fühlt sich 'Guinée' an einer recht sonnigen, aber nicht zu heißen Mauer oder einem Zaun, wo ihre Haupttriebe seitlich und schräg gezogen werden können. Dadurch erreicht man ein Maximum an Blüten, die in der Regel im Sommer erscheinen und mit einiger Unterbrechung auch später noch blühen. Die Pflanze ist wuchsfreudig, steif verzweigt und trägt ledriges, dunkelgrünes Laub, das für Mehltau anfällig ist, wenn die Wurzeln nicht mit ausreichend Feuchtigkeit versorgt werden.

ZONEN 4–9.

Mallerin, Frankreich, 1938

'Souvenir de Claudius Denoyel' × 'Ami Quinard'

'Guinevere'

## 'GUINEVERE'

TEEHYBRIDE, REIN ROSA, ÖFTERBLÜHEND

Die Farbe dieser Rose ist ein kühler Rosaton, der auf der Unterseite der Blütenblätter heller ist. Beim ersten Flor sind die gefüllten Blüten sehr groß und ähneln wohlgeformten Zentifolien; ihre breiten Petalen entfalten sich mit eleganter Symmetrie. Sie sitzen auf kräftigen Stielen dicht am Laub, duften aber nur schwach. Die späteren Blüten sind kleiner, aber erscheinen unermüdlich den ganzen Sommer und Herbst. 'Guinevere' eignet sich für Beete, Rabatten und für die Vase, ist aber offenbar im Handel nicht mehr erhältlich. Sie wächst aufrecht zu durchschnittlicher Höhe, hat eine dichte, buschige Gestalt und trägt etwas rundliches, dunkelgrünes Laub. Sie ist nach der Gemahlin des sagenhaften Königs Artus benannt. ZONEN 4–9.

Harkness, Großbritannien, 1967

'Red Dandy' × 'Gloria Dei'

Royal National Rose Society Trial Ground Certificate 1966, Baden-Baden Goldmedaille 1969

## 'GUITARE' GAegui

FLORIBUNDA, ORANGE+, ÖFTERBLÜHEND

'Guitare' ist eine leuchtende und freundliche Rose mit zahlreichen Büscheln rundlicher Knospen, die sich zu dichtgefüllten, mittelgroßen, angenehm duftenden, runden Blüten öffnen. Diese weisen eine Farbmischung von Gold und Orange auf, die zum Blütenrand hin korallenrot und auf der Blütenunterseite orange wird. Sie verströmen einen angenehmen Duft. Die Rose paßt in Beete und Rabatten, eignet sich aber auch zum Schnitt. Die Pflanze ist wuchsfreudig, hat eine buschige Gestalt und wird mittelhoch. Sie trägt ledriges, hellgrünes Laub.

ZONEN 4–9.

Gaujard, Frankreich, 1963

'Vendome' × 'Golden Slippers'

Bagatelle Goldmedaille 1966

'Gruß an Zabern'

## 'GULETTA'

siehe 'Tapis Jaune'

## 'GÜTERSLOH 85'

STRAUCHROSE, ROT, ÖFTERBLÜHEND

Die Farbe dieser Sorte ist ein feuriges Scharlachrot mit glühendem Orange auf einigen der Blütenblätter, wenn diese sich entfalten. Die Blüten sind klein bis mittelgroß mit etwa zwei Dutzend Blütenblättern und öffnen sich locker becherförmig. Sie erscheinen zahlreich in wohlgeordneten Büscheln unermudlich bis in den Herbst hinein und duften nur schwach. Diese Sorte ist gesund und eignet sich für Pflanzungen in gemischten Beeten, als Heckenrose oder als Solitärstrauch; erhältlich ist wohl nur beim Züchter. Die wuchsfreudige, recht hohe Pflanze hat eine aufrechte, reich verzweigte Gestalt und trägt dunkelgrünes Laub, das im Austrieb rötlich ist.

ZONEN 4–9.

Noack, Deutschland, 1985

Eltern unbekannt

## 'GUY DE MAUPASSANT'

MEIsocrat

FLORIBUNDA, REIN ROSA, ÖFTERBLÜHEND

Diese Sorte vereint die etwas wirre, geviertelte Form einiger Alten Rosen mit der aufrechten Gestalt und wiederholten Blüte vieler moderner Rosen. Ihre rundlichen Knospen entfalten sich zu dicht gefüllten Blüten mit etwa 100 Petalen. Sie sind hell karminrosa und verströmen einen scharfen und würzigen Apfelduft. Einzelne Blütenbüschel lassen sich sehr schön in kleine Blumenarrangements integrieren. 'Guy de Maupassant' sorgt in Beeten oder Randbeeten hinter niedrigeren Rosen bis in den Herbst für ein frohes Farbenspiel. Sie wird etwa doppelt so hoch wie eine moderne Beetrose, ist wuchsfreudig, dicht belaubt und hat eine buschige Gestalt. Benannt wurde sie nach dem bekannten französischen Schriftsteller (1850–1893).

ZONEN 4–9.

Meilland, Frankreich, 1994

Eltern unbekannt

## 'GUY LAROCHE' DELgorg, DELricos

Syn. 'Château de Versailles', 'Gorgeous George', 'La Tour d'Argent'

TEEHYBRIDE, ROT+, ÖFTERBLÜHEND

Diese Teehybride fühlt sich in warmen Gegenden besonders wohl. Ihre Blüten sind leuchtend rot und auf der Unterseite der Blütenblätter silbrig überhaucht.

'Guy de Maupassant'

'Guy Laroche'

Sie sind dichtgefüllt und erscheinen in der Regel einzeln. Beim Öffnen sind die Blüten hochgebaut, werden aber becherförmig flach, wenn die ziemlich kurzen, festen Blütenblätter sich voll entfalten. Diese sind Lage für Lage sehr schön angeordnet und verleihen der Blume eine symmetrische Form. Die Blüten sind sehr langlebig und eignen sich daher gut für den Garten und die Vase. Sie duften schwach und erscheinen unermüdlich den ganzen Sommer und Herbst über. Die Pflanze wird mittelhoch oder etwas darüber, hat eine buschige Gestalt und trägt mittel- bis dunkelgrünes Laub. **ZONEN 5–9.**

**Delbard, Frankreich, 1986**

**Sämling × ('Michèle Meilland' × 'Carla')**

## 'GWEN FAGAN' POUlgewfa

**STRAUCHROSE, HELLROSA, ÖFTERBLÜHEND**

Diese Rose wurde nach der Autorin des englischsprachigen Buchs *Roses at the Cape of Good Hope* benannt. In diesem Werk werden Rosen in alten Gärten, auf Friedhöfen und an den Straßen Südafrikas beschrieben. Einige dieser Sorten, die man für längst ausgestorben hielt, wurden inzwischen wieder kultiviert. 'Gwen Fagan' ist eine außergewöhnlich duftende Strauchrose, deren Knospen sich auch dann zu üppigen rosafarbenen Blüten entfalten, wenn alle anderen Rosen sich längst zur Winterruhe begeben haben. Die Blüten sind dichtgefüllt mit zahlreichen Petalen, die sich zu einer Rosette formen und geviertelt oder etwas wirr angeordnet sind. Die robuste Strauch wird hoch, und da die Triebe herabhängen, sollten sie gestützt werden oder an einer Mauer, einem Zaun gezogen werden. Bedeckt von einer Unzahl von rosafarbenen, duftenden Blüten ist der Strauch unschlagbar. **ZONEN 4–11.**

**Poulsen, Dänemark, 1991**

**Eltern unbekannt**

## 'GWEN MAYOR' COCover

**Syn. 'Gwen Meyer'**

**TEEHYBRIDE, APRICOT+, ÖFTERBLÜHEND**

Die Rosenzüchterfamilie Cocker war über 100 Jahre lang mit der Rosenzucht beschäftigt, aber erst als Alec Cocker vor 30 Jahren die Firma übernahm, gewann sie an Bedeutung. Seine 'Silver Jubilee' aus dem Jahre 1978 stellte dank der Elternsorten ihre hervorragende Blüten- und Blattqualitäten unter Beweis; 'Gwen Mayor' ist eine weitere Rose aus dieser Züchtung. Sie trägt hochgebaute Blüten in klassischer Edelrosenmanier, die eine

'Gwen Nash'

Farbmischung von Pfirsich und Apricot enthalten. Diese sitzen einzeln oder in großen Büscheln zusammen und erscheinen den ganzen Sommer und Herbst hindurch. Die angenehm duftende Rose eignet sich für Beete, Rabatten und für die Vase. Die Pflanze wird knapp mittelhoch, hat eine aufrechte, buschige Gestalt und trägt wunderschönes, glänzend dunkelgrünes Laub. Sie erhielt ihren Namen in Erinnerung an eine Grundschullehrerin, die 1996 im schottischen Dorf Dunblane zusammen mit fast allen ihren Schülern von einem Amokläufer getötet wurde.

**ZONEN 4–9.**

**Cocker, Großbritannien, 1997**

**'Silver Jubilee' × 'Remember Me'**

## 'GWEN NASH'

**GROSSBLUMIGE KLETTERROSE, ROSA+, ÖFTERBLÜHEND**

Diese Sorte trägt lange, spitze Knospen, die sich zu ziemlich silbrig aussehenden rosafarbenen Blüten mit gelblich-weißer Mitte und auffälligen goldgelben Staubgefäßen entfalten. Sie sind groß, haben zwölf oder mehr große, gewellte Petalen und öffnen sich langsam becherförmig; ihr Duft ist köstlich. Die Rose benötigt Wärme und kommt bei ausreichendem Platz gut an einer Pergola oder einem Spalier zur Geltung. 'Gwen Nash' ist wuchsfreudig, hat rankende Triebe und trägt große, faltige, graugrüne Blätter. **ZONEN 6–10.**

**Clark, Australien, 1920**

**'Rosy Morn' × Sämling**

'Gypsy Moth'

'Gypsy Jewel'

## 'GWEN SWANE' MACwhaka

**STRAUCHROSE, REIN ROSA, ÖFTERBLÜHEND**

Diese Sorte trägt Büschel mit wohlgeformten Rosen von kleiner bis mittlerer Größe. Die Blüten sind gleichmäßig rosa getönt und setzen sich aus etwa 40 Petalen zusammen. Sie haben einen schwachen Duft und erscheinen unermüdlich bis in den Herbst. Die Rose fügt sich überall ein, wo eine ausladende Strauchrose von mittlerer Höhe fehlt. Mit ihren langen, weichen Trieben läßt sie sich auch als Kaskadenrose auf Hochstamm ziehen. Die kleinen, mattgrünen Blätter bilden für die Blüten einen schönen Rahmen. **ZONEN 5–9.**

**McGredy, Neuseeland, 1987**

**'Macbroey' × 'Snow Carpet'**

## 'GYPSY'

**TEEHYBRIDE, ORANGEROT, ÖFTERBLÜHEND**

Das Sensationelle an dieser Rose sind die flammenden, auffälligen, scharlachrot bis orangefarbenen Blüten, die sich aus langen spitzen Knospen entwickeln. Sie sind dichtgefüllt, haben eine Tulpenform und werden schließlich locker becherförmig. Die Blüten sitzen auf langen Stielen, manchmal einzeln, manchmal in Büscheln und sind lange haltbar – auch in der Vase. In erster Linie ist diese hochwachsende Sorte eine Gartenrose und eignet sich für Hecken oder Gruppen. Sie bringt den ganzen Sommer und Herbst unaufhörlich Blüten hervor, deren Duft würzig, aber nicht sehr ausgeprägt ist. Die Pflanze wird überdurchschnittlich hoch, hat eine aufrechte, reich verzweigte Gestalt und trägt große, ledrige, glänzende Blätter. **ZONEN 4–9.**

**Swim und Weeks, USA, 1972**

**(['Rouge Meilland' × 'Chrysler Imperial'] × 'El Capitan') × 'Comanche'**

**All-American Rose Selection 1973**

## 'GYPSY JEWEL'

**ZWERGROSE, DUNKELROSA, ÖFTERBLÜHEND**

Die dunkelrosafarbenen, gefüllten Blüten machen den wahren Charme dieser Rose aus. Sie sind klein, mit über 50 Petalen dicht gefüllt und hochgebaut mit Ausstellungsqualität. Die Blüten, die gewöhnlich in kleinen Büscheln zusammensitzen, zieren einen nur 60 cm hohen Busch und sind besonders haltbar. Die Pflanze ist wuchsfreudig und bringt zahlreiche Blüten hervor. Sie wächst breiter als hoch und eignet sich so auch gut für dekorative Einfassungen.

**ZONEN 5–11.**

**Moore, USA, 1975**

**'Little Darling' × 'Little Buckaroo'**

## 'GYPSY MOTH'

**FLORIBUNDA, ORANGEROSA, ÖFTERBLÜHEND**

Die Blüten sind von einem besonders zarten hellen Lachsrosa und duften schwach. Sie sitzen auf kräftigen Stielen, manchmal einzeln, aber in der Regel in Büscheln. Die langen Knospen öffnen sich zu hochgebauten mit 35 Petalen gefüllten Blüten von mittlerer Größe. Sie bewahren die klassische Edelrosenform, bis die äußeren Blütenblätter sich langsam becherförmig entfalten. 'Gypsy Moth' paßt in jeden Garten; ihre Blüten eignen sich gut für kleine Sträuße. Die Pflanze ist wuchsfreudig, wird mittelhoch und buschig und trägt lange, glänzend mittelgrüne Blätter.

**ZONEN 4–9.**

**Tantau, Deutschland, 1968**

**Eltern unbekannt**

'Gwen Swane'

# H I

## 'HADLEY, CLIMBING'

GROSSBLUMIGE KLETTERROSE, ROT

Die Blüten weisen einen warmen, jedoch keinen dunklen Karminrot-Ton auf und haben eine samtige Struktur. Sie entfalten sich zu großen, locker gefüllten, becherförmigen Blüten, die sehr angenehm duften. Im Sommer bringt die Pflanze einen reichen Flor hervor, gelegentlich folgt eine Nachblüte. Die Blüten sitzen auf langen Stielen und sind ausgezeichnete Schnittblumen. Diese Kletterrose eignet sich sehr gut für Mauern, Zäune und hohe Säulen. Sie erreicht eine mittlere Höhe und sollte im Frühjahr vor kaltem Wind geschützt werden, da es sonst zur Bildung blütenloser Triebe kommen kann. Die Pflanze trägt dichtes grünes Laub und ist anfällig für Mehltau, weswegen auch trockene Standorte gemieden werden sollten.

**ZONEN 4–9.**

Teschendorff, Deutschland, 1927

Sport von 'Hadley'

## 'HAKUUN'

Syn. 'White Cloud'

ZWERGROSE, WEISS, ÖFTERBLÜHEND

Diese Zwergrose bringt Massen von rundlichen, halbgefüllten Blüten hervor, die ganz dicht auf kurzstieligen Zweigen sitzen. Sie sind von mittlerer Größe und entwickeln sich von langen, spitzen Knospen zu schön geformten, becherförmigen Blüten. Zunächst haben die Blüten eine orangebraune Farbe, die dann zu Cremeweiß verblaßt, manchmal mit rosafarbenen Flecken auf den sich nach außen rollenden Blütenblättern. Ihr Duft ist schwach. Der erste Flor ist so üppig, daß die Stiele und das Laub unter der Blütenfülle fast verschwinden; die Blüte hält den ganzen Sommer und Herbst an. Diese Rose eignet sich hervorragend als Beeteinfassung oder wenn nur wenig Platz vorhanden ist. Die Pflanze bleibt sehr niedrig und hat eine buschige, leicht ausladende Gestalt sowie hellgrünes Laub. **ZONEN 4–9.**

Poulsen, Dänemark, 1962

Sämling × ('Rosenmärchen' × 'Rosenmärchen')

'Hadley, Climbing'

## 'HALALI'

FLORIBUNDA, DUNKELROSA, ÖFTERBLÜHEND

Diese Sorte könnte eher als eine Strauchrose denn als eine Beetrose gelten, da die beiden Elternsorten sehr starkwüchsig sind. Ihre großen Blüten sitzen auf langen Stielen in unterschiedlich großen Gruppen, die große Büschel bilden. Die runden Knospen entfalten sich zu locker gefüllten, becherförmigen Blüten mit runder Silhouette. Ihre Farbe ist dunkelrosa und ihr Duft nur schwach. Nach dem ersten Flor blüht sie den ganzen Sommer und Herbst hindurch. Daher ist sie eine gute Wahl für Standorte, an denen eine hohe Rose erwünscht ist, so zum Beispiel im Hintergrund einer gemischten Rabatte oder als Hecke. Diese Rose ist sehr wuchsfreudig und wird überdurchschnittlich hoch. Ihr dichtes Laub ist groß und ledrig. **ZONEN 4–9.**

Tantau, Deutschland, 1956

'Märchenland' × 'Gloria Dei'

## 'HALO DOLLY' MORwateye

ZWERGROSE, ROSA+, ÖFTERBLÜHEND

Die Blüten dieser Rose lassen sich am besten als zweifarbig beschreiben: außen rötlich gefärbte Blütenblätter, die innen rosa sind und zum Grund hin rötlich-lavendelfarben werden. Die kleinen Blüten bestehen aus 6–14 Petalen und sitzen an aufrechten Stielen zusammen in kleinen Büscheln. Sie duften nicht. Die Laubblätter sind klein, mittelgrün und etwas glänzend. Die rundliche Pflanze hat eine dekorative, aufrechte, buschige Gestalt und wird oft breiter als hoch. Die Farbkombination der Blüten hält länger an, wenn die Rose am Nachmittag im Schatten steht. 'Halo Dolly' ist das Ergebnis einer Kreuzung von Ralph Moore, der eine Serie von Varianten züchtete, deren Blütenmitte wie ein farblich kontrastierender Heiligenschein wirkt, und deren Namen mit 'Halo' beginnen. **ZONEN 5–11.**

Moore, USA, 1992

'Anytime' × Sämling ('Anytime' × 'Angel Face')

'Halali'

## 'HALO RAINBOW' MORrainbow

ZWERGROSE, ROSA+, ÖFTERBLÜHEND

Diese Rose besitzt nur fünf Petalen, die aber für einen wundervollen Anblick sorgen. Die cremeweißen Blüten sind rosa umrandet und besitzen eine sehr viel hellere Mitte. Sie erscheinen in Form von kleinen Büscheln und verströmen einen schwachen Duft. Ihr Laub ist leicht glänzend und mittelgrün. Der Busch ist ohne Stacheln und zeigt einen ausladenden Wuchs. Diese Rose bedeutet eine wahre Bereicherung der Sorten mit einfachen Blüten. **ZONEN 5–11.**

Moore, USA, 1995

Sämling × 'Make Believe'

## 'HALO STAR' MORanyface

ZWERGROSE, ORANGE+, ÖFTERBLÜHEND

Diese liebliche Rose bringt Blüten hervor, deren Blütenblätter außen rot, innen orange bis rosafarben sind. Der schöne Anblick wird durch eine stark kontrastierende Lavendelfarbe an der Blütenbasis ergänzt. Die Blüten sind einfach und bestehen aus fünf Blütenblättern. Die goldfarbenen Staubgefäße sind rot umkreist. Die kleinen Blüten erscheinen gewöhnlich in kleinen Büscheln und duften nicht. Ihre Farbe verblaßt später; die Blütenblätter kräuseln sich und bekommen eine Sternform. Diese kleine, aufrechte Pflanze ist kälteempfindlich und benötigt Winterschutz. **ZONEN 6–11.**

Moore, USA, 1992

Sämling ('Anytime' × 'Angel Face') × Sämling ('Anytime' × 'Angel Face')

## 'HALO TODAY' MORtoday

ZWERGROSE, ORANGEROSA, ÖFTERBLÜHEND

Das ungewöhnliche Rosa der Blütenblätter mit einem lavendelfarbenen Blütengrund sorgt bei dieser Sorte für den schönen 'Heiligenschein'-Effekt dieser Rosenserie. Die einfachen Blüten haben 6–14 Petalen und duften nicht. Sie erscheinen meistens in kleinen Büscheln und werden von leicht glänzendem, mittelgrünem Laub umgeben. Die kleine, aufrechte, rundliche Pflanze eignet sich sehr gut als Kübelpflanze. **ZONEN 6–11.**

Moore, USA, 1994

('Anytime' × 'Gold Badge') × ('Anytime' × 'Lavender Jewel')

'Hakuun'

## 'HAMBURGER PHÖNIX'

STRAUCHROSE, ROT, ÖFTERBLÜHEND

Diese Sorte könnte man auch als Kletterrose bezeichnen, da sie an einer hohen Säule, einer Mauer oder einem Zaun gezogen werden kann. Sie ist eine Rose, die man eher wegen der Farbwirkung als wegen ihrer schönen, halbgefüllten Blüten pflanzen sollte. Die Blüten sind groß, dunkelkarminrot und erscheinen in üppigen Büscheln. Vollständig geöffnet sind sie becherförmig und erlauben einen flüchtigen Blick auf das weißliche Gelb, das die Staubgefäße umgibt. Ihr Duft ist schwach. Der Flor hält den ganzen Sommer und Herbst über an. Die Pflanze erkrankt kaum, gedeiht üppig mit herabhängenden Trieben, und dank der zahlreichen großen, leuchtenden Blätter zeigt der Strauch einen dichten Bewuchs. **ZONEN 4–9.**

Kordes, Deutschland, 1954

*Rosa kordesii* × Sämling

National Rose Society Trial Ground Certificate 1950

## 'HAMPSHIRE' KORhamp

BODENDECKERROSE, ROT, ÖFTERBLÜHEND

Diese Sorte eignet sich gut für Standorte, an denen eine Bodendeckerrose von bescheidener Größe erwünscht ist. Die Blüten erscheinen in dichten Büscheln. Ihre leuchtende Farbe zieht die Blicke auf sich, besonders wenn die einfachen, scharlachroten Blüten sich schalenförmig öffnen, um die goldgelben Staubgefäße freizugeben. Die Blüte hält den ganzen Sommer und Herbst über an; ihr folgen dekorative orangefarbene Hagebutten, wenn die verwelkten Blüten nicht entfernt werden. Der Blütenduft ist nur schwach. Die Pflanze bleibt niedrig mit ausladender Gestalt, die etwa zweieinhalb mal so breit wie hoch wird. Sie trägt glänzendes, mittelgrünes Laub.

**ZONEN 4–9.**

Kordes, Deutschland, 1989

Eltern unbekannt

## 'HAND IN HAND' HARaztec

ZWERGROSE/RABATTENROSE, ORANGEROT, ÖFTERBLÜHEND

Diese Rose hat einen dichten, buschigen, aufrechten Wuchs und bringt sehr dichtgefüllte, hellscharlachrote Blüten hervor, die rosettenförmig sind. Sie duften nur schwach. Die zahlreichen Blüten erscheinen gewöhnlich in dichten Büscheln. Die Nachblüte erfolgt schnell, und die Rose ist recht krankheitsfest. Diese Rose eignet sich sehr gut für Gruppenpflanzungen oder für kleine Beete, wo eine dicht belaubte, buschige Sorte von niedrigem Wuchs bevorzugt wird. **ZONEN 5–9.**

Harkness, Großbritannien, 1994

'Little Prince' × 'Memento'

Genf Certificate of Merit 1994, Courtrai und Glasgow Certificate of Merit 1995

## 'HÄNDEL' MACha

**Syn. 'Haendel', 'Handel'**

GROSSBLUMIGE KLETTERROSE, ROSA+, ÖFTERBLÜHEND

Diese Rose bringt rosafarbene Blüten mit einem silbrigweißen Rand hervor. Sie sitzen in breiten Büscheln an aufrechten Stielen. Die schlanken Knospen entfalten sich zu locker gefüllten Blüten, die klein bis mittelgroß sein können. Die jungen Blüten sind schön geformt und hoch; später werden sie becherförmig und sind bei kühler Witterung am schönsten. Ihr Duft ist schwach, aber der Flor hält den ganzen Sommer und Herbst über an. Die späten Blüten können oft etwas zerzaust aussehen. Sie ist eine gute Kletterrose von mäßiger Ausbreitung. Die schöne Form der Blütenbüschel prädestiniert diese kletternde Sorte als begehrte Ausstellungsrose. Die kräftige Pflanze hat einen ausladenden Wuchs und sollte vor einer Wand, einem Zaun oder an einem Spalier stehen, wo sie sich gut ausbreiten kann. Sie läßt sich aber auch an einer Säule als einzelner hoher Strauch ziehen. Ihr Laub ist glänzend dunkelgrün und gelegentlich anfällig für Sternrußtau.

**ZONEN 4–9.**

McGredy, Neuseeland, 1965

'Columbine' × 'Gruß an Heidelberg'

Royal National Rose Society Trial Ground Certificate 1965, Portland Goldmedaille 1975, Royal Horticultural Society Award of Garden Merit 1993

## 'HANNAH GORDON' KORweiso

**Syn. 'Raspberry Ice'**

FLORIBUNDA, ROSA+, ÖFTERBLÜHEND

Die Blüten dieser Rose zeigen eine zauberhafte Kombination eines rötlichen Farbtons mit Kirschrosa. Die Petalen sind hauptsächlich rötlich gefärbt und werden zum Rand hin dunkler. Sie sind wohlproportioniert und entfalten sich von rundlichen Knospen zu becherförmigen, gefüllten Blüten. Wenn sie sich vollständig öffnen, sind sie recht groß und verströmen einen angenehmen Duft. Die Blütenbüschel sind relativ groß, so daß jede Einzelblüte ausreichend Platz hat, um vollständig zur Geltung zu kommen. So entsteht ein sehr schöner farbiger Gesamteindruck. Der Flor hält den ganzen Sommer und Herbst an, weshalb sich die Rose für Beete und Rabatten, aber auch zum Schnitt eignet. Die wuchsfreudige Pflanze hat eine ausladende Gestalt, wächst jedoch nicht sehr hoch. Sie trägt große, dunkelgrüne Laubblätter.

**ZONEN 4–9.**

Kordes, Deutschland, 1983

Sämling × 'Bordure'

Royal National Rose Society Trial Ground Certificate 1983

## 'HANNE'

**Syn. 'Hannah'**

TEEHYBRIDE, ROT, ÖFTERBLÜHEND

Obwohl diese Sorte zu den besten roten Rosen Nordeuropas zählt, wurde sie anderswo nie so richtig bekannt. Bei 'Hanne' sind die kräftigen und festen Blütenstiele von 'Gloria Dei' mit dem Duft von 'Ena Harkness' kombiniert; die Blüten sind jedoch nicht so groß. Die Farbe ist karminscharlachrot. Die dichtgefüllten Blüten entwickeln sich von langen Knospen zu schön geformten, hochgebauten Blüten, die den ganzen Sommer und Herbst erscheinen. Sie überstehen schlechtes Wetter gut und eignen sich für Beete, Rabatten und als Schnittblumen. Die Pflanze ist wuchsfreudig, wächst aufrecht und erreicht dabei eine mittlere Höhe; ihr Laub ist ledrig.

**ZONEN 4–9.**

Soenderhousen, Dänemark, 1959

'Ena Harkness' × 'Gloria Dei'

'Hampshire'

## 'HANSA'

**Syn. 'Hansen's'**

RUGOSA-HYBRIDE, ROT, ÖFTERBLÜHEND

Die großen, gefüllten Blüten dieser Rose sind rotviolett mit einer stellenweise mauvefarbenen Tönung – eine sehr ungewöhnliche Färbung. Die Blütenblätter sind sehr schön gekräuselt. Die Blüten sind so schwer, daß die kurzen Stiele sich nach unten beugen. Sie verströmen einen strengen, nelkenähnlichen Duft. Der überaus reiche Flor hält den ganzen Sommer bis in den Herbst hinein an, dann erscheinen große, rote Hagebutten. Diese dekorative Sorte eignet sich gut als Gebüsch oder für Mischbeete, wo sie uneingeschränkt wachsen kann. Als Strauchrose erreicht sie eine mittlere Höhe. Sie ist absolut winterhart; in milderen Klimaten bekommt sie lange Triebe, und die Blütenfarbe verblaßt.

**ZONEN 3–9.**

Schaum und Van Tol, Niederlande, 1905

Eltern unbekannt

'Händel'

H

## 'HANSA-PARK' KORfischer

**Syn. 'Hanza Park'**
STRAUCHROSE, MAUVE, ÖFTERBLÜHEND

Diese Rose ist zartrosa gefärbt, wobei die Blütenblätter außen dunkler sind. Die Blüten sind von mittlerer Größe, sehr dichtgefüllt und sitzen in Büscheln zusammen. Sie verströmen einen schwachen Duft und eignen sich gut für den Schnitt. Die hochgebauten Blüten öffnen sich langsam zu einer symmetrischen, rundlichen Form, wodurch der warme Farbton sehr eindrucksvoll zur Geltung kommt. Sie blühen den ganzen Sommer und Herbst über. Die Pflanze ist wuchsfreudig, von aufrechter Gestalt und wird überdurchschnittlich hoch. Das dichte Laub ist dunkelgrün und leicht glänzend.
**ZONEN 4–9.**

Kordes, Deutschland, 1994

Eltern unbekannt

H

## 'HANSALAND' KORhassi

**Syn. 'Charles', 'Charles Notcutt'**
RUGOSA-HYBRIDE, DUNKELROT, ÖFTERBLÜHEND

Dieser hübsche Strauch bringt mittelgroße Blüten in einem leuchtendem Scharlachrot hervor. Die schlanken, spitzen Knospen, die in Büscheln zusammen sitzen, entfalten sich zu halbgefüllten, becherförmigen Blüten mit goldgelben Staubgefäßen. Sie verströmen einen schwachen, aber sehr angenehmen Duft. Die Pflanze blüht sehr üppig und bildet den ganzen Sommer und Herbst über ein farbenprächtiges Bild. Diese Rose eignet sich als Heckenpflanzung oder für gemischte Rabatten. Sie entwickelt sich zu einem dichten Strauch von mittlerer Höhe mit ausladender Gestalt.
**ZONEN 4–9.**

Kordes, Deutschland, 1993

Eltern unbekannt

Royal National Rose Society Certificate of Merit 1996, Belfast Certificate of Merit 1997

## 'HANSESTADT LÜBECK'

siehe 'Lübeck'

## 'HAPPENSTANCE'

**Syn. 'Baby Mermaid'**
STRAUCHROSE, HELLGELB, ÖFTERBLÜHEND

'Happenstance' ist ein kleinwüchsiger Sport oder Sämling der hohen Kletterrose 'Mermaid'. Sie wächst zu einem kleinen, dornigen Strauch heran, der breiter als hoch wird. Ihr immergrünes Laub ist glänzend. Der Flor beginnt relativ spät und dauert bis zu den ersten Herbstfrösten an. Diese niedrigwüchsige Sorte bildet kleine Hügel, die einfache, blaßgelbe Blüten mit bernsteinfarbenen Staubgefäßen hervorbringen. 'Happenstance' wird in den USA immer beliebter, ist aber sonst praktisch unbekannt. Wie 'Mermaid' gedeiht sie in heißen Klimaten sehr gut und ist sehr kälteempfindlich. Diese einzigartige kleine Rose hat einen angenehmen Duft und eignet sich sehr gut für kleine Gärten.
**ZONEN 5–9.**

Buss, Deutschland, um 1950

Abstammung von 'Mermaid'

'Happiness'

'Hansa-Park'

'Happy Day'

'Happy'

'Happy Child'

## 'HAPPINESS'

**Syn. 'Rouge Meilland', 'Rim'**
TEEHYBRIDE, ROT, ÖFTERBLÜHEND

Diese Rose wurde mit großem Erfolg eingeführt. Als eine Gewächshausrose war sie weltweit bei allen Floristen sehr beliebt, brachte sie doch perfekt geformte, langlebige Blüten mit kräftigen Petalen und großartige Erträge die ganze Schnittblumensaison über. Die Blüten sind groß, zuerst leuchtend karminrot, verblassen dann zu einem etwas bläulichen Mittelrot. Sie sind sehr dichtgefüllt, öffnen sich schalenförmig und duften nicht. In kühleren Klimaten wachsen die Rosen außerhalb von Gewächshäusern nur schwach und blühen sehr spärlich. Daher sollte diese Rose nur in warmen Gegenden im Garten gepflanzt werden, sie neigt jedoch leicht zu Rostpilz. Die Pflanze wächst aufrecht und sehr verzweigt; ihr Laub ist mattgrün.
**ZONEN 5–9.**

Meilland, Frankreich, 1949

('Rome Glory' × 'Tassin') × ('Charles P. Kilham' × ['Charles P. Kilham' × 'Capucine Chambard'])

## 'HAPPY'

**Syn. 'Alberich'**
POLYANTHAROSE, ROT, ÖFTERBLÜHEND

Die Blüten dieser Sorte werden unterschiedlich beschrieben – als karminrot oder johannisbeerrot. Unzählige Knospen erscheinen in Büscheln, die sich zu dicht gepackten rosettenförmigen Blüten entfalten, so daß sie schließlich wie eine bunte Decke aussehen. Die Blüten sind recht gut gefüllt und haben feste Petalen. Sie bewahren ihre Schönheit noch lange Zeit, wenn sie nicht sofort abgeschnitten werden, sobald sie zu welken beginnen. Der erste Flor ist besonders üppig; nach einer Blühpause, in der sich die Pflanze erholt, kommt es im Spätsommer und Herbst zu einer Nachblüte. Vor der Blüte von Bodendeckerrosen eignen sich 'Happy' und die mit ihr verwandte 'Compacta' gut für Steingärten und kleinere Flächen; sie werden heutzutage aber nur noch selten gepflanzt. Die niedrigwüchsige Pflanze ist ausladend und ähnelt in ihrer Gestalt einem Kissen. Sie trägt kleine, dunkle, glänzende Blätter.
**ZONEN 4–9.**

de Ruiter, Niederlande, 1954

'Robin Hood' × 'Katharina Zeimet'-Sämling

## 'HAPPY CHILD' AUScomp

STRAUCHROSE, REIN GELB, ÖFTERBLÜHEND

Diese Sorte wird auch als Englische Rose klassifiziert. Sie hat ganz große Blüten, die in der Mitte leuchtend gelb sind und zum Rand hin blasser werden. Sie entwickeln sich aus rundlichen Knospen zu breit becherförmigen, dichtgefüllten Blüten. Die Petalen sind in der Mitte so stark ineinandergefaltelt, daß sie besonders dekorativ wirken und lange haltbar sind, während die äußeren, sich nach außen rollenden Petalen der Blüte ein rundliches Aussehen verleihen. Ihr Duft ist angenehm nach Teerosen, und der Flor hält den ganzen Sommer und Herbst an. Diese Sorte eignet sich gut für Mischbeete, sie ist eine mittelhohe Strauchrose mit buschiger Gestalt und glänzend mittelgrünen Blättern, die denen der Kamelie ähneln. **ZONEN 4–9.**

Austin, Großbritannien, 1993

(Sämling × 'Schneewittchen') × 'Hero'

## 'HAPPY DAY' SIMpalno

**Syn. 'Velvet Lustre'**
TEEHYBRIDE, ROT+, ÖFTERBLÜHEND

Diese Sorte trägt ihre Blüten einzeln auf einem Stiel. Die langen, spitzen Knospen entfalten sich zu dichtgefüllten Blüten von klassischer Form, die sich schließlich becherförmig öffnen. Sie weisen eine Farbmischung aus Rot und Lachsrosa auf. Ihr Duft ist schwach, aber sehr angenehm. Die Blüten erscheinen vereinzelt von Sommer bis zum Herbst. Diese Sorte eignet sich für Beete und Rabatten, obwohl sie zur Zeit im Fachhandel nicht erhältlich zu sein scheint. Die Pflanze ist wuchsfreudig, hat eine buschige Gestalt und wird mittelhoch. Sie trägt große, leicht glänzende, dunkelgrüne Blätter.
**ZONEN 4–9.**

Simpson, Neuseeland, 1979

'First Prize' × 'Gypsy Moth'

## 'HAPPY DAYS' MACseatri

TEEHYBRIDE, ROSA+, ÖFTERBLÜHEND

Die Farbe der mittelgroßen Blüten dieser Sorte ist eine Mischung aus zarten Rosatönen, rötlich auf der Oberseite, hellrosa und hübsch geädert auf der Unterseite der Petalen. Wenn die breiten Petalen sich nach hinten biegen, werden die Schattierungen dunkler und schaffen einen sehr wirkungsvollen Farbkontrast. Die Blüten erscheinen meistens in Büscheln und sind mit 20 Petalen recht gut gefüllt. Die jungen Blüten sind hochgebaut, ihr Duft ist sehr erfrischend. Die reiche Blühperiode hält den ganzen Sommer und Herbst an. Die Blüten sind langlebig und eignen sich sehr gut für den Schnitt. Die buschig wachsende Pflanze erreicht eine mittlere Höhe und trägt dunkelgrünes Laub. **ZONEN 4–9.**

McGredy, Neuseeland, 1988

(Poulsen-Sämling × 'Picasso') × 'Paradise'

## 'HAPPY MEILLANDINA'

Syn. 'Happy Thought'

ZWERGROSE, ORANGEROSA, ÖFTERBLÜHEND

Die eleganten spitzen Knospen dieser Rose öffnen sich zu rosafarbenen Blüten, die sehr fein korallenfarben und gelb überhaucht sind. Die gefüllten Blüten haben 40 Petalen und werden von kleinen, mittelgrünen Blättern umgeben. Die Blüten besitzen eine leuchtende Farbe und eine dekorative, unordentlich wirkende Form. Ihre große Blühfreudigkeit hält die ganze Blühperiode über an. Die Pflanze neigt eher dazu, sich auszubreiten, als in die Höhe zu wachsen. Dadurch eignet sie sich gut für einen hängenden Korb. **ZONEN 5–11.**

Moore, USA, 1978

(*Rosa wichuraiana* × 'Floradora') × 'Sheri Anne'

## 'HAPPY WANDERER'

FLORIBUNDA, ROT, ÖFTERBLÜHEND

Diese Rose hat kurze Triebe, so daß die Blüten ganz dicht an der Pflanze sitzen. Zapfenförmige Knospen entfalten sich zu schön geformten Blüten in einem warmen und gleichmäßigen karminscharlachroten Farbton. Sie sind von mittlerer Größe, bestehen aus über 30 Petalen und öffnen sich in warmen Klimazonen so weit, daß ihre kontrastreichen goldfarbenen Staubgefäße sichtbar werden. Ihr Duft ist eher schwach. Nach einem ersten, reichen Flor erscheinen im Sommer und Herbst weitere Blüten. Sie ist die richtige Wahl für kleinere Gärten oder Beete mit niedrig wachsenden Pflanzen. Der Strauch ist wuchsfreudig, kompakt und buschig; er trägt leicht glänzende, kleine Blätter. **ZONEN 4–9.**

McGredy, Neuseeland, 1974

Sämling × 'Marlene'

ADR-Rose 1975

'Happy Thought'

## 'HAREWOOD' TANinaso

Syn. 'Snow Cloud'

STRAUCHROSE, ROSA+, ÖFTERBLÜHEND

Die Farbe dieser Sorte ist in kühleren Regionen deutlich hellrosa mit etwas Rot zur Blütenmitte hin. Die halbgefüllten Blüten sind recht klein, haben schmale Blütenblätter und öffnen sich becherförmig, um ihre Staubgefäße freizulegen. Sie erscheinen in großen Büscheln und verströmen einen schwachen Duft. Der Flor ist vor allem im Sommer sehr üppig, hält aber bis zum Herbst hin an. Die niedrigwüchsige Pflanze wird doppelt so breit wie hoch. Sie bildet kurze, überhängende Triebe; ihr Laub ist klein und mittelgrün. Bei begrenztem Platz eignet sich diese Strauchrose sehr gut als Bodendekker, sie gibt aber auch eine hervorragende Kübelpflanze ab, wenn sie sich zur Seite hin entwickeln darf. **ZONEN 4–9.**

Tantau, Deutschland, 1993

Eltern unbekannt

British Association of Rose Breeders Breeder's Choice 1992

## 'HARISON'S YELLOW'

Syn. *Rosa* × *harisonii*, 'Harisonii', 'Pioneer Rose', 'Yellow Rose of Texas'

ALTE GARTENROSE, DUNKELGELB

Die kleinen, halbgefüllten, leuchtend gelben Blüten verströmen einen fruchtigen Duft. Die langen Triebe bilden einen buschigen, offenen Strauch mit vielen Stacheln. Diese Sorte gehört zu den robustesten der Familie und breitet sich durch Wurzelschößlinge sehr schnell aus. In der Tat läßt sich diese Rose am besten durch des Einpflanzen der Ausläufer vermehren. Es werden schwarze, borstige Früchte gebildet. Die Pflanze wird in zwei Jahren 3–3,5 m hoch und bringt in trockenen, kühlen Gegenden zahlreiche Blüten hervor. Im Jahre 1830 entdeckte der Amateurzüchter Harison diese gelbe Rose in seinem Garten im heutigen New Yorker Stadtteil Manhattan. Von dort aus gelangte sie in zahlreiche Gärten der USA. **ZONEN 4–9.**

Harison, USA, etwa 1830

Wahrscheinlich Pimpinellifolia-Hybride × *Rosa foetida*

Royal Horticultural Society Award of Garden Merit 1993

'Harison's Yellow'

'Harold Macmillan'

'Happy Wanderer'

'Harmonie'

## 'HARLEKIN' KORlupo

Syn. 'Arlequin', 'Harlequin', 'Kiss of Desire'

GROSSBLUMIGE KLETTERROSE, ROSA+, ÖFTERBLÜHEND

Diese Kletterrose bringt Büschel mit großen Blüten hervor, die am Blütengrund cremeweiß, am Rand dunkelrosarot bis rot sind. Die Blüten sind dichtgefüllt mit anfangs schön geformter Mitte, werden später jedoch becherförmig, wenn die Blütenblätter vollständig geöffnet sind. Unter dem Gewicht der Blüten biegen sich die Triebe herab. Ihr Duft ähnelt dem einer Wildrose. Nach einem ersten üppigen Flor erscheinen im Sommer und Herbst noch einzelne Blüten. Als Kletterrose eignet sich 'Harlekin' durchaus auch für Mauern, Zäune oder Säulen, da sie eine zu diesem Zweck ausreichende Höhe erreicht. Die Pflanze trägt hübsches dunkelgrünes, glänzendes Laub. **ZONEN 4–9.**

Kordes, Deutschland, 1986

Eltern unbekannt

## 'HARMONIE' KORtember

TEEHYBRIDE, ORANGEROSA, ÖFTERBLÜHEND

Diese Sorte hat lange, spitze Knospen, die einzeln und in Büscheln erscheinen. Sie entfalten sich zu elegant geformten, hochgebauten Blüten mit angenehmem Duft. Die 20 Petalen sind so breit und fest, daß die Blüten lange ihre Form behalten. Diese Rose eignet sich daher sehr gut zum Schnitt, aber auch für Beete und Rabatten. Ihre Farbe ist ein leuchtendes Lachsrosa, das bis zum Verblühen anhält. Der Flor dauert den ganzen Sommer und Herbst über an. Die Pflanze ist wuchsfreudig, wird überdurchschnittlich hoch und hat einen aufrechten, buschigen Wuchs. Sie trägt große, ledrige, etwas glänzende Blätter. **ZONEN 4–9.**

Kordes, Deutschland, 1981

'Duftwolke' × 'Uwe Seeler'

Baden-Baden Goldmedaille 1981

## 'HAROLD MACMILLAN'

HARwestsun

FLORIBUNDA, ORANGEROT, ÖFTERBLÜHEND

Die Farbe dieser Rose ist ein sehr auffälliges Orangerot. Große Büschel sitzen auf kräftigen Trieben und tragen schön geformte Blüten. Sie besitzen nur 18 Petalen, die aber so fest sind, daß die Blüten sich sehr lange halten. Die Rose eignet sich gut als Heckenpflanzung, für Beete oder als Gruppenpflanze in Rabatten. Ihr Duft ist schwach. Die Blüten erscheinen den ganzen Sommer und Herbst hindurch. Der Busch wird mittelhoch und trägt dichtes dunkles, glänzendes Laub. Benannt wurde diese Rose nach einem britischen Premierminister. **ZONEN 4–9.**

Harkness, Großbritannien, 1989

'Avocet' × 'Remember Me'

Courtrai Silbermedaille 1991

'Harvest Fayre'

'Harry Wheatcroft'

'Harriny'

'Hawa Mahal'



## 'HARRINY'

TEEHYBRIDE, ROSA, ÖFTERBLÜHEND

Diese Sorte hat recht große Blüten in einem zarten, gefälligen, hellrosafarbenen Ton, der sich mit zunehmenden Alter leicht verändern kann. Die hochgebauten Blüten sind mit über 40 Petalen dichtgefüllt; sie verlieren bei Regenwetter jedoch schnell ihre Schönheit. Die Blüten erscheinen gelegentlich einzeln, in der Regel jedoch in Büscheln – eine Eigenschaft der Elternsorte 'Pink Favorite'. Der angenehme Duft läßt sich als eine Mischung aus Damaszenerrose und Zitronenaroma beschreiben. Die Rose eignet sich gut für Beete, Gruppenpflanzungen und für den Schnitt. Der Flor dauert vom Sommer bis zum Herbst, wobei die letzten Blüten besonders prächtig sind. 'Harriny' wird bei aufrechtem Wuchs überdurchschnittlich hoch und trägt kräftiges, dunkelgrünes Laub. **ZONEN 4–9.**

LeGrice, Großbritannien, 1967

'Pink Favorite' × 'Lively'

Belfast Duftpreis 1974

## 'HARRY EDLAND'

FLORIBUNDA, MAUVE, ÖFTERBLÜHEND

Diese Sorte, die nie richtig populär wurde, ist eine der pflegeleichtesten, fliederfarbenen Rosen. Die Blüten sind groß, dichtgefüllt und sitzen oft zu dritt an einem Trieb. Zunächst öffnen sie sich mit hoher Mitte und werden später, wenn die Blütenblätter sich zurückbiegen, rundlicher und becherförmig. Ihr Duft ist außergewöhnlich, und sie erscheinen unermüdlich den ganzen Sommer und Herbst über. Die kräftige Pflanze hat einen verzweigten Wuchs und wird mittelhoch. Sie trägt große, dunkelgrüne Blätter. Ihren Namen erhielt diese Floribundarose im Andenken an Harry Edland, einen verdienten ehemaligen Vorsitzenden der britischen *Royal National Rose Society*. **ZONEN 4–9.**

Harkness, Großbritannien, 1978

('Lilac Charm' × 'Sterling Silver') × ('Mainzer Fastnacht' × ['Sterling Silver' × 'Africa Star'])

Edland Duftmedaille der Royal National Rose Society und Trial Ground Certificate 1975

## 'HARRY WHEATCROFT'

Syn. 'Caribia', 'Harry'

TEEHYBRIDE, GELB+, ÖFTERBLÜHEND

Die Blüten dieser Sorte ähneln denen von 'Piccadilly', deren Blütenblätter unterseits gelb, oberseits orangerot gefärbt sind. Die Blüten von 'Harry Wheatcroft' sind allerdings zusätzlich noch ungewöhnlich gestreift und gemustert. Durch eine Laune der Natur fehlt an diesen Stellen die Pigmentierung, und so scheint der Gelbton der Unterseite durch das Rot der Oberfläche hindurch. Sie hat einen schwachen Duft, bringt zahlreiche Blüten hervor und blüht den ganzen Sommer und Herbst hindurch. Die Pflanze mit ihrem buschigen Wuchs wird fast mittelhoch und trägt glänzendes dunkelgrünes Laub. Die Rose erhielt den Namen eines sehr erfolgreichen Züchters, der von 1898–1977 in Großbritannien lebte. **ZONEN 5–9.**

Wheatcroft, Großbritannien, 1973

Sport von 'Piccadilly'

## "'HARVEST FAYRE' DICnorth

FLORIBUNDA, ORANGE+, ÖFTERBLÜHEND

Die Blüten dieser Sorte sind orange-apricot gefärbt, ein leuchtender Ton, durch den sie im Garten sogar aus einer großen Entfernung auffallen, zumal die Blütenbüschel so gleichmäßig angeordnet sind, daß die einzelnen Blüten gut zur Geltung kommen. Sie sind mittelgroß und haben etwa 20 feste Petalen. Die langen, spitzen Knospen öffnen sich, um eine schöne kegelförmige Mitte zu präsentieren. Später werden die Blüten mit den wie zufällig angeordneten Petalen im Umriß rundlicher. Sie duften schwach und erscheinen den ganzen Sommer und Herbst über. Die Pflanze wächst kräftig, aber ungleichmäßig, so daß einige Blüten unter wuchernden Trieben verborgen bleiben. Sie wird knapp mittelhoch und trägt leuchtend hellgrünes Laub. **ZONEN 4–9.**

Dickson, Großbritannien, 1990

Sämling × 'Bright Smile'

Britische Rose des Jahres 1990

## 'HARVEST HOME' HARwesi

Syn. 'Harwest Home'

RUGOSA-HYBRIDE, ROSA, ÖFTERBLÜHEND

Die langen Knospen dieser Sorte entwickeln sich zu locker gefüllten Blüten, die sich weit öffnen, um ihre Staubgefäße freizulegen. Sie sind groß und erscheinen ein wenig ausgefranst, da die Blütenblätter zerknittert und faltig sind. Ihre Farbe ist ein hübsches Mauverosa, und sie verströmen einen außergewöhnlichen Duft. Die Blüten erscheinen unaufhörlich den ganzen Sommer und den Herbst, bis schließlich dann im Herbst wunderschöne, tomatenförmigen Hagebutten ausgebildet werden. Diese mittelhohe Strauchrose eignet sich auch unter schwierigen Wachstumsbedingungen sehr gut für gemischte Rabatten. Mit ihrer rundlichen, dichten Wuchsform, den spitzen Stacheln, dem ledrigen, runzeligen Laub und ihrer allgemeinen Robustheit zeigt diese Rose ähnliche Eigenschaften wie die Elternsorte *Rosa rugosa*. **ZONEN 4–9.**

Spicer, Großbritannien, 1983

*Rosa rugosa scabrosa* × Sämling

Royal National Rose Society Trial Ground Certificate 1977

## 'HAWA MAHAL'

TEEHYBRIDE, ORANGEROSA, ÖFTERBLÜHEND

Während diese Sorte den Regen und die kühlen Sommer ihres Ursprungslandes nicht gut verträgt, zeigt sie sich in wärmeren Klimaten von ihrer besten Seite. Die großen Blüten sind lachsrosafarben in vielen Schattierungen und erscheinen einzeln oder in kleinen Büscheln. Sie haben breite, ziemlich weiche Blütenblätter und verströmen einen angenehmen Duft, wenn sie sich als junge Blüten mit hoher Mitte vollständig zu becherförmigen Blüten entfalten. Der Flor hält den ganzen Sommer und Herbst über an, wodurch sich diese Rose sehr gut für Beete und Rabatten eignet. Die Pflanze hat einen aufrechten Wuchs und wird mittelhoch. Sie trägt zahlreiche kleine, dunkelgrüne Blätter. Ihr indischer Name bedeutet „Palast der Winde". **ZONEN 4–9.**

Harkness, Großbritannien, 1976

'Duftwolke' × 'Kordes' Perfecta'

## 'HAWAII'

TEEHYBRIDE, ORANGEROT, ÖFTERBLÜHEND

Eine charakteristische Eigenschaft dieser Rose ist ihre Blütenform – eine schöne hochstehende Mitte ist von stark zusammengefalteten, äußeren Blütenblättern umgeben. Lange Knospen öffnen sich zu sehr großen, dichtgefüllten Blüten mit schillernd leuchtender Farbe, die als Orange-Korallrot oder Rötlich-Lachsfarben beschrieben werden kann. Sie erscheinen einzeln oder in kandelaberähnlichen Büscheln – besonders die späteren Blüten – und halten sich bei kühlem Wetter recht lange. Sie verströmen einen himbeerähnlichen Duft. Die Rosen blühen vereinzelt den ganzen Sommer und den Herbst über, verblassen aber leicht in der Sonne und vertragen keinen Regen. 'Hawaii' eignet sich gut als Gruppenpflanze in Rabatten, vor allem als Hintergrund, da sie sehr hoch und recht dünn wird. Die mittelgrünen Blätter sind ledrig und anfällig für Mehltau. **ZONEN 4–9.**

Boerner, USA, 1960

'Golden Masterpiece' × Sämling

'Hawkeye Belle'

## 'HAWKEYE BELLE'

STRAUCHROSE, WEISS, ÖFTERBLÜHEND

Die Blüten dieser Rose sind groß und sehr schön geformt. Sie sitzen in Büscheln auf kräftigen Trieben. Die dicken, spitzen Knospen öffnen sich zunächst zu Blüten mit hoher Mitte, die sich dann später zu dichtgefüllten Blüten mit knäuelförmigem Inneren entfalten. Die Blütenblätter weichen schließlich gänzlich auseinander, um mehrere sich überlappende Lagen zu bilden. Sie sind elfenbeinweiß und nach dem Öffnen leicht azaleenrosa gefärbt. Sie verströmen einen süßen Duft und blühen unermüdlich den ganzen Sommer und Herbst hindurch. Der wuchsfreudigen Strauch wird mittelgroß und eignet sich besonders gut für gemischte Rabatten. Die Pflanze wächst ebenso hoch wie breit und trägt gesundes, dunkelgrünes, ledriges Laub. **ZONEN 4–9.**

Buck, USA, 1975

('Queen Elizabeth' × 'Pizzicato') × 'Prairie Princess'

## 'HEADLINER' JACtu

TEEHYBRIDE, ROSA+, ÖFTERBLÜHEND

Diese Rose gleicht im Aussehen einem Zuckerwerk aus Weiß und Kirschrot, wobei die Blütenblätter zum Rand hin nur rot überhaucht sind. Die großen Blüten haben die elegante Form einer klassischen Edelrose mit hohe Mitte, während die äußeren Blütenblätter sich nach außen rollen und der Rose eine symmetrische, ausgeglichene Form verleihen. Wenn die Blüten sich vollständig öffnen, lassen die spiralförmigen Farbmuster die Rose im Garten zu einem richtigen Blickfang werden. Sie ist wärmeliebend und verträgt keinen Regen. Die Blüten erscheinen bis in den Herbst und verströmen einen schwachen Duft. Die kräftige Pflanze hat eine aufrechte Wuchs und wird überdurchschnittlich hoch. Sie trägt große, leuchtende Blätter. **ZONEN 5–9.**

Warriner, USA, 1985

'Love' × 'Color Magic'

## 'HEART OF GOLD' MACyelkil

TEEHYBRIDE, GELB+/GOLDGELB, ÖFTERBLÜHEND

Diese Sorte bringt wohlgeformte, gefüllte Blüten in einem wunderschönen Gelb

'Heartbeat'

hervor, die den Sommer und Herbst über unermüdlich blühen. Die Blütenfarbe wird durch das glänzend dunkelgrüne Laub zusätzlich hervorgehoben. Diese Rose eignet sich daher besonders gut für weniger attraktive Bereiche im Garten, die sie so zum Leuchten bringt. **ZONEN 5–9.**

McGredy, Neuseeland, 1995

'Solitaire' × 'Remember Me'

## 'HEARTBEAT'

FLORIBUNDA, ORANGE+, ÖFTERBLÜHEND

Die jungen Blüten dieser Dicksonschen Floribundarose färben sich zunächst in Orangetönen; später dann, wenn sich die Blütenblätter nach außen rollen, werden die Petalen orangerot und verblassen leicht. Die Farbe bleibt trotzdem sehr auffällig und paßt sehr gut zum mittelgrünen Laub diese Beetrose. 'Heartbeat' kann durch Okulation vermehrt werden. **ZONEN 5–9.**

Dickson, Großbritannien, 1970

('Castanet' × 'Castanet') × ('Cordelia' × Sämling)

## 'HEARTBEAT 97' COCorona

**Syn. 'Heartbeat 96'**

FLORIBUNDA, APRICOT+, ÖFTERBLÜHEND

Diese Rose ist sehr farbenfroh – die Oberseite ihrer Blütenblätter ist apricotfarben und rötlich überhaucht, während ihre Unterseite mehr in Cremeweiß- und Apricottönen gehalten ist. Auf diese Weise entsteht ein reizvoller Kontrast, wenn die Blüten sich dann vollständig öffnen. Sie entfalten sich von langen Knospen zu dichtgefüllten Blüten mit hoher Mitte, deren Randpetalen sich sehr schön nach außen rollen. Die Blüten erscheinen in großen Büscheln und blühen unermüdlich den ganzen Sommer und Herbst über an einem wuchsfreudigen, aufrechten Strauch, der nur knapp mittelhoch wird. Das üppige Laub ist dunkelgrün und glänzend. Die Rose verbreitet in ihrer Umgebung nur einen schwachen Duft. Diese Floribundarose eignet sich hervorragend für Beete und Rabatten, sie läßt sich allerdings auch gut als Heckenrose pflanzen.
**ZONEN 4–9.**

Cocker, Großbritannien, 1997

'Maja Oetker' × 'British Concorde'

'Heart of Gold'

## 'HEARTBREAKER' WEKsybil

ZWERGROSE, ROSA+, ÖFTERBLÜHEND

Wenn sich die spitzen Knospen dieser amerikanischen Sorte öffnen, kommen schwach duftende, dunkelrosa Blüten mit weißem Grund zum Vorschein. Sie besitzen die Form einer Ausstellungsrose mit extrem schraubig angeordneten Petalen in der Blütenmitte. Die Blüten sind klein und erscheinen einzeln oder in kleinen Büscheln. In kühleren Klimaten können sie auch größer werden. Die Pflanze hat einen aufrechten Wuchs, das Laub ist klein und glänzend dunkelgrün Die attraktive Farbe macht die Rose zu einem wahren Blickfang im Garten, allerdings verblaßt sie rasch. Während der gesamten Saison blüht diese Zwergrose unermüdlich. **ZONEN 5–11.**

Carruth, USA, 1989

'Crystalline' × 'Magic Carrousel'

Queen of Show, Royal National Rose Society National All Miniature Show 1994

## 'HEARTLAND' SAVsay

ZWERGROSE, ORANGEROSA, ÖFTERBLÜHEND

Die kurzen Knospen von 'Heartland' öffnen sich zu spitzen orangerosafarbenen Blüten. Diese sind mit 38 Petalen dichtgefüllt und haben die Form einer Edelrose in Ausstellungsqualität. Die Blüten können einzeln oder in kleinen Dolden auf einem Trieb sitzen. Zu den bestechendsten Eigenschaften dieser Sorte zählen die schöne klare Farbe und ihre unermüdliche Blühfreudigkeit. 'Heartland' gedeiht in allen Klimazonen als eine sehr kräftige und ausdauernde Pflanze. Diese Zwergrose kann im Kübel gezogen werden – als Blickfang in Eingangsbereichen, aber auch als Hintergrund macht sie sich hervorragend. 'Heartland' ist eine weitere großartige Zwergrose, die von 'Sheri Anne' abstammt. **ZONEN 5–11.**

Saville, USA, 1982

'Sheri Anne' × 'Watercolor'

H

'Hawaii'

'Heartland'

'Headliner'

## 'HEARTS A'FIRE' BRIheart

**Syn. 'Hearts of Fire'**

ZWERGROSE, DUNKELROT, ÖFTERBLÜHEND

Diese Rose besitzt dunkelrote, wohlgeformte Blüten, die an einer kleinen, kompakten Pflanze sitzen. Das glänzend dunkelgrüne Laub bildet einen schönen Ergänzung zu den Blüten. 'Hearts A'Fire' ist krankheitsfest und blüht üppig und unermüdlich. **ZONEN 5–9.**

Bridges, USA, 1997

'Merrimac' × Sämling

## 'HEAT WAVE'

**Syn. 'Mme Paula Guisez'**

FLORIBUNDA, ORANGEROT, ÖFTERBLÜHEND

Die leuchtend orangeroten Blüten dieser Sorte sind groß und erscheinen in luftigen Büscheln auf festen Stielen. Zunächst ist die Blütenmitte wohlgeformt, öffnet sich jedoch später becherförmig. Bei kühler Witterung ist die Blütenfarbe leicht verändert. Diese Rose ist in heißeren Regionen nicht so attraktiv, da die Farbe eher grell und glanzlos wird. Die Blüten erscheinen unermüdlich den ganzen Sommer und Herbst, aber duften nicht. 'Heat Wave' eignet sich für Beete oder als Einfassung einer Rabatte. Die Pflanze wird knapp mittelhoch und ist von aufrechter, buschiger, ausladender Gestalt. Das dunkelgrüne Laub ist leicht glänzend. **ZONEN 4–9.**

Swim, USA, 1958

Sämling × 'Roundelay'

## 'HEATHER AUSTIN' AUScook

STRAUCHROSE, ROT+, ÖFTERBLÜHEND

Die Blüten dieser Sorte sind dunkelrosa und entwickeln sich von runden Knospen zu großen, dichtgefüllten Blüten. Sie sehen recht ungewöhnlich aus, denn die Blütenblätter rollen sich nach innen und bilden eine Kugelform, wenn sie vollständig geöffnet sind; im Inneren der tief becherförmigen Blüte werden dann die goldgelben Staubgefäße sichtbar. Der Duft ist angenehm, und im Sommer sowie Herbst erscheinen neue Blüten. Diese dekorative Rose eignet sich für Rabatten mit weiteren Strauchrosen und ist eine wuchsfreudige, buschige Pflanze von unterdurchschnittlicher Größe; ihre großen Blätter sind matt und mittelgrün. Benannt wurde sie nach der Schwester des Züchters. **ZONEN 4–9.**

Austin, Großbritannien, 1996

Eltern unbekannt

## 'HEATHER HONEY' HORsilbee

TEEHYBRIDE, APRICOT+, ÖFTERBLÜHEND

Obwohl diese Edelrose nur 24 Petalen besitzt, sind diese so lang, daß die jungen Blüten eine klassische hochgebaute Form haben. Die Farbe ist ein klarer, frischer Apricot-Gelbton, der auf der Unterseite der Petalen dunkler wird. Die Blüten verströmen einen fruchtigen Duft und sitzen auf festen Stielen, manchmal einzeln, aber in der Regel bis zu sieben an einem Trieb. Sie blühen unaufhörlich während des Sommers und im Herbst.

'Heather Honey'

'Hébé's Lip'

'Heat Wave'

Sie eignen sich als Schnittrosen, aber auch für Beete und Rabatten, wobei starke Regenschauer sie schädigen können. Die mittelhohe Pflanze hat einen buschigen Wuchs und trägt glänzend mittelgrünes Laub. **ZONEN 4–9.**

Horner, Großbritannien, 1988

'Silver Jubilee' × ('Honey Favorite' × 'Southampton')

Royal National Rose Society Torridge Award und Trial Ground Certificate 1987

## 'HEAVEN' JACfon

TEEHYBRIDE, WEISS, ÖFTERBLÜHEND

Diese große Rose hat lange, urnenförmige, weiße Knospen, die zart alpenveilchenfarben umrandet sind. Sie öffnen sich zu hochgebauten Blüten, die dicht mit breiten Petalen von rötlichweißer Farbe mit dunkelroten Farbtupfern gefüllt sind. Ihr Duft ist schwach, aber angenehm. Die Blüten sitzen auf langen Stielen und eignen sich ebensogut für die Vase wie für den Garten; als hochwachsende Rose macht sie sich hervorragend als Hintergrund für niederwüchsige Pflanzen. In warmen Gegenden und bei schönem Wetter fühlt sie sich am wohlsten. Die Pflanze wird mit aufrechtem, reich verzweigtem Wuchs überdurchschnittlich hoch. Die großen Blätter sind matt und dunkelgrün.
**ZONEN 4–9.**

Warriner, USA, 1995

'Honor' × 'First Prize'

## 'HEAVENLY ROSALIND'

AUSmash

STRAUCHROSE, ROSA+, ÖFTERBLÜHEND

Diese Strauchrose wird auch als Englische Rose klassifiziert; insgesamt hat 'Heavenly Rosalind' ihren Charme und die einfachen, zart rosafarbenen Blüten von der Elternsorte 'Shropshire Lass' geerbt. Die äußeren Blütenblätter sind dunkler rosa gefärbt, wodurch die Sorte wie eine Wildrose wirkt. Die mittelgroßen Blüten sitzen in Büscheln zusammen und duften schwach. Die Pflanze ist wenig bewehrt und trägt mittelgroße, mattdunkelgrüne, ledrige Laubblätter. Der krankheitsfeste Strauch wächst mittelhoch und buschig; seine Blühfreudigkeit hält lange an. 'Heavenly Rosalind' eignet sich gut als üppig blühende Hekke, wie auch für gemischte Beete oder als Gruppenpflanze.
**ZONEN 5–9.**

Austin, Großbritannien, 1995

'Shropshire Lass' × 'Heritage'

## 'HEBE'

TEEHYBRIDE, ORANGEROSA , ÖFTERBLÜHEND

Durch ihre langen Blütenblätter, die schlanke Form und den süßlichen Duft erinnert diese Rose an alte Teerosen. Die Blüten besitzen eine herrliche Farbe von Orange und Lachs mit einer Spur von Apricotgelb. Sie setzen sich aus 24 Petalen zusammen; die inneren Petalen bilden bei jungen Blüten hohe Kegel, während die äußeren sich nach außen rollen und dann wellig und faltig werden. Da sie sehr zart sind, werden die Blütenblätter durch Regen schnell beschädigt. Diese Sorte ist ein gutes Beispiel für die Zeit, als nur die Blüten für eine Auszeichnung wichtig waren und die Pflanze selbst von geringerer Bedeutung war. Eine Neueinführung von 'Hebe' wäre heutzutage fraglich, da die Triebe der sonst aufrechten Pflanze nicht kräftig genug sind und das glänzend bronzefarbene Laub sehr dünn ist. **ZONEN 4–9.**

Dickson, Großbritannien, 1949

Eltern unbekannt

Goldmedaille der National Rose Society 1949

## 'HÉBÉ'S LIP'

**Syn. 'Reine Blanche', 'Rubrotincta'**

ALTE R., RUBIGINOSA-HYBRIDE, WEISS

Die duftenden Blüten dieser Rose erscheinen einzeln oder in kleinen Büscheln. Sie sind becherförmig, wohlgeformt, halbgefüllt und haben goldgelbe Staubgefäße, die von cremeweißen Blütenblättern mit dunkelrotem Rand umsäumt werden. Die Blüten erscheinen vom Früh- bis Hochsommer und können bei nährstoffreichen Böden maximal 8 cm groß werden. Der schöne, kompakte Strauch wird etwa 1,2 m hoch. Das derbe Laub ist von einem frischen Mittelgrün und stark gezähnt. Die robuste Rose entspricht in ihrem Aussehen einer Kreuzung zwischen einer Damaszenerrose und einer Rubiginosa-Hybriden; jedoch duftet ihr Laub nicht, wie man es bei solchen Eltern erwarten würde.
**ZONEN 4–9.**

Lee, Großbritannien, vor 1846

(wiedereingeführt von Paul, Großbritannien, 1912)

Rubiginosa-Hybride × Damaszenerrose

## 'HECKENZAUBER'

siehe 'Sexy Rexy'

## 'HECTOR DEANE'

TEEHYBRIDE, ROT+, ÖFTERBLÜHEND

Nach einer Beschreibung des Züchters weisen die schlanken, hochgebauten Blüten dieser Sorte eine Farbkombination von Orange, Cochenillerot, Karminrot und Lachsrosa auf und sind am Grund safrangelb geädert. Dieses lebhafte Farbenspiel wird von einem süßen, fruchtigen Duft begleitet, beides Eigenschaften, die 'Hector Deane' schon kurz nach der Neueinführung in den Handel schnell zu einer der gefragtesten Rosen ihrer Zeit werden ließen. Der Flor hält den ganzen Sommer und Herbst über an. 'Hector Deane' eignet sich sehr gut für Beete und Rabatten, aber auch als Schnittrose, da sie elegante, mittelgroße Blüten auf langen Stielen trägt. Sie ist wuchsfreudig und wird bei aufrechtem, reich verzweigtem Wuchs etwa mittelhoch. Das Laub ist glänzend dunkelgrün. Leider ist die Rose sehr anfällig für Rostpilze und hat daher viel von ihrer Beliebtheit eingebüßt. **ZONEN 4–9.**

McGredy, Großbritannien, 1938

'McGredy's Scarlet' × 'Lesley Dudley'

National Rose Society Clay Vase for Fragrance, Royal Horticultural Society Clay Cup for Fragrance

'Hector Deane'

'Heidekind'

## 'HEIDEKIND' KORiver

**Syn. 'Esterel'**
STRAUCHROSE, DUNKELROT, ÖFTERBLÜHEND

Diese robuste Rose bringt zahlreiche kirschrote Blüten hervor, die in dichten Büscheln auf langen, herabhängenden Trieben zusammensitzen. Die Blüten sind mittelgroß und entfalten sich schalenförmig mit 20 Petalen, die am Rand gekräuselt sind und beim Verblühen ein wenig verblassen. Nach einem ersten Flor erscheinen die schwach duftenden Blüten unermüdlich den ganzen Sommer und Herbst über. Für Hecken von mittlerer Höhe oder für Beete eignet sich diese Rose besonders gut. Die kräftige Pflanze ist wuchsfreudig und wird für eine Strauchrose unterdurchschnittlich hoch. Sie wächst aufrecht, hat herabhängende Triebe und trägt dekorativ kleines, dunkelgrünes, leuchtendes Laub. **ZONEN 4–9.**

Kordes, Deutschland, 1985

'The Fairy' × Sämling

## 'HEIDEKÖNIGIN' KORdapt

**Syn. 'Palissade Rose', 'Pheasant'**
BODENDECKERROSE, HELLROSA, ÖFTERBLÜHEND

Die schwach duftenden Blüten dieser Sorte sind groß, hellrosa und mit 35 Petalen dichtgefüllt. Das mittelgrüne Laub ist leicht glänzend. Die krankheitsfeste Pflanze wächst ausladend und eignet sich daher sehr gut als Bodendeckerrose aber auch zum Bewachsen einer Säule. Bei dem Versuch, den starken Wuchs und die Kletterfähigkeit der *Rosa wichuraiana* bei ihren Nachkommen zu eliminieren, entstand diese Rose. **ZONEN 5–11.**

Kordes, Deutschland, 1985

'Zwergkönig '78' × Sämling von *R. wichuraiana*

Royal National Rose Society Certificate of Merit 1986

'Heidelberg'

## 'HEIDELBERG' KORbe

**Syn. 'Gruß an Heidelberg'**
STRAUCHROSE, ROT, ÖFTERBLÜHEND

Die Blüten dieser Sorte erscheinen in Büscheln bis zu zehn Blüten auf kräftigen Stielen. Sie sind sehr groß, dichtgefüllt und öffnen sich becher- bis schalenförmig. Die Farbe der Knospen ist ein dunkles Karminrot; die vollständig geöffneten Blüten weisen einen üppigen Rotton auf und verblassen allmählich beim Verblühen. Ihr Duft ist schwach, aber sehr angenehm. Nach einem üppigen ersten Flor erscheinen im Sommer und Herbst vereinzelt Blüten. Für Gebüsche, Pfosten oder eine Mauer, die nicht direkt von der Sonne beschienen wird, eignet sich diese Rose ausgezeichnet. Die Pflanze ist wuchsfreudig, breitet sich etwas seitlich aus und wird überdurchschnittlich hoch. Sie wird von großen, ledrigen, leicht glänzend dunkelgrünen Blättern vollständig bedeckt. **ZONEN 4–9.**

Kordes, Deutschland, 1959

'Minna Kordes' × 'Floradora'

Royal National Rose Society Certificate of Merit 1958, ADR-Rose 1960

## 'HEIDERÖSLEIN'

KLETTERROSE, GELB+, ÖFTERBLÜHEND

Die spitzen, rosaroten Knospen dieser Sorte öffnen sich zu zart rosafarbenen Blüten, die am Grund schwefelgelb sind. Sie tragen fünf gekräuselte Blütenblätter, sind mittelgroß und schalenförmig. Die Blüten sitzen in großen Büscheln mit bis zu 60 Einzelblüten zusammen und zeigen beim Öffnen ihre dekorativen goldgelben Staubgefäße. Sie ist öfterblühend, und ihr Duft ist sehr angenehm. 'Heideröslein' eignet sich als Schnittrose, kann als Strauchrose wachsen oder aber an einer Mauer oder am Spalier hochgezogen werden. Im Herbst reifen runde, orangerote Hagebutten, die den ganzen Winter überstehen. Die breite und buschige Pflanze trägt dunkelgrünes Laub. **ZONEN 4–9.**

Lambert, Deutschland, 1932

'Chamisso' × 'Amalie de Greiff'

'Heideröslein'

'Heidekönigin'

## 'HEIDERÖSLEIN NOZOMI'

siehe 'Nozomie'

'Heideschnee'

## 'HEIDESCHNEE' KORconta

**Syn.'Moon River', 'Snow on the Heather'**
BODENDECKERROSE, WEISS, ÖFTERBLÜHEND

Diese Sorte ist eine üppige Bodendeckerrose mit langen, am Boden wachsenden Trieben. Sie bringt im Sommer unermüdlich mittelgroße, rein weiße Blüten hervor, die in großen Büscheln dicht zusammensitzen. Die Blüten setzen sich aus fünf Petalen zusammen, die vollständig geöffnet wie kleine Sterne aussehen und deren Spitzen sich zu schmalen Enden rollen. Nach dem ersten Flor erscheinen den ganzen Sommer und Herbst über weitere Blüten, die schwach duften und jedem schlechten Wetter trotzen. Die Rose eignet sich für Böschungen, an denen die langen Triebe

'Heideschnee'

'Heidekönigin' auf einer Säule, davor eine 'Trier 2000'

Wurzeln bilden können. Sie ist niedrigwachsend, von ausladender Gestalt und trägt dekoratives leuchtend dunkelgrünes Laub. **ZONEN 4–9.**

Kordes, Deutschland, 1990

Eltern unbekannt

## 'HEIDESOMMER' KORlirus

**Syn. 'Heidi Sommer', 'Cevennes'**

FLORIBUNDA, WEISS, ÖFTERBLÜHEND

Die Klassifizierung dieser Rose ist etwas schwierig, da sie für eine Bodendeckerrose nicht genügend und für die meisten Floribundarosen schon zu ausladend wächst. Sie macht sich sehr gut als Gruppenpflanze in vorderen Beetbereichen, da sie kleine Flächen schön bedeckt, eignet sich aber ebensogut als Gefäßpflanze. 'Heidi Sommer' bringt kleine, halbgefüllte cremeweiße Blüten hervor, die zahlreich auf dichten Zweigen sitzen. Wenn sie sich vollständig öffnen, legen sie goldgelbe Staubgefäße frei. Die Blüten bilden einen sehr schönen Kontrast zu den kleinen, glänzend dunkelgrünen Blättern. Sie erscheinen unermüdlich den ganzen Sommer und Herbst über und verströmen einen angenehmen Duft, der bei warmer Witterung süßlich und aufdringlich wird. **ZONEN 4–9.**

Kordes, Deutschland, 1985

'The Fairy' × Sämling

'Heidesommer'

## 'HEIDETRAUM'

siehe 'Flower Carpet'

## 'HEIDI' NOAheid

STRAUCHROSE, REIN ROSA, ÖFTERBLÜHEND

Die Knospen dieser Rose sind dunkelrosa, werden aber heller, wenn die Blüten sich voll entfaltet haben. In riesigen Büscheln sitzen bis zu 100 kleine bis mittelgroße Blüten auf festen Stielen über dem Laub. Nur einige wenige Blütenblätter öffnen sich, um auffallend goldgelbe Staubgefäße freizulegen. Diese nur schwach duftende Rose paßt sehr gut in Beete und Rabatten. Die Blühperiode dauert den ganzen Sommer und Herbst. Die wuchsfreudige Pflanze wird für eine Strauchrose unterdurchschnittlich hoch und wächst stark ausladend. Sie trägt leicht glänzendes, hellgrünes Laub, das später nachdunkelt, und ist anfällig für Sternrußtau. **ZONEN 4–9.**

Noack, Deutschland, 1987

'Fairy Moss' × 'Schneewittchen'

Freiland-Goldmedaille 1987

## 'HEIDI KABEL'

siehe 'Holsteinperle'

## 'HEIKE' KORundum

TEEHYBRIDE, REIN GELB, ÖFTERBLÜHEND

Als eine der außergewöhnlichsten gelben Rosen hat sich 'Heike' bei den südafrikanischen Rosenliebhabern große Popularität erworben. Ihre festen Knospen sind grünlich getönt und entfalten sich zu perfekt geformten Blüten, deren Petalen sich von einer hochgebauten Mitte weg klassisch nach außen rollen. Ihre Farbe bleibt leuchtend, und die Blüten erscheinen so zahlreich und in so schneller Abfolge hintereinander, daß man sie fälschlicherweise für eine Floribundarose halten kann. Der angenehme Duft hat ebenfalls zu ihrer Beliebtheit beigetragen. 'Heike' wird mittelhoch, ist wuchsfreudig, sehr krankheitsfest und daher eine ausgezeichnete Beetrose. **ZONEN 5–10.**

Kordes, Deutschland, 1993

Eltern unbekannt

'Heinrich Schultheis'

'Heidi'

'Heinz Erhardt'

'Heinzelmännchen'

## 'HEINRICH MÜNCH'

**Syn. 'Pink Frau Karl Druschki'**

ALTE R., REMONTANTROSE, REIN ROSA, ETWAS NACHBLÜHEND

Die runden, spitzen Knospen dieser Rose entfalten sich zu großen, dichtgefüllten, zart rosafarbenen Blüten, die silbrig rosa überhaucht sind. Die duftenden Blüten setzen sich aus 50 Petalen zusammen, öffnen sich langsam und erscheinen einzeln auf langen, aufrechten Trieben. Die 1,8 m hohe Pflanze trägt zart grünes Laub und ist wuchsfreudig. Durch ein gezieltes Zurückschneiden der Triebe läßt sich ihre Blühfreudigkeit erhöhen; im Herbst erfolgt gelegentlich eine Nachblüte. **ZONEN 4–9.**

Eingeführt von Hinner, Deutschland, 1911

'Frau Karl Druschki' × ('Mme Caroline Testout' × 'Mrs W. J. Grant')

## 'HEINRICH SCHULTHEIS'

ALTE R., REMONTANTROSE, HELLROSA, ETWAS NACHBLÜHEND

Diese Remontantrose gewann, als sie vor über hundert Jahren in England vorgestellt wurde, einen Preis und ist immer noch eine beliebte Schnittrose, besonders wenn sie sich gerade geöffnet hat. Die zart rosafarbenen, dichtgefüllten Blüten sind sehr groß und entfalten sich becherförmig, wobei sie dann etwas zerzaust aussehen. Die Blüten werden etwa 8 cm groß und besitzen schwere, große Petalen. Die Pflanze ist reich verzweigt, hat eine aufrechte Gestalt und wird bis zu 1,2 m hoch. Sie bringt gelegentlich einige Blüten im Herbst hervor. Sie wurde nach dem Gründer einer berühmten und heute noch existierenden deutschen Rosenschule benannt. **ZONEN 4–9.**

Bennett, Großbritannien, 1882

'Mabel Morrison' × 'E. Y. Teas'

## 'HEINZ ERHARDT'

FLORIBUNDA, ROT, ÖFTERBLÜHEND

Diese herrlich leuchtend rote Floribundarose, die nach dem berühmten Komiker benannt wurde, ist recht häufig anzutreffen und besitzt große, mit 25 Petalen gefüllte Blüten, die in kleinen bis recht großen Büscheln zusammensitzen. Sie vertragen sowohl Kälte als auch Hitze gut und verströmen einen schwachen Duft. Die Pflanze trägt dichtes Laub, das zuerst dunkelgrün und kupferfarben getönt ist. Der wuchsfreudige Busch ist, bis auf eine leichte Anfälligkeit gegenüber Mehltau, recht krankheitsfest. Nach so vielen Jahren stellt 'Heinz Erhardt' immer noch eine gefragte Rose für die Gestaltungen von Beeten und gemischten Rabatten dar, sie eignet sich wegen ihrer buschigen Form aber auch hervorragend als Hochstammrose. **ZONEN 5–9.**

Kordes, Deutschland, 1962

Eltern unbekannt

Baden-Baden Goldmedaille 1961, National Rose Society Trial Ground Certificate 1962

## 'HEINZELMÄNNCHEN'

KORnuma

**Syn. 'Red Pixie'**

FLORIBUNDA, ROT, ÖFTERBLÜHEND

Diese sehr niedrige und kompakte Pflanze mit üppigem, glänzend grünem Laub bringt Blüten hervor, die zu fünf bis zehn in wohlgeformten Büscheln zusammensitzen. Die Farbe ist ein kräftiges Karminrot, und die Blüten setzen sich aus 20–30 festen Petalen zusammen. Sie sind sehr langlebig, ohne zu verblassen und recht wetterfest. Die Blüten erscheinen in rascher Folge. Sie ist sehr robust und für niedrige Rabatten sicherlich eine der am besten geeigneten roten, niederwüchsigen Floribundarosen. Fast ebensoviel Gefallen findet sie als Kübelpflanze. **ZONEN 4–9.**

Kordes, Deutschland, 1984

('Satchmo' × Sämling) × ('Messestadt Hannover' × 'Hamburg')

## 'HEIRLOOM' JACloom

TEEHYBRIDE, MAUVE, ÖFTERBLÜHEND

Diese Rose wird in Nordamerika zwar von einigen Züchtern angeboten, ist aber kaum irgendwo anders erhältlich. Sie bringt recht große Blüten in einem dunklen Fliederpurpur hervor, das zum Rand hin dunkler wird und später verblaßt. Die Blüten erscheinen einzeln, gelegentlich auch als Büscheln. Sie sind dichtgefüllt und öffnen sich zuerst kegelförmig, werden dann becherförmig, wobei sie einen intensiven, süßen Duft verströmen. Der Flor hält den ganzen Sommer und Herbst an. Die Sorte kann als ein ungewöhnlicher Farbtupfer in Beete und Rabatten integriert werden. Sie macht sich auch in der Vase sehr gut, aber wegen ihrer etwas zu kurzen Stiele eignet sie sich nicht für größere Blumenarrangements. Die Pflanze wird knapp mittelhoch mit buschiger Gestalt und trägt dunkelgrünes Laub. **ZONEN 4–9.**

Warriner, USA, 1972

Sämling × Sämling

## 'HELEN KNIGHT'

STRAUCHROSE, REIN GELB

Diese Rose hat leuchtend gelbe, schalenförmige Blüten von kleiner bis mittlerer Größe, die aus fünf Petalen bestehen. Sie erscheinen üppig im Spätfrühling oder Frühsommer und sorgen vor den rötlichen, sich herabbiegenden Trieben und dem hellgrünen, farnähnlichen Laub für ein wunderschönes Schauspiel. Ihr Duft ist schwach, und in der Regel gibt es keine Nachblüte. Die Pflanze kann gut als freistehender Strauch bei wenig Schnitt gehalten werden. Abgestorbene und sich kreuzende Triebe sollten jedoch entfernt werden. Sie kann auch an einer Mauer emporgezogen werden, ihr Standort sollte aber frostgeschützt sein. 'Helen Knight' wird etwas höher und breiter als eine durchschnittliche Strauchrose und wurde nach der Ehefrau des Züchters benannt. **ZONEN 5–9.**

Knight, Großbritannien, 1970

*Rosa ecae* × *Rosa pimpinellifolia* 'Grandiflora'

Royal Horticultural Society Award of Garden Merit 1994

## 'HELEN NAUDÉ' KORdiena

**Syn. 'New Pristine'**

TEEHYBRIDE, WEISS+, ÖFTERBLÜHEND

Die cremeweißen Blüten mit rosa überhauchten äußeren Petalen sind von einer zarten Schönheit. Sie behalten ihre Form lange Zeit und blühen unermüdlich. 'Helen Naudé' ist eine gute Beetrose und eignet sich für die Vase ebenso wie für Ausstellungen. Ihr Duft ist schwach. Die Pflanze ist wuchsfreudig und gewöhnlich mittelhoch, kann aber auch höher werden. **ZONEN 5–10.**

Kordes, Deutschland, 1992

Eltern unbekannt

## 'HELEN TRAUBEL'

TEEHYBRIDE, ROSA+, ÖFTERBLÜHEND

Die Blütenfarbe dieser Sorte ist eine bezaubernde Kombination von einem warmen Pfirsichrosa mit gelbem Ton am Blütengrund, der beim Verblühen verblaßt. Die Blüten erscheinen manchmal einzeln, meistens zu dritt und entwickeln sich von langen Knospen zu eleganten Blüten mit 24 Petalen. Für kurze Zeit hochgebaut, werden sie anschließend becherförmig. Sie duften süß und erscheinen unermüdlich den ganzen Sommer und Herbst über. Da die Stiele nicht kräftig sind, beugen sich die Blüten manchmal herab, besonders bei Wind. Deshalb ist sie keine geeignete Beetrose, aber in einer Rabatte zwischen anderen Pflanzen hält sie sich gut. Der Strauch ist wuchsfreudig, wird mittelhoch und hat eine buschige, verzweigte Gestalt. Das dunkelgrüne Laub ist etwas glänzend. **ZONEN 4–9.**

Swim, USA, 1951

'Charlotte Armstrong' × 'Glowing Sunset'

Rom Goldmedaille 1951, All-American Rose Selection 1952, National Rose Society Trial Ground Certificate 1953

## 'HELENA'

TEEHYBRIDE, HELLGELB, ÖFTERBLÜHEND

'Helena' trägt lange Knospen, die sich zu gefüllten, hochgebauten Blüten in zartem Maisgelb entfalten. Die 20–25 Petalen öffnen sich schalenförmig, um die schönen Staubgefäße zu zeigen. Die Blüten erscheinen beinahe unaufhörlich, ihr Duft ist angenehm. Die wuchsfreudige Pflanze besitzt ledriges, mittelgrünes Laub und ist widerstandsfähig gegen Krankheiten. 'Helena' eignet sich gut für Beete und als Hochstammrose.

**ZONEN 5–9.**

1982

Sport von 'Helen Traubel' × ('Charlotte Armstrong' × 'Glowing Sunset')

## 'HELLO' COChello

ZWERGROSE, ROT, ÖFTERBLÜHEND

Die Blüten von 'Hello' sind karminrot mit einem kontrastreichen weißen Auge in der Blütenmitte. Die großen Blüten mit 6–14 Petalen sind einfach und erscheinen in großen Büscheln. Diese Rose, deren Blüten in kühleren Regionen größer werden, bedeutet für die Klasse der Zwergrosen eine echte Bereicherung. Das Laub ist etwas glänzend mittelgrün und recht krankheitsfest. Diese Sorte ist eine weitere erfolgreiche Kreation des verstorbenen schottischen Züchters Cocker. **ZONEN 5–11.**

Cocker, Großbritannien, 1992

'Minuetto' × Sämling

Glasgow Goldmedaille 1992

## 'HELMUT SCHMIDT' KORbelma

**Syn.'Goldsmith', 'Simba'**

TEEHYBRIDE, REIN GELB, ÖFTERBLÜHEND

Die großen, spitzen Knospen dieser Sorte öffnen sich zu großen Blüten, die wahre Schönheiten sind. Die urnenförmigen, jungen Blüten sind in der Mitte hochgebaut, während die äußeren Petalen eine wunderbare symmetrische Anordnung aufweisen. In der Regel sitzen sie einzeln auf einem kräftigen, aufrechten Stiel und eignen sich daher hervorragend als Schnittrosen, besonders da die Blüten ihre Form bewahren und sehr langlebig sind. Sie ist eine sehr gute Gartenrose, die den ganzen Sommer und Herbst blüht, jedoch nach jedem Flor eine Pause einlegt. Die Pflanze wächst ordentlich und aufrecht und wird mittelhoch. Das Laub ist mattgrün. Diese Rose wurde in Deutschland zu Ehren des ehemaligen Bundeskanzlers eingeführt. In den USA heißt sie 'Goldsmith' und in Großbritannien 'Simba'. **ZONEN 4–9.**

Kordes, Deutschland, 1979

'Mabella' × Sämling

Courtrai Goldmedaille 1979, Genf Goldmedaille 1979, Royal National Rose Society Trial Ground Certificate 1979

## 'HELPMEKAAR ROOS' KORogesa

TEEHYBRIDE, APRICOT+, ÖFTERBLÜHEND

Die Blüten dieser Rose haben einen ganz besonderen warmen Orangeton. Sie entfalten sich von spitzen Knospen zu voll erblühten Blumen. Die Blüten sind lokkerer als die typischer Edelrosen und sitzen auf langen, kräftigen Stielen. 'Helpmekaar Roos' eignet sich für den Schnitt und duftet angenehm. Sie kann dabei auch gut als mittelgroßer Strauch für die Beetgestaltung eingesetzt werden. *Helpmekaar* („Helft einander") war eine Organisation, die von prominenten Südafrikanern nach dem 1. Weltkrieg während der Weltwirtschaftskrise gegründet wurde, um Studenten aus armen Verhältnissen ein Studium zu finanzieren. **ZONEN 5–10.**

Kordes, Deutschland, 1993

Eltern unbekannt

## 'HENKELL ROYAL'

TEEHYBRIDE, ROT, ÖFTERBLÜHEND

Die moderne Gartenrose zeigt eine hübsche, blutrote Färbung. Die langen Knospen öffnen sich zu mittelgroßen bis großen, dichtgefüllten, hochgebauten Blüten von schöner Form und verströmen dann einen herrlichen Duft. Diese Sorte bringt während des ganzen Sommers und im Herbst Blüten hervor, die auch bei hohen Temperaturen nicht verblassen. Sie eignet sich sehr gut für Beete und Rabatten als auch zum Schnitt; denn die Blüten sitzen auf festen, aufrechten, Stielen und sind langlebig. Die durchschnittlich hohe Pflanze ist wuchsfreudig und hat eine reich verzweigte, buschige Gestalt. Sie trägt großes, glänzend dunkelgrünes Laub und ist gegenüber Sternrußtau etwas anfällig.

**ZONEN 4–9.**

Kordes, Deutschland, 1964

Eltern unbekannt

Baden-Baden Goldmedaille 1964

## 'HENRI BARRUET'

GROSSBLUMIGE KLETTERROSE, ROSA+

Die Rosenschule Barbier in Orléans züchtete in den Jahren unmittelbar nach dem 1. Weltkrieg über 50 Rosen, darunter solche Meisterwerke wie 'Albéric Barbier' und 'Albertine'. Diese Rose gehört zu ihren letzten bekannten Züchtungserfolgen und ist immer noch bei einigen speziellen Züchtern erhältlich. Sie bringt schwach duftende Blüten hervor, die in Büscheln mit bis zu 15 Blüten zusammensitzen. Die Unterseite der Petalen ist bronzegelb getönt; die Blüten entfalten sich rosa und sind vollständig geöffnet weiß getönt. Der Flor im Sommer ist überaus reich. Für eine Kletterrose erreicht sie eine mittlere Höhe mit herabhängenden Trieben und olivgrünem Laub. Diese Kletterrose eignet sich hervorragend für Zäune, Säulen oder Pfosten, braucht aber Platz für ausreichende Luftzirkulation, um sich prächtig entwikkeln zu können.

**ZONEN 4–9.**

Barbier, Frankreich, 1918

Eltern unbekannt

H

'Helen Traubel'

'Helena'

'Helmut Schmidt'

## 'HENRI MARTIN'

**Syn. 'Red Moss'**

ALTE R., MOOSROSE, ROT

Die gefüllten Blüten dieser Rose, die locker in großen Büscheln zusammensitzen, öffnen sich schalenförmig und sind etwa 8 cm groß. Sie sind kräftig weinrot bis karminrot gefärbt und verblassen zu einem zarteren Rot, bevor sie vollständig verblühen. Sie verströmen einen betörenden Duft. Die wuchsfreudige, breit wachsende Pflanze wird bis zu 1,8 m hoch und ist nur schwach bewehrt; die anmutig herabfallenden Triebe sind jedoch von feinen Härchen überzogen. Das Laub ist üppig grün – wie auch das Moos der Knospen und der Blütenkelche. Dieses Moos ist sehr aromatisch und riecht balsamartig. 'Henri Martin' verträgt nährstoffarme Böden gut, benötigt aber viel Platz, denn sie kann sehr breit werden. Dabei können ihr Stützen, wie Spalier oder Dreifuß, sehr hilfreich sein.

ZONEN 4–9.

Laffay, Frankreich, 1863

Eltern unbekannt

Royal Horticultural Society Award of Garden Merit 1993

## 'HENRY FONDA' JACyes

TEEHYBRIDE, DUNKELGELB, ÖFTERBLÜHEND

Diese Edelrose besitzt 24 Petalen, die so fest sind, daß die üppig gelben Blüten äußerst lange halten und ihre Form bewahren. Sie entwickeln sich von spitzen Knospen zu mittelgroßen bis großen Blüten mit hübscher Mitte. Die äußeren Petalen rollen sich an den Spitzen ein, so daß ein Blüte vollkommener Symmetrie und Schönheit entsteht. Die Blüten erscheinen unermüdlich den ganzen Sommer und Herbst; ihr Duft ist schwach. Diese hübsche Gartenrose eignet sich für Beete, Rabatten sowie für kleine Blumenarrangements, da sie lange Blütenstiele hat. Die Pflanze wächst aufrecht und wird überdurchschnittlich hoch. Sie trägt dichtes, glänzend dunkelgrünes Laub, das einen hervorragenden Hintergrund für die leuchtenden Blüten bildet. Diese Sorte erhielt ihren Namen zur Erinnerung an den berühmten amerikanischen Schauspieler (1905–1982). ZONEN 4–9.

Jackson & Perkins, USA, 1995

Eltern unbekannt

## 'HENRY HUDSON'

RUGOSA-HYBRIDE, WEISS, ÖFTERBLÜHEND

Felicitas Svejda und das kanadische Landwirtschaftsministerium arbeiteten mehrere Jahre daran, winterharte Rosen zu züchten, die auch strengste Bedingungen überstehen können; dabei entstand als eines der erfolgreichsten Ergebnisse diese Sorte. Die niedrige, Schößlinge bildende Pflanze bringt rosa gesprenkelte Knospen hervor, die sich zu gefüllten weißen Blüten entfalten. Sie werden becherförmig und zeigen, wenn sie vollständig geöffnet sind, ihre goldgelben Staubgefäße. Die Blüten sind mittelgroß und duften angenehm. Nach einem reichen ersten Flor erscheinen im Sommer und Herbst weitere Blüten. Verblühtes fällt nicht ab und sollte daher entfernt werden. Diese Rose trägt üppiges, derbes, dunkelgrünes Laub. Sie ist besonders winterhart und sehr robust.

ZONEN 3–9.

Svejda, Kanada, 1976

Sämling von 'Schneezwerg'

'Henry Nevard'

'Heritage'

'Henry Kelsey'

## 'HENRY KELSEY'

STRAUCHROSE, ROT, ÖFTERBLÜHEND

Auch diese Rose ist besonders winterhart und geeignet für kalte Klimate. Die mittelgroßen bis großen Blüten erscheinen in Form von schweren Büscheln mit bis zu 18 Blüten. Sie sind dichtgefüllt und weisen einen warmen Rotton auf. Wenn die Petalen sich nach außen rollen, werden die Blüten becherförmig und zeigen ihre auffälligen goldgelben Staubgefäße. Sie verströmen einen scharfen, würzigen Duft. Die Blüten verblassen beim Verblühen zu einem Rosarot und putzen sich selbst. Der Flor hält den ganzen Sommer und Herbst an. Diese Strauchrose eignet sich für Rabatten. An Spalieren, Zäunen oder Bögen gezogen, kann sie zu einer mittelhohen Kletterrose werden. Ihr glänzendes Laub ist widerstandsfähig gegen Mehltau. ZONEN 3–9.

Svejda, Kanada, 1984

Hybride von *Rosa kordesii* × Sämling

## 'HENRY NEVARD'

ALTE R., REMONTANTROSE, DUNKELROT, ETWAS NACHBLÜHEND

Diese Remontantrose wurde als eine der letzten in den Handel eingeführt. Die wuchsfreudige Pflanze bringt große, runde Knospen hervor, die sich im Sommer zu dunkelroten, mit 30 Petalen gefüllten Blüten entfalten. Die großen, becherförmigen, stark duftenden Blüten ertragen warmes Wetter gut. Der Strauch trägt dunkelgrünes, ledriges Laub und sollte gelegentlich etwas geschnitten werden.

ZONEN 4–9.

Cant, Großbritannien, 1924

Eltern unbekannt

## 'HER MAJESTY'

ALTE R., REMONTANTROSE, REIN ROSA

Diese Rose bringt 15 cm große, rosa-karminrote Blüten hervor, die sich beim Öffnen zur Mitte hin einrollen. Die großen, hochgebauten Blüten besitzen kräftige Petalen; wobei die Kritiker sich nicht einigen können, ob diese nun duften oder etwa doch nicht duften. Die Blüten dieser Rose erscheinen später als die von anderen Alten Rosen. Die wuchsfreudige, aufrechte Pflanze trägt graugrünes, glänzendes Laub und große Stacheln. Sie braucht Zeit, um sich einzugewöhnen, und fühlt sich besonders in nährstoffreichem Boden wohl. Mehltau kann manchmal ein Problem darstellen.

ZONEN 4–9.

Bennett, Großbritannien, 1885

'Mabel Morrison' × 'Canarui'

## 'HERBSTFEUER'

**Syn. 'Autumn Fire'**

ALTE R., RUBIGINOSA-HYBRIDE, DUNKELROT, ETWAS NACHBLÜHEND

Diese Sorte hat dunkelrote, halbgefüllte, schwach duftende Blüten, die in Büscheln an herabhängenden Trieben sitzen. Der Flor dauert vom Frühsommer bis in den Herbst. Die Rose wird 1,8 m hoch und bildet im Herbst große, birnenförmige, rotgelbe Hagebutten. Wenn sich im Herbst dann zusätzlich die hellgrünen, spitzen Blätter verfärben, wirkt die Pflanze noch dekorativer. Diese Sorte eignet sich hervorragend für Hecken, oder Landschaftsgärten, da sie sowohl Schatten als auch Sonne verträgt.

ZONEN 5–9.

Kordes, Deutschland, 1961

Rubiginosa-Hybride

## 'HERERO' HERbic

TEEHYBRIDE, ROT+, ÖFTERBLÜHEND

Die Hereros sind eine afrikanische Volksgruppe in Namibia. Diese Rose wurde nach ihnen benannt, da sie die Farben der Namibwüste wiedergibt. Wenn die spitzen Knospen sich zu gefüllten Blüten mit 35 Petalen entfalten, weisen diese eine Reihe erstaunlicher warmer Farbtöne auf – Gold, Orange und Dunkelbernstein. Sie erscheinen in kleinen Büscheln zu 3–8 Blüten und eignen sich gut für Blumenarrangements und Ausstellungen. Sie duften allerdings nicht. ZONEN 5–11.

Herholdt, Südafrika, 1981

'Angel Bells' × 'Southern Sun'

## 'HERITAGE' AUSblush

**Syn. 'Roberta'**

STRAUCHROSE, HELLROSA, ÖFTERBLÜHEND

Die rundlichen Knospen dieser Rose entfalten sich zu großen, becherförmigen Blüten mit dicht gedrängten Petalen in der Mitte, die im Gegensatz zu Alten Rosen eher wie zufällig angeordnet sind. Der Farbton variiert zur Blütenmitte hin von hellstem Rot zu warmem Dunkelrosa. Die Blüten verströmen einen angenehmen zitronenähnlichen Duft. Einem ersten Flor folgen den ganzen Sommer und Herbst weitere Blüten. Diese Rose eignet sich gut für Beete, Rabatten und Hecken. Sie ist wuchsfreudig, recht kompakt mit herabhängenden Trieben und wird mittelhoch. Sie trägt dichtes dunkelgrünes, etwas glänzendes Laub.

ZONEN 4–9.

Austin, Großbritannien, 1984

Sämling × ('Wife of Bath' × 'Schneewittchen')

## 'HERMAN STEYN' KORfolklori

TEEHYBRIDE, ROT+, ÖFTERBLÜHEND

Diese Rose ist besonders aufsehenerregend: Sie ist gefüllt und besitzt die klassische Form einer Edelrose, wobei ihre herausragendste Eigenschaft die unterseits gelb gefärbten, ansonsten karminroten Blütenblätter sind. Werden sie geschnitten, so sind die schwach duftenden Blüten sehr langlebig; in einer Kupfer- oder Messingvase arrangiert, sehen sie richtig exotisch aus. 'Herman Steyn' ist eine hohe, kräftige Beetrose, die im Garten meistens mit spitz zulaufend wachsenden Rosen kombiniert wird, um den Hintergrund für ein Rosenbeet zu bilden. **ZONEN 5–11.**

Kordes, Deutschland, 1994

Eltern unbekannt

## 'HERMANN KEGEL'
siehe 'Nuits de Young'

## 'HERMOSA'
**Syn. 'Armosa', 'Mme Neumann', 'Mélanie Lemaire'**

ALTE R., CHINAROSE, HELLROSA, ETWAS NACHBLÜHEND

Diese Rose scheint fehlerlos; sie ist robust, wuchsfreudig und eine gute Beetpflanze. Die spitzen, schönen Knospen öffnen sich zu kleinen, hellrosafarbenen, hochgebauten Blüten mit 35 Petalen. Die becherförmigen, runden Blüten sind am Grund fast weiß, und die äußeren Petalen rollen sich beim Verblühen zurück. Die buschige Pflanze trägt blaugrünes, weiches Laub und ist nur wenig bewehrt. Diese Sorte mit ihren duftenden Blüten kommt am besten zur Geltung, wenn sie in Gruppen zu dritt oder zu mehreren gepflanzt wird. **ZONEN 5–9.**

Marchesseau, Frankreich, vor 1837

Vermutlich Chinarose × Bourbonrose

## 'HERO' AUShero
STRAUCHROSE, REIN ROSA, ÖFTERBLÜHEND

Die Blüten dieser Rose sind mittelgroß und sehr schön geformt; die äußeren Petalen rollen sich nach außen, während die inneren becherförmig angeordnet sind. Die Farbe ist eine sanfte Mischung aus hellen und mittleren Rosatönen. Die Blüten verströmen einen starken Duft nach Myrrhe. Die Pflanze wächst hoch, mit herabfallenden Trieben in einer etwas wirren Form. Es wird empfohlen, diese Rose in eine Pflanzengruppe zu integrieren, damit sie eine bessere Wirkung zeigt. In wärmeren Regionen kann sie an einer Stützhilfe hochgezogen werden. Die auf breiten, kleinen Stielen sitzenden Blüten erscheinen den ganzen Sommer und Herbst. Ihr Höhen- und Breitenwachstum ist für eine Strauchrose eher überdurchschnittlich. Sie trägt leicht glänzendes Laub. In der griechischen Mythologie war Hero eine Priesterin der Aphrodite, deren Geliebter Leander bei dem Versuch, über den Hellespont zu ihr zu schwimmen, in einem Sturm ertrank. **ZONEN 4–9.**

Austin, Großbritannien, 1982

'The Prioress' × Sämling

'Heroïne de Vaucluse'

'Heroïca'

## 'HEROÏCA'
TEEHYBRIDE, DUNKELROT, ÖFTERBLÜHEND

Die dunkelroten, samtartigen Blüten dieser Rose verblassen beim Verblühen ein wenig. Sie sind dichtgefüllt, hochgebaut und erscheinen sehr üppig im Sommer, blühen aber noch bis in den Herbst eifrig nach. Sie duften nur schwach. Obwohl sie heute nur noch selten anzutreffen ist, hat 'Heroïca' ihre Wirkung in Beeten, Rabatten und als Hecke vielfach unter Beweis gestellt. Die Pflanze ist wuchsfreudig und mittelhoch, wird aber mit ihrer wuchernden Gestalt der Qualität der Blüten nicht gerecht. Sie trägt große, mittelgrüne Blätter, die für Mehltau anfällig sind. **ZONEN 4–9.**

Lens, Belgien 1960

'Rome Glory' × 'Kordes' Sondermeldung'

Rotterdam Goldmedaille 1960

## 'HEROÏNE DE VAUCLUSE'
ALTE R., BOURBONROSE, REIN ROSA

Die roten Knospen dieser Sorte öffnen sich zu großen, geviertelten, runden, leuchtend rosafarbenen Blüten, die in Büscheln auf lockeren Trieben zusammensitzen. Sie sind dichtgefüllt und duften. Die Blütenblätter rollen sich während der üppigen Blühperiode im Sommer nach außen. Später folgen an den kräftigen Trieben die Hagebutten. Benannt wurde sie nach Laura, der Geliebten des italienischen Dichters Petrarca (1304–1374), der u.a. am päpstlichen Hof von Avignon wirkte. **ZONEN 4–9.**

Moreau, Frankreich, 1863

Eltern unbekannt

## 'HERTFORDSHIRE' KORtenay
**Syn. 'Tommelise'**

STRAUCHROSE, DUNKELROSA, ÖFTERBLÜHEND

Ihre kleinen und einfachen Blüten sitzen in kurzstieligen Büscheln zusammen und werden in großer Üppigkeit gebildet. Sie öffnen sich rasch zu schalenförmigen,

'Hi Ho'

'Hertfordshire'

karminrot bis rosafarbenen Blüten mit blasser Mitte und stellen die dekorativen Staubgefäße, die lustigen gelben Augen ähneln, zur Schau. Kleine, leuchtende Blätter bilden den passenden Rahmen. Nach einem Hauptflor folgen im Sommer und Herbst weitere Blüten. Die Pflanze wächst niedrig, wellenförmig und etwas spitz zu, was die ungewöhnlichen Eigenschaften dieser Rose noch ergänzt. Sie eignet sich für Beetumrandungen oder kleinere Gartenflächen. Diese Sorte ist gut bewehrt und so dicht belaubt, daß sie als Bodendecker gelten könnte und deutlich das Wachstum von Unkraut verhindert. **ZONEN 4–9.**

Kordes, Deutschland, 1991

Eltern unbekannt

## 'HERZ DAME'
siehe 'Dame de Coeur'

## 'HERZOG VON WINDSOR'
siehe 'Duke of Windsor'

## 'HI HO'
KLETTERNDE ZWERGROSE, ORANGEROSA, ÖFTERBLÜHEND

Die dunkelrosafarbenen, gefüllten Blüten erscheinen an einer kräftigen Kletterrose in großen Büscheln und bieten eine üppige Blumenpracht. Ein bis zwei Jahre nach dem Einpflanzen bildet der Strauch kräftige Triebe, die die schweren Blütenbüschel tragen. Die Blüten erscheinen unermüdlich; die Pflanze ist selbstreinigend. Das glänzend grüne Laub ist besonders krankheitsfest. Die Blüten eignen sich gut als Schnittrosen für große Sträuße, da sie sehr langlebig sind. Wegen ihrer großen Blühfreudigkeit konnte die Rose ihre Popularität über 30 Jahre lange halten. **ZONEN 5–11.**

Moore, USA, 1964

'Little Darling' × 'Magic Wand'

## 'HIAWATHA'
RAMBLERROSE, ROT+

Ihre winzigen, runden Knospen erscheinen im Hochsommer. Sie öffnen sich zu

'Hidalgo'

dunkelkarminroten, einfachen, becherförmigen Blüten mit weißer Mitte und goldgelben Staubbeuteln und sitzen in Büscheln zusammen. Leuchtend gelbe Staubgefäße krönen die Blüten. Die Pflanze gedeiht in der Sonne sowie im Schatten. Ihre kräftigen, hoch aufgeschossenen Triebe werden manchmal bis zu 6 m lang. Das ledrige Laub ist üppig grün und glänzend. 'Hiawatha' fühlt sich auf nährstoffarmen Böden wohl und wirkt besonders attraktiv, wenn sie an Bäumen emporklettern kann. Sogar nachdem andere, höhere wachsende Formen eingeführt worden waren, blieb diese Ramblerrose populär. Walsh aus Massachusetts züchtete zwischen 1901 und 1920 vierzig Ramblerrosen und benannte diese Sorte nach dem Helden einer Erzählung des Amerikaners Henri W. Longfellow. **ZONEN 4–9.**

Walsh, USA, 1904

'Crimson Rambler' × 'Paul's Carmine Pillar'

## 'HIDALGO' MEItulandi
**Syn. 'Michel Hidalgo'**

TEEHYBRIDE, ROT, ÖFTERBLÜHEND

Die kegelförmigen Knospen dieser Sorte entfalten johannisbeerrote Blüten mit 30 Petalen zu großen, becherförmigen Blumen auf langen Stielen. Sie verströmen einen ausgezeichneten Duft und sind langlebig. Die Blüten erscheinen unermüdlich den ganzen Sommer und Herbst über. 'Hidalgo' eignet sich am

'High Summer'

'Highlight'

ehesten als Gruppenpflanze und zum Schnitt für die Vase. Für eine Zierpflanze ist sie zu starkwüchsig und wirkt etwas zerzaust. Obwohl der Busch kräftig wächst, sind die Stiele oft gekrümmt und die Blütenhälse dünn. Er trägt dichtes ledriges, bronzegrünes Laub und ist sehr robust. Ihr Namensgeber ist der berühmte mexikanische Revolutionär Miguel Hidalgo (1753–1811).

**ZONEN 4–9.**

Meilland, Frankreich, 1979

(['Queen Elizabeth' × 'Karl Herbst'] × ['Lady' × 'Pharaon']) × (MElcesar × 'Papa Meilland')

Baden-Baden Duftpreis 1978

## 'HIGH ESTEEM'

TEEHYBRIDE, ROSA+, ÖFTERBLÜHEND

Diese Rose bringt große Blüten mit bis zu 50 Petalen hervor. Sie entfalten sich von spitzen Knospen zu hochgebauten Blüten, deren Petalen oberseits phloxrosa, unterseits silbrig-rosa gefärbt sind. Sie verströmen einen angenehmen fruchtigen Duft. Nach einem üppigen ersten Flor erscheinen den ganzen Sommer und Herbst über in einigen Abständen weitere Blüten. Sie sind sehr langlebig und gut für die Vase geeignet. 'High Esteem' sollte als gemischte Gruppen in Rabatten gepflanzt werden, ist aber anfällig für Mehltau. Am wohlsten fühlt sie sich an einem freien, sonnigen Standort. Die Pflanze ist wuchsfreudig und hat eine kompakte, aufrechte Gestalt. Ihr ledriges Laub ist hellgrün.

**ZONEN 4–9.**

Von Abrams, USA, 1961

('Charlotte Armstrong' × 'Mme Henri Guillot') × ('Multnomah' × 'Charles Mallerin')

## 'HIGH HOPES' HARyup

GROSSBLUMIGE KLETTERROSE, REIN ROSA, ÖFTERBLÜHEND

Die hellrosafarbenen Blüten dieser Sorte sind gefüllt und ergeben von Frühling bis in Herbst einen prächtigen Anblick. Sie verströmen einen mäßig süßen Duft und zieren eine kräftige, wuchsfreudige Pflanze, deren Stiele kürzer sind als bei den meisten Kletterrosen. Das Laub ist kräftig und robust, gelegentlich aber etwas anfällig für Sternrußtau. 'High Hopes' kann sehr gut an Bögen, Pergolen und Stützen von mittlerer Höhe emporklettern. Sie gehört auf alle Fälle zu den Sorten, die eine gute Pflege unbedingt belohnen. **ZONEN 5–9.**

'Highdownensis'

Harkness, Großbritannien, 1992

'Compassion' × 'Sylvia'

Den Haag Zertifikat 1. Klasse 1992, Tokio Goldmedaille 1992, Auckland Best Climber 1996

## 'HIGH NOON'

GROSSBLUMIGE KLETTERROSE, REIN GELB, ÖFTERBLÜHEND

Diese Sorte trägt halbgefüllte gelbe Blüten, die etwas rosa überhaucht sind. Sie haben 25–35 Petalen, duften stark und eignen sich sehr gut für die Vase, da sie auf langen Stielen sitzen. Die mäßig wuchsfreudige 'High Noon' ist ein üppiger Blüher mit dekorativem, sattgrünem Laub, das sich als recht krankheitsfest erweist. Diese Kletterrose läßt sich gut an Terrassenpfosten oder Rankgerüsten kultivieren.

**ZONEN 5–9.**

Lammerts, USA, 1946

'Soeur Thérèse' × 'Captain Thomas'

All-American Rose Selection 1948, National Rose Society Trial Ground Certificate

## 'HIGH SHERIFF' HARwellington

TEEHYBRIDE, ORANGEROT, ÖFTERBLÜHEND

Erst seit 1992 auf dem Markt, wird diese Beetrose mit ihrer ungewöhnlichen Farbgebung sicherlich viel Freude bereiten. Die Blüten sind orangerot, wobei die Farbe der äußeren Blütenblätter etwas intensiver ist. Sie sind ziemlich dichtgefüllt, duften sehr stark und zieren einen leicht bewehrten Busch. 'High Sheriff' ist wuchsfreudig und krankheitsfest. Sie trägt glänzend dunkelgrünes Laub. Wenn auch nicht gerade als hoher Busch, so eignet sie sich sehr gut für Rabatten und Hecken oder für einen Platz im Garten, der ein wenig Farbe benötigt.

**ZONEN 5–9.**

Harkness, Großbritannien, 1992

(Sämling × ['Sabine' × 'Circus']) × 'Silver Jubilee'

Dublin Goldmedaille 1989

## 'HIGH SUMMER' DICbee

FLORIBUNDA, ORANGEROT, ÖFTERBLÜHEND

'High Summer' bringt Blüten hervor, deren Blätter oberseits orangerot, unterseits eher rosa bis hellrosa sind. Die Blüten öffnen sich becherförmig und etwas seltsam, da die Blütenblätter sich nach außen rollen, um die noch nicht entfalteten Petalen in der Mitte freizugeben. Der mittelhohe Busch ist in kühleren und feuchten Gegenden anfällig für Mehltau und Sternrußtau. Sie ist aber starkwüchsig und von robustem, dunkelgrünem Laub bedeckt.

**ZONEN 5–9.**

Dickson, Großbritannien, 1978

'Zorina' × 'Ernest H. Morse'

## 'HIGHDOWNENSIS'

Syn. ***Rosa highdownensis*** **'Hillier'**

STRAUCHROSE, ROT

Diese Sorte ist eine Hybride von *Rosa moyesii*. 'Highdownensis' trägt einfache, karminrote Blüten, die beim Verblühen in Purpur übergehen und einen Kontrast zu den goldroten Staubgefäßen bilden. Die orangefarbenen Hagebutten, die während der ganzen Blütezeit entstehen, besitzen eine wunderschöne Flaschenform und sind bis zum Winter an der Pflanze zu bewundern, bis sie schließlich faulen und abfallen. Die Pflanze ist wuchsfreudig, hoch, von aufrechter Gestalt und macht sich als Strauchrose mit kleinen, hübschen Blättern sehr gut. 'Highdownensis' läßt sich nur schwer durch Okulation vermehren. Wenn sie sich im Garten einmal eingelebt hat, ist sie sehr widerstandsfähig und sollte am besten nicht geschnitten werden.

**ZONEN 5–9.**

Stern, Großbritannien, 1928

Sämling von *Rosa moyesii*

Royal Horticultural Society Award of Garden Merit 1994

## 'HIGHFIELD' HARcomp

Syn. **'Lemon Sunbeam'**

GROSSBLUMIGE KLETTERROSE, HELLGELB, ÖFTERBLÜHEND

Die festen Knospen dieser Sorte öffnen sich zu halbgefüllten, kräftig gelben Blüten, die bald zu einem Hauch von Rosa verblassen. Sie verströmen einen angenehmen Duft und erscheinen unermüdlich von Frühling bis zum Spätherbst. Diese kräftige, wuchsfreudige Kletterrose ist krankheitsresistent und trägt robustes, glänzendes Laub. Sie erreicht mittlere Höhe und macht sich besonders gut an einer sonnenbeschienen Mauer.

**ZONEN 5–9.**

Harkness, Großbritannien, 1980

Sport von 'Compassion'

Genfer Preis und Silbermedaille 1980, Courtrai Certificate of Merit 1980

## 'HIGHLIGHT'

FLORIBUNDA, ORANGEROT, ÖFTERBLÜHEND

Diese extrem reich blühende Floribundarose trägt Blüten in einem lebhaften Geranienrot, das durch einen Orangeton verstärkt wird. Sie zählt zu den besten Züchtungen der späten 50er Jahre des 20. Jh. und verblaßt nicht einmal in der Sommersonne. Die verblühten Petalen fallen rasch ab, so daß die Blütenköpfe immer adrett aussehen. Sie duften und erscheinen in großen Büscheln auf einer kräftigen, wuchsfreudigen Pflanze mit robustem Laub.

**ZONEN 5–9.**

Robinson, Großbritannien, 1957

Sämling × 'Kordes' Sondermeldung'

Goldmedaille der National Rose Society 1957

## 'HILDA MURRELL' AUSmurr

STRAUCHROSE, REIN ROSA

Diese auch als Englische Rose klassifizierte Sorte hat dunkelrosa leuchtende Blüten, die später etwas matt werden. Sie sind schalenförmig, symmetrisch geformt und verströmen einen starken Duft. 'Hilda Murrell' ist mäßig krankheitsfest, besitzt Stacheln und wird mittelhoch. Sie trägt große, ledrige Blätter. Diese Rose wurde nach der Britin Hilda Murrell benannt, die stark dafür engagierte, daß das Interesse an Alten Rosen wiederauflebte. **ZONEN 5–9.**

Austin, Großbritannien, 1984

Sämling × ('Parade' × 'Chaucer')

## 'HILDE HEINEMANN'

TEEHYBRIDE, ROT+, ÖFTERBLÜHEND

'Hilde Heinemann' wurde trotz ihrer bemerkenswerten Farbe nie richtig populär. Die ovalen Knospen sind groß und leuchten in einem feurigen Kapuzinerkresserot mit chromgelbem Petalengrund. Die Blüten öffnen sich recht schnell und verblassen nicht. Der Busch wird mittelhoch und trägt dichtes, stark glänzendes Laub, das sehr dekorativ wirkt. Die unermüdliche Blütenbildung sorgt im Herbst für ein besonderes Farbspiel. Die Pflanze ist widerstandsfähig gegen Krankheiten. Sie ist eine ausgezeichnete Beetrose, da die Blüten einen hübschen Kontrast zu ihrem Laub bilden. **ZONEN 5–9.**

Meilland, Frankreich, 1972

Eltern unbekannt

## 'HIMMELSAUGE'

**Syn. 'Francesco Don'**

RAMBLERROSE, MAUVE

Diese spät blühende Ramblerrose zählt zu den dunkelsten und den robustesten ihrer Art. Die großen, dunkelpurpurfarbenen, duftenden Blüten zeigen sich im Schatten oder Halbschatten von ihrer be-

'Hippolyte'

'Hilda Heinemann'

'Himmelsauge'

sten Seite, da die Blütenblätter an der Sonne etwas rauh werden. Sie läßt sich leicht an einem Zaun oder einem Bogen ziehen; herbstliche Hagebutten vervollständigen den Charme dieser Rose. **ZONEN 4–9.**

Geschwind, Österreich-Ungarn, 1894

*Rosa setigera* × *R. rugosa*

## 'HINRICH GAEDE'

TEEHYBRIDE, ORANGE+, ÖFTERBLÜHEND

Die großen, duftenden Blüten dieser Sorte sind leuchtend rot, am Grund sowie auf der Außenseite der Blütenblätter orangefarben. Ihre Form ist nicht gerade klassisch, sondern recht durcheinander und wirr in der Anordnung. 'Hinrich Gaede' ist ein wuchsfreudiger Busch, der sich nur für wärmere Regionen und trokkene Klimaten eignet. Sie kann als Kletterrose kultiviert werden und trägt glänzend hellgrünes Laub, das anfällig für Sternrußtau ist. **ZONEN 5–9.**

Kordes, Deutschland, 1931

'Lady Margaret Stewart' × 'Charles P. Kilham'

## 'HIPPOLYTE'

**Syn. 'Souvenir de Kean'**

ALTE R., GALLICA-ROSE, MAUVE

Die dicken Knospen dieser Rose entfalten sich zu lebhaft karminrot-violett getönten Blüten. Diese sind zunächst rundlich, öffnen sich dann vollständig und verändern ihre Farbe zu einem dunklen Weinrot. Lagen von Blütenblätter stürzen an sich herabbeugenden Trieben kaskadenartig hinunter. Der starke Duft verleiht ihr zusätzlichen Charme. Ihre Form weicht von den anderer Gallica-Rosen ab, und der kompakte Busch wird 1,5 m hoch. Er trägt schöne, kleine Blätter und ist nicht bewehrt. Für einen kleinen Garten oder eine Hecke ist sie die beste Wahl. **ZONEN 4–9.**

Vor 1842

Vermutlich Gallica-Rose × Chinarose

'Hilda Murrell'

'Hiroshima's Children'

'Hippolyte Jamain'

'Hokey Pokey'

## 'HIPPOLYTE JAMAIN'

ALTE R., REMONTANTROSE, DUNKELROSA

Diese seltene Alte Rose hat intensiv purpurrosafarbene, gefüllte Blüten mit 38 Petalen. Sie sind schön geformt, etwas rundlich und groß. Das Laub ist im Austrieb rot und bedeckt einen aufrechten, wuchsfreudigen Busch. **ZONEN 4–9.**

Lacharme, Frankreich, 1874

Sämling von 'Victor Verdier'

## 'HIROSHIMA'S CHILDREN'

HARmark

FLORIBUNDA, GELB+, ÖFTERBLÜHEND

Die Blütenfarbe dieser Sorte ist eine Mischung aus einem warmen Cremeton und blassem Korallrosa und verändert sich je nach Jahreszeit; bei kühler Witterung wird die Farbe intensiver. Die schwach duftenden Blüten setzen sich aus 35 Petalen zusammen, sind in voller Blüte sehr groß und eignen sich gut für die Vase. Das Laub ist matt und mittelgrün. **ZONEN 5–9.**

Harkness, Großbritannien, 1985

Sämling von 'Bobby Dazzler'

## 'HOFGÄRTNER KALB'

ALTE R., CHINAROSE, ROSA+, ETWAS NACHBLÜHEND

Wie die meisten Chinarosen blüht diese Rose sehr lange, mag aber kein nasses Wetter. Die großen, wohlgeformten Blüten sind leuchtend rosa-karminrot mit gelber Mitte, während die äußeren Blütenblätter rot getönt sind. Die mit 35 Petalen dichtgefüllten Blüten erscheinen unermüdlich von Frühling bis zum Herbst. An warmen Standorten verströmt sie einen starken Duft. Der aufrechte, wuchsfreudige Busch trägt kupferfarbenes Laub. **ZONEN 7–9.**

Felberg-Leclerc, Frankreich, 1914

'Souvenir de Mme Eugène Verdier' × 'Gruß an Teplitz'

## 'HOKEY POKEY'

ZWERGROSE, APRICOT+, ÖFTERBLÜHEND

Lange, spitze, elegante Knospen entfalten sich zu Blüten in einem dunklen apricotfarbenen Ton, der zu hellem Rosa verblaßt. Die Blüten sind mit 28 Petalen gefüllt. Sie verströmen einen würzigen Duft. Größere Blüten sitzen gewöhnlich in kühleren Gegenden auf einzelnen Stielen, während in wärmeren Klimaten kleinere Blüten in Büscheln erscheinen. Die Blätter sind am Rand gesägt. Die schöne Farbe der jungen Blüten verblaßt in der heißen Sonne allerdings rasch. Die Pflanze ist wuchsfreudig und reich verzweigt. **ZONEN 5–11.**

Saville, USA, 1980

'Golden Meillandina' × 'Sheri Anne'

## 'HOLLÄNDERIN'
**siehe 'Red Favorite'**

## 'HOLLIE ROFFEY' HARramin
ZWERGROSE, REIN ROSA, ÖFTERBLÜHEND

Die Blüten dieser Rose sind von einem klaren, reinen rosa und mit 35 Petalen dichtgefüllt. Die Blütenform ist eine hübsche Rosette mit zahlreichen rosafarbenen Blütenblättern und winzigen Petalen in der Blütenmitte. Wegen ihrer Langlebigkeit ist sie eine begehrte Rose für Blumensträuße. Die kleinen Blüten sitzen gewöhnlich in Büscheln zusammen und duften schwach. Die spitzen Laubblätter sind mittelgrün. In wärmeren Regionen kann sich die Pflanze stark ausbreiten. **ZONEN 5–11.**

Harkness, Großbritannien, 1985

('Tip Top' × ['Manx Queen' × 'Golden Masterpiece']) × 'Minuetto'

## 'HOLSTEIN 87'
**siehe 'City of Birmingham'**

## 'HOLSTEINPERLE' KORdiam
**Syn. 'Heidi Kabel', 'Testa Rossa'**
TEEHYBRIDE, ORANGEROSA, ÖFTERBLÜHEND

Die großen Blüten dieser Sorte sind orangerosa gefärbt und mit 40 Petalen dichtgefüllt. Leider duften sie nicht. Die buschige Pflanze ist mittelhoch und aufrecht. Sie wird von dichtem, schönem Laub bedeckt. **ZONEN 5–9.**

Kordes, Deutschland, 1987

Sämling × 'Flamingo'

## 'HOLTERMANN'S GOLD'
AROyeht
TEEHYBRIDE, GOLDGELB, ÖFTERBLÜHEND

Diese goldgelbe Rose ist eine mittelhohe, wuchsfreudige Pflanze mit glänzend grünem Laub, das sehr widerstandsfähig gegen Sternrußtau ist. Die Blüten verströmen einen süßen Duft. Sie sind wohlgeformt und nach traditioneller Edelrosenform hochgebaut. Sie wurde nach dem Australier Bernhard Holtermann benannt, der eine Landfläche für den Bau einer Schule in Sydney stiftete. Anläßlich ihres 100jährigen Bestehens kam diese Rose auf den Markt.
**ZONEN 5–9.**

Armstrong, USA, 1989

('Friesia' × 'Katherine Loker') × 'Gingersnap'

## 'HOLY TOLEDO' ARObri
ZWERGROSE, APRICOT+, ÖFTERBLÜHEND

'Holy Toledo' hat ovale Knospen, die sich zu apricot-orangefarbenen Blüten mit gelb-orangefarbener Rückseite entfalten. Die gefüllten Blüten besitzen 28 Petalen, die überlappend angeordnet sind und von kleinen, dunkelgrünen Blättern umrahmt werden. Die wuchsfreudige und buschige Pflanze ist krankheitsfest. Diese Zwergrose ist eine hochgeschätzte Sorte, hauptsächlich wegen ihrer wunderbaren Farbe, der hübschen Blütenform, ihrer Gestalt und dem dekorativen Laub. Die einzigartige Farbkombination ist sehr auffallend, und man muß sie schon selbst gesehen haben, um den Beschreibungen tatsächlich auch glauben zu können. Die Blüten erscheinen in großen Büscheln auf sehr kräftigen Stielen, die Wind und Regen widerstehen. **ZONEN 5–11.**

Christensen, USA, 1978

'Gingersnap' × 'Magic Carrousel'

All-American Rose Society Award of Excellence 1980

'Hollie Roffey'

'Holy Toledo'

'Holtermann's Gold'

'Homère'

'Honey Favourite'

## 'HOMBRE'
ZWERGROSE, ROSA+, ÖFTERBLÜHEND

Die Blüten dieser Sorte sind hellapricotrosa getönt mit einer hellrosafarbenen Rückseite. Die gefüllten Blüten haben mehr als 40 Petalen und sind wie eine Edelrosen spiralig hochgebaut. Vollständig geöffnet werden sie eher becherförmig. In manchen besonders feuchten Klimaten können sie die Form einer Edelrose halten. Die Farbe kann ziemlich rasch zu einem unattraktiven Beigeton verblassen. Die kleinen Blätter sind etwas glänzend und dunkelgrün. 'Hombre' ist ein aufrechter, wuchsfreudiger Busch, der anfällig für Krankheiten ist.
**ZONEN 5–11.**

Jolly, USA, 1983

'Humdinger' × 'Golden Meillandina'

## 'HOMÈRE'
ALTE R., TEEROSE, ROSA+, ETWAS NACHBLÜHEND

Die lieblichen Knospen dieser Sorte öffnen sich zu blaßrosafarbenen, becherförmigen, dichten Blüten mit weißer Mitte. Die gekräuselten Blütenblätter weisen fliederfarbene Sprenkel auf. Die aufrechten Stiele machen diese Rose zu hervorragenden Schnittblumen. 'Homère' ist eine buschige Pflanze, der Regen nichts anhaben kann. Sie hat feste Zweige mit fein gesägten Blättern und roten, hakenförmigen Stacheln. Die Rose sollte etwas geschnitten werden. Sie ist eine ideale Pflanze für Rabatten oder Kübel. Sie duftet angenehm nach Teerosen und eignet sich auch als Ansteckrose. **ZONEN 7–9.**

Robert und Moreau, Frankreich, 1858

Vermutlich ein Sämling von 'David Pradel'

## 'HONEYBUNCH' COCglen
**Syn. 'Honey Bunch'**
FLORIBUNDA, GELB+, ÖFTERBLÜHEND

Diese Floribundarose besitzt einen sehr angenehmen Duft. Sie kam 1989 in den Handel und ist eine ideale Kübelpflanze, denn von der Form her ist sie einer Zwergrose sehr ähnlich. Die Farbe – ein Orangegelb mit Lachsrosa und roter Petalenunterseite – ist überwältigend und kommt am besten dann zur Geltung, wenn die Rose alleinstehend gepflanzt wird. Die gefüllten Blüten sind geöffnet und zieren eine Pflanze von recht kompaktem Wuchs. Das Laub ist dunkelgrün und mäßig krankheitsfest. **ZONEN 5–9.**

Cocker, Großbritannien, 1989

(['Sabine' × 'Circus'] × 'Maxi') × 'Bright Smile'

## 'HONEY CHILE'
FLORIBUNDA, HELLROSA, ÖFTERBLÜHEND

Diese Sorte hat spitze Knospen, die sich zu gefüllten, becherförmigen Blüten von zartem Lachsrosa entfalten. Sie sitzen in Büscheln zusammen und duften nicht stark. Die aufrecht wachsende Pflanze ist zu Beginn und am Ende der Blühperiode anfällig für Mehltau und Sternrußtau. Das Laub ist lederartig. 'Honey Chile' wird nicht häufig kultiviert, ist aber eine geeignete Rose für Gruppenpflanzungen.
**ZONEN 5–9.**

Thomson, USA, 1964

'Fashion' × 'Queen Elizabeth'

## 'HONEY FAVOURITE'
**Syn. 'Honey Favorite'**
TEEHYBRIDE, HELLROSA, ÖFTERBLÜHEND

Diese Rose gedeiht am besten in kühleren Gegenden, denn dort, wo die Sommer extrem heiß werden, fallen die Blüten kleiner aus und stehen in einem krassen Mißverhältnis zu den kräftigen Stielen. Da ihre Farbe sehr zart ist, entfalten die Blüten ihren sanften gelblichen Rosaton nur unter klimatisch milden Bedingungen. 'Honey Favorite' ist eine wuchsfreudige Pflanze, die sich sehr gut für die Gestaltung von Gärten eignet, da ihr robustes Laub besonders widerstandsfähig gegen Sternrußtau ist.
**ZONEN 5–9.**

Von Abrams, USA, 1962

Sport von 'Pink Favorite'

## 'HONEYFLOW'
FLORIBUNDA, ROSA+, ÖFTERBLÜHEND

Es lohnt sich durchaus, diese kleine, niedrig, aber ausladend wachsende Rose in einem größeren Garten mit ausreichend Platz zu pflanzen. Ihre beste Wirkung erzielt sie in langen Reihen entlang eines Weges. Der Stamm ist dünn, und es werden unzählige Triebe am Grund der Pflanze gebildet. Jede von ihnen trägt große Büschel mit kleinen, einfachen Blüten in sehr hellem Rosa. Das Laub ist blaßgrün. 'Honeyflow' blüht sehr üppig, ist winterhart und recht krankheitsfest; gelegentlich ist sie anfällig gegenüber Mehltau. **ZONEN 5–9.**

Riethmuller, Australien, 1957

'Spring Song' × 'Gartendirektor Otto Linne'

## 'HONIGMOND'

**Syn. 'Honeymoon'**
FLORIBUNDA, REIN GELB, ÖFTERBLÜHEND

'Honigmond' gedeiht am besten in kühleren Gegenden, wo der gelbe Blütenfarbton länger vorhält und die Pflanze kompakter wächst. Kordes setzte als Elternsorten Rubiginosa-Hybriden ein, um eine winterharte, krankheitsfeste Rose zu erzielen. Diese üppig blühende Floribundarose spielt eher für Zuchtprogramme eine wichtige Rolle denn als Zierpflanze für Gärten. Sie bringt kanariengelbe, schwach duftende, mit 40 Petalen dichtgefüllte Blüten hervor, die in kleinen Büschel zusammensitzen. Die wuchsfreudige, buschige, aufrechte Pflanze trägt dunkel geädertes Laub. **ZONEN 5–9.**

Kordes, Deutschland, 1960

'Cläre Grammerstorf' × 'Golden Scepter'

National Rose Society Trial Ground Certificate 1959

## 'HONOR' JACOLITE

**Syn. 'Honour', 'Michèle Torr'**
TEEHYBRIDE, WEISS, ÖFTERBLÜHEND

Die anmutigen, langen, spitzen Knospen von 'Honor' entfalten sich zu zarten weißen Blüten, die vollständig geöffnet goldgelbe Staubgefäße präsentieren. Die großen Blüten haben 25–30 Petalen und sitzen auf langen Stielen. Sie verströmen einen schwachen Duft. 'Honor' kam 1980 auf den Markt, um eine Serie, die auch 'Love' und 'Cherish' enthält, zu vervollständigen, und erzielte rasch viele Preise. Die wuchsfreudige, hohe, aufrechte Pflanze blüht unermüdlich und ist besonders widerstandsfähig gegen Mehltau und Sternrußtau. Sie eignet sich gut für jeden Garten. **ZONEN 5–9.**

Warriner, USA, 1980

Eltern unbekannt

Portland Goldmedaille 1978, All-American Rose Selection 1980

## 'HONORABLE LADY LINDSAY'

**Syn. 'Honorine Lady Lindsay'**
STRAUCHROSE, ROSA+, ÖFTERBLÜHEND

Diese Sorte wächst nicht sehr stark und wird wahrscheinlich nur wegen ihrer Blüten weiterhin kultiviert. Sie verfügt über dichtgefüllte, rosafarbene Blüten, die unterseits dunkler sind. Sie bringt unermüdlich Blüten hervor und duftet schwach. In warmer Umgebung blüht sie üppiger als in kühleren Klimaten. 'Honorable Lady Lindsay' ist eine buschige Pflanze, die genauso hoch wie breit wird. **ZONEN 5–9.**

Hansen, USA, 1939

'New Dawn' × 'Reverend F. Page-Roberts'

## 'HONORÉ DE BALZAC' MEIparnin

TEEHYBRIDE, ROSA+, ÖFTERBLÜHEND

Die dicklichen Knospen von 'Honoré de Balzac' entfalten sich zu großen, runden Blüten, die mit breiten, zart strukturierten Blütenblättern dichtgefüllt sind, und bei nasser Witterung zur Mumienbildung neigen. Deshalb fühlt sich diese Sorte in trockenen Gegenden am wohlsten. Die Farbe in der Blütenmitte ist ein kühler Hellrosaton, der auf den äußeren Petalen zu einem rötlichen Weiß verblaßt. Sie verströmen einen schwachen Pfirsichduft und erscheinen den ganzen Sommer und Herbst. Die überdurchschnittlich hohe Pflanze ist starkwüchsig und von ungleichmäßiger Gestalt. Ihr Laub ist dunkel glänzend. Im Garten macht sich diese Rose am besten in gemischten Beeten und Rabatten. Ihr Name geht auf den berühmten französischen Schriftsteller zurück, der von 1799–1850 lebte. **ZONEN 4–9.**

Meilland, Frankreich, 1993

Eltern unbekannt

'Honorable Lady Lindsay'

'Honorine de Brabant'

'Honorine de Brabant'

'Honeyflow'

## 'HONORINE DE BRABANT'

ALTE R., BOURBONROSE, ROSA+, ETWAS NACHBLÜHEND

Diese Rose bringt rötliche bis rosafarbene duftende Blüten hervor, die gesprenkelt und gestreift sind. In schattiger Lage kann sich die Farbe zu Mauve und Karminrot verändern. Die großen, locker becherförmigen Blüten haben zahlreiche Blütenblätter, die geviertelt angeordnet sind. Sie blühen im Hochsommer am schönsten, im Herbst erscheint eine kleine Nachblüte. Das üppige, ledrige Laub bedeckt einen wuchsfreudigen, kompakten, leicht bewehrten Busch. 'Honorine de Brabant' gedeiht gut auf nährstoffarmen Böden und bildet einen idealen Hintergrund für Rabatten, ist aber auch für Zäune geeignet. **ZONEN 4–9.**

Sport von 'Commandant Beaurepaire'

## 'HOOT OWL' MORhoot

ZWERGROSE, ROT+, ÖFTERBLÜHEND

Wenn sich die spitzen Knospen dieser Sorte endlich öffnen, werden rote Blüten mit einem auffälligen weißen Auge sichtbar. Die einfachen Blüten besitzen fünf Petalen und erscheinen gewöhnlich einzeln oder in kleinen Büscheln. Sie duften nicht. Die Pflanze ist von kompakter, niederwüchsiger Gestalt und bringt langlebige Blüten hervor. **ZONEN 5–11.**

Moore, USA, 1990

'Orangeade' × 'Little Artist'

## 'HORACE VERNET'

ALTE R., REMONTANTROSE, DUNKELROT, ETWAS NACHBLÜHEND

Diese stark duftende Remontantrose bringt zu Beginn der Blühperiode dicke Knospen hervor, die sich zu üppigen, samtig karminroten Blüten öffnen. Die gefüllten Blüten sind hochgebaut und erscheinen unaufhörlich während der ganzen Blühsaison. Sie sind zart und langlebig und eignen sich auch zum Schnitt. Sie wird als kräftiger, aufrechter Busch bis zu 1,2 m hoch, hat weiches Holz und trägt dekoratives Laub, das ihre guten Eigenschaften vervollständigt. Benannt wurde die Rose nach dem französischen Landschafts- und Marinemaler Horace Vernet (1789–1863). **ZONEN 5–9.**

Guillot, Frankreich, 1866

'Général Jacqueminot' × Sämling

## 'HORSTMANNS ROSENRESLI'

FLORIBUNDA, WEISS, ÖFTERBLÜHEND

Diese hervorragende Floribundarose hat zart rosafarbene Knospen, die sich zu fast rein weißen, halbgefüllten Blüten öffnen, die zahlreich in großen Büscheln zusammensitzen. Charakteristisch für diese Gartenrose ist ihre außerordentlich große Blühfreudigkeit. Die mäßig große, robuste Pflanze ist von glänzendem mittelgrünen Laub bedeckt, das jedoch gelegentlich krank wird. 'Horstmanns Rosenresli' eignet sich ideal zum Anlegen einer Hecke. **ZONEN 5–9.**

Kordes, Deutschland, 1955

'Rudolph Timm' × 'Lavender Pinocchio'

'Hot Pewter'

'Hot Chocolate'

'Hot Shot'

## 'HOT CHOCOLATE' SIMcho

FLORIBUNDA, ROSTFARBEN, ÖFTERBLÜHEND

Diese von einem neuseeländischen Hobbyzüchter kreierte Sorte wurde bei ihrer Einführung zur Sensation. Sie wies einen brandneuen Farbton auf – ein so dunkles, üppiges Orange, daß man auch von einem zarten Braun sprechen könnte. Wie bei vielen ungewöhnlichen Rosen, setzt diese Farbe kühles Wetter voraus, um sich in voller Intensität zu entfalten. Bei warmer Witterung reicht die Zeit nicht aus, um den bräunlichen Farbeffekt beobachten zu können, da die Blüten sich zu rasch öffnen und verblühen. 'Hot Chocolate' ist eine winterharte Pflanze, die krankheitsfest ist. Am besten wirkt sie in einem Beet zu mehreren von gleicher Sorte, um farbliche Disharmonien zu vermeiden. **ZONEN 5–9.**

Simpson, Neuseeland, 1986

'Princess' × ('Tana' × 'Mary Sumner')

Neuseeland Goldmedaille 1986

## 'HOT LIPS' TINlips

ZWERGROSE, ORANGEROSA, ÖFTERBLÜHEND

Diese fröhliche Sorte besitzt dunkle korallen- bis orangefarbene, dichtgefüllte, hochgebaute Blüten mit 25 bis 30 Petalen, die in klassischer Ausstellungsform angeordnet sind. Sie erscheinen einzeln oder in Büscheln zu drei bis fünf Blüten. Der schwache, fruchtige Duft macht sie noch attraktiver. Bei heißem Wetter, verblassen die Blüten etwas, behalten beim Verblühen aber ihre Form. 'Hot Lips' ist eine wuchsfreudige, robuste Pflanze mit leicht glänzendem, mittelgrünem Laub. Sie kann gut im Gefäß kultiviert werden, sollte aber einen sonnigen Platz bekommen, da sie sonst kaum überleben würde. Bei warmer Witterung können Spinnmilben zur Plage werden, und man sollte darauf achten, daß es nicht zum Laubfall kommt. **ZONEN 5–9.**

Bennett, USA, 1988

'Futura' × 'Why Not'

## 'HOT PEWTER'

Syn. 'Crucencia', 'Crucenia'

TEEHYBRIDE, ORANGEROT, ÖFTERBLÜHEND

'Hot Pewter' bringt gefüllte, leuchtend rotorange Blüten hervor, die als Einzelblüten eine buschige Pflanze mit dunkelgrünem Laub zieren. In wärmeren Regionen öffnen sie sich schneller. Diese Sorte eignet sich gut für Gärten, weniger jedoch als Schnittrose. Sie ist wuchsfreudig und wird nur mäßig hoch und ist gesund. Wegen der Struktur ihrer Blütenblätter und der empfindlichen Anordnung fühlt sich diese Rose in kühleren Klimazonen wohler. **ZONEN 5–9.**

Harkness, Großbritannien, 1978

'Alec's Red' × 'Red Dandy'

Freiland Silbermedaille 1977

'Hot Lips'

## 'HOT SHOT'

Syn. 'Hotshot'

ZWERGROSE, ORANGEROT, ÖFTERBLÜHEND

Die Blüten von 'Hot Shot' sind von einem leuchtenden Zinnoberrot, das nicht verblaßt. Sie haben 28 Petalen und sind gefüllt. In wärmeren, trockenen Klimaten können sie wie eine Edelrose gestaltet sein. Die etwas zu groß geratenen Blüten neigen zur Mumienbildung. Wird die Rose mit Stickstoff überdüngt, verformen sich die Narben unschön. Verblühtes bleibt lange an der Pflanze. Die Blüten sehen am schönsten aus, wenn sie vollständig geöffnet sind. Kleines, grünes Laub bedeckt einen aufrechten, kompakten Busch. Diese Rose ist von historischer Bedeutung, denn sie war die erste zahlreich prämierter Sämlinge der orangefarbenen Edelrose 'Futura'. Außerdem glaubte man zu der Zeit noch, Zwergrosen könnten nur aus anderen Zwergrosen oder Floribundarosen gezüchtet werden. Das erfolgreiche Ergebnis dieser Züchtung stellte diese fälschliche Annahme richtig. **ZONEN 5–11.**

Bennett, USA, 1982

'Futura' × 'Orange Honey'

American Rose Society Award of Excellence 1984

## 'HOT TAMALE' JACpoy

Syn. 'Sunbird'

ZWERGROSE, GELB+, ÖFTERBLÜHEND

Die Blüten dieser Sorte sind ein echter Blickfang: Ihre Farbe ist ein Gelborange, das in ein interessantes Gelbrosa übergeht und die Blumen beinahe leuchten läßt. Diese herrliche Farbe hält lange vor – sogar in der Mittagssonne Kaliforniens. Die schwach duftenden Blüten haben die Form einer Edelrose, weshalb 'Hot Tamale' auch verschiedene Preise gewann. Die Blüten erscheinen meist einzeln, in kühleren Klimaten können jedoch kleine Büschel gebildet werden. Das leicht glänzende, dunkelgrüne Laub bedeckt eine kompakte, hohe Pflanze und ist krankheitsfest. **ZONEN 5–11.**

Zary, USA, 1993

Eltern unbekannt

American Rose Society Award of Excellence 1994

'Hot Tamale'

## 'HOUSTON'

siehe 'Cathedral'

## 'HUGH DICKSON'

ALTE R., REMONTANTROSE, ROT, ETWAS NACHBLÜHEND

'Hugh Dickson' ist fast seit 100 Jahren sehr populär, vor allem als Schnittrose und Beetpflanze. Die dicken, runden Knospen öffnen sich zu dunkelroten, gefüllten, hochgebauten Blüten mit 38 Petalen. Diese riesigen, duftenden Blüten sitzen aufrecht auf langen Stielen, und die großen, runden Petalen rollen sich nach außen, um die Blütenmitte zu enthüllen. Die Rose mag Sonne sowie Schatten und bringt liebliche Herbstblüten hervor. Die dicken Triebe werden vom Laub bedeckt, das im Austrieb rot ist. Sie sehen am schönsten aus, wenn sie waagerecht an einer Mauer gezogen oder nach unten getrimmt werden, um eine Hecke zu bilden. Verblühtes sollte regelmäßig entfernt werden. Die Sorte wurde nach dem Sohn des Gründers der Rosenschule Dickson benannt. **ZONEN 5–9.**

Dickson, Großbritannien, 1905

'Lord Bacon' × 'Gruß an Teplitz'

## 'HUGO ROLLER'

ALTE R., TEEHYBRIDE, GELB+, ETWAS NACHBLÜHEND

Die zierlichen, duftenden Blüten dieser Sorte sind zitronengelb und gleichzeitig stark karminrot überhaucht. Die gefüllten, wohlgeformten Blüten hängen von dünnen Trieben herab. Die Blütenblätter haben im Herbst einen dunkleren Rotton. Diese Rose bevorzugt warme Standorte, größere Hitze macht ihr nichts aus. Kleine, üppig grüne Blätter bedecken den kompakten Busch. Da die Pflanze niederwüchsig ist, eignet sie sich sehr gut für Rabatten, wo sie in Dreiergruppen oder zu mehreren gepflanzt werden kann. **ZONEN 7–9.**

Paul, Großbritannien, 1907

Eltern unbekannt

'Hugh Dickson'

'Hugo Roller'

'Hula Girl'

## 'HUGUENOT 300' DELteb

FLORIBUNDA, ORANGE +, ÖFTERBLÜHEND

Diese Rose soll an die vielen hundert Hugenotten erinnern, die 1688 von Europa nach Südafrika übersiedelten. Ihre dicken Knospen entfalten sich zu halbgefüllten Blüten von leuchtendem Orange bis Lachs. Den ganzen Sommer und Herbst über werden großen Büschel mit bunten Blüten gebildet. Als Schnittblumen in der Vase sind sie sehr langlebig, haben Ausstellungsqualität, duften jedoch nicht. Diese mittelgroße Beetrose wird manchmal auch höher. Wenn sie geschnitten wird, treiben rasch rote Blätter und zahlreiche Blütentriebe aus. **ZONEN 5–11.**

Delbard, Frankreich, 1985

('Zambra' × [Orléans Rose' × Goldilocks']) × (Sämling von 'Orange Triumph' × 'Floradora')

## 'HULA GIRL'

ZWERGROSE, ORANGE+, ÖFTERBLÜHEND

Die langen, spitzen Knospen dieser Sorte entfalten sich zu gefüllten, dunkelorange- oder lachs-rosafarbenen Blüten mit einem Hauch von Gelb am Grund der 45 Petalen. Die Blumen verströmen einen fruchtigen Duft. Die kleinen Laubblätter sind glänzend dunkelgrün und bedecken eine sehr wuchsfreudige, aufrechte Pflanze. Der Flor ist in allen Klimaten sehr üppig und wiederholt sich häufig. Diese preisgekrönte Rose stammt von zwei ungewöhnlichen Elternsorten ab, die nur sehr selten zur Zucht verwendet werden. **ZONEN 5–11.**

Williams, USA, 1975

'Miss Hillcrest' × 'Mabel Dot'

American Rose Society Award of Excellence 1976

## 'HULA HOOP' MORhoop

FLORIBUNDA, ROSA+, ÖFTERBLÜHEND

Diese Sorte besitzt rosafarbene Blüten, deren Petalen im oberen Rand dunkelrosa, beinahe rot gefärbt sind, so daß sie einem Hula-Hoop-Reifen ähneln. Die Blüten sind halbgefüllt und duften kaum, was keine Überraschung bei einer Elternsorte wie 'Dortmund' ist. Das Laub ist matt, mittelgrün und bedeckt einen mäßig hohen Busch. **ZONEN 5–9.**

Moore, USA, 1990

('Dortmund' × Sämling) × geselbstet

## 'HUME'S BLUSH TEA-SCENTED CHINA'

Syn. 'Odorata', 'Spice'

ALTE R., HELLROSA, ETWAS NACHBLÜHEND

Nach Einführung der ersten Teerose aus China in die westliche Welt gab es gerade in den letzten Jahren viel Rätselraten um diese Sorte. Viele waren der Meinung, sie sei völlig verschwunden, bis man sie auf Bermuda als Rose unter dem Namen 'Spice' wiederfand, und seitdem von ihrer Echtheit überzeugt ist. Die großen, gefüllten Blüten sind blaß, creme- bis fleischrosafarben und sitzen an langen Zweigen. In der Sonne werden die stark duftenden Blüten fast weiß. Die Sorte kann als Strauch- oder Kletterrose kultiviert werden. Sie hat dekoratives, glänzendes, immergrünes Laub. **ZONEN 7–9.**

Hume, Großbritannien, vor 1809

Sorte von *Rosa* × *odorata*

## 'HUNTER'

Syn. 'The Hunter'

RUGOSA-HYBRIDE, ROT, ÖFTERBLÜHEND

Diese Rose trägt Büschel schwach duftender Blüten, die leuchtend karminrot sind. Der Hauptflor ist im Frühjahr zu bewundern, weitere Blüten erscheinen danach weniger zahlreich, aber noch regelmäßig bis zum Herbst. Der hohe, wuchsfreudige, buschige Strauch trägt dunkelgrünes Laub. Die für Rugosa-Hybriden so typische runzelige Äderung wird hier durch die Gene einer Elternpflanze ('Kordes' Sondermldung') unterdrückt. Das derbe Laub zeigt eher große Ähnlichkeit mit dieser Elternpflanze. **ZONEN 5–9.**

Mattock, Großbritannien, 1961

*Rosa rugosa rubra* × 'Kordes' Sondermeldung'

## 'HURDY GURDY' MACpluto

Syn. 'Pluto'

ZWERGROSE, ROT+, ÖFTERBLÜHEND

Die weißen Streifen auf dunkelrotem Untergrund lassen die Blüten dieser Sorte sehr ungewöhnlich aussehen. Die kleinen und gefüllten Blüten haben einen schwachen Duft. 'Hurdy Gurdy' ist eine Zwergrose mit aufrechtem Wuchs und glänzend grünem Laub, das nur mäßig krankheitsfest ist. **ZONEN 5–9.**

'Hunter'

McGredy, Neuseeland, 1986

'Matangi' × 'Stars 'n' Stripes'

## 'ICE WHITE'

Syn. 'Vision Blanc'

FLORIBUNDA, WEISS

Als Sam McGredy 'Ice White' züchtete, hoffte er, eine kleinere, kompakte weiße Floribundarose ähnlich wie 'Schneewittchen' zu erhalten. Sie sollte kräftiger als 'Irene von Dänemark', aber weniger wuchsfreudig als 'Schneewittchen' sein. Die rein weißen, halbgefüllten Blüten von 'Ice White' sitzen zahlreich in kleinen Büscheln zusammen. Sie haben einen schwachen Duft. Die mittelgroße Pflanze ist robust und gesund; am besten eignet sie sich für kleine, dekorative Ecken im Garten. Sie reichte allerdings nie an 'Schneewittchen' heran. **ZONEN 4–9.**

McGredy, Neuseeland, 1966

'Mme Léon Cuny' × ('Orange Sweetheart' × 'Tantaus Triumph')

Portland Goldmedaille 1970

## 'ICEBERG' KORbin

Syn. 'Fée des Neiges', 'Schneewittchen'

FLORIBUNDA, WEISS, ÖFTERBLÜHEND

Schon über 40 Jahre sind seit der Einführung von 'Iceberg' vergangen, die im deutschsprachigen Raum meist unter dem Namen 'Schneewittchen' bekannt ist, doch ist sie immer noch eine einzigartige Sorte und ihren Konkurrenten haushoch überlegen. Die wohlgeformten, zarten Blüten sind regenfest und langlebig, ob ungeschnitten oder in der Vase. Sie sind halbgefüllt und rein weiß, im Knospenstadium gelegentlich rosa überhaucht, besonders im Vorfrühling und im Herbst, wenn die Nächte kalt und feucht sind. In dieser Zeit können durch Regen- oder Tautropfen manchmal auf den Blütenblättern rosa Sprenkel auftreten. Die Blüten erscheinen in Büscheln bis zu 15 und verströmen einen angenehm zarten, nicht aufdringlichen Rosenduft. Das glänzend hellgrüne Laub hat schlanke Fiederblättchen mit langer Spitze. Diese Sorte eignet sich als Beetrose und für flächige Anpflanzungen, aber auch als kleine, einzelne Strauchrose.

'Ice White'

'Hume's Blush Tea-scented China'

'Iceberg'

'Hurdy Gurdy'

H

I

Diese Floribundarose ist einigermaßen widerstandsfähig gegen Mehltau, hingegen leicht anfällig für Sternrußtau. Sie zählt zu den besten Rosen dieses Jahrhunderts. Der kletternde Sport **'Climbing Iceberg'** (Syn. 'Climbing Schneewittchen', 'Climbing Fée des Neiges'; Cant, Großbritannien, 1968), der immer Blüten trägt, ist eine widerstandsfähige, robuste Pflanze, die manchmal nicht emporklettert. Bei diesem offensichtlichen Handicap für eine Kletterrose handelt es sich aber bloß um einen Vermehrungsfehler, der auftritt, wenn hierzu ungeeignete Augen verwendet wurden. Sie ist nicht besonders starkwüchsig und sollte deshalb nur zum Bedecken von niedrigen Zäunen oder Gartenlauben sowie zum Bekleiden von Pfosten oder Pyramiden im Garten bzw. auf der Terrasse gepflanzt werden. **ZONEN 4–9.**

Kordes, Deutschland, 1958

'Robin Hood' × 'Virgo'

Goldmedaille der National Rose Society 1958, Baden-Baden Goldmedaille 1958, ADR-Rose 1960, Welt Rose 1983, Royal Horticultural Society Award of Garden Merit 1993

'Climbing Iceberg'

'Iced Parfait'

## 'ICED GINGER'

FLORIBUNDA, ORANGE+, ÖFTERBLÜHEND

Paul Dickson schuf mit 'Iced Ginger' eine zauberhafte Sorte mit einer Farbmischung aus Rosa und Kupfer sowie einem köstlichen Duft. Die Blüten erscheinen in kleinen, gleichmäßigen Büscheln auf kräftigen, kurzen Trieben. Diese können bewehrt sein, eignen sich aber ausgezeichnet zum Schnitt, da der Kupferrosa-Ton in den meisten Blumenarrangements sehr gut mit anderen Blumen harmoniert. Der niedrige Busch benötigt einen sorgfältigen Schnitt, um den sonst eher unförmigen Wuchs in Form zu halten. Die Pflanze kommt am besten in flächigen Anpflanzungen oder als Randpflanzung zur Geltung. Das dunkelgrüne Laub ist robust und kaum anfällig für Mehltau, kann aber besonders in feuchten Gegenden von Sternrußtau befallen werden.

**ZONEN 5–9.**

Dickson, Großbritannien, 1971

'Anne Watkins' × Sämling

## 'ICED PARFAIT'

FLORIBUNDA, HELLROSA, ÖFTERBLÜHEND

Die australische Nonne Mary Xavier kreuzte 1972 'Pink Parfait' und 'Schneewittchen' und wurde mit dieser entzükkenden Rose belohnt. Ihre Blüten sind von zartestem Rosa, und sie erscheinen unermüdlich vom Vorfrühling bis zum Winter. Sie verströmen einen süßen Duft. 'Iced Parfait' ist eine zuverlässige, mittelhohe Pflanze mit hellgrünem Laub und sehr guter Gesundheit. Sie ist eine gute Beetrose. **ZONEN 5–9.**

Xavier, Australien, 1972

'Pink Parfait' × 'Schneewittchen'

## 'IDA ELIZABETH' WELiz

TEEHYBRIDE, ROT, ÖFTERBLÜHEND

Der australische Amateurzüchter Eric Welsh züchtet hauptsächlich Edelrosen wie 'Ida Elizabeth'. Sie hat große, mittelrote Blüten, die die Qualität und Form einer Ausstellungsrose besitzen. Diese Sorte zählt zu den besten australischen Züchtungen. Sie ist auch eine ausgezeichnete Schnittblume. Die Pflanze ist kräftig, wuchsfreudig und hat robustes, dunkelgrünes Laub, das widerstandsfähig gegen Mehltau ist. **ZONEN 5–9.**

Welsh, Australien, 1987

'Red Lion' × 'Mainauperle'

'Iced Ginger'

'Ida Elizabeth'

## 'IGA 83 MÜNCHEN' MEIbalbika

**Syn. 'Meilland Rosiga '83', 'München 83', 'Rose IGA', 'The Wyevale Rose'**

FLORIBUNDA, ROT, ÖFTERBLÜHEND

Seit 1984 im Handel, ist diese Rose leider nicht mehr sehr verbreitet. 'Iga 83 München' hat mittelgroße, gefüllte, rote Blüten. Die mittelhohe Pflanze wächst aufrecht und trägt große, glänzend dunkelgrüne Blätter. **ZONEN 4–9.**

Meilland, Frankreich, 1984

MEIgurami × ('Cruosa' × 'City of Leeds')

ADR-Rose 1982

## 'ILE DE FRANCE'

RAMBLERROSE, ROT+

Diese Ramblerrose, die man heute nur noch in botanischen Sammlungen findet, ähnelt stark ihrer Elternsorte. Sie trägt leuchtend scharlachrote Blüten mit weißer Mitte, die etwa Anfang Juni erscheinen. Sie sind halb gefüllt, vollständig offen und sitzen in großen Büscheln am Ende kurzer Stiele. Sie duften schwach, blühen recht lang und verblassen kaum. Die wuchsfreudigen Triebe von etwa 6 m Länge tragen großes, ledriges, dunkles Laub und zahlreiche Stacheln. Sie ist eine ideale Rose für Mauern und Zäune, kaum krankheitsanfällig und erträgt unterschiedlichste Witterungsbedingungen und Bodenarten. **ZONEN 4–9.**

Nonin, Frankreich, 1922

Sämling von 'American Pillar'

## 'ILSE HABERLAND'

STRAUCHROSE, REIN ROSA, ÖFTERBLÜHEND

Diese Strauchrose bringt sehr große, gefüllte, karmin-rosafarbene Blüten hervor, die duften und sehr schön zu betrachten sind. Seit 1956 auf dem Markt, ist sie inzwischen wohl nur noch beim Züchter erhältlich. Sie ist wuchsfreudig, gut verzweigt, kräftig und von aufrechter, buschiger Gestalt. **ZONEN 4–9.**

Kordes, Deutschland, 1956

'Obergärtner Wiebicke' × 'Gloria Dei'

## 'ILSE KROHN SUPERIOR'

KLETTERROSE, WEISS, ETWAS NACHBLÜHEND

Diese wuchsfreudige, bis 3 m hohe Kletterrose ist sehr vielseitig verwendbar, auch als Einzelstrauch. Die Blüten, die im Juni üppig erscheinen, sind gefüllt, weiß und verströmen einen zarten Duft. Auch in der Knospenform sind sie sehr dekorativ. Weitere Blühen erscheinen in Abständen bis zum Herbst. Die Rose trägt robustes, glänzend dunkelgrünes Laub und eignet sich für Spaliere, Rosenbögen, Säulen und Pergolen. Sie ist winterhart und recht widerstandsfähig gegen Sternrußtau. Diese Eigenschaften ma-

'Climbing Iceberg'

chen sie zu einer der besten weißen, mittelhohen Kletterrosen. **ZONEN 4–9.**

Kordes, Deutschland, 1964

Sport von 'Ilse Krohn'

### 'IMAGINATION' WEKmar

TEEHYBRIDE, APRICOT+, ÖFTERBLÜHEND

Die großen Blüten dieser Sorte sind es wert, einen Blick zu erhaschen. Sie sind schön geformt, zunächst orange-aprikosenfarbig getönt; geöffnet zeigen sie dann die helleren Rückseiten. Sie erscheinen einzeln oder in Büscheln und duften nur schwach. Die Pflanze ist mittelhoch und dicht. Sie trägt glänzendes, mittelgrünes Laub. 'Imagination' kann als Busch, Strauch oder Hochstammrose gepflanzt werden. Sie ist mäßig krankheitsfest. **ZONEN 5–9.**

Winchel, USA, 1992

'Marmalade' × Sämling

### 'IMMENSEE' KORimro

**Syn. 'Kordes' Rose Immensee', 'Grouse', 'Lac Rose'**

STRAUCHROSE/BODENDECKERROSE, HELLROSA

Diese entzückende Rose war eine der ersten Sorten, die speziell als Bodendeckerrose gezüchtet wurden. 'Immensee' bedeckt den Boden fast vollständig und kann schräg abfallende Böschungen gut kaschieren und stützen, wenn sie in besonderen, das Wasser zurückhaltenden „Taschen" gepflanzt wird. Sie breitet sich rasch aus. Früh im Jahr erscheinen an den jüngeren Trieben einzelne, leuchtend rosafarbene Knospen, die sich zu hellrosafarbenen, schwach duftenden Blüten öffnen. Die Blumen verblassen beim Verblühen fast zu Weiß. Das Laub ist eher klein, aber dicht, glänzend dunkel und wenig krankheitsanfällig. **ZONEN 4–9.**

Kordes, Deutschland, 1983

'The Fairy' × Sämling von *Rosa wichuraiana*

Goldmedaille der Royal National Rose Society 1984

### 'IMMORTAL JUNO' AUSjuno

STRAUCHROSE, DUNKELROSA, ÖFTERBLÜHEND

Der Züchter David Austin hat diese liebliche, dunkelrosafarbene Rose aus seinem Katalog genommen, da sie das feuchte Wetter Europas gar nicht verträgt. In Australien dagegen wird sie wegen ihrer ungewöhnlichen Schönheit überaus geschätzt. Die großen, duftenden, becherförmigen Blüten sind gefüllt und im Stil der Alten Rosen geformt. Sie erscheinen in Büscheln auf einer hohen, wuchsfreudigen und ausladenden Pflanze, die kräftig grünes Laub trägt. Gelegentlich ist die Sorte spät im Jahr etwas anfällig für Mehltau. Sie sollte nicht mit zwei weiteren Rosen, die ebenfalls 'Juno' heißen, verwechselt werden. **ZONEN 5–9.**

Austin, Großbritannien, 1983

Eltern unbekannt

'Immensee'

'Imagination'

'Immensee'

'Imp'

'Impatient'

'Impératrice Farah'

## 'IMP'

FLORIBUNDA, ROT+, ÖFTERBLÜHEND

Ihre Blüten weisen eine Mischung von aufregendem Rot und Weiß auf, die die festen, robusten Petalen überzieht. Sie duften ganz schwach. Die Farbe ist jedoch so aufdringlich, daß diese Sorte sich nur schwer mit anderen Pflanzen kombinieren läßt. Die starkwüchsige Pflanze ist von sparrig untersetzter Gestalt. Sie trägt sehr robuste grüne Blätter. Für niedrige Pflanzungen ist diese Rose gut geeignet. ZONEN 5–9.

Dawson, Australien, 1971

'Daily Sketch' × 'Impeccable'

## 'IMPATIENT' JACdew

FLORIBUNDA, ORANGEROT, ÖFTERBLÜHEND

Diese Sorte hat kräftig ziegelrot gefärbte, nicht verblassende Blüten, die vollständig geöffnet Ringe goldgelber Staubgefäße zeigen. Die Blüten entfalten sich eher flach tellerförmig. Sie duften nur ganz schwach. Der kräftige Busch wird mittelhoch und hat glänzend dunkelgrünes Laub, das gesund ist. Sie läßt sich nur schwer durch Okulation vermehren, da das notwendige Entfernen der zahlreichen Stacheln sehr viel Zeit in Anspruch nimmt. ZONEN 4–9.

Warriner, USA, 1982

'America' × Sämling

All-American Rose Selection 1984

## 'IMPÉRATRICE EUGÉNIE'

ALTE R., MOOSROSE, MAUVE

Die Blüten dieser aufrecht wachsenden Rose sind fliederrosafarben getönt, etwa mittelgroß, gefüllt und duften sehr stark. Sie erscheinen nur im Juni, dafür aber sehr üppig. Gewöhnlich ist sie nur in Spezialbaumschulen erhältlich. Eugénie war die Ehefrau des französischen Kaisers Napoleon III., der 1871 nach seiner Niederlage im preußisch-französischen Krieg abgesetzt wurde. ZONEN 4–9.

Guillot, Frankreich, 1856

Eltern unbekannt

## 'IMPÉRATRICE FARAH'

DELivour

TEEHYBRIDE, WEISS+/ROSA+, ÖFTERBLÜHEND

In warmen Klimaten, wo sie der Hitze der Sonne ausgesetzt sind, bekommen die cremeweißen Blütenblätter dieser Sorte korallenrote Spitzen und Ränder, wodurch sie sehr eindrucksvoll wirken. Die Blüten sind groß, schön und regelmäßig geformt, mit zahlreichen krausen Petalen. Sie eignen sich gut zum Schnitt, da sie sehr haltbar sind. Ihr Duft ist schwach, und sie erscheinen den ganzen Sommer und Herbst über. Im Garten braucht diese Rose einen wohlüberlegten Standort, da sie eine beachtliche Höhe erreicht. Als Hintergrund in einem Beet, einer gemischten Rabatte oder für Zäune und Mauern, wo Kletterrosen nicht pas-

'Imp'

sen würden, ist sie die richtige Wahl. Sie wächst aufrecht, ist sehr starkwüchsig und trägt große ledrige Blätter. Der Vater des Züchters traf die iranische Kaiserin Farah 1974, als er die Rose 'Vivre' zu Ehren eines Kinderhilfswerkes benannte, dem die Monarchin als Präsidentin vorstand. ZONEN 4–9.

Delbard, Frankreich, 1992

Eltern unbekannt

Genf Goldmedaille 1992, Rom Goldmedaille 1992

## 'IMPROVED CÉCILE BRUNNER'

Syn. 'Rosy Morn'

FLORIBUNDA, ORANGEROSA, ÖFTERBLÜHEND

Wie man an den Elternsorten sehen kann, ist diese Rose nicht mit der berühmten 'Cécile Brunner' verwandt. Sie trägt Büschel von lachsrosa- bis rosafarbenen, mit 30 Petalen recht gefüllten Blüten, die sich aus langen, spitzen Knospen entwickeln. Sie duften nur schwach. Die wärmeliebende Pflanze ist sehr wuchsfreudig, wächst aufrecht und trägt ledriges, mattgrünes Laub. ZONEN 5–9.

Duehrsen, USA, 1948

'Dainty Bess' × *Rosa gigantea*

## 'IN THE PINK'

FLORIBUNDA, REIN ROSA, ÖFTERBLÜHEND

Die Blüten dieser Floribundarose sind mit 58–60 Petalen sehr dichtgefüllt und erscheinen gewöhnlich in kleinen Büscheln von vier oder mehr Blüten. Ihre Farbe ist ein Mittelrosa, und sie verströmen einen schwachen Moschusduft. Die mittelhohe Pflanze hat eine buschige Gestalt und stark gebogene Stacheln, die gelegentlich zur Bestimmung der Rose die-

'Improved Cécile Brunner'

nen. Das Laub ist glänzend grün, allerdings etwas anfällig für Krankheiten. ZONEN 4–9.

Ryan, Australien, 1988

'Baby Faurax' × Sämling

## 'INA' TALina

ZWERGROSE, WEISS, ÖFTERBLÜHEND

Diese Sorte bringt eine Fülle weißer Blüten mit zart rosafarbenem Rand hervor, die in der Regel einzeln sitzen. Sie sind mit 15–25 Petalen mäßig gefüllt, ihre Anzahl ist wetterabhängig. Sie haben eine schöne Form und erscheinen unermüdlich; sie duften nur schwach. 'Ina' ist eine mittelhohe, robuste Pflanze, die mattglänzendes, mittelgrünes Laub trägt. ZONEN 5–9.

Taylor, USA, 1994

'Party Girl' × 'Fairhope'

## 'INCARNATA'

siehe 'Cuisse de Nymphe Emué'

## 'INCOGNITO' BRIincog

ZWERGROSE, MAUVE, ÖFTERBLÜHEND

Diese Sorte trägt einzigartige mauvefarbene Blüten mit gelber Rückseite, die keiner anderen Gartenrose gleichen. Die schwach duftenden, gefüllten Blüten besitzen 15–25 Petalen und sitzen einzeln auf den Stielen. Sie sind hochgebaut und haben die richtige Größe für eine Ausstellungsrose. Diese außergewöhnliche Rose zieht durch ihre wunderbare Farbe – je nach Witterung dunkelmauve, gelb, rosa und sogar rostfarben überhaucht – alle Blicke auf sich. Sie ist eine ausgezeichnete Gartenrose, da während der ganzen Blühperiode unermüdlich zahlreiche Blüten erscheinen. Die wuchsfreudige Pflanze ist hoch, aufrecht und recht gesund. ZONEN 4–11.

Bridges, USA, 1995

'Jean Kenneally' × 'Twilight Trail'

New England Rose Trials USA 1996

## 'INDEPENDENCE'

Syn. 'Kordes' Sondermeldung', 'Sondermeldung', 'Geranium', 'Reina Elisenda'

FLORIBUNDA, ORANGEROT, ÖFTERBLÜHEND

Das Besondere an dieser Rose ist ihre Farbe, die durch Pelargonidin, eine Substanz, die den Geranien ihre scharlachro-

'In the Pink'

'Inner Wheel'

te Farbe verleiht, verursacht wird. Es war das erste Mal, daß diese Substanz bei einer Floribundarose so intensiv auftrat und weiter vererbt wurde. Sie wurde gepriesen als „Rose des Jahrhunderts", aber einige Nachteile wurden schnell erkannt: Die wohlgeformten, dichtgefüllten Blüten mittlerer Größe verblaßten beim Verblühen zu einem häßlichen Braunrot, und der weitervererbte, wunderbare Duft von 'Crimson Glory' war bald nicht mehr wahrzunehmen. Die Stiele konnten die breiten, schweren Blütenbüschel nicht lange tragen, und die Pflanze zeigte sich nur mäßig wuchsfreudig. Trotzdem war sie ein beliebter Kreuzungspartner. Die Blüten erneuern sich bis zum Herbst, und die mattglänzenden Blätter sind etwas spärlich. **ZONEN 5–9.**

Kordes, Deutschland, 1951

$F_2$-Sämling ('Baby Château' × 'Crimson Glory')

Bagatelle Goldmedaille 1943, Goldmedaille der National Rose Society 1950, Portland Goldmedaille 1953

## 'INDIAN MEILLANDINA'

siehe 'Carol Jean'

## 'INDIAN SUMMER' PEAperfume

TEEHYBRIDE, ORANGE+, ÖFTERBLÜHEND

Die creme-orangefarbenen Blüten dieser Sorte sind dichtgefüllt, symmetrisch geformt und entfalten sich wunderbar bei fast jedem Wetter. Ihr Duft ist angenehm, die Blühfreudigkeit hält den ganzen Sommer und Herbst über an. Die Blütenstiele sind steif und ziemlich kurz. Die Pflanze wächst etwas ungleichmäßig, bleibt aber so niedrig, daß sie sich im vorderen Bereich einer Rabatte sehr gut macht. Die leuchtend dunkelgrünen Blätter sind anfällig für Sternrußtau. **ZONEN 5–9.**

Pearce, Großbritannien, 1991

Eltern unbekannt

Glasgow Duftpreis und Certificate of Merit 1993, Royal Horticultural Society Award of Garden Merit 1994

## 'INDIGO'

ALTE R., PORTLANDROSE, MAUVE, ETWAS NACHBLÜHEND

Diese größte und dunkelste Portlandrose besitzt stark duftende, gefüllte Blüten, die in gleichmäßig wachsenden Büscheln zusammensitzen. Sie können bis zu 8 cm groß werden. Die Blütenfarbe ist ein dunkles Purpurrot, karminrot überhaucht, gelegentlich mit weißen Sprenkeln, wobei der schöne Eindruck durch die goldgelben Staubgefäße in der Blütenmitte noch verstärkt wird. Die Blüten erscheinen von Hochsommer bis zum Herbst, gefolgt von sehr dekorative Hagebutten. Die aufrecht wachsende Pflanze wird bis zu 1,2 m hoch, hat dunkle, bewehrte Triebe und weiches, dunkelgrünes Laub. 'Indigo' gedeiht noch gut in nährstoffarmen Böden und ist besonders für Hecken geeignet. Die Blüten erscheinen im Juni und wenige weitere bis zum Herbst. **ZONEN 4–9.**

Laffay, Frankreich, 1830

Eltern unbekannt

## 'INGRID BERGMAN' POUlman

TEEHYBRIDE, DUNKELROT, ÖFTERBLÜHEND

Diese wunderschöne Rose wurde vom Fachpublikum weltweit mit Begeisterung aufgenommen. Die qualitativ hochwertigen Blüten sind samtrot, dichtgefüllt und duften sehr stark. Die Farbe verblaßt nicht, und nach die Blüten erneuern sich schnell und reich. Die wuchsfreudige Pflanze hat eine aufrechte Gestalt und trägt dunkelgrünes, ledriges Laub. 'Ingrid Bergman' ist eine kräftige Rose und recht gesund. Sie ist eine große Bereicherung für jeden Rosengarten. **ZONEN 4–9.**

Poulsen, Dänemark, 1985

Sämling × Sämling

Royal National Rose Society Trial Ground Certificate 1983, Belfast Goldmedaille 1985, Madrid Goldmedaille 1986, Goldene Rose von Den Haag 1987, Royal Horticultural Award of Garden Merit 1993

## 'INGRID WEIBULL'

siehe 'Showbiz'

'Innocence' (I)

## 'INNER WHEEL' FRYjasso

FLORIBUNDA, ROSA+, ÖFTERBLÜHEND

Die Blüten nehmen bis zum Verblühen eine Reihe interessanter Farbtöne an. Zu Beginn sind sie an den äußeren Blütenrändern leuchtend lachsrosa und in der Mitte elfenbeinfarben; später bekommen sie einen zarten Rosafarbton, der bis zum Verwelken anhält. Der Duft ist nicht sehr intensiv, aber 'Inner Wheel' gilt als eine sehr dekorative Gartenrose. Die niedrige, buschige Pflanze trägt schönes, dunkelgrünes Laub und ist recht gesund. **ZONEN 4–9.**

Fryer's Nursery, Großbritannien, 1984

'Pink Parfait' × 'Picasso'

## 'INNOCENCE' (I)

TEEHYBRIDE, WEISS, ÖFTERBLÜHEND

'Innocence' trägt schöne, weiße, halbgefüllte Einzelblüten, deren zarten Staubgefäße ein Blickfang sind. Der wuchsfreudige, mittelhohe, jedoch etwas blühfaule Busch hat kräftig grünes Laub und ist mäßig gesund; allerdings ist in kühleren Gegenden eine erhöhte Anfälligkeit für Krankheiten zu beobachten. **ZONEN 4–9.**

Chaplin Brothers, Großbritannien, 1921

Eltern unbekannt

## 'INNOCENCE' (II) SAVinn

ZWERGROSE, WEISS, ÖFTERBLÜHEND

Die Blüten dieser Sorte sind in der Mitte hellgelb, weiß am äußeren Rand und hellgelb auf ihrer Rückseite am Grund der Petalen. Sie haben 25–41 Petalen, sind dichtgefüllt und duften schwach. Sie sitzen einzeln oder in kleinen Büscheln und blühen sehr üppig. Das Laub ist dunkelgrün, die Stiele sind nur schwach bewehrt. Die wuchsfreudige Pflanze hat eine ausladende Gestalt und ist recht winterhart. **ZONEN 4–9.**

Saville, USA, 1997

'High Jinks' × 'Rainbow's End'

'Ingrid Bergman'

## 'INTERNATIONAL HERALD TRIBUNE' HARquantum

Syn. 'Violetta', 'Viorita', 'Margaret Isobel Hayes'

FLORIBUNDA, MAUVE+, ÖFTERBLÜHEND

Die ungewöhnlichen Sorten, die Jack Harkness für die Züchtung von 'International Herald Tribune' verwendete, ergaben als eine Neuheit dunkelviolette, becherförmige, mittelgroße Blüten, die auch noch sehr fein duften. Die Blüten erscheinen unermüdlich den ganzen Sommer, etwas seltener im Herbst. Die wuchsfreudige, niedrige Pflanze wird nur gerade so hoch, daß sie sich gut als Einfassung eignet. Ihr Laub ist etwas glänzend und dunkelgrün. Diese Rose wurde 1985 zu Ehren der berühmten britischen Zeitung eingeführt. **ZONEN 4–9.**

Harkness, Großbritannien, 1984

Sämling × (['Orange Sensation' × 'Allgold'] × *Rosa californica*)

Genf Goldene Rose, Genf Goldmedaille 1983, Monza Goldmedaille 1984, Tokio Goldmedaille 1983, Belfast Certificate of Merit 1986

'International Herald Tribune'

'Ingrid Bergman'

## 'INTERVIEW'

**Syn. 'Interflora'**
TEEHYBRIDE, ORANGEROSA, ÖFTERBLÜHEND

'Interview' stammt von der kräftigen Sorte 'Baccará' ab, die hervorragende Schnittblumen liefert, und ist eine echte Mehrzweckrose. Zunächst wurde sie nur für den Schnitt kultiviert, machte sich bald aber auch einen Namen als gute Gartenrose. Die dichtgefüllten Blüten sind apricot-lachsrosafarben und besitzen dicke, schwere Petalen. Sie sind mittelgroß und sitzen ganz oben auf starkwüchsigen, robusten Trieben, die anfällig für Mehltau sind; dies gilt besonders im Spätherbst, wenn die neuen Triebe noch weich sind. **ZONEN 5–9.**

Meilland, Frankreich, 1968

(['Baccará' × 'Message'] × ['Baccará' × 'Jolie Madame']) × ('Baccará' × 'Paris-Match')

## 'INTERVILLES'

GROSSBLUMIGE KLETTERROSE, ROT, ÖFTERBLÜHEND

Obwohl 'Intervilles' zur Zeit ihrer Einführung in Frankreich sehr populär war, wird sie heute nicht mehr oft gepflanzt. Die mäßig wuchsfreudige Kletterrose bringt während der Blüte vom Frühling bis zum Herbst unzählige scharlachrote Blüten hervor. Diese erscheinen in Büscheln zu 6–7 Blüten auf einem Trieb und sind mittelgroß. Die festen Blütenblätter sorgen für Haltbarkeit. 'Intervilles' eignet sich eher für den Garten als für die Vase, da den Blüten die Zartheit und eine schöne Form fehlen. Als relativ niedrige Kletterrose wächst sie gut an Verandapfosten oder am Haus empor. Sie ist robust und wenig anfällig für Mehltau und Sternrußtau. Ihr dichtes Laub ist glänzend grün. **ZONEN 5–9.**

Robichon, Frankreich, 1968

'Étendard' × Sämling

## 'INTRIGUE' JACum

FLORIBUNDA, MAUVE, ÖFTERBLÜHEND

'Intrigue' hat nach Zitrone duftende, wohlgeformte, edelrosenähnliche Blüten mit etwa 20 Petalen in üppig rötlichem Purpur. Der Busch wird mittelhoch und wächst aufrecht. Die Blüten eignen sich gut zum Schnitt, und der Flor hält bis zum Herbst an. Das dichte Laub ist glänzend dunkelgrün. Der warme Farbton dieser Rose harmoniert sehr gut mit anderen Gartenpflanzen, deshalb eignet sie sich für Mixed Borders oder Beete mit nur einer Sorte. **ZONEN 4–9.**

Warriner, USA, 1984

'White Masterpiece' × 'Heirloom'

All-American Rose Selection 1984

## 'INVINCIBLE' RUNatru

**Syn. 'Fennica'**
FLORIBUNDA, DUNKELROT, ÖFTERBLÜHEND

Diese Rose ist in Europa sehr beliebt, wird aber ansonsten selten kultiviert. Die dunkelkarminroten Blüten sind groß, symmetrisch geformt und haben eine etwas unordentliche Blütenmitte, die die goldgelben Staubgefäße oft verdeckt. Sie sind haltbar und deshalb gute Schnittblumen. Der Busch ist hoch, dicht und resistent gegen Krankheiten; er trägt glänzend dunkelgrünes Laub. **ZONEN 4–9.**

de Ruiter, Niederlande, 1983

'Rubella' × 'Bad Nauheim'

'Interview'

'Intervilles'

'Intervilles'

'Irène'

## 'IPSILANTÉ'

**Syn. 'Ypsilante'**
ALTE R., GALLICA-ROSE, MAUVE

Diese beliebte Gallica-Rose verströmt einen starken, reich parfümierten Duft, der die mauve-rosafarbenen Blüten noch attraktiver macht. Runde, dicke Knospen öffnen sich im Juni zu großen, becherförmigen, gefüllten Blüten mit gekräuselten Blütenblättern, die sich in verschiedene Richtungen drehen. Die äußeren Petalen verblassen beim Verblühen. Als ausladender, wuchsfreudiger Strauch wird diese Rose bis zu 1,5 m hoch, hat dichtes, rauhes, dunkelgrünes Laub und rote Stacheln. Sie gedeiht in nährstoffarmen Böden noch gut und ist kaum krankheitsanfällig. Benannt wurde sie nach dem griechischen Freiheitskämpfer und General Prinz Alexander Ypsilante (1792–1828). **ZONEN 4–9.**

Vibert, Frankreich, 1821

Eltern unbekannt

## 'IRÈNE' MEIridol

FLORIBUNDA, ALTROSA, ÖFTERBLÜHEND

Die Büschel dieser Rose mit Blüten in dezentem Altrosa sind von unglaublicher Vitalität. Deshalb bringt diese Floribundarose auch jeden Teil eines Gartens zum Leuchten. Ihre Blüten mit vollen goldgelben Staubgefäßen wirken dem mittelgrünen Laub gegenüber sehr dominant. 'Irène' sollte durch Okulation vermehrt werden. **ZONEN 5–9.**

Meilland, Frankreich, 1983

Eltern unbekannt

'Ipsilanté'

'Irene of Denmark'

'Irène Watts'

## 'IRENE VON DÄNEMARK'

**Syn. 'Irene of Denmark', 'Irene au Danmark', 'Irène de Danemark'**
FLORIBUNDA, WEISS, ÖFTERBLÜHEND

Die weißen Blüten dieser Sorte erscheinen in Büscheln und zeigen als Folge von kühler, feuchter Witterung oft zart rosafarbene Sprenkel oder Adern in den Petalen. Sie ist eine herrliche Pflanze, die sich als Umrandung von Rosenbeeten eignet, da sie niedrig und kompakt ist. Die Triebe sind hell, aber von robuster Struktur; die Blätter sind glänzend hellgrün und widerstandsfähig gegen Mehltau. Sternrußtau kann gelegentlich aber zum Problem werden. Der Züchter benannte diese Floribundarose nach einem weiblichen Mitglied des dänischen Königshauses. **ZONEN 4–9.**

Poulsen, Dänemark, 1948

'Orléans Rose' × ('Mme Plantier' × 'Edina')

National Rose Society Certificate of Merit 1952

## 'IRÈNE WATTS'

ALTE R., CHINAROSE, HELLROSA/WEISS, ETWAS NACHBLÜHEND

Diese Sorte, die wesentlich winterhärter ist als die meisten anderen Chinarosen, hat lange apricotfarbene Knospen, die sich zu hellrosafarbenen, gefüllten Blüten mit großen Petalen und einem Auge entfalten. Wenn sie vollständig geöffnet sind, ähneln sie großen Gartennelken. Kleine, dunkelgrüne Blätter bedecken einen niedrigen, buschigen Strauch, der in der Regel nur eine Höhe von maximal 60 cm erreicht. 'Irene Watts' eignet sich als Kübelpflanze und zur Bepflanzung von Rabatten; sie wirkt aber auch als niedrige Hecke sehr eindrucksvoll. Diese alte Gartenrose blüht bis in den Herbst hinein. **ZONEN 5–9.**

Guillot, Frankreich, 1896

Sämling von 'Mme Laurette Messimy'

Royal Horticultural Society Award of Garden Merit 1993

'Invincible'

I

'Irischer Regen'

'Irish Elegance'

## 'IRISCHER REGEN'

siehe 'Irish Mist'

## 'IRISH ELEGANCE'

TEEHYBRIDE, ORANGE+/APRICOT+, ÖFTERBLÜHEND

Ihre Einzigartigkeit hat dieser Sorte geholfen zu überdauern: Sie besitzt lange Knospen, die sich zu breiten, schalenförmigen, gelb-bronzefarbenen, mit etwas Hellrosa überhauchten Blüten entfalten. Die Blüten duften und werden in großer Zahl gebildet. Die hohe, starkwüchsige 'Irish Elegance' trägt mattglänzendes grünes Laub und ist sehr krankheitsresistent. Als kleiner Strauch zeigt sie sich von ihrer besten Seite, denn auf diese Weise fallen die etwas derben Blüten nicht so sehr auf. **ZONEN 4–9.**

Dickson, Großbritannien, 1905

Eltern unbekannt

## 'IRISH GOLD'

Syn. 'Grandpa Dickson'

TEEHYBRIDE, REIN GELB, ÖFTERBLÜHEND

Diese beliebte Edelrose konnte sich gegen neuere Sorten gut behaupten. Ihre dichtgefüllten Blüten sind wohlgeformt – von den Knospen bis zu den voll entfalteten Blüten. Sie war weitgehend bei Ausstellungen zu bewundern und gewann wegen ihres lebendigen Stils viele

'Irish Gold'

Preise. Die Blüten sind von einem schönen Gelb ohne jeden strengen Ton, während die äußeren Petalen gelegentlich etwas rosa überhaucht sein können. Die vollständig geöffneten Blüten haben oft einen rosa getönten Rand. Dieser nur mäßig wüchsige Busch eignet sich für jeden Garten und ist stark bestachelt. Das mittelgrüne Laub ist besonders glänzend und sitzt an kräftigen und dicken Trieben. Wie fast alle gelben Rosen ist sie empfindlich gegenüber Sternrußtau und sollte daher im Frühjahr regelmäßig gespritzt werden. **ZONEN 5–9.**

Dickson, Großbritannien, 1966

('Kordes' Perfecta' × 'Governador Braga da Cruz') × 'Piccadilly'

Royal National Rose Society President's International Trophy 1965, Goldene Rose von Den Haag 1966, Belfast Goldmedaille 1968, Portland Goldmedaille 1970

## 'IRISH MIST'

Syn. 'Irischer Regen', 'Irish Summer'

FLORIBUNDA, ORANGEROSA, ÖFTERBLÜHEND

Diese herrliche Sorte bringt große Büschel mit orange- bis lachsfarbenen Blüten hervor. Wie bei vielen Floribundarosen dieser Farbgruppe duftet sie allerdings nur ganz schwach oder gar nicht. Sie macht sich im Garten wesentlich besser als in einer Vase. Die Pflanze ist ro-

'Irish Rich Marbled'

bust und trägt dunkelgrünes, etwas glänzendes Laub, das gegen Sternrußtau und Mehltau resistent ist. Neuere, blühwillige Züchtungen haben sie weitgehend verdrängt. **ZONEN 4–9.**

McGredy, Neuseeland, 1966

'Orangeade' × 'Mischief'

## 'IRISH RICH MARBLED'

ALTE R., PIMPINELLIFOLIA-HYBRIDE, ROT+

Diese Rose hat zarte, runde, rosafarbene Knospen, die sich zu altrosafarbenen Blüten mit flieder-rosafarbener Rückseite entfalten. Drei Kränze von Blütenblättern umrahmen eine gelbe Mitte mit Staubgefäßen, während die äußeren Petalen sich nach außen rollen. Beim Verblühen verblassen die Blüten zur Mitte hin. Sie verströmen einen würzigen Duft. Der stark bewehrte Strauch von 1 m Höhe trägt kleine, dunkle, farnartige Blätter und runde, schwarze Hagebutten. Die Rose bildet zahlreiche Schößlinge und sollte entweder in einen Kübel oder an einem Ort plaziert werden, wo sie kaum andere Pflanzen behindern kann. **ZONEN 4–9.**

Eltern unbekannt

## 'IRISH WONDER'

siehe 'Evelyn Fison'

## 'IRRESISTIBLE' TINresist

ZWERGROSE, WEISS, ÖFTERBLÜHEND

Diese Rose mit dem wunderschönen Namen 'Irresistible' („unwiderstehlich") besitzt ovale Knospen, die sich zu fast weißen Blüten mit hellrosafarbener Mitte entfalten. Die Blüten sind mit beinahe 45 Petalen dichtgefüllt. Sie haben eine exzellente Edelrosenform und stehen sowohl einzeln oder in kleinen Büscheln. Sie sind haltbar, und an den äußeren Blütenblättern kann je nach Witterung ein reizvoller Rosa- oder Grünton entstehen. Die auf langen Stielen sitzenden Blüten haben Ausstellungsqualität und eignen sich auch gut für die Vase. Die hohe, aufrechte Pflanze wächst üppig, mit kräftigen Trieben und kann bei Hitze kann schon einmal eine eingefallene Blütenmitte aufweisen.

**ZONEN 5–11.**

Bennett, USA, 1989

'Tiki' × 'Brian Lee'

## 'ISABEL DE ORTIZ'

Syn. 'Isabel Ortiz'

TEEHYBRIDE, ROSA+, ÖFTERBLÜHEND

Von den Elternsorten dieser Rose stammen offenbar die sehr großen Blüten. in Altrosa mit silbriger Rückseite sitzen sie aufrecht auf kräftigen, hellgrünen Stielen und duften angenehm. Sie sind hervorragende, haltbare Schnittblumen. Bei extrem kühlem und nassem Wetter neigen die Blüten jedoch zur Mumienbildung. 'Isabel de Ortiz' eignet sich für flächige Pflanzungen und wird insbesondere zu einem Blickfang, wenn man sie in öffentlichen Anlagen pflanzt. Die wuchsfreudige Pflanze trägt robustes, glänzend dunkelgrünes Laub und sollte geschnitten werden, um einen offenere Wuchs anzuregen. **ZONEN 4–9.**

Kordes, Deutschland, 1962

'Gloria Dei' × 'Kordes' Perfecta'

Madrid Goldmedaille 1961, National Rose Society Goldmedaille 1962

'Isabelle de France'

'Isabella Skinner'

'Isobel Harkness'

## 'ISABELLA GRAY'
ALTE R., NOISETTEROSE, GOLDGELB, ETWAS NACHBLÜHEND

'Isabella Gray' ist im Handel nicht mehr erhältlich. Das Reizvolle an ihr ist ihr Duft, der viel stärker auftritt als bei ihren Elternsorten. Die leuchtend goldgelben Blüten sind groß und rund. Die Knospen sind regenempfindlich und öffnen sich nur bei warmem und sonnigem Wetter. Vor einer Hausmauer oder einem Zaun kommt sie am besten zur Geltung. Der Züchter, ein Gärtner aus Charleston, South Carolina, sammelte die Früchte von 'Chromatella' und suchte diesen Sämling aus. Benannt hat er sie nach seiner Tochter. **ZONEN 6–9.**

Gray, USA, 1854

Sämling von 'Chromatella'

## 'ISABELLA SKINNER'
STRAUCHROSE, REIN ROSA

Diese wärmeliebende, buschige Strauchrose bringt während des Sommers wohlgeformte, rosafarbene Blüten auf einjährigem Holz hervor. Die Elternsorten sind ungewöhnlich, und der Züchter schuf eine Rose, die es wert ist, in eine Auswahl Alter Rosen aufgenommen zu werden. **ZONEN 4–9.**

Vor 1965

(*Rosa laxa* × Teerose) × Floribunda-Sämling

## 'ISABELLE DE FRANCE'
TEEHYBRIDE, ORANGEROT, ÖFTERBLÜHEND

'Isabelle de France' trägt große, orange-scharlachrote Blüten mit schwachem Duft und wird im allgemeinen nur noch von Rosenliebhabern mit speziellem Interesse an Rosen aus der Mitte des 20. Jh. kultiviert. Die Blüten sind gefüllt, haben eine hohe Mitte sowie eine schöne Form. Die wuchsfreudige, kräftige Pflanze trägt mittelgrünes Laub, das jedoch anfällig für Sternrußtau und Mehltau ist. **ZONEN 5–9.**

Mallerin, Frankreich, 1956

'Gloria Dei' × ('Mme. Joseph Perraud' × 'Opéra')

## 'ISKRA'
siehe 'Sparkling Scarlett'

## 'ISOBEL DERBY' HORethel
TEEHYBRIDE, ROSA+, ÖFTERBLÜHEND

Die pfirsichrosafarbenen Blüten dieser Sorte entwickeln sich aus edlen Knospen, wobei die vollständig geöffneten Blütenblätter eine dunklere Farbe bekommen. Sie sind dichtgefüllt, erscheinen einzeln oder in Gruppen bis zu fünf Blüten und verströmen einen starken, ungewöhnlich fruchtigen Duft. Der mittelhohe Busch bildet zahlreiche üppige Triebe und ist recht gesund. Er eignet sich für flächige Pflanzungen, aber auch als Einzelrose. **ZONEN 4–9.**

Horner, Großbritannien, 1992

'Champagne Cocktail' × (['Honey Favorite' × 'Dr A. J. Verhage'] × 'Pot of Gold')

Royal National Rose Society Certificate of Merit und Torridge Award 1989, Dublin Goldmedaille 1994, Glasgow Certificate of Merit 1996

## 'ISOBEL HARKNESS'
TEEHYBRIDE, GOLDGELB, ÖFTERBLÜHEND

'Isobel Harkness' besitzt große, kugelförmige Knospen, die sich zu großen, dichtgefüllten, leuchtend gelben Blüten mit angenehmem Duft entfalten. Die Blüten sehen entzückend aus, verblühen aber rasch. Der kräftige Busch bildet feste Triebe an einer mittelhohen, stämmigen Pflanze mit robustem, glänzend grünem Laub. 'Isobel Harkness' ist anfällig gegenüber Mehltau und Sternrußtau. Sie ist leider recht selten und im Handel kaum erhältlich. **ZONEN 5–9.**

Norman, Großbritannien, 1957

'McGredy's Yellow' × 'Phyllis Gold'

'Ita Buttrose'

## 'ISPAHAN'
**Syn. 'Pompon des Princes', 'Rose d'Isfahan'**

ALTE R., DAMASZENERROSE, REIN ROSA, ETWAS NACHBLÜHEND

Die gefüllten Blüten dieser Rose erscheinen im Frühsommer in Form von Büscheln und blühen bis in den Spätsommer noch etwas weiter. Anfangs besitzen sie eine hohe Mitte, werden später lockerer und wirken, vollständig geöffnet, etwas unordentlich, behalten jedoch ihre zarte Struktur. Die leuchtend rosafarbenen, duftenden Blüten können bis 6,5 cm groß werden. Der Busch kann über 1,5 m hoch werden und hat eine aufrechten, dichten Wuchs. Die Stiele sind graugrün und nur schwach bewehrt. Das weiche Laub ist leicht glänzend und mittelgrün mit Grautönen. **ZONEN 4–9.**

Vor 1832

Eltern unbekannt

Royal Horticultural Society Award of Garden Merit 1993

## 'ITA BUTTROSE' ACOuule
TEEHYBRIDE, ORANGEROSA, ÖFTERBLÜHEND

Diese Sorte hat mittelgroße, pfirsichorangefarbene Blüten, deren Petalen auf der Unterseite manchmal dunkler erscheinen. Die dichtgefüllten Blüten sitzen gewöhnlich einzeln auf kräftigen Trieben und sind gute Schnittblumen. Die Pflanze ist gesund, wird knapp mittelhoch und trägt dunkelgrünes Laub, das gelegentlich anfällig für Sternrußtau ist. Sie ist kaum noch erhältlich. **ZONEN 5–9.**

Armstrong, USA, 1984

Eltern unbekannt

'Isobel Derby'

'Ispahan'

## 'IVORY FASHION'
FLORIBUNDA, WEISS, ÖFTERBLÜHEND

Die Knospen dieser Sorte sind elfenbeinweiß und werden mehr cremefarben, wenn sie sich öffnen. Die halbgefüllten, in Büscheln stehenden Blüten sind hochgebaut, wohlgeformt und haben hübsche, rote Staubgefäße. Sie verströmen anfangs einen schwachen würzigen Duft, der sich schnell verflüchtigt. **ZONEN 5–9.**

Boerner, USA, 1958

'Sonata' × 'Fashion'

National Rose Society Certificate of Merit 1957, All-American Rose Selection 1959

## 'IVORY PALACE' MORivory
ZWERGROSE, WEISS, ÖFTERBLÜHEND

Die ovalen Knospen dieser Rose entfalten sich zu elfenbeinweißen, dichtgefüllten, haltbaren Blüten mit fast 60 Petalen. In kühleren Gegenden können sie die typische Edelrosenform annehmen. Sie erscheinen zu 3–8 in Form von kleinen Büscheln und duften schwach. Das Laub der mittelhohen Pflanze ist mattglänzend, mittelgrün und krankheitsfest. **ZONEN 5–11.**

Moore, USA, 1990

'Sheri Anne' × 'Rosenmärchen'

'Ivory Fashion'

J K

## 'J. P. CONNELL'

STRAUCHROSE, REIN GELB/HELLGELB, ÖFTERBLÜHEND

'J. P. Connell' ist die erste gelbe Rose aus dem kanadischen Züchtungsprogramm für winterharte Rosen. Die gefüllten, hochgebauten Blüten mit 30–70 Blütenblättern sind etwa 8 cm groß und sitzen in kleinen Büscheln. Die inneren Blütenblätter sind blaßgelb bis rein gelb, während die äußeren gelblich-weiß gefärbt sind. Die Sommerblüte zeichnet sich durch einen leichten Duft nach Teerosen aus. Die späteren Blütenflore setzen periodisch ein. Die üppigen Laubblätter sind dunkel gelbgrün und wachsen an einem ausladenden, buschigen Strauch, der in zwei Jahren eine Höhe von 1,5 m erreicht. Die Rose besitzt keine Stacheln. Diese sehr widerstandsfähige Sorte benötigt einige Jahre, um sich einzuleben. **ZONEN 3–9.**

Svedja, Kanada, 1987

'Arthur Bell' × 'Von Scharnhorst'

## 'JACARANDA' JacaKOR

Syn. 'Jackaranda'

TEEHYBRIDE, REIN ROSA, ÖFTERBLÜHEND

Diese hochwüchsige Sorte ist eine typische Schnittrose für die Kultur unter Glas. Sie ist ein gutes Beispiel dafür, welche Rolle die Zucht für den Schnittblumenhandel spielt: Aufgrund des starken Duftes und der häufigen Nachblüte ist sie für das Gewächshaus besonders gut geeignet. Die langlebigen Blüten sitzen an langen, kräftigen Stielen. Das reine Rosa der Blüten hält sich, bis diese verblüht sind. Die kräftige und gesunde Pflanze hat große, mittelgrüne Laubblätter. Sie ist recht widerstandsfähig gegen Krankheiten, aber etwas anfällig für Mehltau. **ZONEN 5–10.**

Kordes, Deutschland, 1985

('Mercedes' × 'Emily Post') × Sämling

## 'JACK DAYSON'

siehe 'Perfect Moment'

## 'JACK FROST'

FLORIBUNDA, WEISS, ÖFTERBLÜHEND

Mit ihren langen Stielen und dem herrlichen Duft zählt diese Sorte zu den beliebten Schnittrosen aus dem Gewächshaus. Sie hat dichtgefüllte Blüten und sehr spitze, dekorative Knospen. Der aufrechte Strauch ist wuchsfreudig und trägt dunkelgrünes Laub. Die Pflanze ist ziemlich anfällig für Mehltau und Sternrußtau. Die besonders in Amerika beliebte Rose ist aber weltweit nicht überall verbreitet. **ZONEN 5–10.**

Jelly, USA, 1962

'Garnette' × Sämling

'Jacqueline Nebout'

'Jacaranda'

'Climbing Jackie'

'Jack Frost'

## 'JACKIE'

ZWERGROSE, HELLGELB, ÖFTERBLÜHEND

Herrlich geformte Knospen öffnen sich zu strohgelben, mit über 60 Petalen dicht gefüllten Blüten, die später zu Weiß verblassen und zart duften. Die hellgelben Rosen bilden einen schönen Kontrast zu dem dunkelgrünen, glänzenden Laub. Die Zwergpflanze ist wuchsfreudig und ausladend. Der rasche Blütenzyklus bewirkt, daß die Pflanze fast das ganze Jahr Blüten trägt. Sie eignet sich sehr gut für die Aufzucht im Haus oder für schattige Standorte, da die Blüten an der prallen Sonne rasch verblassen. Diese Sorte ist widerstandsfähig gegen Krankheiten und reinigt sich quasi von selbst. Bedauernswerterweise ist diese alte Zwergrosensorte in der Öffentlichkeit heute kaum noch gefragt. **'Climbing Jackie'** ist ein Sämling aus der gleichen Kreuzung; charakteristisch sind für diese Klettersorte insbesondere die üppigen Büschel von gelb bis cremefarbenen Blüten mit 60 Petalen. Für eine Zwergrose besitzt sie sehr spitze Stacheln. 'Climbing Jackie' klettert in warmen Gegenden bis zu 3 m hoch. Wie 'Jackie' und viele andere hellgelbe Rosen benötigt sie tagsüber einen eher schattigen Standort, damit ihre zarten Farbtöne nicht in der grellen Sonne verblassen. **ZONEN 6–11.**

Moore, USA, 1955

'Golden Glow' × 'Zee'

## 'JACQUELINE DU PRÉ'

HARwanna

STRAUCHROSE, WEISS, ÖFTERBLÜHEND

Diese Sorte blüht so lange, bis das kalte Wetter ihr Einhalt gebietet. Sie trägt zahlreiche Blütenbüschel. Die becherförmigen, halbgefüllten Blüten sind cremeweiß und zeigen die goldgelben Staubgefäße, wenn sie voll erblühen. Besonders an kühlen Tagen sind die Knospen beim Öffnen mit Rosa überhaucht. Sie verströmen einen deutlichen Moschusduft. Der mäßig krankheitsresistente Busch erreicht eine durchschnittliche Höhe und hat dichtes Blattwerk. **ZONEN 4–10.**

Harkness, Großbritannien, 1988

'Radox Bouquet' × 'Maigold'

Le Roeulx Goldmedaille 1988, Royal National Rose Society Trial Ground Certificate 1994, Royal Horticultural Society Award of Garden Merit 1994

'Jacaranda'

'Jacqueline du Pré'

## 'JACQUES CARTIER'

siehe 'Marchesa Bocella'

## 'JACQUES PREVÉRT'

siehe 'Cardinal Song'

## 'JACQUELINE NEBOUT'

MEIchoiju

Syn. 'City of Adelaide', 'Sanlam-Roos'

FLORIBUNDA, REIN ROSA, ÖFTERBLÜHEND

Die dichtgefüllten, rosafarbenen Blüten dieser Sorte sind reich an Farbe und Eleganz. Sie öffnen sich weitgehend, aber nicht vollständig und sitzen auf langen Stielen. Die langlebigen Blüten, die sich als Schnittrosen eignen, erscheinen besonders üppig im Herbst, wenn die wunderschöne Farbe sich voll entfaltet. Es handelt sich um eine robuste, mittelhohe Pflanze mit dickem, dunkelgrünem, glänzendem Laub. Daher eignet sich 'Jacqueline Nebout' als Beetpflanze oder als Hochstammrose.
**ZONEN 5–10.**

Meilland, Frankreich, 1989

Eltern unbekannt

Dublin Goldmedaille 1988

## 'JAMAICA'

TEEHYBRIDE, ROT, ÖFTERBLÜHEND

Der Name 'Jamaica' erinnert an die leuchtenden Farben des Landes, das hier Pate stand. Die Sorte trägt große, gefüllte, kirschrote becherförmige Blüten, die einen sehr angenehmen Duft verströmen. Die Pflanze hat einen aufrechten Wuchs und besitzt dunkelgrünes, glänzendes Laub. Leider ist sie anfällig für

Mehltau und Sternrußtau, so daß Spritzungen notwendig sind. **ZONEN 5–10.**

**Lindquist, USA, 1965**

**'Charlotte Armstrong' × 'Floradora'**

'Jamaica'

## 'JAMES MASON'

**ALTE R., GALLICA-ROSE, ROT**

Diese herrliche Rose erhielt ihren Namen zu Ehren des bekannten englisch-amerikanischen Schauspielers (1909–1984). Sie hat einen hervorragenden Duft, blüht aber wie fast alle Gallica-Rosen nur einmal im Sommer. Die großen, auffälligen, leuchtend blutroten Blüten haben nur zwei Reihen von Petalen. Bei den aufgeblühten, schalenförmigen Blüten sind die gelben Staubgefäße eine wahre Pracht. Die mittelgroße Rose hat einen aufrechten Wuchs und ist nur leicht verzweigt. Sie erfreut sich ausgezeichneter Gesundheit und ist die ideale Pflanze für einen Standort, der sonst wenig auffällt. Die neuen Triebe erscheinen während und nach der Blüte. **ZONEN 5–11.**

**Beales, Großbritannien, 1982**

**'Scharlachglut' × 'Tuscany Superb'**

## 'JAMES MITCHELL'

**ALTE R., MOOSROSE, DUNKELROSA**

Die Sorte 'James Mitchell' bildet im Juni eine sehr reiche Blütenpracht, wobei die Blüten selten größer als 5 cm im Durchmesser sind. Sie entwickeln sich aus kleinen, rundlichen, stark bemoosten Knospen und sind leuchtend rosa, verblassen jedoch leicht, wenn sie älter werden. Jede der stark duftenden Blüten ist sehr dicht und pomponartig gefüllt. Der Strauch ist ausladend, aber dicht verzweigt. Er kann eine Höhe von 1,5 m erreichen, und seine Triebe sind voller winziger weicher Borsten, die eine dunkelgrüne bis braune Farbe aufweisen. Das üppige, am Rand gesägte Laub ist dunkel bis graugrün getönt. Es handelt sich um eine außergewöhnlich robuste, für jeden Standort geeignete Rose. **ZONEN 4–10.**

**Verdier, Frankreich, 1861**

**Eltern unbekannt**

## 'JAMES VEITCH'

**ALTE R., MOOSROSE, MAUVE, ETWAS NACHBLÜHEND**

Diese Rose eignet sich sehr gut für den vorderen Bereich einer Rabatte, da sie – kleinwüchsig und mäßig wuchsfreudig – eine Höhe bis 1 m erreicht. Die Stiele sind stark bewehrt sowie borstig bemoost und tragen dunkelmagentarote gefüllte Blüten. Die Rose blüht sehr üppig und bringt bei guter Düngung einen zweiten Blütenflor – dies allerdings nur, wenn sie von Verblühtem gesäubert wird. Sie wurde im 19. Jh. nach dem Sohn, möglicherweise auch dem Enkel, von James Veitch benannt, dem Gründer der berühmten Baumschule in England. Veitsch ist in seiner Heimat als Entdekker vieler Rosensorten bekannt. **ZONEN 5–9.**

**Eltern unbekannt**

'James Mitchell'

## 'JANE ASHER' PEApet

**ZWERGROSE, ROT, ÖFTERBLÜHEND**

Üppige Büschel von leuchtend scharlachroten Blüten, die später etwas verblassen, sorgen das ganze Jahr für Farbenpracht. Die großen, gefüllten Blüten duften nicht. Die kleinen Laubblätter sind leicht glänzend und mittelgrün. Die Pflanze hat eine niedrige und kompakte Wuchsform. Aufgrund der Blütengröße wird diese Rose auch zu den „Rabattenrosen" gezählt – eine Zwergrose, aber kleiner als eine Floribundarose. Sie eignet sich am besten für ein kleines Beet als Randbepflanzung oder als Kübelpflanze. **ZONEN 5–11.**

**Pearce, Großbritannien, 1987**

**'Hula Girl' × (['Vesper' × 'Aloha'] × 'Trumpeter)**

'James Veitch'

## 'JANE ISOBELLA LINTON'

**ALTE R., TEEROSE, ROSA+, ETWAS NACHBLÜHEND**

Diese Rose ist eine der fünf Teerosen, die in Bishop's Lodge in Neusüdwales (Australien) entdeckt wurden. Sie wurde nach der Ehefrau des ersten anglikanischen Bischofs von Riverina (1885–1896) benannt. 'Jane Isobella Linton' bringt lange, schlanke Knospen hervor, die sich zu dichtgefüllten, geviertelten Blüten von 60–70 Petalen entwickeln. Sie sind hellrosa mit gelegentlich dunkelrosafarbenen Streifen. Am Grund der dichtgedrängten inneren Blütenblätter kann man Dunkelrosaschattierungen beobachten. Der stark bestachelte Strauch ist von mittlerer Wuchshöhe und trägt mattglänzendes, mittelgrünes Laub; die neuen Triebe sind auffallend rot. Wie bei den meisten Teerosen sind die Größe der Blüten und die Zahl der Petalen bei heißem Wetter stark herabgesetzt; die schönsten Blüten des Jahren erscheinen im kühlen Herbst. Da die Blütenfarbe sich jahreszeitlich bedingt verändert, sind Teerosen schwer zu bestimmen. Diese Rose gedeiht am besten in frostfreien Gegenden. In günstigen Klimaten

'Jane Isobella Linton'

blüht sie sogar den ganzen Winter hindurch. **ZONEN 5–10.**

**Australien**

**Eltern unbekannt**

## 'JANET B. WOOD'

**ALTE R., AYRSHIREROSE, WEISS**

Diese „verschollene" Rose, eine der wenigen Ayrshire-Ramblerrosen, wurde 1984 von einer schottischen Dame entdeckt und durch Peter Beales wiedereingeführt. Die kleinen, halbgefüllten weißen Blüten erscheinen im Juni in kleinen Büscheln und duften sehr schwach. Die dünnen, drahtähnlichen Triebe tragen dunkles Laub und zahlreiche Stacheln. Die Pflanze ist robust, winterhart und klettert rasch an Bäumen empor; sie kann auch als Bodendecker eingesetzt werden. **ZONEN 5–10.**

**Wiedereinführung durch Beales, Großbritannien, 1990**

***Rosa arvensis*-Hybride**

'Janina'

'Janice Heyes'

## 'JANET MORRISON'

GROSSBLUMIGE KLETTEROSE, DUNKELROSA, ÖFTERBLÜHEND

Alister Clark züchtete diese Kletterrose, die dunkelrote, mittelgroße Blüten an langen Trieben trägt. Sie sind halbgefüllt und duften gut. Der Wuchs ist kletternd, die Pflanze wird sehr groß, wenn sie nicht geschnitten wird. Sie ist ausreichend widerstandsfähig gegen Krankheiten, bei kaltem Wetter jedoch anfällig für Mehltau. **ZONEN 6–11.**

Clark, Australien, 1936

'Black Boy' × Sämling

## 'JANET'S PRIDE'

ALTE R., RUBIGINOSA-ROSE, ROSA+

Diese Alte Gartenrose kennzeichnet sich durch halbgefüllte weiße Blüten mit einem karminroten Saum und duftet stark nach Äpfeln. Die einmal blühende Rose zeigt sich in halbschattiger Lage von ihrer besten Seite. Mitunter erreicht diese starkwüchsige Strauchrose eine Höhe bis 1,5 m und trägt ein stumpfes, dickes Laub. Auch in nährstoffarmen Böden fühlt sie sich wohl. 'Janet's Pride' eignet sich gut für hainartige Gärten, aber auch als Heckenpflanze. Sie wurde Ende des 19. Jh. in der englischen Stadt Cheshire an einer Hecke entdeckt.
**ZONEN 5–10.**

Paul, Großbritannien, 1892

Vermutlich *Rosa rubiginosa* × *R. damascena*

## 'JANICE HEYES'

TEEHYBRIDE, HELLROSA, ÖFTERBLÜHEND

Die hochgebauten Blüten der 'Janice Heyes' sind charakteristisch für die Zuchtlinie von George Dawson. Die mittelgroßen, duftenden, hellrosafarbenen Blüten sind gut gefüllt und tragen in jeder Blüte bis zu 50 Petalen. Sie erscheinen regelmäßig von Sommer bis Herbst. Der wuchsfreudige Strauch mit aufrechter Gestalt kränkelt öfter ein wenig. **ZONEN 5–10.**

Dawson, Australien, vor 1986

Eltern unbekannt

'Jardins de Bagatelle'

## 'JANINA' TANisa

TEEHYBRIDE, ORANGE+, ÖFTERBLÜHEND

Die Blüten prangen in dunklem Lachsrosa und sind auf der Unterseite der Petalen dunkelmaisgelb getönt, wodurch die Rose fast apricotfarben wirkt. Die Knospen sind kurz und fest. Diese Sorte hat einen aufrechten Wuchs, wenig Stacheln und ist mäßig widerstandsfähig; im Vorfrühling muß sie gespritzt werden, damit das glänzende, mittelgrüne Laub gesund heranwächst. **ZONEN 5–10.**

Tantau, Deutschland, 1974

Eltern unbekannt

## 'JANNA'

ZWERGROSE, ROSA+, ÖFTERBLÜHEND

'Janna' eignet sich ausgezeichnet für Einfassungen und kleine Kübel. Die gefüllten, becherförmigen Blüten prangen in leuchtendem Rosa, während ihre Unterseite weiß gefärbt ist; für gewöhnlich kommen sie in kleinen Büscheln und fühlen sich recht fest an (weil ihre Petalen Stärke enthalten). Das Laub ist klein, ledrig und widerstandsfähig gegen Krankheiten. Diese zwergwüchsige Pflanze wächst buschig. **ZONEN 5–11.**

Moore, USA, 1970

'Little Darling' × ('Little Darling' × [*Rosa wichuraiana* × Sämling von unbekannter Zwergrose])

## 'JAQUENETTA' AUSjac

**Syn. 'Jacquenetta'**

STRAUCHROSE, APRICOT+, ÖFTERBLÜHEND

Die auch als Englische Rose klassifizierte 'Jaquenetta' ist, was die Blühwilligkeit betrifft, unzuverlässig und wurde deshalb von Austin aus dem Katalog genommen. Sie ist jedoch mit ihrem gesundem Laub und Trieb ein attraktiver Strauch im Stil der Alten Rosen.
**ZONEN 5–10.**

Austin, Großbritannien, 1983

Eltern unbekannt

'Janet Morrison'

## 'JARDINS DE BAGATELLE'

MEImafris

**Syn. 'Karl Heinz Hanisch', 'Drottning Silvia', 'Gardin de Bagatelle', 'Queen Silvia', 'Sarah'**

TEEHYBRIDE, WEISS, ÖFTERBLÜHEND

Die hübschen, matt cremeweißen Blüten dieser Teehybride erscheinen bei kaltem Wetter leicht rosa überhaucht. Sie sind dichtgefüllt, duften süßlich und eignen sich hervorragend als Schnittblumen. 'Jardins de Bagatelle' ist starkwüchsig, mittelhoch und von aufrechter Gestalt. Die Rose ist mit großem, glänzend grünem Laub bedeckt, das äußerst resistent gegen Krankheiten aller Art ist. Schnitt und Pflege sind einfach. Die nach dem berühmten Pariser Rosengarten benannte Pflanze ist winterhart.
**ZONEN 6–11.**

Meilland, France, 1986

('Queen Elizabeth' × 'Eleg') × MEIdragelac

Bagatelle Duftpreis 1984, Genf Goldmedaille 1984, Poitiers Goldmedaille 1986, Genua Goldmedaille 1987

## 'JASON' SHEricc

TEEHYBRIDE, DUNKELROSA, ÖFTERBLÜHEND

Die Farbe dieser Sorte ist ein kräftiger und warmer Ton zwischen Kirschrosa und hellem Korallenrot. Die Blüten befinden sich einzeln auf festen Stielen. Beim Öffnen sind sie hochgebaut und werden becherförmig, wenn die Blütenblätter – 30 oder mehr an der Zahl – sich zurückwölben. Die Blüten duften angenehm leicht und erscheinen vom Sommer bis zum Herbst. Die aufrechte, gut

'Jaquenetta'

mittelhohe Rose trägt mattgrünes Laub und eignet sich gut für Beete und Rabatten. **ZONEN 4–9.**

Sheridan, Großbritannien, 1994

'Silver Jubilee' × ('Golden Slippers' × 'Redgold')

Royal National Rose Society Trial Ground Certificate 1987

## 'JAUNE DESPREZ'

**Syn. 'Desprez à Fleurs Jaunes', 'Jean Desprez', 'Noisette Desprez'**

ALTE R., NOISETTEROSE, GELB+, ETWAS NACHBLÜHEND

Die rosafarbenen Knospen dieser Rose entfalten sich zu blaßgelben Blüten, die mit Rosa überhaucht sind. Seidenweiche, nach Bananen duftende Petalen bilden große, becherförmige Blüten. Manchmal ist das Goldgelb pfirsich-, apricot- oder lohfarben getönt – die Farbe variiert generell je nach Lage und Bodenbeschaffenheit. Die Blüten mit krausen Innenpetalen sitzen auf kurzen Stielen. Der Hauptflor dauert lang, mitunter erfolgt im Herbst eine Nachblüte. Innerhalb weniger Jahre wird sie oft bis zu 6 m hoch, sie hat wenig Stacheln und gedeiht gut auf nährstoffarmen Böden. Sie ist eine ideale Rose für Mauern, Spaliere oder als Kletterrose an einem Baum. **ZONEN 4–9.**

Desprez, Frankreich, 1830

'Blush Noisette' × 'Parks' Yellow Tea-scented China'

Royal Horticultural Society Award of Garden Merit 1993

## 'JAYNE AUSTIN' AUSbreak

STRAUCHROSE, REIN GELB, ÖFTERBLÜHEND

Die auch als Englische Rose bezeichnete Sorte 'Jayne Austin' wurde nach der Schwiegertochter des Züchters benannt. Die Petalen sind apricot und gelb getönt, die äußeren eher zart, die inneren zur Mitte kräftiger. Die wuchsfreudige Rose ist von aufrechter Gestalt, wächst rasch zu einem kleinen Strauch empor und bildet oft lange Triebe. **ZONEN 5–10.**

Austin, Großbritannien, 1994

'Graham Thomas' × 'Tamora'

## 'JAZZ'

FLORIBUNDA, ORANGE+, ÖFTERBLÜHEND

Diese Floribundarose hat mittelgroße, gefüllte, orangegelbe Blüten, die rosakarminrot überhaucht sind. Sie verströmen einen leichten Duft und sorgen während des ganzen Sommers wiederholt für einen herrlichen Anblick. Die Sorte trägt glänzend dunkelgrünes Laub, das mäßig resistent gegen Krankheiten ist. Der Strauch bricht leicht auseinander, ein Problem, das durch einen sorgfältigen Schnitt und das Zusammenbin-

'Jaune Desprez'

'Jayne Austin'

'Jazz'

'Jason'

den von Treiben behoben werden kann. Die Rose ist wuchsfreudig und robust. **ZONEN 5–11.**

de Ruiter, Niederlande, 1960

'Maskerade' × Sämling

## 'JEAN BACH SISLEY'

ALTE R., CHINAROSE, ROSA+, ETWAS NACHBLÜHEND

Die langen Knospen dieser Sorte öffnen sich zu aufrechten rosafarbenen Blüten, deren äußere Petalen lachsfarben und karminrot geädert sind. Die zweifarbigen Blüten duften stark nach Tee und fühlen sich an kühlen Tagen am wohlsten. Die Rose blüht vom Spätfrühling bis zum Herbst. Sie ist ein nicht sehr hoher, kräftig ausladender Strauch, dessen junges Laub dunkelrot ist, bevor es sich dunkelgrün färbt. 'Jean Bach Sisley' ist eine hervorragende Beetrose.
**ZONEN 5–10.**

Dubreuil, Frankreich, 1889

Eltern unbekannt

'Jean Mermoz'

'Jean Bach Sisley'

## 'JEAN DE LA LUNE' DELbut, DELcro

Syn. 'Moon Magic', 'YelloGlo'

FLORIBUNDA, GOLDGELB, ÖFTERBLÜHEND

Diese niedrig bleibende Sorte hat goldgelbe, gefüllte Blüten, die in Büscheln am Strauch hängen und nur bei gutem Wetter einen schwachen Duft verströmen. Sie blüht ununterbrochen vom Sommer bis zum Herbst. Das Laub hat ein mattes Grün. **ZONEN 5–10.**

Delbard-Chabert, Frankreich, 1965

('Orléans Rose' × 'Goldilocks') × ('Fashion' × Sämling von 'Henri Mallerin')

## 'JEAN DUCHER'

Syn. 'Comte de Sembui', 'Ruby Gold'

ALTE R., TEEROSE, ORANGEROSA, ETWAS NACHBLÜHEND

Als Schnittrose oder in voller Blüte zählt diese Teerose zu den robustesten ihrer Klasse. Die kugelförmigen Blüten sind gut gefüllt und groß; ihre Farbe kann je nach Wetter von Lachs über Pfirsich bis Rosa variieren. Die duftenden, etwas unordentlichen Blüten haben eine rote Mitte und mögen kein feuchtes Wetter. Diese sehr krankheitsresistente Rose ist für eine Teerose recht wuchsfreudig; sie wird bis 1,2 m hoch und breit und sollte nur mäßig geschnitten werden. 'Jean Ducher' beeindruckt am meisten als Kübelpflanze. **ZONEN 5–11.**

Ducher, Frankreich, 1874

Eltern unbekannt

## 'JEAN GIONO' MEIrokoi

TEEHYBRIDE, GELB+, ÖFTERBLÜHEND

Es handelt sich hier um eine der „Romantica"-Rosen des Züchters, in der die altmodische Blütenform und ein üppiger Flor über einen langen Zeitraum – von Sommer bis Herbst – vereint sind. Die Blüten sind kräftig goldgelb getönt und von einem Mandarinen-Orange überzogen. Sie werden mittelgroß und entwickeln sich aus runden Knospen zu ziemlich zottigen, flachen Blumen von ungleichmäßiger Form, die dicht mit Petalen gefüllt sind (ungefähr 120 Petalen). Die inneren Petalen sind oft gekräuselt. Die wuchsfreudige Pflanze bleibt knapp mittelgroß, ist von buschiger Gestalt und trägt üppiges dunkelgrünes Laub. Die schwach würzig duftende Rose eignet sich sehr gut für Beete und Rabatten.
**ZONEN 4–9.**

Meilland, Frankreich, 1994

Eltern unbekannt

'Jean de la Lune'

'Jean Ducher'

## 'JEAN KENNEALLY' TINeally

ZWERGROSE, APRICOT, ÖFTERBLÜHEND

'Jean Kenneally' ist ein wahrer Star unter den Zwergrosen. Sie ist in jeder Beziehung – Vitalität, Form, Farbe, Größe und Üppigkeit – nahezu perfekt und ein absolutes Muß für jeden professionellen Aussteller. Diese vielleicht beliebteste Zwergrose in den USA wurde von ihrem Züchter nach einer Freundin benannt, einer großen Rosenkennerin der San Diego Rose Society. Die kleinen, gefüllten Blüten sind blaß- bis mittelapricotfarben und weisen eine besonders schöne Edelrosenform auf. Die Rose kann schwach duften. In kalten Gebieten können die Blütenblätter leicht rosa getönt sein. Das Laub ist mattglänzend mittelgrün. Die Pflanze wächst besonders aufrecht und trägt große Büschel mit 10–12 Blüten; gelegentlich stehen die Blüten auch einzeln.
**ZONEN 5–11.**

Bennett, USA, 1984

'Futura' × 'Party Girl'

American Rose Society Award of Excellence 1986, International Ralph Moore Trophy, Royal National Rose Society National Miniature Show 1997

'Jean Kenneally'

## 'JEAN MERMOZ'

Syn. 'Jean Marmoz'

POLYANTHAROSE, REIN ROSA, ÖFTERBLÜHEND

Diese liebliche, üppig blühende kleine Polyantharose ist eine Zierde für jeden Garten. Die rein rosafarbenen, becherförmigen Blüten sitzen in großen Büscheln weit genug vom Busch entfernt an der Pflanze und verströmen einen schwachen, süßlichen Duft. Die Sorte eignet sich für flächige Anpflanzungen oder für Beete entlang eines Weges oder einer Anfahrt. 'Jean Mermoz' blüht fast die ganze Blühsaison. Sie ist eine kleine, niedrigwüchsige Pflanze mit glänzend dunkelgrünem Laub. Die Rose ist widerstandsfähig gegen Krankheiten und braucht nur wenig Pflege. Wenn kühle Herbsttage den Sommer ablösen, kann Mehltau auftreten. **ZONEN 5–11.**

Chenault, Frankreich, 1937

*Rosa wichuraiana* × Sämling

## 'JEAN RAMEAU'

ALTE R., BOURBONROSE, DUNKELROSA, ETWAS NACHBLÜHEND

Die langen, rosafarbenen üppigen Knospen dieser Sorte entfalten sich zu leuchtend rosafarbenen Blüten, die in Büscheln erscheinen und deren Petalen sich wie die einer Edelrose zurückrollen. Manche Rosenfreunde ziehen die Farbe dieser Rose der ihrer Eltern vor. Sie blüht recht lange, ist eine winterharte, wuchsfreudige, aufrechte Pflanze, die eine Höhe von 1,5 m erreichen kann. Sie ist widerstandsfähig gegen Krankheiten. Die Rose wurde nach dem französischen Rokoko-Komponisten Jean Phillipe Rameau (1683–1764) benannt. **ZONEN 4–10.**

Darclanne-Turbat, France, 1918

Sport von 'Madame Isaac Pereire'

## 'JEAN ROSENKRANTZ'

ALTE R., REMONTANTROSE, ORANGEROT, ETWAS NACHBLÜHEND

Diese Rose hat große korallenrote Blüten, die gefüllt und kugelförmig sind. Im Alter verblaßt die leuchtende Farbe zu einem Dunkelrosa. Die duftenden Blütenblätter sind gerollt. Sie hat eine offene aufrechte Form, und jede Blüte ist hochgebaut. Der 1,2 m hohe Strauch trägt große Stacheln und hübsches Laub. Die Blütezeit dauert vom Frühsommer bis zum Herbst. Ihre ursprüngliche Popularität konnte sie nicht beibehalten.
**ZONEN 5–10.**

Portemer, Frankreich, 1864

Sämling von 'Victor Verdier'

## 'JEAN SOUPERT'

**Syn. 'Grand Mogul'**

ALTE R., REMONTANTROSE, DUNKELROT, ETWAS NACHBLÜHEND

Die duftenden, manchmal kamelienähnlichen Blüten der 'Jean Soupert' erscheinen karminrot-kastanienbraun. Sie sind gefüllt, groß und wirken mitunter nahezu schwarz. Die blütenreiche Pflanze wächst aufrecht und trägt dunkelgrünes Laub sowie gefährliche Stacheln. Diese Alte Gartenrose ist anfällig für Mehltau. Gelegentlich blüht sie auch im Herbst. **ZONEN 5–10.**

Lacharme, Frankreich, 1875

'Charles Lefèbvre' × 'Souvenir du Baron de Sémur'

## 'JEANIE'

TEEHYBRIDE, WEISS+, ÖFTERBLÜHEND

Die offizielle Farbbezeichnung dieser Sorte ist leicht irreführend, denn die duftenden Blüten sind deutlich cremefarben, rosa, blaßgelb und lohfarben angehaucht, doch im Allgemeinen wirken sie eher fahl. Sie sind groß und kräftig, mit mehr als 60 Blütenblättern gefüllt, die ihnen eine hochgebaute Form verleihen. Die Blühperiode dauert den ganzen Sommer und Herbst hindurch an, obwohl die Blüte nicht sehr üppig ist; bei schlechtem Wetter öffnen sich die Blüten häufig überhaupt nicht. Die Zwergrose ist wuchsfreudig, besitzt eine ausladende, strauchförmige Gestalt und erreicht eine durchschnittliche Höhe. Sie trägt dunkelgrünes, ledriges Laub. **ZONEN 5–9.**

Eddie, Kanada, 1959

'Condesa de Sástago' × 'Mme Edmond Labbé'

## 'JEANIE WILLIAMS'

ZWERGROSE, ROT+, ÖFTERBLÜHEND

Die Blüten weisen eine ungewöhnliche Farbkombination von orangerot getöntem Lachs mit strohgelber Unterseite auf. Sie entwickeln sich in kleinen, gut verteilten Büscheln an einer kleinen buschigen Pflanze, die ziemlich mattglänzendes, mittelgrünes Laub trägt. Die Rose blüht häufig und ist recht widerstandsfähig gegen Krankheiten. **ZONEN 5–11.**

Moore, USA, 1965

'Little Darling' × 'Magic Wand'

'Jeanne d'Arc'

'Jeanne LaJoie'

## 'JEANNE D'ARC'

ALTE R., ALBA-ROSE, WEISS

Dieser große und wuchernde Strauch, deren Blüten in der Mitte sehr kraus sind, verblassen in der Sonne schnell von Creme zu Weiß. Die für Alba-Rosen typische blaugraue Farbe der älteren Laubblätter mag von *Rosa canina* vererbt sein. Sie kann am besten als kleinere Form der Rose 'Alba Maxima' beschrieben werden. **ZONEN 4–9.**

Vibert, Frankreich, 1818

Eltern unbekannt

## 'JEANNE DE MONTFORT'

ALTE R., MOOSROSE, REIN ROSA, ETWAS NACHBLÜHEND

Die duftenden Blüten dieser Rose sind in großen Büscheln angeordnet; sie sind mäßig dichtgefüllt, hellrosa mit leuchtend goldgelben Staubgefäßen, die zwischen den Petalen der vollständig aufgeblühten Blüte zu sehen sind. Bei ausbleibendem Schnitt wächst sie zu einem großen Strauch oder sogar zu einer kleinen Kletterpflanze von etwa 2,5 m Höhe. Das üppige Laub ist schwach glänzend und mittelgrün. Wenn ihr ausreichend Platz zur Verfügung steht, entwickelt sich die Pflanze ausgezeichnet und bringt gelegentlich im Herbst noch eine Nachblüte hervor. **ZONEN 4–10.**

Robert, Frankreich, 1851

Eltern unbekannt

## 'JEANNE LAJOIE'

KLETTERNDE ZWERGROSE, REIN ROSA, ÖFTERBLÜHEND

Diese beliebte Rose besitzt spitze Knospen, die sich zu formschönen rein rosa Blüten entwickeln. Diese sind mit 40 oder mehr Blütenblättern dicht gefüllt, duften aber nur wenig. Das Laub ist klein, glänzend dunkelgrün und stark strukturiert. Die langen Triebe sollten möglichst waagerecht angebunden wer-

'Jeanie'

'Jeanne de Montfort'

'Jennifer'

den, um die Blütenbildung zu steigern. Diese Rose mit ihren robusten Blüten ist wuchsfreudig und die ideale Wahl für einen Standort vor einer Mauer, wenn eine gewaltige Farbwirkung erwünscht ist. **ZONEN 5–11.**

Sima, USA, 1975

'Casa Blanca' × 'Kordes' Sondermeldung'

American Rose Society Award of Excellence 1977

## 'JEANNIE DEANS'

ALTE R., RUBIGINOSA-HYBRIDE, DUNKELROT

Diese Sorte zählt zu den beliebtesten Kreationen von Lord Penzance aus der Reihe der von ihm begonnenen Züchtung mit *R. rubiginosa*. Die leuchtend karminroten, halbgefüllten Blüten verbreiten in gleicher Weise wie das Laub einen Duft nach Äpfeln. Die Blütezeit liegt im Juni. Die robuste Pflanze mit starken Stacheln benötigt viel Platz. **ZONEN 5–10.**

Penzance, Großbritannien, 1895

Eltern unbekannt

## 'JENNIFER' BENjen

ZWERGROSE, ROSA+, ÖFTERBLÜHEND

Die kleinen gefüllten Blüten (30–35 Petalen) weisen in allen Stadien des Flors die klassische Blütenform auf. Sie sind hellrosa bis hellmauve mit weißer Rückseite. Eine großartige Form und Farbe sind die Kennzeichen dieser Rose, aber in manchen Klimaten entfalten sich die Blüten zu schnell. Die porzellanähnlichen Blumen begeistern jeden, und die Farbe verblaßt auch in der heißen Mittagssonne nicht. Gewöhnlich erscheinen

'Jenny Brown'

die Blüten in kleinen Büscheln und duften schwach. Die mittelgroßen Laubblätter sind mattglänzend und dunkelgrün. Sie ist eine großartige Ausstellungsrose, die einzeln am Stiel oder als Blütendolde gezeigt werden kann. Ihre Stiele sind aufrecht und kräftig. **ZONEN 5–11.**

Benardella, USA, 1985

'Party Girl' × 'Laguna'

American Rose Society Award of Excellence 1985

## 'JENNY BROWN'

TEEHYBRIDE, ORANGEROT/ROSA+, ÖFTERBLÜHEND

Diese Teehybride mit den leuchtenden Blüten stammt aus Australien und ist weltweit kaum bekannt. Die großen und einfachen lachsrosafarbenen Blüten entwickeln sich aus langen, spitzen Knospen zu schalenförmigen Blüten, die dem Betrachter ihre roten und gelben Staubgefäße präsentieren. Die Blütenblätter sind zur Mitte hin blasser und auf der Unterseite ähnlich gefärbt. Der angenehme Duft ist langanhaltend. Die mittelhohe Rose ist wuchsfreudig und robust, allerdings nur mäßig widerstandsfähig gegen Krankheiten; ohne ausreichende Pflege wird sie relativ leicht von Sternrußtau und Mehltau befallen. **ZONEN 5–11.**

Parkes, Australien, 1974–

('Pink Favorite' × 'Dorothy Peach') × 'Dainty Bess'

J

'Jessika'

'Jenny Duval'

'Jens Munk'

## 'JENNY DUVAL'

Syn. 'Jenny'
ALTE R., GALLICA-ROSE, MAUVE

Farbveränderungen, die vermutlich durch Wetter, Boden und Temperatur bedingt sind, kommen bei dieser Rose so häufig vor, daß sie oft mit der 'Président de Sèze' verwechselt wird. Suzanne Verrier und François Joyaux, Experten für Gallica-Rosen, behaupten aber, daß es sich dabei um völlig verschiedene Rosen handele. Die Farbe variiert von Hellrot, Rosa, Violett und Grau-Lavendel bis zu Mauve. Diese Rose hat große, locker gefüllte Blüten mit gewellten Petalen und gelben Staubgefäßen tief in der Blütenmitte. Die stark duftenden Blumen hängen sehr dekorativ an den sich neigenden Trieben. Der 1,5 m hohe Strauch, der graugrünes Laub und starke Stacheln trägt, fühlt sich in nährstoffarmem Boden wohl. 'Jenny Duval' ist eine attraktive Heckenpflanze. **ZONEN 5–10.**

Vor 1842

Eltern unbekannt

## 'JENNY WREN'

FLORIBUNDA, APRICOT+, ÖFTERBLÜHEND

Die zarten Blüten dieser Sorte haben gekräuselte Petalen und sind hübsch anzusehen. Sie sind hell creme-apricotfarben und auf der Außenseite etwas rosa angehaucht; die kleinen, gefüllten Blüten erscheinen in Gruppen. Die Pflanze trägt dunkles Laub, das anfällig für Mehltau und Sternrußtau ist und Aufmerksamkeit braucht. Sie ist von aufrechter Gestalt, schwachwüchsig und wird nur selten 1 m hoch. 'Jenny Wren' ist eine Pflanze mit sehr zarten Blüten und sicherlich eine Bereicherung für jede Rosensammlung. **ZONEN 5–11.**

Ratcliffe, Großbritannien, 1957

'Cécile Brunner' × 'Fashion'

## 'JENNY'S ROSE' CANsit

FLORIBUNDA, HELLROSA, ÖFTERBLÜHEND

Diese stark duftende Sorte besitzt altmodisch anmutende Blüten, die zartrosa überhaucht sind; die Innenseite ist cremeweiß, die Petalenunterseite silbrigweiß getönt. Die Knospen wirken spitz, entfalten sich dann zu beinahe schalenförmigen Blüten, die ihre goldenen Staubgefäße zur Schau stellen. Nur zwei oder drei Reihen von Blütenblättern sind vorhanden. Die starkwüchsige Rose wird mittelgroß und ist ziemlich widerstandsfähig gegen Krankheiten.
**ZONEN 5–10.**

Cants, Großbritannien, 1996

'Matangi' × 'Margaret Merrill'

## 'JENS MUNK'

RUGOSA-HYBRIDE, REIN ROSA, ÖFTERBLÜHEND

Die aus Kanada stammende Rose ist besonders winterhart. Bei kühlem Wetter zeigt sie sich von ihrer besten Seite. Die halbgefüllten Blüten sind zartrosa gefärbt, insgesamt leicht fliederfarben überzogen und duften schwach. Die Staubgefäße sind gelb und heben die Blütenmitte dekorativ hervor. 'Jens Munk' ist eine wuchsfreudige, mittelhohe Pflanze, die als junger Busch ausladend und unförmig aussieht, sich aber

'Jersey Beauty'

dann zu einem ansehnlichen, widerstandsfähigen Strauch für den Garten oder Park entwickelt. **ZONEN 3–9.**

Svejda, Kanada, 1974

'Schneezwerg' × 'Dagmar Hastrupp'

## 'JERSEY BEAUTY'

RAMBLERROSE, HELLGELB

Jack Harkness stufte diese Sorte als eine Zwei-Sterne-Rose ein – eine seltene Auszeichnung von dem großen verstorbenen Rosenzüchter, der kaum Sterne vergab. Auffallend gelbe Staubgefäße bilden leuchtenden Kontrast zu den cremeweißen Petalen, die sich zu großen, einfachen Blüten formen. Die stark duftenden Blumen wachsen in Büscheln. In der Sonne verblassen sie zu Weiß und blühen nur einmal. Die Sorte ist eine wuchsfreudige Ramblerrose, die nach einigen Jahren bis zu 4,5 m hoch werden kann. Im Garten bevorzugt sie einen eher warmen Standort und macht sich optisch ganz gut an Gerüsten und Böschungen.
**ZONEN 4–10.**

Manda, USA, 1899

*Rosa wichuraiana* × 'Perle des Jardins'

## 'JESSIE CLARK'

GROSSBLUMIGE KLETTERROSE, REIN ROSA

Diese Sorte ist ein Sämling der rosafarbenen *Rosa gigantea* mit großen, einfachen Blüten, die lange halten. Die Pflanze hat eine kräftige, kompakte Wuchsform. Das dunkelgrüne Laub ist im anfangs intensiv rot gefärbt. 'Jessie Clark' ist eine edle und attraktive Pflanze, die ihre Hauptblühperiode bei relativ kühlem Wetter hat und damit eine neue Richtung in der australischen Züchtung von Gartenrosen begründete. Anfänglich kamen die Einnahmen durch den Verkauf dieser Rose der *National Rose Society of Victoria* zugute. Sie ist heute nicht mehr weit verbreitet. **ZONEN 5–10.**

Clark, Australien, 1915

*Rosa gigantea* × 'Mme Martignier'

## 'JESSIKA' TANjeka

Syn. 'Jehoca', 'Jehoka', 'Jessica'
TEEHYBRIDE, ORANGEROSA, ÖFTERBLÜHEND

Die lachs- und rosafarben getönten Knospen dieser Sorte entfalten sich auf kräftigen Stielen zu apricotgelben Blüten mit einem Hauch von Rosa. Sie sind äußerst hübsch und blühen sehr reich. Die kräftige, aufrecht wachsende Pflanze wird mittelhoch und trägt mittelgrünes Laub. Sie eignet sich für jeden Zweck und überzeugt besonders, wenn im Frühjahr Vorsorgemaßnahmen gegen Krankheiten getroffen worden sind.
**ZONEN 5–11.**

Tantau, Deutschland, 1971

'Königin der Rosen' × 'Piccadilly'

## 'JET TRAIL'

ZWERGROSE, WEISS, ÖFTERBLÜHEND

Spitze Knospen entfalten sich zu weißen Blüten, die manchmal grün angehaucht sind. Die Blumen sind mit über 40 Petalen dicht gefüllt und erinnern der Form nach an Edelrosen. Die Laubblätter der kompakten, buschigen Pflanze sind klein und von mittelgrüner Farbe. Diese Rose

'Jet Trail'

'Jenny's Rose'

J

'Joasine Hanet'

ist eine zuverlässige Sorte, die relativ resistent gegen Krankheiten ist. In der Vase sind die Blüten gut haltbar. Sie wurde gern als Kübelpflanze für Innenhöfe verwendet. Diese klassische Rose von 1964 ist eine Schwester der Sorte 'Hi Ho'. **ZONEN 5–11.**

Moore, USA, 1964

'Little Darling' × 'Magic Wand'

## 'JEWEL BOX' MORbox

ZWERGROSE, ROSA+, ÖFTERBLÜHEND

Die Blüten der 'Jewel Box' sind hell- bis dunkelrosa getönt mit einer helleren Unterseite. Sie sind mit 20 Petalen locker gefüllt und verströmen einen schwachen Duft. Obwohl die Blüten sich ziemlich schnell öffnen, sorgt ihr wie von Hand gemaltes Aussehen (vermutlich durch die Floribunda-Elternsorte 'Old Master' bedingt) in jedem Garten für ein prächtiges Farbenspiel. Die Farben und die Zeichnungen werden bei warmem Wetter klarer. In kühleren Gebieten können die Blüten viel größer werden. Die buschige Pflanze mit der schönen Form trägt halbglänzendes, mittelgrünes Laub. **ZONEN 5–11.**

Moore, USA, 1984

'Avandel' × 'Old Master'

## 'JOANNA HILL'

TEEHYBRIDE, HELLGELB, ÖFTERBLÜHEND

Diese Rose verbreitet einen wunderbar gehaltvollen Duft, weshalb ihr auch, als sie 1928 in den Handel kam, ein riesiger Erfolg prophezeit wurde. Die Blüten sind zart cremegelb, am Blütengrund orangefarben überhaucht und erscheinen einzeln oder in kleinen Grüppchen. Die Pflanze wächst relativ schwach, ausladend und ist wenig robust. Sie benötigt eine intensive Pflege, wenn sie optimale Blüten hervorbringen soll. Das Laub ist ledrig. Trotz der Nachteile wird ihr Duft mit Sicherheit jeden begeistern, und manch einer wird sie sich allein schon deshalb anschaffen wollen. **ZONEN 5–10.**

J. H. Hill Co., USA, 1928

'Mme Butterfly' × 'Miss Amelia Gude'

## 'JOASINE HANET'

ALTE R., PORTLANDROSE, MAUVE, ETWAS NACHBLÜHEND

Diese früh blühende Rose, die heute selten ist, gehört zu den Überlebenden einer Klasse, die nur kurze Zeit für Aufsehen sorgte. Die dunkelrosafarbenen Blüten haben einen violetten bis purpurroten Ton, je nach Lage im Garten. Die schweren, dichtgefüllten, geviertelten Blüten haben einen Durchmesser von 8 cm und erscheinen in Büscheln. Sie duften sehr stark. Die Pflanze ist ein wuchsfreudiger Strauch, der recht winterhart und widerstandsfähig gegen Krankheiten ist. Manche bezeichnen sie wegen ihrer Nachblüte im Spätsommer und wegen ihrer Abstammung auch als eine remontierende Damaszenerrose. **ZONEN 5–10.**

Vibert, Frankreich, 1847

Eltern unbekannt

## 'JOCELYN'

FLORIBUNDA, ROSTFARBEN, ÖFTERBLÜHEND

Diese entzückende Rose bringt herrliche, ungewöhnliche Blüten hervor. Die großen, gefüllten Blüten wirken wie geviertelt, wodurch diese Rose eher altmodisch aussieht. Sie sind dunkelrot mit einem Überflug von Mahagoni. Diese prächtige Farbe erscheint nur in kühlen Gebieten, da sie durch die Sommerhitze zu einem Hellrosa verblaßt. Die glänzenden Blätter sind derb und recht widerstandsfähig gegen Krankheiten. Die Pflanze wächst niedrig und ist leicht zu pflegen. Sie braucht jedoch einen wohlüberlegten Platz, da sie im Garten leicht verloren wirkt. Die Rose eignet sich nicht für heiße, trockene Gegenden. **ZONEN 5–10.**

LeGrice, Großbritannien, 1972

Eltern unbekannt

'Johann Strauss'

## 'JOHANN STRAUSS' MEIoffic

Syn. 'Forever Friends', 'Sweet Sonata'

FLORIBUNDA, ROSA+, ÖFTERBLÜHEND

'Johann Strauß' bringt dichtgefüllte Blüten mit 40 oder mehr Petalen hervor, die angenehm duften und fast kugelförmig sind. Sie sind zart lachsrosafarben und erscheinen ab Vorfrühling einzeln oder in kleinen Büscheln auf mittellangen Stielen und blühen sehr oft. Die mittelhohe Pflanze ist von einem glänzenden, leuchtend grünen, dichten Blattwerk bedeckt, das widerstandsfähig gegen Mehltau, jedoch anfällig für Sternrußtau ist. Diese Sorte wächst als Strauch oder Hochstammrose; sie eigent sich als Schnittrose genauso gut wie zur Verschönerung des Gartens. **ZONEN 4–10.**

Meilland, Frankreich, 1994

(MEIturaphar × 'Mrs John Laing') × 'Egeskov'

## 'JOHN CABOT'

STRAUCHROSE, ROT, ÖFTERBLÜHEND

Der reichblühende Strauch findet mehrfach Verwendung, gedeiht unter widrigen Verhältnissen und benötigt nur wenig Pflege. Die halbgefüllten, roten Blüten verblassen allmählich, und ihre Staubgefäße werden gut sichtbar. Sie stehen in Büscheln und duften nicht. 'John Cabot' ist sehr widerstandsfähig gegen Krankheiten, braucht wenig Pflege und kann als Hecke, aber auch an jedem anderen beliebigen Standort gepflanzt werden. Diese aus Kanada stammende Strauchrose gedeiht üppig und ist dicht beblättert; in warmen Gebieten kann sie beinahe die Höhe eine kleinen Kletterrose erreichen. **ZONEN 3–9.**

Svejda, Kanada, 1978

*Rosa kordesii* × Sämling

'Joanna Hill'

## 'JOHN CLARE' AUScent

STRAUCHROSE, DUNKELROSA, ÖFTERBLÜHEND

Unter allen Rosen, die der britische Züchter Austin bis heute auf den Markt gebracht hat, bringt diese Rose die reichste Blüte hervor. Die becherförmigen, hell karminroten Blüten sind etwas formlos und fallen sehr locker aus, so daß sie manchem Liebhaber der klassischen Rosenform weniger zusagen. Die Blüten verblassen nach dem Öffnen nur leicht. Im Verblühen reinigt sie sich gut. Die Rose wurde nach dem britischen Dichter John Clare (1793–1864) benannt, der dem Landleben sehr stark verbunden war. **ZONEN 5–10.**

Austin, Großbritannien, 1994

'Wife of Bath' × 'Giant Meyer'

'John Clare'

'Jocelyn'

## 'JOHN DAVIS'

STRAUCHROSE, REIN ROSA, ÖFTERBLÜHEND

Diese Rose trägt große, rein rosafarbene Blüten, deren Petalen am Grund cremefarben bis gelb getönt sind. Sie sind mit etwa 40 Petalen dicht gefüllt und verströmen einen stark würzigen Duft. Die Pflanze ist von starkem, robusten Wuchs, trägt derbes Laub und lange Triebe, die herabhängen. Sie besitzt gute Widerstandskraft gegen Krankheiten und benötigt unter normalen Bedingungen wenig Pflege. Dort, wo Mehltau und Sternrußtau öfter auftreten, benötigt sie stärkere Pflege. **ZONEN 3–9.**

Svejda, Kanada, 1986

(*Rosa kordesii* × Sämling) × Sämling

## 'JOHN F. KENNEDY'

**Syn. 'JFK', 'President John F. Kennedy'**

TEEHYBRIDE, WEISS, ÖFTERBLÜHEND

Diese Sorte trägt große, elegante Knospen, die sich zu rein weißen, anfänglich schwach grünlich getönten Blüten entfalten. Sie sind hervorragende Schnittblumen und entwickeln sich in großer Zahl an einer starken, aufrecht wachsenden Pflanze, die ziemlich krankheitsfest ist. Das kräftige Laub ist derb und kann in kühlen Gegenden etwas anfällig für Mehltau sein. Die nach dem in Dallas ermordeten amerikanischen Präsidenten benannte Rose gewann zwar keine Preise, kann sich aber gegen neue weiße Sorten immer noch gut behaupten. **ZONEN 5–11.**

Boerner, USA, 1965

Sämling × 'White Queen'

## 'JOHN FRANKLIN'

STRAUCHROSE, ROT, ÖFTERBLÜHEND

'John Franklin' hat gefüllte rein rote Blüten, die zu 2–5 in kleinen Büscheln stehen. Sie duften schwach und werden von Sommer bis Herbst gebildet. Der mittelgroße, aufrecht wachsende Strauch ist recht robust und eignet sich besonders gut für kalte Gegenden, da sogar die Blüten leichten Frost überstehen und schneefest sind. Das Laub ist rundlich geformt, und die Pflanze trägt gelbgrüne Stacheln mit einem purpurnen Farbton. **ZONEN 4–10.**

Svejda, Kanada, 1980

'Lilli Marleen' × Sämling

## 'JOHN HOPPER'

ALTE R., REMONTANTROSE, ROSA+, ETWAS NACHBLÜHEND

Die Blüten dieser Remontantrose prangen in leuchtendem Rosa mit einem fliederfarbenem Rand. Die großen, becherförmigen, gefüllten Blüten tragen 70 Petalen mit jeweils karminroter Mitte; die äußeren Blütenblätter verblassen im Alter. Sie erscheinen auf kurzen Stielen, duften stark und bedecken den Strauch im Sommer vollständig; gelegentlich kommt es im Herbst zur Nachblüte. Die bis zu 1,2 m langen Triebe bilden eine aufrechte, buschige Pflanze mit großblättrigem Laub und hellroten, hakenförmigen Stacheln. Verblühtes sollte regelmäßig entfernt werden, damit die Herbstblüte angeregt wird. **ZONEN 5–10.**

Ward, Großbritannien, 1862

'Jules Margottin' × 'Madame Vidot'

'Johnnie Walker'

'John S. Armstrong'

'John F. Kennedy'

'John Waterer'

'John Davis'

## 'JOHN S. ARMSTRONG'

TEEHYBRIDE, DUNKELROT, ÖFTERBLÜHEND

Die auch als eine Grandiflorarose eingeordnete 'John S. Armstrong' ist eine feine reich blühende Beetrose mit dunkelroten Blüten. Deren hohe Mitte besteht aus etwa 50 völlig symmetrisch angeordneten Petalen. Die Sorte eignet sich hervorragend als normale Schnittblume, weil sich die duftenden, langstieligen Rosen lange in der Vase halten . Die Pflanze ist hoch, von kräftigem Wuchs und trägt dichtes, leuchtend dunkelgrünes Laub. 'John S. Armstrong' ist nur leicht anfällig für Pilzkrankheiten und eignet sich sehr gut für warme Standorte.
**ZONEN 5–10.**

Swim, USA, 1961

'Charlotte Armstrong' × Sämling

National Rose Society Trial Ground Certificate 1961, All-American Rose Selection 1962

'John Hopper'

## 'JOHN WATERER'

TEEHYBRIDE, DUNKELROT, ÖFTERBLÜHEND

Diese Sorte bringt oft und zahlreich Blüten in einem hübschen Dunkelrot hervor. Sie weist viele Pluspunkte auf: Der Duft ist angenehm, jedoch nicht zu stark, ihre Form ist klassisch, und die überdurchnittlich große Blüte ist von einem Aussehen, das man bei einer Rose selten findet. Die Blütentriebe sind nicht sehr kräftig, so daß die Blumen für die neuen Stiele fast zu schwer sind; in der Vase halten sie jedoch lange. Sie ist etwas anfällig für Mehltau, aber sonst recht robust. Seit ihrem Erscheinen 1970 wird sie in großen Mengen gepflanzt.
**ZONEN 5–10.**

McGredy, Großbritannien, 1970

'King of Hearts' × 'Hanne'

Royal National Rose Society Certificate of Merit

## 'JOHNNIE WALKER' FRYgran

TEEHYBRIDE, APRICOT+, ÖFTERBLÜHEND

Die Farbe dieser Rose ist von einem lieblichen Apricot-Whiskey-Ton, weshalb diese Namensgebung geradezu auf der Hand lag! Die großen Blüten erscheinen sehr zahlreich und sind gefüllt; halb geöffnet wirken sie attraktiver als voll entfaltet. Die schön geformte Blüte mit etwa 20 Petalen verströmt einen schwachen Duft, der auch in der Vase anhält. 'Johnnie Walker' ist starkwüchsig, von aufrechter Gestalt und trägt mattgrünes Laub, das den kleinen Strauch vollständig bedeckt. Um Krankheiten zu verhindern, bedarf es rechtzeitiger Vorbeugemaßnahmen, um die Blüte zu sichern. Obwohl diese Sorte erst 1982 auf den Markt kam, ist sie kaum noch erhältlich. **ZONEN 5–10.**

Fryer's Nursery, Großbritannien, 1982

'Sunblest' × ('Arthur Bell' × 'Belle Blonde')

Royal National Rose Society Trial Ground Certificate 1980

## 'JOIE DE VIVRE'

TEEHYBRIDE, ROSA+, ÖFTERBLÜHEND

Diese Pflanze trägt klassisch geformte, farbenfrohe und duftende Blüten, die einzeln oder in kleinen Büscheln stehen. Sie sind rosafarben mit etwas Gold am Grund. Obwohl nicht groß, ist diese Sorte robust, wuchsfreudig und recht widerstandsfähig gegen Krankheiten; lediglich die jungen bronze-grünen Triebe werden spät im Jahr oft von Mehltau befallen. **ZONEN 5–10.**

Gaujard, Frankreich, 1949

Eltern unbekannt

National Rose Society Certificate of Merit 1950

## 'JOLLY ROGER'

FLORIBUNDA, ORANGE+, ÖFTERBLÜHEND

Die leuchtend orangefarbenen, rötlich getönten, becherförmigen Blüten dieser Sorte sind wegen ihrer Farbe schwer in den Garten zu integrieren. Sie sind halbgefüllt, von durchschnittlicher Größe und wirken fast gekräuselt. Sie duften kaum. 'Jolly Roger' wird nicht sehr hoch; sie ist von buschiger und aufrechter Gestalt, mit etwas verknittertem Laub. **ZONEN 5–10.**

Armstrong, USA, 1973

'Spartan' × 'Angelique'

'Joseph's Coat'

'Josephine Bruce'

'Joie de Vivre'

## 'JOSEPH GUY'

siehe 'Lafayette'

## 'JOSEPHINE BAKER'

TEEHYBRIDE, DUNKELROT, ÖFTERBLÜHEND

Diese besonders krankheitsfeste, dunkelrote Rose wurde leider nie richtig populär. Die langen, spitzen Knospen entfalten sich zu gefüllten Blüten mit 25 sehr kräftigen Petalen. Die Blütenbildung ist hervorragend und der Blütenzyklus zuverlässig. Sie ist von kräftigem und aufrechtem Wuchs. Die Rose 'Josephine Baker' wurde nach jener schillernden amerikanischen Tänzerin benannt, die in den 30er Jahren des 20. Jh. in Paris lebte. **ZONEN 5–10.**

Meilland, Frankreich, 1964

Eltern unbekannt

## 'JOSEPHINE BRUCE'

TEEHYBRIDE, DUNKELROT, ÖFTERBLÜHEND

Diese lieblich dunkelrote Sorte blüht oft, zahlreich und üppig. Ihre Blüten duften sehr stark. Die niedrige Pflanze ist breit und ausladend. Sie braucht besondere Pflege, damit sie gesund bleibt und nicht vom Mehltau befallen wird. Ein gezielter Schnitt hält sie buschig und verringert die Gefahr von Verbrennungen durch Sonnenlicht. **ZONEN 5–10.**

Bees, Großbritannien, 1949

'Crimson Glory' × 'Madge Whipp'

National Rose Society Trial Ground Certificate 1953

## 'JOSÉPHINE DE BEAUHARNAIS'

siehe 'Belle de Ségur'

'Jolly Roger'

'Joy of Health'

'Josephine Baker'

## 'JOSEPH'S COAT'

GROSSBLUMIGE KLETTERROSE, ROT+, ÖFTERBLÜHEND

Obgleich man diese Rose eigentlich nur als eine Mischung aus Gelb und Rot bezeichnen kann, ist sie doch ein gutes Beispiel für eine kleine, mehrfarbige Kletterrose. 'Joseph's Coat' wächst schlank; ihre jungen Seitentriebe bindet man waagerecht an, um so eine häufigere Blüte anzuregen. Die mittelgroßen, gefüllten Blüten öffnen sich schalenförmig. **ZONEN 4–10.**

Armstrong und Swim, USA, 1964

'Buccaneer' × 'Circus'

National Rose Society Trial Ground Certificate 1963, Bagatelle Goldmedaille 1964

## 'JOY OF HEALTH' HARxever

FLORIBUNDA, REIN ROSA, ÖFTERBLÜHEND

Die dichtgefüllten Blüten dieser Floribundarose sitzen in Büscheln und blühen zart lachsrosa mit leichtem Pfirsichton. Die Form der Blüten ist eher altmodisch, sie sind becherförmig und öffnen sich langsam, ohne die Mitte vollständig freizulegen; diese Form behalten sie, bis sie ganz verblüht sind. Diese robuste, wuchsfreudige Pflanze eignet sich besonders für kleinere Gärten. Sie hat mattes, dunkelgrünes Laub. **ZONEN 5–10.**

Harkness, Großbritannien, 1996

Sämling × 'Prinz Eugen von Savoyen'

'Joy of Life'

## 'JOY OF LIFE' TANmixa

TEEHYBRIDE, ROT+, ÖFTERBLÜHEND

Die Blüten von 'Joy of Life' sind sehr ungewöhnlich zweifach gefärbt: Die oberen Petalen sind innen rot und am äußeren Rand rot umsäumt, während die Rückseiten weißlich-rosa gefärbt sind. Daher wirken die Blüten in der Mitte weiß, von oben gesehen jedoch rot – bei flächiger Bepflanzung erzielt man so eine überwältigende Wirkung. Die einzelnen Blüten sitzen an einer starkwüchsigen Pflanze, die sehr krankresistent ist und häufig blüht. **ZONEN 5–10.**

Tantau, Deutschland, 1996

Eltern unbekannt

'Joyfulness'

'Joyce Northfield'

'Joyfulness'

'Joyce Edmonds'

J

## 'JOYBELLS'

**Syn. 'Cubana', 'Joy Bells'**

FLORIBUNDA, REIN ROSA, ÖFTERBLÜHEND

Diese Floribundarose wird von jedem, der sie genauer kennt, hoch geschätzt; sie bringt Büschel mit dichtgefüllten, rein rosafarbenen, im Alter verblassenden Blüten hervor und zeigen ein perfektes Arrangement der Blütenblätter. Sie blühen den ganzen Sommer und Herbst über und verströmen gelegentlich einen schwachen Duft. Das glänzende Laub ist winterhart, die Pflanze aber gegen Krankheiten insgesamt nur mäßig resistent. 'Joybells' zählt zwar zu den weniger bekannten Sorten, dessen ungeachtet bereitet sie im Garten viel Freude.

ZONEN 5–10.

Robinson, Australien, 1961

Sämling × 'Fashion'

## 'JOYCE EDMONDS'

FLORIBUNDA, ORANGEROSA, ÖFTERBLÜHEND

Die Blüten dieser Sorte sind locker gefüllt, leicht becherförmig und von kräftiger Farbe – ein hübsches reines Rosa – und enthalten goldfarbene Staubgefäße, wenn sie vollständig geöffnet sind. Sie duften nur ganz schwach, halten aber lange in der Vase. 'Joyce Edmonds' ist eine wuchsfreudige, starke, aufrechte Pflanze mit glänzend grünen Laubblättern, die derb und resistent gegen Mehltau und Sternrußtau sind. Die Rose wächst schnell und bringt vom Frühsommer bis zum Herbst Blüten hervor. Eingeführt wurde diese Floribundarose im Jahre 1992 durch John Nieuwesteeg, einem Rosenzüchter aus Australien.

ZONEN 5–10.

Nieuwesteeg, Australien, 1992

Sport von 'Scarlet Queen Elizabeth'

## 'JOYCE NORTHFIELD'

TEEHYBRIDE, ORANGE+, ÖFTERBLÜHEND

Die Sorte bringt große, dunkelorangefarbene Blüten, die an einer wuchsfreudigen und strauchigen Pflanze sitzen. Sie sind dichtgefüllt mit hoher Mitte und verströmen einen schwachen Duft, der bei feuchtem Wetter kaum wahrnehmbar ist. Das dunkelgrüne Laub benötigt sorgfältige Pflege, um die Blütezeit ohne Krankheiten überstehen zu können. 'Joyce Northfield' dürfte heutzutage schwer zu bekommen sein, da sie von vielen Listen gestrichen wurde und nur noch über Baumschulen mit großem Rosensortiment erhältlich ist.

ZONEN 5–10.

Northfield, Großbritannien, 1977

'Fred Gibson' × 'Wiener Charme'

## 'JOYCIE' MORjoyce

ZWERGROSE, ORANGE+, ÖFTERBLÜHEND

Es lohnt sich, diese Rose mit den orange-apricotfarbenen Blüten, deren Unterseiten viel heller gefärbt sind, in den Garten zu holen. Die gefüllten und den Edelrosen ähnlichen Blüten sitzen einzeln auf dem Stiel oder in kleinen Dolden. Die Blüte ist mittelgroß, kann aber in kühleren Gegenden größer werden. Das Laub ist mittelgrün und frei von Krankheiten. Die leuchtenden Farben und die zahlreichen Blütendolden prädestinieren 'Joycie' nachgerade als ideale Gartenrose; in kühleren Lagen ist allerdings Vorsicht geboten, da sie etwas kältempfindlich ist; dort benötigt sie unbedingt einen angemessenen Winterschutz.

ZONEN 6–11.

Moore, USA, 1988

'Little Darling' × 'Yellow Magic'

## 'JOYFULNESS'

**Syn. 'Frohsinn'**

FLORIBUNDA, APRICOT+, ÖFTERBLÜHEND

Zu den auffallenden Merkmalen dieser Rose zählen ihre wunderschönen hellkupfer-lachsfarbenen Blüten mit orange-pfirsichfarbenem Ton. Sie sind locker gefüllt, wie kleine Edelrosen geformt und sitzen in dichten Büscheln auf aufrechten Stielen. Sie öffnen sich becherförmig und sind dann wunderschön, verblassen jedoch bald. Die schwach duftenden Blüten erscheinen den ganzen Sommer über und im Herbst. 'Joyfulness' ist eine ideale Sorte für Beete und Rabatten; die kurzstieligen Blüten eignen sich auch gut für kleine Sträuße. Werden die Blüten jung abgeschnitten, so behalten sie ihre Farbe. Die Pflanze wächst buschig und aufrecht; sie trägt glänzend dunkelgrünes Laub, das vor Sternrußtau geschützt werden muß. Im deutschsprachigen Raum wird diese Floribunda-Sorte in erster Linie unter dem Synonym 'Frohsinn' gehandelt.

ZONEN 4–9.

Tantau, Deutschland, 1961

'Hortsmanns Jubiläumsrose' × 'Circus'

National Rose Society Certificate of Merit 1963

## 'JUBILANT'

FLORIBUNDA, HELLROSA, ÖFTERBLÜHEND

Diese mittelgroße Floribundarose ist durch ungewöhnlich formenreiche Blüten gekennzeichnet, die auf eigentümliche Weise erblühen. Kurze orange-rosafarbene Knospen öffnen sich zu Blüten in Rosa- und Gelbtönen, die zart cremefarben überhaucht sind. Sie erscheinen in Büscheln und haben dann eine becherförmige Form. Sie duften schwach. Die Pflanze ist klein bis mittelhoch, blüht häufig wieder und trägt glänzendes Laub sowie dicke Triebe, die idealerweise im Winter zurückgeschnitten werden. Sie verlangt dem Gärtner ein gewisses Maß an Aufmerksamkeit, ab damit sie nicht bereits in den ersten Frühlingsmonaten an Sternrußtau erkrankt; in solchen Fällen würde die erste Blüte nicht gut ausfallen. In manchen Gegenden kann Befall mit Mehltau zu einem großen Problem werden.

ZONEN 5–10.

Dickson, Großbritannien, 1967

'Dearest' × 'Circus'

Royal National Rose Society Certificate of Merit 1965

'Joybells'

'Jubilant'

'Judy Fischer'

'Jules Margottin'

'Julia Mannering'

## 'JUDE THE OBSCURE' AUSjo

STRAUCHROSE, REIN GELB, ÖFTERBLÜHEND

Die üppigen gelben Blüten dieser Sorte sitzen gewöhnlich einzeln neben neuen Knospen. Sie sind locker gefüllt und leicht becherförmig; in kühlen Sommern öffnen sich die Blüten manchmal überhaupt nicht. Die Blumen duften stark. Die Pflanze wird mittelhoch; sie trägt mattes Laub und rosarote junge Triebe wie eine Teehybride. Sie ist robust und recht widerstandsfähig gegen Krankheiten. Benannt wurde sie nach dem gleichnamigen Roman von Thomas Hardy (1840–1928). **ZONEN 4–10.**

Austin, Großbritannien, 1995

'Abraham Darby' × 'Windrush'

## 'JUDY FISCHER'

ZWERGROSE, REIN ROSA, ÖFTERBLÜHEND

Spitze, hochgebaute rosafarbene Knospen öffnen sich langsam zu kleinen, gefüllten, dunkelrosa Blüten, die kaum verblassen. Bei heißem Wetter können die Petalen sogar noch eine Spur heller werden. Die Blumen werden von kleinen, dunkelgrünen, ledrigen Laubblättern umgeben. Die Pflanze ist wuchsfreudig, bleibt niedrig und kompakt und lebt sich schnell ein. Sie ist pflegeleicht, da sie sehr widerstandsfähig gegen Krankheiten ist. **ZONEN 5–11.**

Moore, USA, 1968

'Little Darling' × 'Magic Wand'

American Rose Society Award of Excellence 1975

## 'JUDY GARLAND' HARking

FLORIBUNDA, GELB+, ÖFTERBLÜHEND

Die leuchtenden Blüten von 'Judy Garland' sind gelb, wobei die äußeren Petalen eine hellrote oder orangefarbene Umrandung aufweisen. Die mittelgroßen, gefüllten Blumen sehen als wohlgeformte Knospen attraktiver aus als voll aufgeblüht, da die dann recht lockeren Rosen etwas verblassen. Die Pflanze erreicht eine mittlere Höhe, hat eine ausladende Gestalt und ist sehr robust. Diese Rose eignet sich sehr gut für großflächige Pflanzungen und sollte hierfür eher in Betracht gezogen werden als ihre Vorfahren. **ZONEN 5–11.**

Harkness, Großbritannien, 1978

(['Super Star' × 'Circus'] × ['Sabine' × 'Circus']) × 'Pineapple Poll'

Royal National Rose Society Trial Ground Certificate 1977, Tokio Silbermedaille 1978

## 'JULES MARGOTTIN'

ALTE R., REMONTANTROSE, REIN ROSA, ETWAS NACHBLÜHEND

Nachdem die großen Knospen dieser Sorte sich zu dichtgefüllten dunkelrosa Blüten mit 90 Petalen entfaltet haben, erscheinen sie zunächst becherförmig, werden dann ziemlich flach mit etwas nach innen gewölbten Außenpetalen. Die großen duftenden Blüten sehen wie bunte Wirbel aus und sitzen auf langen Stielen. Die Pflanze ist wuchsfreudig und robust; sie trägt hellgrüne, ovale, spitze Laubblätter sowie dunkelrote Stacheln. Die Sorte wird 1,8 m hoch, kann aber auf die halbe Höhe zurückgeschnitten werden.

'Julia's Rose'

Bei nassem Wetter ist die Rose anfällig für Mehltau. Jacques Margottin (1817–1892), der Züchter der berühmten 'Louise Odier', benannte diese Sorte nach seinem ältesten Sohn. **ZONEN 5–10.**

Margottin, Frankreich, 1853

Sämling von 'La Reine'

## 'JULIA MANNERING'

ALTE R., RUBIGINOSA-HYBRIDE, HELLROSA

Diese Sorte zählt zu den 16 sogenannten *Rubiginosa*-Hybriden, die Lord Penzance innerhalb von fünf Jahren züchtete. 'Julia Mannering' besitzt perlmuttartige, fleischrosafarbene, einfache bis halbgefüllte Blüten, die in einem dunkleren Rosa geädert sind; bei Schatten wirken die Farben kräftiger. Die Blüten sitzen an langen Trieben, und sowohl das dunkelgrüne Laub als auch die Blüten duften nach Apfel. Der einmalblühende Strauch ist wuchsfreudig und benötigt viel Platz. Er fühlt sich auf nährstoffarmem Boden wohl und bildet eine dichte Hecke mit stacheligen Trieben; in einer Parklandschaft wächst die Pflanze zu einem attraktiven Strauch heran.
**ZONEN 5–11.**

Penzance, Großbritannien, 1895

Eltern unbekannt

## 'JULIA'S ROSE'

TEEHYBRIDE, ROSTFARBEN, ÖFTERBLÜHEND

Diese Rose ist wegen ihrer Farbe besonders beliebt. Die Blüten weisen verschiedene Töne von Kupfer, Graugelb und Braun auf, die alle zusammen eine wunderschöne Farbe ergeben, welche bei kälterem Wetter viel intensiver wirkt. 'Julia's Rose' kommt recht häufig vor, auch wenn sie keine kräftige Pflanze ist und viel Pflege benötigt. Jeder, der diese Herausforderung annimmt, wird mit reicher Blüte belohnt; die Blumen eignen sich hervorragend für Blumenarrangements. Die Pflanze wächst aufrecht und trägt rötliches Laub. Da die Rose insgesamt nicht sehr kräftig wächst, muß sie gegen zahlreiche Krankheiten behandelt werden und eignet sich daher nicht für jeden Gärtner. **ZONEN 5–10.**

Wisbech Plant Co., Großbritannien, 1976

'Blue Moon' × 'Dr A. J. Verhage'

Baden-Baden Goldmedaille 1983

## 'JULIE'

TEEHYBRIDE, DUNKELROT, ÖFTERBLÜHEND

'Julie' ist eine sehr dunkelrote, beinahe schwarzrote Rose mit langen spitzen Knospen, die sich zu leuchtend dunkelroten Blüten entfalten. Diese behalten

J

'Julia's Rose'

ihre Farbe, bis die Petalen abfallen. 'Julie' duftet stark und angenehm, sobald sie in voller Blüte steht, schwindet dann aber bald dahin. Die Pflanze wächst aufrecht und trägt weiches, dunkelgrünes Laub. Sie ist einigermaßen krankheitsfest. Diese Rose wurde inzwischen von anderen roten Sorten ersetzt und aus vielen Liferantenlisten gestrichen. ZONEN 5–10.

Kordes, Deutschland, 1970

Sämling × 'Red American Beauty'

## 'JULIE DE MERSAN'

Syn. 'Julie de Mersent'

ALTE R., MOOSROSE, REIN ROSA

Diese Alte Gartenrose besitzt mittelgroße gefüllte Blüten, die rosa-weiß gestreift sind. In der heutigen Zeit ist 'Julie de Mersan' in Europa nur noch schwer zu finden, und am ehesten in ihrem Ursprungsland Frankreich erhältlich. ZONEN 4–9.

Thomas, Frankreich, 1854

Eltern unbekannt

## 'JULIE Y' HARbinger

Syn. 'Julie Youell'

TEEHYBRIDE, ORANGEROT, ÖFTERBLÜHEND

Diese gute Schnittrosensorte ist nicht weltweit erhältlich. Die rote Farbe der gefüllten Blüten ist sehr hübsch und besitzt nicht das starke Leuchten einiger anderer orangeroter Sorten. Die Rose duftet kaum. Sie eignet sich für Einfassungen, Gruppenpflanzungen sowie als Hochstammrose. Sie wird nicht sehr hoch, hat eine aufrechte Form und breitet sich nur wenig aus. ZONEN 5–10.

Harkness, Großbritannien, 1994

'Silver Jubilee' × 'Just Joey'

Belfast Certificate of Merit 1997, Glasgow People's Choice 1997, Orléans Goldmedaille 1997

## 'JULIET'

ALTE R., REMONTANTROSE, ROSA+, ETWAS NACHBLÜHEND

Diese frühblühende, duftende Rose bringt goldgelbe runde Knospen hervor, die sich zu großen, üppigen, gefüllten, rosaroten Blüten entwickeln; die Intensität der Farbe kann vom Wetter abhängen. Die Unterseiten der Petalen sind goldfarben. 'Juliet' ist eine ausgezeichnete Schnittblume, die aber keine Nässe oder feuchtes Wetter verträgt. Die Rose blüht gelegentlich nach. Der 1,2 m hohe, wuchsfreudige und buschige Strauch hat seltsam gekräuseltes Laub; er sollte ab und zu geschnitten werden. ZONEN 5–10.

Paul, Großbritannien, 1910

'Captain Hayward' × 'Soleil d'Or'

'Julie Y'

'Julischka'

'June Park'

'June Bride'

'June Time'

## 'JULISCHKA' TANjuka

Syn. 'Juleschke'

FLORIBUNDA, ROT, ÖFTERBLÜHEND

Die ungewöhnliche, aber hervorragende Rose bildet Büschel aus roten Blüten, die mit 20 Petalen halbgefüllt sind und einen angenehmen Duft verbreiten. 'Julischka' ist nicht weit verbreitet und wird von speziellen Züchtern für Sammler angeboten, die einzigartige Rosen schätzen. Sie verblüht sauber, ist robust, frei von Krankheiten und bringt glänzend bronzefarbene neue Triebe hervor. ZONEN 5–11.

Tantau, Deutschland, 1974

Eltern unbekannt

Neuseeland Goldmedaillie 1976, Goldene Rose von Den Haag 1982

## 'JUNE BRIDE'

TEEHYBRIDE, WEISS, ÖFTERBLÜHEND

Die großen Blüten dieser Rose sind anfänglich grün-weiß, werden dann schnell cremeweiß; sie besitzen eine hohe Mitte, sind becherförmig und duften. Die Rose blüht während des ganzen Sommers bis in den Herbst. Der kräftige, wuchsfreudige und aufrechte Strauch läßt sich leicht zur gewünschten Form schneiden. Das Laub ist gekräuselt und ledrig. Die Resistenz gegen Krankheiten ist nur mäßig, daher benötigt sie vorbeugende Pflege. 'June Bride' bringt eine traumhafte erste Blüte hervor. ZONEN 5–11.

Shepherd, USA, 1957

('Mme Butterfly' × 'New Dawn') × 'Crimson Glory'

## 'JUNE LAVER' LAVjune

ZWERGROSE, INTENSIV GELB, ÖFTERBLÜHEND

'June Laver', die nach der Ehefrau des Züchters benannt wurde, hat edel geformte Blüten, die dunkelgelb sind und später cremegelb werden. Die Blüten sind mit 20–25 Petalen gefüllt und erscheinen einzeln oder in kleinen Gruppen von 3–5 Blüten. Sie duften nicht, sehen aber sehr elegant aus, wie Miniatur-Edelrosen. Das Laub ist dunkelgrün und mattglänzend. Die Pflanze ist besonders schwachwüchsig und wird auch unter optimalen Bedingungen selten über 30 cm hoch. Die Nachblüte ist relativ gering. Diese Rose geht im Winter leicht ein und braucht daher besonderen Kälteschutz. Aber trotz all dieser Mängel ist sie eine wunderschöne Gartenpflanze für wärmere Lagen. ZONEN 6–11.

Laver, Kanada, 1987

'Helmut Schmidt' × 'Gold Mine'

## 'JUNE PARK'

TEEHYBRIDE, DUNKELROSA, ÖFTERBLÜHEND

'June Park' hat feine, sehr spitze attraktive Blüten mit kräftigen Petalen, die gleichmäßig angeordnet sind. Bei kaltem Wetter wird der Rosaton intensiver und dunkler, aber Transparenz oder Farbvariationen gibt es nicht. Die Rose verströmt einen sehr starken, süßen und verführerischen Duft. Die Blüten erscheinen früh im Sommer und werden bis in den Spätherbst hinein gebildet. Das Laub ist ziemlich krankheitsfest. Die Rose kann gut als Einfassung verwendet werden, da sie kleinwüchsig ist. June Park war die Frau von Bertram Park, einem berühmten britischen Rosenkenner und Verfasser von Rosenbüchern. ZONEN 5–10.

Sanday, Großbritannien, 1958

'Gloria Dei' × 'Crimson Glory'

Goldmedaille und Duftpreis der National Rose Society 1959

## 'JUNE TIME'

ZWERGROSE, HELLROSA, ÖFTERBLÜHEND

Die Blüten sind hellrosa mit dunkler rosafarbener Rückseite und bestehen aus fast 75 Petalen. In der Regel sitzen sie in kleinen Büscheln. 'June Time' ist berühmt für ihre dekorativen, schalenförmigen Blüten, die in kleinen Büscheln erscheinen. Leider duften die Blumen nicht. Die Pflanze ist eine kletternde Zwergrose von ausladender Gestalt und trägt extrem dichtes, glänzendes Laub, das durchweg widerstandsfähig gegen Krankheiten ist. Diese Rose ist eine sauber verblühende, zuverlässige Sorte, die kaum Pflege benötigt – eine typische Ralph-Moore-Kreation. ZONEN 5–11.

Moore, USA, 1963

(*Rosa wichuraiana* × 'Floradora') × ([Sämling von 'Etoile Luisante' × 'Red Ripples'] × 'Zee')

## 'JUNE WHITFIELD' HARchutzpah

TEEHYBRIDE, ROSA+, ÖFTERBLÜHEND

Diese liebliche neue Rose hat einen leuchtenden, fröhlichen Farbton und wird von den Züchtern als "kühnes Scharlachrot und Gold mit einem Pfirsichrosa unterlegt" beschrieben – in der Tat eine kräftige Farbe. Die Pflanze selbst ist wuchsfreudig, robust und gedeiht in den meisten Klimazonen sowie auf unterschiedlichen Böden. Am besten eignet sie sich für flächige Pflanzungen. Die Rose wurde nach einem britischen Bühnen- und Fernsehstar benannt.

**ZONEN 5–10.**

Harkness, Großbritannien, 1995

'Avocet' × 'Prima Ballerina'

## 'JUNIOR GEISHA'

FLORIBUNDA, ORANGEROT, ÖFTERBLÜHEND

Eine der ersten besonders kleinwüchsigen Floribundarosen ist 'Junior Geisha'. Sie eignet sich hervorragend als Randbepflanzung für Rosenbeete und niedrige Beete mit dichter Bepflanzung. Die mittelgroßen, gefüllten Blüten bestehen aus etwa 20 leuchtend orangeroten Petalen und werden in Büscheln von 8–15 Blüten gebildet, die über dichten, kleinen, mattgrünen Laubblättern sitzen. Die Pflanze ist widerstandsfähig gegen Krankheiten. Trotz der reichen Blüte, kann der Nachflor sich etwas verzögern.

**ZONEN 5–9.**

Eltern unbekannt

## 'JUNIOR MISS'

**Syn. 'America's Junior Miss'**

FLORIBUNDA, HELLROSA, ÖFTERBLÜHEND

Die rundlichen Knospen entwickeln sich zu blaß korallenrosafarbenen, gefüllten Blüten mittlerer Größe. Anfangs sind sie wohlgeformt und sehr attraktiv, verblühen und verblassen jedoch bald. Sie duften ein wenig und blühen den ganzen Sommer und Herbst. 'Junior Miss' ist wuchsfreudig mit buschiger Gestalt und trägt glänzend grünes Laub. Sie eignet sich gut für eine gemischte Rabatte.

**ZONEN 5–9.**

Boerner, USA, 1964

'Seventeen' × Sämling von 'Demure'

'Just Joey'

'Juno'

## 'JUNO'

ALTE R., CHINAROSE, HELLROSA

Diese Rose blüht nur im Juni und entstand wahrscheinlich zufällig, als Laffay nach einer Remontantrose suchte. Die runden Knospen öffnen sich zu zarten, schalenförmigen, rosa getönten Blüten von 8 cm Durchmesser und haben ein typisches Auge. Sie sind wunderschön und duften sehr angenehm. Die Pflanze wächst weichtriebig und überhängend; sie trägt große dunkelgrüne Laubblätter, die weicher als das Laub anderer Sorten diesen Typs sind – ausgenommen 'Fantin-Latour' –, und hat nur wenige Stacheln. Wenn die Pflanze genug Platz hat, entwickelt sie sich zu einem besonders kräftigen Strauch.

**ZONEN 5–10.**

Laffay, Frankreich, 1847

Eltern unbekannt

## 'JUST FOR YOU' MORyou

ZWERGROSE, DUNKELROSA, ÖFTERBLÜHEND

Schöne dunkelrosa bis hellrote Blüten sind das Kennzeichen dieser preisgekrönten Miniaturrose. Obwohl die Blüten ein bißchen zu groß sein können, haben sie stets die Form einer Edelrose – sogar bei Temperaturen von 30 °C. Die Blumen sitzen einzeln oder in kleinen Büscheln und öffnen sich oft nur langsam. Die Qualität der Blüten büßt in heißen Lagen oft ein. **ZONEN 5–11.**

Moore, USA, 1990

'Orangeade' × 'Rainbow's End'

American Rose Society Award of Excellence 1991

'Junior Miss' 'Junior Geisha'

'Just Joey'

'Kabuki'

'Kagayaki'

## 'JUST JOEY'

TEEHYBRIDE, ORANGE+, ÖFTERBLÜHEND

Ein Blick auf die beiden bedeutenden Eltern dieser Sorte mag einige Hinweise geben, um was für eine Rose es sich hier handelt: Eine stets beliebte Sorte, die auch in Zukunft nichts an ihrer Popularität einbüßen wird. Sie hat große, lokker, gefüllte Blüten, die orange getönt sind und meist in kleinen Büscheln stehen. Die Blumen sind sowohl für die Vase als auch für den Garten geeignet. Die Pflanze breitet sich aus und erreicht eine mittlere Höhe. Das Laub ist dunkelgrün. 'Just Joey' läßt sich kaum mit anderen Teerosen vergleichen, da die üppige Blüte und die lockere Form sie ungewöhnlich und aufregend erscheinen lassen. **ZONEN 5–10.**

Cant, Großbritannien, 1972

'Duftwolke' × 'Dr A. J. Verhage'

James Mason Goldmedaille der Royal National Rose Society 1986, Royal Horticultural Society Award of Garden Merit 1993, Weltrose 1994

## 'KABUKI' MEIgold

**Syn. 'Golden Prince'**

TEEHYBRIDE, GOLDGELB, ÖFTERBLÜHEND

'Kabuki' hat üppige goldgelbe Blüten, die bei kühlem Wetter eine dunkelrosa Tönung zeigen. Sie sind dichtgefüllt, öffnen sich weit und reinigen sich selbst, wenn sie verwelken. Die aufrechte, mittelhohe Pflanze ist kräftig und trägt große Laubblätter mit dicken Blattadern. Nach dem Schnitt kann sie etwas anfällig für die Welkekrankheit sein und soll deshalb nur vorsichtig geschnitten werden.

**ZONEN 5–10.**

Meilland, Frankreich, 1968

('Monte Carlo' × 'Bettina') × ('Gloria Dei' × 'Soraya')

## 'KAGAYAKI'

**Syn. 'Brilliant Light'**

FLORIBUNDA, ROT+, ÖFTERBLÜHEND

'Kagayaki' kam unter dem Synonym 'Brilliant Light' auf den Markt, und sie hat wirklich eine leuchtende Farbe. Die schwach duftenden Blüten, meistens leuchtend scharlachrot von einer faszinierenden Intensität, sind groß, gefüllt und hochgebaut. Der kräftige und aufrechte Strauch ist die ideale Pflanze für flächige Pflanzungen oder Beete. Bei vorbeugenden Maßnahmen gegen Krankheiten gedeiht die Pflanze das ganze Jahr üppig. **ZONEN 5–10.**

Suzuki, Japan, 1970

(Sämling von 'Aztec' × ['Spectacular' × 'Aztec']) × Sämling von 'Cover Girl'

'Karen Julie'

'Kambala'

'Kaikoura'



## 'KAIKOURA' MACwalla

ZWERGROSE, ORANGE+, ÖFTERBLÜHEND

Große, leuchtend orangerote Blüten lassen diese Rose sogar aus großer Entfernung erkennen. Die Blumen sind mit etwa 30 Petalen dicht gefüllt und können etwas größer als die klassische Miniaturrose sein. Diese Sorte ist besonders in Neuseeland sehr beliebt, wo sie mehrere Preise gewann. Die Knospen öffnen sich zu wunderschönen, schalenförmigen, leuchtend orangefarbenen Blüten, deren Farbe – unabhängig vom Klima – lange anhält. Das dekorative Laub ist glänzend dunkelgrün. Die wuchsfreudige, kompakte Pflanze ist widerstandsfähig gegen Krankheiten. 'Kaikoura' ist ein Meisterwerk des Züchters Sam McGredy, der die wünschenswerten Eigenschaften zweier seiner anderen Meisterwerke erfolgreich auf diese Sorte übertrug. Die Rose ist nach einer Stadt in Neuseeland benannt. **ZONEN 5–11.**

McGredy, Neuseeland, 1978

'Anytime' × 'Matangi'

## 'KAISERIN AUGUSTE VIKTORIA'

**Syn. 'K. A. Victoria', 'K. A. Viktoria'**

TEEHYBRIDE, WEISS,ÖFTERBLÜHEND

Die Blüten dieser Sorte sind weiß mit zart grüngelber Mitte. Im Herbst können sie am Blütenrand rosa überhaucht sein. Sie sind wohlgeformt mit hoher, spitzer Mitte; die gleichmäßig verteilten Petalen bilden einen kreisförmigen Grundriß. Die robuste Pflanze ist sehr wuchsfreudig und wächst zu einem großen Busch mit leuchtend grünem Laub heran. Der junge Austrieb ist weich und rot gefärbt, wird aber schnell hart und bildet kräftige Äste. Die Sorte war zu Beginn des 20. Jh. sehr beliebt und wurde überall als Schnittblume verwendet. In speziellen Rosenschulen ist sie heute noch erhältlich. **ZONEN 5–10.**

Lambert, Deutschland, 1891

'Coquette de Lyon' × 'Lady Mary Fitzwilliam'

## 'KALINKA'

**siehe 'Pink Wonder'**

## 'KAMBALA' AROheddo

TEEHYBRIDE, APRICOT+, ÖFTERBLÜHEND

Diese Rose ist nicht weltweit verbreitet, sondern nur in Australien erhältlich und wurde zu Ehren des *Kambala College* in Sydney benannt. Die einzelnen Blüten sind groß und gefüllt und haben eine lieblich gelbe Farbe mit einem zarten Apricotton. Die Rose duftet angenehm, und die Blüten sind einigermaßen haltbar. Die Pflanze wächst ziemlich aufrecht. In warm-feuchten Gebieten benötigt sie Pflege, damit sie nicht an Sternrußtau erkrankt. **ZONEN 5–10.**

Armstrong, USA, 1988

'Gingersnap' × 'Brandy'

## 'KARDINAL' KORlingo

TEEHYBRIDE, ROT, ÖFTERBLÜHEND

Die meisten Menschen werden diese Rose schon im Blumenladen bewundert haben, ohne ihren Namen zu kennen. Die Blüten sind intensiv kardinalrot und duften schwach. Gewöhnlich sitzen sie einzeln auf langen Stielen und können sehr schön gebunden werden. Im Gewächshaus und im Freien entwickelt sich 'Kardinal' zu einem mittelhohen Strauch und ist widerstandsfähig gegen Mehltau und Sternrußtau. Die Blühpausen sind kurz, und so ist sie eine wunderschöne Rose für alle Gelegenheiten. **ZONEN 5–10.**

Kordes, Deutschland, 1986

Sämling × 'Veronika'

## 'KAREN BLIXEN' POUlari

**Syn. 'Roy Black', 'Silver Anniversary'**

TEEHYBRIDE, WEISS, ÖFTERBLÜHEND

Diese Sorte bringt große, rein weiße Blüten hervor, wodurch sie großartig aussieht und eine hervorragende Ausstellungsrose ist. Die Blumen sind edel geformt, öffnen sich beinahe locker und verströmen einen starken Duft, der auch beim Verblühen intensiv ist. Sie wurde nach jener bedeutenden dänischen Autorin mit Pioniergeist benannt, die das harte Leben in Afrika kennengelernt hatte. **ZONEN 5–10.**

Poulsen, Dänemark, 1992

Eltern unbekannt

## 'KAREN JULIE'

TEEHYBRIDE, ORANGEROT, ÖFTERBLÜHEND

Die hervorragende Ausstellungsrose hat gut geformte, dunkelorangefarbene Blüten mit 45 Petalen. Die Rückseite der Blütenblätter ist orange-lachsfarben. Die Blumen bewahren ihre Form und Farbe und befinden sich an einer mittelhohen, buschigen Pflanze mit mattem, mittelgrünem Laub. Krankheiten kommen nicht vor. Die Sorte ergibt gute Schnittrosen. **ZONEN 5–10.**

Allender, Australien, 1979

'Alexander' × 'Vienna Woods'

## 'KAREN POULSEN'

FLORIBUNDA, ROT, ÖFTERBLÜHEND

Die becherförmigen Blüten mit fünf Petalen stehen in Büscheln zu 3–12. Als 'Karen Poulsen' auf den Markt kam, wurde behauptet, daß sie in bezug auf ihre Farben kaum Rivalen besäße; die Blüten sind feurig karminrot und behalten ihre leuchtkraft, bis die Petalen abfallen. Der pflegeleichten Sorte schadet weder Regen noch Sonne; allerdings muß Verblühtes regelmäßig entfernt werden, da sonst Hagebutten gebildet werden, wodurch die Nachblüte gehemmt wird. Bei richtiger Pflege blüht die Sorte den ganzen Sommer und Herbst; die herbstlichen Blütendolden sind besonders kräftig und schön. Der Duft ist schwach. 'Karen Poulsen' war eine der beliebtesten Polyantha-Hybriden, wie Floribundarosen vor dem 2. Weltkrieg genannt wurden, und wurde wegen der eindrucksvollen Farbwirkung als Beetbepflanzung in öffentlichen Parks eingesetzt. Die Pflanze wächst ungleichmäßig und wird mittelhoch. Sie trägt mattglänzendes, mittelgrünes Laub. Die Rose wurde nach der Nichte des dänischen Züchters Svend Poulsen benannt.

**ZONEN 4–9.**

Poulsen, Dänemark, 1932

'Kirsten Poulsen' × 'Vesuvius'

Goldmedaille der National Rose Society 1933, Portland Goldmedaille 1935

## 'KARL FÖRSTER'

ALTE R., PIMPINELLIFOLIA-HYBRIDE, WEISS, ETWAS NACHBLÜHEND

An Karl Förster, den bekannten deutschen Gärtner, Staudenzüchter und Autor, erinnert diese gleichnamige Rose. Die schwach duftenden, schneeweißen Blüten gehen aus spitzen Knospen hervor und sitzen auf langen, anmutig überhängenden Stielen. Die großen, nahezu gefüllten Blumen sind hochgebaut und zeigen ihre schönen goldgelben Staubgefäße. Die Pflanze ist wuchsfreudig und trägt farnartige, graugrüne Laubblätter. Die jungen, stacheligen Triebe sind rot. Die Rose wird 1,5 m hoch und gedeiht auch in nährstoffarmem Boden sowie im Schatten gut. Durch das regelmäßige Entfernen von Verblühtem wird die Nachblüte im Herbst angeregt.

**ZONEN 5–10.**

Kordes, Deutschland, 1931

'Schneekönigin' × *Rosa spinosissima* 'Altaica'

## 'KARL HEINZ HANISCH'

**siehe 'Jardins de Bagatelle' und 'Sarah'**

## 'KARL HERBST'

**Syn. 'Red Peace'**

TEEHYBRIDE, ROT, ÖFTERBLÜHEND

Die riesengroßen Blüten dieser Rose haben 60 breite Petalen, die eine symmetrische Form von seltener Schönheit bilden. Die hochgebauten Blüten öffnen sich langsam und geben ein mattes Dunkelrot frei, das auf der Innenseite der Blütenblätter dunkler ist. Die Blüten erscheinen den ganzen Sommer und Herbst, neigen aber bei nassem Wetter zur Mumienbildung. Ihr Duft ist schwach. Diese kräftige, zuverlässige Rose eignet sich gut für

'Kardinal'

'Karen Blixen'

'Karl Herbst'

Mischbeete und ist nach beinahe einem halben Jahrhundert immer noch stark verbreitet. Die Pflanze ist sehr wuchsfreudig und hat eine verzweigte Gestalt von überdurchschnittlicher Höhe. Die großen und ledrigen Laubblätter sind halb glänzend und dunkelgrün. Karl Herbst war mit dem Züchter Wilhelm Kordes befreundet. **ZONEN 4–9.**

Kordes, Deutschland, 1950

'Gloria Dei' × 'Kordes' Sondermeldung'

Goldmedaille der National Rose Society 1950

## 'KARLSRUHE'

BÜSCHELBLÜTIGE KLETTERROSE, DUNKELROSA, ÖFTERBLÜHEND

Die großen Blüten von 'Karlsruhe' stehen in Büscheln bis zu 10 Stück; sie sind dichtgefüllt und zunächst kugelförmig, werden aber becherförmig, wenn sie geöffnet sind. Sie sind rosafarben und duften mäßig. Nach einem üppigen frühen Flor werden im Sommer und Herbst in Abständen Blüten nachgebildet. Die Sorte ist reich verzweigt, hat eine sich ausbreitende, kletternde Gestalt von mittlerer Größe. Sie wächst sehr gut an Säulen, Kletterstützen und Mauern auf nicht zu trockenen Standorten. Das Laub ist dicht und glänzend. **ZONEN 4–9.**

Kordes, Deutschland, 1957

*Rosa kordesii* × 'Golden Glow'

## 'KAROO ROSE' POUlkaros

Syn. 'Karoo'

FLORIBUNDA, ORANGEROT,ÖFTERBLÜHEND

Die trockenste Region Südafrikas heißt Karoo, wo trotz Hitze und Trockenheit interessante Pflanzen vorkommen, die nach heftigen Regenfällen für ein aufregendes Schauspiel sorgen. Wenn jemand eine robuste Rose sucht, die in heißen, trockenen Sommern gedeiht und frostige Winter aushält, ist er mit dieser Sorte sehr gut bedient. Die mittelgroße, buschige Rose wächst schnell zu einem hübschen, runden Strauch heran und entwickelt ständig neue Blütentriebe. Die spitzen Knospen entfalten sich zu wohlgeformten, dunkel orangeroten Blüten mit einer Spur von Karminrot, das an einen Sonnenuntergang in der Karoo erinnert. Die Sorte eignet sich hervorragend als Beetrose und zählt zu den beliebten Schnitt- und Ausstellungsrosen, da sie sehr haltbar ist. Darüber hinaus verbreitet 'Karoo Rose' in ihrer Umgebung einen außerordentlich angenehmen Duft. **ZONEN 4–11.**

Poulsen, Dänemark, 1988

Sämling × Sämling

'Kassel'

## 'KASSEL'

GROSSBLUMIGE KLETTERROSE, ORANGEROT, ÖFTERBLÜHEND

Offenbar bestehen einige Widersprüche bezüglich der Elternpflanzen dieser Sorte. Die halbgefüllten Blüten sind scharlachrot, recht groß und stehen bis zu 10 in Büscheln. Die jungen Blüten sind hochgebaut, werden aber breit und leicht becherförmig, wenn sie sich öffnen. Sie verströmen einen deutlichen Duft und erscheinen im Sommer sehr zahlreich; im Spätsommer und Herbst gibt es gelegentliches Nachblühen. Diese Rose ist wuchsfreudig und hat eine überhängende Gestalt; sie kann sich zu einem Strauch entwickeln oder an einer Kletterhilfe wie einer niedrigen Säule oder einem Zaun gezogen werden, denn sie breitet sich weit mehr als eine Strauchrose, doch weniger als eine Kletterrose aus. Die ledrigen Laubblätter sind groß, matt und anfangs rötlich. Diese Sorte ist eine der vielen Kordes-Rosen, die nach deutschen Städten benannt wurden. **ZONEN 4–9.**

Kordes, Deutschland, 1957

'Hamburg' × 'Scarlet Else'

National Rose Society Certificate of Merit 1957

## 'KATHARINA ZEIMET'

Syn. 'White Baby Rambler'

POLYANTHAROSE, WEISS, ÖFTERBLÜHEND

Diese zierliche Rose besitzt gefüllte weiße Blüten, die bis zu 50 auf duftig-lockeren Rispen zusammensitzen. Einem reichen ersten Flor folgen während des Sommers und im Herbst regelmäßig Blüten. Sie duften angenehm und vertragen auch schlechtes Wetter. 'Katharina Zeimet' eignet sich für Beete, Einfassungen oder niedrige, dichte Hecken, aber auch als Hochstamm oder Kübelpflanze. Die Sorte ist eher zwergwüchsig und kompakt, kann aber ziemlich groß werden, wenn sie nicht geschnitten wird. Sie wächst üppig mit vielen dünnen Trieben und erreicht für eine Polyantharose eine etwas überdurchnittliche Höhe. Das Laub dieser Rose besteht aus zahlreichen kleinen, dunkelgrünen Blättchen. **ZONEN 4–9.**

Lambert, Deutschland, 1901

'Étoile de Mai' × 'Marie Pavié'

## 'KATHLEEN'

STRAUCHROSE, HELLROSA, ÖFTERBLÜHEND

Die blasse Farbe dieser Sorte wurde vom Züchter als Rosaton beschrieben, wie man ihn bei der Hundsrose *(Rosa canina)* antrifft. Die Blüten sind klein und einfach mit fünf reizvoll angeordneten Petalen, ferner weise sie gelbe Staubgefäße auf. Sie sitzen in dichten Büscheln, so daß sie von fern wie Apfelblüten aussehen. Die Blumen verströmen einen süßen, moschusartigen Duft. Der erste Flor fällt sehr üppig aus, und im Sommer und Herbst werden auch zahlreiche Blüten gebildet, denen später orangefarbene Hagebutten folgen können. 'Kathleen' ist eine hervorragende Ergänzung für ein Strauchbeet, da sie eine ziemlich wuchernde Gestalt besitzt und höher wird als normale Strauchrosen; in milden Klimazonen kann sie die Höhe einer Kletterrose erreichen. Das Laub besteht aus länglichen, schlaffen und dunkelgrünen Blättern. **ZONEN 4–9.**

Pemberton, Großbritannien, 1922

'Daphne' × 'Perle des Jardins'

## 'KATHLEEN FERRIER'

FLORIBUNDA, ORANGEROSA, ÖFTERBLÜHEND

Die halbgefüllten Blüten der 'Kathleen Ferrier' sind von großer Einfachheit und bezaubern jeden, wenn sie sich zu flachen Schalen öffnen und ihre auffälligen Staubgefäße zur Schau stellen. Die Petalen erscheinen in hellem Lachsrot und sind am Grund weiß; sie verströmen einen angenehmen Duft. Die Blumen sitzen in dichten Dolden auf langen Stielen; sie erscheinen den ganzen Sommer und Herbst. Diese Beetrose erreicht in milden Klimazonen die Größe einer Strauchrose; sie ist auch eine ausgezeichnete Heckenpflanze. 'Kathleen Ferrier' ist wuchsfreudig und buschig mit überdurchschnittlicher Höhe und trägt leuchtend dunkelgrünes Laub. Sie wurde nach einer berühmten britischen Sängerin, die von 1912–1953 lebte, benannt. **ZONEN 4–9.**

Buisman, Niederlande, 1952

'Gartenstolz' × 'Shot Silk'

National Rose Society Trial Ground Certificate 1955

## 'KATHLEEN HARROP'

ALTE R., BOURBONROSE, HELLROSA, ETWAS NACHBLÜHEND

Mit dieser beliebten Sorte, die alle guten Eigenschaften ihrer Elternpflanze aufweist, brachte der britische Züchter Dickson eine der letzten Bourbonrosen in den Handel. Die großen Knospen öffnen sich zu zarten, muschelrosafarbenen Blüten; diese sind halbgefüllt und von durchsichtigen Adern durchzogen. Die Blütenblätter sind auf der Unterseite dunkler gefärbt, diese Farbe kann allerdings im direkten Sonnenlicht verblassen. Manche der hübschen Blüten sitzen in Büscheln. Die Pflanze kann bis zu 3 m hoch werden, was für für eine Strauchrose eine recht beachtliche Höhe darstellt. 'Kathleen Harrop' besitzt keine Stacheln und hüllt sich in graugrünes, spitzes Laub. Diese Alte Gartenrose benötigt bei feuchtem Wetter keine besondere Pflege, im Hochsommer muß man allerdings prophylaktisch das umliegende Erdreich gut durchlüften, damit sie nicht von Mehltau befallen wird. **ZONEN 4–10.**

Dickson, Großbritannien, 1919

Sport von 'Zéphirine Drouhin'

K

'Kathleen'

'Kathleen Harrop'

## 'KATHRYN McGREDY'

MACaucklad, MACauclad
TEEHYBRIDE, ORANGEROSA, ÖFTERBLÜHEND

Die Blüten dieser Sorte vereinen die symmetrische Form und Größe einer klassischen Edelrose in sich. Sie sind groß, hochgebaut und mit Petalen in verschiedenen Rosatönen dicht gefüllt – von Rötlich auf den Außenpetalen bis Blaßlachsfarben in der Blütenmitte. Bei der ersten Blüte sitzen die duftenden Blumen gewöhnlich auf einem Stiel, später im Sommer und Herbst kommen sie oft in kleinen Büscheln vor. Die hübsche Pflanze paßt gut in ein Beet oder eine Rabatte; sie ist wuchsfreudig und hat eine aufrechte, buschige Gestalt von mittlerer Höhe. Das dichte Laub ist zunächst rötlich, später dunkel glänzend und ergänzt den Flor sehr wirkungsvoll. Die Sorte wurde nach der ältesten Tochter des Züchters benannt.

**ZONEN 4–9.**

McGredy, Neuseeland, 1995

'City of Auckland' × 'Lady Rose'

## 'KATHRYN MORLEY' AUSclub, AUSvariety

STRAUCHROSE, HELLROSA, ÖFTERBLÜHEND

Die Blüten von 'Kathryn Morley' sind mittelgroß bis groß und mit über 40 Petalen sehr dicht gefüllt. Sie kommen einzeln oder in kleinen Büscheln hervor und entwickeln sich zu blaßrosafarbenen, altmodisch anmutenden Blumen. Die äußeren Blütenblätter biegen sich nach außen, während die anderen zusammengefaltet bleiben und sich leicht nach innen krümmen; daher erinnert die Blume an eine Tasse auf ihrer Untertasse. Der Duft ist sehr angenehm, und die Blüte hält den ganzen Sommer und Herbst an. Die Pflanze wächst etwas ungleichmäßig mit langen wie auch kürzeren Trieben. Sie paßt sehr gut in ein Beet, das mit niedrigen Gewächsen gesäumt ist, wo ihre Schönheit und ihr Duft bestens zur Geltung kommen. Die Rose ist wuchsfreudig und trägt große, mittel- bis dunkelgrüne Blätter.

**ZONEN 4–9.**

Austin, Großbritannien, 1990

'Mary Rose' × 'Chaucer'

## 'KATHY'

ZWERGROSE, ROT, ÖFTERBLÜHEND

'Kathy' hat spitze Knospen, die sich zu kleinen, roten Blüten von schöner Form und guter Qualität entwickeln. Ihr Farbton ist wunderschön, und der Duft angenehm. Die Laubblätter sind klein und ledrig. Die Pflanze hat eine niedrige und kompakte Wuchsform. Sie ist winterhart und etwas anfällig für Mehltau. 'Kathy' ist wie die Sorten 'Hi Ho', 'Jet Trial' und 'Judy Fischer' ein weiterer Abkömmling der Kreuzung zwischen 'Little Darling' und 'Magic Wand'.

**ZONEN 5–11.**

Moore, USA, 1970

'Little Darling' × 'Magic Wand'

'Kazanlik'

'Kazanlik'

'Kathryn Morley'

'Keepsake'

'Keepsake'

## 'KAZANLIK'

Syn. 'Trigintipetala', *Rosa damascena trigintipetala*

ALTE R., DAMASZENERROSE, DUNKELROSA

Diese Pflanze wird in der bulgarischen Stadt Kazanlik großflächig angebaut, denn sie ist eine der Sorten, die zur Gewinnung des berühmten Rosenöls verwendet werden. Die Blüten sitzen in lockeren Büscheln auf kurzen, dünnen Stielen und erscheinen im Juni. Sie sind in zartem Rosa gefärbt und wirken – voll erblüht – zur Hälfte gefüllt. Die Blüte hat einen Durchmesser von 5 cm und besitzt zahlreiche cremefarbene Staubgefäße. Ihr Duft ist intensiv und süß. 'Kazanlik' ist ein überhängender Strauch, der etwa 1,8 m hoch wird und eine ausladende Wuchsform hat. Das helle, graugrüne, gezähnte Laub fühlt sich weich an.

**ZONEN 5–11.**

Vor 1700

Eltern unbekannt

## 'KEEPIT'

TEEHYBRIDE, HELLROSA, ÖFTERBLÜHEND

Die Knospen von 'Keepit' sind lang und elegant geformt und entfalten sich zu großen Blüten von Ausstellungsqualität, die auf sehr langen Stielen sitzen. Jede Blüte besteht aus 40 hellrosafarbenen Petalen, die zum Rand ein wenig dunkler werden. Das üppige Laub ist mittelgrün, mattglänzend und bedeckt eine sich ausbreitende Pflanze, die mittlere Höhe erreicht. Der australische Züchter George Dawson zeigte diese Rose einem Mitglied der *Victorian Rose Society*, weil er die Pflanze ausrangieren wollte. Dessen lakonischer Kommentar lautete: „*Keep it!*" (= „Behalt sie") – daher der Name.

**ZONEN 5–10.**

Dawson, Australien, 1988

Eltern unbekannt

'Keepit'

## 'KEEPSAKE' KORmalda

Syn. 'Esmeralda', 'Kordes' Rose Esmeralda'

TEEHYBRIDE, ROSA+, ÖFTERBLÜHEND

Die Blüten dieser Sorte sind groß, mit 40 Petalen dicht gefüllt und geöffnet mit hoher Mitte. Sie sind in Altrosa gehalten, mit Spuren von Karminrot. Sie duften schwach. Der Flor hält den ganzen Sommer und Herbst an. Die Blüten sitzen manchmal einzeln auf Stielen, mitunter auch zu dritt in Büscheln. Die Triebe sind mittellang und haben gelegentlich krumme Stiele. 'Keepsake' wird für Beetbepflanzungen verwendet und eignet sich in Gruppen für Rabatten. Ihre Blüten sind haltbar, bewahren ihre Form bis zum Schluß und trotzen widrigen Wetterbedingungen. Die Pflanze wird nur knapp mittelhoch und hat eine buschige, ziemlich unordentliche Gestalt. Das robuste Laub ist glänzend und mittel- bis dunkelgrün. **ZONEN 4–9.**

Kordes, Deutschland, 1981

Sämling × 'Red Planet'

Royal National Rose Society Trial Ground Certificate 1980, Portland Goldmedaille 1987

## 'KEITH KIRSTEN' TANsirk

FLORIBUNDA, ORANGEROT, ÖFTERBLÜHEND

Die Blütenstiele von 'Keith Kirsten' tragen dichte Büschel aus spitzen Knospen, die sich zu schön geformten, becherförmigen, halbgefüllten Blumen öffnen. Die orange-zinnoberroten Blüten behalten ihre Farbe auch bei starker Sonneneinstrahlung; allem Anschein nach fühlen sie sich in warmen Klimazonen am wohlsten. Wie bei den meisten robusten Sorten dieser Farbklasse fällt auch ihr Duft erwartungsgemäß nur schwach aus. Die wuchsfreudige Rose paßt gut in Beete und Säume, und ihre langen Blütenstiele prädestinieren sie geradezu als Schnittblume. Den ganzen Sommer und Herbst über blüht 'Keith Kirsten' sehr üppig. Ihr Laub ist glänzend dunkelgrün. Die Rose erhielt ihren Namen nach einem südafrikanischen Gartenarchitekten, der sich um die Rosenzucht seiner Heimat verdient gemacht hat.

**ZONEN 4–9.**

Tantau, Deutschland, 1990

Eltern unbekannt

## 'KENT' POUlcov

**Syn. 'Pyrenees', 'Sparkler', 'White Cover'**
BODENDECKERROSE, WEISS, ÖFTERBLÜHEND

Der sich ausbreitende Zwergstrauch hat eine rundlichere Form als eine echte Bodendeckerrose, aber für beschränkte Platzverhältnisse eignet sie sich sehr gut, sowohl einzeln als auch in kleinen Gruppen oder vor einem Beet mit Sträuchern. Die Pflanze bringt große Dolden kleiner, halbgefüllter, weißer Blüten hervor, die zunächst becher- und dann schalenförmig sind. Sie sitzen dicht auf der Pflanze und bilden auf dem Höhepunkt des Flors ein sehr wirkungsvolles weißes Polster. Auch anschließend bringt die Pflanze bis in den Herbst üppige Blüten hervor. Der Duft ist schwach, die Blumen sehen unabhängig von der Witterung immer frisch und adrett aus. ZONEN 4–9.

Poulsen, Dänemark, 1988

Eltern unbekannt

Baden-Baden Goldmedaille 1990, Royal National Rose Society President's International Trophy 1990, Glasgow Certificate of Merit 1992, Royal National Rose Society British Rose Award 1998

'Kentucky Derby'

## 'KENTUCKY DERBY' AROder

TEEHYBRIDE, DUNKELROT, ÖFTERBLÜHEND

Die dunkelroten Blüten dieser Sorte sind zwar nicht besonders groß, aber schön geformt und hochgebaut; sogar in warmen Klimazonen sind sie sehr haltbar. Im Sommer und Herbst werden sie reichlich gebildet, behalten durchgehend ihre gute Qualität und ihre Farbe, sogar bei starker Sonne. Der Duft ist nicht so stark, wie man es von einer roten Rose erwarten würde. 'Kentucky Derby' ist wuchsfreudig, wird mittelhoch und hat eine aufrechte, buschige Gestalt. Das glänzende Laub ledrig. ZONEN 4–9.

Armstrong, USA, 1972

'John S. Armstrong' × 'Grand Slam'

## 'KERRY GOLD'

FLORIBUNDA, GELB+, ÖFTERBLÜHEND

'Kerry Gold' wird auch als Rabattenrose bezeichnet; sie ist zwar kleinwüchsig, aber ihre Gestalt ist zu offen, schmal und aufrecht, daß sie in diese neuere Gruppe passen könnte; sie ist eher die Miniatur-Ausgabe einer Floribundarose. Die Blüten sind goldgelb, oft mit rot überhauchten oder geäderten äußeren Petalen. Sie sind hübsch geformt und entfalten sich zu gefüllten, gewellten, becherförmigen Blumen. Obwohl die Blüten nur mittelgroß sind, wirken sie im Verhältnis zur gesamten Pflanze recht groß; sie sitzen aufrecht auf kräftigen Stielen. Die Sorte ist offenbar nicht mehr im Handel. Das ist bedauerlich, da sie einzigartig ist und eine entzückende Ergänzung für den Garten bedeutet. Sie eignet sich besonders gut für schmale Beete. Der Flor nach der Hauptblüte läßt etwas auf sich warten. Die Rose duftet nicht und ist karg beblättert. Diese Makel könnten die Ursache für ihr Verschwinden sein. ZONEN 4–9.

Dickson, Großbritannien, 1967

'Circus' × 'Allgold'

## 'KERRYMAN'

FLORIBUNDA, ROSA+, ÖFTERBLÜHEND

Die Blüten dieser Sorte weisen in der Mitte ein sehr schönes Lachsrosa auf und werden zum Rand hin eher lachsfarben. Für eine Floribundarose sind sie recht groß und tragen 24 breite Blütenblätter. Die Stiele neigen sich unter dem Gewicht der Blütenbüschel und lassen die Pflanze dadurch rundlich aussehen. Besonders in Beeten wirkt sich das sehr vorteilhaft aus. 'Kerryman' eignet sich auch für niedrige Hecken. Allerdings ist sie für Sternrußtau anfällig. Die Rose bringt im Sommer und Herbst reichlich Blüten hervor, die schwach duften. Die mittelgroße Pflanze hat eine sehr ausladende, buschige Gestalt. ZONEN 4–9.

McGredy, Großbritannien, 1971

'Paddy McGredy' × ('Mme Léon Cuny' × 'Columbine')

Royal National Rose Society Certificate of Merit 1971

'Kiese'

'Kerry Gold'

'Kerryman'

## 'KEW RAMBLER'

RAMBLERROSE, REIN ROSA

Die spitzen, leuchtend rosafarbenen Knospen dieser üppigen Ramblerrose entfalten sich zu lachsrosa-weißen, einfachen Blüten, die in der Mitte heller sind. Sie blühen später als die meisten Rosen dieser Gruppe und erscheinen in Dolden an langen, biegsamen Trieben. Das dekorative, graugrüne Laub deckt die Stacheln und orangeroten Hagebutten. Dieser Sommerblüher paßt als ausladender Einzelstrauch in einen naturnahen Garten, kann aber auch an Pergolen oder hohen Zäunen emporklettern. Die Rose kann innerhalb von zwei Jahren eine Höhe von bis zu 5 m erreichen. ZONEN 4–11.

Kew Gardens, Großbritannien, 1913

*Rosa soulieana* × 'Hiawatha'

'Kew Rambler'

'Kiftsgate'

## 'KIESE'

STRAUCHROSE, CANINA-HYBRIDE, ROT

„Dies ist keine Rose für Leute, die nichts riskieren wollen", meint der Brite Keith Jones, einer der wenigen Züchter, die diesen stark wuchernden Strauch überhaupt anbieten. 'Kiese' produziert halbgefüllte oder fast einfache Blüten von mittlerer Größe, die auf kräftig bestachelten Stielen sitzen. Sie sind von einem leuchtenden Kirschrot, das später verblaßt. Das Auge ist gelbweiß, die langen Staubgefäße sind goldfarben. Die Blüten duften schwach. Die Rose blüht nur im Juni, trägt aber im Herbst große, runde rote Hagebutten. Sie eignet sich besonders für Bereiche, in denen die Pflanzen wild wachsen können, da sie außer einem einzigen Schnitt, damit sie nicht zu sehr wuchert, keine Pflege benötigt. Sie hat einen bogenförmigen, reich verzweigten Wuchs und bildet ein Dikkicht, das zweimal so groß ist wie bei einer normalen Strauchrose. Die Rose kann auch so geschnitten werden, daß sie in Säulenform wächst. Das leuchtende, glänzende Laub ist dunkelgrün. Sie ist auch eine ausgezeichnete, langlebige Hochstammrose. ZONEN 4–9.

Kiese, Deutschland, 1910

'Général Jacqueminot' × *Rosa canina*

## 'KIFTSGATE'

**Syn. *Rosa filipes* 'Kiftsgate'**
WILDART MIT RAMBLER-CHARAKTER, WEISS

Unter den Rosenfans in den USA hat sich das engagierte „Rosenklauen" zu einer beliebten Freizeitbeschäftigung entwickelt. Eine der erfolgreichsten, auf diese Weise gefundenen Sorten stammt von Murrell, der sich 'Kiftsgate' von einer großen Pflanze aus dem gleichnamigen Garten in Gloucestershire verschaffte. Sie bildet aufsehenerregende Büschel von zahlreichen einfachen, cremeweißen Blüten, die an kräftigen, bogenförmigen Trieben sitzen. Sie verströmen einen angenehmen Duft. Die Sorte braucht einen Standort, an dem sie natürlich wachsen kann und wird häufig zum Beranken von großen Bäumen gepflanzt. Sie gedeiht auch an großen Mauern. Ein Exemplar in England soll schon einmal eine Höhe von 45 m erreicht haben; also Vorsicht bei der Standortwahl! Die zahlreichen Blüten erscheinen nur im Hochsommer, im Herbst gibt es dann viele kleine Hagebutten. Die Blätter sind groß und glänzend. Die Triebe tragen starke Stacheln, die den Schnitt erschweren. Daher sollte man nur die toten Äste entfernen und die Rose natürlich wachsen lassen. ZONEN 4–9.

Murrell, Großbritannien, 1954

Sämling von *Rosa filipes*

Royal Horticultural Society Award of Garden Merit

'King Arthur'

'Kiskadee'

'Kimono'

'King's Ransom'

## 'KIM'

FLORIBUNDA, REIN GELB, ÖFTERBLÜHEND

Die Blüten dieser Sorte tragen mehr als 30 Petalen und sind im Verhältnis zur Pflanze recht groß. Sie entwickeln sich in Büscheln aus runden Knospen zu rundlichen kanariengelben Blumen. Biegen sich die Blütenblätter nach unten, so werden die Blüten becherförmig und weisen im Alter besonders bei Hitze einen Hauch von Rosa auf. Die Blüten sitzen dicht am Laub und verleihen der Pflanze ein kompaktes Aussehen. Sie blühen dauernd vom Sommer bis in den Herbst. Ihr leichter Duft ist angenehm, und die Blüten öffnen sich bei jedem Wetter. 'Kim' eignet sich für kleine Standorte jeder Art – als Beetumrandung oder im Kübel. Der Wuchs ist kompakt und buschig; die Pflanze bleibt viel niedriger als eine durchschnittliche Beetrose. Sie trägt reiches, mattes, mittelgrünes Laub. **ZONEN 4–9.**

Harkness, Großbritannien, 1973

('Orange Sensation' × 'Allgold') × 'Elizabeth of Glamis'

Royal National Rose Society Certificate of Merit 1970

## 'KIMONO'

FLORIBUNDA, ROSA+, ÖFTERBLÜHEND

Die Blüten dieser Rose sind im Umriß rundlich; sie werden mittelgroß und sitzen in üppigen Büscheln. Mit mehr als 40 kleinen Blütenblättern sind sie dicht gefüllt und schalenförmig, wenn sie sich voll entfalten. Ihre Farbe ist ein freundliches Lachsrosa, und sie duften angenehm. Die Blüten erscheinen den ganzen Sommer und Herbst über. Diese Rose ist eine eindrucksvolle, zuverlässige Pflanze für Beete, Rabatten und Hecken; sie ist nach fast 40 Jahren immer noch im Fachhandel erhältlich. Sie ist starkwüchsig, hat eine gleichmäßige Gestalt von mittlerer Höhe und trägt dichtes mittelgrünes Laub, das im Austrieb kupferfarben ist. **ZONEN 4–9.**

de Ruiter, Niederlande, 1961

'Cocorico' × 'Frau Anny Beaufays'

Royal National Rose Society Trial Ground Certificate 1961

## 'KIND REGARDS' PEAtiger

FLORIBUNDA, ROT, ÖFTERBLÜHEND

Die Blüten sind leuchtend rot, dichtgefüllt und in der Mitte gewickelt, bevor sie sich becherförmig entfalten und die festen, elegant gekräuselten Petalen zur Schau stellen. Sie behalten ihre Farbe bei jedem Wetter, duften aber nur schwach, was bei solchen Blütenblättern nicht ungewöhnlich ist. Die Blühfreude hält den ganzen Sommer und Herbst an. Durch ihre weidenähnliche Wuchsform eignet sie sich nicht für Beete mit nur einer Rosensorte. Jedoch in Kombination mit anderen Sorten und niedrigen Pflanzen im Vordergrund kann sie sich sehen lassen. Die Pflanze bleibt eher niedrig; das Laub ist bronzefarben bis dunkelgrün. **ZONEN 4–9.**

Pearce, Großbritannien, 1995

Eltern unbekannt

## 'KING ARTHUR'

FLORIBUNDA, ORANGEROSA, ÖFTERBLÜHEND

Die Blüten dieser Rose haben mehr als 40 Petalen und sind groß und schwer. Sie sitzen in kandelaberähnlichen, offenen Büscheln zusammen. Die Farbe ist lachsrosa und kann beim Verblühen fleckig werden. Die Blüten verströmen einen schwachen Duft. In Anbetracht der Blütengröße blüht sie recht dauerhaft bis in den Herbst. Die Rose wurde früher häufig verwendet, ist aber heute selten im Fachhandel zu finden. Blüten, die für die Vase gedacht sind, sollten jung abgeschnitten werden, sonst öffnen sie sich nicht. Die wuchsfreudige Pflanze ist wuchsfreudig, hat eine aufrechte, reich verzweigte Gestalt. Die mattgrünen Laubblätter sind recht groß. **ZONEN 4–9.**

Harkness, Großbritannien, 1967

'Pink Parfait' × 'Highlight'

Royal National Rose Society Certificate of Merit 1966

## 'KING RICHARD' GENruby

STRAUCHROSE, MAUVE, ÖFTERBLÜHEND

Diese Sorte gehört zur Serie der „Königsrosen", die als „klassische, kleinblütige Strauchrosen mit dichter Blüte" beschrieben werden. Die Farbe liegt zwischen Purpur- und Magentarot – ein üppiger Farbton, der an die Ramblerrose 'Violette' erinnert; die Petalen sind am Grund weiß. Die einfachen Blüten sitzen in großen, auffälligen Büscheln zusammen. Sie öffnen sich becherförmig und verströmen einen angenehmen Duft. Diese aufsehenerregende Rose kommt in einer gemischten Rabatte am besten zur Geltung. Ihre Blühfreude hält den ganzen Sommer und Herbst an. Der Wuchs ist etwas ausladend, mit zahlreichen wuchernden, herabhängenden Trieben. Gewöhnlich wird 'King Richard' mittelhoch und ebenso breit wie hoch. Das dichte Laub ist glänzend grün. **ZONEN 4–9.**

Genesis, Großbritannien, 1995

Eltern unbekannt

Royal National Rose Society Trial Ground Certificate 1995

## 'KING'S RANSOM'

TEEHYBRIDE, GOLDGELB, ÖFTERBLÜHEND

Diese Rose war jahrelang eine Stütze für Gärtner und Baumschulen; sie blieb auch populär. Ihre Stärken sind die hervorragende Qualität der großen, gefüllten Blüten, die sich von urnenförmigen Knospen zu hochgebauten Blüten entwickeln, bevor sie becherförmig werden und sich selbst reinigen; dann das leuchtende, fröhliche Gelb, das sich bis zum Verblühen nur wenig verändert sowie die schöne, aufrechte, buschige Wuchsform, durch die sie sich für Beete, Hekken und als Hochstammrose eignet. Außerdem ist sie eine ausgezeichnete Schnittrose. Zu ihren weiteren Eigenschaften zählt ihre Blühfreudigkeit, die den ganzen Sommer und Herbst anhält. Auch verträgt sie schlechtes Wetter. Das dichte Laub ist glänzend dunkelgrün. Ihr Duft ist nicht intensiv; die Pflanze wird gut mittelhoch. **ZONEN 4–9.**

Morey, USA, 1961

'Golden Masterpiece' × 'Lydia'

All-American Rose Selection 1962

## 'KIRSTEN POULSEN'

FLORIBUNDA, ROT, ÖFTERBLÜHEND

Diese Überlebende der Polyantha-Hybriden, der Vorgänger der Floribundarosen, findet sich heute noch in den Listen vereinzelter Baumschulen. Diese Rose ist karminrot bis dunkelrosa mit goldfarbenen Staubbeuteln, die in der Mitte der 5 Petalen zu sehen sind. Die mittelgroßen Blüten sitzen ganz hoch in dichten Büscheln auf aufrechten Stielen zusammen. Verblühtes sollte entfernt werden, damit keine Samen gebildet werden können und der Flor den ganzen Sommer und Herbst anhält. Die durch die üppigen Blüten entstandene Farbwirkung war eine Neuheit, als diese Rose auf den Markt kam, und sie wurde jahrelang mit Vorliebe zur Beet- und Heckenpflanzung ausgewählt. Die Pflanze ist wuchsfreudig und hat eine aufrechte, reichverzweigte Gestalt von gut durchschnittlicher Höhe; das Laub ist ledrig. Die Sorte wurde nach der Nichte des Züchters benannt.
**ZONEN 4–9.**

Poulsen, Dänemark, 1924

'Orléans Rose' × 'Red Star'

## 'KISKADEE'

FLORIBUNDA, REIN GELB, ÖFTERBLÜHEND

Die Blüten dieser Sorte sind mit mehr als 25 Petalen wie kleine Edelrosen und sitzen einzeln oder in kleinen Büscheln zusammen. Sie sind hochgebaut, rein gelb und verströmen einen angenehmen, schwachen Duft. Die Blühfreudigkeit hält den ganzen Sommer und Herbst an. 'Kiskadee' war eine sehr beliebte Rose für Beete, Rabatten und Hecken, da sie schlechtes Wetter toleriert, und die Farbe der Blüten bis zum Verblühen nicht verblaßt. Das glänzende tiefgrüne Laub bildet einen schönen Kontrast zu der leuchtenden Blütenfarbe. Die Pflanze ist wuchsfreudig, von aufrechter Gestalt und erreicht knapp eine mittlere Höhe. „Kiskadee" ist der lautmalerische Name des Bentevi-Tyrannen, einer neuseeländischen Vogelart mit auffallend schönem, gelben Brustgefieder.
**ZONEN 4–9.**

McGredy, Neuseeland, 1973

'Arthur Bell' × 'Cynthia Brooke'

'Kitty Kininmonth'

'Klaus Störtebeker'

## 'KISS' KORikis, KORokis

FLORIBUNDA, ORANGEROSA, ÖFTERBLÜHEND

'Kiss' hat blaß lachsrosafarbene, dichtgefüllte Blüten, die auf langen, kräftigen Stielen einzeln oder in Büscheln zusammensitzen. Sie sind hochgebaut wie eine Teehybride, halten lange und eignen sich auch als Schnittblumen. Die Rose gedeiht in warmen Klimazonen sehr gut, ist wuchsfreudig und leicht zu pflegen. Die schwach duftenden Blüten erscheinen den ganzen Sommer und Herbst. Die Pflanze erreicht eine überdurchschnittliche Höhe und trägt dunkelgrünes Laub. **ZONEN 4–9.**

Kordes, Deutschland, 1988

Sämling × Sämling

## 'KITTY KININMONTH'

GROSSBLUMIGE KLETTERROSE, DUNKELROSA, ETWAS NACHBLÜHEND

Die altrosafarbenen, großen, halbgefüllten Blüten von 'Kitty Kininmonth' öffnen sich becherförmig, um die goldenen Staubgefäße zu präsentieren. Sie duften schwach, und nach einem reichen ersten Flor blüht die Rose nur gelegentlich nach. Sie gedeiht am besten in warmen Klimazonen und unter frostfreien Bedingungen. Die Rose bildet wuchernde, herabhängende Triebe mit dunkelgrünem, leicht runzligem Laub und breitet sich stärker aus als andere Kletterrosen. **ZONEN 5–9.**

Clark, Australien, 1922

Sämling × *Rosa gigantea*

## 'KLAUS GROTH'

siehe 'Claus Groth'

## 'KLAUS STÖRTEBEKER'

TEEHYBRIDE, ROT, ÖFTERBLÜHEND

Diese Sorte bringt blutrote, sehr große Blüten mit bis zu 40 Petalen hervor; sie sind hochgebaut und bewahren ihre

'Kleopatra'

Form, bis sie verblühen. Ihr Duft ist schwach. Wegen der Größe der Blumen ist die Blütenbildung nicht so kontinuierlich wie bei den meisten Teehybriden; der Herbstflor kann jedoch von hervorragender Qualität sein, sofern der Regen die Blüten nicht ruiniert. 'Klaus Störtebeker' eignet sich zur Beetbepflanzung, wird auch viel für Ausstellungen kultiviert und hat bereits viele Preise gewonnen. Die Pflanze ist wuchsfreudig und von aufrechter, eher niedriger Gestalt. Das Laub dieser Kordes-Teehybride ist dunkelgrün. **ZONEN 4–9.**

Kordes, Deutschland, 1962

'Montezuma' × 'Schlössers Brillant'

## 'KLEOPATRA' KORverpea

Syn. 'Cleopatra', 'New Cleopatra', 'Peace of Vereeniging'

TEEHYBRIDE, ROT+, ÖFTERBLÜHEND

Diese Rose bringt ziemlich große, gefüllte, hochgebaute Blüten, die eine rundliche Form bekommen, wenn die Petalen sich nach hinten wölben. Die Oberseiten der Petalen sind intensiv scharlachrot, die Unterseiten goldgelb und bilden so einen eindrucksvollen Kontrast. Die schwach duftenden Blüten erscheinen im Sommer sehr zahlreich und erneuern sich den ganzen Herbst. Sie ist eine sehr gute Rose für Beete, Rabatten und Hekken. Die Pflanze wird mittelhoch und hat eine aufrechte Gestalt. Das dunkel glänzende Laub ist im Austrieb rötlich. Der gleiche Züchter führte bereits 1955 eine 'Kleopatra' von ähnlicher Farbe ein. **ZONEN 4–9.**

Kordes, Deutschland, 1992

Eltern unbekannt

## 'KOBA' MEIroverna

TEEHYBRIDE, ORANGEROT, ÖFTERBLÜHEND

Die rundlichen Knospen entfalten sich zu becherförmigen Blüten mit etwa 40

'Königin Beatrix'

Petalen. Sie sind mittelgroß, leuchtend orangerot gefärbt und duften schwach. Der erste Flor ist überaus reich und die Blühfreudigkeit hält den ganzen Sommer und Herbst an. Diese Sorte ist in erster Linie eine Gartenrose und eignet sich sehr gut für Beete und Rabatten, auch wenn die Blüten bei nassem Wetter etwas leiden. Die Pflanze ist wuchsfreudig und erreicht eine Durchschnittshöhe. Sie trägt dichtes, dunkles Laub. Die Rose ist offenbar aber nicht mehr im Handel. **ZONEN 4–9.**

Meilland, Frankreich, 1979

([Sämling × 'Rouge Meilland'] × 'Kordes' Sondermeldung') × 'Queen Elizabeth'

## 'KÖLNER KARNEVAL' KORgi

Syn. 'Blue Girl', 'Cologne Carnival'

TEEHYBRIDE, MAUVE, ÖFTERBLÜHEND

'Kölner Karneval' hat große, dichtgefüllte Blüten mit über 40 ziemlich kurzen Petalen. Sie sind in der Mitte hübsch geformt; später neigen sich die Blütenblätter nach hinten und weisen eine lockere Becherform auf. Sie sitzen einzeln oder in Büscheln zusammen. Ihre Farbe ist ein schöner Flieder-Mauve-Ton, der bei sonnigem Wetter bläulich überhaucht ist. Der Duft ist schwach. Sie ist eine der wenigen Gartenschönheiten in diesem Farbton und eignet sich für Beete sowie Rabatten. Die Pflanze ist starkwüchsig, hat eine buschige Gestalt und erreicht eine knapp durchschnittliche Höhe. Sie trägt glänzend dunkles, ledriges Laub. **ZONEN 4–9.**

Kordes, Deutschland, 1964

Eltern unbekannt

Rom Goldmedaille 1964

## 'KÖNIGIN BEATRIX' HetKORa

Syn. 'Queen Beatrix'

TEEHYBRIDE, ORANGE+, ÖFTERBLÜHEND

Die Blüten dieser Rose sind pfirsich-kupferfarben getönt. Sie haben 35 Petalen, die sich zu einer größeren Blume formen, als die Größe der Knospen es vermuten läßt. Sie haben eine sehr schöne Form und eine hohe Mitte, während die äußeren Petalen sich nach hinten neigen. Da sie sehr haltbar sind, eignen sie sich nicht nur als Schnittblumen und für Ausstellungen, sondern auch für Beete und Rabatten. Die Blüten verströmen einen sehr angenehmen Duft, der sogar den der Alten Rosen übertreffen kann. Der Flor hält den ganzen Sommer und Herbst über an. Die Pflanze hat eine aufrechte, buschige Gestalt von mittlerer Höhe. Sie trägt dichtes dunkelgrünes, etwas glänzendes Laub. Die Sorte erhielt ihren Namen zu Ehren der holländischen Königin, die 1980 den Thron bestieg. **ZONEN 4–9.**

Kordes, Deutschland, 1983

Sämling × 'Patricia'

## 'KÖNIGIN DER ROSEN'

siehe 'Colour Wonder'

## 'KÖNIGIN MARGRETHE'

siehe 'Queen Margrethe'

## 'KÖNIGIN VON DÄNEMARK'

Syn. 'Queen of Denmark'

ALTE R., ALBA-ROSE, REIN ROSA

Die Blüten dieser Rose entwickeln sich aus schmalen, kurzen Knospen zu ziemlich flachen Blumen mit dicht stehenden, leuchtend dunkelrosa Petalen. Sie kön-

'Kölner Karneval'

'Koba'

'Kiss'

K

nen einen Durchmesser bis zu 8 cm haben und verströmen einen erlesenen Duft. Die Blüten erscheinen im Hochsommer in üppigen Büschen, die manchmal so schwer sind, daß die Triebe sich herabbiegen und beinahe den Boden berühren. Der etwa 1,2 m hohe Strauch ist stark bewehrt und trägt bläulich-grünes Laub, das allein schon Aufsehen erregt. Diese Sorte, eine der besten Alba-Rosen, ist eine pflegeleichte Rose, die selbst auf nährstoffarmem Boden alle Erwartungen stets übertrifft; nur bei sehr nassem Witterung öffnen sich die Blüten sich nicht vollständig. **ZONEN 4–10.**

Booth, Dänemark, 1826

*Rosa alba* × Hybride einer unbekannten Damaszenerrose

Royal Horticultural Society Award of Garden Merit 1993

## 'KÖNIGLICHE HOHEIT'

siehe 'Royal Highness'

## 'KONRAD ADENAUER ROSE'

**Syn. 'Konrad Adenauer'**

TEEHYBRIDE, DUNKELROT, ÖFTERBLÜHEND

Rosen, die nach Staatsmännern benannt werden, entsprechen nicht immer den Erwartungen: Konrad Adenauer war eine große Persönlichkeit, die nach ihm benannte Rose aber ist kleinwüchsig. Davon abgesehen ist sie eine sehr gute Sorte, die im Sommer und Herbst viele schön geformte, blutrote Blüten hervorbringt. Sie sind mittelgroß und sitzen einzeln oder in kleinen Büscheln zusammen. Die becherförmigen Blumen verströmen einen starken Duft. Sie eignet sich gut für den Garten, aber auch als Austellungsrose. Die Pflanze ist von kräftigem Wuchs und aufrechter Gestalt, erreicht aber nicht einmal eine mittlere Höhe. Konrad Adenauer war übrigens selbst auch ein sehr großer Rosenfreund, der im Garten seiner Rhöndorfer Villa zahlreiche Sorten kultivierte. **ZONEN 4–9.**

Tantau, Deutschland, 1955

'Crimson Glory' × 'Hens Verschuren'

## 'KONRAD HENKEL' KORjet

**Syn. 'Avenue's Red'**

TEEHYBRIDE, ROT, ÖFTERBLÜHEND

Bei strahlendem Sonnenschein prangen die dunkelroten Blüten dieser Sorte in einem besonders schönen samtigen Glanz. Sie sind dichtgefüllt und sitzen auf kräftigen Stielen einzeln oder in kleinen Büscheln zusammen. Die Blüten verströmen einen angenehmen, leichten Duft. Der reiche Flor hält den ganzen Sommer und Herbst an. Diese Sorte eignet sich für die Vase genauso gut wie für Beete und Hecken. Die Pflanze ist wuchsfreudig, mit einer straffen, aufrechten Gestalt von mittlerer Höhe. Das dunkelgrüne Laub ist etwas glänzend. Sie wurde nach dem deutschen Industriellen benannt, dessen Name eng mit dem deutschen Wirtschaftswunder verknüpft ist. **ZONEN 4–9.**

Kordes, Deutschlad, 1983

Sämling × 'Red Planet'

'Königin von Dänemark'

'Konrad Adenauer Rose'

'Konrad Henkel'

## 'KORDES' PERFECTA' KORalu

**Syn. 'Perfecta'**

TEEHYBRIDE, ROSA+, ÖFTERBLÜHEND

Diese perfekte Rose benötigt schönes, warmes Wetter, da sie bei Regen schnell zusammenfällt. Die großen Blüten sind rosa überhaucht und haben einen rosaroten Rand. Die bis zu 70 kräftigen Petalen bilden eine hohe Mitte. Der schwache, angenehme Duft entfaltet sich in warmen Gegenden viel intensiver als in kühlen. In Anbetracht der Blütengröße ist der Flor im Sommer und Herbst überaus reich. Da die Pflanze eine aufrechte, recht kompakte Wuchsform hat, eignet sie sich sehr gut für Hecken, aber auch für Beete, Rabatten, als Hochstammrose sowie für die Vase und Ausstellungen. Sie ist wuchsfreudig, von mittlerer Höhe und trägt leuchtend dunkles Laub. **'Climbing Kordes' Perfecta'** (Japan Rose Society, Japan, 1962) ist zur Zeit nur bei zwei australischen Züchtern erhältlich. In deren Klima kann sich der Duft optimal entfalten und Regen die Blüten kaum beeinträchtigen. Die Pflanze ist sehr wuchsfreudig und kann fast doppelt so hoch wie eine gewöhnliche Kletterrose werden. Ihre Blüten und ihre Blätter ähneln denen der Strauchform. Die *Japan Rose Society*, die diese Spielart entdeckte, führt ihre Versuche im Botanischen Garten Jindai bei Tokio durch. Die Kletterrosen, die zur Bewertung kommen, werden an Holzleisten hochgezogen und beanspruchen so mehr seitlichen Platz als nach oben hin. Dadurch wird die Blühfreudigkeit angeregt, und der Schnitt, die Kontrolle sowie die Beurteilung werden erleichtert. Für eine derart wuchernde Sorte wie 'Climbing Kordes' Perfecta' ist dies eine sehr vorteilhafte Methode. **ZONEN 4–9.**

Kordes, Deutschland, 1957

'Spek's Yellow' × 'Karl Herbst'

National Rose Society President's International Trophy 1957, Portland Goldmedaille 1958

'Kordes' Perfecta'

## 'KORDES' PERFECTA SUPERIOR'

**Syn. 'Perfecta Superior'**

TEEHYBRIDE, REIN ROSA, ÖFTERBLÜHEND

Diese Sorte ist schon lange nicht mehr im Fachhandel erhältlich, während die Elternsorte immer noch von mehr als 30 Züchtern angeboten wird. Die Blüten sind leuchtend rosa und einfarbig, so daß ihnen die rosaroten Zeichnungen, die das Original so besonders von anderen Rosen abheben, fehlen. Abgesehen von der Farbe ist diese Rose der Elternsorte sehr ähnlich. Sports erweisen sich selten erfolgreicher als die Originalrose, von der sie abstammen, obwohl es eine Reihe Ausnahmen gibt: 'Lady Sylvia' (von 'Ophelia') und zahlreiche Sports von Kletterrosen wie die von 'Étoile de Hollande' und 'Mrs Sam McGredy'. **ZONEN 4–9.**

Kordes, Deutschland, 1963

Sport von 'Kordes' Perfecta'

'Kordes' Perfecta Superior'

## 'KORDES' SONDERMELDUNG'

siehe 'Independence'

## KORLIAM

TEEHYBRIDE, GELB+, ÖFTERBLÜHEND

KORliam ist eine bedeutende Ausstellungsrose mit 40 Blütenblättern. Die Knospen sind groß und öffnen sich zu wohlgeformten dunkel cremefarbenen Blüten, überhaucht mit Blaßrosa und Lachs. Der Austrieb ist bronzefarben, wird jedoch später blaßgrün. Die Pflanze ist anfällig für Sternrußtau. Auch neigen die Blüten bei nassem Wetter zur Bildung von sogenannten Mumien. Sie ist eine Rose, die nur in warmen, trockenen

KORliam

Gegenden gedeiht und offenbar auch nur noch in Australien erhältlich ist.
**ZONEN 5–10.**

Kordes, Deutschland, 1987

Eltern unbekannt

## 'KORONA' KORnita

**Syn. 'Orange Korona'**

FLORIBUNDA, ORANGEROT, ÖFTERBLÜHEND

Die orangeroten Blüten der Rose brachten Mitte des 20. Jh. eine leuchtende und reizvolle Farbnote in viele Gärten. Obwohl 'Korona' im Verblühen zu Lachsrosa verblaßt, harmonisiert sie immer noch sehr gut mit jüngeren Blüten. Damals verblühten beinahe alle leuchtenden Rottöne purpurn und sorgten für eine farbliche Disharmonie. Becherförmige, dicht gefüllten, mittelgroßen Blüten sitzen in auffälligen Dolden zusammen und duften schwach. Der Sommerflor ist sehr reichlich, und auch im Herbst erscheinen Blüten. Unabhängig von jeder Witterung sehen sie stets gut aus und sind eine Bereicherung für jeden Garten. 'Korona' wächst aufrecht und buschig, bis sie eine etwas durchschnittliche Höhe erreicht hat. Das üppige Laub ist olivgrün und etwas glänzend.
**ZONEN 4–9.**

Kordes, Deutschland, 1955

'Obergärtner Wiebicke' × 'Kordes' Sondermeldung'

Goldmedaille der National Rose Society 1954

## 'KOROVO'

TEEHYBRIDE, REIN ROSA, ÖFTERBLÜHEND

Die auffallenden Blütenblätter, die eine hübsche Farbkombination aus hellem Pfirsich und Lachsrosa mit goldgelben Tönen aufweisen, ziehen sofort die Blicke auf sich. Die großen, gefüllten, hochgebauten Blüten entwickeln sich aus wohlgeformten, spitzen Knospen und verströmen einen süßen und frischen Teerosenduft. Sie erscheinen besonders üppig im Sommer und werden auch im Herbst gebildet. Obwohl es sich bestimmt lohnt, 'Korovo' im Garten zu halten, findet man diese Teehybride derzeit nur in einem Katalog. Sie war zwischen den beiden Weltkriegen eine sehr beliebte Garten- und Ausstellungsrose. Die Pflanze ist wuchsfreudig, hat eine buschige Gestalt von durchschnittlicher Höhe und trägt derbes olivgrünes Laub.
**ZONEN 4–9.**

Leenders, Niederlande, 1931

'Mrs T. Hillas' × 'Étoile de Hollande'

National Rose Society Trial Ground Certificate 1932

'Korovo'

## 'KO'S YELLOW' MACkosyel

ZWERGROSE, GELB+, ÖFTERBLÜHEND

Die Blüten dieser Rose sind gelb mit einem hellroten oder dunkelrosa Rand, der zu Creme verblaßt. Die gefüllten Blüten mit 40 Petalen zeigen eine klassische Form. Bei warmem Wetter verströmen die großen Blüten ihren wundervollen Duft, den auch die unempfindlichsten Nasen wahrnehmen. Die großen Laubblätter sind glänzend mittel- bis dunkelgrün und sitzen an einem schön gerundeten, kompakten Strauch. Diese Rose entstammt den ungewöhnlichen Zuchtexperimenten Sam McGredys in den 70er Jahren. **ZONEN 5–11.**

McGredy, Neuseeland, 1978

('New Penny' × 'Banbridge') × ('Border Flame' × 'Manx Queen')

## 'KRISTIN' BENmagic

ZWERGROSE, ROT+, ÖFTERBLÜHEND

'Kristin' hat eigentlich weiße Blüten, deren Petalen aber mit einem eindrucksvollen roten Rand versehen sind. Sie sind mit 25–30 Blütenblättern dicht gefüllt und haben eine großartige, dauerhafte Teehybridenform. Die Blüten sitzen gewöhnlich einzeln auf den Stielen oder in kleinen Büscheln auf kräftigen, aufrechten Zweigen. Das Laub dieser Zergrose ist mattglänzend und dunkelgrün; im Verhältnis zu den Blüten sind die Blätter eine Spur zu groß. Diese Rose braucht warmes Wetter, damit sich die Blüten vollständig öffnen können. Die Farbe wirkt in wärmeren Gebieten intensiver, und der Rand der Petalen wird breiter. Die auffällige Farbkombination hebt die klassische Form der Blüten deutlich hervor. 'Kristin' wurde 1995 auf einer Zwergrosenschau im englischen St. Albans vorgestellt und sogleich mit einem Preis ausgezeichnet. Darüber hinaus hat diese Miniaturrose noch etliche andere bedeutende Auszeichnungen gewonnen.
**ZONEN 5–11.**

Benardella, USA, 1992

DICmickey × 'Tinseltown'

American Rose Society Award of Excellence 1993

'Kristin'

'Ko's Yellow'

'Kwinana'

## 'KRISTO PIENAAR' HERpot

TEEHYBRIDE, GELB+, ÖFTERBLÜHEND

Professor Kristo Pienaar war ein begeisterter Botaniker, der sich für seine Studenten ebenso wie auch für den Erhalt und Schutz der einheimischen Pflanzenwelt Südafrikas engagierte. Die nach ihm benannte Rose besitzt auffallende bronzefarbene Blüten, die den mittelgroßen Strauch im Sommer völlig bedecken. Obwohl sie nicht duftet, ist sie eine sehr beliebte Schnittblume.
**ZONEN 5–12.**

Herholdt, Südafrika, 1990

'Wiener Charme' × Sämling

## 'KRONENBOURG'

**siehe 'Flaming Peace'**

## 'KRONPRINZESSIN VIKTORIA'

**Syn. 'Kronprincessin Viktoria von Preußen'**

ALTE R., BOURBONROSE, WEISS, ETWAS NACHBLÜHEND

Diese Rose hat rein weiße, ovale Knospen, die sich zu milchig-weißen, großen Blüten mit blaßgelber Mitte entfalten. Während der Blüte von Sommer bis Herbst erscheinen immer wieder Blüten, die den starken Duft der Alba-Rosen verbreiten und lange Zeit geöffnet bleiben. Die becherförmigen Blüten haben gekräuselte Petalen und einen Durchmesser von 10 cm. Wie die Elternsorte neigen die Blüten dieses Sports bei feuchter Witterung zur Bildung von Mumien. Sie ist ein wuchsfreudiger, aufrechter Busch mit kurzen Zweigen und hellgrünem Laub – eine ausgezeichnete Pflanze für kleine Gärten. Kronprinzessin Viktoria (1840–1901), eine Tochter Königin Viktorias von England, wurde als Gattin des preußischen Kronprinzen Friedrich Wilhelm 1871 deutsche Kaiserin.
**ZONEN 4–10.**

Volvert, Deutschland, 1887

Sport von 'Souvenir de la Malmaison'

## 'KWINANA'

FLORIBUNDA, ROT+, ÖFTERBLÜHEND

Diese Sorte sorgt aufgrund der Büschel voller leuchtender, einfacher Blüten in jedem Garten für Aufsehen. Die karminroten Blüten sitzen straff auf kräftigen, aufrechten Stielen ähnlich wie die Elternsorte 'Orange Triumph'. Die zunächst kleinen, rundlichen Knospen öffnen sich zu becherförmigen Blumen. Der Duft ist schwach, und die Blühfreudigkeit hält den ganzen Sommer und Herbst über an. 'Kwinana' ist nur noch bei einem australischen Züchter erhältlich. Die Pflanze ist wuchsfreudig, wird recht hoch und trägt üppiges, ledriges, mattgrünes Laub.
**ZONEN 4–9.**

Riethmuller, Australien, 1962

'Orange Triumph' × Sämling

'Korona'

'Kronprinzessin Viktoria'

L

## 'L. D. BRAITHWAITE' AUScrim

**Syn. 'Braithwaite', 'Leonard Dudley Braithwaite'**

STRAUCHROSE, DUNKELROT, ÖFTERBLÜHEND

Die formschönen, ziemlich großen Blüten dieser Sorte setzen sich aus 40 oder mehr Petalen zusammen. Nach dem Öffnen bilden sie eine runde Blüte, in deren Mitte sich viele Petalen gegenseitig umhüllen. Ihre Farbe ist ein sattes, gleichmäßiges und dunkles Karminrot, das sich während der gesamten Blütezeit hält. Die Blüten stehen einzeln in breitgefächerten Büscheln auf kräftigen, geraden Stielen und duften angenehm. Die Blüten sprießen den ganzen Sommer und Herbst hindurch und sind sehr wetterfest. 'L. D. Braithwaite' eignet sich gut zur Bepflanzung von Rabatten, und die Blütenfarbe harmoniert besonders gut mit älteren Rosen. Leider wächst diese Pflanze nur unregelmäßig, so daß einige Blüten durch nachwachsende Triebe leicht verdeckt werden. Dennoch ist sie eine lohnende Sorte, die bis zur mittleren Höhe kräftig wächst und graugrüne Blätter aufweist. ZONEN 4–9.

Austin, Großbritannien, 1988

'The Squire' × 'Mary Rose'

'L. D. Braithwaite'

## 'LA BELLE DISTINGUÉE'

**Syn. 'La Petite Duchesse', 'Lee's Duchess', 'Scarland Sweet Brier'**

ALTE R., RUBIGINOSA-HYBRIDE, ROT

Diese wahrlich bemerkenswerte und beliebte Alte Gartenrose zeichnet sich durch dichtgefüllte, kleine und flache Blüten von hellkarminroter Färbung aus. Sie ist zart duftend und blüht nur einmal, was sie jedoch mit ihrer prächtigen Erscheinung im Frühsommer wettmacht. Der kompakte, aufrecht wachsende Strauch wird bis zu 1,5 m hoch und trägt ein anmutiges Blattwerk, dem jedoch der für Rubiginosa-Hybriden charakteristische Duft fehlt. Die Pflanze trägt nicht allzu viele Stacheln und einige kleine Hagebutten. 'La Belle Distinguée' ist die Rose der Wahl für Hecken oder Landschaftsgärten. ZONEN 4–10.

Vor 1837

Eltern unbekannt

## 'LA BELLE SULTANE'

**Syn. 'Belle Sultane', 'Gallica Maheca', 'Violacea'**

ALTE R., GALLICA-ROSE, DUNKELROT

Der gute Ruf der Rose beruht auf ihrer bestechenden Farbe. Das Spektrum reicht von mauve, purpur, karminrot und kastanienbraun bis zu einem rötlichen Violett, und im Inneren verblassen die Blüten bis zum Weißlichen. Aus den runden Knospen sprießen flache, nahezu einfache Blüten mit herzförmigen Petalen, die sich um eine Krone aus goldenen Staubgefäßen anordnen. Gelegentlich scheinen sich die duftenden Petalen zu kräuseln. Der große Strauch zeichnet sich durch eine überhängende Form und lange Triebe mit roten Stacheln aus. 'La Belle Sultane' eignet sich hervorragend für gemischte Rabatten oder als Hecke. Nach der Sommerblüte erscheinen viele runde, rote Hagebutten.
ZONEN 4–10.

Vermutlich aus den Niederlanden, 18. Jh., von Dupont vor 1811 in Frankreich eingeführt

Eltern unbekannt

'La Belle Sultane'

'La France'

'La France'

## 'LA BICHE'

ALTE R., NOISETTEROSE, WEISS, ETWAS NACHBLÜHEND

Diese heute nur selten anzutreffende Noisetterose zeigt auf besonders deutliche Weise, wie Boden und Klima die Farbe einer Rose beeinflussen können. Die purpurnen Triebe tragen weiße, wohlgeformte Blüten mit rosafarbener Mitte. Die großen becher- bis kugelförmigen Blüten stehen auf langen Stielen und besitzen einen ausgeprägten Teeduft. In praller Sonne und magerem Boden sind die Blüten viel heller. Dieser wuchsfreudige Rambler benötigt mindestens drei Jahre bis zur vollen Prachtentfaltung und blüht dann vom Frühsommer bis in den Herbst. Die Rose neigt zu Sternrußtau. Der französische Name bedeutet „Hirschkuh". ZONEN 4–10.

Trouillet, Frankreich, 1832

Eltern unbekannt

## 'LA BONNE MAISON'

RAMBLERROSE, WEISS+, ÖFTERBLÜHEND

Diese Rose ist ein gutes Beispiel für die Verdienste aufmerksamer Gärtner um die Verbesserung von Rosenformen, denn sie wurde entdeckt von Mme Odile Masquelier von der *Association les Roses Anciennes de La Bonne Maison*. Sie ähnelt 'Francis E. Lester' in allen Einzelheiten – außer im Blühverhalten. Während die Elternsorte nach überwältigender Sommerblüte fast nicht mehr nachblüht, setzt der Sämling seine Blüte auch nach dem ersten Flor noch fort. Die Blüten sind cremeweiß, einfach, in Büscheln angeordnet, schalenförmig und duftend. Die wuchsfreudige Pflanze besitzt dunkle, glänzende Blätter und breitet sich zweimal so weit aus wie eine durchschnittliche Kletterrose. Sie benötigt viel Platz und gedeiht am besten dort, wo sie sich selbst überlassen wird. ZONEN 4–9.

Masquelier, Frankreich, 1997

Sämling von 'Francis E. Lester'

## 'LA FOLLETTE'

GROSSBLUMIGE KLETTERROSE, REIN ROSA, ETWAS NACHBLÜHEND

Die Blüten von 'La Follette' öffnen sich aus langen, schlanken Knospen zu einer Urnenform, deren hochgebaute Eleganz für Teerosen typisch ist. Die Blüten des Frühsommers sind rosarot, mit zunehmend wärmerem Wetter nimmt die Farbe eine dunklere karminrote Tönung an. Die duftenden Blüten sind zu Beginn der Blütezeit sehr reichhaltig, im Verlauf des Sommers und im Herbst erblühen sie zunehmend sporadisch. Diese Sorte verträgt keinen Frost, sie ist daher nur für warme Klimate geeignet, wohingegen sie in kühleren Breiten nur an einer sehr gut geschützten Wand oder in einem großen Gewächshaus gedeiht. Die Pflanze ist äußerst wuchsfreudig und breitet sich etwa dreimal so weit aus wie eine normale Kletterrose, mit vielen langen, überhängenden und reichverzweigten Stielen. Die qualitativ hochwertigsten Blüten tragen die jungen Triebe des vorausgegangenen Jahres, daher sollten diese nicht zurückgeschnitten werden. Die Blätter sind groß, lang und etwas schlaff. Ihr Name bedeutet im Französischen soviel wie „ausgelassene junge Frau".
ZONEN 5–9.

Busby, Frankreich, vor 1867

Sämling von *Rosa gigantea*, vielleicht gekreuzt mit 'Belle Portugaise'

## 'LA FRANCE'

TEEHYBRIDE, HELLROSA, ÖFTERBLÜHEND

Diese Sorte hat länglich zulaufende Knospen, die sich zu dichtgefüllten, hellrosafarbenen Blüten öffnen, die auf der Rückseite der Petalen in dunklerem Rosa schimmern. Sie haben eine hohe Mitte und blühen den ganzen Sommer und Herbst hindurch. Ihr Duft wird von vielen gerühmt, während ihn andere als schwer faßbar empfinden. Die Form und Struktur der Blüte sowie der aufrechte Wuchs beeindruckte 50 französische Rosenzüchter so sehr, daß sie sie aus 1000 Kandidaten auswählten, um den Namen ihres Landes zu tragen. Jetzt gilt sie als erste Teehybride überhaupt. Die wuchsfreudige Pflanze erreicht eine mittlere Höhe und hat mittelgrünes, mattglänzendes Laub. Manche Züchter hegen allerdings Zweifel über die wahre Identität dieser Rose; die Sorte, die Ralph Moore in den USA verkaufte, wurde vor über 80 Jahren von seiner Großmutter unter dem Namen 'La France' kultiviert.
ZONEN 4–9.

Guillot, Frankreich, 1867

Vermutlich 'Mme Victor Verdier' × 'Mme Bravy'; oder ein Sämling von 'Mme Falcot'

## 'LA JOLLA'

TEEHYBRIDE, ROSA+, ÖFTERBLÜHEND

Heutzutage gibt es so viele mischfarbene Rosen, daß man sich schwer vorstellen kann, welch großartige Neuheit diese Rose vor über 40 Jahren dargestellt hat. Am Grund mit heller Pfirsichtönung sind die Petalen in den zarten Pastelltönen rosa, gelb und rot schattiert und ge-

ädert. Die langen, eleganten Blüten sind mit über 60 Petalen dicht gefüllt, wobei die äußeren Blätter die inneren zu überwachsen scheinen und sich an den Spitzen zurückrollen, um den Blick auf das Herz der Blüte freizugeben. Die leicht duftenden Blüten halten feuchter Witterung stand und erblühen den ganzen Sommer und Herbst hindurch. Die offenbar nicht mehr gehandelte Rose eignet sich mehr für Rabatten und läßt sich gut schneiden. Sie wächst sehr schnell zu mittlerer Höhe heran und hat dunkle, glänzende Blätter. Ihr Name geht auf einen Ort in Kalifornien zurück.
**ZONEN 4–9.**

Swim, USA, 1954

'Charlotte Armstrong' × 'Contrast'

National Rose Society Trial Ground Certificate 1955

## 'LA LOUISE'

Syn. 'Louise'
ALTE R., GALLICA-ROSE, DUNKELROT

Diese Rose zeichnet sich durch halbgefüllte, purpur-karminrote Blüten aus, die die gelben Staubgefäße umrahmen. An der Basis verblassen die duftenden Petalen ins Weißliche. In vieler Hinsicht hat diese Rose Ähnlichkeit mit 'La Belle Sultane', was der Grund dafür sein könnte, daß sie fast völlig verschwunden ist (zumindest unter diesem Namen).
**ZONEN 5–9.**

Parmentier, Belgien, 1840

Eltern unbekannt

## 'LA MACULÉE'

ALTE R., GALLICA-ROSE, ROT+

Die großen, halbgefüllten, purpur-karminroten Blüten dieser Rose sind rosa gestreift und stark duftend. Der große Strauch weist schlanke, stachelige Triebe auf. 'La Maculée' gab eine gute Elternpflanze für gesprenkelte und gestreifte Gallica-Rosen ab und gehörte zur Sammlung von Kaiserin Josephine in Malmaison. **ZONEN 5–9.**

Dupont, Frankreich, 1810

Eltern unbekannt

## 'LA MARNE'

POLYANTHAROSE, ROSA+, ÖFTERBLÜHEND

Die halbgefüllten Blüten dieser Polyantharose, die in gut besetzten Büscheln angeordnet sind, sind mit einem rosigen Hauch überzogen, der an den Rändern der Petalen in helleres Lachsrosa übergeht. Sie erinnern im Aussehen an Apfelblüten und blühen den ganzen Sommer und Herbst hindurch, haben jedoch einen schwachen Duft. Diese Sorte eignet sich besonders für Rabatten und als Kübelpflanze und ist es wert, in einem Rosengarten als ein Beispiel ihrer Gruppe aufgenommen zu werden. Die wuchsfreudige Pflanze wächst gleichmäßig bis in mittlere Höhe und hat eine strauchige Form. Sie ist fast stachellos und hat dunkelgrüne, glänzende Blätter, die bis spät in den Winter an der Pflanze bleiben.
**ZONEN 4–9.**

Barbier, Frankreich, 1915

'Mme Norbert Levavasseur' × 'Comtesse du Cayla'

## 'LA MARSEILLAISE' DELgeot

Syn. 'Isobel Champion'
TEEHYBRIDE, DUNKELROT, ÖFTERBLÜHEND

Die prallen Knospen dieser Sorte deuten schon auf eine große Blüte hin. Die wohlgeformten Blüten besitzen etwa 40 Petalen, die sich mit hoher Mitte öffnen und auch danach ihre gute Symmetrie beibehalten. Sie sind von samtiger, dunkelscharlachroter Farbe und angenehmem Duft. Nach dem ersten Erblühen wird die Blüte den ganzen Sommer und Herbst hindurch fortgesetzt, weshalb sich die Rose für Beete und Rabatten, aber auch zum Schnitt eignet. Besonders gut scheint sie in wärmeren Klimaten zu gedeihen. Der attraktive, wuchsfreudige Strauch wird mittelgroß und besitzt ein hellgrünes Laub. **ZONEN 4–9.**

Delbard-Chabert, Frankreich, 1976

(['Glory of Rome' × 'Impeccable'] × ['Rouge Meilland' × 'Soraya']) × (MEIsar × 'Walko')

## 'LA MINUETTE'

siehe 'Minuette'

## 'LA MORTOLA'

Syn. *Rosa brunonii* 'La Mortola'
GROSSBLUMIGE KLETTERROSE, WEISS

Diese verfeinerte Form von *Rosa brunonii* hat in Büscheln viele kleine weiße Blüten mit seidigen Petalen, die sich weit öffnen und die gelben Staubfäden freilegen. Der Duft ist angenehm moschusartig. Die Sommerblüte ist imposant, wiederholt sich jedoch nicht. Diese Sorte sollte am besten dort gepflanzt werden, wo viel Platz vorhanden ist, denn dank ihrer Wuchsfreudigkeit breitet sie sich viermal weiter aus als eine durchschnittliche Kletterrose und produziert dabei sehr lange bewehrte Triebe, die Bäume, Mauern und Hecken überwuchern können. Die Blätter sind lang, welk, graugrün und behaart.
**ZONEN 5–9.**

Hanbury, Großbritannien, 1954

Form von *Rosa moschata nepalensis*

## 'LA NEIGE'

ALTE R., GALLICA-ROSE, WEISS

Gallica-Experten sind sich einig, daß die Zuordnung dieser Rose nicht eindeutig ist. Laut Susan Verrier entspricht sie einer Gallica-Zentifolien-Hybride von 1838 namens 'Boule de Neige'. François Joyaux weist darauf hin, daß die Firma des Züchters sie als Zentifolie aufführt und daß eine völlig weiße Rose nicht als Gallica-Rose klassifiziert werden könne. 'La Neige' besitzt gefüllte weiße, duftende Blüten mit grünlichem Anflug in den Petalen. **ZONEN 5–10.**

Robert, Frankreich, 1853

Eltern unbekannt

## 'LA NOBLESSE'

ALTE R., ZENTIFOLIE, HELLROSA

Die erst Ende Juni erscheinenden Blüten dieser wunderschönen Rose haben eine ziemlich hohe Mitte, öffnen sich dann aber flach und recht dicht mit etwa 8 cm Durchmesser. Sie sind intensiv silbrig rosa und bleichen mit zunehmendem Alter aus; wenn sie sich ganz öffnen, treten bräunliche Staubfäden hervor. Die herrlich duftenden Petalen sind seidig, was ihnen zusätzlichen Zauber verleiht. Der breite, aufrechte Strauch wächst bis zu 1,5 m hoch und hat ein dichtes, dunkelgrünes und ziemlich grobes Laub mit typischer Zentifolienform. Über die Rose ist wenig bekannt, möglicherweise wurde sie aber unter einem anderen Namen eingeführt. **ZONEN 5–10.**

Um 1856

Eltern unbekannt

'La Perla'

'La Marne'

'La Marseillaise'

## 'LA PALOMA 85' TANamola

Syn. 'The Dove'
FLORIBUNDA, WEISS, ÖFTERBLÜHEND

'La Paloma 85' hat schillernd cremeweiße Blüten, die beim Öffnen eine goldgelbe Mitte enthüllen. Die ersten Blüten kommen oft einzeln, erst später erscheinen sie häufiger in geschlossenen Büscheln aus bis zu zwölf Blüten. Sie sind gefüllt, nicht sehr duftend, vertragen viel Regen und blühen den ganzen Sommer und Herbst hindurch. Die Rose eignet sich für Beete und Rabatten sowie zum Schnitt. Sie ist wuchsfreudig mit aufrechtem, buschigem Wuchs bis in mittlere Höhe und besitzt ledrige, glänzende und gesunde Blätter. *La Paloma* ist spanisch und bedeutet „Taube". **ZONEN 4–9.**

Tantau, Deutschland, 1985

Eltern unbekannt

## 'LA PASSIONATA'

siehe 'Betsy Ross'

## 'LA PERLA' KORlaper

FLORIBUNDA, HELLROSA, ÖFTERBLÜHEND

Diese rosafarbene Schnittblumensorte von Kordes erweist sich auch in wärmeren Klimaten als großartige Gartenrose. Die wohlgeformten Knospen öffnen sich langsam zu hübschen, zartrosa Blüten mit leicht karminroten Rändern. In der Vase halten sie sich lange und verlieren auch nicht ihre zarte Färbung. Die Blütenproduktion ist gut, und das Wiederaufblühen erfolgt sehr schnell. Die gesunde Pflanze ist niedrig bis mittelhoch. 'La Perla' eignet sich für Beete und Rabatten. **ZONEN 5–10.**

Kordes, Deutschland, 1994

Eltern unbekannt

## 'LA PERLE'

RAMBLERROSE, HELLGELB

Die Knospen dieser Rose sind eigenartig bräunlich getönt, enthüllen aber nach dem Öffnen blaßgelbe bis weiße Blüten. Die gefüllten, großen Blüten sind zunächst becherförmig, später offen und flach und haben gekräuselte, zerbrechlich wirkende Petalen. In der frühen Sommerblüte erinnert ihr Duft stark an grüne Äpfel. Der große, wuchsfreudige Strauch ist von glänzendem, dunkelgrünem Laub umhüllt, dessen junge Blätter karminrot gerändert sind. Die biegsamen, etwa 9 m langen Triebe können Pergolen und Spalierbögen durchweben oder sich an Bäumen emporranken.
**ZONEN 4–11.**

Fauque und Söhne, Frankreich, 1905

'Madame Hoste' × *Rosa wichuraiana*

## 'LA PLUS BELLE DES PONCTUÉES'

ALTE R., GALLICA-ROSE, ROSA+

Die großen, lockeren und flachen Blüten in dunklem Rosé sind blaßrosa gesprenkelt. Die stark gefalteten Blüten haben

L

'La Reine'

'La Sévillana'

eine ungeordnete Mitte und sind während der Sommerblüte stark duftend. Die typische Färbung bleibt nur im Schatten erhalten, in der Sonne verblaßt sie allmählich. Die Belaubung des 1,2–1,8 m hohen Strauches ist üppig und dunkelgrün. Die Rose gedeiht auch auf mageren Böden. **ZONEN 4–10.**

Vermutlich 19. Jh.; bisweilen Hebert, 1829, zugeschrieben; der Name wird vor 1929 nicht erwähnt

Eltern unbekannt

## 'LA REINE'

**Syn. 'Reine des Français', 'Rose de la Reine'**

ALTE R., REMONTANTROSE, REIN ROSA, ETWAS NACHBLÜHEND

'La Reine' zählt besonders in Frankreich seit ihrer Einführung vor über 150 Jahren zu den beliebtesten Rosen; das liegt sicherlich an ihrer herausragenden Eigenschaft als Schnittblume. Nachdem sich die prallen Knospen mit der hohen Mitte öffnen, erscheinen die glänzenden, rosaroten Blüten mit lila Tönung. Die inneren Petalen der aus 75 Petalen bestehenden, kugelförmigen Blüte falten sich übereinander zurück. Die Pflanze wird bis zu 1,2 m hoch, benötigt aber zunächst eine Stütze. Die blaßgrünen Blätter sind am Rand gewellt, und an der weichen Rinde stehen einige Stacheln. Diese Rose gedeiht am besten auf fruchtbarem Boden; durch das Entfernen verblühter Blüten wird die Herbstblüte erhöht. Laffay züchtete mehrere beliebte Rosen, u. a. 'Cardinal de Richelieu' und 'La Vésuve'. **ZONEN 5–10.**

'La Sévillana'

Laffay, Frankreich, 1842

Möglicherweise ein Sämling von 'William Jesse'

## 'LA SÉVILLANA' MEIgekanu

**Syn. 'Sévillana'**

FLORIBUNDA, ORANGEROT, ÖFTERBLÜHEND

Diese Rose produziert schwach duftende, dunkelzinnoberrote Blüten in kleinen Büscheln auf langen, biegsamen Stielen. Sie sind mittelgroß, besitzen eine hübsche Mitte und werden beim Öffnen becherförmig. Die erste Blüte ist sehr farbintensiv und prachtvoll, danach werden im Sommer und Herbst kontinuierlich neue Blüten hervorgebracht. Der dichte Wuchs ist blattreich und strauchig, so daß sich diese Sorte für Beete, Rabatten und Hecken gleichermaßen eignet. Sie wird größer als die meisten anderen büschelblütigen Rosen. Die Blätter sind glänzend dunkelgrün. **ZONEN 4–9.**

Meilland, Frankreich, 1982

([MEIbrim × 'Jolie Madame'] × ['Zambra' × 'Zambra']) × (['Super Star' × 'Super Star'] × ['Poppy Flash' × 'Rusticana'])

ADR-Rose 1979, Belfast Certificate of Merit 1984

## 'LA VILLE DE BRUXELLES'

ALTE R., DAMASZENERROSE, DUNKELROSA

Die Blüten dieser Sorte werden bei völliger Öffnung bis zu 8 cm breit. Sie erscheinen im Hochsommer und sind in gut proportionierten Büscheln angeordnet, haben eine reine, hellrosa Farbe und sind duftend. Jede Blüte ist dichtgefüllt mit zurückgebogenen Petalen und einer dichten Mitte. Der aufrechte, kompakte Strauch wird bis zu 1,5 m hoch und hat dunkelgrüne, bewehrte Stiele. Das kräftige Laub ist von satter, mittelgrüner Farbe. Die Pflanze gedeiht am besten bei nicht allzu nasser Witterung.
**ZONEN 5–10.**

Vibert, Frankreich, 1849

Eltern unbekannt

Royal Horticultural Society Award of Garden Merit 1993

## 'L'ABUNDANCE'

ALTE R., NOISETTEROSE WEISS/HELLROSA

'L'Abundance' zählt zu den weniger bekannten Noisetterosen. Sie hat rosafarbene, gefüllte Blüten in gut proportionierten Büscheln aus 50–100 Blüten und duftet leicht. Es ist eine äußerst wuchsfreudige Kletterrose, die in zwei Jahren bis zu 3 m hoch wächst und sich sehr gut für Säulen und Pergolen eignet. Sie gedeiht auch auf magerem Boden. Das Laub ist glänzend und hellgrün. Die alte renommierte Rosenschule der Franzosen Moreau und Robert hat auch andere berühmte Rosen hervorgebracht, u. a. 'Marbrée' und 'Homère'.
**ZONEN 5–10.**

Moreau und Robert, Frankreich, 1877

Eltern unbekannt

## 'L'ARLÉSIENE'

**siehe 'Fred Edmunds'**

'L'Abundance'

## 'LADY ALICE STANLEY'

TEEHYBRIDE, ROSA+, ÖFTERBLÜHEND

Eine alte Teehybridensorte, die auch nach 90 Jahren noch im Handel ist, muß etwas Besonderes aufweisen. Wuchsfreudigkeit und gute Gesundheit sind zwei Gründe, ein weiterer ist sicherlich die schöne Struktur der Blüten, deren zahlreiche Petalen – manchmal über 70 – sich in regelmäßiger Anordnung überdecken und gegenseitig stützen. Die Farbe der Petalen ist außen von dunklem Korallrot und innen blaßrosa; die duftenden Blüten erscheinen den ganzen Sommer und Herbst hindurch. Diese Sorte hält sich gut in der Vase und verdient einen Platz in einem Garten mit historischen Rosen. Die Pflanze wächst aufrecht bis in mittlere Höhe und hat ein etwas spärliches, sattgrünes Laub.
**ZONEN 4–9.**

McGredy, Großbritannien, 1909

Eltern unbekannt

Goldmedaille der National Rose Society 1908

'La Ville de Bruxelles'

'Lady Alice Stanley'

'Lady Barbara'

'Climbing Lady Hillingdon'

## 'LADY BARBARA' CHEwba

GROSSBLUMIGE KLETTERROSE, ORANGE+, ÖFTERBLÜHEND

Es gibt nicht viele Kletterrosen mit einer warmen Orangetönung; die Petalen dieser Rose sind innen mandarinfarben und haben eine orangegelbe Rückseite. Die Blüten sind locker gefüllt mit etwa 20 Petalen, die sich oft in Büscheln anordnen, sich wie mittelgroße Teehybriden entwickeln und als junge Blüten zum Schneiden geeignet sind. Nach Ende der Hauptblütezeit folgen schwach duftende Blüten dann eher sporadisch den ganzen Sommer und Herbst hindurch. Bei sehr warmem Wetter neigt die Blütenfarbe zu Blässe. Aufgrund ihres steifen Wuchses ist sie eine ideale Säulenrose, kann aber auch Wände oder Zäune zieren. Ihr Wachstum ist aufrecht, sie breitet sich jedoch nicht so weit aus wie viele andere Kletterrosen. Die Blätter sind mittelgrün und mattglänzend. **ZONEN 4–9.**

Warner, Großbritannien, 1990

'Red Planet' × ('Elizabeth of Glamis' × ['Galway Bay' × 'Sutter's Gold'])

Genf Certificate of Merit 1984

## 'LADY CURZON'

RUGOSA-HYBRIDE, REIN ROSA, ÖFTERBLÜHEND

Die großen, rosaroten Blüten dieser Sorte öffnen ihre fünf faltigen Petalen schalenförmig und legen die schönen, goldenen Staubfäden frei. Ihre Feinheit und Zartheit steht im Gegensatz zu den Eigenschaften der wuchsfreudigen Pflanze, die stachelige, weit überhängende Triebe hervorbringt, mit denen sie Büsche und niedrige Bäume überwuchert und die sie an geeigneten Gerüsten in eine Kletterrose verwandeln können. Die Rose benötigt daher viel Raum und eignet sich als Grenzpflanzung zwischen Bäumen und Sträuchern, da sie doppelt so hoch und dreimal so breit wird wie eine durchschnittliche Strauchrose. Die Blüten erscheinen im Sommer sehr reichlich und haben einen schwachen Duft; das Laub ist rauh, robust und mittel- bis dunkelgrün. **ZONEN 4–9.**

Turner, Großbritannien, 1901

*Rosa macrantha* × *R. rugosa* 'Rubra'

## 'LADY DIANA'

Syn. 'Lady Di'

TEEHYBRIDE, HELLROSA, ÖFTERBLÜHEND

'Lady Diana' wird hauptsächlich für den Schnittblumenhandel angebaut. Die in zartem Hellrosa gehaltenen Blüten erscheinen einzeln oder in kleinen Büscheln. Frisch erblüht sind sie lang und schlank, wenn sich ihre etwa 30 Petalen ausbreiten, bilden sie eine ziemlich große Blüte in klassischer Edelrosenform. Die den Sommer und Herbst gut durchblühende Rose besitzt einen zarten Duft. In wärmeren Klimaten kann sie im Freien angebaut werden. Die Pflanze wächst hoch und aufrecht, ihre Blätter sind matt und mittelgrün. **ZONEN 5–9.**

Hoy, USA, 1986

'Sonia' × 'Caress'

## 'LADY ELGIN' MEmaj

Syn. 'Thaïs'

TEEHYBRIDE, GELB+, ÖFTERBLÜHEND

Die prallen Knospen der 'Lady Elgin' deuten bereits auf die großen Blüten hin. Diese sitzen auf langen, kräftigen Stielen; sie sind mit etwa 40 Petalen dicht gefüllt, öffnen sich mit hoher Mitte und werden später becherförmig. Die hell orangegelbe Farbe mit einem rosafarbenen Überzug bleibt auch noch erhalten, wenn die Blüten älter werden. Sie duften etwas und blühen den ganzen Sommer und Herbst hindurch. Früher wurde diese Rose häufig in Beeten und Rabatten gepflanzt, heute ist sie weit weniger verbreitet. Die Pflanze ist mäßig wuchsfreudig und wächst aufrecht, wird aber kaum mittelhoch. Die Blätter sind dunkel und ledrig. **ZONEN 4–9.**

Meilland, Frankreich, 1954

'Mme Kriloff' × ('Gloria Dei' × 'Genève')

## 'LADY GAY'

RAMBLERROSE, ORANGEROSA

Der Züchter von 'Lady Gay' sah sie als Verfeinerung seiner berühmten 'Dorothy Perkins' an, doch hat sie niemals die Beliebtheit ihrer Vorgängerin erfahren. Die gefüllten, lachsrosa Blüten sind klein bis mittelgroß und erscheinen als Rispen und Dolden auf langen, biegsamen Trieben. Die unzähligen, duftenden Blüten erinnern sehr an 'Dorothy Perkins', sind jedoch im Vergleich zu der genannten Rose wesentlich resistenter gegen Mehltau. Die wuchsfreudige Pflanze wird in zwei Jahren bis zu 6 m hoch, ihre glänzenden Blätter sind klein und dunkelgrün. Nach Expertenmeinung ist der Unterschied zwischen beiden Rosen sehr gering, 'Lady Gay' ist jedoch stärker und gesünder. Zu weiteren Züchtungen des Amerikaners Walsh gehören auch Sorten wie 'Evangeline', 'Excelsa' und 'Minnehaha'. **ZONEN 4–10.**

Walsh, USA, 1905

'Bardou Job' × *Rosa wichuraiana*

## 'LADY GODIVA'

RAMBLERROSE, HELLROSA

Dies ist ein weiterer Abkömmling der 'Dorothy Perkins', die Paul entdeckt hat; von ihr existieren auch noch weiße und rote Spielarten. Im Sommer sprießen auf den 9 m langen Trieben Rispen mit kleinen, stark gefüllten Blüten; viele betrachten sie als eine der besten büschelblütigen Rambler. Die puderfarbenen Blüten sind zart schattiert und in der Mitte von dunklerer Rosafärbung. Diese wuchsfreudige, fast immergrüne Ramblerrose überwuchert bereits nach wenigen Sommern eine Säule oder eine Pergola. **ZONEN 4–10.**

Paul, Großbritannien, 1908

Sport von 'Dorothy Perkins'

## 'LADY HILLINGDON'

ALTE R., TEEROSE, GELB+, ETWAS NACHBLÜHEND

Diese in aller Welt beliebte Teerose bietet während ihrer ausgedehnten Blütezeit eine breite Farbpalette. Die langen, spitzen Knospen öffnen sich zu flachen, dunkel apricotgelben Blüten, die in der Sonne verblassen. Die langen, dünnen Petalen bilden halbgefüllte Blüten, die auf lockere Weise herabhängen. Die Rose hat attraktive Staubgefäße, wenige Stacheln und einen starken Teeduft. Die dünnen Triebe tragen ein etwas spärliches aber attraktives, rotbronzefarbenes Laub. 'Lady Hillingdon' zählt zu den schönsten Schnittrosen. **ZONEN 5–10.**

Lowe und Shawyer, Großbritannien, 1910

'Papa Gontier' × 'Mme Hoste'

'Lady Curzon'

'Lady Elgin'

'Lady Elgin'

## 'LADY HUNTINGFIELD'

TEEHYBRIDE, REIN GELB, ÖFTERBLÜHEND

Die Blüten dieser Rose sind gelb mit einem Hauch von goldenem Apricot und etwas heller auf der Blütenrückseite. Sie haben eine rundliche Form und sind mit löffelähnlichen, recht zarten Petalen reich gefüllt, die sich in den offenen Blüten dicht aneinander drängen und dadurch eine ungeordnete, aber anmutige Mitte bilden. Sie verströmen einen bemerkenswerten Duft, und blühen den ganzen Sommer und Herbst hindurch. Diese Sorte wird nur in Australien angebaut, wo die von Alistair Clark gezüchteten Rosen eine Renaissance erlebt haben. Das wärmere Klima ist für den Anbau im Freien bestens geeignet. Die wuchsfreudige, strauchige Pflanze wächst mittelhoch und hat glänzende, olivgrüne Blätter. **ZONEN 5–9.**

Clark, Australien, 1937

'Busybody' × Sämling

'Lady Huntingfield'

L

## 'LADY ILIFFE'

TEEHYBRIDE, ROT, ÖFTERBLÜHEND

Ein bedeutendes Merkmal dieser Rose ist ihr reicher, süßer und anhaltender Duft. Die Blüten besitzen eine ausgeprägte Färbung, die zwischen dunkelrosa und rot liegt. Die großen, langlebigen Blüten mit einer hohen Mitte bestehen aus fast 40 breiten Petalen. Während des Sommers und im Herbst sprießen immer wieder neue Blüten. Diese Rose eignet sich besonders für Weg- oder Beetränder, wo man den Duft am besten wahrnehmen kann. 'Lady Iliffe' erreicht mit strauchigem Wuchs eine mittlere Höhe und trägt reiches Laub mit großen, olivgrünen Blättern. Diese Rose wurde von genau jener adligen Dame ausgesucht, deren Namen sie nun trägt. **ZONEN 4–9.**

Gandy, Großbritannien, 1976

'Saul' × 'Wendy Cussons'

## 'LADY IN RED' JACopper

TEEHYBRIDE, ROT, ÖFTERBLÜHEND

Diese Sorte trägt große, samtige, leuchtend rote Blüten mit wunderbarer Symmetrie und guter Festigkeit. Sie sind gefüllt, duften leicht und kommen einzeln auf kräftigen, geraden, langen Stielen, die sich gut zum Schnitt eignen. Die Blüten bleiben auf dem großen, aufrechten Strauch lange erhalten und werden nach Verblühen rasch durch neue Blüten ersetzt. Diese recht neue Sorte ist krankheits- und auch wetterfest. **ZONEN 5–11.**

Warriner, USA, 1997

Eltern unbekannt

## 'LADY LIKE' TANekily

TEEHYBRIDE, ROSA+, ÖFTERBLÜHEND

Die spitzen Knospen von 'Lady Like' öffnen sich zu eher flachen Blüten mit über 30 Petalen. Sie zeigen eine satte, dunkelrosa Farbtönung mit einem Anflug von Gelb am Blütenansatz. Die Petalen öffnen sich weit, was die reichblühenden Sträucher während der Hauptblütezeit besonders farbenfroh erscheinen läßt; aber auch danach blüht der Strauch den ganzen Sommer und Herbst hindurch zufriedenstellend weiter. Die Blüten besitzen einen starken Duft und ertragen problemlos schlechtes Wetter. 'Lady Like' ist eine verläßliche Rose für Beete und Rabatten und eignet sich dank der langen Blütenstiele als Schnittblume für die Vase. Die Pflanze hat einen strauchigen, recht gleichmäßigen Wuchs bis in mittlere Höhe und trägt viele glänzend dunkelgrüne, ledrige Blätter. **ZONEN 4–9.**

Tantau, Deutschland, 1989

Sämling × 'Super Star'

'Lady Iliffe'

'Lady Mann'

'Lady Mavis Pilkington'

'Lady Mary Fitzwilliam'

## 'LADY MACROBERT' COClent

FLORIBUNDA, APRICOT+, ÖFTERBLÜHEND

Die Blüten dieser Rose sehen mit ihrer Fülle an Petalen und der tadellosen Form aus wie kleine Edelrosen. Sie erblühen in großen, gut proportionierten Büscheln und sind nach dem Öffnen hell aprikosenfarben mit dunkleren Schattierungen. Die dezent duftende Rose blüht den ganzen Sommer und Herbst hindurch. Sie macht sich gut als Beet- oder Rabattenrose, und die zahlreichen kleinen Blüten eignen sich hervorragend für Blumenarrangements. Die Pflanze ist wuchsfreudig mit einem aufrechten Wuchs bis in mittlere Höhe und trägt hellgrüne, mattglänzende Blätter. Ihren Namen erhielt sie anläßlich des goldenen Jubiläums des *MacRobert Trust*; eine Stiftung, die Lady MacRobert 1943 ins Leben gerufen hat und die seither in Großbritannien viele wohltätige Ziele verfolgt. **ZONEN 4–9.**

Cocker, Großbritannien, 1993

'Clydebank Centenary' × Sämling

Glasgow Silbermedaille 1996

## 'LADY MANN'

TEEHYBRIDE, ROSA+, ÖFTERBLÜHEND

Dies ist eine der wenigen Rosenzüchtungen aus 'Lorraine Lee', wobei sie der Elternsorte im Wuchs immer noch sehr ähnlich ist. Der Strauch ist kräftig und trägt ein üppiges, mattgrünes Laub. Die attraktiven, spitzen Knospen öffnen sich zu ziemlich lockeren, gefüllten Blüten. Die stark duftenden Blüten sind dunkelkorallrosa. Die Blütenproduktion ist äußerst hoch und andauernd. Bei nur leichtem Schnitt erhält man einen Strauch, der fünf bis sechs Mal pro Jahr blüht. Schneidet man ihn in warmen Gebieten im Herbst stark, so kann er dort auch im Winter blühen; seine langen Knospen bilden sich dann viel langsamer aus. 'Lady Mann' eignet sich vorzüglich als Heckenrose oder als Gebüsch. **ZONEN 5–10.**

Clark, Australien, 1940

'Lorraine Lee' × Sämling

## 'LADY MARY FITZWILLIAM'

TEEHYBRIDE, HELLROSA, ÖFTERBLÜHEND

Dieser Name zählt zu den bekanntesten in der Geschichte der modernen Rose, doch waren die Eindrücke, die sie zur Zeit der Einführung hinterließ, noch widersprüchlich. Sie neigt dazu, auf Kosten des Wuchses viel Kraft in die Ausbildung perfekter Blüten zu legen, was viele Rosenaussteller erfreut hat. Der Vorsitzende der Nationalen Rosengesellschaft

'Lady MacRobert'

Großbritanniens meinte zu ihrem Wert als Gartenpflanze, man könne kaum eine Rose finden, die schwächer und unbefriedigender wüchse als 'Lady Mary Fitzwilliam'. Immerhin ist es erstaunlich, daß sie zu den einflußreichsten Elternsorten heutiger moderner Rosen zählt, und daß sie nach über einem Jahrhundert immer noch in Katalogen von Gärtnereien zu finden ist, auch wenn man nicht sicher sein kann, daß die angebotene Sorte tatsächlich echt ist. Ihre blassen, fleischrosa Blüten sind gleichmäßig kugelförmig, gefüllt, langlebig und stark duftend. Sie sind öfterblühend und stehen auf kurzen Trieben einer eher kleinen Pflanze mit mattgrünem Laub. **ZONEN 5–9.**

Bennett, Großbritannien, 1882

'Devoniensis' × 'Victor Verdier'

## 'LADY MAVIS PILKINGTON'

KORlitze

TEEHYBRIDE, GELB+, ÖFTERBLÜHEND

Die großen Blüten der 'Lady Mavis Pilkington' haben eine hohe Mitte und bestehen aus vielen breiten Petalen in erfreulicher, orangegelber Färbung mit Anflügen von Rot auf ihrer Innenseite, so daß beim Entfalten der Blüte ein zweifarbiger Effekt auftritt. Die Blüten kommen auf langen Stielen und sind hinsichtlich ihrer Größe sehr unterschiedlich. Sie eignen sich sowohl zum Schnitt als auch für Beete und Rabatten. Die Blüten haben einen schwachen Duft und blühen den ganzen Sommer und Herbst hindurch. Die wuchsfreudige, aufrecht und verzweigt wachsende Pflanze wird mittelhoch oder höher und trägt ein leuchtendes, dunkelgrünes Laub. Die Rose ist benannt nach einem leidenschaftlichen Rosenliebhaber in der *Royal National Rose Society*. **ZONEN 4–9.**

Kordes, Deutschland, 1992

(Sämling × 'Landora') × 'Yankee Doodle'

## 'LADY MEILLAND' MEIalzonite

TEEHYBRIDE, ORANGEROSA, ÖFTERBLÜHEND

Die Blüten dieser Rose haben eine zarte, lachsfarbene Tönung mit zinnoberrot-orangefarbenem Anflug. Die urnenförmigen Blüten sind für eine Teehybride nur mittelgroß und wohlgefüllt mit großen Petalen, die beim Öffnen eine hohe

Mitte aufweisen und eine symmetrische Form bilden. Die Blüten stehen auf langen Stielen und halten lange, weshalb sich die Rose sowohl zum Schnitt als auch für den Garten eignet, wo sie sich dank ihrer Wuchsfreudigkeit in Rabatten und Beeten sehr gut macht. Die Rose blüht zwar den ganzen Sommer und Herbst hindurch, doch können die Blüten bei sehr nasser Witterung verfaulen. Diese Sorte hat einen kräftigen, reichverzweigten Wuchs mit meist überdurchschnittlicher Höhe und besitzt ein üppiges, dunkelgrün glänzendes Laub, das sich manchmal als anfällig gegen Rostpilz erweist. **ZONEN 4–9.**

Meilland, Frankreich, 1986

Eltern unbekannt

Neuseeland Goldmedaille 1982

## 'LADY MEILLANDINA'

siehe 'Lady Sunblaze'

## 'LADY MITCHELL' HARyearn

TEEHYBRIDE, ROT, ÖFTERBLÜHEND

Die dunkelroten, spitzen Knospen dieser Sorte öffnen sich zu großen Blüten mit 50 Petalen, die einen gleichmäßigen, satten hellroten Farbton aufweisen. Meist blühen sie einzeln, manchmal auch zu dritt, auf langen, festen Stielen. Dank ihrer Langlebigkeit eignen sie sich gut zum Schnitt. Beim Öffnen werden sie becherförmig, wobei sich die Spitzen der Petalen attraktiv übereinanderschichten. Die Blüten besitzen einen angenehmen, leichten Duft, und die Blütenproduktion ist sowohl nach Quantität als auch nach Qualität den ganzen Sommer und Herbst hindurch gewährleistet. Der hübsche Wuchs macht diese Sorte ideal für Beete, Rabatten oder Hecken.
**ZONEN 4–9.**

Harkness, Großbritannien, 1991

'Dr Darley' × 'Silver Jubilee'

## 'LADY OF SKY'

TEEHYBRIDE, ORANGEROT, ÖFTERBLÜHEND

Diese Sorte war trotz der von ihren Eltern ererbten Wuchsqualitäten und ihrer mehrmaligen Blüte nur wenige Jahre im Handel. Sie ist von orangeroter Farbe und trägt hochgebaute Blüten mit über 30 Petalen, die beim Aufgehen becherförmig werden. Die leicht duftenden Blüten stehen auf langen Stielen. Sie vertragen nasse Witterung recht gut und eignen sich zum Schnitt. Diese Sorte ist sowohl für Hecken als auch für die Bepflanzung von Rabatten oder Beeten geeignet, wo eine höhere Sorte erwünscht ist. Die wuchsfreudige Pflanze zeigt einen aufrechten Wuchs mit überdurchschnittlicher Höhe und trägt große, dunkelgrüne Blätter. **ZONEN 4–9.**

Gregory, Großbritannien, 1974

'Queen Elizabeth' × Sämling

'Lady Meilland'

'Lady Roberts'

## 'LADY OF THE DAWN'

INTerlada

FLORIBUNDA, HELLROSA, ÖFTERBLÜHEND

Diese Rose wird mal als Floribundarose und mal als moderne Strauchrose beschrieben. Sie produziert lange, feste Triebe, die sich unter dem Gewicht der Blüten biegen – zumal ein Büschel aus über 20 Blüten bestehen kann. Die leicht duftenden Blüten sind cremefarben überhaucht mit einem rosafarbenen Petalenrand. Sie sind ziemlich groß, halbgefüllt und öffnen sich schalenartig; dabei legen sich die roten und goldenen Staubgefäße frei. Blütezeit ist Sommer und Herbst. Diese Rose eignet sich sehr gut als Hecke, in Rabatten oder für Beete, die mit recht großen Rosen bepflanzt werden sollen, da sie die Größe einer durchschnittlichen Strauchrose erreichen kann. Die Pflanze hat einen aufrechten, überhängenden Wuchs und trägt dunkelgrüne, lederartige Blätter.
**ZONEN 4–9.**

Ilsink, Niederlande, 1984

INTerdress × 'Stadt Den Helder'

## 'LADY PENZANCE'

ALTE R., RUBIGINOSA-HYBRIDE, ORANGEROSA

Die elegante 'Lady Penzance' ist wohl die beste der vielen Rubiginosa-Hybriden, die Lord Penzance Ende des 19. Jh. hervorgebracht hat. Die becherförmigen, lachsrosafarbenen einfachen Blüten mit gelben Staubgefäßen sind mit einem kupferigen Rosa überhaucht und gehen an den Rändern ins Gelbliche über. Der mit diesen Hybriden in Verbindung gebrachte Apfelduft tritt kaum in Erscheinung – außer im Laub. Der 1,8 m hohe Strauch hat eine überhängende Form und trägt ein dunkles, dichtes Laub sowie hellrote Hagebutten. Während der Sommerblüte neigt die Pflanze zu Sternrußtau, ist aber dennoch sehr wuchsfreudig und eignet sich ideal für hohe Hekken oder für Landschaftsgärten.
**ZONEN 5–10.**

Penzance, Großbritannien, 1894

*Rosa eglanteria* × *R. foetida bicolor*

'Lady Meilland'

'Lady of Sky'

'Lady of the Dawn'

'Lady Rachel'

## 'LADY RACHEL' CANdoodle

FLORIBUNDA, GEBROCHEN WEISS, ÖFTERBLÜHEND

Der Zauber dieser Rose liegt in der Form der Blüten mit ihren zur Mitte hin aufwärts gebogenen, wachsartig wirkenden Petalen, die im Herz der Blüte die goldenen Staubfäden freilegen. Die Blüten machen sich in warmen Klimaten besonders gut, wo sie recht groß werden, und sich fast flach öffnen und dabei jederzeit sehr attraktiv aussehen. Sie sind von cremeweißer Farbe und verströmen einen angenehmen Duft, ihre Blütezeit ist von Sommer bis Herbst. Diese Rose eignet sich hervorragend für Beete und Rabatten mit höherer Bepflanzung. Die Pflanze wächst aufrecht bis mittelhoch und besitzt hellgrünes Laub.
**ZONEN 4–9.**

Cant, Großbritannien, 1990

'English Miss' × 'Margaret Merril'

## 'LADY ROBERTS'

ALTE R., TEEROSE, APRICOT+, ÖFTERBLÜHEND

Diese Rose bevorzugt einen warmen Standort im Garten und belohnt jede Mühe mit einer reichhaltigen Blüte vom späten Frühjahr bis zum Herbst. Die langen, spitzen Knospen öffnen sich zu satten, rötlich-apricotfarbenen Blüten mit kupfernem Grundton. Bisweilen sind die Petalen am Rand orange gefärbt, die Farben sind davon abhängig, ob die Rose mehr in der Sonne oder mehr im Schatten steht. Die großen, lockeren, auf der buschigen Pflanze etwas nickenden Blüten besitzen einen starken Teeduft; die olivgrünen Blätter bilden für sie einen attraktiven Hintergrund. Die Pflanze wird meist 1,2 m hoch, ohne Schnitt kann sie auch zu einer Kletterrose gezogen werden. Der Rose macht feuchtes Wetter nichts aus, sie ist aber etwas frostempfindlich. **ZONEN 5–10.**

Cant, Großbritannien, 1902

Knospen-Sport von 'Anna Olivier'

'Lady Rose'

'Lady Romsey'

## 'LADY ROMSEY'

FLORIBUNDA, GEBROCHEN WEISS, ÖFTERBLÜHEND

Die Blüten dieser Sorte entsprießen etwas plumpen, rötlich getönten Knospen, welche die zu erwartende Schönheit kaum erahnen lassen. Sie öffnen sich zu dichtgefüllten, cremeweißen Blüten mit hoher Mitte, die durch Zurückbiegen der Petalen groß und becherförmig werden und dabei die goldenen Staubfäden freilegen. Mit zunehmendem Alter nehmen die schwach duftenden Blüten eine leicht rötliche Färbung an; Blütezeit ist den ganzen Sommer und Herbst hindurch. Die kleinwüchsige Pflanze eignet sich zur Randbepflanzung von Rabatten oder Beeten, kann aber auch im Gewächshaus angebaut und für kleine Blumenarrangements geschnitten werden. Sie hat einen strauchigen, aufrechten Wuchs, bleibt niedrig und besitzt glänzende, hellgrüne Blätter, die im Austrieb eine rosafarbene Tönung aufweisen. **ZONEN 4–9.**

Beales, Großbritannien, 1985

('Duftwolke' × 'Pascali') × Sämling

## 'LADY ROSE' KORlady

TEEHYBRIDE, ORANGEROSA, ÖFTERBLÜHEND

Die einzeln oder in Gruppen hervorgebrachten, langen und spitzen Knospen dieser Sorte öffnen sich zu großen Blüten mit hoher Mitte. Die über 30 Petalen biegen sich zurück, wodurch die Blüten beim Öffnen becherförmig werden. Sie sind von warmer, leuchtender Farbe in Lachsrosa mit einem Anflug von Orange, erblühen im Sommer und Herbst sehr reich und haben einen angenehmen Duft. Sie eignen sich auch zum Schnitt für Blumenarrangements. Die Pflanze ist ideal für Hecken, Beete und Rabatten. Sie ist wuchsfreudig mit aufrechtem Wuchs bis über die mittlere Höhe und trägt ein dichtes Laub aus dunkelgrünen, mattglänzenden Blättern. **ZONEN 4–9.**

Kordes, Deutschland, 1979

Sämling × 'Träumerei'

Belfast Goldmedaille 1981

## 'LADY SACKVILLE' (I)

siehe 'Night'

## 'LADY STUART'

ALTE R., CHINAROSE, HELLROSA, ETWAS NACHBLÜHEND

'Lady Stuart' besitzt große Blüten in frischem Rosa, deren äußere Petalen sich zurückbiegen. Die gefüllten, geviertelten Blüten sind kugelförmig, und die Farbe gewinnt zur Mitte hin an Tiefe. In der Sonne verblassen die Blüten ins Weißliche. Bei jeder Witterung oder Temperatur zählt sie zu den attraktivsten Chinarosen für den Garten. Der wuchsfreudige Strauch ist buschig und aufrecht, er trägt mattgrüne Blätter und Stacheln. Zum Ende der langen Blütezeit bilden sich kleine Hagebutten. **ZONEN 5–10.**

Portemer, Frankreich, 1851

Eltern unbekannt

'Lady Sunblaze'

## 'LADY SUNBLAZE' MEIlarco

Syn. 'Lady Meillandina', 'Peace Meillandina', 'Peace Sunblaze', 'Lady Sackville' (II)

ZWERGROSE, HELLROSA, ÖFTERBLÜHEND

Diese von Marie-Louisette Meilland gezogene Rose trägt dichtgefüllte Blüten mit 40 nicht duftenden Petalen von blassem Altrosa bis zu hellem Korallrosa. Die zarten Blüten stehen meist auf kurzen Stielen und blühen dauernd nach. Die Farbe ist beim ersten Öffnen tadellos, doch verblaßt sie viel zu schnell. Die Pflanze ist kompakt mit einem buschigen, aufrechtem Wuchs und besitzt ein attraktives, glänzend dunkelgrünes Laub. Insgesamt ist 'Lady Sunblaze' in nicht zu kalten Gegenden eine gute Gartenrose, da sie gegen die meisten Rosenkrankheiten widerstandsfähig ist und unermüdlich blüht. Sie ist auch für Kübel gut geeignet. **ZONEN 5–11.**

Meilland, Frankreich, 1985

('Fashion' × 'Zambra') × 'Belle Meillandina'

## 'LADY SYLVIA'

TEEHYBRIDE, HELLROSA, ÖFTERBLÜHEND

Die cremig roséfarbenen Blüten dieser Rose sind äußerst attraktiv und duften süßlich. Die Spitzen der jungen Petalen zeigen beim Aufgehen ein dunkleres Rosa und im Herzen der Blüte einen Anflug von Gold. Obwohl sich die Blüten schnell öffnen, behalten sie eine schöne, runde Form, bis die Petalen ausfallen. Die Pflanze blüht den ganzen Sommer und Herbst hindurch, ist wuchsfreudig und erreicht dabei eine mittlere Höhe. 'Lady Sylvia' ist eine langlebige Sorte; sie blüht auch noch in alten Gärten, wo andere Rosen bereits verschwunden sind. Die Blätter sind dunkelgrün und wachsen nach modernem Standard eher spärlich. **'Climbing Lady Sylvia'** (1933) ist eine wuchsfreudige, aber kleinwüchsige Kletterrosenmutation mit rosafarbenen Blüten. **ZONEN 4–9.**

Stevens, Großbritannien, 1926

Sport von 'Mme Butterfly'

'Lady Sylvia'

'Lady Waterlow'

## 'LADY TAYLOR' SMItling

FLORIBUNDA, ORANGEROT, ÖFTERBLÜHEND

Die Petalen dieser kleinbleibenden Sorte sind innen sanft hell-zinnoberrot getönt und haben außen ein orangegelb geädertes Rot. Die aus 35 Petalen bestehenden Blüten wirken wie kleine Edelrosen, erscheinen für diese Pflanzengröße jedoch recht groß. Sie kommen in Büscheln und sind leicht duftend; die Blüte bleibt im Sommer und Herbst durchgehend erhalten. Diese Rose eignet sich für räumlich begrenzte Standorte, am Rand von Rabatten oder als Kübelpflanze. Sie ist robust, hat ein buschiges Wachstum und wird etwa halb so hoch wie eine durchschnittliche Floribundarose. Das Laub ist mattgrün. **ZONEN 4–9.**

Smith, Großbritannien, 1984

'Elizabeth of Glamis' × 'Topsi'

## 'LADY TRENT'

**Syn. 'Julie Ferran'**

TEEHYBRIDE, ORANGE+, ÖFTERBLÜHEND

Die Blüten der 'Lady Trent' besitzen eine einzigartige kupfer-orangefarbene Tönung. Sie sind groß, mit 45 Petalen gefüllt, haben eine hohe Mitte und duften stark. Die Rose bringt eine durchschnittliche Blütenmenge hervor. Ihr Laub ist sehr glänzend dunkelgrün und gesund. Die Blüten sind von hoher Qualität und lassen sich gut schneiden. Der spanische Züchter Pedro Dot züchtete eine große Zahl von intensiv normal gefärbten Rosen speziell für wärmere Klimazonen. Sie haben meist „Pernetiana-Gene" und sind nicht ganz frosthart. Vermutlich ist dies auch der Grund dafür, daß sie bei weitem nicht so beliebt sind, wie sie es verdient hätten. Dennoch sind diese Rosen für wärmere Klimazonen wie Kalifornien, Südafrika oder Australien hervorragend geeignet.
**ZONEN 7–11.**

Dot, Spanien, 1940

'Rosieriste Gaston Lévêque' × 'Federico Casas'

## 'LADY VERA'

TEEHYBRIDE, ROSA+, ÖFTERBLÜHEND

Die Grundfarbe dieser Rose ist ein helles Rosa mit dunklem Rosa an den Rändern der Petalen. Ihre Form ist ähnlich wie bei 'Christian Dior' von Spitzenqualität. 'Lady Vera' ist hochwachsend und bringt die leicht duftenden Blüten auf sehr langen Stielen hervor. Das Laub ist mattgrün, üppig und gesund. Diese Rose eignet sich hervorragend zum Schnitt, vor allem wenn lange Stiele gewünscht sind; sie ist auch gut für einen höheren Bewuchs in hinteren Beetbereichen zu verwenden. **ZONEN 5–10.**

Smith, Australien, 1974

'Königliche Hoheit' × 'Christian Dior'

## 'LADY WATERLOW'

GROSSBLUMIGE KLETTERROSE, ROSA+

Dieser alte Climber trägt einzelne oder in kleinen Büscheln angeordnete, angenehm duftende Blüten in hellem Lachsrosa, die sich locker becherförmig öffnen. Die halbgefüllten Blüten bestehen aus Petalen mit seidiger Struktur und sind nach völliger Öffnung ziemlich groß. Im Sommer sind sie reichblütig, später erscheinen aber kaum noch Blüten. Diese Sorte erfüllt die meisten Anforderungen an einen Climber und eignet sich für Wände, Zäune, Bögen, Säulen und Pergolen. Ihr Wuchs ist steif und verzweigt, und obwohl sie nicht schnell wächst, kann sie eine überdurchschnittliche Größe erreichen. Die Pflanze besitzt große, spitz zulaufende mittelgrüne Blätter. **ZONEN 4–9.**

Nabonnand, Frankreich, 1903

'La France de '89' × 'Mme Marie Lavalley'

## 'LADY X' MEIfigu

TEEHYBRIDE, MAUVE, ÖFTERBLÜHEND

Die Mauvefarbe der Blüten dieser Sorte ist nicht sehr ausgeprägt, sondern tendiert mehr ins Rosafarbene – ein heller und gleichmäßiger Farbton, der zu Beginn der Blüte sehr attraktiv aussieht, später jedoch, wenn die Petalen fallen, recht blaß wird. Die Blüten sind recht groß, gefüllt und haben eine hohe Mitte. Meist sitzen sie einzeln auf einem Stiel. Sie haben einen leichten, süßen Duft und erneuern sich im Sommer und im Herbst mit guter Regelmäßigkeit. Diese Rose eignet sich für die Mitte oder den Rand einer Rabatte, da sie größer ist als die meisten Edelrosen. Sie ist wuchsfreudig und hat einen aufrechten, reichverzweigten Wuchs. Ihre stacheligen Stiele tragen recht spärliche, lederartige, mattglänzende Blätter. **ZONEN 4–9.**

Meilland, Frankreich, 1965

Sämling × 'Simone'

Portland Goldmedaille 1968

'Lady X'

## 'LAFAYETTE'

**Syn. 'Joseph Guy', 'August Kordes'**

FLORIBUNDA, DUNKELROSA, ÖFTERBLÜHEND

Inzwischen ist diese historische Rose sehr selten geworden. Sie diente als Ursprungssorte mancher frühen Floribunda-Mutation. Die großen, halbgefüllten karminroten Blüten mit ihrer satten, kirschroten Tönung kommen in riesigen Büscheln mit bis zu 40 Blüten und öffnen sich schalenförmig, was ihre ausgeprägte Färbung gut hervorhebt. Die leicht duftenden Blüten erneuern sich im Sommer und Herbst sehr gut. Idealerweise pflanzt man diese Rose am Rand einer Rabatte, wo ihre farbenfrohen Blütenzweige am besten zur Geltung kommen. Die wuchsfreudige Pflanze hat einen buschigen, kompakten Wuchs bis in fast mittlere Höhe und trägt glänzende, sattgrüne Blätter. Ihr Namengeber, der Marquis de La Fayette, spielte u.a. im Amerikanischen Unabhängigkeitskrieg eine bedeutende Rolle. **ZONEN 4–9.**

Nonin, Frankreich, 1924

'Rödhätte' × 'Richmond'

## 'LAFTER'

TEEHYBRIDE, GELB+, ÖFTERBLÜHEND

Die Petalen dieser Sorte sind außen von orangegelber Mischfarbe und innen lachsrosa – wenn sich die Petalen zurückbiegen erscheinen die Blüten daher zunehmend rosafarben. Die großen, aber locker geformten Blüten bestehen aus etwa 25 Petalen und haben einen guten Duft. Nach der Hauptblütezeit werden auch den ganzen Sommer und Herbst hindurch Blüten produziert. Die ungewöhnliche Kombination der Gene bei dieser Züchtung hat zu einer Pflanze geführt, die wie ein großblumiger Strauch wächst; manche Gärtner führen sie unter ihren Strauchrosen auf und geben in wärmeren Klimaten sogar an, daß sie Säulen bekleiden kann. Dank ihres unkonventionellen Charakters eignet sie sich für Rabatten und auch für eine Sammlung mit ungewöhnlichen Rosen. Die wuchsfreudige Teehybride wird mittelgroß und trägt ein glänzendes, blaßgrünes Laub. **ZONEN 4–9.**

Brownell, USA, 1948

('V for Victory' × ['Général Jacqueminot' × 'Dr W. Van Fleet']) × 'Pink Princess'

'Lady Trent'

'Lady Vera'

'Lady Taylor'

L

## 'LAGERFELD' AROlaqueli

**Syn. 'Starlight'**

TEEHYBRIDE, MAUVE, ÖFTERBLÜHEND

Die Blüten der 'Lagerfeld' haben eine außergewöhnliche, lavendelgraue Tönung. Sie bestehen aus rund 30 Petalen und öffnen sich mit hoher Mitte, wonach sie sich unter Einbehaltung einer guten symmetrischen Form abrunden. Da sie recht groß sind und in kandelaberartigen Büscheln zu je 5–15 Blüten stehen, neigen sie sich gerne unter ihrem eigenen Gewicht hinab, was sie etwas unordentlich erscheinen läßt. Sie haben besonders an warmen Tagen einen guten Duft und blühen den ganzen Sommer und Herbst hindurch. Diese Rose macht sich sehr gut in gemischten Rabatten oder Beeten, eignet sich jedoch am besten für Gärten mit Schnittblumen, wo die Nachteile des Wuchses weniger ausmachen und die Blüten für Blumenarrangements geschnitten werden können. Benannt wurde sie nach dem berühmten Pariser Modeschöpfer Carl Lagerfeld.

**ZONEN 4–9.**

Christensen, USA, 1986

'Blue Nile' × ('Ivory Tower' × 'Angel Face')

## 'L'AIMANT' HARzola

**Syn. 'Doux Parfum'**

FLORIBUNDA, REIN ROSA, ÖFTERBLÜHEND

Die Blüten der 'L'Aimant' haben einen warmen lachsrosa, ins Rosé verblassenden Farbton. Sie kommen manchmal einzeln, normalerweise jedoch in Büscheln aus mehreren Blüten, die sich wie kleine Edelrosen öffnen und deren rund 30 Petalen hübsche Mitten bilden. Wenn sich die Petalen zurückwölben, werden die Blüten becherförmig und verströmen einen ausgezeichneten Duft; in wärmeren Gegenden nehmen Blüte und Duft an Qualität noch zu. Die Rose blüht den ganzen Sommer und Herbst kontinuierlich durch, verträgt auch schlechtes Wetter, eignet sich gut zum Schnitt und als Gartenpflanze in Beeten und Rabatten. Die Pflanze ist wuchsfreudig, doch ist der Wuchs etwas ungleichmäßig, aber gut verzweigt. Diese Sorte erreicht mittlere Höhe oder mehr und trägt ledrige, glänzende, olivgrüne Blätter. **ZONEN 4–9.**

Harkness, Großbritannien, 1994

'Southampton' × ('Rosika' × 'Margaret Merril')

Bagatelle Duftpreis 1991, Edland-Duftmedaille der Royal National Rose Society 1992, RNRS British Rose Fragrance Award 1998

'Lancôme'

'Lamarque'

'L'Aimant'

## 'LAMARQUE'

**Syn. 'General Lamarque', 'The Marshal'**

ALTE R., NOISETTEROSE, WEISS, ETWAS NACHBLÜHEND

Diese kostbare Noisetterose aus Angers in Frankreich hat ein Rosenliebhaber gezüchtet, der sie in einem Fensterkasten aufzog und wohl kaum damit rechnete, daß sie einmal zu den beliebtesten Ramblern der Rosengeschichte zählen würde. Den krugförmigen Knospen folgen rein weiße, gefüllte Blüten mit zitronengelber Mitte. Die großen, vollen aber lockeren Blüten haben eine ungeordnete Mitte und hängen. Der Veilchenduft ist sehr intensiv, vor allem in der Sonne. Nachdem sich dieser winterfeste Rambler einmal etabliert hat, kann er in einer einzigen Wachstumsperiode bis zu 6 m lange Triebe bilden. Diese tragen glatte, graugrüne Blätter und kleine, hakenförmige, rote Stacheln. Diese Rose macht sich sehr gut an einem Spalier oder einem großen Rosenbogen. **ZONEN 4–10.**

Maréchal, Frankreich, 1830

'Blush Noisette' × 'Parks' Yellow Tea-scented China'

## 'LAMBADA' KORdaba

TEEHYBRIDE, ORANGEROSA, ÖFTERBLÜHEND

Diese Schnittrose ist besonders in Südafrika beliebt, und das nicht nur wegen ihrer besonderen lachsrosa-orangefarbenen Tönung, sondern auch aufgrund ihrer perfekten Form von der Knospe bis zur offenen Blüte. Die Blüten kommen auf dünnen, aber festen, mittellangen Stielen und blühen den ganzen Sommer und Herbst hindurch. Leider duftet diese Rose nicht. Der Strauch ist gesund, mittelhoch und wuchsfreudig, weshalb er sich gut in Beeten macht. **ZONEN 4–10.**

Kordes, Deutschland, 1992

Eltern unbekannt

## 'LANCASHIRE' KORstesgli

STRAUCHROSE, ROT, ÖFTERBLÜHEND

Diese Sorte besitzt halbgefüllte, kleine bis mittelgroße kirschrote Blüten, die in vollen Büscheln dicht über dem Laub stehen. Ihr Duft ist schwach, doch die Blütenproduktion läßt nichts zu wünschen übrig, da die Blüten sich in den Sommer- und Herbstmonaten kontinuierlich erneuern. Die altmodische Färbung dieser Rose harmonisiert gut mit anderen Pflanzen, z.B. Alten Gartenrosen; deshalb läßt sie sich effektiv zur Bepflanzung eines Mixed Border verwenden. Dem Wuchs nach bewegt die Pflanze sich zwischen einer Strauchrose und einer Bodendeckerrose, denn sie bildet einen Strauch, der fast zweimal so breit wie hoch, aber niedriger als bei Strauchrosen ist. Die vielen Blätter sind sattgrün und glänzend. 'Lancashire' wurde wie eines Reihe anderer Rosensorten nach englischen Grafschaften benannt.

**ZONEN 4–9.**

Kordes, Deutschland, 1998

Eltern unbekannt

'Lagerfeld'

## 'LANCÔME' DELboip

TEEHYBRIDE, DUNKELROSA, ÖFTERBLÜHEND

'Lancôme' ist in erster Linie eine Gewächshausrose und wird für den Schnittblumenmarkt angebaut; nur in wärmeren Klimaten macht sie sich auch im Garten ganz gut. Die langen, eleganten Knospen öffnen sich zu großen, gefüllten Blüten in sattem und dunklem Rosa, das selbst in praller Sonne kaum ausbleicht. Der Festigkeit der Petalen, die die Rose für Blumenhändler marktfähig macht, steht leider eine fehlende Duftentfaltung entgegen, was für eine Rose dieser Farbe besonders enttäuschend ist. Dennoch schätzen Floristen sie aufgrund ihrer Formschönheit, ihrer Haltbarkeit und der langen Stiele. Die im Sommer und Herbst reichblühende Pflanze hat glänzende, dunkelgrüne Blätter. Die Rose trägt den Namen einer französischen Kosmetikfirma. **ZONEN 4–9.**

Delbard-Chabert, Frankreich, 1973

('Dr Albert Schweitzer' × ['Michèle Meilland' × 'Bayadère']) × (MEImet × 'Présent Filial)

## LANDORA'

siehe 'Sunblest'

## 'LANEII'

**Syn. 'Lane', 'Lane's Moss'**

ALTE R., MOOSROSE, ROT

Die Blüten dieser Rose entfalten sich nur im Juni aus großen, runden, bemoosten Knospen, die sich auf kräftigen Stielen in dichten Büscheln anordnen. Die Blüten sind mit einem Durchmesser bis zu 9 cm ziemlich groß, stark gefüllt, duftend und von einem dunklen Mauve-Rosa. Der recht unbeholfen wirkende Strauch wird ca. 1,8 m hoch und – läßt man ihn unbeschnitten – auch fast genauso breit. Die Stiele sind mit etwas dunkelgrünem, stoppelartigem Moos überzogen und tragen ledriges, derbes und dunkelgrünes Laub. Die Pflanze wächst auch auf mageren Böden und scheint gerade ohne Pflege besonders gut zu gedeihen.

**ZONEN 4–10.**

Laffay, Frankreich, 1845

Eltern unbekannt

## 'LANGFORD LIGHT' LANnie

ZWERGROSE, WEISS, ÖFTERBLÜHEND

Diese Pflanze trägt große Büschel aus kleinen, weißen, halbgefüllten Blüten, unter deren mittleren Petalen hellgelbe Staubgefäße hervorschimmern. Die Blüten sind ziemlich klein und verströmen einen leichten Duft. Aufgrund ihres Gewichtes biegen sich die Blütenbüschel hinab und werden deshalb bei starken

Regenfällen oft durch Wasserspritzer verschmutzt. Die Blütezeit dauert den ganzen Sommer und Herbst hindurch an. Diese nach der britischen Schauspielerin Bonnie Langford benannte Sorte kann gut am Rand einer Rabatte oder auf einem kleinen Beet gepflanzt werden. Sie hat einen halbkriechenden, verzweigten Wuchs von fast mittlerer Höhe und trägt glänzende, dunkelgrüne Blätter.
**ZONEN 4–9.**

Sealand, Großbritannien, 1984

'Little Flirt' × 'Ballerina'

## 'LANVIN' AROlemo

TEEHYBRIDE, HELLGELB, ÖFTERBLÜHEND

Die Blüten von 'Lanvin' haben einen gefälligen, klaren hellgelben Ton mit einer auffälligen Äderung der seidig glänzenden Petalen. Sie erscheinen meist in Büscheln von drei oder fünf Blüten auf langen, schlanken Stielen und sind mit bis zu 30 Petalen recht groß. Die wohlgeformten Blüten haben eine hohe Mitte, werden beim Öffnen locker becherförmig, verströmen dabei aber kaum Duft. Dank der Stiellänge und der Haltbarkeit der Blüten eignet sich diese Rose sowohl zum Schnitt als auch für den allgemeinen Gartengebrauch, zumal sie im Sommer und im Herbst gut durchblüht. Der wuchsfreudige Strauch hat einen aufrechten, buschigen mittelhohen Wuchs und trägt mattglänzendes, dunkelgrünes, im Austrieb rot getöntes Laub.
**ZONEN 4–9.**

Christensen, USA, 1986

Sämling × 'Katherine Loker'

## 'LAS VEGAS' KORgane

TEEHYBRIDE, ORANGE+, ÖFTERBLÜHEND

Diese Rose weist eine attraktive Mischung aus Orange und Gelb auf – die Petalen sind innen orange-zinnoberrot und auf der Rückseite chromgelb mit roter Äderung, so daß beim Öffnen der Blüten beide Farben zusammen erscheinen. Das Ganze erinnert an das Lichtermeer von Las Vegas. Die Blüten sind von mittlerer Größe und mit etwa 25 breiten Petalen gefüllt. Sie öffnen sich locker mit einer niedrigen Mitte, wobei sich die Petalenreihen gegenseitig überlappen und während der gesamten Blütezeit für eine attraktive Form sorgen, wenngleich das Gewicht der Blüten sie manchmal herabhängen läßt. Die leicht duftenden Blüten bleiben den ganzen Sommer und Herbst hindurch erhalten. Die Pflanze macht sich sehr gut in Beeten und Rabatten sowie als Hecke, denn sie ist wuchsfreudig, hat einen aufrechten Wuchs mit vielen Basistrieben, die einen gut gefüllten, rundlichen Strauch bilden. Die Rose trägt reichliches, dunkelgrünes und mattglänzendes Laub.
**ZONEN 4–9.**

Kordes, Deutschland, 1981

'Ludwigshafen am Rhein' × 'Feuerzauber'

Genf Goldmedaille 1985, Portland Goldmedaille 1988

'Laura'

## 'LAUGHTER LINES' DICkerry

FLORIBUNDA, ROSA+, ÖFTERBLÜHEND

In den mittelgroßen bis großen Blüten dieser Sorte treten viele Farben auf. Die büschelweise angeordneten, spitzen Knospen öffnen sich zu halbgefüllten, becherförmigen Blüten roter, goldener und weißer Farbe vor einem rosaroten Hintergrund und goldenen Staubgefäßen in der Mitte. Die leicht duftenden Blüten erscheinen vom Sommer bis in den Herbst. 'Laughter Lines' ist eine farbenfrohe Beet-, Rabatten- oder Heckenrose und eignet sich auch zum Schnitt für kleine Arrangements. Sie ist wuchsfreudig, mit einem buschigen, knapp mittelhohen Wuchs und einem attraktiven, dunkelgrünen, glänzenden Laub.
**ZONEN 4–9.**

Dickson, Großbritannien, 1987

('Pye Colour' × 'Sunday Times') × 'Eyepaint'

Goldmedaille der Royal National Rose Society 1984, Belfast Certificate of Merit 1989

## 'LAURA' MEIdragelac

**Syn. 'Laura 81', 'Natilda'**

TEEHYBRIDE, ORANGE+, ÖFTERBLÜHEND

Die Blütenfarbe dieser Sorte ist ein lachsrosafarbener Pastellton mit orangefarbener Schattierung, die auf der Rückseite der Petalen blasser erscheint. Die gefüllten Blüten haben etwa 30 Petalen und stehen auf kräftigen Stielen – oft zu mehreren in Büscheln. Sie öffnen sich mit hoher Mitte, mit fortschreitendem Zurückbiegen der Petalen werden sie locker becherförmig. Die Blüten sind leicht duftend und erneuern sich nach der ersten, hauptsächlichen Blüte den ganzen Sommer und Herbst hindurch. Sie eignen sich zum Schnitt, für Beete und Rabatten sowie als Hecke. Die wuchsfreudige Pflanze hat einen aufrechten Wuchs, wird mittelgroß und trägt ein volles, frisches, mattgrünes Blattwerk. **ZONEN 4–9.**

Meilland, Frankreich, 1981

('Pharaoh' × 'Königin der Rosen') × (['Suspense' × 'Suspense'] × 'King's Ransom')

Japan Goldmedaille 1981

'Las Vegas'

'Laura Ashley'

'Laughter Lines'

'Lanvin'

'Laura Chantal'

## 'LAURA ASHLEY' CHEwharla

STRAUCHROSE, MAUVE, ÖFTERBLÜHEND

Wenn sich die spitzen Knospen dieser Rose öffnen, erscheinen lila-mauvefarbige Blüten mit rosafarbener Kehrseite und vielen goldgelben Staubgefäßen. Die zumeist aus fünf Petalen bestehenden Blüten erscheinen auf mächtigen Rispen mit je 10–30 Blüten und verströmen einen fruchtigen Duft. Die breit wachsende, niedrig bleibende Pflanze hat ein mattglänzendes, mittelgrünes Laub und hakenförmige Stacheln. Das Besondere an dieser Rose sind die langen Dolden, die während der Hauptblütezeit die Pflanze im wahrsten Sinne des Wortes von oben bis unten bedecken! In kühleren Gegenden sind die Blüten mehr rosa-violett, und die Petalen haben einen weißen Ansatz. Die bisweilen fälschlicherweise als Kletternde Zwergrose eingeordnete 'Laura Ashley' ist ein idealer Bodendecker, wozu sie sich besser eignet als für Spaliere. **ZONEN 5–11.**

Warner, Großbritannien, 1989

'Red Yesterday' × 'Heideröslein Nozomi'

## 'LAURA CHANTAL'

ZWERGROSE, ROSA+, ÖFTERBLÜHEND

'Laura Chantal' ist eine ziemlich hochwachsende Zwergrose, in deren stark fruchtig duftende Blüten sich mehrere Rosatöne vereinen. Die buschige, reichblütige Pflanze trägt mattes Laub und sehr wenige Stacheln. Der Verkaufserlös dieser Rose, die nach einem krebskranken Mädchen benannt wurde, kam der *South Australian Childhood Cancer Association* zugute, einem Hilfsfond zur Bekämpfung der Krankheit.
**ZONEN 5–10.**

Thomson, Australien, 1997

Eltern unbekannt

L

'Lavaglut'

'Laura Ford'

## 'LAURA FORD' CHEwarvel

**Syn. 'Normandie'**

KLETTERNDE ZWERGROSE, REIN GELB, ÖFTERBLÜHEND

Die spitzen Knospen dieser aparten kletternden Miniaturrose öffnen sich zu rein gelben Blüten, deren Rückseite ein helleres Gelb aufweist; mit zunehmenden Alter erscheinen die Kelchblätter rosa überhaucht. Die gefüllten Blüten zeichnen sich durch 22 Petalen und eine typische Edelrosenform aus. Sie erscheinen meist in kleinen, formschönen Büscheln aus 5–10 Einzelblüten und verbreiten einen merklich fruchtigen Duft in ihrer ganzen Umgebung. Die wuchsfreudige Pflanze besitzt hellgrünes Laub. 'Laura Ford' ist ein aufrechter, großer Busch, der sich besonders zum Emporklettern an Mauern, Zäunen oder Spalieren eignet und dort das ganze Jahr hindurch einen besonderen Blickfang darstellt. 'Laura Ford' ist eine besonders wetterfeste und krankheitsresistente Rosensorte mit einem üppigen Blütenflor, der die ganze Saison über andauert.

**ZoneN 5–11.**

Warner, Großbritannien, 1989

('Anna Ford' × 'Elizabeth of Glamis') × ('Galway Bay' × 'Sutter's Gold')

Royal National Rose Society Certificate of Merit 1988, Royal Horticultural Society Award of Garden Merit 1993

## 'LAURA DAVOUST'

**Syn. 'Abondonnata', 'Marjorie W. Lester'**

RAMBLERROSE, MULTIFLORA-HYBRIDE, HELLROSA

Die als Kaskadenrose oder als Baumkletterrose eindrucksvolle 'Laura Davoust' wurde häufig mit anderen Namen bedacht. Die kleinen, wohlgeformten, gefüllten, rosafarbenen Blüten sind fleischfarben getönt. Mit zunehmendem Alter nehmen die pomponförmigen, in Büscheln auf dünnen Trieben getragenen Blüten einen Lavendelfarbton an. Diese Sorte zeigt sich während der Sommerblüte als ziemlich blühfreudig. Die 4,5 m langen Triebe haben sehr wenige Stacheln und lassen sich leicht anheften.

**ZONEN 4–10.**

Laffay, Frankreich, 1834

Eltern unbekannt

## 'LAURENCE OLIVIER'

**siehe 'Wapiti'**

## 'LAURETTE'

ALTE R., TEEROSE, HELLROSA, ETWAS NACHBLÜHEND

Man weiß nur wenig über die Entstehung von 'Laurette', die zu den reichblühendsten und gesündesten aller Teerosen zählt. Sie hat lange, spitze Knospen, die sich zu vollen, geviertelten, flachen Blüten öffnen, welche aus 40–45 Petalen mit gedrehten Kleinpetalen in der Mitte besteht. Die äußeren Petalen sind von einem dunkleren Rosa überhaucht. Die Pflanze hat einen starken, wuchernden Wuchs und trägt mittelgrünes, mattglänzendes Laub. Die Blüte ist durchgängig mit einem besonders schönen Herbstflor. In sonnenreichen Lagen blüht 'Laurette' bis in die späten Herbsttage hinein sehr gut als Hochstammrose.

**ZONEN 5–10.**

Frankreich, 1886

Eltern unbekannt

'Laura Davoust'

## 'LAVAGLUT' KORlech

**Syn. 'Intrigue', 'Lavaglow'**

FLORIBUNDA, DUNKELROT, ÖFTERBLÜHEND

Die samtigen Petalen dieser intensiv dunkelroten Floribundarose bieten vor allem im Sonnenschein ein besonders schönes Schauspiel. Die mittelgroßen, aus etwa 25 Petalen bestehenden Blüten erscheinen in großen, gleichmäßig verteilte Büscheln, was einen beachtlichen Farbeindruck vermittelt. Die Blüten selbst sind kamelienförmig und behalten diese Form bis ins späte Blütenstadium bei. Sie sind nur wenig duftend. Die Rose blüht den ganzen Sommer und Herbst hindurch reich, wobei die Blüten direkten Sonnenschein und Regen viel besser vertragen als andere dunkelrote Rosen. 'Lavaglut' eignet sich dank ihres gleichmäßigen Wuchses hervorragend für Beete, sie macht sich aber auch in Rabatten und als Hecke ausgezeichnet. In manchen Gegenden war sie jedoch gegen Sternrußtau anfällig. Die Pflanze hat einen starken, breitbuschigen, fast mittelhohen Wuchs und trägt reiches, ins Purpur gehendes, grünglänzendes Laub. Diese Rose ist auch unter der Bezeichnung 'Intrigue' anzutreffen; sie darf aber nicht mit der von Warriner 1984 in den USA gezüchteten rötlich-purpurfarbenen Sorte verwechselt werden.

**ZONEN 4–9.**

Kordes, Deutschland, 1979

'Gruß an Bayern' × Sämling

Royal National Rose Society Trial Ground Certificate 1980

## 'LAVENDER DREAM' INTerlav

STRAUCHROSE, MAUVE, ÖFTERBLÜHEND

Diese schöne Strauchrose bedeckt sich vollständig mit großen, dichten Büscheln aus kleinen, dunkel lilarosafarbenen Blüten mit goldenen Staubgefäßen. Die aus etwa 15 Petalen bestehenden Blüten sind halbgefüllt; nach einer sehr reichen ersten Blüte hält der Nachschub blühender Triebe den verbleibenden Sommer und Herbst hindurch an. Die Blüten besitzen wenig Duft. Die Sorte eignet sich gut zur Einzelpflanzung, als Bodendecker oder Beimischung in Rabatten oder auch für sortenreine Beete. Die wuchsfreudige Pflanze produziert viele Triebe und breitet sich stark aus, wobei sie niedrige Hügel bildet. Sie erreicht nur knapp die halbe Höhe einer durchschnittlichen Strauchrose. Je nach Jahreszeit kann das matte, hellgrüne Laub bisweilen von Mehltau befallen werden.

**ZONEN 4–9.**

Ilsink, Niederlande, 1985

'Yesterday' × 'Nastarana'

ADR-Rose 1987

## 'LAVENDER JEWEL'

**Syn. 'Lavender Meillandina'**

ZWERGROSE, MAUVE, ÖFTERBLÜHEND

Die Blütenfarbe dieser Sorte ist ein wunderschönes, lavendelfarbenes Mauve. Die gefüllten Blüten haben 40 Petalen und weisen in warmen Klimaten oft eine edelrosenähnliche Form auf. Wenn sich die zart lavendelfarbigen Knospen öffnen, sind die Ränder der Petalen meist magentarot eingefärbt. Das Laub ist dunkelgrün und gesund. Die Pflanze ist von niedrigem, kompaktem, buschigem Wuchs, der manchmal zum Wuchern neigt, sich aber leicht lenken läßt. Diese Rose bevorzugt ein eher warmfeuchtes Klima, wo sie außergewöhnliche Wuchsfreudigkeit an den Tag legt.

**ZONEN 5–11.**

Moore, USA, 1978

'Little Chief' × 'Angel Face'

## 'LAVENDER LACE'

ZWERGROSE, MAUVE, ÖFTERBLÜHEND

Die rein lavendelfarbenen Blüten von 'Lavender Lace' öffnen sich häufig zu schnell und verlieren damit an Form und Festigkeit; der Farbeffekt kann allerdings im Halbschatten verbessert werden. Die gefüllten Blüten besitzen die klassische Edelrosenform und duften. Die Blätter sind klein, glänzend und dunkelgrün. Die zunächst in hochgebauten Dolden kommenden Blüten öffnen sich sehr schnell, werden dann flach und legen ihre gelben Staubgefäße frei. Die Blüten sind sehr schön, jedoch kann man ihre Qualität im einzelnen nicht vorhersehen. Die zwergwüchsige Pflanze ist zwar meist wuchsfreudig, jedoch nicht in Regionen

'Laurette'

'Lavender Dream'

'Lavender Mist'

'Lavender Jewel'

mit kaltem Klima. Im Winter muß diese Zwergrose unbedingt gut geschützt werden. **ZONEN 5–11.**

Moore, USA, 1968

'Ellen Poulsen' × 'Debbie'

## 'LAVENDER LASSIE'

STRAUCHROSE, MAUVE, ÖFTERBLÜHEND

'Lavender Lassie' bringt lange Stiele hervor, die sich unter dem Gewicht der großen Büschel aus mit 60 Petalen gefüllten Blüten neigen. Die Blüten sind mittelgroß, öffnen sich becherförmig, werden aber mit den sich zurückbiegenden Petalen flach und weisen dann eine krause Mitte auf, bis sie schließlich an übergroße Rosetten erinnern. Sie haben eine angenehme Rosatönung mit einem Anflug von Lavendel, die manchmal jedoch ins Rosé übergeht. Die Blüten haben einen guten Duft und erneuern sich den ganzen Sommer und Herbst hindurch. Diese Sorte eignet sich für Strauchrabatten, wobei Form und Farbe der Blüten gut zu älteren Rosen paßt. Die Pflanze besitzt einen kräftigen, reichverzweigten und ziemlich offenen Wuchs, so daß sie wie eine übergroß gewordene Floribundarose wirkt, hat dabei aber die Durchschnittshöhe einer Strauchrose. In Gegenden mit ausgeprägt warmem Klima lassen sich ihre Triebe auch an Säulen, Zäunen oder Mauern emporziehen. **ZONEN 4–9.**

Kordes, Deutschland, 1960

'Hamburg' × 'Mme Norbert Levavasseur'

Royal Horticultural Society Award of Garden Merit 1993

## 'LAVENDER MIST'

Syn. 'Mystic Mauve'

GROSSBLUMIGE KLETTERROSE, MAUVE, ETWAS NACHBLÜHEND

Die prallen Knospen dieser Kletterrose kommen meist in Dreierbüscheln und öffnen sich zu Blüten mit etwa 35 lilamauvefarbigen Petalen. Die Blüten sind recht groß, offen-schalenförmig und verströmen einen erfrischenden, leichten Teeduft. Nach der Hauptblüte bringt die Pflanze den ganzen Sommer und Herbst hindurch noch einige gelegentliche Blüten. Im Garten eignet sie sich für Pergolen, Bögen, Mauern und Zäune; sie ist sehr wuchsfreudig mit langen, überhängenden, stacheligen Trieben und großen Blättern. 'Lavender Mist' wird heutzutage wohl nur noch ausschließlich in Australien gepflanzt.
**ZONEN 4–9.**

Christensen, USA, 1981

'Angel Face' × 'Allspice'

'Lavender Lassie'

## 'LAVENDER PINOCCHIO'

FLORIBUNDA, MAUVE, ÖFTERBLÜHEND

Die Auswahl des Züchters von Elternsorten mit ungewöhnlicher Färbung hat sich gelohnt, denn diese Sorte trägt nun hell schokoladenbraune Knospen, die sich zu intensiv lavendelfarbigen Blüten mit bräunlicher Mitte und einer Gelbtönung am Ansatz öffnen. Mit der Zeit nehmen die Blüten eine mauvefarbene Tönung an, die schließlich zu einem grauen Rosa verblaßt. Die gefüllten, ziemlich großen und lockeren Blüten sind zunächst becherförmig, flachen aber mit zunehmendem Alter ab. Sie haben einen angenehmen Duft und erneuern sich den ganzen Sommer und Herbst hindurch. Die Pflanze ist kompakt, bleibt niedrig und trägt ledrige, mittelgrüne Blätter. **ZONEN 4–9.**

Boerner, USA, 1948

'Rosenmärchen' × 'Grey Pearl'

## 'LAVENDULA'

FLORIBUNDA, MAUVE, ÖFTERBLÜHEND

Diese Sorte trägt große Büschel von Knospen, die sich zu magentafarbenen Blüten öffnen, deren Petalen im Alter zunehmend ins Rosafarbene übergehen. Für eine Floribundarose sind sie recht groß, in der Mitte locker und flach geöffnet. Die Blüten haben einen guten Duft; nach einem reichlichen ersten Flor erneuern sich die Blüten den ganzen Sommer und Herbst hindurch. Diese Rose eignet sich für Beete und Rabatten. Die Pflanze wird mittelgroß und trägt dunkelgrünes Laub. Da ihre Farbintensität am besten in Lagen mit warmem Klima zur Geltung kommt, wird sie heute fast nur noch in Australien angeboten.
**ZONEN 4–9.**

Kordes, Deutschland, 1965

'Magenta' × 'Sterling Silver'

'Lavender Lace'

'Lavender Pinocchio'

'Lavendula'

L

## 'LAWINIA' TANklawi, TANklevi, TANklewi

**Syn. 'Lavinia'**

GROSSBLUMIGE KLETTERROSE, REIN ROSA, ÖFTERBLÜHEND

Dieser attraktive Climber trägt locker becherförmige, rundliche Blüten mit je 20 Petalen. Sie sind ziemlich groß, haben eine gleichmäßige, rosafarbene Tönung und erscheinen einzeln oder in Büscheln mit mehreren bis vielen Blüten. Sie besitzen einen angenehmen Duft und blühen den ganzen Sommer und Herbst hindurch. Diese Sorte ist sehr vielseitig einsetzbar – für Mauern, Zäune, Bögen, Pergolen und besonders auch für Säulen. Die wuchsfreudige, aber nur mittelhohe Kletterrose hat steife, aufrechte und verzweigte Triebe und ist gut mit mittelgrünen Blättern besetzt. Die Sorte wurde nach der englischen Herzogin Lavinia von Norfolk (1916–1995) benannt. **ZONEN 4–9.**

Tantau, Deutschland, 1980

Eltern unbekannt

Royal Horticultural Society Award of Garden Merit 1995

## 'LAWRENCE JOHNSTON'

**Syn. 'Hidcote Yellow'**

GROSSBLUMIGE KLETTERROSE, REIN GELB

Dieser Climber ist übervoll an stark duftenden Blüten in einem auffallenden, hellen Gelb, die sich locker becherförmig öffnen. Die Blüten sind halbgefüllt mit etwa 15 Petalen, ziemlich groß und kommen in Büscheln. Normalerweise blüht diese Rose nur einmal im Sommer, doch bisweilen sind auch später noch einige Blüten anzutreffen. Aufgrund ihrer Wuchsfreudigkeit benötigt die Pflanze viel Platz, da die langen, überhängenden Triebe ein Dach oder eine sehr hohe Mauer überwuchern können. Sie breitet sich zwei- bis dreimal so weit aus wie eine durchschnittliche Kletterrose. Die Blätter sind hellgrün, glänzend, und neigen zu Sternrußtau. Pernet-Ducher hat die Rose gezüchtet, aber nicht veräußert; die einzige verbleibende Pflanze kaufte später der Eigentümer des Gutes Hidcote Manor, dessen Namen sie ebenfalls trägt. **ZONEN 4–9.**

Pernet-Ducher, Frankreich, 1923

'Mme Eugène Verdier' × 'Persian Yellow'

'Lawrence Johnston'

## 'LE CID'

RUGOSA-HYBRIDE, ROT, ÖFTERBLÜHEND

Diese stark wachsende Rugosa-Hybride mit sehr stacheligem Holz trägt leuchtend karminrote, gefüllte Blüten, die sich in den wärmeren Monaten wiederholt erneuern, aber nur sehr wenige Hagebutten bilden. 'Le Cid' eignet sich gut als Heckenpflanze. Ihr Laub wird im Herbst meist goldfarben. Sie gedeiht gut auf mageren, sandigen Böden und ist widerstandsfähig gegen Krankheiten. **ZONEN 5–10.**

Vigneron, Frankreich, 1908

'Conrad Ferdinand Meyer' × 'Belle Poitevine'

## 'LE HAVRE'

ALTE R., REMONTANTROSE, ROT, ETWAS NACHBLÜHEND

Diese nach einem Seehafen in Nordfrankreich benannte Sorte hat große, überlappende zinnoberrote, gefüllte Blüten, die ins Rosafarbene verblassen. Während ihrer langen Blütezeit ist sie ziemlich blühfreudig. Sie trägt ein attraktives, ledriges Laub und hat wenig Stacheln. Ihr buschiger, 1,8 m hoher Strauch paßt gut in den hinteren Bereich von Rabatten. **ZONEN 5–10.**

Eudes, Frankreich, 1870

Eltern unbekannt

'Le Havre'

'Le Soleil'

L

## 'LE RÊVE'

GROSSBLUMIGE KLETTERROSE, HELLGELB

Die in Büscheln angeordneten, spitzen, gelben Knospen dieser Sorte öffnen sich zu hell-kanariengelben, einfachen oder locker gebauten, halbgefüllten Blüten mittlerer Größe. Nach dem Öffnen sind die Blüten schalenförmig. Vor dem Abblühen der Rose gehen die Petalen ins Blaßgelbe über. Die Blüten haben einen angenehmen Duft. Sie erscheinen früh im Sommer, dann auch sehr üppig, wiederholen ihre Blüte jedoch nicht. Die wuchsfreudige Pflanze hat kräftige Stiele und eignet sich für Säulen, Pergolen, Zäune und Bögen; sie wird etwas größer als ein durchschnittlicher Climber und ist gut mit dunkelgrünen, glänzenden Blättern besetzt. **ZONEN 4–9.**

Pernet-Ducher, Frankreich, 1923

'Mme Eugène Verdier' × 'Persian Yellow'

## LE ROUGE ET LE NOIR'

DELcart

TEEHYBRIDE, DUNKELROT, ÖFTERBLÜHEND

Anders als der Name verspricht, sind die Petalen dieser Sorte nicht wirklich schwarz, doch wenn die Sonne auf die jungen Blüten scheint, reflektieren sie einen schwärzlichen Glanz. Die Blüten haben eine satte, dunkelrote Farbe und bestehen aus zahlreichen, ziemlich kurzen Petalen, die sich so zurückwölben, daß sie sich gegenseitig überlagern, weshalb die Blüten einer übergroßen, glutroten Rosette gleichen, was die gelben Staubgefäße in der Mitte noch unterstützen. Die Blüten sind leicht duftend. Diese Rose eignet sich für Beete und Rabatten, ist jedoch fast ausschlielich in Frankreich verbreitet. Sie hat einen kräftigen, aufrechten Wuchs in mittlere Höhe und trägt

'Le Rouge et Le Noir'

'Lawinia'

dunkelgrüne Blätter, die im Frühstadium noch rötlich sind. Der Name könnte einem Roman von Stendhal nachempfunden sein oder sich auf die Farben der Roulettescheibe beziehen. **ZONEN 4–9.**

Delbard, Frankreich, 1973

Eltern unbekannt

## 'LE SOLEIL'

FLORIBUNDA, ORANGEROT, ÖFTERBLÜHEND

Diese Sorte bringt kleine, formschöne Rosen in Büscheln mit wenigen Blüten hervor. Diese sind leuchtend orangerot mit einer schwarzroten Tönung an den äußeren Petalen, was den Gesamteindruck verstärkt. Die Pflanze ist niedrig, untersetzt und mit großen, glänzenden, sattgrünen Blättern besetzt, die sehr attraktiv wirken und die brillant gefärbten Blüten noch unterstreichen. Das Laub ist gesund, aber die Blüten kommen recht spärlich und erneuern sich ziemlich langsam. 'Le Soleil' eignet sich zum Schnitt und bringt eine lebhafte Farbe ins Haus. **ZONEN 5–9.**

Mallerin, Frankreich, 1959

Eltern unbekannt

## 'LE VÉSUVE'

Syn. 'Lemesle'

ALTE R., CHINAROSE, ROSA+, ETWAS NACHBLÜHEND

'Le Vésuve' hat wohlgeformte, spitze Knospen, die sich zu losen Blüten in Karminrot bis Rosa und manchmal auch in feurigem Rot öffnen. Die Blüten sind sehr groß, gefüllt und filigran geädert. Die Farbe der lockeren Blüten mit ihrer offenen Mitte hängt ganz davon ab, ob

'Le Vésuve'

'Léda'

'Legacy Jubilee'

'Legend'

'Lelia Laird'

'Leander'



die Pflanze in der Sonne oder im Schatten steht. Der wuchsfreudige, niedrige Strauch gedeiht am besten an einem warmen Standort, wird 1,2–1,5 m hoch und hat einen sparrigen Wuchs. Das Laub wechselt mit zunehmendem Alter von Kupferfarben in ein glänzendes Grün. Ihre rundliche Gestalt macht diese Rose zu einer idealen Beetpflanze, sie eignet sich aber auch als Kübelpflanze. Große, rote Stacheln und ein zarter Duft runden ihre Schönheit ab. **ZONEN 6–10.**

Laffay, Frankreich, 1825

Eltern unbekannt

## 'LEANDER' AUSlea

STRAUCHROSE, APRICOT+, ETWAS NACHBLÜHEND

Die auch als Englische Rose bezeichnete 'Leander' besitzt rosa- bis apricotfarbene Blüten, deren Mitte eine intensivere Färbung aufweisen. Diese öffnen sich flach mit dicht gedrängten, ineinander gefalteten Petalen, als ob sie in der kleinen Blüte nicht genug Platz finden würden. Ihr Wuchs ist stark, vor allem in warmen Klimazonen, wo sie anderthalbmal so groß werden kann wie eine durchschnittliche Strauchrose und wo sie oft auch als Kletterrose für Mauern, Zäune oder Säulen dient. Damit 'Leander' genügend Platz zum Ausbreiten hat, muß ihr Standort zuvor genau geplant werden. Die Blüten sind duftend und erscheinen in großen Büscheln auf schlanken Stielen. Im Sommer blüht sie am stärksten, später werden die Blüten spärlicher. Die Pflanze besitzt einen recht offenen Wuchs und glatte, mittelgrüne Blätter. **ZONEN 4–9.**

Austin, Großbritannien, 1982

'Charles Austin' × Sämling

## 'LÉDA'

**Syn. 'Painted Damask'**

ALTE R., DAMASZENERROSE, WEISS

Diese nach 170 Jahren immer noch beliebte Rose hat rotbraune Knospen, die beim Aufblühen ein knopfartiges Auge aus kugelförmig nach innen zurückgebogenen, kleinen Petalen freilegt. Die milchig-weißen Petalen sind karminrot umsäumt. Die Pflanze hat dunkelgrüne, behaarte, mattglänzende Blätter und wird etwa 1 m hoch; obwohl sie in die Breite wächst, kann man sie leicht in einer kompakten Form halten. Wird nach der Blüte ins alte Holz zurückgeschnitten, so bringt diese winterharte, krankheitsfeste Rose ihre stark duftenden Blüten im späten Frühjahr und erneut im Herbst hervor. Viele betrachten sie deshalb nicht als Damaszenerrose und stufen sie als Portlandrose ein. Sie trägt ihren Namen nach einer Königstochter aus der griechischen Mythologie, die von Göttervater Zeus in Gestalt eines Schwanes verführt wurde. Weiterhin gibt es auch einen rosafarbenen Sport namens 'Pink Léda'. **ZONEN 4–10.**

Vor 1827

Eltern unbekannt

## 'LEGACY JUBILEE'

TEEHYBRIDE, GELB+, ÖFTERBLÜHEND

Die langen, spitzen Knospen dieser Teehybride öffnen sich zu farbenprächtigen, gelben Blüten, deren einzelne Kronblätter rot gerändert sind. Die Blüten sind ziemlich groß, offen-becherförmig und verströmen einen recht durchdringenden, aber zufriedenstellenden Duft. Die Blütenfolge bleibt in wärmeren Klimazonen während der gesamten Saison von Sommer bis Herbst erhalten; in solchen Gegenden ist 'Legacy Jubilee' für den Anbau im Garten gut eignet. Die wuchsfreudige Pflanze hat einen aufrechten Wuchs und zeichnet sich durch große, glänzende Blätter aus. Wie sich die Pflanze in kühleren Klimaten macht, ist bislang noch nicht bekannt. Der Name erinnert an ein Jubiläum des *Legacy Club*, eines Fachverbandes australischer Juristen in der australischen Provinz Viktoria. **ZONEN 4–9.**

Dawson, Australien, 1974

'Great Venture' × 'Fred Streeter'

## 'LEGEND' JACtop

**Syn. 'Top Star'**

TEEHYBRIDE, ROT, ÖFTERBLÜHEND

'Legend' hat spitze, pralle Knospen, die sich zu großen Blüten mit etwa 30 Petalen öffnen. Die jungen Blüten haben eine hohe Mitte, werden mit der Zeit jedoch rundlicher, wobei sich die Petalen symmetrisch anordnen. Die Blüten sind leuchtend rot und kommen normalerweise einzeln; aufgrund ihrer langen Haltbarkeit und der langen Stiele eignet sich diese Rose sowohl zum Schnitt als auch für Beete, Rabatten und als Hecke. Die Blüten sind etwas duftend und erneuern sich den ganzen Sommer und Herbst hindurch. Die wuchsfreudige Pflanze zeichnet sich durch einen stattlichen, aufrechten und buschigen Wuchs bis in mittlere Höhe aus und trägt matte, dunkelgrüne Blätter. **ZONEN 4–9.**

Warriner, USA, 1992

'Grand Masterpiece' × Sämling

## 'LELIA LAIRD'

ZWERGROSE, ORANGE+, ÖFTERBLÜHEND

Diese Rose trägt eine Überfülle an gefüllten, orangeroten Blüten aus 40 Petalen und einer gelben Mitte. Die Blüten besitzen einen starken Teeduft und zeigen oft eine edle Form, wenngleich sie sich in den meisten Klimaten ziemlich schnell öffnen. Man kann die Blüten für eine traditionelle Zwergrose sogar als etwas zu groß betrachten. Die Pflanze wächst normalerweise hoch und aufrecht, kann sich in kühleren Gegenden aber auch ausbreiten. Die Blätter sind mittelgrün und haben schöne, rot gefärbte Ränder. **ZONEN 5–11.**

Bennett, USA, 1979

'Contempo' × 'Sheri Anne'

## 'LEMON BLUSH' SIElemon

STRAUCHROSE, HELLGELB

Diese Rose wurde in Norddeutschland innerhalb einer Sortenreihe winterharter Rosen gezüchtet; die angegebene Zuchtlinie umfaßt Alba-Rosen sowie aus *Rosa kordesii* gezogene Formen. Die Blüten sind blaßgelb mit cremefarbener Tönung, offen und ziemlich flach mit Dutzenden kleiner, übereinandergefalteter Petalen gefüllt. Diese sind weich strukturiert und süß duftend. Die Sommerblüte ist üppig, doch erneuern sich die Blüten später im Jahr nicht mehr. Die Pflanze hat einen kräftigen, strauchigen Wuchs und bringt längere, aufrechte Triebe hervor, die aufgrund des Gewichts der Stiele und der Blätter überhängen. Diese Rose eignet sich gut für eine Rabatte inmitten anderer Pflanzen, da sie höher und breiter wächst als durchschnittliche Strauchrosen. Die Pflanze trägt robustes, mittelgrünes Laub. **ZONEN 4–9.**

Sievers, Deutschland, 1988

Eltern unbekannt

## 'LEMON DELIGHT'

ZWERGROSE, REIN GELB, ÖFTERBLÜHEND

Die langen, spitzen und bemoosten Knospen öffnen sich zu wunderschönen, kleinen Blüten, deren 10 Petalen in einem hellen Buttergelb erstrahlen. Die hübschen Blüten besitzen einen starken Zitronenduft, was wohl unter anderem die Namensgebung beeinflußt hat. (Das englische *lemon* bedeutet im Deutschen „Zitrone".) Die wuchsfreudige, reichblühende, gesunde Pflanze wächst buschig und aufrecht. Die Farbe ist in den meisten Klimazonen recht beständig, und die Bemoosung fügt darüber hinaus noch einen besonderen Reiz hinzu. 'Lemon Delight' ist einer der herausragenden Zuchterfolge des amerikanischen Züchters Moore – mit ihr gelang ihm die Einführung einer bemoosten Zwergrose , die aber gleichzeitig die Eigenschaft beibehalten hat, mehrfach zu blühen. **ZONEN 5–11.**

Moore, USA, 1978

'Fairy Moss' × 'Goldmoss'

'Lemon Blush'

'Lemon Delight'

'Leander'

## 'LEMON ELEGANCE'

TEEHYBRIDE, REIN GELB, ÖFTERBLÜHEND

Die langen und spitzen Knospen dieser Sorte öffnen sich zu großen Blüten von zitronengelber Farbe. Die jungen Blüten sind formschön, haben eine hohe Mitte und bestehen aus fast 40 Petalen. Sie haben einen angenehmen Duft. Nach der ersten Blüte erneuern sich die Blüten den ganzen Sommer und Herbst hindurch. Sie sitzen auf langen Stielen und lassen sich gut schneiden. 'Lemon Elegance' eignet sich am besten für Rabatten und Hecken, doch ist sie inzwischen im Handel kaum mehr erhältlich. Die wuchsfreudige Pflanze hat aufrechte Stiele, wird überdurchschnittlich hoch und trägt kleine, lederartige Blätter. **ZONEN 4–9.**

Jones, USA, 1960

Eltern unbekannt

## 'LEMON GLOW'

TEEHYBRIDE, REIN GELB, ÖFTERBLÜHEND

'Lemon Glow' besitzt lange, spitze Knospen, die sich zu sehr großen Blüten mit bis zu 60 Petalen öffnen. Die zitronengelben Blüten kommen einzeln oder in Büscheln zu dritt auf langen, kräftigen Stielen, sind schön geformt und haben eine hohe Mitte. Sie weisen einen merklichen Duft auf, und nach einem üppigen ersten Flor folgen weitere Blüten mit Unterbrechungen den Sommer und Herbst hindurch. Diese Rose eignet sich sowohl zum Schnitt und für Ausstellungen als auch für den Garten. Sie ist nur noch in Nordamerika anzutreffen, aber dort offenbar auch nicht mehr im Handel erhältlich. Die Pflanze hat einen kräftigen, aufrechten Wuchs, wird mittelgroß und trägt hellgrüne, ziemlich zarte Blätter. **ZONEN 4–9.**

Schwartz, USA, 1964

'Sunlight' × 'Golden Masterpiece'

## 'LEMON HONEY' DICkindle

FLORIBUNDA, HELLGELB, ÖFTERBLÜHEND

Diese Sorte zählt zu jenen Rosensorten, die man nur schwer einer Klasse zuordnen kann, da ihre Blüten zwar so groß wie die mancher Teehybriden werden, dafür aber in Büscheln angeordnet sind. Die Blüten sind gelb, an den Petalenrändern blasser und in der Mitte von dunklerer Farbe, wobei die Ränder der äußeren Petalen mit dem Alter einen Rosaton annehmen. Sie haben einen leichten Duft und blühen den ganzen Sommer und Herbst hindurch. Diese Rose eignet sich für Beete und Rabatten oder als niedrige Hecke. Die Pflanze ist wuchsfreudig, mittelgroß und bringt an der Basis viele Triebe hervor. Ihr Laub ist dunkelgrün und bietet einen schönen Kontrast zu den hellen Blüten. **ZONEN 4–9.**

Dickson, Großbritannien, 1986

Eltern unbekannt

'Lemon Elegance'

'Lemon Glow'

'Lemon Sherbet'

'Lemon Honey'

'Lemon Spice'

## 'LEMON SHERBET'

TEEHYBRIDE, HELLGELB, ÖFTERBLÜHEND

Dieser aus einer weißen Rose entstandene Sport weist noch viele weiße Farbanteile auf, wobei die gelbe Färbung mehr auf die Blütenmitte beschränkt ist. Die Blüten entwickeln sich aus prallen Knospen und sind mit etwa 35 Petalen recht groß. Die leicht duftenden Blüten haben eine hohe Mitte und sitzen auf geraden Stielen, die sich gut schneiden lassen und sich dank der langen Haltbarkeit der Blüte für Arrangements oder für Ausstellungen eignen. Sie machen sich auch im Garten sehr gut, da sich die Blüten im Sommer und Herbst regelmäßig erneuern. Die wuchsfreudige Pflanze wächst aufrecht bis in mittlere Höhe und hat große, lederartige Blätter. **ZONEN 4–9.**

Kern, USA, 1973

Sport von 'Florence'

## 'LEMON SPICE'

TEEHYBRIDE, HELLGELB, ÖFTERBLÜHEND

Diese Rose zeichnet sich durch einen fruchtigen, würzigen Duft aus, der oft als „schwer, ungewöhnlich, aber angenehm" beschrieben wird und als Hauptgrund für ihren Anbau gilt. Die elegant zugespitzten Knospen entwickeln sich zu großen, gefüllten Blüten mit hoher Mitte, die mit zunehmender Ausdehnung der Petalen runder werden. Die blaßgelben Blüten sind schön geformt, jedoch für die schlanken Stiele oft zu schwer; diese neigen sich dann herab, was den Wert als Garten- und Schnittrose mindert. Die erste Blüte ist sehr üppig, im Sommer und Herbst werden die Blüten mit Unterbrechungen erneuert. 'Lemon Spice' hat einen sich ausbreitenden knapp mittelhohen Wuchs und trägt dunkle, ledrige Blätter. **ZONEN 4–9.**

Armstrong & Swim, USA, 1966

'Helen Traubel' × Sämling

## 'LEN TURNER' DICjeep

**Syn. 'Daydream'**

FLORIBUNDA, ROT+, ÖFTERBLÜHEND

Diese Sorte trägt Büschel aus mäßig großen Blüten, deren ca. 35 kleine Petalen rot überhaucht sind und an den Rändern eine attraktive, rötlich-rosafarbene Tönung aufweisen. Die Blüten öffnen sich pomponförmig, wobei die vielen aufeinandergeschichteten Petalen einen reizvollen Farbeffekt hervorrufen. Diese Rose hat einen leichten Duft, und wenn die Hauptblüte vorbei ist, entwickeln sich im Sommer und Herbst meist auch weiterhin neue Blüten. Der ungewöhnliche und unverwechselbare Charakter der Blüten macht diese Sorte für Beete und Rabatten oder eine niedrige Hecke sehr interessant. Sie eignet sich aber auch für kleine Arrangements. Die Pflanze ist ziemlich wuchsfreudig, reichverzweigt, buschig und bleibt eher niedrig. Die sehr zahlreichen Blätter sind dunkelgrün und mattglänzend. Sie wurde nach dem langjährigen Generalsekretär der *Royal National Rose Society* benannt. **ZONEN 4–9.**

Dickson, Großbritannien, 1984

'Electron' × 'Eyepaint'

Royal National Rose Society Certificate of Merit 1983

'Len Turner'

## 'LEON LECOMTE'

ALTE R., DAMASZENERROSE, DUNKELROSA

Diese äußerst seltene Damaszenerrose ist von sattem Rosa, wobei die Petalen am Ansatz zitronengelb sind. Die großen, gefüllten Blüten verblassen in praller Sonne, daher sollte die Rose leicht schattig stehen. Sie blüht den ganzen Sommer hindurch und verströmt einen süßen Duft. Der Strauch trägt bleigrüne Blätter und wird 1,5–1,8 m hoch. Dank seiner Kompaktheit eignet er sich als Hecke oder für Rabatten. Im Herbst setzt diese Sorte reichlich runde Hagebutten an. Damaszenerrosen werden für die Destillation von Rosenöl herangezogen – viele behaupten sogar, daß sie zu den bestriechenden Rosen überhaupt gehören. **ZONEN 5–10.**

Eltern unbekannt

## 'LÉONARDO DA VINCI'

MEIdeauri

**Syn. 'Léonard de Vinci', 'Leonardo da Vinci'**

FLORIBUNDA, HELLROSA, ÖFTERBLÜHEND

Diese Sorte gehört zu einer Rosengruppe, die Meilland nach Künstlern und Dichtern benannt hat und „die vom Typus her altmodisch sind, aber zeitgemä-

ße Qualitäten wie Krankheitsfestigkeit und wiederholte Blüte besitzen". Die schwach duftenden Blüten von 'Léonardo de Vinci' sind groß, gut gefüllt und besitzen über 40 Petalen, wobei die mittleren beim Öffnen der Blüten gegeneinander gefaltet sind. Sie erscheinen in Büscheln auf kräftigen Stielen und blühen den ganzen Sommer und Herbst hindurch. Diese wuchsfreudige Rose eignet sich sowohl für Rabatten als auch für Hecken und Beete, hat einen buschigen Wuchs bis in mittlere Höhe und trägt dunkelgrüne, glänzende Blätter.
**ZONEN 4–9.**

Meilland, Frankreich, 1994

'Sommerwind' × (MEIrose × 'Rosamunde')

Monza Goldmedaille 1993

## 'LEONIE LAMESCH'

POLYANTHAROSE, ORANGE+, ÖFTERBLÜHEND

Die Farbenpracht der 'Leonie Lamesch' ist für eine Rose aus dem 19. Jh. außergewöhnlich. In den Beschreibungen amerikanischer Importeure heißt es über die, Sorte, daß „der Strauch oft zehn unterschiedlich getönte Blüten gleichzeitig trägt, die von Cochenillerot in der Knospe bis zu glühendem, orange getöntem Kupferrot beim Öffnen der Blüten reichen". Die würzig duftenden Blumen sind locker halbgefüllt, stehen meist in Büscheln mit bis zu 25 Blüten auf langen, elastischen Stielen und zeigen ihre ganze Schönheit, wenn sie sich weit geöffnet haben. 'Leonie Lamesch' blüht den ganzen Sommer und Herbst hindurch. An Stellen, wo sich ein hochaufgeschossener Wuchs gut macht, lohnt es sicher, diese Polyantharose zu pflanzen. Der wuchsfreudige Strauch wird mittelhoch und trägt dichtes, grünes Laub, das beim Austrieb rötlich getönt ist.
**ZONEN 5–9.**

Lambert, Deutschland, 1899

'Aglaia' × 'Kleiner Alfred'

'Leonie Lamesch'

'Léonor de March'

## 'LÉONOR DE MARCH'

TEEHYBRIDE, DUNKELROT, ÖFTERBLÜHEND

Die langen, spitzen Knospen dieser Sorte öffnen sich zu großen Blüten mit dunkler, blutroter Farbe und hoher Mitte, deren breite Petalen die Sonnenstrahlen mit einem samtigen Schein reflektieren. Die wohlduftenden Blüten sitzen auf kräftigen Stielen, weshalb sich diese Rose sowohl zum Schnitt als auch für den Garten in Beeten und Rabatten eignet. Die Blüten erneuern sich den ganzen Sommer und Herbst hindurch. Bei aufrechtem Wuchs wird die Pflanze mittelgroß oder größer und besitzt glänzendes Laub. 'Léonor de March' ist zur Zeit nicht im Handel erhältlich, wobei sie auch nur in wärmeren Klimaten gut gedeiht. **ZONEN 5–10.**

Camprubi, Spanien, 1957

'J. M. Lopez Pico' × 'Poinsettia'

Rom Goldmedaille 1958

## 'LÉONTINE GERVAIS'

GROSSBLUMIGE KLETTERROSE, APRICOT+

Die kupferroten Knospen dieser Rose öffnen sich zu becherförmigen Blüten, die sich später zu halbgefüllten Blüten entwickeln, wobei ihre lachsfarbene und gelbe Tönung mit zunehmendem Alter verblaßt. Je drei bis zehn der gewaltigen Blüten stehen in Büscheln zusammen. Die Farbmischung der großen, duftenden Blüten ist höchst attraktiv. Das junge Laub ist bronzefarben, doch wird es mit der Zeit dunkel und glänzend. In drei bis vier Jahren wächst sie bis zu 6 m heran, eignet sich besonders für Pergolen, Mauern oder Bäume und verträgt auch etwas Schatten. Eine Nachblüte gibt es jedoch nur in wärmeren Gegenden. Diese Rose war eine von 30 Sorten, die der aus dem französischen Orléans stammende Barbier Anfang des 20. Jh. gezüchtet hat.
**ZONEN 4–10.**

Barbier, Frankreich, 1903

*Rosa wichuraiana* × 'Souvenir de Catherine Guillot'

## 'LES AMOUREUX DE PEYNET' MEItobla

**Syn. 'Efekto 21', 'Simply Magic'**

FLORIBUNDA, DUNKELROSA, ÖFTERBLÜHEND

Diese Sorte hat einen niedrigen, sich ausbreitenden Wuchs und kann schon fast als Bodendeckerrose beschrieben werden. Sie eignet sich sehr gut für kleine Gärten und Rabatten, wo trotz begrenzten Raumes ein Maximum an Farben gewünscht wird. Sie macht sich jedoch auch in größeren Pflanzungen recht gut. Die halbgefüllten Blüten haben einen warmen rosaroten Farbton, der auf den Unterseiten der Petalen dunkler ist, weshalb die Blüten beim Öffnen einen Zweifarbeneffekt erzielen. Sie sind becherförmig mit leicht gekräuselten Petalrändern, klein bis mittelgroß und duften leicht. Die wuchsfreudige Pflanze wird kaum mittelhoch und trägt glänzende, hellgrüne Blätter. **ZONEN 5–9.**

Meilland, Frankreich, 1992

Eltern unbekannt

Bagatelle Goldmedaille 1991, Rose des Jahrhunderts Lyon 1992

'Léontine Gervais'

'Les Amoureux de Peynet'

## 'LES SJULIN'

TEEHYBRIDE, ROSA+, ÖFTERBLÜHEND

Die Blüten der Sorte sind auf der Petalinnenseite korallrosa, außen jedoch hellrot gefärbt. Sie sind urnenförmig, kommen einzeln oder in Büscheln aus bis zu acht Blüten und öffnen sich becherförmig. Sie besitzen einen angenehmen, leichten und süßen Duft, erneuern sich den ganzen Sommer und Herbst hindurch und sind nach dem Schnitt lange haltbar. Die wuchsfreudige Pflanze hat einen aufrechten, überdurchschnittlich hohen Wuchs und eignet sich für Rabatten oder als Sichtschutz. Die Blätter sind dunkelolivgrün. Diese winterharte Rose ist jedoch nur bei Gärtnereien in kühleren Gegenden der USA erhältlich.
**ZONEN 4–9.**

Buck, USA, 1981

'Country Dancer' × (['Dornröschen' × 'Gloria Dei'] × 'Pink Peace')

'Leslie's Dream'

## 'LESLIE'S DREAM' DICjoon

**Syn. 'Dieter Wedel'**

TEEHYBRIDE, ROT+, ÖFTERBLÜHEND

Die großen, karminroten Blüten dieser roten Teehybride werden von langen Stielen getragen, was wohl einer der Gründe ist, sie als Schnittblume und auch als Ausstellungsrose zu verwenden. Sie verströmen kaum Duft, doch sorgen sie im Sommer und Herbst hindurch für eine kontinuierliche Blüte. Diese Sorte eignet sich sehr gut als Gruppenpflanze in Rabatten. 'Leslie's Dream' ist durch einen aufrechten, verzweigten Wuchs gekennzeichnet, wird mittelgroß und ist mit großen, dunkelgrün glänzenden Blättern besetzt. **ZONEN 4–9.**

Dickson, Großbritannien, 1994

'Bonfire Night' × 'Taifun'

Royal National Rose Society Trial Ground Certificate 1983

'Liebeszauber'

'Leverkusen'

'Lilac Rose'

## 'LEUCHTSTERN'

RAMBLERROSE, ROSA+

Diese nun schon 100 Jahre alte Rose, die sich am besten als kurzer Rambler klassifizieren läßt, ist inzwischen fast völlig verschwunden. Die schwach duftenden, einfachen, dunkelrosafarbenen Blüten sind mittelgroß und erscheinen in Büscheln. In der Mitte sind die Blüten weiß. Im Frühsommer hat diese Rose einen langen, reichen Flor, der von vielen roten Hagebutten abgelöst wird. Die kurzen, kräftigen Stiele entwachsen einer hohen, winterharten, buschigen Pflanze, die ein gesundes Laub trägt. Sie gedeiht auf mageren Böden recht gut. **ZONEN 4–10.**

Schmidt, Deutschland, 1899

'Daniel Lacombe' × 'Crimson Rambler'

'Leveson Gower'

## 'LEVERKUSEN'

RAMBLERROSE, HELLGELB, ÖFTERBLÜHEND

Die mittelgroßen Blüten dieser Sorte sind halbgefüllt und bilden gut gefüllte Büschel, wenn sie sich zu hellgelben Rosetten öffnen. Die sommerliche Hauptblüte einer gutgewachsenen 'Leverkusen' ist ein wahrer Augenschmaus, zumal die blaßgelbe Farbe der Blüten einen wunderbaren Kontrast zum hellen, glänzendgrünen, fein gesägten Laub bildet. Die Blüten haben einen angenehmen, leichten Duft; sie erneuern sich sporadisch bis zum Spätsommer und Herbst. Diese Kletterrose läßt sich leicht auf Bögen, Säulen, Zäunen und Mauern lenken und bringt viele schlanke, überhängende Stiele hervor, die sich gut festbinden lassen. Sie erreicht mit etwa 2,4 m die für eine Kletterrose durchschnittliche Ausdehnung und kann auch ohne Stütze angebaut werden; dann bildet sie einen wuchernden, wirren Strauch, der mehr in die Breite als in die Höhe geht. 'Leverkusen' wurde nach dem Hauptsitz eines großen deutschen Chemieunternehmens benannt. **ZONEN 4–9.**

Kordes, Deutschland, 1954

*Rosa kordesii* × 'Golden Glow'

## 'LEVESON GOWER'

**Syn. 'Leverson Gower', 'Leweson Gower', 'Souvenir de la Malmaison Rose'**

ALTE R., BOURBONROSE, ORANGEROSA, ETWAS NACHBLÜHEND

Diese Rose wird oft mit der roten Form der 'Souvenir de la Malmaison' verwechselt – weshalb sie wohl auch manchmal unter diesem Namen erscheint. Mit ihren spitzen Knospen, die sich zu gefüllten, becherförmigen, sehr großen Blüten mit rot schattierten, lachsfarbenen Petalen öffnen, sieht sie fast wie eine Teehybride aus. Die duftenden Blüten breiten sich über glattem, hellgrünem Laub aus. Der kräftige Strauch wird bis zu 1,8 m hoch, neigt in feuchter Witterung zu Mehltau und besitzt einige Stacheln. **ZONEN 5–10.**

Béluze, Frankreich, 1845

Eltern unbekannt

## 'LICHTKÖNIGIN LUCIA'

KORlilub

**Syn. 'Lucia', 'Reine Lucia'**

STRAUCHROSE, REIN GELB, ÖFTERBLÜHEND

Ein Kenner beurteilte diese Rose als die „vermutlich am meisten unterschätzte gelbe Züchtung aller Zeiten". Die einzelnen, auf kräftigen Stielen stehenden Büschel bestehen aus mehreren, intensiv zitronengelb getönten Blüten. Sie sind mittelgroß bis groß, bestehen aus 18 Petalen und öffnen sich flach-schalenförmig, wobei die schönen roten Staubgefäße in der Mitte halb versteckt bleiben. Die Blüten besitzen einen angenehmen Duft und erneuern sich nach einer üppigen ersten Blüte den ganzen Sommer und Herbst hindurch. 'Lichtkönigin Lucia' eignet sich hervorragend für gemischte Rabatten, in milderem Klima kann man die Sorte auch als niedrige Kletterrose an einer Säule emporziehen. Die gut mittelhohe Pflanze kennzeichnet sich durch einen hohen, aufrechten und reichverzweigten Wuchs und ist krankheitsfest. Die Stiele sind stachelig, die großen dunkelgrünen Blätter sind gewellt und ziemlich glänzend.
**ZONEN 4–9.**

Kordes, Deutschland, 1966

'Zitronenfalter' × 'Climbing Cläre Grammerstorf'

ADR-Rose 1968

## 'LIEBESTRAUM'

**siehe 'Red Queen'**

## 'LIEBESZAUBER' KORmiach

**Syn. 'Crimson Spire'**

TEEHYBRIDE, ROT, ÖFTERBLÜHEND

Die Blüten dieser Sorte sind recht groß und von einer satten, blutroten Farbe. Sie sind reichblühend und sitzen meist auf einem Stiel. Nach dem Öffnen weisen sie eine hohe Mitte auf, werden dann aber locker becherförmig mit gewellten, sich umschließenden mittleren Petalen, die in allen Stadien attraktiv wirken. Nach dem Verwelken fallen die Petalen säuberlich ab. Sie haben einen merklichen Duft, und nach dem Ende des ersten Flors erneuern sich die Blüten den ganzen Sommer und Herbst hindurch. Die sehr wuchsfreudige Pflanze entwickelt viele Triebe mit einem steifen, aufrechten Wuchs bis in überdurchschnittliche Höhe. Die jungen Blätter sind rötlich getönt, werden aber mit der Zeit zunehmend dunkelgrün.
**ZONEN 4–9.**

Kordes, Deutschland, 1990

Sämling × 'Aachener Dom'

## 'LIFESTYLE' MORdarain

ZWERGROSE, ROSA+, ÖFTERBLÜHEND

'Lifestyle' hat mäßig gefüllte Blüten mit 15–25 Petalen. Sie besitzen einen leichten Duft, und ihre rosafarbene Tönung bleibt in den meisten Klimaten gut erhalten. Auf dem Stiel entwickelt sich immer nur eine Blüte, die sich ausgesprochen schnell erneuert. Die gut abgerundete, aufrechte Pflanze trägt mattglänzendes, mittelgrünes Laub. **ZONEN 5–11.**

Moore, USA, 1992

'Little Darling' × 'Rainbow's End'

## 'LIGHTS OF BROADWAY'

SAValights

ZWERGROSE, ROT, ÖFTERBLÜHEND

Die kleinen, lebhaft rötlich mit orangegelber Tönung gefärbten Blüten dieser Rose sind mit 40 oder mehr Petalen sehr dicht gefüllt. Normalerweise erscheinen die Blüten einzeln und eignen sich mehr für Ausstellungen als für den eigenen Garten. Die Blüten bleiben den ganzen Sommer und Herbst hindurch erhalten, doch besitzen sie keinen nennenswerten Duft. Die Pflanze wächst aufrecht bis in mittlere Höhe und hat mattglänzende, mittelgrüne Blätter. **zonen 5–9.**

Saville, USA, 1993

('Tamango' × 'Yellow Jewel') × 'Party Girl'

## 'LILAC CHARM'

FLORIBUNDA, MAUVE, ÖFTERBLÜHEND

Die Blüten sind von attraktiver, blaßlila-mauvefarbiger Tönung und zeigen markante, rote Staubgefäße. Die aus etwa 12 großen Petalen bestehenden Blüten öffnen sich schalenförmig und wirken für eine Floribundarose recht groß. Sie duften angenehm und blühen kontinuierlich den ganzen Sommer und Herbst hindurch. Obwohl sie schon vor fast 40 Jahren eingeführt wurde, ist diese Rose immer noch weit verbreitet – vor allem in wärmeren Ländern, wo Kälte und Regen die Lilatönung der Blüten nicht so leicht auswaschen können. Die Rose eignet sich als ungewöhnliche, aber attraktive Begleitung in Beeten und Rabatten sowie als Schnittblume, solange die Blüten noch knospig sind. Die Pflanze wächst aufrecht, ist mäßig wuchsfreudig und bleibt recht niedrig; das Laub ist mattdunkelgrün. **ZONEN 4–9.**

LeGrice, Großbritannien, 1962

Sämling von 'Lavender Pinocchio'

Goldmedaille der Royal National Rose Society 1961

## 'LILAC ROSE' AUSlilac

**Syn. 'Old Lilac'**
STRAUCHROSE, ROSA+, ÖFTERBLÜHEND

Diese Sorte trägt große, lilarosafarbene Blüten mit über 40 Petalen. Die Blüten kommen in kleinen Büscheln und öffnen sich zu großen Rosetten; in feuchter Witterung können sie aber auch im Aufblühen steckenbleiben und Mumien bilden. Sie besitzen einen starken Duft und blühen den ganzen Sommer und Herbst hindurch. Diese Sorte eignet sich als Blickfang für den Rand eines Strauchervbeetes, wobei ihre Farbe gut mit Alten Gartenrosen und vielen anderen Gartenpflanzen harmoniert. Die aus als englische Rose bezeichnete Pflanze hat einen buschigen, aufrechten Wuchs bis fast in mittlere Höhe und ist mit olivgrünem, mattglänzendem Laub besetzt.
**ZONEN 4–9.**

Austin, Großbritannien, 1990

Sämling × 'Hero'

## 'LILAC TIME'

TEEHYBRIDE, MAUVE, ÖFTERBLÜHEND

Die Blüten von 'Lilac Time' sind wohlgeformt und haben nach dem Öffnen eine hohe Mitte. Sie werden ziemlich groß und später locker becherförmig mit 35 Petalen. Bei ihrer ersten Beurteilung in Großbritannien hat man ihre Farbe mit Lavendel verglichen und sie als die „bislang vermutlich beste Sorte in dieser Farbklasse" bezeichnet. Dennoch muß man die Farbe eher als Rosarot bezeichnen, obwohl warmes, sonniges Klima auch verstärkt die Lilatöne hervorhebt. Die Blüten sind süß duftend und blühen nach dem ersten Flor den Sommer und Herbst hindurch. Sammler „blauer" Rosen werden diese Sorte zweifellos gerne in ihre Sammlung aufnehmen. Die mäßig wuchsfreudige Pflanze bleibt recht niedrig und trägt kleine, mittelgrüne Blätter. **ZONEN 4–9.**

McGredy, Großbritannien, 1956

'Golden Dawn' × 'Luis Brinas'

National Rose Society Certificate of Merit 1955

## 'LILIAN AUSTIN' AUSli

STRAUCHROSE, ORANGEROSA, ÖFTERBLÜHEND

Die angenehm duftenden Blüten sind groß und mit etwa 30 gekräuselten Petalen von warmer, lachsrosafarbener Tönung gefüllt, die durch weite Öffnung sowohl die Staubgefäße als auch ihre attraktive Färbung zur Geltung bringen. Manchmal erscheinen sie einzeln oder in Büscheln bis zu fünf Stück. Nach der ersten Blüte sprießen im verbleibenden Sommer und Herbst weitere Blüten. Diese Sorte macht sich in Rabatten unter anderen Pflanzen recht gut. Ihr Wuchs ist breit, aber dennoch kompakt und erreicht die für Strauchrosen typische Höhe. In warmen Klimaten werden die Stiele länger und hängen über, hier kann diese Sorte auch als niedrige Kletterrose verwendet werden. Das üppige Laub ist dunkel und mattglänzend. David Austin benannte diese Rose nach seiner Mutter; die Sorte wird auch als Englische Rose bezeichnet. **ZONEN 4–9.**

Austin, Großbritannien, 1973

'Aloha' × 'The Yeoman'

'Lilian Austin'

'Lilac Time'

'Lilian Austin'

'Lilli Marleen'

## 'LILIAN BAYLIS' HARdeluxe

FLORIBUNDA, HELLGELB, ÖFTERBLÜHEND

Ihre Blüten stehen in gut verteilten Büscheln und öffnen sich mit einer sehr dichtgedrängten Mitte. Sie weiten sich langsam aus und werden flach, wobei die sich zurückbiegenden Petalen übereinanderschichten und viele Petalenspitzen sichtbar werden lassen. Die Farbe ist ein kühles, blaß-ledriges Gelb, das in der Blütenmitte an Intensität zunimmt. Die angenehm duftende Sorte eignet sich für Beete und als Gruppenpflanze in Rabatten. Sie ist auch eine hervorragende Schnittblume, da die Blüten lange haltbar und hübsch proportioniert sind – jede Rispe wirkt wie ein kleiner Strauß. Die Blüte setzt sich den ganzen Sommer und Herbst hindurch fort. Der wuchsfreudige Strauch wird breit und kaum mittelhoch; er ist mit üppigem, sattgrünem Laub ausgestattet. **ZONEN 4–9.**

Harkness, Großbritannien, 1996

Sämling von 'Amber Queen'

## 'LILLI MARLEEN' KORlima

**Syn. 'Lili Marléne', 'Lilli Marlene'**
FLORIBUNDA, ROT, ÖFTERBLÜHEND

'Lilli Marleen' ist ein gutes Beispiel für einen farbenfrohen Dauerblüher. Die eiförmigen Knospen öffnen sich zu etwas duftenden, mit 25 Petalen gefüllten Blüten von 8 cm Durchmesser. Die im Frühjahr den ganzen Strauch überziehenden, feuerroten Blüten sind von samtigem Glanz und vertragen sowohl heiße als auch kalte Witterung. Sie kommen in kleinen Büscheln aus 10–15 Einzelblüten. Das Laub dieser ziemlich buschigen, untersetzten und schon seit 40 Jahren sehr beliebten Rose ist lederartig und dunkelgrün, aber nicht immer gesund. **'Climbing Lilli Marleen'** (PEKlimasar; Syn. 'Grimpant Lilli Marleen', 'Climbing Lili Marlene', 'Climbing Lilli Marlene'; Pekmez, Frankreich 1983) ist eine niedrig bleibende Kletterrose, die sich völlig mit wohlgeformten, lange haltenden roten Blüten überzieht. **ZONEN 5–10.**

Kordes, Deutschland, 1959

('Our Princess' × 'Rudolph Timm') × 'Ama'

Royal National Rose Society Certificate of Merit 1959, ADR-Rose 1960, Goldene Rose von Den Haag 1966

L

'Lincoln Cathedral'

'Limona'

'Limelight'

## 'LILLIAN GIBSON'

STRAUCHROSE, REIN ROSA

Die großen, gefüllten Blüten dieser Rose kommen in Büscheln aus 15–25 Einzelblüten. Jede Blüte hat einen Durchmesser von 8 cm. Sie stehen während des Sommers auf langen, überhängenden Trieben und duften sehr stark. In zwei Jahren kann diese sehr winterharte Sorte bis zu 2,7 m groß werden, sie neigt jedoch leicht zu Rostpilz. 'Lillian Gibson' zählt zu den ersten erfolgreichen Züchtungen von wirklich winterharten Rosen. Die *Minnesota Agricultural Experiment Station* in den USA hat eine sehr ausführliche Studie über die Winterhärte von Rosen durchgeführt. **ZONEN 4–11.**

Hansen, USA, 1938

*Rosa blanda* × 'Opa Pötschke'

## 'LILY FREEMAN'

STRAUCHROSE, REIN ROSA, ÖFTERBLÜHEND

Die einfachen, süß duftenden Blüten dieser Sorte sind von rosaroter Farbe mit einer leicht mauvefarbigen Tönung und werden vom späten Frühjahr bis in den Spätherbst in kleinen Büscheln hervorgebracht. Sie entwickeln eine Überfülle an glänzend roten Hagebutten, die zusammen mit den späteren Blüten ein reizvolles Bild ergeben – vor allem im Spätherbst, wenn sich das nervige Laub bronzefarben, gelb und golden verfärbt. Der Strauch ist sehr kompakt und krankheitsfest. Diese Sorte eignet sich ausgezeichnet für eine niedrige Hecke oder eine gemischte Rabatte inmitten von Zwiebelgewächsen und Stauden. Der australische Züchter Ian Huxley aus Guildford hat diese Strauchrose nach seiner Mutter benannt. **ZONEN 5–10.**

Huxley, Australien, 1998

Sämling von *Rosa rugosa*

## 'LIME KILN'

RAMBLERROSE, WEISS

Diese sehr wuchsfreudige Pflanze, deren Ursprung unbekannt ist, hat man in einem alten Garten von Lime Kiln im englischen Suffolk entdeckt, der inzwischen

'Linda Campbell'

'Lily Freeman'

in einen Rosengarten umgestaltet wurde. Die kleinen, halbgefüllten Blüten mit seidenweißen Petalen erscheinen im Sommer in großen Rispen und öffnen sich becherförmig, wobei sie die gelben Staubgefäße freilegen und einen zarten Duft verströmen. Die große Pflanze bringt mattglänzendes, mittelgrünes Laub und rötlich-braune, stark mit hakenförmigen Stacheln besetzte Triebe hervor. **ZONEN 5–9.**

Großbritannien, wiedereingeführt 1970

Eltern unbekannt

## 'LIMELIGHT' KORikon

**Syn. 'Golden Medaillon'**

TEEHYBRIDE, HELLGELB, ÖFTERBLÜHEND

Die hellgelben Blüten dieser Rose können mit einem sanften Grünton überhaucht sein. Im halbgeöffneten Stadium zeigt 'Limelight' die formale Eleganz einer gefüllten Kamelie mit symmetrisch angeordneten, festen Petalen. Die gefüllten Blüten bestehen aus 35 Petalen, haben eine hohe Mitte und sind stark duftend. Das Laub des aufrechten, gut mittelgroßen Strauches ist dunkelgrün und mattglänzend. **ZONEN 5–10.**

Kordes, Deutschland, 1985

'Peach Melba' × Sämling

## 'LIMONA'

TEEHYBRIDE, HELLGELB, ÖFTERBLÜHEND

Die langen, großen Knospen von 'Limona' öffnen sich sehr langsam zu großen, wohlgeformten Blüten mit einer sehr weichen zitronengelben Farbe. Der Blütenreichtum ist ausgezeichnet und wiederholt sich rasch. Bei der großen, aufrechten Pflanze stehen die Blüten auf langen Stielen. Sie eignet sich sowohl für den Anbau unter Glas als auch im Freien; als Schnittblume ist sie äußerst lange haltbar. Wenn diese Rose einmal bekannter wird, gehört sie sicherlich zu den beliebtesten Rosen mit Cremefärbung. **ZONEN 5–10.**

Kordes, Deutschland, 1996

Eltern unbekannt

## 'LINCOLN CATHEDRAL'

GLAnlin

**Syn. 'Sarong'**

TEEHYBRIDE, ORANGE+, ÖFTERBLÜHEND

Die wie 'Winchester Cathedral' und 'Coventry Cathedral' nach englischen Kathedralen benannte 'Lincoln Cathedral' hat gefüllte Blüten mit 30 großen und wohlgeformten Petalen. Die äußeren Petalen sind rosa, die inneren orange mit gelber Rückseite – die Mischung der Farben brachte der Rose ihr Synonym ein. (Der Sarong ist ein gewickelter Rock indonesischer Frauen.) Die buschige Pflanze trägt dunkelgrünes, glänzendes Laub und hat viele rote Stacheln. **ZONEN 5–11.**

Langdale, Großbritannien, 1985

'Silver Jubilee' × 'Royal Dane'

Goldmedaille der Royal National Rose Society 1985

## 'LINDA CAMPBELL' MORten

**Syn. 'Tall Poppy'**

RUGOSA-HYBRIDE, ROT, ÖFTERBLÜHEND

Als Abkömmling der Kreuzung einer Rugosa-Hybride mit einer Zwergrose weist 'Linda Campbell' einen sehr dichten, Rugosa-artigen Wuchs und mittelgroße Blüten auf, die sich sehr schnell erneuern. Die spitzen Knospen sind zunächst rot, verblassen aber später etwas. Die duftlosen, becherförmigen Blüten haben 25 Petalen und stehen dicht gedrängt auf Blütenzweigen mit je 5–20 Blüten. Das Laub ist dunkelgrün und üppig. Diese Sorte ist auch in kalten Gebieten äußerst winterhart und erträgt Temperaturen weit unter dem Gefrierpunkt. **ZONEN 4–11.**

Moore, USA, 1990

'Anytime' × 'Rugosa Magnifica'

'Linda Thomson'

'Linden Heath'

'Liselle'

## 'LINDA THOMSON' TOMtwo

FLORIBUNDA, DUNKELROSA, ÖFTERBLÜHEND

Die duftenden, dunkelrosafarbenen Blüten dieser Floribundarose haben feste Petalen mit gekräuselten Rändern und sind halbgefüllt. Der widerstandsfähige, krankheitsfeste Strauch trägt ein sehr attraktives, dunkelgrünes Laub und wird mittelgroß. Die üppigen Blüten erneuern sich sehr rasch. **ZONEN 5–11.**

Thomson, Australien, 1996

'Fidelio' × 'Ingrid Weibull'

## 'LINDEN HEATH'

STRAUCHROSE, REIN ROSA, ÖFTERBLÜHEND

'Linden Heath' ist eine buschige, kompakte Strauchrose, die mehr in die Breite als in die Höhe wächst. Sie setzt über einen sehr langen Zeitraum große Mengen an kleinen, gefüllten rosafarbenen Blüten in kleineren und größeren Büscheln an und erneuert die Blüten sehr schnell. Sie hat reiches, mittelgrünes Laub, das jedoch gegen Sternrußtau anfällig ist. 'Linden Heath' ist eine gute Rabattenrose, da sie vielr Blüten produziert, die sich lange am Strauch halten. **ZONEN 5–10.**

Kordes, Deutschland, 1994

Eltern unbekannt

## 'LINDERHOF'

siehe 'Summer Breeze'

## 'LINVILLE'

ZWERGROSE, WEISS+, ÖFTERBLÜHEND

Die hochgebauten Blüten mit etwa 25 Petalen sind hellrosa und werden mit zunehmendem Alter blaß weißlich. Die Blüte hält den ganzen Sommer und Herbst hindurch an, ist jedoch nicht sehr reich, was ihren Wert als Gartenrose schmälert. Die Blüten haben einen leicht fruchtigen Duft. Der Wuchs der Pflanze ist aufrecht und wird mittelhoch. Ihr Laub ist mittelgrün und mattglänzend. **ZONEN 6–9.**

Bridges, USA, 1990

Sämling × Sämling

## 'LISA MARÉE'

Syn. 'Lisa'

TEEHYBRIDE, DUNKELROSA, ÖFTERBLÜHEND

Diese ausgezeichnete Rose hat alle herausragenden Schnittblumeneigenschaften der Rose übernommen, aus der sie als Sport hervorgegangen ist. Die langen, spitzen und sehr elegant wirkenden Knospen öffnen sich zu äußerst wohlgeformten, dunkelrosafarbenen Blüten mit rückseitig blasseren Petalen. Nach dem Schnitt sind sie sehr lange haltbar. Diese Sorte, die sich sowohl für das Gewächshaus als auch für den Garten in wärmeren Lagen eignet, trägt glänzendes Laub und ist sehr krankheitsfest. Von dieser Sorte werden in Simbabwe Zehntausende für den europäischen Schnittblumenmarkt angebaut. **ZONEN 5–11.**

Cowper, Simbabwe, 1989

Sport von 'Esther Geldenhuys'

## 'LISELLE' RUlis

Syn. 'Royal Romance'

TEEHYBRIDE, ORANGE+, ÖFTERBLÜHEND

Diese hochwüchsige Sorte verfügt über ein üppiges, dunkelgrünes, krankheitsresistentes Laub und bringt große, wohlgeformte Blüten in intensiver Lachs- und Pfirsichfärbung hervor. Die Blüten sind von hervorragender Festigkeit, sind auf dem Strauch lange haltbar, und auch die Blütenproduktion ist gut. Ihr ausgezeichnetes Laub und die leuchtend gefärbten Blüten machen sie zu einer guten Beetrose. Sie eignet sich aber auch als Heckenrose, wo eine zwar intensive, jedoch nicht aufdringliche Farbe gewünscht wird. **ZONEN 5–11.**

de Ruiter, Niederlande, 1981

'Whisky' × 'Matador'

## 'LITTLE ARTIST' MACmanly

Syn. 'Top Gear'

ZWERGROSE, ROT+, ÖFTERBLÜHEND

Die Blüten dieser wie von Künstlerhand gezeichneten Rose sind von auffallend roter Grundfarbe mit willkürlicher weißer Musterung. Die Blüten sind halbgefüllt mit 15–20 Petalen und für eine Zwergrose ziemlich groß. Die niedrige, breit ausladend wuchernde und krankheitsfeste Pflanze blüht die ganze Saison über und bildet einen Teppich aus Blüten, die alle unterschiedlich gemustert sind. Mit zunehmendem Alter verfliegt die Musterung jedoch, und die Blütenblätter sind dann nur noch rot. Der ziemlich rund wachsende Strauch eignet sich hervorragend als Kübelpflanze in Rabatten, im Garten oder im Hof. **ZONEN 5–11.**

McGredy, Neuseeland, 1982

'Eyepaint' × 'Ko's Yellow'

## 'LITTLE BO-PEEP' POUllen

Syn. 'White Carpet', 'Gentle Cover', Natchez'

ZWERGROSE, REIN ROSA, ÖFTERBLÜHEND

Diese Sorte hat Blüten in reinem Rosa, die auf einem niedrigen, kompakten Strauch in kleinen Büscheln erscheinen. Je nach Klima sind sie mit 25–40 Petalen gefüllt und zeichnen sich durch einen leichten Duft aus. Die Pflanze weist kleine, mattglänzende Blätter sowie einige Stacheln auf. 'Little Bo-Peep' ist pflegeleicht und recht resistent gegen Krankenheiten. Als Kübelpflanze oder Rabattenrose ist diese Sorte eine ausgezeichnete Wahl, da sie sich als sehr blühfreudig erweist. **ZONEN 5–11.**

Olesen, Dänemark, 1991

'Caterpillar' × Sämling

Royal National Rose Society President's International Trophy 1991

## 'LITTLE BUCKAROO'

ZWERGROSE, ROT, ÖFTERBLÜHEND

Die Blüten von 'Little Buckaroo' sind leuchtend rot, duften nach frischem Apfel und kommem reichlich an einem wuchsfreudigen, relativ hohen Strauch, der gegen Mehltau und Sternrußtau resistent ist. Sie sind mit 25 Petalen gefüllt und heben sich vom bronzefarbenen, glänzend-ledrigen Laub ab. Im Stammbaum dieser Rose tauchen klassische Zuchtformen auf, zu der auch 'Oakington Ruby', eine der ersten Zwergrosen des 20. Jh. gehört. 'Little Buckaroo' wird aus Ablegern gezogen. **ZONEN 5–11.**

Moore, USA, 1956

(*Rosa wichuraiana* × 'Floradora') × ('Oakington Ruby' × 'Floradora')

Zertifikat der Internationalen Rosenwettbewerbe Den Haag 1965

## 'LITTLE DARLING'

FLORIBUNDA, GELB+, ÖFTERBLÜHEND

'Little Darling' wird als eine der besten Neuzüchtungen der 50er Jahre des 20. Jh. angesehen. Die wuchsfreudige, wuchernde Floribundarose zeichnet sich durch dunkelgrünes, krankheitsresistentes Laub aus und bringt lange Blütendolden hervor, diese setzen sich jeweils aus 20–30 lachsrosafarbenen Blüten zusammen, deren Petalenansatz gelb gefärbt ist. Die mittelgroßen, gefüllten Blüten sind wohlgeformt, haben 25 Kelchblätter und verbreiten in ihrer Umgebung einen würzigen Duft. **ZONEN 5–10.**

Duehrsen, USA, 1956

'Captain Thomas' × ('Baby Château' × 'Fashion')

Portland Goldmedaille 1958, David Fuerstenberg-Preis der All-American Rose Society 1964

'Little Artist'

'Little Artist'

L

## 'LITTLE ESKIMO' MORwit

ZWERGROSE, WEISS, ÖFTERBLÜHEND

Beschreibungen zufolge sind die Blüten der 'Little Eskimo' „weißer als Schnee" oder erinnern an kleine Iglus, da die eng zusammenliegenden weißen Blüten mit fast 55 Petalen die Pflanze wie kleine, bauschige Kugeln besetzen. Die einzelnen Büschel bestehen aus 3–7 duftlosen Blüten. Die Pflanze hat kleine, mattglänzende und dunkelgrüne Blätter sowie lange, schlanke Stacheln. Ihr Wuchs ist aufrecht, und der Strauch wird gerne als Bodendecker verwendet. Die Eigenschaften eines Miniatur-Ramblers hat der Strauch vermutlich von einer seiner Elternsorten geerbt. **ZONEN 5–11.**

Moore, USA, 1981

(*Rosa wichuraiana* × 'Floradora') × 'Jet Trail'

## 'LITTLE FLIRT'

ZWERGROSE, ROT+, ÖFTERBLÜHEND

Die duftenden, gefüllten Blüten von 'Little Flirt' haben 40 orangerote Petalen, deren Rückseite einen charakteristischen Gelbton und einen goldenen Ansatz aufweisen. Die Rose kommt in Gärten besonders gut zur Geltung. Allerdings weisen die Blüten eine recht lockere Form auf. Die wuchsfreudige, aufrecht wachsende Pflanze trägt hellgrünes Laub. Trotz vieler neuer Farbkombinationen ist diese Rose lange noch nicht in Vergessenheit geraten. **ZONEN 5–11.**

Moore, USA, 1961

(*Rosa wichuraiana* × 'Floradora') × ('Golden Glow' × 'Zee')

## 'LITTLE GEM'

Syn. 'Valide'

ALTE R., MOOSROSE, DUNKELROSA, ETWAS NACHBLÜHEND

Die Knospen dieser Rose sind leicht bemoost. Sie sind entweder einzeln auf kurzen Stielen oder in kleinen Büscheln angeordnet. Die duftenden Blüten öffnen sich mit ihren zahlreichen Petalen vollkommen zu flachen Kissen mit gleichmäßiger rosaroter Farbe. Jede Blüte hat einen Durchmesser von ca. 8 cm. Im Herbst erscheint meistens ein zweiter Flor. Die üppigen Blätter sind ziemlich klein und dunkelgrün. Der kleine, dichte, reichblühende Strauch wird in guten Böden etwa 1,2 m hoch. Seine Triebe haben fast keine Stacheln, sind aber stark borstig bemoost. Diese Rose eignet sich bemerkenswert gut für den Garten und als Kübelpflanze. **ZONEN 4–10.**

Paul, Großbritannien, 1880

Eltern unbekannt

## 'LITTLE GIRL'

KLETTERNDE ZWERGROSE, ORANGEROSA, ÖFTERBLÜHEND

'Little Girl' hat lange, spitze Knospen, die sich zu wohlgeformten, korall- bis lachsrosafarbenen Blüten öffnen. Die reichlich produzierten, gefüllten Blüten besitzen eine ausgezeichnete Form und Festigkeit und erscheinen zumeist in kleinen Büscheln. Das Laub der kletternden Pflanze ist glänzend und mittelgrün. Ihr Wuchs ähnelt mehr dem einer traditionellen Säulenrose als dem einer wuchernden Kletterrose. Diese Rose zeichnet sich durch Wuchsfreudigkeit, reiche Blüte, Farbechtheit, leichte Pflege und dem Fehlen von Stacheln aus. In den USA gehört sie zu den beliebtesten kletternden Zwergrosen. **ZONEN 5–11.**

Moore, USA, 1973

'Little Darling' × 'Westmont'

'Little Eskimo'

'Little Gem'

'Little Flirt'

'Little Jackie'

## 'LITTLE JACKIE' SAVor

ZWERGROSE, ORANGE+, ÖFTERBLÜHEND

Die Petalen dieser preisgekrönten Rose sind hell orangerot mit einer gelben Rückseite. Die Blüten sind gefüllt mit mehr als 20 Petalen und besitzen eine herausragende Edelrosenform. Sie blüht in den meisten Klimaten gut nach. Das Laub ist mattglänzend, mittelgrün und anfällig für Mehltau. Die wuchsfreudige Pflanze hat einen aufrechten Wuchs und trägt auffallend dichtes Laub. 1991 sorgte 'Little Jackie' auf der ersten britischen Zwergrosenshow der *Royal National Rose Society* im englischen St. Albans für eine Sensation, als ein Exemplar mit über 100 Blüten mit der neu eingeführten *International Ralph Moore Trophy* ausgezeichnet wurde. **ZONEN 5–11.**

Saville, USA, 1982

('Prominent' × 'Sheri Anne') × 'Glenfiddich'

American Rose Society Award of Excellence 1984

## 'LITTLE LINDA'

ZWERGROSE, HELLGELB, ÖFTERBLÜHEND

Die krugförmigen Knospen von 'Little Linda' öffnen sich zu halbgefüllten, gelben Blüten mit 17 Petalen, die in kühleren Klimaten rosa überhaucht sind. Sie ist so klein, daß man sie am besten als „Mikro-Zwergrose" bezeichnet. Das Laub ist sehr mehltauanfällig. Bei sehr sorgfältiger Pflege bringt die kompakte, wuchsfreudige Pflanze zum Ausgleich eine stattliche Anzahl sonnengelber Blüten hervor, die sich allerdings häufig zu schnell öffnen. Allgemein gilt 'Little Linda' jedoch als unauffällige Sorte und ist nur noch in wenigen Gärten anzutreffen. **ZONEN 5–11.**

Schwartz, USA, 1976

Sämling von 'Gold Coin' × Sämling

'Little Girl'

'Little Opal'

'Little Paradise'

## 'LITTLE OPAL' SUNpat

ZWERGROSE, HELLROSA, ÖFTERBLÜHEND

Die kleinen Blüten von 'Little Opal' sind blaßrosa und mit 15–25 Petalen ziemlich gefüllt. Sie öffnen sich recht schnell und besitzen einen leichten Duft. Neue Blüten treibt sie relativ rasch. Die Pflanze hat einen aufrechten, buschigen Wuchs, trägt kleine, mittelgrüne, glänzende Blätter und ist krankheitsfest. **ZONEN 5–10.**

Schuurman, USA, 1992

'White Dream' × 'Dicky Bird'

## 'LITTLE PARADISE' WEKlips

ZWERGROSE, MAUVE+, ÖFTERBLÜHEND

Die Blütenblätter von 'Little Paradise' sind lavendelfarben bis purpurrot, während ihre Rückseiten in dunklerem Lavendel erstrahlen, das sich mit der Zeit aufhellt. Die mit 20 Petalen gefüllten Blüten weisen eine ausgezeichnete, edle Form auf. Die Blüten erscheinen meist einzeln und duften. Bei völliger Öffnung haben die Blüten einen zusätzlichen Reiz: hellgelb kontrastierende Staubgefäße. Dank ihrer normalerweise kräftigen und geraden Stiele ist diese Rose eine ideale Schnittblume für das Haus; darüber hinaus eignet sie sich, weil sie stets sehr zuverlässig ihre Blüten trägt, auch ideal für sonnige Gärten. Ihr amerikanischer Züchter Tom Carruth benannte diese Rose in Anlehnung an die mauvefarbene Teehybride 'Paradise'. **ZONEN 5–11.**

Carruth, USA, 1988

'Shocking Blue' × 'Helen Boehm'

## 'LITTLE RAMBLER' CHEwramb

**Syn. 'Baby Rambler'**

KLETTERNDE ZWERGROSE, HELLROSA, ÖFTERBLÜHEND

Das besondere Merkmal dieser sehr intensiv duftenden Rose sind ihre zarten, pastellrosafarbenen, gefüllten Blüten mit 25–40 Petalen. Die Blüten kommen in großen Büscheln auf kräftigen Stielen, und in voller Blüte ist die 'Little Rambler' eine einzige Pracht. Ihre Blätter sind klein, dunkelgrün und mattglänzend. Die kletternde Pflanze kann 2,1 m hoch werden; zur Bekleidung einer Mauer oder eines Spaliers ist sie sehr gut geeignet. Obwohl sie einige Jahre zur vollen Entfaltung benötigt, ist diese Rose sehr lohnend, zumal sie sauber verblüht und frei von Krankheiten ist.
**ZONEN 5–11.**

Warner, Großbritannien, 1995

('Cécile Brunner' × 'Baby Faurax') × ('Red Yesterday' × 'Heideröslein Nozomi')

Royal National Rose Society Certificate of Merit 1991

## 'LITTLE RED DEVIL' AROvidil

ZWERGROSE, ROT, ÖFTERBLÜHEND

Die eiförmigen Knospen dieser Rose öffnen sich zu samtroten, lange blühenden, stark gefüllten Blüten mit 45 Petalen und einem guten Duft. Sie treten meist in kleinen Büscheln zu etwa acht Einzelblüten auf; die Hauptblütezeit liegt im Sommer. Die Blätter sind klein und unregelmäßig gesägt. Auffallend ist das ziemlich lange Internodium zwischen den einzelnen Blättern. Die Pflanze hat daher einen hohen, aufrechten Wuchs, kann sich aber auch etwas schlaksig entwickeln. Im Winter sollte man sie speziell gegen Kälte schützen. **ZONEN 5–11.**

Christensen, USA, 1980

'Gingersnap' × 'Magic Carrousel'

## 'LITTLE SCOTCH'

ZWERGROSE, HELLGELB, ÖFTERBLÜHEND

Die cremig-lederfarbenen, zierlichen, langen Knospen dieser Sorte öffnen sich zu strohgelben bis weißlichen Blüten. Diese sind duftend und mit 55 Petalen dicht gefüllt; ihre Form ist recht variabel. In der prallen Sonne verblaßt die Blütenfarbe schnell ins Weiße, doch bei leichtem Schatten kaum. Diese Rose ist gegen Mehltau und Sternrußtau ziemlich anfällig. Das Laub der kompakten, buschigen Pflanze ist ledrig und dunkelgrün.
**ZONEN 5–11.**

Moore, USA, 1958

'Golden Glow' × 'Zee'

'Little Wallace'

'Little Red Devil'

## 'LITTLE SIZZLER' JACiat

**Syn. 'Patio Jewel'**

ZWERGROSE, ROT, ÖFTERBLÜHEND

Die Knospen von 'Little Sizzler' sind sehr spitz und öffnen sich zu roten, becherförmigen, gefüllten Blüten mit 35 Petalen. Sie erscheinen sowohl einzeln als auch – auf langen Blütenzweigen – zu mehreren, sind über das Laub erhaben und blühen lange, ohne zu verblassen. Die für eine Zwergrose recht großen Blätter sind dunkelgrün und mattglänzend. Die Pflanze wird mittelgroß buschig und besitzt hakenförmige Stacheln. Dank ihrer Reichblütigkeit eignet sich diese Rose ausgezeichnet für flächige Anpflanzungen bei wenig Platz.
**ZONEN 5–10.**

Warriner, USA, 1988

Sämling × 'Funny Girl'

## 'LITTLE SUNSET'

ZWERGROSE, ROSA+, ÖFTERBLÜHEND

Die Blüten von 'Little Sunset' sind sternförmig und ihre Petalen sind von lachsrosa überhauchtem Gelb. Die dekorativen Blüten stehen meist in kleinen Büscheln inmitten von kleinen, hellgrünen Blättern. Sie blühen zwar lange, doch verblaßt ihre Farbe in der Sonne schnell. Das Laub ist gegen Mehltau und Sternrußtau anfällig. Die Pflanze wächst ohne Pflege und Schnitt ausladend. Diese Rose ist das Ergebnis einer frühen Kreuzung mit der klassischen Zwergrosensorte 'Tom Thumb'. **ZONEN 5–11.**

Kordes, Deutschland, 1967

Sämling × 'Tom Thumb'

## 'LITTLE TIGER' MORshaki

ZWERGROSE, ROT+, ÖFTERBLÜHEND

Die kurzen, spitzen Knospen dieser Sorte öffnen sich zu gestreiften Blüten mit unterschiedlichen Anteilen an Rot, Gelb und Weiß, wobei auf den Rückseiten der Petalen Gelb und Weiß vorherrschen. Die nicht duftenden Blüten sind mit über 90 Petalen sehr stark gefüllt. Sie besitzen eine hohe Mitte, die sich schnell öffnet. Meist sind sie in kleinen Büscheln aus 3–5 Blüten gruppiert. Im Verblühen verändern die Blüten sehr stark ihre Färbung, was dem Strauch das Aussehen einer verwaschenen, bunten Malerpalette verleiht. Die Pflanze hat einen niedrigen, rundlichen und kompakten Wuchs. 'Little Tiger' ist ein weiteres Beispiel für den Erfolg von Ralph Moore, gestreifte Zwergrosen zu erzielen. **ZONEN 5–11.**

Moore, USA, 1989

'Golden Angel' × 'Pinstripe'

'Little Scotch'

'Lively'

## 'LITTLE WALLACE'

FLORIBUNDA, ROSA+, ÖFTERBLÜHEND

Diese zauberhafte kleine Rose bringt für einen niedrig wachsenden Busch einen außergewöhnlichen Blütenreichtum hervor. Ihre kleinen Knospen sind extrem lang und spitz sowie sehr schlank, weshalb sie sich ideal für Sträußchen und kleine Arrangements eignet. Die Petalen sind von zartem Rosarot und haben einen gelben Ansatz. Die winzigen Blüten sind mit 25 Petalen gefüllt, haben eine hohe Mitte und kommen einzeln oder in kleinen Büscheln. Das Laub ist ledrig und dunkelgrün. Ihr einziger Nachteil ist die Anfälligkeit gegen Mehltau im Spätherbst. Sie wird noch heute als Schnittrose gepflanzt und läßt sich auf einfache Weise durch Stecklinge vermehren.
**ZONEN 5–10.**

Beall Greenhouse Co., USA, 1952

Sport von 'Elfe'

## 'LITTLE WOMAN' DIClittle

ZWERGROSE, ROSA+, ÖFTERBLÜHEND

Die in warmen Rosatönen gehaltenen Blüten dieser Sorte haben 15–25 Petalen, eine edle Form und duften. Sie erscheinen in mittelgroßen Büscheln auf kräftigen Stielen und bieten während der ganzen Blüte einen besonderen Blickfang. In manchen Klimazonen variiert die Farbe nach Lachsrosa. Das Laub ist dunkelgrün. 'Little Woman' eignet sich hervorragend als Kübelpflanze auf einer Terrasse. Dank ihrem aufrechten Wuchs ist sie jedoch auch als kleine Hecke oder als Rabattenschmuck eine gute Wahl.
**ZONEN 5–11.**

Dickson, Großbritannien, 1987

'Memento' × ('Liverpool Echo' × 'Woman's Own')

Dublin Certificate of Merit 1984

'Little Sunset'

## 'LIVELY'

TEEHYBRIDE, DUNKELROSA, ÖFTERBLÜHEND

'Lively' ist eine der ersten Edelrosen, die im Frühling zu blühen beginnen. Sie hat intensiv duftende, stark gefüllte Blüten mit 40 Petalen und ist von dunklerer, rosafarbener Tönung. In kühlen Klimaten kann die Blüte einen Durchmesser von 15 cm erreichen. Der Strauch ist niedrig bis mittelhoch und trägt dunkelgrünes, glänzendes Laub. Sie blüht reich, wobei sich die Blüten auf dem Strauch lange halten, ohne zu verblassen. Diese Rose ist gegenüber Krankheiten recht widerstandsfähig. **ZONEN 5–10.**

LeGrice, Großbritannien, 1959

'Wellworth' × 'Ena Harkness'

L

'Liverpool Echo'

'Livin' Easy'

'Long John Silver'

'Living Fire'

'Lola Montez'

'Lolita'

'Lollipop'



## 'LIVERPOOL ECHO'

**Syn. 'Liverpool'**
FLORIBUNDA, ORANGEROSA, ÖFTERBLÜHEND

Die langen Blütenrispen hat 'Liverpool Echo' von ihrer Elternsorte 'Little Darling' geerbt. Die lachsrosafarbenen Blüten sind gefüllt mit 25 extrem festen Petalen, haben eine gute Edelrosenform und werden bis zu 10 cm breit. Die Pflanze ist sehr groß und buschig, so daß man sie auch als Strauchrose einsetzen kann. Die üppig wachsenden, großen Blätter sind hellgrün und reichen wie bei Portlandrosen sehr nahe an die Blüten heran. Im Frühling fällt der erste Blütenflor außerordentlich reichlich aus, und auch die Nachblüte ist gut. **ZONEN 5–10.**

McGredy, Großbritannien, 1971

('Little Darling' × 'Goldilocks') × 'München'

Portland Goldmedaille 1979

## 'LIVERPOOL REMEMBERS'

FRYstar

**Syn. 'Beauty Star'**
TEEHYBRIDE, ORANGEROT, ÖFTERBLÜHEND

Die großen Blüten dieser Rose besitzen 40 Petalen in glühendem Zinnoberrot und stehen meist einzeln auf sehr langen Stielen. Die Pflanze trägt mittelgrünes, glänzendes Laub, viele Stacheln und ist extrem hoch. Sie wächst aufrecht, wobei sie schon fast einen kletternden Wuchs zeigt. Diese Rose ist für die Rückseite von Rabatten geeignet, wo sie gut zu Rosensorten wie 'Freude' oder 'Folklore' paßt. Die langen Stiele bilden einen zusätzlichen Kontrast zur auffälligen Färbung. **ZONEN 5–10.**

Fryer, Großbritannien, 1990

'Corso' × Sämling

Belfast Certificate of Merit 1992

## 'LIVIN' EASY' HARwelcome

**Syn. 'Fellowship'**
FLORIBUNDA, ORANGE+

'Livin' Easy' ist eine ausgezeichnete Floribundarose mit besonders leuchtenden, lachsorangefarbenen Blüten. Die wohlgeformten Knospen öffnen sich zu becherförmigen Blüten, die in der Mitte ein Staubfadenbüschel enthüllen. Der wuchsfreudige, ausladend wachsende Busch trägt dunkelgrünes, glänzendes und krankheitsfestes Laub. Die Sorte ergibt eine exzellente Beetrose. Im Londoner *Regent's Park* findet man z. B. sehr schöne Beete mit dieser Rose. **ZONEN 4–9.**

Harkness, Großbritannien, 1992

'Southampton' × 'Remember Me'

Goldmedaille der Royal National Rose Society 1990, All-American Rose Selection 1996, Portland Goldmedaille 1998

## 'LIVING FIRE'

FLORIBUNDA, ORANGE+, ÖFTERBLÜHEND

Ihren Namen, der soviel bedeutet wie 'Lebendes Feuer', trägt diese Rose aufgrund ihrer orangeroten Färbung zu Recht. Die rosettenförmigen, mittelgroßen Blüten sind mit 35 Petalen gefüllt. Sie duften (was für eine Rose dieser Farbe ungewöhnlich ist) und erscheinen einzeln und in kleinen Büscheln. Der mäßig große Strauch ist mit dunkelgrünem Laub ausgestattet, das sehr gut zu den Blüten paßt. Sie blüht fortlaufend, und die ganze Pflanze ist krankheitsfest. 'Living Fire' ist dort eine gute Wahl, wo leuchtende Farben gewünscht sind. **ZONEN 5–11.**

Gregory, Großbritannien, 1973

'Super Star' × Sämling

Royal National Rose Society Certificate of Merit 1973

## 'L'OBSCURITÉ'

ALTE R., MOOSROSE, DUNKELROT

Diese dunkle Rose ist derzeit nur noch bei einem einzigen Lieferanten in Dänemark zu finden. Sie trägt große, halbgefüllte und dunkle, granat- bis karminrote Blüten. **ZONEN 4–9.**

Lacharme, Frankreich, 1848

Eltern unbekannt

## 'LOLA MONTEZ'

**Syn. 'Lola Montes'**
TEEHYBRIDE, ROT, ÖFTERBLÜHEND

Diese nach der berühmten Tänzerin benannte Rose ist ein weiteres Beispiel für eine brillante spanische Züchtung, die jedoch nur in warmen Klimaten gedeiht. Die nicht duftenden Blüten sind lebhaft orangerot gefärbt und besitzen 20 Petalen von guter Festigkeit. Die großen Blätter sind dunkelgrün und glänzend; der Pflanzenwuchs ist kräftig und aufrecht. Die Blütenproduktion ist durchschnittlich und die Nachblüte ziemlich langsam, doch sind die Blüten sehr haltbar und behalten ihre Farbe gut. 'Lola Montez' ist eine gute, krankheitsfeste und farbenfrohe Beetrose. **ZONEN 5–9.**

Dot, Spanien, 1967

Eltern unbekannt

## 'LOLITA' KORlita, LITakor

TEEHYBRIDE, APRICOT+, ÖFTERBLÜHEND

Die weiche, apricot-bronzefarbene Tönung dieser stark duftenden Rose ist einmalig. Die sehr großen, gefüllten Blüten mit 30 Petalen werden sehr groß und entwickeln eine geviertelte Mitte, ähnlich einer Pfingstrose. Die großen, eiförmigen Knospen stehen auf sehr langen Stielen mit großen, bronze-grünen Blättern, die mit zunehmendem Alter mittelgrün werden. Dank der langen Stiele und hübschen Blüten eignet sich 'Lolita' sehr gut als Schnittblume, die sich zudem lange hält – einen besonderen Blickfang stellt sie vor einer mit dunklem Holz verkleideten Wand dar. Für eine Beetrose wird sie zu groß, eignet sich daher aber für eine hohe Hecke oder für den hinteren Bereich einer Rabatte. Die Pflanze ist krankheitsfest, kann aber in kalten Wintern Schaden nehmen. **ZONEN 5–10.**

Kordes, Deutschland, 1972

'Königin der Rosen' × Sämling

ADR-Rose 1973

## 'LOLLIPOP'

ZWERGROSE, ROT, ÖFTERBLÜHEND

Die hellroten Blüten dieser Rose lieben es warm! Sie sind mit 35 Petalen gefüllt, duften leicht und besitzen eine edle Form; die faszinierende neonrote Färbung macht diese Zwergrose zu einem besonderen Blickfang im Garten. Das ausgesprochen krankheitsfeste Laub bedeckt die ganze Pflanze. Die Blüten sind allgemein langlebig und wetterfest. 'Lollipop' ist eine von vielen Sämlingen, die Moore aus Floribunda- und Ramblerrosen gezüchtet hat. **ZONEN 5–11.**

Moore, USA, 1959

(*Rosa wichuraiana* × 'Floradora') × 'Buckaroo'

## 'LONG JOHN SILVER'

GROSSBLUMIGE KLETTERROSE, WEISS

Diese einmalblühende Kletterrose ist ein Abkömmling der kälte- und krankheitsfesten, spätblühenden *Rosa setigera*. Sie trägt große, weiße, becherförmige und sehr lange blühende, duftende Blüten, die oft erst Anfang Juli erscheinen. Diese kommen in Büscheln und sind extrem gefüllt mit einer krausen Mitte, ähnlich einer alten Zentifolie. Die wuchsfreudige Pflanze trägt sehr große, ledrige Blätter. Nach einer sehr reichen Blüte im Sommer kann sie noch vereinzelte Blüten im Herbst hervorbringen. Diese Rose eignet sich für den Bewuchs von Pergolen und Bäumen. **ZONEN 4–10.**

Horvath, USA, 1934

Sämling von *Rosa setigera* × 'Sunburst'

## 'LORD GOLD' DELgold

TEEHYBRIDE, INTENSIV GELB, ÖFTERBLÜHEND

'Lord Gold' sorgt für einen kontinuierlichen Flor von großen, wohlgeformten, gelben und mit 25–30 Petalen gefüllten Blüten. Die sowohl einzeln als auch zu mehreren in Büscheln auftretenden Blüten öffnen sich aus schön geformten Knospen und verströmen einen leichten Duft. Der kräftige Strauch wird mittelgroß bis groß und trägt gesundes dunkelgrünes Laub. 'Lord Gold' ist eine gute Beetrose. **ZONEN 5–10.**

Delbard, Frankreich, 1980

Eltern unbekannt

## 'LORD PENZANCE'

ALTE R., RUBIGINOSA-HYBRIDE, GELB+

Mit dieser attraktiven, sommerblühenden Rose hat sich der Züchter vieler Rubiginosa-Hybriden ein Denkmal gesetzt.

'Lord Gold'

Die anmutigen, einfachen, rosig-gelben Petalen umrahmen die attraktiven gelben Staubgefäße. Sowohl die Blüten als auch die kleinen dunklen Blätter duften nach Äpfeln, und im Herbst entwickeln sich hellrote Hagebutten. Der wuchsfreudige Strauch gedeiht in mageren Böden und ist eine gute Wahl für Landschaftsgärten oder als Hecke. Er neigt jedoch zu Sternrußtau. Lord Penzance war fast schon 80 Jahre alt, als seine ersten Hybriden in den Handel kamen. **ZONEN 5–10.**

Penzance, Großbritannien, 1894

*Rosa rubiginosa* × 'Harison's Yellow'

## 'LORD RAGLAN'

ALTE R., REMONTANTROSE, DUNKELROT, ETWAS NACHBLÜHEND

Diese Rose hat die für eine Remontantrose typischen großen, perfekt geformten Blüten. Die leuchtend-samtigen Blüten dieser sommerblühenden Rose sind karminrot und nehmen mit zunehmendem Alter eine burgundrote Färbung an. Trotz vieler ähnlicher Rosen ist 'Lord Raglan' auch wegen ihres starken Duftes, ihres attraktiven, rötlichen Laubes und des roten Holzes mit Stacheln immer noch eine gute Wahl. Sie ist jedoch mehltauanfällig. Lord Raglan (1788–1855) war ein britischer General, der bei der Schlacht von Waterloo einen Arm verlor. **ZONEN 5–10.**

Guillot, Frankreich, 1854

Sämling von 'Géant des Batailles'

## 'LORDLY OBERON' AUSron

STRAUCHROSE, HELLROSA, ÖFTERBLÜHEND

Die Blüten dieser Rose sind stark gefüllt, becherförmig, groß und sehr stark duftend. In Farbe und Form ist sie ihrer Elternsorte 'Chaucer' ähnlich, doch ist 'Chaucer' ein niedriger, untersetzter Strauch während 'Lordly Oberon' sehr hoch wird und einen beinahe kletternden Wuchs aufweist. Die Blüten stehen auf langen, überhängenden Trieben und erblühen später im Juni als die meisten anderen Strauchrosen. Die aufrechte, krankheitsfeste Pflanze trägt üppige große, matte, mittelgrüne Blätter. In warmen Klimaten eignet sie sich gut als Kaskadenrose, kann aber auch an einer Säule oder Pyramide hochgezogen werden. 'Lordly Oberon' ist öfterblühend, wobei die Nachblüte wegen der langen Triebe lange dauert. Ihre Blüten sind hervorragend zum Schnitt geeignet. **ZONEN 4–10.**

Austin, Großbritannien, 1982

'Chaucer' × Sämling

'Lord Penzance'

## 'L'ORÉAL TROPHY' HARlexis

Syn. 'Alexis'

TEEHYBRIDE, ORANGE+, ÖFTERBLÜHEND

Als Sport von 'Alexander' teilt 'L'Oréal Trophy' die Eigenschaften dieser Rose – außer der Farbe, einem leuchtenden, rötlichen Lachston mit orangefarbenem Überzug. Die mittelgroßen, gefüllten Blüten haben einen angenehmen, leichten Duft und machen sich am besten bei kühler Witterung, wenn sie sich auf langen Stielen zu hübsch geformten, langblühenden Blüten mit hoher Mitte öffnen. Bei wärmerem Wetter explodieren sie förmlich und entwickeln dabei ausgefranste Petalen. Der Strauch trägt den ganzen Sommer und Herbst hindurch reichlich Blüten, die sich kurz nach dem Öffnen der Kelchblätter gut zum Schnitt eignen. Die Pflanze ist für hohe Hecken oder für Beete brauchbar, macht sich aber auch in Rabatten gut. Sie ist wuchsfreudig und wird mit aufrechtem, reichverzweigtem Wuchs überdurchschnittlich groß. Ihre Blätter sind dunkelgrün glänzend. 'L'Oréal Trophy' wurde nach einer international bekannten Kosmetikfirma benannt. **ZONEN 4–9.**

Harkness, Großbritannien, 1982

Sport von 'Alexander'

Bagatelle Goldmedaille 1982, Royal National Rose Society Certificate of Merit 1982, Belfast Goldmedaille 1984, Courtrai Goldene Rose 1986

## 'LORENA' KORenlo

Syn. 'Lorina'

FLORIBUNDA, REIN ROSA, ÖFTERBLÜHEND

Diese angesehene Gewächshausrose bringt große Mengen an sanft lachsrosafarbenen Blüten auf einem makellose wachsenden Strauch mit wenigen Stacheln hervor. Die gefüllten Blüten haben 35 Petalen und verweilen lange im sich öffnenden Knospenstadium. Sie bildet wohlgeformte Blüten mit besonders reiner Farbe; leider besitzt sie keinen Duft. Das Laub ist mittelgrün, mattglänzend und neigt zu Sternrußtau. 'Lorena' ist gerade für kühlere Klimate eine gute Gartenrose, da hier ihre Farbe nicht im Sonnenlicht verblaßt. **ZONEN 5–11.**

Kordes, Deutschland, 1983

Eltern unbekannt

'Lordly Oberon'

## 'LORRAINE LEE'

ALTE R., TEEROSE, ROSA+, ETWAS NACHBLÜHEND

Diese Rose ist eine *Rosa-gigantea*-Hybride der zweiten Generation und zählt zu den bekanntesten Rosen Australiens. Ihr Züchter verbrachte viele Jahre mit der Züchtung von Rosen, die dem warmen australischen Klima angepaßt sind. Ihre spitzen Knospen öffnen sich zu gefüllten, becherförmigen, rosig-apricotfarbenen Blüten, die duften und vom Frühjahr bis zum ersten Herbstfrost blühen. Das Laub ist von sattem Grün und hat eine ledrige Beschaffenheit. Der wuchsfreudige Strauch kann in zwei Jahren schon bis zu 3 m hoch werden; man kann ihn auch als Hecke verwenden. Die australische Rosenliebhaber vergaben dieser Rose den höchsten Preis ihres Landes: die Dean-Hole-Medaille der *Royal National Rose Society*. **'Climbing Lorraine Lee'** (McKay, 1932) ist in jeder Hinsicht mit ihrer Elternpflanze identisch – mit der einzigen Ausnahme, daß sie nämlich in drei Jahren eine Höhe von 5 m erreicht. **ZONEN 5–10.**

Clark, Australien, 1924

'Jessie Clark' × 'Capitaine Millet'

## 'LOTTE GÜNTHART'

TEEHYBRIDE, ROT, ÖFTERBLÜHEND

Die großen, eiförmigen Knospen von 'Lotte Günthart' öffnen sich sehr langsam zu extrem gefüllten Blüten mit 90 Petalen, die regelmäßig angeordnet sind und an eine Pfingstrose erinnern. Die Blüten sind lange haltbar – auf dem Strauch ebenso wie in der Vase. Sie wirken besonders attraktiv in gemischten Blumenarrangements, in denen sie den Platz von Pfingstrosen einnehmen können. Die Pflanze verfügt über ledriges Laub, hat einen hohen und aufrechten Wuchs und ist sehr krankheitsfest. Ihren Namen trägt diese Rose zu Ehren einer sehr berühmten Rosenmalerin aus Regensberg in der Schweiz – einem idyllischen Städtchen, in dem die Zeit während der letzten 400 Jahre offenbar stehengeblieben ist. **ZONEN 5–11.**

Armstrong, USA, 1964

'Queen Elizabeth' × 'Bravo'

'L'Oréal Trophy'

'Lorraine Lee'

'Lotte Günthart'

## 'L'OUCHE'

ALTE R., CHINAROSE, ROSA+/HELLROSA, ETWAS NACHBLÜHEND

Diese Rose hat gefüllte, erstklassig becherförmige Blüten, die aus großen, dichtgefüllten, kegelförmigen Knospen hervorgehen. Die Blüten sind rosé, manchmal gelb getönt, haben dünne Petalen und gelbe Staubgefäße; meist erscheinen sie während ihrer langen Blütezeit in Büscheln. Der 1,2 m hohe Strauch ist dickholzig, verzweigt und besitzt eine kompakte, aufrechte Form. Das dunkelgrüne, dicke Laub ist bronzefarben getönt. **ZONEN 5–10.**

Buatois, Frankreich, 1901

Eltern unbekannt

## 'LOUIS DE FUNÈS' MEIrestif

**Syn. 'Charleston 88'**

TEEHYBRIDE, ORANGE+, ÖFTERBLÜHEND

Diese Rose bringt intensiv apricotfarben-orange Blütenblätter mit kadmiumgelber Rückseite hervor. Die Blüten sind mit 15–25 Petalen gut gefüllt und öffnen sich schnell aus langen, eleganten Knospen. Der kräftige, aufrecht wachsende Strauch trägt üppiges, sehr dunkles und glänzendes Laub. **ZONEN 5–10.**

Meilland, Frankreich, 1987

('Ambassador' × 'Whisky') × ('Arthur Bell' × 'Kabuki')

Genf und Monza Goldmedaille 1983

## 'LOUIS GIMARD'

ALTE R., MOOSROSE, ROSA+

Die dichtgefüllten, bis 8 cm großen, duftenden Blüten sind in dichten Büscheln angeordnet und entwickeln sich im Hochsommer aus großen, bemoosten Knospen. Sie sind intensiv kirschrot, magentarot bis rosafarben getönt. Die Stiele des robusten Strauches sind purpurfarben bemoost, und die ovalen Blätter sind dunkelgrün. **ZONEN 5–10.**

Pernet, Frankreich, 1877

Eltern unbekannt

## 'LOUIS PHILIPPE'

**Syn. 'Louis Philippe d'Angers', 'Purple', 'Prince Eugene'**

ALTE R., CHINAROSE, ROT+, ÖFTERBLÜHEND

Runde, rote Knospen öffnen sich zu kleinen, gefüllten, kugelförmigen Blüten in dunklem Karminrot. Manchmal finden sich auf den dünnen, gebogenen und gefransten Petalen weiße Streifen. Die zeitlose, gesunde Chinarose hat einen süßen Duft und blüht vom späten Frühjahr bis zum ersten Frost. Der teilweise unordentlich wirkende, buschige, robuste Strauch trägt glänzend grünes Laub, und die dünnen Triebe sind mit kleinen Stacheln besetzt. 'Louis Philippe' läßt leicht aus Stecklingen ziehen. **ZONEN 5–10.**

Guérin, Frankreich, 1834

Eltern unbekannt

'Louis Gimard'

'Louis XIV'

'Louis de Funès'

'L'Ouche'

## 'LOUIS XIV'

ALTE R., CHINAROSE, DUNKELROT, ETWAS NACHBLÜHEND

Diese zur Glanzzeit der Chinarosen in Frankreich gezüchtete Rose ist seit ihrer Einführung im Handel. Sie benötigt warmes Klima und viel Sonne, was eigentlich gut zu ihrem Namen paßt, da sie nach dem „Sonnenkönig" (1638–1715) benannt ist. Die stark duftenden, dunkelkarminroten, gefüllten Blüten mit 25 Petalen sind kugelförmig und mittelgroß. In der warmen Sonne neigen sie sich und nehmen ein rötliches Kastanienbraun an. Das Laub der kompakten Pflanze ist recht spärlich. **ZONEN 5–10.**

Guillot, Frankreich, 1859

Vermutlich ein Sämling von 'Général Jacqueminot'

## 'LOUIS VAN HOUTTE'

ALTE R., REMONTANTROSE, DUNKELROT, ETWAS NACHBLÜHEND

Diese duftende Rose zeigt ihre besten Seiten im Sommer. Die großen, gefüllten und wohlgeformten Blüten haben 40 Petalen. Sie sind karmin- bis kastanienrot, becherförmig und gefleckt. Der Strauch ist reichblühend, wobei die schweren Blüten sich leicht herabneigen. Der wuchsfreudige, 1,8 m hohe Strauch hat dunkelgrüne Zweige und mittellange Triebe mit einigen Stacheln. Das Laub ist glänzend. Im Herbst erneuern sich manche Blüten. Namengeber dieser Rose ist ein berühmter belgischer Gartenbauexperte, der von 1810–1876 lebte. **ZONEN 5–10.**

Lacharme, Frankreich, vor 1866

'Général Jacqueminot' × Sämling

## 'LOUISA JANE'

TEEHYBRIDE, MAUVE/ROSA+, ÖFTERBLÜHEND

'Louisa Jane' ist ein intensiv duftender Sport aus Südaustralien. Ihre Grundfarbe ist blasser als die der berühmten Elternsorte, doch die Ränder der Petalen sind mit derselben Veilchenfarbe überhaucht; die Rückseite der Petalen ist fast weiß. Die Pflanze zeigt ein hervorragendes Wachstum und trägt große, dunkelgrüne, glänzende und üppig wachsende Blätter. Wegen ihrer einmaligen Farbe ist sie in Australien eine sehr beliebte Beetrose. Die gefüllten Blüten dieser Sorte sind sehr attraktiv und farbecht. Sie eignen sich zum Schnitt und harmonisieren sehr gut mit lavendel- und pflaumenfarbigen Rosen. **ZONEN 5–10.**

Ross, Australien, 1976

Sport von 'Baronne Edmond de Rothschild'

'Louisa Jane'

'Louise d'Arzens'

## 'LOUISA STONE' HARbadge

STRAUCHROSE, APRICOT+, ÖFTERBLÜHEND

'Louisa Stone' wird auch als Englische Rose bezeichnet. Nachdem der Däne Poulsen die „Renaissance-Rosen" einführte, der Franzose Gaujard solche Rosen als „Generosa-Rosen" bezeichnete und der Franzose Meilland seine Neuzüchtungen „Romantica-Rosen" nannte, ist die Verwirrung über die Klassifizierung der Rosen, die wie die „Englischen Rosen" des Briten Austin aussehen, vollständig. Die duftenden Blüten erscheinen in Büscheln und sind mit 30–35 Petalen in zartem Apricot gefüllt, das an den Rändern zu rötlichem Apricot verblaßt. Der buschige Strauch besitzt viele überhängende Triebe. **ZONEN 5–10.**

Harkness, Großbritannien, 1997

Eltern unbekannt

## 'LOUISE CRETTÉ'

ALTE R., REMONTANTROSE, WEISS, ETWAS NACHBLÜHEND

Um mit dieser ziemlich seltenen Rose gute Ergebnisse zu erzielen, benötigt man etwas Geduld. Die schneeweißen, duftenden Blüten mit einer cremeweißen Mitte und hellgelbem Hauch sind mit 55 Petalen dicht gefüllt. Mit bis zu 15 cm Durchmesser sind sie sehr groß. Der aufrechte Strauch mit seinen langen Trieben trägt dunkelgrünes Laub und einige Stacheln. **ZONEN 5–10.**

Chambard, Frankreich, 1915

'Frau Karl Druschki' × 'Climbing Kaiserin Auguste Viktoria'

## 'LOUISE D'ARZENS'

ALTE R., NOISETTEROSE, WEISS, ETWAS NACHBLÜHEND

Dieser in letzter Zeit wieder an Beliebtheit zunehmende, anspruchslose Climber entwickelt attraktive, creme-rosafarbene Knospen, die sich zu gefüllten, mittelgroßen cremeweißen Blüten öffnen, die sogar bei der Nachblüte leicht duften. Der robuste Strauch trägt glänzendes, hellgrünes Laub und kann innerhalb weniger Jahre bis zu 3 m hoch werden. Der Franzose François Lacharme hat viele beliebte Rosen gezüchtet, die noch heute in Katalogen zu finden sind – u. a. 'Saland' und 'Louis van Houtte'. **ZONEN 5–10.**

Lacharme, Frankreich, 1861

Eltern unbekannt

'Louise Odier'

## 'LOUISE GARDNER' MACerupt

**Syn. 'Orana Gold'**

TEEHYBRIDE, GELB+, ÖFTERBLÜHEND

Diese Rose produziert große, gefüllte Blüten mit 25 Petalen, wobei die äußeren Petalen von gelb überhauchter, korallroter Farbe sind. Die Knospen halten sich lange, bevor sie sich zu den wohlgeformten, leicht duftenden Blüten öffnen. Die durchschnittlich große, buschige Pflanze trägt mittelgrüne, matte Blätter mittlerer Größe. Trotz der etwas spärlichen Blütenproduktion eignet sich diese Rose zum Schneiden, da sie lange haltbar ist und ihre Farbe behält. 'Louise Gardner' ist widerstandsfähig. **ZONEN 5–10.**

McGredy, Neuseeland, 1987

'Freude' × Sämling von 'Landora'

## 'LOUISE ODIER'

**Syn. 'Mme de Stella'**

ALTE R., BOURBONROSE, DUNKELROSA, ETWAS NACHBLÜHEND

Als erstklassige Schnittblume mit verläßlicher Nachblüte war diese Rose sehr lange begehrt. Die runden Knospen öffnen sich auf langen Stielen zu großen, dichtgefüllten Blüten in warmem Rosa – mit einer für Bourbonrosen perfekten Form: zunächst becherförmig, später flach und rund. Die krausen inneren Petalen sind lavendelfarbig getönt. Diese Sorte zählt zu den sehr reichblühenden Alten Gartenrosen. Die überhängenden Triebe sind mit weichen, olivgrünen Blättern und kastanienbraunen Stacheln besetzt. Unbeschnitten kann diese Rose als Climber verwendet werden, doch besser eignet sie sich als Beimischung in Rabatten. Sie verträgt etwas Schatten, und wegen ihres herrlichen Duftes ist sie eine ausgezeichnete Schnittblume. 'Louise Odier' wurde bei vielen französischen Rosenzüchtungen als Elternteil verwendet. **ZONEN 4–10.**

Margottin, Frankreich, 1851

Sämling von 'Emile Courtier'

'Love Potion'

## 'LOVE' JACtwin

TEEHYBRIDE, ROT+, ÖFTERBLÜHEND

'Love' bringt recht plumpe Knospen hervor, die sich zu gefüllten Blüten mit 40 oder mehr dicht gedrängten, dunkelkirschroten Petalen mit silbrig-weißer Rückseite öffnen, welche langsam eine schöne, glanzvoll haltbare Blütenform ausbilden. 'Love' ist einigermaßen blühwillig und krankheitsfest, mit einem aufrechten, gedrungenen Wuchs und vielen langen Stacheln. **ZONEN 5–10.**

Warriner, USA, 1980

Sämling × 'Redgold'

All-American Rose Selection 1980, Portland Goldmedaille 1980

## 'LOVE ME' WALlove

ZWERGROSE, WEISS, ÖFTERBLÜHEND

Die mit 15–25 Petalen gefüllten Blüten von 'Love Me' sind cremeweiß mit rosafarbenen Rändern. Sie besitzen einen leichten Duft. Nicht nur die Blüten sind klein, sondern auch die mattmittelgrünen Blätter. Die Triebe der niedrigen, aber aufrecht wachsenden Pflanze sind mit wenigen Stacheln besetzt. **ZONEN 5–11.**

Walsh, Australien, 1994

'Magic Carrousel' × 'Old Master'

## 'LOVE POTION' JACsedi

**Syn. 'Purple Puff'**

FLORIBUNDA, MAUVE, ÖFTERBLÜHEND

'Love Potion' bringt zahlreiche große, aus 30–40 Petalen bestehende, lavendelfarbene Blüten hervor, die stark duften und in kleinen Büscheln stehen. Der breitwüchsige Strauch trägt dunkelgrünes, glänzendes Laub und hat wenig Stacheln. 'Love Potion' eignet sich gut für kleine Beete und Rabatten sowie als Zimmerschmuck, da die Blüten auch nach dem Schnitt lange halten. **ZONEN 5–10.**

Christensen, USA, 1995

Sämling × 'Dilly Dilly'

'Lovely Louise'

'Loving Memory'

## 'LOVELY FAIRY' SPEvu

POLYANTHAROSE, DUNKELROSA, ÖFTERBLÜHEND

'Lovely Fairy' ist ein Sport von 'Fairy' in dunklem Rosa – mit demselben Wuchs und großen Büscheln mit kleinen, gefüllten Blüten. Sie ist eine ideale Rose für wärmere Gegenden, wo sich die Farbe der dunkleren Blüten besser hält. Aufgrund ihrer Herkunft erblüht diese Sorte später im Sommer als die meisten anderen, dann jedoch kontinuierlich den restlichen Sommer und Herbst bis zum Winteranfang hindurch. Das Laub ist glänzend, mittelgrün und gesund. Diese Rose ist eine ideale Hochstammrose, eignet sich für niedrige Hecken und als Kaskadenbewuchs von Steinen, Mauern und Böschungen. **ZONEN 5–10.**

Spek, Niederlande, 1990

Sport von 'Fairy'

## 'LOVELY LADY' DICjubell

**Syn. 'Dickson's Jubilee'**

TEEHYBRIDE, REIN ROSA, ÖFTERBLÜHEND

Die gefüllten Blüten dieser Rose entwikkeln sich langsam aus großen, eiförmigen Knospen zu wohlgeformten, duftenden Blüten mit 35 Petalen. Ihre Farbe ist ein höchst attraktives und anhaltendes, reines Rosa mit korallrosafarbener Tönung. Sie eignen sich gut zum Schnitt. 'Lovely Lady' ist eine gute Beet- und eine ausgezeichnete Hochstammrose. Das glänzende, sattgrüne Laub ist besonders gesund und legt sich dicht über den kompakten Strauch. **ZONEN 5–10.**

Dickson, Großbritannien, 1986

'Silver Jubilee' × ('Eurorose' × 'Anabelle')

Royal National Rose Society Certificate of Merit 1983, Belfast Goldmedaille 1988, Royal Horticultural Society Award of Garden Merit 1993, Den Haag Silbermedaille 1998

## 'LOVELY LOUISE'

FLORIBUNDA, APRICOT+, ÖFTERBLÜHEND

'Lovely Louise' bringt lachsrosa-apricotfarbene, schön geformte Blüten hervor, die nicht verblassen. Sie kommen einzeln oder in Büscheln mit zehn oder mehr Blüten auf einer niedrigen bis mittelgroßen Pflanze mit dunkelgrünem, krankheitsfestem Laub. Die Blütezeit dauert recht lang. **ZONEN 5–10.**

Dickson, Großbritannien, 1990

Eltern unbekannt

'Lovely Lady'

L

## 'LOVERS' MEETING'

TEEHYBRIDE, ORANGE+, ÖFTERBLÜHEND

Die langen, spitzen Knospen dieser Rose öffnen sich ziemlich schnell zu gefüllten Blüten mit 25 hellorangefarbenen Petalen. Die duftenden Blüten stehen einzeln und in Büscheln. Der Strauch wird mittelgroß und wächst aufrecht; die Blätter sind im Austrieb bronzefarben. Die Pflanze ist ziemlich krankheitsfest, und die Blüten halten ihre Farbe gut. Es ist eine ideale Rose für Beete, die mit leuchtenden Farben bestechen sollen. **ZONEN 5–10.**

Gandy, Großbritannien, 1980

Sämling × 'Egyptian Treasure'

Royal National Rose Society Trial Ground Certificate 1982

## 'LOVING MEMORY' KORgund 81

**Syn. 'Burgund 81', 'Red Cedar'**

TEEHYBRIDE, ROT, ÖFTERBLÜHEND

Diese Rose zählt zu den besten erhältlichen Garten- und Ausstellungsrosen. Die hohe Pflanze bildet lange Stiele mit großen, mattglänzenden, sattgrünen, üppig wachsenden Blättern. Die wohlgeformten Knospen öffnen sich langsam zu riesigen, gut gefüllten Blüten mit 40 ebenmäßig angeordneten Petalen. Die Blüten haben eine hohe Mitte, mittelstarken Duft und sind sehr krankheitsfest. Für Beete ist der Strauch eher zu groß, eignet sich aber hervorragend für den hinteren Rabattenbereich und kann auch als sehr hohe Hecke verwendet werden. In Deutschland ist diese Sorte unter der Bezeichnung 'Burgund 81' im Handel. **ZONEN 5–10.**

Kordes, Deutschland, 1981

Sämling × Sämling von 'Red Planet'

'Lucky Lady'

'Loving Touch'

'Lucetta'

## 'LOVING TOUCH'
ZWERGROSE, APRICOT+, ÖFTERBLÜHEND

Die gefüllten, duftenden Blüten von 'Loving Touch' haben 25 Petalen, die in kühlerem Klima ein wunderschönes, dunkles Apricot, in wärmerem Klima ein helleres Apricot zeigen. Die großen Blüten haben eine hohe Mitte und stehen in Büscheln von 3–5 auf einem Trieb. Der rund gewachsene und krankheitsfeste Strauch ist mit attraktivem Laub besetzt. Die Blüten erneuern sich auf der pflegeleichten Pflanze schnell. **ZONEN 5–11.**

Jolly, USA, 1983

'Rise 'n' Shine' × 'First Prize'

American Rose Society Award of Excellence 1985

## 'LÜBECK'
**Syn. 'Hansestadt Lübeck'**
FLORIBUNDA, ORANGEROT, ÖFTERBLÜHEND

Diese Rose bringt über einen langen Zeitraum hinweg große, gefüllte orangerote Blüten in kleinen Büscheln hervor. Im Frühling ist diese Sorte sehr reichblühend, wobei die Blüten ihre Farbe lange halten. Die Pflanze ist von hohem Wuchs und trägt dunkelgrünes, krankheitsfestes Laub. ZONEN 5–10.

Kordes, Deutschland, 1962

Eltern unbekannt

National Rose Society Certificate of Merit 1962

## 'LÜBECKER ROTSPON'
**siehe 'Glad Tidings'**

## 'LUCETTA' AUSemi
**Syn. 'English Apricot'**
STRAUCHROSE, APRICOT+,ÖFTERBLÜHEND

Diese elegante Rose hat einen überhängenden Wuchs mit großen, glatten und sehr gesunden Blättern. Die schalenförmigen, 12 cm großen Blüten öffnen sich zu flachen, locker halbgefüllten Blüten, die ihre Farbe äußerst gut halten. Die rosafarbenen Knospen gehen langsam auf und haben einen starken Duft.
**ZONEN 4–10.**

Austin, Großbritannien, 1983

Eltern unbekannt

## 'LUCKY CHARM' MORain
ZWERGROSE, GELB+, ÖFTERBLÜHEND

Die gestreiften Blüten dieser Rose bilden eine Kombination von dominantem Gelb mit roter Tönung. Die ungewöhnlich dicht gefüllten Blüten mit 50–60 Petalen haben eine hohe Mitte, sind aber dennoch klein. Sie stehen meist zu dritt bis zu fünft im Büschel. Die niedrige Pflanze ist mit kleinen und mattgrünen Blättern besetzt. **ZONEN 5–11.**

Moore, USA, 1989

'Rumba' × 'Pinstripe'

## 'LUCKY LADY' ARMlu
TEEHYBRIDE, HELLROSA, ÖFTERBLÜHEND

Diese Rose weist elegante, lange, spitze Knospen auf. Die großen, gefüllten Blüten haben 30 hellrosa Petalen mit einer blasseren Rückseite, eine hohe Mitte und sind leicht duftend. Die Pflanze wächst aufrecht und trägt dunkelgrünes, glänzendes und krankheitsfestes Laub. Seit ihrer Einführung hat sich 'Lucky Lady' als gute Beetrose erwiesen; sie eignet sich aber auch als Schnittblume.
**ZONEN 5–10.**

Armstrong und Swim, USA, 1966

'Charlotte Armstrong' × 'Cherry Glow'

All-American Rose Selection 1967

## 'LUCKY PIECE'
TEEHYBRIDE, ROSA+, ÖFTERBLÜHEND

Diese der 'Gloria Dei' sehr ähnlichen Rose mit ihren attraktiven, farbenfrohen rosa-gelben Blüten wurde 1962 in einem amerikanischen Garten entdeckt. Man hat sie dann für den Handel vermehrt, doch blieb ihre schöne, neue Farbe nicht stabil, da die meisten Pflanzen wieder auf 'Gloria Dei' zurückgeschlagen sind. Diejenigen, die nicht zurückschlugen, zeigten alle Merkmale der Ausgangssorte und zusätzlich diese satte Färbung; doch sind auch andere Sports von 'Gloria Dei', wie 'Speaker Sam', 'Narre Peace' und 'White Peace' wieder in das Original zurückgeschlagen. **ZONEN 5–10.**

Gordon, USA, 1962

Sport von 'Gloria Dei'

## 'LUCY ASHTON'
ALTE R., RUBIGINOSA-HYBRIDE, WEISS

Diese Rose zählt zu den erfolgreichsten Sorten, die Lord Penzance in den letzten Jahren des 19. Jh. gezüchtet hat. Bis ins hohe Alter von über 80 Jahren züchtete er noch 15 neue Rosen. Mit der Verwendung von Wildrosen übte er einen bedeutenden Einfluß auf die weitere Züchtungsarbeit aus. Dieser wuchsfreudige Strauch mit seinem dunkelgrünen Laub und den reinweißen, rosa geränderten Blüten eignet sich für Hecken oder naturnahe Gärten. Er gedeiht auf magerem Boden und im Schatten; nach dem Blühen bildet er schon bald eine große Menge an Hagebutten. Lucy Ashton ist die tragische Heldin in einem Roman von Sir Walter Scott, den der Italiener Donizetti später als Libretto für seine Oper *Lucia di Lammermoor* überarbeitete.
**ZONEN 5–10.**

Penzance, Großbritannien, 1894

Hybride von *Rosa rubiginosa*

'Lucky Charm'

## 'LUCY BERTRAM'
ALTE R., RUBIGINOSA-HYBRIDE, ROT+

Diese Penzance-Rose trägt dunkle, glänzend karminrote Blüten mit weißer Mitte. Der wuchsfreudige Strauch ist mit dunklem, duftendem Laub besetzt und eignet sich hervorragend für eine Gruppenpflanzung als Hecke oder für Landschaftsgärten. Bei guter Pflege bildet die Rose eine dichte, 1,8 m hohe Hecke; man kann sie aber auch als Säulen- oder Kaskadenrose verwenden. Nach der Blüte bilden sich viele schöne Hagebutten. Lucy Bertram ist eine Figur aus Sir Walter Scotts Erzählung *Guy Mannering*.
**ZONEN 5–10.**

Penzance, Großbritannien, 1895

Hybride von *Rosa rubiginosa*

## 'LUCY CRAMPHORN'
**Syn. 'Maryse Kriloff', 'Lucie Crampton'**
TEEHYBRIDE, ORANGEROT, ÖFTERBLÜHEND

Diese Sorte hat große, gefüllte Blüten mit 40 Petalen in einem kräftig leuchtenden Rot, die wohlgeformt und duftend sind. Sie halten ihre Farbe gut, weshalb sie sich als Beetrose eignet. Die wuchsfreudige, aufrechte Pflanze ist krankheitsfest und trägt glänzendes Laub. Die Blüten sind sowohl auf dem Strauch als auch geschnitten lange haltbar. Eine Elternsorte, 'Baccarà', war die erste berühmte Gewächshausrose aus dem Hause Meilland.
**ZONEN 5–10.**

Kriloff, Frankreich, 1960

'Gloria Dei' × 'Baccarà'

National Rose Society Certificate of Merit 1960

## 'LUIS DESAMERO' TINluis
ZWERGROSE, HELLGELB, ÖFTERBLÜHEND

Diese beliebte pastellgelbe Zwergrose gilt international als eine der wenigen wirklich farbbeständigen Sorten, vor allem in warmen Klimaten. Die qualitativ hochwertigen Blüten mit knapp 30 Petalen kommen normalerweise einzeln auf einem Stiel; in kühleren Klimaten aber auch oft in Büscheln zu 3–5 Blüten. Ein auffallendes Merkmal dieser Rose ist das passende, dunkelgrüne Laub mit den eng beieinander stehenden Blättern. Bei ausreichendem Platz entwickelt sich diese wuchsfreudige Rose in allen Klimazonen zu einem großen und selbstbewußten Strauch. Sie gilt als ziemlich krankheitsfest und kann einen fruchtigen Duft verströmen. Benannt wurde die Sorte nach einem berühmten südkalifornischen Rosenaussteller. **ZONEN 5–11.**

Bennett, USA, 1989

'Tiki' × 'Baby Katie'

'Lucky Piece'

'Lutin'

'Lyda Rose'

## 'LULU'

FLORIBUNDA, ORANGEROSA, ÖFTERBLÜHEND

'Lulu' ist ein Abkömmling von 'Zorina', einer Rose, die wegen ihrer Haltbarkeit, der guten Form und kräftigen Farbe oft zur Züchtung von Gewächshausrosen herangezogen wurde. Diese Sorte hat kleine, gefüllte, orangerosafarbene Blüten mit guter Form und leichtem Duft. Der Busch ist wuchsfreudig und aufrecht; das Laub ist im Austrieb bronzefarben. Die krankheitsfeste Pflanze ist sehr reichblütig. **ZONEN 5–11.**

Kordes, Deutschland, 1973

'Zorina' × Sämling

## 'LUSTIGE' luKOR

**Syn. 'Jolly'**

TEEHYBRIDE, ROT+, ÖFTERBLÜHEND

'Lustige' bildet Petalen mit intensiver, kupferig-feuerroter Färbung und gelber Rückseite. Die Blüten sind groß, gefüllt, becherförmig und stark duftend. Schon die Knospen, die sich recht schnell zu den wohlgeformten Blüten öffnen, weisen eine sehr attraktive Färbung auf. Man hat lange Freude an den farbenfrohen Blüten, die sich in Überfülle entwikkeln. Das Laub der wuchsfreudigen, aufrechten und gesunden Pflanze sind glänzend und ledrig. **ZONEN 5–10.**

Kordes, Deutschland, 1973

'Gloria Dei' × 'Brandenburg'

## 'LUTIN' MEIsecaso

**Syn. 'Shady Lady'**

STRAUCHROSE, ROSA+, ÖFTERBLÜHEND

Die hochwachsende, buschige Rose trägt große halbgefüllte, rosarote Blüten mit blasser Mitte. Die üppigen Blüten erscheinen in gut verteilten Dolden und bedecken den ganzen Strauch. Die Pflanze ist krankheitsfest und trägt ein dichtes, blaßgrünes Laub. Die Rose bildet hohe Hecken; in Rabatten paßt sie gut zu Zwiebelgewächsen und Stauden. **ZONEN 5–10.**

Meilland, Frankreich, 1987

Eltern unbekannt

## 'LYDA ROSE' LETlyda

STRAUCHROSE, WEISS+

'Lyda Rose' hat einfache, 6 cm breite weiße Blüten mit zartrosafarbenen Rändern. Sie erscheinen in großen Dolden, die an Apfelblüten erinnern, und besitzen einen sehr starken Duft. Die breitwüchsige Pflanze ist gesund und trägt ein satt grünes Laub. Sie blüht selbst im Halbschatten sehr gut und eignet sich als buschige, reichblühende Hecke. Diese Rose ist eine Züchtung von Kleine Lettunich, die auch die Sorte 'Mateos Pink Butterflies' kreiert hat. **ZONEN 5–10.**

Lettunich, USA, 1994

Sämling von 'Francis E. Lester'

## 'LYDIA'

TEEHYBRIDE, INTENSIV GELB, ÖFTERBLÜHEND

Es gibt drei Rosensorten namens 'Lydia': eine von 1933, eine von 1973 und diese aus dem Jahr 1949 – die vermutlich langlebigste von ihnen. Die langen, spitzen Knospen öffnen sich zu intensiv safrangelben Blüten mit hoher Mitte. Sie sind mittelgroß, dichtgefüllt und reichblühend. Der wuchsfreudige Strauch trägt dunkelgrünes, ledriges, glänzendes Laub. **ZONEN 5–10.**

Robinson, Großbritannien, 1949

'Phyllis Gold' × Sämling

## 'LYKKEFUND'

RAMBLERROSE, WEISS+

Dieser dänische Rambler bildet riesige, duftende Dolden mit halbgefüllten Blüten während der einzigen Blüte im Hochsommer. Die mittelgroßen Blüten sind cremegelb mit dunklerer Mitte und rosafarbener Tönung; in der Sonne verblassen sie zu Weiß. Die attraktiven Staubgefäße sind orangegelb. Die kleinen, glänzenden, dunklen Blätter sind bronzefarben gerändert. Der frostharte Strauch kann mit seinen 5 m langen Trieben Pergolen, Bäume oder Zäune überwuchern. **ZONEN 5–10.**

Olesen, Dänemark, 1930

Sämling von *Rosa helenae* × 'Zéphirine Drouhin'

## 'LYNETTE' KORlyn

TEEHYBRIDE, WEISS, ÖFTERBLÜHEND

'Lynette' hat sehr lange, spitze Knospen mit cremeweiß-korallrosafarbener Tönung. Sie erscheinen einzeln oder in kleinen Büscheln, sind gefüllt, wohlgeformt und öffnen sich langsam. Die Blüten besitzen keinen Duft. Die Pflanze ist groß und trägt dunkles Laub. Als Schnittblume hält sie sich sehr lange in der Vase. **ZONEN 5–10.**

Kordes, Deutschland, 1983

'Clivia' × MEItakilo

## 'LYNN ANDERSON' WEKjoe

**Syn. 'Oh My God'**

TEEHYBRIDE, ROSA+, ÖFTERBLÜHEND

Diese Rose hat große, dunkelrosafarbene Blüten mit weißen Rändern. Sie weisen 35–40 Petalen auf und stehen einzeln auf langen Stielen. Die große, kräftige Pflanze wächst aufrecht, ist mit großen, mittelgrünen Blättern besetzt und hat wenig Stacheln. Die Blüten öffnen sich sehr langsam, halten aber lange ihre Form und Farbe. **ZONEN 5–10.**

Winchel, USA, 1995

Sämling × 'Gold Medal'

## 'LYNNE GOLD' MORlyn

ZWERGROSE, REIN GELB, ÖFTERBLÜHEND

'Lynne Gold' hat kleine, spitze Knospen, die sich zu ebenfalls kleinen, gelben Blüten öffnen. Diese sind mit 25 Petalen gefüllt und haben einen leichten Duft. Sie erscheinen in kleinen Büscheln und öffnen sich reizvoll. Die später offenen Blüten sind nicht mehr ganz so attraktiv und sollten rechtzeitig abgeschnitten werden. Die Pflanze ist wuchsfreudig, gut verzweigt und breitwüchsig. **ZONEN 5–11.**

Moore, USA, 1983

'Ellen Poulsen' × 'Yellow Jewel'

## 'LYON RAMBLER'

RAMBLERROSE, DUNKELROSA

Diese Ramblerose, die leider nicht mehr im Handel ist, besitzt rosafarbene, karminrot überhauchte mittelgroße Blüten. Sie sind halbgefüllt, duften und kommen in Büscheln zur langen, einmaligen Sommerblüte. Die wuchsfreudige Pflanze besitzt rebenartige Triebe, viele Stacheln und ist kaum anfällig gegen Krankheiten. Im französischen Lyon befand sich bis zum 1. Weltkrieg das Zentrum der Rosenzucht, daher tragen viele Rosen den Namen dieser Stadt. **ZONEN 4–10.**

Dubreuil, Frankreich, 1909

Sämling von 'Crimson Rambler'

## 'LYON ROSE'

**Syn. 'Lyon's Rose'**

TEEHYBRIDE, ORANGEROSA, ÖFTERBLÜHEND

'Lyon Rose' ist von großer historischer Bedeutung, da sie zu den Pernetiana-Rosen zählt, die aus *Rosa foetida persiana* gezüchtet wurden – der Ausgangsrose aller intensiv gelben, hellroten und zweifarbigen Sorten unserer Zeit. Sie hat kaum strukturierte, rosafarbene Blüten mit korallroter und zur Mitte hin gelber Tönung. Diese sind gefüllt mit 45 Petalen, groß und stark duftend. Der Busch ist ziemlich niedrig, sehr ausladend und mit eher spärlichem, mattem, blaßgrünem Laub besetzt. Aufgrund ihrer einmaligen Färbung sorgte 'Lyon Rose' zu Beginn des 20. Jh. in der Gemeinde der Rosenfreunde für großes Aufsehen. **ZONEN 5–10.**

Pernet-Ducher, Frankreich, 1907

'Mme Mélanie Soupert' × Sämling von 'Soleil d'Or'

Bagatelle Goldmedaille 1909

## 'LYRIC'

STRAUCHROSE, REIN ROSA, ÖFTERBLÜHEND

Diese Rose hat duftende, rosarote, mit knapp 30 Petalen gefüllte Blüten. Sie sind mittelgroß und erscheinen in großen Dolden. Die wuchsfreudige, aufrechte Pflanze trägt ziemlich gesundes Laub. Früher fand 'Lyric' als Hecke und in Rabatten oft Verwendung; heute ist diese Strauchrose weniger verbreitet. **ZONEN 4–10.**

de Ruiter, Niederlande, 1951

'Sangerhausen' × Sämling

'Lustige'

'Lyon Rose'

'Lykkefund'

M

## 'MA PERKINS'

FLORIBUNDA, ROSA+, ÖFTERBLÜHEND

'Ma Perkins' hat ihre becherförmigen Blüten mit den nach innen gebogenen mittleren Blütenblättern von 'Red Radiance' und ihr Perlmuttrosa von 'Fashion' erhalten. Die duftenden Blüten sind gefüllt und bis zu 9 cm groß. Sie sind offen und bestechen durch ihre klare, rosa- bis lachsfarbene Tönung. Ungeschnitten wie auch in der Vase sind sie lange haltbar. Das Laub der großen, wuchsfreudigen Pflanze ist intensiv grün und glänzend. David Austin erkannte das Potential dieser Blüten und brachte sie in die Züchtung seiner 'Wife of Bath' ein, die er dann für die Zucht weiterer Sorten eingesetzt hat. **ZONEN 5–10.**

Boerner, USA, 1952

'Red Radiance' × 'Fashion'

National Rose Society Certificate of Merit 1952, All-American Rose Selection 1953

## 'MA TULIPE'

ALTE R., TEEROSE, DUNKELROT, ETWAS NACHBLÜHEND

Diese lange verschollene Alte Rose wurde in einem alten, verwilderten Garten in Südafrika wiederentdeckt. Ihre Identifizierung gelang erst anhand von Beschreibungen aus einem südafrikanischen Rosenatalog, der aus dem 19. Jh. stammte. 'Ma Tulipe' besitzt viele Eigenschaften von Teerosen: Dunkelkastanienbraunes, glänzendes junges Laub, einen kantigen Wuchs und einen angenehmen, frischen Duft. Die gefüllten, spitzen Knospen öffnen sich zu becherförmigen, karminroten Blüten, deren Form stark an eine Tulpe erinnert, da die Petalen ziemlich lang sind. Die Blüten behalten ihre Form, bis die Petalen plötzlich erschlaffen und innerhalb eines Tages abfallen. Die Blumen erscheinen in mehreren Schüben den ganzen Sommer hindurch, so daß 'Ma Tulipe' oft noch die letzte blühende Rose im herbstlichen Garten ist. **ZONEN 5–12.**

Eltern unbekannt

## 'MAB GRIMWADE'

TEEHYBRIDE, GELB+, ÖFTERBLÜHEND

'Mab Grimwade' ist ein kleinwüchsiger Busch, dessen Blüten ein sattes Chromgelb mit apricot überhauchter Mitte aufweisen. Die sehr schönen Knospen öffnen sich schnell zu gefüllten Blüten. Die Rose wächst gut, wird aber nur mittelgroß. Das mittelgrüne Laub ist gesund, und die Nachblüte ist mehr als zufriedenstellend. **ZONEN 5–10.**

Clark, Australien, 1937

'Souvenir de Gustave Prat' × Sämling

## 'MABELLA'

siehe 'New Day'

## 'MABEL MORRISON'

**Syn. 'White Baroness'**

ALTE R., REMONTANTROSE, WEISS, ETWAS NACHBLÜHEND

'Mabel Morrison' gilt schon seit ihrer Einführung als ausgezeichnete weiße Rose und Schnittblume. Die wunderschönen Knospen öffnen sich zu rosaweißen, wohlgeformten Blüten, die bei sehr warmer Witterung rosa gestreift sind. Die becherförmigen, stark duftenden, kleinen Blüten sind mit 30 Petalen gefüllt und erscheinen in Büscheln. Der aufrechte Busch ist stämmig geformt und gedeiht auch auf mageren Böden gut. Hinter dem attraktiven Laub verbergen sich viele Stacheln. Die bis zu 1,2 m hoch und ebenso breit wachsende Pflanze eignet sich für Hecken, aber auch für große Kübel; im Sommer und im Herbst erfolgt eine leichte Nachblüte. **ZONEN 5–10.**

Broughton, 1878

Sport von 'Baroness Rothschild'

'Ma Perkins'

'Mab Grimwade'

'McGredy's Yellow'

MACspice

## 'McGREDY'S SUNSET'

TEEHYBRIDE, ORANGE+, ÖFTERBLÜHEND

'McGredy's Sunset' und 'McGredy's Yellow' sind zwei der 20 Rosensorten, die den Züchter McGredy in ihrem Namen führen. Diese Sorte besitzt lange, spitze Knospen in chromgelber Farbe, die meist apricot und scharlachrot gefleckt sind und deren Blütenblätter eine hellgelbe Rückseite aufweisen. Die Blüten duften, sind gefüllt und öffnen sich flach; am schönsten sind sie, wenn sie etwa zu einem Drittel geöffnet sind, zumal sie später ziemlich locker werden. Die Blüten erscheinen im Juni und erneuern sich sehr schnell. Die Blätter des dichten und wuchernden Busches sind im Austrieb bronzefarben und werden später grün. Auch nach über 60 Jahren ist diese Sorte noch im Handel erhältlich. Von 'McGredy's Sunset' gibt es auch eine kletternde Form, die aber meist wieder in den ursprünglichen Busch zurückschlägt. **ZONEN 5–10.**

McGredy, Großbritannien, 1936

'Margaret McGredy' × 'Mabel Morse'

'McGredy's Sunset'

'Madam President'

## 'McGREDY'S YELLOW'

TEEHYBRIDE, REIN GELB, ÖFTERBLÜHEND

Diese Rose zählt zu den besten Sorten in der blaßgelben Farbklasse. Die langen, spitzen Knospen öffnen sich zu großen, leicht becherförmigen, mit 30 Petalen gefüllten Blüten. Die leicht duftenden Blüten sind von klarem, zarten Gelb, wie es bei Rosen nur selten vorkommt – die moderne Beetrose 'Elina' besitzt einen ähnlichen Farbton. Das Laub der wuchsfreudigen, sehr reichblühenden Pflanze ist glänzend und nach dem Austrieb bronzefarben, wird mit der Zeit jedoch mittelgrün. In wärmeren Gebieten blüht diese Teehybride bis in den Winter hinein. Bisweilen kann Mehltau auftreten. 'McGredy's Yellow' ist eine erstklassige Beetrose, die auch nach vielen Jahren nichts an ihrer Wuchsfreudigkeit einbüßt. **'Climbing McGredy's Yellow'** (Western Rose Co., USA, 1937) ist eine besonders stark kletternde Rose mit üppig wachsenden, großen, grünen Blättern und dicken, stacheligen Trieben. Im Juni bringt sie sehr viele Blüten hervor, vor allem wenn die Triebe rechtzeitig in eine horizontale Lage zurückgebunden wurden. **ZONEN 5–10.**

McGredy, Großbritannien, 1933

'Mrs Charles Lamplough' × ('The Queen Alexandra Rose' × 'J. B. Clark')

Goldmedaille der National Rose Society 1930, Portland Goldmedaille 1956

## MACSPICE MACspike

ZWERGROSE, MAUVE, ÖFTERBLÜHEND

Die im wesentlichen mauverosafarbenen Blüten dieser Sorte erscheinen auf etwa 30 cm langen Rispen, die an Rittersporn erinnern. Die halbgefüllten Blüten besitzen einen schwachen Duft. Ihre lange blühenden Girlanden sind anmutig und mit fast 50 kleinen, malvenfarbigen Blüten pro Stiel bestückt, weshalb die Pflanze mehr einem Strauch als einer Zwergrose ähnelt. Die Blätter sind klein und mattglänzend. Diese Rose ziert den Garten mit ihren überhängenden Trieben, die mit Blüten förmlich übersät sind. **ZONEN 5–11.**

McGredy, Neuseeland, 1983

'Anytime' × 'Gardendirektor Otto Linne'

## 'MADAM PRESIDENT'

**Syn. 'Madame President'**

FLORIBUNDA, ROSA+, ÖFTERBLÜHEND

Die wunderschön geformten Knospen öffnen sich langsam zu stark gefüllten Blüten mit kamelienartiger Perfektion und 30 Petalen in zartem Rosarot mit cremefarbigem Blütengrund. Die etwas duftenden Blüten behalten ihre Form und Farbe gut; sie stehen einzeln oder in kleinen Büscheln auf einem mäßig großen Busch, der die Blüte besonders rasch erneuert. Die üppigen Blätter sind klein und dunkelgrün. Trotz guter Krankheitsfestigkeit neigt die Pflanze bisweilen zu Sternrußtau. Die Rose eignet sich hervorragend zum Schnitt; sie ist aber wegen ihrer buschigen Art auch eine ausgezeichnete Hochstammrose. Sie wird allerdings fast nur in Neuseeland und Australien gepflanzt. **ZONEN 5–10.**

McGredy, Neuseeland, 1975

Sämling × 'Händel'

## 'MME ABEL CHATENAY'

TEEHYBRIDE, ROSA+, ÖFTERBLÜHEND

'Mme Abel Chatenay' ist schon über 100 Jahre alt und zählt immer noch zu den beliebtesten frühen Teehybriden. Mit der Teerose 'Doctor Grill' sowie einer Remontantrose als Elternsorten könnte sie auch als Teerose klassifiziert werden. Die blaßrosafarbenen, spitzen Knospen öffnen sich zu duftenden gefüllten, blaßrosafarbenen Blüten mit intensiv gefärbter Mitte und einem kräftigen Karminrosa auf der Rückseite der Blütenblätter. Das Laub ist im Austrieb bronzefarben und wird mit der Zeit grün. Überraschenderweise wurde diese wundervolle Rose niemals in ihrer Gesamtheit mit einem Preis bedacht; lediglich die britische *National Rose Society* verlieh ihr 1895 eine anerkennende Auszeichnung ihrer Blütenqualitäten. **'Climbing Mme Abel Chatenay'** (Page, Großbritannien, 1917) zählt noch heute zu den besten aller rosafarbenen, öfterblühenden Kletterrosen. **ZONEN 5–10.**

Pernet-Ducher, Frankreich, 1895

'Doctor Grill' × 'Victor Verdier'

## 'MME ALFRED CARRIÈRE'

ALTE R., NOISETTEROSE, WEISS, ETWAS NACHBLÜHEND

Dieser für seine Gesundheit bekannte, wuchernde Climber entfaltet seine blassen, leicht rosa getönten weißen Blüten mit zuverlässiger Beständigkeit über einen langen Zeitraum hinweg. Die gekräuselten mittleren Blütenblätter sind im Blütengrund gelblich. Der Duft der großen, vollen, kugelförmigen Blüten ist teeartig. Die blaßgrünen Blätter haben gesägte Ränder, und die biegsamen Triebe lassen sich leicht an Zäunen, Mauern oder Pergolen ziehen. Die Pflanze verträgt Halbschatten und läßt sich leicht durch Stecklinge vermehren. **ZONEN 4–10.**

Schwartz, Frankreich, 1879

Eltern unbekannt

Royal Horticultural Society Award of Garden Merit 1993

## 'MME ALFRED DE ROUGEMONT'

ALTE R., REMONTANTROSE, HELLROSA, ETWAS NACHBLÜHEND

Diese Rose wird manchmal auch als Bourbonrose klassifiziert. Es handelt sich um einen wuchsfreudigen, hoch wachsenden Busch mit mittelgroßen Blüten, deren weiße Farbe mit einem zur Mitte hin intensiver werdenden Fleischrosa überhaucht ist. Die reizvollen, becherförmigen Blüten erscheinen früh im Juni reichlich und erneuern sich gelegentlich; die Pflanze selbst ist wuchsfreudig. **ZONEN 5–9.**

Lacharme, Frankreich, 1862

'Blanche Lafitte' × 'Sappho'

## 'MME ALICE GARNIER'

**Syn. 'Brownlow Hill Rambler'**

RAMBLERROSE, ROSA+

In der ersten Hälfte des 20. Jh. schufen französische Züchter eine ganze Reihe von Wichuraiana-Kletterrosen. Diese wuchernde Ramblerrose trägt viele Rispen mit offenen, hellrosafarbenen Blüten mit gelblicher Mitte. Die Blüten sitzen auf langen, schlanken Trieben; ihre flachen Rosetten aus gekräuselten und geviertelten Petalen verströmen einen starken Apfelduft. Die Pflanze wird 4,5 m groß und trägt üppiges Laub aus kleinen, dunkelgrün glänzenden Blättern, die im Austrieb bronzefarben sind. Diese Sorte eignet sich für magere Böden und verträgt Halbschatten. **ZONEN 5–10.**

Fauque, Frankreich, 1906

Rosa wichuraiana × 'Mme Charles'

'Mme Alfred Carrière'

'Mme Abel Chatenay'

'Mme Antoine Mari'

'Mme Alice Garnier'

## 'MME ANTOINE MARI'

ALTE R., TEEROSE, ROSA+, ETWAS NACHBLÜHEND

Die kamelienartigen Blüten sind von rosigem Lila, manchmal weisen sie cremeweiße Streifen auf. Die krausen Petalen bilden große wohlgeformte, duftende Blüten mit dichter Füllung. Die Knospen sind später im Jahr besonders hübsch. Die schmucke Pflanze eignet sich für Kübel oder zum Ziehen an einer warmen Mauer. Ihre pflaumenfarbigen Triebe tragen hellgrüne Blätter und sind mit Stacheln besetzt. Am besten gedeiht die Pflanze an einem sonnigen, geschützten Standort. **ZONEN 6–11.**

Mari, Frankreich, 1901

Eltern unbekannt

## 'MME ARTHUR OGER'

ALTE R., KLETTERNDE BOURBONROSE, REIN ROSA, ETWAS NACHBLÜHEND

Diese Rose existiert offenbar weder im Handel noch in irgendeiner botanischen Sammlung. Aber wie so viele verschollene Rosen könnte auch sie eines Tages auf einem Friedhof oder in einem verwilderten Garten wiederentdeckt werden. Sie hat große, gefüllte Blüten in brillantem, mit einem Lachston überhauchten Rosa, ist buschig, winterhart und ziemlich wuchsfreudig. **ZONEN 4–10.**

Oger, Frankreich, 1899

Sämling von 'Mme Isaac Pereire'

## 'MME BÉRARD'

ALTE R., KLETTERNDE TEEROSE, ORANGE+, ÖFTERBLÜHEND

Diese gelblich-lachsrosafarbene Rose sieht der 'Gloire de Dijon' sehr ähnlich. Die großen, gefüllten Blüten sind becherförmig, wobei sich die Petalen aufrollen und eine verwirbelte Mitte freilegen. In praller Sonne verblassen die Blüten zu rosa und gelb. Sie blühen vom Juni bis zum ersten Frost. Manche Experten betrachten diese duftende Rose als eine der besten kletternden Teerosen. Die mit dunkelgrünem Laub besetzte Pflanze wird bis zu 3 m hoch und breit. Sie ist winterhärter als die meisten anderen Teerosen, bevorzugt aber auch einen sonnigen Standort. Der französische Züchter Antoine Levet aus Lyon hat zwischen 1866 und 1889 viele bekannte Rosen kreiert, darunter 'Paul Neyron' und 'Perle des Jardins'. 'Mme Bérard' wird manchmal auch zu den Noisetterosen gestellt. **ZONEN 5–10.**

Levet, Frankreich, 1872

'Mme Falcot' × 'Gloire de Dijon'

'Mme Boll'

'Mme Berkeley'

'Mme Bollinger'

'Mme Butterfly'

## 'MME BERKELEY'

ALTE R., TEEROSE, ROSA+, ETWAS NACHBLÜHEND

Die Rose gilt als ausgezeichnete Schnittblume. Sie ist stark gefüllt, schön geformt und besitzt lange Knospen. Die Petalen bilden eine lachsfarbene, lockere Mitte. Die leicht duftenden Blüten öffnen sich vom Sommer bis in den Herbst hinein. Die dichte, buschige Pflanze sollte regelmäßig geschnitten werden, damit sie ihre Form behält. 'Mme Berkeley' eignet sich gut für Rabatten oder als Kübelpflanze; am besten gedeiht sie in der Sonne. **ZONEN 5–10.**

Bernaix, Frankreich, 1898

Eltern unbekannt

## 'MME BOLL'

ALTE R., PORTLANDROSE/REMONTANTROSE, DUNKELROSA, ETWAS NACHBLÜHEND

Der Stammbaum dieser Rose ist umstritten – eine Quelle gibt eine Remontantrose und 'Belle Fabert' als Eltern an, andere klassifizieren 'Mme Boll' als Portlandrose. Bekannt ist sie bereits seit fast 150 Jahren. Die prallen, karminroten Blüten sind etwa 10 cm groß und öffnen sich schön. Die äußeren Petalen sind groß, die inneren zahlreich und etwas ungeordnet. Die stark duftenden Blüten erscheinen vom Juni bis zum ersten Frost. Die kräftigen, stämmigen Triebe tragen große Blätter und dunkelgraue Stacheln. Die Stiele sind kurz, borstig und drüsig. **ZONEN 5–10.**

Boll und Boyau, Frankreich, 1859

Vermutlich 'Baronne Prévost' × 'Portlandica'

## 'MME BOLLINGER'

FLORIBUNDA, ORANGEROSA, ÖFTERBLÜHEND

Diese Rose stammt ebenfalls von der schön geformten 'Little Darling' ab. Die Blüten sind dunkellachsrosa bis orange, mit 25 Petalen gefüllt und besitzen eine schöne großblumige Form. Mit 8 cm Durchmesser sind sie recht groß und verströmen einen leichten Duft. Sie erscheinen in schön geformten Dolden, die

'Mme Bravy'

ihre Form und Farbe gut behalten. Die Pflanze ist mäßig wuchsfreudig und krankheitsfest; alles im allem ist sie eine gute Beetrose. **ZONEN 5–10.**

McGredy, Neuseeland, 1972

('Little Darling' × 'Goldilocks') × 'Bobbie Lucas'

## 'MME BRAVY'

**Syn. 'Adèle Pradel', 'Danzille', 'Mme de Sertat'**

ALTE R., TEEROSE, WEISS, ETWAS NACHBLÜHEND

Die für ihre nach Himbeeren duftenden Blumen bekannte Rose hat becherförmige, leicht kugelige Blüten, deren Cremeweiß manchmal rosa getönt erscheint. Ihre gefüllten Blüten haben in der Mitte kurze, gefaltete Petalen. 'Mme Bravy' ist ein blühfreudiger Busch, winterhart und mit hellgrünem Laub. Bei einer Wuchshöhe von bis zu 1 m ist sie auch eine geeignete Kübelpflanze. **ZONEN 6–11.**

Guillot, Frankreich, 1846

Eltern unbekannt

## 'MME BUTTERFLY'

TEEHYBRIDE, HELLROSA, ÖFTERBLÜHEND

Die eleganten Knospen sind lang und spitz, bevor sie sich zu duftenden, gefüllten Blüten mit 30 Petalen öffnen. Das Laub der mäßig wachsenden Pflanze ist lederartig. **'Climbing Mme Butterfly'** (Smith, Großbritannien, 1926) zählt zu den besten Kletterrosen und bringt im Frühjahr unzählige schöne Knospen in großen Büscheln hervor. Wenn die verwelkten Blüten entfernt werden, blüht 'Mme Butterfly' den Sommer hindurch bis in den Herbst; dann sind die Farben noch satter, die Blüten größer und langlebiger. 'Mme Butterfly' wächst hervorragend über Bögen oder an Mauern. Die Blüten können durch Thripse geschädigt werden. **ZONEN 5–10.**

Hill & Company, USA, 1918

Sport von 'Ophelia'

## 'MME CAROLINE TESTOUT'

**Syn. 'City of Portland'**

TEEHYBRIDE, REIN ROSA, ÖFTERBLÜHEND

Diese nach einer Pariser Modeschöpferin benannte Rose findet man noch immer auf der ganzen Welt, obwohl sie schon über 100 Jahre alt ist. Aus großen, kugelförmigen Knospen gehen große Blüten von hellem Rosa mit karminrot überhauchter Mitte hervor. Sie sind stark gefüllt und duften wunderbar. Die Blütenblätter in der Mitte sind nach innen gebogen, wodurch die Blüte kugelförmig aussieht. Diese Rose ist im Stammbaum vieler Strauchrosen zu finden. Der Busch ist kräftig und winterhart. Die Blüten haben eine papierartige Struktur und können bei feuchter Witterung Mumien bilden. **'Climbing Mme Caroline Testout'** (Chauvry, Frankreich, 1901) ist immer noch hervorragend für Bögen, Säulen und Pergolen sowie für Hauswände geeignet, wo ihre großen, kugelförmigen Blüten und ihr starker Duft besonders gut zur Geltung kommen. **ZONEN 5–11.**

Pernet-Ducher, Frankreich, 1890

'Mme de Tartas' × 'Lady Mary Fitzwilliam'

'Climbing Mme Butterfly'

M

'Mme de Sancy de Parabère'

'Mme Charles'

## 'MME CHARLES'

ALTE R., TEEROSE, GELB+/ROSA+, ETWAS NACHBLÜHEND

Diese Rose zählt zu den frühen französischen Teerosen und zeigt hübsche Knospen, die sich meist zu rosafarbenen Blüten öffnen, manchmal jedoch auch gelbliche Blüten mit lachsfarbener Mitte hervorbringen. Die Blüten sind gefüllt, halbkugelförmig und erscheinen in Büscheln. In praller Sonne werden sie leicht schwefelgelb. Der Strauch hat keine Stacheln und bevorzugt einen warmen Standort im Garten; dann blüht er vom Sommer bis in den Herbst hinein. **ZONEN 6–11.**

Damaizin, Frankreich, 1864

'Mme Damaizin' × Sämling

## 'MME CHARLES BALTET'

ALTE R., BOURBONROSE, HELLROSA, ETWAS NACHBLÜHEND

Diese heute nur noch selten anzutreffende Bourbonrose hat stark duftende Blüten, die in Büscheln zu 4–6 erscheinen. Sie liegen übereinander, sind stark gefüllt und zart rosa – am schönsten sind sie im Herbst nach einem heißen Sommer. Die Blütezeit beginnt im Juni. Der wuchsfreudige Strauch ist gesund und wird bis zu 1,5 m hoch. Bourbonrosen sind auf der Ile de Bourbon (heute Réunion) im Indischen Ozean entstanden; ihre genaue Herkunft ist allerdings unklar, doch dürften *Rosa chinensis* und *R.* × *damascena* beteiligt gewesen sein. **ZONEN 5–10.**

Verdier, Frankreich, 1865

Eltern unbekannt

## 'MME CORNÉLISSEN'

ALTE R., BOURBONROSE, WEISS, ETWAS NACHBLÜHEND

Diese Rose erlangte niemals den Beliebtheitsgrad ihrer Elternsorte. Die Blüten sind duftend, klein, leicht gefüllt und flach. Ihre weiße Farbe ist rosa überhaucht, und in der Mitte zeigen sich attraktive, gelbe Staubbeutel. Die Pflanze hat einen mittleren Wuchs, trägt große Blätter und ist besonders bei feuchter Witterung leider gegen Sternrußtau anfällig. **ZONEN 5–10.**

Cornélissen, 1865

Sport von 'Souvenir de la Malmaison'

## 'MME DE LA RÔCHE-LAMBERT'

ALTE R., MOOSROSE, MAUVE, ÖFTERBLÜHEND

Diese Rose blüht den ganzen Sommer und Herbst hindurch, ihre Blüten sprießen aus wohlgeformten, befiederten Knospen, die von hellgrünem Moos bedeckt sind. Die intensiv burgunderfarbenen Blüten bestehen aus vielen eingerollten Petalen. Die Blumen duften stark und werden etwa 8 cm groß. Der breit wachsende Strauch wird bis zu 1,2 m hoch. Die Stiele sind stark bemoost und weisen nur wenige Stacheln auf. Die hellgrünen Blätter sind rund, weich und glatt. Jeder Gartenliebhaber, dem eine leichte Anfälligkeit für Mehltau nichts ausmacht, erhält mit 'Mme de la Rôche-Lambert' eine erstklassige Moosrose. **ZONEN 4–10.**

Robert, Frankreich, 1851

Eltern unbekannt

Royal Horticultural Society Award of Garden Merit 1993

## 'MME DE SANCY DE PARABÈRE'

Syn. 'Mme Sancy de Parabère', 'Virginian Lass'

ALTE R., BOURSAULTROSE, HELLROSA

Diese Sorte ist eine von drei heute noch kultivierten Bousaultrosen (die beiden anderen sind 'Amadis' und 'Morlettii'), einer aus Paris stammenden Rosenklasse. Die hellen, sanft rosafarbenen Blüten sind gefüllt, wobei die äußeren Petalen größer sind als die inneren. Die süßlich duftenden Blüten sind 12 cm groß, lokker, rund und flach und stehen in großen Büscheln; sie blüht nur einmal. Die stachellose Pflanze wird leicht 4,5 m hoch, bevorzugt einen Standort im Halbschatten, ist ziemlich winterhart und gedeiht gut auf mageren Böden und bei jedem Wetter. Sie blüht überreich Anfang Juni , ist aber von Juli bis August infolge Befall mit Sternrußtau fast ohne Laub. **ZONEN 4–10.**

Bonnet, Frankreich, 1874

Eltern unbekannt

## 'MME DE SÉVIGNÉ'

ALTE R., BOURBONROSE, ROSA+, ETWAS NACHBLÜHEND

Die leicht duftenden Blüten sind in der Mitte leuchtend rosa und werden zum Rand hin heller. Sie sind gefüllt und groß, ihre Petalränder sind rötlich-weiß. Der wuchsfreudige Strauch trägt attraktive, große Blätter. Im Sommer ist seine Blüte sehr reich; später blüht er nur vereinzelt. Marie de Rabutin-Chantal, die Marquise de Sévigné (1626–1696), ist durch den Briefwechsel mit ihrer Tochter in die Weltliteratur eingegangen. **ZONEN 5–11.**

Moreau und Robert, Frankreich, 1874

Eltern unbekannt

## 'MME DE TARTAS'

Syn. 'Mme de Thartas'

ALTE R., TEEROSE, HELLROSA, ETWAS NACHBLÜHEND

Die großen, becherförmigen, hellrosafarbenen Blüten erscheinen vom Frühsommer bis zum ersten Frost. Sie sind dichtgefüllt, leicht duftend, locker und entwickeln im Halbschatten ein intensives Rosa. Man kann die Sorte als wuchsfreudigen Strauch, als Kletterrose oder als Bodendecker pflanzen. Die großen Stacheln sind von ledrigen, dunkelgrünen Blättern verdeckt. Diese recht wenig beachtete, wunderschöne Rose milder Klimazonen ist ein bedeutender Vorfahr vieler Teehybriden aus dem Viktorianischen Zeitalter. Der britische Züchter Jack Harkness nimmt an, daß sie die Vaterpflanze von 'Mermaid' ist. **ZONEN 6–11.**

Bernède, Frankreich, 1859

Eltern unbekannt

## 'MME DE WATTEVILLE'

ALTE R., TEEROSE, GELB+, ETWAS NACHBLÜHEND

Die langstieligen Knospen von 'Mme de Watteville' öffnen sich zu üppig blühenden, gefüllten, formschönen Blüten. Sie sind groß, stark duftend und zitronengelb mit meist blaßrosafarbenen Rändern. Sie blühen bis in den Herbst hinein und erinnern nach dem ersten Öffnen an Tulpen. Der niedrig wachsende Strauch trägt dichtes Laub aus kleinen, dunkelgrünen Blättern. Am besten gedeiht diese Rose in praller Sonne, wo sie auch weniger anfällig für Mehltau ist. Sie ist für Kübel geeignet, da sie kälteempfindlicher als andere Teerosen ist. **ZONEN 6–11.**

Guillot, Frankreich, 1883

Eltern unbekannt

## 'MME D'HÉBRAY'

Syn. 'Unique Panachée'

ALTE R., GALLICA-ROSE, ROSA+

Die duftenden, großen, schön geformten, gefüllten Blüten sind weiß, teilweise rosa getönt oder gestreift; sie stehen einzeln auf überhängenden Trieben, erscheinen im Juni und werden mit der Zeit immer lockerer gefüllt. Die borstigen Triebe tragen wenig Stacheln und kleine Hagebutten; das hellgrüne Laub ist gesund und attraktiv. **ZONEN 5–10.**

Vermutlich Pradel, Frankreich, 1857

Eltern unbekannt

## 'MME DIEUDONNÉ'

Syn. 'Mme L. Dieudonné'

TEEHYBRIDE, ROT+, ÖFTERBLÜHEND

Die langen, spitzen Knospen öffnen sich rasch zu mit 30 Petalen gefüllten, leuchtend orangeroten Blüten mit goldenen Unterseiten. Diese sind groß, mit hoher Mitte und duften. Geöffnet verblassen sie jedoch recht schnell. Der wuchsfreudige Strauch hat dunkelglänzendes, mittelgroßes Laub, das gelegentlich anfällig für Mehltau ist. **ZONEN 5–10.**

Meilland, Frankreich, 1949

('Mme Joseph Perraud' × 'Brazier') × ('Charles P. Kilham' × 'Capucine Chambard')

National Rose Society Certificate of Merit 1950

'Mme de Watteville'

'Mme Dieudonné'

'Mme de Tartas'

## 'MME DORÉ'

ALTE R., BOURBONROSE, HELLROSA

Diese in privaten Gärten selten anzutreffende Bourbonrose hat große hellrosa Blüten, die gefüllt sind und duften. Der kräftige Wuchs macht sie für Hecken oder naturnahe Gärten sehr interessant. Wie bei den meisten Rosen ihrer Klasse sind die Blütenblätter sehr zart und vertragen kein feuchtes Wetter. Zu den Züchtungen des Franzosen François Fontaine gehören zahlreiche Remontant- und einige Bourbonrosen. **ZONEN 5–10.**

Fontaine, Frankreich, 1863

Eltern unbekannt

## 'MME DRIOUT'

Syn. 'Mme Dreout'

ALTE R., KLETTERNDE TEEROSE, ROSA+, ETWAS NACHBLÜHEND

Die als kletternde Teerose, gelegentlich auch als Noisetterose klassifizierte 'Mme Driout' bildet schöne, wohlgeformte Knospen, die sich zu flachen, geviertelten karminroten Blüten mit hellrosa, im Schatten eher dunkelroten Streifen öffnen, die im Frühjahr stärker ausgeprägt sind. Die gefüllten, großen Blüten duften und erneuern sich in wärmeren Regionen im Frühjahr und im Sommer. Der Strauch ist wuchsfreudig und kann leicht an einer kleinen Pergola oder einer sonnenbeschienenen Wand gezogen werden. Die Blätter sind groß und dunkel. Die Rose wurde im Park der französischen Gemeinde Saint Dizier entdeckt und nach der Gattin des dortigen Bürgermeisters benannt. **ZONEN 5–10.**

Thirat, Frankreich, 1902

Vermutlich Sport von 'Reine Marie Henriette'

## 'MME EDOUARD HERRIOT'

Syn. 'Daily Mail Rose'

TEEHYBRIDE, ORANGE+, ÖFTERBLÜHEND

Spitze Knospen öffnen sich zu halbgefüllten, großen, gut duftenden Blüten in einem korallrot getönten Gelb, das zu Rosa verblaßt; sie sind ziemlich locker und verblassen rasch. Das Laub des ausladend wachsenden Busches treibt bronzefarben aus. Die ursprünglich in Frankreich gezüchtete und nach der Frau eines französischen Politikers benannte Sorte gewann in Großbritannien einen von der Zeitung *Daily Mail* initiierten Rosenwettbewerb, bei dem sich die siegreiche Sorte 'Daily Mail Rose' nennen durfte – so entstand das Synonym. 1921 wurde **'Climbing Mme Edouard Herriot** (Syn. 'Climbing Daily Mail Rose') von den Gebrüdern Ketten aus Luxemburg eingeführt, eine gute, gesunde, reichblühende Kletterrose mit vielen Stacheln, die im Frühling stark austreibt und bis zum Herbst durchblüht. **ZONEN 5–10.**

Pernet-Ducher, Frankreich, 1913

'Mme Caroline Testout' × Teehybride

Goldmedaille der National Rose Society 1913

## 'MME EDOUARD ORY'

ALTE R., MOOSROSE, DUNKELROSA, ETWAS NACHBLÜHEND

Die duftenden, mittelgroßen, gefüllten, kugelförmigen, rosa Blüten verblassen im Alter zu hellerem Rosa. Im Juni erfolgt ein reichhaltiger Flor, danach treten nur noch vereinzelte Blüten auf. Der aufrechte Busch hat viele kräftige Stacheln. **ZONEN 4–10.**

Robert, Frankreich, 1854

Eltern unbekannt

'Mme Fernandel'

## 'MME EMILIE CHARRON'

Syn. 'Mme Emilie Charrin'

ALTE R., TEEROSE, ROSA, ETWAS NACHBLÜHEND

Diese äußerst seltene Rose ist nur noch in einigen Privatsammlungen anzutreffen. Die großen, zart-fleischrosa Blüten sind becherförmig, stark gefüllt und haben eine schöne Form. Ihre Farbe verblaßt in der Sonne. Der Flor hält recht lange an. Der aufrechte, wuchsfreudige, verzweigte und mäßig bewehrte Strauch eignet sich gut für naturnahe Gärten und als Hecke. **ZONEN 6–11.**

Perrier, Frankreich, 1895

Eltern unbekannt

## 'MME ERNEST CALVAT'

Syn. 'Mme Ernst Calvat', 'Pink Bourbon'

ALTE R., BOURBONROSE, REIN ROSA, ETWAS NACHBLÜHEND

Die großen, dichtgefüllten, flachen, geviertelten Blüten, deren einfache rosa Färbung mit dunklerem Rosa übertönt ist, werden nach dem Öffnen lockerer und geben den Blick auf gelbe Staubgefäße frei. Die gegen Mehltau anfällige Rose bevorzugt Halbschatten, vor allem in Gegenden mit heißen Sommern, und eignet sich gut für den Schnitt. 'Mme Ernest Calvat' gedeiht auch auf mageren Böden, muß sich aber erst am Standort eingewöhnen, um gute Ergebnisse zu erzielen. Die überhängenden Triebe können bis zu 1,8 m lang werden und tragen dunkelgrüne Blätter mit rötlicher Unterseite. Der Franzose Ernest Calvat, dessen Frau der Rose ihren Namen gab, war Handschuhmacher und Hobbygärtner. **ZONEN 4–10.**

Schwartz, Frankreich, 1888

Sport von 'Mme Isaac Pereire'

'Mme Gabriel Luizet'

## 'MME EUGÈNE RÉSAL'

ALTE R., CHINAROSE, ROSA+, ETWAS NACHBLÜHEND

Wenn sich die Blüten dieser Chinarose öffnen, bietet sich dem Betrachter ein schillerndes Farbenmeer, in dem neben diversen Rosatönen auch Farben wie Hellrosa, Rot und Orange vertreten sind. Die halbgefüllten, becherförmigen Blüten gehen aus wunderschönen, langen Knospen hervor. Die von Sommer bis in den Spätherbst erscheinenden, duftenden Blumen sind gesund und haltbar; darüber hinaus bezaubern sie auch mit ihren goldenen Staubgefäßen. Der 1,2 m hohe Strauch ist mit dunkelgrünen, glänzenden Blättern besetzt. **ZONEN 5–10.**

Guillot, Frankreich, 1894

Sport von 'Mme Laurette Messimy'

## 'MME FALCOT'

ALTE R., TEEROSE, REIN GELB, ETWAS NACHBLÜHEND

Die schönen Knospen dieser Teerose öffnen sich zu Blüten in einer Farbpalette, die von dunklem Orange bis zu reinem Gelb reicht. Die krausen, dichtgefüllten und dicken Blüten sind 8 cm groß, die inneren Petalen sind gefaltet oder gerollt. Die becherförmigen Blüten haben eine dunklere Mitte und sind nach dem Öffnen manchmal tulpenähnlich. Die besten Blüten erscheinen im Herbst. Diese duftende Teerose muß erst richtig einwachsen und wird dann bis zu 1,5 m hoch. Die vielen hakenförmigen Stacheln sind von glänzend grünen Blättern verdeckt. 'Mme Falcot' ist Elternsorte der beliebten 'Perle d'Or'. Die französische Gärtnerei Guillot brachte über 100 Jahre lang

'Mme Driout'

'Mme Ernst Calvat'

'Mme Edouard Ory'

'Mme Georges Bruant'

M

zahlreiche berühmte Rosen hervor, unter anderem 'La France' und 'Belle des Jardins'. **ZONEN 6–11.**

Guillot, Frankreich, 1858

Sämling von 'Safrano'

## 'MME FERNANDEL' MEIsunaj

**Syn. 'Fernandel'**

FLORIBUNDA, DUNKELROSA, ÖFTERBLÜHEND

Die Blüten sind nach dem Aufblühen urnenförmig, werden dann runder mit einer festen Mitte und dehnen sich schließlich mit ihren etwa 30 Petalen becherförmig aus. Sie sind dunkelrosa, in leuchtendes Rot übergehend, duften schwach und erscheinen im Sommer und Herbst in kleinen Büscheln auf kräftigen Stielen. Die Pflanze wächst aufrecht, buschig bis in mittlere Höhe und trägt üppiges dunkelgrünes Laub. 'Mme Fernandel' gewann 1989 die sehr begehrte Auszeichnung *Rose de Siècle*, die alljährlich im französischen Lyon an insgesamt fünf Spitzenrosen vergeben wird. **ZONEN 5–9.**

Meilland, Frankreich, 1989

Eltern unbekannt

Bagatelle Goldmedaille 1988, Lyon Rose de Siècle 1989

## 'MME GABRIEL LUIZET'

ALTE R., REMONTANTROSE, HELLROSA, ETWAS NACHBLÜHEND

Spitze Knospen öffnen sich zu großen, mit 35 Petalen gefüllten, manchmal geviertelten Blüten in hellem silbrigen Rosa, das zum Rand hin verblaßt. Die Pflanze blüht schon früh, duftet angenehm und ist blühfreudig; es gibt auch noch einige spätere Blüten. Die stämmigen, kräftigen Triebe ergeben einen 1,8 m hohen Strauch, und das attraktive Laub bildet einen guten Hintergrund für die Blüten. Die Rose gedeiht noch gut in mageren Böden. Sie sollte nur leicht geschnitten und geformt werden. Benannt wurde diese auch heute noch beliebte Remontantrose nach der Gattin des französischen Gartenmeisters Gabriel Luizet (1794–1872), der das Okulieren von Obstbäumen entwickelte. **ZONEN 5–10.**

Liabaud, Frankreich, 1877

Sämling von 'Jules Margottin'

## 'MME GEORGES BRUANT'

STRAUCHROSE, RUGOSA-HYBRIDE, WEISS, ÖFTERBLÜHEND

Abgesehen von der Blütenfarbe und der Zartheit der Petalenstruktur sind die Gene der Teerose 'Sombreuil' bei dieser Strauchrose offenbar nicht durchgeschlagen. Die Knospen sind lang und spitz; die weißen Blüten sind halbgefüllt, locker geformt und stehen in Büscheln auf einem stacheligen, breit ausladenden Strauch mit viel Laub; sie duften und erneuern sich sehr gut. Im Gegensatz zu den meisten anderen Rugosa-Rosen entstehen nur wenige Hagebutten. Das Laub ist gesund. 'Mme Georges Bruant' bildet eine dichte, undurchdringliche Hecke, die vom Frühjahr bis in den Herbst hinein blüht.
**ZONEN 4–10.**

Bruant, Frankreich, 1887

*Rosa rugosa* × 'Sombreuil'

'Mme Edouard Herriot'

'Mme Georges Delbard'

'Mme Grégoire Staechelin'

'Mme Grégoire Staechelin'

## 'MME GEORGES DELBARD'

DELadel

**Syn. 'Mme Delbard', 'Mrs G. Delbard'**

TEEHYBRIDE, DUNKELROT, ÖFTERBLÜHEND

Diese hervorragende Teehybride zeichnet sich durch dunkelrote, perfekt strukturierte Blüten mit breiten Blütenblättern aus. Die großen Knospen öffnen sich sehr langsam zu gefüllten, farbintensiven und lange blühenden, recht großen Blüten mit 40 Petalen und einer hohen Mitte, wodurch die Kriterien an eine Ausstellungsrose erfüllt sind. Ihre Stiele sind sehr lang, und die duftlosen Blüten erscheinen meist einzeln. Auch als Schnittblumen halten sie sich besonders lange. Die hoch und kräftig wachsende Pflanze trägt große, mittelgrüne und mattglänzende Blätter. **ZONEN 5–11.**

Delbard, Frankreich, 1982

('Super Star' × 'Samourai') × ('Super Star' × ['Rome Glory' × 'Impeccable'])

## 'MME GRÉGOIRE STAECHELIN'

**Syn. 'Spanish Beauty'**

GROSSBLUMIGE KLETTERROSE, ROSA+

Die langen, eleganten Knospen der nur einmal blühenden großartigen 'Mme Grégoire Staechelin' öffnen sich zu zartrosafarbenen Blüten, die vor allem die Rückseiten der gewellten Petalen karminrot gefärbt sind. Die duftenden Blüten erscheinen sowohl einzeln als auch in kleinen Büscheln. Wenn man Verwelktes nicht entfernt, bilden sich sehr große, birnenförmige Hagebutten, deren Farbe langsam von grün zu goldgelb bis hellorange wechselt. Die ausgezeichnete Kaskadenrose kann auch auf einen Bogen gezogen werden, wo ihre blaßrosa Blüten sich zauberhaft von dem dunkelgrünen Laub abheben. **ZONEN 5–10.**

Dot, Spanien, 1927

'Frau Karl Druschki' × 'Château de Clos Vougeot'

Bagatelle Goldmedaille 1927, John Cook-Medaille der American Rose Society 1929, Royal Horticultural Society Award of Garden Merit 1993

M

'Mme Hardy'

'Climbing Mme Henri Guillot'

'Mme Isaac Pereire'

## 'MME HARDY'

ALTE R., DAMASZENERROSE, WEISS

'Mme Hardy' ist sicherlich eine der schönsten weißen Rosen, deren reicher Flor im Juni erscheint. Die rein weißen Blüten mit einem grünen Auge in der Mitte stehen in Büscheln oder auch einzeln und halten sich etwa drei Wochen. Sie duften stark und sind zunächst becherförmig, werden später aber sehr flach. Der sehr pflegeleichte Strauch ist groß, dicht und stachelig, hat dunkles, bräunliches Holz und trägt reichlich hellgrünes Laub. Bei gewissen Witterungsbedingungen können auf den Blättern braune, aber harmlose Flecken auftreten – vermutlich handelt es sich hierbei um Verbrennungserscheinungen durch Sonnenstrahlen nach einem Regen. **ZONEN 4–11.**

Hardy, Frankreich, 1832

Eltern unbekannt

Royal Horticultural Society Award of Garden Merit 1993

## 'MME HENRI GUILLOT'

TEEHYBRIDE, ROT+, ÖFTERBLÜHEND

Diese früh blühende Rose stellt im Frühjahr einen hübschen Blickfang dar. Die Farbe der Blüten ist eine einzigartige Mischung aus Orange und Korallrot. Sie sind mit 25 Petalen gefüllt und öffnen sich sehr schnell zu großen, orangefarbenen, flachen Blüten mit leichtem Duft. Einige Blüten erneuern sich nach dem Frühjahrsflor. Die reichlich vorhandenen Blätter sind besonders groß und stark glänzend. Der Busch hat inzwischen an Wuchsfreudigkeit eingebüßt, wie man auch bei vielen anderen farbenfrohen Rosen aus der ersten Hälfte des 20. Jh. beobachten kann. **'Climbing Mme Henri Guillot'** (Meilland, Frankreich, 1942) ist eine kletternde Variante von 'Mme Henri Guillot'. **ZONEN 5–10.**

Mallerin, Frankreich, 1938

'Rochefort' × Sämling von *Rosa foetida bicolor*

Bagatelle Goldmedaille 1936, Portland Goldmedaille 1938

## 'MME ISAAC PEREIRE'

**Syn. 'Le Bienheureaux de la Salle'**

ALTE R., BOURBONROSE, DUNKELROSA, ETWAS NACHBLÜHEND

Die sehr großen, dunkelrosafarbenen Blüten sind gefüllt und nach dem Öffnen schön geformt, später lockern sie auf. Eine purpurne Tönung verleiht ihnen vor allem im Herbst einen besonderen Charme. Die stark duftenden Blüten sind bisweilen becherförmig, manchmal auch flach und geviertelt; sie erscheinen zumeist in Büscheln. Der bis zu 2 m hohe, wuchsfreudige Strauch läßt sich sehr gut an Säulen ziehen, wo er viele Seitenknospen mit zusätzlichen Blüten ausbildet. Die langen Triebe haben kleine Stacheln und dunkelgrüne Blätter. Die Pflanze gedeiht gut in mageren Böden und in kühlen Lagen, sie ist jedoch anfällig für Mehltau. **ZONEN 5–10.**

Garçon, Frankreich, 1881

Eltern unbekannt

Royal Horticultural Society Award of Garden Merit 1993

## 'MME JEAN DUPUY'

ALTE R., TEEROSE, GELB+, ETWAS NACHBLÜHEND

Die länglichen, spitzen, auf langen, geraden Stielen sitzenden Knospen öffnen sich zu großen, gefüllten, goldgelben Blüten mit rosa Tönung und rötlicher Mitte. Die äußeren Petalen sind rosa gerändert. Der Flor erstreckt sich von einer Hauptblüte im Spätfrühling bis zum ersten Frost. Die kräftigen Triebe tragen schönes Laub und einige Stacheln. Der gesunde, kompakte Busch kann zu einem großen Strauch heranwachsen, sofern er nicht geschnitten wird. **ZONEN 6–11.**

Lambert, Deutschland, 1902

Eltern unbekannt

## 'MME JOSEPH PERRAUD'

**Syn. 'Sunburst'**

TEEHYBRIDE, GELB+, ÖFTERBLÜHEND

Die großen, gelben Blüten haben eine kupferfarben gemaserte Mitte, sind mit 30 Petalen gefüllt und duften. Die kupfrig überhauchten gelben Knospen sind lang und spitz; jedoch kann der Kupferton im Zentrum der Blumen bei warmem Wetter rasch verblassen. Die Blütenproduktion von 'Mme Joseph Perraud' ist gut, und ihr glänzendes Laub ist gesund. **ZONEN 5–11.**

Gaujard, Frankreich, 1934

'Julien Potin' × Sämling

Bagatelle Goldmedaille 1934

## 'MME JOSEPH SCHWARTZ'

**Syn. 'White Duchesse de Brabant'**

ALTE R., TEEROSE, WEISS, ETWAS NACHBLÜHEND

'Mme Joseph Schwartz', die auch nach 100 Jahren noch sehr populär ist, zählt zu den besten weißen Teerosen, die im Handel erhältlich sind. Die rein weißen, rosa überhauchten Blüten sind gefüllt, mittelgroß und becherförmig. Die Mitte der duftenden, wohlgeformten Blüten ist ungeordnet. Sie blühen den ganzen Sommer hindurch bis in den Herbst hinein und sind ausgezeichnete Schnittblumen. Der niedrig wachsende Strauch trägt immergrünes Laub und bevorzugt einen kühlen, sonnigen Standort. Bei feuchter Witterung wird diese als Kübelpflanze gut geeignete Rose oft von Sternrußtau befallen. **ZONEN 6–11.**

Schwartz, Frankreich, 1880

Sport von 'Comtesse de Labarthe'

'Madame Jules Bouché'

## 'MADAME JULES BOUCHÉ'

TEEHYBRIDE, WEISS, ÖFTERBLÜHEND

Diese Rose kann man leicht am Zickzackwuchs der Stiele erkennen, die nach jedem Blattansatz abwechselnd nach rechts oder nach links wachsen. Die schlanken und anmutigen Knospen öffnen sich zu sehr großen, gefüllten Blüten, die in der Mitte leicht rötlich schimmern. Die stark duftenden Blüten öffnen sich flach, ähnlich einer Teerose, und weisen wie eine Kamelie viele überlappende Blütenblätter auf, sind aber etwas regenempfindlich. Die Pflanze zeigt einen hohen Wuchs und eine rege Blütenproduktion. **ZONEN 5–11.**

Croibier, Frankreich, 1911

'Pharisäer' × Sämling

## 'MME JULES GRAVEREAUX'

ALTE R., KLETTERNDE TEEROSE, APRICOT+, ETWAS NACHBLÜHEND

Diese Rose ist eine hervorragende Schnittblume. Die langen, spitzen Knospen öffnen sich zu recht großen, sehr stark gefüllten, fleisch- bis pfirsichfarbenen Blüten in einer kompakten, bisweilen geviertelten Form. Nach vollständigem Öffnen sind sie gelblich getönt. Die buschige, hochaufgeschossene Pflanze kann bis zu 3,5 hoch werden. Sie trägt große, dunkel glänzende und üppig wachsende Blätter und bevorzugt trockenes, warmes Wetter. 'Mme Jules Gravereaux' ist anfällig für Mehltau. **ZONEN 5–10.**

Soupert und Notting, Frankreich, 1901

'Rêve d'Or' × 'Viscountess Folkestone'

## 'MME JULES THIBAUD'

POLYANTHAROSE, ORANGEROSA, ÖFTERBLÜHEND

Abgesehen von ihrer Farbe weist diese kräftig korallrosafarbene Rose eine starke Ähnlichkeit mit 'Cécile Brunner' auf. Die Blüten sind mitunter auch noch etwas größer und kräftiger. Sie erscheinen in kleinen Büscheln und thronen sehr schön über dem spärlichen, mittelgrünen Laub, wobei sie ihre Farbe sehr gut behalten. Die Pflanze ist frei von Krankheiten und eignet sich ausgezeichnet als Hecke oder für niedrige Rabatten. **ZONEN 4–11.**

Nach 1881

Sport von 'Cécile Brunner'

'Mme Jules Gravereaux'

'Mme Jules Thibaud'

'Mme Knorr'

## 'MME KNORR'

**Syn. 'Mme de Knorr'**

ALTE R., PORTLANDROSE, REIN ROSA, ETWAS NACHBLÜHEND

Die gefüllten, flachen Blüten dieser Sorte sind hellrosa mit weißer Unterseite und dunkler Mitte. Sie sind mittelgroß und halbgefüllt, haben eine ziemlich lose Form und einen sehr süßen Duft. Nach der Sommerblüte erneuern sich einige der Blüten. 'Mme Knorr' gedeiht gut auf mageren Böden und eignet sich als kleine Heckenrose, wobei sie an ihrem Standort fast alles mit ihrem starker Duft überdeckt. Das gesunde und üppige, mattgrüne Laub bildet einen schönen Hintergrund für die Blüten. **ZONEN 5–11.**

Verdier, Frankreich, 1855

Eltern unbekannt

Royal Horticultural Society Award of Garden Merit 1993

## 'MME KRILOFF'

TEEHYBRIDE, GELB+, ÖFTERBLÜHEND

Die großen, rundlichen Blüten dieser Sorte bestehen aus über 30 breiten Petalen und duften gut. Ihr orangegelber Farbton wird von einer kräftigen karminroten Äderung begleitet. 'Mme Kriloff' blüht bis in den Herbst und hat einen aufrechten Wuchs bis in mittlere Höhe. Ihre Blätter sind groß und ledrig. Als einer der ersten gehandelten Sämlinge von 'Gloria Dei' bot diese Teehybride einen Vorgeschmack auf den außergewöhnlichen Einfluß, den Meillands berühmteste Rose in der zweiten Hälfte des 20. Jh. ausüben würde. 'Mme Kriloff' ist heute nicht mehr im Handel erhältlich. **ZONEN 5–9.**

Meilland, Frankreich, 1944

'Gloria Dei' × 'Signora'

Bagatelle Goldmedaille 1944, Goldmedaille der National Rose Society 1948

## 'MME LAURETTE MESSIMY'

**Syn. 'Laurette Messimy'**

ALTE R., CHINAROSE, DUNKELROSA, ETWAS NACHBLÜHEND

Diese attraktive Rose hat lange, lachsfarbene Knospen, die sich zu rosafarbenen Blüten mit gelber Mitte öffnen. Die losen, halbgefüllten Blüten sind groß und duften. Diese Rose macht sich in kühlen Sommern am besten, da die Blüten bei zu großer Wärme verblassen. Sie blüht vom späten Frühling bis in den Herbst hinein. Die buschige, aufrechte Pflanze ist mit vielen graugrünen, glänzenden Blättern besetzt. Sie ist eine hervorragende Beetrose und eignet sich auch als Kübelpflanze. **ZONEN 6–11.**

Guillot, Frankreich, 1887

'Rival de Paestum' × 'Mme Falcot'

'Mme Legras de St Germain'

'Mme Lauriol de Barny'

## 'MME LAURIOL DE BARNY'

ALTE R., BOURBONROSE, HELLROSA, ETWAS NACHBLÜHEND

Diese prachtvolle Gartenrose blüht früher als jede ihrer Verwandten. Die großen, sehr flachen Blüten sind silbrigrosa, gefüllt und geviertelt. Die schweren, nach unten hängenden Blütenzweige dieser süß und fruchtig duftenden Rose sind sehr begehrte Fotomotive. Die überhängenden Triebe sind mit weichen Blättern besetzt und produzieren, vor allem wenn sie gestützt werden, eine reiche Blütenpracht; die Nachblüte ist gering. Die Rose eignet sich ideal für Säulen, da sie in zwei Jahren leicht bis zu 2 m hoch wächst. Die Pflanze gedeiht gut im Halbschatten und auf magerem Boden. **ZONEN 5–10.**

Trouillard, Frankreich, 1868

Hybride von *Rosa arvensis*

## 'MME LEGRAS DE ST GERMAIN'

ALTE R., ALBA-ROSE, WEISS

Die zunächst becherförmigen Blüten öffnen sich zu flachen, perfekt geformten, stark gefüllten und polsterähnlichen Rosetten von 5 cm Durchmesser und stehen in Büscheln. Die glänzend weißen Blumen mit zartgelber Mitte duften lieblich. 'Mme Legras de St Germain' kann auf gutem Boden bis zu 2,5 m hoch werden und bildet lange, hell- bis mittelgrüne Triebe mit üppigem hellgrünem Laub. Obwohl die vielen weißen, stark gefüllten Blüten keinen Regen mögen, ist diese Rose doch für den Garten geeignet – sei es als freistehender Strauch oder als Kletterrose. **ZONEN 4–10.**

1846

Eltern unbekannt

## 'MME LÉON PAIN'

TEEHYBRIDE, ROSA+, ÖFTERBLÜHEND

Die spitzen Knospen dieser Teehybride öffnen sich zu fleischrosafarbenen Blüten mit gelborangefarbener Mitte; die Rückseiten ihrer Blütenblätter sind lachsrosa. Die duftenden Blüten sind mit 45 Petalen gefüllt, verlieren ihre Farbe jedoch leider ziemlich rasch. 'Mme Léon Pain' ist buschig und wuchsfreudig. **ZONEN 5–11.**

Guillot, Frankreich, 1904

'Mme Caroline Testout' × 'Souvenir de Catherine Guillot'

'Mme Léon Pain'

'Mme Laurette Messimy'

'Mme Kriloff'

'Mme Kriloff'

M

## 'MME LINE RENAUD'

TEEHYBRIDE, ROT, ÖFTERBLÜHEND

Diese Rose verbreitet den intensiven Duft ihrer Elternsorte 'Crimson Glory'. Die gefüllten, schön geformten Blüten sind von satter, samtroter Farbe. Sie trägt hellgrünes Laub, und ihre Blütenproduktion ist gut. 'Mme Line Renaud' ist manchmal gegen Mehltau anfällig. **ZONEN 5–10.**

Mondial Roses, Frankreich, 1956

'Crimson Glory' × Sämling

## 'MME LOMBARD'

**Syn. 'Mme Lambard', 'Mme Lambart'**

ALTE R., TEEROSE, ORANGEROSA, ETWAS NACHBLÜHEND

Diese warme Lagen bevorzugende Teerose wird häufig als „Friedhofsrose" bezeichnet, da sie relativ häufig auf Gräbern gepflanzt wird. Die langen, karminroten Knospen öffnen sich zu stark gefüllten, großen, kugelförmigen Blüten in Lachsrosa mit dunkler Mitte. Die becherförmigen, duftenden Blumen verändern mit der Zeit ihre Farbe, die bei vollständig geöffneter Blüte und im Schatten dunkler wird. In wärmeren Gebieten dauert der Flor vom späten Frühling bis zum ersten Frost. Man kann die Rose auf 1,5 m zurückschneiden oder auch bis zur doppelten Höhe wachsen lassen. Ledrige, dunkelgrüne Blätter verdecken die zahlreichen hakenförmigen Stacheln. Im Herbst werden viele rote Hagebutten gebildet. **ZONEN 6–11.**

Lacharme, Frankreich, 1878

Sämling von 'Mme de Tartas'

## 'MME LOUIS LAPERRIÈRE'

TEEHYBRIDE, ROT, ÖFTERBLÜHEND

Diese Sorte – eine der besten dunkelroten Beetrosen unserer Tage – hat wohlgeformte Blüten mittlerer Größe mit 40–50 Petalen. Die Blüten sind satt dunkelkarminrot und besitzen den wunderbaren Duft von 'Crimson Glory'. Das üppige Laub ist dunkelgrün und gesund. Der Busch wächst gut mittelhoch und eignet sich auch als Halbstammrose. Die Blütenproduktion ist reichlich und erfolgt kontinuierlich. **ZONEN 5–10.**

Laperrière, Frankreich, 1951

'Crimson Glory' × Sämling

Bagatelle Goldmedaille 1950, National Rose Society Certificate of Merit 1952

## 'MME LOUIS LÉVÊQUE'

ALTE R., MOOSROSE, REIN ROSA, ETWAS NACHBLÜHEND

Die großen runden Knospen dieser Sorte sind leicht bemoost und öffnen sich zu großen, silbrig-rosafarbenen Blüten von höchster Qualität, besonders bei trockener Witterung. Die Blüten sind mit stark gefalteten Petalen dicht gefüllt; manche werden bis zu 10 cm groß. Sie verströmen einen reichen Duft; die einmalige Nachblüte kann bis in den Herbst hinein erfolgen. Die reichlich vorhandenen Blätter sind groß, dunkelgrün und bedecken eine bis zu 1,2 m hoch wachsende Pflanze. Die Stiele sind mit wenigen Stacheln besetzt und beinahe frei von Moos. Diese edle Rose sucht unter den helleren Moosrosen bezüglich ihres Reizes und ihrer guten Eigenschaften ihresgleichen. **ZONEN 5–10.**

Lévêque, Frankreich, 1898

Eltern unbekannt

'Mme Louis Lévêque'

'Mme Pierre Oger'

'Mme Marie Curie'

'Mme Lombard' 'Mme Louis Laperrière'

'Mme Line Renaud'

## 'MME MARIE CURIE'

**Syn. 'Québec'**

TEEHYBRIDE, GOLDGELB, ÖFTERBLÜHEND

Diese Rose zählt zu den ersten Rosen, die in den USA patentiert wurden. Die sehr formschönen Blüten entwickeln sich aus attraktiven, spitzen Knospen und bestehen aus 25 goldgelben Petalen mit hoher Mitte. Die Blüten sind mittelgroß, besitzen einen leichten Duft und behalten ihre Farbe gut. Der wuchsfreudige, kompakte Busch trägt dunkelgrünes, gesundes Laub und treibt ausgiebig Blüten. Diese Rose wurde nach der Naturwissenschaftlein Marie Curie benannt, die zweifach mit dem Nobelpreis ausgezeichnet wurde. **ZONEN 5–11.**

Gaujard, Frankreich, 1943

Eltern unbekannt

All-American Rose Selection 1944

## 'MME MOREAU'

ALTE R., MOOSROSE, ROSA+

Die großen duftenden Blüten dieser schon recht alten Moosrose sind rosa, weiß umrandet, gefüllt und leicht bemoost; oft weisen sie auf den Blütenblättern einen Streifen auf. 'Mme Moreau' blüht nur einmal im späten Frühling. **ZONEN 4–10.**

Moreau und Robert, Frankreich, 1872

Eltern unbekannt

'Mme Plantier'

## 'MME PIERRE OGER'

ALTE R., BOURBONROSE, ROSA+, ETWAS NACHBLÜHEND

Dank ihrer besonders zarten, porzellanartigen, transparenten Blüten zählt diese Rose zu den beliebtesten alten Gartenrosen. Die rot überhauchten, cremeweißen, unterseits lila Blüten sind becherförmig, lose und haben zudem gesprenkelte Petalen. Die Farben nehmen in der Sonne noch an Intensität zu. Nach dem ersten vollen Flor erscheinen einige weitere Blüten bis zum ersten Frost. Die schweren, zart duftenden Blüten werden von schmalen, aufrechten Trieben getragen. Die üppigen, spitz zulaufenden Blätter sind hellgrün und oval, die Stiele sind mit dunklen Stacheln besetzt. Die Rose ist gut für Kübel oder für Rabatten geeignet. **ZONEN 4–10.**

Oger, Frankreich, 1878

Sport von 'La Reine Victoria'

## 'MME PLANTIER'

ALTE R., ALBA-ROSE, WEISS

Die duftenden, zunächst cremeweißen, später meist rein weißen Blüten mit einem kleinen grünen zentralen Auge erscheinen in großen Büscheln. Der wuchsfreudige Strauch wird manchmal auch als Damaszenerrose eingestuft. Als Kletterrose kann er bis zu 5 m hoch wachsen, doch meist ist er als etwa 3 m hoher Strauch anzutreffen. Die graugrünen Stiele sind lang, überhängend und fast stachellos; die grau getönten Blätter wirken recht weich. **ZONEN 4–10.**

Plantier, Frankreich, 1835

Vermutlich *Rosa alba* × *R. moschata*

M

## 'MME SANCY DE PARABÈRE'

siehe 'Mme de Sancy de Parabère'

## 'MME SCIPION COCHET' (I)

ALTE R., TEEROSE, ROSA+, ETWAS NACHBLÜHEND

Die eiförmigen Knospen öffnen sich zu hellrosafarbenen Blüten, die später weiß werden und eine gelbe Mitte aufweisen. Die stark gefüllten Blüten sind tulpenförmig und sitzen auf geraden Stielen, die mittleren Petalen sind ziemlich locker. Der schlanke Strauch trägt dicke, glänzende Blätter und zahlreiche Stacheln. Da er selten höher als 1 m wird, eignet er sich gut als Kübelpflanze. **ZONEN 5–10.**

Bernaix, Frankreich, 1872

'Anna Olivier' × 'Comtesse de Brabant'

## 'MME SCIPION COCHET' (II)

ALTE R., REMONTANTROSE, MAUVE, ETWAS NACHBLÜHEND

Die stark duftenden, rosaroten Blüten dieser im Sommer sehr blühfreudigen Pflanze sind mit zartem Rosa umrandet. Die Blütenblätter sind auf der Rückseite silbrig und bilden in der Mitte eine ziemlich fransige Rosette. Die langen, kräftigen Triebe sind mit hellgrünem Laub besetzt. In wenigen Jahren kann der Busch bis zu 1,5 m hoch werden; bei warmer Witterung ist er anfällig für Mehltau. Der Züchter Cozet benannte diese Remontantrose nach seiner Frau. **ZONEN 5–10.**

Cochet, Frankreich, 1873

Eltern unbekannt

## 'MME SOUCHET'

ALTE R., BOURBONROSE, ROSA+, ETWAS NACHBLÜHEND

Diese äußerst seltene Rose ist in keiner botanischen Sammlung aufgeführt. 'Mme Souchet' ist eine sehr helle, stark gefüllte, duftende Rose mit zart rötlichen Blüten. Sie blüht recht lang im Juni und zeigt noch einige Herbstblüten. Der aufrechte, buschige Strauch ist mit attraktivem Laub besetzt. **ZONEN 5–10.**

Souchet, Frankreich, 1843

Eltern unbekannt

## 'MME SOUVETON'

ALTE R., PORTLANDROSE, ROSA+, ETWAS NACHBLÜHEND

Die zarten, halbgefüllten, rosa Blüten mit weißer Tönung sind becherförmig, mittelgroß und sitzen meist auf kurzen Stielen; manchmal sind sie auch etwas gestreift. Die Portlandrose blüht früh, und die vollständig geöffneten Blüten duften

'Mme Wagram, Comtesse de Turenne'

'Mme Scipion Cochet' (I)

leicht. 'Mme Souveton' ist ein durchschnittlich großer Strauch mit kurzen Zweigen und attraktivem Laub. **ZONEN 5–10.**

Pernet, Frankreich, 1874

Eltern unbekannt

## 'MME VICTOR VERDIER'

ALTE R., REMONTANTROSE, ROT, ETWAS NACHBLÜHEND

Vollerblüht sind die Blumen 8 cm groß und ergeben hervorragende Schnittrosen. Die karminroten, gefüllten Blüten sind flach, becherförmig und bestehen aus 75 Petalen, wobei die äußeren größer sind als die inneren. Die Blüten erscheinen in Form von Büscheln im Sommer und im Herbst, der zweite Flor gilt als der schönere. Das Laub der langen, wenig bestachelten Triebe sieht im Frühling besonders hübsch aus. Der Busch mit seinen Blüten gewinnt noch an Attraktivität, wenn man im Frühjahr die überschüssigen Knospen entfernt. **ZONEN 5–10.**

Verdier, Frankreich, 1863

'Senateur Vaise' × Sämling

## 'MME VIOLET'

TEEHYBRIDE, MAUVE, ÖFTERBLÜHEND

Die angenehm duftenden Blüten dieser Rose sind groß, gefüllt und dunkelmauvefarben. Die Blütenproduktion ist mäßig, und eine Erneuerung der Blüten erfolgt recht langsam. Die Pflanze wächst bis in mittlere Höhe und trägt dunkelgrünes, üppiges Laub. **ZONEN 5–11.**

Teranishi, Japan, 1981

(['Lady' × 'Sterling Silver'] × ['Lady' × 'Sterling Silver']) × Selbstung

## 'MME WAGRAM, COMTESSE DE TURENNE'

ALTE R., TEEROSE, ROSA+, ETWAS NACHBLÜHEND

Die sehr großen, eiförmigen Knospen dieser beliebten Teerose öffnen sich zu

'Mme Zöetmans'

'Mme Violet'

'Mme Victor Verdier'

'Mme Victor Verdier'

seidig-rosafarbenen Blüten, deren Farbe sich später zu Rosarot mit gelbem Ansatz verändert. Die Petalenrückseiten der 10–12 cm großen, gefüllten Blüten sind rot. Vollständig geöffnet weisen die duftenden, lange haltbaren Blüten dann eine ziemlich lockere Form auf. Die gesunde, buschige Pflanze hat ein wunderschönes dunkles Laub, kleine Stacheln und bevorzugt ein warmes Klima. Mit einer Höhe von 1 m ist sie eine gute Kübelpflanze, die vom späten Frühling bis zum Herbst blüht. **ZONEN 6–10.**

Bernaix, Frankreich, 1894

Eltern unbekannt

## 'MME WILLIAM PAUL'

**Syn. 'Mrs W. Paul', 'Mrs William Paul'**

ALTE R., MOOSROSE, DUNKELROSA, ETWAS NACHBLÜHEND

Die großen rosaroten Blüten von 'Mme William Paul' sind gefüllt, becherförmig und wachsen im Halbschatten besonders schön. Diese blühfreudige Sorte blüht hauptsächlich im Frühjahr, einige Blüten erscheinen auch noch im Herbst. Die Pflanze wächst aufrecht und wird bis zu 1,2 m groß. Moosrosen sind hinsichtlich des Standorts etwas anspruchsvoll, zumal 'Mme William Paul' wie auch andere Moosrosen nicht besonders winterhart ist. Die Dame, nach der die Sorte benannt wurde, war mit dem englischen Rosenzüchter William Paul (1812–1905) verheiratet. **ZONEN 6–10.**

Moreau-Robert, Frankreich, 1869

Eltern unbekannt

## 'MME ZÖETMANS'

ALTE R., DAMASZENERROSE, WEISS

Die hübschen, gut gefüllten Blüten dieser Rose sind etwa 6 cm breit und duften zart. Zunächst sind sie rosarot, verblassen dann aber zu cremeweiß und haben in der Mitte meist ein Knopfauge aus nach innen gebogenen Petalen. Zum Ende ihrer Blüte hin werden sie ziemlich flach und kissenartig. Im Frühsommer entwickeln sich die Blumen im Übermaß, blühen aber nur ziemlich kurz. Der kompakte Strauch wird rund 1,2 m hoch und hat dunkelgrünes, recht stacheliges Holz und trägt reiches mittelgrünes Laub. 'Mme Zöetmans' ist vermutlich eng mit Gallica-Rosen verwandt und eine erstklassige Sorte – nicht zuletzt aufgrund ihrer ansprechenden Wuchsform. **ZONEN 4–10.**

Marest, Frankreich, 1830

Eltern unbekannt

'Maestro'

'Madelon'

## 'MADELEINE SELZER'

**Syn. 'Mme Selzer', 'Yellow Tausendschön'**
ALTE R., RAMBLERROSE, HELLGELB

Diese wuchernde Ramblerrose entwikkelt Dolden mit hellgelben Blüten, die später zu weiß verblassen. Die duftenden Blüten sind dichtgefüllt und wirken besonders eindrucksvoll, wenn sie während der Sommerblüte kaskadenartig an einem Spalier oder Baum herabhängen. Der Strauch trägt im Frühjahr bronzegrüne Blätter, hat nur wenige Stacheln und wird nach einigen Jahren bis zu 4 m hoch. 'Madeleine Selzer' ist eine gute Kletterrose, benötigt aber eine kräftige Stütze. Der Elsäßer Ludwig Walter aus Saverne (Zabern) war Hobby-Rosenzüchter. ZONEN 5–11.

Walter, Frankreich, 1926

'Tausendschön' × 'Mrs Aaron Ward'

## 'MADELON' RUImeva

TEEHYBRIDE, ORANGEROT, ÖFTERBLÜHEND

Die als orangefarbene Schnittrose eingeführte 'Madelon' hat wohlgeformte Blüten mit 30 Petalen, die sich langsam öffnen. Leider ist die Teehybride anfällig für Mehltau und Sternrußtau, weshalb sie im Schnittblumenhandel von besseren, zinnoberroten Rosen verdrängt wurde. Dennoch ist sie in wärmeren Gebieten eine beliebte Gartenrose und bringt dort sehr schöne Blüten hervor. ZONEN 5–10.

de Ruiter, Niederlande, 1981

'Varlon' × MEIgenon

## 'MLLE ANNIE WOOD'

**Syn. 'Annie Wood'**
ALTE R., REMONTANTROSE, ROT, ETWAS NACHBLÜHEND

Diese Rose ist aus allen öffentlichen Sammlungen und auch aus dem Handel völlig verschwunden. Die duftenden, karminscharlachroten Blüten sind groß, gefüllt und treten in Büscheln auf. Die Farbe verdunkelt sich im Schatten; manchmal – vor allem im Herbst – sind die Petalen gestreift. 'Mlle Annie Wood' ist ein wuchsfreudiger Busch mit rötlichen Trieben, großem dunklem Laub und rötlichen Stacheln, jedoch anfällig für Mehltau und Rostpilz. ZONEN 5–10.

Verdier, Frankreich, 1866

Eltern unbekannt

## 'MLLE CLAIRE TRUFFAUT'

ALTE R., BOURBONROSE, REIN ROSA, ETWAS NACHBLÜHEND

Diese Rose ist heute nur noch in wenigen Sammlungen anzutreffen. Die eleganten, mittelgroßen Blüten sind silbrigrosa und wirken recht zierlich. Die stark duftenden Blüten stehen einzeln oder in Büscheln und blühen den ganzen Sommer hindurch. Als mutmaßliche Elternsorten werden *Rosa chinensis* einerseits und 'Rose d'Quatre Saisons' andererseits genannt. ZONEN 5–11.

Verdier, Frankreich, 1887

Eltern unbekannt

## 'MLLE FRANZISKA KRÜGER'

**Syn. 'Frau Franziska Krüger', 'Grand Duc Heritier de Luxembourg'**
ALTE R., TEEROSE, ORANGEROSA, ETWAS NACHBLÜHEND

Durch Kreuzung zweier Teerosen züchtete Nabonnand diese beliebte, blühfreudige Rose, die an warmen Standorten üppig blüht. Die kupfergelben und rosafarbenen, duftenden Blüten öffnen sich becherförmig und biegen sich dann halbkugelförmig zurück. Die äußeren Blütenblätter sind weiß und in der Blütenmitte sitzt ein grünes Auge. Für Standorte, wo man die Blüten gut von unten betrachten kann, ist diese Sorte eine hervorragende Kletterrose, die bis zu 2,2 m an Mauern emporrankt. Regelmäßig geschnitten bildet sie aber auch einen kompakten Strauch. Die üppig wachsenden Blätter sind ledrig mit dunkelroten Rändern. Die Pflanze ist krankheitsfest, doch bei feuchtem Wetter können die Blüten Mumien bilden. ZONEN 5–10.

Nabonnand, Frankreich, 1880

'Catherine Mermet' × 'Général Schablikine'

## 'MLLE MARIE DAUVESSE'

ALTE R., REMONTANTROSE, REIN ROSA, ETWAS NACHBLÜHEND

Diese Rose war eine der vielen Hybriden, die sich in der Mitte des 19. Jh. großer Beliebtheit erfreuten, die jedoch bald der wachsenden Begeisterung für Teehybriden gewichen ist. 'Mlle Marie Dauvesse' ist heute nicht mehr im Handel erhältlich und wird nur noch sehr selten kultiviert. Die hellrosa Blüten mittlerer Größe sind mit vielen dicken Petalen gefüllt und duften. Nach der Sommerblüte erneuern sich manche Blüten. Der Strauch wird bis zu 1,2 m hoch und trägt große, mattgrüne Blätter. Neben dieser Sorte hat Jacques Vigneron noch viele weitere Remontantrosen gezüchtet. ZONEN 5–10.

Vigneron, Frankreich, 1859

Eltern unbekannt

## 'MLLE MARIE DRIVON'

ALTE R., BOURBONROSE, ROSA+, ETWAS NACHBLÜHEND

Die Blüten dieser sehr wuchsfreudigen, etwas nachblühenden Rose sind mohnrosa und bisweilen karminrot und lila marmoriert. Sie sind mittelgroß, stark gefüllt und haben eine hohe Mitte. Bourbonrosen wurden aufgrund ihrer guten Eignung als Kletterrosen noch bis Ende des 19. Jh. gezüchtet. ZONEN 5–9.

Schwartz, Frankreich, 1887

Sämling von 'Apolline'

## 'MLLE MARTHE CARRON'

RAMBLERROSE, WEISS

Diese äußerst wuchsfreudige Ramblerrose hat sehr lange Triebe, die große Büschel mit kleinen, gefüllten, weiß getönten, rosafarbenen Blüten hervorbringen. Die Büschel können 40–50 Blüten umfassen. 'Mlle Marthe Carron' eignet sich gut für den Bewuchs unschöner Zäune und Mauern; ihre Wuchsfreudigkeit reicht aus, um an Bäumen hochzuwachsen, wo die langen Triebe kaskadenartig herabhängen und so vor allem im späten Frühling einen wunderschönen Anblick bieten. Die Blüten erneuern sich nicht. Die Pflanze ist gesund und trägt sehr attraktives Laub. ZONEN 5–10.

Mermet, Frankreich, 1931

Sport von *Rosa wichuraiana* × *R. wichuraiana*

## 'MADHATTER' TINhat

**Syn. 'G'day', 'Gidday'**
ZWERGROSE, REIN GELB, ÖFTERBLÜHEND

Die rein gelben Blüten von 'Madhatter' sind mit 25–30 Petalen gefüllt, becherförmig und verströmen einen schweren Damaszenerduft. Die qualitativ hochwertigen, leuchtend gelben Blüten erscheinen einzeln oder in kleinen Büscheln. Sie haben sehr feste Petalen, weshalb sie lange auf dem Busch bleiben und ihre Farbe wochenlang halten können. Die kompakte Pflanze wird mittelhoch, ist von mattglänzendem, mittelgrünem Laub bedeckt und recht krankheitsfest. ZONEN 5–11.

Bennett, USA, 1988

'Autumn' × 'Avandel'

## 'MADIBA' KORandpunk

TEEHYBRIDE, MAUVE, ÖFTERBLÜHEND

Diese außergewöhnliche Rose trägt ihren Namen zu Ehren Nelson Mandelas, den die Südafrikaner liebevoll *Madiba* nennen, was in der Sprache der Xhosa „König" bedeutet. Die langen, spitzen Knospen öffnen sich zu außergewöhnlich großen Blüten in dunklem Kastanienbraun und Lila, das sich langsam in Rehbraun verwandelt. Diese Sorte eignet sich gut als Schnittblume und für Ausstellungen, zumal sie gut duftet. Der wuchsfreudige Strauch ist groß, robust und frei von Stacheln. 'Madiba' erneuert ihre attraktiven großen Blüten bis in den Herbst hinein. ZONEN 4–11.

Kordes, Deutschland, 1996

('Esther Geldenhuys' × 'Belami') × Sämling

## 'MAESTRO' MACkinju, MACinju

TEEHYBRIDE, ROT+, ÖFTERBLÜHEND

Die Knospen dieser Teehybride sind eiförmig und öffnen sich zu roten Blüten mit einem Hauch von Weiß auf den Petalen; die Petalenunterseiten sind silbrigrot. Die mit 30 Petalen gefüllten, leicht duftenden Blüten erscheinen einzeln

'Madhatter'

'Magic Carrousel'

oder in kleinen Büscheln. Bei warmem Wetter ist die Farbe fast rein oder rauchig rot, doch unter kühleren Bedingungen kommt der verwaschene Farbton mehr zum Vorschein. Das Laub ist mattolivgrün und üppig.
**ZONEN 5–10.**

McGredy, Neuseeland, 1980

Sämling von 'Picasso' × Sämling

## 'MAGALI'

TEEHYBRIDE, DUNKELROSA, ÖFTERBLÜHEND

Die Blüten dieser Sorte sind von dunklem Karminrot – eine Farbe, die auch bei Hitze nicht verblaßt und bisweilen von Kritikern als ziemlich streng angesehen wird, was den geringen Beliebtheitsgrad dieser Rose erklären könnte. Die mittelgroßen Blüten sind mit 35–40 Petalen gefüllt und duften leicht. Die Blühwilligkeit ist gut, und eine Erneuerung der Blüten erfolgt rasch. Die wuchsfreudige Pflanze wächst aufrecht und trägt reiches, mittelgrünes, ledriges Laub.
**ZONEN 5–11.**

Mallerin, Frankreich, 1952

'Charles P. Kilham' × 'Brazier'

## 'MAGENTA'

**Syn. 'Kordes' Magenta'**

TEEHYBRIDE, MAUVE, ÖFTERBLÜHEND

Diese ausladend wachsende Sorte besitzt sehr ungewöhnliche, rosig lavendelfarbene Blüten mit brauner Tönung. Obwohl sie zu einem schiefergrauen Mauve verblassen, bleiben sie doch immer sehr attraktiv; manchmal kann man in der offenen Blüte die zarte Färbung der Elternsorte 'Lavender Pinocchio' wiedererkennen. Die gefüllten Blüten werden in großen Büscheln auf langen, überhängenden Trieben gebildet und sind wie die meisten mauvefarbenen Rosen stark duftend. Das Laub der sehr wuchsfreudigen Pflanze ist dunkelgrün, ledrig und üppig. 'Magenta' mag offenbar kühleres Klima; freigelegtes, altes Holz kann in praller Sonne verbrennen.
**ZONEN 4–11.**

Kordes, Deutschland, 1954

Unbekannte gelbe Floribundarose × 'Lavender Pinocchio'

## 'MAGGIE'

**Syn. 'Pacific'**

ALTE R., BOURBONROSE, REIN ROT, ETWAS NACHBLÜHEND

Die gefüllten, kugelförmigen roten Blüten haben überlappende Petalen, die bei kühler Witterung dunkler werden. Die Rose besitzt einen ausgeprägt würzigen Duft und eignet sich gut als Schnittblume. Die buschig wachsende Pflanze wird 1,2–1,8 m hoch, ist fast frei von Stacheln und gedeiht am besten in fruchtbaren Böden. Der Amerikaner William Welch entdeckte diese Rose auf der Farm der Großmutter seiner Frau im US-Bundesstaat Louisiana. Die meisten Experten gehen davon aus, daß sich unter den Vorfahren dieser in den USA sehr beliebten Rose die eine oder andere Chinarose befindet; manche halten sie aber auch für eine Geschwind-Rose – etwa wie 'Gruß an Teplitz' oder 'Eugene E. Marlitt'.
**ZONEN 5–10.**

Gefunden 1980

Eltern unbekannt

## 'MAGGIE BARRY' MACoborn

**Syn. 'Maggy Barry'**

TEEHYBRIDE, ROSA+, ÖFTERBLÜHEND

Der Busch bringt einen kontinuierlichen Bestand wohlgeformter Knospen von besonderer korallrosa-orangefarbener Tönung hervor, die beim Öffnen sehr harmonisch in Lachsrosa übergeht. Die wuchsfreudige Pflanze hat eine aufrechte, buschige Gestalt, ist sehr reichblühend und frei von Krankheiten. 'Maggie Barry' eignet sich hervorragend für Beete, da die Farbe zwar leuchtend, aber nicht zu grell ist. **ZONEN 5–10.**

McGredy, Neuseeland, 1993

'Louise Gardener' × 'West Coast'

## 'MAGIC'

TEEHYBRIDE, REIN ROT, ÖFTERBLÜHEND

Die langen, spitzen Knospen von 'Magic' sitzen meist einzeln auf Stielen und öffnen sich zu mittelgroßen, mit 25 Petalen gefüllten Blüten. Die Teehybride wächst aufrecht, ihr Laub ist mittelgrün und mattglänzend, und die Triebe sind mit schlanken Stacheln besetzt. Wenn man die Blüten nicht entfernt, bilden sich später orangefarbene, attraktiv birnenförmige Hagebutten, die sich ziemlich lange halten – auch in der Vase.
**ZONEN 5–11.**

Strahle, USA, 1987

MACvolar × 'Tonight'

## 'MAGIC CARPET' JAClover

BODENDECKERROSE, MAUVE, ÖFTERBLÜHEND

Die kleinen, halbgefüllten Blüten dieser Rose sind lavendelfarben und duften würzig. Die sehr wuchsfreudige Pflanze wird 45–60 cm hoch und doppelt so breit. Ihr Laub ist dunkelgrün, glänzend und sehr krankheitsfest. Diese Sorte ist eine attraktive Gartenrose, da sich die Blüten gut erneuern und das Laub bis in den Winter hinein erhalten bleibt. Sie eignet sich zum Überwuchern von Steinen oder niedrigen Mauern oder für flächige Pflanzungen an schwierigen Standorten, wo andere Rosen nicht gedeihen würden. **ZONEN 5–10.**

Zary/Warriner, USA, 1992

'Immensee' × 'Class Act'

Rose des Jahres 1996

## 'MAGIC CARROUSEL' MORrousel

ZWERGROSE, ROT+, ÖFTERBLÜHEND

'Magic Carrousel' gebührt ein besonderer Platz in der Geschichte der Zwergrosen, da sie als erste von vielen Sorten den *Award of Excellence* der *American Rose Society* erhielt. Die gefüllten Blüten sind cremeweiß mit einem lebhaften roten Rand und einer gut ausgebildeten hohen Mitte – ein Merkmal, das vom Floribunda-Elternteil stammt. Mit ihrer bemerkenswerten Farbe wurde 'Magic Carrousel' vom Tage ihrer Einführung an mit Begeisterung aufgenommen, und auch heute ist ihre Beliebtheit immer noch ungebrochen. Sie wurde oft als Kreuzungspartner benutzt. Die Pflanze ist am schönsten, wenn die Blüten völlig geöffnet und die goldenen Staubgefäße zu sehen sind. Die Blätter dieser wuchsfreudigen, buschigen Pflanze sind klein und glänzend. **ZONEN 5–11.**

Moore, USA, 1972

'Little Darling' × 'Westmont'

American Rose Society Award of Excellence 1975

## 'MAGIC DRAGON'

KLETTERNDE ZWERGROSE, DUNKELROT, ÖFTERBLÜHEND

'Magic Dragon' ist eine der wenigen kletternden Zwergrosen mit dunkelroten Blüten, mittlerweile aber leider in Vergessenheit geraten. Kurze, spitze Knospen öffnen sich zu gefüllten, sehr attraktiven Blüten, die oft in kleinen, recht lockeren Büscheln und sich nur recht langsam erneuern. Die aufrechte, wuchsfreudige Pflanze trägt kleine, ledrige Blätter. Die Triebe lassen sich über Zäune, Mauer oder Spaliere ziehen – eine Pflanzendecke entwickelt sich zwar nur langsam, ist jedoch nach einigen Jahren dicht und kompakt. **ZONEN 5–11.**

Moore, USA, 1969

([*Rosa wichuraiana* × 'Floradora'] × Sämling) × 'Little Buckaroo'

'Magenta'

'Maggie Barry'

'Magic Dragon'

'Magic Carpet'

## 'MAGIC LANTERN' STArqueli

**Syn. 'Rémy Martin'**
TEEHYBRIDE, ORANGE+, ÖFTERBLÜHEND

Die großen Blüten bestehen aus bis zu 40 Petalen und haben eine hohe Mitte. Ihre Farbe ist eine lebhafte Mischung aus Kupfer, Orange und Gold. Meist erscheinen sie einzeln, manchmal auch in kleinen Büscheln. Sie besitzen einen leicht fruchtigen Duft und behalten ihre Farbe den ganzen Sommer und Herbst hindurch. Die Pflanze ist nicht ganz winterhart, doch in warmen Klimazonen ist sie gut für Beete, Rabatten und Hecken geeignet. 'Magic Lantern' hat einen buschigen, aufrechten Wuchs bis in mittlere Höhe und trägt mittel- bis dunkelgrüne, mattglänzende Blätter, die etwas anfällig für Sternrußtau sind. **ZONEN 6–9.**

Royon, Frankreich, 1989

Sport von 'Gold Medal'

## 'MAGIC MEILLANDECOR'

MEIbonrib

**Syn. 'Magic Meidiland'**
BODENDECKERROSE, REIN ROSA, ÖFTERBLÜHEND

Diese Sorte hat eine für Bodendeckerrosen neuartige Farbe. Die stark gefüllten, kleinen Blüten sind dunkelrosa und erscheinen zu 3–7 in Büscheln, die einen würzigen Freesienduft verbreiten. Das stark glänzende Laub ist im Austrieb bronzefarben. Die Pflanze ist durch einen stark ausgebreiteten Wuchs gekennzeichnet; sie kann bis zu 3 m breit werden, blüht sehr lange und ist frei von Krankheiten. **ZONEN 5–10.**

'Mahina'

Meilland, Frankreich, 1993

*Rosa sempervirens* × ('Milrose' × 'Bonica')

ADR-Rose 1995

## 'MAGIC SUNSET'

FLORIBUNDA, ORANGE+, ÖFTERBLÜHEND

Diese ziemlich neue Floribundarose hat eine gedrungene Wuchsform und trägt mattdunkelgrüne Blätter. Die attraktiven, dunkelkupferfarbenen Knospen öffnen sich zu gefüllten Blüten, deren innere Petalen die Staubgefäße verdecken und ein altmodisch wirkendes, gevierteltes Aussehen haben. Die Rose eignet sich gut zum Schnitt, ist krankheitsfest und blüht über Monate hinweg.
**ZONEN 5–10.**

Tantau, Deutschland, 1995

Eltern unbekannt

## 'MAGNA CHARTA'

**Syn. 'Casper', 'Magna Carta'**
ALTE R., REMONTANTROSE, REIN ROSA, ETWAS NACHBLÜHEND

Die rot getönten, hellrosa Blüten sitzen aufrecht und in Büscheln. Die sehr zahlreichen, gefüllten, kugelförmigen, ziemlich großen Blumen verströmen einen reichen Duft, einige erneuern sich im Herbst. Die wuchsfreudige Pflanze ist von schweren, glänzend dunkelgrünen Blättern bedeckt und wird ungeschnitten bis zu 3 m hoch. Der kompakte, aufrechte Busch trägt auffallende Stacheln und gedeiht noch gut auf mageren Böden. Leider verkleben die Blüten bei feuchtem Wetter und die Pflanze ist anfällig für Mehltau und Sternrußtau. **ZONEN 5–11.**

Paul, Großbritannien, 1876

Eltern unbekannt

'Magic Sunset'

'Mainauperle'

## 'MAGNIFICA'

**Syn. *Rosa eglanteria duplex* 'Weston', *R. rubiginosa magnifica***
ALTE R., RUBIGINOSA-HYBRIDE, MAUVE

Die becherförmigen, purpurroten, halbgefüllten Blüten dieser Sorte zeigen eine weiße Mitte und herausragende Staubgefäße. Nicht nur die Blüten, sondern auch die Blätter duften, obwohl diese doch keinen so starken Duft besitzen wie man von einer Rubiginosa-Hybride erwarten würde. Der winterharte Strauch trägt dunkles, dichtes Laub und erreicht eine Höhe von 2 m. Er gedeiht auch auf mageren Böden und im Schatten recht gut, eignet sich aber ebenfalls als Hecke und für naturnahe Gärten. **ZONEN 4–11.**

Hesse, Deutschland, 1916

Sämling von 'Lucy Ashton'

## 'MAHINA'

TEEHYBRIDE, APRICOT+, ÖFTERBLÜHEND

Unter dem Namen 'Mahina' gab es zwei apricotfarbene Rosen, die beide von Meilland in Frankreich eingeführt wurden – die eine 1952 und die andere 1982. Erstere hat große, rötlich apricotfarbene Blüten, die mit 25 Petalen gefüllt sind und duften. Ihre Form hat 'Mahina' von 'Gloria Dei' geerbt, den goldenen Apricotton von der leuchtend apricot-orangefarbenen 'Fred Edmunds'. Die wuchsfreudige Pflanze ist buschig und frei von Krankheiten. **ZONEN 5–11.**

Meilland, Frankreich, 1952

'Gloria Dei' × 'Fred Edmunds'

Bagatelle Goldmedaille 1952

## 'MAIDEN'S BLUSH'

**Syn. 'Small Maiden's Blush'**
ALTE R., ALBA-ROSE, WEISS

Dieser hohe und aufrechte Strauch trägt weiche, gefüllte, kugelförmige Blüten, die

'Maigold'

'Majorette'

mittelgroß und rötlich überhaucht sind. Der Flor erneuert sich nicht. Der Strauch eignet sich sehr gut für die Gärten von Ferienhäusern. **ZONEN 4–11.**

Kew Gardens, Großbritannien, 1797

*Rosa alba* × *R. centifolia*

## 'MAIGOLD'

**Syn. 'Maygold'**
STRAUCHROSE, GOLDGELB

Diese Sorte kann man als Strauch oder als Kletterrose verwenden. Die Blüten kommen schon sehr früh, was diese Rose von 'Frühlingstag' oder 'Frühlingsgold' geerbt hat. Die halbgefüllten Blüten haben eine satte orangebronzene Farbe und bestehen aus nur 14 Petalen. Sie haben einen Durchmesser von 10 cm, sind becherförmig und duften stark. Nach dem ersten Flor folgen nur wenige Blüten nach. Die aufrecht wachsende Pflanze hat – ähnlich wie bei einer Rugosa-Hybride – zahlreiche Stacheln und glänzendes Laub, das anfällig für Sternrußtau ist. 'Maigold' hält sich in kühlen Klimazonen am besten; in warmen Gegenden leitet sie die Rosensaison ein und blüht zwar nur kurz aber schön.
**ZONEN 4–11.**

Kordes, Deutschland, 1953

'Poulsen's Pink' × 'Frühlingstag' bzw. 'McGredy's Wonder' × 'Frühlingsgold'

ADR-Rose 1953, National Rose Society Trial Ground Certificate

## 'MAINAUFEUER'

siehe 'Red Ribbon'

## 'MAINAUPERLE' KORmai

TEEHYBRIDE, DUNKELROT, ÖFTERBLÜHEND

Große, eiförmige Knospen öffnen sich zu großen, tiefdunkelroten, samtig glänzenden Blüten; diese sind mit 35–40 Petalen gefüllt, haben eine hohe Mitte und duften intensiv. Der gesunde, aufrechte Busch trägt dicht wachsende, große dunkelgrüne Blätter. Die Pflanze zeigt einen sehr kräftigen Wuchs und bildet grundständige kandelaberartige Blütenstände, deren einzelne Seitentriebe lang werden, um sie zum Schnitt zu verwenden. Als geringe Mängel sind ein Übermaß an großen Stacheln und ein zu schwachen Ansatz kleinerer Triebe zu nennen. Benannt wurde sie nach dem berühmten Rosengartens von Graf Bernadotte auf der Bodenseeinsel Mainau. **ZONEN 5–10.**

Kordes, Deutschland, 1969

Sämling × 'Americana'

ADR-Rose 1966

## 'MAINZER FASTNACHT'
siehe 'Blue Moon'

## 'MAJA MAUSER'
siehe 'Cara Mia'

## 'MAJA OETKER'
siehe 'Coronation Gold'

## 'MAJORETTE' MEIpiess
Syn. 'Majorette 86'
ZWERGROSE, REIN ROT, ÖFTERBLÜHEND

Die wunderschönen scharlachroten Blüten mit ihrer gelblich-weißen Mitte erscheinen in kleinen Büscheln auf kräftigen, geraden Stielen und heben sich angenehm vom glänzend grünen, gesunden Laub ab. Die Blüten können in kühlen Klimazonen etwas größer werden. Ihre Erneuerung erfolgt rasch, nach etwa drei Wochen, und die Farbe ist in den meisten Klimazonen wetterfest. **ZONEN 5–11.**

Meilland, Frankreich, 1986

'Magic Carrousel' × ('Grumpy' × 'Scarletta')

Glasgow Silbermedaille 1992

## 'MAKE UP'
siehe 'Denise Grey'

## 'MALA RUBINSTEIN'
TEEHYBRIDE, REIN ROSA, ÖFTERBLÜHEND

Die großen, mit 45 Petalen gefüllten, dunkelrosa, leicht orange getönten Blüten haben eine hohe Mitte, sind 13 cm breit und besitzen einen starken Duft; vollständig geöffnet sind die Blüten am attraktivsten. 'Mala Rubinstein' ist sehr blühfreudig und trägt große, gesunde, mattgrüne Blätter. **ZONEN 5–10.**

Dickson, Großbritannien, 1971

'Sea Pearl' × 'Königin der Rosen'

Edland Duftmedaille 1972, Belfast Goldmedaille und Duftpreis 1973

'Mala Rubinstein'

## 'MALAGA'
GROSSBLUMIGE KLETTERROSE, DUNKELROSA, ÖFTERBLÜHEND

Die Blüten dieser Sorte sind rosarot und bestehen aus 35 großen Petalen, die sich aus hübschen Knospen zu einer ziemlich ungleichmäßigen, gut duftenden Blüte entfalten. Oft sitzen sie in kurzstieligen Büscheln, manchmal erscheinen sie auch einzeln. Die Rose eignet sich als Kaskadenrose sowie für Mauern oder Zäune; sie erneuert ihre Blüten den ganzen Sommer und Herbst hindurch. 'Malaga' hat einen aufrechten, reichverzweigten Wuchs, wird mittelhoch und ist mit glänzendem, dunkelgrünem Laub bedeckt. **ZONEN 4–9.**

McGredy, Großbritannien, 1971

('Hamburger Phoenix' × 'Danse du Feu') × 'Kopenhagen'

'Malaga'

## 'MALCOLM SARGENT' HARwharry
Syn. 'Natascha'
TEEHYBRIDE, REIN ROT, ÖFTERBLÜHEND

Diese Rose besitzt leuchtend karminrote Blüten. Diese sind mit 25 Petalen gefüllt, zunächst urnenförmig und öffnen sich dann zunehmend zu lockeren Blumen. Sie haben einen leicht würzigen Duft und stehen meist einzeln auf langen, kräftigen Stielen. Die buschige Pflanze wird durchschnittlich groß, trägt mittelgroße, glänzend dunkelgrüne Blätter und ist ziemlich krankheitsfest. Die Stiele sind mit kleinen rötlichen Stacheln besetzt. Wenn man die Blüten nach dem Flor nicht entfernt, entstehen dunkelgrüne Hagebutten. **ZONEN 5–10.**

Harkness, Großbritannien, 1988

'Herbstfeuer' × 'Trumpeter'

Belfast Goldmedaille 1990, Courtrai Silbermedaille 1990

## 'MALICORNE'
siehe 'Beverly Hills'

## 'MAMAN COCHET'
ALTE R., TEEROSE, ROSA+, ETWAS NACHBLÜHEND

Spitze Knospen öffnen sich zu hellrosa Blüten mit dunklerer Mitte und gelber Basis. Die 10 cm großen, becherförmigen, gefüllten Blüten haben eine hohe Mitte. Die mittleren Petalen bilden eine Rosette; bei feuchtem Wetter entstehen leicht Mumien. Den Duft bezeichnen manche als frischen Teerosenduft, andere hingegen als Veilchenduft. 'Maman Cochet' gedeiht noch gut in mageren Böden, eignet sich als Kübelpflanze und ist eine ausgezeichnete Schnittblume. Die mit hakenförmigen Stacheln besetzten Triebe tragen olivgrüne, ledrige Blätter. Ohne Beschnitt wird 'Maman Cochet' bis zu 2 m hoch. **'Climbing Maman Cochet'** (Upton, 1909) erreicht schnell eine Höhe von 3,5 m. **ZONEN 5–10.**

Cochet, Frankreich, 1893

'Marie van Houtte' × 'Mme Lombard'

'Maman Cochet'

## 'MAMITA'
TEEHYBRIDE, ROT, ÖFTERBLÜHEND

'Mamita' hat stark duftende, große, granatrote Blüten. Die Blütenbildung dieses wuchsfreudigen Busches ist gut und die Widerstandsfähigkeit gegen Krankheiten hervorragend. **ZONEN 5–10.**

Robichon, Frankreich, 1958

'Dickson's Red' × Sämling

'Mamita'

## 'MANDARIN' (I)
FLORIBUNDA, ROT, ÖFTERBLÜHEND

Die Knospen von 'Mandarin' sind eiförmig, und die halbgefüllten Blüten haben eine lebendige mandarinrote Farbe. Sie stehen in großen Büscheln, bilden mit 18 Petalen eine hohe Mitte und duften; die Blütenproduktion ist gut. Das Laub der wuchsfreudigen und aufrechten Pflanze ist gesund und glänzend. 'Mandarin' eignet sich hervorragend für Hecken und Rabatten, doch trifft man sie heute nur noch sehr selten an. **ZONEN 5–10.**

Boerner, USA, 1951

Sport von 'Lilette Mallerin' × Sämling einer roten Floribundarose

## 'MANDARIN' (II) KORcelin
ZWERGROSE, ORANGE+, ÖFTERBLÜHEND

Die attraktiven, gefüllten, orangerosa Blüten öffnen sich becherförmig, werden jedoch mit der Zeit flacher. Die äußeren Petalen verfärben sich allmählich zunehmend rosa. Das sehr dunkelgrüne Laub hebt die Blüten besonders hervor. **ZONEN 5–10.**

Kordes, Deutschland, 1987

Eltern unbekannt

Glasgow Goldmedaille 1994, Dublin Certificate of Merit

'Mandarin'

## 'MANETTII'
Syn. *Rosa* × *noisettiana manettii*
ALTE R., NOISETTEROSE, HELLROSA

Die zarten rosafarbenen Blüten mit der purpurnen Übertönung zieren einen wuchsfreudigen Strauch, den man häufig auf Friedhöfen findet. Die sanft wirkenden und anmutig überhängenden, dunkelbraunen Triebe sind mit intensiv duftenden Blättern besetzt. 'Manettii' läßt sich leicht durch Stecklinge vermehren, die gut austreiben. **ZONEN 4–11.**

Manetti, Italien, um 1820; eingeführt von Rivers, Großbritannien, 1835

Eltern unbekannt

'Manettii'

'Many Thanks'

'Manou Meilland'

'Many Happy Returns'



## 'MANNHEIM'

STRAUCHROSE, DUNKELROT, ÖFTERBLÜHEND

'Mannheim' ist eine aufrechte, buschige Pflanze, die fortlaufend große Büschel aus gefüllten, karminroten Blüten bildet, die sich gut erneuern. Ihr Laub ist gesund, ledrig und dunkelgrün. Dieser an eine Floribundarose erinnernde Strauch eignet sich für Hecken, macht sich aber auch gut in gemischten Rabatten zwischen anderen Stauden und Sträuchern. ZONEN 4–11.

Kordes, Deutschland, 1958

'Rudolph Timm' × 'Fanal'

## 'MANNING'S BLUSH'

ALTE R., RUBIGINOSA-HYBRIDE, WEISS, ETWAS NACHBLÜHEND

Die weißen, duftenden, dichtgefüllten Blüten dieser Rose sind rosa überhaucht und öffnen sich flach. Wie viele Rubiginosa-Hybriden blüht auch diese Rose zu Beginn des Frühjahrs, und nur einige Blüten erneuern sich im Herbst. Die überhängenden Triebe dieses dichten, kräftigen Strauches sind mit kleinen, duftenden Blättern besetzt. 'Manning's Blush' ist sehr krankheitsfest, gedeiht gut in mageren Böden und wird ungeschnitten 1,5 m hoch. Sie ist gut geeignet für naturnahe Gärten und fühlt sich an halbschattigen wie auch sonnigen Standorten gleichermaßen wohl. ZONEN 4–11.

Vor 1799

Eltern unbekannt

## 'MANOU MEILLAND' MEItulimon

TEEHYBRIDE, MAUVE/DUNKELROSA, ÖFTERBLÜHEND

Diese Rose besitzt starke Ähnlichkeit mit 'Baronne Edmond de Rothschild' und wie diese veilchenrosa, unterseits silberne Blüten, doch bleibt 'Manou Meilland' niedriger und wächst eher in die Breite. Die großen, becherförmigen, mit 50 Petalen gefüllten Blüten stehen in kleinen Büscheln; sie halten sich sehr gut, ohne an Farbe einzubüßen. Das üppige Laub ist dunkelgrün und glänzend. 'Manou Meilland' eignet sich zusammen mit der gleichfarbigen 'Baronne Edmond de Rothschild' hervorragend als Rabattenrose und Hochstamm. ZONEN 5–11.

Meilland, Frankreich, 1980

('Baronne Edmond de Rothschild' × 'Baronne Edmond de Rothschild') × ('Ma Fille' × 'Love Song')

Paris Goldmedaille 1977, Madrid Goldmedaille 1978, Neuseeland Goldmedaille 1980

## 'MANY HAPPY RETURNS'

HARwanted

Syn. 'Prima'

STRAUCHROSE, ROSA+/HELLROSA, ÖFTERBLÜHEND

Die halbgefüllten, zart rosa Blüten stehen in großen Büscheln und halten sich gut. Das sehr gesunde, mittelgrüne Laub bildet einen schönen Hintergrund zu den hellen Blüten. Wenn man Verwelktes nicht entfernt, bilden sich viele rundliche, hellrote Hagebutten, die zwar zusammen mit den Herbstblüten hübsch aussehen, die Nachblüte jedoch bremsen. Die Blütenproduktion ist ansonsten sehr gut und anhaltend. Die breitbuschige Rose macht sich neben Stauden und Zwiebelgewächsen gut in einer gemischten Rabatte. ZONEN 5–10.

Harkness, Großbritannien, 1991

'Herbstfeuer' × 'Pearl Drift'

Courtrai Silbermedaille 1987, Genf Goldmedaille und Preis 1987, Monza Silbermedaille und Preis 1987, Royal National Rose Society Trial Ground Certificate 1988

'Marbrée'

## 'MANX QUEEN'

Syn. 'Isle of Man'

FLORIBUNDA, ORANGE+, ÖFTERBLÜHEND

Die Blüten von 'Manx Queen' sind teilweise ähnlich prächtig wie 'Shepherd's Delight', erscheinen jedoch in viel kleineren Büscheln. Die mit 18 Petalen halb gefüllten Blüten haben eine satte, golden überzogene, bronzerote Farbe. Sie stehen in mittelgroßen, gut proportionierten Büscheln, duften und halten sich recht lange. Die buschige, kompakte Pflanze wächst ähnlich hoch wie ihr Elternteil 'Circus' und trägt dunkelgrünes, gesundes Laub. ZONEN 5–10.

Dickson, Großbritannien, 1963

'Shepherd's Delight' × 'Circus'

Royal National Rose Society Certificate of Merit 1963

## 'MANY THANKS'

ZWERGROSE, APRICOT+, ÖFTERBLÜHEND

Abgesehen von den blaßlachsrosa bis apricotfarbenen Petalen mit gelber Basis und helleren Unterseiten sieht diese Zwergrose genauso aus wie ihre Ursprungssorte 'Mary Marshall'. Sie trägt lange, spitze Knospen, die sich zu gefüllten Blüten öffnen. Diese sind schön geformt, besitzen eine hohe Mitte und blühen bei einer raschen Erneuerung überaus reichlich. 'Many Thanks' ist wuchsfreudig und buschig; im Sommer ist sie mit wohlgeordneten Blütenbüscheln bedeckt. Diese Sorte eignet sich gut für Kübel und kleine Beete.

ZONEN 5–10.

Geytenbeek, Australien, 1976

Sport von 'Mary Marshall'

## 'MARBRÉE'

ALTE R., PORTLANDROSE, ROT+, ETWAS NACHBLÜHEND

Marmorierte, etwa 8 cm große Blüten erscheinen in ziemlich großen Büscheln auf länglichen Stielen. Sie sind stark gefüllt; jedes der großen, purpur-karminroten Blütenblätter ist rosa gesprenkelt. Völlig geöffnet kommt eine Reihe gelber Staubgefäße zum Vorschein. Nach dem ersten großzügigen Flor im Juni läßt sich die Rose Zeit, bis sie im Frühherbst etwas nachblüht. 'Marbrée' duftet nach Rosenöl. Für eine Portlandrose ist sie ziemlich groß; ihre üppigen Blätter sind dunkelgrün, lang und spitz zulaufend. Sie eignet sich als Rabatten- und Heckenrose.

ZONEN 5–10.

Moreau und Robert, Frankreich, 1858

Eltern unbekannt

## 'MARCEL BOURGOUIN'

Syn. 'Le Jacobin'

ALTE R., GALLICA-ROSE, MAUVE

Die dunkelroten, samtigen Blüten werden im Alter grauviolett, wobei die Petalenunterseiten deutlich blasser wirken. Die recht flachen Blüten erscheinen im Frühsommer, sind locker gefüllt und duften sehr gut. Das Laub auf dem bis zu 1,5 m hohen, aufrechten Strauch ist dunkel und samtig. Kenner dieser Rose empfinden 'Marcel Bourgouin' als eigenwillig und pflegebedürftig. Sie ist dennoch eine wirkungsvolle Heckenrose, die magere Böden bevorzugt und auch etwas Halbschatten verträgt. ZONEN 4–10.

Carboeuf, Frankreich, 1899

Sämling von 'Blanche Moreau'

'Marcel Bourgouin'

'Mannheim'

'Maréchal Davoust'

## 'MARCELLA'

TEEHYBRIDE, ORANGE+, ÖFTERBLÜHEND

Diese kurztriebige Rose hat schön geformte Knospen und goldgelbe, leicht rosa überhauchte Blüten auf kurzen Stielen. Sie erscheinen über eine lange Zeitspanne und halten ihre Farben gut. 'Marcella' hat einen kompakten Wuchs und ist recht krankheitsfest, doch ihre Blühwilligkeit ist nur gering. Sie eignet sich für einen Standort im Garten, wo sich ein kleinerer Busch recht gut einfügt, beispielsweise an der Vorderseite einer Rabatte. **ZONEN 5–10.**

LeGrice, Großbritannien, 1986

Eltern unbekannt

## 'MÄRCHENKÖNIGIN'

siehe 'Bride's Dream'

## 'MÄRCHENLAND'

**Syn. 'Exception'**

FLORIBUNDA, ORANGE+, ÖFTERBLÜHEND

Diese Rose trägt schöne, rosarote und lachsfarben getönte Blüten. Die halbgefüllten Blüten haben 18 Petalen und stehen in großen Büscheln mit bis zu 40 Einzelblüten. Die großen, spürbar duftenden Blumen sind ein schöner Blickfang im Frühjahr und erneuern sich im Sommer und im Herbst. Die Pflanze ist wuchsfreudig, von aufrechter Gestalt und trägt viele dunkelgrüne, gesunde Blätter. 'Märchenland' ist eine herausragende Hecken- oder Rabattenrose, erzielt eine besondere Wirkung zusammen mit Stauden in gemischten Rabatten oder in Gebüschen und ist immer noch recht beliebt. **ZONEN 5–10.**

Tantau, Deutschland, 1951

'Swantje' × 'Hamburg'

National Rose Society Trial Ground Certificate 1952

## 'MARCHESA BOCCELLA'

**Syn. 'Jacques Cartier', 'Marquise Boccella', 'Marquise Boçella'**

ALTE R., REMONTANTROSE, HELLROSA, ETWAS NACHBLÜHEND

Die Blüten dieser Rose entwickeln sich aus festen Knospen mit federähnlichen Kelchblättern. Sie stehen in engen Büscheln und öffnen sich zu stark gefüllten und geviertelten Blüten, oft mit einem Knopfauge in der Mitte. Die stark duftenden, zart rosafarbenen Blüten sind etwa 8 cm groß und werden vom Juni bis zum Spätherbst hervorgebracht. Der aufrechte, robuste Strauch erreicht eine Höhe von bis zu 1,2 m. Seine Triebe sind mit vielen Stacheln besetzt, einige kräftigere Triebe können auch bis zu 1,5 m lang werden. Das Laub ist nach dem Austrieb hellgrün und wird mit zunehmendem Alter blaugrün; manchmal ist es gewellt. **ZONEN 4–9.**

Desprez, Frankreich, 1842

Eltern unbekannt

## 'MARCHIONESS OF LONDONDERRY'

ALTE R., REMONTANTROSE, HELLROSA, ETWAS NACHBLÜHEND

Diese Rose ist elfenbeinweiß mit rosafarbenem Überzug. Die mit 50 Petalen gut gefüllten, becherförmigen Blüten haben eine hohe Mitte, sind groß, kugelförmig und duften. Die Petalen der an aufrechten Stielen sitzenden Blüten sind groß, dick und zurückgebogen, so daß sie wie Teehybriden aussehen. Der kräftige Strauch wird bis zu 2 m hoch und trägt große, mattgrüne Blätter. Auf gute Pflege reagiert der Busch mit einer reichlichen Nachblüte. Zudem kommt 'Marchioness of Londonderry' hervorragend in der Vase zur Geltung. **ZONEN 5–10.**

Dickson, Großbritannien, 1893

Sämling von 'Baronne Adolphe de Rothschild'

## 'MARCHIONESS OF LORNE'

ALTE R., REMONTANTROSE, ROSA+, ETWAS NACHBLÜHEND

Diese reichblühende Rose stellt während einer langen Blühperiode ihre großen Blüten zur Schau. Die gefüllten, becherförmigen Blüten prangen in sattem Rosa mit lebhafter karminroter Tönung. Ihr starker Duft und die aufrechte Haltung machen sie zu einer guten Schnittsorte. Der Strauch trägt dunkelgrünes Laub, ist mit einigen Stacheln besetzt und wird unbeschnitten bis zu 1,5 m hoch. Er gedeiht auch gut auf mageren Böden, ist jedoch während der Blüte regenempfindlich. Benannt wurde 'Marchioness of Lorne' nach Prinzessin Louise (1848–1939), einer Tochter der englischen Königin Victoria. **ZONEN 5–10.**

Paul, Großbritannien, 1889

Eltern unbekannt

'Marchesa Boccella'

## 'MARCHIONESS OF SALISBURY'

TEEHYBRIDE, DUNKELROT, ÖFTERBLÜHEND

Diese Rose war eine der ersten wirklich dunkelroten Teehybriden; vorher gehörten alle dunkelroten Sorten entweder zu den Tee- oder den Remontantrosen. Die großen, kugelförmigen, stark duftenden Blüten werden auf den Stielen aufrecht gehalten und verblassen mit der Zeit. Das üppige Laub besteht aus dunkelgrünen Blättern mit kurzen Internodien. Der Wuchstyp ähnelt einer Remontantrose, allerdings haben die hochgebauten Blüten eher die Form einer Teehybride. Die Blütezeit erstreckt sich vom Frühling bis zum Herbst. **ZONEN 5–10.**

Pernet, Frankreich, 1890

Eltern unbekannt

## 'MARCIA GANDY'

TEEHYBRIDE, ROT+, ÖFTERBLÜHEND

Diese Rose bringt karminrote Blüten mit lachsrosafarbenen Unterseiten hervor. Die attraktiven Knospen öffnen sich rasch zu gefüllten Blüten. Die Blüte ist nicht reich, doch ist die Rose wuchsfreudig und duftet sehr stark. Das recht spärliche Laub ist mattgrün und ziemlich krankheitsfest. **ZONEN 5–11.**

Verschuren, Niederlande, 1957

Eltern unbekannt

## 'MARCO POLO'

TEEHYBRIDE, HELLROSA, ÖFTERBLÜHEND

Die gefüllten Blüten sind von qualitativ hochwertiger Form, haben eine hohe Mitte und duften. Die wuchsfreudige und aufrechte Pflanze trägt glänzendes Laub und ist recht gesund. **ZONEN 5–11.**

Fankhauser, Australien, 1971

'Memoriam' × 'Elizabeth Fankhauser'

## 'MARÉCHAL DAVOUST'

**Syn. 'Maréchal Davout'**

ALTE R., MOOSROSE, REIN ROSA

Die stark duftenden Blüten dieser Sorte haben eine hohe Mitte und sind von dunklem Karminrot, das sich fast ins Purpurrote verdunkelt. Sie sind mit Petalen gefüllt, deren Unterseiten weiß gefärbt sind, so daß sie im zurückgebogenen Zustand wie gesprenkelt aussehen. Der im Sommer reichlich blühende Strauch ist krankheitsfest und wird in guten Böden bis zu 1,5 m hoch. Die Stiele sind mit bräunlich purpurroten Stoppeln überzogen und tragen etwas derbes, dunkelgrünes Laub. Die Pflanze bildet eine wirkungsvolle Hecke, wobei sie aber auch auf mageren Böden gedeiht. 'Maréchal Davoust' kann zudem als Kübelpflanze verwendet werden. **ZONEN 4–11.**

Robert, Frankreich, 1853

Eltern unbekannt

'Marchioness of Salisbury'

'Marcia Gandy'

'Marcella'

## 'MARÉCHAL FOCH'

**Syn. 'Red Orléans Rose'**
POLYANTHAROSE, DUNKELROSA, ÖFTERBLÜHEND

Die halbgefüllten Blüten sind dunkelrosa bis kirschrot und sitzen in kompakten Rispen aus 5–20 duftenden Einzelblüten. 'Maréchal Foch' ist eine wuchsfreudige Polyantharose mit einem kurzen, buschigen Wuchs und trägt üppiges Laub, das im Herbst anfällig für Mehltau ist. Die Ursprungssorte 'Orléans Rose', deren Blüten dunkelrosa sind und eine weiße Mitte aufweisen, hat mehrere rosa- bis lachsfarbene Mutationen hervorgebracht. All diese Sports eignen sich außerordentlich gut als niedrige Rabatten- oder Heckenrosen. **ZONEN 4–11.**

Levavasseur, Frankreich, 1918

Sport von 'Orléans Rose'

## 'MARÉCHAL NIEL'

ALTE R., NOISETTEROSE, REIN GELB, ETWAS NACHBLÜHEND

Diese angesehene Rose hat große, goldgelbe Blüten, die sich büschelweise auf schwachen Stielen entwickeln, und wird am besten dort angepflanzt, wo man sie gut von unten betrachten kann. Da sie sich gut für Spaliere oder Pergolen eignet, wird sie dann auch meistens als Kletterrose gezogen. Die Blüten verströmen einen intensiven Teerosenduft und sind hervorragende Schnittblumen. Auch als Strauch gezogen trägt sie weiche, dunkelgrüne Blätter, hat eine glatte Rinde und viele dunkelrote, hakenförmige Stacheln. Im Halbschatten macht sich diese Rose sehr gut, doch benötigt man in diesem Fall etwas Geduld. 'Maréchal Niel' war ihrerzeit so stark begehrt, daß ihr Züchter Henri Pradel, der im südfranzösischen Montauban lebte, die Sorte nur unter der Bedingung verkaufte, daß die Händler gleichzeitig auch 12 andere Pflanzen erwarben.
**ZONEN 4–11.**

Pradel, Frankreich, 1864

Sämling von 'Isabella Gray'

## 'MARGARET'

TEEHYBRIDE, ROSA+, ÖFTERBLÜHEND

'Margaret' ist selbst nach über 40 Jahren im Handel noch immer eine gute Beetrose. Die großen, gut geformten Knospen öffnen sich zu schön geformten, lange blühenden, stark gefüllten Blüten. Sie sind leicht kugelförmig, rosafarben mit silbrig-rosafarbener Unterseite und duften intensiv. Die Blütenproduktion ist ausgezeichnet, und es treten nur sehr selten Krankheiten auf. Die wuchsfreudige Pflanze trägt üppiges Laub und kann als Hecke oder in Beete und Rabatten gepflanzt werden. **ZONEN 5–11.**

Dickson, Großbritannien, 1954

Sämling von 'May Wettern' × 'Souvenir de Denier van der Gon'

Goldmedaille der National Rose Society 1954

'Margaret'

'Maréchal Niel'

'Margaret'

'Maréchal Foch'

'Margaret Merril'

'Margaret Turnbull'

## 'MARGARET MERRIL' HARkuly

FLORIBUNDA, WEISS, ÖFTERBLÜHEND

Die mit knapp 30 Petalen gefüllten, bis 10 cm großen, weißen Blüten besitzen eine hohe, etwas dunkler getönte Mitte. Die Blütenblätter sind sehr schwer und duften stark. Das üppige, leicht gewellte Laub ist glänzend, und die großen Blätter reichen sehr nahe an die Blüten heran, wodurch 'Margaret Merril' hochschultrig wirkt – was aber auch zur Perfektion der frischen Blüten beiträgt. Am besten gedeiht diese Sorte in kühleren Klimazonen, verträgt aber auch andere Klimabedingungen und eignet sich sehr gut als Beetrose ohne besondere Krankheitsprobleme. Die Blütenproduktion auf den kurzen bis mittellangen Stielen ist außergewöhnlich hoch, und auch die Erneuerung der Blüten ist bemerkenswert. **ZONEN 5–11.**

Harkness, Großbritannien, 1978

('Rudolph Timm' × 'Dedication') × 'Pascali'

Genf Goldmedaille 1978, Monza Goldmedaille 1978, Rom Goldmedaille 1978, Edland-Duftpreis der Royal National Rose Society 1978, Neuseeland Goldmedaille und Duftpreis 1982, James Mason-Medaille der Royal National Rose Society 1990, Auckland Duftpreis 1992

## 'MARGARET THATCHER'

siehe 'Flamingo'

## 'MARGARET TURNBULL'

GROSSBLUMIGE KLETTERROSE, GELB+, ÖFTERBLÜHEND

'Margaret Turnbull' bringt gefüllte, becherförmige Blüten in sehr zartem Rosa mit einem gelben Grundton hervor, der sichtbar wird, wenn sich die Blüten öffnen. Sie duften leicht, sind sehr reichblühend im Frühjahr, im Sommer spärlicher, erscheinen aber im Herbst wieder zahlreicher. Der Herbstflor ist sehr attraktiv, wobei die Blüten gerade aus der Ferne besonders reizvoll wirken. Das Laub ist blaß, gekräuselt und etwas spärlich. Die ziemlich wuchsfreudige, gesunde Rose ist gut für den Bewuchs von Säulen geeignet. **ZONEN 4–11.**

Clark, Australien, 1931

Eltern unbekannt

## 'MARGARET WASSERFALL'

KORoberfinz
TEEHYBRIDE, WEISS+, ÖFTERBLÜHEND

Dieser kräftige, große, mehrfach blühender Strauch ist eine deutlich anspruchslose Rose. Die duftenden, gefüllten Blüten besitzen im geöffneten Zustand Sternform und zeigen eine zarte rehbraune Tönung, die manche Floristen bezaubert. **ZONEN 5–10.**

Kordes, Deutschland, 1994

Eltern unbekannt

## 'MARGO KOSTER'

**Syn. 'Sunbeam'**
POLYANTHAROSE, ORANGE+, ÖFTERBLÜHEND

Diese Rose ist ein Sport von 'Dick Koster'. Ihre Blüten sind lachsrosa, klein

M

und becherförmig und stehen in kleinen, dichtgepackten Büscheln. Wie bei vielen Polyantharosen kann auch hier Mehltau zum Problem werden. Die Pflanze ist klein, aber wuchsfreudig und blüht nach einem späten Beginn der Blütezeit bis in den Herbst hinein. **ZONEN 4–11.**

Koster, Niederlande, 1931

Sport von 'Dick Koster'

## 'MARGUERITE HILLING'

**Syn. 'Pink Nevada'**

STRAUCHROSE, REIN ROSA, ETWAS NACHBLÜHEND

Diese Rose, die in *Hillings Nursery* entstand, besitzt alle Eigenheiten ihrer Elternsorte 'Nevada'. 'Marguerite Hilling' wächst zu einen großen, wuchernden Busch heran und bringt an den überhängenden Trieben große Mengen von beinahe einfachen, dunkelrosa Blüten hervor. Ihr Holz weist einen dunklen Pflaumenton auf, das üppige Laub ist hellgrün. Die Pflanze blüht oft schon Ende Mai und dann wieder im August sehr reichlich und zählt zu den besten aller Strauchrosen. Sie muß wenig zurückgeschnitten werden, nur hin und wieder sollte altes Holz entfernt werden, damit neues nachwachsen kann. 'Nevada' ist eine Züchtung von Pedro Dot, der noch viele andere moderne Rosen mit leuchtenden Farben kreierte. **ZONEN 4–11.**

Hilling, Großbritannien, 1959

Sport von 'Nevada'

Royal Horticultural Society Award of Garden Merit 1993

'Maria Teresa Bordas'

'Marguerite Hilling'

## 'MARIA CALLAS'

siehe 'Miss All-American Beauty'

## 'MARIA LISA'

ALTE R., RAMBLERROSE, MULTIFLORA-HYBRIDE, ROSA+

Bei dieser Rose handelt es sich um eine späte, 4 m hohe Ramblerrose, die seit gut 20 Jahren in deutschen Parks und Gärten wiederholt gepflanzt wurde. Die wuchsfreudige Pflanze ist von großen Rispen mit kleinen, einfachen, duftenden Blüten überzogen. Die Blüten sind hellrot mit einer weißen Mitte sowie gelben Staubgefäßen und sind besonders lange haltbar. Die biegsamen Triebe lassen sich leicht an Pergolen oder Spalieren ziehen. Die Pflanze hat mittelgrüne, ledrige Blätter und einige Stacheln. 'Maria Lisa' blüht im Juni und ist recht krankheitsfest. **ZONEN 4–11.**

Liebau, Frankreich, 1936

Eltern unbekannt

## 'MARIA MATHILDA' LENmar

FLORIBUNDAROSE, WEISS, ÖFTERBLÜHEND

Die besonders edlen, großen, weißen Blüten sind zartrosa schattiert und wachsen meist in kleinen Büscheln. Sie sind mit 25 Petalen halb gefüllt und duften stark. Die wuchsfreudige Pflanze trägt glänzende, sehr dunkelgrüne Blätter, hat einen aufrechten Wuchs und eignet sich gut als Beet- und Kübelpflanze. Die Blüten sind lange haltbar und erneuern sich ziemlich rasch. 'Maria Mathilda' ist eine hervorragende Rose, die Pflegeleichtigkeit mit Blütenreichtum vereint. Sie wird gelegentlich als Zwergrose bezeichnet, ist dafür eigentlich aber zu groß. **ZONEN 5–11.**

Lens, Belgien, 1980

Sämling von *R. chinensis* × ('New Penny' × 'Jour De Fete')

Goldene Rose von Den Haag 1981

'Marie-Antoinette'

'Marguerite Hilling'

## 'MARIA TERESA BORDAS'

TEEHYBRIDE, REIN ROSA, ÖFTERBLÜHEND

Diese Rose produziert Blüten mit rosaroten, cremefarbenen und sanft gelben Tönen. Die wohlgeformten, eiförmigen Knospen öffnen sich zu formschönen, mit 50 Petalen stark gefüllten Blüten. Die Pflanze hat einen aufrechten Wuchs von mittlerer bis großer Höhe und sehr sauberes, fast stachelloses Holz. **ZONEN 5–11.**

Bordas, Spanien, 1953

'Sensation' × 'Gloria Dei'

## 'MARIANDEL' KORpeahn

**Syn. 'Carl Philip Kristian IV', 'The Times Rose'**

FLORIBUNDA, ROT, ÖFTERBLÜHEND

Die halbgefüllten, intensiv hellroten Blüten erscheinen in wohlgeordneten Büscheln, die auch windiges Wetter vertragen. Sowohl bei großer Hitze als auch bei kälteren Temperaturen behalten die Blüten ihre Form und Farbe gut. Die zahlreichen Blätter sind dunkelgrün, mattglänzend und nach dem Austrieb rot getönt. **ZONEN 5–10.**

Kordes, Deutschland, 1986

'Tornado' × 'Redgold'

Royal National Rose Society President's International Trophy 1982, Belfast Certificate of Merit 1986, Goldene Rose von Den Haag 1990, Royal Horticultural Society Award of Garden Merit 1993

'Mariandel'

'Margo Koster'

## 'MARIE-ANTOINETTE'

ALTE R., GALLICA-ROSE, MAUVE

Die zunächst becherförmigen, großen, gefüllten, duftenden, lila-rosa Blüten öffnen sich weit, werden geviertelt und haben in der Mitte ein gelbes Auge. Während der Blüte im Frühsommer zeigen die Petalen einen purpurnen rosafarbenen Hauch. Der gesunde Strauch wird bis zu 2 m hoch, seine kräftigen Triebe sind mit attraktivem Laub und einigen Stacheln besetzt. Benannt wurde diese Rose nach der letzten französischen Königin Marie-Antoinette (1755–1793), die auf der Guillotine starb. **ZONEN 5–10.**

Vibert, Frankreich, 1829

Eltern unbekannt

'Marie de Blois'

'Marie de Saint Jean'

## 'MARIE DE BLOIS'

ALTE R., MOOSROSE, REIN ROSA, ETWAS NACHBLÜHEND

Die zunächst mit rötlichem Moos überzogenen Knospen dieser Sorte öffnen sich zu rosafarbenen Blüten mit zurückgebogenen Petalen. Die krausen Blüten sind kugelförmig, gefüllt und locker; sie erscheinen meist in Büscheln und erneuern sich während der Blühperiode hin und wieder. Der krankheitsfeste Busch trägt leuchtend grünes Laub und gedeiht noch gut in mageren Böden. Auf 1,5 m zurückgeschnitten wird er zu einer wirkungsvollen Hecke. Moosrosen sind Mutationen von Zentifolien; das Moos überzieht die Stiele der Blüten, den Blütenkelch, die Kelchblätter und sogar deren Fiederblättchen. **ZONEN 4–10.**

Robert, Frankreich, 1852

Eltern unbekannt

## 'MARIE DE BOURGOGNE'

ALTE R., MOOSROSE, REIN ROSA

Wer an den moosbewachsenen Knospen dieser Rose reibt, wird einen angenehmen Duft bemerken, der diese sehr seltene Rose kennzeichnet. Die duftenden, dunkelrosa Blüten sind gefüllt, groß und kugelförmig. Damit sie sich wirklich gut entwickeln, verlangen Moosrosen optimale Bedingungen. Manche Rosen sind sehr stark mit Moos überzogen, das sowohl von heller als auch von dunkler Färbung sein kann. 'Marie de Bourgogne' erschien vermutlich zuerst in den Niederlanden oder Frankreich und wurde damals zu horrenden Preisen gehandelt. **ZONEN 4–10.**

Robert, Frankreich, 1853

Eltern unbekannt

## 'MARIE DE SAINT JEAN'

**Syn. 'Marie de St Jean'**

ALTE R., PORTLANDROSE, WEISS, ETWAS NACHBLÜHEND

Die ausgezeichneten weißen, dunkelrosa schattierten Knospen dieser Sorte öffnen sich zu rein weißen, gefüllten, prallen Blüten. Die äußeren Petalen sind größer als die inneren, und die Mitte der Blumen ist ungeordnet. Die Blüten sind, vollständig geöffnet, dunkelrosa gesäumt, etwa 8 cm groß und duften stark. Die Rose hat eine lange Blühperiode im Juni und blüht im Herbst etwas nach. Sie ist eine aufrechte, wuchsfreudige Pflanze und mit graugrünem Laub bedeckt. Ihre Rinde ist hellgrün, und die dünnen Triebe sind mit vielen Stacheln besetzt. **ZONEN 5–11.**

Damaizin, Frankreich, 1869

Eltern unbekannt

## 'MARIE DERMAR'

ALTE R., NOISETTEROSE, HELLGELB, ETWAS NACHBLÜHEND

Die creme- und fleischfarbenen Blüten von 'Marie Dermar' zeigen bei völliger Öffnung eine gelbliche Tönung. Die Petalen der gefüllten, mittelgroßen Blüten biegen sich nach hinten und verströmen einen angenehmen Duft. Der aufrechte Wuchs dieser mäßig kletternden Rose macht sie zu einer guten Wahl für kleine Säulen oder Pergolen. Die Pflanze trägt hübsches Laub und blüht recht lange im Juni. Bei dieser Noisetterose handelt es um eine weniger bekannte Züchtung von Geschwind (1829–1910), der sich auf die Zucht winterharter Rosen spezialisiert hatte. Weitere bekannte Geschwind-Rosen sind beispielsweise 'Gruß an Teplitz' und 'Zigeunerknabe'. **ZONEN 5–10.**

'Marie Dermar'

Geschwind, Österreich-Ungarn, 1889

Sämling von 'Louise d'Arzens'

## 'MARIE D'ORLÉANS'

ALTE R., TEEROSE, REIN ROSA, ETWAS NACHBLÜHEND

Wie viele andere Teerosen wechselt auch diese Rose ihre Farbe – Kupferrot, Lachsrosa und Korallrosa sind nur einige der farblichen Nuancen. Die vollen, flachen, duftenden Blüten sind zunächst geviertelt und werden dann ziemlich locker. Sie halten sich gut, auch in Sträußen. Der winterharte Strauch trägt im Frühjahr bronzegrünes Laub; seinen breiten Wuchs kann man am besten steuern, wenn man ihn als Beetpflanze oder in Rabatten setzt. Er blüht vom Frühling bis zum ersten Frost. **ZONEN 6–11.**

Nabonnand, Frankreich, 1883

Eltern unbekannt

## 'MARIE GOUCHAULT'

**Syn. 'Marie Gauschault'**

RAMBLERROSE, ROT

Diese früh blühende Rose ist von klarem Rot mit lachsfarbener Tönung. Die gefüllten Blüten sind klein und erinnern an 'Dorothy Perkins'. Die großen Büschel mit 30–40 Blüten, die anfangs leuchtend rot erscheinen und dann zu rosa verblassen, sind lange haltbar, duften allerdings nicht. 'Marie Gouchault' ist eine wuchsfreudige, winterharte Ramblerrose, die sich – wie die meisten Rosen dieser Klasse – aufgrund ihrer dünnen, biegsamen Triebe gut ziehen läßt. Sie ist gesund und blüht manchmal sogar etwas nach. **ZONEN 4–11.**

Turbat, Frankreich, 1927

Eltern unbekannt

'Marie-Jeanne'

## 'MARIE-JEANNE'

POLYANTHAROSE, WEISS, ÖFTERBLÜHEND

Die Blüten sind sehr blaßrot und erscheinen in großen Büscheln mit bis zu 60 wohlgeformten Einzelblüten, die sich auf dem Busch gut halten. Im Frühjahr ist der Flor üppig, er hält im Sommer kontinuierlich an und wird im Herbst durch schöne Hagebutten abgelöst. Für eine Polyantharose wächst diese leicht duftende Rose recht hoch und ist zudem sehr ausladend. Das Laub ist hellgrün glänzend und zeigt nach dem Austrieb eine bronzefarbene Tönung. Die wuchsfreudige Pflanze kann ohne Schnitt zu einen kleinen Strauch heranwachsen. Sie eignet sich gut für Rabatten oder Hecken und kann auch zwischen Stauden mit ähnlicher Färbung gesetzt werden. **ZONEN 4–11.**

Turbat, Frankreich, 1913

Eltern unbekannt

## 'MARIE LAMBERT'

**Syn. 'Priscilla', 'Snowflake', 'White Hermosa'**

ALTE R., TEEROSE, WEISS, ETWAS NACHBLÜHEND

Diese frühblühende, duftende Rose bildet schön geformte Knospen, die sich zu rein weißen, mittelgroßen Blüten öffnen und mit der Zeit einen fleischfarbenen Anflug bekommen. Der reich blühende Strauch ist gesund und trägt üppiges Laub. Mit einer Höhe von 1 m ist er gut als Kübelpflanze geeignet; in einem Beet wirkt er am besten, wenn er in Gruppen gepflanzt wird. **ZONEN 6–11.**

Lambert, Frankreich, 1886

Sport von 'Mme Bravy'

## 'MARIE LEONIDA'

**Syn. 'Leonida'**

GROSSBLUMIGE KLETTERROSE, WEISS, ÖFTERBLÜHEND

'Marie Leonida' besitzt das kräftige, glänzende Laub und die bedrohlichen Stacheln von *Rosa bracteata*; ihre einzigartigen, gefüllten, cremefarbigen Blüten sind besonders deutlich geviertelt. Sie blüht spät, aber kontinuierlich den Herbst hindurch bis zum Winter. Das Laub ist nach dem Austrieb bronzefarben, wird später bronzegrün und ist stark glänzend. Ihr kräftiger Wuchs und das immergrüne Laub prädestinieren diese Rose zum Beranken; sie ergibt u. U. aber auch eine undurchdringliche Hecke. **ZONEN 4–11.**

1835

Angeblich *Rosa bracteata* × *R. laevigata*, vermutlich aber *R. bracteata* × gelbe Teerose

'Marie Lambert'

M

'Marie van Houtte'

'Marie Robert'

## 'MARIE LOUISE'

ALTE R., DAMASZENERROSE, REIN ROSA

Manche Experten glauben, daß diese frühblühende, rosafarbene, mauve getönte Rose um 1811 im Park von Schloß Malmaison entstanden ist, das der französischen Kaiserin Josephine gehörte. Die köstlich duftenden, gefüllten Blüten sind flach, haben ein Knopfauge und verblassen mit der Zeit zu Weiß. Sie erscheinen in ziemlich großen Büscheln an den Enden der überhängenden Stiele, die besonders bei Regen unter der Last der großen und zahlreichen Blüten bis zum Boden reichen können. Der weichtriebige Strauch hat dunkle, bräunlich grüne, mäßig stark mit Stacheln besetzte Triebe und üppiges Laub. Er gedeiht auch noch gut in mageren Böden. Mit einer Höhe von 1,2 m eignet er sich als Kübelpflanze und kann zudem einige Jahre ohne Pflege auskommen. Kaiserin Josephine war die zweite Frau von Napoleon I. und gilt als berühmteste Frau in der Geschichte der Rosen. **ZONEN 5–10.**

Vor 1813

Eltern unbekannt

## 'MARIE PAVIÉ'

POLYANTHAROSE, WEISS, ÖFTERBLÜHEND

Die Knospen dieser Rose sind klein und sehr schön geformt. Die Blüten kommen in kleinen Büscheln aus dem Laub hervor und sind blaßrosa mit einem leicht dunkleren Farbton in der Mitte. Die Pflanze ist besonders reichblühend, und die Blüten halten sich lange. Ihr Wuchstyp und die Form der Blütenbüschel entsprechen eher den China- als den Polyantharosen. Sie wächst buschig, trägt dunkelgrüne Blätter und nur sehr wenig Stacheln. Diese Rose, die in kleinen Gärten vielseitig einsetzbar ist, eignet sich hervorragend für niedrige Hecken, Rabatten oder kleine Beete und kommt auch wunderschön in einer gemischten Rabatte zur Geltung. Obwohl 'Marie Pavié' schon über 100 Jahre alt ist, ist sie noch immer sehr beliebt. **ZONEN 4–11.**

Alégatière, Frankreich, 1888

Eltern unbekannt

## 'MARIE ROBERT'

ALTE R., PORTLANDROSE, ROSA+, ETWAS NACHBLÜHEND

Diese weniger bekannte Portlandrose hat mittelgroße bis große, mauverosafarbene Blüten. Mit der Zeit nehmen die gefüllten Blüten einen lila Farbton an. Die buschige, kompakte Pflanze eignet sich in kleinen Gärten, für Rabatten oder Kübel sowie für flächige Pflanzungen. Obwohl sie in den neueren Rosenbüchern in Vergessenheit geraten ist, wird sie in Frankreich immer noch von zwei Gärtnereien angeboten. Moreau und Robert brachten in ihrer Gärtnerei von Angers über 100 Sorten hervor. **ZONEN 5–10.**

Moreau und Robert, Frankreich, 1860

Eltern unbekannt

'Marie Pavié'

## 'MARIE VAN HOUTTE'

**Syn. 'Mlle Marie van Houtte', 'The Gem'**

ALTE R., TEEROSE, ROSA+, ETWAS NACHBLÜHEND

Mit zwei ausgezeichneten Elternsorten kann sich eine Rose wie diese kaum der öffentlichen Aufmerksamkeit entziehen. Die wachsartigen Knospen öffnen sich zu wunderschönen, dunkelcremefarbenen und rosa überhauchten Blüten mit gelblichem Grund; in der Sonne wird die Farbe zu Dunkelrosa. Die großen duftenden Blüten sind stark gefüllt und haben eine hohe Mitte. Die Pflanze trägt ledrig dunkelgrünes Laub und zahlreiche Stacheln, liebt Sonne und leidet bei Regen; wegen ihres niedrigen Wuchses eignet sie sich gut als Kübelpflanze. Unter professionellen Gärtnern galt sie einst als wertvollste weiße Rose. Gewidmet ist sie der jungen Flämin Marie van Houtte aus Gent. **'Climbing Marie van Houtte'** (Thomasville Nurseries Inc., USA, 1936) wächst in kürzester Zeit bis zu 3 m hoch und gleicht ansonsten ihrer Elternsorte. Zur Zeit wird sie offenbar nicht mehr gehandelt. **ZONEN 6–11.**

Ducher, Frankreich, 1871

'Mme de Tartas' × 'Mme Falcot'

## 'MARIETTA GRÄFIN SILVA TAROUCA'

**Syn. 'Marietta Silva Tarouca'**

RAMBLERROSE, REIN ROSA

Diese ziemlich seltene Ramblerrose bildet hellrosa Blüten in großen Rispen auf wuchsfreudigen Trieben, die denjenigen von *Rosa multiflora* ähnlich sehen. Die Blüten sind klein, gekräuselt, purpurrosa und duften nicht. Der schlank wachsende Strauch trägt intensiv grüne Blätter, ist mit kleinen Stacheln besetzt und blüht nur im Juni. Diese gesunde Rose eignet sich hervorragend für eine Pergola oder als Baum-Kletterrose. Sie stammt aus dem Schloßpark der Grafenfamilie Silva Tarouca in Pruhonice.
**ZONEN 4–11.**

Tarouca, Tschechoslowakei, 1925

'Colibri' × 'Crimson Rambler'

'Marie Leonida'

## 'MARIJKE KOOPMAN'

TEEHYBRIDE, REIN ROSA, ÖFTERBLÜHEND

Die langen, spitzen Knospen dieser Teehybride öffnen sich zu mittelrosafarbenen, duftenden, mit 25 Petalen gefüllten Blüten, die kontinuierlich sowohl einzeln als auch in kleinen Büscheln erscheinen und sich gut auf dem Busch halten. Das dunkelgrüne, ledrige Laub von 'Marijke Koopman' ist krankheitsfest, und die Pflanze selbst zeichnet sich durch einen aufrechten Wuchs aus.
**ZONEN 5–11.**

Fryer, Großbritannien, 1979

Eltern unbekannt

Den Haag Goldmedaille 1978, Le Roeulx Goldmedaille 1978

## 'MARILYN'

ZWERGROSE, HELLROSA, ÖFTERBLÜHEND

Ihre Blüten bestechen durch eine ungewöhnliche Farbkombination: Ein helles Rosa mit purpurrosafarbenem Ansatz der Blütenblätter. Die rosettenartigen Blüten sind mit 60 oder mehr Petalen stark gefüllt, stehen zumeist in kleinen Büscheln und bedecken den ganzen Busch. Im Garten ist 'Marilyn', eine Zwergrose des bekannten spanischen Züchters Dot, allerdings anfällig für Mehltau. **ZONEN 5–11.**

Dot, Spanien, 1955

'Perla de Montserrat' × 'Bambino'

Le Roeulx Goldmedaille 1978

'Marie Louise'

## 'MARINA' RinaKOR

FLORIBUNDA, ORANGE+, ÖFTERBLÜHEND

Diese bezaubernde Gartenrose ist auch eine perfekte Schnittrose, die ihre Farbe gut hält. Die schön geformten Knospen sind lebhaft orange mit einem gelben Petalengrund. Die gefüllten, mittelgroßen, duftenden Blüten bestehen aus 30 Petalen und stehen in Büscheln. Der Busch wächst aufrecht bis in mittlere Höhe und trägt glänzende, dunkelgrüne Blätter. 'Marina' ist recht blühwillig, gesund und eignet sich als Beetrose, für Rabatten oder auch als Hecke.

ZONEN 5–10.

Kordes, Deutschland, 1974

'Königin der Rosen' × Sämling

All-American Rose Selection 1981

## 'MARINETTE' AUScam

STRAUCHROSE, REIN ROSA, ÖFTERBLÜHEND

Die Besonderheit dieser Sorte, die auch zu den Englischen Rosen gezählt wird, liegt in der Form der extrem langen und dünnen jungen Knospen. Die jungen Blüten sind zunächst rosarot mit einem Anflug von Creme; später wird die anfängliche rosa Färbung der fast flachen, halbgefüllten Blüten mit zunehmender Öffnung der Petalen nach und nach cremefarben gesprenkelt. Die Blüten sind ziemlich groß, besitzen einen angenehmen Duft und blühen bis in den Herbst. 'Marinette' ist eine interessante Ergänzung für Gartenrabatten, da die Pflanze an einen von Schmetterlingen besetzten Strauch erinnert. Sie hat eine buschige, wohlgeformte Gestalt, wird mittelhoch und trägt mittelgrünes Laub. Benannt wurde diese Strauchrose mit dem Spitznamen „Marinette" der sehr engagierten Britin Marina Berry, die den Wohlfahrtsverband *Children in Hospital* gründete; dieser kümmert sich um stationär zu behandelnde Kinder aus sozial schwächeren Schichten. ZONEN 4–9.

Austin, Großbritannien, 1995

'Lucetta' × 'Red Coat'

M

'Marjorie Atherton'

## 'MARION HARKNESS'

HARkantabil

TEEHYBRIDE, GELB+, ÖFTERBLÜHEND

'Marion Harkness' besitzt leicht duftende, mit 20–25 Petalen gefüllte, cremegelbe Blüten, deren äußere Petalen orangerot getönt sind. Die Pflanze ist buschig und trägt üppiges, mittelgrünes, bis zum Boden reichendes Laub. Ihre ausgezeichnete Gesundheit macht die Teehybride zu einer guten Beetrose. Die Blüten wirken auch aus der Ferne betrachtet schön und halten die Farbe lange.

ZONEN 5–10.

Harkness, Großbritannien, 1979

(['Manx Queen' × 'Prima Ballerina'] × ['Chanelle' × 'Piccadilly']) × 'Piccadilly'

## 'MARIONETTE'

FLORIBUNDA, WEISS+, ÖFTERBLÜHEND

'Marionette' ist eine gute niedrigwüchsige, buschige Rose. Die mit 25–30 Petalen gefüllten, duftenden Blüten sind cremegelb, wobei die Farbe bei warmer Witterung verblaßt. Sie erscheinen in wohlgeformten Büscheln mit bis zu 20 Einzelblüten, die im Frühjahr und Sommer sehr attraktiv wirken. Die Knospen sind schön geformt, die Pflanze ist blühfreudig und bildet fortlaufend neue Blüten. Die Ursprungssorte 'Rosenmärchen' gehörte zu den berühmten Beetrosen der Jahre nach dem 2. Weltkrieg, einer Zeit, in der sich Floribundarosen steigender Beliebtheit erfreuten. ZONEN 5–10.

DeVor, USA, 1944

Sport von 'Rosenmärchen'

'Marina'

'Marjory Palmer'

## 'MARJORIE ATHERTON'

TEEHYBRIDE, REIN GELB, ÖFTERBLÜHEND

Diese Rose hat den aufrechten Wuchs von 'Mount Shasta' geerbt, die prallen Knospen sowie das ausgezeichnete Laub hingegen von 'Gloria Dei'. Ihre Farbe ist ein zartes Maisgelb, das sich gut hält. Die großen, eiförmigen Knospen öffnen sich zu lange haltbaren, mit 25 Petalen gefüllten Blüten und einer wunderschönen, rundlichen Form. Die Blütenproduktion ist recht gut. Die Pflanze trägt blaßgrünes Laub und ist krankheitsfest.

ZONEN 5–10.

Bell, Australien, 1977

'Mount Shasta' × 'Gloria Dei'

## 'MARJORIE CHASE' KORamator

TEEHYBRIDE, APRICOT+, ÖFTERBLÜHEND

Diese Rose wurde nach Marjorie Chase benannt, einer sehr bekannten Eiskunstläuferin, die in Südafrika 25 Jahre lang Eisrevuen veranstaltete. Die Blütenfarben haben jedoch kaum etwas mit Eis zu tun, denn die dicken, spitzen Knospen öffnen sich zu gefüllten Blüten mit einem gelben Grundton, der mit Apricot und Kupfer vermischt eine glühende Wärme vermittelt. Die Blüten lassen sich gut schneiden und duften. Der wuchsfreudige Busch ist mittelhoch und bietet mit seinen kurzstieligen Blüten einen herrlichen Anblick. ZONEN 5–11.

Kordes, Deutschland, 1996

Eltern unbekannt

## 'MARJORIE FAIR' HARhero

Syn. 'Red Yesterday', 'Red Ballerina'

STRAUCHROSE, ROT+, ÖFTERBLÜHEND

Diese ausgezeichnete karminrote Strauchrose hat kleine, einfache Blüten mit nur 5 Petalen und einem auffallend weißen Auge. Sie blühen in kleinen bis sehr großen Büscheln und erstaunlich kontinuierlich. Die Blüten halten sich gut, verblassen nicht und besitzen einen leichten Duft. Die sehr dicht und buschig wachsende Pflanze trägt gesundes, üppiges, hellgrünes Laub und wird mäßig groß. 'Marjorie Fair' eignet sich als höherer Bodendecker und als Hecke, wirkt aber auch in gemischten Rabatten unter Stauden und anderen Sträuchern. Bei warmer Witterung leidet sie manchmal unter Milben. ZONEN 4–10.

Harkness, Großbritannien, 1977

'Ballerina' × 'Baby Faurax'

Erster Preis von Kopenhagen 1977, Nordrose Goldmedaille 1977, Rom Goldmedaille 1977, Royal National Rose Society Trial Ground Certificate 1977, Baden-Baden Goldmedaille 1979, ADR-Rose 1980, Prix de Paris-Paysage 1988

'Marjorie Fair'

## 'MARJORIE MARSHALL'

HARdenier

STRAUCHROSE, APRICOT+, ÖFTERBLÜHEND

Die dunkel apricotfarbenen Blüten von 'Marjorie Marshall' verblassen zum Rand hin. Die schön geformten Blüten bewsitzen 30–35 attraktiv gerundete Petalen und öffnen sich flach. Sie erscheinen in kleinen bis größeren Büscheln; vor dem dunkelgrünen Laub wirken sie sehr attraktiv. Eine Erneuerung der Blüten erfolgt rasch. Der kräftige, buschige Wuchs dieser Rose liegt zwischen dem einer Englischen Rose und einer Floribundarose. Sie ist gesund, und die Blumen lassen sich gut schneiden.

ZONEN 5–10.

Harkness, Großbritannien, 1996

Sämling von 'Heckenzauber'

Dublin Goldmedaille 1997

## 'MARJORIE MAY' HORsunpegy

FLORIBUNDA, ORANGEROSA, ÖFTERBLÜHEND

Die Blüten dieser Rose haben einen orangefarbenen Grundton mit feinen rosafarbenen und gelben Beimischungen. Sie sind ziemlich groß, bestehen aus rund 40 Petalen und stehen meist in kleinen Büscheln. Sie duften leicht und blühen den ganzen Sommer und Herbst hindurch. 'Marjorie May' ist als Hecke, für Beete oder als Gruppenrose in Rabatten geeignet. Sie hat einen aufrechten, mittelhohen Wuchs und trägt ledrige, mattglänzende Blätter.

ZONEN 4–9.

Horner, Großbritannien, 1993

'Playgroup' × 'Peer Gynt'

## 'MARJORY PALMER'

POLYANTHAROSE, REIN ROSA, ÖFTERBLÜHEND

'Marjory Palmer' wächst ausladend, trägt große, attraktive glänzende Blätter und gefüllte, intensiv rosa Blüten, die sich flach und geviertelt öffnen und außergewöhnlich duften. Die Pflanze ist sehr gesund, und die Nachblüte erfolgt meist sehr schnell. Diese Sorte ist eine exzellente Rabattenrose, kann aber auch als lange blühende, niedrige Hecke gepflanzt werden. In jüngerer Zeit wurde ein blaßrosa Sport dieser Rose unter Bezeichnung 'Alister Clark' eingeführt.

ZONEN 4–11.

Clark, Australien, 1936

'Jersey Beauty' × Sämling

'Marjorie May'

'Marmalade'

'Marquise de Balbiano'

## 'MARK SULLIVAN'

**Syn. 'Président Chaussé'**

TEEHYBRIDE, ORANGEROSA, ÖFTERBLÜHEND

Diese Rose hat ihre satte Färbung von beiden Elternteilen geerbt. Die Blüten zeigen eine Farbmischung aus kirschrot, apricot, rosa und gelb, sind mit 30–35 Petalen gefüllt und becherförmig mit oftmals hoher Mitte. Sie werden bis zu 10 cm breit und duften. Die aufrechte, wuchsfreudige Pflanze ist mit dunklem, ledrig glänzendem Laub besetzt. Obwohl die Blüten nach dem Öffnen etwas von ihrer leuchtenden Farbe verlieren, ist sie doch eine sehr attraktive Gartenrose. **ZONEN 5–11.**

Mallerin, Frankreich, 1942

'Luis Brinas' × 'Brazier'

## 'MARLENA'

FLORIBUNDA, ROT, ÖFTERBLÜHEND

'Marlena' ist eine der besten niedrigen Floribundarosen. Die halbgefüllten Blüten haben 18 Petalen und sind karmin- bis scharlachrot. In der Knospe sind sie schön geformt und öffnen sich zu flachen, vollen Blüten von guter Substanz und halten die Farbe gut. Die Blüten erscheinen zu 5–15 in kleinen Büscheln und bedecken den ganzen Busch. 'Marlena' eignet sich bestens für niedrige Rabatten oder Hecken, wobei die einzelnen Pflanzen nicht mehr als 45 cm voneinander entfernt gepflanzt werden sollten, damit ein geschlossenes rotes Band entsteht. Die Blüten wirken vor dem Hintergrund der stark glänzenden, gesunden Blätter besonders prächtig. **ZONEN 5–10.**

Kordes, Deutschland, 1964

'Gertrud Westphal' × 'Lilli Marleen'

Baden-Baden Goldmedaille 1962, ADR-Rose 1964, Belfast Goldmedaille 1966

'Martin Frobisher'

## 'MARMALADE'

TEEHYBRIDE, ORANGE+, ÖFTERBLÜHEND

Die Knospen dieser ungewöhnlich gefärbten Rose sind lang, spitz und elegant. Sie öffnen sich zu wohlgeformten, gefüllten Blüten von orangebrauner Farbe mit goldgelben Unterseiten. Die Blüten sind groß und verströmen den Duft von Teerosen. Die kräftige, aufrecht wachsende Pflanze ist frei von Krankheiten und trägt sehr große, glänzend dunkelgrüne Blätter. Die Blütenproduktion ist gut, doch die Pausen zwischen den Blühperioden sind recht lang. **ZONEN 5–10.**

Swim und Ellis, USA, 1977

'Arlene Francis' × 'Bewitched'

## 'MARONDO' KORtitut

STRAUCHROSE, REIN ROSA, ÖFTERBLÜHEND

Die mittelgroßen, halbgefüllten Blüten haben einen warmen lachsrosa Farbton mit weißen Petalenansätzen, duften leicht und öffnen sich wie Untertassen, wobei attraktive goldene Staubgefäße sichtbar werden. Diese Rose kann als Bodendeckerpflanze eingesetzt werden, wo eine mäßig große Pflanze gewünscht ist, denn sie wächst doppelt so breit wie hoch. Die Pflanze trägt hübsche, leuchtend grüne Blätter. **ZONEN 4–9.**

Kordes, Deutschland, 1991

Eltern unbekannt

ADR-Rose 1989

'Mary Adair'

## 'MARQUISE DE BALBIANO'

ALTE R., BOURBONROSE, MAUVE, ETWAS NACHBLÜHEND

Diese Rose hat gefüllte, große, becherförmige Blüten mit samtig rosa überzogener, karminroter Färbung. Zu den Vorzügen dieser guten Schnittblume zählen auch Winterfestigkeit und ein intensiver Duft. Der robuste, mit attraktivem Laub besetzte Strauch wird bis zu 2 m hoch und hat eine reiche erste Blüte, die sich im Herbst recht gut wiederholt. **ZONEN 5–10.**

Lacharme, Frankreich, 1855

Eltern unbekannt

## 'MARRY ME' DICwonder

ZWERGROSE, REIN ROSA, ÖFTERBLÜHEND

'Marry Me' vereint gefüllte, kamelienrosafarbene Blüten mit einem zwergwüchsigen, reichblühenden und gleichzeitig krankheitsfesten Wuchstyp. Die hübsch geformten Knospen öffnen sich zu schön geformten Blüten, die ihre Farbe gut beibehalten. **ZONEN 5–9.**

Dickson, Großbritannien, 1998

('Bright Smile' × 'Robin Redbreast') × 'Cider Cup'

British Association of Rose Breeders, Breeders' Choice 1998

## 'MARTHA'

**Syn. 'Marthe'**

ALTE R., BOURBONROSE, ROSA+, ETWAS NACHBLÜHEND

Vom Frühsommer bis zum Herbst trägt diese sehr beliebte, wunderschöne Gartenrosen an langen Trieben reich blühende dunkelrosa- bis mauvefarbige, gefüllte Blüten. Die stachelfreien Triebe lassen sich leicht an Spalieren oder Zäunen ziehen. Die Pflanze trägt dunkelgrünes, glänzendes Laub, gedeiht gut auf mageren Böden und verträgt auch etwas Schatten. Sie duftet stark und ist sowohl winter- als auch krankheitsfest. **ZONEN 5–10.**

Knudsen, Frankreich, 1912

Sport von 'Zéphirine Drouhin'

## 'MARTHA GONZALES'

ALTE R., CHINAROSE, ROT, ETWAS NACHBLÜHEND

In den letzten 20 Jahren haben „Rosen-Scouts" in Texas viele Sorten wiederentdeckt, von denen manche identifiziert werden konnten, andere hingegen nur mit Codenamen belegt wurden. Auch 'Martha Gonzales' wurde auf diese Weise im texanischen Navasota entdeckt. Benannt wurde sie nach der Besitzerin jenes Gartens, in dem Joe Woodard sie gefunden hat. Hellscharlachrote, fast einfache Blüten öffnen sich flach und präsentieren vorstehende Staubgefäße. Die meist 1 cm breiten Petalen sind manchmal weiß gestreift. 'Martha Gonzales' ist eine niedrige Pflanze, die höchstens 1 m hoch wird; ihr Laub färbt sich nach dem Austrieb dunkelrot. Die kleinen, spitzen, dunkelgrünen Blätter bedecken die dünnen Triebe nur spärlich. **ZONEN 7–10.**

Woodward, USA

Eltern unbekannt

'Marlena'

'Mary'

## 'MARTHA'S VINEYARD' POUlans

STRAUCHROSE, DUNKELROSA, ÖFTERBLÜHEND

Die halbgefüllten Blüten dieser Rose sind rund 5 cm groß. Sie erscheinen in kleinen Büscheln, sie blühen üppig und kontinuierlich. Ihr Stiele sind mit nur wenigen Stacheln besetzt. Die ausladend wachsende Pflanze trägt kleine, hellgrüne, mattglänzende Blätter und ist recht gesund. **ZONEN 4–11.**

Olesen, Dänemark 1995

Sämling × Sämling

## 'MARTIN FROBISHER'

RUGOSA-HYBRIDE, HELLROSA, ÖFTERBLÜHEND

Diese kanadische Sorte stammt von Rosen ab, die harte Winter gut vertragen, und zählt somit zu den besten Rosen für kältere Klimazonen; desungeachtet gedeiht sie aber auch in wärmeren Gegenden. Die hohe, aufrechte Pflanze trägt deutlich graugrüne Blätter. Die schön geformten Knospen öffnen sich zu duftenden Blüten, die mit 25 blaßrosa Petalen gefüllten sind. Laub und Blüten erinnern an Alba-Rosen, und es wäre interessant herauszufinden, ob unter den Elternsorten auch eine Alba-Rose war. 'Martin Frobisher' hat sehr wenig Stacheln und eignet sich hervorragend als Hecke. **ZONEN 3–11.**

Svedja, Kanada, 1968

'Schneezwerg' × Sämling

## 'MARTINI'

TEEHYBRIDE, DUNKELROT, ÖFTERBLÜHEND

'Martini' ist eine gute rote Rose, die oft schon übersehen wurde. Die dunkelroten Blüten besitzen eine samtige Textur, sind stark gefüllt und enthalten 50 oder mehr Petalen; die Knospen öffnen sich langsam zu schön geformten Blüten. Sie duften intensiv und halten ihre Farbe gut. Die hohe, gesunde Pflanze trägt mittelgrünes Laub und ist krankheitsfest. **ZONEN 5–10.**

Delforge, Frankreich, 1967

Eltern unbekannt

## 'MARTONE'

ZWERGROSE, ROSA+, ÖFTERBLÜHEND

Im letzten Jahrzehnt wurden Zwergrosen zunehmend nur zu Ausstellungszwecken gezüchtet, und auch 'Martone' fällt gut in diese Kategorie. Ihre spitzen Knospen öffnen sich zu mittelgroßen, rein rosafarbenen Blüten mit hellerem Grund. Sie sind schön geformt, bestehen aus 30 kleinen Petalen mit hoher Mitte und erscheinen oft einzeln. 'Martone' duftet leicht nach Damaszenerrosen, wächst aufrecht und trägt mittelgrüne, mattglänzende Blätter. **ZONEN 5–9.**

Bridges, USA, 1989

'Queen City' × Sämling

## 'MARY'

POLYANTHAROSE, ORANGEROSA, ÖFTERBLÜHEND

Diese Rose besitzt alle Eigenschaften von 'Orange Triumph', nur ihre rosa Farbton ist ein wenig intensiver. Die kräftige, wuchsfreudige Pflanze bringt große becherförmige, halbgefüllte Blüten hervor, deren Petalen – wie man es bei Polyantharosen oft sieht – nach innen gebogen sind und sie daher kugelförmig erscheinen lassen. Der Busch trägt glänzendes Laub und ist sehr krankheitsfest. 'Mary' wie auch 'Orange Triumph' wurden nach ihrer Einführung oft für Einfassungen verwendet, inzwischen hat ihre Beliebtheit jedoch abgenommen. 'Mary' ist aber immer noch eine gute Schnittrose, die ihre Farbe gut behält. **ZONEN 5–10.**

Qualm, Niederlande, 1947

Sport von 'Orange Triumph'

'Mary Delahunty'

## 'MARY ADAIR'

ZWERGROSE, APRICOT+, ÖFTERBLÜHEND

Die gefüllten Blüten dieser Rose haben einen schönen weichen Apricotfarbton und besitzen eine gute Substanz; ihre Farbe verblaßt jedoch in praller Sonne. Die Blüten sind eher klein, duften leicht und erscheinen auf kurzen Stielen. Die Pflanze ist zwergwüchsig und buschig, ihre Wuchsfreudigkeit ist sehr stark vom Mikroklima abhängig. **ZONEN 5–11.**

Moore, USA, 1966

'Golden Glow' × 'Zee'

## 'MARY CAVE' HARamity

FLORIBUNDA, REIN GELB, ÖFTERBLÜHEND

Diese Sorte hat reich blühende, hellgelbe Blüten auf einer hübschen, aufrechten Pflanze, die sich sehr gut für Beete im Garten und besonders auch in öffentlichen Parks eignet, wo ausgeprägt starke Farben erwünscht sind. Die leicht würzig duftenden Blüten haben bis zu 20 breite Petalen und erscheinen in wohlgeformten Büscheln aus 5–7 Einzelblüten. 'Mary Cave' blüht kontinuierlich den ganzen Sommer und Herbst hindurch. Sie wächst etwas niedriger als eine durchschnittliche Buschrose und ist von vielen krausen, glänzenden Blättern bedeckt, die je nach Jahreszeit für Mehltau anfällig sind. **ZONEN 4–9.**

Harkness, Großbritannien, 1995

'Rosemary Harkness' × 'Golden Years'

Royal National Rose Society Trial Ground Certificate 1994

## 'MARY DELAHUNTY'

TEEHYBRIDE, DUNKELROT, ÖFTERBLÜHEND

Die wohlgeformten Knospen dieser dunkelroten Teehybride öffnen sich langsam zu großen, gefüllten Blüten, die ihre Farbe gut behalten. Die duftenden, dunkelroten Blüten stehen auf langen Stielen an einem hohen, gesunden und mit dunkelgrünem Laub ausgestatteten Busch. Die Pflanze bringt eine überdurchschnittlich hohe Menge an Blüten hervor. **ZONEN 5–10.**

Bell, Australien, 1990

('Daily Sketch' × 'Impeccable') × 'Red Planet'

'Martini'

## 'MARY DONALDSON' CANana

TEEHYBRIDE, REIN ROSA, ÖFTERBLÜHEND

Die gefüllten Blüten dieser Rose bestehen aus 40 rosaroten Petalen. Sie sind von hoher Qualität und verströmen einen angenehmen Duft. Die aufrechte Teehybride trägt große, glänzend dunkelgrüne Blätter und ist sehr gesund. 'Mary Donaldson ist eine gute Beet- und auch Schnittrose; im Zimmer unter künstlichem Licht kommt ihre Farbe besonders gut zur Geltung. Die Blüten sind haltbar und verblassen nicht. **ZONEN 5–10.**

Cant, Großbritannien, 1983

'Kathleen O'Rourke' × Sämling

Royal National Rose Society Trial Ground Certificate 1984

M

'Mary MacKillop'

'Mary MacKillop'

'Mary Kay'

## 'MARY GUTHRIE'
POLYANTHAROSE, REIN ROSA, ÖFTERBLÜHEND

Diese Rose trägt einfache, duftende Blüten mit hervorstehenden Staubgefäßen. Die Blüten erscheinen in kleinen bis großen Büscheln, sind kirschrot gefärbt und blühen reich und kontinuierlich. Die niedrige, untersetzte Pflanze trägt mattgrünes Laub und ist krankheitsfest. **ZONEN 5–11.**

Clark, Australien, 1929

'Jersey Beauty' × 'Scorcher'

## 'MARY HART, CLIMBING'
GROSSBLUMIGE KLETTERROSE, ROT, ÖFTERBLÜHEND

Diese zweifarbige, kirschrot und goldfarbene Rose besitzt dicht eingerollte Knospen, die sich zu ziemlich lockeren, flachen, duftenden Blüten mit 25 Petalen öffnen. Diese Sorte blüht sehr reichlich im Frühjahr und gut im Herbst. Ihr üppiges Laub ist hellgrün und gesund. **ZONEN 5–11.**

Western Rose Company, USA, 1937

Sport von 'Talisman'

## 'MARY HAYLEY BELL'
KORparall, KORparau

Syn. 'Abundancia'
STRAUCHROSE, REIN ROSA, ÖFTERBLÜHEND

Die kompakte Rose trägt Büschel mit zierlichen, halbgefüllten rosafarbenen Rosetten, die angenehm duften. 'Mary Hayley Bell' besitzt einen ungleichmäßigen Wuchs. **ZONEN 5–10.**

Kordes, Deutschland, 1989

'Zwergkönig 78' × Sämling

Royal National Rose Society President's International Trophy 1987

## 'MARY-JEAN' HARyen
Syn. 'Mary Jean'
TEEHYBRIDE, APRICOT+

Die spitzen, eiförmigen Knospen öffnen sich zu apricotfarbenen, becherförmigen, mit 35 Petalen gefüllten Blüten. Diese duften sehr süß, stehen meist einzeln und lassen sich gut schneiden. Die mittelgroße Teehybride hat einen buschigen Wuchs und trägt üppige, große, mittelgrüne und mattglänzende Blätter. 'Mary-Jean' ist eine ausgezeichnete Beet- oder Rabattenrose. **ZONEN 5 11.**

Harkness, Großbritannien, 1990

'Dr Darley' × 'Amber Queen'

Courtrai Certificate of Merit 1994

## 'MARY KAY' MINoco
ZWERGROSE, HELLROSA, ÖFTERBLÜHEND

Die blaßrosa Blüten dieser Zwergrose sind mit 35 Petalen gefüllt, recht klein und duften nur schwach. Die Pflanze hat einen aufrechten, buschigen Wuchs mit kleinen, dunklen, glänzenden Blättern. Die attraktiven Knospen von 'Mary Kay' öffnen sich nur langsam und halten sich dafür aber lange am Strauch, wie auch in der Vase. Die Sorte ist recht krankheitsfest und erneuert ihre Blüten relativ rasch. **ZONEN 5–11.**

Williams, USA, 1984

'Tom Brown' × 'Over the Rainbow'

## 'MARY MACKILLOP'
Syn. 'Mother Mary McKillop'
TEEHYBRIDE, ROSA+, ÖFTERBLÜHEND

Diese wärmeliebende Sorte bringt über einen langen Zeitraum große Mengen schön geformter Blüten in zartem Rosa hervor – kaum ist eine Blüte verwelkt, so wächst schon eine neue nach, wodurch 'Mary MacKillop' insgesamt eine hervorragende Rose für Beete und Rabatten abgibt. Ältere Blüten verblassen allerdings leicht. Die gestielten Blüten sitzen einzeln oder in kleinen, wohlgeformten Büscheln. Die Teehybride ist sehr dicht mit Laub besetzt, das sich zudem durch eine hohe Krankheitsfestigkeit auszeichnet. **ZONEN 5–10.**

Swane, Australien, 1989

Eltern unbekannt

## 'MARY MANNERS'
RUGOSA-HYBRIDE, WEISS+, ÖFTERBLÜHEND

Dieser ausgezeichnete Sport von 'Sarah Van Fleet' hat leicht hellrosa getönte, weiße Blüten und wächst zu einem hohen, sehr stachelreichen Busch mit außergewöhnlich reichem, ledrigem Laub heran. Die Blüten sind halbgefüllt, groß und stark duftend; vollständig geöffnet kommt ein Büschel schöner Staubfäden zum Vorschein. 'Mary Manners' blüht reichlich und kontinuierlich. Die Blüten sind im Garten noch am schönsten, denn wie die meisten Rugosa-Hybriden halten sie geschnitten nicht lange. **ZONEN 5–10.**

Leicester Rose Company, USA, 1970

Sport von 'Sarah Van Fleet'

## 'MARY MARSHALL'
ZWERGROSE, ORANGE+, ÖFTERBLÜHEND

Die langen, spitzen Knospen dieser Sorte öffnen sich zu sehr schön geformten, orangerosafarbenen Blüten mit einem attraktiven gelben Blütengrund. Die Blüten sind gefüllt, becherförmig, von hoher Qualität und duften; sie werden sehr rasch wieder erneuert. 'Mary Marshall' eignet sich hervorragend für Anfänger, da sie recht komplikationslos wächst und zudem vollkommen gesund ist. Sie ist zwergwüchsig und trägt kleine ledrige Blätter. **ZONEN 5–11.**

Moore, USA, 1970

'Little Darling' × 'Fairy Princess'

American Rose Society Award of Excellence 1975

'Mary Marshall'

'Mary Guthrie'

M

## 'MARY MATTHEWS'

TEEHYBRIDE, HELLROSA, ÖFTERBLÜHEND

Die spitzen Knospen öffnen sich zu schön geformten, blaßrosa Blüten aus 20–30 Petalen. Die zahlreichen Blüten sitzen meist einzeln auf einem Stiel, blühen auf dem Busch recht lange und erneuern sich rasch. Die aufrechte Pflanze ist gesund und trägt dunkelgrünes, mattglänzendes Laub. Benannt wurde diese Teehybride nach der Tochter des australischen Bischofs Anderson, der seinen Amtssitz in der Stadt Hay (Provinz Neusüdwales) hatte; der kirchliche Würdenträger besaß selbst einen berühmten Rosengarten, der jedoch von seinen Nachfolgern innerhalb der vergangenen 30 Jahre sträflich vernachläßigt wurde. Daher sind nur die wenigsten der von Anderson kultivierten Sorten heute nicht verschollen. Der ursprüngliche Name von 'Mary Matthews' ist ebenfalls nicht bekannt, wahrscheinlich handelt es sich bei ihr aber um eine Züchtung aus dem frühen 20. Jh. ZONEN 5–10.

Australien

Eltern unbekannt

## 'MARY POPE'

FLORIBUNDA, GELB+, ÖFTERBLÜHEND

Die Blüten von 'Mary Pope' sind goldgelb mit rosafarbener Tönung. Sie sind mit 25 Petalen gefüllt, werden bis zu 8 cm groß und erscheinen einzeln oder in Büscheln, umgeben von dunklem, glänzendem Laub. Diese wuchsfreudige Sorte bringt eine große Menge an Blüten hervor, die sich sehr gut zum Schneiden eignen. Mary Pope gründete die *National Association of Flower Arrangers*, einen britischen Floristenverband. ZONEN 5–10.

Sanday, Großbritannien, 1965

Sämling × 'Kordes' Sondermeldung'

## 'MARY QUEEN OF SCOTS'

ALTE R., PIMPINELLIFOLIA-ROSE, REIN ROSA

Diese Sorte zählt zu den beliebtesten der unzähligen „Schottischen Rosen" (Pimpinellifolia-Rosen), die zu ihrer Glanzzeit zwischen 1790 und 1830 entstanden. In den letzten Jahren haben diese Rosen wegen ihrer Schönheit und Winterhärte wieder an Beliebtheit gewonnen. 'Mary Queen of Scots' trägt pflaumenblaue, lilagraue Knospen, die sich ab Mai mit hell- und dunkelrosa kontrastierenden, duftenden Petalen öffnen, wobei die Staubgefäße weit aus den Blüten herausragen. Die kompakte, rundliche Pflanze wird bis zu 1 m hoch und ist mit farnartigem, dichtem, sehr kleinblättrigem Laub ausgestattet. Die Stiele sind mit nur wenigen Stacheln besetzt. Im Herbst entwickeln sich aus den Blüten runde, kastanienbraune Hagebutten. Sie ist winterhart und für niedrige Hecken bzw. als Kübelpflanze gut geeignet. Die schottische Königin Maria Stuart (1540–1600), nach der die Rose benannt wurde, zählt zu den großen tragischen Frauengestalten der Weltgeschichte.

ZONEN 4–9.

Eltern unbekannt

## 'MARY ROSE' AUSmary

STRAUCHROSE, REIN ROSA, ÖFTERBLÜHEND

Die schwach duftenden Blüten dieser beliebten Rose sind kräftig rosarot mit einem lavendelfarbenen Hauch und halten sich lange. Die Blüten bilden sich am Ende langer, überhängender Triebe und öffnen sich etwas locker. Der gesunde Busch wächst gleichmäßig breit wie hoch und hat zwei ausgezeichnete Sports hervorgebracht: Die fast weiße 'Winchester Cathedral' und die rosafarbene, in der Färbung viel zartere 'Redouté'. Leider fallen die Blüten nach ihrer Entfaltung ziemlich schnell auseinander. Dieses selbständige Abwerfen ist zwar für den Garten recht praktisch, aber als Schnittblume ist sie daher nicht geeignet.

ZONEN 4–11.

Austin, Großbritannien, 1983

Sämling × 'The Friar'

## 'MARY SUMNER' MACstra

FLORIBUNDA, ORANGEROT, ÖFTERBLÜHEND

Diese von Sam McGredy gezogene Floribundarose besitzt einen hohen, aufrechten Wuchs, trägt besonders krankheitsfestes Laub und bringt fortlaufend orangerote, halbgefüllte Blüten hervor, die nicht verblassen. Diese sind mit 15 Petalen gefüllt, duften leicht und bedecken bei voller Blüte den ganzen Busch. 'Mary Sumner' eignet sich für Beete und Rabatten. Benannt wurde sie nach der Begründerin der britischen Müttervereinigung *Mothers' Union*. ZONEN 5–10.

McGredy, Neuseeland, 1976

Sämling × Sämling

'Mary Queen of Scots'

'Mary Rose'

'Mary Rose'

'Mary Sumner'

'Mary Matthews'

## 'MARY WALLACE'

GROSSBLUMIGE KLETTERROSE, REIN ROSA, ÖFTERBLÜHEND

Die spitzen Knospen öffnen sich zu becherförmigen, halbgefüllten, duftenden Blüten von klarer, rosaroter Farbe. Für eine Kletterrose sind diese sehr groß und halten ihre Farbe gut. Der erste Flor ist sehr üppig; während im Sommer weniger Blüten erscheinen, fällt der Herbstflor dann wieder reichhaltiger aus. 'Mary Wallace' ist wegen ihres ordentlichen Wuchses bis zu 3 m Höhe besonders in den USA zu einer beliebten Gartenrose geworden. Ihr Laub ist intensiv grün, glänzend und recht gesund. Sie eignet sich für Säulen und Pyramiden oder zum Bewuchs kleinerer Bäume. **ZONEN 4–11.**

Van Fleet, USA, 1924

*Rosa wichuraiana* × rosa Teehybride

## 'MARY WEBB' AUSwebb

STRAUCHROSE, APRICOT+, ÖFTERBLÜHEND

'Mary Webb' bringt große, tief becherförmige, herrlich duftende Blüten mit zahlreichen Petalen und in einem besonders schönen, weichen Apricot hervor. Der Flor ist kontinuierlich, doch sind zwischen den Blühperioden ziemlich lange Pausen. Die Pflanze ist buschig, hat lange Stiele und große, blaßgrüne, krankheitsfeste Blätter. 'Mary Webb' eignet sich optimal zum Schnitt, da ihr weicher Farbton gut mit anderen Blumenfarben harmoniert. **ZONEN 4–11.**

Austin, Großbritannien, 1985

Sämling × 'Chinatown'

## 'MARYLÈNE'

TEEHYBRIDE, REIN ROSA, ÖFTERBLÜHEND

Lange, spitze Knospen öffnen sich langsam zu Blumen mit einer besonders frischen, perlmuttrosa Farbe. Die schön geformten, gefüllten Blüten bestehen aus 35 Petalen, halten ihre Farbe gut und besitzen einen starken Duft. Die hohe, aufrecht wachsende Pflanze ist von dunklem, glänzendem und krankheitsfestem Laub bedeckt. Aufgrund ihrer langen Stiele eignet sich diese Rose gut zum Schnitt. **ZONEN 5–11.**

Gaujard, Frankreich, 1965

'Mignonne' × 'Queen Elizabeth'

## 'MASCARA' MEIdalnu

ZWERGROSE, MAUVE+, ÖFTERBLÜHEND

Diese Zwergrose trägt im Sommer viele hellrosa-mauvefarbenen Blüten. Sie besitzen eine sehr schöne, gefüllte Form, und die Petalen sind am Rand dunkler gefärbt. Vollständig geöffnet werden in der Mitte goldene Staubgefäße sichtbar. Das Laub ist mattglänzend und mittelgrün. **ZONEN 5–10.**

Meilland, Frankreich, 1992

Eltern unbekannt

## 'MASCOTTE'

TEEHYBRIDE, REIN ROSA, ÖFTERBLÜHEND

In der Rosenschule Meilland wurden zwei verschiedene Sorten gezüchtet, die beide den Namen 'Mascotte' tragen; die hier beschriebene Teehybride wurde zuerst auf dem Markt eingeführt. Ihre langen, spitzen Knospen sind zart rosa und lila getönt und öffnen sich zu sehr edlen Blumen. Die großen, äußerst stark duftenden Blüten haben 35 Petalen und erscheinen auf langen Stielen. Besonders attraktiv sind sie im vollständig geöffneten Zustand, da dann die lila Färbung an den Petalenrändern optisch stark hervorgehoben wird. 'Mascotte' trägt üppiges, dunkles Laub und ist recht gesund. **ZONEN 5–11.**

Meilland, Frankreich, 1951

'Michèle Meilland' × 'President Herbert Hoover'

'Mascara'

'Mary Wallace'

'Mascara'

'Mascotte'

## 'MASKERADE'

Syn. 'Masquerade'

FLORIBUNDA, ROT+, ÖFTERBLÜHEND

'Maskerade' war die erste Floribundarose, deren Blüten mit zunehmender Reife eine dunklere Färbung annehmen – eine Eigenschaft, die sie von den Chinarosen geerbt haben. Die eiförmigen Knospen öffnen sich zu kleinen, halbgefüllten Blüten, die in Büscheln aus bis zu 30 Einzelblüten auf sehr kräftigen Stielen erscheinen. Sie zeigen ein sehr beeindruckendes Farbenspiel: Zunächst sind sie hellgelb, gehen in ein Lachsrosa über und wechseln später zu einem ziemlich schmutzigem Rot. 'Maskerade' ist eine wuchskräftige, krankheitsfeste Rose mit großem, dunkelgrünem und sehr üppigem Laub, die sich wunderbar als Hecke mit einer langen Blüte eignet. Wenn man die verwelkten Blüten nicht entfernt, werden viele runde, rote Hagebutten gebildet, die zwischen den mehrfarbigen Blüten sehr attraktiv aussehen. **'Climbing Maskerade'** (Dillan, Großbritannien, 1958) ist eine besonders wuchsfreudige Kletterrose, mit der sich ausgezeichnet hohe Säulen oder Zäune beranken lassen. **ZONEN 5–11.**

Boerner, USA, 1949

'Goldilocks' × 'Holiday'

Goldmedaille der National Rose Society 1952

'Mary Webb'

'Master Hugh'

'Matador'

## 'MASTER HUGH'

STRAUCHROSE, DUNKELROSA

Die Blüten dieser zarten Rose erscheinen in Büscheln und haben eine satte rosarote Farbe. Ihnen folgen attraktiv orangerote, krugförmige Hagebutten, die sich jedoch in warmen Lagen nur recht spärlich entwickeln. Ihre Elternsorte *Rosa macrophylla* stammt aus dem Himalaja; daher überrascht es nicht, daß sie unter heißem, trockenem Wetter leidet. Das Laub auf dem sehr hohen, aufrechten Busch ist etwas dürftig. 'Master Hugh' ist eine ausgezeichnete Rose für kalte Klimazonen, wo sie bei voller Blüte sehr eindrucksvoll erscheint. **ZONEN 4–10.**

Mason, Großbritannien, 1970

Sämling von *Rosa macrophylla*

Royal Horticultural Society Award of Garden Merit 1993

## 'MATADOR' KORfarim

Syn. 'Esther Ofarim', 'Esther o'Farim'

FLORIBUNDA, ORANGE+, ÖFTERBLÜHEND

Dieser Nachkomme von 'Zorina' gehört zu den zahlreichen Schnittblumensorten des deutschen Züchter Kordes. 'Matador' bringt sehr schön geformte Blüten mit hoher Mitte hervor, deren leuchtend scharlachrot-orangefarbene Petalen leicht goldene Unterseiten haben; der intensive Farbton ist in der Tat ein besonderer Blickfang. Die Blüten bestehen aus 30 Petalen und halten sich sowohl auf dem Busch als auch geschnitten in der Vase gut. Die recht niedrige Pflanze trägt dunkelgrünes, ledriges Laub. Diese Sorte ist hervorragend als Beet- und Rabattenrose geeignet. **ZONEN 4–9.**

Kordes, Deutschland, 1972

'Königin der Rosen' × 'Zorina'

## 'MATANGI' MACman

FLORIBUNDA, ROT+, ÖFTERBLÜHEND

Die eiförmigen Knospen öffnen sich zu orangeroten Blüten mit einem silbrig

'Maskerade'

weißen Auge und silberfarbenen Blütenblattunterseiten. Bei kühler Witterung sind die Farbe noch intensiver. Die leicht duftenden, gefüllten Blüten haben 30 Petalen und erreichen einen Durchmesser von 9 cm. Die kräftige, aufrecht und buschig wachsende Pflanze ist mit kleinen, aber üppig wachsenden Blättern bedeckt und gesund. Die Blütenproduktion ist hervorragend, und ihre einzigartige Farbe macht diese Rose zu einer besonders hübschen Schnittblume. **ZONEN 5–10.**

McGredy, Neuseeland, 1974

Sämling × 'Picasso'

Rom Goldmedaille 1974, Belfast Goldmedaille 1976, Portland Goldmedaille 1982, Royal National Rose Society President's International Trophy 1974

## 'MATEO'S SILK BUTTERFLIES'

LETsilk

ALTE R., CHINAROSE, REIN ROSA, ETWAS NACHBLÜHEND

Diese Rose hat einen ähnlich ausladenden Wuchs wie ihre Elternsorte *Rosa chinensis mutabilis* und wird recht hoch. Sie trägt im Frühjahr eine erstaunliche Menge einfacher, zart rosafarbener Blüten, die bis zum Frühwinter immer wieder einmal erscheinen. Aufgrund ihrer Blühfreudigkeit, der immerhin bedingten

'Matangi'

Winterhärte und ihrer Gesundheit ist sie eine interessante Pflanze für gemischte Rabatten oder für naturnahe Gärten. Diese bemerkenswerte Rose wird in den USA immer beliebter und ist leider bislang auch nur dort erhältlich.
**ZONEN 5–11.**

Lettunich, USA, 1992

Sämling von *Rosa chinensis mutabilis*

## 'MATILDA' MEIbeausai

**Syn. 'Charles Aznavour', 'Pearl of Bedfordview', 'Seduction'**

FLORIBUNDA, WEISS, ÖFTERBLÜHEND

Diese Rose ist geschaffen für Klimazonen mit kühlen Sommern. Sie hat schön ge

'Matilda'

'Max Colwell'

'Matilda'

formte Knospen, die sich sehr rasch zu weißen, ganz zart rosarot geränderten Blüten öffnen, welche aber bei warmer Witterung sehr schnell zu Weiß verblassen. Die großen, mit 15–20 Petalen gefüllten Blüten duften nicht. Die niedrige bis mittelhohe, buschige Pflanze trägt gesundes, dunkelgrünes und mattglänzendes Laub. Die Blütenbildung ist bemerkenswert, wobei sich die Blüten außerordentlich schnell erneuern. 'Matilda' ist eine gute Hochstammrose und kommt besonders schön im kühlen Wetter des Spätherbstes und im Frühwinter zur Geltung, wenn die Färbung länger hält. **ZONEN 5–10.**

Meilland, Frankreich, 1998

MEIgurami × 'Nirvana'

Bagatelle Goldmedaille 1987, Courtrai Goldmedaille 1987

## 'MATTERHORN' ARMma

TEEHYBRIDE, WEISS, ÖFTERBLÜHEND

'Matterhorn' zählt zu den weltweit besten cremefarbenen Rosen. Sie trägt eiförmige Knospen, die sich zu sehr großen Blüten mit 25 Petalen und einer hohen Mitte öffnen. Die große, aufrechte Pflanze besitzt üppiges, festes, ledriges Laub und bringt sehr lange, dicke Triebe mit zahlreichen großen Stacheln hervor. Aufgrund ihrer hohen Wuchsform sollte diese Sorte im Hintergrund eines Rosenbeetes gepflanzt werden. **ZONEN 5–10.**

Armstrong, USA, 1965

'Buccaneer' × 'Cherry Glow'

Portland Goldmedaille 1964, All-American Rose Selection 1966

'Matthias Meilland'

## 'MATTHIAS MEILLAND' MEIfolio

FLORIBUNDA, ROT, ÖFTERBLÜHEND

Traditionell vergibt die Familie Meilland die Namen anderer Familienmitglieder immer an qualitativ hochwertige Rosen – so auch im Falle der 'Matthias Meilland', die diese Erwartungen als eine der besten hellroten Floribundarosen sicherlich erfüllt. Die nicht verblassenden Blüten sind von großartiger Substanz, mit 20–25 Petalen halb gefüllt und sitzen in wohlgeordneten Büscheln. Die äußerst üppigen Blätter sind mittelgroß, dunkelgrün, stark glänzend und recht krankheitsfest. Die Blütenproduktion dieser kräftigen, aufrechten Pflanze ist ausgezeichnet, was 'Matthias Meilland' zu einer guten Beetrose macht. **ZONEN 5–10.**

Meilland, Frankreich, 1985

('Mme Charles Sauvage' × 'Fashion') × ('Poppy Flash' × 'Parador')

Frankfurt Goldmedaille 1989

## 'MAUDE SUMNER'

FLORIBUNDA, ORANGE+, ÖFTERBLÜHEND

Die Künstlerin Maude Sumner aus Südafrika zeichnete gerne Blumenstillleben. Diese nach ihr benannte Rose wurde offenbar aber wohl von einem nachlässigen Künstler entworfen, der die gefüllten weißen Blüten in eine helle Lachsfarbe tauchte und dann vergaß, Duft hinzuzufügen. Die Buschrose hat einen mittelhohen Wuchs und eignet sich für Beetarrangements, zum Beispiel zusammen mit 'J. H. Pierneef', die ähnliche, aber intensivere Farben aufweist. Diese Rose ist blühfreudig, und die Blumen eignen sich für die Vase oder auch Ausstellungen, da sie kräftige Stiele haben und geschnitten lange haltbar sind. **ZONEN 5–11.**

Ludwig (Markteinführung), Südafrika, 1994

Eltern unbekannt

## 'MAUREEN LIPMAN' FRAntier

ZWERGROSE, ORANGEROSA, ÖFTERBLÜHEND

Wenn man diese Rose nach ihrer Erscheinung im Garten beurteilt, sind sowohl ihre Klassifizierung als auch die offizielle Farbbezeichnung irreführend. 'Maureen Lipman' ist nämlich eine gut wüchsige, überhängende Rose, die niedrig und ausgebreitet wächst; sie wird fast dreimal so breit wie hoch und kann daher als Bodendeckerrose angesehen werden. Die hübsch geformten, gefüllten, recht großen Blüten öffnen sich zu unregelmäßiger, flacher Becherform und besitzen einen guten Duft. Sie haben einen hellrosa Farbton, der eher fleischrosa als orangerosa ist, und blühen bis in den Herbst in Büscheln, wobei der frühe Flor besonders üppig ist. Diese Zwergrose ist eine gute Wahl für Standorte, bei denen man breite Pflanzen mit mäßiger Höhe bevorzugt. Die Pflanze trägt viele matte, mittelgrüne Blätter. Maureen Lipman ist eine britische Schauspielerin und begeisterte Rosenliebhaberin.
**ZONEN 4–9.**

Cowlishaw, Großbritannien, 1997

Eltern unbekannt

## 'MAURICE BERNARDIN'

**Syn. 'Exposition de Brie', 'Ferdinand de Lesseps'**

ALTE R., REMONTANTROSE, ROT, ETWAS NACHBLÜHEND

Zu der Zeit, als diese Rose in den Handel kam, gab es Hunderte von Remontantrosen, von denen heute aber nur noch sehr wenige gehandelt werden. 'Maurice Bernardin' wird man derzeit in nur sehr wenigen Sammlungen antreffen. Die kirschpurpurroten, lavendelfarbigen oder hellkarminroten Blüten – ihre Farbe wird durch Sonne oder Schatten stark beeinflußt – stehen im Juni in Büscheln auf kräftigen Trieben und erneuern sich im Herbst. Die großen, fast vollen, kugelförmigen Blüten haben eine hohe Mitte, ähneln den Zentifolien und verbreiten einen starken Duft. Wie viele Rosen dieser Klasse ist auch 'Maurice Bernardin' leider anfällig für Mehltau. Der Strauch wird bis zu 1,2 m hoch und trägt dunkelgrünes Laub. **ZONEN 5–10.**

Granger, Frankreich, 1861

'Général Jacqueminot' × Sämling

'Mauve Melodée'

## 'MAUVE MELODÉE'

TEEHYBRIDE, MAUVE

Die mauve-rosafarbenen Knospen dieser Rose sind lang und spitz. Sie öffnen sich zu 10–12 cm breiten Blüten mit 20 Petalen, kommen meist in kleinen Büscheln und duften intensiv. Die Blumen sind zu jedem Zeitpunkt attraktiv und halten ihren Farbton besser als die meisten Sorten dieser Farbe. 'Mauve Melodée' wächst auch deutlich kräftiger als ihre Elternsorte 'Sterling Silver'. Sie ist wuchsfreudig, aufrecht, gesund und trägt dunkles, ledriges Laub. **ZONEN 5–11.**

Raffel, USA, 1962

'Sterling Silver' × Sämling

## 'MAX COLWELL'

ZWERGROSE, ORANGEROT, ÖFTERBLÜHEND

Die langen, spitzen Knospen öffnen sich zu orangeroten Blüten, die mit der Zeit einen stumpfen Rotton annehmen. Jede der kleinen, duftenden Blüten besteht aus 25 Petalen. Zunächst haben sie eine ungeordnete Form und entfalten sich dann zu flachen, offenen Blüten mit gelben Staubgefäßen in der Mitte. 'Max Colwell' war zu ihrer Zeit eine hochgeschätzte Gartenrose, da die wuchsfreudige Pflanze zahlreiche Triebe mit orangeroten Blüten hervorbringt, die sich mehrere Tage lang halten und so im Garten ein schöner leuchtender Blickfang sind. Ohne Schnitt wächst die Rose eher breiter als hoch. **ZONEN 5–11.**

Moore, USA, 1969

Floribundarosen-Sämling × ('Little Darling' × Zwergrosen-Sämling)

## 'MAX GRAF'

RUGOSA × WICHURAIANA-HYBRIDE, ROSA+

Diese Rose ist von großer Bedeutung, da sie für die Zucht vieler Bodendecker-, Strauch- und Kletterrosen verwendet wurde. Der deutsche Züchter Wilhelm Kordes erzielte aus einem Zufallssamen dieser sonst weitgehend sterilen, triploiden Pflanze bei gleichzeitiger Verdoppelung des Chromosomensatzes die tetraploide Arthybride *Rosa × kordesii*. Als eine der ersten Bodendeckerrosen hat sie lange, kriechende, rankende Triebe mit sehr attraktivem, gesundem und gewelltem Laub. Die schön geformten, einfachen Blüten sind zartrosa mit goldenen Staubgefäßen und kommen nur einmal im Jahr. Diese sehr winterharte Rose eignet sich sehr gut zum Bedecken von Erdwällen und Abhängen. **ZONEN 4–11.**

Bowditch, USA, 1919

Vermutlich *Rosa rugosa* × *R. wichuraiana*

'Max Graf'

'Mayor of Casterbridge'

'Meg'

## 'MAY QUEEN'

RAMBLERROSE, REIN ROSA

Diese Rose trägt kurzstielige, rosarote Blüten mit einem Anflug von Lila, die schon Ende Mai oder Anfang Juni in besonders großer Zahl erscheinen. Die Blüten sind gefüllt, von mittlerer Größe, rundlich und öffnen sich zu einer geviertelten, nostalgisch wirkenden Form. Sie besitzen einen mäßig fruchtigen Duft und geben bei jedem Wetter ein sehr schönes Bild ab. Aufgrund der biegsamen Triebe läßt sich diese Sorte für viele Zwecke im Garten einsetzen: Besonders gut eignet sie sich für Spaliere, Pergolen und Säulen. Man kann sie aber auch über niedrige Mauern und Zäune ziehen oder als Bodendeckerpflanze pflanzen. 'May Queen' ist eine wuchsfreudige, überhängende Pflanze, die sich etwas stärker ausbreitet als durchschnittliche Kletterrosen. Sie trägt viele glänzend dunkle Blätter, die leicht anfällig für Mehltau sind. **ZONEN 4–9.**

Manda, USA, 1898

*Rosa wichuraiana* × 'Champion of the World'

## 'MAYOR OF CASTERBRIDGE'

AUSbrid

STRAUCHROSE, HELLROSA, ÖFTERBLÜHEND

Die Blüten dieser Rose sind mittelgroß, mit 40 Petalen stark gefüllt und von hübscher hellrosa Farbe. Die Blüten haben die Form einer Alten Gartenrose, stehen in kleinen Büscheln und duften herrlich. Die sehr reichblühende und gesunde Pflanze wächst aufrecht und besitzt mittelgroße, hellgrüne, ledrige Blätter. Die Stiele sind mäßig mit Stacheln besetzt. Diese auch als Englische Rose bezeichnete Sorte bildet einen schönen, runden Strauch im Garten. Benannt ist sie nach einem 1886 veröffentlichten Roman des britischen Autors Thomas Hardy. **ZONEN 5–10.**

Austin, Großbritannien, 1996

Eltern unbekannt

## 'MAZEPPA'

Syn. 'Mazzeppa'

ALTE R., GALLICA-ROSE, ROT+

Diese Gallica-Rose ist in den Gärten von Mottisfont und Sangerhausen zu finden, aus dem Handel aber offenbar völlig verschwunden. Die prallen Knospen öffnen sich zu mittelgroßen Blüten mit zurückgebogenen, aufgerollten und geviertelten Petalen und großem, goldenem Knopfauge. Die locker gefüllten, verwirbelten, roten Blüten haben marmorierte, weiße Ränder und duften stark. Der bis 1,5 m hohe Busch bildet kräftige Zweige mit schönen, großen dunkelgrünen Blättern . Iwan Mazeppa war ein polnischer Adliger und Abenteurer (1644–1707), der u. a. unter dem russischen Zaren Peter dem Großen diente. **ZONEN 4–9.**

Vor 1841

Eltern unbekannt

## 'MÉCÈNE'

ALTE R., GALLICA-ROSE, ROSA+

Weiße, rosa gestreifte Petalen bilden duftende, gefüllte Blüten in Rosettenform. Diese erscheinen einzeln oder zu 2–5 in Gruppen, und jede Blüte besitzt ein attraktives Knopfauge. Der kompakte, aufrechte Busch hat geschmeidige Triebe, ist mit kleinem, dunkelgrünem Laub bedeckt und wird 1,2–1,5 m hoch. Die Gallica-Rose wird heute nur noch in wenigen Gärtnereien gehandelt, wächst aber in manchen botanischen Gärten Europas. Benannt ist sie nach dem reichen römischen Konsul Maecenas, einem Vertrauten von Kaiser Augustus und Gönner der Dichter Vergil und Horaz. Von diesem Namen leitet sich übrigens der Begriff „Mäzen" ab. **ZONEN 4–9.**

Vibert, Frankreich, 1845

Eltern unbekannt

## 'MEDAILLON'

TEEHYBRIDE, APRICOT+, ÖFTERBLÜHEND

Diese aus zwei ausgezeichneten Gartenrosen gezüchtete Sorte bildet lange, spitze Knospen in warmem Apricot, die wie bei der Elternsorte 'South Seas' groß und gefüllt sind. Sie öffnen sich langsam zu schön geformten, gefüllten, angenehm duftenden Blüten. 'Medaillon' ist wuchskräftig, aufrecht, sehr gesund und trägt üppiges dunkelgrünes, ledriges Laub. **ZONEN 5–10.**

Warriner, USA, 1973

'South Seas' × 'King's Ransom'

Portland Goldmedaille 1972, All-American Rose Selection 1973

## 'MEDEO' KORcremkis

FLORIBUNDA, WEISS, ÖFTERBLÜHEND

Dieser Sport der lachsrosafarbenen 'Kiss' ist wie ihre Elternsorte vor allem eine Gewächshausrose, kann in warmen Klimazonen aber auch im Garten gepflanzt werden. Steife Petalen sorgen dafür, daß sich die cremeweißen Blüten nach dem Schnitt lange halten; allerdings duften sie kaum. Sie sind mittelgroß, haben zunächst eine hohe Mitte, öffnen sich dann langsam zu einer lockeren Form und blühen bis in den Herbst. Im Garten ist der beste Standort für 'Medeo' der hintere Bereich einer Rabatte, da sie sehr hoch wird; man kann sie aber auch pflanzen, um immer günstig an Schnittblumen für den Eigenbedarf zu gelangen, da sich 'Medeo' aufgrund der wirklich festen Stiele sehr gut zu Sträußen binden läßt. Die Pflanze wächst aufrecht bis in mittlere Höhe und hat mittelgrünes Laub. **ZONEN 6–10.**

Kordes, Deutschland, 1991

Sport von 'Kiss'

## 'MEG'

GROSSBLUMIGE KLETTERROSE, APRICOT+, ÖFTERBLÜHEND

Diese Rose hat ihre Klettereigenschaften von 'Paul's Lemon Pillar' und ihr liebliches Lachsapricot mit den dazu passenden roten Staubfäden von 'Mme Butterfly' geerbt. Die 13 cm großen Blüten – für einfache Blüten eine beachtliche Größe – haben 10 Petalen und erscheinen in Büscheln. Die Erneuerung der Blüten erfolgt im Herbst reichhaltiger als nach dem ersten Flor. Die kräftige, aufrechte Pflanze trägt dunkle, glänzende Blätter. Sie eignet sich hervorragend für Säulen, Pergolen, Pyramiden oder Bögen und sieht besonders wirkungsvoll an Ziegelmauern aus; in allen nicht zu kalten Klimazonen ist 'Meg' recht beliebt. Wenn man die verwelkten Blüten nicht entfernt, entstehen im Herbst viele große, runde Hagebutten. **ZONEN 5–10.**

Gosset, Großbritannien, 1954

'Paul's Lemon Pillar' × 'Mme Butterfly'

Goldmedaille der National Rose Society 1954

'May Queen'

'Medeo'

'Medaillon'

## 'MEG MERRILIES'

ALTE R., RUBIGINOSA-HYBRIDE, DUNKELROSA/ROT

Diese Alte Gartenrose trägt einfache Blüten mit dunkelrosa oder karminroten Petalen, die am Rand tief eingebuchtet sind. Ihr Ansatz ist weiß – ein Effekt, der durch goldgelbe Staubfadenbüschel in der Mitte zusätzlich verschönt wird. Die langen, überhängenden, mit Stacheln besetzten Triebe bevorzugen Halbschatten, wo die Blüten während des Sommerflors noch am besten zur Geltung kommen. Sowohl die Blüten als auch das Laub duften und sind krankheitsfest. Im Herbst bilden sich zahlreiche Hagebutten aus. Diese Rose ist gut geeignet für naturnahe Gärten oder auch als Hecke verwendbar. Meg Merrilies ist eine Figur aus dem Roman *Guy Mannering* von Sir Walter Scott. **ZONEN 4–9.**

Penzance, Großbritannien, 1894

*Rosa rubiginosa* × unbekannte Remontantrose oder Bourbonrose

'Meg Merrilies'

## 'MEGAN LOUISE'

TEEHYBRIDE, ROSA+, ÖFTERBLÜHEND

Diese Rose hat eiförmige Knospen in kräftigem Rosa, das an den Petalenrändern dunkler wird. Sie öffnen sich zu gefüllten Blüten mit 50 Petalen, hoher Mitte und guter Form. Die Blüten stehen einzeln in kleinen, wohlgeordneten Büscheln. Sie besitzen einen starken Duft und ergeben schöne Schnittblumen. Die niedrige, buschige Pflanze ist mit mattgrünem, festem, aber etwas unscheinbarem Laub besetzt. Die Blütenproduktion ist zufriedenstellend, und die Nachblüte ist gut. **ZONEN 5–10.**

Welsh, Australien, 1981

'Red Lion' × 'Silver Lining'

## 'MEGIDDO'

FLORIBUNDA, ORANGEROT, ÖFTERBLÜHEND

Die reichlichen Blüten von 'Megiddo' sind leuchtend orangerot. Sie sind mit 25 Petalen halb gefüllt, etwa 12 cm groß und erscheinen in wohlgeformten Büscheln. Die Petalen sind sehr fest, halten ihre Farbe lange und duften schwach. Der hohe, aufrecht wachsende Strauch ist mit dunkelgrünen, großen, gesunden Blättern besetzt und eignet sich als Beetrose. **ZONEN 5–10.**

Gandy, Großbritannien, 1970

'Coup de Foudre' × 'Saint-Agaro'

Royal National Rose Society Trial Ground Certificate 1970

'Megan Louise'

'Megiddo'

'Melody'

## 'MEILLANDDÉCOR ARLEQUIN'

siehe 'Décor Arlequin'

## 'MEILLANDINA' MEIrov, MEIroy

ZWERGROSE, ROT, ÖFTERBLÜHEND

'Meillandina' trägt scharlachrote Blüten mit einer attraktiven, gelb kontrastierenden Mitte. Das hellgelbe Auge in der Mitte jeder Blüte macht diese Rose im Garten besonders auffällig. Sie ist ein wuchsfreudiger und gesunder Busch. Der Name wurde vom Hause Meilland benutzt, um eine Reihe von Zwergrosen mit unterschiedlichen Farben zu kennzeichnen, die den gleichen Wuchstyp aufwiesen. **ZONEN 5–11.**

Meilland, Frankreich, 1975

'Rumba' × ('Dany Robin' × 'Fire King')

## 'MEINE OMA'

siehe 'My Granny'

## 'MELINA'

siehe 'Sir Harry Pilkington'

## 'MELODY' KORbolak

TEEHYBRIDE, HELLROSA, ÖFTERBLÜHEND

'Melody' ist – vor allem unter Glas – eine hervorragende Schnittblume. Die anmutig geformten, schlanken Knospen öffnen sich langsam zu sehr schön geformten Blüten in weichem Hellrosa mit rosaroter Tönung. Sie sind mittelgroß, sitzen auf schlanken Stielen und werden oft für den Export in ferne Länder gezogen, da sie eine hervorragende Haltbarkeit aufweisen. Der große, fast stachelfreie Busch bringt eine Fülle von Blüten hervor, die über einen langen Zeitraum sowohl einzeln als auch in Büscheln erscheinen. Besonders attraktiv wirken sie in der Vase unter künstlichem Licht. **ZONEN 5–11.**

Kordes, Deutschland, 1991

Eltern unbekannt

'Meillandina'

'Melody Maker'

## 'MELODY MAKER' DICqueen

FLORIBUNDA, ORANGEROT, ÖFTERBLÜHEND

Diese hervorragende Floribundarose trägt sehr volle, leuchtend orangerote Blüten, die ihre Farbe recht gut behalten, sich überaus schnell erneuern und auch leicht duften. Die Blätter sind mittelgroß, dunkelgrün und mattglänzend. 'Melody Maker' eignet sich aufgrund der lange haltenden Farbe optimal für Beete, kann aber auch für niedrige Hecken oder Rabatten herangezogen werden. **ZONEN 5–10.**

Dickson, Großbritannien, 1990

'Anisley Dickson' × 'Wishing'

Britische Rose des Jahres 1991, Glasgow Certificate of Merit 1996

## 'MEMENTO' DICbar

FLORIBUNDA, ROT+, ÖFTERBLÜHEND

Diese gute, vielseitige Rose von Pat Dickson besitzt eine Überfülle großer, kugelförmiger Knospen, die sich zu kräftig lachsroten Blüten entwickeln. Diese becherförmigen, gefüllten Blüten bestehen aus 20 Petalen und sind mit 8 cm Durchmesser für Floribundarosen ziemlich groß. Sie erscheinen einzeln oder in kleinen bis mittelgroßen Büscheln; ihre Farbe behalten sie besonders gut. Die buschige Pflanze wird mittelhoch und trägt überreiches, salbeigrünes, gesundes Laub. 'Memento' macht sich als Beetrose besonders gut zwischen leuchtend gefärbten Zwiebelgewächsen und Staudenpflanzen. Sie eignet sich aber genauso für Rabatten oder als Hecke. Ein sehr schönes Beet mit 'Memento'-Rosen befindet sich im *Lady Dickson Park* in Belfast, wo diese Floribundarose 1980 mit einer Goldmedaille ausgezeichnet wurde. **ZONEN 5–10.**

Dickson, Großbritannien, 1978

'Bangor' × 'Anabell'

Royal National Rose Society Trial Ground Certificate 1977, Belfast Goldmedaille 1980

'Memento'

## 'MEMOIRE' KORzuri

Syn. 'Ice Cream'
TEEHYBRIDE, WEISS, ÖFTERBLÜHEND

'Memoire' ist eine wunderbare Schnittrose für den Garten in wärmeren Lagen. Die Blüten sind sehr groß, mit bis zu 60 Petalen gefüllt und haben eine schöne Form mit einer hohen Mitte – wie die weiße Rose 'Tineke'. In der Blütenmitte kann eine leicht cremefarbene Tönung auftreten. Das Laub ist üppig, dunkelgrün und gesund; die Blütenproduktion ist hervorragend. Die Knospen sitzen an mäßig langen Stielen und öffnen sich sehr langsam zu qualitativ hochwertigen Blüten, die sich tagelang halten. ZONEN 5–10.

Kordes, Deutschland, 1992

Eltern unbekannt

Belfast Goldmedaille 1994, Glasgow Certificate of Merit 1996, Den Haag Duftpreis 1998

## 'MEMORIAM'

TEEHYBRIDE, HELLROSA, ÖFTERBLÜHEND

Die langen, spitzen Knospen dieser ausgezeichneten Teehybride öffnen sich zu blaßrosa Blüten, die mit 55 Petalen gefüllt sind. Sie haben eine hohe Mitte, duften und sind mit einem Durchmesser von bis zu 15 cm recht groß. In kühler, feuchter Witterung hellt die Farbe schnell auf. Das Laub ist dunkelgrün und gesund, aber etwas anfällig für Sternrußtau. Die Pflanze hat einen eher niedrigen Wuchs und ist sehr blühfreudig. Die Nachblüte erfolgt relativ zügig; wenn man die Blüten schneidet, verlieren sie jedoch schnell an Substanz. ZONEN 5–10.

Von Abrams, USA, 1961

('Blanche Mallerin' × 'Gloria Dei') × ('Gloria Dei' × 'Frau Karl Druschki')

Portland Goldmedaille 1960, Royal National Rose Society Certificate of Merit 1961

'Memoire'

'Memoriam'

## 'MEMORY BELLS' POUkleioma

BODENDECKERROSE, DUNKELROSA, ÖFTERBLÜHEND

Die Seitentriebe dieser Pflanze breiten sich mit vielen aufrechten Stielen aus, auf denen dichte Büschel winziger, runder Knospen sitzen, die sich zu kleinen, hellrosa Blüten öffnen. 'Memory Bells' ist eine gesunde und kompakte Bodendeckerrose mit glänzenden Blättern. ZONEN 4–10.

Poulsen, Dänemark, 1994

Sämling × 'Rosenholm'

'Mercedes'

'Memory Lane' (II)

'Menja'

## 'MEMORY LANE' (I)

ZWERGROSE, HELLROSA, ÖFTERBLÜHEND

Die eiförmigen Knospen dieser Sorte öffnen sich zu rosaroten, stark gefüllten Blüten. Sie sind klein und verfügen über leichten Duft. Die wuchsfreudige Pflanze hat einen zwergenhaften, buschigen Wuchs und trägt gesundes Laub. **ZONEN 5–10.**

Moore, USA, 1973

('Rosenmärchen' × 'William Lobb') × 'Little Chief'

## 'MEMORY LANE' (II) PEAvoodoo

FLORIBUNDA, APRICOT+, ÖFTERBLÜHEND

Die langen, spitzen Knospen dieser Rose öffnen sich zu stark gefüllten Blüten, die sich aus zahlreichen hellen, apricotgelben Petalen zusammensetzen. Sie bilden eine dichte Mitte; die äußeren Petalen biegen sich mit der Zeit zurück. Die Farbe harmoniert sehr gut mit dem mittelgrünen Laub. **ZONEN 5–10.**

Pearce, Großbritannien, 1995

('Geraldine' × Sämling) × Sämling

Royal National Rose Society Trial Ground Certificate 1993

## 'MENJA'

STRAUCHROSE, REIN ROSA, ÖFTERBLÜHEND

Über die Abstammung von 'Menja' ist nicht viel bekannt. Diese recht ungewöhnliche, aber schöne kleine Rose besitzt große Dolden aus fast einfachen, betont becherförmigen Blüten, die ihre Form bis zum Abfallen beibehalten. Die Blüten erscheinen in großen Rispen und erinnern aus der Ferne stark an 'Kalmia'. Die Pflanze hat einen kräftig buschigen Wuchs und trägt üppiges, hellgrünes, gesundes Laub. Ihre Blüten erneuern sich extrem schnell und erregen doch auch die Aufmerksamkeit von Rosenliebhabern, wenn diese sie zum ersten Mal erblicken. 'Menja' macht sich ausgezeichnet als Hecke, kann aber auch sehr wirkungsvoll zwischen Zwiebelgewächse, Staudenpflanzen oder andere Sträucher gesetzt werden. **ZONEN 5–10.**

Petersen, Dänemark, 1960

'Eva' × *Rosa filipes*

## 'MERCEDES' MerKOR

FLORIBUNDA, ORANGEROT, ÖFTERBLÜHEND

Diese Sorte war die erste orangerote, mittelgroße und dauerhafte Rose, die für Gewächshäuser gezüchtet wurde. Ihre Knospen sind hell orangerot und öffnen sich zu gefüllten Blüten mit 30–35 Petalen und einer sehr hohen Mitte. Im direkten Sonnenlicht im Freiland entwickeln die Petalen sehr dunkle Ränder – wobei es sich jedoch nicht um Verbrennungen, sondern um dunkle Schattierungen handelt. Die Blüten verblassen im Garten allerdings langsam zu einer stumpfen, unattraktiven Farbe. Sie erneuern sich schnell und halten sich auch geschnitten sehr lange; ihr Duft ist nur schwach. Die mäßig wachsende Pflanze trägt große, ledrige Blätter und ist leicht anfällig für Sternrußtau und Mehltau. Inzwischen gibt es neuere Sorten von Kordes, die besser wachsen und auch krankheitsfester sind. **ZONEN 5–11.**

Kordes, Deutschland, 1974

'Kordes Rose Anabelle' × Sämling

## 'MERMAID'

ALTE R., KLETTERNDE BRACTEATA-HYBRIDE, HELLGELB, ETWAS NACHBLÜHEND

Die duftenden Blüten sind zart cremegelb und werden 12–15 cm groß. In ihrer Mitte stehen auffallend große orangefarbene Staubgefäße. Sie blüht später als die meisten anderen Sorten, doch hält der Flor vom Sommer bis weit in den Spätherbst, u. U. sogar bis in den Winter an. In warmen Gegenden wird der Strauch riesig – bis zu 9 m breit und 6 m hoch, sofern man ihn gut stützt. Das Laub ist dunkelgrün und glänzend, die Stacheln sind groß, rot und hakenförmig. Die Pflanze muß nur dann zurückgeschnitten werden, wenn sie außer Kontrolle gerät; somit ist sie eine hervorragende Rose für den Bewuchs unansehnlicher Gebäude oder alter Bäume. Augrund der kräftigen Stacheln sollte man 'Mermaid' nicht an Wegränder setzen. In kühleren Klimazonen ist die Pflanze bei weitem nicht so wuchsfreudig und auch nicht winterhart genug. **ZONEN 5–11.**

Paul, Großbritannien, 1918

*Rosa bracteata* × gefüllte gelbe Teerose

Goldmedaille der National Rose Society 1917, Royal Horticultural Society Award of Garden Merit 1993

## 'MERRY ENGLAND'

Syn. 'Merrie England'

ALTE R., REMONTANTROSE, ROT, ETWAS NACHBLÜHEND

Diese Sorte, eine der ersten Harkness-Rosen, war Sport einer sehr beliebten Bennett-Hybride aus dem Jahre 1882. Mittlerweile ist sie offenbar jedoch ausgestorben. Die duftenden, roten Blüten waren karminrot getönt, von samtiger Beschaffenheit und mit etwa 50 Petalen gefüllt. Der wuchsfreudige Busch war gesund; die Blüte erfolgte im späten Frühjahr. **ZONEN 5–10.**

Harkness, Großbritannien, 1897

Sport von 'Heinrich Schultheis'

## 'MERVEILLE DE LYON'

ALTE R., REMONTANTROSE, WEISS, ETWAS NACHBLÜHEND

Diese beliebte Schnittblume ist Sport einer hervorragenden Rose. 'Merveille de Lyon' ist rein weiß mit weicher Rosatönung an den Petalenrändern. Die gefüllten, großen, becherförmigen Blüten sind reichblühend und erscheinen immer einzeln. Die duftenden Blüten entfalten sich im Sommer und blühen im Herbst etwas nach. Der robuste, aufrechte Busch hat kräftige Triebe, wird bis zu 1,2 m hoch und ist anfällig für Mehltau. Seine Triebe sind mit großen, dicken, graugrünen Blättern und zahlreichen Stacheln besetzt. **ZONEN 5–10.**

Pernet, Frankreich, 1882

Sport von 'Baroness Rothschild'

## 'MESSAGE'

siehe 'White Knight'

## 'METEOR' (I)

ALTE R., NOISETTEROSE, DUNKELROSA, ETWAS NACHBLÜHEND

Sie ist eine der wenigen im deutschsprachigen Raum gezüchteten Noisetterosen. 'Meteor' (I) hat große, dunkelrosa Blüten, die größer sind als bei den meisten anderen Rosen dieser Klasse. Die locker gefüllten Blüten bilden sich auf langen,

'Mermaid'

'Mermaid'

'Meteor' (II)

biegsamen Trieben mit Gallica-ähnlichem Laub und duften intensiv; im Herbst blühen sie etwas nach. Der Strauch kann in zwei Jahren bis zu 2,7 m hoch wachsen und ist ideal für naturnahe Gärten. ZONEN 5–11.

Geschwind, Österreich-Ungarn, 1887

Eltern unbekannt

## 'METEOR' (II)

FLORIBUNDA, ORANGEROT, ÖFTERBLÜHEND

Diese sehr niedrig wachsende, buschige Rose trägt große, intensiv orange-scharlachrot gefärbte Blüten. Sie sind mit 40 Petalen gefüllt, rund 8 cm groß und stehen in Büscheln mit bis zu 10 Einzelblüten. Die großen Köpfe der Blumen sind lange haltbar und bedecken im Frühjahr einen Busch mit hellgrünem, glänzendem Laub. Die Floribundarose wirkt am besten, wenn man mehrere dieser Sorte eng zusammenpflanzt; 'Meteor' (II) ist eine sehr farbenfrohe Rabattenrose, wirkt aber auch gut vor höher wachsenden Sorten. ZONEN 5–11.

Kordes, Deutschland, 1959

'Feurio' × 'Gertrud Westphal'

National Rose Society Certificate of Merit 1958, ADR-Rose 1960

## 'MEVROUW G. A. VAN ROSSEM'

Syn. 'Mrs G. A. van Rossem'
TEEHYBRIDE, ORANGE+, ÖFTERBLÜHEND

Diese Rose war zu ihrer Glanzzeit aufgrund der intensiven Blütenfarbe sehr begehrt. Die Blüten sind wunderschön orangefarben mit rötlicher Äderung, wobei die Petalenunterseiten oft dunkler oder sogar bronzefarben sind. Die Blüten

'Mevrouw G. A. van Rossem'

sind mittelgroß, mit ziemlich kurzen Petalen gefüllt, öffnen sich becherförmig mit rundlichem Umriß und besitzen einen guten fruchtigen Duft. Im Sommer und Herbst blüht sie reichlich; vor rund 50 Jahren war 'Mevrouw G. A. van Rossem' dafür bekannt, daß sie noch blühte, während andere damalige Gartenrosen bereits verwelkt waren. Als typische „klassische" Teehybride eignet sie sich gut für Rosarien. Die Pflanze wächst aufrecht und buschig, wird jedoch nicht ganz mittelhoch und trägt große, dunkelgrüne, recht gesunde Blätter, die aber nach heutigem Standard recht spärlich wirken. **'Climbing Mevrouw G. A. van Rossem'** (Syn. 'Climbing Mrs G. A. van Rossem'; Gaujard, Frankreich, 1937) ist ein ausgezeichneter kletternder Sport dieser Sorte. Nach einer reichen Blüte im Frühjahr fallen Sommer- und Herbstflor eher spärlich aus. ZONEN 5–10.

Van Rossem, Niederlande, 1929

'Souvenir de Claudius Pernet' × 'Gorgeous'

National Rose Society Certificate of Merit 1928

## 'MEVROUW NATHALIE NYPELS'

Syn. 'Nathalie Nypels'
POLYANTHAROSE, REIN ROSA, ÖFTERBLÜHEND

Als eine der besten Polyantharosen bringt diese Sorte unablässig attraktive, kleine rosa Blüten mit süßem Duft in kleinen, eleganten Büscheln hervor. Die Blütenproduktion ist ausgezeichnet, und die Erneuerung der Blüten erfolgt rasch. Die Pflanze erreicht ziemlich langsam eine Höhe von bis zu 60 cm und breitet sich stark aus. Die anspruchslosen rosa Blüten machen diese Rose zu einer guten

'Mevrouw Nathalie Nypels'

Ergänzung in gemischten Rabatten. Die Sorte kann auch in Beeten oder als Hekke gepflanzt werden. ZONEN 5–10.

Leenders, Niederlande, 1919

'Orléans Rose' × ('Comtesse du Cayla' × *Rosa foetida bicolor*)

Royal Horticultural Society Award of Garden Merit 1993

## 'MEVROUW VAN STRAATEN VAN NES'

Syn. 'Duchess of Windsor', 'L'Indéfrisible', 'Mrs van Nes', 'Permanent Wave', 'Van Nes'
FLORIBUNDA, ROT, ÖFTERBLÜHEND

Die halbgefüllten, dunkel karminroten Blüten haben stark gewellte Petalen, erscheinen in großen Büscheln und duften leicht. Zwischen den Blütezeiten liegen lange Pausen. 'Mevrouw van Straaten van Nes' wächst mäßig und trägt dunkles, ledriges Laub. Besonders bei kühlem Herbstwetter kann Mehltau zum Problem werden. ZONEN 5–10.

Leenders, Niederlande, 1932

Sport von 'Else Poulsen'

Bagatelle Goldmedaille 1933, Rom Goldmedaille 1934

## 'MEXICANA'

TEEHYBRIDE, ROT+, ÖFTERBLÜHEND

'Mexicana' hat ihre wunderschöne Form von 'Kordes' Perfecta' geerbt. Die Knospen sind groß und eiförmig, und die Blüten sind ungewöhnlich gefärbt, nämlich karminrot mit dunklerer pflaumenroter Tönung; die Petalenunterseiten sind silbrig. Die großen, mit 30 Petalen gut gefüllten Blüten haben eine hohe Mitte und verströmen starken Duft. Diese wuchsfreudige, aufrechte Pflanze trägt dunkles, glänzendes, gesundes Laub und blüht reichlich. Aufgrund ihrer ungewöhnlichen Farbe kann 'Mexicana' leicht identifiziert werden. ZONEN 5–10.

Boerner, USA, 1966

'Kordes' Perfecta' × Sämling

## 'MIC MAC'

siehe 'Mio Mac'

## 'MICHELANGELO' MACtemaik

Syn. 'The Painter'
FLORIBUNDA, ORANGE+, ÖFTERBLÜHEND

Die Färbung dieser McGredy-Rose wird als cremiges Zitronengelb mit deutlichen orangefarbenen Streifen und Flecken oder als Orange mit zitronengelben Streifen und Flecken beschrieben. Die Blüten sitzen in Büscheln auf kräftigen Stielen; junge Blüten haben eine hohe

'Mexicana'

'Mevrouw van Straaten van Nes'

'Meteor' (I)

M

Mitte, ältere werden becherförmig mit zurückgebogenen Petalen. Die Blüten erscheinen vom Sommer bis zum Herbst und duften leicht. 'Michelangelo' eignet sich für Beete, Rabatten und Hecken; die einzelnen Blüten sind besonders hübsch, wenn man sie für kleine Sträuße schneidet. Die wuchsfreudige Pflanze wächst aufrecht, wird mittelhoch und ist mit dichtem, glänzend dunkelgrünem Laub bedeckt, das nach dem Austrieb zunächst rötlich ist. **ZONEN 5–9.**

McGredy, Neuseeland, 1995

'Loiuse Gardner' × ('Auckland Metro' × Sämling von 'Stars 'n' Stripes'

## 'MICHÈLE MEILLAND'

TEEHYBRIDE, HELLROSA, ÖFTERBLÜHEND

Die langen, schlanken Knospen dieser Teehybride haben eine besonders schöne Form. Die Farben der mäßig großen Blüten variieren von zartem Lachsrosa über Rosarot bis hin zu einem weichen Lila; sie können aber auch hellrosa mit gelbem Blütengrund sein. Die Rose wächst zu einem mittelgroßen Busch heran, hat pflaumenfarbenes Holz und üppiges mittelgrünes Laub. 'Michèle Meilland' ist eine ausgezeichnete Beetrose für Gegenden, in denen Mehltau nur selten auftritt. **'Climbing Michèle Meilland'** (Syn. 'Grimpant Michèle Meilland'; 1951) ist eine ausgezeichnete Kletterrose, die im Juni bis zum Herbst blüht. Sie ist mäßig wuchsfreudig, weshalb sie für Säulen oder Pyramiden geeignet ist. Einige Pflanzen neigen dazu, nach dem Umpflanzen zur Buschform zurückzuschlagen. **ZONEN 5–11.**

'Michèle Meilland'

Meilland, Frankreich, 1945

'Joanna Hill' × 'Gloria Dei'

National Rose Society Certificate of Merit 1958

## 'MICHELLE JOY' AROshrel

TEEHYBRIDE, ORANGEROSA, ÖFTERBLÜHEND

Diese kräftig wachsende Rose hat lange Knospen in dunklem Lachsrosa, die auf sehr langen Stielen einzeln oder in kleinen Büscheln erscheinen. Die Knospen öffnen sich langsam und behalten ihre Farbe gut. 'Michelle Joy' verbreitet nur schwachen Duft; sie hat große, gesunde, dunkelgrüne Blätter und läßt sich gut schneiden. Unter Kunstlicht wirken die Blüten äußerst attraktiv. **ZONEN 5–10.**

'Michelle Joy'

Armstrong, USA, 1991

Sämling × 'Shreveport'

## 'MICRUGOSA'

Syn. *Rosa* × *micrugosa* 'Henkel'

STRAUCHROSE, HELLROSA

Die Rose bildet einen großen, wuchernden Strauch mit ausgezeichnetem, dichtem, farnartigem Laub sowie einfachen hellrosa Blüten, die auf kurzen Stielen an den Trieben hervorgebracht werden. Die Hagebutten sind stachelborstig wie die von *Rosa roxburghii*, jedoch orangerot, rund und sehr hübsch; sie reifen im Spätsommer, bleiben aber nicht sehr lange auf der Pflanze. Im Herbst und in kalten Nächten bringt 'Micrugosa' gelbes Laub hervor. Gut macht sie sich als Strauchrose für ein Gebüsch, man kann sie aber aufgrund ihrer Blüten, Früchte und des Herbstlaubs auch in Parks und Landschaftsgärten einsetzen.

**ZONEN 4–11.**

'Micrugosa'

'Micrugosa Alba'

Vor 1905

*Rosa roxburghii* × *R. rugosa*

'Michelangelo'

## 'MICRUGOSA ALBA'

Syn. *Rosa* × *micrugosa alba*

STRAUCHROSE, WEISS, ÖFTERBLÜHEND

Der Brite Hurst war promovierter Genetiker und hat viel zum Wissen über die Rosenzucht beigetragen. Hurst zog diesen Sämling, der sich von 'Micrugosa' in der Blütenfarbe und in der Blütezeit unterscheidet – er ist weiß mit hervortretenden Staubgefäßen und blüht den ganzen Sommer und Herbst hindurch. Der Wuchs ist noch aufrechter und das Laub heller grün. 'Micrugosa Alba' kann zum gleichen Zweck gepflanzt werden wie ihre Elternpflanze, ist allerdings für den Garten deutlich wertvoller.

**ZONEN 4–9.**

Hurst, England, nach 1900

Sämling von 'Micrugosa'

## 'MIDAS TOUCH' JACtou

TEEHYBRIDE, GOLDGELB, ÖFTERBLÜHEND

Diese Rose besticht durch ein besonders leuchtendes Gelb. Die Knospen sind mäßig gefüllt und öffnen sich zu großen, duftenden Blüten, die ihre Farbe sehr gut behalten. Diese erneuern sich rasch und sind über einen langen Zeitraum sehr reichblühend. Die üppigen Blätter sind groß, matt und mittelgrün; die Blütenstiele tragen kleine Stacheln. Die Pflanze hat einen hohen, aufrechten, buschigen Wuchs und ist recht krankheitsfest.

**ZONEN 5–11.**

Christensen, USA, 1992

'Brandy' × 'Friesensöhne'

All-American Rose Selection 1994

'Midas Touch'

## 'MIGNON'
siehe 'Cecile Brunner'

## 'MIGNONETTE'
POLYANTHAROSE, HELLROSA, ÖFTERBLÜHEND

Diese Sorte, eine der ersten Polyantharosen, kommt auch heute noch in den bedeutendsten Rosarien vor. Die rosigen, nur 2,5 cm großen Blüten erscheinen sowohl in kleinen wie in großen, dichtgepackten Büscheln. Das kleine, glänzende Laub ist oberseits dunkelgrün, unterseits rötlich – eine von den Chinarosen geerbte Eigenschaft. Die Triebe sind mit roten, hakenförmigen Stacheln besetzt. Die Pflanze hat einen zwergenhaften, kompakten Wuchs und ist reichblütig. 'Mignonette'-Büsche eignen sich gut für niedrige Rabatten, doch sollte man sie sehr eng pflanzen, um eine gute Wirkung zu erzielen. **ZONEN 4–11.**

Guillot, Frankreich, 1880

Eltern unbekannt

## 'MIKADO'
Syn. 'Kohsai', 'Koh-sai'

TEEHYBRIDE, ROT+, ÖFTERBLÜHEND

Diese Sorte hat ihre leuchtend feuerrote Farbe von der in Japan gezogenen Floribundarose 'Kagayaki' geerbt. Die gefüllten Blüten bestehen aus 25 Petalen mit einer gelben Basis. Sie haben eine hohe Mitte, besitzen eine gute Form und stehen meist einzeln; die Blühwilligkeit ist hervorragend. Der hohe, aufrechte Busch ist krankheitsfest und trägt glänzend mittelgrünes Laub. 'Mikado' ist eine hübsche Buschrose für farbenfrohe Beete, kann aber auch gut als Hochstamm eingesetzt werden. **ZONEN 5–10.**

Suzuki, Japan, 1987

'Duftwolke' × 'Kagayaki'

All-American Rose Selection 1988

'Mignonette'

'Milord'

'Millie Walters'

## 'MILDRED SCHEEL'
siehe 'Deep Secret'

## 'MILESTONE' JACles
TEEHYBRIDE, ROT+, ÖFTERBLÜHEND

Die karminroten Petalen von 'Milestone' haben eine silbrig-rote Unterseite. Die Knospen öffnen sich zunächst zu schönen korallrosafarbenen, becherförmigen und mit 40 Petalen gefüllten Blüten, die mit der Zeit nachdunkeln und leicht duften. Die Blätter der aufrecht wachsenden Pflanze sind groß und glänzend mittelgrün. Diese Sorte gehört zu den wenigen heute erhältlichen rot- und silberfarbenen Rosen – andere Beispiele hierfür sind 'Forty-niner', 'Mexicana', 'Love' und 'Osiria'. Leider ist 'Milestone' außerhalb der Vereinigten Staaten kaum verbreitet und folglich in Europa nur schwer erhältlich. **ZONEN 5–10.**

Warriner, USA, 1983

'Sunfire' × 'Spellbinder'

'Milkmaid'

## 'MILKMAID'
ALTE R., NOISETTEROSE, WEISS

Die kleinen, halbgefüllten Blüten reichen von Cremegelb bis Weiß, mit einem Anflug von gelblichem Braun; sie erscheinen während des späten Frühjahrs in Büscheln. Die duftenden Blüten sind von sattem, dunkelgrünem Laub umgeben. Als kräftige Kletterrose eignet sich 'Milkmaid' gut für eine Pergolen, ein Spalier oder einen Zaun. Die krankheitsfeste Noisetterose wächst schnell, braucht aber ein warm-mildes Klima und ist auch nur in Australien erhältlich. **ZONEN 6–11.**

Clark, Australien, 1925

'Crépuscule' × Sämling

## 'MILLIE WALTERS' MORmilli
ZWERGROSE, ORANGEROSA, ÖFTERBLÜHEND

Die zarten, kleinen Blüten dieser Sorte sind dunkel- bis korallrosa, mit 45 Petalen gefüllt und duften leicht. Die Pflanze ist ein aufrechter, wuchsfreudiger und kompakter Busch mit kleinen, mattglänzenden, mittelgrünen Blättern. Sie hat eine gute Form und eine sehr lebhafte Farbe, die sich in der Sonne, aber auch bei starker Feuchtigkeit gut hält. Eine besondere Stärke dieser schönen Rose ist ihr reichhaltiger Flor. 'Millie Walters' ist sowohl für den Garten als auch für Ausstellungen hervorragend geeignet, jedoch ohne Schutz anfällig für Mehltau. Benannt wurde die Zwergrose nach einer der ersten Vorsitzenden der amerikanischen Rosengesellschaft *American Rose Society*. **ZONEN 5–11.**

Moore, USA, 1983

'Little Darling' × 'Galaxy'

## 'MILORD'
TEEHYBRIDE, ROT, ÖFTERBLÜHEND

Diese Rose trägt schön geformte, karminrote, mit 35 Petalen gefüllte Blüten, die stark duften. Die Blüten haben einen Durchmesser von rund 12 cm, öffnen sich langsam und halten sich sowohl auf dem Busch als auch in der Vase recht gut. Die Blühwilligkeit ist nur mäßig, und zwischen den Blütezeiten bestehen lange Pausen. Das Laub der aufrecht wachsenden Pflanze ist dunkel und ledrig. **ZONEN 5–10.**

McGredy, Großbritannien, 1962

'Rubaiyat' × 'Karl Herbst'

National Rose Society Certificate of Merit 1962

## 'MILROSE' DELbir
FLORIBUNDA, REIN ROSA, ÖFTERBLÜHEND

Die mittelgroßen, leicht duftenden Blüten von 'Milrose' sind zart rosa, halbgefüllt, becherförmig und erscheinen zu jeweils 5–15 in Büscheln. Besonders der erste Flor ist überwältigend reichblütig. Die wuchsfreudige Pflanze trägt hellgrünes, glänzendes Laub und eignet sich gut als Beetrose, da die Blüten ihre Farbe gut behalten; aufgrund ihres buschigen Wuchses ergibt sie aber auch eine gute Hochstammrose. Außerhalb Frankreichs ist diese Floribundarose allerdings kaum bekannt. **ZONEN 5–10.**

Delbard-Chabert, Frankreich, 1965

'Orléans Rose' × ('Francais' × 'Lafayette')

Baden-Baden Goldmedaille 1964, Goldene Rose von Den Haag 1978

'Mini Magic'

'Minijet'

'Minilights'

M

## 'MINI MAGIC' MICmag, MICmagic

ZWERGROSE, ROT+, ÖFTERBLÜHEND

Die Blumen sind an der Basis weiß und schön rot gesäumt, was ihre Form gut hervorhebt. Unterseits sind die Petalen dunkelrot. Die duftlosen Blüten bestehen aus 35 Petalen, sind eher klein, becherförmig und treten meist zu 5–8 in Büscheln auf. Die Blüten erneuern sich recht schnell und zieren dann in großer Zahl einen niedrigen, kompakten Busch. 'Mini Magic' benötigt kaum oder gar keine Pflege. Bei Platzmangel kann man sie auch in Ampeln oder Kübel pflanzen. **ZONEN 5–10.**

Williams, USA, 1988

Sport von 'Baby Katie' × 'Watercolor'

## 'MINIJET' MEIrotego

Syn. 'Mini Jet'

ZWERGROSE, REIN ROSA, ÖFTERBLÜHEND

Sehr lange und spitze Knospen öffnen sich ziemlich rasch zu großen, flachen, lachsrosa getönten Blüten, die mit 15 festen Petalen halb gefüllt sind, eine gute Substanz sowie goldene Staubgefäße besitzen. Die duftlosen Blüten erscheinen über einen langen Zeitraum hinweg in kleinen bis großen Büscheln und erneuern sich rasch; sie sind in allen Stadien sehr attraktiv. Das hellgrüne, mattglänzende, für eine Zwergrose ziemlich große Laub bedeckt eine hoch und ausladend wuchernde Pflanze. 'Minijet' ist von recht guter Gesundheit und eignet sich optimal als Fußstammrose.

**ZONEN 5–10.**

Meilland, Frankreich, 1977

Eltern unbekannt

## 'MINILIGHTS' DICmoppet

Syn. 'Goldfächer', 'Mini Lights'

STRAUCHROSE, REIN GELB, ÖFTERBLÜHEND

'Minilights' hat die leuchtende Farbe von 'Bright Smile', den ausladenden Wuchs und die Blühfreudigkeit hingegen von der ausgezeichneten Floribundarose 'White Spray' geerbt. Die kleinen, halbgefüllten, gelben Blüten bestehen aus 5–15 Petalen. Die Blüten stehen in kleinen Büscheln und erheben sich über sehr attraktive, kleine, glänzend dunkelgrüne Blätter. Die Pflanze ist besonders blühfreudig, und die Blüten erneuern sich rasch. Diese gute, gesunde Rabatten- und Hochstammrose kann sehr schön mit Zwiebelgewächsen und Staudenpflanzen in einer gemischten Rabatte kombiniert werden. **ZONEN 5–10.**

Dickson, Großbritannien, 1987

'White Spray' × 'Bright Smile'

Royal National Rose Society Trial Ground Certificate 1985

## 'MINNA'

ALTE R., RUBIGINOSA-HYBRIDE, WEISS

Die rein weißen, halbgefüllten Blüten dieser Rose sind lachsrosa überhaucht und entwickeln sich am besten im Halbschatten. Sowohl die Blüten als auch die Blätter duften fruchtig. Der wuchsfreudige Busch trägt dunkelgrüne Blätter und bringt die Blüten auf langen, stacheligen Trieben hervor. Wie viele andere Penzance-Hybriden eignet sich auch diese Sorte als hohe Hecke oder als attraktiver Strauch in einem Landschaftsgarten. Mittlerweile ist 'Minna' allerdings sowohl aus dem Handel als auch aus den meisten Parks und Gärten verschwunden. Benannt wurde sie nach einer der beiden schönen Töchter des Magnus Troil, einem Helden aus Sir Walter Scotts Roman *The Pirate*. **ZONEN 4–10.**

Penzance, Großbritannien, 1895

Eltern unbekannt

## 'MINNEHAHA'

RAMBLERROSE, HELLROSA

Die Rosenwelt hat dem Deutschen Dr. Wichura viel zu verdanken, denn er entdeckte jene wunderschöne, kriechende, weiße Wildrose, die nun seinen Namen trägt. Zu Beginn des 20. Jh. wurden viele hervorragende Ramblerrosen wurden aus *Rosa wichuraiana* gezogen, von denen 'Dorothy Perkins' wohl am besten bekannt ist. 'Minnehaha' ähnelt diesem Rambler in vielerlei Hinsicht; ihre rosa Rosetten sind zwar etwas größer, halten jedoch die Farbe nicht so gut, da sie mit der Zeit von Rosarot zu rötlichem Weiß verblassen. Sie stehen in reich blühenden Büscheln, duften aber kaum. Da die Stiele weichtriebig sind, ergibt 'Minnehaha' eine sehr schöne überhängende Kaskadenrose auf dem Hochstamm. Sie eignet sich aber auch für Säulen, Zäune, Pergolen, Bögen und solche Bereiche, wo sie mit ihrem kriechenden Wuchs und den herabhängenden Blüten unansehnliche Objekte überdecken darf. 'Minnehaha' benötigt eine freie Luftzirkulation, damit das Risiko für Mehltaubefall verringert wird. Sie bringt viele Langtriebe hervor, und die älteren können nach der Blüte gänzlich entfernt werden, damit junge Triebe genügend Platz erhalten. Die üppigen Blätter sind klein und glänzend dunkelgrün. Benannt wurde diese Rose nach der Ehefrau des Indianers Hiawatha, einer Gedichtfigur des amerikanischen Dichters Longfellow. **ZONEN 4–9.**

Walsh, USA, 1905

*Rosa wichuraiana* × 'Paul Neyron'

## 'MINNIE FRANCIS'

ALTE R., NOISETTEROSE, DUNKELROSA

Diese im US-Staat South Carolina gezüchtete Sorte ist aus dem Handel verschwunden und heute nur noch in einigen Gärten anzutreffen. Die dunkelrosa und oft auch hellrot gefärbten Blüten gehen aus langen, spitzen Knospen hervor. Diese duftenden Blüten sind besonders groß, gefüllt und zeigen eine lange Sommerblüte. 'Minnie Francis' ist eine gesunde Kletterrose, die bis zu 2 m hoch werden kann. Man kann sie auch als großen Strauch ziehen. Noisetterosen waren die ersten in den USA gezüchteten Rosen. **ZONEN 6–11.**

Griffing Nursery, USA, 1895

Eltern unbekannt

'Minnie Pearl'

## 'MINNIE PEARL' SAVahowdy

ZWERGROSE, ROSA+, ÖFTERBLÜHEND

Lange, elegante Knospen öffnen sich zu formschönen, hellrosa Blüten mit dunkleren Petalenunterseiten und gut geformter hoher Mitte. Die Blüten, die denen einer Floribundarose ähneln, erscheinen einzeln oder in großen Büscheln und sitzen auf kräftigen, langen Stielen. Die festen Stiele und ihre ausgezeichnete Farbkombination machen 'Minnie Pearl' zum Vorbild für Zwergrosen. Die wuchsfreudige, aufrechte Pflanze trägt mattglänzendes, mittelgrünes Laub. Form und Farbe behält sie besser, wenn man sie nicht direkt der Sonne aussetzt. 'Minnie Pearl' wurde zwar niemals mit Preisen bedacht, doch hätte sie sicherlich eine Auszeichnung verdient.

**ZONEN 5–10.**

Saville, USA, 1982

('Little Darling' × 'Tiki') × 'Party Girl'

## 'MINNIE WATSON'

TEEHYBRIDE, HELLROSA, ÖFTERBLÜHEND

Diese Sorte kreierte ein australischer Hobbyzüchter, der sie nach seiner Mutter benannte. Die großen, schön geformten Knospen öffnen sich zu edlen Blüten

'Minnie Watson'

'Mireille Mathieu'

'Mireille Mathieu'

in hellem Lachsrosa, die einzeln oder in kleinen Büscheln erscheinen. Sie duften etwas, sind halbgefüllt und behalten ihre Farbe gut. Besonders leuchtend sind die Blüten unter künstlichem Licht. Die Blütenproduktion ist erstaunlich, die Blüten erneuern sich schnell mit sehr kurzen Pausen. Die buschige Pflanze trägt intensiv grünes, stark glänzendes, gesundes Laub. 'Minnie Watson' ist eine gute Beet- und Hochstammrose, deren Blüten den ganzen Busch bedecken.
**ZONEN 5–10.**

Watson, Australien, 1965

'Dickson's Flame' × 'Dickson's Flame'

## 'MINUETTE' LAMinuette

**Syn. 'La Minuette'**
FLORIBUNDA, ROT+, ÖFTERBLÜHEND

'Minuette' ist eine gute, kleine Rose zur Zucht unter Glas für den Schnittblumenmarkt, aber auch eine dankbare Gartensorte. Die großen, eiförmigen Knospen sind cremeweiß und öffnen sich sehr langsam zu mittelgroßen, mit 50 Petalen gefüllten, rosarot gesäumten Blüten. Bei warmer Witterung dunkeln die cremeweißen Basen der Petalen nach und nehmen einen Gelbton an. Die gut haltbaren Blüten duften leicht und erscheinen einzeln oder in wohlgeordneten Büscheln. Die blühwillige Pflanze wächst mittelhoch; leider werden die Blütenstengel und Blattstiele von Mehltau befallen, und gelegentlich kann auch Sternrußtau auftreten. **ZONEN 5–10.**

Lammerts, USA, 1969

'Gloria Dei' × 'Rumba'

## 'MINUETTO'

**siehe 'Darling Flame'**

## 'MIO MAC'

**Syn. 'Mic Mac'**
FLORIBUNDA, GOLDGELB, ÖFTERBLÜHEND

'Mio Mac' ist eine ausgezeichnete Rose mit attraktiven Knospen, die sich zu gefüllten Blüten mit 40 Petalen öffnen. Die gewaltigen, schön geformten Blüten sind apricotfarben mit lachsrosa Tönung und behalten ihre Farbe gut. Die Blütendolden haben Seitentriebe, die lang genug sind, um geschnitten zu werden. Als Busch wächst sie sehr kräftig ,und sie trägt üppiges mittelgrünes, gesundes Laub. 'Mio Mac' ist eine schöne Gartenrose, die sich hervorragend für Beete eignet. **ZONEN 4–11.**

Tantau, Deutschland, 1973

Eltern unbekannt

## 'MIRANDA'

ALTE R., PORTLANDROSE, REIN ROSA/HELLROSA, ETWAS NACHBLÜHEND

Diese immer noch beliebte Rose wird von einigen Experten als remontierende Damaszenerrose bezeichnet. Die seidig rosafarbenen, dichtgefüllten Blüten sind groß und becherförmig. Ihre dünnen Petalen vertragen keine feuchte Witterung und halten sich besser an warmen Standorten. Die duftenden Blüten erscheinen im Juni und blühen im Frühherbst etwas nach. 'Miranda' ist ein kompakter, mittelgroßer Strauch, den helle, graugrüne Blätter mit gesägten Rändern zieren. 'Miranda' eignet sich für Hecken oder kleinere Gärten. **ZONEN 4–9.**

de Sansal, Frankreich, 1869

Eltern unbekannt

'Mirato'

## 'MIRANDY'

TEEHYBRIDE, DUNKELROT, ÖFTERBLÜHEND

'Mirandy' trägt dunkelrote, mit 45 Petalen gefüllte Blüten. Mit einem Durchmesser von etwa 12 cm sind sie recht groß, und sie verströmen kräftigen Damaszenerduft. Die Blütenproduktion ist etwas spärlich mit langen Pausen zwischen den Blühperioden. Obwohl bereits 50 Jahre im Handel, wird 'Mirandy' dank ihrer dunkelroten Farbe und des wunderbaren Duftes immer noch angebaut.
**ZONEN 5–11.**

Lammerts, USA, 1945

'Night' × 'Charlotte Armstrong'

All-American Rose Selection 1945

## 'MIRATO'

TEEHYBRIDE, REIN ROSA, ÖFTERBLÜHEND

Die eiförmigen Knospen von 'Mirato' öffnen sich langsam zu sehr schön geformten Blüten mit weicher lachsrosa Färbung. Die mit 30 Petalen gefüllten Blüten duften stark. Die aufrechte, buschige Pflanze ist krankheitsfest und trägt große, glänzende Blätter. Diese Rose konnte sich nicht so richtig durchsetzen, da sie nur spärlich Blüten bildet und zwischen den Blühperioden zu lange Pausen macht. Sie ist dennoch eine gute Schnittrose, die unter künstlichem Licht eine wunderschöne Wirkung entfaltet.
**ZONEN 5–11.**

Tantau, Deutschland, 1974

Sämling × Sämling

ADR-Rose 1993

## 'MIREILLE MATHIEU' KORdehn

FLORIBUNDA, ORANGEROT, ÖFTERBLÜHEND

'Mireille Mathieu' ist eine gute orangerote Rose mit eiförmigen Knospen, die sich zu mit 25 Petalen gefüllten Blüten öffnen. Diese haben eine hohe Mitte und sind mit einem Durchmesser von etwa 9 cm für eine Floribundarose ziemlich groß. Die Blüten stehen in wohlgeordneten Büscheln auf kräftigen Stielen und duften leicht. Das Laub ist weich, dunkelgrün, sehr üppig und frei von Krankheiten. Die wuchsfreudige Pflanze zeigt einen aufrechten Wuchs. Sie wurde nach der berühmten französischen Chanson- und Schlagersängerin benannt.
**ZONEN 5–11.**

Kordes, Deutschland, 1973

'Duftwolke' × 'Peer Gynt'

'Minuette'

## 'MIRIAM WILKINS'

ALTE R., REMONTANTROSE, HELLROSA, ETWAS NACHBLÜHEND

Diese nach der Gründerin des *International Heritage Rose Movement* benannte Rose wurde vor etwas mehr als zehn Jahren auf einem Friedhof im kalifornischen Santa Rosa entdeckt, wo sie sich an einer Mauer emporrankte. Nachdem Philip Robinson sie nicht identifizieren

'Miriam Wilkins'

'Mio Mac'

konnte, entschloß er sich, sie nach Miriam Wilkins zu benennen, um ihr großes Engagement zu würdigen, aufgrund dessen diverse Gesellschaften Alter Rosen weltweit enormen Zulauf verzeichneten. Die dunkelrosa, gefüllten Blüten erinnern stark an eine Herbst-Damaszenerrose. Die Knospen sind von spitzenartigen Kelchblättern bedeckt. Stark duftende Blüten erscheinen den ganzen Sommer hindurch bis in den Herbst hinein. Den ziemlich gesunden, bis 1,2 m hohen Strauch zieren große, dunkelgrüne gesunde Blätter. **ZONEN 5–10.**

Robinson, USA, 1981

Sämling

## 'MIRIANA' MEIburgana

TEEHYBRIDE, ROT, ÖFTERBLÜHEND

Die großen, gefüllten Blüten dieser Sorte sind rot und bestehen aus 40 Petalen mit sehr fester und dauerhafter Substanz, duften aber nicht. Die aufrechte Pflanze ist sehr krankheitsfest und von mittelgroßen, mattglänzenden und sehr üppig wachsenden Blättern besetzt. Die unzähligen Blüten von 'Miriana' halten sich auf dem Busch sehr gut, doch ist ihre Farbe ziemlich matt und leblos. **ZONEN 5–11.**

Meilland, Frankreich, 1981

([Sämling × 'Kordes' Sondermeldung'] × 'Suspense') × ([('Alain' × *Rosa chinensis mutabilis*) × 'Caprice'] × 'Pharao')

'Miriana'

## 'MISCHIEF' MACmi

TEEHYBRIDE, ORANGEROSA, ÖFTERBLÜHEND

'Mischief' ist eine hübsche kleine Rose, die ihre Blühfreudigkeit und Farbe von der großartigen Floribundarose 'Spartan' übernommen hat. Die schön geformten, mittelgroßen Blüten sind von kräftig silbrigem Lachsrosa. Sie sind mit 30 Petalen gefüllt, behalten ihre Farbe gut und duften. Der Blütenreichtum ist erstaunlich und ihre Erneuerung erfolgt außerordentlich rasch. Die wuchsfreudige, aufrechte Pflanze mittlerer Höhe trägt hellgrünes, mattglänzendes Laub. Sie eignet sich gut als Beet- und als Hochstammrose. **ZONEN 5–11.**

McGredy, Großbritannien, 1961

'Gloria Dei' × 'Spartan'

Portland Goldmedaille 1965, National Rose Society President's International Trophy 1961

'Mischief'

'Miss Edith Cavell'

## 'MISS ALL-AMERICAN BEAUTY' MEIdaud

**Syn. 'Maria Callas'**

TEEHYBRIDE, DUNKELROSA, ÖFTERBLÜHEND

'Miss All-American Beauty' ist eine großartige Rose mit dunkelrosafarbenen Blüten. Die großen, sehr intensiv duftenden Blüten sind mit 55 Petalen stark gefüllt, becherförmig und behalten ihre Farbe gut. In der Sommerhitze werden die Blüten nicht sehr groß, doch die Herbstblüte ist großartig. Der buschige Wuchs und das sehr gesunde Laub stammen von ihrer Elternsorte 'Karl Herbst'. **'Climbing Miss All-American Beauty'** (MEIudsur; Syn. 'Climbing Maria Callas') wurde 1969 von Meilland eingeführt und zählt zu den besten erhältlichen, dunkelrosafarbenen Kletterrosen. Im Frühjahr bildet sie reichlich schön geformte Blüten. **ZONEN 5–10.**

Meilland, Frankreich, 1965

'Chrysler Imperial' × 'Karl Herbst'

Portland Goldmedaille 1966, All-American Rose Selection 1968

## 'MISS ALL-AUSTRALIAN BEAUTY'

TEEHYBRIDE, DUNKELROSA, ÖFTERBLÜHEND

Diese Rose hat ihre mit etwa 60 Petalen stark gefüllten, wunderschön geformten Blüten von ihren beiden Elternsorten geerbt. Wie auch 'Impeccable' besitzt sie eine äußerst haltbare Form. Die eiförmigen Knospen sind sehr groß und öffnen sich zu leicht duftenden Blüten, die entweder hellrot oder sehr dunkelrosa mit noch dunkleren Unterseiten erscheinen. Die hohe, aufrecht wachsende Pflanze trägt üppiges, dunkelgrünes und sehr krankheitsfestes Laub, doch ist die Blütenproduktion recht schwach, und die Nachblüte erfolgt langsam. **ZONEN 5–10.**

Ambrust, Australien, 1969

'Aztec' × 'Impeccable'

'Miss Daisy'

'Miss All-American Beauty'

'Miss All-Australian Beauty'

## 'MISS CYNTHIA FORDE'

TEEHYBRIDE, DUNKELROSA, ÖFTERBLÜHEND

'Miss Cynthia Forde' ist eine Rose, die man heutzutage nur noch selten findet. Sie trägt große glänzend dunkelrosafarbene, mit 35 Petalen gefüllte Blüten mit einer schönen Form; die Petalenunterseiten sind etwas heller gefärbt. Sie verströmen einen angenehmen Duft. Die wuchsfreudige, buschige Pflanze war zu Beginn des 20. Jh. eine beliebte Beetrose. **ZONEN 5–10.**

Dickson, Großbritannien, 1909

Eltern unbekannt

Goldmedaille der National Rose Society 1909

## 'MISS DAISY' JACflare

ZWERGROSE, GOLDGELB, ÖFTERBLÜHEND

Die reizvollen goldgelben Blüten sind farbecht, selbst in heißen Gebieten. Die mit bis zu 40 Petalen gefüllten Blüten besitzen einen leichten Duft und sitzen über den kleinen, glänzenden, dunkelgrünen Blättern der buschigen und dichten Pflanze. Diese relativ krankheitsfeste Sorte ist leicht zu pflegen. **ZONEN 5–10.**

Warriner, USA, 1991

Sämling × 'Sun Flare'

## 'MISS EDITH CAVELL'

**Syn. 'Edith Cavell', 'Nurse Cavell'**

POLYANTHAROSE, DUNKELROT, ÖFTERBLÜHEND

Die britische Krankenschwester Edith Cavell wurde 1915 von einem deutschen Militärgericht als Spionin zum Tode verurteilt und in Brüssel hingerichtet; zum Gedenken an ihren 70. Todestag wandte sich der Pfarrer von Swardeston in Norfolk, England, hilfesuchend an Peter Beales, um eine schöne Rose zu finden, die man nach ihr benennen konnte. Bei dieser Aktion fand man eine knorrige, alte Rose, die 1934 zusammen mit fünf anderen im Garten einer gewissen Mrs. Doris Levine in Brundell in der Nähe der Norfolk Broads gepflanzt wurde. 'Miss Edith

Cavell' besitzt kleine, kugelförmige Blüten in sattem Karminrot und duftet etwas. Die Pflanze blüht recht kontinuierlich, doch wird sie auch von Mehltau befallen. Eng gepflanzt ergibt sie eine brauchbare Rabattenrose. **ZONEN 4–11.**

de Ruiter, Niederlande, 1917

Sport von 'Orléans Rose'

## 'MISS FLIPPINS' TUCkflip

ZWERGROSE, ROT, ÖFTERBLÜHEND

Die gefüllten Blüten dieser Rose bestehen aus 15–25 roten Petalen mit dunkelrosafarbenen Unterseiten. Sie duften nicht, dafür ist aber die haltbare Blütenform hervorragend; mit ihrer hohen Mitte sind sie für Rosenausstellungen wie geschaffen. Die Farbe ist stabil und verblaßt selbst bei sehr warmer Witterung kaum. Die Blüten kommen meist einzeln. Der kompakte, wuchsfreudige und bis zu 60 cm hohe Busch trägt mittelgroße, glänzend dunkelgrüne Blätter, die aufgrund ihrer kurzen Abstände zueinander als sehr dicht erscheinen. 'Miss Flippins' ist sehr pflegeleicht, kann aber von Mehltau befallen werden.
**ZONEN 5–11.**

Tucker, USA, 1997

'Elizabeth Taylor' × 'Kristin'

Queen of Miniature Award der American Rose Society 1996

## 'MISS LOWE'

ALTE R., CHINAROSE, ROT, ETWAS NACHBLÜHEND

Die hellroten, einfachen Blüten sind aufgrund ihrer gewellten Blütenblätter und der Staubgefäße sehr attraktiv. 'Miss Lowe' bevorzugt Wärme und fruchtbare Böden. Der 1 m hohe Busch gedeiht am besten in praller Sonne und ist ein idealer Kandidat für Rabatten oder Kübel. Es gibt keinerlei Hinweise auf etwaige Krankheiten. Der bekannte englische Rosenzüchter Jack Harkness geht davon aus, daß es sich bei dieser Rose weniger um einen Sport als um einen Rückschlag in die Ursprungsform handelt.
**ZONEN 5–10.**

1887

Sport von 'Slater's Crimson China'

## 'MISS MARION MANIFOLD'

**Syn. 'Marion Manifold'**

GROSSBLUMIGE KLETTERROSE, ROT, ETWAS NACHBLÜHEND

Die karminscharlachroten Blüten sind mit 25 Petalen gefüllt, kugelförmig, 12 cm groß und duften stark. Manche Blüten erneuern sich. Die wuchsfreudige Pflanze wird 3–4 m hoch und trägt große, dunkelgrüne ledrige Blätter. Sie eignet sich gut für Säulen oder Pergolen.
**ZONEN 5–10.**

Adamson, Australien, 1913

Eltern unbekannt

'Mr E. E. Greenwell'

'Miss Marion Manifold'

## 'MISSION BELLS'

TEEHYBRIDE, ROSA+, ÖFTERBLÜHEND

Die langen, spitzen Knospen von 'Mission Bells' sind orangerosa. Die mit 40 Petalen gefüllten Blüten haben eine hohe Mitte, sind groß und duften. Der wuchsfreudige und stark ausladende Busch trägt dunkles, ziemlich weiches Laub. Diese Rose mit ihrer ungewöhnlichen Farbe ist gut für Beete geeignet, da die Petalen ihre Farbe nicht verlieren. Die Stiele sind jedoch ziemlich schwach, so daß man die Rose schlecht schneiden kann. Die Blühwilligkeit ist hervorragend, und eine Erneuerung der Blüten erfolgt rasch. **ZONEN 5–10.**

Morris, USA, 1949

'Mrs Sam McGredy' × 'Mälar-Ros'

All-American Rose Selection 1950

## 'MR BLUEBIRD'

ZWERGROSE, MAUVE, ÖFTERBLÜHEND

Eiförmige Knospen öffnen sich zu bezaubernden, blauvioletten Blüten mit 15 Petalen. Leider haben sie eine lockere Form und fallen schnell auseinander; die kleinen Blüten sind daher kurz nach dem Öffnen am schönsten. Das Laub ist dunkel und etwas rauh, die Pflanze ist reichblühend, sauber und pflegeleicht. Man kann nur schwer glauben, daß eine Zwergrose durch Inzucht der uralten Gartenrose 'Old Blush' entstehen konnte. Diese gilt übrigens als identisch mit der berühmten *Last Rose of Summer*, jener „Letzten Rose des Sommers", die der irische Dichter Thomas Moore in einem Gedicht verewigte. **ZONEN 4–11.**

Moore, USA, 1960

'Old Blush' × 'Old Blush'

'Mr Bluebird'

'Mr Chips'

'Mission Bells'

'Mister Lincoln'

## 'MR CHIPS'

TEEHYBRIDE, GELB+, ÖFTERBLÜHEND

'Mr Chips' zeigt eine ansehnliche Farbkombination ihrer Elternsorten. Die schön geformten Knospen sind goldgelb; ihre äußeren Blütenblätter sind orange und rosa überhaucht. Die Knospen öffnen sich zu mittelgroßen Blüten mit 45 Petalen und einer sehr hohen Mitte; insgesamt halten sie sowohl ihre Form als auch ihre Farbe außerordentlich gut. Das Laub ist dunkelgrün glänzend, und eine Erneuerung der Blüten erfolgt sehr rasch. Diese Teehybride blüht eher als die meisten anderen Frühlingssorten, die Blumen lassen sich sehr gut schneiden. Daher ist es schon bedauerlich, daß 'Mr Chips' nicht die Beachtung fand, die ihr eigentlich gebührt. **ZONEN 5–10.**

Dickson, Großbritannien, 1970

'Grandma Dickson' × 'Miss Ireland'

## 'MR E. E. GREENWELL'

HARjoobily

FLORIBUNDA, ORANGEROSA, ÖFTERBLÜHEND

Die halbgefüllten Blüten dieser Sorte sind lachsrosafarben. Sie bestehen aus 18 Petalen und öffnen sich zu flachen Blüten, die mit 8 cm Durchmesser für eine Floribundarose ziemlich groß sind. Der wuchsfreudige, ausladend wachsende Busch trägt üppiges, dunkelgrünes Laub und ist gesund. Diese Rose eignet sich gut für Hecken und Rabatten und kann gut mit Zwiebelgewächsen und Staudenpflanzen kombiniert werden. Außerhalb Großbritanniens wird man 'Mr E. E. Greenwell' nur recht selten antreffen.
**ZONEN 5–11.**

Harkness, Großbritannien, 1978

'Jove' × 'City of Leeds'

Royal National Rose Society Trial Ground Certificate 1978, Courtrai Silbermedaille 1978

'Mister Lincoln'

## 'MISTER LINCOLN'

TEEHYBRIDE, DUNKELROT, ÖFTERBLÜHEND

Die urnenförmige Knospen öffnen sich im Sommer meist rasch zu dunkelroten, intensiv duftenden Blüten, deren 35 große Petalen eine ausgezeichnete Substanz aufweisen. Die zunächst becherförmigen geöffneten Blüten werden im Alter flacher. Die Blätter sind ledrig, stumpf und

M

dunkelgrün. Aufgrund ihrer extremen Wuchsfreudigkeit sollte man 'Mister Lincoln' am besten nur in den Hintergrund eines Rosenbeetes pflanzen. Die hervorragende Kletterrose **'Climbing Mister Lincoln'** (Ram, Indien, 1974) blüht von Juni bis zum Herbst durch. Sie kann an Säulen oder Spalieren gezogen werden, doch ist ihr Wuchs zu aufrecht und ihre Triebe sind so steif, daß sie nicht horizontal gezogen werden können.
**ZONEN 5–11.**

Swim und Weeks, USA, 1964

'Chrysler Imperial' × 'Charles Mallerin'

All-American Rose Selection 1965

'Mrs Dudley Cross'

'Mrs Doreen Pike'

'Mrs B. R. Cant'

## 'MRS AARON WARD'

TEEHYBRIDE, GELB+, ÖFTERBLÜHEND

Diese Rose ist ein Kleinod für Sammler von Raritäten. Die langen, spitzen, eleganten Knospen öffnen sich zu Blüten unterschiedlicher Färbung, die von Gelb bis zu lachsrosa Tönen reicht. Die Blüten sind gefüllt, haben eine hohe Mitte und duften. Sie blühen über einen langen Zeitraum; zwischen den einzelnen Blühperioden können längere Pausen auftreten. Der zwergwüchsige Busch ist kompakt. **'Climbing Mrs Aaron Ward'** (Dickson, Großbritannien, 1922) kam 15 Jahre nach Einführung der Buschform auf den Markt. Dieser Climber besitzt gelbe, lachsrosa verwaschene Blüten und einen mäßigen, buschigen Wuchs, der die Pflanze für Säulen oder Spaliere prädestiniert. **ZONEN 5–10.**

Pernet-Ducher, Frankreich, 1907

Eltern unbekannt

## 'MRS ALBERT NASH'

TEEHYBRIDE, DUNKELROT, ÖFTERBLÜHEND

Diese kräftig wachsende Rose besitzt kräftig dunkelrote, halbgefüllte und sehr intensiv duftende Blüten. Die langen, spitzen Knospen öffnen sich mit beachtlicher Geschwindigkeit. 'Mrs Albert

'Mrs Dudley Cross'

'Mrs Bushby'

Nash', eine kräftige, aufrechte Pflanze, wird von dunkelgrünem, gesundem und üppigem Laub bedeckt. Sie ist reichblühend und sehr krankheitsfest.
**ZONEN 5–10.**

Clark, Australien, 1929

Eltern unbekannt

## 'MRS ALSTON'S ROSE'

POLYANTHAROSE, ROT+, ÖFTERBLÜHEND

Diese besonders gute, reichblühende Polyantharose besitzt karminrote Blüten in kleinen bis mittelgroßen Büscheln auf sehr kräftig wachsenden Trieben. Die Blüten behalten ihre Farbe gut. Wie so viele Polyantharosen ist 'Mrs Alston's Rose' ebenfalls nicht gegen Mehltau anfällig. **ZONEN 5–10.**

Clark, Australien, 1940

Eltern unbekannt

## 'MRS ANTHONY WATERER'

RUGOSA-HYBRIDE, DUNKELROT, ETWAS NACHBLÜHEND

Abgesehen von Laub und Blütenfarbe kann man an 'Mrs Anthony Waterer' nur sehr wenige Einflüsse der Elternsorte 'Général Jacqueminot' erkennen. Das üppige Laub ist dunkelgrün und liegt der Form nach zwischen dem einer Remontantrose und dem einer Rugosa-Hybride. Die stark duftenden Blüten sind dunkelkarminrot, mit 20 Petalen halb gefüllt und öffnen sich flach. Die Pflanze ist wuchsfreudig, buschig, kälteunempfindlich und blüht etwas nach. Die Rugosa-Hybride bildet keine Hagebutten, wächst aber als ausgezeichnete Hecke.
**ZONEN 4–11.**

Waterer & Sons, Großbritannien, 1898

*Rosa rugosa* × 'Général Jacqueminot'

## 'MRS B. R. CANT'

ALTE R., TEEROSE, REIN ROSA, ETWAS NACHBLÜHEND

'Mrs B. R. Cant' ist eine beliebte, verläß-

'Mrs Aaron Ward'

'Mrs Albert Nash'

'Mrs Alston's Rose'

liche und erfolgreiche Teerose, welche die Zeit überdauert hat. Die mittelgroßen, gefüllten Blüten sind kräftig rot und silbrig rosa sowie an der Petalenbasis rötlich getönt. Sie verbreiten einen angenehmen Teerosenduft. 'Mrs B. R. Cant' ist ein wärmeliebender, frostempfindlicher, mittelhoher bis hoher Busch, der gut nachblüht, in warmen Klimazonen sogar im Winter. Er ist wuchsfreudig und pflegeleicht. **'Climbing Mrs B. R. Cant'** (Hjort, USA, 1960) ist ein kletternder Sport, aber heute schwer zu finden.
**ZONEN 7–9.**

Cant, Großbritannien, 1901

Eltern unbekannt

## 'MRS BUSHBY'

ALTE R., BOURBONROSE, DUNKELROSA

Die genaue Identität dieser in Australien wiederentdeckten Bourbonrose ist nicht bekannt. Sie trägt stark gefüllte Blüten mit vielen rosafarbenen Petalen, die so angeordnet sind, daß eine flache Blüte mit verwirbelter Mitte entsteht. Die Blüten entwickeln sich aus prallen Knospen und sitzen auf langen, stacheligen Stielen mit mittelgrünem Laub. **ZONEN 5–10.**

Eltern unbekannt

## 'MRS DOREEN PIKE' AUSdor

RUGOSA-HYBRIDE, REIN ROSA, ÖFTERBLÜHEND

'Mrs Doreen Pike' hat stark gekräuselte, rosettenförmige Blüten mit 40 Petalen in einem warmen rosa Farbton und duftet stark. Sie ist eine niedrige, buschige Pflanze und trägt üppige, kleine, blaßgrüne Blätter. Die Rose ist gesund, blüht gut nach und eignet sich ausgezeichnet für Rabatten oder als niedrige Hecke; sie kann im Garten aber auch mit Zwiebelgewächsen und Staudenpflanzen zu einer gemischten Rabatte kombiniert werden.
**ZONEN 5–10.**

Austin, Großbritannien, 1993

'Martin Frobisher' × 'Roseraie de l'Haÿ'

## 'MRS DUDLEY CROSS'

ALTE R., TEEROSE, GELB+, ETWAS NACHBLÜHEND

Diese wärmeliebende Pflanze bildet einen mittelgroßen Busch. Ihre Blüten sind hellgelb mit leichter Rosatönung, die im Blühverlauf zunehmend nach Rosa umschlägt. 'Mrs Dudley Cross' ist eine gute Schnittrose, zumal sich die recht großen Blüten lange halten und gut erneuern. In manchen Gebieten kann Mehltau zum Problem werden. **ZONEN 7–9.**

Paul, Großbritannien, 1907

Eltern unbekannt

## 'MRS F. W. FLIGHT'

GROSSBLUMIGE KLETTERROSE, DUNKELROSA

Die Blüten dieser Rose sind rosarot, halbgefüllt und erscheinen in Büscheln. Die großen, intensiv grünen Blätter sind ziemlich weich und werden manchmal von Mehltau befallen. 'Mrs F. W. Flight' ist für niedrige Säulen oder Pyramiden zu empfehlen, da sie bis zu 3 m hoch wächst. Der Flor ist zu Beginn der Blütezeit sehr reichhaltig; es gibt aber keine Nachblüte, weshalb diese Rose wahrscheinlich aus vielen Gärten wieder verschwunden ist. **ZONEN 5–10.**

Cutbush, Großbritannien, 1905

'Crimson Rambler' × Sämling

## 'MRS F. W. SANDFORD'

**Syn. 'Pride of the Valley'**

ALTE R., REMONTANTROSE, HELLROSA, ETWAS NACHBLÜHEND

'Mrs F. W. Sandford' ähnelt ihrer Elternsorte, einer wuchsfreudigen, großblumigen Remontantrose. Die Blüten erinnern ein wenig an Rosenkohlköpfchen und eignen sich für Ausstellungen. Sie sind sehr hellrosa und werden später fast weiß. **ZONEN 5–9.**

Curtis und Sandford, Großbritannien, 1898

Sport von 'Mrs John Laing'

## 'MRS FOLEY HOBBS'

ALTE R., TEEROSE, WEISS/ROSA+, ETWAS NACHBLÜHEND

Die Blüten dieser Rose eignen sich vermutlich besser für Ausstellungen als für den Garten. Sie sind cremeweiß mit unterschiedlichen Rosatönen an den Petalenspitzen. Die Blüten haben eine eindrucksvolle Form und Substanz und sind für die Stiele fast schon zu schwer. 'Mrs Foley Hobbs' ist eine konventionelle und verläßliche, aber wärmebedürftige Teerose mit kräftigem, robustem Wuchs.

'Mrs Herbert Stevens'

'Mrs Georgia Chobe'

**ZONEN 6–9.**

Dickson, Großbritannien, 1910

Eltern unbekannt

Goldmedaille der National Rose Society 1910

## 'MRS FRED DANKS'

TEEHYBRIDE, MAUVE, ÖFTERBLÜHEND

Diese Sorte hat sehr lange, schlanke Knospen, die ungewöhnlich dunkelrosalilafarben sind und sich zu großen, mit 20–25 Petalen halb gefüllten duftenden Blüten öffnen. 'Mrs Fred Danks' blüht fortlaufend, wobei einige Blüten noch bis in den Winter zu finden sind. Die sehr hohe, aufrechte Pflanze ist mit üppigen, großen und ledrigen Blättern besetzt. Die Teehybride wächst bei Wärme so hoch, daß sie Säulen bekleiden und als hohe Hecke Verwendung finden kann. Lange Knospen, Farbe und Duft machen sie allerdings zu einer guten Schnittblume. **ZONEN 5–10.**

Clark, Australien, 1951

Eltern unbekannt

## 'MRS GEORGIA CHOBE'

TEEHYBRIDE, HELLROSA, ÖFTERBLÜHEND

Diese großartige Ausstellungsrose besitzt große pflaumenrote Knospen, die sich zu blaßrosa Blüten öffnen, die extrem gefüllt sind und eine hochgebaute Mitte besitzen. Da sie mit 60 Petalen gut gefüllt und recht groß ist, öffnen sich die Blüten nur sehr langsam. Die aufrechte, wuchsfreudige Pflanze trägt ledriges, blaßgrünes Laub; sie ist jedoch blühfaul, und die Nachblüte erfolgt ebenfalls recht langsam. Die Blüten bleiben mehrere Tage lang erhalten, können aber leicht durch schlechtes Wetter Schaden nehmen. **ZONEN 5–10.**

Howard und Smith, USA, 1937

'Miss Rowena Thom' × 'Renault'

## 'MRS HARKNESS'

**siehe 'Paul's Early Blush'**

'Mrs Hugh Dettmann'

'Mrs Fred Danks'

'Mrs F. W. Flight'

'Mrs Foley Hobbs'

## 'MRS HAROLD ALSTON'

GROSSBLUMIGE KLETTERROSE, REIN ROSA, ÖFTERBLÜHEND

Lange, spitze Knospen öffnen sich ziemlich schnell zu mit 20–25 Petalen gefüllten Blüten. Der Frühjahrs- wie auch der Herbstflor sind sehr reichlich, und die rosa Blüten verbreiten einen angenehmen Duft. Die kräftig und aufrecht wachsende Pflanze ist gesund und sieht an Säulen oder Pyramiden besonders attraktiv aus. **ZONEN 5–10.**

Clark, Australien, 1940

Eltern unbekannt

## 'MRS HERBERT STEVENS'

TEEHYBRIDE, WEISS, ÖFTERBLÜHEND

Diese Rose besitzt lange, spitze, elegante Knospen von reinem Weiß, die sich zu gefüllten, duftenden Blüten mit hoher Mitte öffnen. Das Laub ist sehr blaßgrün und gesund. Der Wuchs ist sehr dicht und buschig, der Flor ist außerordentlich üppig. Die Rose ist in den wärmeren Ländern der Welt recht beliebt, da sie dort bis in den Winter hinein blüht. **'Climbing Mrs Herbert Stevens'** (Syn. 'Grimpant Mrs Herbert Stevens', 'Stevens'; Pernet-Ducher, Frankreich, 1922) hat lange, biegsame Triebe, die nicht so steif sind wie bei den meisten Kletterrosen, so daß sich dieser Climber gut für Bögen und Pergolen eignet. **ZONEN 5–10.**

McGredy, Großbritannien, 1910

'Frau Karl Druschki' × 'Niphetos'

Goldmedaille der National Rose Society 1910

## 'MRS HUGH DETTMANN'

GROSSBLUMIGE KLETTERROSE, APRICOT+

'Mrs Hugh Dettmann' ist eine wuchsfreudige Kletterrose, die viele schön geformte Knospen bildet. Diese öffnen sich zu fast einfachen Blüten mit 7 Petalen, die aber recht schnell verblassen und kaum duften. Der Wuchs ist kräftig und gesund, es gibt aber keine Nachblüte. Die gesunde Rose ist ideal zum Beranken von Säulen, Pyramiden und Bögen. 'Mrs Hugh Dettmann' ist in Deutschland nicht winterhart. Da sie von einer *Rosa gigantea* abstammt, blüht sie zu Beginn des Frühjahrs und läutet somit quasi das Rosenjahr ein. **ZONEN 7–11.**

Clark, Australien, 1930

Hybride von *Rosa gigantea*

## 'MRS IRIS CLOW' HARbrite

FLORIBUNDA, HELLROSA

Die gefüllten Blüten von 'Mrs Iris Clow' bestehen aus 30 Petalen, sind rosarot mit hellrosafarbenen Petalenunterseiten und duften würzig. Sie sind becherförmig, öffnen sich zu ziemlich lockeren Blumen und stehen in kleinen Büscheln. Das üppige Laub besteht aus großen, dunkelgrün glänzenden Blättern, von denen sich die Blüten attraktiv abheben. Die Pflanze wächst aufrecht bis in mittlere Höhe. Diese gute Beetrose kann hervorragend mit pastellfarbenen Zwiebelgewächsen und Staudenpflanzen kombiniert werden. **ZONEN 5–10.**

Harkness, Großbritannien, 1994

'Mrs Norman Watson'

'Mrs Oakley Fisher'
'Memento' × 'Princess Alice'

Courtrai Silbermedaille 1997, Orléans Duftpreis 1997, Orléans Crystal Prize 1997

## 'MRS JOHN LAING'

ALTE R., REMONTANTROSE, REIN ROSA, ETWAS NACHBLÜHEND

Die Blüten sind silbrig lilarosa, becherförmig, stark gefüllt und duften intensiv. Die Stiele sind fast stachellos. 'Mrs John Laing' ist eine gesunde, wuchsfreudige Pflanze, die auch noch auf mageren Böden gedeiht und nicht anfällig für Mehltau ist. Die Elternsorte 'François Michelon' ist ein Sämling von 'La Reine', einer der ersten Remontantrosen von Jean Laffay, der diese Klasse ins Leben gerufen hat. Der Brite John Laing, nach dessen Gattin die Rose benannt wurde, war ein Londoner Gartenbauexperte, der im Jahre 1901 verstarb. **ZONEN 5–9.**

Bennett, Großbritannien, 1887

'François Michelon' × Sämling

Goldmedaille der National Rose Society 1885

## 'MRS MARY THOMSON' TOMone

STRAUCHROSE, ROSA+, ÖFTERBLÜHEND

Die halbgefüllten Blüten dieser Rose, die in sehr großen Büscheln erscheinen, sind lila-rosafarben mit cremefarbener Mitte und besitzen hervorspringende goldene Staubgefäße. Die Blütenform ist ungeordnet, aber dekorativ; gleichzeitig verbreiten die Blumen einen ganz besonderen Duft. Das Laub ist mattgrün, und die Triebe sind stachellos. Die Pflanze besitzt einen buschigen Wuchs und ist krankheitsfest. **ZONEN 5–10.**

Thomson, Australien, 1996

'Dapple Dawn' × 'Ophelia'

## 'MRS MYLES KENNEDY'

ALTE R., TEEROSE, ROSA+, ETWAS NACHBLÜHEND

Die Blüten dieser Teerose sind sehr groß und silbrig weiß mit hautfarbener Tönung, ihre Petalen sind unterseits rosa getönt und an den Rändern gelegentlich gefranst. Der Wuchs ist nur mittelmäßig – die Pflanze benötigt viel Pflege und blüht bisweilen ein wenig zurückhaltend. Heutzutage ist 'Mrs Myles Kennedy' ziemlich schwer erhältlich.
**ZONEN 7–9.**

Dickson, Großbritannien, 1906

Eltern unbekannt

## 'MRS NORMAN WATSON'

GROSSBLUMIGE KLETTERROSE, DUNKELROSA, ÖFTERBLÜHEND

Die dunkelkirschrosafarbenen Blüten von 'Mrs Norman Watson' duften nicht. Sie haben eine ungeordnete Form und erscheinen in kleinen Büscheln auf einem sehr wuchsfreudigen Busch, der aber kaum die normale Höhe einer Kletterrose erreicht. Die Sorte ist gesund, nahezu winterfest und blüht lange nach. **ZONEN 5–10.**

Clark, Australien, 1930

'Radiance' × 'Gwen Hash'

'Mrs R. M. Finch'

## 'MRS OAKLEY FISHER'

TEEHYBRIDE, GOLDGELB, ÖFTERBLÜHEND

Diese Rose hat orangefarbene Knospen mit vereinzelt roter Tönung, die sich zu ledrig-kupferfarbenen Blüten mit goldenen Staubgefäßen öffnen. Die duftenden, einfachen Blüten stehen in Büscheln auf Stielen, die oft ziemlich schwach wirken. Die Triebe können so gezogen werden, daß sie mehr an einen niedrig wachsenden Strauch oder eine Floribundarose als an eine große Teehybride erinnern. 'Mrs Oakley Fisher' ist dank ihrer bezaubernden Blüten, die sich vom wunderschönen, bronzefarbenen und krankheitsfesten Laub abheben, schon über 75 Jahre erfolgreich im Handel. Stellenweise findet man Literaturangaben, in denen 'Mrs Oakley Fisher' nicht als Teehybride, sondern als Floribunda- bzw. Strauchrose beschrieben wird. **ZONEN 5–10.**

Cant, Großbritannien, 1921

Eltern unbekannt

National Rose Society Certificate of Merit 1921, Royal Horticultural Society Award of Garden Merit 1993

## 'MRS PAUL'

ALTE R., BOURBONROSE, HELLROSA, ETWAS NACHBLÜHEND

Die rötlich-weißen Blüten sind pfirsichrosa schattiert und wie Kamelienblüten gebaut. Diese niedrig bleibende Pflanze wird unter normalen Bedingungen nur etwa 1,8 m hoch. Ihre Elternsorte 'Mme Isaac Pereire' war eine der bekanntesten Bourbonrosen und hat ihre Wuchsfreudigkeit sowie ihre Nachblühqualitäten an diesen Abkömmling weitergegeben. Der Brite George Paul, dessen Ehefrau dieser Bourbonrose ihren Namen lieh, sowie sein Onkel William Paul waren anerkannte Rosenzüchter des 19. Jh.
**ZONEN 5–9.**

Paul, Großbritannien, 1891

Sämling von 'Mme Isaac Pereire'

## 'MRS PIERRE S. DUPONT'

TEEHYBRIDE, REIN GELB, ÖFTERBLÜHEND

Diese Sorte hat lange, spitze, rötlich-goldene Knospen, die sich anfangs zu goldgelben Blüten öffnen und später in der Sonne in ein helleres Gelb übergehen. Die gefüllten Blüten haben 40 Petalen und einen fruchtigen Duft. Bei mäßiger Wuchsfreudigkeit und Gesundheit trägt die Pflanze kräftig dunkelgrüne Blätter. Die Rose wurde nach der Frau eines berühmten amerikanischen Industriellen benannte. **'Climbing Mrs Pierre S. duPont'** (Hillock, USA, 1933) ist von kleinen Blütenbüscheln auf langen Stielen besetzt und hat alle bezaubernden Eigenschaften der Ursprungssorte erhalten. Die Blütenblätter fallen zwar zu schnell aus, jedoch macht die Menge der gelben Blüten während der ersten Frühjahrsblüte diesen Mißstand wieder wett. Beide Rosen sind nicht winterhart.
**ZONEN 6–11.**

Mallerin, Frankreich, 1929

('Ophelia' × 'Rayon d'Or') × ('Ophelia' × ['Constance' × 'Souvenir de Claudius Pernet'])

Bagatelle Goldmedaille 1929

## 'MISTRESS QUICKLY' AUSky

STRAUCHROSE, REIN ROSA, ÖFTERBLÜHEND

Die kleinen, stark gefüllten, rosa Blüten dieser Strauchrose bestehen aus 40 Petalen, erscheinen in großen Büscheln und duften leicht. Ihre Blätter sind klein, mittelgrün und mattglänzend; Stacheln sind nur wenig vorhanden. Der Wuchs ist buschig und mittelhoch. 'Mistress Quickly' bildet einen hübsch gerundeten Strauch und eignet sich für Strauch- und Stau-

'Mrs Paul'

'Mrs John Laing'

'Mrs Mary Thomson'

M

'Mrs Reynolds Hole'

'Mrs Sam McGredy'

denrabatten oder als niedrige Hecke. Sie wird auch als Englische Rose bezeichnet. **ZONEN 5–10.**

Austin, Großbritannien, 1995

'Blush Noisette' × 'Martin Frobisher'

## 'MRS R. M. FINCH'

POLYANTHAROSE, REIN ROSA, ÖFTERBLÜHEND

Die rosaroten Blüten dieser Sorte werden mit der Zeit unter Sonneneinwirkung immer heller. Die gefüllten Blüten stehen in kompakten Büscheln. Die Pflanze ist ziemlich krankheitsfest. Als 'Mrs R. M. Finch' in den USA eingeführt wurde, gewann sie aufgrund ihres hohen, buschigen Wuchses und der vielen schönen Büschel aus rosaroten Blüten schnell zahlreiche Verehrer. **ZONEN 5–10.**

Finch, Australien, 1923

'Orléans Rose' × Sämling

## 'MRS REYNOLDS HOLE'

ALTE R., TEEROSE, ROSA+, ETWAS NACHBLÜHEND

Diese wuchs- und blühfreudige, duftende Rose mit den langstieligen, purpurrot-rosafarbenen Blüten ist eine wärmebedürftige Schnittrose. Sie wurde nach der Frau des ersten Präsidenten der *Royal National Rose Society* benannt, der dieser Gesellschaft von ihrer Gründung im Jahre 1876 bis zu seinem Tod (1904) vorstand. **ZONEN 7–9.**

Nabonnand, Frankreich, 1900

'Archiduc Joseph' × 'André Schwartz'

## 'MRS RICHARD TURNBULL'

GROSSBLUMIGE KLETTERROSE, WEISS+, ÖFTERBLÜHEND

Die hübschen, cremeweißen, einfachen Blüten sind das Markenzeichen dieser klassischen, in der Mitte des 20. Jh. gezüchteten Kletterrose. Die Blüten sind groß und kommen in kleinen Büscheln. 'Mrs Richard Turnbull' kann als Kaskaden- oder Kletterrose verwendet werden, der Blütenreichtum ist jedoch am größ-

'Mrs Richard Turnbull'

ten, wenn sie als echte Kletterrose gezogen wird. Die Blüten dieser mäßig wuchsfreudigen Pflanze erneuern sich rasch. **ZONEN 5–10.**

Clark, Australien, 1945

Eltern unbekannt

## 'MRS SAM McGREDY'

TEEHYBRIDE, ORANGEROSA, ÖFTERBLÜHEND

Die urnenförmigen, spitzen Knospen dieser Teehybride öffnen sich zu großen Blüten mit einer Mischung aus Scharlachrot, Kupfer und Orange, wobei die Petalenunterseiten eine starke Rotfärbung aufweisen. Die mit 40 Petalen gefüllten Blüten verströmen einen starken Duft. Zunächst haben sie eine hohe Mitte, mit der Zeit öffnen sie sich, und die Mitte wird flacher. Die wuchsfreudige, hohe Pflanze ist mit attraktivem, rötlichbronzefarbenem Laub besetzt. Vor dem 2. Weltkrieg war 'Mrs Sam McGredy' Thema Nummer Eins unter Rosenliebhabern; sie konnte ihre überragende Stellung so lange halten, bis sie 1945 von 'Gloria Dei' verdrängt wurde; heute nimmt sie aber immer noch einen festen Platz in der Geschichte der Rosen ein. **'Climbing Mrs Sam McGredy'** (Guillaud, Frankreich, 1938; Royal Horticultural Society Award of Garden Merit 1993) besitzt überragende Wuchs- und Blühfreudigkeit und ist ein perfekt kletternder Sport ihrer Elternsorte. Besonders schön sieht sie an hohen Mauern oder Zäunen aus. **ZONEN 5–10.**

McGredy, Großbritannien, 1929

('Donald Macdonald' × 'Golden Emblem') × (Sämling × 'The Queen Alexandra Rose')

Goldmedaille der National Rose Society 1929, Portland Goldmedaille 1956

## 'MRS WAKEFIELD CHRISTIE-MILLER'

TEEHYBRIDE, ROSA+, ÖFTERBLÜHEND

Diese Rose hat duftende, gefüllte Blüten

'Misty'

mit rötlicher Lachsfarbe und zinnoberrosafarbenen Unterseiten. Die Pflanze zeigt einen zwergenhaften Wuchs und trägt hellgrüne, ledrige Blätter. Die Namensgebung der 1909 eingeführten Rose reflektiert die steife Förmlichkeit und Etikette des spätviktorianischen Zeitalters. Die großen, duftenden Blüten in zwei Rosatönen sind ebenfalls für jene Epoche Großbritanniens vor Ausbruch des 1. Weltkriegs typisch. Da man sie einige Zeit für die verschollene 'Lady Mary Fitzwilliam' hielt, gewann sie in den Folgejahren wieder an Popularität. **ZONEN 5–10.**

McGredy, Großbritannien, 1909

Eltern unbekannt

## 'MISTY'

TEEHYBRIDE, WEISS, ÖFTERBLÜHEND

'Misty' stammt von zwei beliebten weißen Rosen ab, wurde jedoch niemals so bekannt wie diese. Die langen, eiförmigen und spitzen Knospen öffnen sich zu cremeweißen Blüten. Diese sind mit 35 Petalen gefüllt, becherförmig, werden bis 10 cm groß und duften angenehm nach Teerosen. Die wuchsfreudige, aufrechte Pflanze trägt üppige, große und gesunde Blätter. Die Blühwilligkeit ist nicht so gut wie bei ihren Elternsorten, und auch die Erneuerung der Blüten erfolgt relativ langsam. **ZONEN 5–10.**

Armstrong, USA, 1965

'Mount Shasta' × 'Matterhorn'

## 'MIXED MARRIAGE'

FLORIBUNDA, HELLROSA, ÖFTERBLÜHEND

Die Rose ist ein Sport von 'Bridal Pink' und besitzt Blüten in zartem Rosa mit dunkelrosa Streifen. Diese können sich farblich sehr unterschiedlich auswirken: Manche Blüten sind noch fast ganz hellrosa, während andere schon beinahe dunkelrosa wirken. Die attraktiven, spitzen Knospen öffnen sich zu großen, schön geformten Blüten. Der Flor ist üppig, und die Nachblüte erfolgt rasch. Bei warmer Witterung kann 'Mixed Marriage' jedoch ziemlich ausgebleicht wirken. Der Busch zeigt den gleichen Wuchs wie die Ursprungssorte, und gelegentlich schlägt er auch wieder zum Original zurück. **ZONEN 5–10.**

Ruston, Australien, 1987

Sport von 'Bridal Pink'

## 'MODEL OF PERFECTION'

FLORIBUNDA, ORANGE+, ÖFTERBLÜHEND

Diese Floribundarose ist hervorragend für Gegenden mit einem warmen Klima geeignet. Die großen, kugelförmigen Knospen zeigen eine Mischung aus sattem Gelb, Rosa und kräftiger Bronze und öffnen sich zu lange haltbaren, mit 50 Petalen gefüllten Blüten von hoher Qualität. Die Blüten besitzen eine kräftig gelbe Mitte, und jedes Blütenblatt hat einen goldorangefarbenen Rand; mit zuneh-

'Mixed Marriage'

'Mrs Wakefield Christie-Miller'

'Model of Perfection'

mendem Alter geht die Farbe langsam in ein stumpfes Dunkelrosa über. Die duftenden Blüten behalten ihre Form sehr gut; sie erscheinen einzeln oder in Büscheln, wobei sie den Busch völlig bedekken. Die kräftige, buschige Pflanze trägt mittelgrünes, glänzendes Laub, das im Herbst gelegentlich von Mehltau befallen wird. Die Blüten im Spätherbst sind eine wahre Pracht. Der Busch eignet sich hervorragend für Beete und Rabatten, und die großen Blütenköpfe sind für Ausstellungen wie geschaffen.
**ZONEN 5–10.**

Dickson, Großbritannien, 1977

'Zorina' × 'Arthur Bell'

## 'MODERN ART' POUlart

**Syn. 'Prince de Monaco'**
TEEHYBRIDE, ROT+, ÖFTERBLÜHEND

Die Blüten dieser Teehybride sind rot gefärbt und orangerot überzogen. Die Unterseiten der Petalen sind wesentlich heller, was einen attraktiven „wie von Hand gemalten" Effekt hervorruft. Die mit 25 Petalen halb gefüllten Blüten erscheinen einzeln oder in Büscheln auf langen Stielen und duften nur leicht. Die aufrechte, buschige Pflanze ist mit gesunden, dunkelgrünen, mattglänzenden Blättern bedeckt. **ZONEN 5–10.**

Olesen, Dänemark, 1985

Sämling × Sämling

Rom Goldmedaille 1984

'Modern Art'

## 'MOJAVE'

TEEHYBRIDE, ORANGE+, ÖFTERBLÜHEND

Diese aus 'Charlotte Armstrong' gezüchtete Rose besitzt charakteristische, sehr lange, spitze Knospen. Diese sind apricot-orangefarben mit roter Tönung und hervorstechender Äderung. Die stark duftenden, gefüllten Blüten bestehen aus 25 Petalen und sind mit 12 cm Durchmesser recht groß. Bei warmem Wetter öffnen sie sich ziemlich schnell zu attraktiven Blumen, die mit der Zeit langsam in Rosa übergehen. Der aufrechte Busch ist reichlich mit glänzendem Laub bedeckt. Jeder Flor bringt große Mengen an Blüten hervor, wobei die Nachblüte rasch erfolgt. **'Climbing Mojave'** (Trimper, Australien, 1964) erneuert ihre Blüten auch den ganzen Sommer und Herbst hindurch. **ZONEN 5–10.**

Swim, USA, 1954

'Charlotte Armstrong' × 'Signora'

Bagatelle Goldmedaille 1953, Genf Goldmedaille 1953, All-American Rose Selection 1954, National Rose Society Trial Ground Certificate 1955

## 'MOJE HAMMARBERG'

RUGOSA-HYBRIDE, MAUVE, ÖFTERBLÜHEND

Die mehr als halbgefüllten, rötlich-violetten Blüten dieser Rose duften intensiv und stehen auf kurzen, schwachen Stielen. Die Rose ist öfterblühend und wird dank ihrer Gesundheit und Wuchsfreudigkeit – in Kombination mit einer hervorragenden Winterhärte – oft auch als Bodendecker- oder Böschungsrose verwendet. Die großen, roten Hagebutten im Herbst sind sehr attraktiv, wenn sie zwischen den späten Blüten hervorscheinen – was durch das gelbe Herbstlaub noch unterstrichen wird. **ZONEN 3–9.**

Hammarberg, Schweden, 1931

Eltern unbekannt

'Mojave'

'Molly McGredy'

'Molly Sharman-Crawford'

## 'MOLINEUX' AUSmol

STRAUCHROSE, GOLDGELB, ÖFTERBLÜHEND

Die Blüten von 'Molineux' sind sehr kräftig gelb gefärbt und verbreiten starken Teerosenduft. Sie öffnen sich flach, behalten ihre Farbe gut und erscheinen einzeln oder in kleinen Büscheln. Die niedrige bis mittelhohe, buschige Pflanze hat einen aufrechten Wuchs, ist gesund und reichblühend. Diese gute Beetrose war die erste von David Austins Englischen Rosen und wurde 1996 von der *Royal National Rose Society* als beste neue Sämlingsrose des Jahres ausgezeichnet. Sie läßt sich überall dort gut anpflanzen, wo die beiden anderen großartigen gelben Austin-Rosen, 'Graham Thomas' und 'Golden Celebration', viel zu hoch wachsen würden. **ZONEN 5–11.**

Austin, Großbritannien, 1994

'Graham Thomas' × 'Golden Showers'

Royal National Rose Society President's International Trophy 1996, Henry Edland Duftmedaille der Royal National Rose Society 1996

'Molineux'

## 'MOLLY McGREDY' MACmo

FLORIBUNDA, ROT+, ÖFTERBLÜHEND

Die nach der Schwester des Züchters benannte Rose hat Blüten in einem höchst ungewöhnlichen Karminrot, zu dem die silbernen Petalenunterseiten einen schönen Kontrast bilden. Die großen, schön geformten, gefüllten Blüten bestehen aus 35 Petalen und stehen in mittelgroßen bis kleinen Büscheln und duften ein wenig. Das Laub ist dunkel und glänzend, aber nicht besonders üppig. 'Molly McGredy' ist gesund und eine hübsche Rose für Beete und Rabatten. Sie erneuert ihre Blüten jedoch recht langsam.
**ZONEN 5–11.**

McGredy, Großbritannien, 1969

'Paddy McGredy' × ('Mme Léon Cuny' × 'Columbine')

Royal National Rose Society President's International Trophy 1968, Belfast Goldmedaille 1971, Portland Goldmedaille 1971

'Moje Hammarberg' (Hagebutte)

'Mon Cheri'

## 'MOLLY SHARMAN-CRAWFORD'

ALTE R., TEEROSE, WEISS, ETWAS NACHBLÜHEND

'Molly Sharman-Crawford' hat große, gefüllte, duftende Blüten mit hoher Mitte. Sie sind weiß mit grüner Tönung. Die Pflanze besitzt einen aufrechten, buschigen Wuchs. Das kräftig grüne Laub dieser niedrigen Teerose fällt etwas spärlich aus. **ZONEN 7–9.**

Dickson, Großbritannien, 1908

Eltern unbekannt

## 'MON CHERI' AROcher

TEEHYBRIDE, ROT+, ÖFTERBLÜHEND

Diese besondere Rose hat große, spitze Knospen in reinem Rosa, wobei die 40 Petalen eine gelbe Basis haben. Die leicht duftenden, gefüllten Blüten stehen einzeln oder in kleinen Büscheln auf langen Stielen. Beim Öffnen wird die Blütenfarbe dunkelrot. Letzten Endes ergibt sich dadurch für den gesamten Busch eine sehr imposante, hübsche Farbkombination aus Rosa, Gelb und Rot. Üppiges, mattglänzendes und mittelgrünes Laub ziert eine mittelgroße bis große, aufrechte Pflanze. Die Farbintensivierung der geöffneten Blüten geht eindeutig auf den Einfluß der Elternsorte 'Double Delight' zurück. **ZONEN 5–10.**

Christensen, USA, 1981

('White Satin' × 'Bewitched') × 'Double Delight'

All-American Rose Selection 1982

## 'MONA LISA'

GROSSBLUMIGE KLETTERROSE, ROSA+, ÖFTERBLÜHEND

'Mona Lisa' ist eine hervorragende kleinwüchsige Kletterrose. Die eiförmigen Knospen öffnen sich zu lachsrosafarbenen, mit 35 Petalen gefüllten Blüten, die zunächst becherförmig sind, später aber flacher werden. Sie stehen einzeln oder in kleinen Büscheln und sind 10–12 cm groß. Sie duften intensiv, und die Blüten erneuern sich gut. Das Laub ist dunkelgrün und lederartig. 'Mona Lisa' ist eine ausgezeichnete Säulenrose, kann aber auch an eine Pyramide gesetzt werden; sie ist auch kräftig genug, um als großer, freistehender Busch ohne Stütze zu wachsen. Sie ergibt – bei mäßiger Winterhärte – eine gute Kletterrose für wärmere Standorte. **ZONEN 5–10.**

Malandrone, Italien, 1956

'Mrs Sam McGredy' × ('Mrs Sam McGredy' × [Sämling × 'Captain Thomas'])

## 'MONCTON'

RUGOSA-HYBRIDE, HELLROSA, ÖFTERBLÜHEND

'Moncton' wurde speziell als extrem winterharte Rose gezüchtet. Diese Rugosa-Hybride bringt hellrosafarbene, mit 20 kleinen Petalen halb gefüllte Blüten hervor. Die stark duftenden Blüten sind 5 cm groß. Die öfterblühende Pflanze besitzt einen aufrechten, buschigen Wuchs und trägt graugrünes Laub. **ZONEN 4–11.**

Svedja, Kanada, 1977

'Schneezwerg' × *Rosa chinensis*

## 'MONDIALE' KORozon

TEEHYBRIDE, ROSA+, ÖFTERBLÜHEND

Die Knospen dieser Rose sind prall und spitz, was einen deutlichen Hinweis auf die zu erwartende Fülle der Blüten darstellt. Die Blüten sind in der Mitte korallrosa mit einer gelben Tönung, die vom Ansatz der festen Petalen ausgeht. Die

'Monique'

'Mona Lisa'

'Monsieur Tillier'

äußeren Petalen verblassen mit der Zeit zu hellrosa. Die kaum duftenden Blüten erscheinen im Juni und Herbst sehr reichlich. In warmen Klimazonen und unter Glas wird die Pflanze sehr hoch; man kann sie als Hecke, für die hintere Reihe von Rabatten oder als Sichtschutz unansehnlicher Mauern empfehlen. Unter wärmeren Bedingungen gibt sie eine gute Schnittrose ab. 'Mondiale' hat einen aufrechten Wuchs und trägt dichte, glänzende, nach dem Austrieb zunächst rötliche Blätter. **ZONEN 5–9.**

Kordes, Deutschland, 1993

Eltern unbekannt

## 'MONIKA' TANaknom

Syn. 'Monica'

TEEHYBRIDE, ROSA+/ORANGE+, ÖFTERBLÜHEND

'Monika' hat sehr lange, elegante Knospen, die sich zu schön geformten, zinnoberroten Blüten mit goldenem Blütengrund öffnen. Die Blüten wie auch die satte Farbe halten sich gut. Sie stehen meist einzeln auf langen Stielen, was diese Rose zu einer exzellenten Schnittblume macht. Die Blütenproduktion ist ausgezeichnet. Der hoch wachsende Busch trägt gesundes, üppiges, dunkelgrünes, glänzendes Laub mit guter Gesundheit. Die Teehybride bildet eine hervorragende Hecke und eignet sich für eine Pflanzung im hinteren Bereich eines Rosenbeetes. **ZONEN 5–10.**

Tantau, Deutschland, 1985

Eltern unbekannt

## 'MONIQUE'

TEEHYBRIDE, ORANGEROSA, ÖFTERBLÜHEND

'Monique' ist auch nach 50 Jahren im Handel noch eine schöne, verläßliche Gartenrose. Die sehr langen, spitzen Knospen sind lachsrosa, wobei der rosafarbene Anteil stärker betont ist. Sie öffnen sich zu wohlgeformten, mit 25 Petalen gefüllten Blüten, die bis zu 12 cm

'Montezuma'

'Monika'

'Moncton'

'Mondiale'

breit werden und stark duften. Der aufrechte, wuchsfreudige Busch trägt wenig Stacheln und ist mit blaßgrünen, mittelgroßen Blättern besetzt. Sie ist eine ausgezeichnete Rose für Beete und Rabatten, die sich auch gut schneiden läßt. **ZONEN 5–10.**

Paolino, Frankreich, 1949

'Lady Sylvia' × Sämling

Goldmedaille der National Rose Society 1950

## 'MONSIEUR A. MAILLÉ'

ALTE R., BOURBONROSE, ROT+, ETWAS NACHBLÜHEND

Diese sehr wuchsfreudige Bourbonrose bringt stark duftende, karminrote Blüten hervor, die im Alter dunkler werden. Die Pflanze ist sehr robust und kann auch als Kletterrose gezogen werden. **ZONEN 5–9.**

Moreau-Robert, Frankreich, 1889

Eltern unbekannt

## 'MONSIEUR CORDEAU'

ALTE R., BOURBONROSE, DUNKELROSA, ETWAS NACHBLÜHEND

'Monsieur Cordeau' wird mal als hellscharlach-karminrote, mal als hellkarminrot getönte zinnoberrote Rose beschrieben. Sie ist recht blühfreudig und erneuert ihre Blüten gut. Die wuchsfreudige, hohe Pflanze ist ziemlich stachelig und heute nur noch selten anzutreffen. **ZONEN 5–9.**

Moreau-Robert, Frankreich, 1892

Eltern unbekannt

## 'MONSIEUR TILLIER'

Syn. 'Archiduc Joseph'

ALTE R., TEEROSE, ORANGEROSA/ROSA+, ETWAS NACHBLÜHEND

Die dunkelrosa bis purpurroten Blüten sind orange- und rostfarben schattiert und öffnen sich flach. 'Monsieur Tillier' ist ein wuchsfreudiger Strauch von mittlerer Höhe, der in einem Gebüsch sehr hoch werden kann und nicht winterhart ist. **ZONEN 7–9.**

Bernaix, Frankreich, 1891

Eltern unbekannt

## 'MONTANA'

siehe 'Royal Occasion'

## 'MONTEZUMA'

TEEHYBRIDE, ORANGEROSA, ÖFTERBLÜHEND

Die Blütenfarbe wird mal als orangerosa, mal als lachsrot angegeben. Leider nehmen die vollständig geöffneten Blüten später eine ziemlich schmutzige Farbe an. Schön geformte Knospen öffnen sich langsam zu hochgebauten, 10 cm großen, mit 35 Petalen gefüllten Blüten, die leicht duften. Der Flor ist sehr reich, und die Nachblüte erfolgt sehr rasch. Ledriges, mattglänzendes Laub ziert eine dichte, wuchsfreudige Pflanze. **ZONEN 5–10.**

Swim, USA, 1955

'Fandango' × 'Floradora'

Genf Goldmedaille 1955, Goldmedaille der National Rose Society 1956, Portland Goldmedaille 1957

'Moonbeam'

'Moon River'

'Moonsprite'

M

## 'MOON RIVER'

ZWERGROSE, MAUVE, ÖFTERBLÜHEND

Diese attraktive Zwergrose wird aufgrund ihrer schön geformten und gefüllten Blüten hoch geschätzt. Diese stehen einzeln und ihre Farbe wird durch das dunkelgrüne Laub noch verstärkt. Sie wird bisher nur von zwei Gärtnereien angeboten – einer in den USA und einer in Australien. **ZONEN 5–10.**

Bernadella, USA, 1997

Eltern unbekannt

## 'MOONBEAM' AUSbeam

STRAUCHROSE, APRICOT+, ÖFTERBLÜHEND

'Moonbeam' ist sehr reichblütig und bringt mehrmals im Jahr zahlreiche Blüten hervor. Sie hat sehr lange, spitze Knospen von rosa-apricotfarbener Tönung. Die Farbe ist besonders klar und frisch. Die Knospen öffnen sich zu großen, halbgefüllten Blüten mit 15–20 Petalen und einem Büschel goldener Staubfäden. Der mittelgroße Busch besitzt üppiges, hellgrünes Laub und ist gesund. Diese Rose eignet sich hervorragend als Hecken- oder Beetrose und macht sich besonders gut in Verbindung mit Zwiebelgewächsen und Staudenpflanzen. Sie wird auch als Englische Rose bezeichnet. **ZONEN 4–11.**

Austin, Großbritannien, 1983

Eltern unbekannt

## 'MOONLIGHT'

STRAUCHROSE, MOSCHATA-HYBRIDE, HELLGELB, ÖFTERBLÜHEND

Die duftenden Blüten von 'Moonlight' sind cremegelb bis weißlich und haben hervortretende gelbe Staubgefäße. Sie sind einfach und sitzen in mal kleinen, mal großen, wohlgeordneten Büscheln. Das Laub ist glänzend dunkelgrün und stellt einen schönen Blütenhintergrund dar. Die Pflanze hat einen hohen, buschigen Wuchs und kann auch als kleine Kletterrose verwendet werden. Sie sorgt für eine gute Erneuerung der Blüten. Besonders attraktiv sind die Blüten im Herbst, wenn sie ihre gelbe Farbe längere Zeit behalten. Diese Sorte ist eine ausgezeichnete Heckenrose und verträgt sich gut mit Zwiebelgewächsen und Staudenpflanzen. Abgesehen von jahreszeitlich bedingtem Mehltau ist sie recht krankheitsfest. Wenn man die verwelkten Blüten nicht entfernt, setzen zahlreiche Hagebutten an, die mehrere Monate am Strauch verbleiben. **ZONEN 4–11.**

Pemberton, Großbritannien, 1913

'Trier' × 'Sulphurea'

Goldmedaille der National Rose Society 1913

## 'MOONSPRITE'

FLORIBUNDA, HELLGELB, ÖFTERBLÜHEND

Eiförmige Knospen öffnen sich zu mit 80 Petalen dicht gefüllten, intensiv duftenden, cremeweißen Blüten, die zur Mitte hin ins Bersteingelbe tendieren und in kleinen wie großen Büscheln erscheinen. Zunächst sind sie becherförmig, werden dann aber immer flacher. Die mittelhohe, buschige Pflanze trägt ledriges, mattglänzendes Laub und zeigt eine ausgezeichnete Blütenfülle mit rascher Erneuerung der Blüten. **ZONEN 5–10.**

Swim, USA, 1956

'Sutter's Gold' × 'Ondine'

Baden-Baden Goldmedaille 1955, Rom Goldmedaille 1956

'Moonlight'

## 'MOORE'S YELLOW'

ZWERGROSE, REIN GELB, ÖFTERBLÜHEND

'Moore's Yellow' ist eine reichblühende, gelbe Zwergrose, die aus großen, eiförmigen Knospen schön geformte, mit 20–25 Petalen gefüllte Blüten entwickelt. Diese Blüten öffnen sich flach, behalten ihre Farbe gut und erneuern sich rasch. Diese Sorte hat einen niedrigen, ausladenden Wuchs und trägt hellgrüne, mattglänzende Blätter, die frei sind von Krankheiten. Sie ist eine gute Fußstammrose und eignet sich für Kübel oder kleine Beete. **ZONEN 5–10.**

Moore, USA, 1990

Eltern unbekannt

## 'MORDEN BLUSH'

STRAUCHROSE, HELLROSA, ÖFTERBLÜHEND

Die kleinen, mit 50 Petalen gefüllten hellrosa Blüten, die zu Elfenbeinweiß verblassen, öffnen sich flach und stehen zu 2–5 in Büscheln. 'Morden Blush' ist ein ausgezeichneter kleiner Strauch für solche Gebiete, wo gute Winterhärte lebenswichtig ist. **ZONEN 3–9.**

Colicutt und Marshall, Kanada, 1988

('Prairie Princess' × 'Morden Amorette') × ('Prairie Princess' × ['White Bouquet' × {*Rosa arkansana* × 'Assiniboine'}])

## 'MORDEN CENTENNIAL'

STRAUCHROSE, REIN ROSA, ÖFTERBLÜHEND

'Morden Centennial' besitzt gefüllte Blüten in reinem Rosa, die bis zu 15 in Büscheln erscheinen. Jede Blüte besitzt 50 Petalen, duftet leicht und blüht wiederholt. Die Blätter des buschigen Strauches bestehen aus 7 Fiederblättchen und sind leicht glänzend. 'Modern Centennial' übersteht auch sehr kalte Winter, ohne daß einzelne Triebe absterben. **ZONEN 3–9.**

Marshall, Kanada, 1980

'Prairie Princess' × ('White Bouquet' × ['J. W. Fargo' × 'Assiniboine'])

'Moore's Yellow'

## 'MORDEN FIREGLOW'

STRAUCHROSE, ORANGEROT, ÖFTERBLÜHEND

'Morden Fireglow' hat leuchtend orangerote Blüten – eine Farbe, die bei winterharten Rosen äußerst selten vorkommt. Die spitzen Knospen öffnen sich zu becherförmigen, mit 30 Petalen gefüllten, duftenden Blüten; diese sind unterseits rot, nehmen eine lockere Form an und erscheinen in kleinen Büscheln. Die Pflanze ist niedrig und buschig; die Blüten erneuern sich gut. Wenn man die Verwelktes nicht von der Pflanze entfernt, werden kugelförmige Hagebutten gebildet. **ZONEN 3–9.**

Colicutt und Marshall, Kanada, 1989

Sämling × 'Morden Cardinette'

## 'MORDEN RUBY'

STRAUCHROSE, ROSA+, ÖFTERBLÜHEND

Die Knospen von 'Morden Ruby' sind eiförmig und öffnen sich zu stark gefüllten, rosafarbenen Blüten mit einem Durchmesser von 8 cm. Die frühe Blüte lastet sehr schwer auf der wuchsfreudigen Pflanze und erneuert sich gut. Außerhalb der kälteren Zonen Kanadas und der nördlichen Bundesstaaten der USA ist diese Strauchrose – wie auch die meisten anderen Vertreter der winterharten „Morden-Serie" – nicht sonderlich bekannt. **ZONEN 3–9.**

Marshall, Kanada, 1977

'Fire King' × ('J. W. Fargo' × 'Assiniboine')

## 'MORGENGRUSS'

**Syn. 'Morning Greeting'**

STRAUCHROSE, ORANGEROSA, ÖFTERBLÜHEND

Diese äußerst wuchsfreudige Strauchrose wächst bis zu 3 m hoch und wird auch ebenso breit. Die eiförmigen Knospen öffnen sich zu stark gefüllten, hellrosa Blüten mit orangegelber Tönung. Diese

'Morden Ruby'

'Morden Blush'

'Moth'

stehen in Büscheln und duften stark. Ihr üppiges Laub ist glänzend und hellgrün. 'Morgengruß' ist ein ausgezeichneter Strauch für Parks, wo er für eine farbenfrohe Frühlingsblüte sorgt. Die Rose benötigt jedoch viel Platz, um ihr ganzes Potential auszuschöpfen. In kühleren Gebieten gedeiht sie besonders gut. **ZONEN 4–11.**

Kordes, Deutschland, 1962

Eltern unbekannt

## 'MORGENROT' KORheim

STRAUCHROSE, ROT+, ÖFTERBLÜHEND

Diese ausgezeichnete Strauchrose ist das Ergebnis einer komplizierten Kreuzung aus Floribundarosen, Teehybriden und Strauchrosen. Sie ist ein mittelgroßer Strauch mit im Frühjahr reichlich erscheinenden, einfachen, hellroten, aus 5 Petalen bestehenden Blüten, die leicht duften. Die Blätter sind klein, dunkelgrün und mattglänzend. Wenn man Verwelktes nicht entfernt, setzen büschelweise runde Hagebutten in stumpfem Rot an, die bis in den Winter hinein am Strauch sitzen. **ZONEN 4–11.**

Kordes, Deutschland, 1985

('Marlena' × 'Europeana') × (['Super Star' × 'Carina'] × ['Cläre Grammerstorf' × 'Frühlingsmorgen'])

Paris Goldmedaille 1983

## 'MORLETII'

**Syn. *Rosa pendulina plena*, 'Inermis Morletii'**

ALTE R., BOURSAULTROSE, MAUVE

Bei den Boursaultrosen geht man davon aus, daß sie aus einer Kreuzung von *Rosa pendulina* und *R. chinensis* hervorgegangen sind. Wenn überhaupt, haben sie nur wenige Stacheln (das lateinische *inermis* bedeutet „unbewaffnet"), und es gibt heute nur noch vier Boursaultrosen im Handel; 'Morletii' wurde als letzte eingeführt. Die Pflanze hat einen überhängenden Wuchs, wird normalerweise 3 m hoch und breit und trägt im Frühsommer viele Büschel mit kleinen, gefüllten magentafarbenen Blüten. Die Rose kann auch als Kletterrose gezogen werden. Im Frühling ist der Blattaustrieb kupferrot, das Herbstlaub wird orangerot. **ZONEN 4–9.**

Morlet, Frankreich, 1883

Eltern unbekannt

## 'MORNING BLUSH'

ALTE R., ALBA-ROSE, HELLROSA+

Der in der Mitte hohe und aufrechte Busch fließt wie ein Springbrunnen von

'Moulin Rouge'

der Basis aus nach außen und braucht daher viel Platz, damit er sich gut entwickeln kann. Die halbgefüllten, cremeweißen Blüten mit breiter dunkelrosafarbener Umrandung sitzen fast den ganzen Juni über auf den kräftigen Trieben, während die großen, glänzenden, dunkelgrünen Blätter einen attraktiven Hintergrund bieten. 'Morning Blush' duftet leicht. Wie alle Alba-Rosen ist auch diese Sorte sehr gesund und wird nicht von Mehltau oder Sternrußtau befallen. Als Landschaftspflanze ist 'Morning Blush' eine gute Rose für den Hintergrund einer Rabatte oder für eine Hecke. Sievers ist der erste Züchter unserer Tage, der erfolgreich Alba-Rosen züchtete, die zudem noch winterfest sind. **ZONEN 4–9.**

Sievers, Deutschland, 1988

Eltern unbekannt

## 'MORNING JEWEL'

GROSSBLUMIGE KLETTERROSE, REIN ROSA, ÖFTERBLÜHEND

Diese kleine, hübsche Kletterrose eignet sich hervorragend für Säulen oder Pyramiden. Die großen, duftenden Blüten sind rosarot und mit 20 Petalen halb gefüllt. Die Blüten stehen einzeln und in Büscheln. Die Pflanze ist recht gesund, ihr üppiges Laub ist glänzend und die Erneuerung der Blüten ausgezeichnet. 'Morning Jewel' gehört zu den besten duftenden, rosafarbenen Kletterrosen für Rosenbögen, Pergolen und Lauben. **ZONEN 5–11.**

Cocker, Großbritannien, 1968

'New Dawn' × 'Red Dandy'

ADR-Rose 1975, Royal Horticultural Society Award of Garden Merit 1993

## 'MOTH'

**Syn. 'The Moth'**

STRAUCHROSE, MAUVE, ETWAS NACHBLÜHEND

Die auch als Englische Rose bezeichnete 'Moth' ist eine recht große Strauchrose. Die schlanken, eleganten Knospen öffnen sich zu halbgefüllten, hellrosa Blüten mit etwa 15 Petalen und einem Staubfadenbüschel in der Mitte. Sie kommen mit kurzen Seitentrieben auf den letztjährigen Langtrieben und bedecken dann im Frühjahr den ganzen Busch. Die Nachblüte erfolgt ziemlich langsam. 'Moth' hat einen recht unbeholfenen, kantigen Wuchs mit dickem, stachelreichem Holz. Bei kühler Witterung können die Blüten sehr schön sein; sie öffnen sich aber zu schnell und halten bei warmem Wetter nicht gut. Benannt ist 'Moth' nach einer Elfe aus Shakespeares Komödie *Ein Sommernachtstraum*. **ZONEN 5–10.**

Austin, Großbritannien, 1983

Eltern unbekannt

'Morletii'

## 'MOTHER'S LOVE' TINlove

ZWERGROSE, ROSA+, ÖFTERBLÜHEND

Die eiförmigen Knospen dieser Sorte öffnen sich zu pastellrosafarbenen, gefüllten Blüten mit etwa 25 Petalen und gelber Basis. Die Blüten besitzen einen besonders fruchtigen Duft und stehen einzeln oder in kleinen Büscheln. In warmen, sonnigen Lagen kann die Farbe schnell verblassen. Die mittelgroße, kompakte Pflanze ist von mattglänzendem, mittelgrünem Laub bedeckt. 'Mother's Love' ist eine außerordentlich schöne Sorte, die einem Garten mit ihrem Farbteppich besonderen Reiz verleiht. Sie ist eine Schwestersorte vieler anderer Rosen, die Dee Bennett aus den Elternsorten 'Futura' und 'Party Girl' züchtete. **ZONEN 5–10.**

Bennett, USA, 1989

'Futura' × 'Party Girl'

## 'MOTHERSDAY'

**Syn. 'Muttertag', 'Fête Des Mères', 'Morsdag', 'Mothers Day'**

POLYANTHAROSE, DUNKELROT, ÖFTERBLÜHEND

Viele Polyantharosen sind Sports von 'Orléans Rose' oder 'Dick Koster', und auch 'Mothersday' ist ein Sport der letzteren. Die kleinen, gefüllten Blüten sind dunkelrot, kugelförmig und blühen in Büscheln aus 5–20 Einzelblüten. Die zwergwüchsige Pflanze ist mit kleinen, glänzenden Blättern besetzt. Der Flor ist reich, doch erneuern sich die Blüten nur recht langsam. Wie bei den meisten Polyantharosen kann auch hier Mehltau zum Problem werden. In Europa wurde diese Rose in großen Mengen in Töpfen gezogen, damit sie rechtzeitig zum Muttertag blühte. **ZONEN 4–11.**

Grootendorst, Deutschland, 1949

Sport von 'Dick Koster'

## 'MOULIN ROUGE'

**Syn. 'Sans Souci'**

FLORIBUNDA, ROT, ÖFTERBLÜHEND

Diese Rose hat ihre Farbe von 'Alain' und die großen, lange haltbaren Blütenbüschel von 'Orange Triumph' geerbt. Die duftenden, kräftig roten Blüten sind mittelgroß, mit 20 Petalen gefüllt und zunächst becherförmig, bevor sie sich flacher öffnen. Sie werden 5 cm groß und erscheinen in wohlgeordneten Büscheln. Die Pflanze hat einen aufrechten Wuchs und trägt glänzendes Laub. 'Moulin Rouge' ist eine der ersten wirklich guten Floribundarosen, die sich für Beete eignet; sie legte damit den Grundstein für die Beliebtheit dieser Rosenklasse in Parks und Gärten. **ZONEN 5–11.**

Meilland, Frankreich, 1952

'Alain' × 'Orange Triumph'

Genf Goldmedaille 1952, National Rose Society President's International Trophy 1952

'Morning Blush'

'Morgengruß'

M

## 'MOUNT HOOD' MACmouhoo

**Syn. 'Foster's Melbourne Cup', 'Foster's Wellington Cup'**

TEEHYBRIDE, WEISS, ÖFTERBLÜHEND

Die Blüten dieser Rose sind elfenbeinweiß und duften leicht. Sie sind mit 40 Petalen stark gefüllt und bilden eine symmetrische, hohe Mitte. Die Blüten stehen meist in Büscheln und vermitteln den Eindruck, als sei der Busch mit Schnee bedeckt. Die gut verzweigte, hohe, aufrechte Pflanze ist sehr wuchsfreudig und krankheitsfest. Sie trägt glänzende, dunkelgrüne Blätter und bringt außerordentlich viele Blüten hervor, doch benötigen diese viel Wärme, um sich vollständig zu öffnen. Die Teehybride ist ein Schwestersämling der berühmten 'Singin' in the Rain'. Ihr Züchter benannte sie nach dem schneebedeckten Mount Hood, der sich über der Schlucht des Columbia River in Oregon (USA) erhebt. **ZONEN 5–10.**

McGredy, Neuseeland, 1991

'Heckenzauber' × 'Pot o' Gold'

Neuseeland Goldmedaille 1992, All-American Rose Selection 1996

## 'MOUNT SHASTA'

TEEHYBRIDE, WEISS, ÖFTERBLÜHEND

'Mount Shasta' gehört immer noch zu den besten weißen Rosen. Die Knospen sind sehr groß, lang und spitz sowie sehr attraktiv. Sie öffnen sich zu schön geformten, mit gut 20 Petalen gefüllten Blüten. Die duftenden, becherförmigen Blüten werden 12 cm groß und sitzen auf sehr langen Stielen, die sich im Knospenstadium hervorragend schneiden lassen. Das ledrige Laub ist graugrün gefärbt und bildet einen attraktiven Hintergrund für die Blüten. Die sehr wuchsfreudige Pflanze wächst aufrecht. Die weißen Blüten von 'Mount Shasta' leuchten noch deutlich intensiver als die von 'Pascali' und 'Tineke' und sind damit bestens für Hochzeitssträuße geeignet.

**ZONEN 5–10.**

Swim und Weeks, USA, 1963

'Queen Elizabeth' × 'Blanche Mallerin'

## 'MOUNTBATTEN' HARmantelle

FLORIBUNDA, REIN GELB, ÖFTERBLÜHEND

'Mountbatten' ist eine besonders kräftig wachsende, gesunde Rose mit extrem üppigem Laub und dichtem Wuchs. Die rein gelben, duftenden Blüten bestehen aus 45 Petalen und sind zunächst becherförmig, bis sie sich bei voller Blüte flach öffnen. Sie erscheinen einzeln oder mit mehreren Blüten zusammen auf langen Stielen. Die großen Blätter sind dunkelgrün und glänzend. Der erste Flor fällt sehr stark aus, auch die Nachblüte erfolgt gut. Man kann die kräftige Floribundarose auch als Strauchrose in gemischten Rabatten oder als Solitär verwenden.

**ZONEN 5–10.**

Harkness, Großbritannien, 1982

'Peer Gynt' × (['Anne Cocker' × 'Arthur Bell'] × 'Southampton')

Royal National Rose Society Certificate of Merit 1979, Lyon Rose de Siècle 1980, Britische Rose des Jahres 1982, Belfast Goldmedaille, Orléans Goldmedaille 1984, Courtrai Goldmedaille 1986, Goldene Rose von Den Haag 1986, Royal Horticultural Society Award of Garden Merit 1993

'Mount Hood'

'Mount Shasta'

'Movie Star'

'München'

## 'MOUSSEUX DU JAPON'

**Syn. 'Japonica', 'Moussu du Japon', 'Muscosa Japonica'**

ALTE R., MOOSROSE, MAUVE

Die duftenden Blüten dieser Rose sind locker gefüllt. Sie werden etwa 6,5 cm breit und sind magentarosafarben, gehen aber später in weicheres Lilarosa über. Diese Rose ist ein niedriger bis mittelhoch (1,2–1,5 m) wachsender Strauch mit eckigem Wuchs. Er bringt steife, stark bemooste Langtriebe mit Seitentrieben hervor, die gut proportionierte Blütenbüschel tragen. Die Blätter sind oval, ledrig und dunkelgrün mit purpurgrauem Überzug. 'Mousseux du Japon' ist die vermutlich am stärksten bemooste Rose ihrer Art – das Moos breitet sich über die ganze Pflanze aus, auch über die Blattstiele, Knospen und Blütenkelche. Es ist hellgrün, dicht und fühlt sich weich an; ohne diese reiche Bemoosung wäre die Sorte kaum erwähnenswert.

**ZONEN 4–11.**

Eltern unbekannt

## 'MOVIE STAR' TANeivom

TEEHYBRIDE, ROSA+, ÖFTERBLÜHEND

Über diese Gewächshaussorte ist noch sehr wenig bekannt. Sie trägt gefüllte Blüten mit hoher Mitte, wobei sich die korall-lachsfarbenen Petalen mit zunehmender Blütenreife zurückbiegen. 'Movie Star' ist von glänzendem, dunkelgrünem Laub besetzt, und die Blüten stehen einzeln auf einem Stiel. **ZONEN 5–10.**

Tantau, Deutschland, 1995

Eltern unbekannt

## 'MOZART'

STRAUCHROSE, MOSCHATA-HYBRIDE, ROSA+, ÖFTERBLÜHEND

Diese ausgezeichnete Strauchrose hat duftende, einfache dunkelrosa Blüten mit einem großen, weißen Auge. Die Blüten sind klein und stehen in großen

'Mountbatten'

'Mutabilis'

Büscheln. Die Erneuerung der Blüten ist gut, besonders im Herbst, wenn gewaltige Blütendolden hervorgebracht werden, die sich lange Zeit halten. Die Pflanze ist sehr wuchsfreudig, wächst ausladend und ist recht gesund. **ZONEN 4–11.**

Lambert, Deutschland, 1937

'Robin Hood' × 'Rote Pharisäer'

## 'MULTIFLORE DE VAUMARCUS'

ALTE R., NOISETTEROSE, HELLROSA, ETWAS NACHBLÜHEND

Diese kontinuierlich blühende Sorte ist nicht sehr bekannt, jedoch bei spezialisierten Gärtnern in Europa erhältlich. Die Pflanze hat einen mittleren Wuchs, ist buschig, gesund und trägt rosafarbene, mittelgroße bis große Blüten in großen Dolden. **ZONEN 7–9.**

Menet, Frankreich, 1875

Eltern unbekannt

## 'MÜNCHEN'

STRAUCHROSE, DUNKELROT, ÖFTERBLÜHEND

Diese Sorte hat lange, spitze Knospen, die sich zu halbgefüllten, scharlachkarminroten Blüten mit leichtem Duft öffnen. Die Blüten erscheinen in kleinen Büscheln auf kräftigen Stielen. Die Blütenfarbe ist zuerst ein sehr attraktives Kardinalsrot, das in praller Sonne eine etwas hellere Tönung annimmt. Die goldgelben Staubgefäße heben sich davor wirkungsvoll ab. Die Pflanze hat einen ausladenden Wuchs und trägt glänzendes, dunkelgrünes Laub. Diese Rose ist äußerst wuchsfreudig und zeigt eine befriedigende Nachblüte. **ZONEN 4–10.**

Kordes, Deutschland, 1940

'Eva' × 'Reveil Dijonnais'

## 'MÜNCHNER KINDL'

**siehe 'Dicky'**

## 'MUSCOSA ALBA'

**siehe 'White Bath'**

## 'MUTABILIS'

**Syn. *Rosa chinensis mutabilis*, 'Tipo Idéale'**

ALTE R., CHINAROSE, GELB+, ETWAS NACHBLÜHEND

Diese Rose wurde erstmals wahrscheinlich 1934 vom Schweizer Botaniker Henri Correvon aus Genf in den Gartenbau eingeführt, nachdem er sie im Garten der Isola Bella im Lago Maggiore entdeckt hatte. Sie wächst zu einen großen, kletternden Busch heran. Die Blüten erinnern äußerlich an gaukelnde Schmetterlinge und erscheinen in großen Mengen. Sie sind beim Öffnen gelb, später färben sie sich dann rosa und zum Schluß karminrot. Der Flor dauert lange an. **ZONEN 5–10.**

China (?), in Italien eingeführt, vor 1894

Eltern unbekannt

Royal Horticultural Society Award of Garden Merit 1993

## 'MUTTERTAG'

**siehe 'Mothersday'**

## 'MY CHOICE'

TEEHYBRIDE, ROSA+, ÖFTERBLÜHEND

Die gefüllten Blüten dieser Sorte bestehen aus 30 Petalen, sind rosa mit blaßgelben Rückseiten und besitzen einen bemerkenswerten Damaszenerduft. Die Knospen sind anfangs oft noch unattraktiv, reifen dann aber zu wunderschön geformten Blüten mit guter Substanz und Farbe heran. Die Blüten sind mit einem Durchmesser von 12–14 cm außergewöhnlich groß. Die wuchsfreudige, hoch wachsende Pflanze trägt sehr attraktives, ledriges, grünes Laub. 'My Choice' ist nicht winterhart und anfällig für Mehltau und Sternrußtau. Am besten gedeiht diese Rose in wärmeren Klimazonen. **ZONEN 5–11.**

LeGrice, Großbritannien, 1958

'Wellworth' × 'Ena Harkness'

Goldmedaille der National Rose Society 1958, National Rose Society Clay Cup for Fragrance 1958, Portland Goldmedaille 1961

## 'MY GIRL'

**Syn. 'Stadt Bottrop', 'Cunosa'**
FLORIBUNDA, ORANGE+, ÖFTERBLÜHEND

'My Girl' hat dunkle, lachsfarbene Blüten, die in mittelgroßen Büscheln erscheinen. Die recht großen, becherförmigen Blüten sind mit 30 Petalen gefüllt, zeigen goldene Staubgefäße und duften nicht. Der wuchsfreudige, aufrechte Busch ist ziemlich krankheitsfest und trägt dunkelgrünes Laub. **ZONEN 5–10.**

de Ruiter, Niederlande, 1964

'Dacapo' × Sämling einer Floribundarose

Den Haag Goldmedaille 1963

## 'MY GRANNY' POUloma

**Syn. 'Meine Oma', 'Granny', 'My Ouma'**
BODENDECKERROSE, REIN ROSA, ÖFTERBLÜHEND

Die Rose wächst schnell und trägt glän-

'My Valentine'

zend, dunkelgrünes und gesundes Laub, das einen attraktiven Hintergrund zu den zahlreichen Blüten bildet. Die offenen Blüten sehen aus wie kleine, rein rosafarbene Rosetten, besitzen aber keinen Duft. Wenn sich neue grundständige Triebe entwickeln, wachsen sie sich aus; der recht gesunde Strauch wird dabei kniehoch und doppelt so breit wie hoch. **ZONEN 4–11.**

Poulsen, Dänemark, 1991

Sämling × 'The Fairy'

## 'MY JOY'

TEEHYBRIDE, REIN ROSA, ÖFTERBLÜHEND

Die eleganten, langen, spitzen Knospen dieser Sorte öffnen sich zu rosaroten, perfekt geformten Blüten, die fast immer einzeln auf einem Stiel sitzen. Aufgrund der langen Stiele und der Haltbarkeit der Blüten ist diese Rose sehr gut für Ausstellungen oder zum Schnitt geeignet. Sie benötigt etwas Wärme, damit sich alle Petalen öffnen können. Auf einem wuchsfreudigen, aufrechten Strauch harmoniert das glänzend dunkelgrüne Laub hervorragend mit den hochwertigen Blüten. 'My Joy' wurde von Len Wood entdeckt, der von 1987–1988 Präsident der *Royal National Rose Society* war und selbst begeisterter Rosenaussteller ist. **ZONEN 5–11.**

Wood, Großbritannien, 1976

Sport von 'Red Devil'

## 'MY LOVE'

TEEHYBRIDE, DUNKELROT, ÖFTERBLÜHEND

Die Blüten dieser Sorte sind von attraktiver dunkelroter Farbe, die beim Öffnen nicht blasser wird. Die großen Blüten bestehen aus 45 Petalen und duften selbst

'My Choice'

bei kühlerem Wetter stark. Die Blütenform mit ihrer hohen Mitte prädestiniert 'My Love' als Ausstellungsrose. Die Blüten erscheinen meist einzeln, doch in kühleren Lagen wurde auch schon eine Büschelbildung beobachtet. Die wuchsfreudige, hohe Pflanze ist krankheits- und winterfest und trägt dunkelgrünes Laub. **ZONEN 4–11.**

Anderson, Großbritannien, 1960

'Bayadère' × 'Ena Harkness'

## 'MY PLEASURE'

FLORIBUNDA, ROT, ÖFTERBLÜHEND

Die Blüten stehen in kleinen bis großen Büscheln, die den Busch vollständig bedecken. Ihre Farbe ist ein leuchtendes Rot, das nicht verblaßt. Die attraktiven Knospen öffnen sich zu gefüllten Blüten mit guter Substanz, die Nachblüte fällt gut aus. Das Laub ist üppig, dunkelgrün und mattglänzend. 'My Pleasure' ist gesund ist und weist einen mittelhohen, sehr kompakten Wuchs auf. **ZONEN 5–11.**

LeGrice, Großbritannien, 1988

Eltern unbekannt

## 'MY VALENTINE' MORmyval

ZWERGROSE, DUNKELROT, ÖFTERBLÜHEND

Die kleinen Knospen dieser Rose öffnen sich zu dunkelroten Blüten, die nach vollständigem Öffnen etwas heller werden. Die Blüten sind mit 60 Petalen dicht gefüllt, bilden eine hohe Mitte und erscheinen meist in Büscheln, die von glänzend bronzegetöntem Laub umrahmt sind. Die Pflanze ist wuchsfreudig und wächst aufrecht. 'My Valentine' ergibt eine schöne, wuchsfreudige Topfblume. Die rote Zwergrose wurde speziell für den Valentinstag (14. Februar) gezüchtet, an dem sich Verliebte weltweit Postkarten schicken und kleine Geschenke machen. **ZONEN 5–10.**

Moore, USA, 1975

'Little Chief' × 'Little Curt'

'My Pleasure'

## 'MYRA STEGMAN'

TEEHYBRIDE, ORANGEROSA, ÖFTERBLÜHEND

Die gefüllten Blüten in Lachsapricot lassen sich gut zu Sträußen für den Alltag verarbeiten, duften leider jedoch nicht. Der Busch ist mittelhoch, bisweilen recht groß und macht sich neben höheren Begleitpflanzen, wie z. B. blauem Ceanothus, besonders gut. Die Teehybride wurde nach Myra Stegman benannt, die sich um die Verbreitung der Rosenzucht in Südafrika sehr verdient gemacht hat. **ZONEN 4–11.**

Taschner (Markteinführung), Südafrika, 1991

Sport von 'Duet'

## 'MYRIAM' COCgrand

TEEHYBRIDE, HELLROSA, ÖFTERBLÜHEND

Diese Rose hat große, hellrosarote und stark duftende Blüten. Sie sind mit 45 Petalen dicht gefüllt und erscheinen einzeln auf dem Stiel. Das Laub ist mittelgrün und mattglänzend; die Triebe sind mit einigen Stacheln besetzt. Die Pflanze hat einen hohen, aufrechten Wuchs. Die Elternsorten dieser Rose sind beide auf ihre Weise berühmt, und dem Züchter ist es gelungen, deren beste Eigenschaften auf diesen Nachkömmling zu übertragen. **ZONEN 5–10.**

Cocker, Großbritannien, 1992

'Typhoo Tea' × 'Grandpa Dickson'

'My Girl'

'My Joy'

NO

## 'NANA MOUSKOURI'

FLORIBUNDA, WEISS, ÖFTERBLÜHEND

Im Knospenstadium kurz vor dem Aufblühen sind die cremefarbenen Blüten schwach rosa überlaufen, in warmen Zonen später fast rein weiß. Sie duften und besitzen etwa 30 Petalen sowie eine symmetrische, hohe Mitte, wodurch sie sich gut für Ausstellungszwecke eignen. Die in kleinen bis mittelgroßen Büscheln sitzenden Blüten hüllen den Strauch ein und bereiten im Garten einen wunderschönen Anblick. Das Laub der aufrechten, kompakten Rose ist rein dunkelgrün. Die kräftige Sorte ist gegen Mehltau und Sternrußtau resistent. Sie wurde nach der berühmten griechischen Schlagersängerin benannt.

**ZONEN 5–10.**

Dickson, Großbritannien, 1975

'Redgold' × 'Iced Ginger'

## 'NANCY GARDINER' KORkeindor

FLORIBUNDA, ORANGE/ROSA, ÖFTERBLÜHEND

Nancy Gardiner ist eine angesehene südafrikanische Gartenbuchautorin und Fotografin. Die nach ihr benannte beliebte, gefällige Gartenrose wird mittelhoch und hat keine Stacheln. Sie ist krankheitsfest, pflegeleicht und eignet sich sehr gut für Rabatten. 'Nancy Gardiner' bildet fortwährend neue Stiele mit zart duftenden einzelnen Blüten oder Blütenbüscheln. Aufgrund der haltbaren Blüten bildet sie eine gute Schnitt- und Ausstellungsrose. Kleine, als Ansteckrosen ideale Knospen öffnen sich zu gefüllten, hellkorallrot-lachsfarbenen Blüten mit kompakter Mitte und zurückgerollten äußeren Blütenblättern. Die zarte Rose eignet sich ebensogut für den Garten wie auch für das Haus.

**ZONEN 4–10.**

Kordes, Deutschland, 1994

Eltern unbekannt

## 'NANCY HAYWARD'

GROSSBLUMIGE KLETTERROSE, ROT, ÖFTERBLÜHEND

Sie besitzt leuchtend kirschrote Blüten, die zu Karminrot verblassen. Die Blüten sind groß, einfach und duften nur leicht. Ihr mittelgrünes Laub ist äußerst krankheitsfest. Die Seitentriebe der wuchsfreudigen Kletterrose müssen zur vollen Entfaltung zahlreicher Blüten an einem Zaun oder einer Mauer gezogen werden. In voller Blüte ist die Rose von atemberaubender Schönheit. Sie hält lange als Schnittrose und benötigt fast gar keine Pflege; sie sollte aber von verwelkten Blüten gesäubert werden. 'Nancy Hayward' eignet sich sehr gut für Balkongeländer, wo sie während der gesamten Saison unablässig blüht. **ZONEN 5–10.**

Clark, Australien, 1937

'Jessie Clark' × Sämling

'Nancy Hayward'

'Nancy Hayward'

'Nancy Steen'

'Nancy Steen'

'National Trust'

## 'NANCY STEEN'

FLORIBUNDA, ROSA+, ÖFTERBLÜHEND

Die großen, duftenden, gefüllten Blüten haben 30 rosafarbene Petalen und eine zart cremefarbene Mitte. Die flache, zwanglose Blütenform hebt sich von dem glänzend dunkelgrünen Laub ab. Sie ist starkwüchsig und trägt eine Fülle von Blütenbüscheln. 'Nancy Steen' gehört zwar zu den Floribundarosen, ähnelt jedoch eher einer Strauchrose. Sherwood benannte sie nach einer der bedeutendsten Rosenzüchterinnen Neuseelands, die sich intensiv darum bemühte, daß das Interesse an Alten Gartenrosen wiederauflebte. **ZONEN 5–10.**

Sherwood, Neuseeland, 1976

'Pink Parfait' × ('Ophelia' × 'Parkdirektor Riggers')

## 'NARROW WATER'

ALTE R., NOISETTEROSE, HELLROSA, ETWAS NACHBLÜHEND

Die kleinen, rosettenförmigen, lavendelrosa Blüten der mittelhohen bis hohen Noisetterose sind in Büscheln angeordnet. Sie erinnert an die ursprüngliche Noisetterose 'Blush Noisette' und ist wirklich eine begehrenswerte Sorte für den Garten. Das Schloß Narrow Water steht zwischen Newry und Warrenpoint an einer Engstelle des Carlingford, dem Grenzfluß zwischen der Republik Irland und Nordirland. **ZONEN 4–10.**

Daisy Hill Nursery, Irland, um 1883

Sport von 'Nastarana'

'Nana Mouskouri'

'Narrow Water'

## 'NATASCHA '

siehe 'Malcolm Sargent'

## 'NATHALIE NYPELS'

siehe 'Mevrouw Nathalie Nypels'

## 'NATIONAL TRUST'

Syn. 'Bad Nauheim'

TEEHYBRIDE, DUNKELROT, ÖFTERBLÜHEND

Ihre leuchtend roten, wetterfesten Blüten von klassischer, großblumiger Form sitzen auf kräftigen Stielen. Sie erreichen einen Durchmesser von 10 cm, sind mit etwa 55 Petalen stark gefüllt, duften jedoch nicht. Die Blüten sitzen einzeln auf Stielen einer kräftigen, kompakten Pflanze von kleinem, ordentlichem Wuchs, deren mittel- bis dunkelgrünes Laub krankheitsfest ist. Diese Teehybride des Briten McGredy erhielt ihren Namen anläßlich des 75. Jahrestages des britischen *National Trust.* **ZONEN 4–11.**

McGredy, Großbritannien, 1970

'Irish Wonder' × 'King of Hearts'

Royal National Society Trial Ground Certificate 1969, Belfast Certificate of Merit 1972

## 'NEARLY WILD'

FLORIBUNDA, REIN ROSA, ÖFTERBLÜHEND

Kleine, spitze Knospen öffnen sich zu rosafarbenen, einfachen, duftenden Blüten. Sie wachsen in Büscheln auf langen, geraden Stielen an einer buschigen, kompakten Pflanze, die recht krankheitsfest ist. Diese klassische Rose ist zwar fast ausgestorben und nicht mehr im Handel erhältlich, wächst jedoch noch in vielen alten Gärten von Museen und Schlössern. Die Mutterpflanze 'Dr. W. van Fleet' wurde häufig bei der Rosenzucht verwendet, ihr berühmtester Nachkömmling ist jedoch der kletternde Sport 'New Dawn', der 1997 durch die *World Federation of Rose Societies* zur „Weltrose" gekürt wurde. **ZONEN 4–10.**

**Brownell, USA, 1941**

**'Dr. W. van Fleet' × 'Leuchtstern'**

## 'NELLIE NIEL'

**TEEHYBRIDE, WEISS+, ÖFTERBLÜHEND**

Sie wurde nach der Mutter von John Niel, einem der bekanntesten australischen Züchter von Schnittrosen, benannt. Ihre großen Schalenblüten mit cremefarbenen, nach außen hin dunkelrosa überlaufenen Blütenblättern besitzen 25–30 breite Petalen von fester Struktur. Die Knospen erscheinen einzeln und in kleinen Büscheln, und das große, reichliche Laub glänzt tief dunkelgrün. Der Knospenansatz ist durchschnittlich mit zögerlicher Nachblüte. **ZONEN 5–9.**

**Dawson, Australien, 1975**

**Eltern unbekannt**

## 'NÉMÉSIS'

**ALTE R., CHINAROSE, DUNKELROT, ETWAS NACHBLÜHEND**

'Némésis' trägt pomponförmige, kräftig pflaumenblau-karminrote Blüten mit kupferroten Schattierungen. Sie bildet Büschel mit im Frühsommer kleinen, später größeren gefüllten Blüten aus. 'Némésis' ist eine zwergwüchsige Sorte von ca. 1 m Höhe mit dünnen Zweigen und kleinen Blättern. **ZONEN 7–9.**

**Vibert, Frankreich, 1834**

**Eltern unbekannt**

## 'NEON' KORenon

**FLORIBUNDA, ORANGE+, ÖFTERBLÜHEND**

Wie der Name bereits sagt, leuchten die Blüten intensiv in einer Mischung aus Rosa- und Orangetönen. Sie sind wohlgeformt und haben ca. 25 kleine und mittelgroße Petalen mit nur schwachem Duft. Die Rose beginnt im Sommer reichlich zu blühen und zeigt bis in den Spätherbst hinein Farbe. Sie ist heute nicht mehr im Handel erhältlich, wurde aber in ihren besten Jahren gerne wegen

'Neon'

'Nevada'

ihres kompakten Wuchses im vorderen Bereich von Rabatten oder in kleinen Beeten angepflanzt. Das mittelgrüne Laub ist sehr anfällig für Sternrußtau. **ZONEN 5–9.**

**Waterhouse Nursery Ltd., Großbritannien, 1971**

**Eltern unbekannt**

## 'NESTOR'

**ALTE R., GALLICA-ROSE, ROT**

'Nestor' besitzt stark gefüllte, flache, schalenförmige, geviertelte Blüten. Sie sind magentafarben mit äußeren Blättern in lieblichem Lila-Rosa. Das Laub der mittelwüchsigen Pflanze ist hellgrün. Diese herrliche Rose verdient einen Platz in jedem Garten. Die Herkunft ihres Namens ist ungewiß. Wahrscheinlich wurde sie nach einem Franzosen und nicht nach jenem sagenhaften König von Pylos benannt, der mit den Hellenen in den Trojanischen Krieg zog. **ZONEN 4–9.**

**Vor 1848**

**Eltern unbekannt**

## 'NEUE REVUE' KORrev

**Syn. 'News Review'**

**TEEHYBRIDE, ROT+, ÖFTERBLÜHEND**

Die großen, perfekt geformten Blüten mit einer kräftigen Mischung aus Cremeweiß, Rosa und einem Hauch von Korallrot sind sensationell. Sie besitzen 30 Petalen und einen starken Duft. Das glänzend dunkelgrüne, krankheitsfeste Laub ist für Rosen des Meisterzüchters Reimer Kordes typisch. Der Stamm ist mit vielen Stacheln übersät, ein weiteres

'Neue Revue'

'Nellie Niel'

'Neville Gibson'

Merkmal der Kordes'schen Züchtungen. Die kräftige, aufrecht wachsende Sorte erhält jedoch keine Bestnoten, da sie das weiche Holz ihrer Großmutter 'Perfecta' geerbt hat. 'Neue Revue' wurde nach jener damals bekannten deutschen Frauenzeitschrift benannt. **ZONEN 5–10.**

**Kordes, Deutschland, 1962**

**'Königin der Rosen' × 'Freiheitsglocke'**

**ADR-Rose 1969**

## 'NEVADA'

**STRAUCHROSE, WEISS, ÖFTERBLÜHEND**

Rosa- bis apricotfarbene, ovale Knospen öffnen sich zu cremeweißen Blüten mit einem Durchmesser von 10 cm und einer gelegentlich karminrot gesprenkelten Unterseite. Die wetterfesten, einfachen Blüten umhüllen den Strauch in kurzstieligen Büscheln. Das mittelgrüne Laub ist normalerweise robust, neigt aber unter feuchten Klimabedingungen zu Sternrußtau. Die große, kräftige Pflanze wird in den meisten Lagen bis 2 m hoch, blüht fast durchgehend und besitzt die Würde und Anmut einer Strauchrose, die mit einer Wildrose kombiniert wurde. Man nimmt an, daß für die Pollenvermehrung die tetraploide Form *Rosa moyesii* 'Fargesii' verwendet wurde. **ZONEN 4–10.**

**Dot, Spanien, 1927**

**Angeblich eine 'La Giralda' × Hybride von *Rosa moyesii***

**Royal Horticultural Society Award of Garden Merit 1993**

## 'NEVILLE GIBSON' HARportly

**TEEHYBRIDE, REIN ROSA, ÖFTERBLÜHEND**

Die hübschen, rein rosafarbenen Blüten besitzen 40 Petalen, erreichen einen Durchmesser von 10 cm und eignen sich aufgrund ihrer hohen, symmetrischen Mitte gut für Ausstellungszwecke. Sie duften und sitzen einzeln auf kräftigen, eleganten, geraden Stielen. Zum Aufblühen benötigt die Rose viel Wärme. Die hohe, kräftige, aufrecht wachsende Teehybride trägt mattglänzende, mittelgrüne Blätter. Sie ist normalerweise krankheitsfrei und in den meisten Zonen pflegeleicht. Ihre Farbe läßt sich gut mit den meisten Gartenpflanzen kombinieren. **ZONEN 5–10.**

**Harkness, Großbritannien, 1982**

**'Red Planet' × ('Carina' × 'Pascali')**

**Genève Rose d'Or Goldmedaille**

'New Beginning'

'New Daily Mail'

## 'NEW BEGINNING' SAVabeg

ZWERGROSE, ORANGE+, ÖFTERBLÜHEND

Ihre sehr dekorativen, leuchtend orangegelben Blüten mit 40–50 Petalen duften nicht. Sie sind von mittlerer Größe und normalerweise einzeln oder in kleinen Büscheln angeordnet. Der kompakte Strauch trägt mattglänzendes, mittelgrünes Laub. Die Sorte eignet sich ideal als Gartenrose, da sie fortwährend Blüten bildet, die in heißen Zonen nicht zu schnell verwelken. In kühleren Lagen sind Farbe und Form aber noch schöner. Aufgrund ihrer leuchtenden Farbe eignet sie sich gut für Blumenampeln und Rabatten sowie als Bodendecker. Sie war die erste Zwergrose, die den berühmten All-American Rose Selection-Preis erhielt, der bis dahin großen Rosenkategorien vorbehalten war. Dies ist eine wohlverdiente Ehre für den Züchter Harm Saville. Interessanterweise gingen aus der Mutterpflanze 'Zorina' auch viele andere Preisträger unter den Floribundarosen hervor. **ZONEN 5–11.**

Saville, USA, 1988

'Zorina' × Sämling

All-American Rose Selection 1989

## 'NEW DAILY MAIL'

**Syn. 'Puszta', 'Pussta'**

FLORIBUNDA, DUNKELROT, ÖFTERBLÜHEND

Kugelförmige Knospen öffnen sich zu großen, halbgefüllten, dunkelroten Blüten mit goldfarbenen Staubgefäßen, die nicht duften. Die dunkelgrünen Blätter der kräftigen, aufrechten Pflanze glänzen matt. Die Sorte hat zwei Vorgänger, nämlich die 1913 von Pernet-Ducher gekreuzte orangefarbene Edelrose 'Daily Mail Rose' und die karminrote Edelrose 'Daily Mail Scented Rose', die 1972 von Archer in England gezüchtet wurde. Desweiteren meldete dann 1989 der Inder B. K. Patil aus Bangalore **'Climbing New Daily Mail'** als neue Sorte an. **ZONEN 5–10.**

Tantau, Deutschland, 1972

'Letkis' × 'Walzertraum'

ADR-Rose 1972

## 'NEW DAWN'

**Syn. 'Everblooming Dr. W. van Fleet', 'The New Dawn'**

GROSSBLUMIGE KLETTERROSE, HELLROSA, ÖFTERBLÜHEND

'New Dawn' hat keine Makel, sondern nur einige großartige Eigenschaften, die

'New Day'

sie seit jeher zum Liebling vieler Züchter macht. Ihre Kennzeichen sind große, gefüllte, duftende, puderfarbene Blüten, die zu einer zartrosa-weißen Farbe verblassen. Das Laub der bis zu ca. 3–4 m hoch kletternden Rose ist glänzend dunkelgrün und krankheitsfest. Sie ist winterhart und trägt während der ganzen Wachstumsperiode eine außergewöhnliche Fülle von Blüten, die je nach Zone in Büscheln oder einzeln wachsen. Ein weiteres Plus ist ihr süßer Duft. Die Triebe lassen sich hervorragend biegen und auf diese Weise gut in verschiedene Gartenarrangements integrieren. Henry Dreer entdeckte die Sorte in einer Gärtnerei in Connecticut (USA). Sie war die erste Pflanze, die jemals in den USA patentiert wurde. **ZONEN 4–10.**

Dreer, USA, 1930

Sport von 'Dr. W. van Fleet'

Royal Horticultural Society Award of Garden Merit 1993, World Federation of Rose Societies World's Favorite Rose 1997

## 'NEW DAY' KORgold

**Syn. 'Mabella'**

TEEHYBRIDE, REIN GELB, ÖFTERBLÜHEND

Die klassisch geformten, mimosengelben, duftenden Blüten öffnen sich aus ovalen Knospen. Sie sind mit 30 Blütenblättern gefüllt, erreichen einen Durchmesser von 10–12 cm und sind offenbar recht wetterfest. Die äußerst dekorativen Blüten können je nach Zone eine außerordentlich symmetrische hohe Mitte haben. Sie verblassen in der Regel nicht und eignen sich gut zum Schnitt. 'New Day' trägt großes, hellgrünes Laub an einer aufrechten, kräftigen Pflanze und bevorzugt kühle Temperaturen. Auf dem deutschen Schnittblumenmarkt wird sie als 'Mabella' gehandelt. Diese Sorte ist ein weiteres Beispiel für das emsige Bemühen von Reimer Kordes, krankheitsfeste, winterharte Rosen zu züchten. **ZONEN 4–10.**

Kordes, Deutschland, 1977

'Arlene Francis' × 'Roselandia'

## 'NEW FACE' INTerclem

STRAUCHROSE, GELB+, ÖFTERBLÜHEND

Dem Holländer Peter Ilsink gelang die Zucht einer faszinierenden Reihe von Strauchrosen, von denen sich diese ganz besonders für große Gärten eignet, da sie mitunter doppelt so groß wie herkömmliche Strauchrosen wird. Die kleinen bis mittelgroßen Blüten sind cremegelb mit leuchtend rosafarbenen Rändern, erscheinen in großen Büscheln und blühen den ganzen Sommer und Herbst hindurch. 'New Face' eignet sich gut für große Rabatten oder naturbelassene Gärten; ihre jungen Blütenzweige geben ideale Schnittblumen ab. Die aufrechte, dicht verzweigte Rose breitet sich mit ihren bestachelten Stielen und mittelgroßen, mattglänzenden Blättern recht elegant aus. **ZONEN 4–9.**

Ilsink, Niederlande, 1978

Eltern unbekannt

Bagatelle Goldmedaille 1981

## 'NEW HORIZON' DICplay

FLORIBUNDA, ORANGE+, ÖFTERBLÜHEND

Die Farbe der Sorte ist schwer zu beschreiben. Sie ist hauptsächlich lachsfarben, während die Knospen gelegentlich rosa oder gelb überlaufen sind; beim Öffnen färben sich die Blüten dann rötlich. Die mittelgroßen, stark gefüllten Blüten sitzen in dichten Büscheln auf

'New Dawn'

'New Dawn'

'New Horizon'

'News'

aufrechten Stielen. Ihre Mitte ist schön konisch, bevor sie voll aufblühen und ihre Staubgefäße dem Betrachter zuwenden. Im Garten kann die nur schwach duftende Sorte in Rabatten oder für ein ganzes Beet verwendet werden. Sie wächst aufrecht und buschig, insgesamt wird sie aber nicht ganz so hoch wie andere Florbundarosen. Ihre Blüten erfreuen den ganzen Sommer und Herbst über vor dem Hintergrund zahlreicher glänzend mittelgrüner Blätter. **ZONEN 4–9.**

Dickson, Großbritannien, 1991

'Disco Dancer' × 'Bonfire Night'

Royal National Rose Society Trial Ground Certificate 1989, Belfast Goldmedaille 1993, Glasgow Certificate of Merit 1993

## 'NEW PENNY'

ZWERGROSE, ORANGEROT, ÖFTERBLÜHEND

Die kurzen, spitzen Knospen öffnen sich zu orangeroten oder korallrosa halbgefüllten Blüten mit ca. 20 Petalen, die in voll aufgeblühtem Zustand am schönsten sind. Ihre Färbung hängt von den Witterungsbedingungen ab. Die duftenden Blüten haben hübsche Staubgefäße und wachsen in großen Büscheln auf kräftigen, geraden Stielen. Das Laub der gefälligen, kompakten Rose ist ledrig glänzend und wirkt im Halbschatten noch schöner; auch halten dort die Blüten länger. Moore setzte die Mutterpflanze *Rosa wichuraiana* × 'Floradora' häufig für seine Zwergrosen-Meisterzüchtungen ein. **ZONEN 4–10.**

Moore, USA, 1962

(*Rosa wichuraiana* × 'Floradora') × Sämling

## 'NEW STAR'

TEEHYBRIDE, REIN GELB, ÖFTERBLÜHEND

Die exzellente, rein gelbe Beetrose trägt viele wohlgeformte Knospen, die sich nach und nach zu attraktiven Blüten mit 30–35 Blütenblättern entwickeln. Sie erreichen einen Durchmesser von 12 cm, sind in Form und Farbe beständig und erscheinen fast durchgehend in großer Zahl. 'New Star' ist von hohem, aufrechtem Wuchs mit glänzenden, tief dunkelgrünen, äußerst robusten Blättern. Die spitz ausgezogenen Blütenblätter der 'New Star', die sich in einer Vase ganz gut macht, könnten der Grund für ihren Namen sein. In Japan werden heute viele hervorragende Rosen gezüchtet, von denen 'New Star' eine der wenigen ist, die in anderen Ländern eingeführt wurde. **ZONEN 5–9.**

'New Zealand'

Keisei, Japan, 1987

Eltern unbekannt

## 'NEW YEAR' MACnewye

Syn. 'Arcadian'

TEEHYBRIDE, ORANGE+, ÖFTERBLÜHEND

Ihre Blütenfarbe ist eine wunderbare Mischung aus klarem Orange und Goldgelb. Die wohlgeformten, mit 20 Petalen gefüllten Blüten duften leicht. Sie sind in kleinen Büscheln oder auch einzeln angeordnet. Bei hohen Temperaturen neigen sie dazu, sehr rasch aufzublühen, was ihre Üppigkeit jedoch wettmacht. Die hohe, aufrechte, kräftige Rose besitzt große, dunkelgrüne Blätter. Sie ist krank-heitsfest, aber nicht ausreichend winterhart. Aufgrund ihres dichten, buschigen Wuchses ist sie eine ideale Gartenrose, die die ganze Saison hindurch blüht. 1995 entdeckte der Texaner Joe Burks einen kletternden Sport mit 6–14 Petalen. **ZONEN 5–10.**

McGredy, Neuseeland, 1983

'Mary Sumner' × Sämling

All-American Rose Selection 1987

## 'NEW YORKER'

TEEHYBRIDE, ROT, ÖFTERBLÜHEND

Die samtig scharlachroten Blüten besitzen 35 Petalen und halten ihre Leuchtkraft ungeachtet der klimatischen Bedingungen. Sie erreichen einen Durchmesser von fast 12 cm. Die schön symmetrischen Blüten haben eine hohe Mitte, einen herrlich fruchtigen Duft und erscheinen nur selten in Büscheln. Die Rose ist von kräftigem, reichverzweigtem Wuchs und gut winterhart, neigt aber zu Echtem Mehltau. 'New Yorker' war einmal eine beliebte Sorte, ist mittlerweile jedoch aus dem Handel verschwunden. **ZONEN 4–10.**

'New Star'

Boerner, USA, 1947

'Flambeau' × Sämling

National Rose Society Certificate of Merit 1950

## 'NEW ZEALAND' MACgenev

Syn. 'Aotearoa New Zealand'

TEEHYBRIDE, HELLROSA, ÖFTERBLÜHEND

Die großen, wohlgeformten Blüten besitzen einen zarten, warmen Rosaton und erscheinen einzeln auf kräftigen, geraden Stielen. Die Einzelblüten sind mit 30-35 Petalen gefüllt und duften intensiv nach Geißblatt. Am kräftigen, wohlgeformten, aufrechten Strauch wachsen glänzend dunkelgrüne, sehr gesunde Blätter. Neben vielen anderen Vorzügen besticht die Rose vor allem durch ihren betörenden Duft. Nach dem Verpflanzen benötigt sie ein Jahr, bis sie sich an den den neuen Standort gewöhnt hat, und bevorzugt zur vollen Entfaltung ein gleichmäßig warmes Klima. 'New Zealand' macht Sam McGredy große Ehre, der als Züchter qualitativ hochwertiger Edelrosen mit außerordentlichen Merkmalen eine Spitzenstellung eingenommen hat. **ZONEN 4–10.**

McGredy, Neuseeland, 1991

'Harmonie' × 'Auckland Metro'

Portland Goldmedaille und Duftpreis 1996

## 'NEWPORT FAIRY'

Syn. 'Newport Rambler'

RAMBLERROSE, ROSA+, ÖFTERBLÜHEND

Die kleinen einfachen Blüten sind tief rosa mit einer weißen Mitte und goldfarbenen Staubgefäßen. Sie erscheinen in großen Büscheln an kräftigen Ranken, die sich bis zu 6 m in alle Richtungen ausbreiten können. Die Büschel gleichen der Form nach Hortensienblüten und hüllen den Strauch beim ersten frühen Flor förmlich ein. Mit ihren bis zu 50 Blüten gewähren sie über Wochen einen wunderschönen Anblick. Die Rose ist relativ krankheitsfest, in wärmeren Lagen jedoch anfällig für Spinnmilben. Ihre Nachblüte ist nicht so üppig wie der erste Flor. Die Sorte wird häufig zum Beranken ganzer Mauern oder sogar von Dächern verwendet. **ZONEN 4–10.**

Gardener, USA, 1908

*Rosa wichuraiana* × 'Crimson Rambler'

## 'NEWS' LEGnews

FLORIBUNDA, MAUVE, ÖFTERBLÜHEND

Halbgefüllte, duftende, purpurfarbene Blüten, die nicht verblassen, stehen in Kontrast zu den goldgelben Staubgefäßen und heben sich in Büscheln vom schönen, glänzend olivgrünen Laub ab. Die großen Blüten sind wetterfest und am Strauch lange haltbar. Die kräftige, aufrechte Rose wächst mittelhoch, wobei die Triebe oft lang werden, und blüht fast durchgehend. Sie ist pflegeleicht und robust. Nach ihrer Einführung im Jahre 1970 wurde im Londoner Regent's Park ein großes Beet mit dieser Rose angelegt. Diese Aktion machte 'News' so populär, daß sie schon bald danach in vielen britischen Gärten auftauchte. **ZONEN 4–10.**

LeGrice, Großbritannien, 1968

'Lilac Charm' × 'Superb Tuscany'

Goldmedaille der Royal National Rose Society 1970, Belfast Certificate of Merit 1970

'New Year'

'New Yorker'

'Nice Day'

'Night Light'

## 'NICCOLO PAGANINI' MEIcairma

**Syn. 'Courage', 'Paganini'**
FLORIBUNDA, ROT, ÖFTERBLÜHEND

Die langen, eleganten, urnenförmigen Knospen öffnen sich zu runden Blüten mit einer schön gewickelten Mitte. Sie werden in aufgeblühtem Zustand relativ groß, leuchten kräftig in samtig glänzendem Rot, duften aber nur schwach. Die Rose läßt den ganzen Sommer und Herbst über fortwährend Blütenbüschel sprießen, weshalb sie sich besonders gut für Beete, Rabatten oder Hecken eignet. In warmen Gegenden wird sie mittelhoch und trägt reichlich leuchtend tiefgrüne Blätter. Namensgeber war jener berühmte italienische Violinvirtuose und Komponist, der 1840 starb. **ZONEN 5–9.**

Meilland, Frankreich, 1991

Eltern unbekannt

Genf Goldmedaille 1989, Rose of the Century 1990, Lyon Plus Belle Rose de France 1990

## 'NICE DAY' CHEwsea

KLETTERNDE ZWERGROSE, ORANGEROSA, ÖFTERBLÜHEND

Die zierlichen, duftenden, lachsrosa Blüten bilden mit ihren 15–25 Petalen eine schöne Rosette. Sie erscheinen in großen, dekorativen Büscheln, die durch kleines, glänzend bronze- bis mittelgrünes Laub ergänzt werden. Sie ist eine ausgesprochene Kletterrose, entfaltet mitunter aber erst nach mehreren Jahren ihre volle Pracht. Die Blüten verblassen in sonnigen Lagen kaum, dennoch scheinen sich die Fraben in kühleren Klimazonen einfach beständiger und länger zu halten. Die Sorte ist ein weiteres Meisterwerk von Chris Warner, der eine ganze Palette von Kletterrosen in den unterschiedlichsten Farbmischungen gezüchtet hat. **ZONEN 5–10.**

Warner, Großbritannien, 1992

'Seaspray' × 'Warm Welcome'

British Association of Rose Breeders Selection 1994

## 'NICOLE' KORicole

FLORIBUNDA, WEISS, ÖFTERBLÜHEND

Am schönsten sind die großen, gefüllten, weißen Blüten in voll aufgeblühtem Zustand. Dann enthüllen die flachen Blumen ihre goldfarbenen Staubgefäße inmitten makelloser, kirschrot umfaßter Petalen. Sie besitzen nur einen Hauch von Duft und wachsen in mittelgroßen Büscheln von 5–9 Blüten, die auf sehr kräftigen, geraden, stacheligen Stielen sitzen. Die extrem hohe, kräftige Rose

'Niccolo Paganini'

hat große, glänzend dunkelgrüne Blätter. Sie bildet während der ganzen Saison kräftige neue Triebe und benötigt viel Platz. **ZONEN 4–10.**

Kordes, Deutschland, 1985

Sämling × 'Bordure Rose'

## 'NICOLETTE' LUDswenic

TEEHYBRIDE, APRICOT+, ÖFTERBLÜHEND

Diese hochwüchsige Rose ist wegen ihrer perfekt geformten Knospen und Blüten beliebt, die sich auch ohne Duft sehr gut zum Schnitt und für Ausstellungszwecke eignen. Sie sind im Sommer zart braunapricotfarben und werden zum Herbst hin dunkler. Durch den dauernden Knospenansatz an neuen, grundständigen Zweigen verleiht die Rose dem Garten für lange Zeit Farbe.
**ZONEN 5–12.**

Taschner, Südafrika, 1995

Sport von 'Esther Geldenhuys'

## 'NIGEL HAWTHORNE'

HARquibbler
STRAUCHROSE, ROSA+

Die spitzen Knospen öffnen sich zu reizenden, einfachen, lachsrosa Blüten mit einer dunkelscharlachroten Mitte. Sie erscheinen einzeln oder in Büscheln und verbreiten einen leicht fruchtigen Duft. Das verknitterte, kräftig grüne Laub wächst an einer breit- und flachwüchsigen Pflanze mit eher dünnen Stielen. 'Nigel Hawthorne' ist die erste bekannte erfolgreiche Kreuzung zweier unterschiedlicher Arten. Für ihren Namen stand der britische Schauspieler Pate, der einmal auf die Frage, welchen Rosentyp er bevorzuge, antwortete: „Ich mag nur Rosen, die nicht makellos sind." Das einzige Manko dieser Rose besteht jedoch lediglich darin, daß sie nur kurze Zeit blüht. **ZONEN 4–10.**

Harkness, Großbritannien, 1989

*Hulthemia persica* × 'Harvest Home'

'Nikki'

## 'NIGHT'

**Syn. 'Lady Sackville' (I)**
TEEHYBRIDE, DUNKELROT, ÖFTERBLÜHEND

Lange, spitze Knospen öffnen sich zu wunderschön gefüllten, duftenden, kräftig purpur-karminroten Blüten mit samtig schwarzen Schatten. Die klassisch symmetrischen Blüten besitzen eine hohe Mitte und färben sich nach zwei bis drei Tagen häufig bläulichrot. Das glänzend dunkelgrüne Laub neigt in ungünstigen Klimaregionen zu Mehltau. Am schönsten ist die buschige Rose während des ersten Flors im Frühjahr. 'Night' war der Vorläufer einer Farbklasse der sehr dunkelkarminroten, formschönen Edelrosen von gutem Wuchs. Leider wird sie nicht mehr vertrieben und ist weltweit nur noch an wenigen, ausgewählten Orten erhältlich. **ZONEN 5–10.**

McGredy, Großbritannien, 1930

Eltern unbekannt

## 'NIGHT LIGHT' POUllight

**Syn. 'Night Life'**

GROSSBLUMIGE KLETTERROSE, DUNKELGELB, ÖFTERBLÜHEND

Die ins Rote spielenden, spitzen Knospen öffnen sich zu intensiv gelben Blüten, die sich später orange-gelb färben. Die leicht süß duftenden, gefüllten Einzelblüten haben ca. 25 Petalen und erscheinen in Büscheln von 3–5 Blüten. Der breitwüchsige Strauch, der in milden Lagen in einer Saison bis zu 2,5 m hoch werden kann, hat große, glänzend dunkelgrüne Blätter. Die eindeutig sehr schmuck wirkenden Blüten können einen Durchmesser von bis zu 12 cm erreichen. **ZONEN 5–10.**

Poulsen, Dänemark, 1982

'Westerland' × 'Pastorale'

## 'NIGHTINGALE' HERgale

TEEHYBRIDE, ROSA+, ÖFTERBLÜHEND

Ihre kräftig rosarote Farbe verblaßt im Laufe der Zeit zu einem helleren Ton. Die Blüten haben einen Durchmesser von 10–12 cm, sind mit 25 Petalen gefüllt und duften leicht. Durch ihre hochgebaute, schön symmetrische Form eignen sie sich gut für Ausstellungszwecke. Die wuchsfreudige Rose bildet Blüten auf langen, kräftigen Stielen aus. Sie bevorzugt kühlere Zonen und ist anfällig für Mehltau. 'Nightingale' wurde 1980 von amerikanischen Ausstellern wiederentdeckt, die ihre klassische, großblütige Form bewunderten. **ZONEN 5–10.**

Herholdt, Südafrika, 1970

'Rina Herholdt' × 'Tiffany'

'Niphetos'

'Nobilo's Chardonnay'

## 'NIKKI'

FLORIBUNDA, ORANGE+, ÖFTERBLÜHEND

Die halbgefüllten, blaßrosa Blüten besitzen orange-zinnoberrote Blattadern, während Mitte und Blattunterseite weiß gezeichnet sind. Sie duften nicht und bilden mit ihren kleinen Büscheln von 3–5 Blüten einen schönen Blütenstand. Buschig, kräftig und von rundem, kompaktem Wuchs produziert 'Nikki' mattglänzende, mittelgrüne Blätter und fast die ganze Saison über reichlich Blütenzweige. 'Nikki' ist pflegeleicht und krankheitsfest. Ihr englischer Züchter, Tony Bracegirdle, war nur ein Amateur, belegte aber später den 1. Platz in der nationalen Amateurklasse der Royal National Rose Society. **ZONEN 5–10.**

Bracegirdle, Großbritannien, 1981

'Dusky Maiden' × 'Eyepaint'

## 'NINA WEIBULL'

FLORIBUNDA, DUNKELROT, ÖFTERBLÜHEND

Ihre dunkelroten, gefüllten Blüten halten sich lange, sind offen und erscheinen in kleinen Büscheln von 3–5 Blüten. Die kompakte, kleinwüchsige Sorte trägt dunkelgrünes Laub. Sie produziert reichlich Blüten und ist sehr robust und pflegeleicht. Aufgrund ihres gleichförmigen Wuchses und der konstanten Blütenbildung eignet sie sich hervorragend für flächige Anpflanzungen.

**ZONEN 5–10.**

Poulsen, Dänemark, 1962

'Fanal' × 'Maskerade'

## 'NIPHETOS'

ALTE R., TEEROSE, WEISS, ETWAS NACHBLÜHEND

Diese klassische Teerose verfügt über sehr lange, spitz zulaufende Knospen, die sich zu reinweißen Blüten öffnen. Sie sind außergewöhnlich zart, haben einen ausgeprägten Teerosenduft und erinnern etwas an 'Maréchal Niel'. Die Rose wird gut mittelhoch und hat blaßgrüne Blätter. In kälteren Gebieten sollte sie im Gewächshaus kultiviert werden. **'Climbing Niphetos'** ist ein Sport von 'Niphetos' und wurde 1889 von *William Keynes & Co.* vorgestellt. Sie ist kräftiger als ihre Mutter und besitzt größere Blüten.

**ZONEN 7–9.**

Bougère, Frankreich, 1843

Eltern unbekannt

## 'NIVEA'

siehe 'Aimée Vibert'

## 'NOBILO'S CHARDONNAY'

MACrelea

Syn. 'Chardonnay', 'Chardony', 'Peachy'

TEEHYBRIDE, REIN GELB, ÖFTERBLÜHEND

Die Blüten strahlen leuchtend orangegelb, sind groß und mit 35 Petalen gefüllt. Sie erreichen einen Durchmesser von 10–12 cm und besitzen eine hochgebaute, symmetrische Form. Der schön kompakte Strauch trägt kleine, hübsche, hellgrüne Blätter. Eine der Elternpflanzen stammt aus der Kreuzung von Kordes' orange-rosafarbener Edelrose 'Wienerwald' (1974) mit Sam McGredys gelb getönter Edelrose 'Benson & Hedges Gold'. Durch die Kreuzung wurden die Vorzüge dieser beiden herrlichen Rosen vereint. **ZONEN 5–10.**

McGredy, Neuseeland, 1984

'Freude' × ('Wienerwald' × 'Benson & Hedges Gold')

## 'NOBLE ANTONY' AUSway

Syn. 'Noble Anthony'

STRAUCHROSE, ROT, ÖFTERBLÜHEND

Mit ihren zurückgerollten Petalen bilden die wunderschön geformten, gefüllten Blüten eine hochgewölbte „Kuppelblüte" – eine für Rosen ungewöhnliche Blütenform. Die dunkelpurpur-karminroten Blüten blühen den ganzen Sommer und Herbst über reichlich. Die Pflanze wächst aufrecht, erreicht aber nicht die Höhe einer normalen Strauchrose. Ihr angenehmer Duft scheint je nach Blütenstadium zu variieren. Sie wächst aufrecht, aber relativ ungleichmäßig mit spärlichem Laub. In sternrußtaugefährdeten Gebieten muß sie eventuell gespritzt werden.

**ZONEN 4–9.**

Austin, Großbritannien, 1995

Eltern unbekannt

## 'NOBLESSE'

TEEHYBRIDE, ORANGEROT, ÖFTERBLÜHEND

Zwar fehlt den rein orangefarbenen Blüten die klassische hohe Mitte, dennoch wirken sie mit einem Durchmesser von 10–12 cm und den jeweils knapp 30 Petalen recht dekorativ. Abgesehen von ihrer Blütenpracht wächst die Rose mit ihrem mittelgrünen Laub nur recht kraftlos und kümmerlich; die Tatsache, daß sie nicht winterhart ist, hat sicher auch zu ihrem Verschwinden vom heutigen Markt beigetragen. Die „Inzuchtkreuzung" zwischen zwei identischen Elternsorten mag sicherlich ein Grund für die vielen Schwachstellen dieser Rose sein. ZONEN 6–10.

Spek, Niederlande, 1969

'Coloranja' × 'Coloranja'

## 'NOËLLA NABONNAND'

ALTE R., KLETTERNDE TEEROSE, DUNKELROT, ETWAS NACHBLÜHEND

Weder am Strauch noch als Schnittblume halten die großen, mit etwa 20 Petalen halbgefüllten Blüten lange. Sie duften lieblich, sind von schimmernd karminroter Farbe und besitzen eine samtige Struktur. Die kräftige, mittelwüchsige Kletterrose trägt ein dichtes Laub. Ihrem ersten relativ üppigen Flor folgt gelegentlich eine schwächere Nachblüte. Benannt wurde sie nach einem weiblichen Mitglied der Familie Nabonnand. ZONEN 7–9.

Nabonnand, Frankreich, 1901

'Reine Marie Henriette' × 'Bardou Job'

## 'NORA CUNNINGHAM'

GROSSBLUMIGE KLETTERROSE, HELLROSA, ÖFTERBLÜHEND

Die halbgefüllten, becherförmigen Blüten in lieblichem Rosa sind in der Mitte deutlich blasser. Sie duften und wachsen in großer Zahl auf langen, geraden Stielen. Das gekräuselte Laub ist hellgrün. Die kräftige, reichblühende Kletterrose breitet sich bis zu 3–3,5 m aus und blüht in klimatisch günstigen Lagen öfter. 'Nora Cunningham' ist nur eine der vielen Kreuzungen des Australiers Alister Clark, zu denen auch die in Australien sehr beliebten Sorten wie 'Kitty Kininmonth', 'Daydream', 'Miss Marion Manifold' und 'Scorcher' zählen. ZONEN 5–11.

Clark, Australien, 1920

Sämling von 'Gustav Grünerwald'

## 'NORFOLK' POUlfolk

BODENDECKERROSE, REIN GELB, ÖFTERBLÜHEND

Kleine, zart duftende, wetterfeste Blüten leuchten in einem reinen, nicht verblassenden, intensiven Gelb und wachsen in Büscheln. Die kompakte, kleinwüchsige Pflanze, die etwa 45–60 cm hoch wird, besitzt ein glänzend grünes Laub. Aufgrund ihrer reichlichen Blütenbildung während der gesamten Wachstumsperiode stellt diese Rose eine willkommene Bereicherung der Bodendeckerrosen dar. Sie eignet sich auch für Kübel und kleine Beete. ZONEN 5–10.

Poulsen, Dänemark, 1990

Eltern unbekannt

## 'NORRIS PRATT'

TEEHYBRIDE, REIN GELB, ÖFTERBLÜHEND

Die tief goldgelben, großen, gefüllten Blüten blühen sternförmig auf. Das Laub des mit einer Höhe von nur 45 cm sehr kleinwüchsigen Strauchs ist mittelgrün, ledrig und krankheitsfest. Mit der Einführung verbesserter gelber Edelrosen ist 'Norris Pratt' in Vergessenheit geraten und kann als Kultivar heute nur noch als völlig unbedeutend eingestuft werden. ZONEN 5–10.

Buisman, Niederlande, 1964

'Mrs Pierre S. duPont' × 'Marcelle Gret'

'Nora Cunningham'

'Norfolk'

'Noëlla Nabonnand'

'Norris Pratt'

'Northern Lights'

## 'NORTHAMPTONSHIRE'

MATtdor

BODENDECKERROSE, WEISS-HELLROSA, ÖFTERBLÜHEND

Die perlmuttrosa Blüten dieser Rose verströmen einen leichten, süßen Duft. Sie sind becherförmig, erreichen einen Durchmesser von 2,5–5 cm und sitzen in großen Büscheln auf kräftigen Stielen. Der Strauch ist üppig und in hübsches, mattglänzendes, mittelgrünes Laub eingehüllt. 'Northamptonshire' blüht die gesamte Saison über und bildet im Garten einen lang haltenden Farbteppich. Sie eignet sich ideal für sonnige Wälle oder terrassenförmige Stufen. Ihr Name stammt von einer bezaubernden Grafschaft nördlich von London. ZONEN 5–10.

Mattock, Großbritannien, 1990

Eltern unbekannt

Royal National Rose Society Certificate of Merit 1988

## 'NORTHERN LIGHTS'

TEEHYBRIDE, GELB+, ÖFTERBLÜHEND

Die äußeren Blätter der kanariengelben Blüten sind rosafarben überzogen. Die Blüten mit 50 Petalen und einem Durchmesser von über 12 cm duften stark. Ihre perfekte, klassisch hohe Mitte ist von großartiger Symmetrie. Zu Beginn der Wachstumsperiode sprießen die gelben Blüten einzeln und später in kleinen Büscheln und Kegeldolden. Aufgrund der vielen Blütenblätter halten sie extrem lange und eignen sich daher vorzüglich zum Schnitt und für Ausstellungszwecke. Die kräftige, mittelhohe Sorte trägt ein sehr glänzendes, tief grünes Laub. Der Züchter lebte in einem sehr nördlich gelegenen Teil Schottlands, von dem aus man das Nordlicht (engl. *northern light* – daher der Name) sehen kann. ZONEN 4–10.

Cocker, Großbritannien, 1969

'Duftwolke' × 'Kingcup'

ADR-Rose 1995

'Northamptonshire'

## 'NORWICH CASTLE'

FLORIBUNDA, ORANGE+, ÖFTERBLÜHEND

Kräftig kupfer-orangefarbene, gefüllte Blüten, die später ein zartes Apricot annehmen, öffnen sich aus wohlgeformten Knospen. Sie besitzen 30 Petalen, einen schwachen, aber erkennbaren, fruchtigen Duft und sitzen in kleinen, dichten Büscheln. Die langen, spitzen Knopsen blühen zu reizenden, flachen Rosetten auf. Sie sind ideale Schnittblumen und blühen gleichmäßig über die gesamte Saison verteilt. Das Laub der kräftigen, aufrecht wachsenden Sorte ist glänzend mittelgrün. 'Norwich Castle' ist gut winterhart, anspruchslos und verträgt sogar lehmige Böden. Die Namensgebung ist eine Hommage an das große normannische Schloß, das die Silhouette von Norwich, der Hauptstadt der ostenglischen Grafschaft Norfolk und Heimatstadt des Züchters, auf sehr beeindruckende Weise prägt. ZONEN 5–10.

Beales, Großbritannien, 1980

('Whisky' × 'Arthur Bell') × 'Bettina'

## 'NORWICH UNION'

FLORIBUNDA, REIN GELB, ÖFTERBLÜHEND

Die leuchtenden, klar tiefgelben Blüten verblassen später zu Zitronengelb. Sie sind relativ groß, erscheinen in Büscheln auf aufrechten Stielen und blühen becherförmig auf. Ihr Duft ist angenehm erfrischend. Die Rose kann für Beete, Rabatten und Hecken verwendet werden, eignet sich aber auch für die Vase. Sie ist von gedrungenem, aufrechtem Wuchs mit glänzend hellgrünem Laub, fällt etwas niedriger als der Durchschnitt aus und blüht den ganzen Sommer und Herbst über. Den Namen erhielt diese Rose nach einer sehr traditionsreichen englischen Versicherungsgesellschaft. ZONEN 4–9.

Beales, Großbritannien, 1976

'Arthur Bell' × (Sämling × 'Conrad Allgold')

## 'NOUVEAU VULCAIN'

ALTE R., GALLICA-ROSE, MAUVE

Pünktlich zur Sommersonnenwende am 21. Juni blühen die stark gefüllten, flachen Blüten voll auf, die kräftig karminrot überhaucht und purpurrot geädert sind. Sie verströmen einen starken Duft.

N

'Norwich Union'

'Nozomi'

'Nozomi'

Die mittelhohe bis hohe, typische Gallica-Rose neigt zu Wildtrieben. 'Nouveau Vulcain' wird erstmals in belgischen Katalogen kurz nach 1840 erwähnt.

**ZONEN 4–9.**

Vor 1843

Eltern unbekannt

## 'NOVA ZEMBLA'

RUGOSAROSE, WEISS

Die gefüllten, zartrosa bis fast weißen Blüten verströmen einen betörenden Duft. Sie erreichen einen Durchmesser von 10 cm und erscheinen in großen Büscheln auf kräftigen Stielen, die nicht zusätzlich gestützt werden müssen. 'Nova Zembla' besitzt tief dunkelgrünes Laub, wird bis zu 2,7 m hoch und eignet sich ideal als Kaskadenrose. Die remontierende Rose erfreut im Herbst das Herz eines jeden Gartenbesitzers mit zahlreichen orangeroten Hagebutten, die bis spät in den Winter leuchtende Farbtupfer im sonst grauen Garten bilden.

**ZONEN 4–10.**

Mees, Großbritannien, 1907

Sport von 'Conrad Ferdinand Meyer'

'Norwich Castle'

## 'NOZOMI'

**Syn. 'Heideröslein Nozomi'**

KLETTERNDE ZWERGROSE, HELLROSA

Ihre zierlichen, einfachen, hellrosa Blüten verblassen zu Perlmuttrosa. Sie duften zart und wachsen in Dolden inmitten der kleinen, glänzenden, dunklen Blätter. Die in Deutschland als 'Heideröslein Nozomi' bekannte Sorte eignet sich gut als Kletterrose oder Bodendecker. Knospen bilden sich nur auf verholzten Trieben, die vom Vorjahr übriggeblieben sind, weshalb man sie unbedingt nur mäßig beschneiden sollte. **ZONEN 5–10.**

Onodera, Japan, 1968

'Fairy Princess' (Sorte von 1955) × 'Sweet Fairy'

Royal Horticultural Society Award of Garden Merit 1993

'Nova Zembla'

'Nur Mahal'

'Nuits de Young'

'Nyveldt's White'

## 'NUITS DE YOUNG'

**Syn. 'Hermann Kegel', 'Old Black'**
ALTE R., MOOSROSE, DUNKELROT

Die bemoosten Knospen erscheinen in Büscheln und öffnen sich zu kleinen, rundlich-ovalen Blüten. Sie duften, erreichen einen Durchmesser von ca. 4 cm und sind dunkelpurpurn bis schwarzblau und grau überlaufen. Voll aufgeblüht schimmern sie samtig und zeigen eine kleine Gruppe goldgelber Staubgefäße. Die schlanke, aber dichtverzweigte Rose ist von aufgelockertem Wuchs; sie wird ca. 1,2 m hoch und breit. Ihre Stiele sind unbestachelt, mit einem purpurn-bräunlichen Samt überzogen und in satt dunkelgrünes Laub gehüllt. Sie ist trotz der relativ kurzen Blühperiode Anfang Sommer eine hervorragende, äußerst dankbare alte Sorte. **ZONEN 4–10.**

Laffay, Frankreich, 1845

Eltern unbekannt

## 'NUR MAHAL'

STRAUCHROSE, ROT, ÖFTERBLÜHEND

Von den leuchtend karminroten Blüten geht ein ausgeprägter Moschusduft aus. Sie sind halbgefüllt und sitzen in Büscheln auf kräftigen, geraden Stielen. Die wuchsfreudige, säulenartige Rose wird 2,4–3 m hoch und hat kleine, dunkelgrüne Blätter. Durch guten Beschnitt gerät der gefällige Strauch zu einer mittelwüchsigen, krankheitsfesten Pflanze. Pemberton nannte die Rose nach der einflußreichen Frau des indischen Maharadschas Dschahangir, die der Legende nach das Rosenöl entdeckte. **ZONEN 5–10.**

Pemberton, Großbritannien, 1923

'Château de Clos Vougeot' × Sämling einer Moschata-Rose

## 'NURIA DE RECOLONS'

ALTE R., REMONTANTROSE, WEISS, ETWAS NACHBLÜHEND

Diese Rose ist heute kaum mehr bekannt und daher schwer zu finden. Für eine Vertreterin der Remontantrosen, die in den 30er Jahren des 20. Jahrhunderts schon lange aus der Mode waren, wurde 'Nuria de Recolons' relativ spät gezüchtet. Die weißen Blüten sind zwar wohlgeformt, duften aber nicht. Allgemein gilt diese Rose unter den weißen Sorten als besonders thripsresistent.
**ZONEN 5–9.**

Dot, Spanien, 1933

'Canigo' × 'Schneekönigin'

## 'NYMPHENBURG'

STRAUCHROSE, ORANGEROSA, ÖFTERBLÜHEND

Apricotrosa Knospen öffnen sich zu zart lachsrosa Blüten mit gelber Mitte, die zum Rand hin orangefarben überhaucht sind. Die großen, halbgefüllten Blüten neigen dazu, mit der Zeit zu verblassen. Sie duften und wachsen in kleinen und großen Büscheln an einer kräftigen, aufrechten Pflanze, die über 2 m hoch wird und große, glänzend dunkelgrüne Blätter trägt. Sie ist reichblühend, pflegeleicht und bietet durch den wiederholten Knospenansatz eine Fülle von Blüten. Wilhelm Kordes, der Züchter dieser hübschen Strauchrose, benannte sie zur Ehre der berühmten Gartenanlagen von Schloß Nymphenburg in München.
**ZONEN 4–10.**

Kordes, Deutschland, 1954

'Sangerhausen' × 'Sunmist'

National Rose Society Trial Ground Certificate 1954

'Nymphenburg'

## 'NYVELDT'S WHITE'

RUGOSA-HYBRIDE, WEISS, ÖFTERBLÜHEND

Die wunderschönen, einfachen Blüten dieser Rugosa-Hybride sind schneeweiß und haben goldgelbe Staubgefäße. Sie sind groß und verströmen einen sehr süßen Duft. Die kräftige, in dunkelgrünes Laub gehüllte Rose wird bis über 2 m hoch. 'Nyveldt's White' blüht sehr lange und bildet zahllose orange-rote Hagebutten. Die Sorte ist sehr winterhart und verträgt Schatten, weshalb sie sich gut für Hecken eignet. **ZONEN 4–10.**

Nyveldt, Niederlande, 1955

(Rosa rugosa 'Rubra' × R. cinnamomea) × R. nitida

## 'OAKINGTON RUBY'

ZWERGROSE, ROT, ÖFTERBLÜHEND

Die Knospen zeigen beim Öffnen dunkelkarminrote Blütenblätter, die sich zu rubinroten Blüten mit weißem Grund entfalten. Die gefüllten Blüten sitzen auf einem zwergwüchsigen, dichten Strauch, der in kühlen Lagen nur 30 cm hoch wird. Angeblich soll eine ältere Dame aus der englischen Ortschaft Oakington die Pflanze in den Gärten der nahe gelegenen Kathedrale von Ely entdeckt haben. Damals wußte man noch sehr wenig über Zwergrosen, weshalb diese Sorte, die nach dem Wohnort ihrer Entdeckerin und ihrer Farbe benannt wurde, eine wertvolle Entdeckung war. Später spielte sie zusammen mit 'Rouletii' und 'Tom Thumb' eine wichtige Rolle in der Zwergrosenzucht. Die Elternpflanzen sind zwar nicht bekannt, aber man nimmt an, daß sie aus einer Kreuzung von 'Rouletii' mit einer roten Polyantharose stammt. Ungeachtet dessen ist sie auf jeden Fall von großer historischer Bedeutung. **ZONEN 4–10.**

1933

Eltern unbekannt

## 'OAKMONT'

ALTE R., REMONTANTROSE, ROSA+

Sie gehört zu den hochwüchsigen Remontantrosen, die Anfang Sommer zahlreiche rein rosafarbene Blüten tragen. Heute ist sie nur noch schwer zu finden.
**ZONEN 5–9.**

May, 1893

Eltern unbekannt

## 'OCTAVIA HILL' HARzeal

**Syn. 'Oktavia Hill'**
FLORIBUNDA, REIN ROSA, ÖFTERBLÜHEND

Mit 75 Petalen besitzen die rein rosafarbenen Blüten erstaunlich viele Blütenblätter. Sie sitzen in kleinen, ordentlichen Büscheln und duften schwach nach Damaszenerrosen. Der Durchmesser der gefüllten, geviertelten Blüten beträgt ca. 8 cm. Die mittelwüchsige, kompakte Pflanze trägt mattglänzende, dunkelgrüne Blätter. Sie ist relativ kräftig; verwelkte Blüten müssen jedoch entfernt werden, damit sie neue Knospen und Triebe ansetzt. Die haltbaren Blumen eignen sich ideal als Schnitt- und Gesteckrosen.
**ZONEN 5–10.**

Harkness, Großbritannien, 1995

'Armada' × 'Cornelia'

Courtrai Silbermedaille 1995, Den Haag Certificate of Merit 1998

## 'OCTAVIUS WELD'

ALTE R., TEEROSE, ROSA+, ETWAS NACHBLÜHEND

Sie wurde auf einem Grab in Blakiston, Südaustralien, entdeckt und nach dem auf dem Grabstein eingravierten Namen benannt. Ende des 19. Jh, importierten Gärtner in Südaustralien Rosen aus England, deren Wurzelstöcke völlig erdfrei waren. 'Octavius Weld' wurde wahrscheinlich kurz nach 1890 importiert. Sie entwickelt sich rasch zu einem riesigen Strauch, der ebenso breit wie hoch wird und spitze, mattmittelgrüne Blätter träge. Die Farbe der Blüten variiert stark. Im Frühling können sie rosafarben, im Sommer zartrosa mit creme- farbenen Schattierungen und im Herbst rein cremegelb sein. Sie blühen durchgehend sowohl einzeln als auch in kleinen Büscheln. Lange Knopsen öffnen sich zu sehr flachen Blüten mit 25–40 Petalen, von denen die mittleren kürzer sind. Sie besitzen einen typischen Teerosenduft, sind im Herbst aber leider sehr anfällig für Mehltau. Selbst wenn die verwelkten Blüten nicht entfernt werden, blüht sie lange. 'Octavius Weld' wird nur in Australien kultiviert. **ZONEN 5–9.**

Eltern unbekannt

'Octavia Hill'

'Oakmont'

'Octavius Weld'

'Octavius Weld'

## 'ŒILLET FLAMAND'

ALTE R., GALLICA-ROSE, ROSA+

Ihre Blüten gleichen der Form nach Nelkenblüten; daher stammt wahrscheinlich auch ihr Name, denn das französische Wort „Œillet" bedeutet „Nelke". Sie ist eine herkömmliche, einmal blühende Gallica-Rose mit stark gefüllten, intensiv duftenden Blumen in Zartrosa mit weißen und kräftiger rosafarbenen Streifen. An der robusten, aufrecht wachsenden Pflanze wachsen rauhe, dunkelgrüne Blätter. In den Augen des Rosenexperten Peter Beales zählt 'Œillet Flamand' zu den sehr interessanten Alten Gartenrosen. **ZONEN 4–9.**

Vibert, Frankreich, 1845

Eltern unbekannt

## 'ŒILLET PANACHÉE'

**Syn. 'Striped Moss'**

ALTE R., MOOSROSE, ROSA+

Leuchtend karminrote Streifen (das französische Wort *panachée* bedeutet „gestreift") zieren die kleinen, duftenden, zartrosa Blüten. Die niederwüchsige, aufrechte Pflanze wird ca. 1 m hoch und gleicht einer bemoosten Gallica-Rose. Sie ist nicht besonders wuchsfreudig und eignet sich daher ausgezeichnet als Kübelpflanze.
**ZONEN 4–10.**

Verdier, Frankreich, 1888

Eltern unbekannt

## 'ŒILLET PARFAIT'

ALTE R., GALLICA-ROSE, ROSA+

'Œillet Parfait' ist eine gute, wenn auch selten kultivierte Sorte. Die duftenden, stark gefüllten Blüten mit einem Durchmesser von 4–5 cm sitzen in kleinen, aufrechten Büscheln. Ihre kräftig rosafarbenen Petalen mit dunkelrosa Streifen verblassen später zu Zartrosa-Weiß. Die dichte, ordentliche, relativ aufrechte Rose wird 1 m hoch, auf guten Böden auch höher. Ihre dünnen, dunkelgrünen Triebe besitzen viele Stacheln, während das Laub rund, mittel- bis hellgrün und ziemlich klein ist. Sie gedeiht am besten in guten Böden und benötigt relativ viel Pflege. **ZONEN 4–10.**

Foulard, Frankreich, 1841

Eltern unbekannt

## 'OKLAHOMA'

TEEHYBRIDE, DUNKELROT, ÖFTERBLÜHEND

Typisch sind lange, spitze, ovale Knospen, die sich zu tief dunkelroten, wunderschön symmetrischen Blüten mit hoher Mitte öffnen. Die mit 45 Petalen gefüllten Blumen erreichen einen Durchmesser von 12 cm und duften stark. Sie wachsen einzeln an einem äußerst kräftigen, bis zu 1 m hohen Strauch mit mattdunkelgrünen Blättern. Am besten gedeiht sie in gemäßigten Klimazonen. Zu intensive Sonnenbestrahlung läßt die dunkelroten Blüten welken, während sie sich in zu kühlen Temperaturen dunkelviolett färben. Die Rose ist wegen ihrer Farbe und ihres schweren Dufts sehr beliebt. Sie wurde nach dem US-Bundesstaat Oklahoma („Land des roten Mannes") benannt. Von **'Climbing Oklahoma'** gibt es zwei Varianten. Die ursprüngliche kletternde Sorte wurde 1968 eingeführt. 1972 stellte die australische Familie Ross die zweite Variante vor. Beide Sorten sind äußerst kräftig und blühfreudig. **ZONEN 5–10.**

Swim und Weeks, USA, 1964

'Chrysler Imperial' × 'Charles Mallerin'

Japan Goldmedaille 1963

'Œillet Flamand'

## 'OLAVE BADEN-POWELL'

TEEHYBRIDE, ROT, ÖFTERBLÜHEND

Sie besitzt wunderschöne scharlachrote, zart duftende Blüten mit einem Durchmesser von über 12 cm. Das Laub ist dunkelgrün und ledrig. 'Olave Baden-Powell' wird nicht mehr vertrieben und ist nur noch in den Gärten vereinzelter Museen und Schlösser zu finden.
**ZONEN 4–10.**

Tantau, Deutschland, 1972

Eltern unbekannt

## 'OLD BLUSH'

**Syn. 'Common Blush China', 'Common Monthly', 'Old Pink Daily', 'Old Pink Monthly', 'Parsons' Pink China'**

ALTE R., CHINAROSE, REIN ROSA, ETWAS NACHBLÜHEND

Dies ist die bekannteste Chinarose, die nach Europa gebracht wurde. Mit ihr begann die große Revolution in der Rosenzüchtung, denn durch sie verlängerte sich die Blühdauer der europäischen Alter Gartenrosen, die bis dahin nur einmal pro Saison blühten. Die hellrosa, halbgefüllten Blüten sind eher klein und ungeordnet; ihr zarter Duft erinnert an Wicken. 'Old Blush' ist schwachwüchsig, mittelhoch, stark verzweigt und besitzt kaum Stacheln. **'Climbing Old Blush'** gleicht in jeder Hinsicht ihren Eltern, außer, daß sie sehr hoch klettern kann und sich für Pergolen und Bögen eignet.
**ZONEN 6–9.**

Seit 1713 in England kultiviert

Eltern unbekannt

'Olave Baden-Powell'

## 'OLD GLORY' BENday

ZWERGROSE, ROT, ÖFTERBLÜHEND

Die atemberaubenden, leuchtend roten Blüten nehmen später einen satten blutroten und dann karminroten Ton an. Voll geöffnet stehen sie in wunderschönem Kontrast zu den gelben Staubgefäßen. Die gefüllten Blüten besitzen ca. 25 Petalen und eignen sich aufgrund ihrer perfekt symmetrischen Form für Ausstellungszwecke. Sie erscheinen oft einzeln, in sehr milden Lagen jedoch auch in Büscheln. In einigen Zonen sind die Blüten nicht rot, sondern dunkelrosa. Das Laub der großen, kräftigen, kompakten Rose ist mattglänzend dunkelgrün. **ZONEN 4–10.**

Benardella, USA, 1988

'Golden Meillandina' × 'Harmonie'

American Rose Society Award of Excellence 1988

'Old Blush'

'Œillet Panachée'

'Olé'

'Old Port'

## 'OLD JOHN' DICwillynilly

FLORIBUNDA, ORANGEROT, ÖFTERBLÜHEND

Diese moderne, aufregende, feuerrot-orangefarbene Floribundarose wurde nach dem Briten John Mattock benannt, der sein Leben der Rosenzucht gewidmet hat. 'Old John' blüht in mittelgroßen Büscheln von 5–10 Blüten und besitzt dunkelgrüne Blätter. Ihre goldgelben Staubgefäße unterstreichen zusätzlich den aparten Anblick der voll geöffneten Blüten.

ZONEN 5–10.

Dickson, Großbritannien, 1998

'Sunseeker' × 'New Horizon'

Dublin Certificate of Merit 1997

## 'OLD MASTER' MACesp

FLORIBUNDA, ROT+, ÖFTERBLÜHEND

Die Blüten besitzen zwar nur 15 Petalen, sind jedoch von außergewöhnlicher Farbe: Die fuchsroten Blütenblätter sind in der Mitte und unterseits silbrig überlaufen. Sie ist eine der ersten außergewöhnlichen Kreationen des neuseeländischen Pioniers Sam McGredy. Ihre duftenden Blüten erreichen einen Durchmesser von bis zu 12 cm. Sie sitzen in mittelgroßen Büscheln und verleihen jedem Garten einen leuchtenden Farbtupfer. Die kräftige, buschige und sehr krankheitsfeste Rose trägt mattglänzendes, mittelgrünes Laub. Sie ist sehr winterhart und gedeiht in den meisten Böden und Klimazonen. Mit 'Old Master' gelang es Sam McGredy, die Farbenpracht der Zuchtrosen um eine weitere Nuance zu erweitern.

ZONEN 4–10.

McGredy, Neuseeland, 1974

'Maxi' × ('Irish Wonder' × ['Orange Sweetheart' × 'Frühlingsmorgen'])

Royal National Rose Society Trial Ground Certificate 1973

## 'OLD PORT' MACkati

FLORIBUNDA, MAUVE, ÖFTERBLÜHEND

Ihre Blüten sind weniger purpurrot, sondern eher eine wundervolle Mischung aus Rot und Mauve. Die stark duftenden, gefüllten Blüten haben 25–40 Petalen und eine interessante, klassisch geviertеilte Form. Bei starker Sonneneinstrahlung können sie zu einem gräulichen Ton verblassen, weshalb sie meist im Halbschatten gepflanzt werden. Das Laub der buschigen Rose glänzt mattmittelgrün. In kühlen Lagen ist sie weniger wuchsfreudig und bevorzugt daher ein gemäßigtes Klima. Die Pflanze ist etwas anfällig gegenüber Sternrußtau.

ZONEN 5–10.

McGredy, Neuseeland, 1990

(['Anytime' × 'Eyepaint'] × 'Purple Splendour') × 'Big Purple'

'Oldtimer'

## 'OLDTIMER' KORol

Syn. 'Old Time', 'Coppertone', 'Old Timer'

TEEHYBRIDE, ORANGE+, ÖFTERBLÜHEND

Das Synonym 'Coppertone' (zu deutsch „Kupferton") paßt wahrscheinlich besser zu den oft kupferfarbenen oder orange getönten Blüten. Aus langen, spitzen Knospen öffnen sich altgoldfarbene Blüten mit hoher Mitte und hervorragender Symmetrie. Sie duften süß und erreichen einen Durchmesser von 12 cm. Das Laub der kräftigen, schön gerundeten Pflanze glänzt mittelgrün. Sie ist pflegeleicht, bevorzugt jedoch einen warmen, sonnigen Standort, wo sie sich voll entfalten kann. Die sehr winterharte, robuste Rose erfreut sich seit über 30 Jahren weltweit großer Beliebtheit.

ZONEN 4–10.

Kordes, Deutschland, 1969

'Chantré' × 'Bronze Masterpiece'

## 'OLÉ'

TEEHYBRIDE, ORANGEROT, ÖFTERBLÜHEND

Die duftenden Blüten sind stark gefüllt, besitzen über 50 Petalen und in der Regel eine symmetrische, klassisch hohe Mitte, können jedoch in milden Regionen becherförmig und unregelmäßig sein. Sie erscheinen häufig in eleganten Büscheln von 5–8 Blüten auf kräftigen, geraden, aufrechten Stielen. Die Blütenfarbe variiert von einem orangefarben überhauchten, warmen Karminrot bis hin zu leuchtenden Rottönen. Ihre lang haltenden, gekräuselten Petalen erinnern an Nelkenblüten. Das stechpalmenähnliche Laub ist sehr robust. **'Climbing Olé'** wurde 1982 von dem Kalifornier George Haight entdeckt. Sie wird 3–3,5 m hoch und kann an Zäunen, Mauern oder Geländern erzogen werden.

ZONEN 5–10.

Armstrong, USA, 1964

'Roundelay' × 'El Capitan'

## 'OLIVE' HARpillar

FLORIBUNDA, ROT, ÖFTERBLÜHEND

Die äußeren Blütenblätter der kräftig ochsenblutroten Blüten sind oft gekräuselt. Die gefüllten Blüten besitzen 35 Petalen und einen würzigen Duft. Sie sind groß und wetterfest mit einer schön symmetrischen, hohen Mitte. Kleine haltbare Büschel bilden einen hübschen Blütenstand, der sich gut zum Schnitt eignet. Ihr Laub ist groß und glänzend grün; der reichverzweigte Wuchs der kräftigen Pflanze fördert verstärkt die Blütenbildung. In einigen Gebieten neigt der Strauch zu säulenförmigem Wuchs.

ZONEN 5–10.

Harkness, Großbritannien, 1982

(['Vera Dalton' × 'Highlight'] × Sämling) × 'Dublin Bay'

Preis von Genf 1978

## 'OLYMPIAD' MACauck

Syn. 'Olympiode'

TEEHYBRIDE, ROT, ÖFTERBLÜHEND

Das leuchtende reine Rot der Blüten verblaßt in der Sonne nicht. Sie sind mit 35 Petalen gefüllt und duften überhaupt nicht. Große, elegant geformte Blüten erscheinen einzeln und eignen sich daher vorzüglich für Ausstellungszwecke. An sehr heißen Standorten neigen die Blütenblätter zu Verbrennungen. Die kräftige, buschige Rose ist krankheitsfest und trägt mattmittelgrüne Blätter. Ihr aufsehenerregendes Debut gab sie 1984 während der Olympischen Spiele in Los Angeles, als Tausende von diesen Rosen die Straßen und Parkanlagen schmückten.

ZONEN 5–10.

McGredy, Neuseeland, 1982

'Red Planet' × 'Pharaoh'

All-American Rose Selection 1984, Portland Goldmedaille 1985

'Olympiad'

'Olympiad'

O

'Old Master'

## 'OLYMPIC TORCH'

**Syn. 'Sei-ka', 'Seika'**
TEEHYBRIDE, ROT+, ÖFTERBLÜHEND

Lange, spitze Knospen öffnen sich zu rot-weißen Blüten mit goldfarben überhauchter Mitte, die später vollkommen rot werden. Die hochgebauten, schön symmetrischen Blüten sind gefüllt, duften jedoch nicht. Sie ist kräftig, mittelwüchsig und sehr winterhart und trägt glänzend bronzefarbenes, ledriges Laub. Ihr japanischer Name 'Seika' bedeutet „Heiliges Feuer". Die große, wohlgeformte Rose erhielt anläßlich der Olympischen Spiele 1966 in Tokio einen japanischen und einen englischen Namen. **ZONEN 5–10.**

Suzuki, Japan, 1966

'Rose Gaujard' × 'Crimson Glory'

Neuseeland Goldmedaille 1971

## 'OLYMPIC TRIUMPH'

FLORIBUNDA, ROT+, ÖFTERBLÜHEND

In voll aufgeblühtem Zustand färben sich die rot-gelben, gefüllten Blüten lachsorange, sind flach und duften schwach. Sie können einen Durchmesser von bis zu 12 cm erreichen und erscheinen einzeln oder in kleinen Büscheln. Die aufrechte, kräftige Pflanze hat graugrüne Blätter, die an Salbeiblätter erinnern. Diese wundervolle Rose wurde nur in Europa bekannt und ist mittlerweile leider fast völlig in Vergessenheit geraten. **ZONEN 5–10.**

Dickson, Großbritannien, 1973

'Shiralee' × 'Apricot Nectar'

'Olympic Torch'

## 'OMAR CHAIJAM'

**Syn. 'Omar Khayyám'**
ALTE R., DAMASZENERROSE, HELLROSA

Fedrige Knospen blühen zu gefüllten, duftenden Blüten mit einem Durchmesser von ca. 5 cm auf. Die relativ spitzen Petalen sind manchmal geviertelt angeordnet und zeigen in voll aufgeblühtem Zustand einen oberständigen Fruchtknoten. Die zarte Rose erreicht selten eine Höhe von 1 m und ist von aufrechtem, etwas unregelmäßigem Wuchs. An graugrünen Trieben sitzen tückische Stacheln unterschiedlicher Größe. Das weiche Laub ist gräulich-hellgrün.Vor gut 100 Jahren wurden ihre Samen vom Grab des persischen Gelehrten Omar Chaijam nach England gebracht, wo man sie auf das Grab seines Übersetzers Edward Fitzgerald pflanzte. **ZONEN 4–10.**

1893

Eltern unbekannt

'Olympic Triumph'

## 'OMBRÉE PARFAITE'

ALTE R., GALLICA-ROSE, MAUVE

Die Blüten dieser Alten Gartenrose nehmen die unterschiedlichsten Farbschattierungen an, ja selbst an einer einzigen Dolde können alle Nuancen von Rosa bis Purpurrot vorkommen. Mit ihren sehr stark gefüllten, duftenden Blüten eignet sich diese kleinwüchsige Rose ideal für Rabatten. **ZONEN 4-9.**

Vibert, Frankreich, 1823

Gallica-Rose × Damaszenerrose

## 'ONDELLA' MEIvanama

TEEHYBRIDE,ORANGE-ROT, ÖFTERBLÜHEND

Kegelförmige Knospen öffnen sich zu großen, zinnoberroten Blüten mit 33 Petalen, die kaum duften. Sie sind elegant und wohlgeformt und wachsen an einer kräftigen, großen und aufrechten Pflanze mit dunkelgrünem Laub. Die Sorte wurde für den Schnittblumenmarkt gezüchtet und ist nur selten in Gärten zu sehen. Meilland züchtete 1994 eine zweite **'Ondella'** (MEIrokad), diesmal eine dunkelrote Floribundarose. **ZONEN 5–10.**

Meilland, Frankreich, 1979

('Elegy' × 'Arturo Toscanini') × ('Gloria Dei' × 'Demain')

'Ondella'

'Ondella'

## 'ONKAPARINGA'

STRAUCHROSE, APRICOT+, ÖFTERBLÜHEND

Die großen, wohlgeformten, in Büscheln erscheinenden Blüten sind apricotrosa und nehmen allmählich gänzlich einen Rosaton an. Sie verbreiten einen angenehmen Duft und blühen durchgehend in großer Zahl. Die hohe, sich stark ausbreitende Rose ist krankheitsfest und trägt mattglänzende Blätter. **ZONEN 5–10.**

Thomson, Australien, 1987

'Cymbaline' × 'Troilus'

## 'OPA PÖTSCHKE'

siehe 'Precious Platinum'

## 'OPAL BRUNNER'

KLETTERROSE, HELLROSA

Aus den sehr kleinen Knospen dieser kalifornischen Rosensorte entfalten sich hellrosa- bis roséfarbene, doppelt gefüllte Blüten. Diese sprießen aus großen Büscheln und duften zart nach Moschus. 'Opal Brunner' kam sozusagen als Doppelgängerrose von 'Cécile Brunner' auf den Markt. **ZONEN 4–10.**

Marshall, USA, 1948

Elternsorten unbekannt

## 'OPEN ARMS' CHEwpixcel

RAMBLERROSE, HELLROSA, ÖFTERBLÜHEND

Aus 6–14 Petalen bestehende, duftende Blüten schimmern in zartem Perlmuttrosa und wachsen in großen Dolden, die an Hortensienblüten erinnern. Das Laub ist glänzend dunkelgrün und krankheitsfest, die Stiele tragen Stacheln. 'Open Arms' breitet sich schön in alle Richtungen aus. **ZONEN 4–10.**

Warner, Großbritannien, 1996

'Mary Sumner' × 'Laura Ashley'

Royal National Rose Society Certificate of Merit 1993

## 'OPENING NIGHT' JACOlber

TEEHYBRIDE, ROT+, ÖFTERBLÜHEND

Aus rein karminroten Knospen entfalten sich üppige, samtig rote Blüten, die später in ein gefälliges Dunkelrosa übergehen. Die mit 25–30 Petalen gefüllten Blumen duften leicht und wachsen einzeln auf kräftigen, geraden Stielen. Sie sind relativ haltbar und besonders in kühleren Lagen von schön symmetrischer, hochgebauter Form. Das dunkelgrüne Laub der robusten, hohen, aufrecht wachsenden Rose ist krankheitsfest. Die Sorte ist insgesamt eine wunderbare Gartenrose. Sie stammt aus der Kreuzung zweier großartiger roter Edelrosen und ist vor allem in den USA sehr beliebt. **ZONEN 5–10.**

Zary, USA, 1998

'Olympiad' × 'Ingrid Bergman'

All-American Rose Selection 1998

'Ophelia'

## 'OPERA'

TEEHYBRIDE, ROT+, ÖFTERBLÜHEND

Hell scharlachrote, gefüllte Blüten mit gelbem Grund öffnen sich aus langen, spitzen Knospen. Die gefüllten Blüten besitzen eine ungezwungene Form. Sie erreichen einen Durchmesser von 15 cm und sitzen auf äußerst kräftigen Stielen. Die Sorte ist relativ reichblütig, ihre Farben können aber durch starke Sonneneinstrahlung verblassen. Die aufrechte, kräftige Pflanze trägt hellgrüne, ledrige Blätter und ist etwas anfällig gegenüber Mehltau und Sternrußtau. 'Opera' ist sehr winterhart und kann in den meisten Gebieten stark beschnitten werden. **ZONEN 4–10.**

Gaujard, Frankreich, 1950

'La Belle Irisée' × Sämling

Goldmedaille der National Rose Society 1949

'Opening Night'

'Orange Bunny'

'Onkaparinga'

## 'OPHELIA'

TEEHYBRIDE, HELLROSA, ÖFTERBLÜHEND

'Ophelia' trägt elegante, gefüllte Blüten in Hibiskusrosa mit zitronengelber Mitte. Die duftenden Blüten besitzen knapp 30 Petalen und wachsen in Büscheln auf langen, geraden, kräftigen Stielen. Das Laub der wuchsfreudigen, aufrechten Rose ist ledrig. Ihre Herkunft und Abstammung sind unbekannt. Ungeachtet dessen wurde sie häufig zur Züchtung weiterer großartiger Rosen verwendet – u. a. sind aus ihr 35 Sports hervorgegangen. Die nach Shakespeares tragischer Heldin benannte Rose ist unvergeßlich geworden. **'Climbing Ophelia'** (Dickson, Großbritannien, 1920) erreicht eine Höhe von 3–3,5 m. **ZONEN 5–10.**

William, Paul & Sohn, Großbritannien, 1912

Möglicherweise ein Zufallssämling von 'Antoine Rivoire'

'Orange Flame'

'Orange Fire'

## 'ORANGE BUNNY' MEIrianopur

FLORIBUNDA, ORANGEROT, ÖFTERBLÜHEND

Ihre spitzen Knospen öffnen sich zu orangeroten Blüten mit dunklerer Unterseite. Sie sind becherförmig, halbgefüllt, besitzen etwa 15 Petalen und erscheinen in Büscheln von bis zu 25 duftenden Blüten. Das mattbronzefarbene Laub wächst an einem aufrechten, kompakten, robusten Strauch. **ZONEN 5–10.**

Meilland, Frankreich, 1979

'Scherzo' × ('Sarabande' × 'Frenzy')

## 'ORANGE CASCADE'

KLETTERNDE ZWERGROSE, ORANGE+, ÖFTERBLÜHEND

'Orange Cascade' besitzt spitze Knospen, die sich zu gelb-orangefarbenen, gefüllten Blüten mit 20 Petalen öffnen. Sie wachsen in kleinen, duftenden Büscheln am weidenartigen Strauch. Die Rose entwickelt sich zu einer reich blühenden Pflanze, wobei die Blühdauer der einzelnen Blüten relativ kurz ist. **ZONEN 5–10.**

Moore, USA, 1979

Gelber Sämling × 'Magic Wand'

## 'ORANGE FIRE'

ZWERGROSE, ORANGEROSA, ÖFTERBLÜHEND

Aus kurzen, spitzen Knospen entfalten sich kleine Blüten mit einer Mischung aus orangefarbenen und rosa- bis karminroten Tönen. Sie sind mit 40 Petalen gefüllt und wachsen in kleinen, ordentlichen Büscheln inmitten des glänzenden, ledrigen, dunklen Laubs. Die buschige, aufrechte Rose bildet kontinuierlich ihre Blüten, die leider aber im Lauf der Zeit zu einer recht schmutzigen Farbe verblassen – ein Makel, den die Rose von 'Floradora' geerbt hat. **ZONEN 5–9.**

Moore, USA, 1974

(*Rosa wichuraiana* × 'Floradora') × 'Fire Princess'

## 'ORANGE FLAME'

TEEHYBRIDE, ORANGE-ROT, ÖFTERBLÜHEND

Ihre spitzen, ovalen Knospen öffnen sich zu leuchtend orangeroten Blüten. Die duftenden, gefüllten Blumen besitzen knapp 35 Petalen und einen Durchmesser von 12 cm. Leider verlieren Sie häufig ihre symmetrische, hochgebaute Form und neigen besonders in kühlen und feuchten Gebieten zu Mumienbildung und geteilten Mitten. Die hohe, kräftige Pflanze ist mit zahlreichen Stacheln und ledrig glänzendem Laub bestückt. Sie benötigt zur vollen Entfaltung ihrer kräftigen Blüten viel Wärme, und es dauert mehrere Jahre, bis sie sich eingewöhnt hat. Dann aber trägt sie während der gesamten Saison eine große Zahl von Blüten. **ZONEN 5–10.**

Meilland, Frankreich, 1963

'Monte Carlo' × 'Radar'

## 'ORANGE HONEY'

ZWERGROSE, ORANGE+, ÖFTERBLÜHEND

Die gelb-bernsteinfarbenen, gefüllten Blüten mit knapp 25 Petalen öffnen sich aus spitzen Knospen und färben sich in voll aufgeblühtem Zustand kräftig orangegelb. Sie duften fruchtig und besitzen eine symmetrische, hohe Mitte, sind jedoch im ganzen eher becherförmig. Die älteren Blüten werden rot überhaucht, wodurch sie äußerlich an rotes Herbstlaub erinnern. Die Rose blüht reichlich und leuchtet die meiste Zeit über kräftig Orange. Sie breitet sich gerne aus und eignet sich daher ideal als Blickfang in einer Blumenampel. Im Halbschatten hält sie ihre leuchtend orange Farbe mehrere Wochen lang. **ZONEN 5–11.**

Moore, USA, 1979

'Rumba' × 'Over the Rainbow'

## 'ORANGE MEILLANDINA'

MEIjikatar

Syn. 'Orange Sunblaze', 'Sunblaze'

ZWERGROSE, ORANGEROT, ÖFTERBLÜHEND

Die kräftig orangeroten Blüten sind in ihrer Leuchtkraft in der Pflanzenwelt unübertroffen. Sie erscheinen einzeln oder in kleinen Büscheln, sind gefüllt und haben 35 Petalen. Ihre anmutige Becherform wird durch die zierlichen, spitzen, matthellgrünen Blätter ergänzt. Die kleinen Blütenbüschel bestehen normalerweise aus 2–5 Blüten und wachsen in rascher Folge an einer aufrechten, kompakten Pflanze. Sie eignet sich in Gärten auch in Kübeln hervorragend als Farbtupfer und kann eine lange Reihe kleiner, leuchtender Blütenbüschel produzieren. **ZONEN 5–10.**

Meilland, Frankreich, 1982

'Parador' × ('Baby Bettina' × 'Duchess of Windsor')

'Orange Mist'

## 'ORANGE MIST'

FLORIBUNDA, ORANGE+, ÖFTERBLÜHEND

Die becherförmigen Blüten in Lachsorange bis Gelborange erreichen einen Durchmesser von 10 cm. Das mattgrüne Laub der duftenden Sorte ist krankheitsfest. Wenn auch von kleinem Wuchs, so produziert sie doch eine überwältigende Anzahl von Blütenbüscheln. Sie wurde nie als Beetrose in den Handel eingeführt, sondern hauptsächlich in Gewächshäusern als Schnittblume kultiviert. **ZONEN 6–11.**

Boerner, USA, 1957

'Ma Perkins' × Sämling

## 'ORANGE RUMBA'

FLORIBUNDA, ORANGE+, ÖFTERBLÜHEND

Ovale Knospen öffnen sich zu mittelgroßen, leuchtend orangefarbenen Blüten mit einem Hauch von Rot. Die gefüllten Blüten besitzen 35 Petalen, sind becherförmig, duften leicht und erscheinen bemerkenswert zahlreich in kleinen Büscheln. Am mittelwüchsigen, kompakten Strauch wachsen glänzend dunkelgrüne Blätter. Sie wurde nie als Beetrose, sondern immer nur als Schnittblume gehandelt. **ZONEN 5–10.**

Zieger, USA, 1962

Sport von 'Rumba'

## 'ORANGE SENSATION'

FLORIBUNDA, ORANGEROT, ÖFTERBLÜHEND

An den Rändern sind die orange-dunkelzinnoberroten Blüten etwas dunkler überhaucht. Sie besitzen 25 Petalen, einen Durchmesser von 8 cm und einen ausgeprägten Duft. Wunderschön geformte Büschel aus haltbaren, wetterfesten Blüten wachsen an einer kräftigen, breitwüchsigen Pflanze, die bis zu 1 m hoch wird. Das Laub der pflegeleichten Sorte ist hellgrün. Sie ist in jedem Blütestadium wunderschön und wird bei internationalen Wettbewerben häufig prämiert. **'Climbing Orange Sensation'**, die an Wänden oder Säulen hochgezogen werden kann, ähnelt stark ihren Eltern, blüht jedoch nicht so dauerhaft. **ZONEN 5–10.**

de Ruiter, Niederlande, 1961

'Amor' × 'Fashion'

National Rose Society Goldmedaille 1961, Goldene Rose von Den Haag 1968

'Climbing Orange Sensation'

'Orange Rumba'

'Orange Sweetheart'

'Orange Silk'

## 'ORANGE SILK'

FLORIBUNDA, ORANGEROT, ÖFTERBLÜHEND

Die großen, orange-zinnoberroten Blüten sind flach und becherförmig und sitzen in großen Büscheln auf kräftigen, geraden Stielen. Sie duften leicht. Obwohl die großen Blüten öfter von symmetrisch hochgebauter Form sind, öffnen sie sich in der Regel eher zwanglos und ohne große Farbveränderungen. Die kräftige Rose trägt ein glänzend dunkelgrünes Laub. Sie blüht in rascher Folge und ist pflegeleicht. **ZONEN 5–10.**

McGredy, Großbritannien, 1968

'Orangeade' × ('Ma Perkins' × 'Kordes' Sondermeldung')

## 'ORANGE SUNSHINE'

ZWERGROSE, ORANGE+

'Orange Sunshine' scheint nicht der geeignete Name für diese kupfer-goldfarbene Sorte zu sein. Ihre Blüten sind klein und mit bist zu 20 Petalen beinahe gefüllt. Die langen Knospen öffnen sich rasch und geben dann den Blick frei auf die in einem Büschel angeordneten Staubfäden. Ihr Duft ist recht gut, was vor über 30 Jahren bei Zwergrosen eine Seltenheit war. Die kompakte, buschige Pflanze wird hin und wieder von Mehltau befallen, und die Blühfolge kann etwas zögernd sein. Das kleine Laub ist mattmittelgrün. **ZONEN 5–10.**

Moore, USA, 1968

Sport von 'Bit o' Sunshine'

'Orange Sunblaze'

## 'ORANGE SWEETHEART'

FLORIBUNDA, ORANGEROSA, ÖFTERBLÜHEND

Die ovalen Knospen öffnen sich zu großen Blüten in klarem Orangerosa. Sie sind gefüllt, besitzen 20–25 Petalen und duften leicht fruchtig. Das Laub der aufrechten, kompakten Rose ist dunkelgrün. Sie ist nur eine der vielen großartigen Floribundarosen des hervorragenden amerikanischen Züchters Gene Boerner, der zur Einführung und Beliebtheit dieser Klasse beitrug. Die Sorte wird zwar nicht mehr vertrieben, kann jedoch noch in vielen alten Gärten und Schloßparks bewundert werden. **ZONEN 5–10.**

Boerner, USA, 1952

Sämling von 'Rosenmärchen' × 'Fashion'

O

'Orangeade'

'Orangeade'

'Orchid Lace'

## 'ORANGE TRIUMPH'

POLYANTHAROSE, ROT, ÖFTERBLÜHEND

Sie trägt große Büschel duftender, tief orangeroter Blüten, die während der gesamten Saison in großen Zahlen produziert werden. Die kleinen, becherförmigen Blüten sind außerordentlich haltbar und wetterfest. Das glänzend grüne Laub wächst an einer kompakten, kräftigen, sehr winterharten Pflanze mit einer Höhe von 1,2–1,5 m. Sie wird als historisch wichtige Sorte betrachtet, da sie ihre wundervollen Eigenschaften erfolgreich weitervererbt hat, beispielsweise an **'Climbing Orange Triumph'**, die 1945 von dem Holländer Leenders vorgestellt wurde. Diese wird 3–3,5 m hoch und kann problemlos an Zäunen, Mauern oder Geländern erzogen werden. 1953 stellte Jacob Maarse aus den USA **'Orange Triumph Superba'**, eine orange getönte Polyantharose, vor. 1960 führte der Engländer Cant eine verbesserte orangerote, nicht kletternde Polyantharose aus 'Orange Triumph' mit dem Namen 'Orange Triumph Improved' ein.
**ZONEN 4–10.**

Kordes, Deutschland, 1937

'Eva' × 'Solarium'

Goldmedaille der Royal National Rose Society 1937

## 'ORANGEADE'

FLORIBUNDA, ORANGEROT, ÖFTERBLÜHEND

Ihre orangerote Farbe ist von mitunter überwältigender Leuchtkraft. Sie wird später etwas dunkler, wodurch sich der Kontrast zu den goldgelben Staubgefäßen im voll aufgeblühten Zustand noch verstärkt. Die halbgefüllten Blüten duften leicht und erscheinen in prächtigen Büscheln. In wärmeren Gegenden erreicht die kräftige, aufrechte Rose eine Höhe von ca. 1 m, verträgt aber auch ungünstigere Wachstumsbedingungen. **'Climbing Orangeade'** (Waterhouse Nursery, Großbritannien, 1964) ist ein kletternder Sport. **ZONEN 5–10.**

McGredy, Großbritannien, 1959

'Orange Sweetheart' × 'Kordes' Sondermeldung'

Goldmedaille der National Rose Society 1959, Portland Goldmedaille 1965

## 'ORANGES AND LEMONS'

MACoranlem

**Syn. 'Papagena'**

TEEHYBRIDE, ORANGE+, ÖFTERBLÜHEND

Die Blüten besitzen gelbe und orangefarbene Punkte und Streifen – eine Zeichnung, die für den Züchter typisch ist. Sie sind mit 25–40 Petalen gefüllt und sitzen in wunderschönen Büscheln auf kräftigen, geraden Stielen. In den meisten Gegenden ist die Rose äußerst blühfreudig. Ihr glänzend dunkelgrünes, mahagonifarben überhauchtes Laub ist recht robust, und sie wächst meist in Form von 1 m hohen, bogenförmigen Trieben. 'Oranges and Lemons' ist ein weiteres Beispiel für Pioniergeist und Phantasie von Sam McGredy. **ZONEN 4–10.**

McGredy, Neuseeland, 1992

'Roller Coaster' × 'New Year'

## 'ORCHID JUBILEE' MORclilav

KLETTERNDE ZWERGROSE, MAUVE, ÖFTERBLÜHEND

Ihre Blüten erstrahlen in mehreren Mauvetönen, die sich auch unter direkter

'Orange Triumph'

Sonneneinstrahlung gut halten. Sie sind gefüllt, besitzen bis zu 25 Petalen und erscheinen normalerweise in Büscheln. Diese setzen sich klar von dem kleinen, mittelgrünen Laub ab. Sie ist eine ausgesprochene Kletterrose von schlankem Wuchs. Ihre Blüten duften leider nicht, blühen dafür aber während der gesamten Saison in großer Zahl. 'Orchid Jubilee' benötigt mehrere Jahre, um sich einzugewöhnen und voll zu entfalten, und sollte einen festen Platz im Garten erhalten. Sie ist ein weiterer Erfolg von Moore, kletternde, in Mauvetönen gehaltene Zwergrosen für den Garten zu züchten.
**ZONEN 5–10.**

Moore, USA, 1992

('Little Darling' × 'Yellow Magic') × 'Make Believe'

## 'ORCHID LACE' BENorchid

ZWERGROSE, MAUVE, ÖFTERBLÜHEND

Die gefüllten Blüten in Mauve mit rosa Schattierungen eignen sich gut für Ausstellungszwecke und können zart duften. Für klassische Zwergrosen fallen die Blüten relativ groß aus, und so wird die Sorte sicherlich als Rabattenrose durchgehen, wenn sie erst einmal alle Bewertungskriterien ordnungsgemäß erfüllt hat. Leider besitzt die Sorte jedoch zu schwache Stiele und zu dünne Hälse, um die verhältnismäßig großen Blüten stützen zu können und ist anfällig für Mehltau. Innerhalb der Gruppe der mauvefarbenen Rosen nimmt sie eine bedeutende Stellung ein; man kann jedoch für manche Gegenden nicht exakt vorhersagen, wie sie dort wachsen wird. Überdüngung, besonders mit Stickstoff, kann die Blüten verunstalten und sollte daher unbedingt vermieden werden.
**ZONEN 5–10.**

Benardella, USA, 1995

Eltern unbekannt

'Oregold'

## 'OREGOLD' TANolg

**Syn. 'Anneliese Rothenberger', 'Miss Harp', 'Silhouette'**

TEEHYBRIDE, DOTTERGELB, ÖFTERBLÜHEND

Sie zeichnet sich durch tief goldgelbe, gefüllte Blüten mit guter Substanz und einer außerordentlich symmetrischen, hohen Mitte aus. In kühlen Gegenden halten die zart duftenden Blüten oft wochenlang am Strauch, wobei sie auch in warmen Regionen nicht verblassen, dort jedoch zu raschem Aufblühen neigen. Die hohe, sich leicht ausbreitende Sorte ist krankheitsfest und trägt große, glänzend dunkelgrüne Blätter. Sie gewöhnt sich zwar nur langsam ein, doch wird die Wartezeit durch eine Fülle von Blüten belohnt, die rasch nacheinander blühen. Die Mutterpflanze ist ein $F_2$-Nachkomme der 'Gloria Dei'. 'Oregold' wird weltweit noch häufig kultiviert und erfreut sich aufgrund ihrer Farbe und ihres kräftigen Wuchses stetiger Beliebtheit.
**ZONEN 5–10.**

Tantau, Deutschland, 1975

'Piccadilly' × 'Königin der Rosen'

All-American Rose Selection 1975

## 'ORIANA'

**Syn. 'Osiana'**

TEEHYBRIDE, ROT+, ÖFTERBLÜHEND

Die kirschroten Blüten mit kreideweißer Unterseite besitzen knapp 40 Petalen, erreichen einen Durchmesser von 12 cm und duften zart. Sie wachsen einzeln auf kräftigen Stielen, öffnen sich aber leider sehr rasch. Die robuste, aufrechte, sich ausbreitende Rose trägt glänzend grüne Blätter, ist krankheitsfest und sehr winterhart. Die Blüten haben zwar Ausstellungsqualität, erscheinen aber in für Edelrosen unterdurchschnittlich langsamer Folge. Sie erhielten ihre klassisch hohe Mitte durch Verwendung eines $F_2$-Nachkommens von 'Gloria Dei' als Vaterpflanze. **ZONEN 5–10.**

Tantau, Deutschland, 1970

'Caramba' × 'Piccadilly'

## 'ORIENTAL CHARM'

TEEHYBRIDE, ROT, ÖFTERBLÜHEND

Kugelförmige Knospen öffnen sich zu leuchtend orangeroten Blüten mit breiten, karminroten Adern und goldgelben Staubgefäßen, die ihnen einen besonderen Touch verleihen. Die zart duftenden, einfachen Blüten bestehen aus 11 Petalen und erreichen einen Durchmesser von 8–10 cm. Sie unterscheiden sich deutlich von anderen einfachen Rosen, da sie den

'Oriana'

'Oranges and Lemons'

großen Blüten von Türkischem Mohn gleichen. Ihre Farbe verblaßt nach dem Aufblühen sehr rasch. Das Laub der kräftigen, aufrechten Rose glänzt dunkelgrün. 'Oriental Charm' besitzt eine umfangreiche Ahnentafel. So ist die Mutterpflanze 'Mme Butterfly' ein Sport von 'Ophelia', 'Floradora' ist die Vaterpflanze von 'Queen Elizabeth' und 'Charlotte Armstrong' gehört zu den großen Edelrosen des Jahrhunderts.

**ZONEN 5–10.**

Duehrsen, USA, 1960

('Charlotte Armstrong' × 'Gruß an Teplitz') × ('Mme Butterfly' × 'Floradora')

## 'ORIENTAL DAWN'

TEEHYBRIDE, GELB+, ÖFTERBLÜHEND

Sie ist eine wuchsfreudige, gesunde Rose mit cremegelben, zum Rand hin kräftig rosarot überhauchten Blüten. Diese duften zart, sind von schöner Form und wachsen in rascher Folge sowohl einzeln als auch in Büscheln auf langen, kräftigen Stielen. Das Laub dieser Teehybride ist glänzend dunkelgrün. 'Oriental Dawn' eignet sich gut für Rabatten.

**ZONEN 5–9.**

Suzuki, Japan, 1973

Eltern unbekannt

'Oriental Charm'

'Oriental Dawn'

O

'Osiria'

'Orpheline de Juillet'

'Othello'

## 'ORLÉANS ROSE'

POLYANTHAROSE, ROT+, ÖFTERBLÜHEND

Die halbgefüllten, leuchtend rosakarminroten Blüten zeigen eine weiße Mitte. Sie sind klein, duften zart und blühen fortwährend reichlich. Da 'Orléans Rose' viele kleine Zweige mit oft kugelförmigen Blüten hervorbringt, wird sie von einigen Rosenliebhabern als 'Poly-Pompon' bezeichnet. Die kräftige, aufrechte, buschige Sorte besitzt glänzend grüne Blätter. Mit dieser Sorte entstand übrigens die erste Polyantharose. Wie 'Ophelia' nimmt auch sie in der Geschichte der Rosenzucht eine wichtige Rolle ein: von ihr stammen 22 Sports ab, zu denen einige bekannte Sorten wie etwa 'Miss Edith Cavell', 'Freudenfeuer', 'Coral Cluster', 'Juliana', 'Orange Queen' und 'Teschendorffs Jubiläumsrose' zählen; sie alle wurden erfolgreich in Züchtungsprogrammen eingesetzt. **ZONEN 4–10.**

Levavasseur, Frankreich, 1909

Möglicherweise ein Sämling von 'Mme Norbert Levavasseur'

'Oskar Scheerer'

'Oskar Cordel'

## 'ORMISTON ROY'

STRAUCHROSE, TIEF GELB

Die Rose trägt nur einmal im Frühling einen prächtigen Flor aus großen, einfachen Blüten in leuchtendem Hahnenfußgelb. Sie ist von dichtem Wuchs und wird nur knapp 1 m hoch. Das farnartige Laub ist hellgrün und gekräuselt. Im Herbst und Winter, wenn alle anderen Pflanzen verblüht sind, bilden die großen, kugelförmigen Hagebutten mit ihrer purpurroten bis schwarzen Färbung einen schönen Anblick im Garten. **ZONEN 4–11.**

Doorenbos, Niederlande, 1953

Pimpinellifolia-Hybride × *R. xanthina*

## 'ORNAMENT DE LA NATURE'

**Syn. 'Anemone Ancienne', 'Ornement de la Nature'**

ALTE R., GALLICA-ROSE, MAUVE

Diese sehr seltene Sorte besitzt mittelgroße, gefüllte, lila bis violettrosa Blüten, die, wie das französische Synonym verrät, die Form von Anemonen haben. Die zahlreichen aufgerüschelten Petalen sind quirlständig. Ansonsten gleicht die Sorte einer normalen Gallica-Rose. **ZONEN 4–9.**

Toutain, Niederlande, vor 1814

Eltern unbekannt

## 'ORPHELINE DE JUILLET'

**Syn. 'July's Orphan'**

ALTE R., GALLICA-ROSE, MAUVE

Die Petalen der großen, stark gefüllten Blüten sind karmin-purpurrot, zur Mitte hin hellrot getönt. Sie ist von aufrechtem, schwachem, hohem Wuchs und weicht aufgrund ihrer Damaszenerrosen-Eigenschaften von herkömmlichen Gallica-Rosen ab. Die Herkunft des Namens („Juliwaise") ist unbekannt. William Paul erwähnte sie in *The Rose Garden* (1848), war aber nicht der Züchter, da sie bereits 1836 in Viberts Katalog erschien. **ZONEN 4–9.**

Vor 1836

Eltern unbekannt

## 'OSIRIA'

TEEHYBRIDE, ROT+, ÖFTERBLÜHEND

Ihre langen, spitzen Knospen öffnen sich zu dunkelroten Blüten mit einer funkelnden, weißen Unterseite. In sehr warmen Zonen nehmen sie einen fast schwarzen Rotton an. Die großen, stark gefüllten, duftenden Blüten besitzen über 50 Petalen, eine klassische Edelrosenform mit hoher Mitte und sitzen auf kurzen Stielen. In sehr warmen Landstrichen sind die Blüten mitunter kleiner. Die kräftige, aufrechte Pflanze mit ihrem dunkelgrünen Laub ist von ausgezeichneter Farbe und Form, wird jedoch oft stark von Echtem Mehltau befallen. **ZONEN 5–11.**

Kordes, Deutschland, 1978

'Snowfire' × Sämling

## 'OSKAR CORDEL'

**Syn. 'Oscar Kordel'**

ALTE R., REMONTANTROSE, TIEF ROSA, ÖFTERBLÜHEND

Die kräftige, aufrechte Rose besitzt große, gerundete, becherförmige Einzelblüten mit großen Blütenblättern. Sie sitzen auf langen Stielen und eignen sich daher gut zum Schnitt. Die tief rosa Blüten duften angenehm. 'Oskar Cordel' wurde nach dem Verleger der *Voss'schen Zeitung* benannt, einer Tageszeitung, die zwischen 1751 und 1934 erschien. **ZONEN 5–9.**

Lambert, Deutschland, 1897

'Merveille de Lyon' × 'André Schwartz'

## 'OSKAR SCHEERER'

STRAUCHROSE, DUNKELROT, ÖFTERBLÜHEND

Granatrote Petalen stehen in schönem Kontrast zu den auffallend gelben Staubgefäßen. Die großen, halbgefüllten Blüten erscheinen in kleinen Büscheln, duften aber nicht. Das Laub ist glänzend dunkelgrün. Der kräftige, aufrecht wachsende Strauch erreicht eine Höhe von ca. 1,8 m und fördert durch seine außergewöhnliche Verzweigung einen üppigen Knospenansatz. Die Rose zählt zu den ersten mittelgroßen Strauchrosen, deren Blüten Floribundarosen gleichen. Sie verträgt die meisten Witterungsbedingungen. **ZONEN 4–10.**

Kordes, Deutschland, 1961

Eltern unbekannt

Goldmedaille der Royal National Rose Society 1961, Royal Horticultural Society Award of Merit 1962

## 'OTAGO' MACnecta

ZWERGROSE, ORANGEROT, ÖFTERBLÜHEND

Die leuchtend orange-lachsroten Blüten besitzen eine symmetrische, hohe Mitte. Sie duften, sind mit etwa 35 Petalen gefüllt und verleihen dem kompakten Strauch mit zahlreichen, prächtigen Büscheln von 6–10 Blüten seine leuchtende Farbe. In den meisten Gegenden halten die Blüten ungewöhnlich lange, ohne zu verblassen. Das mittelgrüne Laub ist mattglänzend. 'Otago' ist ein weiterer großartiger Nachkomme der Mutterpflanze 'Anytime', die Sam McGredy häufig für prächtige Zwergrosen-Neuzüchtungen verwendet. Ähnlich wie die Sorten 'Kaikoura', 'Wanaka' und 'Moana' wurde auch diese Rose nach einem Ort in Neuseeland benannt. **ZONEN 5–10.**

McGredy, Neuseeland, 1978

'Anytime' × 'Minuetto'

## 'OTHELLO'

STRAUCHROSE, DUNKELROT, ÖFTERBLÜHEND

'Othello' trägt große, prächtige, tief blutrote Blüten, die sich allmählich purpurrot färben. Sie sind gut gefüllt und erinnern an Remontantrosen. Ihr Duft ist sehr ausgeprägt. Die kräftige, aufrecht wachsende Rose wird in den meisten gemäßigten Lagen ca. 1,5 m hoch und ist außerordentlich stark mit Stacheln bestückt. Sie ist winterhart, aber anfällig für Echten Mehltau. Die auch den Englischen Rose zugerechnete Sorte wurde nach einer berühmten Shakespeare-Figur benannt. **ZONEN 4–11.**

Austin, Großbritannien, 1987

'Lilian Austin' × 'The Squire'

'Our Molly'

## 'OUR MOLLY' DICreason

STRAUCHROSE, ROT, ÖFTERBLÜHEND

Die Blüten dieser lieblichen, einfachen Rose haben die Farbe roter Johannisbeeren und eine silbrigweiße Mitte. Sie erscheinen in großen Büscheln, duften aber leider nicht. 'Our Molly' ist von hohem, breitem Wuchs und trägt mittelgrüne Blätter. Eine ihrer herrlichen Eigenschaften sind die prächtigen, orangefarbenen Hagebutten im Herbst. Sie wurde nach einer berühmten Rosenzüchterin aus Nordirland benannt. **ZONEN 4–10.**

Dickson, Großbritannien, 1994

Eltern unbekannt

Royal National Rose Society Trial Ground Certificate 1991, Glasgow Goldmedaille 1996, The People's Choice Award in Glasgow 1996, Dublin Prize 1997, Belfast Prize

## 'OUR ROSAMOND'

TEEHYBRIDE, ROSA+, ÖFTERBLÜHEND

Ihre Blütenfarbe ist eine Mischung aus Silber und Rosa. Die zart duftenden, gefüllten Blüten verfügen über 35 Petalen und eine schöne, klassische Edelrosenform; sie blühen einzeln. Das glänzend mittelgrüne Laub der aufrecht wachsenden, hohen Rose ist krankheitsresistent. **ZONEN 5–11.**

Bell, Australien, 1983

Sämling von 'Daily Sketch' × 'Red Planet'

'Over the Rainbow'

'Oz Gold'

## 'OUT OF AFRICA' KORocken

TEEHYBRIDE, ORANGEAPRICOT+

Diese Rose mit ihren warm leuchtenden Blüten ist wirklich bezaubernd. Der goldfarbene Grund geht in apricotfarbene, zurückgerollte Blütenblätter über; die spitze Mitte erscheint in einem Ton aus Apricot und Dunkelbronze. Die Rose bildet in einer Pflanzung mit 'Helpmekaar Roos' und 'Bernalene' einen anregenden Anblick, wobei das Beet zu einem intensiv bronze-apricotfarbenen Blütenmeer wird. 'Out of Africa' ist eine hochwüchsige Pflanze, die ständig neue, wuchsfreudige, grundständige Triebe hervorbringt, an denen sich weitere große Blütenbüschel bilden. Die zart duftenden Blüten eignen sich sowohl zum Schnitt als auch für Ausstellungszwecke. **ZONEN 5–11.**

Kordes, Deutschland

Eltern unbekannt

## 'OVER THE RAINBOW'

ZWERGROSE, ROT+, ÖFTERBLÜHEND

Die Verwendung der erlesenen Floribundarose 'Little Darling' als Mutterpflanze brachte 'Over the Rainbow', eine weitere erstklassige Sorte von Moore, hervor. Die kleinen, wohlgeformten, gefüllten Blüten sind tief scharlachrot mit leuchtend gelber Unterseite. Sie besitzen eine schöne hohe Mitte und einen zarten Duft. Das Laub ist mattglänzend und ledrig. Die kräftige, aufrechte Sorte wird in milden Gebieten teilweise sehr hoch, kann aber etwas anfällig für Mehltau sein. Sie zählt zu den besten zweifarbigen Zwergrosen. Ihre Blüten können in kühleren Regionen relativ groß werden. **ZONEN 5–11.**

Moore, USA, 1972

'Little Darling' × 'Westmont'

American Rose Society Award of Excellence 1975

'Oz Gold'

'Our Rosamond'

## 'OVERLOON'

FLORIBUNDA, DUNKELROSA, ÖFTERBLÜHEND

Obwohl die Rose beinahe 50 Jahre alt ist, gilt sie immer noch als sehr gute Floribundarose. Sie ist von niedrigem bis mittlerem Wuchs und breitet sich stark aus. Ihr matt dunkelgrünes, krankheitsfestes Laub bildet einen schönen Hintergrund, wenn sich die wohlgeformten Knospen zu leuchtend rosaroten Blüten öffnen. Die mittelgroßen Blüten besitzen ca. 25 hübsche Petalen von ausgeprägt spitzer Form. Die Farben sind beständig, und die Blüten erscheinen reichlich und rasch nacheinander sowohl einzeln als auch in Büscheln. Es gibt nur wenige gute rosarote Floribundarosen, und 'Overloon' ist eine davon, auch wenn sie heute kaum mehr in Gärten zu finden ist. **ZONEN 5–9.**

Leenders, Niederlande, 1949

'Irene' × 'Hebe'

'Overloon'

## 'OZ GOLD'

ZWERGROSE, ORANGE+, ÖFTERBLÜHEND

'Oz Gold' besitzt goldgelbe, an den äußeren Blatträndern kirschrot überhauchte Blüten. Die Farbe ist sehr haltbar, wobei es ein paar Tage dauert, bis sich die Blütenränder kirschrot bis rosafarben überzogen haben. Ihre für Ausstellungszwecke gut geeignete Form wird durch das glänzend dunkelgrüne Laub noch ergänzt. Die mittelwüchsige, kräftige Pflanze, deren verwelkte Blüten sauber abfallen, ist generell gesund und wuchsfreudig. **ZONEN 5–10.**

McGredy, Neuseeland, 1981

Eltern unbekannt

O

P

## 'PACESETTER' SAVpace

ZWERGROSE, WEISS, ÖFTERBLÜHEND

Die langen, spitzen Knospen öffnen sich zu rein weißen, duftenden Blüten, die ihre Edelrosenform gut halten. Sie eignen sich daher ideal für Ausstellungszwecke sowie zum Schnitt. Nachdem die Pflanze gut eingewurzelt ist, blüht sie reich. Ihre eleganten, langen Stiele lassen die reizvollen Rose noch anmutiger wirken. Der aufrechte, dichte Busch trägt mattglänzendes dunkelgrünes Laub. 'Pacesetter' zählt zu den ersten rein weißen Zwergrosen und war eine sehr beliebte Sorte bis zur Einführung von 'Snowbride'. Ihre Popularität wurde hierdurch jedoch beinträchtigt; 'Pacesetter' wird nach wie vor vielerorts kultiviert und ausgestellt. **ZONEN 5–11.**

Schwartz, USA, 1979

'Ma Perkins' × 'Magic Carrousel'

American Rose Society Award of Excellence 1981

## 'PACIFIC TRIUMPH'

POLYANTHAROSE, REIN ROSA, ÖFTERBLÜHEND

Die Farbpalette der becherförmigen Blüten reicht von Lachsrosa bis rein Rosa. Die halbgefüllten Blumen haben einen gut wahrnehmbaren Duft, erscheinen meist in kleinen Büscheln, besitzen jedoch oft für das Gewicht der Blüten etwas zu schwache Stiele. Das hübsche Laub der relativ dicht verzweigten Pflanze glänzt dunkelgrün. **ZONEN 5–10.**

Heers, Australien, 1949

Sport von "Orange Triumph'

## 'PADDY McGREDY' MACpa

FLORIBUNDA, REIN ROSA, ÖFTERBLÜHEND

Die ovalen Knospen öffnen sich zu großen, dunkelrosa bis karminroten Blüten mit etwa 35 Petalen. Die klassischen, hochgebauten, edelrosenförmigen Blüten erscheinen gelegentlich einzeln, aber überwiegend in Büscheln und besitzen einen ausgeprägten, intensiven Duft. Das Laub ist ledrig dunkelgrün, kann jedoch zu Sternrußtau neigen. Als man die dichte, kräftige Rose vorstellte, wurde ihre einzigartige Kombination von Edelrosen- und Floribundarosen-Eigenschaften als Meilenstein in der Rosenzüchtung gefeiert. 'Paddy McGredy' produziert eine Vielzahl großer Dolden, die das Laub des Busches beinahe vollständig bedecken. Sie wurde nach der Schwester des Züchters benannt. **ZONEN 5–11.**

McGredy, Großbritannien, 1962

'Spartan' × 'Tzigane'

Goldmedaille der National Rose Society 1961

## 'PADDY STEPHENS' MACclack

TEEHYBRIDE, ORANGE+, ÖFTERBLÜHEND

Die herrlich lachsorangefarbenen Blüten eignen sich im Frühling aufgrund ihrer Form ideal zu Ausstellungszwecken, bleiben jedoch später im Jahr häufig kleiner und flacher. Die mit 15–25 Petalen gefüllten, schwach duftenden Blüten sind in voll aufgeblühtem Zustand am prächtigsten. Sie wachsen einzeln auf meist geraden, kräftigen Stielen. Der dichte Busch trägt große, dunkelgrüne, krankheitsfeste Blätter und zeigt sich in kühlen Lagen von seiner schönsten Seite; in wärmeren Gebieten verblassen die Farben schnell. 'Paddy Stephens' wurde nach einem neuseeländischen Rosenzüchter benannt. **ZONEN 5–10.**

McGredy, Neuseeland, 1991

'Solitaire' × {(['Tombola' × {'Elizabeth of Glamis' × ('Circus' × 'Golden Fleece')}] × 'Mary Sumner') × Sämling}

'Pacesetter'

'Pacific Triumph'

'Paddy McGredy'

'Paheka'

## 'PAHEKA'

TEEHYBRIDE, WEISS+, ÖFTERBLÜHEND

'Paheka' ist eine der besten Züchtungen von George Dawson. Die sehr schön geformten Knospen öffnen sich langsam zu großen weißen Blüten mit hauchzarten, rosafarbenen Schattierungen und zeigen in vollerblühtem Zustand ihre Staubgefäße. Sie besitzen etwa 25 breite, außerordentlich feste Petalen. 'Paheka' ist von hohem, breitem Wuchs, recht gesund und ideal für Beete oder als Hecke. Sie bildet wiederholt eine Vielzahl duftender Blüten aus, die ihre Form gut halten und sich hervorragend zum Schnitt eignen. **ZONEN 5–9.**

Dawson, Australien, 1980

Eltern unbekannt

## 'PAINTED MOON' DICpaint

TEEHYBRIDE, ROT+, ÖFTERBLÜHEND

Diese zart duftende Rose unterzieht sich einem aufregenden Farbwechsel. Die zu Beginn gelben Blüten färben sich von den Blattspitzen her rosa, das sich zu Rot vertieft, bis die Petalen schließlich vollkommen Karminrot sind. Die großen, mit 40 Petalen gefüllten, becherförmigen Blüten erscheinen in breiten Büscheln, in denen die Rose ihre ganze atemberaubende Farbpalette zur Schau stellen kann. Der aufrechte, kleinwüchsige Busch trägt mattglänzende dunkelgrüne Blätter. Aufgrund ihrer ungewöhnlichen Wirkung eignet sie sich gut als Einfassung oder Hecke.
**ZONEN 5–10.**

Dickson, Großbritannien, 1989

'Bonfire Night' × 'Silver Jubilee'

Royal National Rose Society Trial Ground Certificate 1989, Belfast Goldmedaille 1993

'Paddy Stephens'

'Painted Moon'

'Paleface'

## 'PAINTER'S PALETTE' MORpale

ZWERGROSE, ROT+

Diese kleine, moosrosenähnliche Sorte mit ihren auffällig gestreiften Blüten wird mit 40–50 cm höher als die meisten Zwergrosen, und ihre kräftigen Triebe breiten sich doppelt so weit aus. In voller Blüte ähnelt der Busch wirklich einer mit Rot, Weiß und Rosa bekleckten Malerpalette; bei näherer Betrachtung erweisen sich die Farbtupfer als Streifen auf den Rosetten. Die Blüten verändern im Lauf der Zeit ihre Farbe und bieten daher in Kübeln auf der Terrasse ein interessantes Bild. Leider duften sie nicht.
**ZONEN 4–11.**

Moore, USA, 1984

Eltern unbekannt

## 'PALEFACE'

TEEHYBRIDE, WEISS, ÖFTERBLÜHEND

Die ovalen spitzen Knospen öffnen sich zu fast rein weißen, halbgefüllten, schwach duftenden Blüten mit bis zu 25 gelbgrundigen Petalen. Die hochgebauten oder becherförmigen Blumen erreichen einen Durchmesser von 12 cm und zeigen in voll aufgeblühtem Zustand ihre Staubgefäße. Der kräftige, aufrechte Busch trägt ledriges, mattglänzendes, dunkelgrünes Laub. 'Paleface' ist äußerst krankheitsfest, kann jedoch in der Blütenfolge etwas langsam sein.
**ZONEN 5–10.**

Lindquist, USA, 1959

'Joanna Hill' × Sämling

## 'PALLAS' HARvestal

ZWERGROSE, HELLROSA, ÖFTERBLÜHEND

Ihre kleinen, aber wunderschön geformten, leider nur schwach duftenden Rosetten enthalten 60 schmale Petalen, die sich langsam öffnen und ihre reizvollen Petalspitzen zeigen. Die jungen Blüten sind zart bräunlich gefärbt und verblassen später an den Rändern zu Weiß. Der erste Flor ist so üppig, daß man den Boden unter den Pflanzen kaum sehen kann, und die Rose blüht wiederholt bis zum Herbst. Sie duftet leider nur schwach, trägt aber üppiges, kleines, glänzendes Laub. Diese Sorte eignet sich hervorragend für Kübel, als Gruppe oder niedrige Hecke und überall dort, wo eine kleine, ordentliche Pflanze benötigt wird. **ZONEN 5–10.**

Harkness, Großbritannien, 1989

'Clarissa' × 'New Penny'

## 'PALMENGARTEN FRANKFURT' KORsilan

**Syn. 'Beauce', 'Our Rosy Carpet'**

BODENDECKERROSE, REIN ROSA, ÖFTERBLÜHEND

Dies ist eine hervorragende Bodendeckerrose mit einer Höhe von etwa 1 m und einer Breite von etwa 1,3 m. Ihr mattglänzendes, dunkelgrünes Laub ist äußerst gesund. Die halbgefüllten Blüten besitzen 15–20 kräftig rosafarbene Petalen, die nicht verblassen. Sie erscheinen in dichten Büscheln, bedecken den Busch von Frühling bis Herbst vollständig und glänzen durch eine rasche Blütenfolge. 'Palmengarten Frankfurt' ist eine wunderschöne Beetrose, die sich auch ideal für schwierig zu begrünende

'Pandora'

'Palmengarten Frankfurt'

'Pandemonium'

Standorte wie etwa Wälle oder unter Bäumen eignet. Sie kann auch als Kaskadenrose, also als Hängerosen-Hochstamm verwendet werden. Der Palmengarten in Frankfurt ist ein alter Stadtpark mit botanischem Garten.

**ZONEN 5–9.**

Kordes, Deutschland, 1988

Eltern unbekannt

ADR-Rose 1992

## 'PANACHÉE DE LYON'

**Syn. 'Rose du Roi Panachée', 'Striped Crimson Perpetual'**

ALTE R., PORTLANDROSE, ROSA+, ETWAS NACHBLÜHEND

'Rose du Roi' zählt zu den ersten Portlandrosen, die auch als „remontierende Damaszenerrosen" bekannt waren; sie wird gelegentlich als frühe Remontantrose klassifiziert. Die duftende 'Panachée de Lyon' ist eine purpurrot gestreifte, rosafarbene Version von 'Rose du Roi'. Leider findet häufig eine Rückmutation statt, und die Blüten nehmen wieder ihre ursprüngliche rote Farbe an. Das hübsche Laub ist mattgrün.

**ZONEN 4–9.**

Dubreuil, Frankreich, 1895

Sport von 'Rose du Roi'

## 'PANDEMONIUM' MACpandem

**Syn. 'Claire Rayner'**

FLORIBUNDA, GELB+, ÖFTERBLÜHEND

Die Rose mit dem klangvollen Namen trägt gelbe, unregelmäßig rot gestreifte Blüten mit 25–40 Petalen und einem schwachen Moschusduft. Sie erinnern an altmodische, gestreifte Rosenblüten wie von 'Rosa Mundi' und 'Ferdinand Pichard', deren Hauptmerkmal ihre fla-

'Pania'

chen, offenen, leuchtend rot, rosa und weiß gestreiften und gefleckten Blüten sind. Die robuste, buschige Pflanze wird etwa 60 cm hoch und trägt kleine, mattglänzend grüne Blätter. Sie wurde zwar als große Floribundarose klassifiziert, ähnelt jedoch aufgrund ihres hohen, ausladenden Wuchses mehr einer Strauchrose. Bei 'Pandemonium' ist deutlich die gestreifte Zeichnung zu erkennen, die sie wohl von der Mutterpflanze 'Stars 'n' Stripes', einer gestreiften Zwergrose von Ralph Moore, geerbt hat.

**ZONEN 5–11.**

McGredy, Neuseeland, 1988

'New Year' × (['Anytime' × 'Eyepaint'] × 'Stars 'n' Stripes')

Royal National Rose Society Trial Ground Certificate 1987

## 'PANDORA' HARwinner

ZWERGROSE, CREMEWEIS, ÖFTERBLÜHEND

Ovale Knospen öffnen sich zu zierlichen, blaßgelben Blüten, die häufig mit 100 kleinen Petalen gefüllt sind. Die in voll aufgeblühtem Zustand elfenbeinfarbenen Rosetten erscheinen im Sommer in bemerkenswert großer Anzahl in Büscheln von 3–15 Blüten. Sie blühen immer wieder bis in den Herbst hinein und duften zart. Im Garten kann 'Pandora' als Gruppe im vorderen Bereich einer Rabatte, in ein Beet oder in Kübel gepflanzt werden. Die kleinbuschige Pflanze hat nur wenige Stacheln und eignet sich als Wegeinfassung. Sie erreicht eine für Zwergrosen durchschnittliche Höhe und trägt kleine, mattglänzende, mittelgrüne Blätter. **ZONEN 4–9.**

Harkness, Großbritannien, 1989

'Clarissa' × 'Minuetto'

Royal National Rose Society Trial Ground Certificate 1989, Hradec Goldene Rose 1991

## 'PANIA'

TEEHYBRIDE, HELLROSA, ÖFTERBLÜHEND

'Pania' gewann zu Recht die Goldmedaille des ersten neuseeländischen Ro-

'Pandemonium'

senwettbewerbs im Rosengarten von Palmerston North. Ihre großen, ovalen Knospen öffnen sich langsam zu besonders wohlgeformten, leuchtenden, zartrosa Blüten. Sie halten Form und Farbe äußerst gut und werden während der gesamten Saison in rascher Folge produziert. Das ledrige, mittelgrüne Laub des kleinwüchsigen, dichten Busches ist sehr krankheitsfest. Sie eignet sich gut für Einfassungen großer Beete, und die hübschen Blüten, die sowohl einzeln als auch in kleinen Büscheln wachsen, sind gute Schnittblumen.

**ZONEN 5–9.**

McGredy, Neuseeland, 1968

'Paddy McGredy' × ('Kordes Perfecta' × 'Montezuma')

Neuseeland Rose Garden Trial Goldmedaille

## 'PAOLA' TANaloap

TEEHYBRIDE, ROT, ÖFTERBLÜHEND

Die leuchtend dunkelroten Blüten heben sich sehr schön vom pflaumenblau überhauchten mittelgrünen Laub ab. Sie besitzen etwa 20 gekräuselte Petalen, duften jedoch nicht. Das Laub des mittelhohen, aufrechten Busches ist relativ gesund. 'Paola' blüht wiederholt während der gesamten Saison und eignet sich gut als Einfassung, Hecke oder für Beete. **ZONEN 4–10.**

Tantau, Deutschland, 1982

Eltern unbekannt

'Paprika'

'Papa Hémeray'

'Papa Meilland'

## 'PAPA GONTIER'

ALTE R., TEEROSE, ROSA+, ETWAS NACHBLÜHEND

Die Rückseite der duftenden, leuchtend kupfrig-rosafarbenen Blüten ist karminrot. Teilweise wachsen die halbgefüllten, locker angeordneten Blüten auf einer recht schmalen, zarten Pflanze, die unter geeigneten Bedingungen jedoch sehr groß werden kann. Aus der Kreuzung dieser Sorte mit 'Madame Hoste' ging die bekannte 'Lady Hillingdon' hervor. 1898 stellte Hosp eine kletternde Version von 'Papa Gontier' vor. Viele der Teerosen und Edelrosen mutieren im Laufe der Zeit von Strauch- zu Kletterrosen, wobei letztere nicht so üppig blühen. Der Franzose Gontier aus Montrouge war ein angesehener Gärtner und Rosenzüchter des Fin de Siècle. **ZONEN 4–9.**

Nabonnand, Frankreich, 1883

Sämling von 'Duchess of Edinburgh'

## 'PAPA HÉMERAY'

ALTE R., CHINAROSE, ROT+, ETWAS NACHBLÜHEND

Die Blüten besitzen eine interessante Färbung aus Zinnoberrot mit weißem Grund, die nicht verblaßt. Sie wachsen während der gesamten Saison einzeln an einer kräftigen, kleinwüchsigen, aufrechten Pflanze mit wenigen Stacheln, die sich gut für Rabatten eignet. **ZONEN 7–9.**

Hémeray-Aubert, Frankreich, 1912

'Hiawatha' × 'Parson's Pink China'

## 'PAPA MEILLAND' MEIsar, MEIcesar

TEEHYBRIDE, DUNKELROT, ÖFTERBLÜHEND

Elegante, spitze Knospen öffnen sich zu großen, samtig dunkel-karminroten Blüten von exquisiter, klassisch großblumiger Form. Sie besitzen etwa 35 Petalen, einen intensiven Duft, wachsen einzeln auf kräftigen, langen, geraden Stielen und eignen sich gut zum Schnitt und für Ausstellungszwecke. Die hohe, kräftige, aufrecht wachsende Rose hat ledrige, glänzend olivgrüne Blätter. Leider ist sie sehr anfällig für Mehltau und Sternrußtau und auch nicht ganz winterhart, denn die Triebe erfrieren leicht, manchmal sogar schon bei mildem Schneefall. Alain Meilland benannte sie nach seinem Großvater Antoine (1884–1971). **'Climbing Papa Meilland'** (Stratford, Australien, 1970) ist in jeder Hinsicht das Abbild ihrer Eltern. Mit zunehmender Höhe der Triebe und somit verbesserter Luftzirkulation reduziert sich die Krankheitsanfälligkeit stark. **ZONEN 6–11.**

Meilland, Frankreich, 1963

'Chrysler Imperial' × 'Charles Mallerin'

Baden-Baden Goldmedaille 1962, James Alexander Gamble-Duftmedaille 1974, Weltrose der World Federation of Rose Societies 1988

## 'PAPAGENA'

siehe 'Oranges and Lemons'

## 'PAPAGENO' MACgoofy

TEEHYBRIDE, ROT+, ÖFTERBLÜHEND

Die wohlgeformten Knospen blühen zu großen, kirschroten Blüten mit weißen Streifen auf. Sie besitzen 15–25 Petalen, duften schwach und erregen während der ganzen Saison Aufsehen. Der aufrechte, hohe, kräftige Busch ist winterhart und trägt große, hellgrüne Blätter.

'Para Ti'

Er bevorzugt nährstoffreiche, gare Böden und sonnige Standorte, verträgt aber auch Halbschatten und benötigt in wärmeren Lagen eine gute Drainage und Mulchschicht. Ebenso wie für 'Pandemonium' wurde auch hier die hervorragende gestreifte Zwergrose 'Stars 'n' Stripes' als Elternteil verwendet. Mit ihren langen, geschmeidigen Trieben, die abgesenkt werden können, um einen teppichartigen Effekt zu erzeugen, ähnelt sie einer Remontant- oder Bourbonrose. **ZONEN 4–10.**

McGredy, Neuseeland, 1990

'Freude' × (['Anytime' × 'Eyepaint'] × 'Stars 'n' Stripes')

## 'PAPI DELBARD' DELaby

GROSSBLUMIGE KLETTERROSE, APRICOT+, ÖFTERBLÜHEND

Eine Palette warmer Farbtöne macht diese Rose zu etwas Besonderem; die vielen Petalen der becherförmigen, offenen Blüte besitzen eine bemerkenswerte Kombination aus Gelb, Orange und Apricot mit kupfrigem Glanz. Hinzu kommt ein fruchtiger Duft, wodurch man sich kaum eine bessere Pflanze für Zäune oder als natürliche Hecke vorstellen kann. Die Triebe der hohen, kräftigen Rose hängen häufig bogenförmig herab und formen so einen anmutigen Strauch. **ZONEN 5–12.**

Delbard, Frankreich, 1995

Eltern unbekannt

## 'PAPILLON' (I)

ALTE R., CHINAROSE, ROT, ETWAS NACHBLÜHEND

Die rosaroten und purpurfarbenen Blüten dieser mittelgroßen Chinarose sind locker gefüllt. Ihre Form ist klassisch, und sie wachsen inmitten von mittelgrünem Laub. 'Papillon' ist kaum bekannt und schwer zu finden. **ZONEN 7–9.**

Dubourg, Frankreich, um 1826

Eltern unbekannt

'Papillon' (I)

## 'PAPILLON' (II)

ALTE R., KLETTERNDE TEEROSE, ROSA+, ETWAS NACHBLÜHEND

Die mittelgroßen, halbgefüllten Blüten sind von kupfrigem Lachsrosa. Sie gleichen einer Schar von Schmetterlingen, die einen Strauch umflattern, daher der Namen 'Papillon' (französisch für „Schmetterling"). Die reichblühende, gelegentlich als Noisetterose klassifizierte Sorte trägt kupferfarbene Blätter. Sie ist eine relativ schwachwüchsige, teilweise überhaupt nicht rankende Kletterrose. **ZONEN 7–9.**

Nabonnand, Frankreich, 1881

Teerose × Noisetterose

## 'PAPRIKA' TANprik

FLORIBUNDA, ORANGEROT, ÖFTERBLÜHEND

Die langen, spitzen Knospen öffnen sich zu leuchtend ziegel- oder geranienroten Blüten mit einer stark ausgeprägten blauen Mitte. Die großen, halbgefüllten, duftenden Blüten stehen in großen Büscheln oder Dolden an einem kräftigen, aufrechten, 1 m hohen Busch vor dem Hintergrund ledriger, glänzend olivgrüner Blätter. Die Blüten der sich als Hochstamm eignenden, wetterfesten Rose sind Regen gegenüber tolerant. Trotz des großen Wettbewerbs in dieser Farbklasse der Floribundarosen hat es die Rose geschafft, sich sogar gegenüber neuesten Züchtungen zu behaupten. **ZONEN 5–10.**

Tantau, Deutschland, 1958

'Märchenland' × 'Schweizer Gruß'

Goldmedaille der National Rose Society 1959, Goldene Rose von Den Haag 1961

## 'PARA TI'

**Syn. 'Pour Toi', 'For You', 'Wendy'**

ZWERGROSE, WEISS, ÖFTERBLÜHEND

Wunderschöne Knospen öffnen sich zu weißen Blüten mit gelbem Grund und färben sich später cremeweiß mit einem Schimmer Gelbgrün in der Mitte. Die mit 15 Petalen kaum halbgefüllten Blüten duften nicht. Das Laub der äußerst buschigen, dichten Pflanze glänzt stark. 'Para Ti' ist ein frühes, klassisches Beispiel, wie Pedro Dot mit seinen Sorten die Entwicklung der Zwergrosen-Klasse förderte. **ZONEN 4–10.**

Dot, Spanien, 1949

'Eduardo Toda' × 'Pompon de Paris'

## 'PARADE'

GROSSBLUMIGE KLETTERROSE, DUNKELROSA, ÖFTERBLÜHEND

Die Farbe der dunkelrosa Blüten, die sich aus ovalen Knospen öffnen, wird häufig

'Papillon' (II)

'Parade'

'Parade'

als kräftiges, an Karminrot grenzendes Kirschrot mit seidigem Glanz beschrieben. Die großen, becherförmigen, duftenden Blüten sind mit knapp 35 Petalen gefüllt und wachsen in dichten Büscheln, deren Gewicht die Stiele häufig etwas nach unten biegt. 'Parade' ist winterhart, trägt glänzend dunkelgrünes Laub, baut sich rasch auf und wird 3–3,5 m hoch. Im Gegensatz zu den klassischen, breitwüchsigen Kletterrosen rankt sie eher säulenartig empor. Sie blüht gut nach und ist recht krankheitsfest. **ZONEN 4–10.**

Boerner, USA, 1953

Sämling von 'New Dawn' × 'Climbing World's Fair'

Royal Horticultural Society Award of Garden Merit 1993

## 'PARADISE' WEZeip

**Syn. 'Burning Sky'**

TEEHYBRIDE, MAUVE, ÖFTERBLÜHEND

Anmutige, lange, spitze Knospen öffnen sich zu silbrig lavendelblauen Blüten, deren Petalränder eine ausgeprägt rubinrote Schattierung aufweisen. Die großen, duftenden, klassisch geformten Blüten sind mit knapp 30 Petalen gefüllt. An der aufrechten, hohen, nicht winterharten Pflanze wächst glänzend dunkelgrünes Laub, und sie bevorzugt zur vollen Entfaltung ihrer Farben wärmere Gegenden. In gemäßigten Zonen ist die Rose das ganze Jahr über schön, wobei die Petalränder unter intensiver Sonneneinstrahlung verbrennen. Für Liebhaber dieser Farbklasse ist sie trotz ihrer Makel ein Muß. **ZONEN 5–10.**

Weeks, USA, 1978

'Swarthmore' × Sämling

All-American Rose Selection 1979, Portland Goldmedaille 1979

'Paradise'

## 'PARADOR' MEIchanso

**Syn. 'Tchin-Tchin'**

FLORIBUNDA, ORANGEROT, ÖFTERBLÜHEND

Die leuchtend neon-orangeroten, becherförmigen, mit 20 Petalen gefüllten Blüten dieser modernen Gartenrose erreichen einen Durchmesser von 8–10 cm und duften nicht. Sie stehen überwiegend in Büscheln von 3–15 Blüten, weshalb die Rose insgesamt stärker einer büschelblütigen Sorte als einer Edelrose ähnelt. Das Laub des sehr kräftigen, dichten Busches ist mittelgrün. *Parador* ist der Name einer bekannten Kette spanischer Touristenhotels. **ZONEN 5–11.**

Paolino, Frankreich, 1978

(['Sarabande' × MEIkim] × ['Alain' × 'Orange Triumph']) × 'Diablotin'

Tokio Goldmedaille 1978

## 'PARISER CHARME'

**Syn. 'Paris Charm'**

TEEHYBRIDE, REIN ROSA, ÖFTERBLÜHEND

Die ovalen Knospen dieser Teehybride entfalten sich zu lachsrosa Blüten mit süßem Duft. Die wohlgeformten, mit knapp 30 Petalen gefüllten Blumen erreichen einen Durchmesser von 12 cm. Sie wachsen in großen Büscheln, deren Gewicht die Stiele – vor allem nach ergiebigem Regenfall herunterdrücken kann. Die kräftige, aufrechte Rose hat glänzend dunkelgrüne Blätter. Sie ist eine der gut 200 Enkel von 'Gloria Dei', der Edelrose des 20. Jh. **ZONEN 5–10.**

Tantau, Deutschland, 1965

'Prima Ballerina' × 'Montezuma'

ADR-Rose 1966

'Pariser Charme'

## 'PARKDIREKTOR RIGGERS'

KLETTERROSE, DUNKELROT, ÖFTERBLÜHEND

Die langen, spitzen Knopsen öffnen sich zu samtig blutroten Blüten mit weiß und purpurrot überhauchtem Grund und einer kleinen Gruppe gelber Staubgefäße. Ihre Farbe verblaßt selbst in warmen Lagen nicht. Die duftenden, halbgefüllten Blüten erscheinen in großen Büscheln von 10 – 50 Blumen. Die kräftige, bis zu 3,5 m hoch kletternde und sich bis zu 1,8 m ausbreitende Pflanze trägt glänzend dunkelgrüne Blätter. Aufgrund ihres üppigen und andauernden Flors zählt sie zu den besten der Kordes'schen Züchtungen. An Mauern kann sie neuerdings jedoch zu Mehltau und Sternrußtau neigen. **ZONEN 4–10.**

Kordes, Deutschland, 1957

*Rosa kordesii* × 'Our Princess'

ADR-Rose 1960

'Parkdirektor Riggers'

P

## 'PARKS' YELLOW TEA-SCENTED CHINA'

Syn. 'Old Yellow Tea', *Rosa × odorata ochroleuca, R. indica ochroleuca*

ALTE R., TEEROSE, REIN GELB, ETWAS NACHBLÜHEND

Dies ist eine der vier Chinarosen, aus denen die Tee- und Noisetterosen entwikkelt wurden und die den Modernen Rosen den wiederholten Blütenansatz brachten. J. D. Parks holte diese Rose von China nach England, und man nimmt an, daß sie eine Kreuzung der wilden Chinarose mit *Rosa gigantea*, einer nach Tee duftenden, wilden Kletterrose ist. Die kleinwüchsige Kletterrose trägt strohgelbe, gefüllte, lockere Blüten mit einem zarten Teeduft. Mit ihr wurden die ersten hellgelben Tee- und Noisetterosen gezüchtet. Die zweifellos von besseren Züchtungen verdrängte Rose war wohl auch aufgrund ihrer mangelhaften Winterhärte lange Zeit verschwunden. **ZONEN 7–9.**

Aus China, eingeführt von Parks, Großbritannien, 1824

Eltern unbekannt

## 'PARKZAUBER'

ALTE R., ZENTIFOLIE, DUNKELROT

'Parkzauber' ist eine jüngere Zentifolie von ungewöhnlicher Abstammung. Sie trägt gefüllte, dunkel karminrote Blüten und dunkle, ledrige Blätter an einem kräftigen, aufrechten, mittelhohen bis hohen Busch. Aufgrund ihrer stark bemoosten Blütenkelche und -stiele wird sie von einigen Rosenzüchtern als Moosrose klassifiziert. **ZONEN 4–9.**

Kordes, Deutschland, 1956

'Kordes Sondermeldung' × 'Nuits de Young'

## 'PARKZIERDE'

ALTE R., BOURBONROSE, DUNKELROT

Diese späte Bourbonrose macht ihrem Namen alle Ehre und produziert gefüllte offene, scharlach-karminrote Blüten auf sehr langen Stielen. Sie eignen sich gut zum Schnitt, verwelken aber recht rasch. Die duftenden Blüten erscheinen Mitte Juni in großer Zahl, aber nur für kurze Zeit an einer kräftigen, mittelhohen Pflanze. **ZONEN 5–9.**

Lambert, Deutschland, 1911

Eltern unbekannt

## 'PARMELIA'

TEEHYBRIDE, ROT, ÖFTERBLÜHEND

'Parmelia' bildet lange, spitze Knospen aus, die sich zu flamingoroten, klassisch geformten Blüten öffnen. Sie sind mit 25–30 Petalen gefüllt, duften aber nicht.

'Parks' Yellow Tea-scented China'

'Party Girl'

'Parmelia'

'Party Trick'

Die sehr kräftige, aufrechte, dichte Rose trägt glänzend dunkelgrüne Blätter. Dieser Sport besitzt viele Eigenschaften seiner 1944 während der *All-American Rose Selection* preisgekrönten Elternpflanze. **ZONEN 5–10.**

Lennard, Australien, 1957

Sport von 'Mme Chiang Kai-Shek'

## 'PARMENTIER'

ALTE R., MOOSROSE, REIN ROSA

Die recht kleinen, kugelförmigen, leuchtend rosafarbenen Blüten sind klassisch stark gefüllt und altmodisch geviertelt. Gelegentlich enthüllen sie ein hübsches Knopfauge. Die leicht bemooste, buschige, dichte, klein- bis mittelwüchsige Rose trägt schmale Blätter. Sie wird mitunter als Remontantrose klassifiziert. **ZONEN 5–10.**

Guillot, Frankreich, 1860 oder Robert, Frankreich, 1851

Eltern unbekannt

## 'PARTHENON' DELbro

TEEHYBRIDE, ROSA+, ÖFTERBLÜHEND

Die becherförmigen, gefüllten Blüten besitzen karmin-rosa Petalen mit pastellgelber Rückseite, duften aber nicht. An der kräftigen, aufrechten Pflanze wachsen ausgeprägt bronzefarbene, glänzende Blätter. Aufgrund der vielen Neueinführungen am Ende des 20. Jh. geriet diese Sorte fast gänzlich in Vergessenheit. **ZONEN 5–10.**

Delbard-Chabert, Frankreich, 1967

'Chic Parisien' × ('Bayadère' × 'Rome Glory')

## 'PARTY GIRL'

ZWERGROSE, GELB+, ÖFTERBLÜHEND

Dies ist vielleicht die bekannteste Zwergrosenzüchtung des Amerikaners Harm Saville aus Rowley, Massachusetts (USA). Der dichte Busch wird von apricot-gelben, makellosen Blüten mit knapp 25 Petalen und einer für Ausstellungszwecke perfekten Form geziert. 'Party Girl' produziert überwiegend große Büschel mit 10–20 Blüten, deren volle Entfaltung sich über mehrere Wochen erstreckt, und die dem Garten das ganze Jahr über anmutige Eleganz verleihen. In heißen Gegenden erscheinen die Blüten fast weiß mit einer hellen Mitte; in kühleren und gemäßigteren Lagen besitzen sie hingegen die sortentypisch gelbe Färbung. Ihren Namen erhielt diese Rose nach Jan Shivers, der damaligen Vorsitzenden des *American Rose Society Prizes & Award Committee*, die den Spitznamen *party girl* trug, weil sie selbst gerne feierte. **ZONEN 5–11.**

Saville, USA, 1979

'Golden Meillandina' × 'Sheri Anne'

American Rose Society Award of Excellence 1982

## 'PARTY TRICK' DICparty

FLORIBUNDA, DUNKELROSA, ÖFTERBLÜHEND

Die schwach duftenden, dunkelrosa Blüten weisen in sonnigen Lagen eine viel hellere Färbung auf. Sie erscheinen in mittelgroßen Büscheln an einem kräftigen, aufrechten, hohen Busch, der äußerst krankheitsfest ist. **ZONEN 5–11.**

Dickson, Großbritannien, 1994

Eltern unbekannt

Royal National Rose Society Certificate of Merit

## 'PARURE D'OR' DELmir

GROSSBLUMIGE KLETTERROSE, GELB+, ÖFTERBLÜHEND

Ihre einfachen oder halbgefüllten, mittelgroßen Blüten besitzen eine goldgelbe Färbung mit orangerot überhauchten Blatträndern. Die kräftige, kletternde, breitwüchsige Rose trägt glänzend dunkelgrüne Blätter und zeichnet sich durch ihre wiederholte Blütenbildung während der gesamten Saison aus. Das französische Wort *parure d'or* bedeutet „Goldschmuck" und nimmt hier Bezug auf den Smaragdschmuck der französischen Kaiserin Joséphine, der Gattin von Napoléon III. **ZONEN 5–11.**

Delbard-Chabert, Frankreich, 1968

('Queen Elizabeth' × 'Provence') × (Sämling von 'Sultane' × 'Sunburst')

Bagatelle Goldmedaille 1968

## 'PASADENA TOURNAMENT'

Syn. 'Red Cécile Brunner'

FLORIBUNDA, ROT

Lange, spitze Knospen öffnen sich zu kleinen, duftenden, gefüllten Blüten mit gut 35 samtig roten Petalen. Die becherförmigen Blüten sitzen auf kräftigen, langen Stielen, weshalb sie sich gut zum Schnitt eignen. Diese kailfornische Sorte eignet sich für wärmere Lagen und ist eine wuchsfreudige, mit bronzegrünen Blättern bedeckte Beetrose. **ZONEN 6–11.**

Krebs, USA, 1942

'Mignon' × Sämling

P

## 'PASCALI' LENip

**Syn. 'Blanche Pasca'**

TEEHYBRIDE, WEISS, ÖFTERBLÜHEND

Die zart duftenden, rein weißen, mit 30 Petalen gefüllten, mittelgroßen Blüten kommen einzeln und sind von klassisch edler Form, weshalb sie sich ideal zum Schnitt oder für Ausstellungszwecke eignen. Der kräftige, dichte Busch trägt dunkelgrüne Blätter und ist für seine Gesundheit in allen Klimabereichen bekannt. Die Tatsache, daß 'Pascali' von der *World Federation of Rose Societies* zur Weltrose gekürt wurde, ist wohl ein hinreichender Grund, die Rose weltweit zu pflanzen. **ZONEN 5–11.**

Lens, Belgien, 1963

'Queen Elizabeth' × 'White Butterfly'

Goldene Rose von Den Haag 1963, National Rose Society Certificate of Merit 1963, Portland Goldmedaille 1967, All-American Rose Selection 1969, World Federation of Rose Societies Weltrose 1991

## 'PASSION'

TEEHYBRIDE, ROT, ÖFTERBLÜHEND

Ihre langen, spitzen Knospen öffnen sich zu duftenden, scharlach-kirschroten Blüten, die einen Durchmesser von 12 cm erreichen und in kleinen Büscheln auf langen, kräftigen, aufrechten Stielen wachsen. Das Laub der sehr wuchsfreudigen Rose glänzt dunkelgrün. 'Passion' ist nur eine der zahlreichen Töchter der großartigen 'Gloria Dei' aus dem französischen Hause Meilland. Sie ist ebenso wie 'Queen Elizabeth' als Grandiflorarose bekannt, die im selben Jahr vorgestellt wurde und die erste Sorte dieser Klassifizierung war. **ZONEN 5–11.**

Gaujard, Frankreich, 1954

'Gloria Dei' × 'Alain'

## 'PASTEUR'

TEEHYBRIDE, ROSA+, ÖFTERBLÜHEND

Die Familie Gaujard übernahm den Betrieb von Pernet-Ducher, dem „Zauberkünstler von Lyon", und hat seitdem eine Menge erfolgreicher Zuchtergebnisse hervorgebracht. Die Teehybride 'Pasteur' gehört allerdings nicht zu den international preisgekrönten Sorten und ist gegenwärtig auch nur in Frankreich erhältlich. Die Rose besitzt wie viele der Gaujardschen Züchtungen große Blüten, die sich aus langen Knospen zu gefüllten Blumen mit breiten Petalen in herrlichen Rosatönen mit roten Schattierungen und Blattadern öffnen. 'Pasteur' verbreitet einen zarten Duft und erfreut nach der

'Pascali'

'Patio Charm'

Hauptblüte den Sommer und Herbst über durch wiederholten Knospenansatz. An der aufrechten Pflanze, die vom Wuchs her etwas niedriger als der Durchschnitt bleibt, wachsen große, glänzende Blätter. Die Sorte eignet sich ideal für Beete und Rabatten, macht sich aber auch in der Vase recht gut. **ZONEN 4–9.**

Gaujard, Frankreich, 1973

'Firmament' × 'Femina'

## 'PAT AUSTIN' AUSmum

STRAUCHROSE, ORANGEROT, ÖFTERBLÜHEND

Ihre großen, gefüllten Blüten stellen eine leuchtende, lebhafte Farbkombination von kräftig kupferfarbenen Petalen mit einer blaß kupferrot bis gelben Rückseite zur Schau. Der ausgeprägt becherförmigen Wuchs der geöffneten Blumen bietet ein aufregendes Bild der beiden kontrastierenden Farbtöne. 'Pat Austin' produziert den ganzen Sommer und Herbst über Blüten mit einem ausgeprägt fruchtigen Duft. Sie eignet sich gut für eine Străucherrabatte, die durch einen leuchtenden, ungewöhnlichen Farbtupfer aufgefrischt werden soll. Die kräftige, buschige, breitwüchsige Pflanze ist von durchschnittlicher Höhe und trägt große, mattglänzende, dunkelgrüne Blätter. David Austin benannte die auch als Englische Rose bezeichnete Sorte nach seiner Frau. **ZONEN 4–9.**

Austin, Großbritannien, 1995

Eltern unbekannt

## 'PAT JAMES' HARyoricks

FLORIBUNDA, ORANGE+, ÖFTERBLÜHEND

Eine ungewöhnliche Farbkombination – Blütenblätter in Kapuzinerkresserot, die auf der Rückseite hell zinnoberrot gefärbt sind – verleiht dieser Rose eine gewisse Leuchtkraft, ohne daß sie grell

'Passion'

'Pathfinder'

'Pasteur'

wirkt. Die einzeln oder in Büscheln wachsenden, spitzen Knospen öffnen sich zu schön geformten, becherförmigen Blüten von mittlerer Größe; sie duften zart. Sie sind mit etwa 25 Petalen gefüllt und putzen sich selbst. Dem Hauptflor folgen den ganzen Sommer und Herbst über neue Blühperioden, wobei die letzten Blüten besonders schön sind. Die Rose eignet sich hervorragend für Beete und Einfassungen oder als Heckenrose. Der kräftige, verzweigte Busch wird mittelhoch und besitzt dunkle, mattglänzende Blätter. Der Name dieser Rose ist ein Geschenk von Harkness für Pat und Gordon James anläßlich ihrer Goldenen Hochzeit. **ZONEN 4–9.**

Harkness, Großbritannien, 1991

'Clarissa' × 'Prinz Eugen von Savoyen'

Baden-Baden Silbermedaille 1995

## 'PATHFINDER' CHEwpobey

BODENDECKER, ORANGEROT, ÖFTERBLÜHEND

Da 'Pathfinder' nicht nur sehr dicht wächst, sondern auch noch etwa anderthalb mal so breit wie hoch wird, wurde dieser Floribunda-Typ als Bodendeckerrose bezeichnet – zugleich ein Hinweis auf die beste Verwendung. Ihre kleinen, becherförmigen, stark gefüllten Blüten wachsen in dichten Büscheln. Sie sind zinnoberrot mit cremefarbener Rückseite und enthüllen beim Öffnen gelbe Staubgefäße. Die mit kleinen Pausen öfterblühende Rose duftet schwach. Für eine solche Rose gibt es noch mehr verschiedene Verwendungszwecke, beispielsweise für Beete, als Einfassung, für Kübel oder sogar für Hängeampeln. An den kissenähnlichen Pflanzen wächst üppiges, zierliches, glänzendes Laub. **ZONEN 4–9.**

Warner, Großbritannien, 1993

('Anna Ford' × 'Little Darling') × 'Eyeopener'

Royal National Rose Society Trial Ground Certificate 1994, British Association of Rose Breeders, Breeders' Choice 1996

'Pat Austin'

P

## 'PATIO CHARM' CHEwapri

KLETTERNDE ZWERGROSE, APRICOT+

Die sich von dem dunkelgrünen Laub abzeichnenden, hübschen Blüten leuchten kräftig in dunklem Orange-Apricot. Lange, spitze Knopsen öffnen sich zu wohlgeformten, gefüllten Blüten, deren äußere Petalen sich später zurückbiegen. Die Rose läßt sich an einer Mauer oder einem kleinen Spalier ziehen und muß durch Okulation vermehrt werden. **ZONEN 5–10.**

Warner, USA, 1994

'Laura Ford' × 'Anne Harkness'

## 'PATIO PRINCESS' POUlholm

**Syn. 'Fashion', 'New Fashion'**

STRAUCHROSE, ORANGEROSA, ÖFTERBLÜHEND

Der Name 'Patio Princess' scheint nur in Neuseeland verbreitet zu sein, wo die Strauchrose als Kletterpflanze verwendet und an Zäunen, Mauern und Säulen gezogen wird. Das Synonym 'Fashion' ist etwas unpassend, da sie weder in Farbe noch Form der Schönheit jener anfälligen amerikanischen Sorte gleichkommt, die ursprünglich diesen Namen trug.

'Patriot'

'Patriot'

Ihre mittelgroßen, halbgefüllten Blüten wachsen in dichten Büscheln an aufrechten, elastischen Trieben. Sie sind zart apricot-orange überhaucht, duften schwach und blühen den ganzen Sommer und Herbst über wiederholt. Diese hübsch gefärbte Sorte läßt sich in Rabatten gut mit niedrigeren, dichteren Pflanzen kombinieren. Die biegsamen Triebe der relativ kräftigen Pflanze tragen mittelgrüne Blätter. **ZONEN 4–9.**

Olesen, Dänemark, 1989

'Mary Sumner' × Sämling

## 'PATRICIA' (I)

TEEHYBRIDE, ROT, ÖFTERBLÜHEND

Die karminrot gesprenkelten rosafarbenen Blüten haben eine orangegelbe Mitte. Sie duften und zeigen besonders im Herbst eine wunderschöne Farbe. Das Laub der kräftigen Rose glänzt dunkelgrün. Aufgrund ihrer nicht enden wollende Blütenpracht ist sie eine ausgezeichnete Gartenrose für wärmere Lagen. **ZONEN 5–11.**

Chaplin Bros Ltd., Großbritannien, 1932

Eltern unbekannt

## 'PATRICIA' (II) KORpatri

FLORIBUNDA, APRICOT+, ÖFTERBLÜHEND

Die wärmeliebende Rose ist zwar in Australien weit verbreitet, wird andernorts aber nur als Schnittrose kultiviert. Ihre mittelgroßen Blüten sind rein lachsrosa mit dunkleren Petalrändern und einer blasseren Rückseite. Sie besitzen knapp 25 Petalen, wachsen in Büscheln und entfalten sich becherförmig oder flach zu einem leuchtenden Farbspiel. Die Blüten halten lang und eignen sich hervorragend zum Schnitt, können aber auch für Beete und Einfassungen verwendet werden. 'Patricia' bringt den ganzen Sommer und Herbst hindurch einen angenehm, wenn auch schwach duftenden Flor hervor. Die aufrecht wachsende Rose wird mittelhoch und trägt ziemlich breite, dunkelgrüne Blätter. Einige Fachleute ziehen ihre Abstammung in Zweifel, da sie ihren Eltern in Blütenform und Wuchs nicht so stark ähnelt, wie dies normalerweise bei einem Sport der Fall ist. **ZONEN 5–9.**

Kordes, Deutschland, 1972

Sport von 'Elizabeth of Glamis'

Orléans Goldmedaille 1979

## 'PATRICIA MACOUN'

RAMBLERROSE, WEISS

Die hübschen, gefüllten, weißen Blüten duften leider nur schwach und blühen nur einmal. *Rosa helenae*, eine chinesische Kletterrose und eine der Elternsorten, wurde von dem berühmten Sammler und Botaniker E. H. Wilson gefunden, der diese nach seiner Frau benannte. Ihr glänzendes Laub und ihre Winterhärte erbte die Rose wohl von dem anderen unbekannten Elternteil. Kanadische Züchter haben sich auf die

'Patricia' (II)

Züchtung winterharter Rosen spezialisiert und verwenden dafür einheimische Elternsorten. **ZONEN 3–9.**

Central Experimental Farm, Kanada, 1945

*Rosa helenae* × Sämling

## 'PATRIOT' JAClin

TEEHYBRIDE, DUNKELROT, ÖFTERBLÜHEND

Große, mit bis zu 40 Petalen gefüllte Blüten stehen einzeln, gelegentlich aber auch in Büscheln von drei Blumen. Im Gegensatz zu ihrer dunkelroten Farbe und Größe besitzen sie einen enttäuschend schwachen Duft. 'Patriot' blüht mit Unterbrechungen den ganzen Sommer und Herbst über. Sie ist von kräftigem, ausladendem, überdurchschnittlich hohem Wuchs, reichverzweigt und mit großen, mattglänzenden, dunkelgrünen Blättern bedeckt. Sie benötigt ein warmes Klima und ist derzeit nur in Australien und Indien auf dem Markt. **ZONEN 5–9.**

Warriner, USA, 1991

'Showstopper' × 'Mr Lincoln'

## 'PAT'S CHOICE' KORomega

TEEHYBRIDE, ORANGEROT, ÖFTERBLÜHEND

Diese Rose entdeckte Pat Martens, eine Bekannte des Rosenexperten Ludwig Taschner, in den Versuchsgärten einer Rosenschule im südafrikanischen Pretoria (daher der Name *Pat's Choice*, zu deutsch "Pats Wahl"). 'Pat's Choice' erwies sich als eine sehr dankbare, kräftige Rose, die während der gesamten Saison reich blüht, wenn sie nach der Blüte ausgeputzt wird. Die großen, wohlgeformten Blumen wachsen in kandelaberartigen Büscheln und bilden exquisite Ausstellungsrosen. Sie besitzen eine besondere, leuchtend korall-karminrote Färbung und einen zarten Duft. **ZONEN 4–10.**

Kordes, Deutschland, 1995

Sämling × 'Omega'

## 'PAUL CEZANNE' JACdeli

TEEHYBRIDE, GELB+, ÖFTERBLÜHEND

Die Blüten sind im Grunde gelb und dunkel korallrot, wobei jedes Blütenblatt eine andere Kombination von Streifen oder Punkten aufweist und manche sogar farblich in zwei Hälften geteilt sind. Wie 'Picasso', 'Old Master' und andere ungewöhnlich gefärbte Rosen, die Namen aus dem Malergenre besitzen, bildet auch diese Sorte einen Blickfang im Garten. Ihre mittelgroßen, gefüllten Blüten sitzen einzeln oder in Büscheln auf kurzen Stielen, haben etwas Duft und blühen wiederholt den Sommer und Herbst hindurch. Der dichte Busch von durchschnittlicher Höhe wird von einigen Züchtern als Floribundarose klassifiziert. **ZONEN 4–9.**

Jackson und Perkins, USA, 1992

Eltern unbekannt

## 'PAUL CRAMPEL'

POLYANTHAROSE, ORANGEROT, ÖFTERBLÜHEND

Die halbgefüllten, dunkel orange-scharlachroten Blüten erscheinen üppig in großen Büscheln. Sie sind von kleiner bis

'Paul Cezanne'

'Patio Princess'

'Paul Ricault'

mittlerer Größe, duften kaum und machen nach dem ersten Hauptflor eine Pause, ehe sie wiederholt den restlichen Sommer und Herbst über weiterblühen. Diese sowie andere Polyantharosen erfreuten sich bis in die Mitte des 20 Jh. als Beetrose großer Beliebtheit, wurden aber dann von den großblumigeren Floribundarosen mit ihren leuchtenderen Farben und ihrer besseren Mehltauresistenz abgelöst. Zudem besitzt 'Paul Crampel' den Nachteil, daß sie gelegentlich rückmutiert und neben den orange-scharlachroten Blüten auch solche mit dem nicht harmonierenden karminroten Farbton der Eltern ausbildet. Die aufrechte, hellgrün belaubte Pflanze erreicht eine für Polyantharosen durchschnittliche Höhe. Sie wurde nach dem Baumschuler Paul Crampel benannt, der auch mit einer bestimmten Geraniensorte als Züchter berühmt wurde. **ZONEN 4–9.**

Kersbergen, Niederlande, 1930

Sport von 'Superb'

## 'PAUL GAUGUIN' JACdebu

TEEHYBRIDE, ROT+, ÖFTERBLÜHEND

Diese Rose wird aufgrund der seltenen Farbkombination der Blüten kultiviert, die ihr ein ungewöhnliches Aussehen verleiht. Die Blumen weisen Zufallsmuster aus dunklen rostroten und hellen lachsfarbenen Punkten, Streifen und Flecken auf. Sie blühen den Sommer und Herbst hindurch und bieten während der gesamten Saison einen interessanten Blickfang im Garten. Wahrscheinlich aus diesem Grund bietet eine Baumschule diese Sorte als Hochstamm an. Die hübsche, dichte, mittelgrün belaubte Rose bleibt niedrig. **ZONEN 4–9.**

Eltern unbekannt

## 'PAUL LEDÉ, CLIMBING'

**Syn. 'Monsieur Paul Ledé'**

ALTE R., KLETTERNDE TEEROSE, APRICOT+, ETWAS NACHBLÜHEND

Bei dieser Rose handelt es sich um einen Sport der Strauchform 'Paul Ledé' von Pernet-Ducher, einer aus 'Persian Yellow' *(Rosa foetida)* gezüchteten Teehybride. Die auch als Pernetiana-Rosen bezeichnete Klasse stellte Anfang des 20. Jh. einen züchterischen Durchbruch dar. Mit ihr wurde der intensive Gelbton, leider aber auch die Anfälligkeit für Sternrußtau eingeführt. Die Blütenfarbe dieser kletternden Form reicht von zartem Pfirsich-Rosa über Gelb und Apricot bis

'Paul Shirville'

hin zu Karminrosa. Ihre duftenden Blüten werden in großer Anzahl und fortwährend über dichtem, mittelgrünem Laub gebildet.

**ZONEN 5–9.**

Lowe, Großbritannien, 1913

Sport von 'Paul Ledé'

## 'PAUL NEYRON'

ALTE R., REMONTANTROSE, REIN ROSA, ETWAS NACHBLÜHEND

Diese Sorte gehört zu den Zentifolien, die auch als Provencerosen bezeichnet werden. Die duftenden, sehr großen, becherförmigen Blüten sind mit 50 Petalen gefüllt und erinnern an Pfingstrosenblüten. Der kräftige Busch ist von hohem, aufrechtem Wuchs. **ZONEN 5–9.**

Levet, Frankreich, 1869

'Victor Verdier' × 'Anna de Diesbach'

## 'PAUL NOEL'

GROSSBLUMIGE KLETTERROSE, ROSA+, ETWAS NACHBLÜHEND

Die stark gefüllten, mittelgroßen bis großen Blüten dieser Kletterose besitzen einen warmen lachsrosaroten Ton; der Grund zeigt einen Schimmer von Gelb. Beim Öffnen enthüllen sie zahlreiche, wunderschön dicht angeordnete Petalen, die sich rückwärts einrollen. Die Blumen wachsen einzeln oder in kleinen Büscheln auf kurzen Stielen und verbreiten einen angenehm zarten Duft. Ihr erster Flor ist außerordentlich üppig. Die sehr kräftige Rose mit glänzend dunkelgrünen Laub eignet sich für Zäune, Bögen oder Pergolen, da sich die langen, sehr biegsamen Jahrestriebe stark ausbreiten können. 'Paul Noel' ist aber auch als Kaskadenrose auf Hochstämmen außerordentlich attraktiv. **ZONEN 4–9.**

Tanne, Frankreich, 1913

*Rosa wichuraiana* × 'Archiduc Joseph' (Bernaix)

'Paul Gauguin'

## 'PAUL RICARD' MEInivoz

**Syn. 'Moondance', 'Paul Richard', 'Spirit of Peace', 'Summer's Kiss'**

TEEHYBRIDE, GELB+, ÖFTERBLÜHEND

Die großen, stark gefüllten Blüten besitzen etwa 40 breite Petalen und halten ihre wunderschön symmetrische, hochgebaute Form lange. In kühlen Lagen vertieft sich ihr bernsteingelber Farbton noch, während die äußeren Petalen in warmen Gegegenden zu einem bräunlichen Creme verblassen und nur die Blütenmitte bernsteingelb überhaucht ist. 'Paul Ricard' verströmt einen aromatischen Honigduft und eignet sich aufgrund der festen Stiele und haltbaren Blüten ideal zum Schnitt, aber auch für Beete, Einfassungen oder als Hecke. Der kräftige, reichverzweigte, dichte Strauch wird durchschnittlich hoch und trägt große, mittel- bis dunkelgrüne Blätter.

**ZONEN 4–9.**

Meilland, Frankreich, 1994

('Hidalgo' × 'Mischief') × 'Ambassador'

Rom Goldmedaille 1991

## 'PAUL RICAULT'

ALTE R., ZENTIFOLIE, REIN ROSA, ETWAS NACHBLÜHEND

Sie wurde sehr unterschiedlich als Zentifolie, Bourbonrose oder, z. B. von Krüßmann, als Remontantrose klassifiziert. Die äußeren karminrot-rosa Petalen der stark gefüllten, flachen, geviertelten Blüten rollen sich zurück, während sich die mittleren Petalen nur leicht auswärts biegen. 'Paul Ricault' ist eine kräftige, stachelige Rose mit langen, biegsamen Trieben und angenehmem Duft. Die Sorte besitzt sicher eine lange Ahnentafel, scheint jedoch aufgrund einer gewissen Nachblüte nur bedingt der ihr zugewiesenen Zentifolienklasse anzugehören.

**ZONEN 4–9.**

Portemer, Frankreich, 1845

Eltern unbekannt

## 'PAUL SHIRVILLE' HARqueterwife

**Syn. 'Heart Throb', 'Saxo'**

TEEHYBRIDE, ORANGEROSA, ÖFTERBLÜHEND

Die Farbklassifizierung dieser Teehybride ist leicht irreführend, da die lachsrosa Petalen auf der Rückseite heller sind. Der erste Flor zeigt besonders schöne große, gefüllte, wohlgeformte Blüten mit hoher Mitte. Sie wachsen einzeln oder in Dreierbüscheln und verströmen einen süßen, lange anhaltenden Duft. Die Rose blüht den ganzen Sommer und Herbst über, wobei die Blüten zur Saisonmitte hin meist kleiner sind; sie eignet sich für Beete, Hecken oder Hochstämme. Ihre mattglänzenden, großen Blätter sind im Austrieb purpurrot, färben sich später dunkelgrün und neigen saisonbedingt zu Mehltaubefall. Die kräftige, etwas breitwüchsige Rose kann mittelhoch werden.

**ZONEN 4–9.**

Harkness, Großbritannien, 1983

'Compassion' × 'Mischief'

Royal National Rose Society Edland-Duftmedaille und Certificate of Merit 1982, Neuseeland Duftpreis 1984, Goldene Rose von Courtrai 1989, Royal Horticultural Society Award of Garden Merit 1993

'Climbing Paul Ledé'

'Paul Neyron'

'Paul Neyron'

## 'PAUL TRANSON'

GROSSBLUMIGE KLETTERROSE, ORANGEROSA, ETWAS NACHBLÜHEND

Die mittelgroßen, flachen, gefüllten Blüten sind dadurch besonders reizvoll, daß sich die inneren Petalen einrollen, während die äußeren sich langsam zurückwölben. Das leuchtend kupfrige Rosa der angenehm nach Apfel duftenden Blüten verblaßt im Laufe der Zeit. Nach dem ersten sehr üppigen Flor bildet die Rose besonders in wärmeren Lagen den Sommer und Herbst über in gewissen Abständen neue Blüten aus. Aufgrund ihrer langen, geschmeidigen Triebe eignet sie sich zum Beranken von Bögen, hohen Säulen, Pergolen und ähnlichen Kletterhilfen. Für eine Kletterrose wächst sie überdurchschnittlich stark, und ihr üppiges, hübsches Laub glänzt dunkelgrün. ZONEN 4–9.

Barbier, Frankreich, 1900

*Rosa luciae* × 'L'Ideal'

Royal Horticultural Society Award of Garden Merit 1993

## 'PAUL VERDIER'

ALTE R., REMONTANTROSE, DUNKELROSA, ETWAS NACHBLÜHEND

Sie trägt ihre Blüten im Stil von Remontantrosen und alten europäischen Sorten entlang der ausladenden, stacheligen Triebe. Je waagrechter diese verlaufen, um so mehr Blüten bringt die Rose hervor. Ihre mittelgroßen bis großen, kugelförmigen, duftenden Blüten leuchten in herrlich kräftigem Rosa bis Hellrot. Die wuchsfreudige, gelegentlich als Bourbonrose klassifizierte Sorte eignet sich gut als Säulenrose. ZONEN 5–9.

Verdier, Frankreich, 1866

Eltern unbekannt

## 'PAULETTE'

TEEHYBRIDE, DUNKELROSA, ÖFTERBLÜHEND

Die Sorte gehört zu den frühesten Sämlingen von 'Gloria Dei'. Ihre großen, gefüllten, wohlgeformten Blüten besitzen eine hohe Mitte und eine leuchtend rosascharlachrote Farbe; der Grund ist lachsfarben überhaucht. Dem üppigen Sommerflor folgt bis weit in den Herbst ein wiederholter Blütenansatz, wobei der letzte Flor besonders schön ist. Die angenehm zart duftenden Blüten sitzen auf langen, kräftigen Stielen, umrahmt von kräftig grünem Laub. 'Paulette' eignet sich aufgrund des kräftigen, aufrechten, hohen Wuchses für Beete, Einfassungen und als Hecke. Sie ist offenbar nicht mehr im Handel erhältlich. ZONEN 4–9.

Meilland, Frankreich, 1946

'Gloria Dei' × 'Signora'

## 'PAULII'

Syn. *Rosa* × *paulii*, *R. rugosa repens alba*

STRAUCHROSE, WEISS

Die Abstammung dieser Rose, die als eine der ersten Bodendeckerrosen zu Beginn des 20. Jh. sehr wertvoll war, ist botanisch interessant. Ihre nach Gewürznelken duftenden, mittelgroßen, einfachen, weißen Blüten enthüllen gelbe Staubgefäße und erhalten durch die schlanken Petalen ein propellerförmiges Aussehen. Sie wachsen im Sommer auf kurzstieligen Büscheln an langen, bogenförmig niederliegenden, borstig-stacheligen Trieben. Durch die Vermehrung aus Stecklingen erhält man tatsächlich kriechende Bodendecker, während okulierte Pflanzen von hügelförmigem, ausladendem Wuchs sind. Die winterharte Rose bildet Dickichte für problematische Standorte, aber es gibt heute viele schönere Rosen für diesen Zweck. ZONEN 3–9.

Paul, Großbritannien, vor 1903

Vermutlich *Rosa arvensis* × *R. rugosa*

'Paul Transon'

'Paulette'

'Paul Transon'

'Paul's Early Blush'

'Paul's Himalayan Musk Rambler'

## 'PAUL'S EARLY BLUSH'

Syn. 'Mrs Harkness'

ALTE R., REMONTANTROSE, HELLROSA, ETWAS NACHBLÜHEND

Die silbrig rosafarbene Blüte beginnt früher als bei den meisten anderen Rosen. Ungewöhnlich ist, daß im selben Büschel verschiedenfarbige Blüten stehen und selbst die einzelnen Blüten zweifarbig sind. Die großen, stark gefüllten, duftenden Blumen wachsen an einem mittelhohen, bewehrten Busch mit dicken Trieben und dunkelgrünem Laub. John Harkness stellte seinen nach seiner Mutter Mary Ann benannten Sport erstmals 1890 aus. Die beiden offenbar identischen Sports entstanden etwa gleichzeitig. ZONEN 5–9.

Paul, Großbritannien, 1893 und Harkness, Großbritannien, 1893

Sport von 'Heinrich Schultheis'

## 'PAUL'S HIMALAYAN MUSK RAMBLER'

RAMBLERROSE, HELLROSA

Der Name ist nicht ganz passend, da die echte Himalaja-Moschusrose oder *Rosa moschata nepalensis* (Syn. *R. brunonii*) hellgrüne, schmale, lange Blätter trägt, während das Laub dieser Rose matter und kleiner ist und sie wie eine *R. multiflora* duftet. Ihre dünnen Blütenstiele lassen auf letztere oder *R. filipes* als Elternsorte schließen. Sie trägt im Sommer zahlreiche kleine, gefüllte, hellila-rosa, bald fast weiße Blüten in hängenden Rispen. Die langen, rankenden Triebe erreichen eine Höhe von 6 m. ZONEN 4–9.

Paul, Großbritannien, 1916

Eltern unbekannt

Royal Horticultural Society Award of Garden Merit 1993

'Paulii'

'Paul's Lemon Pillar'

## 'PAUL'S LEMON PILLAR'

GROSSBLUMIGE KLETTERROSE, ZITRONENGELB

Die Farbangabe für diese Rose bezieht sich wohl eher auf die Innenhaut einer Zitronenschale als auf deren Außenseite. Die großen, runden Knospen öffnen sich zu süß duftenden, cremegelben, großen Blüten, die in voll aufgeblühtem Zustand mit ihren breiten, überlappenden Petalen Zentifolien gleichen. Sie halten ihre Form gut. Die Rose blüht nur im Sommer, wobei ihre Petalen bei Regen zu Mumien zusammenkleben. Ihr spärliches Laub ist groß und dunkelgrün; sie eignet sich am besten für hohe Mauern, wo sich die steifen, dicken Triebe zur beinahe doppelten Höhe normaler Kletterrosen ausbreiten können. ZONEN 4–9.

Paul, Großbritannien, 1915

'Frau Karl Druschki' × 'Maréchal Niel'

Goldmedaille der National Rose Society 1915

## 'PAUL'S SCARLET CLIMBER'

KLETTERROSE, ROT

Das Handbuch der britischen *Royal National Rose Society* beschreibt diese Rose mit ihren zahlreichen mittelgroßen Blüten in großen Büscheln treffend als kletternde Floribundarose. Die Blüten besitzen etwa 30 Petalen in leuchtendem, aber nicht grellem, reinem Karmin-Scharlachrot. Sie öffnen sich locker becherförmig und duften zart nach Honig. Im Sommer wird das Laub fast gänzlich von einem üppigen Blütenmeer verdeckt, dem fast nie eine Nachblüte folgt. 'Paul's Scarlet' ist aufgrund der zahlreichen biegsamen Triebe eine vielseitige Kletterrose; nur trockene Mauerstandorte sollten aufgrund ihrer Anfälligkeit für Mehltau vermieden werden. Der kräftige Strauch wird 4–6 m hoch und trägt mattglänzende, mittelgrüne Blätter. **ZONEN 4–9.**

Paul, Großbritannien, 1915

Sämling von 'Paul's Carmine Pillar', vielleicht mit 'Rêve d'Or' gekreuzt

Goldmedaille der National Rose Society 1915, Bagatelle Goldmedaille 1918

## 'PAX'

STRAUCHROSE, MOSCHATA-HYBRIDE, WEISS, ÖFTERBLÜHEND

Anläßlich des Friedensschlusses, mit dem der 1. Weltkrieg beendet wurde, schlug Pemberton seinen Kunden vor, Beete mit der nach diesem Ereignis getauften Rose (*pax*, lat. = Frieden) anzulegen. Diese Beete müßten schon ziemlich groß sein, da die Pflanze weitaus größer als durchschnittliche Strauchrosen wird. Den Sommer und Herbst über trägt sie fortwährend becherförmige, halbgefüllte, lieblich duftende Blüten in großen Dolden mit bis zu 50 mittelgroßen bis großen Blumen. Die cremefarbenen Knospen öffnen sich zu weißen, gekräuselten Petalen und goldenen Staubgefäßen. Mit ihren süß duftenden, blassen Blüten, die

'Pax'

einen wunderschönen Kontrast zu knakkigem, dunklem Laub bilden, ist sie ein Blickfang in gemischten Rabatten. **ZONEN 4–9.**

Pemberton, Großbritannien, 1918

'Trier' × 'Sunburst'

Goldmedaille der National Rose Society 1918

'Paul's Scarlet Climber'

'Paul's Scarlet Climber'

## 'PEACE'

**Syn. 'Gloria Dei', 'Béke', 'Fredsrosen', 'Gioia', 'Mme A. Meilland', 'Mme Antoine Meilland'**

TEEHYBRIDE, GELB+, ÖFTERBLÜHEND

Diese berühmte Rose setzte mit ihrer Wuchskraft, Schönheit und ihrem Laub neue Qualitätsstandards; sie zeigte, daß Beetrosen auch außerhalb der Blütezeit einen Blickfang darstellen können. Ihre dicken, kugeligen, rot überlaufenen Knospen sitzen meist einzeln auf steifen Stielen. Die runden, gelben Blüten sind rosa überhaucht, gut gefüllt und öffnen sich langsam, wobei sie in jedem Stadium wunderschön aussehen. Sie duften angenehm, blühen rasch nacheinander und sind sehr wetterfest. Bezüglich der Klimabedingungen ist 'Gloria Dei' recht anspruchslos; ihr gelber Farbton verblaßt jedoch in heißen Lagen, während die rosafarbenen Schattierungen stärker hervortreten. Sie eignet sich hervorragend für Beete, Rabatten, Hecken und zum Schnitt und gehört zu den besten Hochstammrosen. Der kräftige, strauchartige Busch mit seinen großen, derben, glänzenden, satt grünen Blättern wird für eine Beetrose überdurchschnittlich hoch. Der Züchter widmete die mit Recht als Meisterstück bezeichnete Rose seiner Mutter Claudia. Auf kommerziellen Druck hin erhielt diese Sorte jedoch für den internationalen Vertrieb eine Reihe anderer Namen. **'Climbing Peace'** wird bei uns kaum kultiviert, da sie sich nur in sehr warmen Gebieten erfolgreich entwickelt. Unter günstigen Bedingungen

'Peace 1902'

'Peace'

'Peace'

'Peacekeeper'

blüht sie die gesamte Saison hindurch und verspricht besonders im Frühling und Herbst einen reichen Flor. Der 4,5–6 m hoch kletternde Sport besitzt dieselben Blüten- und Blattmerkmale, bildet jedoch kräftige, lange Klettertriebe aus. **ZONEN 4–9.**

Meilland, Frankreich, 1942

(['George Dickson' × 'Souvenir de Claudius Pernet'] × ['Joanna Hill' × 'Charles P. Kilham']) × 'Margaret McGredy'

Portland Goldmedaille 1944, All-American Rose Selection 1946, American Rose Society Goldmedaille 1947, Goldmedaille der National Rose Society 1947, Goldene Rose von Den Haag 1965, World Federation of Rose Societies Weltrose 1976, Royal Horticultural Society Award of Garden Merit 1993

## 'PEACE 1902'

ALTE R., TEEROSE, HELLGELB, ETWAS NACHBLÜHEND

Diese Rose ist allem Anschein nach nur in Australien erhältlich. Ihre hübschen, klassischen Teerosenblüten bestehen aus zahlreichen zart hellgelben Petalen und präsentieren beim Öffnen eine Vielzahl dunkler Staubgefäße. Selbstverständlich wurde sie 1945 durch Meillands 'Gloria Dei' (Syn. 'Peace') übertroffen. Ihren Namen erhielt die Sorte anläßlich des Friedens von Vereeniging, der den Burenkrieg (1899–1902) zwischen den südafrikanischen Burenstaaten und dem britischen Empire beendete. **ZONEN 7–9.**

Piper, Australien, 1902

Eltern unbekannt

## 'PEACEKEEPER' HARbella

**Syn. 'The Peace Keeper', 'United Nations Rose'**

FLORIBUNDA, ROSA+, ÖFTERBLÜHEND

Die Blüten dieser erst vor wenigen Jahren gezüchteten Floribundarose bestehen aus einer Mischung mehrerer Farbtöne, insbesondere Korallrosa, Lachs und Apricot vor gelbem Hintergrund, der später verblaßt. In schön angeordneten Büscheln wachsen bis zu 10 stark gefüllte Blumen heran, die ihre runde Form und gute Symmetrie bis zum Abfallen der Petalen behalten. Während des ersten überwältigenden Flors scheinen die Blüten den Busch förmlich zu erdrücken; sie blühen aber auch den Sommer und Herbst über recht fleißig. Ihr Duft ist würzig. 'Peacekeeper' eignet sich gut für Beete, als Hecke und als Gruppe in gemischten Rabatten. Einzelblüten können auch für kleine Gestecke verwendet werden. Ihr Wuchs ist aufrecht, mittelhoch und buschig und sie trägt zahlreiche glänzend hellgrüne Blätter. 'Peacekeeper', zu deutsch „Friedenswächter", wurde anläßlich 50jähriges Jahrestags der Vereinten Nationen benannt und in den ersten Jahren zugunsten der UN-Kinderhilfe UNICEF verkauft. **ZONEN 4–9.**

Harkness, Großbritannien, 1995

'Dame of Sark' × 'Bright Smile'

Genf Goldmedaille 1995, Den Haag First Class Certificate 1995

'Peach Blossom'

'Peachy Keen'

## 'PEACH BLOSSOM' AUSblossom

STRAUCHROSE, HELLROSA, ÖFTERBLÜHEND

Ihr Name bedeutet übersetzt „Pfirsichblüten", was trotz der dafür etwas großen Blüten gut paßt; die duftenden Blumen wachsen in großen Büscheln an herabhängenden Zweigen und sind zart rosa überlaufen. Ihre hellgelbe Mitte, aus deren Tiefe wunderschöne Staubgefäße ragen, ist von zwei bis drei Petalkränzen eingerahmt. Bei Einfall von Sonnenlicht erscheinen sie beinahe durchsichtig. 'Peach Blossom' ist von buschigem, ausladendem Wuchs mittlerer Höhe und besitzt glänzend mittelgrünes Laub. In Sträucherrabatten bildet sie ein ungewöhnliches, interessantes Element. **ZONEN 4–9.**

Austin, Großbritannien, 1990

'The Prioress' × 'Mary Rose'

## 'PEACH SPIRE' KORofaser

TEEHYBRIDE, ORANGE+, ÖFTERBLÜHEND

Ludwig Taschner wählte diese Rose in seiner Versuchsanstalt in Pretoria aufgrund ihres hohen, aufrechten Wuchses und ihrer kräftigen Triebe aus. Sie bildet fortwährend an den Haupt- und Seitentrieben Knospen aus, so daß sie selbst im Herbst offenbar ständig blüht. Die stark gefüllten Blumen ähneln der Form nach Edelrosen, besitzen jedoch nicht deren dicht gewickelte, spitze Mitte. Ihre Farbe ist eine wundervolle Kombination aus warmen Tönen, hauptsächlich Goldgelb mit pfirsichfarben überlaufenen äußeren Petalen. Sie eignen sich gut zum Schnitt und für Ausstellungszwecke, duften aber nicht. **ZONEN 4–11.**

Kordes, Deutschland, 1994

Eltern unbekannt

## 'PEACHES 'N' CREAM'

ZWERGROSE, ROSA+, ÖFTERBLÜHEND

Kegelförmige Knospen öffnen sich zu zart rosafarbenen, duftenden, großen Blüten mit gut 50 Petalen und Ausstellungscharakter. Die Blüten zeigen eine herrliche Farbmischung aus Pfirsichrosa und Cremeweiß. Sie besitzen so viele Petalen, daß sie sich bei kalten, feuchten Bedingungen unter Umständen nicht voll öffnen. In warmen Gegenden gibt die kräftige, dichte Sorte jedoch eine

'Pearl Drift'

ideale Ausstellungsrose ab und liefert während der gesamten Saison eine große Anzahl von Blüten. Interessant ist, daß ihre Eltern ein bekanntes Paar sind, das bereits schon von Ralph Moore verwendet wurde. **ZONEN 5–10.**

Woodcock, USA, 1976

'Little Darling' × 'Magic Wand'

American Rose Society Award of Excellence 1977

## 'PEACHY KEEN'

ZWERGROSE, APRICOT+, ÖFTERBLÜHEND

Ihre langen, spitzen, zart apricot-rosa und cremefarbenen Knospen färben sich während der Blüte kräftiger. Die spektakulären Blüten, die Form und Farbe gut halten, eignen sich für Ausstellungszwecke. Aufgrund der recht festen Petalen tolerieren die Blüten heiße Klimabedingungen sehr gut und halten auch als Schnitt lange. Die Pflanze ist von niedrigem Wuchs, wird breiter als hoch und eignet sich daher gut als Einfassung oder Bodendecker. Auch hier brachten die aus Moores Züchtungsprogramm verwendeten Eltern eine exzellente Rose hervor. **ZONEN 5–10.**

Bennett, USA, 1979

'Little Darling' × 'Sheri Anne'

## 'PEARL DRIFT' LEGgab

STRAUCHROSE, WEISS, ÖFTERBLÜHEND

Büschel mit langen, spitzen Knospen öffnen sich zu großen, halbgefüllten, perlmuttweißen Blüten. Ihre Schalenform wird von goldenen Staubgefäßen gekrönt. Sie wachsen sehr dicht am Holz, duften angenehm und blühen den ganzen Sommer und Herbst über fortwährend. 'Pearl Drift' eignet sich hervorragend als Solitärpflanze und kann auch für gemischte Rabatten, ein ganzes Beet oder als schöne, niedrige Hecke verwendet werden. Sie ist von kräftigem, dichtem, leicht ausladendem Wuchs, wird aber nur mittelhoch. Das hübsche, große, glänzende Laub ist beim Austreiben rötlich, später dunkelgrün. **ZONEN 4–9.**

LeGrice, Großbritannien, 1980

'Mermaid' × 'New Dawn'

Royal National Rose Society Certificate of Merit 1979

## 'PEARL SEVILLANA' MEIchonar

STRAUCHROSE, WEISS+, ÖFTERBLÜHEND

Die Oberseite der Blüten ist zart silbrigrosa, rückseits schimmern sie perlmuttweiß. Sie sind mittelgroß, mit 10–15 Petalen locker gefüllt, wachsen in großer Zahl in schön angeordneten Büscheln und öffnen sich in solchem Überschwang, daß sie in manchen Katalogen auf wahrhaft blumige Weise als „schimmernde Schäfchenwolken bei Sonnenaufgang" beschrieben worden. Ihr Duft ist zart, und sie blühen den Sommer und Herbst über zahlreich. In einem Beet oder einer Rabatte gruppiert kommt ihre Farbe besonders schön zur Geltung. Die kräftige, aufrechte, buschige Pflanze trägt dichtes, dunkelgrünes Laub. **ZONEN 4–9.**

Meilland, Frankreich, 1996

('Bonica' × 'Pascali') × 'Edelweiß'

## 'PEEK A BOO'

siehe 'Brass Ring'

## 'PEER GYNT' KORol

TEEHYBRIDE, GELB+, ÖFTERBLÜHEND

Diese ziemlich kompakte Rose trägt große, kugelförmige Blüten mit 50 breiten, gelben Petalen, deren Ränder rosarot überlaufen sind. Die angenehm duftenden, wetterfesten Blumen erscheinen in großer Zahl während des ersten Flors und blühen den Sommer und Herbst hindurch einzeln oder in lockeren Büscheln. 'Peer Gynt' läßt sich sehr schön für Beete, als Gruppe, Hecke oder wirkungsvoller Hochstamm verwenden. Sie bevorzugt kühlere Lagen und trägt ihr üppiges, großes, olivgrünes Laub an einem kräftigen, buschigen, aufrechten Strauch mit bis zu durchschnittlicher Höhe. **ZONEN 4–9.**

Kordes, Deutschland, 1968

'Königin der Rosen' × 'Goldrausch'

Royal National Rose Society Certificate of Merit 1967, Belfast Goldmedaille 1970

'Peaches 'n' Cream'

'Penelope' (Pemberton)

## 'PÉLISSON'

**Syn. 'Monsieur Pélisson'**
ALTE R., MOOSROSE, DUNKELROT

Dieser niedrige, hübsche Strauch wird gut 1 m hoch und besitzt kräftige, aufrechte Triebe, die spärlich mit dunkelgrünem Moos und ein paar Stacheln bedeckt sind. Ihr zierliches, dunkelgrünes Laub ist stark gezähnt. Ab Frühsommer öffnen sich mehrere Wochen lang kleine, runde Knospen zu duftenden, stark gefüllten, mittelgroßen Blüten mit ausgeprägt knopfigem Auge. Die purpurroten Petalen können leicht bräunlich überlaufen sein und verblassen später zu reinem Rosa. 'Pélisson' ist eine gesunde, jedoch kaum bekannte Sorte und bevorzugt gute Böden. **ZONEN 5–9.**

Vibert, Frankreich, 1848

Eltern unbekannt

## 'PENELOPE' (I)

ALTE R., TEEROSE, ROT+, ETWAS NACHBLÜHEND

Ihre Blüten sind rot mit elfenbeinfarbener, spitzer Mitte. Sie besitzt die typischen Eigenschaften von Teerosen und sollte nicht mit der gleichnamigen, bekannten Moschata-Hybride verwechselt werden. **ZONEN 7–9.**

Williams, Australien, 1906

Eltern unbekannt

## 'PENELOPE' (II)

STRAUCHROSE,MOSCHATA-HYBRIDE, HELLROSA, ÖFTERBLÜHEND

Die große, kräftige, bogenförmig wachsende Rose ist gesund. Sie blüht den ganzen Sommer über bis in den Herbst und erfreut im Winter mit bezaubernden Hagebutten. Ihre gefüllten, mittelgroßen Blüten erscheinen zart hellrosa in süß duftenden Rispen und verblassen mit der Zeit zu Weiß. 'Penelope' bildet eine wirkungsvolle, natürliche Hecke und eignet sich zum Beranken von Zäunen oder niedrigen Mauern. **ZONEN 3–11.**

Pemberton, Großbritannien, 1924

'Ophelia' × Sämling oder möglicherweise 'William Allen Richardson' oder 'Trier'

Goldmedaille der National Rose Society 1925, Royal Horticultural Society Award of Garden Merit 1993

## 'PENNSYLVANIA'

TEEHYBRIDE, ROSA+, ÖFTERBLÜHEND

Lange, spitze Knospen öffnen sich zu halbgefüllten, lachsrosa Blüten mit apricotfarbener, hoher, symmetrischer Mitte und dunkelrosa gestreiften äußeren Petalen. Sie sind wohlgeformt und duften.

'Penelope' (Williams)

Die Rose ist der Sport einer berühmten Vorfahrin von 'Gloria Dei'. **ZONEN 5–11.**

Neuner, USA, 1934

Sport von 'Joanna Hill'

## 'PENNSYLVANIAN'

**Syn. *Rosa carolina***
TEEHYBRIDE, ORANGE+, ÖFTERBLÜHEND

Aus eleganten, spitzen Knospen öffnen sich ziemlich große Blüten mit bis zu 30 Petalen und einer anfänglich hohen Mitte. Sie besitzen einen fruchtigen Duft und eine Färbung aus Apricot und Orange, die später leicht verblaßt. Dem großartigen Hauptflor folgt später eine beträchtliche Anzahl weiterer Blüten. 'Pennsylvanian' eignet sich für Beete, Rabatten und zum Schnitt, bevorzugt warme Lagen und trägt mittelgrüne Blätter am aufrecht wachsenden Busch. **ZONEN 5–9.**

Ohlhus, USA, 1953

'Luna' × ('Mrs Pierre S. duPont' × 'Mrs Sam McGredy')

## 'PENNY LANE' (I) TALpen

ZWERGROSE, HELLROSA, ÖFTERBLÜHEND

Die ußerst zahlreichen Blüten besitzen eine wundervolle Mischung aus Cremeweiß und Zartrosa und halten ihre schöne Edelrosenform gut. Sie sind mit 25–30 Petalen gefüllt, duften aber nicht. Normalerweise wachsen sie einzeln auf langen, geraden Stielen an einem aufrechten Busch mit mattglänzendem, mittelgrünem Laub, der anfällig für Mehltau ist. **ZONEN 5–11.**

Taylor, USA, 1992

'Party Girl' × 'Maids of Jubilee'

## 'PENNY LANE' (II)

GROSSBLUMIGE KLETTERROSE, APRICOT+, ÖFTERBLÜHEND

Sie wurde in Großbritannien als erste Kletterrose zur Rose des Jahres gewählt.

'Pennsylvanian'

'Pensioners' Voice'

Die duftenden, perlmuttrosa Blüten mit zart apricotfarbener Mitte sind locker mit krausen Petalen gefüllt, die beim Öffnen an Größe und Schönheit zunehmen. Sie wachsen den ganzen Sommer und Herbst über meist einzeln, gelegentlich auch in Büscheln auf langen, schlanken Stielen. Die kräftige, überdurchschnittlich hohe Pflanze besitzt dichtes, glänzend dunkelgrünes Laub und eignet sich mit ihren biegsamen Trieben für Säulen, Pergolen, Bögen, Mauern und Zäune. **ZONEN 5–10.**

Harkness, Großbritannien, 1998

Sämling von 'New Dawn'

Britische Rose des Jahres 1998

## 'PENSIONERS' VOICE' FRYrelax

FLORIBUNDA, APRICOT+, ÖFTERBLÜHEND

Ihre langen, in Büscheln angeordneten Knospen öffnen sich zu wohlgeformten orange-apricotfarbenen Blüten mit zinnoberrot überhauchten Rändern und hoher Mitte. Für Floribundarosen sind sie ziemlich groß. Die sich zurückbiegenden Petalen verleihen ihnen ein becherförmiges Aussehen. 'Pensioner's Voice' ist eine farbenprächtige Sorte mit angenehmem Duft, aber die Blüten werden teilweise von jüngeren Trieben überwachsen. Sie blüht den ganzen Sommer und Herbst hindurch und sieht am schönsten in einer Rabatte als Gruppe hinter niedrigeren Pflanzen aus, die ihren recht weidenartigen, ungleichmäßigen Wuchs verdecken. Die robuste Pflanze wird mittelhoch und trägt dichtes, mittelgrünes Laub. **ZONEN 4–9.**

Fryer, Großbritannien, 1989

'Alexander' × 'Silver Jubilee'

National Rose Society Trial Ground Certificate 1989

'Penny Lane'

## 'PENTHOUSE' MACsatur

**Syn. 'Pink Charm'**
TEEHYBRIDE, REIN ROSA, ÖFTERBLÜHEND

Die Blüten sind rein rosa und mit knapp 25 großen Petalen gefüllt. Einzeln oder in kleinen Büscheln wachsend. öffnen sie sich mit einer schön geformten hohen Mitte und werden in voll geöffnetem Zustand becherförmig. Ihr Duft ist angenehm, und sie blühen den ganzen Sommer und Herbst über. Mit ihrem buschigen, mittelhohen Wuchs und den großen matten Blättern eignet sich die Rose für Gruppenpflanzungen in Rabatten. Eine zweite Sorte mit dem Namen 'Penthouse' stammt vom selben Züchter gibt. Es handelt sich um eine rosafarbene Edelrose mit gezackten Petalen, die auch als 'West Coast' bzw. unter dem Code MACngauru gehandelt wird. **ZONEN 4–9.**

McGredy, Neuseeland, 1988

Sämling × 'Ferry Porsche'

## 'PEON'

**siehe 'Tom Thumb'**

## 'PEPITA' KORkeilich

ZWERGROSE, DUNKELROSA, ÖFTERBLÜHEND

Die von der Schnittrose 'Garnette' stammende Sorte besitzt sehr schön geformte Blüten mit 40 altrosa Petalen, die sich aus gefälligen Knospen öffnen. Ihre zierlichen, sehr festen Blüten wachsen in kleinen Büscheln und duften nicht. Knospen und Blüten halten zwar als Schnitt sehr lange, erscheinen aber nur in geringer Stückzahl an einem robusten Busch mit dunkelgrünem Laub. **ZONEN 5–9.**

Kordes, Deutschland, 1985

'Pink Delight' × ('Mercedes' × 'Garnette')

'Peppermint Twist'

## 'PEPPERMINT ICE' BOSgreen

FLORIBUNDA, GRÜN, ÖFTERBLÜHEND

Die meisten Farbklassifizierungen erkennen die Farbe Grün nicht an, zu der diese Sorte eigentlich zählt. Ihr Name, zu deutsch „Pfefferminzeis", paßt sehr gut für die außerordentlich pastellgrünen Blüten, die in Büscheln von 5 Blumen oder auch einzeln auf steifen Stielen wachsen. Sie sind mittelgroß, halbgefüllt, offen becherförmig und halten ihren kühlen Farbton sowohl am Strauch als auch als Schnitt lange. Die nur schwach duftenden Blüten erscheinen den ganzen Sommer und Herbst über. Diese aufrechte Rose mit mattglänzendem, mittelgrünem Laub sollte wegen ihrer ungewöhnlichen Farbe gepflanzt werden. Ihr Name ist das Ergebnis eines Wettbewerbs in der britischen Zeitschrift *Garden News*. **ZONEN 4–9.**

Bossom, Großbritannien, 1991

'Anne Harkness' × 'Greensleeves'

'Penthouse'

'Pepita'

'Penthouse'

## 'PEPPERMINT TWIST' JACraw

**Syn. 'Red and White Delight'**
FLORIBUNDA, ROT+, ÖFTERBLÜHEND

Eigentlich sollte diese Sorte 'Red and White Delight' heißen, wurde dann aber zu 'Peppermint Twist' umbenannt. Aus einer Kreuzung zwischen ihr und 'Playboy' ging die preisgekrönte Floribundarose 'Scentimental' hervor. 'Peppermint Twist' ist eine niedrig bleibende Strauchrose mit rot und rosa gestreiften weißen Blüten, wobei die Streifen unterschiedlich ausfallen. Die flachen, duftenden Blüten mit 30 Petalen öffnen sich ziemlich rasch aus spitzen Knospen. Sie wachsen schubweise in relativ großen Abständen an einem gesunden, robusten Busch von niedrigem, dichtem Wuchs mit mattglänzenden, mittelgrünen Blättern. **ZONEN 5–9.**

Christensen, USA, 1992

'Pinstripe' × 'Maestro'

## 'PERCEPTION' HARzippee

TEEHYBRIDE, ROSA+, ÖFTERBLLÜHEND

Hinsichtlich Größe und Duft ist diese Rose nur schwer zu übertreffen. Die mit bis zu 60 Petalen gefüllten Blüten öffnen sich aus prallen Knospen zu sehr großen, hochgebauten, symmetrischen Blumen, die ihre Form lange halten. Die cremegelben Petalen besitzen auffällig kirschrot überlaufene Ränder und einen betörenden Duft. 'Perception' blüht den ganzen Sommer und Herbst über durchgehend und eignet sich aufgrund ihrer Höhe im Garten für den hinteren Bereich von Rabatten und wegen der langen, steifen Stiele auch zum Schnitt. Die kräftige, aufrechte, sich gut verzweigende Rose erreicht eine überdurchschnittliche Höhe und trägt große, ledrige Blätter. Ihr Name wurde von Rosenliebhabern so ausgewählt, daß man sie gut zugunsten des *Britain's Royal National Institute for the Blind* verkaufen kann. **ZONEN 4–9.**

Harkness, Großbritannien, 1997

Eltern unbekannt

Genf Goldmedaille 1994

'Perdita'

## 'PERCY THROWER'

TEEHYBRIDE, REIN ROSA, ÖFTERBLÜHEND

Die stark gefüllten, ziemlich großen Blüten mit niedriger Mitte sind zu Beginn wohlgeformt, öffnen sich jedoch dann zu lockeren, recht flachen Blumen. Ihre rein rosafarbenen Petalen mit silbrig rosa überhauchten Rändern duften angenehm zart. Die Rose blüht den ganzen Sommer und Herbst über und eignet sich für Beete, Rabatten und aufgrund ihrer langen Haltbarkeit auch zum Schnitt. Sie ist von kräftigem, etwas lockerem, ausladendem Wuchs, mittlerer Höhe und trägt glänzend dunkelgrüne Blätter. Der Engländer Percy Thrower war ein bekannter Gärtner, Fernsehmoderator und Autor. **ZONEN 4–9.**

Lens, Belgien, 1964

'La Jolla' × 'Karl Herbst'

National Rose Society Trial Ground Certificate 1962

## 'PERDITA' AUSperd

STRAUCHROSE, APRICOT+, ÖFTERBLÜHEND

Die zu Beginn becherförmigen, mittelgroßen bis großen, stark gefüllten Blüten werden beim Öffnen flacher. Sie wachsen wie Floribundarosen in dichten Büscheln und besitzen hübsch cremefarbene Petalen mit apricotfarbenen Schattierungen. Nach dem ersten Flor blüht 'Perdita' durchgehend bis in den Herbst. Dann färben sich die Blüten stärker rosa. Dank ihres außerordentlichen Dufts bildet sie eine willkommene Bereicherung für Rabatten. Sie wird nicht ganz so hoch wie normale Strauchrosen und trägt dichtes, dunkelgrünes Laub. *Perdita*, zu Deutsch „die Verdammte", ist der Name von Shakespeares Heldin in *Ein Wintermärchen*. **ZONEN 4–9.**

Austin, Großbritannien, 1983

'The Friar' × (Sämling × 'Schneewittchen')

Edland Duftmedaille der Royal National Rose Society und Trial Ground Certificate 1984

## 'PERFECT MOMENT' KORwilma

**Syn. 'Jack Dayson'**

TEEHYBRIDE, ROT+, ÖFTERBLÜHEND

Rundliche, gut gefüllte, mittelgroße bis große Blüten wachsen auf steifen, aufrechten Stielen. Die Petalen sind unten goldgelb gefärbt, während der obere Bereich größtenteils orangerot leuchtet – eine aufsehenerregende Kombination. Ihre Leuchtkraft hängt von den klimatischen Bedingungen ab. Sie bevorzugt sonnige Lagen mit nicht zu hohen Temperaturen und ist daher vor allem in mäßig warmen Gegenden sehr beliebt. 'Perfect Moment' duftet schwach, blüht den ganzen Sommer und Herbst über und eignet sich für Beete, Rabatten und als Hecke; die jungen Blüten können auch gut zum Schnitt und für Ausstellungszwecke verwendet werden. Ihr Wuchs ist buschig und von gut durchschnittlicher Höhe mit glänzend dunkelgrünem Laub. **ZONEN 4–9.**

Kordes, Deutschland, 1991

'Mabella' × Sämling

All-American Rose Selection 1991

## 'PERFUME DELIGHT'

TEEHYBRIDE, REIN ROSA, ÖFTERBLÜHEND

Aus langen, spitzen Knospen öffnen sich große, wohlgeformte, gefüllte Blüten mit breiten Petalen. Diese leuchten dunkelrosa mit einem leichten Lilaschimmer und sind zum Rand hin sowie rückseits blasser. Sie lösen ihre Mitte auf und werden locker becherförmig, wobei die Ränder der älteren Petalen gezackt sind. Ihr süß würziger Duft kann atemberaubend sein, sich aber unter heißen, trockenen Bedingungen verflüchtigen. Die Rose blüht den ganzen Sommer und Herbst über und eignet sich gut für Beete, Rabatten, als Hecke und aufgrund der langen Stiele auch zum Schnitt. Die wetterfeste Sorte ist von kräftigem, aufrechtem, buschigem Wuchs mittlerer Höhe und besitzt große, dunkelgrüne, ledrige Blätter. Sie ist recht resistent gegen Pilzbefall, in kühleren Lagen aber nicht winterhart. **ZONEN 5–9.**

Swim und Weeks, USA, 1973

'Gloria Dei' × (['Rouge Meilland' × 'Chrysler Imperial'] × 'El Capitan')

All-American Rose Selection 1974

'Perfume Delight'

'Pergolèse'

## 'PERGOLÉSE'

ALTE R., PORTLANDROSE, MAUVE, ETWAS NACHBLÜHEND

Die eher kleinen, flachen, gefüllten Blüten sind von klassisch geviertelter Form. Sie besitzen eine kräftig purpur-karminrote Färbung und duften intensiv nach Damaszenerrosen. Das dichte Laub der kleinen bis mittelhohen, aufrechten Pflanze ist dunkelgrün. Portlandrosen sind eine Kreuzung aus China- und Damaszenerrosen, gelegentlich mit dem Einfluß einer Gallica-Rose, wie es wahrscheinlich bei dieser Sorte der Fall war. Durch einen Rückschnitt im Sommer fördert man die Nachblüte. **ZONEN 5–10.**

Robert-Moreau, Frankreich, 1860

Eltern unbekannt

'Perla de Alcañada'

'Perfect Moment'

'Perla de Alcañada'

## 'PERLA DE ALCAÑADA'

**Syn. 'Baby Crimson', 'Pearl of Canada', 'Perle de Alcañada', 'Wheatcroft's Baby Crimson'**

ZWERGROSE, ALTROSA, ÖFTERBLÜHEND

Wohlgeformte Knospen öffnen sich zu leuchtend rosafarbenen, gefüllten Blumen, die sich später zu Karminrot mit weißem Grund färben. Die äußerst blühfreudige Rose ist winterhart und wird kaum höher als 25 cm. Sie wurde 1944 eingeführt und avancierte rasch zu einem Eckpfeiler in der Entwicklung moderner Zwergrosen. Mit 'Rouletii' als Vaterpflanze entstand aus dem damaligen Genpool die erste bekannte Zwergrose. Die zur Züchtung zahlreicher Miniaturrosen eingesetzte Sorte hat sich ihren Platz in der Rosengeschichte verdient. **'Climbing Perla de Alcañada'** wurde 1950 von dem katalanischen Züchter Pedro Dot auf den Markt gebracht. **ZONEN 5–10.**

Dot, Spanien, 1944

'Perle des Rouges' × 'Rouletii'

## 'PERLA DE MONTSERRAT'

ZWERGROSE, DUNKELROSA, ÖFTERBLÜHEND

Die in der Mitte dunkelrosa Blüten der „Perle von Montserrat", wie Dot diese von ihm gezüchtete Florbundarose benannte, werden zum Rand hin blasser. Sie besitzen knapp 20 Petalen und stehen in kleinen Büscheln. Das zierliche Laub der sehr dichten, zwergwüchsigen Pflanze ist mittelgrün. Aufgrund des zierlichen Wuchses und der besonderen Robustheit gelangte 'Perla de Montserrat' als eine der ersten Zwergrosen rasch große Beliebtheit. Sie bildet ähnliche charmante, perfekt geformte kleine Blüten wie die Vaterpflanze aus und macht sich hervorragend in Kübeln, Töpfen oder im Steingarten. Leider wurde die Bedeutung dieser klassischen Rose für die Geschichte von Zwergrosen ignoriert, da moderne Sorten eine breitere Farb- und Formpalette hervorbrachten. **ZONEN 5–10.**

Dot, Spanien, 1945

'Cécile Brunner' × 'Rouletii'

## 'PERLE DES BLANCHES'

**Syn. 'Ball of Snow'**

ALTE R., NOISETTEROSE, WEISS, ETWAS NACHBLÜHEND

Die mittelgroßen, kugelförmigen, cremeweißen Blüten dieser Rose färben sich später rein weiß. In voll geöffnetem Zustand errinnert ihre Form an Kamelienblüten. Sie verströmen einen angenehmen Duft, und das gefällige Laub bildet eine schöne Ergänzung zu den Blüten. **ZONEN 5–9.**

Lacharme, Frankreich, 1874

'Mlle. Blanche Lafitte' × 'Sappho'

'Pernille Poulsen'

'Perle des Jardins'

'Perle d'Or'

## 'PERLE DES JARDINS'

ALTE R., TEEROSE, HELLGELB, ETWAS NACHBLÜHEND

Ein Nachteil dieser Rose ist wohl, daß sie bei der geringsten Feuchtigkeit Mumien bildet. Früher war sie eine beliebte Gewächshausrose. Dennoch können die großen, duftenden, strohgelben Blüten in trockenen, sonnigen Lagen wunderschön sein. Die gefüllten Blüten sind anfangs schlank und spitz, bis sie sich nach Teerosenart zu einer flachen Blume öffnen. Ihr Wuchs ist schwach, sie blüht nur in trockenen Perioden nach und ist im Herbst am schönsten. **'Climbing Perle des Jardins'** ähnelt der Strauchrose und eignet sich ausgezeichnet für Pergolen, Bögen und Zäune.

ZONEN 7–9.

Levet, Frankreich, 1874

Sämling von 'Mme Falcot'

## 'PERLE DES PANACHÉES'

**Syn. 'Cottage Maid'**

ALTE R., GALLICA-ROSE, MAUVE

Die lockeren, halbgefüllten, fast weißen Blüten sind mit karminroten Streifen und Flecken verziert. Der Franzose Vibert züchtete viele dieser panaschierten Gallica-Rosen. Der dünne, zu Wildtrieben neigende Busch wird mittelhoch; seine Blätter sind im Austrieb bronzefarben, später grün. Vom Züchter wird behauptet, daß es nur zwei Dinge gab, die er verabscheute: Schädlinge, die seinen Rosen Schaden zufügen, und die Engländer, die den von ihm überaus geschätzten Napoléon absetzten.

ZONEN 4–9.

Vibert, Frankreich, 1845

Eltern unbekannt

## 'PERLE DES ROUGES'

POLYANTHAROSE, DUNKELROT, ÖFTERBLÜHEND

Diese Rose war ein früher und erfolgreicher Versuch, rote Polyantharosen zu züchten. Ihre dichtgefüllten Blüten sind für diese Klasse mittelgroß, besitzen steife, an den Rändern gewellte Petalen und öffnen sich zu flach becherförmigen Pompons. Die schwach duftenden Blütenbüschel leuchten in kräftigem Karminrot, das beim Zurückbiegen der Petalen zu Kirschrot aufgehellt wird. Nach dem ersten üppigen Flor blühen sie bis zum Frost. Das kleine Laub der zwergwüchsigen, dichten, aufrechten Pflanze ist mittelgrün. Sie wird zwar offensichtlich nicht mehr gehandelt, sollte aber zum Gedenken an die Pionierzüchter aus der Gegend um Lyon, die den Grundstein für die heutigen Floribundarosen legten, in keinem Garten mit Historischen Rosen fehlen.

ZONEN 4–9.

Dubreuil, Frankreich, 1896

Eltern unbekannt

## 'PERLE D'OR'

**Syn. 'Yellow Cécile Brunner'**

POLYANTHAROSE, GELB+, ÖFTERBLÜHEND

Sie wird gelegentlich als Chinarose bezeichnet und ging aus einer der ersten Stammkreuzungen zwischen Multiflora- und Teerosen hervor. Büschel mit bis zu 30 sehr zierlichen, urnenförmigen Knospen öffnen sich zu gefüllten, honiggelben Blüten mit schmalen Petalen und krauser, zart apricotfarbener Mitte. Ihr Name, zu Deutsch „Goldperle", spiegelt Rambauxs Bestreben wieder, eine gelbe Polyantha zu züchten. Das Synonym läßt jedoch fälschlicherweise eine Verbindung zu 'Cécile Brunner' vermuten. Die dauernd nachwachsenden Blüten stehen auf einer dünnen, reichverzweigten Pflanze von niedrigem, aufrechtem, in warmen Lagen sehr kräftigem Wuchs. Sie duften angenehm zart und eignen sich als Ansteckrosen oder für kleine Gestecke. Als Gartenrose ist die wirklich wunderschöne Sorte von historischer Bedeutung und sollte einen gut sichtbaren Standort erhalten. Der recht zart wirkende Strauch trägt kleine, glänzende, spitze Blätter und ist überraschend robust und zäh. Sie wurde vor langer Zeit Dubreuil zugeschrieben, aber das *Journal des Roses* von 1900 besagt, daß sie 1875 von P. Rambaux entwickelt und nach 1883 von F. Dubreuil vertrieben wurde.

ZONEN 4–9.

Rambaux, Frankreich, 1883

Möglicherweise ein Sämling von *Rosa multiflora* × 'Mme Falcot'

Royal Horticultural Society Award of Garden Merit 1993

## 'PERNILLE POULSEN'

FLORIBUNDA, REIN ROSA, ÖFTERBLÜHEND

Die Blüten zeigen zarte Schattierungen in Rosa- und Korallrot, die sich zum Rand hin vertiefen. Sie sind für Floribundarosen recht groß, wachsen in Büscheln, besitzen knapp 20 Petalen und einen angenehm erfrischenden Duft. Dem frühen, üppigen Hauptflor folgen immer wieder neue Blüten. 'Pernille Poulsen' eignet sich gut für Beete, Rabatten und auch zum Schnitt. Am aufrechten, mittelhohen, etwas ausladenden Strauch trägt sie spitze, hell- bis mittelgrüne Blätter. Sie wurde nach der ältesten Tochter des Züchters benannt, die mittlerweile selbst zusammen mit ihrem Mann Mogens Olesen Rosen züchtet.

ZONEN 4–9.

Poulsen, Dänemark, 1965

'Ma Perkins' × 'Columbine'

## 'PERSIAN PRINCESS'

ZWERGROSE, ORANGEROT, ÖFTERBLÜHEND

Die wunderschön geformten Knospen öffnen sich zu korallroten, gefüllten, duftenden Blüten, die meist in kleinen Büscheln stehen. In kühleren Lagen können sie größer werden. Das kleine, dunkelgrüne Laub ist von ledriger Struktur. Mit ihrer großartige Farbe, Form und Blühkraft bietet die Rose bis zum Herbst einen genußvollen Anblick im Garten. Die Pflanze ist recht gesund, von niedrigem, flachem Wuchs und eignet sich daher für kleine Beete, Rabatten oder Kübel.

ZONEN 5–10.

Moore, USA, 1970

'Baccarà' × 'Eleanor'

## 'PERSONALITY'

TEEHYBRIDE, GELB+, ÖFTERBLÜHEND

Ihre Blüten sind groß, mit bis zu 40 Petalen gefüllt und erscheinen einzeln. Sie öffnen sich aus prallen Knospen zu hochgebauten, goldgelben Blumen mit rosa und karminrot überlaufenen Petalen und einem angenehmen Teerosenduft. 'Personality' zeigt den ganzen Sommer und Herbst über Farbe und eignet sich für Beete, Rabatten sowie zum Schnitt. Die dicht mit ledrigen, glänzenden Blättern bestückte, kräftige Pflanze ist von aufrechtem, mittelhohem Wuchs. Zur Zeit scheint sie nicht auf dem Markt zu sein. ZONEN 4–9.

Morey, USA, 1960

'Gloria Dei' × 'Sutter's Gold'

## 'PETER BENJAMIN'

TEEHYBRIDE, APRICOT+, ÖFTERBLÜHEND

Die Sorte liebt Wärme und wird ausschließlich in Australien meist für Ausstellungszwecke kultiviert. Ihre Blüten,

'Persian Princess'

'Petite Folie'

'Personality'

deren hübscher Farbton zwischen Korallrosa und Apricot liegt, wachsen auf langen, kräftigen Stielen gelegentlich einzeln, häufig aber in Büscheln von zwei bis drei Blumen. Sie besitzen eine hohe Mitte und halten ihre Form aufgrund der bis zu 40 festen Petalen sehr lange. Die Rose trägt den ganzen Sommer und Herbst über zart duftende Blüten und hellgrünes Laub. Ihr kräftiger, aufrechter Wuchs ist von durchschnittlicher Höhe. **ZONEN 5–9.**

Allender, Australien, 1978

'Benjamin Franklin' × 'Peter Frankenfeld'

## 'PETER FRANKENFELD'

TEEHYBRIDE, DUNKELROSA, ÖFTERBLÜHEND

„Die exzellente Form ist für eine Rose dieser Größe einmalig" meint der Südafrikaner Ludwig Taschner, einer der weltweit größten Rosenexperten. Die altrosa Blüten mit karminroter Tönung sind groß, wohlgeformt, mit hoher Mitte und wundervoller Symmetrie, die sie beim Zurückrollen der Petalen beibehalten. Sie duften angenehm und eignen sich aufgrund der haltbaren Blüten auf langen Stielen für Ausstellungszwecke. Die Rose kann aber auch gut für Beete und Rabatten verwendet werden. Sie trägt den ganzen Sommer und Herbst hindurch Blüten. Ihr kräftiger, reichverzweigter Wuchs ist aufrecht und überdurchschnittlich hoch; ihr dichtes, dunkel olivgrünes Laub ist gesund. Sie wurde nach dem nicht nur durch seine großkarierten Jacketts bekannt gewordenen Fernseh-Showmaster Peter Frankenfeld benannt, der in den 60ern und 70ern des 20. Jh. sehr populär war. **'Climbing Peter Frankenfeld'** (Allen, Australien, 1975) besitzt die gute Blüten- und Laubqualität der Strauchrose, ist jedoch offensichtlich nicht weit verbreitet, da sie heute nur in Australien kultiviert wird. Das mag daran liegen, daß Sports erfahrungsgemäß nur eine schwache Nachblüte hervorbringen. In warmen Gebieten, wie etwa in Australien, bereitet die Sorte offensichtlich keine Probleme.
**ZONEN 4–9.**

Kordes, Deutschland, 1966

'Ballet' × 'Florex'

## 'PETIT FOUR' INTerfour

ZWERGROSE, REIN ROSA, ÖFTERBLÜHEND

Ihre recht kleinen, halbgefüllten Blüten sind schön geformt und öffnen sich wie Puderquasten. Die rein rosafarbenen Petalen werden zur Mitte hin blasser, duften zart und wachsen zahlreich dicht am Laub in kurzstieligen Büscheln. 'Petit Four' ist sehr blühfreudig und bildet den ganzen Sommer und Herbst über fast durchgehend Knospen aus. Als freundliche, äußerst dankbare Gartenrose eignet sie sich gut für Beete, als Hecke oder für den vorderen Bereich einer Rabatte, wo niedrige Pflanzen benötigt werden. Die kräftige Pflanze ist breitwüchsig und trägt kleine, glänzend mittelgrüne Blätter. **ZONEN 4–9.**

Ilsink, Niederlande, 1982

Sämling von 'Marlena' × Sämling

## 'PETITE DE HOLLANDE'

**Syn. 'Petite Junon de Hollande', 'Pompon des Dames', *Rosa centifolia minor***

ALTE R., ZENTIFOLIE, REIN ROSA

Der niedrige, recht locker wachsende Strauch wird ca 1,2 m hoch. Seine graugrünen Zweige sind mit rötlichen Stacheln und kleinen, stark gesägten, zart graugrünen Blättern besetzt. Die zierlichen Blüten sind erst leicht becherförmig und öffnen sich dann flach zu mehreren Lagen von Petalen, häufig mit einem kleinen Auge in der Mitte. Sie duften zart, blühen aber nur im Frühsommer und eignen sich gut als Hecke sowie für Kübel. **ZONEN 5–9.**

Niederlande, vor 1838

Eltern unbekannt

## 'PETITE FOLIE' MEIherode

ZWERGROSE, ORANGE+, ÖFTERBLÜHEND

Die zart fruchtig duftenden, zinnoberroten Blüten dieser Zwergrose sind auf der Rückseite ihrer Petalen karminrot gefärbt. Sie sind gefüllt, kugelförmig und wachsen in kleinen Dolden. Ihr ledriges Laub ist mittelgrün. Als die Rose, zu deren Vorfahren die bekannte klassischen Zwergrose 'Perla de Montserrat' des Spaniers Pedro Dot zählt, im Jahre 1968 vorgestellt wurde, wußte niemand so recht, was man von ihr halten sollte. 'Petite Folie' wurde aber schon bald aufgrund der hübschen Blüten, des üppigen Flors und kräftigen Wuchses sehr beliebt.
**ZONEN 5–10.**

Meilland, Frankreich, 1968

('Dany Robin' × 'Fire King') × ('Cricri' × 'Perla de Montserrat')

'Peter Benjamin'

## 'PETITE LISETTE'

ALTE R., ZENTIFOLIE, DUNKELROSA

Diese Zentifolie ähnelt 'Petite de Hollande', bleibt aber niedriger und wird nur bis zu 1 m hoch, in sehr guten Böden auch etwas höher. Die zahlreichen weichen, graugrünen, stark gesägten Blätter bilden den Hintergrund für die zierlichen Blüten, die in voll geöffnetem Zustand dicht mit dunkelrosa Petalen gefüllt sind. Sie verströmen einen recht intensiven Duft, wachsen meist in großen Büscheln und blühen nur Anfang Sommer. 'Petite Lisette' sollte am besten in kleinen Gruppen gepflanzt werden und eignet sich auch gut für kleinere Gärten oder Kübel. **ZONEN 5–9.**

Vibert, Frankreich, 1817

Eltern unbekannt

'Petite Lisette'

'Petite de Hollande'

'Peter Frankenfeld'

## 'PETITE ORLÉANAISE'

**Syn. 'Petite de Orléanaise'**
ALTE R., ZENTIFOLIE, REIN ROSA

Diese Sorte ist eindeutig eine Zentifolie, hat jedoch eine gewissen Ähnlichkeit mit Gallica-Rosen. Das gräulich grüne Holz ist mit zahlreichen Stacheln und kleinen, graugrünen Blättern bestückt, die etwas rauh sein können. Sie ist rundbuschig und wird ca. 1,2 m hoch. Die im Frühsommer erscheinenden, kräftig rein rosafarbenen Blüten sind in voll geöffnetem Zustand pomponartig. Sie sitzen in kleinen Büscheln und duften angenehm. Die Rose eignet sich sehr gut für kleinere Gärten oder Kübel.
**ZONEN 5–9.**

Um 1900

Eltern unbekannt

## 'PETITE PENNY' MACjocel

**Syn. 'Dresselhuys'**
FLORIBUNDA, WEISS, ÖFTERBLÜHEND

Die zierliche Rose trägt dichtgefüllte Büschel kleiner, weißer, halbgefüllter Blüten mit 5–15 Petalen. Sie stehen auf recht kurzen, steifen Stielen; die rein weißen, gekräuselten, sich schalenförmig öffnenden Petalen und gelben Staubgefäße verleihen ihnen ein natürliches Aussehen. Ihr Duft ist zart, und nach einem üppigen ersten Flor bilden sich den ganzen Sommer und Herbst über neue Blüten. Sie eignet sich als Hochstamm oder für Beete, Hecken, Kübel und als Rabatteneinfassung. Die kräftige, durchschnittlich hohe, buschige Pflanze trägt mattglänzende, grüne Blätter. **ZONEN 4–9.**

McGredy, Neuseeland, 1988

('Crépuscule' × Sämling) × 'Montana'

## 'PETITE PINK SCOTCH'

**Syn. 'Petite Pink'**
STRAUCHROSE, REIN ROSA

Die wahre Identität dieser Strauchrose stellt eines der großen Rätsel der Rosengeschichte gar. Entdeckt wurde sie 1949 durch Jackson M. Batchelor im Garten eines Mitte des 18. Jh. gebauten Herrenhauses, das zu einer Plantage in der Nähe von Wilmington im US-Staat North Carolina gehört. Batchelor nannte die Sorte dann 'Petite Pink Scotch', weil er annahm, daß sie von schottischstämmigen Einwanderern an ihrem Fundort eingebürgert worden war. Allerdings besteht bei dieser Sorte keine sichtliche verwandtschaft mit den "Schottischen Rosen", wie Pimpinellifolia-Hybriden im angelsächsischen Rosenfachjargon oft bezeichnet werden; vielmehr scheint es sich hier eher um einen Nachkommen von *Rosa wichuraiana* zu handeln. Kleine, gefüllte Rosetten in zartem Hellrosa wachsen auf kurzen Stielen entlang niederliegender Triebe. Die zart duftenden, eleganten Blumen blühen zwar nur einmal gegen Ende des Frühlings; desungeachtet bietet die flachwüchsige, hängende Pflanze mit den feinen, glänzenden Blättern generell einen hübschen Anblick. In Gegenden mit mildem Klima kann man die Rose fast schon als immergrün bezeichnen. 'Petite Pink Scotch' eignet sich nicht nur als Bodendecker, sondern auch für eine lockere Hecke.
**ZONEN 4–9.**

Eltern unbekannt

'Petite Orléanaise'

'Petite Penny'

'Phantom'

'Pharaoh'

## 'PETITE RENONCULE VIOLETTE'

ALTE R., GALLICA-ROSE, DUNKELROT

Während ihrer Suche nach Alten Rosen im südafrikanischen Kapland fand Gwen Fagan, anerkannte Rosenexpertin und Coautorin des vorliegenden Buchs, diese Sorte auf dem Grab eines englischen Siedlers in Grahamstown. Obwohl 'Petite Renoncule Violette' im 19. Jh. bei den Franzosen als Gartenrose beliebt war, ist sie damals offenbar wieder verschwunden. Das spröde Laub der mittelhohen, zu Wildtrieben neigende Sorte ist im Austrieb dunkelrot, später dunkelgrün. Während des frühen, einmaligen Flors bildet sie an den Enden der zahlreichen aufrechten, dünnen Triebe dunkel kastanienbraune Blüten, die süß duften und sich durch ihre ungewöhnliche Pomponform auszeichnen. **ZONEN 3–10.**

Eltern unbekannt

## 'PFÄLZER GOLD' TANalzergo

**Syn. 'Moonlight Serenade'**
TEEHYBRIDE, GOLDGELB, ÖFTERBLÜHEND

Diese Rose ist mit 20 Petalen locker gefüllt, von tiefgelber Farbe, hochgebaut und wohlgeformt. Sie blüht den ganzen Sommer und Herbst über, duftet aber nicht. Im warmen australischen Klima scheint ihre Farbe zu Reingelb auszubleichen. 'Pfälzer Gold' ist von aufrechtem, mittelhohem Wuchs mit gesundem, glänzendem Laub. **ZONEN 4–9.**

Tantau, Deutschland, 1981

Eltern unbekannt

'Pfälzer Gold'

'Phoebe'

## 'PHANTOM' MACatsan, MACcatsan

**Syn. 'Phantom of the Opera', 'The Phantom'**
STRAUCHROSE, ROT, ÖFTERBLÜHEND

Dieser hübsche Strauch bildet lange, biegsame Triebe mit schalenförmigen, scharlachroten Blüten aus, die mit den leuchtend goldfarbenen Staubgefäßen kontrastieren. Ihre bis zu 12 großen Petalen sind schön wellig geschwungen und geriffelt. Sie duften zart und blühen den Sommer und Herbst hindurch. Die Sorte eignet sich als Blickfang in einer Rabatte, als Solitärpflanze oder Kaskadenrose auf Hochstamm veredelt. Sie ist von mittelhohem, weit bogenförmig ausladendem Wuchs und dicht in großes, mittelgrünes, mattglänzendes Laub gehüllt. Die Elternangabe stammt aus einer neuseeländischen Quelle; in *Modern Roses 10* ist die Reihenfolge umgekehrt.
**ZONEN 4–9.**

McGredy, Neuseeland, 1992

'Eyeopener' × 'Pandemonium'

Neuseeland Novelty Award und Certificate of Merit 1992

## 'PHARAO' MEIfiga

**Syn. 'Farao', 'Pharaon', 'Pharaoh'**
TEEHYBRIDE, ORANGEROT, ETWAS NACHBLÜHEND

Trotz der vielen Goldmedaillen scheint die Rose nur noch in Israel und Australien auf dem Markt zu sein. Dies liegt warscheinlich daran, daß sie zwar ihre feurig scharlachrote Farbe auch in sehr heißen Lagen gut hält, aber nicht reich genug blüht. Den Sommer und Herbst über erscheinen die Blüten nur sporadisch. Die prallen Knospen blühen zu großen, hochgebauten Blumen mit steifen Petalen auf, die sich nur zögernd öffnen und kaum oder gar nicht duften. 'Pharao' kann für Beete, Rabatten und aufgrund der festen Stiele für die Vase verwendet werden. Sie ist von kräftigem, aufrechtem Wuchs durchschnittlicher Höhe und trägt dunkles, mattglänzendes, ledriges Laub. **ZONEN 4–9.**

Meilland, Frankreich, 1967

('Rouge Meillandina' × 'Kordes Sondermeldung') × 'Suspense'

Genf Goldmedaille 1967, Madrid Goldmedaille 1967, Den Haag Goldmedaille 1967, Belfast Goldmedaille 1969

## 'PHOEBE'

TEEHYBRIDE, WEISS, ÖFTERBLÜHEND

Ihre cremeweißen Petalen sind in der Mitte gelber gefärbt, gelegentlich leuchtet aber auch die ganze Blüte in reinem Weiß. Die stark gefüllten, hochgebauten

Blüten werden mit dem Zurückbiegen der Petalen becherförmig. Sie duften süß und stehen auf langen, steifen Stielen, die sich gut zum Schnitt eignen. Die Rose kann für Beete und Rabatten verwendet werden, wo sie den ganzen Sommer und Herbst über blüht. Der kräftige Busch ist von aufrechtem Wuchs und für moderne Standards recht spärlich mit großen, dunkelgrünen Blättern belaubt. 'Phoebe' scheint nicht mehr auf dem Markt zu sein. **ZONEN 4–9.**

Cant, Großbritannien, 1922

'Ophélia' × 'Verna Mackay'

Goldmedaille der National Rose Society 1921

'Phoebe's Choice'

## 'PHOEBE'S CHOICE' BIlice

ZWERGROSE, ROSA+, ÖFTERBLÜHEND

Die in kleinen Büscheln von 3–4 Stück wachsenden Blüten sind rosafarben mit gelben Rändern, die sich später besonders in warmen Lagen weiß färben. Sie besitzen knapp 40 Petalen und eignen sich gut für Ausstellungszwecke. Der Busch trägt mittelgrüne Blätter mit rötlich grünen, hakenförmigen Stacheln und im Herbst hübsch orangefarbenen Hagebutten. **ZONEN 5–10.**

Bilson, USA, 1987

'Little Darling' × 'Over the Rainbow'

## 'PHOENIX'

TEEHYBRIDE, DUNKELROSA, ÖFTERBLÜHEND

Ihre großen, stark gefüllten, kirschrosaroten Blüten öffnen sich zuerst mit hoher Mitte, bevor sie sich becherförmig entfalten. Sie duften intensiv. In warmen Regionen eignet sich die Rose gut für Beete, Rabatten und zum Schnitt, da sich die Blüten in der Vase langsam öffnen und dabei den Raum mit ihrem Duft erfüllen. 'Phoenix' ist eine kräftige, aufrechte Pflanze mit großen, glänzenden, ledrigen Blättern, die den Sommer und Herbst über rasch nacheinander Blüten bildet. Der US-Staat Arizona unterstützte die Entwicklung der nach seiner Hauptstadt benannten Rose mit Geldzuwendungen.

**ZONEN 5–9.**

Armstrong, USA, 1973

'Manitou' × 'Grand Slam'

'Phyllis Bide'

## 'PHYLLIS BIDE'

KLETTERNDE POLYANTHAROSE, GELB+, ÖFTERBLÜHEND

Diese wunderschöne, kletternde Sorte besitzt einige besondere Merkmale, wie etwa die mehrmals erfolgende Blüte, was für Kletterrosen dieser Generation ungewöhnlich ist. Ihre kleinen, kegelförmigen Knospen wachsen auf kurzen Stielen in ausladenden offenen Rispen. Sie öffnen sich zu gefüllten, mittelgroßen, zart duftenden Rosetten in einer Mischung aus Lachsrosa und Gelbtönen. Die schön verteilten Blüten und Büschel bilden einen gefälligen Anblick. Mit ihrem kräftigen, sich gut verzweigenden, überhängenden Wuchs eignet sich die Rose ideal zum Beranken von Zäunen, Säulen, Bögen und Mauern sowie als Kaskadenrosen-Hochstamm. 'Phyllis Bide' wird bis 3 m hoch, trägt dichtes, schmales, glänzendes Laub und kann hervorragend an einem Spalier gezogen werden.

**ZONEN 4–9.**

Bide, Großbritannien, 1923

'Perle d'Or' × 'William Allen Richardson' oder 'Gloire de Dijon'

Goldmedaille der National Rose Society 1924, Royal Horticultural Society Award of Garden Merit 1993

'Phyllis Bide'

'Picasso'

'Phoenix'

'Picasso'

## 'PICANINNI' WRIpic

ZWERGROSE, ORANGE+, ÖFTERBLÜHEND

Der Südafrikaner Des Wright, Amateurrosenzüchter und ehemaliger Vorsitzender der *Federation of Rose Societies of South Africa* (einem südafrikanischen Rosenzüchterbund), kreierte diese Rose, die aufgrund ihres üppigen Wuchses und ihrer kontinuierlichen Blütenproduktion beliebt wurde. Die zierlichen, wohlgeformten, gefüllten Blüten sind dunkelorange mit gelber Rückseite und duften süß. Mit ihren kräftigen Stielen eignen sie sich für Sträußchen, Tischdekorationen und für Ausstellungszwecke. 'Picaninni' ist eine wärmeliebende, kräftige, gesunde, hohe Zwergrosen.

**ZONEN 5–11.**

Wright, Südafrika, 1991

'Bella Rosa' × 'Little Jackie'

## 'PICASSO' MACpic

FLORIBUNDA, ROSA+, ÖFTERBLÜHEND

Das auffallende Merkmal ist die weiße Zeichnung auf den karminroten Petalen dieser Sorte – der ersten dieser Art von Sam McGredy. Ihre für Floribundarosen recht großen Blüten wachsen in Büscheln auf aufrechten Stielen und sind mit knapp 20 sich weit öffnenden Petalen locker gefüllt. Die zart duftenden Blumen erscheinen den ganzen Sommer und Herbst über. 'Picasso' ist für Beete, Rabatten und als Blickpunkt im Garten interessant und eignet sich wohl eher für kühlere Lagen, da ihre Zeichnung bei sehr warmen Temperaturen leicht verschwindet. Sie bleibt recht niedrig, ist breitwüchsig und trägt dunkelgrüne Blätter, die zu Sternrußtau neigen. Als McGredy sie zu Ehren von Picasso benennen wollte, war er recht verblüfft, als der Künstler meinte, der Züchter solle für das Privileg bezahlen.

**ZONEN 4–9.**

McGredy, Großbritannien, 1971

'Marlena' × ('Evelyn Fison' × [Orange Sweetheart' × 'Frühlingsmorgen])

Royal National Rose Society Certificate of Merit 1970, Belfast Goldmedaille 1973, Neuseeland Goldmedaille 1973

## 'PICCADILLY' MACar

TEEHYBRIDE, ROT+, ÖFTERBLÜHEND

Sie ist aufgrund ihrer leuchtenden, zweifarbigen Blüten beliebt, deren Petaloberseite scharlachrot ist, ihre Rückseite hingegen gelb. Die spitzen Knospen öffnen sich zu großen Blüten mit knapp 25 breiten Petalen, deren hohe Mitte später be-

P

'Piccadilly'

'Picture'

'Pierre B'

cherförmig wird. Da die Blüten nicht so stark gefüllt sind wie die vieler anderer Edelrosen, blühen sie reicher. Dies erhöht ihren Wert für den Garten noch zusätzlich, wo sich die Rose hervorragend für Beete, Rabatten, als Hecke und elegante Hochstämme eignet. Sie besitzt einen angenehm zarten Duft und blüht den ganzen Sommer und Herbst über, wobei die Blüten auch widrigen Witterungsbedingungen standhalten. Der schön geformte, buschige Strauch wird durchschnittlich hoch und trägt dichtes, beim Austreiben rötliches, später schön dunkelgrün glänzendes Laub. Das Lichtermeer am Londoner *Piccadilly Circus* inspirierte Reimer Kordes bei der Namensgebung dieser mehrfach ausgezeichneten Teehybride. **ZONEN 4–9.**

**McGredy, Großbritannien, 1959**

**'McGredy's Yellow' × 'Karl Herbst'**

**National Rose Society Certificate of Merit 1959, Madrid Goldmedaille 1960, Rom Goldmedaille 1960, Rotterdam Goldmedaille, Nord-Rose Award**

## 'PICCOLO' TANolokip

**Syn. 'Piccola'**

**FLORIBUNDA, ORANGEROT, ÖFTERBLÜHEND**

Von ihrer Statur her würde man 'Piccolo' als Rabattenrose einstufen, aufgrund der verhältnismäßig großen Blüten paßt sie jedoch besser in die Gruppe der Floribundarosen. Die Sorte bietet sich immer dann an, wenn ein niedriger Strauch für ein Beet, den vorderen Bereich einer Rabatte oder eine Hecke benötigt werden. Die sehr schwach duftenden, ziemlich gefüllten Blüten öffnen sich schön becherförmig und werden später flach. Sie stehen zahlreich auf kurzen, aufrechten Stielen dicht am Laub und leuchten in kräftigem Tomatenrot. Dem Hauptflor folgen den ganzen Sommer und Herbst über weitere schöne, wetterfeste Blüten. Die buschige, breitwüchsige Rose trägt große, im Austrieb purpurfarben glänzende Blätter, die sich später im Jahr dann dunkelgrün färben. **ZONEN 4–9.**

**Tantau, Deutschland, 1984**

**Eltern unbekannt**

## 'PICTURE'

**TEEHYBRIDE, HELLROSA, ÖFTERBLÜHEND**

In den 30er Jahren des 20. Jh. war 'Picture' aufgrund ihrer exquisit geformten, rosaroten Blüten eine sehr begehrte Rose. Die hübsche, kamelienartig quirlständige Blütenmitte hält ihre Form lange, während sich die äußeren Petalen langsam zurückbiegen. 'Picture' ist wirklich eine Augenweide, duftet aber leider nur schwach. Sie eignet sich gut als Gruppe in einer Rabatte oder für eine Sammlung Historischer Rosen; weltweit wird diese Teehybride immer noch in mindestens zwölf Gärtnereien kultiviert, obwohl ihre Robustheit während ihres

'Pierre B'

über 60jährigen Daseins doch geringfügig gelitten hat. Nach dem ersten Flor blüht sie nur zögerlich nach. 'Picture' hat einen kompakten, gut verzweigten, aufrechten Wuchs mit matthellgrünem Laub und wird kaum mittelhoch. **'Climbing Picture'** (Swim, USA, 1942) ist eine Kletterrose mäßiger Größe, die sich perfekt als Ansteckrose und für kleine Gestecke eignet. Dieser kletternde Sport eignet sich am besten für Mauern, wo sich die Pflanze ausbreiten kann und Halt findet. Allerdings blüht diese Sorte nur Gegenden mit milden Klima etwas nach. Der Standort sollte sonnig und relativ feucht sein, da 'Climbing Picture' auf trockenen Böden sehr schnell von Mehltau befallen wird. Ihre Blüten sind wie auch diejenigen der Strauchform relativ widerstandsfähig gegen schlechte Witterung. **ZONEN 4–9.**

**McGredy, Großbritannien, 1932**

**Eltern unbekannt**

**National Rose Society Certificate of Merit 1932**

## 'PIERRE B'

**TEEHYBRIDE, APRICOT, ÖFTERBLÜHEND**

'Pierre B' gehört zu den wirklich guten rein apricotfarbenen Rosen. Die wohlgeformten, ovalen Knospen auf eher kürzeren Stielen öffnen sich recht rasch zu gefüllten Blüten. Sie sind prächtig geformt und zeigen bernsteinfarbene Staubgefäße. Ihre 20–25 festen, apricotfarbenen Petalen verblassen an den Rändern leicht, sind aber dennoch wunderschön und duften sehr intensiv. Die Rose ist von niedrigem bis mittelhohem Wuchs mit dunkelgrünem, mattglänzendem Laub und eignet sich besonders im Herbst, wenn die Farbe viel intensiver ist, gut zum Schnitt. Sie wurde nach einem Angestellten des Züchters benannt, der sie in der Gärtnerei zwischen einer Reihe 'Dr A. J. Verhage' fand und dessen Nachnamen bis auf das Initial B unbekannt ist.

**ZONEN 5–11.**

**Brundrett, Australien, 1982**

**Sport von 'Dr A. J. Verhage'**

## 'PIERRE DE RONSARD' MEIviolin

**Syn. 'Eden Rose 85', 'Grimpant Pierre de Ronsard'**

**GROSSBLUMIGE KLETTERROSE, ROSA+, ÖFTERBLÜHEND**

Die Blüten der eher strauchigen Kletterrose erinnern an altmodische Rosen. Sie sind groß, mit über 40 Petalen dicht gefüllt und gleichen kugelförmigen Zentifolienblüten; beim Öffnen zeigen sie einen bezaubernden Wirrwarr eingerollter Petalen. Ihre cremeweiße Farbe ist stark lavendelrosa und karminrot überlaufen. 'Pierre de Ronsard' trägt den ganzen Sommer und Herbst über kaum duftende Blüten und bleibt eher niedrig. Sie eignet sich zum Beranken von Mauern oder Zäunen, wo sich die kräftigen, sich verzweigenden Triebe ausbreiten können, zum Erziehen an hohen Säulen und als Solitärstrauch. Die großen Blätter glänzen matthellgrün. Pierre de Ronsard (1524–1585) war Hofdichter in Schott-

'Pierre de Ronsard'

'Pierre de Ronsard'

'Piccolo'



land und Frankreich und ein begeisterter Gärtner. **ZONEN 4–9.**

Meilland, Frankreich, 1987

('Danse des Sylphes' × 'Händel') × 'Climbing Pink Wonder'

## 'PIERRE DE ST. CYR'

ALTE R., BOURBONROSE, HELLROSA, ETWAS NACHBLÜHEND

Diese typische Bourbonrose besitzt große, glänzende, stark gefüllte, becherförmige Blüten. Sie eignet sich gut zum Beranken von Säulen und bereichert den Garten mit ihren immer wieder während der Saison erscheinenden Blüten. Obwohl sie als ausgestorben gilt, kann sie doch in den USA auf Anfrage bezogen werden. **ZONEN 5–9.**

Plantier, Frankreich, 1838

Eltern unbekannt

## 'PIERRE NOTTING'

ALTE R., REMONTANTROSE, DUNKELROT, ETWAS NACHBLÜHEND

Diese Alte Rose ist von sehr kräftiger Konstitution, was vielleicht erklärt, daß sie immer noch erhältlich ist. Ihre schwärzlich roten Blüten sind blau-violett überlaufen und in einer warmen Saison groß und kugelförmig. Unter feuchten Bedingungen verkleben die Knospen stark. 'Pierre Notting' ist von aufrechtem Wuchs und nachblühend, wobei man sich darauf im Herbst nicht verlassen kann. Der Luxemburger Pierre Notting war ein bekannter Rosenzüchter. **ZONEN 5–9.**

Portimer, Frankreich, 1863

Sämling von 'Alfred Colomb'

## 'PIERRINE' MICpie

FLORIBUNDA, ORANGEROSA, ÖFTERBLÜHEND

Diese kräftige Zwergrose wird höher als die meisten anderen ihrer Klasse. Den Sommer über ist sie normalerweise mit perfekten, kleinen, edelrosenförmigen Blüten bedeckt, die für kleine Gestecke beliebt sind. Ihre rein apricotfarbenen Petalen sind rückseits etwas dunkler und duften leider nicht. **ZONEN 5–11.**

Williams, USA, 1988

'Tiki' × 'Party Girl'

'Pigalle'

'Pigalle'

## 'PIGALLE' MEIcloux

**Syn. 'Chacock', 'Fakir', 'Jubilee 150', 'Pigalle 84'**

FLORIBUNDA, ORANGE+, ÖFTERBLÜHEND

Die nur von wenigen Gärtnern kultivierte Rose besitzt cremegelbe, formschöne Blüten in orangefarbenen und orangeroten Schattierungen. Sie sind mit 40 Petalen stark gefüllt und wachsen auf langen, kräftigen Stielen in riesigen, kandelaberartigen Büscheln. 'Pigalle' duftet kaum und eignet sich für Beete, Rabatten und Hecken. Der kräftige, mittelhohe Busch trägt derbe, mittelgrüne, mattglänzende Blätter. Ob der Name der Sorte, die ein Züchter einmal als "lustige Rose" bezeichnete, etwas mit dem in zahlreichen Chansons besungenen Pariser Stadtviertel zu tun hat, ist ungewiß. **ZONEN 5–9.**

Meilland, Frankreich, 1984

'Prince Igor' × ([Zambra' × 'Suspense'] × 'King's Ransom')

## 'PILGRIM'

TEEHYBRIDE, DUNKELROT, ÖFTERBLÜHEND

Pralle Knospen entwickeln sich zu großen, gefüllten, dunkel karminroten Blüten, deren Petalen sich becherförmig öffnen und angenehm duften. Der erste Flor ist sehr üppig, und die Pflanze bildet auch den Sommer und Herbst über weitere Knospen aus. Sie eignet sich für Beete, Rabatten und als Hecke. Zur Zeit ist 'Pilgrim' offenbar nicht auf dem Markt erhältlich, weil man sie wohl nicht für eine Verbesserung der Vaterpflanze 'Chrysler Imperial' hält, die derzeit noch weltweit angeboten wird. **ZONEN 4–9.**

Armstrong, USA, 1970

Sämling × 'Chrysler Imperial'

## 'PILLARBOX' CHEwaze

**Syn. 'Pillar Box', 'Wardlip'**

FLORIBUNDA, ORANGEROT, ÖFTERBLÜHEND

Diese Rose fällt durch ihre sehr reine, leuchtend zinnoberrote Färbung auf. Die mittelgroßen, schwach duftenden Blüten sind mit 20 Petalen mäßig gefüllt und öffnen sich becherförmig in dichten Büscheln auf langen, recht dünnen Stielen. Dem ersten Flor folgen den Sommer und Herbst hindurch kontinuierlich neue Blüten. Sie sollte im Garten am besten als Gruppe in einer Rabatte verwendet werden. Ihr Wuchs ist kräftig, sperrig verzweigt und von überdurchschnittlicher Höhe; das mittelgrüne Laub glänzt matt. Mit *pillarbox* sind die roten, britischen Säulenbriefkästen gemeint. Die Sorte erhielt ihren Namen anläßlich des *Liverpool Garden Festivals* 1984, bei dem die britische Post als Sponsor auftrat. **ZONEN 4–9.**

Warner, Großbritannien, 1986

'Alexander' × ('Galway Bay' × 'Elizabeth of Glamis')

## 'PIMLICO 81' MEIdujaran

**Syn. 'Pimlico 82'**

FLORIBUNDA, ROT, ÖFTERBLÜHEND

Die großen, stark gefüllten Blüten bestehen aus mehreren Reihen kleiner, steifer Petalen mit hübsch gewellten Rändern. Sie besitzen einen freundlichen, roten Farbton und zeigen beim Öffnen gelbe Staubgefäße. Die kaum oder gar nicht duftenden Blüten wachsen den ganzen Sommer und Herbst über, weshalb sich die Rose sehr gut für Beete, Rabatten und Hecken eignet. Trotz der Goldmedaille, die sie nach zwei Testjahren als Gartenrose erhielt, ist sie überraschenderweise unbekannt. Dies mag daran liegen, daß ihre Farbe nicht auffallend genug ist. Das große Laub der kräftigen, buschigen Pflanze glänzt dunkel. **ZONEN 4–9.**

Meilland, Frankreich, 1980

('Tamago' × 'Fidelio') × ('Charleston' × 'Lilli Marleen')

Belfast Goldmedaille 1983

'Pilgrim'

'Pimlico 81'

'Pillarbox'

'Pink Bells'

'Pink Cameo'

## 'PIÑATA'

**Syn. 'Furedaiko'**

GROSSBLUMIGE KLETTERROSE, GELB+, ÖFTERBLÜHEND

Die leuchtenden Blüten machen eine bemerkenswerte Verwandlung durch. Sie wachsen in Büscheln von 4–5 urnenförmigen Knospen heran, die sich mit eleganter hoher Mitte öffnen und während des Aufblühens ihre Farbe ändern. Dabei überziehen sich die anfänglich zitronengelben Petalen vom Rand her zinnoberrot und färben sich schließlich insgesamt blaß Scharlachrot mit rosaroten Flecken. Der Strauch trägt den ganzen Sommer und Herbst hindurch schwach duftende Blüten, eignet sich zum Beranken von Zäunen, Mauern, Säulen oder Bögen, ist aber schwachwüchsiger und wird nicht ganz so groß wie durchschnittliche Kletterrosen. Die Blüten entwickeln sich am schönsten im Halbschatten oder in kühleren Lagen, doch benötigt die Rose ein mildes Klima, da sie längeren Frostperioden nicht standhält. Der lateinamerikanische Ausdruck *Piñata* bedeutet „Streit" oder „Rauferei" und könnte sich auf den offensichtlichen Konkurrenzkampf zwischen den einzelnen Farben beziehen. **ZONEN 6–10.**

Suzuki, Japan, 1974

Eltern unbekannt

## 'PINCUSHION'

ZWERGROSE, REIN ROSA, ÖFTERBLÜHEND

Diese einmalige, flach- und breitwüchsige, buschige Zwergrose ist mit großen, glänzend mittelgrünen, robusten Blättern geschmückt. Die zahlreichen, stark gefüllten Blüten wachsen in kleinen bis mittelgroßen, wohlgeformten Büscheln und verleihen der Pflanze eine hübsche Färbung in zartem Rosa. Sie öffnen sich aus ovalen Knospen zu sehr flachen, altmodischen Blüten. 'Pincushion' bildet rasch nacheinander Blüten aus und eignet sich gut für Kübel, niedere Rabatten oder als schöner, buschiger Hochstamm. **ZONEN 5–9.**

Kordes, Deutschland, 1988

Eltern unbekannt

'Pincushion'

## 'PINK BASSINO'

**Syn. 'Korbasren'**

STRAUCHROSE, ROSA+, ÖFTERBLÜHEND

Auch einem Experten fällt die Entscheidung schwer, ob diese Rose nun zu den Bodendecker- oder aber zu den Strauchrosen gezählt werden soll, da sie zwar doppelt so breit wie hoch wird, sich aber nicht niederlegt. Die fünf Petalen der zart duftenden, einfachen Blüte sind hellrosa mit auffälligem, weißem Auge und stehen ziemlich dicht über dem Laub in Büscheln auf kräftigen, schlanken Stielen. Sie öffnen sich schalenförmig, zeigen goldene Staubgefäße und wirken in ihrer Einfachheit wildrosenähnlich. Nach dem üppigen ersten Flor blüht die Rose den ganzen Sommer und Herbst über. 'Pink Bassino' eignet sich ideal für Rabatten; sie wird gerne von Landschaftsgärtnern für großflächige Parkbeete verwendet. Die Sorte ist von kräftigem, ausladendem Wuchs und wächst eher niedrig. Das dichte, glänzende Laub ist beim Austreiben rötlich, später verfärbt es sich leuchtend grün. **ZONEN 4–9.**

Kordes, Deutschland, 1993

Sämling von *Rosa wichuraiana* × 'Robin Redbreast'

Royal National Rose Society Trial Ground Certificate 1992, ADR-Rose 1993

## 'PINK BELLS' POUbells

BODENDECKERROSE, DUNKELROSA

Diese fröhlichen, leuchtend rosafarbenen Blüten sind in voll geöffnetem Zustand noch schöner. Sie besitzen 35 Petalen und einen zarten Duft. Die Blumen sind wetterfest und erscheinen wiederholt von Ende Frühling bis Anfang Herbst. Das kleine, mittelgrüne Laub glänzt matt an der breitwüchsigen Pflanze, die sich

'Pink Bassino'

ideal als Bodendecker oder niedrige Einfassung eignet. Diese Kreuzung aus einer Zwergkletterrose und einer Zwergrose stellt innerhalb der Entwicklung dieser Rosenklasse eine völlige Neuheit dar. **ZONEN 5–10.**

Poulsen, Dänemark, 1983

'Mini Poul' × 'Temple Bells'

## 'PINK CAMEO'

KLETTERNDE ZWERGROSE, REIN ROSA, ÖFTERBLÜHEND

Die kleinen, gefüllten, kräftig rosafarbenen Blüten mit dunklerer Mitte wachsen in Büscheln. Sie besitzen etwa 20 Petalen und einen schwachen Duft. Ihr mattglänzendes Laub ist von kräftigem Grün, und die Pflanze kann in warmen Lagen bis zu 1,5 m hoch werden. 'Pink Cameo' gehört zu den besten bisher entwickelten Zwergkletterrosen und eignet sich zum Beranken niedriger Zäune, wo sie besonders gut zur Geltung kommt. Die Sorte ging aus der Kreuzung einer Edelrose als Mutterpflanze und 'Zee' als Vaterpflanze hervor, wobei letztere nie im Handel erschien. **ZONEN 5–10.**

Moore, USA, 1954

('Soeur Thérèse' × 'Wilhelm') × 'Zee'

## 'PINK CASCADE' MORcade

KLETTERNDE ZWERGROSE, REIN ROSA, ÖFTERBLÜHEND

Die rein rosafarbenen, mit 35 Petalen gefüllten Blüten besitzen eine dekorative Form und einen zarten Duft. Sie wachsen zahlreich an einer kräftigen, kletternden Pflanze, die sich zu verschiedenen Formen ziehen läßt. Das Laub des breitwüchsigen Strauchs glänzt mattmittel- bis dunkelgrün. Drei von Moores Kletterrosen breiten sich nicht seitwärts aus, sondern biegen sich vielmehr auswärts und bilden so einen etwa 1 m hohen Hügel. Die beiden anderen Rosen dieser Serie sind 'Red Cascade' und 'Orange Cascade'. Diese Sorten eignen sich gut als Bodendecker, für Erdwälle oder Mauern, von wo sie herabhängen können, sowie für Hängekörbe und -ampeln. **ZONEN 5–11.**

Moore, USA, 1981

(*Rosa wichuraiana* × 'Floradora') × 'Magic Dragon'

'Pink Cascade'

'Pink Favorite'

'Pink Cloud'

'Pink Chimo'

## 'PINK CHIFFON'

FLORIBUNDA, HELLROSA, ÖFTERBLÜHEND

Die Art und Weise, wie die hellrosa Blüten dieser Floribundarose dicht mit Petalen gefüllt sind, errinnert an Alte Rosen. Über 50 Petalen drängen sich zu einer wirren Mitte zusammen, wenn sich die großen Blüten zu Beginn becherförmig und schließlich flach öffnen. Die alten Blüten verblassen besonders bei heißen Temperaturen, bleiben aber zum Blütengrund hin dunkler. Sie wachsen in gut gefüllten Büscheln und duften angenehm würzig. Die hübsche Rose eignet sich gut als Gruppe in Rabatten, benötigt aber zur vollen Entfaltung ein mildes Klima, da Regen die Blüten verdirbt. Sie ist von kräftigem, buschigem, ziemlich breitem Wuchs mit glänzend dunkelgrünem Laub und wird nicht ganz mittelhoch. ZONEN 5–9.

Boerner, USA, 1956

'Fashion' × 'Fantasia'

## 'PINK CHIMO' INTerchimp

Syn. 'Pink Panoramic'

BODENDECKERROSE, REIN ROSA, ÖFTERBLÜHEND

Sobald sich die Rose eingewöhnt hat, produziert sie lange, biegsame, bogenförmig überhängende Triebe, wird doppelt so breit wie hoch und trägt eine große Zahl kleiner, rein rosafarbener Blüten mit 5 Petalen, zeigt einen üppigen ersten Flor sowie den restlichen Sommer und Herbst über eine beträchtliche Nachblüte, so daß sie fast immer Farbe zeigt. Die Sorte eignet sich für Parks und Umgebungen, in denen eine robuste, starkwüchsige Pflanze benötigt wird; für den Garten empfehlen sich jedoch neuere Sorten von schönerem Wuchs und größerer Anmut. 'Pink Chimo' ist ein sehr gesunder, rauher, stacheliger, hügelförmiger Strauch mit dichtem, mattglänzendem, mittelgrünem Laub. ZONEN 4–9.

Ilsink, Niederlande, 1990

Sämling × 'Kordes' Rose Immensee'

## 'PINK CLOUD'

GROSSBLUMIGE KLETTERROSE, REIN ROSA, ÖFTERBLÜHEND

Die Gene von 'New Dawn' haben zur Züchtung zahlreicher moderner Kletterrosen beigetragen und wurden bei 'Pink Cloud' sogar für beide Eltern verwendet. Ihre großen, recht gefüllten Blüten sind hübsch altrosa mit dunklerer Mitte, wachsen in Büscheln und öffnen sich becherförmig. Sie duften nach Teerosen. Dem ersten großartigen Flor folgen den Sommer und Herbst über schubweise weitere Blüten. Für eine Kletterrose erreicht sie eine durchschnittliche Höhe und eignet sich gut für Mauern, Zäune, Säulen und Bögen oder kann zu einem stattlichen Strauch erzogen werden. Sie ist von kräftigem, aufrechtem, recht steifem, verzweigtem Wuchs und trägt dichtes, robustes, glänzendes Laub. ZONEN 4–9.

Boerner, USA, 1952

'New Dawn' × roter Zwergrosensämling von 'New Dawn'

'Pink Chiffon'

## 'PINK COVER'

siehe 'Essex'

## 'PINK DELIGHT' LENpi

ZWERGROSE, HELLROSA, ÖFTERBLÜHEND

Ihr pastellrosa Farbton ist in jedem Stadium – von der Knospe bis zur voll geöffneten Blüte – wunderschön. In kühleren Lagen sind die Blüten eher größer. Aufgrund der großblumigen Form und der zahlreichen Petalen, die sich langsam öffnen und ihre Farbe bis zum Schluß halten, haben sie Ausstellungsqualität. Die kleinwüchsige Pflanze ist anfällig für Mehltau. ZONEN 5–10.

Lens, Belgien, 1982

Eltern unbekannt

## 'PINK FAVORITE'

Syn. 'Pink Favourite'

TEEHYBRIDE, REIN ROSA, ÖFTERBLÜHEND

Durch die Kreuzung mit einer kräftigen Sorte hoffte der Züchter, die atemberaubende Schönheit von 'Juno' mit Wüchsigkeit zu verbinden. 'Pink Favorite' ist das beachtliche Ergebnis. Die einzeln, in Dreiergruppen oder kleinen Dolden heranwachsenden Blüten sind lang und elegant; sie sind hochgebaut und besitzen eine recht kühlen Ton zwischen Hell- und Perlmuttrosa. Die nur ca. 25 Petalen sind so angeordnet, daß sie die Blüten gefüllt erscheinen lassen, und so fest, daß sich die Rose ausgezeichnet für Ausstellungszwecke sowie auch für Beete und Rabatten eignet. Ihr Duft ist schwer definierbar und wird von einigen als angenehm, von anderen als unbedeutend empfunden. Die gut wetterfeste Rose blüht bis in den Herbst üppig und bevorzugt kühlere Lagen. Sie ist von reichverzweigtem, etwas abspreizendem Wuchs und trägt hübsche, helle, lange, glänzende Blätter. Sie wird oft als sehr gesund gelobt, ist aber neuerdings etwas anfällig für Rost. ZONEN 4–9.

Von Abrams, USA, 1956

'Juno' × ('George Arends' × 'New Dawn')

Portland Goldmedaille 1957

## 'PINK FRAU KARL DRUSCHKI'

siehe 'Heinrich Münch'

## 'PINK GROOTENDORST'

RUGOSA-HYBRIDE, REIN ROSA, ETWAS NACHBLÜHEND

Büschel zahlreicher kleiner Rosetten mit gekräuselten Petalen erinnern stark an Nelkenblüten. Die stark gefüllten Blumen blühen in einem erfrischenden Rosa, duften aber kaum; sie halten lange und bieten sich reizend für kleine Gestecke an. Im Gegensatz zu den zarten

'Pink Delight'

'Pink Grootendorst'

'Pink Grootendorst'

'Pink La Sevillana'

Blüten fehlt dem kahlen, stacheligen Strauch mit seinen kleinen, recht blassen, rauhen Blättern jeglicher Charme. 'Pink Grootendorst' wird durchschnittlich hoch, ist ziemlich krankheitsfest, blüht aber nur mäßig nach.
**ZONEN 4–9.**

**Grootendorst, Niederlande, 1923**

**Sport von 'F. J. Grootendorst'**

**Royal Horticultural Society Award of Garden Merit 1993**

## 'PINK GRUSS AN AACHEN'

**Syn. 'Rosa Gruß an Aachen'**

**FLORIBUNDA, ORANGEROSA, ÖFTERBLÜHEND**

Dieser Sport hat das altmodische Aussehen seiner Floribunda-Eltern geerbt. Während jedoch das Original weltweit von über 70 Gärtnereien angeboten wird, ist der Sport nur in sieben erhältlich. Der Unterschied liegt in der Farbe der duftenden Blüten, die eine Mischung aus Blaßgelb und hellem Lachsrosa darstellt. Der samtige Charakter der Blüten harmoniert schön mit sommerblühenden Alten Rosen, und zusammen in einem Beet sorgt die Sorte für zusätzliche Farbe, da sie den ganzen Sommer und Herbst über Blütenbüschel trägt. Sie ist von kleinem, ziemlich ausladendem Wuchs mit dunkelgrünem, ledrigem Laub. **ZONEN 4–9.**

**Kluis und Koning, Niederlande, 1929**

**Sport von 'Gruß an Aachen'**

## 'PINK HEATHER'

**ZWERGROSE, HELLROSA, ÖFTERBLÜHEND**

Ihre Blüten besitzen einen zarten lavendelrosa bis weißen Farbton. Sie sind mit 45 Petalen gefüllt, duften und wachsen in Büscheln. Das glänzend grüne Laub des kräftigen, niederwüchsigen, dichten Busches ist sehr klein. 'Pink Heather' ist am besten wegen ihres bemerkenswert üppigen Flors und ihres charakteristischen Dufts bekannt. Die Blüten halten ihre Farbe in den meisten Lagen gut und folgen rasch nacheinander. Am besten eignet sich die Sorte für Rabatten. Sie ist ein weiteres Resultat der bemerkenswerten Kreuzung der Ramblerrose *Rosa wichuraiana* und der Floribundarose 'Floradora' (Mutterpflanze von 'Queen Elizabeth'). **ZONEN 5–11.**

**Moore, USA, 1959**

**(*Rosa wichuraiana* × 'Floradora') × ('Violette' × 'Zee')**

## 'PINK ICEBERG'

**FLORIBUNDA, ROSA+, ÖFTERBLÜHEND**

Diese umstrittene Rose wuchs in einem Garten in Hobart (Tasmanien), einer der kühlsten Gegenden von Australien. Unter idealen Bedingungen sind ihre Blüten zart rosafarben und öffnen sich zu äußerst blassen, gefüllten Blumen. In warmen Lagen können sie 'Schneewittchen' gleichen, und viele Pflanzen bilden sich im Knospenstadium zu dieser Sorte zurück. Häufig tragen nur 10 % der Sträucher blaßrosa Blüten. Wenn sie jedoch rosa blühen, sind sie wunderschön und eignen sich wie 'Schneewittchen' gut als Hochstamm. Die von Schwester Xavier aus Launceston (Australien) gezüchtete 'Iced Parfait' ist eine Kreuzung aus 'Schneewittchen' und 'Pink Parfait'. Letztere besitzt dieselbe Farbe wie 'Pink Iceberg' in Hochform sowie denselben Wuchs; insgesamt stellt die Sorte eine weitaus bessere Wahl für eine rosafarbene Version von 'Schneewittchen' dar.
**ZONEN 5–10.**

**Weatherly, Australien, 1997**

**Sport von 'Schneewittchen'**

'Pink Heather'

## 'PINK JOY'

**ZWERGROSE, DUNKELROSA, ÖFTERBLÜHEND**

Kugelförmige Knospen öffnen sich zu wohlgeformten dunkelrosa Blüten mit einem süßen, an Veilchen erinnernden Duft. Die kleinen Blüten wachsen die Saison über in bescheidener Anzahl an der zwergwüchsigen Pflanze. Obwohl diese ansonsten robust ist, neigt sie zu Mehltaubefall. Am besten eignet sie sich als Kübel- oder Rabattenrose. Interessant ist, daß 'Pink Joy' das Ergebnis einer Inzestkreuzung ist und die gleiche Farbe und annähernd die gleiche Form wie die Mutterpflanze besitzt, welche zu den drei ersten bekannten Zwergrosen zählt. Die einst sehr beliebte Rose wurde von moderneren Zwergrosen verdrängt.
**ZONEN 5–11.**

**Moore, USA, 1953**

**'Oakington Ruby' × 'Oakington Ruby'**

## 'PINK KARDINAL'

**TEEHYBRIDE, DUNKELROSA, ÖFTERBLÜHEND**

Sie besitzt alle Vorzüge ihrer Eltern mit Ausnahme ihrer kühlen rosa Farbe, die zu einem schmutzigen Ton verblaßt. Ihre Blüten eignen sich gut für Ausstellungszwecke. Im Sommer sind sie zwar etwas klein, machen dies jedoch im Frühling und Herbst wieder wett. 'Kardinal' und 'Pink Kardinal' gehören im Frühling zu den ersten blühenden Rosen und tragen bis Anfang Winter Blüten; dann sind die Blüten am schönsten. Sie haben 50 äußerst kräftige Petalen und wachsen an einem mittelhohen, stämmigen Busch. **ZONEN 5–10.**

**Stratford, Australien, 1995**

**Sport von 'Kardinal'**

## 'PINK LA SEVILLANA' MEIgeroka

**Syn. 'Pink La Sevilliana', 'Pink Sevillana', 'Rosy La Sevillana'**

**FLORIBUNDA, REIN ROSA, ÖFTERBLÜHEND**

Der Sport gleicht bis auf seine zuerst dunkelrosa, später heller werdenden Blüten in jeder Beziehung seinen Eltern. Er trägt Büschel mit bis zu fünf kleinen bis mittelgroßen, zart duftenden Blüten auf langen, elastischen Stielen. Sie besitzen etwa ein Dutzend Petalen, öffnen sich mit ordentlicher Mitte und werden später becherförmig. Ihr erster Flor ist sehr üppig und wird gefolgt von einer reichen Nachblüte bis Ende Herbst. 'Pink La Sevillana' eignet sich gut für Beete, gemischte Rabatten und insbesondere als Hecke. Sie ist von ausladendem, heckenartigem, durchschnittlich hohem Wuchs mit sehr gesundem, dichtem, glänzend dunkelgrünem Laub.
**ZONEN 4–9.**

**Meilland, Frankreich, 1985**

**Sport von 'La Sevillana'**

**Baden-Baden Goldmedaille 1985, ADR-Rose 1986**

'Pink Joy'

'Pink Kardinal'

'Pink Iceberg'

P

## 'PINK LÉDA'

**Syn. 'Painted Damask'**

ALTE R., DAMASZENERROSE, REIN ROSA

Es gibt zwei Formen von 'Léda', die sich nur farblich unterscheiden – eine ist weiß, die andere rosa. Beide verströmen einen intensiven Damaszenerduft, sind üppige Pflanzen und können, obwohl sie als Einmalblüher gelten, etwas nachblühen. Diese Rose mit den rein rosafarbenen Blüten soll aus Frankreich kommen. Die weiße Form hat ihren Ursprung in England. 'Pink Léda' öffnet sich creme farben, wird dann zartrosa überhaucht und färbt sich später an den Petalrändern karminrot. In der griechischen Mythologie wird Leda von Zeus in Gestalt eines Schwans verführt. Ledas Kinder waren die Dioskuren Kastor und Polydeukes sowie die schöne Helena, deren Entführung Jahre später den Trojanischen Krieg auslöste. **ZONEN 4–9.**

Vor 1844

Eltern unbekannt

## 'PINK LUSTRE'

TEEHYBRIDE, HELLROSA, ÖFTERBLÜHEND

Die hellrosa Färbung dieser Rose besitzt eine gewisse Leuchtkraft, welche die Wahl ihres Namens (zu Deutsch „Rosa Kronleuchter") erklärt. Die großen, mit bis zu 50 Petalen gefüllten Blüten öffnen sich mit hoher Mitte. Sie duften angenehm, erscheinen jedoch nicht sehr zahlreich und nach dem Hauptflor nur noch sporadisch. Obwohl sich ihre Mitte gelegentlich spaltet, sie sich rasch öffnen und unter Sonneneinstrahlung verblassen können, eignen sie sich aufgrund ihrer Form und Größe dennoch für Ausstellungszwecke. Diese Beet- und Rabattensorte ist derzeit nur in den USA erhältlich. Sie wächst aufrecht, buschig und trägt karges, dunkel glänzendes, ledriges Laub. **ZONEN 4–9.**

Verschuren, Niederlande, 1957

'Gloria Dei' × 'Dame Edith Helen'

'Pink Léda'

'Pink Lustre'

## 'PINK MASTERPIECE'

TEEHYBRIDE, ROSA+, ÖFTERBLÜHEND

Ihre eleganten, rein perlmuttrosa Knospen auf langen, festen Stielen entwickeln sich zu großen Blüten mit knapp 40 Petalen und anfänglich hoher Mitte, die sich erst rundlich, dann becherförmig öffnen. Die geöffneten Blüten weisen dunklere Rosatöne auf und werden durch einen Touch Gelb am Petalgrund belebt. Sie besitzen einen angenehmen Duft und blühen nach dem Hauptflor immer wieder nach. Die Rose eignet sich zum Schnitt, für Beete und Rabatten; sie ist von kräftigem, aufrechtem, mittelhohem Wuchs. **ZONEN 4–9.**

Boerner, USA, 1962

Sämling von 'Serenade' × 'Kate Smith'

## 'PINK MEIDILAND' MEIpoque

**Syn. 'Schloß Heidegg'**

STRAUCHROSE, ROSA+, ÖFTERBLÜHEND

Diese Strauchrose ist eine von mehreren aus dem Hause Meilland stammenden Strauchrosen, die sich zum Begrünen von Straßenrändern und für Grünanlagen eignet. Die kräftige, buschige, dicht belaubte Pflanze trägt regenschirmförmige Dolden mit bis zu 20 zart duftenden Blüten. Ihre spitzen, roten Knospen öffnen sich zu mittelgroßen, becherförmigen, altrosa Blumen mit einem weißen Auge um die gelben Staubgefäße. Die Petalen verblassen mit der Zeit und fallen schließlich sauber ab. Dem ersten üppigen Flor folgen immer weitere Blüten. 'Pink Meidiland' mit ihrem gesunden, ledrigen, glänzenden, im Austrieb rötlichen Laub wird kaum mittelhoch. **ZONEN 4–9.**

Meilland, Frankreich, 1985

'Anne de Bretagne' × 'Nirvana'

ADR-Rose 1987

'Pink Meidiland'

'Pink Masterpiece'

## 'PINK MEILLANDINA' MEIjidiro

**Syn. 'Pink Sunblaze'**

ZWERGROSE, REIN ROSA, ÖFTERBLÜHEND

Die zierlichen, rein rosafarbenen Blüten besitzen eine ausgeprägte, goldene Mitte sowie eine rosettenartige Form, duften aber leider nicht. Sie wachsen einzeln oder in kleinen Büscheln zuverlässig nacheinander an einem Strauch mit kleinen, spitzen, mittelgrünen Blättern. 'Pink Meillandina' wird meist als Topfpflanze für das Haus verkauft und kann später in den Garten gepflanzt werden. **ZONEN 5–10.**

Meilland, Frankreich, 1982

Eltern unbekannt

'Pink Parfait'

'Pink Panther'

## 'PINK PANTHER' MEIcapinal

**Syn. 'Aachener Dom', 'Panthere Rose'**

TEEHYBRIDE, ROSA+, ÖFTERBLÜHEND

In warmen Lagen unterscheiden sich die Farben innerhalb der Blüten bis auf eine zu den Petalrändern hin dunklere Färbung des azaleenrosa Tons kaum, während in kühleren Gegenden ein deutlicher Kontrast entsteht und die Ränder eindeutig rosarot sind. In voller Entfaltung wirken die in kleinen, dichten Büscheln stehenden großen Blüten mit 40 oder mehr Petalen und hoher Mitte wunderschön. Die immer wieder nachwachsenden Blüten duften zart fruchtig, halten lang und ähneln kurz vor dem Abfallen den gewellten, geriffelten Petalen von Pfingstrosen. 'Pink Panther' bevorzugt warme Lagen, da Regen den Blüten schaden kann. Die kräftige, buschige, aufrechte Pflanze durchschnittlicher Höhe mit ihren gesunden, bronzefarbenen, glänzenden Blättern eignet sich für Beete, Rabatten und als Hecke. Die Sorte wird in Deutschland in erster Linie unter dem Synonym 'Aachener Dom' gehandelt. **ZONEN 5–9.**

Meilland, Frankreich, 1982

MEIgurami × MEInaregi

Den Haag Goldmedaille 1981, ADR-Rose 1982

## 'PINK PARFAIT'

FLORIBUNDA, ROSA+, ÖFTERBLÜHEND

Was die Produktion von Ansteckrosen betrifft, so kann dieser Rose kaum eine andere Sorte das Wasser reichen. Büschel mit drei oder mehr hellkarminroten Knospen öffnen sich zu hellrosa, mittel-

P

großen bis großen Blüten, deren Rosaton ja nach Jahreszeit und Lage variiert und gelegentlich apricotrosa überhaucht ist. Die locker gefüllten, schön geformten Blüten sind durch eine gewickelte Mitte gekennzeichnet, während sich die äußeren Petalen symmetrisch zurückbiegen. Dem üppigen Hauptflor folgen den Sommer und Herbst über zahlreiche, zart süß duftende Blüten; bei hohen Temperaturen hingegen öffnen sich diese jedoch rasch und verblassen. 'Pink Parfait' eignet sich hervorragend für Beete und Rabatten. Die kräftige, aufrechte, buschige Rose wird kaum mittelhoch, fällt aber gelegentlich etwas auseinander; ihr mattes, dichtes Laub ist mittelgrün. **ZONEN 4–9.**

Swim, USA, 1960

'First Love' × 'Rosenmärchen'

Baden-Baden Goldmedaille 1959, Portland Goldmedaille 1959, All-American Rose Selection 1961, Goldmedaille der National Rose Society 1962

## 'PINK PEACE' MEIbil

TEEHYBRIDE, REIN ROSA, ÖFTERBLÜHEND

Die Farbe dieser Teehybride ist von beeindruckendem, recht kühlem, silbrigem Dunkelrosa. Die schon von weitem leuchtenden Blumen besitzen etwa 60 breite Petalen und gehören zu den größten Rosenblüten. Sie wachsen auf steifen Stielen, haben einen intensiven, süßen Duft und halten lange als Schnitt. Die rundlichen Knospen öffnen sich becherförmig mit einer sehr dünnen, aber auffallenden, zart rosaweißen Linie entlang dem Petalrand. 'Pink Peace' ist eine geeignete Rose für Beete oder Rabatten, sollte aber stets so gepflanzt werden, daß die kräftige Farbe mit anderen Gartenpflanzen harmoniert. Sie bildet nach der Hauptblüte den Sommer und Herbst über einen für die Blütengröße stattliche Anzahl von Blumen aus. Der kräftige, aufrechte Busch wird überdurchschnittlich hoch und trägt große, ledrige, matte Blätter. Während über 50 Gärtnereien die Buschform von 'Pink Peace' anbieten, kann man die Quellen für **'Climbing Pink Peace'** (MEIbilsar; Meilland, Frankreich, 1968) vermutlich an einer Hand abzählen. Hierfür gibt es zumindest zwei entscheidende Gründe: Erstens gab es zum Zeitpunkt, als 'Climbing Pink Peace' auf den Markt kam, bereits einige gute rosafarbene Kletterrosen, wie etwa 'Aloha', 'Pink Cloud' und 'Pink Perpetue', die keine Sports waren und sehr viele Blüten im Verhältnis zur Anbaufläche lieferten. Zweitens ist der grelle Farbton dieser Teehybride sehr dominant und läßt sich schlecht weder mit Alten noch mit Modernen Gartenrosen kombinieren. Dies alles mag dazu beigetragen haben, daß 'Pink Peace' niemals sehr populär wurde.
**ZONEN 4–9.**

Meilland, Frankreich, 1959

('Gloria Dei' × 'Monique') × ('Gloria Dei' × 'Mrs John Laing')

Genf Goldmedaille 1959, Rom Goldmedaille 1959

'Pink Perpetue'

## 'PINK PEARL' KORmasyl

Syn. 'Fee'

TEEHYBRIDE, HELLROSA, ÖFTERBLÜHEND

Ihre stark gefüllten, mittelgroßen Blüten öffnen sich mit schön geformter Mitte und entwickeln sich langsam zu einer eleganten, symmetrischen Form. Die duftenden, perlmuttrosa Blumen blühen den ganzen Sommer und Herbst über und stehen auf sehr langen, zum Schnitt perfekten Stielen. Sie erhielt ihren Namen anläßlich des 30. Jahrestages der *National Association of Flower Arrangement Societies*, einem britischen Dachverband für Blumenhändler. 'Pink Pearl' benötigt einen sonnigen Standort mit guter Luftzirkulation, da sie im Schatten schießt, schlaksig wird und ihre Anfälligkeit für Mehltau durch die Luftzufuhr verringert wird. Sie wird überdurchschnittlich hoch, ist von schlankem, aufrechtem Wuchs und trägt dichtes, dunkelgrünes Laub. **ZONEN 4–9.**

Martens, Deutschland, 1989

Sport von 'Kordes' Rose Sylvia'

'Pink Perpetue'

'Pink Petticoat'

## 'PINK PERPETUE'

KLETTERROSE, REIN ROSA, ÖFTERBLÜHEND

Die Blüten besitzen einen warmen, freundlichen Rosaton. 'Pink Perpetue' ist sehr blüh- und wuchsfreudig, einfach zu ziehen und allgemein robust, weshalb sie seit gut 30 Jahren beliebt ist. Ihre mittelgroßen, kugelförmigen Blüten besitzen bis zu 35 Petalen, die symmetrisch becherförmig angeordnet sind. Sie wachsen in kurzstieligen Büscheln schön über die Pflanze verteilt, duften angenehm zart und blühen den ganzen Sommer und Herbst über ununterbrochen. Die kräftige, steife, reichverzweigte Pflanze trägt dunkles, ledriges Laub und kann zurückgeschnitten werden. 'Pink Perpetue' eignet sich ideal, um an Mauern, Zäunen oder Bögen zu wachsen. **ZONEN 4–9.**

Gregory, Großbritannien, 1965

'Danse de Feu' × 'New Dawn'

National Rose Society Certificate of Merit 1964

## 'PINK PETTICOAT'

ZWERGROSE, ROSA+, ÖFTERBLÜHEND

Bei dieser Zewrgrose öffnen sich spitze Knospen zu cremeweißen, mit knapp 35 Petalen gefüllten Blüten, deren Ränder korallrosa Rändern. Sie duften zart, haben eine schön hochgebaute Edelrosenform und sind eher größer als normale Zwergrosenblüten, weshalb man die Rose vielleicht als Rabattenrose einstufen sollte. Selbst bei heißen Temperaturen halten die Blumen Form und Farbe gut; in voll geöffnetem Zustand ist ihre Farbkombination noch imposanter. Das Laub des sehr hohen, aufrechten, gesunden Busches glänzt dunkelgrün. Die äußerst kräftige Rose bildet auf langen, festen, geraden Stielen große Büschel aus, die sich gut zum Schnitt eignen.
**ZONEN 4–11.**

Strawn, USA, 1979

'Neue Revue' × 'Sheri Anne'

American Rose Society Award of Excellence 1980

'Climbing Pink Peace'

P

'Pink Puff'

'Pink Porcelain'

'Pink Rosette'



## 'PINK PORCELAIN' TINporce

ZWERGROSE, HELLROSA, ÖFTERBLÜHEND

Die Blüten dieser Zwergrose sind zart perlmuttrosa mit etwas helleren äußeren Petalen. Ihre hohe Mitte ist perfekt, und sie eignen sich für Ausstellungszwecke. Die porzellanartigen Blüten wachsen auf langen, sehr hübsch belaubten Stielen. Sie halten recht lang, können aber bei sehr hohen Temperaturen zu einem fast weißen Ton verblassen. 'Pink Porcelain' ist von aufrechtem, mittelstarkem Wuchs mit üppigem Flor und eignet sich auch als Kübelpflanze. Sie ist ein weiteres vorzügliches Beispiel der Pionierarbeit von Dee Bennett und der Verwendung ihrer liebsten Edelrosenzüchtung 'Futura' als Mutterpflanze.

**ZONEN 5–11.**

Bennett, USA, 1983

'Futura' × 'Avandel'

## 'PINK POWDERPUFF' MORpuff

GROSSBLUMIGE KLETTERROSE, HELLROSA, ÖFTERBLÜHEND

Der Züchter stellte diese bemerkenswerte, bisher aber kaum bekannte Sorte als neue Hybride von *Rosa bracteata* vor, einer Art mit überraschend unterschiedlichen Nachkommen. Für eine Kletterrose besitzt sie ziemlich große Blüten, die in Büscheln von drei oder mehr wachsen. Die gut 100 hellrosa Petalen verblassen später und sind wie bei altmodischen Rosen eingerollt. Dem üppigen Hauptflor folgen weitere intensiv duftende Blüten. 'Pink Powderpuff' kann generell für Mauern, Zäune, Bögen oder Pergolen verwendet werden, ist von kräftigem, gut mittelhohem, ausladendem Wuchs und trägt große, mattglänzende Blätter.

**ZONEN 5–9.**

Moore, USA, 1990

'Lulu' × 'Muriel'

## 'PINK PROSPERITY'

STRAUCHROSE, MOSCHATA-HYBRIDE, HELLROSA, ÖFTERBLÜHEND

Ihre reizenden kleinen bis mittelgroßen Blüten stehen auf kräftigen Stielen in großen Büscheln. Von den zahlreichen kleine Petalen sind die äußeren zart rosa und die übrigen rein rosa mit dunkleren Schattierungen gefärbt. Sie biegen sich Lage für Lage zurück, während die Blüten schalenförmig aufblühen. Der Duft dieser Sorte erinnert etwas an Moschus. Die kräftige, aufrechte, gut mittelhohe Pflanze mit hübsch dunkelgrünen Blättern eignet sich für Rabatten und als Hecke. **ZONEN 4–9.**

Bentall, Großbritannien, 1931

Sämling von 'Prosperity'

## 'PINK PUFF'

FLORIBUNDA, HELLROSA, ÖFTERBLÜHEND

Diese in Amerika gezüchtete Rose, die heute offenbar nur noch in Australien

'Pink Robusta'

auf dem Markt ist, war wohl nie weit verbreitet. Sie besitzt Büschel mit zart rosafarbenen, gefüllten Blüten mit einem schwachen, angenehm süßen Duft. Den Sommer und Herbst über öffnen sich lange Knospen zu recht großen, wohlgeformten Blumen. 'Pink Puff' eignet sich für Beete und Rabatten, wo eine niedere Pflanze benötigt wird, da die wüchsige, aufrechte Rose nicht ganz mittelhoch wird. Ihr ledriges Laub ist mattglänzend bronze-grün. **ZONEN 4–9.**

Boerner, USA, 1965

Sämling von 'Rosenmärchen' × (Sämling von 'Red Pinocchio' × 'Garnette')

## 'PINK ROBIN'

STRAUCHROSE, ROSA+

Louis Lens ist als Züchter von 'Pascali', einer weißen, zu den Weltrosen zählenden Edelrose, bekannt. Er verwendete für seine Züchtungen unter anderem auch ungewöhnliche Wildarten und entwickelte so einige faszinierende neuartige Strauchrosen. Dazu gehört auch 'Pink Robin', die von *Rosa helenae*, einer wuchernden, wilden, chinesischen Kletterrose mit weißen Blüten, abstammt. 'Pink Robin' trägt dichte Büschel halbgefüllter, kleiner bis mittelgroßer, rosafarbener Blüten mit angenehm zartem Duft, die sich schalenförmig öffnen. Sie blühen nur einmal im Sommer an einer steifen, aufrechten, schön breitwüchsigen Pflanze mit dichtem, graugrünem Laub und kräftigen Trieben, die anderthalb mal so hoch wie durchschnittliche Strauchrosen wird. 'Pink Robin' ist eine ungewöhnliche, neue, interessante Gartenrose.

**ZONEN 4–9.**

Lens, Belgien, 1992

Eltern unbekannt

'Pink Roundelay'

## 'PINK ROBUSTA' KORpinrob

Syn. 'The Seckford Rose'

STRAUCHROSE, REIN ROSA, ÖFTERBLÜHEND

Diese Rose verdankt viel von ihrem wilden Charakter der Vaterpflanze 'Robusta', einer aus *Rosa rugosa* gezüchteten Sorte. Ihre Blüten besitzen einen warmen Rosaton und wachsen in großen, lockeren Büscheln auf steifen, aufrechten Stielen über dem Laub. Die halbgefüllten, locker geformten, recht großen Blüten öffnen sich becherförmig zu einem eindrucksvollen Farbschauspiel, das schon von weitem zu sehen ist. In Parks, als Hecke oder als Gruppe in einer Rabatte bildet die gut nachblühende, angenehm duftende Rose von kräftigem mittelhohem Wuchs eine auffällige und äußerst dankbare Pflanze. Sie ist sehr gesund und trägt zahlreiche große, mittel- bis dunkelgrüne Blätter.

**ZONEN 4–9.**

Kordes, Deutschland, 1986

('Zitronenfalter' × 'Cläre Grammerstorf') × 'Robusta'

Royal National Rose Society Certificate of Merit 1987

## 'PINK ROSETTE'

FLORIBUNDA, HELLROSA, ÖFTERBLÜHEND

Die prallen Knospen sehen recht klein aus, öffnen sich aber dann zu mittelgroßen Blüten mit etwa 50 Petalen, die in Büscheln wachsen. Sie besitzen einen warmen, zum Grund hin dunkleren Rosaton und entwickeln sich gemäß ihrem Namen zu becherförmigen Rosetten, deren Petalreihen so angeordnet sind, daß sie an Seidenrosen erinnern. Ihr Duft ist zart, und sie erscheinen den ganzen Sommer und Herbst über schön nacheinander. 'Pink Rosette', die warme Lagen bevorzugt, eignet sich zum Schnitt sowie im Garten für Rabatten, Beete oder als Hecke. Die breitwüchsige, in dunkelgrünes, ledriges Laub gehüllte Pflanze wird nicht ganz mittelhoch.

**ZONEN 4–9.**

Krebs, USA, 1948

Eltern unbekannt

## 'PINK ROUNDELAY'

TEEHYBRIDE, DUNKELROSA, ÖFTERLBÜHEND

Dieser Sport der bekannten 'Roundelay' wurde 19 Jahre nach deren Einführung vorgestellt. Die sehr hübschen Blüten besitzen 40 kräftig altrosafarbene Petalen. Sie öffnen sich zu einer hohen, später

'Pink Sensation'

'Pink Silk'

dann flachen, geviertelten Mitte. Das dichte Laub ist mattdunkelgrün. 'Pink Roundelay' ist gesund und trägt rasch nacheinander eine Fülle von Blüten. Sie eignet sich gut zum Schnitt, da sich die ovalen Blüten langsam öffnen und in voll geöffnetem Zustand lange halten. Im vollerblühten Zustand wird diese Teehybride gelegentlich für eine sogenannte "Englische Rose" gehalten, die der englischen Züchter David Austin weltweit etabliert hat. **ZONEN 5–9.**

**Taylor, Australien, 1973**

**Sport von 'Roundelay'**

## 'PINK SENSATION'

**Syn. 'Sommermärchen'**

**TEEHYBRIDE, REIN ROSA, ÖFTERBLÜHEND**

Die Blüten sind ziemlich groß; sie öffnen sich aus urnenförmigen Knospen zu hochgebauten Blumen mit etwa 30 Petalen, die sich beim Zurückbiegen wellen und zart duften. Ihr gleichmäßiges, ziemlich kühles Rosarot ist kräftiger als der Farbton der Mutterpflanze 'Pink Lady'. Die Blüten stehen auf steifen Stielen, öffnen sich langsam und eignen sich daher gut zum Schnitt; daher wird 'Pink Sensation' vor allem als Schnittrose im Treibhaus gezüchtet. Zur vollen Entfaltung benötigt diese Sorte, die sich hervorragend für Beete und Rabatten eignet, eher warme Temperaturen. 'Pink Sensation', die in Deutschland unter dem Synonym 'Sommermärchen' gehandelt wird, ist von kräftigem, aufrechtem, buschigem Wuchs, blüht durchgehend und trägt glänzende Blätter.
**ZONEN 4–9.**

**Bos, USA, 1958**

**Sport von 'Pink Lady'**

## 'PINK SILK'

**TEEHYBRIDE, REIN ROSA, ÖFTERBLÜHEND**

Diese ursprünglich aus England stammende Teehybridensorte wird heute nur noch in Australien gehandelt; dort gilt sie allerdings als gute Rose für Gartenschauen und Ausstellungen. Die großen Blüten der 'Pink Silk' verfügen über eine hohe Mitte und bestehen aus knapp 40 breiten Petalen; sie öffnen sich als rosaroten Knospen und erstrahlen vollerblüht in auffälligem Karminrot, das man dann wohl eher als Dunkel- oder Altrosa, denn als Reines Rosa (wie es laut Farbklassifizierung korrekt wäre) bezeichnen müßte. 'Pink Silk' verbreitet einen angenehmen, zarten Duft und blüht bis zum

'Pink Triumph'

Herbst gut nach. Der Wuchs der mittelhohen, mittelgrün belaubten Pflanze ist locker und buschig. **ZONEN 4–9.**

**Gregory, Großbritannien, 1972**

**'Pink Parfait' × Sämling**

**Neuseeland Goldmedaille 1974**

## 'PINK SYMPHONIE' MEItonse

**Syn. 'Pink Symphony', 'Pretty Polly', 'Sweet Sunblaze'**

**ZWERGROSE, HELLROSA, ÖFTERBLÜHEND**

Elegant geformte Knospen öffnen sich zu zart duftenden, hell scharlachrosa Blüten. Sie verlieren ihre hohe Mitte schnell, während sie gleichzeitig rasch voll aufblühen. 'Pink Symphonie' ist äußerst blühfreudig und zeigt während der gesamten Saison Farbe. Das glänzend dunkelgrüne Laub des mittelgroßen, dichten Busches ist krankheitsfest.
**ZONEN 4–10.**

**Meilland, Frankreich, 1987**

**'Minuetto' × 'Air France'**

**Glasgow Goldmedaille 1992**

## 'PINK TRIUMPH'

**ZWERGROSE, REIN ROSA, ÖFTERBLÜHEND**

Ihr rein rosa Farbton kann in wärmeren Lagen in leuchtendes Orange übergehen. Die Blüten sind mit knapp 50 Petalen stark gefüllt, duften und besitzen eine für Ausstellungszwecke geeignete hohe Mitte. Sie wachsen einzeln auf kräftigen, geraden Stielen mit zierlichem Laub. Besonders als Schnitt garantieren die zahlreichen Petalen, die sich sehr langsam entfalten, einen langen Halt. Die Pflanze kann anfällig für Mehltau sein, ist jedoch sonst ein kräftiger, pflegeleichter Busch, der die ganze Saison lang Blüten ausbildet. 'Pink Triumph' verleiht dem Garten auf jeden Fall Eleganz und Charme. **ZONEN 5–10.**

**Jolly, USA, 1983**

**'Operetta' × 'Bonny'**

'Pinkie'

## 'PINK WAVE' MATtgrow

**FLORIBUNDA/BODENDECKERROSE, REIN ROSA, ÖFTERBLÜHEND**

Die locker gefüllten, hellrosa, seidig glänzenden Blüten dieser gelegentlich als Floribundarose, von anderen Experten jedoch als Bodendeckerrose eingestuften Sorte wachsen in kurzstieligen Büscheln auf langen, ausladenden Trieben. Sie duften angenehm zart und erscheinen den ganzen Sommer und Herbst über. 'Pink Wave' eignet sich für gemischte Rabatten sowie Böschungen und andere abfallende Gelände, wo man auf niedrig wachsende, bodendeckende Sträucher zurückgreift. Die wuchsfreudige, breitbuschige Rose mit biegsamen Trieben wird breiter als hoch. Ihr dichtes Laub glänzt mattmittelgrün.
**ZONEN 4–9.**

**Mattock, Großbritannien, 1983**

**'Moon Maiden' × 'Eye Paint'**

## 'PINK WONDER' MEIhartfor

**Syn. 'Kalinka'**

**FLORIBUNDA, HELLROSA, ÖFTERBLÜHEND**

Die 30 Gärtnereien, die diese Sorte vertreiben, kultivieren sie als 'Kalinka'. Sie ist in Australien, Südafrika und Mitteleuropa sehr beliebt. Spitze, lachsrosa Knospen öffnen sich zu halbgefüllten Blüten mit reizend natürlichem Charakter. Sie wachsen einzeln oder in Büscheln, duften zart und zeigen nach der Hauptblüte den ganzen Sommer und Herbst über Farbe. In Rabatten oder Kübeln bringt die Rose Leben in den Garten und eignet sich aufgrund ihres verzweigten Wuchses als wirkungsvolle Hecke. Die buschige, breitwüchsige Pflanze von durchschnittlicher Höhe besitzt glänzend dunkelgrüne Blätter und nur wenige Stacheln an den Stielen. **'Climbing Pink Wonder'** (MEIhartforsar; Meilland, Frankreich, 1976) wird wie der Busch unter dem Synonym gehandelt. Sie ist wuchsfreudig, erreicht eine für Kletterrosen durchschnittliche Höhe und trägt auch nach dem Hauptflor den Sommer und Herbst über Blüten. Da ihre Triebe ziemlich steif sind, sollte sie am besten an einer Wand oder einem Zaun hochgezogen werden, wo man sie befestigen kann; sie läßt sich aber auch an hohen Säulen, Bögen oder Pergolen ziehen. Da die Rose kaum bestachelt ist, kann man sie gut zurückschneiden. **ZONEN 4–9.**

**Meilland, Frankreich, 1970**

**'Zambra' × ('Sarabande' × ['Goldilocks' × 'Fashion'])**

**Madrid Goldmedaille 1969, Belfast Goldmedaille 1972**

## 'PINKIE'

**POLYANTHAROSE, REIN ROSA, ÖFTERBLÜHEND**

'Pinkie' wurde sowohl als Floribunda- als auch als Zwergrose klassifiziert, die zierliche Rose paßt aber gut in die Gruppe der Polyantharosen. Kleine bis mittelgroßen Blüten mit gut 12 Petalen in zartem Rosa mit einem Hauch Lachsrosa wachsen in großen Dolden, duften angenehm und öffnen sich becherförmig. In kühlen Regionen bleibt die Pflanze sehr niedrig, in milderen Lagen erreicht sie jedoch die Größe eines kleinen Strauchs. Sie trägt den Sommer und Herbst über Blüten und ist im Garten sehr vielseitig verwendbar, wie etwa als Kübelpflanze, in kleinen Beeten, als Einfassung von Rabatten oder als kleines Hochstämmchen. Die Rose ist von niedrigem, buschigem Wuchs mit normalerweise aus sieben Fiederblättchen bestehenden weichen, mattglänzenden, hellgrünen Blätter. Obwohl bei der Einführung des Sports **'Climbing Pinkie'** (Dering, USA, 1952) weniger Aufhebens gemacht wurde als bei der Mutterpflanze, ist er heute weiter verbreitet. Seine duftenden Blüten er-

'Climbing Pink Wonder'

'Pink Symphonie'

P

scheinen so zahlreich, daß sich die Stiele unter ihrem Gewicht biegen. Der Anblick der vielen nickenden rosafarbenen Rosetten, die den Sommer und Herbst über bemerkenswert konstant blühen, ist äußerst reizvoll. Die reichverzweigte Pflanze wird mittelhoch, läßt sich problemlos leiten, ist pflegeleicht und eignet sich speziell für Säulen, Bögen oder als Wegeinfassung, wo die beinahe dornenlosen Triebe ein Segen für Passanten sind. Sie kann bei entsprechendem Schnitt auch als Einzelstrauch gezogen werden. **ZONEN 4–9.**

Swim, USA, 1947

'China Doll' × Sämling

All-American Rose Selection 1948

## 'PINOCCHIO'

**Syn. 'Rosenmärchen'**

FLORIBUNDA, ORANGEROSA, ÖFTERBLÜHEND

Die mittelgroßen Blüten dieser sehr bekannten Floribundarose sind stark gefüllt und wachsen in dichten Büscheln bis zu 20 Stück. Beim Öffnen ist ihr Grund lachsrosa, überzieht sich aber später in faszinierendem Gelb und Karminrot. Die offenen Blüten ähneln großen Rosetten und sind häufig gefleckt. Sie besitzen einen zart fruchtigen Duft und blühen sehr regelmäßig. 'Pinocchio' gehörte einst zu den begehrtesten Rosen, bis sie ihre Gene an Sorten wie 'Maskerade', 'Fashion' und andere beliebte Nachkommen vererbte. Sie ist immer noch eine hübsche Rose, die in keiner Sammlung Historischer Rosen fehlen sollte. Die Pflanze ist von aufrechtem, dichtem Wuchs, bleibt eher niedrig und trägt ledriges Laub. In heimischen Rosenschule ist diese Sorte meist nur unter dem Synonym 'Rosenmärchen' bekannt. **ZONEN 4–9.**

Kordes, Deutschland, 1940

'Eva' × 'Geheimrat Duisberg'

Portland Goldmedaille 1942, National Rose Society Certificate of Merit 1949

## 'PINSTRIPE' MORpints

ZWERGROSE, ROT+, ÖFTERBLÜHEND

Diese Zwergrose ist durch eine Vielzahl unterschiedlicher, leuchtend roter und weißer Streifen gekennzeichnet; in Wirklichkeit gleicht jedoch keine einzige Blüte der anderen. Ihre wohlgeformten, mit 35 Petalen gefüllten, duftenden Blumen halten äußerst lang und ändern ihre Farbe beim Öffnen kaum. Am schönsten sind sie in voll aufgeblühtem Zustand, wenn sie ihre Streifenzeichnung zur Schau stellen. Die Blüten wachsen einzeln oder in kleinen Büscheln von 3–5 Blumen. Dichtes, mittelgrünes, robustes Laub bedeckt die hügelförmige, zwergwüchsige Pflanze. Sie ist recht pflegeleicht und ein wahrer Blickfang im Garten. 'Pinstripe' stellte bei ihrem Erscheinen einen revolutionären Schritt in der Rosenzucht dar, da Moore erfolgreich zeigte, daß sich die Gene für Streifen durchaus auch auf Miniaturrosen vererben lassen.
**ZONEN 5–11.**

Moore, USA, 1986

'Rosenmärchen' × Sämling #33

'Pioneer'

'Pinwheel'

'Pinocchio'

'Playgirl'

'Pleasure'

## 'PINWHEEL'

ZWERGROSE, ROSA+, ÖFTERBLÜHEND

Die rosagelben Blüten von 'Pinwheel' sind voll geöffnet am schönsten, da die Einzelblüten nur wenige Petalen besitzen und selten eine besondere Form aufweisen. Ihre Farbe verblaßt bei hohen Temperaturen rasch. Das kleine, spitze, mittelgrüne Laub der zwergwüchsigen, für Beete und Kübel geeigneten Rose ist recht robust. Bessere moderne Zwergrosen haben diese hübsche Sorte aber fast gänzlich vom Markt verdrängt.
**ZONEN 5–10.**

Moore, USA, 1979

Sport von 'Jeanie Williams'

## 'PIONEER'

TEEHYBRIDE, ROT, ÖFTERBLÜHEND

Ihre Blüten wachsen meist einzeln, gelegentlich auch in Dreiergruppen auf steifen, aufrechten Stielen. Die großen, mit bis zu 50 Petalen stark gefüllten Blüten öffnen sich mit hoher Mitte zu einer klassisch geformten, symmetrischen Blume, die vom Züchter als „gut gebaut" beschrieben wird. Ihre Farbe ist ein einheitlicher, reiner Rotton, sie duftet angenehm und blüht den ganzen Sommer und Herbst über. 'Pioneer' wird zwar aufgrund ihrer Form und Haltbarkeit vor allem für Ausstellungszwecke verwendet, eignet sich jedoch auch gut für Beete und Rabatten. Sie ist eine wuchsfreudige, buschige, aufrechte Pflanze mit dichten, hübschen, kleinen, dunkelgrünen Blättern.
**ZONEN 4–9.**

LeGrice, Großbritannien, 1970

Eltern unbekannt

## 'PIXIE HAT' KORlamber

FLORIBUNDA, DUNKELROT, ÖFTERBLÜHEND

Taschner wählte diese Rose aufgrund ihrer überragenden Qualitäten für den südafrikanischen Markt aus. Ihren Namen 'Pixie Hat', zu deutsch „Koboldshut", erhielt sie aufgrund ihrer einfachen, leuchtend roten Blüten. Der mittelgroße Busch produziert an einem Stiel bis zu 100 kleine Blüten ohne Duft. Während sich die Stiele auswärts biegen, schießen schon neue Triebe aus der Strauchmitte. Dieses Schauspiel setzt sich von Sommer bis Spätherbst fort.
**ZONEN 4–9.**

Kordes, Deutschland, 1993

Eltern unbekannt

## 'PLAYBOY'

**Syn. 'Cheerio'**

FLORIBUNDA, ROT+, ÖFTERBLÜHEND

Diese aus dem Norden Schottlands stammende Rose ist eine wahre Sonnenanbeterin; sie entwickelt sich am besten in warmen Lagen, wo die leuchtend orangegelben Blüten mit scharlachroten Schattierungen größer und farbintensiver sind als in ihrer Heimat. Die fast einfachen Blüten öffnen sich aus Büscheln spitzer Knospen und zeigen dann ihre leuchtenden Töne und hübschen, goldenen Staubgefäße. Sie halten die Farbe überraschend gut und fallen schließlich sauber ab. 'Playboy' duftet nur schwach, ist aber ansonsten mit ihrer Dauerblüte bis in den Herbst ein Vorzeigemodell und eignet sich gut für Beete, Rabatten, als Hecke und zum Schnitt. Die Sorte ist eine kräftige, buschige, reichverzweigte Rose, die kaum mittelhoch wird und dichtes, dunkel glänzendes Laub trägt. Der Originalname 'Cheerio' wurde bald durch den verkaufsfördernden Namen 'Playboy' ersetzt.
**ZONEN 4–9.**

Cocker, Großbritannien, 1976

'City of Leeds' × ('Chanelle' × 'Piccadilly')

Royal National Rose Society Trial Ground Certificate 1975, Portland Goldmedaille 1989

## 'PLAYGIRL' MORplag

FLORIBUNDA, REIN ROSA, ÖFTERBLÜHEND

Ralph Moore hoffte, daß 'Playboy' bei seinen Kreuzungen ihr großartiges Laub und ihre Blühfreudigkeit weitergeben würde. Mit 'Playgirl' erreichte er sein Ziel, und es fiel ihm sicherlich nicht schwer, den richtigen Namen für diese perfekte Rose zu finden. Sie besitzt einen vornehmen Rosaton, dessen intensiv leuchtende Farbe den Kontrast zu den gelben Staubgefäßen noch betont, wenn sich die Blüten schalenförmig geöffnet haben. Die reich und dauerblühende Pflanze ist auch sonst äußerst vielseitig und eignet sich für Beete, Rabatten, Kübel, als Hecke und für Ausstellungszwecke. Da die Blüten kaum duften, zieht offenbar ihre Farbe die Bienen so zahlreich an. Die kräftige, dichte, buschige Pflanze

'Playboy'

wird durchschnittlich hoch und trägt dichtes, mattglänzendes Laub. **ZONEN 4–9.**

Moore, USA, 1986

'Playboy' × 'Angel Face'

## 'PLAYGOLD' MORplaygold

ZWERGROSE, ORANGE+, ÖFTERBLÜHEND

Spitze Knospen öffnen sich zu leuchtend orangefarbenen, einfachen Blüten mit zartrot überhauchten Petalrändern und einem gelbem Ring. Sie färben sich später zartrosa- und orangefarben. Ihr Duft ist schwach, und sie wachsen einzeln oder in kleinen, lockeren Büscheln. 'Playgold' trägt zierliche, glänzend mittelgrüne Blätter an einem zwergwüchsigen, ausladenden, allgemein robusten, pflegeleichten Busch von 40–45 cm Höhe. Interessant ist die Verwendung der Floribundarose 'Playboy' – die der schottische Züchter Cocker auf den Markt brachte – als Mutterpflanze, um die einfache Form und die Dominanz der kupferorangen Farbe beizubehalten. **ZONEN 5–10.**

Moore, USA, 1997

'Playboy' × 'Sequoia Gold'

American Rose Society Award of Excellence 1998

## 'PLAYTIME' MORplati

FLORIBUNDA, ORANGEROT, ÖFTERBLÜHEND

Die als geeignete Partnerin für 'Playgirl' gepriesene Sorte hat nie deren Beliebtheitsgrad erreicht, obwohl sie die hohe Note 7,8 erhielt, die in der Rosenbewertung der *American Rose Society* „Gut" bedeutet. (Sowohl 'Playboy' als auch 'Playgirl' erhielten die Note 8,1 für „Sehr gut".) Für eine Floribundarose sind ihre Blüten mittelgroß bis groß; die einfachen, leuchtend orangeroten Blumen wachsen in Büscheln. 'Playtime' blüht den Sommer und Herbst über wiederholt und eignet sich gut für Beete und Rabatten. Sie ist von kräftigem, buschigem, mittelhohem Wuchs mit dichtem, glänzendem Laub. **ZONEN 4–9.**

Moore, USA, 1990

'Playboy' × 'Old Master'

## 'PLEASURE' JACpif

FLORIBUNDA, REIN ROSA, ÖFTERBLÜHEND

Sie besitzt einen sehr warmen zartlachsrosa Farbton und trägt ihre großen, schwach duftenden Blüten in ziemlich dichten Büscheln von bis zu sieben Blumen. Sie haben über 30 Petalen, die sich becherförmig öffnen und die zum Grund hin dunkler werdenden Rosatöne vorteilhaft darstellen. Voll geöffnet gleichen die Blüten mit ihren in der Mitte eingerollten und am Rand gewellten Petalen den altmodischen Rosen. Im Garten eignet sich 'Pleasure' ideal für Beete und Rabatten und bildet nach dem üppigen Hauptflor den ganzen Sommer und Herbst hindurch weitere Blüten aus. Die dichte bis mittelhohe Pflanze von rundbuschigem Wuchs trägt eine Vielzahl dunkelgrüner Blätter. **ZONEN 4–9.**

Warriner, USA, 1988

('Merci' × 'Fabergé') × 'Intrigue'

All-American Rose Selection 1990

'Pleine de Grace'

## 'PLEINE DE GRACE' LENgra

STRAUCHROSE, FILIPES-HYBRIDE, WEISS

Sie hüllt sich in große Rispen aus über 30 Einzelblüten. Die cremeweißen, einfachen Blüten verströmen ein für *Rosa filipes* typisches, intensives Aroma und bieten im Sommer für kurze Zeit eine wundervolle Blütenpracht. Wenn ausreichend Platz im Garten vorhanden ist, ist es nicht nur aufgrund ihrer „wilden" Schönheit, sondern auch wegen ihrer Seltenheit und ihrem innovativen Wert reizvoll, sie miteinzubeziehen. Sie bildet einen glänzenden Einzelstrauch und eignet sich gut für einen Naturgarten. Die buschige, breitwüchsige Rose mit gelblich grünem Laub ist von überdurchschnittlicher Größe und doppelt so breit wie hoch. Ihr französischer Name, zu deutsch „Voll der Gnade", ist vermutlich dem katholischen Gebet *Ave Maria* entlehnt. **ZONEN 4–9.**

Lens, Belgien, 1983

'Ballerina' × *Rosa filipes*

P

'Plum Duffy'

'Plum Crazy'

'Plentiful'

## 'PLENTIFUL'

FLORIBUNDA, DUNKELROSA, ÖFTERBLÜHEND

Die Innenseite der Petalen ist dunkelrosa, während sie außen einen helleren Ton aufweisen. Mit 70 Petalen gefüllt, verfügen die Blüten von 'Plentiful' über eine für Floribundarosen beachtliche Größe. Sie stehen in dichten Büscheln und öffnen sich wie große Rosetten. Die zu Beginn becherförmigen Blumen entwickeln sich später zu einer altmodisch geviertelten Form mit wunderschön ineinander verschlungenen Petalen. Ihr Duft ist nur schwach. Dem Hauptflor folgen den Sommer und Herbst über weitere Blüten. Im Garten bildet 'Plentiful' eine saubere, ordentliche Beet- und Rabattenpflanze und läßt sich wundervoll zum Schnitt für kleine Gestecke verwenden. Die kräftige, verzweigte Pflanze bleibt relativ niedrig und trägt dichtes, glänzend mittelgrünes Laub. **ZONEN 4–9.**

LeGrice, Großbritannien, 1961

Eltern unbekannt

## 'PLUM CRAZY' AROgraju

TEEHYBRIDE, MAUVE, ÖFTERBLÜHEND

Diese dunkel lavendelfarbene, an den Petalrändern mauvefarbene Rose gehört zu der Reihe von Versuchen, eine blaue Rose zu züchten. Ihre Farbe ist beim Aufblühen sehr hübsch, nimmt aber im Laufe der Zeit einen merkwürdigen Braunton an. Die recht großen, mit ca. 35 Petalen gefüllten Blüten öffnen sich mit hoher Mitte, werden dann becherförmig und halten ihre symmetrische Form gut. Sie duften angenehm süß und sind wetterfest. Nach dem Hauptflor blüht 'Plum Crazy' fast ununterbrochen wieder, weshalb sie sich gut für Beete und Rabatten eignet. Sie wurde jedoch nie beliebt. Die buschige Pflanze bildet nur spärlich neue grundständige Triebe aus und träg mattdunkelgrüne Blätter, die anfällig sind für Mehltau.
**ZONEN 4–9.**

Christensen, USA, 1985

('Ivory Tower' × 'Angel Face') × 'Blue Nile'

## 'PLUM DUFFY'

ZWERGROSE, MAUVE, ÖFTERBLÜHEND

Ovale Knospen öffnen sich zu dunkel pflaumenfarbenen, zart duftenden Blüten mit 25 Petalen, die unter geeigneten Bedingungen eine hohe, wohlgeformte Mitte haben können. Ihre durchschnittliche Stiellänge ist jedoch für Ausstellungszwecke sehr kurz. Das dunkelgrüne, robuste Laub wächst an einem dichten Busch, der eine ideale Kübelrose abgibt. 'Plum Duffy' bildet rasch nacheinander Blüten aus, deren Farbe auch bei hohen Temperaturen gut hält. Sie braucht etwas Zeit zum Einwurzeln und entfaltet sich oft erst nach mehreren Jahren voll.
**ZONEN 5–11.**

Bennett, USA, 1978

'Magic Carrousel' × 'Magic Carrousel'

## 'POEMA'

RAMBLERROSE, REIN ROSA, ETWAS NACHBLÜHEND

Die Rose trägt riesige Büschel mit bis zu 100 reizenden, kleinen, leuchtend rosafarbenen Blüten, die später zu Hellrosa verblassen, und blüht gelegentlich im Herbst etwas nach. Ihr Wuchs ist von mittlerer Höhe, und sie eignet sich gut für Säulen, Bögen und Spaliere, wo immer eine gute Luftzirkulation herrscht. 'Poema' läßt sich auch gut zurückschneiden und zu einem kräftigen Strauch ziehen. Sie ist wuchsfreudig und mit schönem leuchtend dunkelgrünem Laub bestückt. Die seltene Sorte wird derzeit offenbar nur in Gärtnereien in den Vereinigten Staaten und in Deutschland angeboten. **ZONEN 4–9.**

Brada, Tschechoslowakei, 1933

'Tausendschön' × 'Farbenkönigin'

'Poetry in Motion'

## 'POESIE'

siehe 'Tournament of Roses'

## 'POETRY IN MOTION' HARelan

TEEHYBRIDE, GELB+, ÖFTERBLÜHEND

Ihre großen Blüten mit über 30 großen Petalen öffnen sich mit hoher Mitte und wachsen meist einzeln auf langen Stielen. Sie werden zu becherförmigen, kugelförmigen Blumen, deren Petalen sich langsam zurückbiegen und die ihre symmetrische Form ausgezeichnet halten. Das zarte Gelb der Knospen verblaßt beim Aufblühen an den äußeren Petalen zu hellem Cremegelb, während die inneren Petalen ihren Gelbton mit goldfarbenen Aufhellungen beibehalten. Die Blüte dauert bis in den Herbst, wobei die späten Blüten besonders schön gefärbt sind. Die Rose duftet intensiv fruchtig und bildet in Beeten, Rabatten und als Hochstamm eine sehr eindrucksvolle Pflanze, deren haltbare, langstielige Blüten sich zum Schnitt eignen. Sie ist von kräftigem, buschigem, verzweigtem Wuchs mit zahlreichen großen, matten, ledrigen Blättern. **ZONEN 4–9.**

Harkness, Großbritannien, 1997

Eltern unbekannt

Courtrai Silbermedaille 1995, British Association of Rose Breeders Breeders' Choice 1997, Royal National Rose Society British Rose Award 1998

'Poker Chip'

## 'POKER CHIP'

ZWERGROSE, ROT+, ÖFTERBLÜHEND

Rote Blüten mit einer überraschend gelben Rückseite öffnen sich aus spitzen Knospen. Die gefüllten, duftenden, auffallenden Blüten besitzen knapp 30 Petalen und eine für Ausstellungszwecke geeignete hohe Mitte. Sie ähneln 'Over The Rainbow', sind aber etwas größer und haben weniger Petalen. Aufgrund der haltbaren Form eignet sich diese Zwergrose ideal zum Schnitt und für Ausstellungszwecke. Ihr glänzend dunkelgrünes Laub ist gesund; der kräftige, dichte Busch trägt die ganze Saison über zahlreiche Blüten, deren Farbkombination einen guten Blickfang bilden.
**ZONEN 5–11.**

Saville, USA, 1979

'Sheri Anne' × ('Yellow Jewel' × Sämling von 'Tamango')

## 'POLAREIS'

Syn. 'Polaris'

GROSSBLUMIGE KLETTERROSE, WEISS

Diese kaum bekannte Kletterrose besitzt Büschel mit schneeweißen, gefüllten Blüten mit intensivem Duft. Das Laub der äußerst kräftigen Pflanze glänzt blaßgrün. Sie trägt einen üppigen Frühlingsflor, blüht aber nicht nach. 'Polareis' hat nur wenig von ihrer Vaterpflanze, der Wildrose *Rosa foetida* 'Bicolor'.
**ZONEN 5–9.**

Horvarth, USA, 1939

*(Rosa wichuraiana × R. setigera) × R. foetida* 'Bicolor'

## 'POLARSTERN' TANlarpost

Syn. 'Evita', 'Polar Star'

TEEHYBRIDE, WEISS, ÖFTERBLÜHEND

Die cremefarbenen Knospen auf langen, kräftigen Stielen öffnen sich zu sehr großen, hochgebauten, weißen Blüten. 'Polarstern' beherrscht das Gartenbild aufgrund ihrer auffälligen Färbung, der zahlreichen Blüten und ihres robusten, kräftigen Wuchses. Sie ist eine gute Wahl für Beete oder als Einzelgruppe, und harmoniert in gemischten Rabatten aber auch gut mit anderen Rosen. Die Blüten duften nur schwach, vertragen Regen jedoch besser als die meisten hellen Sorten und blühen ausgezeichnet nach. Das Laub der aufrechten, reichverzweigten, überdurchschnittlich hohen Pflanze ist mattdunkelgrün. **ZONEN 4–9.**

Tantau, Deutschland, 1982

Eltern unbekannt

Royal National Rose Society Certificate of Merit 1985, Britische Rose des Jahres 1985

'Polarstern'

'Polynesian Sunset'

'Pompon Blanc Parfait'

## 'POLKA' MEItosier

**Syn. 'Lord Byron', 'Polka 91', 'Scented Dawn', 'Twilight Glow'**

GROSSBLUMIGE KLETTERROSE, ORANGE+, ÖFTERBLÜHEND

Die Art und Weise, wie sich die kurzen Petalen weit und flach öffnen und dabei in Lagen zurückbiegen, erinnert an altmodische Blüten. Die gefüllten, mittelgroßen bis großen Blüten wachsen einzeln oder in kleinen Büscheln auf steifen Trieben. Ihre kupfrig-lachsfarbenen Petalen verblassen am Rand beim Öffnen zu Lachsrosa, halten ihre Farbe aber zum Petalgrund hin. Leider duftet die ansonsten so warme und freundliche Rose kaum, blüht dafür aber den ganzen Sommer und Herbst über. 'Polka' eignet sich ideal für Säulen, Mauern und Zäune, für die eine nicht ganz so hohe Kletterrose benötigt wird. Die wuchsfreudige, eher strauchige und nicht sehr ausladende Pflanze trägt dichtes, glänzendes, gesundes Laub. **ZONEN 4–9.**

Meilland, Frankreich, 1992

'Golden Showers' × 'Lichtkönigin Lucia'

## 'POLO CLUB' AROtigy

**Syn. 'Cherry Gold'**

TEEHYBRIDE, GELB+, ÖFTERBLÜHEND

'Polo Club' ist zwar als Edelrose klassifiziert, ähnelt aber stark einer Floribundarose, da die meisten Knospen in kleinen Büscheln stehen. Ihre zart duftenden, aus 25–35 Petalen bestehenden Blüten sind von bescheidener Größe, öffnen sich mit fest gewickelter Mitte, biegen ihre löffelförmigen Petalen dann aber rasch zu lockeren, becherförmigen Blumen zurück. Die kurze Blühphase der einzelnen Blumen wird durch ihre große Zahl, ihre Blühfreudigkeit und vor allem ihre lebhafte Farbe wettgemacht; die Oberseite der Petalen ist zum Rand hin Scharlachrot mit hübschen, gelben Blattadern, deren Farbe den inneren Teil sowie die Rückseite der Blütenblätter beherrscht. Diese wunderschöne Rose wird heute leider nur noch in einer indischen Gärtnerei kultiviert. Die kräftige, aufrechte, buschige Pflanze wird hoch und trägt mattglänzendes, dunkelgrünes Laub. **ZONEN 4–9.**

Christensen, USA, 1986

'Gingersnap' × 'Young Quinn'

## 'POLYNESIAN SUNSET'

TEEHYBRIDE, ORANGEROSA, ÖFTERBLÜHEND

Die langen Knospen wachsen häufig in Büscheln, weshalb 'Polynesian Sunset' oft auch als Floribundarose eingestuft wird. Die gefüllten, ziemlich großen Blüten besitzen lachrosa Petalen mit einem Hauch Orange, das mitunter als Korallrosa beschrieben wird. Beim Aufblühen zeigen sie eine hohe Mitte, nehmen aber mit den sich wie zufälllig zurückbiegenden Petalen rasch einen lockeren Charakter an. Die fruchtig duftenden Blüten erscheinen den ganzen Sommer und Herbst über. Sie ist eine freundliche, anspruchslose Gartenrose von kräftigem, buschigem, hohem Wuchs mit ledrigem Laub. **ZONEN 4–9.**

Boerner, USA, 1965

Sämling von 'Diamond Jubilee' × 'Hawaii'

## 'POMPON'

**Syn. 'Pompon Panachée'**

ALTE R., GALLICA-ROSE, WEISS/GESTREIFT

Die gefüllten Blüten von 'Pompon' sind cremefarben mit dunkelrosa Streifen. Sie wird oft mit der gestreiften Gallica-Rose 'Georges Vibert' verglichen. Die Pflanze wird mittelhoch, besitzt sehr kleine Blätter, dünne Stiele und pomponartige Blüten. **ZONEN 5–10.**

Robert-Moreau, Frankreich, 1858

Eltern unbekannt

## 'POMPON BLANC PARFAIT'

ALTE R., ALBA-ROSE, WEISS

Für Alba-Rosen ist ihr aufrechter Wuchs etwas untypisch. Die Sorte erreicht eine Höhe von etwa 1,2 m und bildet zahlreiche steife, relativ stachellose Triebe mit dichtem, glattem, mattglänzendem, hellgraugrünem Laub. Ihre prallen, in dichten Büscheln wachsenden Knospen erscheinen nur im Frühsommer, wobei die rosettenartigen, duftenden, zart lilarosa Blüten flach aufblühen. Sie trägt ihren Flor länger als die meisten anderen Alba-Rosen und eignet sich für krautige Rabatten oder ein Gebüsch.

**ZONEN 5–9.**

Verdier, Frankreich, 1876

Eltern unbekannt

## 'POMPON DE PARIS'

ALTE R., CHINAROSE, REIN ROSA/DUNKELROSA, ETWAS NACHBLÜHEND

Die Rose trägt Büschel mit stark gefüllten, aufrechten, rosa Blüten. Im viktorianischen Zeitalter war sie eine außerordentlich beliebte Kübelrose. Diese recht zwergwüchsige Sorte soll mit der „ersten" Zwergrose 'Rouletii', die Major Roulet 1918 in der Schweiz wiederentdeckt hat, identisch sein, was aber umstritten bleibt. Der stachelige Busch ist fast immergrün. **'Climbing Pompon de Paris'** ist vermutlich der Sport einer bis etwa 1840 in Frankreich kultivierten und dann verschwundenen Zwergrose.

'Pompon de Paris' überrascht mit einer für einen Zwergrosen-Sport ungewöhnlich hohen Robustheit, denn nach einem langsamen Start erreicht sie eine für Kletterrosen überdurchschnittliche Größe. Die hellroten, in gut gefüllten Büscheln wachsenden Knospen öffnen sich zu kräftig karminroten, zart duftenden Blüten, die bei starker Sonneneinstrahlung verblassen. Sie bilden mit ihren sich Lage für Lage zurückbiegenden kleinen Petalen perfekte Rosetten. Der frühen Blüte folgen kaum noch weitere Blüten. Als Standort bietet sich eine Mauer an, wo sich die mit zahlreichen zierlichen, mittelgrünen Blättern und Blütenbüscheln bestückten Triebe ausgezeichnet befestigen lassen.

**ZONEN 4–9.**

Wahrscheinlich Frankreich, um 1839

Eltern unbekannt

## 'PONCTUÉE'

**Syn. 'Ma Ponctuée'**

ALTE R., MOOSROSE, ROSA+

Die halbgefüllten, mittelgroßen Blüten dieser alten französischen Moosrose strahlen in Rosarot mit weißen Tupfen. Der Busch ist von mittlerer Größe. 'Ponctuée' blüht nur einmal pro Saison. Vermutlich ist diese alte Gartenrose mittlerweile ausgestorben.

**ZONEN 4–9.**

Moreau-Robert, Frankreich, 1847

Eltern unbekannt

'Pompon'

'Polka'

'Polo Club'

## 'PONDEROSA'

siehe 'Flower Power'

## 'POPCORN'

ZWERGROSE, WEISS, ÖFTERBLÜHEND

Ovale Knospen öffnen sich zu rein weißen Blüten mit goldgelben Staubgefäßen und bis zu 15 Petalen. Die lockere, dekorative Form ist in voll aufgeblühtem Zustand am schönsten. Ihr Duft verbessert sich bei Wärme. Die Blüten wachsen in Büscheln an einer kräftigen, aufrechten, krankheitsfesten Pflanze mit farnartigem Laub. Sie fallen sauber ab, und es folgen sofort die nächsten Blüten. Ihr Sport 'Gourmet Popcorn' ist noch wuchsfreudiger, mit größeren Büscheln und insgesamt einer schöneren Form.

**ZONEN 4–9.**

Morey, USA, 1973

'Katharina Zeimet' × 'Diamond Jewel'

## 'POPPY FLASH' MEIlena

**Syn. 'Rusticana'**

FLORIBUNDA, ORANGEROT, ÖFTERBLÜHEND

Ihre Blüten sind von leuchtendem Rot, das auf manchen Petalen durch einen goldgelben Streifen aufgehellt wird. Die Farbe vertieft sich im Laufe der Zeit von kräftigem Zinnoberrot zu blassem Scharlachrot. Mittelgroße Blüten wachsen in dichten Büscheln und verbreiten einen zarten, süßen Duft. Dem üppigen ersten Flor folgen zahlreiche weitere Nachblüten. 'Poppy Flash' ist von kräftigem, buschigem, nahezu mittelhohem Wuchs und bedeckt sich mit mattglänzenden, bronzefarbenen Blättern. **'Climbing Poppy Flash'** (MEIlenasar; Paolino, Frankreich, 1975) ist in wärmeren Gegenden beliebt, wo sie nur unter dem Synonym 'Climbing Rusticana' vertrieben wird. Sie dient ebenso wie die Mutterpflanze dem Zweck, dem Garten einen feurigen Farbton zu verleihen. Als Hintergrund einer Gruppe von 'Poppy Flash' würde sie ein wahres Farbfeuerwerk abgeben. Diese mittelhohe Kletterrose zeigt einen üppigen ersten Flor mit sporadischer Nachblüte und besitzt verhältnismäßig wenig Stacheln.

**ZONEN 4–9.**

Meilland, Frankreich, 1972

('Dany Robin' × 'Fire King') × ('Alain' × 'Mutabilis')

Genf Goldmedaille 1970, Royal National Rose Society Trial Ground Certificate 1970, Rom Goldmedaille 1972

'Popcorn'

'Popcorn'

'Portrait'

'Portland Trailblazer'

## 'PORTHOS, CLIMBING' LAPadsar

KLETTERNDE FLORIBUNDA, ORANGEROT, ETWAS NACHBLÜHEND

Die Strauchform wurde 1971 vorgestellt, doch wann genau diese Kletterrose, die heute offenbar nur in Frankreich und Italien auf dem Markt ist, entstanden ist, weiß man nicht. Sie trägt im Sommer dichtgefüllte Büschel leuchtend roter Blüten auf kurzen, steifen Stielen mit einer nur sporadischen Nachblüte. Die gefüllten, kleinen bis mittelgroßen Blumen öffnen sich becherförmig und ziemlich flach. Sie halten lang, duften aber kaum. Die kräftige Rose ist durchschnittlich hoch und mit glänzend dunkelgrünem Laub bedeckt. Sie eignet sich am besten für Mauern, Zäune und Säulen.

**ZONEN 4–9.**

Laperrière, Frankreich, nach 1971

Eltern unbekannt

## 'PORTLAND TRAILBLAZER'

**Syn. 'Big Chief'**

TEEHYBRIDE, DUNKELROT, ÖFTERBLÜHEND

Die Blüten wirken oft ballgroß und erhalten auf Ausstellungen neidvolle und bewundernde Blicke. 'Portland Trailblazer' wird jedoch den Hobbygärtner enttäuschen, denn sie ist nicht gerade pflegeleicht und zudem blühfaul. Ihre langstieligen, kräftig dunkel karminroten Blüten besitzen eine hohe Mitte, feste, breite Petalen, aber nur schwachen Duft. Der Busch ist von aufrechtem, langbeinigem, hohem Wuchs mit großen, spröden Blättern. **ZONEN 4–9.**

Dickson, Großbritannien, 1978

'Ernest H. Morse' × 'Red Planet'

## 'PORTRAIT' MEYpink

**Syn. 'Stéphanie de Monaco'**

TEEHYBRIDE, ROSA+, ÖFTERBLÜHEND

Die gefüllten Blüten dieser Teehybride zeigen beim Öffnen eine hübsche krause Mitte, deren zahlreiche Petalen ineinander verschlungen sind. Die großen, duftenden Blumen färben sich am Petalgrund rosarot und zum Rand hin harmonisch blaßrosa. Mit ihren langen Stielen eignen sie sich gut zum Schnitt, bilden als Gruppe in Beeten oder Rabatten bis zum Herbst einen Blickfang. Die reichverzweigte, wohlgeformte Pflanze ist von kräftigem, aufrechtem, hohem Wuchs und besitzt glänzend dunkelgrüne Blätter. Als 'Portrait' mit einer der höchsten amerikanischen Rosenauszeichnungen, der *All-American Rose Selection*, prämiert wurde, ging dieser Preis erstmalig an einen Amateurzüchter.

**ZONEN 4–9.**

Meyer, USA, 1971

'Pink Parfait' × 'Pink Peace'

All-American Rose Selection 1972

'Climbing Porthos'

'Pot o' Gold'

## 'POT O' GOLD' DICdivine

TEEHYBRIDE, REIN GELB, ÖFTERBLÜHEND

'Pot o' Gold', was auf deutsch "Kessel voller Gold" bedeutet, ist ein durchaus bezeichnender Name, um die Färbung dieser gelben Blüten mit ihrem ockergoldfarbenen Schimmer wiederzugeben. Spitze Knospen öffnen sich zu mittelgroßen, recht flachen, becherförmigen Blüten mit 30 Petalen und schöner Form. Sie wachsen gelegentlich einzeln, häufig aber in lockeren Büscheln den ganzen Sommer und Herbst hindurch, wobei die ersten und letzten Blüten von besonders guter Qualität sind. 'Pot o' Gold' verströmt einen angenehmen Duft und eignet sich vorzüglich für kleine Gestecke; auch für Beete, Rabatten und als eleganter Hochstamm ist sie schön. Die dichte, kräftige, breitwüchsige Pflanze bleibt ziemlich niedrig und trägt üppiges, mittelgrünes Laub. Für all ihre Qualitäten wurde diese Sorte 1980 mit dem Züchterpreis der *British Association of Rose Breeders* ausgezeichnet.

**ZONEN 4–9.**

Dickson, Großbritannien, 1980

'Eurorose' × 'Whisky'

Royal National Rose Society Certificate of Merit 1979, British Association of Rose Breeders Breeders' Selection 1980

## 'POTTER & MOORE' AUSpot

STRAUCHROSE, REIN ROSA, ÖFTERBLÜHEND

Die gefüllten Blüten von 'Potter & Moore' sind durch einen warmen Rosaton gekennzeichnet, öffnen sich becherförmig und verbreiten einen intensiven Duft.

Dem ersten, sehr üppigen Flor folgen bis zum Herbst weitere Blüten. Im Garten eignet sich die Rose speziell zusammen mit Alten Rosen für Rabatten. Aufgrund der weichen Petalen kann feuchte Witterung dazu führen, daß die Blüten sich nicht richtig öffnen. Die buschige Pflanze bleibt niedriger als durchschnittliche Strauchrosen. *Potter & Moore* ist ein in Großbritannien recht bekanntes Unternehmen, das Seifen und andere Kosmetika herstellt; im gleichen Jahr, als diese Rose vorgestellt wurde, brachten *Potter & Moore* die sogenannte „Rosenserie" als neue Produktlinie heraus. Diese aparte Strauchrose wird gelegentlich auch als Englische Rose bezeichnet.
**ZONEN 4–9.**

Austin, Großbritannien, 1988

'Wife of Bath' × Sämling

## 'POTTON HERITAGE' HARsprice

TEEHYBRIDE, ROT+, ÖFTERBLÜHEND

Die großen, wohlgeformten Blüten dieser Sorte besitzen gut 30 Petalen und eine hohe Mitte. Sie haben einen zweifarbigen Effekt, denn die Petalinnenseite zeigt ein warmes Kirschrot, während die Rückseite gelb mit Rosa überhaucht ist. Die Blüten duften süß und erscheinen nach dem Hauptflor den Sommer und Herbst über wiederholt. Aufgrund ihrer langen Stiele eignen sie sich zum Schnitt und bilden in Beeten oder Rabatten einen schönen Anblick. Die Pflanze ist von kräftigem, reichverzweigtem, durchschnittlich hohem Wuchs mit dunkel glänzendem Laub. Auch der Name dieser Rose belegt wieder einmal die Ausgefallenheit britischer Rosenzüchter, denn Harkness benannte 'Potton Heritage' nach der größten Kunstschreinerei Großbritanniens, die maßangefertigte Holzzuschnitte für Landhäuser im Alten Englischen Stil anfertigt und vertreibt.
**ZONEN 4–9.**

Harkness, UK, 1987

'Precious Platinum' × 'Dr A. J. Verhage'

Prag Certificate of Merit 1989

## POULBRIGHT

FLORIBUNDA, ORANGEROT, ÖFTERBLÜHEND

Das Schicksal dieser Rose verlief recht merkwürdig: Sie wurde in Dänemark gezüchtet, erhielt in Großbritannien eine Goldmedaille und wurde dort unter ihrem Code-Namen herausgebracht. Allerdings erhielt sie nie einen Sortennamen und ist heute auch noch nur bei der indischen Firma *K. S. Gopalaswamiengar & Sons* erhältlich. Warum sie trotz ihrer guten Qualitäten so rasch von der Bildfläche verschwand, bleibt unerklärlich; möglicherweise wurde die Sorten ja von anderen guten roten Rosen vom Markt verdrängt. Die sehr zart duftenden, leuchtend scharlachroten Blüten sind recht gefüllt, mittelgroß und wachsen in dichten Büschen. POUlbright ist den Sommer und Herbst über sehr blühfreudig; generell eignet sie sich gut für Beete, Rabatten und als Hecke. Diese kräftige Floribundarose wächst aufrecht und buschig; die Pflanze erreicht eine durchschnittliche Höhe und ist von leuchtend grünen Blättern bedeckt. **ZONEN 4–9.**

Poulsen, Dänemark, 1985

'Montana' × 'Matangi'

Goldmedaille der Royal National Rose Society 1982

'Potter & Moore'

## 'POULSEN'S DELIGHT'

Syn. 'Fru Julie Poulsen'

FLORIBUNDA, HELLROSA, ÖFTERBLÜHEND

Die Sorte trägt große, dichtgefüllte Dolden, die aus einfachen Blüten mit 5–7 Petalen auf festen, aufrechten Stielen bestehen. Die Knospen öffnen sich becherförmig in zartem Apfelblütenrosa. Der erste üppige Flor wirkt sehr farbenfroh, weshalb sich die Sorte sehr gut als Hecke, für Beete und Rabatten eignet. Nach einer Pause blüht 'Poulsen's Delight' mehrfach nach. Die kräftige, aufrechte, durchschnittlich hohe Pflanze ist gut mit dunkelgrünen Blättern bedeckt.
**ZONEN 4–9.**

Poulsen, Dänemark, 1948

'Else Poulsen' × Sämling

National Rose Society Certificate of Merit 1946

## 'POULSEN'S GRUPPENROSE'

Syn. 'Poulsen's Bedder'

FLORIBUNDA, HELLROSA, ÖFTERBLÜHEND

Die Farbe dieser Poulsen-Rose wurde seinerzeit als „reizendes, klares, erfrischendes Rosa" beschrieben. Die Floribundarose wächst rundbuschig und bleibt etwas kleiner als die meisten zwischen den beiden Weltkriegen gezüchteten Poulsen-Sorten. Die mittelgroßen, halbgefüllten Blüten wachsen zu mehreren in Büscheln und öffnen sich locker becherförmig. Am besten pflanzt man sie alleine in ein Beet oder verwendet sie als Hecke bzw. als Einfassung für andere Pflanzen. Ihre wetterfesten Blüten duften zart und erscheinen nach dem ersten Flor in weiteren Blühperioden. Der kräftige Busch ist von aufrechtem, dichtem Wuchs und trägt bronzegrüne Blätter.
**ZONEN 4–9.**

Poulsen, Dänemark, 1948

'Orléans Rose' × 'Talisman'

National Rose Society Certificate of Merit 1946, Portland Goldmedaille

## 'POULSEN'S PEARL'

FLORIBUNDA, HELLROSA, ÖFTERBLÜHEND

Diese auffällige Rose zeigt wundervolle schalenförmige, einfache, perlmuttrosa Blüten, deren Mitte mit prächtigen rötlichen Staubgefäßen gekrönt ist. Ihr Duft ist angenehm, und sie erscheinen in lockeren Büscheln auf schlanken, kräftigen Stielen. Dem Hauptflor folgen den Sommer und Herbst über weitere Blumen. Für Gärtner mit einer Vorliebe für ungewöhnliche Rosen ist sie ein Kleinod. Die kräftige, buschige, aufrechte Pflanze wird kaum mittelhoch, ist robust, winterhart und trägt hell- bis mittelgrüne, mattglänzende Blätter. **ZONEN 4–9.**

Poulsen, Dänemark, 1949

'Else Poulsen' × Sämling

POUlbright

'Poulsen's Gruppenrose'

'Poulsen's Delight'

## 'POULSEN'S YELLOW'

FLORIBUNDA, GELB, ÖFTERBLÜHEND

Heute ist die Sorte nur noch in zwei Gärtnereien in Kalifornien erhältlich, vor 60 Jahren jedoch war sie überaus begehrt, da sie die erste echte gelbe Floribundarose war. Die in kurzstieligen Büscheln wachsenden Blüten besitzen gut 15 gewellte Petalen und öffnen sich blaßgelb, bevor sie zu Cremeweiß verblassen. Sie blüht gut nach und wurde früher häufig in Beeten, Rabatten und als niedrige Hecke verwendet. Die buschige Pflanze wird kaum mittelhoch, und ihr zartes Gelb bildet einen schönen Kontrast zum dunkel glänzenden Laub, das leider anfällig für Mehltau ist.
**ZONEN 4–9.**

Poulsen, Dänemark, 1938

'Mrs. W. H. Cutbush' × 'Gottfried Keller'

Goldmedaille der National Rose Society 1937

## 'POURPRE DU LUXEMBOURG'

ALTE R., MOOSROSE, MAUVE

Ihre mittelgroßen, gefüllten Blüten sind von dunklem Purpurrot mit karminroten Schattierungen. Sie wachsen an einer typischen Zentifolien-Moosrose. Die äußerst seltene Sorte ist nur etwas für Sammler. **ZONEN 4–9.**

Hardy, Frankreich, 1848

Eltern unbekannt

'Poulsen's Pearl'

## 'POUR TOI'

siehe 'Para Ti'

## 'PRAIRIE DAWN'

STRAUCHROSE, REIN ROSA, ÖFTERBLÜHEND

Aus den Versuchen der *Morden Experimental Farm* (einer Rosenschule in der kanadischen Provinz Manitoba), extrem frostresistente Rosen zu züchten, ging 'Prairie Dawn' hervor. Die mittelgroßen, stark gefüllten Blüten haben einen warmen, leuchtenden Rosaton. Sie blühen nach dem üppigen Sommerflor erneut am jungen Holz. Die äußerst winterharte, kräftige, aufrechte Pflanze wird recht hoch und ist mit glänzend dunkelgrünem Laub bedeckt. **ZONEN 3–9.**

Morden, Kanada, 1959

'Prairie Youth' × ('Ross Rambler' × ['Dr. W Van Fleet' × *Rosa pimpinellifolia* var. *altaica*])

P

## 'PRAIRIE FIRE'

STRAUCHROSE, ROT, ÖFTERBLÜHEND

Diese Strauchrose trägt riesige Büschel mit bis zu 50 langstieligen Knospen. Die mittelgroßen Blüten bilden ein wahres Farbspektakel, wenn sie sich ihre sieben Petalen zu flachen, scharlachroten Blumen mit rosaweißem Grund und gelben Staubgefäßen öffnen. Ihr zarter Duft ist der von Alten Gartenrosen. Die Hybride ist botanisch interessant und sollte zur Kreuzung von Rosen unterschiedlicher Abstammung verwendet werden. Aufgrund ihrer Vorzüge verdient sie einen Platz in der Rabatte, wo die kräftige, aufrechte, hohe Pflanze mit robustem, olivgrünem Laub nach dem Hauptflor weitere Blüten ausbildet. Sie ist äußerst winterhart. **ZONEN 3–9.**

Phillips, USA, 1960

'Red Rocket' × *Rosa arkansana*

## 'PRAIRIE HARVEST'

STRAUCHROSE, HELLGELB, ÖFTERBLÜHEND

Diese Strauchrose bildet von Sommer bis Herbst große, duftende, rein gelbe Blüten mit knapp 45 sich überlappenden Petalen, die in Büscheln von 1–5 Stück stehen. 'Prairie Harvest' ist eine sehr winterharte, gesunde Pflanze von aufrechtem, buschigem Wuchs mit ledrig glänzendem Laub. Sie eignet sich gut für Rabatten oder als Einzelpflanze. **ZONEN 4–9.**

Buck, USA, 1985

'Carefree Beauty' × 'Friesia'

## 'PRAIRIE PRINCESS'

STRAUCHROSE, ORANGEROSA, ÖFTERBLÜHEND

Die großen, halbgefüllten, zart korallrosa Blüten der 'Prairie Princess' duften schwach. Sie erscheinen von Sommer bis Herbst recht kontinuierlich an einer kräftigen Pflanze von aufrechtem Wuchs mit ledrigen, dunkelgrünen Blättern. Die gesunde Rose eignet sich gut für Rabatten. **ZONEN 4–9.**

Buck, USA, 1972

'Carrousel' × ('Morning Stars' × 'Suzanne')

## 'PRECIOUS PLATINUM'

**Syn. 'Opa Pötschke', 'Red Star'**

TEEHYBRIDE, ROT, ÖFTERBLÜHEND

Die scharlachroten, gefüllten Blüten dieser Teehybride besitzen eine hohe Mitte und dicke Petalen. Sie duften zart, wachsen auf langen Stielen in großer Zahl von Frühling bis Herbst und eignen sich gut zum Schnitt. Die kräftige Pflanze ist mit glänzend grünem, äußerst pilzresistentem Laub bestückt. Sie kann einzeln oder als Gruppe gepflanzt oder als Hochstamm verwendet werden. **ZONEN 4–9.**

Dickson, Großbritannien, 1974

'Red Planet' × 'Franklin Engelmann'

## 'PRÉSENCE' DELprat

**Syn. 'Present'**

TEEHYBRIDE, HELLROSA, ÖFTERBLÜHEND

'Présence' trägt große, rosa Blüten mit knapp 40 Petalen, heller Rückseite und einem fruchtigen Duft. Sie ist von buschigem, aufrechtem Wuchs mit mattmittelgrünem Laub und eignet sich gut für Beete. **ZONEN 4–9.**

Delbard, Frankreich, 1970

'Dr Albert Schweitzer' × ('Michèle Meilland' × 'Bayadère')

'Pretty Lady'

'Precious Platinum'

'Président de Sèze'

'Pretty Jessica'

'Président Leopold Senghor'

## 'PRÉSIDENT DE SÈZE'

**Syn. 'Madame Hébert'**

ALTE R., GALLICA-ROSE, MAUVE

Diese schöne Gallica-Rose besitzt zweifarbige Blüten mit blaß lilarosa Petalrändern und karminroter Mitte; sie färbt sich später dunkler. Die becherförmigen, gefüllten Blumen wölben sich leicht nach außen und stehen in Büscheln an einem lockeren, aufrechten, mittelhohen bis hohen Strauch. **ZONEN 4–9.**

Hébert, Frankreich, 1828

Eltern unbekannt

Royal Horticultural Society Award of Garden Merit 1993

## 'PRÉSIDENT DUTAILLY'

**Syn. 'Charlemagne'**

ALTE R., GALLICA-ROSE, MAUVE, ETWAS NACHBLÜHEND

'Président Dutailly' entfaltet ihre rötlich purpurfarbenen Blüten mit dunklerer Mitte und heller lilarosa Rändern recht spät zu großen, flachen Blüten. Die mittelhohe Pflanze ist von aufrechtem Wuchs. Ihr Aussehen und ihre Veranlagung zu einer späteren Blüte lassen unter ihren Vorfahren eine Portlandrose vermuten. **ZONEN 4–9.**

Dubreuil, Frankreich, 1888

Eltern unbekannt

## 'PRESIDENT HERBERT HOOVER'

**Syn. 'President Hoover'**

TEEHYBRIDE, ROSA+, ÖFTERBLÜHEND

Die langen, spitzen Blüten in Orange, Rosa und Gold sind rückseits heller. Sie wachsen auf langen Stielen und verströmen einen aromatischen Duft. Ihr ledriges, grünes Laub ist spärlich, aber robust und wächst an einer äußerst kräftigen Rose, die sich gut zum Schnitt eignet. **ZONEN 4–9.**

Coddington, USA, 1930

'Sensation' × 'Souvenir de Claudius Pernet'

Goldmedaille der National Rose Society 1934, American Rose Society John-Cook-Medaille 1935

'President Herbert Hoover'

## 'PRÉSIDENT LEOPOLD SENGHOR' MEIluminac

**Syn. 'Président L. Senghor'**

TEEHYBRIDE, DUNKELROT, ÖFTERBLÜHEND

Die dunkelroten, becherförmigen, mit 25 Petalen gefüllten Blüten dieser Teehybride mit zartem Duft öffnen sich aus konischen Knospen. Das große Laub der kräftigen, buschigen Pflanze glänzt dunkelgrün. **ZONEN 4–9.**

Meilland, Frankreich, 1979

(\[('Scarlet Knight' × 'Samourai') × ('Crimson Wave' × 'Imperator')\] × \['Pharao' × 'Pharao'\]) × ('Pharao' × 'Pharao')

## 'PRESIDENT LINCOLN'

ALTE R., REMONTANTROSE, DUNKELROT, ETWAS NACHBLÜHEND

'President Lincoln' ist kaum bekannt und nur schwer zu beziehen. Ihre sehr großen, gefüllten Blüten mit schuppenartig angeordneten Petalen sind zinnoberrot mit einem Hauch Karminrot. An der kräftigen Pflanze wächst dunkelgrünes Laub. Die Mutterpflanze 'Lord Raglan', ein Sämling der berühmten 'Géant des Batailles', wird noch kultiviert. **ZONEN 4–9.**

Granger-Lévèque, Frankreich, 1862

Sämling von 'Lord Raglan'

## 'PRETORIA' KORhagon

TEEHYBRIDE, DUNKELROSA, ÖFTERBLÜHEND

Diese hochwüchsige Rose ist reich mit gesundem Laub bedeckt und produziert auf langen, kräftigen Stielen zahlreiche perfekte Knospen. Sie öffnen sich zu gefüllten, wohlgeformten Blüten mit dunklen, fast leuchtend rosafarbenen Petalen. Ein Beet mit diesen großen Rosen bietet die ganze Saison über einen leuchtenden Farbtupfer. Mit ihrem süßen Duft eignen sie sich gut zum Schnitt. **ZONEN 5–10.**

Kordes, Deutschland, 1992

Sämling × 'Kardinal'

## 'PRETTY IN PINK' DICumpteen

BODENDECKERROSE, HELLROSA, ÖFTERBLÜHEND

Die mittelgroßen, becherförmigen, duftenden Blüten sind zart perlmuttrosa gefärbt und erscheinen in Büscheln den

'Precious Platinum'

ganzen Sommer und Herbst über. 'Pretty in Pink' ist von flachem Wuchs mit kräftigen Trieben und mittelgrünem Laub. Die durch Stecklinge oder Okulation vermehrte, bemerkenswert krankheitsfeste Rose leistet einen großen Umweltbeitrag zur Flächenbegrünung. **ZONEN 4–9.**

**Dickson, Großbritannien, 1996**

**('Minipol' × Sämling) × 'Immensee'**

**Royal National Rose Society Trial Ground Certificate 1994**

## 'PRETTY JESSICA' AUSjess

**STRAUCHROSE, DUNKELROSA, ÖFTERBLÜHEND**

Diese auch als Englische Rose bezeichnete Sorte bildet mittelgroße, rosafarbene Blütenrosetten mit gut 40 Petalen. Ihr intensiver Duft gleicht dem Alter Rosen. Mit ihrem buschigen, niedrigen Wuchs eignet sie sich gut für kleine Gärten. Das mittelgrüne Laub dieser Strauchrose ist nicht allzu krankheitsfest. **ZONEN 4–9.**

**Austin, Großbritannien, 1983**

**'Wife of Bath' × Sämling**

'Pride 'n' Joy'

## 'PRETTY LADY' SCRivo

**FLORIBUNDA, HELLROSA, ÖFTERBLÜHEND**

Ihre großen, halbgefüllten Blüten sind von zartem Rosa und erreichen einen Durchmesser von bis zu 10 cm. Die Rose besitzt zahlreiche Stacheln und mittelgroßes, dunkelgrünes, mattglänzendes Laub. **ZONEN 5–10.**

**Scrivens, Großbritannien, 1997**

**(Sämling × [*Rosa davidii elongata* × Sämling]) × (['Royal Dane' × 'Alpine Sunset'] × 'Freedom')**

## 'PREZIOSA' MEIhimper

**Syn. 'Indian Song'**

**TEEYBRIDE, ROSA+, ÖFTERBLÜHEND**

Ihre großen, stark gefüllten, hochgebauten Blüten besitzen rosafarbene Petalen mit goldfarbener Rückseite und duften zart. Die aufrechte, kräftige Pflanze ist mit glänzend dunkelgrünem Laub bestückt. **ZONEN 4–9.**

**Meilland, Frankreich, 1971**

**'Radar' × 'Karl Herbst'**

'Pride of Maldon'

'Preziosa'

## 'PRIDE 'N' JOY' JACmo

**ZWERGROSE, ORANGE+, ÖFTERBLÜHEND**

Ovale Knospen öffnen sich zu leuchtend Blüten in reinem Orange mit orangecremefarbener Rückseite, die sich später zu Lachsrosa verfärbt. Die mit 30–35 Petalen gefüllten Blüten duften fruchtig und können eine hohe, wohlgeformte Mitte haben, die sich aber für Ausstellungszwecke zu rasch öffnet. 'Pride 'n' Joy' ist von dichtem, ausladendem Wuchs, trägt dunkelgrünes, krankheitsfestes Laub und während der ganzen Saison zahlreiche Blüten. Der Kontrast der leuchtenden Blüten zum Laub macht sie zu einer wundervollen Schnittrose. 'Pride 'n' Joy' gehört zu den wenigen Zwergrosen, die von der *All-American Rose Society* einen Preis erhielten.
**ZONEN 5–11.**

**Warriner, USA, 1991**

**'Chattem Centennial' × 'Prominent'**

**All-American Rose Selection 1992**

'Preziosa'

## 'PRIDE OF ENGLAND' HARencore

**TEEHYBRIDE, DUNKELROT, ÖFTERBLÜHEND**

Diese Teehybride trägt wundervoll geformte, zart duftende Blüten in reinem Blutrot. Pride of England' ist kräftig und robust. **ZONEN 4–9.**

**Harkness, Großbritannien, 1998**

**Eltern unbekannt**

## 'PRIDE OF MALDON' HARwonder

**FLORIBUNDA, ORANGE+, ÖFTERBLÜHEND**

Ihre spitzen Knospen öffnen sich zu rötlich orangefarbenen, becherförmigen Blüten mit orangegelber Rückseite. Die sich später dunkler färbenden Blüten wachsen in kleinen Büscheln. **ZONEN 4–9.**

**Harkness, Großbritannien, 1990**

**'Southampton' × 'Wandering Minstrel'**

**Royal National Rose Society Trial Ground Certificate 1988, ÖRP Baden 1991, Glasgow Silbermedaille 1994**

## 'PRIMA'

siehe 'Many Happy Returns'

P

'Primaballerina'

'Primevère'

'Prince Arthur'

'Prince Camille de Rohan'

## 'PRIMA DONNA'

**Syn. 'Toboné'**
TEEHYBRIDE, DUNKELROSA, ÖFTERBLÜHEND

Die gefüllten Blüten in dunklem Fuchsienrosa dieser gelegentlich auch als Grandiflora klassifizierten Sorte besitzen gut 25 Petalen. Sie duften und blühen den Sommer und Herbst über in regelmäßiger Folge. An der kräftigen Pflanze wachsen große, mattglänzend mittelgrüne Blätter, und scheint bevorzugt unter Glas kultiviert zu werden. **ZONEN 4–9.**

Shiakawa, Japan, 1984

(Sämling × 'Rouge Meilland') × 'Prominent'

All-American Rose Selection 1988, Portland Goldmedaille 1992

## 'PRIMABALLERINA'

**Syn. 'Premiére Ballerine', 'Prima Ballerina'**
TEEHYBRIDE, DUNKELROSA, ÖFTERBLÜHEND

Die leider etwas mehltauanfällige Teehybride bringt halbgefüllte, mittelgroße, rosafarbene Blüten mit einem betörenden Duft hervor. Aufgrund ihres glänzenden Laubs und kräftigen, aufrechten Wuchses eignet sich 'PrimaBallerina' für Beete. **ZONEN 4–9.**

Tantau, Deutschland, 1957

Sämling × 'Gloria Dei'

National Rose Society Trial Ground Certificate 1957

## 'PRIMEVÈRE'

**Syn. 'Primrose'**
ALTE R., GROSSBLUMIGE KLETTERROSE, GELB+

'Primevère' ist eine sehr wuchsfreudige, einmalblühende, kletternde bzw. kriechende Rose, die vom Wuchs her *Rosa luciae* gleicht. Ihre großen, gefüllten, blaß- bis kanariengelben Blüten wachsen in Büscheln von 4–5 Stück und duften zart. Die einer Ramblerrose ähnliche Pflanze besitzt lange Triebe und kräftig grün glänzendes Laub.
**ZONEN 5–9.**

Barbier, Frankreich, 1920

*Rosa luciae* × 'Constance'

## 'PRINCE ARTHUR'

**Syn. 'Triomphe de Caen'**
ALTE R., REMONTANTROSE, REIN ROSA, ETWAS NACHBLÜHEND

Die kräftige Remontantrose besitzt kleinere Blüten als ihre mutmaßlichen Eltern, soll aber schöner geformt sein. Ihre intensiv karminroten Blumen halten lang, hängen jedoch leicht herab; bei guten Wachstumsbedingungen blüht sie im Herbst ein zweites Mal. Die Rose ist heute sehr selten. **ZONEN 5–9.**

Cant, Großbritannien, 1875

'Général Jacqueminot' × Sämling

'Prince Meillandina'

## 'PRINCE CAMILLE DE ROHAN'

ALTE R., REMONTANTROSE, DUNKELROT, ETWAS NACHBLÜHEND

Diese Blüten verdienen tatsächlich großes Lob; sie duften, sind dunkelrot, mit etwa 100 Petalen gefüllt, groß, geschuppt und becherförmig. Die Pflanze kann breitwüchsig sein, wird aber später aufrecht. Gelegentlich blüht sie etwas nach, doch die schwachen Stiele neigen sich oft unter dem Gewicht der Blüten.
**ZONEN 5–9.**

Verdier, Frankreich, 1861

Möglicherweise 'Général Jacqueminot' × 'Géant des Batailles'

## 'PRINCE CHARLES'

ALTE R., BOURBONROSE, MAUVE

Die mittelhohe bis hohe Rose ähnelt der bekannteren 'Bourbon Queen'. Ihre Stiele sind fast stachellos und die großen Blätter des kräftigen Busches dunkelgrün. Sie trägt angenehm duftende, lokker halbgefüllte Blüten in Karminrot oder leuchtendem Kirschrot. Die Petalen können auch einen Hauch Purpur sowie hervorgehobene Blattadern besitzen.
**ZONEN 5–9.**

Hardy, Frankreich, 1842

Eltern unbekannt

## 'PRINCE FRÉDERIC'

ALTE R., GALLICA-ROSE, MAUVE

Sie trägt ihre großen, roten, duftenden Blüten an einem hochwüchsigen Strauch. Die keineswegs weit verbreitete Sorte ist in England und Dänemark erhältlich. **ZONEN 4–9.**

Wahrscheinlich Parmentier, Frankreich, 1840

Eltern unbekannt

'Prince Napoléon'

## 'PRINCE IGOR'

siehe 'Frenzy'

## 'PRINCE MEILLANDINA'

**MEIrutral**

**Syn. 'Prince Sunblaze', 'Red Sunblaze'**
ZWERGROSE, DUNKELROT, ÖFTERBLÜHEND

Das dunkle Johannisbeerrot der Blüten kann klimabedingt auch leuchtend orangefarben sein. Sie sind mit 15–25 Petalen gefüllt, duften nicht und verleihen der Pflanze mit zahlreichen Büscheln Farbe und Ausdruckskraft. 'Prince Meillandina' ist bezüglich der Wuchs- und Blühfreudigkeit sehr zuverlässig. Sie bildet eine gute, krankheitsfeste, pflegeleichte Gartenrose. **ZONEN 5–10.**

Meilland, Frankreich, 1988

'Parador' × 'Mogral'

## 'PRINCE NAPOLÉON'

ALTE R., BOURBONROSE, ROSA+, ETWAS NACHBLÜHEND

'Prince Napoléon' ist heute eine seltene Sammlerrose. Leuchtend rosafarbenen, stark gefüllten Blüten wachsen an einer typischen Bourbonrose. Sie wurde nach dem Sohn von Napoléon III. benannt.
**ZONEN 5–9.**

Pernet, Frankreich, 1864

Eltern unbekannt

## 'PRINCEPS'

GROSSBLUMIGE KLETTERROSE, ROT

Die Sorte trägt im Sommer sehr große, rote Blüten mit nur schwachem Duft. Zum Beranken von Säulen oder niedrigen Zäunen eignet sich 'Princeps' gut.
**ZONEN 4–9.**

Clark, Australien, 1942

Eltern unbekannt

'Prince Charles'

'Princeps'

'Princess Michiko'

'Princess' (I)

## 'PRINCESS' (I)

TEEHYBRIDE, ORANGEROT, ÖFTERBLÜHEND

An einem relativ kleinen Busch, der in den meisten Lagen nur 1 m hoch wird, wachsen große, zinnoberrote Blüten mit einer für Ausstellungszwecke geeigneten Form. Die gefüllten Blüten duften zart, erscheinen aber etwas spärlich. 'Princess' besitzt Ausstellungsqualität, eignet sich aber für den Garten nicht so sehr. **ZONEN 5–10.**

Laperrière, Frankreich, 1964

('Gloria Dei' × 'Magicienne') × ('Kordes' Sondermeldung' × 'Radar')

## 'PRINCESS' (II) INTerprince

FLORIBUNDA, WEISS, ÖFTERBLÜHEND

Die hübschen, weißen, wetterfesten Blüten sind mit 25–40 Petalen gefüllt, mittelgroß, wachsen in großen Büscheln und besitzen nur einen Hauch von Duft. Das glänzend dunkelgrüne, krankheitsfeste Laub wächst an einem hohen, aufrechten, kräftigen Busch. **ZONEN 5–11.**

Ilsink, Niederlande, 1993

'Pink Delight' × Sämling

## 'PRINCESS ALICE' HARtanna

**Syn. 'Zonta Rose', 'Brite Lites'**

FLORIBUNDA, REIN GELB, ÖFTERBLÜHEND

An einem aufrechten Busch wachsen kugelförmige, mit 20–30 Petalen gefüllte, gelbe Blüten. Die mittelgroßen, schwach duftenden Blumen erscheinen von Frühling bis Herbst in großen Büscheln. Ihr mattglänzendes mittelgrünes Laub ist robust. **ZONEN 4–9.**

Harkness, Großbritannien, 1985

'Judy Garland' × 'Anne Harkness'

Dublin Goldmedaille 1984, Royal National Rose Society Trial Ground Certificate 1985, Courtrai und Tokio Certificate of Merit 1985, Preis von Orléans 1987, Den Haag Silbermedaille 1990

## 'PRINCESS CHICHIBU'

FLORIBUNDA, ROSA+, ÖFTERBLÜHEND

Die Rose besitzt große, mit 30 Petalen gefüllte Blüten, die in Büscheln wachsen und zart duften. Sie ist eine gesunde, mittelgroße Sorte. **ZONEN 4–9.**

Harkness, Großbritannien, 1971

('Vera Dalton' × 'Highlight') × 'Merlin'

Baden-Baden und Hamburg Silbermedaille 1973

## 'PRINCESS LOUISE'

ALTE R., SEMPERVIRENS-HYBRIDE, WEISS

Aus *Rosa sempervirens*, einer wilden Ramblerrose aus Südeuropa und Nordafrika, gingen einige Hybriden wie beispielsweise 'Adélaïde d'Orleans' und 'Félicité-Perpétue' hervor, beides kräftige, einmalblühende Ramblerrosen mit kleinen, gefüllten, weißen Blüten. Diese Rose wird als Zwischenform der beiden betrachtet. Ihre cremeweißen Blüten sind rückseits rosafarben. **ZONEN 5–9.**

Jacques, Frankreich, 1829

Hybride von *Rosa sempervirens*

'Princess Alice'

## 'PRINCESS MARGARET OF ENGLAND' MEIlister, MEIlisia

**Syn. 'Princesse Margaret d'Angleterre'**

TEEHYBRIDE, REIN ROSA, ÖFTERBLÜHEND

Die großen, gefüllten Blüten dieser Teehybride besitzen eine hohe Mitte und einen zarten Duft. Die phloxrosa Blumen wachsen im Frühling einzeln oder in Büscheln; im Herbst erscheinen sie einzeln und mit intensiverer Färbung. Das ledrige Laub des kräftigen, reichblühenden, aufrechten Busches ist dunkelgrün. **'Climbing Princess Margaret of England'** eignet sich für Mauern und Säulen. **ZONEN 4–9.**

Meilland, Frankreich, 1968

'Queen Elizabeth' × ('Gloria Dei' × 'Michèle Meilland')

Portland Goldmedaille 1977

## 'PRINCESS MICHAEL OF KENT' HARlightly

FLORIBUNDA, REIN GELB, ÖFTERBLÜHEND

Lange, spitze Knospen wachsen einzeln oder in Büscheln und öffnen sich zu kugelförmigen, stark gefüllten, gelben, duftenden Blüten. Sie sind mit knapp 40 Petalen gefüllt und erscheinen von Frühling bis Herbst auf langen Stielen. Der schöne, dichte Busch trägt gesunde, glänzend grüne Blätter und sollte als Gruppe oder in großen Rabatten verwendet werden. **ZONEN 4–9.**

Harkness, Großbritannien, 1981

'Manx Queen' × 'Alexander'

Royal National Rose Society Certificate of Merit 1979, Belfast Certificate of Merit 1981, Orléans Preis 1983

## 'PRINCESS MICHIKO'

FLORIBUNDA, ORANGE+

Die in kleinen Büscheln wachsenden großen, halbgefüllten Blüten dieser Floribundarose duften zart. Sie besitzen 15 Petalen in kupferigem Orangerot mit gelber Mitte. Die buschige Rose trägt ein glänzendes Laub und eignet sich für Beete und als Hochstamm. **ZONEN 4–9.**

Dickson, Großbritannien, 1966

'Circus' × 'Spartan'

## 'PRINCESS OF WALES' (I)

ALTE R., REMONTANTROSE, HELLROSA, ETWAS NACHBLÜHEND

Diese seltene Rose trägt große, gefüllte, leuchtend karminrote bis rosafarbene Blüten von schöner Form. Es gab zwei weitere, inzwischen verschollene Rosen mit diesem Namen, nämlich Laxtons rosafarbene Remontantrose (1871) und Bennetts Teerose (1822) **ZONEN 5–9.**

Paul, Großbritannien, 1864

Eltern unbekannt

## 'PRINCESS OF WALES' (II)

HARdinkum

FLORIBUNDA, WEISS, ÖFTERBLÜHEND

Ihr farblicher Effekt ist dank der zahlreichen, duftenden Blüten atemberaubend. Den Sommer und Herbst über stehen dicht am Laub Büschel mit cremefarbenen Knospen, die sich zu reinem Weiß öffnen. Mit ihrem dichten, üppig belaubten Wuchs von kaum mittlerer Höhe eignet sie sich gut für Beete, Rabatten und als Hecke. **ZONEN 4–9.**

Harkness, Großbritannien, 1997

Eltern unbekannt

'Princess Michael of Kent'

'Princess Margaret of England'

## 'PRINCESS ROYAL' DICroyal

TEEHYBRIDE, APRICOT+, ÖFTERBLÜHEND

Diese buschige Rose besitzt große, mit 25–40 Petalen gefüllte Blüten in Apricot. Sie duften zart und stehen meist einzeln auf steifen, sehr stacheligen Stielen. Das mittelgroße Laub der robusten Pflanze glänzt mattgrün. **ZONEN 4–9.**

Dickson, Großbritannien, 1992

'Tequila Sunrise' × Sämling

## 'PRINCESSE ADÉLAIDE'

ALTE R., MOOSROSE, HELLROSA

Die Rose ist von mittlerem Wuchs mit dunkelgrünem, häufig geflecktem Laub. Ihre großen, gefüllten, zart rosafarbenen Blüten sind ebenfalls häufig gefleckt aber kaum bemoost und duften angenehm. 'Princesse Adélaide' ähnelt Gallica-Rosen, zu denen sie gelegentlich gezählt wird. **ZONEN 4–9.**

Laffay, Frankreich, 1845

Eltern unbekannt

'Princesse de Nassau'

'Pristine'

## 'PRINCESSE DE LAMBALLE'

Syn. 'Princesse Lamballe'

ALTE R., ALBA-ROSE, WEISS

Die rein weißen, gelegentlich fleischfarbenen, gefüllten, becherförmigen Blüten dieser Sorte wachsen an einem typischen, blau-grün belaubten Alba-Busch.

**ZONEN 4–9.**

Vor 1848

Eltern unbekannt

## 'PRINCESSE DE MONACO'

MEImaqarmic

Syn. 'Grace Kelly', 'Preference', 'Princesse Grace', 'Princess of Monaco', 'Princesse Grace de Monaco'

TEEHYBRIDE, WEISS, ÖFTERBLÜHEND

Die großen, hochgebauten Blüten besitzen weiße Petalen mit rosafarbenen Rändern. Sie erscheinen den Sommer und Herbst über kontinuierlich, duften intensiv und sind mit 35 Petalen gefüllt. Mit ihrem dunkel glänzenden Laub und dem aufrechten Wuchs eignet sie sich gut als Gartenrose und ist für Ausstellungszwecke beliebt. **ZONEN 4–9.**

Meilland, Frankreich, 1982

'Ambassador' × 'Gloria Dei'

## 'PRINCESSE DE NASSAU'

Syn. 'Autumnalis'

ALTE R., NOISETTEROSE, HELLGELB

Diese Rose ist besser unter dem Namen 'Autumnalis' bekannt und eine Form der mit 'Blush Noisette' verwandten *R. moschata* × *R. damascena*, also eine Noisetterose. Graham Thomas hält sie für identisch mit Laffays 'Princesse de Nassau'. Die mittelwüchsige Ramblerrose trägt Büschel kleiner, cremegelber, gefüllter Blüten mit einem angenehmen Moschusduft. Sie hat kaum Stacheln, und die Triebe wachsen zickzackartig (ähnlich wie bei der Noisetterose 'Aimée Vibert'). Ihre Blüten erscheinen erst spät, blühen aber für eine Weile. Die Pflanze ist leicht frostempfindlich. **ZONEN 7–9.**

Laffay, Frankreich, 1835

Eltern unbekannt

'Priscilla Burton'

## 'PRINCESSE DE SAGAN'

ALTE R., CHINAROSE, DUNKELROT, ETWAS NACHBLÜHEND

Die einfache Chinarose trägt gefüllte, dunkel kirschrot-kastanienbraune Blüten, die etwas becherförmig sind und gelegentlich zusätzliche Petalen ausbilden. Sie wachsen einzeln auf langen, kräftigen Stielen am Ende relativ dünner Zweige.

**ZONEN 7–9.**

Dubreuil, Frankreich, 1887

Eltern unbekannt

## 'PRINCESSE MARIE'

Syn. 'Belvedere'

ALTE R., SEMPERVIRENS-HYBRIDE, REIN ROSA

Diese Sorte trägt große Bündel gefüllter, rosafarbener Blüten in riesigen Rispen. Die flachen Blüten sind von dunkelgrünem, duftendem Laub umgeben. Die biegsamen Zweige haben wenig Stacheln, wodurch sich diese Rose gut zum Beranken von Mauern, Pergolen und Gebäudene eignet. 'Belvedere' kann mühelos bis zu 4,5 m hoch werden. Sie gedeiht am besten auf nährstoffreichem Boden, ohne direkte Sonneneinstrahlung. In warmen Regionen behält sie ihr Laub auch im Winter. **ZONEN 4–10.**

Jacques, Frankreich, 1829

Eltern unbekannt

'Princesse Adélaide'

## 'PRINZ EUGEN VON SAVOYEN'

Siehe 'Amber Queen'

## 'PRISCILLA BURTON' MACrat

FLORIBUNDA, ROT+, ÖFTERBLÜHEND

Die reichblühende, duftende Rose trägt von Frühling bis Herbst becherförmige, halbgefüllte, zweifarbige Blüten in Blaß- bis Dunkelrosa, Purpur- und Kirschrot. Sie wachsen in Büscheln, besitzen 10 Petalen. Das Laub des kräftigen, aufrechten Busches glänzt dunkelgrün. **ZONEN 4–9.**

McGredy, Neuseeland, 1978

'Old Master' × Sämling

Royal National Rose Society President's International Trophy 1976

## 'PRISTINE' JACpico

TEEHYBRIDE, WEISS, ÖFTERBLÜHEND

Sehr lange Knospen öffnen sich zu riesigen, hochgebauten, fast weißen Blüten mit einem Hauch Hellrosa und einem zarten Duft. Ihre 25–30 Petalen überlappen sich und halten ihre Farbe unter allen Witterungsbedingungen. Dunkelgrünes, ledriges Laub an aufrechten, kräftigen Stielen ziert diese robuste Beet- und Ausstellungsrose. **ZONEN 4–9.**

Warriner, USA, 1978

'White Masterpiece' × 'First Prize'

Portland Goldmedaille 1979, Royal National Rose Society Edland-Duftmedaille 1979

'Princesse de Sagan'

'Princesse de Monaco'

P

'Princess Royal'

P

## 'PRIVÉ'

Syn. 'Lifirane'

TEEHYBRIDE, REIN ROSA, ÖFTERBLÜHEND

Dieser Sport der kräftigen Sorte 'Sonia' ähnelt ihrer Elternpflanze bis auf die Blüten, die bei 'Sonia' kirschrot und halbgefüllt sind. 'Privé' besitzt wunderschön geformte, gefüllte, rein rosa Blüten; die äußeren Petalen biegen sich beim Öffnen zurück. Die schwach duftenden Blumen wachsen einzeln oder in kleinen Büscheln inmitten von glänzend dunkelgrünem Laub. **ZONEN 5–9.**

Meilland, Frankreich, 1988

Sport von 'Sonia'

'Privé'

## 'PROFESSEUR JEAN BARNARD' DELjaber

TEEHYBRIDE, DUNKELROT, ÖFTERBLÜHEND

Diese gut für Beete geeignete Rose trägt sehr große, dunkelrote Blüten. Sie duften zart, besitzen 25–30 Petalen und erscheinen wiederholt bis in den Herbst. 'Professeur Jean Barnard' wächst kräftig und buschig und ist von üppigem, dunkelgrünem Laub bedeckt.

**ZONEN 4–9.**

Delbard-Chabert, Frankreich, 1989

('Charles Mallerin' × 'Divine') × ('Super Star' × ['Rome Glory' × 'Impeccable'])

'Professeur Jean Barnard'

'Prominent'

'Prosperity'

'Proud Land'

## 'PROLIFERA DE REDOUTÉ'

ALTE R. ZENTIFOLIE, REIN ROSA

Diese mittelgroße bis große, weichtriebige, knapp 2 m hohe Pflanze bildet sehr dunkelgrüne, stachelige Triebe mit rauhem, dunkelgrünem Laub. Zu Beginn gleichen die stark gefüllten, intensiv duftenden, dunkelrosa Blüten einer typischen Zentifolie, öffnen sich dann aber flach. 'Prolifera de Redouté' wäre eine äußerst gute Rose, wenn sie nicht so oft „durchwachsen" würde – darunter versteht man das Austreiben einer zweiten Knospe durch die Blütenmitte. ZONEN 4–10.

Frankreich, vor 1824

Eltern unbekannt

## 'PROMINENT' KORp

Syn. 'Korp'

TEEHYBRIDE, ORANGEROT, ÖFTERBLÜHEND

Die großen, spitzen Knospen dieser Teehybride öffnen sich zu leuchtend orangeroten Blüten mit knapp 35 Petalen. Die gelegentlich als Grandiflora klassifizierten, mittelgroßen Blüten sind beinah perfekt geformt und duften zart. An der reichblühenden, aufrechten Pflanze wächst mattgrünes Laub. ZONEN 4–9.

Kordes, Deutschland, 1971

'Königin der Rosen' × 'Zorina'

Royal National Rose Society Certificate of Merit 1970, Portland Goldmedaille 1977, All-American Rose Selection 1977, ADR-Rose 1971

'Prospero'

## 'PROSPERITY'

STRAUCHROSE, MOSCHATA-HYBRIDE, WEISS, ÖFTERBLÜHEND

Große Rispen cremeweißer, duftender Blüten öffnen sich aus blaßrosa Knospen. Sie blühen ab Frühsommer äußerst zahlreich an einer mittelwüchsigen, etwas weichtriebigen Pflanze mit glänzend grünem Laub. Sie eignet sich für Rabatten oder Säulen, muß aber zur Bildung der Herbstblüte vor Ende Juni gedüngt werden. ZONEN 4–9.

Pemberton, Großbritannien, 1919

'Marie-Jeanne' × 'Perle des Jardins'

Royal Horticultural Society Award of Garden Merit 1994

## 'PROSPERO' AUSpero

STRAUCHROSE, DUNKELROT, ÖFTERBLÜHEND

Sie ist eher ein Busch als ein Strauch und trägt große, duftende Blüten mit 40 kleinen, dunkel karminroten Petalen, die sich dunkel purpurrot färben. Um eine bestmögliche Nachblüte zu erzielen, muß die nicht sehr robuste Pflanze gedüngt und gespritzt werden. ZONEN 4–9.

Austin, Großbritannien, 1982

'The Knight' × 'Château de Clos Vougeot'

## 'PROUD LAND'

TEEHYBRIDE, DUNKELROT, ÖFTERBLÜHEND

Ihre dunkelroten Blüten sind mit 60 Petalen gefüllt. Sie duften recht intensiv und erscheinen den Sommer und Herbst über sehr kontinuierlich. Die Pflanze ist von aufrechtem Wuchs mit ledrigem, dunkelgrünem, relativ gesundem Laub. ZONEN 4–9.

Morey, USA, 1969

'Chrysler Imperial' × Sämling

## 'PROUD TITANIA' AUStania

STRAUCHROSE, WEISS

Die auch als Englische Rose bezeichnete Sorte zählt zu den ersten Züchtungen von David Austin, und ihre Ahnentafel weist Alte und Moderne Gartenrosen auf. Sie wird zwar noch in verschiedenen Gärtnereien kultiviert, von Züchtern aber nicht mehr verwendet, was an ihrer Krankheitensanfälligkeit liegen könnte. Die großen, mit 35 Petalen gefüllten Blüten sind flach, cremeweiß und duften intensiv; ihre angebliche Fähigkeit, wiederholt Blüten anzusetzen, ist zweifelhaft. Sie trägt kleines, mattglänzendes Laub. ZONEN 4–9.

Austin, Großbritannien, 1982

Sämling × Sämling

## 'PUCKER UP' TINpuck

ZWERGROSE, ORANGEROT, ÖFTERBLÜHEND

Kleine Knospen öffnen sich je nach Lage zu leuchtend orangeroten bis kräftig roten Blüten. Die mit knapp 25 Petalen gefüllten Blüten können an den äußeren Petalen dunkelrot überhaucht sein, duften zart und eignen sich vorzüglich für Ausstellungszwecke. Sie wachsen einzeln oder in kleinen Büscheln an einer hohen, aufrechten Pflanze. Die generell langen, gelegentlich krummen Stiele tragen mittelgrünes, mattglänzendes Laub. 'Pucker Up' ist von etwas schlacksigem Wuchs, sonst aber eine kräftige, gesunde Pflanze. Sie erhielt während der Jahresversammlung der *American Rose Society* den Preis für die schönsten Blüten. ZONEN 4–11.

Bennett, USA, 1984

'Futura' × 'Avandel'

## 'PUDSEY BEAR' BEDchild

TEEHYBRIDE, DUNKELGELB, ÖFTERBLÜHEND

Ihre mittelgroßen, dunkelgelben, schwach duftenden Blüten erscheinen von Sommer bis Herbst in großer Zahl. Die mittelhohe Pflanze ist üppig mit dunkelgrünem Laub bedeckt. 'Pudsey Bear' wurde so benannt, weil der Erlös einer wohltätigen Einrichtung für Kinder zugute kommt. ZONEN 4–9.

Chessum, Großbritannien, 1996

Eltern unbekannt

## 'PUPPY LOVE' SAVapop

ZWERGROSE, ORANGE+, ÖFTERBLÜHEND

Ihre elegant spitzen Knospen öffnen sich zu kleinen Blüten mit einer exzellenten Kombination aus Rosa, Korallrot und Orange. Die gefüllten Blüten besitzen einen zarten Duft und eine für Ausstellungszwecke geeignete hohe Mitte. Sie gehört zu den ersten im Frühling blühenden Rosen. Mit nur knapp 25 Petalen altern die Blüten sehr langsam. Aufgrund der reizenden Knospenform und auffälli-

'Proud Titania'

'Pucker Up'

'Purple Splendour'

gen Farbe, die einen guten Kontrast zum dunkelgrünen Laub bildet, ist sie bei Floristen sehr beliebt. Die aufrechte, dichte, Pflanze reinigt sich selbst und ist pflegeleicht; 'Puppy Love' ist eine gute Wahl für Rabatten oder Kübel.
**ZONEN 5–11.**

Schwartz, USA, 1978

'Zorina' × Sämling

## 'PURE BLISS' DICtator

TEEHYBRIDE, ROSA+, ÖFTERBLÜHEND

'Pure Bliss' besitzt großen Blüte in einem äußerst hübschen, zarten Rosaton. Die wohlgeformten, schwach duftenden Blumen erscheinen den ganzen Sommer und Herbst über. Die Pflanze ist von mäßigem, aber sehr buschigem, gesundem Wuchs und eignet sich gut für Beete oder auch als Hochstamm. **ZONEN 4–9.**

Dickson, Großbritannien, 1995

'Elina' × ('Silver Jubilee' × ['Taifun' × 'Maxi'])

Belfast Goldmedaille 1997, Genua Silbermedaille 1994

## 'PUREZZA'

**Syn. *Rosa banksiae* 'The Pearl', *R. banksiae*, 'Purezza'**

RAMBLERROSE, BANKSIAE-HYBRIDE, WEISS, ÖFTERBLÜHEND

Große Rispen mit mittelgroßen, gefüllten, weißen Blüten wachsen an einer stachellosen, kletternden Pflanze. Sie duften und erscheinen von Sommer bis Herbst kontinuierlich. 'Purezza' ist eine äußerst kräftige Rose mit ledrigen, gesunden Blättern. **ZONEN 6–10.**

Mansuino, Italien, 1961

'Tom Thumb' × *Rosa banksiae lutescens*

Rom Goldmedaille 1960

## 'PURPLE BEAUTY'

TEEHYBRIDE, MAUVE, ÖFTERBLÜHEND

Die beliebte Ausstellungsrose besitzt sehr große, purpurrote Blüten mit 30 Petalen. Sie duften zart und erscheinen den Sommer und Herbst über. 'Purple Beauty' ist von aufrechtem Wuchs mit ledrigem, dunkelgrünem Laub. **ZONEN 4–9.**

Gandy, Großbritannien, 1979

'Eminence' × 'Tyrius'

## 'PURPLE BUTTONS'

STRAUCHROSE, MAUVE+, ÖFTERBLÜHEND

Diese vor kurzem vorgestellte Rose der kalifornischen Züchterin Kim Rupert bildet einen schönen, dichten Strauch. Sie trägt zahlreiche gefüllte Blüten in dunklem Mauve. **ZONEN 5–9.**

Rupert, USA, 1998

Eltern unbekannt

'Purple Cloud'

## 'PURPLE CLOUD'

TEEHYBRIDE, MAUVE+, ÖFTERBLÜHEND

Die Blütenfarbe dieser Teehybride kommt Purpurrot vielleicht am nächsten. Die großen, wohlgeformten Blumen öffnen sich langsam zu einer hohen Mitte mit 40–50 spitzen Petalen. Wie die meisten Rosen dieser Farbe verströmt sie einen intensiven Duft. 'Purple Cloud' bildet eine große Anzahl von Blumen, eine gute Nachblüte und mattdunkelgrünes, krankheitsfestes Laub; die Blütenstiele sind jedoch kurz. Aufgrund ihres mittelhohen, dichtbuschigen Wuchses eignet sie sich gut als Hochstamm. Die Knospen können zum Schnitt verwendet werden, da sie die Form lange halten, ohne zu verblassen.
**ZONEN 5–9.**

Keisei, Japan, 1993

Eltern unbekannt

## 'PURPLE DAWN' BRIdawn

ZWERGROSE, MAUVE, ÖFTERBLÜHEND

Urnenförmige Knospen öffnen sich zu samtig mauvefarbenen Blüten mit 25 Petalen, die selbst unter starker Sonneneinstrahlung nicht verblassen. Sie wachsen einzeln oder in kleinen Büscheln, duften schwach und sind für traditionelle Zwergrosen vielleicht etwas groß. 'Purple Dawn' ist auf jeden Fall eine Bewerberin für die Rabattenklasse. Mit ihrer hohen Mitte und den kräftigen Petalen eignen sich die Blüten gut zum Schnitt und für Ausstellungszwecke. Die wuchsfreudige, hohe, aufrechte Pflanze bildet im Garten einen hübschen Farbtupfer.
**ZONEN 5–10.**

Bridges, USA, 1991

'Party Girl' × Sämling

## 'PURPLE SPLENDOUR'

FLORIBUNDA, MAUVE, ÖFTERBLÜHEND

Kleine Büschel leuchtend purpurfarbener, großer Blüten mit gut 25 Petalen erscheinen den ganzen Sommer und Herbst über. Sie duften zart. 'Purple Splendour' eignet sich gut für Beete.
**ZONEN 4–9.**

LeGrice, Großbritannien, 1976

'News' × 'Overture'

'Purezza'

## 'PURPLE TIGER' JACpurr

**Syn. 'Impressionist'**

FLORIBUNDA, MAUVE, ÖFTERBLÜHEND

Diese neue Sorte trägt Blüten von bemerkenswerter Farbe; die sehr dunkel purpurroten Petalen erhalten später weiße und mauve-rosa Streifen und Tupfen. Ihre offenen, duftenden, mit 25–40 Petalen gefüllten Blüten wachsen von Sommer bis Herbst in kleinen Büscheln. Das Laub des niedrig bleibenden, fast stachellosen Busches glänzt grün. Die Rose eignet sich gut für Beete, ist aber leider stark anfällig für Sternrußtau. **ZONEN 4–9.**

Christensen, USA, 1991

'Lavaglut' × 'Pinstripe'

## 'PURPUREA PLENA'

ALTE R., PIMPINELLIFOLIA-HYBRIDE, MAUVE

Hybriden der *R. pimpinellifolia* waren im 19. Jh. besonders in Landhausgärten sehr beliebt. Aus der einfach blühenden, cremeweißen, wilden Art wurden um 1800 viele Sorten entwickelt, die zumeist in Vergessenheit gerieten. Bei schottischen Liebhabern sowie in der Gartenanlage der *Royal National Rose Society* in St. Albans sind aber immer noch Sammlungen zu finden. Der äußerst winterharte, stachelige, niedrige Strauch blüht nur einmal im Frühjahr. Die seltene Sorte ist purpurfarben gefüllt und zeigt eine große Anzahl charakteristischer schwarzer Fruchtstände. Warme, feuchte Lagen sind ihrem Wuchs abträglich; sie fühlen sich auf kargen Böden und sogar in Küstennähe wohl. **ZONEN 3–8.**

Frühes 19. Jh.

Eltern unbekannt

## 'PUSSTA'

siehe 'New Daily Mail'

## 'PZAZZ' POUzazz

BÜSCHELBLÜTIGE ZWERGROSE, ROT+, ÖFTERBLÜHEND

Die mittelgroßen, gefüllten Blüten dieser Rabattenrose sind rosa-kirschrot gestreift und nehmen später eine zartere rosa Färbung mit einem Hauch Kirschrot an. 'Pzazz' ist krankheitsfest, blüht öfters, trägt glänzend hellgrüne Blätter und eignet sich gut für kleine Beete und Kübel. **ZONEN 4–9.**

Poulsen, Dänemark, 1996

Eltern unbekannt

'Pure Bliss'

'Puppy Love'

'Purple Tiger'

Q R

'Quaker Star'

'Queen Charlotte'

'Queen Elizabeth'

## 'QUAKER STAR' DICperhaps

TEEHYBRIDE, ORANGEROSA, ÖFTERBLÜHEND

Ihre stark gefüllten Blüten besitzen 40 Petalen in Orange mit silbriger Rückseite; später ändern sie sich zu Lachsrosa mit orangefarbenen Rändern. Sie erscheinen den Sommer und Herbst über meist einzeln, duften aber leider kaum. Das glänzend mittelgrüne Laub der buschigen, niedrigen Rose ist gesund. Sie wird gelegentlich als Grandiflorarose klassifiziert. **ZONEN 4–9.**

Dickson, Großbritannien, 1991

'Münchner Kindl' × Sämling

Royal National Rose Society Certificate of Merit 1989



## 'QUATRE SAISONS'

siehe 'Autumn Damask'

## 'QUATRE SAISONS BLANC MOUSSEUX'

**Syn. 'Perpetual White Moss', 'Rosier de Thionville'**

ALTE R., MOOSROSE, WEISS, ETWAS NACHBLÜHEND

Diese unverwechselbare Moosrose bildet einen hübschen, aufrechten und doch buschigen Strauch von etwa 1,5 m Höhe; ihre Stiele sind kräftig und dunkel purpurgrün bemoost, und auch ihr mittelgrünes Laub ist leicht bemoost. Die ebenfalls gut bemoosten Knospen stehen in kleinen, kurzstieligen Büscheln und öffnen sich zu weißen, recht gefüllten, mittelgroßen Blüten. Sie verlieren im Lauf der Zeit etwas an Schönheit, was jedoch durch ihre große Zahl, ihren Duft und das konstante Nachblühen bis in den Herbst wettgemacht wird. **ZONEN 5–9.**

Laffay, Frankreich, vor 1837

Sport von 'Quatre Saisons'

## 'QUEEN CHARLOTTE'

HARubondee

TEEHHYBRIDE, ORANGEROSA, ÖFTERBLÜHEND

An einer hohen, aufrechten Pflanze erscheinen lachsrote Blüten mit gelber Mitte und rosaroter Rückseite, die später verblassen. Sie besitzen eine hohe Mitte, einen zarten Duft und erscheinen den Sommer und Herbst über einzeln. Das große Laub der guten Rabattensorte glänzt mattdunkelgrün. **ZONEN 4–9.**

Harkness, Großbritannien, 1989

'Basildon Bond' × 'Silver Jubilee'

Royal National Rose Society Trial Ground Certificate 1987, Erster Preis von Hradec 1991

## 'QUEEN ELIZABETH'

**Syn. 'The Queen Elizabeth Rose', 'Queen of England'**

FLORIBUNDA, REIN ROSA, ÖFTERBLÜHEND

Diese mitunter als Grandiflorarose bezeichnete bemerkenswerte Sorte ist seit über 40 Jahren beliebt; sie ist der Traum eines jeden Rosengärtners, da sie einen

'Climbing Queen Elizabeth'

großen Anteil verkaufsfähiger Pflanzen bringt. Ihre großen, gefüllten, rein rosafarbenen Blüten besitzen eine hohe Mitte, knapp 40 Petalen, deren unterste sich spitz einrollen, und blühen bis in den Herbst. Die kräftige Pflanze entwickelt sich zu einem eindrucksvollen Strauch und kann im Abstand von etwa sechs Jahren durch einen starken Rückschnitt im März verjüngt werden. Ihr großes, glänzend dunkelgrünes, ledriges Laub ist relativ gesund. Sie eignet sich gut für große Rabatten, als Einzelpflanze oder Hecke. Die Mutter der derzeitigen Königin von England, Witwe von Georg V., gab ihre Erlaubnis, ihren Namen für diese Sorte verwenden zu dürfen. Allerdings machte sie zur Bedingung, daß die Rose den vollständigen Namen 'The Queen Elizabeth Rose' erhält. Die kletternde Sorte **'Climbing Queen Elizabeth'** (Syn. 'Climbing The Queen Elizabeth Rose', 'Grimpant Queen Elizabeth', Whisler, USA, 1957) blüht während des Sommers und gleicht bis auf die geringere Blütenbildung ihrer Elternpflanze. **ZONEN 4–9.**

Lammerts, USA, 1954

'Charlotte Armstrong' × 'Floradora'

Portland Goldmedaille 1954, National Rose Society President's International Trophy 1955, All-American Rose Selection 1955, American Rose Society Goldmedaille 1957, Goldene Rose von Den Haag 1968, Weltrose 1979

## 'QUEEN FABIOLA'

**Syn. 'Fabiola'**

TEEHYBRIDE, ORANGEROT, ÖFTERBLÜHEND

Die nach der belgischen Königin Fabiola benannte Rose besitzt leuchtendere Farben als ihre Eltern. Ovale Knospen öffnen sich zu großen, gefüllten Blüten mit hoher Mitte, gut 35 Petalen und einem zarten Duft. Sie bilden einen schönen Kontrast zum dichten, ledrigen, mattglänzenden Laub. Die kräftige, gut verzweigte Pflanze trägt rasch nacheinander zahlreiche Blüten, kann aber im Herbst zu Mehltaubefall neigen. 'Queen Fabiola' ist eine hervorragende Schnittblume, da sich die Blüten langsam öffnen; sie können jedoch wie bei der Elternsorte 'Montezuma' zu einem stumpfen Orange verblassen und fallen oft sehr spät ab. **ZONEN 5–9.**

Hazenberg, Belgien, 1961

Sport von 'Montezuma'

'Queen Fabiola'

## 'QUEEN MARGRETHE' POUlskov, POUskul

**Syn. 'Königin Margarethe', 'Dronning Margrethe', 'Enchantment', 'Queen Margarethe'**

STRAUCHROSE, HELLROSA, ÖFTERBLÜHEND

'Queen Margrethe'ist eine relativ neue Strauchrose, deren mittelgroße, zart duftende Blüten knapp 25 hellrosa Petalen und eine altmodisch geviertelte Form besitzen. Sie stehen in kleinen Büscheln und ähneln David Austins Englischen Rosen. Die niedrige, buschige, dichte Rose ist in zierliches, glänzend mittelgrünes Laub gehüllt. 'Queen Margrethe' bildet einen ordentlichen, kugelförmigen Strauch, der die ganze Saison über wiederholt blüht. **ZONEN 5–10.**

Poulsen, Dänemark, 1991

Sämling × 'Egeskov'

Neuseeland Goldmedaille 1993

## 'QUEEN MOTHER' KORquemu

**Syn. 'Queen Mum'**

ZWERGROSE, HELLROSA, ÖFTERBLÜHEND

Diese äußert üppig blühende Zwergrose trägt den Sommer und Herbst über kleine Büschel lockerer, zartrosa Blüten mit schwachem Duft. 'Queen Mother' ist eine gesunde Pflanze von etwas weichtriebigem, strauchigem Wuchs mit glänzend dunkelgrünem Laub. **ZONEN 4–9.**

Kordes, Deutschland, 1991

Eltern unbekannt

Royal Horticultural Society Award of Garden Merit 1994, ADR-Rose 1996

'Queen Margrethe'

'Queen Mother'

'Queen of Bedders'

'Queen of Hearts'

## 'QUEEN NEFERTITI' AUSap

STRAUCHROSE, HELLGELB, ÖFTERBLÜHEND

'Queen Nefertiti' trägt bis in den Herbst gelbe Blüten mit bräunlichen Petalrändern und einem schwachen Duft. Der hübsche Strauch wird durch Okulation vermehrt. **ZONEN 4–9.**

Austin, Großbritannien, 1988

'Lilian Austin' × 'Chaucer'

## 'QUEEN OF BEDDERS'

ALTE R., BOURBONROSE, DUNKELROSA, ETWAS NACHBLÜHEND

'Queen of Bedders' bildet bis in den Herbst zahlreiche duftende Blüten in kräftigem Karminrot. Die sehr dichte Bourbonrose eignet sich gut für den vorderen Bereich von Rabatten. Um eine schöne Rabattenrose zu erhalten, sollten die kräftigeren Triebe zurückgeschnitten werden. **ZONEN 5–9.**

Standish und Nobel, Großbritannien, 1871

Sämling von 'Sir Joseph Paxton'

## 'QUEEN OF BOURBONS'

**Syn. 'Bourbon Queen', 'Reine des Iles Bourbon', 'Souvenir de la Princesse de Lamballe'**

ALTE R., BOURBONROSE, ROSA+, ETWAS NACHBLÜHEND

Diese sehr bekannte und beliebte Alte Rose wird noch häufig gepflanzt. Ihre rosaroten, halbgefüllten, lockeren, becherförmigen Blüten duften angenehm, blühen aber nur wenig nach. Obwohl die Pflanze hoch werden kann, sollte sie zu einem buschigen Strauch zurückgeschnitten werden. 'Queen of Bourbons' ist sehr kräftig und anspruchslos, trägt dichtes Laub und eignet sich gut für ländliche Gärten. **ZONEN 5–9.**

Mauget, Frankreich, 1834

Eltern unbekannt

## 'QUEEN OF HEARTS'

GROSSBLUMIGE KLETTERROSE, REIN ROSA, ÖFTERBLÜHEND

Kugelförmige Knospen öffnen sich bei diesem kräftigen Climber zu dunkelrosa, gefüllten, duftenden Blüten. Das dunkle Laub sieht sehr schön an dieser wuchsfreudigen Kletterrose aus, die sich gut zum Beranken von Mauern anbietet. **ZONEN 4–9.**

Clark, Australien, 1920

'Gustave Grünerwald' × 'Rosy Morn'

'Queen of Bourbons' (Hagebutten)

'Queen of Bourbons'

## 'QUEEN OF THE MUSKS'

STRAUCHROSE, ROSA+, ÖFTERBLÜHEND

Die offenen Blüten in kräftigem Rosa und Weiß blühen den Sommer und Herbst über sehr regelmäßig und duften äußerst intensiv. 'Queen of the Musks' ist kaum bekannt. Sie trägt dunkles, efeugrünes Laub und eignet sich für Rabatten und als Einzelpflanze. **ZONEN 4–9.**

Paul, Großbritannien, 1913

Eltern unbekannt

## 'QUEEN PARADE'

ZWERGROSE, REIN ROSA, ÖFTERBLÜHEND

An einer niedrigen, buschigen Pflanze erscheinen zierliche, wohlgeformte Knospen. Sie öffnen sich langsam zu kleinen, gefüllten, aparten, schalenförmigen Blüten mit 25–30 Petalen, die sich lange am Strauch halten. Die Serie „Parade" besteht aus über einem Dutzend ausgezeichneter, blühfreudiger Topfrosensorten, die Poulsen als „Rosa Nova-Serie" bezeichnet. 'Queen Parade' ist krankheitsfest. **ZONEN 5–10.**

Poulsen, Dänemark, 1992

Eltern unbekannt

'Queen Parade'

## 'RACHEL BOWES LYON'

HARlacal

STRAUCHROSE, GELB+, ÖFTERBLÜHEND

Mittelgroße pfirsichrosa Blüten mit gelber Rückseite stehen in Büscheln an einem niedrigen, buschigen Strauch mit kleinen Stacheln. Sie besitzen knapp 15 Petalen, einen schwachen Duft und eine offene Schalenform. Das kleine bis mittelgroße Laub der für Rabatten und als Hecke geeigneten Rose ist mittelgrün. **ZONEN 4–9.**

Harkness, Großbritannien, 1981

'Kim' × (['Orange Sensation' × 'Allgold'] × *Rosa californica*)

Courtrai Silbermedaille 1980

## 'RADIANCE'

**Syn. 'Pink Radiance'**

TEEHYBRIDE, HELLROSA, ÖFTERBLÜHEND

'Radiance' trägt große, rundliche, becherförmige Blüten in Rosa mit hellerer Rückseite. Sie besitzen knapp 25 Petalen und einen recht ausgeprägten Damaszenerrosenduft. Die kräftige Rose mit ihrem großen, ledrigen, sehr robusten Laub eignet sich für Beete. 1926 stellte Griffing in Florida die kletternde Form **'Climbing Radiance'** vor. **ZONEN 4–9.**

Cook, USA, 1908

'Enchanter' × 'Cardinal'

'Radiance'

'Climbing Radiance'

Q R

## 'RADIO TIMES' AUSsal

STRAUCHROSE, REIN ROSA, ÖFTERBLÜHEND

Die auch als Englische Rose bezeichnete Sorte gehört zu David Austins besten Neueinführungen. Sie erhielt ihren Namen anläßlich des 70jährigen Jubiläums der britischen Zeitschrift *Radio Times*. In den wärmeren Monaten trägt 'Radio Times' wiederholt zartrosa, stark duftende, gefüllte Blüten. Ihre zahlreichen Petalen bilden eine vornehme Rosette, wobei sich die äußeren Blütenblätter später zurückbiegen. **ZONEN 5–10.**

Austin, Großbritannien, 1994

Eltern unbekannt

'Radox Bouquet'

## 'RADOX BOUQUET' HARmusky

Syn. 'Rosika'

FLORIBUNDA, REIN ROSA, ÖFTERBLÜHEND

Die intensiv duftenden, zartrosa Blüten stehen in kleinen Büscheln von 2–3 Stück. Sie sind mittelgroß, becherförmig und besitzen 30 Petalen. Die aufrechte Pflanze trägt große, glänzend mittelgrüne Blätter sowie große, dunkle Stacheln. Sie blüht wiederholt und eignet sich gut für Beete und als Gruppe in Rabatten. **ZONEN 4–9.**

Harkness, Großbritannien, 1981

('Alec's Red' × 'Piccadilly') × ('Southampton' × ['Cläre Grammerstorf' × 'Frühlingsmorgen'])

Genf Coupe de Parfum 1980, Belfast Duftpreis 1983, Belfast Certificate of Merit 1983, Courtrai Certificate of Merit 1983

## 'RADWAY SUNRISE'

Syn. 'Morning Colors'

STRAUCHROSE, ORANGE+, ÖFTERBLÜHEND

Die Sorte erzielte in britischen Wettbewerben sehr gute Noten für Duft und Gesamteindruck und war einer der ersten erfolgreichen Versuche, die Farbgene von 'Maskerade' an eine Strauchrose weiterzuvererben. Ihre in großen Dolden stehenden Blüten sind zu Beginn gelb mit kirschrosaroten Petalrändern; später färben sie sich kräftig kirschrot. Sieben recht große Petalen öffnen sich becherförmig, zeigen rötlich goldfarbene Staubgefäße und verbreiten einen schwachen Duft. Im Garten bildet die robuste Pflanze, die bis in den Herbst blüht, eine farbenprächtige Bereicherung für Strauchrabatten. Die kräftige, reichverzweigte, buschige Strauchrose wird sehr hoch und trägt dunkelgrüne, ledrige Blätter. Sie wurde nach der englischen Ortschaft Radway Green benannt, wo sich die Baumschule befand, in der sie gezogen wurde. **ZONEN 4–9.**

Waterhouse Nursery Ltd., Großbritannien, 1962

'Maskerade' × Sämling

Royal National Rose Society Trial Ground Certificate 1962

'Radway Sunrise'

'Radway Sunrise'

'Ragtime'

'Rainbow Robe'

## 'RAE DUNGAN'

TEEHYBRIDE, GELB+, ÖFTERBLÜHEND

Lange, spitze Knospen öffnen sich zu cremegelben Blüten mit dunkelrosa Petalrändern. Die großen, gefüllten Blumen duften recht intensiv, und die kräftige, dunkel belaubte Pflanze eignet sich gut für Rabatten. **ZONEN 4–9.**

Dawson, Australien, 1971

'Daily Sketch' × 'Fred Streeter'

## 'RAGTIME' MACcourlod

ZWERGROSE, ROSA+, ÖFTERBLÜHEND

'Ragtime' ist eine der ersten von Sam McGredys mehrfarbigen Zwergrosen. Die Farbmischungen reichen von leuchtendem Rot und Rosa bis hin zu Gelbtönen mit schmalen, weißen Petalrändern an den älteren Blüten. Am schönsten sind die Blumen in voll geöffnetem Zustand, wenn ihre leuchtenden Farben mit den kräftig gelben Staubgefäßen kontrastieren. Sie erscheinen gelegentlich einzeln, meist aber in kleinen Büscheln an einem hübschen, dichten Busch, der dem Garten einen kräftigen Farbtupfer verleiht. **ZONEN 5–11.**

McGredy, Neuseeland, 1984

'Mary Sumner' × Sämling

'Radio Times'

'Rae Dungan'

## 'RAINBOW'

ALTE R., TEEROSE, ROSA+, ETWAS NACHBLÜHEND

Die Ursprungssorte 'Papa Gontier' besitzt dunkelrosa Blüten mit karminroter, gelb überhauchter Rückseite. Die Petalen von 'Rainbow' sind in allen Regenbogenfarben gestreift und gefleckt, woher sie zweifellos ihren Namen hat. Ihre duftenden, halbgefüllten, lockeren Blumen auf steifen Stielen eignen sich zum Schnitt. Die kräftige Pflanze ist offenbar nur in den USA erhältlich. 1896 kam eine 'Improved Rainbow' auf den Markt, die aber mittlerweile verschollen ist. **ZONEN 7–9.**

Sievers, USA, 1889

Sport von 'Papa Gontier'

## 'RAINBOW NATION' DELstricol

Syn. 'Camille Pissarro'

FLORIBUNDA, GELB+, ÖFTERBLÜHEND

Südafrika wird aufgrund der vielen Rassen und Kulturen gelegentlich als „Regenbogennation" (*Rainbow Nation*) bezeichnet. Diese faszinierende Rose soll daran erinnern, daß ein friedliches Zu-

'Rainbow Robe'

sammenleben unterschiedlicher Völker möglich ist. Der kräftige, gesunde, mittelhohe Strauch trägt die ganze Saison über Dolden mit gefüllten, orange, rot und gelb gestreiften bzw. gefleckten Blüten. In der Vase bilden sie fröhliche, haltbare Blumenarrangements; auch für die Pflanzung von Beeten und Kübeln ist diese Floribundarose durchaus sehr geeignet. ZONEN 5–11.

Delbard, Frankreich, 1996

Eltern unbekannt

## 'RAINBOW ROBE'

TEEHYBRIDE, MAUVE, ÖFTERBLÜHEND

'Rainbow Robe' besitzt einen ungewöhnlichen mauve-purpurroten Ton, der später zu Rot übergeht. Die Farben scheinen unter Sonneneinstrahlung dunkler zu werden, wobei die Petaloberseiten blaß bleiben. Die Blüten sind groß mit hoher Mitte und einem intensiven Duft, erscheinen aber in geringer Anzahl und in größeren Abständen. Am relativ niedrigen, aufrechten Busch wächst mattdunkelgrünes Laub. ZONEN 5–9.

Kordes, Deutschland, 1991

Eltern unbekannt

## 'RAINBOW'S END' SAValife

ZWERGROSE, GELB+, ÖFTERBLÜHEND

Diese Rose gehört zu den schönsten Zwergrosen, die je gezüchtet wurden. Ihre kräftig gelben Blüten mit roten Rändern färben sich später vollständig rot, wobei die auffällige Mischung aus Gelb und Rot bewundernde Blicke auf sich zieht. Die mit 35 Petalen gefüllten Blüten duften nicht. Sie erscheinen die ganze Saison über an einem aufrechten, dichten Busch mit zierlichem, glänzend dunkelgrünem Laub. Aufgrund des dichten, kugelförmigen Wuchses eignet sich die Rose gut für Kübel. 'Rainbow's End' zählt zu den beliebtesten Zwergrosen. Vor kurzem wurde eine kletternde Version vorgestellt. ZONEN 4–11.

Saville, USA, 1984

'Golden Meillandina' × 'Watercolor'

American Rose Society Award of Excellence 1986

'Rainbow's End'

'Ralph's Creeper'

'Ramona'

'Ralph's Creeper'

'Raubritter'

'Rambling Rector'

'Rambling Rector'



## 'RALPH'S CREEPER' MORpapplay

**Syn. 'Creepy', 'Glowing Carpet', 'Highveld Sun'**

BODENDECKERROSE, ROT+, ÖFTERBLÜHEND

Diese öfterblühende Bodendeckerrose läßt sich im Garten sehr vielseitig einsetzen. Ihre dunkel orangeroten Blüten haben ein leuchtend gelbes Auge und eine kräftig gelbe und weiße Rückseite, die sich später rosarot färbt. Die lockeren, mittelgroßen, mit 15 Petalen halbgefüllten Blüten stehen in Büscheln von 10–15 Stück. Pluspunkte sind ihr zarter Apfelblütenduft und das zierliche, gesunde, mattdunkelgrüne Laub. Im Herbst erscheinen kleine, kugelförmige, rote Hagebutten. Die breitwüchsige Rose eignet sich für Hochbeete, Balkonkästen, Kübel und Ampeln. **ZONEN 4–9.**

Moore, USA, 1987

'Papoose' × 'Cheerio'

## 'RAMBLING RECTOR'

RAMBLERROSE, WEISS

Ihre Herkunft ist zwar unbekannt, aber sie ist vermutlich sehr alt und stammt wohl aus einem Pfarrgarten (*rector* = „Pfarrer"). Die weißen, halbgefüllten Blüten in großen Büscheln duften sehr intensiv. 'Rambling Rector'eignet sich für große Gärten, wo sich die nur einmal, aber sehr üppig blühende, starkwüchsige Pflanze an Bäumen emporranken kann. **ZONEN 5–9.**

Vor 1912

Möglicherweise *Rosa multiflora* × *R. moschata*

Royal Horticultural Society Award of Garden Merit 1993

## 'RAMIRA'

siehe 'Agatha Christie'

## 'RAMONA'

**Syn. 'Red Cherokee'**

STRAUCHROSE, ROT, ETWAS NACHBLÜHEND

Diese wuchsfreudige, buschige, etwas weichtriebige Rose mit glänzendem Laub bildet Anfang Juni und gelegentlich nochmals im Herbst große, einfache, duftende, karminrote Blüten mit 5 Petalen aus. **ZONEN 4–9.**

Dietrich und Turner, USA, 1913

Sport von *Rosa* × *anemonoides*

## 'RAPHAEL'

ALTE ROSE, MOOSROSE, WEISS

Die rosafarbenen, gut bemoosten Blüten blühen kaum nach. 'Raphael' wird nur von wenigen spezialisierten Baumschulen angeboten. **ZONEN 4–9.**

Robert, Frankreich, 1856

Eltern unbekannt

## 'RAUBRITTER'

STRAUCHROSE, HELLROSA

'Raubritter' trägt Büschel gefüllter, kugelförmiger, hellrosa Blüten und ledriges, faltiges Laub. Sie wird gelegentlich als Kletterrose bis 2,5 m Höhe angeboten, aber häufiger als breitwüchsiger oder bodendeckender Strauch kultiviert. Ihre Sommerblüte ist bemerkenswert, ebenso ihre Frosthärte; allerdings ist sie etwas mehltauanfällig. **ZONEN 4–9.**

Kordes, Deutschland, 1936

'Daisy Hill' × 'Solarium'

## 'RAY OF SUNSHINE' COCclare

STRAUCHROSA, REIN GELB, ÖFTERBLÜHEND

Spitze Knospen öffnen sich zu zierlichen Blüten mit 15 Petalen in leuchtendem, reinem Gelb, das nicht verblaßt. Die becherförmigen, duftenden Blüten stehen in kleinen Büscheln von 3–9 Stück an einer eher niedrigen, buschigen Pflanze mit zierlichem, glänzendem, dunkelgrünem Laub. **ZONEN 4–9.**

Cocker, Großbritannien, 1988

'Friesia' × ('Cläre Grammerstorf' × 'Frühlingsmorgen')

'Red Ace'

'Red American Beauty'

'Raymond Chenault'

## 'RAYMOND CHENAULT'

STRAUCHROSE, ROT, ÖFTERBLÜHEND

Die großen, leuchtend roten, halbgefüllten Blüten mit gut 15 Petalen duften zart und erscheinen wiederholt in Büscheln. Die wuchsfreudige, etwas weichtriebige Pflanze trägt dunkel glänzendes, gesundes Laub. 'Raymond Chenault' eignet sich gut für Säulen, Pergolen oder auch als großer Strauch. **ZONEN 4–9.**

Kordes, Deutschland, 1960

*Rosa kordesii* × 'Montezuma'

National Rose Society Trial Ground Certificate 1961

## 'RAZZLE DAZZLE' JACraz

FLORIBUNDA, ROT, ÖFTERBLÜHEND

Die in Büscheln angeordneten mittelgroßen, zart duftenden Blüten besitzen 25 rote Petalen mit weißer Rückseite. Sie erreichen einen Durchmesser von 8 cm und erscheinen bis in den Herbst. Das dunkle Laub der buschigen Rabattenpflanze ist ledrig. **ZONEN 4–9.**

Warriner, USA, 1977

Eltern unbekannt

Portland Goldmedaille 1978

## 'REBECCA CLAIRE'

TEEHYBRIDE, ORANGEROSA, ÖFTERBLÜHEND

Den Sommer und Herbst über erscheinen duftende, große, wohlgeformte Blüten einzeln oder in kleinen Büscheln. Sie besitzen knapp 30 Petalen in kupfrigem Orange mit hell korallrosa Rändern. Die aufrechte, kräftige, gute Rabattenpflanze trägt glänzend mittelgrünes, gesundes Laub. **ZONEN 4–9.**

Law, Großbritannien, 1986

'Blessings' × 'Redgold'

Royal National Rose Society President's International Trophy, Edland-Duftmedaille Royal National Rose Society 1980

## 'RECONCILIATION' HARtillery

TEEHYBRIDE, APRICOT+, ÖFTERBLÜHEND

'Reconciliation' besitzt eine schöne Färbung aus Pfirsichrosa mit einem Hauch Lohgelb und einen angenehmen Duft. Ihre klassischen, wohlgeformten Blumen blühen wiederholt einzeln oder in kleinen Büscheln. Die buschige Pflanze mit robustem, dunkelgrünem Laub eignet sich gut für Beete und als Hochstamm; auch als Schnittrose ist sie ausgezeichnet. **ZONEN 4–9.**

Harkness, Großbritannien, 1995

'Basildon Bond' × 'Rosemary Harkness'

## 'RED ACE' AmRUda

Syn. 'Amanda'

ZWERGROSE, DUNKELROT, ÖFTERBLÜHEND

Ihre hübschen, dunklen, samtig karminroten Blüten stehen in großen Büscheln auf kräftigen, gesunden, geraden Stielen. Am schönsten sehen sie in voll aufgeblühtem Zustand aus, wenn sie ihre leuchtend goldgelben Staubgefäße zeigen. Der aufrechte, dichte Busch ist winterhart und relativ gesund. Seine wunderschönen Blütenrispen erhalten bei den Ausstellungen der britischen *Royal National Rose Society* ständig Preise. **ZONEN 4–10.**

de Ruiter, Niederlande, 1982

'Scarletta' × Sämling

## 'RED ALERT' MORalert

ZWERGROSE, ROT, ÖFTERBLÜHEND

Spitze Knospen öffnen sich zu roten, mit 35 Petalen gefüllten, festen Blüten mit etwas hellerer Rückseite und einer typischen Edelrosenform. Sie duften zart und stehen meist einzeln oder in Büscheln von 3–5 Stück. Das prachtvolle Rot dieser Zwergrose verleiht dem Garten die ganze Saison über einen kräftig leuchtenden Farbfleck. Die mittelhohe Pflanze wächst aufrecht und bedeckt sich mit mittelgroßem, mattglänzendem, grünem Laub. Als einer der größten Vorzüge dieser wundervollen Gartenrose gilt die Farbe, der Wind, Regen und Sonne nichts anhaben können. **ZONEN 5–11.**

Moore, USA, 1990

'Orangeade' × 'Rainbow's End'

'Ray of Sunshine'

## 'RED AMERICAN BEAUTY'

TEEHYBRIDE, ROT, ÖFTERBLÜHEND

Ovale Knospen öffnen sich zu großen Blüten mit hoher Mitte und 30–35 Petalen in Scharlach- bis Rosarot. Die duftenden, langstieligen Blumen erscheinen bis in den Herbst fortwährend. Am aufrechten, buschigen, kräftigen Strauch wachsen dunkle, ledrige Blätter. **ZONEN 5–9.**

Morey, USA, 1959

'Rouge Meilland' × 'San Fernando'

R

'Red Blanket'

'Red Bells'

'Red Chief'

'Red Cross'

'Red Beauty'

## 'RED BEAUTY'

ZWERGROSE, DUNKELROT, ÖFTERBLÜHEND

Die dunkelroten Blüten dieser Zwergrose zeigen eine phantastisch gelbe Mitte. Sie sind mit 35 Petalen gefüllt, duften zart und besitzen eine für Ausstellungszwecke geeignete Form. Ihre Farbe verblaßt in den meisten Lagen nicht, und sie halten ihre Form aufgrund der zahlreichen Blütenblätter lange. 'Red Beauty' trägt zierliches, dunkelgrünes Laub. Sie kann herrlich große Dolden bilden, die sowohl in den Vereinigten Staaten als auch in Großbritannien bei Rosenschauen prämiert wurden. Die Rose war die Sensation, als sie 1981 in den USA vorgestellt wurde. Gärtner und Fans schwärmten von 'Red Beauty' als einer Bereicherung der roten Zwergrosenklasse. Sie wird auch heute noch in vielen Ländern kultiviert und gewinnt immer wieder Preise. **ZONEN 5–11.**

Williams, USA, 1981

'Starburst' × 'Over the Rainbow'

## 'RED BELLS' POUlred

ZWERGROSE/BODENDECKER, ROT

Diese kräftige, breitwüchsige Bodendeckerrose blüht leider nur im Juni/Juli. Ihre zierlichen, gefüllten, roten Blüten besitzen 35 Petalen, einen zarten Duft und stehen in großen Büscheln. Das kleine, mittelgrüne, mattglänzende Laub ist besonders krankheitsfest.
**ZONEN 4–9.**

Poulsen, Dänemark, 1983

'Mini-Poul' × 'Temple Bells'

## 'RED BLANKET' INTercel, INTercell

STRAUCHROSE, DUNKELROSA, ÖFTERBLÜHEND

'Red Blanket' ist eine sehr buschige Bodendeckerrose mit kleinen, halbgefüllten, mattdunkelrosa Blüten. Sie duften zart und blühen bis in den Herbst in kleinen Büscheln. Die wuchsfreudige Pflanze trägt zierliche, dunkelgrün glänzende Blätter sowie zahlreiche mittelgroße Stacheln. Die Sorte wird bis zu 1,2 m hoch. **ZONEN 4–9.**

Ilsink, Niederlande, 1979

'Yesterday' × Sämling

Royal Horticultural Society Award of Garden Merit 1993

## 'RED CASCADE' MOOrcap

KLETTERNDE ZWERGROSE, DUNKELROT, ÖFTERBLÜHEND

Spitze Knospen öffnen sich bei dieser Zwergrose zu kräftig dunkelroten, becherförmigen, duftenden Blüten mit etwa 40 Petalen. Die mit kleinem, ledrigem Laub besetzte Pflanze ist von niederliegendem oder hängendem Wuchs und eignet sich daher als Bodendecker, für Hängeampeln oder kann über eine Mauer herabhängen. Sie wird leicht von Mehltau befallen, wenn man sie nicht ausreichend pflegt. 'Red Cascade' eine sehr beliebte Sorte für den Garten, wo sie wundervolle, leuchtende Farbtupfer bildet. **ZONEN 5–11.**

Moore, USA, 1976

(*Rosa wichuraiana* × 'Floradora') × 'Magic Dragon'

American Rose Society Award of Excellence 1976

## 'RED CHIEF'

TEEHYBRIDE, ROT, ÖFTERBLÜHEND

'Red Chief' bildet von Juni bis in den Herbst sehr große, rote, hochgebaute Blüten mit 35 Petalen von wundervollem Duft. Die buschige, aufrechte, kräftige Ausstellungsrose trägt derbes, dunkelgrünes Laub. **ZONEN 4–9.**

Armstrong, USA, 1967

Sämling × 'Chrysler Imperial'

## 'RED CROSS' MEIsoyris

**Syn. 'Marcel Pagnolin Europe'**

TEEHYBRIDE, ROT, ÖFTERBLÜHEND

Gefüllte Blüten mit vielen hübsch gewellten, leuchtend samtroten Petalen öffnen sich aus langen, spitzen Knospen. Sie er-

R

scheinen rasch nacheinander in großer Zahl, eignen sich gut zum Schnitt und duften sehr intensiv. Das üppige, dunkelgrüne Laub ist gesund. Der Verkaufserlös dieser Rose kommt dem Roten Kreuz (engl. *Red Cross*) zugute.
**ZONEN 5–9.**

Meilland, Frankreich, 1998

Eltern unbekannt

'Red Devil'

'Red Devil'

## 'RED DEVIL' DICam

**Syn. 'Coeur d'Amour'**
TEEHYBRIDE, ROT, ÖFTERBLÜHEND

'Red Devil' wurde als diejenige große Edelrose mit der perfektesten Form beschrieben, die je auf Ausstellungen zu sehen war. Ihre leuchtend scharlach-karminroten Blüten mit hellerer Rückseite besitzen gut 70 Petalen und eine hohe Mitte; sie duften angenehm und blühen mehrmals. Die wuchsfreudige Pflanze trägt glänzend dunkelgrünes Laub und ist eine aufsehenerregende Beetrose, wird aber vornehmlich für Ausstellungszwekke kultiviert.
**ZONEN 4–9.**

Dickson, Großbritannien, 1970

'Silver Lining' × 'Primaballerina'

Royal National Rose Society Certificate of Merit 1965, Japan Goldmedaille 1967, Belfast Goldmedaille 1969, Portland Goldmedaille 1970

## 'RED FAN'

TEEHYBRIDE, ORANGEROT, ÖFTERBLÜHEND

Die mittelhohe bis hohe, sehr breitwüchsige, kräftige Buschrose trägt mittelgroße Blüten mit etwa 25 orangeroten Petalen, die sich aus ovalen Knospen öffnen. Sie halten ihre Farbe gut und blühen rasch nacheinander in großer Zahl über üppigem, mittelgrünem, mattglänzendem Laub. Leider duften sie nicht. Die Pflanze kann im Herbst für Sternrußtau anfällig sein. **ZONEN 5–9.**

Keisei, Japan, 1991

Eltern unbekannt

'Red Fan'

## 'RED FAVORITE' TANschweigru

**Syn. 'Schweizer Gruß', 'Holländerin', 'Red Favourite', 'Salut à la Suisse'**
FLORIBUNDA, ROT, ÖFTERBLÜHEND

'Red Favorite' besitzt halbgefüllte, mittelgroße Blüten mit knapp 15 Petalen und einem zarten Duft. Die samtig leuchtenden, ochsenblutroten Blüten erscheinen unermüdlich in mittelgroßen Büscheln. An der kräftigen, mittelhohen Pflanze, die sich für Beete und als Hochstamm eignet, wächst ledriges, glänzend dunkelgrünes Laub. Sie war über mehrere Jahrzehnte sehr beliebt.
**ZONEN 4–9.**

Tantau, Deutschland, 1954

'Karl Weinhausen' × 'Tantaus Triumph'

ADR-Rose 1950, National Rose Society Certificate of Merit 1952

'Red Favorite'

'Red Flush'

## 'RED FLUSH'

ZWERGROSE, ROT, ÖFTERBLÜHEND

Ovale Knospen öffnen sich zu roten, becherförmigen, mit fast 50 Petalen gefüllten Blüten. Diese erscheinen meist in Büscheln dicht über mattgrünem Laub. Sie erscheinen äußerst zahlreich und sind in voll geöffnetem Zustand, wenn sie ihre auffälligen goldgelben Staubgefäße zeigen, am schönsten. Der sehr zierliche, dichte, aufrechte Busch wird am besten in Kübel oder als Einfassung gepflanzt. Aufgrund der Konkurrenz durch viele moderne Zwergrosen mit der gleichen Farbkombination, aber von schönerer Form und besserem Wuchs, hat 'Red Flush' ihre anfängliche Beliebtheit verloren. **ZONEN 5–10.**

Schwartz, USA, 1978

Eltern unbekannt

American Rose Society Award of Excellence 1978

'Red Head'

## 'RED GLORY'

FLORIBUNDA, ROT, ÖFTERBLÜHEND

Die einfachen, in rundlichen Büscheln stehenden Blüten von 'Red Glory' besitzen gut 10 Petalen in Kirsch- bis Rosarot und einen zarten Duft. Die öfterblühende Pflanze qualifiziert sich durch ihre Wuchsfreudigkeit als Heckenrose, eignet sich aber auch für Säulen und niedrige Zäune. Sie ist von sehr kräftigem, hohem, buschigem Wuchs mit ledrigen, mattglänzenden Blättern. **ZONEN 4–9.**

Swim, USA, 1958

'Gay Lady' × ('Rosenmärchen' × 'Floradora')

## 'RED HEAD'

TEEHYBRIDE, ORANGEROT, ÖFTERBLÜHEND

An der hohen, aufrechten Pflanze erscheinen leuchtende Blüten in ungewöhnlichem Orangerot mit dunkel korall-orangefarbenen Schattierungen. Die stacheligen Triebe des gesunden Strauchs tragen großes, mittelgrünes, mattglänzendes Laub. Große, ovale Knospen öffnen sich zu mit 20–25 Petalen gefüllten Blüten, die ihre Farbe besonders in der Vase lange halten. **ZONEN 5–9.**

Dickson, Großbritannien, 1983

Eltern unbekannt

## 'RED IMP'

**Syn. 'Maid Marion', 'Mon Tresor', 'Montresor'**

ZWERGROSE, DUNKELROT, ÖFTERBLÜHEND

Zierliche, schalenförmige, dunkelscharlachrote Blumen öffnen sich bei dieser Zwergrose aus attraktiven, eiförmigen Knospen. Sie besitzen knapp 50 Petalen und sind etwas kleiner als die meisten Zwergrosenblüten. Ihr Duft hängt stark von den klimatischen Bedingungen und der Temperatur ab. Die zwergwüchsige Pflanze mit kleinem Laub wird aufgrund ihrer schönen Form und niedrigen Höhe von 25 cm gerne für Blumenarrangements verwendet, hat aber in den vergangenen Jahren an Beliebtheit verloren. Im Frühjahr färben sich die Knospen teilweise braun und bilden Mumien. 'Red Imp' zählt zu den klassischen Mini-Zwergrosen aus der Mitte des 20. Jh.
**ZONEN 5–10.**

de Vink, Niederlande, 1951

'Ellen Poulsen' × 'Tom Thumb'

'Red Masterpiece'

'Red Lion'

'Red Nella'

'Red Pat'

R

## 'RED LION'

TEEHYBRIDE, ROT, ÖFTERBLÜHEND

Die mit knapp 40 Petalen gefüllten roten Blüten dieser Teehybride hellen sich allmählich rosarot auf. Sie besitzen eine hohe Mitte, erreichen einen Durchmesser von 13 cm, duften recht gut und blühen bis in den Herbst. 'Red Lion' wird seit ausschließlich für Ausstellungen kultiviert. ZONEN 4–9.

McGredy, Großbritannien, 1964

'Kordes' Perfecta' × 'Detroiter'

National Rose Society Trial Ground Certificate 1964

## 'RED MASTERPIECE' JACder

TEEHYBRIDE, DUNKELROT, ÖFTERBLÜHEND

Die dunkelroten, gefüllten Blüten dieser Teehybride sind sehr groß, besitzen eine hohe Mitte und einen intensiven Duft. An der kräftigen, aufrechten, öfterblühenden Beetrose wächst großes, dunkelgrünes, ledriges Laub. ZONEN 4–9.

Warriner, USA, 1974

('Siren' × 'Chrysler Imperial') × ('Carrousel' × 'Chrysler Imperial')

## 'RED MEIDILAND' MEIneble

Syn. 'Rouge Meillandécor'

STRAUCHROSE, ROT+, ÖFTERBLÜHEND

An der kräftigen, flachwüchsigen Pflanze erscheinen einfache, mittelgroße, becherförmige Blüten in Rot mit weißem Auge und zartem Duft. Sie blühen wiederholt in Büscheln von 5–15 Stück. Das krankheitsfeste, mittelgroße Laub glänzt kräftig grün; im Herbst erscheinen zierliche, kugelförmige, rote Hagebutten. 'Red Meidiland' eignet sich gut für Rabatten, Böschungen, Kübel, Balkonkästen und als Hochstamm; laut Aussage des Züchters ist sie sehr winterhart.

ZONEN 3–9.

Meilland, Frankreich, 1989

'Sea Foam' × ('Picasso' × 'Eyepaint')

## 'RED MINIMO' RUImired

ZWERGROSE, DUNKELROT, ÖFTERBLÜHEND

Die roten, mit 15–20 Petalen halbgefüllten Blüten dieser Mini-Zwergrose stehen in Büscheln. Sie duften nicht, sind aber von dekorativer Form. Die niedrige, buschige Pflanze trägt kleines, dunkelgrünes, mattglänzendes Laub. Sie bildet eine beträchtliche Anzahl von Blüten aus und wird daher häufig für Blumenarrangements verwendet. 'Red Minimo'ist eine rote Zwergrose, die man häufig in Supermärkten in kleinen Töpfen kaufen kann. Leider werden sie nach dem Verblühen dann häufig weggeworfen.

ZONEN 5–11.

de Ruiter, Niederlande, 1987

Eltern unbekannt

## 'RED NELLA'

TEEHYBRIDE, MAUVE/HELLROT, ÖFTERBLÜHEND

Rückwärts gelesen ergibt ihr Name den Namen des Züchters. Die Rose trägt funkelnd hellrote, zart duftende, wohlgeformte Blüten. Die gefüllten Blumen erscheinen die Saison über einzeln oder in kleinen Büscheln an einer hohen, aufrechten Pflanze, wobei die Hauptblüte dieser Gartenrose im Juni stattfindet.

ZONEN 5–10.

Allender, Australien, 1991

Eltern unbekannt

## 'RED PAT'

ZWERGROSE, ROT, ÖFTERBLÜHEND

Diese zierliche, buschige Zwergrose trägt kleine Büschel leuchtend roter, halbgefüllter Blüten mit zahlreichen goldfarbenen Staubgefäßen. Sie besitzen 10–15 feste Petalen und bilden wie die meisten einfachen oder halbgefüllten Rosen Hagebutten aus, die zwischen dem späten Flor sehr hübsch aussehen. Die rasch nacheinander erscheinenden Blumen stehen in großer Zahl über dem kleinen, mittelgrünen, mattglänzenden Laub. 'Red Pat' bildet eine gefällige, dichte Topfpflanze, eignet sich aber auch für niedrige Einfassungen. Ihre einfachen Blüten sehen sehr natürlich aus.

ZONEN 5–9.

1990

Eltern unbekannt

## 'RED PETER'

TEEHYBRIDE, HELLROT, ÖFTERBLÜHEND

Ihre großen, hell karminroten, mit etwa 40 Petalen gefüllten Blüten eignen sich für Ausstellungszwecke. 'Red Peter'öffnet als eine der ersten Sorten im Frühjahr langsam ihre langen, wohlgeformten Knospen. Der Duft der besonders rasch nacheinander blühenden Rose ist zart. An der mittelhohen bis hohen, äußerst gesunden Pflanze wächst dichtes, mattglänzend dunkelgrünes Laub.

ZONEN 5–9.

Gregory, Großbritannien, 1970

Eltern unbekannt

## 'RED PLANET'

TEEHYBRIDE, DUNKELROT, ÖFTERBLÜHEND

Diese äußerst beliebte Rose besitzt karminrote, gefüllte Blüten mit 35 Petalen und einem recht intensiven Duft, hat aber leider keine sehr schöne Form. Das glänzende Laub wächst an einer gesunden, öfterblühenden, zuverlässigen Beet- und Rabattenpflanze.

ZONEN 4–9.

Dickson, Großbritannien, 1970

'Red Devil' × Sämling

Royal National Rose Society President's International Trophy 1969

'Red Peter'

'Red Planet'

'Red Meidiland'

## 'RED QUEEN'

**Syn. 'Liebestraum'**

TEEHYBRIDE, ROT, ÖFTERBLÜHEND

Vom Sommer bis in den Herbst hinein öffnen sich die ovalen Knospen der 'Red Queen' zu großen, roten, gefüllten Blüten, die allerdings kaum duften. Die aufrechte, wuchsfreudige Beetrose trägt dunkelgrünes Laub.

**ZONEN 4–9.**

Kordes, Deutschland, 1968

'Königin der Rosen' × 'Liberty Bell'

Royal National Rose Society Trial Ground Certificate 1968

'Red Rascal'

## 'RED RADIANCE'

TEEHYBRIDE, DUNKELROSA, ÖFTERBLÜHEND

Die hell karminroten Blüten dieser Teehybride sind eine Mutation der einst beliebten rosafarbenen Edelrosen, die stets noch in einigen Baumschulen herangezogen werden. Die intensiv duftenden Blumen erinnern an Damaszenerrosen und blühen den Sommer und Herbst über wiederholt. Das Laub der kräftigen Pflanze ist gesund. **ZONEN 4–9.**

Gude Bros, USA, 1916

Sport von 'Radiance'

## 'RED RASCAL' JACbed

STRAUCHROSE, ROT, ÖFTERLBÜHEND

Am hübschen Strauch erscheinen wiederholt zierliche, rote, mit 35 Petalen gefüllte Blüten in Rispen von 2–5 Stück. Die becherförmigen Blumen duften zart. 'Red Rascal'ist eine buschige, für Beete oder als Einzelpflanze geeignete Rose mit mittelgroßen, roten bis braunen Stacheln und zierlichem, mattglänzendem, mittelgrünem Laub. **ZONEN 4–9.**

Warriner, USA, 1986

Eltern unbekannt

'Red Queen'

R

## 'RED RIBBON'

FLORIBUNDA, ROT, ÖFTERBLÜHEND

An der niedrigen, stämmigen Floribundarose erscheinen rote, halbgefüllte, feste Blüten. Sie besitzen 10–15 rein karminrote Petalen und erscheinen in kleinen bis mittelgroßen, lockeren Dolden. Das Laub dieser Sorte glänzt mattdunkelgrün; die Blütenbildung erfolgt ziemlich rasch hintereinander. 'Red Ribbon' ist sehr gesund und formt bei dichter Pflanzung eine hübsche, niedrige Einfassung mit Blüten, die lange halten und nicht verblassen; allerdings verbreitet die Rose insgesamt nur wenig Duft.
**ZONEN 5–9.**

McGredy, Neuseeland, 1973

Eltern unbekannt

'Red Rock'

## 'RED RIBBONS' KORtemma

**Syn. 'Mainaufeuer', 'Chilterns', 'Fiery Sunsation'**

BODENDECKERROSE, ROT, ÖFTERBLÜHEND

Dieser kräftige Bodendecker mit seinen leuchtend scharlachroten Blüten wird von Rosenliebhabern als gute Sorte anerkannt. Ihre offenen, mittelgroßen, halbgefüllten Blüten besitzen 10 Petalen, einen zarten Duft und erscheinen bis in den Herbst in kleinen Büscheln. Aufgrund ihres gesunden, leuchtend grünen Laubs und des kräftigen Wuchses eignet sich diese Sorte sehr gut für Wälle, Säulen und als Hochstamm.
**ZONEN 4–9.**

Kordes, Deutschland, 1990

Eltern unbekannt

Baden-Baden Goldmedaille 1991

## 'RED ROCK' MEIlusam

**Syn. 'Lusamba', 'Lusambo', 'Red Rocky'**

TEEHYBRIDE, ROT, ÖFTERBLÜHEND

'Red Rock' bildet wiederholt große, kirschrote, mit 35 Petalen gefüllte Blüten. Die offenen Blüten überlappen sich, haben einen Durchmesser von 13 cm und duften zart. Das dunkelgrüne Laub wächst an einer sehr kräftigen Pflanze.
**ZONEN 4–9.**

Meilland, Frankreich, 1973

('Royal Velvet' × 'Chrysler Imperial') × 'Pharao'

'Red Ribbon'

'Red Simplicity'

## 'RED ROSAMINI' RUIredro

ZWERGROSE, DUNKELROT, ÖFTERBLÜHEND

Ihre leuchtend dunkelroten Blüten erscheinen in kleinen Büscheln an einer hübschen, zierlichen Pflanze. Sie sind von dekorativer Form, öffnen sich aber zu rasch; dafür erscheinen sie während der ganzen Saison sehr zahlreich. 'Red Rosamini'zählt zu den winterhärtesten Gartenrosen. Die wuchsfreudige Pflanze läßt sich als Einfassung oder für Hängeampeln verwenden. **ZONEN 4–11.**

de Ruiter, Niederlande, 1987

Eltern unbekannt

## 'RED RUGOSTAR'

**Syn. 'Magseed'**

STRAUCHROSE, RUGOSA-HYBRIDE, ROT

Die leuchtend karminroten Blüten dieser Strauchrose sind halbgefüllt und zeigen

'Red Rosamini'

'Red Rugostar'

'Red Ribbons'

beim Öffnen ein Büschel goldfarbener Staubgefäße. Ihre Stiele tragen grau-grüne Blätter. 'Red Rugostar' kann durch Okulation vermehrt werden.
**ZONEN 5–10.**

Moore, USA, 1997

Eltern unbekannt

## 'RED SHADOWS' SAVmore

ZWERGROSE, DUNKELROT, ÖFTERBLÜHEND

Diese äußerst dankbare kleine Rose kann in Beeten oder Kübeln kultiviert werden. Am dichten, pflegeleichten Strauch, der rasch gut mittelhoch werden kann, erscheinen bis in den Herbst Blüten. Die mittelgroßen Blüten, die allerdings nicht duften, öffnen sich aus prallen Knospen zu perfekt geformten Rosetten in leuchtendem Rot; die Petalränder sind viel dunkler, fast schwarz überhaucht. Aufgrund der haltbaren Blüten eignet sich 'Red Shadows' sehr gut zum Schnitt und für Ausstellungszwecke.
**ZONEN 5–11.**

Saville, USA, 1984

'Tamango' × 'Sheri Anne'

## 'RED SIMPLICITY' JACsimpl

**Syn. 'Red Iceberg'**

STRAUCHROSE, ROT, ÖFTERBLÜHEND

An der äußerst reich blühenden Heckenrose erscheinen in kleinen Büscheln wiederholt große, leuchtend rote Blüten mit schwarz überlaufenen Petalrändern. Sie sind mit 15–25 Petalen halbgefüllt und duften zart. 'Red Simplicity' ist eine kräf-

'Reine Marie Henriette'

'Reine France'

## 'REINE MARIE HENRIETTE'

GROSSBLUMIGE KLETTERROSE, ROT, ÖFTERBLÜHEND

Die nach einer belgischen Königin benannte Rose wird trotz der recht zahlreichen Stacheln noch immer gepflanzt. Die lockeren, in Büscheln stehenden Blüten sind von reinem Kirschrot. Dem üppigen Sommerflor folgen im Herbst weitere Blüten. Die Pflanze sollte nur leicht zurückgeschnitten werden. **ZONEN 7–9.**

Levet, Frankreich, 1878

'Mme Bérard' × 'Général Jacqueminot'

## 'REINE OLGA DE WÜRTEMBERG'

ALTE R., NOISETTEROSE, ROT, ETWAS NACHBLÜHEND

Wie fast alle Noisetterosen ist auch diese eine kräftige Kletterpflanze. Die karminroten, mittelgroßen, gefüllten Blüten über dem dunkelgrünen Laub duften; starkes Sonnenlicht schadet ihnen jedoch. 'Reine Olga de Würtemberg' ist zwar eine seltene, aufgrund ihrer für Noisetterosen ungewöhnlichen Farbe aber eine lohnenswerte Gartenrose. **ZONEN 7–9.**

Nabonnand, Frankreich, 1881

Eltern unbekannt

## 'REINE VICTORIA'

**Syn. 'La Reine Victoria'**

ALTE R., BOURBONROSE, REIN ROSA, ETWAS NACHBLÜHEND

'Reine Victoria' zeigt becherförmige, dunkelrosa Blüten mit einem Hauch von Mauve. Sie sind mit bis zu 40 seidigen Petalen gefüllt. Dem äußerst üppigen Frühlingsflor folgen vereinzelt weitere Blüten. Im Herbst stehen die Blumen auf sehr langen Stielen. Die kräftige, aufrechte Pflanze trägt dichtes, üppiges, mattblaßgrünes Laub. Sie bildet lange, gut zum Beranken von Spalieren geeignete Triebe. Sowohl 'Reine Victoria' als auch ihr Sport 'Mme Pierre Ogers' duften und eignen sich für die Vase, neigen aber zu Sternrußtau. Die Rose wurde nach Königin Victoria von England benannt. **ZONEN 5–9.**

Labruyère, Frankreich, 1872

Eltern unbekannt

'Rembrandt'

'Relax Meidiland'

## 'RELAX'

STRAUCHROSE, ORANGEROT

Dieser hohe, aber recht hager
mit mattglänzendem Laub tr
einfache Blüten in feurigem C
mit einem Hauch Gelb und g
seite. Sie stehen einzeln und i
zu 2–3 Stück auf langen, einjä
Trieben. 'Relax' duftet nicht u
wie die Mutterpflanze nur ein
anfällig für Sternrußtau und d
sich in warmen, trockenen La
am besten. **ZONEN 5–9.**

Meilland, Frankreich, 1979

Hybride von *Rosa foetida bicolor*

## 'RELAX MEIDILAND'

**Syn. 'Relax Meillandecor'**

BODENDECKERROSE, ROSA+, ÖFTERBL

Diese sich bis zu 1,5 m ausbre
trägt mittelgroße, halbgefüllte
etwa 10 hellrosafarbenen Peta
hen in Büscheln bis zu 12 Stü
den später zierliche rote Hage



tige, aufrechte, etwas breitwüchsige Pflanze mit mittelgroßem, mattglänzendem, mittelgrünem Laub. **ZONEN 4–9.**

Warriner, USA, 1991

Sämling × 'Sun Flare'

## 'RED SPLENDOUR' DAVona

FLORIBUNDA, DUNKELROT, ÖFTERBLÜHEND

'Europeana', die Muttersorte dieser Floribundarose, besitzt stark ausgeprägte, tief dunkelrote Blüten mit einem Hauch Purpurrot, weshalb man sich nur schwer vorstellen kann, daß dieser Sport noch dunklere rote Blüten haben soll. Auch das Laub ist fast purpurrot. **ZONEN 4–9.**

Davies, Großbritannien, 1979

Sport von 'Europeana'

## 'RED SUCCESS' MEIrodium

TEEHYBRIDE, ROT+, ÖFTERBLÜHEND

Die mit 40–45 Petalen stark gefüllten, großen, blutroten Blüten dieser großblumigen Teehybride zeigen eine kardinalrote Mitte. Sie erscheinen bis in den Herbst an einer kräftigen, aufrechten Pflanze und duften zart. **ZONEN 4–9.**

Paolino, Frankreich, 1976

('Super Star' × MEIalto) × ([MEIbrem × 'Zambra'] × 'Super Star')

## 'RED TRAIL' INTerim

BODENDECKERROSE, ROT, ÖFTERBLÜHEND

An einer äußerst kräftigen Pflanze erscheinen zierliche, halbgefüllte, leuchtend rote Blüten mit gelber Mitte; diese stehen in Büscheln entlang kräftiger, breitwüchsiger Triebe mit sehr gesundem, leuchtend grünem, üppigen Laub. 'Red Trail' verbreitet einen zarten Duft. Sie eignet sich gut für Böschungen, aber auch als Hochstamm. **ZONEN 4–9.**

Ilsink, Niederlande, 1991

Eltern unbekannt

'Redcoat'

'Red Wagon'

## 'RED WAGON' MORdan

ZWERGROSE, ROT, ÖFTERBLÜHEND

Die leuchtend scharlachroten Blüten dieser Zwergrose mit knapp 25 Petalen erscheinen meist in Büscheln, duften aber nicht. Das Laub des kräftigen, dichten Busches glänzt dunkelgrün. 'Red Wagon' verleiht dem Garten einen großartigen Farbeffekt, verblaßt jedoch in warmen Lagen. Die Rose ist empfindlich gegenüber Stickstoff – ein Überschuß führt zu häßlichen, grünen Staubgefäßen. Trotz ihrer Wuchsfreudigkeit und ihres hübschen Anblicks in Hängeampeln hebt sich 'Red Wagon' aus der Vielzahl roter Zwergrosen kaum hervor. **ZONEN 5–11.**

Moore, USA, 1980

'Little Darling' × 'Little Chief'

## 'RED WONDER'

FLORIBUNDA, DUNKELROT, ÖFTERBLÜHEND

Kugelförmige Knospen, die in kleinen bis großen Büscheln sitzen, öffnen sich bei dieser Floribundarose zu gefüllten Blüten mit knapp 30 dunkelroten, äußerst festen Petalen. Aus den zu Beginn becherförmigen Blumen formen sich riesige, angenehm duftende Blüten. Der hohe, gesunde Busch trägt großes, ledriges, mattglänzendes Laub. **ZONEN 5–9.**

de Ruiter, Niederlande, 1954

'Better Times' × Floribundasämling

National Rose Society Trial Ground Certificate 1954

'Redgold'

'Red Success'

## 'RED YESTERDAY'

siehe 'Marjorie Fair'

## 'REDCOAT' AUScoat

**Syn. 'Red Coat'**

FLORIBUNDA, ROT, ÖFTERBLÜHEND

Die mittelgroßen, einfachen Blüten von 'Redcoat' besitzen 10 rote Petalen und stehen einzeln oder in kleinen Büscheln von 2–5 Stück. Sie duften zart. Die buschige Pflanze trägt braune Stacheln und dunkelgrüne Blätter. **ZONEN 4–9.**

Austin, Großbritannien, 1973

Sämling × 'Golden Showers'

## 'REDGOLD' DICor

**Syn. 'Alinka', 'Rouge et Or'**

FLORIBUNDA, GELB+, ÖFTERBLÜHEND

'Redgold' trägt wiederholt goldfarbene Blüten mit dunkelrosa überlaufenen Rändern. Die mittelgroßen Blumen erscheinen in großen Dolden und duften zart. An der kräftigen, aufrechten Pflanze, die sich hervorragend für Beete eignet, erscheint kräftig grünes Laub. **ZONEN 4–9.**

Dickson, Großbritannien, 1971

(['Karl Herbst' × 'Maskerade'] × 'Faust') × 'Piccadilly'

Royal National Rose Society Certificate of Merit 1966, Portland Goldmedaille 1969, All-American Rose Selection 1971

'Red Wonder'

'Redouté'

## 'REDOUTÉ' AUSpale

**Syn. 'Margaret Roberts'**

STRAUCHROSE, HELLROSA, ÖFTERBLÜHEND

Diese öfterblühende Sorte zählt zu den erfolgreichsten Rosen ihrer Klasse und wird auch zu den Englischen Rosen gezählt. Ihre zartrosafarbenen, offenen, becherförmigen Blüten sind groß, duften aber kaum. Der mittelhohe, gut verzweigte Strauch trägt dichtes, gesundes, mattgrünes Laub. 'Redouté' eignet sich gut als Solitärpflanze oder als Gruppe in Rabatten. **ZONEN 4–9.**

Austin, Großbritannien, 1992

Sport von 'Mary Rose'

R

'Regatta' (II)

'Reine des Centfeuilles'

'Reine des Violettes'

## 'REFULGENCE'

ALTE R., RUBIGINOSA-HYBRIDE, ROT

Wunderschöne, zu Beginn scharlachkarminroten Blüten zeigen in voll geöffnetem Zustand goldfarbene Staubgefäße; die Petalen werden purpurfarben überhaucht. Von der Rose geht ein sehr süßer Duft aus. Ihre halbgefüllten, verhältnismäßig großen Blüten erscheinen nur im Juni. Die langlebige, kräftige Sorte läßt sich gut in gemischten Rabatten, Naturgärten oder als Hecke verwenden. 'Refulgence' bildet einen aufrechten, bogenförmigen, recht offenen, gut mittelhohen Strauch. **ZONEN 4–9.**

Paul, Großbritannien, 1909

*Rosa rubiginosa* × unbekannt

## 'REGATTA' (I) JACette

TEEHYBRIDE, WEISS, ÖFTERBLÜHEND

Die großen, intensiv duftenden Blüten dieser Teehybride in wetterfestem Weiß eignen sich gut für Ausstellungszwecke. Sie sind mit knapp 50 Petalen gefüllt und erscheinen normalerweise einzeln. Die Pflanze ist mit mittelgrünem Laub bedeckt. 'Regatta' (I) wurde für die Schnittblumenindustrie gezüchtet und ist nicht mit der gleichnamigen hellrosa Edelrose des Züchters Meilland (siehe unten) zu verwechseln.
**ZONEN 5–10.**

Warriner, USA, 1986

'Bernadette' × 'Coquette'

## 'REGATTA' (II) MEInimo

**Syn. 'Penny Coelen', 'Prestige de Lyon', '21 Again!'**

TEEHYBRIDE, HELLROSA, ÖFTERBLÜHEND

Die großen, gefüllten Blüten in anmutig reinem Hellrosa besitzen 25–40 Petalen und einen angenehmen Duft. Die Stiele tragen nur wenige Stacheln; das große Laub glänzt mattdunkelgrün. 'Regatta' (II) bildet die ganze Saison über zahlreiche Blüten an einem hohen, aufrecht wachsenden, sehr gesunden Busch.
**ZONEN 5–10.**

Meilland, Frankreich, 1992

MEIgurami × (MEInaregi × MEIdragelac)

Genf Duftpreis 1989

## 'REGENSBERG' MACyoumis, MACyou

**Syn. 'Buffalo Bill', 'Young Mistress'**

FLORIBUNDA, ROSA+, ÖFTERBLÜHEND

Die großen, halbgefüllten Blüten von 'Regensberg' besitzen gut 20 rosafarbene Petalen mit schmalem, weißem Rand, weißer Mitte und Rückseite. Ihre fruchtig duftenden Blüten sind becher- bis schalenförmig, haben einen Durchmesser von 10 cm und gelbe Staubgefäße. Üppiges, mittelgrünes Laub bedeckt die kleinwüchsige, buschige Pflanze, die zu den erfolgreichsten zweifarbigen Floribundarosen zählt. 'Regensberg' wird gelegentlich trotz des großen Laubs irrtümlich als Einfassungsrose klassifiziert. Die bemerkenswerte Beetsorte kann auch sehr erfolgreich als kugelförmige

'Refulgence'

Hochstammrose erz
wurde nach dem W
ten Schweizer Roser
hart benannt. ZONE
McGredy, Neuseeland, 1
'Geoff Boycott' × 'Old M
British Association of R
Baden-Baden Goldmeda
cate of Merit 1981

## 'REINE BLANC

ALTE R., MOOSROSE, WE

Die gefüllten, weiße
Blanche' besitzen ei
Mitte und ein grüne
nen an einem klein-
üppig hellgrün bem
ten Busch. Zuweilen
aufgrund der schwa
chen etwas hängen.
**ZONEN 4–9.**
Robert, Frankreich, 1857
Eltern unbekannt

## 'REINE DES CE

ALTE R., ZENTIFOLIE, REI

Die duftenden Blüte
mit einem Durchme
dicht mit recht gefra
safarbenen Petalen g
erscheinen im Juni/J
m hohen, gegenstlic
chen Pflanze. Sie trä
nes Laub und zahlre
kaum bekannte Rose
grund ihres reichen
für naturnahe Gärte
Belgien, 1824
Eltern unbekannt

'Regensberg'



## 'REMEMBER ME' COCdestin

**Syn. 'Remember'**

TEEHYBRIDE, ORANGE+, ÖFTERBLÜHEND

Diese derzeit wohl dunkelste kupferfarbene Rose besitzt einen zarten Hauch von Gelb. Die großen, becherförmigen Blüten mit 20 Petalen und schwachem Duft stehen einzeln oder in kleinen Büscheln. Ihr dunkel glänzendes Laub ist verhältnismäßig klein. Die breitwüchsige, buschige Pflanze eignet sich für Beete und bildet einen schönen Hochstamm. Bei der Klassifizierung dieser Rose besteht allerdings Uneinigkeit; manche Experten halten sie für eine Edelrose, für andere ist sie eine Floribundarose.
**ZONEN 4–9.**

Cocker, Großbritannien, 1984

'Ann Letts' × ('Dainty Maid' × 'Pink Favorite')

Belfast Goldmedaille 1986, Royal National Rose Society James Mason Goldmedaille 1995, Royal Horticultural Society Award of Garden Merit 1993

## 'REMEMBRANCE' HARxampton

FLORIBUNDA, ROT, ÖFTERBLÜHEND

Die großen Büschel becherförmiger, leuchtend roter, mittelgroßer Blüten mit gut 30 Petalen duften zart. An einer buschigen, wirklich öfterblühenden Pflanze wächst glänzend dunkelgrünes Laub. 'Remembrance' ist eine gesunde Rose, die sich ebenso für Beete als auch zum Hochstamm eignet. **ZONEN 4–9.**

Harkness, Großbritannien, 1992

'Trumpeter' × 'Trumpeter'

Glasgow Goldmedaille 1995

## 'RENAE'

KLETTERROSE, REIN ROSA, ÖFTERBLÜHEND

Diese öfterblühende Kletterrose trägt Büschel mittelgroßer Blüten mit knapp 45 Petalen in reinem Rosa. Sie duften recht intensiv. Das kleine, glänzende Laub der wuchsfreudigen Pflanze ist sehr gesund. 'Renae' bildet biegsame Triebe und eignet sich für Pergolen, Bögen und als Kaskadenrose auf einem Hochstamm.
**ZONEN 4–9.**

Moore, USA, 1954

'Étoile Luisante' × 'Sierra Snowstorm'

## 'RENAISSANCE' (I)

TEEHYBRIDE, ORANGE+, ÖFTERBLÜHEND

Die leuchtend orangeroten, gefüllten Blüten von 'Renaissance' (I) öffnen sich aus langen, spitzen Knospen. Sie duften angenehm und bilden nach dem Verblühen kugelförmige Hagebutten. Die etwas stacheligen Triebe tragen glänzend hellgrünes Laub. Die Teehybride läßt sich durch Okulation vermehren.
**ZONEN 5–10.**

Gaujard, Frankreich, 1986

Sämling × 'Pampa'

'Remember Me'

'René André'

'Renae'

## 'RENAISSANCE' (II) HARzart

TEEHYBRIDE, WEISS, ÖFTERBLÜHEND

Die sehr intensiv duftende Rose bildet sehr helle, zartrosafarbene Blüten mit korallroter Mitte. Ihre perfekte, lockeroffene Form läßt die eleganten Blumen trotz hochgestochener Farbe etwas ungezwungen erscheinen. Für Beete, Vasen und als Hochstamm eignet sich die öfterblühende, buschige Pflanze gut.
**ZONEN 4–9.**

Harkness, Großbritannien, 1994

Eltern unbekannt

Belfast Duftpreis 1995, Glasgow Silbermedaille 1996, Glasgow Duftpreis 1996

## 'RENDEZ-VOUS' LUCdod

STRAUCHROSE, REIN ROSA

Der mittelhohe Strauch trägt halbgefüllte, intensiv duftende, mittelgroße Blüten. Die buschige, gesunde, reichblühende Sorte mit mattgrünem Laub blüht kaum nach. 'Rendez-vous' eignet sich für große Rabatten. **ZONEN 4–9.**

Lucas, Großbritannien, 1981

*Rosa wichuraiana* × 'Alain Blanchard'

## 'RENÉ ANDRÉ'

RAMBLERROSE, APRICOT+

Das 20. Jh. begann mit einer Welle von Ramblerrosenzüchtungen aus *Rosa wichuraiana*, *R. luciae* und *R. multiflora*. 'René André' findet man nicht häufig, aber doch an den verschiedensten Orten. Die Triebe dieser sehr hochwüchsigen Rose sind extrem lang und weich, weshalb sie sich zum Beranken von Bäumen eignet. An den herabhängenden Zweigen erscheinen kleine Blüten in einer Mischung aus kupfrigem Rosa und Gelb, die zu Zartrosa verblassen. Gelegentlich blüht sie etwas nach. Auch als Kaskadenrose sollte man diesen Rambler ausprobieren. **ZONEN 5–9.**

Barbier, Frankreich, 1901

*Rosa wichuraiana* × 'L' Idéal'

## 'RÉNÉ D'ANJOU'

ALTE R., MOOSROSE, DUNKELROSA

Die dicht bronzefarben bemoosten Knospen von 'Réné d'Anjou' stehen meist in kleinen Büscheln. Sie erblühen gegen Mittsommer zu wunderschönen Blumen. Die Blüten erreichen einen Durchmesser von 9 cm und besitzen zahlreiche krause Petalen in lieblichem, silbrigem Zartrosa, die sich in schalenförmigen, duftenden Kissen drängen. 'Réné d'Anjou' ist von buschigem, aufrechtem Wuchs und wird 1,5 m hoch. Ihre bronzefarben bemoosten Triebe weisen kaum Stachel auf. Das im Austrieb rötliche, am Rand gesägte Laub wird bald dunkelgrün und ledrig. Diese hervorragende Rose verdient durchaus mehr Beachtung. Sie ist äußerst gesund und gedeiht auf den meisten Böden.
**ZONEN 4–9.**

Robert, Frankreich, 1853

Eltern unbekannt

## 'RENNY' MORreny

ZWERGROSE, REIN ROSA, ÖFTERBLÜHEND

Spitze Knospen öffnen sich bei dieser Zwergrose zu fleischrosafarbenen Blüten mit hellerer Rückseite. Sie sind mit 25 Petalen gefüllt, nostalgisch in der Form, duften aber nur ein wenig. Aufgrund des großen Blütendurchmessers kann 'Renny' zu den Einfassungsrosen gezählt

'Remember Me'

werden. Die zarte Mischung aus Rosa und Korallrot bildet einen gefälligen Anblick. Ihr einmaliges, eher sternförmiges Aussehen erinnert an den bei uns als Topfpflanze so beliebten Weihnachtsstern. Sie blühen in großen Dolden und bilden einen wunderschönen Blickfang im Garten. Das Laub der hübschen, pflegeleichten Pflanze glänzt dunkelgrün. **ZONEN 5–11.**

**Moore, USA, 1989**

**'Anytime' × 'Renae'**

## 'REPANDIA' KORsami

**Syn. 'Kordes' Rose Repandia'**

BODENDECKERROSE, HELLROSA

'Repandia' zeigt leider nur im Sommer ihre hellrosa, halbgefüllten, duftenden Blüten; diese erscheinen an einer kriechenden Pflanze, die sich bis zu 1,5 m ausbreitet. 'Repandia' zählt zu den ersten modernen Bodendeckerrosen. Ihr kleines, gesundes Laub glänzt dunkelgrün. **ZONEN 4–9.**

**Kordes, Deutschland, 1983**

**'Fairy' × Sämling von *Rosa wichuraiana***

**ADR-Rose 1986**

## 'RESTLESS'

TEEHYBRIDE, ROT, ÖFTERBLÜHEND

Die schalenförmigen Blüten dieser Teehybride mit ihren 10–15 dunkel karmin-

'Rétro'

'Rêve de Paris'

roten Petalen öffnen sich rasch aus schlanken, langen Knospen und zeigen ihre Staubgefäße. An der sehr hohen, aufrechten Pflanze wächst reiches, mattmittelgrünes Laub. 'Restless' ist ein äußerst gesunder, wuchsfreudiger Busch, der sich ideal als Hecke in einem großen Garten eignet. Nach dem Verblühen bilden sich hübsche Hagebutten, was die Blüte jedoch nicht zu beeinträchtigen scheint. Bei dieser Sorte kann man deutlich den Einfluß der wärmebedürftigen *Rosa gigantea* erkennen, die der australische Züchter Alister Clark häufig für Kreuzungen verwendet hat. **ZONEN 5–9.**

**Clark, Australien, 1938**

**Eltern unbekannt**

## 'RÉTRO' MEIbalani

STRAUCHROSE, REIN ROSA, ÖFTERBLÜHEND

Die Strauchrose 'Rétro' wird gern als Bodendeckerrose verwendet. Der oft kriechend wachsende Strauch besitzt sehr ausladende Triebe, die sich fast horizontal in alle Richtungen ausbreiten. Sie tragen viele Stacheln sowie zahlreiche zartrosa Blüten, die einigermaßen rasch nacheinander in duftenden Büscheln erscheinen. Die geviertelten Blüten sind

'Restless'

'Rêve de Paris'

mit 60–70 Petalen so dicht gefüllt, daß sich kaum Hagebutten bilden. Dies wirkt sich allerdings positiv auf die Nachblüte aus. Das sehr üppige, mattglänzende Laub ist satt dunkelgrün. 'Rétro' wird mindestens doppelt so breit wie hoch und eignet sich gut als undurchdringliche Begrünung von Böschungen oder Standorten, die sich nur schwer kultivieren lassen. Die Sorte läßt sich auch als Kaskadenrose auf Hochstamm ziehen, sollte aber wegen der Stacheln nicht zu nah an Wegen gepflanzt werden. **ZONEN 5–9.**

**Meilland, Frankreich, 1980**

**Eltern unbekannt**

## 'RÊVE DE PARIS' MEIloïse

TEEHYBRIDE, ORANGEROSA, ÖFTERBLÜHEND

An der kleinwüchsigen, stämmigen Pflanze erscheinen große, halbgefüllte Blüten mit festen, leuchtend korall- bis lachsroten Petalen. Sie blühen sehr zahlreich und rasch nacheinander. Das mattglänzende, mittelgrüne Laub ist sehr gesund. 'Rêve de Paris' eignet sich wegen

'Rêve d'Or'

'Renny'

ihrer sehr schönen Blütenfarbe, die besonders unter künstlicher Beleuchtung sehr reizvoll wirkt, gut für die Vase. **ZONEN 5–10.**

**Meilland, Frankreich, 1985**

**Eltern unbekannt**

## 'RÊVE D'OR'

ALTE R., NOISETTEROSE, GELB, ETWAS NACHBLÜHEND

Die großen, halbgefüllten, kraus geviertelten, duftenden Blüten besitzen lohgelbe, gefaltete Petalen. 'Rêve d'Or' klettert hoch und bildet lange, kräftige, verzweigte Triebe mit großen, hakenförmigen, roten Stacheln und viel Laub. Die hübsche Rose brachte 1878 den bekannten Sport 'William Allen Richardson' hervor, der intensiv orange gefärbt ist. **ZONEN 7–9.**

**Ducher, Frankreich, 1869**

**Sämling von 'Mme Schultz'**

## 'RÉVEIL DIJONNAIS'

GROSSBLUMIGE KLETTERROSE, ROT+, ETWAS NACHBLÜHEND

Die bemerkenswerte Rose kann gleichermaßen als Kletter- oder Strauchrose verwendet werden. Sie trägt leuchtend kirsch- bis scharlachrote Blüten mit großer gelber Mitte und gelblicher Rückseite. Die kaum halbgefüllten, becherförmigen, schwach duftenden, großen Blüten erscheinen zahlreich in kurzstieligen Büscheln; sie blühen in der ersten Sommerhälfte und vereinzelt im Herbst. An der kräftigen Pflanze wächst dickes, glänzend bronzefarbenes Laub. **ZONEN 4–9.**

Buatois, Frankreich, 1931

'Eugène Fürst' × 'Constance'

Portland Goldmedaille 1929

## 'REVEREND H. D'OMBRAIN'

ALTE R., BOURBONROSE, ROT, ETWAS NACHBLÜHEND

Diese Rose ist sehr selten. Ihre großen, gefüllten, silbrig karminroten Blüten erscheinen an einem kleinen bis mittelgroßen Strauch. Sie kann je nach Lage und Wachstumsbedingungen für Mehltau anfällig sein. Reverend Henry Honeywood D'Ombrain war ein Mitbegründer und Geschäftsführer der *Royal National Rose Society*. **ZONEN 5–9.**

Margottin, Frankreich, 1863

Eltern unbekannt

## 'REYNOLDS HOLE'

ALTE R., REMONTANTROSE, ROT, ETWAS NACHBLÜHEND

Diese Sorte galt als ausgestorben, bis James Naylor, Vorsitzender der *Royal National Rose Society*, vor etwa zehn Jahren während eines Besuchs im ehemaligen Anwesen von Samuel Reynolds Hole in Nottinghamshire eine Rose auffiel, die der Beschreibung entsprach. Der Strauch mit seinen überhängenden, stacheligen Trieben trägt stark gefüllte, duftende, dunkel rosarote Blüten. Seine graugrünen Blätter neigen zu Sternrußtau. Der englische Pfarrer Samuel Reynolds Hole gehörte zu den Mitbegründern der 1876 ins Leben gerufenen *Royal National Rose Society*, deren Vorsitz er bis zum seinem Tod im Jahre 1904 innehatte. **ZONEN 5–9.**

Paul, Großbritannien, 1872

Sämling von 'Duke of Edinburgh'

## 'RHEINAUPARK' KORreiparks

STRAUCHROSE, RUGOSA-HYBRIDE, ROT, ÖFTERBLÜHEND

Die aufrechte, buschige, kräftige Rose trägt runzelige Blätter und stachelige Stiele. Sie eignet sich ideal als Hecke oder Solitärpflanze. Ihre in Büscheln sitzenden roten, großen Blüten mit 20 Petalen duften zart. 'Rheinaupark'ist pflegeleicht. **ZONEN 3–9.**

Kordes, Deutschland, 1983

('Gruß an Bayern' × Sämling) × Sämling von *Rosa rugosa*

'Reverend H. D'Ombrain'

'Ringlet'

'Rheinaupark'

## 'RHODOLOQUE JULES GRAVEREAUX'

ALTE R., TEEROSE, ROSA+, ETWAS NACHBLÜHEND

Die von zwei bekannten Elternsorten abstammende, nicht allzu hohe Teerose trägt leicht duftende, rosa-gelbliche Blüten. Sie ist wahrscheinlich nur deshalb nicht ausgestorben, weil sie den Namen von Jules Graveraux trägt, der 1899 in der Nähe von Paris den berühmten Rosengarten *Roseraie de l'Haÿ* gründete, in dem er alle damals bekannten Rosen sammeln wollte. Der Garten ist heute noch von bemerkenswerter Schönheit und enthält eine umfangreiche Sammlung. **ZONEN 7–9.**

Fontes, Frankreich, 1908

'Marie van Houtte' × 'Mme Abel Chatenay'

## 'RHONDA'

GROSSBLUMIGE KLETTERROSE, REIN ROSA

Die großen Blüten von 'Rhonda' sind mit 20 karminrot-rosa Petalen gefüllt und duften zart. An den kletternden Trieben der kräftigen Pflanze wächst glänzend dunkelgrünes Laub. Sie eignet sich gut zum Begrünen von Mauern und Säulen. **ZONEN 4–9.**

Lissemore, USA, 1968

'New Dawn' × 'Spartan'

## 'RINA HUGO' DORviso, PEKvizo

TEEHYBRIDE, DUNKELROSA, ÖFTERBLÜHEND

Die wuchsfreudige, kräftige Rose wird rasch gut mittelhoch und trägt fortwährend zahlreiche Blüten. Diese sehr großen Blumen in wunderschönem, leuchtendem Rosa besitzen die klassisch hohe Mitte und zurückgebogenen Petalen von Edelrosen. 'Rina Hugo' ist eine faszinierende Rose, die sich für Ausstellungszwecke eignet und in der Vase lange hält. Namensgeberin war übrigens die bekannte südafrikanische Sängerin Rina Hugo. **ZONEN 4–11.**

Dorieux, Frankreich, 1993

Eltern unbekannt

## 'RING OF FIRE' MORfire

ZWERGROSE, GELB+, ÖFTERBLÜHEND

Die leuchtend gelben, orange überhauchten Blüten von 'Ring of Fire' haben eine gelbe, später blasser werdende Rückseite. Sie duften zart, sind mit fast 60 Petalen stark gefüllt und stehen einzeln oder in Büscheln. Aufgrund der reichen Blütenbildung verleiht die Rose dem Garten die ganze Saison über Farbe. Das Laub der wuchsfreudigen, hohen, aufrechten Pflanze glänzt mattmittelgrün. In kühlen Lagen ist sie nur bedingt winterhart, generell jedoch eine anspruchslose und pflegeleichte Sorte. Viele der guten Eigenschaften der Mutterpflanze 'Pink Petticoat' sind auch in dieser Rose zu finden. **ZONEN 6–11.**

Moore, USA, 1986

'Pink Petticoat' × 'Gold Badge'

American Rose Society Award of Excellence 1987

## 'RINGLET'

GROSSBLUMIGE KLETTERROSE, ROSA+

Die wuchsfreudige Kletterrose blüht nur im Juni. Sie trägt Büschel einfacher, weißer Blüten mit rosa- und lilafarbenen Petalspitzen. 'Ringlet'ist eine recht kräftige, gesunde Sorte. **ZONEN 4–9.**

Clark, Australien, 1922

'Ernest Morel' × 'Betty Berkeley'

'Ring of Fire'

R

'Ripples'

## 'RIO SAMBA' JACrite

TEEHYBRIDE, GELB+, ÖFTERBLÜHEND

Der gelbe Ton der großen, meist einzeln stehenden Blüten dieser Teehybride verblaßt zu Pfirsichrosa. Sie sind mit 15–25 Petalen gefüllt und duften zart. Die aufrechte, buschige, öfterblühende Rose hat mittelgroßes, mattdunkelgrünes Laub; sie trägt einige Stacheln und eignet sich als Rabattenrose. **ZONEN 4–9.**

Warriner, USA, 1991

Sämling × 'Sunbright'

All-American Rose Selection 1993

## 'RIPPLES'

FLORIBUNDA, MAUVE, ÖFTERBLÜHEND

Die mit knapp 20 gewellten Petalen halbgefüllten Blüten von 'Ripples' sind groß und duften zart. Die herrlich lila-lavendelfarbenen, in Büscheln stehenden Blumen bilden einen ungewöhnlichen Blickfang. Das zierliche, mattgrüne Laub ist recht gesund. **ZONEN 4–9.**

LeGrice, Großbritannien, 1971

('Tantaus Überraschung' × 'Marjorie LeGrice') × (Sämling × 'Africa Star')

## 'RISE 'N' SHINE'

Syn. 'Golden Meillandina', 'Golden Sunblaze'

ZWERGROSE, REIN GELB, ÖFTERBLÜHEND

Lange, spitze Knospen öffnen sich zu kräftig rein gelben Blüten mit 35 Petalen. Sie sind von klassischer Edelrosenform und duften schwach. Das glänzend dunkelgrüne Laub des dichten, mittelstark wüchsigen, pflegeleichten Busches ist krankheitsfest. Die hervorragende Rose ist aufgrund ihrer leuchtend gelben Blüten, die sich gut für Ausstellungszwecke eignen, weltweit bekannt; sie setzt seit über 20 Jahren den Standard für gelbe Rosensorten. In den ersten Jahren nach ihrer Einführung stand 'Rise 'n' Shine' (die in Deutschland unter dem Namen 'Golden Meillandina' bekannt ist) in den USA an erster Stelle der Ausstellungszwergrosen; nach 1990 aber wurde sie von beliebteren neuen Sorten abgelöst. **ZONEN 5–11.**

Moore, USA, 1977

'Little Darling' × 'Yellow Magic'

American Rose Society Award of Excellence 1978

## 'RITA APPLEGATE' TINrita

ZWERGROSE, HELLGELB, ÖFTERBLÜHEND

Die zart hellgelben Blüten dieser Zwergrose zeigen eine etwas dunklere gelbe Mitte. Die duftenden, mit 25–40 Petalen gefüllten Blumen sind schön hochgebaut und stehen einzeln auf kräftigen Stielen. Unter starker Sonneneinstrahlung kann ihre Farbe zu fast weiß verblassen. Sie halten ihre klassische Edelrosenform lange und eignen sich daher für Ausstellungszwecke. Die hohe, aufrechte Pflanze trägt mattglänzendes, mittelgrünes Laub. In kühleren Lagen kann 'Rita Applegate' größere Blüten bilden, und eignet sich dort für Einfassungen. **ZONEN 5–10.**

Bennett, USA, 1997

'Pink Porcelain' × Sämling

## 'RITA LEVI MONTALCINI'

BARlev

FLORIBUNDA, APRICOT+, ÖFTERBLÜHEND

Ihre duftenden Blüten zeigen eine hübsche Mischung aus zartem Apricot auf creme-rosafarbenem Grund. Die mittelgroßen, gefüllten, in dichten Büscheln stehenden Blumen blühen den Sommer und Herbst über. 'Rita Levi Montalcini' ist sehr gesund, von gut mittelhohem Wuchs und trägt große, ledrige, mattglänzende Blätter.

**ZONEN 4–9.**

Barni, Italy, 1991

Eltern unbekannt

Genf Goldmedaille 1991, Glasgow Certificate of Merit 1997

## 'RITTER VON BARMSTEDE'

KLETTERROSE, DUNKELROSA, ÖFTERBLÜHEND

Die äußerst wuchsfreudige Kletterrose wird zuweilen auch als Strauchrose verwendet. Ihre mittelgroßen Blüten mit 20 Petalen in dunklem Rosa mit kleinem weißem Auge stehen in Büscheln von 30–40 Stück. Das glänzend mittelgrüne Laub neigt leider zu Mehltau, und die Rose duftet praktisch nicht. 'Ritter von Barmstede' blüht sehr gut nach und ist eine wichtige Sorte in der Geschichte und Entwicklung moderner Kletterrosen. **ZONEN 4–9.**

Kordes, Deutschland, 1959

Eltern unbekannt

'Rise 'n' Shine'

## 'RITTERTUM'

siehe 'Chivalry'

## 'RITZ'

FLORIBUNDA, ROT, ÖFTERBLÜHEND

Diese öfterblühende Rabattenrose besitzt große, halbgefüllte Blüten mit gut 15 Petalen in leuchtendem Scharlachrot. Sie duften zart und blühen an einer kräftigen, gut verzweigten Pflanze mit glänzend dunkelgrünem Laub. **ZONEN 4–9.**

Gaujard, Frankreich, 1961

Eltern unbekannt

National Rose Society Trial Ground Certificate 1962

R

'Roaming'

'Riverview Centennial'

## 'RIVAL DE PAESTUM'

ALTE R., TEEROSE, WEISS, ETWAS NACHBLÜHEND

Die Sorte ist heute sehr selten. Ihre zierlichen, nach Teerosen duftenden, stark gefüllten Blüten besitzen elfenbeinweiße, rosa überlaufene Petalen und hängen leicht über. Der niederwüchsige, reichverzweigte Busch trägt dichtes, dunkelgrünes Laub. **ZONEN 7–9.**

Béluze, Frankreich, 1841

Eltern unbekannt

R

## 'RIVERS' GEORGE IV'

**Syn. 'George IV', 'King George IV'**

ALTE R., CHINAROSE, DUNKELROT, ETWAS NACHBLÜHEND

Thomas Rivers junior (1798–1877) war ein bekannter Rosenzüchter, dessen Werk *The Rose Amateur's Guide* wie auch etliche von ihm verfaßte Kataloge wertvolle Informationen über die Rosen seiner Zeit enthielten. Die von ihm gezüchtete Sorte 'Rivers' George IV' gibt es offenbar nicht mehr. Sie wird als weichtriebige, reichverzweigte Sorte beschrieben, die an einer Rankhilfe zu einer Säule gezogen werden kann. Ihre großen, becherförmigen Blüten in Karminrot mit einem Hauch von dunklem Kastanienbraun bilden einen schönen Kontrast zum purpurrot überlaufenen Laub. **ZONEN 6–10.**

Rivers, Großbritannien, um 1817

Vermutlich eine Kreuzung aus Damaszener- und Chinarose

'Robert le Diable'

## 'RIVERVIEW CENTENNIAL'

**Syn. 'Riverview', 'The Riverview Centennial Rose'**

TEEHYBRIDE, DUNKELROT, ÖFTERBLÜHEND

Die anläßlich des hundertjährigen Jubiläums einer Schule in Sydney benannte Rose trägt große, ovale Knospen. Diese öffnen sich langsam zu großen, schön geformten, haltbaren Blüten mit 40–50 dunkelroten, festen Petalen. An der hohen, aufrechten Pflanze wächst großes, mattdunkelgrünes Laub. Den Sommer über blühen zahlreiche zart duftende, langstielige Blüten einzeln und in kleinen Büscheln; sie eignen sich gut zum Schnitt. Im Herbst erscheinen besonders schöne und sehr haltbare Blumen. **ZONEN 5–9.**

Armstrong, USA, 1980

Eltern unbekannt

## 'ROAMING'

TEEHYBRIDE, DUNKELROSA, ÖFTERBLÜHEND

Die großblumige, laut Angaben des Züchters rosarot überhauchte Rose trägt duftende Blüten mit knapp 25 Petalen, die sich aus spitzen Knospen öffnen. Ihr mattgrünes Laub ist gesund. 'Roaming' ergibt eine hervoragende Rabattenrose. **ZONEN 4–9.**

Sanday, Großbritannien, 1970

'Vera Dalton' × 'Super Star'

Royal National Rose Society Trial Ground Certificate 1970

'Robin Hood'

## 'ROB ROY' COCorob

FLORIBUNDA, DUNKELROT, ÖFTERBLÜHEND

Die dunkelroten, mittelgroßen, gefüllten Blüten von 'Rob Roy' besitzen 30 Petalen und eine schöne klassische Floribundaform. Sie duften zart und erreichen einen Durchmesser von 10 cm. Die mittelhohe Pflanze, die sich für Beete und als Hochstamm eignet, trägt glänzendes, gesundes Laub. **ZONEN 4–9.**

Cocker, Großbritannien, 1971

'Irish Wonder' × 'Dr Schiwago'

Royal National Rose Society Trial Ground Certificate 1969

## 'ROBERT DUNCAN'

ALTE R., REMONTANTROSE, ROSA+, ETWAS NACHBLÜHEND

Diese seltene Rose ist nur auf Bestellung erhältlich. Es handelt sich um eine großblumige, wuchsfreudige, typische Remontantrose, deren rosafarbene Petalen von auffallend konkaver Form sind. Sie eignet sich sowohl für den Garten als auch für Ausstellungszwecke. Im 19. Jh. züchtete man sehr viele Remontantrosen; die meisten davon wurden von neueren, besseren Sorten verdrängt. **ZONEN 5–9.**

Dickson, Großbritannien, 1897

Eltern unbekannt

## 'ROBERT LE DIABLE'

ALTE R., GALLICA-ROSE, MAUVE+

Die duftenden Blüten dieser Gallica-Rose bestehen aus zahlreichen Petalen. Voll geöffnet biegen sich die äußeren Blütenblätter zurück und formen ein flaches Kissen. Ihre Farbe ist sogar noch ungewöhnlicher als ihre Form; sie reicht in jeder einzelnen Blüte von kräftigstem Purpur bis zu zartestem Lila mit leuchtend hellroten Tupfern. In trockenen Lagen verstärkt sich die Farbe noch etwas, sie blüht aber nicht nach. Der große, weichtriebige Strauch wird ebenso breit wie hoch und kann auf gutem Boden bis zu 1,2 m hoch werden. Die überhängenden, stacheligen Stiele sind in schmales, dunkelgrünes Laub gehüllt. Ihre Farbe und ihr teilweise niederliegender Wuchs zählen zu ihren Vorzügen. **ZONEN 4–9.**

Frankreich, vor 1837

Eltern unbekannt

## 'ROBERT LÉOPOLD'

ALTE R., MOOSROSE, ROSA+, ETWAS NACHBÜHEND

Die duftenden Blüten mit orangegelbem, lachs- und rosafarben überhauchtem Grund wirken keineswegs grell. Sie können einen Durchmesser von 8 cm erreichen. Dem ersten Flor Ende Juni folgt mitunter im Herbst eine Nachblüte. Der niedrige, hübsche, buschige Strauch wird 1,2 m hoch. Seine stachellosen Triebe sind ebenso wie die Blattstiele und Knospen in gelblich grünes, borstiges Moos gehüllt. Das im Austrieb bronzefarbene Laub färbt sich später hellgrün. Dieser hübsche Strauch, der zu den wenigen im 20. Jh. gezüchteten Moosrosen gehört, paßt auch gut in moderne Gärten. **ZONEN 5–9.**

Buatois, Frankreich, 1941

Eltern unbekannt

## 'ROBIN HOOD'

**Syn. 'Robin des Bois'**

STRAUCHROSE, ROT, ÖFTERBLÜHEND

An der hübschen, sehr blühwilligen Strauchrose erscheinen während der Saison wiederholt zahlreiche Blüten. Ihre einfachen, kleinen, kirschroten Blumen stehen in großen Büscheln und duften intensiv. Diese wuchsfreudige, dichte, gut verzweigte Pflanze, die sich für Rabatten oder als Solitärpflanze eignet, kann sich rühmen, ein Elternteil von 'Schneewittchen' und vielen anderen guten Sorten zu sein. **ZONEN 4–9.**

Pemberton, Großbritannien, 1927

Sämling × 'Miss Edith Cavell'

'Robert Léopold'

'Rob Roy'

'Rob Roy'

'Robusta' (II), rechts außen, darüber die weiße 'Schneewittchen' und links im Bild 'Casino' (gelb) sowie 'Compassion' (rosa)

## 'ROBIN RED BREAST' INTerrob

Syn. 'Robin Redbreast'
ZWERGROSE, ROT+, ÖFTERBLÜHEND

Die zierlichen, einfachen, dunkelroten Blüten mit weißem Auge und silbriger Rückseite stehen bei dieser Zwergrose in Büscheln. Sie duften zwar nicht, erscheinen aber regelmäßig bis in den Herbst. Sie ist eine zierliche, gesunde, kräftige Pflanze von buschigem Wuchs mit zahlreichen Stacheln, die sich als Topfpflanze, für niedrige Einfassungen sowie als kleiner Hochstamm eignet. ZONEN 4–9.

Interplant, Niederlande, 1983

Sämling × 'Eyepaint'

'Robin Red Breast'

## 'ROBINA' KORxenna

TEEHYBRIDE, ROT, ÖFTERBLÜHEND

Diese leuchtend rote Rose wird nur in einem einzigen Betrieb in Australien kultiviert. Die gefüllten Blüten auf aufrechten Stielen haben die Edelrosenform und erscheinen meist einzeln. Das Laub glänzt hellgrün. ZONEN 5–10.

Kordes, Deutschland, 1988

Eltern unbekannt

## 'ROBUSTA' (I)

ALTE R., BOURBONROSE, ROT, ETWAS NACHBLÜHEND

Ihre angenehm duftenden, rosettenförmigen Blüten sind groß, schalenförmig und geviertelt. Die feurig karminroten, zu Purpur verblassenden Blumen stehen in Büscheln. Der aufrechte, lockere Busch trägt großes Laub. Unter dem Namen 'Robusta' gibt es noch eine kletternde Teerose, die möglicherweise ausgestorben ist, sowie die nachfolgend beschriebene Kordes-Rose. ZONEN 5–9.

Soupert und Notting, Luxemburg, 1877

Eltern unbekannt

'Robina'

## 'ROBUSTA' (II) KORgosa

Syn. 'Kordes' Rose Robusta'
STRAUCHROSE, RUGOSA-HYBRIDE, ROT, ÖFTERBLÜHEND

Der sehr wuchsfreudige, öfterblühende Strauch besitzt viele Eigenschaften einer Rugosa-Hybride, einschließlich der unzähligen Stacheln. Große, karminrote, einfache Blüten mit 5 Petalen und mäßigem Duft stehen in kleinen Büscheln. Naturbelassen eignet sich 'Robusta' (II) wegen ihres straff aufrechten Wuchses als hohe Hecke. Die sehr gesunde Rose gedeiht am besten in kühlen Lagen und trägt glänzend dunkelgrünes, ledriges Laub. ZONEN 3–9.

Kordes, Deutschland, 1979

Sämling × *Rosa rugosa*

ADR-Rose 1980, Royal National Rose Society Certificate of Merit 1980

'Robusta' (I)

## 'ROCHESTER CATHEDRAL'

HARoffen, HARroffen
STRAUCHROSE, REIN ROSA, ÖFTERBLÜHEND

Die rein rosafarbenen, mittelgroßen bis großen Blüten dieser Strauchrose sind mit knapp 60 Petalen gefüllt. Sie duften und blühen in Büscheln bis in den Herbst. An der kräftigen, dichten, breitwüchsigen, gesunden Pflanze erscheint ledriges, dunkles, mattes Laub. 'Rochester Cathedral' eignet sich als Einzelpflanze oder für Sträucherrabatten. ZONEN 4–9.

Harkness, Großbritannien, 1987

(Sämling × [('Orange Sensation' × 'Allgold') × *Rosa californica*]) × 'Frank Naylor'

R

## 'ROCK 'N ROLL'
siehe 'Stretch Johnson'

## 'ROD STILLMAN'
**Syn. 'Red Stillman'**
TEEHYBRIDE, HELLROSA, ÖFTERBLÜHEND

Die großen, wohlgeformten, mit 35 Petalen gefüllten, hellrosa Blüten besitzen eine orangefarben überhauchte Mitte und verströmen einen intensiven Duft. 'Rod Stillman' ist von kräftigem Wuchs und trägt dunkles Laub. **ZONEN 4–9.**

Hamilton, Australien, 1948

'Ophelia' × 'Editor McFarland'

## 'RODEO'
FLORIBUNDA, ORANGEROT, ÖFTERBLÜHEND

Die großen, gefüllten, leuchtend scharlachroten, duftenden Blüten stehen in Büscheln bis zu 10 Stück. Die buschige, niedrige Pflanze ist hellgrün belaubt. **ZONEN 4–9.**

Kordes, Deutschland, 1960

'Obergärtner Wiebicke' × 'Spartan'

National Rose Society Trial Ground Certificate 1960

## 'RODEO DRIVE' AROcore
**Syn. 'Sunset Strip'**
TEEHYBRIDE, ROT, ÖFTERBLÜHEND

Die großen, gefüllten Blüten mit ihren gut 30 Petalen leuchten in kräftigem Rot, besitzen eine hohe Mitte, aber nur schwachen Duft. Sie stehen meist einzeln an einer buschigen, mittelhohen Pflanze mit großem, mattglänzendem, mittelgrünem Laub; die rötlichen Stacheln färben sich später hellbraun. **ZONEN 4–9.**

Christensen, USA, 1986

'Merci' × 'Pharao'

## 'RÖDHÄTTE'
**Syn. 'Rotkäppchen', 'Red Riding Hood'**
FLORIBUNDA, ROT, ÖFTERBLÜHEND

Große, kräftig kirschrote, halbgefüllte, aber nicht duftende Blüten erscheinen bis in den Herbst in großen Büscheln. Die dichte, buschige Rabattenpflanze trägt kräftig grünes Laub. Nach 'Gruß an Aachen' (1908) war sie die erste typische Floribundarose. Sie ist heute sehr selten geworden. **ZONEN 4–9.**

Poulsen, Dänemark, 1912

'Mme Norbert Levavasseur' × 'Richmond'

'Rod Stillman'

'Rodeo'

'Roger Lambelin'

'Roi de Siam'

## 'RÖDINGHAUSEN'
STRAUCHROSE, ROT, ÖFTERBLÜHEND

Die zierlichen Blüten dieser Strauchrose tragen gewellte Petalen in leuchtendem Orangerot; in dichten Büscheln bis zu 15 Blüten bilden sie einen großartigen Farbeffekt. Sie duften kaum, blühen aber bis in den Herbst. 'Rödinghausen' kann als Gruppe in Beeten oder Rabatten oder als Hecke verwendet werden. Die reichverzweigte, kräftige Pflanze von ungleichmäßigem, stacheligem, breitem Wuchs wird mittelhoch. Sie trägt sehr gesundes, üppiges, glänzendes, hellgrünes Laub. **ZONEN 4–9.**

Noack, Deutschland, 1987

Eltern unbekannt

ADR-Rose 1988

## 'ROGER LAMBELIN'
ALTE R., REMONTANTROSE, ROT+, ETWAS NACHBLÜHEND

Ihre mit 30 Petalen gefüllten, bizarr karminroten Blüten mit weißen Rändern verblassen zu Rotbraun. 'Roger Lambelin' wird mittelhoch, benötigt aber einen guten Boden. Die meisten Fachleute ziehen 'Baron Girod de l'Ain' dieser Rose vor; gestreifte und gefleckte Sports neigen zu Rückmutationen. Der Ursprungssorte 'Fisher Holmes' fehlt der weiße Rand; sie erhielt aber ausgezeichnete Bewertungen. **ZONEN 5–9.**

Schwartz, Frankreich, 1890

Sport von 'Fisher Holmes'

## 'ROI DE SIAM'
ALTE R., KLETTERNDE TEEROSE, ROT

Diese kletternde Teerose kann noch von Spezialisten bezogen werden. Ihre großen, halbgefüllten, recht krausen Blüten leuchten in kräftigen Rosatönen. 'Roi de Siam' muß eng mit den ursprünglichen Zuchtrosen 'Parks' Yellow' und 'Hume's Blush' verwandt sein. Die eher spärlich

'Roller Coaster'

'Rodeo Drive'

blühende Pflanze ist von hohem, schlankem Wuchs. **ZONEN 7–9.**

Laffay, Frankreich, 1825

Eltern unbekannt

## 'ROLLER COASTER' MACminmo
**Syn. 'Minnie Mouse'**
ZWERGROSE, ROT+, ÖFTERBLÜHEND

Die rot gestreifen Blüten dieser Zwergrose zeigen eine sehr hübsche Zufallsmischung aus Rot, Cremegelb und Weiß; keine Blume gleicht der anderen. Sie sind mit 5–15 Petalen halbgefüllt, duften schwach und stehen meist in kleinen Büscheln von 10–12 Stück. Die Blüten erscheinen rasch nacheinander, sind in voll geöffnetem Zustand am schönsten und bilden einen wunderbar kräftigen Farbenteppich. An der relativ hohen, aufrechten, kräftigen Pflanze wächst zierliches, glänzend mittelgrünes Laub. In subtropischen Lagen kann 'Roller Coaster' wie ein Strauch wachsen und eine schlaksige Form annehmen, wenn sie nicht geschnitten wird. Aufgrund ihres breiten Wuchses eignet sie sich für Kübel, Mauern oder Hochbeete, über die sie herabhängen kann. Die Rose, die Wärme liebt, wurde in Australien zuerst als 'Minnie Mouse' vorgestellt. **ZONEN 5–10.**

McGredy, Neuseeland, 1987

('Anytime' × 'Eyepaint') × 'Stars 'n' Stripes'

## 'ROMAN HOLIDAY' LINro
FLORIBUNDA, ROT+, ÖFTERBLÜHEND

'Roman Holiday' trägt wiederholt zahlreiche orangefarbene, später blutrote Blüten mit gelber Mitte. Die mittelgroßen Blüten sind mit knapp 30 duftenden Petalen gefüllt, besitzen eine hohe Mitte und stehen in Büscheln. An der kräftigen Pflanze von niedrigem, buschigem Wuchs wächst dunkelgrünes, ledriges Laub. **ZONEN 4–9.**

Lindquist, USA, 1966

('Pinkie' × 'Kordes' Sondermeldung') × 'Circus'

All-American Rose Selection 1967

## 'ROMANTIC HEDGEROSE'
KORworm
FLORIBUNDA, REIN ROSA, ÖFTERBLÜHEND

An der sehr reich und wiederholt blühenden, wuchsfreudigen Pflanze erscheinen kräftig rosarote, gefüllte Blüten von schöner Form. Die mit kräftigem, gesundem Laub bedeckte Rose duftet leider kaum. Sie eignet sich jedoch sehr gut als Hecke und für Rabatten. **ZONEN 4–9.**

Kordes, Deutschland, 1994

Eltern unbekannt

Glasgow Certificate of Merit 1997

R

## 'ROMANTIQUE MEILLANDINA'
siehe 'Candy Sunblaze'

## 'ROMANZE' TANezamor
Syn. 'Romance'
STRAUCHROSE, REIN ROSA, ÖFTERBLÜHEND

Der buschige Strauch bringt aus edlen Knospen viele becherförmige, große rein rosafarbene, gefüllte Blüten mit 20 Petalen hervor. Sie duften zart und blühen fortwährend bis weit in den Herbst. Das mittelgroße, dunkelgrüne, mattglänzende Laub der für Rabatten geeigneten Pflanze ist sehr gesund.
ZONEN 4–9.

Tantau, Deutschland, 1985

Eltern unbekannt

Baden-Baden Goldmedaille 1985, ADR-Rose 1986, Goldene Rose von Den Haag 1992

## 'ROMEO'
GROSSBLUMIGE KLETTERROSE, DUNKELROT

Diese alte Kletterrose trägt kleine Büschel leuchtend roter, wohlgeformter, gefüllter Blüten mit bescheidenem Duft. 'Romeo' ist von kräftigem, kletterndem Wuchs mit relativ weichen Trieben und eignet sich daher für Bögen und Pergolen. Leider blüht sie nur im Sommer und kann anfällig für Mehltau sein .
ZONEN 4–9.

Easlea, Großbritannien, 1919

Eltern unbekannt

## 'ROOI ROSE' KORhood
TEEHYBRIDE, ROT, ÖFTERBLÜHEND

Die südafrikanische Rosenzeitschrift *Rooi Rose* verschenkt jedes Jahr zum Jahrestag ihres Bestehens 100 Rosen. Daher schien es angebracht, diese Sorte nach der Zeitschrift zu benennen. Der wuchsfreudige Strauch entwickelt sich rasch zu einer für Buschrosen mittelhohen bis hohen Pflanze. Er trägt wohlgeformte, gefüllte Blüten, die rasch nacheinander blühen. Aufgrund ihrer langen Stiele und lange haltenden Blumen eignen sie sich ideal zum Schnitt und für Ausstellungszwecke. Leider duftet der samtig dunkelrote Flor kaum. ZONEN 4–9.

Kordes, Deutschland, 1993

Eltern unbekannt

'Romanze'

## *ROSA ANEMONOIDES*
siehe 'Anemonenrose'

## *ROSA × BORBONIANA*
siehe Bourbonrose

## *ROSA BURGUNDICA*
siehe 'Burgunderrose'

## *ROSA CAROLINA*
siehe 'Pennsylvanian'

## *ROSA × CENTIFOLIA*
siehe 'Cabbage Rose'

## *ROSA × DAMASCENA*
siehe 'Summer Damask'

## 'ROSA GRUSS AN AACHEN'
siehe 'Pink Gruß an Aachen'

## 'ROSA MUNDI'
Syn. *Rosa gallica versicolor* 'Linnaeus', *R. gallica rosa mundi* 'Weston', *R. gallica variegata* 'Thory'
ALTE R., GALLICA-ROSE, ROSA+

Diese gestreifte Form mutiert gelegentlich zur ursprünglichen Gallica-Rose zurück; sie besitzt blaßrosa Petalen mit karminroten Streifen. Ihre Triebe biegen sich oft unter dem Gewicht der Blüten, was sich durch einen mäßigen Rückschnitt im März verhindern läßt und wodurch der Strauch auch eine schönere Form erhält. 'Rosa Mundi' wird nicht ganz 1 m hoch und eignet sich als niedrige Hecke. ZONEN 4–9.

Erstmalig 1581 erwähnt

Sport von *Rosa gallica officinalis*

Royal Horticultural Society Award of Garden Merit 1993

'Rosalie Coral'

'Romeo'

'Rosa Mundi'

## 'ROSA STERN'
siehe 'Bel Ange'

## 'ROSABELL' COCceleste
FLORIBUNDA, REIN ROSA, ÖFTERBLÜHEND

Die leuchtend rosaroten, mittelgroßen, gefüllten, etwas einwärts gebogenen Blüten stehen zahlreich in Büscheln an einer niedrigen Pflanze. Sie trägt glänzend mittelgrünes Laub und eignet sich für kleine Beete, als Kübelpflanze oder als niedriger Hochstamm. ZONEN 4–9.

Cocker, Großbritannien, 1986

Sämling × 'Minuetto'

## 'ROSALI' TANilasor
Syn. 'Rosali 83'
FLORIBUNDA, REIN ROSA, ÖFTERBLÜHEND

Die rein rosafarbenen Blüten mit 20 Petalen stehen in kleinen Büscheln und duften nicht. Die Beetrose hat mittelgroßes, glänzend mittelgrünes Laub.
ZONEN 4–9.

Tantau, Deutschland, 1983

Eltern unbekannt

'Rosali'

## 'ROSALIE CORAL' CHEwallop
Syn. 'Rosilia', 'Rocketear'
KLETTERNDE ZWERGROSE, ORANGE+, ÖFTERBLÜHEND

Rein orangefarbene, mit 15–25 Petalen gefüllte Blüten zeigen beim Öffnen ein gelbes Auge mit orangefarbenen Schattierungen. In kühleren Lagen erscheint um die Staubgefäße ein deutlicher goldfarbener Kreis. Die schwach duftenden Blumen stehen in kleinen Büscheln dicht über dem glänzend mittelgrünen Laub.
ZONEN 5–10.

Warner, Großbritannien, 1992

('Elizabeth of Glamis' × ['Galway Bay' × 'Sutter's Gold']) × 'Anna Ford'

Royal National Rose Society Trial Ground Certificate 1990

'Roma'

'Rose à Parfum de l'Haÿ'

'Rosamunde'

'Rose de Meaux'

## 'ROSAMUNDE' KORmunde

FLORIBUNDA, REIN ROSA, ÖFTERBLÜHEND

Die niedrige, reich blühende Rose trägt kräftig rosa- und lachsfarbene, mittelgroße Blüten. Sie duften schwach und blühen bis in den Herbst in kleinen Büscheln. 'Rosamunde' eignet sich am besten für kleine Beete und als Kübelpflanze. **ZONEN 4–9.**

Kordes, Deutschland, 1975

Eltern unbekannt

## 'ROSARIUM GLÜCKSBURG'

siehe 'Charles Rennie Mackintosh'

## 'ROSARIUM UETERSEN'

KORtersen

Syn. 'Uetersen'

GROSSBLUMIGE KLETTERROSE, DUNKELROSA, ÖFTERBLÜHEND

Während des Hauptflors bieten die zahlreichen kräftig rosaroten Blüten, die in Büscheln erscheinen, ein atemberaubendes Farbschauspiel. Über 100 Petalen sitzen dicht gedrängt in mittelgroßen bis großen Blüten, die sich weit, beinahe schalenförmig öffnen und später silbrig rosafarben überhaucht sind. Bis in den Herbst hinein folgen dem Hauptflor weitere leicht süß duftende Blumen. Die Rose eignet sich zum Beranken von Mauern, Zäunen, Säulen oder Bögen. Sie ist sehr winterhart und wetterfest. An der recht kräftigen Pflanze wächst üppiges, großes, glänzendes Laub. **ZONEN 3–9.**

Kordes, Deutschland, 1977

'Karlsruhe' × Sämling

## 'ROSE À PARFUM DE L'HAŸ'

Syn. 'Parfum de l'Haÿ'

STAUCHROSE, RUGOSA-HYBRIDE, ROT, ÖFTERBLÜHEND

Die sehr wuchsfreudige Rose trägt kirsch-karminrote Blüten, die sich unter direkter Sonneneinstrahlung blau färben. Sie sind groß, duften intensiv und blühen regelmäßig bis in den Herbst. Das mattgrüne Laub ist relativ glatt; in einigen Lagen ist die Sorte sehr anfällig für Mehltau. Sie eignet sich für Sträucherecken oder als Einzelpflanze. Sie ist nicht zu verwechseln mit 'Roseraie de l'Haÿ'. **ZONEN 3–9.**

Gravereaux, Frankreich, 1901

('Summer Damask' × 'Général Jacqueminot') × *Rosa rugosa*

'Rosarium Uetersen'

## 'ROSE BRADWARDINE'

ALTE R., RUBIGINOSA-HYBRIDE, REIN ROSA, ETWAS NACHBLÜHEND

1890 begann der britische Richter Lord Penzance, mehrere Hybriden von *Rosa rubiginosa*, vormals *R. eglanteria*, zu züchten, um öfterblühende Zaunrosen mit schöneren Blüten zu erzielen. Als Vaterpflanzen verwendete er Remontantrosen, Bourbonrosen und *R. foetida* ('Persian Yellow'). 'Rose Bradwardine', die zu den selteneren Penzance-Hybriden zählt, besitzt rosarote, einfache Blüten mit Apfelduft – ein typisches Merkmal von Rubiginosa-Rosen. Die hohe, winterharte Pflanze eignet sich als Hekke. **ZONEN 5–8.**

Penzance, Großbritannien, 1894

Eltern unbekannt

## 'ROSE CASCADE' DELcouro

BODENDECKERROSE, DUNKELROSA

Diese als sehr gute Bodendeckerrose bekannte Sorte trägt Büschel leuchtend rosafarbener, einfacher Blüten mit zahlreichen leuchtend goldfarbenen Staubgefäßen. Ihr Laub glänzt grün. 'Rose Cascade' ist kaum verbreitet und wird offenbar nur von zwei europäischen Baumschulen vertrieben.

**ZONEN 5–10.**

Delbard, Frankreich, 1995

Eltern unbekannt

## 'ROSE D'AMOUR'

Syn. *Rosa virginiana plena*, 'St Mark's Rose', 'The St Mark's Rose'

ALTE ROSE, DUNKELROSA, ETWAS NACHBLÜHEND

Der recht hoch- und breitwüchsige Strauch ist wahrscheinlich eine Kreuzung der Wildart *R. virginiana* einfachen Sorte mit *Rosa carolina*. An der fast stachellosen Pflanze erscheinen ab Juli wiederholt zahlreiche zierliche, rosafarbene Blüten. Als ausgewachsene Einzelpflanze bietet sie einen eindrucksvollen Anblick. Sie erinnert stark an 'Rose d'Orsay'. Ihren Namen erhielt sie nach einem Lebemann, der sie gerne im Knopfloch trug.

**ZONEN 5–9.**

1759

Vermutlich eine Hybride von *Rosa lucida*

Royal Horticultural Society Award of Garden Merit 1993

## 'ROSE DE MEAUX'

Syn. 'De Meaux', 'Pompon Rose', *Rosa centifolia pomponia* 'Lindley', *R. dijoniensis*, *R. pomponia* 'Roessig', *R. pulchella* 'Willdenow'

ALTE R., ZENTIFOLIE, REIN ROSA

Diese seit 1789 kultivierte, sommerblühende Rose ist wohl die kleinste aller Zentifolien. Sie trägt in Büscheln zierliche, gefüllte, rosafarbene Pomponblüten, die mit ihren gekräuselten Petalen an

'Rose Cascade'

R

Nelkenblüten erinnern. Aufgrund ihrer aufrechten, zwergwüchsigen Form eignet sich 'Rose de Meaux' als Topfrose. Im frühen Mittelalter ließ sich der irische Mönch Fiacrius als Einsiedler im französischen Meaux nieder, wo er einen Garten kultivierte. Er wurde zum Schutzpatron der Gärtner. Seine Gebeine liegen im Kloster Meaux. Es gibt auch eine weiße Form der Rose ('White de Meaux'). **ZONEN 4–9.**

Kultiviert seit 1789

Eltern unbekannt

## 'ROSE DE RESCHT'

ALTE R., DAMASZENERROSE, DUNKELROSA, ETWAS NACHBLÜHEND

Die in dichten Büscheln stehenden Blüten dieser Damaszenerrose wachsen dicht über dem Laub auf kurzen Stielen. Die stark gefüllten, duftenden Blumen haben einen Durchmesser von 3,5 cm und sind in voll geöffnetem Zustand kissenförmig; sie blühen bis in den Herbst. Ihre kräftig fuchsienroten Petalen mit einem Hauch Purpur können unter direkter Sonneneinstrahlung etwas verblassen. Der gut verzweigte, dichte Strauch trägt am dunkelgrünen Holz einige kurze Stacheln und wird bis zu 1 m hoch. Sein üppiges, rundliches, dunkel graugrünes Laub bleibt lange am Strauch. Die recht pflegeleichte Rose stammt ursprünglich aus dem Iran und wurde durch Lindsay nach Europa importiert. **ZONEN 5–9.**

Iran, Lindsay (Markteinführung), Großbritannien, 1940

Eltern unbekannt

Royal Horticultural Society Award of Garden Merit 1993

'Rose de Rescht'

## 'ROSE DES MAURES'

**Syn. 'Sissinghurst Castle'**

ALTE R., GALLICA-ROSE, DUNKELROT

Die Briten Harold Nicolson und Vita Sackville-West gründeten den bekannten *Sissinghurst Castle Garden* in Kent. Angeblich wurde diese Rose dort 1930 während einer Aufräumaktion gefunden. Die pflaumenfarbenen, halbgefüllten Blüten besitzen die typische Form der Gallica-Blüten. **ZONEN 4–9.**

Niederlande, frühes 19. Jh. (?), 1947 Wiedereinführung

Eltern unbekannt

'Rose des Maures'

## 'ROSE DES PEINTRES'

**Syn. 'Centfeuille des Peintres', *Rosa* × *centifolia major***

ALTE R., ZENTIFOLIE, REIN ROSA

Die ziemlich breitwüchsige, hohe Pflanze ähnelt stark *Rosa* × *centifolia*; sie trägt stark gefüllte, rein rosafarbene Blüten mit einem grünen Knopfauge. **ZONEN 4–9.**

Vor 1838

Eltern unbekannt

'Rose des Peintres'

## 'ROSE D'HIVERS'

ALTE R., DAMASZENERROSE, WEISS, ETWAS NACHBLÜHEND

Der reichverzweigte, kleine Busch mit zierlichen, kleinen weißen Blüten und rosafarbenen inneren Petalen ist für eine Damaszenerrose recht ungewöhnlich. Ihre Nachblüte läßt auf eine Verwandtschaft zu herbstblühenden Damaszenerrosen schließen. **ZONEN 4–9.**

Eltern unbekannt

## 'ROSE DU MAÎTRE D'ÉCOLE'

siehe 'De la Maître-École'

## 'ROSE DU ROI'

**Syn. 'Lee's Crimson Perpetual'**

ALTE R., PORTLANDROSE, ROT, ETWAS NACHBLÜHEND

Die duftenden Blüten dieser Portlandrose stehen in dichten Büscheln und blühen bis in den Herbst. Sie sind stark gefüllt, dennoch aber locker geformt und zeigen gelegentlich in voll geöffnetem Zustand einige gelbe Staubgefäße. Die zartroten Petalen sind purpurfarben gesprenkelt. Der stämmige Strauch erreicht eine Höhe von 1 m, trägt stachelige, dunkelgrüne Triebe und üppiges zierliches, dunkelgraugrünes Laub. **ZONEN 5–9.**

Ecoffay, Frankreich, 1819

Eltern unbekannt

'Rose du Roi'

## 'ROSE DU ROI À FLEURS POURPRES'

ALTE R., PORTLANDROSE, MAUVE, ETWAS NACHBLÜHEND

Die Rose ist angeblich ein Sport von 'Rose du Roi'; sie soll wuchsfreudiger als die Mutterpflanze sein und auch größere, kräftiger purpurfarbene Blüten haben. Ihre Abstammung ist allerdings umstritten. **ZONEN 5–9.**

Vermutlich Varangot, Frankreich, 1844

Angeblich ein Sport von 'Rose du Roi'

## 'ROSE EDOUARD'

**Syn. 'Rose Dubreuil', 'Rose Neumann'**

ALTE R., BOURBONROSE, REIN ROSA, ETWAS NACHBLÜHEND

Angeblich wurde diese Sorte auf der Insel Bourbon, heute Réunion, zwischen Hecken von 'Quatre Saisons' und 'Parson's Pink China' gefunden. Von dort gelangte sie nach Frankreich. Sie besitzt Eigenschaften von Damaszener- und Chinarosen. Von den $F_2$-Nachkommen besitzen einige die nachblühende Eigenschaft der Chinarosen. So entstanden die Bourbonrosen und mit ihnen die öfterblühenden Modernen Rosen. 'Rose Edouard' selbst bzw. die unter diesem Namen gehandelte Rose trägt gefüllte bis halbgefüllte Blüten in leuchtendem Rosa an einem hohen, aber leicht auseinanderfallenden Strauch. **ZONEN 5–9.**

Perichon, Frankreich, um 1821

Vielleicht 'Quatre Saisons' × 'Parson's Pink'

## 'ROSE GAUJARD' GAUmo

TEEHYBRIDE, ROT+, ÖFTERBLÜHEND

Auf ihrer Rückseite sind die großen, kirschroten Blüten blaßrosa und silbrig weiß gefärbt. Die mit 80 Petalen stark gefüllten, becherförmigen Blüten haben eine hohe Mitte, einen zarten Duft und blühen bis in den Herbst. Ledriges, glänzendes, großes Laub ziert eine große, kräftige Pflanze. Sie ist seit vielen Jahren beliebt und wird sich wohl auch in Zukunft noch der Gunst manchen Rosengärtners erfreuen. Die ansehnliche Beetrose läßt deutlich den Einfluß ihrer Elternsorte 'Gloria Dei' erkennen. **ZONEN 4–9.**

Gaujard, Frankreich, 1957

'Gloria Dei' × Sämling von 'Opera'

Goldmedaille der Royal National Rose Society 1958

## 'ROSE GILARDI' MORose

ZWERGROSE, ROT+, ÖFTERBLÜHEND

Ihre Blüten weisen beidseitig kräftig rote und rosafarbene Streifen auf. Die mit bis zu 15 Petalen gefüllten Blüten dieser Zwergrose duften zart und sind von dekorativer, ungezwungener Form. Sie stehen in kleinen Büscheln, zeigen ihre bemoosten Blütenkelche und tragen entlang der Stiele zahlreiche weiche Stacheln. Der kräftige, dichte Busch ist eher breit- als hochwüchsig. Am schönsten entwickeln sich die Blütenfarben unter direkter Sonneneinstrahlung – im Schatten verlieren die roten und weißen Töne an Intensität. 'Rose Gilardi' eignet sich für Hängeampeln. Sie wurde nach dem aus San Francisco stammenden Rosenzüchter und Regionalvorsitzenden der *American Rose Society* benannt. **ZONEN 4–10.**

Moore, USA, 1987

'Dortmund' × (['Fairy Moss' × ('Little Darling' × 'Ferdinand Pichard')] × Sämling)

## 'ROSE HILLS RED'

ZWERGROSE, DUNKELROT, ÖFTERBLÜHEND

Spitze Knospen blühen zu kräftig roten, gefüllten Blüten mit etwa 30 Petalen auf. Sie öffnen sich zu rasch, sind aber in voll aufgeblühtem Zustand, wenn sie ihre gelben Staubgefäße zeigen, am schönsten. Das ledrige, glänzend mittelgrüne Laub wächst an einer kräftigen, aufrechten Pflanze mit rascher Blütenfolge. Die rote Zwergrose gibt eine hervorragende Sorte für den Garten ab. **ZONEN 5–11.**

Moore, USA, 1978

(*Rosa wichuraiana* × 'Floradora') × 'Westmont'

'Rose Marie, Climbing'

'Rose Hills Red'

'Rosemarie Viaud'

'Rose Window'

'Rose Window'

## 'ROSE MARIE, CLIMBING'

GROSSBLUMIGE KLETTERROSE, REIN ROSA

Die kletternde Mutation einer einst beliebten Edelrose ist heute praktisch ausgestorben. Ihre duftenden, rein rosafarbenen, gefüllten Blüten stehen in Büscheln. Die Rose mag ein warmes Plätzchen an der Mauer und trägt glänzend dunkelgrünes Laub. **ZONEN 4–9.**

Pacific Rose Co., Australien, 1927

Sport von 'Rose Marie'

## 'ROSE PARADE'

FLORIBUNDA, ROSA+, ÖFTERBLÜHEND

Ovale, in Büscheln stehende Knospen öffnen sich bei dieser Floribundarose zu korall-pfirsichfarbenen bis rosafarbenen, gefüllten, becherförmigen Blüten. Die großen Blumen duften schwach. An der dichten, kräftigen, buschigen Pflanze wächst dunkles, ledriges Laub. 'Rose Parade' eignet sich für Beete und als Hochstamm. **ZONEN 4–9.**

Williams, USA, 1974

'Sumatra' × 'Queen Elizabeth'

All-American Rose Selection 1975

'Roselina'

'Roselina'

## 'ROSE WINDOW'

ZWERGROSE, ORANGE+, ÖFTERBLÜHEND

Ovale, spitze Knospen öffnen sich zu leuchtend orangegelben Blüten mit einem breiten, kräftig roten Rand. Die mit 15–20 Petalen gefüllten Blüten duften schwach. Mit ihrer typischen Edelrosenform sind sie für Ausstellungszwecke geradezu prädestiniert; der rote Rand läßt sie noch reizvoller erscheinen. Sie halten ihre Form um einiges länger als die meisten Sorten. In kühleren Lagen erreichen die Blüten die Größe von Rabattenrosen; und von solchen Prachtexemplaren kann man sich dann als Betrachte kaum losreißen. Das Laub dieser breitwüchsigen, buschigen, kräftigen Pflanze ist dunkelgrün. **ZONEN 5–10.**

Williams, USA, 1978

Sämling × 'Over the Rainbow'

## 'ROSELINA' KORsaku

**Syn. 'Playtime', 'Rosalina'**

STRAUCHROSE, RUGOSA-HYBRIDE, ROSA+, ÖFTERBLÜHEND

'Roselina' ist von teilweise niederliegendem Wuchs. Sie trägt wiederholt kleine Büschel einfacher, mittelgroßer Blüten in reinem Rosa. Die als sehr robust und gesund beschriebene Rugosa-Hybride mit ihrem typisch runzeligen Laub eignet sich vor allem für kleinere Gärten. **ZONEN 4–9.**

Kordes, Deutschland, 1992

Eltern unbekannt

Belfast Crystal Prize 1995

## 'ROSEMARIE VIAUD'

**Syn. 'Rose-Marie Viaud'**

RAMBLERROSE, MAUVE

Die fast stachellose Rose bildet schön überhängende Triebe, von denen im Juli große Blütenbüschel herabhängen. Sie gleicht ihrer Elternsorte 'Veilchenblau' bis auf den kirschroten Farbton der zierlichen, halbgefüllten Blüten, der dann beim Öffnen in ein bläulicheres Violettgrau übergeht. **ZONEN 5–9.**

Igoult, Frankreich, 1924

Sämling von 'Veilchenblau'

'Rose Gaujard'

R

'Rosendorf Sparrieshoop'

'Rosemary Harkness'

'Rosenelfe'

## 'ROSEMARY HARKNESS'

HARrowbond

TEEHYBRIDE, ORANGEROSA, ÖFTERBLÜHEND

Die hübschen, mit 35 Petalen gefüllten Blüten von 'Rosemary Harkness' in Lachsorange mit orangegelber Rückseite haben eine schöne Form. Sie duften intensiv und erscheinen bis in den Herbst. Die moderne Edelrose trägt großes, dunkles, mattglänzendes Laub an einer buschigen Pflanze und eignet sich für Beete oder als Hochstamm.

ZONEN 4–9.

Harkness, Großbritannien, 1985

'Compassion' × ('Basildon Bond' × 'Grandpa Dickson')

Belfast Goldmedaille 1987, Belfast Duftpreis 1987, Glasgow Duftpreis 1991, Auckland Duftpreis 1995

## 'ROSEMARY ROSE'

FLORIBUNDA, DUNKELROSA, ÖFTERBLÜHEND

Die gefüllten, kamelienförmigen, mittelgroßen, dunkelrosa Blüten von 'Rosemary Rose' erscheinen in sehr großen Büscheln. Die Pflanze mit ihrem kräftig kupferfarbenen Laub ist zwar attraktiv, hat jedoch aufgrund hoher Anfälligkeit für Mehltau stark an Beliebtheit verloren. Der kräftige Busch kann für Beete und Rabatten verwendet werden, enttäuscht aber als Hochstamm.

ZONEN 4–9.

de Ruiter, Niederlande, 1954

'Gruss an Teplitz' × Sämling einer Floribunda

Goldmedaille der Royal National Rose Society 1954, Rom Goldmedaille 1954

## 'ROSENDORF SPARRIESHOOP' KORdibor

STRAUCHROSE, HELLROSA, ÖFTERBLÜHEND

Am hübschen, mittelgroßen Strauch von 'Rosendorf Sparrieshoop' erscheinen Büschel halbgefüllter, nach Apfel duftender Blüten mit 15 leuchtend hellrosa Petalen. Die öfterblühende, sehr gesunde, buschige Rose eignet sich als Einzelpflanze sowie für Gruppen.

ZONEN 4–9.

Kordes, Deutschland, 1988

Eltern unbekannt

## 'ROSENELFE'

Syn. 'Rose Elf'

FLORIBUNDA, REIN ROSA, ÖFTERBLÜHEND

Die für Rabatten geeignete, öfterblühende Sorte trägt kleine bis mittelgroße, rosafarbene Blüten mit zahlreichen, duftenden Petalen. Sie stehen in großen Büscheln an einem mittelhohen, schlanken Busch mit ledrigem, glänzendem Laub. ZONEN 4–9.

Kordes, Deutschland, 1939

'Else Poulsen' × 'Sir Basil McFarland'

'Rosemary Rose'

## 'ROSENFEE'

FLORIBUNDA, HELLROSA, ÖFTERLBÜHEND

Die in riesigen Büscheln stehenden großen, offenen, zu Beginn rosaroten Blüten von 'Rosenfee' färben sich später lachsrosa. Sie duften zart. Der mittelgroße Busch mit sehr gesundem Laub eignet sich als Beetrose. ZONEN 4–9.

Boerner, USA, 1967

Eltern unbekannt

## 'ROSENMÄRCHEN'

siehe 'Pinocchio'

## 'ROSENPROFESSOR SIEBER'

KORparesni

FLORIBUNDA, REIN ROSA, ÖFTERBLÜHEND

Die mittelgroßen Blüten dieser Floribundarose besitzen einen reinen, gleichmäßigen lachsrosa Ton. Sie sind mit recht kurzen Petalen gefüllt, die im Lauf der Zeit eine hübsche Becherform bilden, und blühen meist in Büscheln bis in den Herbst; die Blüten verbreiten einen angenehmen Wildrosenduft. 'Rosenprofessor Sieber' eignet sich für Beete, Rabatten oder als Hecke. Der wuchsfreudige Busch wird mittelhoch und trägt sehr gesundes, dichtes, glänzend dunkelgrünes Laub. Die Sorte wurde nach deutschen Professor Josef Sieber benannt, der sich seit Jahrzehnten den Rosen widmet.

ZONEN 4–9.

Kordes, Deutschland, 1997

Eltern unbekannt

ADR-Rose 1996

## 'ROSENRESLI' KORresli

Syn. 'Love's Song'

STRAUCHROSE, DUNKELROSA, ÖFTERBLÜHEND

Die großen und wie Teerosen duftenden, dunkelrosafarbenen Blüten sind lachsfarben bis karminrot überhaucht, haben 25–40 Petalen und stehen in mittelgroßen Büscheln. Die kräftige, große, wiederholt blühenden Pflanze trägt gesundes, glänzend dunkelgrünes Laub; sie eignet sich als Solitär und sogar für Säulen oder kleine Spaliere. ZONEN 4–9.

Kordes, Deutschland, 1986

('New Dawn' × 'Primaballerina') × Sämling

ADR-Rose 1984

## 'ROSENSTADT ZWEIBRÜCKEN' KORstatis

Syn. 'Morningrose', 'Rosenstadt'

STRAUCHROSE, ROSA+, ÖFTERBLÜHEND

Ihre großen, offenen Blüten besitzen 20 Petalen in kräftig leuchtendem Rosa mit gelber Mitte; leider duften sie kaum, erneuern sich aber gut bis in den Herbst. Der hübsche, sehr winterharte Strauch trägt kräftig grünes, gesundes Laub und eignet sich gut für Rabatten und als Einzelpflanze. ZONEN 3–9.

Kordes, Deutschland, 1989

Eltern unbekannt

'Rosendorf Sparrieshoop'

'Rosenfee'

R

'Rosenprofessor Sieber'

## 'ROSENTANZ'

siehe 'Biddulph Grange'

## 'ROSENTHAL'

siehe 'Tatjana'

## 'ROSERAIE DE L'HAŸ'

STRAUCHROSE, RUGOSA-HYBRIDE, DUNKELROT, ÖFTERBLÜHEND

Diese wohl am häufigsten gezogene Rugosa-Hybride ist recht gesund und blüht wiederholt. Große, offene Blüten in kräftigem Karmin-Purpurrot mit cremefarbenen Staubgefäßen stehen in kleinen Büscheln. Auffällig ist der intensive Duft nach Gewürznelken und Honig. Die Rose hat kräftige, stachelige Triebe und bildet keine Hagebutten. **ZONEN 4–9.**

Cochet-Cochet, Frankreich, 1901

Angeblich ein Sport von *Rosa rugosa rubra*

Royal Horticultural Society Award of Garden Merit 1993

## 'ROSEROMANTIC' KORsommer

FLORIBUNDA, WEISS, ÖFTERBLÜHEND

Die sehr hellrosafarbenen, einfachen Blüten dieser Kordes-Rose mit einem Durchmesser von 5 cm stehen locker in großen Büscheln; ihr Duft ist zart. Sie bedecken den Busch vollkommen. Die ausladende Pflanze trägt dichtes, zierliches, dunkel glänzendes Laub. Den Blüten folgen zahlreiche, kugelförmige Hagebutten, die einen sehr hübschen Kontrast zu den späteren Blumen bilden. 'Roseromantic' eignet sich als niedrige, breitwüchsige Einfassung oder Hecke und wirkt inmitten von gleichfarbigen Zwiebelpflanzen und Stauden sehr ungezwungen. **ZONEN 4–9.**

Kordes, Deutschland, 1984

Sämling × 'Tornado'

Baden-Baden Goldmedaille 1982

## 'ROSETTE DELIZY'

ALTE R., TEEROSE, GELB+, ÖFTERBLÜHEND

Die farbenprächtigen Blüten dieser Teerose vereinen orangegelbe, apricotfarbene, ziegel- sowie karminrote Töne. Die großen, wohlgeformten, gut nachblühenden Blumen mögen manchem Betrachter grell erscheinen. In kühleren Monaten leuchten sie allerdings noch intensiver. **ZONEN 7–9.**

Nabonnand, Frankreich, 1922

'General Galliéni' × 'Comtesse Bardi'

## 'ROSEVILLE COLLEGE'

TEEHYBRIDE, ORANGEROSA, ÖFTERBLÜHEND

Ihre großen, stark gefüllten Blüten besitzen 55 Petalen in warmem Orangerosa. Sie können etwas sparsam und in langen Abständen erscheinen und duften schwach. Das üppige, dunkelgrüne, leicht faltige Laub an der mittelgroßen, stämmigen Pflanze ist gesund. 'Roseville College' erhielt ihren Namen nach einer Mädchenschule in Sydney. **ZONEN 5–10.**

Bell, Australien, 1990

Eltern unbekannt

'Rosette Delizy'

'Rosenresli'

'Rosenstadt Zweibrücken'

'Roseraie de l'Haÿ'

'Roseromantic' (Hagebutte)

'Roseville College'

'Roseromantic'

## 'ROSIE LARKIN' FRYyippee

Syn. 'Rosy Larkin'
STRAUCHROSE, MAUVE, ÖFTERBLÜHEND

Die niedrige, lavendelfarbene Rose trägt rasch nacheinander bis in den Herbst zahlreiche zart duftende, einfache Blüten. Sie ist von hübschem, ordentlichem, fast dichtem Wuchs und eignet sich für kleine Gärten, Balkonkästen und als Kübelpflanze. ZONEN 4–9.

Fryer, Großbritannien, 1993

Eltern unbekannt

## 'ROSIKA'

siehe 'Radox Bouquet'

## 'ROSILIA'

siehe 'Rosalie Coral'

## 'ROSINA'

Syn. 'Josephine Wheatcroft', 'Yellow Sweetheart'
ZWERGROSE, REIN GELB, ÖFTERBLÜHEND

Die gefüllten, duftenden Blüten dieser Zwergrose besitzen gut 15 Petalen und leuchten in gefälligem Sonnenblumengelb; am schönsten zeigt sich die klare, leuchtende Farbe in kühleren Lagen. Die zwergwüchsige, dichte, 20–30 cm hohe Pflanze trägt glänzend hellgrünes Laub und kleine Blütenbüschel. 'Rosina' ist anfällig für Sternrußtau, aber wetterfest und in mildem Klima eine beliebte Zwergrose für Einfassungen und Kübel. Diese klassische Zwergrose aus dem Kreuzungsprogramm des spanischen Rosenpioniers Pedro Dot wird stets noch gerne in Gärten kultiviert.
ZONEN 4–10.

Dot, Spanien, 1935

'Eduardo Toda' × 'Rouletii'

## 'ROSMARIN'

Syn. 'Rosemarin'
ZWERGROSE, ROSA+, ÖFTERBLÜHEND

Kugelförmige Knospen öffnen sich zu zart rosafarbenen Blüten mit hellroter Rückseite. Sie sind gefüllt, duften zart und besitzen eine dekorative Form. Die in kühlen Lagen hellrosa Petalen färben sich bei warmen, gemäßigten Temperaturen hellrot und bilden faszinierende Farbmischungen. Die gut verzweigte, immerblühende Pflanze trägt glänzend hellgrünes Laub. ZONEN 5–10.

Kordes, Deutschland, 1965

'Tom Thumb' × 'Dacapo'

'Rosmarin'

'Rosmarin '89'

'Rosy Carpet'

## 'ROSMARIN '89' KORfanto

Syn. 'Rosmarin '90'
ZWERGROSE, DUNKELROSA, ÖFTERBLÜHEND

An der sehr buschigen, breitwüchsigen Zwergrose erscheinen große, wohlgeformte Büschel kräftig rosafarbener, gefüllter Blüten mit 60–70 Petalen. Die Blumen blühen fortwährend zahlreich, halten sehr lange und eignen sich für die Vase. Dicht gepflanzt bildet 'Rosmarin '89' eine schöne, niedrige Einfassung. Sie ist nicht mit der Kordes-Rose 'Rosmarin' von 1965 zu verwechseln, die noch weit verbreitet ist. ZONEN 5–9.

Kordes, Deutschland, 1990

Eltern unbekannt

## 'ROSY CARPET' INTercarp

Syn. 'Matador'
STRAUCHROSE, DUNKELROSA, ÖFTERBLÜHEND

Diese Sorte bewies als eine der ersten, daß moderne Rosen einen wertvollen Beitrag zur Landschaftsgestaltung leisten. Ihre offenen, einfachen, mittelgroßen Blüten besitzen 5 dunkelrosa Petalen. Sie duften, stehen in Büscheln und blühen fortwährend bis in den Herbst. Die stets noch für flächige Pflanzungen besonders an Böschungen verwendete, sich mittel-

'Rosy Cushion'

stark ausbreitende Rose trägt glänzend dunkelgrünes Laub. ZONEN 4–9.

Interplant, Niederlande, 1984

'Yesterday' × Sämling

## 'ROSY CHEEKS'

TEEHYBRIDE, ROT+, ÖFTERBLÜHEND

Die großen, duftenden, roten Blüten besitzen 35 Petalen mit gelber Rückseite. Dunkles, glänzendes, gesundes Laub erscheint an einer auch für Ausstellungszwecke geeigneten Beetsorte.
ZONEN 4–9.

Anderson, Großbritannien, 1975

Sämling × 'Grandpa Dickson'

## 'ROSY CUSHION' INTerall

STRAUCHROSE/BODENDECKERROSE, HELLROSA, ÖFTERBLÜHEND

Der öfterblühende, gesunde Strauch kann als reichblühende Bodendeckerrose verwendet werden. Zierliche, einfache, hellrosa Blüten mit 7–8 Petalen und zartem Duft erscheinen in großen Büscheln. 'Rosy Cushion' trägt dunkelgrüne, sehr glänzende Blätter, mittelgroße Stacheln und eignet sich gut zur Flächenbegrünung. ZONEN 4–9.

Ilsink, Niederlande, 1979

'Yesterday' × Sämling

Goldene Rose von Den Haag 1985, Royal Horticultural Society Award of Garden Merit 1993

## 'ROSY DAWN'

ZWERGROSE, GELB+, ÖFTERBLÜHEND

Ovale Knospen öffnen sich zu cremegelben Blüten mit kräftig karminrot-rosafarbenen Rändern. Die mit knapp 30 Petalen gefüllten Blumen besitzen einen zarten Teerosenduft und kurzzeitig eine für Ausstellungszwecke geeignete Edelrosenform. Sie stehen in kleinen Rispen und bilden in warmen Lagen mit ihrer leuchtenden Farbe einen Blickfang im Garten. Das kleine bis mittelgroße, glänzend grüne Laub wächst an einem hübschen, großen, kräftigen Busch.
ZONEN 5–10.

Bennett, USA, 1982

'Magic Carrousel' × 'Magic Carrousel'

## 'ROSY FUTURE' HARwaderox

FLORIBUNDA, DUNKELROSA, ÖFTERBLÜHEND

An der niedrigen Sorte erscheinen zierliche, gefüllte Blüten mit 15–25 Petalen. Die duftenden, karminrosa Blüten blühen rasch nacheinander. 'Rosy Future' trägt kleines, dunkelgrünes, mattglänzendes Laub an einer aufrechten Pflanze, aber kaum Stacheln; sie eignet sich als

'Rosy Carpet'

Topfrose sowie für kleine Beete und Rabatten. **ZONEN 4–9.**

Harkness, Großbritannien, 1991

'Rosika' × 'Anna Ford'

Courtrai Goldmedaille 1989, Glasgow Silbermedaille 1993

## 'ROSY HIT' POUlmar

ZWERGROSE, ORANGE+, ÖFTERBLÜHEND

Diese sonnenliebende, kräftige Zwergrose wird hoch. Sie trägt bis spät in den Herbst einen reichen Flor. Die mittelgroßen Blüten zeigen vom Öffnen der gelben Knospen bis zum Entfalten der Petalen mit orangerosa Mitte wunderschöne Farben. Sie stehen einzeln oder in Büscheln und sind für Kübel, Gestecke und Ausstellungszwecke beliebt. **ZONEN 5–11.**

Poulsen, Dänemark, 1994

Eltern unbekannt

## 'ROSY MANTLE'

GROSSBLUMIGE KLETTERROSE, REIN ROSA, ÖFTERBLÜHEND

Die großen, duftenden, gefüllten Blüten von 'Rosy Mantle' besitzen eine schöne Edelrosenform. Sie sind in einem warmen Rosaton gehalten, erscheinen regelmäßig bis in den Herbst und eignen sich auch sehr gut für die Vase. Das dunkle Laub paßt sehr gut zu dieser zum Beranken von Mauern oder Säulen verwendbaren Rose. **ZONEN 4–9.**

Cocker, Großbritannien, 1968

'New Dawn' × 'Primaballerina'

Royal National Rose Society Trial Ground Certificate 1970

'Rosy Dawn'

'Rosy Mantle'

## 'ROTE MAX GRAF' KORmax

Syn. 'Red Max Graf'

STRAUCHROSE, ROT

Ovale Knospen öffnen sich zu großen, einfachen, leuchtend scharlachroten Blüten mit 6 Petalen. Die sommerblühenden, etwas duftenden Blumen stehen in Büscheln. An der äußerst kräftigen, niederliegenden Pflanze wächst dunkles, ledriges, fast schon faltiges Laub. Der große Strauch eignet sie sich für großflächige Pflanzungen. **ZONEN 4–9.**

Kordes, Deutschland, 1980

*Rosa kordesii* × Sämling

Baden-Baden Goldmedaille 1981

## 'ROTE MOZART' KORtragfei

Syn. 'Red Mozart'

STRAUCHROSE, ORANGEROT, ÖFTERBLÜHEND

Große Büschel duftender, roter, einfacher Blüten erscheinen an einer wohlgeformten, rundlichen, wuchsfreudigen Pflanze, die kleines Laub und robuste Blüten trägt. **ZONEN 4–9.**

Kordes, Deutschland, 1989

Sport von 'Mozart'

'Roter Champagner'

'Rouge Meilland' (II)

## 'ROTER CHAMPAGNER'

Syn. 'Pétillante'

TEEHYBRIDE, ROT, ÖFTERBLÜHEND

Spitze Knospen öffnen sich zu großen, gefüllten, für Ausstellungszwecke geeigneten Blüten. Sie duften zart, tragen bis zu 60 karminrote Petalen, blühen aber nur in längeren Abständen. Als Schnitt halten sie lange. Die kräftige, aufrechte Pflanze ist mit mattdunkelgrünem Laub bedeckt. **ZONEN 5–9.**

Tantau, Deutschland, 1963

Eltern unbekannt

## 'ROTER STERN'

siehe 'Exciting'

## 'ROTES MEER'

Syn. 'Exception', 'Purple Pavement'

STRAUCHROSE, RUGOSA-HYBRIDE, ROT, ÖFTERBLÜHEND

Ihre duftenden, halbgefüllten, karminroten Blüten stehen meist in Büscheln. Sie blühen bis in den Herbst. Zum Saisonende hin erscheinen große rote Hagebutten. Der dichte Strauch trägt stachelige Stiele und zierliche, mattglänzende Blätter. **ZONEN 4–9.**

Baum, Deutschland, 1983

Sämling von 'White Hedge'

## 'ROUGE ADMIRABLE'

ALTE R., GALLICA-ROSE, DUNKELROSA

Im Sangerhausener Rosarium gibt es eine gleichnamige Rose, auf die jedoch die ursprüngliche Beschreibung nicht paßt. William Paul führte in der ersten Ausgabe von *Rose Garden* (1848) 471 Gallica-Rosen auf, in der zehnten Ausgabe (1903) nur noch 87. Diese hier hat offenbar überlebt. **ZONEN 4–9.**

Vibert, Frankreich, 1825

Eltern unbekannt

'Rote Max Graf'

## 'ROUGE MEILLAND' (I)

siehe 'Happiness'

## 'ROUGE MEILLAND' (II)

MEImalyna

Syn. 'New Rouge Meilland', 'Rouge Meilland 84'

TEEHYBRIDE, ROT, ÖFTERBLÜHEND

Ihre großen, roten Blüten besitzen 40 Petalen und duften kaum. An der kräftigen, aufrechten, öfterblühenden Pflanze wächst dunkles, mattglänzendes Laub. **ZONEN 4–9.**

Meilland, Frankreich, 1982

(['Queen Elizabeth' × 'Karl Herbst'] × 'Pharao') × 'Antonia Ridge'

## 'ROUGEMOSS'

Syn. 'Rouge Moss'

FLORIBUNDA, ORANGEROT, ÖFTERBLÜHEND

Die kräftige, zwergwüchsige Pflanze trägt ledriges Laub und bis in den Herbst kleine, orangerote, gefüllte, duftende Blüten. **ZONEN 4–9.**

Moore, USA, 1972

'Rumba' × Hybride einer Moosrose

R

## 'ROULETII'

**Syn. *Rosa rouletii* 'Correvon'**

ALTE R., CHINAROSE, REIN ROSA, ETWAS NACHBLÜHEND

Diese Rose wurde von dem Schweizer Roulet in einem Balkonkasten entdeckt und von seinem Landsmann Correvon auf den Markt gebracht. In England wurde Anfang des 19. Jh. eine ähnliche Rose mit dem Namen 'Miss Lawrance's Rose' kultiviert. Mary Lawrance war eine der ersten Blumenillustratorinnen. Bis zum späten 19. Jh. wurden viele solche Sorten kultiviert, starben jedoch mit der Einführung der Polyantharosen aus. Mit 'Rouletii' erwachte das Interesse erneut; viele der heutigen Zwergrosen sind ihre Nachkommen. Die sehr zierliche „Minizwergrose" trägt wiederholt fingernagelgroße, rosafarbene Blüten. In Fachkreisen besteht eine gewisse Uneinigkeit darüber, ob es sich um 'Pompon de Paris' handelt. **ZONEN 7–9.**

Correvon, Schweiz, 1922

Vermutlich *Rosa chinensis minima*

## 'ROUNDELAY'

TEEHYBRIDE, DUNKELROT, ÖFTERBLÜHEND

Ihre dunkelroten, zunächst hochgebauten Blüten sind mit knapp 40 Petalen gefüllt und öffnen sich schalenförmig in kleinen Büscheln. Die duftenden Blumen blühen wiederholt an einer kräftigen, dunkel belaubten Pflanze. **ZONEN 4–9.**

Swim, USA, 1954

'Charlotte Armstrong' × 'Floradora'

Genf Goldmedaille 1954, National Rose Society Trial Ground Certificate 1958

'Rouletii'

## 'ROXIE' RESox

TEEHYBRIDE, ROT, ÖFTERBLÜHEND

Die gefüllten, wohlgeformten, schwach duftenden Blüten besitzen bis zu 40 Petalen. Sie stehen meist einzeln, gelegentlich auch in kleinen, lockeren Büscheln. Der stachelige, mittelhohe Busch mit mattem mittelgrünem Laub eignet sich für Beete und Rabatten. **ZONEN 5–9.**

Sheldon, USA, 1995

'Sheer Bliss' × 'Headliner'

## 'ROY BLACK'

siehe 'Karen Blixen'

## 'ROYAL ALBERT HALL'

TEEHYBRIDE, ROT+, ÖFTERBLÜHEND

Die großen, weinroten Blüten besitzen eine goldfarbene Rückseite, gut 30 Petalen und eine klassische, hochgebaute Form. Sie duften intensiv. Der mittelgroße Busch trägt dunkles Laub. **ZONEN 4–9.**

Cocker, Großbritannien, 1972

'Duftwolke' × 'Postillion'

## 'ROYAL AMETHYST' DEVmorada

TEEHYBRIDE, MAUVE, ÖFTERBLÜHEND

Spitze Knospen öffnen sich zu großen, gefüllten Blüten mit gut 30 Petalen. Die einzeln stehenden, lavendelfarbenen Blumen duften fruchtig. An der hohen, aufrechten Pflanze erscheinen glänzend mittelgrüne Blätter und hennafarbene Stacheln. **ZONEN 4–9.**

DeVor, USA, 1989

'Angel Face' × 'Mainzer Fastnacht'

Portland Goldmedaille und Duftpreis 1996

'Roundelay'

'Royal Canadian'

## 'ROYAL BASSINO' KORfungo

STRAUCHROSE/BODENDECKERROSE, ROT, ÖFTERBLÜHEND

Die verbesserte Form der ursprünglichen öfterblühenden Bodendeckerrose trägt scharlachrote, halbgefüllte, schwach duftende Blüten in mittelgroßen Büscheln. Sie blüht die ganze Saison über, ist sehr gesund und eignet sich für kleinere Gärten. **ZONEN 4–9.**

Kordes, Deutschland, 1990

Eltern unbekannt

## 'ROYAL BLUSH' SIEroyal

STRAUCHROSE, HELLROSA

Die Rose stammt aus einer Kreuzung zwischen einer Alba-Sorte und einer *Rosa kordesii.* Das Ergebnis ist ein winterharter Strauch mit herrlich altmodischen Blüten: sie sind groß, stark gefüllt und geviertelt. Ihre Rückseite trägt einen hell- bis fleischrosa Ton; die Mitte ist zarter rosafarben überhaucht. 'Royal Blush' bildet im Sommer angenehm duftende Blumen und ist dicht mit graugrünem Laub bedeckt. Die sehr hohe, schlanke Rose eignet sich gut für Straucherrabatten. **ZONEN 4–9.**

Sievers, Deutschland, 1988

Eltern unbekannt

## 'ROYAL BONICA' MEIdomac, MEImodac

**Syn. 'Royal Bonnika'**

STRAUCHROSE, REIN ROSA, ÖFTERBLÜHEND

Die Blüten dieses Sports von 'Bonica' ähneln denen der Ursprungssorte. Ihr kräftiges Rosa verblaßt jedoch nicht so stark, sie besitzen eine größere Menge an Petalen, und die Blumen sind größer als bei 'Bonica'. Die Rose zeigt bis in den Herbst Farbe und duftet zart. 'Royal Bonica' eignet sich für Beete, Rabatten und als Hekke. Die kräftige Pflanze hat mittelgrünes, mattglänzendes Laub. **ZONEN 5–9.**

Meilland, Frankreich, 1994

Sport von 'Bonica'

Belfast Certificate of Merit 1996

'Royal Bassino'

## 'ROYAL CANADIAN'

TEEHYBRIDE, ROT, ÖFTERBLÜHEND

Ihre großen, becherförmigen, scharlachroten Blüten sind mit 35 Petalen gefüllt und duften. Die robuste, aufrechte Pflanze mit glänzendem, ledrigem Laub eignet sich gut für Beete. **ZONEN 4–9.**

Morey, USA, 1968

Sämling × 'Talisman'

## 'ROYAL DANE' POUmidor

**Syn. 'Troika'**

TEEHYBRIDE, ORANGE+, ÖFTERBLÜHEND

Die äußeren Petalen der bemerkenswert orange-kupferroten, klassisch geformten Blüten sind rot. Sie duften intensiv, haben einen Durchmesser von 10 cm und blühen bis in den Herbst. Das große Laub der sehr wuchsfreudigen, aufrechten Pflanze glänzt dunkelgrün; sie eignet sich in kaltgemäßigten Zonen gut als Beetrose, kann in sehr milden Lagen jedoch recht hoch werden. **ZONEN 4–9.**

Poulsen, Dänemark, 1971

('Super Star' × ['Baccará' × 'Princesse Astride']) × 'Hanne'

James Mason-Medaille der Royal National Rose Society 1992, Royal Horticultural Society Award of Garden Merit 1993

## 'ROYAL FLUSH'

GROSSBLUMIGE KLETTERROSE, ROSA+, ÖFTERBLÜHEND

Mittelgroße cremefarbene Blüten mit rosafarben überlaufenen Rändern öffnen sich aus ovalen Knospen. Die halbgefüllten, becherförmigen Blumen duften. An der kräftigen Kletterrose wächst dunkles, ledriges Laub. Sie blüht wiederholt und eignet sich zur Pflanzung an Säulen und Mauern. **ZONEN 4–9.**

Fuller, USA, 1970

'Little Darling' × 'Suspense'

'Royal Dane'

R

## 'ROYAL GOLD'

GROSSBLUMIGE KLETTERROSE, REIN GELB, ÖFTERBLÜHEND

Die großen, mit 35 Petalen stark gefüllten, goldgelben Blüten der 'Royal Gold' öffnen sich becherförmig. Sie erscheinen bis in den Herbst einzeln oder in kleinen Büscheln und duften recht fruchtig. An der kräftigen Kletterrose, die einen warmen, geschützten Standort an einer niedrigen Mauer oder Säule liebt, wächst glänzendes, sehr gesundes Laub.

ZONEN 4–9.

Morey, USA, 1957

'Climbing Goldilocks' × 'Lydia'

## 'ROYAL HIGHNESS'

Syn. 'Königliche Hoheit', 'Königlicht Hoheit'

TEEHYBRIDE, HELLROSA, ÖFTERBLÜHEND

Die großen, sehr zart rosafarbenen Blüten von 'Royal Highness' mit knapp 45 Petalen besitzen eine hohe Mitte und einen intensiven Duft. Der kräftige, aufrechte Busch blüht wiederholt und trägt dunkles, glänzendes, ledriges Laub. Er eignet sich ideal für Rabatten.

ZONEN 5–9.

Swim, USA, 1962

'Virgo' × 'Gloria Dei'

Portland Goldmedaille 1960, Madrid Goldmedaille 1962, All-American Rose Selection 1963, David-Fuerstenberg-Preis der All-American Rose Selection 1964

'Royal Highness'

'Royal Gold'

## 'ROYAL MARBRÉE'

ALTE R., GALLICA-ROSE, MAUVE

Die zu Beginn violett-karminroten Blüten verblassen zu Karminrot; sie sind rosafarben getupft. Leider wurde diese hohe, wuchsfreudige Gallica-Rose kaum beachtet. Das französische Wort *marbrée* bedeutet „gesprenkelt".

ZONEN 4–9.

Vielleicht Belgien, Einführung vor 1837 in Frankreich

Eltern unbekannt

## 'ROYAL OCCASION'

Syn. 'Montana'

FLORIBUNDA, ORANGEROT, ÖFTERBLÜHEND

Lange, spitze Knospen öffnen sich bei 'Royal Occasion' zu halbgefüllten, großen, zart duftenden Blüten mit 20 orange-scharlachroten Petalen. Die aufrechte, gesunde, öfterblühende Rabattenrose trägt glänzende, kräftig grüne Blätter.

ZONEN 4–9.

Tantau, Deutschland, 1974

'Walzertraum' × 'Europeana'

ADR-Rose 1974

## 'ROYAL PARADE'

ZWERGROSE, REIN ROSA, ÖFTERBLÜHEND

Die zur „Rosa Nova-Serie" des Dänen Poulsen zählende Topfrose sollte einen möglichst hellen Platz im Haus erhalten. Sie ist sehr klein, gut verzweigt und trägt zierliches Laub sowie wohlgeformte kleine Knospen, die sich zu flachen Blüten mit 25–30 Petalen öffnen. Die lange am Busch und in der Vase haltenden Blumen sind in jedem Stadium hübsch. Die gerade 30 cm hohe und breite 'Royal Parade' eignet sich als Topfpflanze, für Balkonkästen und kleine Beete; für eine Pflanzung im Garten ist sie zu klein. Die sonst recht gesunde Rose wird gelegentlich von Sternrußtau befallen.

ZONEN 5–9.

Poulsen, Dänemark, 1992

Eltern unbekannt

'Royal Salute'

## 'ROYAL PHILHARMONIC'

HARdeed

TEEHYBRIDE, WEISS, ÖFTERBLÜHEND

'Royal Philharmonic' wurde als führende weiße Edelrose der Gegenwart beschrieben und soll 'Virgo' und 'Pascali' noch übertreffen. Die wunderhübschen Blüten von schön klassischer Form und mit einem bemerkenswerten Duft blühen wiederholt. Ihr gesundes Laub und ihr kräftiger Wuchs machen diese Teehybride zu einer besonders beliebten Gartenrose.

ZONEN 4–9.

Harkness, Großbritannien, 1997

Eltern unbekannt

'Royal Parade'

'Royal Occasion'

## 'ROYAL SALUTE' MACros

Syn. 'Rose Baby'

ZWERGROSE, ROT, ÖFTERBLÜHEND

Ihre normalerweise rosaroten Blüten können sich in bestimmten Lagen dunkelrosa färben. Sie sind mit 30 Petalen gefüllt und stehen in Büscheln. Der reiche Flor am gut verzweigten, kräftigen, dunkelgrün belaubten Busch bietet einen atemberaubenden Anblick. In voll aufgeblühtem Zustand sind die Blüten am schönsten. 'Royal Salute' zählt zu den ersten Zwergrosen von Sam McGredy. Sie war nur in Großbritannien weit verbreitet, wo sie in Gedenken an den 25. Jahrestag der Krönung von Königin Elizabeth II. vorgestellt wurde.

ZONEN 5–10.

McGredy, Neuseeland, 1976

'New Penny' × 'Marlena'

Royal National Rose Society Trial Ground Certificate 1972, British Association of Rose Breeders, Breeders' Selection 1977

## 'ROYAL SCARLET'

TEEHYBRIDE, ROT, ÖFTERBLÜHEND

Diese bis in den Herbst wiederholt blühende Rose trägt hochgebaute, große, scharlachrote Blüten mit Duft. Das glänzende Laub wächst an einem kräftigen,

'Royal William'

'Royal Scarlet'

'Roydon Hall'

'Royal Show'

gesunden Busch, der sich als Rabattenrose eignet. **ZONEN 4–9.**

Kraus, Kanada, 1966

'McGredy's Scarlet' × 'Christian Dior'

## 'ROYAL SHOW'

TEEHYBRIDE, ROT, ÖFTERBLÜHEND

Die großen, roten, gefüllten Blüten von 'Royal Show' besitzen knapp 30 Petalen und eine hohe Mitte. Sie duften zart und blühen immer wieder bis in den Herbst. Die kräftige Teehybride besitzt glänzendes Laub und eignet sich sehr gut als Rabattenrose.

**ZONEN 4–9.**

Gregory, Großbritannien, 1973

'The Queen Elizabeth Rose' × Sämling

## 'ROYAL WILLIAM' KORzaun

**Syn. 'Duftzauber '84', 'Fragrant Charm '84', 'Leonora Christine'**

TEEHYBRIDE, DUNKELROT, ÖFTERBLÜHEND

Diese außergewöhnliche Teehybride besitzt duftende, dunkelrote, samtig schimmernde Blüten. Sie enthalten 35 Petalen und blühen gut nach. Das dunkelgrüne, mattglänzende Laub des wuchsfreudigen Busches ist gesund. 'Royal William' eignet sich sehr gut für Beete.

**ZONEN 4–9.**

Kordes, Deutschland, 1984

'Feuerzauber' × Sämling

Royal National Rose Society Trial Ground Certificate 1985, Rose des Jahres 1987, Royal Horticultural Society Award of Garden Merit 1993

## 'ROYDON HALL'

FLORIBUNDA, ROT, ÖFTERBLÜHEND

Die reich- und öfterblühende Pflanze trägt rote, gefüllte, in kleinen Büscheln stehende Blüten mit 35 Petalen und schwachem Duft. Die buschig wachsende Floribundarose trägt mittelgrünes, mattglänzendes Laub.

**ZONEN 4–9.**

Scrivens, Großbritannien, 1983

'City of Leeds' × ('Paprika' × 'Rose Gaujard')

R

## 'RUBAIYAT'

TEEHYBRIDE, DUNKELROSA, ÖFTERBLÜHEND

Lange, spitze Knospen öffnen sich zu großen, hochgebauten, gefüllten Blüten in Rosarot mit hellerer Rückseite. Die intensiv duftenden Blüten erscheinen an einer kräftigen, aufrechten Pflanze mit dunkelgrünem, ledrigem Laub. 'Rubaiyat' eignet sich für Beete und Ausstellungszwecke. **ZONEN 4–9.**

McGredy, Neuseeland, 1946

('McGredy's Scarlet' × 'Mrs Sam McGredy') × (Sämling × 'Sir Basil McFarland')

Portland Goldmedaille 1945, All-American Rose Selection 1947, National Rose Society Certificate of Merit 1949

'Ruby' (II)

'Ruby' (I)

## 'RUBENS'

ALTE R., TEEROSE, WEISS, ETWAS NACHBLÜHEND

Ihre cremeweißen, rosafarben überhauchten Blüten zeigen eine blaß goldfarbene Mitte. Die großen, gefüllten, becherförmigen Blüten erscheinen recht früh. 'Rubens' ist mehltauresistent; einziger Makel sind ihre leicht hängenden Köpfe. Vom Stil, Wuchs und Wärmebedürfnis her ist die Sorte eindeutig eine Teerose. **ZONEN 7–9.**

Robert und Moreau, Frankreich, 1859

Eltern unbekannt

## 'RUBY' (I)

POLYANTHA, ROT, ÖFTERBLÜHEND

Die recht unbekannte Polyantharose besitzt reichlich rote Blüten, die in kleinen Büscheln auf einem ordentlichen Busch vor mattglänzendem, mittelgrünem Laub erscheinen. Die Blüten halten lange auf dem Busch, wo sie dann zu einem trüben Rot verblassen; die Nachblüte erfolgt zögerlich, und im Frühjahr oder Herbst kann Mehltau ein Problem ergeben. Zum Schnitt eignet sich 'Ruby' (I) ebenfalls sehr gut, da sie auch in der Vase recht lang hält. **ZONEN 5–9.**

de Ruiter, Niederlande, 1932

Eltern unbekannt

'Rubens'

'Rugspin'

'Rugelda'

## 'RUBY' (II)

TEEHYBRIDE, ROT, ÖFTERBLÜHEND

Die Rose sollte nicht mit der gleichnamigen Polyantharose des niederländischen Züchters de Ruiter verwechselt werden, die im vorigen Abschnitt beschrieben wurde; die hier erwähnte Rose stammt aus dem Hause Tantau; allerdings sind beide Sorten gleichermaßen kaum bekannt. Die langen, ovalen Knospen dieser Tantau-Rose öffnen sich langsam zu großen, schalenförmigen Blüten, die mit etwa 100 dichtgedrängt stehenden Blütenblättern in kräftigem Orangerot gefüllt sind. Sie halten sowohl am Busch als auch in der Vase lange, ohne merklich an Farbe zu verlieren. Mit ihren zahlreichen Petalen kann man die Blüten erst in voll geöffnetem Zustand als hübsch bezeichnen. 'Ruby' (II) ist von hohem, aufrechtem Wuchs, die zahlreichen Blüten kommen vor den dunkelgrünen, mattglänzende Blättern, die übrigens sehr krankheitsfest sind, gut zu Geltung.
**ZONEN 5–9.**

Tantau, Deutschland, 1989

Eltern unbekannt

## 'RUBY ANNIVERSARY'

HARbonny

FLORIBUNDA, ROT, ÖFTERBLÜHEND

Der sehr reich blühende, niedrige Busch bildet bis in den Herbst rubinrote, gefüllte, kleine Blüten in mittelgroßen Büscheln. Sie duften schwach. 'Ruby Anniversary' eignet sich sehr gut für Kübel, kleine Rabatten und niedrige Hecken; das glänzende Laub dieser Floribundarose wirkt eher zierlich.
**ZONEN 4–9.**

Harkness, Großbritannien, 1993

Eltern unbekannt

Belfast Goldmedaille 1995, Royal National Rose Society Certificate of Merit 1995

'Ruby Anniversary'

'Ruhm von Steinfurth'

'Ruby Wedding'

## 'RUBY MAGIC' MORrubi, MORuby

ZWERGROSE, ROT, ÖFTERBLÜHEND

Die roten, gefüllten, zart duftenden Blüten dieser Sorte besitzen 20 Petalen und erscheinen einzeln oder in kleinen Büscheln zu 3–5. Sie sind hübsch geformt und blühen die ganze Saison über. Am aufrechten, wuchsfreudigen, sauberen, pflegeleichten Busch wächst zierliches, mattglänzendes, grünes Laub. 'Ruby Magic' ist eine hübsche Rose, aber aufgrund der zahlreichen roten Sorten keine Besonderheit. **ZONEN 5–10.**

Moore, USA, 1986

'Orangeade' × 'Pinstripe'

## 'RUBY WEDDING'

TEEHYBRIDE, DUNKELROT, ÖFTERBLÜHEND

Diese ansehnliche Beetrose trägt große, kräftig rote Blüten mit 45 Petalen. Sie erscheinen wiederholt, duften aber nur schwach. Der Busch ist etwas breitwüchsig. **ZONEN 4–9.**

Gregory, Großbritannien, 1979

'Mayflower' × Sämling

## 'RUGA'

Syn. *Rosa* × *ruga* 'Lindley'

ALTE R., AYRSHIREROSE, WEISS

Ayrshirerosen sind eine Anfang des 19. Jh. aufgekommene Ramblerrosenklasse, die aus der Wildrose *Rosa arvensis* entstanden sind. Die ersten Züchtungen sollen auf den Earl von Loudon in Ayrshire zurückgehen. Die hohen, kräftigen Kletter- und Ramblerrosen tragen meist einen zierlichen, duftlosen, weißen, einmaligen Flor. 'Ruga' duftet zart; ihre gefüllten, becherförmigen, fleischfarbenen Blüten verblassen zu Cremeweiß.
**ZONEN 5–9.**

Italien, vor 1830

Vermutlich *Rosa arvensis* × China- oder Teerose

## 'RUGELDA' KORruge

STRAUCHROSE, RUGOSA-HYBRIDE, GELB+, ÖFTERBLÜHEND

Der wuchsfreudige Strauch, der als Einzelpflanze oder als Gruppe verwendet werden kann, trägt mittelgrünes, faltiges Laub. Er bildet hellgelbe, gefüllte Blüten mittlerer Größe mit 25 Petalen. Sie duften kaum. **ZONEN 4–9.**

Kordes, Deutschland, 1992

Eltern unbekannt

ADR-Rose 1992

## 'RUGOSA MAGNIFICA'

STRAUCHROSE, RUGOSA-HYBRIDE, MAUVE, ÖFTERBLÜHEND

Die rötlich lavendelfarbenen Blüten duften. Sie sind gefüllt, zeigen aber dennoch ihre goldfarbenen Staubgefäße. Im Herbst bilden sich orangerote Hagebutten. Die breitwüchsige Pflanze ist sehr winterhart. **ZONEN 4–10.**

Van Fleet, USA, 1905

Eltern unbekannt

## 'RUGSPIN'

STRAUCHROSE, RUGOSA-HYBRIDE, DUNKELROT, ÖFTERBLÜHEND

Die scharlach-karminroten, einfachen Blüten zeigen ein dichtes Büschel goldgelber Staubgefäße. Während der Blüte bietet die hübsche Rose besonders in gemischten Rabatten oder Beeten einen hübschen Anblick. Der Busch trägt stachelige Stiele und glänzend grünes, für Rugosa-Rosen typisches Laub. **ZONEN 5–10.**

Petersen, Dänemark, um 1960

Eltern unbekannt

## 'RUHM VON STEINFURTH'

**Syn. 'Rote Druschki', 'Red Druschki'**

ALTE R., REMONTANTROSE, ROT, ETWAS NACHBLÜHEND

Die für eine Remontantrose spät vorgestellte Sorte besitzt lange, spitze Knospen, die sich zu gefüllten, duftenden, roten Blüten mit knapp 35 Petalen öffnen. Sie sind groß und becherförmig. An der wuchsfreudigen Rose, die sich ideal zum Schnitt eignet, erscheint dunkles, ledriges Laub. **ZONEN 5–9.**

Weigand und Schultheis, Deutschland, 1920

'Schneekönigin' × 'Ulrich Brunner Fils'

## 'RUMBA'

**Syn. 'Rhumba'**

FLORIBUNDA, ROT+, ÖFTERBLÜHEND

Die äußerst üppig blühende Floribundarose trägt große Büschel kleiner bis mittelgroßer, becherförmiger, rötlicher Blüten mit gelber Mitte. 'Rumba' wird mittelhoch, blüht wiederholt und duftet leicht würzig. Das ledrige Laub der gesunden, kräftigen, buschigen Pflanze glänzt dunkel. **ZONEN 4–9.**

Poulsen, Dänemark, 1960

'Maskerade' × ('Poulsen's Bedder' × 'Floradora')

National Rose Society Certificate of Merit 1959

'Russelliana'

'Rush'

## 'RUNNING MAID' LENramp

STRAUCHROSE, MAUVE, ETWAS NACHBLÜHEND

Die einfachen, duftenden, lilaroten Blüten von 'Running Maid' zeigen ein weißes Auge. Die kleinen bis mittelgroßen Blumen haben 5 Petalen und stehen besonders reich im Juni in größeren Büscheln an kurzen Seitentrieben. Das grüne Laub der breitwüchsigen Pflanze ist rötlich überhaucht, aber leider etwas mehltauanfällig. **ZONEN 4–9.**

Lens, Belgien, 1982

*Rosa multiflora* × (*R. wichuraiana* × 'Violet Hood')

Lyon Rose du Siècle 1983, Düsseldorf Goldmedaille 1987

## 'RUSH' LENmobri

STRAUCHROSE, ROSA+, ÖFTERBLÜHEND

Am buschigen Strauch stehen bis in den Herbst einfache Blüten mit 5 Petalen in Büscheln von bis zu 30 Stück. Die rosafarbenen Blumen mit weißem Auge duften fruchtig. 'Rush' ist von aufrechtem Wuchs mit blaßgrünem, gesundem Laub. **ZONEN 4–9.**

Lens, Belgien, 1983

('Ballerina' × 'Britannia') × *Rosa multiflora*

Lyon Rose du Siècle 1982, Monza Goldmedaille 1982, Rom Goldmedaille 1982, Bagatelle Goldmedaille 1986, Den Haag Goldmedaille 1988

## 'RUSKIN'

**Syn. 'John Ruskin'**

STRAUCHROSE, RUGOSA-HYBRIDE, DUNKELROT

Diese große Rugosa-Hybride besitzt kräftig karminrote, gefüllte Blüten mit 50 Petalen und einem angenehmen Duft. Die Nachblüte der becherförmigen, großen Blumen ist zweifelhaft. An der kräftigen, buschigen, 1,5 m hohen Pflanze wachsen große, kräftig grüne, ledrige Blätter. Sie eignet sich für Solitär- oder Heckenpflanzungen. **ZONEN 4–9.**

Van Fleet, USA, 1928

'Souvenir de Pierre Leperdrieux' × 'Victor Hugo'

'Rumba'

'Ruskin'

'Rustica'

'Ruyton'

## 'RUSSELLIANA'

**Syn. 'Old Spanish Rose', 'Russell's Cottage Rose', 'Scarlet Grevillea', 'Souvenir de la Bataille de Marengo'**

ALTE R., RAMBLERROSE, MAUVE

Ihre dunkelvioletten Blüten verblassen zu Mauve. Sie sind gut gefüllt, schalenförmig und stehen in Büscheln. Das Laub der kräftigen, sehr hohen Sorte ist recht rauh. **ZONEN 5–9.**

Vor 1837

Hybride einer Strauchrose × *Rosa setigera*

## 'RUSTICA' MEIvilanic

**Syn. 'Stadt Basel', 'Ville de Bâle'**

FLORIBUNDA, GELB+, ÖFTERBLÜHEND

Sehr lange Knospen öffnen sich zu gelbpfirsichfarbenen Blüten mit bräunlich gelboranger Rückseite. Die becherförmigen, mit 35 Petalen gefüllten, zart duftenden Blumen stehen meist in Büscheln bis zu 14 Stück. Die teilweise niederliegende Pflanze hat dunkles, mattglänzendes Laub. **ZONEN 4–9.**

Meilland, Frankreich, 1981

('Queen Elizabeth' × Sämling) × 'Sweet Promise'

## 'RUSTICA 91'

siehe 'Topaz Jewel'

## 'RUSTICANA'

siehe 'Poppy Flash'

## 'RUTH LEUWERIK'

FLORIBUNDA, ROT, ÖFTERBLÜHEND

Die stets noch beliebte Rose trägt Büschel großer, leuchtend roter, mit 30 Petalen gefüllter Blüten von intensivem uft. An der gesunden, wuchsfreudigen, buschigen Pflanze wächst bronzefarbenes Laub. **ZONEN 4–9.**

de Ruiter, Großbritannien, 1961

'Käthe Duvigneau' × 'Rosemary Rose'

National Rose Society Trial Ground Certificate 1960

## 'RUYTON'

**Syn. 'Ruyton Girl's School'**

TEEHYBRIDE, REIN ROSA

Ihre zart rosafarbenen Blüten dieser nach einer australischen Mädchenschule benannten Teehybride stehen einzeln oder in kleinen Büscheln bis zu 3 Stück.Lange, schlanke, spitze Knospen öffnen sich zu duftenden Blüten mit bis zu 25 Petalen. Die breiten Fliederblättchen der aufrechten, mittelhohen Pflanze glänzen dunkelgrün; die jungen Triebe sind purpurfarben überhaucht. **ZONEN 5–9.**

Bell, Australien, 1989

Eltern unbekannt

S

## 'SAARBRÜCKEN'

STRAUCHROSE, ROT, ÖFTERBLÜHEND

Bei dieser Rose erscheinen bis zu 20 Blüten in Büscheln. Sie sind scharlachrot, halbgefüllt, blühen nur im Sommer und haben einen wunderbaren Duft. Der Strauch ist wuchsfreudig, buschig und trägt robustes, dunkelgrünes Laub. In einer Rabatte sieht 'Saarbrücken' sehr eindrucksvoll aus. Sie ist eine pflegeleichte Sorte. **ZONEN 4–9.**

Kordes, Deutschland, 1959

Eltern unbekannt

## 'SACHA' SPEkes

Syn. 'Our Sacha'

TEEHYBRIDE, ROT, ÖFTERBLÜHEND

'Sacha' ist in erster Linie eine Schnittrose, die als sehr robust gilt. Sie gedeiht im Gewächshaus ebensogut wie ihre Elternsorte 'Calibra'. Die Blüten sind rot und werden überaus zahlreich gebildet. **ZONEN 5–10.**

Spek, Niederlande, 1996

Sport von 'Calibra'

## 'SACHSENGRUSS'

Syn. 'Saxon's Greeting', 'Tendresse'

ALTE R., REMONTANTROSE, HELLROSA, ETWAS NACHBLÜHEND

Die wohlgeformten, sehr großen Blüten dieser Rose sind zart fleischrosafarben. 'Sachsengruß' ist von besonders wuchsfreudiger Gestalt. **ZONEN 5–9.**

Neubert, Deutschland, 1912

'Frau Karl Druschki' × 'Mme Jules Gravereaux'

## 'SADLERS WELLS'

STRAUCHROSE, ROSA+, ÖFTERBLÜHEND

Die üppig blühende Strauchrose, die von einer Moschata-Hybriden abstammt, hat immer noch ihrer Bewunderer. Die halbgefüllten Blüten, die in großen Büscheln erscheinen, sind silbrigrosa mit kirschrot und duften süßlich. Das robuste Laub bedeckt einen Busch von mäßigem Wuchs. Die Blüten erscheinen kontinuierlich und kommen besonders in Rabatten zur Geltung. In der Vase bleiben sie lange frisch. Das englische Staatsballett *England's Royal Ballet* hieß vormals *Sadlers Wells*. **ZONEN 4–9.**

Beales, Großbritannien, 1983

'Penelope' × 'Rose Gaujard'

'Sacha'

'Sadlers Wells'

'Sachsengruß'

'Sadlers Wells'

## 'SAFFEX ROSE' KORgreyel

FLORIBUNDA, MAUVE+, ÖFTERBLÜHEND

*Saffex* ist der Name einer südafrikanischen Natur- und Umweltschutzorganisation. Aufgrund ihrer prächtigen Farbe und der fein geformten Blüten wurde die Sorte nach diesem Verband benannt. Die dicken, spitzen, dunkelrosa Knospen öffnen sich zu leuchtend rosa in der Mitte dichtgefüllten Blüten. Auf der Unterseite der vollständig geöffneten Petalen wird ein cremig-silbriges Leuchten sichtbar. Die Blüten erscheinen unermüdlich vom Frühjahr bis zum Herbst. Diese perfekte Schnittblume und gute Ausstellungsrose verströmt einen lieblichen Duft. Als wuchsfreudiger, robuster Busch wird 'Saffex Rose' mittelhoch; sie ist sehr pflegeleicht. **ZONEN 4–9.**

Kordes, Deutschland, 1993

Eltern unbekannt

## 'SAFRANO'

ALTE R., TEEROSE, APRICOT+, ETWAS NACHBLÜHEND

'Safrano' zählt zu den ältesten Teerosen und verdient aufgrund ihrer „Entstehung" eine gewisse Beachtung. Sie entstammt nämlich einer künstlichen Bestäubung, was Mitte des 19. Jh. völlig neu war. Die großen, duftenden, halbgefüllten Blüten sind apricotfarben oder safrangelb und werden gerne als Ansteckrose verwendet. Die Pflanze bringt mehrmals im Jahr Blüten hervor und ist wetterfest, braucht aber ein mildes, warmes Klima. 'Safrano' muß vor greller Sonne geschützt werden, da ihre Blüten sonst verblassen. **ZONEN 7–9.**

Beauregard, Frankreich, 1839

'Parks'Yellow' × 'Mme Desprez'

'Saarbrücken'

'Safrano'

## 'SAGA'

STRAUCHROSE, WEISS, ÖFTERBLÜHEND

Diese Rose wird häufig auch der Klasse der Floribundarosen zugerechnet. Die cremeweißen, halbgefüllten, kleinen Blüten besitzen 12 Petalen und duften nur schwach. Sie sitzen in kleinen Büscheln zusammen und zieren eine wuchsfreudige, runde Pflanze, die häufig blüht. Das robuste, dunkelgrüne Laub bildet einen reizvollen Kontrast zu den Blüten. Gruppenweise gepflanzt wirkt sie am schönsten. **ZONEN 4–9.**

Harkness, Großbritannien, 1974

'Rudolph Timm' × ('Chanelle' × 'Piccadilly')

Royal National Rose Society Trial Ground Certificate 1972

## 'ST BONIFACE' KORmatt

FLORIBUNDA, ORANGEROT, ÖFTERBLÜHEND

Die leuchtend orangefarbenen Blüten dieser Rose besitzen gleichmäßig angeordnete Blütenblätter, die sie symmetrisch erscheinen lassen. Jede Blüte hat 35 Petalen und duftet schwach. Der niedrige, wuchsfreudige Busch trägt glänzend grünes Laub, das gesund ist.

S

Verwelkte Blüten sollten regelmäßig entfernt werden, um die Blühfreudigkeit zu erhöhen. **ZONEN 5–11.**

Kordes, Deutschland, 1982

'Diablotin' × 'Träumerei'

Royal National Rose Society Certificate of Merit 1981

## 'ST BRUNO' LANpipe

FLORIBUNDA, GOLDGELB, ÖFTERBLÜHEND

Die wetterfesten, dunkelbernsteingelben Blüten sitzen in breiten Dolden zusammen, sind hochgebaut und verströmen einen frischen Duft. Das leicht glänzende, mittelgrüne Laub bedeckt eine kleine Pflanze mit ungleichmäßigem Wuchs. 'St Bruno' wurde nach einer sehr bekannten britischen Pfeifentabaksmarke benannt. **ZONEN 5–10.**

Sealand Nursery, Großbritannien, 1985

'Arthur Bell' × 'Zambra'

Edland Duftmedaille 1986

## 'ST CECELIA' AUSmit

STRAUCHROSE, GELB, ÖFTERBLÜHEND

Rundliche Knospen entfalten sich zu becherförmigen Blüten zwischen einem rötlichen Rosa und hellem Apricot. Beim Verblühen verblassen sie zu einem anmutigen Cremeton und duften stark nach Myrrhe. Bis in den Herbst erscheinen die Blüten einzeln oder zu 3–12 in Büscheln, umrahmt von kleinen, matten, mittelgrünen Blättern. 'St Cecelia' blüht sehr üppig, muß aber vor Mehltau und Rosenrost geschützt werden. Sie zählt zu den Englischen Rosen. **ZONEN 5–10.**

Austin, Großbritannien, 1987

'Wife of Bath' × Sämling

'St Patrick'

'St Boniface'

## 'ST CHRISTOPHER' HARcogent

TEEHYBRIDE, GOLDGELB, ÖFTERBLÜHEND

Diese relativ moderne Rose bringt Blüten hervor, die einen ungewöhnlichen warmen Goldton haben und eine wuchsfreudige, pflegeleichte und sehr gesunde Pflanze zieren. Aufgrund dieser guten Qualitäten wird sich 'St Christopher' wahrscheinlich nicht nur in Großbritannien einen guten Namen machen. **ZONEN 5–10.**

Harkness, Großbritannien, 1996

Eltern unbekannt

Belfast Goldmedaille 1998

## 'ST DUNSTAN'S ROSE' KIRshru

STRAUCHROSE, HELLGELB, ÖFTERBLÜHEND

Die zitronengelben, mit 50 leicht gekräuselten Petalen dichtgefüllten Blüten sind geviertelt und haben eine zartgelb überhauchte weiße Mitte. Der kompakte Busch bringt zahlreiche Blüten hervor und trägt hellgrünes Laub. Er sollte aber vor Pilzkrankheiten geschützt werden. Die herrlich duftende 'St Dunstan's Rose' ist eine ideale Rose für „romantische" Brautsträuße. Sie erhielt ihren Namen anläßlich des 75jährigen Bestehens der *War Blind Association*, einem britischen Förderverein für Kriegsblinde. **ZONEN 5–10.**

Kirkham, Großbritannien, 1991

Eltern unbekannt

## 'ST HELENA' CANlish

**Syn. 'Union-Rose St Helena'**

FLORIBUNDA, REIN ROSA, ÖFTERBLÜHEND

Diese Sorte wurde nach dem *St Helena Hospice* benannt, um Fördergelder für dieses 1988 in der englischen Stadt Colchester gegründete Hospiz zu erhalten. Gleichzeitig erinnert sich auch an das 150jährige Bestehen der Insel St. Helena als britische Kronkolonie, das 1984 gefeiert wurde. Die wetterfesten Blüten von 'St Helena' haben 20 große, fliederrosafarbene Petalen und duften zart; sie sind von glänzend mittelgrünem Laub umgeben. Die kleine, aufrechte Pflanze besitzt eine rundliche, ansprechende Form. **ZONEN 5–11.**

Cant, Großbritannien, 1983

'Jubilant' × 'Primaballerina'

'St Patrick'

'St Hughs'

'St Bruno'

'St Nicholas'

## 'ST HUGHS' KORhug

TEEHYBRIDE, GELB, ÖFTERBLÜHEND

Die großen Blüten von 'St Hughs' sind cremegelb und setzen sich aus 35 Petalen zusammen. Zahlreiche, nur schwach duftende Blumen zieren den Busch und erscheinen unermüdlich. Die robuste, mittelgroße Pflanze trägt leicht glänzendes, mittelgrünes Laub und ist eine ausgezeichnete Sorte für Beete. **ZONEN 4–9.**

Kordes, Deutschland, 1987

Sämling × Sämling

## 'ST JOHN' HARbilbo

FLORIBUNDA, WEISS, ÖFTERBLÜHEND

Die Blüten dieser Sorte besitzen 15–25 rein weiße Petalen und sehen inmitten von glänzend grünem Laub besonders dekorativ aus. Sie erscheinen in kleinen Büscheln, duften nur leicht und bedekken eine niedrige, breitwüchsige Pflanze mit leicht bestachelten Trieben. **ZONEN 5–11.**

Harkness, Großbritannien, 1995

'Prima' × 'Grace Abounding'

## 'ST NICHOLAS'

ALTE R., DAMASZENERROSE, DUNKELROSA

Dieser aufrecht wachsende, kräftige Strauch hat graugrüne Triebe mit zahlreichen, scharfen, hakenförmig gebogenen Stacheln; er trägt mittel- bis dunkelgrünes Laub, das die unteren Zweige nur spärlich bedeckt. Die spitzen Knospen mit hübschen federartigen Kelchblättern entfalten sich zu halbgefüllten, 6,5 cm großen Blüten mit schönen, auffällig goldgelben Staubgefäßen. Sie duften und sind silbrig-dunkelrosa; wenn die Blütenfarbe später zu leichtem Rosa verblaßt, sehen die Blüten dennoch attraktiv aus. Sie sitzen in gut gefüllten Büscheln zusammen und blühen im Juni. Verblühtes sollte nicht entfernt werden, da im Herbst sehr dekorative rote Hagebutten gebildet werden. **ZONEN 5–10.**

James, Großbritannien, 1950

Vermutlich Damaszenerrose × Gallica-Rose

## 'ST PATRICK' WEKamanda

TEEHYBRIDE, GELB+, ÖFTERBLÜHEND

Die goldgelben Blüten sind außen grünlich gefärbt, mit 30–35 Blütenblättern dichtgefüllt und klassisch hochgebaut. Allerdings benötigen sie die Sommerhitze, um sich in Farbe und Form von ihrer besten Seite zu zeigen. Das dichte Laub ist mittelgrün und gesund. 'St Patrick' stammt von zwei großen Ausstellungsrosen ab und gehört zu den wenigen Sorten, die von einem Amateur gezüchtet wurden und dennoch höchste Auszeichnungen gewannen. **ZONEN 5–11.**

Strickland, USA, 1995

'Brandy' × 'Gold Medal'

All-American Rose Selection 1996

## 'ST. PAULI'

FLORIBUNDA, GELB+, ÖFTERBLÜHEND

Die Blüten von 'St. Pauli' sind goldgelb mit rosafarbenem Rand, wobei die Farben sich später vermischen. Sie besitzen lediglich 15 Blütenblätter, sind aber bis zu 7 cm groß und sitzen in üppigen, dekorativen Dolden zusammen. 'St. Pauli' verbreitet einen schwachen Duft. Die wuchsfreudige, aufrechte Pflanze ist sehr krankheitsfest und trägt glänzend dunkelgrünes Laub.
**ZONEN 5–10.**

Kordes, Deutschland, 1958

'Maskerade' × 'Karl Herbst'

## 'ST SWITHUN' AUSwith

STRAUCHROSE, HELLROSA, ÖFTERBLÜHEND

Die großen, duftenden, blaßrosafarbenen Blüten von 'St Swithun' sind mit 40 Petalen dichtgefüllt. Sie sitzen in üppigen kleinen Büscheln zusammen und blühen beinahe unaufhörlich. Das dichte Laub ist mittelgrün, mattglänzend und ziert eine buschig wachsende Pflanze. 'St Swithun' wird zu den Englischen Rosen gezählt. **ZONEN 5–10.**

Austin, Großbritannien, 1993

('Mary Rose' × 'Chaucer') × 'C. F. Meyer'

## 'SALET'

ALTE R., MOOSROSE, REIN ROSA, ETWAS NACHBLÜHEND

Der anpassungsfähige, dichte und kräftige Strauch wird über 1 m hoch und gedeiht fast auf allen Böden. Die Triebe sind mäßig bewehrt und spärlich mit hellem, rötlichen Moos überzogen. Die Knospen sind ebenfalls bemoost, jedoch nicht übermäßig; sie entfalten sich zu leuchtend rosafarbenen Blumen mit zahlreichen, gerieften, schmalen Blütenblättern, die etwas zerzaust wirken und oft ein Auge haben. Sie sind mehr als 6,5 cm groß, duften sehr stark und erscheinen für eine Alte Rose relativ oft einzeln oder in kleinen Büscheln vom Hochsommer bis zum Winteranfang. Die weichen Blätter sind schmal und leuchtend grün. **ZONEN 5–10.**

Lacharmé, Frankreich, 1854

Eltern unbekannt

## 'SALITA' KORmorlet

GROSSBLUMIGE KLETTERROSE, ORANGE+, ÖFTERBLÜHEND

'Salita' trägt Büschel mit hellorangefarbenen, mittelgroßen Blüten, die aber nur relativ schwachen Duft verbreiten. Die Sorte ist eine nur mäßig hohe Kletterrose, die jedoch an Mauern oder Säulen sehr eindrucksvoll aussieht. Sehr beeindruckend wirkt es aber auch, wenn man 'Salita' einzeln stehend als wunderhübsche Strauchrose kultiviert.
**ZONEN 4–9.**

Kordes, Deutschland, 1987

Eltern unbekannt

'St. Pauli'

'St Swithun'

'Salmon Sorbet'

'Salet'

## 'SALLY HOLMES'

STRAUCHROSE, WEISS, ÖFTERBLÜHEND

Diese außerordentlich beliebte, mittelgroße Strauchrose bringt große, weit offene, cremeweiße Blüten mit nur 5 Petalen hervor, die einen lieblichen Duft verströmen. Große, glänzende, dunkelgrüne Blätter bedecken die geraden, aufrechten Triebe. Wenn die Pflanze leicht geschnitten wird, wächst sie zu einem wohlgeformten Strauch von mehr als 1,8 m Höhe. **ZONEN 4–9.**

Holmes, Großbritannien, 1976

'Ivory Fashion' × 'Ballerina'

Royal National Rose Society Trial Ground Certificate 1975, Belfast Certificate of Merit 1979, Baden-Baden Goldmedaille 1980, Glasgow Duftpreis 1993, Portland Goldmedaille 1993

## 'SALLY'S ROSE' CANrem

TEEHYBRIDE, ROSA+, ÖFTERBLÜHEND

Die rundlichen gefüllten Blüten von 'Sally's Rose' sind cremerosa gefärbt und apricotfarben überhaucht. Die reizvollen, zart duftenden Blumen zieren eine buschige Pflanze mit dunkelgrünem, glänzendem Laub. Diese wunderbare Beetrose erhielt ihren Namen anläßlich des 21. Geburtstages der Tochter des Züchters. **ZONEN 4–9.**

Cant, Großbritannien, 1994

'Prinz Eugen von Savoyen' × 'Remember Me'

Glasgow Duftpreis 1997

## 'SALMON SORBET'

FLORIBUNDA, ROSA+, ÖFTERBLÜHEND

Diese niedrige, dicht buschige Floribundarose mit mittelgrünem, mattglänzendem Laub bringt Blüten hervor, die lachsrosa und weiß gestreift sind. Die spitzen Knospen sitzen in kleinen Büscheln, die sich becherförmig öffnen, jedoch bald schalenförmig werden. Für eine Beetrose ist die Blühfreudigkeit nicht sehr groß. Die Pflanze ist recht krankheitsfest, obwohl im Herbst gelegentlich Sternrußtau auftreten kann.
**ZONEN 5–10.**

Bear Creek Nurseries, USA, 1991

Eltern unbekannt

'Sally's Rose'

'Sally Holmes'

## 'SALMON SPIRE' KORturnus

TEEHYBRIDE, ORANGEROSA, ÖFTERBLÜHEND

Diese nur in Südafrika gehandelte Edelrose bringt äußerst kräftige, gerade Triebe hervor, die einen sehr hohen Strauch bilden. 'Salmon Spire' eignet sich besonders als Hintergrundpflanzung für niedrige Beete oder als Hecke. An kleinen Spalieren kann sie auch als Kletterrose gezogen werden. Die langen Knospen entfalten sich zu großen, weit geöffneten Blüten mit festen Petalen in reinem Lachsrosa; die Blumen erscheinen unermüdlich an den Spitzen der Haupt- und Seitentriebe und duften stark – wodurch auch ihr Wert als Schnitt- und Ausstellungsrose gesteigert wird.
**ZONEN 4–9.**

Kordes, Deutschland, 1993

Eltern unbekannt

## 'SALMON SPRITE'

FLORIBUNDA, ORANGEROSA, ÖFTERBLÜHEND

Die großen, gefüllten Blüten dieser Rose setzen sich aus 40 Petalen zusammen

S

und duften. Sie sind lachs- und erdbeerfarben überhaucht und sitzen mit bis zu 15 Einzelblüten in großen Büscheln zusammen. 'Salmon Sprite' wächst aufrecht und trägt dunkelgrünes, stark glänzendes, robustes Laub. **ZONEN 4–9.**

LeGrice, Großbritannien, 1964

Sämling × 'Jiminy Cricket'

## 'SALMON SUNSATION' KORpapie

BODENDECKERROSE, ORANGEROSA, ÖFTERBLÜHEND

Diese Rose trägt robustes, glänzendes Laub und eine große Zahl von leuchtenden Blüten, die gefüllt sind und die Pflanze den ganzen Sommer hindurch zieren. Die dunkel lachsrosafarbenen Blüten duften aber nicht. **ZONEN 4–9.**

Kordes, Deutschland

Elternsorte unbekannt

## 'SAMANTHA' JACanth, JACmantha

TEEHYBRIDE, ROT, ÖFTERBLÜHEND

Die mittelgroßen, roten Blüten dieser Rose sind hochgebaut, wohlgeformt und verströmen einen schwachen Duft. 'Samantha' ist eine wuchsfreudige, buschige Sorte mit dunkelgrünem, ledrigem Laub, die unermüdlich Blüten bildet. Sie eignet sich gut für Beete, ist aber auch ausstellungstauglich. **ZONEN 4–9.**

Warriner, USA, 1974

'Bridal Pink' × Sämling

## 'SAMARITAN'

siehe 'Fragrant Surprise'

'Samantha'

'Salmon Sprite'

## 'SAMBA' KORcapas

FLORIBUNDA, GELB+, ÖFTERBLÜHEND

Die mittelgroßen, rundlichen Blüten von 'Samba' sind goldgelb, rot überhaucht und werden beim Verblühen leuchtend. Sie sitzen in Büscheln und zieren einen niedrigen Busch. Das Laub ist glänzend und recht robust. **ZONEN 4–9.**

Kordes, Deutschland, 1964

Eltern unbekannt

## 'SAMOURAI'

siehe 'Scarlet Knight'

## 'SAN ANTONIO'

TEEHYBRIDE, ORANGEROT, ÖFTERBLÜHEND

Die großen, gefüllten, orangeroten Blüten erscheinen einzeln oder in kleinen Büscheln, duften aber nur schwach. Dies macht die Teehybride jedoch durch ihre Wuchs- und Blühfreudigkeit wieder wett. Ihr Laub ist groß und ledrig. **ZONEN 4–9.**

Armstrong, USA, 1967

'Roundelay' × 'El Capitan'

## 'SAN DIEGO'

TEEHYBRIDE, GELB, ÖFTERBLÜHEND

Die großen, hochgebauten, hellgelben Blüten bestehen aus 50 Petalen. Das ledrige Laub ist robust und bedeckt einen wuchsfreudigen, aufrechten und kompakten Busch. **ZONEN 4–9.**

Armstrong, USA, 1968

'Helen Traubel' × 'Tiffany'

'San Diego'

'Samba'

'Sander's White Rambler'

'Sander's White Rambler'

## 'SAN JOSÉ SUNSHINE' FOUsun

ZWERGROSE, DUNKELGELB, ÖFTERBLÜHEND

Die spitzen Knospen der 'San José Sunshine' öffnen sich zu gefüllten, duftenden, goldgelben Blüten mit orangefarbenem Schimmer, die zu Hellgelb verblassen. Die Blumen mit klassischer Ausstellungsform sitzen einzeln oder in kleinen Büscheln zusammen. Das Laub ist mattmittelgrün und bedeckt einen ausladenden, mittelhohen Busch. Die attraktive Rose ist wuchs- und blühfreudig. Bei Regen werden ihre Blüten fleckig und verblassen dann recht unschön. Die Sorte erhielt ihren Namen anläßlich der Jahresversammlung der *American Rose Society*, die 1991 im kalifornischen San José stattfand. **ZONEN 5–10.**

Jacobs, USA, 1991

('Golden Meillandina' × 'Redgold') × 'Summer Madness'

'Sandra'

## 'SANDER'S WHITE RAMBLER'

RAMBLERROSE, WEISS

Die Ramblerrose, die eine gewisse Ähnlichkeit mit *Rosa wichuraiana* aufweist, trägt kleine, weiße, halbgefüllte, rosettenförmige Blüten, die in großen Rispen zusammensitzen. Sie haben einen fruchtigen Duft. Das zierliche Laub ist leuchtend grün und glänzend. Obwohl diese Rose spät und nur einmal im Jahr (Ende Juni oder Anfang Juli) blüht, ist sie eine der zuverlässigsten und besten Ramblerrosen. Sie kann auch als Bodendecker verwendet werden. **ZONEN 5–9.**

Wahrscheinlich aus Belgien, eingeführt von Sander, Großbritannien, 1912

Eltern unbekannt

Royal Horticultural Society Award of Garden Merit 1993

## 'SANDRA' SANdKOR

TEEHYBRIDE, ORANGEROSA, ÖFTERBLÜHEND

Die rein lachsfarbenen Blüten sind hochgebaut und mit 35 Petalen gefüllt. Sie verströmen einen schwachen Duft, zieren eine aufrechte, buschige Pflanze und erscheinen unermüdlich. 'Sandra' ist eine beliebte Schnittrose. **ZONEN 4–9.**

Kordes, Deutschland, 1981

'Mercedes' × Sämling

S

'Sangria'

'Sandringham Centenary'

## 'SANDRINGHAM CENTENARY'

**Syn. 'Sandringham Century', 'Sandy'**

TEEHYBRIDE, ORANGEROSA, ÖFTERBLÜHEND

'Sandringham Centenary' hat dunkle, lachsrosafarbene, mit 22 Petalen halbgefüllte Blüten, die hochgebaut sind. Diese duften und sitzen einzeln auf den Stielen. Das Laub ist dunkelglänzend und bedeckt eine wuchsfreudige, robuste Pflanze. Sie eignet gut für den Garten, aber auch für die Vase. **ZONEN 4–9.**

Wisbech Plant Co., Großbritannien, 1980

'Queen Elizabeth' × 'Baccará'

## 'SANGERHAUSEN'

STRAUCHROSE, DUNKELROSA, ÖFTERBLÜHEND

Die großen, dunkelrosafarbenen, halbgefüllten Blüten duften nur schwach. Der mittelhohe Strauch trägt große, ledrige, faltige Blätter. Er eignet besonders gut als Solitär, kommt aber auch als Gruppe in Rabatten sehr wirkungsvoll zur Geltung. **ZONEN 4–9.**

Kordes, Deutschland, 1938

'Ingar Olsson' × 'Eva'

## 'SANGRIA' MEIestho

FLORIBUNDA, ORANGEROT, ÖFTERBLÜHEND

Die halbgefüllten, orangeroten Blüten besitzen 15 gewellte Petalen und sitzen in

'Sanguinea'

großen Büscheln zusammen. Die wuchsfreudige Pflanze trägt dunkelgrünes, robustes Laub. **ZONEN 4–9.**

Meilland, Frankreich, 1966

'Fire King' × ('Rouge Meilland' × 'Kordes' Sondermeldung')

Genf Goldmedaille 1966, Den Haag Goldmedaille 1966

## 'SANGUINEA'

**Syn. *Rosa indica cruenta*, 'Bengal Cramoisi Double', 'Blood-red China', 'Rose de Bangale'**

ALTE R., CHINAROSE, DUNKELROT, ETWAS NACHBLÜHEND

'Sanguinea' bringt einfache samtige, purpurkarminrote Blüten mit krausen Petalen hervor. In warmen Klimazonen kann man sich lange daran erfreuen, da sie bis in den Herbst unermüdlich blüht. Die niedrige, etwas dünne Pflanze besitzt eine schwachwüchsige, ausladende Gestalt. **ZONEN 7–9.**

Vor 1824

Eltern unbekannt

## 'SANKA'

**Syn. 'Enchantment'**

TEEHYBRIDE, ORANGE+, ÖFTERBLÜHEND

Die orangeroten Blüten dieser Rose haben eine klassische Edelrosenform. Sie sind in Mitte etwas heller und verblassen bei vollständigem Öffnen zu Hellrosa. Sie sitzen einzeln oder in kleinen Büscheln zusammen. Die aufrechte Pflanze trägt große, glänzend grüne Blätter. **ZONEN 5–10.**

Keisei, Japan, 1986

Eltern unbekannt

## 'SANS SOUCI'

FLORIBUNDA, WEISS, ÖFTERBLÜHEND

Über diese Floribundarose ist nur wenig bekannt. 'Sans Souci' gewann 1996 in Baden-Baden eine Goldmedaille und rückte so ihren italienischen Züchter ins Rampenlicht; ansonsten ist die Sorte nur schwer erhältlich. Sie kann durch Okulation vermehrt werden. **ZONEN 5–10.**

Barni, Italien, 1995

Eltern unbekannt

Baden-Baden Goldmedaille 1996

## 'SANTA CATALINA'

KLETTERROSE, HELLROSA, ÖFTERBLÜHEND

Diese Kletterrose trägt Büschel mit hellrosafarbenen, halbgefüllten Blüten, die sich aus ca. 20 Petalen zusammensetzen. Gelegentlich sind sie in einem etwas dunkleren Rosa überhaucht. Die mittelgroßen Blumen duften nur schwach. **ZONEN 4–9.**

McGredy, Großbritannien, 1970

'Paddy McGredy' × 'Heidelberg'

'Sanka'

## 'SANTA CLAUS' POUlclaus

ZWERGROSE, DUNKELROT, ÖFTERBLÜHEND

'Santa Claus' hat lange, wohlgeformte Knospen, die sich zu schönen, dunkelroten Blüten entfalten, die ihre Farbe sogar in der Mittagssonne nicht einbüßen. Die mit 15–25 Petalen gefüllten Blumen duften schwach. Ihre klassische Ausstellungsform verlieren sie schnell, da sie insgesamt zu wenig Petalen besitzen. In kühleren Gebieten kann die Form noch mehrere Tage bewahrt werden. Die Blüten sitzen in der Regel zu 10–15 in auffälligen Büscheln zusammen und erscheinen unermüdlich. Das dekorativ dunkle, glänzend grüne Laub bedeckt eine wuchsfreudige, aufrechte, kompakte Pflanze. Leider ist sie sehr anfällig für Spinnmilben. Am besten wirkt die Rose als flächige Pflanzung oder als Topfrose. **ZONEN 5–10.**

Olesen, Dänemark, 1991

Floribunda-Sämling × Zwergrosen-Sämling

## 'SANTA FÉ'

TEEHYBRIDE, ORANGEROSA, ÖFTERBLÜHEND

Die großen Blüten von 'Santa Fé' sind dunkel lachsrosa und mit 25–30 Petalen gefüllt. Sie sind unterseits blasser und duften etwas. Die Farbe ist dunkler als die der Elternsorte 'Mischief'. Die Pflanze ist mittelhoch und trägt grünes, mattglänzendes Laub. Die Qualität von 'Santa Fé' ist weitaus geringer als die ihrer Elternsorten; in vielen Ländern ist die Teehybride daher wohl auch nicht mehr erhältlich. **ZONEN 5–10.**

McGredy, Großbritannien, 1967

'Mischief' × 'Super Star'

## 'SANTA ROSA'

ALTE R., TEEROSE, DUNKELROSA, ETWAS NACHBLÜHEND

Die Teerose ähnelt der ziemlich kleinen und zarten 'Hermosa', ist aber größer.

'Santa Catalina'

'Sanka'

S

'Santa Fé'

'Saratoga'

Sie steht den Chinarosen nahe, denen sie manchmal auch zugeordnet wird. Die Blüten erscheinen unermüdlich, sind üppig rosarot und gehen in ein Kupferrot über. Laut Angaben des Züchters soll sie widerstandsfähig gegen Mehltau und Rostpilze sein; man trifft sie aber nur selten an. Unter dem gleichen Synonym 'Santa Rosa' existiert weiterhin eine Floribundarose, die 1954 auf den Markt kam. **ZONEN 7–9.**

**Burbank, USA, 1899**

**'Hermosa' × 'Bon Silène'**

## 'SANTANA' TANklesant

**GROSSBLUMIGE KLETTERROSE, ROT, ÖFTERBLÜHEND**

'Santana' bringt einfarbig rote, halbgefüllte Blüten mit 20 Petalen hervor. Die Blühfreudigkeit und -dauer sind groß, aber die Blüten haben leider nur einen sehr schwachen Duft. Das Laub ist mittelgrün, glänzend und bedeckt eine hohe Pflanze, die sich für Pergolen, Mauern und Säulen recht gut eignet. **ZONEN 4–9.**

**Tantau, Deutschland, 1985**

**Eltern unbekannt**

## 'SARABANDE' MEIhand, MEIrabande

**FLORIBUNDA, ORANGEROT, ÖFTERBLÜHEND**

Die schwach duftenden, mit 13 Petalen halbgefüllten Blüten dieser Rose sind leuchtend orangerot, öffnen sich schalenförmig und erscheinen in Büscheln. Sie zieren eine niedrige Pflanze mit mattglänzendem Laub. 'Sarabande' ist eine der berühmten Rosen aus dem Hause Meilland. **'Climbing Sarabande'** (MEIhandsar; Meilland, Frankreich, 1968; Japan Goldmedaille 1968) ist die perfekte Rose für Säulen und Pergolen, macht sich aber auch an einer sonnenbeschienen Mauer recht gut. **ZONEN 4–9.**

**Meilland, Frankreich, 1957**

**'Cocorico' × 'Moulin Rouge'**

**Bagatelle Goldmedaille 1957, Genf Goldmedaille 1957, Rom Goldmedaille 1957, Portland Goldmedaille 1958, All-American Rose Selection 1960**

## 'SARAH' MEIframis, MEImafris

**Syn. 'Karl Heinz Hanisch', 'Drottning Silvia', 'Gardin de Bagatelle', 'Jardins de Bagatelle', 'Queen Silvia'**

**TEEHYBRIDE, WEISS, ÖFTERBLÜHEND**

Diese liebliche Rose bringt duftende, gefüllte, cremefarbene Blüten mit 40 Petalen hervor. Die robuste Pflanze trägt dichtes mittelgrünes Laub und hat eine wohlgeformte, buschige Gestalt. Die Sorte läßt sich vielseitig verwenden – als Beetpflanze und als Hochstammrose. **ZONEN 4–9.**

**Meilland, Frankreich, 1986**

**('Queen Elizabeth' × 'Eleg') × MEIdragelac**

**Genf Goldmedaille 1984, Bagatelle Duftpreis 1984, Poitiers Goldmedaille 1986, Madrid Duftpreis 1986, Genua Goldmedaille 1987**

## 'SARAH ARNOT'

**TEEHYBRIDE, REIN ROSA, ÖFTERBLÜHEND**

Die Blüten von 'Sarah Arnot' zeigen einen warmen Rosaton. Sie sind mit 25 Petalen gefüllt, hochgebaut und verströmen einen wunderbaren Duft. Das Laub ist ledrig und bedeckt eine wuchsfreudige, aufrechte Pflanze. Sie ist eine zuverlässige Beet- und Ausstellungsrose. **ZONEN 4–9.**

**Croll, Großbritannien, 1957**

**'Ena Harkness' × 'Gloria Dei'**

**Goldmedaille der National Rose Society 1957**

'Sarah Arnot'

## 'SARAH VAN FLEET'

**STRAUCHROSE, RUGOSA-HYBRIDE, REIN ROSA, ÖFTERBLÜHEND**

Die fliederrosafarbenen, offenen, mittelgroßen Blüten dieser Rose sitzen in kleinen Büscheln. Der stark bestachelte, äußerst wuchskräftige Strauch ist ziemlich blühfreudig. Ihre aufrechte Gestalt läßt die Rose besonders im hinteren Bereich einer Rabatte oder als Einzelpflanze gut zur Geltung kommen. 'Sarah van Fleet' trägt schönes, mattgrünes Laub, das mitunter anfällig für Mehltau ist und im Herbst Rostpilze anzieht. Sie duftet fast gar nicht und bildet auch keine Hagebutten, was für eine Rugosa-Hybride ungewöhnlich ist. Da 'Sarah van Fleet' viele Stacheln hat, bildet sie eine schützende, undurchdringliche Hecke. **ZONEN 4–9.**

**Van Fleet, USA, 1926**

**Angegeben als *Rosa rugosa* × 'My Maryland'**

'Santana'

'Climbing Sarabande'

## 'SARATOGA'

**FLORIBUNDA, WEISS, ÖFTERBLÜHEND**

Die beliebte Rose besitzt ovale Knospen, die sich zu großen, weißen, büschelblütigen Blumen entfalten und lieblich duften. Die gefüllten, etwa 10 cm großen Blüten haben 30 Petalen und erinnern an Gardenien. Die niedrige Floribundarose ist wuchsfreudig, buschig und trägt glänzendes, ledriges Laub. Man kann sie gut als Beet- oder Hochstammrose pflanzen **ZONEN 4–9.**

**Boerner, USA, 1963**

**'White Bouquet' × 'Princess White'**

**All-American Rose Selection 1964**

'Sarah van Fleet'

'Sarabande'

## 'SATCHMO'

FLORIBUNDA, ORANGEROT, ÖFTERBLÜHEND

Die leuchtend scharlachroten, mit 25 Petalen gefüllten Blüten von 'Satchmo' erscheinen in kleinen Büscheln und duften nur schwach. Das Laub ist dunkelgrün, ledrig und bedeckt eine buschige, sehr blühfreudige Pflanze. Sie eignet sich als Beetrose, beeindruckt den Betrachter aber aber auch als Hochstammrose. Benannt wurde 'Satchmo' nach dem Spitznamen des großen Jazzmusikers Louis Armstrong, der 1971 starb. **ZONEN 4–9.**

McGredy, Großbritannien, 1970

'Irish Wonder' × 'Diamant'

Goldene Rose von Den Haag 1975

## 'SATELLITE' DELsatel

TEEHYBRIDE, ORANGEROT, ÖFTERBLÜHEND

'Satellite' bringt mittelgroße, orangerote, mit knapp 30 Petalen gefüllte, duftende Blüten hervor. Ihr Laub ist mittelgrün, mattglänzend und schmückt eine robuste, blühfreudige, zuverlässige Beetrose. **ZONEN 4–9.**

Delbard, France, 1982

(['Super Star' × 'Scarlet Knight'] × ['Super Star' × {'Rome Glory' × 'Impeccable'}]) × 'Granada'

'Scarlet Knight'

## 'SATINA' TANinat

**Syn. 'Silky Cloud'**

STRAUCHROSE, REIN ROSA, ÖFTERBLÜHEND

Die robuste, blühfreudige, aber weichtriebige Rose besitzt Dolden mit dunkelrosafarbenen, mittelgroßen, halbgefüllten, schwach duftenden Blüten und dunkelgrünes, glänzendes Laub. **ZONEN 4–9.**

Tantau, Deutschland, 1992

Eltern unbekannt

## 'SAVOY HOTEL' HARvintage

**Syn. 'Integrity', 'Vercors', 'Violette Niestlé'**

TEEHYBRIDE, HELLROSA, ÖFTERBLÜHEND

Die großen, hellrosafarbenen Blüten von 'Savoy Hotel' sind hochgebaut, unterseits dunkler und besitzen einen schwachen Duft. Die blühfreudige, buschige Rose wird mittelhoch und trägt dunkelgrünes, mattglänzendes, robustes Laub. Sie ist eine hervorragende Beetrose und macht sich als Gruppenpflanze in gemischten Rabatten besonders gut. **ZONEN 4–9.**

Harkness, Großbritannien, 1989

'Silver Jubilee' × 'Prinz Eugen von Savoyen'

Dublin Goldmedaille 1988, Bundesgartenschau Dortmund Goldmedaille 1991, Royal Horticultural Society Award of Garden Merit 1994, Portland Goldmedaille 1998

'Scarlet Knight'

'Scabrosa'

'Savoy Hotel'

## 'SCABROSA'

**Syn. *Rosa rugosa scabrosa*, 'Rugosa Superba', 'Superba'**

STRAUCHROSE, RUGOSA-HYBRIDE, MAUVE, ÖFTERBLÜHEND

Diese Rose bringt große, mauverosafarbene, einfache Blüten mit nur 5 Petalen hervor. Die Blumen sitzen in kleinen Büscheln zusammen und schmücken die Pflanze reichlich während der ganzen Saison. Ihr Duft erinnert an Gartennelken. 'Scabrosa' trägt hellgrünes Laub, und im Herbst werden große, runde, rote Hagebutten produziert. **ZONEN 4–9.**

Von Harkness eingeführt, Großbritannien, 1950

Eltern unbekannt

Royal Horticultural Society Award of Garden Merit 1993

'Satchmo'

'Satellite'

'Scarlet Gem'

## 'SCARLET GEM' MEIdo

**Syn. 'Scarlet Pimpernel'**

ZWERGROSE, ORANGEROT, ÖFTERBLÜHEND

Ovale Knospen entfalten sich zu orangescharlachroten Blüten mit 60 Petalen. Sie sind hübsch geformt, duften jedoch nur schwach. Die zahlreichen Blütenblätter sorgen dafür, daß die Blüten ihre Form lange behalten. Das Laub ist glänzend dunkelgrün und bedeckt einen zwergwüchsigen, kompakten Busch, der 30 cm hoch wird. Die wuchsfreudige Pflanze kommt mit ihrer wunderschönen Blütenfarbe und den dekorativen Blättern in einer Rabatte oder in einem Kübel am besten zur Geltung. **ZONEN 5–10.**

Meilland, Frankreich, 1961

('Moulin Rouge' × 'Fashion') × ('Perla de Montserrat' × 'Perla de Alcañada')

## 'SCARLET KNIGHT' MEIelec

**Syn. 'Samourai'**

TEEHYBRIDE, ROT, ÖFTERBLÜHEND

Die karminscharlachroten, gefüllten Blüten von 'Scarlet Knight' sind becherförmig und duften schwach. Die wuchsfreudige Teehybride ist von dunklem, ledrigem Laub bedeckt; insgesdamt wächst die Pflanze aufrecht und buschig. 'Scarlet Knight' ist eine hervorragende Beetrose. **'Climbing Scarlet Knight'** (Syn. 'Climbing Samourai'; Jack, Australien, 1972) ist eine wuchsfreudige Kletterrose, die sich an Mauern und Säulen besonders gut ausmacht. **ZONEN 4–9.**

Meilland, Frankreich, 1966

('Rouge Meilland' × 'Kordes' Sondermeldung') × 'Sutter's Gold'

Madrid Goldmedaille 1966

## 'SCARLET MEIDILAND'

MEIkrotal

**Syn. 'Scarlet Meillandécor'**

STRAUCHROSE, ROT, ÖFTERBLÜHEND

Die kleinen, hellkirschroten Blüten dieser Rose sind auf der Unterseite dunkel karminrosa gefärbt. Sie sind mit 20 Petalen halbgefüllt, duften kaum und erscheinen in großen Büscheln. Die niedrige, sich ausbreitende Pflanze trägt dunkelgrüne, mittelgroße Blätter. Für Landschaftsanpflanzungen, als Bodendecker, zum Bewachsen von niedrigen Mauern und für Ampeln ist 'Scarlet Meidiland' bestens geeignet. **ZONEN 4–9.**

Meilland, Frankreich, 1987

MEItiraca × 'Clair Matin'

Frankfurt/Main Goldmedaille 1989

S

## 'SCARLET MEILLANDINA'

MEIcubasi

Syn. 'Scarlet Sunblaze'

ZWERGROSE, DUNKELROT, ÖFTERBLÜHEND

Die großen, samtigen, dunkelroten Blüten mit den hellgelben, recht kontrastreichen Staubgefäßen fallen sofort ins Auge. Sie besitzen 20 Petalen und duften nicht. 'Scarlet Meillandina' blüht unermüdlich, und die üppigen Büschel mit den scharlachroten, orange gesäumten Blüten sorgen eine imposante, lang anhaltende Farbenpracht. Die kompakte Zwergrose besitzt mattdunkelgrünes Laub und ist darüber hinaus sehr pflegeleicht. ZONEN 5–10.

Meilland, Frankreich, 1982

'Tamango' × ('Baby Bettina' × 'Duchess of Windsor')

## 'SCARLET MOSS' MORcarlet

ZWERGROSE, ROT, ÖFTERBLÜHEND

Die Kelchblätter der kräftig scharlachroten Blüten sind stark bemoost. Die Blüten sind halbgefüllt, duften nicht und erscheinen zu 3–10 in kleinen Büscheln. 'Scarlet Moss' ist ein aufrechter, hoher Busch mit faltigem Laub. Obwohl sie keine echte Zwergrose ist, gilt sie als diejenige Miniaturrose mit der intensivsten Rotfärbung. Sicherlich stellt diese Moore-Rose für jeden Garten eine Bereicherung dar, dennoch sollte man sich vor ihren Stacheln in acht nehmen. ZONEN 4–11.

Moore, USA, 1988

('Dortmund' × Sämling von Zwergmoosrose) × ('Dortmund' × Sämling von gestreifter Zwergmoosrose)

'Scarlet Meidiland'

'Scarlet Queen Elizabeth'

## 'SCARLET PATIO' KORtingle

ZWERGROSE, ROT, ÖFTERBLÜHEND

Diese Rose bildet einen schönen, kompakten Busch mit sehr dunkelgrünem, glänzendem Laub, das sehr krankheitsfest ist. Die intensiv scharlachroten, mit 25 Petalen halbgefüllten Blüten öffnen sich schalenförmig und präsentieren dann goldgelbe Staubgefäße. Sie sind kräftig, sehr blühfreudig und langlebig, ohne zu verblassen; sie erscheinen in großen, gleichmäßigen Büscheln. 'Scarlet Patio' ist die ideale Rose für Töpfe oder für kleine Beete, Terrassen und Rabatten. ZONEN 5–10.

Kordes, Deutschland, 1993

Eltern unbekannt

## 'SCARLET QUEEN ELIZABETH' DICel

FLORIBUNDA, ORANGEROT, ÖFTERBLÜHEND

'Scarlet Queen Elizabeth' ist kein Sport von 'Queen Elizabeth', sondern eine Tochterpflanze. Die Floribundarose trägt Büschel mit mittelgroßen, flammend roten Blüten, die köstlich duften. Das Laub ist dunkelgrün und außerordentlich robust. Die sehr blühfreudige 'Scarlet Queen Elizabeth' ist eine ausgezeichnete Beetrose. ZONEN 4–9.

Dickson, Großbritannien, 1963

('Korona' × Sämling) × 'Queen Elizabeth'

National Rose Society Trial Ground Certificate 1963, Goldene Rose von Den Haag 1973

'Scentimental'

'Scented Air'

## 'SCARLET SHOWERS'

GROSSBLUMIGE KLETTERROSE, ROT, ÖFTERBLÜHEND

Diese funkelnd rote, blühfreudige, aber nur schwach duftende Rose mit dichtem, dunkelgrünem, glänzendem Laub wirkt an Mauern und Säulen besonders gut. ZONEN 4–9.

Gandy, Großbritannien, 1980

'Golden Showers' × 'Chrysler Imperial'

## 'SCENTED AIR'

FLORIBUNDA, ORANGEROSA, ÖFTERBLÜHEND

Die Rose besitzt einen besonders lieblichen Duft. Ihre Blüten sind groß, gefüllt und lachsrosafarben getönt. Sie sitzen in kleinen Büscheln zusammen und bedekken eine blühfreudige, mittelhohe, buschige Pflanze mit schönen, großen, robusten Blättern. 'Scented Air' ist eine ausgezeichnete Beetrose. ZONEN 4–9.

Dickson, Großbritannien, 1965

Sämling von 'Spartan' × 'Queen Elizabeth'

Royal National Rose Society Certificate of Merit 1965, Belfast Goldmedaille 1967, Goldene Rose von Den Haag 1971

'Scarlet Patio'

'Scarlet Meillandina'

## 'SCENTIMENTAL' WEKplapep

FLORIBUNDA, ROT+, ÖFTERBLÜHEND

Die buschige, reichblühende, wuchsfreudige Floribundarose trägt großes, robustes, üppiges Laub. Die rosa und rot gestreiften Blüten duften zart. ZONEN 4–9.

Carruth, USA, 1996

'Cheerio' × 'Peppermint Twist'

All-American Rose Selection 1997

## 'SCENTSATIONAL' SAVascent

ZWERGROSE, MAUVE, ÖFTERBLÜHEND

Wie der englische Name (*scent* = „Duft") schon andeutet, ist der Duft dieser Rose einfach umwerfend. Die gefüllten, mauvefarbenen Blüten sind rosa gesäumt und unterseits cremefarben. Sie sitzen einzeln auf einem Stiel mit hoher Mitte. Trotz der geringen Petalenzahl hält sie mehrere Tage ihre Form. Vollständig geöffnet präsentieren die mauvefarbenen Blüten herrliche goldgelbe Staubgefäße.

S

'Schoolgirl'

'Schoener's Nutkana'

Die Blätter sind mattglänzend und mittelgrün, die Triebe etwas bewehrt. **ZONEN 5–11.**

Saville, USA, 1995

'Lavender Jade' × 'Silverado'

## 'SCHARLACHGLUT'

Syn. 'Scarlet Fire', 'Scarlet Glow'
STRAUCHROSE, GALLICA-HYBRIDE, DUNKELROT

Die leuchtend scharlachkarminroten Blüten dieses wuchs- und blühfreudigen Strauchs sind groß, weit geöffnet und halbgefüllt. Im Herbst werden große, orangerote, runde Hagebutten gebildet. Das üppige Laub ist dunkelgrün und robust. Obwohl sie nur einmal blüht, eignet sich die Rose sehr gut als Einzelpflanze, als Gruppe oder für große Rabatten. **ZONEN 4–9.**

Kordes, Deutschland, 1952

'Poinsettia' × *Rosa gallica* 'Alika' oder 'Splendens'

Royal Horticultural Society Award of Garden Merit 1993

## 'SCHERZO' MEIpuma

FLORIBUNDA, ROT, ÖFTERBLÜHEND

Die leuchtend scharlachroten, unterseits hellkarminroten Blüten sind mit 40 Petalen gefüllt, kommen in großen Büscheln und duften kaum. Die buschig wachsende, blühfreudige Pflanze wird von dunkelgrünem Laub bedeckt. **ZONEN 4–9.**

Meilland, Frankreich, 1975

'Tamango' × 'Prince Igor'

Belfast Goldmedaille 1975

## 'SCHLOSS GLÜCKSBURG'

siehe 'English Garden'

'Schneezwerg'

## 'SCHLOSS HEIDEGG'

siehe 'Pink Meidiland'

## 'SCHNEE-EULE'

siehe 'Snow Owl'

## 'SCHNEEFLOCKE'

siehe 'White Flower Carpet'

## 'SCHNEELICHT'

STRAUCHROSE, RUGOSA-HYBRIDE, WEISS, ETWAS NACHBLÜHEND

Die wuchsfreudige große Strauch- bzw. kleine Kletterrose bildet sehr große, rein weiße, einfache Blüten, die in Büschel sitzen und schwach duften. Sie ist recht winterhart, sehr blühfreudig und bildet mit ihren zahlreichen Stacheln eine undurchdringliche Hecke. **ZONEN 4-10.**

Geschwind, Österreich-Ungarn, 1894

*Rosa rugosa* × Strauchrose

## 'SCHNEESTURM' TANmurse

Syn. 'Blenheim'
STRAUCHROSE, WEISS, ÖFTERBLÜHEND

Diese Rose trägt große Büschel mit schwach duftenden, kleinen, sehr zart rosafarbenen Blüten. Die robuste Pflanze eignet sich gut für kleine Gärten und wird gerne auf Böschungen und in Rabatten gepflanzt, wo sie als Bodendecker dient. **ZONEN 4–9.**

Tantau, Deutschland, 1990

Eltern unbekannt

Royal National Rose Society President's International Trophy 1992, ADR-Rose 1993

'Schneewalzer'

## 'SCHNEETEPPICH'

siehe 'Snow Carpet'

## 'SCHNEEWALZER' TANrezlaw

Syn. 'Snow Waltz'
GROSSBLUMIGE KLETTERROSE, WEISS

Ovale Knospen öffnen sich zu großen, gefüllten, weißen Blüten mit klassisch hoher, cremefarben überhauchter Mitte; vollerblüht rollen sich die äußeren Petalen nach hinten. Die Blüten sitzen einzeln oder in kleinen Büscheln vor mittelgrünem Laub auf einer aufrechten, 2,5 m hohen Pflanze. **ZONEN 5–10.**

Tantau, Deutschland, 1987

Eltern unbekannt

## 'SCHNEEWITTCHEN'

siehe 'Iceberg'

## 'SCHNEEZWERG'

Syn. 'Snow Dwarf', 'Snowdwarf'

STRAUCHROSE, RUGOSA-HYBRIDE, WEISS, ÖFTERBLÜHEND

Die schneeweißen Blüten mit goldgelben Staubgefäßen sind halbgefüllt, wetterfest und erscheinen unermüdlich während der gesamten Saison zu 3–10 in kleinen Büscheln, die wiederum auf kräftigen Stielen sitzen. Das glänzende, krankheitsfeste Laub, das an die Blätter einer Rugosa-Rose erinnert, bedeckt eine wuchsfreudige, ausladende, aber gut verzweigte Pflanze von nur etwa 1 m Höhe. Wenn man Verblühtes am Strauch beläßt, bilden sich im Herbst attraktive orangefarbene Hagebutten. **ZONEN 4–10.**

Lambert, Deutschland, 1912

Vermutlich *Rosa rugosa* × Polyantha-Hybride

Royal Horticultural Society Award of Garden Merit 1993

## 'SCHÖNE BERLINERIN'

siehe 'Belle of Berlin'

'Scharlachglut'

## 'SCHOENER'S NUTKANA'

STRAUCHROSE, REIN ROSA

Die duftenden, einfachen Blüten dieser Strauchrose sind rein kirschblütenrosa und erreichen eine Höhe von 10 cm. Das Laub ist mittelgrün, und die Triebe besitzen nahezu keine Stacheln. Charakteristisch sind die überhängenden Triebe an einem wuchsfreudigen Busch, der nicht ganz 2 m hoch und 1 m breit wird. Diese vielseitig verwendbare, winterharte Rose gedeiht auch auf nährstoffärmeren Böden in halbschattigen Bereichen des Gartens. **ZONEN 4–10.**

Schoener, USA, 1930

*Rosa nutkana* × 'Paul Neyron'

## 'SCHOOLGIRL'

GROSSBLUMIGE KLETTERROSE, APRICOT+, ÖFTERBLÜHEND

Die großen, apricot- bis orange getönten Blüten dieses spärlich belaubten Climbers verströmen einen starken Duft und sind regenfest. 'Schoolgirl' wächst ausladend, wird bis 3 m hoch und gedeiht auf nahezu jedem Boden. **ZONEN 5–10.**

McGredy, Großbritannien, 1964

'Coral Dawn' × 'Belle Blonde'

## 'SCHWANENSEE'

siehe 'Swan Lake'

## 'SCHWARZE MADONNA'

KORschwama

Syn. 'Barry Fearn', 'Black Madonna'
TEEHYBRIDE, DUNKELROT, ÖFTERBLÜHEND

Die sehr dunkelkarminrote Rose besitzt klassische Blütenform, duftet aber nur recht schwach. Das robuste Laub bedeckt eine mäßig wüchsige Rose, die sich für Beete eignet, aber auch als Schnittrose außerordentlich beliebt ist. **ZONEN 4–9.**

Kordes, Deutschland, 1992

Eltern unbekannt

'Scherzo'

'Scharlachglut'

S

'Schwarze Madonna'

## 'SCHWEIZER GOLD'

**Syn. 'Swiss Gold'**

TEEHYBRIDE, HELLGELB, ÖFTERBLÜHEND

Die ovalen Knospen dieser Teehybride öffnen sich zu duftenden, gefüllten, hellgelben Blüten, die in der Mitte dunkler sind und einzeln auf langen, geraden, kräftigen Stielen sitzen. Hierdurch ergibt sich die Austellungsqualität dieser Sorte. Die Blätter sind groß, matthellgrün und bedecken einen wuchsfreudigen, kompakten Busch. **ZONEN 4–9.**

Kordes, Deutschland, 1975

'Peer Gynt' × 'King's Ransom'

Baden-Baden Goldmedaille 1972

## 'SCHWEIZER GRUSS'

**siehe 'Red Favorite'**

'Schweizer Gold'

'Sea Foam'

## 'SCORCHER'

GROSSBLUMIGE KLETTERROSE, DUNKELROT

Die Farbe der schwach duftenden Blüten kann von leuchtendem Scharlachkarminrot über ein dunkles Erdbeerrot bis zu Kirschrot variieren. Der frühe Flor ist herrlich, findet leider aber auch nur einmal statt. Die Blumen sind halbgefüllt und 10 cm groß. Große, faltige Blätter zieren einen wuchsfreudige Pflanze, die über 3 m hoch wird. Diese Rose des bekannten australischen Züchters Clark ist trotz später eingeführter Sorten wie 'Altissimo' oder 'Danse du Feu' in seiner Heimat immer noch sehr beliebt. **ZONEN 5–10.**

Clark, Australien, 1922

'Mme Abel Chatenay' × Sämling

'Scrabo'

## 'SCRABO'

FLORIBUNDA, ORANGEROSA, ÖFTERBLÜHEND

Die stark duftenden, gefüllten Blüten mit klassisch hoher Mitte sind außen karminrosa mit einem Hauch von Lachs, innen aber gelblich. Vollständig geöffnet besitzen die in mittelgroßen Büscheln sitzenden Blüten Schalenform und zeigen ihre wunderschönen Staubgefäße. Das Laub ist hellgrün und bedeckt eine mittelhohe Pflanze. **ZONEN 4–10.**

Dickson, Großbritannien, 1968

'Celebration' × 'Elizabeth of Glamis'

## 'SEA FOAM'

STRAUCHROSE, WEISS, ÖFTERBLÜHEND

Die Blüten dieser Strauchrose sind weiß bis cremefarben und erscheinen in kleinen Büscheln. Sie sind gefüllt und verbreiten einen wunderbaren Duft. Die Blätter sind klein, glänzend dunkelgrün und bedecken eine sehr wuchsfreudige Pflanze, die sich auch als kleine Kletterrose oder als Bodendecker verwenden läßt. Ihre Triebe werden selten länger als 1 m, was für eine echte Kletterrose nicht gerade ausreicht; als Kaskadenrose auf Hochstamm mit herabhängenden Trieben sieht 'Sea Foam' dann jedoch hervorragend aus. Aufgrund der wetterempfindlichen Blüten ist diese Strauchrose eher für wärmere, niederschlagsärmere Gegenden geeignet. Eine zweite Sorte mit dem Synonym 'Sea Foam' wurde 1919 von William Paul auf den Markt gebracht; angeblich soll es sich dabei um einen Sämling von 'Mermaid' handeln. **ZONEN 5–11.**

Schwartz, USA, 1964

(['White Dawn' × 'Rosenmärchen'] × ['White Dawn' × 'Rosenmärchen']) × ('White Dawn' × 'Rosenmärchen')

Rom Goldmedaille 1963, David Fuerstenberg Preis der American Rose Society 1968

'Scorcher'

'Scorcher'

## 'SEA PEARL'

**Syn. 'Flower Girl'**

FLORIBUNDA, ROSA+, ÖFTERBLÜHEND

Die langen, spitzen Knospen dieser Rose öffnen sich zu zartrosa wohlgeformten Blüten, die unterseits gelb gefärbt sind. Sie werden 10–12 cm groß, sind mit 25 Petalen halbgefüllt und erscheinen zu fünf oder mehreren Einzelblüten in Dolden, die auf kräftigen, geraden Stielen sitzen. Anfangs besitzen sie noch eine typische Edelrosenform, öffnen sich aber später weit, die Petalen verändern ihre Farbe zu einer Mischung aus Orange und Lachsrosa; unterseits sind sie pfirsichrosafarben. Leider verblaßt die Farbe beim Verblühen. Die Blüten sind regenfest, vertragen aber grelles Sonnenlicht nur schlecht, weil die herrlichen Rosatöne dann noch schneller ausbleichen. Das Laub ist dunkelgrün und bedeckt einen hohen, aufrechten Busch. **ZONEN 4–10.**

Dickson, Großbritannien, 1964

'Kordes' Perfecta' × 'Montezuma'

Royal National Rose Society Certificate of Merit 1964, Belfast Frizzell Award 1966

'Sea Pearl'

S

## 'SEABREEZE' LEMsea

ZWERGROSE, REIN ROSA, ÖFTERBLÜHEND

Die Zwergrose hat kurze, spitze Knospen, die sich zu blaßflieder- bis rosafarbenen Blüten entfalten, die in Büscheln zusammensitzen, mit 35 Petalen gefüllt sind und schwach duften. Der wuchsfreudige Busch produziert fortlaufend Blüten und trägt mittelgrünes Laub, das für Mehltau anfällig ist. Die Blumen sind locker-luftig angeordnet und wirken auf ungezwungene Weise attraktiv. Die Farbe hängt stark vom Klima ab; sie variiert zwischen recht beständigem Hellrosa über Rosa zu Weiß bis hin zu einem schmutzigen Braun. In warmen Gegenden ist 'Seabreeze' eine empfehlenswerte Sorte für den Garten. **ZONEN 5–10.**

Lemrow, USA, 1976

'White Fairy' × Sämling

## 'SEAFARER' HARtilion

FLORIBUNDA, ORANGEROT, ÖFTERBLÜHEND

Dunkelorangefarbene Knospen öffnen sich zu großen, becherförmigen, gefüllten und lebhaft orangeroten Blüten, die in Büscheln zu 3–5 auf kurzen Stielen erscheinen, duften und wetterfest sind. Das mittel- bis dunkelgrüne Laub bedeckt einen kompakten Busch mit roten Stacheln. 'Seafarer' erhielt ihren Namen, um die die Arbeit der britischen *Marine Society* zu würdigen, deren Begründer Jonas Hanway 1786 starb. **ZONEN 4–10.**

Harkness, Großbritannien, 1986

'Amy Brown' × 'Judy Garland'

## 'SEAGULL'

RAMBLERROSE, MULTIFLORA-HYBRIDE, WEISS

Diese wuchsfreudige Ramblerrose besitzt rein weiße, einfache Blüten, die ihre goldgelben Staubgefäße relativ früh enthüllen. Die Blumen sitzen in Büscheln zusammen und verströmen den charakteristischen Multiflora-Duft. 'Seagull' und 'Thalia', die beide 1895 aus *Rosa multiflora* gezüchtet wurden, galten lange als die besten weißen Ramblerrosen, bis sie Konkurrenz durch Sorten wie 'Sander's White' erhielten, einem Abkömmling von *R. wichuraiana*, der weniger anfällig für Mehltau ist. **ZONEN 4–10.**

Pritchard, Großbritannien, 1907

Hybride von *Rosa multiflora*

Royal Horticultural Society Award of Garden Merit 1993

'Seaspray'

'Seashell'

## 'SEALING WAX'

Syn. *Rosa moyesii* 'Sealing Wax'

STRAUCHROSE, MOYESII-HYBRIDE, REIN ROSA

'Sealing Wax' zählt zu den besten Hybriden von *Rosa moyesii.* Diese Strauchrose produziert zahlreiche leuchtend rote, bauchige Hagebutten, die lange haltbar sind. Die Blüten sind einfach, groß und rosa und vielleicht nicht ganz so prächtig wie diejenigen der Mutterpflanze. Die pflegeleichte Rose liebt ein kühles Klima, das ihrem ursprünglichen Lebensraum im Himalaja ähnelt. Im Herbst bieten die schönen, langen Hagebutten dem Betrachter einen prächtigen Anblick; aber auch in der Vase kommen sie gut zur Geltung. **ZONEN 5–10.**

Royal Horticultural Society, Großbritannien, 1938

Hybride von *Rosa moyesii*

'Seagull'

'Seabreeze'

## 'SEASHELL' KORshel

TEEHYBRIDE, ORANGEROSA, ÖFTERBLÜHEND

Kurze, spitze Knospen öffnen sich zu bräunlichen, orangefarbenen, mit 50 Petalen gefüllten Blüten. In manchen Klimazonen weisen die Blumen ein klares Korallrosa auf; gelegentlich sind sie am Rand dunkler und schimmern dort golden. 'Seashell' verströmt nur schwachen Duft. Aufgrund ihrer schönen Blütenform erhielt die Rose eine Auszeichnung: Ihre leicht krausen Blütenblätter überlappen sich dachelziegelartig. Das Laub ist mittelgrün und recht krankheitsfest. Der aufrechte, robuste, wuchsfreudige Busch ist relativ pflegeleicht. **ZONEN 4–10.**

Kordes, Deutschland, 1976

Sämling × 'Königin der Rosen'

All-American Rose Selection 1976

'Sealing Wax'

## 'SEASPRAY' MACnew

ZWERGROSE, ROSA+, ÖFTERBLÜHEND

'Seaspray' besitzt blaßrosafarbene, halbgefüllte Blüten, die zum Rand hin rötlich überhaucht sind und intensiv duften. Zahlreiche Blütenbüschel zieren eine niedrige, ausladende Pflanze mit leuchtend grünem Laub. Die Zwergrose ist pflegeleicht, selbstreinigend und robust. In manchen Klimazonen kann die Farbe außergewöhnlich sein – eine einzigartige Kombination von hellstem Rosa, das am Blütenrand dunkler rosa überhaucht ist. 'Seaspray' eignet sich als Bodendecker, da die Blüten auf kräftigen Seitentrieben besonders üppig erschienen. **ZONEN 5–10.**

McGredy, Neuseeland, 1982

'Anytime' × 'Moana'

'Selfridges'

'Seliata'

'Senator Burda'

## 'SEATTLE SCENTSATION'

SAVaseat
ZWERGROSE, ROSA+, ÖFTERBLÜHEND

'Seattle Scentsation' bildet Blüten in einer herrlichen Mischung von Gelb, Apricot und Rosa, die mit 15–25 Petalen gefüllt sind, stark duften und einzeln bzw. in kleinen Büscheln erschienen. Die prächtige Blütenfarbe ist jedoch anfällig gegen Hitze und verblaßt dann zu einem ausgewaschenen Rosa. Das Laub ist dunkel, mattglänzend und bedeckt einen hohen, aufrechten, wuchsfreudigen Busch, der allerdings keine Stacheln besitzt. **ZONEN 5–10.**

Saville, USA, 1996

'Lavender Jade' × 'New Zealand'

## 'SEBASTIAN KNEIPP'

KORpastato
Syn. 'Amoretto'
TEEHYBRIDE, APRICOT+, ÖFTERBLÜHEND

Die blassen, aprikosenrosafarbenen Blüten dieser Teehybride entwickeln sich im Sommer aus dicklichen, spitzen Knospen. Sie sitzen einzeln oder zu dritt in Büscheln zusammen. Die zahlreichen Petalen sind so angeordnet, daß eine etwas wirre Mitte entsteht, die dunkler ist als die voll entfalteten äußeren Blütenblätter. Das dunkle Laub bildet einen schönen Hintergrund für diese hellen Blüten. Ihr Name erinnert an jenen berühmten deutschen Arzt, der die gleichnamigen Bäderkuren entwickelt hat. **ZONEN 5–10.**

Kordes, Deutschland, 1997

Eltern unbekannt

## 'SECRET' HILaroma

TEEHYBRIDE, ROSA+, ÖFTERBLÜHEND

Die verführerisch duftenden, hellrosafarbenen Blüten dieser Teehybridensorte sind am Rand dunkelrosa getönt. Sie sind groß und mit 25–40 Petalen gefüllt. Die Blüten erscheinen einzeln auf kräftigen, geraden Stielen, besitzen die klassische Edelrosenform und eignen sich somit auch für Ausstellungen. Die in jeder Phase attraktiven Blüten werden von mittelgrünem, mattglänzendem Laub umrahmt, das einen hohen Busch bedeckt. 'Secret' hat die herrliche Wuchsfreudigkeit von ihrer preisgekrönten vaterpflanze 'Pristine' geerbt, ihr außergewöhnlicher Duft lockt fast jeden Gartenbesucher an. Die Rose bevorzugt insgesamt einen eher kühlen Standort. **ZONEN 4–10.**

Tracy, USA, 1992

'Pristine' × 'Friendship'

All-American Rose Selection 1994

'Sebastian Kneipp'

## 'SELFRIDGES' KORpriwa

Syn. 'Berolina'
TEEHYBRIDE, GOLDGELB, ÖFTERBLÜHEND

Die bernsteingelben Blüten von 'Selfridges' entfalten sich aus langen, spitzen Knospen und werden beim Verblühen dunkler. Die großen Blüten besitzen 35 Petalen, sind hochgebaut und duften süß nach Teerosen. Das Laub ist mattglänzend, krankheitsfest und bedeckt eine sehr wuchsfreudige Pflanze, die 2–3 m hoch wird. Jedes Jahr entwickeln sich lange Triebe, die bis zum nächsten Flor keine Blüten tragen. Diese Rose sollte wie eine Strauchrose behandelt werden; häufiges Schneiden regt die Blühfreudigkeit an. In Deutschland ist sie unter dem Namen 'Berolina' bekannt, der englische Name bezieht sich auf ein renommiertes Londoner Kaufhaus. **ZONEN 4–10.**

Kordes, Deutschland, 1984

Eltern unbekannt

ADR-Rose 1986

## 'SELIATA'

TEEHYBRIDE, ROT+, ÖFTERBLÜHEND

'Seliata' wird gut mittelhoch wächst aufrecht und trägt glänzend dunkelgrünes Laub. Die gefüllten Blüten erscheinen meist einzeln, sind mit 20–25 üppig orangeroten, am Grunde gelb gefärbten Petalen gefüllt und öffnen sich aus wohlgeformten Knospen. Die Teehybride ist etwas anfällig für Sternrußtau, blüht sehr fleißig, und ihre Blüten sehen in der Vase recht gut aus. Leider wächst diese seltene Sorte wohl nur noch in einer Handvoll Gärten in Australien. **ZONEN 5–10.**

1986

Eltern unbekannt

## 'SENATOR BURDA' MEIvestal

Syn. 'Dreams Come True', 'Spirit of Youth', 'Victor Hugo'
TEEHYBRIDE, DUNKELROT, ÖFTERBLÜHEND

Diese Rose bringt leuchtend johannisbeerrote Blüten hervor, die einzeln auf den Stielen sitzen. Sie sind groß, mit 25–40 Petalen gefüllt und duften intensiv. Das Laub ist groß, mittelgrün, mattglänzend und bedeckt eine wuchsfreudige, aufrechte, hohe Pflanze. Die Blühfreudigkeit ist außergewöhnlich groß, und die langstieligen Blüten eignen sich gut für den Schnitt, aber auch für Ausstellungen. **ZONEN 5–10.**

Meilland, Frankreich, 1988

('Karl Herbst' × ['Royal Velvet' × 'Suspense']) × 'Erotika'

L'Haÿ Duftpreis 1985

## 'SÉNÉGAL'

GROSSBLUMIGE KLETTERROSE, DUNKELROT, ÖFTERBLÜHEND

Die besonders dunkelroten Blüten dieser Sorte zieren eine außerordentlich kräftige, wuchsfreudige Pflanze, die 10 m hoch werden kann. 'Sénégal' ist im Handel nicht mehr erhältlich, aber immer noch in vielen französischen Rosengärten anzutreffen. **ZONEN 5–10.**

Mallerin, Frankreich, 1944

Eltern unbekannt

## 'SEQUOIA GOLD' MORsegold

ZWERGROSE, REIN GELB, ÖFTERBLÜHEND

Ihre leuchtend gelbe Farbe wird beim Verblühen heller. Die mit 30 Petalen gefüllten Blüten verströmen einen fruchtigen Duft. Die Blüten haben eine für Ausstellungsrosen geforderte hohe Mitte und erscheinen in kleinen Büscheln zu 3–7 Einzelblüten. Die Blätter glänzen schwach grün und bedecken eine niederwüchsige, ausladende Pflanze. Da die Rose unermüdlich nachblüht, erstrahlt 'Sequoia Gold' fast das ganze Jahr lang in imposanter Farbpracht. Sie erhielt ihren Namen anläßlich des 50. Jubiläums von *Sequoia Nursery*, der Rosenschule des Züchters im kalifornischen Ort Visalia. **ZONEN 5–11.**

Moore, USA, 1986

('Little Darling' × 'Lemon Delight') × 'Gold Bunny'

American Rose Society Award of Excellence 1987

'Sequoia Gold'

'Sexy Rexy'

'Shadow'

'Shakespeare Festival'

## 'SERRATIPETALA'

**Syn. *Rosa chinensis serratipetala*, 'Fimbriata à Pétales Frangés', 'Rose Oeillet de Saint Arquey Vilfray'**

ALTE R., CHINAROSE, ROSA+, ETWAS NACHBLÜHEND

Diese sehr ungewöhnliche Rose wird vor allem durch die Form der Blüten charakterisiert, deren krause, gezähnte Petalen an Nelkenblüten erinnern. Die Blütenfarbe kann bei kühlem Wetter von Dunkelrot bis zu Rosa variieren. 'Serratipetala' besitzt zwar die spärliche Wuchsform einer Chinarose, wird aber wesentlich höher und buschiger. Sie wird dem französischen Jacques zugeschrieben, wurde aber 1912 in Frankreich „wiederentdeckt", was dort einen großen Eklat verursachte. Wer im heimischen Klima Rosen mit „Nelkenblüten" wünscht, sollte auf jeden Fall die zu den Rugosa-Hybriden zählende und qualitativ bessere Grootendorst-Serie dieser wärmeliebenden Chinarose vorziehen.
**ZONEN 7–9.**

Jacques, Frankreich, 1831

Eltern unbekannt

## 'SEVEN SEAS'

FLORIBUNDA, MAUVE, ÖFTERBLÜHEND

Diese Rose trägt große, fliederfarbene Blüten mit einem angenehmen Duft. Sie sind mit 25 Petalen gefüllt und haben einen Durchmesser von fast 10 cm. Die Blüten sitzen in kleinen Kegeldolden zusammen. Große, mattglänzend grüne Blätter bedecken eine niedrige, kompakte Pflanze. 'Seven Seas' stellt eine große Bereicherung für die Klasse der mauvefarbenen Floribundarosen dar. Mit Hilfe der Vaterpflanze 'Sterling Silver'gelang es dem britischen Züchter Jack Harkness, die Petalenzahl der Mutterpflanze 'Lilac Charm' unter gleichzeitiger Beibehaltung der niedrigen Wuchsform der Vatersorte zu bewahren. **ZONEN 5–10.**

Harkness, Großbritannien, 1973

'Lilac Charm'× 'Sterling Silver'

Royal National Rose Society Trial Ground Certificate 1970

## 'SEVEN SISTERS'

**Syn. *R. multiflora platyphylla, Rosa cathayensis platyphylla***

ALTE R., ROSA+

Diese Variante von *Rosa multiflora* besitzt eine ähnliche Wuchsform, größere Blätter und größere, gefüllte Blüten. Die Rispen tragen bis zu sieben Blüten, deren Farbe zwischen Dunkelkirschrot, Blaßmauve und Lilaweiß variieren kann. Die Pflanze ist sehr wuchsfreudig und beansprucht viel Platz. In kühleren Gebieten gedeiht 'Seven Sisters' auch noch gut an einer Mauer, die sie vor Frost schützt.
**ZONEN 5–9.**

Japan, 1817

Eltern unbekannt

## 'SEVILLIANA'

STRAUCHROSE, ROSA+, ÖFTERBLÜHEND

Spitze, eiförmige Knospen entfalten sich zu leicht duftenden, hell bordeauxroten Blüten mit gelbem Grund, die mit 15–20 Petalen halbgefüllt und anfangs becherförmig sind. Sie duften etwas und erscheinen in großen, festen Dolden. Das Laub ist kupfrig überhaucht und bedeckt eine aufrechte, strauchartige, winterharte Pflanze, die über 1,2 m hoch wird und fortdauernd blüht. Aus nicht ausgeputzten Rosen bildet sich im Herbst eine Vielzahl leuchtend roter Hagebutten. Diese Rose sollte nicht mit 'La Sevillana' verwechselt werden. **ZONEN 4–10.**

Buck, USA, 1976

('Vera Dalton' × 'Dornröschen') × (['World's Fair' × 'Floradora'] × 'Applejack')

ADR-Rose 1979

'Serratipetala'

## 'SEXY REXY' MACrexy

**Syn. 'Heckenzauber'**

FLORIBUNDA, REIN ROSA, ÖFTERBLÜHEND

'Sexy Rexy' hat mittel- bis hellrosafarbene Blüten, die in großen Büscheln auf sehr kräftigen, geraden Stielen sitzen. Die duftenden, mit 40 Petalen gefüllten Blüten besitzen anfangs eine kamelienähnliche Form und entfalten sich anschließend schalenförmig. Die Blütenbüschel halten lang und blühen unermüdlich nach; regelmäßiges Putzen erhöht die Blühfreudigkeit. Kleines, mittelgrünes Laub bedeckt einen kompakten, robusten Busch, der sehr krankheitsfest ist. 'Sexy Rexy' war wegweisend für blühfreudige, pflegeleichte Floribundarosen.
**ZONEN 5–11.**

McGredy, Neuseeland, 1984

'Seaspray' × 'Dreaming'

Neuseeland Goldmedaille 1984, Royal National Rose Society Certificate of Merit 1985, Glasgow Goldmedaille 1989, Auckland Goldmedaille 1990, Portland Goldmedaille 1990, Royal Horticultural Society Award of Garden Merit 1993, James Mason-Goldmedaille der Royal National Rose Society 1996

## 'SHADOW'

TEEHYBRIDE, DUNKELROT, ÖFTERBLÜHEND

Die Teehybride trägt relativ wenige, dafür aber besonders dunkelrote, intensiv duftende Blüten. Der Busch wird mittelhoch und besitzt mattdunkelgrünes, robustes Laub. Den ganzen Sommer hindurch öffnen sich die urnenförmigen Knospen zu gefüllten Blüten mit etwa 25 Petalen. Die Knospen kommen auch gut in der Vase zur Geltung. **ZONEN 5–10.**

Dawson, Australien, 1966

Eltern unbekannt

## 'SHAKESPEARE FESTIVAL'

ZWERGROSE, REIN GELB, ÖFTERBLÜHEND

Die spitzen Knospen dieser Sorte öffnen sich zu rein gelben Blüten mit 45 Petalen. Die Blumen besitzen klassische Ausstellungsform und duften nach Teerosen. Die großen, unermüdlich und zahlreich erscheinenden Blüten erinnern in kühlen Gegenden sehr an Zinnien. Das Laub ist mattgrün und bedeckt einen kompakten Busch. Die Teehybride ist das Ergebnis einer Selbstbestäubung. Inzwischen hat 'Shakespeare Festival' in den USA stark an Popularität eingebüßt.
**ZONEN 5–11.**

Moore, USA, 1979

'Golden Angel' × 'Golden Angel'

## 'SHANNON' MACnon

TEEHYBRIDE, REIN ROSA, ÖFTERBLÜHEND

Die leuchtend rosafarbenen Blüten von 'Shannon' sind mit 60 Petalen gefüllt. Sie sind rundlich und erreichen einen Durchmesser von bis zu 12 cm; gelegentlich werden auch Blüten mit hoher Mitte gebildet; diese sind haltbar, blühen aber relativ spät und bevorzugen wärmeres Klima. Das rundliche, dunkle Laub bedeckt eine aufrechte Pflanze, die 1,2 m hoch wächst. Regelmäßiges Ausputzen regt die Bildung neuer Blüten an.
**ZONEN 5–11.**

McGredy, Großbritannien, 1965

'Queen Elizabeth' × 'McGredy's Yellow'

'Seven Sisters'

'Shannon'

S

## 'SHARIFA ASMA' AUSreef

**Syn. 'Sharifa'**

STRAUCHROSE, HELLROSA, ÖFTERBLÜHEND

Die Blüten dieser Strauchrose sind von einem durchsichtigen Rosa und weisen an ihrem Grund einen Hauch von Gold auf. Sie sind flach becherförmig und mit über 50 Petalen gefüllt; voll aufgeblüht weisen sie eine perfekte rosettenähnliche Form auf und duften nach Honig. Bei heißem, sonnigen Wetter können die Blütenblätter sehr rasch verbrennen. Das Laub ist mittelgrün und bedeckt eine aufrechte Pflanze, die 1,2 m hoch wird. 'Sharifa Asma' wurde nach einem weiblichen Mitglied der Familie des Sultans von Oman benannt. **ZONEN 4–10.**

Austin, Großbritannien, 1989

'Mary Rose' × 'Admired Miranda'

## 'SHARON LOUISE'

TEEHYBRIDE, WEISS, ÖFTERBLÜHEND

Die ovalen Knospen entfalten sich zu gebrochen weißen, gefüllten Blüten, deren Mitte hellrosa überhaucht ist. Die herrlich duftenden Blumen sitzen einzeln auf den Stielen und besitzen eine schöne Form, die auch in der Vase gut zur Geltung kommt. 'Sharon Louise' bevorzugt Wärme und viel Sonne und blüht überaus reich und häufig. Das dunkle, ledrige Laub bedeckt eine wuchsfreudige, aufrechte Pflanze, die 1–1,5 m hoch wird. 'Sharon Louise' eignet sich für Hecken oder Rabatten. **ZONEN 5–11.**

Parkes, Australien, 1968

'Queen Elizabeth' × 'Virgo'

'Sharon Louise'

## 'SHEELAGH BAIRD'

POLYANTHAROSE, ROSA+, ÖFTERBLÜHEND

Die großen, regenfesten Blüten dieser Polyantharose sind perlmuttrosa, überzogen von einem üppigen Rosa und Gelb am Blütengrund. Sie sind gefüllt und sitzen in großen Rispen zusammen. Wie es bei dieser Rosenklasse häufig der Fall ist, können die dünnen Stiele die Last der schweren Blütendolden nicht mehr tragen, so daß die Triebe insbesondere nach Regenfällen tief herabhängen. 'Sheelagh Baird' ist eine wuchsfreudige, aufrechte Pflanze mit mittelgrünem Laub. **ZONEN 4–10.**

Cant, Großbritannien, 1934

Eltern unbekannt

## 'SHEER BLISS' JACtro

TEEHYBRIDE, WEISS+, ÖFTERBLÜHEND

Diese Teehybride besitzt urnenförmige Blüten, die weiß und leicht rosa überhaucht sind; in kühleren Klimazonen färbt sich die Blütenmitte dunkelrosa. Die mit 35 Petalen gefüllten Blüten werden 10–12 cm groß und verströmen einen würzigen Duft. Sie sind klassisch geformt und erscheinen einzeln auf kräftigen, geraden Stielen. Die wuchsfreudige, aufrechte, ausladende Pflanze trägt lange, dünne, mattgrüne Blätter und bildet zahlreiche Triebe aus. Aufgrund ihrer perfekten Form ist sie bei Floristen sehr beliebt und wird häufig auch zum Flechten von Brautsträußen und Hochzeitsgebinden verwendet. **ZONEN 5–10.**

Warriner, USA, 1985

'White Masterpiece' × 'Grand Masterpiece'

Japan Goldmedaille 1984, All-American Rose Selection 1987

'Sheer Bliss'

'Shell Queen'

## 'SHEER ELEGANCE' TWObe

TEEHYBRIDE, ORANGEROSA, ÖFTERBLÜHEND

'Sheer Elegance' hat spitze Knospen, die sich zu zart rosafarbenen Blumen mit dunklerem Rand öffnen. Die großen, becherförmigen Blüten sind mit 40 Petalen gefüllt und sitzen einzeln auf kräftigen, geraden Stielen. Sie duften intensiv nach Moschus. In kühleren Gebieten sind die Blüten klassisch geformt, in warmen Regionen ist die Blütenform zwar weniger perfekt, die Blütenfarbe dafür um so intensiver. Die hohe, aufrecht wachsende Pflanze ist recht gesund, trägt große, dunkelgrüne, glänzende Blätter und ist außerordentlich pflegeleicht. **ZONEN 5–10.**

Twomey, USA, 1989

'Pristine' × 'Fortuna'

All-American Rose Selection 1991, Portland Goldmedaille 1994

## 'SHEILA MACQUEEN'

HARwotnext

FLORIBUNDA, WEISS+, ÖFTERBLÜHEND

Die Blüten dieser Sorte sind einzigartig grüngelb mit einem Hauch von Apricot und zu bestimmten Zeiten im Jahr mit rötlichem Gelb. Die becherförmigen Blüten besitzen 25 Petalen und verströmen einen leicht pfefferartigen Duft. Sie sitzen in kleinen Dolden zu 3–9 Blüten auf einem Stiel zusammen, sind lange haltbar und ausgezeichnete Schnittrosen. Das spärliche Laub ist mattglänzend, mittelgrün und bedeckt eine aufrechte, mittelhohe Pflanze. 'Sheila MacQueen' ist winterhart und in bezug auf Klimabedingungen und Böden recht anspruchslos. Die Floribundarose besitzt eine hochbeinige Form – ein Mangel, der sich durch zusätzliche, andere Pflanzen im Vordergrund leicht kaschieren läßt. Bei Blumenbindern ist diese Sorte sehr gefragt. **ZONEN 4–11.**

Harkness, Großbritannien, 1988

'Greensleeves' × 'Letchworth Garden City'

'Sharifa Asma'

'Sheila's Perfume'

## 'SHEILA'S PERFUME' HARsherry

FLORIBUNDA, GELB+, ÖFTERBLÜHEND

'Sheila's Perfume' bringt große, gelbe Blüten mit kupfrig-rotem Rand hervor. Die regenfesten, halbgefüllten Blüten bestehen aus 20 Petalen und duften. Sie sitzen einzeln oder in Büscheln auf kräftigen, kurzen Stielen. Die recht üppigen Blätter sind dunkelgrün, mattglänzend und krankheitsfest. In wärmeren Regionen breitet sich der mittelhohe, dichte Busch ziemlich stark aus. 'Sheila's Perfume' zählt zu den besten Sorten des britischen Züchters Sheridan, der sie nach seiner Ehefrau benannte. **ZONEN 4–11.**

Sheridan, Großbritannien, 1985

'Peer Gynt' × ('Daily Sketch' × ['Paddy McGredy' × 'Primaballerina'])

Edland Duftpreis 1981, Royal National Rose Society Torridge Award 1991, Glasgow Silbermedaille 1989, Glasgow Duftpreis 1989

## 'SHELL QUEEN'

TEEHYBRIDE, HELLROSA, ÖFTERBLÜHEND

Die gefüllten Blüten von 'Shell Queen' besitzen einen so hellen Perlmuttrosaton, daß man diesen fast schon weiß bezeichnen könnte. Die Blüten kommen zu 3–6 in kleinen Büscheln auf kräftigen, geraden Stielen, duften aber nicht. Zu bestimmten Jahreszeiten weisen sie eine klassische hohe Mitte auf. 'Shell Queen' wächst hoch, aufrecht und trägt mittelgrünes Laub. Sie wird hauptsächlich in Australien kultiviert. **ZONEN 5–10.**

Allen, Australien, 1961

Sport von 'Queen Elizabeth'

S

## 'SHELLY'

TEEHYBRIDE, ROSA+, ÖFTERBLÜHEND

Die großen, halbgefüllten, aus 20–25 Petalen bestehenden Blüten weisen eine einzigartige Kombination von Farben und Schattierungen auf – Hellrosa mit dem dunklerem Rosa von Alpenveilchen auf der Oberseite, Blaßrosa mit silberner Streifung auf der Unterseite der Petalen. Die Blüten sitzen zu 5–6 in kleinen Büscheln und duften schwach süßlich. Das dunkelgrüne Laub wächst glänzend und ist sehr robust; die Blätter bedecken eine mittelhohe, kompakte Pflanze, die hakenförmig gebogene Stacheln trägt. **ZONEN 5–10.**

Meville, Australien, 1988

Sport von 'Francine'

## 'SHERI ANNE' MORsheri

ZWERGROSE, ORANGEROT, ÖFTERBLÜHEND

'Sheri Anne' besitzt lange, spitze Knospen, die sich zu wunderschön geformten, orangeroten Blumen entfalten, die auf der Unterseite der Petalen zartgelb überhaucht sind. Die halbgefüllten Blüten setzen sich aus bis zu 17 Petalen zusammen und verströmen einen sehr angenehmen Duft. Das glänzend grüne, ledrige Laub bedeckt eine wuchsfreudige, aufrechte Pflanze. Da sich 'Sheri Anne' als eine außerordentlich gute Elternsorte erwiesen hat, wurde sie bereits weltweit für diverse Kreuzungen eingesetzt. Sie gehört mit zu den größten Erfolgen des Amerikaners Moore, dem es gelang, die guten Qualitäten ihrer Eltern und Großeltern an diese Zwergrose weiterzugeben.

'Sheri Anne'

'Shona'

Dieser „Stützpfeiler der Zwergrosenzucht" – so Moore wörtlich – begeistert jeden Rosenfreund, da sie auch ohne besondere Pflege sehr gut gedeiht. 'Sheri Anne' glänzt durch große Blühfreudigkeit, sie kann jedoch bei ausbleibenden Schutzmaßnahmen leicht an Sternrußtau erkranken. **ZONEN 5–10.**

Moore, USA, 1973

'Little Darling' × 'New Penny'

American Rose Society Award of Excellence 1975

## 'SHINE ON' DICtalent

Syn. 'Just Happy'

ZWERGROSE, ORANGEROSA, ÖFTERBLÜHEND

Wohlgeformte, leuchtend korrallorangefarbene Blüten von hervorragender Qualität zieren diesen kräftigen Busch. Die Blütenfarbe ist sehr lebhaft, und die Blumen leuchten sogar bei trübstem Wetter. 'Shine On' zählt zweifellos zu den besten Zwergrosen, die in jüngster Zeit auf den Markt gebarcht wurden. **ZONEN 4–10.**

Dickson, Großbritannien, 1995

'Sweet Magic' × (Sämling × 'Mini Pol')

## 'SHINING HOUR' JACyef

TEEHYBRIDE, GOLDGELB, ÖFTERBLÜHEND

Die attraktiven ovalen Knospen öffnen sich zu leuchtend goldgelben, mit 35 Petalen gefüllten Blüten. Sie sind becherförmig, in der Mitte symmetrisch hochgebaut und duften etwas fruchtig. Die Blüten sitzen einzeln oder zu 3–5 in kleinen Büscheln zusammen. Große, dunkelgrüne, mattglänzende Blätter bedecken einen aufrechten Busch. 'Shining Hour' hat von der väterlichen Floribundarose 'Sun Flare' das farbbeständige Gelb geerbt, während die hohe Wuchsform von der Muttersorte, der Edelrose 'Sunbright', stammt. **ZONEN 5–11.**

Warriner, USA, 1989

'Sunbright' × 'Sun Flare'

All-American Rose Selection 1991

'Shining Hour'

'Shocking Blue'

## 'SHIRALEE'

TEEHYBRIDE, GELB+, ÖFTERBLÜHEND

Die Blüten von 'Shiralee' sind gelb, aber orange- bis zart lachsfarben überhaucht. Sie duften, sind außerordentlich groß und können in gemäßigten Klimazonen einen Durchmesser von 15 cm haben. Ihre schöne hochgebaute Form läßt sie in der Vase eindrucksvoll aussehen und qualifiziert sie auch als Ausstellungsrosen. Das dunkelgrüne Laub ist gesund und bedeckt einen aufrechten Busch von mittlerer Höhe. **ZONEN 4–10.**

Dickson, Großbritannien, 1965

Sämling × 'Kordes' Perfecta'

Japan Goldmedaille 1964

## 'SHOCKING BLUE' KORblue

FLORIBUNDA, MAUVE, ÖFTERBLÜHEND

'Shocking Blue' bringt intensiv duftende, üppig fliedermauvefarbene Blüten hervor. Sie sind gefüllt und haben die klassische Edelrosenform – hochgebaut in der Mitte, symmetrisch im Umriß. Breite Blütenbüschel erscheinen vor einem Rahmen großer, glänzender Blätter. Die recht wuchsfreudige Pflanze wird bis 1 m hoch. 'Shocking Blue' besitzt eine Reihe zum Teil widersprüchlicher Vorteile: Die besonders schöne Blütenfarbe liefert zu wenig Kontrast zum dunkelgrünen Laub, gleichzeitig muß trotz der enormen Blühfreude Verblühtes regelmäßig entfernt werden, damit eine bessere Nachblüte erfolgt. Andere Züchtern verwendeten diese Floribundarose schon oft für Kreuzungen. **ZONEN 4–10.**

Kordes, Deutschland, 1985

Sämling × 'Silver Star'

'Shiralee'

## 'SHOCKING SKY' KORgenda

FLORIBUNDA, MAUVE+, ÖFTERBLÜHEND

Diese Floribundarose besitzt feste, dunkelkarminrote Petalen. Wenn sich die Blüten entfalten, leuchten die Unterseiten in silbernem Glanz. Die Stiele sind kräftig, so daß die Blumen in der Vase lange frisch bleiben. Die robuste Pflanze ist wuchsfreudig und wird mittelhoch. Diese Kordes-Rose ist heute nur noch in einigen südafrikanischen Rosenschulen erhältlich. **ZONEN 4–9.**

Kordes, Deutschland, 1994

Eltern unbekannt

## 'SHONA' DICdrum

FLORIBUNDA, ORANGEROSA, ÖFTERBLÜHEND

'Shona' bringt duftende, korallrosafarbene, halbgefüllte, sehr wetterfeste Blüten hervor, die aus 25 Petalen bestehen. Diese sitzen in kleinen, engen Büscheln zusammen. Das mittelgrüne, mattglänzende Laub breitet sich über einen kompakten Busch aus, der gelegentlich wuchernd wächst. **ZONEN 5–10.**

Dickson, Großbritannien, 1982

'Bangor' × 'Anabell'

Royal National Rose Society Trial Ground Certificate 1979

S

'Showtime'

'Shot Silk'

'Climbing Show Girl'

## 'SHOT SILK'

TEEHYBRIDE, ROSA+, ÖFTERBLÜHEND

Die kirschblütenfarbigen Blüten von 'Shot Silk' sind innen goldfarbenen getönt. Sie duften, sind mit ca. 30 Petalen gefüllt und bilden eine klassische Blütenform. Diese Rose war zu Beginn des 20. Jh. bei Rosenzüchtern sehr beliebt und verdankt ihren Namen dem silbrig-seidigen Aussehen der Petalen (*silk* = „Seide"). Sie ist wuchsfreudig, aufrecht und trägt leicht gekräuseltes, glänzend dunkelgrünes Laub. In den 20er Jahren des 20. Jh. wurde diese Sorte vor allem aufgrund ihrer robusten Blätter und der neuartigen Blütenfarbe kultiviert. Inzwischen hat 'Shot Silk' im Vergleich zu neueren Teehybriden etwas von ihrem Glanz eingebüßt. **'Climbing Shot Silk'** (Knight, Australien, 1931; Royal Horticultural Society Award of Garden Merit 1993) kann bis zu 3 m hoch werden. Nur wenige Kletterrosen mit dieser einzigartigen Blütenfarbe duften auch und tragen solch robustes Laub.

ZONEN 5–10.

Dickson, Großbritannien, 1924

Sämling von 'Hugh Dickson' × 'Sunstar'

Goldmedaille der National Rose Society 1923

## 'SHOW GIRL, CLIMBING'

GROSSBLUMIGE KLETTERROSE, REIN ROSA, ÖFTERBLÜHEND

Dieser Climber kann über 4,5 m hoch werden. Die rein rosafarbenen Blüten verblassen in warmen, sonnigen Lagen etwas. Dieser Sport ist angeblich blühfreudiger als die Edelrose, von der er abstammt, in kühleren Lagen bildet er jedoch mehr kräftige, dicke und lange Triebe als Blüten. Das Laub ist bei hoher Luftfeuchtigkeit anfällig für Mehl- und Sternrußtau. ZONEN 5–11.

Chaffin, USA, 1949

Sport von 'Show Girl'

## 'SHOWBIZ' TANweieke

**Syn. 'Ingrid Weibull', 'Bernhard Däneke Rose'**

FLORIBUNDA, ROT, ÖFTERBLÜHEND

'Showbiz' hat leuchtende, auffallend rote Blüten, die zu 10–30 in recht großen Büscheln auf sehr kräftigen Grundtrieben sitzen. Die mit 20 Petalen halbgefüllten Blumen duften nicht. Die Blütenbüschel können den Busch mehrere Wochen lang zieren; sie sollten nur entfernt werden, damit der nachfolgende Flor angeregt wird. Das dunkle, glänzend grüne Laub ist recht krankheitsfest und bedeckt eine niedrige, kompakte Pflanze, die 60–100 cm hoch werden kann. 'Showbiz' zählt zu den besten niedrigwüchsigen, roten Floribundarosen. ZONEN 4–10.

Tantau, Deutschland, 1981

Eltern unbekannt

All-American Rose Selection 1985

## 'SHOWER OF GOLD'

RAMBLERROSE, REIN GELB

Diese Rose ist zu einem Viertel *Rosa wichuraiana* und zu Dreiviertel eine

'Showbiz'

Edelrose mit Spuren von 'Persian Yellow' *(R. foetida)*. Die duftenden, großen, rosettenförmigen Blüten sind dunkelgelb, verblassen zu Weiß und erscheinen in Büscheln. Das glänzende, farnähnliche Laub bedeckt eine wuchsfreudige Pflanze, die nur einmal im Jahr Blüten hervorbringt. Diese Teehybride ist zur Zeit nur in Neuseeland erhältlich.

ZONEN 5–9.

Paul, Großbritannien, 1910

'Jersey Beauty' × 'Instituteur Sirdey'

## 'SHOWTIME'

TEEHYBRIDE, REIN ROSA, ÖFTERBLÜHEND

Die Blüten dieser Rose sind rein rosa und verströmen einen lieblichen, fruchtigen Duft. Sie sind gefüllt, hochgebaut und weisen eine sehr symmetrische Form mit Ausstellungsqualität auf. Die Blumen halten sowohl im Garten als auch in der Vase recht lange. Die Pflanze kann 1,5 m hoch werden und trägt glänzend grünes, ledriges Laub, das krankheitsfest ist. 'Showtime' bevorzugt warme, sonnige Standorte, nährstoffreiche Böden und braucht reichlich Wasser. Wenn man all diese Anforderungen beachtet, blüht die Rose unermüdlich.

ZONEN 5–10.

Lindquist, USA, 1969

'Kordes' Perfecta' × 'Granada'

## 'SHREVEPORT' KORpesh

TEEHYBRIDE, ORANGE+, ÖFTERBLÜHEND

Die ovalen Knospen dieser Teehybride entfalten sich zu Blüten mit einer Farbmischung von Orange und Lachrosa, die sich aus bis zu 50 Petalen zusammensetzen, eine klassische hohe Mitte sowie eine schöne symmetrische Form besitzen. Die schwach nach Teerosen duftenden Blüten erscheinen zu 3–5 in kleinen Büscheln, die auf kräftigen, geraden Stielen sitzen. 'Shreveport' wächst hoch und aufrecht; sie ist mit großem, mittelgrünem Laub bedeckt und hat kleine, nach unten gebogene Stacheln. In der US-amerikanischen Stadt Shreveport befindet sich der Sitz der *American Rose Society* mit ihren ausgedehnten Rosengärten.

ZONEN 5–11.

Kordes, Deutschland, 1981

'Zorina' × 'Uwe Seeler'

All-American Rose Selection 1982

'Shreveport'

## 'SHROPSHIRE LASS'

STRAUCHROSE, HELLROSA

'Shropshire Lass' bringt 12 cm große, duftende, einfache Blüten hervor, die hellrosa gefärbt sind. Der große Strauch hat eine kompakte Gestalt und trägt üppiges, robustes, mittelgrünes Laub. Die winterharte Rose ähnelt einer Alba-Rose, wird aber als Englische Rose bezeichnet, obwohl sie nur einmal im Jahr blüht. 'Shropshire Lass' ist eine Hommage David Austins an jene ländliche englische Grafschaft, in der er sein ganzen Leben Rosen gezüchtet hat.

ZONEN 4–10.

Austin, Großbritannien, 1968

'Mme Butterfly' × 'Mme Legras St Germain'

## 'SI'

ZWERGROSE, WEISS, ÖFTERBLÜHEND

Unter allen bekannte Zwergrosen bringt diese Sorte die kleinsten Blüten hervor. Sie ist der erste Vertreter der sogenannten Mikro-Miniaturrosen. Die rosa überhauchten Knospen sind nicht größer als ein Weizenkorn und öffnen sich zu winzigen, halbgefüllten, zart rosafarbenen Blüten. Die Pflanze ist zwergwüchsig und krankheitsfest. Die unglaubliche Schönheit und der Charme dieser entzücken-

'Si'

'Shropshire Lass'

'Silva'

den, ungewöhnlichen Rose kommen am besten in einem Topf zur Geltung. Die kleinen Blüten sind bei Blumenbindern besonders beliebt und sorgen in jedem Blumenarrangement für eine gewisse Zartheit. 'Si' ist weltweit bereits seit über 40 Jahre auf dem Markt.
**ZONEN 5–10.**
**Dot, Spanien, 1957**
**'Perla de Monsterrat' × ('Anny' × 'Tom Thumb')**

## 'SIGNATURE' JACnor
**TEEHYBRIDE, DUNKELROSA, ÖFTERBLÜHEND**

Die stark zugespitzten, weinroten Knospen dieser Sorte entfalten sich langsam zu dunkelrosafarbenen Blüten mit einer perfekt erhöhten Mitte. 'Signature' ist eine herrlich symmetrische Rose, die den echten Spitzenrosen in nichts nachsteht. Die Außenseiten der Blütenblätter sorgen für ein herrliches, leuchtendes Farbspiel. Die Blüten sind 12 cm groß, mit 50 Petalen gefüllt und duften fruchtig. Die großen, dunkelgrünen Blätter bedecken einen wuchsfreudigen, mittelhohen, kompakten Busch und sind anfällig für Mehltau und Sternrußtau. In kühlen, feuchten Klimazonen kann die Pflanze ihr Laub verlieren, wenn es erkrankt.
**ZONEN 5–11.**
**Warriner, USA, 1996**
**'Honor' × 'First Federal Renaissance'**

## 'SIGNORA'
**Syn. 'Signora Piero Puricelli'**
**TEEHYBRIDE, ORANGE+, ÖFTERBLÜHEND**

Die langen, spitzen Knospen öffnen sich zu apricot- bis orangefarbenen Blüten, die mit der Zeit von einem Goldschimmer überzogen werden, während die äußeren Petalen einen magentarosa Farbton annehmen. Sie sind mit 25 Petalen gefüllt, becherförmig und verströmen einen typischen Teerosenduft. Das glänzend dunkelgrüne Laub ist gelegentlich rötlich getönt und ziert eine sehr wuchsfreudige, aufrechte Pflanze. Der italienische Züchter kreierte zwei weitere, ebenfalls sehr beliebte Rosen: Die dunkelrosafarbene 'Gloria di Roma' und 'Eterna Giovanezza', deren Blüten die Farbe der Morgenröte besitzen. **ZONEN 5–11.**
**Aicardi, Italien, 1936**
**'Julian Potin' × 'Sensation'**
**Portland Goldmedaille 1937**

## 'SILENT NIGHT'
**TEEHYBRIDE, GELB+, ÖFTERBLÜHEND**

'Silent Night' trägt cremegelbe, in zartem Lachsrosa überzogene, gefüllte, wohlgeformte Blüten, die angenehm duften und einzeln oder in kleinen Büscheln erscheinen. Das glänzend grüne Laub ziert einen sehr schönen mittelhohen Busch, der die ganze Saison über unermüdlich blüht. Ihr Name geht nicht auf das berühmte Weihnachtslied *Stille Nacht, Heilige Nacht* zurück, sondern tatsächlich auf den Sponsor dieser 1969 eingeführten Rose, einen britischen Matratzenhersteller. **ZONEN 5–10.**
**McGredy, Großbritannien, 1969**
**'Daily Sketch' × 'Hassan'**
**Genf Goldmedaille 1969**

## 'SILK BUTTON' KORzeito
**ZWERGROSE, WEISS, ÖFTERBLÜHEND**

Diese hochwüchsige Miniaturrose ist wuchsfreudig und robust. Sie bringt zahlreiche Blüten hervor, die auf langen, dünnen Stielen sitzen. Die Knospen entfalten sich zu becherförmigen, cremefarbenen Blüten, die sich schließlich zu Rosetten mit kompakter Mitte öffnen. Leider besitzen sie keinen Duft.
**ZONEN 4–9.**
**Kordes, Deutschland, 1991**
**Sämling × 'Europa'**

## 'SILK HAT' AROsilha, AROsilma
**TEEHYBRIDE, MAUVE, ÖFTERBLÜHEND**

Die purpurroten, hochgebauten, mit 45 Petalen gefüllten Blüten von 'Silk Hat' haben cremefarbene Unterseiten und erinnern von vorne betrachtet an Fuchsien. Aufgrund der hohen Zahl an Petalen sind die Blumen sehr langlebig und bleiben in Lagen mit gemäßigtem Klima wochenlang frisch. Sie erscheinen einzeln auf kräftigen, geraden Stielen, sind wetterfest und duften nur schwach. Große, mattgrüne Blätter bedecken einen, mittelhohen, kompakten Busch. Nachdem sie gut eingewurzelt ist, bringt sie unermüdlich Blüten hervor.
**ZONEN 5–10.**
**Christensen, USA, 1986**
**'Ivory Tower' × ('Night 'n' Day' × 'Plain Talk')**

'Silva' (I)

## 'SILVA' MEIcham
**TEEHYBRIDE, ROSA+, ÖFTERBLÜHEND**

Wenn sich die langen, spitzen Knospen öffnen, werden gelblich-lachsfarbene, mit 40 Petalen gefüllte, wohlgeformte, schwach duftende Blüten sichtbar. Sie haben eine symmetrische, hohe Mitte, sitzen einzeln auf langen, kräftigen, geraden Stielen und bilden gelegentlich auch kleine Büschel. Das feste, dunkelgrüne und glänzende Laub bedeckt eine wuchsfreudige, aufrechte Pflanze. Da sie während einer langen Blühperiode zahlreiche Blüten bildet, eignet sich diese Teehybride sehr gut für den Garten. Unter demselben Namen 'Silva' gibt es auch eine Edelrose mit orangerosafarbenen Blüten, die auch unter der Code-Bezeichnung KEIromo im Handel gekauft werden kann. **ZONEN 5–10.**
**Meilland, Frankreich, 1964**
**'Gloria Dei' × 'Confidence'**
**Den Haag Goldmedaille 1964, Royal National Rose Society Trial Ground Certificate 1967**

## 'SILVER ANNIVERSARY' JAClav
**Syn. 'Heather'**
**TEEHYBRIDE, MAUVE, ÖFTERBLÜHEND**

Die Sorte hat gefüllte, urnenförmige, lavendelfarbene Blüten, die am Grund eine Spur von Gelb aufweisen und aus 25–30 Petalen bestehen, die eine klassische Edelrosenform bilden. Sie verströmen schweren Damaszenerduft und sitzen einzeln auf langen, kräftigen, geraden Stielen. Das große, dunkelgrüne Laub der hohen, aufrechten Pflanze ist mehltauanfällig. Eine weitere gleichnamige Rose wurde 1994 durch den Dänen Olesen eingeführt: Hierbei handelt es sich um eine liebliche weiße Edelrose, deren Blüten aus 40 Petalen bestehen und in kleinen Büscheln stehen.
**ZONEN 5–10.**
**Christensen, USA, 1990**
**'Crystalline' × 'Shocking Blue'**

'Silent Night'

'Silk Hat'

'Signature'

## 'SILVER JUBILEE'

TEEHYBRIDE, ROSA+, ÖFTERBLÜHEND

Die duftenden Blüten dieser berühmten Teehybride sind silbrigrosa und haben eine dunklere Unterseite. Sie sind mit 30 Petalen gefüllt und mit ihrer hohen Mitte, die sich anmutig in absoluter Symmetrie entfaltet, einfach perfekt. In kühlerem Klima können die Blüten einen Durchmesser von 12 cm erreichen. Das glänzend dunkelgrüne Laub bedeckt eine wuchsfreudige, mittelhohe Pflanze, die sehr blühfreudig ist. Berechtigterweise wurde sie weltweit mehrfach für ihre Schönheit, Form und Farbe ausgezeichnet. Ihren Namen erhielt diese Rose anläßlich des 25. Jahrestags der Thronbesteigung von Königin Elisabeth II. ZONEN 5–10.

Cocker, Großbritannien, 1978

(['Highlight' × 'Königin der Rosen'] × ['Parkdirektor Riggers' × 'Piccadilly']) × 'Mischief'

Royal National Rose Society President's International Trophy 1977, Belfast Goldmedaille 1980, Portland Goldmedaille 1981, James Mason-Goldmedaille 1985, Royal Horticultural Society Award of Garden Merit 1993

## 'SILVER LINING'

TEEHYBRIDE, ROSA+, ÖFTERBLÜHEND

Die Farbveränderungen auf den silbrigrosafarbenen Blüten entstehen je nach klimatischen Bedingungen. Die Farbe kann von hell bis zu zweifarbigem Rosa und Silber variieren. Aus diesem Grunde halten viele Rosenfreunde die Farbe von 'Silver Lining' für sehr attraktiv. Die mit 30 Petalen gefüllten Blüten sind mit 12 cm Durchmesser sehr groß, duften und besitzen die klassische Edelrosenform mit höchster Symmetrie. Das Laub ist glänzend dunkelgrün und schmückt einen wuchsfreudigen, mittelhohen Busch. ZONEN 5–10.

Dickson, Großbritannien, 1958

'Karl Herbst' × Sämling von 'Eden Rose'

Goldmedaille der National Rose Society 1958, Portland Goldmedaille 1964

## 'SILVER MOON'

GROSSBLUMIGE KLETTERROSE, WEISS

Die langen, spitzen Knospen dieser wärmeliebenden Rose öffnen sich zu halbgefüllten, aus 20 Petalen bestehenden, cremeweißen Blüten, die am Grund bernsteinfarben sind und dazu farblich harmonierende, dunklere Staubgefäße besitzen. Die Blüten werden bis 12 cm groß und duften schwach. Großes, ledriges, glänzend grünes Laub bedeckt eine gut 6 m hohe Pflanze. ZONEN 4–10.

Van Fleet, USA, 1910

(*Rosa wichuraiana* × 'Devoniensis') × *R. laevigata*

'Silver Jubilee'

'Simon Robinson'

'Silver Lining'

'Silver Moon'

## 'SILVER STAR' KORbido

TEEHYBRIDE, MAUVE, ÖFTERBLÜHEND

'Silver Star' trägt lavendelfarbene Blüten mit angenehmen Duft, die gefüllt und wohlgeformt sind und bis zu 12 cm groß werden. Sie öffnen sich recht schnell und verblassen rasch, besonders in der Hitze. Das dunkelgrüne Laub ziert einen mittelhohen, kompakten Busch. Die Teehybride ist eine gute Gartenpflanze, fühlt sich aber bei hohen Temperaturen nicht sehr wohl. ZONEN 5–10.

Kordes, Deutschland, 1966

'Sterling Silver' × Sämling von 'Magenta'

Belfast Duftpreis 1968

## 'SILVER WEDDING'

TEEHYBRIDE, MAUVE, ÖFTERBLÜHEND

Diese Sorte hat herrlich duftende Blüten, die lavendel- bis fliederfarben sind und später zu zartem Flieder verblassen. Sie sind 10 cm groß, becherförmig und erscheinen in der Regel in kleinen Büscheln. Mattglänzendes, mittelgrünes Laub bedeckt eine wuchsfreudige, aufrechte Pflanze. Leider gibt es zwei weitere Rosen, die den gleichen Namen tragen: Ein Sport von 'Ophelia', der 1921 von Amling Company in den USA eingeführt wurde, sowie eine weitere Edelrose mit perlweißen Blüten, die Gregory in Großbritannien 1976 auf den Markt brachte. ZONEN 5–10.

Leenders, Niederlande, 1965

'Sterling Silver' × Sämling

## 'SILVERADO' AROgrewod

TEEHYBRIDE, MAUVE, ÖFTERBLÜHEND

'Silverado' bringt zart silberne Blüten hervor, die am Rand rubinrot überhaucht sind und weißliche Unterseiten tragen. Diese auffallende Farbe wird häufig mit der von 'Paradise' verglichen. Die mit 30 Petalen gefüllten Blüten besitzen eine schön symmetrische hohe Mitte. Die nur schwach duftenden Blumen sitzen einzeln auf sehr kräftigen, geraden Stielen, büßen aber bald die schöne Form ein, da sie sich zu rasch öffnen. Bei heißem Wetter werden die Blüten recht klein. Das Laub ist üppig grün und ziert eine hohe, wuchsfreudige, aufrechte Pflanze, die mit großen, nach unten gebogenen Stacheln bewehrt ist. ZONEN 5–11.

Christensen, USA, 1987

('Ivory Tower' × 'Angel Face') × 'Paradise'

'Simplex'

## 'SILVERHILL' TALsilver

ZWERGROSE, ROSA+, ÖFTERBLÜHEND

Die mit 30–40 Petalen gefüllten Blüten dieser Zwergrose sind rosa mit einem Hauch von Mauve gefärbt und unterseits cremefarben. Sie duften gut und besitzen eine schöne Edelrosenform. Die enorme Blütengröße kann in sehr warmen Klimazonen erheblich kleiner ausfallen, die Pflanze entwickelt dann einen insgesamt schmächtigeren Wuchs. Die Blüten erscheinen auf langen, zickzackförmig wachsenden Trieben, die sich unter dem Gewicht der Blumen neigen. Die krankheitsfesten Blätter können ebenfalls recht groß werden. Die für eine Miniaturrose rechthohe Pflanze verzweigt sich ausladend und benötigt viel Platz. ZONEN 5–11.

Taylor, USA, 1997

'Azure Sea' × Sämling

## 'SIMON FRASER'

STRAUCHROSE, REIN ROSA, ÖFTERBLÜHEND

Die einfachen Blüten von 'Simon Fraser' sind rein rosafarben. Sie duften schwach und sitzen in kleinen Büscheln zusammen. Abhängig vom Klima sind sie mit 6–14 Petalen gefüllt, können aber auch halbgefüllt sein. Das dunkelgrüne, mattglänzende Laub bedeckt eine aufrechte Pflanze, die nur eine Handvoll Stacheln aufweist und außerordentlich winterhart ist. ZONEN 3–10.

Ogilvie, Kanada, 1992

('Bonanza' × ['Arthur Bell' × {'Red Dawn' × 'Suzanne'}]) × ('Single Kordesii' × ['Red Dawn' × 'Suzanne'] × 'Champlain')

S

## 'SIMON ROBINSON' TRObwich

ZWERGROSE, REIN ROSA, ÖFTERBLÜHEND

Diese Sorte bringt duftende, einfache, rosafarbene Blüten mit nur fünf Petalen hervor. Sie sitzen sie zu 10–60 Blüten in Büscheln zusammen. Das glänzend dunkelgrüne Laub ziert einen niedrigwüchsigen, kompakten Busch. Hätte sie nicht Stacheln und Rosenlaub – man könnte sie für eine Sommerblume oder Staude halten. Die Blüten erscheinen unermüdlich während der ganzen Saison. Sie war das schöne Ergebnis einer Kreuzung mit zwei Lieblingssorten von Ralph Moore. **ZONEN 5–10.**

Robinson, Großbritannien, 1982

*Rosa wichuraiana* × 'New Penny'

## 'SIMPLEX'

ZWERGROSE, WEISS, ÖFTERBLÜHEND

Lange, spitze, apricotfarbige Knospen entfalten sich zu kleinen, cremeweißen Blüten mit fünf Petalen, deren Anblick von dekorativ gelben Staubgefäßen noch vervollständigt wird. Sie duften schwach und erscheinen in großen Büscheln, die am Ende der kräftigen, geraden Stiele sitzen. Schlichte Schönheit und Eleganz zeichnen diese Rose aus. Kleine, ledrige Blätter schmücken eine wuchsfreudige, kompakte Pflanze, die einfach zu kultivieren ist. Gelegentlich können längere Triebe entstehen; ein Rückschnitt zur gewünschten Form und Größe wird mit einem überaus reichen Flor belohnt. Für Kübel wie auch für Blumensträuße eignet sich 'Simplex' besonders gut. **ZONEN 5–10.**

Moore, USA, 1961

(*Rosa wichuraiana* × 'Floradora') × Sämling

## 'SIMPLICITY' JACink

FLORIBUNDA, REIN ROSA, ÖFTERBLÜHEND

Die langen, spitzen Knospen dieser Rose öffnen sich zu Blüten von reinem Rosa. Sie sind mit 18 Petalen halbgefüllt und besitzen eine sehr dekorative Form. Im kühl-milden Seeklima beispielsweise können die Blüten mit einem Durchmesser von 10 cm recht groß werden. Sie sitzen immer in mittelgroßen Büscheln zusammen und duften nur schwach. Das Laub ist mittelgrün und nicht anfällig für Schädlinge und Krankheiten. 'Simplicity' ist eine robuste, pflegeleichte Pflanze. In den USA wird die Floribundarose gerne zur Anlage einer Zierhecke verwendet. **ZONEN 5–11.**

Warriner, USA, 1978

'Schneewittchen' × Sämling

Neuseeland Goldmedaille 1976

'Single Cherry' (Hagebutten)

'Simplicity'

## 'SINCERELY YOURS' MORdort

ZWERGROSE, ROT, ÖFTERBLÜHEND

Die roten Blüten von 'Sincerely Yours' erscheinen in kleinen Büscheln und werden als eine Zwergform von 'Dortmund' mit ausgesprochen bewehrten Stielen beschrieben. Die Blütenschalen mit ihren nur 6–14 Blütenblättern werden von üppigem, robustem Laub umrahmt, das einen dichten Busch bedeckt. Diese pflegeleichte, üppig blühende Pflanze sorgt im Garten für reichlich Farbe. Als Rabattenpflanze eignet sie sich besonders gut, da sie fast ununterbrochen in Blüte steht und jede ihrer roten Blüten mehrere Wochen lang frisch bleibt. **ZONEN 5–11.**

Moore, USA, 1991

'Sheri Anne' × 'Dortmund'

American Rose Society Award of Excellence 1992

## 'SINGIN' IN THE RAIN' MACivy

**Syn. 'Love's Spring', 'Spek's Centennial'**

FLORIBUNDA, APRICOT+, ÖFTERBLÜHEND

Die Blüten dieser Rose besitzen einen schönen Apricot-Kupferton. Sie sind mit 25–30 Petalen recht dicht gefüllt, kommen in großen Büscheln und verströmen einen nur schwachen Duft. Das glänzend dunkelgrüne Laub bedeckt eine mittelhohe, aufrechte, reich verzweigte Pflanze, die fast stets in Blüte steht und während der ganzen Saison für Farbe im Garten sorgt. Sie ist pflegeleicht und nicht anfällig für Mehltau und Sternrußtau. Floristen und Aussteller bewundern diese Rose aufgrund ihrer herrlichen Blüten und lebhaften Farbe. **ZONEN 5–11.**

McGredy, Neuseeland, 1991

'Heckenzauber' × 'Pot o' Gold'

Goldmedaille der Royal National Rose Society 1991, All-American Rose Selection 1995

## 'SINGLE CHERRY'

ALTE R., PIMPINELLIFOLIA-HYBRIDE, ROT

Diese Rose zählt zu den wenigen Nachkommen von *Rosa pimpinellifolia*, die die

'Single Cherry'

'Sir Alec Rose'

Zeit überdauert haben – einer niedrigen Sorte, die in höheren Breiten der nördlichen Hemisphäre beheimatet ist. Zahlreiche Sorten wurden zu Beginn des 19. Jh. kultiviert, aber nur wenige existieren tatsächlich heute noch. Sie waren winterhart, blühten sehr früh, jedoch nur einmal im Jahr und brachten eine Vielfalt von Farben und Formen hervor. 'Single Cherry' trägt intensiv rote Blüten. Wird sie geschnitten, so kann sie in der kurzen Blühperiode Massen von Blüten hervorbringen. Der niedrige Busch ist mit Stacheln und Borsten bewehrt. **ZONEN 4–7.**

Frühes 19. Jh.

Form von *Rosa pimpinellifolia* (Syn. *R. spinosissima*)

## 'SIR ALEC ROSE'

FLORIBUNDA, DUNKELROSA, ÖFTERBLÜHEND

Diese Sorte könnte ohne weiteres als Kletterrose bezeichnet werden, da der Busch sehr starkwüchsig ist und im Herbst lange Triebe bildet, die manchmal noch an den Spitzen kleine Blütenbüschel tragen. Die großen, dunkelgrünen Blätter erscheinen sehr zahlreich und bilden einen hübschen Hintergrund für die dunkelrosafarbenen Blüten, die korallrosa überhaucht sind. Sie sind mit 20 festen Petalen gefüllt und blühen im Frühjahr sehr üppig. Die späteren Floren sind spärlicher, da im Herbst kräftigere Triebe gebildet werden. Sie duftet kaum und ist krankheitsfest. Der Brite Sir Alec Rose segelte als erster allein um die Welt. **ZONEN 5–10.**

Treloar Roses, Australien, 1965

Eltern unbekannt

## 'SIR CEDRIC MORRIS'

GROSSBLUMIGE KLETTERROSE, WEISS

'Sir Cedric Morris' hat kleine Knospen, die sich zu runden, einfachen, weißen Blüten mit auffällig goldgelben Staubgefäßen entfalten. Sie sitzen mit 20–40 Blü-

'Singin' in the Rain'

ten in großen Büscheln zusammen und verströmen einen süßen Duft. Während der einmaligen Sommerblüte sind die riesigen Büschel gleichmäßig geformt und voller Einzelblüten. Die Blätter laufen spitz zu, sind fein gesägt und haben stark bewehrte Stiele, deren große Stacheln offenbar ein Erbteil der Muttersorte sind. Im Herbst entstehen leuchtend orangefarbene Hagebutten, die auch weiterhin für einen schönen Anblick sorgen. **ZONEN 4–10.**

Morris, Großbritannien, 1980

*Rosa glauca* × Sämling

## 'SIR CLOUGH' AUSclough

**Syn. 'Sir Glaugh'**

STRAUCHROSE, DUNKELROSA, ÖFTERBLÜHEND

Die schlanken Stiele dieser Rose sind mit großen, schalenförmigen, halbgefüllten Blüten bestückt, die sich aus kleinen, runden, dunkelrosa Knospen entfalten. Das einzigartige Laub ist pfeilförmig und bedeckt eine Pflanze, die über 1,5 m hoch wird und die ganze Saison hindurch Blüten hervorbringt. Sie bevorzugt Böden mit guter Durchlässigkeit und zeigt sich dann von ihrer besten Seite. **ZONEN 4–10.**

Austin, Großbritannien, 1983

'Chaucer' × 'Conrad F. Meyer'

'Sir Walter Raleigh'

'Sir Walter Raleigh'

'Sir Harry Pilkington'

## 'SIR EDWARD ELGAR' AUSprima

STRAUCHROSE, ROT/HELLROT, ÖFTERBLÜHEND

'Sir Edward Elgar' trägt große, zunächst becherförmige, karmin-kirschrote Blüten aus 40–50 Petalen; sie sitzen einzeln auf Stielen und werden später schalenförmig. Das mattglänzende, mittelgrüne Laub schmückt einen aufrechten Busch, der bis zu 1 m hoch wird. Die Strauchrose wurde aus zwei erfolgreichen Austin-Rosen gekreuzt und nach einem weltberühmten britischen Komponisten benannt. **ZONEN 5–10.**

Austin, Großbritannien, 1992

'Mary Rose' × 'The Squire'

## 'SIR FREDERICK ASHTON'

TEEHYBRIDE, WEISS, ÖFTERBLÜHEND

Die gefüllten Blüten sind nahezu rein weiß, jedoch am Grund zart zitronengelb überhaucht. Neben allen herausragenden Eigenschaften ihrer Eltern besitzt die Teehybride auch noch einen herrlichen Duft. Die Blüten sitzen auf kräftigen, geraden Stielen. Ihre Gestalt ist aufrecht und sehr starkwüchsig, und sie trägt dunkelgrünes, ledriges Laub. Ihr Name ist quasi ein Geburtstagsgeschenk an den Leiter des *Royal National Ballet* in London. **ZONEN 5–10.**

Beales, Großbritannien, 1985

Sport von 'Anna Pavlova'

## 'SIR HARRY PILKINGTON'

TANema

Syn. 'Melina'

TEEHYBRIDE, ROT, ÖFTERBLÜHEND

Die duftenden, roten Blüten dieser Rose sind beim Verblühen am Rand dunkler getönt. Sie sind mit 30 Petalen gefüllt, mit einem Durchmesser von 12 cm sehr groß und sitzen einzeln auf Stielen. Diese robuste Rose bringt während der ganzen Saison eine Fülle von Blüten hervor. **ZONEN 5–10.**

Tantau, Deutschland, 1974

'Inge Horstmann' × 'Sophia Loren'

## 'SIR LANCELOT'

FLORIBUNDA, APRICOT+, ÖFTERBLÜHEND

'Sir Lancelot' besitzt apricotgelbe, halbgefüllte, duftende Blüten, die beim Verblühen einen Hauch von Lachsrosa erhalten. Die ganze Saison hindurch zieren die Blütenbüschel einen dichten Busch, der kleine, mattgrüne Blätter trägt. Das Laub ist anfällig für Sternrußtau. Diese Rose gehört zu einem der ersten Züchtungsergebnissen von Jack Harkness, die in den Fachhandel kamen. **ZONEN 5–10.**

Harkness, Großbritannien, 1967

'Vera Dalton' × 'Woburn Abbey'

Royal National Rose Society Trial Ground Certificate 1966

## 'SIR THOMAS LIPTON'

STRAUCHROSE, RUGOSA-HYBRIDE, WEISS, ÖFTERBLÜHEND

Rein weiße Blüten zieren eine Strauchrose, die man durchaus auch als einen niedrigen, gut 2 m hohen Rambler bezeichnen kann. 'Sir Thomas Lipton' ist wuchsfreudig, hat eine ausladende Gestalt und trägt dunkles, ledriges Laub. Die stark duftenden Blüten sind gefüllt, haben eine schöne Becherform und er-

'Sir Lancelot'

scheinen unermüdlich vom Sommer bis zum Herbst. **ZONEN 4–10.**

Van Fleet, USA, 1900

*Rosa rugosa alba* × 'Clotilde Soupert'

## 'SIR WALTER RALEIGH' AUSspry

STRAUCHROSE, REIN ROSA, ÖFTERBLÜHEND

'Sir Walter Raleigh' bringt üppig rosafarbene Blüten hervor, die einer Pfingstrose ähneln. Die Blumen mit über 40 Petalen sind becherförmig und zeigen goldgelbe Staubgefäße. Sie sind groß, duften stark und sitzen einzeln auf Stielen. Das dunkelgrüne, mattglänzende Laub bedeckt eine sehr wuchsfreudige, aufrechte Pflanze, die während der gnazen Saison Blüten trägt. 'Sir Walter Raleigh' ist außerordentlich winterhart und trotzt sogar strengsten Witterungsbedingungen. Diese Rose eignet sich für Rabatten, niedrige Zäune und kann auch an Säulen gezogen werden. Bei Wärme kommt ihr schwerer Duft erst richtig zur Geltung. Ihren Namen erhielt sie in Gedenken an den Seefahrer Sir Walter Raleigh, der die erste englische Kolonie auf nordamerikanischem Boden begründete. **ZONEN 4–10.**

Austin, Großbritannien, 1985

'Lilian Austin' × 'Chaucer'

## 'SIR WINSTON CHURCHILL'

TEEHYBRIDE, ORANGEROSA, ÖFTERBLÜHEND

Diese Beetrose bringt große, hochgebaute, gefüllte Blüten mit 45 lachsrosafarbenen Petalen hervor, die in der Mitte orange gefärbt sind. Sie verströmen einen intensiven Duft. Das glänzend dunkelgrüne Laub der wuchsfreudigen und aufrechten Pflanze bildet einen hübschen Hintergrund für die meist einzeln erscheinenden Blüten. Der erste Flor ist recht üppig, weitere folgen, jedoch nicht sehr häufig. Die Pflanze gilt als krankheitsfest. Diese immer noch gute Beetrose taucht heute immer seltener in Katalogen auf; wahrscheinlich weil sie recht häufig Mumien bildet. **ZONEN 5–10.**

Dickson, Großbritannien, 1955

Sämling × 'Souvenir de Denier van der Gon'

Goldmedaille der National Rose Society 1955

'Sir Edward Elgar'

## 'SIREN'

FLORIBUNDA, ORANGEROT, ÖFTERBLÜHEND

Obwohl sie bereits seit über 40 Jahren im Handel ist, gilt diese Sorte immer noch als eine hervorragende Gartenrose. Die ovalen Knospen öffnen sich zu leuchtend scharlachroten, halbgefüllten Blüten mit 18 Petalen. Sie sind riesengroß und erscheinen üppig in wohlgeformten, duftigen Büscheln. Sie sind besonders haltbar und verblassen nicht. Das dunkelgrüne, mattglänzend ledrige Laub bedeckt einen wuchsfreudigen, dichten Busch, der im Sommer unermüdlich Blüten hervorbringt. Gelegentlich kann Sternrußtau auftreten. 'Siren' war eine der ersten feuerroten Beetrosen, die von der berühmten Sorte 'Kordes' Sondermeldung' abstammen. Sie erhielt damals ihre Auszeichnung verdientermaßen und war in den 50er und 60er Jahren häufig anzutreffen. **ZONEN 5–10.**

Kordes, Deutschland, 1953

('Baby Château' × 'Else Poulsen') × 'Kordes' Sondermeldung'

Goldmedaille der National Rose Society 1952

## 'SISSI'

siehe 'Blue Moon'

## 'SKYROCKET'

Syn. 'Wilhelm'

STRAUCHROSE, DUNKELROT, ÖFTERBLÜHEND

Die langen, spitzen Knospen dieser Rose entfalten sich zu halbgefüllten, duftenden Blüten mit etwa 20 dunkelroten Petalen. Sie erscheinen zu 10–50 Blüten in Büscheln, die von großen, ledrigen, dun-

'Siren'

'Sir Winston Churchill'

'Sleigh Bells'

'Slater's Crimson China'

kelgrünen Blättern umgeben sind. 'Skyrocket' ist wuchsfreudig und von ausladender Gestalt; große Blütenköpfe werden den ganzen Herbst über gebildet. Die Rose eignet sich gut für Hecken und gemischte Rabatten.
**ZONEN 5–9.**

**Kordes, Deutschland, 1934**

**'Robin Hood' × 'J. C. Thornton'**

**Royal Horticultural Society Award of Garden Merit 1993**

## 'SLATER'S CRIMSON CHINA'

**Syn. *Rosa chinensis semperflorens*, 'Belfield', 'Chinese Monthly Rose', 'Old Crimson China'**

**ALTE R., CHINAROSE, ROT, ÖFTERBLÜHEND**

Dies ist eine der vielen Rosen, die aus Asien stammen und in Europa eingeführt wurden. Sie wurden dann mit den einmalblühenden europäischen Alten Rosen gekreuzt. Es entstanden zahlreiche Hybriden, die zur Qualitätsverbesserung vieler heutiger öfterblühender Sorten beitrugen. Die kleinen, weit geöffneten, halbgefüllten karminroten Blüten besitzen einen roten Farbton, den man früher in Europa nicht kannte. Sie erscheinen unermüdlich und zieren einen niedrigwüchsigen, offenen, schlanken Busch mit kleinen, rot getönten Blättern. Lange Zeit galt diese wärmeliebende Sorte als verschollen, bis sie 1956 vom Rosenzüchter Richard Thomson in Belfield auf Bermuda wiederentdeckt wurde. **ZONEN 7–9.**

**Etwa 1790**

**Eltern unbekannt**

## 'SLEIGH BELLS'

**TEEHYBRIDE, WEISS, ÖFTERBLÜHEND**

Die ovalen Knospen dieser Rose öffnen sich zu rein weißen Blüten mit cremefarbener Mitte. Sie verströmen einen sehr intensiven Duft, sind sehr dekorativ und setzen sich aus 40 Petalen zusammen. Die Blüten werden ziemlich groß und erscheinen manchmal in kleinen Büscheln inmitten von ledrigen, glänzend dunklen Blättern. 'Sleigh Bells' ist ein sehr wuchsfreudiger, aufrechter, wärmeliebender Busch. **ZONEN 6–11.**

**Howard, USA, 1950**

**'Captain Thomas' × 'Eternal Youth'**

## 'SMARTY' INTersmart

**STRAUCHROSE, HELLROSA, ÖFTERBLÜHEND**

Diese bemerkenswerte Rose trägt kleine, fast einfache, hellrosafarbene Blüten mit 7–10 Petalen. Sie sitzen in der Regel in mittelgroßen Büscheln, umgeben von mattem, hellgrünem Laub. Die Blüten erscheinen unermüdlich, und Verblühtes braucht nicht regelmäßig entfernt zu werden. 'Smarty' ist ein weit ausladender, wuchsfreudiger Solitärstrauch, der recht winterfest und pflegeleicht ist. Er eignet sich auch gut als Bodendeckerrose für Böschungen und trägt zahlreiche kleine Stacheln. **ZONEN 5–11.**

**Ilsink, Niederlande, 1979**

**'Yesterday' × Sämling**

## 'SMITH'S PARISH'

**ALTE R., TEEROSE, ROT+, ÖFTERBLÜHEND**

'Smith's Parish' hat cremeweiße Blüten, die gelegentlich auf einigen Petalen rote Streifen aufweisen. Das Laub ist hellgrün. Diese Rose ist offenbar mit 'Five-Colored Rose' verwandt, einer schlanken Pflanze mit ähnlichen mehrfarbigen Blüten, diese Sorte wurde von Robert Fortune in China entdeckt und im Jahre 1847 registriert. Viele empfindliche Rosen, die in der Vergangenheit in Europa verlorengingen, blieben in den Gärten auf Bermuda erhalten, was wahrscheinlich auf das gleichmäßige Klima zurückzuführen ist. **ZONEN 5–10.**

**Eltern unbekannt**

## 'SMOOTH ANGEL' HADangel

**TEEHYBRIDE, APRICOT+, ÖFTERBLÜHEND**

'Smooth Angel' wurde wie eine Reihe andere Teehybriden speziell wegen ihrer stachellosen Triebe gezüchtet. Die mit 35 Petalen gut gefüllten, becherförmigen, aprikosenfarbigen Blüten gehen am Rand zu Creme über und haben eine leuchtend apricotgelbe Mitte. Sie kommen einzeln und verströmen einen intensiven, süßen Duft. Die etwas ausladende Rose besitzt einen mittelhohem Wuchs und mattes, mittelgrünes Laub.
**ZONEN 5–11.**

**Davidson, USA, 1986**

**'Smooth Sailing' × 'Royal Flush'**

## 'SMOOTH LADY' HADlady

**TEEHYBRIDE, REIN ROSA, ÖFTERBLÜHEND**

Die stachellosen Triebe tragen ein stark glänzendes, mittelgrünes Laub und kleine Büschel mit würzig duftenden, hellrosafarbenen Blüten. Sie sind mit über 20 Petalen gefüllt, die locker urnenförmig angeordnet sind. Im Herbst und Winter bildet 'Smooth Lady' dekorative orangefarbene Hagebutten, die auf langen, aufrechten Stielen sitzen. **ZONEN 5–11.**

**Davidson, USA, 1986**

**'Smooth Sailing' × (['Polly' × 'Gloria Dei'] × 'Circus')**

## 'SMOOTH MELODY' HADmelody

**FLORIBUNDA, ROT+, ÖFTERBLÜHEND**

Ovale Knospen öffnen sich zu rötlichen, mit gut 25 Petalen gefüllten, fast urnenförmigen Blüten, die in der Mitte und unterseits weiß, ansonsten rot gesäumt sind und beim Verblühen fast dunkelrot werden. Sie erscheinen zu 3–4 in kleinen Büscheln inmitten von mattglänzendem, dunkelgrünem, recht gesundem Laub und verbreiten einen schweren, fruchtigen Duft. **ZONEN 5–11.**

**Davidson, USA, 1990**

**'Royal Flush' × 'Smooth Lady'**

## 'SMOOTH PERFUME' HADperfume

**TEEHYBRIDE, HELLROSA, ÖFTERBLÜHEND**

Die spitzen Knospen dieser Rose entfalten sich zu hellrosa bis mauvefarbenen, intensiv duftenden Blüten. Sie sind hochgebaut, mit 30 Petalen gefüllt und weisen eine schöne Symmetrie auf. Die mittelhohe Pflanze besitzt buschige Gestalt. Ihr mattglänzendes Laub ist sehr gesund und bedeckt stachellose Triebe. 'Smooth Perfume' gehört zu einer Serie weichstieliger Rosen des kalifornischen Züchters Harvey Davidson.
**ZONEN 5–11.**

**Davidson, USA, 1990**

**('Smooth Sailing' × 'Medallion') × 'Blue Moon'**

## 'SMOOTH PRINCE' HADprince

**TEEHYBRIDE, ROT, ÖFTERBLÜHEND**

Ovale Knospen entfalten sich zu rosaroten, mit 25 Petalen gefüllten Blüten mit intensivem, fruchtigem Duft. Sie erscheinen einzeln umgeben von mattglänzendem, mittelgrünem Laub. 'Smooth Prince' ist sehr krankheitsfest und eine gute, stachellose Gartenrose. Im Herbst werden längliche Hagebutten gebildet, die jedoch keine Samen produzieren.
**ZONEN 5–11.**

**Davidson, USA, 1990**

**'Smooth Sailing' × 'Old Smoothie'**

'Smooth Prince'

'Smooth Melody'

## 'SMOOTH SATIN' HADsatin

TEEHYBRIDE, REIN ROSA, ÖFTERBLÜHEND

Die Blüten dieser Rose sind rein rosafarben und verändern sich beim Verblühen anmutig zu einem Pfirsichton. Sie haben einen sehr angenehmen Duft. Die mit 40 Petalen gefüllten Blumen sitzen einzeln inmitten von großen, glänzend grünen Blättern, die recht krankheitsfest sind. **ZONEN 5–11.**

Davidson, USA, 1994

'Smooth Lady' × 'Smooth Sailing'

## 'SMOOTH VELVET' HADvelvet

TEEHYBRIDE, DUNKELROT, ÖFTERBLÜHEND

Diese Sorte ist ein Schwestersämling von 'Smooth Lady'. Sie trägt große, becherförmige Blüten, die lieblich dunkelrot gefärbt sind und etwas nach Damaszenerrosen duften. Sie haben etwa 45 Petalen und erschienen einzeln vor matthellgrünem Laub. Im Herbst werden schöne, orangefarbene Hagebutten gebildet. Die Teehybride ist sehr krankheitsfest. **ZONEN 5–11.**

Davidson, USA, 1986

('Smooth Sailing' × [('Polly' × 'Gloria Dei') × 'Circus']) × 'Red Devil'

## 'SNO'

ZWERGROSE, WEISS, ÖFTERBLÜHEND

'Sno' produziert weiße, aus knapp 50 Petalen bestehende Blüten mit guter Ausstellungsqualität und intensivem Duft. Ihre Blätter sind schmal, hellgrün und bedecken einen niedrigen, aber ausladenden Busch. In einen Topf gesetzt, fällt die Zwergrose bald elegant über den Rand; sie kann auch in Ampeln eingesetzt werden, wo man ihren Duft dann besser wahrnimmt. In manchen Rosenschulen wird die Sorte auch unter dem Namen 'Snow' angeboten. 'Sno' stammt von einem Amateurzüchter aus Kalifornien und wurde schnell beliebt. **ZONEN 5–10.**

Meredith, USA, 1982

Sämling × 'Gold Pin'

## 'SNOW BALLET' CLAysnow

**Syn. 'Snowballet'**

STRAUCHROSE/BODENDECKERROSE, WEISS, ÖFTERBLÜHEND

Diese interessante Strauchrose bringt große, weiße Blüten mit 45 Petalen und einem schwachen Duft hervor. Sie erscheinen von Juni bis Oktober und stehen in kleinen oder großen Büscheln vor zierlichem, glänzend dunkelgrünem Laub. Die recht gesunde, manchmal etwas mehltauanfällige Pflanze mit meist dünnen, winklig wachsenden Trieben wird nicht hoch, sondern wächst eher in die Breite, weshalb sie einen ausgezeichneten Bodendecker abgibt. **ZONEN 4–10.**

Clayworth, Neuseeland, 1977

'Sea Foam' × 'Schneewittchen'

Baden-Baden Goldmedaille 1980

## 'SNOW BRIDE'

**Syn. 'Snowbride'**

ZWERGROSE, WEISS, ÖFTERBLÜHEND

Liebliche, cremeweiße Blüten von außergewöhnlicher Edelrosenform verleihen dieser Sorte die Qualität einer Ausstellungsrose. Sie sitzen einzeln auf Stielen oder in großen Büscheln zusammen. Ihr Laub ist klein, glänzend dunkelgrün und bedeckt eine kompakte, wuchsfreudige Pflanze. Diese außergewöhnliche weiße Zwergrose ist seit mehr als 16 Jahren sehr populär, da sie unermüdlich schöne und auch wetterfeste Blüten hervorbringt. In manchen Klimagebieten ist Snow Bride' allerdings anfällig für Mehltau. **ZONEN 4–10.**

Jolly, USA, 1982

'Avendel' × 'Zinger'

American Rose Society Award of Excellence 1983

'Sno'

'Snow Bride'

'Sno'

'Snow Carpet'

'Snow Magic'

## 'SNOW CARPET' MACcarpe

**Syn. , 'Schneeteppich', 'Blanche Neige'**

ZWERGROSE/BODENDECKERROSE, WEISS, ÖFTERBLÜHEND

Die kleinen, schneeweißen Blüten in Pomponform sind in kühleren Gegenden zart cremefarben überhaucht. Sie setzen sich aus 55 Petalen zusammen und duften schwach. Diese Sorte stellte mit ihrer ausladenden, wuchsfreudigen Gestalt und dem zarten Laub einen Meilenstein in der Zucht zwergwüchsiger Bodendeckerrosen dar. Snow Carpet' bringt oft ganze Berge an Blüten hervor, die sich wunderbar von den kleinen, mittelgrünen Blättern abheben. Meist dauert es eine Vegetationsperiode, bis die Rose gut eingewurzelt ist. Sie ist als Bodendecker im Steingarten sehr reizvoll, kann aber auch als Hochstammrose mit überhängenden Zweigen gezogen werden. **ZONEN 5–10.**

McGredy, Neuseeland, 1980

'New Penny' × 'Temple Bells'

Royal National Rose Society Trial Ground Certificate 1978, Baden-Baden Goldmedaille 1982, Royal Horticultural Society Award of Garden Merit 1993

## 'SNOW MAGIC'

ZWERGROSE, WEISS, ÖFTERBLÜHEND

'Snow Magic' besitzt kurze, spitze Knospen, die sich zu dekorativen hellrosa Blüten mit 45 Petalen entfalten, die ziemlich rasch zu Weiß verblassen. Die duftenden Blumen ähneln denen von 'Popcorn', sind aber nicht so fein. Der Busch wirkt am schönsten , wenn seine Blüten vollständig geöffnet sind. Die kleinen Blätter bedecken eine ausladende Pflanze, die sich gut als Bodendecker eignet. Die Blühfreudigkeit dieser Zwergrose ist enorm: Ein Busch in voller Blüte erinnert dann schon an eine kleine Schneewehe. **ZONEN 4–11.**

Moore, USA, 1976

Eltern unbekannt

'Snow Meillandina'

## 'SNOW MEILLANDINA' MEIgovin

**Syn. 'Snow Sunblaze'**

ZWERGROSE, WEISS, ÖFTERBLÜHEND

Diese zwergwüchsige und sehr ausladende Rose eignet sich hervorragend für Ampeln. Die mit 40–50 Petalen dichtgefüllten Blüten sind rein weiß mit einem Hauch von Gelb am Blütengrund. Sie entfalten sich langsam aus ovalen Knospen zu schalenförmigen Blumen, die üppig und unermüdlich erscheinen und lange halten. Die Pflanze ist krankheitsfest, und ihre Triebe sind dicht mit kleine Stacheln besetzt. 'Snow Meillandina' neigt vor allem im Frühjahr dazu, sehr dichtgefüllte Blüten mit einem grünen Auge in der Mitte zu bilden. Dies könnte ein Grund dafür sein, daß die Topfkulturrsorte zur Zeit durch die neuere Sorte 'Bridal Meillandina' verdrängt wird. **ZONEN 5–10.**

Meilland, Frankreich, 1991

Sport vom 'Lady Meillandina'

## 'SNOW OWL' UHLensch

**Syn. 'Schnee-Eule', 'White Pavement'**

STRAUCHROSE, WEISS, ÖFTERBLÜHEND

Dieser extrem knorrige und winterharte Strauch hat eine kompakte Gestalt von etwa 1 m Höhe. Die Blüten erscheinen fast unaufhörlich. Im Herbst sorgt 'Snow Owl' mit ihren roten Hagebutten, die den schalenförmigen, weißen, intensiv duftenden Blüten folgen, für ein herrliches Farbenspiel. **ZONEN 4–10.**

Uhl, Deutschland, 1989

Eltern unbekannt

ADR-Rose 1994

## 'SNOW TWINKLE' MORsno

ZWERGROSE, WEISS, ÖFTERBLÜHEND

Die gefüllten Blüten dieser Rose sind weiß und wie eine typische Ausstellungsrose in der Mitte hochgebaut. Die Blüten sitzen in wohlgeformten Büscheln zusammen, duften allerdings nur schwach.

S

'Snow Twinkle'

'Snow Twinkle'

'Snowline'

'Snowflake'

Kleine, mittelgrüne Blätter bedecken eine buschige Pflanze. Die Zahl der Petalen reicht aus, um die elegante Blütenform lange zu halten – an der Pflanze wie auch in der Vase. **ZONEN 5–10.**

**Moore, USA, 1987**

**('Little Darling' × 'Yellow Magic') × 'Magic Carrousel'**

**ADR-Rose 1994**

## 'SNOW WHITE'

**TEEHYBRIDE, WEISS, ÖFTERBLÜHEND**

Die langen, spitzen Knospen dieser Sorte öffnen sich zu rein weißen Blüten mit einem angenehmen Duft. Sie sind groß und haben eine klassische Edelrosenform. Das ledrige, dunkelgrüne Laub ist widerstandsfähig gegen Krankheiten und bedeckt einen wuchsfreudigen, kompakten, mittelhohen Busch. **ZONEN 4–10.**

**Hill, USA, 1941**

**'Joanna Hill' × 'White Briarcliff'**

## 'SNOWDON'

**STRAUCHROSE, RUGOSA-HYBRIDE, WEISS, ÖFTERBLÜHEND**

Diese dicht beblätterte und wohlgeformte Pflanze bringt weiße, dichtgefüllte Blüten in Rosettenform hervor. Die schönsten Blüten erscheinen im Frühjahr, später läßt die Blühfreudigkeit jedoch etwas nach. **ZONEN 5–10.**

**Austin, Großbritannien, 1989**

**Eltern unbekannt**

## 'SNOWFIRE'

**TEEHYBRIDE, ROT+, ÖFTERBLÜHEND**

Die ovalen Knospen dieser Sorte entfalten sich zu sehr großen, gefüllten, leuchtend roten Blüten, die unterseits weiß sind, und haben nahezu perfekte Ausstellungsform aufweisen. Umrahmt werden sie von großen, dunkelgrünen, ledrigen Blättern. Die Pflanze ist wuchsfreudig und entwickelt sich zu einem hohen, aufrechten Busch. Generell ist diese Rose eine winterharte, auffällige Pflanze, die sehr farbenprächtig blüht. **ZONEN 5–10.**

**Kordes, Deutschland, 1970**

**'Detroiter' × 'Liberty Bell'**

## 'SNOWFLAKE'

**RAMBLERROSE, WICHURAIANA-HYBRIDE, WEISS**

Diese wuchsfreudige Ramblerrose bringt Büschel gefüllter, weißer Blüten hervor. Hierbei handelt es sich um eine lockerwüchsige *Rosa wichuraiana*-Hybride mit sehr dunklem, glänzendem, aber etwas mehltauanfälligem Laub. Leider ist sie nur noch selten erhältlich. **ZONEN 5–9.**

**Cant, Großbritannien, 1922**

**Eltern unbekannt**

**National Rose Society Goldmedaille 1921**

## 'SNOWLINE'

**Syn. 'Edelweiß'**

**FLORIBUNDA, WEISS, ÖFTERBLÜHEND**

Die mittelgroße, rein weißen oder cremefarbenen, wetterfesten, mit 30 Petalen halbgefüllten Blüten zeigen schöne Staubgefäße und erscheinen zahlreich in Büscheln auf einer niedrigen Pflanze mit dunkelgrünen, gesundem Laub. Mit einer Höhe von 1 m ergibt sie eine gute Beet- oder Rabattenrose für den heimischen Garten. **ZONEN 5–10.**

**Poulsen, Dänemark, 1970**

**Eltern unbekannt**

**ADR-Rose 1970, Royal National Rose Society Trial Ground Certificate 1970**

'Snowy Cupido'

## 'SNOWY CUPIDO' RUIdiggel

**ZWERGROSE, WEISS, ÖFTERBLÜHEND**

'Snowy Cupido' wurde speziell als Rose gezüchtet, die auch noch in lichtarmen Räumen blüht. Der niedrige, kompakte Busch kleines, mattgrünes, gesundes Laub. Kleine, wohlgeformte Knospen öffnen sich langsam zu schönen Blüten mit 30–35 Petalen. Diese ideale Zimmerpflanze für die Wintermonate wird knospentragend in Gefäßen verkauft, geht im Frühjahr aber leider oft ein. **ZONEN 5–10.**

**de Ruiter, Niederlande, 1992**

**Eltern unbekannt**

S

## 'SOARING WINGS' KORwings

TEEHYBRIDE, ORANGE+, ÖFTERBLÜHEND

Ovale Knospen öffnen sich zu großen, mit 65 Petalen gut gefüllten, dunkelorangefarbenen Blüten, die meist auf kurzen Stielen wachsen und sich daher nicht als Schnittblumen eignen. Mattes, mittelgrünes Laub bedeckt eine wuchsfreudige, aufrechte Pflanze, die mäßig krankheitsfest ist. ZONEN 5–10.

Korden, Deutschland, 1978

'Königin der Rosen' × Sämling

## 'SODŌRI-HIME'

Syn. 'La Blancheur'

TEEHYBRIDE, WEISS, ÖFTERBLÜHEND

Die großen, rein weißen, wetterfesten Blüten sind gute Ausstellungskriterien, haben aber fast keinen Duft. Das Laub ist dunkelgrün, für Krankheiten nicht anfällig und bedeckt einen kompakten, mittelhohen Busch, der eine schöne Form besitzt. ZONEN 5–10.

Onodera, Japan, 1975

'Message' × 'White Prince'

## 'SOEUR THÉRÈSE'

Syn. 'Sister Thérèse'

TEEHYBRIDE, GELB+, ÖFTERBLÜHEND

Lange, spitze Knospen entfalten sich zu

'Sodōri-Himé'

goldgelben Blüten, die karminrot überhaucht und umrandet sind. Sie sind mit über 25 Petalen gefüllt, becherförmig und duften sehr schwach. Das bronzefarbene, ledrige Laub bedeckt eine wuchsfreudige, buschige Rose. ZONEN 5–10.

Guillot, Frankreich, 1931

('Général Jacqueminot' × 'Juliet') × 'Souvenir de Claudius Pernet'

## 'SOFTEE' MORfree

ZWERGROSE, WEISS, ÖFTERBLÜHEND

Diese neue Zwergrose hat cremefarbene, dekorative Blüten mit über 35 Petalen, die sich sehr rasch voll entfalten und nur schwach duften. Die Stiele haben kaum Stacheln. Kleine, mittelgrüne Blätter bedecken einen ausladenden, kompakten Busch. Die pomponförmigen Blüten erscheinen in Büscheln und machen die Pflanze zu einem Blickfang im Garten. Von dieser Sorte existiert ein kletternder Sport, der an einer Veranda oder am Geländer gezogen werden kann. ZONEN 5–10.

Moore, USA, 1983

Eltern unbekannt

## 'SOFTLY SOFTLY' HARkotur

FLORIBUNDA, ROSA+, ÖFTERBLÜHEND

Die edelrosenähnliche Blüten dieser Sorte sind je nach Klima rosa- bis cremerosafarben. Sie sind groß, mit 35 Petalen gefüllt und verströmen einen nur schwachen Duft. Ihr schmuckes Laub ist olivgrün gefärbt. ZONEN 5–10.

Harkness, Großbritannien, 1977

'White Cockade' × (['Highlight' × 'Königin der Rosen'] × ['Parkdirektor Riggers' × 'Picadilly'])

## 'SOLDIER BOY'

GROSSBLUMIGE KLETTERROSE, ROT, ÖFTERBLÜHEND

Diese Sorte besitzt einfache, dunkelscharlachrote Blüten mit goldgelben Staubgefäßen. Diese ähneln den Blüten von 'Altissimo', einer anderen großen Kletterrose, sind jedoch intensiver karminrot gefärbt. 'Soldier Boy' ist sehr wuchsfreudig und eine geeignete Rose für Säulen. Obwohl sehr blühfreudig, hat sie jedoch leider den herrlichen Duft der Vatersorte 'Guinée' nicht geerbt. Liebhaber von Kletterrosen mit einfachen Blüten in noch intensiveren Rottönen sollten sich allerdings sich für den Climber 'Sweet Sultan' entscheiden, der besonders in Großbritannien sehr beliebt ist. ZONEN 5–10.

LeGrice, Großbritannien, 1953

Sämling × 'Guinée'

National Rose Society Trial Ground Certificate 1953

'Soleil d'Or'

## 'SOLEIL D'OR'

TEEHYBRIDE, GELB+, ÖFTERBLÜHEND

Die Sorte mit den intensiv gelben und gelborangefarbenen Blüten ist insofern bemerkenswert, weil sie die erste Pernetiana-Rose war, die heute zur Teehybriden-Klasse zählt. Das üppige Laub ist farnartig und ähnelt dem von *Rosa foetida*. Die großen, flach becherförmigen Blüten haben eine etwas unordentliche Mitte. Die Anfälligkeit der Pernetiana-Rosen für Sternrußtau konnte mittlerweile fast gänzlich herausgezüchtet werden. Die neuen Farben repräsentieren nur einen Teil der Erbanlagen moderner Edel- und Floribundarosen. ZONEN 5–9.

Pernet-Ducher, Frankreich, 1900

(Sämling von 'Antoine Ducher' × *Rosa foetida persiana*) × Edelrose

'Softee'

'Softly Softly'

S

'Soaring Wings'

## 'SOLFATERRE'

**Syn. 'Solfatare'**

ALTE R., NOISETTEROSE, REIN GELB, ETWAS NACHBLÜHEND

'Solfaterre' ist wie ihre Elternsorte 'Lamarque' eine wuchsfreudige, kletternde Noisetterose, die gerne an Bäumen emporklettert. Die duftenden, hellschwefelgelben Blüten sind groß, gefüllt und schalenförmig. Sie erscheinen sehr zahlreich und können bei starkem Sonnenschein leicht verblassen. Bei der Wahl des Standortes sollte man diese Tatsache, aber auch das höhere Wärmebedürfnis nicht außer acht lassen. **ZONEN 7–9.**

Boyau, Frankreich, 1843

Sämling von 'Lamarque'

## 'SOLITAIRE' MACyefre

TEEHYBRIDE, GELB+, ÖFTERBLÜHEND

Die mittelgroßen bis großen Blüten dieser Teehybride besitzen Eigenschaften, die in mancherlei Hinsicht den Merkmalen der berühmten 'Gloria Dei' ähneln, besonders in Form und Farbe, obwohl ihr Gelb etwas leuchtender und ihr Rosé intensiver wirken. Diese Sorte ist eine hohe, robuste, wuchsfreudige Pflanze, die eine Höhe von 2 m und eine Breite von 1 m erreichen kann. Ihre duftenden Blüten sind wetterfest und zieren einen wuchsfreudigen Busch mit glänzendem Laub. 'Solitaire' sollte übrigens nicht mit der gleichnamigen Floribundarose verwechselt werden, deren Blüten einen rein gelben Farbton aufweisen und an den Petalen rosa gesäumt sind.
**ZONEN 5–10.**

McGredy, Neuseeland, 1987

'Freude' × 'Benson & Hedges Gold'

Royal National Rose Society President's International Trophy 1987

'Solitaire'

'Solfaterre'

'Sommermärchen'

'Sommerduft'

'Sombreuil'

## 'SOLITUDE' POUlbero

TEEHYBRIDE, ORANGE+, ÖFTERBLÜHEND

Die zweifarbigen Blüten sind orangefarben bzw. gelb getönt und mit 30–40 Petalen gefüllt, deren äußere gewellt sind. Die dichtgefüllten Blumen sitzen in großen Büscheln schwer auf großen, geraden Stielen, so daß diese oft unter der last zusammenbrechen. Ihre Färbung ist ein echter Blickfang für den Garten. Die schwachwüchsige Pflanze ist nicht winterhart, und die Blütenproduktion geht nach einer ersten Blüte im Frühjahr zurück. **ZONEN 7–11.**

Olesen, Dänemark, 1991

'Berolina' × Sämling

All-American Rose Selection 1993

## 'SOMBREUIL'

**Syn. 'Colonial White'**

ALTE R., KLETTERNDE TEEROSE, WEISS, ETWAS NACHBLÜHEND

Die Blüten dieser typischen Teerose sind weiß mit einem gelegentlichen Hauch von Rosa und Gelb und duften wunderbar. Die flachen, fedrigen, geviertelten und stark gefüllten Blüten wirken sehr edel. Als Kletterpflanze erreicht sie nur eine mäßige Höhe. Für deutsche Klimaverhältnisse ist 'Sombreuil' nicht winterhart genug. **ZONEN 7–9.**

Robert, Frankreich, 1850

Sämling von 'Gigantesque'

## 'SOMMERDUFT' TANfudermos

**Syn. 'Summer Fragrance'**

TEEHYBRIDE, DUNKELROT, ÖFTERBLÜHEND

Die großen, gefüllten, formschönen dunkelroten Blüten duften sehr angenehm und sind mit etwa 20 Petalen nur halbgefüllt. Ihr dunkelgrünes, mattglänzendes Laub ist darüber hinaus recht gesund.

**ZONEN 5–11.**

Tantau, Deutschland, 1986

Eltern unbekannt

## 'SOMMERMÄRCHEN' KORpinka

**Syn. 'Pink Sensation', 'Berkshire', 'Summer Fairy Tales', 'Xenia'**

STRAUCHROSE, BODENDECKERROSE, DUNKELROSA, ÖFTERBLÜHEND

Diese wuchsfreudige Pflanze wird oft als Bodendecker eingesetzt, da sie doppelt so breit wie hoch wird. Die mittelgroßen, halbgefüllten, dunkel rosa bis kirschroten Blüten sitzen die ganze Saison hindurch reichlich in Büscheln an langen, hängenden Stielen. Sie haben goldene Staubgefäße und duften angenehm. Die dunklen glänzenden Blätter zieren die Pflanze ungemein.

**ZONEN 4–9.**

Kordes, Deutschland, 1991

'Weiße Immensee' × Sämling

Royal National Rose Society Trial Ground Certificate 1992, Baden-Baden, Genf und Glasgow Goldmedaillen 1996

'Sonia Meilland'

## 'SOMMERMORGEN'

**siehe 'Baby Blanket'**

## 'SOMMERWIND'

**siehe 'Surrey'**

## 'SONDERMELDUNG'

**siehe 'Independence'**

## 'SONG OF PARIS'

**Syn. 'Saphir'**

TEEHYBRIDE, MAUVE, ÖFTERBLÜHEND

Der silbrige Lavendelton dieser Teehybride kommt am besten in kühleren Gebieten zur Geltung. Die großen Blüten verströmen einen herrlichen Duft. Die große und aufrechte Pflanze ist von dunkelgrünem, ledrigem Laub bedeckt und blüht in wärmeren Lagen äußerst reich. 'Song of Paris' ist nicht winterhart.

**ZONEN 6–11.**

Delbard und Chabert, Frankreich, 1964

'Holstein' × 'Bayadère'

## 'SONIA MEILLAND' MEIhelvet

**Syn. 'Sonia', 'Sweet Promise'**

TEEHYBRIDE, ROSA+, ÖFTERBLÜHEND

Diese Teehybride zählt vermutlich zu den weltweit beliebtesten Gewächshausrosen. Sie besitzt lachsrosafarbene Blüten, die beim Öffnen der eleganten, langen Knospen korallrosa bis gelb überhaucht sind. Die Blüten sind groß und duften stark fruchtig; ihre Farbe kann in heißen Lagen verblassen. Das dicke, attraktive, dunkelgrüne Laub muß unbedingt auf geeignete Weise vor Pilzbefall geschützt werden. 'Sonia' gehörte zu den absoluten „Rennern" des Rosenzüchters Meilland. Sie bevorzugt einen Stand in voller Sonne auf gut drainierten Böden.

**ZONEN 5–11.**

Meilland, Frankreich, 1974

'Zambra' × ('Baccará' × 'Message')

## 'SONJA HORSTMANN'

TEEHYBRIDE, ROT, ÖFTERBLÜHEND

Sowohl diese Rose als wie auch die Sorte 'Adolf Horstmann' wurden nach Mitarbeitern einer deutschen Baum- und Rosenschule benannt. Die wohlgeformten Knospen öffnen sich zu schönen Blüten, die mit 25–30 purpurnen Petalen gefüllt sind. Die Rosen dieser Sorte eignen sich als Schnittblumen und behalten sowohl Duft als auch Farbe gut. Die dunkelgrünen, mattglänzenden und krankheitsfesten Blätter bilden einen hübschen Hintergrund für die vielen einfachen Blüten, die zuweilen auch in Büscheln erscheinen. Die Nachblüte erfolgt relativ rasch.

**ZONEN 5–9.**

Kordes, Deutschland, 1967

Eltern unbekannt

'Sonja Horstmann'

'Song of Paris'

'Sophie's Perpetual'

'Soupert et Notting'

## 'SONNENKIND' KORhitom

**Syn. 'Perestroika'**
ZWERGROSE, GOLDGELB, ÖFTERBLÜHEND

Die Blüten dieser Rose sind leuchtend und beständig goldgelb. Die wohlgeformten Blüten weisen etwa 40 Petalen auf und verströmen einen sehr zarten Duft. Der wuchsfreudige, kompakte Busch ist mit kleinen, mattglänzenden Blättern bekleidet. Diese Sorte zählt zu den zahlreichen deutschen Zwerg- und Rabattenrosen, die wegen ihrer Wuchsfreudigkeit, Krankheitsfestigkeit und Farbintensität geschätzt werden. 'Sonnenkind' gilt heute als eine der besten gelben Rabattenrosen. **ZONEN 5–10.**

Kordes, Deutschland, 1987

Sämling × 'Goldmarie'

## 'SONNENSCHIRM' TANmirsch

**Syn. 'Broadlands'**
STRAUCHROSE, HELLGELB, ÖFTERBLÜHEND

Die hellen Blüten in gelbem Pastellton erscheinen reichlich in großen Büscheln und verströmen einen frischen, süßlichen Duft. Sie sind becherförmig und gefüllt. In Gegenden mit warmem Klima blüht 'Sonnenschirm' das ganze Jahr über. Die Pflanze bildet einen dichten, ausladendenden, wuchsfreudigen Busch, der sich aufgrund seiner Höhe von 60 cm auch als Bodendecker eignet. **ZONEN 4–10.**

Tantau, Deutschland, 1993

Eltern unbekannt

Royal National Rose Society President's International Trophy 1995, British Association of Rose Breeders, Breeders' Selection 1996

## 'SONORA'

FLORIBUNDA, GELB+, ÖFTERBLÜHEND

Ovale Knospen öffnen sich zu großen, becherförmigen, bräunlich-gelben Blüten, die rosa überhaucht und unterseits oft rot gestreift sind. Sie besitzen 30 Petalen und duften. Die Pflanze blüht reichlich, und ihre Blüten halten sich nach dem Schneiden noch lange. Die Gewächshaussorte gedeiht in manchen Gegenden auch im Freien. 'Sonora' ist ein wuchsfreudiger, hoher und aufrechter Busch, der mit krankheitsfestem, dunkelgrünem Laub bedeckt ist. **ZONEN 5–10.**

Boerner, USA, 1962

'Orange Mist' × 'Mayday'

## 'SOPHIE DE MARSILLY'

ALTE R., ALBA-ROSE, ROSA+

Die Blüten von 'Sophie de Marsilly' sind groß und kugelförmig. Sie zeigen eine zarte rosarote Tönung mit rosafarbener Mitte und können gelegentlich gestreift sein. Da 'Sophie de Marsilly' gelegentlich bemoost ist, wird sie zuweilen auch als Moosrose klassifiziert. Bei der Sorte handelt es sich um eine wuchsfreudige, aufrechte Buschrose im Alba-Stil, die jedoch mehr Stacheln als die meisten Alba-Rosen aufweist. **ZONEN 4–9.**

Vor 1948

Eltern unbekannt

## 'SOPHIE'S PERPETUAL'

**Syn. 'Bengal Centifolia', 'Dresden China', 'Paul's Dresden China'**

ALTE R., CHINAROSE, ROSA+, ETWAS NACHBLÜHEND

Diese Rose erlebte um 1960 ein Comeback. Die kugel- bis becherförmigen Blüten sind hellrosa und besonders an den äußeren Petalen mit Kirschrot überhaucht. Der Duft ist wunderbar, und der Busch steht fast ununterbrochen in Blüte. 'Sophie's Perpetual' läßt sich als Strauch oder mäßig kletternde Pflanze ziehen, besitzt kaum Stacheln und ist von dunkelgrünem Laub bedeckt. **ZONEN 7–9.**

Vor 1928

Eltern unbekannt

## 'SORCERER' SAVasorc

ZWERGROSE, ROT, ÖFTERBLÜHEND

Die kleinen Blüten dieser Rose sind leuchtend rot und mit etwa 20 Petalen halb gefüllt. Sie sitzen einzeln am Stiel und heben sich schön von den kleinen, mittelgrünen, mattglänzenden Blättern ab. Die aufrecht wachsende Pflanze ist mit 30–50 cm mittelgroß und trägt Blüten, deren Form über Ausstellungsniveau liegen. Die Rose eignet sich als Schnittblume, da die Blüten sich länger halten, ohne daß die Farbe verblaßt – was ihre große Beliebtheit bei Floristen erklärt. 'Sorcerer' ist eine starke, wohlgeformte, pflegeleichte und saubere Pflanze, die sich sowohl für Beete und Einfassungen als auch als Topf- oder Kübelpflanze eignet. **ZONEN 5–11.**

Saville, USA, 1994

'Gingersnap' × 'Rainbow's End'

'Sonnenschirm'

## 'SOUPERT ET NOTTING'

ALTE R., MOOSROSE, DUNKELROSA, ETWAS NACHBLÜHEND

'Soupert et Notting' blüht recht gut nach; sie bleibt auch auf guten Böden niedrig und wird selten größer als 1 m. Der Strauch besitzt zahlreiche dünne, aufrechte Trieben, die recht spärlich bräunlich-grün bemoost sind. Das Laub ist klein und leuchtend graugrün. Die Knospen sind ebenfalls nur mäßig bemoost und erscheinen in kleinen Büscheln. Die für eine Moosrose kleinen Blüten sind 4–5 cm groß. Sie sind anfänglich becherförmig, werden dann flach und sehr gefüllt. Ihr Duft ist recht stark. **ZONEN 5–10.**

Pernet Senior, Frankreich, 1874

Eltern unbekannt

## 'SOUTH SEAS'

**Syn. 'Mers du Sud'**
TEEHYBRIDE, ORANGEROSA, ÖFTERBLÜHEND

Die einen schwärmen von den großen korallrosafarbenen Blüten, andere betrachten sie als locker und zu unordentlich angeordnet. Sie sind mit bis zu 45 Petalen gefüllt, becherförmig bis flach und duften. Die Farbe verblaßt mit der Zeit zu einem silbrigen Weiß. Die Blüten sitzen an langen, geraden Stielen und erscheinen nur zögerlich an einer wuchsfreudigen Pflanze. **ZONEN 5–11.**

Morey, USA, 1962

'Rhapsody' × Sämling einer Teehybride

## 'SOUTHAMPTON'

**Syn. 'Susan Ann'**
FLORIBUNDA, APRICOT+, ÖFTERBLÜHEND

Diese Sorte wurde nach der südenglischen Hafenstadt Southampton benannt. Die Blüten setzen sich aus 30 apricotfarbenen Petalen zusammen, die formschön angeordnet sind und in mäßig großen Büscheln an einem hohen und ausladenden Busch sitzen. 'Southampton' erfreut sich in Großbritannien aufgrund ihrer Farbe und Wuchsfreudigkeit großer Beliebtheit; die Floribundarose gedeiht auch bei intensivem Sonnenlicht, da die Blüten nicht verblassen. Das Laub ist grün, glänzend und gesund. **ZONEN 5–11.**

Harkness, Großbritannien, 1971

('Ann Elizabeth' × 'Allgold' × 'Yellow Cushion'

Royal National Rose Society Trial Ground Certificate 1971, Baden-Baden Silbermedaille 1973, Belfast Goldmedaille 1974, Royal Horticultural Society Award of Garden Merit 1993

'Sonora'

'South Seas'

'South Seas'

S

'Souvenir de Brod'

'Southern Cross' (Jack)

'Souvenir' (Grootendorst)

## 'SOUTHERN BELLE'
TEEHYBRIDE, ROSA+, ÖFTERBLÜHEND

Lange, spitz zulaufende Knospen öffnen sich zu dunkelrosafarbenen Blüten mit weißen Unterseiten. Sie sind gefüllt, von hoher Ausstellungsqualität, erscheinen einzeln oder in kleinen Büscheln und duften zart. Der aufrechte, ausladende Busch hat großes, mattglänzendes Laub und lange, schmale Stacheln. **ZONEN 5–11.**

Swim, USA, 1981

'Pink Parfait' × 'Phoenix'

## 'SOUTHERN CROSS' (I)
TEEHYBRIDE, REIN ROSA, ÖFTERBLÜHEND

Die rein rosa Blüten sind gefüllt und in fast jedem Klima kugelförmig. Sie sitzen einzeln an einem mittelgroßen, aufrechten Busch und duften angenehm. Diese nach dem Sternbild „Kreuz des Südens" benannte Rose ist nur bedingt winterhart. **ZONEN 5–10.**

Clark, Australien, 1931

'Joseph Hill' × 'General MacArthur'

## 'SOUTHERN CROSS' (II)
FLORIBUNDA, GOLDGELB, ÖFTERBLÜHEND

Abgesehen von der Blütenfarbe, einem lebhaften Narzissengelb, ähnelt diese 'Southern Cross' sehr stark ihrer preisgekrönten Elternsorte. Die zart duftenden Blüten sind mittelgroß und wohlgeformt, vollerblüht biegen sich ihre Petalen dann zurück und geben den Blick aug eine Vielzahl dunkler Staubgefäße frei. Die aufrecht wachsende Floribundarose stammt wie die gleichnamige Teehybride ebenfalls aus Australien. **ZONEN 5–10.**

Jack, Australien, 1977

Sport von 'Redgold'

## 'SOUTHERN DELIGHT' MORdashin
ZWERGROSE, GELB+, ÖFTERBLÜHEND

'Southern Delight' hat leuchtend gelbe, rotgeränderte Blüten, die sich später zu Rosa und Gelb verfärben. Die mit 15–25 Petalen gefüllten Blüten verströmen einen zarten Duft und treten in kleinen Büscheln an festen Blütenstielen auf. Das Laub an dem großen, aufrechten Busch ist mattglänzend und mittelgrün. Diese Rose ist nicht besonders reichblühend und die Blütenform hält sich nicht lange. Die Pflanze bringt in der ersten Blüte im Frühjahr und dann wieder im Spätherbst eine Vielzahl dennoch ausstellungsverdächtiger Blüten hervor. Sie ist recht krankheitsfest. **ZONEN 5–10.**

Moore, USA, 1991

'Little Darling' × 'Golden Meillandina'

## 'SOUVENIR' (I)
TEEHYBRIDE, GOLDGELB, ÖFTERBLÜHEND

Die spitzen Knospen dieser Sorte öffnen sich zu gefüllten Blüten mit fast 40 Petalen, die in einem großartigen Goldgelb gehalten sind. Sie sind locker geordnet und verströmen einen angenehmen Duft. Zumeist sitzen sie einzeln an den Blütenstielen und verlieren in der heißer Sonne ihre Farbe ein wenig. 'Souvenir' ist wuchsfreudig und groß, leider jedoch nicht winterhart. **ZONEN 7–11.**

Pierson, USA, 1930

Sport von 'Talisman'

## 'SOUVENIR' (II) EuroGROOT
**Syn. 'Sunny Sky'**

FLORIBUNDA, DUNKELROSA/MAUVE, ÖFTERBLÜHEND

Die kleinen Knospen haben zunächst rote und nach dem Öffnen rosafarbene Petalen. Das Rosa der gefüllten Blüten ist manchmal so intensiv, daß man auch von einem mauvefarbenen Schimmer sprechen kann. 'Souvenir' hat aufrechte, mit glänzend grünen Laub bedeckte Stiele. Der Busch eignet sich für gemischte Rabatten oder als Beetrose. **ZONEN 5–10.**

Grootendorst, Niederlande, 1991

Eltern unbekannt

'Souvenir de Christophe Cochet'

'Souvenir d'Alphonse Lavallée'

## 'SOUVENIR D'ALPHONSE LAVALLÉE'
ALTE R., REMONTANTROSE, DUNKELROT, ETWAS NACHBLÜHEND

Diese reichblühende Rose trägt samtig wirkende, zinnoberrot bis bräunlich gefärbte Blüten, die in der heißen Sonne leicht verbrennen. Sie verströmen einen starken Duft. Bindet man den breiten Strauch an, so erreicht er mehr Höhe; man kann ihn aber auch als Kletterpflanze ziehen. Der 1884 verstorbene Franzose Alphonse Lavallée war eine Zeitlang Präsident der *Societé Nationale de la Horticulture*. **ZONEN 5–9.**

Verdier, Frankreich, 1884

Eltern unbekannt

## 'SOUVENIR DE BROD'
**Syn. 'Erinnerung an Brod'**

ALTE R., REMONTANTROSE, ROT+, ETWAS NACHBLÜHEND

Die karminroten, flachen, dichtgefüllten Blüten duften stark. Sie kommen am besten im Halbschatten zur Geltung, wo sie ihre Farben behalten. Der erste Flor von 'Souvenir de Brod' im Juni hält lange an, die Nachblüte fällt aber nur gering aus. Der gesunde Strauch erreicht eine Höhe von gut 2 m und ist sehr winterhart; in Deutschland ist er recht beliebt. **ZONEN 4–10.**

Geschwind, Österreich-Ungarn, 1886

*Rosa setigera* × Sämling von 'Chateaubriand'

## 'SOUVENIR DE CHRISTOPHE COCHET'
STRAUCHROSE, RUGOSA-HYBRIDE, REIN ROSA, ETWAS NACHBLÜHEND

Weiche rosafarbene, halbgefüllte Blüten mit blaßgelben Staubgefäßen und angenehmem Duft zieren diese Rose den ganzen Juni hindurch. Im Herbst werden große rote Hagebutten gebildet. 'Souvenir de Christophe Cochet' ist wuchsfreudig, trägt die typischen nervigen Rugosa-Blätter und ist winterhart. **ZONEN 4–10.**

Cochet-Cochet, Frankreich, 1894

Eltern unbekannt

## 'SOUVENIR DE CLAUDIUS DENOYEL'

GROSSBLUMIGE KLETTERROSE, DUNKELROT, ETWAS NACHBLÜHEND

Die langen, spitzen Knospen dieser kletternden Teehybride öffnen sich zu dunkelkarminroten, etwas scharlachrotstichigen Blüten. Diese sind sehr groß, becherförmig und duften. 'Souvenir de Claudius Denoyel' ist eine recht wuchsfreudige Kletterpflanze, die selbst im ersten Flor nicht sehr üppig blüht. Sie läßt sich an einer Säule, Pergola oder Wand ziehen. **ZONEN 5–10.**

Chambard, Frankreich, 1920

'Chateau de Clos Vougeot' × 'Commandeur Jules Gravereaux'

Royal Horticultural Society Award of Garden Merit 1993

## 'SOUVENIR DE JEANNE BALANDREAU'

**Syn. 'Souvenir de Mme Jeanne Balandreau'**

ALTE R., REMONTANTROSE, ROT, ETWAS NACHBLÜHEND

Diese Rose trägt sehr große karminrote Blüten wie ihre Elternpflanze, ist aber im Gegensatz zu dieser rosa- und zinnoberrot gestreift. Die mittelgroße bis große, wuchsfreudige Pflanze ist nahezu unbewehrt und hat leuchtend grüne Blätter. Obwohl diese Rose heute eher selten ist, kann man sie weitherin in guten Rosenschulen beziehen. **ZONEN 5–9.**

Vilin und Robichon, Frankreich, 1899

Sport von 'Ulrich Brunner Fils'

## 'SOUVENIR DE LA MALMAISON'

ALTE R., BOURBONROSE, HELLROSA, ETWAS NACHBLÜHEND

Diese Rose, die berühmteste und vielleicht schönste Bourbonrose, wurde nach dem berühmten Pariser Schloß von Kaiserin Josephine benannt, die in des-

'Souvenir de Mme Boullet'

sen Park alte Rosen sammelte. Die großen, geviertelten, dichtgefüllten und duftenden Blüten sind blaß fleischrosa und verbleichen mit der Zeit noch mehr. Die Knospen bilden bei nassem Wetter Mumien. Die öfterblühende Pflanze bleibt niedrig und buschig. Die Rose war zu ihrer Zeit äußerst begehrt; die Züchterin soll sogar in manchen Nächten am Fenster möglichen Übeltätern aufgelauert haben, die Triebe dieser Sorte abschneiden wollten. **'Climbing Souvenir de la Malmaison'** (Bennett, Großbritannien, 1938) wird 1,8 m hoch. Die Mumienbildung fällt geringer aus, wenn man die Rose gegen Regen schützt. **ZONEN 5–9.**

Béluze, Frankreich, 1843

'Mme Desprez' × Teerose

'Climbing Souvenir de la Malmaison'

'Souvenir de Mme Léonie Viennot'

## 'SOUVENIR DE LA REINE D'ANGLETERRE'

ALTE R., REMONTANTROSE, REIN ROSA, ETWAS NACHBLÜHEND

Die große Rose, deren Elternsorte 'La Reine' zu den ältesten Remontantrosen zählt, besitzt rosa- bis lilafarbene Blüten; diese sind ebenfalls groß und sitzen aufrecht an den Blütenstielen einer sehr hohen Pflanze, die sich für eine Wand oder ein Gitter eignet. Sie erhielt Ihren Namen anläßlich eines Besuchs von Königin Victoria in Paris im Jahre 1855. **ZONEN 5–9.**

Gebrüder Cochet, Frankreich, 1855

'La Reine' × Sämling

## ,SOUVENIR DE MME AUGUSTE CHARLES'

ALTE R, BOURBONROSE, REIN ROSA, ETWAS NACHBLÜHEND

Die kleinen, kompakten Blüten sind gefüllt und ähneln Kamelienblüten; ihre Farbe liegt jedoch zwischen Fleischfarben und Pink. Die hohe, überhängende Pflanze zeigt den typischen Wuchs einer

'Souvenir de Mme Breuil'

Bourbonrose und besitzt recht rauhes Laub. Sie eignet sich für eine Säule oder ein Spalier. **ZONEN 5–9.**

Moreau und Robert, Frankreich, 1866

Eltern unbekannt

'Souvenir de Mlle Juliet de Bricard'

## 'SOUVENIR DE MME BOULLET'

TEEHYBRIDE, GOLDGELB, ÖFTERBLÜHEND

Lange und spitze Blüten öffnen sich zu goldgelben Blüten, die diese Rose den ganzen Sommer über bedecken. Sie sind groß, wohlgeformt und gefüllt. Zumeist sitzen sie einzeln auf Stielen und verblassen in heißem Klima ein wenig. 'Souvenir de Mme Boullet' ist ein wuchsfreudiger und eher breiter als hoher Strauch; er ist nicht winterhart. **'Climbing Souvenir de Madame Boulet'** ist ein Sport, den die kalifornischen Rosenzüchter Howard und Smith im Jahre 1930 entdeckt haben. Der Sport hat sämtliche Eigenschaften seiner Elternpflanze geerbt und läßt sich leicht an einer Säule oder Wand ziehen. **ZONEN 7–11.**

Pernet-Ducher, Frankreich, 1921

'Mme Joseph Perraud' × Sämling

## 'SOUVENIR DE MME BREUIL'

**Syn. 'Souvenir de Mme Brevill', 'Souvenir de Mme Bruel'**

ALTE R., BOURBONROSE, DUNKELROSA, ETWAS NACHBLÜHEND

Die Blüten von 'Souvenir de Mme Breuil' sind dunkelkirschrot bzw. magentarosa. Die recht wuchsfreudige Pflanze besitzt leuchtend grünes, leicht glänzendes Laub. **ZONEN 5–9.**

Vor 1889

Eltern unbekannt

## 'SOUVENIR DE MME H. THURET'

ALTE R., REMONTANTROSE, ROSA+, ETWAS NACHBLÜHEND

Diese interessante Rose entstand bei dem Versuch, die gelbe Farbe von Pernetiana-Rosen bei Remontantrosen einzukreuzen. Ihre Wuchseigenschaften stammen von der Elternsorte 'Schneekönigin'; daher eignet sich 'Souvenir de Mme H. Thuret' hervorragend als rankender Bewuchs einer niedrigen Säule. Das auffälligste Merkmal dieser heute seltenen Sorte ist ihre kupferne Lachsrosa – ein Farbton, der für Remontantrosen tatsächlich eine Neuheit darstellte. **ZONEN 5–9.**

Nabonnand, Frankreich, 1922

'Schneekönigin' × 'Lyon Rose'

## 'SOUVENIR DE MME LÉONIE VIENNOT'

ALTE R., TEEROSE, GELB+, ETWAS NACHBLÜHEND

'Souvenir de Mme Léonie Viennot' ist eine kletternde Teerose *par excellence* – sie klettert bis hoch in die Bäume hinauf und ist sehr langlebig. Ihre großen, lokker angeordneten Blüten sind in einem hellen Rosarot gehalten, das einen Stich ins Gelbe und Kupferorange aufweist. Diese Teerose besitzt einen ausgedehnten ersten Flor, dem eine unregelmäßige Nachblüte folgt. Da die alten Triebe noch Blüten tragen, sollte man die Pflanze die ersten Jahre möglichst wenig beschneiden, später muß man aber sehr altes Holz herausschneiden. **ZONEN 7–9.**

Bernaix, Frankreich, 1898

'Gloire de Dijon' × Sämling

## 'SOUVENIR DE MLLE JULIET DE BRICARD'

POLYANTHAROSE, HELLROSA, ÖFTERBLÜHEND

Kleine, rosafarbene Blüten treten an dieser Rose in hübschen großen Büscheln auf, welche die typische Form der Polyantharosen besitzen. Die Blüten verströmen einen zarten, feinen Duft und sind kugelförmig. Sie sitzen inmitten von glänzendem dunkelgrünem, recht krankheitsfestem Laub, das eine wuchsfreudige, mittelgroße Pflanze bedeckt. **ZONEN 5–11.**

Delepine, Frankreich, 1934

'Mignon' × 'Yvonne Rabier'

'Souvenir de Victor Landeau'

'Souvenir de Philemon Cochet'

## 'SOUVENIR DE PHILEMON COCHET'

REMONTANTROSE, WEISS, ETWAS NACHBLÜHEND

Die Blüten des Sports ähneln stark denjenigen seiner Elternpflanze stark, besitzen aber wesentlich mehr Petalen und blühen nicht ganz so reichlich. Die weißen Blüten mit rosafarbener Mitte sind so stark gefüllt, daß sie im voll geöffneten Zustand Kugeln gleichen. Benannt wurde sie nach Philemon Cochet, dem Bruder des Züchters. **ZONEN 4–10.**

Cochet-Cochet, Frankreich, 1899

Sport von 'Blanc Double de Coubert'

## 'SOUVENIR DE PIERRE NOTTING'

ALTE R., TEEROSE, GELB+, ETWAS NACHBLÜHEND

Die Elternsorte 'Maman Cochet' ist bekannt für ihre sehr langen, spitzen Knospen und großen Blüten. In diesem Punkt übertrifft 'Souvenir de Pierre Notting' ihre Elternpflanzen sogar noch. Die apricotgelben Blüten verströmen einen charakteristischen Teeduft. Wenn sie nicht unter feuchter Witterung leiden, halten die Blüten recht lange. Der wuchsfreudige Strauch besitzt üppiges grünes Laub. **ZONEN 7–9.**

Soupert und Notting, Luxemburg, 1902

'Maréchal Niel' × 'Maman Cochet'

'Souvenir de Thérèse Lovet'

## 'SOUVENIR DE PIERRE VIBERT'

ALTE R., MOOSROSE, ROT+, ETWAS NACHBLÜHEND

Die dichtgefüllten Blüten dieser Rose sind dunkelviolett und rot- bzw. karminrot schattiert. Die Blüten sind groß und duften wunderbar. Vereinzelt kommt es nach dem ersten Flor noch zur Nachblüte. Die Pflanze ist von kurzem und lockerem Wuchs. Obwohl heute selten geworden, kann man die Moosrose mit etwas Anstrengung doch noch bei einigen Rosenschulen erwerben. **ZONEN 4–9.**

Moreau und Robert, Frankreich, 1867

Eltern unbekannt

## 'SOUVENIR DE ST ANNE'S'

ALTE R., BOURBONROSE, HELLROSA, ETWAS NACHBLÜHEND

Dieser Sport besitzt weniger Petalen als seine Elternsorte 'Souvenir de la Malmaison', erregt weniger Aufsehen als diese, verträgt aber regnerisches Wetter gut und duftet intensiver. Der Duft stammt in erster Linie aus den vielen Staubgefäßen. 'Souvenir de St Anne's' wächst sehr buschig und hoch. **ZONEN 5–9.**

Hilling, Großbritannien, 1950

Sport von 'Souvenir de la Malmaison'

Royal Horticultural Society Award of Garden Merit 1993

'Souvenir de St Anne's'

## 'SOUVENIR DE THÉRÈSE LOVET'

ALTE R., TEEROSE, DUNKELROT, ETWAS NACHBLÜHEND

Die dunkelkarminrote Farbe der Blüten dieser Sorte ist bei Teerosen nicht ungewöhnlich; es drängt sich ein Vergleich zu 'Francis Dubreuil' auf. Die Pflanze ist von lebhaftem Wachstum mit dunkelgrünem Laub und großen hakenförmigen Stacheln. Die nicht winterharte Rose benötigt ein heißes Klima und ist in Australien sehr beliebt. **ZONEN 7–9.**

Levet, Frankreich, 1886

'Adam' × 'Safrano à Fleurs Rouges'

## 'SOUVENIR DE VICTOR LANDEAU'

ALTE R., BOURBONROSE, ROT, ETWAS NACHBLÜHEND

Diese geheimnisvolle Rose ist kaum im Handel. Sie trägt große Blüten in umfangreichen Büscheln, gilt als wuchsfreudig und trägt hübsches, dunkelgrünes Laub. Nicht verwechseln sollte man sie mit der heute noch selteneren Remontantrose 'Souvenir de Victoire Landeau' aus dem Jahre 1884. **ZONEN 5–9.**

Moreau und Robert, Frankreich, 1890

Eltern unbekannt

## 'SOUVENIR D 'ELISE VARDON'

ALTE R., TEEROSE, WEISS+, ETWAS NACHBLÜHEND

Die zarten, feinen Blüten dieser recht starkwüchsigen Teerose sind mittelgroß, dichtgefüllt und duften. Ihr mal weißer, mal gemsfarbener Farbton wird auch als creme- bis bronzefarben, bronzefarbenrosé beziehungsweise bräunlich cremefarben beschrieben. **ZONEN 7–9.**

Marest, Frankreich, 1865

Eltern unbekannt

## 'SOUVENIR DU DOCTEUR JAMAIN'

ALTE R., REMONTANTROSE, DUNKELROT, ETWAS NACHBLÜHEND

Die Blüten dieser Rose sind in einem dunklen Weinrot mit purpurner Schattierung gehalten. Die Petalen sind fest und nahezu schwarz. Die Pflanze wird zu einem hohen Strauch, der sich vor einer Mauer ziehen läßt, aber mittags nicht direkter Sonnenstrahlung ausgesetzt sein sollte, weil die Blüten verbrennen können. 'Souvenir du Docteur Jamain' muß gut gedüngt werden, damit das Wachstum und eine zuverlässige Nachblüte gewährleistet sind. **ZONEN 5–9.**

Lacharme, Frankreich, 1865

Sämling von 'Charles Lefèbre'

## 'SOUVENIR D'UN AMI'

ALTE R., TEEROSE, HELLROSA, ETWAS NACHBLÜHEND

Die becherförmigen, gefüllten und stark duftenden Blüten prangen in lachsgetöntem Hellrosa. Die wuchsfreudige, im viktorianischen Zeitalter sehr beliebte Teerose kann im atlantischen Klima Großbritanniens gut den Winter überstehen; als Freilandrose für Deutschland ist sie aber nicht geeignet. **ZONEN 7–9.**

Belot-Defougère, Frankreich, 1846

Eltern unbekannt

'Souvenir d'Elise Vardon'

'Souvenir du Docteur Jamain'

'Sparkling Scarlet'

'Souvenir d'un Ami'

## 'SPANGLES' GANspa

FLORIBUNDA, HELLROSA, ÖFTERBLÜHEND

Diese zart marmorierten, hellrosafarbenen, duftenden Blüten besitzt 15–25 Petalen. Sie sind mittelgroß und sitzen in großen Büscheln an Stielen mit zahlreichen Stacheln. 'Spangles' hat hellgrüne, mattglänzende Blätter und ist nur mäßig krankheitsfest. **ZONEN 5–10.**

Gandy, Großbritannien, 1994

'Florence Nightingale' × 'Silver Jubilee'

Royal National Rose Society Trial Ground Certificate 1992

## 'SPARKLING SCARLET'

MEIhaiti, MEIhati

Syn. 'Iskra'

FLORIBUNDA-KLETTERROSE, ROT, ÖFTERBLÜHEND

Die leuchtend scharlachroten Blüten verströmen einen starken fruchtigen Duft. Sie setzen sich aus 13 Petalen zusammen und sind von mittlerer Größe. 'Sparkling Scarlet' trägt wunderbar große Blütenbüschel an langen Stielen, die meist lange halten. Die Pflanze erreicht 3,5 m Höhe und 1,5 m Breite. **ZONEN 4–11.**

Meilland, Frankreich, 1970

'Danse des Sylphes' × 'Zambra'

Paris Goldmedaille 1969

## 'SPARRIESHOOP'

STRAUCHROSE, HELLROSA, ÖFTERBLÜHEND

Die nach dem heutigen Sitz der Rosenschule des Züchters Kordes benannte Sorte weist lange, spitze Knospen auf, die sich zu fast einfachen, süßlich duftenden Schalenblüten öffnen. Diese erscheinen in großen Büscheln, sind wie rosafarbene Apfelblüten gefärbt und bedecken den Busch während der gesamten Saison. Zahlreiche goldgelbe Staubgefäße verschönern diesen Anblick zusätzlich. Die wuchsfreudige Pflanze bildet lange Triebe, die im Austrieb bronzefarben sind. 'Sparrieshoop' kann man als kleine Kletterrose oder als großen ausladenden Strauch ziehen; das reichliche Wachstum hat sie offenbar von der Rubiginosa-Hybride 'Magnifica' geerbt. Wenn dunkelgrüne Laub nicht auf geeignete Weise geschützt wird, kann es von Mehltaubefallen werden. Seit über 40 Jahren erfreut sich diese Kordes-Rose auf der ganzen Welt großer Beliebtheit. **ZONEN 4–11.**

Kordes, Deutschland, 1953

('Baby Chateau' × 'Else Poulsen') × 'Magnifica'

Portland Goldmedaille 1971

'Speaker Sam'

'Spartan'

## 'SPARTAN'

Syn. 'Aparte'

FLORIBUNDA, ORANGEROT, ÖFTERBLÜHEND

Die spitz zulaufenden Knospen öffnen sich zu leuchtend orangeroten bis korallroten Blüten, die eine schöne symmetrische Form aufweisen. Die großen Blüten erscheinen einzeln oder in kleinen Büscheln und duften angenehm. Sie heben sich wunderbar vom dunkelgrünen Laub ab, das einen wuchsfreudigen Busch ziert. Obwohl 'Spartan' eine Vielzahl anerkannter Preise gewann, blieb ihr die begehrte Auszeichnung *All-American Rose Selection* versagt; die Züchter versuchten daher, diese „Niederlage" durch eine großangelegte Werbekampagne im *Time Magazin* und in der *Saturday Evening Post,* wieder wettzumachen. Die Rose wurde schon oft erfolgreich zur Zucht verwendet. **ZONEN 5–11.**

Boerner, USA, 1955

'Geranium Red' × 'Fashion'

National Rose Society President's International Trophy 1954, Portland Goldmedaille 1955, David Fuerstenberg-Preis der American Rose Society 1957, American Rose Society National Gold Certificate 1961

'Sparrieshoop'

## 'SPEAKER SAM'

TEEHYBRIDE, GELB+, ÖFTERBLÜHEND

Diese Rose zählt zu den etwa 24 Sports der berühmten 'Gloria Dei', die im Jahre 1945 entstand. Sie trägt hellgelbe Blüten, die an den Rändern rot abgesetzt sind; sonst gleicht sie der Elternpflanze. **ZONEN 5–11.**

Dean, USA, 1962

Sport von 'Gloria Dei'

## 'SPECIAL ANGEL'

ZWERGROSE, MAUVE, ÖFTERBLÜHEND

Die hochgebauten Blüten dieser Rose sind mauvefarben und zart rosa überhaucht. Sie sind mit jeweils 15–25 Petalen gefüllt und verströmen einen leichten Duft. Einzeln sitzen sie an langen und geraden Stielen. Das Laub ist dunkelgrün, mattglänzend und schmückt eine aufrechte, wuchsfreudige und wohlgeformte Pflanze. Ihr Name ist eine Widmung an Kinder mit dem Down-Syndrom. **ZONEN 5–10.**

Stoddard, USA, 1992

'Jean Kenneally' × ('Golden Meillandina' × 'Acey Deucy')

'Sparrieshoop'

'Spangles'

## 'SPECTABILIS'

Syn. 'Spectabile'

ALTE R, KLETTERNDE SEMPERVIRENS-HYBRIDE, DUNKELROT, ETWAS NACHBLÜHEND

Diese ältere Ramblerrose ist weniger wuchsfreudig als 'Félicité et Perpétué' und 'Adélaide d'Orléans', wächst jedoch ordentlicher und blüht später. Die Blüten sind klein und lilarosa mit violetter Schattierung. Sie sind rosettenförmig angeordnet und duften wie Primeln. Das Laub ist dunkel und beinahe immergrün. ZONEN 6–9.

Vor 1846

Vermutlich *Rosa sempervirens* × Noisette-Hybride

## 'SPECTACULAR'

Syn. 'Danse du Feu', 'Mada'

FLORIBUNDA-KLETTERROSE, ORANGEROT, ÖFTERBLÜHEND

Die ovalen Knospen dieser Rose öffnen sich zu scharlachroten Blüten mit 30 becherförmig bis flach angeordneten Petalen. Diese wachsen größtenteils in Büscheln, umgeben von bronzefarbenem Laub. 'Spectacular' ist eine reichblühende Pflanze, die eine Höhe von 3 m erreicht und während der gesamten Saison mit ihrer Blütenpracht erfreut. Sie ist sehr winterhart und toleriert selbst Halbschatten, ist aber ohne Schutzmaßnahmen anfällig für Sternrußtau. ZONEN 4–10.

Mallerin, Frankreich, 1953

'Paul's Scarlet Climber'× Sämling von *Rosa multiflora*

## 'SPEK'S YELLOW'

siehe 'Golden Sceptre'

## 'SPENCER'

ALTE R., REMONTANTROSE, HELLROSA, ETWAS NACHBLÜHEND

'Spencer' trägt seidige, rosafarbene Blüten, deren äußere Petalen weiß abgesetzt und leicht nach innen gebogen sind. Die zunächst becherförmigen Blüten werden flach und sind dicht gefüllt. Bei Regen bilden die Knospen schnell Mumien. Die Pflanze wächst ähnlich wie die Elternsorte 'Merveille de Lyon' zu einem mittelgroßen Strauch heran. ZONEN 5–9.

Paul, Großbritannien, 1892

Sport von 'Merveille de Lyon'

## 'SPICE'

ALTE R., CHINAROSE, HELLROSA, ETWAS NACHBLÜHEND

Die Herkunft dieser würzig duftenden Rose ist ungewiß. In der Mitte der blaßrosafarbenen, halbgefüllten Blüten sitzen locker angeordnete Petalen. Die niedrige Chinarose wächst buschig; möglicherweise ist sie mit der verschollenen Sorte 'Hume's Blush' identisch oder stammt von dieser ab. ZONEN 5–10.

Eltern unbekannt

'Spencer'

'Spice Drop'

'Spiced Coffee'

'Spirit of Peace'

## 'SPICE DROP' SAVswet

ZWERGROSE, ORANGEROSA, ÖFTERBLÜHEND

Lachsfarbene Knospen öffnen sich zu lachsrosa, mit 35 Petalen gefüllten Blüten, die jeweils einzeln am Stiel sitzen. Während der ganzen Saison überziehen die hübschen, wohlgeformten Blüten den recht kleinen, aber kompakten Busch mit einem herrlichen Farbschleier; der Busch ist reichlich mit kleinem, mattglänzendem und dunkelgrünem Laub versehen. 'Spice Drop' wird sehr gerne von Künstlern als Vorlage für Blumenbilder verwendet. ZONEN 5–10.

Saville, USA, 1982

('Sheri Anne' × 'Glenfiddich') × (Sämling einer Moosrose × ['Sarabande' × 'Little Chief'])

## 'SPICE TWICE' JACable

TEEHYBRIDE, ORANGE+, ÖFTERBLÜHEND

'Spice Twice' trägt ovale, spitze Knospen, die sich zu korallorangefarbenen, zart duftenden Blüten mit helleren Petalenunterseiten öffnen; sie sind groß und mit 30 Petalen gefüllt. Die meisten dieser Blumen sehen sehr schön aus und erreichen tatsächlich manchmal sogar Ausstellungsniveau. Die Pflanze ist mittelgroß, wuchsfreudig, gesund und dunkelgrün belaubt. ZONEN 5–11.

Zary, USA, 1997

Eltern unbekannt

## 'SPICED COFFEE' MACjuliat

Syn. 'Old Spice', 'Vidal Sassoon'

TEEHYBRIDE, ROSTFARBEN, ÖFTERBLÜHEND

Aufgrund ihrer ungewöhnlichen Färbung erregt diese neuartige Sorte nicht nur bei Floristen große Aufmerksamkeit. In kühlen Gebieten ist sie eher rosa- oder fliederfarbig; in heißem Klima hingegen bildet die Pflanze einen höchst dekorativen, wachsartigen Schimmer aus. Die stark duftenden Blüten besitzen nur 15–25 Petalen und sitzen vor mattgrünen Blättern. 'Spiced Coffee' ist nicht sehr wuchsfreudig und zudem anfällig für Mehltau wie auch Sternrußtau. ZONEN 5–11.

McGredy, Neuseeland, 1990

'Harmonie' × 'Big Purple'

British Association of Rose Breeders, Breeders' Selection 1994

'Splendens' (II)

## 'SPIRIT OF PEACE' JACstine

TEEHYBRIDE, GELB+, ÖFTERBLÜHEND

Die hübschen apricotgelben Blüten nehmen beim Öffnen einen leichten Rosaton an, wenn sie dem direkten Sonnenlicht ausgesetzt sind. Die großen, mit 25–40 Petalen gefüllten Blüten sitzen an langen, geraden Stielen und duften andeutungsweise. Ihr Laub ist dunkelgrün und mattglänzend; die Stiele weisen einige Stacheln auf. 'Spirit of Peace' bildet meist einen großen und ausladenden Busch. Nicht verwechseln sollte man diese Rose mit der von Meilland gezüchteten und 1994 herausgebrachten 'Paul Ricard', die ebenfalls den Namen 'Spirit of Peace' als Synonym trägt. ZONEN 5–10.

Warriner, USA, 1992

'Pristine' × Sämling

## 'SPLENDENS' (I)

Syn. 'Ayrshire Splendens', *Rosa arvensis splendens*

ALTE R., AYRSHIREROSE, WEISS

*Rosa arvensis*, im Volksmund auch als Acker-, Feld- oder Kriechrose bekannt, ist eine heimische Wildrose. Die hier beschriebene 'Splendens' zählt zu denjenigen Ramblerrosen, die seit dem frühen 19. Jh. aus dieser Wildart hervorgingen. Das Synonym 'Ayrshire Splendens' verdankt die Rose dem Earl von Loudon in der englischen Grafschaft Ayrshire, der an ihrer Entwicklung beteiligt war. 'Splendens' zählt mit ihren lockeren weißen, rosa überhauchten Blüten zu den besten dieser Arvensis-Hybriden. Besonders interessant ist ihr Duft, der an Myrrhe erinnert und auch bei den Alba-Rosen 'Belle Amour' und 'Belle Isis' sowie bei einigen Rosen David Austins – wie beispielsweise der bekannten 'Constance Spry' – vorkommt. 'Splendens' blüht nur einmal im Juni und wächst sehr aufgelockert. ZONEN 5–9.

Vor 1837

Hybride von *Rosa arvensis*

## 'SPLENDENS' (II)

Syn. 'Frankfurt', *Rosa gallica splendens*

ALTE R., GALLICA-ROSE, ROT

Diese Alte Rose besitzt halbgefüllte, karminrote und purpur überhauchte Blüten. In ihrer Mitte sind wunderbare goldene Staubgefäße zu sehen, die einen schönen Farbkontrast ergeben. Im Garten macht sich diese Rose hervorragend im Hintergrund einer gemischten Rabatte. ZONEN 5–10.

Vor 1583

Eltern unbekannt

S

'Spectacular'

S

'Spring Song'

'Spong'

'Squatters Dream'

## 'SPONG'

ALTE R., ZENTIFOLIE, REIN ROSA

Diese zwergförmige Zentifolie hat kleine, duftende rosafarbene Blüten, die eher offen als pomponförmig sind und eine lockere Mitte besitzen. Die Blüten sitzen in großen Büscheln und erscheinen nur einmal Anfang Juni. Leider fallen sie nach dem Verwelken nicht ab, sondern müssen ausgeputzt werden. Der wohlgeformte, gesunde Busch eignet sich für die Vorderseite einer Rabatte und sollte zwischen Stauden gesetzt werden. Die graugrünen, stacheligen Triebe sind mit mittelgroßen, gesägten Blättern bedeckt, die ebenfalls grau-grün gefärbt sind. **ZONEN 4–9.**

Frankreich, um 1805

Eltern unbekannt

## 'SPRING SONG'

STRAUCHROSE, DUNKELROSA, ÖFTERBLÜHEND

Die duftenden, halbgefüllten Blüten erscheinen in sattem Karminrosarot zahlreich an einem wuchsfreudigen, niedrigen Strauch mit anmutig überhängenden Trieben. 'Spring Song' gedeiht am besten auf gut drainierten, fruchtbaren Böden, die zudem mit einer Mulchschicht bedeckt sind. Diese Strauchrose sollte nicht mit der gleichnamigen, lachsfarbenen Sorte des amerikanischen Züchters Ralph Moore verwechselt werden. **ZONEN 5–10.**

Riethmuller, Australien, 1954

Sämling von 'Gartendirektor Otto Linne'

## 'SQUATTERS DREAM'

STRAUCHROSE, REIN GELB, ÖFTERBLÜHEND

Die leuchtend gelben Blüten dieser Sorte verblassen mit der Zeit. Sie sind halb gefüllt, duften und wirken vor einem Hintergrund aus dunkelbronzegrünem Laub sehr dekorativ. Der Strauch ist zwergwüchsig, nicht winterhart und hat unbestachelte Triebe. **ZONEN 7–10.**

Clark, Australien, 1923

Sämling von *Rosa gigantea*

## 'STACEY SUE'

ZWERGROSE, HELLROSA, ÖFTERBLÜHEND

'Stacey Sue' hat kurze, spitze Knospen, die sich zu weichen, rosafarbenen Blüten mit fast 60 Petalen öffnen. Die Blumen verströmen einen zarten Duft und sind rosettenförmig angeordnet. Sie sitzen in Büscheln an langen Stielen inmitten kleiner, glänzend grüner Blätter. 'Stacey Sue' kann sich recht schnell ausbreiten, wenn man sie nicht schneidet. Die Rose ist gesund, zeigt eine herrliche hellrosafarbene Blütenpracht und blüht rasch nach. **ZONEN 5–11.**

Moore, USA, 1976

'Ellen Poulsen' × 'Fairy Princess'

Royal Horticultural Society Award of Garden Merit 1993

## 'STADT BASEL'

siehe 'Rustica'

## 'STADT BOTTROP'

siehe 'My Girl'

'Stämmler'

## 'STADT HILDESHEIM'

siehe 'Douceur Normande'

## 'STADT ROSENHEIM'

STRAUCHROSE, ORANGEROT, ÖFTERBLÜHEND

Die orangeroten, duftenden Blüten von 'Stadt Rosenheim' sind gefüllt, mittelgroß und erscheinen in Büscheln von bis zu zehn Einzelblüten, umgeben von glänzend hellgrünem, üppigem und gesundem Laub. Die wuchsfreudige Pflanze wächst aufrecht. 'Stadt Rosenheim' gehört zu den zahlreichen farbenprächtigen Kordes-Rosen der 60er Jahre des 20. Jh. Sie sind durchweg äußerst winterhart und zeichnen sich durch eine dauerhafte Blütenpracht im Sommer aus. Außerhalb von Deutschland ist diese Sorte kaum bekannt. **ZONEN 4–10.**

Kordes, Deutschland, 1961

Eltern unbekannt

ADR-Rose 1960

## 'STÄMMLER'

ALTE R., REMONTANTROSE, REIN ROSA, ETWAS NACHBLÜHEND

Diese kräftige, besser als andere Remontantrosen nachblühende Tantau-Rose entstammt einer interessanten Kreuzung. 'Stämmler' weist angenehm duftende, gut gefüllte, karminrosarote Blüten auf, aber ist nicht überall zu finden, da die Ära der Remontantrosen eigentlich längst vorbei ist. Der über 1,2 m hohe Strauch blüht sehr reichlich. **ZONEN 5–9.**

Tantau, Deutschland, 1930

'Victor Verdier' × 'Arabella'

## 'STAINLESS STEEL' WEKblusi

TEEHYBRIDE, MAUVE, ÖFTERBLÜHEND

Die Teehybride zeichnet sich durch Blüten in klarem, silbergrauem Fliederton aus. Jede der großen wohlgeformten Blüten besteht aus 35–40 Petalen und sitzt zumeist einzeln am Blütenstiel. Da die Blüten – wie die meisten Rosen dieser Farbklasse – stark duften und lange halten, eignen sie sich gut als Schnittblumen. Das Laub ist groß, mittelgrün, mattglänzend und üppig; die wuchsfreudige Pflanze wird recht hoch und blüht sehr reichlich. **ZONEN 5–11.**

Carruth, USA, 1991

'Blue Nile' × 'Silverado'

## 'STANWELL PERPETUAL'

ALTE R., PIMPINELLIFOLIA-HYBRIDE, WEISS, ÖFTERBLÜHEND

Diese Rose besitzt den Wuchs und die Blätter einer Pimpinellifolia-Hybride, ihre Blüten mit den typischen Knopfaugen deuten jedoch auf öfterblühende Herbst-Damaszenerrosen hin. Sie trägt rötlich überhauchte, blaßrosafarbene, gut gefüllte Blüten, die fedrig, flach und geviertelt sind. Dazu blüht sie wieder-

'Stanwell Perpetual'

'Stacey Sue'

S

'Star Trail'

'Starlet'

holt, nahezu ohne Unterbrechung nach und duftet wunderbar. Der überhängende, stachelige Busch ist mittelgroß bis groß. Mit ihren neun Fiederblättchen erinnern die kleinen Blättchen an Farn oder Wiesenknopf; die Stiele sind stark bewehrt. Alte grundständige Triebe sollten saisonweise ausgeputzt werden, um das Wachstum anzuregen. **ZONEN 4–9.**

Lee, Großbritannien, 1838

Vermutlich eine öfterblühende Damaszenerrose × Pimpinellifolia-Hybride

## 'STAR DELIGHT' MORstar

STRAUCHROSE, RUGOSA-HYBRIDE, REIN ROSA, ÖFTERBLÜHEND

Die Knospen dieser Rose sind spitz und öffnen sich zu rosaroten, einfachen Blüten, deren Petalen am Grund weiß und unterseits silbrigrosa sind. Die duftenden Blumen sitzen in Büscheln zu 3–5, umgeben von mattglänzenden, mittelgroßen Blättern, die ungewöhnlich olivgrün gefärbt sind. Die aufrechte, hochbuschige Pflanze ist Ergebnis eines Versuchs des Amerikaners Ralph Moore, mehr Abwechslung unter die modernen Gartenrosenarten zu bringen. **ZONEN 4–10.**

Moore, USA, 1990

'Yellow Jewel' × *Rosa rugosa* 'Magnifica'

## 'STAR OF WALTHAM'

ALTE R., REMONTANTROSE, ROT, ETWAS NACHBLÜHEND

Ihre Blüten haben zunächst einen satten Karminton, der zu Magentarot verblaßt; gelegentlich ist ein weißer Streifen zu sehen. Sie duften angenehm und blühen im Herbst zuverlässig nach. Die mittelgroße Pflanze wächst aufrecht und buschig. Allerdings läßt sich 'Star of Waltham' nicht leicht pflegen, sie bildet bei Regen Mumien und ist zudem auch nur schwer erhältlich. **ZONEN 5–9.**

Paul, Großbritannien, 1875

Eltern unbekannt

'Stardust'

## 'STAR TRAIL'

ZWERGROSE, APRICOT+

Diese wunderbare Zwergrose trägt höchst dekorative, wohlgeformte, flache Blüten mit 20–25 apricot überhauchten, gelborangefarbenen Petalen. Die kleine, dichte, recht krankheitsfeste Pflanze zeigt eine üppige Vielfalt von Blüten, die sich lange halten. Das Laub ist ebenfalls klein, glänzend und dunkelgrün. Die Blüten von 'Star Trail' halten ihre Farbe lange, duften aber nur wenig.
**ZONEN 5–9.**

Meilland, Frankreich, 1976

Eltern unbekannt

## 'STARDUST' DEVstar

TEEHYBRIDE, WEISS, ÖFTERBLÜHEND

Die Blüten von 'Stardust' sind groß, weiß und mit 25–40 Petalen gefüllt. Sie sitzen zumeist einzeln an langen Blütenstielen, öffnen sich nur langsam und halten sich ziemlich lange in der Vase. Diese Teehybride verbreitet jedoch kaum Duft. Das Laub der hohen und aufrechten Pflanze ist groß, mittelgrün und mattglänzend.
**ZONEN 5–11.**

Marciel, USA, 1992

'Coquette' × Sämling

## 'STARGAZER'

FLORIBUNDA, ORANGE+, ÖFTERBLÜHEND

Die Blüten von 'Stargazer' sind lebhaft orangerosa, besitzen ein auffällig cremefarbenes Auge und duften zart. Sie sind klein, mit neun Petalen nur einfach gefüllt und erscheinen in großen Büscheln an einer niedrigen und buschigen Pflanze. Da die Blüten direkt nach oben weisen, ist der Name *Stargazer* (zu Deutsch „Himmelsgucker") durchaus treffend gewählt. Das Laub ist klein und mattglänzend. 'Stargazer' ist eine kleine leuchtende Rose, die vor allem in einer Gruppenpflanzung hervorragend zur Geltung kommt. **ZONEN 5–11.**

Harkness, Großbritannien, 1977

'Marlena' × 'Kim'

Royal National Rose Society Certificate of Merit 1976

## 'STARGLO'

ZWERGROSE, WEISS, ÖFTERBLÜHEND

Die hübschen langen, spitzen Knospen dieser Sorte öffnen sich zu weißen Blüten mit einer Spur von Rot. Ein weiteres Merkmal sind weit geöffnete, sternfrömig aufgebaute Blüten mit gelben Staubgefäßen, die mit 30 Petalen gefüllt sind und eine hohe Mitte haben; sie sitzen einzeln an langen, geraden Stielen und duften zart. Ihr Laub ist klein und ledrig. 'Starglo' bleibt wuchsfreudig, aufrecht und ausladend, wenn man sie nicht zurückschneidet. Die Sorte ist außerordentlich winterhart und krankheitsfest.
**ZONEN 4–11.**

Williams, USA, 1973

'Little Darling' × 'Jet Trail'

American Rose Society Award of Excellence 1975

## 'STARINA' MEIgabi, MEIgali

ZWERGROSE, ORANGEROT, ÖFTERBLÜHEND

Die Blüten von 'Starina' sind leuchtend orange bis zinnoberrot und erscheinen einzeln oder in kleinen Büscheln. Es handelt sich um schöne, gefüllte und ausstellungsreife Blüten, die sich dekorativ von einem glänzenden, grünen Laub abheben. Diese niedrige Pflanze ist eine typische klassische Zwergrose des 20. Jh. In dieser Rosenklasse hat ähnliche Maßstäbe gesetzt wie 'Gloria Dei' bei den Teehybriden. **ZONEN 5–10.**

Meilland, Frankreich, 1965

('Dany Robin' × 'Fire King') × 'Perla de Montserrat'

Japan Goldmedaille 1968, ADR-Rose 1971

## 'STARLET'

FLORIBUNDA, REIN GELB, ÖFTERBLÜHEND

'Starlet' ist eine hübsche kleine Rose, deren Blüten in einem zarten Gelbton gefärbt sind. Die spitzen Knospen öffnen sich zu mittelgroßen Blüten, die mit 60 Petalen dicht gefüllt sind, eine klassische hohe Mitte besitzen und einzeln auf Stielen in kleinen Büscheln sitzen. Die Petalen besitzen ebenfalls eine attraktive spitze Form, und die Blüten verströmen einen zarten Duft. Der Busch blüht fortlaufend und liefert wunderbare Schnittblumen, die sich langsam öffnen und ihre Farbe gut halten. 'Starlet' ist wuchsfreudig und ausladend, erreicht eine mittlere Höhe und ist für Beete und Rabatten geeignet; auch läßt sie sich gut mit Stauden kombinieren.
**ZONEN 5–11.**

Swim, USA, 1957

'Goldilocks' × Sämling

'Starglo'

'Star Delight'

'Starina'

'Stargazer'

## 'STARS 'N' STRIPES'

ZWERGROSE, ROT+, ÖFTERBLÜHEND

Diese Rose hat lange, spitze Knospen, die sich zu außerordentlich gleichmäßig karminrot und weiß gestreiften Blüten öffnen; diese setzen sich aus 20 Petalen zusammen, duften süßlich und stehen in Büscheln. Das Laub des großen aufrechten Busches ist hell- bis mittelgrün und macht ihn zur guten Wahl für eine Hekke. Mit dieser Rose erreichte Moore erstmalig sein Ziel, gestreifte Zwergrosen zu züchten. Langjährige Versuche führten schließlich zum elterlichen Sämling 'Striped 14', der aus einer Kreuzung von 'Little Darling' mit 'Ferdinand Pichard' hervorging; diesen kreuzte Moore erneut mit 'Little Chief', und als Ergebnis entstand die neuartige 'Stars'n Stripes' – gerade rechtzeitig zur Zweihundertjahrfeier der USA im Jahre 1976. Aus dieser Sorte gingen dann zahlreiche gestreifte Zwergrosen hervor. **ZONEN 5–10.**

Moore, USA, 1975

'Little Chief' × ('Little Darling' × 'Ferdinand Pichard')

## 'STEFFI GRAF' HELgraf

TEEHYBRIDE, REIN ROSA, ÖFTERBLÜHEND

Die dicken Knospen dieser Rose öffnen sich zu perfekt geformten, urnenförmigen Blüten mit hoher Mitte, die zumeist einzeln an aufrechten Stielen sitzen. Die Farbe ist insgesamt Hellrosa, jedoch können die Petalenränder leicht dunkelrosa gesäumt sein. Das Laub ist dunkelgrün. **ZONEN 5–10.**

Hetzel, Deutschland, 1993

Eltern unbekannt

'Stars 'n' Stripes'

## 'STELLA'

TEEHYBRIDE, ROSA+, ÖFTERBLÜHEND

Diese Rose ist schon seit den 60er Jahren des 20. Jh. sowohl im Garten wie auch auf Ausstellungen gleichermaßen beliebt. Die großen Knospen öffnen sich zu rosaroten Blüten, die in der Mitte cremefarben und nach außen dunkelrosa überlaufen sind. Die großen, mit je 35 Petalen gefüllten Blüten bilden eine hohe Mitte, sitzen einzeln oder in Büscheln an der Pflanze und duften zart. Die Teehybride ist wuchsfreudig, von aufrechter Gestalt und zeigt eine reichhaltige Blütenpracht mit rascher Nachblüte. 'Stella' macht sich gut als Beetrose.

**ZONEN 5–10.**

Tantau, Deutschland, 1958

'Horstmann's Jubiläumsrose' × 'Gloria Dei'

Goldmedaille der National Rose Society 1960

## 'STELLA ELIZABETH'

ZWERGROSE, WEISS, ÖFTERBLÜHEND

Die cremefarbenen, mit 35 Petalen gefüllten Blüten sind an den Blütenblatträndern weiß abgesetzt. Sie verströmen einen zarten Duft und erscheinen in kleinen Büscheln. Das Laub ist klein, mittelgrün und glänzend. Es bedeckt einem mäßig wuchsfreudigen Busch, der relativ krankheitsfest ist. 'Stella Elizabeth' blüht sehr reichlich; im Frühjahr und Spätherbst ist sie mit Blüten übersät. Durch die schnelle Nachblüte macht sie sich wunderbar im Garten, kann aber auch bei Platzmangel in einem Topf oder einem Kübel untergebracht werden.

**ZONEN 5–10.**

Moore, USA, 1983

Sämling × Sämling

'Stella Elizabeth'

'Stella'

'Steffi Graf'

## 'STEPHANIE DIANE'

TEEHYBRIDE, ROT, ÖFTERBLÜHEND

Die mit 35 Petalen gefüllten Blüten dieser Teehybride sind scharlachrot, bilden eine hohe Mitte und werden mit 6–12 cm Durchmesser recht groß. Sie blüht reichlich, allerdings bei langsamer Nachblüte, was jedoch durch den süßen Duft trefflich ausgeglichen wird. Die Pflanze ist mäßig wuchsfreudig, von aufrechter Gestalt und trägt mittelgrünes, mattglänzendes Laub. Sie eignet sich für Ausstellungen zum Schnitt, da sich die Blüten langsam öffnen und lange halten.

**ZONEN 5–10.**

Bees, Großbritannien, 1971

'Duftwolke' × 'Cassandra'

## 'STEPHANIE JO'

TEEHYBRIDE, HELLROSA, ÖFTERBLÜHEND

Diese hochwüchsige Rose mit gesunden, mittelgrünen, mattglänzenden Blättern trägt wohlgeformte Blüten in einem sehr hellen Rosa. Die 25–30 Petalen in der langen Knospen entfalten sich langsam und verströmen etwas Duft. Die Blüten entstehen bei rascher Nachblüte reichlich einzeln und in kleinen Büscheln und machen sich gut als Schnittblumen. Die Sorte gehört zu den besten Rosen, die in Australien gezüchtet wurden.

**ZONEN 5–9.**

Allender, Australien, 1995

Eltern unbekannt

'Stephanie Diane'

'Stephanie Jo'

## 'STEPHENS' BIG PURPLE'

STEbigpu

**Syn. 'Big Purple', 'Nuit d'Orient'**

TEEHYBRIDE, MAUVE+, ÖFTERBLÜHEND

Diese Rose zählt zum Spätwerk des neuseeländischen Züchters Pat Stephens, der zusammen mit seiner Frau viele Jahre lang zu den führenden Rosenausstellern des Landes zählte. Große, ovale Knospen dieser großblumigen Rose öffnen sich langsam zu mit 35 Petalen gefüllten Blüten in sehr dunklem Purpur. Sie duften stark und sitzen an langen Stielen. 'Stephens' Big Purple' ist eine große, aufrechte Pflanze mit mattgrünem, gesundem Laub, die reichlich blüht, auch wenn die Nachblüte ein wenig zögerlich erfolgt. Bei kühlem Wetter können die Blumen Ausstellungsqualität erreichen. Aufgrund der einzigartigen Farbe und des starken Dufts dient die Teehybride auch als Schnittrose. **ZONEN 5–10.**

Stephens, Neuseeland, 1985

Sämling × 'Purple Splendour'

S

'Stephens' Big Purple'

'Strawberry Swirl'

'Sterling Silver'

'Strawberry Crush'

## 'STERLING SILVER'

TEEHYBRIDE, MAUVE+, ÖFTERBLÜHEND

Diese Sorte zählte zu den ersten Rosen, die silbrig mauve getönt sind – ein sehr schöner und einzigartiger Farbton. Lange, spitze Knospen öffnen sich zu hochgebauten, becherförmigen, gefüllten und stark duftenden Blüten, die in der Regel in kleinen Büscheln erscheinen. Leider ist 'Sterling Silver' blühfaul und blüht auch nur langsam nach. Die Blätter an der kurzen und aufrechten Pflanze sind glänzend, groß und krankheitsfest. Ungeachtet dieser Nachteile lohnt es sich, diese wirklich einmalige gefärbte Teehybride zu ziehen, die blaustichiger als die meisten anderen mauvefarbenen Rosen ist. Sie eignet sich als Schnittblume und wirkt sehr dekorativ in Silber- und Zinnvasen.

**ZONEN 5–11.**

Fisher, USA, 1957

Sämling × 'Gloria Dei'

## 'STRAWBERRY CRUSH'

FLORIBUNDA, ROT, ÖFTERBLÜHEND

Bei dieser Floribundarose handelt es sich um eine Sorte, die sich besonders gut in Beeten macht; denn die jungen Blätter sind im Austrieb schön rot gefärbt, bevor sie langsam einen sattgrün Farbton annehmen. Das Laub ist üppig, glänzend und krankheitsfest. Die Blüten erscheinen in wohlgeformten, unterschiedlich großen Büscheln und haben eine leuchtend scharlachrote Tönung. Besonders hübsch sind die Knospen; sie öffnen sich zu mittelgroßen, zart duftenden und gefüllten Blüten, die sich lange halten, ohne zu verblassen. 'Strawberry Crush' ist sehr reichblühend bei rascher Nachblüte. Sie eignet sich gleichermaßen als Beetrose wie auch als Hochstamm.

**ZONEN 5–10.**

Dickson, Großbritannien, 1974

'Bridal Pink' × 'Franklin Engelmann'

## 'STRAWBERRY SWIRL'

ZWERGROSE, ROT+, ÖFTERBLÜHEND

Die ovalen Knospen öffnen sich zu Blüten mit 50 Petalen, die rot-weiß gefärbt sind und an die großblumige Gallica-Rose 'Rosa Mundi' erinnern. Ihre Blüten sind gefüllt, bemoost und an den Stielen mit zahlreichen feinen Stacheln besetzt. Der ausladende Busch ist von langen, hängenden Trieben bedeckt, die mit Blüten überzogen sind. 'Strawberry Swirl' läßt sich auch als rankender Bewuchs einer Gartenbank verwenden oder in eine Hängeampel pflanzen. Viele Rosenliebhaber sind von der einzigartigen Farbkombination dieser Zwergrose begeistert. **ZONEN 5–10.**

Moore, USA, 1978

'Little Darling' × Sämling einer Zwergrose

'Stroller'

## 'STRETCH JOHNSON' MACfinwal

Syn. 'Rock 'n Roll', 'Tango'

STRAUCHROSE, ROT+, ÖFTERBLÜHEND

Die Blüten sind leuchtend orangescharlachrot mit einer gelben Mitte. Die 15 Petalen sind orange überhaucht, ihre Unterseiten sind silbrig-orangefarben. Die Blüten erscheinen in kleinen und großen Büscheln an einem hohen, nahezu kletternden Strauch. Das Laub ist mittelgrün, mattglänzend, dicht und sehr reichlich. Im Herbst bilden sich an der Basis neue große Triebe, die dicke, große Blütenköpfe tragen. Die besten Blüten werden im Herbst oder bei kühlem Wetter hervorgebracht. Besonders auffällig wirkt die Strauchrose als rankender Bewuchs an einer Säule.

**ZONEN 4–11.**

McGredy, Neuseeland, 1988

'Heckenzauber' × 'Maestro'

Goldmedaille der Royal National Rose Society 1988, Glasgow Silbermedaille 1992, Goldene Rose von Den Haag 1993, Royal Horticultural Society Award of Garden Merit 1993

## 'STRING OF PEARLS' RUIstringperl

ZWERGROSE, ORANGEROT, ÖFTERBLÜHEND

Farnartiges, leuchtend grünes Laub, winzige Knospen und ebensolche Blüten machen diesen kleinen und ordentlichen Strauch zu einer guten Topfpflanze. Die runden Knospen öffnen sich zu perlmuttrosafarbenen Blüten, die in der Sonne ein dunkleres Rosa annehmen; sie erscheinen über den ganzen Strauch verteilt, so daß die Pflanze wie ein riesiger Blumenstrauß wirkt. Leider besitzt sie keinerlei Duft. **ZONEN 4–9.**

de Ruiter, Niederlande, 1991

Eltern unbekannt

'Stretch Johnson'

## 'STROLLER'

FLORIBUNDA, ROT+, ÖFTERBLÜHEND

'Stroller' gehörte zu den ersten zweifarbigen Floribundarosen des Züchters Pat Dickson, die kontrastreich gefärbt sind, jedoch im Alter verblassen. Die Knospen sind schlank und öffnen sich zu lockeren, kirschrot gefärbten Blüten mit goldenen Petalenunterseiten. Sie sind gefüllt und entfalten sich in zart duftenden Büscheln unterschiedlicher Größe. Das Laub der buschigen Pflanze ist mittelgrün und matt. **ZONEN 5–10.**

Dickson, Großbritannien, 1968

'Manx Queen' × 'Happy Event'

Royal National Rose Society Certificate of Merit 1969

## 'SUAVEOLENS'

siehe 'Alba Suaveolens'

## 'SUE LAWLEY' MACspash, MACsplash

Syn. 'Spanish Shawl'

FLORIBUNDA, ROT+, ÖFTERBLÜHEND

Die zart duftenden, mit 20 Petalen gefüllten, roten Blüten stehen in Büscheln zu 3–7; sie sind hellrosa gesäumt und unterseits silbrigrosa gefärbt. Das junge Laub ist rot und wird später hellgrün; die glanzlosen Blätter bedecken eine hochwüchsige, sehr buschige, gesunde und stark bewehrte Pflanze, die bei rascher Nachblüte üppig blüht. **ZONEN 5–10.**

McGredy, Neuseeland, 1980

(['Little Darling' × 'Goldilocks'] × [('Roter Stern' × ('Coryana' × 'Tantaus Triumph')) × ('John Church' × 'Elizabeth of Glamis')]) × ('Roter Stern' × ['Orange Sweetheart' × 'Frühlingsmorgen'])

Royal National Rose Society Certificate of Merit 1977, Neuseeland Goldmedaille 1981

'Stretch Johnson'

S

'Suitor'

'Suitor'

## 'SUE RYDER' HARlino

FLORIBUNDA, ORANGEROSA, ÖFTERBLÜHEND

Die becherförmigen, mit etwa 20 Petalen gefüllten Blüten von 'Sue Ryder' sind unterseits intensiv lachsorange- bis gelb gefärbt. Sie sind mittelgroß, sitzen in großen Büscheln und behalten ihre Farbe lange; allerdings duftet die Floribun-darose kaum. Das mittelgroße Laub der buschigen Pflanze ist mittelgrün und glänzend. Diese rasch nachblühende Sorte eignet sich hervorragend für Beete. **ZONEN 5–10.**

Harkness, Großbritannien, 1980

('Southampton' × 'Königin der Rosen') × ('Parkdirektor Riggers' × 'Piccadilly')

Royal National Rose Society Trial Ground Certificate 1978

## 'SUGAR ELF'

KLETTERNDE ZWERGROSE, ROSA+, ÖFTERBLÜHEND

'Sugar Elf' besitzt lange, spitze Knospen, die sich zu halbgefüllten, zart duftenden Blüten in einer Rosa- und Goldmischung öffnen. Ihr Laub ist glänzend und ledrig. Sie wächst ausladend, jedoch meist erst nach dem Frühjahrsflor; auch die Nachblüte ist eher spärlich. Diese Zwergrose wird häufig als Kletterpflanze gezogen oder in Hängekörben gepflanzt, von wo die weichen Triebe anmutig herabhängen können. 'Sugar Elf' ist einigermaßen krankheitsresistent. **ZONEN 5–10.**

Moore, USA, 1974

(*Rosa wichuraiana* × 'Floradora') × 'Debbie'

## 'SUITOR'

POLYANTHAROSE, REIN ROSA, ÖFTERBLÜHEND

Diese zwergwüchsige Polyantharose bringt rosarote Blüten mit 25 Petalen hervor. Diese blühen in Büscheln zu 10–20, sind klein und duften, was für eine Polyantharose ungewöhnlich ist. Die Blüten behalten ihre Farbe und sind langlebig; die Blütenproduktion erfolgt reichlich mit schneller Nachblüte. Die Pflanze trägt glanzloses, mittelgrünes Laub mit vereinzelten Stacheln. Sie ist etwas anfällig für Mehltau und ergibt eine gute zwergwüchsige Hecke. **ZONEN 5–10.**

Clark, Australien, 1942

'Alice Amos' × unbekannt

## 'SUMA' HARsuma

BODENDECKERROSE, ROT, ÖFTERBLÜHEND

Dieser Schwestersämling von 'Heideröslien Nozomi' hat stark duftende, rosarote Blüten mit vielen Petalen, die mit dem Alter verblassen. Dem hübschen, üppigen Frühjahrsflor folgen eine schwächere Blühphase im Sommer und eine unregelmäßige Herbstblüte. Die Triebe der Pflanze kriechen am Boden, sind jedoch üppig mit kleinen Blättern versehen, so daß diese Rose auch als Kaskadenrose bzw. rankender Hängebewuchs an Wänden geeignet ist. Die dünnen Triebe sind sehr biegsam, so daß man 'Suma' auch an einer Stange oder einem Stab nach oben ziehen kann. Sonst erreicht sie höchstens 30 cm Höhe, aber bis zu 1,2 m Breite, so daß sie stets genügend Platz erhalten sollte. **ZONEN 5–10.**

Onodera, Japan, 1989

Eltern unbekannt

Royal Horticultural Society Award of Garden Merit 1993

'Sue Lawley'

'Summer Blush'

## 'SUMMER BLUSH' SIEsummer

ALTE R., ALBA-ROSE, DUNKELROSA

Rolf Sievers hatte Formen von *Rosa alba* mit *R. kordesii* gekreuzt und als Ergebnis mehrere Alba-Rosen erhalten. Die im Juni erscheinenden Blüten dieser Sorte sind rot – eine interessante Tatsache, da die meisten Alba-Rosen weiße oder rosa schattierte Blüten besitzen. Die geöffneten Blüten zeigen zur Mitte hin 30–40 einwärts gebogene, zart rosafarbene Petalen und duften stark. Die anmutig hängende Pflanze ist mit zähem, gesundem Laub bedeckt und besonders winterhart. Somit ist sie für auch Kanada, Nordamerika und Nordeuropa geeignet. **ZONEN 4–9.**

Sievers, Deutschland, 1988

Eltern unbekannt

'Sugar Elf'

'Sue Ryder'

S

## 'SUMMER BREEZE' KORelasting

**Syn. 'Linderhof'**

STRAUCH-/KLETTERROSE, DUNKELROSA, ÖFTERBLÜHEND

Diese neue Strauch- oder Kletterrose ist eine kletternde Floribundarose und trägt große, einfache bis halbgefüllte Blüten mit breiten Petalen, die sich schalenförmig öffnen und dekorative goldene Staubgefäße freilegen. Die Blüten sind in einer leuchtenden Dunkelrosaschattierung gehalten und verströmen einen angenehmen süßlichen Duft. Nach einer ersten Blüte bleibt der Blütenflor noch den ganzen Sommer und Herbst hindurch erhalten. Im Garten erfüllt die wuchsfreudige Rose, die in Deutschland 'Linderhof' heißt, mit dem reichverzweigten Wuchs und dem üppigen, glänzenden, mittelgrünen Laub vielerlei Zwecke. So läßt sie sich an Wänden, Zäunen, Bögen, Pergolen und großen Säulen ziehen. Derselbe Züchter brachte 1987 eine Floribundarose auf den Markt, die oft unter dem gleichen Namen 'Summer Breeze' aufgeführt wird und somit ein wenig für Verwirrung sorgt; diese Sorte wird, um das „Namensdurcheinander" zu vervollständigen, meist unter dem Synonym 'Surrey' geführt. **ZONEN 4–9.**

Kordes, Deutschland, 1998

Eltern unbekannt

'Summer Dream'

## 'SUMMER DAMASK'

**Syn. *Rosa* × *damascena***

ALTE R., DAMASZENERROSE, REIN ROSA

Man vermutet, daß diese Rose im Mittelalter von den Heimkehrern der Kreuzzüge aus Kleinasien nach Europa mitgebracht wurde. Die mutmaßliche Kreuzung aus *Rosa gallica* und *R. phoenicea* ergab intensiv duftende, gefüllte, rosafarbene oder weiße Blüten, die gelegentlich gestreift sind und in Büscheln erscheinen. Die Pflanze wächst in ähnlicher Manier wie eine Gallica-Rose aufrecht, ist aber stärker und etwas überhängend. Die zahlreichen Formen dieser Damaszenerrose sind in diesem Buch unter dem jeweiligen Sortennamen zu finden. **ZONEN 4–9.**

Vor dem 16. Jh.

Eltern unbekannt

## 'SUMMER DREAM' JACshe

TEEHYBRIDE, APRICOT+, ÖFTERBLÜHEND

Die gefüllten, apricotfarbenen Blüten haben 30 Petalen, sind mittelgroß und besitzen die hohe Mitte einer Ausstellungsrose. Für gewöhnlich sitzen sie einzeln an langen Stielen und eignen sich daher gut zum Schnitt. Die Blumen verströmen einen zarten fruchtigen Duft. 'Summer Dream' besitzt mattglänzende, mittelgrüne Blätter, ihr Wuchs ist aufrecht, und sie ist sehr krankheitsfest. Die Nachblüte ist gut. **ZONEN 5–10.**

Warriner, USA, 1987

'Sunshine' × Sämling

'Summer Holiday'

'Summer Breeze'

## 'SUMMER FASHION' JACale

**Syn. 'Arc de Triomphe'**

FLORIBUNDA, GELB+, ÖFTERBLÜHEND

Die mit etwa 20 Petalen gefüllten, hellgelben Blüten sind mit zartem Lachsrosa gesäumt. Nachdem sich die Blüten geöffnet haben, überzieht der Rosaton allmählich den gelben Teil der Blüte. Die duftenden Blumen fallen für eine Floribundarose recht groß aus. Das üppige Laub ist ebenfalls groß, mittelgrün und mattglänzend; es bedeckt den ein wenig klein geratenen Busch überaus reichlich. Die Nachblüte erfolgt nur zögerlich, doch erweckt 'Summer Fashion' aufgrund ihrer ungewöhnlichen hübschen Farben stets Aufmerksamkeit. Die Sorte macht sich gut als Hochstamm, läßt sich aber auch in einer niedrigen Rabatte verwenden. **ZONEN 5–10.**

Warriner, USA, 1986

'Precilla' × 'Bridal Pink'

## 'SUMMER HOLIDAY'

TEEHYBRIDE, ORANGEROT, ÖFTERBLÜHEND

Diese Rose stellt durchaus eine Verbesserung gegenüber der Elternpflanze 'Super Star' dar. Die langen, spitzen Knospen öffnen sich zu Blüten in intensivem Orangescharlachrot, das lange hält, ohne zu verblassen. Die duftenden, gefüllten Blüten besitzen etwa 50 Petalen und eine hohe Mitte. Sie sitzen an langen Stielen an einer sehr wuchsfreudigen, buschigen Pflanze mit üppigem, mattglänzendem, dunkelgrünem Laub. Die gesunde Rose blüht überaus reichlich und recht lange. 'Summer Holiday' ergibt eine exzellente Hecke. **ZONEN 5–11.**

Gregory, Großbritannien, 1967

'Super Star' × Sämling

Royal National Rose Society Trial Ground Certificate 1968

'Summer Breeze'

'Summer Fashion'

'Summer Queen'

## 'SUMMER LADY' TANyoal

TEEHYBRIDE, ROSA+, ÖFTERBLÜHEND

Die schlanken, samtigen Knospen in einem rosafarbenen Pastellton öffnen sich zu dunkleren Blüten, die in der Mitte lachsfarben überhaucht sind. Sie haben eine perfekte hohe Mitte, jedoch nicht genug Petalen, um diese Form lange halten zu können. 'Summer Lady' verströmt einen angenehmen Duft und trägt reichlich üppiges, grünes Laub. **ZONEN 5–10.**

Tantau, Deutschland, 1993

Eltern unbekannt

## 'SUMMER QUEEN'

TEEHYBRIDE, WEISS+, ÖFTERBLÜHEND

Dieser äußerst blasse Sport von 'Queen Elizabeth' besitzt die gleiche Wuchsfreudigkeit, den gleichen Blütenreichtum und das gesunde Laub ihrer Elternpflanze. Die Blüten bestehen aus etwa 40 perlmuttrosafarbenen Petalen, die hochgebaute bis becherförmige, bis zu 10 cm große Blüten bilden. Diese erscheinen einzeln und in Büscheln. Ihre helle Farbe wirkt hübsch vor dem Hintergrund des sehr dunklen, grünen Laubes; Krankheiten treten selten auf. Der Busch ist hochwüchsig und aufrecht und hat sehr lange, dicke Triebe. Die Blüten sind in jedem

S

Stadium attraktiv, so daß 'Summer Queen' eine gute Schnittrose abgibt. Die Nachblüte erfolgt in der Regel recht zügig. **ZONEN 5–11.**

**Delforge, Belgien, 1964**

**Sport von 'Queen Elizabeth'**

## 'SUMMER SNOW'

**FLORIBUNDA, WEISS, ÖFTERBLÜHEND**

In der Rosenzucht geschieht es äußerst selten, daß Kletterrosen Buschrosen als Sport hervorbringen; im Falle von 'Summer Snow' war der elterliche 'Climbing Summer Snow' erst zwei Jahre zuvor auf dem Markt etabliert worden. Als Floribundarose besitzt sie recht große (8 cm), weiße Blüten, die zart duften und in großen, wohlproportionierten Büscheln sitzen. Das üppige sehr hell grüne Laub bedeckt die niedrig und sehr buschig wachsende Pflanze. Bei feuchtem Wetter kann Mehltaubefall auftreten. Die Rose ergibt eine hübsche buschige, niedrige Hecke; sie läßt sich aber auch gut in einer Gruppe zwischen Zwiebelgewächsen und anderen Staudenpflanzen ziehen. **ZONEN 5–10.**

**Perkins, USA, 1938**

**Sport von 'Climbing Summer Snow'**

## 'SUMMER SONG'

**Syn. 'Chanson d'Eté'**

**FLORIBUNDA, ORANGE+, ÖFTERBLÜHEND**

Die Blüten dieses Sports verfärben sich ähnlich wie bei der Elternpflanze: sie öffnen sich in Apricot-Orangene mit gelber Schattierung und verfärben sich später zu einem pfirsichgetönten Korallrosa. Sie sind mit 12 Petalen kaum halb gefüllt, sitzen in kleinen Büscheln an der Pflanze

'Summer Song'

'Summertime'

und verströmen einen zarten Duft; die Nachblüte erfolgt zögerlich. Der niedrige Busch ist mit glänzendem Laub bedeckt. **ZONEN 5–10.**

**Dickson, Großbritannien, 1962**

**Sämling × 'Maskerade'**

## 'SUMMER SUNSHINE'

**Syn. 'Soleil d'Eté'**

**TEEHYBRIDE, GOLDGELB, ÖFTERBLÜHEND**

Die ovalen Knospen von 'Summer Sunshine' öffnen sich zu zart duftenden Blüten in einem leuchtenden Gelbton. Sie sind mit 25 Petalen gefüllt, hochgebaut bis becherförmig und bis zu 12 cm groß. Meistens blüht diese Rose als erste im Frühjahr und hört erst in den ersten kühleren Herbsttagen wieder auf. Die Blüten öffnen sich auch in der Sommerhitze schnell. Das Laub der aufrechten und buschigen Pflanze ist ledrig, dunkelgrün und mattglänzend. Im Herbst kann Mehltau auftreten. In wärmeren Lagen zählt 'Summer Sunshine' zu den schönsten gelben Rosen für Beete und Rabatten. **ZONEN 5–11.**

**Swim, USA, 1962**

**'Buccaneer' × 'Lemon Chiffon'**

## 'SUMMER WINE' KORizont

**GROSSBLUMIGE KLETTERROSE, REIN ROSA, ÖFTERBLÜHEND**

Diese Kletterrose hat entzückende, korallrosafarbene Blüten mit hervorstehenden roten Staubgefäßen. Die einfachen, stark duftenden Blüten sitzen in Büscheln an der Pflanze und sind haltbar, auch in der Vase. Sie heben sich wunderbar von dem dunkelgrünen Laub ab. Die wuchsfreudige, aufrechte Pflanze

'Summer Wine'

'Summer Sunshine'

'Summer Sunshine'

eignet sich hervorragend als rankender Bewuchs von Säulen, Pergolen oder Bögen, wo die einfachen Blüten gut mit gefüllten Blüten anderer Sorten kontrastieren. Obwohl in Deutschland gezüchtet, ist sie nur in England im Handel. **ZONEN 5–10.**

**Kordes, Deutschland, 1984**

**Eltern unbekannt**

**Royal National Rose Society Trial Ground Certificate 1982, Royal Horticultural Society Award of Garden Merit 1993**

## 'SUMMERTIME'

**TEEHYBRIDE, GOLDGELB, ÖFTERBLÜHEND**

Neben der hier beschriebenen Tantau-Rose (1983) gibt eine weitere gleichnamige Sorte mit gefüllten rosa Blüten, die Boerner im Jahre 1957 züchtete. Diemit 25 Petalen gefüllten, goldgelben und rotgetönten Blüten duften zart und sitzen in kleinen Büscheln inmitten von üppigem, dunkelgrünem Laub. In der Sommerhitze öffnen sie sich rasch. 'Summertime' ist eine schöne gelbe Beetrose für wärmere Lagen und ist recht krankheitsfest. **ZONEN 5–10.**

**Tantau, Deutschland, 1983**

**Eltern unbekannt**

## 'SUN FLARE' JACjem

**Syn. 'Sunflare'**

**FLORIBUNDA, REIN GELB, ÖFTERBLÜHEND**

Die langen, spitzen Knospen von 'Sun Flare' öffnen sich zu flachen, rein gelben,

'Sun Flare'



mit 20–30 Petalen gefüllten Blüten, die den Blick auf die dekorativen Staubgefäße freigeben. Sie sitzen zu 3–15 in kleinen bis mittelgroßen Büscheln und duften zart. Das Laub ist klein, glänzend und gesund. 'Sun Flare' ergibt eine gute niedrige Hecke, wirkt aber auch als Beetrose oder Hochstamm. Wenn man die verwelkten Blüten stehenläßt, werden schöne rote Hagebutten gebildet. **'Climbing Sun Flare'** entstand 1987 und ist eine gelbblütige Kletterpflanze mit glänzenden Blättern und großen Blüten, die sich ausgezeichnet für Pergolen, Pyramiden oder Spaliere eignet. **ZONEN 5–10.**

**Warriner, USA, 1983**

**'Friesia' × Sämling**

**Japan Goldmedaille 1981, All-American Rose Selection 1983, Portland Goldmedaille 1985**

'Summer Snow'

'Sunblest'

'Sun Goddess'

## 'SUN GODDESS' JACdash

**Syn. 'Rose of Wagga Wagga'**
TEEHYBRIDE, GOLDGELB, ÖFTERBLÜHEND

Die Blüten sind von einem klaren Zitronengelb und leicht rosa gerändert. Sie sitzen an langen Stielen und enthalten 30 Petalen. Die Pflanze ist krankheitsfest mit aufrechtem Wuchs und ihr üppiges Laub dunkelgrün. Sie eignet sich in warmen Lagen als Beetrose, da die Blüten ihre Farbe behalten und sich schön von dem dekorativen Laub abheben.

**ZONEN 6–9.**

Warriner, USA, 1993

'Sunbright' × Sämling

## 'SUN KING'

TEEHYBRIDE, REIN GELB, ÖFTERBLÜHEND

'Sun King' besitzt eine ungewöhnliche Farbe – ein sattes Chromgelb. Die hübschen Knospen sind lang und spitz und öffnen sich relativ schnell zu hochgebauten, 10 cm großen, mit 45 Petalen gefüllten Blüten, die von üppig dunkelgrünem, stark glänzendem Laub umgeben sind. Die wuchsfreudige, aufrechte Teehybride besitzt nur wenige Stacheln und ist sehr krankheitsfest. Die Blütenproduktion ist hoch, eine Nachblüte erfolgt rasch. Diese Rose blüht zeitig im Frühjahr; in Gegenden mit warmen Klimazonen dauert die Blüte bis in den Spätherbst hinein. **ZONEN 5–10.**

'Sun King'

Meilland, Frankreich, 1954

'Gloria Dei' × 'Duchesse de Talleyrand'

## 'SUNBABY'

**Syn. 'Sonnenkind'**
FLORIBUNDA, GOLDGELB, ÖFTERBLÜHEND

Diese sehr niedrigbleibende Rose bringt leuchtend gelbe, wohlgeformte Blüten hervor. Diese fallen für eine Floribundarose recht klein aus und erscheinen meist in kleinen Büscheln; vor einem Hintergrund aus mittelgrünen, mattglänzenden Blättern wirken die Blumen sehr dekorativ. Der Busch wächst sehr dicht, ist relativ krankheitsfest und macht sich ausgezeichnet in Töpfen oder als Fensterdekoration. Außerdem kann man ihn gut für niedrige Rabatten verwenden.

**ZONEN 5–10.**

Kordes, Deutschland, 1987

Eltern unbekannt

## 'SUNBEAM' KORdoselba

TEEHYBRIDE, APRICOT+, ÖFTERBLÜHEND

Die Knospen von 'Sunbeam' öffnen sich langsam zu besonders wohlgeformten, mittelgroßen, mit 30–40 Petalen gefüllten Blüten, die ihre Farbe und Form behalten und zart duften. Die Blätter sind groß, dunkelgrün, mattglänzend und bedecken den eher niedrigen Busch reichlich. Auch wenn die Nachblüte langsam erfolgt, liefert 'Sunbeam' attraktive Schnittblumen, insbesondere für den Blumenhandel. Die Teehybride wird bei uns nur im Gewächshaus gezogen.

**ZONEN 5–10.**

Kordes, Deutschland, 1987

Eltern unbekannt

'Sunblaze Baron'

## 'SUNBLAZE BARON' MEItifran

**Syn. 'Baron Meillandina', 'Baron Sunblaze'**
ZWERGROSE, ROT+, ÖFTERBLÜHEND

Die mit 40 Petalen gefüllten Blüten sind zweifarbig: Sie haben einen cremefarbenen Grund, gesäumt von einem kräftigen Rosarot. Die Blüten treten einzeln oder in kleinen Büscheln an einer sehr gesunden, kompakten, buschigen Pflanze auf, die sich für Kübel oder Container eignet; sie halten sich lange in der Vase, wenn man sie im Knospenstadium schneidet. Die Blütenproduktion fällt bei rascher Nachblüte recht hoch aus.

**ZONEN 5–10.**

Meilland, Frankreich, 1989

'Magic Carrousel' × (['Alain' × *Rosa chinensis*] × ['Medar' × 'Caprice'])

## 'SUNBLEST'

**Syn. 'Landora'**
TEEHYBRIDE, GOLDGELB, ÖFTERBLÜHEND

Diese Teehybride zählt mit zu den schönsten gelben Rosen. Sie trägt eine Fülle von mittel- bis goldgelben, sehr wohlgeformten Blüten, die 40 spitze Petalen enthalten. Die zart duftenden, gefüllten Blüten sind 12 cm groß und behalten immer ihre anmutige Farbe. Die Stiele sind mittellang, so daß man 'Sunblest' auch sehr gut zum Schnitt nehmen kann. Die Blüten halten sich lange an einem starken, hohen und gesunden Busch mit hellgrünem, stark glänzendem Laub. Für eine gelbe Rose ist diese Sorte verblüffend gesund, vereinzelt kann aber Sternrußtau auftreten. **'Climbing Sunblest'** ist ein exzellenter Sport mit üppigem grünem Laub und reicher Blüte. Die starke Pflanze ist für Säulen, Pyramiden oder Zäune geeignet.

**ZONEN 5–10.**

Tantau, Deutschland, 1970

Sämling von 'King's Ransom'

Japan Goldmedaille 1971, Royal National Rose Society Trial Ground Certificate 1972, Neuseeland Goldmedaille 1973

'Sunbaby'

## 'SUNBRIGHT'

TEEHYBRIDE, REIN GELB, ÖFTERBLÜHEND

Die langen, spitzen Knospen von 'Sunbright' öffnen sich zu großen (bis bis zu 10 cm Durchmesser), gefüllten Blüten mit 30 Petalen. Sie sind rein gelb, schalenförmig gebaut und duften zart. Die Teehybride wächst aufrecht, wird mittelgroß und besitzt üppiges, mittelgrünes, krankheitsfestes Laub.

**ZONEN 5–10.**

Warriner, USA, 1984

Sämling × 'Mabella'

## 'SUNBURST'

**siehe 'Mme Joseph Perraud'**

## 'SUNDERLAND SUPREME'

NOSsun
TEEHYBRIDE, HELLROSA/ROSA+, ÖFTERBLÜHEND

Nur sehr wenige der in den 80er Jahren des 20. Jh. gezüchteten Rosen haben eine Remontantrose als Elternteil. Allerdings hat 'Paul Neyron' nur sehr wenige Merkmale an 'Sunderland Supreme' weitergegeben. Hierunter fallen beispielsweise die hellrosafarbenen, dunkelrosa geränderten, riesigen Blüten, die mit 30–40 Petalen gute Ausstellungsqualität erreichen und zart duften. Das Laub ist mittelgroß, mittelgrün, mattglänzend und bedeckt eine hohe und ausladend wachsende Pflanze. Der erste Flor ist reich, anschließend folgen dann längere Pausen zwischen den einzelnen Blühphasen. Bei kühlem Wetter erreichen die Blüten ihre beste Form. **ZONEN 5–10.**

Greensitt, Großbritannien, 1986

'Paul Neyron' × 'Königliche Hoheit'

## 'SUNDOWNER' MACche, MACcheup

TEEHYBRIDE, APRICOT+, ÖFTERBLÜHEND

'Sundowner' ist eine außerordentlich starkwüchsige Pflanze und bringt Blüten

'Sunbeam'

'Sunhit'

'Sunny'

'Sunmaid'

'Sunlit'

## 'SUNLIT'

TEEHYBRIDE, APRICOT+, ÖFTERBLÜHEND

'Sunlit' trägt Blüten in einem satten Apricotton. Diese sind gefüllt, kugelförmig und sitzen außerordentlich lange in recht großer Zahl an einer krankheitsfesten Pflanze; ihr Laub ist mittelgrün und reichlich. In wärmeren Klimazonen blüht die Pflanze bis in den Spätherbst. Ihre Wuchsform ist niedrig bis mittelgroß. 1937, als 'Sunlit' auf den Markt kam, gab es nur wenige Rosen mit einer ähnlichen Apricotfärbung. Da diese Teehybride außerdem sehr reich blüht, ist sie noch heute beliebt. **ZONEN 5–10.**

Clark, Australien, 1937

Eltern unbekannt

## 'SUNMAID'

ZWERGROSE, GELB+, ÖFTERBLÜHEND

Diese leuchtend gelborangefarbenen Blüten heben sich auf atemberaubende Weise von dem dunklen, glänzenden Laub ab. Die gelbe Farbe intensiviert sich noch in der Sonne. Die Blüten treten zumeist in Büscheln zu 4–10 Einzelblüten auf. Die niedrige, kompakte Pflanze wird für Rabatten und flächige Pflanzungen empfohlen. Sie ist anfällig für Mehltau und Sternrußtau. In Fachkreisen wurde 'Sunmaid' schon oft als schönste mehrfarbige Zwergrose bezeichnet.

**ZONEN 5–10.**

Spek, Niederlande, 1972

Eltern unbekannt

## 'SUNNY'

FLORIBUNDA, REIN GELB, ÖFTERBLÜHEND

Die Rosen der sogenannten „Halo-Serie" von Ralph Moore besitzen spitze, gelbe, rötlich überhauchte, aber recht kleine Blüten. Diese sind halb gefüllt, im geöffneten Zustand hellgelb und verbreiten einen zarten Duft. Ihr Laub ist ledrig, mittelgrün und glänzend; die Blätter bedecken eine wuchsfreudige, aufrechte und buschige Pflanze.

**ZONEN 5–11.**

Moore, USA, 1952

Sämling × 'Goldilocks'

an langen Stielen hervor, die apricot–orangefarben und in der Mitte gelb getönt sind. Sie duften stark, sind mit 35 wohlgeformten Petalen gut gefüllt und erscheinen vor gesundem, mittelgrünem Laub an einem sehr aufrechten Busch, der im Herbst ein wenig anfällig für Mehltau ist. 'Sundowner' ergibt eine hervorragende Schnittrose.

**ZONEN 5–10.**

McGredy, Neuseeland, 1978

'Bond Street' × 'Peer Gynt'

All-American Rose Selection 1979

## 'SUNDRA' GAIsu

FLORIBUNDA, DUNKELROT, ÖFTERBLÜHEND

'Sundra' hat ihre dunkelrote Farbe und die gute Petalentextur von 'Lilli Marleen' geerbt und bringt spitze Knospen hervor, die sich zu halbgefüllten, becherförmigen Blüten öffnen. Für eine Floribundarose ist zum einen die beachtliche Blütengröße wie auch der starke Duft recht ungewöhnlich. 'Sundra' ist wuchsfreudig und wächst buschig; sie bleibt aber niedrig und trägt glänzendes Laub. Die Sorte macht sich hervorragend in einer niedrigen Rabatte oder in Beeten.

**ZONEN 5–10.**

Gaujard, Frankreich, 1968

'Club' × 'Lilli Marleen'

## 'SUNDUST'

ZWERGROSE, GELB+, ÖFTERBLÜHEND

Spitze Knospen in einem hellen Apricotton öffnen sich zu noch helleren, mit 25 Petalen gefüllten Blüten, die einen fruchtigen Duft verströmen. Ihre Farbe hält sich länger, wenn man die Zwergrose in den Halbschatten pflanzt. Das Laub des kompakten Busches ist hellgrün. Am besten setzt man 'Sundust' in einen Topf oder Kübel. Wie viele gelbe Zwergrosen hat auch diese Sorte aufgrund der starken Konkurrenz innerhalb der vergangenen zehn Jahre einen großen Teil ihrer Popularität eingebüßt.

**ZONEN 5–10.**

Moore, USA, 1977

'Golden Glow' × 'Magic Wand'

## 'SUNHIT' POUlsun

ZWERGROSE, GOLDGELB, ÖFTERBLÜHEND

Die großen Blüten dieser Sorte haben eine schöne Form und bilden sich reichlich in wohlproportionierten Büscheln. Sie setzen sich aus zwei Dutzend wohlgerundeten, vollen Petalen zusammen, die ihre Farbe gut behalten. Die Blätter sind glänzend dunkelgrün und bedecken eine kompakte und aufrechte Pflanze. 'Sunhit' ist eine hochwertige, recht gesunde Topfpflanze, die rasch nachblüht und auch in einem kleinen Beet oder einer kleinen Rabatte für Aufmerksamkeit sorgt. **ZONEN 5–10.**

Poulsen, Dänemark, 1994

Eltern unbekannt

'Sunderland Supreme'

'Sundra'

'Sundust'

'Sundowner'

S

## 'SUNNY AFTERNOON' TALsun

ZWERGROSE, GELB+, ÖFTERBLÜHEND

Die schönen spitzen Knospen öffnen sich zu hellgelben Blüten, deren äußere Petalen sich leicht apricotrosa tönen. Die Farbe hält sich, auch wenn sie bei starker Sonneneinstrahlung ein wenig verblaßt und der Apricotstich stärker wird. Die mit 15–25 Petalen gefüllten Blüten sitzen einzeln am Blütenstiel und zeigen eine hohe Mitte, die tagelang erhalten bleibt. Die Blütengröße ist typisch für eine Zwergrose, und das ebenfalls kleine, mittelgrüne, mattglänzende Laub harmoniert gut mit den Blüten. Sie ergibt einen hohen, aufrechten und wuchsfreudigen Busch, ohne entsprechende Vorkehrungen jedoch wird 'Sunny Afternoon' recht leicht von Mehltau befallen. **ZONEN 5–11.**

Taylor, USA, 1995

'Party Girl' × 'Elina'

## 'SUNNY HONEY'

FLORIBUNDA, APRICOT+, ÖFTERBLÜHEND

Diese Rose produziert Blüten in einer leuchtenden, ungewöhnlichen und höchst dekorativen Apricot-Pfirsichmischung. Die äußeren Petalen sind rot schattiert. Die vergleichsweise großen, duftenden, gefüllten Blüten setzen sich aus gut 20 Petalen zusammen. Sie sitzen in Büscheln zu 3–7 inmitten großer, dunkler und krankheitsfester Blätter. 'Sunny Honey' bildet einen eher kleinen, dichten Busch, dessen Blüten besonders schön in Vasen oder Blumenarrangements zur Geltung kommen. In wärmeren Lagen eignet sie sich für Beete und Rabatten. **ZONEN 5–11.**

Dickson, Großbritannien, 1972

'Happy Event' × 'Elizabeth of Glamis'

## 'SUNNY JUNE'

STRAUCHROSE, GOLDGELB, ÖFTERBLÜHEND

Diese erstklassige Strauchrose bildet zahlreiche spitze Knospen aus, die sich rasch zu einfachen, mittelgroßen, büschelförmigen und würzig duftenden Blüten von einem satten Kanariengelb mit bernsteinfarbenen Staubgefäßen öffnen. Die Blüte hält vom Frühjahr bis in den Spätherbst an. 'Sunny June' ist von starkem und aufrechtem Wuchs, sie läßt sich als großer Strauch ziehen, kann aber auch an einer Säule gezogen werden. Die hellgelben Blüten heben sich wunderbar von dem üppigen, glänzenden grünen Laub ab. Die Sorte hält sich in der Vase lange und zählt zu den schönsten öfterblühenden Strauchrosen mit gelber Blüte, die derzeit auf dem Markt sind. **ZONEN 4–10.**

Lammerts, USA, 1952

'Crimson Glory' × 'Captain Thomas'

## 'SUNNY MORNING'

ZWERGROSE, REIN GELB, ÖFTERBLÜHEND

Die langen, spitzen Blüten von 'Sunny Morning' öffnen sich zu gefüllten Blüten mit 35 Petalen in einem pastellfarbigen Gelb. Sie sind schalenförmig, mit einem Durchmesser von 3 cm sehr klein und verströmen einen angenehmen Duft. Die Pflanze ist krankheitsfest mit buschigem und aufrechtem Wuchs. Sie bringt in rascher Folge einen ansehnlichen Flor hervor. 'Sunny Morning' läßt sich gut in eine niedrige Rabatte arrangieren und macht sich auch recht gut als Schnittblume. **ZONEN 5–10.**

Moore, USA, 1974

'Golden Glow' × 'Peachy White'

'Sunny June'

'Sunny Morning'

'Sunny Honey'

'Sunrise Sunset'

'Sunrose'

## 'SUNNY SKY'

TEEHYBRIDE, GELB+, ÖFTERBLÜHEND

Die Blüten dieser Teehybride sind kupfrig-gelb, wohlgeformt und öffnen sich langsam zu dichtgefüllten, dekorativen Blüten von ausgezeichneter Qualität. Sie halten sich lange und büßen ihre Farbe nicht ein. Die mittelgroße Pflanze hat gesunde, dunkelgrüne Blätter und wächst aufrecht. Sowohl die Blütenmenge als auch die Nachblüte sind hervorragend. 'Sunny Sky' liefert gute, lange haltbare Schnittblumen und läßt sich ganz ausgezeichnet unter Glas ziehen. **ZONEN 5–10.**

Kordes, Deutschland, 1996

Eltern unbekannt

## 'SUNNY SOUTH'

TEEHYBRIDE, ROSA+, ÖFTERBLÜHEND

Gemeinsam mit 'Lorraine Lee' zählt diese Teehybride zu den besten Rosen, die der Australier Alister Clark je gezüchtet hat. Ihre hohe Wuchsform und die Wuchsfreudigkeit stammen eindeutig von *Rosa gigantea*. 'Sunny South' ist besonders reichblühend und entfaltet ihre Pracht über einen langen Zeitraum. Die großen Blüten sind rosarot, karminrot überhaucht und zur Mitte gelb abgesetzt. Sie sind mit 15–20 Petalen halb gefüllt, zunächst becher-, später dann schalenförmig. Das Laub ist groß, satt grün und mattglänzend; es bildet einen hübschen Hintergrund für die großen Blütenbüschel. 'Sunny South' eignet sich in warmen Lagen auch besonders gut, um eine Hecke anzulegen. **ZONEN 5–10.**

Clark, Australien, 1918

'Gustav Grünerwald' × 'Betty Berkeley'

'Sunny Today'

'Sunny Sky'

## 'SUNNY TODAY'

FLORIBUNDA, GOLDGELB, ÖFTERBLÜHEND

Die Ahnentafel von 'Sunny Today' umfaßt drei verschiedene gelbe Rosen. Die Blüten weisen 20–25 zu einer hohen Mitte angeordnete Petalen auf, werden 9 cm groß und duften. Die Floribundarose ist krankheitsfest, sie besitzt einen niedrigen, buschigen Wuchs und dunkelgrüne, glänzende Blätter. Die Blütezeit liegt im ersten Teil der Saison, und dem reichlichen, ersten Flor folgen bald weitere Blühphasen. **ZONEN 5–10.**

Whisler, USA, 1970

('Summer Sunshine' × 'Gold Cup') × 'Isobel Harkness'

## 'SUNRISE SUNSET'

TEEHYBRIDE, ROSA+, ÖFTERBLÜHEND

Diese Teehybride bringt Blüten in den Farbtönen Pink, Creme und Flieder hervor. Große, ovale Knospen öffnen sich zu gefüllten Blüten mit 30 wohlgeformten, sehr festen Petalen und duften zart. Das Laub an der starken, aufrechten Pflanze ist dunkel, glänzend und ledrig. Die Blühwilligkeit ist gering, auch in der zögerlichen Nachblüte, die Blüten können desungeachtet Ausstellungsniveau erreichen. **ZONEN 5–11.**

Swim and Weeks, USA, 1971

('Tiffany' × Sämling) × 'Rouge Meilland'

'Sunseeker'

## 'SUNROSE'

FLORIBUNDA, ORANGEROSA, ÖFTERBLÜHEND

Diese Rose trägt wohlgeformte Blüten in einem satten Lachsorange, die von exzellenter Substanz sind. Sie werden bis zu 8 cm groß und behalten die Farbe. Der krankheitsfeste Busch wächst niedrig und ausladend. Er bringt eine gute Nachblüte hervor, eignet sich als Beetrose und erfreut durch seine leuchtende Farbe. Auch die Schnittblumen sind beliebt. **ZONEN 5–10.**

McGredy, Neuseeland, 1973

Eltern unbekannt

## 'SUNSEEKER' DICracer

**Syn. 'Duchess of York', 'Sarah Duchess of York'**

FLORIBUNDA, ORANGEROT, ÖFTERBLÜHEND

Diese moderne Rose trägt leuchtend orangerote, schwefelgelb überhauchte und zart duftende Blüten, die mit 25–40 Petalen recht dicht gefüllt sind und in kleinen Büscheln sitzen. Umgeben von mittelgrünem, mattglänzendem Laub erscheinen sie einem sehr niedrigen Busch. Die hübsche kleine Rose eignet sich als Topfpflanze oder Fensterdekoration, kann aber auch zur Einfassung einer Rabatte verwendet werden. Sie leidet so gut wie kaum an Krankheiten. Ihre Zweitnamen 'Duchess of York' und 'Sarah Duchess of York' erhielt die Rose zu Ehren von Sarah Ferguson, der skandalträchtigen ehemaligen Gattin des englischen Prinzen Andrew. **ZONEN 5–10.**

Dickson, Großbritannien, 1994

'Little Prince' × 'Gentle Touch'

Royal National Rose Society Trial Ground Certificate 1991, Belfast Goldmedaille 1994, Glasgow Silbermedaille 1994

## 'SUNSET'

ALTE R, TEEROSE, GOLDGELB, ETWAS NACHBLÜHEND

Diese duftende Teerose öffnet sich nicht immer vollständig, bei nassem Wetter bilden die Knospen oft Mumien und verfaulen. Die gelborangen, mit 50–60 Petalen gefüllten, becherförmigen, sehr großen Blüten fallen dunkler aus als diejenigen der Elternpflanze; in Gegenden mit warmem Klima wirken sie einfach überwältigend. Dort ist die Pflanze groß und ausladend, in kühleren Gegenden hingegen weniger robust. Sie trägt üppiges, dunkelgrünes, für Mehltau anfälliges

'Sunset Celebration'

Laub. Beide Rosen wurden viele Jahre lang in Gewächshäusern für Floristen gezogen und gern für Brautsträuße verwendet. **ZONEN 5–10.**

Henderson, USA, 1883

Sport von 'Perle des Jardins'

## 'SUNSET BOULEVARD'

HARbabble

FLORIBUNDA, ORANGEROSA, ÖFTERBLÜHEND

Auf der Blumenshow von Hampton Court im Jahre 1997 als „Blume des Jahres" gepriesen, zeichnet sich 'Sunset Boulevard' durch wohlgeformte Knospen aus, die sich zu leuchtend apricotorangenfarbene Blüten öffnen. Sie sind in kleinen Büscheln angeordnet, dicht gefüllt und duften nur schwach. Die gesunde Rose hat einen niedrigen, kompakten Wuchs. **ZONEN 5–11.**

Harkness, Großbritannien, 1997

'Harold MacMillan' × 'Fellowship'

Royal National Rose Society Trial Ground Certificate 1996, Großbritanniens Rose des Jahres 1997

## 'SUNSET CELEBRATION'

FRYxotic

**Syn. 'Exotic', 'Chantoli', 'Warm Wishes'**

TEEHYBRIDE, ORANGEROSA, ÖFTERBLÜHEND

Die mittelgroßen bis großen, hochgebauten Blüten in pfirsichfarbenem

'Sunset Boulevard'

Lachston wirken trotz ihrer nur 30 Petalen breit und füllig; sie erscheinen einzeln und zuweilen in Büscheln, duften angenehm und eignen sich gut zum Schnitt. Der wohlgeformte Flor hält sich die gesamte Saison hindurch und übersteht auch Wind und Regen gut. Die wuchsfreudige, buschige Teehybride wird knapp überdurchschnittlich hoch und trägt breites, dunkles Laub. **ZONEN 4–9.**

Fryer, Großbritannien, 1994

'Pot o' Gold' × (Sämling × 'Cheshire Life')

Royal National Rose Society Trial Ground Certificate 1993, Belfast Goldmedaille 1996, Goldene Rose von Den Haag 1997, All-American Rose Selection 1998

'Sunset Song'

'Super Fairy'

'Sunsprite'

'Sunsprite'



## 'SUNSET SONG' COCasun

TEEHYBRIDE, APRICOT+/ORANGE+, ÖFTERBLÜHEND

Diese hohe und aufrechte Pflanze bildet große Blütenbüschel und Einzelblüten an langen Stielen. Die spitzen Knospen öffnen sich zu gefüllten Blüten mit 45 wohlgeformten Petalen. Sie sind apricot-orangefarben getönt und duften leicht. Das üppige Laub ist glänzend und hell-olivgrün. Im Herbst bilden sich neue kandelaberartige Triebe; die langen Seitentriebe eignen sich hervorragend als Schnitt. **ZONEN 5–10.**

Cocker, Großbritannien, 1981

('Sabine' × 'Circus') × 'Landora'

Royal National Rose Society Trial Ground Certificate 1979

## 'SUNSHINE'

POLYANTHAROSE, ORANGE+, ÖFTERBLÜHEND

Diese niedrig wachsende Rose weist eine für Polyantharosen ungewöhnliche Färbung auf. Ihre kleinen, ovalen, hübschen Knospen öffnen sich nämlich zu goldorangefarbenen, gefüllten Blüten. Auch nach dem Schneiden halten sie sich in der Vase gut. Der Busch ist mit üppigem, glänzendem Laub bedeckt. Im Garten sollte man mehrere dieser Rosen zu einer Gruppe oder in einer niedrigen Rabatte dicht beieinander setzen, damit der optische Eindruck nicht durch größere Stauden beeinträchtigt wird. **ZONEN 5–10.**

Robichon, Frankreich, 1927

Eltern unbekannt

## 'SUNSILK'

FLORIBUNDA, REIN GELB, ÖFTERBLÜHEND

Die zart duftenden Blüten von 'Sunsilk' sind zitronengelb. Sie sind mit 30 Petalen gefüllt und erreichen mit 10 cm Durchmesser eine für Floribundarosen beachtliche Größe. Die Pflanze hat eine mittelgroßen, buschigen Wuchs und herrliches dunkelgrünes Laub. Sie eignet sich hervorragend für Beete oder Rabatten. Außerhalb von Großbritannien ist sie allerdings nur schwer erhältlich. **ZONEN 5–10.**

Fryer, Großbritannien, 1974

'Pink Parfait' × Sämling von 'Redgold'

Belfast Goldmedaille 1976

## 'SUNSPRAY' ARОrasp

ZWERGROSE, GOLDGELB, ÖFTERBLÜHEND

'Sunspray' hat lange, eiförmige Knospen, die sich zu leuchtend goldgelben Blüten mit über 15 Petalen entfalten. Die Blüten verströmen einen zarten Teerosenduft und heben sich sehr schön vom mattglänzenden, dunkelgrünen Laub des wuchsfreudigen, aufrechten Busches ab. Die Blüten sitzen einzeln oder in Büscheln. Die Zwergrose eignet sich am besten für Gärten in kühleren Gebieten, wo sich die Farbe am schönsten entwickeln kann. 'Sunspray' ist pflegeleicht, sehr glüht und blüht fast ununterbrochen. **ZONEN 5–10.**

Christensen, USA, 1981

'Gingersnap' × 'Magic Carrousel'

## 'SUNSPRITE' KORresia

Syn. 'Friesia', 'Korresia'

FLORIBUNDA, GOLDGELB, ÖFTERBLÜHEND

Die bei uns unter dem Namen 'Friesia' bekannte Sorte zählt zu den besten goldgelben Floribundarosen. Hübsche, ovale Knospen öffnen sich zu flachen, gefüllten Blüten mit 25 symmetrisch sitzenden Petalen. Die recht großen Blüten strahlen in intensivem, dauerhaftem Gelb, duften hervorragend und werden in großer Zahl bei rascher Nachblüte gebildet. Das Laub ist üppig, dunkelgrün und stark glänzend. Es sitzt an einer kurzen bis mittelgroßen Pflanze mit stämmigem Wuchs. Durch regelmäßiges Ausputzen wird die Nachblüte noch beschleunigt. 'Sunsprite' zählt zu den besten Beetrosen und macht sich auch gut in Rabatten oder als Hochstamm. **ZONEN 5–11.**

Kordes, Deutschland, 1977

'Friedrich Wörlein' × 'Spanish Sun'

Baden-Baden Goldmedaille 1972, James Alexander Gamble-Duftpreis 1979, James Mason-Gedenkmedaille 1989

## 'SUPER DOROTHY' HELdoro

RAMBLERROSE, REIN ROSA, ÖFTERBLÜHEND

Die eindrucksvollen Blüten gleichen denen der Elternsorte 'Dorothy Perkins'; allerdings ist 'Super Dorothy' nicht ganz so wuchsfreudig wie diese. Doch dafür blüht sie durchgehend bis in den Herbst hinein und gibt auf diese Weisen einen wunderbaren Trauerhochstamm ab. Die rosafarbenen Blüten erscheinen in kleinen Büscheln und halten gut an der Pflanze. 'Super Dorothy' ist in ganz Europa sehr beliebt und wird mittlerweile in alle Welt exportiert. Ob als rankender Bewuchs einer Säule, einer Pyramide, eines kleinen Baumes und als Kaskadenrose auf Hochstamm – überall macht dieser Rambler einen guten Eindruck. Der Busch ist nahezu resistent gegen Mehltau und ist – ein für Ramblerrosen ungewöhnliches Merkmal – fortwährend mit Blüten bedeckt. **ZONEN 5–10.**

Hetzel, Deutschland, 1986

'Dorothy Perkins' × unbekannte öfterblühende Rose

## 'SUPER EXCELSA' HELexa

RAMBLERROSE, DUNKELROT, ÖFTERBLÜHEND

Dieser Rambler hat sämtliche guten Eigenschaften von 'Excelsa' übernommen und ist darüber hinaus noch öfterblühend, so daß seine anhaltende Blütenpracht bis in den Herbst hinein bewundert werden kann. Die karminroten Blüten erscheinen in kleinen Büscheln an einer etwas weniger wuchsfreudigen Pflanze. Dank ihrer biegsamen Triebe läßt sie sich perfekt an Bögen und Pergolen ziehen. 'Super Excelsa' ist sehr gesund, nur vereinzelt erkrankt sie an Mehltau. 'Super Excelsa' ist auch für Säulen geeignet und macht sich hervorragend als Kaskadenrose auf Hochstamm. **ZONEN 5–10.**

Hetzel, Deutschland, 1986

'Excelsa' × unbekannte öfterblühende Rose

ADR-Rose 1990

## 'SUPER FAIRY' HELsufair

RAMBLERROSE, HELLROSA, ÖFTERBLÜHEND

Die 35 mm großen, duftenden Blüten von 'Super Fairy' sind hellrosa, mit 15–25 Petalen gefüllt und in großen Büscheln angeordnet. Das mittelgrüne, glänzende Laub sitzt an einer stabilen, über 1 m hohen Pflanze mit langen biegsamen Trieben. Diese Rose zählt – neben 'Super Dorothy' und 'Super Excelsa' – zu den bislang noch seltenen, öfterblühenden Ramblerrosen aus der Züchtung Karl Hetzels. **ZONEN 4–11.**

Hetzel, Deutschland, 1992

Eltern unbekannt

## 'SUPER SPARKLE' HELfels

Syn. 'Heinfels'

RAMBLERROSE, DUNKELROT, ÖFTERBLÜHEND

Karl Hetzel hat eine Anzahl öfterblühender Rambler gezüchtet, die derzeit als Trauerstamm in ganz Europa Beliebtheit erlangen. 'Super Sparkle' bringt zinnober- bis scharlachrote, mit 15–25 Petalen gefüllte, 5 cm große Blüten hervor, die in sehr großen, duftenden Büscheln vor mittelgroßen, dunkelgrünen, glänzenden Blättern sitzen. 'Super Sparkle' ist eine gesunde Pflanze, die sich als rankender Bewuchs von Säulen, Pyramiden, Bögen und Pergolen eignet.
**ZONEN 5–10.**

Hetzel, Deutschland, 1996

Eltern unbekannt

'Superb Tuscan'

## 'SUPER STAR'

siehe 'Tropicana'

## 'SUPER SUN'

TEEHYBRIDE, REIN GELB, ÖFTERBLÜHEND

Die mit 25 Petalen gefüllten, 10–12 cm großen, maisgelben Blüten haben eine hohe Mitte. Der mittelgroße Busch trägt glänzendes, im Austrieb rötliches Laub. 'Super Sun' ist wuchsfreudig mit aufrechtem Gestalt; ihr Flor ist üppig bei rascher Nachblüte. **ZONEN 5–10.**

Bentley, Großbritannien, 1967

Sport von 'Piccadilly'

Royal National Rose Society Trial Ground Certificate 1968

## 'SUPERB TUSCAN'

Syn. 'Tuscany Superb'

ALTE R., GALLICA-ROSE, MAUVE

Diese sehr alte Rose hat größere Blüten und Blätter als ihre Elternpflanze. Die halbgefüllten, dunklen, bräunlich-purpurnen Blüten zeigen auffällige gelbe Staubgefäße. Die kaum mittelgroße, aufrechte Pflanze mit dunkelgrünen Blättern treibt reichlich Schößlinge. **ZONEN 4–9.**

Rivers, Großbritannien, vor 1837

Sport von 'Tuscany'

Royal Horticultural Society Award of Garden Merit 1993

## 'SURPASSE TOUT'

Syn. 'Cérisette la Jolie'

ALTE R., GALLICA-ROSE, ROT

Zu Beginn des 19. Jh. waren Gallica-Rosen sehr begehrt, bevor sie von Bourbon- und Remontantrosen, die leicht nachblühen, verdrängt wurden. 'Surpasse Tout' hat gefüllte, dunkle, kirschrotbräunliche, duftende Blüten mit einem Knopfauge. 'Surpasse Tout' ist eine spärlich und spindelig wachsende, mittelhohe Rose. **ZONEN 4–9.**

Niederlande, vor 1823

Eltern unbekannt

## 'SURPASSING BEAUTY OF WOLVERSTONE'

Syn. 'Woolverstone Church Rose'

ALTE R., REMONTANTROSE, DUNKELROT

Die Rose wurde zunächst auf einem englischen Friedhof entdeckt und später von Beales wiedereingeführt. Die halbkletternde, wuchsfreudige Rose hat locker angeordnete, dunkelrote, stark duftende Blüten und blüht zeitig. **ZONEN 5–9.**

Eltern unbekannt

'Superb Tuscan'

## 'SURREY' KORlanum

Syn. 'Sommerwind', 'Summer Breeze', 'Vent d'Eté'

BODENDECKERROSE/FLORIBUNDA, HELLROSA, ÖFTERBLÜHEND

Dieser exzellente, dauerblühende Bodendecker wächst deutlich breiter als hoch: Seine Breite beträgt 1,2 m bei einer Höhe von knapp 1 m. Die Pflanze ist mit großen Büscheln hellrosafarbener, gefüllter Blüten bedeckt; diese haben etwa 20 gewellte, leicht gekerbte Petalen, die im Herzen der Blüte rosarot, also dunkler sind. Die haltbaren und farbkonstanten Blüten wirken vor dem Hintergrund der kleinen, dunkelgrünen, gesunden Blätter sehr schön. 'Surrey' läßt sich wirksam vor höheren Sorten oder Stauden pflanzen, aber auch als Hochstamm verwenden. Das Synonym 'Summer Breeze' ist laut Aussagen des Züchters nicht statthaft. **ZONEN 5–10.**

Kordes, Deutschland, 1985

'The Fairy' × Sämling

ADR-Rose 1987, Goldmedaille der Royal National Rose Society 1987, Royal Horticultural Society Award of Garden Merit 1993

## 'SUSAN' KORkilt

TEEHYBRIDE, REIN ROSA, ÖFTERBLÜHEND

'Susan' eignet sich für die Schnittblumenproduktion unter Glas, macht sich aber auch gut im Garten. Sie trägt wohlgeformte Knospen, die sich langsam zu stark duftenden Blüten öffnen; diese sind hellrosa bis rein rosa, bei kühlerem Wetter eher dunkelrosa. Sie behalten ihre Farbe und sitzen an einer starken, aufrechten und reichblühenden Pflanze. Das gesunde, dunkelgrüne Laub ist gesund. 'Susan' ist hervorragend als Beetrose geeignet. **ZONEN 5–11.**

Kordes, Deutschland, 1996

Eltern unbekannt

'Surpasse Tout'

## 'SUSAN HAMPSHIRE' MEInatac

TEEHYBRIDE, HELLROSA, ÖFTERBLÜHEND

'Susan Hampshire' ist ein wuchsfreudiger, aufrechter Busch mit üppigem Laub, aber auch eine gute Gartenrose. Die großen, kugelförmigen, intensiv rosafarbenen Blüten sind mit 40 Petalen gefüllt und duften stark. Die wetterfesten Blütenfärbung und das üppige, bis zum Boden reichende Laub machen sie zur idealen Beetrose. **ZONEN 5–11.**

Paolino, Frankreich, 1972

('Monique' × 'Symphonie') × 'Maria Callas'

## 'SUSAN JELLICOE' HORkeepog

FLORIBUNDA, WEISS+, ÖFTERBLÜHEND

Die großen, mit 25–40 Petalen gefüllten Blüten leuchten in frischem Pastellrosa. Sie erscheinen einzeln oder in kleinen Büscheln und duften stark. Das üppige Laub ist mattglänzend und mittelgrün. Die Pflanze mit aufrechtem, buschigem Wuchs macht sich gut in einem Beet oder in einer Rabatte. **ZONEN 5–10.**

Horner, USA, 1994

'Esmeralda' × 'Pot o' Gold'

'Susan'

'Susan Jellicoe'

'Susan Hampshire'

'Surrey'

## 'SUSAN LOUISE'

STRAUCHROSE, HELLROSA, ÖFTERBLÜHEND

Die großen, unordentlichen, fleischrosa Blüten dieser großen, ausladenden Kletterpflanze sind eindeutlich Merkmale von *Rosa gigantea*. Leider erfolgt der beeindruckende Flor nur kurzzeitig im Sommer. 'Susan Louise' ist frostanfällig und daher nur für geschützte Lagen in sehr warmem Klima (Oberrheingraben) geeignet. **ZONEN 7–9.**

Adams, USA, 1929

Sämling von 'Belle Portugaise'

## 'SUSAN MASSU' KORad

Syn. 'Susan'

TEEHYBRIDE, GELB+, ÖFTERBLÜHEND

Diese Rose wird oft mit der von Kordes 1996 auf den Markt gebrachten Schnittrosensorte (s. o.) verwechselt. Recht große, ovale Knospen öffnen sich rasch zu ebenfalls großen, becherförmigen Blüten in einer ungewöhnlichen Mischung aus Hellgelb und Lachsrosa. Sie sind mit bis zu 40 Petalen gefüllt, halten lange und behalten ihre Farbe gut. Sie verströmen einen recht starken Duft. Die buschige Pflanze besitzt dunkelgrüne, ledrige Blätter, erreicht mittlere Höhe und macht sich hervorragend in Beeten.
**ZONEN 5–10.**

Kordes, Deutschland, 1970

'Königin der Rosen' × 'Liberty Bell'

Baden-Baden Goldmedaille 1968

## 'SUSPENSE' MEIfan

TEEHYBRIDE, ROT+, ÖFTERBLÜHEND

Diese zu den zweifarbig rot-gelben, frühblühenden Rosen zählende Sorte trägt zart duftende, leuchtend rote Blüten mit gelben Unterseiten; diese sind sehr groß, hochgebaut, mit 50–60 Petalen gefüllt und halten gut. Sie sitzen inmitten von großen, ledrigen, glänzenden Blättern an einer aufrechten Pflanze. Leider blüht 'Suspense' nicht sehr reichlich und zudem auch nur zögerlich nach. Andererseits sind die gefüllten Blüten von außergewöhnlicher Schönheit und eignen sich gut für Ausstellungszwecke.
**ZONEN 5–10.**

Meilland, Frankreich, 1960

'Henri Mallerin' × ('Rouge Meilland' × 'Floradora')

## 'SUSSEX' POULave

Syn. 'Apricot Cottage Rose'

BODENDECKERROSE, APRICOT+, ÖFTERBLÜHEND

Diese Rose zählt zu einer Reihe nach englischen Grafschaften benannten Rosen, die von der Rosenschule Mattock auf den britischen Markt gebracht wurden, aber von anderen europäischen Züchtern stammen. Die Blüten von 'Sussex' sind mit etwa zwei Dutzend Petalen gefüllt, klein und becherförmig. Sie besitzen einen hübschen bräunlichen Apricotton, erscheinen in kleinen bzw. großen Büscheln und halten sich lange auf dem niedrigen, ausladenden Busch. Das Laub ist klein, mittelgrün und üppig. 'Sussex' sollte in eine niedrige Rabatte gesetzt werden und bildet dann kleine farbige Wälle. **ZONEN 5–10.**

Poulsen, Dänemark 1991

Eltern unbekannt

'Susan Massu'

'Suzon Lotthé, Climbing'

'Susan Louise'

'Sussex'

'Swan'

## 'SUTTER'S GOLD'

TEEHYBRIDE, ORANGE+, ÖFTERBLÜHEND

'Sutter's Gold' zählt zu den großen Züchtungen aus der Mitte des 20. Jh.. Von ihrer Elternpflanze 'Charlotte Armstrong' hat sie die schlanken Knospen und die elegante Blütenform geerbt. Die Farbe ist ein mit Orangerot überzogener Goldton. Die Knospen öffnen sich zu intensiv duftenden, recht lockeren Blüten mit 30 Petalen und hoher Mitte. Das üppige Laub ist dunkelgrün, ledrig und bedeckt eine aufrechte und wuchsfreudige Pflanze. Auch heute noch – 50 Jahre nach ihrer Einführung – ist diese klassische Teehybride in den meisten Ländern im Handel erhältlich. **'Climbing Sutter's Gold'** ist eine erstklassige Kletterrose mit herausragendem dunkelgrünem, ledrigem Laub. **ZONEN 5–10.**

Swim, USA, 1950

'Charlotte Armstrong' × 'Signora'

Portland Goldmedaille 1946, Bagatelle Goldmedaille 1948, All-American Rose Selection 1950, National Rose Society Certificate of Merit 1951, James Alexander Gamble-Duftpreis 1966

'Climbing Sutter's Gold'

## 'SUZON LOTTHÉ, CLIMBING'

GROSSBLUMIGE KLETTERROSE, ROSA+, ÖFTERBLÜHEND

Diese Rose hat pfirsichrosafarbene und cremefarbene Knospen, die sich zu 12 cm großen, wohlgeformten, dichtgefüllten Blüten mit hoher Mitte öffnen. Ihre Petalen glänzen in Perlmuttrosa, das an den Rändern in einem dunklen Fliederrosa gesäumt ist. Die Blumen verbreiten den typischen Damaszenerduft, ein von der Remontantrose 'Mrs John Laing' geerbtes Merkmal. Die Blüten sitzen an langen Stielen und behalten ihre Farbe gut. Die Blütenproduktion ist besonders schön im Herbst, wenn die Farbe an den Rändern dunkler wird. Die kräftige Pflanze besitzt blasse Stiele und nur vereinzelte Stacheln; sie ist von hellgrünem mattglänzendem Laub bedeckt. 'Suzon Lotthé, Climbing' eigent sich zum Beranken von Säulen, Zäunen oder Pyramiden. **ZONEN 4–11.**

Trimper, Australien, 1964

('Gloria Dei' × 'Signora') × 'Mrs John Laing'

## 'SWAN' AUSwhite

STRAUCHROSE, WEISS+, ÖFTERBLÜHEND

Die zart duftenden Blüten von 'Swan' sind besonders groß und haben wenigstens 60 Petalen. Die cremefarbenen Knospen färben sich nach dem Öffnen in der Mitte primelgelb, während die äußeren Kelchblätter cremefarben bleiben. Mit zunehmenden Alter wird sie schließlich gänzlich cremefarben. Bei Dauerregen oder hoher Feuchtigkeit können die Blüten fleckig werden. Der besonders kräftige und gesunde Busch trägt große, hellgrüne, glänzende Blätter. 'Swan' ist eine geeignete Rose für große Blumenarrangements, da die Blüten nach dem Schneiden Farbe und Form behalten. In kalten Gegenden ist der Busch viel kleiner und trägt auch entsprechend weniger Blüten, während man ihn in warmen Gegenden gut an einer Säule oder Pyramide ziehen kann. Schöm macht er sich auch als horizontal rankender Bewuchs einer Mauer, wo dann sogar noch mehr Blüten gebildet werden können. 'Swan' zählt zu den sog. Englischen Rosen.
**ZONEN 5–10.**

Austin, Großbritannien, 1987

('Charles Austin' × Sämling) × 'Schneewittchen'

## 'SWAN LAKE'

**Syn. 'Schwanensee'**

GROSSBLUMIGE KLETTERROSE, WEISS+, ÖFTERBLÜHEND

Die wohlgeformten Knospen dieser Rose öffnen sich langsam zu gefüllten, wohlgeformten, duftenden Blüten mit 50 hellrosafarbenen Petalen. Sie sitzen an langen Stielen und eignen sich für Ausstellungen. 'Swan Lake' ist von anhaltender Blüte, trägt die schönsten und haltbarsten Blüten aber erst im Herbst. Die Pflanze ist wuchsfreudig und krankheitsfest mit mittelgrünem, üppigem Laub. Sie eignet sich gut als Bewuchs von Säulen, Pyramiden und Zäunen.
**ZONEN 4–11.**

McGredy, Großbritannien, 1968

'Memoriam' × 'Gruß an Heidelberg'

## 'SWANY' MEIburenac

BODENDECKERROSE, WEISS, ÖFTERBLÜHEND

Die ovalen Knospen dieser Sorte öffnen sich zu rein weißen, becherförmigen, gut gefüllten Blüten, die den ganzen Busch mit ihren Büscheln bedecken. Das kleine, aber reichliche Laub ist glänzend bronzefarben und sitzt an einer äußerst wuchsfreudigen, ausladenden Pflanze. 'Swany' war vermutlich Vorläufer der Strauchrose 'Bonica', die ebenfalls vom aus dem Hause Meilland stammt. Die Sorte eignet sich gut als Bodendeckerrose, sogar an einem steilen Abhang, wo die Triebe nach unten gezogen werden können. Der niedrige Wuchs stammt von der Elternpflanze *Rosa sempervirens*.
**ZONEN 4–11.**

Meilland, Frankreich, 1978

*Rosa sempervirens* × 'Mlle Martha Carron'

Royal Horticultural Society Award of Garden Merit 1994

## 'SWARTHMORE'

TEEHYBRIDE, ROSA+, ÖFTERBLÜHEND

Die Blütenfarbe von 'Swarthmore' stellt eine raffinierte Mischung verschiedener Rosatöne mit Hellrot und einem Hauch von Mauverosa dar. Die großen, mit 50 Petalen gefüllten Blüten mit hoher Mitte zeigen eine typische Ausstellungsform. Sie sitzen an langen Stielen, duften zart und halten auch als Schnitt gut. Der Flor fällt jedoch nur durchschnittlich aus, und es gibt längere Blühpausen. Das üppige, dunkelgrüne, ledrige Laub bedeckt einen hohen, wuchsfreudigen Busch mit recht dunklen Trieben. **ZONEN 5–10.**

Meilland, Frankreich, 1963

('Kordes' Sondermeldung' × 'Rouge Meilland') × 'Gloria Dei'

'Swan'

'Sweet Dream'

## 'SWEET AFTON'

TEEHYBRIDE, WEISS+/HELLROSA, ÖFTERBLÜHEND

Die Blüten mit einem Durchmesser von 12 cm sind sehr hell rosafarben und duften sehr intensiv. Sie öffnen sich aus eleganten, langen, spitzen Knospen und nehmen eine hochgebaute, gefüllt Form an. Das gesunde, dunkelgrüne, ledrige Laub sitzt an einer hohen, buschigen und ausladenden Pflanze, die hübsche Schnittblumen liefert. **ZONEN 5–10.**

Armstrong, USA, 1964

('Charlotte Armstrong' × 'Signora') ('Alice Stern' × 'Ondine')

## 'SWEET CHARIOT' MORchari

**Syn. 'Insolite'**

ZWERGROSE, MAUVE, ÖFTERBLÜHEND

'Sweet Chariot' besitzt fliederfarben bis mauve getönte Blüten, die später einen Lavendelton annehmen. Die mit 40 Petalen gefüllten Blüten stehen in großen Büscheln, die nur sehr langsam aufblühen, zum Ausgleich jedoch überwältigend duften. Diesen schweren Damaszenerrosenduft wird man überall im Garten wahrnehmen. Das Laub der aufrechten, wuchsfreudigen, ausladenden Zwergrose ist klein und mittelgrün. Sie ist ideal für Ampeln, da die hängenden Triebe und die herabfallenden Blüten das Gefäß gut verdecken. **ZONEN 5–10.**

Moore, USA, 1984

'Little Chief' × 'Violette'

## 'SWEET DREAM' FRYminicot

**Syn. 'Sweet Dreams'**

FLORIBUNDA, APRICOT+, ÖFTERBLÜHEND

Diese Sorte hat wohlgeformte Blüten in einem hellen Pfirsichapricot, die einzeln oder in kleinen Büscheln sitzen und einen starken, süßen Duft verströmen. Der kleine Busch hat äußerst dichtes, glänzendes, gesundes Laub und wächst breitbuschig. **ZONEN 5–10.**

Fryer, Großbritannien, 1968

Sämling × ('Anytime' × 'Liverpool Echo') × ('New Penny' × Sämling)

Rose des Jahres der British Association of Rose Breeders 1988, Belfast Certificate of Merit 1990, Royal Horticultural Society Award of Garden Merit 1993

'Swany'

'Swarthmore'

'Sweet Chariot'

## 'SWEET FAIRY'

ZWERGROSE, HELLROSA, ÖFTERBLÜHEND

Die becherförmigen, mit 55 Petalen gefüllten Blüten sind lilarosa und sehr klein. Das dunkelgrüne Laub bedeckt eine wuchsfreudige Pflanze, die nur 15–20 cm hoch wird. Die Blüten öffnen sich flach, wobei die spitzen Petalen rosettenförmig angeordnet sind.
**ZONEN 5–10.**

de Vink, Niederlande, 1946

'Tom Thumb' × Sämling

## 'SWEET HOME'

TEEHYBRIDE, DUNKELROSA, ÖFTERBLÜHEND

Die dunkelrosafarbenen, mit 35 Petalen gefüllten Blüten haben erst eine hohe Mitte, werden später becherförmig. Die großen, merklich duftenden Blumen sitzen in kleinen und großen, wohlproportionierten Büscheln. Die wuchsfreudige, buschige Pflanze hat dunkles, gesundes Laub. **ZONEN 5–10.**

Meilland, Frankreich, 1969

('Jolie Madame' × 'Baccará') × ('Baccará' × 'Jolie Madame')

'Sweet Home'

'Sweet Inspiration'



## 'SWEET INSPIRATION' JACsim

FLORIBUNDA, REIN ROSA, ÖFTERBLÜHEND

Diese Floribundarose des amerikanischen Züchters Warriner bringt zahlreiche große, mit 25 Petalen gefüllter Blüten in einem makellosen Rosa hervor, die innen aber eher cremefarben sind. Die Blumen mit einem Durchmesser von 10 cm erscheinen über längere Zeit in Büscheln von unterschiedlicher Größe. Das Laub ist mittelgrün und matt. 'Sweet Inspiration' ist ein starker, aufrechter, wenig bewehrter Busch, der sich sowohl für Beete als auch für Rabatten eignet, da die Blütenproduktion reichlich und anhaltend ist und die Blüten kaum an Farbe einbüßen. **ZONEN 5–10.**

Warriner, USA, 199×

'Sunflare' × 'Simplicity'

All-American Rose Selection 1993

'Sweet Magic'

'Sweet Juliet'

'Sweet Nell'

## 'SWEET JULIET' AUSleap

STRAUCHROSE, APRICOT+, ÖFTERBLÜHEND

'Sweet Juliet' trägt kleine Knospen, die sich zu großen, becherförmigen Blüten mit zahlreichen rosettenförmigen Petalen und einem auffälligen Knopfauge öffnen. Sie sind von einem zarten, feinen Apricot, das an den Rändern fast zu weiß verblaßt. Die Blüten duften eher wie eine Teerose. Das Laub besteht aus sehr spitzen, hellgrünen Blättchen mit einem bräunlichen Stich, und sitzt an einem streng aufrechten und starken Strauch, der im Herbst ein Dickicht von Trieben hervorbringt. Bedauerlicherweise bringen viele dieser späten Triebe keine Blüten mehr hervor. Wäre die Herbstblüte ebenso reichlich wie im Frühling, würde diese Rose zu den schönsten Sorten David Austins gehören. Diese Strauchrose gehört ebenfalls zur Zuchtreihe der sogenannten Englischen Rosen.

ZONEN 5–10.

Austin, Großbritannien, 1989

'Graham Thomas' × 'Admired Miranda'

Belfast Duftpreis 1992

## 'SWEET MAGIC' DICmagic

ZWERGROSE, ORANGE+, ÖFTERBLÜHEND

Diese Sorte hat goldorangefarbene, spitze Knospen, die sich zu leuchtend orangefarbenen Blüten mit goldenen Tupfern öffnen. Die Blüten sind mit 15–25 Petalen halb gefüllt, duften nicht und öffnen sich schnell zu flachen Blüten mit hervorstehenden Staubgefäßen. Die mittelgroßen, leuchtenden Blüten sitzen in wunderbaren Büscheln an einem runden Busch mit dunkelgrünem, glänzendem Laub, von dem sie sich deutlich abheben. 'Sweet Magic' ist pflegeleicht, krankheitsfest und wetterunempfindlich. Sie gedeiht in Töpfen wie auch in Rabatten und Innenhöfen. Auf dem jährlichen Rosenfestival der *Royal National Rose Society* im Jahre 1986 erregte ein farbenprächtiges Massenarrangement mit 'Sweet Magic' große Aufmerksamkeit.

ZONEN 5–10.

Dickson, Großbritannien, 1986

'Peek a Boo' × 'Bright Smile'

Royal National Rose Society Trial Ground Certificate 1986, Royal National Rose Society Rose des Jahres 1987, Royal Horticultural Society Award of Garden Merit 1993

'Swiss Fire'

## 'SWEET MEMORIES' WHAmemo

ZWERGROSE, HELLGELB, ÖFTERBLÜHEND

Die Blüten dieser Rose erscheinen in großen, hellgelben Büscheln. Sie haben eine auffallende, altmodische, geviertelte Form und duften zart. Der Flor fällt recht üppig aus. Die Pflanze ist mit hellgrünem, gesundem Laub bedeckt. Sie wird in Gegenden mit mildem Klima 30–60 cm hoch und eignet sich für Töpfe, Kübel oder Rabatten.

ZONEN 5–11.

Sport von 'Sweet Dream'

## 'SWEET NELL' COCavoter

FLORIBUNDA, ORANGE+, ÖFTERBLÜHEND

Die gefüllten, großen Blüten von 'Sweet Nell' bestehen aus 35 orangefarbenen Petalen und duften zart. Die Floribundarose besitzt mittelgrüne, mattglänzende, krankheitsfeste Blätter und einen aufrechten Wuchs. Die Blütenproduktion ist bei einer raschen Nachblüte hoch. 'Sweet Nell' ist eine geeignete Rose für Beete und Rabatten, außerhalb Großbritanniens aber nur schwer erhältlich.

ZONEN 5–10.

Cocker, Großbritannien, 1983

'Anne Cocker' × ('Mischief' × [('Sabine' × 'Circus') × ('Superstar' × 'Circus')])

## 'SWEET REVENGE' TINrevenge

Syn. 'Pat O'Brien'

ZWERGROSE, ORANGEROT, ÖFTERBLÜHEND

Diese Blüten sind hellorange, aber dunkelrot überhaucht. Sie sind mit 25–40 Petalen gefüllt, verströmen einen zarten Duft und sitzen einzeln bzw. in kleinen Büscheln an langen Stielen. Das Laub ist von einem dunklen Mittelgrün und mattglänzend. Es sitzt an einem hohen, wuchsfreudigen Busch, der krankheitsfest, aber nicht winterhart ist. Diese Sorte eignet sich vorrangig für den Garten und bringt gelegentlich Blüten mit Ausstellungsqualität hervor. Ursprünglich hieß die Rose nach Pat O'Brien, dem Ehemann von Dee Bennetts Tochter Sue, von dem sie sich aber scheiden ließ; anschließend benannte Sue Bennet sie in 'Sweet Revenge' (Süße Rache) um.

ZONEN 5–10.

Bennett, USA, 1996

'Tony Jacklin' × 'Pucker Up'

## 'SWEET SUNSATION' KORfisro

BODENDECKER, HELLROSA, ÖFTERBLÜHEND

Landschaftsarchitekten mögen die neuen „Sunsation-Rosen" nicht nur wegen ihres glänzenden, gesunden Laubes, sondern weil sie auch eine niedrige, pflegeleichte Bodendeckerpflanze für große Flächen abgeben. Ggf. kann man diese Pflanze mit gewöhnlichen Heckenscheren stutzen; da sie aber bestachelt sind, sollte man das Beet nicht zu breit anlegen. 'Sweet Sunsation' trägt hellrosafarbene Blüten, die nicht duften und größer als die anderer Bodendeckerrosen sind.

ZONEN 4–11.

Kordes, Deutschland, 1991

Eltern unbekannt

## 'SWEET SURRENDER'

TEEHYBRIDE, REIN ROSA, ÖFTERBLÜHEND

Die gefüllten Blüten von 'Sweet Surrender' sind von einem klaren silbrigen Rosa, über 20 cm groß und haben 40 becherförmig angeordnete Petalen. Die Blumen verbreiten einen starken Teerosenduft. Das Laub ist dunkel, ledrig und krankheitsfest. Es bedeckt eine Pflanze mit starkem Wuchs, überdurchschnittlicher Blütenproduktion und schneller Nachblüte. Wie die Elternpflanze 'Tiffany' erhielt auch 'Sweet Surrender' eine Auszeichnung der *All-American Rose Selection*. Beide Rosen haben lange Stiele und schön geformte Blüten in klaren Farben. ZONEN 5–11.

Weeks, USA, 1983

Sämling × 'Tiffany'

All-American Rose Selection 1983

## 'SWEET SYMPHONY'

siehe 'Début'

## 'SWEET VIVIEN'

FLORIBUNDA, ROSA+, ÖFTERBLÜHEND

Diese sehr dichte, buschige Rose paßt gut in eine niedrige Rabatte oder in die Einfassung eines Rosenbeetes. Ihre Blüten sind rein rosa und in der Mitte gelb schattiert, mit 17 Petalen halb gefüllt und recht groß. Sie sitzen an Stielen in

'Swinging Sixties'

'Sweetie Pie'

'Symphonie'

kleinen Büscheln. Putzt man verwelkte Blüten nicht aus, so erscheinen große, birnenförmige Hagebutten. Außerhalb der USA ist die Pflanze allerdings kaum erhältlich. **ZONEN 5–10.**

**Raffel, USA, 1961**

**'Little Darling' × 'Odorata'**

## 'SWEETHEART' COCapeer

**TEEHYBRIDE, REIN ROSA, ÖFTERBLÜHEND**

Die Knospen von 'Sweetheart' sind oval und sehr dekorativ. Sie öffnen sich zu rein rosafarbenen, gefüllten Blüten mit hoher Mitte und 50 Petalen. Meist erscheinen die duftenden Blüten in Büscheln und behalten ihre kräftige Färbung. Das groß, üppige und mittelgrüne Laub sitzt an einer hohen, aufrechten und buschigen Pflanze, die rasch nachblüht. 'Sweatheart' ist eine gute Rose für Beete und Rabatten; ihre gefüllten Blüten prädestinieren sie zu einer guten Schnittblume, wobei ihr intensiver Duft einen zusätzlichen Pluspunkt darstellt.

**ZONEN 5–10.**

**Cocker, Großbritannien, 1980**

**'Peer Gynt' × ('Duftwolke' × 'Gay Gordons')**

**Belfast Duftpreis 1982**

## 'SWEETIE PIE'

**TEEHYBRIDE, HELLROSA, ÖFTERBLÜHEND**

Diese sehr hübsche Rose weicht nur in ihrem kräftigeren Farbton von der Elternpflanze ab. Ihre Blüten sind hellrosa und mit einem dunklen Fliederrosa schattiert, das zu den Petalenrändern hin rubinrot wird. Die Blüten mit ihren 55 Petalen und hoher Mitte werden bis zu 10 cm groß und duften zart. Mit ihrer ungewöhnlichen Farbe und den sehr langen Stielen eignet sich 'Sweetie Pie' hervorragend für die Produktion von Schnittblumen, die sich ausgezeichnet in der Vase halten. **ZONEN 5–10.**

**Hyde, USA, 1971**

**Sport von 'Swarthmore'**

## 'SWINGING SIXTIES'

**FLORIBUNDA, GELB+, ÖFTERBLÜHEND**

'Swinging Sixties' bringt Büschel sehr farbenprächtiger Blüten hervor, die zunächst gelb, dann orangefarben und später rot sind. Sie weisen einen Durchmesser von 8 cm auf und duften nur wenig. Der Busch ist klein bis mittelgroß und somit hervorragend für eine niedrige Rabatte geeignet. Der Flor fällt bei langsamer Nachblüte ein wenig spärlich aus.

**ZONEN 5–10.**

**USA, 1996**

**Eltern unbekannt**

'Sydney Linton'

## 'SWISS FIRE' HUBar

**TEEHYBRIDE, ORANGEROT, ÖFTERBLÜHEND**

Die dicken Knospen dieser Rose öffnen sich zu großen Blüten mit zahlreichen Petalen, die zunächst eine hohe Mitte haben; wenn sich die breiten Petalen zurückbiegen, werden die Blüten becherförmig. Sie sind in einer lebhaften Feuerrotschattierung mit Geranienrot gehalten, haben aber bedauerlicherweise nicht den Duft ihrer Elternpflanzen geerbt, sondern duften nur sehr leichtes würzig. Die Blüte hält bis in den Herbst hinein an. 'Swiss Fire' ist eine empfehlenswerte Pflanze für Beete und die Vorderseite von Rabatten. Sie wächst aufrecht, buschig, wird knapp mittelhoch und trägt mattes, dunkelgrünes Laub.

**ZONEN 4–9.**

**Huber, Schweiz, 1975**

**'Duftwolke' × 'Ena Harkness'**

## 'SYBIL HIPKIN'

**TEEHYBRIDE, GOLDGELB, ÖFTERBLÜHEND**

'Sybil Hipkin' zählt zu den besten gelben Rosen in Australien. Die Knospen sind lang und spitz, und öffnen sich zu wohlgeformten Blüten mit jeweils 35–40 gelben Petalen, die ihre Farbe behalten. Der Flor fällt reichlich aus und dauert lange; die Blüten Blüten sitzen an langen, pflaumenfarbigen Stielen und verströmen einen zarten Duft. Das gesunde Laub ist groß, üppig und glänzend. Die Schnittblumen öffnen sich langsam und halten lange. Auch der anhaltende Herbstflor produziert Blüten in satter Färbung.

**ZONEN 5–10.**

**Dawson, Australien, 1972**

**Eltern unbekannt**

'Sybil Hipkin'

## 'SYDNEY LINTON'

**ALTE R., REMONTANTROSE, DUNKELROSA, ÖFTERBLÜHEND**

'Sydney Linton', die in einem Ort in der australischen Provinz New South Wales entdeckt wurde, trägt Blüten, die denen von 'Paul Neyron' nicht unähnlich sind. Die vielen Petalen sind zu einer flachen und vollen Blüte von bemerkenswerter Größe angeordnet, die die Form einer Pfingstrose hat. Nach einem sehr ergiebigen Frühjahrsflor erscheinen den ganzen Herbst hindurch weitere Blüten, die einen leichten Duft verströmen. Das Laub ist groß, dunkelgrün und bedeckt eine sehr hohe und aufrechte Pflanze. Diese Sorte gehört zu den besten Remontantrosen und wurde nach einem Bischof benannt, der in der zweiten Hälfte des 19. Jh. in Australien tätig war.

**ZONEN 5–10.**

**Australien**

**Eltern unbekannt**

## 'SYDONIE'

**Syn. 'Sidonie'**

**ALTE R., REMONTANTROSE, REIN ROSA, ÖFTERBLÜHEND**

Diese Rose duftet wie eine Damaszenerrose und hat leuchtend hellrosafarbene Blüten, die flach und geviertelt sind und in Büscheln auftreten. Sie haben eine krause Mitte und wellige Petalen. Der kleine bis mittelgroße Busch erinnert in mancherlei Hinsicht an eine Portlandrose und gilt als anfällig für Sternrußtau.

**ZONEN 5–9.**

**Dorisy, Frankreich, 1846**

**Sämling von 'Belle de Trianon'**

## 'SYLVIA'

**siehe 'Congratulations'**

## 'SYMPATHIE'

**Syn. 'Sympathy'**

**GROSSBLUMIGE KLETTERROSE, ROT, ÖFTERBLÜHEND**

Diese Kletterrose trägt Büschel zart duftender, blutroter Blüten, die 20 oder mehr Petalen aufweisen und sich zu einer erheblichen Größe mit offen becherförmiger Form entwickeln. Die intensive, dunkle, aber leuchtende Farbe hebt sich schön vor dem Hintergrund des kräftig grünglänzenden Laubes ab. Der erste Flor ist reichlich, die Nachblüte im Spätsommer fällt etwas spärlich aus; zum Schluß der Saison werden dann wieder viele Blüten produziert. 'Sympathie' stammt aus der von Kordes kreierten Kordesii-Linie. Diese wuchsfreudige, schnellwüchsige und anpassungsfähige Pflanze bildet lange, steife Triebe und eignet sich hervorragend für Zäune, Wände und Pergolen.

**ZONEN 4–9.**

**Kordes, Deutschland, 1964**

**'Wilhelm Hansmann' × 'Don Juan'**

**ADR-Rose 1964**

## 'SYMPHONIE' AUSlett

**Syn. 'Allux Symphony', 'Symphony'**

**STRAUCHROSE, HELLGELB, ÖFTERBLÜHEND**

Diese Strauchrose bringt mittelgroße Blüten hervor, die sich aus über 40 kleinen Petalen zusammensetzen, meist in dichten Büscheln angeordnet sind und außerordentlich gut duften. Nach dem Öffnen haben sie eine rein gelbe Farbe und sind rosettenförmig; später verfärben sie sich zu Rosa. Der Flor hält bis in den Herbst hinein an; am schönsten wirkt er bei warmem Wetter. 'Symphony' eignet sich für farbenfreudige Gruppen, Rabatten oder Beete. Sie wächst aufrecht, dicht und buschig, bei mittlerer Größe und besitzt ein üppiges länzendes Laub. Die Sorte wird auch zu den Englischen Rosen des Briten Austin gezählt.

**ZONEN 4–9.**

**Austin, Großbritannien, 1986**

**'The Knight' × 'Yellow Cushion'**

'Sympathie'

'Sydonie'

S

T

## 'TABARIN'

FLORIBUNDA, REIN ROSA, ÖFTERBLÜHEND

Diese schöne, zweifarbige Sorte hat rosafarbene Blüten mit dottergelbem Petalenansatz und leuchtend roten Rändern. Ihre zahlreichen, in kleinen Büscheln stehenden Knospen erscheinen vom Sommer bis zum Herbst und öffnen sich zu mittelgroßen, halbgefüllten, becherförmigen Rosen von angenehmem Duft. 'Tabarin', deren Name sich von einem gestreiften Stoff ableitet, hat kleine, glänzende, hellgrüne Blätter. Früher fand diese Rose – ein nicht allzu wuchsfreudiger, breitbuschiger Strauch von kompaktem, mittelhohem Wuchs – häufig bei der Bepflanzung von Rabatten, Randbeeten und Hecken Verwendung; heute wird sie jedoch kaum noch kultiviert.
**ZONEN 4–9.**

Gaujard, Frankreich, 1956

'Opéra' × 'Maskerade'

Royal National Rose Society Certificate of Merit 1957

## 'TABOO' TANelorak

**Syn. 'Barkarole', 'Grand Château'**

TEEHYBRIDE, DUNKELROT, ÖFTERBLÜHEND

Die langen, schlanken, klassisch geformten Blüten dieser Sorte erscheinen vom Sommer bis zum Herbst auf langen Stielen; sie haben eine hohe Mitte und bestehen aus breiten, zart duftenden Blütenblättern. 'Taboo' zählt zu den Rosen mit den dunkelsten Rottönen, weshalb sie eigentlich zu den sehr beliebten Sorten zählen sollte. Leider aber zeichnet sie sich durch einen flachen, asymmetrischen Wuchs aus und eignet sich daher weniger für Rabatten und Randbeete. Daher setzt man diese wuchsfreudige, gut mittelhohe Pflanze mit ihren großen, glänzenden, dunkelgrünen Blättern am besten in einen abgelegenen Teil des Gartens und verwendet die Blüten als Schnittblumen.
**ZONEN 4–9.**

Evers/Tantau, Deutschland, 1988

Eltern unbekannt

'Tabarin'

'Taboo'

'Tamara'

## 'TABRIS' KORtabris

**Syn. 'Raspberry Ice'**

FLORIBUNDA, ROSA+, ÖFTERBLÜHEND

Manchmal führt die Namensgebung bei Rosen zu Verwirrungen: Die in vielen Teilen der Welt unter der Bezeichnung 'Raspberry Ice' erhältliche Rose (Codename KORweiso) wird auch als 'Hannah Gordon' gehandelt. Aber auch die weniger verbreitete Sorte 'Tabris' (Codename KORtabris) ist unter dem Namen 'Raspberry Ice' bekannt. Beide Rosen sehen sich mit ihren halbgefüllten, becherförmigen, cremeweißen Blüten und den kirschroten Rändern sehr ähnlich. Allerdings erscheint der Farbkontrast bei 'Tabris' stärker ausgeprägt; außerdem erreicht sie eine größere Höhe, so daß sich diese zart duftende Rose von aufrechtem Wuchs mit den zahlreichen, kräftig grünen Blättern nicht nur zur Bepflanzung von Rabatten, Randbeeten und Hecken eignet – in warmen Regionen läßt sie sich auch als großer Strauch oder Kletterrose kultivieren.
**ZONEN 4–9.**

Kordes, Deutschland, 1986

Eltern unbekannt

Portland Goldmedaille 1995

'Talisman'

'Climbing Talisman'

## 'TAIFUN'

siehe 'Typhoon'

## 'TALISMAN'

TEEHYBRIDE, GELB+, ÖFTERBLÜHEND

Diese Rose gehört zu den wenigen vor 1939 eingeführten Teehybriden, die sich auch nach dem 2. Weltkrieg noch großer Beliebtheit erfreuten. Die große Blühfreude, die kurzen Abstände zwischen den Blühperioden, der adrette Wuchs und die attraktive Mischung aus Scharlachrot, Rosa, Kupferorange und Goldgelb sprechen für 'Talisman', deren schöne, gefüllte Blüten mit etwa 30 Petalen sich langsam zu einer Schalenform öffnen und den Blick auf die Staubgefäße freigeben. Früher wurde diese fruchtig duftende Rose dank ihrer geraden, elastischen Stiele vorwiegend als Schnittblume kultiviert, und auch heute noch ergeben die jungen Blüten attraktive Ansteckrosen. Die nicht allzu wuchsfreudige Pflanze von aufrechtem, schlankem, kaum mittelhohem Wuchs hat mattglänzende, ledrige, hellgrüne Blätter. **'Climbing Talisman'** (Western, USA, 1930) trägt zu Beginn des Sommers eine Fülle von schönen Blüten an langen, bogenförmigen Trieben, denen später noch weitere Blüten folgen; der Sport wird etwas größer als herkömmliche Kletterrosen.
**ZONEN 4–9.**

Montgomery, USA, 1929

'Ophélia' × 'Souvenir de Claudius Pernet'

Goldmedaille der American Rose Society 1929, John Cook Goldmedaille der American Rose Society 1932

## 'TALL STORY' DICkooky

FLORIBUNDA, REIN GELB, ÖFTERBLÜHEND

Obwohl diese starkwüchsige Sorte mit ihrem glänzenden, leuchtend grünen Laub als Bodendeckerrose geführt wird, erinnert ihre Wuchsform eher an eine flache Pyramide. Ihre mittelgroßen, halbgefüllten Blüten wachsen vom Sommer bis zum Herbst in adretten Büscheln und erscheinen auf anmutig gewölbten Stielen, die über den gesamten Strauch verteilt sind; sie wirken klar und und duften angenehm fruchtig. 'Tall Story' ist eine liebliche Rose, die sich besonders als Einzelpflanze für kleine Gärten eignet, sich allerdings auch für Gruppenpflanzungen in Rabatten und Randbeeten anbietet. **ZONEN 4–9.**

Dickson, Großbritannien, 1984

'Friesia' × 'Yesterday'

Royal Horticultural Society Award of Garden Merit 1993

## 'TAMARA' KORmador

FLORIBUNDA, APRICOT+, ÖFTERBLÜHEND

Die Floribundarose des bekannten deutschen Züchter Kordes besitzt wohlgeformte, champagnerfarbene, rosa überhauchte Blüten mit etwa 40 leicht gerüschten Petalen, die in kurzen Abständen erscheinen und in großen Büscheln stehen. 'Tamara' verströmt einen zarten Duft. Dank der langen Stiele und der wenigen Stacheln ergibt die breitbuschige Pflanze von knapp mittelhohem Wuchs sowohl im Gewächshaus als auch in der Freilandkultur eine hervorragend Schnittblume; sie eignet sich aber auch gut für Rabatten und Randbeete.
**ZONEN 5–10.**

Kordes, Deutschland, 1990

Eltern unbekannt

## 'TAMBOURINE' HARdolly

FLORIBUNDA, ORANGE+, ÖFTERBLÜHEND

Diese strahlende, kleine Floribundarose bezaubert den Betrachter vom Sommer bis in den Herbst hinein mit zahlreichen Büscheln mittelgroßer, halbgefüllter, gelber Blüten, die zart duften und im Laufe der Zeit eine orangerote Tönung annehmen. 'Tambourine' macht sich recht gut als Beetpflanze, paßt aber auch in eine niedrige, farbenfrohe Hecke, wo sie sich zu einem wuchsfreudigen, weit verzweigten Strauch von dichter, knapp mittelhoher Gestalt mit glänzenden, kräftig grünen Blättern entwickeln kann.
**ZONEN 4–9**

Harkness, Großbritannien, 1998

Eltern unbekannt

British Association of Rose Breeders, Breeders' Choice 1998

T

## 'TAMORA' AUStamora

STRAUCHROSE, APRICOT+, ÖFTERBLÜHEND

Die orangeroten Knospen dieser Sorte erscheinen vom Sommer bis zum Herbst und entwickeln sich zu relativ großen, apricotgelben Blüten mit etwas dunklerer Mitte und helleren Rändern. Die kräftig nach Myrrhe duftenden Blüten bestehen aus über 40 Petalen mit seidiger Struktur, deren schichtweise Anordnung an Alte Rosen erinnert und die sich schließlich zu einer tiefen Becherform öffnen. 'Tamora' – eine wuchsfreudige Strauchrose von ausladendem, kaum mittelhohem Wuchs, die auch als Englische Rose klassifiziert wird – eignet sich besonders für warme Klimazonen und bietet sich vor allem für Gruppenpflanzungen an. Sie hat kleine, mattglänzende, dunkelgrüne Blätter.

**ZONEN 4–9.**

Austin, Großbritannien, 1983

'Chaucer' × 'Conrad Ferdinand Meyer'

## 'TANAGRA' GACta

TEEHYBRIDE, ORANGEROT, ÖFTERBLÜHEND

Die langen, spitzen Knospen von 'Tanagra' – deren Name von einem leuchtend bunten nordamerikanischen Vogel abgeleitet ist – erscheinen vom Sommer bis zum Herbst und öffnen sich zu großen, dichtgefüllten Blüten mit hoher Mitte, die schließlich eine Becherform annehmen. Sie besitzen eine kräftige orangerote Tönung sowie einen angenehmen Duft, sind lange haltbar und stehen meist einzeln an langen Stielen, so daß sie sich hervorragend als Schnittblumen eignen. Die wuchsfreudige, aufrechte Pflanze von knapp mittelhoher Gestalt bietet sich aber auch zur Bepflanzung von Rabatten und Hecken an und trägt weiches, mattgrünes Laub.

**ZONEN 4–9.**

Gaujard, Frankreich, 1969

'Queen Elizabeth' × 'Tropicana'

## 'TANGERINE' CHEwmarywarn

KLETTERNDE ZWERGROSE, ORANGEROT, ÖFTERBLÜHEND

Diese Rose strahlt in einer kräftigen, attraktiven Mischung aus Orange und Zinnoberrot. Ihre spitzen Knospen entwickeln sich zu schalenförmigen, adretten, jedoch kaum duftenden Blüten mit wenigen Blütenblättern und gelben Staubgefäßen. Sie erscheinen in Büscheln und bedecken den Strauch vollständig vom Sommer bis zum Herbst. Da 'Tangerine'

'Tanagra'

nicht sehr winterhart ist, eignet sie sich nur für warme Regionen, wo die wuchsfreudige, kaum mittelhohe Zwergrose mit glänzenden, spitzen Blättern dann rasch Zäune, Säulen und kleine Mauern überwuchert.

**ZONEN 6–10.**

Warner, Großbritannien, 1999

'Mary Sumner' × 'Warm Welcome'

## 'TANGO'

siehe 'Stretch Johnson'

## 'TANIA VERSTAK'

TEEHYBRIDE, ROT, ÖFTERBLÜHEND

Diese Rose mit ihrem mattem, hellgrünem Laub wurde nach einer ehemaligen *Miss Australia* benannt, die inzwischen einen der schönsten Gärten auf diesem Kontinent angelegt hat. Die großen Knospen öffnen sich zu riesigen, leicht duftenden Blüten mit 60 dunkelroten Petalen, die an langen Stielen stehen. Sie bilden bei feucht-kaltem Wetter Mumien, sind aber als Schnittblumen lange haltbar. **ZONEN 5–10.**

Armbrust, Australien, 1962

'Charlotte Armstrong' × 'Rouge Meilland'

## 'TANYA'

Syn. 'Majeure', 'Majore'

TEEHYBRIDE, ORANGE+, ÖFTERBLÜHEND

Diese nur für milde Klimazonen geeignete Sorte wurde früher häufig für die Schnittblumenkultur gezogen; sie ist heute aber nicht mehr weit verbreitet. Ihre langen, spitzen Knospen entwickeln sich zu großen, wohlgeformten, leicht duftenden Blüten mit hoher Mitte und fast 50 Petalen, die ein warmes Orange-apricot aufweisen und lachsrosa überhaucht sind. Da sie vom Sommer bis zum Herbst erscheinen, meist einzeln an

'Tangerine'

'Tania Verstak'

langen, eleganten Stielen stehen und lange haltbar sind, eignet sich 'Tanya' gut als Schnittrose. Sie ist eine wuchsfreudige, aufrechte, gut mittelhohe Pflanze mit üppigen, großen, festen Blättern, erfordert allerdings sehr viel Pflege.

**ZONEN 5–9.**

Combe, Frankreich, 1959

'Gloria Dei' × ('Gloria Dei' × 'Orange-Nassau')

## 'TAPIS JAUNE' RUgul

Syn. 'Guletta', 'Golden Penny', 'Goldpenny'

ZWERGROSE, REIN GELB, ÖFTERBLÜHEND

Die in kurzen Abständen erscheinenden, kleinen, gefüllten Blüten der 'Tapis Jaune' haben etwa 20 dicke, gelbe Petalen, deren Farbe nicht verblaßt; sie stehen einzeln oder in Büscheln von 3–5 Einzelblüten inmitten der glänzenden, dunkelgrünen Blätter. Bei dieser Sorte handelt es sich um eine flachwüchsige, kompakte, krankheitsfeste Zwergrose, die sich gut zur Bepflanzung von Kübeln, kleinen Rabatten und als niedrige Bepflanzung eines Beetes eignet.

**ZONEN 5–10.**

de Ruiter, Niederlande, 1973

'Rosy Jewel' × 'Allgold'

## 'TAPIS VOLANT' LENplat

STRAUCHROSE, ROSA+, ÖFTERBLÜHEND

Diese Sorte ist ein schönes Beispiel für eine innovative Kreuzung des Rosen-

'Tapis Jaune'

'Tapis Volant'

züchters Louis Lens, der Gene von *Rosa wichuraiana* und *R. multiflora* mit anderen Erbanlagen kombinierte. Das Ergebnis ist ein flacher, ausladend wachsender Strauch, der eine Fülle kleiner, rosaweißer, fruchtig duftender Blüten trägt. Diese stehen in Büscheln von 7–35 Einzelblüten und erscheinen auch nach dem ersten üppigen Flor noch weiter. Diese attraktive Rose – deren Name „Fliegender Teppich" bedeutet – entwickelt sich zu einem wuchsfreudigen, kriechenden Strauch, der mit zahlreichen grünen, rötlich überhauchten Blättern und rotbraunen Stacheln übersät ist.

**ZONEN 4–9.**

Lens, Belgien, 1982

(*Rosa luciae* × Sämling) × (*R. multiflora adenocheata* × 'Ballerina')

Kortrijk Goldmedaille 1987

'Tambourine'

'Tamora'

'Taupo'

'Tarrawarra'

'Tassin'

'Tarantella'

## 'TARANTELLA' KORantel

TEEHYBRIDE, GELB+, ÖFTERBLÜHEND

Bei dieser Sorte handelt es sich um eine kaum mittelhohe, aufrechte Rose mit glänzenden, leuchtend grünen Blättern und wohlgeformten, meist einzeln erscheinenden Blüten, denen auch heiße Gegenden nichts anhaben können. Zur Zeit ist sie allerdings nur in australischen Rosengärtnereien erhältlich. Die zart duftenden Blüten mit hoher Mitte blühen vom Sommer bis zum Herbst und haben etwa 50 Petalen, die in einer Mischung aus Cremegelb und Rosa getönt sind. 'Tarantella' eignet sich gut zum Schnitt, aber auch für Rabatten und Einfassungen. **ZONEN 4–9.**

Kordes, Deutschland, 1985

'Königin der Rosen' × 'Wiener Charme'

## 'TARRAWARRA'

POLYANTHAROSE, ROSA+, ÖFTERBLÜHEND

'Tarrawarra' begann ihren Siegeszug als Sämling der Rosengärtnerei Nieuwesteeg in der australischen Provinz Victoria. Ihre zahlreichen, nur 2,5 cm großen Blüten stehen in kleinen bis großen Büscheln von 10–40 Einzelblüten, die sich aus 30 zart lachsrosa Petalen zusammensetzen und im Laufe der Zeit eine cremefarbene Tönung annehmen. An den Rändern sind sie lachsrosa überhaucht und geben den Blick auf ein dichtes Büschel goldgelber Staubgefäße frei. Die kleine, rundliche Pflanze mit ihrem dichten, groben, dunkelgrünen Laub ergibt eine attraktive Randbepflanzung oder niedrige Hecke mit vielen Blüten vom Frühling bis zum Spätherbst. **ZONEN 5–10.**

Nieuwesteeg, Australien, 1992

Eltern unbekannt

## 'TASSIN'

TEEHYBRIDE, ROT, ÖFTERBLÜHEND

Die Ortschaft Tassin in der Nähe von Lyon war viele Jahre Standort der Rosenzucht Meilland. Trotz der Besatzung während des 2. Weltkriegs gelang es dieser Gärtnerei, einige neue Rosen zu züchten, darunter auch 'Tassin'. Diese dichtgefüllte Sorte hat große, rote, angenehm duftende Blüten, die sehr lange haltbar sind und sich sowohl als Schnittblumen wie auch zur Bepflanzung von Rabatten und Randbeeten eignen. Der wuchsfreudige, aufrechte Strauch wird gut mittelhoch, hat kräftiges, ledriges Laub und gedeiht besonders gut in wärmeren Klimazonen. Zur Zeit ist 'Tassin' nur in australischen Rosengärtnereien erhältlich. **ZONEN 5–9.**

Meilland, Frankreich, 1942

'National Flower Guild' × 'Lemania'

## 'TATJANA' KORtat

Syn. 'Rosenthal'

TEEHYBRIDE, DUNKELROT, ÖFTERBLÜHEND

Wie viele andere dunkelrote Rosen reflektieren auch die Blütenblätter dieser Sorte das Sonnenlicht und schimmern dadurch samtig. Die wohlgeformten, rundlichen, betörend duftenden Blüten haben relativ kurze Petalen und öffnen sich zu einer Becherform. Sie stehen meist einzeln oder zu mehreren nebeneinander an langen Stielen und erscheinen von Sommer bis Herbst. 'Tatjana' ist ein wuchsfreudiger, breitbuschiger Strauch von aufrechtem, dichtem, gut mittelhohem Wuchs und eignet sich als Beetpflanze. Ihr Laub ist groß, mattglänzend und dunkelgrün. **ZONEN 4–9.**

Kordes, Deutschland, 1970

'Liebeszauber' × 'Präsident Dr. H. C. Schröder'

## 'TAUPO' MACmisech

FLORIBUNDA, ORANGEROSA, ÖFTERBLÜHEND

Die zart duftenden Blüten sind wohlgeformt und haben etwa 40 Petalen, die eine Mischung aus Apricotgelb und Orange zeigen, an den Rändern orangerot überhaucht sind und im Laufe der Zeit zu einem zarten Lachsrosa verblassen. 'Taupo' – deren Name sich von Neuseelands größtem See ableitet – erfreut durch einen üppigen, frühen Flor, dem den ganzen Sommer über bis zum Herbst weitere Blüten folgen. Sie eignet sich gut als Hecken- oder Beetbepflanzung sowie als Schnittblume. Der sehr wuchsfreudige, gut mittelhohe Strauch ist mit hellgrünen Blättern belaubt und relativ gesund. **ZONEN 4–9.**

McGredy, Neuseeland, 1978

'Liverpool Echo' × 'Irish Mist'

## 'TAUSENDSCHÖN'

Syn. 'Thousand Beauties'

RAMBLERROSE, ROSA+

Diese kräftige Ramblerrose trägt zahlreiche Büschel relativ großer, gefüllter, rosafarbener Blüten mit weißer Blütenmitte an fast stachellosen Stielen. Zu ihren Vorfahren zählen die rote Remontantrose 'Général Jacqueminot' und die erste Zwerg-Polyantharose 'Pâquerette'. Im Jahre 1914 ging aus ihr als Sport die Zwergrose 'Baby Tausendschön' hervor, die wiederum die Elternpflanze zahlreicher attraktiver Polyantharosen wurde.

'Tausendschön'

'Tatjana'

T

'Tea Rambler'

'Tchin-Tchin'

Beide Formen blühen nur einmal, dafür jedoch üppig. **ZONEN 5–9.**

**Schmidt, Deutschland, 1906**

**'Daniel Lacombe' × 'Weißer Herumstreicher'**

## 'TCHIN-TCHIN' MEIkinosi

**Syn. 'Parador'**

**TEEHYBRIDE, GELB+, ÖFTERBLÜHEND**

Die großen, fast duftlosen Blüten dieser Sorte blühen bis in den Herbst und kommen auch bei schlechtem Wetter schön zur Geltung. Ihre 30 Petalen öffnen sich zu einer symmetrischen Becherform, die in strahlendem Goldgelb leuchtet. Siese Teehybride, die sich gut zur Bepflanzung von Rabatten und Randbeeten sowie für lange haltbare Schnittblumenarrangements eignet, erreicht eine mittlere Höhe und hat ledriges, dunkelgrünes Laub. Im Jahre 1978 wurden zwei verschiedene Rosen unter dem Namen 'Tchin-Tchin' gezüchtet, was zu einer großen Verwirrung unter vielen Gärtnern und Gartenbuchautoren führte. Bei der einen handelt es sich um die an dieser Stelle beschriebene gelbblütige Sorte, bei der anderen 'Tchin-Tchin' hingegen um eine orangerote Floribundarose.
**ZONEN 5–10.**

**Paolino, Frankreich, 1978**

**(['Zambra' × 'Suspense'] × 'King's Ransom') × ('Kabuki' × 'Dr A. J. Verhage')**

## 'TEA RAMBLER'

**RAMBLERROSE, ORANGEROSA**

'Tea Rambler' zählt zu den ersten Hybriden der berühmten 'Crimson Rambler' und besitzt relativ große, halbgefüllte, rosa Blüten, die orange überhaucht sind, im Frühsommer erscheinen und angenehm duften. Diese wuchsfreudige Kletterrose ist weniger anfällig für Mehltau als andere Rambler, benötigt aber viel Platz. **ZONEN 5–9.**

**Paul, Großbritannien, 1904**

**'Crimson Rambler' × Teerose**

## 'TEAR DROP'

**ZWERGROSE, WEISS, ÖFTERBLÜHEND**

Die einfachen bis halbgefüllten, schalenförmigen und wetterfesten Blüten dieser zart duftenden Rose haben 6–14 weiße Petalen, sehr auffällige gelbe Staubgefäße und die Größe von Rabattenrosen. Sie erscheinen den ganzen Sommer über und wirken wie weiße, duftige Wölkchen inmitten der kleinen, glänzenden, leuchtend grünen Blätter. 'Tear Drop' ist ein niedriger, winterharter Strauch, dessen Form an einen Teller erinnert; er eignet sich ausgezeichnet für kleine Rabatten, den vorderen Bereich eines Randbeetes oder einen kleinen Kübel.
**ZONEN 4–11.**

**Dickson, Großbritannien, 1988**

**'Pink Spray' × 'Bright Smile'**

## 'TEDDY BEAR' SAVbear

**ZWERGROSE, ROSTFARBEN, ÖFTERBLÜHEND**

Die ovalen Knospen dieser wuchsfreudigen, aufrechten Rose öffnen sich zu lange haltbaren, roten Blüten mit etwas hellerer Unterseite, die im Laufe der Zeit eine mauverosa Tönung annehmen. Die gefüllten, urnenförmigen, zart duftenden Blüten mit ihren etwa 30 Petalen erinnern an Edelrosen und stehen einzeln oder in kleinen Büscheln von 3–5 Einzelblüten inmitten von mattglänzendem, dunkelgrünem Laub. Diese Sorte bedeutete einen Durchbruch bei den Rosenfarben: Insbesondere die vollständig geöffneten Blüten mit ihren braunen Petalen und den goldgelben Staubgefäßen zeichnen sich durch eine einzigartige Farbenpracht aus. Die Pflanze besitzt eine attraktive, rundliche Wuchsform, benötigt aber etwas Pflege, damit sie nicht an Mehltau erkrankt. **ZONEN 4–11.**

**Saville, USA, 1989**

**'Sachet' × 'Rainbow's End'**

'Telstar'

## 'TELSTAR'

**FLORIBUNDA, ORANGE+, ÖFTERBLÜHEND**

Diese Rose wurde im Juli 1962 nach dem ersten Fernmeldesatelliten über dem Atlantik benannt. Bei ihren halbgefüllten Blüten, deren Farbe sich im Laufe der Zeit von Gelb über Rosenrot zu Dunkelkarminrot verändert, schlägt 'Telstar' nach ihrer Elternsorte 'Maskerade'. Die Blüten sind jedoch größer, duften angenehm und öffnen sich schalenförmig, so daß mehrere dicht nebeneinanderstehende Blüten mit ihren rötlichen Staubgefäßen den ganzen Sommer über einen attraktiven Blickfang – auch für Bienen – bilden. Die kräftige, aufrechte, gut mittelhohe Pflanze mit ihren dunkelgrünen Blättern eignet sich hervorragend für Beete, Hecken oder gemischten Rabatten, sollte wegen ihrer auffälligen Farbe jedoch sorgfältig plaziert werden.
**ZONEN 4–9.**

**Gandy, Großbritannien, 1962**

**'Rosemary Gandy' × 'Maskerade'**

## 'TEMPLE BELLS'

**KLETTERNDE ZWERGROSE, WEISS, ÖFTERBLÜHEND**

Große, einfache, weiße Blüten mit schönen gelben Staubgefäßen sind das Markenzeichen dieser Rose. Die Blüten stehen in Dolden und duften zart. Diese ausgesprochen wuchsfreudige, breitbuschige Pflanze muß zwei Jahre lang sorgfältig gepflegt werden, damit sie ihre volle Blütenpracht entwickeln kann. In einigen Regionen wird 'Temple Bells' nicht als Kletterrose, sondern als Bodendecker genutzt. Ihrer Elternsorte *Rosa wichuraiana* verdankt sie die Fähigkeit, sich sowohl kletternd als auch kriechend zu entwickeln. **ZONEN 5–10.**

**Morey, USA, 1971**

***Rosa wichuraiana* × 'Blushing Jewel'**

## 'TENDER BLUSH'

**ALTE R., ALBA-ROSE, HELLROSA**

Mit rundlichen, gefüllten Blüten, die sich aus prallen Knospen entwickeln, und ihrem dunkelgrünen Laub ist 'Tender Blush' eine hübsche hellrosa Sorte, deren Petalen im Laufe der Zeit eine cremefarbene Tönung annehmen. Sie eignet sich als Hecke, mit einer Kletterhilfe aber auch als Kletterrose. Der Hobbyzüchter Sievers aus Kronshagen bei Kiel kreuzte Alba-Rosen mit Kordesii-Rosen; seine „Blush-Rosen" lassen sich auch im Halbschatten leicht kultivieren. **ZONEN 5–10.**

**Sievers, Deutschland, 1988**

**Eltern unbekannt**

'Tender Blush'

'Teddy Bear'

## 'TENDER LOVING CARE'

BOSpeabay
FLORIBUNDA, REIN ROSA, ÖFTERBLÜHEND

Die warmen rosenroten Knospen dieser Sorte haben die gleiche anmutige Form wie die Muttersorte 'Pearl Drift'. Sie erscheinen in großen Büscheln und öffnen sich zu schalenförmigen, lange haltbaren Blüten mit etwa 20 Petalen, die vom Sommer bis zum Herbst ihren angenehmen Duft verströmen. 'Tender Loving Care' ist ein Strauch von aufrechter, mittelhoher Gestalt, trägt mattglänzende, dunkelgrüne Blätter und eignet sich gut zur Bepflanzung von Rabatten, Randbeeten oder Hecken. Ihren Namen erhielt sie, um für das *Greenwich and Bexley Cottage Hospice* in der englischen Grafschaft Kent zu werben. **ZONEN 4–9.**

Bossom, Großbritannien, 1995

'Pearl Drift' × ('Dublin Bay' × Sämling)

## 'TENDER NIGHT' MEIlaur

**Syn. 'Florian', 'Sankt Florian'**
FLORIBUNDA, ROT, ÖFTERBLÜHEND

Diese Rose entwickelt sich mit ihren johannisbeerroten Blüten in großen, eindrucksvollen Dolden zu einem attraktiven Strauch. Die mittelgroßen bis großen Blüten besitzen 25 Petalen und einen leicht fruchtigen Duft. Dank der festen Struktur der Blütenblätter verträgt 'Tender Night' direkte Sonne wesentlich besser als viele andere ortblühende Sorten und bietet sich für die Rabatten, Einfassungen oder als niedrige Hecke an. Die aufrecht wachsende, robuste Pflanze wird mittelhoch und trägt mittelgroßes, ledriges, mattglänzendes Laub. **'Climbing Tender Night'** (MEIlaursar; Syn. 'Climbing Florian'; 1976) unterscheidet sich von der Elternpflanze nur durch ihre begrenzte Anzahl von Blüten, die dem ersten Flor folgen. Darüber hinaus wird die kräftige Pflanze mit bogenförmigen Trieben etwas größer als die meisten Floribundarosen. **ZONEN 4–9.**

Meilland, Frankreich, 1971

'Tamango' × ('Fire King' × 'Banzai')

Rom Goldmedaille 1971

## 'TEQUILA' MEIgavesol

FLORIBUNDA, ORANGE+, ÖFTERBLÜHEND

Die mittelgroßen, wohlgeformten, aber nur leicht duftenden Blüten dieser Rose haben etwa 18 Petalen, die eine farbenfrohe indischrote Tönung auf der Innenseite und eine goldorangefarbene bis gelbe Schattierung auf der Petalenaußenseite aufweisen. Auch nach dem ersten üppigen Flor erscheinen vom Sommer bis zum Herbst weitere Blüten, die in kleinen, gleichmäßigen Büscheln stehen. 'Tequila' eignet sich besonders für die Bepflanzung von Hecken und Kübeln, aber auch für Rabatten und Einfassungen, wo sie sich rasch zu einem mittelhohen Strauch mit dichtem, dunkelgrünem Laub entwickelt. **ZONEN 4–9.**

Meilland, Frankreich, 1982

'Poppy Flash' × ('Rumba' × [MEIkim × 'Fire King'])

'Tender Night'

'Tequila'

## 'TEQUILA SUNRISE' DICobey

**Syn. 'Beaulieu'**
TEEHYBRIDE, ROT+, ÖFTERBLÜHEND

Ein großer Vorzug dieser Sorte besteht darin, daß sie bis in den Herbst ständig neue Blüten hervorbringt, die mit ihrem leuchtend gelben und roten Farbenspiel jeden Garten aufheitern. Ihre mittelgroßen, rundlichen Blüten öffnen sich langsam zu einer Becherform und setzen sich aus breiten, leuchtend gelben Blütenblättern zusammen, deren Spitze und Ränder kräftig rot getönt sind. Sie stehen einzeln oder dicht nebeneinander, wodurch sie sich besonders für Blumensträuße anbieten, aber auch als Bepflanzung von Rabatten, Einfassungen und Hecken gut zur Geltung kommen. Da sich die Petalen im Laufe der Zeit verfärben, sollte man Verblühtes regelmäßig entfernen. Dieser wuchsfreudige, weit verzweigte Strauch von buschiger, mittelhoher Gestalt ist mit glänzenden, dunkelgrünen Blättern übersät. **ZONEN 4–9.**

Dickson, Großbritannien, 1989

'Bonfire Night' × 'Freedom'

Goldmedaille der Royal National Rose Society 1988, Belfast Goldmedaille 1991, Glasgow Silbermedaille 1991, Royal Horticultural Society Award of Garden Merit 1993

'Tequila Sunrise'

'Texas' (I)

'Texas' (II)

## 'TEXAS' (I) POUltex

**Syn. 'Golden Piccolo'**
ZWERGROSE, REIN GELB, ÖFTERBLÜHEND

Die gefüllten, zart duftenden und leuchtend gelben Blüten dieser Rose haben eine attraktive hohe Mitte und verblassen auch bei stärkster Sonneneinstrahlung nicht. Sie erscheinen während des ganzen Sommers und stehen meist einzeln inmitten der kleinen, mattgrünen Blätter. 'Texas' ist eine wuchsfreudige, krankheitsfeste und winterharte Pflanze von aufrechtem, hohem Wuchs. Sie zählt zu den schönsten und farbbeständigsten gelben Zwergrosen. **ZONEN 5–10.**

Poulsen, Dänemark, 1984

Eltern unbekannt

'Texas' (I)

## 'TEXAS' (II)

TEEHYBRIDE, GELB+, ÖFTERBLÜHEND

Diese duftende Kordes-Rose wird vorrangig unter Glas für den Schnittblumenhandel gezogen. Ihre langen, spitzen, spiralförmigen Knospen öffnen sich zu attraktiven, leuchtend gelben Blüten mit 15–20 Petalen, die im Laufe der Zeit eine dunkel lachsorangefarbene Tönung annehmen und auch als Schnittblumen sehr lange haltbar sind. Allerdings bringt der sehr kleine Strauch nicht viele Blüten hervor, und auch die Abstände zwischen den Blühperioden sind recht lang. Da oft Probleme mit Sternrußtau und Mehltau auftreten, eignet sich 'Texas' am ehesten für die Gewächshauskultur.
**ZONEN 5–10.**

Kordes, Deutschland, 1992

Eltern unbekannt

## 'TEXAS CENTENNIAL'

TEEHYBRIDE, ROT+, ÖFTERBLÜHEND

Ein texanischer Rosenliebhaber entdeckte diesen eigenwilligen, leuchtend gefärbten Sport. Bei der Farbe dieser interessanten Mutation handelt es sich um ein dunkles, goldfarben überhauchtes Erdbeerrot, das in der Blütenmitte etwas heller wirkt und sich im Laufe der Zeit zu einer zarten Mischung aus Rosa, Rot und Orange entwickelt. Die mittelgroßen, gefüllten, würzig duftenden Blüten mit ihren nach hinten gebogenen Blütenblättern ähneln denen der Elternpflanze. Sie stehen an langen Stielen und eignen sich gut als Ansteckrosen oder Schnittblumen, sollten dann aber recht früh geschnitten werden, da sie sonst zu schnell verwelken. Aber auch im Garten bildet 'Texas Centennial' eine attraktive Hecke, einen dichten Sichtschutz oder eine schöne Randbeetbepflanzung. Der wuchsfreudige, aufrechte, gut mittelhohe Strauch erreicht zwar nicht ganz die Wuchshöhe der Elternsorte, hat aber große, ledrige Blätter. **ZONEN 4–9.**

Watkins, USA, 1935

Sport von 'President Herbert Hoover'

Portland Goldmedaille 1935

## 'THAÏS'

siehe 'Lady Elgin'

## 'THALIA'

Syn. 'White Rambler'

RAMBLERROSE, WEISS

Die kleinen, gefüllten, angenehm duftenden Blüten des fast stachellosen Strauches, der auch im Schatten gedeiht, erscheinen in Büscheln. Leider findet man die früher sehr beliebte Rose kaum noch. Benannt wurde sie nach Thalia, der Muse der Komödie in der griechischen Mythologie. **ZONEN 4–10.**

Schmitt/Lambert, Deutschland, 1895

*Rosa multiflora* × 'Pâquerette'

## 'THE ALEXANDRA ROSE'

AUSday

Syn. 'Alexandra Rose'

STRAUCHROSE, ROSA+, ÖFTERBLÜHEND

Diese Rose hat einfache Blüten mit fünf Petalen, die sich durch eine schöne Farbe auszeichnen: Die gelben Blütenmitten mit den rosenrot überhauchten Blütenrändern nehmen im Laufe der Zeit eine rosafarbene Tönung an. Die zart duftenden, mittelgroßen Blüten erscheinen den ganzen Sommer und Herbst in großen Büscheln und bieten sich als attraktive Ergänzung für gemischte Rabatten an. Die wuchsfreudige, dichte Strauchrose erreicht eine durchschnittliche Höhe und hat mattglänzendes, leuchtend grünes Laub. **ZONEN 4–9.**

Austin, Großbritannien, 1993

'Shropshire Lass' × 'Heritage'

'The Bishop'

'Texas Centennial'

'The Bride'

## 'THE BISHOP'

Syn. 'Le Rosier Évêque'

ALTE R., ZENTIFOLIE, MAUVE

Obwohl 'The Bishop' manchmal zu den Gallica-Rosen gezählt wird, besitzt diese Alte Rose viele Eigenschaften der Zentifolien. Sie ist von aufrechtem Wuchs mit zahlreichen stachelbewehrten Triebe und dunkelgrünem Laub. Ihre schalenförmigen Blüten erscheinen im Hochsommer in kleinen, duftenden Büscheln und bestehen aus mehreren gleichmäßigen Schichten blauvioletter und magentafarbener Petalen, die lila und grau überhaucht sind – eine ungewöhnliche Farbkombination, die die fast 8 cm großen Blüten aus der Ferne betrachtet fast violett erscheinen läßt. **ZONEN 4–9.**

Vermutlich François, Frankreich, 1790

Eltern unbekannt

## 'THE BRIDE'

ALTE R., TEEROSE, WEISS, ETWAS NACHBLÜHEND

Die rosablühende 'Catherine Mermet' hat bereits mehrere Sports hervorgebracht. Bei diesem hier soll es sich um eine schönere Form der Elternpflanze handeln, mit größerer Blühfreude und wohlgeformteren Blüten, die insbesondere an den Rändern zart lilarosa überhaucht sind. **ZONEN 7–9.**

May, USA, 1885

Sport von 'Catherine Mermet'

## 'THE COMPASS ROSE' KORwisco

STRAUCHROSE, WEISS, ÖFTERBLÜHEND

Dieser anmutige, breitbuschige Strauch trägt zwischen dem dichten, glänzenden, dunklen Laub zahlreiche Büschel halbgefüllter, weißer Blüten, die teilweise rosa überhaucht sind, sich schalenförmig öffnen und den Blick auf die eindrucksvollen orangegelben Staubgefäße freigeben. Die Blüten erscheinen vom Sommer bis zum Herbst und duften angenehm. Diese stark wachsende Sorte wird knapp

'Thalia'

'The Countryman'

'The Compass Rose'

'The Dark Lady'

mittelhoch. Ihre Einführung erfolgte anläßlich des 1400. Jahrestages der Ankunft des Heiligen Augustinus in Kent. **ZONEN 4–9.**

Kordes, Deutschland, 1997

Eltern unbekannt

Edland-Duftpreis der Royal National Rose Society 1995

## 'THE COUNTRYMAN' AUSman

Syn. 'Countryman'

STRAUCHROSE, REIN ROSA, ÖFTERBLÜHEND

Diese charakteristische Rose des Züchters David Austin wird manchmal auch als Englische Rose klassifiziert und frischt die modernen Gartenrosen wieder mit einer Fülle von Genen der Portlandrosen auf. Die Knospen öffnen sich zu großen, becherförmigen Blüten mit angenehmem Duft. Sie besitzen bis zu 40 Petalen, was jedoch nicht auf den ersten Blick zu erkennen ist, und erinnern mit ihrer warmen dunkelrosa Tönung an Pfingstrosen. Wenn man verwelkte Blüten regelmäßig entfernt, bringt dieser ausgesprochen gesunde und wuchsfreudige, knapp mittelhohe Strauch bis zum zweiten Hauptflor im Herbst weitere Blüten hervor. 'The Countryman' eignet sich zwar zur Beetbepflanzung, aber aufgrund der ungleichmäßigen und etwas wirren Wuchsform werden manche Blüten leicht von den zahlreichen weichen, mattgrünen Blättern verdeckt. **ZONEN 4–9.**

Austin, Großbritannien, 1987

'Lilian Austin' × 'Comte de Chambord'

## 'THE DARK LADY' AUSbloom

Syn. 'Dark Lady'

STRAUCHROSE, DUNKELROT, ÖFTERBLÜHEND

Die relativ großen, dicht mit über 40 Petalen gefüllten Blüten dieser Rose sind dunkelrot und haben einen intensiven Duft; im Laufe der Zeit nehmen die Blüten eine purpurrote Tönung an und erinnern an Strauchpfingstrosen. Da zumeist mehrere Blüten als kleiner Büschel an einem Stiel erscheinen, biegen sich die Triebe häufig unter deren Gewicht herab. Wenn man die Rosen in erhöhten Beeten kultiviert, kommen die Blüten besser zur Geltung. Diese von David Austin gezüchtete und manchmal auch als Englische Rose klassifizierte Sorte eignet sich zwar für Einfassungen, erfordert aber regelmäßige Pflege. 'The Dark Lady' hat einen breitbuschigen, kaum mittelhohen Wuchs und mattglänzendes, dunkelgrünes Laub. **ZONEN 4–9.**

Austin, Großbritannien, 1991

'Mary Rose' × 'Prospero'

'The Fairy'

'The Fairy'

'The Friar'

## 'THE DOCTOR'

TEEHYBRIDE, REIN ROSA, ÖFTERBLÜHEND

Diese Rose mit ihren großen, satinartigen, rosa Blüten war in der Vergangenheit ein vertrauter Anblick in vielen Gärten, da sie sich aufgrund der Blütengröße und der fröhlichen Farbe großer Beliebtheit erfreute. Ihre betörend duftenden Blüten haben knapp 30 Petalen, wirken aber dank der großen Blütenblätter dicht gefüllt. Da diese Rose nur wenige junge Triebe hervorbringt, ist die Zahl der Blüten nach dem ersten Flor begrenzt; häufig überrascht 'The Doctor' aber durch eine weitere Nachblüte im Herbst. Die kaum mittelhohe Teehybride besitzt ein attraktiv glänzendes, allerdings etwas spärliches Laub und verdient sowohl aus historischen als auch aus Erinnerungsgründen einen Platz im Garten. Ihre Namensgebung ist nämlich eine Hommage an den großen französischen Rosenzüchter Dr. J. H. Nicolas, der nach Amerika auswanderte und auf diese Weise von den dortigen Rosenzüchtern geehrt wurde. **ZONEN 4–9.**

Howard, USA, 1936

'Mrs J. D. Eisele' × 'Los Angeles'

Goldmedaille der National Rose Society 1938

## 'THE FAIRY'

**Syn. 'Fairy', 'Féerie'**

POLYANTHAROSE, HELLROSA, ÖFTERBLÜHEND

Obwohl diese Sorte später blüht als die meisten anderen Rosen, erfreut sie doch über mehrere Wochen mit ihrer üppigen, jedoch duftlosen Blütenpracht. Ihre rosettenförmigen, zartrosafarbenen Pomponblüten setzen sich aus zahlreichen, winzigen Petalen zusammen und stehen in kleinen Büscheln, die den ganzen, gesunden Strauch bedecken. Selbst während der seltenen Blühpausen zwischen den einzelnen Floren wirkt 'The Fairy' aufgrund ihrer kleinen, glänzenden, spitzen Blätter sehr attraktiv. Die Sorte eignet sich als niedrige Hecke, für den vorderen Bereich eines Randbeets,

'The Doctor'

als Bodendecker oder zur Begrünung einer niedrigen Mauer. Wenn man sie zurückschneidet, bleibt sie recht klein; sie läßt sich aber auch zu einer Hochstammrose mit überhängenden Zweigen ziehen. **'Climbing The Fairy'** unterscheidet sich von 'The Fairy' nur durch ihre langen, bogenförmigen Triebe und ihre große Kletterfreude. Sie wächst jedoch weniger schnell und bringt weniger Blüten hervor als die Strauchform. **ZONEN 4–9.**

Bentall, Großbritannien, 1932

'Paul Crampel' × 'Lady Gay'

Royal Horticultural Society Award of Garden Merit 1993

## 'THE FRIAR'

STRAUCHROSE, HELLROSA, ÖFTERBLÜHEND

Die weißen, an den Rändern rosa überhauchten Blüten dieser Sorte, die auch als Englische Rose klassifiziert wird, entwickeln sich aus rundlichen, spitz zulaufenden Knospen. Ihre kleinen Blütenblätter zeigen keine symmetrische Anordnung und entfalten sich zu altmodisch anmutenden Blüten mit angenehmem Duft, die bis in den Herbst an einem nicht allzu wuchsfreudigen, dunkel belaubten Strauch von aufrechtem, kaum mittelhohem Wuchs erscheinen. Während 'The Friar' in kühleren Regionen weniger gut gedeiht, wächst sie in wärmeren Klimazonen mit viel Sonne hervorragend und zählt daher zu den beliebtesten Strauchrosen in Australien, Neuseeland und einigen Teilen der Vereinigten Staaten. Ihr Name (*friar* bedeutet übersetzt „Mönch") stammt – wie einige andere hier vorgestellte Sorten – von einer Figur aus den *Canterbury Tales* von Geoffrey Chaucer (1343–1400). **ZONEN 4–9.**

Austin, Großbritannien, 1969

'Ivory Fashion' × Sämling

'The Herbalist'

## 'THE GARLAND'

**Syn. 'Wood's Garland'**

ALTE ROSE, WEISS

Zu den besonderen Eigenschaften dieser leicht duftenden Rose zählt die Art und Weise, wie ihre zahlreichen Büschel winziger Knospen aufrecht an bogenförmigen Trieben stehen. Sie erscheinen im Hochsommer und bedecken den gesamten Strauch mit einer Fülle kleiner, halbgefüllter, schalenförmiger Blüten in einer Mischung aus verschiedenen Farben: Rosenrot, Hellgelb und Weiß. Diese sehr wuchsfreudige Pflanze mit zahlreichen stacheligen Trieben und kleinen, dunklen Blättern eignet sich für Pergolen, zum Kaschieren weniger attraktiver Gartenbereiche und für Standorte, an denen sie sich ungehindert ausbreiten kann. **ZONEN 5–9.**

Wells, Großbritannien, 1835

*Rosa moschata* × *R. multiflora*

Royal Horticultural Society Award of Garden Merit 1993

## 'THE HERBALIST' AUSsemi

**Syn. 'Herbalist'**

STRAUCHROSE, DUNKELROSA, ÖFTERBLÜHEND

Die mittelgroßen bis großen Blüten dieser Sorte, deren dunkelrosafarbene Tönung an ein helles Rot grenzt, erscheinen in kleinen Büscheln und haben etwa zwölf Petalen, die sich schalenförmig öffnen und den Blick auf attraktive, goldgelbe Staubgefäße freigeben. Da 'The Herbalist', die auch als Englische Rose klassifiziert wird, vom Sommer bis zum Herbst blüht, eignet sie sich besonders für die Randbeete im Garten. Sie wird mit ihrem hübschen, breitbuschigen Wuchs und dem mattglänzenden Laub nicht ganz mittelhoch. Ihr Züchter David Austin wählte den Namen 'The Herbalist' („Der Kräuterheilkundige") aufgrund der Ähnlichkeit dieser Rose mit *Rosa gallica officinalis*, die in den englischsprachigen Ländern auch „Apotheker-Rose" genannt wird; allerdings duftet sie weniger betörend, dafür remontiert sie aber gut. **ZONEN 4–9.**

Austin, Großbritannien, 1991

Sämling × 'Louise Odier'

## 'THE HOLT' MEHsherry

STRAUCHROSE, DUNKELROSA, ÖFTERBLÜHEND

Die kleinen Blüten dieser Sorte stehen in üppigen Büscheln an langen Stielen und schaffen so eine dichte Wand aus gesunden, glänzenden, dunkelgrünen Blättern

'The Holt'

'The Knight'

sowie halbgefüllten, wohlgeformten Blüten in Fuchsienrosa, die sich becherförmig öffnen und angenehm duften. Obwohl der erste Flor recht lange auf sich warten läßt, entschädigt die Rose durch ihre große Zahl von Blüten während der restlichen Monate und eignet sich hervorragend als niedrige Hecke oder zur Gruppenpflanzung in einem Beet. Ursprünglich wurde diese wuchsfreudige, aufrechte, kaum mittelhohe Rose als Rabattenrose gezüchtet; sie ist jedoch für diesen Zweck überdurchschnittlich groß. **ZONEN 4–9.**

**Mehring, Großbritannien, 1994**

**Eltern unbekannt**

**Glasgow Goldmedaille 1997**

## 'THE KNIGHT'

**STRAUCHROSE, DUNKELROT, ÖFTERBLÜHEND**

Zu den Vorfahren dieser angenehm duftenden, öfterblühenden Sorte zählt auch die Gallica-Rose 'Tuscany', was sich in der dunkelroten bis karminroten Farbe zeigt, die mit der Zeit eine purpurrote bis mauvefarbene Tönung annimmt. Die Blütenform mit ihren in mehreren Reihen arrangierten und leicht zurückgebogenen 80 Petalen erinnert an Alte Gartenrosen. 'The Knight' – die auch als Englische Rose klassifiziert wird – hat dunkle Blätter und wird knapp mittelhoch. Obwohl sie vor allem in wärmeren Regionen noch im Handel erhältlich ist, empfiehlt selbst ihr Züchter David Austin aufgrund der gesundheitlichen Probleme dieser Sorte, jüngere Kreuzungen zu verwenden. **ZONEN 4–9.**

**Austin, Großbritannien, 1969**

**'Chianti' × Sämling**

## 'THE LADY' FRYjingo

**TEEHYBRIDE, GELB+, ÖFTERBLÜHEND**

Nach einer Kreuzung zweier Floribundarosen muß der Züchter angenehm überrascht gewesen sein, als er unter den neuen Sämlingen diese Teehybride mit hoher Mitte und von herausragender Blütenqualität entdeckte. Die leicht duftenden, honiggelben Blüten, denen selbst starker Wind und Regen kaum etwas auszumachen scheinen, sind teilweise lachsrosa überhaucht und blühen bis in den Herbst – entweder einzeln oder in weit auseinanderstehenden Büscheln an langen Stielen, wodurch sie sich gut als Schnittblumen eignen. Bei 'The Lady' handelt es sich um eine wuchsfreudige, mittelhohe Pflanze mit mattglänzendem, leuchtend grünem Laub, die sich gut für Einfassungen, aufgrund ihres unregelmäßigen Wuchses aber weniger gut für Rabatten eignet. Ihr Name bezieht sich auf das hundertjährige Jubiläum einer englischen Frauenzeitschrift.
**ZONEN 4–9.**

**Fryer, Großbritannien, 1985**

**'Pink Parfait' × 'Redgold'**

**Royal National Rose Society Trial Ground Certificate 1982, Baden-Baden Goldmedaille 1987, Royal Horticultural Society Award of Garden Merit 1993**

## 'THE McCARTNEY ROSE'

**MEIzeli**

**Syn. 'McCartney Rose', 'Paul McCartney', 'Sweet Lady', 'The MacCartney Rose'**

**TEEHYBRIDE, REIN ROSA, ÖFTERBLÜHEND**

Die betörend duftenden Blüten dieser „Duftrose der Provence", die nach dem berühmten Ex-Beatle benannt wurde, erscheinen während des ganzen Sommers bis in den Herbst. Sie besitzen eine hohe Mitte und bis zu 40 Petalen, die in einem prächtigen Dunkelrosa leuchten und sich im Laufe der Zeit zu einer Becherform öffnen. Im Garten eignet sich die wuchsfreudige Pflanze von aufrechtem, mittelhohem Gestalt gut zur Bepflanzung von Rabatten und Randbeeten. Allerdings können ihre mattglänzenden, leuchtend grünen Blätter bei schlechter Witterung von Sternrußtau befallen werden.
**ZONEN 4–9.**

**Meilland, Frankreich, 1991**

**('Nirvana' × 'Papa Meilland') × 'First Prize'**

**Bagatelle Duftpreis 1988, Genf Goldmedaille 1988, Le Roeulx Goldmedaille und Duftpreis 1988, Madrid Duftpreis 1988, Monza Goldmedaille und Duftpreis 1988, Paris Goldmedaille 1988, Belfast Duftpreis 1993, Durbanville Duftpreis 1993, Paris Duftpreis 1993**

'The Optimist'

## 'THE NUN' AUSnun

**Syn. 'Candida'**

**STRAUCHROSE, WEISS, ÖFTERBLÜHEND**

Die zart duftenden, fast rein weißen Blüten dieser Rose zeigen eine schöne, ungewöhnliche Becherform, die an Tulpen erinnert und goldgelbe Staubgefäße tief im Innern erkennen läßt. Sie erscheinen den ganzen Sommer und Herbst an schlanken Stielen in locker gruppierten Büscheln, wodurch sie, wie der Züchter es formulierte, den Eindruck von „zarter Keuschheit" erwecken. Da die zerbrechlichen Blütenblätter regenempfindlich sind, kommt 'The Nun' während warmer Schönwetterperioden am besten zur Geltung. Diese Rose bildet eine interessante Ergänzung in einem Rosenbeet, wo sie die durchschnittliche Größe einer Strauchrose erreicht. **ZONEN 4–9.**

**Austin, Großbritannien, 1987**

**Sämling von 'The Prioress'**

## 'THE OPTIMIST'

**Syn. 'Sweet Repose'**

**FLORIBUNDA, GELB+, ÖFTERBLÜHEND**

Die mittelgroßen, süß duftenden Blüten dieser fröhlichen Rose zeigen eine zarte Mischung aus mehreren Farben: Ihre etwa 30 maisgelben Petalen sind karminrosa überhaucht, wobei der Rosa-Anteil im Laufe der Zeit zunimmt. Sie stehen in gleichmäßig verteilten Büscheln an langen Stielen, und ihre fest geschlossene Blütenmitte öffnet sich zu einer Becherform. 'The Optimist' erhielt aufgrund ihrer guten Eigenschaften, ihrer üppigen Blütenpracht während der Sommer- und Herbstmonate, ihrer herausragenden Wetterbeständigkeit und ihrer vielseitigen Verwendbarkeit – als Bepflanzung von Einfassungen und Hecken sowie als Schnittblume – zu Recht eine Auszeichnung der englischen *National Rose Society*. Sie ist eine kräftige, breitbuschige Pflanze von aufrechter, mittelhoher Gestalt und hat dichtes, glänzendes, dunkelgrünes Laub. **ZONEN 4–9.**

**de Ruiter, Niederlande, 1955**

**'Golden Rapture' × Sämling einer Floribundarose**

**Goldmedaille der National Rose Society 1955**

'The Nun'

'The Lady'

T

## 'THE PILGRIM' AUSwalker

**Syn. 'Gartenarchitekt Günther Schulze', 'Pilgrim'**

STRAUCHROSE, REIN GELB, ÖFTERBLÜHEND

Diese weichen, wohlgeformten Blüten bestehen aus zahlreichen kleinen Blütenblättern, die sich zu einer schönen Schalenform öffnen. Ihre Blütenmitte leuchtet in einem warmen Gelbton, der im Laufe der Zeit zu einem helleren Cremegelb verblaßt. Sie erscheinen den ganzen Sommer und Herbst, erscheinen in Büscheln an kräftigen Stielen und duften angenehm. Bei 'The Pilgrim' – einer Züchtung von David Austin, die auch als Englische Rose klassifiziert wird – handelt es sich um eine schöne Beetrose, die sich gut als Einzel- oder als Gruppenpflanze eignet, und eine hervorragende Schnittblume ist. Der wuchsfreudige, kompakte Strauch von anmutigem, mittelhohem Wuchs trägt zahlreiche glänzende, leuchtend grüne Blätter und ist sehr gesund. **ZONEN 4–9.**

Austin, Großbritannien, 1991

'Graham Thomas' × 'Yellow Button'

## 'THE PRINCE' AUSvelvet

STRAUCHROSE, DUNKELROT, ÖFTERBLÜHEND

Bei dieser Sorte stehen die Blüten mit ihrem Duft von alten Gartenrosen im Vordergrund. Die harten, runden, dunklen Knospen öffnen sich zu schalenförmigen, prächtig dunkelroten Blüten mit zahlreichen, rosettenförmig angeordneten Blütenblättern, deren karminrote Tönung sich bald zu einem warmen Purpurrot entwickelt. 'The Prince' ist ebenfalls eine Züchtung von David Austin und wird auch als Englische Rose klassifiziert. Sie eignet sich am besten für Standorte, an denen ihre außergewöhnlichen Blüten in Ruhe betrachtet werden können, der Strauch aber nicht direkt zu sehen ist, da diese Rose nur dünne Triebe mit spärlichem, dunklem Laub hat und etwas unansehnlich wirkt. Außerdem benötigt 'The Prince' wärmere Regionen und die regelmäßige Pflege eines passionierten Rosenliebhabers; dort wird sie dann etwa halb so groß wie eine herkömmliche Strauchrose.

**ZONEN 4–9.**

Austin, Großbritannien, 1990

'Lilian Austin' × 'The Squire'

## 'THE PRIORESS'

STRAUCHROSE, HELLROSA, ÖFTERBLÜHEND

Die Strauchrose besitzt mittelgroße, zart duftende, perlmuttrosa Blüten aus etwa 25 Petalen, die vom Sommer bis in den Herbst hinein in Büscheln erscheinen, sich becherförmig öffnen und den Blick auf attraktive Staubgefäße freigeben. Die rundliche Form der jungen Blüten erinnert an die Knospen jener Bourbonrose, von der 'The Prioress' abstammt. Die Sorte zählt ebenfalls zu der bekannten Reihe von Züchtung des Briten David Austin, die als Englische Rosen bezeichnet werden, und eignet sich für gemischte Rabatten. Der wuchsfreudige, aufrechte Strauch erreicht eine durchschnittliche Höhe und ist mit relativ großem, mittel- bis dunkelgrünem Laub bedeckt.

**ZONEN 4–9.**

Austin, Großbritannien, 1969

'Reine Victoria' × Sämling

'The Pilgrim'

'The Prince'

'The Squire'

'The Reeve'

'The Prioress'

## 'THE REEVE' AUSreeve

STRAUCHROSE, DUNKELROSA, ÖFTERBLÜHEND

Die rundlichen Knospen dieser Rose erscheinen den ganzen Sommer und Herbst und entwickeln sich zu dichtgefüllten, becherförmigen, leuchtend dunkelrosafarbenen Blüten mit fast 60 nach innen gebogenen Petalen. Sie erinnern an Pfingstrosen, stehen einzeln oder in kleinen Büscheln und duften angenehm. Aufgrund des weichtriebigen, überhängenden Wuchses setzt man diese von David Austin gezüchtete Englische Rose am besten als Gruppenpflanze in gemischte Rabatten oder verwendet sie zur Begrünung niedriger Mauern. Sie wird kaum halb so groß wie herkömmliche Strauchrosen und hat einen ungleichmäßigen, ausladenden Wuchs, stachlige Triebe und zahlreiche kleine, grobe, dunkelgrüne Blätter, die im Austrieb rötlich schimmern. **ZONEN 4–9.**

Austin, Großbritannien, 1979

'Lilian Austin' × 'Chaucer'

## 'THE SQUIRE' AUSire, AUSquire

**Syn. 'Country Squire'**

STRAUCHROSE, DUNKELROT, ÖFTERBLÜHEND

Wenn man lediglich die Blüten betrachtet, könnte diese Züchtung von David Austin, die ebenfalls zu den Englischen Rosen gezählt wird, als eine der anmutigsten roten Rosen durchgehen. Denn die becherförmigen, angenehm duftenden Blüten aus über 100 Petalen, deren Farbe nicht verblaßt, wirken besonders üppig und entfalten sich zu einer perfekt arrangierten, geviertelten Rosettenform. Aber bedauerlicherweise wirkt der breitbuschige, kaum mittelhohe Strauch mit den langen Trieben, dem spärlichen Flor und dem dünnen, grob strukturierten und für Pilzerkrankungen anfälligen Laub nicht sehr ansehnlich. Daher setzt man 'The Squire' am besten in einen Kübel, düngt zusätzlich und läßt die hübschen Blüten in den Mittelpunkt der Aufmerksamkeit rücken.

**ZONEN 4–9.**

Austin, Großbritannien, 1977

'The Knight' × 'Château de Clos Vougeot'

## 'THE SUN'

FLORIBUNDA, ORANGEROSA, ÖFTERBLÜHEND

Die für eine Floribundarose relativ großen, lachsorangefarbenen Blüten von 'The Sun' wirken aufgrund der leuchtend gelben Staubgefäße, die bald nach dem Öffnen der Knospen sichtbar werden, besonders sonnig und heiter. Sie erscheinen bis zum Herbst und duften zart. Früher war 'The Sun' eine beliebte Beet- und Heckenrose, aber heute ist sie kaum noch erhältlich. Der wuchsfreudige, aufrechte, gut mittelhohe Strauch besitzt zahlreiche, glänzende, olivgrüne Blätter und wurde nach der englischen Boulevardzeitung *The Sun* benannt.

**ZONEN 4–9.**

McGredy, Neuseeland, 1972

('Little Darling' × 'Goldilocks') × 'Irish Mist'

Madrid Goldmedaille 1973

T

## 'THE TEMPTATIONS' WEKaq

TEEHYBRIDE, ROSA+, ÖFTERBLÜHEND

Die aus 30 breiten Petalen bestehenden Blüten dieser Sorte besitzen die klassisch-symmetrische Form hervorragender Edelrosen und als Blütenfarbe attraktive Schattierungen von Orchideenrosa, die zur Mitte hin heller werden. Nach der Hauptblüte erscheinen während der Sommer- und Herbstmonate weitere, zart und fruchtig duftende Blüten, wobei die später hervorgebrachten Rosen besonders schön sind. Mit ihren meist einzeln stehenden Blüten eignet sich 'The Temptations' gut für den Schnitt, für Rabatten, Einfassungen und Hecken. Die nicht allzu wuchsfreudige Pflanze von aufrechter, gut mittelhoher Gestalt trägt mattglänzendes, dunkelgrünes Laub und wurde nach einer berühmten amerikanischen Soulband benannt. **ZONEN 5–9.**

Winchel, USA, 1993

'Paradise' × 'Admiral Rodney'

Goldmedaille des American Rose Center 1989

'The Sun'

## 'THE WIFE OF BATH' AUSbath

Syn. 'Wife of Bath'

STRAUCHROSE, ROSA+, ÖFTERBLÜHEND

Diese auch als Englische Rose klassifizierte Sorte hat kleine, leuchtend grüne Blätter. Sie trägt den ganzen Sommer und Herbst hindurch mittelgroße, altmodisch anmutende und betörend nach Myrrhe duftende Blüten, deren Blütenblätter auf der Innenseite dunkelrosarot und auf der Außenseite rosenrot getönt sind. Zunächst erscheinen die dicht gefalteten Petalen sehr dunkel, öffnen sich aber im Laufe der Zeit zu einer heller getönten Becherform. Da es sich bei dieser krankheitsfesten Sorte um eine relativ kleine, breitbuschige Pflanze von knapp mittelhohem Wuchs handelt, eignet sie sich besonders für den kleinen Garten sowie als Kübelpflanze. **ZONEN 4–9.**

Austin, Großbritannien, 1969

'Mme Caroline Testout' × ('Ma Perkins' × 'Constanze Spry')

'The Temptations'

'The Wife of Bath'

## 'THE YEOMAN' AUSyeo

STRAUCHROSE, ORANGEROSA, ÖFTERBLÜHEND

Die dichtgefüllten, becherförmigen, rosaroten Blüten dieser Sorte, die auch als Englische Rose klassifiziert wird, sind in der Mitte zart apricotfarben überhaucht – wodurch sie fast durchscheinend schimmern – und verströmen einen betörenden Myrrheduft. Zwischen dem üppigen ersten und dem letzten Flor im Herbst erscheinen gelegentlich ein paar vereinzelte Blüten. Bei 'The Yeoman' handelt es sich um eine nicht allzu wuchsfreudige Rose, die jedoch mit etwas Pflege in fruchtbaren Böden eine schöne Ergänzung zu einer Rabatte mit anderen Stauden und Sträuchern bilden kann. Sie wird knapp mittelhoch, hat einen dichten Wuchs und große, leuchtend grüne Blätter. **ZONEN 4–9.**

Austin, Großbritannien, 1993

'Ivory Fashion' × ('Constanze Spry' × 'Monique')

## 'THELMA'

RAMBLERROSE, ORANGEROSA

Die zart duftenden, halbgefüllten und bis zu 8 cm großen Blüten dieser Sorte stehen in kleinen bis mittelgroßen Büscheln und besitzen eine für Ramblerrosen ungewöhnliche Farbe: Korallrosa mit dunkelkarminroten Schattierungen. Dank ihrer biegsamen, fast stachellosen Triebe eignet sich 'Thelma' hervorragend zur Bepflanzung von Rosenbögen und Pergolen. Unter den schwer erhältlichen zahlreichen weiß- und zart rosablütigen Ramblerrosen stellt diese orangerosafarbene Sorte mit ihren wuchsfreudigen und kletternden Trieben eine willkommene Abwechslung dar. Allerdings bringt sie nach dem ersten Flor kaum noch Blüten hervor.
**ZONEN 5–10.**

Easlea, Großbritannien, 1927

*Rosa wichuraiana* × 'Paul's Scarlet Climber'

'Thérèse Bauer'

## 'THÉRÈSE BAUER'

STRAUCHROSE, REIN ROSA

Diese Rose stellt eine interessante Ergänzung zur kleinen Gruppe von *Rosa setigera*-Hybriden dar, insbesondere aufgrund ihrer von der Elternsorte 'Hansa' geerbten Rugosa-Hybridengene. Die 'Thérèse Bauer' hat, einer Hybride entsprechend, sehr wuchsfreudige, aufrechte Triebe und große, halbgefüllte, rein rosafarbene Blüten, die in Büscheln erscheinen, aber kaum duften.
**ZONEN 4–10.**

Ludwig und Kern Rose Nursery, USA, 1963

'Hansa' × *Rosa setigera*

'The Wife of Bath'

'The Yeoman'

T

'Tiffany'

'Tiffany'

'Thérèse Bugnet'

## 'THÉRÈSE BUGNET'

**Syn. 'Teresa Bugnet'**
RUGOSA-HYBRIDE, REIN ROSA, ÖFTERBLÜHEND

Bei dieser Rose handelt es sich um eine wuchsfreudige, winterharte Sorte, deren lange Ahnenreihe einige Wildrosen umfaßt und die auch kanadische Winter mühelos überstehen. Ihre relativ großen, süß duftenden Blüten setzen sich aus etwa 35 gewellten und gefalteten, weichen Petalen zusammen, deren rosarote Tönung etwas verblaßt, sobald sich die Blüten schalenförmig öffnen. Wie die meisten Rugosa- Hybriden blüht auch 'Thérèse Bugnet' bis in den Herbst. Die langen, glatten Blätter dieser gut mittelhohen Pflanze sind für eine Rugosa-Hybride jedoch eher untypisch. Sie eignet sich u. a. aufgrund der fast stachellosen Stiele gut als Schnittblume und bietet sich auch als pflegeleichte Beetrose an. **ZONEN 3–9.**

Bugnet, Kanada, 1950

([*Rosa acicularis* × *R. rugosa kamtchatica*] × [*R. amblyotis* × *R. rugosa plena*]) × 'Betty Bland'

## 'THÉRÈSE DE LISIEUX' ORAblan

**Syn. 'St Thérèse de Lisieux'**
TEEHYBRIDE, WEISS, ÖFTERBLÜHEND

Theresa Martin wurde erst geraume Zeit nach ihrem Tod im Jahre 1896 heilig gesprochen. Zur Erinnerung an den 100. Todestag dieser Frau, die für ihre Unterstützung der Armen berühmt war, führte diese Rose in ein australisches Karmeliterkloster ein. 'Thérèse de Lisieux' – eine Pflanze von aufrechtem Wuchs mit recht krankheitsfestem, glänzendem, dunkelgrünem Laub – bringt laufend gefüllte, weiße Blüten mit über 25 Petalen hervor. Die Blüten erscheinen sowohl einzeln als auch in kleinen Büscheln und sind an den Rändern zartrosa überhaucht. **ZONEN 5–10.**

Orard, Frankreich, 1992

Eltern unbekannt

## 'THISBE'

STRAUCHROSE, HELLGELB, ÖFTERBLÜHEND

Die Blüten von 'Thisbe' stehen in dichten Büscheln, so daß der Strauch in eine duftige, gelbbräunliche Wolke gehüllt scheint. Nach einem üppigen ersten Flor erscheinen bis in den Herbst regelmäßig neue, süß duftende Blüten mit zahlreichen kleinen Petalen, die sich rosettenartig öffnen und den Blick auf die bernsteingelben Staubgefäße freigeben. Der wuchsfreudige, breitbuschige Strauch von aufrechter, mittelhoher Gestalt ist mit mattglänzenden, olivgrünen Blättern bedeckt und kommt als Randbepflanzung am besten zur Geltung. **ZONEN 4–9.**

Pemberton, Großbritannien, 1918

Sport von 'Daphne'

## 'THOMAS BARTON'

**siehe 'Charlotte Rampling'**

## 'THOR'

GROSSBLUMIGE KLETTERROSE, DUNKELROT

Diese Rose war das Ergebnis einer Versuchsreihe zur Züchtung winterharter

'Thérèse de Lisieux'

Kletterrosen. Im Sommer trägt 'Thor' eine Fülle leuchtend roter Blüten, die würzig duften und gleichmäßig über die Pflanze verteilt sind. Die Blüten erscheinen einzeln an den Stielen und sitzen in kleinen Büscheln zusammen. Sie blühen leider nur etwa vier Wochen lang, wobei sie aber im Laufe der Zeit noch schöner und intensiver zu leuchten beginnen. Ungeachtet der recht kurzen Blütezeit von 'Thor' lohnt es sich durchaus, diese sehr wuchsfreudige Rose zu kultivieren, da sie die doppelte Größe herkömmlicher Kletterrosen erreicht und mit ausgesprochen gesundem, großem, dunkelglänzendem Laub bedeckt ist.
**ZONEN 3–9.**

Horvath, USA, 1940

('Alpha' × *Rosa xanthina*) × 'President Coolidge'

## 'THUNDER CLOUD'

ZWERGROSE, ORANGEROT, ÖFTERBLÜHEND

Die ovalen Knospen dieser Sorte öffnen sich zu orangeroten, dunkel überhauchten Blüten, die an Gewitterwolken bei einem Sonnenuntergang erinnern. Die Blüten haben fast 70 Petalen und stehen meist in Büscheln. Obwohl die lange haltbaren Blüten jede für sich genommen leicht unförmig und eher mittelmäßig erscheinen, bilden sie in ihrer Gesamtheit einen bezaubernden Anblick. Dieser zwergwüchsige, aufrechte, nicht winterharte Strauch ist mit ledrigem, glänzend grünem Laub bedeckt und blüht in warmen Lagen nur zögerlich nach. **ZONEN 6–10.**

Moore, USA, 1979

'Little Chief' × 'Fire Princess'

## 'TIAMO'

TEEHYBRIDE, DUNKELROT, ÖFTERBLÜHEND

Der deutsche Züchter Kordes hat eine Reihe hervorragender rosa- und rotblütiger Rosen für den Schnittblumenhandel hervorgebracht. Bei 'Tiamo' handelt es

'Thunder Cloud'

sich um eine dunkelrote Schnittblumensorte mit schönen, wohlgeformten Knospen, die sich langsam zu mittelgroßen, in der Vase sehr lange haltbaren Blüten mit 35 Petalen öffnen und ihre schöne Farbe nicht verlieren. Dieser mittelgroße bis große Strauch von kräftiger, gesunder Gestalt hat nur kurze Abstände zwischen den einzelnen Blühzeiten und kann in warmen Regionen auch im Garten kultiviert werden; allerdings erreichen die Stiele dann nicht die Länge der im Gewächshaus gezogenen Rosen.
**ZONEN 5–10.**

Kordes, Deutschland, 1992

Sport von 'Calibra'

## 'TIDEWATER' BRItide

ZWERGROSE, WEISS, ÖFTERBLÜHEND

Die spitzen Knospen dieser Rose entfalten sich zu gefüllten, weißen, perlmuttrosa überhauchten Blüten mit hoher Mitte, die sich aus etwa 30 Petalen zusammensetzen und intensiv duften. Da die auch als Schnittblumen lange haltbaren Blüten etwas größer ausfallen können als traditionelle Zwergrosen, wird sie gelegentlich auch als Rabattenrose eingestuft. Dieser breitbuschige Strauch mit seinem mattgrünen Laub ist etwas anfällig für Mehltau und sollte regelmäßig mit einem Pflanzenschutzmittel behandelt werden. 'Tidewater' bevorzugt kühlere Lagen, in denen ihre Farbe gut erhalten bleibt. Benannt wurde sie zu Ehren der Rosengesellschaft der Stadt Tidewater in den USA. **ZONEN 5–10.**

Bridges, USA, 1991

'Jennifer' × Sämling

## 'TIFFANY'

TEEHYBRIDE, ROSA+, ÖFTERBLÜHEND

Die großen, dichtgefüllten und klassisch geformten Blüten dieser während der Sommer- und Herbstmonate üppig blühenden Teehybride haben eine hohe

'Thisbe'

'Tiamo'

T

'Tiger Cub'

'Timeless'

Mitte und symmetrisch angeordnete, anmutig zurückgebogene Blütenblätter. Sie erscheinen einzeln oder in Büscheln an langen, festen Stielen, leuchten in einer Mischung aus Rosarot und Lachsrosa mit goldgelb überhauchten Petalenansätzen und duften sehr angenehm. Obwohl 'Tiffany' Regen nicht verträgt, eignet sie sich gut zum Schnitt sowie für Rabatten, Einfassungen und Hecken. Diese wuchsfreudige, aufrechte, mittelhoch wachsende Pflanze trägt dichtes, glänzendes, dunkelgrünes Laub. **'Climbing Tiffany'** (Lindquist, USA, 1958) besitzt die gleichen betörend duftenden Blüten wie die Strauchform und bringt starkwüchsige, bogenförmige Triebe hervor, mit denen sie sich mühelos an einer Kletterhilfe hochrankt. **ZONEN 4–9.**

**Lindquist, USA, 1954**

**'Charlotte Armstrong' × 'Girona'**

**Portland Goldmedaille 1954, All-American Rose Selection 1955, Gamble Duftpreis 1962**

## 'TIFFIE'

**ZWERGROSE, HELLROSA, ÖFTERBLÜHEND**

Die langen, spitzen Knospen dieser Sorte erscheinen sehr früh im Frühling und öffnen sich in kühlen Regionen zu zartrosa Blüten bzw. in wärmeren Gebieten zu apricotfarbenen Rosen mit hoher Mitte. Trotz der geringen Zahl von Blütenblättern – es sind nur 15–20 Petalen – eignet sich diese Sorte aufgrund ihrer hervorragenden Qualität auch für Ausstellungen; allerdings sind die Blüten in warmen Klimazonen nicht sehr lange haltbar. Die in relativ großen Abständen hervorgebrachten Blüten erscheinen meist einzeln inmitten leuchtend grünem Laub und fallen bei kühlen Temperaturen etwas größer aus. Dieser aufrechte Strauch erfreut sich besonders bei den Floristen großer Beliebtheit, eignet sich aber auch als Kübelpflanze. **ZONEN 5–10.**

**Bennett, USA, 1979**

**'Little Darling' × 'Over The Rainbow'**

## 'TIGER CUB' POUlcub

**RABATTENROSE/ZWERGROSE, GELB+, ÖFTERBLÜHEND**

Die halbgefüllten, cremefarbenen Blüten dieser Sorte besitzen 20–25 Petalen, die orangegelb und karminrot gestreift und gefleckt sind. Sie stehen einzeln oder in kleinen Büscheln und duften kaum. Dieser nicht sehr große, kompakte Strauch mit seinen kleinen, mattglänzenden, leuchtend grünen Blättern ist eine interessante und ungewöhnliche Wahl für Rabatten, Einfassungen und Kübel. **ZONEN 5–10.**

**Poulsen, Dänemark, 1996**

**Eltern unbekannt**

## 'TIGRIS' HARprier

**STRAUCHROSE, GELB+**

Die duftlosen, kanariengelben Blüten dieser eigenwilligen, nur im Sommer blühenden Rose tragen am Ansatz vieler Petalen eine rote Zeichnung, die jedoch erst sichtbar wird, wenn sich die Blüten vollständig entfalten; dann erinnert die Form der kleinen Rosetten an Puderquasten. Der Einfluß der Muttersorte *Rosa persica* zeigt sich deutlich am kissenbildenden, bodendeckenden Wuchs, ihrer federnden, drahtigen und stachelbewehrten Stielen und in der unterschiedlichen Form der Blätter. Als erste winterharte Hybride von *R. persica* gehört diese flachwüchsige, dichte Pflanze, die kaum halb so groß wird wie herkömmliche Strauchrosen, unbedingt in den Bestand einer botanischen Rosensammlung; aber dank ihrer einzigartigen Blüten erfreut sie sich auch in „gewöhnlichen" Gärten großer Beliebtheit. **ZONEN 4–9.**

**Harkness, Großbritannien, 1985**

***Rosa persica* × 'Trier'**

'Till Uhlenspiegel'

## 'TIKI'

**FLORIBUNDA, ROSA+, ÖFTERBLÜHEND**

Die relativ großen, duftenden Blüten dieser Sorte setzen sich aus 30 Petalen zusammen und erinnern aufgrund ihrer Form an Edelrosen – zunächst mit hoher Mitte und später dann becherförmig. Bei der Farbe der meist in Büscheln stehenden Blüten handelt es sich um eine Mischung aus einem hellen Perlmuttrosa und einem Cremeton. Sie erscheinen bis zum Herbst, wobei einige der schönsten Exemplare bei kühler Witterung hervorgebracht werden. Diese Rose ist ein wuchsfreudiger Strauch von aufrechter, mittelhoher Gestalt und eignet sich gut für Rabatten, Einfassungen und Hecken, da ihre zarte Blütenfarbe einen schönen Kontrast zum dunklen Laub bildet. Nach einem Besuch in Neuseeland entschied sich der Züchter Sam McGredy für den Namen 'Tiki', der der Maori-Mythologie zufolge der Schöpfer des ersten Menschen war. **ZONEN 4–9.**

**McGredy, Großbritannien, 1964**

**'Mme Léon Cuny' × 'Spartan'**

## 'TILL UHLENSPIEGEL'

**ALTE R., RUBIGINOSA-HYBRIDE, ROT+**

Obwohl diese Sorte zu den Rubiginosa-Hybriden zählt, besitzt sie nur wenig Gemeinsamkeiten mit dieser Rosengruppe, da ihre Blüten und Blätter nach der Muttersorte, einer Floribundarose, schlagen. Im Frühsommer trägt sie eine Fülle schalenförmiger, leicht duftender, leuchtend karminroter Blüten mit weißer Mitte, die in riesigen Büscheln stehen. 'Till Uhlenspiegel' erreicht mit ihrem kräftigen, weit verzweigten Wuchs eine überdurchschnittliche Größe und hat glänzendes, dunkelgrünes Laub. **ZONEN 4–9.**

**Kordes, Deutschland, 1952**

**'Holstein' × 'Magnifica'**

'Tiki'

## 'TIMELESS' JACecond

**TEEHYBRIDE, DUNKELROSA/HELLROT, ÖFTERBLÜHEND**

Wenn sich die nur schwach duftenden Blüten dieser Sorte entfalten, schwankt ihre Farbe zwischen Dunkelrosa und Rot, wobei die Petaleninnenseiten dunkler erscheinen als die Außenseiten. Sie blühen bis in den Herbst an geraden, kräftigen Stielen und öffnen ihre hohe Mitte nur langsam. Aufgrund der festen Struktur der etwa 30 Petalen behalten sie dabei ihre symmetrische Form. Diese robuste Pflanze von aufrechtem, mittelhohem Wuchs hat mattglänzendes, dunkles Laub; sie eignet sich gut zur Bepflanzung von Rabatten und Hecken. **ZONEN 4–9.**

**Zary, USA, 1996**

**Sämling × 'Kardinal'**

**All-American Rose Selection 1997**

'Tiffie'

## 'TINEKE'

TEEHYBRIDE, WEISS, ÖFTERBLÜHEND

Diese Rose wird vorrangig für den Schnittblumenhandel kultiviert. Ihre rundlichen, spitz zulaufenden Knospen wirken grün überhaucht und entwickeln sich zu großen, cremeweißen Blüten mit hoher Mitte, die an geraden, kräftigen Stielen stehen und deren etwa 50 breite Petalen sich langsam zu einer Becherform öffnen. Da ihre Blüten unter Regen und kaltem Wind leiden, benötigt 'Tineke' – eine ausgesprochen wuchsfreudige, mittelhohe Pflanze mit großem, mattglänzendem, dunkelgrünem Laub – warmes Klima, in dem sie dann den ganzen Sommer und Herbst neue Blütentriebe hervorbringt. **ZONEN 4–9.**

Select Roses BV, Niederlande, 1989

Eltern unbekannt

## 'TINKERBELL' SUNtink

ZWERGROSE, HELLROSA, ÖFTERBLÜHEND

Die betörend duftenden Blüten dieses großen, aufrechten Strauches stehen einzeln oder in Büscheln an langen, geraden Stielen und haben eine schöne, edelrosenähnliche Form. Ihre zartrosafarbenen Blütenblätter sind anmutig zurückgebogen und erscheinen inmitten des glänzend grünen Laubs fast wie aus Porzellan. Es empfiehlt sich, die mittlere Knospe auszubrechen, damit die anderen Blüten zur gleichen Zeit blühen und ihre beeindruckende Farbenpracht entfalten. **ZONEN 5–10.**

Schuurman, Neuseeland, 1992

'White Dream' × 'Evelien'

## 'TINO ROSSI' MEIcelna

TEEHYBRIDE, REIN ROSA, ÖFTERBLÜHEND

Die mittelgroßen bis großen Blüten dieser nach einem berühmten Sänger benannten Sorte erscheinen vom Sommer bis zum Herbst und verströmen einen betörenden Duft. Sie haben eine rundliche Form und besitzen über 50 Petalen, die in einem kühlen zart lachsrosa Farbton schimmern und mit attraktiven, rosenroten Zeichnungen versehen sind. Dieser wuchsfreudige, breitbuschige Strauch von aufrechtem, mittelhohem Wuchs mit seinem dichten, mattglänzenden, leuchtend grünen Laub eignet sich besonders zur Bepflanzung von Rabatten, Randbeeten und Hecken sowie als Schnittblume. **ZONEN 4–9.**

Meilland, Frankreich, 1990

'Aachener Dom' × ('Dream' × 'Karl Heinz Hanisch')

Bagatelle Duftpreis 1989

## 'TINTINARA' DICuptight

TEEHYBRIDE, HELLROT, ÖFTERBLÜHEND

Diese Sorte trägt große, zart duftende Blüten mit etwa 25 Petalen und einer hohen Mitte, die in gleichmäßig verteilten Büscheln stehen und sich becherförmig öffnen. Bei der Blütenfarbe handelt es sich um ein ungewöhnliches Mohnrot, wobei die inneren Blütenblätter ein helleres Porzellanrosa zeigen. Dem ersten üppigen Flor folgen den ganzen Sommer und Herbst mehrere Wachstums- und Blühphasen. 'Tintinara' ist eine kräftige, aufrechte, mittelhohe Pflanze und trägt

'Titian'

große, glänzende Blätter; sie eignet sich gut als Rabatten, Randbeet- oder Heckenbepflanzung. Dickson wählte für seine Rose unbewußt den Namen einer kleinen, unbekannten Stadt in Südaustralien, von der er zwar noch nie etwas gehört hatte. Allerdings war er der Ansicht, daß 'Tintinara' als Wort lautmalerisch sehr schön sei. **ZONEN 4–9.**

Dickson, Großbritannien, 1995

'Melody Maker' × (Sämling × 'Bright Smile')

Den Haag Goldmedaille 1994

'Tineke'

'Tip Top'

'Tinkerbell'

## 'TINY STARS' TRAstar

ZWERGROSE, ROT+, ÖFTERBLÜHEND

Die winzigen, einfachen bis halbgefüllten Blüten dieser Rose – bei der es sich um das Ergebnis einer Selbstbestäubung handelt – haben 5–12 rotgeränderte Petalen und erscheinen einzeln oder in kleinen Büscheln zu 3–4 Einzelblüten inmitten mattgrüner Blätter. Der flachwüchsige Strauch trägt keine Stacheln und benötigt etwas Eingewöhnungszeit, bis er seine üppige Blütenpracht hervorbringt. **ZONEN 5–10.**

Ravis, USA, 1986

'Magic Carrousel' × 'Magic Carrousel'

## 'TINY TOT' BENtintot, BENtot

ZWERGROSE, APRICOT+, ÖFTERBLÜHEND

Die winzigen, rundlichen Knospen dieser Sorte öffnen sich zu gefüllten, perfekt geformten, leuchtend gelben Blüten mit dichter Blütenmitte, die bei Sonnenschein orange- und apricotfarbene Schattierungen annehmen. Ihre Blütenblätter sind so nach hinten gebogen, daß sie spitz erscheinen. Da immer wieder neue Blüten an langen, schlanken Stielen entstehen, eignet sich 'Tiny Tot', obwohl sie nicht duftet, gut als Schnittrose. Darüber hinaus bietet sich dieser kleine, aber wuchsfreudige Strauch als farbenfrohe Bereicherung für Rabatten und Kübel an. **ZONEN 5–11.**

Benardella, USA, 1990

Eltern unbekannt

## 'TIP TOP' TANope

FLORIBUNDA, ORANGEROSA, ÖFTERBLÜHEND

Obwohl 'Tip Top' aufgrund ihrer Größe eigentlich zu den Rabattenrosen zählt, sind ihre zart duftenden Blüten und Blätter zu groß für diese Rosengruppe. Als kleine, überreich blühende Floribundarose eignet sie sich hervorragend als Rand- oder Rabattenpflanze oder als Miniaturhecke. Ihre mittelgroßen, halbgefüllten, lachsrosa Blüten stehen während der Sommer- und Herbstmonate in Büscheln an kurzen Stielen; sie öffnen sich schalenförmig und geben den Blick auf die Staubgefäße frei. Der flachwüchsige, ausladende Strauch hat dichtes, dunkelgrünes Laub, das bei ungünstiger Witterung von Sternrußtau befallen werden kann. **ZONEN 4–9.**

Tantau, Deutschland, 1963

Eltern unbekannt

'Titian'

## 'TIPSY IMPERIAL CONCUBINE'

ALTE R., TEEROSE, ROSA+, ETWAS NACHBLÜHEND

Hazel Le Rougetel, die diese zart duftende Rose von China nach England brachte, versicherte, daß es sich bei ihrem Namen um eine wörtliche Übersetzung der chinesischen Bezeichnung handeln würde (ins Deutsche übertragen lautet ihr Name „Beschwipste kaiserliche Konkubine"). Der Rosenzüchter Beales in Norfolk, der die 'Tipsy Imperial Concubine' einführte, beschrieb diesen flachwüchsigen Strauch mit den folgenden Worten: „Sie hat große, gefüllte, zartrosa Blüten, die mit Schattierungen von Gelb und Rot überhaucht wirken... [Sie] blüht sehr üppig." **ZONEN 7–9.**

China, eingeführt durch Beales, Großbritannien, 1989

Eltern unbekannt

## 'TITIAN'

FLORIBUNDA, DUNKELROSA, ÖFTERBLÜHEND

Diese Sorte hat wohlgeformte, dunkelkarminrosa Blüten, die bei schönem Wetter so leuchtend strahlen, daß sie aus der Ferne betrachtet fast schon scharlachrot wirken. Die zart duftenden, großen und dichtgefüllten Blüten öffnen sich schalenförmig und erscheinen bis in den Herbst, wobei der Herbstflor besonders üppig ausfällt. Obwohl 'Titian' zur Gruppe der Floribundarosen zählt, erreicht diese wuchsfreudige, aufrechte, mittelhohe Pflanze mit ihren überhängenden Trieben und den runden, leuchtend grünen Blättern in warmen Lagen die Größe eines Strauchs oder einer Kaskadenrose und läßt sich gut als Beet- oder Einzelpflanze einsetzen. **ZONEN 4–9.**

Riethmuller, Australien, 1950

Eltern unbekannt

T

'Tintinara'

'Tom Brown'

'Tom Thumb'

'Tivoli'

## 'TIVOLI' POUlduce

**Syn. 'Tivoli Gardens'**

TEEHYBRIDE, REIN GELB, ÖFTERBLÜHEND

Die rundlichen, zart duftenden, mittelgroßen bis großen Blüten stehen den ganzen Sommer und Herbst einzeln oder in kleinen Büscheln; sie bestehen aus bis zu 40 Petalen, die in einem warmen Gelbton schimmern. Die Teehybride gibt eine zuverlässige Beetrose ab, eignet sich aber auch hervorragend für eine Hecke. Diese wuchsfreudige, dichte, weit verzweigte Pflanze wird mittelhoch und besitzt große, mattglänzende, dunkelgrüne Blätter. 'Tivoli', eine Rose aus dem Haus der bekannten dänischen Züchterfamilie Poulsen, wurde nach jenem berühmten Vergnügungspark in Kopenhagen benannt. **ZONEN 4–9.**

Poulsen, Dänemark, 1996

Eltern unbekannt

## 'TOBY TRISTAM'

RAMBLERROSE, WEISS

Die spitzen Knospen dieser Ramblerrose erscheinen in dichten Büscheln und öffnen sich zu einer Fülle schalenförmiger, cremeweißer Blüten mit nur fünf Petalen und goldgelben Staubgefäßen. Obwohl sich diese Blütenpracht nur wenige Sommerwochen hält, lohnt es sich, diesen attraktiven Rambler an einem Baum hochklettern oder in einem verwilderten Teil des Gartens wuchern zu lassen. Mit seinen bogenförmigen, rankenden Trieben und dem leuchtend grünen Laub kann 'Toby Tristam' den dreifachen Umfang herkömmlicher Kletterrosen erreichen. Im Herbst erscheinen zahlreiche kleine, orangefarbene Hagebutten. **ZONEN 4–9.**

Hillier, Großbritannien, circa 1970

Vermutlich Sämling von *Rosa multiflora*

## 'TOM BROWN'

FLORIBUNDA, ROSTFARBEN, ÖFTERBLÜHEND

Die relativ großen, wohlgeformten Blüten dieser Floribundarose besitzen eine eigenwillige Farbe: Ihre etwa 30 Petalen sind auf der Innenseite orangebraun und auf der Außenseite bräunlich-rot getönt. Die angenehm duftenden Blüten erscheinen bis zum Herbst und stehen einzeln oder in großen Büscheln. 'Tom Brown' ist ein wuchsfreudiger, breitbuschiger, mittelhoher Strauch mit ledrigen, dunklen Blättern. Er eignet sich am ehesten für Standorte, an denen seine besondere Farbe gut zur Geltung kommt und ist auch eine gute Schnittblume. **ZONEN 4–9.**

LeGrice, Großbritannien, 1964

Sämling (u. a. von *Rosa californica*) × 'Amberlight'

## 'TOM THUMB'

**Syn. 'Peon'**

ZWERGROSE, ROT+, ÖFTERBLÜHEND

Die halbgefüllten, dunkelkarminroten Blüten dieser Sorte, die in Deutschland unter dem Synonym 'Péon' gehandelt wird, besitzen eine weiße Mitte und sind von ledrigen, hellgrünen Blättern umgeben. Bei der Züchtung von Zwerg- oder Miniaturrosen haben sich besonders der Spanier Pedro Dot und der Niederländer Jan de Vink hervorgetan und gerade bei der Entwicklung dieser Rosengruppe echte Pionierarbeit geleistet. Da 'Tom Thumb' 1936 bei ihrer Einführung auf dem Markt die Herzen der Rosenfreunde im Sturm eroberte, wurde sie in den Folgejahren von vielen modernen Züchtern als Grundlage verwendet, um weitere Sorten zu kreuzen. Und obwohl sie im Vergleich zu den prunkvollen modernen Zwergrosensorten des späten 20. Jh. etwas unscheinbar wirkt, lohnt es sich auch heute noch, diese üppig blühende, äußerst kleine Zwergrose (die nur eine Höhe von knapp 10–15 cm erreicht) zu kultivieren. In einer flächigen Pflanzung oder in einem Balkonkasten kommt die 'Tom Thumb' besonders gut zur Geltung. **ZONEN 5–10.**

'Toby Tristam'

de Vink, Niederlande, 1936

'Rouletii' × 'Gloria Mundi'

## 'TOM TOM'

FLORIBUNDA, DUNKELROSA, ÖFTERBLÜHEND

Diese Floribundarose des Amerikaners Lindquist besitzt in Büscheln stehende, relativ große, rosenrote Blüten mit 25 Petalen und einer hoher Mitte; diese weisen zunächst edelrosenähnliche Form auf und öffnen sich später dann schalenförmig . 'Tom Tom', die einen sehr würzigen Duft verbreitet, blüht auch nach dem ersten Flor im Juni noch weiter, wobei der letzte Flor im Herbst besonders üppig ausfällt. Die wuchsfreudige, breitbuschige, knapp mittelhohe Pflanze ist mit dichtem, dunkelgrünem, gesundem Laub bedeckt und eignet sich besonders für Rabatten mit kleinwüchsigen Stauden als Begleitpflanzen oder für Einfassungen. **ZONEN 4–9.**

Lindquist, USA, 1957

'Improved Lafayette' × 'Floradora'

## 'TOM WOOD'

ALTE R., REMONTANTROSE, ROT, ETWAS NACHBLÜHEND

Bei dieser Rose mit ihren großen, gefüllten, gedämpft kirschroten Blüten han delt es sich um eine relativ flachwüchsige, gesunde Pflanze, die sehr üppiges, gesundes Laub besitzt und im Herbst ein weiteres Mal blüht. **ZONEN 5–10.**

Dickson, Großbritannien, 1896

Eltern unbekannt

## 'TOMMELISE'

**siehe 'Hertfordshire'**

## 'TOMMY BRIGHT'

FLORIBUNDA, ROT, ÖFTERBLÜHEND

Diese Gewächshausrose ist nicht überall erhältlich. Ihre relativ großen, zart duftenden Blüten erscheinen bis in den Herbst in großen, gleichmäßig verteilten Büscheln an kräftigen, geraden Stielen und öffnen sich zu einer scharlachroten Becherform mit bis zu 40 Petalen. In warmen Klimazonen kann 'Tommy Bright' auch im Garten als Schnittblume kultiviert werden. Sie eignet sich hervorragend für kleine Arrangements oder als Ansteckrose. Der wuchsfreudige Strauch wird mittelhoch und trägt ledriges Laub. **ZONEN 5–9.**

Boerner, USA, 1961

Sämling von 'Chatter' × 'Garnette Supreme'

## 'TONIMBUCK'

TEEHYBRIDE, REIN ROSA/HELLROSA, ÖFTERBLÜHEND

Die Teehybride bringt den ganzen Sommer in kurzen Abständen lange, elegante Knospen hervor, die sich langsam zu anmutigen, zartrosafarbenen Blüten mit etwa 35 Petalen öffnen. Die wohlgeform-

'Tom Tom'

'Tommy Bright'

'Tonimbuck'

ten Blüten besitzen eine etwas dunklere Farbe als die der 'Royal Highness', duften angenehm und eignen sich gut als Schnittblumen. Zur Zeit ist diese hohe, aufrechte Pflanze mit dem mattglänzenden, dunkelgrünen Laub nur in Australien erhältlich; sie bietet sich aber auch für ähnliche Klimazonen an.

**ZONEN 5–10.**

Dawson, Australien, 1984

Eltern unbekannt

## 'TONY JACKLIN'

FLORIBUNDA, ORANGEROSA, ÖFTERBLÜHEND

Diese lachsrote Floribundarose erfreute sich viele Jahre großer Beliebtheit. Ihre großen, zart duftenden, mit hoher Mitte und etwa 30 Petalen gefüllten Blüten erscheinen bis in den Herbst und weisen zunächst eine edelrosenähnliche Form auf; später öffnen sich aber schalenförmig, wobei sich die lachsrosa Petalen nach hinten krümmen. Die nach einem berühmten englischen Golfspieler benannte Pflanze von breitbuschigem, weit verzweigtem Wuchs wird mittelhoch und kommt mit ihren gesunden, mattglänzenden, olivgrünen Blättern gut in Rabatten, Randbeeten oder als Hecke zur Geltung. **ZONEN 4–9.**

McGredy, Neuseeland, 1972

'City of Leeds' × 'Irish Mist'

Madrid Goldmedaille 1972, Portland Goldmedaille 1986

## 'TOO HOT TO HANDLE'

KLETTERNDE FLORIBUNDA, ROT, ÖFTERBLÜHEND

Obwohl diese Sorte als Kletterrose aufgeführt wird, läßt sich 'Too Hot to Handle' auch hervorragend als Strauch kultivieren. Die Sorte besitzt große, gleichmäßig verteilte Büschel halbgefüllter, zart duftender, blutroter Blüten, die vom Sommer bis zum Herbst an kurzen und langen Stielen stehen und voll erblüht den Blick auf die kontrastreichen, cremegelben Staubgefäße freigeben. Das Laub ist dicht, ledrig und glänzend. 'Too Hot to Handle' kann man entweder als Strauch von mittelhohem Wuchs in ein *Mixed Border* pflanzen oder mit einer Rankhilfe zu einer nicht allzu wuchsfreudigen Kletterrose erziehen; diese läßt sich dann problemlos zurückschneiden.

**ZONEN 4–9.**

McGredy, Neuseeland, 1996

'Waikiki' × 'Eyeopener'

British Association of Rose Breeders, Breeders' Choice 1996

## 'TOORENBURG' KORkojotie

FLORIBUNDA, APRICOT+, ÖFTERBLÜHEND

Diese Rose zählte zu einer Reihe von namenlosen Sorten, deren Wachstumsverhalten unter den Bedingungen des Kapklima in der Rosenschule Taschner im südafrikanischen Pretoria untersucht wurden. Die hier vorgestellte 'Toorenburg' erwies sich als derart wuchsfreudig, daß man die Sorte schließlich in Südafrika einführte und nach einem Künstler der Region benannte. Dieser mittelhohe, dichte Strauch bringt vom Sommer bis zum Herbst eine Fülle mittelgroßer, wohlgeformter Blüten hervor, deren kompakte, spiralförmige Mitte von zahlreichen rosafarbenen äußeren Petalen umgeben ist, die manchmal apricotfarben oder rehbraun überhaucht wirken. Da sich die allerdings duftlosen Blüten sehr lange halten, eignet sich 'Toorenburg' gut zum Schnitt oder für Ausstellungen. **ZONEN 4–9.**

Kordes, Deutschland, 1995

Eltern unbekannt

## 'TOP MARKS' FRYministar

ZWERGROSE, ROT, ÖFTERBLÜHEND

Die Blüten dieser mit zahlreichen Auszeichnungen versehenen Rose leuchten in einem strahlenden Zinnoberrot, das selbst in sonnigen Gegenden nicht verblaßt. Die Blüten, die sich aus kleinen, rundlichen Knospen zu einer mit etwa 35 Petalen gefüllten Blüte entwickeln, wirken etwas zerzaust und bedecken mit ihrer attraktiven Farbenpracht den ganzen Strauch. 'Top Marks' ist zwar ein kompakter, sehr winterharter Strauch mit grünem, glänzendem Laub, leidet aber unter Sternrußtau, wenn er nicht regelmäßig gepflegt wird.

**ZONEN 4–10.**

Fryer, Großbritannien, 1992

Eltern unbekannt

Baden-Baden Goldmedaille 1990, Genf Certificate of Merit 1990, Goldmedaille der Royal National Rose Society und Rose des Jahres 1992

## 'TOPAZ JEWEL' MORyelrug

**Syn. 'Rustica 91', 'Gelbe Dagmar Hartopp', 'Gelbe Frau Dagmar Hartopp', 'Yellow Dagmar Hastrup', 'Yellow Fru Dagmar Hartopp'**

RUGOSA-HYBRIDE, REIN GELB, ÖFTERBLÜHEND

Bei dieser Sorte handelt es sich nicht – wie manchmal behauptet wird – um die erste gelbe Rugosa-Hybride. Das matte, rauhe, kräftig grüne Laub ist weniger krankheitsfest als bei den meisten Rugosa-Hybriden, und auf die Blüten folgen auch nicht die für diese Rosenklasse typischen Hagebutten. Mit ihrem ausladenden, weit verzweigten Wuchs erreicht sie nicht ganz die Höhe einer durchschnittlichen Strauchrose und trägt primelgelbe Blüten mit angenehm fruchtigem Duft. Die etwa 25 attraktiv gekräuselten Petalen entwickeln sich zu einer breiten Becherform und geben den Blick auf die cremegoldgelben Staubgefäße frei. 'Topaz Jewel' stellt als Einzel- oder Gruppenpflanze eine wertvolle Ergänzung für gemischte Rabatten dar; allerdings eignet sie sich aufgrund der ungleichmäßigen Wuchsform und der manchmal von neuen Blättern verdeckten Blüten weniger gut als alleinstehende Beetpflanze.

**ZONEN 4–9.**

Moore, USA, 1988; in Frankreich eingeführt durch Meilland, 1989

'Golden Angel' × 'Belle Poitevine'

## 'TOPROSE' COCgold

**Syn. 'Dania'**

FLORIBUNDA, GOLDGELB, ÖFTERBLÜHEND

Wenn die leuchtend gelbe 'Toprose' blüht, scheinen die Unterschiede zwischen Floribundarosen und Teehybriden zu verschwinden. Denn im Verlauf der gesamten Saison trägt die Sorte relativ große, dichtgefüllte, zart duftende Blüten in klassischer Edelrosenmanier, die manchmal einzeln, aber meist in kleinen Gruppen zu drei Einzelblüten an langen Stielen erscheinen. Diese wuchsfreudige, mittelhohe Pflanze mit ihren attraktiven, leuchtend grünen Blättern eignet sich am besten als Gruppenpflanze für Einfassungen oder Hecken.

**ZONEN 4–9.**

Cocker, Großbritannien, 1991

(['Chinatown' × 'Golden Masterpiece'] × 'Adolf Horstmann') × 'Yellow Pages'

Baden-Baden Goldmedaille 1987, Belfast und Glasgow Certificate of Merit 1993

## 'TOPSI'

FLORIBUNDA, ORANGEROT, ÖFTERBLÜHEND

Diese schöne Sorte sorgte aufgrund ihrer leuchtend orange-scharlachroten Farbe bei ihrer Einführung für eine kleine Sensation. Die zahlreichen halbgefüllten, schalenförmigen Blüten stehen in Büscheln an kurzen Stielen und erscheinen im Verhältnis zu dieser flachwüchsigen Pflanze relativ groß. Der sehr kleine, breitbuschige Strauch mit den großen, leuchtend grünen Blättern steckt seine ganze Energie in die Bildung neuer Blütentriebe, was jedoch dazu führt, daß er in nicht ausreichendem Maße reifes Holz entwickelt, um harte Winter ohne Schäden überstehen zu können. 'Topsi' gedeiht am besten in kleinen Beeten oder Kübeln, wo sie sich mühelos pflegen und mit Pflanzenschutzmitteln gegen Rostpilz und Sternrußtau behandeln läßt.

**ZONEN 4–9.**

Tantau, Deutschland, 1972

'Duftwolke' × 'Signalfeuer'

Royal National Rose Society President's International Trophy 1972

'Toprose'

'Tony Jacklin'

'Top Marks'

T

## 'TORCH OF LIBERTY' MORtorch

ZWERGROSE, ORANGEROT, ÖFTERBLÜHEND

Die zahlreichen gefüllten, wohlgeformten Blüten dieser aufrechten Zwergrose haben 20 zart duftende, orangerote Petalen mit silbrig glänzender Außenseite und erscheinen inmitten von mattglänzendem, leuchtend grünem Laub. Der Züchter stiftete im ersten Jahr sämtliche Lizenzgebühren, die er für diese Rose erhielt, der Gesellschaft zur Erhaltung der New Yorker Freiheitsstatue.

**ZONEN 5–10.**

Moore, USA, 1986

'Orangeade' × 'Golden Angel'

## 'TORNADO' KORtor

FLORIBUNDA, ORANGEROT, ÖFTERBLÜHEND

Diese zuverlässige, wuchsfreudige und üppig blühende Rose von aufrechtem, breitbuschigem Wuchs trägt halbgefüllte Blüten, die in eindrucksvollen Büscheln an kurzen, steifen Stielen stehen. Ihre orangeroten, becherförmigen Blüten geben den Blick auf leuchtend goldgelbe Staubgefäße frei, duften aber kaum. Aufgrund ihrer Blühfreude, der Wetterfestigkeit und der guten Selbstreinigung eignet sich dieser wuchsfreudige, mittelhohe Strauch mit seinen schimmernden, dunkelgrünen Blättern besonders für Rabatten, Einfassungen, niedrige Hecken oder als Kübelpflanze.

**ZONEN 4–9.**

Kordes, Deutschland, 1973

'Europeana' × 'Marlena'

ADR-Rose 1972

## 'TORVILL & DEAN' LANtor

TEEHYBRIDE, ROSA+, ÖFTERBLÜHEND

Dank einer geschickten PR-Aktion des Züchters Sealand stand diese Rose innerhalb weniger Stunden, nachdem das britische Eiskunstlaufpaar Jayne Torvill und Christopher Dean olympisches Gold gewonnen hatten, in den Schlagzeilen vieler Zeitungen. Die großen, rundlichen, leicht duftenden Blüten gedeihen am besten in kühleren Regionen und bestehen aus etwa 35 hellgelben Petalen, die zart lachsrosa überhaucht scheinen. Die Teehybride blüht reichlich bis in den Herbst. Der wuchsfreudige, aufrechte, mittelhohe Strauch trägt mattglänzendes, dunkelgrünes Laub und eignet sich gut als Bepflanzung von Rabatten, Einfassungen und Hecken. **ZONEN 4–9.**

Sealand, Großbritannien, 1984

'Grandpa Dickson' × 'Alexander'

## 'TOSKANA' KORkunde

Syn. 'Toscana'

TEEHYBRIDE, ROT, ÖFTERBLÜHEND

'Toskana' zählt zu den ersten rotblütigen Rosen, die Kordes für den Schnittblumenhandel züchtete. Ihre langen, eleganten Knospen öffnen sich langsam zu mittelgroßen bis großen, roten Blüten mit 25 Petalen, die angenehm duften und sich lange halten. Im Gewächshaus entwickelt 'Toskana' besonders lange Stiele mit nur wenigen, kleinen Stacheln und überrascht durch ihre üppige Blütenfülle, die in kurzen Abständen hervorgebracht wird. **ZONEN 5–10.**

Kordes, Deutschland, 1992

Eltern unbekannt

'Torch of Liberty'

'Tornado'

'Torvill & Dean'

'Toulouse-Lautrec'

## 'TOUCH OF CLASS' KRIcarlo

Syn. 'Maréchal le Clerc', 'Marachal Le Clerc'

TEEHYBRIDE, ORANGEROSA, ÖFTERBLÜHEND

Die großen, wohlgeformten Blüten dieser Rose blühen während der Sommer- und Herbstmonate, wobei die schönsten Exemplare bei kühleren Temperaturen hervorgebracht werden. Sie haben eine hohe Mitte, die von zahlreichen, sorgfältig symmetrisch arrangierten Blütenblättern umgeben ist und lange ihre Form behält. 'Touch of Class' leuchtet in einer attraktiven Kombination aus Cremerosa und Korallrosa, besitzt einen zarten Teerosenduft und eignet sich aufgrund ihrer langen Stiele hervorragend als Schnittrose, aber auch für die Bepflanzung von Rabatten, Randbeeten und Hecken. Diese wuchsfreudige Pflanze von aufrechtem, gut mittelhohem Wuchs hat große, dunkelgrüne Blätter, die im Austrieb rot schimmern und je nach Witterungsbedingungen etwas anfällig für Mehltau sind.

**ZONEN 4–9.**

Kriloff, Frankreich, 1984

'Micäela' × ('Queen Elizabeth' × 'Romantica')

All-American Rose Selection 1986, Portland Goldmedaille 1988

## 'TOULOUSE-LAUTREC'

MEIrevolt

TEEHYBRIDE, REIN GELB, ÖFTERBLÜHEND

Die großen, dichtgefüllten Blüten dieser angenehm duftenden Rose erscheinen vom Sommer bis zum Herbst, stehen meist einzeln und besitzen eine altmodisch anmutende Form, bei der die über 40 Petalen locker angeordnet sind und dadurch weich und flaumig erscheinen. Bei 'Toulouse-Lautrec' – die nach einem berühmten französischen Maler benannt wurde – handelt es sich um eine kräftige, breitbuschige, mittelhohe Pflanze mit mittel- bis dunkelgrünen Blättern, die sich gut zur Bepflanzung von gemischten Rabatten, Randbeeten und Hecken eignet. **ZONEN 4–9.**

Meilland, Frankreich, 1993

'Ambassador' × ('King's Ransom' × 'Landora')

Monza Duftpreis 1993

'Touch of Class'

'Tour de Malakoff'

## 'TOUR DE MALAKOFF'

ALTE R., ZENTIFOLIE, MAUVE

Bei der 'Tour de Malakoff' handelt es sich um einen hohen, weichtriebigen Strauch, der in nährstoffreichen Böden eine Höhe von 1,8 m erreicht und sich gut zur Mauerbepflanzung, als Kaskadenrose oder Einzelpflanze auf einem Klettergerüst eignet. Sie hat graugrüne Stiele mit relativ wenigen Stacheln, aber zahlreichen mittelgroßen, leuchtend bis dunkelgrünen Blättern. Ihre duftenden, dichtgefüllten, bis zu 10 cm großen Blüten öffnen sich schalenförmig und besitzen eine außergewöhnliche Farbe: Insbesondere die äußeren, zurückgebogenen, purpurroten Blütenblätter sind an den Rändern magentafarben überhaucht und zeigen violette und graue Zeichnungen. Voll erblüht geben sie den Blick auf goldgelbe Staubgefäße frei.

**ZONEN 4–10.**

Soupert und Notting, Luxemburg, 1856

Vermutlich Bourbonrose × Gallica-Rose

## 'TOURBILLON' DELnolli

FLORIBUNDA, ROSA+, ÖFTERBLÜHEND

Die farbenfrohen, wohlgeformten, gefüllten Blüten dieser Sorte erscheinen während der Sommer- und Herbstmonate in Büscheln und verströmen einen zarten, süßen Duft. Sie schimmern auf der Innenseite rosa und auf der Außenseite gelb und entwickeln sich zu einer relativ großen Becherform. Diese nützliche, für Rabatten und Einfassungen gut geeignete Gartenrose erreicht eine durchschnittliche Größe und hat kleine, mattglänzende Blätter; sie ist jedoch nicht überall erhältlich. Ihr Name bedeutet soviel wie „Wirbel" und bezieht sich auf die beiden Farben, die sich bei den frisch erblühten Blumen vermischen.

**ZONEN 4–9.**

Delbard, Frankreich, 1981

'Zambra' × (['Orléans Rose' × 'Goldilocks'] × ['Spartan' × 'Fashion'])

## 'TOURNAMENT OF ROSES'

JACient

Syn. 'Poesie', 'Berkeley'

TEEHYBRIDE, REIN ROSA, ÖFTERBLÜHEND

Diese robuste, wuchsfreudige Rose trägt während der Sommer- und Herbstmo-

T

nate große Büschel attraktiver, symmetrischer Blüten, die an festen Stielen stehen. Ihre zart duftenden Blütenblätter zeigen verschiedene, kontrastierende Rosaschattierungen: Sie hat dunkelrosafarbene Außenseiten und cremerosafarbene Innenseiten, wobei die Farben bei warmem Wetter besonders intensiv leuchten. Diese sehr wuchsfreudige Pflanze von aufrechtem, gut mittelhohem Wuchs hat glänzend grüne Blätter und eignet sich gut zur Bepflanzung von Rabatten, Randbeeten und Hecken. „Tournament of Roses" bezieht sich auf die alljährliche Rosenparade in Pasadena, anläßlich deren Hundertjahrfeier diese Rose ihren Namen erhielt.
**ZONEN 4–9.**

Warriner, USA, 1988

'Impatient' × Sämling

All-American Rose Selection 1989

## 'TOWER BRIDGE' HARavis

TEEHYBRIDE, DUNKELROSA, ÖFTERBLÜHEND

Bei der Farbe dieser an Alte Rosen erinnernden Sorte handelt es sich um einen dunklen Magentafarbton, wobei die Blütenmitte eher purpurrot als rosa erscheint. Die rundlichen Knospen öffnen sich zu großen, dichtgefüllten Blüten mit geviertelter Mitte und einem betörenden, süßen Duft. Der robuste Strauch von aufrechtem, mittelhohem Wuchs hat große, dunkle Blätter und steckt seine ganze Energie in die Bildung neuer Blütentriebe, was dazu führt, daß der Abstand zwischen dem ersten und zweiten Flor relativ groß ist. Während der restlichen Sommer- und Herbstmonate erscheinen jedoch regelmäßig neue Blüten, die auch als Schnittblumen lange haltbar sind. 'Tower Bridge', die ihren Namen anläßlich des hundertjährigen Jubiläums der Eröffnung von Londons berühmtem Wahrzeichen erhielt, eignet sich vor allem als Gruppenpflanze, insbesondere entlang von Wegen, wo man ihren Duft genießen kann. **ZONEN 4–9.**

Harkness, Großbritannien, 1995

Eltern unbekannt

## 'TOY BALLOON'

ZWERGROSE, DUNKELROT, ÖFTERBLÜHEND

Die ovalen Knospen dieser Rose öffnen sich zu samtroten, lange haltbaren Blüten mit etwa 50 Petalen, schöner Mitte und angenehmem Duft; die Farbe verblaßt nicht, vor allem wenn sie im Halbschatten stehen. Voll erblüht ähneln die Blüten eher kleinen Ballons als Rosen. Dieser breitbuschige Strauch mit seinem

'Toy Balloon'

'Tradescant'

dunkelgrünen Laub ist für eine Zwergrose mit den Genen einer Moosrose ausgesprochen blühfreudig. Er kommt in einer Blumenampel am besten zur Geltung, da die Triebe kaskadenartig über den Rand des Pflanzengefäßes herabhängen können und dann sehr hübsch aussehen.
**ZONEN 5–10.**

Moore, USA, 1979

'Fairy Moss' × 'Fire Princess'

## 'TOY CLOWN'

ZWERGROSE, ROT+, ÖFTERBLÜHEND

Die halbgefüllten, weiß überhauchten Blüten mit 12–20 Petalen haben karminrote Ränder und eine außergewöhnlich schöne Form. Diese wuchsfreudige Pflanze mit ihrem kleinen, ledrigen Laub bringt während der gesamten Blütezeit eine Fülle von Blüten hervor, die sich schalenförmig öffnen und den Blick auf die kontrastreichen, gelben Staubgefäße freigeben. **ZONEN 5–10.**

Moore, USA, 1966

'Little Darling' × 'Magic Wand'

American Rose Society Award of Excellence 1975

## 'TRACEY WICKHAM'

ZWERGROSE, GELB+, ÖFTERBLÜHEND

Die gefüllten, leuchtend gelben Blüten dieser wohlgeformten, zart duftenden Rose erscheinen einzeln oder in kleinen Büscheln und setzen sich aus 30 Petalen mit roten Rändern zusammen, die ihre Form jedoch nicht lange halten. Da die Blüten für eine Zwergrose etwas groß ausfallen, empfiehlt es sich, 'Tracey Wickham' – die auch als Zwergform von 'Redgold' beschrieben wird – wie eine Rabattenrose einzusetzen. Dieser aufrechte Strauch mit seinem mattglänzenden, leuchtend grünen Laub wurde nach einer australischen Schwimmerin benannt. **ZONEN 5–10.**

Welsh, Australien, 1984

'Avandel' × 'Redgold'

'Tracey Wickham'

'Tourbillon'

'Tradition'

'Tournament of Roses'

## 'TRADE WINDS'

TEEHYBRIDE, ROT+, ÖFTERBLÜHEND

Der lebhafte Kontrast zwischen den dunkelroten Innenseiten der über 50 Petalen dieser Sorte und ihren silbrigweißen Außenseiten wird besonders deutlich, wenn sich die angenehm duftenden, großen Blüten mit der hohen Mitte entfalten. Sie erscheinen vom Sommer bis zum Herbst und sind lange haltbar. 'Trade Winds' ist ein kräftiger, wuchsfreudiger, mittelhoher Strauch mit glänzenden, dunkelgrünen Blättern, der sich gut für Rabatten, Einfassungen und Hecken, aber auch als Schnittrose eignet. Warum diese Sorte ausgerechnet nach den Passatwinden (engl. *trade winds*) benannt wurde, bleibt ein Geheimnis ihres amerikanischen Züchters. **ZONEN 4–9.**

Von Abrams, USA, 1964

('Multnomah' × Sämling) × ('Carrousel' × Sämling)

## 'TRADESCANT' AUSdir

STRAUCHROSE, DUNKELROT, ÖFTERBLÜHEND

Die mittelgroßen, dunkelkarmin- bis purpurroten Blüten der angenehm duftenden 'Tradescant' stehen den ganzen Sommer und Herbst über in kleinen Büscheln und öffnen ihre etwa 40 dicht zusammengefalteten Petalen zu einer geviertelten Schalenform. Diese Züchtung von David Austin, die auch als Englische Rose klassifiziert wird, eignet sich mit ihrem flachen, breitbuschigen Wuchs und den mattglänzenden, dunkelgrünen Blättern besonders für den vorderen Bereich einer gemischten Rabatte; bei guter Pflege wird 'Tradescant' etwa halb so groß wie herkömmliche Strauchrosen. In warmen Lagen sind die bogenförmigen Triebe so lang, daß sich die Sorte gut auch als Kaskadenrose kultivieren läßt.
**ZONEN 4–9.**

Austin, Großbritannien, 1993

'Prospero' × ('Charles Austin' × 'Gloire de Ducher')

## 'TRADITION'

TEEHYBRIDE, ROT, ÖFTERBLÜHEND

Diese in der Vergangenheit sehr beliebte Gewächshausrose ist allem Anschein nach heute nicht mehr im Handel. Wie bei den meisten Gewächshaussorten bringt auch diese Teehybride bis in den Herbst hinein zahlreiche Blüten in kurzen Abständen hervor, deren leuchtend scharlachkarminrote Farbe nicht verblaßt. Mit ihren gut 35 breiten Petalen bildet 'Tradition' eine anmutige, symmetrische Blüte mit hoher Mitte. Dank ihrer Festigkeit gewährleisten die Blütenblätter, daß sich die Blume lange hält; allerdings verhindert dieselbe Eigenschaft, daß 'Tradition' duftet. Diese wuchsfreudige Teehybride besitzt einen weit verzweigten, mittelhohen Wuchs, lange Stiele sowie dunkle, mattgrüne Blätter, die im Austrieb rötlich schimmern.
**ZONEN 4–9.**

Kordes, Deutschland, 1965

'Schlösser's Brillant' × 'Don Juan'

'Träumland'

'Travemünde'

## 'TRADITION 95' KORkeltin

KLETTERNDE FLORIBUNDA, ROT, ÖFTERBLÜHEND

Dieser wuchsfreudige Kletterer trägt zahlreiche Büschel mittelgroßer, halbgefüllter, leuchtend karminscharlachroter Blüten mit relativ kurzen Blütenblättern, die sich becherförmig öffnen und den Blick auf goldgelbe Staubgefäße freigeben. Die zart duftenden Rosen erscheinen bis zum Herbst und bewahren ihre Farbe über einen langen Zeitraum. 'Tradition 95' hat zahlreiche attraktive, glänzend grüne Blätter und eignet sich hervorragend für Mauern, Zäunen, Rosenbögen und Pergolen. Da sie mit ihrem kräftigen Wuchs herkömmliche Kletterrosen weit übertrifft, benötigt sie unbedingt zusätzlichen Halt durch Anbinden. ZONEN 4–9.

Kordes, Deutschland, 1995

Eltern unbekannt

T

## 'TRÄUMEREI' KORrei, ReiKOR

Syn. 'Dreaming', 'Reverie'

FLORIBUNDA, ORANGE+, ÖFTERBLÜHEND

Die langen, schlanken Knospen dieser attraktiven, leuchtend korallorangefarbenen Rose entwickeln sich zu rundlichen, wetterbeständigen Blüten mit niedriger, wohlgeformter Mitte, die ihre Form gut halten, und sich gut selbst reinigen. Auch in der Vase halten sie lange. Die Blüten erscheinen von Sommer bis Herbst, stehen einzeln oder in Büscheln und duften angenehm. Bei dieser Sorte – die nach einem Klavierstück von Robert Schumann benannt wurde – handelt es sich um einen wuchsfreudigen, buschigen Strauch von weit verzweigtem, mittelhohem Wuchs, der sich gut für Rabatten, Einfassungen und Hecken eignet. Seine dichten, im Austrieb roten Blätter nehmen im Laufe der Zeit eine dunkelgrüne Tönung an. ZONEN 5–10.

Kordes, Deutschland, 1974

'Königin der Rosen' × Sämling

## 'TRAUMLAND'

Syn. 'Dreamland'

FLORIBUNDA, HELLROSA, ÖFTERBLÜHEND

Jede der kleinen, vom Sommer bis zum Herbst hervorgebrachten Blüten dieser Sorte besitzt eine anmutige Form aus 20 zurückgebogenen Blütenblättern, die sich schalenförmig öffnen und als Rahmen für die attraktiven, goldgelben Staubgefäße dienen. Die zart duftenden Rosen schimmern in einem zarten Pfirsichrosa und stehen in Büscheln, die im Verhältnis zu der kleinwüchsigen, kompakten Pflanze von aufrechtem, kaum mittelhohem Wuchs relativ groß erscheinen. Früher fand 'Traumland' mit ihren dunklen, ledrigen Blättern häufig als flächige Anpflanzung in Rabatten oder im vorderen Bereich von Randbeeten Verwendung, aber nach 40 Jahren ist sie fast vollständig aus den Sortenlisten der Rosenschulen verschwunden. ZONEN 4–9.

Tantau, Deutschland, 1958

Verbesserte 'Tantau's Triumph' × 'Fashion'

## 'TRAVEMÜNDE' KORrantu

FLORIBUNDA, ROT, ÖFTERBLÜHEND

Die dichtgefüllten, mittelgroßen Blüten dieser dunkelroten Rose erscheinen vom Sommer bis zum Herbst und stehen an kräftigen Stielen in dichten Büscheln, die einen üppigen, farbenfrohen Eindruck erzeugen, aber nur leicht duften. Diese wetterfeste, dunkle Rosensorte kommt am besten an einem sonnenbeschienen Standort zur Geltung, wo sie aus der Ferne betrachtet sehr attraktiv wirkt. Der kräftige, breitbuschige Strauch von aufrechtem, mittelhohem Wuchs hat dunkelgrünes Laub, das im Austrieb rötlich schimmert. ZONEN 4–9.

Kordes, Deutschland, 1968

'Lilli Marleen' × 'Ama'

ADR-Rose 1966

## 'TRAVERSER'

GROSSBLUMIGE KLETTERROSE, GELB+

Unter den zahlreichen, von Alister Clark gezüchteten Sorten befand sich auch eine Rose, die auf den Namen 'Traverser' getauft war. Dabei handelte es sich um eine Pflanze mit wohlgeformten, halbgefüllten, gelben und cremefarbenen Blüten, die im Frühsommer erschienen und in Büscheln standen. Den Beschreibungen nach war 'Traverser' eine robuste Rose von sehr kräftigem Wuchs; das sind Merkmale, die für Clarks Gigantea-Hybriden typisch sind. Aber diese Beschreibungen entstanden vor über 60 Jahren, und obwohl auf dem ehemaligen Grundstück des Züchters noch heute eine Rose mit ähnlichen Eigenschaften gedeiht, bestehen einige Zweifel darüber, ob es sich tatsächlich um die gleiche Rose handelt. Diese Sorte, die zur Zeit nur in zwei australischen Rosenschulen erhältlich ist, benötigt einen frostgeschützten Standort. ZONEN 7–11.

Clark, Australien, 1928

Hybride von *Rosa gigantea*

## 'TRAVESTI'

FLORIBUNDA, GELB+, ÖFTERBLÜHEND

Diese Rose hat vom Sommer bis zum Herbst kleine Büschel mittelgroßer, gefüllter Blüten, die zunächst eine wohlgeformte, dicht zusammengefaltete Mitte besitzen und sich später becherförmig öffnen. Ihre Blütenblätter zeichnen sich durch eine lebhafte Mischung aus Gelb und Orange aus und sind kirschrot überhaucht. Da sie im Laufe der Zeit etwas an Schönheit verlieren, empfiehlt es sich, die zart duftenden Blüten recht früh zu schneiden. Aufgrund ihres gleichmäßigen Wuchses eignet sich 'Travesti' gut als Gruppenpflanze oder niedrige Hecke, wo sie sich dann zu einem breitbuschigen, weit verzweigten, mittelhohen Strauch mit kleinen, mattglänzenden, dunklen Blättern entwickelt. ZONEN 4–9.

de Ruiter, Niederlande, 1965

'Orange Sensation' × 'Circus'

Royal National Rose Society Certificate of Merit 1966

'Träumerei'

## 'TRAVIATA'

TEEHYBRIDE, ROT+, ÖFTERBLÜHEND

Diese ausgesprochen hübsche Rose hat relativ große, angenehm duftende Blüten mit hoher Mitte, die sich becherförmig öffnen und den ganzen Sommer und Herbst erscheinen. Ihre etwa 30 gewellten Petalen sind leuchtend rot getönt und tragen nur am Petalenansatz auffällige weiße Zeichnungen. Der wuchsfreudige, breitbuschige, mittelhohe Strauch bildet viele grundständige Triebe sowie zahlreiche ledrige, bronzegrüne Blätter und eignet sich gut zur Bepflanzung von Rabatten und Einfassungen. ZONEN 4–9.

Meilland, Frankreich, 1962

'Baccarà' × ('Kordes' Sondermeldung' × 'Grand'mère Jenny')

## 'TREASURE TROVE'

RAMBLERROSE, APRICOT+

Die Elternsorte 'Kiftsgate' ist eine Form von *Rosa filipes*, die in Kiftsgate Court im englischen Gloucestershire entdeckt und kultiviert wurde und eine enorme Größe erreichen kann. Bei 'Treasure Trove' handelt es sich um einen Sämling von 'Kiftsgate', den John Treasure zufällig in seinem Garten in Staffordshire fand. Diese riesige Kletterrose trägt große Dolden mittelgroßer, becherförmiger, halbgefüllter Blüten mit etwa 25 Petalen, die apricot-, mauve-, rosa- und cremefarben leuchten und betörend duften. ZONEN 7–9.

Treasure, Großbritannien, 1977

'Kiftsgate' × Chinarose (vermutlich 'Old Blush')

## 'TREVOR GRIFFITHS' AUSold

STRAUCHROSE, REIN ROSA, ÖFTERBLÜHEND

Die relativ großen Blüten dieser Rose bestehen aus zahlreichen Blütenblättern, die in einem warmen, dunklen Rosenrot schimmern und aufgrund ihrer lockeren Anordnung an altmodische Gartenrosen erinnern. Sie erscheinen den ganzen Sommer und Herbst und duften angenehm. Bei 'Trevor Griffiths' – die auch als Englische Rose klassifiziert wird – handelt es sich um eine breitbuschige, mittelhohe Pflanze mit groben, dunkelgrünen Blättern, die sich gut als Beetpflanze eignet. Ihren Namen erhielt sie von dem berühmten neuseeländischen Rosenzüchter, dessen Begeisterungsfähigkeit, Schriften und Fotografien dafür sorgten, daß zahlreiche bis dahin unterbewertete Sorten ins Rampenlicht rückten. ZONEN 4–9.

Austin, Großbritannien, 1994

'The Wife of Bath' × 'Hero'

'Travesti'

## 'TRICKSTER' BRItrick

ZWERGROSE, ROT+, ÖFTERBLÜHEND

Diese üppig blühende Zwergrose hat gefüllte, betörend duftende, leuchtend rote Blüten mit hoher Mitte, weißer Unterseite und setzt sich aus 28–30 Petalen zusammen. Sie stehen meist einzeln und fallen in kühleren Regionen manchmal besonders groß aus, wohingegen ihre Farbe in warmen Klimazonen verblassen kann. Der dichte, rundliche und mittelhohe Strauch trägt attraktive, kleine, mattglänzende, grüne Blätter und eignet sich besonders für Gartenbereiche, die eine kräftig rote Farbe benötigen.
**ZONEN 5–11.**

Bridges, USA, 1995

'Jennifer' × 'Red Beauty'

## 'TRICOLORE'

**Syn. 'Reine Marguerite'**

ALTE R., GALLICA-ROSE, ROSA+

Diese mittelgroße Gallica-Rose ist nur eine der zahlreichen Sorten, die im frühen 19. Jh. eingeführt wurden. Ihre dunkelrosa bis karminroten Blüten haben weiße Flecken und Tupfen sowie gefranste, teilweise lilafarbene Ränder. Die Blütenfarbe wird sehr unterschiedlich beschrieben, da die Gallica-Rosen im Laufe ihrer kurzen Blütezeit verblassen und verschiedene Schattierungen annehmen.
**ZONEN 4–9.**

Lahaye senior, Frankreich, 1827

Eltern unbekannt

## 'TRICOLORE DE FLANDRE'

ALTE R., GALLICA-ROSE, ROSA+

Diese Gallica-Rose ähnelt der bekannteren 'Camaïeu'. Ihre gefüllten, zartrosa Blüten sind mit kräftigen purpurroten Streifen versehen und duften angenehm. Der aufrechte, aber nicht allzu große, wüchsige und stark bestachelte Strauch, der zu einer einfarbigen Stammform zurückschlagen kann und blüht nur einmal. 'Tricolore de Flandre' eignet sich gut als Kübelpflanze.
**ZONEN 4–9.**

Van Houtte oder Parmentier, Belgien, vor 1846

Eltern unbekannt

## 'TRIER'

RAMBLERROSE, WEISS, ÖFTERBLÜHEND

Bei dieser Erfolgsrose des deutschen Züchters Lambert („Lambertiana") handelt es sich um einen aufrechten Strauch oder kleinen Kletterer mit kleinen Blättern und kleinen, fast einfachen, cremegelben, halbgefüllten Blüten, die rosa überhaucht sind. Obwohl es wesentlich bessere kleinwüchsige Kletterrosen gibt, ist 'Trier' als Elternsorte für Rosenzüchter von großem historischem Wert. Der englische Geistliche Joseph Pemberton kreuzte 'Trier' mit einer Reihe anderer Rosen, um eine Gruppe Moderner Strauchrosen zu erzielen, die heute als Moschata-Hybriden bezeichnet werden und sich großer Beliebtheit erfreuen.
**ZONEN 5–9.**

Lambert, Deutschland, 1904

Vermutlich 'Aglaia' × 'Mrs R. F. Schamann'

## 'TRIER 2000'

**siehe 'Anna Livia'**

## 'TRINITY' (I)

ALTE R., TEEROSE, WEISS, ETWAS NACHBLÜHEND

'Trinity' eine rein weiße, halbgefüllte Rose mit dunkelgrünen Blättern an einem mittelgroßen bis großen Strauch, die nach dem Friedhof benannt wurde, auf dem man sie fand; auf den Bermuda-Inseln ist sie weit verbreitet.
**ZONEN 7–9.**

Eltern unbekannt

## 'TRINITY' (II) MACredparap

STRAUCHROSE, DUNKELROT, ÖFTERBLÜHEND

Diese flachwüchsige, reichblühende Rose trägt bis zum Herbst große Dolden kleiner, zart duftender, dunkelroter Blüten mit etwa 25 Petalen, die zunächst eine edelrosenähnliche Form aufweisen, sich später schalenförmig öffnen und den Blick auf goldgelbe Staubgefäße freigeben. Diese Sorte ist ein kleiner, kriechender Strauch mit zahlreichen kleinen, mattglänzenden, dunkelgrünen Blättern und eignet sich besonders als Bodendekker, für Böschungen, den vorderen Bereich von Randbeeten sowie zum Füllen kleiner Gartenbereiche. **ZONEN 4–9.**

McGredy, Neuseeland, 1994

'Sexy Rexy' × 'Eyeopener'

## 'TRINKET'

ZWERGROSE, REIN ROSA, ÖFTERBLÜHEND

Die anmutigen, rosafarbenen Knospen dieser Rose öffnen sich zu winzigen, gefüllten, kräftig rosafarbenen Blüten, deren Farbe bald zu einem zarten Rosa verblaßt, das sich länger halten kann. Ihre üppige Blütenpracht wird durch das attraktive, dunkelgrüne Laub noch ergänzt und erfreut sich vor allem bei Floristen großer Beliebtheit. Denn 'Trinket' ist eine der zahlreichen Sämlinge der Vatersorte 'Floradora' und zählt bei Ausstellungen zu den am häufigsten für kleine Blumenarrangements verwendeten Sorten. **ZONEN 4–11.**

Moore, USA, 1965

*Rosa wichuraiana* × 'Floradora'

## 'TRIODENE' KORituscha

FLORIBUNDA, ROSA+, ÖFTERBLÜHEND

Bei dieser Rose, die nach einem Medikament benannt ist, auf dessen Verpackung eine rosafarbene Rose abgebildet ist, handelt es sich um einen wuchsfreudigen, mittelhohen, krankheitsfesten Strauch. 'Triodene' trägt fast während der gesamten Blütezeit große, halbgefüllte, zart duftende Blüten, die in Büscheln stehen und sich dank der kräftigen, lange haltbaren Petalen gut zum Schnitt eignen. Ihre rosafarbene Tönung ist eine warme Mischung aus Rosa, Lachsrosa und Korallrot. Diese Kordes-Rose wird nur in Südafrika gehandelt. **ZONEN 5–11.**

Kordes, Deutschland, 1996

Eltern unbekannt

'Traviata'

## 'TRIOLET' ORAdon

**Syn. 'Tanned Beauty'**

TEEHYBRIDE, APRICOT+, ÖFTERBLÜHEND

Die gelbbraunen Knospen öffnen sich zu perfekt geformten, betörend duftenden Edelrosen mit dichter, cremefarbener Mitte, die sich gut als Schnittblume oder für Ausstellungen eignen. Die Unterseite der äußeren Blütenblätter ist ebenfalls gelbbraun getönt, und im Laufe der Zeit biegen sich diese Petalen nach hinten. Der wuchsfreudige Strauch bringt während der Sommer- und Herbstmonate zahlreiche Blüten hervor, wobei 'Triolet' im Herbst aufgrund der Hagebutten und des herbstlich gefärbten Laubs besonders schön leuchtet. **ZONEN 5–11.**

Orard, Frankreich, 1995

Eltern unbekannt

## 'TRIOMPHE DE L'EXPOSITION'

ALTE R., REMONTANTROSE, ROT, ETWAS NACHBLÜHEND

Diese ausgesprochen großwüchsige Remontantrose hat dicke, lange Triebe mit üppigem Laub und große, karminpurpurote Blüten, die süß duften. 'Triomphe de l'Exposition' kann man als eine typische Alte Rose bezeichnen. Bei der Pariser Weltausstellung im Jahre 1855 gewann sie den ersten Preis. **ZONEN 5–9.**

Margottin, Frankreich, 1855

Eltern unbekannt

## 'TRIOMPHE DU LUXEMBOURG'

**Syn. 'Triomphe de Luxembourg'**

ALTE R., TEEROSE, ROSA+, ETWAS NACHBLÜHEND

Diese kräftige Teerose trägt dichtgefüllte, lachsrosafarbene Blüten, die im Laufe der Zeit eine gelbrosa Tönung annehmen. Sie gehörte zu den berühmtesten und teuersten Rosen ihrer Zeit – im Jahre 1836 kostete eine Blüte 35 Francs. Eigentlich müßte ihr vollständiger Name 'Triomphe des Jardin du Luxembourg' lauten, benannt nach einem Pariser Stadtpark, in dem der Züchter Alexandre Hardy als Obergärtner tätig war.
**ZONEN 7–9.**

Hardy, Frankreich, um 1835

Eltern unbekannt

'Triomphe du Luxembourg'

'Trier'

'Tricolore de Flandre'

'Treasure Trove'

## 'TROILUS' AUSoil

STRAUCHROSE, APRICOT+, ÖFTERBLÜHEND

Diese Rosensorte, die auch als Englische Rose klassifiziert wird, trägt große Blüten mit etwa 40 in Reihen angeordneten, zurückgebogenen Petalen, die eine Fülle zarter Blütenblattspitzen zeigen. Die creme- und honiggelben, apricotfarben überhauchten Blüten stehen häufig in großen, schweren Büscheln und duften angenehm. 'Troilus' gedeiht am besten in warmen Lagen, wo ihr honigfarbener Farbton besonders intensiv leuchtet; dagegen sollte man sie in kühleren Regionen im Gewächshaus ziehen. Der robuste Strauch von aufrechtem, mittelhohem Wuchs trägt großes, mattglänzendes, dunkelgrünes Laub. **ZONEN 4–9.**

Austin, Großbritannien, 1983

('Duchesse de Montebello' × 'Chaucer') × 'Charles Austin'

## 'TROPICAL TWIST' JACorca

ZWERGROSE, APRICOT+, ÖFTERBLÜHEND

Spitzen Knospen öffnen sich zu korallorangefarbenen Blüten, die apricotfarben überhaucht sind und auf der Unterseite gelb schimmern. Im Laufe der Zeit ändert sich ihre Farbe zu einem leuchtenden Korallrosa mit cremefarbenen Unterseiten. Die gefüllten Blüten mit hoher Mitte und 25–30 Petalen erscheinen einzeln oder – insbesondere in kühleren Regionen – in kleinen Büscheln an langen Stielen. Dieser wuchsfreudige, große und krankheitsfeste Strauch hat glänzende, dunkelgrüne Blätter. **ZONEN 5–10.**

Walden, USA, 1997

AROmifi × 'Pink Polyantha'

American Rose Society Award of Excellence 1997

'Trumpeter'

## 'TROPICANA' TANorstar

Syn. 'Super Star'

TEEHYBRIDE, ORANGEROT, ÖFTERBLÜHEND

Die weltweit sehr beliebte 'Tropicana', die als deutsche Züchtung den passenden Namen 'Super Star' trägt, sorgte bei ihrer Einführung aufgrund ihrer leuchtend orangezinnoberroten Farbe für eine kleine Sensation. Ihre wohlgeformten, wunderbar angenehm duftenden Blüten erscheinen den ganzen Sommer und Herbst einzeln oder zu mehreren nebeneinander stehend und eignen sich als exzellente Schnittrosen, wobei die im Hochsommer hervorgebrachten Blüten häufig ausgefranste Petalenränder aufweisen. Obwohl 'Tropicana' etwas ungleichmäßig wächst und an Standorten mit geringer Luftzirkulation anfällig für Mehltau ist, findet diese hochaufgeschossene, gut mittelhohe Pflanze mit den kleinen, zierlichen, mattgrünen Blättern häufig in Rabatten und Randbeeten Verwendung. **'Climbing Tropicana'** (TANgosar, TANgostar; Syn. 'Climbing Super Star'; Boerner, USA, 1971) ist hingegen eine kaum beliebte Sorte. Dabei kann sie sich an gut durchlüfteten Standorten, an Pergolen oder Zäunen, zu einem kräftigen Kletterer entwickeln, der größere Höhen als herkömmliche Kletterrosen erreicht.

**ZONEN 4–9.**

Tantau, Deutschland, 1960

(Sämling × 'Gloria Dei') × (Sämling × 'Alpenglühen')

National Rose Society President's International Trophy 1960, Portland Goldmedaille 1961, All-American Rose Selection 1963, Goldmedaille der American Rose Society 1967

'Troilus'

'Trumpeter'

'Climbing Tropicana'

## 'TROPICO SUNBLAZE' MEIglassol

Syn. 'Tropico Meillandina'

ZWERGROSE, REIN GELB, ÖFTERBLÜHEND

Diese wohlgeformte Rose hat meist einzeln stehende, ovale Knospen, die sich zu gefüllten, becherförmigen Blüten mit über 50 hellgelben Petalen entwickeln, wobei die äußeren Blütenblätter heller sind als die Blütenmitte. Mit seiner Blütenpracht während der gesamten Sommermonate und seinem glänzenden, dunkelgrünen Laub kommt dieser kompakte Strauch am besten in kleinen Beeten oder als Kübelpflanze zur Geltung.

**ZONEN 5–10.**

Meilland, Frankreich, 1990

('Golden Meillandina' × 'Guletta') × 'Gold Badge'

## 'TRUMPETER' MACtrum

FLORIBUNDA, ORANGEROT, ÖFTERBLÜHEND

Die große Blühfreude und der wohlgeformte Wuchs wurden bei 'Trumpeter' bereits mehrfach prämiert. Während der gesamten Blütezeit bringt sie eindrucksvolle Büschel leuchtend roter Blüten hervor, die gleichmäßig über den hübsch belaubten Strauch verteilt sind. Die mittelgroßen, dichtgefüllten, becherförmigen Blüten sind recht wetterunempfindlich und lassen ihre Petalen nach dem Verblühen sauber abfallen. Allerdings duftet die Rose kaum. Der wuchsfreudige, breitbuschige Strauch von aufrechtem, kaum mittelhohem Wuchs bringt viele junge Triebe hervor, die mit reichlich dunkelgrünem Laub bedeckt sind. Die Sorte eignet sich gut für Rabatten, Einfassungen, niedrige Hecken sowie als Hochstammrose. **ZONEN 4–9.**

McGredy, Neuseeland, 1977

'Satchmo' × Sämling

Neuseeland Star des Südpazifik 1977, Portland Goldmedaille 1981, James Mason Goldmedaille der Royal National Rose Society 1991, Royal Horticultural Society Award of Garden Merit 1991

'Tropicana'

'Tropico Sunblaze'

'Tumbling Waters'

## 'TUMBLING WATERS' POUltumb

FLORIBUNDA, WEISS, ÖFTERBLÜHEND

'Tumbling Waters' bringt während der gesamten Sommer- und Herbstmonate eine Fülle mittelgroßer, wohlgeformter, weißer Blüten hervor, die vor dem Hintergrund leuchtend grüner Blätter schön zur Geltung kommen. Sie sind halbgefüllt und becherförmig, duften süß und zeigen goldgelbe Staubgefäße. Die Floribundarose entwickelt sich zu einer hügelförmigen, breitbuschigen Pflanze, die fast an einen Bodendecker erinnert. Sie eignet sich hervorragend für gemischte Rabatten, gedeiht aber auch in Kübeln und bietet sich als Hochstammrose mit überhängenden Zweigen an.

**ZONEN 4–9.**

Poulsen, Dänemark, 1997

Eltern unbekannt

## 'TURBO' MEIrozrug

Syn. 'Turbo Meidiland', 'Turbo Rugostar'

RUGOSA-HYBRIDE, REIN ROSA, ÖFTERBLÜHEND

Bei dieser interessanten Kreuzung zwischen Rugosa-Rosen und Teehybriden entstand eine robuste, recht winterharte Pflanze, die den ganzen Sommer und Herbst hindurch blüht. Ihre zart duftenden, mittelgroßen bis großen, becherförmigen Blüten besitzen knapp 20 Petalen in einem warmen Fuchsienrosa, deren Basis weiß gerandet ist und die den Blick auf die goldgelben Staubgefäße freigeben. 'Turbo' ist ein wuchsfreudiger, breitbuschiger, aufrechter Strauch und erreicht eine durchschnittliche Höhe. Ihre Triebe sind mit kräftigen Stacheln versehen und tragen mattglänzendes, hellgrünes Laub.

**ZONEN 4–9.**

Meilland, Frankreich, 1994

('Frau Dagmar Hastrup' × 'Manou Meilland') × 'Pink Grootendorst'

T

## 'TUSCANY'

**Syn. 'The Old Velvet Rose'**
ALTE R., GALLICA-ROSE, MAUVE

'Tuscany' ist eine sehr alte Rose mit halbgefüllten, samtig dunkelroten, violett getönten Blüten, zu deren attraktivsten Eigenschaften die eindrucksvollen gelben Staubgefäße zählen. Wahrscheinlich handelt es sich bei diesem mittelgroßen, aufrechten Strauch mit kleinem, mattgrünem Laub um die sogenannte *Velvet Rose* („Samtrose"), die der englische Botaniker John Gerard bereits im Jahre 1596 beschrieben hat. **ZONEN 4–10.**

Vermutlich Italien, vor 1596

Eltern unbekannt

## 'TUSCANY SUPERB'

**siehe 'Super Tuscan'**

## 'TUTU MAUVE'

FLORIBUNDA, MAUVE, ÖFTERBLÜHEND

Die Blüten dieser Floribundarose entwikkeln sich vom Sommer bis zum Herbst aus rundlichen, in kleinen Büscheln stehenden Knospen zu becherförmigen, zart duftenden Rosen mit 30 Petalen, die eine große Vielzahl von Mauve- und Rosaschattierungen zeigen. 'Tutu Mauve' – ein nicht sehr wuchsfreudiger, breitbuschiger, knapp mittelhoher Strauch – eignet sich besonders für gemischte Beete und Rabatten. Er gedeiht am besten in warmen Lagen, da die feine Struktur seiner Petalen kaltes oder feuchtes Wetter nicht gut verträgt. **ZONEN 4–9.**

Delbard-Chabert, Frankreich, 1963

Eltern unbekannt

Madrid Goldmedaille 1962

## 'TWILIGHT MIST'

**Syn. 'Yuguri'**
TEEHYBRIDE, ROSA+, ÖFTERBLÜHEND

Diese Rose trägt vom Sommer bis zum Herbst große, gefüllte, zart duftende Blüten mit dichter, hoher Mitte, die mit der Zeit eine runde Becherform annehmen und eine prächtige Mischung aus verschiedenen Pastellfarben zeigen – ein cremefarbener Untergrund mit zartrosa und hellkarminrot überhauchten Rändern. 'Twilight Mist' ist ein breitbuschiger, mittelhoher Strauch mit mattglänzenden, leuchtend grünen Blättern. Sie ist eine gute Schnittrose, eignet sich aber auch hervorragend zur Bepflanzung von Rabatten und Einfassungen. **ZONEN 4–9.**

Suzuki, Japan, 1987

Eltern unbekannt

'Tuscany'

'Tutu Mauve'

## 'TWINKLE TWINKLE'

ZWERGROSE, APRICOT+, ÖFTERBLÜHEND

Die spitzen Knospen dieser Zwergrose stehen einzeln zwischen dem mattglänzenden, leuchtend grünen Laub und öffnen sich zu winzigen, mit 23 Petalen gefüllten, weißen Blüten mit einem zarten Teerosenduft, deren Ränder apricotrosa getönt sind. Dieser kleine, dekorative, aufrechtend wachsende Strauch stellte bei seiner Markteinführung eine Neuheit dar, weil seine zahlreichen, sternförmigen Blüten an langen, eleganten Stielen eine hinreißende Farbmischung aus Creme, Rosa und einem hellen Apricotorange zeigen, wobei sich der Rosa-Anteil im Laufe der Zeit verstärkt; allerdings ist die Pflanze etwas anfällig für Mehltau. **ZONEN 5–10.**

Bennett, USA, 1981

'Contempo' × 'Sheri Anne'

## 'TYNWALD' MATtwyt

TEEHYBRIDE, WEISS, ÖFTERBLÜHEND

Die großen, cremeweißen, schalenförmigen Blüten dieser Sorte besitzen eine elfenbeinfarbene Mitte und 60 Petalen mit zurückgebogenen Rändern und duften sehr angenehm. Die Blüten erscheinen den ganzen Sommer und Herbst hindurch und entfalten sich sehr langsam. Sie stehen einzeln an langen Stielen und eignen sich sowohl als Schnittblumen wie auch für Rabatten, Einfassungen oder Hecken. 'Tynwald' erhielt ihren Namen anläßlich der Tausendjahrfeier des *Tynwald*, dem Parlament der Isle of Man, das gleichzeitig auch die älteste gesetzgebende Versammlung der Welt darstellt. Diese Teehybride ist eine wuchsfreudige, aufrechte Pflanze, wird gut mittelhoch und ist mit großen, dunkelgrünen Blättern bedeckt. **ZONEN 4–9.**

Mattock, Großbritannien, 1979

'Peer Gynt' × 'Isis'

'Twilight Mist'

'Typhoon'

'Twinkle Twinkle'

'Tzigane'

## 'TYPHOON'

**Syn. 'Taifun'**
TEEHYBRIDE, ORANGE+, ÖFTERBLÜHEND

Diese betörend duftenden, gegen Regen unempfindlichen Blüten zeigen eine Kombination aus Lachsrosa- und Orangetönen. Sie setzen sich aus etwa 35 Petalen zusammen und sind am Ansatz gelb überhaucht. 'Typhoon' ist ein wuchsfreudiger, breitbuschiger Strauch von mittlerer Höhe, trägt frische, glänzend dunkelgrüne Blätter und bietet sich zur Bepflanzung von Rabatten, Randbeeten und Hecken sowie als Schnittblume an. **ZONEN 4–9.**

Kordes, Deutschland, 1972

'Dr A. J. Verhage' × 'Königin der Rosen'

Royal National Rose Society Certificate of Merit 1972, Belfast Certificate of Merit 1974

## 'TYRIANA'

TEEHYBRIDE, DUNKELROSA, ÖFTERBLÜHEND

Die rundlichen Knospen dieser vom Sommer bis zum Herbst üppig blühenden Rose öffnen sich zu großen, wohlgeformten, becherförmigen Blüten mit etwa 40 Petalen. Sie zeigen eine warme rosenrote Schattierung und verströmen einen angenehmen Duft. 'Tyriana' eignet sich besonders für Rabatten, Einfassungen und Hecken und entwickelt sich zu einem weit verzweigten Strauch von aufrechtem, gut mittelhohem Wuchs mit großen, ledrigen, dunkelgrünen Blättern. **ZONEN 4–9.**

Meilland, Frankreich, 1963

('Rouge Meilland' × 'Kordes' Sondermeldung') × 'Paris-Match'

'Tzigane'

## 'TZIGANE'

**Syn. 'Tiz'**
TEEHYBRIDE, ROT+, ÖFTERBLÜHEND

Die großen, wohlgeformten, bezaubernd schönen Blüten dieser zweifarbigen, zart duftenden Rose bilden eine hohe Mitte. Sie setzen sich aus breiten Petalen zusammen, die innen leuchtend scharlachrot und außen chromgelb getönt sind, und öffnen sich becherförmig. Obwohl 'Tzigane' – deren Name französisch „Zigeuner" bedeutet – heute eher aus historischen Gründen kultiviert wird, lohnt es sich, diese nicht allzu wuchsfreudige und etwas frostempfindliche Teehybride im Garten zu pflanzen. Sie wächst aufrecht, wird knapp durchschnittlich hoch und trägt attraktives, glänzendes Laub, das wie die Blätter einer Blutbuche gefärbt ist. **ZONEN 4–9.**

Meilland, Frankreich, 1951

'Gloria Dei' × 'J. B. Meilland'

T

U V

## 'ULRICH BRUNNER FILS'

**Syn. 'Ulrich Brunner'**

ALTE R., REMONTANTROSE, DUNKELROSA, ETWAS NACHBLÜHEND

Die Rose ist ein Abkömmling von 'Paul Neyron', der klassischen Remontantrose des 19. Jh. mit riesigen Blüten. 'Ulrich Brunner Fils' besitzt leuchtend kirschrote, große, becherförmige Blüten, die angenehm duften. Diese Alte Gartenrose zeichnet sich durch einen aufrechten und kräftigen Wuchs aus. Ulrich Brunner war ein bekannter Rosenzüchter in Lausanne. **ZONEN 5–9.**

Levet, Frankreich, 1881

Sämling von 'Paul Neyron'

## 'UNA'

RAMBLERROSE, HELLGELB

Bei dieser Rose handelt es sich um eine kleine Ramblerrose. Ihr Laub erinnert an die Blätter der Hundsrose *(Rosa carina)*, und ihre fast einfachen, großen, cremegelben Blüten verströmen einen köstlichen Duft. 'Una' bringt nach der einmaligen Blüte im Sommer eine Fülle von großen Hagebutten hervor. Diese Ramblerrose wird allem Anschein nach heute nur noch in Frankreich gehandelt. **ZONEN 5–9.**

Paul, Großbritannien, 1900

Teerose × *Rosa canina*

'Ulrich Brunner Fils'

## 'UNCLE JOE'

**Syn. 'El Toro', 'Toro'**

TEEHYBRIDE, DUNKELROT, ÖFTERBLÜHEND

Die Blüten dieser dunkelroten Sorte sind extrem groß und stark gefüllt. Sie erscheinen vom Sommer bis in den Herbst und zeichnen sich durch eine symmetrische Form mit hoher Mitte und einen zarten Duft aus. 'Uncle Joe' ist wuchsfreudig mit aufrechtem Wuchs und gedeiht am besten in sonnigen Klimaten, denn die großen Blütenblätter kleben in kühlen oder feuchten Regionen häufig zusammen. Als Schnittblume eingesetzt, erweist sich ihre lange Haltbarkeit jedoch als Vorteil. 'Uncle Joe' erreicht rasch überdurchschnittliche Größe und besitzt große, dunkle, ledrige Blätter. **ZONEN 4–9.**

Kern, USA, 1972

(['Mirandy' × 'Charles Mallerin'] × Sämling)

## 'UNCLE MERC'

FLORIBUNDA, REIN ROSA, ÖFTERBLÜHEND

'Uncle Merc' besitzt Blüten in Schattierungen verschiedener Rosatöne, die einzeln oder in Büscheln an einer buschigen, mittelgroßen Pflanze mit gedämpft grünem Laub gedeihen. Diese Rose ist krankheitsfest und bringt in regelmäßigen Abständen wohlgeformte Knospen hervor, die sich zu mittelgroßen, zart duftenden Blüten mit 20 Blütenblättern öffnen. **ZONEN 5–10.**

Eltern unbekannt

'UNICEF'

'Uncle Joe'

'Uncle Walter'

## 'UNCLE WALTER' MACon

TEEHYBRIDE, ROT, ÖFTERBLÜHEND

Die karmin-scharlachroten Blüten dieser Sorte besitzen eine hohe Mitte und sind mit etwa 30 relativ großen, breiten Petalen locker gefüllt. Sie sitzen auf sehr langen Stielen und häufig in offenen Büscheln. Durch regelmäßiges Entfernen überschüssiger Seitenknospen läßt sich die Qualität der Blüten verbessern, die zart duften und den ganzen Sommer und Herbst über hervorgebracht werden. 'Uncle Walter' benötigt ausreichend Platz, damit sie ihre Nachbarpflanzen nicht dominiert. Am besten gedeiht diese Sorte im hinteren Bereich einer Rabatte; sie kann aber auch als Kletterpflanze am Spalier gezogen werden. Diese äußerst wuchsfreudige Rose mit aufrechtem, verzweigtem Wuchs erreicht schnell eine überdurchschnittliche Größe und hat im Austrieb zahlreiche große, karminrote Blätter, die mit zunehmendem Alter eine bronzegrüne Tönung annehmen. Sam McGredy benannte diese Sorte nach seinem Onkel Walter Johnston. **ZONEN 4–9.**

McGredy, Großbritannien, 1963

'Detroiter' × 'Heidelberg'

National Rose Society Certificate of Merit 1963, Preis der Skandinavischen Nordrose

## 'UNICEF' COCjojo

**Syn. 'The Audrey Hepburn Rose'**

FLORIBUNDA, ORANGE+, ÖFTERBLÜHEND

Die Blüten von 'UNICEF' erscheinen in aufrecht stehenden Büscheln und zeichnen sich durch eine Fülle von pfirsichorangerosa bis apricotgelben Schattierungen aus, wobei die Ränder der Petalen im Laufe der Zeit eine intensive rosarote Tönung annehmen. Ihre mittelgroßen Knospen mit dichtgefüllter Mitte öffnen sich zu becherförmigen, zart duftenden Blüten und sind umgeben von üppigem, kräftig grünem Laub. 'UNICEF' wurde nach dem Kinderhilfsfonds der UN benannt. **ZONEN 4–9.**

Cocker, Großbritannien, 1993

'Anne Cocker' × 'Remember Me'

Glasgow Certificate of Merit 1995

'Uncle Merc'

'Unique Blanche'

'Uwe Seeler'

## 'UNIQUE BLANCHE'

**Syn. 'Vièrge de Clery', 'Blanche Unique', *R. centifolia* 'Alba', 'Unica Alba', 'White Provence'**

ALTE R., ZENTIFOLIE, WEISS

Diese typische Zentifolie – ein auseinanderfallender Strauch von etwa 1,2 m Höhe – zeichnet sich durch dunkle, stark bewehrte Triebe mit dunkelgrünen, stark gesägten Blättern aus. Ihre cremeweißen bis rein weißen Blüten bestehen aus zahlreichen, stark gerüschten Blütenblättern, die voll erblüht einen typischen, leicht krausen Anblick bieten. Manchmal sind die Blütenblätter in der Mitte nach innen gedreht und bilden so eine Art Knospe oder Knopf in der Blüte; andere wieder öffnen sich und präsentieren ihre gelben Staubgefäße. Die Blüten dieser Sorte erscheinen meist etwas später als bei anderen einmalblühenden Rosen. Sie erreichen einen Durchmesser von etwa 8 cm und duften sehr stark. Ihr Name 'Unique Blanche' wurde treffend gewählt, da sie heutzutage die einzige rein weiße Zentifolie ist. **ZONEN 5–10.**

Großbritannien, 1775

Möglicherweise ein Sport von *R.* × *centifolia*

## 'UNIQUE PANACHÉE'

**Syn. 'Unique Blanche de Panachée'**

ALTE R., ZENTIFOLIE, WEISS+

Unique-Rosen sind Sports der alten Zentifolien oder Provencerosen. Die erste Vertreterin dieser Rosen war rein weiß, und auch 'Unique Panachée' ist weiß,

wobei die großen, gefüllten, rundlichen Blüten mit zarten lila und rosaroten Streifen überzogen sind. Der heute selten gepflanzte, breitwüchsige Strauch wirkt nicht sehr elegant, seine Blüten leiden allerdings sehr unter Regen.
**ZONEN 4–9.**

Caron, Frankreich, 1821

Sport von 'Unique Rouge'

## 'UWE SEELER' KORsee

**Syn. 'Gitta Grummer', 'Orange Vilmorin', 'Rainer Maria Rilke'**

FLORIBUNDA, ORANGE+, ÖFTERBLÜHEND

Diese Rose besitzt leuchtend lachsorange getönte, stark gefüllte Blüten mit hoher Mitte, die an Teehybriden erinnern, den ganzen Sommer und Herbst über erscheinen und zart duften. Sie stehen einzeln oder in Büscheln und erfüllen alle Anforderungen an eine Floribundarose, da sie üppig blühen und ihre verwelkten Petalen sauber abfallen. Diese wuchsfreudige Sorte eignet sich gut zur Bepflanzung von Rabatten, Beeten oder Hecken. 'Uwe Seeler' zeichnet sich durch einen aufrechten, buschigen, mittelhohen Wuchs und dichtes, matt glänzendes Laub aus, das im Austrieb eine rötliche Tönung aufweist.
**ZONEN 4–9.**

Kordes, Deutschland, 1970

'Queen Elizabeth' × 'Königin der Rosen'

## 'VALENCIA' KOReklia

**Syn. 'New Valencia', 'Valeccia', 'Valencia 89'**

TEEHYBRIDE, APRICOT+, ÖFTERBLÜHEND

Die hell kupfergelben Blüten dieser Sorte besitzen den reinsten Farbton innerhalb dieser Farbklasse. Sie sind relativ groß

'Valerie June'

'Valencia'

und dichtgefüllt, duften süßlich und blühen den ganzen Sommer und Herbst hindurch einzeln an langen Stielen. Die schlanken, hochgebauten Blüten mit der klassischen Edelrosenform der Teehybride entwickeln sich zu einer becherförmigen Blüte, kurz bevor die ersten Blütenblätter abfallen. 'Valencia' bietet sich für die Randbepflanzung oder als Schnittblume an; die Teerose eignet sich aufgrund ihres breiten, flachen und unregelmäßigen Wuchses jedoch weniger als Beet- oder Heckenrose. Diese wuchsfreudige Rose erreicht eine mittlere Größe und ist mit prächtig grünem, ledrigem Laub geschmückt. **ZONEN 4–9.**

Kordes, Deutschland, 1989

Eltern unbekannt

Durbanville Goldmedaille 1988, Edland-Duftpreis der Royal National Rose Society 1989, RNRS Certificate of Merit 1989

## 'VALENTINE HEART' DICogle

**Syn. 'St Andrew's', 'Tinon'**

FLORIBUNDA, ROSA/ROSA+, ÖFTERBLÜHEND

Die Blüten dieser Sorte haben zwar nur etwa 20 Petalen, aber ihre dichten Blütenmitten zeichnen sich durch eine Fülle zarter Farben aus. Die Knospen sind in hellem Scharlachrot überhaucht und zeigen nach dem Öffnen auf der Innenseite der Petalen ein Rosenrot, das sich im Laufe der Zeit zu verschiedenen Schattierungen von Rosalila und Rosa entwickelt und den Blüten besondere Tiefe verleiht. Sie blühen den ganzen Sommer und Herbst über und verströmen einen angenehmen Duft. 'Valentine Heart' eignet sich gut für Rabatten, allerdings auch als Schnittblume für kleinere Blumenarrangements bzw. als Ansteckrose. Die Pflanze besitzt dunkles Laub sowie einen breitbuschigen Wuchs von knapp mittlerer Höhe. **ZONEN 4–9.**

Dickson, Großbritannien, 1990

'Shona' × 'Pot o' Gold'

Genf Goldmedaille 1988, Royal National Rose Society Certificate of Merit 1988, Belfast Certificate of Merit 1992

'Valentine Heart'

'Vanguard'

## 'VALERIE JUNE'

TEEHYBRIDE, HELLROSA, ÖFTERBLÜHEND

Diese hellrosa Rose ist das Ergebnis einer Kreuzung zweier Sorten mit ähnlichen Farbtönen. Sie trägt hellrosa Blüten von hoher Qualität, die 40 Petalen und einen betörenden Duft besitzen. Allerdings bleibt die Pflanze relativ klein und läßt sich viel Zeit zwischen den einzelnen Blühperioden. 'Valerie June' eignet sich in wärmeren Lagen als perfekte Ausstellungsrose. **ZONEN 5–10.**

Allender, Australien, 1982

'Königliche Hoheit' × 'Alice'

## 'VALETA'

FLORIBUNDA, ORANGEROT, ÖFTERBLÜHEND

Die langen, großen, üppigen Dolden dieser Sorte tragen bis zu 20 edelrosenähnliche Blüten. Ihre becherförmigen, dichtgefüllten, aber fast duftlosen Blüten erscheinen den ganzen Sommer und Herbst über und zeigen ein wunderschönes Orangerot mit zinnoberroten Schattierungen. Diese reichblühende Rose ist für alle Bereiche im Garten geeignet, die einen kräftigen Farbton benötigen – sei es für eine Heckenpflanzung oder als Gruppe in einem Beet. 'Valeta' bietet sich für die Gewächshauskultur an, da sie als Schnittblume eine außergewöhnlich lange Haltbarkeit besitzt. Die wuchsfreudige Pflanze hat dunkles Laub sowie einen aufrechten mittelhohen Wuchs.
**ZONEN 4–9.**

De Ruiter, Niederlande, 1960

'Signal Red' × 'Fashion'

'Valeta'

## 'VAN ARTEVELDE'

ALTE R., GALLICA-ROSE, DUNKELROSA

Die becherförmigen Blüten dieser relativ unbekannten Rose haben eine karminpurpurrote Tönung mit einer schiefergrauen und lilafarbenen Zeichnung. Sie sind wie Alte Rosen geviertelt. Dieser Strauch ist klein bis kaum mittelgroß.
**ZONEN 5–9.**

Wahrscheinlich Parmentier, Belgien, vor 1847

Eltern unbekannt

## 'VANGUARD'

RUGOSA-HYBRIDE, ORANGEROSA, ÖFTERBLÜHEND

Diese eher untypische Rugosa-Hybride bildet vom Sommer bis zum Herbst in mehreren Blühperioden sehr große, hellorange-apricot bis lachsrosa getönte Blüten mit einer Fülle von gekräuselten Petalen, die wundervoll duften. 'Vanguard' benötigt Platz im Garten, da sie die doppelte Größe einer Strauchrose erreichen kann. Am besten setzt man sie in den hinteren Bereich eines Beetes zusammen mit anderen Sträuchern oder pflanzt sie als dichte, hohe Hecke. **ZONEN 3–9.**

Stevens, USA, 1932

(*Rosa wichuraiana* × *R. rugosa* var. *alba*) × 'Eldorado'

Dr W. Van Fleet-Medaille (1933 ) und David Fürstenberg-Preis (1934) der American Rose Society

'Vanilla'

'Varlon'

'Vanilla'

'Varlon'

## 'VANILLA' KORplasina

**Syn. 'Our Vanilla'**
FLORIBUNDA, GRÜNLICH/WEISS, ÖFTERBLÜHEND

Diese Gewächshausrose erregt aufgrund ihrer ungewöhnlichen Farbe vielfach Aufmerksamkeit, denn ihre cremeweißen Blütenblätter sind grün überhaucht. Die relativ kleinen Blüten bestehen aus dicht zusammengepackten Blütenblättern, die sich nur langsam öffnen und den Blüten daher über einen langen Zeitraum eine attraktive Form verleihen. Sie duftet allerdings nicht – eine typische Eigenschaft vieler speziell für den Blumenhandel gezüchteter Rosen. Im Garten gedeiht diese Sorte nur in warmen Lagen, sie kann jedoch im Gewächshaus kultiviert werden. 'Vanilla' blüht mehrfach vom Sommer bis zum Herbst; sie wird mittelgroß und besitzt ledrige Blätter. **ZONEN 5–9.**

Kordes, Deutschland, 1994

Eltern unbekannt

## 'VANITY'

STRAUCHROSE, DUNKELROSA, ÖFTERBLÜHEND

Bei dieser Pflanze handelt es sich zwar um eine Strauchrose, aber aufgrund ihrer langen Triebe sollte man sie eher wie eine kleine Kletterrose behandeln. Ihre mittelgroßen Blüten sind dunkelrosa und besitzen nur wenige, fast unordentlich angeordnete Petalen, die den Blick auf gelbe Staubgefäße freigeben. Die leicht duftenden Blüten kommen vom Sommer bis zum Herbst in mehreren Blühperioden und sitzen in großen Büscheln an langen, gebogenen Trieben mit wenig mattglänzendem Laub. 'Vanity' läßt sich in einer Rabatte mit anderen Sträuchern kombinieren – wo sie sich dann ausbreitet und schließlich ein undurchdringliches Dickicht bildet – oder aber an Mauern, Zäunen oder Pfeilern als Kletterrose ziehen. **ZONEN 4–9.**

Pemberton, Großbritannien, 1920

'Château de Clos Vougeot' × Sämling

## 'VARIEGATA DI BOLOGNA'

ALTE R., BOURBONROSE, ROT+, ETWAS NACHBLÜHEND

Diese duftenden, gefüllten, rundlichen Blüten sind weiß mit purpurroten Streifen und stehen in Büscheln; sie erscheinen jedoch nach der Hauptblüte im Sommer nur noch vereinzelt. 'Variegata di Bologna' ist relativ groß, weichtriebig und besitzt ein eher grobes, spärliches Laub. Sie benötigt sorgfältige Pflege, da sie anfällig für Sternrußtau ist. Diese Züchtung schlägt gelegentlich in die Elternsorte zurück. Die Rose kann als kleine Kletterrose gezogen oder zu einer Strauchform zurückgeschnitten werden. **ZONEN 5–9.**

Bonfiglioli & Sohn, Italien, 1909

Sport von 'Victor Emmanuel'

'Vanity'

## 'VARLON'

**Syn. 'Ilona'**
TEEHYBRIDE, ROT, ÖFTERBLÜHEND

Diese Rose besitzt mittelgroße bis große, prächtig leuchtende hellrote Blüten, die aus bis zu 40 wohlgeformten, jedoch kaum duftenden Petalen bestehen. Die Knospen erscheinen vom Sommer bis zum Herbst und öffnen sich nur langsam. Früher zählte diese Sorte zu den besten Schnittrosen. Im Freien entwickelt sie sich rasch zu einem buschigen Strauch von etwas überdurchschnittlicher Größe mit glänzenden, ledrigen Blättern. **ZONEN 4–9.**

Verbeek, Niederlande, 1973

'Miracle' × ('Romantica' × 'Edith Piaf')

## 'VEILCHENBLAU'

**Syn. 'Blue Rambler', 'Blue Rosalie', 'Violet Blue'**
RAMBLERROSE, MAUVE

Diese Ramblerrose erfreut sich unter den *Rosa multiflora*-Sorten großer Beliebtheit: Sie ist wuchsfreudig, beinahe stachellos und besitzt frischgrüne Blätter an mittelstarken Trieben. Ihre kleinen, duftenden, halbgefüllten und einwärts gebogenen Blüten sind violett mit weißen Streifen. Sie verbleichen zu einem gräulichen Mauve und zeigen auffällige gelbe Staubgefäße. 'Veilchenblau' blüht sehr früh und ist wesentlich bekannter als die drei anderen, ähnlich gefärbten Ramblerrosen 'Rose-Marie Viaud', 'Donan' und 'Violette'. **ZONEN 5–9.**

Schmidt, Deutschland, 1909

'Crimson Rambler' × 'Erinnerung an Brod'

Royal Horticultural Society Award of Garden Merit 1993

'Variegata di Bologna'

## 'VELUTINAEFLORA'

**Syn. 'Velutiniflora'**
ALTE R., GALLICA-ROSE, DUNKELROT

'Velutinaeflora' ist eine kleinwüchsige Gallica-Rose, deren spitze Knospen ungewöhnlich flaumige Kelchblätter aufweisen und sich zu einfachen, purpurrosa Blüten mit fünf Petalen und einem auffälligen, goldgelben Staubfadenbüschel entfalten. Diese attraktiven, aber kurzlebigen Blüten erscheinen nur in einem Sommerflor. Das dichte, matt graugrüne Laub zeichnet sich durch eine grobe Struktur aus; die Stiele sind für eine Gallica-Rose ziemlich stachlig. Diese winterharte, im Herbst jedoch für Mehltau anfällige Rose entwickelt sich im Laufe der Zeit zu einem attraktiven Dikkicht. **ZONEN 5–10.**

Vor 1872

Eltern unbekannt

## 'VELVET FRAGRANCE' FRYperdee

**Syn. 'Velours Parfumé'**
TEEHYBRIDE, DUNKELROT, ÖFTERBLÜHEND

Die großen, betörend duftenden Blüten gedeihen vom Sommer bis zum Herbst meist einzeln oder gelegentlich in lockeren Büscheln auf langen Einzelstielen. Sie verfügen über eine hohe Mitte und den dunkelsten Rotton, der derzeit bei Rosen erhältlich ist. Die samtige Struktur ihrer langen, zahlreichen Petalen kommt im Sonnenlicht besonders schön zur Geltung. Sie besitzt große, dunkelgrüne, mattglänzende Blätter sowie einen kräftigen, aufrechten, hochaufgeschossenen Wuchs. **ZONEN 4–9.**

Fryer, Großbritannien, 1988

Sämling × Sämling

Edland-Duftpreis der Royal National Rose Society 1988, Royal National Rose Society Trial Ground Certificate 1988, Baden-Baden Duftpreis 1990

'Veilchenblau'

'Veilchenblau'

'Velvet Fragrance'

## 'VELVET HOUR'

TEEHYBRIDE, DUNKELROT, ÖFTERBLÜHEND

Die Blüten dieser Sorte bestechen durch ihr prächtiges Dunkelrot und gedeihen auf kräftigen, langen Stielen. Für eine Teehybride sind sie relativ klein, dafür aber hübsch geformt. Sobald sich die Blüten öffnen, rollen sich die Ränder der Blütenblätter nach hinten so ein, daß kleine „Petalenspitzen" entstehen, die der Rose ein stachliges Äußeres verleihen. 'Velvet Hour' duftet süßlich und bringt den ganzen Sommer und Herbst hindurch immer wieder Blüten hervor. Diese Rose mit dichtem, dunkelgrünem, mattglänzendem Laub eignet sich gut zur Bepflanzung von Rabatten, Randbeeten und Hecken und liefert besonders lang haltbare Schnittblumen. Mit ihrem aufrechten Wuchs erreicht sie eine mittelhohe Größe. **ZONEN 4–9.**

LeGrice, Großbritannien, 1978

Eltern unbekannt

## 'VENUSTA PENDULA'

ALTE R., AYRSHIREROSE, WEISS

Diese Rose von unbekannter Herkunft, aber wahrscheinlicher Abstammung von

'Velutinaeflora'

'Velvet Hour'

V

*R. arvensis* wurde 1928 von Kordes in Deutschland wiedereingeführt. (Ayrshirerosen sind unter 'Splendens' beschrieben.) Die ziemlich stark wachsende, dünn- und weichtriebige Ramblerrose wird während ihrer kurzen, frühen Blütezeit mit unzähligen Büscheln fast mittelgroßer, halbgefüllter, weißer Blüten, die rosa überhaucht sind, nahezu unter sich begraben. Sie duftet jedoch kaum. Wenn man die Rose in einen Baum wachsen läßt, hängen ihre Triebe grazil herab. Die lateinische Bezeichnung *venusta pendula* bedeutet „die hängende Anmutige". ZONEN 4–9.

Kordes, Deutschland, 1928

Eltern unbekannt

## 'VERDI'

STRAUCHROSE, MAUVE+, ÖFTERBLÜHEND

Nur wenige Rosenschulen führen diese Strauchrose mit aufrechtem Wuchs, deren intensiver Duft dem der *Rosa moschata*, der Moschusrose, ähnelt. Die rosa überhauchten, mauvefarbenen Blüten gedeihen in üppigen Büscheln und bedecken fast das gesamte, glänzend grüne Laub. Allerdings benötigt 'Verdi' sehr viel Pflege, wenn sie eine solche Blütenpracht hervorbringen soll. Benannt ist sie nach dem italienischen Opernkomponisten Giuseppe Verdi (1813–1901). ZONEN 5–10.

Lens, Belgien, 1984

'Mr Bluebird' × 'Violet Hood'

## 'VERONIKA'

siehe 'Flamingo'

## 'VERSAILLES' DELset

Syn. 'Castel'

TEEHYBRIDE, HELLROSA, ÖFTERBLÜHEND

Diese Rose bringt zahlreiche ovale Knospen hervor, deren Anordnung typisch für Teehybriden ist und die sich zu becherförmigen, gefüllten, leicht duftenden Blüten in einem hellen Rosaton entwickeln. Die durchschnittlich große Pflanze hat einen aufrechten Wuchs und glänzendes, dunkelgrünes, ledriges Laub. Da 'Versailles' gegen Ende der Blütezeit anfällig für Mehltau und Sternrußtau wird, sollte man schon im Mai entschieden dagegen vorgehen. Kurz nach ihrer Einführung gewann diese Rose zwar viele Preise, aber heute ist sie kaum noch weit verbreitet. ZONEN 5–11.

Delbard-Chabert, Frankreich, 1967

('Queen Elizabeth' × 'Provence') × ('Michèle Meilland' × 'Bayadère')

Baden-Baden Goldmedaille 1965, Bagatelle Goldmedaille 1966, Genf Goldmedaille 1966

'Verdi'

'Versailles'

'Verschuren'

'Vesper'

'Vestey's Pink Tea'

## 'VERSCHUREN'

TEEHYBRIDE, HELLROSA, ÖFTERBLÜHEND

Diese Teehybride besitzt klassisch geformte Blüten, die zunächst rein rosa und krugförmig sind und später ein zartes Hellrosa annehmen. Ihre panaschierten, leuchtend grünen Blätter zeichnen sich durch hellgelbe Flecken aus – eine seltene und sehr geschätzte Eigenschaft. ZONEN 5–10.

Verschuren, Niederlande, 1904

Eltern unbekannt

## 'VESPER'

FLORIBUNDA, ORANGE+, ÖFTERBLÜHEND

Diese ungewöhnlich gefärbte Floribunda mit grünem, ledrigem Laub bringt wohlgeformte Knospen in kleinen bis großen, gleichmäßig verteilten Büscheln hervor, die sich zu auffällig apricotbraunen, mit 20 Petalen halbgefüllten, zart duftenden Blüten entwickeln. Die Frühlings- und Herbstblüte dieser kleinen, stämmigen Floribunda mit ihren kleinen, graugrünen Blättern ist besonders attraktiv; im Sommer verblassen die Blüten jedoch schnell. Im Frühjahr ist sie leicht anfällig für Sternrußtau und Mehltau, sonst aber relativ krankheitsfest. 'Vesper' eignet sich gut als Schnittblume und sollte sorgfältig zurückgeschnitten werden, damit sie einen kräftigen, wohlgerundeten Strauch bildet. ZONEN 5–10.

LeGrice, Großbritannien, 1966

Eltern unbekannt

Royal National Rose Society Trial Ground Certificate 1967

## 'VESTEY'S PINK TEA'

ALTE R., TEEROSE, ROSA, ETWAS NACHBLÜHEND

Diese Rose wurde von Mrs. Vestey wiederentdeckt; allerdings ist ihr ursprünglicher Name unbekannt. 'Vestey's Pink Tea' bildet einen mittelgroßen, wuchernden Busch mit relativ langen, gebogenen Stacheln und leuchtend grünen, mattglänzenden Blättern, die kaum krankheitsanfällig sind. Ihre becherförmigen, gefüllten, dunkelrosa Blüten besitzen im unteren Teil der jeweils 30–40 Petalen einen Cremeton, der sich stellenweise bis zu den Spitzen erstreckt. Knospen und Blüten sind wohlgeformt; sie behalten lange ihre Farbe und verströmen einen typischen Teerosenduft. Die Sorte blüht in milden Klimalagen mehrfach, wobei die schönsten Blüten im Herbst und Winter erscheinen. ZONEN 5–10.

Eltern unbekannt

## 'VESTEY'S YELLOW TEA'

ALTE R., TEEROSE, HELLGELB, ETWAS NACHBLÜHEND

Diese Teerose wurde ebenfalls von Mrs. Vesteys Garten aus wieder in den Handel eingeführt; ihr ursprünglicher Name ist unbekannt. Bei der 'Vestey's Yellow Tea' handelt es sich um eine ungewöhnliche Rose, da sie eine Fülle offener, halbgefüllter, leicht duftender Blüten mit 10–15 Petalen bildet, in deren Mitte noch ein paar Blütenblätter stehen. Die mittelgroßen bis großen Blüten wachsen in kleinen Büscheln und zeichnen sich in warmen Gegenden durch einen schönen Cremeton aus, der zu Weiß verblaßt. In kälteren Lagen verfügen sie jedoch über ein sehr attraktives Hellgelb – den gleichen Farbton wie bei 'McGredy's Yellow'. Die große Pflanze breitet sich stark aus und hat ein dichtes, leuchtend grünes, mattglänzendes Laub. 'Vestey's Yellow Tea' eignet sich hervorragend zur Pflanzung in Gruppen und ist vom Boden an mit Blüten übersät, die für einen beständigen Farbtupfer im Garten sorgen. ZONEN 5–10.

Eltern unbekannt

## 'VESUVIUS'

TEEHYBRIDE, DUNKELROT, ÖFTERBLÜHEND

Die großen, dunkelroten, einfachen Blüten mit nur sechs Blütenblättern entwickeln sich aus attraktiven, langen, spitzen Knospen und schmücken einen gesunden, wuchsfreudigen Busch von aufrechtem Wuchs, der aufgrund seiner dünneren Triebe leicht und offen wirkt, aber auch problemlos gepflegt und zurückgeschnitten werden kann. Sie ist wenig verbreitet und kaum erhältlich. ZONEN 5–10.

McGredy, Großbritannien, 1923

Eltern unbekannt

## 'VICK'S CAPRICE'

ALTE R., REMONTANTROSE, ROSA+, ETWAS NACHBLÜHEND

Die großen, becherförmigen und duftenden Blüten dieser alten Gartenrose zeichnen sich durch 25 Petalen sowie eine lilarosa Tönung mit karminroten und weißen Streifen aus. Bei feuchtem Wetter neigt diese Remontantrose zur Mumienbildung. 'Vick's Caprice' besitzt einen buschigen, kompakten Wuchs und kann zur Stammsorte zurückschlagen, was eine häufig beobachtete Eigenschaft solcher Sports ist. Diese Rosensorte ist jedoch bedeutend kleiner als ihre Elternpflanze, bei der es sich um einen sog. La Reine-Typus handelt. Da Remontantrosen aufgrund ihrer komplexen Erbmasse ausgesprochen vielfältig waren, wurden sie von Fachleuten in bis zu zwölf verschiedene Gruppen eingeteilt.
**ZONEN 5–9.**

Vick, USA, 1891

Sport von 'Archiduchesse Elisabeth d'Aûtriche'

## 'VICKY MARFÁ'

TEEHYBRIDE, ROSA, ÖFTERBLÜHEND

Die rosafarbenen, hochgebauten, gefüllten Blüten, die dauernd nachblühen, verfügen über 32 Petalen, eine gelbe Blütenmitte und einen angenehmen Duft. Mit ihren kräftigen Trieben bildet 'Vicky Marfá' einen wuchsfreudigen, kompakten und aufrechten Busch, der sich im

'Vestey's Yellow Tea'

'Victor Borge'

Winter mühelos zurückschneiden läßt. Durch regelmäßige Pflege mit chemischen Pflanzenschutzmitteln lassen sich Krankheiten weitgehend verhindern. Diese Sorte ist nicht weit verbreitet.
**ZONEN 5–10.**

Dot, Spanien, 1958

('Soraya' × 'Ellinor LeGrice') × 'Henri Mallerin'

## 'VICOMTESSE PIERRE DU FOU'

GROSSBLUMIGE KLETTERROSE, ORANGEROSA, ETWAS NACHBLÜHEND

Diese starkwüchsige Kletterrose benötigt viel Platz und Sonne, damit sie ihre schöne, lange duftende Blütenpracht hervorbringen kann. Ihre großen, gefüllten Blüten sind rot und nehmen im Lauf der Zeit eine dunkel orangerosa Tönung an. Aufgrund ihrer üppigen Triebe läßt sich diese kräftige Pflanze leicht schneiden und in Form halten. Dabei ist auf eine Förderung und gute Verteilung waagerecht stehender Seitentriebe zu achten, damit sich schon früh die ersten Blüten entwickeln. Im Gegensatz zu vielen anderen Kletterrosen dieser Entstehungszeit blüht die wuchsfreudige 'Vicomtesse Pierre du Fou' unter guten Bedingungen immerhin mehrfach. Sie besitzt große, glänzende, bronzefarbene Blätter. Diese Sorte ist kaum verbreitet und nur in Spezialkatalogen zu finden. **ZONEN 6–11.**

Sauvageot, Frankreich, 1923

'L'Ideal' × 'Joseph Hill'

'Victor Emmanuel'

'Vick's Caprice'

## 'VICTOR BORGE' POUlvue

**Syn. 'Michael Crawford'**

TEEHYBRIDE, ORANGE+, ÖFTERBLÜHEND

Diese Rose wurde nach zwei sehr talentierten Schauspielern benannt und ist in manchen Ländern eher als 'Michael Crawford' bekannt. Die gesunde, wuchsfreudige Pflanze besitzt ein dichtes Laub. Sie erreicht eine mittlere bis überdurchschnittliche Größe und ist in warmen Gegenden recht widerstandsfähig gegen Mehltau. Ihre wohlgeformten Knospen öffnen sich zu großen, dichtgefüllten, lachsorangefarbenen Blüten, die zart rosarot überhaucht sind. Sie erscheinen einzeln oder in kleinen Büscheln und verströmen einen leichten Duft, der jedoch bei feuchtem Wetter verschwinden kann. An einem sonnigen Standort wirkt ihre mehrfach hervorgebrachte, üppige Farbenpracht hervorragend, und bei guter Düngung wird diese Teehybride so gut wie überhaupt nicht krank.
**ZONEN 5–10.**

Poulsen, Dänemark, 1995

Eltern unbekannt

Courtrai Certificate of Merit 1990, Belfast Certificate of Merit 1992

## 'VICTOR EMMANUEL'

ALTE R., BOURBONROSE, DUNKELROT, ETWAS NACHBLÜHEND

Diese mittelstark wachsende Bourbonrose wird von manchen Rosenzüchtern als Remontantrose klassifiziert und trägt große, gefüllte, prächtig schwarzrote, samtige Blüten. Diese Sorte ist heute nur noch selten zu finden und eher als eine der Elternpflanzen von 'Variegata di Bo-

'Vicky Marfá'

logna' bekannt. Ihr Namensgeber Victor Emmanuel II. (1820–1878) war der erste König Italiens. **ZONEN 5–9.**

Guillot sen., Frankreich, 1859

Eltern unbekannt

## 'VICTOR HUGO'

ALTE R., REMONTANTROSE, DUNKELROT, ETWAS NACHBLÜHEND

Die mittelgroßen, kugelförmigen, gefüllten Blüten der 'Victor Hugo' besitzen 30 Petalen und eine karminrote, purpur überhauchte Tönung. Diese Sorte erfordert sehr viel Pflege und ist nur bei wenigen Spezialisten erhältlich. Unter dem gleichen Synonym findet man aber auch eine Bourbonrose und eine Teehybride von Meilland. 'Victor Hugo', die nach dem berühmten französischen Schriftsteller (1802–1885) benannt wurde – bekannt unter anderem durch Romane wie *Les Misérables* –, war die letzte Rosenzüchtung ihres Züchters. **ZONEN 5–10.**

Schwartz, Frankreich, 1884

'Charles Lefèbvre' × Sämling

'Victoriana'

'Victoria Gold'

'Victoria Gold'

## 'VICTORIA GOLD'

FLORIBUNDA, GOLDGELB, ÖFTERBLÜHEND

Diese Rose wurde von der australischen *Rose Society of Victoria* anläßlich ihres hundertjährigen Jubiläums eingeführt und bringt vom Frühling bis zum Winter wohlgeformte Knospen hervor, die sich zu 8 cm großen Blüten öffnen. Die Blüten erscheinen in kleinen Büscheln und besitzen ein intensives Goldgelb, das zu den Rändern hin dunkler wird (ähnlich wie bei der 'Gold Medal') und wesentlich länger anhält als bei den beiden Elternpflanzen. 'Victoria Gold', die sich gut als Schnittblume eignet, ist eine hohe, buschige Pflanze mit glänzendem, gesundem, grünem Laub. **ZONEN 5–10.**

Welsh, Australien, 1999

'Gold Medal' × Sämling von 'Gold Badge'

## 'VICTORIANA'

FLORIBUNDA, ORANGE+, ÖFTERBLÜHEND

Diese ungewöhnliche, öfterblühende Rose bringt ihre schönsten Blüten in kühleren Gegenden hervor und verliert in heißen Sommern meist an Ausdrucksstärke. Ihre dunkelorangefarbenen, zart duftenden Blüten wirken fast braun, besitzen jedoch in der Mitte eine hellere Tönung – eine charakteristische Farbmischung, die der namensgebenden viktorianischen Ära gerecht wird. Die Pflanze entwickelt sich zu einem wuchsfreudigen, niedrigen Busch und eignet sich hervorragend als Rabattenrose oder kleine Hochstammrose sowie für niedrige Einfassungen und zur flächigen Bodenbedeckung. **ZONEN 5–10.**

LeGrice, Großbritannien, 1977

Eltern unbekannt

## 'VIÈRGE DE CLERY'

siehe 'Unique Blanche'

## 'VIKING QUEEN'

GROSSBLUMIGE KLETTERROSE, ROSA, ÖFTERBLÜHEND

Die dunkel- bis leuchtend rosafarbenen, großen, mit 60 Petalen dichtgefüllten Blüten besitzen einen betörenden Duft. Sie erscheinen in Büscheln. Diese kräftige, wuchsfreudige und relativ krankheitsfeste Kletterrose mit ihrem gesunden, glänzenden, dunkelgrünen Laub bringt während des Sommers mehrere Flore sowie viele neue Triebe hervor und läßt sich mühelos schneiden. Sie ist nicht sehr bekannt. **ZONEN 4–11.**

Phillips, USA, 1963

'White Dawn' × 'L. E. Longley'

## 'VILLE DE LONDRES'

ALTE R., GALLICA-ROSE, DUNKELROSA

Diese Rose erfreut durch gefüllte, mittelgroße, angenehm duftende Blüten in einem attraktiven Kirschrosa; sie wächst kompakt. François Joyaux hält diese Sorte, die auf den Britischen Inseln nicht wächst, für identisch mit 'La Gloire des Jardins' (Descemet, Frankreich, vor 1815). **ZONEN 4–9.**

Möglicherweise Vibert, Frankreich, vor 1850

Eltern unbekannt

## 'VINCENT GODSIFF'

ALTE R., CHINAROSE, ROT, ETWAS NACHBLÜHEND

Diese kurze, stark verzweigte Chinarose mit ihren halbgefüllten, dunkelrosa Blüten stammt von den Bermuda-Inseln. Heute ist sie jedoch nur bei ein paar amerikanischen Züchtern erhältlich. Erstaunlicherweise findet man viele ausgefallene Chinarosen-Sämlinge in erster Linie auf Friedhöfen und an abgelegenen Orten. **ZONEN 7–9.**

Eltern unbekannt

## 'VINO DELICADO'

TEEHYBRIDE, MAUVE, ÖFTERBLÜHEND

Diese klassisch geformte, zart duftende Teehybride bringt wohlgeformten Knospen hervor, die sich schnell zu weit geöffneten, mauvefarbenen Blüten entwikkeln, deren Außenseite dunkelpurpur überhaucht ist. Da es sich bei dieser Farbe um eine Neuheit handelt, läßt sie sich im Garten nur schwer kombinieren. 'Vino delicado' ist ein kräftiger Busch von aufrechtem Wuchs, trägt große, ledrige Blätter und zählt zu jenen Sorten, die gezüchtet wurden, um das Farbspektrum dieser modernen Gartenrosen um einige Blautöne zu erweitern. **ZONEN 5–10.**

Raffel, USA, 1972

Sämling × 'Mauve Melodee'

## 'VINTAGE VISALIA' MORlu

FLORIBUNDA, ROSA, ÖFTERBLÜHEND

Obwohl die 'Vintage Visalia' bereits 1992 von Ralph Moore eingeführt wurde, ist sie nicht sehr bekannt. Dabei ist ihre Form, die an Alte Rosen erinnert, sehr ansprechend. Ihre dichtgefüllten, leuchtend rosafarbenen und meist einzeln stehenden Blüten zeigen auf der Außenseite eine dunklere, rosafarbene Schattierung und besitzen über 40 Petalen mit zartem Duft. Der aufrechte, elegante Wuchs der Pflanze wird durch die dunklen, glänzenden Blätter zusätzlich betont. Allerdings ist diese Sorte etwas anfällig für Krankheiten und Spinnmilbenbefall; sie muß dann gegebenenfalls behandelt werden. 'Vintage Visalia' eignet sich sowohl zur Gruppen- als auch zur Einzelpflanzung und kommt mit ihren hübschen Blüten am besten in einem Beet im Stil alter Rosengärten zur Geltung. **ZONEN 4–11.**

Moore, USA, 1992

'Pink Petticoat' × 'Lulu'

'Victoriana'

'Vino Delicado'

'Violet Carson'

'Violette'

## 'VIOLACÉE'

ALTE R., MOOSROSE, MAUVE

Diese Rose ist nur noch sehr selten zu finden und darf nicht mit der 'Violacea' (Syn. 'La Belle Sultane') verwechselt werden, einer sehr beliebten Gallica-Rose. 'Violacée' besitzt große, gefüllte Blüten, deren Farbspektrum von einem violett überhauchten Purpurrot bis zu einem ins Graue tendierenden Rosa reicht.

**ZONEN 4–9.**

Soupert und Notting, Luxemburg, 1876

Eng verwandt mit *Rosa gallica*

## 'VIOLAINE'

TEEHYBRIDE, MAUVE, ÖFTERBLÜHEND

Diese aus den 60er Jahren des 20. Jh. stammende Edelrose ist heute nur noch schwer zu finden; ihr einziger Lieferant befindet sich in Israel. Ihre zahlreichen und in regelmäßigen Floren erscheinenden, großen Blüten mit hoher Mitte besitzen einen schönen Mauveton sowie einen betörenden Duft; sie gedeihen an einem wuchsfreudigen, kräftigen Busch mit ledrigem Laub, der sich leicht zurückschneiden läßt. Diese Sorte eignet sich am besten für warme und trockene Gegenden und wird zur Zeit eher von passionierten Rosensammlern als von Gartenfreunden kultiviert. Ihre Vaterpflanze 'Simone' erfreute sich früher aufgrund ihrer ungewöhnlichen pergamentgrauen Blütenblätter großer Beliebtheit.

**ZONEN 4–10.**

Gaujard, Frankreich, 1968

'Eminence' × 'Simone'

## 'VIOLET CARSON' MACio

FLORIBUNDA, ORANGEROSA/ROSA+, ÖFTERBLÜHEND

'Violet Carson' bringt den ganzen Sommer über in regelmäßigen Floren eine Fülle klassisch geformter Knospen in großen Büscheln hervor, die sich zu kräftig lachsrosafarbenen Blüten mit zarten Blütenblättern entwickeln. Diese wuchsfreudige, kleinwüchsige Pflanze ist nicht anfällig für Sternrußtau, sollte aber gegen Mehltau gespritzt werden. Die kurzen, stämmigen Triebe lassen sich im Winter problemlos zurückschneiden. 'Violet Carson' besitzt ein dunkelgrünes, glänzendes Laub und eignet sich hervorragend zur Pflanzung von Hecken und Beeten. Sie wächst in den meisten Klimaten und ist weltweit sehr beliebt.

**ZONEN 5–10.**

McGredy, Neuseeland, 1964

'Mme Léon Cuny' × 'Spartan'

Royal National Rose Society Certificate of Merit 1963

## 'VIOLETTA'

siehe 'International Herald Tribune'

## 'VIOLETTE'

RAMBLERROSE, MAUVE

Diese gesunde, wuchsfreudige Ramblerrose, deren Blüten aus je zwei Kränzen dunkelvioletter, sehr attraktiver Blütenblätter bestehen, macht zu Beginn des Sommers mit einer üppigen Blütenpracht auf sich aufmerksam. Danach sammelt sie alle Kräfte für die Bildung neuer Triebe im darauffolgenden Jahr. Gegen Ende des Sommers werden die jungen Triebe manchmal von Mehltau befallen. 'Violette' kommt besonders schön zur Geltung, wenn man die langen, fast stachellosen Triebe horizontal zieht und sie mit ihrem hellgrünen, glänzenden Laub an Mauern und Spalieren hochklettern läßt.

**ZONEN 4–11.**

Turbat, Frankreich, 1921

Eltern unbekannt, wahrscheinlich *R. multiflora*

'Violinista Costa'

## 'VIOLETTE PARFUMÉE' DORient

**Syn. 'Melodie Parfumée'**

TEEHYBRIDE, MAUVE+, ÖFTERBLÜHEND

Das blaugrüne Laub dieser Strauchrose mit aufrechtem Wuchs harmoniert sehr schön mit dem Mauve-Rosa der gefüllten, urnenförmigen Blüten, deren dicht geschlossene Blütenmitte sich später vollständig öffnet und den Blick auf die goldgelben Staubgefäße freigibt. Diese Teehybride duftet köstlich.

**ZONEN 5–10.**

Dorieux, Frankreich, 1995

Eltern unbekannt

Baden-Baden Duftpreis 1995, Bagatelle Goldmedaille 1995, Bagatelle Duftpreis 1995

'Violette Parfumée'

## 'VIOLINISTA COSTA'

TEEHYBRIDE, ROT+, ÖFTERBLÜHEND

Die becherförmigen Blüten der 'Violinista Costa' in den Farbtönen Rot und Dunkelrot erinnern an eine Floribundarose. Dieser kleinwüchsige Busch besitzt zahlreiche Stacheln und ist relativ krankheitsfest. Bei kühlem Wetter sollten die jungen Triebe jedoch vor Mehltau geschützt werden. Ungeachtet dieser kleinen Mängel eignet sich 'Violinista costa' für viele Standorte und bietet sich sowohl als Hochstammrose wie auch als Beetrose an. Zu den Besonderheiten dieser Teehybridensorte zählt ihr betörender Duft, der in lauen Sommernächten die Gärten durchdringt.

**ZONEN 5–10.**

Camprubi, Spanien, 1936

'Sensation' × 'Shot Silk'

'Violaine'

## 'VIRGINIA' PEKwhina

TEEHYBRIDE, WEISS, ÖFTERBLÜHEND

Dieser wuchsfreudige Strauch besitzt glänzende, leuchtend grüne Blätter und erreicht eine mittlere Größe. Seine Triebe sind ausgesprochen widerstandsfähig gegen Pilzkrankheiten. Sie bringen große, rein weiße, aber duftlose Blüten in Büscheln hervor, wodurch diese Sorte an eine Floribunda erinnert. Wenn man in einem sehr frühen Stadium der Blütenbüschel überschüssige Seitenknospen entfernt, kann die 'Virginia' einstielige Blüten von hoher Qualität hervorbringen. **ZONEN 5–10.**

Pekmez, Frankreich, 1994

Sport von 'Anna'

## 'VIRGO'

**Syn. 'Virgo Liberationem'**

TEEHYBRIDE, WEISS, ÖFTERBLÜHEND

'Virgo' zählt zu den schönsten klassischen weißen Teehybriden. Ihre großen, hochgebauten Knospen öffnen sich zu dichtgefüllten, weißen Blüten von großer Reinheit und Perfektion. Dieser Busch zeichnet sich durch aufrechten Wuchs und dichtes, hellgrünes Laub aus. Allerdings ist er etwas anfällig für Mehltau, was sich jedoch durch den frühen Einsatz eines Fungizids verhindern läßt. Mit ihrer üppigen und in regelmäßigen Floren erscheinenden Blütenpracht ähnelt 'Virgo' älteren Teehybridensorten. **ZONEN 5–10.**

Mallerin, Frankreich, 1947

'Blanche Mallerin' × 'Neige Parfum'

Goldmedaille der National Rose Society 1949

## 'VISTA' SAValav

ZWERGROSE, MAUVE, ÖFTERBLÜHEND

'Vista' zeichnet sich durch Blüten mit Ausstellungsqualität aus: Die leicht duftenden, zart lavendelblauen Blüten, deren Farbe nicht verblaßt, besitzen 15–25 Petalen mit hoher Mitte. Sie stehen einzeln oder in kleinen Büscheln und sind sehr lange haltbar – sowohl im Garten als auch in der Vase. Das leuchtend grüne, mattglänzende Laub bekleidet den kompakten, üppigen und wohlgerundeten Busch, der sich gut als Kübelpflanze eignet und auch im Winter mit seinen leuchtend orangefarbenen Hagebutten einen attraktiven Anblick bietet. **ZONEN 5–10.**

Saville, USA, 1994

'Sachet' × 'Copper Sunset'

## 'VITAL'

TEEHYBRIDE, DUNKELROT, ÖFTERBLÜHEND

Diese Sorte eignet sich sowohl für den Garten als auch für die Kultur unter Glas, denn ihre Blüten ergeben sehr schöne Schnittblumen. Ihre schlanken, eleganten Knospen entwickeln sich sehr langsam zu wohlgeformten, dunkelroten Blüten mit 25–30 Petalen an langen Stielen, die auch nach dem Schneiden noch lange haltbar sind. 'Vital' ist eine hervorragende Beetrose für warme, trockene Regionen, und ihre glänzenden, dunkelgrünen und krankheitsfesten Blätter bilden einen interessanten Kontrast zur Blütenpracht. **ZONEN 5–10.**

Kordes, Deutschland, 1996

Sport von 'Corvette'

'Vital'

'Vivacious'

'Vivid'

'Virgo'

## 'VITAL SPARK' COCacert

FLORIBUNDA, APRICOT+, ÖFTERBLÜHEND

'Vital Spark' ist ein mittelgroßer, wuchsfreudiger Busch mit dichtem, leicht glänzendem Laub. Ihre gefüllten, goldgelben Blüten sind besonders in kühleren Regionen rosa überhaucht und bestehen aus 35 zart duftenden Petalen. Sie ist relativ krankheitsfest und erfordert nur ein wenig regelmäßige Pflege. **ZONEN 5–10.**

Cocker, Großbritannien, 1982

('Anne Cocker' × ['Sabine' × 'Circus']) × 'Yellow Pages'

Royal National Rose Society Trial Ground Certificate 1978

## 'VIVACIOUS'

FLORIBUNDA, ROSA, ÖFTERBLÜHEND

'Vivacious' trägt große, gefüllte, leuchtend rosa Blüten, die zart duften und an eine Teehybride erinnern. Sie erscheinen in Büscheln an einem gesunden, wuchsfreudigen Busch. Diese Sorte eignet sich gut für eine flächige Pflanzung, da sie sich rasch ausbreitet. Krankheiten sollten frühzeitig erkannt und bekämpft werden. **ZONEN 5–10.**

Gregory, Großbritannien, 1971

'Super Star' × Sämling

'Vogelpark Walsrode'

'Vital Spark'

## 'VIVID'

ALTE R., BOURBONROSE, MAUVE/HELLROT

'Vivid' ist wuchsfreudig und bildet einen großen, aufrechten, ziemlich stachligen Strauch, der wie viele andere Bourbonrosen zur Bepflanzung von Säulen oder Spalieren empfohlen wird. Sie bringt dichtgefüllte, magentafarbene bis mauve-rosa Blüten mit angenehmem Duft hervor und erfreut nur gelegentlich durch eine zweite Blüte. **ZONEN 5–9.**

Paul, Großbritannien, 1853

Eltern unbekannt

## 'VOGELPARK WALSRODE'

KORlomet

**Syn. 'Kookaburra'**

STRAUCHROSE, HELLROSA, ÖFTERBLÜHEND

Die in üppigen Büscheln immer wieder nachwachsenden, dichtgefüllten und süßlich duftenden Blüten sind mittelgroß; sie bedecken den gesamten Strauch fast in der ganzen Rosensaison. Ihr zartes Hellrosa verblaßt zu einem rosa überhauchten Weiß, nachdem sich die Knospen vollständig geöffnet haben und den Blick auf die goldgelben Staubgefäße freigeben. Diese attraktive Gartenrose mit ihrem üppigen, hellgrünen, glänzenden Laub entwickelt sich zu einem wuchsfreudigen, kräftigen, mittelhohen Strauch von breitbuschigem Wuchs, der sich für Mischpflanzungen ebenso wie als Solitärpflanze eignet. Der namensgebende Vogelpark liegt in der Lüneburger Heide (Niedersachsen).

**ZONEN 4–9.**

Kordes, Deutschland, 1991

Eltern unbekannt

ADR-Rose 1989

## 'VOGUE'

FLORIBUNDA, ROSA+, ÖFTERBLÜHEND

Dank ihres süßen, lang anhaltenden Dufts ist die 'Vogue' für viele Rosenzüchter unwiderstehlich. Ihre becherförmigen, halbgefüllten Blüten erscheinen in regelmäßigen Abständen in Büscheln und wirken vollerblüht fast schalenförmig. Das Kirschrosa der Blütenblätter verblaßt im Laufe der Zeit. Dieser mittelgroße, wuchsfreudige Busch mit aufrechter Gestalt und glänzendem Laub benötigt zwar nur wenig Pflege; allerdings kann man diese Sorte auch nur noch bei einer Handvoll spezialisierter Rosenschulen erwerben. **ZONEN 5–10.**

Boerner, USA, 1951

'Rosenmärchen' × 'Crimson Glory'

Portland Goldmedaille 1950, Genf Goldmedaille 1950, National Rose Society Certificate of Merit 1951, All-American Rose Selection 1952

## 'VOL DE NUIT' DELrio

**Syn. 'Night Flight'**

TEEHYBRIDE, MAUVE, ÖFTERBLÜHEND

Seit der Einführung dieser modernen Gartenrose im Jahre 1970 haben sich schon viele Rosenfreunde an den schönen mauvefarbenen Schattierungen der 'Vol de Nuit' erfreut. Die kräftige Farbe dieser Teehybride läßt erst mit zunehmender Blütenreife an den Rändern etwas nach. 'Vol de Nuit' bringt in regelmäßigen Abständen dichtgefüllte Blüten hervor, die einzeln oder zu zweit auf langen Stielen stehen. Die Rose wächst als aufrechter, gesunder Busch, der nur in seltenen Fällen erkrankt. **ZONEN 5–11.**

Delbard, Frankreich, 1970

('Holstein' × ['Bayadère' × 'Prélude']) × 'Saint-Exupery'

Rom Goldmedaille 1970

'Von Scharnhorst'

## 'VOLCANO'

TEEHYBRIDE, DUNKELROSA, ÖFTERBLÜHEND

Mit ihren leuchtend kirschroten Blüten macht 'Volcano' ihrem Namen alle Ehre. Die fruchtig duftenden, sehr großen Blüten bestehen aus etwa 25 Petalen und halten sich auch als Schnittblumen sehr lange in der Vase. Diese wuchsfreudige Pflanze mit ihrem dunklen, kräftigen Laub wirkt sehr anziehend auf Vögel. Sie läßt sich mühelos im Schnitt halten und sollte regelmäßig auf Krankheitsanzeichen hin untersucht werden. Obwohl 'Volcano' bei ihrer Einführung von der *American Rose Society* gut aufgenommen wurde, haben neuere Sorten sie bereits verdrängt; heute trifft man die Teehybride allerdings kaum noch an. **ZONEN 5–11.**

Moro, Italien, 1950

'Charles P. Kilham' × 'Rome Glory'

## 'VOLUNTEER' HARquaker

FLORIBUNDA, GELB+, ÖFTERBLÜHEND

Diese kleinwüchsige Floribundarose hat glänzende, hellgrüne Blätter und bringt den ganzen Sommer über gefüllte, cremegelbe Blütenbüschel hervor, die den gesamten Busch bedecken. Allerdings erfüllen sie nur bei warmer Witterung ihre Umgebung mit einem zarten Duft. Die Außenseite der Blütenblätter ist rosa überhaucht; jedoch verblaßt diese Tönung bald oder kommt in wärmeren Gegenden erst gar nicht zum Vorschein. 'Volunteer' entwickelt sich zu einem relativ krankheitsfesten Busch, diese Floribundarose sollte aber bei entsprechenden Witterungsbedingungen vor Pilzerkrankungen geschützt werden. **ZONEN 5–11.**

Harkness, Großbritannien, 1985

'Dame of Sark' × 'Silver Jubilee'

Paris Silbermedaille 1982

'Vogue'

'Voodoo'

'Volcano'

## 'VON SCHARNHORST'

STRAUCHROSE, HELLGELB, ÖFTERBLÜHEND

Die Rosenschule des deutschen Züchters Walter Schultheis ist offenbar die einzige Quelle dieser Sorte, die zu den letzten der zahlreichen Züchtungen von Peter Lambert zählt. Das Schwefelgelb der Knospen und jungen Blüten verblaßt zu einem ganz zarten Hellgelb, sobald die halbgefüllten, leicht duftenden Blüten in voller Blüte stehen. Sie erscheinen vom Sommer bis zum Herbst an einem kräftigen, wuchsfreudigen Strauch mit stark verzweigten Trieben, der durchaus die doppelte Größe einer normalen Strauchrose erreichen kann. Ihr Stammbaum mutet etwas ungewöhnlich an: Die Elternsorte 'Gottfried Keller' enthält ihrerseits auf beiden Elternseiten Gene der 'Persian Yellow'. **ZONEN 4–8.**

Lambert, Deutschland, 1921

'Frau Karl Druschki' × 'Gottfried Keller'

## 'VOODOO' AROmiclea

TEEHYBRIDE, ORANGE+, ÖFTERBLÜHEND

Diese Sorte verfügt über leuchtend lachsrote, orange- und gelborangefarbene, dichtgefüllte Blüten mit 35 Petalen, die sich durch eine klare Form und hohe Qualität auszeichnen, jedoch kaum duften. Der mittelgroße, stämmige Busch besitzt einen aufrechten Wuchs sowie zahlreiche Stacheln und treibt nach der Blüte rasch wieder neue Knospen. Die dicken, harten, glänzenden Blätter sind relativ krankheitsfest, sollten aber gegen Ende der Blütezeit auf Sternrußtau überprüft werden. 'Voodoo' eignet sich am besten für eine flächige Pflanzung, da sie sich aufgrund ihrer Farbe nur schwierig mit anderen Pflanzen kombinieren läßt. **ZONEN 5–11.**

Christensen, USA, 1984

(['Camelot' × 'First Prize'] × 'Typhoo Tea') × 'Lolita'

All-American Rose Selection 1986

'Vol de Nuit'

# WXYZ

## 'WAIHEKE' MACwaihe

**Syn. 'Waikiki'**

TEEHYBRIDE, ORANGEROSA, ÖFTERBLÜHEND

Diese Rose mit glänzenden Blättern zeigt eine attraktive, aromatisch duftende Blütenpracht in reinem Orange und reinem Rosa. Die gefüllten Blüten stehen meist einzeln, manchmal aber auch in kleinen Büscheln (zu 5–9) auf kräftigen Stielen und eignen sich gut zum Schnitt. Ihre äußeren Blütenblätter sind leicht zurückgebogen und zeigen bei kühlem Wetter einen dunklen Rosaton an den Rändern. 'Waiheke' ist relativ krankheitsfest und erfordert keine aufwendige Pflege. Aufgrund ihrer mehrmaligen Blüte stellt diese Rosensorte eine Bereicherung für jeden Garten dar. **ZONEN 5–10.**

McGredy, Neuseeland, 1987

'Tony Jacklin' × 'Young Quinn'

## 'WALDFEE'

ALTE R., REMONTANTROSE, ROT, ETWAS NACHBLÜHEND

Kordes brachte diese Remontantrose relativ spät auf den Markt; sie konnte sich aber nie richtig durchsetzen und ist heute nur noch in wenigen Rosengärtnereien erhältlich. Ihre großen, leicht duftenden, blutroten Blüten wachsen in kleinen Büscheln und erinnern an Kamelien. Diese wüchsige Pflanze mit glänzendem, großblättrigem, dichten Laubwerk erreicht fast die Größe einer kleinen Kletterrose und liefert langstielige Schnittrosen. **ZONEN 5–9.**

Kordes, Deutschland, 1960

'Kordes' Sondermeldung' × 'Mrs John Laing'

## 'WALKO' DELde

FLORIBUNDA, DUNKELROT, ÖFTERBLÜHEND

Diese dunkelkarminrote Rose aus der Mitte des 20. Jh. wurde mittlerweile von zuverlässigeren und winterhärteren Sorten fast vollständig verdrängt. Ihre duftenden, gefüllten Blüten besitzen ca. 25 Petalen und wachsen in Büscheln an einem aufrechten mittelgroßen Strauch, der im Sommer mehrfach blüht und sich im Winter gut zurückschneiden läßt. **ZONEN 5–9.**

Delbard-Chabert, Frankreich, 1957

('Incendie' × 'Holstein') × 'Rouge Chabert'

## 'WANAKA' MACinca

**Syn. 'Longleat', 'Young Cale'**

ZWERGROSE, ORANGEROT, ÖFTERBLÜHEND

Die gefüllten Blüten dieser pflegeleichten Rose besitzen ein solch intensives Orangerot, daß sie an eine kleine Begonie und aus der Entfernung an rote Pelargonien erinnern. Ihre 40 zart duftenden Petalen verblassen selbst bei intensiver Sonneneinstrahlung nicht und wachsen in großen Büscheln an kräftigen Stielen. Sam McGredy bezeichnete die 'Wanaka' kurz nach ihrem Erscheinen als seine schönste Zwergrose: Ihre Farbe, Wuchskraft und Vitalität sowie ihr geringer Pflegebedarf machen sie in ihrer Heimat Neuseeland recht attraktiv. Sie ist in Deutschland allerdings nicht erhältlich. **ZONEN 5–10.**

McGredy, Neuseeland, 1978

'Anytime' × 'Trumpeter'

'Waiheke'

'Waldfee'

'Warley Jubilee'

'Wapiti'

## 'WANDERING MINSTREL'

HARquince

**Syn. 'Daniel Gélin'**

FLORIBUNDA, ORANGEROSA, ÖFTERBLÜHEND

Bei dieser kleinwüchsigen Rose handelt es sich um eine großblumige Floribundarose, deren Farbe von der Temperatur abhängt: Ihre orangerosa Blüten nehmen ein intensives Gelb an, wenn kühlere Witterungsbedingungen das Wachstum der Pflanze und die Bildung der Blüten verzögern. Diese etwas krankheitsanfällige, pflegebedürftige Rose eignet sich zur Bepflanzung von Rabatten, Böschungen und Steingärten. Ihre in kleinen Büscheln stehenden, gefüllten Blüten, die den Strauch während des Sommers vollständig bedecken, besitzen knapp 30 zart duftende Petalen. 'Wandering Minstrel' sollte regelmäßig auf Krankheitsanzeichen untersucht und zu Beginn sowie gegen Ende der Blütezeit mit einem Pflanzenschutzmittel behandelt werden. **ZONEN 5–10.**

Harkness, Großbritannien, 1986

'Dame of Sark' × 'Silver Jubilee'

Courtrai Silbermedaille 1989, Glasgow Certificate of Merit 1989

## 'WAPITI' MEInagre

**Syn. 'Laurence Olivier', 'Dazzla', 'Striking'**

FLORIBUNDA, ROT+, ÖFTERBLÜHEND

Diese heute nicht mehr weit verbreitete Rose wurde unter verschiedenen Namen eingeführt. Ihre becherförmigen, leicht duftenden Blüten besitzen etwa zwei Reihen leicht gekräuselt wirkender Petalen und entfalten sich zu weit geöffneten, schalenförmigen Farbtupfern, die mit ihrem leuchtenden Rot die gesamte Pflanze bedecken. 'Wapiti' eignet sich nicht als Schnittblume, jedoch gut für flächige Anpflanzungen im Garten sowie für Randbeete oder Rabatten, die etwas Far-

'Walko'

'Warm Welcome'

be benötigen. Obwohl die Pflanze relativ krankheitsfest ist, sollte sie sorgfältig gepflegt werden. **ZONEN 5–10.**

Meilland, Frankreich, 1988

Eltern unbekannt

Genf Goldmedaille 1987, Monza Goldmedaille 1987, Rom Goldmedaille 1987

## 'WARLEY JUBILEE'

FLORIBUNDA, REIN ROSA, ÖFTERBLÜHEND

Dieser Sport trägt mittelgroße, leicht duftende, leuchtend lachsrosa Blüten mit etwa 30 locker becherförmigen Petalen, die vom Sommer bis zum Herbst in Büscheln an einem breitbuschigen Strauch von kaum mittelhohem Wuchs wachsen. 'Warley Jubilee' mit ihren zahlreichen hellgrünen, mattglänzenden Blättern wurde von der britischen Rosenzüchterei *Warley Roses* anläßlich des silbernen Firmenjubiläums eingeführt. Die Floribundarose eignet sich gut zur Bepflanzung einer Rabatte oder als Beeteinfassung. **ZONEN 5–9.**

Warley Roses, Großbritannien, 1986

Sport von 'Warrior'

## 'WARM WELCOME' CHEwizz

KLETTERNDE ZWERGROSE, ORANGEROT, ÖFTERBLÜHEND

'Warm Welcome' besitzt duftende, einfache bis halbgefüllte, orange-zinnoberrote Blüten mit gelber Blütenmitte, welche die gesamte Pflanze bedecken. Das dunkelgrüne, mattglänzende Laub schmückt diesen relativ großen, aufrechten Strauch, der wie eine Kletterrose gezogen werden sollte und problemlos eine Säule oder einen Zaun farblich auflokkern kann. Die gesunde, gut verzweigte, wuchskräftige und zuverlässige Rose war eine kleine Züchtungssensation, da es sich um eine üppig blühende und pflegeleichte, kletternde Zwergrose mit kleinen Blüten und Blättern handelt. **ZONEN 5–10.**

Warner, Großbritannien, 1992

'Elizabeth of Glamis' × (['Galway Bay' × 'Sutter's Gold'] × 'Anna Ford')

Royal National Rose Society President's International Trophy 1988, Royal Horticultural Society Award of Garden Merit 1993

## 'WARRAWEE'

TEEHYBRIDE, REIN ROSA, ÖFTERBLÜHEND

Diese in Australien eingeführte (und nach einem Stadtteil Sydneys benannte) Rose besitzt große, gefüllte, hellrosa Blüten von herausragender Qualität und

langanhaltendem Duft, welche vollerblüht den Blick auf die Staubgefäße freigeben. Der wuchsfreudige, kleine, etwas pflegebedürftige Strauch läßt sich leicht zu einer attraktiven Form schneiden, sein schönes, glänzendes Laub sollte aber regelmäßig auf Krankheitsanzeichen hin untersucht werden. Die 'Warrawee' läßt sich am besten als eine frühe Teerose klassifizieren; obwohl sie sicherlich eine Reihe von Anhängern besitzt, ist sie aber kaum im Handel erhältlich.
**ZONEN 5–10.**

Fitzhardinge, Australien, 1935

'Padre' × 'Reverend F. Page-Roberts'

## 'WARRIOR'

FLORIBUNDA, ORANGEROT, ÖFTERBLÜHEND

Diese dichtgefüllte Sorte hat anmutige, leuchtend scharlachrote Blüten, die in kleinen Büscheln auf kurzen Stielen stehen, vollerblüht den Blick auf die Staubgefäße freigeben und sich aufgrund ihrer hohen Qualität gut als Schnittblumen eignen. Wenn man die 'Warrior' sorgfältig zurückschneidet und verblühte Blüten regelmäßig entfernt, blüht diese krankheitsfeste Pflanze mit ihrem gesunden, robusten, hellgrünen Laub mehrmals im Jahr.
**ZONEN 5–10.**

LeGrice, Großbritannien, 1977

'City of Belfast' × 'Ronde Endiablée'

Royal National Rose Society Trial Ground Certificate 1977

## 'WARWICK CASTLE' AUSlian

STRAUCHROSE, DUNKELROSA, ÖFTERBLÜHEND

Mit den schönen, dichtgefüllten großen Blüten erinnert 'Warwick Castle' an den Charme Alter Gartenrosen. Ihre wundervoll duftenden, kräftig rosa Blütenblätter öffnen sich ab dem Frühling in becherförmiger Perfektion und blühen den

'Warrawee'

'Watercolor'

'Water Music'

ganzen Sommer über. Diese in manchen Katalogen als Englische Rose klassifizierte Sorte entwickelt sich zu einem hübschen mittelhohen Strauch von aufrechtem Wuchs, dessen Triebe krankheitsfest sind und überhängen. Diese Strauchrose läßt sich leicht zurückschneiden. Obwohl es heute zahlreiche Sorten gibt, die noch gesünder und blühfreudiger sind, lohnt es sich schon, diese Rose im Garten zu kultivieren. Ihren Namen erhielt 'Warwick Castle' nach einer imposanten mittelalterlichen Burg in der Nähe von Birmingham. **ZONEN 5–10.**

Austin, Großbritannien, 1986

'The Reeve' × 'Lilian Austin'

## 'WARWICKSHIRE' KORkandel

STRAUCHROSE, ROSA+, ÖFTERBLÜHEND

Die kleinen Knospen dieser Strauchrose stehen in üppigen Büscheln an kurzen Stielen und öffnen sich zu schalenförmigen, rosa Blüten mit 5 Petalen, cremefarbener Blütenmitte und rosenroten Rändern; das Laub dieser Strauchrose prangt in attraktivem Dunkelgrün. 'Warwickshire' blüht vom Sommer bis zum Herbst, duftet aber kaum und leidet manchmal unter Regen. Sie wird nicht sehr groß, sondern eher doppelt so breit wie hoch; daher eignet sie sich im Garten gut als niedriger, breitbuschiger Strauch mit attraktivem, dunkelgrünen Laub.
**ZONEN 5–9.**

Kordes, Deutschland, 1991

Eltern unbekannt

## 'WATER MUSIC'

GROSSBLUMIGE KLETTERROSE, DUNKELROSA

Die Australier Ron Bell gezüchtete 'Water Music' ist eine große, frühblühende Kletterrose mit gefüllten, leicht duftenden, dunkelrosa Blüten und 20 Petalen, die an den Rändern dunkler gefärbt sind

'Warwick Castle'

'Water Music'

'Warrior'

'Warrior'

und im Laufe der Zeit etwas verblassen. Der ausladende, relativ krankheitsfeste Strauch mit seinen mittelgroßen, glänzenden, dunkelgrünen Blättern gedeiht vornehmlich im warmen Klima Australiens, ist jedoch in Deutschland nicht im Handel erhältlich.
**ZONEN 5–10.**

Bell, Australien, 1982

'Händel' × Sämling

## 'WATERCOLOR'

**Syn. 'Watercolour'**

ZWERGROSE, REIN ROSA, ÖFTERBLÜHEND

Die langen, spitzen Knospen dieser Zwergrose stehen in Büscheln zu dritt bis fünft und öffnen sich zu gefüllten, leicht duftenden Blüten von herausragender Qualität, die etwa 25 Petalen in einer wunderbaren Mischung aus kräftigen und zarten Rosatönen besitzen. Die Blüten halten sich selbst bei warmem Wetter recht gut. Diese wuchsfreudige, gesunde Pflanze von aufrechtem Wuchs ist relativ pflegeleicht und hat große, dunkelgrüne Blätter. **ZONEN 5–10.**

Moore, USA, 1975

'Rumba' × ('Little Darling' × 'Red Germain')

## 'WATERMELON ICE' JACair

STRAUCHROSE, ROSA+, ÖFTERBLÜHEND

Die Farbe dieser Strauchrose ist sehr variabel und kann je nach Blütestadium von Lavendelrosa bis hin zu Zartrosa reichen. Die halbgefüllten, kaum duftenden Blüten stehen in dichten Büscheln; sie öffnen sich zu einer flachen Becherform mit goldgelben Staubgefäßen und blühen vom Sommer bis zum Herbst. Für eine Strauchrose ist 'Watermelon Ice' relativ

'Waverley Garden Club'

klein, jedoch recht ausladend (etwa doppelt so breit wie hoch). Sie besitzt reichlich dunkelgrünes, mattglänzendes Laub. 'Watermelon Ice' eignet sich als Einzelpflanze im vorderen Bereich eines Beetes oder in einem Kübel. **ZONEN 4–9.**

Jackson & Perkins, USA, 1996

Sämling von 'The Fairy'

## 'WAVERLEY GARDEN CLUB'

TEEHYBRIDE, ROSA+, ÖFTERBLÜHEND

Diese Teehybride besitzt dichtgefüllte, aus 40–45 Petalen bestehende Blüten, die kirschrosa mit unterschiedlichen Hellrosatönen gefärbt sind und sowohl einzeln als auch in kleinen Büscheln stehen. Die Sorte blüht den ganzen Sommer über immer wieder nach. Die jungen Triebe dieser breitbuschigen, krankheitsfesten Pflanze haben viele kleine Stacheln. Das Laub von 'Waverley Garden Club' ist charakteristisch graugrün gefärbt.
**ZONEN 5–10.**

Dawson, Australien, 1983

(['Stella' × 'Columbine'] × 'Primaballerina') × (Sämling von 'Sabrina' × 'Goldrausch')

'Welwyn Garden Glory'

'Wedding Day'

'Wedding Day' (Hagebutten)

'Wedding Ring'

## 'WEDDING DAY'

**Syn. 'English Wedding Day'**
RAMBLERROSE, WEISS

*Rosa sinowilsonii* – eine wuchsfreudige Rose mit einfachen, weißen Blüten – wurde 1904 in China entdeckt. Bei der 'Wedding Day' handelt es sich um eine verbesserte Züchtung von ausladendem Wuchs und mit kräftig grünem, glänzenden Blattwerk. Diese Ramblerrose erreicht eine Höhe von bis zu 6 m und blüht überreichlich. Ihre ebenfalls weißen, jedoch größeren Blüten besitzen orangefarbene Staubgefäße, stehen in großen Kegeldolden und verströmen einen zarten Zitrusduft. Sie ist eine beliebte Rose für Hochzeitssträuße.
**ZONEN 7–9.**

Stern, Großbritannien, 1950

*Rosa sinowilsonii* × Sämling

## 'WEDDING RING'

TEEHYBRIDE, REIN GELB, ÖFTERBLÜHEND

Dieser recht seltene, kompakte Strauch ist wuchsfreudig und relativ krankheitsfest. Er eignet sich hervorragend für eine Randbepflanzung oder eine niedrige Rabatte. Die großen, duftenden, rein gelben Blüten dieser Teehybride haben 25–35 Petalen und sind umgeben von glänzenden, dunkelgrünen, ledrigen Blättern.
**ZONEN 5–10.**

Shepherd, USA, 1956

'Ville de Paris' × 'Mrs Sam McGredy'

## 'WEE BARBIE' JELbar

ZWERGROSE, WEISS, ÖFTERBLÜHEND

Die rundlichen Knospen dieser Sorte öffnen sich zu cremeweißen Blüten mit fast 45 Petalen, die in großen Büscheln mit 10–20 duftenden Einzelblüten stehen und sich gut als Schnittblumen eignen. Der wüchsige, ausladende Strauch mit dunkelgrünem Laub ist pflegeleicht und krankheitsfest. 'Wee Barbie' scheint sich hauptsächlich in Großbritannien großer Beliebtheit zu erfreuen.
**ZONEN 5–10.**

Jellyman, Großbritannien, 1980

Eltern unbekannt

## 'WEE BETH'

ZWERGROSE, ORANGE+, ÖFTERBLÜHEND

Diese Sorte besitzt spitze, bemooste Knospen, die sich den ganzen Sommer

'Wee Beth'

über zu lachsrosa- bis orangefarbenen Blüten mit etwa 12 Petalen öffnen und in kleinen Büscheln stehen. In ihrer Umgebung verbreiten sie einen Duft, der an denjenigen von Rubiginosa-Hybriden erinnert. Die kleinen, dunkelgrünen Blätter dieser Zwergrose bedecken den kompakten, wuchsfreudigen Strauch nahezu völlig. **ZONEN 5–10.**

Cherry, Australien, 1981

'Orange Silk' × 'Fairy Moss'

## 'WEE MATT'

ZWERGROSE, ROT, ÖFTERBLÜHEND

Die Blüten der 'Wee Matt', die aus zahlreichen leuchtend roten Petalen bestehen, stehen meist in kleinen Büscheln von 6–10 Einzelblüten und treiben laufend wieder nach. Der kompakte Strauch dieser Zwergrose, die sich auch als kleine Hochstammrose eignet, besitzt große, breite Blätter. Allerdings taucht diese Sorte in den Katalogen deutscher Rosengärtnereien leider kaum noch auf.
**ZONEN 5–10.**

Eltern unbekannt

## 'WEETWOOD'

RAMBLERROSE, HELLROSA

Die zart duftenden, mittelgroßen Blüten dieser im Sommer üppig blühenden Ramblerrose besitzen einen bezaubernden, altmodischen Charme. Ihre zahlreichen Blütenblätter sind zunächst nach innen gekrümmt, um sich später nach außen zu falten und dann eine geviertelte Rosette zu bilden. 'Weetwood' ist eine wüchsige Sorte mit dunkelgrünen, mittelgroßen Blättern an ausladenden, gebogenen Zweigen, die etwa die dreifache Länge von Trieben herkömmlicher Ramblerrose erreichen können.
**ZONEN 4–9.**

Bawden, Großbritannien, 1983

Sämling von 'Debutante'

'Wee Matt'

## 'WEISSE AUS SPARRIESHOOP'

siehe 'White Sparrieshoop'

## 'WEISSE IMMENSEE' KORweirim

**Syn. 'Kordes' Rose Weiße Immensee', 'Lac Blanc', 'Partridge'**
STRAUCHROSE, WEISS

Dieser attraktive Bodendecker eignet sich gut für eine Böschung oder einen terrassenartig angelegten Garten, in dem die zahlreichen einfachen, stark duftenden Blüten mit ihren 5 Petalen und Staubgefäßen schön zur Geltung kommen. Ihr anfänglicher Rosaton verblaßt schnell zu einem zarten Weiß. Die langen, wuchernden Triebe mit ihrem glänzenden, dunkelgrünen, üppigen Laub kriechen rasch über den Boden und winden sich häufig durch andere Pflanzen. Bei dieser Sorte handelt es sich um eine sehr winterharte, relativ krankheitsfeste und pflegeleichte Pflanze, die zwar früh, aber nur einmal und dann reichlich blüht. Diese Kordes-Rose ist als Bienenweide für Naturfreunde interessant.
**ZONEN 5–10.**

Kordes, Deutschland, 1982

'Fairy' × Sämling von *Rosa wichuraiana*

Royal National Rose Society Certificate of Merit 1984

## 'WEISSE NELKENROSE'

siehe 'White Grootendorst'

## 'WEISSE NEW DAWN'

siehe 'White New Dawn'

## 'WEISSE TAUSENDSCHÖN'

siehe 'White Tausendschön'

## 'WELWYN GARDEN GLORY'

HARzumber
**Syn. 'Garden Glory'**
TEEHYBRIDE, APRICOT+, ÖFTERBLÜHEND

Diese Rose wurde nach einem englischen Bauprojekt (*Welwyn Garden City*) benannt, das nach dem 1. Weltkrieg als „Gartenstadt" einen wesentlich attraktiveren Wohnort bilden sollte als viele damalige Städte. Die leuchtenden, bernsteingelben Blüten haben hübsch gekräuselte Blütenblätter und stehen während des ganzen Sommers meist einzeln an langen Stielen. Ihre warme Farbe wirkt in der Blütenmitte besonders

'Wendy'

prächtig und hellt zu den Rändern der äußeren Petalen hin etwas auf. 'Welwyn Garden Glory' ist ein aufrechter Strauch mit glänzendem, krankheitsfestem Laub, der sich gut zurückschneiden läßt. **ZONEN 5–10.**

Harkness, Großbritannien, 1996

Eltern unbekannt

## 'WENDY' SUNwend

ZWERGROSE, WEISS, ÖFTERBLÜHEND

Die dichtgefüllten Blüten mit ihrer tiefliegenden Blütenmitte stehen in großen Büscheln, die den Strauch während des ganzen Sommers vollständig bedecken. Wie viele weißblütige Rosen leidet auch diese Sorte unter Regen; außerdem gedeiht 'Wendy' in relativ rauhen Lagen schlechter und benötigt einen warmen, geschützten Standort. **ZONEN 6–10.**

Schuurman, Neuseeland, 1993

'White Dream' × Sämling

## 'WENDY CUSSONS'

**Syn. 'Dr. Schiwago'**

TEEHYBRIDE, ROT, ÖFTERBLÜHEND

'Wendy Cussons' trägt große, dichtgefüllte, rote Blüten mit hoher Mitte und 30 Petalen, die gleichmäßig über die gesamte Pflanze verteilt sind und intensiv duften. Der gesunde, wuchsfreudige Strauch besitzt zahlreiche Triebe mit glänzendem, dunklem Laub und neigt in warmen Gegenden dazu, sich ungehindert auszubreiten, dafür aber weniger Blüten hervorzubringen. Andererseits fördert ein kühleres Klima die Blütenbildung und verhindert ein zu starkes Wachstum. Die kletternde Sorte **'Climbing Wendy Cussons'** (Gregory und Follen, Großbritannien, 1967) wurde mittlerweile auch in Deutschland eingeführt. **ZONEN 5–10.**

Gregory & Son Ltd, Großbritannien, 1963

Wahrscheinlich 'Kordes' Sondermeldung' × 'Eden Rose'

National Rose Society President's International Trophy 1959, Goldene Rose von Den Haag 1964, Portland Goldmedaille 1964

## 'WENLOCK' AUSwen

STRAUCHROSE, ROT, ÖFTERBLÜHEND

Diese Sorte mit ihrem zu einer karminroten Rose gut passenden, wundervollen Duft hat vom Frühling bis zum Sommer dichtgefüllte Blüten, die an kurzen Stielen stehen und deren Farbe sich im Laufe der Zeit kirschrot verfärbt. Sie eignet sich gut als Rand eines Beetes oder als niedrige Hecke. 'Wenlock' ist ein wohlgeformter Strauch von aufrechtem Wuchs, der sich gut zurückschneiden läßt, allerdings etwas Pflege benötigt, damit die großen Blätter vor allem in kühleren Lagen nicht krankheitsanfällig werden. **ZONEN 5–10.**

Austin, Großbritannien, 1984

'The Knight' × 'Glastonbury'

'Wendy Cussons'

## 'WEST COAST' MACnauru

**Syn. 'Metropolitan', 'Penthouse'**

TEEHYBRIDE, REIN ROSA, ÖFTERBLÜHEND

Bei dieser Teehybride handelt es sich um eine Züchtung des neuseeländischen Rosenzüchters Sam McGredy. Ihre leicht duftenden, rein rosa Blüten sind gefüllt und stehen einzeln oder in kleinen Büscheln an kräftigen Stielen. 'West Coast' ist relativ krankheitsfest, sollte aber regelmäßig auf Krankheitsanzeichen hin untersucht werden. Dieser buschige Strauch besitzt mattgrünes Laub und ist nur in einigen nordamerikanischen Rosengärtnereien erhältlich. **ZONEN 5–10.**

McGredy, Neuseeland, 1987

(['Yellow Pages' × 'Kabuki'] × 'Golden Gate') × (Poulsen-Sämling × 'Picasso')

## 'WESTERLAND' KORlawe, KORwest

FLORIBUNDA, APRICOT+, ÖFTERBLÜHEND

Die leuchtend apricot-orangefarbenen Blüten dieser Sorte, die während des Sommers in kurzen Abständen erscheinen, bereichern jeden Garten. Ihre angenehm duftenden, gefüllten Blüten stehen in Büscheln und wirken leicht gekräuselt, da die Petalen leicht gesägte Ränder besitzen. Dieser wuchsfreudige, imposante Strauch, der sich gut als Einzelpflanze plazieren läßt, ist von aufrechtem, mittelhohem Wuchs. Seine großen, weichen, dunkelgrünen Blätter sind allerdings anfällig für Krankheiten. **ZONEN 5–10.**

Kordes, Deutschland, 1969

'Friedrich Wörlein' × 'Circus'

ADR-Rose 1974, Royal Horticultural Society Award of Garden Merit 1993

'Wedding Day'

'Westerland'

'Westerland'

## 'WESTERN SUN'

TEEHYBRIDE, GOLDGELB, ÖFTERBLÜHEND

Diese Rose – ein kleiner, kräftiger Strauch mit dunklem Laub – trägt große, gefüllte Blüten, die ein attraktives, klares Goldgelb besitzen und an kurzen Stielen stehen. Die schönsten Blüten gedeihen im Spätsommer und Herbst, wenn sich ihre Form und Farbe nur langsam entwickeln. Zu Beginn und gegen Ende der Blütezeit ist 'Western Sun' etwas anfällig für Krankheiten. **ZONEN 5–10.**

Poulsen, Dänemark, 1965

Sämling von 'Spek's Jellow' × 'Goldene Sonne'

## 'WESTFALENPARK' KORplavi

**Syn. 'Kordes' Rose Westfalenpark', 'Chevreuse'**

STRAUCHROSE, APRICOT+, ÖFTERBLÜHEND

Diese Strauchrose eignet sich besonders für flächige Anpflanzungen und kommt in großen Rabatten, wie z. B. in öffentlichen Parkanlagen, besonders schön zur Geltung. 'Westfalenpark' hat große, gefüllte, später offene, apricotfarbene Blüten mit wellig gerollten Petalen, die zart duften und von großen, glänzenden, dunkelgrünen Blättern umgeben sind. Der Laubaustrieb ist rötlich. Aufgrund ihres breitbuschigen Wuchses muß sie in räumlich beengten Gartenbereichen regelmäßig zurückgeschnitten werden. Die Sorte ist nicht sehr weit verbreitet und nur bei einigen spezialisierten Züchtern erhältlich. **ZONEN 5–10.**

Kordes, Deutschland, 1987

Sämling × 'Las Vegas'

## 'WESTMINSTER CATHEDRAL'

**siehe 'Cathedral Splendour'**

'Western Sun'

'Westfalenpark'

W

'White Bells'

'Whipped Cream'

'Whisky'

## 'WHIPPED CREAM'

ZWERGROSE, WEISS, ÖFTERBLÜHEND

Die rundlichen Knospen dieser Sorte öffnen sich rasch zu attraktiven, gefüllten, weißen Blüten, deren Mitte cremefarben überhaucht ist und die vollerblüht goldgelbe Staubgefäße präsentieren. Zwischen den Blühzeiten liegen große Abstände; dafür sind die Blüten in kühlen Lagen relativ groß und erinnern an Rabattenrosen. Ein wüchsiger, aufrechter Strauch mit kleinen, hellgrünen Blättern an gesunden Trieben. **ZONEN 5–10.**

Moore, USA, 1968

(*Rosa wichuraiana* × 'Carolyn Dean') × 'White King'

## 'WHISKY' TANky

Syn. 'Whisky Mac'

TEEHYBRIDE, GELB+, ÖFTERBLÜHEND

Diese zauberhafte Rose hat schöne, dichtgefüllte, kräftig apricot-gelbe Blüten, die während der langen Blütezeit bis zum Herbst meist einzeln stehen. 'Whisky' ist stachelig und entwickelt sich zu einem stämmigen Strauch von offenem, etwas ausladendem Wuchs. Allerdings sollte die Pflanze, insbesondere während der kühlen Jahreszeit, sorgfältig auf Pilzbefall untersucht werden. Bei kühlem Wetter entwickeln sich die Blüten langsamer; dann leuchten ihre Farben aber besonders intensiv. Die Sorte **'Climbing Whisky'** (ANDmac; Syn. 'Climbing Whisky Mac'; Anderson's Rose Nurseries, Großbritannien, 1985) ist von kräftigem Wuchs, relativ krankheitsfest und hat bronzegelbe Blüten. **ZONEN 5–10.**

Tantau, Deutschland, 1967

Sämling von 'Dr. A. J. Verhage'

## 'WHITE ANGEL'

ZWERGROSE, WEISS, ÖFTERBLÜHEND

Die zierlichen Knospen dieser Rose entwickeln sich zu sehr attraktiven, kleinen, weißen Blüten mit spitz zulaufenden Petalen und zartem Duft, die von dem hellgrünen Laub hübsch ergänzt werden. Die wuchsfreudige 'White Angel' ist kleinwüchsig, hat aber zahlreiche Zweige, an denen viel mehr Blüten stehen als bei anderen Zwergrosen. Sie stammt von einer preisgekrönten Kreuzung aus einer Ramblerrose und einer Floribundarose ab. **ZONEN 5–10.**

Moore, USA, 1971

(*Rosa wichuraiana* × 'Floradora') × ('Little Darling' × Sämling einer roten Zwergrose)

American Rose Society Award of Excellence 1975

## 'WHITE BATH'

**Syn. 'Muscosa alba', *Rosa* × *centifolia muscosa alba*, 'Clifton Moss', *R. centifolia albo-muscosa*, 'Shailer's White Moss'**

ALTE R., MOOSROSE, WEISS

Normalerweise sind Moosrosen rosafarben; bei dieser Sorte, die sehr an eine Damaszenerrose erinnert, handelt es sich jedoch um einen weißen Sport, der teilweise oder sogar vollständig in die rosablütige Stammform zurückschlagen kann. 'White Bath' verfügt über strahlend weiße, dichtgefüllte, duftende Blüten, die in kleinen, dichten Büscheln stehen; ferner hat die Moosrose dunkle graugrüne, gerundete Blätter, die sich sehr weich anfühlen und auf der Unterseite purpurfarben überhaucht sind. Die Stiele und Knospen dieses wuchsfreudigen, mittelhohen Strauchs sind überall

'White Angel'

mit rötlichbraunem, stoppligem Moos bedeckt. **ZONEN 4–9.**

Shailer, Großbritannien, 1788

Sport von *Rosa centifolia muscosa*

Royal Horticultural Society Award of Garden Merit 1993

## 'WHITE BELLA ROSA'

FLORIBUNDA, WEISS, ÖFTERBLÜHEND

Diese kleinwüchsige Rose hat alle Eigenschaften ihrer Elternpflanzen; sie unterscheidet sich lediglich durch die Farbe ihrer Blüten. Diese sind halbgefüllt und weiß (mit einer rosa Schattierung bei kühlerem Wetter) und öffnen sich zu einer Becherform, die den Blick auf die Staubgefäße freigibt. Obwohl sie als erfolgreiche Zuchtrose gilt, sind weder 'Bella Rosa' noch ihre Abkömmlinge weit verbreitet. Die Pflanze ist relativ krankheitsfest und benötigt nur wenig Pflege. **ZONEN 5–10.**

Sport von 'Bella Rosa'

## 'WHITE BELLS' POUlwhite

ZWERGROSE, WEISS

Bei dieser Rose handelt es sich um ein Gegenstück zu 'Pink Bells' und 'Red Bells', die beide die gleiche Abstammung und den gleichen Wuchstyp besitzen. 'White Bells' hat zart duftende, weiße, leicht gefüllte Blüten mit creme-zitronengelber Mitte (deren Farbe im Laufe der Zeit verblaßt) sowie 35 Petalen, die in Büscheln stehen. Der breitbuschige Strauch wird von kleinen, stark glänzenden, grünen Blättern bedeckt. 'White Bells' wird etwas größer als ihre Geschwister, da sie lange, krankheitsfeste Triebe mit vielen Blüten entwickelt. Nach einer Eingewöhnungsphase von einem Jahr erfreut diese Rose vom Spätfrühling bis zum Sommer durch eine Fülle von Blüten und läßt sich mühelos zum Bodendecker als auch zur Hochstammrose mit überhängenden Zweigen erziehen. Sie blüht am zweijährigen Holz, weshalb die Jungtriebe nicht zurückgeschnitten werden sollten. **ZONEN 5–10.**

Poulsen, Dänemark, 1983

'Mini-Poul' × 'Temple Bells'

## 'WHITE BLUSH' SIEwhite

STRAUCHROSE, WEISS

Diese Rose gehört zu einer Reihe von winterharten Hybriden, die der Züchter Rolf Sievers mit Hilfe von Alba-Rosen und Abkömmlingen von *Rosa kordesii* auf den Markt brachte. Im Sommer trägt 'White Blush' angenehm duftende, stark gefüllte Blüten, die dank der verschiedenen Weißschattierungen der Petalen (außen in cremigem Weiß, innen in cremegelben Pastelltönen) einen altmodischen Charme ausstrahlen. Sie stehen in Büscheln an einer blattreichen Pflanze von aufrechtem Wuchs, die erheblich größer und ausladender wird als herkömmliche Strauchrosen. **ZONEN 4–9.**

Sievers, Deutschland, 1988

'Maiden's Blush' × 'Elegance'

## 'WHITE BOUQUET'

FLORIBUNDA, WEISS, ÖFTERBLÜHEND

'White Bouquet' trägt gefüllte, wohlgeformte, weiße Blüten, die einen würzigen Duft verströmen, an Gardenien erinnern und in unregelmäßigen Büscheln stehen. Insgesamt handelt es sich bei dieser Floribundarose um eine gesunde Pflanze mit krankheitsfestem, glänzendem, dunklem Laub. **ZONEN 5–10.**

Boerner, USA, 1956

'Glacier' × Sämling von 'Rosenmärchen'

All-American Rose Selection 1957

## 'WHITE BUTTERFLY'

TEEHYBRIDE, WEISS, ÖFTERBLÜHEND

Diese üppig blühende, weiße Teehybride eignet sich in Deutschland nur für die

'White Bath'

'White Bella Rosa'

'White Bella Rosa'

W

'White Christmas'

'White Dream'

'White Cécile Brunner'

'White Butterfly'

Gewächshauskultur. Ihre langen, spitzen Knospen öffnen sich zu großen, gefüllten, duftenden Blüten mit hellgrünen inneren Petalen, die vollerblüht eine Becherform besitzen. Die wüchsige, breitbuschige Pflanze blüht den ganzen Sommer über und hat ledrige Blätter. **ZONEN 5–10.**

Spanbauer, USA, 1954

'Ophelia' × 'Curly White'

John Cook-Medaille der American Rose Society 1957

## 'WHITE CARPET'

siehe 'Little Bo-Peep'

## 'WHITE CÉCILE BRUNNER'

**Syn. 'Weiße Cécile Brunner'**

POLYANTHAROSE, WEISS, ÖFTERBLÜHEND

Dieser attraktive, kleine Strauch trägt Blumen, die wunderschöne Sträußchen ergeben. Die winzigen, gefüllten Blüten in Cremeweiß duften zart und stehen an kurzen Stielen zwischen feinen Blättern. Sie gedeiht zwar nicht an allen Standorten, erfreut aber durch eine Fülle von Blüten während des ganzen Sommers. Bei kühler Witterung muß besonders auf Krankheitsanzeichen geachtet werden, da die Sorte aufgrund des dichten Wuchses relativ schnell erkrankt. **ZONEN 5–10.**

Fauque, 1909

Sport von 'Cécile Brunner'

## 'WHITE CHRISTMAS'

TEEHYBRIDE, WEISS, ÖFTERBLÜHEND

Dies Blüten dieser 1953 gezüchteten Teehybride sind dichtgefüllt, haben etwa 50 Petalen und eine hohe Mitte. Sie sind jedoch bei feuchtem und regnerischem Wetter sehr anfällig für Pilze *(Botrytis)*. Der kompakte, wuchsfreudige Strauch von aufrechtem Wuchs trägt hellgrünes, ledriges Laub und während des ganzen Sommers duftende Blüten. **ZONEN 5–10.**

Howard and Smith, USA, 1953

'Sleigh Bells' × Sämling

## 'WHITE COCKADE'

GROSSBLUMIGE KLETTERROSE, WEISS, ÖFTERBLÜHEND

Bei 'White Cockade' handelt es sich um eine robuste Kletterrose mit einer Fülle von süß duftenden, weißen, gefüllten Blüten, die im Frühsommer erscheinen; danach trägt die Rose nur noch vereinzelt Blüten. Diese wüchsige, gesunde Pflanze ist relativ krankheitsfest und pflegeleicht und läßt sich leicht zurückschneiden. Sie eignet sich besonders zur Bepflanzung von Mauern und Zäunen, die ihr Gewicht tragen können. Bei diesem Abkömmling der 'New Dawn' kommen die Eigenschaften der Mutterpflanze – klassische Blütenform und glänzende Blätter – deutlich zum Ausdruck. **ZONEN 5–9.**

Cocker, Großbritannien, 1969

'New Dawn' × 'Circus'

Royal Horticultural Society Award of Garden Merit 1993

'White Bouquet'

## 'WHITE DAWN'

GROSSBLUMIGE KLETTERROSE, WEISS

'White Dawn' besitzt viele Gemeinsamkeiten mit 'New Dawn'. Diese niedrige, wüchsige Kletterrose ist überall mit Stacheln bedeckt und besitzt dichtes, kleinblättriges, glänzendes Laub, das krankheitsfest ist und wenig Pflege benötigt. Da ihre weißen Blüten schon sehr früh blühen, sollte man beim Winterschnitt einige horizontale Seitentriebe ziehen. Die gefüllten, gardenienähnlichen, duftenden Blüten haben 35 Petalen und stehen in Büscheln. Erhältlich ist sie nur bei wenigen Spezialisten. **ZONEN 5–9.**

Longley, USA, 1949

'New Dawn' × 'Lily Pons'

## 'WHITE DOROTHY'

**Syn. 'White Dorothy Perkins'**

RAMBLERROSE, WEISS

Die weißen, rosa überhauchten Blüten dieses Sports sitzen in dicken Dolden und erscheinen meist Ende Juli; später erfolgt eine kleine Nachblüte. Die Pflanze ist von dichtem, feinfiedrigem Laub bedeckt, das mehltauanfällig ist. Die Elternpflanze 'Dorothy Perkins' zählt mit ihren Büscheln von rosa Blüten vermutlich zu den bekanntesten weichtriebigen Ramblerrosen; sie wurde 1901 von den amerikanischen Züchtern Jackson und Perkins gezüchtet. **ZONEN 5–9.**

Cant, Großbritannien, 1908

Sport von 'Dorothy Perkins'

## 'WHITE DREAM' LENblank, LENvir

**Syn. 'Sentinel'**

ZWERGROSE, WEISS, ÖFTERBLÜHEND

Die zart duftenden, rein weißen Blüten dieser Sorte haben 35 Petalen sowie eine hohe, edelrosenähnliche Mitte und stehen in kleinen Büscheln. Sie sind etwas größer als bei anderen Zwergrosen, dafür jedoch besonders wohlgeformt. Die Sorte ist ein wuchsfreudiger, niedriger Strauch, der sich rasch ausbreitet. **ZONEN 5–10.**

Lens, Belgien, 1982

Eltern unbekannt

## 'WHITE ENSIGN'

**Syn. 'Monty's White Tea'**

TEEHYBRIDE, WEISS, ÖFTERBLÜHEND

Die zahlreichen, edelrosenähnlichen, weißen Blüten dieser Rose entwickeln sich aus wohlgeformten Knospen; sie sind dichtgefüllt, zart duftend und becherförmig und haben eine cremefarbene Mitte. Das dichte, gesunde, leuchtend grüne Blattwerk wächst an einem wuchsfreudigen, ausladenden und krankheitsfesten Strauch. Diese Rose ergibt eine schöne Schnittblume, da sich die cremegelbe Tönung der Blütenmitte lange hält und in Arrangements gut zur Geltung kommt. In vielen Gärten dient sie aber auch zur Bepflanzung von Rabatten und Mixed Borders. **ZONEN 5–10.**

McGredy, Großbritannien, 1925

Eltern unbekannt

'White Ensign'

'White Ensign'

Einige Sports von 'White Dorothy' besitzen hier wieder den elterlichen Rosaton.

## 'WHITE FAIRY'

**Syn. 'Wirruna White Fairy'**

POLYANTHAROSE, WEISS, ÖFTERBLÜHEND

Diese relativ winterharte und üppig blühende Sorte trägt große Büschel von pomponförmigen, rein weißen Blüten mit einer Fülle goldgelber Staubgefäße, die vor dem dunkelgrünen Blattwerk schön zur Geltung kommen. Sie eignet sich besonders für Rabatten und flächige Anpflanzungen. **ZONEN 4–10.**

Fryer, Großbritannien, 1988

Eltern unbekannt

## 'WHITE FLOWER CARPET'

NOAschnee

**Syn. 'Schneeflocke', 'Emera Blanc', 'Opalia'**

FLORIBUNDA, WEISS, ÖFTERBLÜHEND

Die in Deutschland als 'Schneeflocke' bekannte Noack-Rose hat kleine, gefüllte Blüten, die den gesamten Strauch bedekken. Diese flachwüchsige Rose ist krankheitsfest und pflegeleicht; sie eignet sich besonders für flächige Anpflanzungen, Böschungen oder andere Standorte, die mit kleinwüchsigen Sorten bepflanzt werden müssen. 'White Flower Carpet' wird nur selten als okulierte Rose angeboten, sondern vorwiegend aus Steckhölzern gezogen. **ZONEN 5–10.**

Noack, Deutschland, 1991

'Heidetraum' × 'Margaret Merrill'

ADR-Rose 1991, Goldmedaille der Royal National Rose Society 1991, Goldene Rose von Den Haag 1995, Glasgow Certificate of Merit 1996

## 'WHITE GEM' MEIturusa

ZWERGROSE, WEISS, ÖFTERBLÜHEND

Die langen, spitzen Knospen dieser Rose öffnen sich den ganzen Sommer über zu zart duftenden, elfenbeinfarbenen, gelbbraun überhauchten Blüten, die einzeln oder in Büscheln stehen und 90 Petalen haben. Diese sind anmutig zurückgebogen und verleihen der Rose ihre bei zahlreichen Ausstellungen vielbewunderte perfekte Form. Den wuchsfreudigen Strauch von aufrechtem, mittelhohem Wuchs schmücken große, glänzende, dunkelgrüne Blätter. In den USA wurde 'White Gem' von vielen anderen weißblütigen Rosen verdrängt. **ZONEN 5–10.**

Meilland, Frankreich, 1976

'Minuetto' × 'Jack Frost'

## 'WHITE GROOTENDORST'

**Syn. 'Weiße Nelkenrose'**

RUGOSA-HYBRIDE, WEISS, ÖFTERBLÜHEND

Dieser breitbuschig stachelige Strauch von aufrechtem, mittelhohem Wuchs sorgt für eine angenehme Abwechslung im Erscheinungsbild herkömmlicher Rosenbeete. Er ist den ganzen Sommer über mit halbgefüllten, weißen Petalen übersät, deren Blütenblätter am Rand zart gekräuselt sind – worauf das deutsche Synonym 'Weiße Nelkenrose' treffend verweist. Die schönsten Blüten erscheinen jedoch zu Beginn des Sommers und dann wieder kurz vor Herbstbeginn. 'White Grootendorst' gehört zu einer Gruppe von Rosen, die alle von *Rosa rugosa* abstammen und sich gut miteinander kombinieren lassen. Sie ist relativ pflegeleicht und krankheitsfest, duftet allerdings nicht. Hagebutten werden ebenfalls nicht gebildet. **ZONEN 5–10.**

Eddy, USA, 1962

Sport von 'Pink Grootendorst'

'White Maman Cochet'

'White Maman Cochet' (Stacheln)

'White Madonna'

'White Lightnin''

'White Knight'

## 'WHITE KNIGHT' MEIban

**Syn. 'Message'**

TEEHYBRIDE, WEISS, ÖFTERBLÜHEND

Diese preisgekrönte Teehybride mit ihrem ledrigen, hellgrünen Laub hat wunderbar anmutige, klassisch geformte Blüten. Die großen, gefüllten, strahlend weißen Rosen mit hoher Mitte und ca. 35 Petalen wachsen an einer großen, pflegeleichten Pflanze von aufrechtem Wuchs. Ihre Knospen sind manchmal grün überhaucht; diese Tönung verschwindet aber, sobald sich die Blüten öffnen. 'White Knight' ist anfällig für Mehltau und sollte während der gesamten Blütezeit sorgfältig auf erste Krankheitssymptome untersucht werden. Wenn man sie im Sommer etwas zurückschneidet, erfreut sie im Herbst durch einen üppigen zweiten Flor. **ZONEN 5–10.**

Meilland, Frankreich, 1955

('Virgo' × 'Gloria Dei') × 'Virgo'

All-American Rose Selection 1958

## 'WHITE LIGHTNIN'' AROwhif

TEEHYBRIDE, WEISS, ÖFTERBLÜHEND

Diese Rose trägt große, gefüllte Blüten mit 30 Petalen an einem kräftigen, wuchsfreudigen Strauch von aufrechtem Wuchs. Ihre rein weißen, klassisch geformten Blüten haben einen angenehmen, langanhaltenden Duft und kommen als Schnittblumen in einer Vase besonders schön zur Geltung. Die Sorte 'White Lightnin'' gibt einen gesunden Strauch, der mit ein bißchen Pflege den meisten Krankheiten trotzt. Diese Teehybride erfreut den ganzen Sommer über in kurzen Abständen mit neuen Blüten. **ZONEN 5–10.**

Swim, USA, 1980

'Angel Face' × 'Misty'

All-American Rose Selection 1981

'White Flower Carpet'

'White Fairy'

## 'WHITE MADONNA'

ZWERGROSE, WEISS, ÖFTERBLÜHEND

Die langen Knospen dieser Zwergrose öffnen sich zu gefüllten, becherförmigen, weißen bis zartrosa überhauchten Blüten mit über 30 Petalen, die in kleinen, zart duftenden Büscheln stehen. Das glänzend grüne Laub besitzt eine ledrige Struktur. Die Sorte 'White Madonna' ist eine kräftige Pflanze von aufrechtem Wuchs, die in kurzen Abständen neue Blüten bildet. **ZONEN 4–10.**

Moore, USA, 1973

(*Rosa wichuraiana* × 'Floradora') × ('Little Darling' × rote Zwergrose)

## 'WHITE MAMAN COCHET'

ALTE R., TEEROSE, WEISS, ETWAS NACHBLÜHEND

Sowohl die Elternpflanze als auch der Sport sind sehr wuchsfreudige, kräftige Rosen, die sich zu großen Sträuchern entwickeln können. 'White Maman Cochet' besitzt sehr lange, große Knospen, die sich zu weißen, teilweise rosa überhauchten Blüten öffnen. Sie wirken fast schon drall und bilden bei feuchtem Wetter sehr rasch Mumien. **'Climbing White Maman Cochet'** (Knight, Australien, 1907) ist eine wuchsfreudige, kletternde Sorte mit leicht gelblichen Blüten. Sie gedeiht nur in warmem Klima. **ZONEN 7–9.**

Cook, USA, 1896

Sport von 'Maman Cochet'

## 'WHITE MARY MACKILLOP'

TEEHYBRIDE, WEISS, ÖFTERBLÜHEND

Der kompakte Busch zeigt ein dichtes, glänzendes, kräftig grünes Blattwerk und wohlgeformte Knospen, die sich zu attraktiven weißen Blüten mit 30–35 Petalen öffnen. Sie erscheinen in sehr kurzen Abständen und stehen einzeln oder in kleinen Büscheln an kurzen, aber kräftigen Stielen. 'White Mary MacKillop' und ihre Elternpflanze eignen sich gut zur Bepflanzung von Rabatten und Randbeeten. **ZONEN 5–10.**

Swane's Nursery, Australien, 1988

Sport von 'Mary MacKillop'

## 'WHITE MASTERPIECE' JACmas

TEEHYBRIDE, WEISS, ÖFTERBLÜHEND

Diese mittelgroße Teehybride besitzt große, zart duftende, gefüllte Blüten mit hoher Mitte und einem zarten Grünton, die jedoch nur einzeln hervorgebracht werden und sehr unter schlechtem Wetter leiden. In warmen Regionen verblaßt der zarte Grünton der Blüten rasch, während er in kühleren Klimazonen manchmal bis zum Verblühen erhalten bleibt. Die 'White Masterpiece' erfordert sorgfältige Pflege und sollte während des gesamten Sommers auf Krankheitsanzeichen untersucht werden, damit sie durch wunderschöne Blüten erfreuen kann. **ZONEN 5–10.**

Boerner, USA, 1969

Eltern unbekannt

## 'WHITE MEIDILAND' MEIcoublan

Syn. 'Alba Meidiland'(I), 'Blanc Meillandécor'

STRAUCHROSE, WEISS, ÖFTERBLÜHEND

Diese ursprünglich als Bodendecker eingeführte Sorte gehört zu einer Gruppe von Rosen, die Meilland für die Landschaftsgestaltung entwickelte. Sie ist relativ krankheitsfest und daher besonders für Straßenränder und naturnahe Gärten geeignet. Die dichtgefüllten Blüten (mit 40 Petalen) erscheinen jedes Jahr in großen Dolden und bedecken den gesamten, breitbuschigen Strauch mit seinen mittelgroßen, glänzenden, dunkelgrünen Blättern. **ZONEN 5–10.**

Meilland, Frankreich, 1986

'Temple Bells' × MEIgurami

## 'WHITE MEILLANDINA' MEIblam

Syn. 'Yorkshire Sunblaze'

ZWERGROSE, WEISS, ÖFTERBLÜHEND

Die mittelgroßen, halbgefüllten, weißen Blüten duften zwar nicht, passen aber sehr schön zum kleinen, hellgrünen Laub dieses kompakten Strauchs. 'White Meillandina' ist eine blühfreudige, sehr krankheitsfeste Rose, die sich hervorragend als Kübelpflanze eignet. Sie gehört zur beliebten 'Meillandina'-Serie der französischen Rosenzucht Meilland und bereichert mit ihrer ganzjährigen Farbenpracht jeden Garten. **ZONEN 5–10.**

Meilland, Frankreich, 1984

'Katharina Zeimet' × 'White Gem'

American Rose Society Top Garden Rose in Proof of the Pudding Survey 1991

'White Masterpiece'

'White Mary MacKillop'

'White Meillandina'

'White Meidiland'

'White Pet'

'White Meidiland'

## 'WHITE MRS FLIGHT'

Syn. 'White Flight'

RAMBLERROSE, WEISS

Dieser Sport von 'Mrs F. W. Flight' ist noch wuchsfreudiger als seine Elternpflanze und trägt einfache, rein weiße Blüten. Manche Rosenexperten wie der englische Rosenexperte Peter Beales bezweifeln allerdings, ob es sich bei dieser Ramblerrose tatsächlich um einen Sport handelt, wie allgemein angenommen wird. **ZONEN 5–9.**

Rockford, 1916

Sport von 'Mrs F. W. Flight'

## 'WHITE NEW DAWN'

Syn. 'Weiße New Dawn', 'New Dawn White'

GROSSBLUMIGE KLETTERROSE, WEISS, ÖFTERBLÜHEND

Diese Sorte unterscheidet sich von der rosa überhauchten Elternpflanze nur durch ihre weiße Blütenfarbe. Ihre becherförmigen, gefüllten Blüten duften süß; sie stehen vom Sommer bis zum Herbst in anmutigen Büscheln und wirken unabhängig vom Wetter immer klar und frisch. Die wüchsigen, biegsamen Stiele sind mit glänzenden Blättern übersät. Im Garten eignet sich 'White New Dawn' hervorragend zur Bepflanzung von Zäunen, Säulen, Bögen, Pergolen und Mauern und zum Kaschieren unansehnlicher Gartenbereiche. Wenn man diese Kletterrose allerdings nicht zurückschneidet und als Strauch- oder Heckenrose einsetzt, kann sie die doppelte Größe herkömmlicher Kletterrosen erreichen. **ZONEN 4–9.**

Berger, Deutschland, 1959

Sport von 'New Dawn'

## 'WHITE OUT' MACwhitout

ZWERGROSE, WEISS, ÖFTERBLÜHEND

Die Knospen dieser Sorte öffnen sich zunächst zartrosa und entwickeln sich dann zu winzigen, weißen, rosettenartigen Blüten, die betörend duften, in Büscheln stehen und den gesamten, kompakten und gesunden Strauch bedecken. 'White Out' ist eine blühfreudige, pflegeleichte Pflanze. **ZONEN 5–10.**

McGredy, Neuseeland, 1988

'Heckenzauber' × 'Popcorn'

## 'WHITE PET'

Syn. 'Little White Pet', 'Belle de Teheran'

POLYANTHAROSE, WEISS, ÖFTERBLÜHEND

Bei 'White Pet', die manchmal als zwergenwüchsige Sempervirens-Rose eingestuft wird, handelt es sich um einen kompakten Strauch, der den ganzen Sommer blüht. Die dichtgefüllten, weißen, leicht duftenden Blüten entwickeln sich aus rosa überhauchten Knospen, deren zarte Tönung bei kühlem Wetter auch den vollerblühten, pomponförmigen Blüten erhalten bleibt. Sie eignen sich gut, um kleine Sträuße für die Vase zu schneiden. Dieser kräftige, wüchsige Strauch mit seinem dunkelgrün glänzenden Laub bietet sich sowohl als Beetbepflanzung als auch als Hochstammrose an. Die gesunde, pflegeleichte Rose ist wie die **'Climbing White Pet'** (Corboeuf, Frankreich, 1894) eine Bereicherung für jeden Garten. **ZONEN 5–10.**

Henderson, USA, 1879

Sport von 'Félicité et Perpétue'

Royal Horticultural Society Award of Garden Merit 1993

'White Rose of York'

'White Rose of York'

'White Radox Bouquet'

## 'WHITE QUEEN ELIZABETH'

**Syn. 'Weiße Queen Elizabeth, 'Blanc Queen Elizabeth'**

FLORIBUNDA, WEISS, ÖFTERBLÜHEND

'White Queen Elizabeth' ist ein Sport der bekannten Floribundarose 'Queen Elizabeth', deren besondere Eigenschaften sie geerbt hat: einen kräftigen, krankheitsfesten Wuchs und eine üppige Blütenpracht. Außerdem besitzt die duftende Rose die gleiche, etwas informelle, geöffnete Blütenform wie die Elternpflanze, von der sie sich aber durch ihre cremefarben überhauchte Blütenfarbe unterscheidet. Eine interessante Rose, der jedoch das strahlendleuchtende Weiß vieler weißblütiger Rosensorten fehlt. Da sie sehr schnell wächst, eignet sie sich am besten für den hinteren Bereich eines Rosenbeets.

**ZONEN 5–10.**

Banner, Großbritannien, 1965

Sport von 'Queen Elizabeth'

## 'WHITE RADOX BOUQUET'

STRAUCHROSE, WEISS, ÖFTERBLÜHEND

Dieser großwüchsige Strauch ist ein Sport der besser bekannten Elternpflanze 'Radox Bouquet'. Seine rosa überhauchten Knospen öffnen sich zu dichtgefüllten, duftenden, weißen Blüten mit 50 Petalen, die in kleinen Büscheln von fünf oder mehr Einzelblüten stehen und sich gut als Schnittblumen eignen. 'White Radox Bouquet' hat ein gesundes, glänzendes Blattwerk an wuchsfreudigen Trieben und wächst zu einem kräftigen Strauch heran. In kühlen, feuchten Regionen sollte man die Pflanze regelmäßig auf Krankheitszeichen untersuchen.

**ZONEN 5–10.**

Melville Nurseries, Australien, 1988

Sport von 'Radox Bouquet'

## 'WHITE ROSE OF YORK'

**Syn. 'Weiße Rose von York', 'Bonnie Prince Charlie's Rose', 'La Rose de York'**

ALTE R., ALBA-ROSE, WEISS

Bei dieser berühmten Rose handelt es sich um einen eleganten Strauch mit einem üppigen, graugrünen Laub, der nur einmal im Sommer blüht und bis zu 2 m hoch wird. Die großen, gefüllten Blüten, denen im Herbst ovale, scharlachrote Hagebutten folgen, stehen in Büscheln; ihre rein weißen Blütenblätter umsäumen ein dichtes Büschel leuchtend gelber Staubgefäße. 'White Rose of York' wird von manchen Systematikern auch als mit 'Alba Maxima' identisch klassifiziert. Diese Alba-Rose ist eine der beiden Sorten, die in der bulgarischen Stadt Kasanlik zur Herstellung des sehr begehrten Rosenöls kultiviert werden.

**ZONEN 5–10.**

Vor 1597

Wahrscheinlich *Rosa corymbifera* × *R. gallica*

## 'WHITE SIMPLICITY' JACsnow

FLORIBUNDA, WEISS, ÖFTERBLÜHEND

Dieser üppig blühende Strauch gilt als gesund und nur bei ausgesprochen schlechten Witterungsbedingungen krankheitsanfällig. Die großen, gefüllten, weißen Blüten öffnen sich zu einer Becherform und geben den Blick auf die Staubgefäße frei. Aufgrund ihres Wuchstyps und der kurzen Abstände zwischen ihren Blüteperioden eignet sich 'White Simplicity' hervorragend zur Bepflanzung eines Randbeets oder einer Hecke.

**ZONEN 5–10.**

Warriner, USA, 1991

Eltern unbekannt

'White Spray'

## 'WHITE SPARRIESHOOP'

**Syn. 'Weiße aus Sparrieshoop'**

STRAUCHROSE, WEISS, ÖFTERBLÜHEND

Die relativ großen, schalenförmigen Blüten dieses weißen Sports der bekannten Strauchrose haben einige gewellte Blütenblätter und goldgelbe Staubgefäße. Sie duften angenehm und blühen vom Sommer bis zum Herbst. Als üppig blühende Strauchrose von mittelhohem, aufrechtem Wuchs eignet sich die 'White Sparrieshoop' gut zur Bepflanzung von Beeten sowie als Einzelpflanze, wo ihr ledriges, glänzendes, im Austrieb rotes Laub schön zur Geltung kommt.

**ZONEN 4–9.**

Kordes, Deutschland, 1962

Sport von 'Sparrieshoop'

## 'WHITE SPRAY'

FLORIBUNDA, WEISS, ÖFTERBLÜHEND

'White Spray' ist ein üppig blühender Strauch mit in Büscheln stehenden, wohlgeformten, weißen Blüten. Diese sind gefüllt und duften zart; sie bedecken den gesamten Strauch und eignen sich aufgrund der Stiellänge gut als Schnittblumen. **ZONEN 5–10.**

LeGrice, Großbritannien, 1968

Sämling × 'Schneewittchen'

## 'WHITE TAUSENDSCHÖN'

**Syn. 'Weiße Tausendschön'**

RAMBLERROSE, WEISS

Diese Rose unterscheidet sich von ihrer Elternpflanze, der beliebten 'Tausendschön' des deutschen Züchters Kiese, hauptsächlich durch ihr etwas helleres, grünes Laub. Ihre weißen Blüten sind manchmal rosa überhaucht. Die Sorte ist nicht weit verbreitet **ZONEN 5–9.**

Paul, Großbritannien, 1913

Sport von 'Tausendschön'

## 'WHITE WINGS'

TEEHYBRIDE, WEISS, ÖFTERBLÜHEND

Die in Büscheln stehenden Blüten von 'White Wings' erinnern vollerblüht tatsächlich an weiße Flügel (*wings* = „Flügel"), da sich die fünf Petalen voneinander wegdrehen. Sie duften süß und geben den Blick auf die schokoladenbraunen Staubgefäße frei; insgesamt erinnern sie an Magnolienblüten. Das ledrige Blattwerk schmückt die nicht allzu wuchsfreudige, mittelhohe und aufrechte Pflanze. Sie läßt sich auch gut als niedriger Strauch ziehen, wenn wenig geschnitten wird. **ZONEN 5–10.**

Krebs, USA, 1947

'Dainty Bess' × Sämling

'White Sparrieshoop'

'White Simplicity'

'White Queen Elizabeth'

'Wichmoss'

'Wild Flower'

'Wienerwald'

## 'WHOOPI' SAVawhoop

ZWERGROSE, ROT+, ÖFTERBLÜHEND

Der Rosenzüchter Harm Saville benannte diese Zwergrose – eine der interessantesten Neueinführungen in dieser Rosenklasse während der vergangenen Jahre – zu Ehren des Filmstars Whoopi Goldberg. Ihre prallen, rundlichen Knospen öffnen sich langsam zu dichtgefüllten Blüten mit hoher Mitte und einer Fülle herzförmiger Blütenblätter, die steif nach außen gebogen sind. Die Schönheit dieser Rose, deren Blüten von herausragender Qualität sind, beruht auf der Kombination von weißen Blütenansätzen und karminrot überhauchten Blütenspitzen. Der nicht sehr wuchsfreudige Strauch von mittelhohem Wuchs hat dunkelgrüne, mattglänzende Blätter und blüht in größeren Abständen als die meisten Zwergrosen, ist jedoch nicht winterhart und in Mitteleuropa schwer erhältlich. **ZONEN 5–11.**

Saville, USA, 1991

('Yellow Jewel' × 'Tamango') × 'Party Girl'

## 'WHY NOT' MORwhy

ZWERGROSE, ROT+, ÖFTERBLÜHEND

Die kleinen, einfachen, leicht duftenden Blüten dieser Rose sind leuchtend rot; sie besitzen eine stark kontrastierende gelbe Blütenmitte und kommen vor dem kleinen, mattgrünen Laub gut zur Geltung. Dieser Strauch von aufrechtem Wuchs ist eine Bereicherung für jeden Garten, da er mit seiner üppigen Blütenpracht, die in kurzen Abständen blüht, einen kräftig bunten Blickfang bildet. Als der Züchter Ralph Moore von einem Besucher gefragt wurde, ob er diese Rose einführen wolle, schien er sich noch unschlüssig, woraufhin der Besucher entgegnete: „Warum nicht?" *(engl. = why not)* – voilà, ein Rosenname war geboren. **ZONEN 5–10.**

Moore, USA, 1983

'Golden Angel' × Sämling

## 'WICHMOSS'

RAMBLERROSE, HELLROSA

Bei dieser interessanten Rose handelt es sich um das Ergebnis des Versuchs, eine Ramblerrose mit bemoosten Knospen zu züchten. 'Wichmoss' besitzt den für eine *Rosa wichuraiana* üblichen weichtriebigen Wuchs. Allerdings sind die bemoosten Kelchblätter angeblich sehr anfällig für Mehltau. Die duftenden, halbgefüllten, hellrosa Blüten verblassen im Laufe der Zeit zu einem Cremeweiß. Obwohl der kalifornische Züchter Ralph Moore später viele bemooste Zwergrosen einführte, hat offenbar sonst niemand vesucht, Rambler mit dieser Eigenschaft zu züchten. **ZONEN 5–9.**

Barbier, Frankreich, 1911

*Rosa wichuraiana* × 'Salet'

## 'WICKWAR'

STRAUCHROSE, HELLROSA

Bei der Elternpflanze *Rosa soulieana* handelt es sich um eine ungewöhnliche Wildrose, die 1896 von Westchina aus nach Europa gebracht wurde; sie trägt stark duftende Büschel großer, einfacher, weißer Blüten, denen gelborange Hagebutten folgen. Dieser Sämling besitzt rosa Blüten und ist kleiner als die Elternpflanze. 'Wickwar' entwickelt sich zu einem großen Strauch mit kleinen, graugrünen Blättern und zahlreichen Stacheln. Sie ist nur noch bei wenigen Rosenzüchtern in England und Frankreich erhältlich. **ZONEN 7–9.**

Steadman, Großbritannien, 1960

Sämling von *Rosa soulieana*

## 'WIENER CHARME' KORschaprat

Syn. 'Charme de Vienne', 'Charming Vienne', 'Vienna Charm'

TEEHYBRIDE, ORANGE+, ÖFTERBLÜHEND

Diese stämmige Pflanze mit dunklem Laub, die fast überall gedeiht, trägt den ganzen Sommer über schöne, kupferorangefarbene Blüten mit hoher Mitte. Aufgrund ihrer langen Stiele und der wohlgeformten Knospen eignet sie sich gut zum Schnitt. Ihre großen, gefüllten Blüten mit ca. 30 Petalen sind sehr lange haltbar und manchmal rosa überhaucht; allerdings duften sie nicht. **ZONEN 5–10.**

Kordes, Deutschland, 1963

'Chantré' × 'Goldene Sonne'

## 'WIENERWALD'

Syn. 'Vienna Woods'

TEEHYBRIDE, ORANGEROSA, ÖFTERBLÜHEND

Diese Sorte hat gefüllte, rein rosa Blüten mit angenehmen Duft und zarter Struktur. Die äußeren Petalen besitzen einen kräftigeren und dunkleren Rosaton, der sich später noch verstärkt. 'Wienerwald' entwickelt sich zu einem wuchsfreudigen Strauch von aufrechtem, mittelhohem Wuchs, stämmigen Stielen und großen, ledrigen, dunkelgrünen Blättern; allerdings ist sie nicht sehr krankheitsfest und erfordert aufmerksame Pflege, damit sie während des ganzen Sommers schöne Blüten trägt. In heißen, trockenen Klimazonen gedeiht sie jedoch prächtig. **ZONEN 5–9.**

Kordes, Deutschland, 1974

'Königin der Rosen' × Sämling

## 'WILD FLOWER' AUSwing

Syn. 'Wildflower'

STRAUCHROSE, HELLGELB, ÖFTERBLÜHEND

Diese auch als Englische Rose eingestufte Sorte besitzt einfache, becherförmige, cremegelbe Blüten, die den Blick auf die goldgelben Staubgefäße freigeben und den kleinen, wuchernden Strauch während des ganzen Sommers bedecken. 'Wild Flower' eignet sich gut zur Bepflanzung von Randbeeten und Rabatten, ist allerdings aufgrund ihrer hohen Anfälligkeit für Krankheiten inzwischen von besseren Sorten abgelöst worden. **ZONEN 5–10.**

Austin, Großbritannien, 1986

'Lilian Austin' × ('Canterbury' × 'Golden Wings')

'White Wings'

'White Wings'

'Why Not'

'Wiener Charme'

W

## 'WILDFEUER'

**Syn. 'Wildfire'**
STRAUCHROSE, ROT

Diese winterharte, reichblühende Rose besitzt halbgefüllte, feurig-scharlachrote Blüten und schönes Laub; sie wird etwa 1 m hoch. Allerdings ist diese Sorte heute kaum noch zu finden. Unter dem Synonym 'Wildfire' existiert eine von dem Amerikaner Swim gezüchtete rote Floribundarose, die jedoch in Deutschland leider nicht erhältlich ist.
**ZONEN 5–10.**

Kordes, Deutschland, 1953

'Dornröschen' × Sämling

## 'WILHELM'

siehe 'Skyrocket'

## 'WILL SCARLET'

STRAUCHROSE, ROT, ÖFTERBLÜHEND

Diese Rose besitzt halbgefüllte, intensiv rote Blüten, die sich becherförmig öffnen. Obwohl der leuchtende Rotton im Laufe der Zeit zu einem Kirschrot verblaßt, bilden die ständig neu produzierten, attraktiven Rosen einen farbenfrohen Blickfang in jedem Garten. Dieser aufrechte, wuchsfreudige Strauch ist zwar gesund, leidet aber wie auch viele andere Rosensorten unter Nässe. In Deutschland kann man diese Strauchrose nicht kaufen. **ZONEN 5–9.**

Hilling, Großbritannien, 1948

Sport von 'Wilhelm'

National Rose Society Trial Ground Certificate 1957

'Wildfeuer'

'William Allen Richardson'

'William and Mary'

'William Grant'

'William Lobb'

## 'WILLIAM ALLEN RICHARDSON'

ALTE R., NOISETTEROSE, GELB+, ETWAS NACHBLÜHEND

Diese fast duftlose Rose ist weniger wuchsfreudig als ihre Elternpflanze, jedoch besitzen die zahlreichen, mittelgroßen, geviertelten Blüten einen viel intensiveren orangegelben Farbton. Im Herbst produziert diese Sorte große, runde, rote Hagebutten. Sie bildet mit ihrem steifen Wuchs große dichte Büsche und ist nicht ganz so frostempfindlich, wie ihr nachgesagt wird. **ZONEN 7–9.**

Ducher, Frankreich, 1878

Sämling von 'Rêve d'Or'

## 'WILLIAM AND MARY'

STRAUCHROSE, ROSA+

Diese von Peter Beales gezüchtete Sorte gehört zu den ersten drei von ihm eingeführten Strauchrosen und besitzt die gleiche Wuchsfreude wie die Elternpflanze 'Constanze Spry'. Ihre intensiv duftenden, großen, becherförmigen und dichtgefüllten Blüten stehen einzeln oder in Büscheln und schmücken im Frühsommer den gesamten Strauch. Die silbrig-rosafarbenen Petalen sind karminrot überhaucht. Der kräftige, aufrechte, wüchsige Strauch läßt sich auch als kleine Kletterrose im Garten verwenden und in einem Mixed Border gut mit anderen Sträuchern und Krautpflanzen kombinieren. **ZONEN 5–10.**

Beales, Großbritannien, 1988

Sämling von 'Constanze Spry'

## 'WILLIAM BAFFIN'

STRAUCHROSE, DUNKELROSA, ÖFTERBLÜHEND

Diese robuste, winterharte Strauchrose schmückt sich mit schönen, becherförmigen, halbgefüllten Blüten; diese sind erdbeerrosa, in der Mitte weiß überhaucht und besitzen deutlich sichtbare goldgelbe Staubgefäße. Sie stehen vom Sommer bis zum Herbst in Büscheln von bis zu 30 Einzelblüten, duften jedoch kaum. 'William Baffin' – deren Name an den englischen Seefahrer (1584–1632) erinnert, der die Beringsee entdeckte – kann sowohl als Einzelpflanze gesetzt als auch zum Anlegen einer dichten Hecke bzw. unter Verwendung einer Rankhilfe als Kletterrose gepflanzt werden. Die ausgesprochen wuchsfreudige Pflanze hat kräftige, glänzende und gesunde Blätter an aufrechten, leicht gewölbten Stielen. **ZONEN 3–9.**

Svejda, Kanada, 1983

*Rosa kordesii* × Sämling

'Will Scarlet'

## 'WILLIAM GRANT'

ALTE R., GALLICA-ROSE, DUNKELROSA, ETWAS NACHBLÜHEND

Vollerblüht trägt diese Gallica-Rose eine Fülle einfacher bis halbgefüllter, becherförmiger Blüten in kräftigem Rosa, die in kleinen Büscheln wachsen und dann den Blick auf ein dichtes Büschel goldgelber Staubgefäße freigeben. Die Sorte wächst kletternd und duftet wundervoll. Der Rosenbuchautor William Grant entdeckte sie am Zaun einer verlassenen Tankstelle im US-Staat Oregon; später wurde diese Rose dann nach ihm benannt.
**ZONEN 5–10.**

Eltern unbekannt

## 'WILLIAM LOBB'

**Syn. 'Duchesse d'Istrie', 'Old Velvet Moss'**
ALTE R., MOOSROSE, MAUVE

'William Lobb' kann rasch bis zu 2,5 m hochwachsen. Ihre langen, kräftigen, stacheligen Stiele sind üppig bemoost. Auch die Knospen sind mit weichem, mittel- bis dunkelgrünem Moos überzogen und öffnen sich zu halbgefüllten, etwas zerzaust anmutenden Blüten mit betörendem Duft. Die Staubgefäße bilden einen schönen Kontrast zu den purpurroten Petalen, die auf der Rückseite lavendelrosa gefärbt und in der Nähe des Blattansatzes weiß gefleckt sind. Die Sorte hat dichtes Laub aus mittelgroßen, groben, dunkelgraugrünen Blättern mit gesägtem Rand. 'William Lobb' eignet sich sowohl als großer Strauch für den Hintergrund einer Rabatte wie auch als kleine Kletterrose für Mauern, Spaliere und Bögen, benötigt dann aber eine Rankhilfe.
**ZONEN 5–10.**

Laffay, Frankreich, 1855

Eltern unbekannt

'Wiltshire'

## 'WILLIAM R. SMITH'

**Syn. 'Blush Maman Cochet', 'Charles Dingee', 'Jeannette Heller', 'Maiden's Blush', 'President Smith', 'President William R. Smith'**

ALTE R., TEEROSE, ROSA+, ETWAS NACHBLÜHEND

Die lange haltbaren, gefüllten Blüten sind meist cremeweiß und rosa überhaucht; manchmal bringt der Strauch aber auch creme- und goldgelbe Blüten hervor. 'William R. Smith' ist eine kompakte Pflanze ist von mittelhohem Wuchs und größerer Winterhärte als die meisten Rosen. Angeblich verkaufte ein Bekannter von Bagg diesem die Rose für 500 US-Dollar; der Haken an der Sache war jedoch, daß der Mann sie gleichzeitig – wenn auch unter anderem Namen – an weitere Rosenschulen veräußerte. **ZONEN 7–9.**

Bagg, USA, 1908

'Maman Cochet' × 'Mme Hoste'

## 'WILLIAM SHAKESPEARE'

AUSroyal

STRAUCHROSE, DUNKELROT, ÖFTERBLÜHEND

Diese Rose hat attraktive, kräftig karminrote Blüten. Ihre rosettenförmigen Blüten verströmen einen kräftigen Duft, der an Damaszenerrosen erinnert; sie stehen in Büscheln zu 3–7 Einzelblüten. Dieser hohe Strauch von aufrechtem Wuchs hat große, mattglänzende, dunkelgrüne Blätter und rote Stacheln; er ist aber sehr anfällig für Rosenrost und Sternrußtau. **ZONEN 5–10.**

Austin, Großbritannien, 1987

'The Squire' × 'Mary Rose'

'William Shakespeare'

## 'WILLIAM III'

ALTE R., PIMPINELLIFOLIA-HYBRIDE, MAUVE

Die Pimpinellifolia-Hybriden waren zu Beginn des 19. Jh. sehr beliebt, sind aber heute fast in Vergessenheit geraten – 'William III' zählt somit zu den letzten Vertretern dieser Art. Dabei handelt es sich um eine Zwergrose, die viele Wildtriebe hervorbringt und sich zu einem wuchsfreudigen, stachligen Dickicht entwickelt. Ihre kleinen, würzig duftenden Blüten haben 15 magenta-karminrote Petalen, deren Farbe im Laufe der Zeit zu einem Fliederrosa verblaßt und denen im Herbst schwarze, samenreiche Hagebutten folgen. **ZONEN 4–9.**

Eltern unbekannt

'Willy Millowitsch Rose'

'William III'

'Williams' Double Yellow'

## 'WILLIAMS' DOUBLE YELLOW'

**Syn. 'Double Yellow Scots Rose'**

ALTE R., PIMPINELLIFOLIA-ROSE, REIN GELB

Die stark verzweigte Rose besitzt winzige Blätter sowie kleine, gefüllte, gelbe Blüten, die im Frühling erscheinen und intensiv duften. **ZONEN 4–9.**

Williams, Großbritannien, 1828

*Rosa foetida* × *R. pimpinellifolia*

## 'WILLY MILLOWITSCH ROSE'

TANrowisa

**Syn. 'Wimi'**

TEEHYBRIDE, ROSA+, ÖFTERBLÜHEND

Die Blüten dieser anmutigen Duftrose schimmern in vielen Rosaschattierungen und sind in der Mitte cremeweiß, während die äußeren Ränder der Blütenblätter eine rein rosa Tönung aufweisen. Der wüchsige, relativ krankheitsfreie, mittelhohe und nach dem Kölner Schauspieler benannte Strauch von mittelhohem Wuchs wirkt imposant. **ZONEN 5–9.**

Tantau, Deutschland, 1982

Eltern unbekannt

## 'WILTSHIRE' KORmuse

STRAUCHROSE, REIN ROSA, ÖFTERBLÜHEND

Die mittelgroßen, dichtgefüllten, leuchtend rosafarbenen Blüten sind becherförmig und duften zart; sie erscheinen vom Sommer bis zum Herbst und stehen in Büscheln. 'Wiltshire' eignet sich als Bodendecker wie auch als Blickfang im Vorderteil eines Beetes oder eines großen Kübels; sie rankt sich aber auch über eine Mauer. Die flachwüchsige Pflanze wird etwa doppelt so breit wie hoch und hat dichtes, glänzendes Laub. Diese Kordes-Rose ist allerdings nur in Großbritannien erhältlich.

**ZONEN 4–9.**

Kordes, Deutschland, 1993

'Weiße Immensee' × Sämling

Royal National Rose Society Certificate of Merit 1991, British Association of Rose Breeders, Breeders' Choice 1993, Glasgow Certificate of Commendation 1994

'Winsome'

'Windrush'

'Wini Edmunds'

## 'WINCHESTER CATHEDRAL'

AUScat

**Syn. 'Winchester'**
STRAUCHROSE, WEISS, ÖFTERBLÜHEND

Diese Englische Rose unterscheidet sich von ihrer Elternpflanze 'Mary Rose' nur durch die Blütenfarbe: Die üppigen Blüten leuchten weiß mit bernsteingelber Mitte, schlagen aber manchmal in die rosablütige Stammform zurück. Aufgrund ihrer mehrmaligen Blüte und der schönen, becherförmigen Rosen eignet sich diese resistente Sorte für jeden Garten. Die Wuchsform der 'Winchester Cathedral' erinnert an alte Gartenrosen. Sie ist pflegeleicht und läßt sich gut zurückschneiden. **ZONEN 5–9.**

Austin, Großbritannien, 1988

Sport von 'Mary Rose'

## 'WIND CHIMES'

RAMBLERROSE, REIN ROSA, ÖFTERBLÜHEND

Diese Ramblerrose entwickelt sich zu einer großen, dichten Blütendecke. Ihre gefüllten, rosa Blüten stehen in Büscheln und bedecken ab dem Frühsommer sämtliche Triebe. Nach diesem ersten Flor folgen noch weitere Blüteperioden, die meist jedoch weniger prächtig ausfallen. Der gesunde, wüchsige Strauch besitzt lange, schlanke, attraktive grüne Triebe, die sich weit verzweigen und wenig Pflege benötigen. 'Wind Chimes' ist nicht weit verbreitet und kommt in Deutschland äußerst selten vor.

**ZONEN 5–9.**

Lester Rose Gardens, USA, vor 1946

Eltern unbekannt

## 'WINDFLOWER' AUScross

STRAUCHROSE, HELLROSA, ÖFTERBLÜHEND

Die mit den Alba-Rosen verwandte 'Windflower' hat zierliche, zartrosafarbene Blüten mit gewellten Blütenblättern, deren Spitze nach innen gewölbt ist. Dadurch entwickelt diese Sorte den typischen, anmutigen Charme von Anemonen. Ihre angenehm duftenden Blüten erscheinen vom Sommer bis zum Herbst und stehen an drahtigen Stielen. 'Windflower' ist ein aufrechter, mittelgroßer Strauch mit leuchtend grünen Blättern und eignet sich hervorragend für gemischte Rabatten und zur Kombination mit Stauden. **ZONEN 5–9.**

Austin, Großbritannien, 1994

'Shropshire Lass' × Sämling

## 'WINDRUSH' AUSrush

STRAUCHROSE, HELLGELB, ÖFTERBLÜHEND

Dieser große, kräftige Strauch bringt in kurzen Abständen anmutige, halbgefüllte, zartgelbe Blüten mit deutlich sichtbaren Staubgefäßen hervor, deren dunkle Farbe einen schönen Kontrast zu den hellen Petalen bildet. Wenn man die verwelkten Blüten dieser wüchsigen und krankheitsfesten Pflanze – die auch als Englische Rose klassifiziert wird – regelmäßig entfernt, kann man eine durchgehende Blütezeit mit attraktiven Blüten erzielen. Sie bildet im Herbst zahlreiche Hagebutten, allerdings nur, wenn die Blüten ab dem Spätsommer nicht mehr entfernt werden. **ZONEN 5–9.**

Austin, Großbritannien, 1984

Sämling × ('Canterbury' × 'Golden Wings')

'Wise Portia'

## 'WINI EDMUNDS'

TEEHYBRIDE, ROT+, ÖFTERBLÜHEND

Die gefüllten, leuchtend roten Blüten der 'Wini Edmunds' haben hellrosa und weiße Unterseiten, besitzen eine klassische Edelrosenform und sind lange haltbar. Bei der 'Wini Edmunds' handelt es sich um eine kräftige, wuchsfreudige Pflanze mit hartem, dunkelgrünem Laub, das etwas anfällig für Sternrußtau ist und deshalb regelmäßig auf Krankheitsanzeichen untersucht werden sollte.

**ZONEN 5–9.**

McGredy, Neuseeland, 1973

'Red Lion' × 'Hanne'

## 'WINNING COLORS' TWOwin

TEEHYBRIDE, ORANGE+, ÖFTERBLÜHEND

'Winning Colors' ist eine wüchsige, mittelhohe Pflanze mit gesunden, glänzend grünen Blättern und dichtgefüllten Blüten; diese erscheinen becherförmig in kleinen Büscheln. Die Teehybride des kalifornischen Züchters Jerry Twomey zeichnet sich durch eine leuchtende, ungewöhnliche orangerote Blütenfarbe aus und erfüllt ihre Umgebung mit einem zarten, köstlichen Moschata-Duft.

**ZONEN 5–10.**

Twomey, USA, 1989

'Gingersnap' × 'Marina'

## 'WINNIPEG PARKS'

STRAUCHROSE, DUNKELROSA, ÖFTERBLÜHEND

Vom Sommer bis in den Herbst hinein entwickeln sich die spitzen Knospen dieser Rose zu mittelgroßen, dunkelrosaroten Blüten mit einer samtigen Struktur, die sich becherförmig öffnen; sie kommen einzeln oder in kleinen Büscheln, halten sich jedoch nicht sehr lange. Vollerblüht geben ihre etwa 20 wohlgeformten, zart duftenden Blütenblätter den Blick auf die gelben Staubgefäße frei. Weil es sich bei 'Winnipeg Parks' um eine besonders winterharte Sorte handelt, eignet sich dieser mittelgroße Strauch auch für kühlere Lagen. Die Blätter schimmern im Austrieb rot und nehmen im Laufe der Zeit eine mattgrüne Tönung an. **ZONEN 3–9.**

Collicut, Kanada, 1990

('Prairie Princess' × 'Cuthbert Grant') × (Sämling × 'Morden Cardinette')

## 'WINSOME' SAVawin

ZWERGROSE, MAUVE, ÖFTERBLÜHEND

Die purpurroten Blüten der preisgekrönten 'Winsome', deren Mutterpflanze ebenfalls etliche Auszeichnungen erhielt, stehen einzeln und haben über 40 Petalen, die ihre Farbe nicht verlieren. Ihre Schönheit wird im vollerblühten Zustand durch die goldgelben Staubgefäße noch akzentuiert; allerdings duftet sie nicht. Diese aufrechte, extrem wuchsfreudige Zwergrose mit ihrem mattglänzenden, leuchtend grünem Laub reinigt sich selbst – verwelkte Blüten fallen vor dem nächsten Flor von selbst ab.

**ZONEN 5–10.**

Saville, USA, 1984

'Party Girl' × 'Shocking Blue'

American Rose Society Award of Excellence 1985

## 'WINTER MAGIC' FOUmagic

ZWERGROSE, MAUVE, ÖFTERBLÜHEND

Die langen, wohlgeformten Knospen dieser Rose öffnen sich zu gefüllten, zart lavendelgrauen Blüten mit 30 Petalen, goldgelben Staubgefäßen und einem betörenden Teerosenduft. Sie stehen an langen Stielen und eignen sich aufgrund ihrer langen Haltbarkeit gut als Schnittblumen. In sehr warmen Regionen wirken die Blütenblätter manchmal rostfarben überhaucht. Diese Rose erfreut sich aufgrund ihrer einzigartigen Farbe besonders bei Floristen großer Beliebtheit. Das mattglänzende, leuchtend grüne Blattwerk bedeckt die gesamte Pflanze von hohem, aufrechtem Wuchs, die etwas Pflege benötigt, damit sich kein Mehltau bildet. 'Winter Magic' stammt von interessanten Eltern ab: Ihre Mutterpflanze ist eine ausgezeichnete gelbe Zwergrose aus Kalifornien, während ihre Vaterpflanze, eine preisgekrönte Teehybride, aus Frankreich kommt.

**ZONEN 5–10.**

Jacobs, USA, 1986

'Golden Meillandina' × 'Blue Nile'

'Winchester Cathedral'

'Winnipeg Parks'

'Work of Art'

## 'WISE PORTIA' AUSport

STRAUCHROSE, MAUVE, ÖFTERBLÜHEND

Die 1982 eingeführte 'Wise Portia' wurde nach der Protagonistin aus Shakespeares *Kaufmann von Venedig* benannt und zählt zu den ersten Züchtungen der Englischen Rosen David Austins. Ihre mauverosa Blüten, die schöne, regelmäßige Rosetten bilden, zeigen im Laufe der Zeit viele Schattierungen – die Farbe ist wirklich einzigartig. Allerdings wächst diese Sorte nicht sehr stark und benötigt gute Pflege. Die Mühe lohnt sich jedoch, denn die lange haltbaren Blüten erfüllen als Schnittblumen jeden Raum mit ihrem betörenden Duft.

ZONEN 5–9.

Austin, Großbritannien, 1982

'The Knight' × 'Glastonbury'

## 'WISHING' DICkerfuffle

Syn. 'Georgie Girl'

FLORIBUNDA, REIN ROSA/ORANGEROSA, ÖFTERBLÜHEND

Bei der Blütenfarbe der 'Wishing' handelt es sich um eine Mischung aus Apricot und Rosa, wobei der Rosaanteil leicht überwiegt. Die mittelgroßen, gefüllten, zart duftenden Blüten stehen in Büscheln und bedecken den kleinwüchsigen Strauch während der warmen Sommermonate. Obwohl diese Sorte kaum krankheitsanfällig ist, empfiehlt sich eine regelmäßige Behandlung mit einem Pflanzenschutzmittel. ZONEN 5–9.

Dickson, Großbritannien, 1985

'Silver Jubilee' × 'Bright Smile'

Royal National Rose Society Certificate of Merit 1984, Belfast Certificate of Merit 1986, Glasgow Certificate of Merit 1988

## 'WISTFUL' SAVawist

ZWERGROSE, MAUVE, ÖFTERBLÜHEND

Diese pflegeleichte Rose hat elegante, spitze Knospen, die sich zu kleinen, erstklassigen, mauverosa Blüten mit hoher Mitte und helleren Rändern entwickeln und ihre edelrosenähnliche Form lange behalten. Ihr einzigartiger Mauveton unterscheidet sich deutlich von anderen Sorten dieser Farbklasse. Die Petalen können in heißen Klimazonen rotbraun überhaucht sein. Die kleinen, glänzenden, dunkelgrünen Blätter bedecken den wohlgeformten, krankheitsfesten Strauch von aufrechtem, kompakt-rundlichem Wuchs. ZONEN 5–11.

Saville, USA, 1995

'Sachet' × 'Rainbow's End'

'World's Fair Salute'

## 'WOBURN ABBEY'

FLORIBUNDA, ORANGE+, ÖFTERBLÜHEND

Bei kühlem Wetter schimmern die dichtgefüllt, orangefarbenen Blüten dieser Sorte leuchtend gelb. Sie erscheinen in regelmäßigen Abständen an kurzen Stielen und bedecken zusammen mit den ledrigen, glänzend grünen Blättern den gesamten, krankheitsfesten Strauch von niedrigem Wuchs. Benannt wurde diese Rose nach dem imposanten Wohnsitz der englischen Herzöge von Bedford.

ZONEN 5–9.

Sidey und Cobley, Großbritannien, 1962

'Maskerade' × 'Fashion'

National Rose Society Trial Ground Certificate 1961

## 'WOBURN GOLD'

FLORIBUNDA, GOLDGELB, ÖFTERBLÜHEND

Das auffällige Unterscheidungsmerkmal zwischen 'Woburn Gold' und ihrer Elternpflanze, der britischen 'Woburn Abbey', ist die goldgelbe Färbung der Blüten des Sports, die den ganzen Sommer über erscheinen. Bei dieser Floribundarose handelt es sich um einen kräftigen, mittelgroßen, krankheitsfesten Strauch, der jedoch in Deutschland selten angepflanzt wird. ZONEN 5–9.

Robinson, Australien, 1970

Sport von 'Woburn Abbey'

## 'WOMAN'S DAY'

FLORIBUNDA, ROSA+, ÖFTERBLÜHEND

Die zartcremeweißen Blüten diese Floribundarose sind durch kräftig rosafarbene Blütenränder gekennzeichnet; optimale Wirkung erzielen sie bei kühler Witterung, wenn sich die Blüten über einen langen Zeitraum entwickeln können. Aufgrund ihres kompakten Wuchses eignet sich 'Woman's Day' hervorragend zur Bepflanzung von Hecken oder Randbeeten. Man darf diese Sorte allerdings nicht mit einer gleichnamigen Rose verwechseln, die ebenfalls aus Australien stammt, jedoch bereits 1966 auf den Markt kam. Da 'Woman's Day' recht krankheitsfest ist, braucht man sich nur bei schwierigen Witterungsbedingungen um sie zu kümmern.

ZONEN 5–9.

Welsh, Australien, 1993

Eltern unbekannt

'Woburn Abbey'

## 'WOMAN'S VALUE' KORvalue

TEEHYBRIDE, ROSA+, ÖFTERBLÜHEND

Diese moderne Gartenrose zählt zu den interessantesten Sorten der letzten beiden Jahrzehnte und wird sich bestimmt auch in Zukunft großer Beliebtheit erfreuen. Der wüchsige, sehr gesunde Strauch bringt regelmäßig neue Blüten hervor, so daß ständig junge Knospen und erblühte Rosen als Schnittblumen zur Verfügung stehen. Aus den Knospen entwickeln sich perfekt geformte, gefüllte, zartrosa Blüten, die ihre Umgebung mit einem lieblichen Duft erfüllen.

ZONEN 4–9.

Kordes, Deutschland, 1984

('Sonia' × [('Dr A. J. Verhage' × 'Königin der Rosen') × 'Zorina']) × 'Asso di Cuori'

## 'WORK OF ART' MORart

KLETTERNDE ZWERGROSE, ORANGE+, ÖFTERBLÜHEND

Die kurzen Knospen dieser Sorte öffnen sich zu urnenförmigen, gefüllten, orangefarbenen Blüten mit etwa 35 Petalen, die sehr lange haltbar sind und deren Unterseite gelb überhaucht ist; sie stehen in kleinen Büscheln und fallen in kühleren Lagen etwas größer aus. Mitunter kann diese wuchsfreudige Kletterrose eine Größe von 1,8 m erreichen; sie entwickelt lange Triebe, die sich zu einem breiten Fächer erziehen lassen und so große Flächen mit ihrer faszinierenden Blütenpracht bedecken.

ZONEN 6–10.

Moore, USA, 1989

Sämling einer gelben, kletternden Zwergrose × 'Gold Badge'

## 'WORLD'S FAIR SALUTE'

TEEHYBRIDE, ROT, ÖFTERBLÜHEND

Diese attraktive Rose hat große, süß duftende, rote Blüten mit hoher Mitte. 'World's Fair Salute' ist eine pflegeleichte, kräftige Pflanze von aufrechtem Wuchs, die generell recht selten geworden ist. ZONEN 5–9.

Morey, USA, 1964

'Mardi Gras' × 'New Yorker'

'Woman's Day'

'Wishing'

'Woburn Gold'

## 'WORTHWHILE'

TEEHYBRIDE, ORANGE+, ÖFTERBLÜHEND

Die spitzen Knospen der 'Worthwhile' öffnen sich zu zart duftenden, gefüllten, rosa und lachsrosa Blüten, die sich gut als Schnittblumen eignen und lange halten. Diese winterharte, krankheitsfeste Pflanze von hohem Wuchs bringt während des gesamten Sommers schöne Blüten hervor. ZONEN 5–9.

LeGrice, Großbritannien, 1973

'Gavotte' × 'Wiener Charme'

## 'X-RATED' TINx

ZWERGROSE, ROSA+, ÖFTERBLÜHEND

Die zart duftenden, gefüllten, cremeweißen Blüten sind zart korallrot bis rosa überhaucht und haben 25–40 Petalen mit hoher Mitte. Da die attraktiven Blüten einzeln an langen Stielen stehen, erfreut sich 'X-Rated' als Gartenpflanze großer Beliebtheit. Der mittelgroße, breitbuschige, wuchsfreudige Strauch benötigt im Beet viel Platz und ist mit kleinen, glänzenden, leuchtend grünen Blättern bedeckt, die anfällig für Echten Mehltau sind und regelmäßig mit einem Pflanzenschutzmittel besprüht werden müssen. Ihren ungewöhnlichen Namen (*X-rated* ist in den USA ein Prädikat zur Kennzeichnung von Pornofilmen) verdankt diese Sorte der Tatsache, daß Bennett eine Rose mit dem Anfangsbuchstaben 'X' herausbringen wollte. ZONEN 5–10.

Bennett, USA, 1994

'Tiki' × 'Baby Katie'

## 'XAVIER OLIBO'

ALTE R., REMONTANTROSE, DUNKELROT, ETWAS NACHBLÜHEND

Dieser Sport der bekannten 'Général Jacqueminot' zeigt Blüten, die einen sehr schönen dunklen Rotton aufweisen. 'Xavier Olibo' ist eine attraktive Rose, die jedoch regelmäßige Pflege erfordert. ZONEN 5–9.

Lacharmé, Frankreich, 1865

Sport von 'Général Jacqueminot'

## 'YAKIMOUR' MEIpsilon

TEEHYBRIDE, ROT+, ÖFTERBLÜHEND

Diese Rose ist kaum noch erhältlich. Während des Sommers bringt sie in kurzen Abständen gefüllte, rote Blüten mit einer Fülle schöner Blütenblätter hervor, die auf der Unterseite etwas heller sind und goldgelb überhaucht erscheinen. Ihr glänzendes, leuchtend grünes Laub bedeckt den gesamten, wüchsigen Strauch, der jedoch anfällig für Sternrußtau und Mehltau ist. ZONEN 5–9.

Meilland, Frankreich, 1980

Eltern unbekannt

Baden-Baden Goldmedaille 1985

## 'YANKEE DOODLE' YanKOR

TEEHYBRIDE, GELB+, ÖFTERBLÜHEND

Diese in Deutschland gezüchtete, heute jedoch schwer erhältliche Rose besitzt den Charme alter Gartenrosen und blüht mehrfach. Ihre großen Knospen öffnen sich zu gefüllten, kräftig gelben und pfirsichrosafarbenen Blüten, deren äußere Blütenblätter sich nach außen biegen und den restlichen Petalen in der Blütenmitte zusätzlichen Halt verleihen. Die duftlosen Blüten stehen einzeln oder in kleinen Büscheln und leiden stark unter feuchtem Wetter. Auch die glänzenden Blätter sind etwas krankheitsanfällig – insbesondere bei kühlen Witterungsverhältnissen, die Sternrußtau zur Folge haben können. ZONEN 5–9.

Kordes, Deutschland, 1965

'Königin der Rosen' × 'King's Ransom'

All-American Rose Selection 1976

'Worthwhile'

'Yakimour'

'Xavier Olibo'

'Yellow Butterfly'

'Yellow Button'

## 'YELLOW BANTAM'

ZWERGROSE, HELLGELB, ÖFTERBLÜHEND

Die winzigen, spitzen, zitronengelben Knospen dieser Rose entwickeln sich zu kleinen, wohlgeformten, gefüllten Blüten mit 25 Petalen und zartem Duft in einem Farbspektrum zwischen Gelb und Weiß. Der kleine Strauch erreicht kaum 25 cm Höhe und bietet sich als Kübelpflanze an, wo er besonders gut gedeiht. Da im Handel inzwischen modernere Sorten dieser Rosenfarbe angeboten werden, ist 'Yellow Bantam' kaum noch erhältlich. ZONEN 5–10.

Moore, USA, 1960

(*Rosa wichuraiana* × 'Floradora') × 'Fairy Princess'

## 'YELLOW BUTTERFLY' MORwings

STRAUCHROSE, HELLGELB, ÖFTERBLÜHEND

Die 'Yellow Butterfly' – ein wuchernder Strauch mit glänzenden Blättern – bringt den ganzen Sommer rosa überhauchte Knospen hervor, die sich zu zarten, einfachen, goldgelben Blüten mit ganz zartem Duft entwickeln. ZONEN 5–9.

Moore, USA, 1989

'Ellen Poulsen' × 'Yellow Jewel'

'Yellow Bantam'

## 'YELLOW BUTTON' AUSlow

STRAUCHROSE, GELB+, ÖFTERBLÜHEND

Bei dieser Strauchrose handelt es sich um eine frühe Sorte des britischen Züchters David Austin, die als Richtlinie seines späteren Rosenprogramms diente. 'Yellow Button' kennzeichnet sich durch schöne, rosettenförmige, gelbe Blüten; da diese lange ihre Form bewahren, eignen sie sich hervorragend als Schnittblume für Biedermeiersträuße und andere Blumenarrangements. Der flachwüchsige, nicht sehr kräftige Strauch ist jedoch anfällig für Krankheiten und erfordert viel Pflege. Dieses wesentliche Manko wird wohl dazu geführt haben, daß 'Yellow Button' auch aus den meisten deutschen Katalogen gestrichen wurde. ZONEN 5–9.

Austin, Großbritannien, 1975

'Wife of Bath' × 'Chinatown'

## 'YELLOW CHAMPAGNER'

FLORIBUNDA, GELB+, ÖFTERBLÜHEND

Die schönen, klassisch geformten Blüten der 'Yellow Champagner' haben zahlreiche goldgelbe Petalen und eine orangegelbe Mitte, die vor dem glänzenden, dunkelgrünen Blattwerk gut zur Geltung

kommen. Im Laufe der Zeit verblaßt die Farbe der Blüten zu einem hellen Gelb oder zartem Creme, und die äußeren Petalen krümmen sich nach außen.
ZONEN 5–10.

1986

Eltern unbekannt

## 'YELLOW CHARLES AUSTIN'

AUSyel

STRAUCHROSE, HELLGELB, ÖFTERBLÜHEND

Diese Rose unterscheidet sich von ihrer Elternpflanze nur durch ihre dichtgefüllten, rosettenförmigen, hellgelben Blüten, die angenehm nach Myrrhe duften und sich lange halten. Der kräftige, reichblühende Strauch ist gesund, sollte aber bei kühlen, feuchten Witterungsbedingungen – meist zu Beginn und gegen Ende der Blütezeit – sorgfältig gepflegt werden. In warmen Lagen kann 'Yellow Charles Austin' relativ groß werden. Ein Rückschnitt im Sommer verhindert zu starkes Wachstum und fördert die Blütenbildung. ZONEN 5–9.

Austin, Großbritannien, 1981

Sport von 'Charles Austin'

## 'YELLOW CUSHION'

FLORIBUNDA, REIN GELB, ÖFTERBLÜHEND

Die spitzen Knospen dieser Sorte öffnen sich zu großen, duftenden, gefüllten Blüten mit etwa 25 Petalen, die in kleinen, gut verteilten Büscheln stehen und vor dem glänzenden, ledrigen, grünen Laub gut zur Geltung kommen. Die Abstände zwischen den Blühzeiten sind relativ lang, zum Ausgleich halten sich die Blüten, die der kleine, kompakte, krankheitsfeste Strauch zögerlich hervorbringt, recht lange und verblassen nicht.
ZONEN 5–10.

Armstrong, USA, 1966

'Fandango' × 'Rosenmärchen'

'Yellow Pages'

'Yellow Charles Austin'

## 'YELLOW DOLL'

ZWERGROSE, HELLGELB, ÖFTERBLÜHEND

Diese Zwergrose hat spitze Knospen, die sich zu gelben bis cremefarbenen Blüten mit fast 55 schmalen Petalen entwickeln und sich aufgrund der vielen Blütenblätter lange halten. Die duftenden Blütchen, deren leuchtende Farbe im Laufe der Zeit verblaßt, besitzen eine hohe Mitte – ein typisches Kennzeichen der Edelrosen – und wachsen an einem mittelgroßen Strauch mit ledrigen, glänzend grünen Blättern. Die Vaterpflanze 'Zee' (eine frühe Kreuzung zwischen der Ramblerrose 'Carolyn Dean' und der Zwergrose 'Tom Thumb') gewährleistet, daß der Abkömmling sowohl einen kletternden als auch einen breitbuschigen Wuchs entwickelt. Im Fall der 'Yellow Doll' dominierte der ausladende Wuchstyp, im Handel ist jedoch auch eine kletternde Form dieser Zwergrose erhältlich.
ZONEN 5–10.

Moore, USA, 1962

'Golden Glow' × 'Zee'

'Yellow Pinocchio'

## 'YELLOW FAIRY' POUlfair

STRAUCHROSE, REIN GELB, ÖFTERBLÜHEND

Bei der Zucht dieser Sorte kreuzte Olesen die gelbe Zwergrose 'Texas' mit der Polyantharose 'The Fairy'. Als Ergebnis entstand eine hübsche Strauchrose mit kleinen rosettenförmigen Blüten, die aus etwa 12 Petalen bestehen. Die Blüten stehen in dichten Büscheln an zahlreichen gebogenen Trieben mit mattglänzenden, hellgrünen Blättchen: Kurz vor dem Öffnen zeigen sie einen schönen Gelbton, der manchmal jedoch ins Bräunliche übergeht. Bei feuchtem Wetter öffnen sich die Knospen zum Teil überhaupt nicht. 'Yellow Fairy' kann gut als Bodendeckerrose gepflanzt werden.
ZONEN 5–9.

Olesen, Dänemark, 1988

'Texas' × 'The Fairy'

Madrid Goldmedaille 1988

## 'YELLOW MEILLANDINA'

MEltrisical

Syn. 'Yellow Sunblaze'

ZWERGROSE, GELB+, ÖFTERBLÜHEND

Kennzeichenend für diesen wohlgeformten, kompakten Strauch sind sein duftenden, gelben Blüten mit 20 Petalen und rosa überhauchten Rändern sowie das mittelgroße, mattglänzende, dunkelgrüne Laub. Wie alle Rosen der 'Meillandina'-Serie gedeiht auch diese blühfreudige Sorte, die zudem sehr pflegeleicht ist, hervorragend in einem Kübel.
ZONEN 5–10.

Meilland, Frankreich, 1982

('Poppy Flash' × ['Charleston' × 'Allgold']) × 'Gold Coin'

'Yellow Cushion'

## 'YELLOW PAGES'

TEEHYBRIDE, GELB+, ÖFTERBLÜHEND

Diese Rose hat anmutige, zart duftende, leuchtend gelbe Blüten, die einzeln oder in kleinen Büscheln stehen. 'Yellow Pages' wächst stämmig, breitbuschig und wird mittelhoch; ihr hartes, glänzendes Laub ist recht gesund, braucht aber genau wie ihre Elternpflanze 'Peer Gynt' sorgfältige Pflege, damit sie nicht erkrankt. ZONEN 5–9.

McGredy, Großbritannien, 1971

'Arthur Bell' × 'Peer Gynt'

Royal National Rose Society Trial Ground Certificate 1971

## 'YELLOW PINOCCHIO'

FLORIBUNDA, REIN GELB, ÖFTERBLÜHEND

Die fest geschlossenen Knospen dieser preisgekrönten, aber insgesamt schwer erhältlichen Floribundarose öffnen sich zu dichtgefüllten, becherförmigen, gelben Blüten, die einen zarten Duft verströmen. Der wuchsfreudige Strauch bringt immer wieder neue Blüten hervor, sofern man die verblühten Rosen regelmäßig ausputzt.
ZONEN 5–9.

Boerner, USA, 1949

'Goldilocks' × 'Marionette'

National Rose Society Certificate of Merit 1952

'Yellow Champagner'

Y

## 'YELLOW QUEEN ELIZABETH'

**Syn. 'Queen Elisabeth Jaune'**
TEEHYBRIDE, REIN GELB, ÖFTERBLÜHEND

Dieser gelbe Sport von 'Queen Elizabeth', dessen gelbe Blüten bei kühlerem Wetter eine cremig goldgelbe Tönung annehmen, besitzt viele positive Eigenschaften der Elternpflanze, ist jedoch weniger weit verbreitet. 'Yellow Queen Elizabeth' ist eine gesunde, kräftige Pflanze, die mit etwas Pflege während der Blütezeit kaum anfällig ist für Krankheiten wie Mehltau oder Sternrußtau.

ZONEN 5–9.

Vlaeminck, Belgien, 1964

Sport von 'Queen Elizabeth'

'Yellow Queen Elizabeth'

## 'YESTERDAY'

**Syn. 'Tapis d'Orient'**
POLYANTHAROSE, REIN ROSA, ÖFTERBLÜHEND

Die schönen, halbgefüllten leuchtend rosa- bis violettrosafarbenen Blüten dieser prämierten Rose stehen in Büscheln und wirken vollerblüht etwas heller als die Knospen; auch als Schnittblumen sind sie lange haltbar. Das zierliche, glänzende Blattwerk paßt sich gut Form und Farbe der Blüten an. Die mittelgroße, wüchsige Rose bildet mit ihren dünnen, krankheitsfreien Zweigen einen attraktiven runden Strauch, der in mehreren Reihen gepflanzt besonders schön zur Geltung kommt, aber auch als Bodendecker eingesetzt werden kann.

ZONEN 5–9.

Harkness, Großbritannien, 1974

('Phyllis Bide' × 'Shepherd's Delight') × 'Ballerina'

Royal National Rose Society Certificate of Merit 1972, Monza Goldmedaille 1974, Baden-Baden Goldmedaille 1976, ADR-Rose 1978, Royal Horticultural Society Award of Garden Merit 1993

## 'YESTERYEAR' HARwoey

**Syn. 'Lotsa Fragrance'**
TEEHYBRIDE, APRICOT+, ÖFTERBLÜHEND

'Yesteryear' trägt während des Sommers in kurzen Abständen zahlreiche wohlgeformte, betörend duftende Blüten mit ca. 25 pfirsichrosafarbenen Blütenblättern, die sich aus attraktiven Knospen entwikkeln und ihre Farbe nicht verlieren. Die Blüten stehen meist einzeln an langen Stielen und eignen sich gut als Schnittblumen. Diese krankheitsfeste, wüchsige Pflanze mit ihren glänzenden, dunkelgrünen Blättern bietet sich besonders zur Bepflanzung von Rabatten an.

ZONEN 5–10.

Harkness, Großbritannien, 1994

Sämling von 'Just Joey'

'Yolande d'Aragon'

'Yesterday'

## 'YOLANDE D'ARAGON'

ALTE R., REMONTANTROSE, MAUVE, ETWAS NACHBLÜHEND

Die großen, dichtgefüllten, leuchtend purpurrosafarbenen Blüten der 'Yolande d'Aragon' stehen in großen Büscheln und duften intensiv. Wenn man verblühte Blüten regelmäßig entfernt, die Pflanze im Sommer etwas zurückschneidet und sorgfältig düngt, erfreut 'Yolande d'Aragon' im Herbst durch eine weitere Blüte. Sie wächst als ein mittelhoher, aufrechter Strauch mit hellgrünem Laub. Diese Rose wird manchmal auch als remontierende Damaszenerrose (Portlandrose) klassifiziert – die ersten Remontantrosen stammen von den Portlandrosen ab. Die Sorte ist anspruchsloser als andere dunkle Portlandrosen. Yolande war die Ehefrau von König Ludwig II. von Anjou und beider Sizilien.

ZONEN 5–9.

Vibert, Frankreich, 1843

Eltern unbekannt

'Yesterday'

## 'YORK AND LANCASTER'

**Syn. *Rosa damascena versicolor*, 'Versicolor', 'York et Lancastre'**
ALTE R., DAMASZENERROSE, ROSA+

Bei der 'York and Lancaster' handelt es sich um einen einmalblühenden hochaufgeschossenen Strauch von weichtriebigem, weit verzweigtem Wuchs mit zahlreichen weichen, graugrünen Blättern an graugrünen Trieben und spitzen, hakenförmigen Stacheln. Die zerzausten, halbgefüllten Blüten haben einen Durchmesser von etwa 6,5 cm und stehen in großen Büscheln an langen Stielen. Die Farbe der betörend duftenden, aber nur zögerlich hervorgebrachten Blüten reicht von einem zarten Rosa bis hin zu Weiß. 'York and Lancaster' ist eine historisch interessante Rose, aber eher etwas für Liebhaber Alter Rosen.

ZONEN 5–10.

Vor 1629

Eltern unbekannt

## 'YORKSHIRE' KORbarkeit

BODENDECKERROSE, WEISS, ÖFTERBLÜHEND

Diese Sorte hat kleine Büschel zart duftender, halbgefüllter, weißer Blüten mit gerüschten Petalen, die sich schalenförmig öffnen und den Blick auf goldgelbe Staubgefäße freigeben. Ihre Blüten stehen vom Sommer bis zum Herbst an kurzen Stielen vor einem Hintergrund aus glänzenden, dunkelgrünen Blättern. Diese kompakte, wuchsfreudige Pflanze

'Yorkshire Bank'

von breitbuschigem Wuchs hat zahlreiche Triebe und eignet sich aufgrund ihrer Größe als Kübelpflanze wie auch als Gruppenbepflanzung in Beeten. Der Name 'Yorkshire' entstand in Anlehnung an die Weiße Rose, die im 15. Jh. Emblem des Hauses York war. **ZONEN 4–9.**

Kordes, Deutschland, 1998

Eltern unbekannt

## 'YORKSHIRE BANK' RUtrulo

Syn. 'True Love'

TEEHYBRIDE, GEBROCHEN WEISS, ÖFTERBLÜHEND

Die gefüllten Blüten der 'Yorkshire Bank' leuchten in einem warmem Cremegelb, das im Laufe der Zeit zu Weiß verblaßt, und geben vollerblüht den Blick auf attraktive Staubgefäße frei. Ihre glänzenden Blätter sind relativ krankheitsfest, die blühende Pflanze benötigt während der Blütezeit regelmäßige Pflege. Die beiden Elternpflanzen ließen eigentlich einen sehr erfolgreichen Abkömmling erwarten – eine Hoffnung, die sich jedoch nicht erfüllte. **ZONEN 5–9.**

de Ruiter, Niederlande, 1979

'Pascali' × 'Peer Gynt'

Genf Goldmedaille 1979, Neuseeland Goldmedaille 1979

'York and Lancaster' (Hagebutte)

'York and Lancaster'

Y

'Young at Heart'

'Youki San'

'Youth of the World'

'Young at Heart'

'Young Quinn'

## 'YOUKI SAN' MEIdona

**Syn. 'Mme Neige'**
TEEHYBRIDE, WEISS, ÖFTERBLÜHEND

Die großen, ungewöhnlichen, halbgefüllten Blüten mit rein weißen Petalen öffnen sich schalenförmig und geben den Blick auf goldgelbe und rote Staubgefäße frei. Die flachwüchsige 'Youki San' gedeiht am besten in warmen, trockenen Lagen, wo man Mehltau und Sternrußtau problemlos bekämpfen kann. Direkt nach ihrer Einführung war diese Teehybride als Blumenschmuck sehr beliebt. **ZONEN 5–9.**

Meilland, Frankreich, 1965

'Lady Sylvia' × 'White Knight'

Baden-Baden Goldmedaille 1964

## 'YOUNG AT HEART'

TEEHYBRIDE, APRICOT+, ÖFTERBLÜHEND

Die wohlgeformten, dichtgefüllten Blüten dieser Rose besitzen eine langanhaltende, zart apricot-rosafarbene Tönung und einen intensiven Duft. Diese aufrecht wachsende Teehybride wird von glänzendem, dunkelgrünem Laub bedeckt und sollte bei kühlem, feuchtem Wetter regelmäßig auf Krankheitsanzeichen untersucht werden. Da 'Young at Heart' viele wuchsfreudige Triebe hervorbringt, läßt sie sich mühelos zurückschneiden. **ZONEN 5–9.**

Armstrong, USA, 1988

Eltern unbekannt

## 'YOUNG QUINN' MACbern

**Syn. 'Yellow Wonder'**
TEEHYBRIDE, REIN GELB, ÖFTERBLÜHEND

Bei dieser Sorte öffnen sich ovale Knospen zu gefüllten Blüten mit etwa 30 großen, wohlgeformten Petalen, die sich an den Rändern nach und nach rosa färben. Inmitten des großen, glänzenden, kräftig grünen Laubs stehen die Blüten einzeln an langen Stielen. 'Young Quinn' ist eine attraktive, gesunde Rose, die sich sowohl zum Schnitt als auch für eine hohe Hekke bezeihungsweise zur Hintergundbepflanzung eignet. **ZONEN 5–10.**

McGredy, Neuseeland, 1975

'Peer Gynt' × 'Kiskadee'

Belfast Goldmedaille 1978

## 'YOUTH OF THE WORLD'

TEEHYBRIDE, ROT, ÖFTERBLÜHEND

'Youth of the World' ist als eine der wenigen in Rußland gezüchteten Sorten auch außerhalb der ehemaligen Sowjetunion (heute GUS) erhältlich. Die riesigen, dichtgefüllten, zart duftenden Blüten haben über 60 dicht gepackte Petalen in Hellrot oder kräftigem Rosa; sie halten, neigen bei Nässe aber zur Mumienbildung. Der große, aufrechte Strauch ist gekennzeichnet durch große, mattgrüne und krankheitsfeste Blätter.

**ZONEN 5–10.**

Rußland, 1962

Eltern unbekannt

## 'YVES PIAGET' MEIvildo

**Syn. 'Queen Adelaide', 'The Royal Brompton Rose'**

TEEHYBRIDE, DUNKELROSA, ÖFTERBLÜHEND

Diese Rose wurde in einigen Ländern unter dem Namen 'Queen Adelaide' eingeführt. Ihre dichtgefüllten Blüten duften betörend süß und besitzen den Charme Alter Rosen. 'Yves Piaget' ist ein stämmiger Strauch von mittelhohem Wuchs. Sie blüht den ganzen Sommer und ist in warmen, trockenen Lagen relativ krankheitsfest; bei kühlem, feuchtem Wetter neigt sie jedoch zu Sternrußtau. **ZONEN 5–9.**

Meilland, Frankreich, 1985

(['Pharaoh' × 'Gloria Dei'] × ['Chrysler Imperial' × 'Charles Mallerin']) × 'Tamango'

Genf Goldmedaille und Duftpreis 1982, Le Roeulx Goldmedaille und Duftpreis 1982, Belfast Duftpreis 1986, Bagatelle Duftpreis 1992

## 'YVONNE RABIER'

POLYANTHAROSE, WEISS, ÖFTERBLÜHEND

Diese Sorte zählt zu den schönsten weißblütigen Polyantharosen. Ihre gefüllten, zart duftenden Blüten stehen in Büscheln und bedecken den gesamten Strauch. Obwohl das saftig grüne Blattwerk relativ gesund ist, sollte die Pflanze regelmäßig auf Krankheitsanzeichen hin untersucht werden. In heißen Sommern und warmen Lagen gedeiht sie besonders gut. Aufgrund ihrer geringen Größe eignet sich 'Yvonne Rabier' gut als Rabattenrose oder zur Umrandung eines Rosenbeetes. Sie läßt sich auch für duftige Sträuße verwenden. **ZONEN 5–9.**

Turbat, Frankreich, 1910

*Rosa wichuraiana* × unbekannte Polyantharose

Royal Horticultural Society Award of Garden Merit 1993

## 'ZAMBRA' MEIalfi

FLORIBUNDA, ORANGE+, ÖFTERBLÜHEND

Die zart duftenden, leuchtend orangefarbenen Blüten dieser Meilland-Floribundarose öffnen sich schalenförmig, wobei die wenigen Blütenblätter in zwei Reihen stehen und den Blick auf die attraktiven Staubgefäße freigeben. Da der Strauch recht anfällig für Mehltau und Sternrußtau ist, kann es passieren, daß unvorsichtige Gärtner schnell zu einer völlig kahlen, armseligen Pflanze gelangen. Die kletternde Variante **'Climbing Zambra'** (MEIalfisar; 1969) wuchert nicht allzu stark und läßt sich problemlos an einer Mauer oder einem Zaun ziehen. **ZONEN 5–9.**

Meilland, Frankreich, 1961

('Goldilocks' × 'Fashion') × ('Goldilocks' × 'Fashion')

Bagatelle Goldmedaille 1961, National Rose Society Certificate of Merit 1961, Rom Goldmedaille 1961

## 'ZARA HORE-RUTHVEN'

TEEHYBRIDE, REIN ROSA, ÖFTERBLÜHEND

Dieser wuchsfreudige Strauch wurde schon früh eingeführt und dokumentierte Alister Clarks Vorliebe für großwüchsige, üppig blühende Rosen mit Charakter und Stil. Ihre rein rosa Blüten duften zart und sind auch als Schnittblumen lange haltbar. **ZONEN 5–9.**

Clark, Australien, 1932

'Mme Abel Chatenay' × 'Scorcher'

'Zara Hore-Ruthven'

'Zambra'

'Yvonne Rabier'

'Yves Piaget'

Y Z

## 'ZEBRA' BENraar

TEEHYBRIDE, ROT+, ÖFTERBLÜHEND

'Zebra' ist eine wertvolle Gartenpflanze, die gesund, wüchsig und blühfreudig ist. Aufgrund der eindrucksvollen Farbkombination ihrer großen Blüten – Weiß mit leuchtend rosafarbenen Streifen – paßt sie nur schlecht in einen Garten mit gedämpften Farben. Einzeln oder in der Vase macht sie sich jedoch sehr gut. **ZONEN 5–11.**

Benardella, USA, 1995

'Lorena' × 'Tinseltown'

## 'ZÉPHIRINE DROUHIN'

**Syn. 'Belle Dijonnaise', 'Charles Bonnet', 'Ingegnoli Prediletta', 'Mme Gustave Bonnet'**

ALTE R., BOURBONROSE, REIN ROSA, ETWAS NACHBLÜHEND

Diese stachellose, wuchsfreudige Sorte kann mühelos als Kaskadenrose, über einem Bogen oder als mittelgroße bis große Einzelpflanze kultiviert werden. Ihre erstklassig duftenden, mittelgroßen, leuchtend kirschrosa Blüten sind becherförmig und halbgefüllt; sie besitzen einen weißen Blütenblattansatz. **'Kathleen Harrop'** ist ein rosafarbener Sport dieser Rose. Beide Sorten eignen sich gut als Heckenbepflanzung, sollten aber von Mauern ferngehalten werden, da sie sonst anfällig für Sternrußtau sind. **ZONEN 5–10.**

Bizot, Frankreich, 1868

Eltern unbekannt

Royal Horticultural Society Award of Garden Merit 1993

## 'ZIGEUNERBLUT'

**Syn. 'Gipsy Blood'**

ALTE R., BOURBONROSE, DUNKELROT

Die becherförmigen Blüten mit den zurückgebogenen Petalen sind gefüllt, kirschpurpurrot und stehen in Büscheln. Ihre drahtigen, stacheligen Triebe haben ein attraktives, dunkelgrünes Blattwerk, sobald die ersten Blüten erscheinen. Am besten macht sich 'Zigeunerblut', die zu einem 1,8 m hohen Strauch heranwachsen kann, in einem kleinen Gehölz oder hinter niedrigen Sträuchern. Bei dieser Rose handelt es sich um eine Züchtung des K.u.K.-Forstmeisters Rudolf Geschwind, der in der Stadt Teplitz in Böhmen (dem heutigen Tschechien) Rosen züchte und bei seinen Kreuzungen großen Wert auf winterharte Sorten legte. Sein großer Erfolg 'Zigeunerblut' erfreut sich besonders in jüngster Zeit neuer Beliebtheit. **ZONEN 5–10.**

Geschwind, Österreich-Ungarn, 1890

*Rosa alpina* × 'Ile de Bourbon'

'Zwergkönig 78'

'Zwergkönig 78'

'Zéphirine Drouhin'

'Zweibrücken'

## 'ZIGEUNERKNABE'

**siehe 'Gipsy Boy'**

## 'ZINGER'

ZWERGROSE, ROT, ÖFTERBLÜHEND

'Zinger' zeichnet sich durch lange, spitze, elegante Knospen aus, die sich zu duftenden, leuchtend roten Blüten mit 11 Petalen und kontrastierenden, goldgelben Staubgefäßen öffnen. Die Blüten erscheinen zahlreich und in kurzen Abständen; sie stehen einzeln oder in kleinen Büscheln und verbrennen selbst in Lagen mit heißem Klima nicht. Aufgrund ihres kräftigen, ausladenden Wuchses kommt diese Zwergrose besonders in Steingärten gut zur Geltung. **ZONEN 5–10.**

Schwartz, USA, 1978

'Zorina' × 'Magic Carrousel'

American Rose Society Award of Excellence 1979

## 'ZONTA ROSE'

**siehe 'Princess Alice'**

## 'ZWEIBRÜCKEN'

STRAUCHROSE, DUNKELROT, ÖFTERBLÜHEND

Diese Rose erhielt bei ihrer Einführung 1955 hervorragende Noten. 'Zweibrükken' ergibt einen wuchsfreudigen, sehr winterharten Strauch, der kletternd wächst. Seine zahlreichen dichtgefüllten, dunkel karminroten Blüten halten sich im Garten recht lange, während sie als Schnittblumen schon bald verwelken. **ZONEN 5–9.**

Kordes, Deutschland, 1955

*Rosa kordesii* × 'Kordes' Sondermeldung'

Baden-Baden Bronzemedaille 1956

'Zinger'

## 'ZWERGKÖNIG 78' KORkönig

**Syn. 'Dwarf King'**

ZWERGROSE, DUNKELROT, ÖFTERBLÜHEND

'Zwergkönig 78' gibt einen wuchsfreudigen, kompakten, winterharten Strauch ab, der zwar nur eine Größe von 20–25 cm erreicht, andererseits jedoch duftende, becherförmige, karminrote Blüten mit 25 Petalen sowie glänzend grünes Laub besitzt. Die ursprüngliche Sorte 'Zwergkönig' zählte mit ihren gekräuselten, fast schwarzroten Blüten zu den dunkelsten Zwergrosen überhaupt. Diese neuere Züchtung gilt als robuster und pflegeleichter und hat einen wesentlich intensiveren Farbton. Sie eignet sich auch für große Kübel und als Hecke. **ZONEN 5–10.**

Kordes, Deutschland, 1978

Eltern unbekannt

## 'ZWERGKÖNIGIN 82' KORwerk

**Syn. 'Dwarf Queen 82'**

ZWERGROSE, REIN ROSA, ÖFTERBLÜHEND

'Zwergkönigin 82' unterscheidet sich durch ihre rosa Farbe und ihre bessere Gesundheit von der älteren 'Zwergkönigin'. Diese leicht duftende Rose wird größer als die meisten Zwergrosen und entwickelt sich zu einem attraktiven kleinen Strauch mit wundervoll geformten, locker gefüllten Blüten, die sauber verblühen und wetterfest sind. Das dunkelgrüne Laub glänzt stark. Da diese Rose den ganzen Sommer hindurch reichlich nachblüht, bietet sie auch farblich eine schöne Ergänzung zu 'Zwergkönig 78'. **ZONEN 5–10.**

Kordes, Deutschland, 1982

'Zwergkönig 78' × 'Sunday Times'

# Alle Rosen im Überblick

Die folgende tabellarische Übersicht aller in diesem Buch beschriebenen Rosen soll die Suche nach einer gewünschten Rose erleichtern. Die zugehörigen Rosengruppen werden an dieser Stelle nicht mitgenannt, sondern können unter den detaillierten Sortenbeschreibungen im Hauptteil nachgeschlagen werden. Mehr Informationen zur Klassifizierung von Rosen erhält man im Kapitel „Urspünge der Rosenzucht", während viele der in dieser Tabelle verwendeten Fachausdrücke im Glossar erläutert werden. Die in der Tabelle aufgeführten Blütenfarben geben nur die allgemeine Farbeneinteilung aus den Überschriften der entsprechenden Rosenbeschreibungen wieder. Die verwendeten Symbole und Abkürzungen bedeuten:

| | | | | |
|---|---|---|---|---|
| I = einfach gefüllt | V = stark gefüllt | becherf = becherförmig | kugelf = kugelförmig | schalenf = schalenförmig |
| II = halbgefüllt | + = einmalblühend | doldenf = doldenförmig | mittelgr = mittelgroß | sehr gr = sehr groß |
| III = gefüllt | ++ = etwas nachblühend | großb = großbüschelig | pomponf = pomponförmig | urnenf = urnenförmig |
| IV = dichtgefüllt | +++ = öfterblühend | kleinb = kleinbüschelig | rosettenf = rosettenförmig | |

| NAME | BLÜTEN-FARBE | BLÜTEN-GRÖSSE | BLÜTEN-TYP | BLÜTEN-FORM | DUFT-STÄRKE | BLÜTEN-STAND | BLÜH-HÄUFIGKEIT | PETALEN-FORM |
|---|---|---|---|---|---|---|---|---|
| **WILDROSEN** | | | | | | | | |
| *Rosa acicularis nipponensis* | dunkelrosa | klein | I | offen | schwach | einfach | + | einfach |
| *Rosa arkansana* | rein rosa | klein | I | offen | zart | doldenf | + | einfach |
| *Rosa arvensis* | weiß | mittelgr | I | schalenf | zart | doldenf | + | einfach |
| *Rosa banksiae normalis* | weiß | klein | I | offen | schwach | doldenf | + | einfach |
| *Rosa beggeriana* | weiß | mittelgr | I | schalenf | schwach | doldenf | + | einfach |
| *Rosa blanda* | rosa | mittelgr | I | offen | zart | kleinb | + | einfach |
| *Rosa bracteata* | weiß | groß | I | becherf | zart | einfach | + | einfach |
| *Rosa brunonii* | weiß | mittelgr | I | schalenf | schwach | doldenf | + | einfach |
| *Rosa californica* | hellrosa | mittelgr | I | schalenf | ohne Duft | doldenf | + | einfach |
| *Rosa canina* | hellrosa | klein | I | offen | schwach | kleinb | + | einfach |
| *Rosa carolina* | rein rosa | mittelgr | I | schalenf | ohne Duft | einfach | + | einfach |
| *Rosa chinensis* | rosa/dunkelrot | mittelgr | I | offen | schwach | einfach | + | einfach |
| *Rosa cinnamomea* | mauve | mittelgr | I | offen | schwach | einfach | + | einfach |
| *Rosa ✓ coryana* | dunkelrosa | mittelgr | I | offen | ohne Duft | kleinb | + | einfach |
| *Rosa davidii* | hellrosa | mittelgr | I | offen | ohne Duft | doldenf | + | einfach |
| *Rosa ecae* | dunkelgelb | klein | I | schalenf | zart | einfach | + | einfach |
| *Rosa eglanteria* | hellrosa | klein | I | offen | schwach | kleinb | + | einfach |
| *Rosa elegantula* Persetosa | rein rosa | klein | I | offen | zart | kleinb | + | einfach |
| *Rosa fedtschenkoana* | weiß | mittelgr | I | schalenf | schwach | kleinb | + | einfach |
| *Rosa filipes* | weiß | klein | I | offen | schwach | doldenf | + | einfach |
| *Rosa foetida* | rein gelb | mittelgr | I | offen | schwach | einfach | + | einfach |
| *Rosa foliolosa* | rosa | klein | I | offen | zart | einfach | + | einfach |
| *Rosa forrestiana* | dunkelrosa | klein | I | schalenf | ohne Duft | einfach | + | einfach |
| *Rosa gallica* | dunkelrosa | mittelgr | I | offen | zart | kleinb | + | einfach |
| *Rosa gentiliana* | weiß | klein | I | schalenf | zart | großb | + | einfach |
| *Rosa gigantea* | weiß | groß | I | schalenf | stark | kleinb | + | einfach |
| *Rosa giraldii* | rein rosa | klein | I | schalenf | ohne Duft | kleinb | + | einfach |
| *Rosa glauca* | rein rosa | klein | I | schalenf | zart | kleinb | + | einfach |
| *Rosa helenae* | weiß | mittelgr | I | offen | schwach | doldenf | + | einfach |
| *Rosa hemisphaerica* | rein gelb | mittelgr | III | offen | zart | kleinb | + | einfach |
| *Rosa holodonta* | hellrosa | mittelgr | I | offen | zart | kleinb | + | einfach |
| *Rosa hugonis* | rein gelb | mittelgr | I | offen | zart | einfach | + | einfach |
| *Rosa × kochiana* | dunkelrosa/mauve | klein | I | schalenf | ohne Duft | kleinb | + | einfach |
| *Rosa × kordesii* | rosarot | mittelgr | I | offen | zart | kleinb | + | einfach |
| *Rosa laevigata* | weiß | groß | I | offen | zart | einfach | + | einfach |
| *Rosa longicuspis* | weiß | mittelgr | I | schalenf | zart | doldenf | + | einfach |
| *Rosa × macrantha* Macrantha | hellrosa/weiß | mittelgr | I | offen | schwach | kleinb | + | einfach |
| *Rosa maximowicziana* | weiß | mittelgr | I | schalenf | ohne Duft | doldenf | + | einfach |
| *Rosa micrantha* | hellrosa | klein | I | schalenf | zart | kleinb | + | einfach |
| *Rosa moschata* | weiß | mittelgr | I | schalenf | stark | doldenf | + | einfach |
| *Rosa moyesii* | rot | mittelgr | I | schalenf | ohne Duft | kleinb | + | einfach |
| *Rosa mulliganii* | weiß | mittelgr | I | schalenf | schwach | doldenf | + | einfach |
| *Rosa multiflora* | weiß | klein | I | schalenf | zart | kleinb | + | einfach |
| *Rosa nitida* | rein rosa | mittelgr | I | schalenf | schwach | kleinb | + | einfach |
| *Rosa nutkana* | rein rosa | mittelgr | I | schalenf | zart | einfach | + | einfach |
| *Rosa omeiensis* | weiß | klein | I | schalenf | ohne Duft | einfach | + | einfach |
| *Rosa pendulina* | dunkelrosa/mauve | mittelgr | I | schalenf | ohne Duft | kleinb | + | einfach |
| *Rosa phoenicia* | weiß | klein | I | offen | ohne Duft | doldenf | + | einfach |
| *Rosa pisocarpa* | rosa | klein | I | schalenf | ohne Duft | kleinb | + | einfach |
| *Rosa pomifera* | rein rosa | mittelgr | I | offen | zart | kleinb | + | einfach |
| *Rosa primula* | hellgelb | klein | I | schalenf | stark | einfach | + | einfach |
| *Rosa roxburghii* | rosa/weiß | groß | III–IV | rosettenf | zart | einfach | + | einfach |
| *Rosa rugosa* | mauve/weiß | groß | I | schalenf | stark | kleinb | + | einfach |
| *Rosa sempervirens* | weiß | mittelgr | I | offen | zart | doldenf | + | einfach |
| *Rosa sericea* | weiß | klein | I | schalenf | ohne Duft | einfach | + | einfach |
| *Rosa sericea pteracantha* | weiß | klein | I | schalenf | ohne Duft | einfach | + | einfach |
| *Rosa setigera* | dunkelrosa | mittelgr | I | offen | ohne Duft | kleinb | + | einfach |
| *Rosa setipoda* | hellrosa | mittelgr | I | offen | schwach | kleinb | + | einfach |
| *Rosa sherardii* | dunkelrosa | mittelgr | I | schalenf | schwach | kleinb | + | einfach |
| *Rosa sicula* | dunkelrosa/weiß | klein | I | schalenf | zart | einfach | + | einfach |
| *Rosa soulieana* | weiß | klein | I | offen | schwach | doldenf | + | einfach |
| *Rosa spinosissima* | weiß | klein | I | offen | ohne Duft | einfach | + | einfach |
| *Rosa stellata mirifica* | mauve | klein | I | offen | zart | einfach | + | einfach |
| *Rosa sweginzowii* | rein rosa | klein | I | schalenf | zart | kleinb | + | einfach |
| *Rosa tomentosa* | hellrosa | mittelgr | I | offen | stark | kleinb | + | einfach |
| *Rosa virginiana* | rosa | mittelgr | I | offen | zart | kleinb | + | einfach |
| *Rosa webbiana* | rein rosa | klein | I | schalenf | schwach | einfach | + | einfach |
| *Rosa wichuraiana* | weiß | mittelgr | I | offen | zart | doldenf | + | einfach |
| *Rosa willmottiae* | mauve | klein | I | offen | zart | einfach | + | einfach |
| *Rosa woodsii* | rein rosa | mittelgr | I | offen | ohne Duft | kleinb | + | einfach |
| *Rosa xanthina* | gelb | klein | II–III | offen | zart | kleinb | + | einfach |
| **GARTENROSEN** | | | | | | | | |
| A Country Woman | dunkelrot | mittelgr | III–IV | hohe Mitte | schwach | kleinb | +++ | einfach |
| A Longs Pédoncules | hellrosa | klein | V | geviertelt | stark | großb | + | einfach |
| Aalsmeer Gold | goldgelb | mittelgr | III | hohe Mitte | zart | kleinb | +++ | einfach |
| Abailard | rosa+ | mittelgr | V | rosettenf | schwach | kleinb | + | einfach |
| Abbaye de Cluny | apricot+ | groß | III–IV | hohe Mitte | zart | einfach | +++ | |
| Abbeyfield Rose | dunkelrosa | groß | III–IV | hohe Mitte | zart | kleinb | +++ | gebogen |
| Abbotswood | rein rosa | mittelgr | II | becherf | zart | kleinb | + | einfach |
| Abigaile | rosa+ | groß | III–IV | hohe Mitte | schwach | kleinb | + | gebogen |
| Abraham Darby | orangerosa | groß | V | becherf | stark | kleinb | +++ | einfach |
| Acapulco | rot+ | groß | III–IV | hohe Mitte | zart | kleinb | +++ | einfach |
| Acey Deucy | rot | klein | III–IV | hohe Mitte | zart | kleinb | +++ | gebogen |
| Achievement | dunkelrosa | klein | III–IV | schalenf | ohne Duft | großb | + | einfach |
| Acidalie | weiß | groß | V | schalenf | schwach | kleinb | ++ | einfach |
| Adair Roche | rosa+ | groß | III–IV | hohe Mitte | zart | kleinb | +++ | gebogen |

| NAME | BLÜTEN-FARBE | BLÜTEN-GRÖSSE | BLÜTEN-TYP | BLÜTEN-FORM | DUFT-STÄRKE | BLÜTEN-STAND | BLÜH-HÄUFIGKEIT | PETALEN-FORM |
|---|---|---|---|---|---|---|---|---|
| Adam | rein rosa | groß | II | kugelf | zart | einfach | ++ | einfach |
| Adam Messerich | rot | mittelgr | II | becherf | schwach | kleinb | ++ | einfach |
| Adam's Smile | dunkelrosa | klein | III–IV | hohe Mitte | ohne Duft | kleinb | +++ | gebogen |
| Adélaïde d'Orléans | weiß | klein | II | becherf | schwach | kleinb | + | gebogen |
| Adèle Prévost | hellrosa | groß | V | rosettenf | schwach | kleinb | + | einfach |
| Admiral Rodney | rosa+ | groß | III–IV | hohe Mitte | stark | kleinb | +++ | gebogen |
| Adolf Horstmann | gelb+ | groß | III–IV | hohe Mitte | zart | einfach | +++ | gebogen |
| Adventure | orangerot | groß | V | hohe Mitte | zart | kleinb | +++ | gebogen |
| Ännchen von Tharau | weiß | mittelgr | III–IV | becherf | zart | kleinb | + | einfach |
| Africa Star | mauve | groß | V | becherf | schwach | kleinb | +++ | gebogen |
| Afterglow | orange+ | mittelgr | III–IV | becherf | zart | kleinb | +++ | kraus |
| Agatha | hellrosa | mittelgr | III–IV | rosettenf | stark | kleinb | + | gebogen |
| Agatha Christie | rein rosa | groß | III–IV | hohe Mitte | schwach | kleinb | +++ | einfach |
| Agathe Incarnata | rein rosa | mittelgr | III–IV | geviertelt | stark | kleinb | + | einfach |
| Age Tendre | dunkelrosa | groß | III–IV | hohe Mitte | schwach | einfach | +++ | gebogen |
| Agéna | orangerosa | groß | III–IV | hohe Mitte | zart | einfach | +++ | gebogen |
| Aglaia | hellgelb | klein | III–IV | schalenf | stark | großb | + | einfach |
| Agnes | hellgelb | groß | III–IV | offen | schwach | kleinb | + | geriffelt |
| Agnes Bernauer | hellrosa | groß | III–IV | hohe Mitte | zart | einfach | +++ | gebogen |
| Agreement | rosa+ | groß | III–IV | hohe Mitte | schwach | kleinb | +++ | gebogen |
| Ahoi | orangerot | mittelgr | III–IV | offen | ohne Duft | großb | +++ | einfach |
| Aïcha | goldgelb | groß | II | offen | stark | kleinb | + | einfach |
| Aimable Amie | dunkelrosa | mittelgr | III–IV | rosettenf | schwach | kleinb | + | einfach |
| Aimable Rouge | dunkelrosa | groß | III–IV | hohe Mitte | stark | einfach | ++ | gebogen |
| Aimée Vibert | weiß | mittelgr | III–IV | becherf | stark | doldenf | ++ | einfach |
| Akebono | gelb+ | groß | III–IV | hohe Mitte | ohne Duft | einfach | +++ | gebogen |
| Alain | rot | groß | II | offen | zart | großb | +++ | einfach |
| Alain Blanchard | mauve | mittelgr | II | becherf | schwach | kleinb | + | einfach |
| Alamein | orangerot | groß | II | schalenf | zart | kleinb | +++ | einfach |
| Alba Maxima | weiß | mittelgr | III–IV | offen | zart | kleinb | + | einfach |
| Alba Meidiland | weiß | mittelgr | III–IV | becherf | schwach | großb | +++ | einfach |
| Alba Semi-plena | weiß | mittelgr | II | schalenf | zart | großb | + | einfach |
| Alba Suaveolens | weiß | mittelgr | II | schalenf | stark | großb | + | einfach |
| Albéric Barbier | weiß | mittelgr | III–IV | becherf | schwach | kleinb | + | einfach |
| Albertine | orangerosa | mittelgr | III–IV | becherf | stark | kleinb | + | einfach |
| Alchymist | apricot+ | groß | V | schalenf | stark | kleinb | + | einfach |
| Aldo | orange+ | mittelgr | II | offen | ohne Duft | kleinb | +++ | gebogen |
| Alec's Red | rot | groß | III–IV | hohe Mitte | schwach | einfach | +++ | gebogen |
| Alexander | orangerot | groß | III–IV | hohe Mitte | ohne Duft | kleinb | +++ | gebogen |
| Alexander Hill Gray | goldgelb | groß | III–IV | geviertelt | schwach | einfach | ++ | einfach |
| Alexander MacKenzie | rot+ | mittelgr | III–IV | offen | schwach | kleinb | +++ | einfach |
| Alexander von Humboldt | rot | mittelgr | II | offen | zart | großb | +++ | einfach |
| Alexandre Girault | rosa+ | groß | III–IV | becherf | stark | kleinb | + | einfach |
| Alexandre Laquement | mauve | mittelgr | III–IV | becherf | schwach | kleinb | + | einfach |
| Alfred Colomb | rosa+ | groß | III–IV | kugelf | stark | kleinb | +++ | gebogen |
| Alfred de Dalmas | hellrosa | mittelgr | II | becherf | zart | kleinb | +++ | einfach |
| Alice Amos | rosa+ | mittelgr | I | becherf | schwach | großb | +++ | einfach |
| Alida Lovett | hellrosa | groß | III–IV | offen | zart | kleinb | + | einfach |
| Alika | rot | groß | II | offen | schwach | kleinb | + | einfach |
| Alister Clark | hellrosa | groß | III–IV | becherf | schwach | kleinb | +++ | gebogen |
| Alister Stella Gray | hellgelb | mittelgr | III–IV | schalenf | schwach | kleinb | +++ | einfach |
| All That Jazz | orangerosa | mittelgr | II | offen | schwach | kleinb | +++ | einfach |
| Allegro | orangerot | groß | III–IV | becherf | zart | kleinb | +++ | gebogen |
| Allelulia | rot+ | groß | III–IV | hohe Mitte | schwach | einfach | +++ | gebogen |
| Allen Chandler | rein rot | groß | II | becherf | zart | kleinb | +++ | einfach |
| Allgold | rein gelb | groß | III–IV | schalenf | zart | großb | +++ | gebogen |
| Allotria | orangerot | groß | III–IV | schalenf | zart | großb | +++ | einfach |
| Allspice | rein gelb | groß | III–IV | hohe Mitte | stark | einfach | +++ | gebogen |
| Almost Sunset | gelb+ | mittelgr | II | hohe Mitte | schwach | einfach | +++ | einfach |
| Aloha | rein rosa | groß | V | rosettenf | stark | einfach | +++ | einfach |
| Alouette | orangerosa | mittelgr | II | becherf | zart | großb | +++ | einfach |
| Alpine Sunset | apricot+ | groß | III–IV | hohe Mitte | schwach | einfach | +++ | gebogen |
| Altissimo | rot | groß | I | becherf | ohne Duft | kleinb | +++ | einfach |
| Amadis | dunkelrot | mittelgr | II | offen | ohne Duft | kleinb | + | gebogen |
| Amalia | dunkelrot/hellrot | groß | III–IV | hohe Mitte | ohne Duft | großb | + | gebogen |
| Amanda | rein gelb | mittelgr | III–IV | hohe Mitte | zart | kleinb | +++ | gebogen |
| Amatsu-Otome | gelb+ | groß | III–IV | hohe Mitte | zart | kleinb | +++ | gebogen |
| Amatsu Pink | rosa+ | groß | III–IV | hohe Mitte | ohne Duft | kleinb | +++ | gebogen |
| Ambassador | gelb+ | groß | III–IV | becherf | zart | kleinb | +++ | einfach |
| Amber Nectar | apricot+ | klein | III–IV | becherf | zart | großb | +++ | einfach |
| Amber Queen | apricot+ | mittelgr | III–IV | becherf | zart | kleinb | +++ | geriffelt |
| Amboßfunken | rot+ | groß | III–IV | offen | zart | einfach | +++ | einfach |
| Ambridge Rose | apricot/rosa+ | mittelgr | III–IV | becherf | stark | kleinb | +++ | einfach |
| Ambrosia | orange+ | mittelgr | I | schalenf | schwach | großb | +++ | einfach |
| Amélia | rosa | groß | II–III | rosettenf | stark | kleinb | + | einfach |
| America | orangerosa | groß | III–IV | becherf | stark | kleinb | +++ | gebogen |
| American Beauty | dunkelrosa | groß | III–IV | becherf | stark | einfach | + | gebogen |
| American Heritage | rosa+ | groß | III–IV | hohe Mitte | schwach | einfach | +++ | gebogen |
| American Home | dunkelrot | groß | III–IV | becherf | stark | einfach | +++ | gebogen |
| American Pillar | rosa+ | klein | I | becherf | ohne Duft | großb | + | gebogen |
| American Pride | dunkelrot | groß | III–IV | hohe Mitte | ohne Duft | einfach | +++ | geriffelt |
| Americana | rot | groß | III–IV | hohe Mitte | zart | einfach | +++ | gebogen |
| Améthyste | mauve | klein | III–IV | schalenf | ohne Duft | großb | + | einfach |
| Amiga Mia | rein rosa | groß | III–IV | hohe Mitte | schwach | einfach | +++ | gebogen |
| Amore | dunkelrosa/hellrosa | mittelgr | III–IV | becherf | ohne Duft | großb | +++ | einfach |
| Amoretta | apricot+ | groß | III–IV | hohe Mitte | schwach | einfach | +++ | gebogen |
| Amorette | weiß | klein | III–IV | hohe Mitte | ohne Duft | großb | +++ | gebogen |
| Amorosa | weiß | groß | III–IV | hohe Mitte | schwach | einfach | +++ | gebogen |
| Amsterdam | orangerot | groß | II | becherf | ohne Duft | kleinb | +++ | einfach |
| Amy Johnson | rein rosa | groß | III–IV | becherf | stark | kleinb | +++ | einfach |
| Amy Robsart | dunkelrosa | groß | II | becherf | schwach | einfach | + | geriffelt |
| Anabell | orange+ | groß | III–IV | becherf | schwach | kleinb | +++ | gebogen |
| Anaïs Ségalas | rosa+ | mittelgr | V | rosettenf | stark | kleinb | + | einfach |
| Anastasia | weiß | groß | III–IV | hohe Mitte | schwach | einfach | +++ | gebogen |
| Andalusien | rot | mittelgr | III–IV | becherf | ohne Duft | kleinb | +++ | gebogen |
| Andenken an Alma de l'Aigle | hellrosa | mittelgr | III–IV | becherf | schwach | kleinb | +++ | einfach |
| André Leroy d'Angers | rot | groß | III–IV | becherf | schwach | einfach | +++ | einfach |
| Andrea Stelzer | hellrosa | groß | III–IV | hohe Mitte | schwach | kleinb | +++ | gebogen |
| Andrewsii | rein rosa | groß | II | becherf | schwach | kleinb | ++ | einfach |
| Anemone | hellrosa | groß | I | schalenf | schwach | einfach | +++ | einfach |
| Angel Darling | mauve | klein | I | offen | zart | kleinb | +++ | geriffelt |
| Angel Face | mauve | groß | III–IV | becherf | stark | kleinb | +++ | geriffelt |
| Angela | dunkelrosa | mittelgr | III–IV | becherf | zart | kleinb | +++ | gebogen |
| Angela Rippon | rein rosa | groß | III–IV | becherf | zart | kleinb | +++ | gebogen |
| Angelina | rosa+ | groß | I | offen | schwach | kleinb | +++ | einfach |
| Angelique | orange+ | groß | III–IV | hohe Mitte | zart | einfach | +++ | gebogen |
| Angelita | weiß | klein | V | becherf | ohne Duft | kleinb | +++ | gebogen |
| Angel's Blush | apricot+ | klein | III–IV | hohe Mitte | zart | kleinb | +++ | gebogen |
| Anita | rosa+ | groß | III–IV | hohe Mitte | zart | kleinb | +++ | gebogen |
| Anita Charles | orangerosa | klein | III–IV | hohe Mitte | schwach | kleinb | +++ | gebogen |
| Ann Aberconway | apricot+ | groß | III–IV | becherf | zart | kleinb | +++ | einfach |
| Ann Endt | dunkelrot | mittelgr | I | hohe Mitte | schwach | einfach | +++ | einfach |
| Anna Ford | orange+ | klein | II | offen | zart | großb | +++ | gebogen |
| Anna Livia | orangerosa | groß | III–IV | offen | zart | kleinb | +++ | gebogen |
| Anna Louisa | hellrosa | klein | III–IV | becherf | zart | großb | +++ | gebogen |
| Anna Olivier | rosa+ | groß | III–IV | hohe Mitte | schwach | kleinb | ++ | geriffelt |
| Anna Pavlova | hellrosa | groß | III–IV | hohe Mitte | stark | kleinb | +++ | gebogen |
| Anna von Diesbach | dunkelrosa | groß | III–IV | becherf | stark | einfach | ++ | einfach |
| Anna Zinkeisen | hellgelb | groß | III–IV | rosettenf | stark | großb | +++ | einfach |

| NAME | BLÜTEN-FARBE | BLÜTEN-GRÖSSE | BLÜTEN-TYP | BLÜTEN-FORM | DUFT-STÄRKE | BLÜTEN-STAND | BLÜH-HÄUFIGKEIT | PETALEN-FORM |
|---|---|---|---|---|---|---|---|---|
| Anne Cocker | orangerosa | mittelgr | III | hohe Mitte | schwach | kleinb | +++ | gebogen |
| Anne de Bretagne | dunkelrosa | mittelgr | III–IV | hohe Mitte | schwach | kleinb | +++ | gebogen |
| Anne Diamond | apricot+ | mittelgr | IV | becherf | ohne Duft | kleinb | +++ | einfach |
| Anne Harkness | apricot+ | mittelgr | III | becherf | ohne Duft | großb | +++ | geriffelt |
| Anne Letts | rosa+ | groß | III–IV | hohe Mitte | zart | kleinb | +++ | gebogen |
| Anne-Marie de Montravel | weiß | klein | III–IV | kugelf | zart | großb | ++ | kraus |
| Anne Marie Trechslin | dunkelrosa | groß | IV | hohe Mitte | schwach | kleinb | +++ | gebogen |
| Anne Morrow Lindbergh | rosa+ | groß | IV | hohe Mitte | zart | einfach | +++ | gebogen |
| Anne of Geierstein | dunkelrot | klein | II | offen | stark | kleinb | + | einfach |
| Anneka | gelb+ | mittelgr | III | becherf | schwach | kleinb | +++ | gebogen |
| Anne's Delight | rein rosa | klein | III–IV | hohe Mitte | ohne Duft | einfach | +++ | gebogen |
| Annie Vibert | weiß+ | mittelgr | III | becherf | schwach | großb | ++ | einfach |
| Annie's Song | orangerosa | mittelgr | III–IV | hohe Mitte | zart | großb | +++ | gebogen |
| Another Chance | weiß | groß | IV | becherf | zart | einfach | +++ | gebogen |
| Anthony Meilland | gelb | groß | IV | becherf | zart | kleinb | +++ | geriffelt |
| Antigone | gelb+ | groß | IV | hohe Mitte | stark | einfach | +++ | gebogen |
| Antigua | apricot+ | groß | III–IV | hohe Mitte | zart | einfach | +++ | gebogen |
| Antike | rot+ | mittelgr | IV | becherf | schwach | kleinb | +++ | gebogen |
| Antike 89 | rosa+ | groß | V | kugelf | zart | kleinb | +++ | einfach |
| Antique Rose | rein rosa | mittelgr | III–IV | hohe Mitte | zart | einfach | +++ | gebogen |
| Antique Silk | weiß | groß | III–IV | hohe Mitte | ohne Duft | kleinb | +++ | gebogen |
| Antoine Rivoire | hellrosa | groß | III–IV | rosettenf | zart | einfach | +++ | gebogen |
| Antonia Ridge | rot | groß | IV | hohe Mitte | schwach | einfach | +++ | gebogen |
| Antonine d'Ormois | hellrosa | mittelgr | III–IV | pomponf | schwach | kleinb | + | einfach |
| Anuschka | rot+ | mittelgr | IV | rosettenf | zart | großb | +++ | einfach |
| Anytime | orangerosa | klein | I | offen | ohne Duft | kleinb | +++ | einfach |
| Apart | mauve+ | mittelgr | II | offen | schwach | kleinb | +++ | geriffelt |
| Apfelblüte | weiß | mittelgr | I | offen | ohne Duft | schwach | +++ | einfach |
| Apogée | orange+ | groß | IV | becherf | zart | kleinb | +++ | gebogen |
| Apollo | rein gelb | groß | IV | hohe Mitte | zart | einfach | +++ | gebogen |
| Apotheker-Rose | dunkelrosa | mittelgr | II | offen | stark | kleinb | + | einfach |
| Apple Blossom | hellrosa | klein | III–IV | offen | zart | großb | + | geriffelt |
| Applejack | rosa+ | groß | II | schalenf | stark | kleinb | ++ | einfach |
| Appreciation | rot | groß | III–IV | becherf | zart | kleinb | +++ | gebogen |
| Apricot Delight | apricot+ | groß | III | hohe Mitte | stark | kleinb | +++ | gebogen |
| Apricot Gem | apricot+ | mittelgr | III | hohe Mitte | ohne Duft | kleinb | +++ | gebogen |
| Apricot Nectar | apricot+ | groß | IV | becherf | schwach | kleinb | +++ | gebogen |
| Apricot Queen | apricot+ | groß | IV | offen | zart | kleinb | +++ | gebogen |
| Apricot Silk | apricot+ | groß | IV | hohe Mitte | zart | einfach | +++ | gebogen |
| Apricot Summer | apricot+ | klein | III–IV | rosettenf | schwach | kleinb | +++ | einfach |
| Apricot Sunblaze | orangerot | klein | III–IV | schalenf | schwach | großb | +++ | gebogen |
| April Hamer | rosa+ | groß | III–IV | hohe Mitte | stark | einfach | +++ | gebogen |
| Aquarius | rosa+ | mittelgr | III–IV | hohe Mitte | zart | kleinb | +++ | gebogen |
| Arabian Nights | orangerosa | groß | III–IV | becherf | ohne Duft | kleinb | +++ | gebogen |
| Aramis | dunkelrot | mittelgr | II | becherf | schwach | kleinb | +++ | einfach |
| Arc Angel | orange+ | groß | III–IV | hohe Mitte | zart | kleinb | +++ | gebogen |
| Archiduc Charles | rot+ | mittelgr | III | becherf | schwach | kleinb | ++ | einfach |
| Archiduc Joseph (II) | rosa+ | groß | V | geviertelt | schwach | kleinb | ++ | gebogen |
| Archiduchesse Elizabeth d'Au | rein rosa | groß | III | schalenf | zart | kleinb | ++ | einfach |
| Arctic Sunrise | weiß | klein | III | schalenf | ohne Duft | großb | +++ | einfach |
| Ardoisée de Lyon | mauve | groß | III | geviertelt | stark | einfach | ++ | einfach |
| Ards Beauty | rein gelb | mittelgr | III | becherf | schwach | kleinb | +++ | gebogen |
| Ards Rover | dunkelrot | groß | III–IV | kugelf | stark | einfach | + | gebogen |
| Arethusa | gelb+ | mittelgr | III–IV | becherf | ohne Duft | kleinb | ++ | gebogen |
| Arianna | rosa+ | groß | III–IV | hohe Mitte | zart | einfach | +++ | gebogen |
| Arielle Dombasle | orange+ | mittelgr | III | hohe Mitte | zart | kleinb | +++ | einfach |
| Aristide Briand | mauve | klein | II | offen | ohne Duft | großb | + | einfach |
| Aristobule | dunkelrosa | mittelgr | III–IV | geviertelt | schwach | kleinb | + | einfach |
| Arizona | orange+ | mittelgr | IV | hohe Mitte | schwach | kleinb | +++ | gebogen |
| Arizona Sunset | gelb+ | klein | III–IV | becherf | zart | kleinb | +++ | gebogen |
| Armada | rosa | mittelgr | III–IV | becherf | schwach | kleinb | +++ | gebogen |
| Arnold | rot | mittelgr | I | offen | zart | kleinb | ++ | einfach |
| Arrillaga | hellrosa | groß | III–IV | hohe Mitte | stark | einfach | ++ | gebogen |
| Arthur Bell | rein gelb | groß | III–IV | becherf | schwach | kleinb | +++ | einfach |
| Arthur de Sansal | mauve | mittelgr | V | rosettenf | stark | kleinb | ++ | einfach |
| Arthur Hillier | dunkelrosa | groß | I | offen | ohne Duft | kleinb | ++ | einfach |
| Artistic | orange+ | mittelgr | II | offen | schwach | kleinb | +++ | einfach |
| Artistry | orange+ | groß | III–IV | hohe Mitte | zart | kleinb | +++ | gebogen |
| Aruba | rot | mittelgr | III–IV | hohe Mitte | ohne Duft | einfach | +++ | gebogen |
| Aschermittwoch | weiß+ | groß | III–IV | offen | ohne Duft | kleinb | + | gebogen |
| Ascot | apricot+ | groß | III–IV | offen | ohne Duft | kleinb | +++ | geriffelt |
| Aspen | rein gelb | klein | I | offen | ohne Duft | kleinb | +++ | einfach |
| Assemblage des Beautés | dunkelrot+ | mittelgr | V | schalenf | stark | kleinb | + | einfach |
| Assiniboine | dunkelrosarot | mittelgr | II | offen | zart | kleinb | ++ | einfach |
| Asso di Cuori | dunkelrot | groß | III–IV | hohe Mitte | ohne Duft | einfach | +++ | gebogen |
| Asta von Parpart | mauve | mittelgr | III–IV | rosettenf | zart | großb | + | geriffelt |
| Astra | rosa | klein | III–IV | hohe Mitte | ohne Duft | kleinb | +++ | gebogen |
| Astra Desmond | gelb+ | klein | II | offen | schwach | doldenf | + | einfach |
| Astrée | rosa+ | groß | III–IV | hohe Mitte | stark | einfach | +++ | gebogen |
| Astrid Lindgren | hellrosa | mittelgr | III–IV | becherf | zart | doldenf | +++ | gebogen |
| Athena | weiß+ | groß | III–IV | hohe Mitte | ohne Duft | einfach | +++ | gebogen |
| Atlantic Star | orangerosa | groß | III–IV | hohe Mitte | zart | kleinb | +++ | gebogen |
| Atlantis | mauve | groß | I | schalenf | ohne Duft | kleinb | +++ | einfach |
| Auckland Metro | weiß+ | groß | III–IV | rosettenf | schwach | kleinb | +++ | geriffelt |
| Audie Murphy | rot | groß | III–IV | offen | zart | kleinb | +++ | gebogen |
| Audrey Hepburn | hellrosa | groß | III–IV | hohe Mitte | schwach | kleinb | +++ | gebogen |
| August Seebauer | dunkelrosa | groß | III–IV | hohe Mitte | ohne Duft | kleinb | +++ | gebogen |
| Auguste Gervais | apricot+ | groß | III–IV | becherf | schwach | kleinb | + | einfach |
| Auguste Renoir | rosa | groß | V | becherf | stark | einfach | +++ | gebogen |
| Augustine Guinoisseau | weiß+ | groß | III–IV | kugelf | stark | kleinb | +++ | gebogen |
| Aunty Dora | mauve | mittelgr | II | becherf | ohne Duft | kleinb | +++ | einfach |
| Auria Sunblaze | dunkelgelb | klein | III–IV | hohe Mitte | ohne Duft | kleinb | +++ | gebogen |
| Australia Felix | rosa+ | mittelgr | II | becherf | schwach | kleinb | +++ | gebogen |
| Australian Bicentennial | dunkelrosa | groß | III–IV | hohe Mitte | schwach | kleinb | +++ | gebogen |
| Australian Centre Gold | rein gelb | mittelgr | II | schalenf | schwach | kleinb | +++ | einfach |
| Australian Gold | apricot+ | mittelgr | III–IV | hohe Mitte | zart | kleinb | +++ | gebogen |
| Autumn | orange+ | groß | III–IV | hohe Mitte | stark | einfach | ++ | gebogen |
| Autumn Damask | rosa | mittelgr | III–IV | becherf | stark | kleinb | ++ | einfach |
| Autumn Delight | weiß | groß | II | schalenf | schwach | großb | +++ | einfach |
| Autumn Kiss | rein rosa | klein | III–IV | becherf | zart | kleinb | +++ | gebogen |
| Autumn Magic | orange+ | klein | III–IV | hohe Mitte | ohne Duft | kleinb | +++ | gebogen |
| Autumn Sunblaze | orangerot | klein | II | becherf | ohne Duft | kleinb | +++ | gebogen |
| Autumn Sunlight | orangerot | groß | III–IV | becherf | schwach | kleinb | +++ | gebogen |
| Autumn Sunset | apricot+ | mittelgr | III–IV | becherf | stark | großb | +++ | gebogen |
| Avalanche Rose | rot | mittelgr | III–IV | becherf | zart | kleinb | +++ | gebogen |
| Avandel | gelb+ | klein | III–IV | becherf | schwach | kleinb | +++ | gebogen |
| Ave Maria | orangerosa | groß | III–IV | hohe Mitte | schwach | kleinb | +++ | gebogen |
| Aviateur Blériot | gelb+ | klein | III–IV | becherf | schwach | kleinb | + | einfach |
| Avignon | gelb | mittelgr | III–IV | becherf | schwach | kleinb | +++ | gebogen |
| Avocet | orange+ | groß | II | offen | schwach | kleinb | +++ | geriffelt |
| Avon | dunkelrot | groß | III–IV | hohe Mitte | stark | kleinb | +++ | gebogen |
| Awakening | hellrosa | mittelgr | III–IV | becherf | schwach | kleinb | +++ | gebogen |
| Awareness | rosa | groß | III–IV | hohe Mitte | zart | kleinb | +++ | gebogen |
| Ayrshire Queen | dunkelrot | klein | II | offen | zart | kleinb | + | einfach |
| Aztec | orangerot | groß | III–IV | becherf | schwach | kleinb | +++ | gebogen |
| Azure Sea | mauve | groß | III–IV | hohe Mitte | zart | kleinb | +++ | gebogen |
| Babe | rosa+ | klein | II | becherf | ohne Duft | kleinb | +++ | einfach |
| Baby Alberic | hellgelb | klein | III–IV | schalenf | ohne Duft | kleinb | +++ | einfach |
| Baby Baccará | rot | klein | III | offen | zart | einfach | +++ | einfach |

| NAME | BLÜTEN-FARBE | BLÜTEN-GRÖSSE | BLÜTEN-TYP | BLÜTEN-FORM | DUFT-STÄRKE | BLÜTEN-STAND | BLÜH-HÄUFIGKEIT | PETALEN-FORM |
|---|---|---|---|---|---|---|---|---|
| Baby Betsy McCall | hellrosa | klein | III–IV | offen | zart | kleinb | +++ | gebogen |
| Baby Bettina | hellrot | klein | III–IV | becherf | ohne Duft | kleinb | +++ | gebogen |
| Baby Bio | goldgelb | mittelgr | III–IV | becherf | ohne Duft | kleinb | +++ | gebogen |
| Baby Blanket | hellrosa | klein | III–IV | offen | zart | kleinb | +++ | gebogen |
| Baby Cécile Brunner | hellrosa | klein | III–IV | schalenf | zart | großb | +++ | einfach |
| Baby Darling | apricot+ | klein | III–IV | becherf | ohne Duft | kleinb | +++ | gebogen |
| Baby Eclipse | hellgelb | klein | II | offen | zart | kleinb | +++ | einfach |
| Baby Faurax | mauve | klein | III–IV | rosettenf | zart | großb | +++ | einfach |
| Baby Gold Star | goldgelb | klein | II | offen | zart | kleinb | +++ | einfach |
| Baby Grand | rosa | klein | III–IV | geviertelt | zart | kleinb | +++ | gebogen |
| Baby Jayne | rosa | klein | III–IV | becherf | zart | kleinb | +++ | gebogen |
| Baby Katie | rosa+ | klein | III–IV | hohe Mitte | ohne Duft | kleinb | +++ | gebogen |
| Baby Love | goldgelb | klein | III–IV | offen | zart | kleinb | +++ | geriffelt |
| Baby Maskerade | rot+ | klein | II | schalenf | ohne Duft | kleinb | +++ | gebogen |
| Baby Pinocchio | rosa+ | klein | III | offen | schwach | kleinb | +++ | einfach |
| Baccará | orangerot | mittelgr | III–IV | schalenf | ohne Duft | kleinb | +++ | gebogen |
| Ballade | hellrosa | mittelgr | III–IV | offen | ohne Duft | kleinb | +++ | gebogen |
| Ballerina | hellrosa | klein | I | offen | schwach | großb | +++ | einfach |
| Ballet | dunkelrosa | groß | III–IV | hohe Mitte | ohne Duft | kleinb | +++ | gebogen |
| Baltimore Belle | hellrosa | mittelgr | III–IV | becherf | schwach | großb | + | einfach |
| Bambola | lachsrosa | groß | III–IV | offen | ohne Duft | kleinb | +++ | gebogen |
| Bantry Bay | rein rosa | groß | III–IV | becherf | zart | kleinb | +++ | gebogen |
| Banzai '83 | gelb+ | groß | III–IV | offen | zart | kleinb | +++ | gebogen |
| Barbara Bush | rosa+ | groß | III–IV | becherf | schwach | kleinb | +++ | gebogen |
| Barby | rein rosa | groß | III–IV | hohe Mitte | ohne Duft | einfach | +++ | gebogen |
| Baron de Bonstetten | dunkelrot | groß | III–IV | schalenf | stark | einfach | ++ | gebogen |
| Baron de Wassenaer | dunkelrosa | mittelgr | III–IV | becherf | stark | kleinb | + | gebogen |
| Baron Girod de l'Ain | rot+ | groß | III–IV | becherf | schwach | kleinb | +++ | geriffelt |
| Baron J. B. Gonella | rosa+ | groß | III–IV | becherf | schwach | kleinb | ++ | einfach |
| Baroness Rothschild | hellrosa | groß | III–IV | becherf | ohne Duft | einfach | ++ | einfach |
| Baronne Edmond de Rothschild | rot+ | groß | III–IV | becherf | stark | kleinb | +++ | gebogen |
| Baronne Henriette de Snoy | rosa+ | groß | V | geviertelt | schwach | kleinb | + | gebogen |
| Baronne Prévost | rein rosa | groß | III–IV | schalenf | schwach | einfach | ++ | einfach |
| Baroque | mauve | klein | II | offen | schwach | kleinb | +++ | einfach |
| Basildon Bond | apricot+ | mittelgr | III–IV | becherf | schwach | kleinb | +++ | gebogen |
| Bassino | rot | klein | I | offen | ohne Duft | kleinb | +++ | einfach |
| Basye's Blueberry | rein rosa | klein | I | offen | schwach | kleinb | +++ | einfach |
| Basye's Purple Rose | mauve | klein | I | offen | zart | kleinb | +++ | einfach |
| Baxter Beauty | apricot+ | mittelgr | II | becherf | schwach | kleinb | +++ | einfach |
| Bayadère | apricot+ | groß | V | geviertelt | zart | einfach | +++ | gebogen |
| Bazaar | hellrosa | mittelgr | II | hohe Mitte | stark | kleinb | +++ | einfach |
| Beau Narcisse | purpurrot | klein | III–IV | kugelf | schwach | kleinb | + | einfach |
| Beauté | apricot+ | groß | III–IV | hohe Mitte | schwach | kleinb | +++ | gebogen |
| Beautiful Britain | orangerot | mittelgr | II | becherf | ohne Duft | kleinb | +++ | gebogen |
| Beauty of Rosemawr | rosa+ | klein | III–IV | becherf | zart | kleinb | +++ | einfach |
| Beauty Secret | rot | klein | III–IV | hohe Mitte | zart | kleinb | +++ | gebogen |
| Begonia | rosa+ | groß | III–IV | hohe Mitte | ohne Duft | kleinb | +++ | geriffelt |
| Behold | rein gelb | klein | III–IV | hohe Mitte | ohne Duft | kleinb | +++ | gebogen |
| Bel Ange | rein rosa | groß | III–IV | hohe Mitte | schwach | kleinb | +++ | gebogen |
| Belami | rosa-orange | groß | III–IV | hohe Mitte | schwach | kleinb | +++ | gebogen |
| Belinda (I) | rein rosa | klein | II | becherf | schwach | großb | +++ | geriffelt |
| Belinda (II) | orange+ | mittelgr | III–IV | hohe Mitte | ohne Duft | kleinb | +++ | gebogen |
| Belinda's Rose | rein rosa | groß | III–IV | becherf | schwach | kleinb | +++ | gebogen |
| Bella Donna | hellrosa | mittelgr | III–IV | schalenf | stark | kleinb | + | einfach |
| Bella Minijet | gelb+ | klein | III–IV | becherf | ohne Duft | kleinb | +++ | gebogen |
| Bella Rosa | rein rosa | mittelgr | III–IV | becherf | zart | kleinb | +++ | gebogen |
| Bellard | hellrosa | mittelgr | V | geviertelt | schwach | kleinb | + | einfach |
| Belle Amour | hellrosa | mittelgr | II | becherf | stark | kleinb | + | einfach |
| Belle Blonde | gelb | groß | III–IV | hohe Mitte | schwach | einfach | +++ | gebogen |
| Belle de Crécy | mauve | mittelgr | III–IV | schalenf | schwach | kleinb | + | einfach |
| Belle de Ségur | hellrosa | mittelgr | III–IV | becherf | stark | kleinb | + | einfach |
| Belle des Jardins | mauve+ | mittelgr | V | kugelf | schwach | kleinb | + | einfach |
| Belle d'Orléans | orangerot | groß | III–IV | becherf | ohne Duft | kleinb | +++ | gebogen |
| Belle Epoque | orange+ | groß | III–IV | hohe Mitte | schwach | kleinb | +++ | gebogen |
| Belle Isis | hellrosa | mittelgr | V | rosettenf | stark | kleinb | + | einfach |
| Belle Lyonnaise | hellgelb | groß | III–IV | geviertelt | schwach | kleinb | +++ | gebogen |
| Belle of Berlin | rein rosa | groß | III–IV | hohe Mitte | zart | einfach | +++ | gebogen |
| Belle Poitevine | rein rosa | groß | II | schalenf | schwach | kleinb | +++ | einfach |
| Belle Portugaise | hellrosa | groß | II | offen | schwach | kleinb | + | einfach |
| Belle sans Flatterie | mauve+ | mittelgr | III–IV | geviertelt | schwach | kleinb | ++ | einfach |
| Belle Story | hellrosa | groß | III–IV | offen | schwach | kleinb | + | gebogen |
| Belle Vichysoise | hellrosa | klein | III–IV | becherf | schwach | großb | +++ | einfach |
| Belle Virginie | mauve+ | mittelgr | III–IV | rosettenf | schwach | kleinb | + | einfach |
| Bellona | rein gelb | groß | III–IV | hohe Mitte | ohne Duft | kleinb | +++ | gebogen |
| Belvedere | rein rosa | klein | III–IV | schalenf | stark | großb | + | einfach |
| Ben-Hur | rot | groß | III–IV | hohe Mitte | schwach | kleinb | +++ | gebogen |
| Bendigold | orangerot | mittelgr | III–IV | becherf | zart | kleinb | +++ | gebogen |
| Bengale Rouge | rot | sehr gr | III–IV | offen | ohne Duft | kleinb | +++ | einfach |
| Bengali | orangerot | mittelgr | III–IV | becherf | ohne Duft | kleinb | +++ | gebogen |
| Benita | goldgelb | mittelgr | III–IV | offen | zart | kleinb | +++ | geriffelt |
| Benjamin Franklin | hellrosa | groß | III–IV | hohe Mitte | zart | einfach | +++ | gebogen |
| Bennett's Seedling | weiß | mittelgr | III–IV | schalenf | zart | kleinb | + | einfach |
| Benson & Hedges Gold | gelb+ | mittelgr | III–IV | hohe Mitte | zart | kleinb | +++ | gebogen |
| Benvenuto | rot | mittelgr | II | offen | zart | kleinb | +++ | gebogen |
| Bérénice | rot+ | groß | V | kugelf | stark | kleinb | + | einfach |
| Berkeley Beauty | mauve+ | klein | III–IV | hohe Mitte | ohne Duft | einfach | +++ | gebogen |
| Berlin | orange+ | groß | I | offen | zart | großb | +++ | einfach |
| Bermuda Kathleen | rot | mittelgr | I | becherf | ohne Duft | kleinb | +++ | einfach |
| Bernina | weiß | mittelgr | III–IV | hohe Mitte | zart | kleinb | +++ | gebogen |
| Bernstein-Rose | goldgelb | groß | III–IV. | rosettenf | zart | kleinb | +++ | einfach |
| Bert Mulley | rein rosa | klein | III–IV | becherf | schwach | großb | +++ | einfach |
| Beryl Bach | gelb+ | groß | III–IV | becherf | schwach | kleinb | +++ | gebogen |
| Best Wishes | rot+ | groß | III–IV | becherf | zart | kleinb | +++ | gebogen |
| Betsy McCall | lachsorange | groß | III–IV | offen | schwach | kleinb | +++ | gebogen |
| Betsy Ross | dunkelrot | groß | III–IV | hohe Mitte | schwach | kleinb | +++ | gebogen |
| Bettina | orange | groß | III–IV | hohe Mitte | zart | kleinb | +++ | gebogen |
| Betty Harkness | orange+ | mittelgr | III–IV | becherf | schwach | großb | +++ | gebogen |
| Betty Prior | rosa | mittelgr | I | becherf | ohne Duft | kleinb | +++ | einfach |
| Betty Uprichard | apricot+ | groß | III–IV | becherf | stark | kleinb | +++ | gebogen |
| Beverly Hills | orange+ | groß | III–IV | hohe Mitte | ohne Duft | kleinb | +++ | gebogen |
| Bewitched | rein rosa | groß | III–IV | hohe Mitte | schwach | einfach | +++ | gebogen |
| Bianco | weiß | klein | III–IV | becherf | ohne Duft | kleinb | +++ | gebogen |
| Bibi Maizoon | dunkelrosa | mittelgr | V | becherf | stark | kleinb | +++ | einfach |
| Bicolette | rot+ | groß | III–IV | hohe Mitte | ohne Duft | einfach | +++ | einfach |
| Biddulph Grange | rot+ | mittelgr | III–IV | offen | ohne Duft | kleinb | +++ | einfach |
| Big Ben | dunkelrot | groß | III–IV | hohe Mitte | stark | einfach | +++ | gebogen |
| Big John | rot-weiß | klein | III–IV | hohe Mitte | ohne Duft | kleinb | +++ | gebogen |
| Bijou d'Or | goldgelb | klein | III–IV | becherf | zart | kleinb | +++ | gebogen |
| Bill Slim | lachsrot | groß | III–IV | becherf | zart | kleinb | +++ | gebogen |
| Bill Temple | cremeweiß | groß | III–IV | hohe Mitte | zart | kleinb | +++ | gebogen |
| Bill Warriner | lachsorange | mittelgr | III–IV | becherf | zart | kleinb | +++ | gebogen |
| Billard et Barré | rein gelb | groß | V | becherf | schwach | kleinb | +++ | gebogen |
| Billy Boiler | rot | mittelgr | II | becherf | ohne Duft | kleinb | ++ | einfach |
| Bing Crosby | orangerot | groß | III–IV | becherf | zart | einfach | +++ | gebogen |
| Birmingham Post | rosa | groß | III–IV | becherf | zart | kleinb | +++ | gebogen |

| NAME | BLÜTEN-FARBE | BLÜTEN-GRÖSSE | BLÜTEN-TYP | BLÜTEN-FORM | DUFT-STÄRKE | BLÜTEN-STAND | BLÜH-HÄUFIGKEIT | PETALEN-FORM |
|---|---|---|---|---|---|---|---|---|
| Birthday Present | dunkelrot | groß | III–IV | hohe Mitte | schwach | kleinb | ++ | gebogen |
| Bischofsstadt Paderborn | orangerot | groß | II | offen | schwach | kleinb | +++ | einfach |
| Bishop Darlington | apricot+ | groß | II | becherf | schwach | kleinb | +++ | einfach |
| Bit o' Spring | rosa+ | klein | III–IV | hohe Mitte | schwach | einfach | +++ | gebogen |
| Bit o' Sunshine | goldgelb | klein | III–IV | offen | zart | kleinb | +++ | gebogen |
| Black Beauty | dunkelrot | groß | III | becherf | schwach | kleinb | +++ | gebogen |
| Black Boy | dunkelrot | groß | III | becherf | schwach | kleinb | + | einfach |
| Black Garnet | dunkelrot | groß | V | hohe Mitte | großb | einfach | +++ | gebogen |
| Black Ice | dunkelrot | groß | III | becherf | ohne Duft | kleinb | +++ | gebogen |
| Black Jack | dunkelrot | groß | III–IV | hohe Mitte | zart | kleinb | +++ | gebogen |
| Black Jade | dunkelrot | klein | III–IV | hohe Mitte | ohne Duft | kleinb | +++ | gebogen |
| Black Magic | dunkelrot | groß | III | becherf | schwach | kleinb | ++ | gebogen |
| Black Prince | dunkelrot | groß | III | becherf | stark | kleinb | +++ | gebogen |
| Black Velvet | dunkelrot | groß | II | hohe Mitte | schwach | einfach | +++ | gebogen |
| Blairii No. 1 | rein rosa | groß | II | schalenf | stark | kleinb | ++ | gebogen |
| Blairii No. 2 | hellrosa | groß | V | schalenf | stark | kleinb | + | gebogen |
| Blanc de Vibert | weiß | groß | IV | becherf | stark | kleinb | +++ | einfach |
| Blanc Double de Coubert | weiß | groß | II | offen | stark | kleinb | +++ | einfach |
| Blanche de Belgique | weiß | groß | III | schalenf | stark | kleinb | + | einfach |
| Blanche Lafitte | weiß+ | mittelgr | III | becherf | schwach | kleinb | ++ | einfach |
| Blanche Moreau | weiß | groß | IV | becherf | stark | kleinb | + | einfach |
| Blanchefleur | weiß | mittelgr | IV | becherf | stark | kleinb | + | einfach |
| Blaze | rot | mittelgr | III | becherf | zart | großb | + | einfach |
| Blessings | lachsrosa | groß | III | becherf | zart | kleinb | +++ | gebogen |
| Bleu Magenta | mauve-violett | klein | III | becherf | zart | kleinb | + | einfach |
| Blizzard | weiß | klein | III–IV | becherf | ohne Duft | kleinb | +++ | gebogen |
| Bloomer Girl | lachsrosa | klein | III–IV | becherf | zart | einfach | +++ | gebogen |
| Bloomfield Abundance | hellrosa | klein | III–IV | rosettenf | zart | kleinb | +++ | einfach |
| Bloomfield Courage | rot+ | klein | I | becherf | ohne Duft | großb | ++ | einfach |
| Bloomfield Dainty | goldgelb | klein | I | offen | schwach | kleinb | + | einfach |
| Bloomin' Easy | rot | mittelgr | II | becherf | schwach | einfach | +++ | einfach |
| Blossomtime | rein rosa | groß | III–IV | hohe Mitte | schwach | kleinb | +++ | gebogen |
| Blue Bajou | mauve+ | groß | IV | becherf | zart | kleinb | +++ | einfach |
| Blue Boy | mauve | groß | III | hohe Mitte | stark | kleinb | + | gebogen |
| Blue Diamond | mauve | groß | III–IV | becherf | schwach | großb | +++ | gebogen |
| Blue Moon | mauve | groß | IV | becherf | stark | kleinb | +++ | gebogen |
| Bluenette | mauve+ | klein | II | becherf | zart | kleinb | +++ | einfach |
| Blue Nile | mauve | groß | III | hohe Mitte | stark | kleinb | +++ | gebogen |
| Blue Parfum | mauve | groß | III | hohe Mitte | stark | kleinb | +++ | gebogen |
| Blue River | mauve+ | groß | III–IV | hohe Mitte | stark | kleinb | +++ | gebogen |
| Bluesette | mauve | klein | V | schalenf | zart | großb | +++ | einfach |
| Blumenschmidt | gelb+ | sehr gr | III | becherf | zart | kleinb | +++ | gebogen |
| Blumenwunder | dunkelrosa | mittelgr | II | offen | ohne Duft | großb | +++ | einfach |
| Blush Boursault | rosa+ | mittelgr | V | kugelf | ohne Duft | kleinb | + | gebogen |
| Blush Damask | hellrosa | mittelgr | III | becherf | stark | kleinb | + | einfach |
| Blush Hip | hellrosa | mittelgr | III | schalenf | stark | kleinb | + | einfach |
| Blush Noisette | weiß | klein | II | becherf | stark | großb | +++ | einfach |
| Blush Rambler | hellrosa | klein | II | schalenf | schwach | großb | + | geriffelt |
| Blushing Lucy | hellrosa | klein | II | becherf | schwach | großb | ++ | einfach |
| Bob Hope | rot | groß | III–IV | hohe Mitte | schwach | einfach | +++ | gebogen |
| Bob Woolley | apricot+ | groß | V | hohe Mitte | zart | einfach | +++ | gebogen |
| Bobbie James | weiß | klein | II | becherf | stark | großb | + | einfach |
| Bobby Charlton | rosa+ | sehr gr | III–IV | hohe Mitte | stark | einfach | +++ | gebogen |
| Bobby Dazzler | apricot+ | groß | IV | becherf | zart | kleinb | +++ | gebogen |
| Bon Silène | dunkelrosa | mittelgr | III | becherf | schwach | kleinb | +++ | einfach |
| Bon Silène Blanc | hellgelb | mittelgr | III–IV | becherf | schwach | kleinb | +++ | einfach |
| Bonfire | rot | klein | III | offen | zart | großb | + | einfach |
| Bonfire Night | rot+ | groß | II | kugelf | zart | kleinb | +++ | gebogen |
| Bonica | rein rosa | mittelgr | III | offen | ohne Duft | großb | +++ | einfach |
| Bonn | orangerot | mittelgr | II | offen | schwach | kleinb | +++ | einfach |
| Bonnie Hamilton | orangerot | mittelgr | III | hohe Mitte | zart | kleinb | +++ | gebogen |
| Bonny | rein rosa | klein | III–IV | kugelf | zart | kleinb | +++ | einfach |
| Bonsoir | rein rosa | sehr gr | III–IV | hohe Mitte | stark | einfach | +++ | gebogen |
| Border King | rot | klein | II | offen | schwach | großb | +++ | einfach |
| Border Queen | orangerot | mittelgr | I | becherf | schwach | großb | +++ | geriffelt |
| Borderer | rosa+ | mittelgr | II | becherf | ohne Duft | kleinb | +++ | geriffelt |
| Bordure Rose | rosa+ | groß | III | becherf | ohne Duft | kleinb | +++ | gebogen |
| Born Free | orangerot | klein | III | offen | ohne Duft | kleinb | +++ | gebogen |
| Botanica | hellrosa | mittelgr | III | hohe Mitte | stark | großb | +++ | einfach |
| Botzaris | cremeweiß | mittelgr | III–IV | geviertelt | stark | kleinb | + | einfach |
| Bougainville | rosa+ | mittelgr | V | becherf | zart | kleinb | +++ | einfach |
| Boule de Neige | weiß | mittelgr | III | schalenf | stark | kleinb | ++ | einfach |
| Bouquet de Vénus | dunkelrosa | groß | II | geviertelt | stark | kleinb | + | einfach |
| Bouquet d'Or | gelb+ | groß | III | becherf | stark | kleinb | +++ | gebogen |
| Bourbonrose | rot/rosa/ purpurn | mittelgr | II–III | rosettenf | schwach | kleinb | + | einfach |
| Bourgogne | rot | mittelgr | I | becherf | schwach | kleinb | + | einfach |
| Bow Bells | dunkelrosa | mittelgr | III–IV | becherf | zart | großb | +++ | einfach |
| Boy O Boy | rot | mittelgr | I | becherf | schwach | großb | +++ | einfach |
| Boys' Brigade | rot | klein | I | offen | ohne Duft | großb | +++ | einfach |
| Bradley Craig | orangerot | mittelgr | III–IV | becherf | zart | kleinb | +++ | gebogen |
| Brandenburg | orangerot | groß | III–IV | hohe Mitte | schwach | einfach | +++ | gebogen |
| Brandy | apricot+ | groß | III–IV | hohe Mitte | zart | einfach | +++ | gebogen |
| Brasilia | rot+ | mittelgr | III–IV | hohe Mitte | zart | einfach | +++ | gebogen |
| Brass Band | apricot+ | mittelgr | IV | becherf | zart | kleinb | +++ | geriffelt |
| Brass Ring | orange+ | klein | III | schalenf | ohne Duft | großb | +++ | gebogen |
| Brave Heart | rein rosa | mittelgr | III | hohe Mitte | schwach | kleinb | +++ | gebogen |
| Breath of Life | apricot+ | groß | III–IV | becherf | zart | kleinb | +++ | geriffelt |
| Breathless | dunkelrosa | sehr gr | III | hohe Mitte | zart | einfach | +++ | gebogen |
| Bredon | apricot+ | mittelgr | III–IV | rosettenf | schwach | kleinb | +++ | einfach |
| Breeze Hill | apricot+ | groß | V | becherf | schwach | kleinb | + | einfach |
| Brenda | hellrosa | klein | I | offen | schwach | kleinb | + | einfach |
| Brenda Colvin | hellrosa | klein | I | offen | stark | doldenf | + | einfach |
| Bridal Pink | hellrosa | groß | IV | hohe Mitte | zart | kleinb | +++ | gebogen |
| Bridal White | weiß | mittelgr | III–IV | hohe Mitte | zart | kleinb | +++ | gebogen |
| Bride | hellrosa | sehr gr | III–IV | hohe Mitte | schwach | kleinb | +++ | gebogen |
| Bride's Dream | hellrosa | groß | III | hohe Mitte | zart | einfach | +++ | einfach |
| Brigadoon | rosa+ | sehr gr | III–IV | hohe Mitte | schwach | kleinb | +++ | gebogen |
| Bright Beauty | orangerot | groß | III | hohe Mitte | schwach | einfach | +++ | gebogen |
| Bright Fire | dunkelrot | mittelgr | II | becherf | zart | kleinb | +++ | einfach |
| Bright Melody | rot | groß | III–IV | becherf | zart | großb | +++ | gebogen |
| Bright Smile | rein gelb | mittelgr | II | schalenf | zart | kleinb | +++ | einfach |
| Brilliant Meilandina | orange | klein | II | becherf | ohne Duft | großb | +++ | gebogen |
| Brisbane Blush | rot+ | groß | III | hohe Mitte | schwach | kleinb | +++ | gebogen |
| Britannia | rot+ | klein | I | offen | ohne Duft | großb | +++ | einfach |
| Broadway | gelb+ | groß | IV | hohe Mitte | stark | einfach | +++ | gebogen |
| Bronze Masterpiece | apricot | sehr gr | IV | hohe Mitte | stark | einfach | +++ | gebogen |
| Brother Cadfael | rein rosa | mittelgr | IV | becherf | stark | kleinb | +++ | einfach |
| Brown Velvet | rostrot | mittelgr | IV | schalenf | zart | kleinb | +++ | gebogen |
| Brownie | rostrot | groß | III | schalenf | zart | kleinb | +++ | gebogen |
| Buccaneer | gelb | groß | III–IV | becherf | schwach | kleinb | +++ | gebogen |
| Buff Beauty | apricot+ | mittelgr | IV | becherf | schwach | kleinb | +++ | einfach |
| Buffalo Gal | dunkelrosa | mittelgr | II | schalenf | stark | kleinb | +++ | geriffelt |
| Buisman's Triumph | rein rosa | mittelgr | II | offen | schwach | kleinb | +++ | einfach |
| Bullata | rein rosa | mittelgr | III–IV | kugelf | schwach | kleinb | + | einfach |
| Bulls Red | rot | groß | III–IV | hohe Mitte | ohne Duft | einfach | +++ | gebogen |
| Burbank | rein rosa | groß | III–IV | becherf | schwach | kleinb | +++ | gebogen |
| Burgunderrose | rosa+ | klein | III–IV | rosettenf | zart | kleinb | + | einfach |
| Burma Star | apricot+ | groß | III–IV | becherf | zart | kleinb | +++ | gebogen |
| Burnaby | hellgelb | groß | III–IV | hohe Mitte | zart | kleinb | +++ | gebogen |

| NAME | BLÜTEN-FARBE | BLÜTEN-GRÖSSE | BLÜTEN-TYP | BLÜTEN-FORM | DUFT-STÄRKE | BLÜTEN-STAND | BLÜH-HÄUFIGKEIT | PETALEN-FORM |
|---|---|---|---|---|---|---|---|---|
| Burning Love | rot | mittelgr | III | becherf | schwach | kleinb | +++ | gebogen |
| Butterscotch | orange+ | groß | IV | becherf | zart | kleinb | ++ | gebogen |
| Buttons | rosa+ | klein | III–IV | kugelf | ohne Duft | einfach | +++ | einfach |
| Buttons 'n' Bows | dunkelrosa | klein | III | hohe Mitte | zart | kleinb | +++ | gebogen |
| By Appointment | apricot+ | mittelgr | III | becherf | zart | kleinb | +++ | gebogen |
| Cabbage Rose | rein rosa | groß | IV | becherf | stark | kleinb | + | einfach |
| Cadillac | orangerosa | mittelgr | V | hohe Mitte | ohne Duft | einfach | +++ | gebogen |
| Café | rostfarben | groß | IV | schalenf | zart | kleinb | +++ | einfach |
| Café Olé | rostfarben | klein | III | becherf | schwach | kleinb | +++ | gebogen |
| Caid | orange+ | mittelgr | III–IV | becherf | zart | kleinb | +++ | gebogen |
| Cairngorm | orange+ | mittelgr | V | becherf | zart | großb | +++ | gebogen |
| Cajun Spice | orangerot | mittelgr | IV | offen | zart | einfach | +++ | einfach |
| Cal Poly | rein gelb | klein | III–IV | becherf | zart | kleinb | +++ | gebogen |
| Caldwell Pink | rein rosa | klein | III | rosettenf | ohne Duft | großb | +++ | einfach |
| Calgold | goldgelb | klein | III–IV | hohe Mitte | zart | kleinb | +++ | gebogen |
| Calocarpa | rein rosa | groß | I | offen | stark | großb | +++ | einfach |
| Camaieux | mauve | mittelgr | II | rosettenf | stark | kleinb | + | einfach |
| Camaieux Fimbriata | mauve | mittelgr | III | becherf | schwach | kleinb | + | einfach |
| Camara | orangerot | mittelgr | IV | hohe Mitte | zart | einfach | +++ | gebogen |
| Cambridgeshire | rot+ | klein | II | becherf | ohne Duft | großb | +++ | einfach |
| Camélia Rose | hellrosa | mittelgr | III | rosettenf | ohne Duft | kleinb | ++ | einfach |
| Camelot | orangerosa | sehr gr | III–IV | becherf | schwach | kleinb | +++ | gebogen |
| Cameo | orangerosa | mittelgr | III–IV | becherf | ohne Duft | großb | +++ | einfach |
| Camp David | dunkelrot | groß | IV | hohe Mitte | schwach | einfach | +++ | gebogen |
| Camphill Glory | rosa+ | groß | III–IV | hohe Mitte | zart | einfach | +++ | gebogen |
| Can-Can | orange+ | groß | III–IV | hohe Mitte | schwach | kleinb | +++ | geriffelt |
| Canary | gelb+ | groß | III | becherf | zart | kleinb | +++ | gebogen |
| Canary Bird | goldgelb | klein | I | offen | zart | einfach | + | einfach |
| Candella | rot+ | mittelgr | III | hohe Mitte | zart | einfach | +++ | gebogen |
| Candeur Lyonnaise | hellgelb | groß | III | becherf | ohne Duft | einfach | ++ | gebogen |
| Candlelight | goldgelb | groß | III–IV | hohe Mitte | zart | einfach | +++ | gebogen |
| Candy Cane | rosa+ | klein | II | becherf | ohne Duft | kleinb | +++ | einfach |
| Candy Flo | apricot+ | groß | III | becherf | ohne Duft | kleinb | +++ | gebogen |
| Candy Rose | rot | klein | III–IV | becherf | zart | großb | +++ | einfach |
| Candy Stripe | rosa+ | sehr gr | III–IV | hohe Mitte | zart | kleinb | +++ | gebogen |
| Candy Sunblaze | dunkelrosa | mittelgr | III–IV | hohe Mitte | zart | kleinb | +++ | gebogen |
| Cannes Festival | gelb+ | groß | III–IV | becherf | zart | einfach | +++ | gebogen |
| Cantabrigiensis | hellgelb | mittelgr | I | becherf | zart | einfach | + | einfach |
| Canterbury | rein rosa | groß | II | offen | schwach | kleinb | ++ | einfach |
| Cape Cod | hellrosa | mittelgr | I | offen | ohne Duft | großb | +++ | einfach |
| Capitaine Basroger | rot+ | groß | III | becherf | stark | kleinb | + | einfach |
| Capitaine John Ingram | mauve | mittelgr | III–IV | pomponf | stark | kleinb | + | einfach |
| Capri | orangerosa | groß | III–IV | hohe Mitte | zart | kleinb | +++ | gebogen |
| Caprice | rosa+ | groß | II | becherf | zart | einfach | +++ | gebogen |
| Capriole | rein rosa | groß | II | offen | stark | großb | +++ | einfach |
| Captain Christy | hellrosa | groß | II | kugelf | ohne Duft | großb | +++ | gebogen |
| Captain Harry Stebbings | dunkelrosa | groß | IV | hohe Mitte | stark | einfach | +++ | gebogen |
| Captain Samuel Holland | rot | mittelgr | III–IV | offen | zart | kleinb | +++ | einfach |
| Captain Thomas | weiß | groß | I | offen | schwach | kleinb | +++ | einfach |
| Captain Watkins | rein rosa | mittelgr | II | offen | ohne Duft | kleinb | +++ | kraus |
| Cara Mia | rot | groß | III | hohe Mitte | schwach | einfach | +++ | gebogen |
| Carabella | gelb+ | klein | I | offen | zart | großb | +++ | einfach |
| Cardinal de Richelieu | mauve | groß | V | becherf | stark | kleinb | + | einfach |
| Cardinal Hume | mauve+ | groß | II | becherf | stark | großb | +++ | einfach |
| Cardinal Song | rot | sehr gr | V | hohe Mitte | zart | einfach | +++ | gebogen |
| Carefree Beauty | rein rosa | mittelgr | II | offen | zart | kleinb | +++ | einfach |
| Carefree Delight | rosa+ | klein | II | offen | ohne Duft | großb | +++ | einfach |
| Carefree Wonder | rosa+ | mittelgr | III | becherf | zart | kleinb | +++ | geriffelt |
| Careless Love | rosa+ | groß | III | becherf | stark | kleinb | +++ | gebogen |
| Careless Moment | rosa+ | klein | III–IV | hohe Mitte | zart | kleinb | +++ | gebogen |
| Caribbean | apricot+ | groß | III–IV | becherf | schwach | kleinb | +++ | einfach |
| Carina | rein rosa | groß | III | hohe Mitte | schwach | einfach | +++ | gebogen |
| Carla | orangerosa | groß | III–IV | hohe Mitte | zart | einfach | +++ | gebogen |
| Carmen | rot | groß | I | schalenf | stark | kleinb | + | einfach |
| Carnaval | rot+ | groß | III–IV | offen | schwach | kleinb | +++ | einfach |
| Carnival Parade | gelb+ | klein | V | hohe Mitte | zart | kleinb | +++ | gebogen |
| Carol (I) | rosa+ | groß | III–IV | hohe Mitte | zart | kleinb | +++ | gebogen |
| Carol (II) | rein rosa | klein | III | offen | ohne Duft | kleinb | +++ | einfach |
| Carol Ann | orangerosa | klein | V | becherf | ohne Duft | großb | +++ | einfach |
| Carol-Jean | dunkelrosa | klein | III–IV | becherf | zart | kleinb | +++ | gebogen |
| Carol-Joy | rot | groß | III–IV | becherf | stark | kleinb | +++ | gebogen |
| Caroline Marniesse | weiß | klein | III–IV | kugelf | schwach | großb | ++ | einfach |
| Carrot Top | orange+ | klein | III–IV | hohe Mitte | zart | kleinb | +++ | gebogen |
| Carrousel | rot | mittelgr | II | offen | schwach | kleinb | +++ | gebogen |
| Cary Grant | orange+ | groß | III–IV | hohe Mitte | stark | einfach | ++ | gebogen |
| Casa Blanca | weiß | mittelgr | II | offen | ohne Duft | kleinb | +++ | einfach |
| Casanova | hellgelb | groß | IV | hohe Mitte | schwach | einfach | +++ | gebogen |
| Cascabel | rot+ | mittelgr | III | kugelf | ohne Duft | kleinb | +++ | gebogen |
| Casino | hellgelb | groß | III | hohe Mitte | zart | einfach | +++ | gebogen |
| Casque d'Or | rein gelb | groß | III–IV | hohe Mitte | schwach | kleinb | +++ | gebogen |
| Cassandra | rot | groß | III–IV | hohe Mitte | zart | einfach | ++ | gebogen |
| Cassandre | rot | mittelgr | III–IV | offen | zart | kleinb | +++ | geriffelt |
| Castle of Mey | orange+ | mittelgr | III–IV | hohe Mitte | schwach | kleinb | +++ | gebogen |
| Caterpillar | hellrosa | klein | II | offen | ohne Duft | doldenf | + | einfach |
| Cathedral | apricot+ | groß | III–IV | becherf | zart | kleinb | +++ | gebogen |
| Cathedral Splendour | orangerosa | mittelgr | II | hohe Mitte | schwach | kleinb | +++ | gebogen |
| Catherine de Würtemberg | hellrosa | groß | V | kugelf | zart | kleinb | + | geriffelt |
| Catherine Deneuve | orangerosa | groß | III | hohe Mitte | stark | einfach | +++ | gebogen |
| Catherine Guillot | dunkelrosa | sehr gr | III–IV | becherf | stark | kleinb | ++ | einfach |
| Catherine McAuley | rein gelb | mittelgr | III–IV | becherf | zart | kleinb | +++ | gebogen |
| Catherine Mermet | hellrosa | groß | III–IV | hohe Mitte | schwach | kleinb | ++ | gebogen |
| Catherine Seyton | hellrosa | groß | I | offen | schwach | kleinb | + | einfach |
| Cavalcade | rot+ | mittelgr | III–IV | hohe Mitte | stark | kleinb | +++ | gebogen |
| Cécile Brunner | hellrosa | klein | III–IV | schalenf | schwach | großb | +++ | einfach |
| Cécile Lens | rein rosa | klein | II | offen | ohne Duft | kleinb | +++ | gebogen |
| Cee Dee Moss | rosa+ | mittelgr | II | becherf | zart | kleinb | +++ | einfach |
| Celebrity | goldgelb | groß | III–IV | hohe Mitte | schwach | einfach | +++ | gebogen |
| Céleste | hellrosa | mittelgr | II | offen | stark | kleinb | + | einfach |
| Célina | mauve | mittelgr | II | schalenf | schwach | kleinb | + | geriffelt |
| Céline Delbard | orange+ | groß | III–IV | becherf | schwach | kleinb | +++ | gebogen |
| Céline Forestier | hellgelb | groß | V | schalenf | stark | kleinb | ++ | einfach |
| Celsiana | hellrosa | groß | II | becherf | stark | kleinb | + | einfach |
| Centenaire de Lourdes | rein rosa | groß | II | becherf | schwach | großb | +++ | einfach |
| Centenary | rein rosa | mittelgr | II | becherf | schwach | großb | +++ | einfach |
| Centifolia | rein rosa | mittelgr | IV | schalenf | stark | kleinb | + | einfach |
| Centifolia Muscosa | rein rosa | groß | IV | schalenf | schwach | kleinb | + | einfach |
| Centifolia Variegata | rosa+ | groß | V | rosettenf | stark | kleinb | + | einfach |
| Central Park | apricot+ | klein | III | offen | zart | kleinb | +++ | einfach |
| Centurion | dunkelrot | mittelgr | III–IV | becherf | zart | kleinb | +++ | einfach |
| Century Two | rein rosa | groß | III | becherf | schwach | einfach | +++ | gebogen |
| Cerise Bouquet | dunkelrosa | mittelgr | II | offen | zart | großb | +++ | einfach |
| Cerys Ann | gelb+ | groß | III–IV | hohe Mitte | zart | einfach | +++ | gebogen |
| Césonie | dunkelrosa | groß | III–IV | becherf | stark | kleinb | + | einfach |
| Chablis | weiß | groß | IV | hohe Mitte | zart | einfach | +++ | gebogen |
| Champagne | gelb+ | groß | III–IV | hohe Mitte | zart | einfach | +++ | gebogen |

| NAME | BLÜTEN-FARBE | BLÜTEN-GRÖSSE | BLÜTEN-TYP | BLÜTEN-FORM | DUFT-STÄRKE | BLÜTEN-STAND | BLÜH-HÄUFIGKEIT | PETALEN-FORM |
|---|---|---|---|---|---|---|---|---|
| Champagne Cocktail | gelb+ | mittelgr | III–IV | becherf | schwach | kleinb | +++ | geriffelt |
| Champagnerperle | apricot+ | groß | II | becherf | zart | großb | +++ | einfach |
| Champion | gelb+ | sehr gr | IV | hohe Mitte | stark | einfach | +++ | gebogen |
| Champion of the World | rein rosa | groß | III | becherf | stark | einfach | ++ | einfach |
| Champlain | dunkelrot | groß | III–IV | becherf | zart | großb | +++ | einfach |
| Champneys' Pink Cluster | hellrosa | klein | III–IV | becherf | stark | großb | +++ | einfach |
| Champs-Elysées | dunkelrot | groß | III–IV | becherf | zart | einfach | +++ | gebogen |
| Chanelle | orangerosa | groß | III | becherf | zart | kleinb | +++ | gebogen |
| Chaplin's Pink Climber | rein rosa | groß | II | schalenf | zart | großb | + | gebogen |
| Chaplin's Pink Companion | hellrosa | mittelgr | III–IV | offen | schwach | großb | + | einfach |
| Charisma | rot+ | mittelgr | III–IV | hohe Mitte | zart | kleinb | ++ | gebogen |
| Charles Albanel | rot | mittelgr | III–IV | becherf | schwach | kleinb | +++ | einfach |
| Charles Austin | apricot+ | groß | IV | rosettenf | stark | kleinb | + | einfach |
| Charles de Gaulle | mauve+ | mittelgr | III–IV | becherf | stark | kleinb | +++ | gebogen |
| Charles de Lapisse | hellrosa | groß | III | becherf | zart | kleinb | +++ | gebogen |
| Charles de Mills | mauve | groß | V | geviertelt | schwach | kleinb | + | einfach |
| Charles Gater | rot | sehr gr | III–IV | kugelf | schwach | einfach | ++ | geriffelt |
| Charles Lawson | dunkelrosa | groß | III–IV | becherf | schwach | kleinb | + | einfach |
| Charles Lefèbre | dunkelrot | groß | V | becherf | schwach | einfach | ++ | geriffelt |
| Charles Mallerin | dunkelrot | groß | III–IV | schalenf | stark | einfach | +++ | gebogen |
| Charles Rennie Mackintosh | rosa+ | mittelgr | III–IV | kugelf | stark | kleinb | +++ | einfach |
| Charleston | gelb+ | groß | III–IV | hohe Mitte | zart | kleinb | +++ | gebogen |
| Charlie's Aunt | rosa+ | groß | V | hohe Mitte | schwach | einfach | +++ | gebogen |
| Charlotte (I) | orangerosa | groß | V | becherf | schwach | kleinb | +++ | einfach |
| Charlotte (II) | hellgelb | groß | V | becherf | stark | kleinb | +++ | einfach |
| Charlotte Armstrong | dunkelrosa | groß | III–IV | hohe Mitte | schwach | kleinb | +++ | gebogen |
| Charlotte Rampling | rot | groß | III–IV | hohe Mitte | stark | kleinb | +++ | gebogen |
| Charmian | rein rosa | groß | V | becherf | stark | kleinb | +++ | geriffelt |
| Chasin' Rainbows | rot+ | klein | III–IV | hohe Mitte | ohne Duft | kleinb | +++ | einfach |
| Château de Chenonceaux | rein rosa | groß | III–IV | schalenf | schwach | kleinb | +++ | gebogen |
| Château de Clos Vougeot | dunkelrot | groß | V | becherf | stark | kleinb | +++ | gebogen |
| Châtelaine | orangerosa | groß | III | hohe Mitte | schwach | kleinb | +++ | gebogen |
| Chattem Centennial | orangerot | klein | III–IV | becherf | zart | kleinb | +++ | gebogen |
| Chaucer | rein rosa | groß | III–IV | becherf | stark | kleinb | +++ | einfach |
| Chelsea Belle | rot | klein | III–IV | hohe Mitte | schwach | einfach | +++ | gebogen |
| Chénédolé | orangerot | groß | I | becherf | schwach | kleinb | + | gebogen |
| Cherish | orangerosa | groß | III–IV | hohe Mitte | zart | kleinb | +++ | gebogen |
| Cherry Brandy | orange+ | groß | III–IV | hohe Mitte | schwach | einfach | +++ | gebogen |
| Cherry Meidiland | rot+ | klein | I | offen | ohne Duft | kleinb | +++ | einfach |
| Cherry Sunblaze | rot | klein | III | becherf | schwach | kleinb | +++ | gebogen |
| Cherry-Vanilla | rosa+ | groß | III | becherf | schwach | kleinb | +++ | gebogen |
| Cherub | rosa+ | klein | II | becherf | zart | doldenf | + | einfach |
| Cheshire Life | orangerot | groß | III–IV | hohe Mitte | zart | einfach | +++ | gebogen |
| Chevy Chase | dunkelrot | klein | IV | schalenf | zart | großb | + | einfach |
| Chianti | mauve+ | groß | II | becherf | stark | kleinb | + | geriffelt |
| Chic | rosa+ | mittelgr | V | becherf | zart | kleinb | +++ | gebogen |
| Chica | hellrosa | klein | IV | offen | schwach | einfach | +++ | einfach |
| Chicago Peace | rosa+ | sehr gr | III–IV | hohe Mitte | zart | kleinb | +++ | gebogen |
| Chick-A-Dee | rein rosa | klein | III–IV | hohe Mitte | zart | kleinb | +++ | gebogen |
| Child's Play | weiß | klein | III–IV | hohe Mitte | schwach | kleinb | +++ | gebogen |
| Chimo | rot | klein | I | becherf | zart | einfach | +++ | einfach |
| China Doll | rein rosa | mittelgr | III–IV | becherf | zart | kleinb | +++ | einfach |
| Chinatown | goldgelb | groß | III–IV | becherf | stark | kleinb | +++ | gebogen |
| Chiquita | dunkelrot | klein | II | schalenf | zart | einfach | +++ | gebogen |
| Chivalry | rot+ | groß | III | schalenf | schwach | einfach | +++ | gebogen |

| NAME | BLÜTEN-FARBE | BLÜTEN-GRÖSSE | BLÜTEN-TYP | BLÜTEN-FORM | DUFT-STÄRKE | BLÜTEN-STAND | BLÜH-HÄUFIGKEIT | PETALEN-FORM |
|---|---|---|---|---|---|---|---|---|
| Chloris | hellrosa | mittelgr | III | schalenf | stark | kleinb | + | geriffelt |
| Choo-Choo Centennial | hellrosa | klein | IV–V | hohe Mitte | zart | kleinb | +++ | gebogen |
| Chorus | orangerot | groß | III | becherf | zart | kleinb | +++ | gebogen |
| Christian Dior | rot | groß | III | hohe Mitte | zart | kleinb | +++ | gebogen |
| Christine, Climbing | goldgelb | klein | III–IV | hohe Mitte | schwach | kleinb | + | gebogen |
| Christine Wright | rosa+ | sehr gr | II | becherf | schwach | kleinb | +++ | einfach |
| Christoph Columbus | orange+ | groß | IV | hohe Mitte | zart | einfach | +++ | gebogen |
| Christopher | rot | klein | III | becherf | ohne Duft | kleinb | +++ | gebogen |
| Christopher Columbus | rosa+ | klein | III | hohe Mitte | zart | großb | +++ | gebogen |
| Chromatella | hellgelb | mittelgr | V | kugelf | schwach | kleinb | ++ | einfach |
| Chrysler Imperial | dunkelrot | groß | IV | hohe Mitte | stark | kleinb | +++ | gebogen |
| Church Mouse | rostfarben | klein | III–IV | becherf | zart | kleinb | +++ | gebogen |
| Cicely Lascelles | orangerosa | groß | II | offen | zart | kleinb | +++ | einfach |
| Cider Cup | orange+ | klein | III–IV | hohe Mitte | zart | kleinb | +++ | gebogen |
| Cinderella | weiß | klein | V | schalenf | schwach | großb | +++ | gebogen |
| Circus | gelb+ | groß | V | hohe Mitte | schwach | kleinb | +++ | gebogen |
| City Girl | rosa+ | mittelgr | III | offen | schwach | kleinb | +++ | einfach |
| City of Auckland | orange+ | groß | III | hohe Mitte | stark | einfach | +++ | gebogen |
| City of Belfast | orangerot | mittelgr | III–IV | becherf | schwach | großb | +++ | gebogen |
| City of Benalla | orangerot | groß | III–IV | hohe Mitte | zart | einfach | +++ | gebogen |
| City of Birmingham | dunkelrot | mittelgr | II | schalenf | zart | großb | +++ | einfach |
| City of Bradford | orangerot | mittelgr | II | becherf | zart | großb | +++ | geriffelt |
| City of Goulburn | gelb+ | mittelgr | III–IV | becherf | ohne Duft | kleinb | +++ | geriffelt |
| City of Hereford | rein rosa | groß | IV | hohe Mitte | stark | einfach | +++ | gebogen |
| City of Leeds | orangerosa | groß | III | becherf | zart | kleinb | +++ | gebogen |
| City of London | hellrosa | groß | III | becherf | stark | kleinb | +++ | gebogen |
| City of Newcastle Bicentennia | rot | groß | III–IV | hohe Mitte | stark | einfach | +++ | gebogen |
| City of Pretoria | apricot+ | mittelgr | II | offen | zart | großb | +++ | einfach |
| City of Wangaratta | rot | groß | III–IV | hohe Mitte | schwach | einfach | +++ | gebogen |
| City of Warwick | rostfarben | groß | III–IV | hohe Mitte | zart | einfach | +++ | gebogen |
| City of Worcester | rot | sehr gr | III–IV | hohe Mitte | schwach | einfach | +++ | gebogen |
| City of York | weiß | groß | II | becherf | schwach | großb | + | einfach |
| Clair Matin | rein rosa | mittelgr | II | becherf | schwach | großb | +++ | einfach |
| Claire Jacquier | hellgelb | mittelgr | II | schalenf | schwach | großb | + | geriffelt |
| Claire Rose | rein rosa | groß | V | schalenf | stark | großb | +++ | geriffelt |
| Claret Cup | rot+ | klein | III–IV | kugelf | mittelgr | großb | +++ | einfach |
| Clarissa | apricot+ | klein | III–IV | hohe Mitte | zart | großb | +++ | gebogen |
| Clarita | orangerot | groß | III–IV | hohe Mitte | zart | einfach | +++ | gebogen |
| Class Act | weiß | groß | II | becherf | zart | kleinb | +++ | geriffelt |
| Classic Sunblaze | rein rosa | klein | III–IV | hohe Mitte | schwach | kleinb | +++ | gebogen |
| Classic Touch | hellrosa | groß | III–IV | hohe Mitte | zart | einfach | +++ | gebogen |
| Claude Monet | rot+ | mittelgr | III–IV | hohe Mitte | zart | kleinb | +++ | gebogen |
| Claus Groth | orange+ | groß | III–IV | offen | stark | kleinb | + | einfach |
| Cleo | hellrosa | groß | III–IV | hohe Mitte | zart | einfach | +++ | gebogen |
| Cliffs of Dover | weiß | klein | I | offen | schwach | kleinb | +++ | einfach |
| Climentina | rein rosa | groß | III–IV | hohe Mitte | zart | einfach | +++ | gebogen |
| Clio | zartrosa | groß | V | kugelf | schwach | kleinb | ++ | gebogen |
| Clivia | orange+ | groß | IV | hohe Mitte | schwach | einfach | +++ | gebogen |
| Clos Fleuri Blanc | weiß | groß | IV | becherf | zart | kleinb | +++ | einfach |
| Clos Vougeot | rot | mittelgr | III | becherf | schwach | kleinb | +++ | einfach |
| Clotilde Soupert | weiß | groß | V | becherf | zart | großb | +++ | geriffelt |
| Clytemnestra | orangerosa | klein | II | offen | schwach | großb | +++ | geriffelt |
| Coalite Flame | orangerot | sehr gr | V | hohe Mitte | zart | einfach | +++ | gebogen |
| Cockadoo | rot | mittelgr | III–IV | offen | ohne Duft | kleinb | +++ | einfach |
| Cocktail | rot+ | mittelgr | I | offen | zart | großb | +++ | einfach |
| Cocktail '90 | gelb+ | groß | II | offen | ohne Duft | einfach | +++ | einfach |
| Coco | gelb+ | groß | III | becherf | stark | kleinb | +++ | gebogen |
| Cocorico | orangerot | groß | II | becherf | ohne Duft | kleinb | +++ | geriffelt |
| Cocorico 1989 | rosa+ | mittelgr | II | offen | zart | kleinb | +++ | einfach |

| NAME | BLÜTEN-FARBE | BLÜTEN-GRÖSSE | BLÜTEN-TYP | BLÜTEN-FORM | DUFT-STÄRKE | BLÜTEN-STAND | BLÜH-HÄUFIGKEIT | PETALEN-FORM |
|---|---|---|---|---|---|---|---|---|
| Cognac | apricot+ | groß | III | becherf | schwach | kleinb | +++ | gebogen |
| Colchester Beauty | dunkelrosa | mittelgr | II | hohe Mitte | stark | einfach | +++ | gebogen |
| Colibri | orange+ | klein | V | schalenf | zart | kleinb | +++ | gebogen |
| Colibri 79 | orange | klein | V | schalenf | zart | kleinb | +++ | gebogen |
| Colin's Salmon | rosa+ | groß | III | hohe Mitte | schwach | kleinb | +++ | gebogen |
| Collegiate 110 | rein gelb | mittelgr | II | offen | ohne Duft | kleinb | +++ | einfach |
| Collegiate Pride | rot | klein | V | hohe Mitte | zart | einfach | +++ | gebogen |
| Color Magic | rosa+ | groß | III–IV | schalenf | zart | kleinb | +++ | gebogen |
| Colorama | rot+ | groß | III | becherf | schwach | kleinb | +++ | gebogen |
| Colour Wonder | orange+ | groß | III–IV | hohe Mitte | zart | kleinb | +++ | gebogen |
| Columbia | rein rosa | groß | V | kugelf | stark | kleinb | +++ | gebogen |
| Columbine | gelb+ | mittelgr | III–IV | hohe Mitte | stark | kleinb | +++ | gebogen |
| Columbus | dunkelrosa | groß | III–IV | hohe Mitte | schwach | kleinb | +++ | gebogen |
| Columbus Queen | rosa+ | groß | III–IV | hohe Mitte | zart | kleinb | +++ | gebogen |
| Comanche | orangerot | groß | III–IV | hohe Mitte | zart | kleinb | +++ | gebogen |
| Command Performance | orangerot | mittelgr | III–IV | hohe Mitte | stark | kleinb | +++ | gebogen |
| Commandant Beaurepaire | rosa+ | mittelgr | III–IV | becherf | stark | kleinb | ++ | gebogen |
| Communis | rosa+ | mittelgr | IV | becherf | stark | kleinb | + | einfach |
| Compassion | orangerosa | groß | III–IV | offen | schwach | kleinb | +++ | gebogen |
| Complicata | rosa+ | mittelgr | I | offen | stark | kleinb | + | einfach |
| Comte Boula de Nanteuil | mauve | groß | III–IV | schalenf | stark | kleinb | + | einfach |
| Comte de Chambord | rosa+ | groß | V | schalenf | stark | kleinb | ++ | geriffelt |
| Comte de Nanteuil (I) | rosa+ | groß | III–IV | schalenf | stark | kleinb | ++ | einfach |
| Comtesse Cécile de Chabrillan | rosa+ | mittelgr | V | kugelf | schwach | einfach | ++ | gebogen |
| Comtesse de Lacépède | hellrosa | groß | III | becherf | schwach | kleinb | + | einfach |
| Comtesse de Murinais | weiß | groß | III–IV | schalenf | stark | kleinb | + | geriffelt |
| Comtesse de Rocquigny | weiß | mittelgr | III–IV | becherf | stark | kleinb | + | einfach |
| Comtesse du Caÿla | orange+ | mittelgr | II | offen | zart | kleinb | +++ | einfach |
| Comtesse Risa du Parc | rosa+ | groß | III–IV | kugelf | schwach | kleinb | +++ | einfach |
| Comtesse Vandal | rosa+ | groß | III–IV | hohe Mitte | zart | kleinb | +++ | gebogen |
| Concertino | orangerot | mittelgr | III | becherf | zart | kleinb | +++ | einfach |
| Concerto | rot | mittelgr | II | becherf | zart | kleinb | +++ | einfach |
| Condesa de Sástago | rosa+ | groß | IV | becherf | schwach | kleinb | +++ | gebogen |
| Conditorum | dunkelrot | mittelgr | II | offen | stark | kleinb | + | einfach |
| Confetti | rot+ | mittelgr | III–IV | hohe Mitte | zart | kleinb | +++ | gebogen |
| Confidence | rosa+ | groß | III | hohe Mitte | zart | einfach | +++ | gebogen |
| Congratulations | rosa+ | groß | IV | hohe Mitte | zart | kleinb | +++ | gebogen |
| Conqueror's Gold | gelb+ | mittelgr | II | becherf | zart | kleinb | +++ | einfach |
| Conrad Ferdinand Meyer | hellrosa | groß | III | becherf | stark | kleinb | +++ | gebogen |
| Conservation | rosa+ | klein | II | becherf | zart | kleinb | +++ | gebogen |
| Constance | rein gelb | groß | III | hohe Mitte | zart | einfach | +++ | gebogen |
| Constance Finn | hellrosa | groß | III–IV | becherf | zart | großb | +++ | gebogen |
| Constanze Spry | hellrosa | groß | V | becherf | stark | einfach | + | einfach |
| Contrast | rosa+ | groß | IV | hohe Mitte | stark | kleinb | +++ | gebogen |
| Cooper's Burmese | weiß | groß | I | offen | stark | kleinb | + | einfach |
| Copacabana | orangerot | groß | III–IV | becherf | zart | kleinb | +++ | gebogen |
| Copenhagen | rot | groß | II | hohe Mitte | schwach | kleinb | +++ | gebogen |
| Coppélia | orange+ | mittelgr | III–IV | becherf | zart | kleinb | +++ | gebogen |
| Copper Gem | apricot+ | groß | III–IV | becherf | zart | kleinb | +++ | gebogen |
| Copper Pot | orange+ | groß | II | becherf | zart | großb | +++ | gebogen |
| Copper Sunset | orange+ | klein | II | hohe Mitte | zart | kleinb | +++ | gebogen |
| Coquette des Alpes | weiß | mittelgr | II | becherf | zart | kleinb | ++ | einfach |
| Coquette des Blanches | weiß | mittelgr | III | schalenf | schwach | kleinb | ++ | einfach |
| Cora Marie | rot | groß | III | offen | zart | einfach | +++ | einfach |
| Coral Cluster | orangerosa | klein | III | becherf | ohne Duft | großb | +++ | geriffelt |

| NAME | BLÜTEN-FARBE | BLÜTEN-GRÖSSE | BLÜTEN-TYP | BLÜTEN-FORM | DUFT-STÄRKE | BLÜTEN-STAND | BLÜH-HÄUFIGKEIT | PETALEN-FORM |
|---|---|---|---|---|---|---|---|---|
| Coral Dawn | rein rosa | groß | III–IV | becherf | stark | kleinb | +++ | gebogen |
| Coral Satin | orangerosa | groß | III | hohe Mitte | stark | kleinb | +++ | gebogen |
| Coral Spire | rein rosa | groß | II | hohe Mitte | ohne Duft | kleinb | +++ | gebogen |
| Coral Treasure | orange+ | klein | III–IV | hohe Mitte | ohne Duft | kleinb | +++ | gebogen |
| Coralie | hellrosa | mittelgr | IV | becherf | schwach | kleinb | + | geriffelt |
| Coralin | orangerot | klein | III–IV | hohe Mitte | ohne Duft | kleinb | +++ | gebogen |
| Cordelia | apricot+ | groß | III–IV | hohe Mitte | schwach | einfach | +++ | gebogen |
| Cordon Bleu | apricot+ | mittelgr | III | becherf | schwach | kleinb | +++ | gebogen |
| Cordula | orangerot | mittelgr | III–IV | becherf | zart | kleinb | +++ | einfach |
| Cornelia | rosa+ | klein | V | rosettenf | stark | großb | +++ | einfach |
| Cornsilk | hellgelb | klein | III–IV | hohe Mitte | zart | einfach | +++ | gebogen |
| Coronado | rot+ | groß | III–IV | hohe Mitte | schwach | einfach | +++ | gebogen |
| Coronation Gold | apricot+ | groß | III | becherf | zart | kleinb | +++ | gebogen |
| Coronet | dunkelrot | groß | II | becherf | ohne Duft | kleinb | +++ | einfach |
| Corrie | dunkelrosa | klein | III–IV | hohe Mitte | ohne Duft | einfach | +++ | gebogen |
| Corso | orange+ | groß | III–IV | hohe Mitte | zart | einfach | +++ | gebogen |
| Corvette | orangerot | groß | III–IV | hohe Mitte | ohne Duft | kleinb | +++ | gebogen |
| Corylus | rein rosa | mittelgr | I | offen | zart | kleinb | +++ | einfach |
| Cosette | rein rosa | mittelgr | V | schalenf | zart | kleinb | +++ | einfach |
| Cosimo Ridolfi | mauve | mittelgr | V | becherf | stark | kleinb | + | einfach |
| Cosmic | orange+ | klein | III–IV | hohe Mitte | zart | kleinb | +++ | gebogen |
| Cottage Garden | orange+ | mittelgr | III–IV | offen | ohne Duft | großb | +++ | einfach |
| Cottage Rose | rein rosa | mittelgr | V | becherf | zart | kleinb | +++ | geriffelt |
| Cottontail | weiß | klein | III–IV | schalenf | zart | großb | +++ | geriffelt |
| Countess of Stradbroke | dunkelrot | groß | III–IV | kugelf | stark | kleinb | +++ | gebogen |
| Country Dancer | dunkelrosa | groß | III | becherf | zart | kleinb | +++ | gebogen |
| Country Joy | rosa+ | klein | III–IV | becherf | zart | kleinb | +++ | gebogen |
| Country Lady | orange+ | mittelgr | III–IV | offen | zart | kleinb | +++ | gebogen |
| Country Living | hellrosa | mittelgr | III–IV | becherf | zart | kleinb | +++ | geriffelt |
| Countrywoman | rein gelb | groß | III | kugelf | zart | kleinb | +++ | gebogen |
| Coup de Foudre | orangerot | mittelgr | III–IV | becherf | schwach | kleinb | +++ | gebogen |
| Coup d'Hébé | dunkelrosa | groß | V | becherf | stark | kleinb | + | einfach |
| Courtoisie | orange+ | groß | III | becherf | schwach | kleinb | +++ | gebogen |
| Courtship | rein rosa | groß | III | becherf | schwach | einfach | +++ | gebogen |
| Courvoisier | goldgelb | groß | III–IV | hohe Mitte | stark | kleinb | +++ | gebogen |
| Cramoisi Picoté | rot+ | mittelgr | V | pomponf | schwach | kleinb | + | einfach |
| Cramoisi Supérieur | rot | klein | II | becherf | zart | großb | ++ | einfach |
| Crazy Quilt | rot+ | klein | III–IV | schalenf | ohne Duft | kleinb | +++ | gebogen |
| Cream Delight | hellrosa | groß | III–IV | hohe Mitte | zart | einfach | +++ | gebogen |
| Cream Gold | rein gelb | klein | III–IV | hohe Mitte | schwach | kleinb | +++ | gebogen |
| Cream Puff | rosa+ | klein | II | offen | zart | kleinb | +++ | gebogen |
| Crépuscule | apricot+ | mittelgr | III–IV | offen | zart | kleinb | +++ | einfach |
| Cressida | apricot+ | sehr gr | V | becherf | stark | kleinb | ++ | geriffelt |
| Crested Jewel | rein rosa | mittelgr | II | hohe Mitte | zart | kleinb | + | gebogen |
| Crested Moss | rein rosa | mittelgr | III–IV | becherf | stark | kleinb | + | geriffelt |
| Cricket | orange+ | klein | III–IV | kugelf | zart | kleinb | +++ | gebogen |
| Cricri | orange+ | klein | V | becherf | ohne Duft | kleinb | +++ | gebogen |
| Crimson Cascade | dunkelrot | mittelgr | III | schalenf | zart | kleinb | +++ | gebogen |
| Crimson Conquest | dunkelrot | groß | II | offen | zart | großb | + | gebogen |
| Crimson Descant | rot | groß | III | becherf | zart | kleinb | +++ | gebogen |
| Crimson Globe | dunkelrot | groß | III–IV | kugelf | stark | kleinb | + | geriffelt |
| Crimson Glory | dunkelrot | groß | III | becherf | stark | einfach | +++ | gebogen |
| Crimson Moss | dunkelrot | mittelgr | V | schalenf | schwach | kleinb | + | geriffelt |
| Crimson Rambler | rot | klein | III | offen | ohne Duft | großb | + | geriffelt |
| Crimson Rosette | dunkelrot | mittelgr | III | rosettenf | zart | großb | +++ | einfach |
| Crimson Shower | rot | klein | III | pomponf | zart | großb | + | einfach |
| Crimson Wave | rot | groß | III | schalenf | zart | großb | +++ | gebogen |
| Criterion | dunkelrosa | groß | III | hohe Mitte | stark | einfach | +++ | gebogen |
| Crumble Bar | goldgelb | mittelgr | V | becherf | schwach | großb | +++ | gebogen |
| Crystal Palace | apricot+ | mittelgr | III | offen | schwach | kleinb | +++ | geriffelt |
| Crystalline | weiß | groß | III–IV | hohe Mitte | stark | kleinb | +++ | gebogen |

| NAME | BLÜTEN-FARBE | BLÜTEN-GRÖSSE | BLÜTEN-TYP | BLÜTEN-FORM | DUFT-STÄRKE | BLÜTEN-STAND | BLÜH-HÄUFIGKEIT | PETALEN-FORM |
|---|---|---|---|---|---|---|---|---|
| Cuddles | orangerosa | klein | IV | hohe Mitte | zart | kleinb | +++ | gebogen |
| Cuisse de Nymphe Emué | rein rosa | mittelgr | III–IV | becherf | stark | kleinb | + | geriffelt |
| Cupcake | rein rosa | klein | IV | hohe Mitte | ohne Duft | kleinb | +++ | gebogen |
| Cupid | hellrosa | sehr gr | I | offen | ohne Duft | großb | + | geriffelt |
| Curiosity | rot+ | groß | III–IV | becherf | zart | kleinb | +++ | gebogen |
| Cuthbert Grant | dunkelrot | groß | II | becherf | zart | kleinb | +++ | einfach |
| Cymbaline | hellrosa | groß | III–IV | schalenf | stark | kleinb | +++ | geriffelt |
| Dagmar Späth | weiß | groß | II | becherf | schwach | großb | +++ | einfach |
| D'Aguesseau | rot | mittelgr | III–IV | geviertelt | schwach | kleinb | + | geriffelt |
| Daily Mail Scented Rose | rot+ | groß | III–IV | becherf | stark | kleinb | +++ | gebogen |
| Daily Sketch | rosa+ | groß | III–IV | hohe Mitte | schwach | kleinb | +++ | gebogen |
| Dainty Bess | hellrosa | groß | I | becherf | schwach | kleinb | +++ | kraus |
| Dainty Dinah | orangerosa | klein | II | offen | zart | kleinb | +++ | einfach |
| Dainty Maid | rosa+ | klein | I | offen | schwach | kleinb | +++ | einfach |
| Dairy Maid | hellgelb | groß | I | offen | ohne Duft | großb | +++ | einfach |
| Dale Farm | orangerot | groß | III | becherf | schwach | kleinb | +++ | gebogen |
| Dallas (I) | rot+ | groß | III–IV | hohe Mitte | schwach | einfach | +++ | gebogen |
| Dame Blanche | weiß | groß | I | offen | ohne Duft | großb | + | einfach |
| Dame de Coeur | rot | sehr gr | III–IV | hohe Mitte | stark | einfach | +++ | gebogen |
| Dame Edith Helen | rein rosa | sehr gr | III | hohe Mitte | stark | einfach | +++ | gebogen |
| Dame of Sark | orange+ | groß | III | schalenf | schwach | kleinb | +++ | gebogen |
| Dame Prudence | hellrosa | mittelgr | V | schalenf | stark | kleinb | +++ | einfach |
| Dame Wendy | rein rosa | mittelgr | III–IV | becherf | zart | kleinb | +++ | gebogen |
| Danaë | hellgelb | mittelgr | III–IV | becherf | schwach | großb | +++ | einfach |
| Dance of Joy | rot | groß | III–IV | becherf | schwach | kleinb | +++ | gebogen |
| Daniel Lacombe | gelb+ | mittelgr | III–IV | becherf | zart | kleinb | + | einfach |
| Danse des Sylphes | orangerot | mittelgr | III–IV | kugelf | schwach | kleinb | +++ | gebogen |
| Daphne | rein rosa | mittelgr | V | pomponf | stark | kleinb | + | einfach |
| Dapple Dawn | hellrosa | groß | I | offen | ohne Duft | großb | +++ | einfach |
| Darling Flame | orangerot | klein | III–IV | hohe Mitte | zart | kleinb | +++ | gebogen |
| David Thompson | rot | mittelgr | III | offen | stark | kleinb | +++ | geriffelt |
| David Whitfield | rein rosa | groß | III | hohe Mitte | schwach | kleinb | +++ | gebogen |
| Dawn Chorus | orange+ | mittelgr | III–IV | hohe Mitte | schwach | kleinb | +++ | gebogen |
| Dawson | rein rosa | klein | III–IV | becherf | zart | großb | + | einfach |
| Dawson's Delight | dunkelrosa | groß | IV | hohe Mitte | zart | einfach | +++ | gebogen |
| Day Light | apricot+ | mittelgr | III | becherf | ohne Duft | großb | +++ | gebogen |
| Daybreak | rein gelb | mittelgr | I–II | offen | stark | kleinb | +++ | einfach |
| Daydream | hellrosa | groß | II | offen | schwach | kleinb | + | geriffelt |
| Dazzler | gelb+ | mittelgr | III–IV | hohe Mitte | schwach | kleinb | +++ | gebogen |
| De Candolle | hellrosa | mittelgr | III | becherf | zart | kleinb | + | einfach |
| De la Grifferaie | dunkelrosa | mittelgr | IV | becherf | schwach | großb | + | einfach |
| De la Maître-Ecole | mauve | groß | IV | geviertelt | stark | kleinb | + | gebogen |
| De Meaux | rein rosa | klein | III | pomponf | schwach | kleinb | + | geriffelt |
| Dearest | rosa+ | groß | III | schalenf | zart | kleinb | +++ | gebogen |
| Debbie Thomas | rot+ | groß | III–IV | hohe Mitte | zart | einfach | +++ | gebogen |
| Deb's Delight | rosa+ | mittelgr | III–IV | becherf | schwach | kleinb | +++ | gebogen |
| Début | rot+ | groß | III | hohe Mitte | ohne Duft | einfach | +++ | einfach |
| Debutante | hellrosa | mittelgr | III–IV | offen | stark | kleinb | + | einfach |
| Declic | mauve+ | mittelgr | II | becherf | schwach | großb | + | einfach |
| Décor Arlequin | apricot+ | mittelgr | II | becherf | schwach | kleinb | + | einfach |
| Dee Bennett | orange+ | klein | III–IV | hohe Mitte | zart | kleinb | +++ | gebogen |
| Deep Secret | dunkelrot | groß | III–IV | hohe Mitte | stark | einfach | +++ | gebogen |
| Deep Velvet | dunkelrot | klein | III–IV | hohe Mitte | zart | kleinb | +++ | gebogen |
| Delambre | dunkelrosa | mittelgr | III–IV | geviertelt | stark | kleinb | ++ | geriffelt |
| Delicado | orangerosa | sehr gr | III–IV | hohe Mitte | schwach | einfach | +++ | gebogen |
| Delicata | hellrosa | groß | II | offen | schwach | kleinb | +++ | einfach |
| Delicious | rein rosa | klein | III | hohe Mitte | stark | kleinb | +++ | gebogen |
| Delille | weiß | mittelgr | II | offen | schwach | kleinb | + | geriffelt |
| Della Balfour | apricot+ | groß | III–IV | hohe Mitte | zart | kleinb | +++ | gebogen |
| Demokracie | dunkelrot | klein | II | offen | zart | großb | +++ | einfach |
| Denise Grey | hellrosa | mittelgr | II | offen | zart | großb | + | einfach |
| Dentelle de Bruxelles | hellrosa | mittelgr | II | hohe Mitte | schwach | kleinb | ++ | einfach |
| Dentelle de Malines | rein rosa | mittelgr | II | hohe Mitte | zart | kleinb | + | einfach |
| Denver's Dream | orange+ | klein | III–IV | schalenf | ohne Duft | einfach | +++ | gebogen |
| Deschamps | rot | groß | III–IV | offen | zart | kleinb | ++ | geriffelt |
| Desert Charm | dunkelrot | groß | III–IV | hohe Mitte | zart | kleinb | +++ | gebogen |
| Desert Peace | gelb+ | mittelgr | III–IV | hohe Mitte | zart | einfach | +++ | gebogen |
| Deuil de Paul Fontaine | mauve | mittelgr | III–IV | becherf | schwach | kleinb | ++ | geriffelt |
| Devoniensis | weiß | sehr gr | III–IV | geviertelt | stark | kleinb | ++ | gebogen |
| Diablotin | rot | groß | II | offen | schwach | kleinb | +++ | gebogen |
| Diadem | rein rosa | mittelgr | III–IV | hohe Mitte | ohne Duft | kleinb | +++ | gebogen |
| Diamant | orangerot | groß | III–IV | hohe Mitte | schwach | kleinb | +++ | gebogen |
| Diamond Jubilee | hellgelb | sehr gr | III–IV | becherf | schwach | einfach | +++ | gebogen |
| Diana | rein gelb | mittelgr | III | schalenf | zart | kleinb | +++ | gebogen |
| Diane | gelb+ | groß | III–IV | hohe Mitte | ohne Duft | einfach | +++ | gebogen |
| Diapason | rein rosa | groß | III–IV | kugelf | schwach | kleinb | +++ | gebogen |
| Dick Koster | dunkelrosa | klein | III–IV | becherf | ohne Duft | großb | +++ | einfach |
| Dickson's Flame | orangerot | mittelgr | III–IV | hohe Mitte | schwach | großb | +++ | gebogen |
| Dicky | orangerosa | mittelgr | III–IV | schalenf | schwach | kleinb | +++ | gebogen |
| Die Welt | orange+ | groß | III | hohe Mitte | zart | einfach | +++ | gebogen |
| Dimples | hellgelb | mittelgr | II | becherf | zart | kleinb | +++ | geriffelt |
| Diorama | gelb+ | groß | III–IV | hohe Mitte | stark | einfach | +++ | gebogen |
| Directeur Alphand | mauve | groß | III | becherf | stark | einfach | + | geriffelt |
| Dirigent | rot | mittelgr | II | offen | zart | großb | +++ | gebogen |
| Disco Dancer | orangerot | mittelgr | III | offen | schwach | kleinb | +++ | einfach |
| Distant Drums | mauve | groß | III–IV | becherf | stark | kleinb | +++ | geriffelt |
| Dr A. J. Verhage | goldgelb | groß | III–IV | hohe Mitte | stark | einfach | +++ | geriffelt |
| Doctor Dick | orangerosa | sehr gr | IV | hohe Mitte | schwach | einfach | +++ | gebogen |
| Dr. Eckener | rosa+ | groß | II | becherf | schwach | kleinb | +++ | geriffelt |
| Dr Edward Deacon | orange+ | groß | III–IV | kugelf | stark | kleinb | +++ | gebogen |
| Doctor Grill | orangerosa | groß | III–IV | geviertelt | zart | kleinb | ++ | gebogen |
| Dr Harry Upshall | rosa+ | mittelgr | III–IV | becherf | schwach | kleinb | + | einfach |
| Dr Huey | dunkelrot | mittelgr | II | offen | zart | kleinb | + | einfach |
| Dr J. H. Nicholas | rein rosa | groß | IV | kugelf | schwach | kleinb | +++ | gebogen |
| Dr Jackson | rot | mittelgr | I | schalenf | ohne Duft | einfach | +++ | einfach |
| Dr John Snow | weiß | groß | III–IV | hohe Mitte | schwach | einfach | +++ | gebogen |
| Dr McAlpine | dunkelrosa | mittelgr | III | hohe Mitte | stark | kleinb | +++ | gebogen |
| Dr W. Van Fleet | hellrosa | groß | III–IV | offen | schwach | kleinb | + | gebogen |
| Dolce Vita | orangerosa | sehr gr | III | hohe Mitte | zart | einfach | +++ | gebogen |
| Dolly | orangerosa | mittelgr | II | offen | schwach | kleinb | +++ | einfach |
| Dolly Parton | orangerot | groß | III | hohe Mitte | stark | einfach | +++ | gebogen |
| Domstadt Fulda | dunkelrot | mittelgr | III–IV | schalenf | ohne Duft | kleinb | +++ | einfach |
| Don Juan | dunkelrot | groß | III–IV | becherf | stark | kleinb | +++ | gebogen |
| Don Marshall | dunkelrot | klein | III–IV | hohe Mitte | schwach | kleinb | +++ | gebogen |
| Donald Prior | rot | groß | II | becherf | schwach | großb | +++ | einfach |
| Donau | mauve | mittelgr | II | schalenf | zart | kleinb | + | einfach |
| Doncasteri | dunkelrosa | mittelgr | I | schalenf | ohne Duft | kleinb | + | einfach |
| Donna Marie | weiß | klein | IV | becherf | ohne Duft | großb | + | einfach |
| Doris Downes | rosa+ | sehr gr | II | becherf | stark | kleinb | + | gebogen |
| Doris Tysterman | orange+ | groß | III–IV | hohe Mitte | schwach | kleinb | +++ | gebogen |
| Dornröschen | rosa+ | groß | III–IV | offen | schwach | großb | +++ | einfach |
| Dorola | goldgelb | klein | II | becherf | stark | großb | +++ | einfach |
| Dorothy Dennison | hellrosa | klein | III–IV | becherf | schwach | großb | + | geriffelt |
| Dorothy Peach | gelb+ | groß | III–IV | hohe Mitte | schwach | einfach | +++ | gebogen |
| Dorothy Perkins | hellrosa | klein | III–IV | becherf | schwach | großb | + | geriffelt |
| Dorothy Wheatcroft | rot | groß | II | offen | zart | großb | +++ | einfach |
| Dortmund | rot | groß | I | offen | zart | kleinb | +++ | einfach |
| Double Charm | gelb+ | mittelgr | V | hohe Mitte | ohne Duft | großb | +++ | einfach |
| Double Delight | rot+ | groß | III–IV | hohe Mitte | stark | kleinb | +++ | gebogen |
| Double Joy | orangerosa | klein | III | hohe Mitte | zart | großb | +++ | gebogen |

| NAME | BLÜTEN-FARBE | BLÜTEN-GRÖSSE | BLÜTEN-TYP | BLÜTEN-FORM | DUFT-STÄRKE | BLÜTEN-STAND | BLÜH-HÄUFIGKEIT | PETALEN-FORM |
|---|---|---|---|---|---|---|---|---|
| Double Treat | gelb+ | klein | III | becherf | zart | kleinb | +++ | einfach |
| Double White | weiß | klein | II–III | becherf | schwach | kleinb | + | einfach |
| Douceur Normande | rein rosa | mittelgr | I | offen | ohne Duft | kleinb | +++ | geriffelt |
| Dove | hellrosa | groß | III–IV | becherf | schwach | kleinb | +++ | geriffelt |
| Dream | hellrosa | mittelgr | IV | hohe Mitte | ohne Duft | kleinb | +++ | gebogen |
| Dream Girl | rosa+ | groß | III–IV | becherf | stark | kleinb | +++ | gebogen |
| Dream Lover | hellrosa | mittelgr | III–IV | hohe Mitte | schwach | einfach | +++ | gebogen |
| Dream Time | rein rosa | groß | III–IV | hohe Mitte | stark | kleinb | +++ | gebogen |
| Dreamer | rein rosa | klein | III | becherf | ohne Duft | kleinb | +++ | gebogen |
| Dreamglo | rot+ | klein | III–IV | hohe Mitte | schwach | kleinb | +++ | gebogen |
| Dreaming Parade | lachsrosa | klein | III–IV | becherf | ohne Duft | kleinb | +++ | gebogen |
| Dreaming Spires | goldgelb | groß | III–IV | hohe Mitte | stark | kleinb | +++ | gebogen |
| Dresden | weiß | groß | V | hohe Mitte | stark | einfach | +++ | gebogen |
| Dresden Doll | hellrosa | klein | II | schalenf | zart | kleinb | +++ | einfach |
| Drummer Boy | dunkelrot | klein | II | becherf | zart | kleinb | +++ | einfach |
| Dublin Bay | rot | groß | III–IV | hohe Mitte | schwach | kleinb | +++ | gebogen |
| Duc de Cambridge | mauve | groß | IV | becherf | schwach | kleinb | + | geriffelt |
| Duc de Fitzjames | dunkelrot/ dunkelrosa | mittelgr | III–IV | becherf | stark | großb | + | geriffelt |
| Duc de Guiche | mauve | mittelgr | IV | geviertelt | stark | kleinb | + | einfach |
| Duc de Sussex | hellrosa | groß | III–IV | offen | schwach | kleinb | + | geriffelt |
| Duc de Valmy | mauve | groß | IV | becherf | schwach | kleinb | + | einfach |
| Ducher | weiß | mittelgr | III–IV | schalenf | ohne Duft | kleinb | ++ | gebogen |
| Duchess of Portland | rot | groß | II | becherf | schwach | kleinb | ++ | einfach |
| Duchess of Wellington | hellgelb | groß | II | offen | zart | kleinb | +++ | gebogen |
| Duchesse d'Angoulême | hellrosa | groß | III–IV | becherf | stark | kleinb | + | geriffelt |
| Duchesse d'Auerstädt | gelb | groß | IV | geviertelt | zart | kleinb | ++ | gebogen |
| Duchesse de Berry | rosa+ | groß | II | becherf | stark | kleinb | + | einfach |
| Duchesse de Brabant | hellrosa | groß | IV | becherf | schwach | kleinb | ++ | einfach |
| Duchesse de Buccleugh | rot+ | groß | III–IV | becherf | schwach | kleinb | + | einfach |
| Duchesse de Cambacérès | mauve+ | groß | III | offen | stark | einfach | ++ | einfach |
| Duchesse de Grammont | weiß | klein | III | becherf | ohne Duft | großb | ++ | einfach |
| Duchesse de Montebello | rosa | mittelgr | III | becherf | stark | kleinb | + | einfach |
| Duchesse de Rohan | rosa+ | sehr gr | V | schalenf | stark | einfach | + | geriffelt |
| Duchesse de Verneuil | rosa+ | groß | III | becherf | stark | kleinb | + | geriffelt |
| Duet | rein rosa | groß | III | becherf | schwach | kleinb | +++ | geriffelt |
| Duftrausch | rein rosa | sehr gr | V | schalenf | stark | einfach | +++ | gebogen |
| Duke of Edinburgh | dunkelrot | groß | II | becherf | stark | einfach | ++ | gebogen |
| Duke of Wellington | dunkelrot | groß | III–IV | becherf | stark | einfach | ++ | gebogen |
| Duke of Windsor | orange+ | groß | III–IV | hohe Mitte | stark | einfach | +++ | gebogen |
| Duke of York | rosa+ | groß | III | offen | zart | kleinb | ++ | einfach |
| Duke Sunblaze | rein rosa | klein | III–IV | hohe Mitte | ohne Duft | kleinb | +++ | gebogen |
| Dundee Rambler | weiß | klein | III | schalenf | zart | großb | + | einfach |
| Duplex | rein rosa | mittelgr | II | offen | zart | kleinb | + | geriffelt |
| Dupontii | weiß | klein | I | schalenf | stark | doldenf | ++ | einfach |
| Dupuy Jamain | rot | groß | III–IV | becherf | schwach | einfach | ++ | geriffelt |
| Dusky Maiden | dunkelrot | mittelgr | I | offen | stark | kleinb | +++ | einfach |
| Düsterlohe | dunkelrosa | mittelgr | II | offen | zart | kleinb | + | einfach |
| Dusty Rose | mauve | klein | III | hohe Mitte | stark | kleinb | +++ | gebogen |
| Dutch Gold | rein gelb | groß | III–IV | hohe Mitte | zart | kleinb | +++ | gebogen |
| Dynamite | dunkelrot | groß | III–IV | becherf | schwach | kleinb | +++ | gebogen |
| Earl of Eldon | orange+ | mittelgr | IV | schalenf | zart | kleinb | + | geriffelt |
| Earth Song | dunkelrosa | groß | III–IV | becherf | schwach | kleinb | +++ | gebogen |
| Earthquake | rot+ | klein | III–IV | becherf | ohne Duft | kleinb | +++ | einfach |
| Easlea's Golden Rambler | gelb+/ rein gelb | groß | III–IV | becherf | stark | kleinb | + | geriffelt |
| Easter Morning | weißlich | klein | V | hohe Mitte | zart | kleinb | +++ | gebogen |
| Easy Going | rein gelb | groß | III–IV | becherf | schwach | kleinb | +++ | geriffelt |
| Echo | rosa+ | groß | II | becherf | ohne Duft | doldenf | +++ | einfach |
| Eclair | dunkelrot | groß | III–IV | geviertelt | stark | kleinb | ++ | geriffelt |
| Eclipse | hellgelb | groß | III–IV | offen | stark | einfach | +++ | gebogen |
| Eddie's Crimson | rot | groß | II | schalenf | ohne Duft | kleinb | + | einfach |
| Eddie's Jewel | rot | groß | I | schalenf | ohne Duft | großb | ++ | einfach |
| Eden Rose | dunkelrosa | groß | III–IV | becherf | stark | einfach | +++ | gebogen |
| Edith Bellenden | rosa | klein | I | offen | stark | kleinb | + | einfach |
| Edith Clark | rot | groß | III–IV | kugelf | zart | kleinb | +++ | gebogen |
| Edith Holden | rostrot | klein | II | offen | zart | großb | +++ | gebogen |
| Editor McFarland | rein rosa | groß | IV | hohe Mitte | stark | einfach | +++ | gebogen |
| Editor Stewart | rot | groß | II | offen | ohne Duft | kleinb | +++ | einfach |
| Edna Marie | hellrosa | klein | III–IV | hohe Mitte | schwach | kleinb | +++ | gebogen |
| Eglantyne | hellrosa | groß | V | schalenf | stark | kleinb | +++ | geriffelt |
| Egoli | goldgelb | groß | IV | hohe Mitte | schwach | kleinb | +++ | einfach |
| Eiffelturm | rein rosa | groß | III | hohe Mitte | schwach | einfach | +++ | gebogen |
| Ekstase | dunkelrot | groß | III–IV | hohe Mitte | stark | einfach | +++ | gebogen |
| El Capitan | rot | groß | III | hohe Mitte | zart | kleinb | +++ | gebogen |
| Electron | dunkelrosa | groß | IV | hohe Mitte | schwach | einfach | +++ | gebogen |
| Elegance (I) | rein gelb | groß | III–IV | offen | schwach | kleinb | +++ | einfach |
| Elégance (II) | rosa+ | groß | III–IV | kugelf | schwach | kleinb | +++ | einfach |
| Elegant Beauty | hellgelb | groß | III | hohe Mitte | ohne Duft | einfach | +++ | gebogen |
| Elegy | orangerot | groß | III–IV | kugelf | zart | einfach | +++ | gebogen |
| Elfin Charm | rosa+ | klein | V | becherf | schwach | kleinb | +++ | einfach |
| Elfinglo | mauve | klein | III | becherf | ohne Duft | großb | +++ | gebogen |
| Elie Beauvillain | rein rosa | groß | III–IV | becherf | zart | kleinb | +++ | gebogen |
| Elina | hellgelb | groß | III–IV | hohe Mitte | zart | kleinb | +++ | gebogen |
| Élisa Boëlle | weiß | mittelgr | III–IV | becherf | stark | einfach | +++ | geriffelt |
| Eliza | rein rosa | mittelgr | III–IV | hohe Mitte | ohne Duft | kleinb | +++ | gebogen |
| Eliza Dorothy | gelb | groß | III–IV | hohe Mitte | stark | einfach | +++ | gebogen |
| Elizabeth Arden | weißlich | groß | III–IV | hohe Mitte | stark | einfach | +++ | gebogen |
| Elizabeth Harkness | hellgelb | groß | III–IV | hohe Mitte | schwach | einfach | +++ | gebogen |
| Elizabeth of Glamis | orangerosa | groß | III–IV | schalenf | zart | kleinb | +++ | gebogen |
| Elizabeth Taylor | dunkelrosa | groß | III–IV | hohe Mitte | schwach | einfach | +++ | gebogen |
| Ellen | apricot+ | groß | III–IV | becherf | stark | kleinb | +++ | einfach |
| Ellen Poulsen | rein rosa | groß | III–IV | offen | zart | großb | +++ | einfach |
| Ellen Willmott | gelb+ | groß | I | becherf | ohne Duft | kleinb | +++ | geriffelt |
| Ellinor LeGrice | rein gelb | groß | III | becherf | stark | einfach | +++ | gebogen |
| Elmhurst | rosa+ | groß | III–IV | hohe Mitte | zart | einfach | +++ | gebogen |
| Elmshorn | dunkelrosa | klein | III | becherf | zart | großb | +++ | gebogen |
| Else Poulsen | rein rosa | mittelgr | II | schalenf | zart | großb | +++ | gebogen |
| Elveshörn | rein rosa | mittelgr | III–IV | kugelf | zart | kleinb | +++ | einfach |
| Elysium | rein rosa | groß | III | hohe Mitte | zart | kleinb | +++ | gebogen |
| Emanuel | apricot+ | groß | V | schalenf | stark | kleinb | +++ | geriffelt |
| Embassy | rosa+ | groß | III–IV | hohe Mitte | stark | einfach | +++ | gebogen |
| Ember | orangerot | klein | III–IV | schalenf | ohne Duft | einfach | +++ | gebogen |
| Embers | rot | groß | III–IV | hohe Mitte | stark | kleinb | +++ | gebogen |
| Emily | hellrosa | klein | III–IV | offen | stark | einfach | +++ | gebogen |
| Emily Gray | goldgelb | groß | III–IV | offen | schwach | kleinb | + | gebogen |
| Emily Louise | intensiv gelb | klein | I | offen | zart | großb | +++ | einfach |
| Éminence | mauve | groß | III–IV | hohe Mitte | stark | kleinb | +++ | gebogen |
| Emmie Gray | rot | mittelgr | I | schalenf | ohne Duft | kleinb | +++ | einfach |
| Emotion | rosa+ | groß | III–IV | becherf | zart | kleinb | ++ | geriffelt |
| Empereur du Maroc | rot | klein | V | geviertelt | stark | kleinb | ++ | geriffelt |
| Empress Joséphine | rein rosa | groß | II | offen | schwach | kleinb | + | geriffelt |
| Empress Michiko | hellrosa | mittelgr | III–IV | hohe Mitte | stark | kleinb | +++ | gebogen |
| Ena Baxter | rein rosa | mittelgr | III–IV | hohe Mitte | zart | kleinb | +++ | gebogen |

| NAME | BLÜTEN-FARBE | BLÜTEN-GRÖSSE | BLÜTEN-TYP | BLÜTEN-FORM | DUFT-STÄRKE | BLÜTEN-STAND | BLÜH-HÄUFIGKEIT | PETALEN-FORM |
|---|---|---|---|---|---|---|---|---|
| Ena Harkness | dunkelrot | groß | III–IV | hohe Mitte | stark | kleinb | +++ | gebogen |
| Enchantress | weiß | mittelgr | III | becherf | schwach | kleinb | ++ | geriffelt |
| Enfant de France | hellrosa | groß | III | geviertelt | stark | einfach | ++ | geriffelt |
| English Elegance | rosa+ | groß | III–IV | offen | zart | kleinb | +++ | einfach |
| English Garden | apricot+ | groß | V | schalenf | zart | kleinb | +++ | gebogen |
| English Holiday | gelb+ | groß | III | becherf | schwach | kleinb | +++ | einfach |
| English Miss | hellrosa | groß | V | offen | stark | kleinb | +++ | einfach |
| Eos | rot+ | mittelgr | II | offen | schwach | kleinb | + | einfach |
| Erfurt | rosa+ | mittelgr | I | schalenf | stark | kleinb | +++ | einfach |
| Ernest H. Morse | rot | groß | III–IV | hohe Mitte | stark | einfach | +++ | gebogen |
| Ernest's Blue | mauve | groß | III–IV | hohe Mitte | stark | kleinb | +++ | gebogen |
| Erotika | dunkelrot | groß | III–IV | hohe Mitte | stark | einfach | +++ | gebogen |
| Escapade | mauve | groß | II | becherf | zart | großb | +++ | einfach |
| Eskimo | weiß | mittelgr | III–IV | hohe Mitte | schwach | kleinb | +++ | gebogen |
| Esme Euvrard | hellrosa | groß | II | hohe Mitte | schwach | einfach | +++ | einfach |
| Especially For You | gelb | groß | III–IV | hohe Mitte | stark | kleinb | +++ | gebogen |
| Espéranza | rot | groß | III–IV | offen | ohne Duft | großb | +++ | gebogen |
| Essex | rein rosa | klein | I | becherf | ohne Duft | kleinb | +++ | einfach |
| Esther | rosa+ | mittelgr | III–IV | offen | stark | kleinb | + | geriffelt |
| Esther Geldenhuys | orangerosa | groß | III | hohe Mitte | schwach | einfach | +++ | gebogen |
| Estima | orange+ | klein | V | hohe Mitte | ohne Duft | kleinb | + | einfach |
| Etain | orangerosa | mittelgr | III–IV | offen | zart | großb | +++ | gebogen |
| Éterna | hellrosa | groß | III | hohe Mitte | zart | kleinb | +++ | gebogen |
| Ethel | hellrosa | klein | III | becherf | ohne Duft | kleinb | + | einfach |
| Ethel Austin | dunkelrosa | groß | III–IV | hohe Mitte | zart | kleinb | +++ | gebogen |
| Ethel Dawson | rot | mittelgr | III–IV | hohe Mitte | zart | kleinb | +++ | gebogen |
| Etna | dunkelrot | groß | V | becherf | stark | kleinb | + | geriffelt |
| Étoile de Hollande | rot | groß | III–IV | becherf | stark | kleinb | +++ | einfach |
| Étoile de Lyon | rein gelb | groß | III–IV | kugelf | schwach | einfach | +++ | gebogen |
| Étude | dunkelrosa | mittelgr | II | offen | schwach | kleinb | +++ | geriffelt |
| Eugene de Beauharnais | mauve | mittelgr | III | becherf | zart | kleinb | ++ | gebogen |
| Eugène Fürst | dunkelrot | groß | III | kugelf | schwach | einfach | ++ | geriffelt |
| Eugène Verdier | dunkelrosa | mittelgr | III | becherf | schwach | kleinb | + | gebogen |
| Eugénie Guinoiseau | rot | mittelgr | III–IV | schalenf | schwach | kleinb | + | geriffelt |
| Euphoria | gelb+ | mittelgr | I | schalenf | zart | kleinb | +++ | einfach |
| Euphrates | rosa+ | klein | I | offen | zart | kleinb | + | geriffelt |
| Euphrosyne | rein rosa | klein | III–IV | schalenf | stark | großb | + | einfach |
| Europa | rein rosa | mittelgr | V | schalenf | schwach | kleinb | +++ | gebogen |
| Europeana | dunkelrot | groß | III–IV | rosettenf | zart | kleinb | +++ | gebogen |
| Eurorose | gelb+ | mittelgr | III | becherf | ohne Duft | kleinb | +++ | einfach |
| Eurostar | rein gelb | groß | V | becherf | schwach | kleinb | +++ | gebogen |
| Eutin | dunkelrot | klein | III–IV | becherf | zart | großb | +++ | einfach |
| Eva | rot+ | mittelgr | II | becherf | zart | großb | +++ | einfach |
| Evangeline | rosa+ | klein | I | schalenf | schwach | kleinb | + | einfach |
| Evelyn | apricot+ | sehr gr | V | rosettenf | stark | kleinb | +++ | geriffelt |
| Evelyn Fison | rot | groß | II | offen | zart | kleinb | +++ | gebogen |
| Evening Star | weiß | groß | III–IV | schalenf | zart | kleinb | +++ | gebogen |
| Evensong | orangerosa | groß | III–IV | becherf | ohne Duft | einfach | +++ | gebogen |
| Everest | weiß | sehr gr | III–IV | hohe Mitte | schwach | einfach | +++ | gebogen |
| Everest Double Fragrance | hellrosa | groß | III–IV | becherf | stark | kleinb | +++ | gebogen |
| Excellenz von Schubert | dunkelrosa | klein | III–IV | becherf | ohne Duft | großb | +++ | einfach |
| Excelsa | rot | klein | III–IV | becherf | ohne Duft | kleinb | + | einfach |
| Exciting | rot | mittelgr | II | offen | ohne Duft | einfach | +++ | einfach |
| Exploit | dunkelrosa/rot | mittelgr | III–IV | becherf | ohne Duft | kleinb | + | gebogen |
| Eyecatcher | rosa+ | mittelgr | III–IV | hohe Mitte | schwach | kleinb | + | gebogen |
| Eyeopener | rot | klein | I | offen | ohne Duft | kleinb | +++ | einfach |
| Eyepaint | rot+ | mittelgr | I | offen | zart | großb | +++ | einfach |
| F. J. Grootendorst | rot | klein | V | becherf | zart | großb | +++ | einfach |
| Fabvier | rot | mittelgr | II | offen | schwach | kleinb | ++ | gebogen |

| NAME | BLÜTEN-FARBE | BLÜTEN-GRÖSSE | BLÜTEN-TYP | BLÜTEN-FORM | DUFT-STÄRKE | BLÜTEN-STAND | BLÜH-HÄUFIGKEIT | PETALEN-FORM |
|---|---|---|---|---|---|---|---|---|
| Fair Bianca | weiß | mittelgr | V | schalenf | stark | kleinb | +++ | einfach |
| Fair Dinkum | rosa+ | klein | III–IV | hohe Mitte | zart | einfach | +++ | gebogen |
| Fair Play | mauve | mittelgr | II | offen | zart | großb | +++ | einfach |
| Fairhope | hellgelb | klein | III–IV | hohe Mitte | zart | einfach | +++ | gebogen |
| Fairlane | hellgelb | klein | III–IV | hohe Mitte | zart | kleinb | +++ | gebogen |
| Fairy Changeling | rein rosa | klein | III | pomponf | zart | kleinb | +++ | einfach |
| Fairy Damsel | dunkelrot | klein | III–IV | schalenf | ohne Duft | kleinb | +++ | einfach |
| Fairy Dancers | apricot+ | mittelgr | III–IV | hohe Mitte | schwach | kleinb | +++ | gebogen |
| Fairy Moss | rein rosa | klein | II | schalenf | ohne Duft | kleinb | +++ | gebogen |
| Fairy Prince | rot | klein | III–IV | becherf | zart | kleinb | +++ | einfach |
| Fairy Princess | hellrosa | klein | II | becherf | ohne Duft | kleinb | +++ | einfach |
| Fairy Snow | weiß | klein | III–IV | becherf | ohne Duft | kleinb | +++ | einfach |
| Fairy Tale | hellrosa | klein | III–IV | schalenf | schwach | kleinb | +++ | gebogen |
| Fairyland | hellrosa | klein | III–IV | becherf | stark | kleinb | +++ | einfach |
| Falkland | weiß | klein | II | becherf | zart | kleinb | + | einfach |
| Fancy Princess | dunkelrosa | sehr gr | III–IV | hohe Mitte | schwach | einfach | +++ | gebogen |
| Fandango | orangerot | groß | II | offen | schwach | kleinb | ++ | einfach |
| Fanny Bias | rein rosa | groß | III–IV | kugelf | schwach | kleinb | + | einfach |
| Fantasia (I) | rosa+ | mittelgr | III | offen | stark | einfach | +++ | einfach |
| Fantasia (II) | rein gelb | mittelgr | III | kugelf | stark | einfach | +++ | gebogen |
| Fantin-Latour | hellrosa | groß | III–IV | schalenf | stark | kleinb | + | einfach |
| Fascination | orangerosa | groß | V | hohe Mitte | schwach | einfach | +++ | gebogen |
| Fashion | rosa+ | groß | III–IV | offen | stark | kleinb | +++ | gebogen |
| Fashion Flame | orangerosa | klein | III–IV | hohe Mitte | zart | kleinb | +++ | gebogen |
| Faust | gelb+ | mittelgr | III–IV | offen | zart | großb | +++ | gebogen |
| Fee | hellrosa | groß | III–IV | hohe Mitte | zart | kleinb | +++ | gebogen |
| Felicia | rosa+ | mittelgr | III–IV | becherf | stark | großb | +++ | einfach |
| Félicité Bohain | dunkelrosa | klein | IV | geviertelt | stark | kleinb | + | geriffelt |
| Félicité Parmentier | hellrosa | mittelgr | III | schalenf | stark | kleinb | + | einfach |
| Félicité et Perpétue | weiß | klein | V | rosettenf | schwach | großb | + | einfach |
| Felicity Kendal | orangerosa | groß | III–IV | hohe Mitte | schwach | kleinb | +++ | gebogen |
| Fellemberg | rot | groß | III–IV | becherf | zart | kleinb | +++ | gebogen |
| Femina | orangerosa | groß | III | offen | schwach | kleinb | +++ | einfach |
| Ferdinand Pichard | rot+ | groß | III–IV | becherf | schwach | kleinb | +++ | einfach |
| Ferdy | dunkelrosa | klein | III–IV | becherf | ohne Duft | kleinb | + | einfach |
| Feria | orangerosa | groß | III–IV | kugelf | stark | einfach | +++ | gebogen |
| Ferline | rot | groß | III–IV | hohe Mitte | zart | einfach | +++ | gebogen |
| Ferry Porsche | rot | groß | III | hohe Mitte | zart | kleinb | +++ | gebogen |
| Fervid | orangerot | groß | I | offen | zart | kleinb | +++ | geriffelt |
| Festival | rot+ | klein | II | offen | ohne Duft | kleinb | +++ | gebogen |
| Feu Pernet-Ducher | gelb | sehr gr | III–IV | kugelf | zart | kleinb | +++ | gebogen |
| Feuerball | rot | mittelgr | III–IV | hohe Mitte | schwach | kleinb | +++ | einfach |
| Feuerwerk | orange+ | mittelgr | II | becherf | ohne Duft | kleinb | + | einfach |
| Feuerzauber | orangerot | groß | III–IV | hohe Mitte | schwach | einfach | +++ | gebogen |
| Fidélio | orangerot | mittelgr | III–IV | hohe Mitte | zart | kleinb | +++ | einfach |
| Fiesta | rot+ | sehr gr | III–IV | hohe Mitte | schwach | einfach | +++ | gebogen |
| Fiesta Gold | gelb+ | klein | III–IV | becherf | zart | kleinb | +++ | gebogen |
| Fiesta Ruby | rot | mittelgr | III–IV | hohe Mitte | schwach | kleinb | +++ | gebogen |
| Figurine | weiß | klein | III | hohe Mitte | zart | einfach | +++ | geriffelt |
| Fimbriata | hellrosa | klein | II | offen | stark | kleinb | +++ | kraus |
| Finale | orange+ | groß | III–IV | hohe Mitte | ohne Duft | kleinb | +++ | gebogen |
| Financial Times Centenary | dunkelrosa | groß | V | kugelf | stark | kleinb | + | einfach |
| Fiona | dunkelrot | klein | III | offen | zart | kleinb | +++ | einfach |
| Fire Festival | gelb+ | klein | IV | becherf | ohne Duft | kleinb | + | gebogen |
| Fire King | orangerot | mittelgr | V | schalenf | schwach | großb | +++ | gebogen |
| Fire Princess | orangerot | klein | IV | becherf | ohne Duft | kleinb | +++ | gebogen |
| Firecracker | rot | groß | II | offen | schwach | kleinb | +++ | gebogen |
| Firefly | orange+ | klein | III–IV | offen | zart | kleinb | +++ | gebogen |
| Fireworks | rot+ | klein | III–IV | hohe Mitte | zart | kleinb | +++ | gebogen |

| NAME | BLÜTEN-FARBE | BLÜTEN-GRÖSSE | BLÜTEN-TYP | BLÜTEN-FORM | DUFT-STÄRKE | BLÜTEN-STAND | BLÜH-HÄUFIGKEIT | PETALEN-FORM |
|---|---|---|---|---|---|---|---|---|
| First Edition | orangerosa | mittelgr | III | becherf | zart | kleinb | +++ | gebogen |
| First Federal Gold | gelb | groß | III–IV | hohe Mitte | schwach | einfach | +++ | gebogen |
| First Kiss | rosa+ | groß | III | becherf | zart | kleinb | +++ | gebogen |
| First Lady | dunkelrosa | groß | II | becherf | schwach | einfach | +++ | gebogen |
| First Light | hellrosa | klein | I | schalenf | schwach | großb | +++ | einfach |
| First Love | hellrosa | groß | II | hohe Mitte | zart | kleinb | +++ | gebogen |
| First Prize | rosa+ | groß | III–IV | hohe Mitte | zart | einfach | +++ | gebogen |
| Fisher & Holmes | dunkelrot | groß | III–IV | kugelf | schwach | kleinb | ++ | einfach |
| Fisherman's Friend | dunkelrot | groß | V | becherf | schwach | kleinb | +++ | geriffelt |
| Five-Colored Rose | weiß | klein | II | becherf | ohne Duft | kleinb | ++ | einfach |
| Flair | orangerosa | mittelgr | III–IV | becherf | ohne Duft | kleinb | +++ | gebogen |
| Flame Meillandina | rot | mittelgr | III–IV | schalenf | ohne Duft | kleinb | +++ | gebogen |
| Flamenco | hellrosa | groß | III–IV | becherf | zart | kleinb | +++ | gebogen |
| Flaming Beauty | rot+ | groß | III–IV | hohe Mitte | zart | einfach | +++ | gebogen |
| Flaming Peace | rot+ | groß | III–IV | hohe Mitte | schwach | einfach | +++ | gebogen |
| Flaming Sunset | orange+ | groß | III | hohe Mitte | ohne Duft | kleinb | +++ | einfach |
| Flamingo | hellrosa | groß | III–IV | hohe Mitte | zart | einfach | +++ | gebogen |
| Flammentanz | rot | sehr gr | III | hohe Mitte | stark | kleinb | + | gebogen |
| Flashlight | orangerot | groß | III–IV | hohe Mitte | schwach | kleinb | +++ | gebogen |
| Fleur Cowles | hellgelb | groß | III–IV | hohe Mitte | schwach | kleinb | +++ | gebogen |
| Flora (I) | orangerosa | groß | III–IV | hohe Mitte | stark | einfach | +++ | gebogen |
| Flora (II) | mauve | mittelgr | III–IV | becherf | schwach | großb | + | gebogen |
| Floradora | orangerot | mittelgr | III–IV | becherf | zart | großb | +++ | einfach |
| Florence | hellrosa | mittelgr | II | kugelf | schwach | kleinb | +++ | einfach |
| Florence Mary Morse | rot | groß | II | offen | ohne Duft | großb | +++ | einfach |
| Flower Carpet | dunkelrosa | mittelgr | II | becherf | schwach | kleinb | +++ | einfach |
| Flower Power | orangerot | mittelgr | III | becherf | schwach | kleinb | +++ | einfach |
| Flutterbye | gelb+ | groß | I | offen | schwach | kleinb | +++ | einfach |
| Flying Colors | rot+ | klein | II | schalenf | schwach | kleinb | +++ | gebogen |
| Flying Doctor | orangerot | mittelgr | III–IV | hohe Mitte | ohne Duft | einfach | +++ | gebogen |
| Foliacée | rein rosa | sehr gr | III–IV | kugelf | stark | kleinb | + | einfach |
| Folies-Bergère | gelb+ | groß | III–IV | hohe Mitte | stark | einfach | +++ | gebogen |
| Folklore | orange+ | groß | III–IV | hohe Mitte | schwach | kleinb | +++ | gebogen |
| Folksinger | gelb+ | groß | III–IV | becherf | schwach | kleinb | +++ | gebogen |
| Forever Young | rosa+ | klein | III–IV | hohe Mitte | ohne Duft | einfach | +++ | gebogen |
| Fornarina | rosa+ | mittelgr | III | becherf | schwach | kleinb | + | einfach |
| Fortune Cookie | apricot+ | klein | III–IV | schalenf | ohne Duft | kleinb | +++ | gebogen |
| Fortune Teller | mauve | groß | III–IV | hohe Mitte | stark | einfach | +++ | gebogen |
| Fortunes's Double Yellow | gelb+ | mittelgr | II | becherf | schwach | kleinb | ++ | einfach |
| Fortuniana | weiß | klein | III | schalenf | schwach | einfach | + | einfach |
| Forty-niner | rot+ | groß | III–IV | hohe Mitte | zart | einfach | +++ | gebogen |
| Fountain | rot | groß | III | hohe Mitte | stark | kleinb | +++ | gebogen |
| Fountain Square | weiß | groß | III–IV | hohe Mitte | ohne Duft | kleinb | +++ | gebogen |
| Foxy Lady | orangerosa | mittelgr | III–IV | becherf | ohne Duft | kleinb | +++ | gebogen |
| Fragrance | dunkelrosa | groß | III–IV | hohe Mitte | stark | einfach | +++ | gebogen |
| Fragrant Cloud | orangerot | groß | III–IV | hohe Mitte | stark | einfach | +++ | gebogen |
| Fragrant Delight | orangerosa | mittelgr | III–IV | becherf | stark | kleinb | +++ | geriffelt |
| Fragrant Dream | apricot+ | groß | III–IV | becherf | stark | kleinb | +++ | gebogen |
| Fragrant Gold | goldgelb | groß | II | becherf | schwach | kleinb | +++ | gebogen |
| Fragrant Hour | orangerosa | groß | III–IV | hohe Mitte | stark | kleinb | +++ | gebogen |
| Fragrant Plum | mauve | groß | III–IV | becherf | stark | großb | +++ | gebogen |
| Fragrant Surprise | apricot+ | groß | IV | becherf | schwach | kleinb | +++ | einfach |
| Français | orangerosa | mittelgr | II | becherf | ohne Duft | großb | +++ | einfach |
| France Inter | rot | sehr gr | III–IV | hohe Mitte | zart | einfach | +++ | gebogen |
| Frances Phoebe | weiß | groß | V | hohe Mitte | ohne Duft | einfach | +++ | gebogen |
| Francesca | apricot+ | groß | I | schalenf | zart | kleinb | +++ | einfach |
| Francine Austin | weiß | klein | III–IV | pomponf | zart | großb | +++ | einfach |
| Francis Dubreuil | dunkelrot | groß | III | becherf | stark | kleinb | ++ | einfach |
| Francis E. Lester | weiß | mittelgr | I | schalenf | schwach | großb | + | einfach |
| François Coppée | dunkelrot | groß | III–IV | kugelf | stark | einfach | ++ | gebogen |
| François Foucard | rein gelb | mittelgr | II | offen | schwach | kleinb | + | einfach |
| François Guillot | weiß | mittelgr | III–IV | becherf | zart | kleinb | + | einfach |
| François Juranville | orangerosa | mittelgr | III–IV | schalenf | schwach | kleinb | + | einfach |
| Frank Naylor | rot+ | klein | I | schalenf | schwach | großb | +++ | einfach |
| Franklin Engelmann | dunkelrot | groß | III–IV | hohe Mitte | ohne Duft | großb | +++ | gebogen |
| Frau Astrid Späth | dunkelrosa | mittelgr | II | becherf | zart | großb | +++ | einfach |
| Frau Dagmar Hartopp | rein rosa | groß | I | offen | zart | kleinb | +++ | einfach |
| Frau Karl Druschki | weiß | groß | III–IV | hohe Mitte | ohne Duft | einfach | ++ | gebogen |
| Fräulein Octavia Hesse | hellgelb | klein | II | becherf | stark | kleinb | + | einfach |
| Fred Edmunds | orange+ | groß | III–IV | becherf | stark | einfach | +++ | einfach |
| Fred Gibson | apricot+ | groß | III–IV | offen | zart | einfach | +++ | einfach |
| Fred Howard | gelb+ | groß | III–IV | hohe Mitte | zart | einfach | +++ | einfach |
| Fred Loads | orangerot | groß | I | offen | schwach | großb | +++ | einfach |
| Frédéric Mistral | hellrosa | sehr gr | IV | kugelf | stark | kleinb | +++ | gebogen |
| Freedom | gelb | groß | III–IV | hohe Mitte | schwach | einfach | +++ | gebogen |
| Freegold | goldgelb | klein | III–IV | becherf | schwach | kleinb | +++ | gebogen |
| Freiherr von Marschall | rot | groß | III | schalenf | stark | kleinb | ++ | einfach |
| Freisinger Morgenröte | orange+ | groß | I | becherf | schwach | kleinb | +++ | gebogen |
| French Lace | weiß | klein | III–IV | offen | zart | kleinb | +++ | gebogen |
| French Perfume | gelb+ | groß | V | hohe Mitte | stark | einfach | +++ | einfach |
| Frensham | dunkelrot | mittelgr | II | offen | zart | großb | +++ | einfach |
| Frenzy | rot+ | mittelgr | II | kugelf | schwach | kleinb | +++ | einfach |
| Fresh Pink | hellrosa | mittelgr | III–IV | becherf | zart | großb | +++ | einfach |
| Freude | orangerot | sehr gr | II | offen | schwach | einfach | +++ | einfach |
| Friedrich Heyer | orange+ | groß | II | offen | schwach | großb | + | einfach |
| Friend for Life | rosa+ | klein | II | offen | zart | großb | +++ | einfach |
| Friendship | dunkelrosa | groß | III–IV | becherf | stark | einfach | +++ | gebogen |
| Frilly Dilly (I) | dunkelrosa | klein | V | offen | schwach | kleinb | +++ | einfach |
| Frilly Dilly (II) | hellrosa | klein | V | offen | zart | kleinb | +++ | einfach |
| Frisco | rein gelb | mittelgr | III–IV | offen | zart | kleinb | +++ | einfach |
| Fritz Nobis | rosa+ | mittelgr | III | becherf | stark | großb | + | einfach |
| Frolic | rein rosa | mittelgr | III | becherf | schwach | kleinb | +++ | einfach |
| Frontier Twirl | rosa+ | groß | III–IV | becherf | schwach | kleinb | +++ | gebogen |
| Frosty | weiß | klein | IV | becherf | stark | großb | + | einfach |
| Frühlingsanfang | weiß | groß | I | offen | stark | kleinb | + | einfach |
| Frühlingsduft | rosa+ | groß | IV | becherf | stark | kleinb | + | gebogen |
| Frühlingsgold | rein gelb | groß | I–II | offen | schwach | kleinb | + | einfach |
| Frühlingsmorgen | rosa+ | groß | I | offen | zart | kleinb | + | einfach |
| Frühlingsschnee | weiß | mittelgr | II | offen | zart | kleinb | + | einfach |
| Frühlingszauber | rein rosa | sehr gr | II | becherf | zart | kleinb | + | einfach |
| Fruité | orange+ | groß | II | offen | schwach | großb | +++ | gebogen |
| Fuchsia Meidiland | dunkelrosa | mittelgr | II | becherf | schwach | großb | +++ | gebogen |
| Fugue | dunkelrot | groß | III–IV | becherf | schwach | kleinb | +++ | gebogen |
| Fulgurante | rot | groß | III–IV | hohe Mitte | ohne Duft | einfach | + | gebogen |
| Fulton MacKay | gelb+ | groß | III–IV | hohe Mitte | zart | kleinb | +++ | gebogen |
| Futura | mauve | mittelgr | III–IV | hohe Mitte | zart | kleinb | +++ | gebogen |
| Fyvie Castle | rosa+ | groß | IV | becherf | schwach | kleinb | +++ | gebogen |
| Gabriel Noyelle | apricot+ | mittelgr | III | becherf | stark | kleinb | ++ | einfach |
| Gabriella | rot | mittelgr | III–IV | hohe Mitte | schwach | kleinb | +++ | gebogen |
| Gail Borden | rosa+ | groß | IV | hohe Mitte | schwach | kleinb | +++ | gebogen |
| Galaxy | dunkelrot | klein | III–IV | hohe Mitte | ohne Duft | kleinb | +++ | gebogen |
| Galia | orangerot | groß | III–IV | becherf | ohne Duft | einfach | +++ | gebogen |
| Galway Bay | orangerosa | mittelgr | IV | becherf | zart | kleinb | +++ | gebogen |
| Garden Charm | rot | mittelgr | II | offen | ohne Duft | kleinb | +++ | einfach |
| Garden Party | weiß | groß | IV | hohe Mitte | zart | kleinb | +++ | gebogen |
| Gardenia | weiß | groß | III–IV | becherf | zart | kleinb | + | einfach |
| Garnette | dunkelrot | mittelgr | III–IV | becherf | schwach | kleinb | +++ | gebogen |
| Gärtendirektor Otto Linne | dunkelrosa | mittelgr | III–IV | pomponf | ohne Duft | großb | +++ | einfach |

| NAME | BLÜTEN-FARBE | BLÜTEN-GRÖSSE | BLÜTEN-TYP | BLÜTEN-FORM | DUFT-STÄRKE | BLÜTEN-STAND | BLÜH-HÄUFIGKEIT | PETALEN-FORM |
|---|---|---|---|---|---|---|---|---|
| Gartenzauber | rot | sehr gr | III–IV | becherf | zart | großb | +++ | gebogen |
| Gary Lineker | orange+ | mittelgr | II | becherf | zart | großb | +++ | einfach |
| Gavnø | orange+ | mittelgr | III–IV | becherf | schwach | kleinb | +++ | gebogen |
| Gavotte | rosa+ | sehr gr | IV–V | hohe Mitte | schwach | einfach | +++ | gebogen |
| Gay Debutante | rosa+ | sehr gr | III–IV | becherf | zart | einfach | +++ | gebogen |
| Gay Princess | hellrosa | groß | III | becherf | zart | kleinb | +++ | gebogen |
| Gay Vista | hellrosa | mittelgr | I | offen | zart | großb | +++ | einfach |
| Géant des Batailles | rot | groß | V | schalenf | stark | kleinb | + | einfach |
| Gee Gee | hellgelb | klein | III | becherf | schwach | kleinb | +++ | einfach |
| Geisha | rein rosa | sehr gr | II | hohe Mitte | schwach | kleinb | +++ | gebogen |
| Gem | rein rosa | groß | II | hohe Mitte | schwach | kleinb | +++ | gebogen |
| Gene Boerner | rein rosa | mittelgr | III–IV | hohe Mitte | ohne Duft | kleinb | +++ | gebogen |
| Général Galliéni | rot+ | mittelgr | III–IV | becherf | schwach | kleinb | +++ | einfach |
| Général Jacqueminot | rot | sehr gr | III | offen | stark | einfach | ++ | gebogen |
| Général Kléber | rein rosa | mittelgr | III–IV | becherf | stark | kleinb | + | einfach |
| General Mac Arthur, Climbing | dunkelrosa | groß | IV | becherf | stark | kleinb | ++ | gebogen |
| Général Schablikine | orangerosa | mittelgr | III–IV | geviertelt | schwach | kleinb | ++ | einfach |
| General Testard | rot | klein | II | schalenf | ohne Duft | großb | + | einfach |
| General Washington | dunkelrot | groß | V | schalenf | schwach | einfach | + | gebogen |
| Gentle Maid | mauve | klein | III–IV | rosettenf | schwach | kleinb | +++ | einfach |
| Gentle Touch | hellrosa | klein | III–IV | offen | zart | kleinb | +++ | gebogen |
| Geoff Hamilton | hellrosa | groß | V | geviertelt | schwach | kleinb | +++ | geriffelt |
| Geordie | rostfarben | groß | III–IV | becherf | schwach | kleinb | +++ | gebogen |
| Georg Arends | rein rosa | sehr gr | III–IV | hohe Mitte | stark | einfach | ++ | gebogen |
| George Dickson | rot | groß | III–IV | hohe Mitte | schwach | einfach | +++ | gebogen |
| Georges Vibert | rot+ | mittelgr | III | schalenf | stark | kleinb | + | geriffelt |
| Georgette | rein rosa/ dunkelrosa | klein | III–IV | hohe Mitte | ohne Duft | einfach | +++ | gebogen |
| Geraldine | orange+ | mittelgr | III | offen | zart | kleinb | +++ | gebogen |
| Geranium | rot | klein | I | schalenf | schwach | kleinb | + | einfach |
| Geranium Red | orangerot | groß | V | geviertelt | schwach | kleinb | +++ | geriffelt |
| Gerbe Rose | hellrosa | groß | IV | becherf | zart | kleinb | ++ | geriffelt |
| Gerdo | apricot+ | mittelgr | III–IV | hohe Mitte | ohne Duft | kleinb | +++ | gebogen |
| Germania-Africana | orange+ | groß | II | hohe Mitte | stark | kleinb | +++ | einfach |
| Germiston Gold | goldgelb | groß | III–IV | offen | stark | kleinb | +++ | geriffelt |
| Gertrude Jekyll | rein rosa | groß | IV | rosettenf | schwach | kleinb | +++ | gebogen |
| Gertrude Raffel | dunkelrosa | mittelgr | II | offen | zart | großb | +++ | einfach |
| Geschwind's Nordlandrose | rein rosa | mittelgr | IV | offen | ohne Duft | kleinb | + | einfach |
| Geschwind's Orden | mauve | mittelgr | III | pomponf | ohne Duft | kleinb | + | geriffelt |
| Geschwind's Schönste | dunkelrot | mittelgr | III–IV | schalenf | ohne Duft | kleinb | + | einfach |
| Ghislaine de Féligonde | hellgelb | klein | III–IV | becherf | zart | großb | +++ | gebogen |
| Gidget | orangerosa | klein | II | becherf | zart | kleinb | +++ | einfach |
| Giggles | rein rosa | klein | II | becherf | zart | kleinb | +++ | einfach |
| Gilbert Becaud | gelb+ | groß | III–IV | hohe Mitte | schwach | einfach | +++ | gebogen |
| Gilda (I) | dunkelrot/ mauve | mittelgr | IV | hohe Mitte | ohne Duft | kleinb | + | einfach |
| Gilda (II) | hellrosa | mittelgr | II | hohe Mitte | stark | kleinb | +++ | einfach |
| Gina (I) | dunkelrot | mittelgr | I | hohe Mitte | zart | großb | +++ | einfach |
| Gina (II) | dunkelrot | klein | III–IV | hohe Mitte | schwach | kleinb | +++ | einfach |
| Gina Lollobrigida | goldgelb | sehr gr | V | becherf | zart | einfach | +++ | gebogen |
| Ginger | orangerot | groß | III | becherf | schwach | kleinb | +++ | gebogen |
| Ginger Meggs | orange+ | groß | III–IV | becherf | zart | kleinb | +++ | gebogen |
| Ginger Rogers | orangerosa | groß | III–IV | becherf | schwach | kleinb | +++ | gebogen |
| Ginger Toddler | orange+ | mittelgr | III | offen | schwach | kleinb | +++ | einfach |
| Gingerbread Man | apricot+ | mittelgr | III–IV | geviertelt | zart | kleinb | +++ | einfach |
| Gingernut | rostfarben | klein | III–IV | hohe Mitte | schwach | kleinb | +++ | gebogen |
| Gingersnap | orange+ | groß | IV | offen | zart | kleinb | +++ | geriffelt |
| Gipsy Boy | dunkelrot | mittelgr | II | schalenf | zart | kleinb | + | gebogen |
| Giseldis | rein rosa | groß | III | schalenf | ohne Duft | kleinb | + | einfach |
| Gitte | apricot+ | sehr gr | III–IV | hohe Mitte | stark | einfach | +++ | gebogen |
| Givenchy | rot+ | mittelgr | III–IV | hohe Mitte | stark | kleinb | +++ | gebogen |
| Glad Tidings | dunkelrot | mittelgr | III–IV | becherf | schwach | großb | +++ | gebogen |
| Gladsome | rein rosa | klein | I | schalenf | zart | großb | + | einfach |
| Glamis Castle | weiß | sehr gr | V | becherf | stark | kleinb | +++ | einfach |
| Glastonbury | rot+ | groß | V | rosettenf | schwach | kleinb | +++ | gebogen |
| Glenara | dunkelrosa | groß | II | offen | schwach | kleinb | +++ | gebogen |
| Glendora | apricot+ | groß | III–IV | becherf | stark | kleinb | +++ | gebogen |
| Glenfiddich | goldgelb | groß | III | becherf | zart | kleinb | +++ | gebogen |
| Glengarry | orangerot | mittelgr | III–IV | hohe Mitte | zart | kleinb | +++ | gebogen |
| Glenn Dale | hellgelb | groß | IV | becherf | zart | großb | + | einfach |
| Glenshane | rot | klein | II | rosettenf | zart | doldenf | +++ | einfach |
| Gletscher | mauve | sehr gr | III | hohe Mitte | stark | kleinb | +++ | gebogen |
| Gloire de Bruxelles | mauve | groß | III | rosettenf | stark | einfach | ++ | einfach |
| Gloire de Chédane-Guinoisseau | rot | sehr gr | III–IV | becherf | schwach | einfach | + | einfach |
| Gloire de Dijon | orangerosa | groß | IV | kugelf | schwach | kleinb | ++ | einfach |
| Gloire de Ducher | dunkelrot | groß | III–IV | kugelf | schwach | einfach | ++ | einfach |
| Gloire de France | hellrosa | mittelgr | III–IV | geviertelt | stark | kleinb | + | einfach |
| Gloire de Guilan | rosa | mittelgr | III–IV | geviertelt | stark | kleinb | + | gebogen |
| Gloire des Jardins | mauve | mittelgr | III–IV | becherf | schwach | kleinb | + | einfach |
| Gloire des Mousseuses | rein rosa | mittelgr | III–IV | becherf | stark | kleinb | + | gebogen |
| Gloire des Polyantha | rein rosa | klein | III–IV | becherf | schwach | großb | +++ | einfach |
| Gloire des Rosomanes | rot | sehr gr | II | becherf | schwach | großb | ++ | einfach |
| Gloire d'Un Enfant d'Hiram | rot | groß | III | becherf | schwach | einfach | ++ | einfach |
| Gloire Lyonnaise | weiß | sehr gr | V | schalenf | schwach | kleinb | ++ | einfach |
| Gloria Mundi | orangerot | klein | III–IV | rosettenf | ohne Duft | großb | +++ | einfach |
| Gloriana 97 | mauve | mittelgr | III | becherf | schwach | kleinb | +++ | einfach |
| Glory Be | goldgelb | klein | III–IV | becherf | schwach | kleinb | +++ | einfach |
| Glory of Edsell | hellrosa | klein | I | schalenf | ohne Duft | einfach | + | einfach |
| Glowing | blaßgelb | mittelgr | IV | offen | zart | kleinb | +++ | quilled |
| Glowing Amber | rot+ | klein | III–IV | hohe Mitte | ohne Duft | kleinb | +++ | gebogen |
| Goethe | mauve+ | mittelgr | I | offen | zart | kleinb | + | einfach |
| Gold Badge | gelb | groß | III–IV | becherf | zart | kleinb | +++ | geriffelt |
| Gold Coin | goldgelb | klein | III–IV | offen | zart | großb | +++ | gebogen |
| Gold Country | gelb | klein | III–IV | hohe Mitte | stark | kleinb | +++ | gebogen |
| Gold Crown | dunkelgelb | groß | III | hohe Mitte | schwach | einfach | +++ | einfach |
| Gold Fever | rein gelb | mittelgr | III–IV | becherf | schwach | einfach | +++ | gebogen |
| Gold Glow | goldgelb | groß | V | rosettenf | zart | einfach | +++ | geriffelt |
| Gold Medal | gelb | groß | III–IV | hohe Mitte | zart | kleinb | +++ | gebogen |
| Gold Reef | goldgelb | mittelgr | III | hohe Mitte | zart | kleinb | +++ | einfach |
| Gold Rush | gelb+ | groß | III | becherf | schwach | kleinb | + | gebogen |
| Goldbusch | gelb | groß | II | becherf | zart | großb | +++ | geriffelt |
| Golden Angel | goldgelb | klein | V | kugelf | schwach | großb | +++ | einfach |
| Golden Anniversary | goldgelb | groß | III–IV | becherf | zart | einfach | +++ | gebogen |
| Golden Bettina | goldgelb | mittelgr | III | schalenf | schwach | kleinb | +++ | einfach |
| Golden Celebration | goldgelb | groß | IV | rosettenf | stark | kleinb | +++ | einfach |
| Golden Century | orange+ | mittelgr | III–IV | becherf | schwach | kleinb | +++ | gebogen |
| Golden Chersonese | gelb | klein | I | becherf | zart | kleinb | + | einfach |
| Golden Choice | gelb | groß | IV | hohe Mitte | stark | kleinb | +++ | gebogen |
| Golden Dawn | gelb | groß | III–IV | hohe Mitte | schwach | einfach | +++ | gebogen |
| Golden Days | goldgelb | groß | III–IV | becherf | zart | einfach | +++ | einfach |
| Golden Delight | gelb | groß | V | becherf | schwach | kleinb | +++ | gebogen |
| Golden Fleece | gelb | groß | III–IV | becherf | stark | großb | +++ | gebogen |
| Golden Friendship | gelb | groß | III–IV | hohe Mitte | zart | kleinb | +++ | gebogen |
| Golden Gardens | gelb | klein | III–IV | becherf | ohne Duft | kleinb | +++ | einfach |
| Golden Giant | goldgelb | groß | III–IV | hohe Mitte | zart | einfach | +++ | gebogen |
| Golden Girl | gelb | groß | IV | hohe Mitte | schwach | kleinb | +++ | gebogen |

| NAME | BLÜTEN-FARBE | BLÜTEN-GRÖSSE | BLÜTEN-TYP | BLÜTEN-FORM | DUFT-STÄRKE | BLÜTEN-STAND | BLÜH-HÄUFIGKEIT | PETALEN-FORM |
|---|---|---|---|---|---|---|---|---|
| Golden Gloves | goldgelb | mittelgr | III | becherf | zart | kleinb | +++ | gebogen |
| Golden Halo | gelb | klein | III–IV | becherf | schwach | kleinb | +++ | gebogen |
| Golden Handshake | goldgelb | klein | II | offen | schwach | kleinb | +++ | einfach |
| Golden Harvest | goldgelb | groß | III–IV | hohe Mitte | schwach | einfach | +++ | gebogen |
| Golden Holstein | goldgelb | mittelgr | I | becherf | schwach | kleinb | +++ | geriffelt |
| Golden Jubilee | gelb | mittelgr | IV | hohe Mitte | schwach | einfach | +++ | gebogen |
| Golden Masterpiece | gelb | groß | III–IV | hohe Mitte | zart | kleinb | +++ | gebogen |
| Golden Moments | goldgelb | groß | IV | hohe Mitte | stark | einfach | +++ | gebogen |
| Golden Ophelia | gelb | mittelgr | III–IV | hohe Mitte | zart | einfach | +++ | gebogen |
| Golden Scepter | goldgelb | groß | III–IV | hohe Mitte | schwach | kleinb | +++ | gebogen |
| Golden Showers | gelb | groß | II | becherf | schwach | kleinb | +++ | einfach |
| Golden Slippers | gelb+ | mittelgr | II | becherf | zart | kleinb | +++ | gebogen |
| Golden State | goldgelb | groß | III–IV | becherf | stark | kleinb | +++ | geriffelt |
| Golden Surprise | goldgelb | mittelgr | III–IV | becherf | zart | kleinb | +++ | gebogen |
| Golden Times | gelb | mittelgr | V | hohe Mitte | zart | kleinb | +++ | gebogen |
| Golden Vision | gelb | groß | II | offen | zart | kleinb | + | gebogen |
| Golden Wedding | goldgelb | mittelgr | IV | hohe Mitte | ohne Duft | kleinb | +++ | gebogen |
| Golden Wings | hellgelb | groß | I | becherf | schwach | kleinb | +++ | einfach |
| Golden Years | gelb | mittelgr | V | becherf | zart | kleinb | +++ | einfach |
| Goldener Olymp | goldgelb | groß | III–IV | becherf | zart | kleinb | +++ | kraus |
| Goldener Sommer 83 | gelb | groß | IV | offen | schwach | kleinb | +++ | einfach |
| Goldfinch | hellgelb | klein | II | offen | zart | großb | + | gebogen |
| Goldilocks | gelb | mittelgr | III–IV | kugelf | schwach | kleinb | +++ | einfach |
| Goldina | goldgelb | mittelgr | IV | hohe Mitte | zart | kleinb | +++ | gebogen |
| Goldmarie 82 | goldgelb | groß | IV | hohe Mitte | zart | großb | +++ | kraus |
| Goldstern | gelb | groß | III–IV | becherf | schwach | kleinb | +++ | gebogen |
| Goldtopas | gelb | groß | III | hohe Mitte | stark | kleinb | +++ | gebogen |
| Goldy | goldgelb | groß | IV | hohe Mitte | stark | einfach | +++ | gebogen |
| Golestan | orangerot | groß | III–IV | hohe Mitte | schwach | kleinb | +++ | gebogen |
| Goliath | orange+ | sehr gr | III–IV | hohe Mitte | zart | einfach | +++ | gebogen |
| Good As Gold | goldgelb | groß | III | offen | schwach | kleinb | +++ | einfach |
| Gordon's College | orangerosa | mittelgr | III–IV | hohe Mitte | großb | kleinb | +++ | gebogen |
| Gourmet Pheasant | rot | klein | II | offen | schwach | großb | +++ | einfach |
| Gourmet Popcorn | weiß | klein | II | schalenf | zart | großb | +++ | einfach |
| Goya | weiß | groß | III | hohe Mitte | zart | kleinb | +++ | gebogen |
| Grace Abounding | weiß | mittelgr | II | becherf | schwach | großb | +++ | einfach |
| Grace Darling | weißlich | mittelgr | III–IV | kugelf | zart | kleinb | + | einfach |
| Grace de Monaco | hellrosa | groß | IV | hohe Mitte | stark | einfach | +++ | gebogen |
| Graceland | gelb | groß | IV | becherf | ohne Duft | kleinb | +++ | gebogen |
| Gracilis | rot | mittelgr | II | schalenf | ohne Duft | kleinb | + | einfach |
| Gräfin Sonja | rosa+ | mittelgr | III–IV | hohe Mitte | schwach | kleinb | +++ | gebogen |
| Graham Thomas | goldgelb | groß | III–IV | becherf | zart | kleinb | +++ | einfach |
| Granada | rot+ | groß | III–IV | hohe Mitte | schwach | kleinb | +++ | gebogen |
| Grand Hotel | rot | groß | III | becherf | schwach | kleinb | +++ | gebogen |
| Grand Masterpiece | rot | groß | IV | hohe Mitte | ohne Duft | einfach | +++ | gebogen |
| Grand Nord | weiß | groß | III–IV | hohe Mitte | zart | einfach | +++ | gebogen |
| Grand Siècle | rosa+ | groß | III–IV | becherf | zart | kleinb | +++ | gebogen |
| Grandma's Pink | rosa | mittelgr | V | becherf | schwach | kleinb | +++ | einfach |
| Grandmaster | apricot+ | sehr gr | II | offen | schwach | kleinb | +++ | einfach |
| Grand'mère Jenny | gelb+ | groß | IV | hohe Mitte | schwach | einfach | +++ | gebogen |
| Granny's Bonnet | rosa+ | mittelgr | III–IV | becherf | ohne Duft | kleinb | + | einfach |
| Great Maiden's Bush | hellrosa | mittelgr | III–IV | schalenf | zart | kleinb | + | einfach |
| Great News | mauve | groß | III–IV | offen | stark | einfach | +++ | geriffelt |
| Great Venture | gelb+ | groß | III–IV | hohe Mitte | stark | einfach | +++ | gebogen |
| Great Western | mauve | groß | III–IV | kugelf | schwach | großb | + | einfach |
| Green Diamond | rosa | klein | III–IV | becherf | ohne Duft | kleinb | +++ | einfach |
| Green Fire | goldgelb | mittelgr | II | schalenf | zart | kleinb | +++ | einfach |
| Green Ice | weiß | klein | III–IV | becherf | ohne Duft | großb | +++ | einfach |
| Green Rose | grün | klein | III–IV | offen | ohne Duft | kleinb | ++ | einfach |
| Green Snake | weiß | klein | I | offen | zart | großb | + | einfach |

| NAME | BLÜTEN-FARBE | BLÜTEN-GRÖSSE | BLÜTEN-TYP | BLÜTEN-FORM | DUFT-STÄRKE | BLÜTEN-STAND | BLÜH-HÄUFIGKEIT | PETALEN-FORM |
|---|---|---|---|---|---|---|---|---|
| Greenalls Glory | rosa+ | groß | II | offen | zart | kleinb | +++ | einfach |
| Greenmantle | rot+ | mittelgr | I | offen | schwach | kleinb | + | geriffelt |
| Greensleeves | grün | groß | II | schalenf | ohne Duft | kleinb | +++ | einfach |
| Grey Dawn | mauve | groß | III–IV | hohe Mitte | schwach | kleinb | +++ | gebogen |
| Grootendorst Supreme | dunkelrot | klein | IV | offen | zart | kleinb | +++ | kraus |
| Gros Choux d'Hollande | hellrosa | mittelgr | III | becherf | stark | kleinb | + | einfach |
| Gros Provins Panaché | mauve | groß | III–IV | offen | stark | kleinb | + | einfach |
| Grouse 2000 | hellrosa | klein | I | schalenf | zart | einfach | +++ | einfach |
| Gruß an Aachen | hellrosa | groß | III–IV | offen | zart | großb | +++ | geriffelt |
| Gruß an Berlin | rot | groß | III–IV | hohe Mitte | ohne Duft | einfach | +++ | einfach |
| Gruß an Coburg | apricot+ | mittelgr | III | kugelf | stark | einfach | ++ | einfach |
| Gruß an Freundorf | dunkelrot | mittelgr | I | hohe Mitte | stark | großb | + | einfach |
| Gruß an Teplitz | rot | mittelgr | III–IV | becherf | stark | kleinb | ++ | geriffelt |
| Gruß an Zabern | weiß | mittelgr | II | schalenf | schwach | kleinb | + | einfach |
| Guiding Spirit | dunkelrosa | klein | III–IV | schalenf | schwach | großb | +++ | einfach |
| Guillaum Gillemot | rot | sehr gr | III–IV | kugelf | ohne Duft | einfach | + | einfach |
| Guinée | dunkelrot | groß | IV | kugelf | stark | kleinb | ++ | einfach |
| Guinevere | rein rosa | groß | III–IV | hohe Mitte | zart | einfach | +++ | gebogen |
| Guitare | orange+ | mittelgr | IV | kugelf | stark | kleinb | +++ | einfach |
| Gütersloh 85 | rot | mittelgr | III | becherf | schwach | kleinb | +++ | einfach |
| Guy de Maupassant | rosa | mittelgr | V | becherf | stark | kleinb | +++ | einfach |
| Guy Laroche | rot+ | groß | III–IV | hohe Mitte | zart | einfach | +++ | gebogen |
| Gwen Fagan | hellrosa | mittelgr | IV | rosettenf | schwach | kleinb | +++ | einfach |
| Gwen Mayor | apricot+ | groß | III–IV | hohe Mitte | zart | großb | +++ | gebogen |
| Gwen Nash | rosa+ | groß | II | becherf | zart | kleinb | + | einfach |
| Gwen Swane | rein rosa | klein | III–IV | schalenf | schwach | kleinb | +++ | einfach |
| Gypsy | orangerot | groß | IV | becherf | zart | kleinb | +++ | einfach |
| Gypsy Jewel | dunkelrosa | klein | IV | hohe Mitte | ohne Duft | kleinb | +++ | gebogen |
| Gypsy Moth | orangerosa | mittelgr | III–IV | hohe Mitte | schwach | kleinb | +++ | gebogen |
| Hadley, Climbing | rot | groß | III | hohe Mitte | stark | einfach | + | gebogen |
| Hakuun | weiß | mittelgr | II | becherf | schwach | kleinb | +++ | gebogen |
| Halali | dunkelrosa | groß | II | becherf | schwach | großb | +++ | einfach |
| Halo Dolly | rosa+ | klein | II | offen | ohne Duft | kleinb | +++ | einfach |
| Halo Rainbow | rosa+ | klein | I | offen | schwach | kleinb | +++ | einfach |
| Halo Star | orange+ | klein | I | offen | ohne Duft | kleinb | +++ | einfach |
| Halo Today | orangerosa | klein | II | offen | ohne Duft | kleinb | ++ | einfach |
| Hamburger Phönix | rot | groß | II | becherf | schwach | kleinb | +++ | einfach |
| Hampshire | rot | klein | I | schalenf | schwach | kleinb | +++ | einfach |
| Hand in Hand | orangerot | klein | V | rosettenf | ohne Duft | kleinb | +++ | einfach |
| Händel | rosa+ | mittelgr | III | offen | schwach | kleinb | +++ | einfach |
| Hannah Gordon | rosa+ | mittelgr | III | becherf | zart | großb | +++ | einfach |
| Hanne | rot | groß | IV | hohe Mitte | stark | einfach | +++ | gebogen |
| Hansa | rot | groß | III | offen | stark | kleinb | +++ | einfach |
| Hansa-Park | mauve | mittelgr | IV | offen | zart | kleinb | +++ | gebogen |
| Hansaland | dunkelrot | mittelgr | II | becherf | schwach | kleinb | +++ | einfach |
| Happenstance | hellgelb | mittelgr | I | becherf | zart | kleinb | +++ | einfach |
| Happiness | rot | groß | IV | hohe Mitte | ohne Duft | einfach | +++ | gebogen |
| Happy | rot | klein | III | rosettenf | ohne Duft | kleinb | +++ | einfach |
| Happy Child | gelb | groß | V | becherf | stark | kleinb | +++ | einfach |
| Happy Day | rot+ | groß | IV | becherf | schwach | einfach | +++ | gebogen |
| Happy Days | rosa+ | mittelgr | III–IV | hohe Mitte | zart | kleinb | +++ | gebogen |
| Happy Meillandina | orangerosa | klein | III–IV | offen | zart | kleinb | +++ | einfach |
| Happy Wanderer | rot | mittelgr | III–IV | becherf | schwach | kleinb | +++ | einfach |
| Harewood | rosa+ | klein | II | becherf | zart | großb | +++ | einfach |
| Harison's Yellow | dunkelgelb | klein | II | becherf | schwach | kleinb | + | einfach |
| Harlekin | rosa+ | groß | IV | becherf | schwach | kleinb | +++ | einfach |
| Harmonie | orangerosa | groß | III–IV | hohe Mitte | stark | kleinb | +++ | gebogen |
| Harold Macmillan | orangerot | mittelgr | III–IV | becherf | schwach | kleinb | +++ | gebogen |
| Harriny | rosa | groß | III–IV | hohe Mitte | stark | kleinb | +++ | gebogen |

| NAME | BLÜTENFARBE | BLÜTENGRÖSSE | BLÜTENTYP | BLÜTENFORM | DUFTSTÄRKE | BLÜTENSTAND | BLÜHHÄUFIGKEIT | PETALENFORM |
|---|---|---|---|---|---|---|---|---|
| Harry Edland | mauve | groß | IV | becherf | stark | kleinb | +++ | gebogen |
| Harry Wheatcroft | gelb+ | sehr gr | III–IV | hohe Mitte | schwach | einfach | +++ | gebogen |
| Harvest Fayre | orange+ | mittelgr | III–IV | becherf | schwach | kleinb | +++ | einfach |
| Harvest Home | rosa | groß | II | becherf | stark | kleinb | +++ | geriffelt |
| Hawa Mahal | orangerosa | groß | III–IV | becherf | zart | kleinb | +++ | einfach |
| Hawaii | orangerot | sehr gr | IV | hohe Mitte | stark | kleinb | +++ | gebogen |
| Hawkeye Belle | weiß | groß | IV | hohe Mitte | stark | kleinb | +++ | gebogen |
| Headliner | rosa+ | groß | III–IV | hohe Mitte | schwach | einfach | +++ | gebogen |
| Heart of Gold | gelb+/ goldgelb | groß | III | schalenf | stark | kleinb | +++ | einfach |
| Heartbeat | orange+ | groß | IV | kugelf | schwach | kleinb | +++ | einfach |
| Heartbeat 97 | apricot+ | mittelgr | III | hohe Mitte | zart | großb | +++ | gebogen |
| Heartbreaker | rosa+ | klein | III–IV | hohe Mitte | schwach | kleinb | +++ | gebogen |
| Heartland | orangerosa | klein | IV | hohe Mitte | zart | kleinb | +++ | gebogen |
| Hearts A'Fire | dunkelrot | klein | III–IV | hohe Mitte | zart | einfach | +++ | gebogen |
| Heat Wave | orangerot | groß | III–IV | becherf | ohne Duft | kleinb | +++ | einfach |
| Heather Austin | rot+ | groß | IV | becherf | schwach | kleinb | +++ | einfach |
| Heather Honey | apricot+ | groß | III–IV | becherf | schwach | kleinb | +++ | einfach |
| Heaven | weiß | groß | III–IV | hohe Mitte | zart | einfach | +++ | gebogen |
| Heavenly Rosalind | rosa+ | mittelgr | I | offen | zart | kleinb | +++ | einfach |
| Hebe | orangerosa | groß | III–IV | hohe Mitte | schwach | einfach | +++ | gebogen |
| Hébé's Lip | weiß | mittelgr | II | becherf | schwach | kleinb | + | einfach |
| Hector Deane | rot+ | groß | III–IV | hohe Mitte | stark | einfach | +++ | gebogen |
| Heidekind | dunkelrot | mittelgr | III–IV | offen | schwach | kleinb | +++ | einfach |
| Heidekönigin | hellrosa | mittelgr | IV | offen | schwach | kleinb | +++ | einfach |
| Heidelberg | rot | sehr gr | IV | hohe Mitte | zart | kleinb | +++ | gebogen |
| Heideröslein | gelb+ | mittelgr | I | schalenf | schwach | großb | +++ | geriffelt |
| Heideschnee | weiß | mittelgr | I | schalenf | ohne Duft | großb | +++ | geriffelt |
| Heidesommer | weiß | klein | II | offen | schwach | großb | +++ | einfach |
| Heidi | rein rosa | klein | II | offen | schwach | großb | +++ | einfach |
| Heike | rein gelb | groß | II | offen | schwach | kleinb | +++ | gebogen |
| Heinrich Münch | rein rosa | groß | IV | kugelf | schwach | einfach | ++ | gebogen |
| Heinrich Schultheis | hellrosa | sehr gr | V | hohe Mitte | stark | einfach | ++ | gebogen |
| Heinz Erhardt | rot | groß | III–IV | offen | zart | kleinb | +++ | einfach |
| Heinzelmännchen | rot | groß | III–IV | becherf | zart | kleinb | +++ | einfach |
| Heirloom | mauve | mittelgr | II | becherf | stark | kleinb | +++ | einfach |
| Helen Knight | rein gelb | klein | I | becherf | schwach | kleinb | + | einfach |
| Helen Naudé | weiß+ | groß | II | hohe Mitte | schwach | kleinb | +++ | einfach |
| Helen Traubel | rosa+ | groß | III–IV | becherf | schwach | einfach | +++ | einfach |
| Helena | hellgelb | groß | III | hohe Mitte | schwach | kleinb | +++ | einfach |
| Hello | rot | groß | I | offen | zart | großb | +++ | einfach |
| Helmut Schmidt | rein gelb | groß | III–IV | hohe Mitte | zart | einfach | +++ | gebogen |
| Helpmekaar Roos | apricot+ | groß | II | offen | schwach | kleinb | +++ | einfach |
| Henkell Royal | rot | groß | IV | hohe Mitte | stark | einfach | +++ | gebogen |
| Henri Barruet | rosa+ | mittelgr | III | becherf | schwach | großb | + | einfach |
| Henri Martin | rot | mittelgr | III | schalenf | stark | großb | + | einfach |
| Henry Fonda | dunkelgelb | groß | III–IV | hohe Mitte | schwach | kleinb | +++ | gebogen |
| Henry Hudson | weiß | mittelgr | III | becherf | stark | kleinb | +++ | einfach |
| Henry Kelsey | rot | mittelgr | IV | becherf | schwach | großb | +++ | einfach |
| Henry Nevard | dunkelrot | groß | III–IV | becherf | stark | einfach | ++ | einfach |
| Her Majesty | rein rosa | sehr gr | V | hohe Mitte | zart | einfach | +++ | gebogen |
| Herbstfeuer | dunkelrot | groß | II | offen | schwach | kleinb | ++ | einfach |
| Herero | rot+ | mittelgr | III | offen | ohne Duft | kleinb | +++ | einfach |
| Heritage | hellrosa | groß | III–IV | becherf | stark | kleinb | +++ | einfach |
| Herman Steyn | rot+ | groß | III | offen | zart | kleinb | +++ | einfach |
| Hermosa | hellrosa | klein | III–IV | kugelf | zart | kleinb | ++ | einfach |
| Hero | rein rosa | mittelgr | III–IV | becherf | stark | kleinb | +++ | einfach |
| Heroïca | dunkelrot | groß | IV | hohe Mitte | schwach | einfach | +++ | gebogen |
| Heroïne de Vaucluse | rein rosa | groß | IV | geviertelt | stark | kleinb | + | einfach |
| Hertfordshire | dunkelrosa | klein | I | schalenf | ohne Duft | großb | +++ | einfach |
| Hi Ho | orangerosa | klein | III | schalenf | ohne Duft | großb | +++ | gebogen |
| Hiawatha | rot+ | klein | I | becherf | ohne Duft | großb | + | einfach |
| Hidalgo | rot | groß | III–IV | becherf | stark | einfach | +++ | gebogen |
| High Esteem | rosa+ | groß | V | hohe Mitte | stark | einfach | +++ | gebogen |
| High Hopes | rein rosa | mittelgr | III | hohe Mitte | zart | kleinb | +++ | gebogen |
| High Noon | rein gelb | mittelgr | II | becherf | stark | kleinb | +++ | einfach |
| High Sheriff | orangerot | mittelgr | III–IV | hohe Mitte | stark | kleinb | +++ | gebogen |
| High Summer | orangerot | groß | III–IV | becherf | ohne Duft | kleinb | +++ | einfach |
| Highdownensis | rot | klein | I | offen | ohne Duft | kleinb | + | einfach |
| Highfield | hellgelb | mittelgr | II | offen | schwach | kleinb | +++ | gebogen |
| Highlight | orangerot | mittelgr | III–IV | offen | schwach | großb | +++ | einfach |
| Hilda Murrell | rein rosa | groß | V | kugelf | stark | kleinb | + | einfach |
| Hilde Heinemann | rot+ | groß | II | offen | schwach | kleinb | +++ | einfach |
| Himmelsauge | mauve | groß | III–IV | becherf | stark | kleinb | + | einfach |
| Hinrich Gaede | orange+ | groß | III–IV | hohe Mitte | schwach | einfach | +++ | gebogen |
| Hippolyte | mauve | mittelgr | V | rosettenf | stark | kleinb | + | einfach |
| Hippolyte Jamain | dunkelrosa | groß | III–IV | kugelf | schwach | einfach | + | einfach |
| Hiroshima's Children | gelb+ | sehr gr | III–IV | hohe Mitte | zart | kleinb | +++ | gebogen |
| Hofgärtner Kalb | rosa+ | mittelgr | IV | hohe Mitte | stark | kleinb | ++ | gebogen |
| Hokey Pokey | apricot+ | klein | III–IV | hohe Mitte | zart | einfach | +++ | gebogen |
| Hollie Roffey | rein rosa | klein | III–IV | rosettenf | schwach | kleinb | +++ | einfach |
| Holsteinperle | orangerosa | groß | V | schalenf | ohne Duft | einfach | +++ | einfach |
| Holtermann's Gold | goldgelb | mittelgr | III–IV | becherf | schwach | kleinb | +++ | einfach |
| Holy Toledo | apricot+ | klein | III | schalenf | ohne Duft | großb | +++ | gebogen |
| Hombre | rosa+ | klein | V | hohe Mitte | zart | kleinb | +++ | gebogen |
| Homère | rosa+ | groß | V | becherf | schwach | kleinb | ++ | geriffelt |
| Honey Chile | hellrosa | mittelgr | III | becherf | zart | kleinb | +++ | einfach |
| Honey Favorite | hellrosa | groß | III–IV | offen | zart | kleinb | +++ | einfach |
| Honeybunch | gelb+ | klein | III | becherf | schwach | großb | +++ | einfach |
| Honeyflow | rosa+ | klein | I | offen | schwach | großb | +++ | einfach |
| Honigmond | rein gelb | mittelgr | III–IV | rosettenf | schwach | kleinb | +++ | einfach |
| Honor | weiß | groß | III–IV | offen | schwach | einfach | +++ | gebogen |
| Honorable Lady Lindsay | rosa+ | mittelgr | III–IV | offen | schwach | kleinb | +++ | gebogen |
| Honoré de Balzac | rosa+ | groß | V | becherf | schwach | einfach | +++ | einfach |
| Honorine de Brabant | rosa+ | groß | III–IV | becherf | schwach | kleinb | ++ | einfach |
| Hoot Owl | rot+ | klein | I | offen | ohne Duft | kleinb | +++ | einfach |
| Horace Vernet | dunkelrot | groß | III | hohe Mitte | stark | einfach | ++ | gebogen |
| Horstmanns Rosenresli | weiß | groß | II | offen | schwach | kleinb | +++ | einfach |
| Hot Chocolate | rostfarben | mittelgr | III–IV | becherf | ohne Duft | kleinb | +++ | einfach |
| Hot Lips | orangerosa | klein | IV | hohe Mitte | zart | kleinb | +++ | gebogen |
| Hot Pewter | orangerot | groß | III | hohe Mitte | zart | einfach | +++ | gebogen |
| Hot Shot | orangerot | klein | III–IV | hohe Mitte | ohne Duft | kleinb | +++ | gebogen |
| Hot Tamale | gelb+ | klein | III–IV | hohe Mitte | schwach | kleinb | +++ | gebogen |
| Hugh Dickson | rot | sehr gr | III–IV | hohe Mitte | stark | kleinb | ++ | gebogen |
| Hugo Roller | gelb+ | mittelgr | III | becherf | zart | kleinb | +++ | einfach |
| Huguenot 300 | orange+ | mittelgr | II | hohe Mitte | ohne Duft | großb | +++ | einfach |
| Hula Girl | orange+ | klein | III | hohe Mitte | zart | kleinb | +++ | gebogen |
| Hula Hoop | rosa+ | mittelgr | II | schalenf | schwach | kleinb | +++ | einfach |
| Hume's Blush Tea-scented China | hellrosa | mittelgr | III | offen | stark | kleinb | ++ | einfach |
| Hunter | rot | mittelgr | III–IV | kugelf | schwach | kleinb | +++ | einfach |
| Hurdy Gurdy | rot+ | klein | III | offen | schwach | kleinb | +++ | einfach |
| Ice White | weiß | mittelgr | II | offen | schwach | kleinb | + | gebogen |
| Iceberg | weiß | mittelgr | II | offen | zart | großb | +++ | gebogen |
| Iced Ginger | orange+ | groß | III–IV | becherf | zart | kleinb | +++ | gebogen |
| Iced Parfait | hellrosa | groß | III–IV | becherf | zart | kleinb | +++ | gebogen |
| Ida Elizabeth | rot | groß | III–IV | hohe Mitte | ohne Duft | einfach | +++ | gebogen |
| IGA 83 München | rot | mittelgr | III | becherf | ohne Duft | kleinb | +++ | einfach |
| Ile de France | rot+ | klein | II | schalenf | zart | großb | + | einfach |
| Ilse Haberland | rein rosa | sehr gr | III | hohe Mitte | schwach | kleinb | +++ | gebogen |
| Ilse Krohn | weiß | groß | III | hohe Mitte | stark | kleinb | ++ | gebogen |

| NAME | BLÜTEN-FARBE | BLÜTEN-GRÖSSE | BLÜTEN-TYP | BLÜTEN-FORM | DUFT-STÄRKE | BLÜTEN-STAND | BLÜH-HÄUFIGKEIT | PETALEN-FORM |
|---|---|---|---|---|---|---|---|---|
| Superior | | | | | | | | |
| Imagination | apricot+ | groß | III–IV | hohe Mitte | schwach | kleinb | +++ | gebogen |
| Immensee | hellrosa | klein | I | schalenf | schwach | kleinb | + | einfach |
| Immortal Juno | dunkelrosa | groß | V | kugelf | schwach | kleinb | +++ | einfach |
| Imp | rot+ | mittelgr | III–IV | becherf | schwach | kleinb | +++ | einfach |
| Impatient | orangerot | mittelgr | II | becherf | schwach | kleinb | +++ | einfach |
| Impératrice Eugénie | mauve | mittelgr | III | kugelf | stark | kleinb | + | einfach |
| Impératrice Farah | weiß/rosa+ | groß | III–IV | hohe Mitte | schwach | kleinb | +++ | gebogen |
| Improved Cécile Brunner | orangerosa | mittelgr | III–IV | hohe Mitte | zart | kleinb | +++ | gebogen |
| In the Pink | rein rosa | mittelgr | V | kugelf | schwach | kleinb | +++ | einfach |
| Ina | weiß | klein | III | hohe Mitte | zart | einfach | +++ | gebogen |
| Incognito | mauve | klein | III | hohe Mitte | zart | einfach | +++ | gebogen |
| Independence | orangerot | mittelgr | IV | becherf | zart | kleinb | +++ | einfach |
| Indian Summer | orange+ | groß | IV | hohe Mitte | stark | kleinb | +++ | gebogen |
| Indigo | mauve | mittelgr | III | rosettenf | stark | kleinb | ++ | einfach |
| Ingrid Bergman | dunkelrot | mittelgr | IV | hohe Mitte | stark | einfach | +++ | gebogen |
| Inner Wheel | rosa+ | mittelgr | III–IV | hohe Mitte | schwach | kleinb | +++ | gebogen |
| Innocence (I) | weiß | groß | II | offen | schwach | kleinb | +++ | geriffelt |
| Innocence (II) | weiß | groß | IV | offen | schwach | kleinb | +++ | einfach |
| International Herald Tribune | mauve+ | mittelgr | III–IV | becherf | zart | kleinb | +++ | einfach |
| Interview | orangerosa | mittelgr | IV | hohe Mitte | zart | einfach | +++ | gebogen |
| Intervilles | rot | mittelgr | II | becherf | schwach | kleinb | +++ | einfach |
| Intrigue | mauve | groß | III–IV | hohe Mitte | stark | kleinb | +++ | einfach |
| Invincible | dunkelrot | groß | III–IV | offen | zart | kleinb | +++ | einfach |
| Ipsilanté | mauve | mittelgr | III | geviertelt | stark | kleinb | + | einfach |
| Irène | altrosa | mittelgr | III–IV | becherf | ohne Duft | kleinb | +++ | einfach |
| Irene of Denmark | weiß | mittelgr | III–IV | becherf | schwach | kleinb | +++ | einfach |
| Irène Watts | hellrosa/weiß | mittelgr | III | rosettenf | schwach | kleinb | ++ | einfach |
| Irish Elegance | orange+/ apricot+ | groß | I | schalenf | schwach | kleinb | +++ | einfach |
| Irish Gold | rein gelb | groß | IV | hohe Mitte | schwach | kleinb | +++ | einfach |
| Irish Mist | orangerosa | groß | III–IV | hohe Mitte | ohne Duft | großb | +++ | gebogen |
| Irish Rich Marbled | rot+ | klein | I | offen | zart | kleinb | + | einfach |
| Irresistible | weiß | klein | IV | hohe Mitte | schwach | kleinb | +++ | gebogen |
| Isabel de Ortiz | rosa+ | sehr gr | III–IV | hohe Mitte | schwach | einfach | +++ | gebogen |
| Isabella Gray | goldgelb | groß | III–IV | kugelf | stark | kleinb | ++ | einfach |
| Isabella Skinner | rein rosa | mittelgr | III–IV | hohe Mitte | ohne Duft | kleinb | + | gebogen |
| Isabelle de France | orangerot | groß | III | hohe Mitte | schwach | einfach | +++ | gebogen |
| Isobel Derby | rosa+ | sehr gr | IV | becherf | stark | kleinb | +++ | gebogen |
| Isobel Harkness | goldgelb | groß | IV | hohe Mitte | schwach | einfach | + | gebogen |
| Ispahan | rein rosa | mittelgr | III | offen | stark | kleinb | + | einfach |
| Ita Buttrose | orangerosa | mittelgr | IV | hohe Mitte | ohne Duft | einfach | +++ | gebogen |
| Ivory Fashion | weiß | groß | II | becherf | zart | kleinb | +++ | einfach |
| Ivory Palace | weiß | klein | IV | hohe Mitte | schwach | kleinb | +++ | gebogen |
| J. P. Connell | rein gelb/ hellgelb | mittelgr | III | hohe Mitte | stark | kleinb | +++ | einfach |
| Jacaranda | rein rosa | groß | III–IV | hohe Mitte | zart | einfach | +++ | gebogen |
| Jack Frost | weiß | groß | III–IV | hohe Mitte | schwach | kleinb | +++ | gebogen |
| Jackie | hellgelb | klein | V | hohe Mitte | zart | kleinb | +++ | gebogen |
| Jacqueline du Pré | weiß | groß | II | offen | schwach | kleinb | +++ | einfach |
| Jacqueline Nebout | rein rosa | mittelgr | III–IV | hohe Mitte | schwach | kleinb | +++ | gebogen |
| Jamaica | rot | groß | II | becherf | schwach | kleinb | +++ | einfach |
| James Mason | rot | groß | II | schalenf | stark | kleinb | + | einfach |
| James Mitchell | dunkelrosa | mittelgr | III–IV | geviertelt | schwach | kleinb | + | einfach |
| James Veitch | mauve | mittelgr | III–IV | schalenf | schwach | einfach | ++ | einfach |
| Jane Asher | rot | klein | V | kugelf | ohne Duft | großb | +++ | einfach |
| Jane Isobella Linton | rosa+ | mittelgr | V | geviertelt | schwach | kleinb | ++ | einfach |
| Janet B. Wood | weiß | klein | II | offen | zart | kleinb | + | einfach |
| Janet Morrison | dunkelrosa | groß | II | offen | schwach | kleinb | +++ | gebogen |
| Janet's Pride | rosa+ | mittelgr | II | schalenf | schwach | kleinb | + | einfach |
| Janice Heyes | hellrosa | groß | III–IV | hohe Mitte | schwach | einfach | +++ | gebogen |
| Janina | orange+ | mittelgr | III–IV | hohe Mitte | ohne Duft | kleinb | +++ | gebogen |
| Janna | rosa+ | klein | III–IV | becherf | ohne Duft | kleinb | +++ | einfach |
| Jaquenetta | apricot+ | groß | II | becherf | zart | kleinb | +++ | geriffelt |
| Jardins de Bagatelle | weiß | groß | III–IV | hohe Mitte | schwach | einfach | +++ | gebogen |
| Jason | dunkelrosa | groß | III–IV | hohe Mitte | schwach | kleinb | +++ | gebogen |
| Jaune Desprez | gelb+ | groß | III–IV | becherf | schwach | kleinb | ++ | einfach |
| Jayne Austin | rein gelb | mittelgr | V | becherf | schwach | kleinb | +++ | einfach |
| Jazz | orange+ | mittelgr | III–IV | hohe Mitte | zart | kleinb | +++ | gebogen |
| Jean Bach Sisley | rosa+ | mittelgr | III–IV | hohe Mitte | zart | kleinb | ++ | gebogen |
| Jean de la Lune | goldgelb | mittelgr | III–IV | becherf | ohne Duft | kleinb | +++ | einfach |
| Jean Ducher | orangerosa | mittelgr | III–IV | becherf | zart | kleinb | ++ | einfach |
| Jean Giono | gelb+ | groß | III–IV | hohe Mitte | ohne Duft | kleinb | +++ | gebogen |
| Jean Guichard | rosa+ | mittelgr | III–IV | becherf | schwach | kleinb | + | einfach |
| Jean Kenneally | apricot | klein | III–IV | hohe Mitte | zart | kleinb | +++ | gebogen |
| Jean Mermoz | rein rosa | klein | V | becherf | zart | großb | +++ | einfach |
| Jean Rameau | dunkelrosa | groß | V | becherf | stark | kleinb | ++ | einfach |
| Jean Rosenkrantz | orangerot | groß | III–IV | hohe Mitte | stark | einfach | ++ | gebogen |
| Jean Soupert | dunkelrot | groß | V | rosettenf | schwach | einfach | ++ | einfach |
| Jeanie | weiß+ | groß | III | hohe Mitte | schwach | einfach | +++ | einfach |
| Jeanie Williams | rot+ | klein | III–IV | hohe Mitte | zart | kleinb | +++ | gebogen |
| Jeanne D'Arc | weiß | mittelgr | III–IV | schalenf | schwach | kleinb | + | einfach |
| Jeanne de Montfort | rein rosa | mittelgr | II | schalenf | schwach | kleinb | ++ | einfach |
| Jeanne LaJoie | rein rosa | klein | III–IV | hohe Mitte | schwach | kleinb | +++ | gebogen |
| Jeannie Deans | dunkelrot | klein | II | offen | schwach | kleinb | + | einfach |
| Jennifer | rosa+ | klein | III–IV | hohe Mitte | schwach | kleinb | +++ | gebogen |
| Jenny Brown | orangerot/ rosa+ | groß | I | offen | schwach | kleinb | +++ | einfach |
| Jenny Duval | mauve | mittelgr | III–IV | offen | stark | kleinb | + | geriffelt |
| Jenny Wren | apricot+ | klein | III–IV | schalenf | stark | großb | +++ | geriffelt |
| Jenny's Rose | hellrosa | mittelgr | II | offen | stark | kleinb | +++ | einfach |
| Jens Munk | rein rosa | groß | III–IV | offen | schwach | kleinb | +++ | einfach |
| Jersey Beauty | hellgelb | groß | I | offen | stark | kleinb | + | einfach |
| Jessie Clark | rein rosa | sehr gr | I | offen | ohne Duft | kleinb | + | einfach |
| Jessika | orangerosa | groß | III–IV | hohe Mitte | schwach | kleinb | +++ | einfach |
| Jet Trail | weiß | klein | III–IV | hohe Mitte | ohne Duft | kleinb | +++ | gebogen |
| Jewel Box | rosa+ | klein | III–IV | becherf | zart | kleinb | +++ | einfach |
| Joanna Hill | hellgelb | groß | III–IV | hohe Mitte | stark | kleinb | +++ | einfach |
| Joasine Hanet | mauve | mittelgr | III–IV | geviertelt | stark | kleinb | ++ | einfach |
| Jocelyn | rostfarben | groß | III–IV | geviertelt | ohne Duft | kleinb | +++ | einfach |
| Johann Strauss | rosa+ | groß | III–IV | kugelf | zart | kleinb | +++ | gebogen |
| John Cabot | rot | mittelgr | II | offen | ohne Duft | kleinb | +++ | einfach |
| John Clare | dunkelrosa | mittelgr | III–IV | offen | zart | kleinb | +++ | einfach |
| John Davis | rein rosa | mittelgr | III–IV | becherf | stark | kleinb | +++ | einfach |
| John F. Kennedy | weiß | groß | III–IV | hohe Mitte | zart | kleinb | +++ | gebogen |
| John Franklin | rot | mittelgr | III–IV | offen | ohne Duft | kleinb | +++ | einfach |
| John Hopper | rosa+ | groß | V | becherf | schwach | einfach | ++ | einfach |
| John S. Armstrong | dunkelrot | groß | III–IV | becherf | zart | kleinb | +++ | gebogen |
| John Waterer | dunkelrot | groß | III–IV | hohe Mitte | zart | kleinb | +++ | gebogen |
| Johnnie Walker | apricot+ | groß | III–IV | hohe Mitte | stark | kleinb | +++ | gebogen |
| Joie de Vivre | rosa+ | sehr gr | III–IV | hohe Mitte | schwach | kleinb | +++ | gebogen |
| Jolly Roger | orange+ | mittelgr | II | becherf | zart | kleinb | +++ | einfach |
| Josephine Baker | dunkelrot | mittelgr | III | offen | zart | kleinb | +++ | einfach |
| Josephine Bruce | dunkelrot | groß | III–IV | offen | schwach | kleinb | +++ | gebogen |
| Joseph's Coat | rot+ | mittelgr | III–IV | offen | zart | kleinb | +++ | einfach |
| Joy of Health | rein rosa | mittelgr | III–IV | becherf | ohne Duft | kleinb | +++ | einfach |
| Joy of Life | rot+ | groß | III–IV | hohe Mitte | ohne Duft | einfach | +++ | gebogen |
| Joybells | rein rosa | groß | III–IV | hohe Mitte | ohne Duft | einfach | +++ | geriffelt |
| Joyce Edmonds | orangerosa | groß | III–IV | becherf | ohne Duft | kleinb | +++ | einfach |
| Joyce Northfield | orange+ | groß | III–IV | hohe Mitte | zart | kleinb | +++ | einfach |
| Joycie | orange+ | klein | III–IV | hohe Mitte | schwach | kleinb | +++ | gebogen |
| Joyfulness | apricot+ | groß | III–IV | becherf | zart | großb | +++ | einfach |

| NAME | BLÜTEN-FARBE | BLÜTEN-GRÖSSE | BLÜTEN-TYP | BLÜTEN-FORM | DUFT-STÄRKE | BLÜTEN-STAND | BLÜH-HÄUFIGKEIT | PETALEN-FORM |
|---|---|---|---|---|---|---|---|---|
| Jubilant | hellrosa | mittelgr | III–IV | becherf | schwach | kleinb | +++ | einfach |
| Jude the Obscure | rein gelb | groß | V | kugelf | stark | kleinb | +++ | einfach |
| Judy Fischer | rein rosa | klein | III–IV | hohe Mitte | ohne Duft | kleinb | +++ | gebogen |
| Judy Garland | gelb+ | mittelgr | III–IV | offen | ohne Duft | kleinb | +++ | gebogen |
| Jules Margottin | rein rosa | groß | V | schalenf | zart | einfach | ++ | einfach |
| Julia Mannering | hellrosa | klein | I | offen | schwach | einfach | + | einfach |
| Julia's Rose | rostfarben | mittelgr | III–IV | offen | ohne Duft | kleinb | +++ | einfach |
| Julie | dunkelrot | groß | III–IV | becherf | schwach | einfach | +++ | gebogen |
| Julie de Mersan | rein rosa | mittelgr | III–IV | kugelf | schwach | kleinb | + | einfach |
| Julie Y | orangerot | groß | III–IV | offen | zart | einfach | +++ | einfach |
| Juliet | rosa+ | groß | III–IV | becherf | schwach | einfach | ++ | einfach |
| Julischka | rot | mittelgr | III–IV | offen | zart | kleinb | +++ | einfach |
| June Bride | weiß | groß | III–IV | hohe Mitte | zart | kleinb | +++ | gebogen |
| June Laver | intensiv gelb | klein | III–IV | hohe Mitte | ohne Duft | kleinb | +++ | gebogen |
| June Park | dunkelrosa | groß | III–IV | hohe Mitte | stark | kleinb | +++ | gebogen |
| June Time | hellrosa | klein | V | pomponf | ohne Duft | kleinb | +++ | einfach |
| June Whitfield | rosa+ | groß | III–IV | becherf | zart | kleinb | +++ | einfach |
| Junior Geisha | orangerot | mittelgr | III | high-centred | zart | großb | +++ | einfach |
| Junior Miss | hellrosa | mittelgr | II | hohe Mitte | zart | kleinb | +++ | einfach |
| Juno | hellrosa | mittelgr | V | schalenf | stark | kleinb | + | einfach |
| Just For You | dunkelrosa | mittelgr | III–IV | hohe Mitte | ohne Duft | kleinb | +++ | gebogen |
| Just Joey | orange+ | sehr gr | III–IV | offen | schwach | kleinb | +++ | geriffelt |
| Kabuki | goldgelb | mittelgr | III–IV | hohe Mitte | zart | einfach | +++ | gebogen |
| Kagayaki | rot+ | groß | III–IV | hohe Mitte | ohne Duft | kleinb | +++ | gebogen |
| Kaikoura | orange+ | klein | III–IV | hohe Mitte | ohne Duft | kleinb | +++ | gebogen |
| Kaiserin Auguste Viktoria | weiß | groß | V | hohe Mitte | zart | kleinb | +++ | gebogen |
| Kambala | apricot+ | groß | III–IV | hohe Mitte | schwach | einfach | +++ | gebogen |
| Kardinal | rot | groß | III–IV | hohe Mitte | ohne Duft | einfach | +++ | gebogen |
| Karen Blixen | weiß | groß | III–IV | hohe Mitte | zart | kleinb | +++ | gebogen |
| Karen Julie | orangerot | groß | III–IV | hohe Mitte | ohne Duft | einfach | +++ | gebogen |
| Karen Poulsen | rot | mittelgr | I | becherf | ohne Duft | großb | +++ | einfach |
| Karl Foerster | weiß | groß | III–IV | hohe Mitte | zart | kleinb | ++ | gebogen |
| Karl Herbst | rot | sehr gr | V | hohe Mitte | zart | einfach | +++ | gebogen |
| Karlsruhe | dunkelrosa | groß | III–IV | becherf | zart | kleinb | +++ | einfach |
| Karoo Rose | orangerot | mittelgr | III | offen | schwach | kleinb | +++ | einfach |
| Kassel | orangerot | groß | II | becherf | zart | kleinb | +++ | gebogen |
| Katharina Zeimet | weiß | klein | III–IV | becherf | zart | doldenf | +++ | einfach |
| Kathleen | hellrosa | klein | I | offen | zart | großb | +++ | einfach |
| Kathleen Ferrier | orangerosa | mittelgr | II | becherf | zart | kleinb | +++ | einfach |
| Kathleen Harrop | hellrosa | mittelgr | II | offen | schwach | kleinb | ++ | einfach |
| Kathryn McGredy | orangerosa | groß | III–IV | hohe Mitte | zart | einfach | +++ | gebogen |
| Kathryn Morley | hellrosa | mittelgr | V | becherf | zart | kleinb | +++ | einfach |
| Kathy | rot | klein | III–IV | hohe Mitte | zart | kleinb | +++ | gebogen |
| Kazanlik | dunkelrosa | mittelgr | III–IV | offen | stark | kleinb | + | einfach |
| Keepit | hellrosa | groß | III–IV | hohe Mitte | schwach | einfach | +++ | gebogen |
| Keepsake | rosa+ | groß | III–IV | hohe Mitte | zart | kleinb | +++ | gebogen |
| Keith Kirsten | orangerot | groß | II | becherf | ohne Duft | kleinb | +++ | einfach |
| Kent | weiß | klein | II | schalenf | zart | großb | +++ | einfach |
| Kentucky Derby | dunkelrot | groß | III–IV | hohe Mitte | zart | einfach | +++ | gebogen |
| Kerry Gold | gelb+ | mittelgr | III–IV | kugelf | ohne Duft | großb | +++ | gebogen |
| Kerryman | rosa+ | groß | III–IV | becherf | zart | kleinb | +++ | einfach |
| Kew Rambler | rein rosa | klein | I | offen | zart | doldenf | + | einfach |
| Kiese | rot | mittelgr | II | offen | zart | kleinb | + | einfach |
| Kiftsgate | weiß | klein | I | offen | schwach | doldenf | + | einfach |
| Kim | rein gelb | groß | III–IV | becherf | zart | kleinb | +++ | gebogen |
| Kimono | rosa+ | groß | III–IV | schalenf | schwach | kleinb | +++ | gebogen |
| Kind Regards | rot | mittelgr | III–IV | becherf | ohne Duft | kleinb | +++ | geriffelt |
| King Arthur | orangerosa | groß | III–IV | becherf | zart | kleinb | +++ | gebogen |
| King Richard | mauve | klein | I | becherf | schwach | großb | +++ | einfach |
| King's Ransom | goldgelb | groß | III–IV | hohe Mitte | zart | kleinb | +++ | gebogen |
| Kirsten Poulsen | rot | mittelgr | I | offen | ohne Duft | großb | +++ | einfach |
| Kiskadee | rein gelb | groß | III–IV | hohe Mitte | zart | kleinb | +++ | gebogen |
| Kiss | orangerosa | mittelgr | III–IV | hohe Mitte | ohne Duft | kleinb | +++ | gebogen |
| Kitty Kininmonth | dunkelrosa | groß | II | becherf | zart | kleinb | ++ | einfach |
| Klaus Störtebeker | rot | groß | III–IV | hohe Mitte | zart | einfach | +++ | gebogen |
| Kleopatra | rot+ | groß | III–IV | hohe Mitte | zart | einfach | +++ | gebogen |
| Koba | orangerot | mittelgr | III–IV | becherf | ohne Duft | kleinb | +++ | einfach |
| Kölner Karneval | mauve | groß | III–IV | becherf | zart | kleinb | +++ | gebogen |
| Königin Beatrix | orange+ | groß | III–IV | hohe Mitte | schwach | einfach | +++ | gebogen |
| Königin von Dänemark | rein rosa | mittelgr | V | geviertelt | stark | kleinb | + | einfach |
| Konrad Adenauer Rose | dunkelrot | groß | III–IV | becherf | stark | kleinb | +++ | gebogen |
| Konrad Henkel | rot | groß | III–IV | hohe Mitte | zart | kleinb | +++ | gebogen |
| Kordes' Perfecta | rosa+ | sehr gr | V | hohe Mitte | zart | einfach | +++ | gebogen |
| Kordes' Perfecta Superior | rein rosa | sehr gr | V | hohe Mitte | zart | einfach | +++ | gebogen |
| KORliam | gelb+ | groß | III–IV | offen | zart | kleinb | +++ | einfach |
| Korona | orangerot | mittelgr | III–IV | becherf | ohne Duft | kleinb | +++ | einfach |
| Korovo | rein rosa | groß | III–IV | hohe Mitte | schwach | einfach | +++ | gebogen |
| Ko's Yellow | gelb+ | klein | III–IV | hohe Mitte | ohne Duft | kleinb | +++ | gebogen |
| Kristin | rot+ | mittelgr | III–IV | hohe Mitte | ohne Duft | kleinb | +++ | gebogen |
| Kristo Pienaar | gelb+ | groß | II | hohe Mitte | ohne Duft | kleinb | +++ | einfach |
| Kronprinzessin Viktoria | weiß | mittelgr | V | geviertelt | schwach | kleinb | ++ | einfach |
| Kwinana | rot+ | klein | I | offen | ohne Duft | kleinb | +++ | einfach |
| L. D. Braithwaite | dunkelrot | groß | V | schalenf | schwach | kleinb | +++ | einfach |
| La Belle Distinguée | rot | klein | III–IV | schalenf | zart | kleinb | + | einfach |
| La Belle Sultane | dunkelrot | mittelgr | II | schalenf | zart | kleinb | + | einfach |
| La Biche | weiß | groß | V | becherf | schwach | einfach | ++ | einfach |
| La Bonne Maison | weiß+ | mittelgr | I | schalenf | schwach | kleinb | +++ | einfach |
| La Follette | rein rosa | groß | II | becherf | schwach | kleinb | ++ | einfach |
| La France | hellrosa | groß | V | kugelf | stark | kleinb | +++ | gebogen |
| La Jolla | rosa+ | sehr gr | III–IV | hohe Mitte | zart | einfach | +++ | gebogen |
| La Louise | dunkelrot | mittelgr | II | offen | schwach | kleinb | + | einfach |
| La Maculée | rot+ | mittelgr | II | becherf | stark | kleinb | + | einfach |
| La Marne | rosa+ | klein | I | schalenf | ohne Duft | großb | +++ | einfach |
| La Marseillaise | dunkelrot | groß | III–IV | hohe Mitte | schwach | einfach | +++ | gebogen |
| La Mortola | weiß | groß | I | schalenf | stark | doldenf | + | einfach |
| La Neige | weiß | mittelgr | III–IV | becherf | schwach | kleinb | + | einfach |
| La Noblesse | hellrosa | mittelgr | V | schalenf | stark | kleinb | + | einfach |
| La Paloma 85 | weiß | mittelgr | III–IV | hohe Mitte | zart | kleinb | +++ | gebogen |
| La Perla | hellrosa | mittelgr | III–IV | hohe Mitte | ohne Duft | kleinb | +++ | gebogen |
| La Perle | hellgelb | groß | III–IV | schalenf | stark | kleinb | + | einfach |
| La Plus Belle des Ponctuées | rosa+ | mittelgr | III–IV | schalenf | stark | kleinb | + | einfach |
| La Reine | rein rosa | groß | V | becherf | schwach | kleinb | ++ | einfach |
| La Sévillana | orangerot | mittelgr | II | becherf | ohne Duft | großb | +++ | geriffelt |
| La Ville de Bruxelles | dunkelrosa | groß | III–IV | geviertelt | stark | kleinb | + | einfach |
| L'Abundance | weiß/hellrosa | mittelgr | III–IV | becherf | zart | kleinb | + | einfach |
| Lady Alice Stanley | rosa+ | groß | V | becherf | stark | einfach | +++ | gebogen |
| Lady Barbara | orange+ | mittelgr | III–IV | offen | zart | kleinb | +++ | einfach |
| Lady Curzon | rein rosa | groß | I | schalenf | schwach | kleinb | +++ | einfach |
| Lady Diana | hellrosa | mittelgr | III–IV | hohe Mitte | zart | kleinb | +++ | gebogen |
| Lady Elgin | gelb+ | groß | III–IV | becherf | zart | kleinb | +++ | gebogen |
| Lady Gay | orangerosa | mittelgr | III–IV | kugelf | zart | kleinb | + | einfach |
| Lady Godiva | hellrosa | klein | III–IV | kugelf | zart | großb | + | einfach |
| Lady Hillingdon | gelb+ | mittelgr | II | becherf | schwach | einfach | ++ | einfach |
| Lady Huntingfield | rein gelb | groß | III–IV | becherf | zart | kleinb | +++ | einfach |
| Lady Iliffe | rot | groß | III–IV | hohe Mitte | stark | einfach | +++ | gebogen |
| Lady in Red | rot | klein | III–IV | hohe Mitte | ohne Duft | kleinb | +++ | gebogen |
| Lady Like | rosa+ | groß | III–IV | becherf | zart | einfach | +++ | gebogen |
| Lady MacRobert | apricot+ | mittelgr | III–IV | becherf | zart | großb | +++ | einfach |
| Lady Mann | rosa+ | mittelgr | III–IV | becherf | zart | kleinb | +++ | gebogen |

| NAME | BLÜTEN-FARBE | BLÜTEN-GRÖSSE | BLÜTEN-TYP | BLÜTEN-FORM | DUFT-STÄRKE | BLÜTEN-STAND | BLÜH-HÄUFIGKEIT | PETALEN-FORM |
|---|---|---|---|---|---|---|---|---|
| Lady Mary Fitzwilliam | hellrosa | groß | III–IV | hohe Mitte | zart | kleinb | +++ | gebogen |
| Lady Mavis Pilkington | gelb+ | groß | III–IV | hohe Mitte | schwach | einfach | +++ | gebogen |
| Lady Meilland | orangerosa | groß | III–IV | hohe Mitte | ohne Duft | einfach | +++ | gebogen |
| Lady Mitchell | rot | mittelgr | V | becherf | schwach | kleinb | +++ | gebogen |
| Lady of Sky | orangerot | groß | III–IV | hohe Mitte | zart | kleinb | +++ | gebogen |
| Lady of the Dawn | hellrosa | groß | II | schalenf | zart | kleinb | +++ | einfach |
| Lady Penzance | orangerosa | klein | I | becherf | stark | kleinb | + | einfach |
| Lady Rachel | gebrochen weiß | mittelgr | III–IV | hohe Mitte | schwach | kleinb | +++ | gebogen |
| Lady Roberts | apricot+ | groß | V | kugelf | schwach | einfach | +++ | einfach |
| Lady Romsey | weiß | mittelgr | III–IV | hohe Mitte | schwach | kleinb | +++ | gebogen |
| Lady Rose | orangerosa | groß | III–IV | hohe Mitte | schwach | einfach | +++ | gebogen |
| Lady Stuart | hellrosa | groß | III–IV | kugelf | schwach | kleinb | ++ | einfach |
| Lady Sunblaze | hellrosa | mittelgr | V | hohe Mitte | ohne Duft | kleinb | +++ | gebogen |
| Lady Sylvia | hellrosa | groß | III–IV | hohe Mitte | stark | einfach | +++ | gebogen |
| Lady Taylor | orangerot | mittelgr | III–IV | hohe Mitte | zart | kleinb | +++ | gebogen |
| Lady Trent | orange+ | groß | III–IV | hohe Mitte | schwach | einfach | +++ | gebogen |
| Lady Vera | rosa+ | groß | III–IV | hohe Mitte | zart | kleinb | +++ | gebogen |
| Lady Waterlow | rosa+ | groß | II | hohe Mitte | schwach | kleinb | + | gebogen |
| Lady X | mauve | groß | III–IV | hohe Mitte | ohne Duft | einfach | +++ | gebogen |
| Lafayette | dunkelrosa | mittelgr | II | schalenf | zart | großb | +++ | einfach |
| Lafter | gelb+ | groß | II | offen | zart | einfach | +++ | gebogen |
| Lagerfeld | mauve | groß | III–IV | hohe Mitte | stark | kleinb | +++ | gebogen |
| L'Aimant | rein rosa | mittelgr | III–IV | becherf | stark | kleinb | +++ | gebogen |
| Lamarque | weiß | mittelgr | III–IV | rosettenf | stark | kleinb | ++ | einfach |
| Lambada | orangerosa | groß | II | offen | ohne Duft | kleinb | +++ | einfach |
| Lancashire | rot | groß | III–IV | hohe Mitte | stark | kleinb | +++ | gebogen |
| Lancôme | dunkelrosa | groß | III–IV | hohe Mitte | ohne Duft | einfach | +++ | gebogen |
| Laneii | rot | mittelgr | III–IV | kugelf | schwach | kleinb | + | einfach |
| Langford Light | weiß | klein | II | offen | zart | kleinb | +++ | einfach |
| Lanvin | hellgelb | groß | III–IV | hohe Mitte | zart | kleinb | +++ | gebogen |
| Las Vegas | orange+ | groß | III–IV | hohe Mitte | zart | kleinb | +++ | gebogen |
| Laughter Lines | rosa+ | groß | II | offen | zart | kleinb | +++ | einfach |
| Laura | orange+ | groß | III–IV | hohe Mitte | zart | einfach | +++ | gebogen |
| Laura Ashley | mauve | klein | I | schalenf | zart | großb | +++ | einfach |
| Laura Chantal | rosa+ | klein | II | offen | stark | kleinb | +++ | einfach |
| Laura Ford | rein gelb | klein | III–IV | hohe Mitte | zart | kleinb | +++ | gebogen |
| Laura Davoust | hellrosa | klein | III–IV | becherf | zart | doldenf | + | einfach |
| Laurette | hellrosa | groß | III–IV | becherf | zart | kleinb | ++ | einfach |
| Lavaglut | dunkelrot | mittelgr | III–IV | kugelf | zart | kleinb | +++ | einfach |
| Lavender Dream | mauve | mittelgr | II | offen | zart | kleinb | +++ | einfach |
| Lavender Jewel | mauve | klein | III–IV | hohe Mitte | zart | kleinb | +++ | gebogen |
| Lavender Lace | mauve | klein | III–IV | rosettenf | zart | kleinb | +++ | einfach |
| Lavender Lassie | mauve | mittelgr | III–IV | hohe Mitte | stark | kleinb | +++ | gebogen |
| Lavender Mist | mauve | groß | III–IV | offen–schalenf | zart | kleinb | ++ | gebogen |
| Lavender Pinocchio | mauve | groß | III–IV | offen | zart | kleinb | +++ | einfach |
| Lavendula | mauve | groß | III–IV | hohe Mitte | stark | kleinb | +++ | gebogen |
| Lawinia | rein rosa | groß | III–IV | becherf | zart | kleinb | +++ | einfach |
| Lawrence Johnston | rein gelb | groß | II | offen | schwach | kleinb | + | einfach |
| Le Cid | karminrot | groß | III–IV | offen | schwach | kleinb | +++ | einfach |
| Le Havre | rot | groß | V | kugelf | stark | einfach | ++ | einfach |
| Le Rêve | hellgelb | mittelgr | I–II | schalenf | schwach | kleinb | + | einfach |
| Le Rouge et Le Noir | dunkelrot | groß | III–IV | hohe Mitte | zart | kleinb | +++ | gebogen |
| Le Soleil | orangerot | klein | III | offen | zart | kleinb | +++ | einfach |
| Le Vésuve | rosa+ | mittelgr | III–IV | becherf | ohne Duft | kleinb | ++ | gebogen |
| Leander | apricot+ | mittelgr | V | schalenf | schwach | kleinb | ++ | einfach |
| Léda | weiß | mittelgr | III–IV | schalenf | schwach | kleinb | + | einfach |
| Legacy Jubilee | gelb+ | groß | III–IV | hohe Mitte | schwach | einfach | +++ | gebogen |
| Legend | rot | groß | III–IV | hohe Mitte | zart | einfach | +++ | gebogen |
| Lelia Laird | orange+ | klein | III–IV | hohe Mitte | schwach | kleinb | +++ | gebogen |

| NAME | BLÜTEN-FARBE | BLÜTEN-GRÖSSE | BLÜTEN-TYP | BLÜTEN-FORM | DUFT-STÄRKE | BLÜTEN-STAND | BLÜH-HÄUFIGKEIT | PETALEN-FORM |
|---|---|---|---|---|---|---|---|---|
| Lemon Blush | hellgelb | mittelgr | III–IV | rosettenf | schwach | kleinb | + | einfach |
| Lemon Delight | rein gelb | klein | II | offen | ohne Duft | kleinb | +++ | einfach |
| Lemon Elegance | rein gelb | groß | III–IV | hohe Mitte | zart | einfach | +++ | gebogen |
| Lemon Glow | rein gelb | sehr gr | III–IV | hohe Mitte | schwach | einfach | +++ | gebogen |
| Lemon Honey | hellgelb | groß | III–IV | hohe Mitte | zart | kleinb | +++ | gebogen |
| Lemon Sherbet | hellgelb | groß | III–IV | hohe Mitte | zart | einfach | +++ | gebogen |
| Lemon Spice | hellgelb | groß | III–IV | hohe Mitte | stark | kleinb | +++ | gebogen |
| Len Turner | rot+ | groß | III–IV | hohe Mitte | zart | kleinb | +++ | gebogen |
| Leon Lecomte | dunkelrosa | mittelgr | V | rosettenf | schwach | kleinb | + | einfach |
| Léonardo de Vinci | hellrosa | groß | V | becherf | ohne Duft | kleinb | +++ | einfach |
| Leonie Lamesch | orange+ | klein | II | offen | schwach | großb | +++ | einfach |
| Léonor de March | dunkelrot | groß | III–IV | hohe Mitte | schwach | kleinb | +++ | gebogen |
| Léontine Gervais | apricot+ | groß | III–IV | offen | schwach | kleinb | + | einfach |
| Les Amoureux de Peynet | dunkelrosa | mittelgr | II | offen | zart | großb | +++ | einfach |
| Les Sjulin | rosa+ | groß | III–IV | becherf | schwach | kleinb | +++ | einfach |
| Leslie's Dream | rot+ | groß | III–IV | becherf | ohne Duft | kleinb | +++ | einfach |
| Leuchtstern | rosa+ | mittelgr | I | offen | zart | großb | + | einfach |
| Leverkusen | hellgelb | mittelgr | III–IV | hohe Mitte | zart | kleinb | +++ | gebogen |
| Leveson Gower | orangerosa | groß | V | geviertelt | zart | kleinb | ++ | gebogen |
| Lichtkönigin Lucia | rein gelb | mittelgr | II | becherf | schwach | kleinb | +++ | einfach |
| Liebeszauber | rot | groß | III–IV | becherf | schwach | kleinb | +++ | einfach |
| Lifestyle | rosa+ | klein | III–IV | offen | schwach | einfach | +++ | einfach |
| Lights of Broadway | rot+ | klein | V | schalenf | ohne Duft | einfach | +++ | einfach |
| Lilac Charm | mauve | mittelgr | I | becherf | zart | kleinb | +++ | einfach |
| Lilac Rose | rosa+ | groß | III–IV | rosettenf | schwach | kleinb | +++ | einfach |
| Lilac Time | mauve | mittelgr | III–IV | hohe Mitte | schwach | kleinb | +++ | gebogen |
| Lilian Austin | orangerosa | groß | III–IV | schalenf | schwach | kleinb | +++ | einfach |
| Lilian Baylis | hellgelb | mittelgr | III–IV | rosettenf | zart | kleinb | +++ | gebogen |
| Lilli Marleen | rot | mittelgr | III–IV | offen | zart | kleinb | +++ | einfach |
| Lillian Gibson | rein rosa | groß | III | offen | stark | großb | + | einfach |
| Lily Freeman | rein rosa | mittelgr | I | schalenf | schwach | kleinb | +++ | einfach |
| Lime Kiln | weiß | klein | II | becherf | zart | großb | + | einfach |
| Limelight | hellgelb | groß | III–IV | hohe Mitte | zart | kleinb | +++ | gebogen |
| Limona | hellgelb | groß | III | offen | zart | einfach | +++ | einfach |
| Lincoln Cathedral | orange+ | groß | III–IV | hohe Mitte | zart | einfach | +++ | gebogen |
| Linda Campbell | rot | mittelgr | II | becherf | ohne Duft | großb | +++ | einfach |
| Linda Thomson | dunkelrosa | mittelgr | II | offen | schwach | großb | +++ | gerriffelt |
| Linden Heath | rein rosa | mittelgr | II | schalenf | ohne Duft | großb | +++ | einfach |
| Linville | weiß+ | mittelgr | III–IV | hohe Mitte | schwach | einfach | +++ | gebogen |
| Lisa Marée | dunkelrosa | groß | III–IV | offen | schwach | einfach | +++ | geriffelt |
| Liselle | orange+ | groß | III–IV | hohe Mitte | zart | kleinb | +++ | gebogen |
| Little Artist | rot+ | klein | II | offen | ohne Duft | kleinb | +++ | einfach |
| Little Bo-Peep | rein rosa | klein | III–IV | offen | schwach | kleinb | +++ | einfach |
| Little Buckaroo | rot | klein | III–IV | offen | zart | kleinb | +++ | einfach |
| Little Darling | gelb+ | mittelgr | III–IV | hohe Mitte | schwach | kleinb | +++ | gebogen |
| Little Eskimo | weiß | klein | V | hohe Mitte | ohne Duft | kleinb | +++ | gebogen |
| Little Flirt | rot+ | klein | III–IV | hohe Mitte | zart | kleinb | +++ | gebogen |
| Little Gem | dunkelrosa | klein | III–IV | becherf | stark | kleinb | ++ | gebogen |
| Little Girl | orangerosa | klein | III–IV | hohe Mitte | ohne Duft | kleinb | +++ | einfach |
| Little Jackie | orange+ | klein | III–IV | offen | schwach | kleinb | +++ | einfach |
| Little Linda | hellgelb | klein | II | hohe Mitte | ohne Duft | kleinb | +++ | gebogen |
| Little Opal | hellrosa | klein | dg | hohe Mitte | zart | kleinb | +++ | einfach |
| Little Paradise | mauve+ | mittelgr | III–IV | hohe Mitte | ohne Duft | einfach | +++ | einfach |
| Little Rambler | hellrosa | klein | III–IV | schalenf | stark | großb | +++ | einfach |
| Little Red Devil | rot | klein | III–IV | becherf | schwach | kleinb | +++ | kraus |
| Little Scotch | hellgelb | mittelgr | V | hohe Mitte | zart | kleinb | +++ | gebogen |
| Little Sizzler | rot | mittelgr | III–IV | becherf | ohne Duft | großb | +++ | einfach |
| Little Sunset | rosa+ | klein | III–IV | hohe Mitte | ohne Duft | kleinb | +++ | gebogen |
| Little Tiger | rot+ | klein | V | hohe Mitte | ohne Duft | kleinb | +++ | gebogen |
| Little Wallace | rosa+ | mittelgr | III–IV | hohe Mitte | ohne Duft | kleinb | +++ | gebogen |

| NAME | BLÜTEN-FARBE | BLÜTEN-GRÖSSE | BLÜTEN-TYP | BLÜTEN-FORM | DUFT-STÄRKE | BLÜTEN-STAND | BLÜH-HÄUFIGKEIT | PETALEN-FORM |
|---|---|---|---|---|---|---|---|---|
| Little Woman | rosa+ | mittelgr | III–IV | hohe Mitte | zart | kleinb | +++ | gebogen |
| Lively | dunkelrosa | groß | III–IV | hohe Mitte | stark | einfach | +++ | gebogen |
| Liverpool Echo | orangerosa | groß | III–IV | hohe Mitte | zart | kleinb | +++ | gebogen |
| Liverpool Remembers | orangerot | groß | III–IV | hohe Mitte | schwach | einfach | +++ | gebogen |
| Livin' Easy | orange+ | mittelgr | III–IV | offen | zart | kleinb | + | einfach |
| Living Fire | orange+ | mittelgr | III–IV | rosettenf | zart | kleinb | +++ | einfach |
| L'Obscurité | dunkelrot | mittelgr | II | offen | schwach | kleinb | + | einfach |
| Lola Montez | rot | groß | III | offen | ohne Duft | kleinb | +++ | einfach |
| Lolita | apricot+ | groß | III–IV | hohe Mitte | zart | kleinb | +++ | gebogen |
| Lollipop | rot | klein | III–IV | schalenf | ohne Duft | kleinb | +++ | einfach |
| Long John Silver | weiß | sehr gr | III–IV | becherf | schwach | kleinb | + | einfach |
| Lord Gold | intensiv gelb | groß | III–IV | hohe Mitte | schwach | kleinb | +++ | gebogen |
| Lord Penzance | gelb+ | klein | I | offen | schwach | kleinb | + | einfach |
| Lord Raglan | dunkelrot | sehr gr | V | hohe Mitte | stark | einfach | ++ | einfach |
| Lordly Oberon | hellrosa | groß | III–IV | becherf | stark | kleinb | +++ | einfach |
| L'Oréal Trophy | orange+ | groß | III–IV | hohe Mitte | schwach | einfach | +++ | gebogen |
| Lorena | rein rosa | groß | III–IV | hohe Mitte | ohne Duft | kleinb | +++ | gebogen |
| Lorraine Lee | rosa+ | mittelgr | III–IV | becherf | schwach | kleinb | ++ | einfach |
| Lotte Günthart | rot | groß | V | pomponf | ohne Duft | kleinb | +++ | einfach |
| L'Ouche | rosa+/hellrosa | mittelgr | III–IV | becherf | zart | kleinb | ++ | einfach |
| Louis de Funès | orange+ | groß | III–IV | hohe Mitte | ohne Duft | kleinb | +++ | gebogen |
| Louis Gimard | rosa+ | groß | IV | kugelf | schwach | kleinb | + | einfach |
| Louis Philippe | rot+ | mittelgr | III–IV | kugelf | zart | kleinb | +++ | einfach |
| Louis XIV | dunkelrot | mittelgr | III–IV | offen | zart | kleinb | ++ | einfach |
| Louis van Houtte | dunkelrot | sehr gr | V | hohe Mitte | stark | einfach | ++ | einfach |
| Louisa Jane | mauve/rosa+ | groß | III–IV | becherf | stark | kleinb | +++ | einfach |
| Louisa Stone | apricot+ | mittelgr | V | geviertelt | zart | kleinb | +++ | einfach |
| Louise Cretté | weiß | sehr gr | V | hohe Mitte | zart | einfach | ++ | gebogen |
| Louise d'Arzens | weiß | mittelgr | III–IV | becherf | zart | kleinb | ++ | einfach |
| Louise Gardner | gelb+ | mittelgr | III–IV | hohe Mitte | schwach | kleinb | +++ | gebogen |
| Louise Odier | dunkelrosa | mittelgr | V | becherf | schwach | kleinb | ++ | einfach |
| Love | rot+ | groß | III–IV | hohe Mitte | ohne Duft | kleinb | +++ | gebogen |
| Love Me | weiß | klein | III–IV | offen | schwach | kleinb | +++ | einfach |
| Love Potion | mauve | mittelgr | III–IV | becherf | schwach | kleinb | +++ | geriffelt |
| Lovely Fairy | dunkelrosa | klein | II | becherf | zart | doldenf | +++ | einfach |
| Lovely Lady | rein rosa | groß | III–IV | hohe Mitte | zart | einfach | +++ | einfach |
| Lovely Louise | apricot+ | mittelgr | III–IV | offen | ohne Duft | kleinb | +++ | gebogen |
| Lovers' Meeting | orange+ | groß | III–IV | hohe Mitte | zart | kleinb | +++ | gebogen |
| Loving Memory | rot | groß | III–IV | hohe Mitte | ohne Duft | kleinb | +++ | gebogen |
| Loving Touch | apricot+ | mittelgr | III–IV | hohe Mitte | zart | einfach | +++ | gebogen |
| Lübeck | orangerot | mittelgr | III–IV | becherf | zart | kleinb | +++ | einfach |
| Lucetta | apricot+ | groß | II | offen | zart | kleinb | +++ | geriffelt |
| Lucky Charm | gelb+ | klein | III–IV | hohe Mitte | ohne Duft | kleinb | +++ | gebogen |
| Lucky Lady | hellrosa | groß | III–IV | hohe Mitte | schwach | kleinb | +++ | gebogen |
| Lucky Piece | rosa+ | groß | III–IV | hohe Mitte | zart | kleinb | +++ | gebogen |
| Lucy Ashton | weiß | klein | I | schalenf | schwach | kleinb | + | einfach |
| Lucy Bertram | rot+ | klein | I | schalenf | schwach | kleinb | + | einfach |
| Lucy Cramphorn | orangerot | sehr gr | III–IV | hohe Mitte | schwach | einfach | +++ | gebogen |
| Luis Desamero | hellgelb | klein | III–IV | hohe Mitte | zart | kleinb | +++ | gebogen |
| Lulu | orangerosa | mittelgr | III–IV | hohe Mitte | schwach | kleinb | +++ | gebogen |
| Lustige | rot+ | groß | III–IV | hohe Mitte | zart | kleinb | +++ | gebogen |
| Lutin | rosa+ | klein | II | schalenf | ohne Duft | großb | +++ | einfach |
| Lyda Rose | weiß+ | mittelgr | II | offen | ohne Duft | kleinb | + | einfach |
| Lydia | intensiv gelb | mittelgr | II | becherf | zart | kleinb | +++ | gebogen |
| Lykkefund | weiß+ | klein | II | becherf | stark | großb | + | einfach |
| Lynette | weiß | groß | III–IV | hohe Mitte | ohne Duft | kleinb | +++ | gebogen |
| Lynn Anderson | rosa+ | groß | III–IV | hohe Mitte | ohne Duft | einfach | +++ | gebogen |
| Lynne Gold | rein gelb | klein | III–IV | offen | schwach | kleinb | +++ | einfach |
| Lyon Rambler | dunkelrosa | klein | II | offen | zart | doldenf | + | einfach |
| Lyon Rose | orangerosa | groß | III–IV | hohe Mitte | schwach | einfach | +++ | gebogen |
| Lyric | rein rosa | mittelgr | III–IV | becherf | zart | großb | +++ | einfach |
| Ma Perkins | rosa+ | mittelgr | III–IV | hohe Mitte | schwach | kleinb | +++ | einfach |
| Ma Tulipe | dunkelrot | groß | II | becherf | schwach | kleinb | ++ | einfach |
| Mab Grimwade | gelb+ | groß | III–IV | offen | ohne Duft | kleinb | +++ | gebogen |
| Mabel Morrison | weiß | groß | III–IV | becherf | zart | einfach | ++ | einfach |
| McGredy's Sunset | orange+ | groß | III–IV | kugelf | schwach | kleinb | +++ | gebogen |
| McGredy's Yellow | rein gelb | groß | III–IV | becherf | zart | kleinb | +++ | gebogen |
| MACspice | mauve | klein | II | offen | ohne Duft | großb | +++ | einfach |
| Madam President | rosa+ | groß | V | hohe Mitte | ohne Duft | kleinb | +++ | gebogen |
| Mme Abel Chatenay | rosa+ | mittelgr | III–IV | hohe Mitte | zart | einfach | +++ | gebogen |
| Mme Alfred Carrière | weiß | groß | III | kugelf | stark | kleinb | ++ | einfach |
| Mme Alfred de Rougemont | hellrosa | mittelgr | III | becherf | ohne Duft | kleinb | ++ | einfach |
| Mme Alice Garnier | rosa+ | klein | III–IV | becherf | schwach | großb | + | einfach |
| Mme Antoine Mari | rosa+ | groß | III–IV | offen | zart | kleinb | ++ | einfach |
| Mme Arthur Oger | rein rosa | groß | III–IV | becherf | schwach | kleinb | ++ | einfach |
| Mme Bérard | orange+ | groß | III–IV | becherf | zart | kleinb | +++ | einfach |
| Mme Berkeley | rosa+ | groß | III–IV | becherf | zart | kleinb | ++ | einfach |
| Mme Boll | dunkelrosa | groß | III–IV | becherf | schwach | einfach | ++ | einfach |
| Mme Bollinger | orangerosa | mittelgr | III–IV | hohe Mitte | zart | kleinb | +++ | gebogen |
| Mme Bravy | weiß | groß | III–IV | becherf | schwach | kleinb | ++ | einfach |
| Mme Butterfly | hellrosa | groß | III–IV | becherf | stark | kleinb | +++ | gebogen |
| Mme Caroline Testout | rein rosa | groß | III–IV | becherf | zart | einfach | +++ | gebogen |
| Mme Charles | gelb+/rosa+ | groß | III–IV | kugelf | zart | kleinb | ++ | einfach |
| Mme Charles Baltet | hellrosa | groß | V | becherf | stark | kleinb | ++ | einfach |
| Mme Cornélissen | weiß | mittelgr | III–IV | schalenf | stark | kleinb | ++ | einfach |
| Mme de la Rôche-Lambert | mauve | mittelgr | III–IV | kugelf | stark | kleinb | +++ | einfach |
| Mme de Sancy de Parabère | hellrosa | groß | III–IV | rosettenf | ohne Duft | kleinb | + | einfach |
| Mme de Sévigné | rosa+ | groß | III–IV | kugelf | schwach | kleinb | ++ | einfach |
| Mme de Tartas | hellrosa | groß | III–IV | becherf | zart | kleinb | ++ | einfach |
| Mme de Watteville | gelb+ | groß | III–IV | becherf | stark | kleinb | ++ | einfach |
| Mme d'Hebray | rosa+ | mittelgr | III–IV | becherf | stark | kleinb | + | einfach |
| Mme Dieudonné | rot+ | groß | III–IV | hohe Mitte | schwach | einfach | +++ | gebogen |
| Mme Doré | hellrosa | groß | V | becherf | schwach | kleinb | + | einfach |
| Mme Driout | rosa+ | groß | V | geviertelt | schwach | kleinb | ++ | gebogen |
| Mme Edouard Herriot | orange+ | groß | II | becherf | zart | kleinb | +++ | gebogen |
| Mme Edouard Ory | dunkelrosa | mittelgr | III–IV | kugelf | schwach | kleinb | ++ | einfach |
| Mme Emilie Charron | rosa | groß | V | becherf | zart | kleinb | ++ | einfach |
| Mme Ernest Calvat | rein rosa | groß | V | becherf | stark | kleinb | ++ | geriffelt |
| Mme Eugène Résal | rosa+ | mittelgr | II | becherf | ohne Duft | kleinb | ++ | einfach |
| Mme Falcot | rein gelb | groß | III–IV | becherf | schwach | kleinb | ++ | einfach |
| Mme Fernandel | dunkelrosa | mittelgr | III–IV | becherf | ohne Duft | kleinb | +++ | gebogen |
| Mme Gabriel Luizet | hellrosa | groß | III–IV | geviertelt | schwach | einfach | ++ | einfach |
| Mme Georges Bruant | weiß | groß | III–IV | becherf | schwach | kleinb | +++ | einfach |
| Mme Georges Delbard | dunkelrot | groß | III–IV | hohe Mitte | ohne Duft | einfach | +++ | gebogen |
| Mme Grégoire Stächelin | rosa+ | groß | III–IV | offen | schwach | kleinb | + | geriffelt |
| Mme Hardy | weiß | mittelgr | III–IV | schalenf | stark | kleinb | + | einfach |
| Mme Henri Guillot | rot+ | groß | III–IV | becherf | zart | kleinb | +++ | gebogen |
| Mme Isaac Pereire | dunkelrosa | groß | V | becherf | stark | kleinb | ++ | einfach |
| Mme Jean Dupuy Perraud | gelb+ | groß | III–IV | becherf | schwach | kleinb | ++ | gebogen |
| Mme Joseph | gelb+ | groß | III–IV | becherf | schwach | kleinb | +++ | gebogen |
| Mme Joseph Schwartz | weiß | mittelgr | III–IV | becherf | schwach | kleinb | ++ | einfach |
| Mme Jules Bouché | weiß | groß | III–IV | becherf | zart | einfach | +++ | einfach |
| Mme Jules Gravereaux | apricot+ | groß | V | becherf | schwach | kleinb | ++ | einfach |

| NAME | BLÜTEN-FARBE | BLÜTEN-GRÖSSE | BLÜTEN-TYP | BLÜTEN-FORM | DUFT-STÄRKE | BLÜTEN-STAND | BLÜH-HÄUFIGKEIT | PETALEN-FORM |
|---|---|---|---|---|---|---|---|---|
| Mme Jules Thibaud | orangerosa | mittelgr | III–IV | rosettenf | zart | großb | +++ | einfach |
| Mme Knorr | rein rosa | mittelgr | II–III | becherf | stark | kleinb | ++ | einfach |
| Mme Kriloff | gelb+ | groß | III–IV | kugelf | schwach | einfach | +++ | gebogen |
| Mme Laurette Messimy | dunkelrosa | mittelgr | III–IV | becherf | zart | kleinb | ++ | einfach |
| Mme Lauriol de Barny | hellrosa | groß | III–IV | geviertelt | stark | kleinb | ++ | einfach |
| Mme Legras de St Germain | weiß | groß | V | rosettenf | stark | kleinb | + | einfach |
| Mme Léon Pain | rosa+ | groß | III–IV | becherf | schwach | kleinb | +++ | gebogen |
| Mme Line Renaud | rot | groß | III–IV | hohe Mitte | stark | einfach | +++ | gebogen |
| Mme Lombard | orangerosa | groß | V | kugelf | zart | kleinb | ++ | einfach |
| Mme Louis Laperrière | rot | groß | III–IV | hohe Mitte | stark | kleinb | +++ | gebogen |
| Mme Louis Lévêque | rein rosa | groß | III–IV | kugelf | stark | kleinb | ++ | einfach |
| Mme Marie Curie | goldgelb | groß | III–IV | hohe Mitte | zart | kleinb | +++ | gebogen |
| Mme Moreau | rosa+ | groß | III–IV | becherf | stark | kleinb | + | einfach |
| Mme Pierre Oger | rosa+ | groß | III–IV | becherf | zart | kleinb | ++ | einfach |
| Mme Plantier | weiß | mittelgr | III–IV | schalenf | stark | kleinb | + | einfach |
| Mme Scipion Cochet (I) | rosa+ | groß | III–IV | becherf | schwach | einfach | ++ | einfach |
| Mme Scipion Cochet (II) | mauve | groß | III–IV | becherf | zart | kleinb | ++ | einfach |
| Mme Souchet | rosa+ | groß | III–IV | becherf | schwach | kleinb | ++ | einfach |
| Mme Souveton | rosa+ | mittelgr | III–IV | becherf | zart | kleinb | ++ | einfach |
| Mme Victor Verdier | rot | groß | V | schalenf | stark | doldenf | ++ | einfach |
| Mme Violet | mauve | mittelgr | III–IV | hohe Mitte | zart | kleinb | +++ | gebogen |
| Mme Wagram, Comtesse de Turenne | rosa+ | groß | III | offen | schwach | kleinb | ++ | einfach |
| Mme William Paul | dunkelrosa | mittelgr | III–IV | becherf | schwach | kleinb | ++ | einfach |
| Mme Zöetmans | weiß | groß | V | schalenf | schwach | kleinb | + | einfach |
| Madeleine Selzer | hellgelb | mittelgr | III–IV | becherf | stark | doldenf | + | einfach |
| Madelon | orangerot | groß | III–IV | becherf | zart | kleinb | +++ | gebogen |
| Mlle Annie Wood | rot | groß | III–IV | offen | schwach | doldenf | ++ | einfach |
| Mlle Claire Truffault | rein rosa | mittelgr | III–IV | becherf | stark | kleinb | ++ | einfach |
| Mlle Franziska Krüger | orangerosa | groß | V | becherf | zart | kleinb | ++ | gebogen |
| Mlle Marie Dauvesse | rein rosa | groß | III–IV | becherf | schwach | kleinb | ++ | einfach |
| Mlle Marie Drivon | rosa+ | mittelgr | III–IV | becherf | schwach | kleinb | ++ | einfach |
| Mlle Marthe Carron | weiß | klein | II | offen | ohne Duft | großb | + | einfach |
| Madhatter | rein gelb | klein | III–IV | becherf | schwach | kleinb | +++ | gebogen |
| Madiba | mauve | groß | III | offen | schwach | kleinb | +++ | einfach |
| Maestro | rot+ | mittelgr | III–IV | offen | zart | kleinb | +++ | gebogen |
| Magali | dunkelrosa | mittelgr | III–IV | offen | zart | kleinb | +++ | gebogen |
| Magenta | mauve | groß | III–IV | becherf | stark | großb | +++ | gebogen |
| Maggie | rein rot | groß | V | becherf | schwach | kleinb | ++ | einfach |
| Maggie Barry | rosa+ | groß | III–IV | hohe Mitte | zart | einfach | +++ | gebogen |
| Magic | rein rot | mittelgr | III–IV | hohe Mitte | ohne Duft | einfach | +++ | gebogen |
| Magic Carpet | mauve | klein | II | schalenf | zart | großb | +++ | einfach |
| Magic Carrousel | rot+ | klein | III–IV | hohe Mitte | zart | kleinb | +++ | einfach |
| Magic Dragon | dunkelrot | klein | III–IV | offen | ohne Duft | kleinb | +++ | einfach |
| Magic Lantern | orange+ | groß | III–IV | becherf | zart | kleinb | +++ | gebogen |
| Magic Meillandecor | rein rosa | mittelgr | V | becherf | zart | kleinb | +++ | einfach |
| Magic Sunset | orange+ | groß | III–IV | rosettenf | zart | kleinb | +++ | einfach |
| Magna Charta | rein rosa | groß | III–IV | kugelf | schwach | doldenf | ++ | einfach |
| Magnifica | mauve | groß | III–IV | offen | schwach | kleinb | + | einfach |
| Mahina | apricot+ | groß | III–IV | hohe Mitte | schwach | einfach | +++ | gebogen |
| Maiden's Blush | weiß | mittelgr | III–IV | kugelf | stark | kleinb | + | einfach |
| Maigold | goldgelb | groß | II | becherf | schwach | kleinb | + | geriffelt |
| Mainauperle | dunkelrot | groß | III–IV | hohe Mitte | schwach | einfach | +++ | gebogen |
| Majorette | rein rot | mittelgr | III–IV | offen | ohne Duft | kleinb | +++ | einfach |
| Mala Rubinstein | rein rosa | groß | III–IV | hohe Mitte | zart | kleinb | +++ | gebogen |
| Malaga | dunkelrosa | groß | III–IV | hohe Mitte | stark | einfach | +++ | gebogen |
| Malcolm Sargent | rein rot | mittelgr | III–IV | offen | zart | einfach | +++ | gebogen |
| Maman Cochet | rosa+ | groß | III–IV | hohe Mitte | schwach | einfach | +++ | gebogen |
| Mamita | rein rot | groß | III–IV | becherf | stark | einfach | +++ | gebogen |
| Mandarin (I) | rein rot | mittelgr | II | hohe Mitte | schwach | großb | +++ | gebogen |
| Mandarin (II) | orange+ | klein | III | becherf | zart | kleinb | +++ | einfach |
| Manettii | hellrosa | mittelgr | III–IV | offen | ohne Duft | kleinb | + | einfach |
| Mannheim | dunkelrot | groß | III–IV | offen | ohne Duft | kleinb | +++ | einfach |
| Manning's Blush | weiß | klein | III–IV | becherf | schwach | kleinb | ++ | gebogen |
| Manou Meilland | mauve/ dunkelros | groß | III–IV | hohe Mitte | schwach | kleinb | +++ | gebogen |
| Many Happy Returns | rosa+/ hellrosa | groß | II | becherf | zart | kleinb | +++ | geriffelt |
| Manx Queen | orange+ | mittelgr | II | offen | zart | großb | +++ | einfach |
| Many Thanks | apricot+ | klein | III–IV | becherf | zart | kleinb | +++ | gebogen |
| Marbrée | rot+ | mittelgr | III–IV | schalenf | zart | kleinb | ++ | einfach |
| Marcel Bourgoin | mauve | mittelgr | III–IV | offen | schwach | kleinb | + | einfach |
| Marcella | orange+ | mittelgr | III | offen | zart | kleinb | +++ | einfach |
| Märchenland | orange+ | mittelgr | II | offen | zart | großb | +++ | einfach |
| Marchesa Boccella | hellrosa | mittelgr | III–IV | schalenf | schwach | kleinb | ++ | einfach |
| Marchioness of Londonderry | hellrosa | sehr gr | III–IV | hohe Mitte | stark | einfach | ++ | gebogen |
| Marchioness of Lorne | rosa+ | groß | III–IV | becherf | stark | einfach | ++ | gebogen |
| Marchioness of Salisbury | dunkelrot | groß | III–IV | hohe Mitte | schwach | einfach | +++ | gebogen |
| Marcia Gandy | rot+ | groß | III–IV | becherf | stark | kleinb | +++ | gebogen |
| Marco Polo | hellrosa | groß | III | hohe Mitte | schwach | einfach | +++ | einfach |
| Maréchal Davoust | rein rosa | groß | III–IV | becherf | schwach | kleinb | + | einfach |
| Maréchal Foch | dunkelrosa | mittelgr | II | offen | schwach | kleinb | +++ | einfach |
| Maréchal Niel | rein gelb | groß | III–IV | becherf | schwach | kleinb | ++ | einfach |
| Margaret | rosa+ | groß | V | hohe Mitte | zart | kleinb | +++ | gebogen |
| Margaret Merril | weiß | groß | III–IV | hohe Mitte | stark | kleinb | +++ | einfach |
| Margaret Turnbull | gelb+ | groß | III–IV | becherf | zart | kleinb | +++ | gebogen |
| Margaret Wasserfall | weiß+ | groß | III | sternförmig | schwach | kleinb | +++ | einfach |
| Margo Koster | orange+ | klein | II | offen | ohne Duft | großb | +++ | einfach |
| Marguerite Hilling | rein rosa | groß | I | offen | zart | kleinb | ++ | einfach |
| Maria Lisa | rosa+ | klein | I | offen | zart | großb | + | einfach |
| Maria Mathilda | weiß | klein | III–IV | becherf | schwach | großb | +++ | einfach |
| Maria Teresa Bordas | rein rosa | groß | V | hohe Mitte | schwach | einfach | +++ | gebogen |
| Mariandel | rot | mittelgr | II | offen | zart | kleinb | +++ | einfach |
| Marie-Antoinette | mauve | groß | III–IV | becherf | zart | kleinb | + | gebogen |
| Marie de Blois | rein rosa | mittelgr | III–IV | becherf | schwach | kleinb | ++ | einfach |
| Marie de Bourgogne | rein rosa | groß | III–IV | becherf | schwach | kleinb | + | einfach |
| Marie de Saint Jean | weiß | mittelgr | III–IV | becherf | schwach | kleinb | ++ | einfach |
| Marie Dermar | hellgelb | mittelgr | III–IV | becherf | zart | kleinb | ++ | einfach |
| Marie d'Orléans | rein rosa | groß | III–IV | schalenf | zart | kleinb | ++ | einfach |
| Marie Gouchault | rot | klein | III–IV | schalenf | zart | doldenf | + | einfach |
| Marie-Jeanne | weiß | mittelgr | III–IV | rosettenf | zart | großb | +++ | einfach |
| Marie Lambert | weiß | mittelgr | III–IV | becherf | zart | kleinb | ++ | einfach |
| Marie Leonida | weiß | mittelgr | III | geviertelt | zart | kleinb | +++ | einfach |
| Marie Louise | rein rosa | groß | V | schalenf | stark | einfach | + | gebogen |
| Marie Pavié | weiß | mittelgr | III–IV | becherf | ohne Duft | kleinb | +++ | einfach |
| Marie Robert | rosa+ | mittelgr | III–IV | schalenf | schwach | kleinb | ++ | einfach |
| Marie van Houtte | rosa+ | groß | V | hohe Mitte | schwach | einfach | ++ | einfach |
| Marietta Gräfin Silva Tarouca | rein rosa | klein | III–IV | offen | ohne Duft | großb | + | kraus |
| Marijke Koopman | rein rosa | mittelgr | III–IV | offen | schwach | kleinb | +++ | gebogen |
| Marilyn | hellrosa | klein | V | rosettenf | ohne Duft | kleinb | +++ | einfach |
| Marina | orange+ | mittelgr | III–IV | offen | schwach | großb | +++ | gebogen |
| Marinette | rein rosa | groß | III–IV | becherf | zart | kleinb | +++ | einfach |
| Marion Harkness | gelb+ | groß | III–IV | becherf | zart | kleinb | +++ | gebogen |

| NAME | BLÜTEN-FARBE | BLÜTEN-GRÖSSE | BLÜTEN-TYP | BLÜTEN-FORM | DUFT-STÄRKE | BLÜTEN-STAND | BLÜH-HÄUFIGKEIT | PETALEN-FORM |
|---|---|---|---|---|---|---|---|---|
| Marionette | weiß+ | klein | III | schalenf | schwach | kleinb | +++ | einfach |
| Marjorie Atherton | rein gelb | groß | III–IV | hohe Mitte | zart | einfach | +++ | einfach |
| Marjorie Chase | apricot+ | groß | IV | offen | schwach | kleinb | +++ | einfach |
| Marjorie Fair | rot+ | klein | I | schalenf | zart | doldenf | +++ | einfach |
| Marjorie Marshall | apricot+ | groß | III–IV | schalenf | zart | großb | +++ | einfach |
| Marjorie May | orangerosa | groß | III–IV | becherf | zart | kleinb | +++ | einfach |
| Marjory Palmer | rein rosa | mittelgr | III–IV | offen | zart | kleinb | +++ | gebogen |
| Mark Sullivan | orangerosa | groß | III–IV | hohe Mitte | schwach | kleinb | +++ | gebogen |
| Marlena | rot | mittelgr | II | schalenf | ohne Duft | großb | +++ | einfach |
| Marmalade | orange+ | groß | V | becherf | zart | kleinb | +++ | gebogen |
| Marondo | rein rosa | mittelgr | III–IV | offen | schwach | kleinb | +++ | einfach |
| Marquise de Balbiano | mauve | groß | III–IV | becherf | schwach | kleinb | ++ | einfach |
| Marry Me | rein rosa | klein | III | schalenf | zart | kleinb | +++ | einfach |
| Martha | rosa+ | mittelgr | III–IV | offen | zart | kleinb | ++ | einfach |
| Martha Gonzales | rot | mittelgr | III–IV | becherf | ohne Duft | kleinb | ++ | einfach |
| Martha's Vineyard | dunkelrosa | mittelgr | III–IV | offen | zart | kleinb | +++ | einfach |
| Martin Frobisher | hellrosa | mittelgr | III–IV | becherf | schwach | kleinb | +++ | einfach |
| Martini | dunkelrot | mittelgr | III–IV | offen | stark | kleinb | +++ | einfach |
| Martone | rosa+ | mittelgr | III–IV | hohe Mitte | zart | kleinb | +++ | gebogen |
| Mary | orangerosa | klein | II | becherf | ohne Duft | großb | +++ | geriffelt |
| Mary Adair | apricot+ | klein | III–IV | becherf | zart | kleinb | +++ | gebogen |
| Mary Cave | rein gelb | groß | III–IV | becherf | zart | kleinb | +++ | einfach |
| Mary Delahunty | dunkelrot | groß | III–IV | hohe Mitte | schwach | einfach | +++ | gebogen |
| Mary Donaldson | rein rosa | mittelgr | III–IV | hohe Mitte | stark | kleinb | +++ | gebogen |
| Mary Guthrie | rein rosa | klein | I | offen | schwach | großb | +++ | einfach |
| Mary Hart, Climbing | rot | mittelgr | III–IV | schalenf | schwach | kleinb | +++ | gebogen |
| Mary Hayley Bell | rein rosa | mittelgr | III–IV | rosettenf | schwach | kleinb | +++ | einfach |
| Mary Jean | apricot+ | sehr gr | III–IV | becherf | stark | einfach | +++ | gebogen |
| Mary Kay | hellrosa | klein | III | offen | zart | kleinb | +++ | einfach |
| Mary MacKillop | rosa+ | mittelgr | III–IV | becherf | ohne Duft | kleinb | +++ | gebogen |
| Mary Manners | weiß+ | groß | III–IV | becherf | stark | kleinb | +++ | gebogen |
| Mary Marshall | orange+ | klein | III–IV | becherf | zart | kleinb | +++ | gebogen |
| Mary Matthews | hellrosa | mittelgr | III | hohe Mitte | zart | einfach | +++ | einfach |
| Mary Pope | gelb+ | groß | III–IV | becherf | ohne Duft | kleinb | +++ | einfach |
| Mary Queen of Scots | rein rosa | klein | I | schalenf | zart | einfach | + | einfach |
| Mary Rose | rein rosa | groß | V | becherf | stark | kleinb | +++ | einfach |
| Mary Sumner | orangerot | mittelgr | II | becherf | zart | kleinb | +++ | gebogen |
| Mary Wallace | rein rosa | sehr gr | II | becherf | schwach | kleinb | +++ | gebogen |
| Mary Webb | apricot+ | groß | V | becherf | stark | kleinb | +++ | einfach |
| Marylène | rein rosa | groß | III–IV | becherf | zart | kleinb | +++ | gebogen |
| Mascara | mauve+ | klein | III | hohe Mitte | zart | kleinb | +++ | einfach |
| Mascotte | rein rosa | groß | III–IV | hohe Mitte | schwach | einfach | +++ | gebogen |
| Maskerade | rot+ | mittelgr | II | offen | zart | kleinb | +++ | gebogen |
| Master Hugh | dunkelrosa | klein | I | offen | zart | kleinb | + | einfach |
| Matador | orange+ | mittelgr | III | hohe Mitte | zart | kleinb | +++ | einfach |
| Matangi | rot+ | groß | III–IV | offen | zart | kleinb | +++ | einfach |
| Mateo's Silk Butterflies | rein rosa | mittelgr | III–IV | offen | ohne Duft | kleinb | ++ | einfach |
| Matilda | weiß | groß | II | offen | ohne Duft | kleinb | +++ | geriffelt |
| Matterhorn | weiß | groß | III–IV | hohe Mitte | ohne Duft | kleinb | +++ | gebogen |
| Matthias Meilland | rot | groß | III–IV | becherf | ohne Duft | kleinb | +++ | gebogen |
| Maude Sumner | orange+ | mittelgr | III | hohe Mitte | ohne Duft | einfach | +++ | einfach |
| Maureen Lipman | orangerosa | groß | III | becherf | schwach | kleinb | +++ | einfach |
| Maurice Bernardin | rot | groß | III–IV | kugelf | stark | doldenf | ++ | einfach |
| Mauve Melodée | mauve | groß | III–IV | becherf | schwach | kleinb | + | gebogen |
| Max Colwell | orangerot | klein | III–IV | schalenf | zart | kleinb | +++ | gebogen |
| Max Graf | rosa+ | mittelgr | I | offen | zart | kleinb | + | einfach |
| May Queen | rein rosa | groß | II | becherf | stark | kleinb | + | einfach |
| Mayor of Casterbridge | hellrosa | mittelgr | V | becherf | schwach | kleinb | +++ | einfach |
| Mazeppa | rot+ | mittelgr | III–IV | offen | schwach | kleinb | + | einfach |

| NAME | BLÜTEN-FARBE | BLÜTEN-GRÖSSE | BLÜTEN-TYP | BLÜTEN-FORM | DUFT-STÄRKE | BLÜTEN-STAND | BLÜH-HÄUFIGKEIT | PETALEN-FORM |
|---|---|---|---|---|---|---|---|---|
| Mécène | rosa+ | mittelgr | III–IV | becherf | schwach | kleinb | + | einfach |
| Medaillon | apricot+ | groß | III–IV | offen | schwach | kleinb | +++ | einfach |
| Medeo | weiß | mittelgr | III–IV | hohe Mitte | ohne Duft | kleinb | +++ | gebogen |
| Meg | apricot+ | groß | II | offen | schwach | kleinb | +++ | geriffelt |
| Meg Merrilies | dunkelrosa/ rot | klein | II | offen | schwach | kleinb | + | einfach |
| Megan Louise | rosa+ | groß | III–IV | hohe Mitte | schwach | kleinb | +++ | gebogen |
| Megiddo | orangerot | groß | III–IV | becherf | zart | kleinb | +++ | gebogen |
| Meillandina | rot | klein | III–IV | becherf | ohne Duft | kleinb | +++ | gebogen |
| Melody | hellrosa | mittelgr | III | offen | zart | kleinb | +++ | einfach |
| Melody Maker | orangerot | groß | V | becherf | schwach | kleinb | +++ | einfach |
| Memento | rot+ | groß | III–IV | becherf | ohne Duft | kleinb | +++ | gebogen |
| Memoire | weiß | groß | III–IV | becherf | schwach | einfach | +++ | gebogen |
| Memoriam | hellrosa | sehr gr | V | hohe Mitte | schwach | einfach | +++ | gebogen |
| Memory Bells | dunkelrosa | klein | III | hohe Mitte | zart | kleinb | +++ | einfach |
| Memory Lane (I) | hellrosa | klein | V | becherf | zart | kleinb | +++ | einfach |
| Memory Lane (II) | apricot+ | mittelgr | III | urn-shaped | zart | großb | +++ | gebogen |
| Menja | rein rosa | klein | I | becherf | zart | großb | +++ | einfach |
| Mercedes | orangerot | mittelgr | III–IV | hohe Mitte | zart | kleinb | +++ | gebogen |
| Mermaid | hellgelb | groß | I | offen | schwach | kleinb | ++ | einfach |
| Merry England | rot | groß | III–IV | kugelf | stark | einfach | ++ | gebogen |
| Merveille de Lyon | weiß | groß | III–IV | becherf | zart | einfach | ++ | einfach |
| Meteor (I) | dunkelrosa | groß | III–IV | becherf | stark | kleinb | ++ | einfach |
| Meteor (II) | orangerot | mittelgr | III–IV | becherf | ohne Duft | kleinb | +++ | gebogen |
| Mevrouw G. A. van Rossem | orange+ | groß | III–IV | becherf | schwach | einfach | +++ | gebogen |
| Mevrouw Nathalie Nypels | rein rosa | mittelgr | II | offen | schwach | kleinb | +++ | einfach |
| Mevrouw van Straaten van Nes | rot | mittelgr | II | offen | schwach | kleinb | +++ | geriffelt |
| Mexicana | rot+ | groß | III–IV | hohe Mitte | schwach | kleinb | +++ | gebogen |
| Michelangelo | orange+ | groß | III–IV | hohe Mitte | schwach | kleinb | +++ | gebogen |
| Michèle Meilland | hellrosa | groß | III–IV | becherf | zart | kleinb | +++ | gebogen |
| Michelle Joy | orangerosa | sehr gr | III–IV | becherf | ohne Duft | einfach | +++ | gebogen |
| Micrugosa | hellrosa | groß | I | hohe Mitte | zart | einfach | +++ | einfach |
| Micrugosa Alba | weiß | groß | I | hohe Mitte | zart | einfach | +++ | einfach |
| Midas Touch | goldgelb | groß | III–IV | hohe Mitte | zart | kleinb | +++ | gebogen |
| Mignonette | hellrosa | klein | III–IV | kugelf | ohne Duft | großb | +++ | einfach |
| Mikado | rot+ | mittelgr | III–IV | hohe Mitte | zart | einfach | +++ | gebogen |
| Milestone | rot+ | groß | III–IV | becherf | zart | einfach | +++ | gebogen |
| Milkmaid | weiß | klein | II | offen | schwach | großb | + | einfach |
| Millie Walters | orangerosa | klein | III–IV | becherf | zart | kleinb | +++ | gebogen |
| Milord | rot | groß | III–IV | hohe Mitte | stark | einfach | +++ | gebogen |
| Milrose | rein rosa | groß | II | becherf | zart | kleinb | +++ | gebogen |
| Mini Magic | rot+ | klein | III–IV | becherf | ohne Duft | kleinb | +++ | gebogen |
| Minijet | rein rosa | klein | III–IV | becherf | ohne Duft | kleinb | +++ | gebogen |
| Minilights | rein gelb | klein | I | schalenf | ohne Duft | kleinb | +++ | einfach |
| Minna | weiß | klein | II | offen | schwach | kleinb | + | einfach |
| Minnehaha | hellrosa | klein | II | offen | zart | großb | + | einfach |
| Minnie Francis | dunkelrosa | groß | III–IV | offen | schwach | kleinb | + | einfach |
| Minnie Pearl | rosa+ | klein | III–IV | hohe Mitte | zart | kleinb | +++ | gebogen |
| Minnie Watson | hellrosa | groß | II | becherf | zart | kleinb | +++ | gebogen |
| Minuette | rot+ | mittelgr | III–IV | schalenf | zart | kleinb | +++ | gebogen |
| Mio Mac | goldgelb | mittelgr | III | hohe Mitte | zart | kleinb | +++ | einfach |
| Miranda | rein rosa/ hellrosa | mittelgr | V | becherf | schwach | kleinb | ++ | einfach |
| Mirandy | dunkelrot | groß | III–IV | kugelf | stark | kleinb | +++ | gebogen |
| Mirato | rein rosa | mittelgr | III–IV | schalenf | ohne Duft | großb | +++ | einfach |
| Mireille Mathieu | orangerot | groß | III | hohe Mitte | zart | kleinb | +++ | einfach |
| Miriam Wilkins | hellrosa | groß | III–IV | hohe Mitte | schwach | einfach | ++ | gebogen |
| Miriana | rot | groß | III–IV | becherf | ohne Duft | einfach | +++ | gebogen |
| Mischief | orangerosa | groß | III–IV | hohe Mitte | schwach | einfach | +++ | gebogen |
| Miss All-American Beauty | dunkelrosa | groß | III–IV | becherf | schwach | einfach | +++ | gebogen |

| NAME | BLÜTEN-FARBE | BLÜTEN-GRÖSSE | BLÜTEN-TYP | BLÜTEN-FORM | DUFT-STÄRKE | BLÜTEN-STAND | BLÜH-HÄUFIGKEIT | PETALEN-FORM |
|---|---|---|---|---|---|---|---|---|
| Miss All-Australian Beauty | dunkelrosa | groß | III–IV | becherf | zart | kleinb | +++ | gebogen |
| Miss Cynthia Forde | dunkelrosa | groß | III–IV | offen | schwach | kleinb | +++ | gebogen |
| Miss Daisy | goldgelb | klein | V | schalenf | zart | kleinb | +++ | gebogen |
| Miss Edith Cavell | dunkelrot | klein | II | becherf | ohne Duft | kleinb | +++ | einfach |
| Miss Flippins | rot | klein | III–IV | hohe Mitte | ohne Duft | einfach | +++ | gebogen |
| Miss Lowe | rot | mittelgr | I | schalenf | ohne Duft | kleinb | ++ | einfach |
| Miss Marion Manifold | rot | groß | III–IV | kugelf | schwach | kleinb | ++ | geriffelt |
| Mission Bells | rosa+ | groß | III–IV | hohe Mitte | schwach | einfach | +++ | gebogen |
| Mr Bluebird | mauve | klein | II | becherf | ohne Duft | großb | +++ | einfach |
| Mr Chips | gelb+ | groß | III–IV | hohe Mitte | ohne Duft | kleinb | +++ | gebogen |
| Mr E. E. Greenwell | orangerosa | groß | II | schalenf | ohne Duft | kleinb | +++ | einfach |
| Mister Lincoln | dunkelrot | groß | III–IV | becherf | stark | kleinb | +++ | gebogen |
| Mrs Aaron Ward | gelb+ | groß | III–IV | hohe Mitte | schwach | einfach | +++ | gebogen |
| Mrs Albert Nash | dunkelrot | groß | III–IV | becherf | zart | kleinb | +++ | gebogen |
| Mrs Alston's Rose | rot+ | klein | II | offen | ohne Duft | großb | +++ | einfach |
| Mrs Anthony Waterer | dunkelrot | mittelgr | II | offen | stark | kleinb | ++ | einfach |
| Mrs B. R. Cant | rein rosa | groß | III–IV | becherf | schwach | einfach | ++ | geriffelt |
| Mrs Bushby | dunkelrosa | mittelgr | III–IV | schalenf | zart | einfach | + | einfach |
| Mrs Doreen Pike | rein rosa | mittelgr | V | schalenf | schwach | großb | +++ | einfach |
| Mrs Dudley Cross | gelb+ | groß | III–IV | becherf | zart | kleinb | ++ | gebogen |
| Mrs F. W. Flight | dunkelrosa | groß | II | offen | ohne Duft | kleinb | + | einfach |
| Mrs F. W. Sandford | hellrosa | groß | III–IV | becherf | schwach | kleinb | ++ | einfach |
| Mrs Foley Hobbs | weiß/rosa+ | groß | III–IV | becherf | zart | kleinb | ++ | gebogen |
| Mrs Fred Danks | mauve | groß | II | offen | schwach | kleinb | +++ | gebogen |
| Mrs Georgia Chobe | hellrosa | groß | III–IV | hohe Mitte | ohne Duft | einfach | +++ | gebogen |
| Mrs Harold Alston | rein rosa | groß | III–IV | becherf | zart | kleinb | +++ | gebogen |
| Mrs Herbert Stevens | weiß | groß | III–IV | hohe Mitte | schwach | einfach | +++ | gebogen |
| Mrs Hugh Dettmann | apricot+ | groß | III–IV | becherf | zart | kleinb | + | gebogen |
| Mrs Iris Clow | hellrosa | mittelgr | III–IV | becherf | schwach | kleinb | + | gebogen |
| Mrs John Laing | rein rosa | groß | III–IV | becherf | stark | kleinb | ++ | gebogen |
| Mrs Mary Thomson | rosa+ | groß | II | offen | stark | großb | +++ | gebogen |
| Mrs Myles Kennedy | rosa+ | groß | III–IV | becherf | ohne Duft | kleinb | ++ | einfach |
| Mrs Norman Watson | dunkelrosa | groß | III–IV | becherf | zart | kleinb | +++ | gebogen |
| Mrs Oakley Fisher | goldgelb | groß | I | offen | zart | kleinb | +++ | einfach |
| Mrs Paul | hellrosa | mittelgr | III–IV | schalenf | zart | kleinb | ++ | einfach |
| Mrs Pierre S. duPont | rein gelb | groß | III–IV | hohe Mitte | schwach | kleinb | +++ | gebogen |
| Mistress Quickly | rein rosa | klein | III–IV | schalenf | zart | großb | +++ | einfach |
| Mrs R. M. Finch | rein rosa | mittelgr | III–IV | becherf | ohne Duft | großb | +++ | einfach |
| Mrs Reynolds Hole | rosa+ | groß | V | becherf | schwach | kleinb | ++ | geriffelt |
| Mrs Richard Turnbull | weiß+ | sehr gr | I | offen | ohne Duft | kleinb | + | einfach |
| Mrs Sam McGredy | orangerosa | groß | III–IV | hohe Mitte | zart | einfach | +++ | gebogen |
| Mrs Wakefield Shristie-Miller | rosa+ | groß | III–IV | kugelf | zart | kleinb | +++ | einfach |
| Misty | weiß | groß | III–IV | becherf | schwach | kleinb | +++ | gebogen |
| Mixed Marriage | hellrosa | groß | III | offen | zart | kleinb | +++ | einfach |
| Model of Perfection | orange+ | groß | III–IV | becherf | zart | kleinb | +++ | gebogen |
| Modern Art | rot+ | groß | III–IV | hohe Mitte | zart | einfach | +++ | gebogen |
| Mojave | orange+ | groß | III–IV | hohe Mitte | schwach | einfach | +++ | gebogen |
| Moje Hammarberg | mauve | groß | III–IV | offen | stark | kleinb | +++ | einfach |
| Molineux | goldgelb | groß | III–IV | rosettenf | stark | kleinb | +++ | einfach |
| Molly McGredy | rot+ | groß | III–IV | hohe Mitte | zart | doldenf | +++ | gebogen |
| Molly Sharman-Crawford | weiß | groß | III–IV | hohe Mitte | schwach | kleinb | ++ | gebogen |
| Mon Cheri | rot+ | groß | III–IV | becherf | zart | kleinb | +++ | gebogen |
| Mona Lisa | rosa+ | groß | III–IV | becherf | stark | kleinb | +++ | gebogen |
| Moncton | hellrosa | groß | III–IV | offen | stark | kleinb | +++ | einfach |
| Mondiale | rosa+ | groß | III–IV | becherf | zart | einfach | +++ | gebogen |
| Monika | rosa+/orange+ | groß | III–IV | hohe Mitte | zart | einfach | +++ | gebogen |
| Monique | orangerosa+ | groß | III–IV | hohe Mitte | stark | einfach | +++ | gebogen |
| Monsieur A. Maillé | rot+ | groß | III–IV | becherf | stark | kleinb | ++ | einfach |
| Monsieur Cordeau | dunkelrosa | groß | III–IV | becherf | stark | kleinb | ++ | einfach |
| Monsieur Tillier | orangerosa/rosa+ | groß | III–IV | offen | zart | kleinb | ++ | einfach |
| Montezuma | orangerosa | groß | III–IV | hohe Mitte | zart | kleinb | +++ | gebogen |
| Moon River | mauve | mittelgr | III–IV | becherf | schwach | kleinb | +++ | gebogen |
| Moonbeam | apricot+ | mittelgr | II | offen | schwach | kleinb | +++ | geriffelt |
| Moonlight | hellgelb | mittelgr | II | schalenf | schwach | kleinb | +++ | einfach |
| Moonsprite | hellgelb | mittelgr | III–IV | becherf | stark | kleinb | +++ | einfach |
| Moore's Yellow | rein gelb | klein | III–IV | becherf | zart | kleinb | +++ | gebogen |
| Morden Blush | hellrosa | klein | III–IV | schalenf | ohne Duft | kleinb | +++ | einfach |
| Morden Centennial | rein rosa | klein | III–IV | offen | zart | großb | +++ | einfach |
| Morden Fireglow | orangerot | mittelgr | III–IV | becherf | zart | kleinb | +++ | einfach |
| Morden Ruby | rosa+ | groß | III–IV | offen | ohne Duft | kleinb | +++ | einfach |
| Morgengruß | orangerosa | groß | III–IV | offen | stark | kleinb | +++ | gebogen |
| Morgenrot | rot+ | mittelgr | I | schalenf | zart | kleinb | +++ | einfach |
| Morletii | mauve | mittelgr | III–IV | offen | ohne Duft | kleinb | + | einfach |
| Morning Blush | hellrosa+ | mittelgr | II | offen | schwach | kleinb | + | einfach |
| Morning Jewel | rein rosa | groß | II | offen | schwach | kleinb | +++ | gebogen |
| Moth | mauve | groß | II | offen | zart | kleinb | ++ | einfach |
| Mother's Love | rosa+ | mittelgr | III–IV | hohe Mitte | schwach | kleinb | +++ | gebogen |
| Mothersday | dunkelrot | mittelgr | III–IV | kugelf | ohne Duft | großb | +++ | einfach |
| Moulin Rouge | rot | mittelgr | III–IV | becherf | zart | kleinb | +++ | gebogen |
| Mount Hood | weiß | groß | III–IV | becherf | zart | kleinb | +++ | gebogen |
| Mount Shasta | weiß | groß | III–IV | becherf | zart | kleinb | +++ | gebogen |
| Mountbatten | gelb | groß | III–IV | becherf | zart | kleinb | +++ | gebogen |
| Mousseux du Japon | mauve | mittelgr | II | becherf | zart | kleinb | + | einfach |
| Movie Star | rosa+ | mittelgr | III | hohe Mitte | schwach | einfach | +++ | gebogen |
| Mozart | rosa+ | klein | I | offen | zart | großb | +++ | einfach |
| Multiflore de Vaumarcus | hellrosa | mittelgr | II | becherf | zart | großb | ++ | einfach |
| München | dunkelrot | groß | II | offen | zart | kleinb | +++ | einfach |
| Mutabilis | gelb+ | mittelgr | I | offen | ohne Duft | kleinb | ++ | einfach |
| My Choice | rosa+ | groß | III–IV | hohe Mitte | schwach | einfach | +++ | gebogen |
| My Girl | orange+ | groß | III–IV | offen | ohne Duft | kleinb | +++ | einfach |
| My Granny | rein rosa | klein | III | rosettenf | ohne Duft | kleinb | +++ | einfach |
| My Joy | rein rosa | groß | III–IV | hohe Mitte | schwach | einfach | +++ | gebogen |
| My Love | dunkelrot | groß | III–IV | hohe Mitte | stark | einfach | +++ | gebogen |
| My Pleasure | rot | mittelgr | III–IV | hohe Mitte | schwach | kleinb | +++ | gebogen |
| My Valentine | dunkelrot | klein | V | hohe Mitte | ohne Duft | kleinb | +++ | gebogen |
| Myra Stegman | orangerosa | groß | III | offen | ohne Duft | kleinb | +++ | einfach |
| Myriam | hellrosa | groß | V | becherf | stark | kleinb | +++ | gebogen |
| Nana Mouskouri | weiß | groß | III–IV | hohe Mitte | zart | kleinb | +++ | gebogen |
| Nancy Gardiner | orangerosa | klein | III | hohe Mitte | zart | kleinb | +++ | gebogen |
| Nancy Hayward | rot | sehr gr | I | offen | schwach | kleinb | +++ | einfach |
| Nancy Steen | rosa+ | groß | III–IV | schalenf | schwach | kleinb | +++ | gebogen |
| Narrow Water | hellrosa | klein | II | becherf | schwach | großb | ++ | einfach |
| National Trust | dunkelrot | groß | III–IV | hohe Mitte | ohne Duft | einfach | +++ | gebogen |
| Nearly Wild | rein rosa | mittelgr | I | offen | zart | kleinb | +++ | einfach |
| Nellie Niel | weiß | groß | III–IV | hohe Mitte | zart | einfach | +++ | gebogen |
| Némésis | dunkelrot | mittelgr | III–IV | pomponf | ohne Duft | kleinb | ++ | einfach |
| Neon | orange+ | groß | V | hohe Mitte | schwach | einfach | +++ | gebogen |
| Nestor | rot | groß | V | schalenf | zart | kleinb | + | einfach |
| Neue Revue | rot+ | groß | III–IV | hohe Mitte | schwach | kleinb | +++ | gebogen |
| Nevada | weiß | groß | I | schalenf | schwach | kleinb | +++ | einfach |

| NAME | BLÜTEN-FARBE | BLÜTEN-GRÖSSE | BLÜTEN-TYP | BLÜTEN-FORM | DUFT-STÄRKE | BLÜTEN-STAND | BLÜH-HÄUFIGKEIT | PETALEN-FORM |
|---|---|---|---|---|---|---|---|---|
| Neville Gibson | rein rosa | groß | III–IV | hohe Mitte | zart | kleinb | +++ | gebogen |
| New Beginning | orange+ | mittelgr | V | becherf | ohne Duft | kleinb | +++ | gebogen |
| New Daily Mail | dunkelrot | groß | II | becherf | ohne Duft | kleinb | +++ | einfach |
| New Dawn | hellrosa | groß | III–IV | becherf | schwach | kleinb | +++ | gebogen |
| New Day | rein gelb | groß | III–IV | hohe Mitte | stark | einfach | +++ | gebogen |
| New Face | gelb+ | klein | I | offen | zart | großb | +++ | einfach |
| New Horizon | orange+ | mittelgr | III–IV | becherf | ohne Duft | kleinb | +++ | gebogen |
| New Penny | orangerot | klein | III–IV | schalenf | schwach | kleinb | +++ | gebogen |
| New Star | rein gelb | groß | III–IV | hohe Mitte | zart | kleinb | +++ | gebogen |
| New Year | orange+ | groß | III–IV | hohe Mitte | zart | einfach | +++ | gebogen |
| New Yorker | rot | groß | III–IV | hohe Mitte | schwach | einfach | +++ | gebogen |
| New Zealand | hellrosa | groß | III–IV | hohe Mitte | schwach | kleinb | +++ | gebogen |
| Newport Fairy | rosa+ | klein | I | offen | ohne Duft | großb | +++ | einfach |
| News | mauve | groß | II | offen | zart | doldenf | +++ | einfach |
| Niccolo Paganini | rot | mittelgr | III–IV | becherf | ohne Duft | kleinb | +++ | gebogen |
| Nice Day | orangerosa | klein | III–IV | schalenf | zart | großb | +++ | gebogen |
| Nicole | weiß | groß | III–IV | hohe Mitte | zart | kleinb | +++ | gebogen |
| Nicolette | apricot+ | groß | II | hohe Mitte | ohne Duft | einfach | +++ | einfach |
| Nigel Hawthorne | rosa+ | mittelgr | I | offen | zart | kleinb | + | einfach |
| Night | dunkelrot | groß | III–IV | hohe Mitte | stark | einfach | +++ | gebogen |
| Night Light | dunkelgelb | mittelgr | III–IV | offen | schwach | kleinb | +++ | gebogen |
| Nightingale | rosa+ | groß | III–IV | hohe Mitte | zart | einfach | +++ | gebogen |
| Nikki | orange+ | mittelgr | II | offen | ohne Duft | kleinb | +++ | gebogen |
| Nina Weibull | dunkelrot | mittelgr | III–IV | offen | ohne Duft | kleinb | +++ | gebogen |
| Niphetos | weiß | groß | III–IV | becherf | schwach | kleinb | ++ | einfach |
| Nobilo's Chardonnay | rein gelb | groß | III–IV | hohe Mitte | zart | kleinb | +++ | gebogen |
| Noble Antony | rot | groß | V | kugelf | schwach | kleinb | +++ | einfach |
| Noblesse | orangerot | sehr gr | III–IV | hohe Mitte | zart | einfach | +++ | gebogen |
| Noëlla Nabonnand | dunkelrot | groß | III–IV | offen | schwach | kleinb | ++ | einfach |
| Nora Cunningham | hellrosa | groß | II | becherf | zart | kleinb | +++ | gebogen |
| Norfolk | rein gelb | mittelgr | III–IV | rosettenf | ohne Duft | kleinb | +++ | einfach |
| Norris Pratt | rein gelb | groß | III–IV | becherf | ohne Duft | kleinb | +++ | gebogen |
| Northampton-shire | weiß/ hellrosa | klein | III–IV | offen | schwach | kleinb | +++ | gebogen |
| Northern Lights | gelb+ | groß | III–IV | hohe Mitte | stark | kleinb | +++ | gebogen |
| Norwich Castle | orange+ | groß | III–IV | becherf | zart | kleinb | +++ | geriffelt |
| Norwich Union | rein gelb | groß | III–IV | becherf | stark | kleinb | +++ | gebogen |
| Nouveau Vulcain | mauve | mittelgr | III–IV | becherf | schwach | kleinb | + | einfach |
| Nova Zembla | weiß | groß | III–IV | becherf | stark | kleinb | + | gebogen |
| Nozomi | hellrosa | klein | I | schalenf | ohne Duft | großb | + | einfach |
| Nuits de Young | dunkelrot | mittelgr | III–IV | offen | stark | kleinb | + | einfach |
| Nur Mahal | rot | mittelgr | II | offen | stark | großb | +++ | einfach |
| Nuria de Recolons | weiß | groß | III–IV | hohe Mitte | schwach | kleinb | ++ | gebogen |
| Nymphenburg | orangerosa | groß | II | schalenf | schwach | großb | +++ | einfach |
| Nyveldt's White | weiß | groß | I | offen | stark | kleinb | +++ | einfach |
| Oakington Ruby | rot | klein | III–IV | offen | ohne Duft | kleinb | +++ | einfach |
| Oakmont | rosa+ | groß | III–IV | schalenf | schwach | kleinb | + | einfach |
| Octavia Hill | rein rosa | mittelgr | V | becherf | schwach | kleinb | +++ | gebogen |
| Octavius Weld | rosa+ | groß | III–IV | becherf | schwach | kleinb | ++ | gebogen |
| Oeillet Flamand | rosa+ | mittelgr | III–IV | schalenf | stark | kleinb | + | einfach |
| Oeillet Panachée | rosa+ | klein | III–IV | schalenf | schwach | kleinb | + | einfach |
| Oeillet Parfait | rosa+ | mittelgr | III–IV | offen | schwach | kleinb | + | einfach |
| Oklahoma | dunkelrot | groß | III–IV | hohe Mitte | stark | einfach | +++ | gebogen |
| Olave Baden-Powell | rot | groß | III–IV | becherf | zart | kleinb | +++ | gebogen |
| Old Blush | rein rosa | mittelgr | III–IV | offen | stark | kleinb | ++ | einfach |
| Old Glory | rot | mittelgr | III–IV | hohe Mitte | ohne Duft | kleinb | +++ | gebogen |
| Old John | orangerot | mittelgr | II | offen | zart | kleinb | +++ | einfach |
| Old Master | rot+ | groß | II | offen | zart | kleinb | +++ | einfach |
| Old Port | mauve | mittelgr | III–IV | geviertelt | schwach | kleinb | +++ | gebogen |
| Oldtimer | orange+ | groß | III–IV | hohe Mitte | zart | kleinb | +++ | gebogen |
| Olé | orangerot | mittelgr | III–IV | hohe Mitte | schwach | kleinb | +++ | gebogen |
| Olive | rot | groß | III–IV | hohe Mitte | schwach | kleinb | +++ | gebogen |
| Olympiad | rot | groß | III–IV | hohe Mitte | zart | kleinb | +++ | gebogen |
| Olympic Torch | rot+ | mittelgr | III–IV | hohe Mitte | ohne Duft | kleinb | +++ | gebogen |
| Olympic Triumph | rot+ | groß | III–IV | kugelf | ohne Duft | kleinb | +++ | gebogen |
| Omar Khayyám | hellrosa | klein | V | geviertelt | stark | kleinb | + | einfach |
| Ombrée Parfaite | mauve | mittelgr | III–IV | rosettenf | stark | kleinb | + | einfach |
| Ondella | orangerot | groß | III–IV | offen | ohne Duft | kleinb | +++ | gebogen |
| Onkaparinga | apricot+ | mittelgr | V | becherf | stark | kleinb | +++ | einfach |
| Opal Brunner | hellrosa | klein | III | offen | zart | großb | + | einfach |
| Open Arms | hellrosa | klein | II | offen | schwach | großb | +++ | einfach |
| Opening Night | rot+ | groß | III–IV | hohe Mitte | zart | einfach | +++ | gebogen |
| Opera | rot+ | sehr gr | III–IV | becherf | schwach | einfach | +++ | gebogen |
| Ophelia | hellrosa | groß | III–IV | offen | stark | kleinb | +++ | gebogen |
| Orange Bunny | orangerot | mittelgr | II | becherf | zart | kleinb | +++ | einfach |
| Orange Cascade | orange+ | klein | III–IV | offen | zart | kleinb | +++ | einfach |
| Orange Fire | orangerosa | klein | III–IV | becherf | ohne Duft | kleinb | +++ | gebogen |
| Orange Flame | orangerot | groß | III–IV | hohe Mitte | schwach | kleinb | +++ | gebogen |
| Orange Honey | orange+ | klein | III–IV | becherf | schwach | kleinb | +++ | gebogen |
| Orange Meillandina | orangerot | mittelgr | III–IV | becherf | zart | kleinb | +++ | gebogen |
| Orange Mist | orange+ | mittelgr | III–IV | hohe Mitte | zart | kleinb | +++ | gebogen |
| Orange Rumba | orange+ | mittelgr | III–IV | becherf | zart | kleinb | +++ | gebogen |
| Orange Sensation | orangerot | groß | III–IV | becherf | schwach | kleinb | +++ | gebogen |
| Orange Silk | orangerot | groß | III–IV | becherf | zart | kleinb | +++ | gebogen |
| Orange Sunshine | orange+ | klein | III–IV | becherf | zart | kleinb | +++ | gebogen |
| Orange Sweetheart | orangerosa | groß | III–IV | becherf | zart | kleinb | +++ | gebogen |
| Orange Triumph | rot | klein | II | becherf | zart | großb | +++ | einfach |
| Orangeade | orangerot | mittelgr | II | becherf | zart | kleinb | +++ | gebogen |
| Oranges and Lemons | orange+ | groß | III | hohe Mitte | zart | kleinb | +++ | einfach |
| Orchid Jubilee | mauve | mittelgr | III–IV | offen | ohne Duft | kleinb | +++ | einfach |
| Orchid Lace | mauve | mittelgr | III–IV | hohe Mitte | zart | kleinb | +++ | gebogen |
| Oregold | dunkelgelb | groß | III–IV | hohe Mitte | zart | einfach | +++ | gebogen |
| Oriana | rot+ | groß | III–IV | hohe Mitte | zart | einfach | +++ | gebogen |
| Oriental Charm | rot | groß | II | offen | zart | kleinb | +++ | gebogen |
| Oriental Dawn | gelb+ | groß | III–IV | becherf | schwach | einfach | +++ | gebogen |
| Orléans Rose | rot+ | klein | II | offen | zart | kleinb | +++ | einfach |
| Ormiston Roy | dunkelgelb | groß | I | schalenf | zart | kleinb | + | einfach |
| Ornament de la Nature | mauve | groß | V | becherf | stark | kleinb | + | einfach |
| Orpheline de Juillet | mauve | mittelgr | III–IV | pomponf | schwach | kleinb | + | einfach |
| Osiria | rot+ | groß | III–IV | hohe Mitte | schwach | einfach | +++ | gebogen |
| Oskar Cordel | dunkelrosa | groß | III–IV | becherf | schwach | einfach | +++ | einfach |
| Oskar Scheerer | dunkelrot | groß | III–IV | offen | ohne Duft | großb | +++ | gebogen |
| Otago | orangerot | mittelgr | III–IV | hohe Mitte | zart | kleinb | +++ | gebogen |
| Othello | dunkelrot | groß | III–IV | becherf | stark | kleinb | +++ | einfach |
| Our Molly | rot | mittelgr | I | offen | ohne Duft | großb | +++ | einfach |
| Our Rosamond | rosa+ | groß | III–IV | hohe Mitte | zart | einfach | +++ | gebogen |
| Out of Africa | orange/ apricot+ | groß | III | hohe Mitte | zart | kleinb | + | gebogen |
| Over the Rainbow | rot+ | klein | III–IV | hohe Mitte | zart | kleinb | +++ | gebogen |
| Overloon | dunkelrosa | mittelgr | III–IV | offen | ohne Duft | kleinb | +++ | gebogen |
| Oz Gold | orange+ | klein | III–IV | becherf | ohne Duft | kleinb | +++ | einfach |
| Pacesetter | weiß | mittelgr | III–IV | hohe Mitte | schwach | kleinb | +++ | gebogen |
| Pacific Triumph | rein rosa | klein | II | becherf | zart | großb | +++ | einfach |
| Paddy McGredy | rein rosa | groß | III–IV | becherf | schwach | kleinb | +++ | gebogen |
| Paddy Stephens | orange+ | sehr gr | III–IV | becherf | zart | einfach | +++ | gebogen |
| Paheka | weiß+ | groß | III–IV | hohe Mitte | schwach | kleinb | +++ | gebogen |
| Painted Moon | rot+ | groß | III–IV | becherf | zart | kleinb | +++ | gebogen |
| Painter's Palette | rot+ | mittelgr | III | offen | zart | kleinb | + | einfach |
| Paleface | weiß | groß | II | becherf | zart | kleinb | +++ | einfach |
| Pallas | hellrosa | klein | III | rosettenf | zart | kleinb | +++ | einfach |
| Palmengarten Frankfurt | rein rosa | mittelgr | II | offen | ohne Duft | kleinb | +++ | gebogen |

| NAME | BLÜTEN-FARBE | BLÜTEN-GRÖSSE | BLÜTEN-TYP | BLÜTEN-FORM | DUFT-STÄRKE | BLÜTEN-STAND | BLÜH-HÄUFIGKEIT | PETALEN-FORM |
|---|---|---|---|---|---|---|---|---|
| Panachée de Lyon | rosa+ | groß | II | schalenf | stark | kleinb | ++ | einfach |
| Pandemonium | gelb+ | mittelgr | III–IV | becherf | schwach | kleinb | +++ | gebogen |
| Pandora | cremeweiß | mittelgr | V | rosettenf | zart | kleinb | +++ | einfach |
| Pania | hellrosa | groß | III–IV | hohe Mitte | zart | einfach | +++ | gebogen |
| Paola | rot | groß | III–IV | offen | ohne Duft | kleinb | +++ | einfach |
| Papa Gontier | rosa+ | groß | II | offen | zart | kleinb | ++ | einfach |
| Papa Hémeray | rot+ | klein | I | offen | ohne Duft | einfach | ++ | einfach |
| Papa Meilland | dunkelrot | groß | III–IV | hohe Mitte | stark | einfach | +++ | gebogen |
| Papageno | rot+ | groß | III–IV | offen | schwach | kleinb | +++ | gebogen |
| Papi Delbard | apricot+ | groß | III | becherf | schwach | kleinb | +++ | einfach |
| Papillon (I) | rot | mittelgr | IV | offen | ohne Duft | kleinb | ++ | einfach |
| Papillon (II) | rosa+ | mittelgr | II | becherf | zart | kleinb | ++ | einfach |
| Paprika | orangerot | groß | II | offen | zart | großb | +++ | einfach |
| Para Ti | weiß | klein | II | offen | ohne Duft | kleinb | +++ | einfach |
| Parade | dunkelrosa | groß | III–IV | becherf | schwach | kleinb | +++ | einfach |
| Paradise | mauve | groß | III–IV | hohe Mitte | zart | kleinb | +++ | gebogen |
| Parador | orangerot | groß | III–IV | becherf | ohne Duft | kleinb | +++ | gebogen |
| Pariser Charme | rein rosa | groß | III–IV | hohe Mitte | stark | großb | +++ | gebogen |
| Parkdirektor Riggers | dunkelrot | mittelgr | II | offen | zart | großb | +++ | einfach |
| Parks' Yellow Tea-scented China | rein gelb | groß | III–IV | becherf | schwach | kleinb | ++ | gebogen |
| Parkzauber | dunkelrot | groß | III–IV | kugelf | schwach | kleinb | + | einfach |
| Parkzierde | dunkelrot | groß | III–IV | becherf | schwach | kleinb | + | einfach |
| Parmelia | rot | groß | III–IV | hohe Mitte | ohne Duft | kleinb | +++ | gebogen |
| Parmentier | rein rosa | klein | V | kugelf | schwach | einfach | + | einfach |
| Parthenon | rosa+ | groß | III–IV | becherf | ohne Duft | kleinb | +++ | gebogen |
| Party Girl | gelb+ | klein | III–IV | hohe Mitte | zart | großb | +++ | gebogen |
| Party Trick | dunkelrosa | mittelgr | III | offen | schwach | kleinb | +++ | einfach |
| Parure d'Or | gelb+ | mittelgr | II | offen | ohne Duft | kleinb | +++ | einfach |
| Pasadena Tournament | rot | klein | III | becherf | schwach | kleinb | + | einfach |
| Pascali | weiß | mittelgr | III–IV | hohe Mitte | zart | einfach | +++ | gebogen |
| Passion | rot | groß | III–IV | becherf | schwach | kleinb | +++ | gebogen |
| Pasteur | rosa+ | groß | III–IV | hohe Mitte | zart | einfach | +++ | gebogen |
| Pat Austin | orangerot | groß | III | becherf | stark | kleinb | +++ | einfach |
| Pat James | orange+ | mittelgr | III–IV | becherf | zart | kleinb | +++ | gebogen |
| Pathfinder | orangerot | klein | V | becherf | schwach | kleinb | +++ | einfach |
| Patio Charm | apricot+ | klein | III–IV | becherf | zart | kleinb | + | gebogen |
| Patio Princess | orangerosa | mittelgr | II | offen | schwach | kleinb | +++ | gebogen |
| Patricia (I) | rot | groß | III–IV | hohe Mitte | schwach | kleinb | +++ | gebogen |
| Patricia (II) | apricot+ | mittelgr | III | becherf | schwach | kleinb | +++ | einfach |
| Patricia Macoun | weiß | mittelgr | III | offen | schwach | großb | + | einfach |
| Patriot | dunkelrot | groß | III–IV | becherf | schwach | einfach | +++ | gebogen |
| Pat's Choice | orangerot | groß | III | becherf | zart | kleinb | +++ | einfach |
| Paul Cezanne | gelb+ | mittelgr | III–IV | becherf | schwach | kleinb | +++ | gebogen |
| Paul Crampel | orangerot | mittelgr | II | becherf | ohne Duft | großb | +++ | einfach |
| Paul Gauguin | rot+ | groß | III–IV | becherf | ohne Duft | kleinb | +++ | gebogen |
| Paul Ledé, Climbing | apricot+ | groß | III–IV | becherf | schwach | einfach | ++ | gebogen |
| Paul Neyron | rein rosa | sehr gr | III–IV | becherf | stark | einfach | ++ | einfach |
| Paul Noel | rosa+ | mittelgr | V | becherf | zart | kleinb | ++ | einfach |
| Paul Ricard | gelb+ | groß | V | becherf | schwach | kleinb | +++ | gebogen |
| Paul Ricault | rein rosa | groß | V | geviertelt | stark | einfach | ++ | einfach |
| Paul Shirville | orangerosa | groß | III–IV | hohe Mitte | stark | kleinb | +++ | gebogen |
| Paul Transon | orangerosa | mittelgr | III–IV | schalenf | schwach | kleinb | ++ | einfach |
| Paul Verdier | dunkelrosa | groß | III–IV | kugelf | schwach | einfach | ++ | einfach |
| Paulette | dunkelrosa | groß | III | hohe Mitte | zart | einfach | +++ | gebogen |
| Paulii | weiß | mittelgr | I | schalenf | schwach | kleinb | + | gebogen |
| Paul's Early Blush | hellrosa | groß | V | hohe Mitte | stark | kleinb | ++ | gebogen |
| Paul's Himalayan Musk Ramble | hellrosa | klein | III | rosettenf | zart | großb | + | einfach |
| Paul's Lemon Pillar | zitronengelb | groß | III | hohe Mitte | stark | einfach | + | gebogen |
| Paul's Scarlet Climber | rot | mittelgr | II | offen | zart | großb | + | einfach |
| Pax | weiß | groß | II | becherf | schwach | doldenf | +++ | einfach |
| Peace | gelb+ | groß | III–IV | becherf | zart | einfach | +++ | gebogen |
| Peace 1902 | hellgelb | mittelgr | III | hohe Mitte | zart | kleinb | ++ | einfach |
| Peacekeeper | rosa+ | mittelgr | V | becherf | schwach | kleinb | +++ | gebogen |
| Peach Blossom | hellrosa | mittelgr | II | offen | zart | großb | +++ | einfach |
| Peach Spire | orange+ | groß | V | offen | ohne Duft | kleinb | +++ | einfach |
| Peaches 'n' Cream | rosa+ | groß | III–IV | hohe Mitte | zart | kleinb | +++ | gebogen |
| Peachy Keen | apricot+ | klein | III–IV | hohe Mitte | zart | kleinb | +++ | gebogen |
| Pearl Drift | weiß | groß | II | schalenf | zart | kleinb | +++ | einfach |
| Pearl Sevillana | weiß+ | mittelgr | II | offen | zart | kleinb | +++ | geriffelt |
| Peer Gynt | gelb+ | groß | III–IV | hohe Mitte | zart | einfach | +++ | gebogen |
| Pélisson | dunkelrot | mittelgr | V | schalenf | schwach | kleinb | + | einfach |
| Penelope (I) | rot+ | mittelgr | III–IV | becherf | zart | kleinb | ++ | einfach |
| Penelope (II) | hellrosa | mittelgr | III | offen | schwach | doldenf | +++ | einfach |
| Pennsylvania | rosa+ | groß | II | hohe Mitte | stark | kleinb | +++ | gebogen |
| Pennsylvanian | orange+ | groß | III–IV | becherf | schwach | kleinb | +++ | gebogen |
| Penny Lane (I) | hellrosa | klein | III–IV | hohe Mitte | ohne Duft | einfach | +++ | gebogen |
| Penny Lane (II) | apricot+ | groß | III | becherf | schwach | kleinb | +++ | geriffelt |
| Pensioners' Voice | apricot+ | groß | III–IV | hohe Mitte | schwach | kleinb | +++ | gebogen |
| Penthouse | rein rosa | groß | III–IV | hohe Mitte | schwach | kleinb | +++ | gebogen |
| Pepita | dunkelrosa | klein | III–IV | becherf | ohne Duft | kleinb | +++ | gebogen |
| Peppermint Ice | grün | mittelgr | II | becherf | schwach | kleinb | +++ | gebogen |
| Peppermint Twist | rot+ | groß | V | schalenf | zart | kleinb | +++ | gebogen |
| Perception | rosa+ | groß | III–IV | hohe Mitte | schwach | kleinb | +++ | gebogen |
| Percy Thrower | rein rosa | groß | V | hohe Mitte | zart | kleinb | +++ | gebogen |
| Perdita | apricot+ | mittelgr | V | becherf | schwach | kleinb | +++ | einfach |
| Perfect Moment | rot+ | mittelgr | III–IV | hohe Mitte | schwach | einfach | +++ | gebogen |
| Perfume Delight | rein rosa | groß | III–IV | becherf | stark | kleinb | +++ | einfach |
| Pergolèse | mauve | mittelgr | III | becherf | stark | kleinb | ++ | einfach |
| Perla de Alcañada | altrosa | klein | III | offen | ohne Duft | kleinb | +++ | einfach |
| Perla de Montserrat | dunkelrosa | klein | II | offen | ohne Duft | kleinb | +++ | einfach |
| Perle des Blanches | weiß | mittelgr | III–IV | kugelf | schwach | kleinb | ++ | einfach |
| Perle des Jardins | hellgelb | groß | III | kugelf | schwach | einfach | ++ | einfach |
| Perle des Panachées | mauve | mittelgr | II | offen | schwach | kleinb | + | einfach |
| Perle des Rouges | dunkelrot | mittelgr | III–IV | becherf | schwach | großb | +++ | geriffelt |
| Perle d'Or | gelb+ | klein | III–IV | offen | zart | großb | +++ | einfach |
| Pernille Poulsen | rein rosa | groß | II | offen | zart | kleinb | +++ | einfach |
| Persian Princess | orangerot | klein | III–IV | becherf | zart | kleinb | +++ | gebogen |
| Personality | gelb+ | groß | III–IV | hohe Mitte | schwach | einfach | +++ | gebogen |
| Peter Benjamin | apricot+ | groß | III–IV | hohe Mitte | zart | kleinb | +++ | gebogen |
| Peter Frankenfeld | dunkelrosa | groß | III–IV | hohe Mitte | zart | kleinb | +++ | gebogen |
| Petit Four | rein rosa | klein | II | becherf | zart | kleinb | +++ | gebogen |
| Petite de Hollande | rein rosa | klein | III–IV | schalenf | zart | kleinb | + | einfach |
| Petite Folie | orange+ | klein | III–IV | hohe Mitte | zart | doldenf | +++ | gebogen |
| Petite Lisette | dunkelrosa | klein | III–IV | rosettenf | stark | großb | + | einfach |
| Petite Orléanaise | rein rosa | klein | III–IV | pomponf | stark | kleinb | + | einfach |
| Petite Penny | weiß | klein | II | offen | zart | großb | +++ | kraus |
| Petite Pink Scotch | rein rosa | klein | III | rosettenf | zart | kleinb | + | einfach |
| Petite Renoncule Violette | dunkelrot | mittelgr | III | pompon | schwach | kleinb | + | einfach |
| Pfälzer Gold | goldgelb | groß | III–IV | becherf | ohne Duft | kleinb | +++ | gebogen |
| Phantom | rot | groß | II | schalenf | zart | großb | +++ | einfach |
| Pharao | orangerot | groß | III–IV | hohe Mitte | schwach | einfach | ++ | gebogen |
| Phoebe | weiß | groß | V | hohe Mitte | schwach | kleinb | +++ | gebogen |
| Phoebe's Choice | rosa+ | klein | III–IV | hohe Mitte | ohne Duft | kleinb | +++ | gebogen |
| Phoenix | dunkelrosa | groß | V | becherf | stark | kleinb | +++ | einfach |
| Phyllis Bide | gelb+ | mittelgr | III–IV | rosettenf | zart | großb | +++ | einfach |

| NAME | BLÜTEN-FARBE | BLÜTEN-GRÖSSE | BLÜTEN-TYP | BLÜTEN-FORM | DUFT-STÄRKE | BLÜTEN-STAND | BLÜH-HÄUFIGKEIT | PETALEN-FORM |
|---|---|---|---|---|---|---|---|---|
| Picaninni | orange+ | klein | III | offen | stark | kleinb | +++ | einfach |
| Picasso | rosa+ | groß | II | offen | zart | kleinb | +++ | einfach |
| Piccadilly | rot+ | groß | III–IV | hohe Mitte | zart | kleinb | +++ | gebogen |
| Piccolo | orangerot | mittelgr | III–IV | offen | schwach | kleinb | +++ | gebogen |
| Picture | hellrosa | groß | III–IV | hohe Mitte | schwach | kleinb | +++ | gebogen |
| Pierre B | apricot | groß | III–IV | hohe Mitte | stark | einfach | +++ | gebogen |
| Pierre de Ronsard | rosa+ | groß | IV | kugelf | zart | kleinb | +++ | geriffelt |
| Pierre de St. Cyr | hellrosa | groß | V | becherf | schwach | kleinb | ++ | einfach |
| Pierre Notting | dunkelrot | groß | III–IV | kugelf | schwach | einfach | ++ | einfach |
| Pierrine | orangerosa | klein | III | hohe Mitte | ohne Duft | einfach | +++ | einfach |
| Pigalle | orange+ | groß | V | hohe Mitte | ohne Duft | großb | +++ | gebogen |
| Pilgrim | dunkelrot | groß | III–IV | hohe Mitte | schwach | einfach | +++ | gebogen |
| Pillarbox | orangerot | mittelgr | III–IV | offen | schwach | kleinb | +++ | gebogen |
| Pimlico 81 | rot | groß | V | becherf | ohne Duft | kleinb | +++ | geriffelt |
| Piñata | gelb+ | groß | III–IV | hohe Mitte | schwach | kleinb | +++ | gebogen |
| Pincushion | rein rosa | klein | V | schalenf | ohne Duft | kleinb | +++ | einfach |
| Pink Bassino | rosa+ | klein | I | offen | zart | doldenf | +++ | einfach |
| Pink Bells | dunkelrosa | klein | III–IV | rosettenf | zart | kleinb | + | einfach |
| Pink Cameo | rein rosa | klein | III–IV | becherf | schwach | kleinb | +++ | einfach |
| Pink Cascade | rot | klein | III–IV | schalenf | zart | kleinb | +++ | einfach |
| Pink Chiffon | hellrosa | groß | III–IV | becherf | schwach | großb | +++ | einfach |
| Pink Chimo | rein rosa | klein | I | becherf | ohne Duft | einfach | +++ | einfach |
| Pink Cloud | rein rosa | groß | III–IV | becherf | schwach | großb | +++ | gebogen |
| Pink Delight | hellrosa | klein | III–IV | hohe Mitte | ohne Duft | kleinb | +++ | gebogen |
| Pink Favorite | rein rosa | groß | III–IV | hohe Mitte | zart | kleinb | +++ | gebogen |
| Pink Grootendorst | rein rosa | klein | V | offen | zart | großb | ++ | kraus |
| Pink Gruß an Aachen | orangerosa | groß | III–IV | becherf | zart | kleinb | +++ | gebogen |
| Pink Heather | hellrosa | klein | III–IV | rosettenf | zart | großb | +++ | einfach |
| Pink Iceberg | rosa+ | mittelgr | III–IV | becherf | zart | großb | +++ | gebogen |
| Pink Joy | dunkelrosa | klein | III–IV | hohe Mitte | schwach | kleinb | +++ | gebogen |
| Pink Kardinal | dunkelrosa | groß | III–IV | hohe Mitte | ohne Duft | einfach | +++ | gebogen |
| Pink La Sevillana | rein rosa | mittelgr | II | offen | zart | kleinb | +++ | geriffelt |
| Pink Léda | rein rosa | mittelgr | III–IV | schalenf | stark | kleinb | + | einfach |
| Pink Lustre | hellrosa | groß | III–IV | hohe Mitte | stark | einfach | +++ | gebogen |
| Pink Masterpiece | rosa+ | groß | III–IV | hohe Mitte | schwach | einfach | +++ | gebogen |
| Pink Meidiland | rosa+ | mittelgr | I | offen | zart | doldenf | +++ | einfach |
| Pink Meillandina | rein rosa | mittelgr | III–IV | rosettenf | ohne Duft | kleinb | +++ | gebogen |
| Pink Panther | rosa+ | groß | III–IV | hohe Mitte | zart | kleinb | +++ | geriffelt |
| Pink Parfait | rosa+ | groß | III–IV | becherf | zart | kleinb | +++ | gebogen |
| Pink Peace | rein rosa | sehr gr | V | becherf | stark | einfach | +++ | gebogen |
| Pink Pearl | hellrosa | mittelgr | V | hohe Mitte | zart | einfach | +++ | gebogen |
| Pink Perpetue | rein rosa | mittelgr | III–IV | kugelf | zart | kleinb | +++ | einfach |
| Pink Petticoat | rosa+ | mittelgr | III–IV | hohe Mitte | zart | großb | +++ | gebogen |
| Pink Porcelain | hellrosa | klein | III–IV | hohe Mitte | zart | kleinb | +++ | gebogen |
| Pink Powderpuff | hellrosa | groß | V | hohe Mitte | stark | kleinb | +++ | gebogen |
| Pink Prosperity | hellrosa | klein | III–IV | offen | schwach | großb | +++ | einfach |
| Pink Puff | hellrosa | groß | III–IV | hohe Mitte | schwach | kleinb | +++ | gebogen |
| Pink Robin | rosa+ | klein | II | schalenf | zart | kleinb | + | einfach |
| Pink Robusta | rein rosa | groß | II | offen | zart | großb | +++ | einfach |
| Pink Rosetten | hellrosa | mittelgr | III–IV | rosettenf | zart | kleinb | +++ | einfach |
| Pink Roundelay | dunkelrosa | groß | III–IV | hohe Mitte | zart | kleinb | +++ | gebogen |
| Pink Sensation | rein rosa | groß | III–IV | hohe Mitte | zart | kleinb | +++ | gebogen |
| Pink Silk | rein rosa | groß | III–IV | hohe Mitte | zart | einfach | +++ | gebogen |
| Pink Symphonie | hellrosa | mittelgr | III–IV | offen | zart | kleinb | +++ | einfach |
| Pink Triumph | rein rosa | klein | V | hohe Mitte | zart | einfach | +++ | gebogen |
| Pink Wave | rein rosa | mittelgr | II | offen | zart | kleinb | +++ | gebogen |
| Pink Wonder | hellrosa | mittelgr | II | becherf | zart | kleinb | +++ | gebogen |
| Pinkie | rein rosa | mittelgr | II | becherf | schwach | doldenf | +++ | einfach |
| Pinocchio | orangerosa | mittelgr | V | becherf | zart | großb | +++ | gebogen |
| Pinstripe | rot+ | klein | III–IV | hohe Mitte | zart | kleinb | +++ | gebogen |
| Pinwheel | rosa+ | klein | II | becherf | zart | einfach | +++ | einfach |

| NAME | BLÜTEN-FARBE | BLÜTEN-GRÖSSE | BLÜTEN-TYP | BLÜTEN-FORM | DUFT-STÄRKE | BLÜTEN-STAND | BLÜH-HÄUFIGKEIT | PETALEN-FORM |
|---|---|---|---|---|---|---|---|---|
| Pioneer | rot | groß | V | hohe Mitte | schwach | kleinb | +++ | gebogen |
| Pixie Hat | dunkelrot | mittelgr | I | hohe Mitte | ohne Duft | großb | +++ | einfach |
| Playboy | rot+ | groß | I | offen | schwach | kleinb | +++ | einfach |
| Playgirl | rein rosa | mittelgr | I | offen | ohne Duft | kleinb | +++ | einfach |
| Playgold | orange+ | klein | I | offen | schwach | kleinb | +++ | einfach |
| Playtime | orangerot | mittelgr | I | schalenf | ohne Duft | kleinb | +++ | einfach |
| Pleasure | rein rosa | groß | III–IV | becherf | schwach | kleinb | +++ | geriffelt |
| Pleine de Grace | weiß | klein | I | offen | stark | großb | + | einfach |
| Plentiful | dunkelrosa | groß | V | schalenf | schwach | kleinb | +++ | einfach |
| Plum Crazy | mauve | groß | III–IV | hohe Mitte | schwach | kleinb | +++ | gebogen |
| Plum Duffy | mauve | klein | III–IV | hohe Mitte | zart | einfach | +++ | gebogen |
| Poema | rein rosa | klein | III–IV | becherf | ohne Duft | großb | ++ | einfach |
| Poetry in Motion | gelb+ | groß | III–IV | becherf | stark | einfach | +++ | gebogen |
| Poker Chip | rot+ | mittelgr | III–IV | hohe Mitte | stark | kleinb | +++ | gebogen |
| Polareis | weiß | mittelgr | III–IV | offen | stark | kleinb | + | einfach |
| Polarstern | weiß | sehr gr | III–IV | hohe Mitte | schwach | kleinb | +++ | gebogen |
| Polka | orange+ | groß | III–IV | becherf | schwach | kleinb | +++ | geriffelt |
| Polo Club | gelb+ | mittelgr | III–IV | becherf | zart | kleinb | +++ | gebogen |
| Polynesian Sunset | orangerosa | groß | III–IV | hohe Mitte | schwach | kleinb | +++ | gebogen |
| Pompon | weiß/ gestreift | klein | III–IV | pomponf | schwach | kleinb | + | einfach |
| Pompon Blanc Parfait | weiß | klein | V | pomponf | stark | kleinb | + | einfach |
| Pompon de Paris | rein rosa/ dunkelr | klein | V | offen | zart | kleinb | ++ | einfach |
| Ponctuée | rosa+ | mittelgr | II | offen | schwach | kleinb | + | einfach |
| Popcorn | weiß | klein | II | offen | schwach | kleinb | +++ | gebogen |
| Poppy Flash | orangerot | mittelgr | III–IV | becherf | zart | kleinb | +++ | gebogen |
| Porthos, Climbing | orangerot | mittelgr | III–IV | becherf | ohne Duft | kleinb | ++ | gebogen |
| Portland Trailblazer | dunkelrot | sehr gr | III–IV | hohe Mitte | schwach | einfach | +++ | gebogen |
| Portrait | rosa+ | groß | III–IV | becherf | schwach | kleinb | +++ | gebogen |
| Pot o' Gold | rein gelb | mittelgr | III–IV | becherf | stark | kleinb | +++ | einfach |
| Potter & Moore | rein rosa | groß | III–IV | becherf | stark | kleinb | +++ | einfach |
| Potton Heritage | rot+ | groß | III–IV | hohe Mitte | schwach | kleinb | +++ | gebogen |
| POUlbright | orangerot | mittelgr | III–IV | becherf | zart | kleinb | +++ | einfach |
| Poulsen's Delight | hellrosa | mittelgr | I | offen | ohne Duft | doldenf | +++ | einfach |
| Poulsen's Gruppenrose | hellrosa | mittelgr | II | offen | zart | doldenf | +++ | einfach |
| Poulsen's Pearl | hellrosa | mittelgr | I | offen | zart | doldenf | +++ | einfach |
| Poulsen's Yellow | gelb | mittelgr | II | offen | stark | großb | +++ | einfach |
| Pourpre du Luxembourg | mauve | mittelgr | III–IV | becherf | schwach | kleinb | + | einfach |
| Prairie Dawn | rein rosa | mittelgr | V | offen | ohne Duft | kleinb | +++ | einfach |
| Prairie Fire | rot | mittelgr | I | offen | zart | großb | +++ | einfach |
| Prairie Harvest | hellgelb | groß | III–IV | offen | schwach | großb | +++ | einfach |
| Prairie Princess | orangerosa | groß | II | offen | schwach | kleinb | +++ | einfach |
| Precious Platinum | rot | groß | III–IV | hohe Mitte | zart | kleinb | +++ | gebogen |
| Présence | hellrosa | groß | III | hohe Mitte | schwach | kleinb | +++ | einfach |
| Président de Séze | mauve | groß | III–IV | becherf | stark | kleinb | + | einfach |
| Président Dutailly | mauve | groß | III–IV | rosettenf | stark | kleinb | ++ | einfach |
| President Herbert Hoover | rosa+ | groß | III–IV | becherf | schwach | kleinb | +++ | gebogen |
| Président Leopold Senghor | dunkelrot | groß | III–IV | becherf | zart | kleinb | +++ | gebogen |
| President Lincoln | dunkelrot | sehr gr | III–IV | becherf | schwach | einfach | ++ | einfach |
| Pretoria | dunkelrosa | groß | III | becherf | schwach | kleinb | +++ | einfach |
| Pretty in Pink | hellrosa | mittelgr | III–IV | becherf | schwach | großb | +++ | gebogen |
| Pretty Jessica | dunkelrosa | mittelgr | V | rosettenf | stark | kleinb | +++ | einfach |
| Pretty Lady | hellrosa | groß | II | offen | ohne Duft | kleinb | +++ | einfach |
| Preziosa | rosa+ | groß | V | hohe Mitte | zart | kleinb | +++ | gebogen |
| Pride 'n' Joy | orange+ | mittelgr | III–IV | hohe Mitte | schwach | kleinb | +++ | gebogen |
| Pride of England | dunkelrot | groß | III–IV | hohe Mitte | zart | kleinb | +++ | gebogen |
| Pride of Maldon | orange+ | mittelgr | II | offen | zart | kleinb | +++ | einfach |
| Primaballerina | dunkelrosa | groß | III–IV | becherf | schwach | einfach | +++ | gebogen |
| Prima Donna | dunkelrosa | groß | III–IV | hohe Mitte | zart | kleinb | +++ | gebogen |

| NAME | BLÜTEN-FARBE | BLÜTEN-GRÖSSE | BLÜTEN-TYP | BLÜTEN-FORM | DUFT-STÄRKE | BLÜTEN-STAND | BLÜH-HÄUFIGKEIT | PETALEN-FORM |
|---|---|---|---|---|---|---|---|---|
| Primevère | gelb+ | groß | III–IV | becherf | zart | kleinb | + | einfach |
| Prince Arthur | rein rosa | mittelgr | III–IV | pomponf | schwach | kleinb | ++ | einfach |
| Prince Camille de Rohan | dunkelrot | groß | V | becherf | stark | kleinb | ++ | gebogen |
| Prince Charles | mauve | groß | II | offen | zart | kleinb | + | geriffelt |
| Prince Fréderic | mauve | groß | III–IV | rosettenf | schwach | kleinb | + | einfach |
| Prince Meillandina | dunkelrot | mittelgr | III–IV | becherf | ohne Duft | kleinb | +++ | gebogen |
| Prince Napoléon | rosa+ | groß | V | becherf | schwach | kleinb | ++ | einfach |
| Princeps | rot | sehr gr | II | offen | schwach | kleinb | + | gebogen |
| Princess (I) | orangerot | groß | III | urnenf | zart | einfach | +++ | einfach |
| Princess (II) | weiß | mittelgr | III | offen | zart | großb | +++ | gebogen |
| Princess Alice | rein gelb | mittelgr | III–IV | offen | schwach | großb | +++ | gebogen |
| Princess Chichibu | rosa+ | groß | III–IV | becherf | zart | kleinb | +++ | einfach |
| Princess Louise | weiß | klein | III–IV | becherf | ohne Duft | großb | + | einfach |
| Princess Margaret of England | rein rosa | groß | III–IV | hohe Mitte | zart | einfach | +++ | gebogen |
| Princess Michael of Kent | rein gelb | groß | V | hohe Mitte | zart | kleinb | +++ | gebogen |
| Princess Michiko | orange+ | groß | II | becherf | zart | kleinb | + | gebogen |
| Princess of Wales (I) | hellrosa | groß | III–IV | becherf | zart | großb | ++ | gebogen |
| Princess of Wales (II) | weiß | groß | III–IV | becherf | schwach | doldenf | +++ | einfach |
| Princess Royal | apricot+ | groß | III–IV | becherf | zart | einfach | +++ | gebogen |
| Princesse Adélaide | hellrosa | groß | III–IV | becherf | schwach | kleinb | + | einfach |
| Princesse de Lamballe | weiß | mittelgr | III–IV | becherf | schwach | kleinb | + | einfach |
| Princesse de Monaco | weiß | groß | III–IV | hohe Mitte | zart | kleinb | +++ | gebogen |
| Princesse de Nassau | hellgelb | klein | III–IV | becherf | schwach | großb | + | einfach |
| Princesse de Sagan | dunkelrot | mittelgr | III–IV | becherf | ohne Duft | einfach | ++ | einfach |
| Princesse Marie | rein rosa | mittelgr | III–IV | becherf | ohne Duft | großb | + | einfach |
| Priscilla Burton | rot+ | mittelgr | II | offen | schwach | kleinb | +++ | einfach |
| Pristine | weiß | sehr gr | III–IV | hohe Mitte | zart | kleinb | +++ | gebogen |
| Privé | rein rosa | groß | III–IV | hohe Mitte | schwach | kleinb | +++ | gebogen |
| Professeur Jean Barnard | dunkelrot | sehr gr | III–IV | becherf | zart | einfach | +++ | gebogen |
| Prolifera de Redouté | rein rosa | groß | V | kugelf | stark | kleinb | + | einfach |
| Prominent | orangerot | mittelgr | III–IV | becherf | zart | kleinb | +++ | gebogen |
| Prosperity | weiß | klein | II | offen | schwach | großb | +++ | einfach |
| Prospero | dunkelrot | groß | III–IV | rosettenf | stark | kleinb | +++ | einfach |
| Proud Land | dunkelrot | groß | V | hohe Mitte | stark | einfach | +++ | gebogen |
| Proud Titania | weiß | groß | III–IV | schalenf | stark | kleinb | + | einfach |
| Pucker Up | orangerot | klein | III–IV | hohe Mitte | zart | kleinb | +++ | gebogen |
| Pudsey Bear | dunkelgelb | mittelgr | III–IV | hohe Mitte | schwach | kleinb | +++ | gebogen |
| Puppy Love | orange+ | klein | III–IV | hohe Mitte | zart | kleinb | +++ | gebogen |
| Pure Bliss | rosa+ | groß | III–IV | hohe Mitte | schwach | kleinb | +++ | gebogen |
| Purezza | weiß | mittelgr | III–IV | pomponf | schwach | doldenf | +++ | einfach |
| Purple Beauty | mauve | sehr gr | III–IV | hohe Mitte | zart | kleinb | +++ | gebogen |
| Purple Buttons | mauve+ | klein | III–IV | pomponf | zart | großb | +++ | einfach |
| Purple Cloud | mauve+ | groß | III–IV | hohe Mitte | stark | einfach | +++ | gebogen |
| Purple Dawn | mauve | klein | III–IV | hohe Mitte | schwach | kleinb | +++ | gebogen |
| Purple Splendour | mauve | groß | III–IV | becherf | zart | kleinb | +++ | gebogen |
| Purple Tiger | mauve | groß | III–IV | hohe Mitte | zart | kleinb | +++ | gebogen |
| Purpurea Plena | mauve | mittelgr | III | becherf | zart | kleinb | + | einfach |
| Pzazz | rot+ | mittelgr | III–IV | becherf | zart | kleinb | +++ | einfach |
| Quaker Star | orangerosa | groß | V | hohe Mitte | ohne Duft | einfach | +++ | gebogen |
| Quatre Saisons Blanc Mousseux | weiß | mittelgr | III–IV | becherf | schwach | kleinb | ++ | einfach |
| Queen Charlotte | orangerosa | groß | III–IV | hohe Mitte | zart | einfach | +++ | gebogen |
| Queen Elizabeth | rein rosa | groß | III–IV | becherf | schwach | kleinb | +++ | einfach |
| Queen Fabiola | orangerot | groß | III–IV | hohe Mitte | zart | kleinb | +++ | gebogen |
| Queen Margrethe | hellrosa | mittelgr | III–IV | becherf | zart | kleinb | +++ | einfach |
| Queen Mother | hellrosa | klein | III–IV | becherf | schwach | kleinb | +++ | einfach |
| Queen Nefertiti | hellgelb | mittelgr | III–IV | rosettenf | schwach | kleinb | +++ | einfach |
| Queen of Bedders | dunkelrosa | mittelgr | III–IV | rosettenf | schwach | kleinb | ++ | einfach |
| Queen of Bourbons | rosa+ | groß | II | becherf | stark | kleinb | ++ | einfach |
| Queen of Hearts | rein rosa | groß | III–IV | becherf | schwach | kleinb | +++ | gebogen |
| Queen of the Musks | rosa+ | mittelgr | III–IV | offen | stark | großb | +++ | einfach |
| Queen Parade | zart rosa | klein | III | schalenf | zart | kleinb | +++ | einfach |
| Rachel Bowes Lyon | gelb+ | mittelgr | II | schalenf | schwach | großb | +++ | einfach |
| Radiance | hellrosa | groß | III–IV | becherf | stark | kleinb | +++ | gebogen |
| Radio Times | rein rosa | mittelgr | III | becherf | stark | kleinb | +++ | einfach |
| Radox Bouquet | rein rosa | mittelgr | III–IV | becherf | stark | kleinb | +++ | gebogen |
| Radway Sunrise | orange+ | groß | I | becherf | schwach | doldenf | +++ | einfach |
| Rae Dungan | gelb+ | groß | III–IV | hohe Mitte | stark | kleinb | +++ | gebogen |
| Ragtime | rosa+ | klein | V | becherf | ohne Duft | kleinb | +++ | einfach |
| Rainbow | rosa+ | groß | II | offen | schwach | kleinb | ++ | gebogen |
| Rainbow Nation | gelb+ | mittelgr | III | offen | zart | doldenf | +++ | einfach |
| Rainbow Robe | mauve | groß | III–IV | hohe Mitte | stark | kleinb | +++ | gebogen |
| Rainbow's End | gelb+ | klein | III–IV | hohe Mitte | ohne Duft | kleinb | +++ | gebogen |
| Ralph's Creeper | rot+ | mittelgr | II | offen | zart | großb | +++ | einfach |
| Rambling Rector | weiß | klein | II | offen | stark | großb | + | einfach |
| Ramona | rot | groß | I | offen | zart | kleinb | ++ | einfach |
| Raphael | weiß | mittelgr | III–IV | becherf | schwach | kleinb | + | einfach |
| Raubritter | hellrosa | mittelgr | III | kugelf | schwach | doldenf | + | einfach |
| Ray of Sunshine | rein gelb | klein | II | becherf | zart | kleinb | +++ | einfach |
| Raymond Chenault | rot | groß | II | offen | zart | kleinb | +++ | gebogen |
| Razzle Dazzle | rot | mittelgr | III–IV | hohe Mitte | zart | kleinb | +++ | gebogen |
| Rebecca Claire | orangerosa | groß | III–IV | becherf | stark | kleinb | +++ | gebogen |
| Reconciliation | apricot+ | groß | III–IV | hohe Mitte | schwach | kleinb | +++ | gebogen |
| Red Ace | dunkelrot | klein | III–IV | hohe Mitte | zart | großb | +++ | gebogen |
| Red Alert | rot | klein | III–IV | hohe Mitte | zart | kleinb | +++ | gebogen |
| Red American Beauty | rot | groß | III–IV | hohe Mitte | stark | einfach | +++ | gebogen |
| Red Beauty | dunkelrot | klein | III–IV | hohe Mitte | zart | doldenf | +++ | gebogen |
| Red Bells | rot | klein | III–IV | schalenf | zart | großb | +++ | gebogen |
| Red Blanket | dunkelrosa | klein | II | offen | zart | kleinb | +++ | einfach |
| Red Cascade | dunkelrot | klein | III–IV | becherf | zart | kleinb | +++ | einfach |
| Red Chief | rot | sehr gr | III–IV | hohe Mitte | stark | einfach | +++ | gebogen |
| Red Cross | rot | mittelgr | III–IV | becherf | stark | kleinb | +++ | gebogen |
| Red Devil | rot | groß | V | hohe Mitte | schwach | einfach | +++ | gebogen |
| Red Fan | orangerot | mittelgr | III–IV | becherf | ohne Duft | einfach | +++ | gebogen |
| Red Favorite | rot | mittelgr | II | becherf | zart | großb | +++ | gebogen |
| Red Flush | rot | klein | III–IV | becherf | ohne Duft | kleinb | +++ | gebogen |
| Red Glory | rot | groß | I | schalenf | zart | großb | +++ | einfach |
| Red Head | orangerot | groß | III–IV | becherf | schwach | kleinb | +++ | gebogen |
| Red Imp | dunkelrot | klein | V | schalenf | zart | großb | +++ | einfach |
| Red Lion | rot | groß | III–IV | hohe Mitte | schwach | kleinb | +++ | gebogen |
| Red Masterpiece | dunkelrot | sehr gr | III–IV | hohe Mitte | stark | kleinb | +++ | gebogen |
| Red Meidiland | rot+ | mittelgr | I | becherf | zart | kleinb | +++ | einfach |
| Red Minimo | dunkelrot | klein | II | offen | ohne Duft | kleinb | +++ | einfach |
| Red Nella | mauve/hellrot | groß | III–IV | hohe Mitte | zart | einfach | +++ | gebogen |
| Red Pat | rot | klein | II | offen | zart | kleinb | +++ | einfach |
| Red Peter | hellrot | groß | III | becherf | zart | kleinb | +++ | einfach |
| Red Planet | dunkelrot | groß | III–IV | hohe Mitte | stark | einfach | +++ | gebogen |
| Red Queen | rot | groß | III–IV | hohe Mitte | ohne Duft | einfach | +++ | gebogen |
| Red Radiance | dunkelrosa | groß | III–IV | offen | stark | kleinb | +++ | gebogen |
| Red Rascal | rot | klein | III–IV | becherf | zart | kleinb | +++ | gebogen |
| Red Ribbon | rot | mittelgr | III–IV | becherf | zart | kleinb | +++ | gebogen |
| Red Ribbons | rot | mittelgr | II | schalenf | zart | doldenf | +++ | einfach |
| Red Rock | rot | groß | III–IV | offen | zart | einfach | +++ | gebogen |
| Red Rosamini | dunkelrot | klein | III–IV | becherf | ohne Duft | kleinb | +++ | gebogen |
| Red Rugostar | rot | mittelgr | II | offen | zart | kleinb | +++ | einfach |

| NAME | BLÜTEN-FARBE | BLÜTEN-GRÖSSE | BLÜTEN-TYP | BLÜTEN-FORM | DUFT-STÄRKE | BLÜTEN-STAND | BLÜH-HÄUFIGKEIT | PETALEN-FORM |
|---|---|---|---|---|---|---|---|---|
| Red Shadows | dunkelrot | mittelgr | III | rosettenf | ohne Duft | kleinb | +++ | einfach |
| Red Simplicity | rot | groß | II | becherf | zart | kleinb | +++ | geriffelt |
| Red Splendour | dunkelrot | mittelgr | III–IV | rosettenf | zart | großb | +++ | einfach |
| Red Success | rot+ | groß | V | hohe Mitte | zart | einfach | +++ | gebogen |
| Red Trail | rot | klein | II | offen | zart | kleinb | +++ | einfach |
| Red Wagon | rot | klein | III–IV | offen | ohne Duft | kleinb | +++ | einfach |
| Red Wonder | dunkelrot | sehr gr | III–IV | becherf | schwach | großb | +++ | gebogen |
| Redcoat | rot | mittelgr | I | offen | zart | kleinb | +++ | einfach |
| Redgold | gelb+ | mittelgr | III–IV | offen | zart | doldenf | +++ | gebogen |
| Redouté | hellrosa | groß | V | becherf | zart | kleinb | +++ | gebogen |
| Refulgence | rot | groß | II | offen | stark | kleinb | + | einfach |
| Regatta (I) | weiß | groß | III–IV | hohe Mitte | stark | einfach | +++ | gebogen |
| Regatta (II) | hellrosa | groß | III–IV | hohe Mitte | schwach | einfach | +++ | gebogen |
| Regensberg | rosa+ | groß | II | offen | zart | großb | +++ | geriffelt |
| Reine Blanche | weiß | mittelgr | III–IV | becherf | stark | kleinb | + | einfach |
| Reine des Centfeuilles | rein rosa | mittelgr | IV | rosettenf | stark | kleinb | + | gebogen |
| Reine des Violettes | mauve | groß | III–IV | rosettenf | stark | kleinb | ++ | einfach |
| Reine France | rein rosa | groß | III–IV | becherf | zart | kleinb | ++ | gebogen |
| Reine Marie Henriette | rot | groß | III | becherf | schwach | kleinb | +++ | einfach |
| Reine Olga de Würtemberg | rot | mittelgr | III–IV | schalenf | schwach | kleinb | ++ | gebogen |
| Reine Victoria | rein rosa | groß | III | becherf | stark | kleinb | ++ | einfach |
| Relax | orangerot | groß | I | offen | ohne Duft | kleinb | + | einfach |
| Relax Meidiland | rosa+ | mittelgr | II | offen | ohne Duft | großb | +++ | gebogen |
| Rembrandt | orangerot | mittelgr | III–IV | geviertelt | schwach | kleinb | ++ | gebogen |
| Remember Me | orange+ | groß | III–IV | offen | zart | kleinb | +++ | gebogen |
| Remembrance | rot | mittelgr | III–IV | becherf | zart | großb | +++ | gebogen |
| Renae | rein rosa | mittelgr | III–IV | offen | schwach | großb | +++ | einfach |
| Renaissance (I) | orange+ | groß | III | hohe Mitte | schwach | kleinb | +++ | einfach |
| Renaissance (II) | weiß | groß | III | loose | stark | kleinb | +++ | einfach |
| Rendez-vous | rein rosa | mittelgr | II | hohe Mitte | stark | kleinb | + | gebogen |
| René André | apricot+ | klein | II | becherf | schwach | kleinb | + | einfach |
| Réné d'Anjou | dunkelrosa | mittelgr | III–IV | kugelf | stark | kleinb | + | einfach |
| Renny | rein rosa | mittelgr | III–IV | rosettenf | schwach | doldenf | +++ | gebogen |
| Repandia | hellrosa | mittelgr | II | offen | schwach | großb | + | einfach |
| Restless | rot | groß | II | becherf | schwach | schalenf | +++ | gebogen |
| Rétro | rein rosa | mittelgr | IV | offen | ohne Duft | kleinb | +++ | gebogen |
| Rêve de Paris | orangerosa | groß | II | hohe Mitte | zart | kleinb | +++ | gebogen |
| Rêve d'Or | gelb | groß | II | offen | schwach | kleinb | ++ | gebogen |
| Réveil Dijonnais | rot+ | groß | II | becherf | schwach | kleinb | ++ | gebogen |
| Reverend H. d'Ombrain | rot | groß | III–IV | schalenf | schwach | kleinb | ++ | gebogen |
| Reynolds Hole | rot | mittelgr | V | offen | schwach | kleinb | ++ | gebogen |
| Rheinaupark | rot | groß | II | offen | zart | kleinb | +++ | gebogen |
| Rhodoloque Jules Gravereaux | rosa+ | groß | III–IV | becherf | zart | kleinb | ++ | gebogen |
| Rhonda | rein rosa | groß | III–IV | becherf | zart | kleinb | + | gebogen |
| Rina Hugo | dunkelrosa | sehr gr | III | hohe Mitte | zart | kleinb | +++ | gebogen |
| Ring of Fire | gelb+ | klein | V | rosettenf | zart | kleinb | +++ | einfach |
| Ringlet | rosa+ | klein | I | offen | zart | großb | + | einfach |
| Rio Samba | gelb+ | groß | III–IV | offen | zart | einfach | +++ | gebogen |
| Ripples | mauve | groß | II | offen | zart | kleinb | +++ | geriffelt |
| Rise 'n' Shine | rein gelb | klein | III–IV | hohe Mitte | schwach | kleinb | +++ | gebogen |
| Rita Applegate | hellgelb | klein | III–IV | hohe Mitte | schwach | einfach | +++ | gebogen |
| Rita Levi Montalcini | apricot+ | mittelgr | III–IV | becherf | zart | kleinb | +++ | gebogen |
| Ritter von Barmstede | dunkelrosa | mittelgr | III–IV | offen | ohne Duft | großb | +++ | einfach |
| Ritz | rot | groß | II | offen | zart | kleinb | +++ | einfach |
| Rival de Paestum | weiß | groß | V | becherf | schwach | kleinb | ++ | gebogen |
| Rivers' George IV | dunkelrot | groß | III–IV | offen | ohne Duft | kleinb | ++ | einfach |
| Riverview Centennial | dunkelrot | groß | III–IV | hohe Mitte | zart | kleinb | +++ | gebogen |
| Roaming | dunkelrosa | groß | III–IV | hohe Mitte | zart | kleinb | +++ | gebogen |
| Rob Roy | dunkelrot | mittelgr | III | hohe Mitte | zart | kleinb | +++ | einfach |
| Robert Duncan | rosa+ | sehr gr | V | hohe Mitte | schwach | kleinb | ++ | gebogen |
| Robert le Diable | mauve+ | mittelgr | III–IV | becherf | stark | kleinb | + | gebogen |
| Robert Léopold | rosa+ | groß | III–IV | becherf | schwach | kleinb | ++ | gebogen |
| Robin Hood | rot | klein | I | schalenf | stark | großb | +++ | einfach |
| Robin Red Breast | rot+ | klein | I | offen | ohne Duft | kleinb | +++ | einfach |
| Robina | rot | mittelgr | III–IV | hohe Mitte | ohne Duft | einfach | +++ | gebogen |
| Robusta (I) | rot | groß | I | rosettenf | schwach | kleinb | ++ | einfach |
| Robusta (II) | rot | groß | I | offen | schwach | kleinb | +++ | einfach |
| Rochester Cathedral | rein rosa | mittelgr | III | becherf | schwach | kleinb | +++ | gebogen |
| Rod Stillman | hellrosa | groß | III–IV | hohe Mitte | schwach | einfach | +++ | gebogen |
| Rodeo | orangerot | groß | III–IV | becherf | zart | kleinb | +++ | gebogen |
| Rodeo Drive | rot | groß | III–IV | hohe Mitte | schwach | einfach | +++ | gebogen |
| Rödhätte | rot | groß | II | offen | ohne Duft | großb | +++ | einfach |
| Rödinghausen | rot | mittelgr | III–IV | offen | ohne Duft | kleinb | +++ | einfach |
| Roger Lambelin | rot+ | mittelgr | III–IV | becherf | zart | kleinb | ++ | geriffelt |
| Roi de Siam | rot | groß | II | becherf | zart | kleinb | +++ | einfach |
| Roller Coaster | rot+ | klein | II | offen | schwach | kleinb | +++ | einfach |
| Roman Holiday | rot+ | mittelgr | III–IV | hohe Mitte | schwach | kleinb | +++ | gebogen |
| Romantic Hedgerose | rein rosa | mittelgr | III–IV | offen | ohne Duft | kleinb | +++ | einfach |
| Romanze | rein rosa | groß | III–IV | becherf | zart | kleinb | +++ | gebogen |
| Romeo | dunkelrot | groß | III–IV | hohe Mitte | zart | kleinb | + | gebogen |
| Rooi Rose | rot | groß | III | hohe Mitte | schwach | kleinb | +++ | einfach |
| Rosa Mundi | rosa+ | mittelgr | II | becherf | ohne Duft | einfach | + | einfach |
| Rosabell | rein rosa | mittelgr | III–IV | becherf | zart | kleinb | +++ | gebogen |
| Rosali | rein rosa | mittelgr | III–IV | offen | ohne Duft | kleinb | +++ | gebogen |
| Rosalie Coral | orange+ | mittelgr | III–IV | becherf | schwach | kleinb | +++ | gebogen |
| Rosamunde | rein rosa | mittelgr | III–IV | becherf | schwach | kleinb | +++ | gebogen |
| Rosarium Uetersen | dunkelrosa | mittelgr | V | becherf | schwach | kleinb | +++ | gebogen |
| Rose à Parfum de l'Haÿ | rot | groß | III–IV | kugelf | stark | kleinb | +++ | einfach |
| Rose Bradwardine | rein rosa | klein | I | offen | schwach | kleinb | ++ | einfach |
| Rose Cascade | dunkelrosa | mittelgr | I | offen | ohne Duft | großb | + | einfach |
| Rose d'Amour | dunkelrosa | klein | III–IV | offen | zart | kleinb | ++ | einfach |
| Rose de Meaux | rein rosa | klein | III–IV | pomponf | schwach | kleinb | + | geriffelt |
| Rose de Rescht | dunkelrosa | mittelgr | V | rosettenf | stark | kleinb | ++ | einfach |
| Rose des Maures | dunkelrot | mittelgr | II | offen | schwach | kleinb | + | einfach |
| Rose des Peintres | rein rosa | mittelgr | V | schalenf | stark | kleinb | + | einfach |
| Rose d'Hivers | weiß | klein | III–IV | becherf | zart | kleinb | ++ | einfach |
| Rose du Roi | rot | mittelgr | V | pomponf | stark | kleinb | ++ | einfach |
| Rose du Roi à Fleurs Pourpres | mauve | mittelgr | III–IV | pomponf | stark | kleinb | +++ | einfach |
| Rose Edouard | rein rosa | mittelgr | II–III | becherf | stark | kleinb | +++ | einfach |
| Rose Gaujard | rot+ | groß | V | hohe Mitte | zart | kleinb | +++ | gebogen |
| Rose Gilardi | rot+ | klein | III | offen | zart | kleinb | +++ | einfach |
| Rose Hills Red | dunkelrot | klein | III–IV | offen | ohne Duft | kleinb | +++ | gebogen |
| Rose Marie, Climbing | rein rosa | sehr gr | III–IV | becherf | schwach | kleinb | + | gebogen |
| Rose Parade | rosa+ | groß | III–IV | becherf | schwach | kleinb | +++ | gebogen |
| Rose Window | orange+ | klein | III | becherf | schwach | kleinb | +++ | gebogen |
| Roselina | rosa+ | mittelgr | I | offen | zart | kleinb | +++ | einfach |
| Rosemarie Viaud | mauve | klein | II | becherf | schwach | großb | + | einfach |
| Rosemary Harkness | orangerosa | groß | III–IV | becherf | stark | kleinb | +++ | gebogen |
| Rosemary Rose | dunkelrosa | mittelgr | III–IV | rosettenf | schwach | großb | +++ | einfach |
| Rosendorf Sparrieshoop | hellrosa | mittelgr | II | becherf | zart | kleinb | +++ | einfach |
| Rosenelfe | rein rosa | mittelgr | III–IV | hohe Mitte | schwach | großb | +++ | gebogen |
| Rosenfee | hellrosa | groß | III–IV | becherf | zart | großb | +++ | gebogen |
| Rosenprofessor Sieber | rein rosa | mittelgr | III | becherf | schwach | kleinb | +++ | einfach |
| Rosenresli | dunkelrosa | groß | III–IV | becherf | stark | kleinb | +++ | gebogen |

| NAME | BLÜTEN-FARBE | BLÜTEN-GRÖSSE | BLÜTEN-TYP | BLÜTEN-FORM | DUFT-STÄRKE | BLÜTEN-STAND | BLÜH-HÄUFIGKEIT | PETALEN-FORM |
|---|---|---|---|---|---|---|---|---|
| Rosenstadt Zweibrücken | rosa+ | groß | III–IV | becherf | ohne Duft | kleinb | +++ | geriffelt |
| Roseraie de l'Haÿ | dunkelrot | groß | II | offen | stark | kleinb | +++ | einfach |
| Roseromantic | weiß | groß | I | offen | zart | großb | +++ | einfach |
| Rosette Delizy | gelb+ | groß | III–IV | becherf | schwach | kleinb | +++ | einfach |
| Roseville College | orangerosa | groß | V | hohe Mitte | schwach | kleinb | +++ | gebogen |
| Rosie Larkin | mauve | klein | I | offen | zart | kleinb | +++ | einfach |
| Rosina | rein gelb | klein | III | offen | zart | kleinb | +++ | einfach |
| Rosmarin | rosa+ | klein | III–IV | kugelf | zart | kleinb | +++ | einfach |
| Rosmarin '89 | dunkelrosa | klein | III–IV | becherf | zart | großb | +++ | gebogen |
| Rosy Carpet | dunkelrosa | mittelgr | I | offen | zart | großb | +++ | einfach |
| Rosy Cheeks | rot+ | groß | III–IV | becherf | stark | kleinb | +++ | gebogen |
| Rosy Cushion | hellrosa | klein | I | offen | zart | großb | +++ | einfach |
| Rosy Dawn | gelb+ | klein | III–IV | hohe Mitte | zart | kleinb | +++ | gebogen |
| Rosy Future | dunkelrosa | klein | III–IV | offen | schwach | großb | +++ | gebogen |
| Rosy Hit | orange+ | mittelgr | II | offen | zart | kleinb | +++ | einfach |
| Rosy Mantle | rein rosa | groß | III–IV | becherf | schwach | kleinb | +++ | gebogen |
| Rote Max Graf | rot | groß | I | offen | schwach | kleinb | + | einfach |
| Rote Mozart | orangerot | klein | II | becherf | zart | großb | +++ | einfach |
| Roter Champagner | dunkelrosa | groß | III–IV | hohe Mitte | zart | kleinb | +++ | gebogen |
| Rotes Meer | rot | mittelgr | II | offen | zart | kleinb | +++ | einfach |
| Rouge Admirable | dunkelrosa | mittelgr | III–IV | rosettenf | stark | kleinb | + | einfach |
| Rouge Meilland (II) | rot | groß | III–IV | hohe Mitte | ohne Duft | kleinb | +++ | gebogen |
| Rouge Moss | orangerot | klein | III | offen | schwach | kleinb | +++ | einfach |
| Rouletii | rein rosa | klein | II | offen | ohne Duft | kleinb | ++ | einfach |
| Roundelay | dunkelrot | groß | III–IV | hohe Mitte | schwach | kleinb | +++ | gebogen |
| Roxie | rot | groß | III–IV | becherf | schwach | kleinb | +++ | gebogen |
| Royal Albert Hall | rot+ | groß | III–IV | hohe Mitte | stark | einfach | +++ | gebogen |
| Royal Amethyst | mauve | groß | III–IV | hohe Mitte | stark | einfach | +++ | gebogen |
| Royal Bassino | rot | mittelgr | II | offen | schwach | großb | +++ | einfach |
| Royal Blush | hellrosa | groß | V | schalenf | schwach | kleinb | + | einfach |
| Royal Bonica | rein rosa | mittelgr | III–IV | becherf | zart | kleinb | +++ | einfach |
| Royal Canadian | rot | groß | III–IV | becherf | schwach | kleinb | +++ | gebogen |
| Royal Dane | orange+ | groß | III–IV | hohe Mitte | stark | einfach | +++ | gebogen |
| Royal Flush | rosa+ | mittelgr | II | becherf | zart | kleinb | +++ | gebogen |
| Royal Gold | rein gelb | groß | V | becherf | schwach | kleinb | +++ | gebogen |
| Royal Highness | hellrosa | groß | III–IV | hohe Mitte | stark | einfach | +++ | gebogen |
| Royal Marbrée | mauve | mittelgr | V | rosettenf | schwach | kleinb | + | einfach |
| Royal Occasion | orangerot | groß | II | becherf | zart | kleinb | +++ | gebogen |
| Royal Parade | rein rosa | klein | III | schalenf | zart | kleinb | +++ | einfach |
| Royal Philharmonic | weiß | groß | III–IV | hohe Mitte | zart | kleinb | +++ | gebogen |
| Royal Salute | rot | klein | III–IV | becherf | ohne Duft | kleinb | +++ | gebogen |
| Royal Scarlet | rot | groß | III–IV | hohe Mitte | schwach | einfach | +++ | gebogen |
| Royal Show | rot | groß | III–IV | hohe Mitte | zart | einfach | +++ | gebogen |
| Royal William | dunkelrot | groß | III–IV | hohe Mitte | schwach | einfach | +++ | gebogen |
| Roydon Hall | rot | groß | III–IV | becherf | schwach | kleinb | +++ | gebogen |
| Rubaiyat | dunkelrosa | groß | III–IV | hohe Mitte | stark | einfach | +++ | gebogen |
| Rubens | weiß | groß | III–IV | becherf | schwach | einfach | ++ | einfach |
| Ruby (I) | rot | groß | III–IV | hohe Mitte | ohne Duft | kleinb | +++ | gebogen |
| Ruby (II) | rot | groß | III–IV | schalenf | ohne Duft | kleinb | +++ | gebogen |
| Ruby Anniversary | rot | klein | III–IV | offen | schwach | kleinb | +++ | einfach |
| Ruby Magic | rot | klein | III–IV | becherf | zart | kleinb | +++ | gebogen |
| Ruby Wedding | dunkelrot | groß | III–IV | becherf | schwach | kleinb | +++ | gebogen |
| Ruga | weiß | groß | III–IV | becherf | zart | doldenf | + | einfach |
| Rugelda | gelb+ | mittelgr | III–IV | becherf | ohne Duft | kleinb | +++ | geriffelt |
| Rugosa Magnifica | mauve | groß | III–IV | offen | schwach | kleinb | +++ | einfach |
| Rugspin | dunkelrot | groß | I | offen | schwach | kleinb | +++ | einfach |
| Ruhm von Steinfurth | rot | groß | III–IV | becherf | zart | einfach | ++ | gebogen |
| Rumba | rot | mittelgr | III–IV | becherf | zart | großb | +++ | gebogen |
| Running Maid | mauve | mittelgr | I | offen | stark | großb | ++ | einfach |
| Rush | rosa+ | mittelgr | I | offen | schwach | großb | +++ | einfach |
| Ruskin | dunkelrot | groß | III–IV | becherf | stark | kleinb | + | gebogen |
| Russelliana | mauve | mittelgr | III | schalenf | stark | großb | + | einfach |
| Rustica | gelb+ | groß | III–IV | becherf | zart | kleinb | +++ | gebogen |
| Ruth Leuwerik | rot | groß | III–IV | offen | stark | kleinb | +++ | gebogen |
| Ruyton | rein rosa | groß | III | offen | schwach | einfach | + | einfach |
| Saarbrücken | rot | groß | II | offen | zart | großb | +++ | einfach |
| Sacha | rot | groß | III–IV | hohe Mitte | ohne Duft | kleinb | +++ | gebogen |
| Sachsengruß | hellrosa | sehr gr | III–IV | hohe Mitte | schwach | kleinb | ++ | gebogen |
| Sadlers Wells | rosa+ | mittelgr | II | offen | zart | großb | +++ | geriffelt |
| Saffex Rose | mauve+ | mittelgr | IV | becherf | schwach | kleinb | +++ | gebogen |
| Safrano | apricot+ | groß | II | offen | schwach | kleinb | ++ | einfach |
| Saga | weiß | klein | II | offen | schwach | kleinb | +++ | einfach |
| St Boniface | orangerot | mittelgr | II | schalenf | schwach | kleinb | +++ | gebogen |
| St Bruno | goldgelb | groß | III–IV | hohe Mitte | stark | doldenf | +++ | gebogen |
| St Cecelia | gelb | mittelgr | III–IV | becherf | stark | kleinb | +++ | einfach |
| St Christopher | goldgelb | mittelgr | III–IV | hohe Mitte | schwach | kleinb | +++ | gebogen |
| St Dunstan's Rose | hellgelb | mittelgr | III–IV | rosettenf | stark | kleinb | +++ | einfach |
| St Helena | rein rosa | groß | II | becherf | zart | großb | +++ | gebogen |
| St Hughs | gelb | groß | III–IV | becherf | schwach | kleinb | +++ | einfach |
| St John | weiß | mittelgr | III–IV | becherf | zart | kleinb | +++ | gebogen |
| St Nicholas | dunkelrosa | mittelgr | II | becherf | stark | kleinb | + | einfach |
| St Patrick | gelb+ | groß | III–IV | hohe Mitte | zart | kleinb | +++ | gebogen |
| St. Pauli | gelb+ | mittelgr | II | offen | schwach | doldenf | +++ | gebogen |
| St Swithun | hellrosa | groß | III–IV | rosettenf | stark | kleinb | +++ | einfach |
| Salet | rein rosa | mittelgr | III–IV | becherf | stark | kleinb | ++ | einfach |
| Salita | orange+ | mittelgr | III–IV | offen | schwach | kleinb | +++ | gebogen |
| Sally Holmes | weiß | groß | I | offen | zart | großb | +++ | einfach |
| Sally's Rose | rosa+ | mittelgr | III–IV | hohe Mitte | zart | kleinb | +++ | gebogen |
| Salmon Sorbet | rosa+ | groß | III–IV | hohe Mitte | ohne Duft | kleinb | +++ | gebogen |
| Salmon Spire | orangerosa | groß | II | offen | stark | kleinb | +++ | einfach |
| Salmon Sprite | orangerosa | groß | III–IV | hohe Mitte | stark | großb | +++ | gebogen |
| Salmon Sunsation | orangerosa | klein | III | hohe Mitte | ohne Duft | kleinb | +++ | einfach |
| Samantha | rot | mittelgr | III–IV | hohe Mitte | schwach | kleinb | +++ | gebogen |
| Samba | gelb+ | mittelgr | III–IV | becherf | schwach | kleinb | +++ | gebogen |
| San Antonio | orangerot | groß | III–IV | becherf | schwach | kleinb | +++ | gebogen |
| San Diego | gelb | groß | III–IV | hohe Mitte | schwach | kleinb | +++ | gebogen |
| San José Sunshine | dunkelgelb | mittelgr | III–IV | hohe Mitte | zart | kleinb | +++ | gebogen |
| Sander's White Rambler | weiß | klein | II | rosettenf | schwach | großb | + | einfach |
| Sandra | orangerosa | groß | III–IV | hohe Mitte | schwach | einfach | +++ | gebogen |
| Sandringham Centenary | orangerosa | groß | II | becherf | schwach | einfach | +++ | geriffelt |
| Sangerhausen | dunkelrosa | groß | II | becherf | schwach | großb | +++ | einfach |
| Sangria | orangerot | mittelgr | II | offen | ohne Duft | großb | +++ | geriffelt |
| Sanguinea | dunkelrot | mittelgr | I | kugelf | ohne Duft | kleinb | ++ | einfach |
| Sanka | orange+ | groß | III–IV | hohe Mitte | ohne Duft | kleinb | +++ | gebogen |
| Sans Souci | weiß | mittelgr | III–IV | becherf | zart | kleinb | +++ | gebogen |
| Santa Catalina | hellrosa | mittelgr | II | becherf | schwach | kleinb | +++ | gebogen |
| Santa Claus | dunkelrot | klein | III–IV | becherf | schwach | kleinb | +++ | gebogen |
| Santa Fé | orangerosa | groß | III–IV | hohe Mitte | zart | kleinb | +++ | gebogen |
| Santa Rosa | dunkelrosa | groß | III | kugelf | zart | kleinb | ++ | einfach |
| Santana | rot | mittelgr | II | offen | schwach | kleinb | +++ | gebogen |
| Sarabande | orangerot | mittelgr | II | schalenf | schwach | kleinb | +++ | einfach |
| Sarah | weiß | klein | III–IV | becherf | zart | einfach | +++ | gebogen |
| Sarah Arnot | rein rosa | groß | III–IV | becherf | schwach | kleinb | +++ | gebogen |
| Sarah van Fleet | rein rosa | mittelgr | II | becherf | ohne Duft | kleinb | +++ | gebogen |
| Saratoga | weiß | groß | III–IV | becherf | schwach | kleinb | +++ | gebogen |
| Satchmo | orangerot | mittelgr | III–IV | hohe Mitte | schwach | kleinb | +++ | gebogen |
| Satellite | orangerot | mittelgr | III–IV | hohe Mitte | stark | einfach | +++ | gebogen |
| Satina | rosa | mittelgr | II | offen | schwach | doldenf | +++ | gebogen |
| Savoy Hotel | hellrosa | groß | III–IV | hohe Mitte | schwach | einfach | +++ | gebogen |

| NAME | BLÜTEN-FARBE | BLÜTEN-GRÖSSE | BLÜTEN-TYP | BLÜTEN-FORM | DUFT-STÄRKE | BLÜTEN-STAND | BLÜH-HÄUFIGKEIT | PETALEN-FORM |
|---|---|---|---|---|---|---|---|---|
| Scabrosa | mauve | groß | I | offen | schwach | kleinb | +++ | einfach |
| Scarlet Gem | orangerot | klein | V | becherf | schwach | kleinb | +++ | einfach |
| Scarlet Knight | rot | groß | III–IV | becherf | schwach | kleinb | +++ | gebogen |
| Scarlet Meidiland | rot | klein | II | offen | ohne Duft | großb | +++ | einfach |
| Scarlet Meillandina | dunkelrot | groß | II | becherf | ohne Duft | kleinb | +++ | gebogen |
| Scarlet Moss | rot | klein | II | offen | ohne Duft | kleinb | +++ | einfach |
| Scarlet Patio | rot | klein | II | schalenf | ohne Duft | großb | +++ | gebogen |
| Scarlet Queen Elizabeth | orangerot | mittelgr | III–IV | kugelf | zart | kleinb | +++ | einfach |
| Scarlet Showers | rot | groß | III–IV | offen | schwach | kleinb | +++ | gebogen |
| Scented Air | orangerosa | groß | III–IV | hohe Mitte | stark | kleinb | +++ | gebogen |
| Scentimental | rot+ | groß | III–IV | hohe Mitte | zart | kleinb | +++ | gebogen |
| Scentsational | mauve | mittelgr | III | offen | stark | einfach | +++ | gebogen |
| Scharlachglut | dunkelrot | groß | II | offen | ohne Duft | kleinb | + | einfach |
| Scherzo | rot | groß | III–IV | hohe Mitte | ohne Duft | großb | +++ | gebogen |
| Schneelicht | weiß | sehr gr | I | offen | schwach | kleinb | ++ | einfach |
| Schneesturm | weiß | klein | III–IV | offen | schwach | großb | +++ | einfach |
| Schneewalzer | weiß | groß | III–IV | becherf | ohne Duft | kleinb | + | gebogen |
| Schneezwerg | weiß | klein | II | schalenf | ohne Duft | kleinb | +++ | einfach |
| Schoener's Nutkana | rosa | groß | I | offen | schwach | kleinb | + | einfach |
| Schoolgirl | apricot+ | groß | III–IV | schalenf | stark | kleinb | +++ | gebogen |
| Schwarze Madonna | dunkelrot | groß | III–IV | hohe Mitte | schwach | kleinb | +++ | gebogen |
| Schweizer Gold | hellgelb | groß | III–IV | hohe Mitte | schwach | einfach | +++ | gebogen |
| Scorcher | dunkelrot | groß | II | offen | schwach | kleinb | + | einfach |
| Scrabo | orangerosa | groß | III–IV | hohe Mitte | stark | kleinb | +++ | gebogen |
| Sea Foam | weiß | groß | III–IV | rosettenf | zart | kleinb | +++ | einfach |
| Sea Pearl | rosa+ | groß | II | hohe Mitte | ohne Duft | doldenf | +++ | gebogen |
| Seabreeze | rosa | klein | III–IV | becherf | schwach | kleinb | +++ | einfach |
| Seafarer | orangerot | groß | III–IV | becherf | zart | kleinb | +++ | gebogen |
| Seagull | weiß | klein | I | offen | schwach | doldenf | + | einfach |
| Sealing Wax | rosa | groß | I | offen | ohne Duft | kleinb | + | einfach |
| Seashell | orangerosa | groß | III–IV | becherf | schwach | einfach | +++ | gebogen |
| Seaspray | rosa+ | mittelgr | II | offen | stark | kleinb | +++ | einfach |
| Seattle Scentsation | rosa+ | groß | III–IV | offen | stark | kleinb | +++ | einfach |
| Sebastian Kneipp | apricot+ | groß | II | offen | zart | einfach | +++ | einfach |
| Secret | rosa+ | groß | III–IV | hohe Mitte | stark | einfach | +++ | gebogen |
| Selfridges | goldgelb | groß | III–IV | hohe Mitte | schwach | einfach | +++ | gebogen |
| Seliata | rot+ | groß | III | hohe Mitte | zart | einfach | +++ | einfach |
| Senator Burda | dunkelrot | groß | III–IV | hohe Mitte | stark | einfach | +++ | gebogen |
| Sénégal | dunkelrot | groß | III–IV | offen | zart | kleinb | +++ | gebogen |
| Sequoia Gold | gelb | klein | III–IV | hohe Mitte | schwach | kleinb | +++ | gebogen |
| Serratipetala | rosa+ | mittelgr | III–IV | becherf | ohne Duft | kleinb | ++ | kraus |
| Seven Seas | mauve | groß | III–IV | offen | schwach | doldenf | +++ | gebogen |
| Seven Sisters | rosa+ | mittelgr | III–IV | offen | schwach | doldenf | + | gebogen |
| Sevilliana | rosa+ | groß | II | becherf | schwach | doldenf | +++ | gebogen |
| Sexy Rexy | rein rosa | mittelgr | III–IV | schalenf | zart | großb | +++ | einfach |
| Shadow | dunkelrot | groß | III–IV | hohe Mitte | stark | einfach | +++ | gebogen |
| Shakespeare Festival | rein gelb | groß | III–IV | hohe Mitte | schwach | kleinb | +++ | gebogen |
| Shannon | rosa | groß | III–IV | becherf | ohne Duft | einfach | +++ | gebogen |
| Sharifa Asma | hellrosa | groß | III–IV | becherf | stark | kleinb | +++ | einfach |
| Sharon Louise | weiß | groß | III–IV | becherf | zart | einfach | +++ | gebogen |
| Sheelagh Baird | rosa+ | groß | III–IV | becherf | ohne Duft | doldenf | +++ | einfach |
| Sheer Bliss | weiß+ | groß | III–IV | hohe Mitte | schwach | einfach | +++ | gebogen |
| Sheer Elegance | orangerosa | groß | III–IV | becherf | stark | einfach | +++ | gebogen |
| Sheila MacQueen | weiß | mittelgr | III–IV | becherf | zart | doldenf | +++ | geriffelt |
| Sheila's Perfume | gelb+ | groß | II | becherf | stark | einfach | +++ | gebogen |
| Shell Queen | hellrosa | groß | III–IV | kugelf | ohne Duft | kleinb | +++ | einfach |
| Shelly | rosa+ | groß | II | offen | schwach | kleinb | +++ | gebogen |
| Sheri Anne | orangerot | klein | II | becherf | zart | kleinb | +++ | gebogen |
| Shine On | orangerosa | mittelgr | III–IV | hohe Mitte | ohne Duft | kleinb | +++ | gebogen |
| Shining Hour | goldgelb | groß | III–IV | hohe Mitte | schwach | einfach | +++ | gebogen |
| Shiralee | gelb+ | groß | III–IV | hohe Mitte | schwach | einfach | +++ | gebogen |
| Shocking Blue | mauve | groß | III–IV | hohe Mitte | stark | kleinb | +++ | gebogen |
| Shocking Sky | mauve+ | mittelgr | II | hohe Mitte | zart | kleinb | +++ | einfach |
| Shona | orangerosa | mittelgr | II | becherf | zart | kleinb | +++ | gebogen |
| Shot Silk | rosa+ | groß | III–IV | hohe Mitte | schwach | kleinb | +++ | gebogen |
| Show Girl, Climbing | rein rosa | groß | III–IV | hohe Mitte | zart | kleinb | +++ | gebogen |
| Showbiz | rot | mittelgr | II | becherf | ohne Duft | großb | +++ | geriffelt |
| Shower of Gold | rein gelb | groß | III–IV | rosettenf | zart | kleinb | + | einfach |
| Showtime | rein rosa | groß | III–IV | hohe Mitte | schwach | einfach | +++ | gebogen |
| Shreveport | orange+ | groß | III–IV | hohe Mitte | schwach | kleinb | +++ | gebogen |
| Shropshire Lass | hellrosa | groß | I | offen | zart | kleinb | + | geriffelt |
| Si | weiß | klein | II | offen | ohne Duft | einfach | +++ | einfach |
| Signature | dunkelrosa | groß | III–IV | hohe Mitte | zart | einfach | +++ | gebogen |
| Signora | orange+ | groß | III–IV | becherf | schwach | kleinb | +++ | gebogen |
| Silent Night | gelb+ | groß | III–IV | hohe Mitte | schwach | einfach | +++ | gebogen |
| Silk Button | weiß | klein | III | becherf | ohne Duft | kleinb | +++ | einfach |
| Silk Hat | mauve | sehr gr | III–IV | hohe Mitte | schwach | einfach | +++ | gebogen |
| Silva | rosa+ | groß | III–IV | hohe Mitte | schwach | einfach | +++ | gebogen |
| Silver Anniversary | mauve | groß | III–IV | hohe Mitte | stark | einfach | +++ | gebogen |
| Silver Jubilee | rosa+ | groß | III–IV | hohe Mitte | zart | kleinb | +++ | gebogen |
| Silver Lining | rosa+ | sehr gr | III–IV | hohe Mitte | schwach | einfach | +++ | gebogen |
| Silver Moon | weiß | groß | II | schalenf | schwach | kleinb | + | einfach |
| Silver Star | mauve | groß | III–IV | becherf | stark | kleinb | +++ | gebogen |
| Silver Wedding | mauve | groß | III–IV | hohe Mitte | zart | kleinb | +++ | gebogen |
| Silverado | mauve | klein | III–IV | hohe Mitte | schwach | einfach | +++ | gebogen |
| Silverhill | rosa+ | mittelgr | III–IV | hohe Mitte | zart | einfach | +++ | gebogen |
| Simon Fraser | rein rosa | mittelgr | II | offen | schwach | kleinb | +++ | einfach |
| Simon Robinson | rosa | klein | I | offen | schwach | großb | +++ | einfach |
| Simplex | weiß | klein | I | schalenf | schwach | großb | +++ | einfach |
| Simplicity | rein rosa | groß | II | schalenf | schwach | kleinb | +++ | gebogen |
| Sincerely Yours | rot | mittelgr | II | offen | ohne Duft | kleinb | +++ | einfach |
| Singin' in the Rain | apricot+ | mittelgr | III–IV | becherf | schwach | großb | +++ | gebogen |
| Single Cherry | rot | klein | I | offen | schwach | kleinb | + | einfach |
| Sir Alec Rose | dunkelrosa | mittelgr | III | offen | zart | kleinb | +++ | einfach |
| Sir Cedric Morris | weiß | klein | I | schalenf | stark | großb | + | einfach |
| Sir Clough | dunkelrosa | groß | II | offen | schwach | kleinb | +++ | einfach |
| Sir Edward Elgar | rot/hellrot | groß | III–IV | becherf | zart | einfach | +++ | gebogen |
| Sir Frederick Ashton | weiß | groß | III–IV | hohe Mitte | schwach | kleinb | +++ | gebogen |
| Sir Harry Pilkington | rot | sehr gr | III–IV | hohe Mitte | zart | einfach | +++ | gebogen |
| Sir Lancelot | apricot+ | groß | II | becherf | zart | kleinb | +++ | einfach |
| Sir Thomas Lipton | weiß | groß | III–IV | becherf | stark | kleinb | +++ | einfach |
| Sir Walter Raleigh | rosa | groß | III–IV | becherf | stark | einfach | +++ | einfach |
| Sir Winston Churchill | orangerosa | groß | III–IV | hohe Mitte | stark | einfach | +++ | gebogen |
| Siren | orangerot | sehr gr | II | offen | schwach | kleinb | +++ | gebogen |
| Skyrocket | dunkelrot | mittelgr | II | offen | schwach | großb | +++ | einfach |
| Slater's Crimson China | rot | klein | II | becherf | ohne Duft | einfach | +++ | einfach |
| Sleigh Bells | weiß | groß | III–IV | offen | stark | kleinb | +++ | gebogen |
| Smarty | hellrosa | mittelgr | I | offen | ohne Duft | großb | +++ | einfach |
| Smith's Parish | rot+ | mittelgr | II | becherf | ohne Duft | kleinb | +++ | einfach |
| Smooth Angel | apricot+ | groß | III–IV | becherf | stark | einfach | +++ | gebogen |
| Smooth Lady | rein rosa | mittelgr | III–IV | offen | schwach | kleinb | +++ | gebogen |
| Smooth Melody | rot | mittelgr | III–IV | offen | stark | kleinb | +++ | einfach |
| Smooth Perfume | hellrosa | groß | III–IV | hohe Mitte | stark | einfach | +++ | gebogen |
| Smooth Prince | rot | groß | III | urnenf | stark | einfach | +++ | einfach |
| Smooth Satin | rein rosa | groß | III–IV | becherf | zart | einfach | +++ | gebogen |
| Smooth Velvet | dunkelrot | groß | III–IV | becherf | zart | einfach | +++ | gebogen |
| Sno | weiß | mittelgr | III–IV | hohe Mitte | stark | kleinb | +++ | gebogen |
| Snow Ballet | weiß | groß | III–IV | becherf | schwach | kleinb | +++ | gebogen |

| NAME | BLÜTEN-FARBE | BLÜTEN-GRÖSSE | BLÜTEN-TYP | BLÜTEN-FORM | DUFT-STÄRKE | BLÜTEN-STAND | BLÜH-HÄUFIGKEIT | PETALEN-FORM |
|---|---|---|---|---|---|---|---|---|
| Snow Bride | weiß | klein | III–IV | hohe Mitte | zart | großb | +++ | gebogen |
| Snow Carpet | weiß | klein | III–IV | offen | schwach | kleinb | +++ | einfach |
| Snow Magic | weiß | klein | III–IV | becherf | zart | kleinb | +++ | gebogen |
| Snow Meillandina | weiß | mittelgr | III–IV | schalenf | ohne Duft | kleinb | +++ | gebogen |
| Snow Owl | weiß | mittelgr | III–IV | offen | stark | kleinb | +++ | einfach |
| Snow Twinkle | weiß | klein | III–IV | hohe Mitte | schwach | kleinb | +++ | gebogen |
| Snow White | weiß | groß | III–IV | hohe Mitte | schwach | kleinb | +++ | gebogen |
| Snowdon | weiß | groß | IV | rosettenf | zart | kleinb | +++ | einfach |
| Snowfire | rot+ | sehr gr | III–IV | becherf | zart | kleinb | +++ | gebogen |
| Snowflake | weiß | mittelgr | III | hohe Mitte | stark | kleinb | + | einfach |
| Snowline | weiß | mittelgr | II | becherf | ohne Duft | kleinb | +++ | geriffelt |
| Snowy Cupido | weiß | klein | III–IV | becherf | zart | kleinb | +++ | gebogen |
| Soaring Wings | orange+ | groß | III–IV | hohe Mitte | schwach | kleinb | +++ | gebogen |
| Sodōri-Hime | weiß | groß | III–IV | hohe Mitte | zart | kleinb | +++ | gebogen |
| Soeur Thérèse | gelb+ | groß | III–IV | becherf | schwach | kleinb | +++ | gebogen |
| Softee | weiß | klein | III–IV | pomponf | schwach | kleinb | +++ | gebogen |
| Softly Softly | rosa+ | groß | III–IV | becherf | schwach | kleinb | +++ | gebogen |
| Soldier Boy | rot | groß | I | offen | ohne Duft | kleinb | +++ | einfach |
| Soleil d'Or | gelb+ | groß | III–IV | becherf | schwach | kleinb | +++ | gebogen |
| Solfaterre | gelb | groß | III–IV | schalenf | zart | kleinb | ++ | gebogen |
| Solitaire | gelb+ | groß | III | urnenf | schwach | einfach | +++ | einfach |
| Solitude | orange+ | groß | III–IV | becherf | zart | großb | +++ | geriffelt |
| Sombreuil | weiß | groß | V | schalenf | stark | kleinb | ++ | einfach |
| Sommerduft | dunkelrot | groß | III–IV | becherf | stark | kleinb | +++ | gebogen |
| Sommermärchen | dunkelrosa | mittelgr | II | schalenf | zart | großb | +++ | einfach |
| Song of Paris | mauve | groß | III–IV | hohe Mitte | zart | kleinb | +++ | gebogen |
| Sonia Meilland | rosa+ | groß | III–IV | hohe Mitte | stark | kleinb | +++ | gebogen |
| Sonja Horstman | rot | mittelgr | III–IV | schalenf | zart | einfach | +++ | gebogen |
| Sonnenkind | goldgelb | mittelgr | III–IV | schalenf | zart | kleinb | +++ | gebogen |
| Sonnenschirm | hellgelb | mittelgr | III | becherf | schwach | großb | +++ | einfach |
| Sonora | gelb+ | groß | III–IV | becherf | schwach | kleinb | +++ | gebogen |
| Sophie de Marsilly | rosa+ | groß | III–IV | kugelf | schwach | kleinb | + | einfach |
| Sophie's Perpetual | rosa+ | klein | III | kugelf | schwach | kleinb | ++ | einfach |
| Sorcerer | rot | klein | II | offen | ohne Duft | einfach | +++ | gebogen |
| Soupert et Notting | dunkelrosa | klein | III–IV | kugelf | stark | kleinb | ++ | einfach |
| South Seas | orangerosa | groß | III–IV | becherf | zart | einfach | +++ | gebogen |
| Southampton | apricot+ | mittelgr | III–IV | becherf | zart | kleinb | +++ | gebogen |
| Southern Belle | rosa+ | groß | III–IV | hohe Mitte | zart | kleinb | +++ | gebogen |
| Southern Cross (I) | rein rosa | mittelgr | III | kugelf | schwach | einfach | +++ | einfach |
| Southern Cross (II) | goldgelb | mittelgr | III–IV | offen | zart | kleinb | +++ | gebogen |
| Southern Delight | gelb+ | klein | III–IV | becherf | zart | kleinb | +++ | gebogen |
| Souvenir (I) | goldgelb | mittelgr | III–IV | schalenf | schwach | einfach | +++ | gebogen |
| Souvenir (II) | dunkelrosa/ mauve | mittelgr | III | offen | zart | kleinb | +++ | einfach |
| Souvenir d'Alphonse Lavallée | dunkelrot | mittelgr | III–IV | becherf | stark | kleinb | ++ | einfach |
| Souvenir de Brod | rot+ | groß | III–IV | geviertelt | stark | kleinb | ++ | einfach |
| Souvenir de Christophe Coche | rein rosa | groß | II | offen | schwach | kleinb | ++ | einfach |
| Souvenir de Claudius Denoyel | dunkelrot | sehr gr | III–IV | becherf | schwach | kleinb | ++ | einfach |
| Souvenir de Jeanne Balandreau | rot | sehr gr | III–IV | kugelf | schwach | kleinb | ++ | gebogen |
| Souvenir de la Malmaison | hellrosa | groß | III–IV | geviertelt | stark | kleinb | ++ | einfach |
| Souvenir de la Reine d'Angleterre | rein rosa | groß | III–IV | becherf | schwach | kleinb | ++ | gebogen |
| Souvenir de Mme Auguste Charles | rein rosa | klein | III | geviertelt | zart | kleinb | ++ | einfach |
| Souvenir de Mme Boullet | goldgelb | groß | III–IV | becherf | zart | einfach | +++ | gebogen |
| Souvenir de Mme Breuil | dunkelrosa | groß | III–IV | becherf | schwach | kleinb | ++ | einfach |
| Souvenir de Mme H. Thuret | rosa+ | sehr gr | III–IV | becherf | schwach | einfach | ++ | gebogen |
| Souvenir de Mme Léonie Viennot | gelb+ | groß | III–IV | becherf | schwach | kleinb | ++ | einfach |

| NAME | BLÜTEN-FARBE | BLÜTEN-GRÖSSE | BLÜTEN-TYP | BLÜTEN-FORM | DUFT-STÄRKE | BLÜTEN-STAND | BLÜH-HÄUFIGKEIT | PETALEN-FORM |
|---|---|---|---|---|---|---|---|---|
| Souvenir de Mlle Juliet de Bricard | hellrosa | klein | V | kugelf | zart | großb | +++ | einfach |
| Souvenir de Philemon Cochet | weiß | groß | V | offen | stark | kleinb | ++ | einfach |
| Souvenir de Pierre Notting | gelb+ | groß | V | becherf | schwach | kleinb | ++ | einfach |
| Souvenir de Pierre Vibert | rot+ | groß | III–IV | becherf | stark | kleinb | ++ | einfach |
| Souvenir de St Anne's | hellrosa | groß | II | offen | stark | kleinb | ++ | einfach |
| Souvenir de Thérèse Lovet | dunkelrot | mittelgr | III–IV | offen | ohne Duft | kleinb | ++ | gebogen |
| Souvenir de Victor Landeau | rot | groß | III–IV | kugelf | schwach | großb | ++ | gebogen |
| Souvenir d'Elise Vardon | weiß | mittelgr | III–IV | kugelf | zart | kleinb | ++ | einfach |
| Souvenir du Docteur Jamain | dunkelrot | mittelgr | III–IV | becherf | schwach | kleinb | ++ | einfach |
| Souvenir d'un Ami | hellrosa | groß | III–IV | becherf | stark | kleinb | ++ | gebogen |
| Spangles | hellrosa | mittelgr | III–IV | becherf | schwach | großb | +++ | gebogen |
| Sparkling Scarlet | rot | mittelgr | II | offen | stark | großb | +++ | einfach |
| Sparrieshoop | hellrosa | groß | I | schalenf | schwach | großb | +++ | geriffelt |
| Spartan | orangerot | groß | III–IV | hohe Mitte | schwach | kleinb | +++ | gebogen |
| Speaker Sam | gelb+ | groß | III–IV | becherf | zart | kleinb | +++ | gebogen |
| Special Angel | mauve | klein | III–IV | hohe Mitte | zart | einfach | +++ | gebogen |
| Spectabilis | dunkelrot | klein | III–IV | rosettenf | stark | großb | ++ | geriffelt |
| Spectacular | orangerot | mittelgr | III–IV | becherf | zart | großb | +++ | gebogen |
| Spencer | hellrosa | groß | III–IV | becherf | zart | einfach | ++ | einfach |
| Spice | hellrosa | mittelgr | II | offen | schwach | kleinb | ++ | einfach |
| Spice Drop | orangerosa | klein | III–IV | hohe Mitte | zart | einfach | +++ | gebogen |
| Spice Twice | orange+ | groß | III–IV | hohe Mitte | zart | einfach | +++ | gebogen |
| Spiced Coffee | rostfarben | groß | III–IV | hohe Mitte | stark | kleinb | +++ | gebogen |
| Spirit of Peace | gelb+ | groß | III–IV | becherf | schwach | einfach | +++ | gebogen |
| Splendens (vor 1837) | weiß | groß | III | kugelf | stark | kleinb | + | einfach |
| Splendens (vor 1583) | rot | mittelgr | II | kugelf | stark | großb | + | gebogen |
| Spong | rein rosa | klein | III–IV | offen | stark | großb | + | einfach |
| Spring Song | dunkelrosa | mittelgr | II | offen | schwach | kleinb | +++ | einfach |
| Squatters Dream | rein gelb | groß | II | offen | schwach | kleinb | +++ | einfach |
| Stacey Sue | hellrosa | klein | III–IV | rosettenf | zart | kleinb | +++ | einfach |
| Stadt Rosenheim | orangerot | mittelgr | III–IV | becherf | schwach | kleinb | +++ | gebogen |
| Stämmler | rein rosa | groß | III | hohe Mitte | stark | einfach | ++ | gebogen |
| Stainless Steel | mauve | groß | II | hohe Mitte | stark | einfach | +++ | gebogen |
| Stanwell Perpetual | weiß | mittelgr | III–IV | geviertelt | zart | kleinb | +++ | einfach |
| Star Delight | rein rosa | mittelgr | I | schalenf | zart | kleinb | +++ | einfach |
| Star of Waltham | rot | mittelgr | III–IV | kugelf | schwach | kleinb | ++ | gebogen |
| Star Trail | apricot+ | klein | III | schalenf | zart | kleinb | + | einfach |
| Stardust | weiß | groß | III–IV | becherf | schwach | einfach | +++ | gebogen |
| Stargazer | orange+ | klein | I | offen | zart | großb | +++ | einfach |
| Starglo | weiß | klein | III–IV | hohe Mitte | zart | einfach | +++ | gebogen |
| Starina | orangerot | klein | III–IV | hohe Mitte | ohne Duft | kleinb | +++ | gebogen |
| Starlet | rein gelb | mittelgr | IV | hohe Mitte | zart | kleinb | +++ | gebogen |
| Stars 'n' Stripes | rot+ | klein | III–IV | hohe Mitte | schwach | kleinb | +++ | einfach |
| Steffi Graf | rein rosa | groß | III–IV | hohe Mitte | ohne Duft | einfach | +++ | gebogen |
| Stella | rosa+ | groß | III–IV | hohe Mitte | zart | kleinb | +++ | gebogen |
| Stella Elizabeth | weiß | klein | III–IV | becherf | zart | kleinb | +++ | gebogen |
| Stephanie Diane | rot | groß | III–IV | hohe Mitte | zart | einfach | +++ | gebogen |
| Stephanie Jo | hellrosa | groß | III–IV | hohe Mitte | zart | einfach | +++ | gebogen |
| Stephens' Big Purple | mauve+ | groß | III–IV | schalenf | stark | einfach | +++ | gebogen |
| Sterling Silver | mauve+ | groß | III–IV | becherf | stark | kleinb | +++ | gebogen |
| Strawberry Crush | rot | mittelgr | III–IV | becherf | zart | kleinb | +++ | gebogen |
| Strawberry Swirl | rot+ | klein | III–IV | rosettenf | ohne Duft | kleinb | +++ | einfach |
| Stretch Johnson | rot+ | mittelgr | II | becherf | zart | kleinb | +++ | gebogen |
| String of Pearls | orangerot | klein | II | hohe Mitte | ohne Duft | kleinb | +++ | einfach |
| Stroller | rot+ | groß | III–IV | offen | zart | doldenf | +++ | einfach |
| Sue Lawley | rot+ | mittelgr | III | offen | zart | kleinb | +++ | einfach |

| NAME | BLÜTEN-FARBE | BLÜTEN-GRÖSSE | BLÜTEN-TYP | BLÜTEN-FORM | DUFT-STÄRKE | BLÜTEN-STAND | BLÜH-HÄUFIGKEIT | PETALEN-FORM |
|---|---|---|---|---|---|---|---|---|
| Sue Ryder | orangerosa | mittelgr | III–IV | becherf | ohne Duft | großb | +++ | gebogen |
| Sugar Elf | rosa+ | klein | II | offen | zart | kleinb | +++ | gebogen |
| Suitor | rein rosa | klein | II | offen | zart | großb | +++ | einfach |
| Suma | rot | klein | III–IV | rosettenf | stark | großb | +++ | einfach |
| Summer Blush | dunkelrosa | mittelgr | III–IV | becherf | stark | kleinb | + | einfach |
| Summer Breeze | dunkelrosa | groß | II | schalenf | schwach | großb | +++ | einfach |
| Summer Damask | rein rosa | mittelgr | III–IV | becherf | stark | doldenf | + | einfach |
| Summer Dream | apricot+ | mittelgr | III | hohe Mitte | zart | einfach | +++ | gebogen |
| Summer Fashion | gelb+ | groß | III–IV | offen | schwach | kleinb | +++ | einfach |
| Summer Holiday | orangerot | groß | III–IV | hohe Mitte | schwach | einfach | +++ | gebogen |
| Summer Lady | rosa+ | groß | III–IV | hohe Mitte | stark | einfach | +++ | gebogen |
| Summer Queen | weiß+ | groß | III–IV | becherf | zart | kleinb | +++ | einfach |
| Summer Snow | weiß | groß | III–IV | becherf | zart | großb | +++ | gebogen |
| Summer Song | orange+ | groß | II | offen | zart | kleinb | +++ | gebogen |
| Summer Sunshine | goldgelb | groß | III–IV | hohe Mitte | zart | kleinb | +++ | gebogen |
| Summer Wine | rein rosa | groß | I | offen | stark | kleinb | +++ | einfach |
| Summertime | goldgelb | groß | III–IV | becherf | zart | kleinb | +++ | gebogen |
| Sun Flare | rein gelb | mittelgr | III–IV | schalenf | zart | kleinb | +++ | gebogen |
| Sun Goddess | goldgelb | groß | III–IV | hohe Mitte | zart | kleinb | +++ | gebogen |
| Sun King | rein gelb | groß | III–IV | hohe Mitte | schwach | kleinb | +++ | gebogen |
| Sunbaby | goldgelb | klein | III–IV | becherf | ohne Duft | kleinb | +++ | gebogen |
| Sunbeam | apricot+ | mittelgr | III–IV | becherf | zart | kleinb | +++ | gebogen |
| Sunblaze Baron | rot+ | mittelgr | III | hohe Mitte | zart | kleinb | +++ | einfach |
| Sunblest | goldgelb | groß | III–IV | hohe Mitte | zart | kleinb | +++ | gebogen |
| Sunbright | rein gelb | groß | III–IV | schalenf | zart | kleinb | +++ | gebogen |
| Sunderland Supreme | hellrosa/ rosa+ | sehr gr | III–IV | becherf | zart | kleinb | +++ | gebogen |
| Sundowner | apricot+ | groß | III–IV | hohe Mitte | stark | kleinb | +++ | gebogen |
| Sundra | dunkelrot | groß | II | becherf | stark | kleinb | +++ | einfach |
| Sundust | gelb | klein | III–IV | hohe Mitte | schwach | kleinb | +++ | gebogen |
| Sunhit | goldgelb | groß | III–IV | becherf | zart | großb | +++ | gebogen |
| Sunlit | apricot+ | groß | III–IV | kugelf | zart | kleinb | +++ | gebogen |
| Sunmaid | gelb+ | klein | III–IV | rosettenf | ohne Duft | kleinb | +++ | einfach |
| Sunny | rein gelb | klein | II | offen | zart | kleinb | +++ | einfach |
| Sunny Afternoon | gelb+ | klein | III–IV | offen | zart | einfach | +++ | gebogen |
| Sunny Honey | apricot+ | groß | III–IV | schalenf | schwach | kleinb | +++ | einfach |
| Sunny June | goldgelb | mittelgr | I | becherf | zart | großb | +++ | einfach |
| Sunny Morning | rein gelb | klein | III–IV | schalenf | schwach | kleinb | +++ | gebogen |
| Sunny Sky | gelb+ | mittelgr | III–IV | hohe Mitte | zart | kleinb | +++ | gebogen |
| Sunny South | rosa+ | groß | II | offen | schwach | großb | +++ | gebogen |
| Sunny Today | goldgelb | mittelgr | III–IV | hohe Mitte | zart | kleinb | +++ | gebogen |
| Sunrise Sunset | rosa+ | groß | III–IV | hohe Mitte | zart | einfach | +++ | gebogen |
| Sunrose | orangerosa | mittelgr | III–IV | offen | ohne Duft | kleinb | +++ | einfach |
| Sunseeker | orangerot | klein | III–IV | schalenf | zart | kleinb | +++ | gebogen |
| Sunset | goldgelb | sehr gr | III–IV | becherf | schwach | kleinb | ++ | einfach |
| Sunset Boulevard | orangerosa | mittelgr | III–IV | hohe Mitte | schwach | kleinb | +++ | gebogen |
| Sunset Celebration | orangerosa | groß | III | hohe Mitte | schwach | einfach | +++ | einfach |
| Sunset Song | apricot+/ orange+ | groß | III–IV | hohe Mitte | zart | großb | +++ | gebogen |
| Sunshine | orange+ | klein | III–IV | becherf | schwach | kleinb | +++ | gebogen |
| Sunsilk | rein gelb | groß | III–IV | offen | zart | kleinb | +++ | gebogen |
| Sunspray | goldgelb | klein | II | becherf | zart | kleinb | +++ | gebogen |
| Sunsprite | goldgelb | groß | III–IV | schalenf | stark | kleinb | +++ | gebogen |
| Super Dorothy | rein rosa | klein | III–IV | rosettenf | schwach | kleinb | +++ | einfach |
| Super Excelsa | dunkelrot | klein | III–IV | becherf | schwach | kleinb | +++ | einfach |
| Super Fairy | hellrosa | klein | III–IV | becherf | schwach | großb | +++ | einfach |
| Super Sparkle | dunkelrot | mittelgr | III–IV | offen | zart | großb | +++ | einfach |
| Super Sun | rein gelb | groß | III–IV | hohe Mitte | ohne Duft | einfach | +++ | gebogen |
| Superb Tuscan | mauve | mittelgr | III–IV | offen | stark | kleinb | + | einfach |
| Surpasse Tout | rot | groß | III–IV | schalenf | stark | kleinb | + | einfach |
| Surpassing Beauty of Wolvers | dunkelrot | groß | III–IV | offen | stark | einfach | + | einfach |
| Surrey | hellrosa | mittelgr | III–IV | offen | ohne Duft | großb | +++ | einfach |
| Susan | rein rosa | groß | III–IV | hohe Mitte | stark | einfach | +++ | gebogen |
| Susan Hampshire | hellrosa | groß | III–IV | kugelf | stark | einfach | +++ | gebogen |
| Susan Jellicoe | weiß+ | groß | III–IV | becherf | stark | kleinb | +++ | gebogen |
| Susan Louise | hellrosa | groß | III–IV | offen | zart | kleinb | +++ | einfach |
| Susan Massu | gelb+ | groß | III–IV | becherf | stark | kleinb | +++ | gebogen |
| Suspense | rot+ | groß | III–IV | hohe Mitte | zart | einfach | +++ | gebogen |
| Sussex | apricot+ | klein | III–IV | offen | ohne Duft | doldenf | +++ | einfach |
| Sutter's Gold | orange+ | groß | III–IV | hohe Mitte | stark | einfach | +++ | gebogen |
| Suzon Lotthé, Climbing | rosa+ | groß | III–IV | hohe Mitte | stark | einfach | +++ | gebogen |
| Swan | weiß+ | sehr gr | III–IV | rosettenf | zart | kleinb | +++ | einfach |
| Swan Lake | weiß+ | groß | III–IV | becherf | zart | kleinb | +++ | gebogen |
| Swany | weiß | mittelgr | V | becherf | ohne Duft | kleinb | +++ | gebogen |
| Swarthmore | rosa+ | groß | III–IV | hohe Mitte | zart | einfach | +++ | gebogen |
| Sweet Afton | weiß+/ hellrosa | groß | III–IV | hohe Mitte | stark | einfach | +++ | gebogen |
| Sweet Chariot | mauve | klein | III–IV | pomponf | stark | großb | +++ | einfach |
| Sweet Dream | apricot+ | mittelgr | III–IV | becherf | stark | kleinb | +++ | einfach |
| Sweet Fairy | hellrosa | klein | III–IV | becherf | schwach | kleinb | +++ | einfach |
| Sweet Home | dunkelrosa | groß | III–IV | becherf | zart | einfach | +++ | gebogen |
| Sweet Inspiration | rein rosa | groß | III–IV | offen | ohne Duft | großb/kleinb | +++ | einfach |
| Sweet Juliet | apricot+ | groß | V | becherf | schwach | kleinb | +++ | einfach |
| Sweet Magic | orange+ | klein | III–IV | offen | ohne Duft | kleinb | +++ | einfach |
| Sweet Memories | hellgelb | mittelgr | III–IV | becherf | schwach | großb | +++ | einfach |
| Sweet Nell | orange+ | groß | III–IV | schalenf | zart | kleinb | +++ | gebogen |
| Sweet Revenge | orangerot | klein | III–IV | schalenf | zart | einfach | +++ | gebogen |
| Sweet Sunsation | hellrosa | mittelgr | III | becherf | ohne Duft | kleinb | +++ | einfach |
| Sweet Surrender | rein rosa | groß | III–IV | becherf | stark | einfach | +++ | gebogen |
| Sweet Vivien | rosa+ | groß | II | offen | zart | kleinb | +++ | einfach |
| Sweetheart | rein rosa | groß | III–IV | hohe Mitte | schwach | doldenf | +++ | gebogen |
| Sweetie Pie | hellrosa | groß | III–IV | hohe Mitte | zart | einfach | +++ | gebogen |
| Swinging Sixties | gelb+ | mittelgr | III | offen | schwach | kleinb | +++ | einfach |
| Swiss Fire | orangerot | groß | III–IV | hohe Mitte | zart | einfach | +++ | gebogen |
| Sybil Hipkin | goldgelb | groß | III–IV | hohe Mitte | zart | einfach | +++ | gebogen |
| Sydney Linton | dunkelrosa | groß | III–IV | schalenf | zart | einfach | +++ | einfach |
| Sydonie | rein rosa | mittelgr | V | geviertelt | stark | kleinb | +++ | einfach |
| Sympathie | rot | mittelgr | III–IV | hohe Mitte | zart | kleinb | +++ | gebogen |
| Symphony | hellgelb | mittelgr | III–IV | rosettenf | stark | kleinb | +++ | gebogen |
| Tabarin | rein rosa | mittelgr | II | offen | zart | kleinb | +++ | gebogen |
| Taboo | dunkelrot | groß | III–IV | hohe Mitte | zart | einfach | +++ | gebogen |
| Tabris | rosa+ | mittelgr | II | offen | zart | kleinb | +++ | geriffelt |
| Talisman | gelb+ | mittelgr | III–IV | schalenf | schwach | kleinb | +++ | gebogen |
| Tall Story | rein gelb | mittelgr | II | offen | zart | kleinb | +++ | einfach |
| Tamara | apricot+ | mittelgr | III–IV | hohe Mitte | zart | großb | +++ | gebogen |
| Tambourine | orange+ | mittelgr | II | offen | zart | kleinb | +++ | gebogen |
| Tamora | apricot+ | groß | V | becherf | stark | kleinb | +++ | geriffelt |
| Tanagra | orangerot | groß | III–IV | hohe Mitte | schwach | einfach | +++ | gebogen |
| Tangerine | orangerot | klein | II | schalenf | zart | kleinb | +++ | einfach |
| Tania Verstak | rot | sehr gr | III–IV | schalenf | zart | kleinb | +++ | gebogen |
| Tanya | orange+ | groß | III–IV | hohe Mitte | schwach | einfach | +++ | gebogen |
| Tapis Jaune | rein gelb | klein | III–IV | offen | ohne Duft | kleinb | +++ | gebogen |
| Tapis Volant | rosa+ | klein | II | offen | schwach | großb | +++ | einfach |
| Tarantella | gelb+ | sehr gr | V | hohe Mitte | zart | einfach | +++ | gebogen |
| Tarrawarra | rosa+ | klein | II | offen | zart | großb | +++ | einfach |
| Tassin | rot | groß | III–IV | hohe Mitte | stark | kleinb | +++ | gebogen |
| Tatjana | dunkelrot | groß | III–IV | becherf | stark | kleinb | +++ | gebogen |
| Taupo | orangerosa | groß | III–IV | schalenf | zart | kleinb | +++ | gebogen |
| Tausendschön | rosa+ | groß | III–IV | becherf | zart | großb | + | einfach |
| Tchin-Tchin | gelb+ | groß | III–IV | becherf | ohne Duft | kleinb | +++ | gebogen |
| Tea Rambler | orangerosa | groß | II | becherf | schwach | kleinb | + | gebogen |
| Tear Drop | weiß | klein | II | schalenf | zart | kleinb | +++ | einfach |
| Teddy Bear | rostfarben | klein | III–IV | hohe Mitte | zart | kleinb | +++ | gebogen |

| NAME | BLÜTEN-FARBE | BLÜTEN-GRÖSSE | BLÜTEN-TYP | BLÜTEN-FORM | DUFT-STÄRKE | BLÜTEN-STAND | BLÜH-HÄUFIGKEIT | PETALEN-FORM |
|---|---|---|---|---|---|---|---|---|
| Telstar | orange+ | groß | II | offen | schwach | kleinb | +++ | einfach |
| Temple Bells | weiß | groß | I | offen | zart | doldenf | +++ | einfach |
| Tender Blush | hellrosa | mittelgr | III–IV | schalenf | schwach | kleinb | + | einfach |
| Tender Loving Care | rein rosa | groß | III–IV | offen | schwach | großb | +++ | einfach |
| Tender Night | rot | groß | III–IV | schalenf | schwach | doldenf | +++ | gebogen |
| Tequila | orange+ | mittelgr | III–IV | offen | zart | kleinb | +++ | gebogen |
| Tequila Sunrise | rot+ | mittelgr | III–IV | becherf | zart | kleinb | +++ | geriffelt |
| Texas (I) | rein gelb | klein | III | hohe Mitte | zart | einfach | +++ | gebogen |
| Texas (II) | gelb+ | groß | III–IV | hohe Mitte | schwach | kleinb | +++ | gebogen |
| Texas Centennial | rot+ | mittelgr | III–IV | becherf | schwach | kleinb | +++ | gebogen |
| Thalia | weiß | klein | III | offen | schwach | großb | + | einfach |
| The Alexandra Rose | rosa+ | mittelgr | I | offen | zart | großb | +++ | einfach |
| The Bishop | mauve | mittelgr | III–IV | schalenf | schwach | kleinb | + | einfach |
| The Bride | weiß | groß | III–IV | hohe Mitte | schwach | kleinb | ++ | gebogen |
| The Compass Rose | weiß | mittelgr | II | schalenf | stark | kleinb | +++ | einfach |
| The Countryman | rein rosa | groß | III–IV | becherf | stark | kleinb | +++ | einfach |
| The Dark Lady | dunkelrot | groß | III–IV | schalenf | stark | kleinb | +++ | einfach |
| The Doctor | rein rosa | groß | III–IV | offen | stark | kleinb | +++ | gebogen |
| The Fairy | hellrosa | klein | III–IV | offen | ohne Duft | kleinb | +++ | einfach |
| The Friar | hellrosa | klein | II | offen | stark | kleinb | +++ | einfach |
| The Garland | weiß | klein | II | schalenf | zart | kleinb | + | einfach |
| The Herbalist | dunkelrosa | mittelgr | II | schalenf | zart | kleinb | +++ | einfach |
| The Holt | dunkelrosa | klein | II | offen | zart | großb | +++ | einfach |
| The Knight | dunkelrot | mittelgr | V | schalenf | schwach | kleinb | +++ | einfach |
| The Lady | gelb+ | groß | III–IV | hohe Mitte | zart | kleinb | +++ | gebogen |
| The McCartney Rose | rein rosa | groß | III–IV | becherf | stark | kleinb | +++ | gebogen |
| The Nun | weiß | groß | II | becherf | zart | kleinb | +++ | einfach |
| The Optimist | gelb+ | mittelgr | III–IV | hohe Mitte | schwach | großb | +++ | gebogen |
| The Pilgrim | rein gelb | klein | III–IV | schalenf | schwach | kleinb | +++ | einfach |
| The Prince | dunkelrot | mittelgr | III–IV | rosettenf | stark | kleinb | +++ | einfach |
| The Prioress | hellrosa | mittelgr | III–IV | becherf | zart | kleinb | +++ | einfach |
| The Reeve | dunkelrosa | groß | III–IV | becherf | stark | kleinb | +++ | einfach |
| The Squire | dunkelrot | groß | III–IV | rosettenf | stark | kleinb | +++ | einfach |
| The Sun | orangerosa | groß | II | offen | zart | kleinb | +++ | einfach |
| The Temptations | rosa+ | groß | III–IV | hohe Mitte | zart | einfach | +++ | gebogen |
| The Wife of Bath | rosa+ | mittelgr | II | becherf | zart | kleinb | +++ | einfach |
| The Yeoman | orangerosa | mittelgr | III–IV | becherf | stark | kleinb | +++ | einfach |
| Thelma | orangerosa | groß | II | offen | zart | kleinb | + | einfach |
| Thérèse Bauer | rein rosa | groß | II | offen | zart | kleinb | + | einfach |
| Thérèse Bugnet | rein rosa | groß | III–IV | offen | schwach | kleinb | +++ | einfach |
| Thérèse de Lisieux | weiß | groß | III–IV | hohe Mitte | zart | kleinb | +++ | gebogen |
| Thisbe | hellgelb | mittelgr | III | rosettenf | stark | großb | +++ | einfach |
| Thor | dunkelrot | groß | V | schalenf | zart | kleinb | + | gebogen |
| Thunder Cloud | orangerot | klein | III–IV | hohe Mitte | ohne Duft | kleinb | +++ | gebogen |
| Tiamo | dunkelrot | mittelgr | III–IV | hohe Mitte | ohne Duft | einfach | +++ | gebogen |
| Tidewater | weiß | mittelgr | III–IV | hohe Mitte | stark | einfach | +++ | gebogen |
| Tiffany | rosa+ | groß | III–IV | hohe Mitte | stark | kleinb | +++ | gebogen |
| Tiffie | hellrosa | klein | III–IV | hohe Mitte | schwach | einfach | +++ | gebogen |
| Tiger Cub | gelb+ | klein | II | offen | ohne Duft | kleinb | +++ | einfach |
| Tigris | gelb+ | klein | II | schalenf | ohne Duft | kleinb | + | einfach |
| Tiki | rosa+ | groß | III–IV | hohe Mitte | zart | kleinb | +++ | gebogen |
| Till Uhlenspiegel | rot+ | groß | I | offen | schwach | großb | + | einfach |
| Timeless | dunkelrosa/ hellrot | groß | III–IV | hohe Mitte | schwach | kleinb | +++ | gebogen |
| Tineke | weiß | groß | III–IV | hohe Mitte | ohne Duft | einfach | +++ | gebogen |
| Tinkerbell | hellrosa | klein | III–IV | becherf | schwach | kleinb | +++ | gebogen |
| Tino Rossi | rein rosa | groß | III–IV | schalenf | schwach | kleinb | +++ | gebogen |
| Tintinara | hellrot | groß | III–IV | hohe Mitte | zart | kleinb | +++ | gebogen |
| Tiny Stars | rot+ | klein | II | becherf | ohne Duft | kleinb | +++ | einfach |
| Tiny Tot | apricot+ | klein | III | offen | ohne Duft | kleinb | +++ | gebogen |
| Tip Top | orangerosa | mittelgr | II | schalenf | zart | kleinb | +++ | einfach |
| Tipsy Imperial Concubine | rosa+ | groß | III–IV | kugelf | zart | kleinb | ++ | gebogen |
| Titian | dunkelrosa | groß | III–IV | schalenf | zart | kleinb | +++ | gebogen |
| Tivoli | rein gelb | groß | III–IV | kugelf | zart | kleinb | +++ | gebogen |
| Toby Tristam | weiß | klein | I | offen | schwach | doldenf | + | einfach |
| Tom Brown | rostbraun | groß | III–IV | hohe Mitte | stark | großb | +++ | gebogen |
| Tom Thumb | rot+ | klein | II | offen | ohne Duft | kleinb | +++ | einfach |
| Tom Tom | dunkelrosa | groß | III | hohe Mitte | zart | kleinb | +++ | einfach |
| Tom Wood | rot | groß | III–IV | becherf | schwach | kleinb | ++ | gebogen |
| Tommy Bright | rot | groß | III–IV | becherf | zart | großb | +++ | gebogen |
| Tonimbuck | rein rosa/ hellrosa | groß | III–IV | hohe Mitte | stark | kleinb | +++ | gebogen |
| Tony Jacklin | orangerosa | groß | III–IV | hohe Mitte | zart | kleinb | +++ | gebogen |
| Too Hot to Handle | rot | groß | II | offen | zart | großb | +++ | gebogen |
| Toorenburg | apricot+ | mittelgr | III | kugelf | ohne Duft | kleinb | +++ | einfach |
| Top Marks | rot | klein | III–IV | kugelf | zart | kleinb | +++ | einfach |
| Topaz Jewel | rein gelb | groß | III–IV | becherf | schwach | kleinb | +++ | einfach |
| Toprose | goldgelb | groß | III–IV | hohe Mitte | zart | kleinb | +++ | gebogen |
| Topsi | orangerot | mittelgr | II | offen | zart | kleinb | +++ | gebogen |
| Torch of Liberty | orangerot | klein | III–IV | offen | zart | kleinb | +++ | gebogen |
| Tornado | orangerot | mittelgr | II | becherf | zart | kleinb | +++ | gebogen |
| Torvill & Dean | rosa+ | groß | III–IV | schalenf | zart | kleinb | +++ | gebogen |
| Toskana | rot | groß | III–IV | schalenf | zart | kleinb | +++ | gebogen |
| Touch of Class | orangerosa | groß | III–IV | hohe Mitte | zart | kleinb | +++ | gebogen |
| Toulouse-Lautrec | rein gelb | groß | III–IV | rosettenf | schwach | einfach | +++ | einfach |
| Tour de Malakoff | mauve | groß | III–IV | schalenf | stark | kleinb | + | einfach |
| Tourbillon | rosa+ | groß | III–IV | offen | zart | kleinb | +++ | gebogen |
| Tournament of Roses | rein rosa | groß | III–IV | hohe Mitte | zart | großb | +++ | gebogen |
| Tower Bridge | dunkelrosa | groß | III–IV | hohe Mitte | stark | einfach | +++ | gebogen |
| Toy Balloon | dunkelrot | mittelgr | III–IV | hohe Mitte | schwach | kleinb | +++ | gebogen |
| Toy Clown | rot+ | klein | II | offen | ohne Duft | kleinb | +++ | gebogen |
| Tracey Wickham | gelb+ | klein | III–IV | hohe Mitte | zart | kleinb | +++ | gebogen |
| Trade Winds | rot+ | groß | III–IV | hohe Mitte | stark | einfach | +++ | gebogen |
| Tradescant | dunkelrot | mittelgr | V | schalenf | schwach | kleinb | +++ | einfach |
| Tradition | rot | groß | III–IV | hohe Mitte | ohne Duft | einfach | +++ | gebogen |
| Tradition 95 | rot | mittelgr | II | offen | zart | großb | +++ | einfach |
| Träumerei | orange+ | mittelgr | III–IV | becherf | stark | kleinb | +++ | gebogen |
| Traumland | hellrosa | klein | III–IV | schalenf | zart | kleinb | +++ | gebogen |
| Travemünde | rot | mittelgr | III–IV | schalenf | schwach | großb | +++ | gebogen |
| Traverser | gelb+ | groß | II | offen | zart | kleinb | + | gebogen |
| Travesti | gelb+ | mittelgr | III–IV | becherf | zart | kleinb | +++ | gebogen |
| Traviata | rot+ | groß | III–IV | hohe Mitte | schwach | kleinb | +++ | gebogen |
| Treasure Trove | apricot+ | mittelgr | II | becherf | stark | doldenf | + | einfach |
| Trevor Griffiths | rein rosa | groß | V | rosettenf | stark | kleinb | +++ | einfach |
| Trickster | rot+ | groß | III | schalenf | stark | einfach | +++ | gebogen |
| Tricolore | rosa+ | groß | III–IV | rosettenf | schwach | kleinb | + | einfach |
| Tricolore de Flandre | rosa+ | klein | III–IV | rosettenf | schwach | kleinb | + | einfach |
| Trier | weiß | klein | II | offen | schwach | großb | +++ | einfach |
| Trinity (I) | weiß | groß | II | offen | zart | einfach | ++ | gebogen |
| Trinity (II) | dunkelrot | klein | III–IV | offen | zart | doldenf | +++ | einfach |
| Trinket | rein rosa | klein | III–IV | schalenf | ohne Duft | kleinb | +++ | gebogen |
| Triodene | rosa+ | groß | II | offen | zart | kleinb | +++ | einfach |
| Triolet | apricot+ | groß | II | offen | stark | kleinb | +++ | einfach |
| Triomphe de l'Exposition | rot | groß | V | rosettenf | schwach | kleinb | ++ | einfach |
| Triomphe du Luxembourg | rosa+ | groß | III–IV | becherf | schwach | kleinb | ++ | einfach |
| Troilus | apricot+ | groß | V | becherf | stark | großb | +++ | einfach |
| Tropical Twist | apricot+ | klein | III–IV | hohe Mitte | ohne Duft | kleinb | +++ | gebogen |
| Tropicana | orangerot | groß | III–IV | hohe Mitte | schwach | kleinb | +++ | gebogen |
| Tropico Sunblaze | rein gelb | klein | III–IV | becherf | zart | einfach | +++ | gebogen |

| NAME | BLÜTEN-FARBE | BLÜTEN-GRÖSSE | BLÜTEN-TYP | BLÜTEN-FORM | DUFT-STÄRKE | BLÜTEN-STAND | BLÜH-HÄUFIGKEIT | PETALEN-FORM |
|---|---|---|---|---|---|---|---|---|
| Trumpeter | orangerot | mittelgr | III–IV | becherf | zart | kleinb | +++ | gebogen |
| Tumbling Waters | weiß | mittelgr | II | becherf | zart | großb | +++ | gebogen |
| Turbo | rein rosa | mittelgr | III–IV | offen | zart | kleinb | +++ | gebogen |
| Tuscany | mauve | groß | II | schalenf | schwach | kleinb | + | einfach |
| Tutu Mauve | mauve | groß | III–IV | hohe Mitte | zart | kleinb | +++ | gebogen |
| Twilight Mist | rosa+ | groß | III–IV | becherf | zart | kleinb | +++ | gebogen |
| Twinkle Twinkle | apricot+ | klein | III–IV | schalenf | zart | einfach | +++ | gebogen |
| Tynwald | weiß | groß | V | schalenf | stark | einfach | +++ | gebogen |
| Typhoon | orange+ | groß | III–IV | kugelf | stark | einfach | +++ | gebogen |
| Tyriana | dunkelrosa | groß | III–IV | hohe Mitte | schwach | einfach | +++ | gebogen |
| Tzigane | rot+ | groß | III–IV | becherf | schwach | kleinb | +++ | gebogen |
| Ulrich Brunner Fils | dunkelrosa | groß | III–IV | becherf | stark | kleinb | ++ | gebogen |
| Una | hellgelb | groß | II | offen | zart | kleinb | + | einfach |
| Uncle Joe | dunkelrot | sehr gr | V | hohe Mitte | zart | einfach | +++ | gebogen |
| Uncle Merc | rein rosa | mittelgr | III | offen | zart | einfach | +++ | einfach |
| Uncle Walter | rot | groß | III–IV | hohe Mitte | zart | kleinb | +++ | gebogen |
| UNICEF | orange+ | mittelgr | III–IV | becherf | zart | kleinb | +++ | gebogen |
| Unique Blanche | weiß | groß | III–IV | becherf | stark | kleinb | + | gebogen |
| Unique Panachée | weiß+ | groß | III–IV | becherf | stark | kleinb | + | einfach |
| Uwe Seeler | orange+ | groß | V | hohe Mitte | zart | kleinb | +++ | gebogen |
| Valencia | apricot+ | sehr gr | III–IV | hohe Mitte | schwach | einfach | +++ | gebogen |
| Valentine Heart | rosa/rosa+ | groß | III–IV | schalenf | stark | kleinb | +++ | gebogen |
| Valerie June | hellrosa | groß | III–IV | hohe Mitte | zart | kleinb | +++ | gebogen |
| Valeta | orangerot | mittelgr | III–IV | offen | ohne Duft | doldenf | +++ | gebogen |
| Van Artevelde | dunkelrosa | groß | III–IV | becherf | stark | kleinb | + | einfach |
| Vanguard | orangerosa | sehr gr | III–IV | rosettenf | schwach | kleinb | +++ | einfach |
| Vanilla | grünlich/ weiß | klein | III–IV | hohe Mitte | ohne Duft | kleinb | +++ | gebogen |
| Vanity | dunkelrosa | mittelgr | I | offen | schwach | großb | +++ | einfach |
| Variegata di Bologna | rot+ | groß | III–IV | becherf | schwach | kleinb | ++ | gebogen |
| Varlon | rot | groß | III–IV | schalenf | ohne Duft | einfach | +++ | gebogen |
| Veilchenblau | mauve | klein | II | becherf | schwach | großb | + | einfach |
| Velutinaeflora | dunkelrot | mittelgr | I | offen | zart | kleinb | + | einfach |
| Velvet Fragrance | dunkelrot | groß | III–IV | hohe Mitte | stark | kleinb | +++ | gebogen |
| Velvet Hour | dunkelrot | mittelgr | III–IV | becherf | schwach | kleinb | +++ | gebogen |
| Venusta Pendula | weiß | klein | II | offen | zart | großb | + | einfach |
| Verdi | mauve+ | mittelgr | III–IV | offen | stark | großb | +++ | einfach |
| Versailles | hellrosa | mittelgr | III–IV | becherf | zart | kleinb | +++ | gebogen |
| Verschuren | hellrosa | mittelgr | III–IV | becherf | zart | kleinb | +++ | gebogen |
| Vesper | orange+ | mittelgr | II | schalenf | zart | kleinb | +++ | gebogen |
| Vestey's Pink Tea | rosa | mittelgr | III–IV | becherf | zart | kleinb | ++ | einfach |
| Vestey's Yellow Tea | hellgelb | mittelgr | II | offen | schwach | kleinb | ++ | einfach |
| Vesuvius | dunkelrot | groß | I | offen | schwach | kleinb | +++ | einfach |
| Vick's Caprice | rosa+ | groß | III–IV | becherf | schwach | kleinb | ++ | einfach |
| Vicky Marfá | rosa | groß | III–IV | hohe Mitte | schwach | kleinb | +++ | gebogen |
| Vicomtesse Pierre du Fou | orangerosa | groß | III–IV | schalenf | stark | kleinb | ++ | gebogen |
| Victor Borge | orange+ | groß | III–IV | hohe Mitte | zart | kleinb | +++ | gebogen |
| Victor Emmanuel | dunkelrot | groß | III–IV | becherf | schwach | kleinb | ++ | gebogen |
| Victor Hugo | dunkelrot | mittelgr | III–IV | hohe Mitte | stark | einfach | ++ | gebogen |
| Victoria Gold | goldgelb | mittelgr | III–IV | becherf | zart | kleinb | +++ | geriffelt |
| Victoriana | orange+ | groß | III–IV | becherf | zart | kleinb | +++ | geriffelt |
| Viking Queen | rosa | groß | III–IV | kugelf | stark | großb | +++ | gebogen |
| Ville de Londres | dunkelrosa | mittelgr | III–IV | rosettenf | schwach | kleinb | + | einfach |
| Vincent Godsiff | rot | mittelgr | II | becherf | ohne Duft | kleinb | ++ | einfach |
| Vino Delicado | mauve | groß | III–IV | hohe Mitte | zart | kleinb | +++ | gebogen |
| Vintage Visalia | rosa | groß | IV | rosettenf | zart | einfach | +++ | einfach |
| Violacée | mauve | groß | III | becherf | stark | kleinb | + | einfach |
| Violaine | mauve | groß | III–IV | hohe Mitte | stark | einfach | +++ | gebogen |
| Violet Carson | orangerosa/ rosa+ | mittelgr | III–IV | hohe Mitte | zart | großb | +++ | gebogen |

| NAME | BLÜTEN-FARBE | BLÜTEN-GRÖSSE | BLÜTEN-TYP | BLÜTEN-FORM | DUFT-STÄRKE | BLÜTEN-STAND | BLÜH-HÄUFIGKEIT | PETALEN-FORM |
|---|---|---|---|---|---|---|---|---|
| Violette | mauve | klein | V | becherf | schwach | großb | + | einfach |
| Violette Parfumée | mauve+ | groß | III–IV | urnenf | stark | einfach | +++ | gebogen |
| Violinista Costa | rot+ | groß | III–IV | hohe Mitte | stark | einfach | +++ | gebogen |
| Virginia | weiß | groß | III | hohe Mitte | ohne Duft | kleinb | +++ | einfach |
| Virgo | weiß | groß | III–IV | hohe Mitte | zart | einfach | +++ | gebogen |
| Vista | mauve | klein | III–IV | hohe Mitte | zart | kleinb | +++ | gebogen |
| Vital | dunkelrot | groß | III | becherf | zart | kleinb | +++ | einfach |
| Vital Spark | apricot+ | mittelgr | III–IV | schalenf | zart | kleinb | +++ | gebogen |
| Vivacious | rosa | groß | III–IV | becherf | zart | kleinb | +++ | gebogen |
| Vivid | mauve/ hellrot | groß | IV | becherf | schwach | kleinb | + | gebogen |
| Vogelpark Walsrode | hellrosa | mittelgr | IV | offen | zart | kleinb | +++ | einfach |
| Vogue | rosa+ | groß | II | becherf | zart | kleinb | +++ | gebogen |
| Vol de Nuit | mauve | groß | III–IV | becherf | stark | einfach | +++ | gebogen |
| Volcano | dunkelrosa | sehr gr | III–IV | becherf | schwach | einfach | +++ | gebogen |
| Volunteer | gelb+ | groß | III–IV | hohe Mitte | zart | kleinb | +++ | gebogen |
| Von Scharnhorst | hellgelb | mittelgr | II | offen | zart | kleinb | +++ | einfach |
| Voodoo | orange+ | groß | III–IV | hohe Mitte | schwach | einfach | +++ | gebogen |
| Waiheke | orangerosa | groß | III–IV | hohe Mitte | zart | kleinb | +++ | gebogen |
| Waldfee | rot | groß | III–IV | rosettenf | zart | kleinb | ++ | gebogen |
| Walko | dunkelrot | mittelgr | III–IV | schalenf | schwach | kleinb | +++ | gebogen |
| Wanaka | orangerot | klein | III–IV | rosettenf | zart | großb | +++ | gebogen |
| Wandering Minstrel | orangerosa | mittelgr | III–IV | rosettenf | zart | kleinb | +++ | einfach |
| Wapiti | rot+ | mittelgr | II | offen | schwach | großb | +++ | geriffelt |
| Warley Jubilee | rein rosa | mittelgr | III | hohe Mitte | zart | kleinb | +++ | einfach |
| Warm Welcome | orangerot | klein | II | offen | schwach | großb | +++ | einfach |
| Warrawee | rein rosa | groß | III–IV | hohe Mitte | schwach | kleinb | +++ | gebogen |
| Warrior | orangerot | groß | III–IV | offen | zart | kleinb | +++ | gebogen |
| Warwick Castle | dunkelrosa | groß | IV | becherf | stark | kleinb | +++ | einfach |
| Warwickshire | rosa+ | klein | I | offen | ohne Duft | großb | +++ | einfach |
| Water Music | dunkelrosa | mittelgr | III | offen | zart | kleinb | + | einfach |
| Watercolor | rein rosa | klein | III–IV | hohe Mitte | zart | kleinb | +++ | gebogen |
| Watermelon Ice | rosa+ | mittelgr | II | offen | zart | kleinb | +++ | einfach |
| Waverley Garden Club | rosa+ | groß | III–IV | hohe Mitte | zart | kleinb | +++ | gebogen |
| Wedding Day | weiß | mittelgr | I | offen | zart | doldenf | + | einfach |
| Wedding Ring | rein gelb | groß | III–IV | hohe Mitte | zart | kleinb | +++ | gebogen |
| Wee Barbie | weiß | klein | V | kugelf | schwach | großb | +++ | gebogen |
| Wee Beth | orange+ | klein | II | offen | schwach | kleinb | +++ | einfach |
| Wee Matt | rot | klein | III–IV | rosettenf | schwach | kleinb | +++ | einfach |
| Weetwood | hellrosa | mittelgr | III–IV | offen | zart | großb | + | einfach |
| Weiße Immensee | weiß | klein | I | schalenf | stark | großb | + | einfach |
| Welwyn Garden Glory | apricot+ | groß | III–IV | hohe Mitte | stark | einfach | +++ | gebogen |
| Wendy | weiß | klein | III–IV | hohe Mitte | ohne Duft | großb | +++ | gebogen |
| Wendy Cussons | rot | groß | III–IV | hohe Mitte | stark | kleinb | +++ | gebogen |
| Wenlock | rot | groß | III–IV | becherf | stark | kleinb | +++ | einfach |
| West Coast | rein rosa | groß | III–IV | schalenf | zart | kleinb | +++ | gebogen |
| Westerland | apricot+ | groß | III–IV | becherf | stark | kleinb | +++ | gebogen |
| Western Sun | goldgelb | groß | III–IV | hohe Mitte | ohne Duft | einfach | +++ | gebogen |
| Westfalenpark | apricot+ | groß | III–IV | becherf | zart | kleinb | +++ | gebogen |
| Whipped Cream | weiß | groß | III–IV | hohe Mitte | ohne Duft | kleinb | +++ | gebogen |
| Whisky | gelb+ | groß | III–IV | hohe Mitte | schwach | einfach | +++ | gebogen |
| White Angel | weiß | klein | III–IV | hohe Mitte | zart | kleinb | +++ | gebogen |
| White Bath | weiß | mittelgr | III–IV | becherf | stark | kleinb | + | einfach |
| White Bella Rosa | weiß | mittelgr | II | becherf | zart | großb | +++ | gebogen |
| White Bells | weiß | klein | V | rosettenf | zart | kleinb | + | gebogen |
| White Blush | weiß | mittelgr | III–IV | schalenf | schwach | kleinb | + | einfach |
| White Bouquet | weiß | groß | III–IV | rosettenf | schwach | kleinb | +++ | gebogen |
| White Butterfly | weiß | groß | III–IV | becherf | schwach | einfach | +++ | gebogen |
| White Cécile Brunner | weiß | klein | III–IV | rosettenf | zart | großb | +++ | einfach |

| NAME | BLÜTEN-FARBE | BLÜTEN-GRÖSSE | BLÜTEN-TYP | BLÜTEN-FORM | DUFT-STÄRKE | BLÜTEN-STAND | BLÜH-HÄUFIGKEIT | PETALEN-FORM |
|---|---|---|---|---|---|---|---|---|
| White Christmas | weiß | mittelgr | III–IV | hohe Mitte | schwach | kleinb | +++ | gebogen |
| White Cockade | weiß | groß | III–IV | becherf | schwach | kleinb | +++ | gebogen |
| White Dawn | weiß | mittelgr | III–IV | offen | schwach | kleinb | + | gebogen |
| White Dorothy | weiß | klein | III–IV | rosettenf | zart | doldenf | + | einfach |
| White Dream | weiß | klein | III–IV | hohe Mitte | zart | kleinb | +++ | gebogen |
| White Ensign | weiß | groß | III–IV | becherf | zart | kleinb | +++ | gebogen |
| White Fairy | weiß | klein | II | becherf | schwach | großb | +++ | einfach |
| White Flower Carpet | weiß | klein | III | becherf | zart | kleinb | +++ | einfach |
| White Gem | weiß | mittelgr | V | hohe Mitte | zart | kleinb | +++ | gebogen |
| White Grootendorst | weiß | klein | II | offen | ohne Duft | kleinb | +++ | kraus |
| White Knight | weiß | groß | III–IV | hohe Mitte | ohne Duft | kleinb | +++ | gebogen |
| White Lightnin | weiß | groß | III–IV | schalenf | schwach | kleinb | +++ | gebogen |
| White Madonna | weiß | klein | III–IV | hohe Mitte | zart | kleinb | +++ | gebogen |
| White Maman Cochet | weiß | groß | III–IV | hohe Mitte | zart | kleinb | ++ | gebogen |
| White Mary MacKillop | weiß | mittelgr | III–IV | schalenf | zart | kleinb | +++ | gebogen |
| White Masterpiece | weiß | groß | III–IV | hohe Mitte | zart | einfach | +++ | gebogen |
| White Meidiland | weiß | mittelgr | IV | schalenf | ohne Duft | doldenf | +++ | einfach |
| White Meillandina | weiß | mittelgr | II | schalenf | ohne Duft | kleinb | +++ | einfach |
| White Mrs Flight | weiß | mittelgr | II | offen | zart | großb | + | einfach |
| White New Dawn | weiß | mittelgr | III–IV | becherf | schwach | großb | +++ | gebogen |
| White Out | weiß | klein | III–IV | rosettenf | zart | kleinb | +++ | gebogen |
| White Pet | weiß | klein | III–IV | pomponf | schwach | großb | +++ | einfach |
| White Queen Elizabeth | weiß | groß | III–IV | kugelf | zart | kleinb | +++ | einfach |
| White Radox Bouquet | weiß | groß | IV | rosettenf | schwach | kleinb | +++ | einfach |
| White Rose of York | weiß | groß | III–IV | becherf | schwach | kleinb | + | einfach |
| White Simplicity | weiß | groß | III | becherf | ohne Duft | kleinb | +++ | geriffelt |
| White Sparrieshoop | weiß | groß | II | offen | zart | großb | +++ | einfach |
| White Spray | weiß | klein | III–IV | hohe Mitte | zart | großb | +++ | gebogen |
| White Tausendschön | weiß | groß | III–IV | becherf | zart | großb | + | gebogen |
| White Wings | weiß | groß | I | schalenf | zart | großb | +++ | einfach |
| Whoopi | rot+ | klein | III–IV | hohe Mitte | schwach | kleinb | +++ | gebogen |
| Why Not | rot+ | klein | I | offen | zart | kleinb | +++ | einfach |
| Wichmoss | hellrosa | mittelgr | II | becherf | zart | großb | + | gebogen |
| Wickwar | hellrosa | groß | I | schalenf | stark | kleinb | + | einfach |
| Wiener Charme | orange+ | groß | III–IV | hohe Mitte | ohne Duft | einfach | +++ | gebogen |
| Wienerwald | orangerosa | groß | III–IV | hohe Mitte | schwach | kleinb | +++ | gebogen |
| Wild Flower | hellgelb | klein | I | offen | zart | einfach | +++ | einfach |
| Wildfeuer | rot | groß | II | offen | zart | kleinb | + | einfach |
| Will Scarlet | rot | klein | II | becherf | zart | großb | +++ | geriffelt |
| William Allen Richardson | gelb+ | mittelgr | III–IV | rosettenf | schwach | kleinb | ++ | einfach |
| William and Mary | rosa+ | groß | III–IV | becherf | stark | kleinb | + | einfach |
| William Baffin | dunkelrosa | groß | II | offen | ohne Duft | kleinb | +++ | einfach |
| William Grant | dunkelrosa | mittelgr | II | becherf | zart | kleinb | ++ | einfach |
| William Lobb | mauve | groß | II | offen | stark | kleinb | + | einfach |
| William R. Smith | rosa+ | groß | III–IV | hohe Mitte | zart | kleinb | ++ | gebogen |
| William Shakespeare | dunkelrot | groß | III–IV | rosettenf | stark | kleinb | +++ | einfach |
| William III | mauve | klein | II | offen | schwach | kleinb | + | einfach |
| Williams' Double Yellow | rein gelb | klein | III | offen | stark | kleinb | + | einfach |
| Willy Millowitsch Rose | rosa+ | groß | III–IV | hohe Mitte | stark | kleinb | +++ | gebogen |
| Wiltshire | rein rosa | mittelgr | III–IV | becherf | zart | großb | +++ | einfach |
| Winchester Cathedral | weiß | mittelgr | III–IV | becherf | schwach | kleinb | +++ | einfach |
| Wind Chimes | rein rosa | klein | III | offen | stark | großb | +++ | einfach |
| Windflower | hellrosa | mittelgr | III–IV | becherf | schwach | kleinb | +++ | einfach |
| Windrush | hellgelb | groß | II | offen | stark | kleinb | +++ | geriffelt |
| Wini Edmunds | rot+ | groß | III–IV | hohe Mitte | schwach | einfach | +++ | gebogen |
| Winning Colors | orange+ | mittelgr | IV | becherf | zart | kleinb | +++ | gebogen |
| Winnipeg Parks | dunkelrosa | mittelgr | II | becherf | zart | kleinb | +++ | einfach |
| Winsome | mauve | mittelgr | III–IV | hohe Mitte | ohne Duft | einfach | +++ | gebogen |
| Winter Magic | mauve | mittelgr | III–IV | becherf | schwach | kleinb | +++ | gebogen |
| Wise Portia | mauve | groß | V | rosettenf | stark | kleinb | +++ | einfach |
| Wishing | rein rosa/ oranger | mittelgr | III–IV | becherf | zart | kleinb | +++ | gebogen |
| Wistful | mauve | klein | III–IV | offen | zart | kleinb | +++ | gebogen |
| Woburn Abbey | orange+ | groß | III–IV | becherf | schwach | großb | +++ | gebogen |
| Woburn Gold | goldgelb | groß | III–IV | becherf | schwach | großb | +++ | gebogen |
| Woman's Day | rosa+ | groß | III–IV | offen | zart | kleinb | +++ | gebogen |
| Woman's Value | rosa+ | groß | III | offen | zart | kleinb | +++ | einfach |
| Work of Art | orange+ | mittelgr | III–IV | hohe Mitte | zart | kleinb | +++ | gebogen |
| World's Fair Salute | rot | groß | III–IV | hohe Mitte | schwach | einfach | +++ | gebogen |
| Worthwhile | orange+ | sehr gr | III–IV | hohe Mitte | zart | einfach | +++ | gebogen |
| X-Rated | rosa+ | klein | III–IV | hohe Mitte | zart | einfach | +++ | einfach |
| Xavier Olibo | dunkelrot | groß | III–IV | becherf | stark | kleinb | ++ | einfach |
| Yakimour | rot+ | groß | III–IV | hohe Mitte | zart | kleinb | +++ | gebogen |
| Yankee Doodle | gelb+ | groß | III–IV | becherf | ohne Duft | kleinb | +++ | gebogen |
| Yellow Bantam | hellgelb | klein | III–IV | offen | zart | kleinb | +++ | einfach |
| Yellow Butterfly | hellgelb | mittelgr | I | offen | zart | kleinb | +++ | einfach |
| Yellow Button | gelb+ | mittelgr | V | rosettenf | zart | großb | +++ | einfach |
| Yellow Champagner | gelb+ | mittelgr | III–IV | hohe Mitte | zart | kleinb | +++ | einfach |
| Yellow Charles Austin | hellgelb | mittelgr | IV | rosettenf | zart | kleinb | +++ | einfach |
| Yellow Cushion | rein gelb | groß | III–IV | schalenf | schwach | kleinb | +++ | gebogen |
| Yellow Doll | hellgelb | klein | V | hohe Mitte | schwach | kleinb | +++ | gebogen |
| Yellow Fairy | rein gelb | klein | II | offen | zart | großb | +++ | einfach |
| Yellow Meillandina | gelb+ | klein | III–IV | offen | schwach | kleinb | +++ | gebogen |
| Yellow Pages | gelb+ | groß | III–IV | hohe Mitte | zart | einfach | +++ | gebogen |
| Yellow Pinocchio | rein gelb | mittelgr | III–IV | becherf | zart | großb | +++ | gebogen |
| Yellow Queen Elizabeth | rein gelb | groß | III–IV | kugelf | ohne Duft | kleinb | +++ | einfach |
| Yesterday | rein rosa | klein | II | offen | zart | doldenf | +++ | einfach |
| Yesteryear | apricot+ | groß | III–IV | becherf | zart | einfach | +++ | gebogen |
| Yolande d'Aragon | mauve | groß | IV | schalenf | stark | großb | ++ | einfach |
| York and Lancaster | rosa+ | mittelgr | II | offen | schwach | großb | + | einfach |
| Yorkshire | weiß | mittelgr | II | schalenf | zart | kleinb | +++ | einfach |
| Yorkshire Bank | gebrochen weiß | groß | III–IV | hohe Mitte | schwach | kleinb | +++ | gebogen |
| Youki San | weiß | groß | II | schalenf | stark | kleinb | +++ | gebogen |
| Young at Heart | apricot+ | mittelgr | III–IV | hohe Mitte | stark | kleinb | +++ | gebogen |
| Young Quinn | rein gelb | groß | III–IV | schalenf | zart | einfach | +++ | gebogen |
| Youth of the World | rot | sehr gr | III–IV | becherf | zart | kleinb | +++ | einfach |
| Yves Piaget | dunkelrosa | groß | III–IV | rosettenf | stark | einfach | +++ | einfach |
| Yvonne Rabier | weiß | klein | III | offen | zart | großb | +++ | einfach |
| Zambra | orange+ | groß | II | schalenf | zart | kleinb | +++ | einfach |
| Zara Hore-Ruthven | rein rosa | groß | III–IV | becherf | zart | kleinb | +++ | gebogen |
| Zebra | rot | groß | III–IV | becherf | ohne Duft | kleinb | +++ | einfach |
| Zéphirine Drouhin | rein rosa | mittelgr | II | offen | stark | kleinb | ++ | gebogen |
| Zigeunerblut | dunkelrot | groß | III–IV | becherf | stark | kleinb | + | gebogen |
| Zinger | rot | klein | II | schalenf | schwach | kleinb | +++ | einfach |
| Zweibrücken | dunkelrot | groß | III–IV | offen | zart | großb | +++ | gebogen |
| Zwergkönig 78 | dunkelrot | klein | III–IV | becherf | zart | kleinb | +++ | einfach |
| Zwergkönigin 82 | rein rosa | klein | III–IV | rosettenf | schwach | kleinb | +++ | einfach |

# Züchterporträts

## *Peter Harkness*

Die Rosen, die in diesem Buch vorgestellt werden, stammen von unzähligen Züchtern. Jahrhundertelang sammelten Rosenliebhaber Hagebutten, säten deren Samen aus und untersuchten die daraus keimenden Sämlinge – stets in der Hoffnung, es mögen sich neue Formen entwickeln, die in der Palette bereits bestehender Rosensorten noch reizvollere Impulse setzen sollten. Bis zum Jahre 1691 wußte man darüber hinaus noch gar nicht, daß Pflanzen männliche und weibliche Geschlechtsorgane besitzen bzw. sich geschlechtlich vermehren.

Mehr als 100 Jahre später nutzten französische Gärtner diese Kenntnisse erstmalig zur Zucht, auch wenn man die damaligen Erfolge hauptsächlich dem Zufall überließ und man über die Abstammung der Sämlinge nur mutmaßen konnte.

Als die Rosenzüchter aber begannen, genaue Aufzeichnungen zu führen und nur mit ausgewählten Sorten zu arbeiten, verliefen ihre Bemühungen gezielter. Ein Schuß Glück gehört allerdings neben aller Erfahrung auch dazu, denn bei einer Kreuzung zweier Rosen können immerhin 250 Millionen neue „Gen-Kombinationen" anfallen. Die unendliche Vielzahl an neuen Farben, Formen und Düften gerade bei den Modernen Rosen verdanken wir der Erfahrung, aber auch dem Glück dieser Rosenzüchter, von denen hier einige vorgestellt werden sollen.

**Archer, William (Großbritannien).** Der Sitz von *W. E. B. Archer & Daughter*, der Firma des Züchters, ist in Sellindge in der englischen Grafschaft Kent. Dort züchtete Archer zwischen 1920 und 1950 ungewöhnliche Sorten wie die Teehybriden 'Dainty Bess' (1925) und 'Ellen Willmott' (1936).

**Armstrong, David (USA).** Armstrong war von 1963 bis 1972 im kalifornischen Ontario als Rosenzüchter tätig. Zusammen mit Herbert Swim züchtete er die Teehybride 'Eiffelturm' (1963), ein Jahr später die Floribundarose 'Joseph's Coat' (1964). Zu seinen persönlichen Erfolgen zählten die Teehybriden 'Aquarius' (1971) und 'Kentucky Derby' (1972). Seine 'Yellow Cushion' (1966), eine Floribundarose, wurde oft zu Kreuzungen verwendet.

**Austin, David (Großbritannien).** Seit den 60er Jahren des 20. Jh. züchtet Austin Rosen in seiner Rosenschule im englischen Albrighton. Ihm war besonders an der Zucht öfterblühender, klassischer Rosen gelegen, die allgemein als „Englische Rosen" bezeichnet werden. Zu seinen Erfolgen zählen u. a. Strauchrosen wie 'Leander' (1982), 'Mary Rose' (1983), 'Graham Thomas' (1983), 'Heritage' (1984), 'Abraham Darby' (1985), 'Gertrude Jekyll' (1986) und 'L. D. Braithwaite' (1988). Ebenfalls aus seiner Zucht stammen die kletternde Strauchrose 'Constanze Spry' (1961), die anmutige 'Francine Austin' (1988) sowie 'Mrs Doreen Pike' (1994).

**Barbier (Frankreich).** *Barbier & Co.* bestand von 1900 bis 1933 in Orléans. Zu ihren auch heute noch aktuellen Erfolgen zählen u. a. 'Albéric Barbier' (1900), 'Paul Transon' (1900), 'Léontine Gervais' (1903), 'François Juranville' (1906), 'Alexandre Girault' (1909), 'Albertine' (1927) sowie die leicht mehltauanfällige 'Wichmoss' (1911).

**Basye, Dr. Robert (USA).** Dieser texanische Züchter, der seit dem 2. Weltkrieg im Rosenmetier arbeitet, legt besonderen Wert darauf, gesunde, winterharte und stachellose Rosen zu züchten. Für seine Forschungsarbeiten wurde er mit einer Professur ausgezeichnet. Zu seinen Zuchterfolgen zählt u. a. auch die Strauchrose 'Belindas Traum' (1988).

**Beales, Peter (Großbritannien).** Der Rosenfachmann aus Attleborough in der englischen Grafschaft Norfolk stellte 1981 seine erste eigene Züchtung 'Anna Pavlova' vor, der u. a . 'James Mason' (1982), 'Sadler's Wells' (1983), 'Lady Romsey' und 'Sir Fredrick Ashton' (beide 1985) folgten. Beales' Tochter Amanda hat heute seine Züchtungsarbeit übernommen.

**Benardella, Frank (USA).** Seit 1980 hat der amerikanische Zwergrosenspezialist Benardella große Erfolge wie z. B. 'Black Jade' (1985), 'Jennifer' (1985), 'Old Glory' (1988) und 'Figurine' (1991) geschaffen.

**Bennett, Dee (USA).** Die amerikanische Züchterin nahm in den 70er Jahren des 20. Jh. im kalifornischen Chula Vista ihre Arbeit auf. Sie wurde eine Spezialistin für Zwergrosen; zu ihren Erfolgen zählen u. a. 'Angel Dust' (1978), 'Hot Shot' (1982), 'Jean Keaneally' (1984) und andere mehr.

**Bennett, Henry (Großbritannien).** Bennett züchtete gegen Ende des 19. Jh. Rosen in den englischen Grafschaften Wiltshire und Middlesex. Er führte die revolutionäre Methode der gezielten Elternwahl ein, indem er Tee- mit Remontantrosen kreuzte; als Ergebnis entstanden die Teehybriden 'Lady Mary Fitzwilliam' (1882) und 'Mrs John Laing' (1887), die in den Folgejahren erfolgreich als Elternpflanzen eingesetzt wurden.

**Bentall, Ann (Großbritannien).** Ann Bentall begann um 1920 in Essex mit der Rosenzucht; 1930 übernahm sie Pembertons Betrieb. Sie züchtete Strauchrosen wie 'The Fairy' (1932) und 'Buff Beauty' (1939), 1937 entdeckte sie die Strauchrose 'Ballerina'.

**Boerner, S. Eugen (USA).** Gene Boerner, auch „Papa Floribunda" genannt, dessen Großeltern aus Frankfurt/Main stammten, arbeitete seit 1920 bei der Firma *Jackson & Perkins Nursery* in Newark im Staate New York und wurde dort später Teilhaber. Er kreuzte im großen Stil und sehr erfolgreich die Kordes-Rose 'Rosenmärchen' mit Polyantha-Hybriden. Als seine größten Erfolge sind u. a. die Floribundarosen 'Goldilocks' (1945), 'Lavender Pinocchio' (1948), 'Maskerade' (1949) und 'Fashion' (1949) sowie die Teehybride 'Diamond Jubilee' (1947) zu nennen, allesamt wichtige Elternsorten.

**Bossom, Bill (Großbritannien).** Seit gut 20 Jahren befaßt sich Bossom in der südenglischen Stadt Enfield mit Rosen. Erwähnenswerte Zuchterfolge sind u. a. 'Peppermint Ice' (1991), eine Floribundarose, sowie 'Tender Loving Care' (1995).

**Brownell, Dr. Walter (USA).** Von den 20er bis 50er Jahren des 20. Jh. züchtete Brownell gemeinsam mit seiner Frau Rosen im US-Bundesstaat Rhode Island. Ihr Zuchtziel waren vor allem winterharte Rosen, und zu ihren bekannten Sorten zählen die Kletterrose 'Elegance' (1937) sowie die Teehybride 'Lafter' (1948).

**Buck, Griffith (USA).** Im US-Bundesstaat Iowa widmete Buck sich zwischen den 50er und 90er Jahren des 20. Jh. der Zucht von Rosen, vor allem winterharter Gartenrosen. Zu seinen Erfolgen gehört u. a. die auch in Europa bekannte Strauchrose 'Carefree Beauty' (1977).

**Cant (Großbritannien).** Cants Familientradition der Rosenzucht begann 1875; sie wurde von Cants Nachkommen B. R. und Frank Cant bis zum heutigen Tag fortgeführt – zur Zeit wird der Familienbetrieb in Colchester unter der Regie von Roger Pawsey geleitet: Insgesamt brachte die Firma 130 benannte Sorten auf den Markt, darunter u. a. die Kletterrosen 'Blush Rambler' (1903) und 'Cupid' (1915), die Teehybride 'Mrs Oakley Fisher' (1921), ferner die „Weltrose" 'Just Joey' (1972) sowie 'Alpine Sunset' (1973) und 'Goldina' (1983).

**Carruth, Tom (USA).** In der Rosenschule *Weeks Roses Inc.* im kalifornischen Ontario befaßt sich Carruth seit den 80er Jahren des 20. Jh. mit der Rosenzucht. Als Erfolge kann er u. a. die Floribundarose 'Columbus' (1991), die Strauchrose 'Flutterbye' (1996) und die Zwergrose 'Heartbreaker' (1990) verzeichnen.

**Christensen, Jack (USA).** Christensen löste in den 70er Jahren des 20. Jh. Herb Swim als Leiter der Armstrong-Schule ab. Gemeinsam mit Swim gelang ihm die Zucht der Teehybriden 'Brandy' (1981). Weitere Erfolge sind 'Gold Medal' (1982), 'Voodoo' (1986) und 'Midas Touch' (1992), ferner die Zwergrosen 'Cricket' (1978) und 'Holy Toledo' (1980).

**Clark, Alister (Australien).** Clark arbeitete im Zeitraum 1915 bis 1939 in der Stadt Bulla (Provinz Victoria) an Rosen. Unter seinen über 120 Zuchtsorten befinden sich auch kräftige, aber dennoch zierliche Kletterrosen mit eingekreuzten *Rosa-gigantea*-Genen – darunter 'Nancy Hayward' (1937) und die Teerose 'Lorraine Lee' (1924). Der robuste Climber 'Black Boy' (1919) stammt ebenfalls von ihm.

**Cocker, Ann und Alec (Großbritannien).** Das Ehepaar Cocker züchtet unter der Firmierung *James Cocker & Son* seit den 60er Jahren des 20. Jh. in Aberdeen Rosen. Zahlreiche neue Sorten wurden von ihnen kreiert – die Teehybriden 'Alec's Red' (1970), 'Silver Jubilee' (1977), 'Remember Me' (1984) und 'Abbeyfield Rose' (1985), ferner die Floribundarosen 'Anne Cocker (1970), 'Rob Roy' (1971) 'Playboy' (1976), 'Toprose' (1991), 'Gordon's College' (1992) sowie 'Friend for Life' (1993), ferner die Patiorose 'Conservation' (1988) und Kletterrosen wie 'Morning Jewel' (1968) – die erste Cocker-Rose mit ADR-Prädikat (1975) – sowie 'White Cockade' (1968). Als Grundstock für seine Zucht diente Alec Cocker seinerzeit ein seltener Sämling von *Rosa persica.*

**Croix, Paul (Frankreich).** Seit Mitte des 20. Jh. sitzt Croix in Bourg-Argental (Departement Loire), wo er preisgekrönte Strauchrosen und einige Kletterrosen züchtet. Seine 'Reve d'un Soir' (1996) erhielt 1997 den Ehrenpreis für die beste Duftrose in Baden-Baden.

**Davidson, Harvey (USA).** Seit gut 20 Jahren arbeit Davidson im kalifornischen Orinda an Rosen. Zu seinen Zuchtzielen zählen vor allem stachellose Rosen, wobei er insbesondere an Teehybriden wie 'Smooth Angel' (1986) und 'Smooth Velvet' (1986) forscht.

**de Ruiter, Gerrit, Gijs, Leendert (Niederlande).** Diese niederländischen Züchter sitzen seit etwa 1920 in Hazerswoude, wo sie viele Rosen hervorbringen – z. B. die Polyantharosen 'Gloria Mundi' (1929), 'Cameo' (1932) und 'De Ruiter's Herald' (1949); ferner die Floribundarosen 'Rosemary Rose' (1954), 'Sweet Repose' (1955), 'Orange Sensation' (1961) und 'Europeana' (1963) sowie die Serie 'Compacta Sieben Zwerge', zu denen auch die Rose 'Alberich' (1954) zählt.

**Delbard, Georges und Chabert, André (Frankreich).** Seit Mitte des 20. Jh. züchte die Familie Delbard speziell solche Sorten, die optimal an warme Gegenden adaptiert sind. Erfolgreiche Züchtungen sind 'Centenaire de Lourdes' (1958), 'Diablotin' (1961), 'Gingersnap' (1978), 'Lancôme' (1973), ferner die nach Flieder duftende 'Dioressence' (1984) sowie die exzellente rote Kletterrose 'Altissimo' (1966). Delbards Sohn Arnaud führt heute den Betrieb in Evry.

**Descemet (Frankreich).** Descemet war der erste Franzose, der gezielt Rosenzüchtung betrieb; als er Frankreich verließ, überließ er seine Sämlinge seinem Kollegen Vibert; bekannt sind 'Foliacée' (um 1810) und 'Gloire des Jardins' (um 1815).

**Dickson, George, Alex, Patrick und Colin (Großbritannien).** Seit ca. 1880 züchtet die Familie Dickson Rosen in Hawlmark und Newtownards. Sie können eine ganze Liste erfolgreicher Sorten vorweisen: 'Mrs W. J. Grant' (1895), der die erste Goldmedaille der britischen *National Rose Society* zugesprochen wurde, die Teehybriden 'Betty Uprichard' (1922), 'Shot Silk' (1924), 'Dame Edith Helen' (1926), 'Grandpa Dickson' (1966), 'Red Devil' (1970), 'Freedom' (1984), 'Elina' (1985), 'Lovely Lady' (1986) und 'Dieter Wedel' (1997). Die beiden Floribundarosen 'Dickson's Flame' (1958) und 'Anisley Dickson' (1983) gewannen jeweils die *President's International Trophy* der *RNRS*. Wegbereitend war die Familie Dickson auch bei der Zucht von Zwergrosen wie 'Peek a Boo' (1981), 'Marry me' (1998) und der preisgekrönten 'Sweet Magic' (1987).

**Dorieux, François (Frankreich).** Aus dem Sortiment der seit Mitte des 20. Jh. in Montagny (Loire) ansässigen Firma, die heute unter dem Namen *Dorieux-Vilmorin* firmiert, stammt die mit der Bagatelle-Goldmedaille prämierten 'Violette Parfum' (1995).

**Dot, Pedro und Simon (Spanien).** Seit den 20er Jahren des 20. Jh. züchtet die Familie Dot Rosen in der Nähe von Barcelona; bekannte Zuchterfolge sind die Teehybride 'Condesa de Sastago' (1932), die Strauchrose 'Nevada' (1927) und der Climber 'Mme Grégoire Staechelin' (1927). Pionierarbeit leisteten sie auf dem Gebiet der Zwergrosen u. a. mit Sorten wie 'Rosina' (1935), 'Baby Gold Star' (1940), 'Pour Toi' (1946) und 'Coralin' (1955).

**Ducher, Jean-Claude (Frankreich).** Mitte bis Ende des 19. Jh. war Ducher im Raume Lyon als Züchter tätig, gleichzeitig aber auch Mentor von Joseph Pernet. Zu seinen bis heute aktuellen Erfolgen zählen u. a. die Noisetterosen 'Rêve d'Or' (1869) und 'William Allen Richardson' (1878), die Teerose 'Anna Olivier' (1878) sowie die Polyantharose 'Cécile Brunner' (1880).

**Felberg-Leclerc, Johannes (Deutschland).** 'Gruß an Coburg' (1927) machte den Trierer Züchter über Deutschlands Grenzen hinaus bekannt. Im 3. Reich wurde seine Gärtnerei aufgelöst.

**Fryer, Gareth (Großbritannien).** Die Firma *Fryer's Roses* im englischen Knutsford züchtete unter der Leitung von Gareth Fryer klassische Teehybriden wie 'Bobby Charlton' (1974), 'The Lady' (1985), 'Velvet Fragance' (1988), 'Belle Epoque' (1994), 'Warm Wishes' (1994), 'Bride' (1995) und 'Especially for You' (1996), die Floribundarose 'Sunsilk' (1974), Rabattenrosen wie 'Sweet Dream' (1988) und 'Top Marks' (1992), die Strauchrose 'Rosentanz' (1988) sowie den Climber 'Crimson Cascade' (1991).

**Gaujard, Jean (Frankreich).** Gaujard war Nachfolger von Pernet-Ducher und züchtete nach dem 1. Weltkrieg im Raume Lyon. Erfolgreich war er vor allem mit Teehybriden für Gegenden mit warmem Klima; bekannt sind u. a. 'Opéra' (1950) und 'Rose Gaujard' (1957).

**Geduldig, Philipp (Deutschland).** Die berühmte 'Gruß an Aachen' (1909) dieses Aachener Züchters bildete mehrere bekannte Sports.

**Geschwind, Rudolf (Österreich-Ungarn).** Der K.u.K.-Forstmeister aus Teplitz befaßte sich vor allem mit der Zucht winterharter Rosen. Geschwind brachte über 140 Sorten auf den Markt, von denen aber manche anderen Züchtern zugeordnet werden. Zu den „Ungarischen Kletterrosen" zählen 'Geschwinds Nordlandrose' (1884), 'Ännchen von Tharau' (1886), 'Gilda' (1887), 'Theano' (1895) und 'Geschwinds Schönste' (1900); sie werden wie auch seine Bourbonrosen 'Gruß an Teplitz' (1897), 'Giseldis' (1895) und 'Zigeunerknabe' (1909) auch heute noch gepflanzt.

**Gregory, Walter (Großbritannien).** Zu den bekanntesten Sorten, die Gregory während seiner 20jährigen Tätigkeit bei *C. Gregory & Son* in Chilwell bei Nottingham züchtete, zählen die Teehybride 'Wendy Cussons' (1959) und die Kletterrose 'Pink Pérpetué' (1965).

**Grootendorst, Frans J. (Niederlande).** Die Firma aus Boskoop wurde bekannt mit den Rugosa-Hybriden 'Pink Grootendorst' (1923), 'Grootendorst Supreme' (1936) und der Polyantharose 'Muttertag' (1950).

**Guillot, Jean-Baptiste (Frankreich).** Mitte bis Ende des 19. Jh. war Guillot als Rosenzüchter im Raum Lyon tätig. Besonderer Ruhm wurde ihm durch die Entdeckung eines Zufallssämlings zuteil, der die erste Teehybride 'La France' (1867) darstellte. Weitere Guillot-Kreationen sind die Teerose 'Catherine Mermet' (1869), die erste Polyantharose 'Pâquérette' (1875) sowie die erste rosafarbene Polyantharose 'Gloire des Polyantha' (1887). Enkel Marc verlegte den Betrieb nach St. Priest (Isère); heute firmieren dessen Tochter Paule Jennet Massad (geb. Guillot) gemeinsam mit Tochter Dominique unter dem Namen *Guillot-Massad* in Cremieu.

**Harkness, Jack (Großbritannien).** Seit 1966 züchtet Harkness in seiner gleichnamigen Rosenschule in Hitchin neue Sorten. Mit speziellem Augenmerk auf die Merkmale Duft und Gesundheit kreierte er eine Vielzahl erfolgreicher Rosen – u. a. die Teehybriden 'Elizabeth Harkness' (1969), 'Alexander' (1972), 'Rosemary Harkness' (1985) 'Savoy Hotel' (1989), die Floribundarosen 'Escapade' (1967), 'Margaret Merril' (1977), 'Anne Harkness' (1980) 'Mountbatten' (1982), 'Amber Queen' (1984), 'Fellowship' (1992), 'Sunset Boulevard' (1997), 'Betty Harkness' und 'Easy Going' (beide 1998), weiterhin die Rabattenrose 'Anna Ford' (1980), die Kletterrosen 'Compassion' (1973) und 'Penny Lane' (1998), die Polyantharosen 'Yesterday' (1974) und 'Marjorie Fair' (1978) sowie die Strauchrosen 'Armada' (1988) und 'Jacqueline du Pré' (1989). Aus seinen Experimenten mit *Rosa persica* entstanden 'Tigris' (1985), 'Euphrates' (1986) und 'Nigel Hawthorne' (1989).

**Hetzel, Karl (Deutschland).** Hetzel züchtet seit 1975 Rosen – zunächst in Beutelsbach, heute in Oberderdingen (Kraichgau). In jüngster Zeit brachte er eine neuartige Zuchtlinie kletternder, öfterblühender Rambler auf den Markt, wie z. B. 'Super Dorothy' (1986), 'Super Excelsa' (1986; die erste Hetzel-Rose mit ADR-Prädikat) und 'Super Fairy' (1992).

**Hill, E. Gurney und Joseph H. (USA).** Seit Anfang des 20. Jh. ist die Familie Hill in Richmond (US-Bundesstaat Indiana) mit der Rosenzucht befaßt. Aus ihrem reichhaltigen Sortenangebot seien hier nur die kräftigen, duftenden Teehybriden 'General MacArthur' (1905), 'Richmond' (1905) und 'Joanna Hill' (1928) genannt, allesamt bedeutende Elternsorten.

**Hinner, L. Wilhelm (Deutschland).** Hinner züchtete erst bei Lambert und Geduldig, arbeitete später als Partner von Welter und machte sich 1901 in Trier selbständig, später dann in Lohausen. Über Deutschland hinaus bekannt ist seine 'Heinrich Münch' (1911)

**Holmes, Richard (Großbritannien).** In den 60er und 70er Jahren des 20. Jh. präsentierte Holmes im englischen Stockport Zuchterfolge wie die Floribundarose 'Fred Loads' (1967) und die Strauchrose 'Sally Holmes' (1976).

**Horner, Colin (Großbritannien).** Horners Rosenschule befindet sich im südenglischen Stansted, wo er seit den 70er Jahren des 20. Jh. u. a. seine bis heute sehr erfolgreiche Floribundarose 'Champagne Cocktail' (1985) gezüchtet.

**Ilsink, Peter (Niederlande).** Das Städtchen Leersum ist der Sitz von *Interplant*; hier züchtet Ilsink seit gut 20 Jahren wunderbare Strauchrosen, u. a. 'Red Blanket' (1979), 'Rosy Cushion' und 'Smarty' (beide 1989), 'Robin Redbreast' (1983), 'Lavender Dream' (1985, seine erste ADR-Rose), ferner 'Eyeopener' (1987) sowie 'Euphoria', die 1998 aus einer *Rosa-persica*-Linie gezogen wurden.

**Jacques, A. (Frankreich).** Der Gartendirektor des Herzogs von Orléans erzielte die ersten Bourbonrosen, von denen 'Adélaide d'Orléans' und 'Félicité et Perpétue' (1828) heute noch im Handel sind.

**Jolly, Betty und Nelson (USA).** Das Ehepaar Jolly züchtet seit beinahe 20 Jahren, wobei es sich auf Zwergrosen spezialisiert hat. Zu ihren Erfolgen zählen 'Chattem Centennial' (1979) und 'Arizona Sunset' (1985).

**Kiese, Hermann (Deutschland).** Nach seiner Zeit als Obergärtner bei J. C. Schmidt in Erfurt machte sich Kiese 1904 in Vieselbach (Thüringen) selbständig, wo er mit seiner Kletterrose 'Tausendschön' (1906) und der Canina-Hybride 'Kiese' (1910) internationalen Erfolg erzielte.

**Kordes, Wilhelm, Reimer und Willi (Deutschland).** Die größte deutsche Rosenschule, heute *W. Kordes & Söhne*, entstand 1887 in Elmshorn (Schleswig-Holstein) und befindet sich seit 1919 in Sparrieshoop. Kordes züchtete aus *Rosa pimpinellifolia* eine winterharte Strauchrosenlinie (die „Frühlingsrosen"), zu der u. a. 'Frühlingsgold' (1937) zählt. Aus Samen der angeblich infertilen 'Max Graf' (1919) entstand *Rosa kordesii*, deren Weiterzucht zu Berühmtheiten wie 'Dortmund' und 'Leverkusen' (beide 1955) führte. Heute wird die Firma von der 4. Generation – Wilhelm Kordes III, Margarita Helms geb. Kordes sowie Reimer Kordes' Sohn Tim-Hermann – gemeinsam geführt. Zu der reichhaltigen Palette zählen viele pilzresistente Rosen, viele davon bedeutende Elternsorten, wie z. B. die Teehybriden 'Geheimrat Duisberg' (1933), 'Crimson Glory' (1935),'Kordes' Sondermeldung' (1950), 'Kordes' Perfekta' (1957), 'Duftzauber 84' (1984) sowie 'Orange Triumph' (1937), aber auch Floribundarosen wie 'Rosenmärchen' (1947), 'Korona' (1955), 'Lilli Marleen' (1959), 'Friesia' (1977) und 'Trier 2000' (1985). Die berühmte 'Schneewittchen' aus dem Jahre 1958 wurde 1983 zur „Weltrose" gekürt. 'Elmshorn' (1951) war die erste von vielen Kordes-Rosen mit ADR-Prädikat. Weitere Berühmtheiten sind als Strauchrose 'Westerland' (1969) oder als Bodendecker 'Sommerwind' (1985). Als jüngere Erfolge seien 'Roselina' (1992), 'Schwarze Madonna' (1992) und 'Rosenprofessor Sieber' (1997) genannt.

**Kriloff, Michel (Frankreich).** Im milden mediterranen Klima von Antibes gelang es Michel Kriloff, seit Mitte des 20. Jh. eine Menge erfolgreicher Rosen zu züchten, darunter beispielsweise die international prämierten Teehybriden 'Lucy Cramphorn' (1960), 'Touch of Class' (1984) sowie 'Tabriz' (1986).

**Laffay, Jean (Frankreich).** Schon als 20jähriger erzielte Laffay mit seinen ersten Züchtungen große Erfolge; bekannt sind etwa 'Duchesse de Montebello' (1829), 'Cardinal de Richelieu' (ca. 1840), 'Laura Davoust' (1843), 'Nuits de Young' (1845), 'William Lobb' (1855) oder 'Henri Martin' (1863).

**Lambert, Peter (Deutschland).** Für seine Kreuzungsversuche verwendete der aus Trier stammende Mitbegründer des VDR u. a. die sogenannten „Drei Grazien" – 'Aglaia', 'Thalia' und 'Euphrosyne', die vom Elsässer J. B. Schmitt gezüchtet und 1896 durch Lambert verbreitet wurden. Berühmt wurde Lambert durch 'Kaiserin Auguste Viktoria' (1891), und unter den insgesamt fast 200 Sorten, die er auf den Markt brachte, befanden sich die Teehybride 'Frau Karl Druschki' (1901), eine wichtige Elternsorte, die Polyantharosen 'Léonie Lamesch' (1899) und 'Katharina Zeimet' (1901) sowie die Strauchrose 'Trier' (1904), aus der viele Moderne Gartenrosen hervorgingen.

**Lammerts, Dr. Walter (USA).** Während der Jahre des 2. Weltkriegs und der folgenden Dekade konnte Lammerts im kalifornischen Livermore größere Erfolge erzielen, beispielsweise mit den Teehybriden 'Charlotte

Armstrong' (1940), 'Show Girl' (1946) sowie 'Chrysler Imperial' (1952), der Kletterrose 'Golden Showers' (1957) und der Polyantharose 'China Doll' (1946). Besonders erwähnenswert ist außerdem seine „Weltrose" 'Queen Elizabeth' (1954).

**Leenders, Jan (Niederlande).** Zwischen 1900 und 1970 züchtete Leenders zahlreiche Sorten in Tegelen. Zu den „Evergreens" aus seinem Hause zählen u. a. 'Comtesse Vandal' (1932) und 'Nathalie Nypels' (1919).

**LeGrice, Edward und Bill (Großbritannien).** Die in Norfolk ansäßige Familie LeGrice befaßt sich seit 1930 mit der Rosenzucht. Zu ihren Zuchtneuerungen zählen vor allem Sorten mit neuartigen Farbkompositionen. Erfolgreich sind u. a. die Teehybride 'My Choice' (1958), die Floribundarosen 'Dainty Maid' (1937), 'Allgold' (1956), 'Lilac Charm' (1962) und 'News' (1968) sowie die Strauchrose 'Pearl Drift' (1980), die von 'Mermaid' abstammt.

**Lens, Louis (Belgien).** Seit etwa 1930 züchtet der Belgier Lens Rosen, zunächst in Wavre Notre-Dame und heute in Oudenburg. Er brachte erfolgreiche Sorten wie die Teehybride 'Herz-Dame' (1958) und die 1991 zur „Weltrose" gekürte 'Pascali' (1961) auf den Markt. Zu seinen neuartigen Kreuzungen zählen die Bodendeckerrose 'Green Snake' (1985) *(Rosa arvensis × R. wichuraiana)* sowie die Strauchrosen 'Running Maid' (1982) und 'Pink Robin' (1993), letztere eine Helenae-Hybride.

**Levet, Claude (Frankreich).** Zu den bedeutendsten Erfolgen dieses Züchters aus dem Raum Lyon zählen neben der kletternden Teerose 'Mme Bérard' (1915) auch die Remontantrosen 'Paul Neyron' (1869) sowie 'Ulrich Brunner Fils' (1882).

**Mallerin, Charles (Frankreich).** Mallerin quittierte seinen Dienst bei der Eisenbahn, um sich der Rosenzucht zu widmen; er ließ sich in Varce, Pont-de-Claix (Departement Isère) nieder und züchtete dort zwischen 1920 und 1960 über 130 Sorten. Mallerin war übrigens auch der Lehrer von Francis Meilland, der allerdings nicht bei ihm arbeitete. Als beachtliche Erfolge kann Mallerin die Teehybriden 'Mrs Pierre S. du Pont' (1929), 'Virgo' (1947), 'Beauté' (1953) und 'Isabelle de France' (1956) sowie die Kletterrosen 'Guinée' (1938), 'Danse du Feu' (1954) und 'Danse des Sylphes' (1959) verbuchen.

**Mattock, John & Nachfolger (Großbritannien).** Zu den von Mattock seit 1965 auf den Markt gebrachten Sorten zählen u. a. die Teehybride 'Tynwald' (1979), der Climber 'Dreaming Spires' (1973) und die Strauchrosensorten 'Pink Wave' (1983) und 'Northamptonshire' (1990).

**McCann, Sean (Irland).** McCann, der seit den 60er Jahren des 20. Jh. in Dublin zum Thema Gartenbau Bücher verfaßt und Vorlesungen hält, kann auch beachtliche Erfolge bei der Zwergrosenzucht vorweisen. Bekannt sind u. a. die McCann-Rosen 'Kiss 'n' Tell' (1989), 'Lovers Only' (1989) und 'Lady in Red' (1990).

**McGredy, Sam II, III und IV (Neuseeland).** Die Firma McGredy wurde um 1890 unter der Bezeichnung *S. McGredy & Son* im irischen Portadown gegründet, wo sie bis 1972 bestand; in diesem Jahr wanderte Sam McGredy IV nach Neuseeland aus und gründete dann in Auckland die Firma *McGredy Roses International.* In ihrer breiten Zuchtpalette finden sich altbewährte Hausmarken wie auch bahnbrechende Neuheiten – so z. B. die Teehybriden 'Mrs Herbert Stevens' (1910), 'The Queen Alexandra Rose' (1918), 'Mrs Henry Morse' (1919), 'Charles P. Kilham' (1926), 'Mrs Sam McGredy' (1929), 'McGredy's Yellow' (1933), 'Cynthia Brooke' (1942), 'Piccadilly' (1959), 'Mischief' (1961), 'Olympiad' (1983) und 'New Zealand' (1990), dann die Floribundarosen 'Evelyn Fison' (1962), 'Elizabeth of Glamis' (1964), 'Arthur Bell' (1965), 'Happy Wanderer' (1975) und 'Trumpeter' (1977), die Zwergrose 'Schneeteppich' (1980), die Kletterrosen 'Casino' (1963) und 'Händel' (1965), aber auch atemberaubende Farbvarianten wie 'Grey Pearl' (1945) und eine Vielzahl „handgemalter" Rosen wie z. B. 'Picasso' (1971), 'Eyepaint' (1975), 'Maestro' (1980) und 'Papagena' (1992).

**Mehring, Bernard (Großbritannien).** Dieser junge Züchter ist seit knapp zehn Jahren für die Firma *Eurosa* in der englischen Stadt Woodley tätig. Zu seinen Zuchtzielen zählen gesunde, stachellose Sorten; bekannte Sorten sind die Kletterrose 'Jane Eyre' (1998) sowie die Rabattenrose 'Make a Wish' (1996).

**Meilland-Richardier (Frankreich).** Seit den 30er Jahren des 20. Jh. hat sich das in Tassin und Cap d'Antibes ansässige Haus Meilland einen international renommierten Namen gemacht. Der Züchterfamilie zugehörig sind Antoine, der Gründer, sein Sohn Francis und dessen Frau Marie Louisette, die Tochter des italienischen Rosenzüchters Paolino (die mitunter auch unter ihrem Mädchennamen als Züchterin genannt wird). Heute führen Sohn Alain und Tochter Michèle (verheiratete Richardier) wiederum gemeinsam mit ihren Söhnen Pierre und Michel die Firma. Weltbekannt ist die pilzresistente Meilland-Teehybride 'Mme A. Meilland' (1942), die in Großbritannien unter dem Synonym 'Peace' und in Deutschland als 'Gloria Dei' vertrieben wird. Sie wurde 1976 zur „Weltrose" gekürt. Weitere bekannte Erfolge sind die Teehybriden 'Grandmère Jenny' (1950), 'Eden Rose' (1950), 'Charles Mallerin' (1951), 'Carina' (1963), 'Papa Meilland' (1963) sowie 'The McCartney Rose' (1991). 'Baccarà' (1954) ist heute eine der beliebtesten Rosen im Blumenhandel. Zur „Meillandina-Serie" gehört beispielsweise 'Orange Meillandina' (1981); beliebte Sorten sind aber auch die Strauchrose 'Bonica' (1981), die Floribundarose 'La Sévillana' (1982), der Climber 'Clair Matin' (1960) sowie die vor wenigen Jahren etablierte „Romantica-Serie", die Rosen im altmodischen Stil umfaßt, wie z. B. 'Frédéric Mistral' (1993).

**Miller, Alvin (USA).** Zwischen 1890 und 1910 arbeitete Miller für die Baumschule *Jackson & Perkins Co.* in Newark (US-Staat New York). Dort gelang ihm 1901 die Zucht des Ramblers 'Dorothy Perkins' (1901), eine der wenigen Sorten, die weltweit zu großem Ruhm gelangte.

**Moore, Ralph (USA).** Seit den 20er Jahren des 20. Jh. befaßt sich Moore in seiner Rosenschule *Sequoia Nursery* im kalifornischen Visalia mit Rosen, speziell mit der Zucht von Zwergrosen, von denen er viele unter Verwendung seines Rambler-Sämlings 'Zee' produzierte. Erfolgreiche Moore-Rosen sind beispielsweise 'Little Bit o' Sunshine' (1956), 'Magic Carrousel' (1962), 'Stars 'n' Stripes' (1975), 'Golden Meillandina' (1977), die neuartige Zwergmoosrose 'Dresden Doll' (1975) sowie die etwa seit zehn Jahren etablierte „Halo-Serie", deren Petalen einen roten Grund besitzen, so daß die Staubgefäße von einem Kranz („Halo") umgeben zu sein scheinen.

**Moreau-Robert (Frankreich).** Der Franzose Robert (der 1850 Viberts Betrieb übernommen hatte) erbte die Firma seines Schwiegervaters Moreau in Angers. Zu seinen Erfolgen zählen die Portlandrosen 'Comte de Chambord' (1860) und 'Jacques Cartier' (1868), die Moosrose 'Blanche Moreau' (1880) sowie die Bourbonrose 'Commandant Beaurepaire' (1874).

**Morey, Dennison (USA).** Morey, der ab Mitte des 20. Jh. 20 Jahre lang für *General Bionomics Inc.* im kalifornischen Santa Rosa arbeitete, brachte Zuchterfolge wie die Teehybride 'King's Ransom' (1961), die jahrelang als eine der besten gelben Rosen galt, ferner 'Popcorn' (1973) sowie die faszinierende Zwergkletterrose 'Temple Bells' (1971) auf den Markt.

**Müller, Dr. med. Hermann (Deutschland).** Müller war Liebhaberzüchter aus Weingarten (Pfalz), seine 'Conrad Ferdinand Meyer' (1899) wurde von Lambert in den Handel gebracht und ist Elternteil einiger Austin-Rosen.

**Nabonnand & Söhne (Frankreich).** Das Unternehmen wurde von Gilbert Nabonnand 1854 in Sorgues (Departement Vaucluse) begründet und später von seinen Söhnen Paul und Clement nach Avignon verlagert. Nabonnand züchtete hauptsächlich Treibrosen für den Schnittblumenhandel. Heute noch erhältlich sind Sorten wie 'Nemesis' (1878), 'Frau Franziska Krüger' (1880) sowie 'Noella Nabonnand' (1901).

**Noack, Werner (Deutschland).** 1953 gründete Noack seinen Gärtnereibetrieb – der heute *Noacks Rosen* heißt – im westfälischen Gütersloh; sein Zuchtziel sind gesunde, widerstandsfähige und winterharte Sorten. 1985 erhielt 'Goldener Sommer'(1981) die ADR-Auszeichnung, und seit 1989 vergeht für den Züchter kein Jahr ohne ADR-Prädikat – ob nun für 'Rödinghausen' (1988), 'Heidetraum' (1988), 'Apfelblüte' (1991) oder 'Schneeflocke' (1991).

**Norman, Albert (Großbritannien).** In der ersten Hälfte des 20. Jh. züchtete der gelernte Diamantenschleifer Norman Rosen in der südenglischen Ortschaft Normandy. Erfolgreich waren u.a. die Teehybride 'Ena Harkness', die Floribundarose 'Frensham' (1946) sowie der spätblühende Rambler 'Crimson Shower' (1951).

**Olesen, Mogens und Pernille.** Siehe Poulsen.

**Onodera, Dr. F. Toru (Japan).** Onodera, der ehemals als Geologe arbeitete, befaßt sich seit den 60er Jahren des 20. Jh. in Urawa mit Rosen. Bekannteste Erfolge sind seine neuartige Zwergkletterose 'Heideröslein Nozomi' (1968) und deren Sämling 'Suma' (1989)

**Pal, J. Benjamin (Indien).** Zwischen 1950 und 1985 züchtete Pal seine zumeist nur in Indien bekannten Teehybriden, wie beispielsweise 'Princess of India' (1980).

**Paolino.** Siehe Meilland.

**Parmentier (Belgien).** Die Rose 'Belle Isis' dieses Amateurzüchters aus Enghien, einem Ort bei Brüssel, ist die Stammmutter der „Englischen Rosen" von Austin.

**Paul, George und George Laing (Großbritannien).** Zwischen 1870 und 1918 züchteten diese beiden Engländer in Cheshunt eine Vielzahl von Sorten, u. a. die Teehybriden 'Cheshunt Hybrid' (1872), 'Goldfinch' (1907) sowie 'Paul's Lemon Pillar' (1915).

**Paul, William und Arthur William (Großbritannien).** Seit Mitte des 19. Jh. im englischen Waltham Cross ansässig, züchteten William und Arthur William Paul bis nach dem 1. Weltkreig sehr viele bekannte Sorten wie u. a. die Kletterrosen 'Mermaid' (1918) und 'Paul's Scarlet Climber' (1916). Auch die Teehybride 'Ophelia' stammt aus dem Hause Paul (1912).

**Pemberton, Joseph (Großbritannien).** In den ersten beiden Jahrzehnten des 20. Jh. züchtete er neben Noisette-, Polyantha- und Teerosen sowie Teehybriden eine Reihe schöner Strauchrosen – u. a. 'Moonlight' (1913), 'Penelope' (1924) und 'Cornelia' (1925) sowie die Moschata-Hybride 'Robin Hood' (1927). Ann Bentall führte später die Arbeiten dieses Reverends aus Essex weiter.

**Penzance, Lord (Großbritannien).** Hochbetagt begann Lord Penzance gegen Ende des 19. Jh. in der Grafschaft Surrey mit der Rosenzucht, speziell mit der Zucht von *Rosa rubiginosa*-Hybriden. Auch heute noch werden Sorten wie 'Amy Robsart', 'Lord Penzance' und 'Meg Merrilies', die alle aus dem Jahre 1894 stammen, in großem Maßstab gepflanzt.

**Pernet, Joseph (Frankreich).** Als Nachfolger von Jean-Claude Ducher sowie dessen Witwe züchtete Pernet unter dem Firmennamen *Pernet-Ducher* von 1871 bis 1919 Rosen im Raum Lyon. Unter seinen zahlreichen Teehybriden finden sich Erfolgssorten wie 'Mme Caroline Testout' (1890), die über 200 Nachkommen aufweist, 'Mme Abel Chatenay' (1893) und 'Antoine Rivoire' (1895). In den Folgejahren entstanden die neuartige goldorangefarbene 'Soleil d'Or' (1900) – eine Sorte, die den Teehybriden die hellen Farbtöne der *Rosa foetida* verlieh –, ferner die gelbe 'Rayon d'Or' (1910) und die korallrosafarbene 'Mme Edouard Herriot' (1913). 1919 wurde der Betrieb von Gaujard übernommen.

**Poulsen, Dines, Svend und Niels (Dänemark).** Die Firma Poulsen aus dem dänischen Fredensborg züchtet seit Beginn des 20. Jh. neue Rosen. Dines Poulsen kreierte die Polyantharosen 'Ellen Poulsen' (1911) und 'Rödhätte' (1912). Sohn Svend entwickelte auf der Suche nach frostharten Rosen eine Vielzahl von Sorten, darunter 'Else Poulsen' und 'Kirsten Poulsen' (beide 1924),

'Poulsen's Yellow' (1938) und 'Rumba' (1958). Zu den Zuchterfolgen von Enkel Niels zählen u. a. die Floribundarosen 'Chinatown' (1963) und 'Pernille Poulsen' (1965) sowie die Teehybride 'Royal Dane' (1972). Niels' Tochter Pernille, die die Familientradition fortführt, züchtete gemeinsam mit ihrem Mann Mogens Olesen eine Vielzahl wunderbarer Rosen, wie beispielsweise die Teehybriden 'Ingrid Bergman' (1984) und 'Modern Art' (1985) und die Floribundarosen 'Dolly' (1987), 'Christopher Columbus' (1992) und 'Fredensborg' (1995), ferner mehrere neuartige Rabattenrosen, Rosen im „Alten Stil" wie etwa 'Königin Margarethe' (1995) sowie Zwergrosen wie 'White Carpet' (1993)

**Prior, Donald (Großbritannien).** Zwischen dem 1. und 2. Weltkrieg betrieb Prior im südenglischen Colchester eine Rosenzucht. Dort züchtete er Polyantharosen und die beiden außergewöhnlichen Floribundarosen 'Betty Prior' (1935) und 'Donald Prior' (1938), die auch heute noch weit verbreitet sind.

**Robert.** Siehe Moreau Robert.

**Robichon (Frankreich).** Seit Mitte des 20. Jh. wirkt dieser französische Züchter in dem Örtchen Pithiviérs-le-Vieil. Zu bekannten Robichon-Erfolgen zählen die Teehybride 'Mandarin' (1946) sowie die Kletterrose 'Belle d'Orléans' (1958). Unter der Firmenbezeichnung *Les Roses Anciennes* wird der Betrieb Robichons im Prinzip heute noch fortgeführt; allerdings werden dort nur noch Rosen vertrieben, keine neuen mehr gezüchtet.

**Robinson, Herbert (Großbritannien).** Von den 20er bis in die 50er Jahre des 20. Jh. züchtete der Brite Herbert Robinson Rosen im südenglischen Hinckley, darunter die bemerkenswerten Teehybriden 'Christopher Stone' (1935) und 'Phyllis Gold' (1935) sowie die gelbe Erfolgsrose 'Lydia' (1949).

**Robinson, Thomas (Großbritannien).** Das milde Klima der Kanalinsel Guernsey nutzte Thomas Robinson in den 80er Jahren des 20. Jh. für die Zucht seiner Zwergrosen, wobei er u. a. mit Erfolgen wie der kletternden Zwergrose 'Simon Robinson' (1982) belohnt wurde.

**Roussel (Frankreich).** Dieser französische Züchter war zu Beginn des 19. Jh. tätig, seine 'Géneral Jacqueminot' (1853) wurde ein wichtiger Elternteil.

**Saville, Harmon (USA).** Seit den 70er Jahren des 20. Jh. besteht Savilles Rosenschule *Nor' East Roses* in Rowley (US-Staat Massachusetts). Dort kreierte er viele Zwergrosen, sowohl für den Garten als auch für Ausstellungen, darunter beispielsweise 'Party Girl' (1979) mit ihren zahlreichen Nachkommen sowie Zwergmoosrosen wie 'Single's Better' (1985).

**Schoener, Georg (USA).** Der Geistliche und Amateurzüchter Schoener, auch als „Rosenpfarrer von Steinach" bekannt, wanderte von Europa nach Amerika aus. Dort wandte er als erster die Mendelschen Gesetze auf die Rosenzucht an, und als Ergebnis entstand 'Schoener's Nutkana' (1876).

**Schwartz, Joseph (Frankreich).** Weltruhm erlangte der Lyoner Züchter mit seiner heute noch beliebten 'Mme Alfred Carrière' (1879).

**Scrivens, Len (Großbritannien).** Scrivens, der seit den 70er Jahren des 20. Jh. Rosen züchtet, wurde u. a. aufgrund seiner gelben Rabattenrose 'Baby Love' (1993) bekannt, einer strauchähnlichen, frei blühenden Hybride von *Rosa davidii* 'elongata'.

**Sievers, Rolf (Deutschland).** Der Hobbyzüchter aus Kronshagen bei Kiel kreuzte Alba-Sorten mit Kordesii-Rosen; 1988 wurden von Jensen seine Sorten 'Morning Blush', 'Tender Blush', 'White Blush', 'Royal Blush', Summer Blush' sowie 'Lemon Blush' eingeführt.

**Simpson, Nola (Neuseeland).** Die ehemalige Computerexpertin Simpson hat sich seit ca. 1975 in Palmerston North dem Thema Rosen verschrieben. Unter den von ihr kreierten Sorten befindet sich auch die mit einer Goldmedaille ausgezeichnete Floribundarosa 'Hot Chocolate' (1986).

**Smith, Ted (Großbritannien).** Smith, der vormals bei der britischen Eisenbahn arbeitete, züchtet seit 1973 Rosen in seinem nordenglischen Wohnort Sandiacre. Seine Floribundarosen 'Baby Bio' (1976) und 'Summer Serenade' (1986) gewannen jeweils eine Goldmedaille.

**Soupert, Jean und Notting, Pierre (Luxemburg).** Zu den Erfolgen der Luxemburger Partner Notting und Soupert zählen die Zentifolien 'Tour de Malakoff' (1856) und 'La Noblesse' (1856), die Remontantrosen 'Gloire de l'Exposition de Bruxelles' und 'Eugène Fürst' (1875) sowie die kletternde Teerose 'Mme Jules Gravereaux' (1901).

**Spek, Jan (Niederlande).** Die Sorten, die Spek seinerzeit in Boskoop züchtete, sind weniger bekannt als der bei ihm entstandene Sport 'Rosa Gruß an Aachen', den er 1930 in den Handel brachte.

**Suzuki, Seizo (Japan).** Seit etwa 1960 züchtet und vertreibt Suzuki unter der Firmierung *Keisei Nurseries* im japanischen Yachiyo-Shi Rosen. Aus seinem umfangreichen Sortiment stammen die bemerkenswerte Strauchrose 'Ferdy' (1984) und die preisgekrönte Teehybride 'Olympic Torch' (1966).

**Svejda, Felicitas (Kanada).** In Zusammenarbeit mit dem kanadischen Landwirtschaftsministerium widmete sich die Züchterin Svejda gut 20 Jahre lang der Aufgabe, aus Kordesii- und Rugosa-Hybriden winterharte Strauch- und Kletterrosen zu ziehen. In Europa bekannte Sorten sind 'Martin Frobisher' (1968), 'Henry Hudson' (1976) und 'Charles Albanel' (1981).

**Swim, Herbert (USA).** Im Zeitraum 1930 bis 1975 züchtete der Amerikaner Swim zusammen mit Armstrong und Weeks etliche Sorten. 22 Rosen aus seinem Sortiment wurden von der *All-American Rose Selection* prämiert. Beachtliche Swim-Rosen sind u. a. die Teehybriden 'Fandango' (1950), 'Sutter's Gold' (1950), 'Buccaneer' (1952) sowie 'Montezuma' (1955); 'Joseph's Coat' (1969) ging aus der Zusammenarbeit mit Armstrong hervor, während Swim die „Weltrose" 'Double Delight' (1977) zusammen mit Ellis züchtete.

**Tantau (Deutschland).** Seit 1906 züchtete erst Mathias Tantau senior in Uetersen Rosen, später übernahm Sohn Mathias Tantau junior den Betrieb. Heutiger Inhaber von *Tantau-Rosen* ist Hans Jürgen Evers. Aus diesem Hause stammen viele erstklassige Gartenrosen, darunter die Teehybriden 'Primaballerina' (1957), 'Super Star' (1960), 'Whisky' (1967) und 'Polar Star' (1982). 'Duftwolke' (1963) gab ihren Duft an viele Nachkommen weiter und wurde „Weltrose". Weitere Berühmtheiten sind u. a. auch die Floribundarosen 'Paprika' (1958) und 'Topsi' (1972), die Zwergrose 'Baby Maskerade' (1956) sowie die Kletterrosen 'Direktor Benschop' (1945) und 'Lawinia' (1980). 'Cerise Bouquet' (1958), eine bemerkenswerte Strauchrose, die oft fälschlicherweise Kordes zugesprochen wird, ist ebenfalls eine Tantau-Rose. 'Dirigent' war die erste Tantau-ADR-Rose, und mit 'Mainzer Fastnacht' (1964) wurde in der schleswig-holsteinischen Rosenschule erstmalig der Versucht gewagt, eine blaue Rose zu züchten.

**Uhl, Jürgen (Deutschland).** Die Rugosa-Hybriden 'Foxi' (1988) und 'Schnee-Eule' (1983) dieses Züchters werden von Tantau vertrieben.

**Van Fleet, Dr. Walter (USA).** Von Beruf her eigentlich Mediziner, widmete sich Dr. Van Fleet zwischen 1900 und 1925 der Rosenzucht, in den letzteren Jahren meist in Zusammenarbeit mit dem amerikanischen Landwirtschaftsministerium. Er wollte vor allem robuste Rosen züchten, seine bekanntesten Erfolge sind 'American Pillar' (1902) und 'Dr W van Fleet' (1910).

**Verbeek, Gijsbert (Niederlande).** Zwischen 1945 und 1968 wirkte Verbeek im holländischen Aalsmeer. Seine bekannte gelbe Teehybride 'Dr A. J. Verhage' (1963) ist Elternpflanze vieler Sorten.

**Verschuren, Jacques und Hens (Niederlande).** Bedeutende Erfolge der niederländischen Züchterfamilie Verschuren waren u. a. die duftende, dunkelrote 'Etoile de Hollande' (1919) und die berühmte Teehybride 'Spek's Yellow' (1950).

**Vibert, Jean-Pierre (Frankreich).** Vibert gründete 1815 in Chénevières-sur-Marne die erste Rosenschule Frankreichs, die er 1850 seinem Mitarbeiter Robert in Angers übergab. Unter den 600 Rosen aus dem Hause Vibert finden sich u. a. die Bourbonrose 'Gloire des Rosomanes' (1825), die Noisetterose 'Aimée Vibert' (1828) – in Deutschland als 'Nivea' (II) bekannt – sowie die Damaszenerrose 'La Ville de Bruxelles' (1849).

**Von Abrams, Gordon (USA).** Seit Mitte des 20. Jh. züchtete Von Abrams zunächst in Oregon, später dann im kalifornischen Davis in Kooperation mit Peterson und Deering etliche Sorten, darunter die Teehybriden 'Pink Favorite' (1956) und 'Memoriam' (1961) sowie die Floribundarose 'Golden Slippers' (1981).

**Warner, Chris (Großbritannien).** Der Brite Warner ist ein sehr findiger Züchter von kletternden Zwergrosen, und ihm gelangen u. a. Erfolge wie 'Laura Ford' (1990), 'Warm Welcome' (1991), 'Good as Gold' (1995) und 'Open Arms' (1996), aber auch die öfterblühende 'Little Rambler' (1995), die Bodendeckerrose 'Pathfinder' (1993) und die Strauchrose 'Laura Ashley' (1991) gehen auf ihn zurück. Seit gut 20 Jahren züchtet Warner seine Rosen – zunächst in der englischen Grafschaft Devon, später dann in Shropshire.

**Warriner, Bill (USA).** Seit Mitte des 20. Jh. schuf Warriner – in erster Linie für *Jackson & Perkins* – über 150 Sorten, darunter 18 Rosen, die von der All-American Rose Selection ausgezeichnet wurden. Zu Warriners erfolgreichen Teehybriden zählen u. a. 'Pristine' (1978) und 'Brigadoon' (1991), prämierte Floribundarosen sind hingegen die Sorten 'Intrigue' (1982) und 'Poesie' (1988).

**Weeks, Ollie (USA).** Das kalifornische Chino war der Ort, wo Weeks von den 50er Jahren bis in die 80er Jahre des 20. Jh. Rosen züchtete – u. a. die Teehybriden 'Oklahoma' (1964), 'Arizona' (1975) und 'Paradise' (1978). Die Zusammenarbeit mit seinem Züchterkollegen Swim führte u. a. zu den Sorten 'Königliche Hoheit' (1962) und 'Mister Lincoln' (1964).

**Weigand, Ludwig (Deutschland).** Seine 'Ruhm von Steinfurth' (1912), im hessischen Bad Soden (Taunus) gezüchtet, wurde über Deutschlands Grenzen hinaus bekannt.

**Williams, Ernest D. (USA).** Der Texaner Williams züchtet seit den 60er Jahren des 20. Jh. Rosen in Dallas, darunter eine große Anzahl von Zwergrosen. Zu den Erfolgen der letzten Jahrzehnte zählen bespielsweise 'Hula Girl' (1985), 'Red Beauty' (1981) sowie die farbenprächtige 'Oriental Simplex' (1987).

**Zary, Keith (USA).** Seit 1985 arbeitet Zary für die Rosenschule *Bear Creek Gardens*; internationale Berühmtheit erlangte der Amerikaner mit der Zucht der Bodendeckerrose 'Magic Carpet', die er 1992 zusammen mit Warriner züchtete; diese Sorte wurde 1996 zur Britischen Rose des Jahres gekürt.

# Übersicht der Fachausdrücke

**Ableger, Absenker:** Vegetative Vermehrungsart, natürlich oder künstlich, z. B. bei Erdbeeren, Brombeeren, auch bei einigen Rosen möglich, z. B. 'The Fairy'.
**achselständig:** *siehe* Blattachsel
**Adern:** deutlich erkennbare Leitungsbahnen im Blatt (Mittelrippe und Seitenrippen)
**Anhäufeln:** Winterschutz über der Veredlungsstelle.
**Anthere:** Der auch als Staubbeutel (Staubgefäß, Stamen) bezeichnete obere Teil des männlichen Staubblattes sitzt auf dem Staubfaden (Filament). Die Anthere enthält die Pollensäcke, die sich zur Reifezeit öffnen und den Pollen (Blütenstaub) entlassen.
**aromatisch:** kräftiger, aber nicht nur süßer Duft. Duftpflanzen haben oft Harzdrüsen an ihren Trieben oder Blättern, die ihren intensivsten Duft bei großer Hitze oder Sonnenstrahlung verströmen.
**Art:** *siehe* Species
**Ast:** jeder seitlich (lateral) von einem Haupttrieb gebildete Pflanzentrieb, der seinerseits Zweige trägt.
**ätherische Öle oder Duftstoffe:** Sie befinden sich in kleinsten Hohlräumen oder Drüsen in der Oberhaut der Blätter oder Blüten von Pflanzen. Bei Wärme werden sie schnell flüchtig und rufen so den Duft hervor. Manche Organe entlassen die ätherischen Öle nur, wenn das Blatt berührt oder beschädigt wird. Die ölproduzierenden Pflanzenteile werden geerntet und destilliert, um marktfähige Mengen bestimmter Öle oder „Essenzen" zu gewinnen, die in der Parfumindustrie (Rosenöl) oder bei der Geschmacksverstärkung von Lebensmitteln verwendet werden.
**aufrecht:** Wuchstyp, bei dem mindestens die Haupttriebe mehr oder weniger senkrecht nach oben wachsen.
**Auge:** Synonym für Knospe (außer bei Blütenknospen)
**ausladend:** Eine Pflanze wächst breiter als hoch.
**Ausstellungsrose:** Pflanze mit hoher (Einzel)Blütenqualität, die zum Ausstellungswettbewerb – wie er in Großbritannien, Australien und den USA üblich ist – geeignet sind, oft synonym für Spitzenqualität.
**Basaltrieb:** grundständiger, aus der Pflanzenbasis entspringender Trieb
**Beetrose:** *siehe* Buschrose
**Bestäubung:** Pollen gelangt auf die Narbe einer Blüte, keimt dort aus und vollzieht so die Befruchtung.
**Blattachsel:** Winkel zwischen Blattstiel und Sproß in Wachstumsrichtung, in der gewöhnlich eine Knospe sitzt, die sich entweder zu einem Seitentrieb oder zu einer Blüte bzw. einem Blütenstand (Dolde, Traube usw.) entwickeln kann. Diese ist dann achselständig.
**Blattlaus:** kleine saftsaugende Insekten aus der Ordnung der Aphidina. Sie haben oft durchsichtige Körper. Wenn sie vorzugsweise junge Blätter, Blütenknospen und Triebspitzen in großer Zahl befallen, können sie die Pflanze schwächen. Ihre süßlichen Ausscheidungen nennt man „Honigtau". Er wird oft von Rußtau-Pilzen befallen oder von Ameisen aufgesaugt, die die Blattläuse vor anderen Feinden beschützen. Wichtige Feinde der Blattläuse sind Marienkäfer, Flor- und Schwebfliegen sowie deren Larven. Wenn überhaupt gespritzt werden sollte, dann mit solchen Mitteln, die diese Nützlinge schonen.
**Blüte:** meist 3teiliges Reproduktionsorgan der bedecktsamigen Blütenpflanzen, bestehend aus Kelch, Blumenkrone und den eigentlichen Sexualorganen, den männlichen Staubblättern und den weiblichen Fruchtblättern.
**Blütenfüllung:** Die Blüte verfügt über eine höhere Anzahl an Blütenblättern als die entsprechende Wildart. Die inneren Petalen entstehen meist durch Umwandlung eines Teils der Staubblätter in Blütenblätter. Bei vollständiger Umwandlung aller Staubblätter kann die Blüte steril werden. Gefülltblühende Rosen werden eingeteilt in halbgefüllt (10–20 Petalen), gefüllt (20–40 Petalen) und dichtgefüllt (über 40 Petalen). Wildrosen-Arten besitzen fast immer 5 Petalen, ausnahmsweise auch nur 4.
**Blütenkelch:** Er umgibt die Blütenblätter (Petalen) und inneren Organe der Blüte, ist meist grün und grün beblättert – im Gegensatz zu den meist andersfarbigen Petalen. Bei Moosrosen sind 3 der 5 Kelchblätter bemoost.
**Blütenkrone:** Gesamtheit der einzeln stehenden oder miteinander verwachsen Blütenblätter (Petalen) einer Blüte
**Blütenstand:** Bei Rosen findet man Blütenstände in Form von Blütendolden, -rispen, -büscheln oder als Einzelblüten. Bei einem achselständigen Blütenstand sprießen die Blüten aus einer Blattachsel, bei endständigem Blütenstand am Ende eines Triebes.
**Boden:** Je nach Boden-pH unterscheidet man **alkalischen Boden** (Boden mit mäßigem oder hohem Kalkgehalt, pH über 7), **neutralen Boden** (Boden mit pH 6,5–7,0) und **sauren Boden** (Boden mit geringem oder sehr geringem Kalkgehalt, also unter pH 6,5) Bei schwach sauren Böden liegt der pH bei 4,5–6,5, bei stark sauren Böden unter pH 4,5.
**Bodendecker:** niedrig bleibende, breit- oder kriechend wachsende Floribunda-, Strauch- oder Kletterrosen für flächige Pflanzung zur Vermeidung von Unkrautwuchs
**Bodenfruchtbarkeit:** hohes, komplettes und nachhaltiges Angebot an pflanzenverfügbaren Nährstoffen bei guter Bodenstruktur (Krümelstruktur) mit einer das Wurzelwachstum begünstigenden Wasserführung und Durchlüftung (günstiges, stabiles Porenvolumen).
**Bodenmüdigkeit:** Wachstumsdepression bei Pflanzen gleichartiger Folgekulturen, z. B. Rosen nach Rosen auf gleicher Fläche.
**Borste:** ausgestülptes Pflanzenorgan, das dicker als ein Haar, aber dünner als ein Stachel oder Dorn ist.
**Buschrose oder Beetrose:** Sie wächst deutlich schwächer als eine Strauch- oder Kletterrose, aber stärker als eine Zwergrose. Sie hat einen mehr oder weniger aufrechten, aber nur ausnahmsweise niederliegenden Wuchs *(Habitus)* und ist für formale, aber auch für naturnahe Gestaltung zu verwenden. Meist Floribundarosen und Teehybriden.
**Chlorose:** Gelbwerden der Blätter, oft verursacht durch Eisenfestlegung (Fixierung) im Boden aufgrund zu hohen Kalkgehaltes; dies wird auch als Eisenchlorose bezeichnet.
**Climber:** relativ steiftriebige, sparrig wachsende, meist groß- oder mittelgroßblumige, in der Regel öfterblühende Sorte
**Climbing Sports:** kletternde Mutationen von öfterblühenden Floribundarosen, Teehybriden oder anderen Rosenklassen.
**Dolde:** flach ausgebildeter Blütenstand, dessen Einzelblüten einem gemeinsamen Punkt entspringen. Bei Rosen oft verwendet, botanisch aber nicht ganz korrekt.
**Dolomitkalk:** Kalzium-Magnesium-Karbonat, auch Düngekalk mit hohem Magnesiumanteil
**Dorn:** kleiner Seitenzweig mit scharfer Spitze; er besitzt innen einen Holzteil. Bei Rosen gibt es keine Dornen, nur verschieden große Stacheln, die Auswüchse der Rinde sind.
**Drüse:** Meist sehr kleine Pflanzenorgane, die der Ausscheidung flüssiger Sekrete wie Nektar, Harz, Öl oder Wasser dienen. Neben Nektardrüsen oder Nektarien in Blüten haben manche Pflanzen auch solche Drüsen an Blättern oder Trieben.
**Duft:** Gasförmige Duftstoffe, meist aus ätherischen Ölen bestehend, die vom Geruchssinn als aromatisch und meist angenehm wahrgenommen werden.
**Dünger:** Er wird in mineralischer oder organischer Form verwendet, aber meistens im Sinne von „künstlichem" Dünger, genauer gesagt „Mineraldünger", wie Ammoniumsulfat, Superphosphat, Kalksalpeter usw. Organischer Dünger wie Stallmist, Kompost, Knochenmehl usw. entsteht aus abgestorbenem Material und wird meist direkt benannt.
**Edelreis:** Teil eines vorjährigen Triebs, z. B. einer Edelrose, der durch Pfropfung auf eine Unterlage gesetzt wird (*siehe* Veredlung). Bei der Okulation ist das Edelreis diesjährig; ihm werden die Edelaugen entnommen.
**eingebürgert:** *siehe* Neophyt
**exotisch:** fremdartig. So werden Pflanzen genannt, die dort, wo sie wachsen, ursprünglich nicht heimisch sind. Der Begriff soll aber oft die Fremdartigkeit, Seltenheit und glanzvolle Schönheit solcher Pflanzen betonen.
**Familie:** Pflanzenfamilie *(Familia)* ist ein Begriff der Pflanzenklassifizierung. Eine oder mehrere Pflanzenarten *(Species)* werden in einer Gattung *(Genus)* zusammengefaßt, und eine oder mehrere Pflanzengattungen gehören zu einer Familie. Die Familie der Rosaceae enthält über 50 Gattungen, darunter auch die Gattung *Rosa*. Auch die meisten Obstgehölze gehören zu den Rosaceen.
**fertil:** fruchtbar, reichlich Samen tragend
**Fiederblatt:** ein aus mindestens drei Fiederblättchen zusammengesetztes Blatt. Es gibt paarige und unpaarige Fiederblätter. Rosen haben immer unpaarige Fiederblätter aus 5, 9, 13 usw. Blättchen, selten nur 3.
**Flor:** eine Blühperiode, öfterblühende Rosen haben einen Hauptflor im Juni und danach weiter Schübe mit Blüten, die Folgeflore.
**Florfliege:** Nützling, dessen Larven Blattläuse fressen.
**Folientunnel:** Mit heller Folie werden halbkreisförmige Eisenstäbe überspannt. Ersatz für Frühbeetkasten.
**frostempfindlich:** Solche Pflanzen sterben schon beim geringsten Frost ab (z. B. Tomate, Dahlie). Aufgrund unterschiedlicher Frosthärten von Rosen wird dieser Begriff relativ zur örtlichen Gegebenheit verwendet.
**Frucht:** Pflanzenteil, der die Samen enthält.
**fruchtbar:** Fertil oder fruchtbar ist eine Pflanze, wenn ihre Sexualorgane voll ausgebildet sind und die Fruchtbildung nicht durch bestimmte Sterilitätsfaktoren wie spezielle Chromosomensatzkonstellationen, z. B. Triploidie, eingeschränkt ist.
**Fruchtblatt (Karpell):** Es bildet zusammen mit den Samenanlagen das weibliche Organ der Blüte, bei den bedecktsamigen Blütenpflanzen immer den Frucht-

knoten, der eine oder mehrere Samenanlagen enthält. Dieser trägt die Narbe, die den Pollen empfängt – häufig auf einem Griffel. Fruchtknoten, Griffel und Narbe werden zusammen als Stempel bezeichnet.
**Frühbeetkasten:** ein rechteckiger, liegender Holz-, Kunststoff- oder Betonrahmen von bis zu 40 cm Höhe mit einem abnehmbaren Fenster (Glas, Kunststoff oder Folie); er kann unbeheizt oder beheizbar sein und dient vor allem der Vermehrung und Anzucht von Sämlingen und Stecklingen.
**Fungizid:** Pilzbekämpfungsmittel
**ganzrandig:** Der Rand eines Blattes ist glatt, aber weder gesägt, gezähnt, gebuchtet noch eingeschnitten, usw.
**Gartenbau:** Er umfaßt die Gartenkunst, Garten- und Landschaftsgestaltung oder -architektur und die Pflege solcher Anlagen. Zum Produktionsgartenbau gehören der Anbau von Zierpflanzen, Blumen, Gemüse und Obst sowie die Vermehrung und der Anbau gärtnerischer Jungpflanzen, z. B. Baumschulen.
**Gartenflüchtling:** *siehe* Neophyt
**Gattung:** *siehe* Genus
**gemäßigte Zone:** Klimagebiet zwischen nördlichem oder südlichem Wendekreis des Steinbocks oder Krebses und nördlichem bzw. südlichem Polarkreis. Der gemäßigte Klimabereich ohne extreme Kälte oder Hitze wird in einen kalt-gemäßigten, warm-gemäßigten und subtropischen Gürtel unterteilt.
**gemischte Rabatte:** *siehe* Mixed Border
**Genera:** Gattungen, Plural von *Genus*
**generative Vermehrung:** geschlechtliche Vermehrung durch Samen
**Genus:** Gattung, Klassifikationsbegriff unmittelbar zwischen Art *(Species)* und Familie *(Familia)*. Steht der Gattungsname allein, so umfaßt er alle Mitglieder dieser Gattung. Ein Artname wird stets durch zwei kursiv geschriebene Namen definiert, an erster Stelle steht der Gattungsname mit großen Anfangsbuchstaben, an zweiter Stelle der kleingeschriebene Artname, z. B. *Rosa canina*. Bei Kultivaren (Sorten), die als Hybriden meist nicht einer einzelnen Wildart zugeordnet werden können, folgt die Sortenbezeichnung direkt dem Gattungsnamen, z. B. *Rosa* 'Gloria Dei'. Alle Rosen gehören zur Gattung *Rosa*, die ca. 140 Arten umfaßt.
**geviertelt:** bei dichtgefüllten Blüten eine Bezeichnung für die Art der krausen Anordnung oder Wicklung der dicht aneinanderliegenden Petalen, die dann die Blüte vierteilig erscheinen lassen.
**Gewächshaus:** Es dient wie auch ein Glashaus, Treibhaus, Anbaugewächshaus oder der Wintergarten der Kultur frost- oder kälteempfindlicher Pflanzen.
**gesägt:** sinnfällige Bezeichnung für die Ausformung des Blattrandes vieler Rosensorten mit nach vorn gerichteten Zacken wie das Blatt einer Säge
**gezähnt:** ein Blattrand ist gezähnt, wenn die Zähne direkt nach außen zeigen – im Gegensatz zu „gesägt".
**grundständig (basal):** Zweige, Triebe oder Blätter, die unmittelbar der Pflanzenbasis entspringen. Oft auch als Gegensatz zu apikal gebraucht (Blattspitze).
**Haarwurzeln:** Die unzähligen feinen kleinen, jungen Wurzeln, über die Wasser und Nährstoffe aus dem Boden fast ausschließlich aufgenommen werden. Fälschlich auch für (gröbere) Faserwurzeln verwendet.
**Habitat:** ökologischer, komplexer Standortbegriff, in dem auch die Wechselwirkungen aller Standortfaktoren enthalten sind.
**Habitus:** Pflanzengestalt, Wuchsform
**Hagebutte:** Frucht der Rose. Die fleischige Fruchtschale ist vitaminreich (Vitamin C) und kann zu Tee, Marmelade oder Hagebuttenmark verarbeitet werden. Für viele Vögel als winterliche Futterquelle wichtig.
**Halbstamm:** Rosen mit Stammhöhe von 60–70 cm
**Halbstrauch:** Zwischenform aus Strauch und Staude, vorzugsweise mit klein-, aber büschelblütigen Rosen veredelt. Staude mit oberirdisch verholzten mehrjährigen Sproßteilen oder Strauch, dessen verholzte Triebe nach dem zweiten Jahr absterben (z. B. Himbeere).
**Hauskultur:** Anbau von Zimmerpflanzen oder Schnittblumen, auch Rosen, unter Glas im begehbaren Gewächshaus, Wintergarten usw.
**Hecke:** Dichte Pflanzung von Gehölzen in einer Reihe oder Doppelreihe, bei der die ineinanderwachsenden Zweige eine Abgrenzung oder einen undurchdringlichen lebenden Zaun bilden. Hecken können jede beliebige Höhe haben, ungeschnitten (natürlich, freiwachsend) sein oder streng formal geschnitten werden. Typische Gartenhecken sind ca. 1,5 –3m hoch und bestehen meist nur aus einer Art oder Sorte.
**heimisch:** in einer Gegend von Natur aus wild vorkommend
**Hemisphäre:** Erdhalbkugel, meist Nord- und Südhalbkugel, getrennt durch den Äquator. Klimatisch unterscheiden sich die nördliche und südliche Hemisphäre auf gleichem Breitengrad durch die ungleiche Verteilung der Ozeane, deren Meeresströmungen sowie durch die Lage der Gebirgszüge.
**Herbizid:** chemisches Unkrautbekämpfungsmittel
**hochgebaut:** beschreibt bei einer Rosenblüte die klassische Teehybridform mit dicht- und hochstehenden Petalen in der Blütenmitte bis zum vollen Erblühen, synonym mit „hoher Mitte" oder „zugespitzt".
**Hochstamm:** Rosen mit einer Stammhöhe von 90 cm und höher, meist mit Edelrosen, neuerdings auch mit Floribunda- oder Bodendeckerrosen veredelt.
**Holz:** Gewebe von Gehölzen, das innerhalb des Rinden-Ringes liegt und dessen Dickenwachstum durch die sich nach innen teilenden Zellen des Kambiums entsteht. Es besteht im Wesentlichen aus einem Zelllulosegerüst mit in die Zellwände eingelagertem Lignin, einem hochmolekularen Kohlenhydrat. Im lebenden äußeren Splintholz werden Wasser und gelöste Nährstoffen transportiert. Im Garten wird der Begriff „Holz" auch zur qualitativen Bewertung von Zweigen und Ästen benutzt: altes Holz, junges Holz, vorjähriges Holz, vergreistes Holz usw.
**Humus:** Gesamtheit abgestorbener organischer Masse im Boden, zumeist bestehend aus Laub, Zweigen, Ästen, Rinde, Wurzeln und Tierexkrementen, die alle von Bodenlebewesen (z. B. Insekten, Würmern, Bakterien und Pilzen) zersetzt werden. Regenwürmer vermischen Humus und Tonminerale zu wertvollen Ton-Humus-Komplexen und transportieren diese im Boden. Der Humusgehalt des Bodens ist wichtig für die Rückführung pflanzenverfügbarer Nährstoffe und eine pflanzenfreundliche Bodenstruktur mit guter Wasser- und Luftkapazität (Porenvolumen). Er kann durch organisches Material (Stallmist, Laub, Kompost, Rindenmulch, Sägespäne, Stroh) verbessert werden.
**Hybride:** Kreuzungsprodukt oder Bastard – natürlich oder durch gezielte Bestäubung hervorgebracht – aus zwei verschiedenen Pflanzenarten. Die Nachkommen aus der Kreuzung von Hybriden können Gene mehrerer Wildarten enthalten.
**immergrün:** Pflanzen, die ihre Blätter und Nadeln ein Jahr und länger behalten.
**Insektizid:** Insektenbekämpfungsmittel
**Internodium:** Stengelglied; Blattabstand zwischen zwei Nodien (Blattknoten, Blattansatz)
**Inzucht:** (wiederholte) Vermehrung durch Selbstbestäubung, führt oft zu verminderter Vitalität.
**kahl:** Blätter, Triebe, Früchte usw., die weder mit Haaren noch mit Borsten oder Filz bedeckt sind.
**Kalk:** meist kohlensaurer Kalk (Kalziumkarbonat), auch Löschkalk (Kalziumhydroxid) oder gebrannter Kalk (Kalziumoxid).
**Kalkmergel:** kohlensaurer Kalk mit hohem Tonanteil
**kalt-gemäßigte Zone:** der kühlere Teil der gemäßigten Zonen etwa zwischen dem 40. und 60. Breitengrad, der sich jedoch in Höhenlagen und in größeren, kontinentalen Landmassen der nördlichen Halbkugel mehr in Richtung Äquator verschiebt. Der Bereich zwischen dem 60. Breitengrad und dem arktischen Polarkereis wird als subarktisch bezeichnet.
**Kalthaus:** ungeheiztes oder nur frostfrei gehaltenes Gewächshaus
**Kambium:** teilungsfähige Zellschicht in Trieben, Zweigen, Ästen sowie Stämmen von Gehölzen, die für das Dickenwachstum verantwortlich ist. Das Kambium bildet nach innen Holz und nach außen die Rinde.
**Karpell:** *siehe* Fruchtblatt
**Kaskadenrose:** Ramblerrose, die von einem ca. 1,4 m hohen Stamm herabhängt
**Kegel:** rundes, sich nach oben verjüngendes Gerüst für Kletterpflanzen
**Klettergerüst:** meist freistehende Konstruktion für das schattenspendende Beranken mit Schling- oder Kletterpflanzen, z. B. Säule, Pyramide, Spalier, Rosenbogen. Oft auch als Synonym für Pergola verwendet.
**Kletterrosen:** sehr langtriebige Rosen, die an Klettergerüsten, aber auch an stärkeren Sträuchern oder Bäumen gezogen (angebunden) werden.
**Klon:** vegetativ, also ungeschlechtlich als Steckling, Absenker, in Gewebekultur oder durch Propfung vermehrte Pflanzen mit vollkommen identischen Erbanlagen. Jede Rosensorte ist geklont, d. h. ihre Pflanzen sind mit einer einzigen Ursprungspflanze völlig erbgleich; aber nicht jeder Klon muß einen Sortennamen erhalten haben.
**Knospe:** Knospen gibt es als Blatt-, Blüten- oder Triebknospe); letztere werden oft auch als „Augen" bezeichnet.
**Kompost:** entsteht durch Verwesung von jedem organischen Material meist pflanzlicher Herkunft wie Laub, Zweige, Grasschnitt, Gemüseabfälle, Stroh, Stallmist usw. unter Beteiligung von Bakterien und Pilzen. Kompost wird im Garten hauptsächlich zur Bodenstrukturverbesserung, in geringerem Maße aber auch zur Düngung verwendet.
**Krankheit:** Pflanzenkrankheiten werden durch Mikroorganismen (Bakterien, Pilze,Viren) oder durch Umwelteinflüsse (Nährstoffmangel oder -überschuß im Boden; u. U. auch Luftverschmutzung) verursacht. Befall durch tierische Schädlinge wie Insekten, Milben usw. wird nicht als Krankheit bezeichnet; Ausnahmen können mitunter der bei Befall mit Älchen (Nematoden), gallenbildenden Milben und Insekten sein.
**Kreuzung:** Gezielte oder natürliche Fremdbestäubung unterschiedlicher Eltern sowie daraus entstandene Sorte oder Hybride
**Kriechpflanze:** kriechend wachsende Pflanze mit meist längeren, weich am Boden oder an Wänden anliegenden Trieben, z. B. manche Bodendecker.
**Kreide:** ein meist weicher, poröser Kalkstein, der bei Verwitterung einen sehr feinkörnigen basischen oder alkalischen Boden bildet, in dem manche Gartenpflanzen schwer zu kultivieren sind.
**Kultivar:** botanischer Begriff für Kultursorte. Eine einheitliche Pflanzengruppe, die im Zuge der Pflanzenkultur meist durch Kreuzung und Selektion entstanden ist. Ein Kultivar muß so vermehrt werden, daß der eindeutige Charakter der Sorte erhalten bleibt, z. B. als Klon. Nach den Nomenklaturregeln soll ein Sortenname nicht in Latein benannt, wohl aber in römischen Buchstaben geschrieben werden und zwar in einfachen Aufstrichen, z. B. 'Schneewittchen' oder 'Jeanne d'Arc'. Sorten, die vor dieser Regelung entstanden waren und lateinisch benannt wurden, werden entsprechend behandelt, z. B. 'Alba Maxima'.
**kultiviert:** bedeutet in gärtnerische Kultur genommen, domestiziert, wobei für die Pflanze geeignete Kulturmethoden entwickelt oder angewendet werden.
**Langtrieb:** längerer, gerader, oft biegsamer, wenig verholzter Jahrestrieb, der – besonders bei Kletterrosen – oft keine endständige Blüten besitzt.
**Lehmboden:** Bodenart mit hohem Schluffanteil, aber nur mäßigem Tonanteil und geringem Sandanteil; er liegt in der Korngröße zwischen Sand- und Tonboden.
**Marienkäfer:** Nützling, der sich sowohl ausgewachsen wie auch als Larve von Blattläusen ernährt.

**mediterran:** Klimatyp, der dem Klima der Mittelmeerküsten mit feuchtmildem Wetter im Winter und trockenwarmem Wetter im Sommer entspricht.
**Mehltau:** Pilzkrankheit. Man unterscheidet den bei Rosen häufigen Echten Rosen-Mehltau (*Spaeroteca pannosa*, var. *rosae*) – der Belag auf der Blattoberseite kann abgerieben werden – und den selteneren Falschen Rosenmehltau *(Peronospora sparsa)* – der grauweiße Belag auf der Blattunterseite verursacht später bräunlichrote Flecken und Blattfall; er ist nicht abreibbar.
**Miniaturrose:** Zwergrose, bis ca. 35 cm hoch. Abstammung von *Rosa chinensis* 'Minima'.
**Mikronährstoffe:** *siehe* Nährstoffe
**Mittelrippe:** Hauptader im Blatt
**Mixed Border:** Wird auch als gemischte Rabatte bezeichnet: in Großbritannien stark verbreitete, bei uns zunehmend geschätzte breite Rabatte aus verschiedensten Stauden und Gehölzen, meist mit unterschiedlichen, aber sorgfältig abgestimmten Farbtönen.
**Mulch:** üblicherweise eine komplette Abdeckung des offenen Bodens mit Laub, Kompost, Rinde, Stroh, Stallmist oder anderem organischen Material als Schutz vor Verdunstung, zur Verhinderung von Unkrautwuchs und als Zufuhr von organischer Substanz. Aber auch mit Kieselsteinen oder Folie ist ein ähnlicher Effekt zu erzielen (Folien-Mulch).
**Mumien:** Dies sind Blütenknospen, deren Blütenblätter (Petalen) durch anhaltend nasse Witterung verkleben und verpilzen, so daß sie am Aufblühen gehindert werden, absterben und verfaulen oder bei nachfolgender Sonne vertrocknen.
**Mutation:** Erbsprung; spontane Erbänderung
**nachblühend:** sporadische Blüten bis zum Hauptflor oder große Blühpause bis zum Spätsommer.
**Nährstoffe:** im Pflanzenreich wasserlösliche Mineralstoffe, die durch die Wurzel aufgenommen werden und für das Wachstum von Bedeutung sind. Zu den Hauptnährstoffen zählen Stickstoff (N), Kalium (K), Phosphor (P), Magnesium (Mg) und Kalzium (Ca), die in pflanzenverträglichen Konzentrationen und ausgewogenenem gegenseitigem Verhältnis in größeren Mengen verfügbar sein müssen, während die Mikronährstoffe oder Spurenelemente wie Eisen (Fe), Mangan (Mn), Kupfer (Cu), Zink (Zn), Bor (B), Schwefel (S), Molybdän (Mo) usw. nur in sehr geringen Mengen (Spuren) vorhanden sein müssen, um ein Wachstum zu ermöglichen; zu hohe Konzentrationen können oft auch Schäden hervorrufen. Die Nährstoffe dienen der Regulierung der Wachstumsprozesse, während die substanzbildende „Pflanzennahrung" durch Photosynthese aus Wasser und dem Kohlendioxid der Luft bereitgestellt und mit Energie aus dem Sonnenlicht zu Kohlenhydraten verbunden wird.
**Narbe:** der oberste Teil des Stempels, der meist etwas klebrig ist, den Pollen einfängt und ihn zur Ausbildung eines Pollenschlauches anregt, der durch den Stempel zur Eizelle wächst, um dort die Befruchtung zu ermöglichen, die zur Samenbildung führt.
**naturnaher Garten:** ein ökologisch betontes Gestaltungs- und Pflegeprinzip, das den Eindruck von ungestörter Natur suggerieren soll und sich in der Pflege auf geringe korrigierende Eingriffe in die natürliche Entwicklung einer Gartenfläche beschränkt. Solche Gärten werden auch geplant, um heimischen Pflanzen und Wildtieren wieder eine Chance zu geben. Sie sollen naturhafte Erlebnisse ermöglichen.
**Neophyt:** eine in der heimischen Natur ursprünglich nicht vorkommende Wild- oder Kulturpflanze, die aus fremden Ländern eingeschleppt oder aus Gärten in die Landschaft entwichen ist (Gartenflüchtling), aber sich nun eigenmächtig durch Vermehrung eingebürgert. So ist z. B. *Rosa rugosa* aus Japan heute an der Nordseeküste verwildert.
**neutral:** weder sauer noch alkalisch, *siehe* Boden
**Nützling:** Freßfeind oder Parasit von Schädlingen
**öfterblühend:** bei Rosen die Eigenschaft, nach der Hauptblüte noch deutlich mehr als nur einmal oder sporadisch neue Blüten oder Blütenschübe hervorzubringen, wenn auch mit gelegentlichen Blühpausen.
**Okulieren oder „Äugeln":** eine vegetative Knospe (Auge) eines Reises der gewünschten Edelsorte (Klon) wird mit einem Rindenschild durch einen Schlitz unter die Rinde der Unterlage (Wildling) geschoben und anschließend zum besseren Anwachsen mit Bast oder Gummiband an die Unterlage angedrückt (verbunden).
**organische Substanz:** *siehe* Humus
**panaschierte Pflanzen:** Deren Blätter sind durch Chlorophyllmangel in einigen Blattflächenteilen weiß, hellgrün gelblich oder andersfarbig, in anderen Teilen aber normal grün gefärbt. Panaschierung ist meist genetisch bedingt, wird gelegentlich auch durch Viren verursacht. Panaschierte Pflanzen sind meist weniger vital als ihre grüne Ursprungsform.
**Parkrosen:** Pflegeleichte, meist nur einmalblühende Strauchrosen
**Pergola:** Laubengang, meist aus Holz oder Stein oder beidem. Sie kann quadratisch, lang oder rund sein und dient zum Beranken mit Kletterpflanzen.
**Pestizid:** Schädlingsbekämpfungsmittel
**Petalen:** Blütenblätter oder Kronblätter einer Blüte
**Pfropfen:** eine Veredlungs- und Vermehrungsmethode, bei der das gewünschte „Edelreis" einer Pflanze mit einer weniger wertvollen, oder leichter vermehrbaren „Unterlage" oder Wurzel aus engster Verwandtschaft so miteinander verbunden werden, daß sie zusammenwachsen und schließlich eine Pflanze bilden. Rosen werden meistens okuliert, d. h. anstelle des Pfropfreises wird nur ein Auge (Knospe) dieses Reises auf die Unterlage gesetzt, also hinter deren Rinde geschoben und durch Bast oder Gummi fest angedrückt.
**ph-Wert:** Maßeinheit für den Säuregrad und die Alkalinität einer Lösung. pH 1 ist extrem sauer, pH 14 extrem alkalisch und pH 7 neutral.
**Pilze:** große Gruppe von Lebewesen, die keine Selbstversorger wie die Pflanzen sind, sondern auf bereits von anderen Organismen gebildete Nährstoffe angewiesen sind. Pilze sind als Zersetzer (Destruenten) abgestorbener Stoffe wichtiger Bestandteil natürlicher Kreislaufprozesse (z. B. in der Kompostbereitung). Eine Reihe von ihnen parasitiert aber auch auf lebenden Pflanzen oder Tieren, wo sie dann viele Krankheiten verursachen. Pilzkrankheiten können durch Pflanzenhygiene, notfalls auch durch Spritzung spezieller Fungizide bekämpft werden.
**Pinzieren:** Entfernen der noch weichen Spitze eines wachsenden Triebes (meist mit den Fingern), um das Wachstum von Seitentrieben anzuregen und dadurch einen buschigeren Wuchs zu erreichen.
**Pollen:** pflanzliche Spermien, die nach der Bestäubung die Eizelle befruchten. Aus dem befruchteten Embryo entsteht dann der Same in der Frucht.
**Potpourri:** ein Gemisch von süßlich duftenden getrockneten Kräutern und Petalen, die in Duftschalen oder -kissen gelegt die Raumluft durch angenehmen Duft verfeinern sollen. Rosenblüten-blätter und Lavendel werden hierzu gern verwendet.
**Pyramide:** Klettergerüst für Pflanzen auf drei- oder viereckigem Grundriß
**Putzen:** Abschneiden von verblühten Blumen (Rosen), um den Anblick der Pflanze zu verschönern und eine erneute Blütenbildung zu fördern, indem der Pflanze die Kraftverschwendung für eine ungewollte Frucht- und Samenbildung erspart bleibt. Der Begriff wird auch verwendet, wenn Rosenblüten ihre Blütenblätter im Verblühen selbst abwerfen.
**Rabattenpflanze:** meist dicht und eher schwachwachsende Pflanze, die einen Teppich von Blüten oder Blättern bildet und zur flächigen Pflanzung geeignet ist.
**Rambler oder Ramblerrosen:** Hierbei handelt es sich um sehr lang- und weichtriebige, überhängend wachsende, büschelblütige und eher kleinblumige, aber nur selten öfterblühende Kletterrosensorten.
**Reif:** dünner blaugrauer oder weißlicher Wachsbelag auf Blättern, Trieben oder Früchten, der das Licht reflektiert.
**Remontieren:** bei Rosen die Eigenschaft, nach dem Hauptflor noch weitere Blüten oder im Herbst erneut einen Blütenflor zu bilden.
**reproduktive Phase:** Zeit der Blütenbildung, der Blüte und des Fruchtens
**Rinde:** schützende Oberflächen-Gewebeschicht von Stämmen, Ästen und Zweigen, die von der zwischen Holzteil und Rinde liegenden teilungsfähigen Zellschicht (Kambium) nach außen hin gebildet wird, während nach innen der Holzteil entsteht.
**Rosette:** spezielle Blütenform einer Rose
**Rost:** Rosenrost *(Phragmidium mucronatum)*, im Sommer orangerote, im Herbst schwarze Sporenlager auf der Blattunterseite und an einjährigen Trieben, verursacht Blattfall. Sortenbedingter Befall.
**Rote Spinne:** *siehe* Spinnmilben
**Rußtau *(Apiosporium salicinum, Fumago vagans)*:** schwarzer Pilzrasen auf der Blattoberseite an läusebefallenen Trieben. Kein Rosenparasit, nur Schönheitsfehler. Mit Seifenwasser abwaschen oder abspritzen.
**Samen:** Vermehrungsorgan der Pflanze, das nach der Befruchtung entsteht. Seine Keimfähigkeit ist von sehr unterschiedlicher Dauer, hält aber oft über mehrere Jahre an.
**Sämling:** Jede aus einem Samen, also der generativen Vermehrung, entsprungene Pflanze. Daher bei Edelrosen oft im Sinne von Hybride verwendet, besonders in der Rosenzüchtung.
**Sand:** sehr grobes, mineralisches Bodenteilchen. Man spürt ihn beim Reiben feuchten Bodens zwischen den Fingern. Er besteht größtenteils aus Quarz, ist extrem hart, wasserunlöslich und enthält kaum Nährstoffe.
**Säule:** zylindrisches Gerüst mit kreisrundem Grundriß für Kletterpflanzen
**Schluff:** Bodenpartikel gröber als Tonbestandteile, aber feiner als Feinsand, und hat die Eigenschaft, Nährstoffe festzuhalten.
**Schwebfliegen:** Die Larven dieses Nützlings, der ausgewachsen oft mit Wespen oder Bienen verwechselt wird, fressen Blattläuse.
**Selbstaussaat:** Fähigkeit einer Pflanze, sich durch Aussaat ihrer Samen auf natürliche Weise zu vermehren.
**Sorte:** dieser Begriff umfaßt sowohl Varietäten als auch Kultivare.
**Solitär:** alleinstehende Pflanze als Blickfang
**Spalier:** eine Konstruktion aus Holzlatten oder -leisten oder aus Draht mit oder ohne Rahmen, die zum Befestigen von Kletterpflanzen gedacht ist. Spaliere können frei im Garten stehen oder mit geringem Abstand an einer Mauer oder Hauswand angebracht sein.
**Species:** botanischer Artbegriff für eine Pflanzenpopulation, die so gleichförmig ist, daß jede Pflanze denselben Namen verdient, und die bei gegenseitiger Befruchtung wieder entsprechend ähnliche Nachkommen hat. Die Ehre der Namensgebung steht demjenigen Wissenschaftler zu, der die Art als erster beschrieben hat. Rosen-Arten werden als Wildrosen bezeichnet, im Gegensatz zu den Kultur- oder Zuchtrosen.
**Spinnmilben (oder Rote Spinnen):** Gefährliche, saugende Schädlinge an Blättern und jungen Trieben, mit bloßem Auge kaum erkennbar (Lupe!). Spinnmilben befallen Rosen, besonders bei trockener Wärme, z. B. Kletterrosem vor Südwänden.
**Spitzendürre:** das meist fortschreitende Absterben der Triebe und Zweige von der Spitze her, zuweilen

bis zum Tod der ganzen Pflanze; manchmal durch den Befall (der Wurzeln) mit Krankheiten (oder Schädlingen) verursacht

**Sport:** Pflanze, die aus einer Mutation, meistens Knospenmutation, entsteht. Sie betrifft in der Regel nur ein einziges Merkmal, wie die Wuchsform oder die Blütenfarbe, während alle übrigen Merkmale identisch mit der Ursprungspflanze bleiben. Ein Sport kann nur vegetativ vermehrt werden und kann dann als neue Sorte mit eigenem Namen auf den Markt kommen.

**Stachel:** Spitzer, scharfer, meist auch harter Auswuchs der Oberhaut (Epidermis) eines Triebes oder einer Blattader, bei Rosen oft mit breiter, ovaler Basis.

**Stallmist:** Seine Zusammensetzung ist abhängig von der Tierart, der Streu und dem Verrottungsgrad (frisch, abgelagert oder kompostiert). Für Rosen ist gut verrotteter Pferdemist ideal. Aber auch abgelagerter Rindermist ist zu empfehlen.

**Stamen:** Bezeichnung für das gesamte männliche Blütenorgan. Es besteht aus dem Staubfaden (Filament) und der Anthere, die die Pollensäcke enthält.

**Staubfaden (Filament):** Teil des Staubblattes, der die Anthere mit den Pollensäcken trägt.

**Staude:** mehrjährige, ausdauernde, nicht verholzende (Zier)Pflanze

**Steckholz:** ein verholzter, ausgereifter Teil eines einjährigen Triebes wird zur Vermehrung verwendet.

**Steckling**, ein noch grüner, nicht verholzter Teil eines einjährigen Triebes wird zur Vermehrung (meist unter Glas) verwendet.

**Stempel (Pistillum):** weibliches Organ der Blüte, das aus Fruchtknoten, Griffel und Narbe besteht.

**Sternrußtau *(Marsonina rosae)*:** Pilzkrankheit mit meist eckig begrenzten, unregelmäßigen schwarzen Blattflecken, die zu massivem Blattfall (erst ab Juni/Juli) führen.

**steril:** unfruchtbar, ohne Samen- und Fruchtbildung

**Stiel:** Botanisch gesehen ist er blattlos. Ein Rosenstiel ist im unteren Teil ein Trieb. Der Blütenstiel beginnt erst ab dem obersten Blatt und endet an der Blüte.

**Strauchrose:** Rose von natürlicher, gut verzweigter Gestalt, in der Regel größer als ein Busch, aber nicht immer

**subarktisch:** das kälteste Gebiet der kalt-gemäßigten Klimazone, das bis zum Polarkreis heranreicht.

**Synonym (abgekürzt Syn.):** Wissenschaftlicher oder üblicher Name, der nicht mehr allgemein und überall akzeptiert ist.

**terminal:** endständig bei Knospen oder Blüten; im Falle einer Blütendolde auch die zuerst aufblühende Mittelblüte einer Dolde.

**Ton:** besteht aus sehr kleinen Partikeln mineralischen Ursprungs. Ihre mineralische Schichtstruktur ermöglichst die Wasseraufnahme und Nährstoffbindung durch langsames Anschwellen und macht den Boden klebrig-schleimig. Umgekehrt trocknet er nur langsam aus, wird dann aber sehr hart Ein hoher Tonanteil im Boden erschwert dessen Bearbeitung erheblich, er behindert das Wurzelwachstum und das Versickern des Wassers.

**Torf:** Im Moor durch hohen Säuregrad erhaltene und gepreßte, tote Pflanzensubstanz, bei Torfmoosen mit hoher Wasserkapazität und hohem gärtnerischen Verwendungswert. Soll heute aus Naturschutzgründen nicht mehr verwendet werden, sondern wird durch Rinde und ähnliches Material ersetzt. Für Rosen ohnehin wenig geeignet.

**Trenngewebe:** Gewebeschicht am Sproßteil, an der sich ein Blatt oder eine Frucht vom Trieb beim Blattfall oder bei der Fruchtreife löst.

**Trieb:** beblätterter einjähriger Zweig mit Seitenknospen, der eine Terminalknospe oder endständige Blüte trägt.

**Tropen:** wärmste Klimazone der Erde zwischen den Wendekreisen von Steinbock und Krebs; in diesem Bereich steht die Sonne mindestens einmal im Jahr senkrecht über dem Boden.

**Unkraut:** Wildkräuter, ein- oder mehrjährig, die in einer bestimmten Umgebung störend oder unerwünscht sind, also im Garten, auf dem Acker, in der Wiese oder im Wald oder in natürlicher Vegetation. In letzterer sind es die eingeschleppten Exoten, im Garten mögen es auch einheimische Pflanzen sein, die mit den Wild- bzw. Kulturpflanzen um Wasser, Nährstoffe und Licht konkurrieren, die eingebrachte Ernte verunreinigen oder den ästhetischen Wert einer Pflanzung beeinträchtigen. Unkräuter verursachen erhebliche ökonomische Verluste. Daher hat sich eine bedeutende Industrie zu ihrer Bekämpfung entwickelt.

**Unterlage:** Pflanze, meist Sämling, Wildling, Wurzelteil oder spezieller Steckling, auf die ein Sproßteil (Edelauge, Edelreis) durch Okulation oder Pfropfung aufgesetzt wird. Später bildet die Unterlage die Wurzel, bei Hoch- und Niederstämmen auch den Stamm, während die Veredlung den gesamten Sproß oder die gesamte Krone bildet. Sproßteile der Unterlage (sog. Wildtriebe) müssen restlos entfernt werden.

**Varietät:** eine natürlich entstandene Individuengruppe, die sich deutlich vom Durchschnitt ihrer Art unterscheidet, aber dennoch keine eigenständige Art darstellt. Varietät und Kultivar sind Synonyme für Sorte.

**vegetative Vermehrung:** ungeschlechtliche Vermehrung durch Stecklinge, Absenker, Veredlung usw.

**Verbänderung:** Wachstumsanomalie der Sproßachse

**Veredlungsstelle:** hier ist bei der Okulation das Edelauge auf die Unterlage (z. B. Wurzelstock) gesetzt worden und inzwischen mit ihr verwachsen. Meist an der Verdickung kenntlich.

**Viertelstamm:** Rosen mit einer Stammhöhe von ca. 40 cm (30–50 cm); dieser Typ wird auch als Zwergstamm bezeichnet und meist mit Zwerg- oder Bodendeckerrosen veredelt.

**Volksname:** (landes)üblicher Name, unter dem eine Pflanze im Sprachgebrauch unter Nicht-Botanikern bekannt ist. Vielen ausländischen Pflanzen oder Pflanzen, die noch nicht so lange in Kultur sind, fehlt jedoch solch ein „natürlicher" Name. Volksnamen variieren von Land zu Land oder Region zu Region. Die wissenschaftlichen botanischen Namen sind hingegen international.

**Wachstumsperiode:** allgemein Vegetationszeit, im engeren Sinn auch die Zeit, in der eine Pflanze zusätzliches Längenwachstum hat.

**warm-gemäßigte Zone:** *siehe* gemäßigte Zone

**wechselständige Blattstellung:** am einjährigen Trieb, meist spiralförmige Anordnung der Einzelblätter. Gegensatz: gegenständige (paarweise sich gegenüberstehende) oder quirlige Blattstellung. Wichtiges Merkmal zur Pflanzenbestimmung.

**weichtriebig:** bei einigen Rosen geringes Festigungsgewebe im Holz, z. B. bei den meisten Ramblerrosen.

**Wildtrieb:** Austrieb aus der Unterlage einer veredelten Rosenpflanze. Er entsteht oft durch Beschädigung der Wurzel bei der Bodenbearbeitung und muß durch Abreißen oder glattes Wegschneiden entfernt werden.

**Winterhärte:** relativer Begriff für die Frostverträglichkeit von Rosen, jeweils bezogen auf die örtliche, winterliche Extremtemperatur der letzten Jahrzehnte. Eine Rose kann z. B. in Großbritannien winterhart sein, in Deutschland jedoch nicht.

**wissenschaftlicher Name:** in der Biologie international verbindliche, lateinische oder latinisierte Bezeichnung für Arten durch das binäre System des schwedischen Botanikers Linné von 1758; *siehe auch* Gattung *und* Art.

**wuchernd:** Pflanzen, die sich durch Ausläufer, Rhizome, Absenker, Wurzelschosse oder Samen schnell ausbreiten; bei Kletterrosen bezeichnet man die sich stark ausbreitende Wuchsform als wuchernd.

**Wurzel:** Pflanzenorgan im Boden, das der Verankerung der Pflanze und der Aufnahme von Wasser und Nährstoffen aus dem Boden dient.

**Wurzelhals:** der oberste unverzweigte Teil der Wurzel einer Sämlingsunterlage, hinter dessen Rinde bei der Okulation das Edelauge eingesetzt wird.

**Wurzelsteckling oder -schnittling:**. Eine meist kräftigere Wurzel wird zur Vermehrung in gut fingerlange Stücke zerschnitten und in Erde gesteckt, damit sich Adventivknospen bilden und austreiben.

**Wurzelstock:** *siehe* Wurzelhals

**Zierpflanzen:** Pflanzen, die nur wegen ihres ästhetischen Wertes kultiviert werden und zwar im Freiland wie auch im Haus als Zimmerpflanze.

**zweifarbig:** Blüten enthalten zwei deutlich erkennbare, oft kontrastierende Farbtöne innerhalb einer Blüte.

**Zwergstamm:** *siehe* Viertelstamm

**×-Zeichen:** Befindet sich in einem lateinischen Pflanzennamen dieses Kreuz, so besagt dies, daß die Pflanze eine Hybride ist – einerlei ob natürlichen Ursprungs oder künstlich durch die Züchtung entstanden, wie z. B. *Rosa ✓ kordesii*.

**+- Zeichen:** Ein Pluszeichen hinter Farbbegriffen besagt in diesem Buch, daß die Blüte entweder zwei- oder mehrfarbig ist oder doch sehr deutlich wahrnehmbare Farbnuancen gegenüber der vorangestellten Grundfarbe aufweist.

# Literatur


Allison, Sally *Climbing and Rambling Roses,* Moa Beckett, Auckland 1993

Andrews, Henry *Roses A Monograph of the Genus Rosa,* Eigenverlag London, 2 Bde. 1804 /1828

Austin, David *Alte Rosen und Englische Rosen,* DuMont, Köln 1993

—— *Englische Rosen,* DuMont, Köln 1994

—— *Strauchrosen und Kletterrosen,* DuMont, Köln 1995

—— *David Austin's English Roses,* Little Brown, Boston 1996

Beales, Amanda *Old-Fashioned Roses,* Cassell, London 1990

Beales, Peter *Klassische Rosen,* DuMont Köln 1992

—— *Moderne Rosen,* DuMont, Köln 1996

—— *Rosengärten. 33 Privatgärten in Europa u. Amerika,* Christian, München 1998

—— *Visions of Roses,* Little Brown, New York 1996

Becker, Jürgen / Kuhbier, Anke *Die schönsten Rosen,* Ellert & Richter, Hamburg 1998

Betten, Robert *Die Rose, ihre Anzucht und Pflege,* Trowitzsch, Frankf./Oder 5. Aufl. (bearb. v. Robert Türke) 1922

Bois, Eric / Trechslin, Anne-Marie *Rosen.* Silva, Zürich 1961

Bünemann, Otto / Becker, Jürgen *Die schönsten Rosen für große und kleine Gärten,* Gräfe & Unzer, München 1993

Buist, Robert *The Rose Manual,* Buist, Philadelphia 1844

Bund dt. Baumschulen Pinneberg (Hrsg.) *ADR-Rosen* 1998

Bunyard, Edward A. *Old Garden Roses,* Collingridge, London 1936

Cairns, Thomas (Hrsg.) *Modern Roses 10,* American Rose Society, Shreveport 1993, *Ergänzung* (1993–1996) 1997

Christopher, Thomas *In Search of Lost Roses,* Summit Books, New York 1989

Clarke, Ethne *Making a Rose Garden,* Weidenfeld, London 1991

Coggiatti, Stelvio / Trechslin, Anne Marie *Berühmte Rosen und ihre Geschichte,* Amber, Grünwald 1987

Cruse, Eleonore *Rosen,* Taschen, Köln 1998

Curtis, Henry *Beauties of the Rose,* Goombridge, London, 2 Bde 1850/53, Faksimile in 1 Bd., Sweet-Briar-Press, Palo Alto 1980

Delbard, Henri *A Passion for Roses,* Thames & Hudson, London 1996

Deutsches Rosarium, VDR Dortmund *Rosenliste,* Eigenverlag, Dortmund 1993

Dickerson, Brent *The Old Rose Advisor,* Timber Press, Portland 1992

Dobson, Beverley / Schneider, Peter *Combined Rose List,* Eigenverlag, Mantua 1998

Edland, Henry C./ Petersen, Elly *Taschenbuch für den Rosenfreund.* Schreiber, Eßlingen 2. Aufl. 1968

Ellwanger, Henry B. *The Rose,* Dodd Mead, New York, 14. Aufl. 1923, Reprint: Sweetbriar Press, Palo Alto 1978

Fagan, Gwen *Roses of the Cape of Good Hope,* Breestraat, Cape Town 1988.

Gault, S. Millar / Synge, Patrick *The Dictionary of Roses in Colour,* Michael Joseph, London, 4. Aufl. 1989

Geschwind, Rudolf *Die Hybridation und Sämlingsaufzucht der Rosen,* Voigt, Leipzig 1864, Reprint d. 2. Aufl. v. 1885 Olms, Hildesheim 1997

Gesellschaft Schweizerischer Rosenfreunde *Rosa Helvetica,* Rapperswil, seit 1986

Gibson, Michael *Rosen,* Delphin, München 1981

—— *Fifty Favourite Roses,* Cassell, London 1995

Gore, Catherine F. *The Book of Roses,* Colburn, London 1838; Reprint: Heyden, New York 1984

Gravereaux, Jules *Les Roses de L'Impératrice Joséphine,* D'Art, Paris 1912

Griffiths, Trevor *The Book of Classic Old Roses,* Michael Joseph, London 2. Aufl. 1987

—— *The Book of Old Roses,* Michael Joseph, London 4. Aufl. 1988

—— *A Celebration of Old Roses,* Viking, Auckland 1990

—— *Old-Fashioned Roses. 150 Favorites,* Trafalgar Square, N. Pomfret 1995

Grimm, Hedi u. Wernt *Die Rosensammlung zu Wilhelmshöhe,* Kassel, 4. Aufl. 1996

Haenchen, Eckart Die richtigen Rosen für meinen Garten, Ulmer, Stuttgart 2. Aufl. 1998

Hanisch, Karl Heinz *Erlebte Rose,* Ulmer, Stuttgart 4. Aufl. 1993

Harkness, Jack *Roses,* Dent, London 1978

—— *The Makers of Heavenly Roses,* Souvenir Press, London 1985

—— *Rose Classes,* British Association of Rose Breeders, Suffolk 1989

Harkness, Peter *Moderne Gartenrosen,* Stedtfeld, Münster 1989

—— *Rosen-Enzyklopädie der Arten und Sorten,* Naturbuch, Augsburg 1992

Hole, Dean *A Book About Roses,* Blackwood, Edinburgh 1869 (23 Aufl. bis 1932)

Jacob, Anny *Rosen-Porträts,* Manuscriptum, Recklinghausen 1997

Jacob, A. / Grimm, H. u. W. / Müller, B. *Alte Rosen und Wildrosen,* Ulmer, Stuttgart, 2. Aufl. 1992

Jäger, August *Rosenlexikon,* Zentralantiquariat der DDR, Leipzig 1960, Nachdruck: Weiland, Lübeck 1983

Jekyll, Gertrude / Mawley, Edward *Roses for English Gardens,* Country Life, London, 1902, Reprint: Woodbridge 1993

Joyaux, François *La Rose de France,* Imprimerie, Paris 1998

Keays, Ethelyn Emery *Old Roses,* Macmillan, New York 1936, Reprint: Heyden, London 1978

Kemptner, Claudia *Traumhafte Rosengärten,* Naturbuch, Augsburg 1999

Kordes, Wilhelm *Das Rosenbuch,* Schaper, Hannover, 10. Aufl. 1971

Krüger, Gustav *Stammbuch der Edelrosen* VDR, Trier 1906

Krüssmann, Gerd *Rosen-Rosen-Rosen,* Parey, Berlin 2. Aufl. 1986

L´Aigle, Alma de *Begegnung mit Rosen* Eigenverlag, Hamburg 1957, Nachdruck: Frick Moos 1977

Lang, Ingomar *Rosenverzeichnis Europa-Rosarium,* Eigenverlag, Sangerhausen 1998

*Lebl's Rosenbuch,* Parey, Hamburg 1895, Nachdruck: Olms, Hildesheim 1999

Le Rougetel, Hazel *A Heritage of Roses,* Unwin Hyman, London 1988

Lindley, John *Rosarum Monographia,* Ridgway, London 1820, Reprint: Coleman, New York 1979

Markley, Robert *Die BLV Rosen-Enzyklopädie,* BLV, München 1997

Macoboy, Stirling *The Ultimate Rose Book,* Harry Abrams, New York 1993

Macself, A. J. *The Rose Grower's Treasury,* Collingridge, London 1934

Mattock, John / Newdick, Jane *Rosen. Schritt für Schritt,* Müller, Erlangen 1993

McCann, Sean *Miniatur-Rosen,* DuMont, Köln 1997

McGredy, Sam / Jennett, Sean *A Family of Roses,* Dodd Mead, New York 1971

Miessler, Herbert *Miessler's Rosenlexikon* 2 Bde, Rosenfreund, Weinheim 1996

Moody, Mary / Harkness, Peter *The Illustrated Encyclopedia of Roses,* Timber, Portland 1992

Mütze, Wilhelm / Schneider, Camillo *Das Rosenbuch,* Vlg. d. Gartenschönheit, Berlin 2. Aufl. 1927

Nichols, J. H. *A Rose Odyssee,* Doubleday, New York 1937

Nickels, C. *Cultur, Benennung und Beschreibung der Rosen,* Schmidt, Pressburg 1826, Reprint: Frick, Moos 1976

Nietner, Theodor E. *Die Rose,* Wiegand, Berlin 1880, Reprint: Frick, Moos 1983

Nissen, Gerda *Alte Rosen,* Boyens & Co., Heide 7. Aufl. 1992

Noack, Horst *Schöne Gartenrosen,* Ulmer, Stuttgart 1989

Nottle, Trevor *Roses for Every Garden,* ACP Publishers, Sydney 1995

Pal, B. P. *The Rose in India,* Indian Council, New Delhi 4. Aufl. 1991

Park, Bertram *Die Welt der Rosen,* Müller, Rüschlikon 1963

Parsons, Alfred *A Garden of Roses,* Salem House, Topsfield 1987

Pemberton, Joseph H. *Roses: Their Cultivation,* Longmans, London 2. Aufl. 1920

Phillips, Roger / Rix, Martyn *Rosen.* Mehr als 1400 in Farbfotos, Droemer, München 1988

Redouté, Pierre Joseph *Les Roses,* Didot Paris 1817–1824; (dtsch. Ausgabe) Harenberg, Dortmund 1991

Rivers, Thomas *Rose Amateur's Guide,* Longman, London 4. Aufl. 1846, Reprint: Coleman, New York 1979

Rose, Graham / King, Peter *The Love of Roses,* Quiller Press, London 1990

Ross, Deane M. *A Manual of Heritage Roses,* Ross Roses, South Australia 1989

Royal National Rose Society *The Rose Annual* 1907–1984 (erschien jährlich), *The Rose Bulletin* seit 1984 (erscheint vierteljährl.)

Sala, Orietta *Das große Buch der 1000 Rosen,* Mosaik, München 1992

—— *Old-fashioned Roses.* Beazley, London 1991

Scanniello, Stephen *A Year of Roses,* Henry Holt, New York 1996

Scarman, John *Gärtnern mit Alten Rosen,* Christian, München 1997

Schneider, Peter *Peter Schneider on Roses,* Macmillan, New York 1995

Schultheis, Gebr. *Dt. Rosenbuch,* Eigenverlag, Steinfurth 1889, Reprint: Weiland, Lübeck 1979

—— Heinrich, *Rosen* Ulmer, Stuttgart 2. Aufl. 1998

Shepherd, Roy E., *History of the Rose,* Macmillan, New York 1954

Sieber, Josef *Rosen - Auswahl, Pflege, Nachbarschaft,* BLV, München 6. Aufl. 1998

Simon, Léon *Nomenclatures de tous les noms de Roses connues,* Library of Horticulture, Paris 2. Aufl. 1906.

Sinclair, Alan / Thodey, Rosemary *Gardening with Old Roses,* Cassell, London 1993

Societé Française des Roses *Les Amis des Roses,* Lyon, seit 1911

Steen, Nancy *The Charm of Old Roses,* AH/ AW Reed, Wellington 1966; Reprint: Milldale Press, Washington 1987

Steinhauer, Helmut *Rosen,* Falken, Niedernhausen 3. Aufl. 1993

Stevens, G. A. *Climbing Roses,* Macmillan, New York 1933.

Tantau, Mathias / Weinhausen Karl *Die Rose,* Ulmer, Stuttgart 3. Aufl. 1958

Taylor, Barbara Lea *Old-Fashioned Roses,* David Bateman, Auckland 1993.

Testu, Charlotte *Les Roses Anciennes,* Flammarion, Paris 1984

Thomas, Graham Stuart *The Art Of Gardening with Roses,* Henry Holt, New York 1991

—— *The Graham Stuart Thomas Rose Book,* Saga/Timber, Portland 1994

Thomas, Harry Higgott / Easlea, Walter *The Rose Book,* Cassel, London 1913

Vecera, Ludvik / Kaplicka, J. *Taschenatlas der Rosen,* Dausien, Hanau 1971

Verein Deutscher Rosenfreunde *Rosen-Zeitung* 1886–1933, *Rosenjahrbuch,* 1934–1939, 1950–1973, seit 1990 jährl., *Rosenbogen* seit 1964 viertelj. VDR, Baden-Baden

Verrier, Suzanne *Rosa Rugosa,* Capability, Wisconsin 1991

—— *Rosa Gallica,* Capability, Wisconsin 1995

Warner, Christopher *Climbing Roses,* Justin Knowles, Devon 3. Aufl. 1990

Welch, David *Roses,* Collingridge, London 1988

Wesselhöft, Johannes *Der Rosenfreund,* Voigt, Weimar, 7. Aufl. 1886, Nachdruck (der 3. Aufl. v. 1873) Frick, Moos 1976

Wheatcroft, Harry *In Praise of Roses,* Jenkins, London 1970

Willmott, Ellen A. *The Genus Rosa,* 2 Bde. Murray, London 1910/14, Nachdruck: Sebastopol, California 1992

Wilson, Helen Van Pelt *Climbing Roses,* Barrows, New York 1955

Woessner, Dietrich *Rosenkrankheiten,* Ulmer, Stuttgart 3. Aufl. 1987

—— *Das praktische Rosenbuch* Ulmer, Stuttgart 3. Aufl. 1996

Young, Norman *The Complete Rosarian,* Wyatt, London 1971

# Register